보회 크리스도인 션쇼

1911. 1. 31.
1914. 3. 2.

3

한국학자료원

해 제

서양을 가져온 죠션크리스도인회보

《죠션크리스도인회보》는 1897년 2월 2일자로 창간된 우리나라 최초의 주간 기독교잡지로서, 그해 12월 8일 제44호를 발행한 후 《대한크리스도인회보》로 개제 속간했다. 발행인 아펜젤라(H.G. Appenzeller)는 당시 감리교 목사이며 배재(培材)학당 설립자로서 학당장이었다. 발행소는 감리교 선교부이다.

창간호는 '제1권 제1호'로 표시했다. B5판(4·6배판) 4면, 전면 4호활자로 2단 세로짜기했으며, 1면에는 시사성이 있는 총설(사설), 2면과 3면은 《성경》 주석과 교리 문답, 4면에는 교회소식 및 잡보(雜報) 등이 실렸다. 문장은 전문 한글로 썼다.

최준(崔埈) 저 《한국신문사(韓國新聞史)》(일조각, 1960)와 이해창(李海暢) 저 《한국신문사연구(韓國新聞史硏究)》(성문각, 1971)에는 한가지로 '주간신문' 항에서 설명하고 있으나, 그 저서를 집필할 당시의 시각은 어땠는지는 몰라도 오늘의 감각에 맡기면 내용·체재 어느 것이나 잡지로 보는 것이 옳겠다. 또 '제1권 제1호'는 신문의 '호수 매김'이 아니고 잡지의 호수 매김이다.

창간호에는 목차를 적거나 간기(刊記)를 밝히지는 않았지만, 끝머리에 있는 〈고imagefont〉에 보면 "······ 죠션 교우나 셔국 교imagefont나 만일 보고져 imagefont거든 졍동 아편셜라 교imagefont 집에 긔별imagefont여 갓다 보시오 우리가 이 회보imagefont imagefontimagefont 동안은 갑슬 밧지 안코 줄 터이오 imagefontimagefont 후에imagefont 갑슬 밧으되 imagefont쟝에imagefont 엽젼 너푼이오 imagefontimagefont 갑슬 미리 내면 엽젼 imagefont돈 오푼식이오 imagefont 싀골사imagefont의게 우체로 보내imagefont 갑슨 imagefont루 잇소"라고 했다. 그러니 '아펜셀라 교사집'이 판매소이며, 아펜셀라가 발행인임을 짐작하게 한다. 이때의 아펜셀라는 '아편셜라(阿片雪羅)'라 썼고 후에는 '아편셜라(亞扁薛羅)'로 썼다.

서양을 가져온 죠션크리스도인회보 - (한국잡지백년1, 2004. 5. 15., 최덕교)

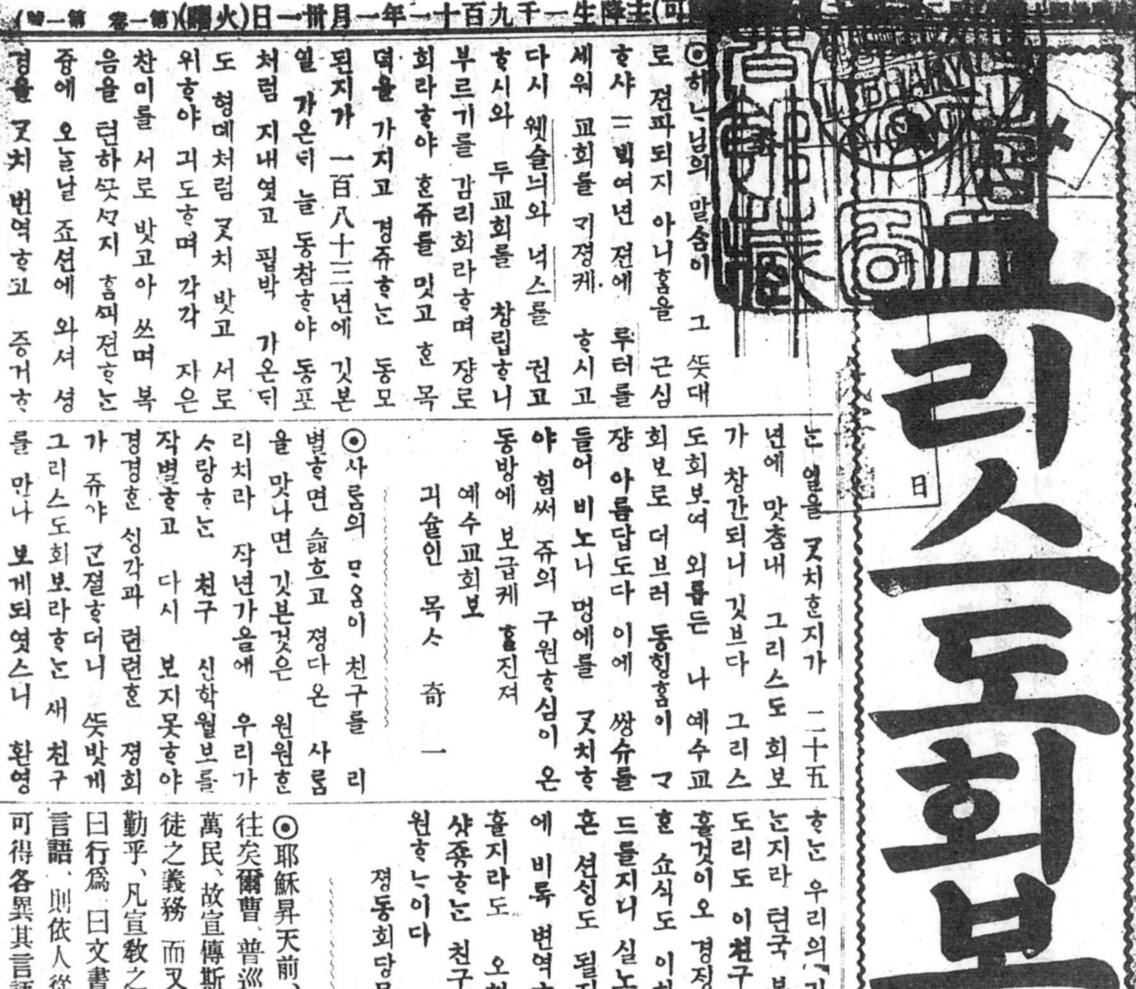

主降生一千九百十一年一月卅一日(火曜)(第一卷 第一號)

그리스도회보

每月二回發行
明治四十四年一月卅一日印刷
明治四十四年二月三日發行

發行兼編輯人 北部社洞 奇義男
印刷人 北部南正峴 朴東完
印刷所 京城西小門內法韓印刷所
發行所 北部社洞 奇義男邸

ᄃᆡ금 [代金]
一쟝 三젼
一ᄀᆡ월 五젼
六ᄀᆡ월 二十五젼
一ᄀᆡ년 五十젼

광고료 四호활ᄌᆞ 一항 一회 五젼
활ᄌᆞ 대소와 항수다소와 긔한장단을 ᄯᅡ라 증감홈

⊙하ᄂᆞ님의 말ᄉᆞᆷ이 그 ᄯᅳᆺ대로 젼파되지 아니ᄒᆞᆷ을 근심ᄒᆞ샤 三ᄇᆡᆨ여년 젼에 루터를 세워 교회를 ᄀᆡ졍케 ᄒᆞ시고 다시 웻슬ᄂᆡ와 넉스를 권고ᄒᆞ시와 두교회를 창립ᄒᆞ니 부르기를 감리회라ᄒᆞ며 쟝로회라ᄒᆞ야 ᄒᆞᆫ쥬를 밋고 ᄒᆞᆫ목뎍을 가지고 경쥬ᄒᆞᄂᆞᆫ 동모된지가 一百八十三년에 깃본열 가온ᄃᆡ 늘 동참ᄒᆞ야 동포처럼 지내엿고 핍박 가온ᄃᆡ도 형뎨처럼 ᄀᆺ치 밧고 서로 위ᄒᆞ야 긔도ᄒᆞ며 각각 자은 찬미를 서로 밧고아 쓰며 복음을 뎐하ᄭᅳᆺ서지 ᄒᆞᆷᄭᅴ 젼ᄒᆞᄂᆞᆫ 즁에 오ᄂᆞᆯ날 죠션에 와서 셩경을 ᄀᆺ치 번역ᄒᆞ고 증거ᄒᆞᄂᆞᆫ 열을 ᄀᆺ치ᄒᆞᆫ지가 二十五년에 맛ᄎᆞᆷ내 그리스도 회보가 창간되니 깃브다 그리스도회보여 외롭든 나 예수교회보로 더브러 동힝ᄒᆞᆷ이 ᄆᆡ쟝 아름답도다 이에 쌍슈를 들어 비노니 멍에를 ᄀᆺ치ᄒᆞ야 힘써 쥬의 구원ᄒᆞ심이 온 동방에 보급케 ᄒᆞᆯ진져

예수교회보
긔슐인 목ᄉᆞ 奇一

⊙사ᄅᆞᆷ의 ᄆᆞᄋᆞᆷ이 친구를 리별ᄒᆞ면 슯ᄒᆞ고 졍다온 사ᄅᆞᆷ을 맛나면 깃본것은 원원ᄒᆞᆫ 리치라 작년가을에 우리가 ᄉᆞ랑ᄒᆞᄂᆞᆫ 친구 신학월보를 작별ᄒᆞ고 다시 보지못ᄒᆞ야 경경ᄒᆞᆫ ᄉᆡᆼ각과 련련ᄒᆞᆫ 졍회가 쥬야 간졀ᄒᆞ더니 ᄯᅳᆺ밧게 그리스도회보라ᄒᆞᄂᆞᆫ 새 친구를 만나 보게되엿스니 환영ᄒᆞᄂᆞᆫ 우리의 깃븜이 한량업ᄂᆞᆫ지라 텬국 복음의 오묘ᄒᆞᆫ 도리도 이친구를 인ᄒᆞ야 빗ᄎᆞᆯ것이오 경장 세계의 신긔ᄒᆞᆫ 쇼식도 이친구를 인ᄒᆞ야 드를지니 실노 우리의게 됴ᄒᆞᆫ 션ᄉᆡᆼ도 될지라 샹면벽히에 비록 번역ᄒᆞᄂᆞᆫ 물건이 만ᄒᆞᆯ지라도 오쳔만년에 기리 샤죵ᄒᆞᄂᆞᆫ 친구가 되기를 츅원ᄒᆞᄂᆞ이다

졍동회당목ᄉᆞ 崔炳憲

⊙耶穌昇天前、遺訓于弟子曰、往矣爾曹、普巡天下、傳福音于萬民、故宜傳斯教于天下、卽吾徒之義務 而又權利也、豈可不勸乎、凡宣教之道有三、曰言語曰行爲 曰文書、是也、傳道以言語、則依人從性、知短見長、可得各異其言語、以可得刺其肺腑、而目無一丁字之輩、亦得聞深遠之教義、雖然、聞者之數、便自不得不有限、傳道以行爲 則見之聞之者、卒然感奮興起、其力優于言語數等矣、雖然見聞者之數復有限、唯以文書傳道、則不然、寸書以可頒之于數千萬人、尺牘以可傳之于數千萬年、況忠信之言、篤敬之行可併載之于文書乎、今天下、國語之數不下數十種、而有一國語、則必有其語之聖書、萬民由之、能知基督之教旨、新約全書存、實依于馬太、馬可、路加、約翰、保羅之徒、記述之于文章耳以文書傳道之功 眞可云遠且大也、頃聞有基督新聞發刊之擧 以朝鮮文記載之、其有益于傳道可知矣 予不堪于欣喜、書以爲祝詞

大審院長 渡邊

사설

◎교회의 신령ᄒᆞᆫ 긔관

대개 하ᄂᆞ님ᄭᅴ서 만국 ᄇᆡᆨ셩을 ᄒᆞᆫ혈ᄆᆡᆨ으로 문ᄃᆞ셧스니 만물가온ᄃᆡ 특별히 인류의 친밀ᄒᆞᆫ 관계가 엇더ᄒᆞ며 ᄒᆞ믈며 우리 그리스도인은 구쥬예수로 머리를 삼고 ᄒᆞᆫ셩신으로 셰례를 밧아 ᄒᆞᆫ 몸이 되엿스니 더욱 친밀ᄒᆞᆷ이 엇더ᄒᆞ며 그즁에 우리 남북감리회 교우들은 요한 웨슬네씨의 뎡ᄒᆞ신 쟝졍과 규측을 ᄀᆞᆺ치 직히니 또 더욱 친밀ᄒᆞᆷ이 엇더ᄒᆞ뇨 이처럼 친밀ᄒᆞᆫ 관계가 잇슨즉 우리가 맛당히 셩경말ᄉᆞᆷ과 ᄀᆞᆺ치 ᄒᆞᆫ 몸 가온ᄃᆡ 여러 지톄가 서로 ᄀᆞᆺ치 념려ᄒᆞ야 도라보ᄃᆡ 만일 ᄒᆞᆫ 지톄가 고난을 밧으면 모든 지톄도 ᄒᆞᆷᄭᅴ 고난을 밧고 ᄒᆞᆫ지톄가 영화를 엇으면 모든 지톄도 ᄒᆞᆷᄭᅴ 즐거워 ᄒᆞᆯ것이라 그러나 동서남북에 각거ᄒᆞ야 동신이 격졀ᄒᆞᆷ으로 남방 교우는 북방 교우즁에 무ᄉᆞᆷ 환란이 잇ᄂᆞᆫ지 경ᄉᆞ가 잇ᄂᆞᆫ지 젼연히 어둡고 또ᄒᆞᆫ 동도 교우는 서도 교우의 통양(痛癢)파 휴쳑을 도모지 알지못ᄒᆞ면 서로 ᄉᆞ랑ᄒᆞᄂᆞᆫ 본의가 어ᄃᆡ 잇ᄂᆞ뇨 이것을 념려ᄒᆞᆷ으로 동서양 각국에 엇던 교회를 물론ᄒᆞ고 각기 교회신문을 발힝ᄒᆞ야 각처 교우의 령혼을 련락ᄒᆞ며 위졍을 류통케 ᄒᆞ며 지식을 교환ᄒᆞᄂᆞᆫ 긔관이 되게ᄒᆞᄂᆞ니 이 나라에도 우리 ᄉᆞ랑ᄒᆞᄂᆞᆫ 친구 쟝로교회에서 몬져 예수교회보를 창간ᄒᆞᆫ지 거의 일쥬년에 갓가온지라 우리 교회는 이런 긔관이 업슴을 인ᄒᆞ야 홍샹 유감이 되더니 다힝히 작년즁에 남북량감리회가 협의결뎡ᄒᆞᆫ 결과로 본년 一월三十一일에 뎨一호를 창간ᄒᆞ고 ᄆᆡ월 二회식 十五일파 三十일로 뎡긔간힝ᄒᆞᆯ터인ᄃᆡ 이회보의 죵목을 대강 말ᄒᆞ자면 첫재는 유익ᄒᆞᆫ 샤셜노 경련신쥬ᄒᆞ며 샹의샹구ᄒᆞᄂᆞᆫ ᄆᆞᄋᆞᆷ을 고동ᄒᆞ며 풍속 ᄀᆡ량과 업무발뎐에 속히 진보 되기를 권쟝ᄒᆞ며 둘재는 교회동신으로 각처 교회의 형편을 서로 료연히 알게ᄒᆞ며 셋재는 셩경 공파와 신학파졍으로 일반 교우의 령혼샹진보에 유죠ᄒᆞᆫ 저료를 공급ᄒᆞ며 넷재는 각종 학슐노 모든 ᄉᆞ물에 ᄃᆡᄒᆞᆫ 지식을 발달케ᄒᆞ며 다섯재는 실업에 관ᄒᆞᆫ 학셜노 근업ᄉᆡᆼ활ᄒᆞᄂᆞᆫ 일을 권장ᄒᆞ며 기외에 가졍과 위ᄉᆡᆼ등 여러가지 유익ᄒᆞᆫ 말을 一一히 긔ᄌᆡᄒᆞ야 우리 량교회교우의 특별히 친밀ᄒᆞᆫ 관계를 더욱 친밀케 ᄒᆞ고져 ᄒᆞ노니 본보의 취지를 찬셩ᄒᆞ시ᄂᆞᆫ 졔군ᄌᆞᄂᆞᆫ 다 계속구람ᄒᆞ야 본보의 군졀ᄒᆞᆫ 뜻을 저ᄇᆞ리지 마시기를 ᄇᆞ라ᄂᆞ니다

교즁휘문 (敎中彙聞)

◎량씨동힝 본샤쟝긔의람씨는 김셩파 김화에서 여ᄂᆞᆫ 남감리회 계삭회에 참예ᄒᆞ기 위ᄒᆞ야 리월 一일에 ᄒᆡ디방으로 발졍 하왕ᄒᆞᄂᆞᆫᄃᆡ 목ᄉᆞ 하리영씨도 츈쳔 사경회에 참예ᄒᆞ기 위ᄒᆞ야 동힝ᄒᆞᆫ다더라

◎젼도부죠직 서울졍동교당에서 신실ᄒᆞᆫ 청년 교우들이 젼도부를 죠직ᄒᆞ고 다섯ᄃᆡ로 논호아 ᄆᆡ쥬일 오후에 각처로 ᄃᆞᆫ니면서 교우도 심방ᄒᆞ며 교외인의게 젼도도 힘써 ᄒᆞᆷ으로 쟝ᄅᆡ에 됴ᄒᆞᆫ 셩젹이 잇겟다더라

◎다수입교 본월 一十一일 일요에 서울 졍동 뎨一 례비당에 입교ᄒᆞᆫ 남녀 교우가 一ᄇᆡᆨ 四인에 달ᄒᆞ엿다더라

◎남녀사경 리월 一일브터 북감리회에서 사경반을 셜립ᄒᆞ고 남교우ᄂᆞᆫ 서울 샹동교당에서 녀교우ᄂᆞᆫ 졍동교당에서 공부ᄒᆞᆫ다더라

◎션교ᄉᆞ의ᄇᆡ치 월젼 미국으로브터 남감리회의 부리ᄂᆞᆫ씨와 ᄃᆡ일씨 너외와 북감리회의 의ᄉᆞ 앤듸손씨가 새로 왓ᄂᆞᆫᄃᆡ 부리ᄂᆞᆫ씨ᄂᆞᆫ 츈쳔디방 션교ᄉᆞ로 ᄃᆡ일씨너외ᄂᆞᆫ ᄀᆡ셩 한영서원교ᄉᆞ로 앤듸손씨ᄂᆞᆫ 원슈 션교ᄉᆞ로 일젼에 각각 발졍 하왕ᄒᆞ엿고 그즁에 앤듸손씨ᄂᆞᆫ 아직 츈쳔에서 몃달간 류ᄒᆞᆫ다더라

셩경공과

◎히부리 예언의 서론

히부리 예언이 국민덕파 세계덕의 종교샹 감동력을 ᄃᆡ표ᄒᆞ

야 려ᄉᆞ상에 짝이업시 긴요ᄒᆞᆷ이되ᄂᆞ니라 히부리인의 구약졍경에 예언의 부분이 ᄯᅢ이 부분이되며 두권에 각각 베칙을 포함ᄒᆞ엿스니 여호수아와 ᄉᆞᄉᆞ긔와 삼우엘과 열왕긔는 젼톄예언이 되고 이샤야와 예레미야와 에스겔과 十二쇼션지의 칙은 후ᄃᆡ 예언이 되며 다니엘은 션지쟈의 칙즁에 들지아니ᄒᆞ고 ᄯᅢ三부분에 쇽ᄒᆞ엿ᄂᆞ니라

예언의 고ᄃᆡᄉᆞ긔가 구약션지쟈의 칙은 다 강싱젼 뎨八셰긔 즁년브터 뎨五셰긔 말년ᄉᆞ이에 된 ᄉᆞ젹이나 그러나 이스라엘의 예언이 ᄀᆞ쟝 일은 시ᄃᆡ브터 잇섯ᄂᆞ니 그 션지쟈의 직능을 말ᄒᆞ자면 모세와(신卅四장十절 호十二쟝十三절) 미리암과(츌十五쟝廿절) 드브라와(ᄉᆞ四쟝四절) 삼우엘(삼젼三쟝廿절)의게잇다 ᄒᆞ엿고 삼우엘의 시ᄃᆡ로브터 ᄂᆞ려오면서 션지쟈들이 니여나매 나단과(삼후七쟝二절)갓과(삼젼廿二쟝五절 삼후廿四쟝十一절) 실노인 아히야와(왕샹十一쟝廿九절)스마야와(왕샹十二쟝廿二절)하나니의 아돌예후(왕샹十六쟝一절)등이니 다윗과 그후 왕의 고문관과 간관(諫官)으로 드러낫스며 뎨八셰긔 초에는 미가야(왕샹廿二쟝八절)와엘니야(왕샹十七쟝一절) 와엘니사등이(왕샹十九쟝十六절) 비록 뎌회 일홈으로 표출ᄒᆞᆫ 칙은 업스나 ᄀᆞ쟝 탁월ᄒᆞᆫ 션지쟈가 되엿ᄂᆞ니라 고ᄃᆡ에는 션지쟈를 「션견쟈」(삼후廿四十쟝十절 왕후十七샹十三절)라고 칭ᄒᆞ야 답답ᄒᆞᆫ ᄯᅢ와 실용리익(實用利益)에 관ᄒᆞᆫ 일에도 문의ᄒᆞ고 그근로(勤勞)ᄒᆞᆫ 보슈로 션물을 밧앗스며(삼샹九장六—九절) ᄯᅩ 이ᄯᅢ 션지쟈즁에 엇던 무리는 젼광(癲狂) 죵류로 져염된쟈도(삼젼十쟈十—十二절 十九쟝十八—廿四절)잇섯ᄂᆞ니 삼우엘이 이런 실진ᄒᆞᆫ 션지쟈의 단톄를 죠직ᄒᆞ고 ᄌᆞ긔는 뎌회 두령이 되며 라마에 잇는 베이오트로 뎌회 즁앙이되게 ᄒᆞᆫ듯ᄒᆞ도다 그 후에 션지쟈의 샤회가 잇섯는ᄃᆡ 뎌회를 「션지쟈의 ᄌᆞ손」으로 닐ᄏᆞᆺ는쟈라 벳엘과 예리고 등디에 지샤도 잇섯스나(왕하二장二—三절十五절) 구약졍경에샹관ᄒᆞᆫ 션지쟈는 엇더ᄒᆞ던지 이 ᄌᆞ칭 션지쟈들의 무리와 뎌브러 직졉 관계가 젹으니 대개 이 무리는 필경에 거즛예언을 시힝ᄒᆞ는쟈가 되엿ᄂᆞ니 아모스는 특별히 뎌회로 샹관업는것을 확실히 말ᄒᆞ엿ᄂᆞ니라(암七쟝十四절)

고ᄃᆡ 이스라엘의 션지쟈의 직무를 힝ᄒᆞ는것이 다른 나라와 샤술과 근ᄉᆞᄒᆞ니 복술과 모든 결함ᄒᆞᆫ 술업은 엇더ᄒᆞ던지 여호와ᄭᅴ셔 ᄌᆞ긔를 이스라엘의게 묵시ᄒᆞ심으로 인ᄒᆞ야 다 락담케ᄒᆞ시니 참 션지쟈의 힝ᄒᆞᆫ일이 졈졈 륜리뎍과 신령뎍이 되엿ᄂᆞ니라 일즉히 여러가지 신톄뎍슈단으로써 광포(狂暴)ᄒᆞᆫ 힝동을 베프는 이교뎍(異敎的) 션지쟈도 잇스며(왕샹十八장十九—廿절)ᄯᅩ 여호와의 일홈으로 말ᄒᆞ노라고 칭ᄒᆞ는 거즛 션지쟈도 잇섯ᄂᆞ니라 비록셩경 예언이 처음에는 그 원쇼(元素)를 이스라엘의 리웃나라의 미신뎍(迷信的) 샤회에서 차즌것이며 ᄯᅩᄒᆞᆫ 그 후라도 이교뎍의 동류와 본토의 거즛ᄒᆞᆷ이 잇섯스나 그러나 그 진실ᄒᆞ고 온젼히 발달된 형식 가온ᄃᆡ는 무쌍ᄒᆞᆫ 현샹(現狀)과 ᄀᆞ쟝 고샹ᄒᆞ고 직졉ᄒᆞᆫ 하ᄂᆞ님의 묵시를 ᄀᆞ르치는 방침이니라

이스라엘의 참 션지자는 하ᄂᆞ님ᄭᅴ 명ᄒᆞ심을 밧아 그의 일홈으로 말ᄒᆞᆫ사ᄅᆞᆷ들이니 뎌회가 그명ᄒᆞ심에 ᄃᆡᄒᆞ야 홍샹 셔문으로 쓰는 격식은 곳 「여호와의 말솜이」라 ᄒᆞᆷ이라 하ᄂᆞ님의 말솜이 ᄉᆞᄉᆞ로 즁거ᄒᆞ며 능히 막지못ᄒᆞᆯ 권능으로 ᄒᆞᆷᄭᅴ 뎌회게 오ᄂᆞ니(암三장八절 렘廿三장廿九—卅절) 이는 뎌회 싱각과 소망과는 다르며 렘十四쟝十五졀) ᄯᅩᄒᆞᆫ 모든 셩질샹으로 쥬져ᄒᆞ는것과 두려워ᄒᆞ는것을 불구ᄒᆞ고 그 예언을 발표치 아니치 못ᄒᆞᆷ이니라(렘廿장九절)

대개 션지자의 힝ᄒᆞᆫ일은 세가지니

一 뎌회가 뎌회 동시인(同時人)의게 올흔 도리를 젼ᄒᆞᆫ자니 뎌회젼ᄒᆞᆫ것은 뎌회 싱활의 졍치뎍과 샤회뎍과 종교뎍 형편에 관ᄒᆞᆫ것인ᄃᆡ

더회 예언은 그발표ᄒᆞᆫ ᄉ졍을 알지못ᄒᆞ면 가히 써닷지 못ᄒᆞᆯ것이 만흐니 각각 칙과 예언은 맛당히 그 ᄯᅢ 력ᄉ칙에 뵈인바 력ᄉ샹 방향(方向)을 가지고 공부ᄒᆞᆯ것이오

二、더회가 지낸일을 번역ᄒᆞᆫ쟈들이며 더회동포의게 이ᄉ라엘 고듸ᄉ긔의 션령ᄒᆞᆫ 뜻을 ᄀᆞᄅᆞ쳣ᄂᆞ니(렘七쟝十二ㅣ十五절 겔十六쟝卄절 렘四十四쟝 二ㅣ六절 十八절)더회가 력ᄉ에서 인용ᄒᆞᆫ바ᄅᆞᆫ 공과ᄂᆞᆫᄒᆞᆫ편으로 죄와 지앙ᄉ이에 관계된것과 ᄯᅩᄒᆞᆫ편으로 슌종ᄒᆞᆷ과 힝복ᄉ이에 관계된것이며 ᄯᅩᄒᆞᆫ 력ᄉ뎍칙의 긔쟈들도 이와 ᄀᆞᆺ치 ᄀᆞᄅᆞ쳣스니 유대인ᄂᆞᆫ이 더회 칭호를「고듸션지」라 ᄒᆞᆫ것은 더회 진실ᄒᆞᆫ 픔힝을 ᄀᆞᄅᆞ쳐말ᄒᆞᆷ이오

三、더회가 ᄯᅩᄒᆞᆫ 쟝릐일을 예언ᄒᆞᆫ쟈들인ᄃᆡ 션지의 예언은 두가지가 잇스니

一、엇던 예언은 명확ᄒᆞ고 갓가온 쟝릐에 관계된것이라 닐울터이면 아모ᄉ와 호세아ᄂᆞᆫ 앗수르와 이스라엘을 멸망케 ᄒᆞᆯ긔계가 되엿다 ᄒᆞᆷ이오 이사야가 고레스에 ᄃᆡᄒᆞ야 예언ᄒᆞᆫ것ᄀᆞᆺᄒᆞᆫ것도 보라(시四十쟝 四十六쟝) 엇던 예언은 쌍방으로 응ᄒᆞ엿ᄂᆞ니 (호十一쟝二절 마二쟝十六절과 렘卅一쟝十五절 마二쟝十八절과 미五쟝二절五절六절 마二쟝六절)을 비교ᄒᆞ라

二、다른 예언은 대강이며 먼 쟝릐에 관계된 것이니 닐울터이면 (시十一쟝一ㅣ十절 卅二쟝一ㅣ八절 겔卅六쟝 卅七쟝 시五十三쟝 六十쟝 미四쟝一절七절 렘卅一쟝卅一절卅四절)을보라 이런 예언을 메시야뎍이라 칭ᄒᆞᆷ은 더회가 예수그리스도와 신약 시ᄃᆡ의 종교샹 현샹을 말ᄒᆞᆫ 연고니라 예언을 공부 ᄒᆞᄂᆞᆫᄃᆡ 맛당히 긔억ᄒᆞᆯ것은 션지의언ᄉᄂᆞᆫ 흔히 시가뎍(詩歌的)과 비유뎍이며 ᄯᅩᄒᆞᆫ 그예언은 흔히 졍형뎍(情形的)이니닐울터이면 요나의 예언과 렘十八쟝七ㅣ十一절이니라

구약 뎨四부분가온ᄃᆡ 션지의 칙十七권이 잇스니 그즁에 五권은 대션지들의 져술ᄒᆞᆫ것이오 ᄯᅩ 十二권은 쇼션지들이 져술ᄒᆞᆫ것인ᄃᆡ 이대쇼의 칭호ᄂᆞᆫ 칙에 긴요ᄒᆞᆷ을 비교ᄒᆞᆫ것이 아니오 그 셔술의 긴것을 비교ᄒᆞ야 ᄀᆞᄅᆞ침이라 이 칙들은 년ᄃᆡ의 ᄎᆞ례를 좃차 졍제ᄒᆞᆫ 것이 아니니 쇼션지즁에 三四인은분명히 이사야 젼에 예언 ᄒᆞ엿ᄂᆞ니라 이 모든칙의 년ᄃᆡᄂᆞᆫ 강싱젼 八빅七十년브터 四빅四十년가량에 밋쳣ᄂᆞᆫᄃᆡ 이것을 세부분으로 논ᄒᆞᆯ수잇ᄂᆞ니 방츅젼(放逐前)과 방츅ᄯᅢ와 방츅후라 모든 예언을 그 져술ᄒᆞᆫᄯᅢ의 ᄉ긔와 ᄀᆞᆺ치 그 력ᄃᆡ의 관계로써 공부ᄒᆞᄂᆞᆫ 것이 미우 긴요ᄒᆞ며 이것을 번역ᄒᆞ기에도 유조ᄒᆞ니라 엇던칙에 년ᄃᆡᄂᆞᆫ ᄌᆞ세치 못ᄒᆞ나 그러나 이아릐와 ᄀᆞᆺ치 졍제ᄒᆞᆯ지니

一、방츅젼 션지ᄂᆞᆫ

一、앗스르 시ᄃᆡ의 션지들이니 이스라엘에ᄂᆞᆫ 요나(강싱젼 八빅년젼) 아모스(七빅七十五년ㅣ七빅五十五년) 호세아(七빅五十년ㅣ七빅三十五년) 유대에ᄂᆞᆫ 혹 요엘([illegible]빅七十三년ㅣ八빅ㅡ년) 옵아듸야(八빅년젼) 이사야 七빅四十년ㅣ七빅년) 미가(七빅三十五년ㅣ七빅년)

二、갈대아 시ᄃᆡ의 션지들이니(七빅二十ㅣ년)에 이ᄉ라엘이 망ᄒᆞᆫ후에 다 유다의게 예언ᄒᆞ엿ᄂᆞ니라

예레미야(六빅二十六년ㅣ五빅八十六년) 셰반이야(六빅二十六년)나훔(六빅八년)하바국(六빅년)가량

二、방츅ᄯᅢ에 션지ᄂᆞᆫ 혹 단이엘(六빅三년ㅣ五빅三十四년)에세기엘(五빅九十三년ㅣ五빅七十년)혹 오바듸아 (五빅八十六년後)

三、방츅후 션지ᄂᆞᆫ 학기 (五빅二十년) 세갈야(五빅二ㅣ년ㅣ五빅八년) 말나긔(四빅五十년)혹(요엘)

교회통신

◉감리회(미이미회)미
년회뎨一회 일긔
쥬후 一쳔九빅 十년 五월
十一일 샹오九시에 셔울 졍
동 뎨일회당에셔 죠션 예수
교 북감리회. 뎨 삼회(三回)
년회를 열신 감독 히리쓰씨
가 회쟝이되여 찬송가 뎨 六
쟝으로 인도후 감리ᄉᆞ 로불
씨가 고린도젼셔 十一쟝二十
三졀노 二十九졀 ᄭᆞ지 닑고
회쟝이 영어로 긔도ᄒᆞ매 로
불감리ᄉᆞ가 한어로 번역ᄒᆞ고
회쟝이 쥬쟝ᄒᆞ야 셩만찬 례
식을 베픈후에 긔회 대지를
셜명ᄒᆞ고 ᄉᆞ무를 볼ᄉᆡ 젼회
영어셔긔 르브스목ᄉᆞ가 참회
회원과 학습인졔씨를 젼회일
긔로 ᄎᆞ뎨호명ᄒᆞᆫ후 좌와ᄀᆞᆺ치
ᄉᆞ무를 쳐리ᄒᆞ다 영어셔긔는
르브스 목ᄉᆞ로 공쳔션뎡ᄒᆞᆫ후
로브스 목ᄉᆞ가 부셔긔를 뎀
잉 목ᄉᆞ로 ᄌᆞ벽ᄒᆞ고 한어 셔
긔는 목ᄉᆞ 손승용씨로 공쳔
션뎡ᄒᆞᆫ후 손목ᄉᆞ가 부셔긔를
목ᄉᆞ 장락도씨로 ᄌᆞ벽ᄒᆞ다
번역원은 케블 감리ᄉᆞ와 목
ᄉᆞ 현슌씨로 년회 보고위원
은 빌링쓰 목ᄉᆞ로 신문출판
위원은 목ᄉᆞ 젼덕긔씨로 공
쳔션뎡ᄒᆞ다
케블감리ᄉᆞ가 동의ᄒᆞ기를 ᄆᆡ
년회회셕은 젼도샹압흐로브
터 뎨六교의ᄭᆞ지 작뎡ᄒᆞ쟈ᄒᆞ
매 로불감리ᄉᆞ의 지쳥으로
좌우편교의 뎨三으로 범위를
삼아 가결되매 케블감리ᄉᆞ가
또 동의ᄒᆞ기를 부인회셕도
또ᄒᆞᆫ 우와ᄀᆞᆺ치 작뎡ᄒᆞ쟈ᄒᆞ야
가결되고 남감리회에셔 오는
손님과 밋 다른교회에셔 오
는 손님도 본회원과 일톄로
안ᄶᅵ 허락ᄒᆞ쟈ᄒᆞ야 가결되다
ᄆᆡ년회동안에 단의원과 ᄲᅡᆼ커
목ᄉᆞ는 찬송가인도위원으로
뎡ᄒᆞ쟈는 모씨의 동의가 가
결되다
케블감리ᄉᆞ가 뎨삼회 ᄆᆡ년회
슌셔를 랑독ᄒᆞ논ᄃᆡ 좌와ᄀᆞᆺ더
라
五월十一일샹오九시로 十시
ᄭᆞ지는 셩만찬 례식이오 ᄆᆡ
년회는 ᄆᆡ일샹오十시三十분
에 열고 보단과ᄉᆞ무쳐리는
ᄆᆡ일샹오十시三十분으로 十
二시三十분ᄭᆞ지ᄒᆞ되 十二일
노 十七일ᄭᆞ지ᄒᆞ고 ᄆᆡ일긔도
회는 샹오九시로 동九시三十
분ᄭᆞ지ᄒᆞ되 회쟝이 인도ᄒᆞᆷ
十五일쥬일샹오十시에 졍동
례ᄇᆡ당에셔 집ᄉᆞ픔밧을 졔씨
의게 안슈례를 힝ᄒᆞ고 감독
이 젼도ᄒᆞᆷ 동쥬일오후二시三
十분에 동대문안회당에셔 쟝
로픔밧을 졔씨의게 안슈례들
힝ᄒᆞ고 례ᄇᆡ당헌봉ᄒᆞ는 례식
을 힝ᄒᆞᆷ 동쥬일하오 七시 三
十분에 졍동례ᄇᆡ당에셔 빅만
명회긔식힐 문뎨로 로불감리
ᄉᆞ가젼도ᄒᆞᆷ ᄆᆡ년회동안 밤마
다 젼도회로 모히는ᄃᆡ 十一
일하오 八시三十분에 ᄆᆡ년회
문뎨로 번감 리ᄉᆞ가 젼도ᄒᆞᆷ
十二일하오 八시三十분에 금
쥬ᄒᆞᆷ 문뎨로 파월의ᄉᆞ가 젼
도ᄒᆞᆷ 十三일하오 八시三十분
에 국ᄂᆡ션교회문뎨로 모리시
감리ᄉᆞ가 젼도ᄒᆞᆷ 十四일하오
四시三十분에 홍릉에 담화회
로 나감 十六일하오 八시二
十분에 은긔렴문뎨로 셔감리
ᄉᆞ가 젼도 ᄒᆞᆷ이더라
케블감리ᄉᆞ가 각위원 션뎡ᄒᆞᆫ
일을 보고ᄒᆞ니 션교회지졍됴
사위원에 ᄲᅡᆼ커목ᄉᆞ 로불감리
ᄉᆞ 케블감리ᄉᆞ 파월의ᄉᆞ 모
리시감리ᄉᆞ오 친근회 위원은
감리ᄉᆞ 졔씨오 쳥원셔위원은
셔감리ᄉᆞ 공쥬 대목ᄉᆞ 르브
스목ᄉᆞ오 신학교 권면위원은
히리스감독과 ᄲᅡᆼ커목ᄉᆞ오 쟝
로회와 남감리회 츙의회위원
은 로불감리ᄉᆞ오 미국션교회
지졍됴사 위원은 으라ᄲᅦᆺ트노
른목ᄉᆞ오 부인 션교회 지졍
됴사위원은 헬만부인 밀나
부인이오 二十五년 은긔렴위
원은 로불감리ᄉᆞ ᄲᅡᆼ커목ᄉᆞ
셔감리ᄉᆞ 케블감리ᄉᆞ 모리시
감리ᄉᆞ 르브스목ᄉᆞ 뎀잉목
ᄉᆞ쥬목ᄉᆞ 푸라이부인 에스터
부인 헬만부인 현쓰부인오리
빈쓰부인 사부인 김목ᄉᆞ창
식 최목ᄉᆞ병헌졔씨오 금쥬와
풍쇽 기량위원은 공쥬 ᄲᅦᆫ버
스커의ᄉᆞ 공쥬 대목ᄉᆞ 으라
ᄲᅦᆺ목ᄉᆞ 슈원 대목ᄉᆞ 밀나부
인 현쓰부인이오 화락케ᄒᆞ는
위원은 빌링쓰교ᄉᆞ ᄲᅦᆫ버스키
의ᄉᆞ 공쥬 대목ᄉᆞ오 금년 ᄆᆡ
년회동안 일월례식 예비위원
은 케블감리ᄉᆞ 녕변 노든의ᄉᆞ
ᄲᅡᆼ커 목ᄉᆞ오 규측번역위원
은 케블감리ᄉᆞ 셔감리ᄉᆞ오
쥬일학교와 젼도지 예비위원
은 ᄲᅡᆼ커목ᄉᆞ 푸라이부인 르
브스목ᄉᆞ 우리암목ᄉᆞ 으라ᄲᅦᆺ
교ᄉᆞ 현스부인 으라쓰부인이

오 교회형편 시찰위원은 노름교ᄉᆞ 슈원 대목ᄉᆞ 쥬목ᄉᆞ오 젼도ᄉᆞ와 권ᄉᆞ의 파졍예비위원은 셔감리ᄉᆞ 공쥬 대목ᄉᆞ 졔씨더리
남감리회 목ᄉᆞ와 밋 그부인파 작년에 미국셔 새로 온 션교ᄉᆞ 노든귀씨와 밋 그 부인과 일본목ᄉᆞ 긔하리씨와 우락왤목ᄉᆞ가 회즁에셔샹견례를 힝ᄒᆞ다 도불감리ᄉᆞ가 동의ᄒᆞ되 부인 션교회의보고도 미년회 셔긔로 ᄒᆞ여곰 일긔에 간단히 부록ᄒᆞ자 ᄒᆞ매 르브스씨가 ᄀᆡ의ᄒᆞ되 부인 션교회의 보고젼부를 일긔에 부록케ᄒᆞ쟈ᄒᆞ야 가결되다
공쥬 음악회위원 대목ᄉᆞ 셔감리ᄉᆞ 케불감리ᄉᆞ 우리암목ᄉᆞ 반의원五씨가 찬숑가를 노래ᄒᆞ다
슈원 디방 감리ᄉᆞ 쌔득씨가 영어와 한어로 보단을 보고ᄒᆞ다 공쥬등디방 감리ᄉᆞ 케불씨가 영어로 보고 ᄒᆞ고 한어 보단은 아즉 쥰비치 못ᄒᆞ엿다고 셩명ᄒᆞ다 十四일 하오 四시에 홍릉으로가셔 담화회ᄒᆞ쟈고 부인회에셔 드린 쳥원셔에 ᄃᆡᄒᆞ야 그리ᄒᆯ줄로 가결되다
당일 오후에 본회당에셔 심사 위원졔씨가 모혀 미년회 학습될 졔씨와 집ᄉᆞ될졔씨를 심사ᄒᆞ기로 광고ᄒᆞ고 찬숑가 례일쟝을 ᄒᆫ후 회쟝의 츅ᄉᆞ로 뎡회ᄒᆞ다

교육

△가졍학(家政學)

뎨一 가졍의관계

녯글에 닐ᄋᆞᄃᆡ 근보이 어즈럽고 쯧을 다ᄉᆞ릴쟈가 업다ᄒᆞ엿스니 이는 근본이 서면 도가 싱홈이라 므롯 ᄒᆫ집은 ᄒᆫ 나라의 근본이 되ᄂᆞᆫ고로 ᄒᆫ나라를 잘다ᄉᆞ리랴면 몬져 그 나라에 거ᄒᆞᄂᆞᆫ 각ᄀᆡ인으로 ᄒᆞ여곰 그 집을 잘 다ᄉᆞ리게 ᄒᆯ지니 대개 ᄒᆫ 나라의 덕화는 ᄒᆫ 집안 덕화로 브터 시작ᄒᆞ며 ᄒᆫ 나라의 지졍은 그 근본이 ᄒᆫ 집안 경제에 잇고 국민의 강녕은 ᄒᆫ집안 위싱에 긔인(基因)ᄒᆞᄂᆞ니 이로 미루워 싱각ᄒᆞ면 사ᄅᆞᆷ마다 엇지 졔가(齊家)ᄒᆞᄂᆞᆫ 도에 용심치 아니ᄒᆞ리오 이는 곳 근본을 다ᄉᆞ림이니라

뎨二 가졍의대강

가졍학은 졔가ᄒᆞᄂᆞᆫ 도를 ᄀᆞᄅᆞ치ᄂᆞᆫ것인ᄃᆡ 그강령을 네부분으로 난ᄒᆯ수 잇ᄂᆞ니

一、집사ᄅᆞᆷ의 감독ᄒᆷ이오
二、집안의 풍범(風範)이오
三、집안의 위싱이오
四、집안의 지졍쓰ᄂᆞᆫ 법이니라

一、집 사ᄅᆞᆷ의 감독ᄒᆷ은 쥬부(主婦)의 칙임이니 대개 어린 ᄌᆞ녀의 가뎡교육을 엇더케ᄒᆞ며 늙은 부모의 공양을 엇더케ᄒᆞ며 로비의 ᄉᆞ역을 엇더케ᄒᆞ면 다 맛당ᄒᆯ넌지 잘 감독ᄒᆞᄂᆞᆫ 일이니라

二、집안 풍범의 션ᄒᆞ고 악ᄒᆷ도 또ᄒᆫ쥬부의 셩힝(性行)에 만히달녓ᄂᆞ니 쥬부된쟈 가히 삼가지 아니치 못ᄒᆯ것이니라

三、집안의 위싱은 가인의 건강(健康)을 보존ᄒᆞᄂᆞᆫ 방법이니 쥬부된쟈 맛당히 의복파 음식파 거쳐의 뎍당ᄒᆞ며 뎍당치 아니ᄒᆷ을 잘감찰ᄒᆯ것이라

四、집안재졍은 쥬부된쟈 맛당히 드러온것을 혜아려 나갈것을 계교ᄒᆞ야 ᄒᆫ집의 경제를 직힐지니라

실업(實業)

△농업요셜(農業要說)

◉죠션은 원리 농산물(農產物)이 풍족ᄒᆫ 나라이라 빅셩이 젼수히 농업을 힘써 싱활을 경영ᄒᆞ나 관개(灌漑)와 농긔(農器)에 ᄃᆡᄒᆞ야 녯졔도를 고수(固守)ᄒᆞ고 새로발달된 형젹을 보기 어렵도다 그런즉 모든것이 ᄀᆡ량되는 이시ᄃᆡ를 당ᄒᆞ야 불가불 몬져 농업을 확쟝ᄒᆯ 방침을 연구ᄒᆷ이 필요ᄒᆫ고로 이에 농업에 관계되ᄂᆞᆫ 여러가지 긴요ᄒᆫ 방법을 긔지ᄒᆞ야 무농ᄒᆞᄂᆞᆫ형뎨로 ᄒᆞ여곰 의견을 넓히고 지식을 새롭게ᄒᆞ기를 원ᄒᆞᄂᆞᆫᄃᆡ 몬져 토디의 셩질(性質)이 각각 다름으로 그 경리(經理)ᄒᆞᄂᆞᆫ 방법이 또ᄒᆫ ᄀᆺ지아니ᄒᆷ을 말ᄒᆞ노라

뎨一 양토(壤土)

◉므릇 농작(農作)을 시험ᄒᆷ에 첫재 토디의 셩질을 분별ᄒᆞ여야 랑패ᄒᆞᄂᆞᆫ 폐단이 업슬지니 만약 토디의 셩질을 알지못ᄒᆞ면 그때에 무삼 식물(植物)이 뎍당ᄒᆯᄂᆞᆫ지 또ᄒᆫ 그 흙에 무삼비료(肥料) 가

합당ᄒᆞᆫ지 젼혀 망ᄆᆡᄒᆞ야 손해를 당ᄒᆞᆯ것이니 이러홈으로 농학에 힘쓰ᄂᆞᆫ쟈ㅣ ᄆᆡ양 토디의 셩질브터 몬져 연구(研究)ᄒᆞᄂᆞ니라 대뎌 토디의 셩질이 여러가지가 잇스되 다만 우리 나라에 잇ᄂᆞᆫ 여셧가지 죵류만 말ᄒᆞ노니 뎨일 양토란것은 속담에 참흙이라 이흙은 진흙과 모ᄅᆡ가 서로 혼잡ᄒᆞ야 된것이니 그셩질이 파히 견강치도 안코 파히 무력지도 아니ᄒᆞ야 능히 공긔와 태양 긔운을 소통케ᄒᆞᆯᄲᅮᆫ더러 그 즁량(重量)이 ᄯᅩᄒᆞᆫ 무거온고로 바람에 ᄂᆞᆯ니지도 안코 쟝마비에 잘 흐르고 문너지지도 아니ᄒᆞ고 갈고 ᄆᆡ기도 쉬우며 무슴식물이던지 그 ᄲᅮ리가 구속(拘束)되지 아니ᄒᆞ야 임의로 발달되ᄂᆞᆫ고로 여러가지 흙즁에 ᄀᆞ장 샹등이라ᄒᆞ고

뎨二 식토(埴土)

⊙식토란것은 속담에 찰흙이라 혹 진흙이라ᄒᆞᄂᆞ니 이 흙은 극히 세밀ᄒᆞ고 견강ᄒᆞ야 기름진 긔운을 만히 포함(包含)ᄒᆞᆫ고로 초목을 발셩케ᄒᆞᄂᆞᆫ힘이 대단ᄒᆞ나 너머 굿세고 ᄎᆞ진고로 식물의 ᄲᅮ리가 임의로 펴고 발달치 못ᄒᆞ야 특별ᄒᆞᆫ 비료를 쓰지아니ᄒᆞ면 못되ᄂᆞ니 그 ᄎᆞ진 긔운이 심ᄒᆞᆫ 쟈ᄂᆞᆫ 질그릇과 기와를 굽ᄂᆞᆫ티 합당ᄒᆞᆯᄲᅮᆫ이니라

뎨三 사토(砂土)

⊙사토란것은 모ᄅᆡ흙이니 젼수히 모ᄅᆡᄲᅮᆫ아니라 찰흙도 략간 혼합ᄒᆞᆫ쟈니 이 흙은 갈고 ᄆᆡ기가 쉬우며 공긔와 물긔운을 소통ᄒᆞ기 쉬운지라 비록 비료를 함츅(含蓄)ᄒᆞᆫ 힘이 부족ᄒᆞ나 연약ᄒᆞᆫ 식물은 ᄀᆞ장 뎍당ᄒᆞ다 ᄒᆞᄂᆞ니라

뎨四 력토(礫土)

⊙력토란것은 순젼ᄒᆞᆫ 죄악돌 혹 돌지갈「와륵」로 일운 흙이니 이흙은 슈목(樹木)심으기에만 뎍당ᄒᆞ니라

뎨五 로토(壚土)

⊙로토란것은 곳 썩은흙이니 여러히 초목의 락엽이 ᄡᅡ여 흙과 함ᄭᅴ 썩은것인고로 어디던지 비료를 만히ᄒᆞ야 농ᄉᆞ 짓던ᄯᅡ은 다 로토의 셩질이 잇ᄂᆞᆫ지라 이흙은 참 흙이 아니나 태양의 더온 긔운이 빗최ᄂᆞᆫ 곳에ᄂᆞᆫ 식물이 싱쟝ᄒᆞ기 심히 속ᄒᆞ나 ᄯᅩᄒᆞᆫ 실패홈도 용이ᄒᆞᆫ지라 그런고로 이흙은 특별ᄒᆞᆫ 방법을 힝홈이 뎍당ᄒᆞ니라

뎨六 도니(塗泥)

⊙도니란것은 그 시초에는 참흙이나 여러히 물에 씻기고 풍우에 포로(暴露)되야 그 함츅ᄒᆞᆫ 간(鹻)기운과 기름 긔운이 다 업셔지고 그 셩질이 가바얍고 숑글숑글ᄒᆞ야 져져도 ᄎᆞ진 셩질이 조곰도 업고 말나도 슈렴(收斂)ᄒᆞᄂᆞᆫ 근긔가 업고 바람을 ᄯᅡ라 ᄂᆞᆯ아흣 허지ᄂᆞᆫ 흙을 일움이라 이 흙은 곡식이나 나물이나 나무가 셩슉(成熟)ᄒᆞ지 못ᄒᆞᆯ것이로티 ᄯᅩᄒᆞᆫ 특별ᄒᆞᆫ 비료를 쓰면 능히 공을 일울지니 그 비료 베프ᄂᆞᆫ 방법은 다음에 셜명ᄒᆞ겟노라

담총(談叢)

⊙셰계六대쥬인구의총수

셰계 六대쥬 인구의 총수를 말ᄒᆞ자면 아셰아쥬에 八억五천만명이오 구라파쥬에 二억八천二十만명이오 아비리가쥬에 一억二천만명이오 복아미리가쥬에 八천六百二十五만명이오 남아미리가쥬에 二천六빅四十二만명이오 호래리쥬에 四빅七十三만명이러라

⊙각교인의수효

셰계 각교인의 수효를 대강 말ᄒᆞ자면 예수교인이 一억三천五빅만명이오 텬쥬 교인이 一억九천五빅만명이오 유도 불도 션도 三교인의 총수가 四억二천五빅만명이오 회랍교인이 八천五빅만명이오 파라문교인이 二억七빅만명이오 회회교인이 一억八천五빅만명이오 유태교인이 八빅만명이오 무죵교인이 二억三천五빅만명이러라

⊙셰계의신문수효

셰계 각국의 신문수효ᄂᆞᆫ 영국에 六천五빅죵이오 미국에 一만六천九빅四十八죵이오 덕국에 六천죵이오 법국에 四천二빅죵이오 일본에 二천죵이오 의대리에 一천죵이오 하란에 회랍에 六빅죵이오 三천죵이러라

축사

⊙挿朝鮮에監理敎會가設立된지二十九年間에敎勢隆興ᄒᆞ야

明治四十四年一月三十一日印刷

八域에 布及홈으로 而今各道에 敎會의 設置가 無處不至ᄒᆞ고 特히 平壤은 數年前에 信仰의 一大復興이 有ᄒᆞᆫ 以來로 一般宗敎界에 靈火焰上ᄒᆞ야 世界萬國으로 ᄒᆞ여곰 朝鮮의 大復興홈을 遂知케ᄒᆞ며 諸事整備ᄒᆞ엿스나 아직 監理敎會의 機關新聞이 無홈을 因ᄒᆞ야 遺憾이 有ᄒᆞ더니 果然今也에 聞有此擧ᄒᆞ고 不勝欣喜ᄒᆞ며 余도 宣敎의 任을 帶ᄒᆞ고 此地에 來ᄒᆞᆫ지 已閱六星霜半에 此處宣敎師와 牧師와 傳道師와 敎徒諸君과 交遊홈으로 朝鮮의 事情을 稍知ᄒᆞ고 朝鮮의 同胞는 上帝씨로브터 宗敎的 民族이 되라시는 大使命을 受ᄒᆞᆫ 줄노 思惟ᄒᆞ더니 此際에 그리스도會報의 發行홈을 見ᄒᆞ고 其責任이 不可不重且大也며 日新界의 大木鐸되기를 願ᄒᆞ야 用且祝詞ᄒᆞᄂᆞ니다

日本監理敎會京城部長

木原外七

◎二十세긔는 무ᄉᆞᆷ일이던지 경쟁ᄒᆞᄂᆞᆫ 즁에셔 되여가ᄂᆞᆫ 시더라 ᄂᆞᆷ의 잘ᄒᆞᄂᆞᆫ 것을 본밧으며 나의 잘못ᄒᆞᄂᆞᆫ 것을 드러내여 나도 남보다 낫게 되기를 도모ᄒᆞᄂᆞᆫ 때이죠 남들이 엇더케 ᄒᆞ여 가ᄂᆞᆫ 것을 아ᄂᆞᆫ 것이 이 시ᄃᆡ에 사ᄂᆞᆫ 사ᄅᆞᆷ들이 뎨一 긴급ᄒᆞᆫ 일이라 우리나라 교를 크게 흥왕식히쟈면 경향 각회당에셔 피ᄎᆞ에 큰 관계되ᄂᆞᆫ 일을 서로 알어야 ᄒᆞ겟고 또ᄒᆞᆫ 외국 각교회에셔 엇더케 ᄒᆞ여 가ᄂᆞᆫ 큰관계도 대강 알어야 홀지니 이는 교회보가 아니면 될수업ᄂᆞᆫ비라 그럼으로 다른 관계는 다 물론ᄒᆞ고 이것 ᄒᆞᆫ가지로만 말ᄒᆞ여도 귀 신문의 발힝되ᄂᆞᆫ 것이 과연 일국의 다힝이라 다만 귀신문이 젼국교회에 ᄒᆞᆫ 유력ᄒᆞᆫ 긔관이 되기를 츅슈ᄒᆞᄂᆞ이다

무하박ᄉᆞ긔독쳥년회학감

李承晩

◎조션교회의 속히 발달되을 위ᄒᆞ야 ᄀᆞ쟝 시급히 필요ᄒᆞᆫ 것은 젹당ᄒᆞᆫ 교회신문인줄노 싱각ᄒᆞᆫ지 오래더니 다힝히 하ᄂᆞ님의 권우(眷佑)ᄒᆞ심을 힘닙어 그리스도 회보 간힝홀 익을 시작ᄒᆞᄂᆞᆫ 즁인즉 지실노 하ᄂᆞ님께 감샤홈을 마지아니ᄒᆞ며 이 회보가 쟝ᄎᆞᆺ 각쳐교회의 모든 교우를 ᄀᆡ도(開導)ᄒᆞ며 교유(敎諭)홈에 ᄃᆡᄒᆞ야 무ᄉᆞᆷ 다른 단슌ᄒᆞᆫ 긔관보다 일을 더만히 홀것이오 또ᄒᆞᆫ 우리 쥬예수그리스도의 지식과 은혜가 온ᄃᆡ ᄌᆞ라기를 원ᄒᆞᄂᆞᆫ 모든 형뎨와 ᄌᆞᄆᆡ의게 몬져 무한ᄒᆞᆫ 환영을 밧을 줄노 밋고 ᄇᆞ라ᄂᆞ이다

감리회목ᄉᆞ 河鯉泳

○샤고

◎본보를 익독ᄒᆞ시ᄂᆞᆫ 졔군ᄌᆞ의 주의ᄒᆞ실일

一、이회보를 구람코져ᄒᆞ시면 셩명과 거쥬를 긔록ᄒᆞ야 본샤로 보내실일

一、이회보를 보시다가 이ᄉᆞᄒᆞ시거던 그 이ᄉᆞᄒᆞᆫ 거쥬를 ᄌᆞ셰히 긔록ᄒᆞ야 본샤로 통지ᄒᆞ시와 헛되히 비달케 마십일

一、이회보를 ᄃᆡ금은 一쟝에 三젼 一ᄀᆡ월에 五젼 六ᄀᆡ월에 二十五젼 一년에 五十젼이니 선금으로 보내실일

一、누구던지 이회보에 유익ᄒᆞᆫ 론셜이나 긔셔나 짜르고 ᄌᆞ미잇ᄂᆞᆫ 쇼셜이나 우리 교회에 관계된 잡보 져료를 긔록ᄒᆞ야 본샤로 보내시면 대단히 감샤ᄒᆞ겟습고 긔지여부ᄂᆞᆫ 본샤 ᄌᆞ유에 맛기실일

一、ᄂᆡ외국에셔 본보의 지샤되기를 원ᄒᆞ시면 쳥원서를 우편으로 뎨출ᄒᆞ실일

一、본샤에 셔신을 붓치시고 회답을 보고져ᄒᆞ시면 수표를 동봉ᄒᆞ야 보내시던지 왕복엽셔를 쓰실일

一、이신문 샹면의 련폭된것을 그대로 보내오니 보실때에 버히고 보실일

광고

◎감리회츈긔신학회를 본년二월(양력)十五일샹오九시三十분에 경셩죵로쳥년회관니에셔 셜힝홀터인ᄃᆡ 그때에 一二년급학원은 뎨ᄒᆞᆫ셔론피졍으로 시험홀때에다 보고홀것이며 三년급학원은 四월四일에 샹학홈

감리회목ᄉᆞ 河鯉泳

每月二回發行
明治四十四年二月十一日印刷
明治四十四年二月十五日發行

發行兼編輯人 北部社洞 奇義男
印刷人 北部南正峴 朴東完
印刷所 京城西小門內法韓印刷所
發行所 北部社洞 奇義男

[代金] 대금 一쟝 三젼
一ᄀᆡ월 五젼
六ᄀᆡ월 二十五젼
一ᄀᆡ년 五十젼

광고료 四호활ᄌᆞ 一항 一회 五젼
활ᄌᆞ 대쇼와 항수 다쇼와 긔한 쟝단을 ᄯᆞ라 증감ᄒᆞᆷ

형뎨와 ᄌᆞ미의게

⊙하ᄂᆞ님의 ᄯᅳᆺ과 밋ᄂᆞᆫ쟈의 긔도

대개 하ᄂᆞ님의 ᄯᅳᆺ은 명명ᄒᆞᆫ 가온ᄃᆡ서 밋ᄂᆞᆫ쟈를 위ᄒᆞ야 ᄒᆞᆼ샹 됴ᄒᆞᆫ것을 예비ᄒᆞ시ᄂᆞ니 곳 로마 八쟝 二十八졀에 닐온바 하ᄂᆞ님을 ᄉᆞ랑ᄒᆞ고 그ᄯᅳᆺ대로 브르심을 닙은 사ᄅᆞᆷ의게ᄂᆞᆫ 모든일이 합동ᄒᆞ야 유익ᄒᆞ게 된다 ᄒᆞᆷ이라 여긔ᄃᆡᄒᆞ야 ᄒᆞᆫ가지 증거를 말ᄒᆞ고져ᄒᆞ노니 미국 벤닝돈 대학교 교쟝 오한론씨가 년젼에 뉴져셰 디방 미년회에서 ᄌᆞ긔의 소경력을 셜명ᄒᆞᄃᆡ ᄌᆞ긔가 처음에 몃히동안 젼도ᄒᆞᄂᆞᆫ 일노 죵ᄉᆞᄒᆞ다가 ᄌᆞ긔 학식이 좀 부족ᄒᆞᆷ을 근심ᄒᆞ야 다음 년회에 만일 본교회에서 밀론이라ᄂᆞᆫ 디방으로 파송ᄒᆞᆯ것ᄀᆞᆺᄒᆞ면 그곳에 잇ᄂᆞᆫ 러트거 대학교에서 공부ᄒᆞ기를 ᄆᆞ옴으로 예뎡ᄒᆞ고 그엘을 좌우쥬셔ᄒᆞᆫ후에 다음년회에 ᄃᆡ방ᄒᆞ더니 급기 탁방되ᄂᆞᆫ 날에 본죽 밀튼 디방이 아니라 남져셰디방으로 파송되엿ᄂᆞᆫ지라 오한론씨가 대단히 락심ᄒᆞ여 ᄌᆞ긔집으로 도라와서 눈물을 먹음고 긔도ᄒᆞ기를 마지아니ᄒᆞ엿더니 필경은 셩신ᄭᅴ서 그 ᄆᆞ옴을 위로ᄒᆞ샤 모든일을 다 하ᄂᆞ님의 ᄯᅳᆺ에 돌니고 파송된디방으로가서 힘써 젼도ᄒᆞᆫ 결과로 一년동안에 五ᄇᆡᆨ여명의 신쟈를 엇으매 본교회에서 포쟝(褒彰)ᄒᆞᄂᆞᆫᄯᅳᆺ을 보이기 위ᄒᆞ야 불너 올녀서 대학교에 입학케ᄒᆞ야 졸업ᄒᆞᆫ후 오ᄂᆞᆯ날 종교가의 유명ᄒᆞᆫ 사ᄅᆞᆷ이 되엿슨즉 밋ᄂᆞᆫ쟈의게 ᄃᆡᄒᆞᆫ 하ᄂᆞ님의 ᄯᅳᆺ이 이와ᄀᆞᆺ도다

또 밋ᄂᆞᆫ쟈의 긔도ᄂᆞᆫ 반ᄃᆞ시 그 목뎍을 도달ᄒᆞᄂᆞ니 곳 마가十一쟝卄졀에 닐ᄋᆞ신바「내가 너희게 말ᄒᆞ노니 무엇이던지 빌고 구ᄒᆞᄂᆞᆫ것을 임의 밧으리라 ᄒᆞ신이라」 또 여긔ᄃᆡᄒᆞᆫ 증거를 말ᄒᆞ고져ᄒᆞ노니 셔ᄉᆞ국 엇던사ᄅᆞᆷ둘이 서로 원슈가 되여 긔회를 엇으면 반ᄃᆞ시 죽이기를 ᄶᅬᄒᆞ더니 그후에 ᄒᆞᆫ사ᄅᆞᆷ이 회ᄀᆡᄒᆞ여 쥬 예수를 진실히 밋음으로 날마다 긔도ᄒᆞ기를 「ᄌᆞ긔의 원슈된 사ᄅᆞᆷ의 ᄆᆞ옴을 셩신으로 감화ᄒᆞ샤 뮈워ᄒᆞᄂᆞᆫ ᄆᆞ옴을 변ᄒᆞ샤 ᄉᆞ랑ᄒᆞᄂᆞᆫ ᄆᆞ옴이되며 죽이고져ᄒᆞᄂᆞᆫ 싱각을 도리켜 도아주고져 ᄒᆞᄂᆞᆫ싱각이 되게ᄒᆞ시옵쇼셔」ᄒᆞ엿더니 이와ᄀᆞᆺ치 ᄒᆞᆫ지 몃달만에 하로ᄂᆞᆫ 뷘방에 업ᄃᆡ려 이긔도를 드리ᄂᆞᆫᄃᆡ 밧게서 문두ᄃᆞ리ᄂᆞᆫ 소리가 들니거ᄂᆞᆯ 급히 나가본즉 그ᄂᆞᆫ 다른사ᄅᆞᆷ이아니라 곳 ᄌᆞ긔의 원슈 되엿던 사ᄅᆞᆷ이라 그손을 잡고 방으로 드러와서 그 온ᄯᅳᆺ을 무른ᄃᆡ ᄃᆡ답ᄒᆞ기를 젼에ᄂᆞᆫ 내가 ᄒᆞᆼ샹 그ᄃᆡ 죽이기를 ᄶᅬᄒᆞ더니 근쟈에ᄂᆞᆫ 내ᄆᆞ옴이 ᄌᆞ연히 변ᄒᆞ여 그ᄃᆡ의게 ᄃᆡᄒᆞ던 허물을 뉘우치고 그ᄃᆡ의게 샤과ᄒᆞᆯ 싱각이 날바다 군졀ᄒᆞᆫ고로 오ᄂᆞᆯ은 내가 ᄆᆞ옴으로 작뎡ᄒᆞ고 왓노라 ᄒᆞ거ᄂᆞᆯ 그 사ᄅᆞᆷ이 또ᄒᆞᆫ 긔도ᄒᆞᆫ 목뎍을 셜명ᄒᆞᆫ매 두사ᄅᆞᆷ이 인ᄒᆞ야 뎐혐을 니져ᄇᆞ리고 쥬를 진실히 밋ᄂᆞᆫ쟈들이 되엿다ᄒᆞ니 우리ᄉᆞ랑ᄒᆞᄂᆞᆫ 형뎨와 ᄌᆞ미ᄂᆞᆫ 다하ᄂᆞ님의 ᄯᅳᆺ을 좃차 밋음으로 ᄒᆞᆼ샹 긔도ᄒᆞ기를 깁히 ᄇᆞ라노라

사설

⊙령혼의복잇는 이목(耳目)

사ᄅᆞᆷ의 ᄆᆞ음이 만일 완악ᄒᆞ면 귀와 눈이 비록 잇슬지라도 신령ᄒᆞᆫ 말ᄉᆞᆷ을 듯지도 못ᄒᆞ고 긔이ᄒᆞᆫ힝적을 보지도못ᄒᆞ리니 이사야의 예언과 ᄀᆞᆺ치 듯기는 드러도 도모지 ᄭᆡ듯지 못ᄒᆞ며 보기는 보아도 도모지 알지못ᄒᆞ야 눈이 감기고 귀가 막힘과 다름이 업거니와 예수ᄭᅴ셔 ᄀᆞᆯᄋᆞ샤ᄃᆡ 너희 눈이 복이 잇슴은 봄이오 귀가 복이 잇슴은 드름이라 ᄒᆞ셧스니 하ᄂᆞ님의 은혜가 밋는쟈의게 풍셩ᄒᆞ샤 눈으로 보고 능히 ᄭᆡᄃᆞᆺ게 ᄒᆞ시며 귀로 듯고 능히 알게ᄒᆞ셧도다 그런즉 사ᄅᆞᆷ의 육신샹에 뎨일 긴요ᄒᆞᆫ 긔관이 무엇이뇨ᄒᆞ면 비록 삼쳑동ᄌᆞ라도 반드시 ᄃᆡ답ᄒᆞ기를 눈과 귀라ᄒᆞ리로다 우리 ᄉᆞ랑ᄒᆞ는 형뎨와 ᄌᆞᄆᆡ여 령혼은 육신의 쥬인이라 비유컨ᄃᆡ ᄒᆞᆫ 집에 쥬인이 업스면 가쟝즙물과 문방제구의 일용샹힝지물이 아모리 화려ᄒᆞᆯ지라도 다 소용이 업ᄂᆞᆫ것과 ᄀᆞᆺ치 육신에 령혼이 업스면 이목구비와 ᄉᆞ지ᄇᆡᆨ톄가 갓초 잇슬지라도 조곰도 능력이 업슨즉 사ᄅᆞᆷ의게 뎨一 귀중ᄒᆞᆫ것은 령혼이아니뇨 그런고로 사ᄅᆞᆷ마다 잠시 잇는 육신만 싱각ᄒᆞᆯ것이 아니라 영원 무궁히 잇슬 령혼을 엇더케 보양ᄒᆞ며 엇더케 교통ᄒᆞᆯ 방법을 불가불 연구ᄒᆞᆯ것인ᄃᆡ 그 방법은 다른것이 업고 우리 령혼의 듯고 보는 긔계가된 우리 이목을 춍명케ᄒᆞ며 광대케 ᄒᆞ야 령혼계의 오묘ᄒᆞᆫ리치와 신션ᄒᆞᆫ 소ᄅᆡ를 능히 드롤수도 잇고 볼수도 잇게ᄒᆞᆷ이니 본보가 이ᄎᆡᆨ임의 대부분을 부담ᄒᆞ엿다고 말ᄒᆞ야도 가ᄒᆞᆯ지라 그럼으로 본보를위ᄒᆞ야 붓대를 잡은쟈 一단셩심으로 하ᄂᆞ님ᄭᅴ 긔도ᄒᆞ는바는 본긔쟈를 셩신으로 인도ᄒᆞ샤 아모됴록 유익ᄒᆞᆫ 말ᄉᆞᆷ과 긔이ᄒᆞᆫ 소식으로 본보의 지면을 단쳥케ᄒᆞ야 ᄋᆡ독ᄒᆞ시는 졔군ᄌᆞ의 령혼을 ᄌᆞ양ᄒᆞ며 이목을 깃브게 ᄒᆞ심이오 둘재 ᄋᆡ독ᄒᆞ시는 졔군ᄌᆞ로 ᄒᆞ여곰 듯고 ᄭᆡ드르며 보고 알아셔 귀도 복이잇고 눈도 복이잇게 ᄒᆞ심이니 우리 형뎨와 ᄌᆞᄆᆡ는 만나기 어려온 이긔회를 일치말고 이회보를 집집마다 구람ᄒᆞ야 교회 긔관을 발젼케ᄒᆞ며 뎐국 복음을 전파케ᄒᆞ는 의무를 직히시기를 깁히 ᄇᆞ라ᄂᆞ이다

교즁휘문 (敎中彙聞)

△ᄂᆡ보▽

⊙一。왕。一。리。 본샤쟝 긔의람씨와 목ᄉᆞ 하리영씨가 계샤회와 사경회에 참예ᄒᆞ기 위ᄒᆞ야 김화 츈쳔등디로 하왕ᄒᆞᆷ은 전호에 게ᄌᆡᄒᆞ엿거니와 본샤쟝은 김화 계샤회를 뭇치고 본월 十三일간에 철원디방으로 젼왕ᄒᆞ고 하리영씨는 츈쳔 사경회를 뭇치고 지작일에 귀경ᄒᆞ엿더라

⊙야。학。신。셜。 경셩 졍동 비지학당에셔 특별히 쳥년교우즁에ᄉᆞ무를 인ᄒᆞ야 학교에 ᄃᆞᆫ니지 못ᄒᆞ는 형뎨를 위ᄒᆞ야 히학당ᄂᆡ에 야학을 셜시ᄒᆞ고 셩경과 영어와 일어와 산슐과 ᄂᆡ외국 디지와 력ᄉᆞ를 교슈ᄒᆞ는ᄃᆡ 학원이 九十여명이라더라

⊙감。샤。ᄒᆞᆫ。형。뎨。 경셩 셔강 근쳐 염챵에 잇는 우리 감리회 형뎨즁 모모씨가 월젼에 본교회에셔 ᄌᆞ퇴ᄒᆞ고 안식교회로 드러갓다가 져간에 깁히ᄭᆡᄃᆞ른것이 잇셔 다시 본교회로 도라왓다ᄒᆞ니 우리는 감샤ᄒᆞᆷ을 마지아니ᄒᆞ노라

⊙신。학。시。험。셩。젹。 작년즁에 량감리회에셔 신학회를열고 인류학과 구약히셕과 실용신학과 신약히셕의 네과졍으로 시험을 밧앗는ᄃᆡ 평균 九十뎜이샹 우등싱은 쟝낙도 홍죵슉 홍순탁 한인슈 김광식 졔씨오 八十뎜이샹은 현셕칠 박봉ᄂᆡ 오긔션 리은영 한챵셥 쥬한명 졍츈슈 고종철 리익모 리지셩졔씨오 七十뎜이샹은 죠ᄂᆡ덕 리능도 박원빅 박영찬 김병권 리창회 송의쥬 박현일 김지찬 안창호졔씨러라

△외보▽

⊙긔。도。와。의。연。 미국 씨온혜랄드라는 신문에 게ᄌᆡᄒᆞᆫ바를 의지ᄒᆞᆫ즉 월젼에 감리회(미이미회) 감독 히리스씨와 깃힙펠부인이 ᄲᅢᆺ스톤녀션교총회에셔 연셜ᄒᆞᆫ 결과로 이 션교회도 외국 션교즁앙총회와 련합ᄒᆞ야 죠션을 위ᄒᆞ야 특별의연금을 모집ᄒᆞ기로 작

뎡ᄒᆞ고 거월 二十九일은 죠션에 션교ᄒᆞᄂᆞᆫ일로 긔도ᄒᆞ며 의연금 거두ᄂᆞᆫ날노 뎡ᄒᆞ엿다더라

⊙죠씨연셜●●●● 작년 十二월 十九일에 미국쌔스톤 감리회교우대쳔목회에셔 죠션 감리회 경셩 디방 젼감리ᄉᆞ 죠원시씨가 죠션 션교문뎨로 연셜ᄒᆞ엿다더라

셩경공과

⊙히브리 예언의 셔론(속)

이스라엘왕 옴으리(혹 九ᄇᆡᆨ 八三十六년ㅣ九ᄇᆡᆨ二十五년ᄇᆡᆨ九十三년ㅣ八十二년)가 ᄌᆞ긔 나라 셩립을 견고케 ᄒᆞ기 위ᄒᆞ야 두르왕으로 더브러동밍ᄒᆞ고 ᄌᆞ긔 아돌 아합을 두르왕의 ᄯᆞᆯ 여세벨과 혼인ᄒᆞ게ᄒᆞᆷ으로 말미암아 그 동밍을 확중ᄒᆞ엿더니 아합이 즉위ᄒᆞᆫ후에 졍치상ᄉᆞ무에만 젼력ᄒᆞ고 종교상 일에ᄂᆞᆫ 류의치 아니ᄒᆞ매 그 왕비 여세벨온 엇더ᄒᆞ던지 종교에 열심이 잇고 곳 왕의게 여러가지 인허를 엇어 그 셤기ᄂᆞᆫ 신 바알의게 ᄀᆞ장 놉흔 자리를 주께ᄒᆞ며 죠뎡의 졍치을 다 종교상 ᄉᆞ무로 명령ᄒᆞ매 오래지 아니ᄒᆞ여셔 ᄇᆡᆨ셩들이 다ᄉᆞᄉᆞ 리익을 위ᄒᆞ야 무ᄉᆞᆷ 일이던지 ᄒᆞᆯ때 거즛 션지쟈의 지도(指導)ᄒᆞᆷ을 닙어 바알을 숭ᄇᆡᄒᆞ엿고 이 거즛신을 여호와 ᄀᆞᆺ치 셤기기를 허락ᄒᆞᆷ은 ᄎᆞᆷ 션지쟈들이 대역부도로 ᄉᆡᆼ각ᄒᆞ엿ᄂᆞ니 이위급ᄒᆞᆫ때에 여호와의 큰ᄃᆡ표쟈로 엘니야와 엘니사가 니러나셔 필경 거즛 신 숭ᄇᆡᄒᆞᄂᆞᆫ것을 이스라엘에셔 내여 쫏고 밋음업ᄂᆞᆫ 죠(朝)ᄂᆞᆫ 그위를 업게ᄒᆞᆷ으로 공을 닐우엇ᄂᆞ니라(八ᄇᆡᆨ 九十二년 혹 八ᄇᆡᆨ四十九년)가량에 엘니사로 령슈를 삼은 션지쟈의 파가 쥬쟝ᄒᆞᆫ 모계를 인ᄒᆞ야 예후가 즉위ᄒᆞ엿더라 그러나 예후가 ᄎᆞᆷ 종교를 위ᄒᆞ야 샹관치 안코 과연 바알의 교ᄂᆞᆫ 업시ᄒᆞ엿스나 그ᄃᆡ신에 九ᄇᆡᆨ八十년에 여로보암 一셰가 쳔ᄒᆞᆫ바 슈소 숭ᄇᆡᄒᆞᄂᆞᆫ 이교(異敎)를 복구ᄒᆞ엿고 (왕상十二〇卄六ㅣ卅二)졍치상으로도 예후의 지위ᄒᆞᆫ 동안에 지변이 만ᄒᆞᆷ을 확인 確認ᄒᆞ엿스며(왕하十〇卌二ㅣ卌三) 그 아돌 예호아하쓰의 지위ᄒᆞᆫ 동안에도 불힝ᄒᆞᆫ 일이 련속ᄒᆞ엿고 (왕하十三〇三ㅣ七) 예호아하쓰를 니여 즉위ᄒᆞᆫ 왕의 시ᄃᆡ에ᄂᆞᆫ 이스라엘의 힝복이 다시 도라오기를 시작ᄒᆞ엿ᄂᆞ니라(왕하 十三〇廿五)

이스라엘이 수리아의 업습ᄒᆞᆷ으로 혹독히 패를 당ᄒᆞᆫ후에 요단강 동편에 잇ᄂᆞᆫ 모든 강토를 다 일허ᄇᆞ리고 (왕하十〇卌二)「곡식을 타작ᄒᆞᄂᆞᆫᄃᆡ 몬지갓치」되엿스나 (왕하十三〇)그러나 앗수르아의 군병이 나와셔 수리아를 강박ᄒᆞ야 셔남변경으로 브터 퇴군케ᄒᆞ고 병력을 동남방으로 집합(集合)ᄒᆞ야 그유력ᄒᆞᆫ 원슈를 ᄃᆡ젹ᄒᆞ엿ᄂᆞ니라 이로써 이스라엘이 ᄌᆞ유를 엇고 국운이 다시 왕셩ᄒᆞ기를 시작ᄒᆞ야 그 일허ᄇᆞ렷던 강토를 회복ᄒᆞ엿ᄂᆞ니라 八ᄇᆡᆨ卌二ㅣ七ᄇᆡᆨ九十二년간에 여로보암 뎨二셰가 지위ᄒᆞᆫ 동안에 이 왕셩ᄒᆞᆷ이 극도(極度)에 달ᄒᆞ야 그일허ᄇᆞ렷던 강토만 회복ᄒᆞᆯ뿐아니라 각방면으로 강토를 확쟝ᄒᆞ엿더라 (왕하十四〇卄三ㅣ卄八)이 싸홈의 승젼과 샹업의 부흥과 그 나라 부원(富源)의 발달됨이 이스라엘을 세력의극도에 올님으로 그힝복이 솔노문시ᄃᆡ 이리로 누린것보다 더큰지라 ᄇᆡᆨ셩들이 그 안에셔 방탕ᄒᆞ야 후환을 ᄉᆡᆼ각지 아니ᄒᆞ며 앗슈르아라도 두려워 아니ᄒᆞᆷ은 그나라이 그때에 ᄂᆡ졍과 ᄂᆡ란과 악병을 진졍ᄒᆞ기에 골몰ᄒᆞᆫ ᄭᆞ닭이니라 이 힝복이 이스라엘의 졍ᄉᆞ 잡은쟈로 부권(富權)을 겸비케 ᄒᆞᆫ지라 이럼으로 샤치ᄒᆞᆷ과 음란ᄒᆞᆷ과 방탕ᄒᆞᆷ이 곳상례(常例)가 되여 모든 도덕과 ᄎᆞᆷ 종교ᄂᆞᆫ 일허ᄇᆞ리고 례ᄇᆡᄒᆞᄂᆞᆫ 형식만 직혀 가매 이것이 이제ᄂᆞᆫ 하ᄂᆞ님의 거륵ᄒᆞ신 셩픔을 공경치 아니ᄒᆞ며 공변됨을도라 보지아니ᄒᆞᆷ으로 간난ᄒᆞᆫ ᄇᆡᆨ셩의 졍형은 이에셔 더 곤궁ᄒᆞᆯ수 업슨즉 셰랍을 독촉ᄒᆞᄂᆞᆫ 압졔 밋혜셔 탄식ᄒᆞ며 사룸이 아니오 짐싱ᄀᆞᆺ치 ᄃᆡ졉ᄒᆞᆷ을 밧앗ᄂᆞ니라 여로보암 뎨二셰가 이스라엘의 국경을 북으로 확쟝ᄒᆞᆯ때에 옷시야ᄂᆞᆫ 남방으로 유대국을 견교케

ᄒᆞᄂᆞᆫᄃᆡ 그가 필네셰 사ᄅᆞᆷ으로 더브러 싸화 승젼ᄒᆞ고 더희 강토 얼마를 ᄌᆞ기 나라에 합병ᄒᆞ엿고 암몬인과 에돔ᄇᆡᆨ셩은 다 ᄌᆞ긔의 심복이 되엿더라 그가 예루살넴과 ᄯᅩ 다른 셩에 츅셩ᄒᆞ고 륙군을 부셜ᄒᆞ고 군긔를 만히 젹치ᄒᆞ며 ᄯᅩᄒᆞᆫ 나라의 부원(富源)을 발달ᄒᆞᆷ과 샹업을 권장ᄒᆞᆷ에 부ᄌᆞ런ᄒᆞ야 홍히에 엘낫항구를 개축(改築)ᄒᆞ엿스며 그 아ᄃᆞᆯ 요담이 니여서매 ᄯᅩᄒᆞᆫ 션왕의 졍칙을 ᄯᆞ라 힘ᄒᆞ매 그 나라이 물질뎍흥왕과 태평을 누렷ᄂᆞ니라 이ᄯᅢ에 이스라엘과 유대 두 나라의 관계는 동히 화합ᄒᆞ엿고 두 나라이 다 밧그로오는 근심을 면ᄒᆞ엿스나 그러나 이스라엘 나라와 ᄀᆞᆺ치 국민뎍 부강을 발달ᄒᆞᆫ 가온ᄃᆡ 샤회와 도덕의 부픽ᄒᆞᆷ과 사치와 방탕ᄒᆞᆷ과 방ᄌᆞᄒᆞᆷ과 불공평ᄒᆞᆷ과 빈궁ᄒᆞᆫ ᄇᆡᆨ셩을 압제ᄒᆞᄂᆞᆫ 일이 셩힝(盛行)ᄒᆞᆷ으로 종교샹으로도 그ᄀᆞᆺ치 부픽ᄒᆞ야 국니에 우샹이 편만ᄒᆞ고 ᄇᆡᆨ셩들은 더희 신심을 일허브리고 샤교와 요술과 무복(巫卜)을 슝샹ᄒᆞ야 완고ᄒᆞ며 림담ᄒᆞ게 되엿더라 그러나 크게 필요ᄒᆞᆫ ᄯᅢ에는 하ᄂᆞ님ᄭᅴ셔 갓가히 계시도다 유대인의 력ᄉᆞ에 모든 위급ᄒᆞᆫ ᄯᅢ에는 하ᄂᆞ님ᄭᅴ셔 ᄀᆞᄅᆞ칠쟈를 니르키ᄉᆞ ᄌᆞ긔 ᄇᆡᆨ셩의게 더희 위ᄐᆡᄒᆞᆷ을 경셩ᄒᆞ며 더희를 의롭고 화평ᄒᆞᆫ 길노 인도케ᄒᆞ셧ᄂᆞ니 이ᄯᅢ 八셰긔의 위급ᄒᆞᆫ ᄯᅢ를 당ᄒᆞ야 하ᄂᆞ님ᄭᅴ셔 다섯 션지를 니르키시매 더희는 그 ᄇᆡᆨ셩의게 여호와의 참 셩픔을 아ᄂᆞᆫ 것으로 인치기를 구ᄒᆞ엿ᄂᆞᆫᄃᆡ 각각 그 ᄇᆡᆨ셩의 ᄀᆞ장 필요ᄒᆞᆫ 소용이 될 줄노 싱각ᄒᆞᆫ바 신령ᄒᆞᆫ 픔힝과 정도를 힘잇게 말ᄒᆞ엿ᄂᆞ니라 요나는 이스라엘이 수리아의게 셰앗겻던 변경(邊境) 회복ᄒᆞᆯ 것을 예언 (왕하 十四〇廿五ー廿七、)ᄒᆞᆷ으로 그 국민들 밋음과 ᄇᆞ람으로써 묵시코져 ᄒᆞ엿고 아모스는 특별히 여호와의 의로옴에 호세아는 여호와의 ᄉᆞ랑에 이사야는 여호와의 거륵ᄒᆞᆷ과 위엄에 미가는 신령ᄒᆞᆫ 신 감찰에 귀즁ᄒᆞ엿ᄂᆞ니라

교회통신

⊙감리회(미이미회)미년회 뎨二회 일긔

쥬강싱一쳔九ᄇᆡᆨ十년 五월 十二일 샹오 九시에 다시 개회ᄒᆞᆯᄉᆡ 찬숑긔도 후 영어 한어 두 셔긔가 젼회일긔를 랑독ᄒᆞ다

온셰계를 유람ᄒᆞᆫ 미국 테엘부인과 밋 쟝로교회 부인 막컨타이 소씨가 회즁에셔 샹견례를 힝ᄒᆞ다

공쥬디방 감리ᄉᆞ 셔원보씨가 영어로 보단ᄒᆞ고 공쥬대목ᄉᆞ가 영어와 한어로 보단ᄒᆞ며 공쥬 우리암목ᄉᆞ가 영어로 보단ᄒᆞ고 한어 보단은 미비ᄒᆞ엿다 ᄒᆞ며 공쥬 반의ᄉᆞ가 영어와 한어로 보단ᄒᆞ다

영국 셩셔공회 위원 민휴씨는 회즁에셔 샹견례를 힝ᄒᆞ고 그 공회의 형편을 미국 셩셔공회위원 뻥커씨는 그 공회의 형편을 셜명ᄒᆞ다 한국에 쥬지ᄒᆞᆫ 영국부인 매런씨가 회즁에셔 샹견례를 힝ᄒᆞ고 권셜ᄒᆞᆫ 후 금년에 ᄇᆡᆨ만명 회개식힐일에 ᄃᆡᄒᆞ야 글을 드리다

공쥬음악회 위원 졔씨가 찬숑가를 노래ᄒᆞ다

평양 디방과 셔울디방 감리ᄉᆞ 로불씨가 영어로 보고ᄒᆞ고 한어 보단은 졍지ᄒᆞ다

평양의 감리 쟝로 두 교회에 대학교 즁학교 교ᄉᆞ ᄇᆡᆨ크씨와 빌링쓰씨가 합ᄒᆞ야 영어와 한어로 보단ᄒᆞ다

명일 샹오 十一시에 교육 위원 보고를 밧쟈고 동의ᄒᆞ여 가결ᄒᆞ다

오놀 하오 八시에 술과 담ᄇᆡ의 ᄒᆡ를 문뎨로 파월의ᄉᆞ가 강셜ᄒᆞᆫ다고 광고ᄒᆞ다

쥬목ᄉᆞ 부인과 영국셩셔공회 ᄇᆡᆨ셰씨가 회즁에셔 샹견례를 힝ᄒᆞ고 일본 경도에셔 온 오야사기가 회즁에셔 샹견례를 힝ᄒᆞ고 청국 만쥬에 가셔 새로 교회 세운 형편을 보고ᄒᆞ다

송도 리의ᄉᆞ의 아편연의 해되는 셜명보고를 우리 년회에셔 밧고 풍쇽개량위원의게 부치쟈고 동의 재쳥되여 가결ᄒᆞ고 명일 저녁은 긔념문데로 젼도ᄒᆞᆯ일은 오는 쥬일밤으로 물닐줄노 동의재쳥되여 가결ᄒᆞ다

모리시 감리ᄉᆞ가 영어와 한어로 보단ᄒᆞ다

한셩닉 고등정도되는 각ᄉᆞ립학교 련합대운동회를 의일샹오八시에 삼션평에서 설힝ᄒᆞ논ᄃᆡ 동부인 참셕ᄒᆞ기를 ᄇᆞ란다는 청첩이 왓는ᄃᆡ 이청쳡에ᄃᆡᄒᆞ야 음악회위원 졔씨가 찬숑가를 노래ᄒᆞ다

교육부위원장 로불써 보고가 좌와 ᄀᆞᆺ흔ᄃᆡ 一쳔九ᄇᆡᆨ十년 三월 二十六일 셔울 졍동 우리포르목ᄉᆞ 집에서 위원회를 긔ᄒᆞ엿는ᄃᆡ 도불감리ᄉᆞ가 회장이되고 노든교ᄉᆞ는 셔긔가 되여 여좌히 十三됴목을 결의ᄒᆞ엿더라

一 죠션 그리스도교회 교육회에서 가결된 파졍불 우리션교 학교에도 그대로 치용ᄒᆞ기로 가결홈 二 미년 회에셔특별위원 一인을 션뎡ᄒᆞ야즁학교 죠직과 위치를 관할케ᄒᆞ논ᄃᆡ 이 위원은 교육부위원 회가 되기로 가결홈 三 영어로 미들스쿨과 외키담이와 하이스쿨은 죠션말노 즁학교라 칭ᄒᆞ기로 가결홈 四 대학교 三쳐를 셜립ᄒᆞ논ᄃᆡ 평양에 남ᄌᆞ 대학교ᄒᆞ나와 셔울에 남ᄌᆞ 대학교ᄒᆞ나와 녀ᄌᆞ 대학교 ᄒᆞ나를 셜립ᄒᆞ기로 가결홈 五 교육회에서 가결된 모범뎌슝학교를 이아리 긔록ᄒᆞᆫ 곳에 셰울지니 셔울에 남녀 즁학교가 각각 ᄒᆞ나와 즁남포와 공쥬에 남녀 즁학교 각각 ᄒᆞ나와 슈원과 강릉과 녕변과 희쥬에노 남녀즁학교 각각ᄒᆞ나식 두기로 가결홈 六 쇼학교는 심샹과라ᄒᆞ는 뜻이오 고등학교는 고등과라ᄒᆞ는뜻이오 즁학교는 고등학교라ᄒᆞ는뜻이라 ᄒᆞ기로 가결홈 七 심샹과는 四년이오 고등과는 三년으로 가결홈 八 셔울 남녀고등 학교는 비직학당으로 인용ᄒᆞ기로 가결홈 九 썽커목ᄉᆞ는 쟝ᄅᆡ에 젼문대학교를 세우는ᄃᆡ ᄃᆡᄒᆞ야 계칙을 연구ᄒᆞ는 특별위원의 보고를랑독케홈 十 즁앙 련합 그리스도회 젼문대학교를 위ᄒᆞ야 교육 긔쵸를 세우는바 보통주의를 미년회에서도 치용ᄒᆞ기를 청원ᄒᆞ기로 가결홈 十一 경셩에 그리스도교 련합대학교를 세우기로 가결홈 十二 츌판ᄒᆞ기로 쥰비ᄒᆞᆫ 교파셔를 긔록ᄒᆞᆫ 록지로 썽커목ᄉᆞ의게 젼ᄒᆞ야 미국에 가셔 연보를 것어 감리교회셔젹회ᄉᆞ에서 츌판ᄒᆞ기로 가결홈 十三 미년회 교육부위원회는 소용되는 교과셔를 뎡ᄒᆞ야 합당ᄒᆞᆫ 사ᄅᆞᆷ으로 이것을 쥰비케ᄒᆞ기로 가결ᄒᆞ다

이보교에 ᄃᆡᄒᆞ야 츅됴가결ᄒᆞ고 찬숑가 뎨一으로 회쟝이 츅복ᄒᆞ고 뎡회ᄒᆞ다

⊙감•리•회•(미이미회)통계표

입교인이 경디방에 二쳔八ᄇᆡᆨ六十六인、공쥬동디방에 九十一인、공쥬셔디방에 ᄇᆡᆨ三十九인、평양디방에二쳔ᄇᆡᆨ四인、녕변디방에 三ᄇᆡᆨ十一인、슈원디방에 一쳔七十九인을 합ᄒᆞ니 六쳔五ᄇᆡᆨ九十인이오 셰례인이 경디방에 一쳔四ᄇᆡᆨ七十七인、공쥬동디방에 五십五인、공쥬셔디방에 ᄇᆡᆨ八十二인、평양디방에 一千五十六인、녕변디방에 九십八인、슈원디방에 三ᄇᆡᆨ인을 합ᄒᆞ니 三쳔ᄇᆡᆨ六十八인이오 학습인이 경디방에 八쳔ᄇᆡᆨ八十九인、공쥬동디방에 二ᄇᆡᆨ八十四인、공쥬셔디방에 七ᄇᆡᆨ七十九인、평양디방에 五쳔七ᄇᆡᆨ三十八인、녕변디방에 七ᄇᆡᆨ二십인、슈원디방에 二쳔四ᄇᆡᆨ二十三인을 합ᄒᆞ니 一만八쳔百四十三인이오 원입인이 경디방에 六쳔六ᄇᆡᆨ三十四인、공쥬동디방에 九ᄇᆡᆨ五十二인、공쥬셔디방에 二쳔五ᄇᆡᆨ五十七인、평양디방에 七쳔五ᄇᆡᆨ七十五인 녕변디방에 一쳔三ᄇᆡᆨ六十五인、슈원디방에 三쳔三ᄇᆡᆨ七十四인을 합ᄒᆞ니 一만 一쳔四ᄇᆡᆨ五十七인이라 이샹 총합이 五만三ᄇᆡᆨ五十八인이더라

학교 슈는 신학교三 교ᄉᆞ十四인、학ᄉᆡᆼᄇᆡᆨ八十三인、대학교一 교ᄉᆞ六인、학ᄉᆡᆼ二인、즁학교一 교ᄉᆞ 二十인、학ᄉᆡᆼ五ᄇᆡᆨ八十六인、쇼학교ᄇᆡᆨ六十四 학ᄉᆡᆼ 六쳔六ᄇᆡᆨ十一인、쥬일학교二ᄇᆡᆨ五十九 교ᄉᆞ一쳔五十一인、학ᄉᆡᆼ이 二만五쳔七ᄇᆡᆨ十一인이니 학교슈는 四ᄇᆡᆨ三十二오 교ᄉᆞ슈는 一쳔九十一인이오 학ᄉᆡᆼ슈는 三만三쳔九十三인이더라

교 육

⊙가졍학 (속)

어린ᄋᆞ희를 교양(教養)ᄒᆞ논법

대개 어린ᄋᆞ희를 교양홈은 동산의 화초를 기르는것과

五

ᄀᆞᆺᄒᆞ니 쳐음에 심으고 북돗오ᄂᆞᆫ 법이 뎍당ᄒᆞᆷ을 엇지못ᄒᆞ면 비록 긔화와 요초라도 황패(荒敗)ᄒᆞ야 뎐연뎍 아름다온것을 일허ᄇᆞ릴지니 ᄋᆞ히도 복즁에셔 브터 ᄐᆡ육(胎育)을 밧지못ᄒᆞ고 어려슬ᄯᅢ에 가뎡교육을 잘 밧지못ᄒᆞ면 쟝셩ᄒᆞᆫ후에 신톄가 연약ᄒᆞ고 긔질이 둔탁ᄒᆞᆷ을 면키어려온고로 하ᄂᆞ님ᄭᅴ셔 어린ᄋᆞ히 교양ᄒᆞᄂᆞᆫ 직칙을 ᄌᆞ모(慈母)의게 주셧슨즉 놈의ᄌᆞ모된쟈ㅣ 맛당히 주의ᄒᆞ야 이 직칙을 직힐것이니라

뎨一 ᄐᆡ육

ᄐᆡ육이라ᄒᆞᆷ은 ᄐᆡ즁 교육이라ᄒᆞᆷ이니 므릇 건쟝ᄒᆞᆫ ᄋᆞ희를 엇고져ᄒᆞ면 몬져 그 어마니의 건쟝ᄒᆞᆷ을 요구ᄒᆞᆯ것이오 현철ᄒᆞᆫ 아ᄃᆞᆯ을 엇고져ᄒᆞ면 그 어마니가 그 졍신을 잘교육ᄒᆞ여야 될것이라 그런고로 부인이 ᄐᆡ긔가 잇ᄂᆞᆫ줄안후에ᄂᆞᆫ 그 신톄의 동작과 이목의 감촉(感觸)ᄒᆞᄂᆞᆫ바를 극히 조심ᄒᆞᆯ것은 ᄐᆡ즁에잇ᄂᆞᆫ ᄋᆞ희ᄂᆞᆫ 그 어마니로 더브러 감동ᄒᆞᆷ이 ᄀᆞᆺ고 ᄯᅩ 그어마니의 톄질을 계승(繼承)ᄒᆞᄂᆞᆫ 관계가 잇슴이라 대개 ᄐᆡ모(胎母)가 ᄐᆡ즁에 주의ᄒᆞᆯ것은 쳣재위싱이오 둘재 동졍이니라

一、ᄐᆡ모의 위싱은 의복을 가바얍고 더옵고 너그럽게 지어입으ᄃᆡ 속옷을 ᄒᆞᆼ샹 졍결케ᄒᆞ며 ᄉᆞ시로 복부에 링긔가 침범치안케ᄒᆞ고 무슴ᄭᅳᆫ이나 ᄯᅴ로 허리와 ᄇᆡ를 단단이 ᄆᆡ지 말것이오 ᄐᆡ모의 음식은 ᄌᆞ양픔(滋養品)이 만코 잘쇼화되ᄂᆞᆫ것을 턱ᄒᆞ야 뎍즁히 핑임(烹飪)ᄒᆞ야 먹으되 먹고십지아니ᄒᆞᆫ음식을 강인ᄒᆞ야 먹지맘것이오 ᄐᆡ모의거쳐ᄂᆞᆫ 맛당히 ᄐᆡ양빗치 잘들고 공긔가류동ᄒᆞᄂᆞᆫ곳을 턱ᄒᆞ야 거쳐ᄒᆞᄃᆡ 방문을 자조 열어 공긔를 밧고며 ᄒᆞᆯ수잇ᄂᆞᆫ대로 뎡원에 화초를 심으고 방즁에 화려ᄒᆞᆫ 물건을 버려노아 ᄐᆡ모의 ᄆᆞ옴을 깃브게ᄒᆞ며 졍신을 샹쾌케 ᄒᆞᆯ것이니라

二、

ᄐᆡ모의 동졍은 ᄯᅢᄯᅢ로 광활ᄒᆞ고 경개됴ᄒᆞᆫ 곳에가셔 운동을 뎍즁히ᄒᆞᆯ것이오 ᄯᅩ 히산ᄒᆞᆯ긔한이 갓가오면 신톄를 졍결히 ᄒᆞ며 필요ᄒᆞᆫ긔구와 물픔을 예비ᄒᆞ야 두고 ᄒᆞᆯ수잇ᄂᆞᆫ대로 산파(產婆)를 고용ᄒᆞᆯ것이니 대개 히산긔한은 슈ᄐᆡᄒᆞᆫ날노 브터 二빅八十일이니라

실업(實業)

◉농업요설(속)

비료(肥料)쓰ᄂᆞᆫ법

비료ᄂᆞᆫ 박토를변ᄒᆞ야 옥토를 문ᄃᆞᆯ고 흉년을 도리켜 풍년을 일우게ᄒᆞᄂᆞᆫ 힘이 잇ᄂᆞ니 농업을 힘쓰ᄂᆞᆫ쟈ㅣ불가불 비료를 극턱ᄒᆞ야 쓸거인ᄃᆡ 비료의 죵류ᄂᆞᆫ 대략 세가지로 구별ᄒᆞᆯ지니 一은 활물류(活物類)요 二ᄂᆞᆫ 초목류(草本類)요 三은 토셕류(土石類)니라

一、활물류에 속ᄒᆞᆫ 비료ᄂᆞᆫ 인분(人糞)과 인료(人溺)와 우마분과 우마료와 계분(鷄糞)과 잠분(蚕糞)과 즘싱의 고기와 물고기와 사ᄅᆞᆷ의 머리털과 즘싱의 ᄲᅧ니라

인분은 식물(植物)을 발양ᄒᆞᄂᆞᆫ 힘이 심히 강ᄒᆞ니 지나ᄒᆞᆷ이나 물에조합ᄒᆞ야 쓰ᄂᆞᆫ것이 ᄆᆡ우 됴흔ᄃᆡ 쳣재지에 조합ᄒᆞᄂᆞᆫ법은 싱분(生糞)ᄒᆞᆫ짐에 지두짐가량을 셕ᄂᆞᆫ것이 뎍당ᄒᆞ며 둘재 흙에 조합ᄒᆞᄂᆞᆫ법은 동지 지낸후 七八일간에 븕은 흙五十짐과 싱분열짐을 조합ᄒᆞ야 헛간에 펴셔 바람에 얼던 광이나 가릐로 몃번식 더러 뒤집고 ᄯᅩ 싱분 열짐을 고로썩거 말니되 이와ᄀᆞᆺ치 세번만 ᄒᆞ얏다가 봄에 가셔ᄂᆞᆫ 마당에 펴셔 잘마른후에 가루를 문ᄃᆞ러쓰ᄂᆞᆫ것이니 이것은 비료즁에 ᄀᆞ장 힘이잇ᄂᆞᆫ것이며 셋재 물에 조합ᄒᆞᄂᆞᆫ법은 인분을 쟝류슈에 조합ᄒᆞ야 비료통에 담어 두엇다가 六十일만에 쓰ᄂᆞᆫ것이니 만약 六十일후에 ᄯᅩ 十五일이샹을 지나면 효력이 업셔지ᄂᆞᆫ것이니라 이우에 말ᄒᆞᆫ 세가지 법외에도 인분으로 비료 문ᄃᆞᄂᆞᆫ법이 만흔ᄃᆡ 일일히 말ᄒᆞ기 어려오나 ᄯᅩ ᄒᆞᆫ가지 말ᄒᆞᆯ것은 극히 더울ᄯᅢ에 검은흙 五十짐과 초목지 열짐과 쌀겨 열두짐가량을 혼합ᄒᆞ야 마당에 펴고 싱분 열짐을 그우에 펴고

광이로 밧가는것ᄀᆞᆺ치 갈어고로 석기게ᄒᆞᆫ후에 말녀셔 가루를 문드러 쓰는것이니라

사ᄅᆞᆷ의 쇼변은 발휘(發揮)ᄒᆞ는힘이 만ᄒᆞ니 초목의 ᄌᆡ나 곡식의 겨를 젹셔셔 썩은 후에 쓰는것이 됴ᄒᆞ니라

우마분은 기름이 젹고 발휘ᄒᆞ는힘만 큰고로 식물의 가지와 ᄭᅩᆺ을 풍셩케ᄒᆞ나 결실이 부족ᄒᆞᆫ것이니 마른것으로 쓰는것이 됴ᄒᆞ니라

우마료는 사ᄅᆞᆷ의 쇼변보다 도로혀 공능(功能)이 크니라

계분은 극히 더온고로 식물의 싱장과 결실을 다 속ᄒᆞ게ᄒᆞᄂᆞ니 담비와 포도와 면화에 이 비료를 쓰는것이 뎍당ᄒᆞ니라

잠분은 더옵고 발휘ᄒᆞ는 긔운이 크니 잠분ᄒᆞᆫ셤에 마분ᄒᆞᆫ셤을 석거쓰는것이 됴ᄒᆞ니라

즘싱의 고기는 고기一분에 물 五분을 조합ᄒᆞ야 더온ᄯᅢ면 五六十일간에 썩여셔쓰는것이니라

물고기는 ᄌᆞ양ᄒᆞ는 기름과 운동ᄒᆞ는 염질(鹽質)이 만ᄒᆞ니 물고기 ᄒᆞᆫ동이면 장듀슈네동을 조합ᄒᆞ야 썩혀셔 쓰되 벼와 면화를 비양ᄒᆞᆷ에 ᄀᆞ장 뎍당ᄒᆞ며 혹 건어(乾魚)를자말ᄒᆞ야 쓰기도ᄒᆞᄂᆞ니라

사ᄅᆞᆷ의 머리털이나 즘싱의 털 一분에 초목의 ᄌᆡ 四분을 조합ᄒᆞ야 쇼변에 침ᄒᆞ여 쓰면 곡식으로 ᄒᆞ여곰 속히 발슈케ᄒᆞ며 파목 ᄲᅮ리밋ᄒᆞᆯ 파고 뭇는것이 죠ᄒᆞ니라

즘싱의 ᄲᅧ가루를 슈분(水糞)에 조합ᄒᆞ야 쓰는것도 ᄆᆡ우 힘이 잇ᄂᆞ니라

담총(談叢)

◎세계에 ᄀᆞ장 큰셩은 청국의 만리쟝셩이니 쟝은 二천七빅五十리오 고는 二十영쳑이오 광은 二十五영쳑이러라

◎세계에 ᄀᆞ장 놉흔산은 인도국 북방 희말나야스산이니 고가 二만九천영쳑이러라

◎세계에 ᄀᆞ장 큰강은 남아메리가의 아모손강이니 큰화륜션이 항힝(航行)ᄒᆞᆯ만ᄒᆞᆫ 거리로만 쟝이 一만 八빅리오 광이 三빅리가량이러라

◎세계에 ᄀᆞ장 큰도셩은 영국셔울 론돈셩이니 면젹(面積)이 二천一빅리오 인구(人口)가 五빅만명이샹이오 평균 오분동안에 사ᄅᆞᆷᄒᆞ나이 나고 八분동안에 사ᄅᆞᆷᄒᆞ나이 죽으며 이셩즁에 왕ᄅᆡᄒᆞ는 화륜챠가 二천五빅이샹이오 정거장이 二빅四十쳐오 날마다 간힝(刊行)ᄒᆞ는신문이 四빅여죵이오 슌사가 一만八천명이오 마차부리는쟈가 一만八천명이오 우편국 소속인원이 ᄯᅩᄒᆞᆫ 一만八천명이러라

◎세계에 ᄀᆞ장 큰철현교(鐵懸橋)는 미국 뉴욕의 ᄲᅮ룩클닌교니 강좌우편에 큰 츅ᄃᆡᄒᆞ나식을 세우고 거긔의지ᄒᆞ야 쇠사슬노 큰 다리를 달아올닌것이니 쟝이 五천八빅八十영쳑(十리가량)이며 그 우흐로는 화륜차가 ᄃᆞᆫ니고 그 아릐로는 화륜션이 ᄃᆞᆫ니게ᄒᆞ엿는ᄃᆡ 건츅 비는 三천二빅만원이러라

◎공파심즁셕(攻破心中石)

셔양엇던 목ᄉᆞ가 쥬일 아침에 산너머 동리 례비당에 젼도ᄒᆞ러 가다가 길가에셔 돌ᄧᅡ려내는 셕슈를 보고 뭇기를 그ᄃᆡ가 무어슬 ᄒᆞᄂᆞ뇨 ᄒᆞᆫᄃᆡ 그사ᄅᆞᆷ이 ᄃᆡ답ᄒᆞ기를 나는 돌을 ᄧᅡ려내거니와 당신은 무엇ᄒᆞ러 가심닛가 ᄒᆞ거ᄂᆞᆯ 그목ᄉᆞ가 ᄃᆡ답ᄒᆞ기를 나는 사ᄅᆞᆷ의 ᄆᆞ음속에 잇는돌을 ᄧᅡ려내려 가노라ᄒᆞᆫᄃᆡ 그셕슈가 그말의 ᄯᅳᆺ을 ᄌᆞ세히 알고져ᄒᆞ거ᄂᆞᆯ 그 목ᄉᆞ가 그 사ᄅᆞᆷ의 손을 잡고 길가에 좀시 안져셔 사ᄅᆞᆷ의 ᄆᆞ음은 완악ᄒᆞ고 굿기가 돌파ᄀᆞᆺᄒᆞᆷ으로 하ᄂᆞ님의 말ᄉᆞᆷ파 예수의 ᄉᆞ랑을 세ᄃᆞᆺ지도 못ᄒᆞ고 밧지도 못ᄒᆞᆯᄲᅮᆫ 아니라 도로혀 거졀ᄒᆞᆷ으로 영원ᄒᆞᆫ 싱명을 ᄇᆞ리고 영원ᄒᆞᆫ ᄉᆞ망을 스ᄉᆞ로 취ᄒᆞ는쟈가 만타고 일쟝 셜명ᄒᆞ엿더니 그 셕슈의 ᄆᆞ옴이 감동ᄒᆞ여 쥬일에 돌ᄧᅡ려내는 파실파 평싱에 예수를 비방ᄒᆞ던 죄를 깁히 뉘옷치고 그 목ᄉᆞ를 ᄯᅡ라 례비당에 가셔 젼도를 드른후에 셩신의 감화를 밧아 필경 진실ᄒᆞᆫ 쥬의 일군이 되여 그후브터는 사ᄅᆞᆷ의 ᄆᆞ옴속에 잇는 돌을 ᄧᅡ려내는일을 힘써 도앗다더라

샤고

○본보를이독ᄒᆞ시는졔군ᄌᆞ의주의ᄒᆞ실일

一 이회보를구람코져ᄒᆞ시면셩명과거쥬를긔록ᄒᆞ야 본샤로보내실일

一 이회보를보시다가이ᄉᆞᄒᆞ시거던그 이ᄉᆞᄒᆞᆫ거쥬를ᄌᆞ셰히긔록ᄒᆞ야본샤로통지ᄒᆞ시와헛되히비달케마실일

一 이회보의대금은一쟝에三젼一ᄀᆡ월에五젼六ᄀᆡ월에二十五젼一년에五十젼이니션금으로보내실일

一 누구던지이회보에유익ᄒᆞᆫ론셜이나싸르고ᄌᆞ미잇ᄂᆞᆫ쇼셜이나우리교회에관게된잡보져료를긔록ᄒᆞ야본샤로보내시면대단히감샤ᄒᆞ겟ᄉᆞᆸ고긔져여부는본샤ᄌᆞ유에맛기실일

一 ᄂᆡ외국에셔본보의지샤되기를원ᄒᆞ시면쳥원셔를우편으로뎨츌ᄒᆞ실일

一 본샤에셔신을붓치시고회답을보고져ᄒᆞ시면우표를동봉ᄒᆞ야 보내시면 지왕복엽셔를쓰실일

一 이신문샹면의편폭된것을그대로보내오니 보실ᄯᅢ에버히고 보실일

광고

경향 여러교우의 갈망ᄒᆞ시던 국문구약셩경의 완편이 츌판되여 이달금음이나 ᄅᆡ월초싱브터 발ᄆᆡᄒᆞ겟ᄉᆞ오니 쳠군ᄌᆞ는 슈용의 다쇼를따라 륙속쳥구ᄒᆞ심을 ᄇᆞ라옵

그졔본과뎡가는여좌ᄒᆞ옵

二권一질二천六ᄇᆡᆨ五十

현

一권一질

지의 一환

포의 一환十五젼

한문셩경이 새로 샹히로셔나왓ᄂᆞᆫᄃᆡ 그뎨목은「의시원리」라 ᄒᆞ옵

일어셩경신구약도 여러죵류가 본공회와 셔울명동과 평양에잇ᄂᆞᆫ 본공회의 일본인지뎜에 잇ᄉᆞᆸ

평양잇ᄂᆞᆫ 본공회의 죠션인 지뎜에는 국문셩경의 여러죵류가 잇ᄉᆞᆸ

각지뎜에셔도 이셩경들을 목록에 긔록ᄒᆞᆫ 뎡가로 도ᄆᆡ나 쇼ᄆᆡ를 다ᄒᆞ옵

THE AMERICAN BIBLE SOCIETY.

京城鐘路基督青年會下層

美國聖書公會 告白

광고

경계쟈 하ᄂᆞ님의 도으심으로 국문신구약젼셔가 이제 완편되야 금월말이나 ᄅᆡ월초에 ᄆᆡ하를 시작케되엿ᄉᆞ니 그크신 은혜를 감샤홈이 한업ᄉᆞ오며 우리교인의 ᄆᆞ음에 깃븜을 이긔지못ᄒᆞ올지라 이ᄎᆡᆨ의 쟝광은 국문四호글ᄌᆞ 지의 신약과ᄀᆞᆺ고 그 쟝ᄎᆡᆨ과 졍가는 이아ᄅᆡ ᄌᆞ세히 긔록ᄒᆞ엿ᄉᆞ오니 이ᄎᆡᆨ을 갈망ᄒᆞ시던 우리 형뎨와 ᄌᆞᄆᆡ는 본공회와 경향 각교즁 ᄎᆡᆨ샤에 쳥구ᄒᆞ시와 이독ᄒᆞ시옵쇼셔

一千九百十一年二月十日

셔울 종로 대영셩셔공회 고ᄇᆡᆨ

장ᄎᆡᆨ과뎡가

신 약젼셔

단권一秩 견포의 一圓五十錢

仝 仝 반피의 一圓七十五錢

三권仝 지의 一圓二十五錢

仝 仝 포의 一圓三十五錢

구약젼셔

二권一秩 지의 一圓

仝 仝 포의 一圓十五錢

每月二回發行
明治四十四年二月廿八日印刷
明治四十四年三月三日發行

發行兼編輯人 北部社洞 奇義男
印刷人 北部南正峴 朴東完
印刷所 京城西小門內法韓印刷所
發行所 北部社洞 奇義男邸

「代金」 ᄃᆡ금 一장 三젼
一ᄀᆡ월 五젼
六ᄀᆡ월 二十五젼
一ᄀᆡ년 五十젼

광고료 四호활ᄌᆞ 一항 一회 五젼
쳣ᄌᆞ대쇼와 항수다쇼와 긔한장단을 ᄯᅡ라 증감홈

사셜

◉사ᄅᆞᆷ을 쥬ᄭᅴ로 인도ᄒᆞᄂᆞᆫ 의무

우리쥬 예수 그리스도를 밋ᄂᆞᆫ쟈ㅣ 다 각각 사ᄅᆞᆷ을 쥬ᄭᅴ로 인도ᄒᆞᄂᆞᆫ 의무가 잇스니 이는 대략 세가지 원인을 좃차 나ᄂᆞᆫ것인ᄃᆡ 첫재는 쥬의 계명을 직힘이니 곳「너희는 원텬하에 ᄃᆞᆫ니며 만민의게 복음을 젼파ᄒᆞ라」ᄒᆞ심이라 이 말ᄉᆞᆷ 가온ᄃᆡ「너희라」ᄒᆞ신것은 그ᄯᅢ 문도들만 ᄀᆞᄅᆞ치신것이 아니라 고금 동셔양의 그리스도 밋ᄂᆞᆫ쟈를 다ᄀᆞᄅᆞ치신것이니 누구던지 쥬의 은혜를 밧은쟈ᄂᆞᆫ 이 계명을 직힐것이오

둘재는 하ᄂᆞᆯ에 계신 아바지를 깃브시게ᄒᆞᆷ이니 곳「죄인ᄒᆞ나이 회개ᄒᆞ면 하ᄂᆞᆯ에셔 깃버ᄒᆞ시기를 회개ᄒᆞᆯ것업ᄂᆞᆫ 아흔 아홉 의인을 위ᄒᆞ야 깃버ᄒᆞ시ᄂᆞᆫ것보다 더ᄒᆞ리라」ᄒᆞ심이라 그런즉 우리가 하ᄂᆞᆯ에 계신 아바지를 깃브시게ᄒᆞᆯ일은 이셰상의 길일흔 양과 ᄀᆞᆺ흔 모든 죄인을 우리 큰목쟈 예수 그리스도의 목쟝안으로 인도ᄒᆞ야 드리ᄂᆞᆫ것밧게 업ᄂᆞᆫ 것이오

셋재는 일군이되여 삭젼을 요구ᄒᆞᆷ이니 곳 셩경에 닐ᄋᆞᆫ바 거두ᄂᆞᆫ 사ᄅᆞᆷ이 삭도엇고 곡식을 영ᄉᆡᆼᄒᆞ도록 ᄊᆞ하 ᄲᅮ리ᄂᆞᆫ 사ᄅᆞᆷ과 거두ᄂᆞᆫ 사ᄅᆞᆷ이 ᄀᆞᆺ치 즐거워ᄒᆞᆯ지라」ᄒᆞ심이라 이 셰상에셔 ᄡᅥᆨ을량식을 구ᄒᆞᆷ에도 일ᄒᆞᆫ대로 삭젼을 밧ᄂᆞᆫᄃᆡ ᄒᆞ믈며 영원히 ᄡᅥᆨ지아니ᄒᆞᆯ 령혼의 량식을 구ᄒᆞ랴면 불가불 하ᄂᆞ님의 일군이되여 사ᄅᆞᆷ의 령혼을 힘ᄡᅥ 거둘것이라

사ᄅᆞᆷ을 쥬압흐로 인도ᄒᆞᄂᆞᆫ방법이 ᄯᅩᄒᆞᆫ 세가지가 잇스니 一은 언어로 젼도ᄒᆞᄂᆞᆫ것이오 二ᄂᆞᆫ 글노 젼도ᄒᆞᄂᆞᆫ것이오 三은 ᄒᆡᆼ위로 젼도ᄒᆞᄂᆞᆫ것이니 대개 언어로 젼도ᄒᆞᄂᆞᆫ것은 례ᄇᆡ당에셔나 ᄉᆞ가에셔나 가로상에셔나 어ᄃᆡ셔던지 친근ᄒᆞᆫ 사ᄅᆞᆷ이나 싱소ᄒᆞᆫ 사ᄅᆞᆷ이나 부귀ᄒᆞᆫ 사ᄅᆞᆷ이나 빈쳔ᄒᆞᆫ 사ᄅᆞᆷ이나 총명ᄒᆞᆫ 사ᄅᆞᆷ이나 질둔ᄒᆞᆫ 사ᄅᆞᆷ이나 ᄂᆡ디 사ᄅᆞᆷ이나 외국 사ᄅᆞᆷ이나 누구던지 만나ᄂᆞᆫ대로 힘을 다ᄒᆞ야 슌셜(唇舌)노 젼도ᄒᆞᄂᆞᆫ것이오 글노 젼도ᄒᆞᄂᆞᆫ것은 됴흔 ᄎᆡᆨ을 져슐ᄒᆞ야 발ᄒᆡᆼᄒᆞ던지 신문이나 잡지의 론셜노 권면ᄒᆞ야 현셰와 후셰의 보ᄂᆞᆫ쟈로 ᄒᆞ여곰 감동케ᄒᆞᄂᆞᆫ것이오 ᄒᆡᆼ위로 젼도ᄒᆞᄂᆞᆫ것은 밋ᄂᆞᆫ쟈가 그픔ᄒᆡᆼ의 진실ᄒᆞ며 졍직ᄒᆞ며 인ᄌᆞᄒᆞ며 졍결홈으로써 셰상 사ᄅᆞᆷ의 표쥰을 삼아 보ᄂᆞᆫ쟈로 ᄒᆞ여곰 감화케ᄒᆞᄂᆞᆫ것이니 이ᄂᆞᆫ 곳셩경에 닐ᄋᆞᆫ바 사ᄅᆞᆷ이 등불을 켜셔 말아래 두지아니ᄒᆞ고 오직등경우에 두어 왼집안 사ᄅᆞᆷ의게 빗최ᄂᆞ니 이ᄀᆞᆺ치 너희 빗출 사ᄅᆞᆷ압헤 빗최게ᄒᆞ라 그 사ᄅᆞᆷ들이 너희 착ᄒᆞᆫᄒᆡᆼ실을 보고 하ᄂᆞᆯ에 계신 너희 아바지를 영화롭게 ᄒᆞ리라 ᄒᆞ심이라 그런즉 우리 교회에 진실ᄒᆞᆫ 형뎨와 ᄌᆞ미들은 젼도ᄒᆞᄂᆞᆫ 직분을 맛지아니ᄒᆞ엿다 말ᄒᆞ지말고 몬져 말ᄒᆞᆫ바 세가지 원인을 위ᄒᆞ야 후에 말ᄒᆞᆫ바 세가지 방법으로 하ᄂᆞ님의 말ᄉᆞᆷ을 널니 젼파ᄒᆞ야 사ᄅᆞᆷ을 쥬ᄭᅴ로 만히 인도ᄒᆞᄂᆞᆫ 의무를 직히기를 졀망ᄒᆞ노라

교즁휘문

⊙샤쟈귀경 본샤쟝 긔의람씨가 일젼에 강원도 철원교회 계삭회에 참예ᄒᆞ기 위ᄒᆞ야 ᄒᆡ디방으로 젼왕ᄒᆞᆷ은 젼호에 긔지ᄒᆞ엿거니와 ᄒᆡ씨가 본월 二十一일에 귀경ᄒᆞ엿더라

⊙신학긔회 량감리회 쥰긔신학회를 본월 十五일브터 경셩 죵로 긔독쳥년회관니에셔 열고 一二년급 신학싱을 ᄀᆞᄅᆞ치ᄂᆞᆫᄃᆡ 미일 츌셕학원이 八十여명에 달ᄒᆞᆫ다더라

⊙복의소나기 평양남산지교당에서 본월 十二일 (쥬일)에 입교ᄒᆞᆫ쟈가 四十四인이오 셰례밧온쟈가 六十四인이오 학습인으로 드러온쟈가 六十六인이오 동월 十九일(쥬일)에 또 입교ᄒᆞᆫ쟈가 十六인이라더라

⊙열심연보 평양셩니 리간동교회 교우는 불과 빅여명식모하ᄂᆞᆫᄃᆡ 새례비당을 건츅ᄒᆞ기 위ᄒᆞ야 본월 十二일(쥬일)에 쳐연ᄒᆞ엿ᄂᆞᆫᄃᆡ 당일 연보된거시 二빅五十여원이라ᄒᆞ니 이ᄀᆞᆺ흔 열심은 ᄒᆡ한ᄒᆞᆫ교로 하ᄂᆞ님의 은혜와 형뎨ᄌᆞ미의 열심을 감하ᄒᆞ노라

⊙또ᄒᆞᆫ번감하ᄒᆞᆯ일 황ᄒᆡ도슈안군밤이 교회소식을 드른즉 새로 례비당을 건츅ᄒᆞ기위ᄒᆞ야 일반교즁 형뎨ᄌᆞ미들이 셩심으로 연보ᄒᆞᄂᆞᆫ중에 김면항 림즁근량씨는 五十원식、명관도씨는 二十원、박셩실씨는 十원이며 ᄌᆞ미즁 二인은 지환셔지 연보ᄒᆞ엿다ᄒᆞ니 하ᄂᆞ님의 은혜를 감샤ᄒᆞ노라

⊙감목ᄉᆞ귀국 남감리회 긔셩디방 교회를 관할ᄒᆞ던 쟝로ᄉᆞ 감불씨가 본월 二十六일에 ᄯᅥ나 ᄌᆞ긔본국으로 향ᄒᆞ엿ᄂᆞᆫᄃᆡ 그ᄃᆡ에 목ᄉᆞ와 숀씨가 ᄒᆡ교회를 쥬관ᄒᆞᆫ다더라

⊙학교가불에 툼 쟝로교회소속 평양쟝ᄃᆡ지 고등학교는 년젼에 그곳 형뎨ᄌᆞ미들이 힘을 다ᄒᆞ야 삼층으로 건츅ᄒᆞᆫ것인ᄃᆡ 거월 一十일밤에 홀연히 불이 닐어나 몰소ᄒᆞ엿다는 소식을 듯고 우리는 동감져을 표ᄒᆞ며 우리 교즁형뎨 ᄌᆞ미는 그학교를 위ᄒᆞ야 긔도만히 ᄒᆞ시기를 ᄇᆞ라노라

⊙긔셩한영서원학싱젼도ᄃᆡ 一쳔九빅 十년 十二월 동긔방학시에 한영서원 학싱중에 류봉 리봉희 신치복 류쟝록 김긔형 신ᄐᆡ우 김영찬 리요셥 박요한 김종명 김중심 최ᄐᆡ진 김원졔 졍인셕 김쥰옥 김삼렬 졔씨가 젼도ᄃᆡ를 조직ᄒᆞ고 다섯ᄃᆡ에 분ᄒᆞ야 풍덕 쟝단 연쳔 평산 금쳔、토산 긔셩 젹셩 등디에 이쥬간을 젼도ᄒᆞ엿ᄂᆞᆫᄃᆡ 五十六쳐 교회와 十二쳐 지서원에 은혜가 츙만ᄒᆞ며 새로 밋ᄂᆞᆫ 사룸이 四十五인이라ᄒᆞ니 우리ᄂᆞᆫ 감샤ᄒᆞᆷ을 마지아니ᄒᆞ노라

별보

⊙흑ᄉᆞ병(黑死病)의대치ᄒᆞᆷ 방금 청국 만쥬 합이빈 쟝츈 봉텬 대련등디에 흑ᄉᆞ병이 대치ᄒᆞ야 날마다 수빅명식 죽ᄂᆞᆫ고로 ᄒᆡ디방관령에서 방역(防疫)에 주의ᄒᆞᆯ뿐 아니라 죠션에도 이병이 드러올가념려ᄒᆞ야 경찰관리가 예방ᄒᆞᄂᆞᆫ법을 판각ᄒᆞ야 경향에 널니 펴주ᄂᆞᆫ즁이나 본회보지면에 ᄒᆞᆫ번 긔재ᄒᆞ야 우리 교즁형뎨ᄌᆞ미로 ᄒᆞ여곰 一층주의케ᄒᆞᆷ이 필요ᄒᆞᆯ듯 ᄒᆞᆫ고로 이아ᄅᆡ와ᄀᆞᆺ치 긔지ᄒᆞ노라

一、흑ᄉᆞ병의 일명은 베스도니 눈에보이지 아니ᄒᆞᄂᆞᆫ 미균(微菌) 곳 젹은 버러지가 공긔즁으로 ᄂᆞᆯ아ᄃᆞᆫ니다가 사름의 호흡을 좃차 폐경으로 드러가셔 병이되면 몸에 열긔가 셩ᄒᆞ고 가슴이 압프며 피를 토ᄒᆞ며 졍신이 아득ᄒᆞ여 죽ᄂᆞᆫ 병인ᄃᆡ 다른병은 의약(醫藥)으로 능히 치료ᄒᆞᆯ수잇스되 이병에 ᄃᆡᄒᆞ야는 아직 특별히 현능(顯能)ᄒᆞᆫ 의약의 발명ᄒᆞᆫ것이 업슨즉 대단히 위험ᄒᆞᆫ 병이오

二、이병을 예방ᄒᆞᄂᆞᆫ법은 위싱에 극히 주의ᄒᆞᆷ이니 거쳐ᄒᆞᄂᆞᆫ 방에 ᄐᆡ양빗치 잘들고 공긔가 소통케ᄒᆞ야 비습ᄒᆞᆫ 긔운이 업게ᄒᆞ며 ᄯᅳᆯ과 문간과 마루밋과 쟝밋흘 자조 쓸어 졍결히ᄒᆞᆯ것이오

三、이병은 쥐로 인연ᄒᆞ야

젼염되기가 쉬오니 아모됴록집안에잇는쥐를다잡고 쥐ᄃᆞᆫ니는 구멍을 잘막으며 죽은 쥐라도 손으로 만지지 말것이러라

셩경공과

⊙요나 셔론

예언ᄒᆞᆫ 시ᄃᆡ는(강셩젼八ᄇᆡᆨ三十二년—八ᄇᆡᆨ년)

이칙의 문뎨는 뎡죄ᄒᆞᆷ파 구원ᄒᆞ심이나 혹은혜의 확쟝됨

요지는四○二、

아밋대의 ᄋᆞ들 요나는 나사렛에셔 十리가량되는 게트히퍼셩에 살던 션지니 (왕하十四○卄五) 일죽히 여로보암당년(八ᄇᆡᆨ三十二년—七ᄇᆡᆨ九十二년)에 이스라엘에셔 예언의 직무를 힝ᄒᆞ엿ᄂᆞ니라 현세에 여러 학ᄉᆞ들이 비록 요나의 칙은 가드헤버에 살던 션지의 힘젹가온ᄃᆡ ᄒᆞᆫ 우연ᄒᆞᆫ 일노 관계된것이나 요나가 죽은후 二ᄇᆡᆨ년이나 三ᄇᆡᆨ년ᄭᆞ지는 이칙을 긔록지 못ᄒᆞ엿다고 ᄀᆞᄅᆞ치며 또 다른 학ᄉᆞ들은 이칙을 ᄒᆞᆫ 우언(寓言)이나 비유로 녁이나 그러나 이칙을 요나의 져술ᄒᆞᆫ것이 아니라고 단언(斷言)ᄒᆞᆯ 리유가 업도다 므릇 이칙의 이젹을 밋지아니ᄒᆞᆷ으로 이칙을 비유라고 닐ᄋᆞᆺ는 학ᄉᆞ들은 참 부합(符合)되여 복음도 다만ᄒᆞᆫ 비유라고 말ᄒᆞᆯ지로다 대개 이칙이 진실ᄒᆞᆫ 력ᄉᆞ뎍ᄉᆞ실을 긔록ᄒᆞᆫ것은 이칙의 력ᄉᆞ뎍형식(形式)으로 말미암아 드러낫스니 곳 유대인들이 ᄒᆞᆼ샹 이 젼셜을 력ᄉᆞ뎍으로 인뎡ᄒᆞᄂᆞᆫ ᄉᆞ실과 요나가 ᄒᆞᆫ 력ᄉᆞ뎍 인물이되며 또ᄒᆞᆫ 그리스도ᄭᅴ셔도 이칙을 뎡당히 인증ᄒᆞ신 ᄉᆞ실이니라 (마十二○卅九—四十一、十六○四、눅十一○卅九—卅) 요나는 ᄌᆞ긔가 봉명ᄒᆞ고 니느웨에 갓던 관계에 ᄃᆡᄒᆞ야 그 경력ᄒᆞᆫ 바를 말ᄒᆞᄂᆞᆫ 가온ᄃᆡ 그 ᄇᆡᆨ셩의계 하ᄂᆞ님ᄭᅴ셔 모든 국민을 다 ᄌᆞ긔의 보호와 관할파 지도(指導)ᄒᆞᄂᆞᆫ 아래 합ᄒᆞ야 두신것을 ᄀᆞᄅᆞ치려 ᄒᆞ엿ᄂᆞ니라 하ᄂᆞ님ᄭᅴ셔 앗수르아로ᄒᆞ여곰 또 힘케ᄒᆞ실일이 잇스니 이는 비록 이스라엘 ᄇᆡᆨ셩이 셔ᄃᆞᆺ지 못ᄒᆞ나 오히려 더회개 관계된 일이니라 그러나 니느웨는 그 흥왕ᄒᆞᆷ이 극도에 잇슴으로 그 교만ᄒᆞᆷ파 강포ᄒᆞᆷ과 음란ᄒᆞᆷ이 또ᄒᆞᆫ 극단에 니르럿스되 요나의 젼도로 인ᄒᆞ야 회ᄀᆡᄒᆞᆫ것은 그셩이 멸망치안코 후리에 탁월ᄒᆞ게될것이 여긔 달닌듯ᄒᆞ며 하ᄂᆞ님ᄭᅴ셔 앗수르아의 ᄇᆡᆨ셩을 명ᄒᆞ샤 맛당히 애급에 잇ᄂᆞᆫ 헴의 ᄌᆞ손들을 이긔게ᄒᆞ심이니 이결국은 다만 니느웨의 멸망ᄒᆞᆯ것을 연긔(延期)ᄒᆞᆷ으로 말미암아 엇은것이라 비록 요나가 ᄌᆞ긔 션교의 ᄎᆞᆼ만ᄒᆞᆫ 동작(動作)을 보지못ᄒᆞ교 좁고 편벽ᄒᆞᆫ ᄆᆞᄋᆞᆷ으로 써 이 일을 헤아리고 실힝ᄒᆞ기를 피코져 ᄒᆞ엿스되 참으로 이것이 셰계 력ᄉᆞ가온ᄃᆡ ᄒᆞᆫ 요쇼(要素)며 또ᄒᆞᆫ 여긔 즁대ᄒᆞᆫ 관계가 달녓도다 이것이 요나의 ᄉᆞ명(使命)으로 관계된 가온ᄃᆡ 특별히 이상ᄒᆞᆫ 권능 베프신것을 ᄇᆞᆰ힌것인ᄃᆡ 이쳐럼 사ᄅᆞᆷ의 ᄯᅳᆺ밧게 신령되히 나타내심은 모세와 엘니아와 엘니사의 힝ᄒᆞᆫ 일노 관계된가온ᄃᆡ 표시 ᄒᆞ신것보다 더 이샹ᄒᆞᆫ것이 업도다 하ᄂᆞ님ᄭᅴ셔 앗수르아를 인용ᄒᆞ심으로 그목뎍을 달ᄒᆞ신 가온ᄃᆡ 이스라엘의 종교뎍으로 난감(難堪)ᄒᆞᆷ을 칙망코져 ᄒᆞ심이나 이것이 엇지 그리 크게 필요ᄒᆞᆯ것은 여호와의 션지 요나의 ᄐᆡ도로 말미암아 알지니 곳 그경셩ᄒᆞᄂᆞᆫ 소식 가온ᄃᆡ ᄌᆞ비ᄒᆞ심을 널옴인ᄃᆡ 요나는 그 셩공ᄒᆞᆷ을 두려워ᄒᆞᄂᆞᆫ고로 가기를 거졀ᄒᆞ엿ᄂᆞ니 만일 니느웨를 멸망ᄒᆞ기 위ᄒᆞ야 보내셧더면 요나는 깃븜으로 갓슬듯 ᄒᆞ니라 여호와와 요나ᄉᆞ이에 샹반되ᄂᆞᆫ 나죵 형샹은 분명히 두가지가 낫타낫스니 쳣재 요나의 편으로는 이스라엘의 이방사ᄅᆞᆷ을 ᄃᆡᄒᆞ야 난감ᄒᆞᆫ ᄐᆡ도요 둘재 하ᄂᆞ님의 편으로는 모든 죄 짓는 ᄇᆡᆨ셩을 보호ᄒᆞ시며 더회개 ᄃᆡᄒᆞ샤 참으시는 궁휼뎍 ᄉᆞ랑의 ᄐᆡ도니 이것을 이스라엘즁에 셔ᄃᆞᆺ는쟈가 젹엇ᄂᆞ니라 요나가 노ᄒᆞᆫ것은 그 궁휼을 언약밧게 잇는쟈들의게 향ᄒᆞ야 베프신것을 위ᄒᆞᆷ이오 또 비록 ᄌᆞ긔가 여호와를 아노라고셩언ᄒᆞ엿스
三 나(요四○二、) 그러나 ᄆᆞ쟝은

혜롭게 경계ᄒᆞ시ᄂᆞᆫ 압헤셔여
호와의 힝동을 반ᄃᆡᄒᆞ야 원
망ᄒᆞ기를 위쥬ᄒᆞ엿ᄂᆞ니 이럼
으로 우리가 아ᄂᆞᆫ바 요나의
나죵 형샹된것은 ᄒᆞᆫ사ᄅᆞᆷ이
아직도 하ᄂᆞ님의 ᄌᆞ비ᄒᆞ신
긍휼과 더부러 합지 아니ᄒᆞᆷ
이오 여호와의 나죵 형샹은
ᄌᆞ비ᄒᆞ심이 충만ᄒᆞ신 하ᄂᆞ님
이 니느웨ᄀᆞᆺ치 악ᄒᆞᆫ 셩도 위
ᄒᆞ샤 회ᄀᆡᄒᆞ고 ᄌᆞ긔게로 도
라오도록 구원코져 ᄒᆞ심이라
이 젼셜을 보건대 요나가 ᄌᆞ
긔 힝젹 가온ᄃᆡ ᄒᆞᆫ가지 표명
ᄒᆞᆫ것은 ᄌᆞ긔를 뎡죄ᄒᆞ되 하
ᄂᆞ님의 셩픔에 ᄒᆞᆫ 부분(곳그
ᄌᆞ비ᄒᆞ심)을 나타내엿ᄂᆞ니
이스라엘이 이것을 도모지셔
ᄃᆞᆺ지 못ᄒᆞ고 ᄌᆞ긔도 고싱을
경력으로 말미암아 비흔것이
니라 이 ᄌᆞ비ᄒᆞ심을 이처럼
나타낸것은 요나의 시ᄃᆡ에는
뎍합지 못ᄒᆞ고 오히려 미리
시ᄃᆡ에 뎍합ᄒᆞᆫ것이니라 이스
라엘이 이것을 셔ᄃᆞᆺ기만 ᄒᆞ
엿더면 국가가 얼마큼 곤란
을 면ᄒᆞ엿겟도다 그러나 젼
톄 국민이 실샹으로 도모지
셔ᄃᆞᆺ지 못ᄒᆞᆫ연고로 그 고집
ᄒᆞᆫ 심졍으로 요나가 그국민

을 ᄃᆡ표ᄒᆞ야 뎌희 하ᄂᆞ님의
뎨一 오묘ᄒᆞᆫ 리치를 ᄭᆡᄃᆞᆺ지
셔ᄃᆞᆺ지 못ᄒᆞᆷ을 표명ᄒᆞ엿ᄂᆞ니
라

요나의 ᄎᆡᆨ뜻을 이러케 간
략히 표명ᄒᆞᆯ수 잇ᄂᆞ니

뎨一○ 요나의 봉명과 도
망ᄒᆞᆷ

뎨二○ 요나의 형벌과 구
원ᄒᆞᆷ

뎨三○ 요나의 젼도ᄒᆞᆷ과
결과

뎨四○ 요나의 노ᄒᆞᆷ과 하
ᄂᆞ님의 ᄎᆡᆨ망ᄒᆞ심

외일말ᄉᆞᆷ은 三○十、四○一、
二、十、十一、

교회통신

⊙감리회(미이미회) 미년회
뎨三회 일긔
쥬강싱 一쳔九ᄇᆡᆨ 十년 五월
十三일 샹오 九시에 찬숑과
도후 ᄉᆞ무를 볼ᄉᆡ 영어 셔긔
와 한어셔긔가 젼회 일긔를
랑독ᄒᆞ다 남감리회 리의ᄉᆞ가
회즁에셔 샹견례를 ᄒᆡᆼᄒᆞᆫ후
아편연 먹ᄂᆞᆫ것이 사ᄅᆞᆷ의게
크게 해되ᄂᆞᆫ것을 셜명ᄒᆞ다
동일 하오八시에 국닉 션교
회 문뎨로 연셜ᄒᆞᆯ 위원은 박
원빅 젼덕긔 박봉ᄅᆡ 현셕칠
四씨로 션뎡ᄒᆞ다
최병헌씨 동의로 익일 샹오
八시에 한셩닉 ᄉᆞ립고등학교
련합대운동회장 현온씨의 쳥
텹을 밧쟈ᄒᆞ메 손승용씨 ᄌᆡ
쳥으로 가결ᄒᆞ다 찬숑가 뎨
一을 노래ᄒᆞᆫ후 회장의 츅복
으로 뎡회ᄒᆞ다

○긔셔 (姜助遠)

예수 ᄀᆞᆯᄋᆞ샤ᄃᆡ 내가 포도나
무오 너희ᄂᆞᆫ 가지라 ᄒᆞ시니
우리쥬를 밋ᄂᆞᆫ 형뎨 ᄌᆞᄆᆡ의
서로 련락ᄒᆞᆫ ᄉᆞ랑이 ᄒᆞᆫ지톄
에 혈ᄆᆡᆨ과 ᄀᆞᆺ치 교통되기를
간졀히 ᄇᆞ라고 간구ᄒᆞ며 우
리의 긔관보가 업슴을 한탄
ᄒᆞ더니 하ᄂᆞ님의 ᄌᆞ비ᄒᆞ시고
우리를 권고ᄒᆞ신 은혜로 이
제 그리스도 회보가 창간되
오니 무한이 감샤ᄒᆞ오며 쟝
ᄅᆡ 우리 교회의 엇더케 유익
ᄒᆞᆯ것을 싱각ᄒᆞ오니 흑암동즁
에 새 일월이 빗최임 ᄀᆞᆺᄒᆞᆫ지
라 쥬밋ᄂᆞᆫ 형뎨 ᄌᆞᄆᆡᄂᆞᆫ ᄒᆞᆫ때
음식은 폐ᄒᆞᆯ지언뎡 이회보야
엇지 폐ᄒᆞ리오 쥬도 ᄒᆞ나이
시오 셩신도 ᄒᆞ나이시라 ᄒᆞᆫ
셰례와 ᄒᆞᆫ소망으로 미진연고
로 다 경향각처와 외국에 츌
유ᄒᆞ신 형뎨 ᄌᆞᄆᆡ의 날노 고
ᄃᆡᄒᆞ고 ᄇᆞ라ᄂᆞᆫ 반가온 쇼식
이 오ᄂᆞᆯ날 이회보로 교통이
될지라 오쳔만년에 무궁ᄒᆞ도
록 ᄒᆞᆫ나의 가지와 ᄲᅮ리가 서
로 련ᄒᆞᆷᄀᆞᆺ치 심원ᄒᆞᆫ 이졍을
피ᄎᆞ 통신ᄒᆞᆷ이 이 회보로 말
미암아 쥬의 ᄌᆡ림ᄒᆞ실날ᄭᆞ
지 니르기를 쌍슈를 놉히드
러 츅원ᄒᆞ옵ᄂᆞ이다

⊙영국 유명ᄒᆞᆫ 쳘학박ᄉᆞ
아미레지씨의 젼도ᄒᆞᆫ 말을
이 아ᄅᆡ 역지ᄒᆞ노라

문뎨 셩신의 열ᄆᆡᄂᆞᆫ ᄉᆞ랑
이라

셩경에 ᄒᆞᆫ이 밋ᄂᆞᆫ쟈를 됴흔
열ᄆᆡ 맷ᄂᆞᆫ 나무에 비ᄒᆞ고 또
모든 은혜와 덕힝을 셩신의
열ᄆᆡ라고 칭ᄒᆞᆷ은 이것이 다
셩신으로 좃차오기를 맛치나
무 열ᄆᆡ가 그ᄲᅮ리로 좃차 나
온것과 ᄀᆞᆺ다ᄒᆞᆷ이라 대개 나
무로 말ᄒᆞ쟈면 그 간온ᄃᆡ 무
슴 오묘ᄒᆞ고 무형ᄒᆞᆫ 힘이 잇
서셔 몬져 싹이 나고 그다음
에 ᄭᅩᆺ치 픠며 또 그다음에
풍셩ᄒᆞᆫ 열ᄆᆡ를 맷게ᄒᆞᄂᆞᆫ것

곳치 밋ᄂᆞᆫ쟈의 ᄆᆞᄋᆞᆷ속에도 또ᄒᆞᆫ 오묘ᄒᆞ고 무형ᄒᆞᆫ 셩신의 힘이 ᄒᆞᆼ샹 역ᄉᆞᄒᆞᆷ으로 거록ᄒᆞᆫ 힝위의 향긔로온 ᄯᅳᆺ치 픠여 ᄉᆞ랑과 깃븜과 화평ᄒᆞᆷ과 인내(忍耐)와 슌후(順厚)ᄒᆞᆷ과 인ᄌᆞ(仁慈)ᄒᆞᆷ과 밋음과 온유(溫柔)ᄒᆞᆷ과 졀검(節儉)ᄒᆞᆷ의 아ᄅᆞᆷ다온 열ᄆᆡ를 ᄆᆡᆺ게 ᄒᆞᄂᆞᆫ것임ᄂᆡ다

이럼으로 ᄉᆞ랑을 셩신의 열ᄆᆡ라고 칭ᄒᆞᄂᆞᆫᄃᆡ 셩신ᄭᅴ셔 ᄒᆞᆯ노 이 ᄉᆞ랑의 ᄯᅳᆺ과 그ᄀᆞᄅᆞ치시ᄂᆞᆫ 령혼을 아시ᄂᆞ니 그의 ᄉᆞ랑으로 말ᄆᆡ암아 우리 힝실 가온ᄃᆡ 열ᄆᆡ가 ᄆᆡᆺ쳣고 그가 우리를 ᄉᆞ랑ᄒᆞ심으로 우리 ᄆᆞᄋᆞᆷ속에 ᄉᆞ랑이 싱겻도다 이 ᄉᆞ랑은 참ᄉᆞ랑이며 풍셩ᄒᆞ고 온유ᄒᆞ며 슌결ᄒᆞᆫ ᄉᆞ랑임ᄂᆡ다 사ᄅᆞᆷ을 ᄒᆞᆫ 과목에 비ᄒᆞ쟈면 그ᄆᆞᄋᆞᆷ이 곳 ᄲᅮ리라 사ᄅᆞᆷ의 ᄆᆞᄋᆞᆷ을 의지ᄒᆞ야 그 힝실의 열ᄆᆡ가 되ᄂᆞ니 이럼으로 하ᄂᆞ님ᄭᅴ셔 그 ᄆᆞᄋᆞᆷ에셔브터 시작ᄒᆞ샤 돌ᄀᆞᆺᄒᆞᆫ ᄆᆞᄋᆞᆷ은 ᄲᅦ여 ᄇᆞ리시고 온유ᄒᆞᆫ ᄆᆞᄋᆞᆷ을 주시며 그ᄆᆞᄋᆞᆷ을 바르게 ᄒᆞ심으로 그동작과 힝위를 또ᄒᆞᆫ 바르게 ᄒᆞ시ᄂᆞᆫ도다 그런고로 예수ᄭᅴ셔 니고데모의게 닐ᄋᆞ샤ᄃᆡ「네가 반다시 거듭나야 되겟다」ᄒᆞ신 것인ᄃᆡ 이ᄆᆞᄋᆞᆷ의 ᄲᅮ리로 좃차 나온가지ᄂᆞᆫ 곳 셩경에 비유ᄒᆞᆫ바 포도나무가지니 이것이 그리스도안에 잇ᄂᆞᆫ고로 능히 여러가지 됴ᄒᆞᆫ 열ᄆᆡ를 ᄆᆡᆺᄂᆞᆫᄃᆡ 그즁에 근본되ᄂᆞᆫ것은 곳 ᄉᆞ랑임ᄂᆡ다

첫재ᄂᆞᆫ 이ᄉᆞ랑이 하ᄂᆞ님을향ᄒᆞ야 활동ᄒᆞ나 ᄯᅳᆺ치 업ᄂᆞ니 하ᄂᆞ님ᄭᅴ ᄃᆡᄒᆞᆫ ᄉᆞ랑이 우리 리웃의게 ᄃᆡᄒᆞᆫ ᄉᆞ랑을 나앗도다 그럼으로 셩경에 닐ᄋᆞᄃᆡ「우리가 ᄉᆞ랑ᄒᆞᆷ은 그가 몬져 우리를 ᄉᆞ랑ᄒᆞ심이라」ᄒᆞ엿스며「하ᄂᆞ님을 ᄉᆞ랑ᄒᆞᄂᆞᆫ쟈ᄂᆞᆫ 또ᄒᆞᆫ 형뎨를 ᄉᆞ랑ᄒᆞᆯ것이니 이것은 우리가 쥬ᄭᅴ 밧은 계명이라」ᄒᆞ엿스며 또「우리가 형뎨를 ᄉᆞ랑ᄒᆞᆷ으로 죽음에셔 나와 싱명에 드러간줄안다」ᄒᆞ엿스니 ᄉᆞ랑은 깃븜을 창조ᄒᆞᄂᆞᆫ 희망이라 그럼으로 하ᄂᆞ님의 ᄉᆞ랑이 그리스도안세잇슨즉 그리스도를 밋ᄂᆞᆫ쟈 맛당히 그의 발자국을 좃차 힝ᄒᆞᆯ것이라 녜날 그리스도인 펠닉스가 일죽이 말ᄒᆞ기를「그리스도인의 서로 ᄉᆞ랑ᄒᆞᆷ이 엇더ᄒᆞᆫ가 볼지어다 더회가 서로 알기젼에도 ᄉᆞ랑ᄒᆞᆫ다」ᄒᆞ엿소

둘재 이ᄉᆞ랑은 신령ᄒᆞᆫ ᄉᆞ랑이니 예수 그리스도ᄭᅴ셔 우리 ᄆᆞᄋᆞᆷ속에 진실ᄒᆞ고 슌결ᄒᆞᆫ ᄉᆞ랑을 너어 주신고로 그 흡인력(吸引力)이 도로 그 근본을 차자 그리스도ᄭᅴ로 향ᄒᆞᄂᆞᆫᄃᆡ 므릇 우리가 예수를 ᄉᆞ랑ᄒᆞᆷ은 이 셰샹에 남녀들이 얼골의 아ᄅᆞᆷ다온것과 모든 졍욕을 인ᄒᆞ야 ᄉᆞ랑ᄒᆞᄂᆞᆫ것과 다르니 다만 그의 셩픔과 힝실의 아ᄅᆞᆷ답고 션ᄒᆞ고 참 된것을 위ᄒᆞ야 ᄉᆞ랑ᄒᆞᄂᆞᆫ것이오

셋재 이ᄉᆞ랑은 텬연뎍(天然的)ᄉᆞ랑이니 밧그로 좃차 드러와셔 우리 본셩에 텸부(添附)ᄒᆞᆫ것이 아니라 우리 ᄆᆞᄋᆞᆷ속에 잇ᄂᆞᆫ 하ᄂᆞ님의 호흡이니 이것을 금은으로 능히 살수도업고 이셰샹에 무슴 능력으로 창조ᄒᆞ던지 강탈ᄒᆞᆯ수도 업스며 또ᄒᆞᆫ 우리ᄯᅳᆺ으로 강작ᄒᆞ야 ᄉᆞ랑치 아니ᄒᆞᆯ쟈를 ᄉᆞ랑ᄒᆞ지도 못ᄒᆞᆯ것이라 그런고로 덕국 리학ᄌᆞ 모씨가 말ᄒᆞ기를「ᄉᆞ랑은 ᄒᆞᆫ의무 가아니라 ᄒᆞᆫ 덕힝이라」ᄒᆞ엿소

넷재 이ᄉᆞ랑은영원ᄒᆞᆫ ᄉᆞ랑이라 이것이 하ᄂᆞᆯ의 공긔를 참조ᄒᆞ엿스니 하ᄂᆞ님이 곳ᄉᆞ랑이시며 ᄉᆞ랑이 곳 영셩이오 텬당이니 밋음도 업서질날이 잇고 희망도 만족ᄒᆞᆯᄯᅢ가 잇스되 ᄉᆞ랑은 죽지안코 영원하 잇슬것인즉 우리가 하ᄂᆞ님의 ᄉᆞ랑이 엇더ᄒᆞᆫ것을 공부ᄒᆞᆷ으로 ᄎᆞᄎᆞ 하ᄂᆞ님과ᄀᆞᆺ치 될수잇ᄂᆞ니 그의 셩픔과 일ᄒᆞᆷ이 다 ᄉᆞ랑이오

ᄃᆞ섯재 이ᄉᆞ랑은 ᄀᆞ쟝 놉고 힘잇ᄂᆞᆫ ᄉᆞ랑이니 그가온ᄃᆡ 모든것을 다 포함ᄒᆞ엿고 그 능력은 감히 당ᄒᆞᆯ쟈가 업ᄂᆞᆫ니 셩혹 바람을 결박ᄒᆞ며 셩신(星辰)을 측량ᄒᆞᄂᆞᆫ 지조와 텬디간에 잇ᄂᆞᆫ 모든 강력(强力)을항거ᄒᆞᄂᆞᆫ힘이 잇슬지라도 이 ᄉᆞ랑의 능력압헤 항복지 아니ᄒᆞᆯ쟈가 업슴ᄂᆡ다 이 ᄉᆞ랑은 쟝강 대하와 ᄀᆞᆺᄒᆞ니 쥬야로 쉬지안코 흘너가매 좌우에 잇ᄂᆞᆫ 토디(土地)를 윤택케ᄒᆞ야 박ᄒᆞᆫ 뎐답에도 오곡이 풍등케ᄒᆞ며 궁벽ᄒᆞᆫ 사막에도 향긔로온 화초가 번셩케ᄒᆞ며 또 이ᄉᆞ랑은 ᄃᆡ양과

곳ᄒᆞ니 어두온 음곡(陰谷)에도 ᄇᆞᆰ은 빗치잇스며 극히치운 빙쥬(氷洲)에도 더운 긔운이 니르게ᄒᆞᄂᆞᆫ도다 하ᄂᆞ님의 ᄉᆞ랑이여 하ᄂᆞ님의 ᄉᆞ랑이여 우리ᄀᆞᆺ흔 죄인의 ᄆᆞᄋᆞᆷ도 깃브게ᄒᆞ며 더옵게 ᄒᆞᄂᆞ다 여섯재 이ᄉᆞ랑은 공평ᄒᆞᆫ ᄉᆞ랑이니 ᄒᆞᆫ번 이ᄉᆞ랑의 힘을 엇은쟈는 ᄒᆞᆯ노 ᄌᆞ긔 몸만 션ᄒᆞ랴ᄂᆞᆫ ᄉᆡᆼ각이업고 ᄒᆞᆼ샹 여러 사ᄅᆞᆷ의게 ᄃᆡᄒᆞ야 친목ᄒᆞᄂᆞᆫ ᄯᅳᆺ을 뵈이고셔 ᄒᆞᆷᄂᆡ다 픽리브레인씨가 일즉이 말ᄒᆞ기를「하ᄂᆞ님ᄭᅴ셔 공즁에 놀아ᄃᆞᆫ니ᄂᆞᆫ 츰새와 ᄲᅥᆫ들에셔 풀ᄯᅳᆺᄂᆞᆫ 우양을 보호ᄒᆞ시나 오직 그 ᄉᆞ랑은 사ᄅᆞᆷ을 위ᄒᆞ야 내셧다」ᄒᆞ엿스니 대개 ᄉᆞ랑은 다른 사ᄅᆞᆷ을 만난 후에야 그 공능을 베프ᄂᆞ니 닐올더이면 녯날 인도셤즁에 엇던 녀인이 극히 치운날에 무인디경에셔 풍셜ᄂᆞᆯ 만나 ᄌᆞ긔 옷을 버셔 ᄌᆞ긔 ᄉᆞ랑ᄒᆞᄂᆞᆫ 어린ᄋᆞ히 몸을 싸주고 ᄌᆞ긔싱명은 ᄇᆞ린것과 로마국 엇던 녀ᄌᆞ가 ᄌᆞ긔 ᄉᆞ랑ᄒᆞᄂᆞᆫ 남편이 원슈의 살ᄂᆞᆯ 밧ᄂᆞᆫ것을보고 이셕히 넉여 ᄌᆞ긔몸으로 방픽를 삼아 그 살을 ᄃᆡ신밧고 죽은것과 아라사의 엇던춍노가 그 샹뎐의 아ᄃᆞᆯ을 구ᄒᆞ기 위ᄒᆞ야 악ᄒᆞᆫ 랑(狼)의게 ᄌᆞ긔 싱명을 ᄇᆞ린것을보면 ᄉᆞ랑의 공능이 엇더ᄒᆞᆫ것을 가히 알것이오 이ᄉᆞ랑은 ᄒᆞᆯ노 하ᄂᆞ님ᄭᅴ로브터 오ᄂᆞᆫ 거륵ᄒᆞᆫ 샹급이라 우리가 우리 ᄆᆞᄋᆞᆷ을 뷔게ᄒᆞ고 하ᄂᆞ님ᄭᅴ 군구ᄒᆞ면 그가 반ᄃᆞ시 ᄎᆡ와 주실것이니 이아래와 ᄀᆞᆺ치 긔도ᄒᆞᆸ세다

하ᄂᆞᆯ에 계신 우리 아바지시여 이거륵ᄒᆞᆫ ᄉᆞ랑이 엇지그리 아ᄅᆞᆷ다온지 측량ᄒᆞᆯ수 업ᄉᆞᆸᄂᆞ이다 아바지의 호흡으로 우리 뷘ᄆᆞᄋᆞᆷ속에 새싱명과 ᄀᆞᆺ치 부러 너어주시옵쇼셔 우리도 아바지의 ᄉᆞ랑ᄒᆞ시ᄂᆞᆫ것을 ᄉᆞ랑ᄒᆞ며 아바지의 힝ᄒᆞ시ᄂᆞᆫ것을 힝케ᄒᆞ여 주시옵쇼셔 그리스도의 일홈으로 군구ᄒᆞᄋᆞᆸᄂᆞ이다 아멘

교육

◉가뎡학 (속)

뎨二 포육(哺育)

포육은 젓먹여 기르ᄂᆞᆫ것을 닐ᄋᆞᆷ이니 ᄋᆞ히를 포육ᄒᆞᄃᆡ 유모를 두ᄂᆞᆫ자도 잇스며 우유를 먹이ᄂᆞᆫ쟈도 잇스나 다 그 어마니의 젓만 ᄀᆞᆺ지못ᄒᆞ니 원ᄅᆡ 하ᄂᆞ님ᄭᅴ셔 사ᄅᆞᆷ을 내시매 그 ᄉᆞ랑ᄒᆞᄂᆞᆫ 어머니 몸에셔 달고 아ᄅᆞᆷ다온 식료(食料)가 나게ᄒᆞ심은 어마니로 ᄒᆞ여곰 그ᄌᆞ녀를 포육케ᄒᆞ심이어ᄂᆞᆯ 이 직칙을 면ᄒᆞ고 고용ᄒᆞᄂᆞᆫ 유모의게 맛기던지 우유를 먹임으로 혹 병독을 밧아 어린ᄋᆞ히의 신톄를 연약케도ᄒᆞ며 혹 모ᄌᆞ간에 ᄋᆡ졍을 박ᄒᆞ게도ᄒᆞᄂᆞ니 엇지 탄식ᄒᆞᆯ바가 아니리오 그런즉 ᄌᆞ모된쟈 맛당히 이 아ᄅᆡ 긔독ᄒᆞᆫ바 몃가지를 주의ᄒᆞᆯ지니라

一은 어마니의 젓을 주의ᄒᆞᆯ것이니 ᄋᆞ히를 포육ᄒᆞᄂᆞᆫ 어마니ᄂᆞᆫ 맛당히 ᄌᆞ양픔이 만코 소화잘되ᄂᆞᆫ 음식을 ᄐᆡᆨᄒᆞ야 먹을것이며 술마시ᄂᆞᆫ 일을 ᄀᆞ장 긔(忌)ᄒᆞ고 미양 젓먹일때에 ᄆᆞᆰ은 젓을 몬져 ᄶᆞᄇᆞ리고 먹이ᄂᆞᆫ것이 됴ᄒᆞ며 ᄋᆞ히로 ᄒᆞ여곰 젓을 물고 자ᄂᆞᆫ 폐가 업게 ᄒᆞᆯ것이니라

二ᄂᆞᆫ 유모를 션ᄐᆡᆨᄒᆞᆯ것이나 ᄋᆞ히 어마니가 ᄌᆞ긔젓을 먹이지 못ᄒᆞᆯ연고가 잇서셔 부득불 유모를 둘경우면 맛당히 신톄가 강건ᄒᆞ고 셩픔이 온량ᄒᆞ고 유젼(遺傳)ᄒᆞᄂᆞᆫ 병이 업ᄂᆞᆫ 졂은 녀인을 극ᄐᆡᆨᄒᆞ야 그 의복과 음식을 위싱에 뎍당ᄒᆞ도록 ᄒᆞ여줄것이니라 그러나 ᄌᆞ녀를 유모의게 맛길지라도 ᄯᅢᄯᅢ로 감독ᄒᆞ야 어마니된 직칙을 ᄇᆞ리지 말것이니라

三은 우유 먹이ᄂᆞᆫ 법이니 아모됴록 아춤에 ᄶᆞᆫ우유를 구ᄒᆞ야 먹이ᄃᆡ ᄋᆞ히가 난지 三샥젼에ᄂᆞᆫ 우유 一분에 물 四분과 四샥으로 六샥ᄭᆞ지ᄂᆞᆫ 우유 一분에 물 二분과 七샥으로 九샥ᄭᆞ지ᄂᆞᆫ 우유 一분에 물 一분을 조합ᄒᆞ야 먹이ᄃᆡ 먹고 남은 우유ᄂᆞᆫ 다시 ᄡᅳ지 말것이오 ᄯᅩ 우유먹이ᄂᆞᆫ 그릇을 자조 씨슬것이니라

四ᄂᆞᆫ 젓먹이ᄂᆞᆫ 시각이니 대개 어린ᄋᆞ히가 난지 一샥젼에ᄂᆞᆫ 두뎜동안에 ᄒᆞᆫ번식 먹이다가 점점 자라면셔 ᄎᆞᄎᆞ 도수를 감ᄒᆞᄂᆞᆫ것이 됴ᄒᆞ니라

五ᄂᆞᆫ 젓을 ᄭᅳᆫᄂᆞᆫ긔한이니 ᄋᆞ히 니(齒)가 난후로 음식을

조곰식 먹이더 오히려 죠셕으로 졋을먹이다가 두설이 지낸후에 아조 끈을것이니라

실업

⊙농업요설

비료쓰ᄂᆞᆫ법 (속)

二、초목류ᄂᆞᆫ 대략 곡비(穀肥)와 묘비(苗肥)와 초비(草肥)와 민비(埋肥)와 부비(腐肥)와 구비(廐肥)와 초목회(草木灰)와 부비(稃肥)와 유죠비(油糟肥)와 슈조비(水藻肥)등이니라

곡비ᄂᆞᆫ 콩과 팟과 룩두와 밀과 보리와 모밀과 피등속을 다 비료로 쓸수잇ᄂᆞᆫ더 이것들은 다만 지엽과 이삭을 발달ᄒᆞᄂᆞᆫ더만 힘이잇고 ᄲᅮ리를 비양홈에ᄂᆞᆫ 무익ᄒᆞᆫ고로 두번재 논김 밀때에 쓰ᄂᆞᆫ비료라 이 여러가지 곡비의 쓰ᄂᆞᆫ 법을 다 말홀수 업고 그즁에 콩으로 비료 믄드ᄂᆞᆫ법은 두가지가 잇스니 一은 콩 두말이면 물 다섯말을 부어 살마셔 통에담아 썩힌후 이물 ᄒᆞᆫ말에 링슈 서말 가량을 조합ᄒᆞ야 하로밤을 지낸후에 곡식이나 과목에 주ᄂᆞᆫ것이오 二ᄂᆞᆫ 콩을 살마셔 공셕에 담어 썩힌후에 논에 ᄲᅮ려주ᄂᆞᆫ것이니라

초비ᄂᆞᆫ 四월에 청초지(靑草芝) 속담에 지렁초를 버혀 비료로 쓰ᄂᆞᆫ것이니라

묘비ᄂᆞᆫ 로박ᄒᆞᆫ 젼답에 무슴 잘 자라ᄂᆞᆫ 식물(게ᄌᆞ나 콩이나 옥수슈나 호박이나 외ᄀᆞᆺᄒᆞᆫ것이라) 을 심엇다가 지엽이 무셩ᄒᆞ고 쏫이 필때에 가라뒤집어 썩히면 그 다음히에 됴ᄒᆞᆫ 비료가 되ᄂᆞ니라

민비ᄂᆞᆫ 강경(剛硬)ᄒᆞᆫ 식토를 三四쳑가량 깁히 파고 밋헤ᄂᆞᆫ 풀이나 쓰러기 ᄀᆞᆺᄒᆞᆫ것을 뭇고 흙으로 덥ᄒᆞᆫ후에 그우에ᄂᆞᆫ 초비를 五六촌 가량 펴고 또 우에ᄂᆞᆫ 연ᄒᆞᆫ 흙을 五六촌가량 덥고 과목을 심으면 과목이 무셩ᄒᆞᄂᆞ니라

부비ᄂᆞᆫ 잡풀을 버혀 산ᄀᆞᆺ치 싸핫다가 썩은후에 쓰ᄂᆞᆫ것이니라

구비ᄂᆞᆫ 잡풀을 버혀 마구에 펴셔 우마로 ᄒᆞ여곰 밟혀쓰ᄂᆞᆫ것이니라

초목회ᄂᆞᆫ 모든 초목의 지니 비습ᄒᆞᆫ 싸에 맛당히 쓸것이니라

부비(稃肥)ᄂᆞᆫ 모든 곡식의 겨니 사룸의 쇼변이나 우마료에 침ᄒᆞ야 쓰ᄂᆞᆫ것이니라

유죠비ᄂᆞᆫ 속담에 셔묵이니 곳 모든 기름 찌기라 이것을 물에 풀어 二三일간 두엇다가 쓰면 ᄌᆞ양ᄒᆞᄂᆞᆫ 공능도 잇고 또ᄒᆞᆫ 살츙(殺虫)ᄒᆞᄂᆞᆫ 힘도 잇ᄂᆞ니라

슈죠비ᄂᆞᆫ 바다나 하쳔(河川) 속에 잇ᄂᆞᆫ 모든 슈초(水草)를 키여 뒤양볏헤 말녀셔 싸아 두엇다가 썩은 후에 쓰ᄂᆞᆫ것이니라

담총

⊙시간의 다른것

일본 동경셔 졍오十二뎜 될때에 청국 북경셔ᄂᆞᆫ 오젼十뎜 二十六분 五十六쵸오 아라사 피득보에셔ᄂᆞᆫ 오젼四뎜 四十二분 四十쵸오 영국론돈셔ᄂᆞᆫ 오젼三뎜 三十분 四十쵸오 덕국 틱림셔ᄂᆞᆫ 오젼三뎜 五十八분 三十二쵸오 법국 파리셔ᄂᆞᆫ 오젼二뎜 五十분 二十쵸오 이대리로마셔ᄂᆞᆫ 오젼二뎜 三十一분 五十六쵸오 미국화셩돈셔ᄂᆞᆫ 오후七뎜 三十二분 四十八쵸러라

⊙금슈의 사ᄂᆞᆫ 년수(年數)

미와 기러기와 학은 一빅셰 이상이오 잉무와 빅로ᄂᆞᆫ 六十셰오 공쟉은 二十四셰오 씌고리ᄂᆞᆫ 十八셰오 쌍은 十五셰오 둙은 十셰오 코기리ᄂᆞᆫ 一빅셰 이샹이오 약더ᄂᆞᆫ 六十셰 이샹이오 물은 三十셰오 소ᄂᆞᆫ 二十셰오 개ᄂᆞᆫ 十二셰오 고양이ᄂᆞᆫ 十셰오 양은 九셰오 토기ᄂᆞᆫ 八셰오 도야지ᄂᆞᆫ 七셰오 고리ᄂᆞᆫ 一쳔셰러라

⊙여러가지신발명(新發明)

△은힝법(銀行法)은 一쳔一빅一년젼에 이대리국에셔 유태 사룸이 처음으로 발명ᄒᆞ엿ᄂᆞ니라

△시신죵(時辰鍾)혹 큰시게ᄂᆞᆫ 五빅五十三년 젼에 이태리국 포륙학ᄊᆞ에셔 처음으로 발명ᄒᆞ엿ᄂᆞ니라

△망원경(望遠鏡)혹 만리경은 三빅一년젼에 화란국 사룸 리반히가 처음으로 발명ᄒᆞ엿ᄂᆞ니라

△증긔긔계(蒸汽機械) 쓰ᄂᆞᆫ법은 二빅二十一년 젼에 덕국 사룸 보빈이 처음으로 발명ᄒᆞ엿ᄂᆞ니라

明治四十四年二月二十八日印刷

사고

○본보를이독ᄒᆞ시는졔군ᄌᆞ의주의ᄒᆞᆯ실일

一 이회보를구람코져ᄒᆞ시면셩명과거쥬를긔록ᄒᆞ야본샤로보내실일

一 이회보를보시다가이ᄉᆞᄒᆞ시거던그이ᄉᆞᄒᆞᆫ거쥬를ᄌᆞ셰히긔록ᄒᆞ야본샤로통지ᄒᆞ시와헛되히빗달케마실일

一 이회보의ᄃᆡ금은一장에三젼一ᄀᆡ월에五젼六ᄀᆡ월에二十五젼一년에五十젼이니션금으로보내실일

一 누구던지이회보에유익ᄒᆞᆫ론셜이나짜르고ᄌᆞ미잇ᄂᆞᆫ쇼셜이나긔셔우리교회에관계된잡보지료를긔록ᄒᆞ야본샤로보내시면대단히감사ᄒᆞ겟ᄉᆞᆸ고긔지여부는본샤ᄌᆞ유에맛기실일

一 니외국에셔본보의지사되기를원ᄒᆞ시면쳥원셔를우편으로뎨츌ᄒᆞ실일

一 본사에셔신을붓치시고회답을보고져ᄒᆞ시면우표를동봉ᄒᆞ야보내시던지왕복엽셔를쓰실일

一 이신문샹면의련폭된것을그대로보내오니보실ᄯᅢ에버히고보실일

광고

경향 여러교ᄋᆞ와 갈망ᄒᆞ시던 국문구약셩경의 완편이 츌판되여 이달금음이나 ᄅᆡ월초싱브터 발미ᄒᆞ겟ᄉᆞ니오 쳠군ᄌᆞᄂᆞᆫ 슈용의 다쇼를ᄯᆞ라 륙속쳥구ᄒᆞ심을 ᄇᆞ라ᄋᆞᆸ 그제본과뎡가는여좌ᄒᆞᄋᆞᆸ

二권一질二쳔六ᄇᆡᆨ五十혈

一권一질

지의 一환

포의 一환十五젼

THE AMERICAN BIBLE SOCIETY.

한문셩경이 새로 샹히로셔나왓ᄂᆞᆫᄃᆡ 그뎨목은二의 시원리ᄂᆞᆫ라 ᄒᆞᄋᆞᆸ

일어셩경신구약도 여러종류가 본공회와 셔울명동과 평양에잇ᄂᆞᆫ 본공회의 일본인지뎜에 잇ᄉᆞᆸ

평양잇ᄂᆞᆫ 본공회의 죠션인 지뎜에ᄂᆞᆫ 국문셩경의 여러종류가 잇ᄉᆞᆸ

각지뎜에셔도 이셩경들을 목록에 긔록ᄒᆞᆫ 뎡가로 도미나 쇼미를 다ᄒᆞᄋᆞᆸ

京城鐘路基督青年會下層
美國聖書公會 告白

광고

경계쟈 하ᄂᆞ님의 도으심으로 국문신구약젼셔가 이제 완젼되야 금월말이나 ᄅᆡ월초에 매하를 시작케되엿스니 그크신 은혜를 감샤홈이 한업ᄉᆞ오며 우리교인의 ᄆᆞᄋᆞᆷ에 깃븜을 이긔지못ᄒᆞᆯ지라 이칙의 쟝광은 국문四호글ᄌᆞ 지의 신약과곳고 그 쟝칙과 뎡가는 이아ᄅᆡ ᄌᆞ셰히 긔록ᄒᆞ엿ᄉᆞ오니 이칙을 갈망ᄒᆞ시던 우리 형뎨와 ᄌᆞ미는 본공회와 경향 각교즁 칙샤에 쳥구ᄒᆞ시와 이독ᄒᆞ시ᄋᆞᆸ쇼셔

一千九百十一年二月十日

장칙과뎡가

신약젼셔

단권一秩 견포의 一圓五十錢

仝 仝 반피의 一圓七十五錢

三권仝 지의 一圓二十五錢

仝 仝 포의 一圓三十五錢

구약젼셔

二권一秩 지의 一圓

仝 仝 포의 一圓十五錢

셔울 죵로 대영셩셔공회 고빅

그리스도회보

每月二回發行
明治四十四年三月十一日印刷
明治四十四年三月十五日發行

發行兼編輯人 北部社洞 奇義男
印刷人 北部南正峴 朴東完
印刷所 京城西小門內法韓印刷所
發行所 北部社洞 奇義男邸

ᄃᆡ금 一장 三젼
「代金」 六ᄀᆡ월 二十五젼
一ᄀᆡ년 五十젼
광고료 四호활ᄌᆞ 一항 一회 五젼
활ᄌᆞ대쇼와 항수다쇼와 긔한장단을 ᄯᆞ라 증감홈

사셜

⊙교회ᄂᆞᆫ 슈효 만흔것보다 신령ᄒᆞᆫ것을 즁히 녁임

슬프도다 지엽만 무셩ᄒᆞ고 열미업ᄂᆞᆫ 무화과ᄂᆞᆫ 예수의 져쥬ᄒᆞ심을 면치못ᄒᆞ고 곡식과 방불ᄒᆞ나 결실못ᄒᆞᆫ 가라지ᄂᆞᆫ 농부의 불ᄐᆡ옴을 당ᄒᆞᄂᆞᆫ것은 오직 외식만 숭샹ᄒᆞ고 실샹이 업ᄂᆞᆫ 연고니 만일 엇던 교회던지 쥬일 아ᄎᆞᆷ 마다 몸에 화려ᄒᆞᆫ 의복을 닙고 입으로 찬미를 노래ᄒᆞ며 손에 셩경을 들고 례비참예ᄒᆞᄂᆞᆫ 쟈가 긔ᄇᆡᆨ명 긔쳔명에 달ᄒᆞ야 회당안에 뷘자리가 업슬지라도 그모힌 교우즁에 각각 진실ᄒᆞᆫ 밋음과 졍결ᄒᆞᆫ 싱각과 경건ᄒᆞᆫ 능력과 션량ᄒᆞᆫ 픔힝이 업스면 엇지 몬져 말ᄒᆞᆫ바 무화과나 가라지와 다름이 잇스리오 그런즉 우리쥬 예수ᄭᅴ셔 더회를 보실ᄯᅢ에 반ᄃᆞ시 그 ᄌᆞ비ᄒᆞ신 눈에 눈물을 먹음고 탄식ᄒᆞ심을 마지 아니ᄒᆞ실 것이오 하ᄂᆞ님의 셩신이 ᄯᅩᄒᆞᆫ 더회 ᄆᆞᄋᆞᆷ속에 계시지 아니ᄒᆞ실 것이니 이런 교회ᄂᆞᆫ 육신샹으로 보면 비록 허다ᄒᆞᆫ 사ᄅᆞᆷ이 모혓스나 령혼샹으로 보면 ᄒᆞᆫ무덕이 죽은쟈가 싸힌것 ᄀᆞᆺᄒᆞ니 그가온ᄃᆡ 무슘 ᄯᅳ거온 긔운과 신령ᄒᆞᆫ 능력이 잇스리오 도로혀 죵교에 ᄃᆡᄒᆞ야 부패ᄒᆞᆫ ᄉᆞ샹과 링담ᄒᆞᆫ 관념을 잇그러 ᄂᆡ여 ᄒᆞᆫ 바리ᄉᆡ교회와 ᄀᆞᆺ치 될ᄯᆞᄅᆞᆷ이니 깁히 경계ᄒᆞᆯ쟈가 이것이라 그런즉 그 교회를 관할ᄒᆞᄂᆞᆫ 목ᄉᆞ나 젼도ᄉᆞᄂᆞᆫ 맛당히 ᄌᆞ긔를 온젼히 나져ᄇᆞ리고 그ᄆᆞᄋᆞᆷ을 뷔여 몬져 셩신의 능력을 츙만히 밧은후에 하ᄂᆞ님의 인도ᄒᆞ시ᄂᆞᆫ 대로 각교우의 령혼을 위ᄒᆞ야 신령ᄒᆞᆫ 량식을 공급ᄒᆞ며 ᄒᆞᆼ샹식지 아니ᄒᆞᆯ 열심을 너어 줄것이오 ᄯᅩ 그 교회의 분ᄌᆞ(分子)된 각교우ᄂᆞᆫ 다 각각 ᄌᆞ긔의 뎨일 귀즁ᄒᆞᆫ 령혼을 위ᄒᆞ야 이셰샹의 희망보다 더큰 희망을 구ᄒᆞ며 잠시 지나갈 영광보다 영원무궁ᄒᆞᆫ 영광을 기ᄃᆞ리며 육신의 쾌락보다 령혼의 쾌락을 ᄇᆞ라며 부패ᄒᆞ며 쳔근ᄒᆞᆫ것을 싱각지 말고 고샹ᄒᆞ며 오묘ᄒᆞᆫ것을 연구ᄒᆞᆷ으로 그리스도의 교회를 ᄀᆞ쟝 신령ᄒᆞᆫ 디위에 두기를 힘쓸지어다

본샤특별광고

경향간 누구던지 본회보 구람쟈(購覽者)十인의 六ᄀᆡ월이나 一ᄀᆡ년 션금(先金)을 슈합ᄒᆞ야 본샤로 보내여 주시ᄂᆞᆫ이ᄂᆞᆫ 一년동안 본회보를 갑업시보시던지 혹十一인션금에 ᄃᆡᄒᆞ야 一인션금을 고제ᄒᆞ고 보내시ᄋᆞᆸ

본회보 一二三호를 광고뎍(廣告的)으로 밧으신 경향각교회 형뎨와 ᄌᆞ미ᄭᅴ셔ᄂᆞᆫ 본회보를 ᄉᆞ랑ᄒᆞ시ᄂᆞᆫ 션심과 찬셩ᄒᆞ시ᄂᆞᆫ 의무로 본보 뎨五호를 발힝ᄒᆞ기 젼에 구람쟈를 만히 모집ᄒᆞ시와 션금(先金)으로 속히 보내여 주시ᄋᆞᆸ

교즁휘문

△ᄂᆡ보▽

◉감리ᄉᆞ동졍 평양노불감리ᄉᆞ는 거월에 인쳔 사경회를 맛친후에 강화 디방회에 참예ᄒᆞ고 본월 八일에 평양으로 젼왕ᄒᆞ야 그곳 사경회에 참예ᄒᆞ고 수일후에 또 츈쳔으로 하왕ᄒᆞ야 그곳 교회를 시찰ᄒᆞᆫ후 인듸손의ᄉᆞ와 작반ᄒᆞ야 원쥬로 젼왕ᄒᆞᆫ다더라

◉만국학ᄉᆡᆼ긔도회 거二월二十八일(쥬일)은 만국학ᄉᆡᆼ 긔도일인고로 경셩죵로 긔독쳥년회관ᄂᆡ에셔 경셩각학교 학ᄉᆡᆼ을 四ᄃᆡ에 분ᄇᆡᄒᆞ야 각기 예뎡ᄒᆞᆫ 시간에 모혀 련합긔도회를 열엇는ᄃᆡ 당일샹오十시에는 공셩 삼흥 관진 쟝훈 농명 챵동 보흥 훈도 八학교 학ᄉᆡᆼ 五ᄇᆡᆨ五十인즁에 원입인이 一ᄇᆡᆨ 四十八인이오 하오 一시에는 홍인 비지 광진 비영 쳥풍 五학교 학ᄉᆡᆼ二ᄇᆡᆨ五十인즁에 원입인이 十二인이오 동四시에는 쳥년학원 공옥 숭교의숙 한남 숭의 영신 승동 슈하동 八학교 학ᄉᆡᆼ 二ᄇᆡᆨ十인즁에 죠셔긔도ᄒᆞᆯ기로 작뎡ᄒᆞᆫ쟈가 八인이오 동七시에는 비지 오셩 즁앙 경신 외국어학교 五학교 학ᄉᆡᆼ三ᄇᆡᆨ十인즁에 원입인이 四十인이러라

◉의무교ᄉᆞ츌쟝 남감리회긔셩디방에 한영셔원이라 칭ᄒᆞ는 소학교가 수십쳐인ᄃᆡ 학교마다 지졍이 군졸ᄒᆞ야 학ᄉᆡᆼ은 비록 十인 혹 二十인식 모집되엿스나 교슈ᄒᆞᆯ 교ᄉᆞ가 업서셔 졍황이 극히 곤란ᄒᆞᆫ즁에 풍덕군 쟝츄동과 조강과 쟝단읍ᄂᆡ와 고랑포 四쳐 지셔원이 더욱 심ᄒᆞ야 폐지ᄒᆞᆯ 경우를 당ᄒᆞ엿더니 긔셩군 한영셔원(韓英書院)학ᄉᆡᆼ즁에 四인이 ᄌᆞ긔공부는 一년동안을 즁지ᄒᆞ고 의무로 교슈ᄒᆞ기 위ᄒᆞ야 졍인셕(鄭寅晳)씨는 고랑포로 김쥰옥(金俊玉)씨는 쟝단읍으로 박죵식(朴鍾軾)씨는 조강으로 문옥진(文沃珍)씨는 쟝츄동으로 츌쟝ᄒᆞ엿다ᄒᆞ니 이 四씨의 션공후ᄉᆞᄒᆞ는 의무심은 참 감하ᄒᆞᆯ만ᄒᆞ더라

◉부활쥬일례식 경향각쳐감리교회당(미이미회)에셔 四월十六일 쥬일에 ᄒᆡᆼᄒᆞᆯ 례ᄇᆡ 슌셔를 일젼 강화디방회에셔 좌와ᄀᆞᆺ치 작뎡ᄒᆞ엿기로 이에 긔ᄌᆡᄒᆞ야 각쳐 교회의 주의를 지촉ᄒᆞ노라

(一)찬미 뎨八十五 (二)긔도 (三)셩경 고린젼十五〇十五—四十九、(四)국ᄂᆡ 션교회를 위ᄒᆞ야 슈젼ᄒᆞ지 아니ᄒᆞᆫ 교회는 특별히 슈젼ᄒᆞᆯ일 (五)젼도문뎨는 부활ᄒᆞ심 (六)긔도 (七)찬미 뎨八十一 (八)폐회 츅ᄉᆞ

◉신학회계속 감리교회 츈긔 신학회 一、二년급 학원을 본월 一일브터 죵로 긔독쳥년회관ᄂᆡ에셔 교슈ᄒᆞᆷ은 젼호에 긔ᄌᆡᄒᆞ엿거니와 ᄅᆡ 四월四일브터는 히회관ᄂᆡ에셔 三년급 학원을 샹하시험케 ᄒᆞᆫ다더라

△외보▽

◉감리교회통계표 미국셔본년도 감리교회 통계표를 간ᄒᆡᆼ(刊行)ᄒᆞ엿는ᄃᆡ 그 대개는 동샹교우의 총계가 三ᄇᆡᆨ四十八만五쳔九ᄇᆡᆨ八十三인즁에 지난 一년동안 새로 엇은 교우가 四만九쳔六ᄇᆡᆨ六十一인이며 원입쟈가 三十一만九쳔九ᄇᆡᆨ 三十七인이오 슌ᄒᆡᆼ젼도ᄉᆞ가 一만九쳔八ᄇᆡᆨ二十八인즁에 새로 증가(增加)ᄒᆞᆫ 수가 二ᄇᆡᆨ三十一인이오 디방젼도ᄉᆞ가 一만四쳔 七ᄇᆡᆨ七十一인에셔 감ᄒᆞᆫ수가 二ᄇᆡᆨ五十四인이니 교우의 도총계가 二ᄇᆡᆨ五十만인이오 쥬일학교학원의 총계가 三ᄇᆡᆨ八十八만四쳔一ᄇᆡᆨ六十八인즁에 작년 一년동안 증가ᄒᆞᆫ 수가 十九만七쳔二ᄇᆡᆨ五十四인이오 엡웟쳥년회원이 六十만四쳔二ᄇᆡᆨ五十八인즁에 새로 증가ᄒᆞᆫ 수가 一만二쳔三ᄇᆡᆨ三十인이오 一년동안에 증츅(增築)ᄒᆞᆫ 교당이 二ᄇᆡᆨ九十二쳐인ᄃᆡ 그 가치는 미금(미금一불이 일화二원)으로 六ᄇᆡᆨ七十四만四쳔六ᄇᆡᆨ 五十불이니 젼에 잇던 교당과 합ᄒᆞ면 총계가 三만三ᄇᆡᆨ四쳔인ᄃᆡ 그 가치는 一쳔八ᄇᆡᆨ八十二만一쳔五十불이오 작년즁에 미국ᄂᆡ디교회에 ᄃᆡᄒᆞ야 지츌ᄒᆞᆫ 돈이 一쳔四ᄇᆡᆨ八十九만二ᄇᆡᆨ八十九불이며 외국션교회에 ᄃᆡᄒᆞ야 지츌ᄒᆞᆫ

돈이 一빅四十二만 五천三빅四十一불二十三젼이러라

교회통신

△긔셔▽ 김영국

므릇 신문이라 ᄒᆞᄂᆞᆫ것은 희양에 등ᄃᆡ와 ᄀᆞᆺᄒᆞ여 어두온쟈를 붉혀주며 방향일흔쟈를 지도ᄒᆞᄂᆞᆫ고로 이셰샹에셔 신문을 사ᄅᆞᆷ의 이목이라고 칭ᄒᆞ야 무론 모국ᄒᆞ고 신문의 발달을 ᄯᅡ라 그 문명의 졍도를 가히 알것은 여러말을 기드리지 아니ᄒᆞᆯ것이라 이二十셰긔에 니르러ᄂᆞᆫ 동셔양각국에 죵교와 졍치와 교육과 실업과 의약과 기외에도 허다ᄒᆞᆫ 죵류의 신문이 수십만죵에 달ᄒᆞ엿스나 죠션에ᄂᆞᆫ 신문의 발달이 대단히 지완ᄒᆞᆷ을 탄식ᄒᆞᄂᆞᆫ즁에 특별히 죵교샹 신문이 다만 일죵에 지내지 못ᄒᆞᆷ을 더욱 개탄ᄒᆞ더니 하ᄂᆞ님의 권우ᄒᆞ심으로 ᄯᅳᆺ밧게 그리스도회보라ᄂᆞᆫ 친구가 새로 낫다ᄒᆞᆷ을 듯고 여취ᄒᆞ여광ᄒᆞ던ᄎᆞ에 본처 목ᄉᆞ가 훈쟝을 주시기로 죡두지미를 ᄌᆞ세히 닑어본즉 귀가 열니고 눈이 붉아지며 속에셔 깃븐 찬숑이 나옴을 참지못ᄒᆞ야 영광을 쥬ᄭᅴ 돌니고 두어ᄌᆞ로 고ᄒᆞ노니 ᄉᆞ랑ᄒᆞᄂᆞᆫ 형뎨와 ᄌᆞᄆᆡ여 이친구는 밋ᄂᆞᆫ자의 큰 션ᄉᆡᆼ이며 아직 밋지아니ᄒᆞᄂᆞᆫ 쟈의게 젼도ᄒᆞ여 회기케ᄒᆞᄂᆞᆫ 목ᄉᆞ인줄노 아시고 익지즁지ᄒᆞ시기를 졀망ᄒᆞ오며 이 친구가 셰샹 ᄯᅥ날ᄯᆡᄭᆞ지 살기를 쥬ᄭᅴ 간구ᄒᆞᄋᆞᆸᄂᆞ이다

△긔셔▽ 김챵환

셩경말숨과 ᄀᆞᆺ치 죄가만흔곳에 은혜를 풍셩히 주시ᄂᆞᆫ줄을 ᄭᆡ다럿도다 이곳 강셔읍ᄂᆡᄂᆞᆫ 죄악즁에 ᄲᆞ진 사ᄅᆞᆷ이 만터니 다ᄒᆡᆼ이 하ᄂᆞ님ᄭᅴ셔 이곳 죄인을 불샹히 보시샤 십여년젼에 젼도ᄉᆞ 김지찬씨부쳐를 보내샤 이ᄋᆞᆸ니와 린근 각쳐로 ᄃᆞᆫ니면셔 비록 환난과 핍박즁이라도 하ᄂᆞ님의 말숨을 힘써 젼ᄒᆞᆷ으로 五六년젼브터 교회가 졈졈 왕셩ᄒᆞ여 례ᄇᆡ당 十二간을 건츅ᄒᆞ고 례ᄇᆡ보ᄂᆞᆫ쟈가 三빅여명에 달ᄒᆞᆫ지라 하ᄂᆞ님의 영광을 감샤ᄒᆞᄋᆞᆸ더니 수년젼에 김지찬씨ᄂᆞᆫ 삼화로 가고 그ᄃᆡ에 목ᄉᆞ 김창규씨가 ᄯᅩᄒᆞᆫ 열심으로 젼도ᄒᆞ고 이곳 남녀교우도 각각 ᄀᆡ인젼도를 힘쓴 결과로 작년 부흥회브터 지금ᄭᆞ지 새로 밋고 드러오ᄂᆞᆫ쟈 수빅인에 니르러 례ᄇᆡ당이 좁아셔 밧게서셔 례ᄇᆡ보ᄂᆞᆫ자가 만흔ᄃᆡ 그수효ᄂᆞᆫ 합 五빅여인이 되오니 이와ᄀᆞᆺ흔 영광은 다 하ᄂᆞ님ᄭᅴ로 돌니ᄋᆞᆸ고 ᄯᅩ 지금 례ᄇᆡ당을 더 건축ᄒᆞ기로 ᄒᆞ오니 ᄉᆡᆼ각건ᄃᆡ 하ᄂᆞ님ᄭᅴ셔 구ᄒᆞᄂᆞᆫ쟈마다 주실줄 알고 구ᄒᆞ오니 각쳐의 형뎨와 ᄌᆞᄆᆡ들은 이곳을 위ᄒᆞ야 긔도 만히ᄒᆞ야 주시기를 ᄇᆞ라ᄋᆞᆸᄂᆞ이다

◆◆◆◆◆◆◆◆◆◆◆◆◆

◉영국철학박ᄉᆞ 아미데지씨의 젼도ᄒᆞᆫ말

분뎨「셩신의 주신 깃븜」(뎨젼一〇六)

대개 죵교라ᄒᆞᄂᆞᆫ 것은 ᄒᆞᆼ샹 근심ᄒᆞᄂᆞᆫ ᄯᅳᆺ을 포함ᄒᆞᆫ줄노 ᄉᆡᆼ각ᄒᆞᄂᆞᆫ쟈가 만흔고로 그리ᄉᆞ도인도 그 죵교가 ᄌᆞ긔로 ᄒᆞ여곰 일평ᄉᆡᆼ에 근심ᄒᆞᄂᆞᆫ빗과 ᄶᅵᆼ그리ᄂᆞᆫ 얼골을 가지고 다만 죄업시 지내게ᄒᆞᄂᆞᆫ 도덕인줄노 ᄉᆡᆼ각ᄒᆞᄂᆞᆫ쟈ᄂᆞᆫ 그리스도의 본지를 해롭게ᄒᆞᆷ이라 그럼으로 세샹이 혹 ᄉᆡᆼ각ᄒᆞ기를 이 죵교가 유약(柔弱)ᄒᆞᆫ 부인녀ᄌᆞ의게는 ᄆᆡ우 유익ᄒᆞ거니와 활발ᄒᆞᆫ 대쟝부의게는 합당치 안타ᄒᆞ나 대단히 오ᄒᆡ(誤解)ᄒᆞᆫ것이오 므릇 고샹(高尙)ᄒᆞᆫ 깃븜은 츙죵교로 좃차오ᄂᆞ니 복음이 곳 깃븐 쇼식이라 그런고로 텬ᄉᆞ가 일즉이 목쟈의게 닐너 ᄀᆞᆯᄋᆞᄃᆡ「내가 너희게 크게 깃버ᄒᆞᆯ 아름다온 쇼식을 가져오나 이는 만민의게 잇츌지니라」ᄒᆞ엿고 깃ᄂᆞᆫ쟈의 ᄆᆞᄋᆞᆷ속에 셩신의 열ᄆᆡᄂᆞᆫ 깃븜이오 텬국도 의로옴과 평안ᄒᆞᆷ과 셩신의 주신 깃븜이며 ᄯᅩ 텬당의 ᄉᆡᆼ활도 깃븜이니 곳「쥬압헤 깃븜의 츙만ᄒᆞᆷ이 잇다ᄒᆞᆷ이오 (시十六〇十一) 사ᄅᆞᆷ마다 이깃븜을 엇으라고 열심으로 ᄇᆞ람은 ᄌᆞ연ᄒᆞᆫ 텬셩인ᄃᆡ 능히 찻지못ᄒᆞᄂᆞᆫ것은 이셰샹일에만 유익ᄒᆞ고 이우에 잇ᄂᆞᆫ바 신령ᄒᆞᆫ것을 ᄉᆡᆼ각지 아니ᄒᆞᄂᆞᆫ 셔ᄃᆞᆰ이오 누구던지 죄악의 멍에를 벗고 셩신으로써 새로나셔 ᄌᆞ긔를 온젼히 하ᄂᆞ님ᄭᅴ 밧친

자의 ᄆᆞᄋᆞᆷ속에는 이 깃븜이 잇슬것이라 헤인씨는 시가(詩歌)와 음률에 졍통(精通)ᄒᆞᆫ 션ᄉᆡᆼ인ᄃᆡ 엇던 사ᄅᆞᆷ이 그의게 뭇기를 「그ᄃᆡ의 지은 찬미가는 엇지 그리 사ᄅᆞᆷ의 깃븐ᄆᆞᄋᆞᆷ을 자아내ᄂᆞ뇨」ᄒᆞ거늘 그 션ᄉᆡᆼ이 ᄃᆡ답ᄒᆞ기를「내가 능히 그러케 지을수업고 오직 하ᄂᆞ님ᄭᅦ셔 내게 깃븐 ᄆᆞᄋᆞᆷ을 주샤 깃븜으로ᄡᅥ ᄌᆞ긔를 셤기게 ᄒᆞ신고로 내가 하ᄂᆞ님을 ᄉᆡᆼ각ᄒᆞ매 내 ᄆᆞᄋᆞᆷ속에 ᄌᆞ연히 깃븜이 충만ᄒᆞ여 손에 잡은 붓이 ᄉᆞᄉᆞ로 춤을추며 움자길때에 내ᄉᆡᆼ각 나ᄂᆞᆫ대로 져술ᄒᆞᆫ것이라 ᄒᆞ엿ᄉᆞ니 이것이 과연 유리ᄒᆞᆫ 말임ᄂᆞ다

一, 그리스도인의 깃븜은 셰샹의 즐거옴이나 육신의 회망이 아니라 ᄒᆞᆯ것은 이것이 긔운의 활발ᄒᆞᆷ이나 비위경(脾胃經)의 충실ᄒᆞᆷ이나 ᄉᆞ셰의 편리ᄒᆞᆷ이니 이목의 쾌락ᄒᆞᆷ을 좃차 오ᄂᆞᆫ것은 결단코 아닌 ᄭᆞ닭이오

二, 그리스도인의 깃븜은 다만 음셩과 용모에 감발(感發)ᄒᆞᄂᆞᆫ것ᄲᅮᆫ아니라 혹 침졍(沈靜)ᄒᆞᆫ 가온ᄃᆡ도 이 깃븜이 잇ᄂᆞ니 셰상은 ᄒᆞᆼ샹 움자기ᄂᆞᆫ 것을 ᄉᆞ랑ᄒᆞ야 ᄒᆞᆯ노 잇스면 쾌락이 업고 오후나 져녁에 친구로 더브러 약됴ᄒᆞᆫ 시간이 업스면 울민(鬱悶)ᄒᆞᆷ을 이긔지못ᄒᆞ되 그리스도인의 충깃븜은 거룩ᄒᆞ며 고요ᄒᆞ니 이는 셰샹의 모든 풍파와 차ᄉᆡᆼ의 모든 변화중에도 그 령혼을 평안히 보호ᄒᆞᆷ이오

二, 그리스도인의 깃븜은 ᄯᅩᄒᆞᆫ 졍(情)의 발ᄒᆞᆫ것도 아니니 공중에 ᄯᅳᆫ구름이 시시로 그 자리를 변ᄒᆞᄂᆞᆫ것ᄀᆞᆺ치 우리의 졍도 곳 발ᄉᆡᆼᄒᆞ엿다가 곳 업서지기 쉬으되 오직 우리의깃븜은 영원히 변치아니ᄒᆞᄂᆞᆫ것이오

四 그리스도인의 깃븜은 다만 경험으로 알것이오 입으로 형언ᄒᆞᆯ수 업ᄂᆞᆫ것이니 이 깃븜은 거룩ᄒᆞᆫ ᄉᆡᆼ각과 ᄉᆞ랑ᄒᆞᄂᆞᆫ ᄆᆞᄋᆞᆷ으로 브터 나와셔 하ᄂᆞ님을 셤기ᄂᆞᆫ 일에 나타나ᄂᆞᆫ 것이라 이깃븜은 봄날의 양명ᄒᆞ고 화챵ᄒᆞᆷ과 ᄀᆞᆺᄒᆞ니 그빗출 밧는 군ᄉᆡᆼ지물이 다 깃븐 빗출ᄯᅴ고 깃븐 소ᄅᆡ를 내ᄂᆞᆫ것과 ᄀᆞᆺ도다

이 깃븜은 하ᄂᆞ님의 셩신의 열ᄆᆡ니 우리가 그리스도와 ᄆᆞᄋᆞᆷ으로 합ᄒᆞ고 령혼으로 교통ᄒᆞᄂᆞᆫ고로 능히 이깃븜을 엇은것이라 이럼으로 예수ᄭᅴ셔 말ᄉᆞᆷᄒᆞ시기를「내가 이것을 너희게 닐옴은 내 깃븜이 너희안에 잇셔 너희 깃븜을 충만ᄒᆞ게ᄒᆞᆷ이라」ᄒᆞ셧고 ᄯᅩ바울 션ᄉᆡᆼ이 말ᄒᆞ기를「우리가 밋음으로 의롭다 ᄒᆞ심을 엇엇스즉 우리 쥬 예수 그리스도로 말ᄆᆡ암아 하ᄂᆞ님으로 더브러 화평ᄒᆞᆷ이 잇고 ᄯᅩᄒᆞᆫ 그를 인ᄒᆞ야 우리가 밋음으로 나아감을 엇어 이 은혜중에 섯스며 ᄯᅩᄒᆞᆫ 하ᄂᆞ님의 영광을 ᄇᆞ라고 즐거워ᄒᆞᆫ다」ᄒᆞ엿스며 요한 ᄆᆡᆨ닐씨가 말ᄒᆞ기를「그리스도인의 깃븜은 ᄉᆞ랑과 화평ᄉᆞ이에셔 자란다」ᄒᆞ엿고 ᄯᅩ 빌닝거씨가 말ᄒᆞ기를「그리스도인의 깃븜 은밋음과 희망으로 더브러 ᄒᆞᆼ샹 ᄒᆞᆷᄭᅴ ᄃᆞᆫ닌다」ᄒᆞ엿스니 이 깃븜이 엇더ᄒᆞᆫ가 ᄉᆡᆼ각ᄒᆞ여 보시오 이셰샹에 엇던 다른 깃븜이 능히 우리의 깃븜과 비교ᄒᆞᆯ수 잇슴ᄂᆞᆫ가 우리의 일ᄒᆞᆷ을 ᄉᆡᆼ명록에 쓴 깃븜이오 우리가 하ᄂᆞ님의 ᄌᆞ녀된 깃븜이며 우리가 우리쥬 예수 그리스도의 긔업을 ᄒᆞᆷᄭᅴ 누릴 깃븜이니 여러분이 다 이 깃븜을 엇엇슴ᄂᆞᆫ가 아직 이 깃븜을 맛 보지못ᄒᆞᆫ이가 잇스면 이깃븜을 속히 엇기 위ᄒᆞ야 ᄆᆞᄋᆞᆷ문을 열고 하ᄂᆞ님ᄭᅴ 긔도ᄒᆞ기를 쉬지아니ᄒᆞ여야 될것이오 ᄯᅩ 임의 엇은이는 하ᄂᆞ님ᄭᅴ 감샤ᄒᆞ며 깃븐 찬송을 부릅세다 四

一, 내ᄆᆞᄋᆞᆷ속으로
셩신드러오셧네
모든죄악업서지고
깃븜만잇네

二, 파ᄀᆡᆨ과다르니
죠셕변치안ᄒᆞ네
ᄒᆞᆫ번드러오신후에
영원히잇네

셩경공과

⊙아모스셔론

아모스는 강ᄉᆡᆼ젼 八ᄇᆡᆨ六년ㅣ七ᄇᆡᆨ九十二년간에 이스라엘에셔 예언ᄒᆞ엿는ᄃᆡ 그가온ᄃᆡ 요긴ᄒᆞᆫ 구졀은 (一〇二)이오 (욜三〇十六과 비교ᄒᆞ라) 이칙의 취지는 二〇六ㅣ十六、이니라

아모스는 ᄒᆞᆫ 목쟈요 또ᄒᆞᆫ 뽕나무를 ᄇᆡ양ᄒᆞ던 사ᄅᆞᆷ이니 (암一〇、七〇十四) 그 집은 유대 광야 가온ᄃᆡ 드고아라 칭ᄒᆞ는 적은 셩에 잇셧는ᄃᆡ 벳을네헴에셔 남편으로 二十리가량이 되ᄂᆞ니라 그힝젹에 ᄃᆡᄒᆞ야 우리의 아는바는 그 예언 가온ᄃᆡ 말ᄒᆞᆫ것ᄲᅮᆫ이나 이것으로 말미암아 우리는 그가 반ᄃᆞ시 올흔사ᄅᆞᆷ이며 또ᄒᆞᆫ광야에셔 살면셔 자조 하ᄂᆞ님의 일을 묵샹ᄒᆞᆫ줄 아ᄂᆞ니라 그러나 그가 광야에셔만 교육을 밧은것이 아니오 양모(羊毛)를 팔기위ᄒᆞ야 ᄒᆡ마다 유대와 이스라엘져ᄌᆡ에 왕ᄅᆡᄒᆞ엿슬것인ᄃᆡ 이러케ᄃᆞᆫ닐때에 북방(北邦)사ᄅᆞᆷ의 셩시(城市)ᄉᆡᆼ활과 샹업과 큰 셩소에셔 례ᄇᆡᄒᆞ는것을 다 닉히안듯ᄒᆞ니라

七〇十ㅣ十七졀에 ᄌᆞ긔의 션지로 부르심을 닙엇다고 말ᄒᆞ엿는ᄃᆡ ᄭᅦ 어느때에 이 부르심을 닙엇는지 말ᄒᆞᆯ수 업스나 대개 八ᄇᆡᆨ六년ㅣ七ᄇᆡᆨ九十二년간에 여로보암 뎨二셰와 늬씨아가 림시로 이스라엘과 유대의 왕위(王位)에 잇슬때라 이 두나라의 융흥과 부강이 극도에 달ᄒᆞᆫ고로 젼파ᄀᆞᆺ치 교만과 사치와 ᄉᆞ욕과 압졔를 숭샹ᄒᆞ는 결과가 ᄉᆡᆼ겻ᄂᆞ니라 이런 죄악은 두나라에 다잇거니와 그즁에 이스라엘은 송아치 숭ᄇᆡᄒᆞ는 일을 그때ᄭᆞ지 실힝ᄒᆞᆷ으로ᄡᅥ 죄우에 죄를 더ᄒᆞ엿ᄂᆞ니 이때 아모스가 예루살넴으로브터 이우샹 숭ᄇᆡᄒᆞ는 즁심디 벳을에 보내심을 닙엇ᄂᆞ니라 그의 ᄉᆞ명(使命)은 이 죄악을 ᄭᅮ짓고 또 이 불신(不愼)ᄒᆞᆫ 죄인들의게 하ᄂᆞ님의 거룩ᄒᆞᆫ 심판이 갓가온것을 공포ᄒᆞ랴 ᄒᆞᆷ이오 비록 그 특별ᄒᆞᆫ 명령은 이스라엘에 젼ᄒᆞᆯ것이나 그 경셩ᄒᆞᆷ은 유대와 하ᄂᆞ님의 약됴ᄒᆞ신 ᄇᆡᆨ셩을 에워싼 모든 젼징ᄒᆞ는 국민의게 ᄭᆞ지 밋쳣ᄂᆞ니라 一쟝二졀에 그칙의 요지를 말ᄒᆞ엿ᄂᆞ니 곳 여호와ᄭᅴ셔 심판가온ᄃᆡ ᄉᆞᄉᆞ로 션고ᄒᆞ심이라 이 션지쟈가 이스라엘에셔 뎨一 먼곳으로브터 시작ᄒᆞ야 ᄎᆞ례로 모든 국민의게 그 명령을 젼ᄒᆞ엿는ᄃᆡ ᄆᆡ양 여호와의 춤으심을 셩언ᄒᆞ엿스나 필경은 션고들 광포ᄒᆞ엿ᄂᆞ니 수루아는 그포학ᄒᆞᆷ을 인ᄒᆞ야 불에 ᄐᆡ옴을 당ᄒᆞ고 사로잡혀 갈것이며 필니스ᄃᆡ아의 죄는 노비를 매ᄆᆡᄒᆞᆫ 것이니 이로인ᄒᆞ야 또ᄒᆞᆫ 불에 ᄐᆡ옴을 당ᄒᆞ고 그 ᄇᆡᆨ셩을 죽이며 남은것ᄭᆞ지 다 멸망ᄒᆞᆯ것이며 벤니시아는 노비를 매ᄆᆡᄒᆞ는 ᄃᆡ리(代理)ᄀᆞᆺ치 힝ᄒᆞᆫ고로 두로의 궁궐늘 불사로고 이돔은 잔인ᄒᆞ야 놈을 용셔ᄒᆞᆯ줄 모로는 고로 벌을 면치못ᄒᆞᆯ것이며 아문의 ᄌᆞ손은 탐학무도ᄒᆞᆷ으로 벌을 밧을것이며 모압의 ᄀᆞ장 악ᄒᆞᆷ은 심히 복슈ᄒᆞ는 원슈가 된고로 벌을 밧을것이며 유대는 여호와의 률법을 능멸ᄒᆞ고 그 규례를 직히지 아니ᄒᆞᆫ고로 다른 국민과 ᄀᆞᆺ치벌을 당ᄒᆞᆯ것이며 나죵은 이스라엘의게 말ᄒᆞᆫ것인ᄃᆡ 이우에 몬져 셩언ᄒᆞᆫ 모든것은 다윗을 위ᄒᆞ야 예비ᄒᆞᆫ것이니 아모스가 이스라엘의 죄악을 셰밀히 셜명ᄒᆞ되 그 ᄇᆡᆨ셩의 불공졍ᄒᆞᆷ과 탐욕과 압졔와 음란과 하ᄂᆞ님의 일홈을 망용(妄用)ᄒᆞᆷ과 셜독(褻瀆)ᄒᆞᆷ과 참람ᄒᆞᆷ으로ᄡᅥ 칙망ᄒᆞ며 그ᄲᅮᆫ아니라 뎌희는 긔회를 엇고도 힝치아니ᄒᆞᆷ으로 말미암아 뎌희 죄가 대단히 증가(增加)ᄒᆞ엿고 여긔ᄃᆡᄒᆞᆫ 션고는 위압(威壓)이오 공판이니 감히면ᄒᆞᆯ수 업슴을 션언ᄒᆞ엿ᄂᆞ니라

이칙의 뎨二부분은(三〇六〇) 세가지 예언을 포함ᄒᆞ엿는ᄃᆡ 각각「이말을 드르라」ᄒᆞ는 언ᄉᆞ로ᄡᅥ 구별ᄒᆞ엿ᄂᆞ니 첫재셜명은 이스라엘이 하ᄂᆞ님의 긔왕긍휼ᄒᆞ심을 감샤ᄒᆞ게 ᄉᆡᆼ각지못ᄒᆞᆷ을 셩죄(聲罪)ᄒᆞ며하ᄂᆞ님ᄭᅴ셔 반ᄃᆞ시 이 국민의게 벌을 ᄂᆞ리실것과 또ᄒᆞᆫ 그가 션지를 명ᄒᆞ샤 이 심판을 공포케ᄒᆞ신 ᄯᅳᆺ을 나타내심이오 둘재 셜명은 압졔ᄒᆞ며 우샹 셤기는 죄샹을 드러내고 또

五 하ᄂᆞ님ᄭᅴ셔 여러가지로 이ᄇᆡᆨ

셔울 경칙(警責)ᄒᆞ셧스나 더회가 오히려 곳치지 아니ᄒᆞᄂᆞᆫ고로 하ᄂᆞ님ᄭᅴ셔 쟝ᄎᆞᆺ 더큰 벌을 ᄂᆞ리샤 더회가 후회ᄀᆡᄒᆞᆷ을 보시랴 ᄒᆞ심을 말ᄒᆞ엿고 셋재 셜명은 아모스가 이스라엘의 뎡죄됨을 통곡ᄒᆞ며 곳치기를 진실히 권ᄒᆞ고 그런후에 지란이 거듭니르러 시온에도 밋칠것으로써 (五〇十八—六〇一) 이스라엘이 여호와로 더부러 약됴ᄒᆞᆫ 관계를 밋던것이 엇더케 졀망 되엿스며 더회가 위티ᄒᆞᆷ에셔 안보ᄒᆞᆷ을 엇을줄노 상상ᄒᆞ던 것이 엇더케 다 헛된ᄃᆡ로 도라간것을 나타내엿ᄂᆞ니라

이칙의 뎨三부분에는 (七〇一—九〇十) 션지자가 다셧가지 본것을 말ᄒᆞ엿ᄂᆞᆫᄃᆡ 첫번 네가지 경황에 ᄃᆡᄒᆞ야는 「여호와ᄭᅴ셔 내게 뵈이셧다」는 구어(句語)로써 말을 시작ᄒᆞ엿고 나죵 본것을 말ᄒᆞᆷ에는 여호와ᄭᅴ셔 친히 림ᄒᆞ신것이 되엿ᄂᆞ니 (九〇一—十) 대개 이 여러가지 본것이 다심판에 관계된 것이오 그 요령은 이 아래와 ᄀᆺᄒᆞ니라

一과 二는 충재와 화재니 위협(威脅)ᄒᆞ시ᄂᆞᆫ 멸망의 징죠오

三은 먹줄이니 작뎡ᄒᆞ신 멸망의 징죠오

四는 넉은 과실이니 급박ᄒᆞᆫ 멸망의 징죠오

五는 여호와ᄭᅴ셔 단에 서신 것이니 진힝ᄒᆞᄂᆞᆫ 멸망의 징죠니라

이 예언이 허락으로써 결국ᄒᆞ엿ᄂᆞ니 (九〇十一—十五) (이칙 가온ᄃᆡ ᄒᆞ나뿐) 이ᄂᆞᆫ 명빅히 온국민을 유대ᄭᆞ지 다 회복케 ᄒᆞ실것을 말ᄒᆞᆷ이라 이허락은 그리스도교회를 창립ᄒᆞᆷ과 이교뎍(異敎的)셰계에 복음을 젼파ᄒᆞᄂᆞᆫ 일가온ᄃᆡ 긔분간(幾分間) 응ᄒᆞ엿ᄂᆞ니라 (힝十五〇十六)

이 칙에셔 빅훈바 큰 공과ᄂᆞᆫ 이아래와 ᄀᆺᄒᆞ니라

一、사ᄅᆞᆷ과 사ᄅᆞᆷ사이에 공졍ᄒᆞᆷ은 샤회의 신령ᄒᆞᆫ 긔초즁에 ᄒᆞ나이됨

二、긔회라ᄒᆞᆷ은 담부ᄒᆞᆫ 칙임을 닐옴

三、칙임을 리용치 아니ᄒᆞᄂᆞᆫ 것은 반ᄃᆞ시 벌을 당ᄒᆞ게 ᄒᆞᆷ

四、군민은 (분셔ᄒᆞ면 ᄀᆡ인들)불가불 더회게 당ᄒᆞᆫ 문명과 학식으로 살것

五、하ᄂᆞ님의 요구에 ᄃᆡᄒᆞ야 슌죵ᄒᆞᆯ ᄆᆞᄋᆞᆷ이 업ᄂᆞᆫ자ᄂᆞᆫ ᄆᆞ장 용심(用心)ᄒᆞᄂᆞᆫ 아름다온 례ᄇᆡ를 드려도 하ᄂᆞ님ᄭᅴ 슈욕(羞辱)만됨

교육

⊙가정학 (속)

어린ᄋᆞ희를 먹이고 닙히며 지오ᄂᆞᆫ 법

나무가 처음 낫슬때에 주의ᄒᆞ야 비양치 못ᄒᆞ면 이울어 죽기도 쉽고 가지가 가로 벗어 됴ᄒᆞᆫ재료를 일우지 못ᄒᆞᄂᆞ니 어린ᄋᆞ희도 이와 다름이 업서셔 발육(發育)이 온젼치 못ᄒᆞᆫ때를 당ᄒᆞ야 그 어마니의 보양ᄒᆞᄂᆞᆫ법이 맛당ᄒᆞᆷ을 엇지못ᄒᆞ면 그ᄋᆞ희의 신톄가 연약ᄒᆞ고 정신이 혼탁(昏濁)ᄒᆞᆷ을 면키 어려올뿐아니라 셋심ᄒᆞ면 그 싱명에 위험을 치기 쉬오니라

一、어린ᄋᆞ희 의복은 맛당히 가바얍고 설피게ᄒᆞᄃᆡ 동절에는 무명이나 융(絨)ᄀᆺᄒᆞᆫ 것이 뎍당ᄒᆞ며 하절에는 흰모시나 뵈도 됴코 비록 부귀ᄒᆞᆫ집ᄋᆞ히라도 비단옷을 닙혀 그 샤치ᄒᆞᆫ ᄆᆞᄋᆞᆷ을 기르게ᄒᆞᆷ은 대단히 불가ᄒᆞᆷ이라

二、어린ᄋᆞ희 의복의 졔도는 너그럽게ᄒᆞ고 ᄯᅴ를 단단히 ᄆᆡ지말며 비록 동절옷이라도 솜을 얇게 놋ᄂᆞᆫ것이 됴코 아래는 두렁이를 둘너주ᄂᆞᆫ것이 운동에 편리ᄒᆞᆷ이라

三、어린ᄋᆞ희 음식은 아금니 난뒤브터 시작ᄒᆞ야 죽이나 밥이나 연ᄒᆞᆫ 고기나 ᄎᆡ소나 혹 과실등속을 초초 증가(增加)ᄒᆞ야 먹이되 차고 더운것이 과도(過度)케 ᄒᆞ던지 너머 닉혀셔 단단ᄒᆞ던지 달며 짠것이 과도ᄒᆞᆷ도 대단히 긔ᄒᆞᆯ 것이며 그 먹이ᄂᆞᆫ 분량은 아모됴록 뎍즁ᄒᆞ게 ᄒᆞᆯ것이라

四、어린ᄋᆞ희 음식에 ᄃᆡᄒᆞ야 주의ᄒᆞᆯ것은 음식 가온ᄃᆡ 무슴 삼키기 어려온 견경(堅硬)ᄒᆞᆫ 물질이 드럿ᄂᆞᆫ지 살피며 집사ᄅᆞᆷ이나 혹 외인이 입으로 씹어 먹임을 주의ᄒᆞ야 금ᄒᆞᆯ것은 병독이 젼염될가 념려ᄒᆞᆷ이라

五、어린ᄋᆞ희의 거쳐ᄒᆞᄂᆞᆫ 방

은 맛당히 정결케ᄒᆞ며 ᄐᆡ양빗치 잘빗최고 공긔가 류통(流通)케ᄒᆞ며 방슈에 셰간을 정졔히ᄒᆞ야 ᄋᆞᄒᆡ로 ᄒᆞ여곰 어려셔브터 질셔(秩序)의 정졔ᄒᆞᆫ것만 보는것이 됴흐며 ᄯᅩ 방즁에 더럽고 ᄂᆡ암ᄉᆡ나는 물건이나 무슴 위험ᄒᆞᆫ 물건을 두지말며 밤에 그 어마니나 혹 유모가 ᄋᆞᄒᆡ를 살픔에 셰고 자는것도 불가ᄒᆞ니라

실업

⊙농업요설

비료쓰는법 (속)

三、토셕류는 ᄆᆡ비(煤肥)와 옥하진ᄀᆡ(屋下塵芥)와 구일니(灸日泥)와 토류황(土硫黃)과 홍비셕(紅砒石)과 ᄉᆡᆼ셕회(生石灰)와 구하니(溝河泥)와 쳔사(川沙)와 ᄀᆡᆨ토(客土)등이니라

ᄆᆡ비는 오ᄅᆡᆫ집의 벽과 쳠하밋과 굴뚝과 온돌 아궁지와 방바닥에 그름(혹ᄆᆡ기)만히 안즌 흙이니 더온 셩질을 함축(含蓄)ᄒᆞᆫ고로 곡식으로 ᄒᆞ여곰 츙실케ᄒᆞᄂᆞ니 특별히 밧헤 만히쓰는것이오

옥하진ᄀᆡ는 마루밋히나 조강ᄒᆞᆫ 헛간에 습긔밧지 아니ᄒᆞᆫ 몬지니 이것은 염쵸긔운을 만히 함축ᄒᆞᆫ고로 음ᄅᆡᆼ(陰冷)ᄒᆞᆫ싸에 주면 발셩ᄒᆞ는 긔운이 ᄆᆡ우 큰것이오

구일니는 련못(池沼)이나 호하(濠河)밋헤 잇는진흙(泥土)을 파내여 ᄐᆡ양볏헤 말녀셔 논에 펴주면 능히 벼로 ᄒᆞ여곰 잘자라며 ᄯᅩᄒᆞᆫ 풍셩히 결실케ᄒᆞ는것이오

토류황은 류황질이 만히 셕긴 흙이니 온쳔(温泉)근원과 바닥에 잇는 흙이나 소곰굽는곳에 불탄 흙도 다 토류황으로 쓸수잇는ᄃᆡ 더옵고 발양ᄒᆞ는 긔운이 큰것이오

홍비셕은 동광이나 은광에셔 나는돌인ᄃᆡ 그빗치 붉고 그톄질이 기름ᄀᆞᆺ치 엉긴것이니 이것을 셕회굽는것ᄀᆞᆺ치 구어 가루를 ᄆᆡᆫ든후에 인분에 조합ᄒᆞ야 음ᄅᆡᆼᄒᆞᆫ 토디에 주면 식물을 발양ᄒᆞᆯᄲᅮᆫ아니라 ᄯᅩᄒᆞᆫ 곡식이나 파물을 해ᄒᆞ는 버러지를 죽이는 힘이 잇는것이오

ᄉᆡᆼ셕회도 가루를 ᄆᆡᆫ드러 인분에 조합ᄒᆞ야 쓰면 그 공능이 홍비셕과 ᄀᆞᆺ지마는 그 분량이 과ᄒᆞ면 혹 곡식에 해될 념려도 잇는것이오

구하니는 슈도나 인가근쳐 ᄀᆡ쳔 바닥에 옹축ᄒᆞᆫ 흙인ᄃᆡ 인가에셔 나려오는 짠물을 밧아 염질을 함축ᄒᆞᆫ 것인고로 능히 토셩(土性)을 고로게ᄒᆞ며 식물ᄒᆞᆫ 풍슉(豊熟)케ᄒᆞ는힘이 잇는것이오

쳔사는 ᄀᆡ쳔가에 잇는 가는 모ᄅᆡ니 무슴 비료와 조합ᄒᆞ야쓰면 식물을 쟝양ᄒᆞ는 힘이 잇는것이오

ᄀᆡᆨ토는 깁흔면답에 본질과 다른 종류의 흙을 파다가 보토ᄒᆞ는것이니 가령 양토나 식토에 로토를 셕던지 사토에 도니를 셕는것ᄀᆞᆺᄒᆞᆫ것이니라

담총

⊙셰계 만국의 남녀쇼학교 입학 년한(年限)

영국은 五셰브터 十四셰ᄭᆞ지 미국과 덕국과 일본은 六셰브터 十四셰ᄭᆞ지 법국은 六셰브터 十三셰ᄭᆞ지 이대리는 六셰브터 十九셰ᄭᆞ지 하란은 六셰브터 十二셰ᄭᆞ지 뎡말은 七셰브터 十四셰ᄭᆞ지더라

이 뎡ᄒᆞᆫ 년한ᄂᆡ에 ᄌᆞ녀를 학교에 보ᄂᆡ지아니ᄒᆞ면 졍부에셔 벌금을 밧는법이라

⊙각종 음식의 쇼화되는 시간

쌀밥은 ᄒᆞᆫ시간 동안에 쇠고기 군것과 양의고기 군것과 양의고기 지진것과 연계탕과 ᄃᆞᆰ의알 반ᄉᆡᆼ반슉ᄒᆞᆫ것은 다 세시간동안에 오리고기 군것과 ᄉᆡᆼᄃᆞᆰ의 알은 두시간동안에 ᄉᆡᆼ굴과 면보는 두시반동안에 무와 ᄇᆡ치 살믄것과 염져육은 세시반동안에 쇠고기 젼골과 삶은ᄃᆞᆰ의 알은 네시동안에 쇼화되더라

⊙학이 목자 노릇ᄒᆞ는것

미국 엇던신문에 긔자ᄒᆞᆫ것을 본즉 남아메리가에 약가ᄆᆡᆨ이라 ᄒᆞ는새가 잇는ᄃᆡ 그 모양은 학과ᄀᆞᆺ고 양기르는 사ᄅᆞᆷ이 이새를 길드려 목장에 두면 아참에는 양을 인도ᄒᆞ야 들에 나가셔 풀ᄯᅳ더먹는것을 직힐ᄯᅢ에 무슴 다른 짐ᄉᆡᆼ이 양을 해코져ᄒᆞ면 이새가 그 칼ᄀᆞᆺᄒᆞᆫ부리로 ᄧᅩ으며 힘잇는 쥭지로 쳐셔 ᄶᅩᆺ고 져녁에는 양의 무리를 몰고 집으로 도라오며 그쥬인의 ᄯᅳᆺ을 극히슌죵ᄒᆞᆫ다고 ᄒᆞ엿더라

七

明治四十四年二月十一日印刷

광고

THE AMERICAN BIBLE SOCIETY.

경향 여러교우의 갈망ᄒᆞ시던 국문구약셩경의 완편이 출판되여 이달금음이나 리월초싱브터 발ᄆᆡ ᄒᆞ겟ᄉᆞ니오 쳠군ᄌᆞ는 슈용의 다쇼를ᄯᆞ라 륙속쳥구ᄒᆞ심을 ᄇᆞ라ᄋᆞᆸ 그졔본과뎡가는여좌ᄒᆞᄋᆞᆸ

二권一질二천六ᄇᆡᆨ九十

현

一권一질

지의 一환

포의 一환十五젼

한문셩경이 새로 샹히로 셔나왓는ᄃᆡ 그ᄯᅢ목은二의 시원리라 ᄒᆞᄋᆞᆸ

일어셩경신구약도 여러 죵류가 본공회와 셔울명동과 평양에잇는 본공회의 일본인지뎜에 잇ᄉᆞᆸ 평양잇는 본공회의 죠션인 지뎜에는 국문셩경의 여러죵류가 잇ᄉᆞᆸ

각지뎜에셔도 이셩경들을 목록에 긔록ᄒᆞᆫ 뎡가로 도미나 쇼미를 다ᄒᆞᄋᆞᆸ

京城鐘路基督青年會下層

美國聖書公會 告白

광고

경계쟈 하ᄂᆞ님의 도으심으로 국문신구약젼셔가 이제 완편되야 금월말이나 리월초에 매하를 시작케되엿스니 그크신 은혜를 감샤ᄒᆞᆷ이 한업ᄉᆞ오며 우리교인의 ᄆᆞ옴에 깃붐을 이긔지못ᄒᆞ올지라 이칙의 쟝광은 국문四호글ᄌᆞ 지의 신약과ᄀᆞᆺ고 그 쟝칙과 졍가는 이아래 ᄌᆞ세히 긔록ᄒᆞ엿ᄉᆞ오니 이칙을 갈망ᄒᆞ시던 우리 형뎨와 ᄌᆞᄆᆡ는 본공회와 경향 각교즁 칙샤에 쳥구ᄒᆞ시와 익독ᄒᆞ시ᄋᆞᆸ쇼셔

一千九百十一年二月十日

쟝칙과뎡가

신구약젼셔

단권一秩 견포의 一圓五十錢

仝 仝 반피의 一圓七十五錢

三권仝 지의 一圓二十五錢

仝 仝 포의 一圓三十五錢

구약젼셔

二권一秩 지의 一圓

仝 仝 포의 一圓十五錢

셔울 종로 대영셩셔공회 고ᄇᆡᆨ

學員募集 廣告

本校에셔學年初를當ᄒᆞ와中學科와仝預備科學生을募集ᄒᆞ오니志願人은左開에依ᄒᆞ야請願ᄒᆞ시ᄋᆞᆸ

請願期限은自三月二十五日로至四月三日

試驗日字는自四月四日로至六日

試驗科目은

漢文、讀書、作文、數學、四則以上

理學、初等理化及博物、地理、

歷史

募集은預備科及一年級

補缺은二•三學年級

開學日字四月七日

(請願紙는本校로來求ᄒᆞᆷ)

京城蓮洞私立儆新學校 白

學員募集 廣告

本學館에셔左開各科에學員을募集ᄒᆞ오니願學僉員은四月五日內에請願書를提呈ᄒᆞᆯ事

左開

中學科 木工科

鍊工科 日語速成科

寫眞科 夜學商科

日語科 英語科

簿記科

其他詳細事項은來問事

皇城基督敎青年會學館 白

學員募集 廣告

本學堂에셔左開各級學生을募集ᄒᆞ오니願學僉員은四月六日內入學請願書로提呈ᄒᆞᆯ事

一、預備班 一、一年級 新募集

一、二年級 一、三年級 補缺生

一、入學試驗日字四月七八日

一、入學年齡 十六歲以上

京城貞洞私立培材高等學堂 白

샤고

△본보를익독ᄒᆞ시는졔군ᄌᆞ의주의ᄒᆞᆯ실일

누구던지이회보에유익ᄒᆞᆫ론셜이나짝르고ᄌᆞ미잇는쇼셜이나긔셔나우리교회에관계된잡보지료를긔녹ᄒᆞ야본샤로보내시면대단히감샤ᄒᆞ겟ᄉᆞᆸ고긔지여부는본샤ᄌᆞ유에맛기시ᄋᆞᆸ

그리스도회보

每月二回發行

明治四十四年三月二十七日印刷
明治四十四年三月三十日發行

發行兼編輯人 北部社洞 奇義男
印刷人 北部樓閣洞 朴東完
印刷所 京城西小門內法韓印刷所
發行所 北部社洞 奇義男邸

ᄃᆡ금(代金) 一장 三젼 六개월 二十五젼 一개년 五十젼

광고료 四호활ᄌᆞ 一항 一회五젼
활ᄌᆞ대쇼와 항수다쇼와 긔한장단을 ᄯᅡ라 증가홈

사셜

⊙죠혼(早婚)의폐단

죠션에 죠혼ᄒᆞᄂᆞᆫ 풍쇽은 루빅년 고유(固有)ᄒᆞᆫ 구습이나 작년 八월이후로 一죵괴이ᄒᆞᆫ풍셜이 도라ᄃᆞᆫ니ᄂᆞᆫᄃᆡ 우미ᄒᆞᆫ쟈ᄂᆞᆫ 말ᄒᆞ기를 총독부에셔 쟝ᄎᆞᆺ 혼인셰를 밧으며 일본사ᄅᆞᆷ이 죠션 녀ᄌᆞ를 탈취ᄒᆞᆫ다ᄒᆞ며 그즁에 젹이 샹식(常識)이 잇ᄂᆞᆫ쟈ᄂᆞᆫ 말ᄒᆞ기를 이제브터ᄂᆞᆫ 죠혼 금ᄒᆞᄂᆞᆫ 법을 실시ᄒᆞᆯ터인즉 어셔밧비 ᄌᆞ녀간 혼인을 지내여 ᄌᆞ미를 보쟈ᄒᆞ야 경향을 물론ᄒᆞ고 유치ᄒᆞᆫ ᄌᆞ녀를 닷토아 셩혼(成婚)ᄒᆞ니 보기에 진실노 답답ᄒᆞ고 불샹ᄒᆞ기로 죠혼의 폐단을 몃가지로 들어 말ᄒᆞ노니 (一)은 죠혼이 민족(民族)을 잔약ᄒᆞ게 ᄆᆡᆫᄃᆞᄂᆞ니 남녀간 二十셰이샹 셩인젼에 혼인ᄒᆞ야 싱산(生産)ᄒᆞ면 그 소싱이 잔약ᄒᆞ고 병이 만흠이오 (二)ᄂᆞᆫ 죠혼이 민족을 무식ᄒᆞ게 ᄆᆡᆫᄃᆞᄂᆞ니 남녀간 二十셰젼에 교육을 밧ᄂᆞᆫ것인ᄃᆡ 그젼에 죠혼ᄒᆞ면 부부간 ᄉᆞ졍이 공부를 방애ᄒᆞᆯ뿐아니라 가루에 억ᄆᆡ여 공부ᄒᆞᆯ수 업슴이오 (三)은 죠혼이 집안을 불화(不和)케ᄒᆞᄂᆞ니 유치ᄒᆞᆫ ᄋᆞᄒᆡ들이 부모의 압제로 셩혼ᄒᆞ엿다가 지각이나면 부부간 금실이 업기가 十샹八九라 인ᄒᆞ야 집안이 화목지 못홈이오 (四)ᄂᆞᆫ 죠혼이 민족의 음란ᄒᆞᆫ 풍쇽을 기르ᄂᆞ니 이우에 말ᄒᆞᆫ바와 ᄀᆞᆺ치 부부가 불화홈으로 쳡을 두거나 창녀집으로 ᄃᆞᆫ니거나 혹 음분(淫奔)ᄒᆞᄂᆞᆫ 폐단이 죵죵잇슴이오 (五)ᄂᆞᆫ 죠혼이 민족을멸망케 ᄒᆞᄂᆞ니 죠혼을 슝샹ᄒᆞ면 이우에 말ᄒᆞᆫ바 네가지폐단이 싱겨셔 민족이 잔약ᄒᆞ고 무식ᄒᆞ며 집안이 불화ᄒᆞ며 풍쇽이 음란ᄒᆞ면 다른 민족이 업수히 녁이고 하ᄂᆞ님이 뮈워ᄒᆞ샤 그민족은 멸망ᄒᆞ고야 마ᄂᆞ니라 그런즉 우리 구쥬 예수를 밋ᄂᆞᆫ형뎨와 ᄌᆞᄆᆡᄂᆞᆫ 셰샹의 ᄇᆞᆰ은 빗치되고 외인의 모범이 되엿슨즉 죠혼ᄒᆞᄂᆞᆫ 악습을 一졀 엄금(嚴禁)ᄒᆞᆯ지니 만일 교인이라ᄒᆞ고 ᄌᆞ긔집에셔 죠혼을 ᄒᆞ거나 다른 사ᄅᆞᆷ의게 죠혼을 권ᄒᆞ면 그죄가 외인보다 더 크니 깁히 싱각ᄒᆞ시고 삼가 힝ᄒᆞ시기를 ᄇᆞ라ᄂᆞ이다

교즁휘문

◉감리회 (미이미회) 경디방회를 본월二일상오九시에 강화읍 잠두교당에서 열엇ᄂᆞᆫ듸 그 슌셔ᄂᆞᆫ 좌와 ᄀᆞᆺ더라

동일동시에 회장 노불씨가 승셕ᄒᆞ고 찬숑가 뎨六을 합챵ᄒᆞᆫ후 회장이 빌닙보 三장을 보고 젼도ᄉᆞ 김봉열씨가 긔도ᄒᆞᆫ후 셔긔ᄂᆞᆫ 젼도ᄉᆞ 죠ᄂᆡ덕씨로 션뎡ᄒᆞ고 뎜명ᄒᆞ니 참셕회원이 七十인이러라 ᄉᆞ무를 쳐리ᄒᆞᆯ시 강화읍교당은 새로 건츅ᄒᆞ기로 가결ᄒᆞ고 셔강구역에도 례비당은 건츅ᄒᆞ기로 작년 디방회에 뎨의(提議)되여 미년회에셔 가결된바 그일을 죵쇽히 실힝ᄒᆞ쟈ᄂᆞᆫ 청원은 다시 미년회에 뎨츌ᄒᆞ기로 가결ᄒᆞ고 목ᄉᆞ 젼덕긔 장낙도 현슌 三씨ᄂᆞᆫ 쟝로품을 주기로 쳔거ᄒᆞ고 三년급젼도ᄉᆞ 방쵹신 채규홍 죠ᄂᆡ덕 박현일 四씨ᄂᆞᆫ 四년급으로 진급ᄒᆞ고 권ᄉᆞ三十여명의게 표지를 분급ᄒᆞᆫ후 명년 디방회ᄂᆞᆫ 인쳔욋동교당에셔 셜힝ᄒᆞ기로 결뎡ᄒᆞ고 찬숑가 뎨一을 합챵ᄒᆞᆫ후 목ᄉᆞ 최병헌씨의 츅복으로 폐회ᄒᆞ엿더라

◉쥬린랑혼이비부름 평양남산현 예수교당ᄂᆡ에셔 대사경회를 열고 열심으로 ᄀᆞ르쳣ᄂᆞᆫ듸 사경싱이 수빅여명이오 교ᄉᆞᄂᆞᆫ 감리ᄉᆞ로불 김챵식 북ᄉᆞ리익모 젼도ᄉᆞ 오긔션 리동식제씨더라

◉야교근황 평양남산현 예수교회 광셩쇼학교ᄂᆡ에 야학과를 수년젼브터 셜립ᄒᆞ고 지금ᄭᆞ지 열셩으로 교슈ᄒᆞᄂᆞᆫ듸 학싱이 六七十명이오 교ᄉᆞᄂᆞᆫ 밋ᄂᆞᆫ형뎨즁 졔씨라더라

◉긔도의결과 평안남도강셔읍ᄂᆡ 예수교당ᄂᆡ에셔 젼월一일브터 七일ᄭᆞ지 식벽긔도회를 열고 남녀교인 빅여명이 밋지아니ᄒᆞᄂᆞᆫ 동포를 위ᄒᆞ야 하ᄂᆞ님ᄭᅴ 근졀히 구ᄒᆞᆷ으로 새로 밋기 작뎡ᄒᆞ고 나온쟈가 빅여명이라더라

◉남녀사경회 평안북도령변교회ᄂᆡ에셔 본월쵸브터 남교우 사경회를 열고 一빅六十인이 공부ᄒᆞᆷ으로 ᄌᆞ미를 만히 보앗고 또 본월十三일에 부인 사경회를 열고 一빅二十인이 공부ᄒᆞᄂᆞᆫ듸 각학년에 진급증셔를 주겟ᄂᆞᆫ고로 여러 부인이 열심으로 공부ᄒᆞᄂᆞᆫ듸 ᄌᆞ미를 만히 본다더라

◉쥬쵸거졀 양쥬군젼도ᄉᆞ 최형진씨의 통신을 거ᄒᆞᆫ즉 경긔도포쳔군 룡상동교회ᄂᆞᆫ 셜립된지 下六년에 별노히 흥왕치ᄂᆞᆫ 못ᄒᆞ나 밋ᄂᆞᆫ 형뎨와 ᄌᆞ매의 수효ᄂᆞᆫ 一빅三十여명에 달ᄒᆞᆫ지라 이곳에 다른 싱의ᄂᆞᆫ 업고 다만 롱업뿐이라 금년봄에 졂은 신도들이 모혀 쥬쵸를 거졀ᄒᆞ고 롱ᄉᆞ를 젼보다 더 심쓰기로 결의ᄒᆞ고 그날브터 실시ᄒᆞᆷ으로 그 동리 二十二호즁에 밋ᄂᆞᆫ집이 二十一호오 아직 밋지안ᄂᆞᆫ집이 一二호인듸 집진이 다 누룩도 업고 담빅도 업슨즉 타동은 쥬쵸셰금을 밧아가고 롱ᄉᆞ에 방애되ᄂᆞᆫ 일이 만ᄒᆞ나 과연 이동ᄂᆡᄂᆞᆫ 그런폐히가 업고 각기 안업싱활ᄒᆞ야 一동의 질셔가 뎡졔ᄒᆞ다더라

◉부인열심 쳘원읍젼도ᄉᆞ리화츈씨의 통신을 거ᄒᆞᆫ즉 동읍거 젼 령월군수 리봉하씨의 부인 레아씨ᄂᆞᆫ 삼년젼에 상부ᄒᆞ고 다만 어린ᄋᆞᄒᆡ 셋을다리고 셰월을 보내더니 이곳 교회에셔 례비당 겸 학교로 살집을 사랴ᄒᆞᆯᄯᅢ에 그 부인이 ᄌᆞ긔살든와가三十여간을 쳔환에 팔기로 작뎡ᄒᆞ고 말ᄒᆞ기를 나도 망부의 三년상이나 지내면 예수를 밋겟스나 집갑 一쳔환에셔 三빅환은 교회에 긔부ᄒᆞᆫ다ᄒᆞ고 七빅환만 밧은후에 三년상지내기ᄂᆞᆯ 고ᄃᆡᄒᆞ더니 三년이 다가지못ᄒᆞ여 셩신의 인도ᄒᆞ심을 밧아 즉시 쥬ᄭᅴ로 도라온후 그 망부의 죠셕샹망을 지내ᄂᆞᆫ것이 헛된일인줄은 아나 부인의 연약ᄒᆞᆫ ᄆᆞ음에 쳔책의 시비를 피ᄒᆞ야 부득이 샥망 등졀은 집사ᄅᆞᆷ의게 맛기고 ᄌᆞ긔ᄂᆞᆫ 도모지 샹관치 아니ᄒᆞ다가 다힝이 대상날이 지내매 즉시 학습인이 되여 셩경을 열심으로 공부ᄒᆞ며 홍상 쥬를 찬숑ᄒᆞ고 빈궁ᄒᆞᆫ 사ᄅᆞᆷ을 도아주며 죽게된쟈를 구제도ᄒᆞ고 불샹ᄒᆞᆫ 걸인을 다려다가 옷슬주며 음식을먹여 보내고 또 지나간 겨울에 회당에 부인쳐쇼가 심히 치

운것을보고 十二원가치의 란로를 사셔 노아 부인들의 치위를 면케ᄒᆞ엿스며 또 금년 二월망간에 이곳셔 사경공부를ᄒᆞᄂᆞᆫᄃᆡ 이 부인이 밤에 잠을 자지아니ᄒᆞ고 열심공부ᄒᆞ여 문답에 부족ᄒᆞᆷ이 업ᄂᆞᆫ고로 사경공부 ᄆᆞᆺ헤 그집안네 식구가 다 쟝로ᄉᆞ의게 셰례를 밧고 지금은 그부인이 반렬속장이되여 열심으로 공과를 ᄀᆞᄅᆞ친다ᄒᆞ니 이부인의 밋음과 ᄌᆞ션심은 감하ᄒᆞᆯ만ᄒᆞ다더라

◉셩뎐증츅경영 진남포교회 권ᄉᆞ 비형식씨의 통신을거ᄒᆞᆫ즉 히교회가 쥬의 권능을 엇어 점점흥왕ᄒᆞ야 쥬일마다 모히ᄂᆞᆫ 교우의 수효가 평균 七빅인 이상인ᄃᆡ 례빅당이 협착ᄒᆞᆷ으로 새로 一쳔五빅명을 용납ᄒᆞᆯ만ᄒᆞᆫ 회당을 건츅ᄒᆞ기로 결뎡ᄒᆞ엿스니 우리ᄉᆞ랑ᄒᆞᄂᆞᆫ 각쳐 교우ᄂᆞᆫ 이회당이 속히 건츅되기를 위ᄒᆞ야 긔도 만히ᄒᆞ시기를 ᄇᆞ란다ᄒᆞ엿더라

◉사경야학 슈원부내교회에서 특별히 형뎨와 ᄌᆞ미쥼ᄉᆞ무를 인ᄒᆞ야 공부ᄒᆞ지못ᄒᆞᄂᆞᆫ쟈를 위ᄒᆞ야 二월十五일브터 사경회를 열고 미일 하오七시三十분으로 八시三十분ᄭᆞ지 누가복음을 히셕ᄒᆞ야 교수ᄒᆞᄂᆞᆫᄃᆡ 형뎨와 ᄌᆞ미 二十여인이 一년동안 공부ᄒᆞ기로 결심ᄒᆞᆫ후 풍우를 불피ᄒᆞ고 열심으로 공부ᄒᆞ니 일노좃차 교회가 흥왕ᄒᆞ리라고 사ᄅᆞᆷ마다 칭숑ᄒᆞᆫ다더라

◉또ᄒᆞᆫ셩뎐건츅 슈원군 셔신면어소동교회 형뎨와 ᄌᆞ미가 불과 四十여명인ᄃᆡ 례빅당을 새로건츅ᄒᆞᆯᄎᆞ로 三十여원을 연죠ᄒᆞ야 방금 건츅을 시작ᄒᆞᆫ다더라

◉기셩학슉청년회 기셩한영셔원 그리스도청년회ᄂᆞᆫ 셜립된지가 二긔년인ᄃᆡ 지금에 회황이 진보되야 회원이 빅여인이라 사경반을 죠직ᄒᆞ야 미 례비일오후에 셩경을 연구ᄒᆞ며 긔도회와 연셜회가 잇셔 학싱계에 그리스도교를 신앙케ᄒᆞᄂᆞᆫᄃᆡ 큰 영향이 잇겟다더라

◉졔씨연죠 회양읍 교우 김병하씨의 통신을거ᄒᆞᆫ즉 히읍교회ᄂᆞᆫ 三년젼에 셜립되여 권ᄉᆞ 박여삼씨가 젼도ᄒᆞᆫ 결과로 형뎨와 ᄌᆞ미가 四十여인에 니르럿ᄂᆞᆫᄃᆡ 교당이 업서셔 곤란이 막심ᄒᆞ더니 다힝히 여러교우가 열심연조ᄒᆞᆷ으로 례빅당 六간을 건츅ᄒᆞ엿ᄂᆞᆫᄃᆡ 그연보ᄒᆞᆫ 졔씨의 셩명과 금익은 리미리암씨가 十원、박여삼씨가 八원、송살노미 송경상량씨가 각五원 박마리아씨가 三원、염노득씨가 二원、송화연 송셕슌 송미리암三씨가 각一원 기이듸씨ᄂᆞᆫ 五十젼이라더라

교회통신

긔셔 츈쳔 홍죵슉

강원도양구군 북면공수동 거ᄒᆞᄂᆞᆫ 홍부인로이쓰씨ᄂᆞᆫ 년금 七十一셰인ᄃᆡ 본가와 시가이 본리 명문거족으로 경셩지동에 거쥬ᄒᆞ더니 四十六년젼 병인란에 두집이 다 락향ᄒᆞᄂᆞᆫ때에 그남편 홍죵휘씨와 ᄀᆞᆺ치 강원도로 온지라 홍죵휘씨ᄂᆞᆫ 본리 호부ᄌᆞ뎨로 쳥년에 방탕ᄒᆞ야 가산을 탕픽ᄒᆞ고 十여년을 류리ᄒᆞ다가 화쳔군 구만리 가로에서 미쥬ᄌᆞ싱ᄒᆞᄂᆞᆫ즁 그남편은 더욱 방탕ᄒᆞ야 작쳡ᄭᆞ지ᄒᆞᆫ후 구박이 ᄌᆞ심ᄒᆞᆷ으로 필경은 견츅ᄒᆞᄂᆞᆫ 경우에 니르럿ᄂᆞᆫ지라 이때에 부인의 형편을 싱각ᄒᆞ면 욕ᄉᆞ부득이오 욕싱막가라 이셰샹을 피ᄒᆞ고져ᄒᆞ여 금강산 유점ᄉᆞ 득도암에 가서 샥발위승ᄒᆞ고 二년을 지셩으로 남무아미타불을 념숑ᄒᆞ다가 十八년젼 갑오란에 의ᄃᆞ의 로략을 견ᄃᆡ지 못ᄒᆞᆯᄲᅮᆫ아니라 졍졀을 샹ᄒᆞᆯ가 두려워셔 즉시 그 스승의게 허가를 밧고 되속ᄒᆞ야 본동 쳔속가에 지졉ᄒᆞᆯ시 사ᄅᆞᆷ마다 긔가ᄒᆞ라 권고ᄒᆞ되 졀긔를 변치안코 다만 싱활의 곤궁ᄒᆞᆷ을 인ᄒᆞ야 가로변에셔 미주ᄌᆞ싱ᄒᆞ다가 三四년젼에 비로소 쥬의 복음을 드른후 즉시 회긔ᄒᆞ여 쳔업을 ᄇᆞ리고 근근히 득싱ᄒᆞ면셔 쥬일마다 十리되ᄂᆞᆫ 양구읍닉 례빅당에 풍한셔습을 무릅쓰고 七十로인이 ᄒᆞᆫ번도 불참치 안ᄂᆞᆫ 열

셩과 리웃사롬을 디ᄒᆞ야 죄악에서 구원ᄒᆞ신 구쥬의 십ᄌᆞ가를 젼파ᄒᆞ는 신앙이 조곰도 퇴굴치안코 젼진ᄒᆞ는 힘이 유력ᄒᆞᆫ 쳥년남ᄌᆞ보다 비승ᄒᆞ니 가히 부인계에 일대모범이 될만ᄒᆞ기로 두어ᄌᆞ를 긔록ᄒᆞ여 보내오니 귀회보에 긔재ᄒᆞ시와 포장ᄒᆞ는 뜻을 표ᄒᆞ심을 군졀히 ᄇᆞ라옵ᄂᆞ이다

긔셔 령변 리응렬

이곳은 본시 인심이 완패ᄒᆞᆷ으로 더러온 우샹을 숭비ᄒᆞ고 춤도에 젼진ᄒᆞᆯ 희망이 업시 렬옹셩ᄂᆡ에셔 싱쟝ᄒᆞᆫ고로 하ᄂᆞ님의 은혜를 밧은지는 六七년이나 신령ᄒᆞᆫ 디위에 ᄃᆞ러간 열미를 볼수업더니 하ᄂᆞ님의 권우ᄒᆞ심으로 작년十一월과 금년一월분에 두번부흥회를 엶으로 새로 밋기 작뎡ᄒᆞᆫ이도 만코 임의 밋는 형뎨들이 더욱 본셩의 일홈파 ᄀᆞᆺᄒᆞᆫ ᄆᆞᄋᆞᆷ을 엇어 열심져도ᄒᆞᆷ으로 본디방 四五十리안에 새로 니러는 교회가 五六쳐오 미쥬일에 몸과 ᄆᆞᄋᆞᆷ을 하ᄂᆞ님ᄭᅴ 밧쳐 여러곳으로 젼도나가는 형뎨가 十여인이오 ᄯᅩ 본교회즁에 남녀 입교인이 젼도부를 셜시ᄒᆞ고 지졍과 긔도로 도아주니 감ᄉᆞ무디 이올시다 이 통신을 보시는 형뎨와 ᄌᆞ미는 이곳을 위ᄒᆞ야 긔도 만히ᄒᆞ여 주시기를 ᄇᆞ라ᄂᆞ이다

만국쥬일공과

뎨十五

四월九일

마태九장卅五절—十쟝十六절

요지 十二ᄉᆞ도를보내심

외일 말솜은 十쟝八절이니 곳「그져 밧앗스니 그져 주어라」

이 공과를 두 부분으로 난홀지니 첫재 부분은 예수ᄭᅴ셔 친히 갈닐니 근방으로 ᄃᆞᆫ니시면서 복음을 젼ᄒᆞ시며 이적을 힝ᄒᆞ신것이오 둘재부분은 그 뎨ᄌᆞ들을 이스라엘 각쳐로 파송ᄒᆞ샤 ᄯᅩᄒᆞᆫ 복음을 젼ᄒᆞ며 권능을 베플게 ᄒᆞ신것이라

一、九〇卅五—卅八은 예수ᄭᅴ셔 세번재 갈닐니 디방으로순힝ᄒᆞ신것이니 卅五절말솜을 보건ᄃᆡ 그 ᄉᆞ의가 四쟝二十三절 말솜과 대개 ᄀᆞᆺᄒᆞᆫ즉 첫번 순힝과 셋재번 순힝에 힝ᄒᆞ신 일이 서로 ᄀᆞᆺᄒᆞᆫ것을 가히 알것이라 구쥬ᄭᅴ셔 모든 병을 곳치신 것은 뎨ᄌᆞ들이 눈으로 본고로 그후에 베드로가 고넬뇨의 집에셔증거ᄒᆞ엿ᄂᆞ니라(ᄉᆞ도十〇卅八) 예수ᄭᅴ셔 무리들을 보시고 민강히 녀이심(卅六)은 뎌회가 육신샹으로는 로마국졍부의 학디 밋헤셔 싱활의 곤난ᄒᆞᆷ을 면치 못ᄒᆞ고 령혼상으로는 바리시교인의 거즛 죵교밋헤셔 신령ᄒᆞᆫ 량식을 엇지못ᄒᆞ는것이 목ᄌᆞ업는 양과 ᄀᆞᆺᄒᆞᆫ고로 불샹히 녀이심이라 예수ᄭᅴ셔 말솜ᄒᆞ신바 츄슈(卅七)는 세샹 사롬의 령혼을 구원ᄒᆞ심이오 츄슈 쥬인은 하ᄂᆞ님을 ᄀᆞᄅᆞ치심이니 요한十五〇一、과 비교ᄒᆞ라

二、十〇一—十五는 열두뎨ᄌᆞ를 파송ᄒᆞ심이니 그 파송ᄒᆞ시는 순서는 (一)샤귀를 쫏고 병곳칠 권능을 주심이오 (二) 그 갈곳을 지뎡ᄒᆞ심이오 (三) 그 힝ᄒᆞᆯ일을 명ᄒᆞ심이오 (四) 젼ᄒᆞᆯ 말솜을 ᄀᆞᄅᆞ치신 것이오 (五) 엇더케 쳐신ᄒᆞᆯ것을 교훈ᄒᆞ신것이라 四

예수ᄭᅴ셔 싱젼에 그 뎨ᄌᆞ의게 이권능을 주신것은 (一절)쟝ᄎᆞᆺ 승쳔ᄒᆞ신 후에 오순졀 셩신을 보내실 예약이니라

이ᄯᅢ 뎨ᄌᆞ들의 젼ᄒᆞᆫ복음은 우리 복음과 다른ᄃᆡ 이복음은 텬국의 복음이니 (삼우엘후서 七〇八—十七)에잇는말솜과 ᄀᆞᆺ고 우리의 복음은 예수ᄭᅴ셔 십ᄌᆞ가에 못박히신 취지를 젼ᄒᆞ는것이니라

九—十절에 ᄒᆞ신말솜은 힝쟝을 예비 ᄒᆞᆯ것업시 곳 그대로 ᄯᅥ나라 ᄒᆞ심이니라

「발에 몬지를 ᄯᅥ러 ᄇᆞ리라」ᄒᆞ심(十四)은 뎌희가 밧지아니ᄒᆞᆫ 증거를 보임이니 (누九〇五)이는 그ᄯᅢ 유대풍속에 흔이 잇던 표시ᄃᆡ 힝동인듯 ᄒᆞ니라

十五절에 ᄒᆞ신 말솜은 어ᄂᆞ나라이던지 복음을 밧지 아니ᄒᆞ면서돔과 고모라와 ᄀᆞᆺ치 형벌을 면치 못ᄒᆞ리라 ᄒᆞ심이니라

十六절에 양과 비들기를 들어 말솜ᄒᆞ신것은 유순ᄒᆞᆷ을 취ᄒᆞ심이오 비암은 령리ᄒᆞᆫ것

을 취ᄒᆞ심이니라
뭇는말
一、이 공과를 몃부분에 난ᄒᆞ겟ᄂᆞ뇨
二、예수ᄭᅴ셔 웨 무리를 보시고 민망히 넉이셧ᄂᆞ뇨
三、예수ᄭᅴ셔 十二ᄉᆞ도를 파송ᄒᆞ신 슌셔를 간단히 말ᄒᆞᆯ수 잇ᄂᆞ뇨
四、이ᄯᅢ 뎨ᄌᆞ들의 젼ᄒᆞᆫ 말슴이 무엇이며 지금 우리의 복음과 다른것이 무엇이뇨
五、十五졀 말슴이 우리의게 무엇슬 ᄀᆞᄅᆞ치ᄂᆞ뇨

만국쥬일공과 뎨十六

四월十六일

마태十一쟝一―十九졀

요지 셰례요한의 질문

외일말슴은 요五〇卅六、

一졀의 말슴은 예수의 넷재번 슌힝을 긔록ᄒᆞᆫ것이니라

二―十九졀은 셰례요한의 질문과 예수ᄭᅴ셔 요한의 엇더ᄒᆞᆫ것을 말슴ᄒᆞ신 것이니라

대개 셰례요한은 션지이사야의 ᄀᆞᄅᆞ친바 큰 션지쟈로 이 셰상에셔 쥬의 길을 예비ᄒᆞ라고 그몸을 하ᄂᆞ님ᄭᅴ 밧친쟈니 그말은 마태三쟝에 보라 그러나 필경 옥즁에셔 고난을 밧앗ᄂᆞ니 그 원인은 마가六쟝 十七―二十졀에 보면 가히 알지니라

二―三졀에 요한이 그뎨ᄌᆞ를 예수ᄭᅴ 보내여 질문ᄒᆞᆫ것은 다름아니라 요한이 비록 예수ᄭᅴ셔 메시야신줄 알앗스나 ᄌᆞ긔가 옥즁에셔 고싱ᄒᆞᄂᆞᆫ것을 ᄒᆞᆫ번도 뭇지 아니ᄒᆞ심을 의심ᄒᆞ야 그리ᄒᆞᆫ것이니 요한은 육신인고로 그ᄆᆞᄋᆞᆷ이 ᄒᆞᆫ번 흔들닌것이니라

四―六졀에 예수ᄭᅴ셔 ᄃᆡ답ᄒᆞ신 말슴은 요한의 옥즁고싱은 잠시 지날 일인ᄃᆡ 이로 인ᄒᆞ야 텬당의 복락을 누릴ᄯᅢ가 갓가왓고 당신의 힝ᄒᆞ시는 이젹은 심히 큰 부분이 되ᄂᆞᆫ것을 표명ᄒᆞ셧ᄂᆞ니라

七―十五졀은 요한의 뎨ᄌᆞ가 간후에 요한을 칭찬ᄒᆞ신 말슴이니라

바람에 움작이ᄂᆞᆫ 갈대나 ᄒᆞ심은 대개 갈대가 풍셰를 ᄯᆞ라 움작이나 바람이 자면 도로 ᄭᅩᆺᄭᅩᆺ히 셧다 ᄒᆞ심이니 요한을 ᄀᆞᄅᆞ치신 말슴이오 아롬다온 옷을 닙은쟈는 헤롯왕을 ᄀᆞᄅᆞ치신 것이니라

구약시ᄃᆡ의 션지들은 저주노ᄒᆞ고 원망도ᄒᆞ며 탄식도 ᄒᆞ엿스되 요한은 옥즁에셔도 누구를 저주ᄒᆞ거나 원망치아니 ᄒᆞᆫ고로 요한이 션지보다 크다 ᄒᆞ셧고 텬국에셔는 지극히 젹은자도 뎌보다 크다 ᄒᆞ심은 쥬의복음을 듯고 변화ᄒᆞ심을 엇은 몸으로 하ᄂᆞ님 아바지의 영광즁에 안진쟈는 지극히 젹을지라도 요한보다 크다 ᄒᆞ심이니라

뭇는말
一、요한이 웨 예수ᄭᅴ 그뎨ᄌᆞ를 보내여 질문ᄒᆞ엿ᄂᆞ뇨
二、예수의 ᄃᆡ답ᄒᆞ신 말슴은 무슨ᄯᅳᆺ이뇨
三、갈대는 누구를 ᄀᆞᄅᆞ치신것이뇨
四、아름다온 옷닙은쟈는 누구를 ᄀᆞᄅᆞ치신 것이뇨
五、요한이 션지보다 크다 ᄒᆞ심은 무슴 ᄭᅡ닭을 인ᄒᆞ심이뇨

△밋는쟈는맛당히젼도ᄒᆞᆯ것

슈원젼도ᄉᆞ 리은영

셩경에 닐ᄋᆞᄃᆡ 하ᄂᆞ님이 셰샹을 이처럼 ᄉᆞ랑ᄒᆞ샤 독싱ᄌᆞ를 주셧스니 누구던지 뎌를 밋으면 멸망ᄒᆞ지 안코 영싱을 엇으리라 (요三〇十六、 ᄒᆞ셧스나 이는 하ᄂᆞ님ᄭᅴ셔 거륵ᄒᆞᆫ 도를 셰상에 드러내고져ᄒᆞ샤 그 즁대ᄒᆞᆫ 쇼임을 각 밋는 형뎨와 ᄌᆞ미의게 맛겨 만방에 젼ᄒᆞ라 ᄒᆞ심이니 곳 도의 큰 근원이 하ᄂᆞᆯ노좃차 ᄂᆞ려와 사ᄅᆞᆷ의 힝ᄒᆞᆯ본분이 된지라 그런고로 도의 진리를 ᄇᆡ혀 사ᄅᆞᆷ의게 젼ᄒᆞᄂᆞᆫ것이 뎨일 큰일이라 바울이 말ᄒᆞ기를 내가 복음을 젼ᄒᆞᆯ지라도 ᄌᆞ랑ᄒᆞᆯ것이 업슴은 내가 아니ᄒᆞᆯ수 업스니 만일 젼ᄒᆞ지 아니ᄒᆞ면 내게 화가 잇스리라 (고젼九〇十六) ᄒᆞ엿고 ᄯᅩ 말슴이 잇스ᄃᆡ 인싱아 이ᄀᆞᆺ치 내가 임의 너로 ᄒᆞ여곰 이라스엘 집에 파슈군을 삼앗ᄂᆞ니 이럼으로 너는 내 일에 말을 듯고 나를 ᄃᆡ신ᄒᆞ야 경계ᄒᆞ라 내가 만일 악인의게 닐ᄋᆞ기를 악인아 너는

五

진실노 죽으리라 ᄒᆞ엿는ᄃᆡ 네가 악인의게 말ᄒᆞ고 경계ᄒᆞ야 그 길에서 ᄯᅥ나게 아니ᄒᆞ면 이 악인은 반ᄃᆞ시 그죄악중에서 죽으려니와 내가 반ᄃᆞ시 그피를 네 손에 토죄ᄒᆞᆯ 거시라(이셔결卅、七|八)ᄒᆞ셧스니 밋는쟈가 엇지 이 의무를 만홀이 볼수잇겟ᄂᆞ뇨 유대국 디도를 보고 싱각ᄒᆞ시오 갈닐니 바다는 물을 요단강으로 흘녀 보내매 물빗이 묽고 맛도 됴ᄒᆞ며 그 바다가에 잇는 초목ᄭᆞ지라도 다잘자라되 죽은바다는 요단강에서 물을 밧기만 ᄒᆞ고 다른 곳으로 보내지 아니홈으로 물맛이 ᄧᆞ고 물빗이 흐려서 사ᄅᆞᆷ이 먹지도 못ᄒᆞ고 그 바다가에는 초목도 다죽어서 그 바다 갓가온 디경ᄭᆞ지 보기에 흉참ᄒᆞ야 죽은 바다라 닐ᄏᆞᆺᄂᆞ니 그와ᄀᆞᆺ치 사ᄅᆞᆷ이 ᄌᆞ긔의 밧은 은혜를 남의게 내여주지 아니ᄒᆞ고 ᄉᆞᄉᆞ욕심으로 ᄌᆞ긔만 싱각ᄒᆞ고 감초와 두면 죽은바다와 ᄀᆞᆺᄒᆞ야 히롭기만 ᄒᆞ겟스며 ᄯᅩ 엇던 사ᄅᆞᆷ이 엄동셜한에 길을 가다가 본즉 ᄒᆞᆫ사ᄅᆞᆷ이 길가에 업드려졋는ᄃᆡ 슈족이 ᄲᅥᆺᄲᅥᆺᄒᆞ고 눈도 감고 말도 못ᄒᆞ며 거의 죽게 되엿거늘 그 사ᄅᆞᆷ이 ᄌᆞ긔도 칩고 ᄯᅥᆯ녀셔 촌보를 갈수업스되 한셜을 무릅쓰고 안져셔 그 죽게된 사ᄅᆞᆷ을 쉬지 아니ᄒᆞ고 주무르니 얼마후에 몸에 온긔가 돌더니 숨을 쉬고 니러나셔 졍다온 말도ᄒᆞ며 ᄒᆞᆫ가지로 집에 돌라와 평싱을 화락ᄒᆞ게 지내엿다ᄒᆞ니 만일 그 힝인이 그 죽어가는 사ᄅᆞᆷ을 보고 그져지나 갓스면 불과 몃리를 못가셔 ᄌᆞ긔도 강시됨을 면치 못ᄒᆞ엿슬 것인ᄃᆡ 남을 주물너 주는힘으로 ᄌᆞ긔도 몸에 온도(溫度)를 더엇어 한긔를 이긔고 살아낫ᄉᆞ외다 지금 젼국 형편을 도라보니 대쇼인민중에 령혼상으로 강시된 사ᄅᆞᆷ이 쳔빅만으로 계교ᄒᆞᆯ수 잇ᄂᆞ뇨 이ᄀᆞᆺ치 불샹ᄒᆞᆫ 동포를 누가잇셔 능히 구원ᄒᆞ리오 쥬안에 ᄒᆞᆫ지톄된 나의 ᄉᆞ랑ᄒᆞᄂᆞᆫ 형뎨와 ᄌᆞ미는 쉬지말고 긔도ᄒᆞ며 부ᄌᆞ런히 젼도ᄒᆞ야 금년에는 젼국 동포를 다 쥬압흐로 인도ᄒᆞ야 영원ᄒᆞᆫ 복락을 ᄒᆞᆷᄭᅴ 누리시기를 츅슈ᄒᆞᄋᆞᆸᄂᆞ이다 아멘

교육

⊙가졍학 (속)

어린ᄋᆞ히 니(齒)나는것과 우두식히는것과 무숨 질병에 ᄃᆡᄒᆞ야 주의ᄒᆞᆯ것

一、어린ᄋᆞ히 니 날때에 주의ᄒᆞᆯ것이라 대개 어린ᄋᆞ히가 니 날때를 당ᄒᆞ면 얼골이 붉고 머리가 더오며 자다가 놀나기도ᄒᆞ며 셜샤도ᄒᆞ며 몸에 붉은뎜이 보이기도ᄒᆞᄂᆞ니 이런때에는 졍ᄒᆞᆫ 뵈수건을 더온물에 담거놋코 자조 니몸(齒齦)을 씻셔주며 쇠 ᄯᅥᆨ심삶은것이나 뎜복을 니몸으로 ᄲᆞᆯ게 ᄒᆞ는것도 됴흔것이오

二、우두의 필요홈이니 긔왕에는 어린ᄋᆞ히가 텬연두(天然痘)로 인ᄒᆞ야 요ᄉᆞᄒᆞ던지 아ᄅᆞᆷ다온 얼골을 변ᄒᆞ야 츄악ᄒᆞ게되는쟈 만터니 몃십년젼에 영국의ᄉᆞ 졈나씨가 쳐음으로 우두를 발명ᄒᆞᆫ후로 ᄎᆞᄎᆞ 셰계만국에 젼파되여 몃쳐만 인명을구ᄒᆞ엿ᄉᆞᆫ즉 남의 부모된쟈 맛당히 우두의 필요홈을 알어야 될것이오

三、어린ᄋᆞ히의 우두홀 긔한이나 대개 어린ᄋᆞ히 우두홀 긔한은 난지 一빅일노브터 六기월ᄭᆞ지 니르는 ᄉᆞ이에 어린ᄋᆞ히가 충실ᄒᆞᆯ때를 ᄐᆞ서 넛는것이 합당ᄒᆞ며 七八세ᄭᆞ지 한ᄒᆞ고 히마다 ᄒᆞᆫ번식 이나 혹 二年만에 ᄒᆞᆫ번식 넛는것이 됴흔것이오

四、어린ᄋᆞ히의 질병을 잘살필것이라 대개 어린ᄋᆞ히의 질병은 두역(痘疫)이나 홍역(紅疫)이나 무슴 다른 젼염병(傳染病)을 졔ᄒᆞᆫ 외에는 흔히 ᄐᆡ열이나 톄증이나 감긔로 말미암아 빅병이 싱기는지라 그럼으로 ᄋᆞ히 어마니가 맛당히 주의ᄒᆞ야 어린ᄋᆞ히가 이샹히 울거던 그몸파 숨소래를 살펴서 만일 몸이 파도히 더옵던지 숨소래가 늡던지 자다가 자조 놀나던지 혹 대쇼변이 붉슌ᄒᆞ거던 속히 의원을 쳥ᄒᆞ야 뵈이고 약을 쓸것이오

五、어린ᄋᆞ히를 간호ᄒᆞ는 법이니 어린ᄋᆞ히 열병에는 졍ᄒᆞᆫ 수건을 령슈에 츅여셔 ᄋᆞ히벼마에 자조 가라ᄃᆡ이며 ᄯᅩ 다른 수건을 그와ᄀᆞᆺ치 츅여셔 ᄋᆞ히몸을 싸고 그우에 마른 수건을 덥허두면 물긔

六

운이 증발(蒸發)ᄒᆞ야 몸의 열긔가 풀닐것이며 ᄋᆞ히비가 압ᄒᆞᆫ듯 ᄒᆞ거던 졍ᄒᆞᆫ 수건을 더온물에 츅여셔 ᄇᆡ를 덥허주되 자조 가라 ᄃᆡ일것이며 어린ᄋᆞ히 발과 다리를 더옵게ᄒᆞ야 줄것이니 만일 발과 다리가 차면 기츰나기가 쉽고 기츰으로 인연ᄒᆞ야 더 위험ᄒᆞᆫ병이 나기쉬오며 또 ᄋᆞ히 눈을 졍ᄒᆞᆫ물노 자조씻겨주면 눈병이나지 아니ᄒᆞᆯ것이며 ᄭᅳ렷다 식힌물을 ᄆᆡ일 조곰식 먹이면 입병이 나지아니ᄒᆞᆯ것이니라

실업

◉롱업요셜 (속)

죵ᄌᆞ 가려쓰ᄂᆞᆫ 법

기름진 토디와 됴ᄒᆞᆫ 비료가 잇슬지라도 곡식의 죵ᄌᆞ를 잘ᄐᆡᆨᄒᆞ야 쓰지아니ᄒᆞ면 완젼ᄒᆞᆫ 츄슈를 ᄇᆞ라기 어려운고로 죵ᄌᆞ ᄐᆡᆨᄒᆞᄂᆞᆫ 법을 이아래 대강 말ᄒᆞ노라

一、죵ᄌᆞ의 셩슉(成熟)ᄒᆞᄂᆞᆫ긔한은 대개 네긔한에 구별ᄒᆞᄂᆞᆫᄃᆡ (一) 유슉긔(乳熟期)니 곡식이 것겁질은 푸른빗출 ᄯᅴ고 속알은 졋ᄀᆞᆺᄒᆞᆫ 진익을 함포ᄒᆞᆯᄯᅢ오 (二) 황슉긔(黃熟期)니 곡식이 것겁질은 누른빗출 ᄯᅴ고 속알은 밀(蠟)ᄀᆞᆺ치 진긔잇고도 굿게 엉긘ᄯᅢ오 (三) 완슉긔(完熟期)니 곡식이 것겁질을 벗기기 쉽고 속알은 손톱으로 눌너 ᄭᆡ트릴수 업스며 집ᄒᆞᆫ 온젼히 누른빗출ᄯᅴᆯᄯᅢ오 (四) 고슉긔(枯熟期)니 곡식알이 단단ᄒᆞ야 니(齒)로 ᄭᆡ물면 ᄯᅡᆨᄯᅡᆨᄒᆞᄂᆞᆫ 소래가나며 집ᄒᆞᆫ 말나셔 부러지고져 ᄒᆞᆯᄯᅢ러라

二 죵ᄌᆞ 취ᄒᆞᄂᆞᆫ 긔한을 말ᄒᆞᆯ진ᄃᆡ 대쇼ᄆᆡᆨ에 ᄃᆡᄒᆞ야ᄂᆞᆫ 먹을것은 황슉긔에 한ᄒᆞ고 죵ᄌᆞ로 쓸것은 완슉긔에 한ᄒᆞ며 벼나 셔속에 ᄃᆡᄒᆞ야ᄂᆞᆫ 먹을것은 완슉긔에 한ᄒᆞ며 죵ᄌᆞ로 쓸것은 고슉긔에 한ᄒᆞᆷ이 뎍당ᄒᆞ더라

三、죵ᄌᆞ ᄐᆡᆨᄒᆞᄂᆞᆫ 법은 외양으로 보아셔 알이 큰것을 ᄐᆡᆨᄒᆞ며 저울노 다라셔 즁량(重量)이 무거온것을 ᄐᆡᆨᄒᆞᆯ지니 대개 벼죵ᄌᆞ로 말ᄒᆞ면 ᄒᆞᆫ되(지금쓰ᄂᆞᆫ 광승)、六十六량즁되ᄂᆞᆫ것이 ᄀᆞ장 됴ᄒᆞᆫ것이러리

四、죵ᄌᆞ를 슈침ᄒᆞ야 쓰ᄂᆞᆫ법

이니 대쇼ᄆᆡᆨ은 물ᄒᆞᆫ되에 소곰 오푼즁가량이오 벼ᄂᆞᆫ 물ᄒᆞᆫ동의에 소곰석되(식되로)의 비례(比例)를 ᄯᅡ라 죠합ᄒᆞᆫ후 곡식죵ᄌᆞ를 그물에 침ᄒᆞ면 됴치못ᄒᆞᆫ 죵ᄌᆞᄂᆞᆫ ᄯᅥ오르리니 그것은 다 건져ᄇᆞ리고 밋헤 잠긘것만 건져내여 ᄆᆞᆰ은물에 씨서셔 염질(鹽質)을 ᄲᆡᆸ은후에 쓰ᄂᆞᆫ것이러라

◉조션에뎍당ᄒᆞᆫ과목(果木)

조션의 긔후(氣候)가 봄과 가을은 가물고 녀름은 비가 만히오고 디질(地質)이 화강셕이라ᄂᆞᆫ 돌의 부서진것이 만히 셕긘고로 과목을 ᄇᆡ양(培養)ᄒᆞ기에 뎍당ᄒᆞᆫᄃᆡ 이아래 긔록ᄒᆞᆫ바ᄂᆞᆫ 조션도디에 ᄀᆞ장 합당ᄒᆞᆫ 과실이오 그 일홈은 셔양이나 일본셔 부르ᄂᆞᆫ 일홈이니 이 과목묘(果木苗)를 구ᄒᆞ랴면 이일홈으로 쳥구ᄒᆞ여야 될것이니라

一、구라파 포도니 그 특별ᄒᆞᆫ 일홈은 부랏구한부루구、푸레고ㅣ스마링구루、메루로ㅣ바레스다잉、부랏구블간데ㅣ、구로ㅣ고루마ㅣ오

二、미국 포도니 그 일홈은 레데와싱돈이오

三、셔양 배(梨)니 그 일홈은 비ㅣ바리ㅣ 바ㅣ도렛도오

四、평과(苹果)니 그 일홈은 왜금(倭錦) 홍옥(紅玉) 홍교(紅絞) 홍괴(紅魁)오

五、일본 배니 그 일홈은 금촌츄리(今村秋梨) 장십랑(長十郞) 태평(泰平) 일본힝(日本杏)이오

六 복사(桃)니 그 일홈은 샹히(上海) 시루오예ㅣ부스덴지윤

七 셔양 오얏(李)이라

이우에 긔록ᄒᆞᆫ 과실은 一년자란것을 심으면 三년후에 포도ᄂᆞᆫ ᄇᆡᆨ량즁 이상과 셔양배ᄂᆞᆫ 二十개 이상과 평과ᄂᆞᆫ 二十개로 三十개ᄭᆞ지와 일본배ᄂᆞᆫ 四五十개 이상과 복사ᄂᆞᆫ 二ᄇᆡᆨ개 이상과 오얏슨 九十개 이상을 내두ᄂᆞ니라

七

明治四十四年三月二十七日印刷

광고

THE AMERICAN BIBLE SOCIETY.

경향 여러교우의 갈망ᄒᆞ시던
국문구약셩경의 완편이 출판
되여 이달금음이나 리월초싱
브터 발매 ᄒᆞ겟ᄉᆞ오니
쳠군ᄌᆞ는 슈용의 다쇼를ᄯᆞ라
륙속청구ᄒᆞ심을 ᄇᆞ라옵
그졔본과뎡가는여좌ᄒᆞ옵
二권一질二천六ᄇᆡᆨ五十
현
지의 一환
포의 一환十五젼
한문셩경이 새로 샹히로
셔나왓는ᄃᆡ 쉬운문리라
일어셩경신구약도 여러
죵류가 본공회와 셔울명
동과 평양에잇는 본공회
의 일본인지뎜에 잇ᄉᆞᆸ
평양잇는 본공회의 죠션
인 지뎜에는 국문셩경의
여러죵류가 잇ᄉᆞᆸ
각지뎜에셔도 이 셩경들
을 목록에 긔록ᄒᆞᆫ 뎡가로 도
미나 쇼미를 다ᄒᆞ옵
각 칙샤에셔 사가면 삼활ᄒᆞ
고 부비ᄭᆞ지 담당ᄒᆞ옵

京城鐘路基督青年會下層
美國聖書公會 告白

광고

경계자 하ᄂᆞ님의 도으심으
로 국문신구약젼셔가
이제 완편되야 금월말이
나 리월초에 매하를 시작
케되엿스니 그크신 은혜를
감샤ᄒᆞᆷ이 한업ᄉᆞ오며 우리교
인의 ᄆᆞ옴에 깃븜을 이긔지못
ᄒᆞ을지라 이칙의 쟝광은 국
문四호글ᄌᆞ 지의 신약파곳고
그 쟝칙과 뎡가는 이아리ᄌᆞ
셰히 긔록ᄒᆞ엿ᄉᆞ오니 이칙을
갈망ᄒᆞ시던 우리 형뎨와 ᄌᆞ
ᄆᆡ는 본공회와 경향 각교즁
칙샤에 청구ᄒᆞ시와 익독ᄒᆞ시
옵쇼셔

一千九百十一年二月十日

장칙파뎡가

신구약젼셔
단권一秩견포의 一圓五十錢
仝 반피의 一圓七十五錢
三권仝 지의 一圓二十五錢
仝 仝 포의 一圓三十五錢
구약젼셔
二권一秩지의 一圓
仝 仝 포의 一圓十五錢

셔울 종로 대영셩서공회 고빅

學員募集廣告

本校에셔學年初를當ᄒᆞ와中學
科와仝預備科學生을募集ᄒᆞ오
니志願人은左開에依ᄒᆞ야請願
ᄒᆞ시옵

請願期限은自三月二十五日
로至四月三日
試驗日字는自四月四日로至
六日
試驗科目은
漢文、讀書、作文、數學、四則以
上
理學、初等理化及博物、地理、
歷史
募集은預備科及一年級
補缺은二●三學年級
開學日字四月七日
(請願紙는本校로來求ᄒᆞᆷ)

京城蓮洞私立儆新學校 白

學員募集 廣告

本學館에셔左開各科에學員을
募集ᄒᆞ오니願學僉員은四月五
日內에請願書를提呈ᄒᆞᆯ事

左開
中學科 木工科
鍍工科 日語速成科
寫眞科 夜學商科
日語科 英語科
簿記科

其他詳細事項은來問事

皇城基督敎青年會學館 白

學員募集 廣告

本學堂에셔左開各級學生을募
集ᄒᆞ오니願學 僉員은四月六
日內入學請願書를提呈ᄒᆞᆯ事

一、預備班 一年級 新募集
一、二年級 三年級 補缺生
一、入學試驗日字四月七八日
一、入學年齡 十六歲以上

京城貞洞私立培材高等學堂 白

廣告

上品果樹大發賣

本館에셔今春에도良好ᄒᆞᆫ苗木
各種을特別廉價로大發賣ᄒᆞ오
니 僉君子는即速請求ᄒᆞ심을懋望

平壤鐘路太極書館 告白

八

그리스도회보

毎月二回發行
明治四十四年四月十一日印刷
明治四十四年四月十五日發行

發行兼編輯人 北部社洞 奇義男
印刷人 北部樓閣洞 朴東完
印刷所 京城西小門內法韓印刷所
發行所 北部社洞 奇義男邸

ᄃᆡ금 一장 三젼
[代金] 六ᄀᆡ월 二十五젼
一ᄀᆡ년 五十젼
광고료 四호활ᄌᆞ 一항 一회 五젼
활ᄌᆞ ᄃᆡ쇼와 항수다쇼와 긔한장단을 ᄯᆞ라 증감홈

론셜

⊙그리스도인의ᄌᆞ신력(自信力)

크도다 만ᄉᆞ를 물론ᄒᆞ고 셩취ᄒᆞᆫ 원인은 ᄌᆞ신력의 지은 것이로다 대개 ᄌᆞ신력은 나무의 ᄲᅮ리가 되고 일ᄒᆞ는것은 가지와 닙히 되며 ᄌᆞ신력은 씨의 ᄉᆡᆼ긔가 되고 일ᄒᆞ는 것은 쏫과 열ᄆᆡ가 되ᄂᆞ니 ᄲᅮ리가 업스면 나무에 엇지 지엽이 반ᄒᆞ며 씨의 ᄉᆡᆼ긔가 업스면 엇지 쏫과 열ᄆᆡ가 열니리오 우리가 하ᄂᆞ님ᄭᅴ 감샤ᄒᆞᆯ것은 죠션 교인의 밋음이 세상에 젼ᄒᆞ야 들님이로다 그런즁 ᄒᆞᆼ샹 긔도ᄒᆞ고 ᄇᆞ랄 것은 하ᄂᆞ님ᄭᅴ셔 더욱 풍셩ᄒᆞᆫ 은혜를 ᄂᆞ리샤 젼국 교인이 밋음로 밋음에 드러가 굿게 ᄌᆞ신ᄒᆞ는 힘이 니러남이라 ᄉᆞ랑ᄒᆞ는 형뎨들이여 셔양 격언에 닐ᄋᆞ기를 「사ᄅᆞᆷ이 편안ᄒᆞ고 샤치ᄒᆞ게 셰샹을 보내면 환란을 당ᄒᆞᆯᄯᅢ에 용진분투(勇進奮鬪)ᄒᆞ는 힘이 업고 ᄯᅩ 사ᄅᆞᆷ의 젼쟝(戰場)에 ᄀᆞ장 요긴ᄒᆞᆫ ᄌᆞ신력이 나지 아니ᄒᆞᆫ다」ᄒᆞ엿스니 우리는 맛당히 편안ᄒᆞᆷ과 샤치를 ᄉᆞ랑치 말고 환란에 거ᄒᆞ는것을 편히 녁일것이라 그리ᄒᆞ면 칠팔월 망야(望夜)에 명랑ᄒᆞᆫ 달과 ᄀᆞᆺ치 우리 ᄆᆞ옴에 ᄌᆞ신력이 ᄉᆡᆼᄒᆞ리로다 형뎨들이여 ᄯᅩ 동양 격언에 닐ᄋᆞ기를 만ᄉᆞ를 물론ᄒᆞ고 시작이 반이라 ᄒᆞ엿스니 우리는 되겟다 되지아니ᄒᆞ겟다 판단치 말고 ᄆᆞ옴에 잇는대로 ᄒᆞ여봅세다 그리ᄒᆞ면 만샤되지 못ᄒᆞ야 ᄉᆡᆼ산ᄒᆞᆫ 우리도 ᄌᆞ신력을 엇어 바울의 일음ᄒᆞᆯ지로다 ᄉᆞ랑ᄒᆞ는 형뎨들이여 ᄂᆞᆷ을 의뢰치말나 만일누구던지 ᄂᆞᆷ을 온젼히 의뢰ᄒᆞ는쟈는 ᄌᆞ긔가 ᄌᆞ긔를 죽이고 다른 사ᄅᆞᆷ으로 ᄌᆞ긔를 ᄃᆡ신ᄒᆞ며 ᄯᅩ 혹 졀반은 ᄌᆞ신ᄒᆞ고 졀반은 의뢰ᄒᆞ면 이는 반은 ᄌᆞ긔오 반은 다른 사ᄅᆞᆷ이라 ᄒᆞᆯ지라 말ᄒᆞ기 쉬은 二十셰긔에 ᄀᆡ인의 디위는 ᄀᆡ인의 ᄌᆞ신력으로 엇으며 일가의 업은 일가인의 ᄌᆞ신력으로 셩취ᄒᆞ며 일샤회의 면목은 일샤회 회원의 ᄌᆞ신력으로 유지ᄒᆞ며 일국의 ᄒᆡᆼ복은 일국 국민의 ᄌᆞ신력으로 향유(享有)ᄒᆞᄂᆞ니 그런즉 우리 교회도 맛당히 하ᄂᆞ님의 은혜를 밧은 각교우의 ᄌᆞ신력으로 발달ᄒᆞᆯ지라 만일 우리가 ᄌᆞ신력이 업스면 명일이 금일과 ᄀᆞᆺ고 ᄅᆡ월이 금월과 ᄀᆞᆺ고 빙년이 금년과 ᄀᆞᆺᄒᆞ야 언제던지 스ᄉᆞ로 서는 힘을 엇지 못ᄒᆞ리니 ᄉᆞ랑ᄒᆞ는형뎨와 ᄌᆞᄆᆡ들은 ᄉᆡᆼ각ᄒᆞ여보시오 하ᄂᆞ님ᄭᅴ셔 우리를 ᄐᆡᆨᄒᆞ샤 당신의 ᄉᆞ쟈로 쓰시고져ᄒᆞ심으로 거년에 젼무ᄒᆞᆫ 대부흥회가 쳐쳐에 니러나서 ᄇᆡᆨ만명긔도와 ᄇᆡᆨ만명찬미가 젼국을 흔들뿐아니라 영미 량국각교회에서 죠션을 위ᄒᆞ야 특별히 날을 뎡ᄒᆞ야 긔도회를 열고 셰계만국이 다 주목ᄒᆞ기에 니르럿스니 이와ᄀᆞᆺ치 은혜밧는ᄯᅢ에 우리는 속히 ᄌᆞ신력을 엇어 ᄂᆞᆷ을 밋지말고 스ᄉᆞ로 서서 동양에 션교ᄒᆞ는 큰 긔관교회가 되기ᄅᆞᆯ 간졀히 밋고 ᄇᆞ라ᄂᆞ이다

쳥국산ᄒᆡ관주 손뎡도

교즁휘문

△닉보▽

⊙하목ᄉᆞ귀국 남감리회목ᄉᆞ 하리영씨는 죠션에 나온후 여러히를 복음젼ᄒᆞᄂᆞᆫ 일에 힘스더니 一년동안 한양ᄒᆞ기 위ᄒᆞ야 슈유ᄒᆞ고 본월 七일 하오十시에 동부인ᄒᆞ고 경부션 막차로 ᄌᆞ긔 본국(미국)을 향ᄒᆞ야 발졍ᄒᆞ엿다더라

⊙三년급신학회 젼젼호에긔지ᄒᆞᆫ바와 ᄀᆞᆺ치 본월 四일브터 남북 감리회 三년급 신학회를 경셩 죵로 즁앙례비당에셔 열엇ᄂᆞᆫᄃᆡ 경향각쳐 신학회원四十인이 입학시험을 치른후에 열심으로 공부ᄒᆞᆫ다더라

⊙젼씨죠병 경셩샹동회당에셔 여러히 젼도ᄒᆞ던 목ᄉᆞ 젼덕긔씨는 신병이 잇슴으로 일젼에 운산 미국인 금광 부속 병원쟝시란돈씨의게로 ᄂᆞ려가셔 방금 치료ᄒᆞᄂᆞᆫ즁인ᄃᆡ 셔로 ᄉᆞ랑ᄒᆞᄂᆞᆫ 교우들은 동씨를 위ᄒᆞ야 긔도 만히ᄒᆞ시기를 원ᄒᆞ노라

⊙샤발연죠 강원도 김셩 북면 당고ᄀᆡ 교우 오승문씨의 통신을 거ᄒᆞᆫ즉 그곳에 쥬의 빗치 드러간지 거의 六七년 되엿스나 본리 금점판이라 거민의 리합(離合)이 무상ᄒᆞ야 교회의 발달이 ᄆᆡ우 더딤으로 남녀 교우를 합ᄒᆞ야 二十五人에 지나지못ᄒᆞᄂᆞᆫᄃᆡ 겸ᄒᆞ야 작년은 그디방에 흉년이 드러셔 사ᄅᆞᆷ마다 긔갈을 이긔지 못ᄒᆞᄂᆞᆫ 졍샹은 ᄎᆞᆷ 눈으로 볼수업ᄂᆞᆫ지라 교회 젼도인을 위ᄒᆞ야 마련ᄒᆞᆫ ᄌᆞ급젼(自給錢)을 내기 어려온 디경에 니르럿스나 각각 힘을 다ᄒᆞ야 연보ᄒᆞᄂᆞᆫ즁 특별히 허부인 마리아씨는 집안이 더욱 구차ᄒᆞ야 하로 ᄒᆞᆫᄯᅢ식만 호구ᄒᆞ야 지내며 ᄌᆞ긔머리를 버혀 팔아 ᄌᆞ급젼을 내면셔도 얼골에 화긔가 륭륭ᄒᆞ야 쥬압헤 홍샹 깃버ᄒᆞ니 ᄎᆞᆷ 일반 교즁ᄌᆞᄆᆡ의 모범이 될만ᄒᆞ다고 칭숑ᄒᆞᆫ다더라

⊙긔도의효력 강원도 이쳔 락양면 된봉교회 류찬회씨의 통신을 거ᄒᆞᆫ즉 그곳 교회는 밋ᄂᆞᆫ 교우가 二十인에 불과ᄒᆞ고 ᄯᅩᄒᆞᆫ 가도가 다 빈한ᄒᆞ야 례비당을 경영치 못ᄒᆞ엿더니 ᄌᆞᄆᆡ즁 림양션씨가 쳥년 과거로 어린ᄋᆞᄒᆡ 둘을 ᄃᆞ리고 촌촌이 도부ᄒᆞ며 밧물장ᄉᆞ를ᄒᆞ야 ᄉᆡᆼ활ᄒᆞ면셔 쥬를 독실히 밋ᄂᆞᆫ고로 그 동닉에 례비당업ᄂᆞᆫ것을 개탄ᄒᆞ야 쥬야로 긔도ᄒᆞ기를 쉬지안터니 금년 二월 十九일 쥬일에 림양션씨가 몬져 연보금五환을 내여 놋코 례비당 건츅ᄒᆞ기를 발론ᄒᆞ매 一반 교우가 락죵 연죠ᄒᆞ야 초가 四간을 건츅ᄒᆞ고 례비보게 되엿스니 하ᄂᆞ님ᄭᅴ 영광을 돌니고 림씨의게 감하ᄒᆞᆫ다더라

◉유지긔부(有志寄附)

홍쳔군 진리교우 리은필씨가 본샤에 금一환을 긔부ᄒᆞ신고로 우리는 히씨의게 ᄃᆡᄒᆞ야 대단히 감샤ᄒᆞᆫ ᄯᅳᆺ을표ᄒᆞ노라

⊙우샹을불사롬 ᄀᆡ셩교우 리각균씨의 통신을 거ᄒᆞᆫ즉 ᄀᆡ셩 셔구역 아래 벌말에 사ᄂᆞᆫ ᄒᆞᆫ 부인이 잇ᄂᆞᆫᄃᆡ 셩은 왕씨라 나히 미만 三十이나 우샹 봉ᄉᆞᄒᆞᄂᆞᆫᄃᆡ 열심이 잇셔셔 여러가지로 헛된 일을 만히 죵ᄉᆞᄒᆞ더니 월젼에 우연히 젼도ᄒᆞᄂᆞᆫ 말을 듯고 송연(悚然)히 ᄭᆡᄃᆞ라 곳 ᄌᆞ긔손으로 그 여러 우샹을 불사로고 곳 교회에 입참ᄒᆞ야 열심으로 쥬를 밋ᄂᆞᆫ다ᄒᆞ니 우리는 영광을 하ᄂᆞ님ᄭᅴ 돌니노라

⊙김씨헌신 슌천군 신창교회 송례현씨의 통신을 거ᄒᆞᆫ즉 그곳 교우 죠슌화씨 닉외가 하ᄂᆞ님의 부르심을 닙어 우리쥬 예수그리스도 압헤나온후로 진실ᄒᆞᆫ ᄆᆞᄋᆞᆷ으로 풍우를 무릅쓰고 각촌에 ᄃᆞᆫ니며 열심으로 쥬의 일홈을 젼파ᄒᆞᄂᆞᆫ고로 린근읍 모든형뎨와 ᄌᆞᄆᆡ즁에 이형뎨의 모본을 빗기원치 안ᄂᆞᆫ쟈가 업더니 홀연이 별세ᄒᆞᆫ고로 그 부인 김화평씨는 육신의 졍의에 셜녀 ᄋᆡ통ᄒᆞᆷ을 이긔지 못ᄒᆞ야 자조 긔졀ᄒᆞ더니 셩신의 감화ᄒᆞ심과 우리쥬의 위로ᄒᆞ심을 밧고 말ᄒᆞ기를 이 고ᄒᆡ ᄀᆞᆺᄒᆞᆫ 세샹에셔 육신만 ᄉᆡᆼ각ᄒᆞᆯ것이 아니라 하ᄂᆞ님아바지의 은혜 가온ᄃᆡ셔 쥬의 일이나 부ᄌᆞ런이 ᄒᆞ다가 압셔간 남편을 좃차 가겟다 ᄒᆞ고 하ᄂᆞ님압헤 간증ᄒᆞᆫ날브터

쥬를 모로고 죄악즁에셔 고난 밧는쟈의게 열심으로 젼도ᄒᆞ니 이는 하ᄂᆞ님ᄭᅴ셔 격졍즁에 즐거옴이 되시고 슯흔쟈의게 위로가 되시며 멸망쟈의게 영싱이 되시는 증거라고 하ᄂᆞ님을 찬숑ᄒᆞᆫ다더라

△외보▽

◉죵교ᄌᆞ유쳥원회(宗敎自由請願會) 쳥국감리회긔관 흥화보(興華報)에 긔ᄌᆡᄒᆞᆫ바를 거ᄒᆞᆫ즉 현금 쳥국 十八셩 각긔독교회 ᄃᆡ표쟈가 죵교ᄌᆞ유쳥원회를 죠직ᄒᆞ고 북경쳥년회 쟝픽지와 샹히셩셔공회 식련복량씨를 규측파 쟝셔(長書)긔초위원으로 션뎡ᄒᆞ엿는ᄃᆡ 그 취지는 일반 인민의게 죵교 ᄌᆞ유를 허급ᄒᆞ야 젼파ᄀᆞᆺ치 교인을 학ᄃᆡ치 말나고 졍부에 쟝셔 ᄒᆞ는 일이라더라

◉인도의감리회 인도국의 동신을 거ᄒᆞᆫ즉 작년 一년동안에 인도국 각디방 감리회(미이미회)에셔 새로 엇은 교우의 수효가 一만四빅十四인에 달ᄒᆞ엿다더라

교회통신

◉종씨의문답 봉산교종철

깃븐 노ᄅᆡ로 화답ᄒᆞ고 즐거온 ᄆᆞ음으로 환영ᄒᆞ는 동졍을 표ᄒᆞ기는 눈을 드러 벽샹보게 고ᄃᆡᄒᆞ던 회보일세 찬송ᄒᆞ리로다 하ᄂᆞ님의 크신은혜를 량감리회에셔 특별히 밧은 결과와 그리스도의 ᄉᆞ랑을 좃차 교무를 협의ᄒᆞᆫ 결과로 그리스도회보를 싱산ᄒᆞ야 츌간ᄒᆞᆫ지 四五호에 심복ᄀᆞᆺ치 ᄉᆞ랑ᄒᆞ는 그리스도회보각하ᄯᅢ 잠시공경ᄒᆞ야 뭇ᄌᆞ옵ᄂᆞ니 여보시오 소년 그리스도회보여 당신의 나히몃살이온잇가 네 내나흔 비록 금년싱이오 문구(門口)츌입은비록 ᄒᆞᆫ돌에 두번이나 내가 영원무궁히 살겟습고 비록 지금은 ᄒᆞᆫ돌에 두번식 츌입이나 내가 쟝셩ᄒᆞᆫ즉 더 번다히 ᄒᆞ겟습고 지금은 넓은 츌입이 아니나 나 그리스도회보를 츌신 식히고져 ᄒᆞ는이가 동셔양에 련락ᄒᆞ야 무월쳥쳔에 별ᄯᅦᄀᆞᆺ치 나 그리스도회보를 향ᄒᆞ야 둘녀서셔 교동ᄒᆞᆫ소래로 츅ᄉᆞᄒᆞ니 깃브도다 그들의 도음으로 츌입이 더넓어지겟도다 할렐루야 그러나 뭇ᄌᆞ옵ᄂᆞ니 각하의 ᄉᆞ샹범위는 엇더 ᄒᆞ시니잇가 내 ᄉᆞ샹의 범위는 이러ᄒᆞ니 대개 샤ᄅᆞᆷ의게 잇는 동믹졍믹(動脈靜脈)의 류통ᄒᆞ는 긔관이 통치못ᄒᆞ면 젼신이 마름과 ᄀᆞᆺ치 얼마동안을 우리교회에 통신긔관이 업서셔 교회젼톄가 곤난ᄒᆞᆫ 경우를 당ᄒᆞ고 또 경향간 신쟈의 안목이 졈졈 어두어 가기에 원컨ᄃᆡ 나는 이러ᄒᆞᆫ ᄯᅢ를 당ᄒᆞ야 교회통신국이 되여 경향각쳐에셔 ᄒᆞᆫ쥬를 밋고 ᄒᆞᆫ셩신을 ᄉᆞ모ᄒᆞ시는 형뎨ᄌᆞ미의 통신긔관을 넓히면서 ᄯᅢᄯᅢ로 의견을 진술ᄒᆞ야 교인의 안목을 신션케 ᄒᆞ고져ᄒᆞ는 동시에 깃브도다 경향간 우리 형뎨ᄌᆞ미의 통신이 일일득달 ᄒᆞᄂᆞᆫ도다 할렐루야 그러면 뭇ᄌᆞ옵ᄂᆞ니 당신의 학력을 듯고져 ᄒᆞᄂᆞ니다 네 제가 년쇼ᄒᆞ야 비록 학술은 대즁쇼학교에 졸업ᄒᆞᆫ것이 아니오며 내 셔젹은 셔젹고에 유치ᄒᆞᆫ 것이아니오나 대강말ᄉᆞᆷ 드리옵ᄂᆞ니 내 학술은 동셔양에셔 대즁쇼학교를 졸업ᄒᆞ고 만물학교에셔 졸업ᄒᆞᆫ 유명ᄒᆞᆫ 철학ᄉᆞ들의 격언과 학셜이오 셔젹고는 ᄂᆡ외국에 잇는 쥬를 밋는 형뎨의 뢰력고(腦力庫)와 능력고(能力庫)에 젹치ᄒᆞ여잇는 령력(靈力)이니 깃브도다 경향에 잇는 형뎨들의 뢰력고와 능력고에셔 됴흔 학식이나 그리스도회보를 향ᄒᆞ야 고간문(庫開門)을 열엇네 할렐루야 ᄒᆞ샤이다 그러ᄒᆞ온잇가 소뎨 그리스도인은 종씨 그리스도회보형님을 ᄃᆡᄒᆞ야 붓그러옴을 무릅쓰고 잠시 종씨의 년치와 ᄉᆞ샹의 범위와 학력을 무를ᄯᅢ에 이세가지 목뎍에 ᄃᆡᄒᆞ야 소뎨도 씃밧게 깃븜을 엇고 이세가지가 아모죠록 셩취되기를 하ᄂᆞ님젼에 긔도ᄒᆞ며 깃븐노ᄅᆡ로 화답ᄒᆞ고 작별ᄒᆞ나 원컨ᄃᆡ 예수의 넓으신 ᄉᆞ랑과 크신 권능이 종씨각하의게 ᄒᆞᆼ샹 거ᄒᆞ기를 아멘 아멘 이올시다

만국쥬일공과

뎨十七

四월二十三일

마태十一쟝廿一卅졀

요지는 칙망과권면

외일말ᄉᆞᆷ 廿八졀

이공과를 세부분에 논ᄒᆞᆯ것인ᄃᆡ 뎨一부분은 二十一二十四졀이니 특별ᄒᆞᆫ 은혜를 밧은 곳에서 회ᄀᆡ치 아니ᄒᆞ면 그 벌이 더 즁ᄒᆞᆯ것이오 뎨二부분은 廿五一廿七졀이니 어린ᄋᆞ희 ᄀᆞᆺᄒᆞᆫ자의게 복이잇슬것임이오 뎨三부분은 廿八卅졀이니 모든 사ᄅᆞᆷ의게 다 긔회를 주심이니라

뎨一부분

廿一廿四졀에 우리쥬ᄭᅴ서 칙망ᄒᆞ신바 세고을노 말ᄒᆞ면 고라신은 별노히 들어 말ᄒᆞᆯ것이 업거니와 벳새다는 (二十절) 갈닐니바다 서편에 잇는ᄃᆡ 베드로와 안드레와 빌닙의 셩쟝ᄒᆞᆫ 곳인고로 쥬ᄭᅴ서 자조 왕ᄅᆡᄒᆞ실ᄯᅢ에 베프신 권능과 이젹도 만히 보앗슬ᄲᅮᆫ아니라 쥬의 특별ᄒᆞᆫ 은혜를 다른 곳보다 더 밧앗고 ᄒᆞᆯ믈며 가버나움은 우리쥬 예수의 사신곳이라 (四〇十三)쥬의 ᄒᆡᆼᄒᆞ신 긔ᄉᆞ와 이젹을 눈으로 만히 보고 쥬의 ᄀᆞᄅᆞ치신 말ᄉᆞᆷ을 귀로 친히 드럿슨즉 뎌회가 이셰샹에셔는 ᄀᆞ쟝 큰 은혜와 뎨一됴ᄒᆞᆫ 긔회를 엇엇도다 그러나 맛ᄎᆞᆷ니 회ᄀᆡᄒᆞᆯ ᄆᆞᄋᆞᆷ이 업ᄂᆞᆫ고로 예수ᄭᅴ서 심히 통분히 녁이샤 뎌회 화와 벌밧을것이 두로와 시돈과 서돔보다 더 크겟다고 질언ᄒᆞ셧ᄂᆞ니라

예수ᄭᅴ서 두로와 시돈과 서돔을 ᄀᆞᄅᆞ쳐 말ᄉᆞᆷᄒᆞ신것은 다름아니라 두로와 시돈은 디즁히 동북편에 잇ᄂᆞᆫ 두셩인ᄃᆡ 녜브터 그ᄇᆡᆨ셩이 샤치ᄒᆞ고 교만ᄒᆞ며 음란ᄒᆞ며 ᄯᅩᄒᆞᆫ 벤너스라ᄂᆞᆫ 우샹을 슝ᄇᆡᄒᆞ엿고 서돔은 고ᄃᆡ의 뎨一악ᄒᆞ고 음란ᄒᆞᆫ 셩으로 멸망홈을 당ᄒᆞᆫ고로 (창十九〇)ᄒᆞᆫ이 이세셩으로써 이스라엘의 악ᄒᆞᆫ 품ᄒᆡᆼ을 비유ᄒᆞ엿ᄂᆞ니라 서돔이 비록 그처럼 악ᄒᆞᆯ지라도 가버나움의 본바 이젹을 보앗더면 응당 회ᄀᆡᄒᆞ고 구원을 엇엇겟다 ᄒᆞ신말ᄉᆞᆷ이니라 廿一졀에 「뵈옷을 닙고 ᄌᆡ를 무릅쓴다ᄂᆞᆫ」 말ᄉᆞᆷ은 고ᄃᆡ에 회ᄀᆡᄒᆞᄂᆞᆫ 표젹으로 ᄒᆞᆫ이 ᄡᅳ던말이오 (요나三〇六)廿三졀에 「네가 하ᄂᆞᆯ에 오를듯 십ᄒᆞ나 음부에 ᄯᅥ러지겟다」 ᄒᆞ신 말ᄉᆞᆷ은 멸망ᄒᆞᆷ을 면치못ᄒᆞ겟다 ᄒᆞ심이니라

우리가 이공과의 뎨一부분을 공부ᄒᆞᆯᄯᅢ에 깁히 ᄉᆡᆼ각ᄒᆞᆯ것은 (一) ᄭᅳᆺ날 심판에 우리가 은혜밧은 것을 반ᄃᆞ시 고ᄒᆞᆯ것이오 (二) 특별ᄒᆞᆫ 은혜를 밧고 져ᄇᆞ린자ᄂᆞᆫ 그 벌이 쥬의 말ᄉᆞᆷ을 도모지 듯지못ᄒᆞᆫ자보다 더 클것이오 (三) 서돔과 ᄀᆞᆺ치 악ᄒᆞᆫ셩이라도 일쯕이 회ᄀᆡᄒᆞ엿더면 반ᄃᆞ시 샤죄ᄒᆞ심을 엇을것이니라

뎨二부분

廿五一廿七졀 말ᄉᆞᆷ에 지혜잇고 통달ᄒᆞᆫ쟈ᄂᆞᆫ ᄌᆞ긔의 지혜만 밋고 쥬의도를 밋지 아니ᄒᆞᄂᆞᆫ 대졔ᄉᆞ쟝과 교법ᄉᆞ의 무리가 아닌가 어린ᄋᆞ희ᄂᆞᆫ ᄌᆞ긔 지혜를 밋지 아니ᄒᆞ고 쥬만 슌죵ᄒᆞᄂᆞᆫ 베드로와 요한의 무리가 안닌가 과연 그러ᄒᆞ니라 이 말ᄉᆞᆷ에 ᄃᆡᄒᆞ야 우리가 ᄯᅩᄒᆞᆫ ᄉᆡᆼ각ᄒᆞᆯ것ᄂᆞᆫ (一)하ᄂᆞ님의 진리ᄂᆞᆫ 지혜를 ᄌᆞ랑ᄒᆞᄂᆞᆫ자의게 나타내지 아니ᄒᆞ신즉 우리가 하ᄂᆞ님을 알고져ᄒᆞ면 불가불 어린ᄋᆞ희와 ᄀᆞᆺ치 밋고 슌죵ᄒᆞ여야 될것이오 (二) 우리의 어린ᄋᆞ희 ᄀᆞᆺᄒᆞᆫ것이 실샹 어리셕고 약ᄒᆞᆫ것이 아니니 우리가 진실히 밋고 구ᄒᆞ면 하ᄂᆞ님ᄭᅴ서 반ᄃᆞ시 모든 지혜와 용ᄆᆡᆼ과 능력을 주샤 참 거륵ᄒᆞᆫ 사ᄅᆞᆷ이 되게 ᄒᆞ실것이니라 四

뎨三부분

廿八一三十졀 말ᄉᆞᆷ은 모든사ᄅᆞᆷ을 권면ᄒᆞ샤 다 당신ᄭᅴ로 오게ᄒᆞ심이니 깃브도다 이공포ᄒᆞ심이여 모든 죄인이 다 쥬의 평안을 밧을 긔회가 ᄉᆡᆼ겻도다 이말ᄉᆞᆷ가온ᄃᆡ 짐진다ᄒᆞ심은 죄로인ᄒᆞ야 ᄆᆞᄋᆞᆷ가온ᄃᆡ 무거온 짐진것ᄀᆞᆺ치 눌니고 괴로온것을 닐ᄋᆞ심이오 나의 멍에라 ᄒᆞ심은 당신을 위ᄒᆞ야 일ᄒᆞᄂᆞᆫ것을 ᄀᆞᄅᆞ치신것이니라 그런즉 이말ᄉᆞᆷ에 ᄃᆡᄒᆞ야 우리가 ᄯᅩ ᄉᆡᆼ각ᄒᆞᆯ것은 (一) 누구던지 쥬ᄭᅴ로 나오면 ᄆᆞᄋᆞᆷ의 평안ᄒᆞᆷ과 쥬의 일ᄒᆞᄂᆞᆫ 멍에를 엇을것이오 (二) 누구던지 이 평안ᄒᆞᆷ을 엇은후에

쥬의 일을 ᄒᆞ지 아니ᄒᆞ면 그 평안을 보존치 못ᄒᆞᆯ것이니라

뭇는말

一、이공과에 세부분이 무엇이뇨

一、예수ᄭᅴ셔 특별히 웨 가버나움을 더 칙망ᄒᆞ셧ᄂᆞ뇨

一、이공과 뎨一부분에 ᄃᆡᄒᆞ야 둘재번 ᄉᆡᆼ각ᄒᆞᆯ것이 무엇이뇨

一、이공과 뎨二부분에 어린ᄋᆞᄒᆡ란 말ᄉᆞᆷ은 무ᄉᆞᆷ ᄯᅳᆺ이뇨

一、이공과 뎨三부분에 무거온짐은 무엇을 ᄀᆞᄅᆞ치신것이뇨

一、멍에는 ᄯᅩ 무엇을 ᄀᆞᄅᆞ치신것이뇨

만국쥬일공과 뎨十八

四월二十일

마태十二장一ㅣ十四절

요지는 안식일에 두번니러는 변론

외일말ᄉᆞᆷ 七절

이공과는 두부분에 논ᄒᆞᆯ것인ᄃᆡ 뎨一부분은 一ㅣ八절이니 예수와 안식일 ᄉᆞ이에 관계된것이오 뎨二부분은 九ㅣ十四절이니 안식일에 착ᄒᆞᆫ일을 힝ᄒᆞ심이니라

뎨一부분

一ㅣ八절 대뎌 안식일은 률법시ᄃᆡ에 속ᄒᆞᆫ날이라 곳 닐헤죵에 끗날이니 유대인이 이 날을 직힘으로 여호와의 복을 밧앗고 쥬일은 복음시ᄃᆡ에 속ᄒᆞᆫ날이라 닐헤죵에 첫날이니 우리쥬의 부활을 밋는쟈가 이날을 직힘으로 하ᄂᆞ님의 은혜를 밧는것이니라

一절 유대법률에 리웃 사ᄅᆞᆷ의 포도나 곡식을 그릇에 담던지 가지나 이삭으로 가지고 가는것은 금ᄒᆞ나 밧헤셔 먹고 가는것은 관계치 안케 아는고로 뎨ᄌᆞ들이 밀이삭을 잘나 먹엇ᄂᆞ니라

二절에 바리시 교인이 흠잡은것은 이삭을 잘나셔 손으로 부뷔는것도 일인ᄃᆡ 안식일에 일을 ᄒᆞᆫ다고 흠잡은것이나 이는 률법을 그릇 ᄒᆡ셕ᄒᆞᆷ인고로 三ㅣ八절에 예수ᄭᅴ셔 다윗왕의 일을 (삼샹廿一○六) 인증ᄒᆞ야 률법의 글ᄌᆞ를 직히지 말고 하ᄂᆞ님의 ᄯᅳᆺ을 ᄯᅡ라 합당히 직히라 ᄒᆞ시며 당신이 안식일의 쥬인되심을 셩명ᄒᆞ셧ᄂᆞ니라

이공과 뎨一부분에셔 우리가 비홀것은 사밧날은 노예ᄀᆞᆺ치 일ᄒᆞ는쟈의게 ᄌᆞ유를 주시라고 ᄐᆡᆨᄒᆞᆫ날이니 우리가 맛당히 이날을 ᄉᆞ랑의 샹급으로 밧고 구속ᄒᆞᄂᆞᆫ것으로 밧지말것이며 하ᄂᆞ님을 두려워ᄒᆞᄂᆞᆫ ᄉᆡᆼ각보다 하ᄂᆞ님ᄭᅴ 감샤ᄒᆞᄂᆞᆫ ᄆᆞᄋᆞᆷ이 승ᄒᆞ도록 직힐것이니라

뎨二부분

九ㅣ十四절예 예수ᄭᅴ셔 안식일에 손마른쟈를 곳치심으로 두번재 변론이 니러낫스나 착ᄒᆞᆫ일을 힝ᄒᆞᄂᆞᆫ것은 합당ᄒᆞ다 ᄒᆞ시고 권능을 베프셧스니 우리가 이공과 뎨二부분에 비홀것은 (一) 궁휼ᄒᆞᆷ은 사밧날 직히는ᄃᆡ 뎨一긴요ᄒᆞᆫ것이오 (二) 종교에 ᄃᆡᄒᆞᆫ 쥬의 ᄉᆡᆼ각이 사ᄅᆞᆷ의 샹졍에셔 ᄯᅥ나지 아니ᄒᆞᆷ이오 (三) 쥬ᄭᅴ셔 ᄌᆞ긔 ᄉᆡᆼ명의 위ᄐᆡᄒᆞᆷ을 도라보지 아니ᄒᆞ시고 죽게된자를 곳쳐 주심이오 (四) 우리가 쥬의 곳쳐주심을 엇기젼에는 우리 손을 펼수 업슴이니라

뭇는말

一、안식일과 쥬일의 관계가 엇더ᄒᆞ뇨

一、바리시교인이 뎨ᄌᆞ들의 밀이삭 먹는것을 웨 흠잡앗ᄂᆞ뇨

一、우리가 이공과 뎨一부분에셔 비홀것이 무엇이뇨

一、예수ᄭᅴ 손마른쟈를 곳치신 일노 말미암아 비홀것이 무엇이뇨

◉츈일유감(春日有感)

모든 ᄉᆡᆼ각은 ᄆᆞᄋᆞᆷ을 괴롭게ᄒᆞ며 셩시에 ᄯᅥ드는 소래와 날니는 ᄯᅴᄭᅳᆯ은 이목을 어ᄌᆞ럽게ᄒᆞᄂᆞᆫ고로 잠시 울젹ᄒᆞᆷ을 이긔지 못ᄒᆞ야 단쟝을 집고 북산에 올나 ᄉᆞ면을 ᄇᆞ라보니 벌셔 반도강산에 봄빗치 ᄀᆞ득햇네 북악산뒤 그늘지고 어둠침침ᄒᆞᆫ 골작운이에도 어질고 ᄉᆞ엽슨 양츈이 도라와셔 엄동셜한에 무한ᄒᆞᆫ 고초를 밧던 화초가 아ᄅᆞᆷ다온 빗출ᄯᅴ고 사ᄅᆞᆷ의 ᄆᆞᄋᆞᆷ을 깃브게ᄒᆞ며 나무ᄉᆞ이에 왕ᄂᆡᄒᆞᄂᆞᆫ식

五

도 때를만나 더희 련셩의 노릐로 하ᄂᆞ님을 찬숑ᄒᆞᄂᆞᆫ 듯ᄒᆞ니 크도다 양츈의 덕턱이여 이것을 보다가 믄득 감동ᄒᆞ야 우리쥬 예수그리스도의 크신 ᄉᆞ랑을 어진봄에 비ᄒᆞ노니 쥬의 ᄉᆞ랑이 ᄒᆞᆫ번 죄인의 ᄆᆞᄋᆞᆷ속에 드러가면 모든 죄로 인ᄒᆞ야 싱긴바 그늘진 골작운이와 참담ᄒᆞᆫ 구름이 다 업셔지고 화평ᄒᆞᆫ 싱각파 깃븐 ᄆᆞᄋᆞᆷ을 엇어 하ᄂᆞ님을 찬숑ᄒᆞᄂᆞᆫ것이 엇지 이와ᄀᆞᆺ지아니ᄒᆞ리오 원컨ᄃᆡ 우리 동포형데ᄌᆞ미시여 사ᄅᆞᆷ마다 그ᄆᆞᄋᆞᆷ속에 이 봄을 환영ᄒᆞᆸ세다

교육

◉가졍학 (속)

어린ᄋᆞ희의동졍(動靜)

사ᄅᆞᆷ의 신톄의 강ᄒᆞ며 약ᄒᆞᆫ 것이 본ᄅᆡ ᄐᆞ고 난것이라고 말ᄒᆞᆯ지나 대개 어렷슬때에 잘보양ᄒᆞᆷ에 달녓ᄂᆞ니 어린ᄋᆞ희의 자고 먹고 운동ᄒᆞᄂᆞᆫ것을 뎌즁히 ᄒᆞ면 장셩ᄒᆞ야 건강(健强)ᄒᆞᆫ 사ᄅᆞᆷ될것을 가히 긔망ᄒᆞᆯ지라

一、어린ᄋᆞ희의 잠 자ᄂᆞᆫ것이니 대개 어린ᄋᆞ희ᄂᆞᆫ 잠을 잘 자야 뢰근(腦筋)이 발달 되ᄂᆞ니라 그런즉 어린ᄋᆞ희가 잘 때에 맛당히 가바얍고 더온 것으로 그 몸을 덥허주되 그 얼골은 덥허셔 공긔의 류동ᄒᆞᆷ을 방해치 말것이며 ᄯᅩ 그 어마니가 팔노 ᄋᆞ희의 벼ᄀᆡ를 삼아 ᄋᆞ희몸에 온도(溫度)를 더ᄒᆞᄂᆞᆫ것도 됴치 못ᄒᆞ니라

二、어린ᄋᆞ희의 운동이니 ᄋᆞ희가 난지 ᄇᆡᆨ일이 지나거던 일긔가 온화ᄒᆞᆫ 때를 ᄐᆞ셔 ᄋᆞ희를 안고 문밧게 나가셔 반시 동안즘 운동ᄒᆞ야 그 혈ᄆᆡᆨ을 발달ᄒᆞ며 졍신을 비양케 ᄒᆞ되 외긔(外氣)를 밧지안토록 그 몸과 머리를 잘싸주며 눈으로 ᄂᆞ려쏘ᄂᆞᆫ ᄒᆡ빗(日光)을 출바로 밧아 안력(眼力)을 상ᄒᆞ게 말지니라

三、어린ᄋᆞ희의 목욕이니 어린ᄋᆞ희ᄂᆞᆫ 자조 목욕식히ᄂᆞᆫ것이 됴흔ᄃᆡ 목욕물의 차고 더온것을 뎌즁히 ᄒᆞ고져ᄒᆞ면 몬져 팔굼치를 잠거 보아셔 ᄯᅳ겁지 아니ᄒᆞ면 ᄋᆞ희몸을 잠거도 합당ᄒᆞᆫ즉 치운때에는 씻기ᄂᆞᆫ대로 써셔주고 머리와 귀뒤에 검은 때를 잘씻기고 목욕을 맛친후에 졍ᄒᆞᆫ슈건으로 젼신을 씻겨 말닌후에 ᄒᆞᆫ시간 젼에는 문을 열던지 밧게 내여보내지 말지니라

실업

◉롱업요설

곡식죵ᄌᆞ 가려쓰ᄂᆞᆫ법 (속)

五、벼 죵ᄌᆞᄂᆞᆫ 이삭 웃머리의 몬져 닉은것을 취ᄒᆞᆯ것이며 대쇼ᄆᆡᆨ과 두태와 옥수수의 죵ᄌᆞᄂᆞᆫ 다 이삭이나 고투리의 즁간 큰 알을 취ᄒᆞᆯ것이며 외와 츔외와 호박 등속의 죵ᄌᆞᄂᆞᆫ 몬져 밋쳐셔 닉은것을 취ᄒᆞᆯ것이며 가지ᄀᆞᆺᄒᆞᆫ 것은 즁간에 밋친것을 취ᄒᆞᆯ지니라

六、죵ᄌᆞ의 ᄌᆞ웅이 잇스니 ᄌᆞ죵(雌種)은 상하가 퍼지고 웅죵(雄種)은 상하가 ᄲᅡ른ᄃᆡ ᄌᆞ죵이 됴흐니라

七 각석 죵ᄌᆞ를 공긔들지 안케 잘 간수ᄒᆞ면 여러ᄒᆡ를 지나도 발아력(發芽力)을 유지ᄒᆞᄂᆞ니라

◉파실나무 비양(培養)ᄒᆞᄂᆞᆫ 법

감나무(柹)는 셔북이 놉흐며 동남이 낫고 기름진 ᄯᅡ이나 혹 산밋헤 붉은 진흙ᄯᅡ에 심으ᄂᆞᆫ것이 합당ᄒᆞ고 ᄒᆡ변 모ᄅᆡᄯᅡ에ᄂᆞᆫ 심으지 못ᄒᆞᆯ것이라 그 심으ᄂᆞᆫ 범은 감씨를 취ᄒᆞ야 겨울에 미리 비습(配濕)ᄒᆞᆫ ᄯᅡ에 뭇고 그우에 집흘 덥고 ᄯᅢᄯᅢ로 쌀씨슨 물을 부어주다가 二월경에 싹이나거던 ᄯᅡ를 파고 진흙으로 싸셔 심은후에 감을 때에는 쌀쓰물을 주ᄂᆞᆫ것이 됴흐며 四五년을 지난후에 그 원줄기(本幹)를 버히고 다른 됴흔 감나무 가지를 졉(接)ᄒᆞ며 ᄯᅩ 달니심으ᄂᆞᆫ 법이 잇스니 츈분림시에 五六촌(寸) 가량 자란 감나무 七八ᄀᆡ를 ᄒᆞᆫᄃᆡ 묵거셔 ᄯᅡ를 三촌가량씀 파고 심은후 발노 ᄇᆞᆲ고 그우에 집흘덥허 두엇다가 五十일이 지나거던 그 집흘 것어내고 그다음히 츈분림시에 그즁 실ᄒᆞᆫ 것으로 ᄒᆞᆫ쥬(株)만 두고 다ᄲᅢ아 ᄇᆞ리면 졉ᄲᅮ친 것보다 더 됴흐니라

대개 감파 복송아과 오얏과 살구와 미실(梅實)등 과목은 다 겨울에 거름을 주ᄂᆞᆫ것이 됴흐니 그 법은 겨울에 과실

나무에서 四면 一쳑동안을 두고 깁히 판후에 인분(人糞)을 뭇고 흙으로 덥허주면 과실이 만이 밋치고 또ᄒᆞᆫ ᄯᅥ러지는 폐가 업ᄂᆞ니라

밤나무(栗)는 모리 셕긴 ᄯᅡ에 심으는 것이 됴흐며 또ᄒᆞᆫ 양디(陽地)에 맛당ᄒᆞ니라 그 심으는 법은 겨울에 큰밤의 가온ᄃᆡ 알을 취ᄒᆞ야 집헤싸셔 양디에 一쳑四五촌 가량을 파고 뭇은후 그우에 집ᄒᆞᆯ 덥헛다가 그 다음ᄒᆡ 봄에 싹이 나거던 옴겨 심으고 만일 결실ᄒᆞᆯ 긔한에 열미를 밋지안커던 그 밋동을 버혀 새가지가 나게ᄒᆞ면 결실을 잘ᄒᆞᆯ것이며 열미가 젹으면 열미를 크게 밋는 나무가지를 졉부치는것도 됴흐며 밤나무는 사ᄅᆞᆷ의 손을 긔(忌)ᄒᆞᄂᆞ니 아모됴록 손으로 만지지 말것이며 十월에 가셔 마른 풀노 밤나무를 싸감고 그밋헤 락엽(落葉)을 쌋코 불지르면 연긔가 나무 틈으로 드러가셔 버러지가 다죽ᄂᆞ니라

황밤 ᄆᆞᆫ드는 법은 밤을 초목지물(草木灰水)에 하로동안을 담거 두엇다가 다시 벗헤 말너셔 결구에 찌어 셥질을 벗기면 황밤이 되ᄂᆞ니라

담총

⊙집안에셔 알어둘일

무숨 시우쇠 그릇이나 연장에 셕유(石油)를 발나두면 록이나지 아니ᄒᆞᆯ것시오 또 록이 이믜 낫거던 셕유칠을ᄒᆞ야 닥그면 잘 닥기ᄂᆞ니라

은금 픠물이나 그릇을 닥고져 ᄒᆞᆯᄯᅢ에 양약국에 가셔 이몬이아라ᄒᆞ는 약물을 사다가 링수 한죵ᄌᆞ 가량이면 그 약물 반수ᄉᆞ락즘 타셔 졍ᄒᆞᆫ 흔겁에 뭇쳐셔 닥그면 빗치 잘 나ᄂᆞ니라

비올ᄯᅢ에 물이 만흔길로 구두를 신고 단겨셔 그 구두가 쌧쌧ᄒᆞ게되야 신ᄭᅴ에 합당치 못ᄒᆞ거던 셕유칠을 좀ᄒᆞ면 다시 부드럽게 되ᄂᆞ니라

⊙밋기가잇셔야낙시질ᄒᆞ지오

미국 엇던 례비당에셔 쥬일 아침에 션싱이 노아의 ᄉᆞ젹을 ᄀᆞᄅᆞ치다가 어린ᄋᆞᄒᆡ들의 의견을 보고져ᄒᆞ야 유년반을 향ᄒᆞ야 뭇기를 「노아가 방쥬에셔 무숨 일을 ᄒᆞ엿ᄂᆞ뇨」ᄒᆞᆫᄃᆡ 그즁어린ᄋᆞᄒᆡ ᄒᆞ나이 니러셔셔 말ᄒᆞ기를 「낙시질ᄒᆡᆺ지오」ᄒᆞ거늘 그겻헤 안졋던 다른 어린ᄋᆞᄒᆡ가 손가락을 울니며 말ᄒᆞ기를 「낙시질도 오릭 못햇슬걸」ᄒᆞ거늘 션싱이 의심ᄒᆞ야 뭇기를 「웨오릭 못ᄒᆞ엿ᄂᆞ뇨」ᄒᆞᆫᄃᆡ 그ᄋᆞᄒᆡ가 ᄃᆡ답ᄒᆞ기를 「노아가 방쥬에 드러갈ᄯᅢ에 각석 동물을 ᄌᆞ웅ᄊᆡ셔 두마리식만 가지고 갓스니 버러지도 두마리밧게 업섯슬터인즉 밋 기(餌)가잇셔야 낙시질를 오릭ᄒᆞ지오」ᄒᆞ엿다더라

⊙각국글의ᄌᆞ모음(子母音)

셰계각국 국문즁에 한문이나 녯날 애급글(하여로그리픽이라ᄂᆞᆫ글)ᄀᆞᆺᄒᆞᆫ 샹형문(象形文)을 제ᄒᆞᆫ외에는 다 ᄌᆞ모음이 잇ᄂᆞᆫᄃᆡ 그 글ᄌᆞ의 수효를 말ᄒᆞ쟈면 영국글은 二十六ᄌᆞ오 일본글은 四十四ᄌᆞ오 죠션글은 二十五ᄌᆞ오 덕국글은 二十六ᄌᆞ오 법국글은 二十五ᄌᆞ오 이대리글은 二十ᄌᆞ오 인도국범문(梵文)은 四十四ᄌᆞ오 파ᄉᆞ국글은 三十一ᄌᆞ오 아라비아글은 二十八ᄌᆞ오 나뎐글과 히부리글은 二十二ᄌᆞ러라

⊙거룩ᄒᆞᆫ사ᄅᆞᆷ의격언(格言)

미국 비률빈군도(比律賓群島) 총독 아이다씨의 격언이 사ᄅᆞᆷ의 ᄉᆞ위(事爲)샹에 유조ᄒᆞ겟기 이아래 긔록ᄒᆞ노라

一、됴흔결심을 지엿거던 굿게 잡고 변치말일
一、됴흔ᄉᆞ상을 엇엇거던 굿게 잡고 변치말일
一、됴흔친구가 잇거던 굿게 잡고 변치말일
一、됴흔경영이 잇거던 굿게 잡고 변치말일
一、어려온 ᄉᆞ업을 만낫거던 굿게잡고 변치말일
一、됴흔칙이 잇거던 굿게잡고변치말일

본샤특별광고

경향간 누구던지 본회보 구람쟈(購覽者)十인의 六ᄀᆡ월이나 一ᄀᆡ년 션금(先金)을 슈합ᄒᆞ야 본샤로 보내여 주시는이는 一년동안 본회보를 갑업시보시던지 혹十一인션금에 ᄃᆡᄒᆞ야 一인션금을 고제ᄒᆞ고 보내시옵

본회보 一二三四호를 광고뎍(廣告的)으로 밧으신 경향 각교회 형뎨와 ᄌᆞ미ᄯᅢ셔는 본회보를 ᄉᆞ랑ᄒᆞ시는 션심과 찬셩ᄒᆞ시는 의무로 속속히 구람자를 만히모집ᄒᆞ시와 션금(先金)을 우편환으로 붓쳐 보내시옵

광고

경향 여러교우와 갈망ᄒ시던 국문구약셩경의 완편이 출판되여 이달금음이나 리월초싱브터 발미 ᄒ겟ᄉ오니 쳠군ᄌᆞ는 슈용의 다쇼를ᄯᅡ라 륙속쳥구ᄒ심을 ᄇᆞ라옵

그제본파뎡가는여좌ᄒ옵

二권一질二천六백五十현

지의 一환

포의 一환十五젼

THE AMERICAN BIBLE SOCIETY.

한문셩경이 새로 샹히로셔나왓는ᄃᆡ 쉬운문리라

일어셩경신구약도 여러죵류가 본공회와 셔울명동과 평양에잇는 본공회의 일본인지뎜에 잇솝

평양잇는 본공회의 죠션인 지뎜에는 국문셩경의 여러죵류가 잇솝

각지뎜에셔도 이 셩경들을 목록에 긔록ᄒᆫ 뎡가로 도미나 쇼미를 다ᄒ옵

각 칙샤에셔 사가면 삼활ᄒ고 부비ᄭᆞ지 담당ᄒ옵

京城鐘路基督靑年會下層

美國聖書公會 告白

광고

경계쟈 하ᄂᆞ님의 도으심으로 국문신구약젼셔가 이제 완편되야 금월말이나 리월초에 매하를 시작케되엿스니 그크신 은혜를 감샤홈이 한업ᄉ오며 우리교인의 ᄆᆞ옴에 깃붐을 이긔지못ᄒ올지라 이칙의 쟝광은 국문四호글ᄌᆞ 지의 신약파ᄀᆞᆺ고 그 쟝칙과 뎡가는 이아래 ᄌᆞ세히 긔록ᄒ엿ᄉ오니 이칙을 갈망ᄒ시던 우리 형뎨와 ᄌᆞ미는 본공회와 경향 각교즁 칙샤에 쳥구ᄒ시와 익독ᄒ시옵쇼셔

一千九百十一年二月十日

쟝칙과뎡가

신구약젼셔

단권一秩견포의一圓五十錢

仝 仝 반피의一圓七十五錢

三권仝 지의 一圓二十五錢

仝 仝 포의 一圓三十五錢

구약젼셔

二권一秩지의 一圓

仝 仝 포의 一圓十五錢

셔울 죵로 대영셩셔공회 고빅

광고

본학당에셔 고등과 일학년과 보통과 일학년 이학년 삼학년 ᄉ학년 오학년 륙학년 보결싱을 각각모집ᄒ오니 우리 교우즁 녀ᄌᆞ를 교육코져 ᄒ시는이는 ᄉ월닉에 본학당으로 보내여 입학케ᄒ시와 시긔를 일치마시옵

셔부인달방고간동

私立培花女學堂 告白

學員募集廣告

本校에셔今番新入學生이滿員에未達홈으로再募集을行ᄒ오니志願人은左開에依ᄒ야請願ᄒ시옵

○請願期限은自四月十日로至十八日

○試驗日字ᄂᆫ自四月十九日로至二十日

再

貧寒ᄒᆫ學徒를救ᄒ기爲ᄒ야手工業部를設置ᄒ엿ᄉ오니勞力으로學費를資ᄒ고修學ᄒᆯ수잇스며同時에一種業을習得ᄒᆷ을圖與홈

但以上方法을依ᄒ야修業코져ᄒᄂᆫ人은左記資格을要홈

一、合格이되ᄂᆫ者

一、教會引導者의紹介가有ᄒᆫ者

一、新入ᄒᆫ資金五圓及書冊代價가有ᄒᆫ者

蓮洞私立儆新學校 白

學員募集廣告

本校에셔語學專門夜學講習所를設立ᄒ고左開各科에學員을募集ᄒ오니願學僉員은四月晦日內로請願書를提呈ᄒ시옵

左開

學科	講師
英語(英人)	輔學醫士
英語(美人)	라빈쓰夫人
淸語(淸人)	邢壽亭
日語	崔敎恒
	李京夏

(請願紙ᄂᆫ西門內美國聖書公會로來求홈)

一千九百十一年四月四日

平壤南山峴光成學校高等部內

專門語學講習所 告白

明治四十四年四月十一日印刷

그리스도회보

每月二回發行

明治四十四年四月二十七日印刷
明治四十四年四月三十日發行

發行兼編輯人 北部社洞 奇義男
印刷人 北部樓閣洞 朴東完
印刷所 京城西小門內法韓印刷所
發行所 北部社洞 奇義男邸

「代金」 대금 一장 三젼 六ᄀᆡ월 一十五젼 一ᄀᆡ년 五十젼

광고료 四호활ᄌᆞ 一항 一회 五젼
활ᄌᆞ대쇼와 항수다쇼와 긔한장단을 ᄯᆞ라증감홈

샤셜

◉시간을앗길것

셔양말에 시간이 곳 돈이라 ᄒᆞᄂᆞᆫ 말이 잇셔 그사ᄅᆞᆷ들은 ᄒᆞᆫ시간이라도 놀고보내면 곳 돈을 몃량 내여 ᄇᆞ린줄노 싱각ᄒᆞ야 아모라도 놀고 먹ᄂᆞᆫ사ᄅᆞᆷ은 쳔ᄒᆞ고 쓸ᄃᆡ업ᄂᆞᆫ 인싱으로 ᄃᆡ졉ᄒᆞᄂᆞᆫ고로 사ᄅᆞᆷ마다 업ᄂᆞᆫ일이라도 잇ᄂᆞᆫ톄ᄒᆞ야 밧분것으로 힝셰두ᄅᆞᆯ 삼ᄂᆞᆫᄃᆡ 죠션 사ᄅᆞᆷ은 편히 놀고 ᄒᆞ의ᄒᆞ식ᄒᆞᄂᆞᆫ자를 뎨一귀즁ᄒᆞ고 지죠잇ᄂᆞᆫ 사ᄅᆞᆷ으로 아ᄂᆞᆫ것이 몃ᄇᆡᆨ년ᄅᆡ로 셩풍이되여 일ᄒᆞᄂᆞᆫ것을 괴롭고 붓그럽게 싱각ᄒᆞᄂᆞᆫ 사ᄅᆞᆷ이 만홀ᄲᅮᆫ아니라 무숨 직업이 잇ᄂᆞᆫ쟈라도 놈이 무르면 의례히 논다고 ᄃᆡ답ᄒᆞᄂᆞᆫ 사ᄅᆞᆷ이 만흐나 이샹ᄒᆞ고 불힝ᄒᆞ도다 이 풍속이여 이것이 족히 ᄒᆞᆫ민족을 빈약케도 ᄒᆞᆯ것이오 멸망케도 ᄒᆞ리로다 가령 민일 二十四시동안에 잠자고 밥먹고 옷가라닙고 쉬이ᄂᆞᆫ 시간을 졔ᄒᆞ고 평균일ᄒᆞᄂᆞᆫ 시간 九시나 十시식을 잡고 쟝뎡이 무숨일을 ᄒᆞ던지 부ᄌᆞ런히 만ᄒᆞ면 ᄒᆞᆫ시동안에 三젼버리ᄂᆞᆫ 무려ᄒᆞᆯ터이니 하로 十시동안에 三十젼이오 ᄒᆞᆫ달 三十일동안에 九환이라 죠션 十三도에 대략 一쳔二ᄇᆡᆨ만인구로 됴사ᄒᆞ엿ᄂᆞᆫᄃᆡ 그즁에 늙고 어리고 병드러 일못ᄒᆞᆯ자ᄂᆞᆫ 넉넉히 반수이샹으로 치고 일ᄒᆞᆯ쟈만 五ᄇᆡᆨ만명을 잡고보드ᄅᆡ도 만일 사ᄅᆞᆷ마다 하로 ᄒᆞᆫ시동안을놀고보면 이ᄂᆞᆫ ᄒᆞᆫ사ᄅᆞᆷ이 三젼을 일허ᄇᆞ림이라 三젼이 만치ᄂᆞᆫ 아니ᄒᆞ나 五ᄇᆡᆨ만명의 일허ᄇᆞ린것을 합ᄒᆞ면 죠션 민족에 ᄃᆡᄒᆞ야 ᄒᆞᆫ시동안에 十五만환 손히가 낫고 하로동안을 놀고보면 一ᄇᆡᆨ五十만환 손히가 날터인즉 이것을 싱각ᄒᆞ면 ᄒᆞᆫ시각인들 엇지 가히 헛되히 보내리오 이럼으로 동양셩인에 하우씨ᄂᆞᆫ 촌만ᄒᆞᆫ 광음을 앗긴다ᄒᆞ엿소 뭇노니 오ᄂᆞᆯ날 죠션동포형뎨 ᄌᆞ미시여 이 셰계가 엇던 셰계ᄂᆞ 인류의 경정(競爭)셰계가 아닌가 이ᄯᅢ가 엇던ᄯᅢ뇨 일한이 병합ᄒᆞᆫᄯᅢ가 아닌가 대져 경정이란것은 분정ᄒᆞᄂᆞᆫ것을 닐옴이아니라 서로닷토아 압흐로 나아가ᄂᆞᆫ것을 닐옴이니 그런즉 ᄒᆞᆫ학교에ᄂᆞᆫ 학업경정이 잇고 ᄒᆞᆫ민족가온ᄃᆡᄂᆞᆫ ᄉᆞ업경정이 잇고 ᄒᆞᆫ나라에ᄂᆞᆫ 디방뎍진화(地方的進化)경정이잇ᄂᆞ니 오ᄂᆞᆯ날 죠션 민족이 일본 민족으로 더부러 싱활샹 경정을 ᄒᆞ라면 그승패가 엇더켓ᄂᆞ뇨 ᄒᆞ나ᄒᆞᆫ 능히 시간을 앗기며 능히 일ᄒᆞ기를 됴화ᄒᆞ고 ᄒᆞ나ᄒᆞᆫ 시간을 랑비ᄒᆞ며 일ᄒᆞ기를 슬혀ᄒᆞ면 그결과ᄂᆞᆫ 젼에 말ᄒᆞᆫ자가 살고 후에 말ᄒᆞᆫ자가 죽을것은 뭇지안코 가히 알지라 본긔쟈ᄂᆞᆫ 긔우(杞憂)를 이긔지못ᄒᆞ야 당돌ᄒᆞᆷ을 므릅쓰고 두어말노 뎨셩(提醒)ᄒᆞ오니 원컨ᄃᆡ 이회보 보시ᄂᆞᆫ 여러형뎨와 ᄌᆞ미씨셔ᄂᆞᆫ 깁히 싱각ᄒᆞ야 이 금ᄀᆞᆺᄒᆞᆫ 시간을 발노ᄇᆞᆲ아 ᄇᆞ리지마시고 학도ᄂᆞᆫ 부ᄌᆞ런이 공부ᄒᆞ고 롱부ᄂᆞᆫ 부ᄌᆞ런이 롱ᄉᆞᄒᆞ며 샹고ᄂᆞᆫ 부ᄌᆞ런이 쟝ᄉᆞᄒᆞ며 로동쟈ᄂᆞᆫ 부ᄌᆞ런이 로동ᄒᆞ야 아모됴록 놈과ᄀᆞᆺ치 싱활ᄒᆞ기를 도모ᄒᆞ시오 다시 ᄇᆞ라노니 一반 죠션 동포시여 특별히 우리 ᄉᆞ랑ᄒᆞᄂᆞᆫ 교즁 형뎨ᄌᆞ미시여

교즁휘문

△ᄂᆡ보▽

⊙하감독입셩 작년녀름에귀국(歸國)ᄒᆞ엿던 미감리회 감독 하리스씨는 금년六월 미년회에 참셕ᄒᆞ기 위ᄒᆞ야 본월十四일에 경셩에 도챡ᄒᆞ엿는ᄃᆡ 미국 감리회 감독 믹다웰씨와 동반(同伴)ᄒᆞ엿다더라

⊙ᄉᆡ라운씨의강도 근간에미국으로 좃차 죠션에 나온 만국쥬일학당 시찰원 ᄉᆡ라운씨가 본월 十六일(쥬일)에 경셩ᄂᆡ 각례ᄇᆡ당에서 시간을 분ᄇᆡᄒᆞ야 강도ᄒᆞᆫ일에 ᄃᆡᄒᆞ야 우리는 히씨의게 감샤ᄒᆞᆫ 뜻을 표ᄒᆞ노라

⊙례ᄇᆡ당봉헌식 평남강셔군 와식몰 교회권ᄉᆞ 리죵운씨의 통신을 거ᄒᆞᆫ즉 그곳 교회에 밋는 교우가 三ᄇᆡᆨ명에 갓가오나 례ᄇᆡ당이 좁아서 一반 교우가 홍샹 걱정ᄒᆞ더니 하ᄂᆞ님의 도으심으로 와가七간을 새로 건축ᄒᆞ고 본월 四일(쥬일)에 례ᄇᆡ당 봉헌식(奉獻式)을 힝ᄒᆞ엿는ᄃᆡ 남녀교우 二ᄇᆡᆨ七十三인이 모혀 셩황(盛況)을 드렷스며 당일례식은 감리ᄉᆞ 모리시씨가 감리회장정 뎨四ᄇᆡᆨ五十三됴를 랑독ᄒᆞᆫ후 감리ᄉᆞ 김챵식씨가 력ᄃᆡ긔 하권 六쟝七쟝에서 몃구절을 랑독ᄒᆞ고 또 모리시씨가 히부리 十쟝十九ㅣ廿五절을 랑독ᄒᆞᆫ후 찬숑가 一ᄇᆡᆨ五十七을 노래ᄒᆞ고 시편 一ᄇᆡᆨ二十二편 一절 말슴으로 강셜ᄒᆞᆫ후 탁ᄉᆞ 리죵운씨가 례ᄇᆡ당을 하ᄂᆞ님ᄭᅴ 밧치는 문권을 드리매 김챵식씨가 밧고 회즁에 공포ᄒᆞᆫ후 뎨一찬미로 폐회ᄒᆞ엿다더라

⊙쳐음ᄂᆡ은열미 희쥬목ᄉᆞ박원ᄇᆡᆨ씨의 통신을 거ᄒᆞᆫ즉 황희도 연안군 발우ᄀᆡ교회는 셜립된지 十여년에 하ᄂᆞ님의 은혜가 풍셩ᄒᆞ야 진실히 밋는 교우도 만커니와 밋지안는 자의게 복음을 널니 젼파ᄒᆞ는것이 긴급ᄒᆞᆫ줄노 서둣고 十여년젼에 몃분 형뎨가 이일에 ᄃᆡᄒᆞ야 여간 지졍을 거두니 겨우 五환이라 인ᄒᆞ야 젼도회를 죠직ᄒᆞ고 ᄒᆡ마다 ᄒᆞᆫ번식 모힐ᄯᅢ에 얼마식 더 거두어 쳠부ᄒᆞᆫ것이 금년에는 도합 八十七환六十젼이 되엿는지라 이것으로써 젼도인을 두쟈는 발론이 잇고 그ᄯᅢ는 맛츰 쟝유회ᄒᆞ던ᄯᅢ인고로 김셩집씨로 권ᄉᆞ를 션뎡ᄒᆞ여 四월一일브터 연안북방으로 파송ᄒᆞ야 젼도케ᄒᆞ엿는ᄃᆡ 그 회원은 리셕률 김윤덕 신반셕 김공민 김셩집 김챵운 김챵근 박영화 윤후지 김츈셔 김봉삼 마리아진 김부셩 리츈비 박셩념 김면근 김윤션 김츈셩 김영옥졔씨라ᄒᆞ니 이일은 과연 황희도에 쳐음 밋친열미오 하ᄂᆞ님ᄭᅴ 영광을 돌닐만ᄒᆞᆫ 일이라 각쳐교회에 이와ᄀᆞᆺ흔 일이 만히 잇기를 ᄇᆞ라노라

⊙一쳡一비 남양교회 권ᄉᆞ 김광식씨의 통신을거ᄒᆞᆫ즉 형뎨즁 홍죵익씨는 싱ᄌᆞ싱녀ᄒᆞ며 다년 동거ᄒᆞ던 쇼실이 잇는ᄃᆡ 교인으로 쳡둔것이 쥬압헤 붓그러온 일인줄을 깁히 서둣고 금년봄에 비로소 보내엿고 ᄌᆞ미즁 박졍렬씨는 션ᄃᆡ 유업으로 부리던 비ᄌᆞ(婢子)를 쇽량ᄒᆞ여 주고 지금은 슈양녀로 기른다ᄒᆞ니 이런일은 다 쥬의 빗치 그ᄆᆞ옴속에 ᄇᆡ친 효력인줄노 밋노라

⊙신학시험셩젹 량감리회一二년급 신학식의 츈긔시험을 경과ᄒᆞᆷ은 젼호에 게지ᄒᆞ엿거니와 그셩젹표를 좌에 게지ᄒᆞ노라

二년급

씨명	뎜수	씨명	뎜수
오익표	九二	김병하	八九
죠홍범	八七	오화영	八七
최셤모	八六	신홍식	八六
박영셔	八四	신셩회	八四
김인권	八二	김광희	八一
한인슈	八一	강흥빈	七九
박긔슌	七九	로시좌	七八
윤샹은	七七	리영슌	七七
최슈영	七六	김영학	七六
김챵쥰	七四	김대현	七四
로졔민	七三	류시국	七一
신셩덕	六九	강한욱	六八
최태곤	六八	최한규	六六
졍지덕	六五	리용쥬	六五
리동긔	六五	권ᄉᆞ용	六四
쳔광셔	六二	뎡지관	六二
김용겸	六一	홍승윤	六一

씨명	뎜수	씨명	뎜수
북츈홍	五九	신영식	五八
김우제	五五	최족일	五四
셔즁신	五一	류한종	四五

一년급

씨명	뎜수	씨명	뎜수
리각균	九一	빅형년	九〇
홍원직	九〇	박양화	七八
죠응규	八八	김동슈	八七
구자옥	八五	로형근	八四
안셕호	八四	리셕원	八四
김교익	八三	리치덕	八二
리호영	八二	반무록	八〇
김셩제	八〇	김연즁	七八
비졍일	七七	깁치션	七七
류홍쥰	七七	리샹쥰	七六
쳔셰영	七六	오현영	七五
김현셩	七四	신공슉	七四
남샹의	七三	김샹하	七三
김광국	七一	김광식	七一
김영모	七〇	리졍희	六九
김동근	六七	오현경	六七
김죵식	六七	함창셥	六五
박셩암	六四	김의제	六二
셔윤덕	六一	깁호식	五四
김광찬	五三	박익면	五一
김형셕	四六	유한익	三七
리지윤	三七		

△외보▽

⊙一빅년젼도셩젹 청국샹히 홍화보에 긔지ᄒᆞᆫ바를 거ᄒᆞᆫ즉 지나간 一빅년동안에 청국니디에셔 젼도ᄒᆞᆫ 셩젹을 샹고ᄒᆞ면 셜립된 교회가 一천三빅四十一쳐오 젼도ᄉᆞ가 四천三빅인이오 남녀교우가 十九만五천九빅인이라더라 긔쟈왈 이우에 긔록ᄒᆞᆫ 셩젹을 보면 죠션의 젼도셩젹이 청국보다 몃십비이샹으로 우승(優勝)ᄒᆞᆷ을 가히 알겟도다

⊙만국긔독청년대회 만국긔독청년회 련합총회ᄂᆞᆫ 본월二十六일브터 동三十일ᄭᆞ지 토이기 셔울 곤스탄듸노불에셔 열엇다더라

⊙금연대회(禁烟大會) 청국니디 각쳐 그리스도교인이 련합ᄒᆞ야 금연총회를 죠직ᄒᆞ엿ᄂᆞᆫᄃᆡ 그취지ᄂᆞᆫ 청국안에 아편 먹ᄂᆞᆫ쟈와 아편 미매ᄒᆞᄂᆞᆫ쟈를 일졀 엄금ᄒᆞ되 영국황뎨ᄭᅴ 샹셔ᄒᆞ야 인도셔 청국으로 아편슈입ᄒᆞᄂᆞᆫ일을 금지ᄒᆞ시기를 복쳥ᄒᆞ며 ᄯᅩ 히아부(海牙府) 만국평화회에 총ᄃᆡ를 파송ᄒᆞ야 이 안건(案件)을 뎨츌케ᄒᆞ랴ᄒᆞᄂᆞᆫᄃᆡ 이샹셔에 三만인이 련명ᄒᆞ겟고 미국니디에도 이회의 목뎍을 찬셩ᄒᆞᄂᆞᆫ쟈가 만타고 히회에 공함이 왓다더라

⊙이샹ᄒᆞᆫ광고 미국 링콘셩즁에 엇던 교인이 큰 광고를 써 부쳣ᄂᆞᆫᄃᆡ 그 기리ᄂᆞᆫ 一빅四十二쳑이오 넓이ᄂᆞᆫ 三十쳑이며 그우에 쓴말ᄉᆞᆷ은 마태 二十四장 四十二졀이오 ᄯᅩ ᄒᆞᆫ 광고ᄂᆞᆫ 기리가 六十쳑이오 넓이가 三十쳑인ᄃᆡ 그우에 쓴 말ᄉᆞᆷ은 로마 六쟝 二十三졀이라더라

⊙부인연죠 샹히에셔 발ᄒᆡᆼᄒᆞᄂᆞᆫ 엇던잡지에 게지ᄒᆞᆫ바를 거ᄒᆞᆫ즉 죠션에셔 젼도ᄒᆞ던 감리회 감독 모씨가 미국녀션교회에셔 죠션부인들이 젼도ᄒᆞᄂᆞᆫ 일에 ᄃᆡᄒᆞ야 열심ᄒᆞᄂᆞᆫ 형편을 셜명ᄒᆞᆫᄆᆡ 그즁 ᄒᆞᆫ부인이 니러서셔 손에 셋던 금강셕 반지를 버셔놋코 말ᄒᆞ기를「나ᄂᆞᆫ 이반지를 죠션젼도비에 만분지일이라도 보부족ᄒᆞ기 위ᄒᆞ여 긔부ᄒᆞᆫ다」ᄒᆞ엿더라

⊙쥬의빗치멀니빗침 아프리가엠부라 칭ᄒᆞᄂᆞᆫ 야만부락츄쟝(酋長) 카뷰듸가 수월젼에 병이 깁피드럿ᄂᆞᆫᄃᆡ 그ᄃᆡ방에셔 젼도ᄒᆞᄂᆞᆫ 영국 션교ᄉᆞ 그리포드씨가 ᄒᆞᆫ교회 병원을 관할ᄒᆞᄂᆞᆫ고로 약을 쓰라고 권ᄒᆞ여도 그츄쟝의 부하가 쓰지 말나고 권ᄒᆞ야 약도아니 쓰다가 필경 죽을디경에 림ᄒᆞᆫ지라 그 가족이 들것에 담아다가 가시덤불 밋헤 ᄇᆞ린것은 그나라 풍쇽이라 그리포드씨가 그 소문을 듯고 곳가셔 ᄯᅥ메여다가 ᄌᆞ긔 병원에셔 치료ᄒᆞ야 몃츌후에 완인이 되엿다ᄒᆞ니 이ᄂᆞᆫ 쥬의빗치 쟝ᄎᆞᆺ 이런 야만민족의게 넓히 퍼진 쟝본이러라

⊙ᄌᆞ션대가(慈善大家) 미국에 유명ᄒᆞᆫ 부쟈 락펠너씨ᄂᆞᆫ 셕유쟝ᄉᆞ로 긔업(起業)ᄒᆞᆫ고로 셰샹이 그를 셕유대왕이라 칭ᄒᆞᄂᆞ니 동씨가 일평ᄉᆡᆼ에 ᄌᆞ션ᄉᆞ업을 위ᄒᆞ야 긔부(寄附)ᄒᆞᆫ 돈이 一억二천만원인ᄃᆡ 근일에 ᄯᅩ 지가고 대학교에ᄃᆡᄒᆞ야 一천만원을 긔부ᄒᆞ고 그즁에 一빅五십만원으로 그 학교안에 례ᄇᆡ당을 건츅ᄒᆞ라고 쳥원ᄒᆞ엿다더라

만국쥬일공과

뎨十九

五월七일

마가十四○五十一、五十二、골노새四○十、ᄉᆞ도十三○十三、十五○卅七ㅣ四十、듸모데후四○十一、베드로젼五○十三、

요지 마가라ᄒᆞᄂᆞᆫ요한

외일말숨 고린도젼一○卄七、

이공과를 네부분에 ᄂᆞᆫ홀수잇ᄂᆞ니 뎨一은 마가가 예수ᄢᅦ 관계된것이오 뎨二는 마가가 베드로의게 관계된것이오 뎨三은 마가가 바나바의게 관계된것이오 뎨四는 마가가 바울의게 관계된것이니라

뎨一부분

마가가 예수ᄢᅦ 관계된것을 말ᄒᆞ쟈면 마가는 쥬를 ᄉᆞ랑ᄒᆞ던 파부 마리아의 아ᄃᆞᆯ이라 그 집이 예루살넴에 잇ᄂᆞᆫ고로 예수ᄢᅦ서 그집에 왕림ᄒᆞ셔서 뎨ᄌᆞ의 발도 씻기셧스며 만찬도 잡수셧스며 요한十四장ㅡㅣ十七절에 잇ᄂᆞᆫ 말숨도 ᄒᆞ셧스며 필경 로마국 병졍의게 잡혀 가시기ᄭᆞ지 ᄒᆞ셧ᄂᆞ니라 그럼으로 이쇼년이 버슨몸에 뵈 홋니불을 두루고 예수를 ᄯᅡ라 가다가 병졍들이 잡으랴ᄒᆞ매 니불을 버서ᄇᆞ리고 다라낫ᄂᆞ니라(막十四○五十一ㅣ五十二、)

마가가 ᄌᆞ긔집에서 예수의힝ᄒᆞ신 일과 뎨ᄌᆞ들의게 ᄀᆞᄅᆞ치신 말숨을 눈으로 보고 귀로 드를ᄲᅮᆫ아니라 ᄯᅩ 그모친의 가졍교육도 밧은 쇼년이라 그럼으로 예수ᄢᅦ셔 이쇼년을 퇴ᄒᆞ샤 둘재 복음 곳 마가복음을 져술케ᄒᆞ셧ᄂᆞᆫ티 이복음은 특별히 이방 사ᄅᆞᆷ을 위ᄒᆞ야 져술ᄒᆞᆫ것이니라

이공과 뎨一부분에 ᄃᆡᄒᆞ야 ᄉᆡᆼ각ᄒᆞᆯ것은 (一)쥬를 잘밋ᄂᆞᆫ 어마니 아ᄃᆞᆯ은 됴흔 그리스도인이 될것이오 (二)마가의 집은 쥬의 육신으로 자조ᄡᅳ신것을 보고 우리의 ᄆᆞᄋᆞᆷ은 쥬의 셩신이 ᄒᆞᆼ샹 계시기를 긔도ᄒᆞᆯ것이니라

뎨二부분

마가가 베드로의게 관계된것은 마가가 여러ᄒᆡ동안 바벨논에서 베드로를 도아 교회일에 힘썻스며 그복음은 베드로의 젼도ᄒᆞᆫ말을 의지ᄒᆞ야 긔록ᄒᆞᆫ지라 이처럼 친밀ᄒᆞᆫ관계가 잇ᄂᆞᆫ고로 베드로가 마가를 ᄀᆞᄅᆞ처「내아ᄃᆞᆯ 마가라」ᄒᆞ엿고(벳젼五○十三、)후ᄅᆡ셩경을 연구ᄒᆞᄂᆞᆫ 학ᄉᆞ들이「마가는 베드로의 통변이라ᄂᆞᆫ」말도ᄒᆞ엿ᄂᆞ니라

이공과 뎨二부분에 ᄃᆡᄒᆞ야 ᄉᆡᆼ각ᄒᆞᆯ것은 (一)신령ᄒᆞᆫ 션ᄉᆡᆼ을 ᄯᅡ라ᄃᆞᆫ니면 신령ᄒᆞᆫ뎨ᄌᆞ가 될것이오 (二)마가복음은 곳 베드로의 복음으로 알것이니라

뎨三부분

마가가 바나바의게 관계된것은 마가가 바나바의 ᄉᆡᆼ질이라 그럼으로 바나바와 바울이 안듸옥 디방에 슌힝ᄒᆞᆯ때에 마가가 바나바를 ᄯᅡ라 버가ᄭᆞ지 갓스나 즁로에서 바울의 一힝을 ᄇᆞ리고 홀노 예루살넴으로 도라온것은(ᄉᆞ도十三○十三、) 그 슈종드ᄂᆞᆫ 일을 괴롭게 ᄉᆡᆼ각ᄒᆞ엿던지 혹 압헤 위험ᄒᆞᆫ 경우를 피코져ᄒᆞᆷ인듯ᄒᆞ니라 바나바와 바울이 두번재 슌힝ᄒᆞ려ᄒᆞᆯ때에 바나바가 가마가를 다리고 가고져ᄒᆞ매 바울은 이젼에 버가에서 혼자간것을 올치안케 녁여 다시 동힝ᄒᆞ기를 거졀ᄒᆞᆷ으로 바나바만 마가를 다리고 구보로 갓ᄂᆞ니라(ᄉᆞ도十五○卅七ㅣ四十、)

이공과 뎨三부분에 바나바의 쳐ᄉᆞᄒᆞᆫ것을 ᄉᆡᆼ각ᄒᆞᆯ때에 ᄒᆞᆫ가지 관렴(觀念)이 ᄉᆡᆼ기ᄂᆞ니 이는 졂은 그리스도인이 ᄒᆞᆫ번 과실이 잇다고 너머 급히 뎡죄치 말것이라 바나바는 관후ᄒᆞᆫ고로 마가를 용서ᄒᆞ야 ᄒᆞᆫ번 다시 시험ᄒᆞᆯ 긔회를 주엇ᄂᆞ니라

뎨四부분

마가가 바울의게 관계된것은 이우에 말ᄒᆞᆫ바와 ᄀᆞᆺ치 바울이 마가를 올치안케 녁여 ᄇᆞ렷스며 바울과 바나바 ᄉᆞ이에도 얼마콤 셥셥ᄒᆞᆫ ᄉᆡᆼ각이 잇셧슬듯ᄒᆞ나 쥬안에서 서로 ᄉᆞ랑ᄒᆞᄂᆞᆫ ᄆᆞᄋᆞᆷ이 곳 이혐의를 이긔고 ᄯᅩ 마가도 긔왕에 잘못된것을 ᄭᆡᄃᆞᆺ고 심히 뉘웃친 결과로 바울이 바나바의게 ᄃᆡᄒᆞᆫ ᄉᆞ랑과 마가의게 ᄃᆡᄒᆞᆫ 신용을 회복ᄒᆞᆫ때라 그런고로 골노새교회에 마가를

힘써 쳔거ᄒᆞ엿고 (골노새四〇十) 마가도 바울을 공경ᄒᆞ고 ᄉᆞ랑ᄒᆞᄂᆞᆫ고로 바울이 듸모데后四〇十一절의 말과 ᄀᆞᆺ치 마가를 칭찬ᄒᆞ엿ᄂᆞ니라

이공과 뎨四부분에 ᄃᆡᄒᆞ야 비홀것은 그리스도인 ᄉᆞ이에 서로 ᄉᆞ랑ᄒᆞᄂᆞᆫ ᄆᆞᄋᆞᆷ이 불가불 서로 뮈워ᄒᆞᄂᆞᆫ ᄆᆞᄋᆞᆷ을 이긔여야 될것이니라

뭇ᄂᆞᆫ말

一、이공과를 몃부분에 ᄂᆞᆫ호겟ᄂᆞ뇨

一、마가복음은 특별히 누구를 위ᄒᆞ야 져술ᄒᆞ엿ᄂᆞ뇨

一、마가와 베드로ᄉᆞ이에 관계된것이 엇더ᄒᆞ뇨

一、바나바가 마가의게 ᄃᆡᄒᆞ야 쳐ᄉᆞᄒᆞᆫ것을 ᄉᆡᆼ각홀때에 무슴관렴이 ᄉᆡᆼ긔ᄂᆞ뇨

만국쥬일공과

뎨二十

五월十四일

마태十二〇廿二—卅二 卅八—四十二절

요지 졈졈 예수를 뮈워ᄒᆞᆷ

외일말숨 마가十二〇卅절

이공과는 두부분으로 논홀지니 뎨一은 하ᄂᆞ님의 권능이 사ᄅᆞᆷ의게 나타난것이오 뎨二는 사단의 셰력이 사ᄅᆞᆷ의게 밋친것이니라(廿四—卅八)

뎨一부분

廿二—廿三절은 하ᄂᆞ님의 권능이 사ᄅᆞᆷ의게 나타난것을 표시ᄒᆞ엿ᄂᆞ니 이 가온ᄃᆡ · 특이ᄒᆞᆫ 등분이 잇도다 ᄒᆞ나흔 눈멀고 귀어둡고 말못홈으로 지극히 불샹ᄒᆞ고 능력업ᄂᆞᆫ 병신이오 ᄒᆞ나흔 모든 병신을 곳쳐주시며 죽은쟈를 살니시ᄂᆞᆫ 지극히 ᄌᆞ비ᄒᆞ시고 권능잇ᄂᆞᆫ 그리스도시니라

대개 하ᄂᆞ님의 권능아래 속ᄒᆞᆫ쟈ᄂᆞᆫ 비록무식홀지라도 쥬의 힘ᄒᆞ신 이젹을 볼때마다 긔이ᄒᆞ고 감샤히 녁엿ᄂᆞ니 (마九〇卅三절과 비교ᄒᆞ라)여긔ᄃᆡᄒᆞ야 비홀것은 이 셰샹에셔 모든 죄악즁에 잇ᄂᆞᆫ쟈가 다 령혼샹으로 눈멀고 귀먹고 벙어리된쟈니 불가불 우리 쥬압헤 나아와셔 쥬의 손으로 곳쳐주심을 엇어야될것이니라

뎨二부분

廿四절과 卅八절에 말ᄒᆞᆫ쟈ᄂᆞᆫ 다 사단의 셰력아래 속ᄒᆞᆫ쟈니 뎌희가 비록 셰샹지혜가 넉넉홀지라도 본ᄅᆡ 교만ᄒᆞ고 싀긔ᄒᆞᄂᆞᆫ ᄆᆞᄋᆞᆷ이 ᄐᆡᆼ즁ᄒᆞ야 쥬의 힘ᄒᆞ신 이젹을 볼때마다 뮈워ᄒᆞ야 더러온 일홈으로 써 쥬를 ᄀᆞᄅᆞ쳐 훼방ᄒᆞ며 (廿四、九〇卅四와 비교홀것)간샤ᄒᆞᆫ 꾀로 쥬를 시험코져 ᄒᆞᄂᆞ니라

바알세붑이라ᄒᆞᄂᆞᆫ 일홈은 다만 마귀의 왕이라ᄂᆞᆫ ᄯᅳᆺ뿐아니라 에그론에셔 난 더러온 귀신을 ᄀᆞᄅᆞ친것이니 곳 쉬ᄑᆞ리의 귀신이라 홈이니라(렬왕긔하一〇二)

廿五—卅절의 ᄯᅳᆺ은 예수ᄭᅴ셔 만일 사단의 힘을 빌어 사단을 ᄶᅩᆺ쳐냇ᄉᆞ면 이는 사단과 사단이 서로 분징ᄒᆞ야 ᄉᆞᄉᆞ로 그나라를 멸망케 홈인즉 이런일이 결단코 업겟다ᄒᆞ심이오 또「너희 ᄌᆞ뎨라ᄒᆞ심은」너희 뎨ᄌᆞ라 ᄒᆞ신ᄯᅳᆺ이니 곳 바리시교인들이라 뎌희중에도 혹 거륵ᄒᆞᆫ쟈가 잇서셔 샤귀를 좃차내ᄂᆞᆫ 일이 잇ᄂᆞᆫ고로 예수ᄭᅴ셔 말ᄉᆞᆷᄒᆞ시기를「내가 바알세붑을 힘닙어 샤귀를 ᄶᅩᆺ차내면 너희뎨ᄌᆞᄂᆞᆫ 누구를 힘닙어 샤귀를 ᄶᅩᆺ차내ᄂᆞ냐 그럼으로 뎌희가 너희를 판단ᄒᆞ리라」ᄒᆞ셧ᄉᆞ니 이ᄂᆞᆫ 하ᄂᆞ님의 능력을 힘닙지못ᄒᆞ면 샤귀를 ᄶᅩᆺ차내지 못홀지라 만일 뎌희가 능히 이 말ᄉᆞᆷ을 빗은즉 하ᄂᆞ님의 나라이 갓가오리라 ᄒᆞ심이니라

힘센사ᄅᆞᆷ을 몬져 결박ᄒᆞᆫ다ᄂᆞᆫ 말ᄉᆞᆷ은 사단을 몬져 ᄶᅩᆺ차내지 못ᄒᆞ면 그나라를 멸홀수 업ᄂᆞᆫ고로 사단을 불가불 ᄶᅩᆺ차내신다 ᄒᆞ심이니라

卅八—四十절의 말ᄉᆞᆷ은 뎌희가 이젹을 요구ᄒᆞᄂᆞᆫ것은 예수를 시험코져 홈인줄을 예수ᄭᅴ셔 아신고로 요나의 이젹을 인증ᄒᆞ셧ᄂᆞ니 요나ᄂᆞᆫ 고ᄅᆡ속에셔 三일을 지난후에 다시 살아난것으로 당신이 쟝ᄎᆞᆺ 죽은가온ᄃᆡ에셔 三일을 지내신후에 부활ᄒᆞ실것을 미리 비교ᄒᆞ셧ᄂᆞ니라 넷날 니느웨사ᄅᆞᆷ은 요나의 젼도ᄒᆞᆫ말을 듯고도 오히려 회ᄀᆡᄒᆞ엿ᄂᆞᆫᄃᆡ 셔긔관과 바리시교인은 그리스도 예수의 ᄆᆞ

五

르치신 말ᄉᆞᆷ을 듯고 힝ᄒᆞ신
이젹을 보고도 회ᄀᆡ치못ᄒᆞ니
더회는 만교에 뎨一 악ᄒᆞᆫ쟈
로다

뭇는말

一、이공과는 몃부분에 논
호겟ᄂᆞ뇨
一、이공과 뎨一부분에셔
ᄇᆡ홀것이 무엇이뇨
一、요나의 이젹은 무엇이
뇨
一、요나의 일과 예수의일
을 엇더케 서로 비교
ᄒᆞ겟ᄂᆞ뇨
一、니느웨ᄇᆡᆨ셩과 바리ᄉᆡ
교인을 엇더케 비교ᄒᆞ
겟ᄂᆞ뇨

교회통신

긔셔　　장단 김영학

⊙술이살인홈

락화도는 파쥬와 쟝단ᄉᆞ이
에 잇는 나루라 거三월二十
六일에 락화도 건너편 파쥬
ᄯᅡ에 사는 녀인 十三인이 쟝
단ᄯᅡ에 건너와셔 치쇼를 ᄏᆡ
여 가지고 그날셕양에 각각
집으로 도라갈ᄯᅢ에 ᄇᆡᄉᆞ공은
술이 취ᄒᆞᆫ지라 그 녀인들을
ᄇᆡ에싯고 건너갈시 취즁에
로를 급히 저으며 덤벙ᄃᆡ다
가 물에 쓰러져 ᄊᆞ질ᄯᅢ에 ᄇᆡ
가 기우러지며 물에 잠겨 ᄉᆞ
공과 쥬즁인이 다 어복에 쟝
ᄉᆞ된지라 슯흐다 져 술의 살
인홈이여 져를 친근ᄒᆞᆫ ᄇᆡᄉᆞ
공을 몬져 죽이고 후에 져와
샹관업는 녀인들을 다죽엿스
니 엇지 악ᄒᆞ다ᄒᆞ지 아니ᄒᆞ
리오 경셩홀지어다 오늘날
우리 그리스도 교인즁에 경
향물론ᄒᆞ고 술을 친근ᄒᆞ는쟈
만흔지라 누가 권면ᄒᆞ면 ᄃᆡ
답이 예수ᄭᅴ셔도 가나안잔치
에 술을 몬ᄃᆞ시고 또 셩경에
술취ᄒᆞ지 말나ᄒᆞ셧스니 우리
도 취ᄒᆞ지만 안코 먹으면 무
엇시 잘못되리오ᄒᆞ고 이ᄀᆞᆺ치
술에 종된쟈가 ᄌᆞ긔령혼을
ᄉᆞᄉᆞ로 죽이며 또 ᄌᆞ긔와 샹
종ᄒᆞ는쟈들노 다 술을마시게
ᄒᆞ야 약ᄒᆞᆫ 사ᄅᆞᆷ의 령혼을 무
수히 죄악에 침륜(沈淪)케ᄒᆞ
니 엇지 더 ᄉᆞ공과 다르리오
대뎌 이 ᄉᆞ공은 더 十三인의
육신이나 죽엿거니와 우리그
리스도 교인이라ᄒᆞ고 술을마
시는쟈는 ᄌᆞ긔의 귀즁ᄒᆞᆫ 령
혼과 남의 귀즁ᄒᆞᆫ 령혼을 무
수히 살해홈이로다 셩경에
말ᄉᆞᆷᄒᆞ시기를 살인ᄒᆞᆫ쟈의게
영ᄉᆡᆼ이 업다 ᄒᆞ셧스니 엇지
ᄆᆞᆺ날 심판이 두렵지아니ᄒᆞ리
오 형뎨와 ᄌᆞ매즁 누구시던
지 술을 마시는이는 이 회보
를 눈으로 보시던지 귀로드
르시던지 그날브터 곳 회ᄀᆡ
ᄒᆞ시와 이 민족을 죄악가온ᄃᆡ
셔 구원ᄒᆞ시기를 하ᄂᆞ님ᄭᅴ
긔도ᄒᆞᄋᆞᆸᄂᆞ이다

⊙어리셕은ᄋᆞ희의기ᄃᆞ림

엇던 로인이 들에 나가다가
본즉 八九셰가량된 ᄋᆞ희가
큰 시내물가에 우둑ᄒᆞᆫ이 안
져셔 무엇을 기ᄃᆞ리는듯ᄒᆞ거
늘 그 로인이 괴샹히 녀겨셔
무러굴ᄋᆞᄃᆡ 너는 여긔셔 무
엇을 기ᄃᆞ리ᄂᆞ뇨ᄒᆞᆫᄃᆡ 그ᄋᆞ희
가 ᄃᆡ답ᄒᆞ기를 제가 이물을
건너갈터인ᄃᆡ 발 젹시기가 슬
혀셔 이물이 다흘너 ᄂᆞ려가
거던 마른신 신은대로 건너
가랴고 기ᄃᆞ리ᄂᆞ이다 그로인
이 크게웃고 말ᄒᆞ기를 이 ᄯᅡᆨ
ᄒᆞᆫ ᄋᆞ희야 네가 쳔ᄇᆡᆨ년을 기
ᄃᆞ려도 이 시내물이 다 흘너
업셔지는것을 볼수업슨즉 어
셔 발벗고 건너가라 ᄒᆞ엿다
더라 우리가 외인들의게 예
수를 밋으라 권ᄒᆞ면 흔히 ᄃᆡ
답ᄒᆞ기를 나는 그럿치 못홀
ᄉᆞ졍이 잇서셔 밋을수 업고
혹 무ᄉᆞᆷ 싱업에 방해가 됨으
로 밋을수업고 혹 부형이 금
ᄒᆞ는 셔닭에 밋을수 업고 ᄇᆡ
릴수 업는 이쳡이 잇슴으로
밋을수업슨즉 좀 더기ᄃᆞ려셔
밋겟다고 죵죵ᄒᆞᆫ 핑계가 만
흐니 슯흐도다 이런사ᄅᆞᆷ들은
엇지 이 우에 말ᄒᆞᆫ바 어리셕
은 ᄋᆞ희와 다르리오 사ᄅᆞᆷ이
그리스도 압흐로 나올ᄯᅢ에
육신에 ᄃᆡᄒᆞᆫ 모든ᄉᆞ졍은 쟝
류슈와 ᄀᆞᆺ치 항샹 잇는것이
니 이런것 져런것 다 도라보
지말고 어서 어서 쥬압흐로
갓가히 나오라고 권홉세다

교육

⊙가졍학 (속)

어린ᄋᆞ히의동졍

四、어린ᄋᆞ히의 놀고 작란ᄒᆞ
는것을 잘주의ᄒᆞ여야 될것이
니 대개 어린ᄋᆞ히는 지각이
좀나면 이목의 감쵹(感觸)되
는바가 다 신긔ᄒᆞᆫ것이라 그
럼으로 보고 듯는것이 다 지
혜와 덕힝과 신톄를 발육(發
育)홈에 관계되는고로 어마니

된쟈ㅣ 맛당히 이것을 깁히 주의ᄒᆞ야 ᄋᆞ히련셩을 잘길너야 될것이니라

五、어린ᄋᆞ히의 가지고 작란ᄒᆞᄂᆞᆫ 물건은 아모됴록 형톄가 둥글며 물질이 부드럽고 무독ᄒᆞᆫ것을 퇴ᄒᆞᆯ것이며 류리나 쇠ᄀᆞᆺ치 강경ᄒᆞᆫ것이나 무슴 유독ᄒᆞᆫ 물질이나 치식등속으로 만든것을 주지말것이라 대개 어린ᄋᆞ히의 련셩은 ᄒᆞᆼ상 새것을 됴화ᄒᆞᆷ으로 ᄒᆞᆫ참 가지고 놀던물건은 가지기 슬흔 ᄉᆡᆼ각이나셔 곳 훼파(毁破)ᄒᆞᄂᆞ니 갑만흔 물건을 사주지 말지니라

六、ᄋᆞ모를 잘퇴ᄒᆞᆯ것이라 ᄉᆡᆼ모를 되신ᄒᆞ야 ᄋᆞ히를 보호ᄒᆞᄂᆞᆫ쟈를 ᄋᆞ모라 칭ᄒᆞᄂᆞᆫ듸 셔양 각국에는 ᄋᆞ모양셩ᄒᆞᄂᆞᆫ 젼문학교가 잇서서 ᄋᆞ히보양ᄒᆞᄂᆞᆫ법을 ᄀᆞᄅᆞ치ᄂᆞ니 그젼례를 말ᄒᆞ쟈면 아라ᄉᆞᄂᆞᆫ 부귀ᄒᆞᆫ집에셔 영어와 법어와 덕어ᄒᆞᄂᆞᆫ ᄋᆞ모를 두고 ᄋᆞ히가 어려서브터 ᄋᆞ모의게 이 세나라말을 ᄇᆡ호게ᄒᆞᄂᆞ니 죠션은 아즉 이런졍도에. 니르지 못ᄒᆞ엿스나 대개 신톄가 강건ᄒᆞ고 셩질이 온후(溫厚)ᄒᆞ며 국문을 아ᄂᆞᆫ쟈로 퇴ᄒᆞᄂᆞᆫ 것이 됴ᄒᆞ니라

실업

◉과목ᄇᆡ양ᄒᆞᄂᆞᆫ법 (속)

ᄇᆡ(梨)ᄂᆞᆫ 셔븍이 놉고 동남이 나즌싸에 심으ᄂᆞᆫ것이 맛당ᄒᆞ니 그 심으ᄂᆞᆫ 법은 맛이 달고 열ᄆᆡ가 큰죵ᄌᆞ를 취ᄒᆞ야 심으고 그우에 흙을 七八분가량 덥허두엇다가 그다음ᄒᆡ 봄에 싹이 나거던 ᄯᅢᄯᅢ로 ᄡᆞᆯ 씨슨 물을 주어 자라거던 그다음ᄒᆡ에 옴겨심은후에 슈분(水糞)을 자조주어 녀름에 젹이 크게 자랏거던 十월쵸ᄉᆡᆼ에 밋동을 一二촌(寸)ᄶᅳᆷ남겨두고 버힌후에 숫불노 그 버힌자리를 퇴오면 그새리에셔 새싹이 나서 잘자라며 열ᄆᆡ를 잘 밋고 ᄯᅩ 졉붓치ᄂᆞᆫ법은 三월에 밋동을 버히고 됴흔 ᄇᆡ나무의 남으로 벗은 가지를 취ᄒᆞ야 졉붓치ᄂᆞᆫ것이 됴ᄒᆞ니라

ᄇᆡ를 오래두ᄂᆞᆫ법은 조강ᄒᆞᆫ싸를 五六쳑가량파고 그 밋헤ᄂᆞᆫ 락엽(落葉)을 편후 셩ᄒᆞᆫᄇᆡ를 퇴ᄒᆞ야 서서로 락엽을 덥허가면서 잘뭇고 그 우헤ᄂᆞᆫ 공긔 아니드러가게 잘덥허둘것이니라

능금(林檎) ᄇᆡ양ᄒᆞᄂᆞᆫ 법은 ᄇᆡ나무 ᄇᆡ양ᄒᆞᄂᆞᆫ법과 ᄯᅩᆨᄀᆞᆺᄒᆞ니라

대죠(大棗)와 셕류(石榴)ᄂᆞᆫ 씨로 심으ᄂᆞᆫ것은 합당치안코 권목법(捲木法)을 ᄒᆡᆼᄒᆞᄂᆞᆫ것이 됴ᄒᆞ니 츈분림시에 엄지손가락만콤 자란가지를 취ᄒᆞ야 一쳑四촌가량ᄶᅳᆷ 길게버혀 두쯧흘 숫불노 틔온후 츅츅ᄒᆞᆫ 싸에 두쯧흘 깁히 쏫고 발노 밟아두면 三四十일후면 싹이 날지니 인분(人糞)을 자조주면 속히 자라고 결실도 잘ᄒᆞᄂᆞ니라

셕류 오래두ᄂᆞᆫ법은 잘 닉어 터진것을 항아리ᄀᆞᆺ흔 그릇에 담고 ᄭᅳᆯᄂᆞᆫ물놀 잠싼 데친후에 곳 건져내여 항아리에 담고 공긔 아니들게 잘 봉ᄒᆞ야 둘것이니라

담총

◉이상ᄒᆞᆫ초목

청국남방에 패양초(怕癢草)라ᄂᆞᆫ 풀이 잇스니 사ᄅᆞᆷ이 손으로 그닙흘만지면 닙히 곳 ᄯᅩᆯᄯᅩᆯ 말니고 가지가 아래로 츅쳐지며 셔양에 긔승초(嗜蠅草)라ᄂᆞᆫ 풀이 잇스니 ᄑᆞ리가 그ᄭᅩᆺ우에 붓ᄒᆞ면 그ᄭᅩᆺ수염이 곳 안으로 ᄭᅩ부러지고 ᄭᅩᆺ송이가 옴무러지면서 ᄑᆞ리가 그속에들면 슌식간에 녹아업셔지며 근자에 아프리가 동남편에잇ᄂᆞᆫ 마다가스가라ᄂᆞᆫ 셤즁에 이상ᄒᆞᆫ 풀을 발견ᄒᆞ엿ᄂᆞᆫ듸 그일홈은 식인초(食人草)라 그닙흔 기리가 十여쳑이오 그ᄭᅩᆺ은 크기가 큰 삭갓ᄀᆞᆺᄒᆞ며 ᄭᅩᆺ수염이 손가락ᄀᆞᆺ고 ᄯᅩ ᄭᅩᆺ송아리 ᄒᆞᆫ가온듸 잔ᄀᆞᆺᄒᆞᆫ것이 잇ᄂᆞᆫ듸 그속에 살ᄀᆞᆺ치 ᄃᆞᆫ물이 고엿더라 그 근방토인이 모르고 그잔에 고인물을 먹엇더니 곳 술ᄀᆞᆺ치 사ᄅᆞᆷ을 취케ᄒᆞ면서 그 ᄭᅩᆺ수염이 범ᄀᆞᆺ치 니러서며 ᄭᅩᆺ치 옴무러들고 닙히 발녀드러오ᄂᆞᆫ듸 닙헤 바ᄂᆞᆯᄀᆞᆺ흔 가시가 잇서셔 사ᄅᆞᆷ의 젼신을 찔너 피ᄅᆞᆯ내고 그사ᄅᆞᆷ은 ᄭᅩᆺ과 닙시속에 드러 나오지 못ᄒᆞ고 두어시간을지내면 녹아 업셔지다더라

광고

경향 여러교우의 갈망ᄒᆞ시던 국문구약셩경의 완편이 출판되여 이달금음이나 리월초싱브터 발미ᄒᆞ겟ᄉᆞ오니 쳠군ᄌᆞ는 슈용의 다쇼를ᄯᆞ라 륙속청구ᄒᆞ심을 ᄇᆞ라옵

그제본과뎡가는여좌ᄒᆞ옵

二권一질二천六빅五十현

지의 一환

포의 一환十五젼

THE AMERICAN BIBLE SOCIETY.

한문셩경이 새로 샹히로셔나왓는ᄃᆡ 쉬운문리라

일어셩경신구약도 여러죵류가 본공회와 셔울명동파 평양에잇는 본공회의 일본인지뎜에 잇ᄉᆞᆸ

평양잇는 본공회의 죠션인 지뎜에는 국문셩경의 여러죵류가 잇ᄉᆞᆸ

각지뎜에셔도 이 셩경들을 목록에 긔록ᄒᆞᆫ 뎡가로 도리나 쇼미를 다ᄒᆞ옵

각칙샤에셔 사가면 삼할ᄒᆞ고 부비ᄭᆞ지 담당ᄒᆞ옵

京城鐘路基督青年會下層
美國聖書公會 告白

광고

경계쟈 하ᄂᆞ님의 도으심으로 **국문신구약젼셔**가 이제 **완편**되야 **금**월**말**이나 리월**초**에 **매하**를 시작케되엿스니 그크신 은혜를 감샤홈이 한업ᄉᆞ오며 우리교인의 ᄆᆞᄋᆞᆷ에 깃붐을 이긔지못ᄒᆞᆯ지라 이칙의 쟝광은 국문四호글ᄌᆞ 지의 신약과ᄀᆞᆺ고 그 쟝칙과 뎡가는 이아리 ᄌᆞ셰히 긔록ᄒᆞ엿ᄉᆞ오니 이칙을 갈망ᄒᆞ시던 우리 형데와 ᄌᆞ미는 본공회와 경향 각교즁 칙샤에 청구ᄒᆞ시와 익독ᄒᆞ시옵쇼셔

一千九百十一年二月十日

쟝칙과뎡가

신구약젼셔
단권一秩견포의 一圓五十錢
仝 仝 반피의 一圓七十五錢
三권仝 지의 一圓二十五錢
仝 仝 포의 一圓三十五錢

구약젼셔
二권一秩지의 一圓
仝 仝 포의 一圓十五錢

셔울종로 **대영셩셔공회** 고빅

광고

미감리교ᄂᆡ외국션교회광고

이 션교회를 위ᄒᆞ야 각쳐교회에셔 ᄒᆡ마다 감샤일에 슈젼ᄒᆞ는것은 임의 다 아시거니와 만일 아직도 거두지 못ᄒᆞᆫ곳이 잇ᄉᆞ면 六월二十一일 미년회젼으로 거두어 그디방목ᄉᆞᄭᅴ로 보내시기를 ᄇᆞ라옵ᄂᆞ이다

회쟝 감리ᄉᆞ 모리시
셔긔 박원빅

△廣告▽

感謝ᄒᆞ오이다하ᄂᆞ님恩惠中在ᄒᆞᆫ和平堂大藥舖는八寶丹을大發賣ᄒᆞ옵고消瘡丹、胎養調經丸等五十餘種洋藥品을製造發賣ᄒᆞ옵는ᄃᆡ內外國에交際貿易이綿年閱歲ᄒᆞ오되우리主耶穌을篤信ᄒᆞ시는兄弟姊妹의게는自來交涉이稀濶ᄒᆞ와懷抱에缺點으로認定ᄒᆞ왓더니至今期會를遇ᄒᆞ야 貴社會報에廣告ᄒᆞᆫ勢力을得ᄒᆞ와ᄉᆞ오니感謝ᄒᆞ오이다教中兄弟ᄭᅴ셔倘或藥業을經營ᄒᆞ시거든代理店이나出張所나되는規則를請求ᄒᆞ시옵藥價는持別이大割引으로奉呈ᄒᆞ려ᄒᆞ옵니다

京城鐘路和平堂大藥房 告白

본샤특별광고

경향간 누구던지 본회보 구람쟈(購覽者)十인의 六ᄀᆡ월이나 一ᄀᆡ년 션금(先金)을 슈합ᄒᆞ야 본샤로 보내여 주시ᄂᆞᆫ이는 一년동안 본회보를 갑업시보시던지 혹十一인션금에 ᄃᆡᄒᆞ야 一인션금을 고제ᄒᆞ고 보내시옵

본회보 一二三四호를 광고뎍(廣告的)으로 밧으신 경향 각교회 형뎨와 ᄌᆞ미ᄭᅴ셔는 본회보를 ᄉᆞ랑ᄒᆞ시는 션심과 찬셩ᄒᆞ시는 의무로 속속히 구람쟈를 만히모집ᄒᆞ시와 션금(先金)을 우편환으로 붓쳐 보내시옵

明治四十四年四月二十七日印刷

그리스도회보

每月二回發行
明治四十四年五月十一日印刷
明治四十四年五月十五日發行

發行兼編輯人 北部社洞 奇義男
印刷人 北部樓閣洞 朴東完
印刷所 京城西小門內法韓印刷所
發行所 北部社洞 奇義男邸

디금「代金」 一장 三젼
六ᄀᆡ월 二十五젼
一ᄀᆡ년 五十젼
광고료 四호활ᄌᆞ 一항 一회 五젼
활ᄌᆞ에 쇼와 항수다 쇼와긔 한장단을 ᄯᆞ라 증감홈

사셜

◉거듭난쟈의 힝홀모범

우리쥬 예수를 밋음으로 셩신의 셰례를 밧고 그 령혼이 거듭난쟈는 예수ᄭᅴ셔 닐ᄋᆞ신바 셰샹의 빗치니 그 힝ᄒᆞᄂᆞᆫ바가 셰샹사ᄅᆞᆷ의 모범(模範)이 되여 보ᄂᆞᆫ쟈로 ᄒᆞ여곰 영광을 하ᄂᆞ님ᄭᅴ 돌니게ᄒᆞ지 못ᄒᆞ면 이는 거듭난쟈의 일홈을 더럽힐ᄲᅮᆫ아니라 도로혀 우리쥬 예수ᄭᅴ 슈치를 돌님이니 엇지 가히 두렵지 아니ᄒᆞ리오 이제 거듭난쟈의 맛당히 힝홀 모범을 들어 말ᄒᆞ노니 대개 거듭난쟈는 긔회잇ᄂᆞᆫ대로 복음을젼ᄒᆞ며 교회를 ᄌᆞ긔집ᄀᆞᆺ치 보며 목ᄉᆞ를 션ᄉᆡᆼᄀᆞᆺ치 보며 다른교우를 ᄌᆞ긔 친형뎨ᄀᆞᆺ치 보며 다른 사ᄅᆞᆷ의 령혼을 ᄌᆞ긔령혼ᄀᆞᆺ치 귀즁히 녁이며 그당ᄒᆞᆫ 경우를 구차히 피치아니ᄒᆞ며 목ᄉᆞ의 밋치지못ᄒᆞᄂᆞᆫ것을 도아주며 ᄌᆞ긔나라와 교회의 압길을 위ᄒᆞ야 날마다 긔도ᄒᆞ며 쥬를 밋지안ᄂᆞᆫ 외인을 위ᄒᆞ야 ᄆᆞᄋᆞᆷ이 압흘디경에 니르며 ᄌᆞ긔의 지력(財力)대로 교회에 연보ᄒᆞ며 ᄒᆞᆼ샹 셩경을 몸에 진이고 ᄃᆞᆫ니며 날마다 요한三장十六절을 ᄒᆞᆫ번식 외이며 술과 담비와 잡긔와 음란과 거즛 말을 금ᄒᆞ며 교회셰력이나 외국셰력을 빌어 동포를 능멸(淩滅)치 아니ᄒᆞ며 ᄂᆞᆷ의 허물을 말ᄒᆞ지아니ᄒᆞ며 ᄌᆞ긔의 능ᄒᆞᆫ것을 ᄌᆞ랑치 아니ᄒᆞ며 부득이ᄒᆞᆫ경우를 제ᄒᆞᆫ 외에ᄂᆞᆫ 쥬일날에 돈을 쓰지아니ᄒᆞ며 셰샹 일노 인ᄒᆞ야 례비를 폐ᄒᆞ지 아니ᄒᆞ며 쓸듸업ᄂᆞᆫ 호긔(豪氣)와 샤치를 숭샹치 아니ᄒᆞ며 됴ᄒᆞᆫ 일을만나면 반ᄃᆞ시 하ᄂᆞ님ᄭᅴ 감샤를 드리며 불힝ᄒᆞᆫ 일을 만날지라도 하ᄂᆞ님을 원망치 아니ᄒᆞ며 교회일이나 ᄌᆞ긔 싱업에 ᄃᆡᄒᆞ야 ᄒᆞᆼ샹 부ᄌᆞ런ᄒᆞ며 졍부의 법률을 쥬의ᄒᆞ야 범ᄒᆞ지 아니ᄒᆞᄂᆞ니 우리 ᄉᆞ랑ᄒᆞᄂᆞᆫ 형뎨와 ᄌᆞ미ᄭᅴ셔는 아모됴록 이우에 말ᄒᆞᆫ바 여러가지 모범을 잘직히심으로 셰샹에 모범이되시기를 깁히 ᄇᆞ라ᄂᆞ이다

사고

회보보시ᄂᆞᆫ 졔씨의게

一、본샤에셔는 미우 주의ᄒᆞ야 ᄒᆞᆫ곳이라도 유루(遺漏)됨이 업시 회보를 발송ᄒᆞ지마는 혹 밧지 못ᄒᆞ엿다ᄂᆞᆫ 통지가 잇스니 이는 필연 디방에셔 우편물(郵便物)을 분젼ᄒᆞᄂᆞᆫ 데젼부가 주의치 못ᄒᆞᆫ 일인듯ᄒᆞ오니 발힝ᄒᆞᆫ지 五六일이지내도독 회보를 밧지 못ᄒᆞ신이가 잇거던 곳 엽셔로 통지ᄒᆞ시옵

一、이회보를 보시다가 다른곳으로 이ᄉᆞᄒᆞ시거던 그이ᄉᆞᄒᆞ신곳의 통호수를 ᄌᆞ세히 긔록ᄒᆞ야 본샤로 통지ᄒᆞ시와 헛되히 분젼케마시옵

一、누구던지 이회보에 유익ᄒᆞᆫ 론셜이나 긔셔나 ᄶᆞ르고 ᄌᆞ미잇ᄂᆞᆫ 쇼셜이나 교회에 관계된 잡보지료를 긔록ᄒᆞ야 본샤로 보내여주시면 대단히 감샤ᄒᆞ겟ᄉᆞᆸ고 긔지여부와 긔지의 지속은 본샤ᄌᆞ유에 맛기시옵

一、특별히잡보에 ᄃᆡᄒᆞ야는 ᄉᆞ실이 뎍확(的確)ᄒᆞ며 오리지 아니ᄒᆞᆫ 새쇼문을 보내여주시옵

교즁휘문

△ᄂᆡ보▽

⊙열심젼도 황ᄒᆡ도신계읍교회 젼도ᄉᆞ오태쥬씨의 통신을 거ᄒᆞᆫ즉 그곳형데 리션길씨ᄂᆞᆫ 본ᄅᆡ 쟝님으로 수십여년을 복술노 싱업을 삼더니 二년젼에 쥬의 압흐로 나온후로ᄂᆞᆫ 마귀의 일을 거졀ᄒᆞ고 열심으로 젼도ᄒᆞ매 다른형데들도 그 모범을 ᄯᆞ라 젼도에 힘씀으로 이교회가 一년젼에ᄂᆞᆫ 교우 수효가 五十명에 지내지 못ᄒᆞ더니 현금은 쥬일마다 ᄇᆡᆨ여명 교우가 례ᄇᆡ를보며 이 형데가 죄인의 ᄌᆞ최와 흔젹을 눈으로 보지ᄂᆞᆫ 못ᄒᆞ나 ᄒᆞᆼ샹 묵샹과 귀로 찻ᄂᆞᆫ즁인ᄃᆡ 작년十二월十六일은 맛촘 쟝날이라 이 형데가 젼도ᄎᆡ로 쟝판에 나가다가 믄득 무ᄉᆞᆷ 벗셕거리ᄂᆞᆫ 소래를 듯고 사ᄅᆞᆷ인가 의심ᄒᆞ야 두손을펴며 ᄀᆞᆯᄋᆞᄃᆡ「거누구시오 예수를 밋으시오 구원을 밧으시오」ᄒᆞ며 내다를 지음에 벼ᄉᆞ집가리속에셔 도야지 ᄒᆞᆫ마리가 튀여 나오ᄂᆞᆫ지라 겻헤셔 보던 사ᄅᆞᆷ들이 크게웃고 말ᄒᆞ기를「더 소경은 도야지의게 젼도ᄒᆞᆫ다ᄂᆞᆫ」됴롱(嘲弄)을 밧앗스나 이형데가 비록 셰샹의 빗촌 보지못ᄒᆞᆯ지라도 쥬의 빗출 능히 보ᄂᆞᆫ줄노 밋노라

⊙김씨유지 경긔도가평읍젼도ᄉᆞ 최슈영씨의 통신을 거ᄒᆞᆫ즉 그곳 교회에셔 새로 녀학교를 셜립ᄒᆞ야 학도十四인을 모집ᄒᆞ엿스나 학교경비가 부족ᄒᆞ야 곤난이 막심ᄒᆞ더니 ᄒᆡ읍거 김려옥씨ᄂᆞᆫ 아직 쥬를 밋지아니ᄒᆞ나 교육에 열심찬셩ᄒᆞᄂᆞᆫ 뜻으로 ᄆᆡ삭一환식 연조ᄒᆞ여 준다ᄒᆞ니 우리ᄂᆞᆫ 동씨의게 ᄃᆡᄒᆞ야 감샤ᄒᆞᆫ 뜻을 표ᄒᆞ노라

⊙긔도의효력 경긔도부평읍교회젼도ᄉᆞ 허진일씨의 통신을 거ᄒᆞᆫ즉 그곳사ᄂᆞᆫ 윤태홍씨ᄂᆞᆫ 롱업을 힘쓰더니 작년 十월분에 우연히 샤귀가들녀 ᄌᆞ긔 부인을 구타ᄒᆞ며 ᄯᅩ ᄒᆞᆫ 동긔와 친쳑을 원수ᄀᆞᆺ치 아ᄂᆞᆫ지라 그럼으로 무당파 복술을 드려 만가지로 치료ᄒᆞ려ᄒᆞ되 종시 그병을 곳치지 못ᄒᆞ고 가산만 탕진ᄒᆞᆫ지라 그부인이 이것을 심히 민망이 녀여 말ᄒᆞ기를 이제ᄂᆞᆫ ᄒᆞᆯ수업스니 예수나 밋어보겟다ᄒᆞ야 례ᄇᆡ당에 와셔 쥬를 밋겟다ᄒᆞ고 ᄉᆞ졍을 말ᄒᆞ매 일반 교우가 이말을 듯고 그 사ᄅᆞᆷ을 불샹히 녀여 열심으로 긔도ᄒᆞ기를 ᄒᆞᆫᄃᆞᆯ十여일을 ᄒᆞ매 하ᄂᆞ님ᄭᅴ셔 과연 듯ᄂᆞᆫ쟈의 긔도와 졍셩을 감찰ᄒᆞ시ᄂᆞᆫ지라 그 샤귀를 그 사ᄅᆞᆷ의게셔 내여 쫏ᄎᆞ시고 곳 완인을 ᄆᆞᆫ드시니 윤씨가 ᄌᆞ긔의 소경력을 열심으로 사ᄅᆞᆷ압헤 증거ᄒᆞ야 듯ᄂᆞᆫ사ᄅᆞᆷ으로 쥬를 밋게ᄒᆞ니 우리ᄂᆞᆫ 이 영광을 하ᄂᆞ님ᄭᅴ 돌녀 감샤ᄒᆞᆸᄂᆞ니다

⊙김씨량심 진남포교회 권ᄉᆞ 비형식씨의 통신을 거ᄒᆞᆫ즉 ᄒᆡ교회니 삼숭학교 학싱 한달원이가 그곳 용졍동근쳐에셔 二十환가치되ᄂᆞᆫ 금반지 ᄒᆞᆫᄀᆡ를 습득(拾得)ᄒᆞ야 그 모친 김씨ᄭᅴ 드렷더니 김씨가 거월 二十六일 긔도회에 와셔 그일을 광포ᄒᆞ고 본쥬를 차자 젼ᄒᆞ라고 그반지를 목ᄉᆞ의게 젼ᄒᆞ매 목ᄉᆞᄂᆞᆫ 경찰셔로 보내엿다ᄒᆞ니 이ᄂᆞᆫ 파연 풍화(風化)에 ᄃᆡᄒᆞ야 아름다온일이기로 이에 게지ᄒᆞ야 권장ᄒᆞᄂᆞᆫ뜻을 표ᄒᆞ노라

⊙유지긔부 경셩종로 회평당 쥬인 리응션씨가 본샤에 ᄃᆡᄒᆞ야 금五환을 긔부ᄒᆞ엿스나 우리ᄂᆞᆫ 동씨의게 ᄃᆡᄒᆞ야 감샤ᄒᆞᆫ뜻을 표ᄒᆞ노라

△외보▽

⊙종교ᄌᆞ유 구라파통신을 거ᄒᆞᆫ즉 포도아국(葡萄牙國)은 본ᄅᆡ 텬쥬교로 국교(國敎)를 삼앗 교회에셔 졍권(政權)을 간셥ᄒᆞ며 ᄇᆡᆨ셩은 종교ᄌᆞ유가 업더니 근일에 와셔ᄂᆞᆫ ᄇᆡᆨ셩의게 종교ᄌᆞ유를 주ᄂᆞᆫ것이 필요ᄒᆞᆷ을 ᄭᆡᄃᆞᆺ고 일간에 다셧됴건의 법률을 반포ᄒᆞᆯ터인ᄃᆡ (一) 텬쥬교로 국교를삼지 아니ᄒᆞᆯ일이오 (二) ᄇᆡᆨ셩으로ᄒᆞ여금 무ᄉᆞᆷ교던지 ᄌᆞ유로밋게ᄒᆞᆯ일이오 (三) 학교에셔 종교샹교과셔를 쓰고 아니쓰ᄂᆞᆫ것은 학도 부형의 ᄌᆞ유에 맛길일이오 (四) 교회에 드러오ᄂᆞᆫ 지졍의三분一은 ᄌᆞ션ᄉᆞ업에 쓸것이오 (五) 종교에ᄃᆡᄒᆞᆫ 관원을 두어 교회ᄉᆞ무를 쥬관케ᄒᆞᆯ일이더라

만국쥬일공과

뎨二十一

五월二十一일

마태十四장一―十二졀

요지 셰례요한의 죽음

외일말솜 좀언十六○卅

一

이공과의 대지는 첫재셰례요한의 의로옴과 무죄ᄒᆞᆷ이오 둘재 헤롯과 헤로듸아의 악ᄒᆞᆷ과 죄니 뎌희가 서로 뮈워ᄒᆞ고 ᄒᆞᆼ샹 반ᄃᆡᄒᆞᆷ은 뎡ᄒᆞᆫ리치가 됨이오 셋재 요한의 죽음이 우리쥬예수의 도라가실 징조를 미리 뵈인것이니라

一졀 헤롯의 리력이라 신약가온ᄃᆡ 헤롯 다ᄉᆞᆺ이 잇스니 첫재는 대헤롯왕인ᄃᆡ 예수ᄯᅢ셔 단싱ᄒᆞ실ᄯᅢ에 베들네헴에 잇는 어린ᄋᆞᄒᆡ들을 도륙ᄒᆞᆫ왕이오 둘재는 헤롯 안듸바니 대헤롯왕의 아ᄃᆞᆯ이며 이공과에 말ᄒᆞᆫ바 갈닐니 비리아의 분봉왕이라 빌나도가 예수를 지판ᄒᆞᆯᄯᅢ에 이 헤롯의게 보내엿스며 셋재는 헤롯 아길나라 안듸바의 형이니 그 아바지 대헤롯왕이 죽엿고 넷재는 빌닙이라 칭ᄒᆞ는 헤롯이니 ᄯᅩᄒᆞᆫ 안듸바의 동싱인ᄃᆡ 이공과에 말ᄒᆞᆫ바 헤로듸아는 빌닙의 안해라 안듸바가 그형수를 취ᄒᆞ야 안해를 삼은후에 ᄌᆞ긔본안해는 내여ᄶᅩᆺ찻스며 다ᄉᆞᆺ재는 헤롯 아그립바니 아길나의 아ᄃᆞᆯ이오 바울의게 복음을 드른쟈니라 (ᄉᆞ도二十六○)

二졀 헤롯이 예수의 베프신 권능을 듯고 「그신하ᄃᆞ려 닐ᄋᆞᄃᆡ 「이는 셰례 요한이 죽은가온ᄃᆡ셔 니러낫다」ᄒᆞᆫ것을 보고 엇지 그런 싱각이 니러난것을 추측ᄒᆞ건ᄃᆡ 그 싱각이 여러가지 원인(原因)을 좃차난것이니 (一) 령혼이 아조죽지 아니ᄒᆞ는것을 밋는것은 사ᄅᆞᆷ의 텬셩의 ᄀᆞᄅᆞ침이오 (二) 비록 악ᄒᆞᆫ쟈라도 놈을해롭게 ᄒᆞᆫ후에 제가 잘못ᄒᆞᆫ것을 셔듯는것은 량심의 경계ᄒᆞ는것이오 (三) 지극히 어두온쟈라도 무죄ᄒᆞᆫ 사ᄅᆞᆷ을 죽인쟈의게 ᄃᆡᄒᆞ야 복수(復讐)ᄒᆞ시는 하ᄂᆞ님이 계신줄을 밋음이오 (四) 정당ᄒᆞᆫ 죵교가 업는쟈는 사ᄅᆞᆷ이 죽은후 그 령혼이 다른 형톄를 쓰고 인간에 환싱(還生)ᄒᆞ는 리치를 밋는쟈가 만흠이니라 (불교밋는쟈들보라)

三―四졀 요한이 헤롯ᄃᆞ려 헤로듸아를 취ᄒᆞ는것이 올치안타ᄒᆞᆷ은 (一) 헤롯은 ᄌᆞ긔본안해가 잇슴이오 (二) 헤로듸아는 그 본남편이 잇슴이오 (三) 헤롯과 헤로듸아는 륜리(倫理)샹으로 혼인ᄒᆞ기를 허락지못ᄒᆞᆯ 친쳑관계가 잇슴이라 그러나 뎌희가 졍욕을 이긔지못ᄒᆞ야 몬져 률법과 륜리의 금ᄒᆞ는 죄를 범ᄒᆞ고 다음에 무죄ᄒᆞᆫ 사ᄅᆞᆷ을 옥에 가도앗스니 그옥은 매기러스라ᄒᆞ는 영문아래층인ᄃᆡ ᄉᆞ히(死海)동편에 잇셧고 그 갓친동안은 거즌 일년쯤되엿ᄂᆞ니라

五―十졀 헤롯이 요한ᄋᆞᆯ 션지쟈로 알고 ᄯᅩᄒᆞᆫ 빅셩의 의론을 무서워ᄒᆞ야 요한을 죽이지 못ᄒᆞ엿다가 ᄌᆞ긔 싱일을 당ᄒᆞ야 ᄒᆞᆫ편으로는 악ᄒᆞᆫ 헤로듸아의 간계에 ᄲᅡ지고 ᄯᅩ ᄒᆞᆫ편으로는 ᄌᆞ긔가 술취ᄒᆞᆫ가온ᄃᆡ 쓸ᄃᆡ업는 호긔(豪氣)를 부리면서 어린 계집ᄋᆞᄒᆡ의게 ᄃᆡᄒᆞ야 경솔히 밍셰ᄒᆞ고 이로 인ᄒᆞ야 무죄ᄒᆞᆫ 션지쟈를 살해ᄒᆞ엿스니 우리가 여긔ᄃᆡᄒᆞ야 깁히 싱각ᄒᆞᆯ것은 (一) 사ᄅᆞᆷ이 ᄒᆞᆫ번 죄에 범ᄒᆞᆫ것을 뉘웃쳐 곳치지 아니ᄒᆞ면 죄가 죄를 쇼ᄀᆡ(紹介)ᄒᆞ야 더 큰 죄에 범ᄒᆞ는것이오 (二)죵교목뎍을 어긔는 연셕에는 거룩지 못ᄒᆞᆫ사ᄅᆞᆷ이 모혀 거룩지 못ᄒᆞᆫ일을 ᄒᆞ기쉬은것이오 (三) 쓸ᄃᆡ업는 밍셰를 잘ᄒᆞ는쟈는 그 밍셰ᄒᆞᆫ말을 슈습(收拾)ᄒᆞ랴다가 죄를 짓기쉬온것이오 (四) 녀인이라ᄒᆞ는것은 션ᄒᆞ기로 가면 극히 션ᄒᆞ고 악ᄒᆞ기로 가면 극하 악ᄒᆞᆫ것이니라

뭇는말

一、이공과의 대지가 무엇이뇨

二、헤롯이 뉘아ᄃᆞᆯ이뇨

三、헤로듸아가 본ᄃᆡ 뉘안ᄒᆡ뇨

四、요한이 웨 헤롯ᄃᆞ려 헤로듸아를 취ᄒᆞ는것이 올치안타 ᄒᆞ엿ᄂᆞ뇨

五、죵교목뎍을 어긔는 연셕은 엇더ᄒᆞ뇨

六、쓸ᄃᆡ업는 밍셰를 잘ᄒᆞ는쟈는 엇더ᄒᆞ뇨

만국쥬일공과

뎨二十二

五월二十八일

마태十四장十三ㅣ卄一절十五장卄九ㅣ卅九절

요지 만흔무리를먹이심

외올말ᄉᆞᆷ 요한六○卅五절

이공과는 네부분에 논ᄒᆞᆯ지니 첫재는(十四○十三ㅣ十四、十五○卄九ㅣ卅一)예수ᄭᅴ셔 병든 무리를 곳쳐주심이오 둘재는(十四○十六、十五○卅、)예수ᄭᅴ셔 주린무리의게 먹을것을 주라ᄒᆞ심이오 셋재는(十四○十七、十五○卅三)뎨ᄌᆞ들이 근심ᄒᆞᆷ이오 넷재는 (十四○十九ㅣ卄一、十五○卅五ㅣ卅九)주린무리가 ᄇᆡ부름이니라

뎨一부분

이에 예수를 ᄯᆞ르는 허다ᄒᆞᆫ 무리는 헤롯이 셰례요한을 죽인일에 ᄃᆡᄒᆞ야 격분ᄒᆞᆷ으로 예수로 왕을삼고져ᄒᆞ던 무리들인듯ᄒᆞ니라 예수ᄭᅴ셔 뎌회를 불샹히녀이샤 뎌회여러가지 병을곳쳐 주셧스니 우리가 여긔ᄃᆡᄒᆞ야 ᄉᆡᆼ각ᄒᆞᆯ것은 이 세샹에셔 령혼샹으로 병든무리는 불가불 예수압흐로 나아와셔 곳쳐주심을 엇으야 될것이니라

뎨二부분

예수ᄭᅴ셔 주린무리들을 보실ᄯᅢ에 민망히 녀이샤 뎨ᄌᆞ들을 명ᄒᆞ샤 먹을것을 주라ᄒᆞ셧스니 우리가 여긔 ᄃᆡᄒᆞ야 ᄉᆡᆼ각ᄒᆞᆯ것은 (一) 누구던지 령혼의 병을 곳친후라도 령혼이 주리면 불가불 쥬압헤 나아와셔 먹을것을 ᄀᆞᆫ구ᄒᆞᆯ것이오 (二)쥬ᄭᅴ셔 주실량식은 곳 밋음이오 (三) 뎨ᄌᆞ들이 예수와 무리들 ᄉᆞ이에 선것과 ᄀᆞᆺ치 예수ᄭᅴ셔 하ᄂᆞ님과 사ᄅᆞᆷ ᄉᆞ이에 즁보가 되심이오 (四) 오ᄂᆞᆯ날도 예수ᄭᅴ셔 우리를 명ᄒᆞ샤 모든 주린령혼을 먹이라 ᄒᆞ심이니라

뎨三부분

예수ᄭᅴ셔 먹을것을 주라고명령ᄒᆞ시매 뎨ᄌᆞ들은 다만 무리의 수효가 만코 ᄯᅥᆨ과 ᄉᆡᆼ션의 분량이 젹은것을 ᄉᆡᆼ각ᄒᆞ고 뎌회가 그직췩을 감당치못ᄒᆞᆯ것을 근심ᄒᆞ엿스니 우리가 여긔셔 ᄇᆡ홀것은 그리스도인이 쥬의복음을 젼ᄒᆞᆯᄯᅢ에 그ᄆᆞᄋᆞᆷ에 그리스도ᄭᅴ셔 부르신줄을 밋으면 ᄌᆞ긔의 감당치못ᄒᆞᆯ것을 ᄉᆡᆼ각지말고 어ᄃᆡ던지 용밍스럽게 나아가면 쥬ᄭᅴ셔 반다시 도아주실줄 밋을것이니라

뎨四부분

예수ᄭᅴ셔 十四장에 먹이신 무리는 五쳔명이오 十五장에 먹이신 무리는 四쳔명이니 도합이 九쳔명이오 먹이신 식물은 ᄯᅥᆨ이 열두ᄀᆡ오 ᄉᆡᆼ션이 두어마리이라 그러나 쥬ᄭᅴ셔 이것으로 ᄇᆡ부르게 논호와 먹이신후에 부스럭이가 열두광주리와 닐곱바구미에 찻다 ᄒᆞ니 이는 곳하ᄂᆞ님의 풍셩ᄒᆞ며 부요ᄒᆞ고 무한ᄒᆞᆫ 은혜를 ᄀᆞᄅᆞ친뜻이니 우리가 여긔셔 ᄇᆡ홀것은 (一) 예수ᄭᅴ셔 우리 영싱의 량식이시니 수업는 무리가 영원ᄒᆞᆫ 시ᄃᆡ에 ᄒᆞᆼ샹 넉넉히 먹고 쓸지라도 무궁무진ᄒᆞᆯ것이오 (二) 우리가 이영싱의 량식을 ᄇᆡ부르게 먹은후에 그부스럭이라도 ᄇᆞ리지말고 반다시가지고 도라와셔 우리의 가족과 친쳑과 모든 ᄉᆞ랑ᄒᆞᄂᆞᆫ쟈즁에 맛보지못ᄒᆞᆫ쟈의게 논호와줄것이니라

묻는말

一、이공과를 몃부분에 논ᄒᆞ겟ᄂᆞ뇨

二、이공과 뎨一부분에 ᄃᆡᄒᆞ야 ᄉᆡᆼ각ᄒᆞᆯ것이 무엇이뇨

三、쥬ᄭᅴ셔 주실량식은 무엇이뇨

四、이공과 뎨三부분에셔 ᄇᆡ홀것이 무엇이뇨

五、이공과즁에 부스럭이 줍는것으로 인ᄒᆞ야 ᄇᆡ홀것이 무엇이뇨

교회통신

긔셔 감독히리ᄊᆞ

죠션에 다시 도라와셔 아름다온 산쳔과 형뎨ᄌᆞ미의 반가온 낫출 ᄃᆡᄒᆞ오니 깃븐ᄆᆞᄋᆞᆷ을 측량치못ᄒᆞ오며 더욱 감리교회의 조직이 완실ᄒᆞ여 가는것을 심히깃버ᄒᆞ는즁 이 그리스도회보가 발간됨에 ᄃᆡᄒᆞ야 뎨一깁고 큰 ᄌᆞ미를 붓치옵ᄂᆞ니 우리 그리스도인 은집집마다 ᄒᆞᆫ장식 닑으시기를 간졀히 ᄇᆞ라옵ᄂᆞ이다 교뎨는 어렷슬ᄯᅢ로브터 교회신문즁 ᄒᆞ나를 ᄒᆞᆼ샹 닑어엇슴ᄂᆞᆫ

ᄃᆡ 일노말미암아 됴흔 픔셩을 엇엇ᄉᆞ오며 교회에 ᄃᆡᄒᆞᆫ 지식도 만히 밧앗ᄉᆞ오며 맛참니 그리스도인의 픔셩을 일우는 큰 긔계가 되엿ᄉᆞ외다 우리 감리교회가 서로 련락ᄒᆞᄂᆞᆫ 정신을 가지고 이셰샹에셔 뎨一 유력ᄒᆞᆫ 교회를 세우ᄂᆞᆫ것은 사ᄅᆞᆷ마다 아ᄂᆞᆫ바어온ᄃᆡ 더욱 죠션에셔는 남북 두 감리회가 교의(敎義)와 경험과 조직에 ᄒᆞ나이 되엿ᄉᆞ오니 우리 두교회가 이 긔관으로 인ᄒᆞ야 점점 친밀ᄒᆞ여지며 유력ᄒᆞᆫ 정신을 합ᄒᆞ야 우리 쥬의 나라를 세우시기를 긔도ᄒᆞ옵ᄂᆡ다

작년에 교뎨가 미국에가셔 우리 북감리회를 위ᄒᆞ야 연보를 거두엇솜ᄂᆞᆫᄃᆡ 이제 보고ᄒᆞ올것은 허락ᄒᆞᆫ 연보총익이 三十만원이외다 그러나 아죽ᄭᆞ지 다 슈입이 되지못ᄒᆞ엿고 금년 一년동안에는 다 션교회회계의게로 슈입이 될듯ᄒᆞ외다

미국 각교회가 죠션일에 ᄃᆡᄒᆞ야 크게 ᄌᆞ미를 엇엇ᄉᆞ오며 할수잇ᄂᆞᆫ대로 죠션 교회에 특별ᄒᆞᆫ 도음을 드리랴ᄒᆞ오니 곳 금년 一년은 특별ᄒᆞᆫ 연보를 거두ᄂᆞᆫ 긔회가 되엿ᄉᆞ외다 미국 교회에셔 우리 죠션 교회를 즐거온 ᄆᆞ옴으로 도옵ᄂᆞᆫ 리유는 다름아니라 죠션 교회에셔 근년에 열심으로 연보를 거두어 교당도 건츅ᄒᆞ며 목ᄉᆞ와 젼도ᄉᆞ의 ᄌᆞ급을 힘써 담임ᄒᆞ심으로 미국 교회를 감동식힘이오니 그런고로 죠션에셔 젼도ᄒᆞᄂᆞᆫ 방침의 뎨一 필요ᄒᆞᆫ것은 죠션 형뎨 ᄌᆞ미ᄭᅴ셔 스ᄉᆞ로 도옵ᄂᆞᆫ 정신을 비양ᄒᆞ실것이외다 교뎨가 하ᄂᆞ님ᄭᅴ 특별히 감샤ᄒᆞ옵ᄂᆞᆫ것은 죠션교회를 위ᄒᆞ야 미국에셔 일홀 특권을 엇음이온ᄃᆡ 팔삭동안에 힘과 정신을 다ᄒᆞ야 쥬의 일을 ᄒᆞ엿ᄉᆞ옵고 다시 도라와셔 우리 예수 그리스도의 ᄉᆞ랑으로 여러분과 ᄀᆞᆺ치 일ᄒᆞ게 됨이외다 ᄯᅩᄒᆞᆫ 우리교회 학교로 말ᄒᆞ면 현금에 잇ᄂᆞᆫ 형편으로만 둘것이아니오 일층 ᄀᆡ량ᄒᆞ올터이온ᄃᆡ 더욱이 졍부에셔 교육 긔관을 잡은 관리들이 우리교육ᄉᆞ업에 ᄃᆡᄒᆞ야 종교ᄌᆞ유를 허락ᄒᆞ엿ᄉᆞ오며 종교ᄌᆞ유를 향유(享有)ᄒᆞᄂᆞᆫ 특권을 주어 여러가지 유익ᄒᆞᆫ ᄉᆞ업을 ᄒᆞ게ᄒᆞ엿ᄉᆞ외다 교뎨는 다만 우리 죠션인민의 도덕샹 안령을 위ᄒᆞ야 우리의 합심협력ᄒᆞᄂᆞᆫ 일이 크게 흥왕ᄒᆞ기를 긔도ᄒᆞ오며 ᄯᅩᄒᆞᆫ 우리 그리스도회보를 위ᄒᆞ야 큰 소망을 두옵ᄂᆡ다

특별광고

북감리회에셔 금년 미년회는 六월二十一일에 경셩에셔 ᄀᆡ회ᄒᆞ겟ᄉᆞ오니 경향각쳐에 계신회원ᄭᅴ셔는 다 그리아시옵고 쥰비ᄒᆞ시기를 ᄇᆞ라옵ᄂᆡ다

북감리교회감독 희리쓰

◎그리스도회보를츅하홈

긔셔 김대뎐

크도다 하ᄂᆞ님의 권세여 우리가 하ᄂᆞ님을 의지ᄒᆞ지 아니ᄒᆞᆯ수가 업스며 풍셩ᄒᆞ도다 쥬예수의 은혜여 우리가 쥬예수를 밋지 아니치못ᄒᆞᆯ지로다 우리 모든 형뎨ᄌᆞ미의 지은 죄악을 말ᄒᆞ면 이긔여 말ᄒᆞᆯ수 업거니와 성경말솜에 닐ᄋᆞᄃᆡ 죄악이 만흔곳에 은혜를 더만히 주신다ᄒᆞ엿스니 우리 죠션 민족을 하ᄂᆞ님ᄭᅴ서 더욱 불샹히 녀이샤 은혜를 풍셩ᄒᆞ게 주시ᄂᆞᆫ중에 ᄯᅩ 우리 교인의 ᄒᆞᄂᆞᆫ일에 큰 긔관되ᄂᆞᆫ 그리스도회보를 주시니 나는 너머 깃븜을 이긔지 못ᄒᆞ여 몬셔 두어곡됴 노ᄅᆡ를 지여 하ᄂᆞ님을 찬송ᄒᆞ리로다

곡됴는 찬숑가 뎨二빅四十八과 동홈

一、갈길을모르고의쓰면셔
눈물을흘니고통곡ᄒᆞᆯᄯᅢ
구름과불기동가지고셔
우리의갈길을인도ᄒᆞ니
나아가셰나아가셰
쥬압흐로나아가셰
더됴흔락원에니르ᄂᆞᆫ것
쥬예수ᄉᆞ랑뿐이로다

二、쥬님의대도들넓히펴셔
우리의형뎨를구ᄒᆞᆯᄯᅢ
흉악ᄒᆞᆫ마귀가압헤와셔
형벌에면홈을구ᄒᆞ리니

三、긴날이맛도록ᄉᆡᆼ각ᄒᆞ고
깁흔밤들도록감샤홈은
우리죄위ᄒᆞ야도라가신
쥬예수ᄉᆞ랑과은혜로다

五 그런중 내가 하ᄂᆞ님ᄭᅴ 간졀히 구ᄒᆞᄂᆞᆫ것은 몬져는 우리 그리스도회보에 관계되신 여러 형님의게 무한ᄒᆞᆫ 권세와

지능을 주시오며 ᄯᅩᄂᆞᆫ 이그리스도회보가 十三도에 집집마다 반포되여 로소를 물론ᄒᆞ고 다 쥬의 도리를 셰드라셔 하ᄂᆞ님을 찬숑ᄒᆞᄂᆞᆫ 소ᄅᆡ가 三쳔리 강산에 츙만ᄒᆞ기를 원ᄒᆞᆷᄂᆞ다

긔셔 증산젼도ᄉᆞ 리능도

⊙증산교회졍황

증산은 비록 평안남도에 ᄒᆞᆫ 젹은 고을이나 이곳에 쥬의 복음을 젼ᄒᆞᆫ지 여러ᄒᆡ동안에 우리쥬를 밋ᄂᆞᆫ 사ᄅᆞᆷ이 만히 니러남으로 교회가 흥왕ᄒᆞ야 ᄉᆞ면십리안에 례ᄇᆡ당업ᄂᆞᆫ 곳이업ᄉᆞ매 경ᄂᆡ에 회당이 十여쳐에 달ᄒᆞᆫ지라 우리쥬ᄭᅴ셔 은혜 만히 베프심을 감샤ᄒᆞᄂᆞ이다 이곳은 본ᄅᆡ 롱업으로 근근 ᄉᆡᆼ활ᄒᆞᄂᆞᆫ 곳인ᄃᆡ 뜻밧긔 작년 七월분에 젼무후무ᄒᆞᆫ 박지가 잇셧ᄂᆞᆫᄃᆡ 들에잇던 사ᄅᆞᆷ은 우박(雨雹)에 마즌바 되여 피부가 다 샹ᄒᆞ고 언덕밋헤 의지ᄒᆞ야 겨우ᄉᆡᆼ명을 보젼ᄒᆞ엿ᄉᆞ며 닭파 시ᄂᆞᆫ 우박에 마자죽은것이 부지기수오 뜰에 노앗던 긔명이 다 셔여졋ᄉᆞ며 개와와 돌은 공즁에 놀고 나무ᄂᆞᆫ 쑤리가 빠졋ᄉᆞ며 들에 곡식은 ᄒᆞᆫ젹도 찻지 못ᄒᆞ게된고로 一년롱ᄉᆞ지은것은 일죠에 빈ᄯᅡ에 ᄯᅥ러젓ᄉᆞ니 이와ᄀᆞᆺᄒᆞᆫ 졍샹을 당ᄒᆞ야 일반신민이 엇지ᄒᆞᆯ줄을 몰나 늙은부모와 어린 쳐ᄌᆞ가 서로 손을잡고 ᄉᆡᆼ활ᄒᆞᆯ 긔망이 도모지 업서셔 곡셩이 진동ᄒᆞᆫ지라 이러ᄒᆞᆫ 졍샹은 ᄎᆞᆷ 눈으로 볼수업도다 그런즉 ᄌᆞ연히 남부녀대ᄒᆞ고 ᄯᅥ나ᄂᆞᆫ 사ᄅᆞᆷ이 도로에 ᄭᅳᆫ치지 아니ᄒᆞᄂᆞᆫᄃᆡ 우리교인즁에셔도 이런곤경 당ᄒᆞᆫ이를 됴사ᄒᆞᆫ즉 호수가 一ᄇᆡᆨ八十여호에 인구ᄂᆞᆫ 八ᄇᆡᆨ여명이라 이 참혹ᄒᆞᆫ 경황을 당ᄒᆞᆫ 우리교우들은 우리쥬의 위로ᄒᆞ심을 만히 밧아 파격ᄒᆞᆫ 졍샹을 나타내지 아니ᄒᆞ고 다만 공즁에 나ᄂᆞᆫ시도 하ᄂᆞ님ᄭᅴ셔 허락지아니ᄒᆞ시면 ᄯᅡ에 ᄯᅥ러지지 아니ᄒᆞᆯ줄 밋고 혹 타쳐로 가셔 로동을ᄒᆞ던지 무ᄉᆞᆷ다른 버리도ᄒᆞ야 근근보명ᄒᆞ여 치운동졀은 지내엿ᄉᆞ나 츈졀을 당ᄒᆞ야 롱ᄉᆞ를 ᄒᆞ여야 될터인ᄃᆡ 날마다 ᄉᆡᆼ계를 힘ᄡᅳ자면 롱ᄉᆞᄂᆞᆫ ᄒᆞᆯ수가업고 롱ᄉᆞ를 ᄒᆞ자면 날마다 ᄉᆡᆼ계를 도모ᄒᆞᆯ수 업ᄉᆞᆫ즉 ᄯᅢ가 ᄎᆞᆷ 심히 곤난ᄒᆞᆫᄯᅢ라 남녀로쇼가 긔갈이 ᄌᆞ심ᄒᆞ야 졍신을 수습지 못ᄒᆞ니 이와ᄀᆞᆺᄒᆞᆫ 졍샹은 ᄎᆞᆷ 견ᄃᆡ여볼수 업ᄂᆞᆫ고로 이ᄉᆞ졍을 감리ᄉᆞ 노불ᄡᅵᄭᅴ 진슐ᄒᆞ엿더니 그리스도회보에 긔ᄌᆡᄒᆞ게ᄒᆞ라ᄒᆞ시기에 이와ᄀᆞᆺ치 광고ᄒᆞ오니 우리쥬의 ᄉᆞ랑을 닙으신 여러형뎨와 ᄌᆞᄆᆡᄭᅴ셔ᄂᆞᆫ 이곳을 위ᄒᆞ야 ᄌᆞ비ᄒᆞ신 하ᄂᆞ님ᄭᅴ 긔도ᄒᆞ야 주실ᄲᅮᆫ아니라 ᄯᅩᄒᆞᆫ ᄌᆞ션ᄒᆞ신 ᄆᆞᄋᆞᆷ으로 ᄌᆞ구제ᄒᆞ시와 이곳 형뎨와 ᄌᆞᄆᆡ의 육신으로 당ᄒᆞᆫ 곤난과 이 ᄲᅡ질 구렁텅이를 면케ᄒᆞ여 주시기를 간졀히 ᄇᆞ라ᄂᆞ이다

긔쟈왈 이통신의 ᄉᆞ실과 ᄯᅩᄒᆞᆫ 감리ᄉᆞ 노불ᄡᅵ의 편지를 의지ᄒᆞᆫ즉 증산교회즁 여러 형뎨와 ᄌᆞᄆᆡ의 ᄎᆞᆷ혹ᄒᆞᆫ졍샹은 보지안코도 보ᄂᆞᆫ듯ᄒᆞ도다 우리쥬 예수안에 ᄒᆞᆫ지톄가 된 우리그리스도인이야 이통신을 볼ᄯᅢ에 이 곤난을 ᄒᆞᆷᄭᅴ 당ᄒᆞᆫ것ᄀᆞᆺ치 그ᄆᆞᄋᆞᆷ속에 엇지 측은ᄒᆞ고 압흔ᄉᆡᆼ각이 니러나지 아니ᄒᆞ리오 원컨ᄃᆡ 젼국ᄂᆡ 각쳐 교회의 형뎨ᄌᆞᄆᆡᄭᅴ셔ᄂᆞᆫ ᄌᆞ비ᄒᆞ신 ᄆᆞᄋᆞᆷ을 크게 발ᄒᆞ여 이 곤난즁에 ᄲᅡ진 형뎨와 ᄌᆞᄆᆡ를 도라봅세다 누구시던지 증산교우를 위ᄒᆞ야 구휼코져 ᄒᆞ시거던 그 구휼ᄒᆞ실 돈을 본샤로 보내시면 증산교회로 신실히 젼ᄒᆞ고 본회보에 광고ᄒᆞ겟ᄉᆞᆸᄂᆞ다

교육

⊙가뎡학 (속)

가뎡교육(家庭敎育)의 필요ᄒᆞᆷ

대뎌 큰집을 세우랴면 몬져 집터를 잘닥그야 그집이 견고ᄒᆞᆷ과 ᄀᆞᆺ치 됴흔 사ᄅᆞᆷ을 양ᄉᆡᆼᄒᆞ랴면 불가불 가뎡교육을 주의ᄒᆞᆯ것이라 그럼으로 가뎡교육은 모든 교육의 긔초(基礎)가되고 ᄯᅩ 가뎡교육을 잘 식히ᄂᆞᆫ 칙임은 ᄋᆞᄒᆡ 어마니의게 잇다ᄒᆞᆷ은 어마니가 ᄒᆞᆼ상 집안에 ᄀᆞᆺ치잇서셔 ᄋᆞᄒᆡ로 더브러 밀졉(密接)ᄒᆞᆫ 관계가 잇ᄂᆞᆫ연ᄃᆞᆰ이라 그런고로 셔양말에 「어린학도의 언ᄒᆡᆼ이 단졍ᄒᆞᆫ것을 보면 그어마니의 현쳘ᄒᆞᆫ것을 가히알겟다」ᄒᆞ엿ᄂᆞ니 ᄋᆞᄒᆡ 어마니된쟈ㅣ 맛

당히 가뎡교육에 주의ᄒᆞᆯ것인ᄃᆡ 특별히 우리 ᄉᆞ랑ᄒᆞᄂᆞᆫ 교즁 ᄌᆞ미ᄯᅢ셔ᄂᆞᆫ 더욱 우리 쥬 예수를 표쥰(標準)삼아 그ᄌᆞ녀의 덕셩(德性)을 비양ᄒᆞᆯ것 아니라

一、어린ᄋᆞᄒᆡ의 픔격(品格)을 귀즁히 녁일것이라 대개 ᄋᆞᄒᆡᄂᆞᆫ 슌젼히 틔업ᄂᆞᆫ 옥과 ᄀᆞᆺᄒᆞᆫ고로 예수ᄭᅴ셔도 말ᄉᆞᆷᄒᆞ시기를「너희가 도리켜 어린ᄋᆞᄒᆡ와 ᄀᆞᆺ지아니ᄒᆞ면 결단코 텬국에 드러가지 못ᄒᆞ리라」ᄒᆞ셧ᄉᆞᆫ즉 우리가 엇지 어린ᄋᆞᄒᆡ를 경멸히 보리오 쟝ᄅᆡ에 나라집에 큰 그릇이되며 인류샤회에 됴흔 모범이되여 대ᄉᆞ업을 경영ᄒᆞᆯ 영웅호걸이 다 어린ᄋᆞᄒᆡ가온ᄃᆡ셔 날것이니 아모됴록 어마니된쟈 그 ᄌᆞ녀의 픔격을 어려셔브터 고샹(高尙)ᄒᆞᆫᄃᆡ로 인도ᄒᆞᆯ것이니라

二、어린ᄋᆞᄒᆡ의 관습(慣習)이니 어린ᄋᆞᄒᆡ의게 감응(感應)ᄒᆞᄂᆞᆫ 힘이 ᄀᆞ장크고 속ᄒᆞᆫ쟈ᄂᆞᆫ 곳 관습이라 어렷슬ᄯᅢ에 거즛말을 ᄒᆞ거나 아름답지 못ᄒᆞᆫ일을 힝ᄒᆞ거나 유약(柔弱)ᄒᆞ거나 모든 악ᄒᆞᆫ 관습이 발셩ᄒᆞᆯᄯᅢ에 곳 곳쳐주지아니ᄒᆞ면 쟝ᄅᆡ에 됴흔사ᄅᆞᆷ을 일우지못ᄒᆞᄂᆞ니 그럼으로 밍ᄌᆞ의 모친은 그ᄋᆞᄃᆞᆯ을 ᄀᆞᄅᆞ치기위ᄒᆞ야 세번집을 옴겻ᄂᆞ니라

실업

◉과목비양ᄒᆞᄂᆞᆫ법 (속)

포도(葡萄)ᄂᆞᆫ 흑포도와 ᄇᆡᆨ포도와 자포도의 세가지 죵류가 잇ᄂᆞᆫᄃᆡ 그즁에 ᄇᆡᆨ포도가 뎨一 됴흔것이라 포도ᄂᆞᆫ 북향ᄒᆞᆫ 동산이나 물업ᄂᆞᆫ 논에 심으ᄂᆞᆫ것이 됴코 그심으ᄂᆞᆫ 법은 엄지손가락ᄀᆞᆺ흔 포도가지를 석자 기리쯤되게 버히고 그 두ᄭᅳᆺᄒᆞᆯ 숫불노 지진후 ᄯᅡ에 구멍둘을 ᄯᅮ르되 깁히ᄂᆞᆫ 五六촌쯤되고 샹거(相距)ᄂᆞᆫ ᄒᆞᆫ자 기리쯤되게 ᄒᆞᆫ후 그포도가지의 두ᄭᅳᆺᄒᆞᆯ 그 두구멍에 ᄭᅩᆺ고 발노 ᄇᆞᆲ은후 ᄯᅢᄯᅢ로 쌀씨슨물을주며 싹이난후에 김을 잘ᄆᆡ여 주고 ᄲᅮ리녑헤 술지검이(酒糟)와 쌀겨를 비물(雨水)에 화ᄒᆞ야 썩힌거름을 잘주며 치운ᄯᅢ가 되거던 그가지즁 뎨一 큰것ᄒᆞ나만 두고 다른것을 버혀ᄇᆞ릴것이며 나뷔가 포도가지에 알을 쓸면 그것이 버러지가 되여 포도싹파 닙흘먹ᄂᆞ니 아모됴록 나뷔알놀 쓸지안토록 ᄒᆞᄂᆞᆫ것이 됴흐니라

건(乾) 포도 ᄆᆞᆫᄃᆞᄂᆞᆫ법은 싱청(生淸)ᄒᆞᆫ되 가량을 큰 남비에 ᄭᅳ리다가 아조 닉지아니ᄒᆞᆫ 포도를 ᄯᅡ셔 그남비에 집어녀어 두어번 ᄭᅳ린후에 집어내여 그늘에셔 잘말닌것이니 그맛이 ᄆᆡ우 아름다오니라

복사(桃)ᄂᆞᆫ 진흙밧치나 견강ᄒᆞᆫ 토질(土質)을 졔ᄒᆞᆫ 외에ᄂᆞᆫ 다 잘되며 거름을 주면 열ᄆᆡ가 젹고 맛이 쓰기쉬오며 대뎌 복사나무ᄂᆞᆫ 아교(阿膠)ᄀᆞᆺᄒᆞᆫ 진이(脂膠) 만ᄒᆞᆫ고로 무셩치못ᄒᆞᄂᆞ니 총으로 노아 그 셥질을 간간히 벗겨주던지 혹 츈분젼에 그ᄲᅮ리밋ᄒᆞᆯ 파고 아ᄅᆡ로 곳게 벗어ᄂᆞ려간 ᄲᅮ리를 버혀주면 진이 그리로 흘너ᄂᆞ리ᄂᆞ니라

담총

◉미국의큰쟝ᄉᆞ

미국 뉴욕이라ᄂᆞᆫ 항구에 웨더씨의 잡화샹뎜은 다만 먼디방에셔 편지로 청구ᄒᆞᄂᆞᆫ 물픔만 팔고 맛돈가지고 와셔 사랴ᄂᆞᆫ쟈의게ᄂᆞᆫ 팔지아니ᄒᆞᄂᆞ니 셰계만국으로 보내ᄂᆞᆫ 광고칙은 둑게가 수천장식되ᄂᆞᆫᄃᆡ ᄒᆡ마다 나가ᄂᆞᆫ것이 四ᄇᆡᆨ만권이상이오 고용ᄒᆞᄂᆞᆫ ᄉᆞ환이 六천二ᄇᆡᆨ명이오 졉슈ᄒᆞᄂᆞᆫ편지가 一천八ᄇᆡᆨ만장이오 一년ᄂᆡ에 파ᄂᆞᆫ물건갑은 七천七ᄇᆡᆨ만원 이상이라더라

◉물에ᄲᅡ진 사ᄅᆞᆷ을 살녀내ᄂᆞᆫ법

물에ᄲᅡ진 사ᄅᆞᆷ을 물속에셔 ᄭᅳ어낸후에 놉흔 평상우에 업ᄃᆡ여 노코 고기ᄂᆞᆫ ᄯᅡ를향ᄒᆞ야 수구리게ᄒᆞ면 물이다 토ᄒᆞᆯ터이니 그다음에ᄂᆞᆫ 평상이나 방바닥에 반듯ᄒᆞ게 뉘고 장뎡(壯丁)ᄒᆞ나이 물에ᄲᅡ졋던 자의 머리뒤에 ᄭᅮ러안저셔 ᄲᅡ졋던자의 두팔을 붓잡고 춤추ᄂᆞᆫ것 ᄀᆞᆺ치 팔이우흐로 향ᄒᆞ야 올나오게ᄒᆞ야 이초 동안을 지난후에 팔을 노아 ᄂᆞ려가게ᄒᆞ고 ᄯᅩ다시 그와ᄀᆞᆺ치 ᄒᆞ기를 일분동안에 열다ᄉᆞᆺ번식ᄒᆞ야 긔운이 돌기ᄭᆞ지ᄒᆞ고 긔운이 도라온후에ᄂᆞᆫ 더온물노 몸을씻고 수건으로 잘문질너 말니고 더온물 ᄒᆞᆫ두숙가락을 마시게ᄒᆞᆫ후에 평상이나 자리우에 편히 뉘고 계ᄌᆞ나 고초가루를 긘장에타셔 가슴우에 발나줄지니라

본샤특별광고

경향간 누구던지 본회보 구
람쟈(購覽者)十인의 六ᄀᆡ월
이나 一ᄀᆡ년 션금(先金)을
슈합ᄒᆞ야 본샤로 보내여 주
시는이는 一년동안 본회보를
갑업시 보시던지 혹十一인션
금에 ᄃᆡᄒᆞ야 一인션금을 고
졔ᄒᆞ고 보내시옵
본회보 一二三四호를 광고뎍
(廣告的)으로 밧으신 경향
각교회 형뎨와 ᄌᆞ미ᄭᅴ셔는
본회보를 ᄉᆞ랑ᄒᆞ시는 셩심과
찬셩ᄒᆞ시는 의무로 속속히
구람쟈를 만히모집ᄒᆞ시와 션
금(先金)을 우편환으로 붓쳐
보내시옵

明治四十四年五月十一日印刷

明治四十四年二月二日 第三種郵便物認可 主降生一千九百十一年五月三十日(火曜) 第一卷 第九號

그리스도회보

每月二回發行
明治四十四年五月二十七日印刷
明治四十四年五月三十日發行

發行兼編輯人 北部社洞 奇義男
印刷人 北部樓閣洞 朴東完
印刷所 京城西小門內法韓印刷所
發行所 北部社洞 奇義男邸

ᄃᆡ금「代金」 一장 三젼 六ᄀᆡ월 二十五젼 一ᄀᆡ년 五十젼
광고료 四호활ᄌᆞ 一항 一회五젼
활ᄌᆞ대쇼와 항수다쇼와 긔한장단을 ᄯᆞ라증감홈

사셜

◉각교회의 학부모와 쳥년 학싱의게

대뎌 죵교는 모든 교육의 긔초(基礎)가 되는고로 상즁하 삼등의 교육을 물론ᄒᆞ고 죵교로써 긔초를 세우지못ᄒᆞ면 그런 교육은 비유컨ᄃᆡ ᄲᅮ리 업는 ᄭᅩᆺ나무가 아ᄎᆞᆷ이슬에 잠시동안 작작(灼灼)훈 빗치 잇슬지라도 ᄐᆡ양을보면 곳오래지아니ᄒᆞ여 마르는것과 ᄀᆺᄒᆞ니 무슴 됴흔 효력이 업슬ᄲᅮᆫ아니라 도로혀 악훈일을 힝ᄒᆞ는 긔계가되여 재조와 학식이 훈 셰상을 흔들만ᄒᆞ되 쳔고에 씻지못홀 더러온 일홈을 력ᄉᆞ상에 세친 란신젹ᄌᆞ(亂臣賊子)가 몃쳔빅명인지 이루 다 헤일수업도다 그럼으로 대셔각국중에 ᄀᆞ쟝 문명훈 나라는 다 그리스도교로 긔초를 삼아 가뎡에서는 부모가 이것으로 그ᄌᆞ녀를 ᄀᆞ르치고 학교에서는 션싱이 이것으로 그 학싱들을 훈도(訓導)홈으로 웨슬네와 루위스ᄀᆺ훈 대죵교가도 이교육에셔 낫스며 화셩돈과 넬손ᄀᆺ훈 대영웅도 이교육에셔 낫스며 비스막과 글닛스돈ᄀᆺ훈 대졍치가도 이교육에셔 낫스며 인듸손과 모리ᄀᆺ훈 학슐가도 이교육에셔 낫스며 하와드와 리빙스돈ᄀᆺ치 공덕심(公德心)잇고 모험(冒險)잘ᄒᆞ는 사ᄅᆞᆷ도 이 교육에셔 낫스니 싱각홀지어다 그리스도교의 효력이 이와ᄀᆺ치 크도다 죠션은 몃 빅년리로 유교(儒敎)를 숭봉ᄒᆞ엿스나 이二十세긔 활동(活動)ᄒᆞ는 시ᄃᆡ를 당ᄒᆞ야 유교로 교육의 긔초를 삼는것이 완젼훈 방침(方針)이라고 말홀수 업슨즉 죠션에는 아즉 교육의 긔초가 업다ᄒᆞ여도 가홀지라 그러나 죠션十三도니에 우리쥬 예수 그리스도를 밋는 수十만명의 남녀교우는 다 그리스도교로써 교육의 긔초를 삼앗스니 하ᄂᆞ님의 특별훈 은혜와 영광을 찬숑ᄒᆞ리로다 그런즉 부모된쟈ㅣ 맛당히 그리스도의 말ᄉᆞᆷ으로 그ᄌᆞ녀를 교훈ᄒᆞ며 학싱된쟈ㅣ 또훈 그리스도의 품힝으로써 스ᄉᆞ로 권면ᄒᆞ야 ᄉᆞ랑이 ᄆᆞ옴밧헤 ᄲᅮ리가되고 진실홈과 졍결홈과 밋음과 의로음과 인ᄂᆡ(忍耐)와 희망(希望)과 용진심(勇進心)과 공덕심이 열미가되면 이는 훈 완젼훈 인물이니 엇던 시ᄃᆡ에 나던지 엇던경우를 당ᄒᆞ던지 이우에 말훈바 여러 사ᄅᆞᆷ으로 더브러 엇ᄭᅢ를것고 홈ᄭᅴ 나아갈만ᄒᆞ고 그 효력이 훈사ᄅᆞᆷ에 미칠ᄲᅮᆫ아니라 능히 훈집에 밋치고 훈집에 밋칠ᄲᅮᆫ아니라 훈민족에 밋칠것이니 깁히 싱각ᄒᆞ고 힘써 힝홀지어다 우리교즁 학부모시여 쳥년학싱들이여

사고

一、누구던지 이회보에 유의훈 론셜이나 긔서나 ᄶᅡ르고 ᄌᆞ미잇는 쇼셜이나 교회에 관계된 잡보ᄌᆡ료를 긔록ᄒᆞ야 본샤로 보내여주시면 대단히 감샤ᄒᆞ겟습고 긔ᄌᆡ여부와 긔ᄌᆡ의 지속은 본샤ᄌᆞ유에 맛기시옵

一、특별히잡보에 ᄃᆡᄒᆞ야는 ᄉᆞ실이 뎍확(的確)ᄒᆞ며 오ᄅᆡ지 아니훈 새쇼문을 보내여주시옵

교즁휘문

◉샤쟝왕환 본샤쟝 긔의남씨는 본월十六일에 강원도 김셩과 김화등디로 젼왕ᄒᆞ야 각교회를 시찰ᄒᆞᆫ후 인ᄒᆞ야 그곳 계삭회에 참셕ᄒᆞ고 수일젼에 귀경(歸京)ᄒᆞ엿더라

◉새교회와새교당 경긔도남양 쌍슈리면 셕교동 교회는 금년 四월十九일에 새로셜립ᄒᆞ엿고 금년一월이후로 남양경ᄂᆡ에 새로 건츅ᄒᆞᆫ 례비당이 三쳐라더라

◉량씨유지 황히도 슈안군 화소동교회속쟝 권돈씨의 통신을 거ᄒᆞᆫ즉 거월에 그곳 교회학교 졸업례식을 셜힝ᄒᆞᆯ시 졸업싱은 황응도 젼의룡이오 진급싱은 十五명인ᄃᆡ 유지ᄒᆞᆫ 교우 황덕현 공원쟝량씨가 각三환식 긔부ᄒᆞ야 샹품을 쥰비ᄒᆞ엿다더라

◉진급례식 경긔도 남양군 교회ᄂᆡ 졔하(製荷)녀학교에셔 거월에 진급례식을 셜힝ᄒᆞ엿는ᄃᆡ 진급싱은 二년급에 홍길슌 김경례 김부남등三인이오 一년급에 박미아 황다비ᄃᆡ 방학남 홍득슌 박양옥 홍쳐슌등六인이오 리빈은 ᄂᆡ외국 관인 신사부인 二빅여인인ᄃᆡ 당일에 셩황(盛况)을 드렷다더라

◉남녀게암(啓暗)학교 평양 남산현교우 박셕훈씨의 통신을 의지ᄒᆞᆫ즉 그곳 남녀게암학교는 금츈에 셰샹을 ᄯᅥᄂᆞᆫ 우락웰목ᄉᆞ와 홀의ᄉᆞ의 부인이 열심쥬션ᄒᆞᆫ 결과로 一쳔九빅十년에 처음 셜립ᄒᆞᆫ 학교인ᄃᆡ 지금은 히외에가셔 벙어리 ᄀᆞᄅᆞ치는법을 졸업ᄒᆞ고 도라온 리익민씨와 밋 그부인이 이학교에셔 열심으로 ᄀᆞᄅᆞ치매 학도는 남ᄌᆞ벙어리 四인과 녀ᄌᆞ벙어리 三인이라 그 ᄀᆞᄅᆞ치는 방법은 (一)셩ᄃᆡ(聲袋)를 집허 발음(發音)케홈이오 (二)국문의 ᄌᆞ모음(子母音)과 합음법(合音法)을 ᄀᆞᄅᆞ쳐 손가락으로 모든 말을 통ᄒᆞ며 온갓글을 닑게ᄒᆞ니 이것은 죠션에 처음잇는 일이라 보는쟈마다 하ᄂᆞ님ᄭᅴ 감샤홈을 마지아니ᄒᆞᆫ다더라

◉금쳔의새교회 황히도평산구역 슌힝젼도ᄉᆞ 셔영셕씨의 통신을 의지ᄒᆞᆫ즉 금쳔군 동화면 남여울교회는 금년四월에 셜립되엿는ᄃᆡ 처음에는 남녀교우가 十여명에 지내지 못ᄒᆞᆫ지라 十여명교우가 비록 다 빈한ᄒᆞᆯ지라도 졍셩과 힘을 다ᄒᆞ여 연보ᄒᆞᆫ돈 二十五환으로 와가十간을 민득ᄒᆞ고 몃날슈리ᄒᆞᆫ후 례비보기를 시작ᄒᆞ매 그동안에 새로밋은 교우가 二十여명에 니른지라 이모든 영광은 하ᄂᆞ님ᄭᅴ 돌니거니와 이회당을 살ᄯᅢ에 쓴돈은 라득문 라치옥 라순화 라영회 四씨가 각五환식 라차인씨와 법ᄂᆡ교회에셔 각一환식 연보ᄒᆞ엿다ᄒᆞ니 졔씨의열심을 감하ᄒᆞ노라

◉밧홀교회에긔부홈 강원도 안협셔면 고지교회 죠응규씨의 통신을 거ᄒᆞᆫ즉 그곳 교우 안응슌씨는 쥬를 밋은지 三四년간에 열심으로 젼도ᄒᆞ야 수일동안에 밋는형뎨와 ᄌᆞᄆᆡ가 수십인에 달ᄒᆞ매 례비볼곳이 업슴으로 ᄌᆞ긔의 집지으라던 ᄌᆡ목으로 례비당을 짓고 례비를 보게ᄒᆞ며 그교회가 점점 흥왕ᄒᆞ야 지금은 례비보는 교우가 三四十인이오 ᄯᅩ 그곳셔 五리샹거되는 마탄이라ᄒᆞ는 동리에 교회를 셜립ᄒᆞ고 수월젼 마탄교회 례비당을 살ᄯᅢ에 동씨가 돈五환을 보조ᄒᆞ엿스며 ᄯᅩ 七十五환가치되는 ᄌᆞ긔의 밧홀 교회에 밧치고 젼도인을 틱ᄒᆞ야 특별히 그곳 쳔도교인들의게 쥬의 말슴을 젼ᄒᆞ게 ᄒᆞ엿다ᄒᆞ니 우리는 동씨의게 감하ᄒᆞ는 ᄯᅳᆺ을 표ᄒᆞ노라

◉곽씨긔렴 평남 양덕교회 리진형씨의 통신을 거ᄒᆞᆫ즉 슌쳔 신창교회속쟝 곽창션씨는본ᄅᆡ 평양 즁셩사ᄅᆞᆷ으로 유불션 三교를 숭셩ᄒᆞᆯ섇아니라 모든 술수에 결박되엿고 양덕읍에 가셔 술쟝ᄉᆞ로 모든 사ᄅᆞᆷ을 해롭게ᄒᆞ더니 수년젼에 예수의 부르심을 밧은후로 곳 술쟝ᄉᆞ 영업을 ᄇᆞ리고 엿쟝ᄉᆞ를 크게 시작ᄒᆞ야 가세가 유여ᄒᆞ게 된지라 셩경과 찬미와 젼도칙을 만히 사셔 빈한ᄒᆞᆫ 사ᄅᆞᆷ의게 갑업시주면셔 읍촌에 젼도ᄒᆞ며 쥬일

마다 ᄌᆞ긔 식구ᄭᅵ리 수젼ᄒᆞ야 모혼돈 수십원으로 읍에 교당도 설립ᄒᆞ고 거년에 슌천 신창으로 이거ᄒᆞ야 교회 속쟝 직분을 열심으로 힘ᄒᆞ더니 수월젼에는 그집 후원 소동재라는 산에 긔도쳐를 정ᄒᆞ고 쥬야로 긔도ᄒᆞ며 그 부인의게 특별ᄒᆞᆫ 권면도ᄒᆞ며 외인을 ᄃᆡᄒᆞ야 열심으로 젼도ᄒᆞ더니 하로아츰에 긔도ᄒᆞ고 세상을 ᄯᅥ날ᄯᅢ에 그부인은 여러 증거를 봄으로 크게 위로를 밧고 밋음은 더욱 굿어지며 남녀간ᄌᆞ식도 업는 부인이라도 육신을 도라보지안코 영성을 ᄇᆞ람으로 ᄒᆞᆼ샹긔도ᄒᆞ며 성경공부를 열심으로ᄒᆞ니 이ᄀᆞᆺᄒᆞᆫ 밋음은 참 一반 교우의 표쥰이 될만ᄒᆞ다고 칭송이 ᄌᆞᄌᆞᄒᆞ다더라

◎졍오(正誤)

신학 학교쟝 긔이부씨의 쳥구ᄒᆞᆷ을 인ᄒᆞ야 본보 뎨七호 교즁 휘문란ᄂᆡ(欄內)에 량감리회 一二년급 신학싱의 시험셩젹을 게재ᄒᆞᆫ가온ᄃᆡ 류시국씨의 七十一뎜은 七十六뎜으로 신셩덕씨의 六十九뎜은 七十一뎜으로 강한욱씨의 六十八뎜은 七十二뎜으로 최태곤씨의 六十八뎜은 七十一뎜으로 졍오ᄒᆞ노라

교회통신

긔셔 평양 변영셔

◎모본될열심

황히도 봉산읍에 교회를 셜립ᄒᆞᆫ지 우금五년에 하ᄂᆞ님의 광대ᄒᆞ신 은혜를 닙어 교회가 졈졈 흥왕ᄒᆞ는즁 남녀교우가 二빅여인에 달ᄒᆞᆫ지라 三년젼에 례비당을 건츅ᄒᆞ랴ᄒᆞᆯᄯᅢ에 그곳사는 리쥰근씨가 ᄌᆞ긔의 거쳐ᄒᆞ던 十二간집을 하ᄂᆞ님ᄭᅴ 밧쳐 례비당으로 쓰게ᄒᆞ고 ᄯᅩ 하와이도에 갓던 그곳 교우 최딘용씨는 ᄌᆞ긔가 ᄒᆞᆫ푼두푼 로동ᄒᆞᆷ으로 모앗던 ᄌᆡ졍으로 학교를 셜립ᄒᆞ엿더니 ᄯᅳᆺ밧게 평양 슝실즁학교 四년급에서 공부ᄒᆞ던 학싱송양묵씨는 덕힝이 진실ᄒᆞᆫ 쳥년으로 이곳에 와셔 열심 시무ᄒᆞ는즁에 남학싱이 四十四인이오 녀학싱이 二十二인이라 그런고로 새 례비당과 새 학교를 건츅ᄒᆞ랴고ᄒᆞ야 거월十九일에 연보를 쳥ᄒᆞ매 일반교우가 다 싱계의 간곤ᄒᆞᆷ을 불계ᄒᆞ고 진심갈력ᄒᆞ여 각각 힘대로 ᄒᆞᆯ뿐만 아니라 력량(力量)에 지나도록 ᄒᆞ는즁 ᄒᆞᆫ 미셔인(賣書人)윤봉일씨가 ᄌᆞ긔의 九간되는 집을 十五원에 팔아 온젼히 하ᄂᆞ님ᄭᅴ 밧치고 ᄌᆞ긔의 식구는 六인인ᄃᆡ 四원으로 二간반되는 집을 사서 들고 이뿐아니라 미샤 월급이 九환식인ᄃᆡ 월급즁으로 ᄯᅩ 五환을 더ᄒᆞ야 二十환을 연보ᄒᆞ고 ᄯᅩ 그젼 ᄌᆞ긔집을 드려 례비당으로 쓰게ᄒᆞᆫ 리쥰근씨가 五十환을 연보ᄒᆞ고 박동률씨란 형뎨는 그ᄯᅢ에 미참ᄒᆞ엿다가 후에 와셔 이소식을 듯고 열심이 격발ᄒᆞ야 빅환을 연보ᄒᆞ엿고 ᄯᅩ 그외에 일반 교우는 셰셰히 록명은 못ᄒᆞ나 온 교우가 깃븐ᄆᆞᄋᆞᆷ이 츙만ᄒᆞ고 ᄯᅳ거온 ᄆᆞᄋᆞᆷ이 비등(沸騰)ᄒᆞ야 연보를 ᄒᆞ엿는ᄃᆡ 합四빅환에 달ᄒᆞ고 ᄯᅩ이외에 모든 귀부녀(貴婦女)들은 ᄌᆞ긔의 픽물ᄭᅡ지 연보ᄒᆞ엿는ᄃᆡ 은가락지가 十四쌍이오 은귀고리(銀耳環)가 一쌍이오 양피비ᄌᆞ가 ᄒᆞᆫ벌이오 은잔이 一ᄀᆡ오 노리개가 ᄒᆞᆫ벌이오 은수져가 ᄒᆞᆫ벌이오 놋바리가 二ᄀᆡ오 무명이 二필이더라 ᄯᅩ 특별히 찬숑ᄒᆞᆯ만ᄒᆞᆫ것은 읍에셔 十五리쯤되는 마산동교회 속쟝김면긔씨가 ᄌᆞ긔 관할ᄒᆞ는 교회는 아니로ᄃᆡ 읍에셔 이ᄀᆞᆺ치ᄒᆞᆷ이 특별히 요긴ᄒᆞᆫ줄 알고 ᄌᆞ긔가 二十환과 그의 아ᄃᆞᆯ 三형뎨가 각 十환식 합五十환과 그의 모친의 은치롱 一ᄀᆡ와 그의 두ᄌᆞ부와 ᄯᆞᆯ의 가락지 세쌍을 연보ᄒᆞ엿ᄉᆞ오며 ᄯᅩᄒᆞᆫ 다른 부인은 쟝도 一ᄀᆡ를 내엿ᄉᆞ니 참 찬미ᄒᆞᆯ만ᄒᆞ도다

싱명의 깃븜을 엇을쟈 뉘뇨
신혼을 온젼히 쥬ᄭᅴ 밧치는쟈 아닌가
영화의 안락을 밧을쟈 뉘뇨
텬당에 ᄌᆡ물쌋는쟈 아닌가
넓은 ᄆᆞᄋᆞᆷ에 복을 밧을쟈 뉘뇨
ᄂᆞᆷ의 교회ᄭᅡ지 권고ᄒᆞ는쟈 아닌가

만국쥬일공과 뎨二十三

六월四일

마태十四쟝卄二ㅣ卅六절

요지 바다를 ᄇᆞᆲ으심

외일말ᄉᆞᆷ 마태十四○卅

三、

이공과는 여ᄉᆞᆺ부분에 논ᄒᆞᆯ지니 一은 예수ᄭᅴ셔 산으로 긔도ᄒᆞ러가심이오 (卄三) 二는 예수ᄭᅴ셔 위티ᄒᆞᆫ 디경에잇는 뎨ᄌᆞ들을 구원ᄒᆞ러 오심이오 (卄四ㅣ卄五) 三은 뎨ᄌᆞ들이 예수를 의심ᄒᆞᆷ매 예수ᄭᅴ셔 안심ᄒᆞ라 ᄒᆞ심이오 (卄六ㅣ卄七) 四는 베드로의 밋음과 약ᄒᆞᆷ이오 (卄八ㅣ卅一) 五는 풍랑(風浪)뒤에 안온(安穩)ᄒᆞᆷ이오 (卅二ㅣ卅三) 六은 예수ᄭᅴ셔 병쟈를 곳쳐주심이니라 (卅四ㅣ卅六)

뎨一부분

예수ᄭᅴ셔 무ᄉᆞᆷ 큰 권능을 베프시랴면 몬져 아바지ᄭᅴ 긔도ᄒᆞ셧ᄂᆞ니 변화산에셔 변화ᄒᆞ시기젼밤에도 긔도ᄒᆞ셧고 십ᄌᆞ가에 못박히시기젼밤에도 긔도ᄒᆞ신것과 ᄀᆞᆺ치 이밤에도 ᄯᅩᄒᆞᆫ 긔도ᄒᆞ러 가신것은 당신도 이세샹에 계실동안에는 ᄒᆞᆫ 사ᄅᆞᆷ이시라 그아바지와 ᄒᆞᆷᄭᅴ 련합ᄒᆞ지 못ᄒᆞ면 능히 큰권능을 베플기 어려온고로 몬져 긔도ᄒᆞ신것이니 여긔ᄃᆡᄒᆞ야 비ᄒᆞᆯ것은 (一) 예수ᄭᅴ셔는 하ᄂᆞ님이시며 ᄯᅩᄒᆞᆫ 사ᄅᆞᆷ이신줄을 알것이오 (二) 하ᄂᆞ님ᄭᅴ 긔도ᄒᆞᆷ으로 능히 특별ᄒᆞᆫ 권능을 엇을수 잇슴이니라

뎨二부분

뎨ᄌᆞ들이 ᄇᆡ를 ᄐᆞ고 바다 ᄒᆞᆫ가온ᄃᆡ 니르매 별안간 바람이 크게 니러나며 산ᄀᆞᆺ치 놉흔 물결이 일엽쇼션을 붓으치매 당쟝 물속으로 드러가는듯ᄒᆞ도다 ᄉᆞ면을 ᄇᆞ라보니 망망ᄒᆞᆫ 바다와 하ᄂᆞᆯ에 회미ᄒᆞᆫ 달ᄲᅮᆫ이라 이ᄯᅢ에 뎨ᄌᆞ들이 크게 위급ᄒᆞ야 살 가망이 업셧스나 뎌희를 ᄉᆞ랑ᄒᆞ시는 예수ᄭᅴ셔는 거즌 열두시동안을 긔도ᄒᆞ실ᄯᅢ에 임의 뎌희 위티ᄒᆞᆷ을 아시고 뎌희를 구원ᄒᆞ시기 위ᄒᆞ야 모든 권능을 베프시며 바다우흐로 거러오시는도다 이것을 공부ᄒᆞᆯᄯᅢ에 깁히 ᄉᆡᆼ각ᄒᆞᆯ것은 (一)이세샹은 풍랑만ᄒᆞᆫ 바다와 ᄀᆞᆺᄒᆞᆫ고로 우리가 이세샹에셔 ᄉᆡᆼ활ᄒᆞᆯ 동안에 이런풍랑을 만나기 쉬운것이오 (二)예수ᄭᅴ셔 그ᄉᆞ랑ᄒᆞ시는쟈를 위티ᄒᆞᆫ곳으로 짐즛 보내샤 련단케ᄒᆞ시는ᄯᅢ가 잇스나 ᄒᆞᆼ샹 직히시고 보호ᄒᆞ심이니라

뎨三부분

뎨ᄌᆞ들은 ᄯᅳᆺ밧게 예수의 거러오심을 보고 요물이라고 의심ᄒᆞ야 두려워ᄒᆞ엿스나 이는 뎌희 밋음이 약ᄒᆞᆫ연고니라 그러나 예수ᄭᅴ셔는 온화ᄒᆞᆫ 목소래로 닐ᄋᆞ샤ᄃᆡ 「안심ᄒᆞ라 내니 두려워말나」ᄒᆞ셧스니 여긔ᄃᆡᄒᆞ야 ᄉᆡᆼ각ᄒᆞᆯ것은 (一)이세샹 사ᄅᆞᆷ즁에 뎌희를 구원ᄒᆞ러 오신구쥬를 의심ᄒᆞ는쟈가 만흠이오 (二)예수ᄭᅴ셔 긔왕이나 즉금이나 쟝ᄅᆡ에나 ᄒᆞᆼ샹 「안심ᄒᆞ라」는 말ᄉᆞᆷ으로 밋는쟈의 령혼을 위로ᄒᆞ심이니라

뎨四부분

베드로가 예수의 거러오시는것을 볼ᄯᅢ에 아마 예수ᄭᅴ셔 ᄇᆡ로 오르시지안코 바다건너편 언덕으로 향ᄒᆞ시는줄노 ᄉᆡᆼ각ᄒᆞᆫ고로 예수를 ᄯᆞ라가고져ᄒᆞ야 물우흐로 거러가던것을 ᄉᆡᆼ각ᄒᆞ면 그밋음의 큰것을 가히 알지니라 그러나 바람을 보고 두려온ᄆᆞ음이 난것은 처음에 용밍스럽던 ᄆᆞ음이 졸디에 변ᄒᆞ야 필경은 약ᄒᆞ게된연고라 여긔 ᄃᆡᄒᆞ야 ᄉᆡᆼ각ᄒᆞᆯ것은 우리가 예수ᄭᅴ로 나아갈ᄯᅢ에 압헤잇는 풍랑을 보지말고 예수만 보고 갈것이니라

뎨五부분

치운겨울이 지내매 양츈이 도라오고 어두온밤이 가매 붉은 ᄐᆡ양빗출 보는것과 ᄀᆞᆺ치 이ᄯᅢ에 뎨ᄌᆞ들이 그 위티ᄒᆞᆫ 풍랑을 지내고 안온ᄒᆞᆫ 바다우에 ᄌᆞ비ᄒᆞ신 구쥬의 얼골을 ᄃᆡᄒᆞ매 그깃븜이 엇더켓ᄂᆞ뇨 누구던지 쥬를 독실히 밋음으로 이세샹의 모든 풍랑을 다 지내면 쟝래에 텬당복디의 영원ᄒᆞᆫ 안락(安樂)을 누릴것이니라

뎨六부분

게네사렛은 갈닐니 셔북편에 잇는 ᄯᅡ이라 예수ᄭᅴ셔 그 ᄯᅡ에 하륙(下陸)ᄒᆞ샤 모든 병인을 곳쳐주셧ᄂᆞ니라

뭇는말

一、이공과를 몃부분에 논

ᄒᆞ겟ᄂᆞ뇨
二、뎨ᄌᆞ들이 풍랑 만난것을 볼때에 싱각ᄒᆞᆯ것이 무엇이뇨
三、이공과 뎨四부분에 싱각ᄒᆞᆯ것이 무엇이뇨
四、이공과 뎨五부분에 비ᄒᆞᆯ것이 무엇이뇨

만국쥬일공과 뎨二十四

六월十一일

마태十五쟝卄一ㅣ卄八졀

요지 가나안녀인

외일말ᄉᆞᆷ 卄八졀

이공과는 네부분으로 눈ᄒᆞᆯ지니 一은예수ᄭᅴ셔 ᄯᅳᆺ밧긔 두로와 시돈 디경으로 드러가심이오 (卄一) 二는 가나안 녀인의 독실ᄒᆞᆫ 밋음이오 (卄二、卄五、卄七) 三은예수ᄭᅴ셔 그 녀인을 시험ᄒᆞ심이오 (卄三、卄四、卄六) 四는 그 녀인이 은혜를 밧음이니라(卄八)

뎨一부분

예수ᄭᅴ셔 十二뎨ᄌᆞ를 보내실때에 뎨ᄌᆞ들을 명ᄒᆞ샤 이방으로 가지말나ᄒᆞ셧ᄂᆞᆫᄃᆡ 이번에는 당신이 친히 이방길노 드러가심은 무ᄉᆞᆷ연고뇨 그것은 몃가지 원인(原因)이 잇ᄂᆞᆫ니 (一) 쥬ᄭᅴ셔 정당히 목숨을 ᄇᆞ리실때가 아직 오지아니ᄒᆞ엿ᄂᆞᆫᄃᆡ 악독ᄒᆞ고 싀긔만ᄒᆞᆫ 바리새교인들은 쥬를 잡아 죽이고져 홈으로 잠시 안한(安閒)ᄒᆞᆫ 곳을 엇어 쉬이고져ᄒᆞ심이오(마가七〇卄四、에 보라) (二)당신의 은혜 밧기를 원ᄒᆞᄂᆞᆫ쟈가 이곳에 잇ᄂᆞᆫ줄을 미리 아심이오 (三) 쟝ᄅᆡ에 모든 이방사ᄅᆞᆷ이 다 당신의 은혜를 밧을 징조를 몬져 뵈이심이니라

뎨二부분

이 가나안 녀인은 의심업시 그나라 풍속을 ᄯᅡ라 ᄋᆡᆨ스타트라는 녀우샹(女偶像)과 몰녹이라는 남우샹을 숭비ᄒᆞ던 녀인으로 그ᄉᆞ랑ᄒᆞᄂᆞᆫ ᄯᆞᆯ의병을 인ᄒᆞ야 응당 ᄋᆡᆨ스타트의게도 긔도ᄒᆞ엿슬것이며 몰녹의게도 긔도ᄒᆞ엿슬터인ᄃᆡ 슯흐다 귀가 잇지마는 듯지도 못ᄒᆞ며 눈이 잇지마는 보지도 못ᄒᆞ며 아모 능력업ᄂᆞᆫ 우샹이 엇지 능히 그ᄯᆞᆯ의 병을 낫게ᄒᆞᆯ수 잇스리오 모든 긔도가 쓸ᄃᆡ업도다 다만 답답ᄒᆞ고 락망ᄒᆞᆯ ᄯᆞ름이러니 문득 나사렛예수ᄭᅴ셔 모든 권능을 베프샤 죽은쟈도 살니시며 소경도 보게ᄒᆞ시며 병어리도 말ᄒᆞ게ᄒᆞ시며 샤귀도 내여쫏ᄎᆞ시며 모든 병을 곳치셧ᄂᆞᆫᄃᆡ ᄯᅩ이때에 다힝히 그 디방으로 드러오신다ᄂᆞᆫ 깃븐 소식을 드른지라 그 ᄯᆞᆯ을 ᄉᆞ랑ᄒᆞᄂᆞᆫ ᄆᆞᄋᆞᆷ이 불ᄀᆞᆺ흔 열심을 내고 그열심이 ᄯᅩᄒᆞᆫ 독실ᄒᆞᆫ 밋음을 일우어 그 ᄆᆞᄋᆞᆷ속에 ᄲᅮ리가 박힌고로 능히쥬의 시험을 이긔고 조곰도 변치아니ᄒᆞ엿ᄂᆞ니라

뎨三부분

우리쥬ᄭᅴ셔 밋음이 독실ᄒᆞᆫ쟈의게 ᄃᆡᄒᆞ야는 시험이 업지아니ᄒᆞ엿ᄂᆞ니 그럼으로 셰례요한도 시험을 밧엇고 베드로도 시험을 밧엇ᄂᆞ니라 쥬ᄭᅴ셔 이 가나안녀인의 밋음의 대쇼를 시험코져ᄒᆞ샤 몬져는 ᄒᆞᆫ말ᄉᆞᆷ도 ᄃᆡ답지 아니ᄒᆞ시고 그다음에는 당신을 이스라엘의 이러ᄇᆞ린 양의게 보내셧다 ᄒᆞ시고 나죵은 ᄋᆞ희들의 ᄯᅥᆨ을 취ᄒᆞ야 개게던짐이 맛당치안타」ᄒᆞ셧스니 이말은 유대인이 이방사ᄅᆞᆷ을 심히 비쳑(排斥)ᄒᆞᄂᆞᆫ 속담이라 쥬ᄭᅴ셔 이말을 인용(引用)ᄒᆞ신것은실샹 경멸히 녁이심이아니라 그녀인을 시험코져 ᄒᆞ심이니라

뎨四부분

이녀인이 쥬ᄭᅴ 은혜밧은것은 (一) 쥬의 복된말ᄉᆞᆷ을 드롬이오 (二) 그소원대로 ᄯᆞᆯ의병이 나홈이오 (三) ᄌᆞ긔 령혼의 병을 곳치고 영싱의 ᄇᆞ람을 엇음이니라

뭇ᄂᆞᆫ말

一、이공과는 몃부분에 눈ᄒᆞ겟ᄂᆞ뇨
二、예수ᄭᅴ셔 웨 두로와 시돈으로 가셧ᄂᆞ뇨
三、예수ᄭᅴ셔 웨 이녀인을 시험ᄒᆞ셧ᄂᆞ뇨
四、이녀인의 은혜 밧은것이 무엇이뇨

류비킨드릭녀ᄉᆞ 女史

죠션은 ᄉᆞ랑ᄒᆞ던약ᄉᆞ

미국 테네시 ᄂᆡ쉬빌 빈더빌트 대학교ᄂᆡ 량쥬삼

킨드릭 녀ᄉᆞ는 미국남방 ᄃᆡ사쓰다방 감리교회에 진실ᄒᆞᆫ 교인의 녀ᄌᆞ로서 신심이 독실ᄒᆞᆯ뿐더러 예수를 알지못ᄒᆞ

五

는 사ᄅᆞᆷ들을 불샹히 녀여 그
들의게 친히 가서 젼도ᄒᆞ는
것이 ᄌᆞ긔의 칙임으로 아는
즁 죠션에 가셔 젼도ᄒᆞᆯ ᄆᆞᄋᆞᆷ
이 더욱 군졀ᄒᆞ던이라 그런
고로 젼도ᄒᆞᆯ ᄌᆞ격을 몬져 예
비ᄒᆞ랴고 킨사쓰에 잇는 부
인 셩경젼문학교에 가셔 공
부ᄒᆞ야 一쳔九빅五년 六월에
그 학교과졍을 졸업ᄒᆞ엿스나
그 년세가 아직 어리다ᄒᆞ야
총회에셔 외국으로 파송치아
니ᄒᆞ고 二년을 더 기ᄃᆞ리라
ᄒᆞ매 ᄌᆞ긔의 본향으로 도라
와셔 一년은 교ᄉᆞ노릇ᄒᆞ고
一년은 대학교에셔 특별과를
더 공부ᄒᆞ엿더라 一쳔九빅七
년九월에 틱사쓰도 엡웟쳥년
회의 ᄃᆡ표자가되여 감리교회
부인 외국젼도부의 파송을
밧아 친졀ᄒᆞᆫ 부모형뎨와 다
졍ᄒᆞᆫ 친고들과 아름다온 본
집과 화려ᄒᆞᆫ 본국을 ᄯᅥ나 죠
션 송도에와셔 젼도일을 시
작ᄒᆞ며 방언을 비홀시 본시
밋는 ᄆᆞᄋᆞᆷ이 독실ᄒᆞ고 ᄉᆞ랑
ᄒᆞ는 ᄯᅳᆺ이 깁흠으로 비록 방
언은 부족ᄒᆞ나 죠션 사ᄅᆞᆷ의
동졍을 처음브터 만히 엇엇
더라 슯흐도다 죠션에 류ᄒᆞᆫ

지 아홉달이 차지못ᄒᆞ야 一
쳔九빅八년六월九일에 우연
히 신병이나셔 심히 위즁ᄒᆞᆷ
으로 즉시 서울 졔즁원으로
가셔 ᄂᆡ외치를 다ᄒᆞ엿스나
의약이 무효ᄒᆞ야 죵시차도를
보지못ᄒᆞ고 그달十九일에 불
힝히 세샹을 ᄯᅥᄂᆞ니 슯허ᄒᆞ지
안는이가 업스며 특별히 죠션
교회에 불힝을 탄식ᄒᆞ엿더라
킨드릭녀ᄉᆞ의 령혼은 텬당으
로 올나갓스나 육신은 죠션
셔울근쳐 외국인 미쟝디에
쟝사ᄒᆞ엿스며 그무덤압헤 세
운 비셕은 틱사쓰 엡웟쳥년회
에셔 돈을 보내여 세웟스며
그비셕에 삭인글은 킨드릭녀
ᄉᆞ가 틱사쓰쳥년회에 보낸편
지즁에 잇는말 ᄒᆞᆫ마ᄃᆡ인ᄃᆡ
닐넛스되 「만일 내가 일쳔목
숨이 잇슬것ᄀᆞᆺᄒᆞ면 그 일쳔
목숨을 모다 한국에 주겟노
라ᄒᆞᆫ 말이라 그ᄯᅢ는 틱사쓰
도에 잇는 엡웟쳥년회들이
련합대회를 열엇던ᄯᅢ라 그
와ᄀᆞᆺ치 죠션을 ᄉᆞ랑ᄒᆞ는 말
노 편지ᄒᆞᆫ것을 보고 젼회가
특별히 하ᄂᆞ님ᄭᅴ 긔도ᄒᆞ며
감샤ᄒᆞ고 찬미ᄒᆞ며 깃버ᄒᆞ
더니 그 잇흔날에 죠션으로

서 그회에 뎐보가 왓는ᄃᆡ「킨
드릭녀ᄉᆞ가 죽엇다」ᄒᆞ엿는지
라 그와ᄀᆞᆺᄒᆞᆫ 불힝ᄒᆞᆫ 소식을
듯고 놀나며 슯허ᄒᆞ는즁 ᄆᆞ
ᄋᆞᆷ들이 일층 감격되여 킨드
릭녀ᄉᆞ 쳐럼 예수ᄭᅴ 몸을
밧치고 외국으로 젼도ᄒᆞ러
가겟노라 ᄌᆞ원ᄒᆞ는쟈가 二十
여인에 달ᄒᆞᆫ지라 그즁에셔
그간에 죠션으로 파송된이도
만코 또 지금 틱사쓰 엡웟쳥
년회에셔 그녀ᄉᆞ를 긔렴ᄒᆞ는
표젹으로 년년히 연보를 거
두어 죠션에 잇는 션교ᄉᆞ ᄒᆞᆫ
사ᄅᆞᆷ의 봉급을 담당ᄒᆞ니 킨
드릭녀ᄉᆞ가 ᄌᆞ긔는 비록 죠
션에셔 일을 오릭ᄒᆞ지 못ᄒᆞ
엿다 ᄒᆞᆯ지나 그의 참된 졍셩
파 ᄯᅳ거운 열심과 깁흔 ᄉᆞ랑
은 여젼히 남아잇서 그힘으
로 쥬의 일군이 더욱 만히 싱
기니 참으로 ᄉᆞ랑ᄒᆞᄂᆞᆫ ᄆᆞᄋᆞᆷ
파 졍셩만 잇스면 몸은 비록
죽더릭도 그일은 셩공됨을
알겟고 또 그녀ᄉᆞ의 예수를
ᄉᆞ랑ᄒᆞ며 죠션과 죠션민족을
ᄉᆞ랑ᄒᆞ던것은 만세에 썩지안
케ᄉᆞ더라
슯흐다 킨드릭녀ᄉᆞ는 미국녀
인이로되 ᄒᆞᆫ번 몸을 예수ᄭᅴ

밧친후에 부모형뎨를 이별
ᄒᆞ고 미국ᄀᆞᆺ치 됴흔 본국을
ᄯᅥ나 외국에 가셔 ᄉᆞ싱을 불
고ᄒᆞ고 열심으로 일을ᄒᆞᆯ시
죠션이 남의 나라이로되 그
와ᄀᆞᆺ치 ᄉᆞ랑ᄒᆞ여 ᄌᆞ긔의 목
숨이 ᄭᅳᆫ어 지는날ᄭᆞ지 죠션
을 위ᄒᆞ엿도다 그녀ᄉᆞ가 셰
샹을 ᄯᅥ나기 발오젼에 말ᄒᆞ
기를 「만일 내가 죽으면 틱사
쓰쳥년회원들의게 한국으로
열식 스물식 쉬인식 나오라
닐너주시오」ᄒᆞ엿스니 오늘날
죠션 사ᄅᆞᆷ즁에셔 죠션 동포
를 그와ᄀᆞᆺ치 군졀히 싱각ᄒᆞ
는 쟈가 몃치나 되겟ᄂᆞ뇨 그
말은 죠션사ᄅᆞᆷ으로 ᄒᆞ여곰
붓그러옴을 이긔지 못ᄒᆞ게ᄒᆞ
는도다
쟝ᄒᆞ도다 킨드릭녀ᄉᆞ여 파연
죠션을 ᄉᆞ랑ᄒᆞ던쟈로다 본
긔쟈가 이왕에 그녀ᄉᆞ의 풍
셩은 대강 드러알앗스나 그
를 친히 면ᄃᆡᄒᆞᆷ이 업슴으로
엇더ᄒᆞ던인줄 몰낫더니 작년
녀름에 본긔쟈가 틱사쓰디방
에셔 려힝ᄒᆞᆯᄯᅢ에 그의 리력
을 셰셰히 드르니 그녀ᄉᆞ가
녀즁 영웅이라ᄒᆞ겟고 또 그
가 죠션을 ᄉᆞ랑ᄒᆞ던 말을 드

를때에 외국인도 죠션의 급박ᄒᆞᆷ을 보고 그와ᄀᆞᆺ치 싱각ᄒᆞ며 ᄉᆞ랑ᄒᆞ엿ᄂᆞᆫᄃᆡ 죠션 사ᄅᆞᆷ 나는 죠션을 얼마나 ᄉᆞ랑ᄒᆞᄂᆞᆫ가 ᄒᆞ매 눈물이 압흘 가리우며 붓그러옴이 졍신을 일케ᄒᆞ더라 본긔쟈가 그녀ᄉᆞ의 ᄉᆞ젹을 두어마ᄃᆡ 긔록ᄒᆞ여보내오니 귀회보에 게지ᄒᆞ시와 우리동포로 ᄒᆞ여곰 그가 파연 죠션을 ᄉᆞ랑ᄒᆞ던자인줄을 알게ᄒᆞ며 그의 덕힝을 모본케ᄒᆞ시기를 ᄇᆞ라ᄂᆞ이다

교육

◉가뎡학 (속)

가뎡교육의 쥰뎍(準的)

가뎡교육에 글닑ᄂᆞᆫ 법과 산술과 물리를 연구ᄒᆞᄂᆞᆫ 법도 요긴ᄒᆞ거니와 특별히 힘쓸것은 ᄋᆞᄒᆡ의 견고ᄒᆞ고 놉흔지개(志槪)와 챡ᄒᆞᆫ셩픔과 공평ᄒᆞᆫ 싱각과 츙ᄋᆡ(忠愛)의 졍신을 비양ᄒᆞᄂᆞᆫ것이니라

一、ᄋᆞᄒᆡ를 ᄀᆞᄅᆞ칠때에 글닑ᄂᆞᆫ것이나 글씨쓰ᄂᆞᆫ것 ᄀᆞᆺᄒᆞᆫ젹은 지능이 좀 잇ᄂᆞᆫ것을 보고 믄득 크게 칭찬ᄒᆞ야 그 교만ᄒᆞᆫ ᄆᆞᄋᆞᆷ을 기르게ᄒᆞ던지 혹 다른 ᄋᆞᄒᆡ의 지조잇ᄂᆞᆫ것을 보고 ᄌᆞ긔 ᄌᆞ녀의 질둔(質鈍)ᄒᆞᆫ것을 심히 독칙(督責)ᄒᆞ야 긔운이 발양치못ᄒᆞ게ᄒᆞ면 쟝ᄅᆡ에 큰 그릇을 일우지 못ᄒᆞ리니 ᄋᆞᄒᆡ부모된쟈ㅣ 몬져덕즁ᄒᆞᆫ 방법을 취ᄒᆞ야 졍신교육의 긔초(基礎)를 견고히 세울지니라

一、가뎡에셔 어린ᄋᆞᄒᆡ를 교훈ᄒᆞᆯ때에 맛당히 젼ᄃᆡ(前代) 셩현의 아름다온 말ᄉᆞᆷ과 션ᄒᆞᆫ 힝젹을 들어 때때로 권면ᄒᆞ야 감념(感念)이 싱기게ᄒᆞᆯ지니 그런고로 미국에 유명ᄒᆞᆫ 모씨는 一평싱에 화셩돈의 힝젹을 힘써 공부ᄒᆞᆷ으로 인픔과 도덕과 지식과 지능이 비록 화셩돈에 밋지못ᄒᆞᆯ지라도 오히려 화셩돈을 ᄯᆞ라갈만ᄒᆞᆫ 범절이 만타ᄒᆞ엿ᄂᆞ니라

실업

◉과목비양ᄒᆞᄂᆞᆫ법 (속)

오얏(李)은 싱디(生地)에 심으ᄂᆞᆫ것이 합당ᄒᆞ고 그 심으ᄂᆞᆫ 법은 九월에 됴ᄒᆞᆫ 오얏씨를 구ᄒᆞ야 기름진ᄯᅡ에 뭇엇다가 그 다음봄에 싹이나거던 옴겨 심으고 때때로 쌀씨슨 물을 줄것이오 ᄯᅩ 그다음히 봄에 옴겨심으면 四五년후에는 번셩ᄒᆞ고 결실을 잘ᄒᆞᄂᆞ니라

오얏열ᄆᆡ가 반쯤닉엇슬때에 ᄯᅡ셔 소곰물에 담것다가 볏헤 반쯤말니(皺乾)면 그 맛이 아ᄅᆞᆷ다오니라

살구(杏)는 씨로 심으지 말고 졉붓치ᄂᆞᆫ것이 됴ᄒᆞ니 복사나무에 졉을 붓치면 열ᄆᆡ가 크고 맛이 ᄆᆡ우 달고 아ᄅᆞᆷ다오니라

살구집(汁)문드ᄂᆞᆫ법은 룽숙(濃熟)ᄒᆞᆫ 살구 一ᄇᆡᆨ개 가량에 셜당三근가량을 부은후 잘풀어지도록 살여셔 씨만골나 ᄇᆞ리고 그 걸죽ᄒᆞᆫ 집을 항아리에 담아두고 ᄯᅥᆨ에찍어먹ᄂᆞ니 그 맛이 ᄆᆡ우 아ᄅᆞᆷ다오니라

ᄆᆡ화나무(梅)는 무론 엇던ᄯᅡ이던지 다 잘되ᄂᆞ니 그 심으ᄂᆞᆫ 법은 씨를 몬져심어 ᄒᆞᆫ자(一尺)쯤 자라거던 됴ᄒᆞᆫᄆᆡ화나무 가지를 구ᄒᆞ야 졉붓치되 열ᄆᆡ를 취ᄒᆞ라거던 ᄇᆡᆨᄆᆡ(白梅) 즁에 열ᄆᆡ가 젹이 풀은것을 취ᄒᆞᆯ것이오 거름은 겨을에 인분(人糞)이나 혹 무슴 싱물의 고기즙(汁)을 주ᄂᆞᆫ것이 됴ᄒᆞ니라

ᄂᆡ외잡조(內外雜俎)

◉인쳔에 뎡긔항로(定期航路) ᄅᆡ六월一일브터 인쳔(仁川) 대련(大連) 지부(芝罘) 쳔진(天津) ᄉᆞ이에 뎡긔항로를 ᄀᆡ시(開始)ᄒᆞᆫ다더라

◉비힝긔살인(飛行機殺人) 본월 廿一일에 법국 파리경셩에셔 비힝긔 경징회를 열엇ᄂᆞᆫᄃᆡ 그나라 졍부대신들이 참셕ᄒᆞ엿더니 별안간 비힝긔가 공즁으로브터 졍부대신들 안즌자리에 ᄯᅥ러짐으로 륙군대신 베루도씨는 즉ᄉᆞᄒᆞ고 ᄂᆡ무대신 모니씨는 즁샹(重傷)ᄒᆞ엿다더라

담총

◉가뎡에셔주의ᄒᆞᆯ일

무슴 독약을 먹고 죽게된자를 구ᄒᆞ랴면 몬져 물ᄒᆞᆫ보숙이에 계ᄌᆞ가루 ᄒᆞᆫ숙가락쯤타셔 마시게ᄒᆞ면 반ᄃᆞ시 독약을 토ᄒᆞ리니 거진 다토ᄒᆞᆫ후에 닭의알 흰자위에 ᄎᆞᆷ기름을 조곰 ᄯᅥ러트려셔 마시던지 혹 링수에 밀가루를 타셔 마시게ᄒᆞᆯ것이니라

머리에 피가 만히올나가 잇스면 혹 잠못자ᄂᆞᆫ 병이 싱기기 쉬오니 그병에ᄂᆞᆫ 닝슈에 슈건을 츅여 머리와 목뒤에 ᄃᆡ이고 가만히 누엇ᄂᆞᆫ것이 됴ᄒᆞ니라

明治四十四二二月二(第三種郵便物認可) 主降生一千九百十一年六月十五日(木曜) (第一卷 第十號)

그리스도회보

每月二回發行
明治四十四年六月十二日印刷
明治四十四年六月十五日發行

發行兼編輯人 北部社洞 奇義男
印刷人 北部樓閣洞 朴東完
印刷所 京城西小門內法韓印刷所
發行所 北部社洞 奇義男邸

[代金] 딕금 一쟝 三젼
六ᄀᆡ월 二十五젼
一ᄀᆡ년 五十젼

광고료 四호활ᄌᆞ 一항 一회 五젼
활ᄌᆞ대쇼와 항수다쇼와 긔한쟝단을 ᄯᆞ라 증감홈

론셜

⊙인내는 신쟈의 요쇼(忍耐는信者의要素)

크도다 인내의 범위여 시험을 밧고 참는쟈는 복이잇다 ᄒᆞ엿스니(야고보一○十二)빅천만ᄉᆞ를 물론ᄒᆞ고 복된결과는 이범위안에셔 나타나는바로다 우리밋는 형뎨ᄌᆞ미의 뎨일큰 요쇼되는것은 능히 참고 능히 견듸는것이니라 여러가지 환란을 당ᄒᆞᆯ지라도 ᄒᆞᆯ수업다는 말은 ᄒᆞ지말지니 대개 이말은 멸망길노 인도ᄒᆞ는 긔관이라 만일 이말이 젼염ᄒᆞ는 병이되면 ᄌᆞ긔몸으로브터 ᄌᆞ긔집안사ᄅᆞᆷ과 다른동포의게ᄭᆞ지 졈염되리니 근리ᄒᆞᆫ 악ᄒᆞᆫ 흑ᄉᆞ병보다 더 심ᄒᆞᆫ병이 될것이라 그런즉 우리는 ᄒᆞᆯ수 업다는말은 쓰지말고 ᄒᆞᆯ수잇다는 언ᄉᆞ만 인용ᄒᆞᆯ것인ᄃᆡ 어리셕은쟈의 형편을 본즉 처음에는 공부ᄒᆞᆯ 작뎡으로 학교에 입학ᄒᆞ야 공부ᄒᆞ다가 멧달이 못되여 공부ᄒᆞ기가 어렵다ᄒᆞ고 학교에셔 퇴학ᄒᆞ야 롱업이나 힘쓰겟다ᄒᆞ다가 롱업도 못ᄒᆞ고 샹업과 공업도 ᄯᅩᄒᆞᆫ 이와ᄀᆞᆺ치 ᄒᆞ야 그러더러 지내다가 아모ᄉᆞ업도 셩취된것이 업ᄂᆞᆫ고로 맛참ᄂᆡ 긔한을 면치못ᄒᆞ야 회허(欷歔)탄식ᄒᆞ니 누가 이사ᄅᆞᆷ을 긍휼히녁이리오 아모라도 말ᄒᆞ기를 참ᄂᆞᆫ셩질이 업ᄂᆞᆫ ᄒᆞᆫ 라티ᄒᆞᆫ 인물이라 ᄒᆞᆯ것이라 그런즉 우리는 괴로음이 극도에 달ᄒᆞᆯ지라도 인내심을 가지고 압흐로 나아갈지니 이것은 신쟈의 요쇼되ᄂᆞᆫ 활발ᄒᆞᆫ 긔샹이라 이와ᄀᆞᆺ치 나아가는 이샹에는 허다ᄒᆞᆫ곤난을 당ᄒᆞᆯ지라도 능히 발노 ᄇᆞᆲ고 너머갈지니라 (미완)

증산구황연보

⊙평남 증산군에거ᄒᆞᄂᆞᆫ 우리 교우 여러빅명이 긔황(飢荒)을 면치못ᄒᆞᄂᆞᆫ 젹샹에딕ᄒᆞ야 각쳐교회에셔 다쇼ᄒᆞᆫ 금익을 거두어 본샤로 보내엿기로 여러형뎨ᄌᆞ미의 ᄌᆞ션심(慈善心)을 감출수 업서서 그거쥬와 씨명을 이아래 ᄎᆞ례로 긔지ᄒᆞ노라

漣川사긔막교회권ᄉᆞ 셔경식씨 二十圓
開城東部耶穌敎堂內女小學校 學生等 二圓二十七錢
漣川사청교회 一圓五十錢
麻田河新面韓炳善氏 五十錢
楊州이담면화미동교회內 최학보씨 二十五錢
임쥰샹씨 二十五錢
楊州直洞리메례씨 二十錢
朴文相氏 十錢
鐵原豊田耶穌敎堂內 찰로씨 二圓
로이리씨부인 一圓
증덕아씨 一圓
권명집씨부인 三十錢
송덕슈씨 二十錢
박치셔씨 二十錢
김희경씨 二十錢
김영근씨 十錢
권영필씨부인 十錢
楊州이담면닉동교회內
한셕진씨 一圓
원셀나씨 六十錢
원원보씨 四十錢
한틱수씨 三十錢
리용승씨 十錢
리엘이사벳씨 三十錢
한리듸씨 二十錢
한이베가씨 二十錢
리사라씨 十錢
한녜오미씨 十錢
한쥴례씨 十錢
한민의씨 十錢
한명진씨 六錢
최네오미씨 四錢

교즁휘문

△닉보▽

⊙감독쟝릐 남감리회 감독 머라씨는 릐九월二十一일에 긔회홀 미년회에 참셕ᄒᆞ기 위ᄒᆞ야 조션에 건너오기로 작뎡되엿다더라

⊙년회쟝긔 북감리회 금년 미년회는 감독하리스씨의 쥬관으로 본월 二十一일브터 경셩 정동회당에셔 긔회ᄒᆞ고 모든 ᄉᆞ무를 쳐리ᄒᆞᆫ다더라

⊙부인사경회 경셩동대문안 례비당 젼도ᄉᆞ 현셕칠씨의 통신을 거ᄒᆞᆫ즉 그곳례비당안에셔 거五월十六일브터 十九일ᄭᆞ지 부인사경회를 열고 인쳔 우각동사는 셔양부인 밀나와 쳔만량씨가 미일 인쳔셔 긔챠를ᄐᆞ고 릐왕ᄒᆞ면셔 열심으로 ᄀᆞ르치매 쳣날은 비호는 부인이 불과五十명이러니 그슈효가 날마다 十여명식 더ᄒᆞ야 나죵날은 七十여명에 달ᄒᆞ엿고 이사경회로 인ᄒᆞ야 묘ᄒᆞᆫ 영향(影響)이 만켓다더라

⊙졔싱의무 거월二十九일(월요)에 경셩졍동 비지학당파 상동 쳥년학원이 련합ᄒᆞ야 비지학당안에셔 운동회를 열엇는ᄃᆡ 관광ᄒᆞ는 닉외국관민이 슈쳔여명에 달ᄒᆞ여 셩황을 졍ᄒᆞ엿고 남문안 졔싱당에셔 의ᄉᆞ二명을 파송ᄒᆞ야 위싱부를 셜립ᄒᆞ고 보명단(保命丹) 九빅여봉을 각학싱의게 논호아주며 운동ᄒᆞ다가 상ᄒᆞ고 어즈러ᄯᅳ린 학싱 四十여명을 급히 치료ᄒᆞ얏슴으로 一반 임원과 학싱과 관광ᄒᆞ는 사ᄅᆞᆷ들이 다 칭숑홈을 마지아니ᄒᆞ엿다더라

⊙례빅당을새로삼 경긔도리쳔 갈미교회 젼도ᄉᆞ 한창셥씨의 통신을 의지ᄒᆞᆫ즉 그곳교회는 十여년젼브터 문경도씨가 쥬의 도으심을 닙어 셜립ᄒᆞ엿스나 뎡ᄒᆞᆫ례비당이 업셔 미미한탄ᄒᆞ더니 금년봄에 여러 형뎨ᄌᆞ미가 열심으로 연보ᄒᆞᆫ결과로 와가八간을 사셔 하ᄂᆞ님의 셩뎐을 완뎡ᄒᆞ엿다ᄒᆞ니 참 감하홀만ᄒᆞᆫ 일이더라

⊙홍씨열심 긔셩 동부교회 전도ᄉᆞ 권ᄉᆞ용씨의 통신을 거ᄒᆞᆫ즉 그곳교우 홍영셥씨는 본릐 일어졸업싱인ᄃᆡ 그곳헌병 분견소에셔 통변으로 오라ᄒᆞ되 교회일을 힘쓰기 위ᄒᆞ야 후ᄒᆞᆫ월급을 ᄉᆞ양ᄒᆞ고 악의 악식ᄒᆞ면셔 열심으로 쥬의일을 만히ᄒᆞ매 그 교회가 흥왕ᄒᆞ야 교우수효가 七八十명에 달ᄒᆞ엿다ᄒᆞ니 이형뎨의 열심은 참 본밧을만ᄒᆞ다고 칭숑이 ᄌᆞᄌᆞᄒᆞ다더라

⊙어린ᄋᆞ희의ᄌᆞ션심(慈善心) 긔셩동부교당안에 一년급 쇼학교 녀학싱의 수효가 二十인인ᄃᆡ 다 十세이하 어린ᄋᆞ희들이라 하로는 교ᄉᆞ가 그리ᄉᆞ도회보 졔八호에셔 중산교우의 비참ᄒᆞᆫ 졍형으로 긔셔ᄒᆞᆫ것을 보다가 측은히 녁여 눈물을 흘니매 학싱들이 그 연고를 무른ᄃᆡ 션싱이 일편을 닑어 들니고 말ᄒᆞ기를 「너희는 이런지앙을 당ᄒᆞ지아니홈으로 잘먹고 마시나 중산학싱들은 얼마나 주리고 목마르겟ᄂᆞ뇨」ᄒᆞᆫᄃᆡ 학싱들이 一시에 ᄆᆞ옴이 감동ᄒᆞ야 각각 뎌희집에 가셔 그부모의게 말ᄒᆞ야 十젼식 五젼식연보ᄒᆞᆫ것이 二환二十七전이라 이돈을 본샤에 보내엿기로 중산으로 붓쳐보내고 두어ᄌᆞ를긔지ᄒᆞ야 ᄋᆞ희들의 ᄌᆞ션심을 권장ᄒᆞ노라

⊙신학시험셩젹 량감리회三년급 신학싱의 츈긔시험을 경과ᄒᆞ엿는ᄃᆡ 그셩젹표를 좌에게ᄌᆡᄒᆞ노라

씨명	뎜수	씨명	뎜수
쥬한명	九八	강락도	九七
오긔션	九七	홍죵숙	九七
홍슌탁	九六	김광식	九六
리은영	九六	한창셥	九二
리하영	九二	박봉리	九一
졍츈슈	九一	쇼닉덕	九一
고종철	九〇	현셕칠	九〇
김지찬	八九	안창호	八八
한인슈	八七	박원빅	八六
리동식	八六	안경록	八六
김찬홍	八六	박영찬	八六
리화츈	八四	손창현	八三
장츈명	八三	김병권	八三
강신회	八二	리지셩	八二
리능도	八一	리익모	八一
김졍길	八一	공지현	八一
변학용	八一	리진형	七四
김홍슌	七二	채규홍	七二
비리일	七一	오태쥬	五八
쳔광실	五三		

◉**송씨신심** 양쥬군 노원면 월계리 각심샤거ᄒᆞᄂᆞᆫ 송신묵씨ᄂᆞᆫ 그ᄃᆡ방교회에 열심ᄒᆞ야 교당ᄭᆞ지 긔부ᄒᆞ엿ᄂᆞᆫᄃᆡ 원ᄅᆡ 별실 둘이잇셔 ᄒᆞ나은 ᄃᆡ씨오 ᄒᆞ나온 박씨라 박씨의게ᄂᆞᆫ ᄯᆞᆯ둘ᄭᆞ지 나앗더니 교회에 들어온뒤에 긔왕에 잘못된것을 깁히ᄭᆡ닷고 즉시 회ᄀᆡᄒᆞ야 ᄃᆡ씨와 박씨를 다보내엿고 ᄃᆡ씨와 박씨도 일호 협의ᄒᆞᄂᆞᆫᄆᆞᄋᆞᆷ이 업시 다 경건ᄒᆞᆫᄯᅳᆺ으로 진실ᄒᆞᆫ교인이되여 ᄒᆞᆫ날에 ᄀᆞᆺ치 셰례를 밧엇다ᄒᆞ니 이 셰형ᄆᆡ의 신심과 용단은 가히 하ᄂᆞ님의 올흔ᄌᆞ녀라 닐을지로다

△외보▽

◉**미국** ᄲᅥᆺ스톤셩에서 본년四월二十二일에 만국젼도박람회(博覽會)를 열엇ᄂᆞᆫᄃᆡ 그 가온ᄃᆡ 四十여쳐소를 셜치ᄒᆞ야 ᄒᆞᆫ쳐소가 ᄒᆞᆫ나라를 ᄃᆡ표ᄒᆞ엿고 ᄆᆡ쳐소에 잇던 특별ᄒᆞᆫ 나라의 인물과 긔구(器具)와 집짓고 사ᄂᆞᆫ 모양과 풍속을 형용ᄒᆞ야 버려놋코 그안에서 인도ᄒᆞ고 쥬션ᄒᆞᄂᆞᆫ 임원들은 다 그나라에서 여러히 젼도ᄒᆞ던사ᄅᆞᆷ들인ᄃᆡ 그나라 복식을 닙고 잇ᄉᆞ며 각국의 젼도ᄒᆞᄂᆞᆫ 모양과 례ᄇᆡ보ᄂᆞᆫ 모양을 一一히 구비ᄒᆞ게 셜비(設備)ᄒᆞ엿스니 가령 죠션관에 드러가면 그안에 죠션집과 죠션의 모든 물건과 죠션셩경과 찬미가 잇스며 죠션복식닙은 사ᄅᆞᆷ들이 관광ᄒᆞᄂᆞᆫ사ᄅᆞᆷ들을 인도ᄒᆞ야 구경식히고 셜명ᄒᆞ야 들니며 일본이나 쳥국이나 셰계각국을 다이와 ᄀᆞᆺ치 셜비ᄒᆞ엿스며 다만 각국 풍속을 이럿케 뵈일ᄲᅮᆫ아니라 ᄯᅩᄒᆞᆫ 활동ᄉᆞ진으로 각국사ᄅᆞᆷ의 활동ᄒᆞᄂᆞᆫ 모양ᄭᆞ지 뵈여주며 각국의 력ᄉᆞ샹문뎨로 연구ᄒᆞᄂᆞᆫ 쳐소도잇스며 각국의 졔조ᄒᆞᆫ 물픔을 ᄆᆡ매ᄒᆞᄂᆞᆫ 쳐소도 잇서셔 一시셩황(盛況)을 드렷다더라

교회통신

긔셔 철원읍 리화츈

◉**텬국에 지물ᄊᆞᆺᄂᆞᆫ일**

경긔도 련쳔관인면 ᄉᆞ긔막동리에 사ᄂᆞᆫ 셔경식씨ᄂᆞᆫ 쥬를 밋은후에 ᄌᆞ긔동리에 교회를 셜립ᄒᆞ고 형뎨ᄌᆞᄆᆡ졔씨를 인도ᄒᆞᄂᆞᆫᄃᆡ 됴흔말을 만히ᄒᆞᄂᆞᆫ 즁에 ᄒᆞᆫ유명ᄒᆞᆫ 말은「밋ᄂᆞᆫ사ᄅᆞᆷ이 셩경ᄯᅳᆺ대로 아니ᄒᆞᆯ것ᄀᆞᆺ흐면 출하리 아니밋ᄂᆞᆫ것이 됴켓다ᄒᆞ고 ᄯᅩ 말ᄒᆞ기를 육신의 부모도 ᄌᆞ녀의 력부족ᄒᆞ야 못ᄒᆞᆯ일을 식히지 아니ᄒᆞ거던 ᄒᆞᆯ믈며 하ᄂᆞᆯ아바지ᄭᅴ셔 ᄒᆞ지못ᄒᆞᆯ일을 우리ᄃᆞ려 ᄒᆞ라ᄒᆞ시겟ᄂᆞ뇨 이ᄂᆞᆫ 모든형뎨ᄌᆞᄆᆡ의 밋음이 부족ᄒᆞᆫ ᄭᆞᄃᆞᆰ에 ᄒᆞᆯ수업다ᄒᆞᄂᆞᆫ 말을ᄒᆞ니 그런말은 그만두고 하ᄂᆞ님의 권능을 의지ᄒᆞ야 셩경ᄯᅳᆺ대로 ᄒᆞᆸ세다」ᄒᆞ고 ᄒᆞᆼ샹 권면ᄒᆞᄂᆞᆫ 형뎨오 ᄯᅩ 텬국에 지물을 ᄊᆞᆺᄂᆞᆫ것은 ᄒᆞᆼ샹 구차ᄒᆞᆫ 형뎨를 도아주며 어나곳이던지 례ᄇᆡ당을 건츅ᄒᆞᆯ때에 력부족ᄒᆞ다ᄒᆞᄂᆞᆫ말을 드르면 힘대로 도아주ᄂᆞᆫᄃᆡ 금번에 그리스도회보 뎨八호를 보다가 증산고을 박지에 고란ᄒᆞᆫ 당ᄒᆞᆫ교우가 만라ᄂᆞᆫ 통신을보고 ᄆᆞᄋᆞᆷ이 비감ᄒᆞ야 二十환을 교뎨의게주며 말ᄒᆞ기를 이돈이 적으나 지금 이것밧게 업ᄉᆞ니 속히 보내여달나 ᄒᆞ기로 교뎨가 감샤ᄒᆞᆷ으로 밧아보내엿ᄉᆞ오며 ᄯᅩ 이형뎨가 긔왕에 강원도 이쳔읍교회에서 례ᄇᆡ당 건츅시에 十환을 연보ᄒᆞ엿고 쳘원읍 교회에서 례ᄇᆡ당을 건츅ᄒᆞᆯ때에도 百환을 연보ᄒᆞ엿스며 금년에 영평읍교회에서 례ᄇᆡ당을 건츅ᄒᆞᆯ때에도 十환을 연보ᄒᆞ엿ᄉᆞ오니 그럼으로 텬국에 지물을 만히 ᄊᆞᆺᄂᆞᆫ형님이라ᄒᆞᄂᆞ이다 ᄯᅩ그곳형뎨 김완식씨ᄂᆞᆫ 쥬를 밋기젼에ᄂᆞᆫ 허랑방탕ᄒᆞ야 수신졔가를 못ᄒᆞ더니 쥬를밋은후에 그방탕ᄒᆞᆫ ᄆᆞᄋᆞᆷ을 곳치고 손으로 됴흔 ᄉᆡᆼ업을ᄒᆞ야 부모를 공양ᄒᆞ며 쳐ᄌᆞ를 안보ᄒᆞ고 빈한ᄒᆞᆫ 사ᄅᆞᆷ을 구졔도ᄒᆞ며 젼도인을 위ᄒᆞ야 ᄌᆞ급젼을 내되 ᄆᆡ삭二환식 일년치를 션랍ᄒᆞ고 ᄯᅩ그부인도 ᄌᆞ급젼四환을 션랍ᄒᆞ엿ᄉᆞ며 ᄯᅩ 작년가을에 영평읍교회에 례ᄇᆡ당 건츅ᄒᆞ라고 十환을 보내엿고 ᄒᆞᆼ샹말ᄒᆞ기를 텬국을 위ᄒᆞ야 돈ᄊᆞᄂᆞᆫ것은 내 ᄆᆞᄋᆞᆷ에 깃브니 이샹ᄒᆞᆫ일이라ᄒᆞ니 교뎨가 ᄉᆡᆼ각ᄒᆞ기를 어나 교회던지 인도ᄒᆞᄂᆞᆫ자가 진실히 밋고 ᄒᆡᆼᄒᆞ면 그곳교우도 ᄯᅡ라 ᄀᆞᆺ치 ᄒᆡᆼᄒᆞᄂᆞᆫ줄노 아ᄂᆞ이다

三

만국쥬일공과

뎨二十五

六월十八일

마태十三장 一ㅡ九、十八ㅡ卄三졀

요지 씨ᄲᅳ리ᄂᆞᆫ비유

외일말ᄉᆞᆷ 야고보一○卄一졀

이공과ᄂᆞᆫ 대개 세부분으로 ᄂᆞᆫ홀지니 一은 씨ᄲᅳ리ᄂᆞᆫ쟈가 됴흔씨를 ᄲᅳ림이오 二ᄂᆞᆫ 씨ᄲᅳ림을 밧고도 결실을 못ᄒᆞᄂᆞᆫ것이오 三은 씨ᄲᅳ림을 밧고 결실을 잘ᄒᆞᄂᆞᆫ것이니라

뎨一부분

이비유가온ᄃᆡ 씨ᄂᆞᆫ 하ᄂᆞ님의 말ᄉᆞᆷ 곳텬국의 진리오 씨ᄲᅳ리ᄂᆞᆫ쟈ᄂᆞᆫ 예수나 션지쟈나 ᄉᆞ도나 감독이나 감리ᄉᆞ나 쟝로ᄉᆞ나 목ᄉᆞ나 젼도ᄉᆞ나 권ᄉᆞ나 속쟝이나 복음을젼ᄒᆞᄂᆞᆫ 모든 밋ᄂᆞᆫ쟈오 밧흔 도를 듯ᄂᆞᆫ 모든 셰샹사ᄅᆞᆷ의 ᄆᆞᄋᆞᆷ이니 대개 롱부된쟈ㅣ 봄에 씨를 ᄲᅳ리지 아니ᄒᆞ면 가을에 츄슈ᄒᆞᆯ 긔망이 업ᄉᆞᆷ으로 불가불 옥토와 박토를 물론ᄒᆞ고 몬져 씨를 ᄲᅳ리지 아니치못ᄒᆞᆯ지라 그럼으로 예수ᄭᅴ셔 이비유를 베프실ᄯᅢ에 갈닐니ᄒᆡ변으로 큰 례ᄇᆡ당을 삼으시며 ᄒᆞᆫ됴각 어션(漁船)으로 젼도단을 삼으시고 특별히 그 뎨ᄌᆞ들과 ᄉᆞ방으로 좃차온바 허다ᄒᆞᆫ 무리들의게 ᄌᆞ유로 다듯기를 허락ᄒᆞ셧ᄂᆞ니라 여긔 ᄃᆡᄒᆞ야 ᄉᆡᆼ각ᄒᆞᆯ것은 (一)예수ᄭᅴ셔ᄂᆞᆫ 큰 롱부가 되시고 쥬의 복음을 젼ᄒᆞᄂᆞᆫ 모든사ᄅᆞᆷ은 젹은롱부가됨이오 (二)롱부된쟈ㅣ 맛당히 ᄯᅢ를일치 말고 씨를 널니ᄲᅳ릴것이니라

뎨二부분

아모리 됴흔씨를 ᄲᅳ릴지라도 그ᄲᅳ림을 밧은ᄯᅡ히 됴치못ᄒᆞ면 여러가지 츅졀(屠折)을 인ᄒᆞ야 결실치 못ᄒᆞᄂᆞ니라 이공과에 쥬의말ᄉᆞᆷ을 의지ᄒᆞ건ᄃᆡ 세죵류의 됴치못ᄒᆞᆫ ᄯᅡ히 잇ᄂᆞᆫᄃᆡ 처음에ᄂᆞᆫ 좀 층등이 잇ᄂᆞᆫ듯ᄒᆞ나 필경 츄슈ᄒᆞᆯᄯᅢ에 보면 다 결실치못ᄒᆞ엿ᄂᆞ니 그 죵류를 구별ᄒᆞ자면 이아래 말ᄒᆞᆫ것과 ᄀᆞᆺᄒᆞ니라

一은 길가에 ᄇᆞᆲ은 ᄯᅡ이니(四、十九、) 그속에ᄂᆞᆫ 아모리 됴흔 옥토가 잇슬지라도 발노 ᄇᆞᆲ아 다진흙이 거죽에 덥힌고로 죵ᄌᆞ가 드러가지 못ᄒᆞ매 새가와서 주어먹ᄂᆞ니라 이ᄯᅳᆺ을 ᄒᆡ셕ᄒᆞ자면 단단ᄒᆞᆫ 흙은 이셰샹을 ᄉᆞ모ᄒᆞᄂᆞᆫ쟈의 ᄆᆞᄋᆞᆷ을 ᄀᆞᄅᆞ친것이오 새ᄂᆞᆫ 마귀를 닐온것이니 아모리 지조와 총명이 ᄲᅱ여나ᄂᆞᆫ 사ᄅᆞᆷ이라도 이셰샹을 ᄉᆞ모ᄒᆞ면 셰샹의 모든 ᄉᆞ졍과 쾌락(快樂)이 그ᄆᆞᄋᆞᆷ을 가리우ᄂᆞᆫ고로 텬국의 진리가 드러가지 못ᄒᆞ고 마귀가 와서 곳 침탈ᄒᆞᄂᆞᆫ것이니 대개 이런사ᄅᆞᆷ이 뎨一만ᄒᆞ니라

二ᄂᆞᆫ 흙이 얇은ᄯᅡ이니(五、六、卄、) 거죽에ᄂᆞᆫ 연ᄒᆞᆫ흙이 잇스나 얼마아니 드러가서 돌이 ᄊᆞᆯ닌고로 씨가 ᄯᅥ러져서 싹이 날지라도 ᄐᆡ양 볏치 ᄶᅩ이면 곳 마르ᄂᆞ니 이와ᄀᆞᆺ치 ᄆᆞᄋᆞᆷ이 엿ᄒᆞᆫ사ᄅᆞᆷ은 도를 듯고 량심이 감동ᄒᆞ야 ᄀᆞᆺ깃븐ᄆᆞᄋᆞᆷ으로 밧으나 만일 무ᄉᆞᆷ 핍박이나 시험이 압헤당ᄒᆞ면 곳 물너가ᄂᆞᆫ것이니 이런 ᄉᆞᄅᆞᆷ도 만ᄒᆞ니라

三은 가시덤불이 무셩ᄒᆞᆫ ᄯᅡ이니(七、卄二、) 그흙은 옥토라 씨가 ᄯᅥ러지면 ᄲᅮ리를 깁히 박고 무셩히 되나 가시덤불이 곡식나무를 방ᄒᆡᄒᆞᆷ으로 필경 결실을 못ᄒᆞᄂᆞ니 이말ᄉᆞᆷ 가온ᄃᆡ 가시덤불은 이셰샹의 근심과 ᄌᆡ욕(財慾)이니라 ᄆᆞᄋᆞᆷ이 깁고 텬픔이 됴하셔 도를 깁히 ᄉᆞ모ᄒᆞᄂᆞᆫ쟈라도 ᄌᆡ욕과 근심으로 인ᄒᆞ야 락심되ᄂᆞᆫ것이니 유다와 예수ᄭᅴ 왓던 ᄌᆡ물만ᄒᆞᆫ 졂은 사ᄅᆞᆷ과 ᄀᆞᆺᄒᆞᆫ자니라

四ᄂᆞᆫ 옥토니(八、卄三、) 씨가ᄯᅥ러지면 무셩히 자라셔 결실을 잘ᄒᆞᄂᆞᆫ ᄯᅡ이니라 이와ᄀᆞᆺ치 본심이 션ᄒᆞ고 텬픔이 진실ᄒᆞᆫ 사ᄅᆞᆷ은 도를 듯ᄂᆞᆫ대로 ᄆᆞᄋᆞᆷ에 ᄲᅮ리가 깁히박여 엇더ᄒᆞᆫ ᄉᆞ졍과 핍박과 시험이 잇슬지라도 조곰도 요동치아니ᄒᆞᄂᆞ니 그 열ᄆᆡᄂᆞᆫ 곳 ᄉᆞ랑과 인내(忍耐)와 밋음과 졍결ᄒᆞᆷ과 ᄇᆞ람과 용ᄆᆡᆼ과 경건ᄒᆞᆷ과 온유ᄒᆞᆷ과 겸손ᄒᆞᆷ과 다른 사ᄅᆞᆷ을 쥬ᄭᅴ로 만히인도ᄒᆞᆷ과 쥬를 위ᄒᆞ야 ᄒᆡᆼᄒᆞᄂᆞᆫ 모든일이니 베드로와 요한과 바울ᄀᆞᆺᄒᆞᆫ ᄉᆞ도ᄂᆞᆫ니라 그러나 됴ᄒᆞᆫ ᄯᅡ도 샹즁하 삼등이 잇ᄂᆞᆫ것과ᄀᆞᆺ치 사ᄅᆞᆷ의 션ᄒᆞᆫᄆᆞᄋᆞᆷ도 ᄯᅩᄒᆞᆫ 층등이 잇ᄂᆞᆫ고로 그거두ᄂᆞᆫ열ᄆᆡ도 三十ᄇᆡ、六十ᄇᆡ、百

비의 차등이 잇ᄂᆞᆫ것이니라

뭇ᄂᆞᆫ말

一、이공과를 몃부분에 ᄂᆞᆫ호겟ᄂᆞ뇨

二、이비유가온ᄃᆡ 씨ᄂᆞᆫ 무엇이뇨

三、씨ᄲᅮ리ᄂᆞᆫ쟈는 누구뇨

四、이비유가온ᄃᆡ 몃가지 ᄯᅡ이 잇ᄂᆞ뇨

五、밋치ᄂᆞᆫ 열ᄆᆡᄂᆞᆫ 무엇이뇨

만국쥬일공과

데二十六

六월二十五일

마태十三쟝 廿四－卅、卅六－四十三졀

요지 가라지의비유

외일말솜 四十三졀

이공과가온ᄃᆡ 데一 긴요ᄒᆞᆫ뜻은 인내와 심판이라 이공과를 네부분에 ᄂᆞᆫ홀지니 一은 쥬인이 됴흔씨를 ᄲᅮ림이오 二는 잘때에 원슈가 가라지를 ᄲᅮ림이오 三은 쥬인의 참ᄂᆞᆫ것이오 四는 츄수홀때에 심판홈이니라

데一부분

이공과가온ᄃᆡ 쥬인은 우리쥬 예수 그리스도시오 밧촌 이셰샹이오 됴흔씨는 텬국의 ᄌᆞ식이니 (卅七、卅八) 텬국이라 ᄒᆞ심은 하ᄂᆞᆯ을 ᄀᆞᄅᆞ치심이 아니오 이셰샹의 형샹잇ᄂᆞᆫ 교회를 닐ᄋᆞ심이오 ᄌᆞ식은 교회가온ᄃᆡ 밋ᄂᆞᆫ쟈를 ᄀᆞᄅᆞ치심이니 므릇 이씨는 영원히 썩지안ᄂᆞᆫ씨라 그리스도ᄭᅴ셔 이씨를 온셰샹에 널니 펴시기위ᄒᆞ야 이씨를 ᄲᅮ리셧ᄂᆞ니라

데二부분

잘때에 원슈가 와서 가라지를 ᄲᅮ렷다ᄒᆞ셧스니 (廿五、)원슈는 마귀를 ᄀᆞᄅᆞ치심이오 가라지는 악ᄒᆞᆫ쟈의 ᄌᆞ식을 닐ᄋᆞ심이오 잘때라ᄒᆞ심은 교회가 잠을 잘때라 대개 션ᄒᆞᆫ일은 ᄇᆞᆰ온곳에서 사ᄅᆞᆷ이 다볼때에 ᄒᆡᆼᄒᆞ고 악ᄒᆞᆫ일은 어두온곳에서 사ᄅᆞᆷ이 다 잘때에 ᄒᆡᆼᄒᆞᄂᆞ니 그럼으로 어두온것은 ᄇᆞᆰ온것의 원슈오 마귀는 교회의 원슈라 그럼으로 잠을 자ᄂᆞᆫ 교회가 잇스면 마귀가 곳 악ᄒᆞᆫ쟈를 가만히 교회에 보내여 밋ᄂᆞᆫ쟈와 ᄀᆞᆺᄒᆞᆫ모양으로 셕겨잇스나 실샹은 교회를 해롭게ᄒᆞᄂᆞᆫ것이 ᄆᆞᆺ치 원슈의 심온바 가라지가 곡식가온ᄃᆡ 셕겨잇ᄂᆞᆫ것과 ᄀᆞᆺ도다 여긔ᄃᆡᄒᆞ야 우리가 ᄉᆡᆼ각홀것은 (一) 잠자ᄂᆞᆫ 교회가온ᄃᆡᄂᆞᆫ 반ᄃᆞ시 마귀의 권세가 드러옴이오 (二) 외양으로 잘밋ᄂᆞᆫ톄ᄒᆞᄂᆞᆫ쟈 가온ᄃᆡ 가라지의 셩질을 품은쟈가 만홈이니라

데三부분

이공과가온ᄃᆡ 죵늘은 가라지를 ᄲᅡᆸ아 ᄇᆞ리자고 군청ᄒᆞ되 쥬인은 츄슈홀때ᄭᆞ지 참ᄂᆞᆫ것은 다름아니라 가라지를 ᄲᅡᆸ다가 곡식ᄭᆞ지 ᄲᅡᆸ을가 념려홈이니라 싹이 어렷슬때에는 곡식과 가라지를 분변ᄒᆞ기 어려오며 ᄯᅩᄒᆞᆫ 가라지를 분변홀지라도 ᄲᅡᆸ다가 곡식ᄲᅮ리ᄭᆞ지 련ᄒᆞ야 ᄲᅡᆸᄂᆞᆫ폐가 죵죵잇ᄂᆞ니 이와ᄀᆞᆺ치 교회에도 밋ᄂᆞᆫ쟈가 밋지안ᄂᆞᆫ쟈가온ᄃᆡ 셕겨 션악을 분변키 어려온때가 만흔ᄃᆡ 만일 이것을 一톄로 ᄲᅡᆸ으라다가 진실히 밋ᄂᆞᆫ교우를 일허ᄇᆞ리기 쉬온고로 쥬ᄭᅴ셔도 참ᄂᆞᆫ것으로 당신의 일ᄒᆞᄂᆞᆫ 죵들의게 권면ᄒᆞ시며 경계ᄒᆞ셧ᄂᆞ니라

데四부분

츄슈홀때에 심판은 곳 가라지를 불사로고 곡식을 고간에 너흠이라 이공과에 츄슈홀때는 셰샹의 ᄆᆞᆺ치오 거두ᄂᆞᆫ 일군은 텬ᄉᆞ들이라 이가라지와 곡식이 서로 방불ᄒᆞᆫ듯ᄒᆞ나 츄슈홀때에는 진가(眞假)가 ᄌᆞ연나타남과ᄀᆞᆺ치 거ᄌᆞᆺ착ᄒᆞᆫ쟈와 참 션ᄒᆞᆫ쟈가 서로 셕겻스나 ᄆᆞᆺ날 심판에는 션악이 분변되ᄂᆞ니 그럼으로 우리쥬ᄭᅴ셔 셰샹ᄆᆞᆺ날에 모든범죄ᄒᆞᆫ쟈와 악ᄒᆞᆫ쟈는 거두샤 풀무불에 던지시고 모든의로온쟈는 ᄒᆡ와ᄀᆞᆺ치 빗최ᄂᆞᆫ 영광을 보게ᄒᆞ시리라 여긔ᄃᆡᄒᆞ야 우리가 ᄉᆡᆼ각홀것은 (一) 대개 씨라 ᄒᆞᄂᆞᆫ것은 언제던지 그본씨대로 젼ᄒᆞ야 ᄂᆞ려가거니와 사ᄅᆞᆷ은 그럿치 아니ᄒᆞ야 곡식과ᄀᆞᆺ치 되랴면 곡식이되고 가라지와 ᄀᆞᆺ치되랴면 가라지가됨이오 (二) 션악이 분변되ᄂᆞᆫ때에는 샹벌이 판단됨이니라

뭇ᄂᆞᆫ말

一、이공과를 몃부분에 ᄂᆞᆫ호겟ᄂᆞ뇨

二、이공과에 데一긴요ᄒᆞᆫ 뜻이 무엇이뇨

五 三、이공과 데二부분 가온

뎌 ᄉᆡᆼ각ᄒᆞᆯ것이 무엇이뇨

四、션악이 분변되는ᄯᅢ에 엇더ᄒᆞᆫ 결과가 잇겟ᄂᆞ뇨

⊙형뎨와ᄌᆞ미의게 리각균

우연이 그리스도회보를 렬남ᄒᆞ다가 외보란ᄂᆡ에 ᄒᆞᆫ 긔이ᄒᆞᆫ 말ᄉᆞᆷ을 드르니 미국감리교회에셔 작년도에 지츌ᄒᆞᆫ돈이 一쳔四ᄇᆡᆨ여만불(一불이 二환가량)이란 말을 드르ᄆᆡ 흠모ᄒᆞ고 감샤ᄒᆞᆷ을 이긔지못ᄒᆞᄂᆞᆫ즁에 ᄒᆞᆫ번 죠션교회 형편을 ᄉᆡᆼ각ᄒᆞ니 깃븜이 변ᄒᆞ야 슬픔이 ᄀᆞ득ᄒᆞ도다 죠션사ᄅᆞᆷ도 ᄒᆞᆫ하ᄂᆞ님의 젹ᄌᆞ오 ᄒᆞᆫ예수그리스도의 뎨ᄌᆞ로ᄃᆡ 쥬의 도가 죠션에온지 二十여년에 지금ᄭᆞ지 ᄂᆞᆷ이주는것만 ᄇᆞ라고 우둑헌이 안져잇는 우리 형편을 ᄉᆡᆼ각ᄒᆞ니 엇지 슬프지 아니ᄒᆞ리오 이 엇진연고인고 ᄒᆞᄂᆞ님ᄭᅴ셔 복을 ᄌᆞ시지 아니ᄒᆞ심인가 우리가 졍신이 업숨인가 아모리 ᄉᆡᆼ각ᄒᆞ여도 결단코 우리의 부ᄌᆞ련치 못ᄒᆞ고 열심이 업는ᄭᆞ닭이로다 여보시오 정신을 ᄎᆞ립세다 셩경에 말ᄉᆞᆷᄒᆞ시기를 잇는자의게 더쥰다ᄒᆞ셧슨즉 우리가 은혜 밧기를 원ᄒᆞ는가 은혜를 져ᄇᆞ리고져ᄒᆞ는가 밧기를 원ᄒᆞ면 맛당히 이왕 졋먹던것을 변ᄒᆞ야 밥을 취ᄒᆞ고 ᄌᆞ긔의 짐은 ᄌᆞ긔가 지기로 작뎡ᄒᆞᆸ시다 엇더ᄒᆞᆫ 사ᄅᆞᆷ이 말ᄒᆞ기를 「돈이 잇셔야 열심도 내지」ᄒᆞ나 결단코 그런것이 아니라 우리가 졍셩만 잇고 열심만 잇스면 못될일이 업숩ᄂᆞ다 져 미국은 엇지 부쟈만 살아셔 연보를 잘ᄒᆞ엿스릿가 그도 ᄯᆞᄒᆞᆫ 열심과 졍셩으로 됨인줄 우리가 밋ᄉᆞᆸᄂᆞ이다 웨 그런고ᄒᆞ니 우리 교우즁에 경력이 잇슴으로 아는것이올시다 ᄀᆡ셔북부 교회에 박쳔호(朴天浩)씨라ᄒᆞ는 형뎨가잇는ᄃᆡ ᄉᆞ탕쟝ᄉᆞ로 위업ᄒᆞ더니 하로는 ᄆᆞᄋᆞᆷ에 ᄉᆡᆼ각ᄒᆞ기를 나는 간난ᄒᆞᆫ 사ᄅᆞᆷ이라 큰돈으로 ᄂᆞᆷ을 구졔치못ᄒᆞ나 졍셩으로 ᄂᆞᆷ을구졔ᄒᆞ리라ᄒᆞ고 그ᄯᅢ브터 ᄆᆡ일 시져 불ᄯᅢ마다 一젼식 모기로 작뎡ᄒᆞ엿는ᄃᆡ 몃달동안에 五환각수를 엄운지라 작년셧달금음에 그돈으로 빈궁ᄒᆞᆫ 사ᄅᆞᆷ을 구제ᄒᆞ는ᄃᆡ 썻ᄂᆞ니 이것을본즉 엇지 돈이업다 말ᄒᆞᆯ수잇스리오 다만 업는것은 졍셩과 열심이 업는줄 알수밧게 업스니 엇지 붓그럽지 아니ᄒᆞ리오 ᄇᆞ라ᄂᆞ니 여러 형뎨와 ᄌᆞ미ᄭᅴ셔는 분려ᄒᆞ야 좀이나 도적이 능히 해ᄒᆞ지못ᄒᆞᆯ 텬국에 ᄌᆡ물을 만히 싸아둠으로 말미암아 우리도 ᄂᆞᆷ과ᄀᆞ치 ᄂᆡ디용비를 부족지 안케ᄒᆞ고 외국ᄭᆞ지 션교부 설립ᄒᆞ게 되기를 긔도ᄒᆞ는즁 연보잘ᄒᆞᆯ 방침에 ᄃᆡᄒᆞ야 깁히 우견(愚見)을 이아래 진술ᄒᆞ오니 그대로 ᄎᆡ용ᄒᆞ시기를 앙축ᄒᆞᄂᆞ이다

一、원림(園林)이 잇는 사ᄅᆞᆷ은 교회를 위ᄒᆞ야 률목(栗木)이나 감나무나 ᄇᆡ나무나 로셔을 ᄯᆞ라 二쥬식만 특별히 심으기로 작뎡ᄒᆞᆯ것

一、롱가에셔는 ᄃᆞᆰ두마리식만 특별히 기르기로 작뎡ᄒᆞᆯ것

一 장ᄉᆞᄒᆞ는 사ᄅᆞᆷ은 ᄆᆡ일 힘대로 얼마식 특별히 모으기로 작뎡ᄒᆞᆯ것

교 육

⊙가졍학

가뎡교육의계측(戒則)

가뎡에셔 어린ᄋᆞ희를 ᄀᆞᄅᆞ칠에 ᄃᆡᄒᆞ야 특별히 주의ᄒᆞᆯ 계측을 이아래 긔록ᄒᆞ노라

一、너머 어려온것을 ᄀᆞᄅᆞ치지 말것이니 가령 쳔ᄌᆞ(千字) ᄀᆞᄅᆞ치던 어린ᄋᆞ희의게 별안간 쇼학이나 대학을 ᄀᆞᄅᆞ치면 이는 다만 공효가 업슬ᄲᅮᆫ 아니라 도로혀 그ᄋᆞ희의 ᄇᆡ호고져ᄒᆞ는 ᄆᆞᄋᆞᆷ을 쇼멸케ᄒᆞ는것이니 ᄆᆡ우 주의ᄒᆞᆯ것이니라

一、너머 만히 ᄀᆞᄅᆞ치지 말것이니 어린ᄋᆞ희의 연약ᄒᆞᆫ 뢰(腦)에 너머 만히 ᄀᆞᄅᆞ치면 이루다 긔억ᄒᆞᆯ수 업ᄂᆞ니 그런즉 도로혀 게으르고 슬힌ᄆᆞᄋᆞᆷ이 ᄉᆡᆼ기기 쉬우니 ᄯᆞᄒᆞᆫ 주의ᄒᆞᆯ것이니라

一、속이지말것이니 ᄋᆞ희를 어려셔브터 셩실ᄒᆞᆫ것으로 훈도치아니ᄒᆞ면 쟝ᄅᆡ에 졍직ᄒᆞᆫ 사ᄅᆞᆷ이 되기어려온고로 비록 적은일이라도 주의ᄒᆞ야 속이지말지니 가령 ᄋᆞ희가 울ᄯᅢ에 오지아니ᄒᆞ는 슌검이 온

다고 말ᄒᆞ던지 혹 약을먹일ᄯᅢ에 달지아니ᄒᆞᆫ 약을 달다고 ᄒᆞᄂᆞᆫ것도 속이ᄂᆞᆫ말이니 이런말도 쓰지말것이니라

一、압박(壓迫)지 말것이니 어린ᄋᆞᄒᆡ가 부모의 명을 슌죵치아니ᄒᆞᆫ다고 견ᄃᆡ기 어려온 벌을 베프러 압박ᄒᆞᄂᆞᆫ것도 가치 아니ᄒᆞ니 아모됴록 말로 ᄀᆞᄅᆞ치던지 엄ᄒᆞᆫ모양으로 경계ᄒᆞ야 부모의 명을락죵케 ᄒᆞᆯ것이니라

一、보복(報復)ᄒᆞᄂᆞᆫ 일노 ᄀᆞᄅᆞ치지 말것이니 가령 ᄋᆞᄒᆡ가 ᄯᅡ에 업드러지던지 기동에 머리를 브드치면 부모된자ㅣ 혹 ᄯᅡ흘ᄭᅮ짓고 기동을 쳐셔 그ᄋᆞᄒᆡ의 ᄆᆞᄋᆞᆷ을 위로ᄒᆞᄂᆞᆫ 일이 잇ᄂᆞᆫ지라 이것이 젹은일인듯ᄒᆞ나 ᄋᆞᄒᆡ의 보슈(報讎)ᄒᆞᄂᆞᆫ ᄆᆞᄋᆞᆷ이 이런ᄃᆡ로브터 ᄉᆡᆼ겨셔 졈졈자라면 강포ᄒᆞᆫ 남ᄌᆞ가 되기쉬온즉 이것도 주의ᄒᆞᆯ것이니라 (미완)

실 업

⊙목묘(木苗)옴겨심으ᄂᆞᆫ 법의주의ᄒᆞᆯ것

일본ᄂᆡ디에셔ᄂᆞᆫ 대개 양력十一월브터 다음ᄒᆡ三월ᄭᆞ지 니ᄅᆞᆯ동안에 나무를 옴겨심으되 죠션은 긔후(氣候)가 일본보다 치운지라 특별히 죠션북방으로 말ᄒᆞ면 ᄒᆡ빙(解氷)이 심히 더듼고로 四월초ᄉᆡᆼ브터 금음ᄭᆞ지 一삭동안밧ᄭᅦ 나무심을ᄯᅢ가 업ᄂᆞᆫᄃᆡ 나무심으ᄂᆞᆫ 법에 ᄃᆡᄒᆞ야 주의ᄒᆞᆯ것은 대략 이아래 긔록ᄒᆞᆫ것과 ᄀᆞᆺᄒᆞ니라

一、목묘ᄂᆞᆯ 무ᄉᆞᆷ 츅츅ᄒᆞᆫ 풀노 ᄊᆞ셔 마르지 안케ᄒᆞᆯ일

一、목묘가 말나셔 잘살지못ᄒᆞᆯ 의심이 잇ᄂᆞᆫ쟈ᄂᆞᆫ 옴겨 심으지 말고 ᄒᆞᆫ一년동안 밧헤 심은ᄃᆡ로 두어 ᄉᆡᆼ긔를 회복ᄒᆞᆯ일

一、목묘를 실어왓ᄂᆞᆫᄃᆡ 그것을 一二일동안에 다 심을수 잇스면 그늘진곳에 맑은 물에 ᄲᅮ리를 잠거둘것이오 만일 여러날을 요구ᄒᆞ야 다 심을경우에ᄂᆞᆫ ᄯᅡᆼ을 파고 ᄲᅮ리를 깁히 뭇어놋코 심으ᄂᆞᆫ대로 좀식 옴겨갈것이니라

一、일본 ᄂᆡ디로브터 목묘를 구ᄒᆞ야 올경우에ᄂᆞᆫ 죠션남방에셔ᄂᆞᆫ 三월초ᄉᆡᆼ에 북방에셔ᄂᆞᆫ 三월금음ᄯᅢ 실어오게ᄒᆞᆯ일

一、목묘ᄂᆞᆫ ᄒᆞᆯ수잇ᄂᆞᆫ대로 ᄲᅮ리에 흙을 붓치고 노ᄭᅳᆫ으로 붓잡아 ᄆᆡ여 흙이 ᄯᅥ러지지 안케 ᄒᆞᆯ것이오 만일 큰나무면 ᄲᅮ리가 상치안토록 파셔 츅츅ᄒᆞᆫ 집흐로 ᄲᅮ리를 ᄊᆞ셔 마르지안케ᄒᆞᆯ일

一、ᄲᅮ리의 상ᄒᆞᆫ부분ᄂᆞᆯ ᄭᅳᆫ어ᄇᆞ릴일

一、ᄭᅳᆫ은ᄲᅮ리ᄂᆞᆫ 그ᄭᅳᆫ은 자리가 아래로 향ᄒᆞ야 ᄯᅡ부졍ᄒᆞ게 ᄒᆞᆯ일 (미완)

담 총

⊙목ᄉᆞ의민쳡ᄒᆞᆫᄃᆡ답

영국엇던 목ᄉᆞ가 ᄒᆞᆫ쟝관을 ᄃᆡᄒᆞ야 셩셩말ᄉᆞᆷ으로써 밋으라 권면ᄒᆞᆫᄃᆡ 그쟝관이 목ᄉᆞ를 희롱ᄒᆞ야 ᄀᆞᆯᄋᆞᄃᆡ 내가 밋고져ᄒᆞ나 셩경가온ᄃᆡ 모를말이 만ᄒᆞᆫ고로 밋지아니ᄒᆞ노라ᄒᆞᆫᄃᆡ 그목ᄉᆞ가 무러ᄀᆞᆯᄋᆞᄃᆡ 셩경의 무ᄉᆞᆷ말의 ᄯᅳᆺ을 모르ᄂᆞ뇨 그쟝관이 ᄀᆞᆯᄋᆞᄃᆡ 고리가 션지요나를 삼켯다가 三일만에 다시 비속으로브터 비앗타 륙디에 ᄂᆞ리게ᄒᆞ엿다ᄂᆞᆫ 말ᄀᆞᆺᄒᆞᆫ것이라ᄒᆞᆫᄃᆡ 그목ᄉᆞ가ᄀᆞᆯᄋᆞᄃᆡ 셩경에 알기어려온 말ᄉᆞᆷ도 파연잇거니와 알기쉬운말ᄉᆞᆷ이 더만ᄒᆞ니 十계명속에 뎨七계의 말ᄉᆞᆷᄀᆞᆺᄒᆞᆫ것이라 그ᄃᆡ가 이말ᄉᆞᆷ은 ᄭᆡᄃᆞᆺᄂᆞᆫ뇨ᄒᆞᆫᄃᆡ 그쟝관이 어ᄉᆡᆨᄒᆞ야 아모말도 ᄃᆡ답지 못ᄒᆞᆷ은 그목ᄉᆞ가 ᄌᆞ긔의 숨은 죄과를 아ᄂᆞᆫ연고니라

⊙三ᄇᆡᆨ년동안에 셩경번역ᄒᆞ야 츌판ᄒᆞᆫ수효

三ᄇᆡᆨ년젼에 영국님군 졔임스왕이 그ᄇᆡᆨ셩의게 영어셩경을 펴준후로 그동안에 五ᄇᆡᆨ三十四죵의 방언으로 번역ᄒᆞ야 츌판ᄒᆞᆫ것이 三억四쳔一ᄇᆡᆨ만부요 작년一년동안에 츌판ᄒᆞᆫ것이 一쳔九ᄇᆡᆨ만부라더라

⊙악츙(惡虫)금ᄒᆞᄂᆞᆫ 법

광에나 마루에 악츙을 금졔ᄒᆞ고져 ᄒᆞ거던 회(石灰)물에 검금을타셔 ᄲᅮ리면 악츙이업셔지ᄂᆞ니라

⊙폐긔(肺氣)ᄯᅳᆯ색질 곳치ᄂᆞᆫ법

폐긔가 파이나셔 오리가면 위ᄐᆡᄒᆞᆫ병이니 급히 곳치ᄂᆞᆫ법은 두코구멍을 ᄆᆡᆨ막고 ᄉᆞᆯ물ᄒᆞᆫᄃᆡ졉ᄂᆞᆯ 마사ᄂᆞᆫ것이됴코 만일 어린ᄋᆞᄒᆡ가 폐긔를 파이ᄒᆞ거던 ᄉᆞᆯ을 숫가락에 조곰 ᄯᅥ셔 ᄋᆞᄒᆡ입에 너어주면 곳 ᄀᆞᆺ치ᄂᆞ니라

明治四十四年六月十二日印刷

광고

THE AMERICAN BIBLE SOCIETY.

경향 여러교우의 갈망ᄒᆞ시던
국문구약셩경의 완편이 출판
되여 이달금음이나 릭월초싱
브터 발매 ᄒᆞ겟ᄉᆞ오니
쳠군ᄌᆞ는 슈용의 다쇼를ᄯᆞ라
륙속쳥구ᄒᆞ심을 ᄇᆞ라옵
그졔본과뎡가는여좌ᄒᆞ옵
二권一질二천六백五十
현
지의 一환
포의 一환十五젼
한문셩경이 새로 샹히로
셔나왓는ᄃᆡ 쉬운문리라
일어셩경신구약도 여러
죵류가 본공회와 셔울명
동과 평양에잇는 본공회
의 일본인지뎜에 잇솝
평양잇는 본공회의 죠션
인 지뎜에는 국문셩경의
여러죵류가 잇솝
각지뎜에셔도 이 셩경들
을 목록에 긔록ᄒᆞᆫ 뎡가로 도
미나 쇼미를 다ᄒᆞᆸ
각 칙샤에셔 사가면 삼활ᄒᆞ
고 부비ᄭᆞ지 담당ᄒᆞᆸ
京城鐘路基督靑年會下層
美國聖書公會 告白

광고

경계자 하ᄂᆞ님의 도으심으로
국문 신구약젼셔가 완편된지
라 이믜 인쇄ᄒᆞ야 이제 미하
ᄒᆞ는바 이칙의 쟝광은 국문
四호글ᄌᆞ 지의 신약과ᄀᆞᆺ고
그 쟝칙과 뎡가는 이아릭 ᄌᆞ
세히 긔록ᄒᆞ엿ᄉᆞ오니 이칙을
갈망ᄒᆞ시던 우리 형뎨와 ᄌᆞ
ᄆᆡ는 본공회와 경향 각교즁
칙샤에 쳥구ᄒᆞ시와 익독ᄒᆞ시
옵쇼셔
一千九百十一年五月四日

쟝칙과뎡가
신구약젼셔
단권一秩 견포의 一圓五十錢
仝 仝 반피의 一圓七十五錢
三권仝 지의 一圓二十五錢
仝 仝 포의 一圓三十五錢
구약젼셔
二권一秩 지의 一圓
仝 仝 포의 一圓十五錢

본공회에 국문한문 밋각국문
의 셩셔가 구비ᄒᆞ옵고 원근
각쳐로 발송ᄒᆞ는 셩셔의 운
비혹 우료는 본공회에셔 출
급ᄒᆞ오며 상세ᄒᆞᆫ 규칙과 뎡
가록은 쳥구를 ᄯᆞ라 공급ᄒᆞ
ᄂᆞ이다
셔울 종로 대영셩셔공회 고빅

△廣 告▽

○承寧府典醫正三品洪哲普閣下實驗處方
○陸軍軍醫醫校敎官張基茂君有效證明
四時勿論ᄒᆞ고人人常備之靈藥

官許 登錄 認可 和

健胃 消滯 八寶丹

定價金 九十五粒入一貼(十錢)
仝 三貼入(二十五錢)

◢另 告

胎養調經丸 (婦人冷積病神効) 五圓 腫根拔散 (拔腫根去惡生新) 十錢
明耳精 (耳內炎痛耳垢堆積) 十錢 蛔滅散 (蛔虫去根更無後慮) 十錢
滋陽丸 (男女勿論陰陽雙補) 五圓 浮腹能下丹 (下腹膨脹少便不利) 七十錢
小兒癎氣丸 (身熱頻驚夜啼便靑) 十五錢 絛虫藥 (寸白虫을沒出去根) 三十錢
回生水 (急泄虛泄無非神効) 十錢 補陰降火丸 (男女勿論陰虛火動) 七十錢

其他洋藥各種과⊙賣藥各種⊙漢藥唐草材⊙都賣散賣
遠地에서는各種藥을請求ᄒᆞ시면代金引換으로付送ᄒᆞ려니와
若支店이나出張所ᄒᆞ기願ᄒᆞ시는 僉員은規則을請求ᄒᆞ시옵

△八寶丹製造本舖賣藥行商員募集廣告
本堂賣藥行商員限三百人으로募集ᄒᆞ되(京城及地方)年齡은
男女勿論ᄒᆞ고十五歲以上四十歲以下로限ᄒᆞ며品行이端正ᄒᆞᆫ
人으로募集ᄒᆞᆷ (志願人은規則을請求ᄒᆞᆷ)
總發行所京城鍾路和平堂大藥房本舖 主任 李應善 告白
(電話一六九七番)

△特別廣告▽

九轉靈砂는本人이眞法製造ᄒᆞ야廣告于各新聞ᄒᆞᆫ지幾年에愛
好諸君의恩義를賴ᄒᆞ야請求가日日遝至이온바本人의神製ᄒᆞᆫ
各項丹藥이數十種이온ᄃᆡ就中濟衆丹은四時常服이오며夏秋
之間에는諸般急症에尤極神效ᄒᆞᆫ靈丹이오

九轉靈砂濟衆丹 (九十粒一包 定價金十錢)
(食滯酒滯와肉滯痰滯及諸般滯症과霍亂吐瀉와
時忌怔疾과毒感等諸般急症에神效ᄒᆞᆫ靈丹이오)

天恩中同胞ᄂᆞᆫ此靈丹을常服ᄒᆞ시면諸般急症을掃除ᄒᆞ는神
丹이오며同業諸君에게ᄂᆞᆫ半割引으로酬應이되十圜以上爲准
홈
京城西部前內需司前百三統一戶
煉丹大藥房主任 李鎬廷 告白

그리스도회보

每月二回發行
明治四十四年六月二十七日印刷
明治四十四年六月三十日發行

發行兼編輯人 北部社洞 奇義男
印刷人 北部樓閣洞 朴東完
印刷所 京城西小門內法韓印刷所
發行所 北部社洞 奇義男邸

(代金) ᄃᆡ금 一장 三전
六개월 二十五전
一개년 五十전
광고료 四호활ᄌᆞ 一항 一회 五전
활ᄌᆞ대쇼와 항수다쇼와 긔한장단을 ᄯᅡ라증감홈

론설

⊙인내는 신쟈의 요쇼(忍耐는信者의要素)(속)

그런고로 녯적로마경셩에 ᄒᆞᆫ 파부 배립사덕이라 ᄒᆞᄂᆞᆫ이가 쥬를 밋고 도를 직히더니 ᄌᆞ긔와 ᄌᆞ긔아ᄃᆞᆯ 닐곱과 ᄒᆞᆷᄭᅴ 로마경셩 법ᄉᆞ로 잡혀가서 보불류라ᄒᆞᄂᆞᆫ 관원의게 ᄌᆡ판을 당ᄒᆞᆯ때에 그관원이 그리스도를 비반ᄒᆞ고 우샹을 셤기면 무ᄉᆞ히 판결ᄒᆞ겟다ᄒᆞ되 죵시 불복ᄒᆞ고 닐곱아ᄃᆞᆯ을 다 악ᄒᆞᆫ형벌노 죽이되 조곰도 두려워ᄒᆞ지 아니ᄒᆞ고 또 ᄌᆞ긔ᄭᅡ지 ᄉᆞ형에 쳐ᄒᆞᆯ지라도 웃는 얼골을 변치아니ᄒᆞ고 죽음으로 후세ᄭᅡ지 헬나방언으로 마르드라 곳 슌도(殉道)ᄒᆞᆫ말을 젼ᄒᆞ엿ᄉᆞ니 이것이 엇지 우연ᄒᆞᆫ일이라 ᄒᆞ리오 오ᄂᆞᆯ날ᄭᅡ지 우리신쟈의 모범되ᄂᆞᆫ 력ᄉᆞ샹 ᄉᆞ실이 되엿도다 우리쥬를 다ᄀᆞᆺ치 밋을지라도 괴로옴을 ᄎᆞᆷ지못ᄒᆞ야 쥬를 비반ᄒᆞᄂᆞᆫ쟈는 불구렁텅이에 ᄯᅥ러져서 니를갈고 슯히우는 소ᄅᆡ가 ᄭᅳᆫ치아니ᄒᆞᆯ것이오 괴로옴을 락으로알고 견ᄃᆡ여 쥬를 ᄭᅳᆺᄭᅡ지 밋는쟈는 영화로온 락원에 드러가서 깃븐ᄆᆞ옴으로 찬숑ᄒᆞᄂᆞᆫ쇼ᄅᆡ가 길이 쉬지아니ᄒᆞ리니 그러면 슯히 우는쇼ᄅᆡ와 찬숑ᄒᆞᄂᆞᆫ쇼ᄅᆡ즁에 엇더ᄒᆞᆫ것이 됴흔가 비교뎍(比較的)으로 ᄉᆡᆼ각ᄒᆞᆯ지어다 ᄎᆞᆷ 우리밋ᄂᆞᆫ쟈를 크게 경셩케ᄒᆞᄂᆞᆫ 쇼ᄅᆡ니 괴로옴이 락의 근본이라ᄒᆞᄂᆞᆫ것이 다른곳에 잇지아니ᄒᆞ고 이 인내안에 포함ᄒᆞ엿도다 우리 쥬ᄭᅴ서 일죽이 교훈ᄒᆞ시기를 아모던지 나를ᄯᅡ라 오려거던 ᄌᆞ긔를 이긔고 제 십ᄌᆞ가를 지고 나를좃치라(마十六〇廿四)ᄒᆞ셧ᄉᆞ니 우리는 이말ᄉᆞᆷ을 명심불망ᄒᆞ야 넓은바다에 물결이 미러드러오는것ᄀᆞᆺ치 환란이 미러드러올지라도 힘을 죽도록 써서 뒤보지말고 압흐로 나아갈지니라 아롬답다 모든화쵸도 엄동셜한즁에 쇼실ᄒᆞᆫ 모양을 면치못ᄒᆞ더니 양츈이 다시오면 지엽도 무셩ᄒᆞ고 ᄭᅩᆺ도 란만히 픠여서 작작ᄒᆞᆫ ᄐᆡ도와 깃븐긔샹이 잇ᄉᆞ니 이것이 동졀의 치운것을 견ᄃᆡ던 결과가 아닌가 우리예슈교회에 유명ᄒᆞᆫ 션ᄉᆡᆼ 누더씨가 구교를 ᄀᆡ혁(改革)ᄒᆞᆯ때에 엄위ᄒᆞᆫ 교황(敎皇)과 무수ᄒᆞᆫ 반ᄃᆡ쟈를 져항ᄒᆞᄂᆞᆫ마당에 인내ᄒᆞᄂᆞᆫ 능력이 아니면 우리교회에 ᄃᆡᄒᆞ야 일층 새롭게ᄒᆞᄂᆞᆫ 큰ᄉᆞ업을 셩공ᄒᆞ엿겟ᄂᆞ뇨 이것을 미루어보건ᄃᆡ 우리신쟈의 요쇼는 인내라ᄒᆞᆯ것이오 우리의 모든 희망이 다 인내에잇슨즉 우리ᄉᆞ랑ᄒᆞᄂᆞᆫ 형뎨와 ᄌᆞ매는 이 인내를 붓잡고 놋치맙세다

츙남아산 박영셕

증산구황연보

(젼호련속)

⊙평남 증산군에거ᄒᆞᄂᆞᆫ 우리 교우 여러ᄇᆡᆨ명이 긔황(飢荒)을 면치못ᄒᆞᄂᆞᆫ 졍샹에ᄃᆡᄒᆞ야 각쳐교회에서 다쇼ᄒᆞᆫ 금익을 거두어 본샤로 보내엿기로 여러형뎨ᄌᆞ매의 ᄌᆞ션심(慈善心)을 감츌수 업서서 그거쥬와 씨명을 이아래 ᄎᆞ례로 긔지ᄒᆞ노라

三화읍교회 七환
금샤동교회 一환九十五錢
鎭南포비셕동교회 四十二환四十ㅏ錢九리
평양남산현교회 二十一환六十錢
신천시골교회 六환二十錢
경셩졍동교회 十五환二十錢
증산셕다산교회니장지ᄃᆡ씨 二환
평양남산현류목ᄉᆞ부슈씨 十환

교즁휘문

△ᄂᆡ보▽

⊙년회슌셔 북감리교 뎨四회 년환회를 본월廿一日 경셩졍동 뎨一회당에서 시작홈은 젼호에 게지ᄒᆞ얏거니와 그 슌셔는 당일 샹오九시에 셩만찬례를 힝ᄒᆞᆫ후 동十시에 고(故)우락웰 목ᄉᆞ 츄도회(追悼會)를 열고 동十시반에 임원을 조직ᄒᆞᆫ후 동十一시에 보고를 듯고 ᄉᆞ무를 쳐리ᄒᆞ며 廿二일 브터廿四일ᄭᆞ지는 ᄆᆡ일샹오九시에 긔도회를 지낸후 동九시반브터 十二시반ᄭᆞ지는 보고를 듯고 ᄉᆞ무를 쳐리ᄒᆞ며 廿五일九시반에 ᄋᆡ찬(愛餐)을 지내고 동十시반에는 히리쓰감독이 강도ᄒᆞ며 하오二시반에는 집ᄉᆞ와 쟝로의 안슈례(按手禮)를 힝ᄒᆞ고 廿六일 샹오九시에는 젼파곳치 긔도회를 지내고 九시반브터 十二시반ᄭᆞ지는 보고를 듯고 ᄉᆞ무를 쳐리ᄒᆞᆫ다더라

⊙一왕一ᄅᆡ 경셩졍동ᄇᆡ지학당쟝 뺑커씨는 죠션에 나온지 수십년에 교육샹 일노 열심ᄒᆞ더니 一년동안 한양(閒養)ᄒᆞ기 위ᄒᆞ야 본월 十六일에 동부인ᄒᆞ고 미국을 향ᄒᆞ야 발졍ᄒᆞ엿고 ᄯᅩ 여러히동안 졍동 감리회 활판소ᄉᆞ무를 관할(管割)ᄒᆞ다가 그부인의 신병을 인ᄒᆞ야 미국으로 드러갓던 ᄲᅥᆨ녹ᄉᆞ는 년젼에 불힝히 샹ᄇᆡᄒᆞᆫ후 그ᄌᆞ녀를 ᄃᆞ리고 홀노 잇다가 그 ᄌᆞ녀는 다 학교에 드려보내고 일젼에 다시 죠션 경셩으로 나와서 뺑커목ᄉᆞᄃᆡ에 미국셩서공회 ᄉᆞ무를 쥬관ᄒᆞᆫ다더라

⊙리화졸업식 본월十三일하오八뎜에 경셩졍동 리화학당 뎨四회 졸업식을 졍동 감리회 뎨一례ᄇᆡ당에서 힝ᄒᆞ엿는ᄃᆡ 회쟝긔이부씨가 목ᄉᆞ리경직씨의 긔도로 ᄀᆡ회ᄒᆞᆫ후 ᄀᆡ회ᄒᆞᆫ 대지를 셜명ᄒᆞ고 졸업싱즁 박인덕 김시탈나량씨가 연셜ᄒᆞ엿고 감독 히리쓰씨가 권셜ᄒᆞᆫ후 졸업증셔를 一一히 주엇고 간간히 풍류와 창가도 잇섯스며 감리ᄉᆞ 최병헌씨의 츅ᄉᆞ로 폐회ᄒᆞ엿는ᄃᆡ 졸업싱은 박인덕 김시탈나 최이시덕 박살노음 안구례스 김덕셰 리마리아 허징졔씨더라

⊙一영一젼 평양남산현교회 一반교우가 청국에서 젼도ᄒᆞ던 목ᄉᆞ 손졍도씨를 환영ᄒᆞ며 히디방의 슌힝젼도ᄉᆞ 리영슌씨를 젼별ᄒᆞ기위ᄒᆞ야 일젼에 대동강 션유(船遊)를 ᄇᆡ셜ᄒᆞ고 서로 친목ᄒᆞ는뜻을 표ᄒᆞ엿스며 ᄯᅩ 부벽루에 나려서 씨름(脚戲)ᄭᆞ지ᄒᆞ엿는ᄃᆡ 손졍도씨가 一등샹을 엇엇다더라

⊙례ᄇᆡ당봉헌식 경셩마포교회는 례ᄇᆡ당이 협착ᄒᆞ야 一반교우가 한탄홈을 마지아니ᄒᆞ더니 히교회즁 여러형뎨ᄌᆞᄆᆡ와 각쳐 교우의 열심연죠홈을 인ᄒᆞ야 례ᄇᆡ당을 새로 건츅ᄒᆞ고 본월十八일 하오二뎜에 례ᄇᆡ당을 하느님ᄭᅴ 밧치는 례식을 힝ᄒᆞ엿다더라

⊙영명학교졸업진급식 공쥬부 하리동 교회ᄂᆡ 영명학교에서 본월十일에 뎨四회졸업식을 셜힝홀시 교쟝 우리암씨가 목ᄉᆞ현슌씨의 긔도로 ᄀᆡ회ᄒᆞᆫ후 목ᄉᆞ반복긔씨가 셩경을 보고 감리ᄉᆞ 긔이부씨가 ᄀᆡ회취지를 셜명ᄒᆞᆫ후 도쟝관 박즁양씨가 츅ᄉᆞᄒᆞ고 학싱이 창가ᄒᆞᆫ후 감리ᄉᆞ 셔원보씨가 졸업쟝과 진급쟝을 주고 감독 히리쓰 ᄂᆡ무부쟝 등텬의민 본군슈 박용관제씨가 연셜ᄒᆞ고 젼도ᄉᆞ 안챵호씨가 답ᄉᆞᄒᆞ엿는ᄃᆡ 졸업싱은 김광셕 안신영씨등 八인이오 진급싱은 죠샹빅 신현챵씨등 八인이라더라

⊙령변남녀학교졸업식 령변교회ᄂᆡ 남녀쇼학교 졸업식을 셜힝ᄒᆞ엿는ᄃᆡ 남학교 졸업싱은 김영두 김경훈 리병걸 三인이며 진급싱이 三十二인이오 녀학교 졸업싱은 연영복 리명덕 리슌회 등六인이라더라

⊙ᄇᆡ화방학식 경셩 자하골 ᄇᆡ화녀학교 하긔(夏期)방학식은 본월 十九일 하오八뎜에 죵로 쳥년회관ᄂᆡ에서 셜힝ᄒᆞ엿다더라

⊙학교운동 경긔도 슈원읍 교회에 부속ᄒᆞᆫ 삼일학교에서 본월一일에 남녀학싱 운동회를 그디방 고삭리평에서 열

엇는ᄃᆡ 당일에 관광ᄒᆞ는 사ᄅᆞᆷ은 인산인히(人山人海)를 일우엇더라

⊙남졸녀방겸힝 강원도츈쳔부니 교당니에서 본월十五일에 남학교 졸업례식과 녀학교 방학례식을 겸힝ᄒᆞ얏는ᄃᆡ 졸업싱은 김봉현 지셩진 윤셕훈 삼인이오 니외국 ᄅᆡ빈이 一빅六七十인에 달ᄒᆞ얏ᄉᆞ며 ᄯᅩᄒᆞᆫ 녀학교를 신건츅ᄒᆞᆷ에 ᄌᆡ졍이 부족ᄒᆞᆷ을 인ᄒᆞ야 학도 부형들이 열심연죠ᄒᆞᆫ것이 五十환에 달ᄒᆞ얏는ᄃᆡ 그즁에 밋지아니ᄒᆞ시는 최지학씨가 十환 윤구오씨가 五환을 연보ᄒᆞ얏다더라

△외보▽

⊙작년통계표 미국남감리회 긔관보에 긔ᄌᆡᄒᆞᆫ 젼셰계 남감리회 작년통계표를 의지ᄒᆞᆫ즉 통상교우가 一빅八十만三쳔四十三인이니 작년一년동안에 증가(增加)ᄒᆞᆫ 수효가 四만八쳔七十一인이오 디방젼도ᄉᆞ가 四쳔五빅八十四인이니 감ᄒᆞᆫ 수효가 三빅六十八인이오 슌힝젼도ᄉᆞ가 七쳔八빅七十七인이니 증가ᄒᆞᆫ 수효가 二빅五十九인이오 쥬일학당이 一만五쳔九빅八十처이니 증가ᄒᆞᆫ 수효가 二빅四十二처이오 이가온ᄃᆡ 임원과 교ᄉᆞ를 병ᄒᆞ야 十二만七쳔七빅六十一인이니 증가ᄒᆞᆫ 수효가 四쳔八빅五十三인이오 학원이 一빅三十三만七쳔一빅八인이니 증가ᄒᆞᆫ 수효가 六만六쳔一빅三十三인이오 엡윗쳥년회가 四쳔四빅十四처니 증가ᄒᆞᆫ 수효가 三빅四十七처이오 이가온ᄃᆡ 회원이 十四만二쳔七빅二十四인이니 감ᄒᆞᆫ수효가 二쳔三빅六十七인이오 교회에 부속ᄒᆞᆫ 부동산은 례빈당이 一만六쳔四빅五十一처이오 긔외에 부속ᄒᆞᆫ집이 五쳔四十五좌이니 그갑슨 五쳔二빅八十三만一쳔七빅十五불 (一불이 二환가량)이니 증가ᄒᆞᆫ수효가 二빅七十五만二쳔一빅五十二불이오 一년동안에 외국션교에ᄃᆡᄒᆞ야 지출ᄒᆞᆫ 총익이 四十二만五쳔六빅七十六불六十四젼이오 니디젼도에 ᄃᆡᄒᆞ야 지출ᄒᆞᆫ 총익이 三十一만五쳔三빅二불九十八젼이오 교회확쟝비가 十七만四十五불十七젼이오 감독과 감리ᄉᆞ와 관할젼도ᄉᆞ의 봉급으로 지출ᄒᆞᆫ것이 四빅八十一만一쳔三빅九十九불二十六젼이오 교회에 부속ᄒᆞᆫ학교와 대학교가 一빅四十七이오 교ᄉᆞ가 一쳔七빅三十二인이오 학싱이 三만七쳔二빅五十二인인ᄃᆡ 그셜비ᄒᆞᆫ 가익은 一쳔二빅八만一쳔三빅五十六불이오 젹립금이 五빅二十七만八쳔九빅五불이러라

⊙법국텬쥬교의요구 유리로 텬쥬교에서는 一반교도의 셩경닑는일을 허락지아니ᄒᆞ더니 작동에 법국텬쥬교뎨三회 년회(年會)를 파리경셩에서 열엇는ᄃᆡ 그ᄯᅢ에 새로 뎨츌(提出)ᄒᆞᆫ 의안(議案)은 텬쥬교에서도 ᄌᆞ금이후로 져녀긔도ᄒᆞᆫ후에 셩경볼것과 각학교에서 셩경ᄀᆞᄅᆞ칠것과 一반신쟈의게 셩경을 ᄀᆞᄅᆞ치자는일이라더라

긔쟈왈 이 의안이 작동에 비로소 뎨츌되엿다ᄒᆞ니 비단 법국ᄲᅮᆫ아니라 셰계만국에서 다 이와ᄀᆞᆺᄒᆞᆫ 의론이 련속ᄒᆞ야 니러남으로 이일이 어서속히 실시되기를 본긔쟈는 갈망(渴望)ᄒᆞ노라

교회통신

긔셔

⊙ᄉᆞ랑ᄒᆞ시는형뎨ᄌᆞ민ᄭᅴ 본군七면은 작년 박ᄌᆡ에 곡식을 ᄒᆞᆫ알도 거두지 못ᄒᆞ고 一반인민이 죠셕을 닛지못ᄒᆞ야 긔ᄉᆞ지경에니른 경상은 참아 볼수업더니 하ᄂᆞ님의 풍셩ᄒᆞ신 은혜와 쥬의 十자가 ᄉᆞ랑안에서 사시는 여러교회에서 쥬의ᄉᆞ랑을니여 구ᄒᆞᆯ금을 모집ᄒᆞ야 보내신고로 긔ᄉᆞ에니른 형뎨ᄌᆞ민를 구원ᄒᆞ엿ᄉᆞ오니 이ᄉᆞ랑은 하ᄂᆞ님ᄭᅴ로 좃차 온줄알고 영광을 하ᄂᆞ님ᄭᅴ 돌니오며 쳠교회형뎨ᄌᆞ민의 넓고 깁고 츔되신 ᄉᆞ랑을 이사ᄅᆞᆷ의 좁은입으로 다 진술ᄒᆞᆯ수 업ᄉᆞ와 두어ᄌᆞ로 회보샹에 진술ᄒᆞ야 각쳐 교회에 ᄃᆡᄒᆞ야 업ᄃᆡ려 감ᄉᆞᄒᆞ오며 ᄯᅩ 비압기는 하ᄂᆞ님의 풍셩ᄒᆞ신 은혜와 ᄉᆞ랑이 더욱 쳠교회에 츙만ᄒᆞ옵기를 ᄇᆞ라ᄂᆞ이다

평남 중산군 교회八百여명교우 ᄃᆡ표쟈 리릉도 경빅

만국쥬일공과

뎨二十七

七월二일

마태十四장一-十二절

요지 헤롯의집안

외일말솜 로마六장廿三절

이공과의 셩경본문은 거五월二十一일공과와 ᄭᅩᆨ ᄀᆞᆺᄒᆞ니 처음에 작뎡ᄒᆞᆯ때에 이본문을 두번식 거듭 쓴것은 무슨뜻인지 ᄌᆞ셰히 알수업ᄉᆞ나 그러나 요지는 각각 다르니 젼공과의 요지는 셰례요한의 죽음이오 이공과의 요지는 헤롯의 집안이라

헤롯의 집안을 말ᄒᆞ자면 이헤롯은 곳 갈닐니의 분봉왕헤롯 안듸바니 벳올네헴에잇는 어린ᄋᆞ히를 도륙ᄒᆞᆫ 왕대헤롯의 아ᄃᆞᆯ이오 아글나의아오요 빌닙의 형이오 야고보를 죽이고 베드로를 옥에가도왓던 아그립바의 삼촌이라 그ᄅᆡ력은 이러ᄒᆞ거니와그죄악을 말ᄒᆞ자면 (一) 요한이 의로온 사ᄅᆞᆷ인줄 알고도옥에 가돈것이오 (二) 그뎨슈를 취ᄒᆞ야 안히를 삼은것이오 (三) 요한을 필경죽인것이오 (四) 예수를 지판ᄒᆞᆯ때에 예수를 모욕ᄒᆞᆫ것이니라

이헤롯과 관계된 말솜은 마가六장十六-廿八절과 누가-三장卅二절과 卅三장七-十二절에보라

一-二절 헤롯이 예수의 베프신권능을 듯고 그신하ᄃᆞ려 닐ᄋᆞᄃᆡ 「이는 요한이 죽은가온ᄃᆡ서 니러낫다」ᄒᆞᆫ것을 보면 요한을 죄업시 죽이고 그ᄆᆞ음 가온ᄃᆡ 홍샹 두려온 싱각이 잇는것을 가히 알지로다 여긔ᄃᆡᄒᆞ야 싱각ᄒᆞᆯ것은 (一) 령혼이 아조죽지 아니ᄒᆞ는것을 밋는것은 사ᄅᆞᆷ의 ᄌᆞ연ᄒᆞᆫ 텬셩이오 (二) 지극히악ᄒᆞᆫ쟈라도 무죄ᄒᆞᆫ 사ᄅᆞᆷ을 죽이면 복슈(復讎)ᄒᆞ시는 하ᄂᆞ님이 계신줄을 ᄭᆡᄃᆞᆺ고 두려워ᄒᆞᆷ이니라

三-五절 헤롯이 그 뎨슈를 도적ᄒᆞ는 일에ᄃᆡᄒᆞ야 요한이 올치안타ᄒᆞᆫ고로 요한을 잡아가도왓ᄂᆞ니라

六-十절 헤롯이 요한을 뮈워ᄒᆞ나 의로온 사ᄅᆞᆷ을 죽엿다고 ᄇᆡᆨ셩의 의론이 잇슬가 두려워 ᄒᆞ야 죽이지못ᄒᆞ엿다가 악ᄒᆞᆫ 헤로듸아의 간계에 ᄲᅡ져서 무죄ᄒᆞᆫ 션지를 살해ᄒᆞ엿ᄉᆞ니 우리가 여긔ᄃᆡᄒᆞ야 싱각ᄒᆞᆯ것은 (一) 마귀가 홍샹 악ᄒᆞᆫ쟈를 리용(利用)ᄒᆞ야 의로온 사ᄅᆞᆷ을 살해ᄒᆞᆷ이오 (二) ᄡᅳᆯᄃᆡ업는 밍셰를 잘ᄒᆞ는쟈는 그 밍셰ᄒᆞᆫ 말을 슈습ᄒᆞ랴다가 죄를 짓기쉬온것이니라

뭇는말

一、헤롯안듸바의 죄가 무엇이뇨

二、헤롯이 무ᄉᆞᆷᄭᆞᄃᆞᆰ으로 요한을 뮈워ᄒᆞ엿ᄂᆞ뇨

三、헤롯이 그신하ᄃᆞ려 요한이 죽은가온ᄃᆡ 니러낫다는말에 ᄃᆡᄒᆞ야 싱각ᄒᆞᆯ것이 무엇이뇨

四、헤롯이 요한을 죽인일에 ᄃᆡᄒᆞ야 싱각ᄒᆞᆯ것이 무엇이뇨

만국쥬일공과

뎨二十八

七월九일

마태十五장一-二十절

요지 바리시교인파셔긔관

四

외일말솜 十一절

이공과는 바리시교인파 셔긔관들이 예수를 시험코져ᄒᆞ야 뭇는말(一-二)에 ᄃᆡᄒᆞ야 예수ᄭᅴ서 ᄃᆡ답ᄒᆞ시고 (三-九) ᄯᅩ 무리를 향ᄒᆞ야 닐ᄋᆞ신말솜과 (十-十一) 뎨ᄌᆞ들이 두려워ᄒᆞᆷ에 (十二) ᄃᆡᄒᆞ야 예수ᄭᅴ서 경계ᄒᆞ신 말솜과 (十三-十四) 버드로가 뭇는말(十五)에 ᄃᆡᄒᆞ야 예수ᄭᅴ서 ᄇᆞᆰ히 ᄒᆡ셕ᄒᆞ신것이니라(十六-廿)

一-二절 이때 유대인가온ᄃᆡ 바리시교인은 모세의 률법과 모든 유젼과 규례를 온젼히 직힌다ᄒᆞ는 무리오 셔긔관들은 바리시교인즁에 특별ᄒᆞᆫ 당파니 셩경을 입으로 닑으며 손으로 쓰ᄃᆡ ᄒᆞᆫᄌᆞ와 ᄒᆞᆫ획을 일치아니ᄒᆞ도록 주의ᄒᆞ는쟈들인ᄃᆡ 예수ᄭᅴ서 모든 이젹힝ᄒᆞ시는것을 보고 싀긔ᄒᆞ며 뮈워ᄒᆞ는고로 악ᄒᆞᆫ뜻을 품고 예수ᄭᅴ 나아와서 그ᄀᆞᆺ치 질문ᄒᆞ엿ᄂᆞ니 대개 먹을때에 손을 씻는것은 예수로브터 八九十년젼에 유대인의 쟝로 힐넬과 쉠메가 뎡ᄒᆞᆫ 유젼인연고니라 그러나 이것은 외모와 젹은례절을 직히

논일에 지내지못혼것이니라

三ㅣ九졀 예수ᄭᅴ셔 ᄃᆡ답ᄒᆞ신 말솜이니 므릇 하ᄂᆞ님을 공경ᄒᆞᆫ 다음에는 부모를 공경ᄒᆞᄂᆞᆫ것이 하ᄂᆞ님의 계명인ᄃᆡ 바리시교인파 셔긔관들은 하ᄂᆞ님의 계명보다 쟝로의 유젼을 더 즁히 녁이며 더회부모 보다 례물을 더 즁히녁이는 풍습(風習)이 잇고 ᄯᅩ 공경혼다ᄒᆞᆯ지라도 입셜노만 공경ᄒᆞ고 ᄆᆞᄋᆞᆷ으로는 공경치 아니ᄒᆞᄂᆞᆫ고로 예수ᄭᅴ셔 깁히 칙망ᄒᆞ신것이니 이말솜에셔 비홀것은 부모를 공경ᄒᆞᄂᆞᆫ것은 텬연뎍(天然的)의무요 하ᄂᆞ님을 공경ᄒᆞᄂᆞᆫ것은 죵교뎍(宗教的)의무니 이두가지즁에 ᄒᆞ나이라도 폐치못ᄒᆞᆯ것이니라

十ㅣ十一졀 이말솜을 볼ᄯᅢ에 깁히 ᄉᆡᆼ각ᄒᆞᆯ것은 우리의 입으로 말미암아 죄를 짓기쉬온즉 입으로 말ᄒᆞᆯᄯᅢ마다 미우 조심ᄒᆞᆯ것이니라

十二ㅣ十四졀 뎨ᄌᆞ들은 예수ᄭᅴ셔 바리식 교인놈 치시는것을 보고 두려워ᄒᆞᄂᆞᆫ고로 예수ᄭᅴ셔 이ᄀᆞᆺ치 말솜ᄒᆞ신것이니 텬부ᄭᅴ셔 심으지 아니ᄒᆞ신 나무와 쇼경을 인도ᄒᆞ는 쇼경은 바리시교인들을 ᄀᆞᄅᆞ쳐 ᄒᆞ신말솜이니라

十九ㅣ廿졀은 十一졀에 ᄒᆞ신 말솜을 히셕ᄒᆞ신것이니 대개 손을 씻지안코 먹는것은 능히 령혼을 더럽히지못ᄒᆞ고 오직 ᄆᆞᄋᆞᆷ속에셔 나오는 모든 악혼ᄉᆡᆼ각이 사ᄅᆞᆷ의 령혼을 죽일수잇다 ᄒᆞ심이니라

뭇는말

一、바리시교인과 셔긔관은 엇더ᄒᆞᆫ 당파뇨

二、부모를 공경ᄒᆞᄂᆞᆫ것이 무숨 의무뇨

三、十一졀말솜은 무숨 ᄯᅳᆺ이뇨

四、쇼경을 인도ᄒᆞ는 쇼경은 누구를 ᄀᆞᄅᆞ치심이뇨

만국쥬일공과
뎨二十九

七월十六일

마태十六쟝十三ㅣ二十八졀

요지 베드로의즁거

외일말솜 十六졀

이공과는 대개 네부분에 ᄂᆞᆫ홀지니 一은 예수ᄭᅴ셔 무르시매 뎨ᄌᆞ들이 ᄃᆡ답ᄒᆞᆫ것이오 (十三ㅣ十六) 二는 예수ᄭᅴ셔 베드로의게 허락ᄒᆞ시고 뎨ᄌᆞ들의게 당부ᄒᆞ심이오 (廿七ㅣ廿) 三은베드로의약홈이오 (廿一ㅣ廿三) 四는 십ᄌᆞ가를 쳔거(薦擧)ᄒᆞ시고 면류관엇는 길을 열어주심이니라 (廿四ㅣ廿八)

가이사랴 빌닙보는 갈닐니동북편에 잇ᄂᆞ니 각국사ᄅᆞᆷ이 모혀 사는 곳이니라

뎨一부분

十三ㅣ十六졀 예수ᄭᅴ셔 뎨ᄌᆞ들드려무르시ᄃᆡ「사ᄅᆞᆷ들이 인ᄌᆞ를뉘라ᄒᆞ더냐」ᄒᆞ심에 ᄃᆡᄒᆞ야 뎨ᄌᆞ들이 드른대로 ᄃᆡ답ᄒᆞᆫ것이 각각다르고 ᄯᅩ 「너희는 나를 뉘라ᄒᆞᄂᆞ냐」ᄒᆞ심에 ᄃᆡᄒᆞ야 베드로가 ᄃᆡ답ᄒᆞ기를「쥬는 그리스도시오 살아계신 하ᄂᆞ님의 아ᄃᆞᆯ이시니다」ᄒᆞ엿스니 긔이ᄒᆞ도다 이ᄃᆡ답이여 뉘가 베드로로 ᄒᆞ여금 능히 이 ᄃᆡ답을 ᄒᆞ게ᄒᆞ셧ᄂᆞ뇨 다만 하ᄂᆞ님ᄭᅴ셔 알게ᄒᆞ셧고 ᄯᅩᄒᆞᆫ ᄌᆞ긔밋음이 알게ᄒᆞ엿ᄂᆞ니 우리가 이말솜을 보고 깁히 ᄉᆡᆼ각ᄒᆞᆯ것은 (一) 이 무르심에 ᄃᆡᄒᆞ야 엇더케 ᄃᆡ답ᄒᆞᆯ것을 우리 ᄆᆞᄋᆞᆷ으로 스ᄉᆞ로 무러볼것이오 (二) 우리가 쥬를 온젼히 밋고 슌죵치 아니ᄒᆞ면 능히 쥬가 누구신지 잘알수업ᄂᆞᆫ것이니라

뎨二부분

十七ㅣ廿) 헬나 말에 돌은 베드로스요 반셕은 베드라니 베드로의 일홈은 이ᄯᅳᆺ을 취혼것이라 쥬ᄭᅴ셔「교회를 반셕우에 세우신다」ᄒᆞ셧ᄂᆞᆫᄃᆡ 이반셕은 베드로를 ᄀᆞᄅᆞ치신것이 아니오 당신을 ᄀᆞᄅᆞ치심이오 ᄯᅩ「텬국 열쇠를 네게주리라」ᄒᆞ심은 곳 베드로로 ᄒᆞ여곰 젼도ᄒᆞᄂᆞᆫ 문을 열게ᄒᆞ겟다 ᄒᆞ심이요 뎨ᄌᆞ들드려「내가 그리스도라 닐으지말나고」당부ᄒᆞ신것은 십ᄌᆞ가에 도라가실 긔한이 아직 니르지 아니ᄒᆞᆷ이니라

뎨三부분

廿一ㅣ廿三) 쥬ᄭᅴ셔 십ᄌᆞ가에 도라가심은 하ᄂᆞ님의 ᄯᅳᆺ을 슌죵ᄒᆞ샤 사ᄅᆞᆷ을 구원코져ᄒᆞ심인ᄃᆡ 베드로는 이것을 슬혀ᄒᆞ야 쥬를 구원코져 ᄒᆞ엿스나 그말이 하ᄂᆞ님의 ᄯᅳᆺ에 어그러진고로 쥬ᄭᅴ셔 심히 칙망ᄒᆞ셧ᄂᆞ니 이것은 베드로의약

홈이라 우리가 여긔서 싱각ᄒᆞᆯ것은 하ᄂᆞ님ᄭᅴ 속ᄒᆞᆫ쟈는 신령ᄒᆞᆫ 능력을엇고 마귀의게 속ᄒᆞᆫ쟈는 연약ᄒᆞᆫ ᄆᆞᄋᆞᆷ을 엇을것이니라

뎨四부분

廿四-廿八) 쥬ᄭᅴ셔 말솜ᄒᆞ시기를 「제십ᄌᆞ가를 지고 나를 좃치라」(廿四)ᄒᆞ심은 뎌희가 쥬의 십ᄌᆞ가를 붓그럽게 싱각지 말ᄲᅮᆫ아니라 각각 제 십ᄌᆞ가를 지고 쥬를 ᄯᅡ라가야 영싱의 면류관을 엇으리라 ᄒᆞ심이니 이말솜이 우리를 ᄀᆞᄅᆞ치신것은 누구던지 ᄌᆞ긔몸과 목숨을 앗기지안코 다른 사ᄅᆞᆷ을 위ᄒᆞ야 션ᄒᆞᆫ일을 힝ᄒᆞᆫ쟈는 텬국에서 샹을 엇을것이니라

뭇ᄂᆞᆫ말

一, 이공과를 몃부분에 ᄂᆞᆫ호겟ᄂᆞ뇨

二, 뎨ᄌᆞ들의 ᄃᆡ답ᄒᆞᆫ것을 보고 우리가 싱각ᄒᆞᆯ것은 무엇이뇨

三, 뎨二부분에 반셔은 누구를 ᄀᆞᄅᆞ치신것이뇨

四, 뎨四부분에셔 비ᄒᆞᆯ것이무엇이뇨

빔의셩질을품은칙들

◉인도국에서 엇던 션비가 셔칙고에 드러가셔 시렁에 언친 칙ᄒᆞᆫ권을 취ᄒᆞ야 넘기기를 시작ᄒᆞᆯ시 칙을 들고 잇ᄂᆞᆫ 손가락ᄒᆞ나희 바ᄂᆞᆯ노 ᄶᅵ르ᄂᆞᆫ 것ᄀᆞᆺ치 압흐거ᄂᆞᆯ 그션비의 싱각에는 혹 칙갈피에 표ᄒᆞ노라고 ᄭᅩ진 바ᄂᆞᆯ이 잇셔셔 ᄶᅵ르ᄂᆞᆫ줄노 신지무의ᄒᆞ고 칙만보더니 얼마만에 그손가락이 부어 올나오며 졈졈 팔이 붓고 젼신이 부어 수일ᄂᆡ에 죽엇스니 그것은 다름아니라 원리 인도국에 독ᄒᆞᆫ빔이 만흔ᄃᆡ 그형톄는 비록 젹으나 사ᄅᆞᆷ을 ᄒᆞᆫ번 물면 젼신이 부어 죽ᄂᆞᆫ것이니 이런빔이 칙갈피에 숨어잇다가 이사ᄅᆞᆷ의 손가락을 물어셔 죽엿ᄂᆞ니라 슬프다 이빔은 칙갈피속에 형샹잇ᄂᆞᆫ 빔으로 사ᄅᆞᆷ을 물어 죽엿지마는 이셰샹에 ᄂᆞᆫ님을 비방ᄒᆞ며 도덕파리에 위비(違背)되ᄂᆞᆫ 말을 긔록ᄒᆞᆫ 칙과 음란ᄒᆞᆫ 쇼셜(小說)파 거즛말이나 아쳠ᄒᆞᄂᆞᆫ 말이나 샹인히물(傷人害物)ᄒᆞᄂᆞᆫ 말이나 모든 괴악ᄒᆞᆫ말을 긔ᄌᆡᄒᆞ야 사ᄅᆞᆷ의 ᄉᆞ샹을 현황케ᄒᆞᄂᆞᆫ 신문과 잡지가 몃쳔빅만으로 계교ᄒᆞᆯ수 업도다 이런칙은 츰형샹업ᄂᆞᆫ독사(毒蛇)라 칙장 ᄉᆞ이에 숨엇다가 넑ᄂᆞᆫ 사ᄅᆞᆷ을 물어 죽이ᄂᆞᆫ 셩질이 잇ᄂᆞ니 원컨ᄃᆡ 우리쥬를 밋ᄂᆞᆫ 형뎨와 ᄌᆞ미는 이런 칙이나 신문이나 잡지를 조심ᄒᆞ야 피ᄒᆞ시오

ᄂᆡ외잡조(內外雜俎)

◉삼림령(森林令)발포

근일총독부 관보로 삼림령을 발포ᄒᆞ엿ᄂᆞᆫᄃᆡ 이것은 명치四十一년에 한국졍부에셔 발포ᄒᆞᆫ 삼림령을 기졍(改正)ᄒᆞᆫ것이라 그쥬지는 죠션十三도의 삼림을 됴사ᄒᆞᆫ즉 十분의 八九분은 국유(國有)에 속ᄒᆞᆫ지라 이광활ᄒᆞᆫ 산야를 졍부의 힘으로 나무를 다 심으기 어려온고로 보안림(保安林)이나 관영조림(官營造林)으로 경영ᄒᆞ기에 필요ᄒᆞᆫ곳을 졔ᄒᆞᆫ외에는 다 쳥원ᄒᆞᄂᆞᆫ 빅셩의게 갑업시 내여쥬어 나무를 심으면 그 쇼유권(所有權)ᄭᅡ지 인허ᄒᆞ야 줄것이라ᄂᆞᆫᄃᆡ 오ᄂᆞᆯ날 죠션빅셩이 몬져 힘쓸것은 나무심으ᄂᆞᆫ 일이니 아모됴록 사ᄅᆞᆷ마다 이 법령과 규측을 범연이 싱각지말고 관보나 신문샹에 긔ᄌᆡᄒᆞᆫ것을 ᄌᆞ셰히 보고 뎍당ᄒᆞᆫ곳을 쳥원ᄒᆞ야 나무심으기를 힘쓸것이라고 공론이만터라

◉영황ᄃᆡ관식(英皇戴冠式)

본월廿二일은 작년에 등극ᄒᆞ신 영국황뎨 죠-지뎨五셰폐하ᄭᅴ셔 졍식으로 즉위ᄒᆞ시ᄂᆞᆫ 날인ᄃᆡ 당일에 폐하ᄭᅴ셔 영국셔울 륜돈셩 웨스트민이스터라ᄂᆞᆫ 셩당에 친림ᄒᆞ신후 킨터-베리 대쥬교가 폐하의 머리에 셩유(聖油)를 붓고 그 황실의 ᄃᆡᄃᆡ샹젼ᄒᆞᄂᆞᆫ 금강셕면류관(金剛石冕旒冠)을 씌인후에 하ᄂᆞ님ᄭᅴ 츅복ᄒᆞ엿ᄂᆞᆫᄃᆡ 이례식은 영국의 뎨一큰경ᄉᆞ라 셰계 각국 뎨왕과 대통령이 다 친왕이나 대ᄉᆞ를 파견ᄒᆞ야 이례식에 참예케ᄒᆞ엿ᄂᆞᆫ ᄂᆡ 본회보도 이례식에 ᄃᆡᄒᆞ야 경츅ᄒᆞᄂᆞᆫ뜻을 표ᄒᆞ노라

교 육

◉가졍학

가뎡교육의계측(戒則)(속)

一、어린ᄋᆞᄒᆡ들을 무셥게ᄒᆞ지말지니 대개 쟝셩ᄒᆞᆫ 후에도 ᄒᆞᆼ샹 겁이 만흔 사ᄅᆞᆷ은 어렷슬ᄯᆡ에 그 부모가 ᄋᆞᄒᆡ를 슌종케ᄒᆞ기 위ᄒᆞ야 무슴 괴샹ᄒᆞᆫ 모양이나 무서운 말노 두렵게ᄒᆞᆫ연고니라 그럼으로 어린ᄋᆞᄒᆡ의게 ᄃᆡᄒᆞ야 무슴 귀신의 요괴(妖怪)ᄒᆞᆫ 니야기를 ᄒᆞ지말것이오 다만 영웅호걸의 ᄉᆞ젹으로 됴흔 니야기를ᄒᆞ야 들녀주ᄂᆞᆫ것이 됴ᄒᆞ니라

一、싀긔ᄒᆞ고 질투(嫉妬)ᄒᆞᄂᆞᆫ 일노 어린ᄋᆞᄒᆡ들 ᄀᆞᄅᆞ치지 말지니 부모된쟈 혹 아ᄒᆡ의 잘ᄒᆞᄂᆞᆫ 일을 들어 형의 잘못ᄒᆞᄂᆞᆫ일을 심히 ᄭᅮ짓던지 혹 아ᄃᆞᆯ의 완악ᄒᆞᆷ과 ᄯᆞᆯ의 슌량ᄒᆞᆷ을 분간ᄒᆞ야 드러내면 이ᄂᆞᆫ 형뎨ᄌᆞ미간에 싀긔ᄒᆞ며 질투ᄒᆞᄂᆞᆫ ᄆᆞᄋᆞᆷ을 길너주어 쟝ᄅᆡ에 ᄋᆡ졍(愛情)이 손샹케ᄒᆞᆷ이니 ᄆᆡ우 죠심ᄒᆞᆯ것이니라

一、어린ᄋᆞᄒᆡ의 작란ᄒᆞᄂᆞᆫ것을 너머 과도히 금치말지니 어린ᄋᆞᄒᆡ의 ᄒᆞ고져ᄒᆞᄂᆞᆫ 일을 못ᄒᆞ게ᄒᆞ면 죵일 근심ᄒᆞ야 질거온ᄯᅳᆺ이 업서지며 활발ᄒᆞᆫ 긔운이 져샹(沮喪)키 쉽고 ᄯᅩᄒᆞᆫ 부모를 속이고 다른 작란을 ᄒᆞ다가 필경 자라서도 부모를 긔망ᄒᆞᄂᆞᆫ 힝습이 될것이니 ᄆᆡ우 주의ᄒᆞᆯ것이 이것이니라

一、부모된쟈ㅣ 맛당히 ᄒᆞᆫ번 말ᄒᆞ며 ᄒᆞᆫ번 힝ᄒᆞᄂᆞᆫ것을 조심ᄒᆞᆯ지니 만일 부모가 다른 사ᄅᆞᆷ을 ᄃᆡᄒᆞ야 음란ᄒᆞ거나 강포ᄒᆞ거나 샤위(詐僞)ᄒᆞᆫ말이나 힝동이 잇스면 겻헤서 보ᄂᆞᆫ ᄋᆞᄒᆡ가 그부모의 언힝(言行)을 본밧기쉬온즉 ᄯᅩᄒᆞᆫ 주의ᄒᆞᆯ것이니라

一、어린ᄋᆞᄒᆡ의 널니 ᄉᆞ랑ᄒᆞᄂᆞᆫ ᄆᆞᄋᆞᆷ을 길너줄것이니 만일 ᄋᆞᄒᆡ가 어렷슬ᄯᆡ브터 ᄒᆞᆷᄭᅴ 노ᄂᆞᆫ동모의게 ᄃᆡᄒᆞ던지 심지어 즘ᄉᆡᆼ이나 새나 버러지의게라도 잔포ᄒᆞᆫ 일을 힝ᄒᆞ면 그ᄆᆞᄋᆞᆷ이 자라서 쟝ᄅᆡ에 잔학(殘虐)ᄒᆞᆫ 사ᄅᆞᆷ이 되기쉬오니 ᄆᆡ우 주의ᄒᆞᆯ것이니라

실 업

◎목묘(木苗)를옴겨심으ᄂᆞᆫ법의주의ᄒᆞᆯ것 (속)

一、츅츅ᄒᆞᆫ 진흙ᄯᅡᆼ에 본ᄅᆡ ᄲᅮ리가 깁히 박히지못ᄒᆞᄂᆞᆫ 목묘를 깁게 심으면 잘 자라지 못ᄒᆞᆯ것이오

一、토력이 부족ᄒᆞᆫ 모리ᄯᅡᆼ이나 보송보송ᄒᆞᆫ 흙에는 깁게 심을것이오

一、산ᄯᅳᆼ이나 ᄆᆡ마른 모리ᄯᅡᆼ에는 좀 일쥭 심을것이오

一、목묘를 심을ᄯᆡ에 그ᄲᅮ리의 긔왕박혓던 대중을 보아서 그만콤 깁게심을것이오

一、목묘의 가지가 만흔편은 남방으로 향ᄒᆞ게 심을것이오

一、목묘를 심으기에 ᄀᆞ쟝합당ᄒᆞᆫᄯᆡ는 흐린날이나 비오기젼으로 ᄐᆡᆨᄒᆞᆯ것이오

一、목묘를 ᄲᅢᆸ기에 ᄀᆞ쟝 합당ᄒᆞᆫᄯᆡ는 비가온뒤로 ᄐᆡᆨᄒᆞᆯ것이오

一、ᄯᅡᆼ이 과도히 진ᄯᆡ에는 목묘 심으기를 피ᄒᆞᆯ것이오

一、습긔가 만흔ᄯᅡᆼ에는 목묘를 물에 축여서 심을 필요가 업ᄂᆞᆫ것이오

一、아모됴록 나무ᄲᅮ리에 빈틈이 업시 진흙ᄀᆞᆺ흔것을 붓처 심을것이오

一、ᄆᆡ마른 ᄯᅡᆼ에는 목묘를 심은후에 ᄲᅮ리우에 풀이나 집흘 덥허 간조(乾燥)ᄒᆞᆫ 긔운을 막을것이오

一、큰나무를 심은후에는 ᄉᆞ면에 말장을 세우고 샹면(上面)으로 란간을 ᄶᆞ셔 바람의 흔들니지 안케ᄒᆞᆯ것이니라

明治四十四年六月二十七日印刷

明治四十四年二月二日第三種郵便物認可　主降生一千九百十一年七月十五日(土曜)　第一卷第十二號

그리스도회보

每月二回發行

明治四十四年七月十二日印刷
明治四十四年七月十五日發行

發行兼編輯人 北部社洞 奇義男
印刷人 北部樓閣洞 朴東完
印刷所 京城西小門內法韓印刷所
發行所 北部社洞 奇義男邸

[代金] 디금 一쟝 三젼
六ᄀᆡ월 二十五젼
一ᄀᆡ년 五十젼

광고료 四호활ᄌᆞ 一항 一회五젼
활ᄌᆞ대쇼와 항수다쇼와 긔한쟝단을 ᄯᆞ라 증감홈

사설

◉흡연(吸烟)의 해되ᄂᆞᆫ 증거가 무엇이뇨

대뎌 흡연ᄒᆞᄂᆞᆫ것은 사ᄅᆞᆷ의게 ᄇᆡᆨ가지로 해롭고 ᄒᆞᆫ가지도 리ᄒᆞᆫ것은 업ᄂᆞᆫ고로 우리교회 즁에 진실히 밋ᄂᆞᆫ쟈와 교회 밧게도 졍결홈과 존졀홈을 직히ᄂᆞᆫ쟈ᄂᆞᆫ 비록 쟝셩ᄒᆞᆫ사ᄅᆞᆷ이라도 十샹八九ᄂᆞᆫ 흡연을 거졀ᄒᆞᄂᆞᆫᄃᆡ ᄒᆞ믈며 혈긔가 바야흐로 자라며 뇌수(腦髓)가 아직 굿지못ᄒᆞ고 미셩년ᄒᆞᆫ 학도들이야 더욱 말ᄒᆞᆯ것업도다 근일에 문명ᄒᆞᆫ 나라 샹회(商會)에셔도 담비 광고를 몃ᄇᆡᆨ만쟝식 박아 경향각쳐에 ᄲᅮ리ᄂᆞᆫᄃᆡ 이 광고의 효력은 우리교회 젼도지의 효력보다 더 신쇽ᄒᆞ야 어린학도가 가로샹에셔 지권연을 물고 조곰도 긔탄(忌憚)업시 ᄃᆞᆫ니니 엇지 깁히 탄식ᄒᆞᆯ바가 아니리오 만일 엇던학도가 흡연의 해되ᄂᆞᆫ 리유가 무엇이뇨 무르면 본긔쟈가 맛당히 이아래 여러가지 리유로써 ᄃᆡ답ᄒᆞᆯ지니 (一) 흡연이 신톄에 해됨이니 지권연은 사ᄅᆞᆷ의몸에 활동력을 감ᄒᆞ며 미셩년ᄒᆞᆫ쟈의 신톄로ᄒᆞ여곰 속히발양치못ᄒᆞ게 홈이오 (二) 흡연이 총명에 해됨이니 지권연속에 니고틴이라ᄂᆞᆫ 독질이 잇서셔 사ᄅᆞᆷ의 신경(神經)과 뇌력을 약ᄒᆞ게 홈이오 (三) 흡연이 도덕에 해됨이니 지권연이 먹ᄂᆞᆫ쟈로ᄒᆞ여곰 목이조(燥)ᄒᆞ고 갈ᄒᆞ게 ᄆᆞᆫᄃᆞᄂᆞᆫ고로 술마실ᄉᆡᆼ각을 소개ᄒᆞ기쉬오니 이로인ᄒᆞ야 우리 령혼의 거륵ᄒᆞᆫ 집을 더럽히ᄂᆞᆫ것이오 (四) 흡연이 경제(經濟)에 해됨이니 이 무익ᄒᆞᆫ 물건의 죵이되여 흡연ᄒᆞ노라고 금ᄀᆞᆺᄒᆞᆫ시간을 허비ᄒᆞ며 담비나 지권연을 사노라고 금젼(金錢)을 내여ᄇᆞ리며 졍결ᄒᆞᆫ 방속과 아롬다온 의복을 담비연긔에 글어셔 못쓰게 ᄆᆞᆫᄃᆞᄂᆞᆫ것이다 그럼으로 향일 북감리교 년회에셔도 금지회를 죠직ᄒᆞᆯ때에 흡연ᄒᆞᄂᆞᆫ것을 금지ᄒᆞ기로 작뎡ᄒᆞ엿다ᄒᆞ니 이회보 보시ᄂᆞᆫ 여러형뎨와 ᄌᆞ미ᄂᆞᆫ 각각 ᄌᆞ긔몸이 하ᄂᆞ님의 셩뎐됨을 알고 이런 무익ᄒᆞᆫ 관습을 거졀ᄒᆞ야 그몸을 졍결케 ᄒᆞᆯᄲᅮᆫ아니라 더욱 어린ᄌᆞ녀와 졂은 학도의 흡연ᄒᆞᄂᆞᆫ것을 엄히 금지ᄒᆞ야 신톄와 총명과 령혼과 경제를 다 온젼케 ᄒᆞ시기를 ᄀᆞᆫ졀히 ᄇᆞ라ᄂᆞ이다

증산구황연보

(젼호련속)

◉평남 증산군에거ᄒᆞᄂᆞᆫ 우리 교우 여러ᄇᆡᆨ명이 긔황(飢荒)을 면치못ᄒᆞᄂᆞᆫ 졍샹에ᄃᆡᄒᆞ야 각쳐교회에셔 다쇼ᄒᆞᆫ 금익을 거두어 본샤로 보내엿기로 여러형뎨ᄌᆞ미의 ᄌᆞ션심(慈善心)을 감출수 업서서 그거쥬와 씨명을 이아래 ᄎᆞ례로 긔지ᄒᆞ노라

鎭原邑教會리레아씨 十圓
稷山笠場教會 三圓七十錢
白川柳川面上四里教會 三圓十五錢
淸風水下面鳴梧里教會 二圓三十錢
洪川布項里教會 五圓九十錢
積城邑教會內리벽가씨 一圓
황죵구씨 二十錢
김덕슌씨 二十錢
쳔긔셔씨 十二錢
리니오미씨 五錢
황죵환씨 五錢
왕승연씨 五錢
김츈국씨 五錢
됴용보씨 五錢
김명슴씨 五錢
남몽혀씨 五錢
최흥셔씨 四錢五里
황흥만씨 二錢五里

교즁휘문

△ᄂᆡ보▽

⊙년회一속 북감리회 년회 슌셔는 젼호에 게재ᄒᆞᆫ바 그 회록 一통은 츄후긔재ᄒᆞ려니와 이회에셔 작뎡ᄒᆞᆫ ᄉᆞ건을 대강들어 말ᄒᆞ자면 목ᄉᆞ젼덕긔 리익모 숀승용 쟝낙도 박원빅 五씨는 쟝로로 젼도ᄉᆞ 숀졍도 오긔션 고죵철 김찬흥 안챵호 김광식 박봉리 김벽현 송희봉 리능도 밀너 노톤 十二씨는 목ᄉᆞ로 승픔ᄒᆞ고 감리ᄉᆞ 케이블씨는 경셩동대문ᄂᆡ 교회를 쥬관ᄒᆞ며 목ᄉᆞ 으리펏 노톤량씨는 마포와 셔강교회를 쥬관ᄒᆞ며 감리ᄉᆞ 박원빅씨는 원쥬 구역을 관할ᄒᆞ며 목ᄉᆞ 현슌씨는 쟝로ᄉᆞ 젼덕긔씨를 보좌ᄒᆞ야 상동교회를 쥬관케ᄒᆞ엿다더라

⊙특별사경회 유명ᄒᆞᆫ 신학박ᄉᆞ 미국인 회잇씨가 일젼에 경셩에 와셔 쳬류ᄒᆞ는 즁인ᄃᆡ 동씨가 죵로쳥년회관에셔 연셜도ᄒᆞ엿거니와 졍동리화학당ᄂᆡ에 특별사경회를 열고 죠션에잇는 一반 외국션교ᄉᆞ들의게 셩경의 진리를 여러날동안 강연(講演)ᄒᆞ엿다더라

⊙련일연셜회 미국인에듸씨는 셰계만국 쳥년회에 뎨一 큰 ᄉᆞ업가 일운박ᄉᆞ인ᄃᆡ 근일 경셩에 와셔 쳬류ᄒᆞ는즁에 죵로쳥년회관에셔 연셜회를 수삼ᄎᆞ 열엇는ᄃᆡ 연셜ᄒᆞᆯ때마다 회관이 좁고 입쟝권이 부족ᄒᆞ엿스며 ᄌᆞ미잇고 유리ᄒᆞᆫ말이 듯는자의 ᄆᆞ음을 감동ᄒᆞ며 주의를 잇그러 一반 쳥년계에 유익ᄒᆞᆫ 결과가 만켓다더라

⊙학ᄉᆞ연셜 일젼에 경셩졍동회당에셔 북감리회 년회를 열고 ᄉᆞ무를 쳐리ᄒᆞᆫ것은 이우에 긔록ᄒᆞᆫ바와 ᄀᆞᆺ거니와 학무부쟝 관옥졍삼씨가 이회에 츌셕ᄒᆞ야 연셜ᄒᆞᆫ 대개를 드른즉 현금간 죠션에셔 뎨一 시급ᄒᆞ고 필요ᄒᆞᆫ 교육은 보통학교와 실업학교의 교육인고로 총독부에셔 쟝ᄎᆞ 죠션학졔(朝鮮學制)를 반포ᄒᆞ야 이두가지 교육에 몬져 젼력ᄒᆞ기로 방침을 뎡ᄒᆞ엿슨즉 외국션교ᄉᆞ들도 죠션 교민의 ᄌᆞ녀들을 교육홈에 이방침과 ᄀᆞᆺ치 나아가기를 ᄇᆞ란다ᄒᆞ엿다더라

⊙수문긔 경셩 마포교회 새례비당 봉헌식을 거월十八일에 거힝ᄒᆞ엿다는 쇼문을 젼호에 긔재ᄒᆞ엿더니 츄후로 그교회젼도ᄉᆞ 채규홍씨의 통신을 거ᄒᆞᆫ즉 당일은 비가만히오믈 인ᄒᆞ야 일ᄌᆞ를 물녀 본월二일하오二시에 거힝ᄒᆞ엿는ᄃᆡ 감독 헤리스씨가 례식힝ᄒᆞ는 졀ᄎᆞ를 쥬쟝ᄒᆞ엿스며 당일에 참셕ᄒᆞᆫ 형뎨와 ᄌᆞᄆᆡ가 一쳔명이샹이오 또 그날 하오八시에는 금번 년회의 작뎡으로 이교회를 쥬관ᄒᆞᆯ 목ᄉᆞ 로듸인씨 환영ᄒᆞ는 회를 열엇는ᄃᆡ 셩황(盛況)을 드렷다더라

⊙셩셔공회뎡초식(定礎式) 경셩죵로에 새로건츅ᄒᆞ는 영국셩셔공회 뎡초식을 본월五일 하오五시에 셜힝ᄒᆞ엿는ᄃᆡ 림시회쟝 목ᄉᆞ쩌다인씨가 찬숑가 一빅六十九쟝과 감독 헤리스씨의 긔도로 긔회ᄒᆞ고 목ᄉᆞ 라이알씨가 셩경을 몃구절 닑고 회장이 긔회대지를 말ᄒᆞᆫ후 외국션교ᄉᆞ의 ᄃᆡ표로 목ᄉᆞ 원두우씨와 죠션교우의 ᄃᆡ표로 윤치호씨가 츅ᄉᆞ 돌을 놋코 량씨가 인ᄒᆞ야 간단히 연셜ᄒᆞᆫ후에 목ᄉᆞ 톄이길션쥬 량씨가 긔도ᄒᆞ고 구셰군졔씨가 찬미ᄒᆞᆫ후에 뉴욕셩경학교쟝 화잇박ᄉᆞ가 그리스도교의 셰력이 크게 확쟝되는 문뎨로 一쟝 연셜ᄒᆞᆫ후에 찬숑가 뎨二빅七쟝과 목ᄉᆞ벳콕씨의 츅ᄉᆞ로 폐회ᄒᆞ엿더라

⊙열심으로셩취홈 경긔도영평읍교회 권ᄉᆞ죠셩도씨의 통신을 거ᄒᆞᆫ즉 그곳교회는 셜립된지 二년에 남녀교우를 합ᄒᆞ야 十인에 지나지못ᄒᆞ더니 작년十二월에 류한익씨가 이곳 젼도ᄉᆞ로 ᄂᆞ려와셔 열심젼도ᄒᆞ는가온ᄃᆡ 김홍연 리지윤 량씨가 류젼도ᄉᆞ를 도아 합심긔도ᄒᆞ며 쥬의 말솜을 널니 젼파ᄒᆞᆫ 결과로 지금은 미쥬일 례비참예ᄒᆞ는 교우가 평균 四十여인에 달ᄒᆞ니 모든 영광은 하ᄂᆞ님께 돌녀보내려니와 다만 례비볼쳐쇼가 협챠ᄒᆞ야 곤난홈을 면

치못ᄒᆞᄂᆞᆫ고로 ᄒᆞᆼ샹 긔도ᄒᆞ며 하ᄂᆞ님의 뜻만 기ᄃᆞ리더니 금년봄에 쥬일학교쟝 리웅삼씨가 그처럼 빈한ᄒᆞᆫ즁에도 금十一환과 유ᄉᆞ 박죵술씨가 一환을 연보ᄒᆞ야 합十二환으로 지목을 사서 례ᄇᆡ당 건츅ᄒᆞᄂᆞᆫ일을 시작ᄒᆞ엿ᄂᆞᆫᄃᆡ 츄후로 련쳔 사긔막교회 속쟝 김완식씨가 금一환과 권ᄉᆞ 서졍식씨가 금十환과 본교회 김낙인씨가 금六환을 연보ᄒᆞ고 또 一반남녀교우가 돈으로 연보도ᄒᆞ며 혹 로력(勞力)으로 부역도ᄒᆞ야 례ᄇᆡ당十一간을 건츅ᄒᆞ엿다ᄒᆞ니 하ᄂᆞ님의 도라보심과 졔씨의 열심으로 이일을 셩취ᄒᆞᆫ줄 밋노라

⊙감하김씨 경셩남부 슈구문안교회 권ᄉᆞ 신공슉씨의 ᄎᆞᆼ신을 거ᄒᆞᆫ즉 히교회ᄂᆞᆫ 셜립된지 七八년에 남녀교우가 二ᄇᆡᆨ명에 달ᄒᆞ엿ᄂᆞᆫᄃᆡ 교인미쟝디가 업슴을 ᄒᆞᆼ샹 섭섭히 녁이더니 뜻밧긔 포쳔용샹골 교우 김영환씨가 긔ᄇᆡᆨ평되ᄂᆞᆫ 산디를 교회에 긔부ᄒᆞ야 교인미쟝디로 쓰게ᄒᆞ엿스며 또 쌍림동사ᄂᆞᆫ 강씨부인은 즉금 나히 八十세에 二十년동안을 불교를 슝봉홈으로 밤과 낫을 물론ᄒᆞ고 남무아미타불만 부르더니 하ᄂᆞ님의 셩신이 인도ᄒᆞ심으로 본교회 젼도부인들의 젼도ᄒᆞᄂᆞᆫ 말을 듯고 수十년 슝봉ᄒᆞ던 불교를 一죠에 ᄇᆡ반ᄒᆞ고 예수압흐로 나아와셔 쥬일도 잘직히며 젼에 우샹섬기던 졍셩을 다 우리쥬ᄭᅴ 드린다ᄒᆞ니 우리ᄂᆞᆫ 량씨를 위ᄒᆞ야 감하ᄒᆞ노라

⊙광셩졸업식 함경남도 원산항 광셩학교에셔 고등과 졸업식과 각과진급식을 거월 二十七일에 셜ᄒᆡᆼᄒᆞ엿ᄂᆞᆫᄃᆡ 졸업ᄉᆡᆼ은 김룡호 황죵션 셔명덕 변긔ᄇᆡᆨ등 十六인이오 즁학과 진급ᄉᆡᆼ은 젼하부 리용극 박원셕등 六인이오 고등과 一二학년진급ᄉᆡᆼ은 박양긔 최홍철 하셩관 리요한 남진회 오필슈등 二十인이오 심샹과 一二三년과 유치반진급ᄉᆡᆼ은 김샹쥰 최야곱 홍셩만 최복이 강경필 박쌍금 박쥰원 쟝슈복 황바우 김연경 황보의능 二十七인인ᄃᆡ 교쟝도마련씨가 졸업증서와 진급증셔를 ᄎᆞ례로 쥰후에 ᄃᆡ빈즁 김죵렬씨가 츅ᄉᆞᄒᆞ고 학ᄉᆡᆼ즁 젼운옥이 답ᄉᆞᄒᆞᆫ후 폐회ᄒᆞ매 무한ᄒᆞᆫ 영광을 하ᄂᆞ님ᄭᅴ 돌녓다더라

⊙ᄀᆡ셩하령회 뎨二회 학ᄉᆡᆼ하령회를 거월 二十七일브터 본월三일ᄭᆞ지 ᄀᆡ셩 한영셔원ᄂᆡ에셔 열엇ᄂᆞᆫᄃᆡ 각쳐에셔 ᄅᆡ참ᄒᆞᆫ 학교수효ᄂᆞᆫ 一十二쳐이오 학ᄉᆡᆼ수효ᄂᆞᆫ 七十여명이며 또 ᄂᆡ외국 고명ᄒᆞᆫ 신ᄉᆞ졔씨가 다수히 참회ᄒᆞ엿ᄂᆞᆫᄃᆡ 그슌셔의 대강을 말ᄒᆞ자면 ᄆᆡ일 샹오九시에 ᄀᆡ회ᄒᆞ야 동十一시ᄭᆞ지 하오二시에 ᄀᆡ회ᄒᆞ야 동三시ᄭᆞ지 또 八시에 ᄀᆡ회ᄒᆞ야 동十시에 폐회ᄒᆞ엿ᄂᆞᆫᄃᆡ 여러신ᄉᆞ의 강론과 연셜을 드러 지식을 넓히고 또 학ᄉᆡᆼ을 七반에 논호와 셩경공부반을 죠직ᄒᆞ고 리샹지 량젼ᄇᆡᆨ 오긍션 리샹츈 리승만 리흥셔 륙뎡슈 졔씨가 셩경을 히셕ᄒᆞ야 진리를 깁히 ᄭᆡ닷고 신심을 굿게ᄒᆞ야 여러가지 ᄌᆞ미스러온 일노 유익홈을 만히 엇엇다더라

△외보▽

⊙대통령의연셜 미국화셩돈통신을 거ᄒᆞᆫ즉 월젼에 대통령 ᄐᆡ프트각하가 그곳 감리교당에와셔 연셜ᄒᆞᆫ 대지ᄂᆞᆫ 각쳐에 교회가 잇셔셔 하ᄂᆞ님의 말ᄉᆞᆷ을 젼파ᄒᆞ야 一반인민의 도덕ᄉᆞ샹을 고동(皷動)식힘은 나라집과 샤회에 ᄃᆡᄒᆞ야 실노 형샹업ᄂᆞᆫ 죠력(助力)이 만코 오ᄂᆞᆯ날 셰계의 무명(文明)은 다 우리교회에셔 잉ᄐᆡᄒᆞ야 낫코 또ᄒᆞᆫ 양셩ᄒᆞᆫ 것이라 ᄒᆞ엿다더라

⊙포도아국졍교(政教)분리 히외통신을 거ᄒᆞᆫ즉 포도아국졍부에셔 근일에 졍치와 죵교를 분리(分離)케ᄒᆞᆫ후로 그나라 텬쥬교회에셔 관할ᄒᆞ던 공채권 五千만원을 거두어 국고(國庫)에 붓쳣다더라

⊙아불리가에븕은빗 근일에 됴사ᄒᆞᆫ바를 거ᄒᆞᆫ즉 아불리가젼쥬(全洲)ᄂᆡ에 그리스도교ᄇᆡᆨ인(白人)션교ᄉᆞ가 二千四百七十인이오 본토인 젼도ᄉᆞ가 一만三千八十九인이오 셰례인이 二十二만一千一百 五十六인이오 학습인이 五十二만七千八百인이오 학교가 四千인인ᄃᆡ 학도ᄂᆞᆫ 二十만三千四百이라더라

三

만국쥬일공과

뎨三十

七월二十三일

마태十七장一―八절

요지 변화ᄒᆞ심

외일말ᄉᆞᆷ 五절

이공과가온ᄃᆡ 뎨一 요긴ᄒᆞᆫ뜻은 예수ᄭᅴ셔 하ᄂᆞ님으로 더브러 교통ᄒᆞ심과 ᄯᅩ 당신이 하ᄂᆞᆯ에셔 누리실바 풍부ᄒᆞᆫ 영광ᄂᆞᆯ 미리 나타내신것이니 우리로 ᄒᆞ여곰 누구던지 쥬를 밋고 슌죵ᄒᆞ며 긔도ᄒᆞᄂᆞᆫ쟈는 이영광을 반ᄃᆞ시 ᄒᆞᆷᄭᅴ 누릴것ᄂᆞᆯ 알게ᄒᆞ심이니라

一절 이산은 가이샤랴 빌닙보에셔 갓가히 잇ᄂᆞᆫ 허몬산 여러봉즁에 ᄒᆞᆫ나이오 ᄯᅢ는 누가복음에 긔록ᄒᆞᆫ것으로 말ᄒᆞ면 八일후라 ᄒᆞ엿고 이복음에 긔록ᄒᆞᆫ것으로 보면 六일후라 ᄒᆞ엿스니 아마 누가ᄂᆞᆫ 지낸일의 맛친날과 이일의 시작된날을 합ᄒᆞ야 八일후라고 긔록ᄒᆞᆫ듯ᄒᆞ도다

예수ᄭᅴ셔 베드로와 요한과 야고보 세사ᄅᆞᆷ으로 더브러 산에 올나 가셧스니 이젼에 야이로의 ᄯᆞᆯ을 다사 살니실ᄯᅢ에도 이세사ᄅᆞᆷ이 ᄀᆞᆺ치갓스며 겟세머니동산에셔도 이세사ᄅᆞᆷ이 쥬와ᄀᆞᆺ치잇셧스니(마가十四〇卅三) 대개 이세사ᄅᆞᆷ은 쥬의 증인이 될쟈이라 쥬ᄭᅴ셔 더희로 당신의 슬퍼ᄒᆞ실일에 ᄀᆞᆺ치 직히게ᄒᆞ시며 ᄯᅩᄒᆞᆫ 당신의 깃븜을 ᄀᆞᆺ치ᄒᆞᆯ리게ᄒᆞ셧ᄂᆞ니라

二절에 예수ᄭᅴ셔 형샹을 변ᄒᆞ셧다 ᄒᆞ엿스니 이말ᄉᆞᆷ을 볼ᄯᅢ에 ᄉᆡᆼ각ᄒᆞᆯ것이 만토다 누가복음에 긔록ᄒᆞᆫ것ᄂᆞᆯ 보면 이ᄯᅢ 예수ᄭᅴ셔 긔도ᄒᆞ실ᄯᅢ에 그형샹이 반ᄃᆞ시 두번변ᄒᆞ셧슬것이니 몬져는 심히 슬퍼ᄒᆞ시는 얼골빗과 의롱ᄒᆞ시는 소리와 눈물노 긔도ᄒᆞ시기를 시작ᄒᆞ셧ᄂᆞᆫᄃᆡ 뎨ᄌᆞ들은 자노라고 보지못ᄒᆞ엿고(누가九〇卅二)나죵에는 하ᄂᆞ님의 ᄉᆞ랑과 위로ᄒᆞ심을 엇으시고 하ᄂᆞ님의 광명ᄒᆞ신 얼골이갓가히 빗최이매 그 찬란ᄒᆞᆫ 광치가쥬의젼신을 변화케ᄒᆞ엿도다 우리가 여긔ᄃᆡᄒᆞ야 ᄉᆡᆼ각ᄒᆞᆯ것은 우리가 졍셩으로 긔도ᄒᆞᄂᆞᆫ 가온ᄃᆡ셔 하ᄂᆞ님이 우리의 근심ᄒᆞ며 슬퍼ᄒᆞ고 노ᄒᆞᆫ 얼골빗츨 변화ᄒᆞ샤 깃브고 즐거오며 화평ᄒᆞᆫ긔ᄉᆡᆨ이 잇게 ᄒᆞ심이니라

三절 이ᄯᅢ 뎨ᄌᆞ들이 잠을 ᄭᆡ여 본즉 예수ᄭᅴ셔 모세와 엘니야로 더브러 말ᄉᆞᆷᄒᆞ시ᄂᆞᆫ지라 모세는 유대ᄇᆡᆨ셩을 애굽사ᄅᆞᆷ의 손에셔 구원ᄒᆞ고 엘니야는 더희를 모든 비교(背敎)ᄒᆞᆫ쟈와 우샹셤기는쟈의 손에셔 구원ᄒᆞᆯᄯᅢ에 모든 고난을 다 견ᄃᆡ고 이제는 영광가온ᄃᆡ 잇서셔 우리쥬의 슬픔을 아ᄂᆞᆫ고로 ᄂᆞ려와셔 쥬를위로ᄒᆞᆷ이로다 여긔ᄃᆡᄒᆞ야 ᄉᆡᆼ각ᄒᆞᆯ것은 우리가 ᄒᆞᆼ샹 ᄭᆡ여잇지 아니ᄒᆞ면 능히 이런 영광을 볼수 업슴이니라

四절 베드로가 예수와 모세와 엘니야를 이산에 머믈고져ᄒᆞᆫ것은 젼공과에 쥬의 十ᄌᆞ가를 붓그러워ᄒᆞᆫ것과 ᄀᆞᆺᄒᆞᆫ 과실(過失)이라 ᄒᆞᆯ지로다 이두션지는 쥬를 위로코져ᄒᆞ야 잠시 이산에 ᄂᆞ려왓스나 오래 머믈수업ᄂᆞᆫ 곳이오 ᄯᅩ 쥬ᄭᅴ셔는 잠시 긔도ᄒᆞ기 위ᄒᆞ야 이산에 올나오셧스나 十ᄌᆞ가에 못박혀 죽으심으로 셰상을 구원코져 ᄒᆞ신뜻이 계신ᄃᆡ 엇지 이곳에 오래 머므르실수 잇스리오 四

五―七절 베드로와 요한과 야고보는 쟝ᄎᆞᆺ 쥬의영광을 간증ᄒᆞᆯ뿐아니라 이영광을 ᄒᆞᆷᄭᅴ 누릴쟈라 그런고로 하ᄂᆞ님ᄭᅴ셔 구름속에 나타나샤 뎌들의게 예수ᄭᅴ셔 당신의 아ᄃᆞᆯ이시오 당신을 깃브게 ᄒᆞ시ᄂᆞᆫ쟈라고 증거ᄒᆞ셧ᄂᆞ니 여긔ᄃᆡᄒᆞ야 ᄉᆡᆼ각ᄒᆞᆯ것은 (一) 빗ᄂᆞᆫ 구름은 하ᄂᆞ님계신 표젹이됨이오 (二) 하ᄂᆞ님의 증거가 우리로 ᄒᆞ여곰 예수를 밋ᄂᆞᆫ ᄆᆞ옴이 견실케 ᄒᆞ심이니라

八절 말ᄉᆞᆷ을 보면 두션지는 다뵈이지 안코 오직 예수ᄲᅮᆫ이라 ᄒᆞ엿스니 여긔셔 우리가 비ᄒᆞᆯ것은 뎌희가 모세의게 가셔 하ᄂᆞ님을 찻지도말며 엘니야의게 가셔 하ᄂᆞ님을 뭇지도말고 오직 예수ᄭᅴ와셔 하ᄂᆞ님을 차즐것이라ᄒᆞᄂᆞᆫ 뜻을 나타내신것이니라

뭇ᄂᆞᆫ말

一、이공과에 뎨一 요긴ᄒᆞᆫ 뜻이 무엇이뇨

二、예수ᄭᅴ셔 웨 베드로와 요한과 야고보와 ᄒᆞᆷᄭᅴ 갓셧ᄂᆞ뇨

三、우리가 긔도ᄒᆞᄂᆞᆫ 가온ᄃᆡ 엇더케 형샹을 변화ᄒᆞ겟ᄂᆞ뇨

四、구름이 무숨표젹이 되엿ᄂᆞ뇨

五、八절말솜에서 ᄇᆡ홀것이 무엇이뇨

만국쥬일공과 뎨三十一

七월三十일

마태十八쟝廿一ㅣ卅五절

요지 용셔ᄒᆞᆯ것

외일말솜 마태六〇十四、

이공과ᄂᆞᆫ 두부분에 논ᄒᆞᆯ지니 一은 맛당히 ᄂᆞᆷ을 용셔ᄒᆞᆯ것이오 (廿一ㅣ廿七)二ᄂᆞᆫ ᄂᆞᆷ을 용셔치 아니ᄒᆞᄂᆞᆫ쟈ᄂᆞᆫ 저도용셔ᄒᆞᆷ을 엇지 못ᄒᆞᆯ것이니라 (廿八ㅣ卅五)

뎨一부분

廿一절 베드로의 뭇ᄂᆞᆫ말 가온ᄃᆡ「몃번이나 용셔ᄒᆞ여 주리잇가」ᄒᆞᆫ말은 아모스 一쟝 二쟝에 ᄀᆞᄅᆞ친것으로 좃차나온 ᄉᆡᆼ각인듯ᄒᆞ며「닐곱번ᄭᆞ지 ᄒᆞ오리잇가」ᄒᆞᆫ말은 베드로의 ᄌᆞ의로 ᄉᆡᆼ각ᄒᆞᆫ것이니 대개 닐곱은 셩경가온ᄃᆡ ᄒᆞᆫ 셩수(成數)가 되ᄂᆞᆫ고로 베드로ᄂᆞᆫ 이것을 만족히 ᄉᆡᆼ각ᄒᆞ엿ᄂᆞ니라

廿二절 베드로ᄂᆞᆫ 닐곱번 용셔ᄒᆞᄂᆞᆫ것을 만족ᄒᆞᆫ줄노 ᄉᆡᆼ각ᄒᆞ엿스나 우리쥬ᄭᅴ셔ᄂᆞᆫ 대단히 부족ᄒᆞᆫ줄노 ᄉᆡᆼ각ᄒᆞ신고로 七十번식 닐곱번이라도 용셔ᄒᆞ라 ᄒᆞ셧ᄂᆞ니 이ᄂᆞᆫ 쥬ᄭᅴ셔 수효를 뎡ᄒᆞ신것이 아니라 한업시 용셔ᄒᆞ라 ᄒᆞ신ᄯᅳᆺ이 이가온ᄃᆡ 포함ᄒᆞ엿도다 대개ᄂᆞᆷ을 용셔ᄒᆞᄂᆞᆫ쟈ㅣᄂᆞᆷ의 죄과를 니저ᄇᆞ리지 아니ᄒᆞ면 능히 용셔치못ᄒᆞᆯ것이오 능히 니저ᄇᆞ릴것 ᄀᆞᆺᄒᆞ면 엇지 능히 몃번 용셔ᄒᆞᆫ것을 긔억ᄒᆞ리오 그런고로 쥬ᄭᅴ셔 수효를 뎡ᄒᆞ신것이 아니니라

廿三ㅣ廿七절 말솜에 죵의 빗진 수효가 금 만량즁이라 죠션돈으로 말ᄒᆞ면 二쳔만원가량이니 ᄒᆞᆫᄀᆡ인의 힘으로 능히 갑ᄒᆞᆯ수업ᄂᆞᆫ것인ᄃᆡ 참아 달나 ᄒᆞᄂᆞᆫ것은 잠시간 속이고 눈압헤 옹식을 면코저ᄒᆞᆷ이니 이 세샹의 빗진쟈가 흔히ᄒᆞᄂᆞᆫ말이라 그러나 님군은 이ᄉᆞ졍을 아ᄂᆞᆫ고로 불샹히 녁여 탕감ᄒᆞ야 주엇ᄂᆞ니 이 비유 가온ᄃᆡ 님군은 하ᄂᆞ님이시오 죵은 우리쥬 예수의 피를 인ᄒᆞ야 하ᄂᆞ님의 죵이된 쟈들이오 진빗은 우리의 죄를 ᄀᆞᄅᆞ치신것이라 므릇 우리 죄ᄂᆞᆫ 이ᄀᆞᆺ치 크고 무거우나 대ᄌᆞ대비ᄒᆞ신 하ᄂᆞ님ᄭᅴ셔 우리를 불샹히 녁이샤 그 독ᄉᆡᆼᄌᆞ의 피로 우리죄를 탕쳑(蕩滌)ᄒᆞ여 주셧슨즉 우리ᄂᆞᆫ 맛당히 이ᄯᅳᆺ을 ᄉᆡᆼ각ᄒᆞ고 다른 사ᄅᆞᆷ이 우리의게 ᄃᆡᄒᆞ야 잘못ᄒᆞᆫ일이 잇던지 무숨죄과가 잇슬지라도 ᄒᆞᆼ샹 용셔ᄒᆞᆯ ᄲᅮᆫ아니라 그사ᄅᆞᆷ을 우리쥬압흐로 인도ᄒᆞ야 하ᄂᆞ님의 깃버ᄒᆞ심을 구ᄒᆞᆯ것이니라

뎨二부분

廿八ㅣ卅五절 이비유가온ᄃᆡ 죵이 ᄌᆞ긔ᄂᆞᆫ 그님군ᄭᅴ 큰빗을 탕감ᄒᆞ여준 은혜를 밧고도 그 동관의게 젹은빗을 독촉ᄒᆞ다가 임의 탕감ᄒᆞ엿던 빗ᄭᆞ지 도로 물게되여 옥에 갓쳐스니 이것을 볼지어다 ᄂᆞᆷ의 죄과를 용셔치 아니ᄒᆞᄂᆞᆫ쟈ᄂᆞᆫ 하ᄂᆞ님ᄭᅴ 엇엇던 은혜ᄭᆞ지 일코 다시 용셔ᄒᆞ심을 엇지 못ᄒᆞᆯ지니라

뭇ᄂᆞᆫ말

一、이공과ᄂᆞᆫ 몃부분에 논호겟ᄂᆞ뇨

二、이비유가온ᄃᆡ 님군은 누구며 죵은 누구며 빗은 무엇을 ᄀᆞᄅᆞ치신 것이뇨

三、이공과 뎨一부분에 우리가 힝ᄒᆞᆯ본분이 무엇이뇨

四、이공과 뎨二부분에서 ᄇᆡ홀것이 무엇이뇨

교회통신

긔셔 진남포 비형식

⊙본교회례ᄇᆡ당 건축ᄒᆞᆫ다ᄒᆞᆷ은 그리스도회보 뎨五호에 긔진ᄒᆞᆫ것을 보앗거니와 하ᄂᆞ님 은혜의 큼이여 사ᄅᆞᆷ이 능히 헤아릴수 업도다 본교회에서 큰 례ᄇᆡ당을 새로 세우기 위ᄒᆞ야 七년젼브터 하ᄂᆞ님ᄭᅴ 긔도ᄒᆞ기를 지금ᄭᆞ지 마지아니ᄒᆞ엿더니 三년젼에 평양에 류ᄒᆞ던 미국 문목ᄉᆞ 요한씨가 본국에 드러갈때에 말ᄒᆞ기를 진남포에 큰례ᄇᆡ당 짓기 위ᄒᆞ야 내가 우호로 하ᄂᆞ님ᄭᅴ 군구ᄒᆞ며 아래로 내 본국에서 주션ᄒᆞ겟스니 남포 교우들은 힘써 긔도ᄒᆞ야 그 회만 기ᄃᆞ리라 ᄒᆞᄂᆞᆫ지라 이

五

말을 긔본(基本) 삼고 긔도훈 결과로 거년에 문목ᄉᆞ의게셔 례비당지을 지졍으로 미국돈 五쳔원을 엇엇다는 긔별이 왓는지라 모든 교우들이 일심감샤ᄒᆞ며 하ᄂᆞ님ᄭᅴ 영광을 돌니고 거월二十一일(쥬일)에 모힌 당셕에셔 연보훈 금익이 四빅여원이오 ᄌᆞ미들이 가졋던 금、은、옥으로 삼인 패물을 들린것이 二十죵류라 이것을 보면 하ᄂᆞ님의 은혜는 밧은후에야 셰돗겟도다 하ᄂᆞ님ᄭᅴ셔 지작년브터 특별훈 은혜를 본교회에 비ᄂᆞ리듯ᄒᆞ샤 三년젼에 二빅명에 차지못ᄒᆞ던 교우의 수효가 지금은 쥬일마다 평균 출셕ᄒᆞᄂᆞᆫ 실수가 七빅여명에 달훈지라 이즁에셔 례비당짓기 위ᄒᆞ야 직졍으로 연보ᄒᆞᄂᆞᆫ쟈도 잇고 례비당 역ᄉᆞ에 쓸만훈 도든 긔수와 공쟝도 구비하 잇게ᄒᆞ셧ᄉᆞ니 이것이 우연히 된것이아니오 춤 하ᄂᆞ님의 권능으로 쥰비ᄒᆞ신줄 알앗도다 七년젼브터 구훈바 셩면이 오리된줄 알앗더니 계급ᄎᆞ차 은혜주시ᄂᆞᆫ것을 보니 오린것이 아니오 도로혀 속훈줄을 셰돗고 감샤찬숑홀ᄂᆞ이다 그런즉 밋고 진심으로 구ᄒᆞᄂᆞᆫ쟈의게 은혜를 풍셩ᄒᆞ게 주심은 확실ᄒᆞ도다 우리 밋는쟈가 무엇이던지 하ᄂᆞ님ᄭᅴ 구치안코 어ᄃᆡ구ᄒᆞᆯ리오 의심말고 구ᄒᆞ야 긔회 일치마시오 (고후六〇二) 우리 죠션안에 방방곡곡이 하ᄂᆞ님 셩면을 건츅ᄒᆞ야 마귀셰샹은 셰트러 업시ᄒᆞ고 텬국 긔초를 굿게셰워 十ᄌᆞ긔를 놉히 날니기를 一심동밍ᄒᆞᆸ세다 그런즁 이곳 교회를 위ᄒᆞ야 긔도만히ᄒᆞ여 주시기 ᄇᆞ라ᄂᆞ이다 깃븜을 이긔지 못ᄒᆞ야 두어졀 찬숑가를 좌에 긔록ᄒᆞ오니 형뎨와 ᄌᆞ미는 훈번 불너보시오(찬숑가빅五十九)와 ᄀᆞᆺ흠

一、죠션반도삼쳔리
방방곡곡마다
반셕우에터닥고
텬국집을짓세
잘짓고잘짓세
텬국집잘짓세
만셰반셕우에다
텬국집잘짓세

二、죄에빠진빅셩을
속히구원ᄒᆞ여
십ᄌᆞ군병모드러
마귀ᄃᆡ뎍ᄒᆞ세

三、마귀권셰이긔고
텬국승리만셰
십ᄌᆞ긔놉히달고
텬당죵울니세

유의훈 말

◉킹슬네션싱이 일즉이 엇던 교우ᄃᆞ려 말ᄒᆞ기를「그ᄃᆡ평싱에 날마다 뎡훈 규측삼아 직힐것은 밤에 누어자기젼에 가만히 싱각ᄒᆞ여 보아셔 능히「내가 오ᄂᆞᆯ은 좀 더 지혜잇고 좀 더 깃브고 좀 더 나흔 사ᄅᆞᆷ노릇을 ᄒᆞ엿다고」스ᄉᆞ로 말홀수업거던 그밤은 자지말고 긔도홈으로 ᄇᆞᆰ힐것이니라 ᄒᆞ엿다더라

◉화잇민션싱이 엇던 교우ᄃᆞ려 말ᄒᆞ기를「그ᄃᆡ의 얼골이 ᄇᆞᆰ은 빗잇ᄂᆞᆫ곳으로 ᄒᆞᆼ샹 향ᄒᆞ면 어두온 그림ᄌᆞ는 ᄌᆞ연히 그 ᄃᆡ뒤로 ᄯᅥ러질것이라」ᄒᆞ엿다더라

◉감독뷘센트씨가 일즉이 ᄆᆞᄋᆞᆷ으로 밍셰ᄒᆞ기를「내가 오ᄂᆞᆯ브터는 불쾌ᄒᆞ며 금심ᄒᆞ며 락심ᄒᆞ며 부졍ᄒᆞ고 ᄉᆞ욕을ᄌᆞᆺᄂᆞᆫ 모든싱각을 거절ᄒᆞ며 ᄌᆞ미스럽고 활달ᄒᆞ며 ᄌᆞ션ᄒᆞ고 온용훈 힝습을 기르며 금젼을 졀용ᄒᆞ며 말을 삼가며 맛흔일을 근실히 보며 모든 신용을 직히며 하ᄂᆞ님ᄭᅴ 어린 ᄋᆞ히ᄀᆞᆺ치 의지홈으로 진실ᄒᆞ고 온화훈 사ᄅᆞᆷ이 되여보겟노라고」ᄒᆞ엿다더라

교육

◉쇼학교교육의요지

대뎌 쇼학교 교육의 요지는 온젼히 지식을 넓히고 덕힝을 닥그며 신톄를 발양홈에 잇ᄂᆞ니라

一、부모의 칙임이니 동셔양을 물론ᄒᆞ고 부모된쟈ㅣ 쇼학교 교육의 필요(必要)홈을 모르고 져은 리익을 취ᄒᆞ야 그 ᄌᆞ녀를 학교에 보내지 아니ᄒᆞᄂᆞᆫ쟈가 만흔고로 더국에셔 몬져 의무교육(義務敎育)을 실시ᄒᆞ야 그 빅셩가온ᄃᆡ ᄌᆞ녀를 두고 학교에 보내지 아니ᄒᆞᄂᆞᆫ쟈의게 벌금을 밧은후로 그 효력이 젹지아니훈지라 지금은 동양에 일본이나 셔양 각국에셔 다 이법을 실힝ᄒᆞᄂᆞ니 부모된자ㅣ 맛당히

이칙임을 잘직힐것이니라

二、교ᄉᆞ의 칙임이니 부모가 가뎡에셔 ᄌᆞ녀를 교훈ᄒᆞᄂᆞᆫ 칙임이 잇스나 지식과 덕힝에 ᄃᆡᄒᆞ야 부모가 친히 ᄀᆞᄅᆞ치다가 은익(恩愛)를 손샹ᄒᆞᆯ 념려가 잇ᄂᆞᆫ고로 이 칙임은 학교 교ᄉᆞ의게 맛기ᄂᆞᆫ것이 합당ᄒᆞᆯ지니라 그런즉 이칙임을 맛흔 교ᄉᆞᄂᆞᆫ 학도가 학교 과정을 공부홈에 ᄃᆡᄒᆞ야 부ᄌᆞ런ᄒᆞ며 게으른것을 감찰ᄒᆞᆯᄲᅮᆫ아니라 그 셩픔과 힝실의 션ᄒᆞ며 악ᄒᆞᆫ것ᄭᆞ지 살펴셔 잘 훈도ᄒᆞᆯ것이니라

三、학교와 가뎡의 관계니 부모된쟈ᄂᆞᆫ 교육의 칙임을 젼슈히 학교에 맛기고 그뒤를 살피지 아니ᄒᆞ던지 학교ᄂᆞᆫ 또ᄒᆞᆫ 하학(下學)ᄒᆞᆫ 학도가 릭왕ᄒᆞᄂᆞᆫ 즁로에셔던지 혹 ᄃᆡᄒᆡ 가뎡에셔 엇더케ᄒᆞᄂᆞᆫ 동졍을 비밀히 됴사ᄒᆞ야 됴치못ᄒᆞᆫ 관습(慣習)을 금지치 아니ᄒᆞ면 학도가 그 부모와 학교를 속이고 방일(放逸)ᄒᆞᆫᄃᆡ로 ᄲᅡ지기쉬오니 아모됴록 학교와 가뎡이 서로련락ᄒᆞ야 교육의 칙임을 논ᄒᆞ야 질것이니라

실업

◉죠션에셔 엇더ᄒᆞᆫ 짜에 엇더ᄒᆞᆫ 나무를 심으겟ᄂᆞ뇨

죠션사ᄅᆞᆷ의 오ᄂᆞᆯ날 형편으로 말ᄒᆞ면 나무를 심어셔 리익을 속히 거두고져 ᄒᆞᄂᆞᆫ쟈ᄂᆞᆫ 됴흔 지목으로 쓸나무를 심으ᄂᆞᆫ것보다 ᄯᅢᆯ나무나 숫쇼용에 합당ᄒᆞᆫ 나무를 심으ᄂᆞᆫ것이 됴흔ᄃᆡ 이 경영이 특별히 ᄯᅢᆯ나무가 귀ᄒᆞᆫ디방에셔 더욱 필요타ᄒᆞᆯ지로다

◉싀탄(柴炭)쇼용에 뎍당ᄒᆞᆫ나무

대뎌 싀탄쇼용에 뎍당ᄒᆞᆫ 나무ᄂᆞᆫ 아모됴록 속히 자라고 무숨 특별ᄒᆞᆫ 보호를 요구치 아니ᄒᆞᆯ 나무를 튁ᄒᆞᆯ지니 이 아래 말ᄒᆞᆫ바 네종류즁에셔 튁ᄒᆞᆯ것이니라

一、참나무(橡)
二、굴밤나무(楢)
三、빅양나무(白楊)
四、니셰아가시야(擬明石屋)

이네가지 죵류ᄂᆞᆫ ᄀᆞ장 속히 자라며 죠션에셔 어ᄃᆡ던지 심으면 잘될것인ᄃᆡ 그즁에 니셰아가시야라ᄂᆞᆫ 나무ᄂᆞᆫ 철로목 쇼용도되며 또 빅양은 셕냥(寸燐)만드ᄂᆞᆫᄃᆡ와 조의(紙)ᄯᅳᄂᆞᆫᄃᆡᄂᆞᆫ 쇼용이 되ᄂᆞ니라

담총

◉미국에 놉흔집

근릭에 뎨一 놉흔집이 三十층에 지나지못ᄒᆞ더니 미국 뉴욕항구에 새로 五十五층집을 지엇ᄂᆞᆫᄃᆡ 놉기가 七빅五十七영쳑(英尺)이라더라

◉술먹ᄂᆞᆫ쟈의 비용(費用)

영국니 술금ᄒᆞᄂᆞᆫ회에셔 됴샤ᄒᆞᆫ바를 거ᄒᆞᆫ즉 작년 一년동안 영국안에셔 술노허비ᄒᆞᆫ 돈이 十五억七빅六十만四쳔五빅四十八원이라더라 그쟈왈 술이 사ᄅᆞᆷ의 령혼과 신톄에만 해로올ᄲᅮᆫ아니라 경졔샹 손히로도 이와 ᄀᆞᆺᄒᆞᆫᄃᆡ 이쳐럼 술마시ᄂᆞᆫ 풍속이 셩ᄒᆞᆷ은 대단히 탄식ᄒᆞᆯ바라ᄒᆞ노라

◉사ᄅᆞᆷ의슈한(壽限)을샹고홈

덕국에 유명ᄒᆞᆫ의ᄉᆞ 가이씨의 됴사ᄒᆞᆫ바를 의지ᄒᆞᆫ즉 사ᄅᆞᆷ의 슈한ᄒᆞ 각기 직업을 ᄯᆞ라 다르니 므릇 七十셰를 사ᄂᆞᆫ쟈가 젼도ᄒᆞᄂᆞᆫ 사ᄅᆞᆷ즁에ᄂᆞᆫ 빅분의 四十二인이오 롱부즁에ᄂᆞᆫ 빅분의 四十인이오 공장(工匠)이나 샹고(商賈)즁에ᄂᆞᆫ 빅분의 三十五인이오 병졸(兵卒)즁에ᄂᆞᆫ 빅분의 二十九인이오 광ᄃᆡ(倡優)즁에ᄂᆞᆫ 빅분의 二十八인이오 교원(敎員)즁에ᄂᆞᆫ 빅분의 二十七인이오 의원에ᄂᆞᆫ 빅분의 二十四인이라더라

◉가뎡에셔알아둘일

긔계에 바르ᄂᆞᆫ 기름이 의복에 뭇엇거던 비물과 비누로 ᄲᆞᆯ면 잘ᄲᆞᆯ니ᄂᆞ니라

본샤특별광고

◉본회보 지면(紙面)은 좁은ᄃᆡ 각쳐교우의 보내ᄂᆞᆫ셔나 론셜이나 잡보지료ᄂᆞᆫ 미미너머 긴고로 긔지ᄒᆞᆯ자리가 부족ᄒᆞ야 곤난이오니 여러형뎨ᄌᆞ미ᄂᆞᆫ 아모됴록 간단ᄒᆞ고 ᄌᆞ세히 긔록ᄒᆞ여 보내시면 미우 감샤ᄒᆞ겟습

七

광고

경향 여러교우의 갈망ᄒᆞ시던 국문구약셩경의 완편이 출판되여 이달금음이나 리월초싱브터 발매ᄒᆞ겟ᄉᆞ오니 쳠군ᄌᆞ는 슈용의 다쇼를ᄯᆞ라 륙속쳥구ᄒᆞ심을 ᄇᆞ라옵

그졔본과뎡가는여좌ᄒᆞ옵

二권一질二쳔六빅五十현

지의 一환

포의 一환十五젼

THE AMERICAN BIBLE SOCIETY.

한문셩경이 새로 샹히로셔나왓는ᄃᆡ 쉬운문리라

일어셩경신구약도 여러죵류가 본공회와 셔울명동과 평양에잇는 본공회의 일본인지뎜에 잇습

평양잇는 본공회의 죠션인 지뎜에는 국문셩경의 여러죵류가 잇습

각지뎜에셔도 이 셩경들을 목록에 긔록ᄒᆞᆫ 뎡가로 도매나 쇼매를 다ᄒᆞ옵

각 칙샤에셔 사가면 삼활ᄒᆞ고 부비ᄭᆞ지 담당ᄒᆞ옵

京城鍾路基督靑年會下層
美國聖書公會 告白

광고

경계쟈 하ᄂᆞ님의 도으심으로 국문 신구약젼셔가 완편된지라 이믜 인쇄ᄒᆞ야 이제 미하ᄒᆞ는바 이칙의 쟝광은 국문四호글ᄌᆞ 지의 신약과ᄀᆞᆺ고 그 쟝칙과 졍가는 이아리ᄌᆞ세히 긔록ᄒᆞ엿ᄉᆞ오니 이칙을 갈망ᄒᆞ시던 우리 형뎨와 ᄌᆞ미는 본공회와 경향 각교즁 칙샤에 쳥구ᄒᆞ시와 익독ᄒᆞ시옵쇼셔

一千九百十一年五月四日

쟝칙과뎡가

신구약젼셔

단권一秩견포의 一圓五十錢

仝 仝 반피의 一圓七十五錢

三권仝 지의 一圓二十五錢

仝 仝 포의 一圓三十五錢

구약젼셔

二권一秩지의 一圓

仝 仝 포의 一圓十五錢

본공회에 국문한문 밋각국문의「셩셔가 구비ᄒᆞ옵고 원근각쳐로 발송ᄒᆞ는 셩셔의 운비혹 우료는 본공회에셔 출급ᄒᆞ오며 샹셰ᄒᆞᆫ 규칙과 뎡가록은 쳥구를 ᄯᆞ라 공급ᄒᆞᄂᆞ이다

서울종로 대영셩셔공회 고빅

△廣告▽

○承寧府典醫正三品洪哲普閣下實驗處方
○陸軍軍醫醫校敎官張基茂君有效證明
四時勿論ᄒᆞ고人人常備之靈藥

官許 登錄 認可

(和)

健胃 消滯 八寶丹

定價金 九十五粒入一貼(十錢)
仝 三貼入(二十五錢)

▲另 告

胎養調經丸(婦人冷積 病神効) 五圓　腫根拔散(拔腫根去 惡生新) 十錢

明耳精(耳內炎痛 耳垢堆積) 十錢　蛔滅散(蛔虫去根 更無後慮) 十錢

滋陽丸(男女勿論 陰陽雙補) 五圓　浮腹能下丹(下腹膨脹 少便不利) 七十錢

小兒癎氣丸(身熱頻驚 夜啼便靑) 十五錢　絛虫藥(寸白虫을 沒出去根) 三十錢

回生水(急泄虛泄 無非神効) 十錢　補陰降火丸(男女勿論 陰虛火動) 七十錢

其他洋藥各種과⊙賣藥各種⊙漢藥唐草材⊙都賣散賣

遠地에셔ᄂᆞᆫ各種藥을請求ᄒᆞ시면代金引換으로付送ᄒᆞ려니와若支店이나出張所ᄒᆞ기願ᄒᆞ시ᄂᆞᆫ僉員은規則을請求ᄒᆞ시옵

△八寶丹製造本舖賣藥行商員募集廣告

本堂賣藥行商員限三百人으로募集ᄒᆞ되(京城及地方)年齡은男女勿論ᄒᆞ고十五歲以上四十歲以下로限ᄒᆞ며品行이端正ᄒᆞᆫ人으로募集ᄒᆞᆷ(志願人은規則을請求ᄒᆞᆷ)

總發行所京城鍾路和平堂大藥房本舖 主任 李應善 告白
(電話一六九七番)

△特別廣告▽

●●●●九轉靈砂ᄂᆞᆫ本人이眞法製造ᄒᆞ야廣告于各新聞ᄒᆞᆫ지幾年에愛好諸君의恩義를賴ᄒᆞ야請求가日日衆至이온바本人의神製ᄒᆞᆫ各項丹藥이數十種이온ᄃᆡ就中濟衆丹은四時常服이오며夏秋之間에ᄂᆞᆫ諸般急症에尤極神效ᄒᆞᆫ靈丹이오

九轉靈砂濟衆丹 (一包定價金十錢)

食滯酒滯와肉滯痰滯及諸般滯症과霍亂吐瀉와時忌怪疾과毒感等諸般急症에神效ᄒᆞᆫ靈丹이오

天恩中同胞님은此靈丹을常服ᄒᆞ시면諸般急症을掃除ᄒᆞᄂᆞᆫ神丹이오며同業諸君에게ᄂᆞᆫ半割引으로酬應이되十圜以上爲准ᄒᆞᆷ

京城西部前內需司前百三統一戶

煉丹大藥房主任 李鎬廷 告白

每月二回發行
明治四十四年七月二十七日印刷
明治四十四年七月三十日發行

發行兼編輯人 北部社洞 奇義男
印刷人 北部樓閣洞 朴東完
印刷所 京城西小門內法韓印刷所
發行所 北部社洞 奇義男邸

ᄃᆡ금(代金) 一장 三젼
六긔월 二十五젼
一긔년 五十젼
광고료 四호활ᄌᆞ 一항 一회五젼
ᄒᆞᆫᄌᆞᄂᆡ 쇼와 항수다쇼와 긔한쟝단을 ᄯᆞ라 증감홈

샤셜

⊙쥬일공과의 효력이 엇더ᄒᆞ뇨

므릇 하ᄂᆞ님의 말ᄉᆞᆷ은 밋ᄂᆞᆫ쟈의 신령ᄒᆞᆫ 량식이니 누구던지 이량식을 ᄒᆞᆼ상 먹지아니ᄒᆞ면 그령ᄒᆞᆫ이 반ᄃᆞ시 쥬릴것이라 그럼으로 동셔고금(東西古今)의 교회ᄉᆞ긔를 열람ᄒᆞᆫ건ᄃᆡ 쥬를 독실히 밋음으로 ᄌᆞ긔만 구원을 엇을ᄲᅮᆫ아니라 쥬의 큰일군이 되여 여러千百명의 동포를 하ᄂᆞ님압흐로 인도ᄒᆞᆷ으로 거룩ᄒᆞᆫᄉᆞ업을 ᄒᆞᆫ쟈ᄂᆞᆫ 다 셩경을 공부ᄒᆞᄂᆞᆫ 가온ᄃᆡ셔 힘을 엇지아니ᄒᆞᆫ쟈가 업도다 그런즉 밋ᄂᆞᆫ쟈가 불가불 셩경공부를 힘쓸것은 본긔쟈의 말ᄉᆞᆷ을 기ᄃᆞ리지안코 가히 알것이라 그러나 독실히 밋ᄂᆞᆫ 형뎨와 ᄌᆞᄆᆡᄂᆞᆫ 밤이나 낫이나 틈을 내여 공부ᄒᆞ지마ᄂᆞᆫ 一반 보통교우들의게ᄂᆞᆫ 쥬일 아참에나 셩경공부ᄒᆞᆯ긔회를 줄터인ᄃᆡ 근일 각교회를 시찰ᄒᆞᆫ이의 말을드른즉 쥬일학교 학ᄉᆡᆼ들즁에 三분의二가량은 쥬일공과칙을 예비치 아니ᄒᆞ고 다만 빈손을 들고 안져셔 속쟝이 엇던 구졀을 ᄒᆡ셕ᄒᆞᄂᆞᆫ지 무ᄉᆞᆷ문뎨를 셜명ᄒᆞᄂᆞᆫ지 도모지 모르고 혹 먼산도 ᄇᆞ라보며 혹 니야기도ᄒᆞ며 혹 죠을기도 ᄒᆞᆫ다ᄒᆞ니 이엇지 크게 탄식ᄒᆞᆯ바가 아니리오 쥬일공과로 말ᄒᆞ면 예수교셔회에셔도 발ᄒᆡᆼᄒᆞᄂᆞᆫ 월보가잇고 본샤에셔도 본회보에 쥬일공과를 박혀 발ᄒᆡᆼᄒᆞᄂᆞᆫᄃᆡ 이월보나 회보를 예비치 아니ᄒᆞᆫ 교우가 이쳐럼 만흔것은 혹 셩경공부를 쥬의치 아니ᄒᆞ야 그런 교우도 잇겟지마ᄂᆞᆫ 이가온ᄃᆡ 반ᄃᆞ시 돈이 군졸(窘絀)ᄒᆞ야 사보지 못ᄒᆞᄂᆞᆫ 교우가 더만흘지라 본샤에셔 이것을 심히 근심ᄒᆞ야 ᄒᆞᆫ 방침을 연구ᄒᆞ엿ᄂᆞᆫᄃᆡ 곳본샤ᄂᆞᆫ 각쳐의 ᄉᆞ랑ᄒᆞᄂᆞᆫ 형뎨와 ᄌᆞᄆᆡ의 신령ᄒᆞᆫ 량식을 공급ᄒᆞ기 위ᄒᆞ야 ᄆᆡ월二회식 四쥬일공과를 눈호아 박혀셔 각쳐에 발송ᄒᆞ되 그갑은 ᄆᆡ一인젼에 一년ᄃᆡ금(우세병ᄒᆞ야)十젼으로 뎡ᄒᆞ야 쳥구ᄒᆞᄂᆞᆫ대로 비달(配達)코져 ᄒᆞ오니 각쳐 교회의 목ᄉᆞ와 젼도ᄉᆞ와 권ᄉᆞ와 속쟝되시ᄂᆞᆫ 여러형뎨ᄌᆞᄆᆡᄭᅴ셔ᄂᆞᆫ 이일이 됴흔줄노 ᄉᆡᆼ각ᄒᆞ시거던 찬셩ᄒᆞ시ᄂᆞᆫ 뜻을 몬져 표시ᄒᆞ시고 一반교우의게 널니 광포ᄒᆞ시와 ᄆᆡ인젼에 一ᄆᆡ식 쳥구케ᄒᆞ시기를 근졀히 ᄇᆞ라ᄂᆞ이다

증산구황연보 (젼호련속)

蔚珍郡賣書人黃鍾五五十錢、蔚珍城內洞崔武鎬五十錢、田在善二十錢、朱漢朝文在進各十錢、마르다朴二十錢、仝郡飛來峰敎會金鼎濟四十錢、金正文二十錢 金敬化十錢、仝郡永陽洞敎會姜在元姜春元各二十錢、林昌根申忠誠徐丙斗各十錢、金鍾台六錢、金鳳出五錢、開城여현진교회一환七十四錢、金川병점교회三十錢、江華位良面興天洞敎회닉合一學校田炳奎六十錢、趙鍾桓五十錢、金容夏三十錢、劉龍相田歎培李相弼各二十錢

교즁휘문

⊙교회시찰단 일본ᄂᆡ디교회의 청요(請邀)홈을 인ᄒᆞ야 감리교회에셔 최병헌 손승용 현슌 자낙도 신흥우 리경직 박원빅졔씨외에 몃사ᄅᆞᆷ과 쟝로교회에셔 리원긍 리명혁 량씨외에 몃사ᄅᆞᆷ과 긔독쳥년회에셔 리샹지 김린 김일션 최샹호四씨와 셩셔공회에셔 졍ᄃᆡ옹씨가 일본ᄂᆡ디교회 시찰단을 조직ᄒᆞ야 본월二十八일에 경부션(京釜線)으로 츌발ᄒᆞ엿다더라

⊙셰샹을이긘부인 강원도 린뎨군 북면 도리동 쟝의원씨의 동신을 거ᄒᆞᆫ즉 그동ᄂᆡ 교회는 작년음력二월분에 셜립ᄒᆞ엿는ᄃᆡ 모히는 교우는 四十명에 달ᄒᆞ엿고 독실히 밋는이도 만ᄒᆞᆫ가온ᄃᆡ 김베드로씨의 ᄯᆞᆯ 마리아씨는 지금나히 十八셰인ᄃᆡ 그부모가 회ᄀᆡᄒᆞᆫ후에 마리아씨가 신령ᄒᆞᆫ 리치를 ᄭᆡᄃᆞ라 쥬야로 하ᄂᆞ님의 은혜와 예수의 십ᄌᆞ가를 ᄉᆞ모ᄒᆞ며 ᄌᆞ긔가 예수 밋기젼에 뎡ᄒᆞᆫ 싀가에셔 다 회ᄀᆡᄒᆞ기를 날마다 긔도ᄒᆞ더니 작년 十월에 싀집을 간후에 ᄉᆞ당에 초례를 지내게된지라 이ᄯᅢ에 이부인이 셩신의 권능으로 이시험을 이긔고 ᄉᆞ당초례 지내는것이 하ᄂᆞ님의 계명에 어그러짐을 셜명ᄒᆞ매 모혓던 문즁졔족과 집안 혼솔이 다 밋친사ᄅᆞᆷ으로 돌니고 서로 수셩수셩ᄒᆞ기를 련쥬학쟝이 ᄯᆞᆯ을 드려오지 아니ᄒᆞ엿더면 됴흘번ᄒᆞ엿다ᄒᆞ며 ᄉᆞ당초례를 폐ᄒᆞ고 모다 한탄ᄒᆞ는지라 그러나 이부인이 싀부모를 효셩으로 셤기며 날마다 하ᄂᆞ님의 말ᄉᆞᆷ으로써 밋기를 권면ᄒᆞ매 그 싀부모의 ᄆᆞᄋᆞᆷ이 ᄌᆞ연 감동ᄒᆞ야 지금은 그집식구 八九인이 다 회ᄀᆡᄒᆞ엿다ᄒᆞ니 이ᄀᆞᆺᄒᆞᆫ 일은 다 하ᄂᆞ님의 ᄯᅳᆺ으로 일운것이라 ᄒᆞᆯ지로다

⊙의법졸업 셔강교회에셔 셜립ᄒᆞᆫ 의법남학교와 리화학당 부쇽녀소학교 졸업식을 거월 三十일하오二시에 ᄒᆡᆼᄒᆞ엿는ᄃᆡ 남졸업ᄉᆡᆼ은 문귀인 김영호 졍셩윤등八인이오 녀졸업ᄉᆡᆼ은 최졍슉 민슌슌 김슌졍 리민경등四인이오 남녀 진급ᄉᆡᆼ이 三十六인인ᄃᆡ 당일 ᄂᆡ외국 린빈이 수千여명에 달ᄒᆞ엿고 남녀학도부형졔씨의 연조금익이 三十五원이오 ᄯᅩ ᄂᆡ외국 신ᄉᆞ졔씨가 공쳑파 연필등물을 다수히 긔부ᄒᆞ엿다더라

⊙밋음의큰ᄉᆞ업 강원도 원쥬목ᄉᆞ 권신일씨의 동신을거ᄒᆞᆫ즉 강원도 구역에쇽ᄒᆞᆫ 려쥬강북면 당모루교회 죠근슈씨는 쥬를 밋은지 六년동안에 ᄭᆡᄃᆞ른것은 교회안에 학교를 세우는것이 필요ᄒᆞᆫ줄을 ᄉᆡᆼ각ᄒᆞ나 그러나 가셰가 넉넉지 못ᄒᆞᆷ으로 몃ᄒᆡ동안 걱졍만ᄒᆞ더니 셩신의 인도ᄒᆞ심을 닙어 작년三월에 학교를 세울 긔회를 엇음으로 그대부인ᄭᅴ 엿좌와 허락을 밧은후에 학도 十八인을 모집ᄒᆞ고 교ᄉᆞ一인을 고빙ᄒᆞ야 一년동안 열심교육ᄒᆞᆫ 결과로 이제는 학도의 수효가 二十八인에 달ᄒᆞᆫ고로 교ᄉᆞ二인을 고빙ᄒᆞ야 ᄌᆞ미잇게 교육ᄒᆞ고 모든직졍은 오날ᄭᆞ지 혼자 당ᄒᆞ야 쓰는즁에 ᄯᅩᄒᆞᆫ 례비당이 좁은고로 근심ᄒᆞ더니 셩신ᄭᅴ셔 ᄯᅥ와주심으로 ᄯᅩ 그대부인ᄭᅴ 고ᄒᆞ여왈「이제는 회당이 좁으니 엇지ᄒᆞ오릿가」ᄒᆞᆫᄃᆡ 그대부인이 ᄃᆡ답ᄒᆞ기를「내가 밋기젼에는 ᄌᆡ물이 뎨一되는줄노 알앗더니 밋고보니 하ᄂᆞ님의 말ᄉᆞᆷ이 뎨一크다」ᄒᆞ며 ᄯᅩ 말ᄒᆞ기를「착ᄒᆞᆫ일 ᄒᆡᆼᄒᆞ는데는 네ᄌᆞ유로ᄒᆞ라」ᄒᆞ고 인ᄒᆞ야 四百원을 예산ᄒᆞ야 회당 十二간을 반양졔로 짓되 十ᄌᆞ형샹에 죵각ᄭᆞ지짓고 이제는 근동에 힘써젼도ᄒᆞ여셔 회당을 채우기로 작뎡ᄒᆞ고 열심으로 친쳑과 구와 뭇사ᄅᆞᆷ의게 익동ᄒᆞᆷ으로 젼도ᄒᆞ니 조씨의 모ᄌᆞ는 교회에 모범이 될만ᄒᆞ다고 칭숑ᄒᆞ는쟈가 만타더라

⊙동쳔학ᄉᆞ 동쳔교회김광뎍씨의 동신을 거ᄒᆞᆫ즉 동쳔고더교회에셔 녀학교를 새로 셜립ᄒᆞ엿는ᄃᆡ 원산 루시건 임금녀학교쟝 셔양부인 ᄲᅮ이씨가 ᄌᆞ긔학교즁학ᄉᆡᆼ 박졍옥씨를 교ᄉᆞ로 퇴송ᄒᆞ여 교슈ᄒᆞᆯ식 박씨는 나히 비록 二十이 못되엿스나 학과를 졍밀

히 ᄀᆞᄅᆞ치며 학ᄉᆡᆼ을 인도ᄒᆞᆷ에 법측이 잇는고로 교회즁에셔 칭숑이 자자ᄒᆞ다더라

교회통신

긔셔 리승만

⊙근일에 삼남각도와 평안도 몃곳에 학교졍형을 시찰ᄒᆞᆫ즉 ᄌᆞ미로온 일도만코 셔ᄃᆞ를일도 여러가지라 낫낫치 들어 긔록ᄒᆞᆯ수 업스나 대개 사립학교로만 말ᄒᆞᆯ진ᄃᆡ 락심되는 곳도만코 또ᄒᆞᆫ 잘되여 가셔 흥왕ᄒᆞᆯ 희망이 잇는 학교도 만흔ᄃᆡ 락심되는것을 몬져말ᄒᆞ자면 년젼에 젼국 교육열(敎育熱)이 대단 격동 되엿슬때에 각쳐에 유지ᄒᆞᆫ 신ᄉᆞ들이 모혀 돈냥 슈합ᄒᆞ며 혹 젼답을 긔부ᄒᆞ며 가옥을 작만ᄒᆞ야 학교를 셜립ᄒᆞ고 청년을 모집ᄒᆞ야 새학문을 ᄀᆞᄅᆞ치다가 지금와셔는 형편이 변ᄒᆞ야 학ᄉᆡᆼ들도 만히 ᄯᅥ러지고 지졍도 업셔지매 발셔 폐지ᄒᆞᆫ곳도 만코 ᄒᆞ로 잇ᄒᆞᆯ 부지ᄒᆞ는곳도 잇스나 필경은 완젼히 셩립되기 어려온지라 이러ᄒᆞᆫ 사립학교들을 보건ᄃᆡ 젼국학ᄉᆡᆼ에 쟈ᄃᆡ가 대단히 락심되는바요또 흥왕ᄒᆞ는것을 말ᄒᆞ자면 각쳐 교회 학교의 긔초가 졈졈바로 잡혀감이라 헛풍셰에 쏠녀서 새학문을 비화보려던쟈는 다 ᄯᅥ러지고 실노 새학문의 필요ᄒᆞᆷ을 ᄭᆡᄃᆞ라 모든 어려온 것을 무릅쓰고 공부ᄒᆞ려는 쟈는 만히 교회 학교로 드러 오는것은 다름아니라 ᄉᆞ립학교즁에 오직 교회학교가 완젼히 긔초를 세운ᄭᆞ닭이라 대개 교회학교는 혹 셔양교회의 연보로 학교집을 굉쟝히 짓기도ᄒᆞ며 교회에셔 다만 ᄆᆡ삭 十여원 쥬는것을 가지고도 그즁에 열심인도ᄒᆞ는 이들이 쥬쟝ᄒᆞ야 완젼히 면목을 유지ᄒᆞ여가는 학교도 여럿이요 교ᄉᆞ가 월급노 밧지 안코 ᄀᆞᄅᆞ치는곳도 잇고 학ᄉᆡᆼ의 월ᄉᆞ금으로 다수히 지ᄐᆡᆼᄒᆞ는곳도 잇는ᄃᆡ 션쳔군 신셩학교에셔는 학ᄉᆡᆼ들ᄭᅵ리 지졍을 모아 그학교 졸업ᄉᆡᆼ 차지명씨를 션교ᄉᆞ로 경샹북도에 파송ᄒᆞ야 젼도ᄒᆞ게ᄒᆞ는ᄃᆡ 차지명씨가 타도에 가셔 무수히 어려운일을 겪고 一년동안을 젼도ᄒᆞ다가 학ᄉᆡᆼ들이 돈을모아 려비를 보내며 녀름동안에 집에와서 지내게 ᄒᆞ매 우리가 맛참 션쳔군에 도달ᄒᆞ는날에 차씨가 ᄀᆞᆺ혼챠에셔 나리는지라 신셩학교 소학과와 즁학과를 병ᄒᆞ야 학ᄉᆡᆼ 삼ᄇᆡᆨ여명이 졍거장에 나와 영졉ᄒᆞᆯ시 특별환영가를 지어 부르며 차씨를 억ᄭᆡ에 ᄯᅥ메고 도라ᄃᆞᆫ니며 노리ᄒᆞ고 질기니 무수ᄒᆞᆫ 관광쟈즁에 차씨의 모친은 질거온 눈물이 압흘가리더라 각교회 학교가 이ᄀᆞᆺ치 청년의 교육을 담당ᄒᆞ엿슨즉 영구히 유지ᄒᆞᆯ 방침을 연구ᄒᆞ려니와 경향간 인민의 ᄉᆡᆼ활졍도를 보건ᄃᆡ 실업을 발달식히는ᄃᆡ셔 더 긴급ᄒᆞᆷ이 업슨즉 교회학교에셔도 실업을 권장ᄒᆞ는것이 맛당ᄒᆞᆫ줄노 아노라

ᄂᆡ외잡조

⊙엄비훙서 덕슈궁 엄슌비 뎐하는 본월十일브터 감환으로 여러날 신음ᄒᆞ시다가 본월二十일 오젼十二시 十분에 훙서(薨逝)ᄒᆞ셧더라

⊙왕셰ᄌᆞ입경 죠션 리왕셰ᄌᆞ뎐하는 그친ᄉᆡᆼ모 엄슌비훙셔ᄒᆞ신 면보를 듯고 일본셔 황폐하의 ᄌᆡ가를엇은후에 본월 二十一일에 동경셔ᄯᅥ나 동二十三일 하오六시四十분에 남대문졍거장에 도챡ᄒᆞ야 즉시 덕슈궁으로 드러가셧더라

⊙슈ᄌᆡ됴사 이번쟝마에 각쳐슈ᄌᆡ(水災)는 대단히 참혹ᄒᆞᆫ 졍샹이 만흔가온ᄃᆡ 특별히 평안도 평양과 의쥬와 츙청도 론메와 강경포와 죠치원등디가 우심ᄒᆞ다더라

⊙영황답샤(英皇答謝) 영국 황뎨폐하ᄭᅴ셔는 향일 ᄃᆡ관식(戴冠式)을 지낸후에 민졍부(民政部)대신의게 친셔(親書) 一통을 하송ᄒᆞ야 一반 영국니디와 령토ᄇᆡᆨ셩의게 공포케ᄒᆞ셧는ᄃᆡ 그ᄉᆞ연은(一)금번 ᄃᆡ관식에 영국 대쇼인민이 ᄌᆞ긔의게 츙의ᄒᆞ는 졍셩을 나타냄에 ᄃᆡᄒᆞ야 감샤ᄒᆞᆷ을 마지아니ᄒᆞ노라 ᄒᆞ심이오(二)이 ᄇᆡᆨ셩의 ᄯᅳᆺ을 ᄃᆡ답ᄒᆞ기 위ᄒᆞ야 ᄌᆞ긔는 됴흔일이나 어려온일이나 엇더ᄒᆞᆫ 경우를 닥ᄒᆞ던지 맛당히 ᄇᆡᆨ셩으로 더브러 ᄀᆞᆺ치ᄒᆞᄃᆡ 하ᄂᆞ님의 권고ᄒᆞ심과 지도(指導)ᄒᆞ심을 의지ᄒᆞ야 힝ᄒᆞ겟노라 ᄒᆞ심이러라

三

만국쥬일공과 뎨三十二

八월六일

마태十九쟝一-二、十三-廿六、

요지 예루살넴에가시는길에힝ᄒᆞ신일

외일말솜 十四절

이공과는 네부분에 논홀지니 一은 예수ᄭᅴ셔 예루살넴으로 가시는 길에 이젹을힝ᄒᆞ심이오(一-二)二는 예수ᄭᅴ셔 어린ᄋᆞ히를 ᄉᆞ랑ᄒᆞ심이오(十三-十五)三은 예수ᄭᅴ셔 졂은 부쟈로 더브러 문답ᄒᆞ심이오(十六-廿二)四는 예수ᄭᅴ셔 그 뎨ᄌᆞ들의게 텬국길을 ᄀᆞᄅᆞ치심이니라 (廿三-廿六)

뎨一부분

一-二절 예수ᄭᅴ셔 몬져 비리아로 가시고 거긔셔 예루살넴으로 가시다가 다시 비리아로 향ᄒᆞ시는길에 허다ᄒᆞᆫ 병인을 곳쳐주신것이니라

뎨二부분

十三-十五절 유대국 풍속에 놉흔 션지쟈나 거륵ᄒᆞᆫ 션ᄉᆡᆼ의 안슈홈을 인ᄒᆞ야 복을 밧을줄밋는자 만흔고로 이ᄯᅢ에 어린ᄋᆞ히들을 예수ᄭᅴ 다리고 와셔 그우에 안슈ᄒᆞ기를 원ᄒᆞᆫ것인ᄃᆡ 뎨ᄌᆞ들은 어린ᄋᆞ히들 부족히 알며 뎌희부모의 당돌홈을 괴샹히 녁이는고로 뎌희오는것을 금ᄒᆞ엿스나 쥬ᄭᅴ셔는 어린ᄋᆞ히 텬셩의 슌량홈을 더ᄉᆞ랑ᄒᆞ시는고로 그 우에 손을 언즈시고 복을 비셧ᄂᆞ니 여긔ᄃᆡᄒᆞ야 우리가ᄉᆡᆼ각홀것은(一) 우리가 어린ᄋᆞ히를 만히 쥬압흐로 인도홀것이오 (二) 十四절의 말솜이니 우리가 맛당히 어린ᄋᆞ히와 ᄀᆞᆺ치 모든일에 온젼히 하ᄂᆞ님 아바지만 의지홀것이니라

뎨三부분

十六-廿二절 여긔 엇던사ᄅᆞᆷ이라고 칭ᄒᆞ신쟈는 곳 누가 八장에 닐온바「엇던법관」이니 이사ᄅᆞᆷ이 품힝도 단졍ᄒᆞ고 지식과 총명도 잇스며 지산도 풍족ᄒᆞ야 이셰샹에셔 구홀것이 별노업슨즉 홍샹쉬이 지안코 찻는것은 좀 더놉흔 것이라 그럼으로 우리쥬ᄭᅴ 나아와셔「착ᄒᆞᆫ션ᄉᆡᆼ」이라 칭ᄒᆞ며 영ᄉᆡᆼ엇을 길을 무럿스나 그뭇는것은 아름다온 일이나 이사ᄅᆞᆷ이 오히려 령혼샹으로 교만ᄒᆞᆫ ᄆᆞᄋᆞᆷ이 ᄀᆞ득ᄒᆞ야 ᄌᆞ긔의 올흔것을 닛으며 영ᄉᆡᆼ 엇기가 쉬온줄노 ᄉᆡᆼ각ᄒᆞ엿고 어린ᄋᆞ히와ᄀᆞᆺ치 쥬압헤 나아온것은 아닌줄을 우리쥬ᄭᅴ셔 발셔 아신고로 그 밋음에 ᄃᆡᄒᆞ야는 ᄒᆞᆫ말솜도 업스시고 곳ᄃᆡ답ᄒᆞ시기를「엇지ᄒᆞ야 내게 착ᄒᆞᆫ일을 뭇ᄂᆞ냐」ᄒᆞ심은 하ᄂᆞ님을 온젼히 지ᄒᆞ고 그 계명을 직히지못ᄒᆞ면 착ᄒᆞᆫ일을 능히 힝홀자가 업다ᄒᆞ심이오 ᄯᅩ 보ᄒᆞᆫ계명을 직히라ᄒᆞ심은 이사ᄅᆞᆷ이 계명을 쉽게ᄉᆡᆼ각ᄒᆞ는줄을 아시는고로 이계명직히기 어려온것을 ᄀᆞᄅᆞ치심인ᄃᆡ 과연 이사ᄅᆞᆷ이 쥬의 아신바와 ᄀᆞᆺ치 이계명을 쉽게 ᄉᆡᆼ각ᄒᆞ야 ᄌᆞ긔가 다 직혓노라고 ᄃᆡ답ᄒᆞ엿도다 그러나 쥬ᄭᅴ셔 오히려 이쇼년을 ᄉᆞ랑ᄒᆞ샤 (마가十○廿一)三十一절의 말솜으로 영ᄉᆡᆼ의길을 ᄀᆞᄅᆞ치셧는ᄃᆡ 이쇼년은 지믈을 ᄉᆞ랑홈으로 근심ᄒᆞ고 갓ᄂᆞ니 여긔셔 비홀것은 (一) ᄆᆞ옴이 스ᄉᆞ로 ᄀᆞ득ᄒᆞᆫ쟈는 그 령혼이 반ᄃᆞ시 주릴것이오 (二) 하ᄂᆞ님의 계명을 직힘으로 영ᄉᆡᆼ을 엇을것이니라

뎨四부분

廿三-廿六절 쥬ᄭᅴ셔 이우에 말ᄒᆞᆫ쇼년의 일을 심히 익셕히녁이샤 그뎨ᄌᆞ들을 ᄃᆡᄒᆞ야 부쟈가 텬국에 드러가기 어려온것을 말솜ᄒᆞ셧ᄂᆞ니 廿四졀의 말솜은 심히 어려온것을 비유ᄒᆞ심이라 대개 뎨ᄌᆞ들은 부쟈는 가난ᄒᆞᆫ쟈보다 시험이 젹을줄노 ᄉᆡᆼ각ᄒᆞᆫ고로 쥬의 말솜을 듯고 심히 놀낫스나 쥬ᄭᅴ셔는 하ᄂᆞ님 나라에는 능치못홈이 업는것을 ᄀᆞᄅᆞ쳐 뎌희 ᄆᆞ옴을 위로ᄒᆞ셧ᄂᆞ니라

뭇는말

一、이공과는 몃부분에 논호겟ᄂᆞ뇨

二、이공과 뎨二부분에 ᄃᆡᄒᆞ야 ᄉᆡᆼ각홀것이 무엇이뇨

三、예수ᄭᅴ 왓던 졂은 법관은 엇던사ᄅᆞᆷ이뇨

四 뎨ᄌᆞ들이 웨 쥬의 말솜을 듯고 놀낫ᄂᆞ뇨

만국쥬일공과 뎨三十三

八월十三일

마태二十장一ㅣ十六、

요지 포도원일군

외일말솜 마태十九쟝卅절

이공과는 마태十九쟝三十절의말솜을 니여 비유ᄒᆞ신 말솜인ᄃᆡ 대개 두부분에 논홀지니 一은 포도원 쥬인이 일군을 구ᄒᆞᆷ이오 (一ㅣ七) 二는 쥬인의 ᄯᅳᆺ대로 품삭을 줄것이니 (八ㅣ十六) 이비유 가온ᄃᆡ 포도원은 셰샹이오 그 쥬인은 하ᄂᆞ님이시오 품군은 모든 밋ᄂᆞᆫ쟈요 품삭은 ᄆᆞᆺ날에 엇을바 영싱의 면류관이오 청직이는 텬ᄉᆞ들이니라

뎨一부분

一ㅣ七절ᄒᆞᆫ 포도원쥬인이 아춤브터 일군을 모집ᄒᆞᆯ식 그가온ᄃᆡ 아춤브터 일ᄒᆞᆯ쟈도 부르고 (二) ᄉᆞ시초브터 일ᄒᆞᆯ쟈도 부르며 (三) 오시쥬브터 일ᄒᆞᆯ쟈와 신시초브터 일ᄒᆞᆯ쟈도 부르며 (五) 유시초브터 일ᄒᆞᆯ쟈도 불너서 (六、七) 다힘대로 시간잇ᄂᆞᆫ대로 일ᄒᆞ게ᄒᆞ엿ᄂᆞ니 이와ᄀᆞᆺ치 하ᄂᆞ님ᄭᅴ셔는 한뎡ᄒᆞᆫ때가 업시 ᄒᆞᆼ샹 밋ᄂᆞᆫ쟈를 부르샤 쥬의일을 ᄒᆞ라 ᄒᆞ시되 졂어서브터 죽ᄂᆞᆫ날ᄭᅡ지 일ᄒᆞᆯ쟈도 부르시며 즁년브터 시작ᄒᆞ야 죵신토록 일ᄒᆞᆯ쟈도 부르시며 수十년동안만 일ᄒᆞᆯ쟈도 부르시며 단十년동안 일ᄒᆞᆯ쟈도 부르시며 죽을림시에 시작ᄒᆞ야 잠시동안 일ᄒᆞᆯ쟈도 부르시ᄂᆞ니 우리가 이 오묘ᄒᆞᆫ 리치를 알수업거니와 대개 쥬압흐로 나아오ᄂᆞᆫ쟈는 여러가지 형편과 ᄉᆞ졍을 ᄯᅡ라 션후(先後)의 다른것이 잇ᄂᆞ니 여긔서 비홀것은 (一) 하ᄂᆞ님ᄭᅴ셔 우리의 일업시 섯ᄂᆞᆫ것을 뮈워ᄒᆞ심이오 (二) 우리는 불가불 하ᄂᆞ님ᄭᅴ셔 우리ᄃᆞ려 무ᄉᆞᆷ일이던지 ᄒᆞ라고 부르실때ᄭᅡ지 ᄒᆞᆼ샹 ᄭᅢ여 잇슬것이오 (三)우리 ᄆᆞᄋᆞᆷ으로 하ᄂᆞ님의 부르심을 ᄭᅢᄃᆞ른때에는 품삭브터 뎡치말고 ᄆᆞᄋᆞᆷ과 셩픔과 힘을 다ᄒᆞ야 ᄒᆞᆯ것이오 (四) 이공과에는 포도원으로 비유ᄒᆞ엿ᄉᆞ나 하ᄂᆞ님ᄭᅴ셔 우리를 식히실일은 여러가지가 잇슴이라

뎨二부분

八ㅣ十六절 날이 져물매 포도원쥬인이 품군을 다불너세우고 나죵 온쟈브터 품삭주기를 시작ᄒᆞᆯ식 반시동안 일ᄒᆞᆫ자의게 온젼ᄒᆞᆫ픈을 주니 이 온젼ᄒᆞᆫ픈의 가치는 은으로 푸리ᄒᆞ면 지금돈 四十젼가량이나 이때 물가에 쓰기로 말ᄒᆞ면 지금돈 二환가치가 되ᄂᆞᆫ것이라 반시동안 일ᄒᆞᆫ쟈가 이처럼 후ᄒᆞᆫ 삭젼을 밧을때에 그ᄆᆞᄋᆞᆷ에 감샤ᄒᆞᆯ것은 물론ᄒᆞ고 이외에 다른 품군은 각기 일ᄒᆞᆫ시간의 만코 젹은것을 ᄯᅡ라 삭젼을 더 밧을줄노 ᄇᆞ랏더니 집쥬인은 ᄌᆞ긔의ᄯᅳᆺ대로 만히 ᄒᆞᆫ자나 젹게 ᄒᆞᆫ자나 一톄로 ᄒᆞᆫ픈식 주엇ᄉᆞ니 더희 셥셥ᄒᆞᆫ 싱각도 각각 차등(差等)이 잇슬것이라 그즁에 아춤브터 일ᄒᆞᆫ쟈는 삭젼을 몬져 뎡ᄒᆞᆫ쟈들인ᄃᆡ 원망ᄒᆞᄂᆞᆫ말을 ᄒᆞ엿ᄉᆞ니 이는 감샤ᄒᆞᆫ ᄆᆞᄋᆞᆷ이 업ᄂᆞᆫ쟈들이라 대개 일을 만히ᄒᆞᆫ쟈들의게 샹당ᄒᆞᆫ 삭젼을 주ᄂᆞᆫ것은 쥬인의 공졍(公正)ᄒᆞᆷ이오 일을 젹게ᄒᆞᆫ쟈의게도 ᄀᆞᆺᄒᆞᆫ 삭젼을 주ᄂᆞᆫ것은 쥬인의 인후(仁厚)ᄒᆞᆷ인ᄃᆡ 여긔ᄃᆡᄒᆞ야 원망ᄒᆞᄂᆞᆫ쟈는 올치아니ᄒᆞ도다 하ᄂᆞ님ᄭᅴ셔 ᄆᆞᆺ날을 당ᄒᆞ야 밋ᄂᆞᆫ쟈의게 샹주시ᄂᆞᆫ것도 이와ᄀᆞᆺᄒᆞ니 어려서브터 밋고 쥬의 일을 만히ᄒᆞᆫ쟈도 영성의 면류관을 엇고 만년(晩年)에 밋고 쥬의 일을 만히 못ᄒᆞᆫ자도 ᄯᅩᄒᆞᆫ 영싱의 면류관을 잇을것이니 十ᄌᆞ가우에 죽어가는 도젹을 보라 이것은 다 하ᄂᆞ님의 ᄯᅳᆺ이니라 그러나 十六절 말솜에 나죵잇ᄂᆞᆫ쟈가 몬져되고 몬져잇ᄂᆞᆫ쟈가 나죵되리라ᄒᆞ심은 누구던지 겸손ᄒᆞ고 ᄉᆞ랑과 감샤ᄒᆞᆫᄆᆞᄋᆞᆷ이 만ᄒᆞᆫ쟈는 비록 교회에 나죵 드러온쟈라도 은혜를 만히밧을것이오 교만ᄒᆞ고 원망ᄒᆞ며 감샤ᄒᆞᆯ줄 모르ᄂᆞᆫ쟈는 비록 몬져 드러왓슬지라도 ᄯᅥ러지겟다 ᄒᆞ심이니라 여긔ᄃᆡᄒᆞ야 싱각ᄒᆞᆯ것은 (一) 쥬의 일을ᄒᆞᆫ쟈는 반ᄃᆞ시 샹을 밧을것이오 (二) 그몸을 낫초ᄂᆞᆫ쟈는 반ᄃᆞ시 올나갈줄 알지니라

뭇ᄂᆞᆫ말

一、이공과를 몃부분에 논ᄒᆞ겟ᄂᆞ뇨

二、우리 ᄆᆞᄋᆞᆷ으로 하ᄂᆞ님의 부르심을 ᄭᅢᄃᆞ른때에는 엇더케ᄒᆞ여야 되겟ᄂᆞ뇨

三、十六절 말솜은 무ᄉᆞᆷᄯᅳᆺ이뇨

五

四、이공과 뎨一、부분에 ᄃᆡᄒᆞ야 ᄉᆡᆼ각ᄒᆞᆯ것이 무엇이뇨

⊙감리교회와모레비안교회의관계

그린필드션ᄉᆡᆼ

모레비안교회는 쥬강ᄉᆡᆼ후 一千四百五十七년에 처음 셜립되엿ᄂᆞᆫᄃᆡ 영국에 유명ᄒᆞᆫ 목ᄉᆞ 모씨가 이교회에 ᄃᆡᄒᆞ야 일쟉이 말ᄒᆞ기를 「모레비안교회는 뎌회가 ᄉᆞᄉᆞ로 닐ᄏᆞᆺᄂᆞᆫ바와ᄀᆞᆺ치 곳형뎨합심교(兄弟合心敎)니 모든 영국그리스도교회로 더브러 ᄒᆞᆷᄭᅴ고난을 당ᄒᆞᆫ 동류가 될ᄲᅮᆫ아니라 복음으로써 ᄀᆞᆺ치 일ᄒᆞ던 녯날 친구도 되ᄂᆞ니 우리 위클닙션ᄉᆡᆼ의 역슐(譯述)ᄒᆞᆫ 영어셩경으로 말ᄆᆡ암아 셩신감화를 밧은 요한허스씨는 용ᄆᆡᆼ스럽게 쥬를 위ᄒᆞ야 그 목숨을 ᄇᆞ린후에 그피는 이 모레비안교회의 씨가되여 四百五十년젼에 로마의 멍에를 벗고 쇽히 보헤미아 디방에셔 니러낫더라 그러나 흥왕ᄒᆞᆯᄯᅢ에 핍박이 오ᄂᆞ니 로마교회가 피와 불속에셔 이교회를 문허트리매 보헤미아국즁에 ᄇᆡᆨ셩이 다멸종된후에야 교황(敎皇)은 이어린 교회를 멸망식힌줄노 ᄉᆡᆼ각ᄒᆞ엿스나 젼능ᄒᆞ신 하ᄂᆞ님ᄭᅴ셔는 이교회와 ᄒᆞᆼ샹 ᄒᆞᆷᄭᅴ계신고로 이거룩ᄒᆞᆫ 씨가 죽지안코 잇다가 하ᄂᆞ님의 ᄯᅢ가림ᄒᆞᆫ후에 헌헛ᄯᅡ에셔 이 녯교회의 묵은 ᄲᅮ리로브터 더강ᄒᆞᆫ싹이나셔 그넌츌이 온셰계로 벗어나가니 오ᄂᆞᆯ날을 당ᄒᆞ야 이교회가 비록 그교우의 수효는 젹을지라도 그용ᄆᆡᆼ스러온 힝동과 열심으로 션교ᄒᆞᄂᆞᆫ 공로를 말ᄒᆞ면 모든 그리스도교회즁에 뎨一우등이되겟다고」ᄒᆞ엿더라 이우에 말ᄒᆞᆫ바를 의지ᄒᆞᆫ건ᄃᆡ 모레비안교회는 과연 외국에 션교ᄒᆞᄂᆞᆫ일노 인도쟈가 되엿고 우리 감리교회는 ᄂᆡ디에셔 젼도ᄒᆞᄂᆞᆫ일노 뎨一위(位)를 뎜령ᄒᆞ엿ᄂᆞ니 북아미리가젼쥬(全洲)와 영국안에 각대도쳐로브터 궁벽ᄒᆞᆫ 산촌ᄭᆞ지 모든 침륜(沈淪)ᄒᆞᆫ ᄇᆡᆨ셩즁에 우리 감리교회의 목ᄉᆞ들과 젼도ᄉᆞ들과 권ᄉᆞ들의 열심젼도ᄒᆞᆷ을 인ᄒᆞ야 무한ᄒᆞᆫ 은혜를 밧은쟈가 엇지 만흔지 그수효를 알수업도다 그런즉 이 두교회는 그리스도십ᄌᆞ군병의 좌우대진이되엿고 ᄯᅩ 그인도쟈들이 력ᄉᆞ상으로 셔로 친밀ᄒᆞᆫ 관계가 잇스니 이관계가 하ᄂᆞ님을 깃브시게ᄒᆞ야 ᄒᆞᆫ모레비안교우의 힝위와 즁거로 말ᄆᆡ암아 우리감리교회의 셜립쟈 요한 웨슬네션ᄉᆡᆼ을 감화케 ᄒᆞ엿스나 당초에 웨슬네션ᄉᆡᆼ이 영국 잉글니킨교회의 션교ᄉᆞ로 미국을 향ᄒᆞ야 가던길에 ᄒᆡ샹에셔 풍랑을 만나 파션ᄒᆞᆯ 경우를 당ᄒᆞᆫ지라 이ᄯᅢ에 요한웨슬네션ᄉᆡᆼ이 그일긔칙에 긔록ᄒᆞᆫ것이 이아래와 ᄀᆞᆺᄒᆞ니 「닐곱뎜가량 (하오인지 샹오인지 ᄌᆞ셰치아니ᄒᆞᆷ)에 내가 덕국 사ᄅᆞᆷ들 잇ᄂᆞᆫ곳에 가셔 오리도록 주의ᄒᆞ야본즉 뎌희 힝동이 단졍ᄒᆞᆯᄲᅮᆫ아니라 ᄯᅩᄒᆞᆫ 겸손ᄒᆞᆫ것을 가히알것은 뎌희가 우리영국 사ᄅᆞᆷ의 힝치못ᄒᆞᆯ 일을 능히 힝ᄒᆞᄂᆞᆫ것이 잇스니 곳 뎌희가 돈을밧던지 무ᄉᆞᆷ 달니 갑하주ᄂᆞᆫ것을 ᄇᆞ라ᄂᆞᆫ 것은 아닌ᄃᆡ ᄒᆞᆼ샹 다른 션ᄀᆡᆨ(船客)을 위ᄒᆞ야 극진히 슈죵들며 ᄒᆞᄂᆞᆫ말이 「이러케 슈죵드ᄂᆞᆫ것이 우리의게 영광스러온 일이올세다 우리 구쥬ᄭᅴ셔는 우리를 위ᄒᆞ야 일을 얼마콤 더만히 ᄒᆞ셧ᄂᆞᆫ데오」ᄒᆞ면셔 날마다 조곰도 흠뎜업ᄂᆞᆫ 화긔(和氣)」를 나타내며 혹 뎌회가 과연 두려워ᄒᆞᆷ과 교만ᄒᆞᆷ과 분로ᄒᆞᆷ과 보독ᄒᆞᄂᆞᆫ ᄆᆞᄋᆞᆷ이 업ᄂᆞᆫ가 시험코져ᄒᆞ야 밀치고 쥐어박아 너머트릴지라도 조곰도 불슌ᄒᆞᆫ 말이 업시 곳니러나셔 여젼히 가시ᄂᆞᆫ지라 ᄒᆞᆫ번은 뎌회가 시편을 노리ᄒᆞ며 례ᄇᆡ를 시작ᄒᆞᆯᄯᅢ에 바다물결이 소사오르며 돗(帆)을 ᄶᅵᆺ고 ᄇᆡ를 덥흐며 갑판ᄉᆞ이로 물이너머 드러오매 당장 ᄇᆡ에잇던 사ᄅᆞᆷ들이 바다속으로 드러가ᄂᆞᆫ듯ᄒᆞᆫ지라 이ᄯᅢ에 영국사ᄅᆞᆷ들 즁에셔는 아위셩을 질느기시작ᄒᆞ되 이덕국 사ᄅᆞᆷ들은 안온(安穩)히 안저셔 찬미만ᄒᆞ더라 그찬미를 맛친후에 내가 그즁에 ᄒᆞᆫ사ᄅᆞᆷᄃᆞ려 뭇기를 「그ᄃᆡᄂᆞᆫ 두렵지 안터뇨」ᄒᆞᆫᄃᆡ

六

그사ᄅᆞᆷ이 ᄃᆡ답ᄒ기를「아니오 ᄒᄂᆞ님ᄭᅴ 감샤ᄒᆷ니다」ᄒ거ᄂᆞᆯ 내가 ᄯᅩ뭇기를「그ᄃᆡ의 쳐ᄌᆞ도 두려워ᄒ지 아니ᄒ엿ᄂᆞ뇨」ᄒᆫᄃᆡ 그가 ᄯᅩ 옹용히 ᄃᆡ답ᄒ기를「아니오 내 쳐ᄌᆞ는 죽기를 그러케 두려워ᄒ지 아니ᄒᆷ니다」ᄒ엿더라

웨슬네션ᄉᆡᆼ이 조지아ᄶᅡ에 도달ᄒᆫ후에 모레비안교회 감독 스핀진버씨를 차자가본즉 이 감독의 일긔에 긔록ᄒ기를「一千七百三十六년 二월 七일에 오글네돕씨가 덕국목ᄉᆞ 스핀진버씨와 동ᄒᆡᆼᄒ야 세바나로브터 미국으로 도라왓다」ᄒᆫ것을 보고야 비안에셔 만낫던 덕국사ᄅᆞᆷ은 곳 모레비안교인인줄을 알고 ᄌᆞ긔 ᄒᆡᆼ위에 ᄃᆡᄒ야 이감독의 지도(指導)를 청ᄒ엿ᄂᆞᆫᄃᆡ 그문답ᄒᆫ것을 웨슬네션ᄉᆡᆼ이 이아래와ᄀᆞᆺ치 긔록ᄒ엿더라 (미완)

교육

◉가졍학

로인을 공양ᄒᄂᆞᆫ법

대뎌 로인은 긔혈이 쇠ᄒ고 신톄가 약ᄒ야 어린ᄋᆞᄒᆡ와 ᄀᆞᆺ흔고로 그 공양ᄒᄂᆞᆫ 법도 ᄯᅩᄒᆫ 어린ᄋᆞᄒᆡ 기르ᄂᆞᆫ법과 ᄀᆞᆺᄒ니 쥬부(主婦)된쟈ㅣ 맛당히 로인의 의복 음식과 거쳐를 주의치 아니치 못ᄒᆯ지니라

一、로인의 의복은 겨울이면 가바얍고 더운 비단이나 명쥬나 융(絨)이나 무명으로 너그럽게 짓고 헛솜을 둣겁게 노아 드릴것이며 극히 더운 복즁에는 모시나 뵈옷을 드리되 아모됴록 츅츅ᄒᆫ 긔운을 밧지안토록 주의ᄒᆯ것이니라

로인은 감각력(感覺力)이 부족ᄒ야 의복의 둣겁고 얇은것을 잘셰ᄃᆞᆺ지 못ᄒᄂᆞ니 겻헤 모시고 잇ᄂᆞᆫ쟈ㅣ 맛당히 일긔의 더웁고 찬것을 ᄯᅡ라 의복의 둣겁고 얇은것을 쇽히 드리되 로인이 겨울에 밧게나갈ᄯᅢ에는 반ᄃᆞ시 외투(外套 두루막이)를 드리고 드러오면 곳 외투를 벗겨드릴것이니라

로인의 의복은 반ᄃᆞ시 자조 ᄲᆞ라 드리되 특별히 살에닷ᄂᆞᆫ 속옷을 자조밧구아 드려 ᄯᅥ와 ᄯᅡᆷ닉암시가 나지안케ᄒᆯ지니라

실업

◉싀탄(柴炭)소용에 뎍당ᄒᆫ나무를 심으ᄂᆞᆫ법

빅양나무는 여러종류가 잇ᄂᆞ니 미국빅양(피라밋도야마나라시)와 이대리 빅양(모니리후에라야마나라시)가 뎨一 죠션에 심으기 뎍당ᄒᆫ것이라 근일 경셩 대구 슈원 평양등디에 이죵류의 빅양을 만히 심엇ᄂᆞᆫᄃᆡ 심은지 四년된것이 직경(直徑)은 四촌이오 키는 四간반에 니르럿다ᄒ니 이빅양을 구ᄒ야 심으ᄂᆞᆫ것이 됴코 만일 구ᄒ기 어려온 경우에는 죠션 버들도 됴ᄒ니라

참나무와 굴밤나무는 싀탄소용으로 뎨一 됴흔 지료나 자라ᄂᆞᆫ 힘이 약ᄒᆫ고로 됴흔ᄊᆡ앗을 ᄐᆡᆨᄒ야 심으ᄂᆞᆫ것이 합당ᄒ니라

이우에 말ᄒᆫ바 몃가지 나무의 목묘(木苗)를 기르고져ᄒ면 니셰아가시야ᄂᆞᆫ 一평되ᄂᆞᆫ 묘포(苗圃)에 ᄃᆡᄒ야 죵ᄌᆞ 五작(勺)을 ᄲᅳ릴것이며 참나무와 굴밤나무는 ᄒᆫ되다섯홉을 ᄲᅳ릴것이오 빅양목은 굴기가 손가락ᄀᆞᆺ고 길기가 六촌가량되ᄂᆞᆫ가지 一百지를 심어두엇다가 다음ᄒᆡ 가을에 산판에 옴겨심을것이며 참나무와 굴밤나무는 다음ᄒᆡ봄에 다시 묘포에 옴겨심어셔 一二년 자란후에 산판에 옴겨 심을것이니라

이몃가지 나무를 심으되 인가근쳐나 방츅(防築)근쳐나 산록(山麓)의 갑파랍지 안코 평탄ᄒᆫ곳을 ᄐᆡᆨᄒ야 심을것이오 ᄒᆡ마다 나무닙흔 짐ᄉᆡᆼ을 먹이거나 거름을 만ᄃᆞᆯ거나 ᄒᆯ것이니라

담총

◉새혜셩(慧星)이뵈임

근일에 덕국텬문ᄃᆡ의 통신을 거ᄒᆫ즉 일홈모르ᄂᆞᆫ 혜셩이 새로 뵈이ᄂᆞᆫᄃᆡ 오젼一시가량에 하ᄂᆞᆯ을 통과ᄒᆯᄯᅢ에 그 광치가 날마다 졈졈 크게뵈이매 쟝ᄎᆞᆺ 육안(肉眼)으로도 볼수 잇슬듯ᄒ다더라

◉사ᄅᆞᆷ의一평ᄉᆡᆼᄒᆞᆫ일

셰상 사ᄅᆞᆷ의 一평ᄉᆡᆼᄒᆞᆫ일을 가지고 평균산(平均筭)을 ᄒᆫ즉 ᄒᆫ사ᄅᆞᆷ이 평균 五十년을 살면 그동안에 잠자ᄂᆞᆫ시간이 六千일이오 일ᄒᄂᆞᆫ시간이 六千五百일이오 길ᄃᆞᆫ니ᄂᆞᆫ 시간이 三百일이오 노ᄂᆞᆫ시간이 四千일이오 음식먹ᄂᆞᆫ시간이 一千五百일이오 병든시간이 五百일가량이라더라

七

明治四十四年七月二十七日印刷

THE AMERICAN BIBLE SOCIETY.

광고

경향 여러교우의 갈망ᄒᆞ시던 국문구약셩경의 완편이 출판되여 이달금음이나 릭월초싱브터 발미ᄒᆞ겟ᄉᆞ오니 쳠군ᄌᆞ는 슈용의 다쇼를ᄯᆞ라 륙속쳥구ᄒᆞ심을 ᄇᆞ라옵

그 졔본과 뎡가는 여좌ᄒᆞ옵

二권一질 二천六ᄇᆡᆨ五十혈

지의 一환

포의 一환十五젼

한문셩경이 새로 샹히로셔나왓는ᄃᆡ 쉬운문리라

일어셩경신구약도 여러죵류가 본공회와 셔울명동과 평양에잇는 본공회의 일본인지뎜에 잇ᄉᆞᆸ

평양잇는 본공회의 죠션인 지뎜에는 국문셩경의 여러죵류가 잇ᄉᆞᆸ

각지뎜에셔도 이 셩경들을 목록에 긔록ᄒᆞᆫ 뎡가로 도ᄆᆡ나 쇼ᄆᆡ를 다ᄒᆞ옵

각 칙샤에셔 사가면 샹활ᄒᆞ고 부비ᄭᅡ지 담당ᄒᆞ옵

京城鍾路基督靑年會下層
美國聖書公會 告白

광고

경계쟈 하ᄂᆞ님의 도으심으로 국문 신구약젼셔가 완편된지라 이믜 인쇄ᄒᆞ야 이제 미하ᄒᆞ는바 이칙의 쟝광은 국문四호글ᄌᆞ 지의 신약과ᄀᆞᆺ고 그 쟝칙과 뎡가는 이아래 ᄌᆞ셰히 긔록ᄒᆞ엿ᄉᆞ오니 이칙을 갈망ᄒᆞ시던 우리 형뎨와 ᄌᆞᄆᆡ는 본공회와 경향 각교즁 칙샤에 쳥구ᄒᆞ시와 이독ᄒᆞ시옵쇼셔

쟝칙과뎡가

신구약젼셔

단권一秩 견포의 一圓五十錢

仝 仝 반피의 一圓七十五錢

三권仝 지의 一圓二十五錢

仝 仝 포의 一圓三十五錢

구약젼셔

二권一秩 지의 一圓

仝 仝 포의 一圓十五錢

본공회에 국문한문 밋각국문의 셩셔가 구비ᄒᆞ옵고 원근각쳐로 발송ᄒᆞ는 셩셔의 운비혹 우료는 본공회에셔 출급ᄒᆞ오며 샹셰ᄒᆞᆫ 규칙과 뎡가록은 쳥구를 ᄯᆞ라 공급ᄒᆞᄂᆞ이다

셔울 종로 대영셩셔공회 고ᄇᆡᆨ

△廣告▽

○承寧府典醫正三品洪哲普閣下實驗處方
○陸軍軍醫醫校教官張基茂君有效證明
四時勿論ᄒᆞ고人人常備之靈藥

官許 登錄 認可 和

健胃 消滯 八寶丹

定價金 九十五粒入一貼(十錢)
仝 三貼入(二十五錢)

▲另 告

胎養調經丸 婦人冷積 病神效 五圓

腫根拔散 拔腫根去惡生新 十錢

明耳精 耳內炎痛 耳垢堆積 十錢

蛔滅散 蛔虫去根 更無後慮 十錢

滋陽丸 男女勿論 陰陽雙補 五圓

浮腹能下丹 下腹膨脹 少便不利 七十錢

小兒癎氣丸 身熱頻驚 夜啼便靑 十五錢

絲虫藥 寸白虫을 沒出去根 三十錢

回生水 急泄虛泄 無非神效 十錢

補陰降火丸 男女勿論 陰虛火動 七十錢

其他洋藥各種과⊙賣藥各種⊙漢藥唐草材⊙都賣散賣

遠地에셔는各種藥을請求ᄒᆞ시면代金引換으로付送ᄒᆞ려니와若支店이나出張所ᄒᆞ기願ᄒᆞ시는僉員은規則을請求ᄒᆞ시옵

△八寶丹製造本舖賣藥行商員募集廣告

本堂賣藥行商員限三百人으로募集ᄒᆞ되(京城及地方)年齡은男女勿論ᄒᆞ고十五歲以上四十歲以下로限ᄒᆞ며品行이端正ᄒᆞᆫ人으로募集ᄒᆞᆷ(志願人은規則을請求ᄒᆞᆷ)

總發行所京城鍾路和平堂大藥房本舖 主任 李應善 告白
(電話一六九七番)

△特別廣告▽

●九轉靈砂●는本人이眞法製造ᄒᆞ야廣告于各新聞ᄒᆞᆫ지二十年에愛好諸君의恩義를賴ᄒᆞ야請求가日日叢至이온바本人의神製ᄒᆞᆫ各項丹藥이數十種이온ᄃᆡ就中濟衆丹은四時常服이오며夏秋之間에는諸般急症에尤極神效ᄒᆞᆫ靈丹이오

九轉靈砂濟衆丹(一包定價金十錢)

食滯酒滯와肉滯痰滯及諸般滯症과霍亂吐瀉와時忌怔疾과毒感等諸般急症에神效ᄒᆞᆫ靈丹이오

天恩中同胞님은此靈丹을常服ᄒᆞ시면諸般急症을掃除ᄒᆞᄂᆞᆫ神丹이오며同業諸君에게는半割引으로酬應이되十圓以上爲准홈

京城西部前內需司前百三統一戶
煉丹大藥房 主任 李鎬廷 告白

그리스도회보

KOREAN CHRISTIAN ADVOCATE

每月二回發行
明治四十四年八月十二日印刷
明治四十四年八月十五日發行

發行兼編輯人 北部社洞 奇義男
印刷人 北部樓閣洞 朴東完
印刷所 京城西小門內法韓印刷所
發行所 北部社洞 奇義男邸

ᄃᆡ금「代金」 一장 三젼
六개월 二十五젼
一개년 五十젼

광고료 四호활ᄌᆞ 一항 一회 五젼
활ᄌᆞ에 ᄃᆡ쇼와 항수 다쇼와 긔한쟝단을 ᄯᆞ라 즁감홈

사셜

◉본회보를 보시ᄂᆞᆫ 여러 형뎨와 ᄌᆞ미의게

서양말에 이시ᄃᆡᄂᆞᆫ 신문시ᄃᆡ라 ᄒᆞ엿스니 이ᄂᆞᆫ 이셰샹의 문견과 지식이 만히 신문으로 말미암아 진보된다 ᄒᆞᆷ이라 그런즉 사람마다 불가불 신문을 보아야ᄒᆞᆯ것이오 그즁에 우리그리스도인은 교회신문을 만히보ᄂᆞᆫ것이 필요ᄒᆞ도다 그럼으로 요한웨슬네션싱이 일즉이 말숨ᄒᆞ시기를「교인되고 교회신문을 아니보면 엇지 ᄒᆞᆫ잔말인가 나ᄂᆞᆫ 一평싱에 교회신문보ᄂᆞᆫᄃᆡ셔 령혼샹 리익을 거둔것이 데一만타」ᄒᆞ엿스니 이말숨을 싱각ᄒᆞ면 교회 신문의 필요ᄒᆞ고 유익ᄒᆞᆷ이 엇더ᄒᆞ뇨 본회보를 간힝(刊行)ᄒᆞᄂᆞᆫ 뜻은 무슴 영업(業營)샹으로 리익을 취코져 ᄒᆞᆷ이 안니라 특별히 우리 남북감리회의 긔관과 이목이되여 텬국의 됴흔쇼식을 광고ᄒᆞ며 一반교우의 신령ᄒᆞᆫ 리익을 공급ᄒᆞ고져 ᄒᆞᆷ인즉 죠션 남북감리회즁 六七만명 교우가 다 이회보샤의 샤원(社員)이오 다각각 이회보를 보실 의무도잇고 이회보를 널니 발젼(發展)식힐 칙임도 잇슨즉 만一 이회보가 잘 발젼치 못ᄒᆞ면 엇지 우리의 의무를 잘직혓다고 말ᄒᆞᆯ수 잇겟ᄂᆞ뇨 그런즉 이회보 보시ᄂᆞᆫ 여러형뎨와 ᄌᆞ미ᄭᅴ셔ᄂᆞᆫ 서로 멀니 잇스면 편지로ᄒᆞ던지 ᄃᆡ면ᄒᆞ면 말노ᄒᆞ던지 각기 ᄌᆞ긔관할아ᄅᆡ나 교제범위(交際範圍)안에 잇ᄂᆞᆫ 교우들의게 널니 권면ᄒᆞ며 대서교인들과 ᄀᆞᆺ치 ᄌᆞ긔돈으로 ᄒᆞᆫ회보를 몃권사셔 빈한ᄒᆞᆫ 교우들의게 ᄂᆞᆫ호아주ᄂᆞᆫ 일ᄉᆞ지라도ᄒᆞ야 아모됴록 우리 교우의 집마다 이회보 ᄒᆞᆫ권식은 다보게ᄒᆞ시기를 간졀히 ᄇᆞ라ᄂᆞ이다

증산구황연보

(젼호련속)

尹滋福、池善周、金顯台、金東宇、鄭鳳來、金正仁、安淳、尹順敬、各十錢、 金建淳、尹得祚、金漢卿、金翼奎、鄭淳奎、鄭益洙、尹允用、閔泰山、金㑘淳、李德萬、尹相亨、安丙植、各五錢、 兪鳳俊四錢五里、 金壽敬四錢、 尹濟仁三錢 李昌吉 李億鳳、金鍾胤、朴濟壞 黃道文、尹榮弼 朴萬實、尹由金、金正範、金智鉉 劉昌世、趙允煥、金甲奎 桂二壽各二錢五里、鄭淳德、南宮根、梁學純、尹禹九、趙石吉 李龜甲 劉興龍、金順根、金樞老、池孝玉、尹順俊、金來根、金順萬、金顯吉各一錢、 南宮泰益五里、江華望月敎會三十錢、崔足一四十五錢、 노시쟈四十錢、 고대현四十錢、 문고개교회三十錢、 조산교회廿五錢、 고부교회심학일十錢、 건들교회경천일三十錢、 젼인비十錢、 매례박二十錢、 정포교회一圓、 홍던교회一圓、 돌셩교회二十錢、 豊德黃江敎會김영환一圓、 리규종五十錢、 김학인、김윤화、원슌화各二十錢、 리규한、강연오、김창환、뎐상춘、최의암各十錢、 抱川龍翔洞敎會 김춘삼、 죠치용 各五十錢、 김치문、리경옥、리셩옥各四十錢、 김쥰긔二十錢、 리창현、젼면슌、리사라各二十錢、 노학슈、권승완、김운션、젼완순、김영환、리상쥬、김셕현、젼억보、김넬나、방수산나、 권쎌나各十錢 김만보、박영근、리용현、정병쥬、김이빅가、안장남모친、박금쇠모친、권부인、리요하나各五錢 안옥이모친、안민니、쳔부인各四錢、오츈일、김부인各三錢、젼고라、김만보부인各二錢 五里 白川邑敎會六圓

교즁휘문

◎감독도일(渡日) 북감리회 감독 히리스씨ᄂᆞᆫ 일본니디 각교회를 시찰ᄒᆞ기 위ᄒᆞ야 거월卅一일에 경부션(京釜線)으로 일본을 향ᄒᆞ야 건너갓ᄂᆞᆫᄃᆡ 一삭후에 다시 죠션으로 도라온다더라

◎죠션어강습소 거월에 경셩 샤직골 남감리교회집에셔 강습소를 열고 각쳐 남녀션교ᄉᆞ 二十여인이 모혀 죠션말을 三쥬일동안 강습ᄒᆞ엿ᄂᆞᆫᄃᆡ 본샤쟝 긔의남씨가 교슈(教授)ᄒᆞ엿더라

◎량씨동힝 본샤쟝 긔의남씨ᄂᆞᆫ 교회일노 목ᄉᆞ쪄다인씨와 동반ᄒᆞ야 거월二十九일에 원산으로 하왕ᄒᆞ엿다가 본월十일에 귀경(歸京)ᄒᆞ엿더라

◎부인교회신셜 츙남 직산군 이동면 립장교회 젼도ᄉᆞ 젼홍식씨의 통신을 거ᄒᆞᆫ즉 그근쳐 양ᄃᆡ라ᄒᆞᄂᆞᆫ 동리ᄂᆞᆫ 인심이 완고ᄒᆞ야 쥬의일홈을 부르ᄂᆞᆫ쟈가 ᄒᆞ나도 업더니 작년에 비로소 직산읍교회 젼도인 남두쓰씨와 립장교회 속장 박안나씨 두부인의 열심젼도ᄒᆞᆷ을 인ᄒᆞ야 두어부인이 밋기로 작뎡ᄒᆞ엿스나 례비보ᄂᆞᆫ 일은 업더니 금년브터 점점 교회로 드러오ᄂᆞᆫ 부인이 四十여인에 달ᄒᆞᆫ지라 그럼으로 례비볼 쳐소를 뎡ᄒᆞ고 쥬일마다 모히ᄂᆞᆫ쟈가 평균三十여인이오 또 이부인들의 가쟝되ᄂᆞᆫ이들은 비록 ᄌᆞ긔ᄂᆞᆫ 밋지아니ᄒᆞᆯ지라도 그부인들의 밋ᄂᆞᆫ것을 반ᄃᆡ치 아니ᄒᆞᆯ뿐아니라 도로혀 권면ᄒᆞᆫ다ᄒᆞ니 이ᄂᆞᆫ 하ᄂᆞ님ᄭᅴ셔 이동리에 은혜를 만히 ᄂᆞ리심이라 이로좃차 이동리에 남녀교회가 다셜립되기를 긔도ᄒᆞᆫ다ᄒᆞ엿더라

◎젼씨의열심 평남 강셔읍교회 권ᄉᆞ김창환씨의 통신을 거ᄒᆞᆫ즉 동군왁식몰교회 젼삼덕씨ᄂᆞᆫ 본ᄅᆡ 그곳명문거족의 부인으로 우리쥬를 독실히 밋은지 여러ᄒᆡ동안에 그가쟝파 가족파 친쳑의 핍박을 이긔고 열심으로 긔도ᄒᆞ며 젼도ᄒᆞ야 지금은 그동리에 밋ᄂᆞᆫ 남녀교우가 二百여명에 달ᄒᆞᆫ고로 례비당이 좁아셔 대단히 곤난ᄒᆞ더니 젼씨가 ᄌᆞ긔의 토디(土地)를 례비당 긔디로 긔부ᄒᆞ야 례비당四간을 새로 지엿고 남녀학교를 셜립ᄒᆞ야 현금 학도수효가 九十여명에 달ᄒᆞ엿스니 이것은 다 부인이 밋고 긔도ᄒᆞ며 젼도ᄒᆞᆫ 효력으로 하ᄂᆞ님의 은혜를 풍셩히 밧은것이라ᄒᆞ엿더라

◎지물을하늘에싸홈 강원도 울진군교회 매셔인 황죵오씨의 통신을 거ᄒᆞᆫ즉 동군 원북면 지장동교회ᄂᆞᆫ 작년三월에 그곳 쟝진표 김용하 젼호옥 등 五六인이 셜립ᄒᆞ엿ᄂᆞᆫᄃᆡ 一년동안에 남녀교우가 五十여명에 달ᄒᆞᆫ지라 그러나 례비보ᄂᆞᆫ 쳐소가 좁아셔 곤난ᄒᆞᆷ을 면치못ᄒᆞ더니 쟝속쟝의 부인 진마리아씨가 ᄌᆞ긔ᄉᆞ랑ᄒᆞ던 은가락지와 패물을 연조ᄒᆞ고 또 다른부인들도 죠셕으로 쌀을 얼마식 써셔 져츅ᄒᆞ엿던것을 연조ᄒᆞ야 이제ᄂᆞᆫ 례비당 六간을 사셔 례비보게되엿다ᄒᆞ니 우리ᄂᆞᆫ 이교회를 위ᄒᆞ야 감하ᄒᆞ노라

◎또ᄒᆞᆫ새교당 황히도 빅쳔읍교회 젼도ᄉᆞ 홍슌탁씨의 통신을 거ᄒᆞᆫ즉 히읍교회ᄂᆞᆫ 셜립된지 十五년에 교우의 수효가 날로 증가(增加)ᄒᆞᆷ으로 례비당이 좁아셔 심히곤난ᄒᆞ더니 작년에 一반 남녀교우가 경셩으로 연보ᄒᆞᄃᆡ 녀교우들은 심지어 은빈여 가락지 패물등속으로 연보ᄒᆞ야 二百六十여원을 모화 와가 二十여간을 삿스나 경비가 부족ᄒᆞᆷ으로 수리치못ᄒᆞ엿더니 금년봄에 다시 연보를 거두어 그례비당을 방금 수리ᄒᆞᆫ다더라

◎시찰단一힝 죠션 그리스도교인 시찰단 一힝二十八인이 거월卄八일에 경셩으로브터 출발ᄒᆞᆷ은 젼호에 게지ᄒᆞ엿거니와 이一힝이 일본니디에 도달ᄒᆞᆫ후로 니르ᄂᆞᆫ곳마다 셩대(盛大)ᄒᆞᆫ 환영(歡迎)을 밧고 본월七일에 동경셔 써나 죠션으로 향ᄒᆞ엿ᄂᆞᆫᄃᆡ 본월十二일간에 경셩에 도챡ᄒᆞ엿다더라

◎박씨됴병 별항에 게지ᄒᆞᆫ 죠션 그리스도교인 시찰단一힝즁 북감리교 쟝로ᄉᆞ 박원빅

ᄒᆡᄂᆞᆫ 일본 대판시(大阪市)에 도착ᄒᆞᆫ후 우연히 서병을 엇어 방금 그곳병원에서 치료ᄒᆞᄂᆞᆫ중이라ᄒᆞ니 박씨를 ᄉᆞ랑ᄒᆞᄂᆞᆫ 형뎨와 ᄌᆞ민은 히씨를 위ᄒᆞ야 긔도 만히ᄒᆞ기를 ᄇᆞ라노라

◎광셔졸업 평양군 남산현 ᄉᆞ립 예수교 광셔학교에서 뎨五회졸업식을 본월十一일 상오九시에 본회ᄃᆞᆼ니에서 설ᄒᆡᆼᄒᆞ엿ᄂᆞᆫᄃᆡ 고등과 졸업싱 박재환 김긔연 최유식 최정샤 최영호등十二인이오 심샹과 졸업싱은 안셩국 리근찬 리츈태 죠샤북 박지혁등十인이오 一등브터 七등ᄭᆞ지 지급ᄒᆞᆫ 학싱은 빅여명인ᄃᆡ 교장변영서씨가 졸업증서와 진급증서를 ᄎᆞ례로 준후에 졸업싱의게 권면ᄒᆞ고 쟝로리익모리빈즁 박셕훈량씨가 츅ᄉᆞᄒᆞ고 졸업싱즁 김긔연이 답ᄉᆞᄒᆞᆫ후에 폐회ᄒᆞᆯ시 당일 관광ᄒᆞᄂᆞᆫ쟈가 인산인히를 일우엇다더라

◎우・졸업식 평남 강서군 교회니 남녀쇼학교 졸업식은 거월卄六일 상오十一시에 거ᄒᆡᆼᄒᆞ엿ᄂᆞᆫᄃᆡ 남고등과 졸업싱은 김병보 오응원 김병칠 방화츈등四인이오 심샹과에 김봉길 오유정 당영환 리등팔등四인이오 녀학교 졸업싱은 방중일 안경신 박생은 김수산나등四인인ᄃᆡ 당일 ᄅᆡ빈은 五百여명에 달ᄒᆞ엿더라

교회통신

긔서

◎감언리셜노 사ᄅᆞᆷ을 복죵케ᄒᆞᄂᆞᆫ것보다 도덕으로 감동케ᄒᆞᄂᆞᆫ것이 귀ᄒᆞᆷ

류계샹

사ᄅᆞᆷ을 감동케ᄒᆞᄂᆞᆫ것이 두가지가 잇스니 첫재는 도덕으로 감동케ᄒᆞᄂᆞᆫ것이니 이감화를 밧은쟈는 그ᄆᆞᄋᆞᆷ으로 복죵ᄒᆞ엿슨즉 변ᄒᆞ기 쉽지아니ᄒᆞ여 몸이 맛도록 그결단ᄒᆞᆫ 쥬견을 ᄲᅢ아슬쟈 업스며 둘재는 위력과 감언리셜노 사ᄅᆞᆷ을 감동케ᄒᆞᄂᆞᆫ것이니 당쟝에ᄂᆞᆫ 몸을 굽히고 말을ᄂᆞ즉히ᄒᆞ야 복죵ᄒᆞᄂᆞᆫ듯ᄒᆞ나 그ᄆᆞᄋᆞᆷ은 불복ᄒᆞ엿슨즉 엇지능히 오릐리오 그런즉 도덕의 효험은 ᄆᆞᄋᆞᆷ을 감화케ᄒᆞ며 위엄과 감언리셜의 효험은 흔이 외양만 복죵케ᄒᆞ기 쉬운것이라

죠션의 엇던녀인이 ᄌᆞ긔아ᄃᆞᆯ의게 돈五百량을주어 분산식ᄒᆞᆯ때에 어느 먼ᄃᆡ방으로 보내며 닐ᄋᆞᄂᆞᆫ말이 네가 평싱에 거줏말 아니ᄒᆞ기를 내가 ᄇᆞ란다ᄒᆞ니 그아ᄃᆞᆯ이 ᄃᆡ답ᄒᆞ기를 종신토록 어마님의 말ᄉᆞᆷ을 슌죵ᄒᆞ기로 ᄆᆞᄋᆞᆷ에 결단ᄒᆞ엿ᄂᆞ이다ᄒᆞ고 모ᄌᆞ던당에서 피차다시 만나기로 언약ᄒᆞ고 작별ᄒᆞᆫ후 그아ᄃᆞᆯ이 돈을 가지고 갈ᄉᆡ 길에서 도적을 만ᄂᆞᆫ지라 ᄒᆞᆫ도적이 뭇기를 네몸에 가진것이 무엇이냐ᄒᆞᆫ즉 그사ᄅᆞᆷ이 ᄃᆡ답ᄒᆞ기를 우리 어마니가 분산ᄒᆞ여주신 돈五百량뿐이라ᄒᆞᆫᄃᆡ 그도적이 웃고 희롱ᄒᆞᄂᆞᆫ줄노 ᄉᆡᆼ각ᄒᆞ더니 또 ᄒᆞᆫ도적이 나아와 그 몬져뭇던 도적과ᄀᆞᆺ치 뭇거ᄂᆞᆯ 또 이사ᄅᆞᆷ이 젼파ᄀᆞᆺ치 ᄃᆡ답ᄒᆞᆫ매 그도적의 괴수가 크게 ᄭᅮ지져 말ᄒᆞ기를 「네가 겁업시 우리를 죠롱ᄒᆞᄂᆞ냐ᄒᆞ며」그사ᄅᆞᆷᄃᆞ려 바른말ᄒᆞ라ᄒᆞᆫᄃᆡ 그사ᄅᆞᆷ이 ᄃᆡ답ᄒᆞ기를 「내가 임의 두사ᄅᆞᆷ의게 다말ᄒᆞ엿노라」ᄒᆞᆫᄃᆡ 그도적들이 달녀들어 봇짐을 펴본즉 과연 돈五百량이 잇ᄂᆞᆫ지라 도적의 괴수가 그사ᄅᆞᆷ의 진정으로 말ᄒᆞᆷ을 이샹히녁여 무ᄅᆞᆫᄃᆡ 그쇼년의 ᄃᆡ답이 「내가 나의 어마니의게 평싱에 거줏말아니ᄒᆞ기로 허락ᄒᆞ엿ᄂᆞᆫ고로 내몸에 돈이 잇슬지라도 그ᄃᆡ들을 쇽히지 아니ᄒᆞ고 바로 말ᄒᆞ엿노라」ᄒᆞ니 그 도적의 ᄆᆞᄋᆞᆷ이 감동ᄒᆞ야 ᄒᆞᄂᆞᆫ말이 「당신은 져럿트시 졂으신이로 어마니의게 효직분을 다ᄒᆞ되 우리는 늙도록 하ᄂᆞ님의 계명을 거ᄉᆞ리고 사ᄅᆞᆷ의 ᄒᆞᆯ직분을 못ᄒᆞ엿노라ᄒᆞ며 그쇼년의 손을붓잡고 ᄒᆞᄂᆞᆫ말이 「내이제브터 당신을 본밧아 내죄를 회개ᄒᆞ겟노라」ᄒᆞ니 여러 도적이 이러ᄒᆞᆫ 광경을 보고 ᄆᆞᄋᆞᆷ이 늣겨 그괴수의게 말ᄒᆞ기를 당신이 우리가 죄짓ᄂᆞᆫᄃᆡ 슈두가되엿더니 이제ᄂᆞᆫ 우리를 도덕으로 인도ᄒᆞᆯᄂᆞᆫ 슈두가되시오ᄒᆞ고 즉시 그 도적ᄒᆞ엿던 물건을 내여주고 아조 하ᄂᆞ님의 군ᄉᆞ들이 되엿다ᄒᆞ니 사ᄅᆞᆷ이 슌젼ᄒᆞ고 진실ᄒᆞ면 아모리 악ᄒᆞᆫ 사ᄅᆞᆷ이라도 ᄆᆞᄋᆞᆷ을 화ᄒᆞ게ᄒᆞ기쉬운줄노 아노라

만국쥬일공과

뎨三十四

八월二十일

마태二十장廿一-卅四졀

요지 두뎨ᄌᆞ와 두쇼경외 군구ᄒᆞᄂᆞᆫ 긔도

외일말ᄉᆞᆷ 二十八졀

이공과ᄂᆞᆫ 세부분에 논홀지니 一은 살노메(세베대의 아ᄃᆞᆯ 야고보의 어마니)의 이샹ᄒᆞᆫ 청구에 ᄃᆡᄒᆞ야 예수ᄭᅴ서 힐문ᄒᆞ신것이오(二十一-廿三)二ᄂᆞᆫ 예수ᄭᅴ서 열뎨ᄌᆞ의 분로ᄒᆞᆷ을 풀어주심이오(廿四-廿八) 三은 두쇼경의 진실ᄒᆞᆫ 청구에 ᄃᆡᄒᆞ야 예수ᄭᅴ서 불샹히 녁이심이니라 (廿九-卅四)

뎨一부분

廿-廿三졀 예수ᄭᅴ서 十八졀과 十九졀의 말ᄉᆞᆷ을 맛치시매 야곱과 요한은 ᄃᆡ회를 위ᄒᆞ고 (막十○卅五-卅七) 그 어마니 살노메ᄂᆞᆫ ᄌᆞ긔 아ᄃᆞᆯ을 위ᄒᆞ야 텬당의 놉흔자리를 청구ᄒᆞ엿스니 그 욕망(欲望)으로 말ᄒᆞ면 이세샹의 ᄡᅥᆨ을 영광을 구ᄒᆞᄂᆞᆫ것보다 대단히 크고 놉흐나 그가온ᄃᆡ ᄃᆡ회만 위ᄒᆞ고 또 ᄭᅬ만ᄒᆞᆫ ᄆᆞᄋᆞᆷ을 포함ᄒᆞᆫ지라 그러나 예수ᄭᅴ서ᄂᆞᆫ 깁히 ᄎᆡᆨ망치아니ᄒᆞ시고 다만 二十二졀말ᄉᆞᆷ으로 힐문ᄒᆞ셧ᄂᆞ니 므롯 유대국방언에 잔이라ᄒᆞᄂᆞᆫ것은 쓴맛을 ᄀᆞᄅᆞ친것이라 쥬의 이말ᄉᆞᆷ뜻은 대개 고난을 몬져 밧은후에야 영광을 누리ᄂᆞᆫ것은 텬국의 오묘ᄒᆞᆫ 리치인고로 나도 쟝ᄎᆞᆺ 십ᄌᆞ가의 곤난을 면치못ᄒᆞᆯ터인ᄃᆡ 너희ᄂᆞᆫ 아모 고난도 밧지안코 이 놉흔 자리를 엇고져ᄒᆞᄂᆞ냐 ᄒᆞ심이라 그러나 ᄃᆡ회ᄂᆞᆫ 맛당히 구ᄒᆞᆯ것과 맛당히 허락ᄒᆞᆯ것을 알지못ᄒᆞᄂᆞᆫ고로 「능히ᄒᆞ겟ᄂᆞ이다」ᄒᆞ고 ᄃᆡ답ᄒᆞ엿ᄂᆞ니라 ᄃᆡ회가 우연히 이쳐럼 ᄃᆡ답ᄒᆞᆫ것이 후일에 과연 응ᄒᆞ야 야곱은 칼에 죽고 요한은 젹소에서 고초를 만히 밧앗ᄂᆞ니라 우리쥬ᄭᅴ서ᄂᆞᆫ 이일을 미리 아시고 ᄃᆡ회의 허락ᄒᆞᆷ을 가샹히 녁이셧스나 필경 ᄃᆡ답ᄒᆞ시기를 「내 올흔편과 왼편에 안치기ᄂᆞᆫ 내 아바지가 누구를 위ᄒᆞ야 예비ᄒᆞ셧다」ᄒᆞ셧스니 이ᄯᅢᄂᆞᆫ 쥬ᄭᅴ서 인ᄌᆞ로 이세샹에 계신고로 이ᄀᆞᆺ처 말ᄉᆞᆷᄒᆞ셧ᄂᆞ니라

이부분에 ᄃᆡᄒᆞ야 우리가 ᄉᆡᆼ각ᄒᆞᆯ것은 (一) 우리가 긔도ᄒᆞᄂᆞᆫ가온ᄃᆡ 야곱과 요한과 살노메와ᄀᆞᆺ치 너머 분수에 지나게 구ᄒᆞ지말것이오 (二) 우리가 몬져 곤난을 밧은후에야 영광을 누릴것이오 (三)예수ᄭᅴ서 우리의 잘못된것을 잘 곳쳐주시며 우리의 구ᄒᆞᄂᆞᆫ것을 우리의게 뎍당ᄒᆞ도록 주심이니라

뎨二부분

廿四-廿八졀 이ᄯᅢ에 두뎨ᄌᆞ의 이샹ᄒᆞᆫ 욕망이 다른 열뎨ᄌᆞ의 싀긔ᄒᆞᆷ과 분노ᄒᆞᆷ을 니르킨지라 그러나 예수ᄭᅴ서 본ᄅᆡ 평화(平和)의 왕이신고로 二十五-廿八졀의 말ᄉᆞᆷ으로ᄡᅥ ᄃᆡ회 분ᄒᆞᆫᄆᆞᄋᆞᆷ을 풀게ᄒᆞ셧ᄂᆞ니 그말ᄉᆞᆷ의 뜻을 대강 히셕ᄒᆞ자면 이세샹에서ᄂᆞᆫ 큰욕망을 가진쟈가 능히 권셰를 잡을수 잇지마ᄂᆞᆫ 오직 텬국의 리치ᄂᆞᆫ 스ᄉᆞ로 놉고져ᄒᆞᄂᆞᆫ쟈ᄂᆞᆫ ᄂᆞ져지고 그몸을 ᄂᆞᆺ초ᄂᆞᆫ쟈ᄂᆞᆫ 도로혀 웃사ᄅᆞᆷ이 된다ᄒᆞ심이니라

廿八졀 말ᄉᆞᆷ에서 비홀것은 (一) 예수ᄭᅴ서 죄인을 위ᄒᆞ야 쇽죄ᄒᆞᄂᆞᆫ 졔물이 되심이오 (二) 예수ᄭᅴ서 십ᄌᆞ가에서 귀즁ᄒᆞ신몸을 ᄂᆞᆺ초심에 ᄃᆡᄒᆞ야 우리ᄂᆞᆫ 더욱 겸손ᄒᆞᆫ ᄆᆞᄋᆞᆷ을 비양ᄒᆞᆯ것이니라

뎨三부분

廿九-卅四졀 예리고ᄂᆞᆫ 예루살넴에서 五十리샹거에 잇ᄂᆞᆫ ᄒᆞᆫ 번화ᄒᆞᆫ 셩이라 이ᄯᅢ 예수ᄭᅴ서 이셩을 ᄯᅥ나 가실시 엇던 쇼경 둘이 「이죄인을 불샹히 녁이쇼서」(눅十八쟝十三졀에보라)ᄒᆞ며 겸손ᄒᆞᆫ 긔도ᄅᆞᆯ 올녓스니 ᄃᆡ회 군구ᄒᆞᆫ것은 야곱과 요한의 청구에 비ᄒᆞ면 과연 올흔긔도인ᄃᆡ 무리ᄂᆞᆫ 조곰도 불샹히 녁이지안코 ᄭᅮ지젓스나 예수ᄭᅴ서ᄂᆞᆫ ᄌᆞ비ᄒᆞ신 ᄆᆞᄋᆞᆷ으로 ᄃᆡ회ᄅᆞᆯ 불샹히 녁이샤 ᄃᆡ회구ᄒᆞᄂᆞᆫ것을 주셧스니 (卅四)여긔셔 우리가 ᄉᆡᆼ각ᄒᆞᆯ것은 (一)우리쥬ᄭᅴ서 겸손ᄒᆞᆫ긔도ᄂᆞᆫ 반ᄃᆞ시 드르심이오 (二)우리도 다 령혼뎍으로 쇼경이니 쥬ᄭᅴ서 곳쳐 주시기를 ᄒᆞᆼ샹 군구ᄒᆞᆯ것이니라

뭇ᄂᆞᆫ말

一、이공과를 몃부분에 논

호겟ᄂᆞ뇨

二、二十二절에「내 잔을 너희도 능히 마시겟ᄂᆞ냐」ᄒᆞ심은 무ᄉᆞᆷᄯᅳᆺ이뇨

三、廿八절 말ᄉᆞᆷ에서 비ᄒᆞᆯ 것이 무엇이뇨

四、이공과 뎨三부분에 더ᄒᆞ야 ᄉᆡᆼ각ᄒᆞᆯ것이 무엇이뇨

만국쥬일공과 뎨三十五

八월二十七일

마태廿一장一ㅣ十七절

요지 예루살넴으로 올나가심

외일말ᄉᆞᆷ 九절

이공과는 두부분에 논ᄒᆞᆯ지니 一은 예수ᄭᅴ셔 예루살넴가시는 길에 ᄇᆡᆨ셩의 ᄆᆞᄋᆞᆷ을 ᄉᆞᆯ펴보심이오(一ㅣ十一)二는 예수ᄭᅴ셔 셩뎐에 드러가샤 그 권능을 나타내심이니라(十二ㅣ十六)

뎨一부분

一ㅣ四절 벳바게는 벳아니와 감람산 ᄉᆞ이에 잇눈 골자규ㅣ이라(뎨十一장에보라)예수ᄭᅴ셔 이곳에 오샤 두실 라귀를 예비ᄒᆞ셧도다 대개 유대풍쇽에 무긔(武器)를 숭샹ᄒᆞᄂᆞᆫ자는 ᄆᆞᆯ를 두고 화평을 쥬쟝ᄒᆞᄂᆞᆫ쟈는 라귀를 두ᄂᆞ니 이ᄯᅢ 예수ᄭᅴ셔 라귀를 두신ᄯᅳᆺ은 당신이 화평의 왕되신 위엄을 보이샤 ᄇᆡᆨ셩의 ᄆᆞᄋᆞᆷ을 ᄉᆞᆯ피시고 五百년젼 션지의 예언을 응케ᄒᆞ랴ᄒᆞ심이니 곳五절의 말ᄉᆞᆷ이라 (세가리야九○九절에보라)

六ㅣ九절 진실ᄒᆞᆫ ᄎᆞ뎨ᄌᆞ들이 쥬의 분부대로ᄒᆞ야 라귀를ᄭᅳᆯ고 와서 더희 옷을버서 안쟝을 삼은지라 쥬ᄭᅴ셔 안ᄌᆞ시매 이ᄯᅢ는 맛참 유월졀이 갓가온ᄯᅢ라 ᄉᆞ방으로 좃차온수ᄇᆡᆨ 만명의 무리가 (요세퍼스의 말을 의지ᄒᆞᆷ) 닷토아 더희 옷을 버스며 나무가지를 ᄶᅵᆨ어 길에 펴니 이는 유대풍쇽에 왕을 놉히며 승젼ᄒᆞᆫ쟈들 환영ᄒᆞᄂᆞᆫᄯᅳᆺ이오 ᄯᅩ 호산아라 ᄒᆞ엿ᄉᆞ니 그ᄯᅳᆺ은「하ᄂᆞ님이 구원ᄒᆞ시리라」홈이라 이 ᄇᆡᆨ셩들이 이ᄀᆞᆺ치 환영홈은 더희가 미세야를 갈망(渴望)ᄒᆞ던ᄯᅢ에 쥬의 힘ᄒᆞ신 모든 이젹을 드른고로 예수를 춤 왕으로 놉힘이니라 그러나 더희 ᄆᆞᄋᆞᆷ이 견고치 못홈으로 이날에 이ᄀᆞᆺ치 환영ᄒᆞ던 쟈들은 곳 그다음 금요일에 쥬를 十ᄌᆞ가에 못박자고 소리질ᄂᆞᆫ쟈들이라 쥬ᄭᅴ셔 이것을 미리아신고로 예루살넴을 향ᄒᆞ야 우셧ᄂᆞ니라 (눅十九○四十一)

十ㅣ十一절 이ᄯᅢ에는 예루살넴이 소동ᄒᆞ야 서로 뭇기를 이는 누구뇨홀ᄯᅢ에「션지쟈 예수라」고 ᄃᆡ답ᄒᆞᆫ지라 더희는 비록 더희생각으로 뎨一놉흔 일홈으로 예수를 널크럿ᄉᆞ니 이보다 더놉흔 일홈이 잇눈줄은 더희가 알지못ᄒᆞ엿ᄂᆞ니라 여긔ᄃᆡᄒᆞ야 우리가 ᄉᆡᆼ각ᄒᆞᆯ것은 (一) 우리는 맛당히 진실ᄒᆞ고 영원히 변치아니ᄒᆞᆯ ᄆᆞᄋᆞᆷ으로 우리쥬를 환영ᄒᆞᆯ것이오 (二) 우리는 맛당히 합당ᄒᆞᆫ 일홈으로써 예수를 부를것이니라

뎨二부분

十二ㅣ十四절 예수ᄭᅴ셔 셩뎐에 드러가 보신즉 돈밧고는 쟈와 비ᄃᆞᆯ기파ᄂᆞᆫ쟈가 ᄀᆞ득ᄒᆞᆫ지라 므롯 이비ᄃᆞᆯ기는 빈한ᄒᆞᆫ ᄇᆡᆨ셩들이 사다가 하ᄂᆞ님ᄭᅴ 밧치ᄂᆞᆫ것인ᄃᆡ 대제ᄉᆞ쟝아 도고(都賈)ᄒᆞ야 져자에서 파ᄂᆞᆫ금보다 놉흔갑을 밧고 ᄯᅩ 돈밧고ᄂᆞᆫ것도 싀골사ᄅᆞᆷ들의게 놉흔 가계(加計)를 밧고 밧고아 줌으로 ᄌᆞ긔의 ᄉᆞ익(私益)을 도모ᄒᆞᄂᆞᆫ것이라 그런고로 쥬ᄭᅴ셔 내여좃치시고 거긔서 모든 병인을 곳쳐주셧ᄂᆞ니 여긔ᄃᆡᄒᆞ야 우리가 ᄉᆡᆼ각ᄒᆞᆯ것은 (一) 하ᄂᆞ님의 집은 취리ᄒᆞᄂᆞᆫ 일를 힝ᄒᆞᄂᆞᆫ 곳이 아니오 오직 거룩ᄒᆞ고 챡ᄒᆞᆫ일만 힝ᄒᆞᆯ곳인줄 알것이오 (二) 우리 ᄆᆞᄋᆞᆷ은 곳 하ᄂᆞ님 셩신의 거쳐ᄒᆞ시ᄂᆞᆫ 집이니 예수ᄭᅴ셔 홍상 ᄭᆡᆺ긋이ᄒᆞ여주시기를 긔도ᄒᆞᆯ것이니라

뭇ᄂᆞᆫ말

一、이공과를 몃부분에 논ᄒᆞ겟ᄂᆞ뇨

二、예수ᄭᅴ셔 웨 라귀를 두셧ᄂᆞ뇨

三、이공과 뎨一부분에서 ᄉᆡᆼ각ᄒᆞᆯ것이 무엇이뇨

四、뎨二부분에서 ᄉᆡᆼ각ᄒᆞᆯ것이 무엇이뇨

◉감리교회와모레비안교회의관계 (쇽)

그린필드션싱

五

스편자벅씨가 뭇기를「내게 ᄯᅢ에 내가 ᄒᆞᆫ두마듸 무러볼말이 잇노니 그ᄃᆡ ᄆᆞᄋᆞᆷ속으로 증거ᄒᆞᆷ이 잇ᄂᆞ뇨 하ᄂᆞ님의 셩신이 그ᄃᆡ ᄆᆞ음으로 그ᄃᆡ가 하ᄂᆞ님의 아ᄃᆞᆯ됨을 증거케ᄒᆞ시ᄂᆞ뇨」ᄒᆞᆯᄯᅢ에 나ᄂᆞᆫ 당황ᄒᆞ야 엇더케 ᄃᆡ답ᄒᆞᆯ줄 모르더니 그가 보다가 ᄯᅩ뭇기ᄂᆞᆯ「그ᄃᆡ가 예수 그리스도를 아ᄂᆞ뇨」ᄒᆞ거ᄂᆞᆯ 내가 싱각ᄒᆞ다가 ᄃᆡ답ᄒᆞ기를 「나ᄂᆞᆫ 예수ᄭᅴ셔 구세쥬신줄을 아노라」ᄒᆞᆫᄃᆡ 그가 말ᄒᆞ기를 「과연 그럿소 그러면 쥬ᄭᅴ셔 그ᄃᆡ를 구원ᄒᆞ신줄 아ᄂᆞ뇨」ᄒᆞ거ᄂᆞᆯ 내가 ᄃᆡ답ᄒᆞ기를 「쥬ᄭᅴ셔 나도 위ᄒᆞ야 도라가셧기를 ᄇᆞ라노라」ᄒᆞᆫᄃᆡ 그가 ᄯᅩ 말ᄒᆞ기를 「그ᄃᆡ가 그ᄃᆡ를 아ᄂᆞ뇨」ᄒᆞ거ᄂᆞᆯ 내가 ᄃᆡ답ᄒᆞᄃᆡ 「내가 아노라」ᄒᆞ엿스나 나ᄂᆞᆫ 내가 ᄃᆡ답ᄒᆞᆫ말이 다 헛말인줄ᄲᅮᆫ 알앗노라 ᄒᆞ엿더라

요한웨슬네션싱이 이ᄯᅢ 비에셔 그리스도 ᄀᆞᆺᄒᆞᆫ 모레비안교우들 만나 경력ᄒᆞᆫ 일과 그후에 스편자벅감독이 ᄌᆞ긔로 더브러 문답ᄒᆞᄂᆞᆫ 가온ᄃᆡ 거듭남과 확실히 구원엇음에 ᄃᆡᄒᆞ야 ᄌᆞ긔ᄆᆞᄋᆞᆷ속을 검사ᄒᆞᆫ것이 ᄌᆞ긔 싱명에 영원히 인친것이 되엿고 ᄯᅩ 이것이 ᄌᆞ긔의 ᄀᆞᄅᆞ치ᄂᆞᆫ 일에만 유익ᄒᆞᆷ이 될ᄲᅮᆫ아니라 ᄌᆞ긔로 시험과 핍박을 당ᄒᆞᆯᄯᅢ에 ᄃᆡ당히 쳐신케ᄒᆞᆷ에도 힘이 잇셧더라 웨슬네션싱이 영국으로 도라온후 그 일긔첵에 긔록ᄒᆞ기를

「내가 미국 토인(土人)들을 회ᄀᆡ식히기 위ᄒᆞ야 갓셧스나 슯ᄒᆞ다 나ᄂᆞᆫ 누구가 회ᄀᆡ식히며 밋음이 업ᄂᆞᆫ 나의 악ᄒᆞᆫ ᄆᆞ음에셔 누구가 나를 구원ᄒᆞ여 내고 나ᄂᆞᆫ 다만 힘세ᄒᆞᄂᆞᆫ 죵교를 숭상ᄒᆞᆫ고로 아모 위험ᄒᆞᆫ 일이 업슬ᄯᅢ에ᄂᆞᆫ 내가 능히 입으로 말도잘ᄒᆞ며 스ᄉᆞ로 밋ᄂᆞᆫ데ᄒᆞ나 내압헤 무ᄉᆞᆷ죽을일이 잇스면 곳 내ᄆᆞ음이 곤난ᄒᆞ며 죽ᄂᆞᆫ것이 곳 이긔ᄂᆞᆫ것이라고 말ᄒᆞ지못ᄒᆞᄂᆞ노라」ᄒᆞ엿더라

요한웨슬네션싱이 영국에 잇서셔 모레비안교우들과 친밀ᄒᆞᆫ 관계가 만흣ᄂᆞᆫᄃᆡ 그즁에 모레비안교회감독 피터보헬너씨가 특별히 웨슬네션싱을 복음의 츙만ᄒᆞᆫ 빗츠로 인도ᄒᆞ엿더라 쥬후一千七百三十八년三월四일에 웨슬네션싱이 그일긔첵에 이아래와 ᄀᆞᆺᄒᆞᆫ 말을 긔록ᄒᆞ엿스니

「내가 내형님찰쓰웨슬네의 션병이 쾌차ᄒᆞ신ᄯᅢ를 ᄐᆞ셔 내 형님을 뵈이라고 악스포드셩으로 갓더니 맛참이ᄯᅢ에 피터보헬네씨가 내형님과 ᄀᆞᆺ치 류ᄒᆞᄂᆞᆫ지라 그잇흔날 곳 쥬일에 이션싱의 말ᄉᆞᆷ을 듯고 깁히 ᄭᆡ드른것은 우리가 다만 밋음을 인ᄒᆞ야 구원을 엇을것인ᄃᆡ 나ᄂᆞᆫ 밋음이 업슴이오 당장 내ᄆᆞ음으로 스ᄉᆞ로 칙망ᄒᆞᆫ것은 너ᄂᆞᆫ 젼도도 그만두어라 너도 밋음이 업시 엇지 ᄂᆞᆷ의게 젼도ᄒᆞᆯ수 잇ᄂᆞ냐」ᄒᆞᆷ이라 내가 곳 보헬너씨 ᄃᆞ려 「내가 젼도를 그만두ᄂᆞᆫ것이 맛당ᄒᆞᆯᄂᆞᆫ지 엇덜ᄂᆞᆫ지」 무러본즉 그ᄂᆞᆫ 「그럴ᄭᅡ닭이 업다고」 ᄃᆡ답ᄒᆞ거ᄂᆞᆯ 내가 ᄯᅩ 뭇기를 「그러면 무엇을 가지고 젼도ᄒᆞ겟ᄂᆞ뇨」ᄒᆞᆫᄃᆡ 그가 ᄯᅩ ᄃᆡ답ᄒᆞ기를 「그ᄃᆡ가 밋음을 엇기ᄭᆞ지 밋음이라ᄂᆞᆫ 문뎨로 젼도ᄒᆞ고 ᄯᅩ 그후에ᄂᆞᆫ 그ᄃᆡ가 밋음을 엇은ᄭᅡ닭에 그ᄃᆡ가 능히 밋음으로 젼도ᄒᆞᆯ수잇다」ᄒᆞ거ᄂᆞᆯ 그잇흔날브터 내령ᄒᆞᆫ은 비록 이일ᄒᆞ기에 퇴보(退步)ᄒᆞᆯ지라도 나ᄂᆞᆫ 이 새도리를 가지고 젼도ᄒᆞ기를 시작ᄒᆞ야 ᄯᅢ一ᄎᆞ에 ᄉᆞ형션고(死刑宣告)밧은 감옥죄인의게 이밋음으로 구원엇ᄂᆞᆫ 도리를 몬져 젼ᄒᆞ엿노라」ᄒᆞ엿더라

교육

◎가뎡학

로인을공양ᄒᆞᄂᆞᆫ법(쇽)

二 로인의 음식은 반ᄃᆞ시 ᄌᆞ양(滋養)ᄒᆞᄂᆞᆫ 힘이 만코 쇼화(消化) 잘되ᄂᆞᆫ것을 ᄐᆡᆨᄒᆞ야 드리되 곡식은 말ᄒᆞᆯ것업고 육죵(肉種)과 싱션과 최소와 과실ᄀᆞᆺᄒᆞᆫ것은 아모됴록 맛이 변치안코 싱ᄒᆞᆫ것을 ᄐᆡᆨᄒᆞ야 치아부족ᄒᆞᆫ 로인자시기에 됴도록 몬뎌 공졔ᄒᆞᆯ것이며 마시ᄂᆞᆫ 국이나 물이나 혹 우유ᄀᆞᆺᄒᆞᆫ것도 더웁게ᄒᆞ야 드릴것이니라

대개 로인은 어렷을ᄯᅢ와 ᄀᆞᆺ흔고로 집에 잇서셔 잘자쳐거를 ᄒᆞᆼ샹 ᄇᆞ라ᄂᆞ니 쥬부(主婦)된쟈ㅣ 맛당히 주의ᄒᆞ야 자시고져ᄒᆞᄂᆞᆫ 음식을 문드러 ᄯᅢᄯᅢ로 드릴것이며 하로三시식 음식을 드리되 미미 네시간동안을 지내지말지니라

三、로인의 거쳐ᄒᆞᄂᆞᆫ 방은 반ᄃᆞ시 동남향을 턱ᄒᆞ야 대압빗치 잘들고 공긔가 류통(流通)케ᄒᆞ며 또 로인은 ᄒᆞᆼ샹 잠을 잘일우지못ᄒᆞᄂᆞ니 그방은 맛당히 ᄯᅥ드ᄂᆞᆫ 져자나 큰길을 멀니ᄒᆞᆯ것이며 날마다 정결히 쓸고 겨울에는 더옵게ᄒᆞ며 녀름에는 서늘ᄒᆞ게ᄒᆞᆯ것이니라 로인은 신톄가 지둔ᄒᆞ야 힘동ᄒᆞ기가 어려온즉 아모됴록 ᄒᆞᆼ샹쓰ᄂᆞᆫ 방세간을 손밋치기 쉬온곳에 노아드릴것이며 그ᄆᆞ옴을 깃브게 ᄒᆞᆯ만ᄒᆞᆫ 화초ᄀᆞᆺ흔것을 그압헤 노아드리ᄂᆞᆫ것이 미우 됴흐니라

실 업

◉롱ᄉᆞᄒᆞᄂᆞᆫ집의 요긴ᄒᆞᆫ말

죠션은 본ᄃᆡ 롱ᄉᆞ를 심쓰ᄂᆞᆫ 나라이라 ᄇᆡᆨ셩들이 다만 가을에 거둔곡식으로써 一년량식을 삼고 그남은것을 팔아서 셰랍과 모든 싱활샹에 필요ᄒᆞᆫ 요비를 써가ᄂᆞᆫᄃᆡ 그곡식을 가지고 잘처리ᄒᆞᄂᆞᆫ 방법이 어두울ᄲᅮᆫ아니라 ᄯᅩᄒᆞᆫ 롱ᄉᆞᄒᆞᄂᆞᆫ 틈에 그남은 힘을 리용(利用)ᄒᆞ야 다른 부업(副業)을 경영ᄒᆞᄂᆞᆫ자 적은즉 젼톄의 싱활샹 곤난을 면키어렵도다 그런즉 롱ᄉᆞ집에 ᄀᆞ쟝 요긴ᄒᆞᆫ 비결은 첫재 아모됴록 ᄌᆞ긔의 로력(勞力)을 앗기지말고 쓸것이오 둘재 롱ᄉᆞᄒᆞᄂᆞᆫ틈에 부업을 경영ᄒᆞᆯ것이니라

一、ᄒᆞᆯ수잇ᄂᆞᆫ대로 ᄌᆞ긔 로력을 쓸것이니 죠션의 롱민즁에 ᄌᆞ긔가 일ᄒᆞ기 슬혀서 다른 사ᄅᆞᆷ을 고용ᄒᆞ야 ᄌᆞ긔 면답을 다ᄉᆞ리게ᄒᆞ고 ᄌᆞ긔ᄂᆞᆫ 긴담비대 물고 편히안졋던지 혹 ᄌᆞ긔힘으로 롱ᄉᆞ를ᄒᆞᆯ지라도 그힘을 다쓰지안코 낫잠을 자던지 이웃집에 가서 한담을ᄒᆞ던지 모든쓸ᄃᆡ업ᄂᆞᆫ 가온ᄃᆡ 남은힘을 허비ᄒᆞᄂᆞ니 가히 탄식ᄒᆞᆯ바가 이것이라 그런즉 롱업ᄒᆞᄂᆞᆫ쟈ㅣ 맛당히 그 로력으로 뎨一 큰ᄌᆞ본을 삼아 잠시라도 놀지말고 ᄒᆞᆼ샹 힘써서 이ᄌᆞ본에 ᄃᆡᄒᆞᆫ리익을 거둘것이니라

◉놈의 됴흔뜻을 악ᄒᆞᆫ뜻으로 ᄃᆡ뎍ᄒᆞᄂᆞᆫ 경향잡지

거월三十一일에 발힝ᄒᆞᆫ 경향잡지 뎨五권 뎨二百三十四호 둘재페지에「꿈속에 잇ᄂᆞᆫ 그리스도회보라ᄂᆞᆫ」뎨목아래 긔록ᄒᆞᆫ말을본즉 그ᄉᆞ실에 ᄃᆡᄒᆞ야 ᄉᆞᄉᆞ로 변명ᄒᆞᆫ 말은 ᄒᆞᆫ손으로 텬하사ᄅᆞᆷ의 눈을 ᄀᆞ리우고져ᄒᆞᄂᆞᆫ것과 ᄀᆞᆺ고 ᄯᅩ 본긔쟈의게 ᄃᆡᄒᆞ야ᄂᆞᆫ 악구(惡口)를 희롱ᄒᆞ엿도다 그러나 본긔쟈ᄂᆞᆫ 악을 악으로 갑지아니ᄒᆞ거니와 만일 ᄒᆞᆫ말도 ᄃᆡ답이 업스면 경향ᄌᆞ(京鄕子)의 ᄆᆞ옴속에 교만ᄒᆞᆫ 싱각이 나던지 혹 의심ᄒᆞᄂᆞᆫ 구름이 니러날가 두려워ᄒᆞᆷ으로 이아래 두어말노 경향ᄌᆞ의 반셩(反省)ᄒᆞᆷ을 원ᄒᆞ노라

텬쥬교회에서 셩경을 여긔뎌긔서 조곰식 인증ᄒᆞ야 몬둔 각죵 경문은 교도의게 주어 넑게ᄒᆞ지마ᄂᆞᆫ 신구약젼부를 ᄆᆞᄅᆞ치지아니ᄒᆞᆷ은 세샹사ᄅᆞᆷ이 다아ᄂᆞᆫ바오 본긔쟈가 아ᄂᆞᆫ바인고로 항일 엇던 외국신문에서 법국텬쥬교의 뎨출ᄒᆞᆫ 년회의안즁 一반신쟈의게 셩경을 ᄆᆞᄅᆞ치자ᄂᆞᆫ 됴관을 보다가 깃븜을 이긔지못ᄒᆞᆷ으로 두어말을 긔재ᄒᆞ야 치하ᄒᆞᄂᆞᆫ 뜻을 표ᄒᆞ엿더니 경향ᄌᆞᄂᆞᆫ ᄌᆞ긔의 샤곡ᄒᆞᆫ ᄆᆞ옴으로 본긔쟈의 됴흔뜻을 오히ᄒᆞ야 도로혀 악언으로써 서로ᄃᆡᄒᆞ니 엇지 가히 개단ᄒᆞᆯ바가아니리오 원컨ᄃᆡ 경향ᄌᆞᄂᆞᆫ 도리켜 싱각ᄒᆞᆯ지어다

광고

THE AMERICAN BIBLE SOCIETY.

경향 여러교우의 갈망ᄒᆞ시던
국문구약셩경의 완편이 출판
되여 이달금음이나 릭월초싱
브터 발ᄆᆡ ᄒᆞ겟ᄉᆞ오니
쳠군ᄌᆞ는 슈용의 다쇼를ᄯᅡ라
륙속쳥구ᄒᆞ심을 ᄇᆞ라옵
그제본파뎡가는여좌ᄒᆞ옵
二권一질二천六ᄇᆡᆨ五十
혈
지의 一환
포의 一환十五젼
한문셩경이 새로 샹히로
셔나왓는ᄃᆡ 쉬운문리라
월이셩경신구약도 여러
죵류가 본공회와 셔울명
동과 평양에잇는 본공회
의 열본인지뎜에 잇ᄉᆞᆸ
평양잇는 본공회의 죠션
인 지뎜에는 국문셩경의
여러죵류가 잇ᄉᆞᆸ
각지뎜에셔도 이 셩경들
을 목록에 긔록ᄒᆞᆫ 뎡가로 도
매나 쇼매를 다ᄒᆞ옵
각 칙사에셔 사가면 삼할ᄒᆞ
고 부비ᄭᆞ지 담당ᄒᆞ옵

京城鍾路基督敎青年會下層
美國聖書公會 告白

광고

경계쟈 하ᄂᆞ님의 도으심으로
국문 신구약전셔가 완편된지
라 이믜 인쇄ᄒᆞ야 이제 미하지
ᄒᆞᆫ바 이칙의 쟝광은 국문
四호글ᄌᆞ 지의 신약파ᄀᆞᆺ고
그 쟝칙파 졍가는 이아리ᄌᆞ
세히 긔록ᄒᆞ엿ᄉᆞ오니 이칙을
갈망ᄒᆞ시던 우리 형뎨와ᄌᆞ
ᄆᆡ는 본공회와 경향 각교즁
칙사에 쳥구ᄒᆞ시와 익독ᄒᆞ시
옵쇼셔

장칙파뎡가
신구약전셔
단권一秩 권포의 一圓五十錢
仝 반피의 一圓七十五錢
三권仝 지의 一圓二十五錢
仝 포의 一圓三十五錢
구약전셔
二권一秩 지의 一圓
仝 포의 一圓十五錢

본공회에 국문한문 밋각국문
셩셔가 구비ᄒᆞ옵고 원근
각쳐로 발송ᄒᆞ는 셩셔의 운
비휵우료는 본공회에셔 출
급ᄒᆞ오며 샹세ᄒᆞᆫ 규칙파 뎡
가록은 쳥구를 ᄯᅡ라 공급ᄒᆞ
는이다

셔울 죵로 대영셩셔공회 고ᄇᆡᆨ

학싱모집 광고

◎본교에셔 금년츄긔ᄀᆡ학에 대
학一년싱과 즁학一二년급학싱
을모집ᄒᆞ오니 지원인은 ᄌᆞ긔에
의ᄒᆞ야 쳥원ᄒᆞ시옵

▲대학一년싱▼

一、품격온교회즁학과졸업싱
二、각디방목ᄉᆞ의쳥원셔를지리ᄒᆞᆯ것
三、교회즁유직쟈로보증인을ᄒᆞᆯ것
四、시험일ᄌᆞ는구월십ᄉᆞ일오젼브터ᄒᆞᆯ것
五、시험파목•고린도젼후•베드로젼•츌애굽•구약ᄉᆞ
터수•긔하학「평면」•물리
「격물질학긔하학ᄉᆞ지」•화학
「무긔화학」•동물학•ᄉᆞ긔
「법국민변ᄉᆞ즁고ᄉᆞ」•한문
「론어自一권至五권、밍ᄌᆞ
自四권至十권」•국어「국문
교하」•일어독본三권으로
七권•간이샹업부긔
六、ᄀᆡ학일ᄌᆞ는구월십구일

▲즁학一二년싱▼

一、품격온세례인파신덕이잇는자와신ᄃᆡ가견고ᄒᆞᆫ자
二、쳔거셔는각디방목ᄉᆞ、젼도ᄉᆞ、쟝로、조ᄉᆞ、[illegible]ᄉᆞ의확실ᄒᆞᆫ쳔거셔가잇서야됨
三、보증은교회직분잇는쟈
四、시험일ᄌᆞ는팔월이십ᄉᆞ일아츰브터 이십팔일ᄭᆞ지
五、시험파목
일년급 복음즁대요•국어ᄌᆞ
모음팔품ᄉᆞ져술•본국력
ᄉᆞ즁대요•초학디지•ᄉᆞ츅
파분수•간이ᄒᆞᆫ물리•간이
ᄒᆞᆫ싱리
이년급 누가복음•국문고하
와말법•즁용대학•유대ᄉᆞ
와익급ᄉᆞ•즁등만국디지•
분수와쇼수•쇼물리학•즁
등싱리위싱학
六、ᄀᆡ학일ᄌᆞ는구월오일

평양부 셔문외 숭실학교 고ᄇᆡᆨ

△廣告▽

○承寧府典醫正三品洪曾聲閣下實驗處方
○陸軍軍醫軍醫校敎官醫學士基茂君有效證明
凶時勿論ᄒᆞ고人人常備之靈藥

官許 登錄 認可

和

健胃 淸滯 八寶丹

定價金
九十五粒入一貼(十錢)
仝 三貼入(二十五錢)

▲另告

胎養調經丸 (婦人冷積 病神効) 五圓
腫根拔散 (拔腫根去 聚生新) 十錢
明耳精 (耳內炎痛 耳垢堆積) 十錢
蛔滅散 (蛔虫去根 更無後慮) 十錢
滋陽丸 (男女勿論 陰陽雙補) 五圓
浮腹能下丹 (下腹膨脹 少便不利) 七十錢
小兒病氣丸 (身熱觸驚 夜啼便靑) 十五錢
絲虫藥 (寸白虫蛔 沒出去根) 三十錢
回生水 (急泄虛泄 無非神効) 十錢
補陰降火丸 (男女勿論 陰虛火動) 七十錢

總發行所京城鍾路和平堂大藥房本舖 主任 李應善 告白
(電話一六九七番)

그리스도회보

KOREAN CHRISTIAN ADVOCATE

每月二回發行

明治四十四年八月二十六日印刷
明治四十四年八月三十日發行

發行兼編輯人 北部社洞 奇義男
印刷人 北部樓閣洞 朴東完
印刷所 京城西小門內法韓印刷所
發行所 北部社洞 奇義男邸

ᄃᆡ금 一장 三젼
「代金」 六ᄀᆡ월 二十五젼
一ᄀᆡ년 五十젼

광고료 四호활ᄌᆞ 一항 一회五젼
활ᄌᆞ대쇼와 항수다쇼와 긔한장단을 ᄯᆞ라 증감홈

사고

◎본회보 보시ᄂᆞᆫ 여러형뎨와 ᄌᆞ미의 주의ᄒᆞᆯ실일

一、본회보에 ᄃᆡᄒᆞ야 반년션금(半年先金)을 내시고 四호브터 보신이는 十五호ᄭᆞ지 보시면 내신션금은 임의 진(盡)ᄒᆞ엿ᄉᆞ오니 이다음 十六호를 발힝ᄒᆞ기젼(九월十五일젼)에 션금을 ᄯᅩ 보내시고 청구ᄒᆞ시와 발송(發送)을 졍지치 아니케ᄒᆞᆯ실일

二、회보갑을 아직 필납(畢納)지못ᄒᆞᆫ 지샤원(支社員)들은 속속히 우편으로 돈을 붓쳐 보내실일

三、본회보에 긔재ᄒᆞᆯ 론셜이나 긔셔나 잡보재료를 긔록ᄒᆞ여 보내신이는 보통신문 규측을 의지ᄒᆞ야 긔재ᄒᆞ고 아니ᄒᆞ는것을 본긔쟈의 ᄆᆞᄋᆞᆷ대로ᄒᆞ게 맛겨두시되 더듸낸다고 저축ᄒᆞ던지 아조 ᄲᅢ고 아니낸다고 칙망ᄒᆞ지 마실일

四、각쳐에셔 회보갑을 보내시면 그돈을 밧은후에 회보에 거쥬와 씨명(氏名)과 돈수효를 긔재ᄒᆞ야 령슈증을 ᄃᆡ신ᄒᆞᆯ일

본샤특별광고

一、젼호 샤셜과 본샤광고로 공포ᄒᆞᆫ바 만국쥬일공과는 ᄒᆞᆫ쟝에 ᄒᆞᆫ둘 四쥬일공과식 출판ᄒᆞ야 월죵(月終)마다 빈달ᄒᆞ되 ᄃᆡ금(代金)은 一년에 十젼식 밧겟ᄉᆞ오니 각교회에셔 몃쟝식 청구ᄒᆞ시ᄋᆞᆸ

二、본회보에 긔재ᄒᆞᆯ것은 됴흔 론셜이면 七八百ᄌᆞ가량과 긔셔면 三百ᄌᆞ 잡보거리면 一二百ᄌᆞ에지나지 안케 간단히 긔록ᄒᆞ여보내시되 긔재여부(記載與否)는 본긔쟈의 ᄆᆞᄋᆞᆷ대로 ᄒᆞ겟솝

증산구황연보

(젼호련속)

鳳山泉溢敎회 一圓五十錢、漣川北面橫山里內洞敎회 二圓、永平邑敎회 죠셩도、박죵슐各一圓、김동운、리음슘、김동협、죠사라各二十錢、박응용、리한셩비명보、신즁여、리한나、박민의리한셩부인各十錢、麻田河新面滿과尾敎會一圓、伊川가려쥬교회리ᄃᆡ관二十錢、졍봉열、김인헌各二十錢、김운봉、리즁셕各十五錢、뎡흥슌、신메미、신계션、신지민、뎡흥국、신봉균、뎡나옴各十錢、젼낙결、김인헌부인、뎡마리아、뎡닌씨、신뎡섭、신지명、신마리아、신지명부인、김노이씨、김시운各五錢、伊川郡괸돌쟝교회二圓、仝郡웃괸돌교회一圓七十錢、仝郡된봉교회一圓、陽德郡平倉里교회리상호五十錢、남운용二十錢、김원슌二十錢、리문션十錢、박문원、길졍수各十錢、로봉간五錢、漣川三串里교회김긔셔一圓、손즁보三十錢、션연흥、김ᄃᆡ환、신봉운各二十錢、홍지길十二錢五里、염지록、박학원、양귀셔、최균명、젼시길、김창규各十錢、쟝셕봉五錢、쟝덕긔七錢五里、박에쓰다、염마르다、신쓸노、김풀노、최필슌各十錢、박승도七錢五里、박의게五錢五里、엄거두、최수산아、홍네아、최실바、김희봉各五錢、최연젹三錢五里、심실바、로마리아各二錢五里、開城北部朱省峴女學校內긔도회홍윤길、김긔ᄃᆡ各一圓、최창연、셜ᄃᆡ호、박쳔범、쟝승규各五十錢、김슌일、신영ᄃᆡ、빅남용、김여죵、리근원各二十錢、김윤수、죠졍후、리즁환、리규원、한두교、김홍덕各二十錢 미완

교즁휘문

⊙년회쟝긔 남감리교년회는 리九월十八일에 원산항에셔 열터인ᄃᆡ 이회에 참셕ᄒᆞ기 위ᄒᆞ야 감독머라씨는 미국으로브터 건너와셔 잠시 일본셔 류ᄒᆞ다가 리월十六일에 부산와셔 비틀ᄃᆞ고 원산으로 향ᄒᆞᆫ다더라

⊙샤쟝하원 본샤쟝긔의람씨는 이우에 말ᄒᆞᆫ바 년회에 참셕ᄒᆞ기위ᄒᆞ야 리월五일에 죵륙(從陸)ᄒᆞ야 원산으로 간다더라

⊙북감리회통계 거六월 북감리교년회에 보고ᄒᆞᆫ 통계표를 거ᄒᆞᆫ즉 경디방에는 입교인이 三千百八十五인이오 셰례인이 九百九十三인이오 학습인이 六千九百七十七인이오 원입인이 六千九百九十二인이오 히쥬디방에는 입교인이 七百二十인이오 셰례인이 二百二十인이오 학습인이 一千六百八十七인이오 원입인이 二千七百三十七인이오 공쥬동디방에는 입교인이 一百六十八인이오 셰례인이 一百八十二인이오 학습인이 四百三十五인이오 원입인이 二千百一인이오 공쥬셔디방에는 입교인이 二百二十八인이오 셰례인이 一百五十一인이오 학습인이 八百三十二인이오 원입인이 二千二百三十七인이오 슈원디방에는 입교인이 一千九十三인이오 셰례인이 三百五인이오 학습인이 一千七百五十五인이오 원입인이 四千五百四十六인이오 평양동디방에는 입교인이 九百十四인이오 셰례인이 三百六十九인이오 학습인이 一千八百三十七인이오 원입인이 二千五百十七인이오 평양셔디방에는 입교인이 一千三百五十一인이오 셰례인이 四百四十九인이오 학습인이 一千九百四十三인이오 원입인이 二千四百六十五인이오 녕변디방에는 입교인이 六百六十二인이오 셰례인이 二百八인이오 학습인이 四百十六인이오 원입인이 一千四百九十六인이오 강원도디방에는 입교인이 三十六인이오 셰례인이 三百五十一인이오 학습인이 七百九十一인이오 원입인이 二千一百八十二인이니 입교인의 수효는 八千三百五十二인이오 셰례인수효는 三千二百二十八인이오 학습인수효는 一만六千六百七十三인이오 원입인수효는 二만七千二百七十三인이라 총합수효는 五만五千五百二十六인이더라

⊙함죵교우의열셩 평남함죵읍교회목ᄉᆞ 오긔션씨의 통신을 거ᄒᆞᆫ즉 함죵군은 쥬의 복음이 들어온지 十一년간에 교당이 八괴소요 교우수효는 一千六百명에 달ᄒᆞ엿는ᄃᆡ 교우들이 셩심으로 ᄌᆞ급을 판단ᄒᆞ야 젼도인을 ᄒᆞ나 더 세워 시무케ᄒᆞ엿스며 유력ᄒᆞᆫ 권ᄉᆞ와 속쟝들이 쥬일마다 륜ᄎᆞ로 여러교당에 ᄃᆞᆫ니면셔 교우를 샹죵ᄒᆞ야 권면ᄒᆞ며 쥬일에 젼도도 ᄒᆞᄂᆞᆫᄃᆡ 새로 온ᄌᆞ미가 만ᄒᆞ며 또는 교우들이 연심으로 연보ᄒᆞ야 빅여원을 거두어 젼도ᄉᆞ의 쥬턱(住宅)을 사셔 슈리ᄒᆞᄂᆞᆫ즁이며 읍니에셔는 二十四간되는 교당을 아직 쥰공치 못ᄒᆞ엿더니 교우들이 몸과 돈을 다ᄒᆞ야 역ᄉᆞᄒᆞ며 또 두만리교회는 세운지 二년에 교우가 二百여명에 달ᄒᆞᆫ고로 五간례비당이 심히 협챡ᄒᆞ야 四간을 이 녀름에 증츅(增築)ᄒᆞ엿는ᄃᆡ 또 협챡ᄒᆞᆯ 형편이라더라

⊙四광졸업 평남 즁산군 구함죵읍교회에셔 셜립ᄒᆞᆫ 四광남녀학교에셔 거월二十五일에 뎨二회졸업식을 거힝ᄒᆞ엿는ᄃᆡ 남고등과 졸업싱은 강명회 심관표 리능훈등 三인이오 심샹과 졸업싱은 김셔구등四인이오 녀학교 졸업싱은 김셩실 박영본 박셩심 오춍병등四인이오 남녀진급싱은 四十一인인ᄃᆡ 당일에 참셕ᄒᆞᆫ교우와 학부형제씨가 연조ᄒᆞᆫ돈이 二十八환이라더라

⊙합一졸업 경긔도 강화군교회닉 합一학교에셔 거월에 졸업식을 힝ᄒᆞ엿는ᄃᆡ 졸업싱은 고등과에 김건슌 리언봉 윤슌경등八인이오 보통과에 김졍인등三인이오 진급싱은 고등과 二년급에 김죵윤등九인이오 보통과 二년급에 면극로등四인이더라

⊙ᄌᆞ미열심 강원도 이쳔군

가려교회 류찬회씨의 통신을 거ᄒᆞᆫ즉 그곳에 여러밋ᄂᆞᆫᄌᆞ민들이 교회흥왕ᄒᆞ기를 위ᄒᆞ야 발셔 三쥬일동안지 져녁이면 산에 올나가셔 긔도ᄒᆞ며 사ᄅᆞᆷ을 만나ᄂᆞᆫᄃᆡ로 쥬밋기를 권면ᄒᆞ며 또ᄒᆞᆫ 三일긔도회마도 셩경구절을 외고 간증ᄒᆞ기를 힘씀으로 그교회가 신령ᄒᆞᆫ 능력을 만히 엇은중 특별히 신마리아씨ᄂᆞᆫ 밋온지 三년동안에 그 남편과 집안 사ᄅᆞᆷ의 핍박을 밧으면셔 교회에 부ᄌᆞ런히 ᄃᆞᆫ니더니 이부인의 밋ᄂᆞᆫ 긔도의 힘으로 그집안 여덟식구가 지금 다 회개ᄒᆞ엿다ᄒᆞ니 우리ᄂᆞᆫ 영광을 하ᄂᆞ님ᄭᅴ 돌니노라

교회통신

긔셔 빅쳔읍 홍슌탁

◉본밧을만ᄒᆞᆫ일

교며가 거월에 히쥬읍으로 디방회를 보러갈때에 히쥬군 화양면 청단시교회 부인속장 김씨 대회의 밋음에 ᄃᆡᄒᆞᆫ 력ᄉᆞ를 드른즉 밋ᄂᆞᆫ쟈의게 모본될일이 만키로 그ᄉᆞ젹을 대강 긔술ᄒᆞᄂᆞ이다 이부인이 일즉이 송화군 무츄내 리래형씨의게로 츌가ᄒᆞ니 그ᄂᆡ외가 다 부가ᄌᆞ녀로셔 호화롭게 지내더니 그남편이 외도로 드러셔 허랑방탕ᄒᆞ게 놀며 여간 재산을 다업시ᄒᆞ고 그부인이 바ᄂᆞ질품이나 팔아셔 연명ᄒᆞ더니 四년젼에 쥬의 말ᄉᆞᆷ을 듯고 밋기로 작뎡ᄒᆞᆫ후에 셩경공부와 긔도ᄒᆞ기를 힘쓰ᄂᆞᆫᄃᆡ」그남편이 심히 핍박ᄒᆞ여 그부인의 가진셩경을 빼아셔 ᄶᅵ져ᄇᆞ리고 또 몹시 구타ᄒᆞ며 ᄒᆞᄂᆞᆫ말이「네가 지금도 예수를 밋겟ᄂᆞ냐ᄒᆞᆫ즉 그부인은 온유ᄒᆞᆫ 말노 ᄃᆡ답ᄒᆞ기를「예수ᄂᆞᆫ 내 구쥬시니 엇지 사ᄅᆞᆷ을 깃브게ᄒᆞ기 위ᄒᆞ야 감히 쥬를 빅반ᄒᆞᆯ수 잇스릿가」ᄒᆞᆫ즉 또 구타ᄒᆞ며 말ᄒᆞ기를「예수를 밋고 회당에 ᄃᆞᆫ니려거던 ᄆᆡ쥬일에 벌금一환식내라」ᄒᆞᄂᆞᆫ고로 회당에 ᄃᆞᆫ니라ᄂᆞᆫ 말은 고마오나 바ᄂᆞ질품이나 팔아셔 연명ᄒᆞᄂᆞᆫᄃᆡ ᄆᆡ쥬일 一환식 낼수업ᄂᆞᆫ고로 군신히 ᄉᆞ졍ᄒᆞ고 감지우감ᄒᆞ야 ᄆᆡ쥬일 五十젼식 내기로 작뎡ᄒᆞ고 잇ᄂᆞᆫ 의복가지를 팔아셔 五환을 주엇더니 그남편은 이돈을 가지고 술사먹기로 다 허비ᄒᆞ고 얼마후에 또 벌금을 내라고 구타ᄒᆞ나 지금은 줄돈이 업다ᄒᆞᆫ즉 예수를 밋으랴면 내집에 잇지말고 수빅리 밧그로 나가셔 베임의로 ᄒᆞ라ᄒᆞ면셔 휴셔(休書)를 써 주ᄂᆞᆫ고로 쫏겨나와셔 이리더리 ᄃᆞᆫ니며 혹 사경회ᄒᆞᆫ다면 불원쳔리ᄒᆞ고 가셔 공부ᄒᆞᄂᆞᆫᄃᆡ ᄒᆞᆫ번은 장연군슈가 이말을 듯고 ᄂᆡ외를 불너다가 다시 화합ᄒᆞ라고 권ᄒᆞ엿ᄂᆞᆫᄃᆡ 그관쟝 압헤셔도 ᄌᆞ긔가 구쥬를 빅반치 못ᄒᆞᆯ일파 그 남편의게 극력슌죵ᄒᆞ려ᄒᆞᆷ을 발경ᄒᆞ엿더라 그후에 히쥬로 올나와셔 잇다가 히쥬군화양방 청단교회속장 죠우삼씨집에 가셔 집안일을 보아주면셔 쥬를 셤기ᄂᆞᆫᄃᆡ 이와ᄀᆞᆺ치 곤고ᄒᆞᆫ즁에도 사경회 본다ᄒᆞᆫ즉 가기를 원ᄒᆞ나 ᄌᆞ긔 ᄌᆞ의로 ᄒᆞᆯ수업셔 다만 쥬ᄭᅴ 긔도로 구ᄒᆞ면 죠우삼씨ᄂᆞᆫ ᄌᆞ비ᄒᆞᆫ ᄆᆞ옴으로 그부인의 공부ᄒᆞᄂᆞᆫ 부비를 담당ᄒᆞ여 쥬어 공부케ᄒᆞ니 밋은지 四년에 사경공부ᄂᆞᆫ 八ᄎᆞ나 ᄒᆞ엿스며 또 ᄌᆞ긔를 심히 핍박ᄒᆞ고 벌금을밧고 츅츌ᄭᆞ지 ᄒᆞᆫ 그남편의 회개치안코 죄악즁에 잇슴을 불샹히 녁여 새벽마다 ᄒᆞᆫ젹ᄒᆞᆫ 곳으로 나아가셔 긔도ᄒᆞᄂᆞᆫᄃᆡ 긔도ᄒᆞᄂᆞᆫ 자리에ᄂᆞᆫ 풀이다 업셔지도록 지셩으로 구ᄒᆞ더니 맛ᄎᆞᆷ 그디방목ᄉᆞ가 와셔 학습 례식을 힝ᄒᆞᆯ때에 그부인은 그 남편파 다시 화합ᄒᆞ기ᄭᆞ지 기ᄃᆞ려 례식을 밧으라 ᄒᆞᄂᆞᆫ고로 죠우삼씨가 그부인의 그와ᄀᆞᆺᄒᆞᆫ 밋음을 가지고도 다만 그 남편의 회개치 아니ᄒᆞᆫᄭᆞᄃᆞᆰ으로 학습도 밧지못ᄒᆞᄂᆞᆫ것을 보고 ᄆᆞ옴에 민망히녁여 작년녀름에 리래형씨를 차지랴고 송화ᄯᅡ에가셔 닷세만에 술집에셔 맛나니 리래형씨ᄂᆞᆫ 그때ᄭᆞ지 술군으로 지내ᄂᆞᆫᄃᆡ 신셰도 ᄆᆡ우가련ᄒᆞ게 된지라 얼마동안 권면ᄒᆞ여 다리고와셔 ᄯᅥ낫던 부부가 다시 화합되고 리씨ᄂᆞᆫ 이젼죄악을 뉘우쳐 곳쳣ᄂᆞᆫᄃᆡ 지금은 술파 담비를 거절ᄒᆞ고 열심으로 밋으니 그부인의 근구ᄒᆞᆷ이 그와ᄀᆞᆺ치 완악ᄒᆞᆫ 남편을 회개케ᄒᆞ엿도다 그부인은 지금 청단교회 속장으로 열심시무ᄒᆞᆫ다ᄒᆞ니 김씨의 ᄆᆞᆺᄭᆞ지참고 견ᄃᆡᄂᆞᆫ 밋음파 죠씨의 수고를 ᄉᆡᆼ각지안코 수빅리식가셔 사ᄅᆞᆷ을 인도ᄒᆞ야 회개케ᄒᆞᆫ 열심파 리씨의 진실히 회개ᄒᆞᆷ을 감샤히녁여 하ᄂᆞ님ᄭᅴ 영광을 돌니ᄂᆞ이다 아멘

만국쥬일공과 뎨三十六

九월三일

마태二十一장二十八-四十六

요지 포도원의 두비유

외일말ᄉᆞᆷ 四十三절

이공과는 두부분에 논ᄒᆞᆯ지니 一은 두아ᄃᆞᆯ의 비유오 (卄八-卅二) 二는 포도원 쥬인과 롱부의 비유니라 (卅三-四十六)

뎨一부분

卄八-卅二절 이비유 가온ᄃᆡ 그아바지가 포도원에 가셔 일ᄒᆞ라 ᄒᆞᆯ때에 아니가겟다고 ᄒᆞ다가 나죵에 간 첫재 아ᄃᆞᆯ은 본셩이 허랑방탕ᄒᆞ야 하ᄂᆞ님의 말ᄉᆞᆷ을 밧지아니ᄒᆞ다가 나죵에 회ᄀᆡᄒᆞᆫ쟈를 ᄀᆞᄅᆞ치심이오 ᄯᅩ 가겟다고 ᄃᆡ답ᄒᆞ고도 아니간 둘재아ᄃᆞᆯ은 외모로 진실ᄒᆞᆫ톄ᄒᆞ나 죵시 밋지아니ᄒᆞᄂᆞᆫ쟈를 ᄀᆞᄅᆞ치심이니 이두아ᄃᆞᆯ이 다 올치아니ᄒᆞ나 그러나 첫재아ᄃᆞᆯ이 오히려 둘재아ᄃᆞᆯ보다 나흐니 가령 셰리와 창기는 그죄가 임의 밧게 드러난고로 ᄉᆞ스로 그죄를 세돗고 회ᄀᆡᄒᆞ기쉬온즉 외모로 거즛 챡ᄒᆞᆫ 졔ᄉᆞ쟝과 바리새교인의 무리보다 몬져 하ᄂᆞ님의 나라에 드러갈것이니라 여긔ᄃᆡᄒᆞ야 ᄉᆡᆼ각ᄒᆞᆯ것은 (一) 사ᄅᆞᆷ마다 다 하ᄂᆞ님의 아ᄃᆞᆯ될수 잇슴이오 (二) 하ᄂᆞ님ᄭᅴ서 각사ᄅᆞᆷ의게 다 ᄒᆞᆯ일을 주심이오 (三) 우리가 하ᄂᆞ님의 일을ᄒᆞ기로 ᄃᆡ답ᄒᆞᆫ 이샹에는 지톄말고 갈것이오 (四) ᄌᆞ긔죄를 인ᄒᆞ야 락심치 말것이니라

뎨二부분

卅三-四十六절 이부분 가온ᄃᆡ ᄯᅩ 두가지 젹은부분이 잇스니 一은 롱부의 악ᄒᆞᆫ것이오 二는 롱부의 벌밧은것이니라

一은 卅三-卅九절이니 이비유 가온ᄃᆡ 포도원은 셰샹이오 쥬인은 하ᄂᆞ님이시오 롱부는 셰샹 사ᄅᆞᆷ이오 과실은 우리의 션ᄒᆞᆫ힝실이오 죵은 특별히 보내신 션지쟈들이오 아ᄃᆞᆯ은 우리쥬 예수시라 하ᄂᆞ님ᄭᅴ서 이됴ᄒᆞᆫ 동산을 예비ᄒᆞ시고 셰샹 사ᄅᆞᆷ의게 맛기샤 그 션ᄒᆞᆫ 열ᄆᆡ를 거두어 밧치게 ᄒᆞ셧ᄂᆞᆫᄃᆡ 그롱부가 불량ᄒᆞ야 몬져 보내신 죵들을 구타도ᄒᆞ며 죽이기도 ᄒᆞ엿스니 여긔ᄃᆡᄒᆞ야 ᄒᆞᆫ두가지 증거를 말ᄒᆞ자면 곳예리미야를 돌노쳐 죽엿고 이ᄉᆡ야를 톱으로 켜셔 죽인것이라 그러나 쥬인은 참으시고 용서ᄒᆞ심으로 뎌희를 뎡죄치 아니ᄒᆞ시고 그독ᄉᆡᆼᄌᆞ를 보내셧더니 뎌희가 더욱 완악ᄒᆞ야 그아ᄃᆞᆯᄭᆞ지 죽엿도다 이ᄆᆞᆯᄉᆞᆷ은 쟝ᄎᆞᆺ 응ᄒᆞᆯ것을 예언ᄒᆞ신것이니라

二는 四十一-四十六절이니 이비유 가온ᄃᆡ 쥬인이 동산을 ᄲᆡ아사 다른 롱부의게 준다 ᄒᆞ심은 하ᄂᆞ님ᄭᅴ서 오슌절에 신령ᄒᆞᆫ 권셰를 유대인의게서 ᄲᆡ아사 이방사ᄅᆞᆷ의게 주셧고 ᄯᅩᄒᆞᆫ 뎌희나라를 ᄲᆡ아사 로마 사ᄅᆞᆷ의게 부친것이오 쟝인의 ᄇᆞ린돌은 곳 예수시니 당신이 비록 유대인의 ᄇᆞ린바가 되셧스나 다른날에 큰권셰 잡으실것을 ᄀᆞᄅᆞ치심인ᄃᆡ 이돌우에 ᄯᅥ러진자는 유대인이오 이돌이 ᄯᅥ러져셔 가로ᄀᆞᆺ치 됨을당ᄒᆞᆯ쟈는 원셰샹의 권셰니라 여긔셔 비ᄒᆞᆯ것은 (一) 이롱부가 포도동산을 맛흠으로 교만ᄒᆞᆫ ᄆᆞᄋᆞᆷ이 자라셔 필경 그동산을 ᄌᆞ긔소유(所有)로 만들고져 ᄒᆞ다가 동산을 아조 ᄲᆡ앗긴것ᄀᆞᆺ치 엇던 사ᄅᆞᆷ은 교회에 일홈붓침으로 ᄉᆞᄉᆞ로 만족히 녀여셔 ᄌᆞ힝ᄌᆞ지 ᄒᆞ다가 필경 ᄉᆡᆼ명을 일허 ᄇᆞ리ᄂᆞᆫ쟈가 잇슴이니라

문ᄂᆞᆫ말

一、이공과는 몃부분에 논ᄒᆞ겟ᄂᆞ뇨

二、뎨一부분에 첫재 아ᄃᆞᆯ은 엇던쟈를 ᄀᆞᄅᆞ치셧ᄂᆞ뇨

三、뎨二부분에 롱부와 과실과 죵과 아ᄃᆞᆯ은 각각 누구를 ᄀᆞᄅᆞ쳐 말ᄉᆞᆷᄒᆞ셧ᄂᆞ뇨

四、뎨二부분에서 비ᄒᆞᆯ것이 무엇이뇨

만국쥬일공과 뎨三十七

九월十일

마태二十二장一-十四절

요지 왕이 아ᄃᆞᆯ을 위ᄒᆞ야 잔치를 베프심

외일말ᄉᆞᆷ 十四절

젼공과에 포도동산 비유는

뎌희 직분을 힘ᄒᆞ라고 부르심에 ᄃᆡᄒᆞ야 만홀ᄒᆞᆫ쟈를 심판ᄒᆞ심이오 이공과의 비유는 하ᄂᆞ님의 은혜를 밧으라고 부르심에 ᄃᆡᄒᆞ야 만홀ᄒᆞᆫ쟈를 심판ᄒᆞ심이니라

一—二절 혼인잔치의 셩질이니 대개 잔치즁 뎨一 깃브고 풍부ᄒᆞᆫ것은 혼인잔치인ᄃᆡ ᄒᆞ믈며 님군의 혼인잔치야 더 말ᄒᆞᆯ것업도다 이비유 가온ᄃᆡ 님군은 곳 예수오 신부는 곳 교회요 예비ᄒᆞᆫ 음식은 하ᄂᆞ님의 긍휼ᄒᆞ심과 죄샤ᄒᆞ심과 풍셩ᄒᆞᆫ 은혜와 ᄉᆞ랑과 위로ᄒᆞ심과 ᄇᆞ람과 셩신의 능력과 영ᄉᆡᆼ과 텬당의 영광이니라

三—六절 청ᄒᆞᆷ을 밧고 오지 아니ᄒᆞᆫ쟈니 이님군이 세번식 청ᄒᆞ엿스되 이 군졀ᄒᆞᆫ 뜻을 져ᄇᆞ리고 각각 저볼일보러 갈ᄲᅮᆫ아니라 그즁에 심ᄒᆞᆫ쟈는 그죵을 죽이기ᄭᅡ지 ᄒᆞ엿도다 이비유 가온ᄃᆡ 죵은 곳 복음을 젼ᄒᆞᄂᆞᆫ 모든 밋ᄂᆞᆫ쟈들이오 청ᄒᆞᆷ을 밧고 아니오ᄂᆞᆫ쟈ᄂᆞᆫ 젼도ᄒᆞᆷ을 듯고도 교회에 드러오지 아니ᄒᆞᄂᆞᆫ 쟈들이오 죵을 죽인쟈ᄂᆞᆫ 모든 복음젼ᄒᆞᄂᆞᆫ쟈를 핍박ᄒᆞ며 살해ᄒᆞᆫ쟈니 이ᄂᆞᆫ 대개 구약시ᄃᆡ와 예수 당시의 유대인들을 ᄀᆞᄅᆞ치심이니라

七절 이말솜은 하ᄂᆞ님의 은혜를 져ᄇᆞ리ᄂᆞᆫ쟈는 심판날에 디옥불에 멸망ᄒᆞᆷ을 면치못ᄒᆞᆯ것을 닐ᄋᆞ심이니라

八—十절 세번재는 죵을 보내여 션ᄒᆞᆫ쟈나 악ᄒᆞᆫ쟈나 만나ᄂᆞᆫ대로 다 청ᄒᆞ엿스니 이ᄂᆞᆫ 지금 복음시ᄃᆡ에 힝ᄒᆞᄂᆞᆫ 일을 ᄀᆞᄅᆞ침이니 여긔ᄃᆡᄒᆞ야 ᄉᆡᆼ각ᄒᆞᆯ것은 원셰샹에 각ᄉᆡᆨ빗츨 가진인죵과 모든 셩픔과 힝실을 가진쟈가 다 우리쥬의 청텹을 밧은것이니라

十一—十三절 나죵청ᄒᆞᆷ을 밧은쟈즁에 례복을 닙지아니ᄒᆞ고 언연히 잔치에 참예ᄒᆞᆫ쟈가 잇스니 이ᄂᆞᆫ 예수를 옷닙듯 ᄒᆞ지안코 텬국에 드러가랴ᄂᆞᆫ쟈를 ᄀᆞᄅᆞ치심이라 대개 이세샹에 일 아니ᄒᆞ고 부쟈되랴ᄂᆞᆫ쟈와 가치(價値) 업시 ᄃᆡ졉밧으랴ᄂᆞᆫ쟈와 회ᄀᆡ아니ᄒᆞ고 죄샤ᄒᆞᆷ을 엇고져ᄒᆞᄂᆞᆫ쟈와 거룩ᄒᆞᆷ이 업시 텬국에 드러가랴ᄂᆞᆫ쟈와 ᄌᆞ긔의 직분을 힝치아니ᄒᆞ고 구원엇으랴ᄂᆞᆫ쟈가 만흐니 여긔ᄃᆡᄒᆞ야 ᄉᆡᆼ각ᄒᆞᆯ것은 (一) 하ᄂᆞ님ᄭᅴ셔 홍샹이 님군과 ᄀᆞᆺ치 우리 ᄆᆞᄋᆞᆷ속을 감찰ᄒᆞ심이오 (二) ᄆᆞᄋᆞᆷ으로 회ᄀᆡ치아니ᄒᆞ고 교회에 일홈만 붓친쟈와 교인으로 제 직분을 힝치못ᄒᆞᆫ쟈가 다 이례복 아니닙고 혼인잔치에 참예ᄒᆞᆫ 사ᄅᆞᆷ과 ᄀᆞᆺᄒᆞᆷ이니 필경 하ᄂᆞ님압헤 붓그러온 옷을 닙을것이니라

十四절 말솜에 「청ᄒᆞᆷ을 밧은쟈가 만흐되 ᄐᆡᆨᄒᆞᆷ을 닙은쟈가 젹으니라」ᄒᆞ셧스니 여긔셔 ᄉᆡᆼ각ᄒᆞᆯ것은 복음을 듯고 교회에 드러온쟈ᄂᆞᆫ 만흐되 텬국에셔 ᄐᆡᆨᄒᆞᆷ을 밧을쟈ᄂᆞᆫ 젹을것이니라

뭇ᄂᆞᆫ말

一、이비유ᄂᆞᆫ 엇던쟈의게 ᄃᆡᄒᆞᆫ 심판이뇨

二 이잔치에 예비ᄒᆞᆫ 음식은 무엇을 ᄀᆞᄅᆞ치심이뇨

三、이 청텹을 밧고 오지 아니ᄒᆞᆫ자ᄂᆞᆫ 누구를 ᄀᆞᄅᆞ치심이뇨

四、세번재 청ᄒᆞᆷ을 밧은쟈ᄂᆞᆫ 누구들을 ᄀᆞᄅᆞ치심이뇨

五、례복을 아니닙고 잔치에 참예ᄒᆞᆫ쟈ᄂᆞᆫ 엇더ᄒᆞᆫ쟈를 ᄀᆞᄅᆞ치심이뇨

만국쥬일공과 뎨三十八

九월十七일

마태二十二장十五—卄二절 三十四—四十절

요지 두 뭇ᄂᆞᆫ말

외일말솜 卄二절

이공과ᄂᆞᆫ 두부분으로 논ᄒᆞᆯ지니 一은 셰금(稅金)밧치ᄂᆞᆫ 일에 ᄃᆡᄒᆞᆫ문뎨오 (十五—卄二、마가十二〇 누가二十〇 [illegible] 참호ᄒᆞᆯ것) 二ᄂᆞᆫ 하ᄂᆞ님의 계명에 ᄃᆡᄒᆞᆫ 문뎨니라 (三十四—四十、마가十二〇과 참호ᄒᆞᆯ것)

뎨一부분

十五—卄二절 이ᄯᅢ 유대국 당파즁에 바리시교인들은 유대국의 녯 졔도와 죵교를 직힐 주의가 만흔당파오 헤롯당은 로마에 붓허셔 뎌희 왕위(王位)를 굿치기로 쥬쟝ᄒᆞᄂᆞᆫ 당파인ᄃᆡ 이두당파가 젼일에ᄂᆞᆫ 서로 화목지 못ᄒᆞ엿더니 이ᄯᅢ에ᄂᆞᆫ 예수를 모해ᄒᆞᆯ 목뎍

五

으로 잠시 합ᄒᆞ야 간ᄎᆞᆯᄒᆞᆫ ᄯᅢᄅᆞᆯ 의론ᄒᆞᆫ후 예수ᄭᅴ 나아와셔 十六졀과 ᄀᆞᆺ치 몬져 아쳠ᄒᆞᄂᆞᆫ말노 입을 열고 후에ᄂᆞᆫ 十七졀의 문뎨로 질문ᄒᆞ엿더라 이ᄯᅢ 쥬ᄭᅴ셔 이문뎨ᄅᆞᆯ ᄃᆡ답ᄒᆞ시기가 좀 거북ᄒᆞᆫ것은 다ᄅᆞᆷ아니라 만일 예수ᄭᅴ셔 올타고 ᄃᆡ답ᄒᆞᆯ것 ᄀᆞᆺᄒᆞ면 바리ᄉᆡ교인은 반ᄃᆞ시 예수ᄅᆞᆯ 로마에 아부(阿附)ᄒᆞᄂᆞᆫ 당이라고 말ᄒᆞᆯ것이오 ᄯᅩ 만일 올치안타ᄒᆞ실것 ᄀᆞᆺᄒᆞ면 헤롯당은 곳 필나도의게 고소ᄒᆞᆯ것이라 예수ᄭᅴ셔 뎌희 악ᄒᆞᆫ뜻을 임의 아신고로 옹용ᄒᆞᆫ 음셩으로 「외식ᄒᆞᄂᆞᆫ쟈들아 엇지나ᄅᆞᆯ 시험ᄒᆞᄂᆞ냐」ᄒᆞ샤 뎌희 비밀ᄒᆞᆫ 간계ᄅᆞᆯ ᄭᅢ트리시고 그다음에ᄂᆞᆫ 돈ᄒᆞᆫ픈을 달나ᄒᆞ야 보신즉 그돈에 가이사의 형샹과 로마의 글ᄌᆞ가 박혓ᄉᆞ니 이ᄂᆞᆫ 그ᄯᅢ에 힝ᄒᆞ던 규모인ᄃᆡ 지금도 태셔각국에셔 이규모ᄅᆞᆯ 쓰ᄂᆞ니라 예수ᄭᅴ셔 이것을 보신후에 二十一졀의 말ᄉᆞᆷ으로 ᄃᆡ답ᄒᆞ셧ᄂᆞ니 이뜻은 우리가 령혼샹으로 하ᄂᆞ님의 계명을 직히고 육신샹으로 졍ᄉᆞ 잡은쟈의 법률 명령을 좃치되 아모리 권셰잡은쟈라도 우리의 하ᄂᆞ님셤기ᄂᆞᆫ ᄌᆞ유ᄂᆞᆫ 침탈치못ᄒᆞ도록 ᄒᆞᆯ것이라 ᄒᆞ신뜻이라 여긔셔 우리가 ᄇᆡᄒᆞᆯ것은 이셰샹은 간ᄎᆞᆯᄒᆞᆫ ᄯᅢ로 놈을 모해ᄒᆞ랴ᄂᆞᆫ쟈가 만흔즉 불가불 ᄒᆞᆫ번말ᄒᆞ고 ᄒᆞᆫ번 힝동ᄒᆞᆷ에 미우 주의ᄒᆞ야 이런 간계에 ᄲᅡ지지 말것이니라

뎨二부분

三十四—四十졀 이 바리ᄉᆡ교인은 률법을 능통ᄒᆞ고 지식도 유여ᄒᆞᆫ 사ᄅᆞᆷ이라 쥬ᄭᅴ나아와셔 「률법즁에 어ᄂᆞᆫ계명이 크니잇가」ᄒᆞ고 무러본것이 무죄ᄒᆞᆫ듯ᄒᆞ나 그 속뜻은 그럿치 아니ᄒᆞ야 악의ᄅᆞᆯ 가지고 쥬ᄅᆞᆯ 시험ᄒᆞᆫ것이오 ᄯᅩ 이문뎨가 대단히 ᄃᆡ답ᄒᆞ기 어려온것이라 이셰샹 사ᄅᆞᆷ은 더회 ᄉᆞ심(私心)으로 하ᄂᆞ님의 계명을 임의로 증감(增減)도 ᄒᆞ며 망녕되히 경즁을 분간ᄒᆞᄂᆞᆫ쟈가 만흐나 우리구쥬ᄭᅴ셔야 엇지 이러ᄒᆞᆫ ᄉᆡᆼ각이 계시리오 쥬ᄭᅴ셔 뎌희 뭇ᄂᆞᆫ말에 ᄃᆡᄒᆞ야 다만 경즁이 업다고 ᄃᆡ답ᄒᆞ시면 뎌희 모ᄃᆞᆫ것을 일셰워 주ᄂᆞᆫ도리가 아닌고로 신명긔 六쟝五졀과 레위긔十九쟝十八졀을 인증ᄒᆞ야 하ᄂᆞ님과 사ᄅᆞᆷ의게 ᄃᆡᄒᆞᆫ계명을 분셕ᄒᆞ여 말ᄉᆞᆷᄒᆞ셧ᄂᆞ니 곳 十계명즁에 一、二、三、四의 계명은 하ᄂᆞ님을 ᄉᆞ랑ᄒᆞᄂᆞᆫ것이오 五、六、七、八、九、十의 계명은 사ᄅᆞᆷ을 ᄉᆞ랑ᄒᆞᆯ것이라 그런즉 쥬의 이ᄃᆡ답 가온ᄃᆡ 모ᄃᆞᆫ것이 다 포함ᄒᆞ엿ᄂᆞ니라

뭇ᄂᆞᆫ말

一、이공과ᄂᆞᆫ 몃부분에 ᄂᆞᆫ호겟ᄂᆞ뇨

二、바리ᄉᆡ교인과 헤롯당의 셩질의 다른것이 무엇이뇨

三、이공과 뎨一부분에셔 ᄇᆡ홀것이 무엇이뇨

四、二十七—四十졀에 ᄃᆡ답ᄒᆞ신 말ᄉᆞᆷ이 엇더케 十계명과 관계되엿ᄂᆞ뇨

◎감리교회와모레비안교회의관계 (속)

웨슬네션ᄉᆡᆼ이 쥬후一千七百三十八년四월二十一일 일긔에 이아래 긔록ᄒᆞᆫ바 긔이ᄒᆞᆫ 말이 잇ᄉᆞ니

「내가 보헬너 션ᄉᆡᆼ을 ᄯᅩᄒᆞᆫ번다시 만날ᄯᅢ에 그가 말ᄒᆞ기ᄅᆞᆯ 대개 밋음이라ᄒᆞᄂᆞᆫ것은 누구던지 그리스도의 공로로 말ᄆᆡ암아 ᄌᆞ긔의 죄샤ᄒᆞ심을 밧고 하ᄂᆞ님의 은총으로 화목ᄒᆞᆷ을 엇은줄을 확실히 밋고 의지ᄒᆞᄂᆞᆫ것이라ᄒᆞ매」 내가 이말에 ᄃᆡᄒᆞ야셔도 반ᄃᆡᄒᆞᄂᆞᆫ ᄉᆡᆼ각이 업ᄉᆞ며 ᄯᅩ 그가 말ᄒᆞ기ᄅᆞᆯ 「깃븜과 거룩ᄒᆞᆷ은 산밋음의 열ᄆᆡ니 곳 셩신이 우리 ᄆᆞᄋᆞᆷ으로 더브러 우리가 하ᄂᆞ님의 아ᄃᆞᆯ된것을 증거ᄒᆞ시며 밋ᄂᆞᆫ쟈ᄂᆞᆫ 그ᄆᆞᄋᆞᆷ 가온ᄃᆡ 증거가 잇ᄉᆞ며 누구던지 신으로 거듭난쟈ᄂᆞᆫ 죄ᄅᆞᆯ 범ᄒᆞ지아니ᄒᆞ며 ᄯᅩ 누구던지 밋ᄂᆞᆫ쟈ᄂᆞᆫ 하ᄂᆞ님의 아ᄃᆞᆯ이라」ᄒᆞᄂᆞᆫ 말ᄉᆞᆷ도 확실히 밋엇ᄉᆞ나 그러나 밋음의 신속ᄒᆞᆫ 효험에 ᄃᆡᄒᆞ야 그가 말ᄒᆞᆫ것은 죵시 ᄭᆡ닷지 못ᄒᆞ고 ᄉᆞᄉᆞ로 ᄉᆡᆼ각ᄒᆞ기ᄅᆞᆯ 이밋음을 엇더케 그리속히 엇으며 ᄯᅩ 우리가 엇을지라도 엇더케 곳 어두운데셔 ᄇᆞᆰ은데로 나아가며 죄와 근심으로브터 의로옴과 하ᄂᆞ님안에 깃븜으로 나아갈수잇겟ᄂᆞ뇨 과연 알수 업도다 다시 셩경속에 특별히 ᄉᆞ도힝젼을 펴노코 여긔 관

계된 말ᄉᆞᆷ을 차자본즉 당각에 회개ᄒᆞᆫ일은 잇스나 밋음의 효력이 그러케 속ᄒᆞᆫ것은 차자볼수 업스며 바울 션ᄉᆡᆼ곳ᄒᆞᆫ이도 거듭나ᄂᆞᆫ 동안이 三일에 니르럿도다 그럼으로 내가 ᄉᆡᆼ각ᄒᆞ기를 셜혹 그리스도교회를 세울 처음시ᄃᆡ에ᄂᆞᆫ 하ᄂᆞ님ᄭᅦ셔 이처럼 힘ᄒᆞ셧슬지라도 그후브터ᄂᆞᆫ 시긔(時期)가 필경 밧고엿도다 내가 무ᄉᆞᆷ 리유를 인ᄒᆞ야 하ᄂᆞ님ᄭᅦ셔 이처럼 속히 힘ᄒᆞ심을 세ᄃᆞᆯ을수 잇ᄂᆞ뇨ᄒᆞ엿더라 그러나 一千七百二十八년四월二十二일 쥬일에 밋ᄂᆞᆫ 교우 몃사ᄅᆞᆷ의 간증ᄒᆞᆷ을 드른즉 하ᄂᆞ님이 뎌회안에셔 역ᄉᆞᄒᆞ샤 당신 독ᄉᆡᆼᄌᆞ의 피를 밋ᄂᆞᆫ 밋음을 뎌회게 주심으로 뎌회로 ᄒᆞ여곰 어두운것을 ᄯᅥ나 ᄇᆞᆰ은데로 나아오며 죄와 두려온것을 ᄇᆞ리고 거륵ᄒᆞᆷ과 깃븜을 엇게ᄒᆞ신다고 힘잇게 증거ᄒᆞᄂᆞᆫ지라 이것을 드른후로 나의의심과 락심되던것이 아조 다 풀니매 그ᄯᅢᄂᆞᆫ 내가 다만 하ᄂᆞ님ᄭᅴ 부르지져 ᄀᆞᆯᄋᆞᄃᆡ 「쥬여 밋음이 부족ᄒᆞᆫ 나를 도아주시옵쇼셔」ᄒᆞ며 다시 보헬너 션ᄉᆡᆼ의게 뭇기를 「내가 놈 ᄀᆞᄅᆞ치ᄂᆞᆫ 일을 고만 두ᄂᆞᆫ것이 엇더ᄒᆞᆯ지오」ᄒᆞᆫᄃᆡ 그션ᄉᆡᆼ이 ᄃᆡ답ᄒᆞ기를 「아니오 하ᄂᆞ님ᄭᅦ셔 주신 지능을 이셰상에셔 감초지 말나고」ᄒᆞ엿더라」

교육

◉가졍학

로인의양ᄉᆡᆼ법

一、로인의 잠자ᄂᆞᆫ것이니 대개 로인은 ᄒᆞᆼ상 잠이 젹으니 아모됴록 일즉언이 자고 늣게 니러나게 ᄒᆞᆯ것이며 그 니불과 요ᄂᆞᆫ 가바얍고 더옵게 ᄒᆞ며 잠든후에ᄂᆞᆫ 집사ᄅᆞᆷ의 ᄯᅥ드ᄂᆞᆫ 소ᄅᆡ를 멀니ᄒᆞᆯ지니라

二、로인의 운동이니 로인의 신톄ᄂᆞᆫ 아모리 건강ᄒᆞᆯ지라도 과도히 수고롭게ᄒᆞ지 못ᄒᆞᆯ지라 그러나 그 졍신은 쇠ᄒᆞ지 안코 ᄯᅩᄒᆞᆫ 경험(經驗)이 잇ᄂᆞᆫ고로 셰상일을 ᄆᆡ양 샹관ᄒᆞ고져ᄒᆞᄂᆞ니 그ᄯᅳᆺ을 슌죵ᄒᆞ야 ᄯᅢᄯᅢ로 집안일이나 셰샹일을 니야기도ᄒᆞ며 문의(問議)도ᄒᆞ야 그ᄆᆞᄋᆞᆷ을 깃브게ᄒᆞ며 ᄯᅢᄯᅢ로 집힘이집고 공긔됴ᄒᆞᆫ곳에 가셔 셔셔히 산보(散步)도ᄒᆞ게ᄒᆞ며 ᄋᆞ손(兒孫)들노ᄒᆞ여곰 그 압헤셔 유희(遊戱)도ᄒᆞ게ᄒᆞ며 ᄌᆞ녀가 우셔온 니야기도 ᄒᆞ여들니며 됴화ᄒᆞᄂᆞᆫ쳑도 ᄂᆞᆰ어들니ᄂᆞᆫ것이 됴ᄒᆞ니라

三、로인의 목욕이니 로인은 긔력이 쇠ᄒᆞᆷ으로 자조목욕ᄒᆞ면 근력이 피곤ᄒᆞ기 쉬오니 아모됴록 ᄒᆞᆫ돌에 ᄒᆞᆫ번이나 혹 두번식 물을 뎍즁히 데워가지고 ᄒᆞᆫ三十분동안 목욕ᄒᆞᆫ후에 곳 더온옷을 닙고 찬긔운을 피ᄒᆞᄂᆞᆫ것이 맛당ᄒᆞ며 과히 쇠로ᄒᆞᆫ 로인은 슈건을 더온물에 축여 젼신을 문질너 ᄯᅢ를씻고 피부를 윤ᄐᆡᆨ케ᄒᆞᄂᆞᆫ것이 됴ᄒᆞ니라

실업

◉롱ᄉᆞᄒᆞᄂᆞᆫ집의요긴ᄒᆞᆫ말

二、롱ᄉᆞ짓ᄂᆞᆫ 틈에 부업(副業)을 경영ᄒᆞᆷ이니 대개 죠션의 롱업은 벼와 셔속과 량ᄆᆡᆨ과 두태등인ᄃᆡ 벼와 셔속과 두태ᄂᆞᆫ 녀름에 짓ᄂᆞᆫ것이오 량ᄆᆡᆨ은 ᄂᆞ진가을에 심으ᄂᆞᆫ것이라 그럼으로 롱가에셔 ᄀᆞ장 분쥬ᄒᆞᆯᄯᅢᄂᆞᆫ 四、五、六、七、八、九、十월이오 좀 한가ᄒᆞᆫ틈이 잇ᄂᆞᆫᄯᅢᄂᆞᆫ 十一、十二、一、二、三월이니 이틈을 ᄐᆞ셔 경영ᄒᆞᆯ 부업은 각각 그디방의 필요ᄒᆞᆫ 물건을 ᄆᆞᆫ드ᄂᆞᆫ것이나 롱가에셔 보통ᄒᆞᆯ만ᄒᆞᆫ 부업으로 말ᄒᆞ면 남ᄌᆞ가 방안에셔 ᄒᆞᆯ것은 집신과 멍셕과 멱셔리와 공셕과 삭기등속이오 녀ᄌᆞ가 ᄒᆞᆯ것은 방젹(紡績)과 침션(針線)등ᄉᆞ이며 ᄯᅩ 이밧게 四시로 틈틈이 ᄒᆞᆯ부업은 ᄃᆞᆰ과 도야지와 누에치ᄂᆞᆫ것과 과목과 ᄎᆡ소와 담비등속을 심으ᄂᆞᆫ것과 공한ᄒᆞᆫᄯᅡ에 잡목을 심어셔 신탄(薪炭)ᄌᆡ료를 예비ᄒᆞᄂᆞᆫ것이 ᄀᆞ장 필요ᄒᆞᆫ 부업이니라

담총

◉집안에셔알아둘일

ᄉᆡᆼ션을 샹ᄒᆞ지안케 두랴면 ᄉᆡᆼ션의 아감지와 창ᄌᆞ를 다 ᄭᅥ내고 숫가루를 ᄇᆡ와 입에 잔ᄯᅳᆨ늣코 하나식 죠희로 싸셔 졍ᄒᆞᆫ데 담아두면 됴ᄒᆞ니라

신문지를 박키ᄂᆞᆫ 양묵(洋墨)은 좀을 업시ᄒᆞᄂᆞᆫ데 효험이 잇ᄂᆞᆫ고로 무ᄉᆞᆷ 좀먹기쉬운 의복은 신문지로 잘싸두ᄂᆞᆫ것이 됴ᄒᆞ니라

ᄃᆞᆰ의알 겁질을 바리지말고 모아두엇다가 그것을 부수어 남비나 솟헤 누릉지를 닥그면 잘셔러지ᄂᆞ니라

七

광고

경향 여러교우의 갈망ᄒᆞ시던 국문구약셩경의 완편이 출판되여 이달금음이나 리월초승브터 발ᄆᆡ ᄒᆞ겟ᄉᆞ오니 쳠군ᄌᆞ는 슈용의 다쇼를ᄯᆞ라 륙속청구ᄒᆞ심을 ᄇᆞ라옵

그졔본과뎡가는여좌ᄒᆞ옵

二권一질二쳔六ᄇᆡᆨ五十혈

지의 一환

포의 一환十五젼

한문셩경이 새로 샹히로셔나왓는ᄃᆡ 쉬운문리라 일어셩경신구약도 여러죵류가 본공회와 셔울몡동파 평양에잇는 본공회의 일본인지뎜에 잇ᄉᆞᆸ 평양잇는 본공회의 죠션인 지뎜에는 국문셩경의 여러죵류가 잇ᄉᆞᆸ

각지뎜에셔도 이 셩경들을 목록에 긔록ᄒᆞᆫ 뎡가로 도ᄆᆡ나 쇼ᄆᆡ를 다ᄒᆞ옵 각 칙샤에셔 사가면 삼활ᄒᆞ고 부비ᄭᆞ지 담당ᄒᆞ옵

THE AMERICAN BIBLE SOCIETY.

京城鍾路基督敎靑年會下層
美國聖書公會 告白

광고

경계쟈 하ᄂᆞ님의 도으심으로 국문 신구약젼셔가 완편되지라 이믜 인쇄ᄒᆞ야 이제 ᄆᆡ하ᄒᆞ는바 이칙의 쟝광은 국문四호글ᄌᆞ 지외 신약과 ᄀᆞᆺ고 그 쟝칙과 뎡가는 이아리ᄌᆞ세히 긔록ᄒᆞ엿ᄉᆞ오니 이칙을 갈망ᄒᆞ시던 우리 형뎨와 ᄌᆞᄆᆡ는 본공회와 경향 각교즁 칙사에 청구ᄒᆞ시와 익독ᄒᆞ시옵쇼셔

쟝칙과뎡가

신구약젼셔
단권一秩 견포의 一圓五十錢
仝 반피의 一圓七十五錢
三권 仝 지의 一圓二十五錢
仝 仝 포의 一圓三十五錢

구약젼셔
二권一秩 지의 一圓
仝 仝 포의 一圓十五錢

본공회에 국문한문 밋 각국문 셩셔가 구비ᄒᆞ옵고 원근 각처로 발송ᄒᆞ는 셩셔의 운비 혹 우료는 본공회에셔 출급ᄒᆞ오며 샹셰ᄒᆞᆫ 규칙과 뎡가록은 청구를 ᄯᆞ라 공급ᄒᆞᄂᆞ이다

셔울 종로 대영셩셔공회 고ᄇᆡᆨ

학싱모집광고

◉본교에셔 금년츄긔에 대학一년싱과 즁학一二년급학싱을모집ᄒᆞ오니 지원인은 자긔에 의ᄒᆞ야 청원ᄒᆞ시옵

▲대학一년싱▼

一、픔격은교회즁즁학과졸업싱

二、각디방목ᄉᆞ의쳥원셔를지리ᄒᆞᆯ것

三、교회즁유직쟈로보증인을ᄒᆞᆯ것

四、시험일ᄌᆞ는구월십ᄉᆞ일오젼브터ᄒᆞᆯ것

五、시험과목·고린도젼후·베드로젼·츌애굽·구약ᄉᆞ긔·ᄃᆡ수·긔하학「평면」·물리「격물질학긔학셔지」·화학「무긔화학」·동물학·ᄉᆞ긔「법국민변ᄉᆞ즁고ᄉᆞ」·한문「론어自一권至五권、밍ᄌᆞ自四권至七권」·국어「국문고하」·일어독본三권으로七권·간이샹업부긔

六、ᄀᆡ학일ᄌᆞ는구월십구일

▲즁학一二년싱▼

一、픔격은세례인과신덕이잇ᄂᆞᆫ쟈와신톄가건강ᄒᆞᆫ쟈

二、쳔거셔는각디방목ᄉᆞ、젼도ᄉᆞ、쟝로、조ᄉᆞ、권ᄉᆞ의확실ᄒᆞᆫ쳔거셔가잇셔야됨

三、보증은교회직분잇는쟈

四、시험일ᄌᆞ는팔월이십ᄉᆞ일아춤브터이십팔일ᄭᆞ지

五、시험과목

일년급 복음즁대요·국어ᄌᆞ모음팔픔ᄉᆞ져술·본국력ᄉᆞ즁대요·초학디지·ᄉᆞ측과분수·간이ᄒᆞᆫ물리·간이ᄒᆞᆫ싱리

이년급 누가복음·국문고하와말법·즁용대학·유대ᄉᆞ와익급ᄉᆞ·즁등만국디지·분수와쇼수·쇼물리학·즁등싱리위싱학

六、ᄀᆡ학일ᄌᆞ는구월오일

평양부 서문외 숭실학교 고ᄇᆡᆨ

△廣告▽

○承寧府典醫正三品洪哲普閣下實驗處方
○陸軍軍醫醫校敎官張基茂君有效證明
四時勿論ᄒᆞ고人人常備之靈藥

官許 登錄 認可

和

健胃 消滯 八寶丹

定價金 九十五粒入一貼(十錢) 仝 三貼入(二十五錢)

▲另告

胎養調經丸	婦人冷積 病神効	五圓
明耳精	耳內炎痛 耳垢堆積	十錢
滋陽丸	男女勿論 陰陽雙補	五圓
小兒癇氣丸	身熱頻驚 夜啼便靑	十五錢
回生水	急泄虛泄 無非神効	十錢
腫根拔散	拔腫根去 惡生新	十錢
蛔滅散	蛔虫去根 更無後慮	十錢
浮腹能下丹	下腹膨脹 少便不利	七十錢
絲虫藥	寸白虫을 沒出去根	三十錢
補陰降火丸	男女勿論 陰虛火動	七十錢

總發行所京城鍾路和平堂大藥房本舖 主任 李應善 告白
(電話一六九七番)

明治四十四年八月二十六日印刷

그리스도회보

KOREAN CHRISTIAN ADVOCATE

每月二回發行

明治四十四年九月十二日印刷
明治四十四年九月十五日發行

發行兼編輯人 北部社洞 奇義男
印刷人 北部樓閣洞 朴東完
印刷所 京城西小門內法韓印刷所
發行所 北部社洞 奇義男邸

ᄃᆡ금「代金」 一쟝 三젼
六ᄀᆡ월 二十五젼
一ᄀᆡ년 五十젼

광고료 四호활ᄌᆞ 一항 一회 五젼
활ᄌᆞ대소와 항수다소와 긔한쟝단을 ᄯᅡ라 증감홈

사고 (一속)

◉본회보 보시는 여러형뎨와 ᄌᆞ미의 주의ᄒᆞ실일

一、본회보에 ᄃᆡᄒᆞ야 반년션금(半年先金)을 내시고 四호브터 보신이는 十五호ᄭᆞ지 보시면 내신 션금은 임의 진(盡)ᄒᆞ엿ᄉᆞ오니 계속ᄒᆞ야 보시랴면 션금을 보내시고 다시쳥구ᄒᆞ시와 발송(發送)을 뎡지치아니케ᄒᆞ시ᄋᆞᆸ

二、회보가ᄋᆞᆯ 아직 필납(畢納)지못ᄒᆞᆫ 지샤원(支社員)들이나 이독(愛讀)ᄒᆞ시는 쳠군ᄌᆞ는 속속히 우편으로 돈을 붓쳐보내시ᄋᆞᆸ

三、젼호 샤셜과 본샤광고로 공포ᄒᆞᆫ바 만국쥬일공과는 ᄒᆞᆫ쟝에 ᄒᆞᆫ달 四쥬일 공과식출판ᄒᆞ야 월죵(月終)마다 비달ᄒᆞ되 ᄃᆡ금(代金)은 一년에 十젼식 밧겟ᄉᆞ오니 각교회에셔 몃쟝식 쳥구ᄒᆞ시ᄋᆞᆸ

본샤특별광고

◉본샤에셔 평남증산군 박지에 ᄃᆡᄒᆞ야 그곳 교우들을 위ᄒᆞ야 구황연죠금(救荒捐助金)을 거두어보내고 각쳐교회와 각 ᄀᆡ인졔씨의 ᄌᆞ션심(慈善心)을 감하ᄒᆞ거니와 이제는 믹츄(麥秋)가 임의 지냇고 또ᄒᆞᆫ 츄셩(秋成)이 갓가왓슨즉 증산 교우들도 응당 심ᄒᆞᆫ 긔황(飢荒)은 면ᄒᆞᆯ듯ᄒᆞ기로 몬져 하ᄂᆞ님ᄭᅴ 감샤를 드리고 본샤에셔 임의밧은 연죠금만 마자다 게재ᄒᆞ야 공포ᄒᆞ고 다시는 더밧지 아니ᄒᆞ겟ᄉᆞ오니 쳠위는 쵸량ᄒᆞ시ᄋᆞᆸ

증산구황연보 (젼호련쇽)

江華蚕頭教회十圓、빅남식十錢、雲山邑교회六圓七十錢、仝郡東面泥踏教會十五圓六十錢、江陵邑교회一圓六十錢、김마리아一圓、長湍邑교회二圓四十三錢、開城朱雀峴女學校內金基兌五十錢、京城南部靑寧橋교회內十字會五圓、堤川邑교회五圓、忠州嚴正面拜岱교회一圓一錢、淸風漆田교회金致卿三十錢、開城北部耶穌教會十二圓、南陽邑敎會金光植一圓、安이리시벳六十錢、朴公三、十錢、洪衡杓二十錢、裴炳찬十錢、洪性默三十錢、黃應玉五錢、高信道二十錢、黃리의ᄉᆞ十錢、金信德十錢、金부인十錢 黃부인十錢、金信실十錢、金德行五錢、車信德二十五錢、洪賢植十錢、金유늬스五錢、洪이벽가十錢、南陽花梁교회韓魯洙一圓、南陽新陽洞교회五十九錢、南陽浦幕교회郭應煥三十錢、金正寬十錢、權鍾億十錢 南陽仲老洞교회二圓五十錢、黃州姜齊源五十錢、安峽모시울교회七十錢、朔寧ᄒᆞᆫ밧골교회三十二錢、리게듸五젼、리덕규모친五젼、리양션모친十젼、리에스다十錢、리화비十錢、리윤뎐十錢、리명근十錢、리션긔二十錢、리덕규二十錢、리난긔二十錢、리영상二十錢、홍슌관부인三十五錢、홍슌파三十五錢 드렁골二圓十錢、방여울교회七十錢、중골교회九十錢、開城북셔면용고ᄀᆡ교회二圓四錢、김긔슌一圓三十四錢、황치셔二圓二十五錢、原州邑교회三圓四十七錢、寧越金면리교회十五錢、사지신ᄃᆡ교회二十八錢、쇠목교회二十錢 (미완)

교즁휘문

⊙셩경학원 지나간 七월에 미국뉴욕 셩경학교쟝 화잇박ᄉᆞ가 경셩에서 두류ᄒᆞ는동안에 여러 션교ᄉᆞ들과 협의ᄒᆞᆫ 결과로 쟝로교와 우리 량감리회가 련합ᄒᆞ야 셩경학교를 새로 셜립ᄒᆞ고 본월 二十七일브터 새문밧 림동 감리교 신학당안에셔 개학ᄒᆞ고 지원(志願)ᄒᆞ는 교즁쳥년의게 셩경을 ᄀᆞᄅᆞ친다더라

⊙신학우긔 별항에 긔지ᄒᆞᆫ 바와ᄀᆞᆺ치 셩경학원은 본월二十七일에 개학ᄒᆞ거니와 우리 감리교 츄긔신학회도 이날에 ᄀᆞᆺ치 개학ᄒᆞ고 四년급과 一년급의 학ᄉᆡᆼ들만 ᄀᆞᄅᆞ친다더라

⊙대학교신셜 근일에 쟝로교와 우리량감리회의 교육긔관(機關)을 련합ᄒᆞᆯ필요가 잇슴을 서로 서ᄃᆞᆺ고 세교회가 위원을 뎡ᄒᆞ야 수월 협의ᄒᆞᆫ 결과로 경셩 졍동비지학당안에 대학교를 창셜ᄒᆞ고 각쳐 즁학교의 졸업ᄉᆡᆼ을 밧아 교회에셔 작뎡ᄒᆞᆫ 대학과졍을 ᄀᆞᄅᆞ친다더라

⊙이져올다시봄 경긔도 삭령읍 죠응규씨의 통신을 거ᄒᆞᆫ즉 동군북면니문리 츄동사는 리광텩씨의 부인은 즉금나히二十여세인ᄃᆡ 우연히 흉악ᄒᆞᆫ무당 마귀의게 붓잡혀 여러ᄃᆞᆯ동안을 고ᄉᆡᆼᄒᆞᆯᄯᅢ에 ᄀᆞᆺ도ᄒᆞ며 경도닑고 모든 마귀의 일을 다ᄒᆞ엿스며 심지어 본가로 쏫겨가셔 다만 죽기만 기ᄃᆞ리더니 예수를 밋으면 이런병이 낫다는 말을듯고 十리상거되는 츔의골교회에 와셔 밋기로 작뎡ᄒᆞᆫ후 그교회 쇽쟝 모씨의집에셔 ᄒᆞᆫᄃᆞᆯ동안을 류ᄒᆞ면셔 모든 형뎨와 ᄌᆞᄆᆡ들이 졍셩으로 날마다 모혀 긔도홈으로 지금은 이부인이 병을면ᄒᆞ고 완인이되여 쥬를 독실히 밋ᄂᆞᆫ고로 원교회가 영광을 하ᄂᆞ님ᄭᅴ 돌닌다더라

⊙졔씨의연 셔울 졍동교회 교우 리의경씨는 가셰가 젹빈ᄒᆞᆫ즁 소ᄉᆡᆼᄒᆞ나업시 너외의지ᄒᆞ여 지내다가 우연히 병이들어 거월二十六일에 셰샹을 떠낫ᄂᆞᆫᄃᆡ 감쟝ᄒᆞᆯ도리가 업더니 그곳 교우의 ᄌᆞ션심으로 돈 五원五十젼을 거두어 보내고 ᄯᅩ 몸으로 도아쥼으로 쟝ᄉᆞ를 잘지냇다ᄒᆞ니 졔씨의 ᄌᆞ션심을 감하ᄒᆞ노라

⊙리씨연심 황히도 토산 리셕원씨의 통신을 거ᄒᆞᆫ즉 동군 즁골교회는 비록 작년에 셜시되엿스나 지금 남녀교우가 八十여명에 달ᄒᆞ엿고 례비당은 본시 이교회 교우로 지금 긔셩 북부에 이거ᄒᆞᆫ 형님 리경문씨가 ᄌᆞ긔의 드렷던 와가 十二간과 초가 四간을 온젼히 하ᄂᆞ님ᄭᅴ 밧친것인ᄃᆡ 리씨로 말ᄒᆞ면 신심이 독실ᄒᆞ나 그 육신을 잘 운동치 못홈으로 쥬일마다 교군을타던지 그 ᄌᆞ손의게 업히던지 엇더케 오던지 반ᄃᆞ시 쥬일례비에 ᄒᆞᆫ번도 ᄲᅡ지지 아니ᄒᆞᆫ다ᄒᆞ니 그 밋음이 과연 본밧을만ᄒᆞ다고 칭숑ᄒᆞᆫ다더라

⊙오씨의ᄌᆞ션심 평북 운산군 리화빈씨의 통신을거ᄒᆞᆫ즉 동군 군쥬ᄉᆞ죠샹만씨의 부인오졍슌씨는 쥬를 밋은지 수년에 밋음이 독실ᄒᆞ며 그곳교회에 ᄃᆡᄒᆞ야 특별히 五환을 연보ᄒᆞ고 린동교례교회에셔 례비당을 새로건축ᄒᆞᆫᄃᆡ 경비가 부족ᄒᆞ다ᄂᆞᆫ 소문을 듯고 ᄌᆞ긔 찻던 은시계를 연죠ᄒᆞ야 여비에 보용케ᄒᆞ엿스며 ᄯᅩ 누구던지 빈궁ᄒᆞᆫ 사ᄅᆞᆷ을 보면 돈이되나 곡식이되나 옷이되나 앗기지안코 구졔ᄒᆞᄂᆞᆫ고로 사ᄅᆞᆷ마다 오씨를 칭찬ᄒᆞᆯᄯᅢ 쥬의빗츨 감복ᄒᆞᆫ다더라

⊙교회와학교 강원도 간셩구역 졍지덕씨의 통신을 거ᄒᆞᆫ즉 원산향 누시긴 잉금네학교 하긔방학동안에 그학교 학ᄉᆡᆼ들이 교쟝 ᄲᅮ의씨 지도로 각교회에가셔 학도를 모집ᄒᆞ야 교수ᄒᆞ엿ᄂᆞᆫᄃᆡ 금화졍교회에ᄂᆞᆫ 박늘네 박마ᄃᆡ량씨오 교동교회에ᄂᆞᆫ 윤나오미씨오 본읍교회에ᄂᆞᆫ 김롤나씨라 이러케 ᄀᆞᄅᆞ친 효력이 각교우의 ᄆᆞᄋᆞᆷ을 감동ᄒᆞᆯᄲᅮᆫ아니라 ᄯᅩ 그 영향(影響)이 널니 밋쳐셔 특별히 간셩읍교회ᄂᆞᆫ 근일에 신입교우가 만흠으로 三十여인에 불과ᄒᆞ던 교우가 지금은 八十여인에 달ᄒᆞ엿다ᄒᆞ니 참 영광을 ᄒᆞᄂᆞ님ᄭᅴ 돌닐만다

교회통신

과서 직산 신홍식

◉병즁감각(病中感覺)

대뎌 병이 어ᄃᆡ셔 ᄉᆡᆼ겻ᄂᆞᆫ고 ᄒᆞ면 죄에셔 ᄉᆡᆼ겻다ᄒᆞᆯ수 잇ᄉᆞ니 웨그러ᄒᆞ냐 무러볼것ᄀᆞᆺᄒᆞ면 창조후 노아ᄯᅢ 홍슈와 소돔의 류황불은 확연히 아ᄂᆞᆫ바어니와 하ᄂᆞ님ᄭᅴ셔 한량업ᄉᆞ신 능력과 위엄으로 더러온 긔운과 음란ᄒᆞᆫ 풍쇽과 완패ᄒᆞᆫ 습관을 ᄡᅳ러ᄇᆞ리시매 그시ᄃᆡ에 ᄉᆡᆼ쟝ᄒᆞᄂᆞᆫ 인류들은 혹 三百세로 九百세ᄭᆞ지 쟝슈ᄒᆞ엿ᄉᆞᄃᆡ (창五〇) 병이 업시 청결ᄒᆞᆫ ᄆᆞᄋᆞᆷ과 인션ᄒᆞᆫ ᄃᆡ도로 지냇더니 그후 인류들이 다시 완악ᄒᆞ여 죄를짓고 하ᄂᆞ님을 비반ᄒᆞ니 음란ᄒᆞᆫ 소래와 더러온 긔운과 완악ᄒᆞᆫ 풍습과 부픠ᄒᆞᆫ ᄂᆡ암ᄉᆡ가 텬디간에 가득히 찬고로 그가온ᄃᆡ 잇ᄂᆞᆫ 사ᄅᆞᆷ들은 부지즁에 이괴악ᄒᆞᆫ 긔운에 눌닌바 되여 병이ᄉᆡᆼ기ᄂᆞᆫ것이니 이로 보면 병은곳 죄의ᄡᅡᆨ이라ᄒᆞ여도 가ᄒᆞ도다 그런즉 죄악의 긔운을 만ᄂᆞᆫ 사ᄅᆞᆷ도 병을 엇거던 ᄒᆞ믈며 죄악을 힘ᄒᆞᄂᆞᆫ 사ᄅᆞᆷ들이야 그 ᄆᆞᄋᆞᆷ이 흉샹ᄎᆡᆨᄎᆡᆨᄒᆞ리니 엇지 병과 요ᄉᆞᄒᆞᆷ을 면ᄒᆞ리요 ᄯᅩᄒᆞᆫ 육신의 병만 엇을ᄲᅮᆫ아니라 쟝ᄅᆡ에 령혼의 큰관계되ᄂᆞᆫ 형벌이잇ᄉᆞ니 엇지 두렵지 아니ᄒᆞ리오 그러나 감각력을 엇어서 ᄭᆡ닷ᄂᆞᆫ것이 뎨一귀ᄒᆞᆫ것이되ᄂᆞ니 비록 병즁이라도 ᄒᆞᆫ번 비교뎍과 형샹뎍으로 ᄉᆡᆼ각ᄒᆞ여 ᄭᆡᄃᆞᄅᆞᆷ을 엇을것이로다 그런고로 세가지 부분으로 ᄭᆡᄃᆞᄅᆞᆯ수 잇ᄂᆞᆫᄃᆡ

一、병즁에 죄를 ᄭᆡᄃᆞᄅᆞᆯ수 잇ᄉᆞ니 사ᄅᆞᆷ이 급ᄒᆞᆫ질병을 만나면 하ᄂᆞ님을 부르며 ᄉᆞᄉᆞ로 ᄉᆞᆯ피되 내가 무ᄉᆞᆷ죄가 잇ᄂᆞᆫ가ᄒᆞ며 여러 모양으로 ᄉᆡᆼ각ᄒᆞ다가 필경 긔왕에 실수ᄒᆞᆫ일을 ᄭᆡ닷기도ᄒᆞ며 ᄯᅩᄒᆞᆫ 불의ᄒᆞᆫ 령혼은 죄 갑ᄉᆞ로 쟝ᄅᆡ 디옥의 형벌을 이와ᄀᆞᆺ치 당ᄒᆞᆯ줄 ᄭᆡ닷기도ᄒᆞ며

二、병즁에 인내(忍耐)ᄒᆞᄂᆞᆫ법을 ᄭᆡᄃᆞᄅᆞᆯ수 잇ᄉᆞ니 병이 위즁ᄒᆞ여 운동ᄒᆞ지 못ᄒᆞᆷ과 신톄가 불ᄀᆞᆺ치 ᄯᅳ거온것은 사ᄅᆞᆷ이 죄를 범ᄒᆞ면 령혼이 디옥에 갓쳐서 운동치 못ᄒᆞ고 류황불구렁에 ᄯᅳ거워 견ᄃᆡᆯ수업ᄂᆞᆫ 모양을 ᄭᆡ닷기도ᄒᆞ며 (누十六〇廿四) 원편 귀쇽에셔 바람부ᄂᆞᆫ 소ᄅᆡᄀᆞᆺᄒᆞᆫ것은 디옥의 불형세가 ᄆᆡᆼ렬ᄒᆞ야 그소ᄅᆡ가 우뢰ᄀᆞᆺ치 된것을 ᄭᆡᄃᆞᄅᆞᆯ수도잇고 (히十〇廿七) 좌편귀쇽에셔 쳥아ᄒᆞᆫ 죵소ᄅᆡᄀᆞᆺ치 나ᄂᆞᆫ것은 우리 쥬ᄭᅴ셔 멀니 부르샤 고난즁에 참고 견ᄃᆡᄂᆞᆫ쟈ᄂᆞᆫ 구원을 엇으리라ᄒᆞ시ᄂᆞᆫ 소ᄅᆡ로 ᄭᆡᄃᆞᄅᆞᆯ수도 잇ᄉᆞ며 (마廿四〇廿三) 얼골에 샹긔가 되여 졍신이 혼미ᄒᆞᆫ ᄯᅢᄂᆞᆫ 쥬ᄭᅴ셔 우리죄를 ᄃᆡ신ᄒᆞ시랴고 十ᄌᆞ가에 달녀계실 ᄯᅢ에 그 귀즁ᄒᆞ신 얼골에 긔운이 오르고 ᄉᆡᆼ명이 ᄭᅳᆫ어지실ᄯᅢ를 ᄭᆡᄃᆞᄅᆞᆯ수 잇ᄉᆞ며

三、구원ᄒᆞ시ᄂᆞᆫ 의원이 계신줄 ᄭᆡᄃᆞᄅᆞᆯ수 잇ᄉᆞ니 병이 쳐음 즁ᄒᆞᆯᄯᅢ에 의원이 약을 ᄡᅥ셔 급박ᄒᆞᆫ 대세ᄂᆞᆫ 물너갓ᄉᆞ나 단번에 낫지못ᄒᆞᆫ것은 우리가 큰 죄악즁에 잇슬ᄯᅢ에 구쥬의 부르심을 밧앗ᄉᆞ나 구원ᄒᆞ시ᄂᆞᆫ 은혜ᄂᆞᆫ 쾌히 ᄭᆡ닷지못ᄒᆞᆫ 모양과ᄀᆞᆺᄒᆞ며 즁간에 됴ᄒᆞᆫ약을ᄡᅥ도 병이 졈졈 깁허셔 四지白톄를 녹이ᄂᆞᆫ것[illegible]에ᄂᆞᆫ [illegible] 쥬의 ᄉᆞ랑을 밧을ᄉᆞ록 즁[illegible]에 시험이 여러번 오ᄂᆞᆫ것을 ᄭᆡᄃᆞᄅᆞᆯ수도 잇ᄉᆞ며 (히十四〇廿二) 의원이 다시 손으로 진찰ᄒᆞ고 약을 ᄡᅳᆫ즉 쾌연히 병이 물너가고 졍신이 쾌락ᄒᆞ여 누엇던 곳은 편안ᄒᆞᆫ 곳이되고 무겁던 몸은 경쳡ᄒᆞᆫ것이 됨은 우리쥬ᄭᅴ셔 영ᄉᆡᆼ 량식과 ᄉᆡᆼ명슈로 우리를 먹이시고 셩수로 안찰ᄒᆞ샤 약ᄒᆞ고 무거운 죄짐을 벗겨주시고 손목을 잡아 이르키심으로 우리가 쟝ᄎᆞᆺ 죽음에셔 ᄯᅥ나 영원히 사ᄂᆞᆫ곳에 도달ᄒᆞᆯ것을 ᄭᆡᄃᆞᄅᆞᆯ수 잇슴이라(요十一〇四十四) 그런고로 처음에 말ᄒᆞᆫ것ᄀᆞᆺ치 병이 죄에셔 ᄉᆡᆼ김으로 서로 응ᄒᆞ야 병은 육신을 죽이고 죄ᄂᆞᆫ 령혼을 죽이ᄂᆞ니 쳠위 부형ᄌᆞ미 졔씨ᄂᆞᆫ 다 션각(先覺)ᄒᆞ신줄 알거니와 ᄒᆞᆫ번 더 주의ᄒᆞ야 육신과 령혼을 죽이ᄂᆞᆫ 죄와 병을 숨가시고 영원이 곳쳐 주실 의원을 팔세치 마ᄉᆞ이다 의원은 창조이리로 독一무二ᄒᆞ신 구쥬예수 그리ᄉᆞ도시올시다 (마九〇十二—十四)

만국쥬일공과

뎨三十九

九월廿四일

뎨목 유대국디지

외일말숨 히브리十一장 十절

대뎌 유대국은 셰계만국즁에 특별히 이샹ᄒᆞ고 또 우리의게 ᄃᆡᄒᆞ야 즁요ᄒᆞᆫ관계 세가지가 잇스니

一、유대국의 인죵은 하ᄂᆞ님의 ᄐᆡᆨᄒᆞ신 ᄇᆡᆨ셩이 됨이오

二、유대국은 력ᄉᆞ와 죵교와 졍치와 풍쇽이 다 신구약으로써 근본을 삼음이오

三、유대국은 우리쥬 예수그리스도ᄭᅴ셔 나신 ᄯᅡ이 됨이니라

유대국은 졍치샹으로 팔니스타인이라고 칭ᄒᆞ기도 ᄒᆞ며 또 죵교샹으로 거룩ᄒᆞᆫᄯᅡ이라고도 칭ᄒᆞ는ᄃᆡ 그 위치(位置)를 말ᄒᆞ쟈면 디즁히 동남모퉁이에 잇고 쟝은 극북으로 단에셔브터 극남으로 브어세바ᄭᆞ지 一百四十영리 (一영리가 죠션리수三리가량)오 광은 ᄒᆞᆫ갈ᄀᆞᆺ지 아니ᄒᆞ야 혹 九十영리되는 곳도잇스며 혹三十영리되는 곳도 잇슨즉 평균으로 계교ᄒᆞ면 六十영리가량이라 이나라의 디경을 말ᄒᆞ자면 동편은 모압산이오 서편은 디즁히오 북편은 레바논산이오 남편은 시내산사막이니라

이나라의 긔후를 말ᄒᆞ자면 디면(地面)의 코로지 못홈을 인ᄒᆞ야 긔후도 또ᄒᆞᆫ 코로지 못ᄒᆞ니 서풍이 불ᄯᅢ에는 디즁히에셔 니러나는 구름이 비를 ᄂᆞ리게ᄒᆞ고 동남풍이 불ᄯᅢ에는 사막의 간조(乾燥)ᄒᆞᆫ 긔운이 가믈게ᄒᆞᄂᆞ니라

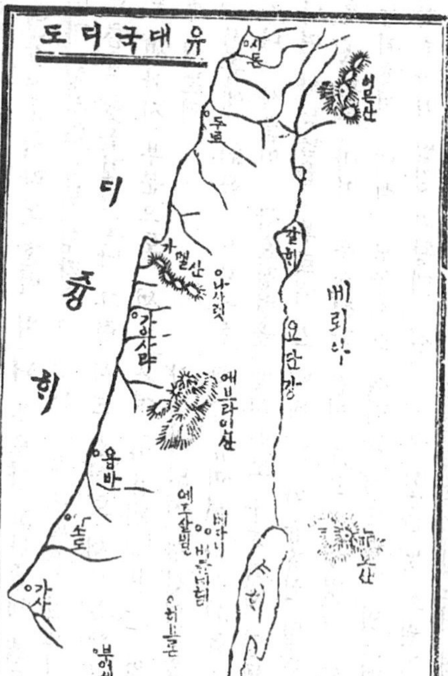

유대국디도

유대국의 유명ᄒᆞᆫ 산으로 말ᄒᆞ면 (一) 레바논산이니 이나라극북에 잇는ᄃᆡ 놉기는 一만영쳑이오 (二) 허몬산이니 또ᄒᆞᆫ 이나라 북방에 잇는ᄃᆡ 놉기는 九千二百영쳑이며 이산ᄭᅩᆨ닥이에는 눈이 四시에 늘 잇스며 (三) 모리아산은 예루살넴셩던잇는 산이며 아브라함이 그 아ᄃᆞᆯ 이삭을 잡아 하ᄂᆞ님ᄭᅴ 졔ᄉᆞ드리랴던 곳이오 (四) 감람산은 예루살넴 동편에 잇는산이오 (五) 피스가산은 요단강 동편에 잇스니 모세가 이산에 올나셔 가나안을 ᄇᆞ라보고 죽은산이오 이외에 느보산과 에보라임산과 가멜산이 잇ᄂᆞ니라

유대국의 강과호슈로 말ᄒᆞ면 (一) 요단강은 유대국에 유명ᄒᆞᆫ 강이니 그근원이 갈닐니샹류에셔 시작ᄒᆞ야 ᄉᆞ히로드러가는ᄃᆡ 곱을곱을 도라ᄂᆞ려가는 거리가 二百영리가량이오 (二) ᄉᆞ히(死海)는 쟝이 四十영리오 광이 十영리니 염질(鹽質)을 만히 포함ᄒᆞ엿고 (三) 갈닐니는 쟝이 十二영리가량이오 광이 八영리가량이나리

유대북편 디경은 단이니 우샹을 숭ᄇᆡᄒᆞ기로 유명ᄒᆞᆫ ᄯᅡ이오 (ᄉᆞ十八○) 남편 디경은 브어세바니 아브라함 이삭 야곱의 사던ᄯᅡ이오 그즁에 유명ᄒᆞᆫ ᄯᅡ은 예루살넴이니 즁앙(中央) 놉흔ᄯᅡ에 잇스며 나사렛은 예루살넴 북편에 잇스니 예루살넴에셔 샹거가 一百九十리인ᄃᆡ 예수와 그뎨ᄌᆞ가 ᄒᆞᆼ샹 왕ᄅᆡᄒᆞ는 ᄯᅡ이오 벳을네헴은 예루살넴 남편에 잇스니 샹거가 二十리오 예루살넴에셔 나사렛 못밋쳐 즁로에 사마리아가 잇스니 녯날 이스라엘 셔울이니 쥬강싱젼 七百二十一년에 멸망ᄒᆞ엿는ᄃᆡ 쥬초돌과 기동과 들보는 오늘날ᄭᆞ지 의연히 남아잇스며 예루살넴으로브터 남으로 六十리를 가면 히

보론이 잇스니 녯날 아브라
함의 사던따이오 또 예루살
넴으로브터 디즁히를 향ᄒᆞ고
가면 두길이 잇스니 ᄒᆞᆫ길은
동북편으로 百五十리 샹거에
가이샤랴가잇스니 녯날 ᄉᆞ도
바울이 二년동안 구류ᄒᆞ엿던
곳이오 또ᄒᆞᆫ길은 셔으로 百리
샹거에 욥바가잇스니 베드로
가 도가를 다시 살닌곳이오
가버나움은 나사렛을 지나
갈닐니바다 북방에 잇스며
다메삭은 데가볼니의 도셩이
니 갈닐니 동남편에잇고 고
모라는 ᄉᆞ히 셔북편에 잇고
소돔은 모압들에 잇ᄂᆞ니라

만국쥬일공과

뎨四十

十월一일

마태二十五쟝一ㅣ十三졀

요지 지혜잇는쳐녀와미
련ᄒᆞᆫ쳐녀

외일말ᄉᆞᆷ 누가十二쟝四
十졀

이공과의 비유는 ᄆᆞ쟝 명ᄇᆡᆨᄒᆞ
여 듯는쟈로 ᄒᆞ여곰 ᄭᆡᄃᆞᆺ기
쉽고 ᄌᆞ미롭게ᄒᆞᄂᆞ니 우리가
이공과를 공부ᄒᆞᆯᄯᅢ에 특별히
싱각ᄒᆞᆯ것은

一、우리가 다 신랑마즐 긔
회를 엇은것이니 하ᄂᆞ님ᄭᅴ
셔 우리로 ᄒᆞ여곰 당신의
독싱ᄌᆞ 예수그리스도를 우
리구쥬로 영졉ᄒᆞ라 ᄒᆞ심
이오

二、우리가 예비시ᄃᆡ에 쳐흠
이니 불가불 우리ᄆᆞ옴속에
등불을 잘 예비ᄒᆞ고 기ᄃᆞ
려야 될것이오

三、우리가 ᄆᆞᆺ날에 공정ᄒᆞᆫ
심판을 면치 못ᄒᆞᆯ것이니라

一졀 이말슴 가온ᄃᆡ 신랑은
우리쥬예수그리스도시오 쳐
녀는 교회안에 각ᄀᆡ인이오
등불은 신쟈의 ᄆᆞ옴속에 엇
은바 쥬의빗출 ᄆᆞᄅᆞ치심이니
우리 ᄆᆞ옴속에는 본ᄅᆡ 빗치업
슨즉 불가불 쥬의빗출 빌어
야 될것이라 대개 이셰샹에
뎨一 깃븐손님은 신랑이니
혼인 잔치에 참셕ᄒᆞᆫ쟈ㅣ 누
가아니 환영(歡迎)코져ᄒᆞ리오
우리가 이 복음시ᄃᆡ에 쳐ᄒᆞ
야 하ᄂᆞ님의 은혜로 말ᄆᆡ암
아 우리령혼을 잘 예비ᄒᆞ고
잇다가 구쥬를 깃브게 영졉
ᄒᆞ는것이 엇지 이와 다르리오

二ㅡ五졀 이 열쳐녀가 다 신
랑 맛고져ᄒᆞ는 목뎍은 ᄀᆞᆺ지
마는 그가온ᄃᆡ 다른것은 슬
긔잇는쟈가 다ᄉᆞᆺ이오 미련ᄒᆞᆫ
쟈가 다ᄉᆞᆺ인ᄃᆡ 슬긔잇는쟈는
등에 기름을 예비ᄒᆞ엿고 미
련ᄒᆞᆫ쟈는 기름예비ᄒᆞᆫ것이 업
더라 그런즉 몬져 말ᄒᆞᆫ바 다
ᄉᆞᆺ쳐녀는 더회 맛당히 힝
ᄒᆞᆯ 직칙을 안쟈오 나죵말ᄒᆞᆫ
바 다ᄉᆞᆺ쳐녀는 더회 힝ᄒᆞᆯ직
칙도 모로고 다만 놈을 숭ᄂᆡ
내는쟈들이라 우리교회안에
도 이와ᄀᆞᆺᄒᆞᆫ 일이잇스니 엇
던 교우들은 그ᄆᆞ옴이 잠시
도 하ᄂᆞ님을 ᄯᅥ나지 아니ᄒᆞ
며 그눈이 쥬의 얼골을 뵈옵
고 그귀가 쥬의 목소래를 듯
는듯ᄒᆞ야 홍샹 ᄭᆡ여잇고 또
엇던 교우들은 외양으로 교
인의 직분을 힝ᄒᆞ는듯ᄒᆞ나
그ᄆᆞ옴은 홍샹 셰샹일에 잇
고 쥬의일에 ᄃᆡᄒᆞ야 게으르
고 만ᄒᆞᆯᄒᆞ며 어두온 가온ᄃᆡ
셔 어두온 일을 힝ᄒᆞᄂᆞ니라

六졀 밤즁에 소래잇셔 신랑
이 오니 마조라ᄒᆞᆷ은 우리가
싱각못ᄒᆞ는ᄯᅢ에 별안간 우리
쥬ᄭᅴ셔 오실것을 비유ᄒᆞ심이
니라 (마廿四〇四十四)

七ㅡ九졀 신랑온다는 소식을
듯고 각각 마조러 나갈시 슬
긔잇는쟈는 등불을 켜들고
깃븜으로 나갈ᄯᅢ에 미련ᄒᆞᆫ쟈
도 자다가 ᄭᆡ여 등불을 켜랴
ᄒᆞᆫ즉 기름이 업는지라 당쟝
은 ᄉᆞᆷ쪽 놀니고 후회ᄒᆞ나 다
쓸ᄃᆡ업도다 등불들고 급히
가는쟈를 도라보며 기름을
논화 달나고 익걸ᄒᆞ나 엇지
ᄒᆞ나히 쓸것을 둘에 논호아
둘다 부족ᄒᆞ게 ᄒᆞᆯ수잇스리오
그런즉 불가불 파는자의게
가셔 사라고 ᄃᆡ답ᄒᆞ엿스니
여긔 기름파는자는 하ᄂᆞ님을
ᄀᆞᄅᆞ침이라 그러나 ᄯᅢ가 임
의 박도ᄒᆞ엿고 살돈도 응당
예비치 못ᄒᆞ엿슬것이라 이ᄯᅢ
에는 슬긔잇는것과 미련ᄒᆞᆫ것
이 아조 판단되엿ᄂᆞ니라 싱
각ᄒᆞᆯ지어다 하ᄂᆞ님ᄭᅴ 엇은바
신쟈의 지혜와 밋음은 곳 기
름이니 그리스도인이 놈을
도아 주는것은 올흔일이나
밋음이 업고 ᄌᆞ포ᄌᆞ긔ᄒᆞ는자
는 도아줄수 업ᄂᆞ니라

十ㅡ十二졀 기름 사러간 동
안에 벌셔 신랑이 오매 등불
가진 쳐녀들은 다 드러가셔
혼인 잔치에 참셕ᄒᆞ고 등불
업는 쳐녀들은 나죵에와셔

五

드러가라ᄒᆞᆫ즉 문이 임의 닷친지라 아모리 문을 열어달나 익걸ᄒᆞ나 ᄯᅢ가 너머 느졋도다 다만 문안에셔 쳑망ᄒᆞ기를 「내가 너희를 아지못ᄒᆞ노라」ᄒᆞ엿스니 ᄉᆡᆼ각ᄒᆞᆯ지어다 텬국의 공졍ᄒᆞᆫ 심판이 ᄯᅩᄒᆞᆫ 이와ᄀᆞᆺᄒᆞ니 령혼을 예비ᄒᆞᆫ쟈ᄂᆞᆫ 뭇날 심판에 텬당 복디로 드러가셔 쥬의 영광을 홈ᄭᅴ 누릴것이오 령혼을 예비치 못ᄒᆞᆫ쟈ᄂᆞᆫ 우리쥬ᄭᅴ셔 반ᄃᆞ시 뎌희다려 닐ᄋᆞ기를 「내가 너희를 아지못ᄒᆞ노라」ᄒᆞ시고 문에 드리지 아니ᄒᆞ실터이니 엇지 가히 두렵지 아니ᄒᆞ리오

十三졀 우리ᄂᆞᆫ 쥬의 이말ᄉᆞᆷ을 ᄉᆡᆼ각ᄒᆞ고 ᄒᆞᆼ샹 ᄭᆡ여 잇슬것이니라

뭇ᄂᆞᆫ말

一、이공과에 ᄃᆡᄒᆞ야 특별히 ᄉᆡᆼ각ᄒᆞᆯ것이 무엇이뇨

二、이공과에 등불과 기름은 무엇을 ᄀᆞᄅᆞ치심이뇨

三、슬긔잇ᄂᆞᆫ 쳐녀와 미련ᄒᆞᆫ 쳐녀를 우리 교회안에 각 사ᄅᆞᆷ의 셩질과 힘위로써 ᄃᆡ죠(對照)ᄒᆞ야 말ᄒᆞ라

四、十三졀 말ᄉᆞᆷ에 ᄃᆡᄒᆞ야 우리가 힝ᄒᆞᆯ것이 무엇이뇨

◉감리교회와모레비안교회의관계 (쇽)

이우에 긔록ᄒᆞᆫ바를 본즉 웨슬네션ᄉᆡᆼ의 경력이 요한번얀씨의 경력과 ᄀᆞᆺᄒᆞᆫ것을 ᄌᆞ연히 ᄭᆡ드릿ᄂᆞ니 대개 그가 五十여년 젼도ᄒᆞᆯ동안에 그 중거의 원료(原料)ᄂᆞᆫ 가히 밧고지못ᄒᆞᆯ 법이 되엿도다 번얀씨가 긔록ᄒᆞᆫ칙에 닐ᄋᆞᄃᆡ 「나ᄂᆞᆫ 내ᄆᆞᄋᆞᆷ으로 압흐게 ᄭᆡ드른 증거와 내불샹ᄒᆞᆫ 령혼이 깁히 탄식ᄒᆞ며 놀난바 긔이ᄒᆞᆫ 일을 가지고 젼도ᄒᆞ엿스며 춤 내가 죽엇다가 다시 살아셔 뎌희게 젼도ᄒᆞᄂᆞᆫ것ᄀᆞᆺ치 ᄒᆞ엿노라」ᄒᆞ엿더라

셰샹에셔 말ᄒᆞ기를 요한 웨슬네션ᄉᆡᆼ이 예수ᄭᅴ셔 니고데모의게 닐ᄋᆞ신 말ᄉᆞᆷ가온ᄃᆡ 「거듭나야 ᄒᆞ겟다」ᄂᆞᆫ 말ᄉᆞᆷ을 가지고 三百여번을 젼도ᄒᆞ엿ᄂᆞᆫᄃᆡ 혹이 션ᄉᆡᆼᄭᅴ 와셔 이문뎨를 가지고 그쳐럼 자조젼도ᄒᆞᄂᆞᆫ리유를 무르면 션ᄉᆡᆼ은 ᄃᆡ답ᄒᆞ기를 「거듭나야 되겟기로 그리ᄒᆞ노라」ᄒᆞ엿더라

웨슬네션ᄉᆡᆼ이 필경은 ᄌᆞ긔가 확실히 구원엇은것을 ᄭᆡ드른고로 그일긔에 긔록ᄒᆞᆫ 증거의 말이 이아래와 ᄀᆞᆺᄒᆞ니

「쥬후 一千七百三十八년 五월二일에 내형님이 보헬너션ᄉᆡᆼ으로 더브러 오리도록 담론을 ᄒᆞ엿ᄂᆞᆫᄃᆡ 이ᄯᅢ에 하ᄂᆞ님ᄭᅴ셔 내형님의 눈을 열어주샤 진실ᄒᆞᆫ 밋음의 셩질이 엇더ᄒᆞ며 ᄯᅩᄒᆞᆫ 이로 인ᄒᆞ야 우리가 은혜로 구원을 엇ᄂᆞᆫ줄을 ᄇᆞᆰ히 알게ᄒᆞ셧다」ᄒᆞ엿더라

그잇ᄒᆞᆫ날 목요일에 보헬너션ᄉᆡᆼ이 륜돈을 ᄯᅥ나 길론난아로갓더라 션ᄉᆡᆼ이 영국에 온후로 하ᄂᆞ님ᄭᅴ셔 긔이ᄒᆞᆫ 역ᄉᆞ를 시작ᄒᆞ셧ᄂᆞᆫᄃᆡ 그효력은 뎐ᄃᆡ가 업셔 질ᄯᅢᄭᆞ지 영원히 잇스리로다

「이히 五월二十四일 져녁에 내가 우연히 올더게잇이라ᄂᆞᆫ동니 엇던회셕에 참예ᄒᆞ엿더니 맛춤 엇던사ᄅᆞᆷ이 루터션ᄉᆡᆼ의 져술ᄒᆞᆫ바 로마인셔 셔론을 랑독ᄒᆞᆫ후 八뎜四十五분가량에 니르러 그리스도안에 잇ᄂᆞᆫ 밋음으로 인ᄒᆞ야 하ᄂᆞ님ᄭᅴ셔 그 ᄆᆞᄋᆞᆷ속에 역ᄉᆞᄒᆞ샤 다변ᄒᆞ게 ᄆᆞᆫᄃᆞ신것을 셜명ᄒᆞᆯᄯᅢ에 (미완)

ᄂᆡ외잡보

◉학졔반포 향인 일본졍부에셔 뎐황폐하의 칙령으로 죠션 학졔를 반포ᄒᆞ엿ᄂᆞᆫᄃᆡ 죠션 교육에 ᄃᆡᄒᆞᆫ 학교의 죵류를 구별ᄒᆞ쟈면 (一) 남녀보통 학교ᄂᆞᆫ 보통학문을 ᄀᆞᄅᆞ치ᄂᆞᆫ 긔관이오 (二) 남녀고등보통학교ᄂᆞᆫ 보통학교에셔 졸업ᄒᆞᆫ 쟈의게 고등 보통학문을 ᄀᆞᄅᆞ치ᄂᆞᆫ 긔관이오 (三) 보습과ᄂᆞᆫ ᄉᆞ범학교와 실업학교가 잇스니 ᄉᆞ범학교ᄂᆞᆫ 교원양셩ᄒᆞᄂᆞᆫ 긔관으로 실업학교ᄂᆞᆫ 농·샹·공·실업을 ᄀᆞᄅᆞ치ᄂᆞᆫ 긔관으로 ᄒᆞ엿고 (四) 젼문학교ᄂᆞᆫ 고등보통학교에셔 졸업ᄒᆞᆫ 쟈의게 최고등긔술(技術)을 ᄀᆞᄅᆞ치ᄂᆞᆫ 긔관이라ᄂᆞᆫᄃᆡ 이 학졔ᄂᆞᆫ 금년(양력) 十一월 一일브터 실시ᄒᆞᆫ다더라

회보ᄃᆡ금령슈

住所	氏名	
燕岐鳳岩	吳翼杓	五十錢
豊德領井浦	李聖學	廿五錢
雲山	李華白	五十錢
仁港	金烔植	五十錢
培材學堂	吳璟植	廿五錢
京城彌雲臺	金相德	廿五錢
元山	金요한	五十錢
豊德	劉永七	廿五錢

교 육

◉가졍학

병든쟈를 간호(看護)ᄒᆞ는법

집안 사름즁에 병든쟈가 잇스면 쥬부(主婦)가 맛당히 간호ᄒᆞ는 칙임을 담당ᄒᆞᆯ것은 대개 부인은 셩픔이 온유ᄒᆞᆷ으로 능히 병쟈의 ᄆᆞ음을 위로ᄒᆞ야 병의 괴롭고 압흔것을 니져ᄇᆞ리게ᄒᆞᄂᆞᆫ 연괴니라

뎨一 질병(疾病)

대개 사름의 병은 질병과 젼염병의 두죵류가 잇는ᄃᆡ 보통 흔ᄒᆞᆫ 질병은 톄증과 감긔니 이두가지 병으로 인ᄒᆞ야 빅가지병이 나기 쉬운즉 불가불 톄증과 감긔를 뎨一주의ᄒᆞ여야 될것이라 그럼으로 사름마다 몸을 더웁게 간호ᄒᆞ며 음식을 뎍즁히 먹을것이니라

一、질병을 엇더케 죠쳐ᄒᆞᆯ것이니 집안 사름즁에 병이 나거던 간호ᄒᆞ는쟈ㅣ너머 급히 셔들지도말며 또 너머 태연무심히 잇지도말고 다만 그 ᄆᆞ음을 편히ᄒᆞ며 긔운을 고요히ᄒᆞ야 몬져 병쟈의 동졍과 병즁을 ᄌᆞ셰히 ᄉᆞᆲ펴셔 병록(病錄)을 ᄭᅳᆷ여가지고 의원의게가셔 병즁을 말ᄒᆞᆫ후 의원의 식히는대로 약을 쓰기도 ᄒᆞᆯ것이나 ᄒᆞᆯ수잇는대로 의원을 청ᄒᆞ야 진찰(診察)ᄒᆞ고 약을 쓰는것이 졍당ᄒᆞᆫ일이니라

二、젼염병을 엇더케 죠쳐ᄒᆞᆯ것이니 대개 젼염병은 그 죵류가 만흐나 뎨一 위험ᄒᆞᆫ것은 호열ᄌᆞ(괴질)와 흑ᄉᆞ병(黑死病)과 열병(염병)과 셩홍열(猩紅熱)과 젹리(赤痢) 등이라 만일 집안 사름즁에 이런병에 걸닌쟈잇거던 로인과 어린ᄋᆞᄒᆡ들노 ᄒᆞ여곰 몬져 피신케ᄒᆞᆫ후 병쟈를 ᄯᅡᆫ방으로 옴겨 눕히고 즉시 의원을 청ᄒᆞ야 치료케ᄒᆞ며 집안에 쇼독(消毒)ᄒᆞ고 예방ᄒᆞ는 법은 의원의 말대로 힝ᄒᆞᆯ것이니라

실 업

◉도야지기르는법

대뎌 농ᄉᆞᄒᆞ는 집의 부업(副業)으로 말ᄒᆞ면 도야지 기르는것이 대단히 필요ᄒᆞᆫ고로 이아래 그 기르는 방법을 말ᄒᆞ고져ᄒᆞ노라

뎨一 도야지의 죵류

一、요구시야는 영국에셔 나는도야지니 그톄격이 크고 살지며 고기맛이 아름답고 또ᄒᆞᆫ 속히 자라는 죵류요

二、ᄲᅢ구시야니 이 도야지도 또ᄒᆞᆫ 영국셔 나는것인ᄃᆡ 일본풍토(風土)에 ᄆᆡ장 뎍당ᄒᆞᆫ고로 근년에 일본셔 ᄆᆡ장 만히기르는 죵류니 그 형톄로 말ᄒᆞ면 톄격은 크고 빗ᄎᆞᆫ검은 밧탕에 흰뎜이 셕겻ᄉᆞ며 그셩질은 한셔(寒暑)를 능히 잘 견ᄃᆡᄂᆞ니라

뎨二 도야지 기르는ᄃᆡ 주의ᄒᆞᆯ것

一、먹을것을 갑젹고 쉽게 구ᄒᆞᆯ만ᄒᆞᆫ곳을 몬져 턱ᄒᆞᆯ것이오

一、운동쟝을 문드러 풍우와 한셔가 과이 심치아니ᄒᆞᆫ 날에는 ᄌᆞ유운동케 ᄒᆞᆯ것이오

一、도야지 우리(豚舍)는 문을 동향이나 남향으로 내는것이 됴코 겨울에는 찬바람을 잘막아주며 녀름에는 셔늘ᄒᆞᆫ 바람이 잘류통케ᄒᆞ며 또 도야지 우리를 아모됴록 졍결케ᄒᆞᆯ것이오

一、도야지의 잘 자라는 나흔 수놈은 난지十八삭 지난후브터 네살ᄭᅡ지오 암놈은 난지十二삭지난후브터 다ᄉᆞᆺ살ᄭᅡ지니 이긔한이 지내도록 기르지말것이니라

담 총

◉음식으로ᄆᆞᆯ의싱명을시험ᄒᆞᆫ일

사름의게는 시험ᄒᆞ야 보지못ᄒᆞ엿거니와 ᄆᆞᆯ의게 시험ᄒᆞᆫ일을 샹고ᄒᆞᆫ즉 ᄆᆞᆯ이 물만 마시고 아모것도 먹지아니ᄒᆞ면 능히 二十五일동안을 살고 먹지도아니ᄒᆞ고 마시지도아니ᄒᆞ면 十七일을 살고 먹기만ᄒᆞ고 마시지아니ᄒᆞ면 다만 닷시동안을 산다ᄒᆞ니 사름의 싱명도 이것을 밀우어 싱각ᄒᆞᆯ만ᄒᆞ니라

신학학교 광고

지나간 七월에 늬우욕셩경학교의 박스화잇트씨가 이곳에 왓슬때에 셔울잇는 모든 션교ᄉᆞ들노 더브러 상의ᄒᆞ고 쟝로교와 우리 량감리교가 련합ᄒᆞ야 셩경학교를 세우기로 작뎡이 되지라 이 셩경학교는 새문밧 신학교안에서 ᄀᆞᄅᆞ칠터이오 공부홀 과목과 과목의 슌서누 보기원ᄒᆞ는 이의게 다보내줄터이오 이셩경학교의 졸업긔한은 四ᄀᆡ년이오 이과졍을 공부홀때에 신학과졍도 겸ᄒᆞ야 ᄀᆞᄅᆞ칠터이오 이젼 신학싱들노 ᄒᆞ여곰 금년새과졍표에 뎍당ᄒᆞ게 홀때에 우리의 이젼방침과 신학교의 과졍을 좀변ᄒᆞ는것이 필요ᄒᆞᆫ고로 이 변ᄒᆞᆫ것을 그과졍표에 임의 표시ᄒᆞ엿고 또 이아래 됴됴히 들어 말ᄒᆞ노라

一、리년브터는우리의신학싱들이一년에여숫둘동안을공부홀터인ᄃᆡ츈긔에三삭이오츄긔에三삭으로홀것이오

二、금년츄긔에는九월二十七일에개학ᄒᆞ고四년급파一년급만몬저ᄀᆞᄅᆞ칠것이오

三、四학년학싱들과뎨一학년신학싱들은九월二十六일안으로경셩에도착홀것이오

四、四년급학싱들은본년九월二十七일에개학ᄒᆞ여동十二월二十일ᄭᆞ지공부식힌후졸업을줄것이오

五、누구던지쟝ᄎᆞᆺ신학교에입학코져ᄒᆞ는자는지금브터아홉둘동안을몬저셩경학원에서공부홀것이오

六、셩경학원에서는一년에아홉둘동안을공부식히는ᄃᆡ무ᄉᆞᆷᄉᆞ고로아홉둘동안을다공부ᄒᆞ지못홀학싱들이잇겟는고로이와ᄀᆞᆺ치반렬노분ᄒᆞ야작뎡홈

(ㄱ)즁학교졸업싱은입학ᄒᆞ여一년에아홉둘동안을다공부홀수잇고

(ㄴ)즁학교졸업싱은아니나지조잇는사ᄅᆞᆷ이면능히一년에六삭동안을공부홀수잇고

(ㄷ)一년에六삭을다공부홀수업는사ᄅᆞᆷ은一년에三삭식三년을공부홀수잇고

七、신학二학년과三학년학싱들은리년츈긔에三삭동안을공부식힐터이오쟝ᄎᆞᆺ모든것을다알게홀터이오

신학교장 긔이부 고빅

大學生募集廣告

現今에京城南北監理敎會와長老敎會敎育上直接關係ᄒᆞ는者가會ᄒᆞ야高等敎育홈을各自區分홈보다互相共同홈이善ᄒᆞᆫ줄노認ᄒᆞᆫ지라做新學校와培材學堂과開城韓英書院卒業生과其他卒業生을一體請納ᄒᆞ야合力敎授홈이事實上順便ᄒᆞᆫ所以로今에此를實行코져ᄒᆞ야西小門內培材學堂校舍西便屋(前活版所)에臨時로設立ᄒᆞ고此에應ᄒᆞ는志願者를募集홈

入學志願者는九月二十三日內로請願書를提出홈을要홈

但官公私立高等學校를卒業ᄒᆞᆫ者가相當ᄒᆞᆫ學力이有ᄒᆞᆫ者에限홈

▲入學試驗科目

朝鮮文法・國語・英語・歷史「東洋史、西洋史」

漢文「四書、作文」

數學「代數、幾何」

理科「物理、化學」

但詳細事項은西小門內培材學堂校舍西便屋(前活版所)에來ᄒᆞ야問議홀事

大學校設立委員 告白

廣告

九轉靈砂는本人이新法煉製ᄒᆞ야數十年經⊙에諸般疾病에其效如神인바男女老少兒童小兒의主治諸藥이數十餘種이오며諸病治法과各種丹藥의定價表及主治明錄은本局廣告紙에詳錄이오니藥을請求ᄒᆞ실諸君子는廣告紙를請求一覽홈

九轉靈砂

一錢重

定價金六十錢

九轉靈砂濟衆丹 食滯酒滯肉滯水土不服과霍亂吐瀉時氣怔忡及諸般急症에神效ᄒᆞᆫ懷中藥이오(一包 定價十錢)

京城西部前內需司前百三統一戶

煉丹大藥房 主任李鎬廷 告白

◁八寶丹製造本舖▷

◀特別廣告▶

○西藥各種營業品目

⊙本堂製藥五十六種

⊙洋藥各種

⊙賣藥各種

⊙英美法德上品金鷄蠟各種

⊙珊篤寧(一名蛔虫散各種)

⊙京城內諸藥房新發明藥各種

○乾材部의營業品目

⊙人蔘의各種

⊙鹿茸의各種

⊙唐材藥의各種

⊙草材藥의各種

○製藥部의營業品目

⊙方文에有ᄒᆞᆫ貼藥의一劑以上

⊙六味湯或丸

⊙八味湯或丸

⊙山蔘淸心元

⊙肥兒丸、水土丹

⊙唐射香蘇合丸

⊙太乙紫金錠

⊙牛黃抱龍丸

⊙膽星抱龍丸

⊙消毒保嬰丹

但貼藥과丸藥은先金을要홈

京城鍾路和平堂大藥房本舖主任李應善

(電話一六九七番 電略話 화二(ワ))

그리스도회보
KOREAN CHRISTIAN ADVOCATE

每月二回發行
明治四十四年九月二十七日印刷
明治四十四年九月三十日發行

發行兼編輯人 北部社洞 奇義男
印刷人 北部樓閣洞 朴東完
印刷所 京城西小門內法韓印刷所
發行所 北部社洞 奇義男邸

디금「代金」 一장 三젼
六ᄀᆡ월 二十五젼
一ᄀᆡ년 五十젼
광고료 四호활ᄌᆞ 一항 一회 五젼
활ᄌᆞ대소와 항수다소와 긔한장단을 ᄯᅡ라 증감홈

사셜

⊙령혼계에활동(活動)ᄒᆞᆯ날

三복의 지리(支離)ᄒᆞᆫ 쟝마가 임의 자최를 거두고 일흔 가을에 쇠잔ᄒᆞᆫ 더위가 새로 물너 간지라 벽틈에 즉즉(唧唧)히 우는 버러지와 나무ᄉᆞ이에 슬슬(瑟瑟)히 부는바람은 사ᄅᆞᆷ의 정신을 붉너 세우는듯ᄒᆞᆫ매 벌떡니러나셔 옷깃을 정제ᄒᆞ고 잠시동안 업티려 긔도를 드린후에 졍슉히 안져 무ᄉᆞᆷ ᄉᆡᆼ각을 ᄒᆞ는동안에 벽샹에 걸닌죵은 샹오석뎜을 ᄯᅥᆼᄯᅥᆼ 치는지라 창을열고 밧겻흘 ᄇᆞ라보니 새벽ᄃᆞᆯ은 짜른담셔편 ᄲᅥ다군이에 걸녀잇는ᄃᆡ 소래업시 ᄂᆞ려오는 오동닙흔 란간을 부드치매 이는 분명ᄒᆞᆫ 새가울이라 그 쳥량ᄒᆞᆫ 긔운이 능히 사ᄅᆞᆷ으로 ᄒᆞ여곰 새졍신을 슈습ᄒᆞ야 모든 ᄉᆞ업에 ᄃᆡᄒᆞ야 새로 활동케ᄒᆞ는도다 녀름동안에 방학ᄒᆞ엿던 학ᄉᆡᆼ들은 다시 샹학ᄒᆞ야 학문계(學問界)에 활동ᄒᆞ고 츄슈를 예비ᄒᆞ는 농부들은 농업계(農業界)에 활동ᄒᆞ며 강촌이나 산뎡으로 피셔(避暑)갓던 졍치가와 실업가들도 다각각 뎌희 ᄉᆡᆼ업에 도라와셔 새활동을 쥰비ᄒᆞ는 이때라 뭇노니 우리 교즁에 밋는 형뎨와 ᄌᆞ미ᄭᅴ셔는 무ᄉᆞᆷ활동을 ᄒᆞ겟ᄂᆞ뇨 맛당히 하ᄂᆞ님의 젼신 갑쥬를 닙고 진실ᄒᆞᆫ것으로 허리에 ᄯᅴ를 ᄯᅴ며 의의 호심경(護心鏡)을 붓치며 화평ᄒᆞᆫ 복음의 신을 신으며 밋음의 방패와 셩신의 검을들고 령혼계(靈魂界)에 활동ᄒᆞᆷ으로 마귀의 궤계와 죄악의 권세를 ᄭᆡ트리고 우리 불샹ᄒᆞᆫ 동포들을 구원ᄒᆞᆸ세다

사고

⊙본회보 보시는 여러형뎨와 ᄌᆞ미의 주의ᄒᆞ실일

一、본회보에 ᄃᆡᄒᆞ야 반년션금(半年先金)을 내시고 四호브터 보신이는 十五호ᄭᆞ지 보시면 내신 션금은 임의 진(盡)ᄒᆞ엿ᄉᆞ오니 계속ᄒᆞ야 보시랴면 션금을 보내시고 다시쳥구ᄒᆞ시와 발송(發送)을 뎡지치 아니케 ᄒᆞ시옵

二、회보갑을 아직 필납(畢納)지못ᄒᆞᆫ 지샤원(支社員)들이나 ᄋᆡ독(愛讀)ᄒᆞ시는 쳠군ᄌᆞ는 속속히 우편으로 돈을 붓쳐보내시옵

증산구황연보

(젼호련쇽)

망젼리교회十錢、새터교회十錢、예미촌교회五十錢、양인필회二十錢、堤川平洞교회三圓九錢、順川新倉교회四圓、瑞興雙水洞교회二圓三十錢、瑞興隆里七十三錢、遂安祥岩一圓六十錢、遂安粟里三圓七十六錢、元山裴牧師二圓二十錢、廣州敎會廿圓五十二錢、陰竹교회四圓八十九錢、利川교회十二圓四十一錢、江西邑교회十二圓九十六錢五里、忠州西門外교회김강현三十錢、한운삼三十錢、최지순三十錢、김승수十錢、류한조十錢、류셔셩十錢、류만용十錢、방문학五錢、박또라듸六十錢、최크로의二十錢、한메례十五錢、김누듸아十錢、류허만十錢、리마리아十錢、차수산나十錢、리라헬十錢、리세라十錢、김히나十錢、北雲山古面古場敎會四圓九十錢、金時榮九十錢、平順景、崔大仁各七十錢、金興七八十錢、崔先俊五十六錢五里、柳仁鳳、李興業、林子益、朴興淸各五十錢 (미완)

교즁휘문

△ᄂᆡ보▽

⊙히리스감독귀션 북감리교회감독 히리스씨는 거七월에 교회일을 인ᄒᆞ야 일본으로 건너갓다가 본월十八일에 다시 죠션으로 도라왓더라

⊙머리감독입경 남감리교회 감독 머리씨는 본월二十二일에 원산셔 긔ᄒᆞᆫ 년회를 맛치고 본샤쟝긔의남씨와 동반ᄒᆞ야 동二十五일에 경셩으로 올나왓더라

⊙졔직사경회 황히도 히쥬 교회목ᄉᆞ 오긔션씨의 통신을 거ᄒᆞᆫ즉 거월 廿三일브터 그 디방 직인(職人) 사경회를 열엇는ᄃᆡ 남녀직인 一ᄇᆡᆨ三十여명이 모혀 ᄆᆡ일 여섯시간식 열심으로 여러날동안 공부ᄒᆞ엿다더라

⊙또ᄒᆞᆫ사경회 경셩 동대문 교회 젼도ᄉᆞ 현셕칠씨의 통신을 거ᄒᆞᆫ즉 본월 五일브터 十一일ᄭᆞ지 뎨一회 졔직사경회를 열고 남교우 十五명과 녀교우 十五명 합三十인이 ᄆᆡ일 샹오九시브터 하오四시ᄭᆞ지 공부ᄒᆞ엿는ᄃᆡ 과졍은 듸모데젼셔와 교회규측과 감도법과 셩경 요리를 ᄀᆞᄅᆞ첫스며 져녁마다 교우 수ᄇᆡᆨ명이 모혀 사경의 필요홈과 풍속 ᄀᆡ량과 교육과 혼례의 문뎨로 강연ᄒᆞ엿스매 ᄆᆡ우 ᄌᆞ미잇섯스며 교ᄉᆞ는 현셕칠 김인권 손챵현졔씨더라

⊙긔도의효력 경긔도 ᄀᆡ셩 구역권ᄉᆞ 양여진씨의 통신을 거ᄒᆞᆫ즉 황히도 금천군 강동면 병점교회속장 장경졔씨는 본ᄅᆡ 신심이 독실ᄒᆞᆫᄃᆡ 그곳 신실ᄒᆞᆫ 형뎨 안광필씨와 동심협력ᄒᆞ여 무숨 연고나 병잇는쟈와 새로밋는쟈를 자조 심방ᄒᆞ야 열심으로 긔도ᄒᆞ며 밤마다 ᄌᆞ정이면 셩뎐에 드러가셔 교회를 위ᄒᆞ야 긔도ᄒᆞ기를 쉬이지 아니ᄒᆞ더니 요ᄉᆞ이 十여일동안에 새로드러온 교우가 十여명에 달ᄒᆞ야 지금 남녀교우 五十여명이 쥬일마다 례비당에 참예ᄒᆞ니 이는 하ᄂᆞ님ᄭᅴ셔 긔도를 드르신 효력이라고 ᄒᆞᆫ다더라

⊙김씨신힝 경긔도 인쳔부 영종도 교회 김경린씨의 통신을 거ᄒᆞᆫ즉 이디방은 쥬의 빗치 드러간지 十一년동안에 셜립된 교회가 六쳐인ᄃᆡ 이즁에 젼소리(젼방어ᄉᆞ영신읍) 교회는 남녀교우가 七十명가량이나 다만 셩뎐이 [illegible]슴으로 그곳 젼도ᄉᆞ 강원셕씨가 쥬야로 하ᄂᆞ님ᄭᅴ 긔도ᄒᆞ며 그런 형편을 미국에 우거ᄒᆞ는 여러형뎨의게 편지로 셜명ᄒᆞ엿더니 김유셩씨라ᄒᆞ는 형뎨가 五六년 동안을 수만리 히외에서 괴로온 ᄯᆞᆷ을 흘니면서 로동(勞働)ᄒᆞ야 절용절식홈으로 져축ᄒᆞ엿던 돈一百원과 또 그곳에 잇는 다른 형뎨 몃치 힘대로 연보ᄒᆞᆫ 돈 十八원과 합一百十八원을 본교회로 보내고 이돈으로 셩뎐을 속히 건츅ᄒᆞ라ᄒᆞᆫ고로 이돈으로 긔초를 삼아 례비당 건츅홀일을 경영ᄒᆞᆫ다 ᄒᆞ엿스니 김씨와 여러연보ᄒᆞᆫ 형뎨의게 감하홈을 마지아니ᄒᆞ노라

⊙유명ᄒᆞᆫ구미동 츙남온양군 졍지관씨의 통신을 거ᄒᆞᆫ즉 동군 二북면 구미동은 본ᄅᆡ 량반이 만히살던 동리라 문벌만 숭샹홈으로 교만ᄒᆞᆫ 풍습이 만터니 하ᄂᆞ님의 붉은 빗치 이동리에 드러온지 一년이 못되여셔 밋는쟈가 百여명에 달ᄒᆞ엿는ᄃᆡ 다 젼일의 구습을 ᄇᆞ리고 진실ᄒᆞᆫ 텬국 ᄇᆡᆨ셩되기를 원홈으로 一동이 온젼히 술과 담비를 ᄭᅳᆫ은지라 비록 리웃동리 사ᄅᆞᆷ이라도 이동리로 품팔너오면 의례히 술과 담비를 달나지 못ᄒᆞ며 심지어 그근쳐 쟝터나 쥬막에셔 술과 담비 못먹는 사ᄅᆞᆷ을보면 구미동사ᄅᆞᆷ이냐 죠롱ᄒᆞᆫ다ᄒᆞ니 대개 밋는 형뎨가 만히 사는동리에는 이런 아ᄅᆞᆷ다온 풍쇽이 만흘 줄노 밋노라

⊙젼도예비회 강원도 회양군 김병하씨의 통신을 거ᄒᆞᆫ즉 김셩 오산면 안지우긔교회 젼도ᄉᆞ 젼원셩씨는 본ᄅᆡ 술마시고 사ᄅᆞᆷ치기를 됴화ᄒᆞ더니 쥬를 밋은후로는 이젼 올치못ᄒᆞᆫ 습관을 다 ᄇᆞ리고 몬져 ᄌᆞ긔집안식구 六七인을 열심으로 권면ᄒᆞ야 다 회미식힌후 또 동리사ᄅᆞᆷ의게 만

나ᄂᆞᆫ대로 부ᄌᆞ런이 젼도ᄒᆞᆷ으로 새로 교회를 셜립ᄒᆞ엿스매 남녀교우가 七十여명에 달ᄒᆞᆫ지라 여러형뎨로 더브러 쳔히 기와를 구으며 목셕을 다듬아 례비당 六間을 졍쇄히 짓고 ᄌᆞ미잇게 례비보며 ᄯᅩ 젼도인의 월급을 도아주기 위ᄒᆞ야 젼도 예비회를 죠직ᄒᆞ고 미쥬일 오후에 모혀 별연보를 거두니 젼씨는 ᄎᆞᆷ 쥬의 능ᄒᆞᆫ일군이라 칭ᄒᆞᆯ만ᄒᆞ도다

◉울릉도의교회형편 강원도 강릉군 고지범씨의 통신을 거ᄒᆞᆫ즉 그디방 젼도ᄉᆞ 박현일씨가 금년四월에 령동각쳐 교회를 시찰ᄒᆞᆫ후 울릉도에 드러가셔 남녀교우 百여명을 엇어 三쳐에 교회를 죠직ᄒᆞ고 十왓ᄂᆞᆫᄃᆡ 지나간 六월에 三쳑군 형뎨김병두씨가 드러가셔 지금ᄭᆞ지 쥬의 말ᄉᆞᆷ을 열심으로 젼파ᄒᆞᆫ다더라

◉최씨귀진도 황히도 토산 지음동교회속쟝 리치졍씨의 통신을 거ᄒᆞᆫ즉 지음동은 여러히젼브터 텬도교인은 만ᄒᆞ나 예수를 밋ᄂᆞᆫ사ᄅᆞᆷ은 다만 두사ᄅᆞᆷ뿐인고로 텬도교인의 핍박을 만히 당ᄒᆞ나 ᄎᆞᆷ고 견ᄃᆡ더니 텬도교를 十년이나 죵ᄉᆞᄒᆞ던 최의모씨가 젼에ᄒᆞ던교를 ᄇᆞ리고 ᄎᆞᆷ도를 ᄉᆞ모ᄒᆞ야 쥬를 독실히 밋고 방려울교회속쟝으로 수년을 쥬쟝ᄒᆞ다가 젼도직분을 밧은후 지음동교회에 와셔 열심젼도ᄒᆞᆫ매 그 동리사ᄂᆞᆫ 두형뎨도 더욱 열심을 엇어 동리사ᄅᆞᆷ의게 쥬의말ᄉᆞᆷ을 젼파ᄒᆞᆫ매 밋ᄂᆞᆫ사ᄅᆞᆷ이 졈졈 니러나 지금은 교우의 수효가 九十여명에 달ᄒᆞ엿슨즉 무한 감샤ᄒᆞ온즁 례비당이 업셔 여러형뎨 ᄌᆞ미가 하ᄂᆞ님ᄭᅴ 구ᄒᆞ엿더니 그동ᄂᆡ 리인승씨가 와가 十간파 초가 四간을 례비당으로 밧쳣스며 최의모씨의 부인이 국문모르ᄂᆞᆫ 동리부인들의게 국문을 ᄀᆞᄅᆞ치며 국문 아ᄂᆞᆫ부인의게ᄂᆞᆫ 셩경을 ᄀᆞᄅᆞ쳐주매 이교회ᄂᆞᆫ 더 흥왕ᄒᆞᆯ줄 ᄇᆞ라오며 모든 영화ᄂᆞᆫ 다 쥬ᄭᅴ돌닌다 ᄒᆞ엿더라

△외보▽

◉이샹ᄒᆞᆫ일 청국 샹히 흥화보에 게지ᄒᆞᆫ바를 거ᄒᆞᆫ즉 금년 음력六월 二十二일에 청국 샹셩디방에셔 뢰셩벽력을 ᄒᆞ면셔 큰비가 올ᄯᅢ에 별악불이 그곳 진모(陳某)의 쥬막을 쳐셔 사ᄅᆞᆷᄒᆞ나이 죽엇ᄂᆞᆫᄃᆡ 이사ᄅᆞᆷ인즉 ᄒᆞᆼ샹 그리스도교를 심히 비방ᄒᆞ던쟈이오 ᄯᅩ 그ᄯᅢ에 이사ᄅᆞᆷ과 ᄒᆞᆫ방에 ᄀᆞᆺ치 안져 니야기ᄒᆞ던 사ᄅᆞᆷ은 쥬를 독실히 밋ᄂᆞᆫ쟈인ᄃᆡ 다힝히 무ᄉᆞᄒᆞᆫ고로 듯ᄂᆞᆫ사ᄅᆞᆷ마다 이스라엘 빅셩이 애굽에셔 나오던 밤에 하ᄂᆞ님의 특별ᄒᆞᆫ 보호를 밧은일노써 비교ᄒᆞᆯ만ᄒᆞ다고 말ᄒᆞ엿다더라

◉종교ᄌᆞ유(宗教自由)회죠직 청국 각쳐 교우가 종교ᄌᆞ유를 챵론ᄒᆞᆷ은 본회보에 임의 긔지ᄒᆞ엿거니와 본년 음력윤六월十三일에 호남(湖南)각쳐 예수교회가 련합ᄒᆞ야 종교ᄌᆞ유 협회 발긔회를 열고 임원을 션뎡ᄒᆞ엿ᄂᆞᆫᄃᆡ 회쟝은 황셔샹씨로·부회쟝은 유복싱씨로 평의원은 각교회ᄃᆡ표쟈 모모씨로 ᄃᆡ표 션뎡ᄒᆞ엿ᄂᆞᆫᄃᆡ 그목뎍은 청국셔 방금 긔초(記草)ᄒᆞᄂᆞᆫ 헌법(憲法)에 一반 인민의 종교ᄌᆞ유를 허락ᄒᆞᄂᆞᆫ 됴건을 너허달나고 졍부에 청원ᄒᆞᄂᆞᆫ 것이라더라

◉어린ᄋᆞᄒᆡ의사경회 미국뉴욕항구의 三十쳐교회가 금년 녀름 방학ᄒᆞᆫ 동안에 특별히 어린ᄋᆞᄒᆡ들을 위ᄒᆞ야 각각 사경회를 열고 셩경을 ᄀᆞᄅᆞ친 결과로 ᄌᆞ미를 만히 보앗다더라

◉거룩ᄒᆞᆫ학교 미국인듸아나쥬 간코듸아라ᄒᆞᄂᆞᆫ 대학교가 잇ᄂᆞᆫᄃᆡ 이학교의 대학싱 二百三十四인즁에셔 쟝ᄎᆞᆺ 하ᄂᆞ님의 복음젼ᄒᆞᄂᆞᆫ 일을 힘쓸으로 평싱 목뎍을 뎡ᄒᆞᆫ쟈가 二百명이라ᄒᆞ니 ᄎᆞᆷ 거룩ᄒᆞᆫ 학교라 칭ᄒᆞ리로다

◉륜돈에청년회관 영국륜돈 셩즁에 긔독쳥년회원이 八十만명이라 二百만원을 예산ᄒᆞ야 새로 건축ᄒᆞ던 큰 회관을 임의 맛쳣ᄂᆞᆫᄃᆡ 이회관은 만국청년회를 창셜ᄒᆞᆫ 죠지윌이암씨를 긔념(紀念)ᄒᆞ기 위ᄒᆞ야 건축ᄒᆞᆫ 것이라더라

三

⊙아불리가의감리교회 아불리가 남방 공화국에 여러히 젼도ᄒᆞ던 감독핫셀씨의 통신을거ᄒᆞᆫ즉 十四년젼에는 이디방에 우리감리교회 션교ᄉᆞ가 다만 둘이오 남녀교인이 六十여명에 지내지 못ᄒᆞ더니 그동안 교회가 흥왕ᄒᆞ야 지금은 션교ᄉᆞ가 九十二명이오 교우의 수효가 (학습인ᄭᆞ지 三만四千九百十七인이라ᄒᆞ니 이 어두운 흑인(黑人)의 나라에 하ᄂᆞ님의 빗치 멀니 빗쵸더라

교회통신

긔서 홍쳔 신셕구

⊙시작ᄒᆞ면 ᄭᅳᆺᄭᆞ지볼것

아름답도다 그리스도 회보여 적막ᄒᆞᆫ 새벽에 쇠북소ᄅᆡ들니고 어두운 거리에 촉불이 ᄇᆞᆰ은지라 이회보를 ᄃᆡᄒᆞᆯᄯᅢ에 졍신의 샹쾌ᄒᆞᆷ과 ᄆᆞᄋᆞᆷ의 깃븜을 ᄉᆞᄉᆞ로 금치못ᄒᆞ겟도다 그러나 붓을들어 츅하ᄒᆞ고져 ᄒᆞᆯᄯᅢ에 ᄒᆞᆫ가지 념려가 심즁에 니러남으로 목소ᄅᆡ를 곳쳐 여러분 형뎨ᄌᆞ미ᄭᅴ 앙고ᄒᆞᄋᆞᆸᄂᆞ이다 예수ᄭᅴ오샤ᄃᆡ 대뎌 너희즁에 누가 탑을 세우고져 ᄒᆞᆯ진ᄃᆡ 몬져안져 그 쓸것이 일우기에 족ᄒᆞᆯ넌지 예산ᄒᆞ지 아니ᄒᆞ겟ᄂᆞ냐 그터를 잡고 능히 일우지못ᄒᆞ면 보ᄂᆞᆫ쟈가 다 우셔ᄀᆞᆯᄋᆞᄃᆡ 이사ᄅᆞᆷ이 역ᄉᆞ를 시작ᄒᆞ고 능히 일우지 못ᄒᆞᆫ다ᄒᆞᆯ가 념려ᄒᆞ노라 ᄒᆞ시고 ᄯᅩ 녜글에 ᄀᆞᆯᄋᆞᄃᆡ 시작ᄒᆞᆷ이 잇스나 능히 맛침이 드믈다 ᄒᆞ엿스니 일노보건ᄃᆡ 일의 대쇼를 물론ᄒᆞ고 나죵이 처음과 ᄀᆞᆺ기 어려옴은 고금 텬하 사ᄅᆞᆷ의 ᄒᆞᆫ 큰병통이라 그럼으로 현금 문명ᄒᆞᆫ 나라 사ᄅᆞᆷ들은 이폐단을 깁히 ᄭᆡᄃᆞᆺ고 이셩질을 힘써곳쳐셔 무ᄉᆞᆷ 일을 당ᄒᆞ던지 다만 압흐로 나아가고 뒤로 물너가지 아니ᄒᆞᄂᆞᆫ고로 처옴보다 나죵이 더욱 발젼ᄒᆞ야 문명이 극도에 달ᄒᆞᆯ것마ᄂᆞᆫ 우리 민족은 게으르고 약ᄒᆞᆫ 풍습이 뇌슈에 깁히 져져셔 무ᄉᆞᆷ 일을ᄒᆞ던지 처음에는 태산을 세고 북ᄒᆡ를 ᄯᅱ여 건널드시 ᄒᆞ다가 몃날 몃달이 못되여 쟝마물에 모ᄅᆡ둑 문허지듯 ᄒᆞ야 사ᄅᆞᆷ의 죠쇼만 취ᄒᆞᄂᆞᆫ 쟈ㅣ 불가승수니 이ᄂᆞᆫ 대개 우리 나라 사ᄅᆞᆷ의 더욱 심ᄒᆞᆫ 폐단이어니와 이제 우리신도ᄂᆞᆫ 모든일에 밋부니 무ᄉᆞᆷ시죵이 여일치 못ᄒᆞ리라고 단언ᄒᆞᄂᆞᆫ것은 아니로ᄃᆡ 속담에 국에 뎬사ᄅᆞᆷ이 찬국을 분다 ᄒᆞᆷ과 ᄀᆞᆺ치 이왕경험이 만흠으로 이회보를 ᄃᆡᄒᆞ여셔도 일단 념려가 업지아니ᄒᆞᆷ은 나죵이 쳠음만 못ᄒᆞᆯ가ᄒᆞ노니 이ᄂᆞᆫ 이회보를 쥬무ᄒᆞ시ᄂᆞᆫ 이를 ᄃᆡᄒᆞ야 닐옴이 아니오 이회보를 보시ᄂᆞᆫ이들을 ᄃᆡᄒᆞ야 념려ᄒᆞᆷ이니 그 학력이 부족ᄒᆞᆷ으로 회보 보시기를 감당치 못ᄒᆞᆫ다ᄒᆞᆷ은 아니로ᄃᆡ 대개 사ᄅᆞᆷ의 글보ᄂᆞᆫ것이 벗을 ᄉᆞ괴ᄂᆞᆫ것ᄀᆞᆺᄒᆞ니 벗을 ᄉᆞ괴일ᄯᅢ에 처음에는 공경ᄒᆞᄂᆞᆫ 례모가 졍즁ᄒᆞ고 환영ᄒᆞᄂᆞᆫ ᄆᆞᄋᆞᆷ이 ᄀᆞᆫ절ᄒᆞ다가 자조 맛날ᄉᆞ록 례모가 희ᄐᆡᄒᆞ고 ᄆᆞᄋᆞᆷ이 심샹ᄒᆞ야 처음만 ᄀᆞᆺ지못ᄒᆞᆫ쟈ㅣ 만흔지라 이와ᄀᆞᆺ치 무ᄉᆞᆷ 글을 볼ᄯᅢ에도 처음에는 그 신션ᄒᆞᆫ 문ᄉᆞ와 격졀ᄒᆞᆫ 언론을 볼ᄯᅢ에 ᄉᆞ랑ᄒᆞᄂᆞᆫ ᄆᆞᄋᆞᆷ이 목마른쟈의 물을 구ᄒᆞᆷᄀᆞᆺ치 ᄒᆞ다가 졈졈 보아갈ᄉᆞ록 심샹ᄒᆞ야 나죵에ᄂᆞᆫ 칙샹에 그져던져 ᄇᆞ리ᄂᆞᆫ쟈ㅣ 만흐니 이회보 구람ᄒᆞ시ᄂᆞᆫ 형뎨ᄌᆞ미ᄂᆞᆫ 이ᄀᆞᆺ치 아니ᄒᆞ시기를 주의ᄒᆞᆯ것이며 아모리 빈궁ᄒᆞᆫ 쳐디에 계신이라도 그 약쇼ᄒᆞᆫᄃᆡ금을 판출ᄒᆞ기 감당치 못ᄒᆞᆫ다ᄒᆞᆷ은 아니로ᄃᆡ 대개 근ᄅᆡ 우리나라 각죵 신문이나 잡지샤의 졍형을 말ᄒᆞ건ᄃᆡ ᄃᆡ금의 건체ᄒᆞᆷ을 인ᄒᆞ야 왕왕히 [illegible]지ᄒᆞᄂᆞᆫ 디경에 니른것은 우리가 다 익히듯고 본비니 이회보 구람ᄒᆞ시ᄂᆞᆫ이ᄂᆞᆫ 이ᄀᆞᆺ치 아니ᄒᆞ시기를 깁히 주의ᄒᆞ실지어다 셩경에 ᄀᆞᆯᄋᆞᄃᆡ 하ᄂᆞ님의 아ᄃᆞᆯ 예수그리스도ᄂᆞᆫ 녜ᄒᆞ다가 아니라ᄒᆞᆷ이 업고 다만 뎌의게ᄂᆞᆫ 녜ᄲᅮᆫ이니 그런즉 그리스도로 말미암아 우리가 아멘ᄒᆞ야 하ᄂᆞ님ᄭᅴ 영화를 돌녀보낼지어다 ᄒᆞ엿스니 ᄉᆞ랑ᄒᆞ시ᄂᆞᆫ 형뎨ᄌᆞ미시여 우리나라의 쇠퇴ᄒᆞᆫ 습관을 ᄇᆞ리고 우리쥬 예수 그리스도를 본밧아 이샹 말ᄉᆞᆷᄒᆞᆫ 두가지를 특별히 주의ᄒᆞ심으로 이회보로ᄒᆞ여곰 오릴ᄉᆞ록 졈졈더 발젼ᄒᆞ야 보ᄂᆞᆫ사ᄅᆞᆷ의게 우슴이되지 안코 영원ᄒᆞ신 하ᄂᆞ님ᄭᅴ 영화를 돌녀보내게 ᄒᆞ

시기를 군졀히 ᄇᆞ라오며 본안도 ᄯᅩᄒᆞᆫ 이회보 보ᄂᆞᆫ 사ᄅᆞᆷ즁의 일분ᄌᆞ(一分子)가 되ᄂᆞᆫ고로 ᄉᆞᄉᆞ로 경계ᄒᆞ야 말과 실상이 서로 합지아님이 업슴을 원ᄒᆞ옵ᄂᆞ니다

긔셔 강화 죠량묵

⊙두길ᄉᆞ이에서유예치말것

시험ᄒᆞ야 볼지어다 ᄒᆞᆫ나무에 됴ᄒᆞᆫ열ᄆᆡ와 악ᄒᆞᆫ열ᄆᆡ를 ᄆᆡᆺ지 못ᄒᆞ고 ᄒᆞᆫ심에서 단물과 쓴물을 능히 내지못ᄒᆞ며 사ᄅᆞᆷ도 신하가되여서ᄂᆞᆫ 두님군을 셤기지 못ᄒᆞᆷ과 죵이되여서ᄂᆞᆫ 두샹뎐을 셤기지못ᄒᆞᆷ은 一뎡ᄒᆞᆫ 리치라 그런고로 엘니야가 모든ᄇᆡᆨ셩의게 닐너굴ᄋᆞᄃᆡ 너희가 어ᄂᆞ때ᄭᆞ지 두ᄉᆞ이에 쳐ᄒᆞ야 머믓머믓 ᄒᆞ랴ᄂᆞ냐 여호와가 만일 춤신이어던 그를 좃칠것이오 바알이 만일 춤신이어던 그를 좃치라 (렬샹十八○廿一)ᄒᆞ엿스니 이ᄂᆞᆫ 춤 하ᄂᆞ님을 좃치라 권면ᄒᆞᆫ 말노 싱각ᄒᆞ거니와 우리ᄂᆞᆫ 더욱 예수오실때가 갓가왓스니 지톄말고 예비ᄒᆞ면 그날이 림ᄒᆞᆯ때에 우리의게 깃븐날이 되리로다 그런즉 이젼시ᄃᆡ보다 더큰 은춍을 밧을것은 이때를 당ᄒᆞ야 여호와의 큰날에 서기위ᄒᆞ야 두길ᄉᆞ이에서 머믓머믓ᄒᆞᄂᆞᆫ 병통을 속히 곳치고 우리쥬 압흐로 나올지라 그러나 이 세상사ᄅᆞᆷ의 힝ᄒᆞᄂᆞᆫ바를 보건ᄃᆡ 작년이나 금년이나 ᄒᆞᆫ모양으로 머믓머믓ᄒᆞ고 어제나 오날이나 ᄒᆞᆫ모양으로 유예ᄒᆞ니 이ᄀᆞᆺ치 머믓머믓ᄒᆞ다가 위ᄐᆡᄒᆞᆫ날이 홀연히 니르면 그날에도 엇더케 머믓머믓ᄒᆞᆯ수가 잇스리오 그런즉 우리ᄂᆞᆫ 로마八장一ㅣ四졀에 잇ᄂᆞᆫ 말ᄉᆞᆷ 곳 육신과 셩신을 분변ᄒᆞ야 셩신을 ᄯᆞ라 힝ᄒᆞ면 영ᄉᆡᆼ의 길를 엇을것이니 유예치 마옵시다

⊙감리교회와모레비안교회의관계 (쇽)

내ᄆᆞ옴이 이샹스럽게 ᄯᅳ거워지면서 내가 구원을 엇으랴고 그리스도만 의지ᄒᆞ엿고 ᄯᅩ 쥬ᄭᅴ서 내죄도 업시ᄒᆞ셧스며 나를 죄로 죽ᄂᆞᆫ 률법 가온ᄃᆡ셔 구원ᄒᆞ신것을 확실히 세ᄃᆞ럿노라 이히 五월二十六일 금요에 내ᄆᆞ옴이 젼과ᄀᆞᆺ치 편안ᄒᆞ나 적이 무거온것은 죵죵ᄒᆞᆫ 시험이 젼보다 더만히 침로ᄒᆞᆷ이라 그럼으로 모레비안 형뎨즁에 텔칙션ᄉᆡᆼ을 차자가보고 나의 시험을 말ᄒᆞᆫ후 엇더케ᄒᆞ면 됴ᄒᆞᆯ것을 무러본ᄃᆡ 그션ᄉᆡᆼ이 ᄃᆡ답ᄒᆞ기를「그ᄃᆡᄂᆞᆫ 젼과ᄀᆞᆺ치 시험으로 더브러 싸호지말고 언제던지 시험이 올때에 곳 피ᄒᆞ야 예수의 못자국 난곳에 가만히 숨어잇스라」ᄒᆞ엿고 ᄯᅩ 이와ᄀᆞᆺᄒᆞᆫ 말을 찬미가속에서도 비홧ᄂᆞᆫᄃᆡ 나의 령혼이 가만히 하ᄂᆞ님ᄭᅴ 등ᄃᆡᄒᆞ고 잇슴은 나의 춤구원이 오직 하ᄂᆞ님ᄭᅴ로 좃차 오ᄂᆞᆫ 연고니 그ᄂᆞᆫ 춤 나의 힘이오 나의 구원이며 나의 보호라 그럼으로 나ᄂᆞᆫ 쟝ᄎᆞᆺ 크게 실패치아니ᄒᆞᆯ지로다 ᄇᆞ라건ᄃᆡ 모든 사ᄅᆞᆷ은 ᄒᆞᆼ샹 하ᄂᆞ님을 의지ᄒᆞᆯ지어다 그ᄂᆞᆫ 우리의 희망이니 그ᄃᆡ의 ᄆᆞ옴을 다 그압헤셔 쏫아 노흘지어다」ᄒᆞ엿더라

이때에 그 형님 찰쓰웨슬네 션ᄉᆡᆼ도 확실ᄒᆞᆫ 밋음으로 드러와서 감리교회속에 찬미져술쟈로 뎨一 유명ᄒᆞᆫ 션ᄉᆡᆼ이니라 그럼으로 헨리워도ᄡᅥ취ᄡᅥ가 이션ᄉᆡᆼ을 그리스도인 시가(詩歌)의 왕이라 칭ᄒᆞ엿더라 션ᄉᆡᆼ이 일즉이 두어줄 시가로 ᄌᆞ긔의 변ᄒᆞᆫ 경형을 셜명ᄒᆞ엿ᄂᆞ니 닐넛스ᄃᆡ

셩신이피와게ᄃᆡ답히
날을거듭난자라네

一千七百三十七년五월廿一일은 션ᄉᆡᆼ이 신으로 거듭난지 一쥬년되ᄂᆞᆫ날이라 이날에 션ᄉᆡᆼ이 두구졀을 지엇ᄂᆞ니 닐넛스ᄃᆡ

一千혀로찬송드리세
내귀즁ᄒᆞᆫ구쥬ᄭᅴ

이구졀은 션ᄉᆡᆼ이 령혼샹으로 나죵 변ᄒᆞᆯ때 보헬너션ᄉᆡᆼ이 소리를 놉혀 ᄀᆞᄅᆞᄃᆡ「내 혀一千을 가졋슬것ᄀᆞᆺᄒᆞ면 그혀를 다놀녀 우리쥬를 찬송ᄒᆞ겟노라」ᄒᆞᆫ말이 찰스 웨슬네션ᄉᆡᆼ ᄆᆞ옴속에 깁히 감동되엿다가 이 찬미가온ᄃᆡ 발표되엿다고 ᄒᆞ더라

파연 션ᄉᆡᆼ은 져술ᄒᆞᆯ때마다 셩신의 증거를 엇엇ᄂᆞ니 그 찬미에 닐ᄋᆞᄃᆡ

쥬여죄권셰ᄭᅥ트리고
죄인을노핫네
쥬의피로정케ᄒᆞ니
나유익엇겟네

五

이ᄯᅢ에는 감리교인과 모레비안교인이 셩경반과 긔도회에 ᄒᆞᆫ히ᄀᆞᆺ치 참예ᄒᆞ엿ᄂᆞᆫᄃᆡ 유명ᄒᆞᆫ 목ᄉᆞ 화잇필드씨가 일죽이 모레비안교우의 근친회와 긔도회에 참예ᄒᆞᆫ것을 그회보에 게재ᄒᆞ엿더니 그 힝쟝 져술ᄒᆞᆫ쟈가 닐넛스ᄃᆡ

화잇필드션싱이 一千七百三十九년 一월一일을 ᄆᆞ쟝 영광스럽게 시작ᄒᆞ야 ᄯᅩᄒᆞᆫ 그와ᄀᆞᆺ치 맛쳣ᄂᆞ니 션싱이 이날에 ᄒᆞᆫ번 셩만찬 밧고 두번 젼도ᄒᆞ엿스며 두번 셩경리치를 히셕ᄒᆞ엿스며 나죵에는 페틀네인 모레비안교우의 근친회에 참셕ᄒᆞ야 감샤ᄒᆞᆫ 찬미와 시편을 노릐ᄒᆞ며 하ᄂᆞ님ᄭᅴ 긔도ᄒᆞᆷ으로 이밤을 보낸후에 그날이 ᄌᆞ긔평싱에 뎨一 깃브게 지낸 一월一일이라고 셩언(聲言)ᄒᆞ엿더라

이ᄯᅢ 페털네인 근친회는 긔념ᄒᆞᆯ만ᄒᆞᆫ 회셕이로다 모레비안교우 六十명외에 악스포드 감리교우 닐곱이 참셕ᄒᆞ엿스니 곳 요한웨슬네 찰쓰웨슬네 화잇필드 홀 잉함 킨친 허친쓰등 여러션싱이니 다 영국교회의 유명ᄒᆞᆫ 목ᄉᆞ들이라

요한웨슬네 션싱이 이회에 ᄃᆡᄒᆞ야 긔록ᄒᆞᆫ것이 잇ᄂᆞᆫᄃᆡ 닐너스ᄃᆡ

「이날 오젼 셕뎜가량에 우리가 련ᄒᆞ야 긔도ᄒᆞᄂᆞᆫᄃᆡ 우별안간 하ᄂᆞ님의 권능이 우리의게 ᄂᆞ려오샤 여러사ᄅᆞᆷ이 ᄯᅡ에 업ᄯᅳ려셔 대단히 깃븜을 이긔지 못ᄒᆞ야 소래를 지르다가 이옥고 이처럼 넘친 깃븜이 좀 돈졍(頓整)될만ᄒᆞ매 우리가 一졔히 ᄒᆞᆫ목소래로 부르기를 「찬숑ᄒᆞ리로다 하ᄂᆞ님이시여 파연 우리쥬 되시도다」 ᄒᆞ엿더라

회보ᄃᆡ금령슈

住所	氏名	
襄陽中道門里	李能烈	廿五錢
西部青坡 (새허말)	梁在昶	廿五錢
仝	高德相	廿五錢
仝	吳容煥	廾五錢
南部青寧橋 (회교)	盧明基	廾五錢
鳳山青龍洞		廿五錢
瓮津龍湖島	車汝南	廿五錢
仝 蘇江	元用耘	廿五錢
保寧貞洞	具然垛	廿五錢
仝 宮村敎會		廿五錢
陰竹長湖院	李昌會	二圓五十錢

△정 오▽

本報第一卷第十五号第一頁 중산구황연보란ᄂᆡ에開城北部「朱省峴女學校긔도회ᄂᆞᆫ」開城北部會堂內四日祈禱會로正誤ᄒᆞᆷ

교육

뎨三 샹ᄒᆞᆫ쟈와 즁독(中毒)ᄒᆞᆫ쟈를치료ᄒᆞᄂᆞᆫ법

一、대뎌 샹ᄒᆞᆫ쟈는 몬져 피나ᄂᆞᆫ것을 긋치게 ᄒᆞᄂᆞᆫ것이 필요ᄒᆞ니 샹ᄒᆞᆫ곳을 셕탄산슈(石炭酸水)로 씨스되 만일 셕탄산슈가 업스면 ᄭᅳᆯ엿다가 식힌물에 졍ᄒᆞᆫ소곰을 좀 타셔 씻고 ᄯᅩᄒᆞᆫ 무명으로 샹쳐를 ᄭᅩᆨ ᄊᆞ밀것이며 만일 피가 파히나셔 위급ᄒᆞᆯ 경우에는 속히 의원을 쳥ᄒᆞ야 뵈이던지 병원으로 보낼것이니라

二、무ᄉᆞᆷ 독약을 먹고 즁독ᄒᆞᆫ쟈는 더운물에 계ᄌᆞ(芥子)가루를 타셔 만히 마시면 반ᄃᆞ시 토(吐)ᄒᆞᆯ터이니 그런후에는 의원의게 말ᄒᆞ고 히독ᄒᆞᆯ 약을 쓸것이니라

뎨四 의약에주의ᄒᆞᆯ일

대개 의원을 쳥ᄒᆞ되 세샹이 다 알고 칭도ᄒᆞᄂᆞᆫ바 일홈잇ᄂᆞᆫ 의원을 틱ᄒᆞ야 볼것이오 의원이라면 다 의원인줄 알고 ᄒᆞᆫ보로 쳥ᄒᆞ야 볼것이 아이니라

근일에는 셔양약을 쓰ᄂᆞᆫ것이 됴흔ᄃᆡ 대개 양약은 분량과 즁수를 잘못알고 쓰면 병에 무익ᄒᆞᆯᄲᅮᆫ아니라 도로혀 큰해를 밧을터이니 불가불 의원의 ᄀᆞᄅᆞ치ᄂᆞᆫ대로 분량과 즁수를 주의ᄒᆞ야 쓸것이니라

실업

◉도야지기르ᄂᆞᆫ법 (속)

一、도야지로 삭기 낫케ᄒᆞᄂᆞᆫ 긔한은 두살이 지낸후에는 一년에 두번식 낫케ᄒᆞᆯ지니 三월과 九월에 낫토록ᄒᆞᄂᆞᆫ것이 됴흐니라

一、도야지는 삭기빈지 四삭만에 낫ᄂᆞᆫ것이며

一、도야지의 유빈긔(遊牝期 암ᄂᆡ나ᄂᆞᆫᄯᅢ)는 대개 四계삭(四시즁에ᄯᅩᆨ돌이라)이니 그징죠는 흔히 잘먹지 안코 소리를 지르며 털빗치 반ᄌᆞ르ᄒᆞᄂᆞ니 이징죠를 본후에 곳 一일반이나 二일동안을 교미(交尾)케ᄒᆞ고 곳 ᄯᅦ일것이며

一、교미ᄒᆞᆫ 후에 만일 삭가를 비지 아니ᄒᆞᆫ것ᄀᆞᆺᄒᆞ면 암녀를 다시 너ᄂᆞᆫ것이며

一、도야지 암놈이 너머 살지면 삭기 ᄇᆡ기 어렵고 비록 삭기를 ᄇᆡᆯ지라도 츙실ᄒᆞᆫ 삭기를 낫치못ᄒᆞᆯ것이며

一、도야지가 삭기 ᄇᆡᆫ동안은 대개 허약(虛弱)ᄒᆞᆫ고로 먹을것은 무엇이던지 분량(分量) 큰것을 ᄐᆡᆨᄒᆞ야 만히 먹일것이며

一、도야지의 삭기낫ᄂᆞᆫ 우리(豚舍)ᄂᆞᆫ 아모됴록 광활(廣濶)ᄒᆞ게ᄒᆞᆯ것이며

一、도야지 삭기나ᄒᆞᆯ ᄯᆡ가 갓가오면 졋통이 현져히 부러오를지니 졍결ᄒᆞᆫ 집(藁)ᄋᆞᆯ 썰어 두엇다가 삭기나ᄒᆞᆯᄯᆡ를 당ᄒᆞ거던 이집ᄋᆞᆯ 펴주되 너머 만히 말고 뎍즁히 펴주며 그 우리속ᄋᆞᆫ 캄캄ᄒᆞ게 ᄆᆞᆫ돌고 셩소ᄒᆞᆫ 사ᄅᆞᆷ은 갓가히 가지말것이며

一、도야지 삭기 나흔후에ᄂᆞᆫ 곳 그 ᄐᆡ(胎)를 집어내고 三四일 동안은 담박(淡泊)ᄒᆞᆫ 식물(食物)을 주다가 二三쥬일 동안을 지낸후에 보통식물을 주며 밧게나가 운동케ᄒᆞᆯ것이며

一、도야지가 삭기나ᄒᆞᆫ지 대략 六十일후에ᄂᆞᆫ 졋을 ᄯᅦ일것이며

一、도야지를 팔고져 ᄒᆞᆯᄯᆡ에ᄂᆞᆫ 좁은 우리속을 캄캄ᄒᆞ게 ᄆᆞᆫ돌고 그속에 너흔후에 됴흔식물을 만히주어 몃츨동안 먹이면 별안간 살이 오르ᄂᆞ니라

담총

⊙금옥ᄀᆞᆺᄒᆞᆫ말

一、사ᄅᆞᆷ이 한가ᄒᆞᆫᄯᆡ에ᄂᆞᆫ 맛당히 유익ᄒᆞᆫ ᄎᆡᆨ이나 신문을 만히 볼것인ᄃᆡ 우리 교우ᄂᆞᆫ 불가불 하ᄂᆞ님의 도를 말ᄒᆞᆫ ᄎᆡᆨ이나 교즁신문을 볼것이오

一、일ᄒᆞᆫ 아참에 ᄆᆞᄋᆞᆷ과 졍신을 슈습ᄒᆞ야 몃분동안 믁샹(默想)ᄒᆞᆯ것이오

一、ᄂᆞᆷ이 나보다 나흔것을 보거던 싀긔ᄒᆞᄂᆞᆫ ᄆᆞᄋᆞᆷ을 두지말고 맛당히 본밧을것이오

一、ᄂᆞᆷ이 나만못ᄒᆞᆫ것을 보거던 경멸히 녁이거나 깃버ᄒᆞ지 말고 맛당히 인도ᄒᆞ며 ᄀᆞᄅᆞ쳐 나와 동등이되도록 ᄒᆞᆯ것이오

一、ᄂᆞᆷ과 교졔ᄒᆞᆯᄯᆡ에 ᄒᆞᆫ말과 ᄒᆞᆫ힝실이 다 ᄂᆞᆷ의게 유익ᄒᆞᆯ것을 싱각ᄒᆞᆯ것이오

一、하로라도 긔도를 궐ᄒᆞ면 내몸이 하ᄂᆞ님ᄭᅴ 멀니 ᄯᅥ난줄노 싱각ᄒᆞᆯ것이오

一、환란즁에 잇슬ᄯᆡ에 하ᄂᆞ님ᄭᅴ셔 우리를 련단ᄒᆞ시ᄂᆞᆫ줄 알고 원망치 말것이오

一、참고 겸양(謙讓)ᄒᆞᆷ은 족히 재앙을 물니치ᄂᆞᆫ 원측(原則)인줄 알고 힝ᄒᆞᆯ것이오

一、오날ᄒᆞᆯ 일은 오날 ᄒᆞ고 ᄅᆡ일노 물니지 말것이오

一、아ᄃᆞᆯ을 ᄀᆞᄅᆞ치ᄂᆞᆫ 슈신학(修身學)은 신약만 ᄀᆞᆺ지못ᄒᆞᆷ을 알것이오

一、어나ᄯᆡ 어나ᄯᅡ에 잇던지 맛당히 쥬의 도로 ᄡᅥ 외인을 인도ᄒᆞᆯ것이니라

⊙병든쟈를간호(看護)ᄒᆞᄂᆞᆫ법

一、병인의 벼ᄀᆡ잇을(枕衣) ᄒᆞᆼ샹 갈아 졍ᄒᆞ게 ᄒᆞᆯ것이며

一、병인의 발을 더운물노 자조 씻기면 젼신이 다 더운 긔운의 운동ᄒᆞᆷ을 밧게ᄒᆞᄂᆞᆫ것이며

一、병인의 벼ᄀᆡᄂᆞᆫ ᄒᆞᆼ샹 겨드랑 아래ᄭᆞ지 밀어 고이ᄂᆞᆫ것이 ᄆᆡ우 됴흔것이며

一、병인의 이불과 요를 ᄒᆞᆼ샹 졍ᄒᆞ게ᄒᆞᆯ것이며

一、병인의 누엇ᄂᆞᆫ 방에잇ᄂᆞᆫ 모든 셰간 그릇은 ᄒᆞᆼ샹 걸네질ᄒᆞ야 몬지가 업게ᄒᆞᄂᆞᆫ것이며

一、병인의 먹은 음식그릇은 결단코 병실(病室)에 두지말고 곳 집어내여 더온물노 ᄡᅥ서셔 다른곳에 둘것이며

一、병인의 압헤셔ᄂᆞᆫ ᄒᆞᆼ샹 깃븐 얼골과 웃ᄂᆞᆫ 모양을 뵈일것이오 결단코 근심ᄒᆞ며 걱졍ᄒᆞᄂᆞᆫ 모양을 나타내지 말것이오

一、병인잇ᄂᆞᆫ 방은 ᄒᆞᆼ샹 죵용ᄒᆞ며 졍결케ᄒᆞᆯ것이오 ᄯᅩ ᄒᆞᆫᄯᆡᄯᆡ로 문을 열어 방에 잇던 탄긔(炭氣)ᄂᆞᆫ 나가고 밧게잇ᄂᆞᆫ 새공긔ᄂᆞᆫ 드러오게 ᄒᆞᆯ것이니라

광고

경향 여러교우의 갈망ᄒᆞ시던
국문구약셩경의 완편이 출판
되여 이달금음이나 리월초싱
브터 발매 ᄒᆞ겟ᄉᆞ오니
쳠군ᄌᆞ는 슈용의 다쇼를ᄯᆞ라
륙속청구ᄒᆞ심을 ᄇᆞ라옵

THE AMERICAN BIBLE SOCIETY.

그제본과뎡가는여좌ᄒᆞ옵
二권一질二천六백五十
현
지의 一환
포의 一환十五전
한문셩경이 새로 샹히로
셔나왓는ᄃᆡ 쉬운문리라
얼어셩경신구약도 여러
종류가 본공회와 셔울명
동과 평양에잇는 본공회
의 일본인지뎜에 잇ᄉᆞᆸ
평양잇는 본공회의 죠션
인 지뎜에는 국문셩경의
여러종류가 잇ᄉᆞᆸ
각지뎜에셔도 이 셩경들
을 목록에 긔록ᄒᆞᆫ 뎡가로 도
ᄆᆡ나 쇼ᄆᆡ들 다ᄒᆞ옵
각 칙샤에셔 사가면 삼활ᄒᆞ
고 부비ᄭᆞ지 담당ᄒᆞ옵

京城鍾路基督敎青年會下層
美國聖書公會 告白

광고

경ᄭᅨ자 하ᄂᆞ님의 도으심으로
국문 신구약젼셔가 완편된지
라 이믜 인쇄ᄒᆞ야 이제 ᄆᆡ하
ᄒᆞ는바 이칙의 쟝괄은 국문
四호글ᄌᆞ 지의 신약파곳고
그 쟝칙과 졍가는 이아래 ᄌᆞ
셰히 긔록ᄒᆞ엿ᄉᆞ오니 이칙을
갈망ᄒᆞ시던 우리 형뎨와 ᄌᆞ
미는 본공회와 경향 각교즁
칙샤에 청구ᄒᆞ시와 익독ᄒᆞ시
옵쇼셔

쟝칙과뎡가

신구약젼셔
단권一秩권포의 一圓五十錢
仝 반피의 一圓七十五錢
三권仝 지의 一圓二十五錢
仝 仝 포의 一圓三十五錢
구약젼셔
二권一秩지의 一圓
仝 仝 포의 一圓十五錢

본공회에 국문한문 밋각국문
의 셩셔가 구비ᄒᆞ옵고 원근
각쳐로 발송ᄒᆞ는 셩셔의 운
비 혹 우료는 본공회에셔 출
급ᄒᆞ오며 샹셰ᄒᆞᆫ 규칙과 뎡
가록은 청구를 ᄯᆞ라 공급ᄒᆞ
ᄂᆞ이다

셔울종로 대영셩셔공회 고ᄇᆡᆨ

◁八寶丹製造本舖▷

△特別廣告▽

▲西藥各種營業品目
◎本堂製藥五十六種 ◎英美法德上品金鷄蠟各種
◎洋藥各種 ◎珊篤寧(一名蛔虫散各種)
◎賣藥各種 ◎京城內諸藥房新發明藥各種

▲乾材部의營業品目
◎人蔘의各種 ◎唐材藥의各種
◎鹿茸의各種 ◎草材藥의各種

▲製藥部의營業品目
◎方文이有ᄒᆞᆫ貼藥의一劑以上
◎六味湯或丸 ◎肥兒丸、水土丹 ◎牛黃抱龍丸
◎八味湯或丸 ◎唐射香蘇合丸 ◎膽星抱龍丸
◎山蔘淸心元 ◎太乙紫金錠 ◎消毒保嬰丹
◎牛黃淸心元 其他本方에依ᄒᆞ야虔製ᄒᆞᆫ丸藥의各種
但貼藥과丸藥은先金을要홈

京城鍾路和平堂大藥房本舖 主任 李應善
西藥製藥部
舊藥製藥部
(電話一六九七番 電略話(화)(ヲ))

九轉靈砂 廣告

九轉靈砂ᄂᆞᆫ本人이新法煉製ᄒᆞ야數十年經驗에諸般疾病에其効如神인바 男女老少兒童小兒의 主治諸藥이 數十餘種이오며諸病治法과 各種丹藥의定價表及 主治明錄은 本局廣告紙에詳錄이오니藥을 請求ᄒᆞ실諸君子ᄂᆞᆫ 廣告紙를 請求一覽ᄒᆞᆷ

官許 登錄 認可

九轉靈砂
(一錢重)
定價金六十錢

九轉靈砂濟衆丹 食滯酒滯肉滯水土不服과霍亂吐瀉時氣怪疾及諸般急症에 神效ᄒᆞᆫ懷中藥이오 (一包 定價十錢)

京城西部內需司前百三統一戶
煉丹大藥房 主任 李鎬廷 告白

八

그리스도회보
KOREAN CHRISTIAN ADVOCATE

每月二回發行
明治四十四年十月十二日印刷
明治四十四年十月十五日發行

發行兼編輯人　北部社洞　奇義男
印刷人　北部樓閣洞　朴東完
印刷所　京城西小門內　法韓印刷所
發行所　北部社洞　奇義男

디금(代金)　一장　三젼
六개월　二十五젼
一개년　五十젼
광고료　四호활ᄌᆞ　一항　一회　五젼
활ᄌᆞ대쇼와 항수다쇼와 긔한장단을 ᄯᆞ라 증감홈

사셜

◎三교회의 련합ᄒᆞᆫ 교육긔관

우리구쥬 예수그리스도를 밋는자는 다ᄀᆞᆺ치 쥬의 지톄가되엿슨즉 맛당히 그 머리되신 그리스도의 뜻을 조차 ᄀᆞᆺ치 활동(活動)ᄒᆞ면 텬국을 확쟝ᄒᆞᄂᆞᆫ일에 ᄃᆡᄒᆞ야 무숨 어려온것이 잇스리오 이는 비유컨ᄃᆡ ᄒᆞᆫ긔관에 속ᄒᆞᆫ 여러千百가지 긔계가 즁긔의 힘을 빌어 一시에 ᄀᆞᆺ치 운동홈으로 능히 태산ᄀᆞᆺ치 ᄊᆞ힌 물화를 슈식간에 문드러 냄과ᄀᆞᆺᄒᆞ니 우리죠션에 쟝로교와 남북감리교회는 ᄒᆞᆫ쥬 밋헤서 손을붓잡고 ᄒᆞᆫ가지 나아가는 마당에 깃븐일이나 괴로온일이나 ᄀᆞᆺ치당ᄒᆞ며 서로위ᄒᆞ야 긔도ᄒᆞ며 셩경을 ᄀᆞᆺ치 번역ᄒᆞ며 교구(敎區)를 서로 양도(讓渡)홈으로 세교회의 친밀ᄒᆞᆫ 교의(交誼)가 본ᄅᆡ브터 그러ᄒᆞ거니와 금년에 와서는 一층더 친밀ᄒᆞᆫ 관계가 싱겻ᄂᆞ니 곳 세교회의 련합ᄒᆞ야 셜립ᄒᆞᆫ 경셩 신학교와 셩경학교와 대학교라 특별히 신학교와 셩경학교를 들어말ᄒᆞ건ᄃᆡ 긔학ᄒᆞᆫ후로 경향각교회의 고명ᄒᆞᆫ 목ᄉᆞ와 젼도ᄉᆞ와 모든 직임잇ᄂᆞᆫ 형뎨들 百여명이 입학ᄒᆞ야 열심으로 공부ᄒᆞᆫ다ᄒᆞ니 이 신학학원졔씨의 고샹ᄒᆞᆫ 목뎍과 즁대ᄒᆞᆫ 칙임은 ᄒᆞᆫ붓으로 다 긔록ᄒᆞᆯ수 업거니와 졔씨는 하ᄂᆞ님의 신령ᄒᆞᆫ 리치를 만히 연구ᄒᆞᆫ후에 셩우에 등불이 되여 불샹ᄒᆞᆫ 동포를 어두운 가온ᄃᆡ서 인도ᄒᆞ며 죄악즁에셔 구원홈으로 죠션 반도(半島)에 텬국의 긔초를 반셕ᄀᆞᆺ치 굿게 세우기를 우리는 깁버ᄒᆞ노니 ᄯᅩᄒᆞᆫ 간졀히 ᄇᆞ라노라

본샤특별광고

본샤에서 경영ᄒᆞᄂᆞᆫ 쥬일공과지는 경셩 죵로예수교셔회에 위탁(委托)ᄒᆞ야 오는 양력 十一월ᄎᆞ브터 발힝ᄒᆞ겟ᄉᆞ오니 보시기를 원ᄒᆞᄂᆞᆫ이는 본샤로 쳥구치마시고 예수교셔회로 쳥구ᄒᆞ시옵

증산구황연보

(젼호련쇽)

朴贊信、金順裒、崔興俊各三十錢、金允七二十九錢、崔鳳山二十五錢、崔業俊、崔永泰、金永祚、金長根各二十錢、金興根、高壽根各十五錢、李亨順十二錢五里、柳漢昭十二錢、具仁信、柳興吉 金有聲、朴長順、마리아김、金銀七、柳應鳳、宋興三、柳德信各十錢、張致星、崔根有、사라황、柳順起各五錢、洪馬太五錢五里、柳明鳳七錢五里、 찬난남부교회十二圓五十錢、 江華長峰島鎭村敎會 金能淳、劉起昌各六十錢 金창룡二十錢、鄭今浩二十錢、劉宗泰十錢、金漢守、金聖業、李昌信各五錢、徐福童、徐昌童、徐三童、徐有福各二錢五里 朴允東一錢、車헬만、金영의、黃엠마各十錢、張부인、鄭부인、金셩신、최마리아、崔정웅모친、全마르다各五錢、廉마리아、하닥지、金聖예、廉나오미各二錢五里、徐윤동모친二錢、리의나四錢、 江華串里敎會一圓二十錢、江華長花敎會一圓、江華東幕洞敎會朱慶鎭五十錢、 朱尙俊、宋鳳鎭、全鳳淳、金訓根、高대비대各二十錢、 (미완)

교중신문

△내보▽

⊙머러감독향샹하 남감리회 감독 머러씨가 일젼에 부산으로브터 경셩에 온것은 젼호에 긔지ᄒᆞ엿거니와 동감독이 본월 이일에 경셩에셔 츌발ᄒᆞ야 청국 샹히로 향ᄒᆞ엿ᄂᆞᆫᄃᆡ 그곳 년회에 참셕ᄒᆞᆫ후에ᄂᆞᆫ 일본으로 건너간다더라

⊙쏘든박ᄉᆞ연셜 미국에 유명ᄒᆞᆫ박ᄉᆞ 스탠포드 대학교교쟝 쏘든박ᄉᆞᄂᆞᆫ 일본ᄂᆡ디를 시찰ᄒᆞᆫ후 죠션 경셩에 와셔 여러날 류ᄒᆞᄂᆞᆫ동안에 거구월三十일하오에ᄂᆞᆫ 죵로 쳥년회관에셔 뢰력(腦力)과 심력(心力)이란 문뎨로 연셜ᄒᆞ엿ᄂᆞᆫᄃᆡ 방쳥ᄒᆞᆫ 신ᄉᆞ와 쳥년학ᄉᆡᆼ은 千여명에 달ᄒᆞ엿고 본월一일(쥬일)아츰에ᄂᆞᆫ 졍동교당에셔 례ᄇᆡ맛해 일반교우의게 권면ᄒᆞᄂᆞᆫ 강셜을 ᄒᆞ엿더라

⊙六부인一힝 남감리회 부인 팍커 쩍슨 힌킨스 럭커 퀸스레 뤼드 六씨가 죠션에셔 복음젼ᄒᆞᄂᆞᆫ 일을 힘쓰기 위ᄒᆞ야 일젼에 새로 나왓ᄂᆞᆫᄃᆡ 현금간은 경셩에셔 죠션말을 연구ᄒᆞᆫ다더라

⊙죠싸헌당 양쥬 서구역 권ᄉᆞ 최형진씨의 통신을 거ᄒᆞᆫ즉 동군직동 죠메례씨가 ᄌᆞ긔집 초가十七간을 례ᄇᆡ당으로 밧쳣ᄂᆞᆫᄃᆡ 이교회ᄂᆞᆫ 본ᄅᆡ 죠씨가 창셜ᄒᆞ엿다더라

⊙신학교현샹 장로회와 우리 남북 량감리회가 련합ᄒᆞ야 경셩에 신학교를 셜립ᄒᆞ고 거월 一十七일브터 ᄀᆡ학홈은 젼호에 광고ᄒᆞ얏거니와 이학교에 현샹을 말ᄒᆞ자면 四년급 학원은 三十九인이오 一년급하원은 六十八인인ᄃᆡ 다 그리스도 교회안에 교초(翹楚)가 될만ᄒᆞᆫ 형뎨들이라 다 열심으로 공부ᄒᆞ며 경셩에 사ᄂᆞᆫ이들은 ᄉᆞ셰를 ᄯᆞ라 죠셕으로 ᄅᆡ왕ᄒᆞ되 디방에셔 올나온이들은 쥬일외에ᄂᆞᆫ 신학교 문밧게 나오지안코 밤낫으로 공부ᄒᆞᄂᆞᆫᄃᆡ 교ᄉᆞᄂᆞᆫ 목ᄉᆞ 원두우 긔일 젼요셥 케불 뻬밍 본샤쟝 긔의남제씨러라

⊙의졍감루 평북 녕변읍교회 함긔쇼씨의 통신을 거ᄒᆞᆫ즉 본교회를 다ᄉᆞ리ᄂᆞᆫ 목ᄉᆞ 김찬홍씨 부인 송건신씨ᄂᆞᆫ 쥬를 독실히 밋고 쥬를 ᄉᆞ랑ᄒᆞ고 불샹ᄒᆞᆫ 형뎨의 령혼을 ᄉᆞ랑ᄒᆞ야 젼도를 심써ᄒᆞ녀 쥬일이면 三十리나되ᄂᆞᆫ 교회일을 열심으로 어려움을 락으로 녁이고 왕ᄅᆡᄒᆞ고 셩ᄂᆡ 교회일을 겸ᄒᆞ야 보다가 ᄯᅳᆺ밧게 션병으로 인ᄒᆞ야 병을 다ᄉᆞ리고져ᄒᆞ야 평양 광혜녀원에 나가셔 곳치ᄂᆞᆫ중에 긔력이 쇠진ᄒᆞ야 세샹을 이별ᄒᆞᆯ디경에 니르럿셔도 평안ᄒᆞᆫ 모양으로 말ᄒᆞ기를 아모걱졍이 업ᄂᆞᆫ것은 내 쥬ᄭᅴ셔 도라보심으로 걱졍이 업다ᄒᆞ고 거九월十七일에 세샹을 ᄯᅥ나매 그친쳑과 어린 ᄌᆞ녀들의 형샹을 말ᄒᆞ면 가긍ᄒᆞ기가 ᄭᅳᆺ치업고 一반교우도 의졍에 눈물을 것잡지못ᄒᆞ고 ᄆᆞᄋᆞᆷ가온ᄃᆡ 스ᄉᆞ로 위로를 엇지못ᄒᆞ더니 쥬ᄭᅴ셔 도라보샤 모리시 감리ᄉᆞ가 셩경말ᄉᆞᆷ으로 위로ᄒᆞᄂᆞᆫ중에 산 소망이 잇다ᄒᆞᆷ으로 젼도ᄒᆞ야 쟝ᄎᆞᆺ 쥬압헤 가셔 맛나보기를 ᄇᆞ라고 감ᄉᆞᄒᆞᆫ 긔도로 폐회ᄒᆞ엿더라

⊙남씨젼도의결과 츙쳥북도 뎨쳔읍교회 김치의씨의 통신을 거ᄒᆞᆫ즉 동군 삼셩골교회 남헌구씨ᄂᆞᆫ 본ᄅᆡ 동군 방하다리교회 속장으로 잇다가 一千九百九년봄에 삼셩골노 이ᄉᆞᄒᆞ야 본즉 그동리와 근동에 예수를 밋ᄂᆞᆫ사ᄅᆞᆷ은 업고 다만 학자들과 一진회원섇이라 다 우리교우를 훼방ᄒᆞ며 남씨를 핍박ᄒᆞ나 오직 남속쟝은 주를 위ᄒᆞ야 핍박밧ᄂᆞᆫ것이 복이되ᄂᆞᆫ줄 알고 더욱 열심을내여 사ᄅᆞᆷ을 맛나ᄂᆞᆫ대로 젼도ᄒᆞ며 핍박ᄒᆞᄂᆞᆫ쟈를 ᄉᆞ랑ᄒᆞᄂᆞᆫ 형뎨와ᄀᆞᆺ치 ᄃᆡ졉ᄒᆞ고 하ᄂᆞ님ᄭᅴ 이곳사ᄅᆞᆷ들이 어서 회ᄀᆡᄒᆞ기를 ᄒᆞᆼ샹 긔도ᄒᆞ더니 하ᄂᆞ님ᄭᅴ셔 一千九百十년에 몃사ᄅᆞᆷ을 회ᄀᆡ케ᄒᆞ시고 금년에ᄂᆞᆫ 은혜우에 은혜를 더주샤 핍박ᄒᆞ던 一진회원을 회ᄀᆡ케ᄒᆞ샤 도로혀 ᄉᆞ랑ᄒᆞᄂᆞᆫ 형뎨가되게 ᄒᆞ셧스니 지금은 이교회가 날노 진흥ᄒᆞ야 례ᄇᆡ보ᄂᆞᆫ자가 三十여명에 달ᄒᆞ엿고 ᄯᅩ 여러교우가 각각 돈으로 연보ᄒᆞ며 몸으로 담부지역도ᄒᆞ야 례ᄇᆡ당

六간을 새로 건축ᄒᆞᄂᆞᆫ 중이니 六百원을 ᄉᆞ랑ᄒᆞᆷ으로 도아주ᄂᆞᆫ고로 교당과 남녀학교를 새로 건축ᄒᆞᄂᆞᆫ중이라더라

하더라

◉예비당파학교 황히도 연안읍교회 젼도ᄉᆞ 강신화씨의 통신을 거ᄒᆞᆫ즉 이곳교회를 하ᄂᆞ님ᄭᅴ셔 특별히 ᄉᆞ랑ᄒᆞ샤 우리쥬를 밋ᄂᆞᆫ이가 졈졈 니러나셔 수년간에 신도가 수百명에 달ᄒᆞ엿고 ᄯᅩᄒᆞᆫ 남녀학교를 셜립ᄒᆞ고 여러청년ᄌᆞ뎨들 교육ᄒᆞᄂᆞᆫᄃᆡ 학도ᄂᆞᆫ 百여명이라 작년즁에 교당과 남녀학교를 새로 건축ᄒᆞ기 위ᄒᆞ야 一반교우가 힘대로 연보ᄒᆞᆯ시 五젼으로 二百환ᄭᆞ지 내엿고 그즁에 특별ᄒᆞᆫ 일은 부인즁에 돈으로 몃원식 연보ᄒᆞ고 그돈이 ᄌᆞ긔 ᄆᆞ옴에 부족ᄒᆞᆷ으로 ᄉᆞ랑ᄒᆞ던 가락지와 봉처와 픠물졔구를 내모흔것이 十여죽이오 남교우즁에셔ᄂᆞᆫ 나귀ᄒᆞᆫ필을 낸이도잇스며 시계를 낸이도잇ᄂᆞᆫ지라 당일 연보ᄒᆞᆫ것이 七百여원에 달ᄒᆞ엿고 부인의 픠물졔구와 모든물픔이 百여원에 달ᄒᆞ엿ᄂᆞᆫᄃᆡ 이연보ᄒᆞᆫ 졍형과 픠물졔구와 모든물픔을 즉속 본회로 두려보내엿더라

◉四달졸업식 평남 중산군 ᄌᆞ작동교회내에 셜립ᄒᆞᆫ 四달녀학교에서 거월九일에 졸업례식을 힝ᄒᆞ엿ᄂᆞᆫᄃᆡ 졸업싱은 교몽션 한一션 김명덕 김션실등 四인이오 四년진급싱은 양졍심등二인이며 三년급 진급싱은 한온슌등四인이며 二년급 진급싱은 고온화등二인이오 당일에 여러교우와 학부형들이 二十여환을 연조ᄒᆞ야 졸업싱과 진급싱의게 상픔을 주고 남은돈으로 익찬(饗餐)을 쥰비ᄒᆞ야 참셕ᄒᆞᆫ ᄂᆡ외빈ᄀᆡᆨ 三百여인을 졉ᄃᆡᄒᆞ엿스며 당일 리변의 츅ᄉᆞ와 학싱의 답ᄉᆞᄂᆞᆫ 방쳥ᄒᆞᄂᆞᆫ 사ᄅᆞᆷ의 ᄆᆞ음을 셔옴만ᄒᆞᆫ 말이 만핫다더라

◉년회의임원션뎡 남감리회 년회를 거월에 원산항에셔 열고 오ᄂᆞᆫ 一년동안에 힝ᄒᆞ야 나아갈 졔반교회ᄉᆞ무에 ᄃᆡᄒᆞᆫ 방침을 뎡ᄒᆞᆫ후 쥬한명 졍츈슈 김홍슌 三씨ᄂᆞᆫ 목ᄉᆞ로 신공슉 한연슈량씨와 기

외에 五인은 젼도ᄉᆞ로 승픔ᄒᆞ엿ᄂᆞᆫᄃᆡ 남감리회에 죠션인 목ᄉᆞᄂᆞᆫ 이리에 업셧더니 금번에 처음낫더라

△외보▽

◉감리ᄉᆞ락샹 미감리회 감리ᄉᆞ 죠원시씨가 현금 미국에 잇ᄂᆞᆫ것은 우리 一반교우의 다 아ᄂᆞᆫ바어니와 감리ᄉᆞ가 월젼에 ᄌᆞ긔 류ᄒᆞᄂᆞᆫ 려관에셔 실족ᄒᆞ야 二十五쳑되ᄂᆞᆫ 아래 ᄯᅥ러져 거의 죽을디경에 니른것을 병원으로 보내여 치료ᄒᆞᆷ으로 지금은 면ᄉᆞ나되엿다ᄒᆞ니 우리ᄂᆞᆫ 죠감리ᄉᆞ의 속히 쾌복되기를 긔도ᄒᆞᆯᄇᆞ라ᄒᆞ노라

교회통신

긔셔 이쳔 김홍슌

◉죽은쟈의 령혼을 위ᄒᆞ야 긔도ᄒᆞ지말일

우리예수교회에 죽은사ᄅᆞᆷ의 령혼을 위ᄒᆞ야 긔도ᄒᆞᄂᆞᆫ법이 도모지 업스나 여긔형뎨즁에 그러케 긔도ᄒᆞᄂᆞᆫ쟈가 잇ᄂᆞᆫ줄은 교뎨가 아노니 젼에 교뎨가 ᄒᆞᆫ 졂은 교우의 긔도ᄒᆞᄂᆞᆫ 말을 드르니 날으ᄃᆡ 「내부모가 디옥에 ᄲᅡ진줄을 아오니 오직 하ᄂᆞ님ᄭᅴ셔 불샹히 녁이샤 우리부모의 령혼이 디옥에 버셔나셔 ᄯᅩᄒᆞᆫ 텬당으로 드러가게 ᄒᆞ옵소셔」ᄒᆞ엿고 ᄯᅩ 엇던 목ᄉᆞᄒᆞᆫ분이 ᄒᆞᆫ시골에 갓더니 젼도ᄒᆞᄂᆞᆫ 형뎨 ᄒᆞᄂᆞ히 차ᄌᆞ오거ᄂᆞᆯ 목ᄉᆞ가 뭇기를 「지금 어ᄃᆡ셔오ᄂᆞ뇨」ᄒᆞᆫ즉 그가 ᄃᆡ답ᄒᆞᄃᆡ 「오ᄂᆞᆯ이 근동에 살던 밋ᄂᆞᆫ형뎨의 죽은 날인고로 그집에 가셔 그 죽은자의 령혼을 위ᄒᆞ야 긔도를ᄒᆞ고 음식도 먹은후에 여긔왓노라」ᄒᆞ엿스며 ᄯᅩ 엇던 셔양목ᄉᆞ가 다른곳에 가셔 여러 학습ᄒᆞᄂᆞᆫ 교인들의게 뭇기를 「로형네 집에 죠샹의 신쥬가 잇ᄂᆞ뇨」ᄒᆞ니 그들이 ᄃᆡ답ᄒᆞ기를 「다 벌서 업시ᄒᆞ엿노라」ᄒᆞ거ᄂᆞᆯ 그목ᄉᆞ가 ᄯᅩ 뭇기를 「그러면 죠샹의 죽은 날을 엇더케 직히ᄂᆞ뇨」ᄒᆞᆫᄃᆡ ᄃᆡ답ᄒᆞ기를 「우리가 죠샹죽은 날이면 교우들이 그집에 다 모혀 죽은쟈를 위ᄒᆞ야 긔도도ᄒᆞ며 음식도 ᄎᆞ려먹ᄂᆞᆫ다」ᄒᆞ엿스니 이여러 사ᄅᆞᆷ의 말이 이러ᄒᆞᆷ을 드럿슨즉 우리교우

들에 죽은자를 위호야 긔도호는이가 잇는줄을 알거시어라 그러나 이일이 대단히 우숩호 어리셕은 것이라 이러케홈이 죽은 죠상의게 재수훈는것과 다름이 업는것이니 우리 밋는형뎨들은 엇더죽은사롬이던지 위호야 긔도호는법을 일졀 거졀홀것은 이세상사롬이 이세상을 떠난후에는 다시 회기치도 못호고 다만 하ᄂ님압헤 심판을 밧아상벌을 벌셔 뎡호엿슨즉 아모리 위호야 긔도홀지라도 또모지 쓸디업는 연고라 혹엇던사롬이 뭇기를 그러호면왜 죽은 교인을 쟝ᄉᆞ호는 례문이 잇ᄂ뇨호나 쟝ᄉᆞ호는례문이 죽은자를 죠곰도 위호야 긔도홈이 아니라 모든살아잇는 식구들과 친구들을위호야 긔도호라고 훈곳에모힘이라 그런즉 우리 밋는형뎨들은 이일을 깁히 싱각호며 셩경에 도모지 업는법인줄을 씨드러셔 이후로는누구던지 죽은자의 령혼을위호야 긔도호지 아니호기를근졀히 ᄇ라노라

⊙감리교회와모레비안교회의관계 (속)

이때에 요한허스와 신신다프빅과 요한웨슬네와 찰스웨슬네깃혼 여러 거룩훈 션싱의힘젹과 중거로 말미암아 여러 빅만명이 텬국에 거듭난쟈가 되엿ᄂ니 이션싱들은예수의 피와 뎌희 중거호는말노 인호야 스스로 이긔고 또뎌희가 싱명을 앗기지아니호엿스며 이로인호야 오늘날우리도 능히 우리졍욕을 이길수 잇지마는 우리가 셩심으로써 뎨一 몬져 연구호며작뎡홀 문데는 모레븨안감독스핀진벅씨가 요한웨슬네션싱드려 무러본말이니 곳「하ᄂ님의 셩신이 그디ᄆᆞ옴으로호여곰 그디가 하ᄂ님의아돌됨을 중거케 호시ᄂ뇨 예수그리스도씌셔 그디를 구원호신줄을 그디가 아ᄂ뇨」홈이라

우리도 요한웨슬네깃치 열심파 졍셩으로써 확실훈 밋음을 구호면 이거룩훈 션싱과중거홀ᄯᅢ가 반드시 올지니그 중거훈 말숨은 이아래와갓흐니

내죄사훈줄내가아니
텬당복락미리볼수잇슴을
셩신중거호네
내밋음이쥬의의롭엇으니
내가파연쥬ᄯᅢ속히셔
뎡죄홈두렵지안네

이말숨이 허망훈 말이아니나웨슬네션싱의 밋음은 크게활동호야 승젼훈 밋음이라 션싱이 이세상에서 거의 [illegible] 년을사는동안에 도덕의 확실훈중거와 그령혼의 거듭난 곳효(功効)를 나타내엿ᄂ니 션싱의 가는곳마다 그 말호며 힝호는것이 다 도의 표쥰이 되엿는디 션싱이 일즉이 긔록훈 칙셔문(序文)에 넓은디 우리도가온디 모든것을 포함훈바 세가지 원리(原理)가 잇스나 곳 회기홈과 밋음과 거룩홈이니 회기홈은 죵교의 대문이오 밋음은 죵교의 방문이오 거룩홈은 죵교의 젼톄라」호엿더라

「대개 하ᄂ님의 은혜가 단번을 구원호시고 우리를 징계호야 경건치 아닌것과 이세샹 졍욕을 다 ᄇ리고 근심홈과 의로옴과 경건홈으로 이셰상에 살고 ᄇ라는 복과 크신 하ᄂ님 우리 구쥬 예수그리스도의 영광이 나타나심을기드리게 호셧스니 그리스도가 우리를 위호야 즈긔를 ᄇ리심은 모든 불법홈에서 우리를 씻긋게호샤 열심으로착훈을 힝호는 빅셩이 되게호려 호심이니라」

션싱이 이런진리로 셩신의중거와 젼능으로써 젼파훈으로 즈긔 싱젼에 十二만여명을 쥬압호로 인도호엿고 션싱이 이셰상을 떠는지 八十년후에 감리교인의 수효가一千二百만명에 달호엿고 오늘날은 거의 二千만명에 달호엿도다 씌인파리씨가 말호기를 근일에 복음회 젼도디(傳道隊)와 악스포드학싱젼도디와 구셰군은 다 웨슬네션싱의 모법을 좃는쟈들이라」호엿스며 또 감독 라잇푸트씨는 말호기를 「구셰군들은 요한웨슬네션싱을 비화 사롬의령혼을 구쥬ᄭᅦ로 인도호는비결을 모든 교회에 ᄀ르쳐준다호엿더라

션싱의 탁월훈 능력으로 말미암아 감리교회가 그리스도교 ᄉᆞ긔 가온디 훈 요소(要素)가 되엿ᄂ니라

션싱의 형용훈일을 싱각호면 션싱이 六十여년 동안을 그리스도의 일홈을 젼도호며 거룩훈 일을 만히 힝호엿눈디 하로쉬지안코 히마다 一만三千여리가량을 두루 도라둔니면셔 비일 二三次식 젼도홀때에 듯눈자ㅣ 흔히 千百명에 니르럿고 八十六년되던히에도 一만五千명 모힌회당에셔 훈번 젼도훈일이 잇스니 션싱은 춤 도덕상에 훈 영웅이며 十ᄌ긔밋헤 훈 용밍스러온 군ᄉ라홀지로다 오놀날 우리가 션싱의 말솜을 듯눈것곳흐니 곳

죄인괴수날위히
예수죽으셧네

이말은 곳 밋음의 ᄌ복이니 모레비안 형데들이 이노래호며 젼도호눈 가온디 이말을 홍상 쓰눈디 션싱은 뎌희와게 이 진리를 비훈것이며 또 션싱의 친구 요한펠넷취씨는 감리교회중 훈 셩인이라 이 셰상을 떠날림시에 간증호기를

나눈아모것도업고
피흘니눈어린양안에
내보물싸앗네

우리도 이션싱과굿치 셩인의 학교에셔 ※ 셩셤으로 비호면 텬ᄉ의 말솜을 홀수도잇스며 션지의 지능을 엇을수도잇스며 모든 오묘훈 리치를 알수도 잇스며 모든 우리 보물을 주어 가난훈자를 먹일수도 잇스며 태산을 옴길만훈 밋음을 엇을수도 잇스며 죽눈 시간과 심판밧눈날에 우리를 능히 이길자가 업슬것이니라 아멘

ᄂᆡ외잡조

◎경부뎐화 본월十일브터 부산과 서울ᄉ이에 뎐화(電話)를 통호엿더라

◎만쥬호역(虎疫) 만쥬 통신을 거훈즉 남만쥬료양 봉텬 안동 대련등디에 호렬ᄌ(虎列剌)가 창궐호야 사롬이 만히 죽눈다더라

◎황히도슈재 거월 큰 장마에 황히도 황쥬 봉산 지녕 신쳔 四군의 슈재는 수빅년리에 처음 당훈일인디 이슈재에 죽은사롬이 八十여명이오 집과 뎐답에 대훈 손해는 대략 一百五十만환가량이라더라

◎의토전정 구라파로브터 온 뎐보를 거훈즉 의대리(義大利)졍부는 토이기(土耳其)로더브러 젼정홀뜻을 셰계에 공포호엿다더라

◎트리폴니뎜령 의대리와 토이기ᄉ이에 륙히젼(陸海戰)을 시작호엿눈디 토이기 군함(軍艦) 두쳑이 셔[illegible]젓스며 의대리 륙군은 북아불리가(北亞佛利哥)에 잇눈 토이기속방 트리폴니도셩을 뎜령호엿다더라

◎각국의즁립 의대리와 토이기ᄉ이에 젼징이 니러난후에 동양의 일본과 셔양의 영미법덕 졔국은 국외즁립(局外中立)호기로 셩명호엿다더라

◎셩경공부호기에긴요훈 묘법

셔양 엇던 월보에 미국 뉴욕셩경학교의 사경요법(査經要法)을 긔지호엿기로 이에 역지(譯載)호야 셩경공부호눈자의게 유익홈이 되기를 브라노라

一、엇던장(章)이던지 공부호고져홀때에 몬져 얼마동안을 깁히 싱각호야 그쟝의 대지가 무엇인지 차즈볼것이며

二、ᄌ긔가 그쟝대지에 디호야 얼마나 됴연히 셰득훈것이 잇눈지 스ᄉ로 무러볼것이며

三、그쟝을 첫졀브터 뭇졀ᄭ지 훈번 닑으되 구졀마다 주의호며 홀수잇스면 외이눈것이 됴호며

四、그쟝을 부분으로 구별호되 부분마다 무숨요지가 잇눈지 그 가온디 말훈것이 훈가지 일인지 혹 두세가지 일인지 ᄌ세히 분셕호야 볼것이며

五、그쟝의 대지가 그칙의 젼편의 대지나 혹 젼후쟝(前後章)의 대지로 더브러 관계된것이 잇눈지 샹고호야 볼것이며

六、그쟝의 대지와 부분과 각부분의 요령을 연필노 공부호눈 슈텹에 긔록홀것이오

七、이우헤 말훈바를 다 긔록훈후에는 칙을 덥허노코 가만히 싱각호던지 혹 소

리ᄒᆞᆫ 외에더 셩경은 문데로 넘을것이 아니라 조리가 긔억ᄒᆞᆯ수 잇ᄂᆞᆫ대로 ᄒᆞᆯ것이며

八、이곳치 ᄒᆞᆫ번 외인후에 다시 ᄎᆡᆨ을 펴놋코 그외인것이 본문에서 ᄲᆞ진것이 업ᄂᆞᆫ지 샹고ᄒᆞ야 볼것이며 이나 혹 오착된것이 업ᄂᆞᆫ지 샹고ᄒᆞ야 볼것이며

九、각부분이나 각구절의 요지가 아래 웃말과 서로 련락(聯絡)ᄒᆞᆫ뜻이 잇ᄂᆞᆫ지 ᄌᆞ세히 샹고ᄒᆞ야 볼것이며

十、그장의 대지를 가지고 말을 길게 느려서 작문을 지어볼것이며

十一、그장의 대지로 말을 ᄶᆞ르게 주려서 작문을 지어 볼것이며 (미완)

회보ᄃᆡ금령슈

住所	氏名	
開城下南面禮城口	李貞烈	廿五錢
仝	倍美楊昌華	廿五錢
陽德自開洞	金達鉉	廿五錢
公州府	潘卜基	廿五錢
仝	李奎甲	廿五錢
定山光生里	金承烈	廿五錢
公州府下里村	李用周	廿五錢
南陽	朴寅秉	廿五錢
利川邑耶穌敎堂	韓昌燮	二圓五十錢
京城麻浦	李泰亨	五十錢
京城北壯洞	李雲謙	三圓
京城北壯洞	尹相殷	廿五錢
京城冷洞	盧炳善	廿五錢
廣州	尹用福	廿五錢
楊平	李載奎	廾五錢
京城	金明濱	廿五錢
仝	金弘鎭	廿五錢
仝	權輔相	廿五錢
仝	張起學	五十錢
春川邑	金龢吉	五十錢
江華喬桐方足信		四圓五十錢
京城	趙漢旭	廿五錢
京城	李弼柱	五十錢
郭山明東學校		一圓

교육

⊙가졍학

남녀하인을부리ᄂᆞᆫ법

대개 이세상에 문명이 진보될수록 인류의 싱활ᄒᆞᄂᆞᆫ 졍도가 ᄯᆞ라 사치ᄒᆞ며 번거ᄒᆞᆫ것은 ᄌᆞ연ᄒᆞᆫ 리치라 그런고로 즁등이샹 사ᄅᆞᆷ은 하인부리ᄂᆞᆫ 풍습을 일우엇슨즉 가뎡에서 뎍당ᄒᆞᆫ법을 연구ᄒᆞ야 하인을 잘 어거치 아니ᄒᆞ면 불가ᄒᆞ니라

데一 하인의고용

一、하인은 남녀를 물론ᄒᆞ고 셩질이 진실ᄒᆞ고 신톄가 강건ᄒᆞᆫ자를 턱ᄒᆞ야 쓸것이며 몸에 무ᄉᆞᆷ 유젼(遺傳)ᄒᆞᄂᆞᆫ 병이 잇던지 무ᄉᆞᆷ 괴악ᄒᆞᆫ 셩품이 잇ᄂᆞᆫ쟈ᄂᆞᆫ 결단코 쓰지말것이며 혹 친쳑이나 친구즁에 빈한ᄒᆞ고 의탁ᄒᆞᆯ곳이 업서서 하인의 고용ᄒᆞ기를 ᄌᆞ원ᄒᆞᄂᆞᆫ쟈가 잇슬지라도 맛당히 쓰지말것이니라

二、하인을 새로 고용ᄒᆞᆯ때에 그 고용ᄒᆞᆯ 긔한(期限)을 아모됴록 ᄶᆞᄅᆞ게 뎡ᄒᆞ고 몃날이나 몃ᄃᆞᆯ동안을 시험ᄒᆞ야 합의ᄒᆞ거던 긔한을 다시 뎡ᄒᆞᆯ것이니라

三、하인의 월급을 뎡ᄒᆞᆷ에도 몬져 보통샹당ᄒᆞᆫ 월급으로 뎡ᄒᆞ고 시험ᄒᆞ야 보다가 그 ᄆᆞᄋᆞᆷ이 충직ᄒᆞ고 ᄯᅩᄒᆞᆫ 특별기능(技能)이 잇ᄂᆞᆫ쟈ᄂᆞᆫ 긔한의 길며 ᄶᆞ른것을 불계ᄒᆞ고 월급을 샹당히 올녀주어 그 ᄆᆞᄋᆞᆷ을 깃브게 ᄒᆞᆯ것이니라

四、하인을 만히 고용ᄒᆞᄂᆞᆫ 집에서ᄂᆞᆫ 하인의 ᄒᆡᆼᄒᆞᆯ일을 각각 그 기능대로 분담(分擔)식혀 저맛흔 일을 남의게 밀지못ᄒᆞ게 ᄒᆞᆯ지니라

五、하인을 부리되 일ᄒᆞᄂᆞᆫ때와 밥먹ᄂᆞᆫ 때와 잠자ᄂᆞᆫ 때와 휴식(休息)ᄒᆞᄂᆞᆫ 때를 뎡ᄒᆞ야 규측을 세우고 그대로 쥰힝케 ᄒᆞᆯ지니라

六 셔양말에 쥬인은 하인의 스승이라 ᄒᆞ엿스니 대개 하등 고용ᄒᆞᄂᆞᆫ 사ᄅᆞᆷ은 흔히 지식이 업고 교육을 밧지못ᄒᆞᆫ고로 말과 ᄒᆡᆼ실이 법도에 맛지 못ᄒᆞ기 쉬오니 쥬인이 맛당히 하ᄂᆞ님의 말ᄉᆞᆷ으로 졈졈 인도ᄒᆞ야 회ᄀᆡ케 ᄒᆞᄂᆞᆫ것이 됴흐며 ᄯᅩᄒᆞᆫ 뎡ᄒᆞᆫ 규측을 잘 직히게 ᄒᆞᆯ것이니라

七、대뎌 샹과 벌은 나라집이나 ᄉᆞᄉᆞ집을 물론ᄒᆞ고 션을 권ᄒᆞ며 악을 증계ᄒᆞᄂᆞᆫ것이나 만일 샹벌이 맛당ᄒᆞᆷ을 엇지 못ᄒᆞ야 치우쳐 ᄉᆞ랑ᄒᆞ거나 뮈워ᄒᆞᄂᆞᆫ ᄆᆞᄋᆞᆷ을 좃차 나오던지 一시 깃브거나 분로ᄒᆞᆫ 셩졍에 맛겨 ᄒᆡᆼᄒᆞᆯ것ᄀᆞᆺᄒᆞ면 샹을 밧ᄂᆞᆫ자ㅣ 감샤ᄒᆞᆷ

을 심각지 못ᄒᆞ고 분수에 넘치게 ᄡᅳ리며 벌을 당ᄒᆞᆫ자ㅣ 더욱 원망ᄒᆞ야 점줏 규측을 위반ᄒᆞ기 쉬오니 쥬인된자ㅣ 불가불 상벌을 주의ᄒᆞᆯ것이니라

실 업

ᄃᆞᆰ(鷄)치는법

ᄃᆞᆰ을 치라면 불가불 됴흔 죵류를 턱ᄒᆞᆯ것은 죠션에 본리 잇는 ᄃᆞᆰ은 대개 적고 또ᄒᆞᆫ 속히 자라지 못ᄒᆞ며 셔양의 ᄃᆞᆰ은 속히 자랄ᄲᅮᆫ아니라 그 즁량이 죠션 ᄃᆞᆰ보다 三四비 되는것이 잇는고로 죠션 ᄃᆞᆰ ᄒᆞᆫ머리에는 갑시 二十五젼으로 五十젼ᄭᆞ지 ᄒᆞᆯ때에 셔양 ᄃᆞᆰ ᄒᆞᆫ머리에는 一환으로 二환ᄭᆞ지 ᄒᆞ는연고니라

대개 셔양ᄃᆞᆰ의 죵류를 말ᄒᆞ자면 이아래와 ᄀᆞᆺᄒᆞ니

一、련포리모스록구니 이죵류는 근본이 미국에셔 낫는ᄃᆡ 一년에 알 一百四五十개를 나흐며 그즁량은 一百량즁에 달ᄒᆞ여 엇더ᄒᆞᆫ 풍토(風土)던지 다 기르기에 합당ᄒᆞ며

一、래구혼이니 이죵류는 근본이 의대리국에셔 낫는ᄃᆡ 一년에 알 二百개를 나흐며 그즁량은 七百五十량즁에 달ᄒᆞ나 다만 고기맛이 됴치못ᄒᆞᆷ으로 알만 ᄲᅢ아먹기에 ᄆᆞ쟝 합당ᄒᆞ며

一、안다루산이니 이죵류는 근본이 셔반아국에셔 낫는ᄃᆡ 또ᄒᆞᆫ 알ᄲᅢ아먹는 소용으로 기르는것이라 죠션풍토에 ᄆᆞ쟝 합당ᄒᆞ며

一、쌰라마니 이죵류는 근본이 동인도국에셔 낫는ᄃᆡ 一년에 알 一百五十개를 나흐며 고기맛도 샹픔이오 그 즁량도 비상히 커셔 一百五十량즁에 달ᄒᆞ는쟈 잇스며

一、명고옥(名古屋) 고친이니 이죵류는 ᄲᅧ가 적고 고기가 만흔ᄃᆡ 一년에 알 一百五十개를 나흐며 죠션 롱가에셔 기르기에 ᄀᆞ장 합당ᄒᆞ니라

담 총

◉ᄌᆞ긔몸을 죽여남을 구원ᄒᆞᆷ

三년젼에 미국 화륜션ᄒᆞ나히 가나다 북편바다를 건너다가 즁로에셔 큰 바회돌에 브드쳐셔 ᄇᆡ가 셔여져 점점 가라안는지라 ᄇᆡ안에 잇던사ᄅᆞᆷ들이 다 죽기만 기ᄃᆞ리더니 맛ᄎᆞᆷ 그ᄇᆡ에 무션뎐(無線電)부리는 긔ᄉᆞ ᄒᆞ나히 ᄀᆞᆺ치든지라 무션뎐 긔계를 가지고 四방으로 향ᄒᆞ야 뎐보를 놋코 구원ᄒᆞᆷ을 쳥구ᄒᆞ더니 어ᄃᆡ셔 난ᄃᆡ업는 어션(漁船)이 와셔 셔여진 ᄇᆡ에 올낫던 사ᄅᆞᆷ을 一一히 다 구원ᄒᆞᆯᄉᆡ 무션뎐 부리던 긔ᄉᆞ는 다른사ᄅᆞᆷ을 다 구원ᄒᆞ고 민나죵에 그 어션에 오르고져ᄒᆞ다가 밋쳐 오르기젼에 ᄯᅳᆺ던 ᄇᆡ가 아조 가라안즈매 이 긔ᄉᆞ도 ᄇᆡ와 ᄀᆞᆺ치 물속으로 드러갓다ᄒᆞ니 이 긔ᄉᆞ는 과연 우리쥬의 모범을 좃는쟈라 ᄒᆞᆯ지로다

◉뢰(腦)업는고리

ᄒᆞᆫ사ᄅᆞᆷ이 ᄇᆡ를 두고 바다에 ᄯᅥ가다가 본즉 큰 바회돌밋헤셔 엇던어부들이 산ᄀᆞᆺ치 큰 고리 ᄒᆞᆫ머리를 산채로 두고 고기도 버혀내며 기름도 ᄯᅦ여내는ᄃᆡ 그 고리는 다만 눈을 번히 ᄯᅳ고 압흠을 셔ᄃᆞᆺ지 못ᄒᆞ거늘 심히 의아ᄒᆞ야 그 사ᄅᆞᆷ이 어부다려 그 연유를 물은즉 어부ㅣ ᄃᆡ답ᄒᆞ되 이고리는 뢰가 업는고로 우리가 살여두고 버혀내며 ᄯᅦ여내도 도모지 셔ᄃᆞᆺ지 못ᄒᆞᆫ다 ᄒᆞ거놀 그사ᄅᆞᆷ이 늣기를 맛치매 무연(憮然)히 탄식ᄒᆞ야 ᄀᆞᆯ은ᄃᆡ 슯ᄒᆞ다 엇지 즘ᄉᆡᆼᄲᅮᆫ이리오 사ᄅᆞᆷ도 뢰력(腦力)이 부족ᄒᆞ야 범빅ᄉᆞ리에 연구ᄒᆞ는 ᄉᆞ상과 령쳡(靈捷)ᄒᆞᆫ 감각(感覺)이 업스면 엇지 이고리와 다르리오

광고

경향 여러교우의 갈망ᄒᆞ시던 국문구약셩경의 완편이 출판되여 이달금음이나 래월초성브터 발매ᄒᆞ겟ᄉᆞ오니 쳠군ᄌᆞ는 슈용의 다쇼를 ᄯᆞ라 목속청구ᄒᆞ심을 ᄇᆞ라옵

그 졔본과 뎡가는 여좌ᄒᆞ옵

二권一질 二쳔六백五十
현
지의 一환
포의 一환十五젼

THE AMERICAN BIBLE SOCIETY.

한문셩경이 새로 샹히로 셔나왓는ᄃᆡ 쉬운문리라

일어셩경신구약도 여러 죵류가 본공회와 셔울명동과 평양에잇는 본공회의 일본인지뎜에 잇ᄉᆞᆸ

평양잇는 본공회의 죠션인 지뎜에는 국문셩경의 여러죵류가 잇ᄉᆞᆸ

각지뎜에셔도 이 셩경들을 목록에 긔록ᄒᆞᆫ 뎡가로 도미나 쇼미를 다ᄒᆞ옵

각 칙사에셔 사가면 삼할ᄒᆞ고 부비ᄭᆞ지 담당ᄒᆞ옵

京城鍾路基督敎靑年會下層
美國聖書公會 告白

광고

경계자 하ᄂᆞ님의 도으심으로 국문 신구약젼셔가 완편되지라 이믜 인쇄ᄒᆞ야 이재 미하ᄒᆞ논바 이칙의 쟝광은 국문 四호글ᄌᆞ 지의 신약과곳고 그 쟝칙과 졍가는 이아래 ᄌᆞ셰히 긔록ᄒᆞ엿ᄉᆞ오니 이칙을 갈망ᄒᆞ시던 우리 형뎨와 ᄌᆞ미는 본공회와 경향 각교즁 칙샤에 청구ᄒᆞ시와 익독ᄒᆞ시옵쇼셔

쟝칙과뎡가

신구약젼셔
단권一秩견표의 一圓五十錢
仝 반피의 一圓七十五錢
三권仝 지의 一圓二十五錢
仝 仝 포의 一圓三十五錢

구약젼셔
二권一秩지의 一圓
仝 仝 포의 一圓十五錢

본공회에 국문한문 밋각국문의 셩셔가 구비ᄒᆞ옵고 원근각처로 발송ᄒᆞ는 셩셔의 운비 혹 우료는 본공회에셔 출급ᄒᆞ오며 샹셰ᄒᆞᆫ 규칙과 뎡가록은 청구ᄒᆞᆯ ᄯᆞ라 공급ᄒᆞᄂᆞ이다

서울종로 대영셩셔공회 고빅

◁八寶丹製造本舖▷

△特別廣告▽

▲西藥各種營業品目

◉本堂製藥五十六種 ◉英美法德上品金鷄蠟各種
◉洋藥各種 ◉珊篤寧(一名蛔虫散各種)
◉賣藥各種 ◉京城內諸藥房新發明藥各種

▲乾材部의營業品目

◉人蔘의各種 ◉唐材藥의各種
◉鹿茸의各種 ◉草材藥의各種

▲製藥部의營業品目

◉方文이有ᄒᆞᆫ貼藥의一劑以上
◉六味湯或丸 ◉肥兒丸、水土丹 ◉牛黃抱龍丸
◉八味湯或丸 ◉唐射香蘇合丸 ◉膽星抱龍丸
◉山蔘淸心元 ◉太乙紫金錠 ◉消毒保嬰丹
◉牛黃淸心元 其他本方에依ᄒᆞ야虔製ᄒᆞᆫ丸藥의各種
但貼藥과丸藥은先金을要홈

京城鍾路和平堂大藥房本舖 主任 李應善
西藥製藥部
舊藥製藥部
(電話一六九七番 電略話(화)(ワ))

九轉靈砂 ◉廣告◉

九轉靈砂는本人이新法煉製ᄒᆞ야數十年經驗에諸般疾病에其効如神인바男女老少兒童小兒의主治諸藥이數十餘種이오며諸病治法과各種丹藥의定價表及主治明錄은本局廣告紙에詳錄이오니藥을請求ᄒᆞ실諸君子는廣告紙를請求一覽홈

官許 登錄 認可

九轉靈砂 (一錢重) 定價金六十錢

九轉靈砂濟衆丹 食滯酒滯肉滯水土不服과藿亂吐瀉時忌怔疾及諸般急症에 神效ᄒᆞᆫ懷中藥이오 (一包 定價十錢)

京城西部內需司前百三統一戶
煉丹大藥房 主任 李鎬廷 告白

그리스도회보

KOREAN CHRISTIAN ADVOCATE

每月二回發行
明治四十四年十月二十七日印刷
明治四十四年十月三十日發行

發行兼編輯人 北部社洞 奇義男
印刷人 北部樓閣洞 朴東完
印刷所 京城西小門內法漢印刷所
發行所 北部社洞 奇義男邸

ᄃᆡ금 一장 二젼五리
[代金] 六ᄀᆡ월 二十젼
一ᄀᆡ년 四十젼

광고료 四호활ᄌᆞ 一항 一회 五젼
(활ᄌᆞ대쇼와 항수다쇼와 긔한쟝단을 ᄯᅡ라 증감홈)

사설

⊙그리스도회보에ᄃᆡᄒᆞᆫ신쟈의무(義務)

본회보가 세상에 나온지 一년이 못되엿슨즉 그 지식과 경력이 아직 유치홈을 면치 못ᄒᆞᆯ것이라 그러나 ᄒᆞᆫ돌에 두번식 ᄋᆡ독(愛讀)ᄒᆞ시ᄂᆞᆫ 여러 형데와 ᄌᆞ미ᄅᆞᆯ 차자뵙고 령혼샹에 유익ᄒᆞᆫ 니야기ᄂᆞᆫ 들녀드리며 니외국 각교회의 형편과 소문도 젼ᄒᆞ며 실업샹나 교육이나 각죵ᄉᆞ물에 필요ᄒᆞᆫ ᄌᆡ료도 공급ᄒᆞ기로 그 의무를 삼은즉 여러분 형데와 ᄌᆞ미ᄭᅴ셔도 ᄯᅩᄒᆞᆫ 본회보에 ᄃᆡᄒᆞᆫ 의무가 업지아니ᄒᆞᆯ지라 그러면 이 의무ᄂᆞᆫ 무엇이뇨 곳 본회보의 젼ᄒᆞᄂᆞᆫ 말을 주의ᄒᆞ야 드르며 ᄯᅩᄒᆞᆫ 여러 교우의게 널니 광고ᄒᆞ야 아모됴록 교우마다 본회보를 ᄒᆞᆫ돌에 두번식 만나보게ᄒᆞ며 무슴 유익ᄒᆞᆫ일을 긔록ᄒᆞ야 본회보의게 자조 통신ᄒᆞᄂᆞᆫ것이라 죠션에 우리 남북량감리회 남녀교우가 五만명이샹인즉 十인즁 一인식만 보더라도 본회보 구람쟈가 五千명이샹은 될터인ᄃᆡ 본회보ᄅᆞᆯ 발힝ᄒᆞᆫ지 거의 一년에 본회보 구람쟈가 二千명에 차지 못ᄒᆞ니 교우마다 이 의무를 직혓다고 말ᄒᆞᆯ수 업도다 그럼으로 본샤에서ᄂᆞᆫ 특별히 양력十一월 十二월 량삭동안에 본회보 구람쟈를 크게 모집ᄒᆞ기로 작뎡ᄒᆞ고 신문ᄃᆡ금을 젼보다 경감(輕減)ᄒᆞ엿ᄉᆞ오니 여러분형데와 ᄌᆞ미ᄭᅴ셔ᄂᆞᆫ 이우회 말ᄒᆞᆫ바 의무를 조즁히녁여 一반교우의게 힘써 권고ᄒᆞ야 본회보 보실이를 만히 모집ᄒᆞ야 보내시기를 간졀히 ᄇᆞ라ᄂᆞ이다

본샤특별 광고

본샤에서 양력 十一월 十二월 량삭동안에 구람쟈를 크게 모집ᄒᆞ기로 작뎡ᄒᆞ고 빈한ᄒᆞᆫ 교우들을 위ᄒᆞ야 회보ᄃᆡ금을젼보다 감ᄒᆞ야 一년에 四十젼식을 뎡ᄒᆞ엿ᄉᆞ오니 쳠위ᄂᆞᆫ 새로 구람ᄒᆞᆯ이를 만히 모집ᄒᆞ야 보내시옵

중산구황연보

(젼호련쇽)

朱昌敎、兪마리아各十五錢、朱漢麟、朱漢龜、朴承植朴承元、朴丹秉、朴濟秉、朴承浩、金尙玉、張泰雲、高萬鳳、趙昌業、高應三、金사라、金미리암、金안나各十錢、朱永鎭、朱昌孝、全東龜、朴銀秉、朴連秉、金致凡、金尙吉各五錢、金尙吉모친、金文壽모친、高亨泰모친、高萬鳳모친五錢、柳마리아二錢、南양당니교회一환、덕골교회六十錢、 숫밧교회一환十五錢、 유촌교회一환四十七錢五里、 保寧宮村교회구연채、김락권모친、各五十錢、채운선十五錢、김민졔、김원칠、용경윤、ᄒᆞ문션、김편숙、김쥰삼各十錢、김홍슌、라죵권、各五錢、春川金祚吉五十錢、 恩津論山敎會卜賓業二十錢、 金尙文十一錢五里、片元甲母친二十錢、文학삼二錢、 리져년、김마리아各五錢、김미리암、金昌彦夫人、各三錢、 최마르다二錢、 김돌네모친二錢五리、 서슌봉모친二錢、죠즁셕모친三錢、 졍샹귀모친二錢、

(미완)

교즁휘문

△ᄂᆡ보▽

◉팔씨톄경 미국 셀노스 그라스도회보샤장 팔니모씨는 동양 각국을 유람ᄒᆞᄂᆞᆫ 길에 경셩에 와서 몃날동안 류ᄒᆞᄂᆞᆫ 즁인ᄃᆡ 본월二十二일 쥬일에는 경셩 경교 남감리회 례ᄇᆡ당에서 젼도ᄒᆞ엿다더라

◉량씨도일 미감리회 목ᄉᆞ 셔원보 젼덕긔량씨는 일본ᄂᆡ디 감리교 형편을 시찰ᄒᆞ기 위ᄒᆞ야 본월十八일에 일본으로 향ᄒᆞ야 발졍ᄒᆞ엿다더라

◉황씨열심 황히도 슈안남디방 젼도ᄉᆞ 교의슈씨의 동신을 거ᄒᆞᆫ즉 동군 동부면 부수의 교회 황학현씨는 본ᄅᆡ 셩품이 교잡되여 ᄌᆞ긔의 ᄆᆞ음대로 모든 일을 힝ᄒᆞᄂᆞᆫ고로 세상 사ᄅᆞᆷ이 죠롱ᄒᆞ기를 황고집이라 ᄒᆞ더니 하ᄂᆞ님ᄭᅴ셔 그 ᄆᆞ음을 감화ᄒᆞ샤 三년젼에 우리쥬ᄭᅴ로 도라온후 그 계씨 학슈씨로 더브러 교회를 설립ᄒᆞ고 례ᄇᆡ당을 새로 건축ᄒᆞᆯ시 시작ᄒᆞᄂᆞᆫ 날브터 필역ᄒᆞᄂᆞᆫ 날ᄭᆞ지 그 몸으로 담부지역을 힘쓸ᄲᅮᆫ아니라 ᄯᅩᄒᆞᆫ 一신쇼학교를 셜립ᄒᆞ고 그 학교안에 우거ᄒᆞ면서 물깃고 불ᄯᅢᄂᆞᆫ일ᄭᆞ지 담당ᄒᆞ며 그 가세가 젹빈(赤貧)ᄒᆞ지마ᄂᆞᆫ ᄒᆞᆫ번은 ᄌᆞ긔집에 다만 잇ᄂᆞᆫ바 팟十三승을 젼도ᄉᆞ ᄌᆞ급젼으로 밧쳣ᄂᆞᆫᄃᆡ 그 갑은 二환七十一젼이라ᄒᆞ니 황씨ᄂᆞᆫ 과연 교회와 학교를 위ᄒᆞ야 열심이 만타고 칭숑이 ᄌᆞᄌᆞᄒᆞ더라

◉一쳑션一셕미 경긔도 마젼군 온ᄃᆡ교회쇽장 리형지씨의 통신을 거ᄒᆞᆫ즉 그곳은 쥬후 一쳔九ᄇᆡᆨ四년간에 밋ᄂᆞᆫ형뎨 몃사ᄅᆞᆷ이 교회를 셜립ᄒᆞ엿스나 외인의 핍박이 ᄌᆞ심ᄒᆞ야 이웃 사ᄅᆞᆷ이 서로 상죵치 아니ᄒᆞᆷ으로 교우즁에 싱업을 일코 락심된자가 만터니 하ᄂᆞ님ᄭᅴ셔 연약ᄒᆞᆫ 교회를 도라보샤 이곳 김창슌씨의게 셩신을 부어주심으로 김씨가 여러형뎨와 ᄌᆞ미의 열심을 고동ᄒᆞ야 교회의 흥왕ᄒᆞᆯ 긔망이 잇슬ᄲᅮᆫ 아니라 ᄯᅩᄒᆞᆫ 새로 례ᄇᆡ당 건축ᄒᆞᆯ일을 말론ᄒᆞ야 역ᄉᆞ를 시작ᄒᆞᆯ셔 ᄌᆞ긔의 셩의ᄒᆞᄂᆞᆫ 비룰주어 지목과 돌을 슈운케ᄒᆞ고 나중에는 돈八환과 그 비ᄭᆞ지 밧쳐 역ᄉᆞ를 필ᄒᆞ게 ᄒᆞ엿고 ᄯᅩ 동리에 최노듸부인은 ᄌᆞ긔의 져츅ᄒᆞᆫ 농량ᄒᆞᆫ셤ᄶᅳᆷ 연보ᄒᆞ야 목슈의 식도를 담ᄒᆞ엿다ᄒᆞ니 이 교회를 위ᄒᆞ야 감하ᄒᆞ노라

◉왕디의새회당 츙남 아산군 둔포교회 홍경셥씨의 통신을 거ᄒᆞᆫ즉 그 근방 왕디라ᄒᆞᄂᆞᆫ 동리ᄂᆞᆫ 쥬의빗치 드러온지 수년에 젼도인 박영셕씨와 권ᄉᆞ 최응샹씨의 열심젼도ᄒᆞᆫ 결과로 남녀교우의 수효가 五十인에 달ᄒᆞ엿스나 다만 례ᄇᆡ당이 업슴으로 교우 유동쥰씨의 단간방에 모혀 례ᄇᆡ를 보노라고 고난이 막심ᄒᆞ더니 금년 녀름에 유동쥰 챠용덕 량씨가 교당에서 례ᄇᆡ당 건축ᄒᆞᆯ일을 발론ᄒᆞ ᄯᅢ 一반 교우가 량씨의 밋음에 감화되여 이ᄯᅢᄂᆞᆫ 졍히 ᄆᆡᆨ츄라 각각 밀ᄒᆞᆫ말브터 三四두ᄭᆞ지 연죠ᄒᆞ고 부족되ᄂᆞᆫ 것은 유챠량씨가 담보ᄒᆞ고 빗을 엇어 쵸자六간을 필역ᄒᆞᆫ후 ᄯᅩ 박영셕씨가 경비를 담당ᄒᆞ여 도비ᄭᆞ지 ᄒᆞ엿다ᄒᆞ니 一반 교우와 특별히 유챠량씨의 열심을 칭숑ᄒᆞᆫ다더라

◉ᄎᆞᆷ긔이ᄒᆞᆫ일 경긔도 인쳔 덕젹면 구포동교회 허광모씨의 통신을 거ᄒᆞᆫ즉 이곳 교회ᄂᆞᆫ 작년 十월에 새로 은혜를 밧은 형뎨가 七十여명에 달ᄒᆞ엿고 금년 四월에 새로 례ᄇᆡ당 六간을 건축ᄒᆞ엿고 쟝ᄅᆡ의 흥왕ᄒᆞᆯ 희망이 잇ᄂᆞᆫ즁 근일에와셔 ᄀᆞ쟝 긔이ᄒᆞᆫ 일이 잇스니 곳 이근쳐에 사ᄂᆞᆫ 셔덕한이란 형뎨ᄂᆞᆫ 三년젼브터 샤귀가 들녀셔 모든 방법으로 다ᄉᆞ려도 곳치지못ᄒᆞ고 다만 죽은 사ᄅᆞᆷ으로 돌니더니 월젼에 쥬ᄭᅴ셔 젼도ᄉᆞ를 그집으로 인도ᄒᆞ샤 하ᄂᆞ님의 말ᄉᆞᆷ을 이 병자의게 젼ᄒᆞᆫ즉 곳 복죵ᄒᆞᄂᆞᆫ고로 교당으로 다려다가 十일동안을 여러교우가 쉬지안코 긔도ᄒᆞ엿더니 샤귀ᄂᆞᆫ 쫏겨나가고 병자ᄂᆞᆫ 하ᄂᆞ님ᄭᅴ 찬숑ᄒᆞ매 그집 아홉식구가 다 회기ᄒᆞ야 쥬ᄭᅴ로 도라왓다ᄒᆞ니 과연 긔이

ᄒᆞᆫ일이라더라

⊙계쥬까도 남양군 장안면 슈촌교회 권ᄉᆞ 김응ᄅᆡ씨의 통신을 거ᄒᆞᆫ즉 슈원군 공향면 두렁바위교회 김정헌씨는 본ᄃᆡ 텬도교인이오 ᄃᆡ쟝일노 위업ᄒᆞᄂᆞᆫᄃᆡ 술취ᄒᆞ기를 즐기며 허랑ᄒᆞ더니 쥬압헤 도라온후 술을 ᄭᅳᆫ코 ᄃᆡ쟝간 겻헤 쥬막이 잇서셔 ᄃᆡ쟝일 식히러오는 사ᄅᆞᆷ들의 술먹는것이 유익지못ᄒᆞᆷ을 ᄭᆡᄃᆞᆺ고 ᄃᆡ쟝간을 다른곳으로 옴겨짓고 다른 사ᄅᆞᆷ을 권ᄒᆞ야 술을 ᄭᅳᆫ토록ᄒᆞ며 진실히 회ᄀᆡᄒᆞᄂᆞᆫ 열ᄆᆡ가 열녓스니 이것은 셩신 감화ᄒᆞ심이라고 이웃사ᄅᆞᆷ들이 칭용ᄒᆞᆫ다더라

⊙비호가늣지아닌것 함경도 안변군 영풍구역에 김찬익씨는 쥬를 밋은지 수년인ᄃᆡ ᄌᆞ긔집에셔 국문 ᄀᆞ르치기를 힘쓰더니 그모친은 七十세가 되엿ᄂᆞᆫᄃᆡ 풍병이잇셔 동ᄂᆡ츌입도 못ᄒᆞ더니 금년브터 쥬를 밋고 국문을 공부ᄒᆞ여 지금은 셩경을 보며 요한三장 十六절을 외오며 몸에 병도 직못ᄒᆞ여 형뎨들이 가면 반가히 영졉ᄒᆞ고 즐거워ᄒᆞ니 이일을 보면 나히 五十도못된 형뎨나 ᄌᆞ매가 나히만아 공부ᄒᆞᆯ수업다 ᄒᆞ지말고 이로인을 비화 부ᄌᆞ런이 공부ᄒᆞ여 하ᄂᆞ님의 오묘ᄒᆞᆫ말ᄉᆞᆷ을 ᄌᆞ미잇게 보시기를 ᄇᆞ라노라

⊙죄만ᄒᆞᆫ곳에은혜를주심 강원도 평강 금평교회 권ᄉᆞ 빅형련씨의 통신을 거ᄒᆞᆫ즉 동군 고삽면 셩두루라ᄒᆞᄂᆞᆫ 곳은 거민이 원ᄅᆡ 농업을 힘쓰지 안코 금광으로 위업ᄒᆞ며 풍속이 ᄯᅩᄒᆞᆫ 악ᄒᆞ야 골핀 두젼등 잡기로 싱의를 삼더니 하ᄂᆞ님ᄭᅴ셔 이 죄인들을 ᄇᆞ리지 아니ᄒᆞ시고 부르심으로 금춘에 오영쥰씨가 밋기로 작뎡ᄒᆞ고 열심으로 ᄃᆞᆫ니더니 교회가 점점 흥왕ᄒᆞ야 지금은 교우가 三十여명에 달ᄒᆞ엿고 셩경을 부ᄌᆞ런이 공부ᄒᆞᄂᆞᆫᄃᆡ 금광에 일ᄒᆞ러 갈ᄯᅢ에 셩경을 가지고 갓다가 쉬일ᄯᅢ면 담ᄇᆡ와 한담을 거절ᄒᆞ고 셩경을보며 쥬일이면 ᄯᅩᄒᆞᆫ 원집안 식구가 다모혀 례ᄇᆡᄒᆞᆫ다더라

⊙새모교회를셜립홈 황히도 평산구역 서영셕씨의 통신을 거ᄒᆞᆫ즉 금쳔군 호현면 옷멧절교회는 셜립된지 八년에 남녀교우가 二百여명에 달ᄒᆞᆫ지라 금년에 니르러는 아래멧절교우들이 ᄯᅡ로 례ᄇᆡ보기 위ᄒᆞ야 여러형뎨와 ᄌᆞ매가 열심으로 연보ᄒᆞᆫ 결과로 례ᄇᆡ당 와가八간을 새로 건축ᄒᆞ엿ᄂᆞᆫᄃᆡ 여러교우가 다 힘ᄃᆡ로 연보ᄒᆞ엿거니와 특별히 로히운씨는 ᄌᆞ긔 명하로 四十원과 ᄯᅩ 그죠부명하로 三十원을 연보ᄒᆞ엿다ᄒᆞ니 로씨의 집안은 가위 지물을 하ᄂᆞᆯ에 ᄊᆞᆺᄂᆞᆫ집이라 ᄒᆞ리로다

△외보▽

⊙각회합一론 청국 샹히 갑리회긔관신보에 긔ᄌᆡᄒᆞᆫ바를 거ᄒᆞᆫ즉 청국니디에 웨슬네션싱의 쟝졍을 직히는 교회가 네파문(派門)으로 논호엿ᄂᆞᆫᄃᆡ 一은 미이미회오 二는 감리회오 三은 슌도회(循道會)오 四는 히아회(偕我會)니 四년젼에 각회 ᄃᆡ표쟈 一千여명이 샹히셔 모혓슬ᄯᅢ에 이네파분을 합ᄒᆞ야 ᄒᆞᆫ교회를 ᄆᆞᆫᄃᆞᆯ자고 발론ᄒᆞᆫ이가 잇스매 각회 ᄃᆡ표쟈가 다 찬셩ᄒᆞᄂᆞᆫ고로 위원 十三인을 션뎡ᄒᆞ야 이일을 연구케ᄒᆞ엿더니 금년 十二월十三일에 각회ᄃᆡ표쟈가 복쥬에 모혀 이 위원회의 보고를 듯고 쟝ᄎᆞᆺ 이일을 실시ᄒᆞᆫ다ᄒᆞ며 ᄯᅩ 일본니디에도 웨슬네션싱의 쟝졍을 직히ᄂᆞᆫ 교파(敎派)가 셋이 잇ᄂᆞᆫᄃᆡ 금년브터는 병합(倂合)ᄒᆞ야 ᄒᆞᆫ공회를 죠직ᄒᆞ엿다ᄒᆞ니 이 운동은 실노 죠션에 잇ᄂᆞᆫ 우리량감리회의 본밧을만ᄒᆞᆫ 일이라 ᄒᆞᆯ지로다

⊙二十七셩셔공회 작년一년동안에 구미(歐米) 각국즁 二十七셩셔공회에셔 발매ᄒᆞᆫ 셩경의 수효가 一千二百八十四만三千九百十六권인ᄃᆡ 그즁에 미국셩셔공회에셔 발매ᄒᆞᆫ것이 二百十五만三千二十八권이라더라

⊙영덕량국의교회친목 구라파통신을 거ᄒᆞᆫ즉 영덕량국니의 각교회는 량국 교민(敎民)ᄉᆞ이에 친밀ᄒᆞᆫ 졍의를 발표ᄒᆞ기 위ᄒᆞ야 친목회를 죠직ᄒᆞ고 평화(平和)보라는 긔관잡지를 처음으로 발힝ᄒᆞ엿다

三

더라

교회통신

긔셔

일본신호신학학교죠션
류학싱 류경샹

⊙일ᄒᆞ여놈을셤길것

ᄯᅳᆯ아래 아리ᄯᅡ온 ᄭᅩᆺ은 사ᄅᆞᆷ을 깃브게ᄒᆞ며 텬연ᄒᆞᆫ 셩질의 묘ᄒᆞᆫ것을 나타내여 하ᄂᆞ님의 신셩ᄒᆞ심을 사ᄅᆞᆷ의게 알니ᄂᆞᆫ도다 보ᄂᆞᆫ자 다 칭미를 내여 더브러 ᄉᆞ괴며 위로ᄒᆞ지 밧고 봄과 가을의 힝식을 표출(表出)ᄒᆞ니 그 공이 쟝ᄒᆞ며 적지안으니 탄복홀만ᄒᆞ나 험악ᄒᆞ고 무지ᄒᆞᆫ 흙(土)이 아니면 엇지 더ᄀᆞᆺ치 되리오 ᄯᅩ 더 흙은 더 ᄭᅩᆺ치 아니면 엇지 흙의갑슬 셰상에 젼ᄒᆞ리오 그런즉 서로 업지못홀것이며 둘이 돌녀가며 힘닙지 아니ᄒᆞ면 되지아니 ᄒᆞ리로다 ᄭᅩᆺ은 흙을 셤기며 흙은 ᄭᅩᆺ을 셤기ᄂᆞᆫ도다 이ᄭᅩᆺ과 흙이 서로 미루워가며 셤기ᄂᆞᆫᄃᆡ 졍셩을 다ᄒᆞ지 아니ᄒᆞ면 될수업ᄂᆞ니 셤김을 밧을것은 ᄌᆞ지기즁(自在其中)이니 ᄉᆡᆼ각말고 셤기리라고만 ᄒᆞᄂᆞᆫ것이 츰 ᄭᅩᆺ과 흙의 졍신이라 홀수잇스니 그런고로 일ᄒᆞ여 놈을 셤길것이 첫재문데오 ᄀᆞ장 즁요ᄒᆞᆫ 문데로다 마가十쟝四十五졀에 예수ᄭᅴ셔 ᄀᆞᆯᄋᆞ샤ᄃᆡ 「인ᄌᆞ가 온것은 셤김을 밧으려온것이 아니오 셤기려 왓노라」ᄒᆞ신말ᄉᆞᆷ이 잇스니 이ᄂᆞᆫ 텬연ᄒᆞᆫ 리치오 셩경에 뵈이신 말ᄉᆞᆷ이오 예수ᄭᅴ셔 친히 힝ᄒᆞ시고 ᄀᆞᄅᆞ치신 말ᄉᆞᆷ이로다 우리 신자된 형뎨ᄌᆞ미ᄂᆞᆫ 누가 경계치 아니ᄒᆞ리오 우리 죠션민족은 더욱 오ᄂᆞᆯ 이ᄯᅢ를 당ᄒᆞ엿스니 실지뎍으로 듸듸여 힘ᄒᆞᄂᆞᆫ것이 가ᄒᆞᆫ지라 ᄉᆡᆷ물과 웅덩이의 두가지 물을 ᄉᆡᆼ각홀지어다 ᄉᆡᆷ물은 비록 적은 구멍에서 조곰식 나오나 만흔사ᄅᆞᆷ의 목마른것을 적시며 신션홈과 유쾌홈을 셋쳐주나 웅덩이 물은 그럿치 아니ᄒᆞ야 사방으로 흘너드ᄂᆞ니 물이오 모히ᄂᆞ니 물이로되 그 결국은 그물이 썩어서 사ᄅᆞᆷ이 목을 적시기ᄂᆞᆫ 고샤ᄒᆞ고 코를 막코 그곳을 지나감은 다름아니라 ᄉᆡᆷ물은 놈을 늘 셤김으로 오리도록 신션ᄒᆞᆫ 셩질을 가지고 잇스나 웅덩이 물은 셤김을 밧기만ᄒᆞ고 놈을 셤기지 아니홈으로 그럿케 됨이라 시험ᄒᆞ야 ᄉᆡᆼ각ᄒᆞ여 보시오 텬죵만물의 리치가 다 그런지라 이런말노 길게 설것은 업스나 예수ᄭᅴ셔 힝ᄒᆞ신 리력을 슯히건ᄃᆡ 몬져 하ᄂᆞ님과 동등되ᄂᆞᆫ것을 취ᄒᆞ실것이로되 ᄌᆞ긔를 ᄂᆞᆺ초샤 죵의 형샹을 취ᄒᆞ야 사ᄅᆞᆷ의 형뎨를 닙으셧다고(빌二〇五ㅡ七)ᄒᆞ엿스니 이셩경의 귀졀을 ᄌᆞ셰히 풀어 말ᄒᆞ건ᄃᆡ 하ᄂᆞ님과 동등되ᄂᆞᆫ 디위를 내여 노시고 ᄌᆞ긔를 ᄂᆞᆺ초셧다고 ᄒᆞ셧지 사ᄅᆞᆷ보다 오히려 ᄌᆞ긔를 ᄂᆞᆺ초셧다홈은 아니며 하ᄂᆞ님과 동등되ᄂᆞᆫ 디위에 잇서서ᄂᆞᆫ 사ᄅᆞᆷ과 ᄀᆞᆺ치 일ᄒᆞ실수업고 셤기실수ᄂᆞᆫ 더욱 업ᄂᆞᆫ고로 몬져 몸을 ᄂᆞᆺ초샤 사ᄅᆞᆷ의 형뎨를 닙으셧스니 놈을 돕거나 셤길쟈의 샹ᄐᆡ(狀態)ᄂᆞᆫ 이 두가지 죵류가 웃듬이되ᄂᆞ니 갑(甲)이 을(乙)을 셤기라면 모져 을이되지안코ᄂᆞᆫ 홀수업스며 을이 될ᄲᅮᆫ이지 을을 셤기ᄂᆞᆫ 동시에 을의게 굴복ᄒᆞ여 을보다 ᄂᆞᆺ초ᄂᆞᆫ것도 원샹ᄐᆡ가 아니오 무리(無理)히 슌죵ᄒᆞ거나 격식업시 무셔워ᄒᆞ여셔 아첨ᄒᆞ거나 ᄒᆞᄂᆞᆫ것은 놈을 셤기ᄂᆞᆫ자의 샹ᄐᆡ가 아니며 물이 흐르ᄂᆞᆫ대로 ᄯᅡ라가ᄂᆞᆫ듯시 ᄒᆞᄂᆞᆫ것이 리치가 아니며 동양셩현도 이런 사ᄅᆞᆷ을 ᄀᆞᄅᆞ쳐 하등인불이라 ᄒᆞ엿스니 갑이 을을 셤기라면 본져 을이되지 안코ᄂᆞᆫ 홀수업다홈은 곳리치니 예수ᄭᅴ셔 그대로 ᄒᆞ셧스며 ᄯᅩ 을을 셤기ᄂᆞᆫ 동시에 갑이 갑의 샹ᄐᆡ를 가져야 홀것이오 의리뎍인격(義理的人格)을 일치아니홀것이라 예수ᄭᅴ서도 사ᄅᆞᆷ이되샤 사ᄅᆞᆷ을 셤기실 동시에 사ᄅᆞᆷ의게 무리히 굴복지 아니ᄒᆞ셧스니 더 권세만코 강포ᄒᆞ며 교만ᄒᆞᆫ 바리서 교인을 ᄃᆡᄒᆞ실ᄯᅢ마다 흔히 엄위(嚴威)ᄒᆞ신 ᄐᆡ도를 가지시고 그들의게 굴ᄒᆞ거나 무례히 슌죵ᄒᆞ거나 인격을 일으시거나 ᄒᆞ시지안코 도로혀 ᄌᆞ긔의 근본ᄐᆡ도를 더위엄잇게 직히셧스니 놈을 도음거나 셤길쟈의 샹ᄐᆡ가 이 귀졀에 ᄇᆞᆰ히 나타낫도다 일ᄒᆞ여 놈을 셤길것은 예수ᄭᅴ셔 그리ᄒᆞ셧스니 우리 예수를 ᄯᅡ라가ᄂᆞᆫ 신자ᄂᆞᆫ 더욱 피치

곳ᄒᆞ리로다 대뎌 일도 여러 죵류가 잇서셔 직졉(直接)과 간졉(間接)이 잇스며 사ᄅᆞᆷ이 닐으ᄂᆞᆫ바 샹즁하 三등과 기외에 여러층이 잇스나 리샹뎍(理想的)은 그럿치 아니ᄒᆞ나 엇지 분별ᄒᆞ여 귀쳔샹하가 잇스며 층 심샹을 둘 어말ᄒᆞ면 강약도 업다고 ᄒᆞᆯ수잇스니 만약 잇스면 하등샤회에서 일ᄒᆞᄂᆞᆫ쟈는 샹등샤회에 가히 참예키 어려오나 리샹뎍으로는 층 업ᄂᆞᆫ고로 예수씌셔도 아모를 물론ᄒᆞ고 다 동등으로 교졔ᄒᆞ시며 섬기셧스니 간졉으로 ᄒᆞ신일은 젹표 직졉으로 ᄒᆞ신일이 만ᄒᆞ니 五千명이 넘은 무리를 ᄯᅥᆨ다셧기와 싱션 두머리로 ᄆᆡᆨ이샤 뎌희들의 주림을 면케ᄒᆞ심으로 뎌희를 섬기신것과 ᄀᆞᆺ치 우리 죠션 민족의게도 셩경의 ᄀᆞ득히 실닌싱명의 말ᄉᆞᆷ으로 뎌희를 섬기시니 이는 우리를 섬기시는 예수의 ᄉᆞ젹즁 ᄒᆞ나이오 ᄯᅩ는 마리아와 마르다의 오라비 나사로의 죽은것을 조샹ᄒᆞ러 가서셔 우ᄂᆞᆫ것을 보시고 ᄀᆞᆺ치 무리로 더브러 우셧스니 이는 유대인을 위로ᄒᆞ시사 섬기신것이라 우리의 슯흔눈물과 역울ᄒᆞ며 어려운 곤경을 보실때도 ᄯᅩᄒᆞᆫ 눈물흘니심으로 동졍을 표ᄒᆞ샤 오날도 위로ᄒᆞ시며 섬기시며 도으시니 이것도 예수ᄉᆞ젹즁 ᄒᆞ나이오 (미완)

닉외잡조

⊙압록강쳘교긔통 의쥬 압록강에 쳘교는 여러ᄒᆡ를 두고 건츅ᄒᆞ더니 지금은 쥰공(竣工)된고로 릭十一월一일브터 긔통ᄒᆞᆯ터인ᄃᆡ 이 다리우에로 화륜차 ᄃᆞᆫ니는 길과 사ᄅᆞᆷ ᄃᆞᆫ니는 길을 구별ᄒᆞ야 일간에 그 통ᄒᆡᆼ(通行)ᄒᆞᄂᆞᆫ 규측을 관보로 발표ᄒᆞᆫ다더라

⊙구휼금분비 향일에 일본 텬황폐하ᄭᅦ셔 죠션슈지에 ᄃᆡᄒᆞ야 하ᄉᆞᄒᆞ신 구휼금 五千七ᄇᆡᆨ환은 각도에 좌와ᄀᆞᆺ치 분비ᄒᆞ엿ᄂᆞᆫᄃᆡ 황ᄒᆡ도에 五쳔四ᄇᆡᆨ二十四환 평안남도에 一ᄇᆡᆨ九十八환四十젼 함경남도에 五十四환二十젼 경샹남도에 一十二환四十젼이라더라

⊙혜셩(彗星)현츌 큰 혜셩이 오젼四시에 동편 하ᄂᆞᆯ에서보인다더라

⊙청국의혁명당(革命黨) 근일에 청국 ᄉᆞ쳔(四川) 호북(湖北) 량셩(省)에 혁명당이 니러나서 그 형세가 대단히 강셩ᄒᆞ야 니르ᄂᆞᆫ곳마다 관병(官兵)을 쳐물니치고 도셩을 함닥식히ᄂᆞᆫᄃᆡ 이혁명당의 괴슈는 손일션(孫逸仙) 황흥(黃興)이오 뎌희가 션언(宣言)ᄒᆞ기는 청국의 지금 황뎨의 졍부를 젼복(顚覆)ᄒᆞ고 새로 한인(漢人)의 졍부를 세운다고 ᄒᆞᆫ다더라

⊙관군의항복ᄒᆞᆷ 혁명군은 호남 호북의 즁요ᄒᆞᆫ 도셩 한구 무창 즁견 쟝사 구강 무호 광동각셩을 뎜령ᄒᆞ엿ᄂᆞᆫᄃᆡ 관병은 혁명당의게 동졍(同情)을 표ᄒᆞᄂᆞᆫ쟈가 만흠으로 혁명군의게 항복ᄒᆞᄂᆞᆫ쟈가 만타더라

⊙군함四쳑항복 청국 군함四쳑은 혁명군의게 항복ᄒᆞ엿다더라

⊙혁명군대쳡 혁명군은 본월十八일에 관군과 싸화 크게 승젼ᄒᆞ고 본월二十六일간에 ᄯᅩ 크게 싸호기로 작뎡ᄒᆞ엿다더라

⊙외국인을보호ᄒᆞᆷ 혁명군은 외국인의 싱명과 지산을 츄호도 범치 아니ᄒᆞ고 도뎌히 잘 보호ᄒᆞᆫ다더라

⊙셩경공부ᄒᆞᄂᆞᆫ기에긴요ᄒᆞᆫ묘법 (쇽)

十二、그장의 강령을 뎡ᄒᆞᆯ것이며

十三、그장 가온ᄃᆡ 뎨일 긴요ᄒᆞᆫ 구절을 ᄲᅩᆸ아 외이도록 닑을것이며

十四、그장의 ᄉᆞ실과 니야기가 싱긴 일ᄌᆞ를 긔록ᄒᆞᆯ것이며

十五、그장 가온ᄃᆡ 어ᄂᆞ구졀이던지 다른 칙에셔 인증ᄒᆞ야 온것이 잇스면 그 본문을 ᄒᆞᆫ번 볼것이며

十六、그쟝 가온ᄃᆡ 인명이나 디명이 잇스면 ᄌᆞ셰히 샹고ᄒᆞᆯ것이며

十七 그장 가온ᄃᆡ 의심나는 구어(句語)가 잇거던 슈텹에 긔록ᄒᆞ엿다가 아ᄂᆞᆫ쟈를 기ᄃᆞ릴것이며

十八、그쟝 가온ᄃᆡ 긴요ᄒᆞᆫ

문뎨몃츌 ᄲᅩᆸ아 가지고 ᄌᆞ긔 ᄆᆞᄋᆞᆷ에 ᄃᆡᄒᆞ야 ᄉᆞᄉᆞ로 무러볼것이며

十九、장쟝히 대강령과 셰졀목을 논ᄒᆞᆯ것이며

二十、장쟝히 그ᄉᆞ실과 대지와 문뎨와 ᄉᆞ의를 ᄯᆞ라 몃단(段)에 논ᄒᆞᆯ것이며

廿一、이우에 말ᄒᆞᆫ바와 ᄀᆞᆺ치 쟝마다 분셕ᄒᆞ야 공부ᄒᆞᆫ후에는 그칙 젼편(全編)을 가지고 ᄯᅩᄒᆞᆫ 강령과 대지와 문뎨를 ᄃᆞᆼᄒᆞ야 공부ᄒᆞᆯ것이며

廿二、그칙젼편 가온ᄃᆡ 서로 련락(聯絡)ᄒᆞᆫ ᄯᅳᆺ과 관계된말을 ᄌᆞ세히 사득(査得)ᄒᆞᆯ것이니라 (완)

△正誤▽

본보第一卷第十五號 교즁휘문란ᄂᆡ 북감리통계표라ᄒᆞᆫ 뎨목아래 슈원디방 셰례인 三百五인은 一千三百七十四인으로정오홈

회보디금령슈

洪川布項里市錫九 三圓七十五錢
蔚珍紅矢洞 黃鍾五 一圓
豊德昭江 金允哲 廿五錢
仝 尹士俊 廿五錢
仝 金龍錫 廿五錢
開城眞理書市張孝卿 四圓
寧邊宣元濟 四圓
雲山北面橋洞金益鎬 一圓五十錢
江景烽臺 張牧師 五十錢
林川七山里 張監老 五十錢
京城貞洞 閔泳信 廿五錢
仝弘門洞 扈根協 五十錢
江陵 高在範 六圓
春川 吳顯泳 五十錢

교육

◉가뎡학

남녀하인을부리ᄂᆞᆫ법 (속)

八、쥬인이 ᄒᆞᆼ샹 너그럽고 유ᄒᆞ며 엄ᄒᆞ고 공평(公平)ᄒᆞᆷ으로써 하인을 ᄃᆡᄒᆞ고 ᄌᆞ녀와 ᄀᆞᆺ치 경계ᄒᆞ며 ᄀᆞᄅᆞ치며 어루만지면 하인도 ᄯᅩᄒᆞᆫ 그 쥬인을 부모와ᄀᆞᆺ치 복죵치아니ᄒᆞᆯ쟈ㅣ 드믈지니라

九、하인의게 휴가(休暇)를줄 것이니 쥬를 ᄆᆡᆺᄂᆞᆫ쟈ㅣ 쥬일을 당ᄒᆞ야 ᄆᆡᆺᄂᆞᆫ하인이면 불가불 례비ㆍ참례ᄒᆞᆯ 서간을 줄 것이며 아직 ᄆᆡᆺ지아니ᄒᆞᄂᆞᆫ 하인이라도 쥬일에는 몃시동안 휴가를 주어 뎌희 친쳑이나 친구를 심방ᄒᆞ던지 혹 밧게 나가 운동ᄒᆞ던지 ᄒᆞ게ᄒᆞᆯ 것이니라

十、하인의 음식이니 대개 하인은 그 몸을 쥬인의게 맛겨 감히 ᄆᆞᄋᆞᆷ과 몸의 ᄌᆞ유를 엇지못ᄒᆞ고 ᄯᅩᄒᆞᆫ 귀와 눈의 쾌락이 업ᄉᆞᆫ즉 그 쇼욕(所欲)이 음식에 지내지 아니ᄒᆞᄂᆞ니 쥬인은 맛당히 ᄒᆞᆯ수잇ᄂᆞᆫ대로 그 원ᄒᆞᄂᆞᆫ 음식을 ᄯᅢᄯᅢ로 쥰비ᄒᆞ야 먹일것이니라

十一、하인으로 ᄒᆞ여곰 져츅ᄒᆞᄂᆞᆫ법을 알게ᄒᆞᆯ지니 ᄆᆡ일 하인이 그 버ᄂᆞᆫ돈을 잘 쳐리치 못ᄒᆞ거던 쥬인이 그 돈을 맛하 빗을 주던지 은힝에 맛기던지 ᄒᆞ엿다가 나갈ᄯᅢ에 차자주어 얼마던지 리익을 엇게ᄒᆞᄂᆞᆫ것이 ᄆᆡ우 아ᄅᆞᆷ다온 일이니라

十二、쥬인이 모르ᄂᆞᆫ 일을 하인의게 식히지 말것은 대개 ᄌᆞ긔가 모르ᄂᆞᆫ 일은 지휘(指揮)ᄒᆞ기도 어렵고 셜혹 하인이 잘못ᄒᆞ엿슬지라도 능히 검사(檢査)ᄒᆞᆯ수 업ᄂᆞᆫ연고니라

실업

ᄃᆞᆰ(鷄)치ᄂᆞᆫ법

ᄃᆞᆰ치ᄂᆞᆫᄃᆡ ᄃᆡᄒᆞ야 주의ᄒᆞᆯ 대강령을 이아래 몬져 말ᄒᆞ노니

一、ᄃᆞᆰ치ᄂᆞᆫ 목뎍은 세가지니 첫재ᄂᆞᆫ 고기 먹쟈ᄂᆞᆫ것이오 둘재ᄂᆞᆫ 알밧아 먹쟈ᄂᆞᆫ것이오 셋재ᄂᆞᆫ 팔아셔 돈쓰쟈ᄂᆞᆫ것이며

二、ᄃᆞᆰ의 집은 향양(向陽)ᄒᆞ고 공긔 류챵(通暢)ᄒᆞᆫ곳에 동남향으로 지을것이며

三、ᄃᆞᆰ은 습긔를 긔(忌)ᄒᆞᄂᆞ니 비나 눈이 오ᄂᆞᆫ날에는 밧게 내여놋치 아니ᄒᆞᄂᆞᆫ것이 됴ᄒᆞ며

四、알을 만히 밧기로 목뎍을 삼기외에는 암ᄃᆞᆰ十五슈에 ᄃᆡᄒᆞ야 수ᄃᆞᆰ ᄒᆞᆫ머리를 두ᄂᆞᆫ것이 뎍당ᄒᆞ며

五、고기를 쓰랴면 수ᄃᆞᆰ은 三四삭을 지낸후에 불을자르면(割勢) 속히 자라고 고기맛이 됴ᄒᆞ며

六、ᄃᆞᆰ의 모이ᄂᆞᆫ 하로동안에 두번이나 혹 세번을 주되 일흔 아츰과 느ᄌᆞᆫ 져녁에 一뎡ᄒᆞᆫ 시간을 차자줄것인ᄃᆡ 아

오도록 푸른 나물 닙사귀를
자조 주어야 병이나지 아니
ᄒᆞ며
七、날마다 졍ᄒᆞᆫ 그릇에 ᄃᆞᆰ
은 물을 줄것이며
八、넓은 마당에셔 자조 운
동케 ᄒᆞᆯ것이며
九、ᄃᆞᆰ의 병이 도라ᄃᆞᆫ닐때에
는 ᄃᆞᆰ의 집속에 셕회(石灰)물
을 자조 ᄲᅮ려 소독식히며 병
든 ᄃᆞᆰ은 죽이는것이 됴ᄒᆞ며
十、ᄃᆞᆰ의 알노말ᄒᆞ면 삭기셔
이라는것은 난지 十四일니에
는 극히 됴ᄒᆞ며 먹으라는것
은 물ᄒᆞᆫ동이에 ᄃᆡᄒᆞ야 셕회
넉되(食升)가량을 푼후에 그
물에 담아두면 三四삭을 지
내도록 골치 아니ᄒᆞ며
十一、ᄒᆞᆫ동리에 몃집이던지
ᄌᆞᆺ흔 종류의 ᄃᆞᆰ을 길너셔 날
마다 낫는알을 ᄒᆞᆫ곳으로 모
아셔 이우에 말ᄒᆞᆫ법대로 져
츅ᄒᆞ엿다가 파는것이 됴흘것
이니라

◎ᄒᆞᆫ사ᄅᆞᆷ이여러사ᄅᆞᆷ을인도ᄒᆞᆷ

미국 셔방 엇던곳에 류사(流
沙)가 잇는ᄃᆡ 사ᄅᆞᆷ이 그 모래
를 밟으면 몬져 발이 ᄲᅡ지며
다리와 몸이 조차 다 잠기는
니 그 몸을 ᄲᅢ여내랴고 요동
ᄒᆞᆯ사록 ᄉᆞ면으로 모래는 점
점 더 긔여드러와셔 필경 그
사ᄅᆞᆷ을 모래속에 쟝ᄉᆞᄒᆞ고
야 마는지라 그러나 이 류사
가온ᄃᆡ 사ᄅᆞᆷ ᄃᆞᆫ니는길 ᄒᆞ나
히 잇는ᄃᆡ 이길도 ᄯᅩᄒᆞᆫ 모래
ᄡᆞ인고로 쇼힝으로 가는사ᄅᆞᆷ
은 이길 찻기가 대단히 어려
온지라 ᄒᆞᆫ번은 수ᄇᆡᆨ명이 단
톄를 지어 이디방으로 가다가
이류사를 당ᄒᆞ매 길을 찻지
못ᄒᆞ야 감히 건너가는쟈ㅣ
업더니 그중 ᄒᆞᆫ쇼년이 죽기
를 무릅쓰고 여긔뎌긔 밟아
도보며 ᄲᅡ져도보면셔 여러번
시험ᄒᆞᆫ 결과로 길을차자 여
러사ᄅᆞᆷ으로 ᄒᆞ여곰 무ᄉᆞ히
이류사를 건너게ᄒᆞ엿다ᄒᆞ니
우리가 이니야기를 드를때에
ᄉᆡᆼ각ᄒᆞᆯ것이 잇는ᄃᆡ 이셰샹
사ᄅᆞᆷ이 ᄒᆞᆫ번 죄악가온ᄃᆡ ᄲᅡ
지면 졈졈 더깁히 드러가
셔 영원히 ᄉᆞ망에 ᄯᅥ러지는
것이 이류사에 ᄲᅡ진 사ᄅᆞᆷ과
다르지 아니ᄒᆞᆫ것이오 二는
사ᄅᆞᆷ을 죽이는 이 류사 가온
ᄃᆡ도 사ᄅᆞᆷ을 살니는길이 잇
슴은 왼 셰샹이 다 멸망에 ᄲᅡ
질 디경에도 오히려 영ᄉᆡᆼ을
엇을길이 잇는것과 ᄌᆞᆺ흔ᄃᆡ
이길은 오직 ᄒᆞ나히니 곳 예
수시오 三은 누구던지 쥬를
몬져 밋은쟈가 ᄌᆞ긔몸으로
몬져 시험ᄒᆞ야 쥬의길을 차
자셔 여러사ᄅᆞᆷ을 인도ᄒᆞ는것
이 이 류사에셔 위험ᄒᆞᆫ것을
므릅쓰고 길을 차자 여러사
ᄅᆞᆷ을 건너게ᄒᆞᆫ 쇼년의 일과
ᄌᆞᆺ흠이니라

미감리회특별광고

경계쟈 양력십일월 이십삼일
은 츄슈감샤일인줄을 각쳐
여러형뎨ᄌᆞ미ᄭᅴ셔 임의 다아
시거니와 우리가 지는일년을
하ᄂᆞ님의 은춍즁에셔 평강을
누렷스니 이날을 당ᄒᆞ야 엇
지 감샤치 안으리오 수년젼
브터 이날을 긔렴졀로 직혀
오거니와 금년은 더욱 깃븐
ᄆᆞ음으로 직히시기를 ᄇᆞ라며
만일 이날로 쓰시지안켓ᄉᆞ
면 십일월 십구일 쥬일을 감
샤쥬일로 지내시면 됴흘가ᄒᆞ
ᄂᆞ이다 작년 ᄆᆡ년회에서 손
목ᄉᆞ 뎡도씨를 ᄲᅩᆸ셔 만쥬
로 파송ᄒᆞ엿는ᄃᆡ 금년 ᄆᆡ년
회ᄯᅢ에 손뎡도씨의 보고ᄒᆞ는
쥴 죠션 사ᄅᆞᆷ은 엇지 그림자
외에 업다ᄒᆞᆷ을 듯고 모든회
원들이 ᄉᆡᆼ각ᄒᆞ기를 쳥국에 션
교ᄉᆞ를 ᄯᅩ 보내는것이 크게 필
요타고ᄒᆞ기는 ᄒᆞ엿스나 다만
경비가 부족ᄒᆞ여 아직도 보
내지못ᄒᆞ오니 여러분은 깁히
ᄉᆡᆼ각ᄒᆞ시고 이번 긔렴졀 감
샤례비 ᄒᆞ실때에 각각 열심
으로 십젼이샹을 드려셔 우
리 션교회 ᄉᆞ무를 확쟝케ᄒᆞ
며 음부에안즌 쳥인을 구원
ᄒᆞ야 영광을 하ᄂᆞ님ᄭᅴ 돌니
시기를 ᄇᆞ라옵ᄂᆞ이다
ᄂᆡ외국션교회 회쟝 모리시
셔긔 박원빈

광고

십계요히 每冊定價十二錢五厘

본인이 십계요히라ᄒᆞ는 칙을
편술ᄒᆞ야 다수츌판ᄒᆞ고 경셩
뎡동례ᄇᆡ당니 ᄉᆞ무실에 림시
발힝소를 뎡ᄒᆞ엿ᄉᆞ오니 경향
간에 셔포와 매셔ᄒᆞ시는 졔
씨는 륙쇽쳥구ᄒᆞ야 발매ᄒᆞ심
을 경요흠

발힝인 오긔션 (고빌)

七

그리스도회보
KOREAN CHRISTIAN ADVOCATE

每月二回發行
明治四十四年十一月十一日印刷
明治四十四年十一月十五日發行

發行兼編輯人 北部社洞 奇義男
印刷人 北部樓閣洞 朴東完
印刷所 京城西小門內法韓印刷所
發行所 北部社洞 奇義男邸

딕금 一장 二젼五리
「代金」 六ᄀᆡ월 二十젼
一ᄀᆡ년 四十젼
광고료 四호활ᄌᆞ 一항 一회 五젼
발ᄌᆞ에쇼와 항수다쇼와 긔한장단을 ᄯᆞ라 충감홈

샤셜

⊙부ᄌᆞ런ᄒᆞᆷ과 져축ᄒᆞᆷ

녯 사ᄅᆞᆷ이 닐ᄋᆞᄃᆡ 부요(富饒)ᄒᆞᆷ은 부ᄌᆞ런ᄒᆞᆷ의 아ᄃᆞᆯ이오 라타(懶惰)ᄒᆞᆷ은 빈궁(貧窮)ᄒᆞᆷ의 어마니라 ᄒᆞ엿스니 졀당ᄒᆞ도다 이말이여 동셔양을 믈론ᄒᆞ고 풍쇽이 부ᄌᆞ런ᄒᆞᆷ과 져축ᄒᆞᆷ을 숭샹ᄒᆞᄂᆞᆫ 나라ᄂᆞᆫ 도시(都市)와 촌락에 긔한(飢寒)을 면치못ᄒᆞᄂᆞᆫ ᄇᆡᆨ셩이 업스며 들에 기쳑못ᄒᆞᆫ ᄯᅡ이 업스며 동산에 파실 밋지못ᄒᆞᆫ 과목이 업스되 라타와 샤치를 숭샹ᄒᆞᄂᆞᆫ 나라ᄂᆞᆫ 도로에 ᄃᆞᆫ니ᄂᆞᆫ쟈가 모다 업을 일코 류리개걸ᄒᆞᄂᆞᆫ 남녀오 쳐쳐에 뵈이ᄂᆞᆫ것이 다 황무(荒蕪)ᄒᆞᆫ 뎐답과 초목 업시 븕은산이라 그럼으로 셔양에 부강ᄒᆞᆫ 나라 ᄇᆡᆨ셩은 놀고 먹ᄂᆞᆫ것은 죽ᄂᆞᆫ것보다 더붓그럽게 녁임으로 시간을 금ᄀᆞᆺ치 악겨셔 각기 업무의 범위를 ᄯᅡ라 ᄆᆡ일 八시간 동안이나 十시간 동안 일ᄒᆞ되 오히려 부족ᄒᆞ야 잠자기젼 一二시간동안은 공부ᄒᆞᄂᆞᆫ 시간으로 져축ᄒᆞᄂᆞᆫ쟈가 만흐며 ᄯᅩᄒᆞᆫ 금젼 져축ᄒᆞᄂᆞᆫ 풍쇽을 숭샹ᄒᆞ야 ᄌᆞ본가나 실업가ᄂᆞᆫ 고샤ᄒᆞ고 고용이나 로동ᄒᆞᄂᆞᆫ쟈도 달달히 그월급에 十분지 二三분은 반ᄃᆞ시 져축ᄒᆞᄂᆞ니 이럼으로 사ᄅᆞᆷ마다 ᄌᆞ긔 一신의 곤궁을 면ᄒᆞ고 一신의 곤궁을 면ᄒᆞᆷ으로 말미암아 그 영향(影響)이 나라집에 밋ᄂᆞ니 죠션민족은 오ᄂᆞᆯ날 이 실업시ᄃᆡ(實業時代)를 당ᄒᆞ야 졍부의 당국쟈도 실업을 권쟝ᄒᆞ며 인민도 실업의 필요ᄒᆞᆷ을 ᄭᆡᄃᆞᆺ고 쳐쳐에셔 실업을 부르고 나셔ᄂᆞᆫ쟈가 만흐니 므롯근면과 져축은 실업을 발달ᄒᆞᄂᆞᆫᄃᆡ 뎨一 큰 근본이라 우리그리스도인은 다 하ᄂᆞ님ᄭᅴ 신령ᄒᆞᆫ 능력을 엇어 모든 라타ᄒᆞᆫ 것을 ᄭᆡ트려 업시ᄒᆞ고 하ᄂᆞ님 외에 누구를 의지ᄒᆞᆯ ᄉᆡᆼ각이 업슨즉 모든 형뎨와 ᄌᆞᄆᆡ ᄯᅢ셔ᄂᆞᆫ 근면과 져축을 더욱 힘쓰며 서로 권쟝ᄒᆞ야 다만 령혼샹ᄲᅮᆫ아니라 육신에 ᄃᆡᄒᆞ야셔도 사ᄅᆞᆷ마다 ᄂᆞᆷ을 의뢰(依賴)치 말고 각각 독립ᄉᆡᆼ활을 엇기위ᄒᆞ야 외인보다 몬져 압셔 나아가기를 깁히 옹망ᄒᆞᄂᆞ이다

증산구황연보

(젼호련쇽)

리우레츌、츄셩삼부인、리부인、림홍남모친、리우리바各一錢、平山邑교회徐榮錫九圓八十六錢、江陵邑교회二圓六十錢、開城北部교회十三圓五十錢、달오디교회반야고보、황도셩、렴셩오、한봉운各二十錢、졍슌삼十一錢、김덕인、김사라、김마로다、진마리아、황사슌、죠대벽、김부르실나各十錢、김나헐六錢、현슌긔모친七錢五리、 류시몬모친、리에더各五錢、쟝메레、리사라各四錢、황시슬레、황사라、각二錢五里、 恩津六谷교회尹마리아、徐琦勳各十五錢、柳志洙、徐宅善、李永男母親各十錢、徐基商七錢、柳志洙母親、徐면勳、姜태汶、권인采、徐응션、졍애나각五錢、강치玉三錢、 富平梨花村교회二환三十錢、 公州공수원교회리용쥬二十錢、 젼학슌、서쥬셕각十錢、리챤근、박기일、김요한、김영달각四錢、리수형、조만봉、곽유이겨각三錢、유마리아二錢

(미완)

교즁휘문

△니보▽

⊙비지학당긔렴식 경셩졍동 빈지학당은 죠션 三쳔리강산이 아직 캄캄훈 밤즁에 잇서셔 죠션밧게 또 엇던 다른인죵과 다른나라이 잇는지 도모지 모를때에 미국인 고 아편셜나씨가 미감리회 션교ᄉ의 직임을 띄고 처음 나와셔 죠션쳥년의게 우리쥬의 도라와 모든신학문을 ᄀᄅ치기 위ᄒ야 셜립훈 학교인ᄃ 본월 一일은 이학당을 셜립훈지 뎨二十四회 긔렴일이라 그럼으로 당일에 이학당안에셔 교쟝이하 一반강ᄉ와 학싱이 긔렴식을 힝ᄒ엿는ᄃ 당일 릭빈이 수빅명에 달ᄒ엿다더라

⊙동경의죠션쳥년회 일본동경 죠션인 긔독교쳥년회 부총무 최샹호씨의 통신을 거훈즉 동회 회원은 다 죠션류학싱들이며 미쥬일 오젼오후와 저녁과 三일져녁에 동회관에 모혀 례빈ᄒ는ᄃ 동회원즁에 밋는쟈가 百여인이라 거월十八일에 죠션 미감리회 감리ᄉ 셔원보 쟝로ᄉ 젼덕긔량씨가 동경에 도달훌때에 동회 직원과 一반신도와 외국션교ᄉ들이 신교졍거쟝에 나가 영접ᄒ고 동二十일에 량씨의 환영회를 동회관에셔 열엇는ᄃ 셩황(盛況)을 드럿스며 동二十一일(쥬일)하오二시에 량씨가 강도ᄒ후 셰례를 힝ᄒ매 셰례밧은쟈가 九인이오 또이날져녁에 젼씨가 강도ᄒ후 학습례를 힝ᄒ매 학습인이 十인이오 원입인이 七인이라더라

⊙오씨열심 강원도 양양군 김연즁씨의 통신을 거훈즉 원산 동디방 양양구역 남촌지회 속쟝 오셰옥씨는 쥬를 밋은후에 수삼년을 열심으로 동리 사룸의게 젼도ᄒ더니 작년 겨울브터 몃사룸이 밋기시작ᄒ여 지금은 미쥬일 五六十명식 모히는ᄃ 례빅당이 업셔 크게근심ᄒ나 작년에 심훈 흉년을 당ᄒ야 유의미발ᄒ고 민망훔을 이긔지못ᄒ야 쟈긔가 수년젼에 놉주어 키르던 햇소 훈머리를 팔기로 작뎡ᄒ되 오히려 부족ᄒ야 모히는 교우의게 연보를 쳥ᄒ고 또 계삭회에 모힐때 연보를 쳥ᄒ엿더니 여러분이 어려운즁에도 감샤훔으로 연보ᄒ야 이제는 七간집을 사셔 례빅당으로 쓰는ᄃ 오속쟝의 햇소는 팔지안케 되엿ᄉ니 참 사룸이 열심만 잇스면 특별히 하ᄂ님씌셔 도아주시는줄 알겟다ᄒ엿더라

⊙변회위복 경긔도 기셩군 쟝호경씨의 통신을 거훈즉 동군 남부 관현동 김덕슈씨는 三ᄃ가 예수를 밋는ᄃ 그 부친 즁옥씨는 범ᄉ에 덕을 셰워 외인의게ᄭ지 칭찬을 밧고 열심젼도ᄒ야 하ᄂ님씌 영광을 만히 돌니더니 수년젼에 셰상을 써날때에 무슴 이상훈 ᄉ긔가 잇셔 텬당에 기는 즁거를 나타낸지라 그 조부가 이런 령젹을 보고 더욱 독실히 밋어 오는ᄃ 금년 녀름에 리웃집에셔 불이나셔 여셧집이 몰소ᄒ엿는ᄃ 이곳 부쟈 몃사룸이 도이줌노 잇고 교회에셔 연보ᄒ야 二十二환은 김덕수씨와 죠부인 마리아씨의게 보내엿더니 또 미샹(米商)ᄒ는 김태운씨가 二十환으로 여셧집을 구훌때에 十二환은 특별히 김죠량씨의게 젼ᄒ라훈지라 혹이 그 연고를 무른ᄃ ᄃ답ᄒ기를 예수교인이 착ᄒ단말은 이왕 들엇더니 김덕슈씨를본즉 리웃집의 직죠긔계(織組機械)를 몬져 구ᄒ노라고 ᄌ긔의 셰간은 구치못ᄒ엿고 죠씨부인은 불낸집을 조곰도 원망치 아니ᄒ고 하ᄂ님 인도ᄒ시는대로 훌수밧게 업다ᄒ니 다 착훈 사룸이기로 내모옴이 감동ᄒ야 더 도아주엇다 ᄒ엿스니 김죠량씨의 거듭는 즁거도 김태운씨가 착훈일을 더욱 만히ᄒ게되엿다고 칭용이 ᄌᄌᄒ며 불탄집은 四간이더니 새로 지은집은 九간이니 ᄌ소위 변화위복이라 ᄒ엿더라

⊙강씨형뎨의셩력 강원도 울진군 황즁오씨의 동신을 거훈즉 그 근방에 교회가 九쳐요 교우의 수효가 원입인늘 병ᄒ야 四빅여명에 달ᄒ며 이즁에 동군원남면 양양동교회는 작년八월에 겨오 두사

홍이 쥬[illegible]으로 다왓는[illegible] 그 년회후브터 교우가 결심을 어 十여 명에 달ᄒᆞ엿스나 다만 례비불쳐소가 맛당치 못ᄒᆞ야 개탄ᄒᆞᆷ을 마지안터니 그곳 교우 강치원 강츈원 형뎨량 씨가 홍샹 긔도ᄒᆞᄂᆞᆫ 말이「그 뭇을 례비티못ᄒᆞ야 온톄 못 밧겟다ᄒᆞ며 례비당 건축ᄒᆞ기를 군구ᄒᆞ더니 두형뎨가 ᄌᆞ긔의 토긔(土器)굽ᄂᆞᆫ 싱의에 골몰ᄒᆞᆫ즁에ᄂᆞᆫ 직젼과 신역(身役)을 더ᄒᆞ야 례비당을 지어 밧친후로 지금은 새로 밋기작뎡ᄒᆞᆫ쟈도 만ᄒᆞ며 이 례비당을 건축ᄒᆞᆫ 경비즁에 황죵오씨가 一환과 경운하씨가 四十젼을 연조ᄒᆞᆫ것외에 二十三환 각수는 강씨형뎨의 연조ᄒᆞᆫ것이라더라

◉쟝로교회통계표 금년쟝로교로회에 보고ᄒᆞᆫ 총계를 거ᄒᆞᆫ즉 죠션十三도ᄂᆡ에 목ᄉᆞ가 九十五인이오 쟝로가 一百五十七인이오 죠ᄉᆞ가 二百五인이오 남녀젼도인이 一百十二인이오 셰례인이 五만一千四百七十八인인ᄃᆡ 학습인을 병ᄒᆞ야 교인도합수효가 十四만四千二百六十五인이라더라

◉슈문긔게 향일 남감리회에셔 [illegible]七[illegible] 홈축[illegible] 형씨의게 [illegible]ᄒᆞᆫ [illegible] 합하면 박여샹 류ᄂᆡ쪽 쟁 허덕 귀광[illegible] 五쳔이라더라

△외보▽

◉쥬일학교총회 만국쥬일학교련합총회는 ᄅᆡ 一千九百十三년에 셔ᄉᆞ국(瑞士國)슈리취에셔 열기로 작뎡되엿다더라

◉외국션교에ᄃᆡᄒᆞᆫ연보 미국 긔락교회의 보고ᄒᆞᆫ바를 거ᄒᆞᆫ즉 이교회에셔 작년에 외국션교ᄒᆞᄂᆞᆫ 일을위ᄒᆞ야 남녀교우즁 평균 ᄒᆞᆫ사ᄅᆞᆷ이 三환五十六젼식 연보ᄒᆞ엿ᄂᆞᆫᄃᆡ 금년게는 평균 ᄒᆞᆫ사ᄅᆞᆷ이 四환八十四젼식 연보ᄒᆞ엿다더라

◉깃븐보고 미국 미감리회 계삭총회의 보고ᄒᆞᆫ바를 거ᄒᆞᆫ즉 지나간 계삭회 이후로 신입ᄒᆞᆫ 교우가 二만九百七十六인이오 쥬일학교의 새로 셜립된것이 一百六十二처라더라

◉미국의청년회 작년죵에 보고ᄒᆞᆫ바를 거ᄒᆞᆫ즉 미국 젼국ᄂᆡ에 긔독청년회원의 총수는 五十三만六千三十七명인ᄃᆡ 이즁에 학싱이 五만八千六百六十명이오 철도에 로동ᄒᆞᄂᆞᆫ쟈가 八만六千九十一명이오 실업을 힘쓰ᄂᆞᆫ사ᄅᆞᆷ이 八만一千七百五十一명이오 기외에ᄂᆞᆫ 각죵 ᄉᆞ업에 죵ᄉᆞ(從事)ᄒᆞᄂᆞᆫ 샤ᄅᆞᆷ들이라더라

◉미국사ᄅᆞᆷ의돈쓰ᄂᆞᆫ졍도 근일에 됴사ᄒᆞᆫ바를 거ᄒᆞᆫ즉 미국 젼국ᄇᆡᆨ셩이 一년에 목ᄉᆞ와 젼도ᄉᆞ와 텬쥬교 신부나 쥬교의 월급으로 쓰ᄂᆞᆫ돈이 도합六千九百六十七만七千五百八十七불(一불이 一환가량)이오 신교(新敎)곳 그리스도교회에셔만 一년에 목ᄉᆞ와 젼도ᄉᆞ의 월급으로 쓰ᄂᆞᆫ돈이 二千二百八十二만二千불인ᄃᆡ 미국 젼국 ᄇᆡᆨ셩이 一년에 엿(飴)갑으로 허비ᄒᆞᄂᆞᆫ 돈이 七千八百만불이오 마시ᄂᆞᆫ 소다물(曹達水) 갑스로 허비ᄒᆞᄂᆞᆫ 돈이 一억二千만불 가량이라 ᄒᆞ니 더외가 죵교에 ᄃᆡᄒᆞ야 쓰ᄂᆞᆫ돈은 쓸ᄃᆡ업시 랑비ᄒᆞᄂᆞᆫ 돈보다 몃갑절이 적으니 탄식ᄒᆞᆯ만ᄒᆞ도다

敎회통신

긔셔 류경샹

◉일ᄒᆞ야놈을셤길것 (쇽)

다른 구절에 보면 대야에 물을 담아 드시고 수건을 허리에 동이신후 데ᄌᆞ들의 발을 씻기시며 수죵드셧스니 우리 죠션 민족의계도 모욕의 더러운것을 다 ᄌᆞ긔의 보혈로 씻기시니 ᄉᆞ젹죵 우리를 셤기시는것이 또 ᄒᆞ나이며 이외에 사ᄅᆞᆷ들이 혼이 널으ᄂᆞᆫ바 샹하귀쳔빈부를 믈론ᄒᆞ고 셤기ᄉᆞ ᄇᆡᆨ부쟝이 하인을 보내여 ᄌᆞ긔의 아ᄃᆞᆯ을 고쳐달나고 청ᄒᆞᆫ매 가시고 녀인이 와셔 혈루증 고쳐달나고 군구ᄒᆞ매 또 물니치지 아니ᄒᆞ시고 례루살넴으로 급히 가시ᄂᆞᆫ때에도 무리를 더브러 머므샤 소경을 보게ᄒᆞ신일도 잇ᄂᆞᆫ지라 일ᄒᆞ여 놈을 셤길것이니 예수ᄭᅦ셔 셩신을 보내샤 친히 교통ᄒᆞ야 일ᄒᆞ시ᄂᆞᆫ 극단으로 말ᄒᆞ면 간졉으로 일을 ᄒᆞ시고 시금 시ᄃᆡ에 잇서셔ᄂᆞᆫ 직졉(直接)으로 ᄒᆞ시ᄂᆞᆫ 일이 업스니 우리 밋ᄂᆞᆫ 셩도가 그의 종이되여 부르심을 닙어셔 일ᄒᆞᄂᆞᆫ터이니 일ᄒᆞ여 놈을 셤기지 아닐수 업도다 잠언 二十二장二十九졀에 말ᄉᆞᆷᄒᆞ기를 일을 부ᄌᆞ런이ᄒᆞᄂᆞᆫ쟈는 뎨왕압헤 셜것이오 비

三

루ᄒᆞᆫ 사롬압헤 서지아니ᄒᆞ리라ᄒᆞ엿스니 오늘 우리 민족의 형샹은 비루ᄒᆞᆫ쟈 압헤셔 잇ᄂᆞᆫ것이라 ᄒᆞᆯ만ᄒᆞ나 뎨왕압헤서셔 잇스랴ᄒᆞ고 ᄀᆞᆺ 영광스러온 디위에 거ᄒᆞ랴면 일은 부ᄌᆞ런히 ᄒᆞ여야 ᄒᆞᆯ것이오 이모든것 우헤 하ᄂᆞ님압헤 서라면 일을 부ᄌᆞ런히 ᄒᆞ여야 되겟ᄂᆞᆫ지라 교회력ᄉᆞ의 허다ᄒᆞᆫ 치명쟈들의 치명ᄒᆞᆫ 연유ᄂᆞᆫ 일ᄂᆞᆯ 두려움업시 ᄒᆞᆫ ᄭᅡᄃᆞᆯ이며 죽ᄂᆞᆫᄃᆡᄭᅡ지 사양치 안코 바른말로 일ᄂᆞᆫ 연고로 목숨ᄭᅡ지 ᄇᆞ렷스니 우리도 시험ᄒᆞ여 지혜롭고 영리ᄒᆞ게 일ᄒᆞ여 놈을 섬길것인ᄃᆡ 텬국복음을 아모됴록 널이 젼ᄒᆞ여 령혼을 구원ᄒᆞ고 또 위로ᄒᆞᆯ쟈를 위로ᄒᆞ고 경셩ᄒᆞᆯ쟈ᄂᆞᆯ 경셩ᄒᆞᄂᆞᆫ것이 본분이라 텬톄(天體)ᄂᆞᆯ 보시오 태양과 태음이며 디구와 모든 힝셩들이 서로 흡인력(吸引力)ᄂᆞᆯ 가저서 욕심을내여 흡인ᄒᆞᄂᆞᆫ것ᄀᆞᆺᄒᆞ니 서로 흡인ᄒᆞᄂᆞᆫ것이 업스면 보젼ᄒᆞᆯ수 업스니 태양이 디구ᄂᆞᆯ 흡인ᄒᆞᆷ으로 디구ᄂᆞᆫ ᄯᅥ러지지 안코 또 ᄌᆞ톄(自體)의 즁심이 잇ᄂᆞᆫ고로 태양과 ᄒᆞᆷᄭᅴ 젼ᄒᆞ지도 안코 一뎡ᄒᆞᆫ 궤도(軌道)안에 엇스니 텬연물에 셩쟝ᄒᆞᄂᆞᆫ 리치와 텬연ᄒᆞᆫ 과학뎍(科學的)리치와 또 기외에 ᄯᅱ여나ᄂᆞᆫ 셩경의 진리뎍과 경험뎍 말솜으로 ᄀᆞᄅᆞ치신것도 다 우리ᄃᆞ려 일ᄒᆞ여 놈을 섬기라 ᄒᆞ심이라 우리 죠션에 청년샤회와 로인샤회가 논ᄒᆞ여서 태평양 더편에 미쥬가 잇고 태평양 이편에 됴션이 잇ᄂᆞᆫ것과 ᄀᆞᆺ치 멀어젓스니 로인부형은 혼이 말ᄒᆞ기를 청년은 션왕의 법언(法言)이 아닌말을 만히ᄒᆞ여 샹스럽지 안타고 비평ᄒᆞ고 비방ᄒᆞ며 청년은 혼히 말ᄒᆞ되 로인들은 현금 二十셰긔의 강약과 파학과 철학을 모르고 슈학이나 회학ᄀᆞᆺᄒᆞᆫ것도 모르니 민망ᄒᆞ며 그의 학문업ᄂᆞᆫ 언ᄉᆞᄂᆞᆫ 필요치 안타ᄒᆞ여 갈나지고마니 갈나지고야 엇지 섬기며 합ᄒᆞ지안코야 아모리 ᄀᆡ인뎍으로 일ᄒᆞ여 놈을 섬긴다ᄒᆞᆯ지라도 큰샤회뎍 공공ᄒᆞᆫ 일이며 교회의 일을 엇지ᄒᆞ며 ᄭᅡ뎡긔계의 여러부분이 일시에 동치안으면 그 긔계가 무숨 소용잇스리요 샤회뎌 동물(動物)이라 각각 놀고야 서로 보존ᄒᆞᆯ수 잇겟ᄂᆞ뇨 실샹로인으로 말ᄒᆞ면 구학문과 귀ᄒᆞᆫ 경력의 가치도 잇지마ᄂᆞᆫ 아래사롬의게 뭇기를 붓그러워 말나 ᄒᆞ엿스니 새것도 무러서 청년의게 비ᄒᆞᆯ것이 잇스며 청년들은 ᄌᆞ긔 부형벌되ᄂᆞᆫ 어룬의게 겸손ᄒᆞ고 비록 신학문은 잇다ᄒᆞᆯ지라도 ᄃᆡᄃᆡ로 젼ᄒᆞ오고 보비되ᄂᆞᆫ 지나철학(支那哲學)은 부형만ᄀᆞᆺ지 못ᄒᆞ며 또 ᄉᆞ물에 ᄃᆡᄒᆞᆫ 경력이 로인만 못ᄒᆞᆯ것인즉 이런것은 로인의게 비화 졀쟝보단(折長補短)안코ᄂᆞᆫ 결코 될수업ᄂᆞᆫ지라 합심 합력ᄒᆞ여야 일도 잘되며 결과도 됴흘지나 하필 로인과 청년 두ᄉᆞ이에 교계리요마ᄂᆞᆫ 이와ᄀᆞᆺ치 여러종류의 분파ᄂᆞᆫ 업시ᄒᆞ고 우리 죠션 동포가 예수의 일홈으로 ᄒᆞ나히 되여서 일ᄒᆞ면 예수ᄭᅴ서ᄂᆞᆫ 뵈이지 아니ᄒᆞ게도으시며 무궁ᄒᆞᆫ 권력으로 힘을 더ᄒᆞ시리니 갈나듸아五장六절쯧헤 말솜과 ᄀᆞᆺ치 ᄉᆞ랑으로 밋음을 가지고 일ᄒᆞ되 믁시二장十절 말솜과ᄀᆞᆺ치쥭도록 ᄒᆡ셩을 다ᄒᆞ여ᄒᆞ며 「너희가 놈의게 ᄃᆡ졉을 밧고져ᄒᆞᄂᆞᆫ대로 너희도 놈을 대졉ᄒᆞ라」 마태七장十二절 의금ᄀᆞᆺ흔 말솜을 듸듸여 일ᄒᆞ여놈을 섬기여 봅세다 예수ᄭᅴ셔도 섬김을 밧으러오시지안코 섬기러오셧다 ᄒᆞ셧소 (완)

긔서

⊙텬시가변쳔홈

청국북경 손뎡도

태초에 하ᄂᆞ님ᄭᅴ셔 텬디만물을 창조ᄒᆞ시고 그가온ᄃᆡ 이샹ᄒᆞᆫ것 넷을 두엇ᄂᆞᆫᄃᆡ 이것은 무엇이냐 ᄒᆞ면 초목도 아니오 금슈도 아니오 또ᄒᆞᆫ 신도아니라 그러면 그들이 나기ᄂᆞᆫ 어ᄂᆞᄯᅢ에 낫스며 ᄒᆞᄂᆞᆫ일은 무엇이뇨 무ᄂᆞᆯ것ᄀᆞᆺᄒᆞ면 넷이서로 교ᄃᆡᄒᆞ야 일ᄒᆞᄂᆞᆫ쟈인ᄃᆡ 그 일홈은 총칭ᄒᆞ면 ᄉᆞ절이라 ᄒᆞᄂᆞᆫᄃᆡ 또ᄒᆞᆫ ᄒᆞᄂᆞᆫ일노 말ᄒᆞ면 하도 이샹ᄒᆞ니 좀 싱각ᄒᆞᆯ만ᄒᆞ도다 녯글에 닐은기를 만물즁에 ᄀᆞ장 귀ᄒᆞᆫ것이 사롬이라 ᄒᆞ엿ᄂᆞᆫᄃᆡ 무론 모인ᄒᆞ고 사롬이 이셰샹에 난후로ᄂᆞᆫ 다 ᄉᆞ절이라 ᄒᆞᄂᆞᆫ것의게 소관이되여 ᄒᆞᆫ치두치 자라셔 안식은 쏫을 희롱ᄒᆞ게되며 의긔는 양양ᄒᆞ야 태산올 법혜써고 태평양을 뛰여 달넘만ᄒᆞᆫ 장부장녀가 되는것도 다 ᄉᆞ졀(四節)의 능간ᄒᆞ로 되는바요 장부장녀가 늙어 귀밋치 희여가며 양양ᄒᆞᆫ 기력이 쇠패케 되는것도 다 ᄉᆞ졀의 능간으로 되는것이오 그뿐아니라 왕후장샹과 지어 서민ᄭᅡ지 다 죽기를 슯혀ᄒᆞᆷ으로 녯적에 진시황ᄀᆞᆺ흔이는 텬하에 강대ᄒᆞᆫ 나라황뎨로써 불ᄉᆞ약을 구ᄒᆞ야 먹고 영ᄉᆡᆼ코져 ᄒᆞ엿스나 반ᄃᆞ시 이ᄉᆞ졀의 소관을 버서나지 못ᄒᆞ야 죽엇ᄂᆞᆫ지라 가셕ᄒᆞ다 인ᄉᆡᆼ이 셰샹에 나서 살고 죽는것이 다 이ᄉᆞ졀의 ᄒᆞ는바로다 그들의 ᄒᆞ는일이 하도 이샹ᄒᆞ야 다시 뭇기를 ᄉᆞ졀의 각하 부르는 일홈은 무엇이며 엇더케 그럿ᄃᆞ시 셰샹 만ᄉᆞ를 샹관ᄒᆞ며 사ᄅᆞᆷ의 평ᄉᆡᆼ을 쥬관ᄒᆞ느냐ᄒᆞ면 각히 부르는 일홈은 츈하츄동인ᄃᆡ 각히 ᄒᆞ는일을 ᄉᆡᆼ각ᄒᆞ여 볼만ᄒᆞ도다 츈(春)이라ᄒᆞ는자가 썩드러서니 ᄯᅡ에 찬빅셜은 구멍을 못차자 야단ᄒᆞ고 ᄃᆡᆼᄯᅵᆼᄒᆞᆫ 빙산은 슯슯녹아서 둘둘흘너 너즌곡식으로 오량을 삼을 식물은 싹을 발ᄒᆞ며 곤충은 입을 열고 눈과 귀를 ᄯᅳ며 금슈는 깃을 트러 새끼를 치며 왓다갓다 부르는소래 쳐량ᄒᆞ도다 봄이가고 녀름이 가라드니 훈훈ᄒᆞᆫ 남풍에 줄기줄기 오는벼로 초목이 씨를 열고 빅곡이 기름진 이삭을 발ᄒᆞ이 거룩ᄒᆞᆫ 님군의 덕이 찬듯ᄒᆞ도다 녀름이 가고 가을이 가라드니 락엽는 소소ᄒᆞ고 명월은 하슈들 희롱ᄒᆞ야 청랑ᄒᆞᆫ 빗츨 번듯번듯 날니는ᄃᆡ 긱의ᄆᆞ옴 쳐량ᄒᆞ다 가을가 가고 겨울이 가라드니 북풍한셜 모진바람에 만물이 눈을 닷쳐 젹막ᄒᆞᆯᄲᅮᆫ이니 일년에 변쳔ᄒᆞᆷ도 과연 적지아니ᄒᆞ다 내ᄉᆞ랑ᄒᆞ는 형뎨ᄌᆞᄆᆡ시여 만경창파에 비를ᄯᅴ고 안서보라 파도가 흉흉히 낫다 ᄯᅥ졋다 ᄒᆞ는것이 우리인ᄉᆡᆼ의 이세상에 잠시낫다 잠시가는것 ᄀᆞᆺᄒᆞ니 하ᄂᆞᆯ 도리를 아는자가 엇지 탄식ᄒᆞᆯ일이 업스리오 눈을 들어 밧겻흘보라 텬시가 변쳔ᄒᆞ기를 더 츈하츄동의 능간으로 임의 수업시 ᄒᆞ엿는ᄃᆡ 지금은 ᄯᅢ가 봄도아니오 녀롬도 하니오 방금 가을이 되엿도다 농부들은 낫을메고 곡식 거둘때니 곡식 거두는 노래나 불너보세

一 삼쳔리강산쥬의동반노는
구원엿은농포만하졋스니
그리스도왕의명령을좃차서
어서츄수ᄒᆞ러나아갑세다
나아갑세다나아갑세다
어서츄수ᄒᆞ러나아갑세다

二 이세상에뎨一광대ᄒᆞᆫ면답에
곡식녀어왕금빗과ᄀᆞᆺᄒᆞ니
농부들은속히농거를메이고
어서츄수ᄒᆞ러나아갑세다

三 형뎨와ᄌᆞᄆᆡ들다모혀드러서
십ᄌᆞ긔를달고다름질마당에
반도안에잇는쥬의일군들은
어서츄수ᄒᆞ러나아갑세다

ᄂᆡ외잡조

◉리식제한령(利息制限令) 근일에 죠선총독부에서 빗노이ᄒᆞ는자의게 ᄃᆡᄒᆞ야 리식제한ᄒᆞ는 령을 발표ᄒᆞ엿는ᄃᆡ 그 대개를 말ᄒᆞ자면 본젼이 一百환에 차지못ᄒᆞᆫ것은 二푼五리변이하(以下)로 ᄒᆞ고 一百환이상(以上)으로 一千환에 차지못ᄒᆞᆫ것은 二푼이하로ᄒᆞ고 본젼이 一千환이샹되는것은 一푼六리이하로ᄒᆞ고 뎐당국에 본젼이 五十환에 차지못ᄒᆞᆫ것과 시치(市値)ᄭᅩᆺ는자에 ᄃᆡᄒᆞ야 본젼이 三十환에 차지못ᄒᆞ는것은 뎨一항의 제한을 쓰지아니ᄒᆞᆫ다고 공포ᄒᆞ엿더라

◉국세증슈령(國稅徵收令) 근일 죠선 총독부에서 또 국세증슈령을 발표ᄒᆞ엿는ᄃᆡ 이법령 가온ᄃᆡ 칙령이라 ᄒᆞᆫ것은 죠션총독부령이오 뎨국(帝國)이라 ᄒᆞᆫ것은 죠션이오 대장대신(大藏大臣)이라ᄒᆞᆫ것은 죠션총독이오 시뎡촌(市町村)이라 ᄒᆞᆫ것은 면(面)이요 시뎡촌쟝이라ᄒᆞᆫ것은 면쟝이오 질권(質權)이라ᄒᆞᆫ것은 뎐당권(典當權)으로 준용ᄒᆞᆯ것이라더라

◉만국금연회(禁烟會) 명년에 세계十四국 ᄃᆡ표자가 화란국헤아부에 모혀서 만국금연회를 열터인고로 미국 대통령은 이ᄯᅢ에 뎨출ᄒᆞᆯ 의안(議案)을 긔초ᄒᆞ야 각국졍부에 지죠(知照)ᄒᆞ엿는ᄃᆡ 그안건은 (一) 이회에 참예ᄒᆞᆫ 각국은 다 아편심으는것을 엄금ᄒᆞ는 법률을 실시ᄒᆞ는 것이오 (二) 이회에 참예ᄒᆞᆫ 각국 항구에는 아편연

五

실은 회[illegible]을 드러오지 못ᄒᆞ게ᄒᆞᆯ것이오 (三) 각국이 서로 야편연 먹ᄂᆞᆫ쟈의 잇고 업ᄂᆞᆫ것을 됴사ᄒᆞᆯ것이오 (四) 쇼포우편으로 아편연 붓치ᄂᆞᆫ것을 엄금ᄒᆞᆯ것이오 (五) 만국금연위원을 션뎡ᄒᆞ야 금연ᄒᆞᄂᆞᆫ일을 동독실시케 ᄒᆞᆯ것이라더라

셩경연구 (聖經硏究)

예목ᄉᆞ

⊙회ᄀᆡ의열ᄆᆡ

(마태三쟝八、누가三쟝八、ᄉᆞ도二十六쟝廿)

회ᄀᆡ의 열ᄆᆡ가 무엇인지 ᄌᆞ셰히 알고져ᄒᆞ면 야고보四쟝七ㅣ十一졀에 차자볼지니 그 ᄎᆞ례는 이아래와 ᄀᆞᆺᄒᆞ니라

一、하ᄂᆞ님ᄭᅴ 슌복ᄒᆞᆷ (약四〇七)

二、마귀를 되뎍ᄒᆞᆷ (약四〇七)

三、하ᄂᆞ님을 갓가히ᄒᆞᆷ (약四〇八)

四、손을 셰숫시ᄒᆞᆷ (약四〇八)

五、ᄆᆞᄋᆞᆷ을 졍결케ᄒᆞᆷ (약四〇八)

六、슯퍼ᄒᆞᆷ (약四〇九)

七、위통ᄒᆞᆷ (약四〇九)

八、우ᄂᆞᆫ것 (약四〇九)

九、우슴을 위롱으로밧곰 (약四〇九)

十、ᄭᅳ러옴을 근심으로밧곰 (약四〇九)

十一、쥬압헤 ᄉᆞᄉᆞ로 ᄂᆞ촘 (약四〇十)

十二、피차에 비방ᄒᆞ지 말것 (약四〇十一)

또 다른셩경에 차자볼것은

마태十一쟝廿一、「뫼옷을 닙고 재를 무릅쓤이니」이ᄂᆞᆫ 진실ᄒᆞᆫ표요

마태 廿六쟝七十五「밧게나가셔 심히 통곡ᄒᆞᆷ」이ᄂᆞᆫ ᄒᆞᆫ노 뉘웃침이오

누가十五쟝十八ㅣ十九、ᄌᆞ긔의 감당치 못ᄒᆞᆯ것과 하ᄂᆞ님과 사ᄅᆞᆷ의게 다 죄지은줄을 ᄉᆞᄉᆞ로 셔ᄃᆞᆺ고 무엇에던지 하ᄂᆞ님의 죵되기를 ᄌᆞ원ᄒᆞᆷ

묵시三쟝十九、칙망ᄒᆞ야 징계ᄒᆞ고 하ᄂᆞ님을 위ᄒᆞ야 열심을냄

구약에 큰젼례를 말ᄒᆞ쟈면 다윗의 회ᄀᆡᄒᆞᆷ (시五十一편)

신약에 큰 젼례를 말ᄒᆞ쟈면 바울의 회ᄀᆡᄒᆞᆷ (빌三〇七ㅣ十四)

회보ᄃᆡ금령슈

成川丫湏市	빅貞一	一圓十二錢
淮陽북창	리변쥬	五十錢
仝삼학골	김승슈	五十錢
豊德	韓濟伯	廿五錢
麻田隱岱	金昌顯	廿五錢
仝	邵元益	廿五錢
安邊남산	金요한	五十錢
仝번지골	이승호	五十錢
金城昌道	安유셔	廿五錢
淮陽山月里	金의슈	五十錢
永平邑	趙學道	一圓
鳳川邑	李光旭	六圓二十錢
鎭南浦	박亨湜	十圓
西部樂經學院	李鳳禧	二十錢
金川邑	閔汝進	一圓二十錢
西部西江	金숙비	五十錢
南陽長安洞	朴鍾勳	廿五錢
南陽古毛洞	金敬[illegible]	二十錢
西部西江	文昌明	廿五錢
利川	宋秉[illegible]	[illegible]
公州下梨洞	申鉉九	五圓
西部貞洞	崔炳憲	四十五錢
公州鼓天里	金景濟	[illegible]

교육

⊙가뎡학

남녀하인을부리ᄂᆞᆫ법 (쇽)

十三、하인을 용셔ᄒᆞᄂᆞᆫ것이니 므릇 하인을 업수히 녀이ᄂᆞᆫ것은 하인의 ᄐᆡ만ᄒᆞᆷ을 니르키ᄂᆞᆫ것이라 그럼으로 하인을 친절히 ᄃᆡ졉ᄒᆞ며 혹 우연히 무슴 잘못ᄒᆞᆫ일이 잇슬지라도 용셔ᄒᆞᄂᆞᆫ 됴흔말노 경계ᄒᆞ면 그 하인은 ᄌᆞ연히 ᄆᆞᄋᆞᆷ에 감복ᄒᆞ야 더욱 그쥬인을 공경ᄒᆞᆯ ᄉᆡᆼ각이 니러날것이니라 그러나 쥬인이 하인으로 더브러 ᄒᆞᆫ자리에 안져셔 ᄀᆞᆺ치 음식을 먹던지 ᄒᆞ면 도로혀 등분이 문란ᄒᆞ야 그 하인을 만홀히 볼념려가 잇ᄂᆞ니 아모됴록 죠심ᄒᆞᆯ것이니라

十四、하인을 잘 어거ᄒᆞ야 그 ᄆᆞᄋᆞᆷ으로 복종케ᄒᆞᄂᆞᆫ 묘법이 몃가지가 잇스니 (一)친졀히 ᄃᆡ졉ᄒᆞ야 그 ᄆᆞᄋᆞᆷ이 깃브게 ᄒᆞᄂᆞᆫ것이오 (二) 의복을 지봉(裁縫)ᄒᆞ며 음식 만드ᄂᆞᆫ 법을 ᄀᆞᄅᆞ쳐 주ᄂᆞᆫ것이오 (三) 척보고 글시쓰ᄂᆞᆫ 시간을 좀 주어 아조 무식ᄒᆞᆫ것을 면케 ᄒᆞᄂᆞᆫ것이오 (四) 위ᄉᆡᆼ(衛生)ᄒᆞᄂᆞᆫ법을 ᄀᆞᄅᆞ쳐 신톄의 건강

홀을 보젼케 ᄒᆞᄂᆞᆫ것이오 (五) 다른날에 ᄃᆞᆨ립ᄉᆡᆼ활ᄒᆞᆯ 방법과 직칙을 ᄀᆞᄅᆞ쳐줄것이니라

十五、하인으로 ᄒᆞ여곰 그힝홀직무를 주의ᄒᆞ야 지하게ᄒᆞᆯ것이니 특별히 너하인의 직무로말ᄒᆞ면 (一) 집안을 졍결히 소쇄(掃灑)ᄒᆞᄂᆞᆫ것이오 (二) 모든 가구(家具세간그릇)를 잘 졍돈ᄒᆞ여 간슈ᄒᆞᆯ것이오 (三) 음식 만드ᄂᆞᆫ 일을 주의ᄒᆞ야 ᄒᆞᆯ것이오 (四) 의복을 ᄲᅡ라 다듬고 다리ᄂᆞᆫ 일을 죠심ᄒᆞ야 ᄒᆞᆯ것이니라

실 업

⊙ᄃᆞᆰ기르ᄂᆞᆫ리익

여러히동안 ᄃᆞᆰ기ᄂᆞᆫ일에 힘쓰던 사ᄅᆞᆷ의 말을 드른즉 농ᄉᆞ집의 부업(副業)으로 암ᄃᆞᆰ(雌鷄) 다섯머리에 ᄃᆡᄒᆞ야 숫ᄃᆞᆰ(雄鷄)ᄒᆞᆫ머리를 두ᄂᆞᆫ것이 ᄀᆞ장 합당ᄒᆞ다ᄒᆞ니 그러면 ᄌᆞ웅을 하ᄒᆞ야 여섯머리를 기ᄅᆞᄂᆞᆫᄃᆡ ᄃᆡᄒᆞ야 먹이ᄂᆞᆫ 경비를 말ᄒᆞ면 ᄒᆞᆫ머리에 하로一리五호(엽션서푼가량식)ᄂᆞᆯ 계산ᄒᆞ야 一년에 여섯머리먹이ᄂᆞᆫ 경비가 도합三환二十八젼五리인ᄃᆡ 여긔ᄃᆡᄒᆞ야 一년슈입되ᄂᆞᆫ 리익으로 말ᄒᆞ면 암ᄃᆞᆰᄒᆞᆫ머리가 一년에 알一百八十귀를 나오즉 다섯머리의 낫ᄂᆞᆫ 알이 도합九百귀니 ᄒᆞᆫ귀에 一젼七리씩을 밧고보면 도합 十五환三十젼이오 또 ᄃᆞᆰ여섯머리에 ᄃᆡᄒᆞ야 一년동안 밧은ᄯᅩᆼ이 一만三千四百량슉에 달ᄒᆞᆯ지니 이갑은 적어도 四환八十젼이라 그런즉 一년슈입이二十환十젼에서 먹인경비 三환二十八젼五리를 제ᄒᆞ면 슌젼ᄒᆞᆫ 리익이 十六환八十一젼五리에 달ᄒᆞᆯ터이라 그럼으로 일본 천엽현(千葉縣)은 ᄃᆞᆰ기ᄅᆞᄂᆞᆫ 업을 힘쓰ᄂᆞᆫ쟈ㅣ ᄀᆞ장 만흔고로 이고을에서 一년동안에 슈츌ᄒᆞᄂᆞᆫ ᄃᆞᆰ의알은 二百만환에 달ᄒᆞ고 또 청국한구에서 법영 량국사ᄅᆞᆷ의 경영ᄒᆞᄂᆞᆫ ᄃᆞᆰ의알 제조회샤에서 一년에 슈츌ᄒᆞᄂᆞᆫ 알은 그 가익이 三百여만환에 달ᄒᆞ며 구라파 닝알국은 ᄀᆞ장 ᄃᆞᆰ의 알을 만히 슈츌ᄒᆞᄂᆞᆫ 나라인ᄃᆡ 이나라에서 一년에 슈츌ᄒᆞᄂᆞᆫ 알갑슨 一千六百만환에 달ᄒᆞᆫ다더라

담 총

⊙두가지모롤일

덕국황뎨 프레더릭 폐하ᄭᅴ서 하로ᄂᆞᆫ 미힝(微行)으로 믈놀ᄅᆞ고 들에다가시다가 ᄒᆞᆫ농부가 밧가ᄂᆞᆫ것을 보시고 그 농부ᄃᆞ려 무러왈 이밧치 그ᄃᆡ의 밧치뇨ᄒᆞᆫᄃᆡ 그 농부가 ᄃᆡ답왈 아니올시다 저ᄂᆞᆫ 놈의 밧출 갈아수고 품삭을밧ᄂᆞ이다 황뎨왈 그러면 하로에 얼마식이나 밧ᄂᆞ뇨 농부왈 一환식밧ᄂᆞ이다 황뎨왈 그것을 가지고 엇더케 지낼수가잇ᄂᆞ뇨 농부왈 그것만가지고 쓰고도 도로혀 좀 남ᄂᆞᆫ것이 잇ᄂᆞ이다 황뎨왈 엇더케 쓰기에 그러켜뇨 농부왈 품삭一환을 四분ᄒᆞ야 一분은 제안히와 저를위ᄒᆞ야 쓰고 一분은 구채(舊債)를 갑고 一분은 빗주고 그놈아지一분은 예수를 위ᄒᆞ야 쓰ᄂᆞ이다 황뎨왈 모롤말이로고 농부왈 모롤말이면 제가 아시도록 설명ᄒᆞ오리다 뎌일제 품삭을 四분ᄒᆞ야 一분은 저와 제안히를 위ᄒᆞ야 쓴다ᄂᆞᆫ 말은 모르실것이업거니와 一분으로 구채를 갑ᄂᆞᆫ다홈은 저를 길너내신 부모를 공양홈이오 一분으로 빗준다홈은 제어린ᄌᆞ녀를 기르며 공부식히ᄂᆞᆫᄃᆡ 쓰ᄂᆞᆫ것인ᄃᆡ 제니외가 늙으면 뎌희가 쟝ᄎᆞᆺ 이빗을 갑흘것이오 그남어지 一분은 예수를 위ᄒᆞ야 쓴다홈은 파거ᄒᆞ야 불샹ᄒᆞᆫ 누의 동ᄉᆡᆼ들이 잇ᄂᆞᆫᄃᆡ 도라볼 사ᄅᆞᆷ이(업)업기로 이一분으로 구졔ᄒᆞ오니 이ᄂᆞᆫ 구쥬의 ᄀᆞᄅᆞ치심을 밧드러 힝ᄒᆞᄂᆞᆫ 일이올시다 황뎨가 듯기를 다ᄒᆞ매 묘ᄒᆞᆫ 사ᄅᆞᆷ이라 칭찬ᄒᆞ여왈 내가 ᄒᆞᆫ마ᄃᆡ 뭇ᄂᆞᆫ말을 ᄃᆡ답ᄒᆞ라ᄒᆞᆫ시뇨 인ᄒᆞ야 무러왈 그ᄃᆡ가 五분동안에 나를 五十번 ᄃᆡ면ᄒᆞ고 내화샹 五十기를 그ᄃᆡ 주머니속에 너코갈터이니 그뜻이 무ᄉᆞᆷ뜻이뇨 농부왈 무ᄉᆞᆷ뜻인지 모롤말ᄉᆞᆷ이올시다 황뎨왈 앗가 내가 모ᄅᆞᄂᆞᆫ말을 그ᄃᆡ가 설명ᄒᆞ엿ᄉᆞᆫ즉 지금 그ᄃᆡ 모르ᄂᆞᆫ말은 내가 설명ᄒᆞ리라ᄒᆞ고 인ᄒᆞ야 덕국금젼(十환짜리) 五十기를 내여주며왈 이돈은 하ᄂᆞ님ᄭᅴ셔 내게주신것 인고로 그ᄃᆡᄀᆞᆺ치 구쥬예수의 ᄀᆞᄅᆞ치심을 밧드러 돈쓰ᄂᆞᆫ쟈의게 갑하주노라 나ᄂᆞᆫ 하ᄂᆞ님의 돈 맛흔 탁지대신이라ᄒᆞ고 표연히 가거ᄂᆞᆯ 그농부가 섬작놀나 그 돈에 박힌 화샹을 슬펴본즉 그 돈을주고 가신이의 화샹인ᄃᆡ 그ᄂᆞᆫ 곳 덕국황뎨폐하시더라

七

광고

경향 여러교우의 갈망ᄒᆞ시던 국문구약셩경의 완편이 출판되여 이달금음이나 릭월초싱브터 발미ᄒᆞ겟ᄉᆞ오니 쳠군ᄌᆞ는 슈용의 다쇼를ᄯᆞ라 륙속쳥구ᄒᆞ심을 ᄇᆞ라옴

그졔본과명가는여좌ᄒᆞ옴

二권一질二쳔六빅五十현

지의 一환

포의 一환十五젼

한문셩경이 새로 샹히로셔나왓는ᄃᆡ 쉬운문리라 일어셩경신구약도 여러죵류가 본공회와 셔울명동과 평양에잇는 본공회의 일본인지뎜에 잇ᄉᆞᆸ

평양잇는 본공회의 죠션인 지뎜에는 국문셩경의 여러죵류가 잇ᄉᆞᆸ

각지뎜에셔도 이 셩경들을 목록에 긔록ᄒᆞᆫ 뎡가로 도미나 쇼미를 다ᄒᆞ옴

각칙샤에셔 사가면 삭활ᄒᆞ고 부비ᄭᆞ지 담당ᄒᆞ옴

京城鍾路基督敎靑年會下層

美國聖書公會 告白

THE AMERICAN BIBLE SOCIETY.

광고

경계자 하ᄂᆞ님의 도으심으로 국문 신구약젼서가 완편된지라 이믜 인쇄ᄒᆞ야 이제 미하ᄒᆞ는바 이칙의 쟝광은 국문 四호글ᄌᆞ 지의 신약과ᄀᆞᆺ고 그 쟝칙과 뎡가는 이아래 ᄌᆞ세히 긔록ᄒᆞ엿ᄉᆞ오니 이칙을 갈망ᄒᆞ시던 우리 형뎨와 ᄌᆞ미는 본공회와 경향 각교즁 칙샤에 쳥구ᄒᆞ시와 익독ᄒᆞ시옵쇼셔

장칙과뎡가

신구약젼서

단권一秩견포의 一圓五十錢

仝 반피의 一圓七十五錢

三권仝 지의 一圓二十五錢

仝 포의 一圓三十五錢

구약젼서

二권一秩지의 一圓

仝 포의 一圓十五錢

본공회에 국문한문 밋각국문의 셩셔가 구비ᄒᆞ옵고 원근각쳐로 발송ᄒᆞ는 셩셔의 운비 혹 우료는 본공회에셔 출급ᄒᆞ오며 샹세ᄒᆞᆫ 규칙과 뎡가록은 쳥구를 ᄯᆞ라 공급ᄒᆞᄂᆞ이다

셔울죵로 대영셩셔공회 고빅

미감리회특별광고

경계자 양력십일월 이십삼일은 츄슈감샤일인줄을 각쳐 여러형뎨ᄌᆞ미ᄭᅦ셔 임의 다아시거니와 우리가 지난일년을 하ᄂᆞ님의 은춍즁에셔 평강을 누렷ᄉᆞ니 이날을 당ᄒᆞ야 엇지 감샤치 안으리오 수년젼브터 이날을 긔렴졀로 직혀오거니와 금년은 더욱 깃븐 ᄆᆞ음으로 직히시기를 ᄇᆞ라며 만일 이날로 쓰시지안켓ᄉᆞ면 십일월 십구일 쥬일을 감샤쥬일로 지내시면 됴흘가ᄒᆞᄂᆞ이다 작년 미년회에셔 손목ᄉᆞ 뎡도씨를 불셔 만쥬로 파송ᄒᆞ엿는ᄃᆡ 금년 미년회ᄯᆡ에 손뎡도씨의 보고ᄒᆞ는즁 죠션 사ᄅᆞᆷ은 ᄌᆞ긔 그림자외에 업다ᄒᆞᆷ을 듯고 모든회원들이 싱각ᄒᆞ기를 쳥국에 션교ᄉᆞ를 ᄯᅩ 보내는것이 크게 필요타고ᄒᆞ기는 ᄒᆞ엿스나 다만 경비가 부족ᄒᆞ야 아직도 보내지못ᄒᆞ오니 여러분은 깁히 싱각ᄒᆞ시고 이번은긔렴졀 감샤례비 ᄒᆞ실ᄯᆡ에 각각 열심으로 십젼이샹을 드려셔 우리 션교회 ᄉᆞ무를 확쟝케ᄒᆞ며 음부에안즌 쳥인을 구원ᄒᆞ야 영광을 하ᄂᆞ님ᄭᅴ 돌니시기를 ᄇᆞ라옵ᄂᆞ이다

늬외국션교회 칙장 모리시

서긔 박원빅

본사특별광고

一、본샤에셔 야력十一월 十二월량삭동안에 구람쟈를 크게 모집ᄒᆞ기로 작뎡ᄒᆞ고 빈한ᄒᆞᆫ 교우를 위ᄒᆞ야 **회보디금**을젼보다 감ᄒᆞ야 **一년에 四十젼식**을 뎡ᄒᆞ엿ᄉᆞ오니 쳠위는 **새로 구람ᄒᆞᆯ이를 만히 모집ᄒᆞ야** 보내시옵

二、누구시던지 본회보 보실이 다섯사ᄅᆞᆷ의 션금(先金)을 새로 거두어 보내시면 회보 ᄒᆞᆫ쟝을 갑업시 보시게 ᄒᆞ겟고 十인이나 二十인이나 다 이비례(比例)를 ᄯᆞ라 ᄒᆞ겟ᄉᆞᆷᄂᆞ이다

그리스도회보
KOREAN CHRISTIAN ADVOCATE

每月二回發行
明治四十四年十一月廿七日印刷
明治四十四年十一月三十日發行

發行兼編輯人 北部社洞 奇義男
印刷人 北部樓閣洞 朴東完
印刷所 京城西小門內法韓印刷所
發行所 北部社洞 奇義男邸

「代金」 ᄃᆡ금 一장 二젼五리
六ᄀᆡ월 二十젼
一ᄀᆡ년 四十젼

광고료 四호활ᄌᆞ 一ᄒᆡᆼ 一회五젼
활ᄌᆞ대쇼와 ᄒᆡᆼ수다쇼와 긔한장단을 ᄯᆞ라 증감홈

사설

⊙어린ᄋᆞᄒᆡ들을반ᄃᆞ시쥬일학교에보낼일

동셔양을 물론ᄒᆞ고 어린ᄋᆞᄒᆡ들을 ᄀᆞᄅᆞ침에 몬저 도덕으로써 근본을 삼ᄂᆞᆫ것은 도덕심(道德心)이 업ᄂᆞᆫ사ᄅᆞᆷ의게ᄂᆞᆫ 모든 학술이 다 죄ᄅᆞᆯ 짓게ᄒᆞᄂᆞᆫ 보조물(補助物)이 될ᄯᆞᄅᆞᆷ이오 ᄌᆞ긔 一신이나 나라집이나 혹 다른 동포를 위ᄒᆞ야 도모ᄒᆞᄂᆞᆫ 유익홈이 업슴이나 그 형뎨 엇지 능히 오리리오 더ᄂᆞᆫ 비유컨ᄃᆡ 근원업ᄂᆞᆫ 물면 이물이 능히 곡식이나 쵸목을 윤턱케ᄒᆞ지 못ᄒᆞ고 아ᄎᆞᆷ에 잇다가 져녁에 업셔지ᄂᆞᆫ것과 ᄀᆞᆺ도다 그런즉 도덕심은 어ᄃᆡ로 좃차나오ᄂᆞ뇨 종교로 좃차 싱기ᄂᆞ니 그럼으로 예수교로 국교를 삼ᄂᆞᆫ 나라ᄂᆞᆫ 다대셩경리치로 뎨一 큰 슈신과(修身科)를 삼아 날마다 학교에셔 ᄀᆞᄅᆞ치ᄂᆞᆫ외에 쥬일을 당ᄒᆞ면 그부모가 반ᄃᆞ시 례비당으로 보내여 ᄒᆞᆫ두시동안 셩경을 공부케 ᄒᆞᄂᆞᆫ고로 그 비ᄒᆞᄂᆞᆫ바 도덕의 말ᄉᆞᆷ이 어린뢰슈(腦髓)에 드러가면 죵신토록 닛지아니ᄒᆞᄂᆞ니 쟝ᄅᆡ에 쟝셩ᄒᆞ면 하ᄂᆞ님을 셤기ᄂᆞᆫ 경건심과 부모를 공경ᄒᆞᄂᆞᆫ 효셩과 님군을 위ᄒᆞᄂᆞᆫ 츙셩과 나라에 ᄃᆡᄒᆞᆫ 의무심과 동포를 도와주ᄂᆞᆫ 공덕심(公德心)과… ᄀᆡ인의 ᄌᆞ유심이 다 어려서브터 함양(涵養)ᄒᆞᆫ 이 도덕심으로 좃차나오ᄂᆞᆫ것이라 그런즉 우리 죠션 교우들은 임의 우리쥬 예수그리스도의 신도가 되엿슨즉 무엇으로 그ᄌᆞ녀의 슈신과를 삼겟ᄂᆞ뇨 ᄒᆞ면 반ᄃᆞ시 ᄃᆡ답ᄒᆞ기를 셩경이라 ᄒᆞᆯ것이라 그러면 맛당히 쥬일마다 그 ᄌᆞ녀를 례비당에 보내여 쥬일공부에 ᄲᅡ지지 아니케ᄒᆞᆯ지어놀 근일에 각처 례비당에 가보면 공부반에 어린ᄋᆞᄒᆡ들이 만치못ᄒᆞ고 교인의 ᄌᆞ녀로 쥬일 아ᄎᆞᆷ에 가로상에셔 방황(彷徨)ᄒᆞᄂᆞᆫ자가 만흐니 이ᄂᆞᆫ 그 부모의 허물이 만토다 이러ᄒᆞ고셔야 엇지 그 ᄌᆞ녀가 쟝ᄅᆡ에 크고 거륵ᄒᆞᆫ 인물(人物)이 되기를 ᄇᆞ라리오 ᄀᆡ쟈ᄂᆞᆫ 여긔 ᄃᆡᄒᆞ야 ᄆᆞᄋᆞᆷ이 압흔것을 이긔지 못ᄒᆞ야 당돌히 두어말노 여러ᄉᆞ랑ᄒᆞᄂᆞᆫ 형뎨와 ᄌᆞᄆᆡ의 주의ᄒᆞ심을 지촉ᄒᆞ노니 깁히 깁히 싱각ᄒᆞ야 쥬일아ᄎᆞᆷ마다 공부시간에 그 ᄌᆞ녀로 ᄒᆞ여금 반ᄃᆞ시 쥬일학당에 참셕ᄒᆞ게 ᄒᆞ시기를 옹망ᄒᆞᄂᆞ이다

△광 고▽

이젼에ᄂᆞᆫ 여러히동안을 죠션 각처 교회에셔 一년ᄂᆡ에 특별히 예수교셔회 긔렴ᄒᆞᄂᆞᆫ 쥬일을 뎡ᄒᆞ야 직혓스나 무슴 연고를 인ᄒᆞ야 근년 몃히 동안은 이쥬일을 범연히 알고 직히지 아니ᄒᆞ엿더니 본셔회 힝졍부 위원회에셔 싱각ᄒᆞ기를 본셔회ᄂᆞᆫ 슌젼히 죠션교우를 위ᄒᆞ야 셜립ᄒᆞᆫ 긔관인즉 그 힝ᄒᆞᄂᆞᆫ 일과 필요ᄒᆞᆫ것을 모든 교우의게 발표ᄒᆞ기 위ᄒᆞ야 이쥬일을 다시 직히ᄂᆞᆫ것이 ᄀᆞ쟝 긴요ᄒᆞᆫ일이라 ᄒᆞ야 명년 곳 一千九百十二년 一월二十二일을 특별히 본셔회긔렴ᄒᆞᄂᆞᆫ 쥬일노 뎡ᄒᆞ엿ᄉᆞ오니 여러교즁 형뎨ᄌᆞᄆᆡ께셔ᄂᆞᆫ 이날을 잘 긔렴ᄒᆞ시되 본셔회의 힘ᄒᆞᄂᆞᆫ 일을 광포ᄒᆞ시며 ᄯᅩᄒᆞᆫ 여긔ᄃᆡᄒᆞᆫ 연보금도 만히 거두어 보내시기를 ᄇᆞ라ᄂᆞ이다

京城鍾路耶穌教書會 告白

교즁휘문

△ᄂᆡ보▽

⊙지금은쥬의병뎡 츙남공쥬군 리용쥬씨의 통신을 거ᄒᆞᆫ즉 히군 공수원교회즁 저학슈씨는 여러히 병뎡든날때에후쥬잡긔와 부모의게 불효ᄒᆞᆷ으로 죄를 만히 짓던 사ᄅᆞᆷ인ᄃᆡ 三년젼브터 쥬의 말ᄉᆞᆷ을 듯고 회ᄀᆡᄒᆞᆫ후로 셩ᄌᆞ싱녀ᄒᆞ고 곳치 술장ᄉᆞ 영업ᄒᆞ는 쇼실을 ᄇᆞ리며 술마시는 일ᄭᆞ지 거절ᄒᆞ고 열심으로 교회에 ᄃᆞᆫ니더니 불ᄒᆡᆼ히 화ᄌᆡ를 만나 겨우 몸만 구원ᄒᆞ엿ᄉᆞ매 싱활이 업서서 형뎨 한홍락씨 협호에 우거ᄒᆞ야 三슌九식ᄒᆞ면서도 락심치 아니ᄒᆞ고 ᄒᆞᆼ샹 깃븐 얼골노 사ᄅᆞᆷ을 ᄃᆡᄒᆞ야 쥬의 말ᄉᆞᆷ을 힘써젼ᄒᆞ매 듯고 보는 사ᄅᆞᆷ마다 이 형뎨의 츙 회ᄀᆡᄒᆞᆷ과 진실히 밋음과 쥬의빗치 그 ᄆᆞ음속에 드러온줄을 밋고 칭찬아니ᄒᆞ는쟈 업스며 그 감화를 밧은쟈ㅣ 만흔지라 여러형뎨들이 ᄉᆞ랑ᄒᆞ야 집 三간을 지어주어 그 모친과 부인이 거쳐케ᄒᆞ고 ᄌᆞ긔는 매서인으로 각디방에 ᄃᆞᆫ니면서 열심젼도ᄒᆞᆫ다ᄒᆞ니 이 형뎨가 이제는 쥬의 병뎡이 되엿도다

⊙량씨의열심 강원도 회양군 김샹하씨의 통신을 거ᄒᆞᆫ즉 히군 안풍면 방연리 교회는 셜립된지 七八년에 그곳은 산협이오 또ᄒᆞᆫ 완고ᄒᆞᆫ 풍습이 만하 지금ᄭᆞ지 핍박이 ᄌᆞ심ᄒᆞᆫ중에 그 교회 속장 김관오씨와 또ᄒᆞᆫ 박셩쥬씨의 부인 박살노미량씨의 열심으로 젼도ᄒᆞᆷ과 굿센 밋음으로 오ᄂᆞᆯ날ᄭᆞ지 교회를 인도ᄒᆞᆷ으로 형뎨ᄌᆞ미 三十명이 례ᄇᆡ를보는ᄃᆡ 례ᄇᆡ당 三간이 퇴락ᄒᆞ야 례ᄇᆡ보기에 곤란이 막심ᄒᆞ더니 금년가을에 김관오 박살노미량씨의 극력쥬션ᄒᆞᆷ과 열심연조ᄒᆞᆷ으로 각각 송아치 ᄒᆞᆫ머리식 연조ᄒᆞ고 또 지졍을 구취ᄒᆞ며 교우제씨도 돈과 힘을 앗기지안코 일ᄎᆞᆷ으로 지금 례ᄇᆡ당 六간을 졍쇄ᄒᆞ게 건축ᄒᆞ는 중이라ᄒᆞ니 그 교회 형뎨ᄌᆞ미의 독실ᄒᆞᆫ 신심과 량씨의 셩심은 ᄑᆞ연 칭찬ᄒᆞᆯ만ᄒᆞ더라

⊙비씨부인의신심 츙남공쥬군 김병재씨의 통신을 거ᄒᆞᆫ즉 련산군 외잣사는 박츈삼씨부인비씨가 ᄒᆞᆼ샹 아ᄃᆞᆯ업슴을 한탄ᄒᆞ야 하로는 집을 ᄯᅥ나 붓쳐의게 빌너가는ᄃᆡ 처음길인고로 즁로에 힝인을 ᄃᆡᄒᆞ야 계룡산 신원ᄉᆞ를 ᄎᆞᆺ너놀이 힝인은 쥬를 독실히 밋는 경련원명학교 교ᄉᆞ 신현구씨라 그 부인의 결ᄎᆡᆨ는 연고를 무른즉 그부인이 ᄃᆡ답ᄒᆞᄃᆡ 올공ᄒᆞ러간다 ᄒᆞ기는 신교ᄉᆞ가 쥬의 말ᄉᆞᆷ으로 젼도ᄒᆞ야 모든것을 하ᄂᆞ님ᄭᅴ 구ᄒᆞ라ᄒᆞ고 경련교회로 그부인을 인도ᄒᆞ야 윤씨마리아와 륙씨뭥너 두부인의게 부탁ᄒᆞ엿더니 그 두부인은 맛참 셩신의 감동ᄒᆞᆷ을 밧아 여러가지 이샹ᄒᆞᆫ 증죠가 잇슬때라 그두부인이 열심으로 젼도ᄒᆞ야 구원엇는 길을 ᄀᆞᄅᆞ쳐준즉 비부인이 듯고 두쥬일 동안을 ᄒᆞᆫ가지 잇서 진리의 말ᄉᆞᆷ을 듯고 예수를 밋어 모든 죄를 ᄌᆞ복ᄒᆞ고 본집에 도라간즉 그남편 츈삼씨가 크게 의심ᄒᆞ야 구타ᄒᆞ되 죠곰도 락심치안코 겸손ᄒᆞᆫ말노 그남편의게 ᄃᆡᄒᆞ야 젼도ᄒᆞᆫ즉 듯지안터니 지금은 그부인의 열셩으로 그 남편도 쥬를 밋고 부부간에 화락ᄒᆞ며 술과 담비를 다 거절ᄒᆞ고 곳치 긔도ᄒᆞ며 곳차 션도ᄒᆞ는ᄃᆡ 그부인이 하로는 셩신의 인도ᄒᆞᆷ으로 ᄒᆞᆫ곳에 간즉 ᄒᆞᆫ 녀인이 잇는ᄃᆡ 머리는 ᄭᆞᆨ고 옷은 람루ᄒᆞ야 들노 ᄃᆞᆫ니며 무당ᄉᆞ와 추ᄒᆞᆫ곳에서 자고 잇는지라 그녀인은 본ᄃᆡ 박씨가로 츌가ᄒᆞᆫ 녀인인ᄃᆡ 쌀ᄒᆞ나 낫코 우연히 밋쳐 ᄃᆞᆫ닌자 수산월이라 그남편이 병을 곳치려고 약도 쓰고 경도닑으며 굿도ᄒᆞ고 여러가지로 무한히 힘써도 병은 낫지아니ᄒᆞ는고로 가산만 탕진ᄒᆞ고 살길이 업서서 남의집에서 머슴살고 그녀인은 산과 들에 ᄃᆞᆫ니는 이때라 비씨부인이 그녀인을 보고 심히 불샹히녀여 그 녀인을 ᄃᆞᆯ고 ᄌᆞ긔집으로 도라올때에 길에서 도망ᄒᆞ랴ᄒᆞ고 욕도ᄒᆞ되 힘을 다ᄒᆞ야 ᄃᆞ리고 집에와서 하ᄂᆞ님ᄭᅴ 쉬지안코 긔도ᄒᆞ는ᄃᆡ 그녀인은 모든 셰간을 둘너업고 요동ᄒᆞ는지라 그러나 비부인은 밋는 ᄆᆞᄋᆞᆷ으로 간졀히 긔도ᄒᆞ더니 몃

쳘이 못되여서 병세가 점점
감ᄒᆞ며 좀 붓그러워 ᄒᆞ더니
ᄎᆞᄎᆞ 와인이되매 그 남편이
와서 보고 빅비치하ᄒᆞ고 인
ᄒᆞ야 비부인집에 의탁ᄒᆞ얏
사는ᄃᆡ 비부인은 아ᄃᆞᆯ이업는
고로 모ᄌᆞ의를 맷고 지금ᄭᆞ지
ᄒᆞᆫ집에셔 쥬를 독실히 밋고
깃븜으로 지내는ᄃᆡ 그근방에
병든 사ᄅᆞᆷ이 날노 차자와셔
쥬 밋기로 작뎡ᄒᆞ는고로 그
곳 교회가 흥왕ᄒᆞᆫ다더라

◉부인사경회 경긔도 풍덕
군 김교익씨의 통신을 거ᄒᆞᆫ
즉 히구여 창츄동 교회에셔
금월十二일브터 十八일ᄭᆞ지
부인 사경회를 열고 귀셩사
는 미국의원부인과 죠션부인
문에스더 젹킨드리二씨가 ᄌᆞ
긔 맛흔 과졍대로 ᄀᆞᄅᆞ치는ᄃᆡ
공부ᄒᆞᄂᆞᆫ 부인은 비미동 교
회에셔 四인이오 룡젼교회에
셔 四인이오 황간교회에셔 二
인과 본교회부인들과 합ᄒᆞ야
四十명이 열심으로 공부ᄒᆞ매
령혼의 신령ᄒᆞᆫ 량식을 넘치
도록 밧엇스매 이 사경회로
말미암아 됴흔 영향이 만켓
다더라

◉감하의연 본보를 익
독(愛讀)ᄒᆞ시는 형님 경셩샹
동 한세현씨가 본보에 ᄃᆡᄒᆞ
야 금一환을 긔부ᄒᆞ엿기로
우리는 동씨의게 감샤ᄒᆞᆫ뜻을
표ᄒᆞ노라

△외보▽

◉만국감리회총회 만국감리
교총회는 十년만콤식 셰계만
국 감리교회 (요한웨슬늬의
규측파 쟝졍을 직히는 교회
들)의 ᄃᆡ표쟈들이 미리 작뎡
ᄒᆞᆫ 처소에 모혀서 각기 교회
의 지낸형편도 보고ᄒᆞ며 자
리에 엇더케 진힝(進行)ᄒᆞᆯ 방
침도 토론ᄒᆞᄂᆞᆫ 공회니 이회
는 우리모든 감리교인의 ᄆᆞ
쟝 주의ᄒᆞᆯ만ᄒᆞ도다 이공회의
뎨一회는 一千八百八十一년
九월四일브터 동월十七일ᄭᆞ
지 영국 륜돈셩에셔 열엇고
뎨二회는 一千八百九十一년
十월七일브터 동월二十일ᄭᆞ
지 미국 화셩돈셩에셔 열엇
고 뎨三회는 一千九百一년九
월四일브터 동월十七일ᄭᆞ지
다시 영국 륜돈셩에셔 열엇
고 뎨四회는 금년十월四일브
터 동十七일ᄭᆞ지 미쥬 가나다
토론토셩에셔 열엇는ᄃᆡ 각국
각쳐 각교회의 ᄃᆡ표쟈로 이
공회에 참셕ᄒᆞᆫ쟈는 五百명이
오 뎌희의 ᄃᆡ표ᄒᆞᆫ 나라는 영
국 법국 덕국 의대리 아라사
일본 죠션 쳥국 호대리 늬우
실린드 시리아 릐온 셀론 인
도 셔인도 포와 버머다 미국
파 기외에도 여러 적은 나라
이오 그교회 파문(派門)의 다
른것은 여러가지 죵류가 잇
스나 대개 직히는 쟝졍파 규
측으로 말ᄒᆞ면 다른것은 적
고 ᄀᆞᆺᄒᆞᆫ것은 만흔ᄃᆡ 첫날에
가나다 교회감독 카만씨 곳
회쟝의 긔도로 개회ᄒᆞᆫ후 영
국 교회감독 헤이씨가 젼도
ᄒᆞ고 폐회ᄒᆞ엿는ᄃᆡ 그 잇흔
날브터 개회ᄒᆞᆫ 슌서는 ᄎᆞᄎᆞ
긔재ᄒᆞ겟노라

◉밋는긔도를ᄃᆡ답ᄒᆞ심 쳥국
샹히 흥화보에 게재ᄒᆞᆫ바를
거ᄒᆞᆫ즉 ᄉᆞ쳔셩 죵존영씨는
학식과 명망이 一셩을 진동
ᄒᆞ는 신ᄉᆞ라 수十년젼에 우
리쥬 예수압흐로 나온후로
경건ᄒᆞᆫ ᄆᆞᄋᆞᆷ으로 하ᄂᆞ님을
셤기고 ᄉᆞ방으로 도라ᄃᆞᆫ니며
쥬의 말솜을 젼파ᄒᆞ더니 금
년 녀름에 우연히 병을엇어
심히 위즁ᄒᆞᆫᄃᆡ ᄉᆞ쳐에셔 의
ᄉᆞ가와셔 치료ᄒᆞ되 빅약이무
효ᄒᆞᆫ지라 죵씨가 그ᄌᆞ질ᄃᆞ려
닐ᄋᆞᄃᆡ 나의명은 하ᄂᆞ님ᄭᅴ
잇고 나의 밋ᄂᆞᆫ바 큰 의원은
쥬예수시니 무슴약을 더 시험
ᄒᆞ리오 다만 쉬이지 안코 긔
도홈으로 하ᄂᆞ님의 뜻을 기
ᄃᆞ릴ᄯᆞᄅᆞᆷ이라ᄒᆞ고 ᄌᆞ긔도 정
셩으로 긔도ᄒᆞ며 또 그 뎨ᄌᆞ
들도 ᄒᆞᆫ곳에 모혀 죠셕으로
쉬이지안코 긔도ᄒᆞᆫ지 一쥬일
늬에 그병이 아조 쾌차홈을
엇엇고 또 금년음력 윤六월
二十九일 새벽에 죵씨가 젼
도ᄎᆞ로 벽읍 디방으로 가다
가 도적의 무리를 만나 동힝
ᄒᆞ던 마청하라ᄒᆞ는 사ᄅᆞᆷ은
힝쟝을 다 ᄲᅢ앗기매 죵씨는
하ᄂᆞ님ᄭᅴ 긔도ᄒᆞ기를「아바지
의 권능으로 이화를 면케ᄒᆞ
여주옵쇼셔」ᄒᆞ엿더니 별안간
엇던 관원이 다솔하인ᄒᆞ고
고개를 넘어오며 크게 소리
를 지르매 적당이 황급ᄒᆞ여
ᄃᆞ라남으로 죵씨가 능히 이
화를 면ᄒᆞ엿ᄉᆞᆫ즉 이는 다 하
ᄂᆞ님ᄭᅴ셔 밋는긔도를 ᄃᆡ답ᄒᆞ

십이라 ᄒᆞ엿더라

⊙인도국의감리회 미국 ᄂᆡ시발 감리회 긔관보에 게재ᄒᆞᆫ바를 거ᄒᆞᆫ즉 현금 인도젼국ᄂᆡ에 잇ᄂᆞᆫ 감리교인의 수효ᄂᆞᆫ 十四만八千五百九十八인이오 쥬일학교 학싱은 十六만八千十八인이오 교회에 속ᄒᆞᆫ 대즁쇼학교 학싱은 三만九千九百二十九인이오 ᄯᅩ 본토교인이 작년 一년동안에 조급ᄒᆞᆫ 돈은 二十만一千八百七十八원이라더라

⊙四百년긔렴 미국져국ᄂᆡ에 잇ᄂᆞᆫ 루터날교회 즁앙총회에셔ᄂᆞᆫ 루터션싱이 구교 곳 텬쥬교를 비반ᄒᆞ고 신교(新敎)를 챵립ᄒᆞᆫ지 四百년긔렴회를 쥰비ᄒᆞ기 위ᄒᆞ야 오ᄂᆞᆫ 수년동안에 四百만원을 거두기로 작뎡ᄒᆞ엿다더라

⊙예수교셔회의통계표 예수교셔회가 셜립된지 八十六년간에 미국셔회ᄂᆞᆫ 각국방언으로 발힝ᄒᆞᆫ셔칙이 도합六千二百二十九만四千九百八十三권이오 영국셔회ᄂᆞᆫ 영어로 발힝ᄒᆞᆫ셔칙이 도합四억二千七百九十六만六千一百九十九권이오 각국방언으로 발힝ᄒᆞᆫ셔칙이 六千二百二十九만三千九百八十三권이라더라

⊙셰계의각죵종교 근일에 미국박ᄉᆞ 셀너씨의 됴사ᄒᆞᆫ바를 거ᄒᆞᆫ즉 셰계의 각죵 종교에 속ᄒᆞᆫ 인구가 도합十五억만인가량인ᄃᆡ 이수효를 각종교에 분비ᄒᆞ자면 그리스도교인(텬쥬교와 희랍교를 포함ᄒᆞᆫ것)이 五억二千五百만명이오 공ᄌᆞ교인이 三억만명이오 불교인이 一억二千一百만명이오 회회교인이 二억一千四百만명이오 유대교인이 一千八百六만명이오 기외에 여러가지 종교 명목을 직히ᄂᆞᆫ 인구가 五千만명가량이라더라

교회통신

긔셔 쳥국북경 손졍도

⊙텬시가변쳔홈 (속)

소리를 들어보니 ᄯᅢ가 파연가을이 되엿ᄂᆞᆫᄃᆡ 밧쥬인은 죵일 쟝터에 셔셔 일군들을 불너 샹당히 삭을쥬어 곡식을 거두ᄂᆞᆫᄯᅢ에 일은 아츰에 나가ᄂᆞᆫ쟈와 ᄉᆞ시초에 나가ᄂᆞᆫ쟈와 오시즁과 신시초에 나간쟈가 다 쥬인의 명령을 좃차 포도원에 드러가 일을 맛하ᄂᆞᆫᄃᆡ (마廿○一一十六) 엇던일군들은 유시초가 되도록 한가히 셔셔 쓰ᄂᆞᆫ쟈가 업다고 탄식ᄒᆞᄂᆞᆫ쟈가 잇다ᄒᆞ니 나의 ᄉᆞ랑ᄒᆞᄂᆞᆫ 형뎨ᄌᆞ미시여 유시가되도록 일ᄒᆞᆯ줄을 모르고 안젓던지 섯던지 긔신긔신 ᄃᆞᆫ니ᄂᆞᆫ쟈가 누구뇨 눈을 들어 더듬더듬 차자보지를 말고 부여죡속이 누구며 내라ᄒᆞᄂᆞᆫ쟈가 누구인지 그가 곳 셰월을 모르고 일락셔산 되도록 한담으로 삶만ᄉᆞᆷ고 안즌쟈니 그가 네냐 내냐 내나 네나 싱각을ᄒᆞᆫ즉 눈에셔 피가흐르고 흉격이 막힐일이로다 그러나 속담에도 죽을 일이나면 살일이 싱긴다ᄒᆞᆫ말이 올토다 더듬더듬 더듬어 셩경을 펴셔보니 셩경에 닐으샤ᄃᆡ 유시초에 나가ᄯᅩ 섯ᄂᆞᆫ 사ᄅᆞᆷ을 보고 ᄀᆞᆯᄋᆞᄃᆡ 너희ᄂᆞᆫ 엇지 죵일도록 한가히 여긔셧ᄂᆞ뇨 ᄃᆡ답ᄒᆞᄃᆡ 우리를 품군으로 쓰ᄂᆞᆫ쟈가 업ᄂᆞ이다ᄒᆞᆫ니 쥬인이 ᄀᆞᆯᄋᆞᄃᆡ 포도원에 드러가 일ᄒᆞ라ᄒᆞ고 져믈매 쥬인이 쳥직이ᄃᆞ려 닐너ᄀᆞᆯᄋᆞᄃᆡ 품군들을 불너 나죵 온쟈로브터 시작ᄒᆞ야 몬져 온쟈ᄭᆞ지 삭을 주라ᄒᆞ니 유시초에 온쟈들도 각각 은(銀)푼식 밧거늘 몬져 온쟈들이 와셔 더밧을줄 알앗더니 뎌희도 은ᄒᆞᆫ푼식 밧은지라 이말ᄉᆞᆷ을 보며 싱각ᄒᆞᆯᄯᅢ에 크도다 하ᄂᆞ님의 ᄉᆞ랑과 예수의 은혜여 ᄒᆞ고 크게 브르ᄂᆞᆫ소리에 넙헤셔 잠자던 사ᄅᆞᆷ은 잠을 ᄭᅢ여셔 무ᄉᆞᆷ일인지 몰나 방황ᄒᆞ며 리웃집 사ᄅᆞᆷ은 ᄭᆞᆷᄶᅡᆨ놀ᄂᆡ여 급히 문을열고 나와셔 귀를 기우리고 듯ᄂᆞᆫ도다 엇지ᄒᆞ야 하ᄂᆞ님의 ᄉᆞ랑과 예수의 은혜여 ᄒᆞᄂᆞᆫ복소리가 이ᄀᆞᆺ치 컷ᄂᆞ뇨ᄒᆞ면 막혓던 흉격이 열니고 소망의 큰능력이 나를 구원ᄒᆞᄂᆞᆫ 셔광이라 나와 ᄉᆞ랑ᄒᆞᄂᆞᆫ 형뎨ᄌᆞ미시여 이ᄯᅢ가 어나ᄯᅢ냐ᄒᆞ면 곳 가을이니 속히 겨을이 올지니 속히 나가 일ᄒᆞᆸ세다 이시가 어나시냐ᄒᆞ면 곳 유시라 속히 밤이될터이니 어둡기젼에 츄슈ᄒᆞᆸ세다 시간이 느졋다고 락심말고 속히 속히 포도원에 드러가 일ᄒᆞᆸ세다 지금 드러가ᄂᆞᆫ쟈라도 잘

반ᄒᆞ면 아츰브터 일ᄒᆞᆫ자와 ᄀᆞᆺ치 샹급을 밧ᄉᆞᆸᄂᆞ이다 (완)

요한웨슬니의략ᄉᆞ

⊙우리가 다 아ᄂᆞᆫ바 요한웨슬니ᄂᆞᆫ 우리감리교회를 창셜ᄒᆞ신션ᄉᆡᆼ이라 션ᄉᆡᆼ이 쥬후一千七百三년六월十七일에 영국엡웟ᄯᅡ에서 나셧ᄂᆞᆫᄃᆡ 그 조부와 부친은 다 당시의 유명ᄒᆞᆫ 목ᄉᆞ로 젼도ᄒᆞᄂᆞᆫ 일을 힘쓰던 죵교가들이오 그 ᄇᆡᆨ씨 찰스 웨슬니ᄂᆞᆫ 찬미와 시가의 져술가(著述家)로 일홈이 나타낫스며 그 모친 수산아웨슬니ᄂᆞᆫ 학슐과 지덕이 출즁ᄒᆞᆫ 부인인ᄃᆡ 三ᄌᆞ와 十녀를 ᄉᆡᆼ산ᄒᆞ엿더라 요한션ᄉᆡᆼ이 六세되던ᄒᆡ에 그집에 큰 화ᄌᆡ가 잇섯ᄂᆞᆫᄃᆡ 그ᄯᅢ에 맛ᄎᆞᆷ 션ᄉᆡᆼ의 모친은 병이 위즁ᄒᆞ여 자리에 누엇다가 밤즁에 별안간 이 화ᄌᆡ를 맛난즉 그부친은 병셕에 누엇던 그 안해를 구원ᄒᆞ야 내노라고 황망ᄒᆞᆫ가온ᄃᆡ 방안에서 잠자ᄂᆞᆫ 아ᄒᆡ들 곳 요한션ᄉᆡᆼ을 밋쳐 ᄉᆡᆼ각지 못ᄒᆞ엿다가 그 안해를 리웃집으로 옴긴후에 비로소 션ᄉᆡᆼ이 방안에서 자ᄂᆞᆫ줄을 ᄭᆡ닷고 [illegible] 불길이 윗층을 다 에워싼지라 긔가 막혀 요한을 부르며 발을 구르고 섯더니 이ᄯᅢ 션ᄉᆡᆼ은 밧게셔 ᄯᅥ드ᄂᆞᆫ 소ᄅᆡ에 잠을 ᄭᆡ여 ᄉᆞ면을 도라본즉 류리창이 환ᄒᆞ게 붉은지라 처음에ᄂᆞᆫ 밤이 새고 ᄒᆡ가 ᄯᅳᆺᄂᆞᆫ가 의심ᄒᆞ다가 인ᄒᆞ야 옷을 닙고 압문을 열고져ᄒᆞᆫ즉 압문에 불이 당긔여 자운동이 된고로 다시 쥬방문으로 나가고져ᄒᆞᆫ즉 거긔도 불이 당권지라 ᄒᆞᆯ수업셔 사다리를 놋코 二층우헤 류리창을 열고 아바지를 부르매 그 부친이 그 소ᄅᆡ를 듯고 즉시 불븟ᄂᆞᆫ가온ᄃᆡ로 ᄯᅱ여 드러가서 션ᄉᆡᆼ을 업고 나아와셔 동산에 ᄂᆞ려놋코 ᄯᅡ에 업ᄃᆡ려 하ᄂᆞ님ᄭᅴ 감샤ᄒᆞᆫ 긔도를 드리고 소ᄅᆡ를 놉혀 찬송가를 부르니 보ᄂᆞᆫ 사ᄅᆞᆷ마다 다 희한히 넉이며 위로ᄒᆞ더라

긔쟈왈 하ᄂᆞ님ᄭᅴ셔 션ᄉᆡᆼ으로 ᄒᆞ여곰 쟝ᄎᆞᆺ 큰 교회를 창립ᄒᆞ고 어두운 가온ᄃᆡ 잇ᄂᆞᆫ 여러 ᄇᆡᆨ만명의 죽게된 령혼을 구쥬압흐로 인도ᄒᆞᆯ 등ᄃᆡ(燈臺)가 되게ᄒᆞ실 목뎍이 임의 일운지라 그럼으로 션ᄉᆡᆼ을 몬저 이 불가온ᄃᆡ셔 구원ᄒᆞ여 내셧스며 ᄯᅩ 션ᄉᆡᆼ의 부친으로 말ᄒᆞ면 그 창황ᄒᆞᆫ 가온ᄃᆡ 처ᄒᆞ야셔도 몬져 하ᄂᆞ님ᄭᅴ 감샤드릴것을 니져ᄇᆞ리지 아니ᄒᆞ엿스니 참 진실ᄒᆞᆫ 죵교가의 ᄒᆡᆼ동이라 닐을만ᄒᆞ도다

션ᄉᆡᆼ이 어려서 그 모친ᄭᅴ 가뎡교육을 밧고 十一세에 론돈 차러하우스학교에 입학ᄒᆞ엿고 十六세에 악쓰폿대학교에 입학ᄒᆞ야 공부ᄒᆞ엿ᄂᆞᆫᄃᆡ 그ᄯᅢ에 미이미교회라ᄂᆞᆫ 일홈이 싱겻ᄂᆞ니 션ᄉᆡᆼ이 그 동학ᄒᆞᄂᆞᆫ 학ᄉᆡᆼ 몃사ᄅᆞᆷ으로 더브러 교회에 례비ᄒᆞᄂᆞᆫ 법과 병든자를 위문ᄒᆞᄂᆞᆫ 법과 옥즁에 잇ᄂᆞᆫ자와 각ᄃᆡ에 고ᄉᆡᆼᄒᆞᄂᆞᆫ자를 심방ᄒᆞᄂᆞᆫ 법을 문돌매 다른 학ᄉᆡᆼ들이 션ᄉᆡᆼ의 ᄒᆡᆼᄒᆞᄂᆞᆫ일을 보고 훼방ᄒᆞ기를 미이미교인(본보기잇다ᄂᆞᆫ말)이라 칭ᄒᆞ더니 지금은 북감리회에서 이일홈을 보통쓰ᄂᆞ니라

一千七百二十五년에 영국교회에서 션ᄉᆡᆼ으로 목ᄉᆞ를 뎡ᄒᆞ고 一千七百廿八년에 장로를 삼아 엡웟ᄯᅡ에서 젼도ᄒᆞ며 악스폿대학교에서 교ᄉᆞ로 잇더니 一千七百三十五년에 ᄌᆞ원ᄒᆞ야 미국홍인죵의게 젼도ᄒᆞ러 가ᄂᆞᆫ길에 대셔양에서 풍랑을 만나매 션ᄉᆡᆼ은 두렵고 무서운 ᄆᆞᄋᆞᆷ이 만흔ᄃᆡ 동ᄒᆡᆼᄒᆞᄂᆞᆫ 덕국모레비안 교인들은 즐거온 ᄆᆞᄋᆞᆷ으로 찬미ᄒᆞ며 다른 사ᄅᆞᆷ을위ᄒᆞ야 극진히 슈종드ᄂᆞᆫ것을 보고 혼자 ᄆᆞᄋᆞᆷ에 감동ᄒᆞ야 졈졈 예수그리스도의 피를 ᄉᆡᆼ각ᄒᆞ다가 그후에 미국에 하륙ᄒᆞᆫ후에 모레비안교회 감독 스펀진벅ᄡᅵ를 만나 서로 문답ᄒᆞᆫ 결과로 비로소 진실ᄒᆞᆫ 회기를 시작ᄒᆞ야 二년후에 영국으로 도라온후에ᄂᆞᆫ ᄒᆞᆼ샹 모레비안교회감독 보헬너션ᄉᆡᆼ과 자조 샹죵ᄒᆞᆷ으로 신심이 졈졈 견실ᄒᆞ고 아조 구원을 엇엇ᄂᆞ니라

션ᄉᆡᆼ이 하ᄂᆞ님ᄭᅴ 몸을 밧치고 ᄉᆞ도의 밋음으로 젼도ᄒᆞ야 六十五년동안을 젼도ᄒᆞ며 물론고 젼도ᄒᆞ러ᄃᆞᆫ닌 리수가 二十五만영리(英哩)를 ᄃᆞᆫ녓고 젼도ᄒᆞᆫ 수효ᄂᆞᆫ 四만三千번이

五

오 서칙을 져술ᄒᆞᆯ것이 一百여죵이더라 一千七百九十一년에 션싱이 셰상을 떠낫ᄂᆞᆫᄃᆡ 나히八十八세라 론돈셩 우릇차펠에 쟝ᄉᆞᄒᆞ니라 그때에 미이미교회에 젼도인이 三百명이오 교인이 七만六千명에 지내지못ᄒᆞ더니 지금은 젼도인이 四만[illegible]千명이오 입교인이 六百六十三만八千二百四十三명이오 원입인이 三千만명이며 회당수효가 八만八千곳이라 하ᄂᆞ님의 도를 세계에 아니젼파ᄒᆞᆫ 곳이 별노업스니 미이미교회가 깅뎡교즁에는 뎨一큰 교회라 칭ᄒᆞᄂᆞ니라

스캇취 쟝로교인 찰머씨가 말ᄒᆞ기를 미이미교회는 일즉이 시작ᄒᆞᆫ 교회라ᄒᆞ나 그런것이 아니며 또 미이미교회는 웨슬늬의 긔렴티가 아니라 다만 현금세계의 분노ᄒᆞᄂᆞᆫ것을 변케 만들며 종교의 새정신을 너흐며 박의(博愛)ᄒᆞᄂᆞᆫ 표준이 되ᄂᆞ니라

셩경연구

예목ᄉᆞ

⊙의(義)의열ᄆᆡ

(빌一〇十一、약三〇十八、고후九〇十、야곱三〇十七、)

이쟝十八졀의 화평ᄒᆞᆷ과 동十七졀의 지혜가 열ᄆᆡ맷ᄂᆞᆫ 화심(花心)이 되엿ᄂᆞ니 야열ᄆᆡ는(一)셰긋ᄒᆞᆷ과(二)화평ᄒᆞᆷ과(三)온유ᄒᆞᆷ과(四)량슌ᄒᆞᆷ과(五)긍휼ᄒᆞᆷ과(六)션ᄒᆞᆫ열ᄆᆡ가 ᄀᆞ득ᄒᆞᆷ과(七)편벽되지 아니ᄒᆞᆷ과(八)거즛이업ᄂᆞᆫ것이라

二、듸모데후셔二〇廿四-廿五、

이두구졀에셔 차자볼 열ᄆᆡ는(一)다토지 아니ᄒᆞᆷ과(二)온유ᄒᆞᆷ과(三)잘ᄀᆞᄅᆞ침과(四)참음과(五)거역ᄒᆞᄂᆞᆫ쟈를 온유ᄒᆞᆷ으로 징계ᄒᆞᆷ이니라

三、빌닙보一〇九-十一、

이세구졀에셔 차자볼 열ᄆᆡ는(一)ᄉᆞ랑ᄒᆞᆷ이 지식과 총명으로 풍셩ᄒᆞᆷ과(二)지극히 션ᄒᆞᆫ것을 분별ᄒᆞᆷ과(三)슌젼ᄒᆞᆷ과(四)허물 업ᄉᆞᆷ이니라

므릇 의의 열ᄆᆡ는 예수그리스도로 말미암아 하ᄂᆞ님을 영화롭게ᄒᆞ고 찬용ᄒᆞᆷ으로 일ᄒᆞ야 ᄉᆡᆼ기ᄂᆞᆫ것이니라(빌一〇十一)

(미완)

회보ᄃᆡ금령슈

住所	氏名	金額
豊德	姜龍欽	廿五錢
淮陽방련리耶穌教堂		二十錢
西部內需司前	金仁錫	四十錢
豊德	鄭永旭	廿五錢
陽德	高升珏	四十錢
平昌中里	李東杞	廿五錢
南部尙洞	韓世顯	二十錢
西部倉川	盧敬準	五十錢
北部河橋	金光植	四十錢
伊川龜岩里	李昌雲	五十錢
長湍	梁在煥	四十錢
仝	金增默	二十錢
陰城松五里	朴現정	四十錢
仝馬皮洞	潘采雲	二十錢
仝	金友三	二十錢
陰城三生里	張東徽	二十錢
仝	南漢龍	二十錢
仝	延道一	二十錢
仝	張奎煥	二十錢

교육

⊙가졍학

가뎡에셔ᄌᆞ녀를ᄀᆞᄅᆞ칠것

一、어룬과 졂은사ᄅᆞᆷ ᄉᆞ이에 교졔(交際)ᄒᆞᄂᆞᆫ일이니 어룬은 졂은사ᄅᆞᆷ을 ᄃᆡᄒᆞᆷ에 맛당히 친졀ᄒᆞ며 온화ᄒᆞᆫᄐᆡ도를 일치 말것이오 졂은 사ᄅᆞᆷ은 어룬을 ᄃᆡᄒᆞᆷ에 불가불 겸손ᄒᆞ며 공경ᄒᆞᄂᆞᆫ 례졀을 직힐것이니 형뎨와 ᄌᆞᄆᆡ간에도 또ᄒᆞᆫ 이와 ᄀᆞᆺ흘것이니라

二、말과 ᄒᆡᆼ실에 ᄃᆡᄒᆞ야 특별히 주의ᄒᆞ야 금제ᄒᆞᆯ것은 이아래와 ᄀᆞᆺᄒᆞ니

(一)다른사ᄅᆞᆷ을 괴롭게 ᄒᆞᄂᆞᆫ것이오

(二)다른사ᄅᆞᆷ을 해롭게 ᄒᆞᄂᆞᆫ것이오

(三)다른사ᄅᆞᆷ의 얼골에 루츄ᄒᆞᆫ것이나 신톄의 완젼치 못ᄒᆞᆫ것이나 무슴 숨은병 잇ᄂᆞᆫ것을 ᄃᆞ러내여 말ᄒᆞᄂᆞᆫ것이오

(四)다른사ᄅᆞᆷ의 그릇된 허물

샤고

⊙경셩즁로 예수교셔회에셔 발ᄒᆡᆼᄒᆞᆫ 十二월쥬일공과지에 五十二공과(누가十七〇廿六-卅七졀)는十七일에 공부ᄒᆞ고 매五十一공과(누가[illegible]六-二十졀)는二十四일에 공부ᄒᆞ시옵

을 드러내여 말ᄒᆞ던지 혹 그명예를 손상케ᄒᆞᆯ만ᄒᆞᆫ 일이니라

(五) 다른 사ᄅᆞᆷ을 죠쇼ᄒᆞ거나 능모(凌侮)ᄒᆞ거나 반항ᄒᆞ거나 편벽되이 누구를 뮈워ᄒᆞᄂᆞᆫ 일이니라

三、ᄃᆡᄀᆡᆨ(對客)ᄒᆞᄂᆞᆫ 례졀이니 그 요령을 대강 들어 말ᄒᆞ자면 이아래와 ᄀᆞᆺ호니

(一) ᄀᆡᆨ이오거던 맛당히 공경ᄒᆞᄂᆞᆫᄯᅳᆺ으로 깃브게 영졉ᄒᆞ야 몬져 자리에 안기를 쳥ᄒᆞᆫ후 그 평안ᄒᆞᆷ을 뭇고 얼골빗출 화평케ᄒᆞ야은근히 졉ᄃᆡᄒᆞᆯ것이오

(二) ᄃᆡ화를 ᄃᆡᄒᆞᆯᄯᆡ 맛당히 됴ᄒᆞᆫ 담론(談論)을 만히ᄒᆞ야 ᄀᆡᆨ의 ᄆᆞᄋᆞᆷ을 유쾌(愉快)케ᄒᆞᆯ것이니 만일 ᄀᆡᆨ을 ᄃᆡᄒᆞ야 아모말도 업스면 ᄀᆡᆨ의 ᄆᆞᄋᆞᆷ이 반ᄃᆞ시 랭담(冷談)ᄒᆞ야 ᄀᆡᆨ을 슬혀 ᄒᆞᄂᆞᆫ줄노 ᄉᆡᆼ각ᄒᆞ기 쉬울것이오

(三) ᄀᆡᆨ을 ᄃᆡᄒᆞᆯᄯᆡ에 맛당히 몸을 졍즁히 가지며 머리를 곳게ᄒᆞ며 말을 분명ᄒᆞ고 진실히 ᄒᆞᆯ것이오

(四) ᄀᆡᆨ을 ᄃᆡᄒᆞᆯᄯᆡ에 머리털을 어ᄌᆞ럽게 ᄒᆞ던지 의복을 졍졔치 못ᄒᆞ면지 입에 무슴 물건을 물고 잇던지 공연히 입과 코를 올니던지 무슴 손작란을 ᄒᆞ던지 손으로 코물을 씻던지 모든 단졍치못ᄒᆞᆫ ᄒᆡᆼ동은 도모지 ᄒᆞ지 말것이니라

실업

◎ᄃᆞᆰ기르ᄂᆞᆫ법 (속)

ᄃᆞᆰ의병에ᄃᆡᄒᆞ야주의ᄒᆞᆯ것

一、ᄃᆞᆰ의 병즁에 ᄀᆞ장 위험ᄒᆞᆫ 병은 곳 셜사병이니 이병에 걸녀들면 二十四시간 동안에 죽고 ᄯᅩ 다른 ᄃᆞᆰ의게 젼염되ᄂᆞ니 그 병즁은 코구멍으로 무슴 진물을 흘니며 셜사를 ᄒᆞᄂᆞᆫ것이라 ᄃᆞᆰ이 이병에 걸닌줄을 알거던 곳 그ᄃᆞᆰ을 죽이고 ᄃᆞᆰ의 집과 그운동장에 셕탄산슈(石炭酸水)나 혹 회물(石灰水)을 ᄲᅮ려 쇼독ᄒᆞ고 ᄯᅩ 병든 ᄃᆞᆰ이 놀고 자던곳에 검불과 흙을 긁어서 ᄯᆞᆼ속에 뭇고 혈쳥(血淸)이라ᄂᆞᆫ 약물이 잇ᄂᆞᆫ데 이약으로 병든 ᄃᆞᆰ은 十구람 가량으로 쥬샤(注射)법을 ᄒᆡᆼᄒᆞᆯ것이니라

二、ᄃᆞᆰ의 감모증(感冒症)이니 이병은 대개 十월과 十一월간에 흔히 발ᄉᆡᆼᄒᆞᄂᆞ니 그 근원(根源)은 九、十월간 털갈ᄯᆡ(換羽期)에 찬바람과 비를 잘막아 주지못ᄒᆞᆷ으로 털이 젓고 찬긔운을 밧은즉 이병에 걸니기 쉬우니 그병승은 모이를 잘먹지 아니ᄒᆞ며 간간히 기츰도ᄒᆞ고 코구멍으로 ᄆᆞᆰ은 진눌흘흘닐것이라 더운 방속에 졍ᄒᆞᆫ 집히나 미짐이겨(粃穀)들 펴고 그우에서 자게ᄒᆞ고 코구멍을 五十비 붕산슈(硼酸水)로 잘씨셔 주며 더운물에 호초가루를 타서 먹일것이니라

三、ᄃᆞᆰ의 ᄀᆡ션병(疥癬病)은 곳 ᄃᆞᆰ의 옴이니 그 근원은 그 몸에서 적은벌어지가 나서 되ᄂᆞᆫ것이오 그병증은 다리와 발에 수슈알ᄀᆞᆺ치 불거저서 ᄯᅥᆨ지가 안ᄂᆞᆫ것이니 이 병이 발ᄉᆡᆼᄒᆞ거던 ᄃᆞᆰ의 집과 그 운동장을 잘 쳥결(淸潔)ᄒᆞ고 병든ᄃᆞᆰ의 다리를 졍ᄒᆞᆫ물노 자조 씻겨주고 대칼노 그 ᄯᅥᆨ지를 글고 셕유를 발나줄것이니라 ᄯᅩ ᄃᆞᆰ의 니(虱)가 만히 ᄉᆡᆼ긴ᄯᅵ도 그집을 쳥결ᄒᆞ고 그몸에 셕유를 발나주ᄂᆞᆫ것이 됴ᄒᆞ니라

금ᄀᆞᆺᄒᆞᆫ격언 (格言)

◎영국젼 황뎨 에드워드폐하ᄭᅴ셔 등극ᄒᆞ실ᄯᆡ에 종리대신이 보검(寶劍)세ᄀᆡ를 갓다드릴ᄉᆡ ᄒᆞ나ᄒᆞᆫ 영국을 ᄃᆡ표ᄒᆞ고 ᄒᆞ나ᄒᆞᆫ 소격란(蘇格蘭)을 ᄃᆡ표ᄒᆞ고 ᄯᅩ ᄒᆞ나ᄒᆞᆫ 이이란(愛蘭)을 ᄃᆡ표ᄒᆞ엿스니 이ᄂᆞᆫ 이 세나라이 합ᄒᆞ야 대영국이된ᄭᆞᄃᆞᆰ이라 폐하ᄭᅴ셔 대신ᄃᆞ려 무러왈 보검ᄒᆞᆫ개는 ᄲᅡ젓스니 엇진연고뇨ᄒᆞᆫᄃᆡ 대신이 답왈 무엇을 ᄃᆡ표ᄒᆞᆫ 보검이 ᄲᅡ젓ᄂᆞᆫ지 ᄉᆡᆼ각지못ᄒᆞ겟ᄂᆞ이다 ᄒᆞ거ᄂᆞᆯ 폐하ᄭᅴ셔 닐ᄋᆞᄃᆡ ᄲᅡ진것은 신구약 셩경을 ᄃᆡ표ᄒᆞᆫ 보검이라 ᄒᆞ셧다더라

◎려ᄒᆡᆼᄒᆞᄂᆞᆫ자가 화륜션을 ᄐᆞ고 태평양을 건널ᄯᆡ에 ᄆᆡ일 로졍긔 현판 압헤가셔 그날은 몃리나 갓ᄂᆞᆫ지 슯혀보ᄂᆞᆫ것과 ᄀᆞᆺ치 쥬를 밋ᄂᆞᆫ자ᄂᆞᆫ

七

明治四十四年十一月廿七日印刷

[illegible]마다[illegible] 노ᄅᆞᆫ[illegible] 라나며 [illegible]와[illegible]것이니라

◉이세샹에셔 남[illegible] 본ᄒᆞ고 셔ᄅᆞᆫ 교통[illegible]과[illegible] 즁에 ᄀᆞ쟝 유익ᄒᆞᆫ[illegible] 잇스나 곳 쥬를 진실[illegible] 밋ᄂᆞᆫ자의 가뎡(家庭)과 교회와 학교요 또 ᄀᆞ쟝 됴치못ᄒᆞᆫ쟈ㅣ 셋이잇스니 곳 쳥루와 쥬사와 노름판이니라

◉놈의 잘못ᄒᆞᄂᆞᆫ것만보고 회개ᄒᆞᄂᆞᆫ것은 보지못ᄒᆞ면 하ᄂᆞ님의 ᄯᅳᆺ에합ᄒᆞ지 못ᄒᆞᄂᆞ니라

◉이세샹에 하ᄂᆞ님과 흠ᄭᅴ잇지아니ᄒᆞ고ᄂᆞᆫ 진실ᄒᆞᆫ 사ᄅᆞᆷ도 업스며 션ᄒᆞᆫ사ᄅᆞᆷ도 업ᄂᆞ니라

◉도덕심(道德心)이 부족ᄒᆞᆫ사ᄅᆞᆷ의게ᄂᆞᆫ 학문이 도로혀 죄짓ᄂᆞᆫ 긔관이되ᄂᆞ니라

◉쉬운듯ᄒᆞ고 어려운것은 말ᄒᆞᆫ디로 ᄒᆡᆼᄒᆞᄂᆞᆫ것이니라

담총

◉양력보ᄂᆞᆫ법

음력은 달의 크고 적은것이 ᄒᆡ마다 다르거니와 양력은 아조 작뎡되여 큰달은 三十一일이오 적은달은 三十일이니 一、三、五、七、八、十、十二월은 크고 四、六、九、十一월은 적으며 二월은 二十八일인디 四[illegible] 며四시로 말ᄒᆞ면 三、四、五월은 봄이오 六、七、八월은 녀름이오 九、十、十一월은 가을이오 十二、一、二월은 겨울이라 날ᄏᆞᆺ고 미년十二월 二十二일은 동지가 되며 六월二十二일은 하지가 되며 三월二十一일은 츈분이오 九월二十一일은 츄분이 되ᄂᆞ니라

◉적은돈을저츅ᄒᆞ야큰돈되ᄂᆞᆫ것

누구던지 날마다 버ᄂᆞᆫ돈에셔 얼마식 저츅ᄒᆞ야 미샥 五리변으로 저츅은힝에 맛겻다가 五十년만에 차질것이 이아래와 ᄀᆞᆺᄒᆞ니

미일맛기ᄂᆞᆫ돈	五十년후에차질돈
一[illegible]젼[illegible]이면	九빅五十환
十젼식이면	九쳔五빅四환
五十젼식이면	四만七쳔五빅二十환
一환식이면	四十七만五쳔二빅八환

▲광고▼

경향 여러교우의 갈망ᄒᆞ시던 국문구약셩경의 완편이 츌판되여 발셔브터 다수히 발매ᄒᆞ오니 쳠군ᄌᆞᄂᆞᆫ 슈용의 다쇼를ᄯᆞ라 륙쇽쳥구ᄒᆞ심을 ᄇᆞ라옵

[illegible]五젼 一질二쳔六빅五十헌[illegible] 여좌ᄒᆞ옵

지의 一환
포의 一환十五젼

한문셩경이 새로 샹히로셔 나왓ᄂᆞᆫ디 문리관쥬구신약과 신약이오

일어셩경신구약도 여러종류가 잇ᄂᆞᆫ디 본공회와 셔운명동과 평양에잇ᄂᆞᆫ 일본인칙샤 본공회 셩셔발매소에셔 발매ᄒᆞ옵

또 평양잇ᄂᆞᆫ 죠션인칙샤 본공회 셩셔발매소에ᄂᆞᆫ 국문셩경과 국한문셩경 여러종류가 잇솝

각 칙샤에셔 사가면 삼활ᄒᆞ고 부비ᄭᆞ지 담당ᄒᆞ옵

京城鍾路基督敎靑年會下層
美國聖書公會 告白

◉광고◉

경계쟈 하ᄂᆞ님의 도으심으로 국문 신구약젼셔가 완편된지라 이믜 인쇄ᄒᆞ야 이제 미하ᄒᆞᄂᆞᆫ바 이칙의 쟝광은 국문四호글ᄌᆞ 지의 신약과ᄀᆞᆺ고 그 쟝칙과 졍가ᄂᆞᆫ 이아리ᄌᆞ셰히 긔록ᄒᆞ엿ᄉᆞ오니 이칙을 갈망ᄒᆞ시던 우리 형뎨와 ᄌᆞ미ᄂᆞᆫ 본공회와 경향 각교즁 칙샤에 쳥구ᄒᆞ시와 익독ᄒᆞ시옵쇼셔

쟝칙과뎡가

신구약젼셔
단권一秩 견포의 一圓五十錢
소 소 반피의 一圓七十五錢
三권 소 지의 一圓二十五錢
소 소 포의 一圓三十五錢
구약젼셔
二권一秩 지의 一圓
소 소 포의 一圓十五錢

본공회에 국문한문 밋각국문의 셩셔가 구비ᄒᆞ옵고 원근각쳐로 발송ᄒᆞᄂᆞᆫ 셩셔의 운비 혹 우료ᄂᆞᆫ 본공회에셔 츌급ᄒᆞ오며 샹세ᄒᆞᆫ 규츅과 뎡가록은 쳥구를 ᄯᆞ라 공급ᄒᆞᄂᆞᆫ이다

셔울 죵로 대영셩셔공회 고빅

본샤특별광고

一、본샤에셔 양력十一월 十二월량삭동안에 구람쟈를 크게 모집ᄒᆞ기로 작뎡ᄒᆞ고 빈한ᄒᆞᆫ 교우를 위ᄒᆞ야 회보디금을젼보다 감ᄒᆞ야 一년에四十젼식을 뎡ᄒᆞ엿ᄉᆞ오니 쳠위ᄂᆞᆫ 새로 구람ᄒᆞᆯ이를 만히 모집ᄒᆞ야 보내시옵

二、누구시던지 본회보 보실이 다섯사ᄅᆞᆷ의 션금(先金)을 새로 것어 보내시면 회보 ᄒᆞᆫ장을 갑업시 보시게 ᄒᆞ겟고 十인이나 二十인이나 다 이비례(比例)를 ᄯᆞ라 ᄒᆞ겟슴니다

그리스도회보

KOREAN CHRISTIAN ADVOCATE

每月二回發行

明治四十四年十二月十二日印刷
明治四十四年十二月十五日發行

發行兼編輯人 北部社洞 奇義男
印刷人 北部樓閣洞 朴東完
印刷所 京城西小門內法韓印刷所
發行所 北部社洞 奇義男邸

대금 「代金」 一장 二젼五리
六ᄀᆡ월 二十젼
一ᄀᆡ년 四十젼

광고료 四호활ᄌᆞ 一항 一회 五젼
활ᄌᆞ 대소와 항수 다소와 긔한장단을 ᄯᅡ라 증감홈

사설

(부흥회의필요홈)

대개 훈 긔인과 훈 교회를 붓론ᄒᆞ고 셩신을 충만히 밧지못ᄒᆞ면 아모 능력이 업ᄂᆞ니 그 증거를 알고져ᄒᆞ면 ᄉᆞ도들의 힝훈일을 볼지어다 뎌희가 여러히동안 우리쥬 예수그리스도를 ᄯᅡ라ᄃᆞᆫ니며 눈으로 쥬의 힝ᄒᆞ신 이젹을보며 귀로 쥬의 フ르치신 말솜을 드럿지마는 쥬ᄭᅴ셔 유대인의게 붓잡혀 가샤 十ᄌᆞ가에 못박혀 도라가신후 四十일동안에 뎌의가 아모능력이 업더니 五슌졀에 니르러는 젼에 쥬를 세번 모른다ᄒᆞ던 베드로가 몬져 니러셔셔 쥬의 일홈을 증거ᄒᆞᆫ매 당일에 회ᄀᆡᄒᆞᆫ쟈가 三千명에 달ᄒᆞ야 그형세가 극히 모라오는 바람과 밍렬히 니러나는 불과 굿ᄒᆞ여 김히 막을수 업는것은 뎌희가 이날에 비로소 쥬의 허락ᄒᆞ신바 셩신의 능력을 엇은ᄭᅡᄃᆞᆰ이라 그런즉 ᄉᆞ도들이 이 五슌졀에 밧은 셩신의 능력으로 죵신토록 이세샹에셔 그거륵훈 일을힝ᄒᆞ엿ᄂᆞ뇨 아니라 뎌희가 ᄒᆞᆼ샹 긔도ᄒᆞ는 가온ᄃᆡ셔 자조 셩신의 새능력을 엇어 힝ᄒᆞ엿ᄂᆞ니 (ᄉᆞ도 四〇卅一〕엇지 녯날 ᄉᆞ도들만 그러ᄒᆞ리오 오ᄂᆞᆯ날 우리 쥬로 머리를 삼은 각긔인이와 각교회도 ᄒᆞᆼ샹 셩신의 새능력을 엇지못ᄒᆞ면 될수업ᄂᆞ니 비유컨ᄃᆡ 큰 화륜션이나 화륜챠가 다만 증긔의 힘으로 ᄃᆞᆫ니ᄂᆞᆫᄃᆡ 만일 이 증긔내ᄂᆞᆫ 긔부(汽釜)밋헤 ᄒᆞᆼ샹 셕탄을 담아부어 화력(火力)을 돕지 아니ᄒᆞ면 곳 증긔가 ᄯᅥ러질지라 그러면 이 화륜션이나 화륜챠가 능히 갈수업는것과 굿도다 근일에 각쳐교회의 형편을 드른즉 다 잠자ᄂᆞᆫ 모양과 굿ᄒᆞ니 우리가 이잠을 세우랴면 불가불 ᄉᆞ도들이 예루살넴 一층 다락우에셔 一심긔도훈것과 굿치 힘ᄒᆞ야 셩신의 새능력을 엇어야 될것이라 그런즉 우리 남북량감리회가 결심(決心)ᄒᆞ고 명년一월브터 二월ᄭᅡ지 三삭동안에 각쳐교회로 도라ᄃᆞᆫ니면셔 부흥회를 열고 셩신의 새능력을 긔도로 간구ᄒᆞ며 하ᄂᆞ님의 ᄯᅳᆺ을 기드림이 엇더ᄒᆞᆯ는지 이에 의견을 ᄃᆡ츌ᄒᆞ노니 각교회에셔 이일을 찬셩ᄒᆞ시거든 훈모음 훈소리로 나아가시기를 간졀히 ᄇᆞ라ᄂᆞ이다

증산구황연보

(젼호련속)

鉄原 갈우리교회 一환五十錢、金城 갈리지교회 一환八十錢、三和 靑山里교회 二환四十五錢、姜泰周 一환五十錢、熙川邀陣교회 十六환四十錢、京東大門內의 ᄉᆞ부인 一환、雲山北陣교회 十八환十二錢、平山南川驛韓理東 二十五錢、영종디방교회 김슌창、리츈삼、최영규、됴슌조 각十錢、김나옴、챠샹보、김미리암 각五錢、윤일손、송지수 각五錢、박원실、김덕일 각二錢五리、최승의 二十錢、리베드로 十二錢五里、김사라、유엔나、김사근、리사숙、리치영 각十錢、김진광、리셩됴、강경일 각五錢、장나옴、장히나、한살놈、리셰라、김창식 二錢五리、박공셔、하셩티 차치즁、졍숑후、졍영후、졍윤티 엘리사벳、장셩팔 각十錢、문의나、졍호담、권운학、장셰안、류쥬일、됴셩회 각五錢、김업슌、송젼심 각二十五錢 (완)

교회통신

△ᄂᆡ보△

⊙청년회대젼도회 경셩 종로 긔독교쳥년회에셔 본월 四일브터 동十四일ᄭᆞ지 져녁마다 각교회 목ᄉᆞ와 젼도ᄉᆞ를 쳥ᄒᆞ야 대젼도회를 열고 복음의 진리를·강론ᄒᆞᆯ터인ᄃᆡ 물론 교ᄂᆡ교외인ᄒᆞ고 만히와셔 청노(聽道)ᄒᆞ기를 ᄇᆞ란다더라

⊙회보구람권면 경셩 정동 미감리회 계삭회에셔 노불감리ᄉᆞ가 발론ᄒᆞᆫ기를 우리감리교인은 다 그리스도회보를 보ᄂᆞᆫ것이 유익ᄒᆞᆯᄲᅮᆫ아니라 불가불 볼의무가 잇ᄉᆞᆫ즉 아모됴록 권면ᄒᆞ야 교우마다 다 보게 ᄒᆞ자ᄒᆞᆷ매 긔인셰리도 권면ᄒᆞ며 회당에셔도 광포ᄒᆞ야 만히보게 ᄒᆞ기로 ᄒᆞ엿다더라

⊙션교회취지 미감리회 션교회취지와 당일에 힘ᄒᆞᆯ례ᄇᆡ슌셔를 이아래 긔록ᄒᆞ노라

성경에 ᄀᆞᆯᄋᆞᄃᆡ 도를 젼파ᄒᆞᄂᆞᆫ쟈가 업ᄉᆞ면 엇지드르며 듯지못ᄒᆞ면 엇지 쥬를 밋으리오 ᄒᆞ엿스니 우리무리의 젼[illegible]으로 밋ᄂᆞᆫ 무리들이 쥬의 명령을 좃차 [illegible]구에 가셔 진리를 젼파ᄒᆞᆷ이라 우리죠션에 잇ᄂᆞᆫ 졉교회에셔도 젼도ᄉᆞ들 외국에 파송ᄒᆞᆷ은 ᄯᅩᄒᆞᆫ 쥬의 ᄯᅳᆺ이라 그러나 곡식ᄯᅥᄂᆞᆫ 소는 입을 막지아니ᄒᆞ고 일을 ᄒᆞᄂᆞᆫ쟈는 삭을 밧ᄂᆞ니 그 경비는 어ᄃᆡ셔 싱기ᄂᆞ뇨 그것이 ᄯᅩᄒᆞᆫ 형뎨들의 열심으로 도아주시ᄂᆞᆫᄃᆡ 잇ᄂᆞ니이다

一、ᄉᆞ랑ᄒᆞᄂᆞᆫ 형뎨들이여 우리션교회에셔 쳥국과 셔간도와 일본동경에 젼도인을 파송ᄒᆞᄂᆞᆫᄃᆡ 목ᄉᆞ들이 만리타국에 가셔 친구도 업고 면목이 싱소ᄒᆞᆫᄃᆡ 만일 경비가 군졸ᄒᆞ면 뉘게가셔 도아달나ᄒᆞ리오 그런즉 우리들이 불가불 힘써 연보ᄒᆞᆯ것이오

一 예수 ᄀᆞᆯᄋᆞ샤ᄃᆡ 쇼ᄌᆞ즁 ᄒᆞᆫ나의게 링슈 ᄒᆞᆫ그릇이라도 주ᄂᆞᆫ쟈는 결단코 그샹을 일치 아니ᄒᆞ리라 ᄒᆞ셧스니 지물을 텬국에 ᄡᆞᆺᄂᆞᆫ쟈들은 반ᄃᆞ시 하ᄂᆞ님압헤 가셔 무궁ᄒᆞᆫ 복락을 밧을지라 리두영[illegible] 불가불 열심으로 연보ᄒᆞᆯ것이오

一、우리죠션교회는 셜립된지 불과 二十五년에 능히 션교회를 조직ᄒᆞ고 젼도ᄉᆞ를 파송ᄒᆞ니 만국 사ᄅᆞᆷ들이 소문을 드를ᄯᅢ에 크게 칭찬ᄒᆞᆯᄲᅮᆫ아니라 서로 주목ᄒᆞᄂᆞᆫᄯᅢ라 만일 우리가 힘쓰지 아니ᄒᆞ던지 젼도ᄉᆞ 파송을 뎡지ᄒᆞ면 엇지 붓그럽지 아니ᄒᆞ리오 그런즉 우리들이 열심으로 힘을다ᄒᆞ야 연보ᄒᆞᆯ지니라

례ᄇᆡ슌셔

一、찬숑가一百十七장

二、긔도

三、셩경누가복음二十四장四十四졀노五十三졀ᄭᆞ지 ᄉᆞ도힝젼一장一졀노十一졀ᄭᆞ지

四、찬숑가二百二十三독창

五、문답 젼도ᄉᆞ와 교우답

一문 션교회는 무엇이뇨 답 두가지니 외국과 ᄂᆡ디에 잇ᄂᆞᆫ회니라

二문 외국션교회는 무엇이뇨 답 온셰샹ᄇᆡᆨ셩들의게 예수를 알게ᄒᆞᄂᆞᆫ 회니라

三문 ᄂᆡ디션교회는 무엇이뇨 답 본국ᄂᆡ에 잇ᄂᆞᆫ 동포를 위ᄒᆞ야 젼도ᄒᆞᄂᆞᆫ 회니라

四문 션교회는 어나ᄯᅢ에 조직되엿ᄂᆞ뇨 답 강싱후 一千九百九년六월에 감리교 미년회에셔 ᄂᆡ디션교회를 셜립ᄒᆞ고 一千九百十년六월에 미년회에셔 외국션교회를 조직ᄒᆞ엿ᄂᆞ니라

五문 션교회에셔 실시ᄒᆞᆫ일이 무엇이뇨 답 작년七월에 손졍도씨를 쳥국만쥬디방에 파송ᄒᆞ야 젼도ᄒᆞᄂᆞ니라

六문 지금ᄒᆞᆯ 일은 무엇이뇨 답 쳥국 손목ᄉᆞ잇ᄂᆞᆫᄃᆡ 젼도ᄉᆞ 一인을 더파송ᄒᆞ여야ᄒᆞ겟고 셔간도에 잇ᄂᆞᆫ 죠션 사ᄅᆞᆷ의게와 일본동경에 잇ᄂᆞᆫ 죠션학싱의게 각각 목ᄉᆞᄒᆞ나식 파송ᄒᆞ여야 ᄒᆞᆯ지니라

七문 이여러가지 일을 위ᄒᆞ야 교우들이 연보를 얼마나 ᄒᆞ여야 ᄒᆞ겟ᄂᆞ뇨 답 우리가 맛당히 쳥국젼도를 위ᄒᆞ야 一千八百

원과 서간도를 위ᄒᆞ야 六百원과 일본에 잇는 학싱을 위ᄒᆞ야 六百원을 예비ᄒᆞᆯ지니 도합 三千원이라 여러형뎨와 ᄌᆞ미들ᄭᅴ셔는 ᄉᆞ랑ᄒᆞᆫ심으로 힘을 다ᄒᆞ야 연보ᄒᆞ시옵쇼셔 아멘

六、찬송가二百二十八쟝

七、젼도

八、연보

九、폐회츅ᄉᆞ

지 연보들 리년 一월안으로 다ᄒᆞ게ᄒᆞᆯ일

◉울도교회의졍황 경남울릉도 김병두씨의 ᄐᆞᆼ신을 거ᄒᆞᆫ즉 이셤근 슈로로 六百여리오 쟝광이 ᄉᆞ면二十리며 호슈가 쳔여호인ᄃᆡ 작년七월에 김병두씨가 비로소 드러가셔 쥬의 복음을 힘써 젼파ᄒᆞᆫ 결과로 교회가 셜립되여 지금은 남녀교우가 百여명에 달ᄒᆞ엿스나 례비볼쳐소가 업슴으로 곤난이 막심ᄒᆞ더니 월젼에 여러 교우가 합심ᄒᆞ야 례비당 건축연보를 거들식 리샹노 로슈경량씨는 각三환식 김병두 쟝두옥 량씨는 각三환식 합十환을 것어셔 ᄌᆡ목은 쥰비ᄒᆞ엿스나 새울터가 업서셔 군심ᄒᆞ던ᄎᆞ에 황오권써부인챠씨가 ᄌᆞ긔 치마면을 하ᄂᆞ님ᄭᅴ 밧치고 교회도긔환씨는 목슈의일을 담당ᄒᆞᆷ으로 인ᄒᆞ야 三간례비당을 방쟝 건축ᄒᆞ는즁이니 대륙에 잇는 여러 형뎨ᄌᆞ미는 이 외로온 셤즁의 어린교회를 위ᄒᆞ야 긔도 만히ᄒᆞ여 주시기를 ᄇᆞ란다ᄒᆞ엿더라

◉부인야학교 평양 안경록씨의 ᄐᆞᆼ신을거ᄒᆞᆫ즉 각쳐교회에 셜립ᄒᆞᆫ 녀학교는 만히 잇스나 쥬학교만 잇슴으로 미셩ᄒᆞᆫ 쳥년녀ᄌᆞ의게는 힝복이 되지마는 임의 가ᄉᆞ를 보ᄉᆞᆯ피는 부인들은 쥬학ᄒᆞᆯ시간이 업서셔 비홀뜻은 잇스나 ᄒᆞᆯ수업슴으로 가졍과 외교에 ᄃᆡᄒᆞ야 만족지못ᄒᆞᆫ 한탄이 불쇼ᄒᆞᆫ지라 이로인ᄒᆞ야 홍샹 ᄀᆡ단ᄒᆞ는즁이러나 다힝히 평양교회에 형미제씨가 협의ᄒᆞᆫ 결과로 부인야학교를 셜립ᄒᆞ고 위치는 리간동회당으로 뎡ᄒᆞ엿는ᄃᆡ 형미제씨가 ᄉᆞ무의 관극ᄒᆞᆷ을 불고ᄒᆞ고 교회즁 쥬학에 참예치못ᄒᆞ는 부인들을 모집ᄒᆞ야 ᄆᆡ밤마다 열심 교슈ᄒᆞᆷ매 부인학싱이 三十여명에 달ᄒᆞ엿다ᄒᆞ니 우리는 이일에 ᄃᆡᄒᆞ야 찬셩ᄒᆞᆯᄲᅮᆫ아니라 이와ᄀᆞᆺ흔 부인 야학교가 만히 셜립되기를 ᄇᆞ라노라

◉빅씨회ᄀᆡ 강원도 이쳔군 고미탄 구역젼도ᄉᆞ 박여삼씨의 ᄐᆞᆼ신을 거ᄒᆞᆫ즉 본구역니 구암리교회 빅요한씨는 쥬를 밋기젼에 세샹 악습에 깁히 ᄲᅡ져 허랑방탕ᄒᆞ여 목ᄌᆞ업는 양파ᄀᆞᆺ치 갈바를 아지 못ᄒᆞ더니 쥬ᄭᅴ셔 부르심으로 회ᄀᆡᄒᆞ고 쥬를 밋은 후에 밋음이 날노 독실ᄒᆞ고 ᄯᅩ 이 형뎨는 ᄌᆞ긔집이 업고 놈의 집에 투탁ᄒᆞ야 집신삼기로 싱의ᄒᆞ는ᄃᆡ 틈틈이 긔회잇는대로 다른사ᄅᆞᆷ은 한담을ᄒᆞ던지 시비ᄅᆞᆯᄒᆞ던지 샹관치안코 열심으로 셩경을 보고 진리를 궁구ᄒᆞ는즁에 ᄌᆞ긔의 이젼죄를 ᄭᆡ닷고 젼에 놈을 속이고 도적ᄒᆞ여 먹은돈을 그 쥬인을 차자 일쟝셜명ᄒᆞᆫ후에 도로 주엇고 ᄯᅩ 집신삼아 엇은 여간젼량을 앗기지안코 교회 각쳐셔췩을 사셔 부ᄌᆞ런이 공부ᄒᆞᆷ으로 여러사ᄅᆞᆷ의 칭숑이 자자ᄒᆞ다더라

◉리곽량씨의교육심 중산셔창림씨의 동신을 거ᄒᆞᆫ즉 젼함죵군 송동교회속장 곽쥰모씨는 젼파를 다 거졀ᄒᆞ고 쥬압흐로 나아온지 三四년에 열심으로 젼도ᄒᆞ며 동니에 국문모르는 교우나 젊은쳥년들을 모집ᄒᆞ야 셩경리치를 ᄀᆞᄅᆞ칠식 학교는 그 교회니 긔도실 三간방으로 뎡ᄒᆞ엿더라 그러나 그동니 ᄉᆞ립보셩학교가 잇서셔 이학교를 심히 반ᄃᆡᄒᆞᆷ으로 홍샹 긔도ᄒᆞ며 ᄎᆞᆷ고 지내더니 하ᄂᆞ님ᄭᅴ서 보셩학교쟝 리대곤씨의 ᄆᆞᄋᆞᆷ을 감화ᄒᆞ샤 이제는 리씨가 반ᄃᆡ치 아니ᄒᆞᆯᄲᅮᆫ 아니라 지졍 七十환을 긔부ᄒᆞ야 이학교를 찬셩ᄒᆞ고 ᄯᅩ 학부형들이 월샤금으로 도아주매 학교가 졈졈 흥왕ᄒᆞᆷ으로 웬교회와 동리사ᄅᆞᆷ들이 리씨의 열심교육ᄒᆞᆷ을 칭숑ᄒᆞᆫ나더라

◉중산연보분급표 각쳐형뎨와 ᄌᆞ미의 ᄌᆞ션심으로 평남 중산교우들을 위ᄒᆞ야 보내신

三

구황연보는 이아래와 ᄀᆞᆺ치분비ᄒᆞ엿ᄂᆞ고 중산교회 목ᄉᆞ리눙도씨의 보단이 잇기로 이에 긔지ᄒᆞ노라

연보금의슈입된익수

뎨一ᄎᆞ 一百七圓四十二錢五里

뎨二ᄎᆞ 一百三十二圓六十六錢

뎨三ᄎᆞ 一百五十五圓十七錢

뎨四ᄎᆞ 三十圓

뎨五ᄎᆞ 三十五圓

도합四百六十圓二十二錢

연보금의분급(分給)표

읍교회 一百二十八圓

무본리교회 一百二十七圓

一샹리교회 一百三十二圓

두만리교회 三十八圓四十二錢

여존외(장ᄎᆞᆺ는호아줄것)三十五圓

도합四百六十圓二十二錢

△외보▽

◎교민안졍 쳥국 하남셩 둥신을 거ᄒᆞᆫ쥬 혁명군파 관군이 무창등디에셔 젼징을 시작ᄒᆞᆫ후로 하남셩ᄭᆞ지 이 영향(影響)을 밧아셔 쳐쳐에 풍셜이 날노 심ᄒᆞ야 집파 ᄌᆡ산을 ᄇᆞ리고 피란가는쟈가 길에 ᄭᅳᆫ니지 아니ᄒᆞ되 오직 그리스도 교인들은 서로 권면ᄒᆞ야 조곰도 요동치 아니ᄒᆞᆯ뿐아니라 더욱 ᄆᆞᄋᆞᆷ과 힘을 다ᄒᆞ여 쥬의 복음을 널니 젼파ᄒᆞ매 외인들즁에 혹 교인의 동졍을 보아가면셔 피란가랴다가 즁지ᄒᆞ는쟈가 만히 잇다더라

◎만국감리교총회회록대개

△양력 거十월四일에 북미 가나다 토론토셩에 만국감리교 총회를 열고 영국 ᄃᆡ표쟈 헤이씨가 젼도ᄒᆞᆫ 일은 젼호에 긔지ᄒᆞ엿거니와 그잇흔날브터는 각교회의 보고를 드럿는ᄃᆡ 그 슌셔는 이아래와 ᄀᆞᆺ더라

△뎨一ᄎᆞ에는 신학박ᄉᆞ 킬롤씨가 남감리회 ᄃᆡ표로보고ᄒᆞ기를 그교회는 지나간 十년동안에 새로엇은 교우의 수효가 四十만명이니 도합三百二十五만명이라ᄒᆞ엿더라

△뎨二ᄎᆞ에는 목ᄉᆞ 스프렛씨가 가나다 감리교회의 ᄃᆡ표로 보고ᄒᆞ기를 그교회는 지나간 十년동안에 엇은교우의 수효가 五만七千六百五十명이니 도합 三十四만九十一명이라ᄒᆞ엿더라

△뎨三ᄎᆞ에는 목ᄉᆞ 오기다씨가 일본 감리교회의 ᄃᆡ표로 몬져 그교회의 셜립된 력ᄉᆞ를 대강 말ᄒᆞᆫ후에 보고ᄒᆞ기를 이교회는 一千八百七十四년에 창셜되엿스나 별노히 흥왕치못ᄒᆞ더니 四년젼브터 점점 흥왕ᄒᆞ야 지금은 교회가 十쳐즁에 ᄌᆞ급교회가 六쳐요 남녀교우의 수효는 二千五百八十四인이며 목ᄉᆞ가 三十二인이오 쥬일학교가 四十九쳐인ᄃᆡ 학싱의 수효가 五千九百九十四인이라 ᄒᆞ엿더라

△뎨四ᄎᆞ에는 박ᄉᆞ 마쌜씨가 미감리교회의 ᄃᆡ표로 말ᄒᆞ기를 미감리교회에 죽는 교우와 교회에 ᄃᆞᆫ니다가 퇴회나 츌회ᄒᆞ는쟈를 병ᄒᆞ면 대략四만명 교우가 ᄒᆡ마다 감ᄒᆞ지마는 지나간 十년동안에 즁가(增加)ᄒᆞᆫ 교우의 수효가 五十六만八百十五인에 달ᄒᆞ엿는대 이즁에 쥬일학교로 말미암아 교회에 드러온쟈가 一百명에 ᄃᆡᄒᆞ야 八十명가량이라ᄒᆞ엿더라

△뎨五ᄎᆞ에는 목ᄉᆞ 쫀슨씨가 영국과 호태리아와 늬우실란드와 남아불니가와 법국에잇는 모든 교회의 ᄃᆡ표로 보고ᄒᆞ기를 이우에 말ᄒᆞᆫ바 각국 감리교회로 말ᄒᆞ면 지나간 十년동안에 교우수효의 늘고 감ᄒᆞᆫ 결과가 젹이 락심될만ᄒᆞᆫ것은 다름아니라 첫번 五년동안에는 증가ᄒᆞᆫ 교우의 수효가 四十四만여명이오 나죵 五년동안에는 감ᄒᆞᆫ 교우의 수효가 十三만여명이라 그러나 젹이 위로되는바는 금년브터 다시 흥왕ᄒᆞ는 형셰가 五슌졀을 다시 만날줄노 밋노라 ᄒᆞ엿더라

교회통신

미령포외국 졍치헌

경계쟈 멀니 외국에 안져 풍편으로 약간 고국 소식이라고 드르나 항샹 ᄆᆞᄋᆞᆷ에 흡족지 못ᄒᆞ야 주소로 답답ᄒᆞᆫ 싱각을 이길수업더니 쳔만ᄯᅳᆺ밧게 그리스도회보 ᄒᆞᆫ장을 엇어들고 뎨一면에셔 브터 뎨八면ᄭᆞ지 보고 ᄯᅩ 다시보니 첫재는 미월 쥬일공과를 내여 밋는쟈의 령혼을 ᄒᆞᆫ층더 자라게 ᄒᆞ고 둘재는 교육이오 셋재는 ᄂᆡ외국 소식과 ᄯᅩ

호 각쳐 교회동신을 긔록ᄒᆞ여 모든교우의 령혼과 육신에 뎍ᄒᆞᆫ 긔관보가 되엿스니 우리 밋ᄂᆞᆫ친도의게 크게 보배로온 물건이라 엇지 즐겁지 아니ᄒᆞ리오 이와ᄀᆞᆺᄒᆞᆫ 보물을 주ᄂᆞᆫ이ᄂᆞᆫ 그 누구시뇨 다만 하ᄂᆞ님의 힘과 권능이 아니오닛가 그런고로 교뎨도 귀 회보를 ᄒᆞᆫ번 볼때에 텬부젼에 감샤ᄒᆞᆷ을 마지아니ᄒᆞ고 그리스도회보 션ᄉᆡᆼ님을 ᄒᆞᆫ번 환영ᄒᆞᆯ ᄉᆡᆼ각이 군졀ᄒᆞ야 귀회보 뎨一호브터 그간에 출판된대로 청구ᄒᆞ오니 귀샤쟝ᄭᅴ셔는 번다ᄒᆞᆫ ᄉᆞ무에 수고를 ᄉᆡᆼ각지 마시고 우리밋ᄂᆞᆫ 신도의 교육 긔관 그리스도회보를 자조 소개ᄒᆞ여 주시기를 절망ᄒᆞᄂᆞ이다

긔셔

경셩동대문ᄂᆡ 현셕칠

◎닐곱식구 여섯학ᄉᆡᆼ

교뎨가 쥬의 은혜를 밧은것을 여러 부형ᄌᆞ미ᄭᅴ 쥬의 일홈으로 ᄌᆞ랑코져 ᄒᆞᄂᆞᆫ것은 교뎨의 권쇽은 닐곱인ᄃᆡ 학ᄉᆡᆼ은 여섯이올시다 五十三세되신 모친 김씨는 본 례ᄇᆡ당ᄉᆞ일학ᄉᆡᆼ이오 二十七세된 안히 박씨 수복은 부인셩서학원 [illegible]이오 十六세[illegible] 여[illegible] 리화학당 학ᄉᆡᆼ이요 [illegible]세된 뎌서 은만이ᄂᆞᆫ 리화학당학ᄉᆡᆼ이요 六세된 ᄭᅩᆺ쉬뎌 이는 비지숑학교 학ᄉᆡᆼ이오 교뎨는 신학교 학ᄉᆡᆼ이올시다 두셜된 아회만 아직 공부ᄒᆞ지 못ᄒᆞ오니 영광은 다 하ᄂᆞ님ᄭᅴ 돌나ᄂᆞ이다

긔쟈왈 현재의 동신을 본즉 그ᄉᆞ실이 하ᄂᆞ님ᄭᅴ 감샤ᄒᆞ고 교즁에 광포ᄒᆞ야 놈을 권장ᄒᆞᆯ만ᄒᆞ기로 이에 긔재ᄒᆞ노라

ᄂᆡ외잡죠

◎우편긔관리용(郵便機關利用)

식골 궁벽ᄒᆞᆫ 디방에는 아직 우편소가 업서셔 우편물(郵便物)을 붓치던지 져금(貯金)ᄒᆞ기 불편ᄒᆞᆷ이 만히 잇ᄂᆞᆫ고로 우편국에서 이아래 말ᄒᆞᆫ바 세가지 방법을 취용(取用)ᄒᆞᄂᆞᆫ즁이라 더라

一、우편소가 업ᄂᆞᆫ곳에는 우편물 톄젼부(遞傳夫)가 가지고 ᄃᆞᆫ니게ᄒᆞᆯ터인즉 누구던지 톄젼부의게 우표를 사셔 쓸것이오

[illegible]편물(通常郵便物)의 즁량이 무겁던지 부피가 커서 톄젼부가 가지고 ᄃᆞᆫ니기 어려온것을 졔ᄒᆞᆫ 외에는 다 톄젼부의게 곳 붓칠수잇ᄉᆞᆷ이오

三、적은돈을 져츅코져ᄒᆞ나 우편소가 멀어셔 져금치 못ᄒᆞᄂᆞᆫ쟈의 편리ᄒᆞᆷ을 주기위ᄒᆞ야 톄젼부가 져금ᄃᆡ지(貯金臺紙)를 가지고 ᄃᆞᆫ니게 ᄒᆞᆯ터이니 톄젼부의게 져금ᄃᆡ지를 사셔 그우에 우표를 붓쳣다가 갓가온 우편국이나 우편소에 톄출(提出)ᄒᆞᆯ것이라

◎죠션의표쥰시간

일본동경의 졍오十二시는 죠션의 오젼十一시三十분인고로 명년一월一일브터는 죠션에셔 오젼十一시 三十분에 오졍포를 노키로 작뎡ᄒᆞ엿다더라

◎민젹열람법(民籍閱覽法)

누구던지 민젹을 열람코져 ᄒᆞ던지 혹 민젹에 등본(謄本)을 엇고져ᄒᆞᄂᆞᆫ쟈는 소관(所管)경찰서에 청구ᄒᆞ되 슈수료(手數料)는 열람ᄒᆞᄂᆞᆫ ᄃᆡ금은 五젼이오 등본을 청ᄒᆞᆷ에는 一쟝에 五젼식이라더라

◎파하장긔

파나마는 북아메리가와 남아메리가의 두대륙(大陸)을 졉련(接連)ᄒᆞᆫ 좁은 목이라 이것으로 인ᄒᆞ야 대서양(大西洋)에서 ᄇᆡ를 ᄐᆞ고 태평양(太平洋)으로 도라오랴면 五十여일을 허비ᄒᆞ더니 미국졍부에서 十여년젼브터 경영ᄒᆞ야 이좁은목을 파셔 운하(運河)를 만드러 큰 화륜션이 동ᄒᆞ야 ᄃᆞᆫ니게ᄒᆞᆯ터인ᄃᆡ 이운하의 기리는 二百三十리 가량이오 이 운하가 ᄀᆡ통되면 이젼에 五十여일동안 ᄃᆞᆫ니던것을 몃시간동안에 ᄃᆞᆫ닐수 잇스며 이 운하는 一千九百十三년一월一일에 ᄀᆡ통되리라고 미국 대통령이 공언ᄒᆞ엿다더라

셩경연구

예목ᄉᆞ

◎의(義)의열ᄆᆡ (쇽)

四、좀언十一〇三十、
(一) ᄉᆡᆼ명나무 열ᄆᆡ (二) 지혜 잇ᄂᆞᆫ쟈ᄂᆞᆫ 사ᄅᆞᆷ을 엇음

五、이사야三〇十、
(一) 더회가 복이 잇ᄉᆞᆷ이오
(二) 힘위의 열ᄆᆡ를 먹음이오

六、이사야 六十一○一-三、누가四○十八-卄九、뎡혼

샹관렴(一)복음을젼홈(二)ᄆᆞ옴 샹호자를 싸미게홈 (三)사로잡힌 쟈를 노히게 홈 (四) 갓친자의 옥문이 열니게홈 (五) 하느님씌셔 영광을 나타내게 ᄒᆞ신 의의 나무가됨

七、마태五○三-十二、복잇는쟈가됨

八、시편十七○十五、

(一) 쥬의 낫출뵈임 (二) ᄆᆞ옴에 족홈이나 이열ᄆᆡ는 포도 곳흔 가지에셔 자람

九、로마四○三-五、밋음이 곳 의의 열ᄆᆡ가됨

로마十四○十七、셩신을힘닙어 평강ᄒᆞ며 깃버홈

十、고린도후三○九、영광六-九과 비교홀것

十一、에베소四○二十四-卅

二、여러가지열ᄆᆡ

十二、디모데젼六○十一、경건홈과 밋음과 ᄉᆞ랑홈과 인내와 온유홈

十三、디모데후 二○二十二、밋음과 ᄉᆞ랑홈과 화목홈과 하ᄂᆞ님의 빅셩과 서로교통홈

회보대금령슈

住所	氏名	代金
思津論山	卜箕業	一圓五十錢
南陽內洞	林景默	二十錢
南陽仙在	白俊基	二十錢
南陽柰坪里	金東鉉	二十錢
南陽魚坪里	金永徹	二十錢
南陽紫月	金壽吉	二十錢
泰川원샹	李原植	四十錢
南陽下洞	洪衡杓	二十錢
南陽長安洞	趙敎榮	四十錢
水原鍾路	孫承鏞	四十五錢
忠州西門外	李文賢	四十錢
忠州崑清浦	趙應守	四十錢
忠州島里	嚴正甫	四十錢
忠州佳亭里	朴啓順	四十錢
忠州新潭	張千日	四十錢
忠州馬山	金德仁	四十錢
清風炭板耶穌敎堂		四十錢
西部西江	趙弼元	五十錢
楊州後坪里	崔德俊	四十錢

사 고

⊙경셩즁로 예수교셔회에셔 발힝ᄒᆞᆫ 十二월쥬일공과지에 뎨五十二공과(누가十七○卄六-卅七졀)는十七일에 공부ᄒᆞ고 뎨五十一공과(누가二○六-二十졀)는二十四일에 공

교 육

⊙가뎡학

가뎡에셔ᄌᆞ녀를ᄀᆞᄅᆞ칠 것(쇽)

二、음식먹을때에 맛당히 주의홀것이라 태셔각국에셔는 음식 먹을때에 사ᄅᆞᆷ을 보는 것이 여러가지니 만일 식당(食堂)에셔 례모를 잃던지 비루ᄒᆞ거나 혹 추솔ᄒᆞᆫ 틱도를 나타내면 이는 ᄌᆞ긔가 ᄌᆞ긔를 업수히 녁임이니 엇지 놈의게 되접밧기를 ᄇᆞ라리오 그런고로 이아래 긔록ᄒᆞᆫ바 몃가지를 주의홀것이니라

(一)놈의 식긔나 슈져를 무단히 쓰지말것이며

(二)음식을 되ᄒᆞ면 몸을 단졍히ᄒᆞ야 곳게안고 얼골과 손을 졍결히ᄒᆞ야 놈의게 추ᄒᆞᆫ틱도를 뵈이지 말것이며

(三)음식 먹기에만 졍신을두고 놈이 뭇는말을 곳 되답지 아니ᄒᆞ거나 무엇에던지 주의치 못ᄒᆞᄂᆞᆫ 모양을 놈의게 뵈이지 말것이며

(四)식탁(食卓)을 되ᄒᆞ야셔 놈의압헤 잇는 물건을 펴셔 취홈은 대단히 실례ᄒᆞ는 일이니 공손ᄒᆞᆫ 말노 그 물건 갓가히 안즌 사ᄅᆞᆷᄃᆞ려 좀 돌녀보내 주기를 청홀것이며

(五)식긔를 손으로 돌니던지 울니지 말것이며

(六)손에 무엇이 뭇엇거든 식건(食巾)으로 씨슬것이오 의복에 문지르지 말것이며

(七)챵황히 자리에 나아와 써들지 말것이며

(八)입으로 무슴소리를 내지 말것이며

(九)음식을 식탁우에 랑자히 써러트리던지 혹 음식을 입안에 ᄀᆞ득히 물어 식욕만흔 사ᄅᆞᆷ의 모양을 나타내지 말것이니라

三、가뎡에셔 힝홀규칙과 질셔(秩序)

一 대개 나라집이나 ᄉᆞᄉᆞ집을 물론ᄒᆞ고 규칙과 질셔가 문란ᄒᆞ면 못될지라 이아래 말ᄒᆞᆫ바 몃가지는 ᄀᆞ쟝 요긴ᄒᆞᆫ것이니 반ᄃᆞ시 직혀야 될지니라

(一)시간에 ᄃᆡᄒᆞᆫ 규측이라 집안일을 다ᄉᆞ림에도 뎡ᄒᆞᆫ 시간이 업ᄉᆞ면 보기에 더 분쥬ᄒᆞᆫ것만 ᄀᆞᆺ고 되ᄂᆞᆫ일은 별노업ᄂᆞ니 그럼으로 날마다 몃시에 니러나셔 몃시에 죠반을 맛치고 몃시ᄭᆞ지 일을ᄒᆞ고 몃시에 졈심을 맛치고 ᄯᅩ 몃시ᄭᆞ지 일ᄒᆞ고 몃시에 셕반을 맛치고 몃시ᄭᆞ지 무ᄉᆞᆷ일을 ᄒᆞ던지 칙을보던지ᄒᆞ고 몃시에ᄂᆞᆫ 반ᄃᆞ시 잠잘것을 규측으로 뎡ᄒᆞᆯ것이며

(二)집안에 보ᄂᆞᆫ 세간그릇과 일용물픔을 다 一뎡ᄒᆞᆫ 자리에 두고쓸것이니 대개 의복은 의롱이나 반다지속에 둘것인ᄃᆡ 이런 그릇은 반ᄃᆞ시 방안에 잇슬것이오 식긔ᄂᆞᆫ 반ᄃᆞ시 쥬방(廚房)이나 찬장속에 두ᄂᆞᆫ등ᄉᆞ니 만일 그럿치 못ᄒᆞ야 관과 신을 ᄒᆞᆫ곳에 둘디경이면 엇지 분란치 아니ᄒᆞ리오

실업

⊙나무심으ᄂᆞᆫ방법(二)

긔왕에도 본회보에 나무심으ᄂᆞᆫ 방법을 대강 말ᄒᆞ엿거니와 이에 ᄯᅥ ᄌᆞ셰ᄒᆞᆫ 방법을 긔록ᄒᆞ노라

데一 목묘(木苗)기르ᄂᆞᆫ 묘포(苗圃)에 ᄃᆡᄒᆞᆫ 방법

一、목묘를 기르고져ᄒᆞ면 불가불 몬져 묘포의 설치(設置)가 잇서야 될것인ᄃᆡ 그 ᄎᆞ례ᄂᆞᆫ 이아래와 ᄀᆞᆺᄒᆞ니라

(一)묘포의 위치(位置)ᄂᆞᆫ 불가불 나무심을 디단이나 혹 산판에 갓갑고 쟝ᄅᆡ에 목묘와 모든 물픔을 슈운ᄒᆞ며 ᄯᅩ 그 산림을 보호ᄒᆞ고 관리ᄒᆞ기에 편리ᄒᆞᆫ곳을 ᄐᆡᆨᄒᆞᆯ것이며

(二)묘포의 디형(地形)은 대개 평탄ᄒᆞᆫ 밧치나 혹 동산에 물근원이 됴코 동북셔三면은 나무수풀이나 혹 츅동(築垌)으로 막은 곳이 ᄀᆞ장 뎍당ᄒᆞᆯ것이며

(三)묘포의 토질(土質)은 모ᄅᆡ셕긴 양토(壤土)와 진흙셕긴 양토가 ᄀᆞ장 뎍당ᄒᆞ며 파히 습ᄒᆞ던지 과히 죠강ᄒᆞᆫ 땅은 됴치못ᄒᆞᆯ것이며

(四)묘포의 경계ᄂᆞᆫ 네모가 반듯ᄒᆞ게 문들고 즁간에 우마챠(牛馬車)가 ᄃᆞᆫ닐만ᄒᆞᆫ 길을 두고 ᄀᆡ와 ᄃᆞᆰ이 드러올만ᄒᆞᆫ 곳은 신울(生籬)노 막고 ᄯᅩᄒᆞᆫ 우물졍(井)ᄌᆞ 형상으로 경계를 지을것이며

(五)엇더ᄒᆞᆫ 묘포던지 즁간이나 혹 ᄉᆞ면으로 물빠질 누렁(溝)을 둘것이며 만일 묘포의 토질이 파히 견강ᄒᆞᆯ것 ᄀᆞᆺᄒᆞ면 반ᄃᆞ시 모ᄅᆡ를 펴주고 ᄯᅩ 강ᄒᆞᆫ 모ᄅᆡ땅이면 양토(진흙셕긴 흙이라)를 펴주어 토질을 연ᄒᆞ게 문들것이며 다른 땅에는 파벽토나 지(燒灰)ᄀᆞᆺᄒᆞᆫ것을 펴주어 토질을 ᄀᆡ량(改良)ᄒᆞᆫ후에는 곳 목묘를 비양(培養)ᄒᆞᄂᆞᆫ 일에 챡슈ᄒᆞᆯ것이니라

금혼ᄌ격언(格言)

미국인캔드러박ᄉ

(一)두려온 ᄆᆞᄋᆞᆷ은 ᄌᆞ긔만 위ᄒᆞᄂᆞᆫ ᄉᆞ욕에서 나오ᄂᆞ니라

(二)ᄉᆞ랑은 두려옴과 편벽된것을 업시ᄒᆞᄂᆞ니라

(三)의견을 데츌ᄒᆞᄂᆞᆫ것은 ᄌᆞ유로ᄒᆞ되 의견마다 취용ᄒᆞᆯ것은 아니니라

(四)잇다금 날지못ᄒᆞᄂᆞᆫ 집오리가 솔개둥지에 올나안져 솔개와 ᄀᆞᆺ치 놀지못ᄒᆞᄂᆞᆫ것을 걱정ᄒᆞᄂᆞ니라

(五)이셰상에 우리외에ᄂᆞᆫ 우리를 놉히거나 낫출사ᄅᆞᆷ이 업ᄂᆞ니라

(六)이셰상에 데一 악ᄒᆞᆫ사ᄅᆞᆷ은 셩경에 맛ᄂᆞᆫ 가지고 합당치안케쓰ᄂᆞᆫ 사ᄅᆞᆷ이니라

(七)우리가 누ᄉᆞᆷ일에 락심ᄒᆞ거나 무ᄉᆞᆷ 화패가 잇슬ᄯᅢ마다 마귀ᄂᆞᆫ 우리의게 동졍(同情)을 표ᄒᆞ고져 ᄒᆞᄂᆞ니라

담총

⊙님군이ᄇᆡᆨ셩을ᄉᆞ랑홈

녯날 법국님군 헤느리데四셰가 산양을 갓다가 동힝을 일코 ᄎᆞ자ᄃᆞᆫ니다가 엇던 농부ᄒᆞ나히 길가에 안즌것을 보고 무러왈 그ᄃᆡᄂᆞᆫ 무ᄉᆞᆷ연고로 어긔 안졋ᄂᆞ뇨 ᄒᆞᆫᄃᆡ 농부

七

가 답왈 내가 드른즉 오날 우리 님군이 이근쳐로 산양을 오신다 ᄒᆞ기로 ᄒᆞᆫ번 뵈오랴고 죵일토록 아곳에셔 기ᄃᆞ리노라 님군이왈 그러면 내말뒤에 오르라 내가 그ᄃᆡ를 님군 잇ᄂᆞᆫ곳ᄭᆞ지 인도ᄒᆞ리라 그 농부가 님군과 ᄀᆞᆺ치 ᄆᆞᆯ을 ᄐᆞ고 갈ᄉᆡ 즁로에셔 농부가 무러왈 우리가 님군 잇ᄂᆞᆫ곳에 가면 누가 님군인지 엇더케 알수가 잇ᄂᆞ뇨ᄒᆞᆫᄃᆡ 님군이 답왈 우리가 님군잇ᄂᆞᆫ곳에 가면 여러사ᄅᆞᆷ은 다 모ᄌᆞ(帽子)를 벗고 오직 님군만 모ᄌᆞ를 쓰고 잇슬터이니 모ᄌᆞ쓴 사ᄅᆞᆷ이 곳 님군으로 알고 잇스라 그러케 말ᄒᆞᆫ지 오ᄅᆡ지 아니ᄒᆞ여셔 ᄒᆞᆫ곳에 니르매 여러사ᄅᆞᆷ이 니러셔셔 모ᄌᆞ를 벗고 경례를 ᄒᆡᆼᄒᆞᄂᆞᆫ지라 님군이 농부를 도라보며 무러왈 지금은 님군잇ᄂᆞᆫ 곳에 왓스니 그ᄃᆡᄉᆡᆼ각에 누가 님군인듯ᄒᆞ뇨 농부왈 다른사ᄅᆞᆷ은 다 모ᄌᆞ를벗고 오직 우리 두사ᄅᆞᆷ만 모ᄌᆞ를 썻슨즉 님군은 그ᄃᆡ가 아니면 내라ᄒᆞᆫᄃᆡ 여러사ᄅᆞᆷ이 듯고 박장대쇼ᄒᆞ엿다더라

⊙장ᄉᆞᄒᆞᄂᆞᆫ사ᄅᆞᆷ의주의ᄒᆞᆯ일

장ᄉᆞᄒᆞᄂᆞᆫ 사ᄅᆞᆷ의 ᄒᆞᆯ것은 첫재 ᄒᆞᆼ샹 ᄌᆞ긔 영업에 젼심(專心)ᄒᆞᆯ일이오 둘재 ᄀᆞᆺᄒᆞᆫ쟝ᄉᆞᄒᆞᄂᆞᆫ 사ᄅᆞᆷ과 쟈조 샹죵ᄒᆞᆯ일이오 셋재 다른사ᄅᆞᆷ을 ᄃᆡᄒᆞ야 말ᄒᆞᆯ때에 아모됴록 말이 간단ᄒᆞ고 명ᄇᆡᆨᄒᆞ게 ᄒᆞᆯ일이오 넷재 처음으로 물건 사러온 사ᄅᆞᆷ을 ᄃᆡᄒᆞ야 특별히 공손ᄒᆞ며 후ᄃᆡ(厚待)ᄒᆞᆯ일이오 다섯재 결단코 물건갑에 에누리 말일이오 여섯재 사ᄅᆞᆷ의게 ᄃᆡᄒᆞ야 불공ᄒᆞ거나 허탄ᄒᆞᆫ 말을 ᄒᆞ지말것이오 닐곱재 물건을 두되 각각 뎡ᄒᆞᆫ자리가 잇셔 서로 셕기지 아니케 ᄒᆞᆯ일이오 여ᄃᆞᆲ재 외샹을 만히 주지 말일이오 아홉재 의복을 화려ᄒᆞ게 닙은쟈는 ᄒᆞᆼ샹 신실치 못ᄒᆞ기가 쉬우니 물건을 외샹주지 말일이오 열재 물건의 나가고 드러온 문셔를 자조 ᄆᆞᆰ힐일이니라

그리스도회보

KOREAN CHRISTIAN ADVOCATE

每月二回發行

明治四十四年十二月廿七日印刷
明治四十四年十二月三十日發行

發行兼編輯人 北部社洞 奇義男
印刷人 北部樓閣洞 朴東完
印刷所 京城西小門內法韓印刷所
發行所 北部社洞 奇義男

디금[代金] 一장 二젼五리
六기월 二十젼
一기년 四十젼

광고료 四호활ᄌᆞ 一항 一회五젼
활ᄌᆞ대쇼와 항수다쇼와 긔한장단을 ᄯᆞ라 증감홈

사셜

◉一千九百十一년의지나간일을ᄒᆞᆫ번다시ᄉᆡᆼ각ᄒᆞᆷ

긔자ㅣ올연히 셜창을 ᄃᆡᄒᆞ야 안져서 칙샹우에 언붓(涷筆)을 녹여들고 무숨 ᄉᆡᆼ각나ᄂᆞᆫ 바를 긔록코져 ᄒᆞ다가 믄득 ᄒᆞᆫ 감념(感念)이 ᄉᆡᆼ기ᄂᆞᆫ것은 눈을 굴니ᄂᆞᆫ 동안에 벌셔 一千九百十一년이 다가고 다만 二三일이 남앗스니 우리가 미구에 장ᄎᆞᆺ 묵은ᄒᆡ를 보내고 ᄉᆡᄒᆡ를 맛게될것이라 그런즉 우리가 이ᄯᆡ에 一千九百十一년의 지나간 일을 ᄒᆞᆫ번 다시 ᄉᆡᆼ각ᄒᆞ여 보ᄂᆞᆫ것이 필요ᄒᆞ도다 긔자ㅣ심신을 달녀 슌식간에 디구상을 ᄒᆞᆫ번도라보니 지나간 一년동안에 동셔양의 졍치뎍 교육뎍 실업뎍 학술뎍 샤교(社交)뎍 형형 식식 괴괴 괴괴ᄒᆞᆫ 대쇼千만ᄉᆞ는 이루다 긔녹ᄒᆞᆯ수 업거니와 우리감리교회안에 얼마나 진보된일이 잇섯ᄂᆞᆫ지 퇴보된일이 잇섯ᄂᆞᆫ지 무숨 다른 특별ᄒᆞᆫ 일이 잇섯ᄂᆞᆫ지 대강 솔펴본즉

一월에 남북량감리교 긔관되ᄂᆞᆫ 그리스도회보를 창간(創刊)ᄒᆞ엿고

二월에 북감리회 남녀사경회를 경셩상동교당니에서 크게 열엇고

三월에 량감리회 츈긔신학회를 경셩죵로 청년회관니에서 열고 一二년급 학ᄉᆡᆼ을 교슈ᄒᆞ엿고 미감리회 경디방회를 강화읍잠두교당니에서 열엇고

四월에 량감리회 신학회를 계쇽ᄒᆞ야 三년급학ᄉᆡᆼ을 교슈ᄒᆞ엿고

六월에 미감리회 미년회를 감독히리스씨의 쥬장으로 경셩 졍동 회당니에서 열고 졔반ᄉᆞ무를 처리ᄒᆞ엿고

七월에 미국 신학박ᄉᆞ 화잇씨가 경셩에 쳬류ᄒᆞᄂᆞᆫ 동안에 졍동 리화학당니에서 특별사경회를 열고 여러션교ᄉᆞ들을 교슈ᄒᆞ엿고 죠션교회 시찰단 一힝二十八인이 일본으로 건너갓고

八월에 일본 시찰단 一힝이 귀국ᄒᆞ엿고

九월에 장로교회와 량감리회가 련합ᄒᆞ야 성경학원을 경셩링동에 셜립ᄒᆞ고 ᄀᆡ학ᄒᆞ엿스며 또 대학교를 ᄇᆡ지학당니에 셜립ᄒᆞ엿고 량감리회 츄긔신학회를 경셩 성경학원니에서 열고 四년급과 一년급학ᄉᆡᆼ을 교슈ᄒᆞ엿고 남감리회 미년회ᄂᆞᆫ 감독머러씨의 쥬장으로 원산항에서열고 졔반ᄉᆞ무를 처리ᄒᆞ엿ᄂᆞᆫᄃᆡ 처음으로 죠션인목ᄉᆞ 三인을 션뎡ᄒᆞ엿고

十월에 만국감리회 뎨四회 총회를 미쥬 가나다 토론토셩에서 열고 각국교회의 十년간 진보된 보고를 드른후에 즁대ᄒᆞᆫ 문뎨를 토론ᄒᆞ엿고

十一월一일에 경셩 ᄇᆡ지학당 셜립ᄒᆞᆫ지 뎨二十四회 긔렴식을 힝ᄒᆞ엿고

十二월二十일에 량감리회 신학교 뎨一회 졸업ᄉᆡᆼ三十九인의 졸업식을 경셩졍동회당에서 거힝ᄒᆞ엿더라

지나간 一년동안에 우리교회ᄂᆡ 특별ᄒᆞᆫ ᄉᆞ건은 대개 이우에 말ᄒᆞᆫ바와 ᄀᆞᆺ거니와 오ᄂᆞᆫ 一千九百十二년브터ᄂᆞᆫ 우리 ᄉᆞ랑ᄒᆞᄂᆞᆫ 형뎨와 ᄌᆞ미ᄭᅴ서 하ᄂᆞ님ᄭᅴ 새졍신과 새능력과 새ᄉᆞ랑과 새복을 더만히 엇으시고 구쥬를 위ᄒᆞ야 텬국을 확쟝ᄒᆞ며 우리ᄀᆡ인과 민족을 위ᄒᆞ야 무한ᄒᆞᆫ 복락과 진보를 계도(計圖)ᄒᆞ십세다 아멘

즁산구항연보

江西군可옹里교회一환、경셩상洞교회十七圓七十六錢、連花峰교회七十七錢、彰義門外교회六十二錢

교즁휘문

△ᄂᆡ보△

◎경•디•방•회•쟝•긔、 미감리회경디방회ᄂᆞᆫ 양력으로 명년一월八일에 인쳔 감리교당ᄂᆡ에서 열터이라더라

◎신•학•졸•업•식• 감리교 협셩신학교 뎨一회졸업싱 三十九인의게 졸업장주ᄂᆞᆫ 례식을 본월 二十일하오二시에 경셩 정동 뎨一례ᄇᆡ당에서 거힝ᄒᆞ엿ᄂᆞᆫᄃᆡ 림시회쟝 긔의남씨가 쟝로 리명혁씨의 긔도로 긔회ᄒᆞᆫ후 긔회대지를 간단히 셜명ᄒᆞ고 목ᄉᆞ최병헌씨가 신학교의 셜립된 리력을 말ᄒᆞᆫ후 리화학당 녀학싱이 창가ᄒᆞ고 목ᄉᆞ오긔션씨ᄂᆞᆫ 현국의 셩공이란 문뎨로 젼도ᄉᆞ 홍죵숙씨ᄂᆞᆫ 신학싱의 싱명이란 문뎨로 연셜ᄒᆞᆫ후 또 리화학당 녀학싱의 창가가 잇셧고 그다음에ᄂᆞᆫ 목ᄉᆞ 져덕긔씨가 긔독교의 긔초되ᄂᆞᆫ 도리란 문뎨로 연셜ᄒᆞᆫ후 교쟝 긔의부씨가 졸업장을 논화주고 셩서공회쥬무 민휴씨가 졸업셩 미인의게 신구약젼서 一질식을 상품으로 논화준후 졸업싱 ᄃᆡ표로 목ᄉᆞ쥬한명씨가 답ᄉᆞᄒᆞ고 감독 히리스씨의 츅ᄉᆞ로 폐회ᄒᆞ엿ᄂᆞᆫᄃᆡ 당일에 참셕관광ᄒᆞᄂᆞᆫ 각교회형뎨ᄌᆞ믜ᄂᆞᆫ 千여명에 달ᄒᆞ엿더라

◎셩•경•학•원•진•급•식• 쟝로교회와 감리교회에서 련합ᄒᆞ야 셜립ᄒᆞᆫ 경셩 셩경학원은 긔학ᄒᆞᆫ후로 입학ᄒᆞ야 미일 츌셕ᄒᆞᆫ 학싱의 수효가 六十六인인ᄃᆡ 금번 년죵시험에 진급ᄒᆞᆫ 학싱이 六十여인에 달ᄒᆞ니 교ᄉᆞ졔씨의 열심교슈홈과 학원졔씨의 부즈런이 공부ᄒᆞᆫ것을 가히 증거ᄒᆞᆯ지로다

◎셩•경•학•원•츈•긔•긔•학• 이우회긔지ᄒᆞᆫ바 셩경학원은 년죵을 당ᄒᆞᆫ고로 본월二十日브터 휴학(休學)ᄒᆞ엿다가 명년 곳一千九百十二년一월十일에 다시 긔학ᄒᆞᆯ터인ᄃᆡ 재로 학싱을 더 모집ᄒᆞᆯ겟슨즉 누구던지 희학교 규측에 의지ᄒᆞ야 만히 입학ᄒᆞ기를 ᄇᆞ란다더라

◎녀•교•ᄉᆞ•四•인•리•도• 근일에 미국으로 좇차 녀교ᄉᆞ四인이 재로 경셩 정동 리화학당에 도착(到着)ᄒᆞ엿ᄂᆞᆫᄃᆡ 쟝ᄎᆞᆺ 이 학당교ᄉᆞ로 시무ᄒᆞᆯ더이라더라

◎한•김•량•씨•의•교•육•열•심• 경긔 슈원 젼도ᄉᆞ 리은영씨의 통신을 기ᄒᆞᆫ즉 동군읍ᄂᆡ 三一학교 학감 한영복씨ᄂᆞᆫ 본시 덕망지예가 구비ᄒᆞᆫ 신ᄉᆞ인ᄃᆡ 교육과 실업에 ᄃᆡᄒᆞ야 젼력ᄒᆞ야 학교와 실업긔관을 쳐쳐에 셜립ᄒᆞ고 일일 확장ᄒᆞ며 三一녀학교 녀교ᄉᆞ 김메례씨ᄂᆞᆫ 신구학문에 고명ᄒᆞ야 학도를 열심교슈홈으로 교황(校況)이 흥왕ᄒᆞ고 학무가 一신ᄒᆞᆫ즉 특별히 실업교육이 급무됨을 격졀히 셜명ᄒᆞ야 몽미ᄒᆞᆫ 인심을 감화케ᄒᆞᄂᆞᆫ고로 인긔칭숑 ᄒᆞᆫ다더라

◎남•양•교•회•ᄌᆞ•급•젼• 경긔남양군 김광식씨의 통신을 거ᄒᆞᆫ즉 동군교회ᄂᆡ의 ᄌᆞ급젼을 미삭八원식 거두어 쓰더니 월젼 계삭회와 쟝유회에서 八원반식으로 작뎡ᄒᆞ고 그 거두ᄂᆞᆫ 방법은 ᄌᆞ믜들은 죠셕으로 쌀몃술식을 져츅ᄒᆞ엿다가 월ᄉᆞᆨ마다 밧치고 형뎨들은 돈으로 一년에 얼마식 뎡ᄒᆞ고 ᄇᆡ삭(排朔)ᄒᆞ야 내게ᄒᆞ엿ᄂᆞᆫᄃᆡ 위션 첫달에 슈입ᄒᆞᆫ것이 몃십원에 달ᄒᆞ엿슨즉 이와 ᄀᆞᆺ치ᄒᆞ면 남양경ᄂᆡ 각교회의 지졍은 군졸홈이 업겟다ᄒᆞ엿더라

◎사•경•회•ᄌᆞ•미• 경긔 련쳔교회 권ᄉᆞ한순빅씨의 통신을 거ᄒᆞᆫ즉 동군 삼곳리교회에 근일 사경회를 셜시ᄒᆞ고 긔셩군 젼도ᄉᆞ 최ᄃᆡ곤 쟝단군 젼도ᄉᆞ 김영화 량씨가 쥬쟝ᄒᆞ야 열심 교슈ᄒᆞᄆᆡ 미일 츌셕ᄒᆞᄂᆞᆫ 학싱이 六十여인에 달ᄒᆞᆫ다ᄒᆞ니 이사경회가 신령ᄒᆞᆫ 량식을 풍족히 엇기를 긔도ᄒᆞ노라

◎또•ᄒᆞᆫ•사•경•회• 평북 슌쳔군 신장교회 숑례헌씨의 통신을 거ᄒᆞᆫ즉 녕변거ᄒᆞᄂᆞᆫ 외국부인 의스터씨가 ᄌᆞ믜 리사온씨와 본교회ᄂᆡ 일신녀학교 교ᄉᆞ 리의경씨를 ᄃᆡᄒᆞ야 거월廿八일브터 본월二일ᄭᆞ지 부인사경회를 본교회ᄂᆡ에 열고 셩경을 ᄀᆞᄅᆞ치ᄂᆞᆫᄃᆡ 공부ᄒᆞᄂᆞᆫ 부인은 四十인이오 밤마다 긔도회로 모히ᄂᆞᆫ 부인은 七十

인 가방이오 그중에 ᄌᆞ미잇고 본밧을만ᄒᆞᆫ것은 공부ᄒᆞ는 부인중에 죄를 깁히 세ᄃᆞᆺ고 ᄌᆞ복ᄒᆞ며 밋음이 부족ᄒᆞ야 홍샹 교회에는 ᄃᆞᆫ니나 ᄌᆞ미를 엇지못ᄒᆞ고 신령ᄒᆞᆫ 디경에 드러가지 못ᄒᆞ야 쥬일도 잘직히지 못ᄒᆞ던이가 쥬일직히기로 작뎡ᄒᆞᆫ이도 잇스며 신혼을 쥬며 밧쳐 이세샹 ᄯᅥ날ᄯᅢᄭᆞ지 쥬를 위ᄒᆞ야 일ᄒᆞ겟다ᄒᆞᆫ이도 잇스며 기외에도 여러가지 작뎡ᄒᆞᆫ일이 만히잇스며 ᄯᅩ 공부ᄒᆞ는 부인四十인이 ᄃᆞᆯ식작ᄃᆡᄒᆞ야 오후에는 ᄀᆡ인젼도를 열심으로 ᄒᆞᆷ으로 쥬를 훼방ᄒᆞ던 부인들도 밋기로 작뎡ᄒᆞ여 여러가지 ᄌᆞ미를 만히 보앗다더라

◎리화학당부흥회 리화학당 교ᄉᆞ 하란ᄉᆞ씨의 통신을 거ᄒᆞᆫ즉 거十一월六일(월요)브터 경셩 졍동 리화학당에서 부흥회를 열고 二쥬일동안을 힝ᄒᆞ엿ᄂᆞᆫᄃᆡ 시간은 오젼十시브터 十二시ᄭᆞ지 오후二시브터四시ᄭᆞ지 동六시三十분브터九시ᄭᆞ지 삼ᄎᆞ에 논ᄒᆞ야 오젼과 오후는 본학당쟝 푸라에 부인이 인도ᄒᆞ고 밤에는 헤쥬목ᄉᆞ 오긔션씨의 인도ᄒᆞᆷ과 열심젼도ᄒᆞᆷ으로 참회ᄒᆞᆫ 교우는 一百七十명에 달ᄒᆞ엿고 쥬리로 부흥회를 셜힝ᄒᆞᆷ이 一二ᄎᆞ에 지냄이 아니오 ᄯᅩᄒᆞᆫ 미ᄎᆞ에 됴흔결과를 보지못ᄒᆞᆫᄯᅢ가 업스나 특별히 금번과 ᄀᆞᆺ치 풍족ᄒᆞᆫ 영향을 밧기는 실노 처음이라 ᄒᆞᆯ지며 젼도ᄉᆞ의 열심은 셩령을 힘닙어 모든것이 다 하ᄂᆞ님의 ᄯᅳᆺ대로 되엿스며 ᄯᅩ 참회ᄒᆞᆫ 교우들도 진실ᄒᆞᆫ 셩심으로 셩신의 감동ᄒᆞ신바를 닙어 영원ᄒᆞᆫ 싱명을 엇엇스니 이는 젼도ᄉᆞ의 열심과 우리교우의 날노 셩실신앙ᄒᆞᆷ을 인ᄒᆞ야 싱긴결과라 ᄒᆞ엿더라

△외보▽

◎만국감리교총회 북미가나다 토론도에서 기회ᄒᆞᆫ 만국감리교 뎨四총회에 참셕ᄒᆞᆫ 각국교회의 ᄃᆡ표자가 각각그 교회의 진보된 형편을 보고ᄒᆞᆫ것은 젼호에 임의 게재ᄒᆞ엿거니와 이총회에서 토론(討論)ᄒᆞᆫ 새문뎨가 몃가지 잇기로 이에 그 요긴ᄒᆞᆫ것만 들어 대강 긔재ᄒᆞ노라

一、영국교회목ᄉᆞ 싸젠트씨의 의안(議案)은 각교회 통샹교우(通常敎友)가 다만 ᄌᆞ급젼이나 특별연보나 내ᄂᆞᆫ것으로 하ᄂᆞ님ᄭᅴ ᄃᆡᄒᆞᆫ 의무를 다ᄒᆞ엿노라 ᄒᆞᆯ수업슨즉 통샹교우도 목ᄉᆞ나 젼도ᄉᆞ를 도아 젼도ᄒᆞ는 직무를얼마쯤 담임(擔任)케 ᄒᆞ자는것이오

二、각히판에서 아편연 슈입(輸入)ᄒᆞ는것을 금ᄒᆞ여달나고 위원 二인을 션뎡ᄒᆞ야 미국대통령의게 보내여 교셥케ᄒᆞ엿ᄂᆞᆫᄃᆡ 이 위원은 감독 히밀톤 웝쓴량씨가 피션된것이오

三、각교회로 ᄒᆞ여곰 특별연보를 거두어 교회신문을 사셔 교우의 집마다 ᄒᆞᆫ장식 보내게ᄒᆞ자는것이오

四、감리회즁에도 여러가지 파문(派門)이 잇스니 대개 미감리회 남감리회 웨슬니안감리회 가나듸안 감리회 련합감리회 ᄀᆞᆺᄒᆞᆫ것이라 이 여러 감리회를 합ᄒᆞ야 ᄒᆞ나를 문돌자는 문뎨에ᄃᆡᄒᆞ야 특히 연구케ᄒᆞᆫ것이오

五、이번 만국감리회 총회의 회록을 간략히 출판ᄒᆞ야 셰계 만국각교회에 보내여 명년 곳一千九百十二년二월 첫번쥬일에 교우들의게 닑어들니게 ᄒᆞ쟈는것이라

이우에 말ᄒᆞᆫ바 여러가지 문뎨와 기외에 다른 문뎨도 만히 토론ᄒᆞ야 작뎡ᄒᆞᆯ것은 작뎡ᄒᆞ고 류안(留案)ᄒᆞᆯ것은 류안ᄒᆞᆫ후에 七百五十八찬미를 노래ᄒᆞ고 목ᄉᆞ 촨민씨의 축ᄉᆞ로 폐회ᄒᆞ엿더라

◎젼시젼도ᄃᆡ(戰時傳道隊) 청국 샹히통신을 거ᄒᆞᆫ즉 즁계융씨는 청국에 유명ᄒᆞᆫ 공신(功臣)고 증국번(曾國藩)씨의 손ᄌᆞ로 그리스도를 독실히 밋고 셩경을 만히 연구ᄒᆞ엿ᄂᆞᆫᄃᆡ 이번 혁명젼징(革命戰爭)의 위급ᄒᆞᆫᄯᅢ를 ᄐᆞ셔 하ᄂᆞ님의 도를 더욱 널니 펴는것이 필요ᄒᆞᆫ줄 세ᄃᆞᆺ고 샹히 쳥년회관으로 각교회의 목ᄉᆞ와 젼도ᄉᆞ를 모흔후에 젼시젼도ᄃᆡ 죠직ᄒᆞᆯ일을 발론ᄒᆞ매 만장일치(滿塲一致)로 가결되여 즉시 젼도ᄃᆡ를 죠직ᄒᆞ고

[illegible] 젼쟝(戰爭)으로 파송ᄒᆞᆫ 야 복음을 젼파케 ᄒᆞ엿ᄂᆞᆫᄃᆡ 이ᄂᆞᆫ 젹십ᄌᆞ회(赤十字會)의 셩질을 포함ᄒᆞ엿다 더라

◎젼시의복회(戰時衣服會)

청국 소쥬교회 병원 녀의ᄉᆞ 복명혜씨의 발긔로 교즁ᄌᆞᄆᆡ 뵉여명이 젼시의복회를 죠직ᄒᆞ엿ᄂᆞᆫᄃᆡ 그 취지ᄂᆞᆫ 젼장에서 총이나 칼맛고 샹ᄒᆞᆫ 혁명군의 필요ᄒᆞᆫ 의복을 지어 그 군즁으로 보내여 샹ᄒᆞᆫ신톄에 심ᄒᆞᆫ 한고(寒苦)를 면케ᄒᆞ라 홈이라 이 취지를 찬셩ᄒᆞᄂᆞᆫ쟈ㅣ 만흠으로 부쟈ᄂᆞᆫ 포목을 연죠ᄒᆞ고 빈한ᄒᆞᆫ쟈ᄂᆞᆫ 침공(針工)으로 보죠ᄒᆞ야 매一회에 장갑과 외투(外套)를 만히 문드러 남경 졍도독부인의게로 보내엿다더라

◎감리교의외국션교

영미량국 감리교즁 외국션교회에셔 각국으로 파송ᄒᆞᆫ 션교ᄉᆞ 二千五百二十八인의 관할밋헤 잇ᄂᆞᆫ 본토목ᄉᆞ와 젼도ᄉᆞ의 수효가 二만八百四十七인이오 셰례인이 七十만八千一百五인이오 학습인이 一百四十四만四千二[illegible] 더라

◎릭씨의대ᄉᆞ업

미국늬우욕 갤바리 침례교당목ᄉᆞ 릭이다 씨가 이 교당을 쥬관ᄒᆞᆫ지 四十년동안에 ᄌᆞ긔의게 셰례밧은 교우가 五千명이오 교회를 확장ᄒᆞ기 위ᄒᆞ야 거둔연보금이 四百만원이라더라

◎긔독젼문학교

미국미감리교 외국션교회에셔 일본에 긔독젼문대학교를 설립ᄒᆞ기로 작뎡ᄒᆞ엿다더라

◎유대인의슌회(郇會)

셰계각국에 흣허져 사ᄂᆞᆫ 유대인의 수효가 一千만명이샹에 달ᄒᆞᆫ지라 여러히 젼브터 슌회를 죠직ᄒᆞ고 뎌희 고국 곳 팔나스타인에 도라갈일을 의론ᄒᆞᄂᆞᆫᄃᆡ 금년에ᄂᆞᆫ 뎨十四회 슌회를 열고 이일을 다시 의론ᄒᆞᆯ시 二十八국 유대인의 대표쟈로 참셕ᄒᆞᆫ쟈가 五百명이오 회장은 덕국에셔 셩장ᄒᆞᆫ 유대인 로도씨니 유명ᄒᆞᆫ 문학박ᄉᆞ라더라 긔쟈왈 예레미아 二十九장 十四절의 말ᄉᆞᆷ을보건ᄃᆡ 유대인이 다시 뎌희고국으로도라갈것은 션지의 예언ᄒᆞᆫ바인즉 우리도 그러ᄒᆞᆯ줄노 밋으며 이일은 우리의게 즁요ᄒᆞᆫ 관계가 잇ᄉᆞᆫ즉 범연히 보아 지낼일이 아니라 ᄒᆞ노라

교회통신

긔셔

(미감리회감독 히리스)

죠션 그리스도교회 형뎨ᄌᆞᄆᆡ의게 문안ᄒᆞᄋᆞᆸᄂᆞ다 교뎨가 죠션에 온후로 여러분과 ᄀᆞᆺ치 새히를 맛게된일은 처음인고로 하ᄂᆞ님ᄭᅴ 감샤를 들이오며 깃분ᄆᆞᄋᆞᆷ으로 새히를 영졉ᄒᆞᄋᆞᆸᄂᆞ다 대뎌 온셰계를 도라보건ᄃᆡ 우리구쥬의 셩탄일을 경츅ᄒᆞ지 아니ᄒᆞᄂᆞᆫ 곳이업ᄉᆞ니 구쥬ᄭᅴ셔 탄싱ᄒᆞ시던날에ᄂᆞᆫ 다만 텬ᄉᆞ들이 찬숑ᄒᆞ엿거니와 오ᄂᆞᆯ날은 만국이 각각그방언으로 찬숑ᄒᆞᄋᆞᆸ시다 교뎨가 군졀히 긔도ᄒᆞᄋᆞᆸ기ᄂᆞᆫ 우리 구쥬의 셩탄졀긔를 당ᄒᆞ와 죠션국ᄂᆡ에 모든 그리스도신쟈와 모든 가족(家族)ᄭᅴ셔 깃븜이 츙만ᄒᆞ와 넘치시오며 쳥결ᄒᆞ신 ᄆᆞᄋᆞᆷ으로 오ᄂᆞᆯ 히를 영졉ᄒᆞ시매 [illegible]의 부활을 밧으샤 완젼ᄒᆞᆫ 그리스도신쟈의 픔셩을 일우셔 옵소셔 오ᄂᆞᆫ 새히에ᄂᆞᆫ 죠션 국ᄂᆡ에셔 슈목을 더욱 번양ᄒᆞ야 산림은 울울ᄒᆞ며 빅화ᄂᆞᆫ 영영ᄒᆞ와 죠션의 경긔를 더욱 아름답게 ᄒᆞ시기를 ᄇᆞ라오며 각사ᄅᆞᆷ의 ᄆᆞᄋᆞᆷ속에ᄂᆞᆫ 의와 ᄉᆞ랑과 ᄌᆞ비의 나무를 심어 크게 번셩ᄒᆞ기를 ᄇᆞ라옵ᄂᆞ다 하ᄂᆞ님은 모든 인류의 아바지가 되심으로 ᄌᆞ긔의 이러ᄇᆞ린 ᄌᆞ녀들을 차지샤 싱명의 힝복을 주시오니 만약 우리가 하ᄂᆞ님을 ᄎᆞᆷ으로 ᄉᆞ랑ᄒᆞ며 그 거룩ᄒᆞᆫ 계명을 직힐진ᄃᆡ 온셰계ᄂᆞᆫ 아ᄅᆞᆷ다온것으로 치운 공원이되고 악ᄒᆞᆫ일은 다 긋칠줄 밋ᄉᆞ옵ᄂᆞ다 ᄯᅩᄒᆞᆫ 교뎨가 특별히 하ᄂᆞ님ᄭᅴ 감샤를 드리옵ᄂᆞᆫ것은 그리스도신쟈의 수효가 점점 느러가며 그들의 열심도 왕셩ᄒᆞ여 가ᄂᆞᆫ것이오니 이오ᄂᆞᆫ 새히동안에 우리그리스도의 나라이 더욱 왕셩ᄒᆞ야 그나라의 의와 화평과 셩신의 츙만ᄒᆞ심이 모든 형뎨ᄌᆞᄆᆡ의게 영원토록계시기를 [illegible]

만복축ᄒᆞᄂᆞ이다

긔셔 (평강 빅형련)

◎구쥬셩탄을츅하홈

대개 어두운것이 지나면 붉온것이오고 치운것이 지나면 더운것이 오는것은 뎡ᄒᆞᆫ리치라 구쥬강싱이젼 셰계각국 형편을 대강싱각건ᄃᆡ 익급파 헬나와 로마는 비록 셔양에셔 뎨一 기명ᄒᆞᆫ 나라이라 ᄒᆞᆯ지라도 인심이 우미ᄒᆞ야 금수곤츙을 경비 (로마 一〇 廿三) ᄒᆞ엿스니 죡히 말ᄒᆞᆯ것이 업거니와 지금 영、미 법、덕、일、아、ᄀᆞᆺ흔 나라들은 그때에는 암미ᄒᆞ여 열니지못ᄒᆞ엿스니 가히 말ᄒᆞᆯ것이 업고 인도(人道)와 뎐리를 대략 셰드른 나라는 지나와 유대 무나라뿐이라 지나에는 여러 셩현들이 니러나 륜강(倫綱)파 리학(理學)을 붉혀셔 우밍(愚氓)을 ᄀᆞ르치고 유대에는 모든 션지쟈가 닷토아 률법파 예언을 젼ᄒᆞ야 빅셩을 인도ᄒᆞ더니 지나에는 밍ᄌᆞ(孟子)후 三百六十一년파 유대에는 말나긔후四百년동안에 셩현과 션지쟈가 다시 니러나지 못ᄒᆞ엿스니 온세샹 사ᄅᆞᆷ들이 목쟈업는 양파ᄀᆞᆺ치 쟈힝ᄌᆞ지ᄒᆞ야 광명ᄒᆞᆫ길을 ᄇᆞ리고 어두운 거리에서 방황쥬져ᄒᆞ는 모양은 바ᄅᆞᆷ에 ᄃᆞᆫ니는 밍인(盲人)파 一반이오 평안ᄒᆞᆫ 길을 일코 위틱ᄒᆞᆫ 디경에셔 분주골몰ᄒᆞ는 형샹은 겨울에 외로온 힝킥(行客)파 ᄀᆞᆺᄒᆞ니 이 四百년시ᄃᆡ는 가위 캄캄ᄒᆞᆫ시ᄃᆡ라 ᄒᆞ리로다 그럼으로 하ᄂᆞ님께셔 세샹을 ᄉᆞ랑ᄒᆞ샤 광명ᄒᆞ시고 온화ᄒᆞ신 독싱ᄌᆞ 예수그리스도를 주셧스니 어두운 산림(山林)에 잇던 금슈들이 태양을 보고 나와셔 노래ᄒᆞ며 밍렬ᄒᆞᆫ 풍상에 령락(零落)ᄒᆞ엿던 쵸목들이 양츈을 만나 즐거히 만발ᄒᆞ는듯ᄒᆞᆫ 이시ᄃᆡ를 당ᄒᆞᆫ 우리들이 엇지 깃브고 감샤치 아니ᄒᆞ리오 이사ᄅᆞᆷ도 은혜를 밧은쟈즁에 ᄒᆞ나이되엿슴으로 이 즐거온 셩탄을 당ᄒᆞ야 깃븜을 이긔지 못ᄒᆞ야 두어줄노 감샤ᄒᆞᆫ ᄯᅳᆺ을 표ᄒᆞᄂᆞ이다

긔셔

◎신령계쇼독 (神靈界消毒) (三화 안셕교)

어시ᄃᆡ는 무삼 시ᄃᆡ인고 곳 위싱시ᄃᆡ라 그럼으로 쇼독이라ᄒᆞ는 말은 세샹에 자자ᄒᆞ여 모르는 사ᄅᆞᆷ이 업도다 그런즉 이것이 우리신쟈의게 관계가 잇슨즉 더욱 위싱에 주의ᄒᆞ야 쇼독법을 힝ᄒᆞᆯ지라 이법은 두가지가 잇스니 첫재는 신톄에 ᄃᆡᄒᆞᆫ 쇼독이오 둘재는 신혼(神魂)에 ᄃᆡᄒᆞᆫ 쇼독이라 몬져 신톄에 ᄃᆡᄒᆞᆫ 쇼독법을 의론ᄒᆞᆫ건ᄃᆡ 약으로 쇼독ᄒᆞ는 일이 만커니와 더욱 필요ᄒᆞᆫ것 셋이잇스니 첫재는 물이오 둘재는 불이오 셋재는 태양이라 그런즉 사ᄅᆞᆷ마다 약을 살 필요가 업고 다만 이세가지를 잘쓰는것이 넉넉ᄒᆞ도다 우리의 익용ᄒᆞ는 물픔에 미균(微菌)이 심히 만흔즉 실파와 치소에 붓흔 미균은 다 헤아릴수 업는ᄃᆡ 그즁에 사ᄅᆞᆷ의게 해되지안는 미균도 잇고 크게해되는 미균도 잇는고로 각종 식물을 익혀 먹는것이 가ᄒᆞ고 그러치 아니ᄒᆞ면 물노 여러번씨셔 먹을것이라 ᄒᆞᆫ번 물노 졍ᄒᆞ게 씨슨후에 현미경으로보면 ᄯᅥ러진 미균이 수업시 만흔두번 씻고보면 조곰적고 세번씻슨후에보면 그속에 미균이 별노업ᄂᆞ니 그런고로 물은 쇼독ᄒᆞ는ᄃᆡ 첫재요 또 심히 더러워셔 물노 능히 쇼독지 못ᄒᆞᆯ것은 불노 쇼독ᄒᆞ는것이 필요ᄒᆞ니 흑ᄉᆞ병(黑死病)인의 시톄(尸體)나 의복이나 집은 불노 살오기젼에는 쇼독이 되지못ᄒᆞ는고로 불이 쇼독ᄒᆞ는ᄃᆡ 둘재요 또 태양빗출 밧지못ᄒᆞ여 음침ᄒᆞᆫ곳에는 미균의 거쳐ᄒᆞ는 곳이어니와 태양이 잘빗최는 곳에는 쇼멸ᄒᆞᄂᆞ니 년젼에 아푸리가 젼징에 영국군ᄉᆞ가 뫼질에 죽은쟈 만흐매 그 대장 기즐넨씨가 그군ᄃᆡ로 ᄒᆞ여곰 시간을 작뎡ᄒᆞ고 벌거버슨 몸으로 태양아래 누어잇게 ᄒᆞᆫ지 여러날만에 피질이 치식되엿다ᄒᆞ니 이것은 태양의 쇼독이라 이로써보면 이 세가지 쇼독긔가 우리 손가온ᄃᆡ 잇슨즉 잘쓸것ᄀᆞᆺᄒᆞ면 능히 미균을 졔어ᄒᆞᆯ수 잇도다 때더 우리 신령계에도 여와ᄀᆞᆺ흔법이 잇스니 그 독ᄒᆞᆫ 미균은 곳 마태 十五쟝 十九졀에

잇ᄂᆞᆫ것들이라 그런것을 제어ᄒᆞ랴면 물ᄀᆞᆺᄒᆞᆫ 셩경말ᄉᆞᆷ과 불ᄀᆞᆺᄒᆞᆫ 셩신과 태양보다 ᄇᆞᆰ은 하ᄂᆞ님의 얼골을 ᄒᆞᆼ샹 ᄃᆡᄒᆞ고 지내면 신령계의 쇼독이 되리라ᄒᆞ노라

회보ᄃᆡ금령슈

住所	氏名	代金
原鉄삼각골	趙烋叔	五十錢
孟山中洞	李振夏	二十錢
西部蛤洞	郭漢英	二十錢
西部	金昌世	四十錢
濟衆院	金昔世	四十錢
仁川牛角洞	金宇濟	五十錢
京城鍾路青年會		五十錢
安邊南山	金昌俊	二圓
鎭南浦	金用謙	二圓八十錢
成川丫坡	裴貞一	八十錢
白川三屯洞	李鍾和	三十錢
雲津	裴顯周	三十錢
金川邑	楊汝進	二十錢
寧邊泰平市	李慶善	八十錢
上仝城洞	李원슈	四十錢
上仝武昌市	宋라淵	八十錢
麻田隱垈	崔南成	四十錢

신쟈의보감(寶鑑)

◉신쟈가날마다ᄉᆞᄉᆞ로무러볼것

(一)내가 오ᄂᆞᆯ ᄂᆞᆼ히 셩경을 연구ᄒᆞ야 하ᄂᆞ님의 ᄯᅳᆺ과 구쥬의 말ᄉᆞᆷ을 직혓ᄂᆞᆫ가

(二)내가 오ᄂᆞᆯ ᄂᆞᆼ히 텬부와 예수의 구원ᄒᆞ신 은혜와 ᄉᆞ랑ᄒᆞ시ᄂᆞᆫ 셩명을 나타내엿ᄂᆞᆫ가

(三) 내가 오ᄂᆞᆯ 모든 물건을 쓸ᄯᅢ에 하ᄂᆞ님ᄭᅴ 감샤ᄒᆞᆷ으로 밧엇ᄂᆞᆫ가

(四)내가 오ᄂᆞᆯ 힝ᄒᆞᆫ일이 능히 내몸을 위ᄒᆞᆫ지 안코 다만 쥬를 위ᄒᆞ야 ᄒᆞ엿ᄂᆞᆫ가

(五)내가 오ᄂᆞᆯ 밋지안ᄂᆞᆫ 무리를 위ᄒᆞ야 긔도ᄒᆞ엿ᄂᆞᆫ가

(六)내가 오ᄂᆞᆯ 쥬의 일홈으로 밋지안ᄂᆞᆫ쟈의게 젼도ᄒᆞ엿ᄂᆞᆫ가 만일 그러면몃사ᄅᆞᆷ의게나 젼도ᄒᆞ엿ᄂᆞᆫ가

(七)내가 오ᄂᆞᆯ ᄂᆞᆼ히 모든일을 힝ᄒᆞᆯᄯᅢ에 몬져 쥬ᄭᅴ고ᄒᆞ야 승락ᄒᆞ신줄 밋은후에야 힝ᄒᆞ엿ᄂᆞᆫ가

(八)내가 오ᄂᆞᆯ 나의 ᄉᆞ랑ᄒᆞᄂᆞᆫ 여러 사ᄅᆞᆷ을 위ᄒᆞ야 긔도ᄒᆞ엿ᄂᆞᆫ가

(九)내가 오ᄂᆞᆯ ᄂᆞᆼ히 내몸으로써 셩뎐을 삼아 쥬로ᄒᆞ여곰 거쳐ᄒᆞ시게 ᄒᆞ엿ᄂᆞᆫ가

교육

◉가뎡학

잠자고니러나ᄂᆞᆫ시간에ᄃᆡᄒᆞ야주의ᄒᆞᆯ것

一、일ᄌᆞᆨ자고 일ᄌᆞᆨ 니러나ᄂᆞᆫ것이 위ᄉᆡᆼ에 유익ᄒᆞᆷ이라 죠션 사ᄅᆞᆷ은 잠자고 니러나ᄂᆞᆫ 시간이 등급의 귀쳔을 ᄯᅡ라 다르니 귀ᄒᆞᆫ 사ᄅᆞᆷ은 대개 늣도록 잠자고 ᄒᆡ가 놉히 올나온후에 니러나셔 셰수ᄒᆞ고 아츰밥을 먹고나면 고만오졍이된지라 비로소 오ᄂᆞᆫ킥을 졉ᄃᆡᄒᆞ던지 무ᄉᆞᆷ 가ᄉᆞ를 좀 보살피고나면 벌셔 날이 임의 느졋도다 그럭져럭 ᄒᆞᆫ담으로 밤이 ᄌᆞ졍에 갓가온후에야 취침ᄒᆞ야 ᄯᅩ 늣도록 자ᄂᆞᆫ것은 ᄌᆞ연ᄒᆞᆫ 일이라 날마다 이와ᄀᆞᆺ치ᄒᆞ면 지긔(志氣)가 ᄯᅥ러지고 ᄯᅩᄒᆞᆫ 라타ᄒᆞ며 근골(筋骨)이 연약ᄒᆞ게되여 졍신도 활발(活潑)치 못ᄒᆞ야 ᄇᆡᆨ병이 틈을ᄐᆞ셔 침로ᄒᆞ지마ᄂᆞᆫ 쳔ᄒᆞᆫ 사ᄅᆞᆷ은 ᄒᆞᆼ샹 일ᄌᆞᆨ히 니러나셔 신톄를 운동ᄒᆞ야 힘드ᄂᆞᆫ 일을ᄒᆞ다가 밤되면 ᄯᅩ 일ᄌᆞᆨ자ᄂᆞᆫ고로 그 신톄의 건강ᄒᆞᆷ과 긔운의 활발ᄒᆞᆷ이 귀인들보다 ᄇᆡ승(倍勝)ᄒᆞ니 이 둘중에 어나것이 유익ᄒᆞᆫ지 ᄉᆡᆼ각ᄒᆞ야 ᄐᆡᆨᄒᆞᆯ지어다

二、일ᄌᆞᆨ 니러나ᄂᆞᆫ것이 집안을 다ᄉᆞ림에 유익ᄒᆞᆷ이니 대개 ᄋᆞ희들은 ᄆᆡ양 일ᄌᆞᆨ 니러나ᄂᆞᆫ 셩벽이 잇고 집안하인들은 ᄌᆞ연히 일ᄌᆞᆨ 니러나셔 쥬인의 지휘를 ᄯᅡ라 집안일에 복종ᄒᆞᄂᆞᆫᄃᆡ 만일 쥬부(主婦)가 늣도록 니러나지 아니ᄒᆞ면 아희들은 어룬을 ᄯᅡ라 늣도록 잠을자기 쉽고 하인들도 ᄯᅩᄒᆞᆫ ᄒᆡ타(懈惰)ᄒᆞᆫ ᄆᆞᄋᆞᆷ이 나셔 일ᄌᆞᆨ 니러나지 아니ᄒᆞᆷ으로 ᄒᆡ가 놉히 올나오도록 왼집안이 ᄭᅮᆷ속에 잇스면 집안 모양도 아니오 모든 일이 복잡(複雜)ᄒᆞᆷ을 면치못ᄒᆞᆯ지니 쥬부된쟈 맛당히 주의ᄒᆞ야 일ᄌᆞᆨ 니러나기를 공부ᄒᆞᆯ지니라

三、잠자고 니러나기에 뎍당ᄒᆞᆫ 시간이니 대개 사ᄅᆞᆷ이 하로동안에 七八시간을 자지못ᄒᆞ면 도로혀 피곤ᄒᆞ야 위ᄉᆡᆼ

에 됴치못ᄒᆞ니 하오十시반에 취침ᄒᆞ야 상오六시나 六시반에 니러나ᄂᆞᆫ것이 뎍당ᄒᆞᆫ니라

실업

◎나무심으ᄂᆞᆫ법 (二) (쇽)

죵ᄌᆞᄲᅣ리ᄂᆞᆫ법

젼호에 말ᄒᆞᆫ바 묘포(苗圃)를 법대로 셜치ᄒᆞᆫ후에ᄂᆞᆫ 죵ᄌᆞᄲᅣ리ᄂᆞᆫ일을 시작ᄒᆞᆯ터인ᄃᆡ 거긔ᄃᆡᄒᆞᆫ ᄎᆞ셔(次序)ᄂᆞᆫ 이아래 긔록ᄒᆞ노라

一、죵ᄌᆞᄅᆞᆯ 취ᄒᆞ야 져츅ᄒᆞᄂᆞᆫ법이라 죵ᄌᆞᄂᆞᆫ 불가불 ᄒᆞᆯ수잇ᄂᆞᆫ대로 갓가온ᄃᆡ셔 구ᄒᆞ야 쓸지니 대개 밤나무와 참나무와 소나무와 들미나무의 죵ᄌᆞᄂᆞᆫ 됴션 어ᄃᆡ셔던지 구ᄒᆞ기 어렵지 아니ᄒᆞ려니와 이밧게 구ᄒᆞ기 어려온 다른나무죵ᄌᆞᄂᆞᆫ 불가불 각식나무 죵ᄌᆞᄅᆞᆯ 파ᄂᆞᆫ쟝ᄉᆞ의게 구ᄒᆞ야 쓸터인ᄃᆡ 죵ᄌᆞ의 됴ᄒᆞᆫ것을 ᄐᆡᆨᄒᆞ랴면 (一) 죵ᄌᆞ의 즁량(重量)이 무거온것을 취ᄒᆞᆯ것이며 (二) 죵ᄌᆞ의 모양이 방졍ᄒᆞ고 일미진것을 취ᄒᆞᆯ것이며 (三) 그빗치 윤퇴(潤澤)ᄒᆞᆫ것을 취ᄒᆞᆯ것이며 (四) 껍질이 터졋거나 버레먹은 형젹이 업ᄂᆞᆫ것을 취ᄒᆞᆯ것이며 (五) 불에 너허보와서 튀ᄂᆞᆫ 소래가 나ᄂᆞᆫ것을 취ᄒᆞᆯ것이니라

이우희 말ᄒᆞᆫ바와 ᄀᆞᆺ흔죵ᄌᆞᄅᆞᆯ 취ᄒᆞᆫ후에 다시 취ᄐᆡᆨᄒᆞᄂᆞᆫ법이 잇스니 참나무와 밤나무와 은ᄒᆡᆼ나무와 잣나무·등속의 죵ᄌᆞᄂᆞᆫ 물에 잠거보아서 ᄯᅳᄂᆞᆫ것을 ᄇᆞ리고 잠기ᄂᆞᆫ것만 취ᄒᆞᆯ것이오 오리나무나 소나무나 젓나무 등속의 죵ᄌᆞ와 ᄀᆞᆺ치 가바야온것은 바람에 불녀 보아서 갓가히 ᄯᅥ러지ᄂᆞᆫ것ᄲᅮᆫ 취ᄒᆞᆯ것이니라

이우희 말ᄒᆞᆫ바 여러가지 방법으로 됴흔 죵ᄌᆞᄅᆞᆯ ᄐᆡᆨᄒᆞᆫ후에 잘간수ᄒᆞᄂᆞᆫ 법은 밤나무나 도토리나무ᄀᆞᆺ흔 죵ᄌᆞᄂᆞᆫ 마른 모ᄅᆡ에셕거셔 독에 담아 ᄯᅡᆼ속에 뭇어둘것이며 솔씨나 오리나무씨나 양오농나무씨ᄀᆞᆺ흔 것은 무명슈머니에 싸셔 마른 모ᄅᆡ속에 뭇어 두엇다가 그다음헤 三월망간에 파낼것이니라

二、목묘심을 밧출 갈되 양력十월 十一월간에 깁히 잘 갈아 두엇다가 그다음헤 三월 금음림시에 다시 ᄒᆞᆫ번더 갈고 심을것이니라

담총

◎각식신발명

△뎐보(電報)ᄂᆞᆫ 一千八百三十二년에 미국사ᄅᆞᆷ 모스씨가 구라파에셔 비ᄅᆞᆯᄐᆞ고 미국으로 올ᄯᅢ에 싱각ᄒᆞ야 발명ᄒᆞᆫ것인ᄃᆡ 八년후에 미국셔울 화셩돈과 ᄲᅡᆯᄐᆡ모ᄉᆞ이에 처음으로 뎐션(電線)을 걸어놋코 뎐보놋키를 실시ᄒᆞ엿ᄂᆞ니라

△뎐화(電話)ᄂᆞᆫ 一千八百七十五년에 미국사ᄅᆞᆷ 에이지벨씨가 처음 발명ᄒᆞᆫ것인ᄃᆡ 그후에 여러 사ᄅᆞᆷ이 연구ᄒᆞ여 오ᄂᆞᆯ날 우리가 능히 수쳔리밧게셔도 서로 말을통ᄒᆞ게 되ᄂᆞ니라

△경긔션(輕氣船)은 처음에 법국 사ᄅᆞᆷ 필나스도도시어씨가 경긔구ᄅᆞᆯ 발명ᄒᆞ야 공즁에 ᄂᆞᆯ어ᄃᆞᆫ니게ᄒᆞ고 一千八白三년에 누삭씨가 경긔구도ᄒᆞ여곰 왕ᄅᆡ들 一뎡ᄒᆞ게ᄒᆞᆫ후 一千八百八十五년에 우리나씨와 크립씨가 연구ᄒᆞ야 경긔구 밋헤 적은비를 달고 사ᄅᆞᆷ이 그비를 ᄐᆞ고 ᄃᆞᆫ니게ᄒᆞ엿ᄂᆞᆫᄃᆡ 경긔션이 능히 공즁에 왕ᄅᆡᄒᆞᄂᆞᆫ 리치ᄂᆞᆫ 큰 가죡 쥬머니에 슈쇼긔(水素氣)ᄅᆞᆯ 잡아너흐면 본ᄅᆡ 슈쇼의 즁량이 공긔의 四분지一밧게 못되ᄂᆞᆫ고로 그가죡 쥬머니가 공즁으로 ᄯᅥ오르니 이ᄂᆞᆫ 물우에 비가 ᄯᅳᄂᆞᆫ것과 ᄀᆞᆺ흔리치라 이가죡 쥬머니가 클사록 그올나가ᄂᆞᆫ 힘이 큰지라 그럼으로 그 밋헤 져온비ᄅᆞᆯ 달고 사ᄅᆞᆷ이 그우에 ᄐᆞ고 안즌후에 고동을 틀어 ᄌᆞ긔 가고져ᄒᆞᄂᆞᆫ 곳으로 갈수 잇고 ᄯᅩ ᄂᆞ려오고져ᄒᆞ면 그 경긔구 속에 너흔 슈쇼긔ᄅᆞᆯ 조곰식 조곰식 ᄲᅡ으면 평디에 ᄂᆞ려오ᄂᆞ니 몃十년젼 덕국군ᄉᆞ가 법국 파리경셩을 에워싸매 그셩안의 사ᄅᆞᆷ들이 경긔션을ᄐᆞ고 도망ᄒᆞᆫ일이 잇셧고 근일에 젼장에 경긔구ᄃᆡ가 잇스니 이ᄂᆞᆫ 군ᄉᆞ가 폭발약을 가지고 경긔구ᄅᆞᆯ ᄐᆞ고 ᄃᆞᆫ니면서 뎍딘(敵陣)을 엿보다가 뎍병이ᄂᆞᆫ곳에 폭발약을 ᄯᅥ러트려 함몰식히ᄂᆞᆫ 수가 잇ᄂᆞ니라

◎검의풀보고감동ᄒᆞᆷ

녯날 소격란 님군 부르스왕이 그ᄇᆡᆨ셩의게 해롭고 폐막(弊瘼)되ᄂᆞᆫ 법률과 졍치ᄅᆞᆯ 개

七

혁(敵命)국에ᄒᆞ야 득勝ᄒᆞᆫ 뒤 [illegible] 에 복음이 편만ᄒᆞ기로
로옴을 우뢰쓰고 (ᄃᆞ옴과 협 이에 긔재ᄒᆞ노라

을 다ᄒᆞ야 여러번 시험ᄒᆞ되 그나라 귀족(貴族)들이 그일을 방해(妨害)ᄒᆞᆷ으로 죵시 ᄆᆞᄋᆞᆷ대로 되지안커ᄂᆞᆯ 하로ᄂᆞᆫ 고만 락심ᄒᆞ야 그일을 즁지(中止)ᄒᆞᆯ 싱각이나셔 묵묵히 안졋다가 믄득 눈을들어 보매 ᄯᅳᆯ압 나무ᄉᆞ이에 큰 검의ᄒᆞᆫ마리가 잇ᄂᆞᆫᄃᆡ 줄을 느려노흐면 바람이 불어셔 ᄭᅳᆫ어지고 ᄯᅩ 느려노흐면 지나가ᄂᆞᆫ 사ᄅᆞᆷ이 ᄭᅳᆫ어 ᄇᆞ리ᄂᆞᆫ지라 여러번 이와ᄀᆞᆺ치 ᄒᆞ되 죵시 쉬이지안코 ᄭᅳᆫ어지면 다시 걸고 ᄭᅳᆫ어지면 다시걸어 필경 그 목뎍을 달ᄒᆞ고야 말거ᄂᆞᆯ 왕이 이광경을 이욱히 보다가 혼자 소래를 질너ᄀᆞᆯᄋᆞᄃᆡ 「잘ᄒᆞᆫ다 잘ᄒᆞᆫ다」 더검의여 참잘ᄒᆞᆫ다」 더런 미물도 더러ᄒᆞ거면 ᄒᆞ믈며 사ᄅᆞᆷ이랴 무ᄉᆞᆷ일을 경영ᄒᆞ다가 즁간에 락심되여 그ᄯᅳᆺ을 일우지 못ᄒᆞ면 엇지 더검의가 붓그럽지 아니ᄒᆞ리오ᄒᆞ고 그일을 다시 시작ᄒᆞ야 필경 나라에 리ᄒᆞ고 ᄇᆡ셩의게 편ᄒᆞᆫ업을 셩취ᄒᆞ엿다 ᄒᆞ니 여 니야기가 쳥년후진

본샤특별광고

一、본샤에셔 양력금년十一월브터 명년二월ᄭᆞ지 구람쟈를 크게 모집ᄒᆞ기로 작뎡ᄒᆞ고 빈한ᄒᆞᆫ 교우를 위ᄒᆞ야 **회보ᄃᆡ금을젼보다감ᄒᆞ야 一년에四十젼식을 뎡ᄒᆞ엿ᄉᆞ오니쳠위ᄂᆞᆫ새로 구람ᄒᆞᆯ이를 만히 모집ᄒᆞ야** 보내시옵

二、누구시던지 본회보 보실이 다섯사ᄅᆞᆷ의 션금(先金)을 새로 것어 보내시면 회보 ᄒᆞᆫ쟝을 갑업시 보시게 ᄒᆞ겟고 十인이와 二十인이나 다 이비례(比例)를ᄯᆞ라 ᄒᆞ겟ᄉᆞᆸᄂᆡ다

明治四十四年十二月廿七日印刷

(明治四十四年二月二日第三種郵便物認可)主降生一千九百十二年一月十五日(月曜)(第一卷第廿四號)

그리스도회보

KOREAN CHRISTIAN ADVOCATE

每月二回發行
明治四十五年一月十二日印刷
明治四十五年一月十五日發行

發行兼編輯人 北部社洞 奇義男
印刷人 北部樓閣洞 朴東完
印刷所 京城西小門內法韓印刷所
發行所 北部社洞 奇義男邸

ᄃᆡ금 一장 二젼五리
「代金」 六ᄀᆡ월 二十젼
一ᄀᆡ년 四十젼

사셜

⊙형뎨와ᄌᆞᄆᆡ의새희망

성경말ᄉᆞᆷ에 닐ᄋᆞ되「누구던지 그리스도안에 잇스면 새로 지은것이니 이젼것은 지나가고 새것이 되엿다」ᄒᆞ엿스니 우리가 임의 다 그리스도안에서 새로 지은사ᄅᆞᆷ이 되엿거니와 동양 셩현의 말ᄉᆞᆷ에도 날노 새롭고 또 새롭다ᄒᆞ엿슨즉 우리가 불가불 이 새히의 비롯홈을 인ᄒᆞ야 새 은혜와 새희망으로써 우리ᄉᆞ랑ᄒᆞᄂᆞᆫ 형뎨와 ᄌᆞᄆᆡ를 위ᄒᆞ야 하ᄂᆞ님께 긔도ᄒᆞ노니 우리 교우즁에 젼도의 직임을 맛ᄒᆞ신이ᄂᆞᆫ 신령ᄒᆞᆫ 지식과 능력을 더만히 엇어 어나 젼도단이나 ᄀᆡ인 교제샹에 잇슬때마다 사ᄅᆞᆷ의 ᄆᆞᄋᆞᆷ을 감동케ᄒᆞᆷ으로 六十ᄇᆡ나 百ᄇᆡ의 츄슈를 거두어 우리쥬께 드릴것이며 교육을 힘쓰ᄂᆞᆫ이ᄂᆞᆫ 학교를 만히 셜립ᄒᆞ고 쳥년후진의게 유익ᄒᆞᆫ 학술을 더욱 열심으로 ᄀᆞᄅᆞ칠것이며 샹업을 힘쓰ᄂᆞᆫ이ᄂᆞᆫ 새방침을 연구ᄒᆞ야 업무(業務)를 一층더 확쟝ᄒᆞᆯ것이며 농업에 죵ᄉᆞᄒᆞᄂᆞᆫ이ᄂᆞᆫ 농긔와 모든 방법을 ᄀᆡ량(改良)ᄒᆞ야 황폐(荒廢)ᄒᆞ엿던 동산과 밧흘 ᄀᆡ간ᄒᆞ며 잇ᄂᆞᆫ바 뎐답을 더 기름지게 ᄆᆞᆫᄃᆞ러 젼보다 여러十ᄇᆡ의 츄슈를 엇을것이며 공업을 힘쓰ᄂᆞᆫ이ᄂᆞᆫ 신긔ᄒᆞᆫ 슈교(手巧)와 긔술을 더욱 발달ᄒᆞᆯ것이며 학교의 학ᄉᆡᆼ들은 새졍신을 엇어 몬져 하ᄂᆞ님의 말ᄉᆞᆷ을 잘ᄇᆡ화 도덕의 긔초(基礎)를 확실히 세운후에 모든 학술을 ᄎᆞ례로 연구ᄒᆞ되 날노 나아가고 달노 진보ᄒᆞᄂᆞᆫ 셩젹을 엇을것이니 이 여러가지가 합ᄒᆞ야 一千九百十二년의 새희망을 일우어 몬져 첫재 각ᄀᆡ인의 힝복을 증진(增進)ᄒᆞ고 둘재 우리교회의 힝복을 증진ᄒᆞ며 셋재 우리민족의 힝복을 증진ᄒᆞ기를 셩심으로 츅하ᄒᆞᄂᆞ이다

본샤특별광고

경향각쳐 교회에셔 **쥬일공과지**를 쳥구코져ᄒᆞ시면 ᄃᆡ금(代金)을 본샤로 보내시지 말고 곳 **경셩죵로예수교셔회**로 보내시고 쳥구ᄒᆞ시옵

중산구황연보 루락

楊州邑敎會貳圓八十錢五里

본샤고빅

一、본샤에셔 양력금년十一월브터 명년二월ᄭᆞ지 구람쟈를 크게 모집ᄒᆞ기로 작뎡ᄒᆞ고 빈한ᄒᆞᆫ 교우를 위ᄒᆞ야 **회보ᄃᆡ금**을젼보다감ᄒᆞ야 **一년에四十젼식**을 뎡ᄒᆞ엿ᄉᆞ오니 쳠위ᄂᆞᆫ 새로 구람ᄒᆞᆯ이를 만히 모집ᄒᆞ야 보내시옵

二、누구시던지 본회보 보실이 다섯사ᄅᆞᆷ의 션금(先金)을 새로 걷어 보내시면 회보 ᄒᆞᆫ쟝을 갑업시 보시게 ᄒᆞ겟고 十인이나 二十인이나 다 이비례(比例)를ᄯᆞ라 ᄒᆞ겟ᄉᆞᆸᄂᆞ이다

교즁휘문

△니보△

⊙신학졸업식 량감리회 신학교 뎨一회 졸업례식의 슌셔는 젼호에 긔지ᄒᆞ엿거니와 졸업싱은 홍슌탁 홍죵슉 김광식 오긔션 리운영 쥬한명 현셕칠 김병권 한창셥 졍츈슈 김지찬 박현일 박봉리 리동식 현슌 공지현 리하영 죠니덕 한인슈 홍승하 안창호 젼덕긔 손창현 안경록 강신화 채규홍 리경직 손승용 최병헌 리회츈 리능도 변학용 리진형 김찬흥 장츈명 김홍슌 리지션 비리一 김뎡길제씨등 三十九인이러라

⊙민국련합긔도회 각교회에셔 본월 七일브터 十三일ᄭᆞ지 져도 협셩회 만국련합긔노회를 열고 여러가지 뎨목으로 긔도ᄒᆞ는ᄃᆡ 七일에는 요한十五장七절과 야고보四장二―三절과 누가十二장二절과 三장廿一절과 에베소六장十八절과 마태九장三十八절의 말솜으로 강도ᄒᆞ고 八일에는 감샤ᄒᆞ고 ᄌᆞ복ᄒᆞ는것며오 九일에는 만국 교회를 위ᄒᆞ야 긔도ᄒᆞᆯ것이오 十일에는 각국 뎨왕을 위ᄒᆞ야 긔도ᄒᆞᆯ것이오 十一일에는 각국션교회를 위ᄒᆞ야 긔도ᄒᆞ고 찬숑ᄒᆞᆯ것이오 十二일에는 가뎡과 교육 긔관과 쳥년들을 위ᄒᆞ야 긔도ᄒᆞᆯ것이오 十三일에는 본국교회와 유대인을 위ᄒᆞ야 긔도ᄒᆞᆯ것이더라

⊙졍씨의긔도력 황히도 봉산군 리츈근씨의 통신을 거ᄒᆞᆫ즉 본군 구연면 심일교회는 五년젼에 장로교회로 셜립되여 교우가 三十명에 달ᄒᆞ엿더니 불힝히 혹독ᄒᆞᆫ 핍박을 당ᄒᆞᆷ으로 락심되여 나가고 다만 三四인이 남어잇다가 지작년에 감리교회로 넘어온후、 쇽장 졍상호씨가 홍상 긔도ᄒᆞ며 교우들의게 권면ᄒᆞ기를 시험을 이긔는쟈의게 하ᄂᆞ님ᄭᅴ셔 특별ᄒᆞᆫ 은혜를 주신다 ᄒᆞ면서 빈한ᄒᆞᆫ 형뎨의 일을 ᄌᆞ긔일과 ᄀᆞᆺ치 힘써 도아주니 이는 과연의인여긔(愛人如己)ᄒᆞ는 주의로다 그러나 수년동안에 빈한ᄒᆞᆫ 형뎨들 구죠(救助)ᄒᆞ며 교회일을 힘쓰는 가운ᄃᆡ 어업간 가세가 탕패되고 외인의 핍박이 더욱 심ᄒᆞ지마는 조곰도 락심치 안코 다섯달 동안이나 미일 새벽마다 례비당에 드러가셔 교회가 홍왕ᄒᆞ기를 위ᄒᆞ야 긔도ᄒᆞ엿더니 하ᄂᆞ님ᄭᅴ셔 밋는쟈의 긔도를 ᄃᆡ답ᄒᆞ샤 락심ᄒᆞ엿던쟈들이 다시 ᄌᆞ복ᄒᆞ고 교회에 드러오게 ᄒᆞ신고로 지금은 쥬일마다 례비보는 교우가 四十여인에 달ᄒᆞ엿스니 졍씨의 신심은 가히 모본될만ᄒᆞ다 ᄒᆞ엿더라

⊙五씨단연 경성마표 교회젼도ᄉᆞ 채규홍씨의 통신을 거ᄒᆞᆫ즉 거월廿七일 져녁에 연초의 후환이라는 문뎨로 본교회 형뎨ᄌᆞ미의게 一쟝 권면ᄒᆞ엿더니 맛참 이ᄯᅢ에 권ᄉᆞ표지들 밧은 신래면 리래형 량씨와 녀쇽쟝 리한나 김마리아 녀교우 션이나 五씨가 그날브터 담비를 영영 거절ᄒᆞ엿다더라

⊙능력을보고회귀홈 평남중산군 두만리교회 졍진현씨의 통신을 거ᄒᆞᆫ즉 그 근동사는 김씨 리졍은 본시 장졍국씨의 쇼실인ᄃᆡ 그졍실 곽씨영복이 三년젼브터 쥬를 진심히 밋는것을 쥬야로 훼방ᄒᆞ더니 음력 금년졍월브터 셩신의 감화ᄒᆞ심을 닙어 쥬를 밋기 시작ᄒᆞᆫ후로 깁히 회개ᄒᆞ고 곽씨를 친모ᄀᆞᆺ치 셤기다가 八월분에 곽씨가 우연득병ᄒᆞ야 고통ᄒᆞ는ᄃᆡ 김씨가 ᄌᆞ션심으로 밤낫을 무릅쓰고 병구원ᄒᆞ다가 九월에 세상을 ᄯᅥ나매 그남편은 밋지안는 사롬이라 억지로 졔연을 뭇드러 노흐되 김씨가 그것은 헛것이라ᄒᆞ야 죠셕상식을 거절ᄒᆞ더니 또 김씨가 병이들어 심히 고통ᄒᆞᆯᄯᅢ에 그 남편이 경을 비설코져 ᄒᆞ는ᄃᆡ 김씨의 친족 박씨셩온은 본시 진실히 밋는부인이라 이일을 알고 장씨를 ᄃᆡᄒᆞ야 말ᄒᆞ기를 사롬의 싱ᄉᆞ는 하ᄂᆞ님ᄭᅴ 잇다ᄒᆞ야 그일을 물니치고 병인과 홈ᄭᅴ 하ᄂᆞ님ᄭᅴ 간절히 긔도ᄒᆞ매 병이 곳 쾌차홈으로 완고ᄒᆞᆫ 장씨도 하ᄂᆞ님의 권능을 보고 감화를 밧아 영광을 하ᄂᆞ님ᄭᅴ 돌닌다 ᄒᆞ엿더라

⊙하씨의열심 강원도 고셩구역 김혁쳑씨의 홍신을 거ᄒᆞᆫ즉 허군교회니 쇽쟝 하용식씨ᄂᆞᆫ 근본 상민으로 五년젼에 예수를 밋은후 쥬의 진리를 ᄭᆡᄃᆞ라 三년동안 유ᄉᆞ의 직무를 보ᄂᆞᆫ즁 ᄯᅳ거온 ᄆᆞᄋᆞᆷ이 분발ᄒᆞ야 젼도ᄒᆞ며 ᄌᆡ졍을 앗기지 안코 쥬의일을 보다가 지금은 쇽쟝이되여 젼보다 더욱 열심ᄒᆞ며 교회와 교회안에 셜립ᄒᆞᆫ 쇼학교에 ᄃᆡᄒᆞ야 다수ᄒᆞᆫ ᄌᆡ졍을 연조ᄒᆞ며 교회와 학교를 一층 흥왕케ᄒᆞ기 위ᄒᆞ야 힘과 ᄯᅳᆺ을 다ᄒᆞᆫ다더라

⊙쳔씨의밋음 평남 ᄆᆡᆼ산군 원면 즁동리교회 리진하씨의 통신을 거ᄒᆞᆫ즉 함경남도 고원군 신창리 리영셥씨의 부인 쳔씨가 十一세된 아ᄃᆞᆯ을 죽이고 화졈에 집을 ᄯᅥ나 교회마다 차자ᄃᆞᆫ니면서 셩경을 공부ᄒᆞ다가 평양 교회에 차자가 바나질품을 팔아 근근히 육신을 연명ᄒᆞ면서 하ᄂᆞ님의 말ᄉᆞᆷ을 열심으로 공부ᄒᆞ고 본촌으로 도라가ᄂᆞᆫ 길에 우연히 본동에와서 몽미부지ᄒᆞᆫ 사ᄅᆞᆷ들에게 하ᄂᆞ님의 말ᄉᆞᆷ을 부즈런히 젼파ᄒᆞ야 一년동안에 쥬를 밋ᄂᆞᆫ ᄌᆞ미가 十여명에 달ᄒᆞ엿ᄉᆞ오니 하ᄂᆞ님의 은혜 엇지 감샤ᄒᆞ온지 알수업ᄉᆞ오며 거월廿六일 쥬일에 ᄌᆞ긔 육신에 가졋던 월ᄌᆞ(月子)를 팔아 二환을 연조ᄒᆞ며 새로 례비당을 구쳐ᄒᆞ라 ᄒᆞ엿스니 이교회ᄂᆞᆫ 이부인의 열심으로 셜립되엿다 ᄒᆞ엿더라

⊙셩경학원긔학 경셩 림동 셩경학원은 년죵을 당ᄒᆞ야 잠시 휴학(休學)ᄒᆞ엿다가 본월十일에 다시 긔학ᄒᆞ엿더라

△외보▽

⊙젼시포도단(戰時布道團) 청국 그리스도인들이 혁명(革命)젼쟝에 나가서 젼도ᄒᆞ기 위ᄒᆞ야 젼시포도단을 죠직ᄒᆞᆫ 일은 젼호에 긔ᄌᆡᄒᆞ엿거니와 그후에 지낸일을 드른즉 일젼에 다시 샹히 청년회관에 모혀서 만국 젹십ᄌᆞ회(赤十字會)에 공함ᄒᆞ기를 본단에서 파송ᄒᆞᆫ 젼도인들이 손에 복음을 들고 젹十ᄌᆞ긔를 ᄯᅩ박 ᄃᆞᆫ니면서 젼도ᄒᆞᄂᆞᆫ 일을 벼락ᄒᆞ라 ᄒᆞ엿ᄂᆞᆫᄃᆡ 감리교회의 심ᄌᆞ양씨와 쟝로교회의 심지즁씨와 ᄌᆞ유교회의 진지츈씨가 ᄃᆡ회 셩명을 앗기지 안코 젼쟝에 나가서 쥬의복음을 젼파ᄒᆞ기로 결심ᄒᆞᆫ후 즉시 젼도ᄃᆡ(傳道隊)를 령솔ᄒᆞ고 젹十ᄌᆞ군을 ᄯᅡ라 츌발(出發)ᄒᆞ엿다더라

⊙교즁양로금(養老金) 미국 미감리회에서 교즁에 로쇠(老衰)ᄒᆞᆫ 목ᄉᆞ나 젼도ᄉᆞ를 휼양(恤養)ᄒᆞᆯ 젹립금(積立金)으로 二百만원을 더 거두어 근본 젹립금에 더붓치ᄂᆞᆫ 문뎨가 가결되여 임의 모집ᄒᆞ엿ᄂᆞᆫᄃᆡ 이교회에서 작년一년ᄂᆡ에 이목뎍으로 지츌ᄒᆞᆫ 돈이 一百七十만원 가량이라더라

⊙호쥬(濠洲)의감리교 호쥬에 사ᄂᆞᆫ 인구ᄂᆞᆫ 합이 四百五十만명인ᄃᆡ 그가온ᄃᆡ 감리교인이 四十五만五千四百二명이라더라

⊙외국션교비 미국 미감리회 외국션교회에서 금년도에 외국 션교ᄒᆞᄂᆞᆫ 일에ᄃᆡᄒᆞ야 지츌ᄒᆞᆯ 돈이 도합一百七十三만二千四百九十六원인ᄃᆡ 이즁에서 죠션 청국 일본三국에ᄃᆡᄒᆞ야 지츌ᄒᆞᆯ 돈이 五十二만一千四百六十八원이라더라

⊙신구교인의혼인반ᄃᆡ론 미국 뉴욕 텬쥬교회 긔관신문에 긔ᄌᆡᄒᆞ기를 화란국에서 됴사ᄒᆞᆫ바를 거ᄒᆞᆫ즉 예수교 밋ᄂᆞᆫ 어마니에 텬쥬교 밋ᄂᆞᆫ 아바지를 둔 ᄋᆞᄒᆡ들이 三千三百二十六명즁에 자라서 예수교인이 된쟈가 一千七百四十七명이오 텬쥬교인이 된쟈가 一千三百二十六명이오 외인된쟈가 三百七十六명이며 ᄯᅩ예수교 밋ᄂᆞᆫ 아바지에 텬쥬교 밋ᄂᆞᆫ 어마니를 둔 ᄋᆞᄒᆡ들이 三千四百五十五명즁에 자라서 예수교인 된쟈가 一千二百四十二명이오 텬쥬교인 된쟈가 一千八百五十一명이오 외인 된쟈가 三百六十二명이라 ᄒᆞ엿더라

긔쟈왈 대개 어린ᄋᆞᄒᆡ들노 ᄒᆞ여곰 죵교에 ᄃᆡᄒᆞᆫ 감화력(感化力)을 엇게ᄒᆞ기ᄂᆞᆫ 어마니가 간졀ᄒᆞᆫ즉 우리교

즁에 여러ᄌᆞ미들은 그ᄉᆞ랑ᄒᆞᄂᆞᆫ ᄌᆞ녀들을 쥬압흐로 더욱 힘써 인도ᄒᆞ시기를 ᄇᆞ라노라

교회통신

기셔

(일본신호 류경샹)

⊙그리스도회보의관렴(觀念)

복으로ᄇᆡᆨ두산과 남으로 졔쥬한라산 ᄉᆞ이에 널녀잇ᄂᆞᆫ 二千만 창ᄉᆡᆼ은 三千리강산에 깃드려 사ᄂᆞ니 하ᄂᆞ님ᄭᅴ셔 이러케 구역을 뎡ᄒᆞ여 주신터인고로 단군(檀君)이릭로 오ᄂᆞᆯ날ᄭᆞ지ᄂᆞ려왓도다 어언간 허다ᄒᆞᆫ력ᄉᆞ상 즐거운시절도 잇셧스려니와 험악ᄒᆞᆫ 시운도 만흔슈 지금 셰계가 ᄒᆞᆫ집ᄀᆞᆺ치 지내ᄂᆞᆫ 시절을 당ᄒᆞ엿스니 불ᄒᆡᆼ이라 ᄒᆞ지안코 셰계 각ᄉᆡᆨ인죵이 교통ᄒᆞ여 지냄을 다ᄒᆡᆼ이라 ᄒᆞᆯ수밧게 업도다 ᄌᆞ포ᄌᆞ긔ᄒᆞ면 이시절이 불ᄒᆡᆼ이 되려니와 총혜(聰慧)ᄒᆞᆫ 눈으로 령리(伶俐)히 활동ᄒᆞ여 잘쓰면 시셰가 사ᄅᆞᆷ의게 부림이 되ᄂᆞ니 ᄌᆞ연 우리의게 ᄒᆡᆼ복이되고 말지라 그리스도회보ᄂᆞᆫ 남북 량감리회에 돌도아넌 홀노셧ᄂᆞᆫ 교회긔관보며 량교회에 다른 일홈을 ᄯᅴ고 잇ᄂᆞᆫ 신문잡지도 별로 업스니 가장 외로온 회보며 만흔사ᄅᆞᆷ의 ᄉᆞ랑을 홀노 넙ᄂᆞᆫ 회보로다 三千리ᄉᆞ이에 널녀잇ᄂᆞᆫ 교회 졍형에 관계된 ᄉᆞ항이며 졔반ᄉᆞ를 알랴면 이회보로 인ᄒᆞ야 알수 잇슬것이며 ᄯᅩ 동서양 졔국의 여러교회 쇼식이나 셰계 젼뎨의 대범ᄒᆞᆫ 일이라도 이회보로 인ᄒᆞ야 다쇼간 엇어드ᄅᆞᆯ수 잇스니 곳 이회보ᄂᆞᆫ 우리의 눈이며 귀도되고 지혜를 더ᄒᆞᄂᆞᆫ 션ᄉᆡᆼ도되며 실지샹 경력을 알녀주ᄂᆞᆫ 친구도 될지니 단졍코 열람ᄒᆞ여야 ᄒᆞᆯ것이라 셰계가 ᄒᆞᆫ집ᄀᆞᆺ치 교통ᄒᆞ고 그안에 잇ᄂᆞᆫ 셩도가 ᄒᆞᆫ몸에 붓ᄒᆞᆫ 지톄ᄀᆞᆺ치 되랴면 서로 통신치안코야 될수잇스며 통신ᄒᆞ랴면 교회긔관보 보다 나흔것이 어ᄃᆡ 잇ᄂᆞᆫ가 이글을 쓰ᄂᆞᆫ자 겨우 지난녀름에 그리스도회보라ᄒᆞᄂᆞᆫ 신문을 ᄃᆡᄒᆞ니 여러가지 ᄉᆞ샹이 니러나ᄂᆞᆫ지라 가량 영국이나 미국의 교회신문을 보면 주ᄌᆞ(鑄字)가 이회보 주ᄌᆞ보다 졀반이나 되ᄂᆞᆫ 적은 주ᄌᆞ로 쟝광이 이회보 보다 三四ᄇᆡ나 되ᄂᆞᆫ신문의 쟝수로 말ᄒᆞ면 十여쟝으로 수十쟝이나 되ᄂᆞᆫ것이 쥬일간(週日刊)으로 련쇽ᄒᆞ여 나오되 다만 一二죵에 긋치지 아니ᄒᆞ니 가령 남감리회에서 츌판ᄒᆞᄂᆞᆫ것만 ᄒᆞ여도 수十죵류이며 북감리회나 다른 지파(支派)에 쇽ᄒᆞᆫ 긔관보 통신보가 허다ᄒᆞᆫ뒤 우리의 그리스도회보ᄂᆞᆫ 엇지ᄒᆞ여 겨우 넉장이며 ᄒᆞᆫ달에 다만 두번만 츌판되ᄂᆞᆫ가 슯흐다 우리나라의 모든것이 발달치 못ᄒᆞᆷ이여 쟝로교회 긔관보가 ᄒᆞ나히오 감리교회에도 겨우 ᄒᆞ나히니 젼국에 헤여져잇ᄂᆞᆫ 수십만명의 그리스도셩도가 다만 두ᄀᆡ우물에서 물을 마실수잇스며 두ᄀᆡ 등불노 빗최여 볼수잇스며 통신국 두쳐소로 가히 통신ᄒᆞᆯ수 잇ᄂᆞᆫ가、이둘만되ᄂᆞᆫ 회보노 평쟝ᄒᆞ엿스면 모로거니와 손바닥만ᄒᆞᆫ 三四쟝에 四五됴목으로 논ᄒᆞ야 ᄂᆡ보이니 외보이니 긔서이니 실업교육이니ᄒᆞ고 조곰식 긔재ᄒᆞ엿스니 우리가 가히 만족ᄒᆞᆯ녁일수 잇겟ᄂᆞᆫ가 이 그리스도회보를 외인이 보면 죠션교회의 어리고 연약ᄒᆞᆫ것을 조롱ᄒᆞ겟스나 그러나 화복이 문이업고 오직 사ᄅᆞᆷ이 ᄉᆞᄉᆞ로 부른다ᄒᆞᆷ과 ᄀᆞᆺ치 이것은 다 우리가 우리의 직칙을 잘 직히지 못ᄒᆞᆷ으로 우리가 ᄉᆞᄉᆞ로 이결국을 짓ᄂᆞᆫ것이니 죠션 민족들이여 우리ᄂᆞᆫ 실노 근본브터 연약ᄒᆞ고 쟝취셩이 업고 겁이만ᄒᆞᆫ 민족이 결단코 아니어놀 오날 형세만보고 더 외인들은 횡셜수셜ᄒᆞ나 죠션민족도 가치(價値)가 잇ᄂᆞᆫ민족이오 우리의 조샹은 인류샤회의 우등을 뎜령ᄒᆞ려고 심력(心力)을 다ᄒᆞ며 셩명을 ᄇᆞ린공으로 우등디위에 쳐ᄒᆞ엿던 조샹이라 우리ᄂᆞᆫ 엇지 그럿치 못ᄒᆞ며 ᄯᅩ 그리스도ᄂᆞᆫ ᄇᆡᆨ인죵을 경셩식히실ᄯᅢ에 황인죵은 ᄇᆞ려두실 그리스도가 아니신족 황인죵도 문명케ᄒᆞ시고 죠션민족도 세우쳐 비참ᄒᆞᆫ시ᄃᆡ를 격근후 명랑ᄒᆞᆫ 시졀을 맛나게 ᄒᆞ시며 용ᄆᆡᆼ과 진보ᄒᆞᄂᆞᆫ 힘을 더ᄒᆞ실지니 우리ᄂᆞᆫ 맛

당히 ᄉᆞᄉᆞ로 돕ᄂᆞᆫ쟈ᄂᆞᆫ 하ᄂᆞ님이 도으신다ᄂᆞᆫ 격언과 ᄯᆞ라 진심진력ᄒᆞ여 샤회샹 모든 법졀을 흔칠ᄒᆞ게 치려가ᄂᆞᆫ 동시에 교회의 일도 도뎌히 볼터이니 그리스도회보를 ᄒᆞᆫ번 도라보와 ᄉᆡᆼ각ᄒᆞᆯ지어다 교회가 졍신샹으로 발달ᄒᆞ여야 각식샤회도 여망이 잇슬터이며 교회가 졍신샹으로 발달ᄒᆞ랴면 동신이 완젼ᄒᆞ여야 ᄒᆞᄂᆞ니 엇지 큰문뎨라 ᄒᆞ지 안겟ᄂᆞ뇨 동신을 완젼케ᄒᆞ라면 이아래 몃됴목이 필요ᄒᆞ니 열람ᄒᆞ던이ᄂᆞᆫ 첫재ᄂᆞᆫ 계속ᄒᆞ여 보고 둘재ᄂᆞᆫ 형뎨ᄌᆞᄆᆡ를 권면ᄒᆞ여 열람케ᄒᆞ야 회보가 四五千쳐소로 분젼케ᄒᆞᆯ것이며 셋재ᄂᆞᆫ 모든 방법을 도아주어 ᄎᆞᄎᆞ 회보폭원도 늘이고 ᄆᆡ쥬일 一ᄎᆞ식 발간케ᄒᆞ며 장수도 四十장ᄭᆞ지 ᄆᆞᆫᄃᆞᆯ게ᄒᆞ여야 ᄒᆞᆯ지니 그리스도회보의 관렴ᄂᆞᆫ 그욱히 품어 이 새히에ᄂᆞᆫ 이몃가지를 여러 형뎨ᄌᆞᄆᆡ가 실지시ᄒᆡᆼ케 ᄒᆞ시기를 ᄇᆞ라ᄂᆞ이다

ᄂᆡ외잡보

◎동경시간실시 됴션에서 동경시간이 실시된다ᄒᆞᆫ 젼호에도 긔지ᄒᆞ엿거니와 파엽본년一월一일브터 실시ᄒᆞᆫ 결과로 젼일 오젼十一시三十분이 즉금 졍오十二시가 된지라 그럼으로 각관텽과 각학교의 시간을 변경ᄒᆞ야 젼에샹오八시에 ᄉᆞ진이나 샹학ᄒᆞ던것을 지금은 八시三十분에 ᄒᆞᆫ다더라

◎됴션총독부예산 됴션총독부의 금년 예산은 셰입경샹(歲入經常)이 二千六百七十三만원이오 림시 슈입이 七十六만원이오 공채모집(公債募集)이 一千二百五十九만원이오 보츙금(補充金)이 一千二百三十五만원이니 도합이 五千二百四十四만원이오 셰츌(歲出)경샹비가 二千九百七十八만원이오 림시비가 二千二百六十五만원이니 도합이 五千二百四十二만원이라더라

◎칙어ᄇᆡ부(配付) 됴션 교육에 ᄃᆡᄒᆞᆫ 일본텬황폐하의 칙어ᄂᆞᆫ 총독부에서 각도쟝관의게 보내여 공ᄉᆞ립 학교에 ᄇᆡ부ᄒᆞ야 이후에 무ᄉᆞᆷ 학교례식일을 당ᄒᆞ면 一반학ᄉᆡᆼ의게 이칙어를 낭독케ᄒᆞ라 ᄒᆞ엿더라

◎경긔션우편(輕氣船郵便) 미국 톄신(遞信)대신 힛취콕써가 상의원에 의안을 뎨츌ᄒᆞ야 졍부에서 十만원을 림시비(臨時費)로 지츌ᄒᆞ라고 청구ᄒᆞ엿ᄂᆞᆫ듸 그 ᄂᆡ용(內容)은 경긔션으로 우편물 슈운ᄒᆞᄂᆞᆫ 일을 시험ᄒᆞ야 보아서 그 셩젹이 됴흐면 그대로 실시ᄒᆞ쟈ᄂᆞᆫ 문뎨인듸 이 문뎨가 쟝ᄎᆞᆺ 가결 된다더라

회보ᄃᆡ금령슈

住所	氏名	金額
淮陽間点方里	金敬文	十五錢
上仝北倉	金用奭	三十錢
公州射亭	金聖書	二十錢
上仝盤谷	徐柱錫	四十錢
定山光生里	金承烈	四十錢
公州新永里	朴基一	四十錢
公州校村	李用周	三十錢
元山港	쿠퍼부인	一圓
安峽馬灘洞	李東植	四十錢
伊川邑	申彥奎	四十錢
上仝	朴興燮	四十錢
廣州宮坪	安敬浩	四十錢
廣州陶峴	裵明先	四十錢
利川午川	崔聖俊	六十錢
利川芮村	金公翠	四十錢
北部東谷	金廷鎬	四十五錢
北部鍾路	彭鍾獻	四十五錢
保寧宮村	金洛權	六十錢
公州石峰	尹俊赫	三十錢
洪州校洞	金光植	三十錢
開城	李의ᄉᆞ	四十五錢
北部鍾路皇城基督教青年會		五十錢
楊州議政府	趙昌植	四十錢
加平中村	李世鎭	五十錢

날마다 볼셩경구절

긔쟈왈 이아래 ᄎᆞ례로 긔록ᄒᆞᆫ 구절은 一년三百六十五일에 날마다 특별ᄒᆞᆫ 뎨목으로 신구약 가온듸셔 문리가 서로 련속ᄒᆞᆫ 구절을 ᄲᅩᆸ은것이니 쥬를 밋ᄂᆞᆫ 형뎨와 ᄌᆞᄆᆡᄂᆞᆫ ᄆᆡ일 그 일ᄌᆞ밋헤 긔록ᄒᆞᆫ 구절을 ᄎᆞ자보고 긔도ᄒᆞ면 홍샹 깃븐 ᄆᆞᄋᆞᆷ을 엇고 령혼이 잘 자랄지니 주의ᄒᆞ야 보고 긔도ᄒᆞᆯ것이며 특별히 젼도직임 가진이가 보면 ᄆᆡ우 유익ᄒᆞ겟ᄉᆞᆸᄂᆞ이다

△一월

一일 쥬ᄭᅴ서 ᄒᆞᆷᄭᅴ 계심

신卅一〇八、출卅二〇十
五、렘十〇廿三、시卅七
〇廿三、廿四、七十三〇
廿三、廿四、로八〇卅八
ㅣ卅九、

二일 긔도가 향불연긔와 叉치올나감

시百四十一〇二、출卅〇
一、六ㅣ八、희七〇廿五、
묵八〇四、벳젼二〇五、살
젼五〇十七、

三일 내눈을 열어주심

눅十八〇四十一、시百十
九〇十八、눅廿四〇四十
五、요十四〇廿六、약一
〇十七、엡一〇十七ㅣ廿、

四일 ᄉᆞ망이 권세를 일흠

고젼十五〇五十五、五十
六、희九〇廿六ㅣ廿八、二
〇十四、十五、딤후四〇
六ㅣ八、

오일 내입을 직히심

시一百四十一〇三、시百
三十〇三、百六〇卅三、마
十五〇十一、좀十二〇十
八ㅣ十九、약三〇八、十、
골三〇八ㅣ九、살젼四〇
三、묵十四〇五、

六일 ᄉᆞ도들이 힘ᄒᆞᆫ일을 쥬께고홈

막六〇卅、좀十八〇廿四、
출卅三〇十一、요十五〇
十四ㅣ十五、눅十七〇十、
로八〇十五、빌四〇六、좀
十五〇八、

七일 쥬씌셔 나를ᄇᆞ리시지 아니홈

수一〇五、廿一〇四十五、
민廿三〇十九、신七〇九、
시百十一〇五、셔四十九
〇十五ㅣ十六、

八일 하ᄂᆞ님압헤 죄가 업슴

묵十四〇五、렘五十〇二
十、미七〇十八ㅣ十九、엡
一〇六、골一〇廿二、유廿
四ㅣ廿五、

九일 ᄒᆞᆫ가지 필요ᄒᆞᆫ것

눅十〇四十二、시四〇六
ㅣ七、四十二〇一ㅣ二、六
十三〇一、요六〇卅四ㅣ
卅五、눅十〇卅九、시廿七
〇四、

十일 하ᄂᆞ님씌셔 진실노 사ᄅᆞᆷ안에 거ᄒᆞ시ᄂᆞ뇨

뎌상六〇十八、출廿五〇
八、廿九〇四十三、四十五、
시六十八〇十八、고후六
〇十六、고젼六〇十九、엡
二〇廿二、세卅七〇廿八、

十一일 쥬씌셔 나를ᄉᆞ망에서구속ᄒᆞ심

시百三〇四、렘五十〇卅
四、호十三〇十四、희二〇
十四ㅣ十五、요三〇卅六、
골三〇三ㅣ四、살후一〇
十、

十二일 언제 밤이 가고 내가 니러날고

욥七〇四、셔廿一〇十一
ㅣ十二、희十〇卅七、삼후
廿三〇四、요十四〇二ㅣ
三、廿七ㅣ廿八、유五ㅣ卅
一、살젼五〇五、묵廿一〇
廿五、

十三일 내로ᄒᆞᆫ얼골에 깃븐빗출 주심

엡四〇廿六、마十八〇十
五、廿一ㅣ廿二、막十一〇
廿五、골三〇十二ㅣ十三、
엡四〇卅二、

十四일 마귀가 나를 시험ᄒᆞᆯ때

창三〇十五、셔五十二〇
十四、五十三〇五、눅廿二
〇五十三、요十九〇十一、
요一、三〇八、막一〇卅四、
마廿八〇十八、막十六〇
十七、로十六〇廿、

十五일 밋음의 분량

로十二〇三、十四〇一、四
〇廿、마十四〇卅一、十五
〇廿八、九〇廿八ㅣ廿九、
눅十七〇五、유二十、골二
〇七、고후一〇廿一、벳젼
五〇十、로十五〇一、十四
〇十三、

교 육

⊙가졍학

교제(交際)ᄒᆞᄂᆞᆫ 법

대뎌 사ᄅᆞᆷ이 이세샹에 처ᄒᆞ매 남녀를 물론ᄒᆞ고 교제ᄒᆞᄂᆞᆫ 법을 알지못ᄒᆞ면 고루(固陋)홈을 면키 어려오니 불가불 이아래 긔록ᄒᆞᆫ바 몃가지를 주의ᄒᆞᆯ것이니라

뎨一 방문(訪問)ᄒᆞᄂᆞᆫ 일이라

대개 남의집을 방문홈은 셰가지 죵류가 잇ᄂᆞᆫᄃᆡ 一은 통샹(通常)의 방문이니 무ᄉᆞᆷ일이 잇서셔 차자보던지 오ᄅᆡ 맛나지 못ᄒᆞᆫ고로 셔회(敍懷)ᄒᆞ기 위ᄒᆞ야 차자가던지 멀니 출타ᄒᆞ엿다가 도라온쟈나 혹 쟝ᄎᆞᆺ 멀니 갈쟈를 차자보ᄂᆞᆫ것이오 二ᄂᆞᆫ 길ᄉᆞ(吉事)에 방문이니 새로 혼인ᄒᆞᆫ쟈나 벼슬ᄒᆞᆫ쟈나 이ᄉᆞᄒᆞᆫ쟈나 개업(開業)ᄒᆞᆫ쟈나 무ᄉᆞᆷ 다른 경ᄉᆞ를 당ᄒᆞᆫ쟈의게 치하ᄒᆞᄂᆞᆫ 일에

세초에 서로 방문ᄒᆞᄂᆞᆫ 동ᄉᆞ요 三은, 흉ᄉᆞ(凶事)의 방문이니 효상난집에 됴문ᄒᆞᄂᆞᆫ것과 병든쟈를 뭇ᄂᆞᆫ것과 무솜지란 맛ᄂᆞᆫ쟈를 위로ᄒᆞᄂᆞᆫ 동ᄉᆞ라 여긔뎌ᄒᆞᆫ 졀ᄎᆞᄂᆞᆫ 이아래 들어 말ᄒᆞ노라

一、놈을 방문ᄒᆞᆯ때에 반ᄃᆞ시 주의 ᄒᆞᆯ것이니 쳣재 쥬인의 동졍을 술펴셔 무솜 총망ᄒᆞᆫ 모양이 잇던지 혹 근심ᄒᆞᄂᆞᆫ 빗치 잇ᄂᆞᆫ듯 ᄒᆞ거던 속히 갈 뜻을 고ᄒᆞᆫ후에 곳 니러설것이오 또 그럿치 아니ᄒᆞᆯ지라도 두별ᄒᆞᆫ 일이 업시ᄂᆞᆫ 오ᄅᆡ 안졋지 아니ᄒᆞᄂᆞᆫ것이 됴ᄒᆞ니라

사ᄅᆞᆷ을 ᄃᆡᄒᆞᆯ때에 몬져 그사ᄅᆞᆷ의 평안ᄒᆞᆷ을 뭇고 그 다음에 그가족의 무고ᄒᆞᆷ을 무른후에 ᄌᆞ긔 방문ᄒᆞᆫ 뜻을 말ᄒᆞᆯ지니 이것은 보통 힝ᄒᆞᄂᆞᆫ ᄎᆞ셔어니와 쥬인의 집에 병쟈가 잇셧슬것 ᄀᆞᆺᄒᆞ면 비록 병이 좀나흔후라도 그 졍황을 뭇ᄂᆞᆫ것이 됴흐며 기외에 길ᄒᆞᆫ 일이나 흉ᄒᆞᆫ 일이나 싱각나ᄂᆞᆫ대로 류의ᄒᆞ야 무러보ᄂᆞᆫ것이 교졔에 뎍당ᄒᆞ다 ᄒᆞᆯ것이며 뇌만 그러ᄒᆞᆯ뿐아니라 쥬인도 또ᄒᆞᆫ 긔의게 ᄃᆡᄒᆞ야 이ᄀᆞᆺ치 ᄒᆞᆯ것이니라

졂은 녀ᄌᆞᄂᆞᆫ 비록 친쳑간이라도 남ᄌᆞ를 방문ᄒᆞᆯ때에ᄂᆞᆫ 혼자가지말고 나히만ᄒᆞᆫ 친쳑부인과 동힝ᄒᆞᆯ것이며 또 졂은 부인이 그가쟝이나 싀부모의 허락이 업시ᄂᆞᆫ 경솔히 놈을 심방치 못ᄒᆞᆯ것이니라 작별ᄒᆞᆯ때에 쥬인이 니러셔 젼송ᄒᆞ거던 두세번 겸샤ᄒᆞ야 그리 말나고 강권ᄒᆞ다가 쥬인이 긔여히 그리ᄒᆞ면 몸을굽혀 례를 베픈후에 문에 나오되 연고업시 뒤를 도라보지 말것이니라

실 업

◉나무심으ᄂᆞᆫ법 (二)

죵ᄌᆞᄲᅮ리ᄂᆞᆫ법 (속)

三、목묘 심을 밧흘 고로게 ᄒᆞᄂᆞᆫ법은 보통 소시랑으로 흙덩어리를 세트리며 ᄯᅡᆼ의 울멍굴멍ᄒᆞᆫ것을 평탄ᄒᆞ게 ᄆᆞᆫ든후에 풀ᄲᅮ리와 돌은 골나 ᄒᆞᆫ편으로 치우ᄂᆞᆫ것이니라

四、밧두둑(畝)짓ᄂᆞᆫ 법은 평탄ᄒᆞᆫ것과 놉흔것의 두가지 죵류가 잇ᄂᆞᆫᄃᆡ ᄯᅡᆼ이 비습ᄒᆞ야 물이 ᄂᆞᆷ넘러가 잇ᄂᆞᆫ곳에ᄂᆞᆫ 대개 놉흔 두둑을 짓ᄂᆞᆫ것이 됴흐니 그법은 두둑을 ᄃᆡ면(地面)보다 二촌쯤 더놉게 ᄒᆞ면 광은 三쳑가량으로 ᄒᆞ고 쟝은 七八간 가량으로 ᄒᆞ되 즁간에 一쳑五촌 가량의 적은 길을 두어 사ᄅᆞᆷ의 통힝(通行)을 편케ᄒᆞ며 또ᄒᆞᆫ 물이 잘 ᄲᅡ져 나가게 ᄒᆞᆯ것이며 또 조강ᄒᆞᆫ ᄯᅡᆼ에ᄂᆞᆫ 평탄ᄒᆞᆫ 두둑을 지으되 디면과 ᄀᆞᆺ치ᄒᆞ고 ᄉᆞ이 ᄉᆞ이 사ᄅᆞᆷ의 통힝ᄒᆞᆯ 길을 둘것이니라

五、씨ᄲᅮ리ᄂᆞᆫ 법이니 그시긔(時期)ᄂᆞᆫ 대개 四월초싱으로 금음ᄭᆞ지 한뎡ᄒᆞᆯ지니 一평(坪)에 ᄃᆡᄒᆞ야 ᄲᅮ릴 죵ᄌᆞ의 분량은 각각 다르니 소나무씨ᄂᆞᆫ 一홉(合)이오 젼나무씨ᄂᆞᆫ 四홉이오 늬테나무씨ᄂᆞᆫ 二홉이오 오리나무씨ᄂᆞᆫ 一홉이오 밤나무씨ᄂᆞᆫ 二승(升)이오 도토리나무씨ᄂᆞᆫ 一승五홉이오 은힝나무씨ᄂᆞᆫ 一승이오 잣나무씨ᄂᆞᆫ 八홉이니라

죵ᄌᆞ의 분량은 이우희 말ᄒᆞᆫ바와 ᄀᆞᆺ치 뎡ᄒᆞ야 파죵ᄒᆞ되 ᄲᅮ리ᄂᆞᆫ 법은 산파(撒播)와 됴파(條播)의 두가지법이 잇스니 소나무씨와 오리나무씨와 니세아가시야씨ᄀᆞᆺ흔 적은것은 산파법을 쓸지니 그결은 고로게 ᄲᅮ리고 뭇ᄂᆞᆫ것이오 밤나무와 도토리나무 ᄀᆞᆺ치 굵은것은 됴파법을 쓸지니 그것은 ᄉᆞ이가 四촌으로 五촌ᄭᆞ지 쥴뎌을 삼아 파고 뭇ᄂᆞᆫ것이니라

담 총

◉각식유죠ᄒᆞᆫ방법

一、불이나 더운물에 데인것은 음식문ᄃᆞᄂᆞᆫ 결면소다(結麵曹達) 가루를 그우에 ᄲᅮ리고 저즌 헌겁울 덥던지 ᄃᆞᆰ의 알의 흰자우나 감람기름을 바르ᄂᆞᆫ것이 됴ᄒᆞ니라

二、지나가ᄂᆞᆫ 번ᄀᆡ불(별악불)에 샹ᄒᆞᆫ 사ᄅᆞᆷ은 링슈를 미언져 주ᄂᆞᆫ것이 됴ᄒᆞ니라

三、의복에 셕유불이 당기거던 다라나지도 말며 문밧그로 나가지도 말고 니불이나 돗자리나 지즉자리 ᄀᆞᆺ흔것으로 몸을 둘너막고 머리ᄂᆞᆫ 욱흐로 두어 그 연긔를 먹지안ᄂᆞᆫ것이 됴ᄒᆞ니라

四、미쳔ᄀᆡ나 독샤의게 물닌 사ᄅᆞᆷ은 그 물닌자리를 노끈

오로 챵챵 동여미고 더운쇠로 져지ᄒᆞᆫ 독ᄒᆞᆫ 술을 바르ᄂᆞᆫ 것이 됴흐니라

◉사ᄅᆞᆷ의과실(過失)
(미국인짠플라우민)

대뎌 허물이라ᄂᆞᆫ것의게 잡히지아니ᄒᆞᆫ 사ᄅᆞᆷ은 이세샹에ᄒᆞᆫᄂᆞ도업ᄂᆞ니 엇던 사ᄅᆞᆷ이던지 와젼무결ᄒᆞᆫ줄노 ᄌᆞ신(自信)ᄒᆞᄂᆞᆫ쟈ᄂᆞᆫ 망령된쟈라 셕탄부ᄃᆡ속에셔 밀가루를 엇지못ᄒᆞ고 속음셤에셔 사탕을 엇지못ᄒᆞᆷ과ᄀᆞᆺ치 사ᄅᆞᆷ의 육톄가온ᄃᆡ 됴흔것과 악ᄒᆞᆫ것이 본ᄅᆡ브터 싸혀잇ᄂᆞᆫ고로 사ᄅᆞᆷ이 허물업고 완젼무결ᄒᆞᆯ수 업ᄂᆞᆫ바라 혹은 얌젼ᄒᆞᆫ톄ᄒᆞ고 어두운ᄃᆡ셔 ᄒᆡᆼᄒᆞᆫ일과 ᄆᆞ음에 검은 의ᄉᆞ를 품고도 올흔톄 ᄒᆞ야 얼마동안 세샹을 민ᄐᆞᆺᄒᆞ게 지내나 필경은 감초랴든 단쳐가 드러나ᄂᆞ니 사ᄅᆞᆷ마다 이리치를 모르지ᄂᆞᆫ 아니ᄒᆞ되 ᄀᆡ지위션ᄒᆞ기ᄂᆞᆫ 시험치 아니ᄒᆞ니 이ᄂᆞᆫ 병을알고 곳치지 아니ᄒᆞ다가 필경죽ᄂᆞᆫᄃᆡ 니름파 ᄀᆞᆺᄒᆞᆷ이라 그러나 곳치ᄂᆞᆫ쟈ᄂᆞᆫ 복잇ᄂᆞᆫ쟈ᄃᆡ 더 하ᄂᆞ님과 밋 올흔사ᄅᆞᆷ의 용셔를 밧을것이오 곳치ᄂᆞᆫ쟈 복이잇ᄂᆞ니 ᄃᆡ가 망ᄒᆞᄂᆞᆫ 구덩에 ᄲᅡ지지아니ᄒᆞᆯ것이오 곳치ᄂᆞᆫ쟈 복잇ᄂᆞᆫ쟈니 ᄃᆡᄂᆞᆫ 곳 령혼과 육신의 구원을 엇음이라 이와ᄀᆞᆺ치 어두운 세샹에 ᄒᆞᆨ엿던 사ᄅᆞᆷ은 다른 사ᄅᆞᆷ보다 셜ᄒᆞ야 그 ᄐᆞᆨ월ᄒᆞᆷ이 비컨ᄃᆡ 옴이가 만치아니ᄒᆞᆫ 쟝승과 갓고 음식 잘만드ᄂᆞᆫ 슉슈ᄀᆞᆺᄒᆞ며 ᄆᆞᆯ 잘달니ᄂᆞᆫ 챠부ᄀᆞᆺᄒᆞ나 그러나 아모리 밋밋ᄒᆞᆫ 쟝승이라도 ᄒᆞᆫ두ᄀᆡ 옹이ᄂᆞᆫ 업슬수업고 아모리 음식을 잘만드ᄂᆞᆫ 슉슈라도 ᄒᆞᆫ두번 음식을 훌니지아니치 못ᄒᆞᆯ것이오 아모리 ᄆᆞᆯ잘달니ᄂᆞᆫ쟈라도 잇다금 챠를 뒤집ᄂᆞᆫ 폐단이 잇ᄂᆞ니 그런고로 사ᄅᆞᆷ이 몃가지 허물은 다잇ᄂᆞ니라 그러나 사ᄅᆞᆷ이 ᄒᆞᆫ두번 잘못ᄒᆞ엿다고 버리ᄂᆞᆫ것은 어리셕은 일이며 또 ᄌᆞ긔가 완젼무결ᄒᆞᆫ 셩인다위에 가지못ᄒᆞ면셔 놈을 평론ᄒᆞ며 ᄭᅮ짓ᄂᆞᆫ것은 합당치못ᄒᆞᆫ일이라 그런즉 누구던지 피차에 용셔ᄒᆞ고 각기 허물을 힘써 곳치ᄂᆞᆫ것이 뎨일 됴흔일이요 복된일이요 놈의 허물을 목견ᄒᆞᆯ때에 군졀히 권션ᄒᆞᆷ은 됴커니와 비웃ᄂᆞᆫ것은 불가ᄒᆞ고 놈의허물을 목견ᄒᆞᆯ때 그허물을 나의 거울삼아 그와갓흔것을 거졀ᄒᆞᆷ은 됴커니와 힝ᄒᆞᆷ은 불가ᄒᆞ니라 이만 리치를 아지못ᄒᆞᆫ쟈 별노업슬터이나 알면셔도 힝치안ᄂᆞᆫ 사ᄅᆞᆷ들을 도라보아 다서 권ᄒᆞ노라

그리스도회보
KOREAN CHRISTIAN ADVOCATE

每月二回發行
明治四十五年一月廿七日印刷
明治四十五年一月三十日發行

發行兼編輯人 北部社洞 奇義男
印刷人 北部樓閣洞 朴東完
印刷所 京城西小門內法韓印刷所
發行所 北部社洞 奇義男

ᄃᆡ금 一장 二젼五리
[代金] 六ᄀᆡ월 二十젼
一ᄀᆡ년 四十젼

사셜

⊙금ᄀᆞᆺᄒᆞᆫ날은오ᄂᆞᆯ날 밋는쟈가 이세샹에 쳐ᄒᆞ매 불가불 주의ᄒᆞ고 걱정ᄒᆞᆯ날은 ᄒᆞ나ᄲᅮᆫ이니 곳 오ᄂᆞᆯ이라ᄂᆞᆫ 날이오 도모지 주의ᄒᆞᆯ것도 업고 근심ᄒᆞᆯ것도 업ᄂᆞᆫ 날이 둘이니 곳 어제라ᄂᆞᆫ 날과 ᄅᆡ일이라ᄂᆞᆫ 날이라 엇지ᄒᆞ야 그런고ᄒᆞ니 우리가 어제날에 그릇된일은 벌셔 ᄒᆞᆫ시간동안에 三만리식 도라가ᄂᆞᆫ 디구의 속력(速力)으로 지나갓스니 다시 그일을 ᄶᅩᆺ차가셔 바로잡을수업고 어제날에 잘못ᄒᆞᆫ 말은 一쵸에 一千二百쳑 ᄯᅥ가ᄂᆞᆫ 바람을 ᄯᅡ라 임의 놀나 갓스니 능히 그말을 붓잡아 도로 삼킬수 업도다 그런즉 어제날의 모든 과실(過失)과 근심과 걱정과 슯흠과 두려옴과 압흔것은 다 우리쥬 예수그리스도의 十ᄌᆞ가에 못질ᄒᆞ고 다만 업ᄃᆡ려 졍셩으로 긔도ᄒᆞ면 쥬ᄭᅴ셔 반ᄃᆞ시 모든것을 변화ᄒᆞ샤 잘못된것은 바로 잡으시며 근심과 걱정을 변ᄒᆞ야 쾌락을 ᄆᆞᆫᄃᆞ시며 슯흔 눈물은 웃ᄂᆞᆫ 얼골을 일우게 ᄒᆞ시며 두려온 ᄆᆞᄋᆞᆷ은 평안ᄒᆞᆷ을 엇게ᄒᆞ시리니 이것을 ᄉᆡᆼ각ᄒᆞᆯ제 우리ᄆᆞᄋᆞᆷ이 깃브도다 어제날은 쥬의날이니 나ᄂᆞᆫ 도모지 걱정ᄒᆞᆯ것 업고 ᄯᅩ ᄅᆡ일이라ᄂᆞᆫ 날도 ᄯᅩᄒᆞᆫ 우리쥬ᄭᅴ 속ᄒᆞᆫ 날이니 우리를 위ᄒᆞ야 어제날일을 잘 쳐리(處理)ᄒᆞ여 주신 그리스도의 ᄉᆞ랑이 쟝ᄎᆞᆺ 광명ᄒᆞᆫ 아ᄎᆞᆷ날과 ᄒᆞᆷᄭᅴ와셔 우리 ᄉᆡᆼ명에 가리운바 어둡고 참담(慘淡)ᄒᆞᆫ 구름을 다 쓰러헤지ᄒᆞ고 우리 령혼의 필요ᄒᆞᆫ 량식을 넉넉히 지급ᄒᆞ며 밋그러지ᄂᆞᆫ 돌이 우리압헤 잇슬ᄯᅢ에 반ᄃᆞ시 우리 손을 잇그러 인도ᄒᆞ실줄 밋으니 ᄅᆡ일 일을 위ᄒᆞ야 ᄯᅩᄒᆞᆫ 걱정ᄒᆞᆯ것이 업도다 그러나 우리가 불가불 걱정ᄒᆞ고 주의ᄒᆞᆯ날은 곳오ᄂᆞᆯ날이라 하ᄂᆞ님ᄭᅴ셔 모든 사ᄅᆞᆷ의게 오ᄂᆞᆯ날 ᄒᆞᆯ일을 주시ᄂᆞ니 우리ᄂᆞᆫ 반ᄃᆞ시 오ᄂᆞᆯ날 마귀를 ᄃᆡ뎍ᄒᆞ며 오ᄂᆞᆯ날 시험을 이긔며 오ᄂᆞᆯ날 짐을 지며 오ᄂᆞᆯ날 갈길을 가야 될지니 어제일도 걱정말고 ᄅᆡ일일도 걱정말고 다만 오ᄂᆞᆯ일만 ᄒᆞᆸ시다 우리 ᄉᆞ랑ᄒᆞᄂᆞᆫ 형뎨와 ᄌᆞ미들이시여

본사고ᄇᆡᆨ

一、본샤에셔 양력작년十一월브터 본년三월ᄭᆞ지 구람쟈를 크게 모집ᄒᆞ기로 작뎡ᄒᆞ고 빈한ᄒᆞᆫ 교우를 위ᄒᆞ야 **회보ᄃᆡ금**을젼보다감ᄒᆞ야 **一년에四十젼**식을 뎡ᄒᆞ엿ᄉᆞ오니 쳠위ᄂᆞᆫ **새로 구람ᄒᆞᆯ이를 만히 모집ᄒᆞ야** 보내시옵

二、누구시던지 본회보 보실이 다섯사ᄅᆞᆷ의 션금(先金)을 새로 것어 보내시면 회보 ᄒᆞᆫ쟝을 갑업시 보셔게 ᄒᆞ겟고 十인이나 二十인이나 다 이비례(比例)를ᄯᅡ라 ᄒᆞ겟ᄉᆞᆸᄂᆡ다

교즁휘문

△닉보△

◎부흥회와사경회 경셩졍동교회에셔 본월十五일브터 二十五일ᄭᆞ지 오젼九시로 十二시ᄭᆞ지는 사경회로 모혀 셩경과 감리교쟝졍과 요한 웨슬네씨의 ᄉᆞ젹을 공부ᄒᆞ고 하오七시반으로 八시반ᄭᆞ지는 부흥회로 본샤쟝 긔의남씨가 주장ᄒᆞ야 열심젼도홈으로 모든 교우의 신심이 一층 더진보되여 이부흥회와 사경회의 영향이 적지아니 ᄒᆞ다 더라

◎김씨의견고훈신심 경긔도 장단군 젼도ᄉᆞ 김영하씨의 통신을 거훈즉 동군 장현면 마거울 김상쥰씨부인 김닐녀씨는 그남편으로 더브러 예수를 밋은지 지금 五六년이라 밋는날브터 오늘날ᄭᆞ지 풍우를 무릅쓰고 례비를 졍셩되이 보며 쥬를 ᄉᆞ랑ᄒᆞ는 ᄆᆞᄋᆞᆷ이 날노 견고훈ᄃᆡ 그집 [illegible] 밋지안는 싀부모가 잇는지라 날노 그 아ᄃᆞᆯ과 며나리를 [illegible] 핍박ᄒᆞ는즁 쥬일이되면 졈지 [illegible]을 시히되 [illegible]의 계평을 조곰도 범치안코 심지어 셩경과 찬숑가들 ᄲᅮᆯ살오며 핍박ᄒᆞ더가 ᄌᆞ심홈으로 그 남편은 핍박을 이긔지못ᄒᆞ야 쥬를 비반ᄒᆞ고 그부모로 더브러훈 편이 되여 핍박은 이젼보다 더훈지라 그러나 조곰도 샹관치 아니ᄒᆞ고 온유훈 말노 그 싀부모와 남편의게 쥬를 밋으라 권고ᄒᆞ니 이ᄀᆞᆺ혼 ᄌᆞ미의 밋음과 쥬를 ᄉᆞ랑ᄒᆞ는 ᄆᆞᄋᆞᆷ은 춤으로 우리교인된쟈의 본밧을만 ᄒᆞ다고 ᄒᆞ엿더라

◎신학졸업ᄉᆡᆼ영쳔회 경셩동대문외 미아리교회 젼도ᄉᆞ 신영식씨의 통신을 거훈즉 본월十六일 하오七시에 동대문안교회 남녀직원졔씨 六七十인이 츙만훈 깃붐과 풍셩훈 ᄉᆞ랑으로 본교회졸업ᄉᆡᆼ 현셕칠 손챵현량씨를 위ᄒᆞ야 영쳔회를 ᄀᆡᄒᆞ엿는ᄃᆡ 잔치도 풍셩ᄒᆞ거니와 또훈 ᄒᆡ교회 직원졔씨가 깃붐을 이긔지 못ᄒᆞ여 졸업ᄉᆡᆼ 영쳔이란 문ᄃᆡ로 츅하훈후 졸업ᄉᆡᆼ량씨가 감격훈말노 답ᄉᆞᄒᆞ엿다더라

◎육신파령혼의츄슈 경긔도 영평읍교회 죠셩도씨의 통신을 거훈즉 포쳔 용샹골교회 김영환씨의 닉외는 그 아들삼형뎨로 더브러 쥬를 독실히 밋는ᄃᆡ 가셰가 빈한ᄒᆞ야 다른 형뎨의집 협호에셔 살면셔 죠셕을 건널ᄯᅢ도 잇는지라 본교회 여러교우들이 약간 농토를 주어 농ᄉᆞ를 ᄒᆞ여보라ᄒᆞᆫ매 김씨닉외가 감샤훈 ᄆᆞᄋᆞᆷ으로 농ᄉᆞ를 힘써 츄슈훈것이 얼마되지 못ᄒᆞ지마는 닉외가 서로 의론ᄒᆞ기를 이곡식도 하ᄂᆞ님ᄭᅴ셔 주신것이니 우리가 혼자먹을수 업다ᄒᆞ고 그즁에셔 十분지二를 하ᄂᆞ님ᄭᅴ 밧쳣스니 그물건으로 말ᄒᆞ면 만치아니ᄒᆞ나 그 졍셩은 춤 본밧을만ᄒᆞ다 ᄒᆞ엿더라

◎졔씨단연 평남 중산군 두만리교회권ᄉᆞ 졍진현씨의 통신을 의지훈즉 지나간 구쥬일에 여러교우가 회당에 모혓는ᄃᆡ 교우 오졍리씨가 발론ᄒᆞ기를 우리 교인은 담비먹는거시 합당치 아니훈즉 오날브터 거졀ᄒᆞ자ᄒᆞᆫ매 밤낫으로 담비ᄯᅥ가 입에셔 ᄯᅥ나지 아니ᄒᆞ던 졍진션 한덕슌 김인지 김윤식 오현복 한경련 김인학 오졍진졔씨가 一시에 동밍긔도를 하ᄂᆞ님ᄭᅴ 드리고 단연ᄒᆞ엿다더라

△외보▽

◎인슌교회의불힝 청국귀쥬 인슌부의 영국교회는 셜립된지 여러히동안에 젹이 홍왕ᄒᆞ더니 근일 혁명란(革命亂)으로 인ᄒᆞ야 四쳐에셔 토비(土匪)가 니러나셔 이곳 영국교당을 훼파(毁破)ᄒᆞ고 영국쥬교 당거인씨를 죽이랴ᄒᆞᆫ매 당씨는 다힝히 몸을 ᄲᅦ여 다른곳으로 도망ᄒᆞ엿다더라

◎위쥬슈난(爲主受難) 청국 졀강셩 셕문만 디방에 구가셔씨의 형뎨가 잇는ᄃᆡ 五년젼브터 쥬를 독실히 밋더니 근일 그일가에 문쟝되는 사롬 구모가 구가셔씨 ᄃᆞ려 말ᄒᆞ기를 「네가 베조샹의게 졔ᄉᆞ를 드리지 아니ᄒᆞ니 이는 조샹을 모르는 ᄌᆞ손이라 만일 예수를 비반ᄒᆞ고 다시 봉졔ᄉᆞ를 아니ᄒᆞ면 족보에 할

창(創造)ᄒᆞ고 모든 세샹지물을 세앗겟다」ᄒᆞ되 이쿄우는 죵시 쥬를 위ᄒᆞ야 굿세게 즁거홈으로 모든 저산을 쎄앗기고 쫏겨난지라 그교회 관할ᄒᆞᄂᆞᆫ 목ᄉᆞ 핑갈씨가 구씨문즁에 가서 됴흔말노 권ᄒᆞ야 ᄉᆞ화를 붓치고져 ᄒᆞᆫ죽 여러 구가들이 핑목ᄉᆞ와 구형데를 무수란타후에 구형데의게 쎄아슨 지산즁 三百여원으로 그골 관장의게 청쵹ᄒᆞ고 구형데를 걸어 무소ᄒᆞᆫ매 관장이 청전을 밧아먹고 구형데를 잡아다가 모든 악형을 ᄒᆞ면서 예수를 비반ᄒᆞ라 ᄒᆞ되 구형데는 죵시 불복홈으로 관장이 구형데의 저산을 몰수히 쎄아사 구씨문즁에 붓쳣다ᄒᆞ나 구씨는 츰 쥬를 위ᄒᆞ야 고난을 밧은쟈라 ᄒᆞ노라

◎一년에엇은목ᄉᆞ들 미감리회에서 작년一년동안에 승픔밧은 목ᄉᆞ의 수효가 七百三十一인이라더라

◎교인의가뎡교육 현금 이세샹에서 누구누구라고 열홈나고 권ᄉᆞ업ᄒᆞᆫ 사ᄅᆞᆷ들을 ᄌᆞ세히 됴사ᄒᆞ야 긔록ᄒᆞᆫ책이 잇ᄂᆞᆫ데 이사ᄅᆞᆷ들즁에 十二분의 一은 다 교회목ᄉᆞ의 아ᄃᆞᆯ이라더라

◎六百만원의례비당 미국뉴욕 센다마스 례비당의 뎡초식(定礎式)을 월젼에 거힝ᄒᆞ엿ᄂᆞᆫ데 이례비당의 건축비는 六百만원이라더라

◎만국감리교총회록 작년十월에 북아메리가 가나다 토론토에서 만국감리교 총회를 열고 모든 문데로 토론ᄒᆞᆫ 일은 임의 본회보에 긔재ᄒᆞ엿거니와 이회의 회록(會錄)은 잡지로 十만권을 박아 세계 각국 감리교회마다 ᄒᆞᆫ권식 보내여 ᄅᆡ二월 四일(쥬일)에 一반 교우의게 공포케 ᄒᆞ엿다더라

◎죠션에ᄃᆡᄒᆞᆫ연죠금 미국미감리회 외국녀션교회에서 죠션 션교에 ᄃᆡᄒᆞ야 특별 의연금을 모집ᄒᆞᆫ 결과로 十만六百원을 엇엇다더라

◎영국감리교의확장비 영국감리교회에서는 각대도회쳐에 교회를 확장ᄒᆞ기 위ᄒᆞ야 특별 경비로 一千만원을 지츌ᄒᆞ엿다더라

◎젼시젼도ᄃᆡ환영(歡迎) 쳥국샹히에서 죠직ᄒᆞᆫ 젼시젼도ᄃᆡ가 혁명군즁으로 ᄃᆞ니면서 젼도ᄒᆞ기를 시작홈은 젼호에 게재ᄒᆞ엿거니와 뎌희가 가ᄂᆞᆫ곳마다 쟝관과 군졸의 환영을 밧ᄂᆞᆫ데 혁명군 쟝졸즁에 젼브터 예수를 밋ᄂᆞᆫ쟈가 만흔가온ᄃᆡ 광동과 강소에서 싱쟝ᄒᆞᆫ 사ᄅᆞᆷ이 ᄀᆞ장 만타더라

교회통신

◎도리문답(道理問答)

미쥬대도회보

떡닐곱덩이와물고거두머리로四千인를먹이심

(문) 예수ᄭᅴ서 떡 닐곱덩이와 물고기 누머리로써 四千여사ᄅᆞᆷ의게 논호아 주셧다ᄒᆞ니 그 떡과 고기가 업더면 못 먹엿겟소

(답) 그런것이 아니라 예수ᄭᅴ서는 하ᄂᆞ님의 ᄋᆞᄃᆞᆯ이신고로 돌노도 떡을 ᄆᆞᆫᄃᆞ실수 잇고 업ᄂᆞᆫ것으로 잇게홀수 잇ᄉᆞ니 엇지 떡몃기와 물고기 두머리가 업다고 못먹엿스리오

(문) 그러면 예수ᄭᅴ서 떡 몃기나 잇나 물어보신 일은 무숨ᄯᅳᆺ이오

(답) 하ᄂᆞ님은 공변되신고로 하ᄂᆞ님의 一분되시ᄂᆞᆫ 예수ᄭᅴ서도 공변되신지라 그런고로 예수ᄭᅴ서는 권능으로써 사ᄅᆞᆷ이 홀수업ᄂᆞᆫ 일만 도아주시고 사ᄅᆞᆷ이 홀수잇ᄂᆞᆫ 일은 사ᄅᆞᆷ으로 ᄒᆞ여곰 ᄒᆞ게ᄒᆞ시ᄂᆞ니 그ᄯᅢ에 그가온ᄃᆡ서 떡 닐곱기와 싱션 두머리ᄂᆞᆫ 사ᄅᆞᆷ이 가졋ᄉᆞ니 그사ᄅᆞᆷ의 힘이 밋ᄂᆞᆫ데ᄭᅡ지ᄂᆞᆫ 사ᄅᆞᆷ의 힘으로ᄒᆞ고 사ᄅᆞᆷ의 힘이 밋지못ᄒᆞᄂᆞᆫ데는 하ᄂᆞ님의 권능으로써 ᄒᆞ시ᄂᆞ니 그런고로 예수ᄭᅴ서 ᄒᆞᆫ번은 떡 닐곱기로 四千명을 먹이시고 ᄯᅩᄒᆞᆫ번은 떡 다섯기로 五千사ᄅᆞᆷ을 먹이셧ᄉᆞ니 그ᄯᅢ는 떡이 다만 다섯기만 잇ᄂᆞᆫ연고라 예수ᄭᅴ서 물노 술문드시ᄂᆞᆫ 권능이 잇ᄉᆞ니 능히 항아리도 오게ᄒᆞ시고 물도 치우게홀수잇ᄉᆞ되 사ᄅᆞᆷ으로 ᄒᆞ여곰 항아리를 가져오게ᄒᆞ며 물을 가득히 붓게ᄒᆞᆫ후에 그물노써 술이되게 ᄒᆞ셧ᄉᆞ니 이는 사ᄅᆞᆷ이 항아리와 물은 가져올수잇고 물노 술은 문ᄃᆞᆯ수 업ᄂᆞᆫ연고이며 예수ᄭᅴ서 나사로를 죽은 가온ᄃᆡ서 다

사 [illegible] 사ᄅᆞᆷ으로
ᄒᆞ여곰 무덤에 돌을 옴기게
ᄒᆞ신후에 예수ᄭᅴ서 죽은 사
ᄅᆞᆷ을 다시 살게ᄒᆞ셧스니 이
것도 ᄯᅩᄒᆞᆫ 죽은사ᄅᆞᆷ을 살니
시는 예수ᄭᅴ서 돌을 옴길수
업서서 그러ᄒᆞᆫ것이 아니라
돌은 사ᄅᆞᆷ이 능히 옴길수
잇는 고로 사ᄅᆞᆷ으로 ᄒᆞ여곰
돌을 옴기게 ᄒᆞ신것이라 이
와ᄀᆞᆺ치 하ᄂᆞ님ᄭᅴ서 마나를
모세의 장막속에 ᄂᆞ리시지
아니ᄒᆞ고 뷘들에 ᄂᆞ리신것은
이스라엘ᄇᆡᆨ셩으로 ᄒᆞ여곰 주
어 먹게ᄒᆞ심이오 ᄯᅩ 물을 졀
노 나오게 아니ᄒᆞ고 모세가
막대로 돌을 친후에 나오게
ᄒᆞ신것은 모세로 ᄒᆞ여곰 ᄒᆞᆯ
수잇는데ᄭᆞ지 ᄒᆞ게ᄒᆞ심이라
이로써 보건ᄃᆡ 사ᄅᆞᆷ이 맛당
히 ᄌᆞ긔가 ᄒᆞᆯ수잇는데ᄭᆞ지
힘쓰면서 그부족ᄒᆞᆫ것만 하ᄂᆞ
님ᄭᅴ서 도아주시기를 긔도ᄒᆞᆯ
것이라 만일 라타ᄒᆞ게 아모
일도 ᄒᆞ지아니ᄒᆞ고 다만 하
ᄂᆞ님ᄭᅴ서 도아주시기만 ᄇᆞ라
면 이는 하ᄂᆞ님의 ᄯᅳᆺ에 올치
못ᄒᆞ니 우리 사ᄅᆞᆷ들은 맛당
히 힘을 다ᄒᆞ야 하ᄂᆞ님ᄭᅴ 도
아주시기를 간구ᄒᆞ면 하ᄂᆞ님
[illegible]
원을 일우어 주시ᄂᆞ니라
녯날에 엇던 챠부가 마챠를
몰고 가다가 마챠가 홀연히
수렁에 ᄲᅡ지거늘 챠부가 급
히 무릅을 ᄭᅮᆯ고 긔도ᄒᆞ야 ᄀᆞᆯ
ᄋᆞᄃᆡ 하ᄂᆞ님ᄭᅴ서 나의 마챠
를 륙디에 내여노아 주시옵
소서ᄒᆞᆫᄃᆡ 하ᄂᆞ님ᄭᅴ서 네가 몬
져 네억ᄀᆡ를 마챠뒤박휘에
ᄃᆡ고 힘써 밀어내라 그리ᄒᆞ
면 내가 그마챠를 륙디에 내
여노아 주리라 ᄒᆞ셧다ᄒᆞ니
이것을 보아도 우리가 우리
의 원ᄒᆞ는바를 위ᄒᆞ야 힘쓰
지 아니ᄒᆞ면 하ᄂᆞ님ᄭᅴ서도
도아주시지 아니ᄒᆞ시리로다

◉텬당으로인도ᄒᆞ는금사슬

금강산 비로봉은 울울창창ᄒᆞᆫ
만쟝셕벽이 공중에 소삿스니
그아래서 경ᄀᆡ를 찻는 유산
ᄀᆡᆨ의 ᄉᆡᆼ각은 더 샹샹봉에 ᄒᆞᆫ
번 올나가면 무슴 긔이ᄒᆞᆫ 구
경이 잇슬줄아나 그러나 그
놉기는 하ᄂᆞᆯ에 다은듯ᄒᆞ고
그험쥰ᄒᆞ기는 발붓칠곳이 업
도다 다만 머리를 숙고서셔
기리[illegible]ᄒᆞ다가 용ᄆᆡᆼ스러온
ᄆᆞᄋᆞᆷ으로 사ᄅᆞᆷ의 자최를 차
자 졈졈 올나가다가 삼작놀
[illegible] 쇠
사슬 ᄒᆞ나히 셕벽에 걸닌것
을 본ᄯᅥᆨ이라 인ᄒᆞ야 그사
슬을 붓잡고 ᄒᆞᆫ거름 두거름
올나가 샹샹봉에 득달ᄒᆞ야
ᄉᆞ면을 ᄇᆞ라본즉 긔긔묘묘ᄒᆞᆫ
一만二千봉은 무릅아래 버려
섯고 호호탕탕ᄒᆞᆫ 동ᄒᆡ바다는
그가를 알수업는ᄃᆡ 동텬(東
天)에 돗는ᄒᆡ와 셔산에 지는
락죠(落照)는 千티만샹으로 변
화ᄒᆞ야 사ᄅᆞᆷ의 안목을 현황케
ᄒᆞ고 흉금을 샹쾌케ᄒᆞ는도다
여보시오 형뎨ᄌᆞᄆᆡ들이시여
ᄉᆡᆼ각ᄒᆞ여 보십시다. 우리의
가기를 희망ᄒᆞ는 텬당길에도
이와ᄀᆞᆺᄒᆞᆫ 사슬이 잇스니 이
는 형상잇는것이 아니라 우
리 구쥬 예수그리스도의 피
흘니신 공로와 쥬ᄭᅴ서 이셰
샹에 계실동안에 힝ᄒᆞ신바
모든 션ᄒᆞᆫ일과 진실ᄒᆞᆷ과 졍결
ᄒᆞᆷ과 ᄌᆞ비ᄒᆞᆷ과 화평ᄒᆞᆷ과 온
유ᄒᆞᆷ과 ᄉᆞ랑ᄒᆞᆷ과 인내ᄒᆞᆷ과
그 아바지를 슌죵ᄒᆞᆷ과 졍직
ᄒᆞᆷ과 용ᄆᆡᆼ스러옴과 공평ᄒᆞᆷ과
모든 거륵ᄒᆞᆫ 픔힝으로 일운바
무수ᄒᆞᆫ 젹은고리를 셔로 니
여서 ᄒᆞᆫ형샹업는 사슬을 문
든것이니 누구던지 쥬의 공
로를 의지ᄒᆞ야 쥬의 픔힝을
비ᄒᆞ며 쥬의 명ᄒᆞ신 일을 힝
치아니ᄒᆞ는쟈는 능히 이사슬
을 차줄수업고 이사슬을 찻
지못ᄒᆞ면 텬당에 올나갈수
업슨즉 우리는 불가불 이셰
샹에 잇슬동안에 밋음으로
이사슬을 차즈되 아츰에 ᄒᆞᆫ
사ᄅᆞᆷ을 쥬압흐로 인도ᄒᆞᆷ으로
이 고리ᄒᆞᆫᄀᆡ를 찻고 져녁에
ᄯᅩ ᄒᆞᆫ사ᄅᆞᆷ을 인도ᄒᆞᆷ으로 ᄒᆞᆫ
ᄀᆡ를 차지며 오늘에 션ᄒᆞᆫ일
ᄒᆞᆫ가지를 힝ᄒᆞᆷ으로 ᄒᆞᆫᄀᆡ를
찻고 리일에 ᄯᅩ ᄒᆞᆫ가지 션ᄒᆞᆫ
일을 힝ᄒᆞᆷ으로 ᄯᅩ ᄒᆞᆫᄀᆡ를 차
즈며 날마다 쉬이지안코 ᄒᆞᆫ
ᄀᆡ식 두ᄀᆡ식 차자셔 필경 텬
당ᄭᆞ지 텬락ᄒᆞᆫ 사슬의 고리
를 다 차즘으로 텬당에 득달
ᄒᆞ는 날에는 우리쥬ᄭᅴ셔 모
든 셩도와 텬ᄉᆞ로 더브러 우
리를 영졉ᄒᆞ샤 우스시는 얼
골과 온유ᄒᆞᆫ 말슴으로 우리
를 위로ᄒᆞ시며 아바지압흐로
인도ᄒᆞ샤 텬당의 모든 영광
을 ᄒᆞᆷᄭᅴ 구경ᄒᆞ며 누리게 ᄒᆞ
실지니 ᄉᆞ랑ᄒᆞ시는 형뎨와
ᄌᆞᄆᆡ시여 날마다 부ᄌᆞ런이
이사슬을 차즙시다 아멘

닉외잡죠

◉긔챠임금더감 (汽車賃金低

漢)조셩 경도의 직차입금은 금년四월一일브터는 ᄯᅩ와ᄀᆞᆺ 減)감ᄒᆞ다더라

三동 一영리 (죠션리수로 三리가량)에 三젼식

二동 一영리에 三젼 五리 식

一동 一영리에 五젼식

◎파한신고무효 (過限申告無效) 죠션의 산림소유쟈 (山林所有者)들의 디젹보고(地籍報告)는 작년一월 廿三일ᄭᆞ지 한ᄒᆞ엿는ᄃᆡ 근일에도 디젹보고ᄒᆞ는쟈가 미일 百여명에 달ᄒᆞ는고로 당국에셔는 이런 보고들 무효로 돌녀 다 퇴각(退却)ᄒᆞᆫ다더라

◎대판화재 본월十六일오젼 一시에 일본대판에셔 밍렬ᄒᆞᆫ 화재가 잇셔셔 五千여호가 쇼실(燒失)되엿는ᄃᆡ 그 손해는 대개 一千만원이상에 달ᄒᆞ리라더라

◎영황슈하례식 (英皇受賀禮式) 영국대군쥬 죠ㅣ지 뎨五셰 폐하ᄭᅴ셔는 인도국 대황뎨신ᄃᆡ 동폐하ᄭᅴ셔 작년六월에 그 부황 에드워드 폐하를 니어 즉위ᄒᆞ신 폐하ᄭᅴ셔 영국론 돈에셔 거힝ᄒᆞ온 림의 게제 ᄒᆞ엿거니와 동폐하와 그황후 폐하ᄭᅴ셔 거월十二일에 인도국 델하이라는 도셩에셔 그나라 ᄇᆡᆨ셩을 ᄃᆡ표ᄒᆞᆫ 각쳔왕의 츅하(祝賀)를 밧으신후에 인도ᄇᆡᆨ셩을 위ᄒᆞ야 교육비(敎育費)三百二十만원을 ᄂᆞ리셧스며 이례식ᄯᅢ에 공포ᄒᆞᆫ 것은 갈카다에 잇던 인도죵앙정부(中央政府)를 델하이로 옴길ᄉᆞ건인ᄃᆡ 여긔ᄃᆡᄒᆞᆫ 경비는 五千만원가량을 요구ᄒᆞ리라더라

날마다볼셩경구절

△一월

十六일 네가 본것을 말ᄒᆞ라
목一○十九、벳후一○廿一、요一、一○三、눅廿四○卅九、四十、요十九○卅五、벳후一○十六、고젼二○五、

十七일 네가 보는것을 말ᄒᆞ라
목一○十九、고젼十三○十二、히二○八、벳후一○十九、시百十九○百五○유十七○十八、딤젼四○一、요一、二○十八、로十三○十二、

十八일 네가 볼것을 말ᄒᆞ라
목一○十九、고젼二○九、十、요十六○十三、목一○七、살젼四○十三、十四、十六、十七、

十九일 각사ᄅᆞᆷ을 그 힝위대로 인도ᄒᆞᆫ것이라
사五十三○六、창九○廿、廿一、十二○十一、十三、廿七○廿一、廿四、시百六○卅二、卅三、수九○十四、十五、왕샹十五○五、히十一○卅九、로三○廿四、사五十三○六、겔卅六○卅二、

廿일 하ᄂᆞ님의 산업은 그 ᄇᆡᆨ셩이시니라
신卅二○九、고젼三○廿三、가七○十、二○十六、갈二○廿、고젼六○十九、廿、신四○廿、고젼三○九、히三○六、벳젼二○五、말三○十七、요十七○十、엡一○十八、

廿一일 우리의 자랑ᄒᆞᆯ만ᄒᆞᆫ 깃븜
말三○十五、사五十七○十五、죰十六○十九、마五○三、죰六○十六、十七、十六○五、시百三十九○廿三、廿四、몬一○二三、마五○五、

廿二일 쥬의 은혜가 내 령혼을 즐겁게ᄒᆞ심
시九十四○十九、六十一○二、사卅八○十四、시五十九○廿二、왕샹三○七、약一○五、고후二○十六、로七○十八、十二○九、마九○二、廿二、시六十三○五、六、

廿三일 우리의 十ᄌᆞ가
갈五○十一、마十六○廿四、약四○四、힝十四○廿二、로九○卅三、벳젼二○七、八、갈六○十四、二○廿、五○廿四、딤후二○十二、

廿四일 턱ᄒᆞᆫ 포도나무
창四十九○十一、사五○一、二、렘二○廿一、갈五○十九、廿一ㅣ廿三、요十五○一、二、四、八、

廿五일 하ᄂᆞ님의 양ᄌᆞ가됨
로八○十五、요十七○二、十一、廿五、막十四○卅六、갈四○六、엡二○十八、十九、사六十三○十六、눅十五○十八ㅣ廿、엡五○一、

五

卄六일 예수ᄭᅴ서 죄악즁에잇ᄂᆞᆫ 우리를 당신과 ᄀᆞᆺ치 영화롭게ᄒᆞ심
몬三○廿、廿一、겔一○廿六ー廿八、고후三○十八、요一、三○二、묵七○十六、十五○三、

卄七일 우리가 싱명이나 ᄉᆞ망간에 ᄉᆞᄉᆞ로 ᄯᅥᆨ홈
신卅○十九、겔十八○卅二、요十五○廿二、녹十二○四十七、로六○廿三、요三○卅六、로六○十六、요十二○廿六、

卄八일 의로온열미
가四○十六、허十二○十一、갈五○廿二、사廿七○八、시百三○十三、고후四○十六ー十八、히五○八、四○十五、

卄九일 온젼ᄒᆞᆫ ᄆᆞᄋᆞᆷ으로 쥬를 찬숑홈
서八十六○十二、五十○廿三、九十二○一、二、百五十○六、로十二○一、히十三○十二、十五、엡五○廿、묵五○十二、

卅일 됴흔일이어던 어려서브터 힝ᄒᆞ라
위三○廿七、좀廿二○六、허十二○九十、사廿六○十六、시百十九○六十七、七十一、헴廿九○十一、벳젼五○六、

卅一일 하ᄂᆞ님ᄭᅴ 죄를 범ᄒᆞ면 용납홈을 엇지못홀것이라
삼젼二○廿五、요一、二○一、二、로三○廿五、廿六、욥卅三○廿四、로八○卅一、卅三、卅四、

회보ᄃᆡ금령슈

住所	氏名	金額
西部社洞	徐敬昊	四十錢
洪州舟洞	鄭憲煥	一圓十錢
靑陽院洞	예수교당	八十錢
西部麻浦	趙鍾泰	五十錢
楊州美洞	金顯聲	廿五錢
西部貞洞히라스감독		一圓
開城	王牧師	九十錢
開城園洞	朴頤陽	十五錢
安峽芹洞	金東洙	七十五錢
驪州堂隅里	趙根洙	四十錢
西部冷洞	盧炳善	二十錢
公州維鳩	李鍾五	四十錢
西部萬里峴	金德淳	四十錢
公州邑	徐元輔	九十錢
恩津烽臺예수교당		四十錢
龍安蘭浦	韓贊弼	四十錢
林川七山里	安吉云	四十錢
林川邑	劉百源	四十錢
石城小竹	柳錫臣	四十錢
西部麻浦	로베드로	三十錢
上仝	金德謙	四十五錢
上仝	柳漢奎	三十錢
上仝	리멜씨	三十錢
上仝	金振覺	三十錢
上仝	徐德瑞	三十錢
上仝	申泰冕	三十錢
朔寧密岩里	李致天	二十錢
仝內村	文昌根	二十錢
仝東邊里	趙應奎	二十錢

세계격언 (世界格言)

一、교회가 빈한(貧寒)ᄒᆞ면 마귀가 깃버ᄒᆞᄂᆞ니라 (비쳐)

二、량심이 씨긋ᄒᆞᆫ쟈는 거즛말노 칙잡ᄂᆞᆫ쟈를 두려워 아니ᄒᆞᄂᆞ니라 (레니손)

三、가난ᄒᆞ고 즐거워ᄒᆞᄂᆞᆫ 사ᄅᆞᆷ이 부쟈로 근심ᄒᆞᄂᆞᆫ 사ᄅᆞᆷ보다 나으니라 (됴션격언)

四、실속업시 ᄌᆞ긍ᄒᆞᄂᆞᆫ쟈ᄂᆞᆫ 뷘그릇이 소ᄅᆡ잘 내ᄂᆞᆫ것 ᄀᆞᆺᄒᆞ니라 (쇽쓰피어)

五、ᄌᆞ유를 일흔후에ᄂᆞᆫ 다시 더 일흘것이 업ᄂᆞ니라 (덕국격언)

六、굿세게 시작ᄒᆞᄂᆞᆫ것이 반 셩공이니라 (덕국격언)

어린ᄋᆞ희의게유익ᄒᆞᆫ말

⊙마벨의ᄌᆞ션심

하로ᄂᆞᆫ 여섯살먹은 어린녀하 도 마벨이 그 어마니ᄭᅴ 말ᄒᆞ기를 「어마니 나를 뵉동ᄒᆞᆫ푼만 주셧스면」 그어마니가 뭇기를 「뵉동ᄒᆞᆫ푼은 무엇에 쓰게」 마벨이 ᄃᆡ답ᄒᆞ기를 「압 가가에 잇ᄂᆞᆫ 사탕ᄯᅥᆨ이 그럿케 먹고 십허셔 좀 사먹게요」 그어마니가 뵉동돈ᄒᆞᆫ푼을 주닛가 마벨이 깃븜을 이긔지 못ᄒᆞ야 ᄯᅱ여나가더니 얼마만에 웃ᄂᆞᆫ얼골노 드러오ᄂᆞᆫᄃᆡ 손에 사탕ᄯᅥᆨ은 업ᄂᆞᆫ지라 그 어머니가 뭇기를 네가 사탕ᄯᅥᆨ을 사서 혼자 다 먹고 나ᄂᆞᆫ 훈ᄀᆡ도 아니주ᄂᆞ냐」 마벨이 우스며 ᄃᆡ답ᄒᆞ기를 「아니야요 내가 사탕ᄯᅥᆨ을 사랴고 가가로 가ᄂᆞᆫᄃᆡ 웬 소경ᄒᆞ나히 길에셔 리왕지인ᄃᆞ려 돈ᄒᆞᆫ푼을 달나며 ᄒᆞᄂᆞᆫ말이 하ᄂᆞ님이시여 제가 능히 아바지의 아름

다온 세계를 구경ᄒᆞᆯ수 만 잇스면 엇더케 깃블넌지 측량ᄒᆞᆯ수 업ᄉᆞᆸᄂᆞ이다」ᄒᆞ거ᄂᆞᆯ 내가 그말을 드를ᄯᅢ에 션ᄉᆡᆼ님ᄭᅴ서 학도들ᄃᆞ려 불샹ᄒᆞᆫ쟈를 볼ᄯᅢ에 ᄌᆞ션심을 내라고 ᄀᆞᄅᆞ치신말ᄉᆞᆷ을 ᄉᆡᆼ각ᄒᆞ고 그 빅동ᄒᆞᆫ푼을 주엇ᄉᆞᆸᄂᆞ이다 그러고 나니가 내ᄆᆞᄋᆞᆷ이 사탕ᄯᅥᆨ 먹은것보다 더 깃븜니다」그 어마니가 그말을 듯고 마벨의 일을 맛초며 칭찬ᄒᆞ엿다더라

교육

◎가졍학

교재ᄒᆞᄂᆞᆫ법 (속)

二、놈을 심방ᄒᆞᄂᆞᆫ 시간은 대개 오후二시로브터 四五시ᄭᆞ지 니르ᄂᆞᆫ 동안이 합당ᄒᆞ며 히가 길ᄯᅢ에ᄂᆞᆫ 五六시ᄭᆞ지도 무방ᄒᆞ니 그럼으로 무ᄉᆞᆷ 긴급ᄒᆞᆫ 일이 잇서서 미리 시간을 뎡ᄒᆞ기젼에ᄂᆞᆫ 오젼이나 밤에 놈을 심방치 말것이니라 놈의 집에 가셔 서로 담화ᄒᆞᄂᆞᆫ 시간은 대개 一二三十분으로 一시간ᄭᆞ지로 표쥰(標準)을 삼ᄂᆞᆫ것이 됴흐니라

三、쥬인이 ᄀᆡᆨ을 ᄃᆡᄒᆞ야 맛당히 주의ᄒᆞᆯ것인ᄃᆡ 쥬인이 ᄀᆡᆨ을 ᄃᆡᄒᆞᄂᆞᆫ 얼골빗촌 각각 그 ᄀᆡᆨ의 심방ᄒᆞᆫ 일의 경우와 형편을 ᄯᅡ라 다르게 ᄒᆞᆯ지니 그ᄀᆡᆨ이 죠샹이나 혹 문병ᄒᆞᄂᆞᆫ 일을 위ᄒᆞ야 왓스면 쥬인은 엄숙ᄒᆞᆫ 얼골에 근심ᄒᆞᄂᆞᆫ 빗출 ᄯᅴ고 그ᄀᆡᆨ을 ᄃᆡᄒᆞᆯ것이며 만일 무ᄉᆞᆷ 길ᄉᆞ에 ᄃᆡᄒᆞ야 치하ᄎᆞ로 왓스면 얼골에 화열(和悅)ᄒᆞᆫ 빗출 ᄯᅴ고 그ᄀᆡᆨ을 ᄃᆡᄒᆞᆯ것이니 어나ᄯᅢ던지 엄숙ᄒᆞᆫ 긔ᄉᆡᆨ을 일치 아니ᄒᆞᄂᆞᆫ것이 됴흐며 말은 분명ᄒᆞ고 졀실(切實)ᄒᆞ게 ᄒᆞᆯ것이니라 ᄀᆡᆨ이 만일 오래안져 담화ᄒᆞ거던 게으른 긔ᄉᆡᆨ을 뵈이지 말고 안져듯다가 불가불 긴급히 볼일이 잇스면 공슌ᄒᆞᆫ 말노써 ᄌᆞ긔의 겨를업ᄂᆞᆫ ᄉᆞ정을 ᄀᆡᆨ의게 통ᄒᆞᆫ후 다시 만나 담화ᄒᆞᆯ 긔약을 뎡ᄒᆞᆯ것이니라 졂은 녀ᄌᆞ가 졂은 남ᄌᆞ를 ᄃᆡᄒᆞ야 불가불 담화ᄒᆞᆯ 경우가 잇스면 음셩을 좀놉히ᄒᆞ야 ᄒᆞᆯ말을 다 맛친후에 곳 나올것이니라 ᄀᆡᆨ이 작별ᄒᆞ고 갈ᄯᅢ에 쥬인이 반ᄃᆞ시 니러나 보낼것이며 ᄀᆡᆨ이 잇슬ᄯᅢ에ᄂᆞᆫ 하인들을 단속ᄒᆞ야 망녕되히 웃거나 귀에ᄃᆡ고 무ᄉᆞᆷ ᄉᆞ담을 ᄒᆞ거나 문틈으로 엿보ᄂᆞᆫ 일을 금지ᄒᆞᆯ것이니라

실업

◎나무심으ᄂᆞᆫ방법(二) (속)

五、종ᄌᆞ를 ᄲᅳ린후에 흙으로 덥ᄂᆞᆫ법이니 흙을 굵은 체(篩)로쳐셔 덥ᄂᆞᆫ것이 됴흔ᄃᆡ 그 덥ᄂᆞᆫ 흙의 둣겁기ᄂᆞᆫ 종ᄌᆞ의 종류와 토질(土質)을 ᄯᅡ라 각각 다르니 그 표쥰은 이아래 긔록ᄒᆞᆫ것과 ᄀᆞᆺᄒᆞ니라

「니세아가시야」ᄂᆞᆫ 목쳑二푼으로 三푼ᄭᆞ지오 「소나무」「느틔나무」「젼나무」「오리나무」ᄀᆞᆺᄒᆞᆫ것은 一푼으로 二푼ᄭᆞ지오 「밤나무」ᄂᆞᆫ 五푼가량이오 「도토리나무」ᄂᆞᆫ 四푼가량이오 「은힝나무」「잣나무」ᄂᆞᆫ 三푼으로 四푼ᄭᆞ지 ᄒᆞᆯ것인ᄃᆡ 아모됴록 고로게 잘 덥ᄒᆞᆯ것이니라

六、집(藁)을 덥ᄂᆞᆫ 법이니 흙을 덥흔후에 그우희 집을 덥흐ᄃᆡ 대개 一평에 ᄃᆡᄒᆞ야 四十五량즁 가량으로 쥰뎍(準的)을 삼으며 덥흔후에ᄂᆞᆫ 바람에 ᄂᆞᆯ나가지 안토록 노ᄭᅳᆫ으로 붓잡아 ᄆᆡᆯ것이니라

七、종ᄌᆞ의 싹이나셔 좀자라기ᄭᆞ지ᄂᆞᆫ 아모됴록 ᄉᆡ가 ᄯᅩ아먹지 못ᄒᆞ게 ᄒᆞᆯ것이니라

八、종ᄌᆞ가 ᄯᅡᆼ밧게 나온후에 대개 十五일이나 二十일동안을 가지고 발양(發揚)되ᄂᆞ니 만일 그동안에 일긔가 감을면 져녁ᄯᅢ마다 물을 줄것이니라

九、싹이 잘발양된후에ᄂᆞᆫ 그우희 덥혓던 집흔 것어ᄇᆞ리되 것을ᄯᅢ에 싹이 샹치안토록 조심ᄒᆞ야ᄒᆞ고 그다음에ᄂᆞᆫ ᄆᆡ지미 겨(籾殼)를 덥허줄지니 그 분량은 대개 一평에 ᄃᆡᄒᆞ야 四승(升)식으로 ᄒᆞᆯ지며 「밤나무」와 「도토리나무」ᄀᆞᆺᄒᆞᆫ것은 집덥흔것을 것지말고 그대로 누ᄂᆞᆫ것이 됴흐니라

담총

◎세계에ᄀᆞ장큰가족 (家族)

빅여년젼에 아리시 륙군졍위 비셜리부써ᄂᆞᆫ 八十三명의 ᄌᆞ녀를 두엇섯ᄂᆞᆫᄃᆡ 초쳐의몸에ᄂᆞᆫ 廿七ᄐᆡ(胎)에 六十九ᄋᆞ(兒)를 나핫고 후쳐의 몸에ᄂᆞᆫ 八

[illegible]에 十八년을 나핫스며 그
十여년젼ᄭᆞ지 살아잇던 셔반
아사ᄅᆞᆷ 셔슈씨는 三十七명의
ᄌᆞ녀와 七十九명의 손ᄌᆞ녀와
八十一명의 증손ᄌᆞ녀를 두엇
ᄂᆞᆫᄃᆡ 남ᄌᆞ가 一百七명이오
녀ᄌᆞ가 九十명이라더라

◉악ᄒᆞ고 의리업ᄂᆞᆫ 사ᄅᆞᆷ을 밋지말것

김가와 리가 두 사ᄅᆞᆷ이 작반ᄒᆞ야 산골 길을 갈ᄉᆡ 리가가 김가ᄃᆞ려 말ᄒᆞ기를 이산즁에 곰이 만호니 만일 곰이 ᄂᆡ어 들거던 다라나지 말고 둘이 합력ᄒᆞ야 막으면 아마 위ᄐᆡᄒᆞᆫ 일이 업슬지니 부ᄃᆡ 명심ᄒᆞ라 ᄒᆞ거ᄂᆞᆯ 김가가 응락ᄒᆞ고 ᄀᆞᆺ치 가더니 별안간에 수풀속에셔 곰ᄒᆞ나히 머리를 흔들며 김가의게 ᄃᆡ여드ᄂᆞᆫ지라 리가가 그광경을 보고 그만 혼비백산ᄒᆞ야 큰나무 우흐로 올나가고 김가ᄂᆞᆫ ᄒᆞᆯ일업시 엎ᄃᆡ여져셔 죽은톄ᄒᆞ고 잇더니 곰이 코를 김가의 얼굴에 ᄃᆡ히고 ᄂᆡ음ᄉᆡ를 맛다가 죽은 송장으로 알고 그만 ᄯᅥ여ᄇᆞ리고 간뒤에 리가가 나무우에셔 ᄂᆞ려와셔 우스며 ᄒᆞᄂᆞᆫ말이 악가본즉 그 곰이 ᄌᆞᄂᆡ귀에 입을 ᄃᆡ이고 오ᄅᆡ 잇스니 그ᄯᅢ에 무슴말을 ᄒᆞ던가 김가가 ᄃᆡ답ᄒᆞ되 그 곰이 날ᄃᆞ려 ᄌᆞ네ᄀᆞᆺ치 약ᄒᆞ고 의리업셔 위ᄐᆡᄒᆞᆫ 일을 당ᄒᆞ면 친구를 ᄇᆞ리고 혼자 다라나ᄂᆞᆫ 사ᄅᆞᆷ을 밋지말나고 부탁ᄒᆞ매 리가가 붓그러워 아모말도 못ᄒᆞ엿다ᄒᆞ니 의리가 업고야 엇지 사ᄅᆞᆷ이라 ᄒᆞᆯ가

본사특별광고

一、남북량감리회 션교ᄉᆞ졔씨의 동의(同意)를 엇어 오ᄂᆞᆫ 양력 二월十一일노 본회보 긔렴쥬일을 뎡ᄒᆞᆫ고로 당일례비슌셔를 보내오니 각교회에셔 이날에 이슌셔대로 례비보시기를 ᄇᆞ라ᄂᆞ이다

二、누구시던지 본회보 ᄃᆡ금을 우편쇼위체(郵便小爲替)로 보내시되 혹 우표(郵票)로 보내실 경우에ᄂᆞᆫ 三젼자리 이하의 우표로 보내시고 十젼자리나 그 이샹 우표로 보내시ᄂᆞᆫ것은 밧지 아니ᄒᆞ겟ᄉᆞᆸ

그리스도회보

KOREAN CHRISTIAN ADVOCATE

每月二回發行

明治四十五年二月十二日印刷
明治四十五年二月十五日發行

發行兼編輯人 北部社洞 奇義男
印刷人 北部樓閣洞 朴東完
印刷所 京城西小門內法韓印刷所
發行所 北部社洞 奇義男邸
ᄃᆡ금 一장 二젼五리
[代金] 六ᄀᆡ월 二十젼
一ᄀᆡ년 四十젼

사셜

◉그리스도회보긔념일

여긔 겨우 첫돌지낸 어린ᄋᆞ히 ᄒᆞ나히 잇ᄂᆞᆫᄃᆡ 그 지식도 유치ᄒᆞ고 신톄력도 약ᄒᆞ야 능히 스ᄉᆞ로 먹지못ᄒᆞ며 또훈 잘것지도 못ᄒᆞᄂᆞᆫ지라 그런쥭 불가불 그부모가 잘 양육ᄒᆞ되 주릴때에 ᄌᆞ양품으로써 먹여주며 거러둔니고져 홀때에 손을 붓잡아 주지아니ᄒᆞ면 못될것은 긔쟈의 말을 기ᄃᆞ리지 안코 알지라 오ᄂᆞᆯ날 우리 그리스도회보는 이 어린ᄋᆞ히와 ᄀᆞᆺᄒᆞ여 창간훈지 겨우 一쥬년에 훈돌에 두번식 맛나보고 도아주ᄂᆞᆫ 친구가 아직 만치못홈으로 능히 스ᄉᆞ로 서서 스ᄉᆞ로 먹지못ᄒᆞ니 이것은 불가불 그 부모되신 죠션 남북량감리회에서 각각 그임홈을 널니젼파ᄒᆞ야 자조 샤졍홀친구도 만히 소개ᄒᆞ야 주며 주릴때에 ᄌᆞ양품으로써 먹여주지 아니면 능히 유지(維持)홀수 업도다 므롯 본월十一일 쥬일노 특별히 그리스도회보긔념일을 뎡훈것은 이날에 이돌지난 ᄋᆞ히가 젼국닉 각교회롤 차자 둔니면서 그 형편파 ᄉᆞ졍을 면면히 고ᄒᆞ며 여러 형톄와 ᄌᆞ민의 ᄋᆡ호(愛護)ᄒᆞ시ᄂᆞᆫ 동졍을 엇고져홈이라 향일에 미국 엇던 교회신문을 본쥭 작년十월 둘재쥬일에 치가고 감리회긔관보 긔념익인ᄃᆡ 이날에 이회보가 여러 교우의 ᄋᆡ호홈을 닙은결파로 훈돌동안에 千명이샹의 구람쟈(購覽者)를 새로 엇엇다고 대단 칭숑ᄒᆞ며 ᄌᆞ랑ᄒᆞᄂᆞᆫ 말을 긔록훈지라 본긔쟈가 이것을 보다가 ᄆᆞᄋᆞᆷ에 스ᄉᆞ로 싱각ᄒᆞ기를 미국 치가고 회보는 훈돌동안에 一千명이샹의 구람쟈를 새로 엇엇ᄂᆞᆫᄃᆡ 우리 죠션 그리스도회보는 이와ᄀᆞᆺ치 엇을수 업ᄂᆞᆫ가 결단코 그럿치 아니홀지니 이번 본회보긔념일을 지낸후에 하ᄂᆞ님ᄭᅴ셔 도아주심으로 이보다 더만훈 수효를 새로 엇으면 미국 각쳐신보샤에 통신ᄒᆞ야 훈번 세샹에 광포ᄒᆞ고 ᄌᆞ랑ᄒᆞ여 보리라ᄒᆞ엿ᄂᆞᆫᄃᆡ 근일에 본회보를 청구훈 수효가 三百五十一인인쥭 이우회 말훈바 一千명에 ᄃᆡᄒᆞ야 비교ᄒᆞ면 부족훈 수효가 五百四十八명이지마는 하필 一千명뿐이리오 우리는 본회보 구람쟈가 五千명이샹에 달ᄒᆞ기를 ᄇᆞ라노니 본회보의 부모되신 여러형뎨와 ᄌᆞ미ᄯᅥ셔는 각각 힘써주심을 졀망ᄒᆞᄂᆞ이다

근일에 본회보 구람쟈의 새로 모집된 수효가 三百五十一명을 각도로 분비ᄒᆞ면 좌와ᄀᆞᆺ홈

경긔도	一百十五명
강원도	七十一명
평안도	六十六명
황히도	五十五명
츙청도	四十二명
함경도	二명
젼라도	一명

교즁휘문

△ᄂᆡ보△

◉셩셔공회락셩 영국셩셔공회에셔 경셩 죵로에 새로 회관(會館)을 건츅홈은 一반 교우가 다 아ᄂᆞᆫ바어니와 본월三일 하오三시에 동회관ᄂᆡ에셔 락셩식을 셜힝ᄒᆞ엿ᄂᆞᆫᄃᆡ 그 슌셔ᄂᆞᆫ 림시회장 마포씨가 목ᄉᆞ 듸캄프씨의 긔도로 ᄀᆡ회ᄒᆞᆫ후 미국 셩셔공회 쥬무 빅목ᄉᆞ가 셩경을보고 회쟝이 죠션 셩셔공회의 리력을 대강 셜명ᄒᆞᆫ후 셩경에ᄃᆡᄒᆞᆫ 죠션의 예비라ᄂᆞᆫ 문뎨로 목ᄉᆞ 긔일씨가 연셜ᄒᆞ고 예수교셔회쥬부 반우거씨가 독창(獨唱)ᄒᆞᆫ후 본샤쟝 긔의남씨가 셩셔공회ᄂᆞᆫ ᄒᆞᆫ 젼도ᄒᆞᄂᆞᆫ 긔관이라ᄂᆞᆫ 문뎨로 연셜ᄒᆞ고 구셰군 경령 허가두씨가 긔도ᄒᆞᆫ후 찬숑가를 노래ᄒᆞ고 동셩셔공회쥬부 밀너씨가 져졍쓰ᄂᆞᆫ 일을 셜명ᄒᆞ고 구셰군 一동이 찬미ᄒᆞᆫ후 미감리회감독 히리스 영국교회목ᄉᆞ 빗콕 회랍교신부 바울 죠션총독부 대심원쟝 도변챵 죠션인목ᄉᆞ 최병헌 쳥국인 챠도심졔씨가 ᄎᆞ례로 츅ᄉᆞᄒᆞ고 목ᄉᆞ도마스씨와 긔도로 폐회ᄒᆞᆫ후 다파(茶果)를 난위엿ᄂᆞᆫᄃᆡ 당일 참셕ᄒᆞᆫ 인원은 수ᄇᆡᆨ여명이더라

◉셩셔공회회관의건츅비 영국 셩셔공회회관의 건츅비ᄂᆞᆫ ᄃᆡ단(地段)갑시 六千환이오 건츅비가 二만一千환이니 도합 二만七千환이라더라

◉셔강례ᄇᆡ당봉헌식 경셩셔강 미감리교회에셔 새로 례ᄇᆡ당을 건츅ᄒᆞᆫ고로 본월四일(쥬일) 하오三시에 동례ᄇᆡ당 봉헌식(奉獻式)을 셜힝ᄒᆞ엿다더라

◉쳥녕교외부흥회 경셩쳥녕교 례ᄇᆡ당에셔 일젼에 여러날동안 부흥회를 열고 목ᄉᆞ 고죵철씨가 인도ᄒᆞ엿ᄂᆞᆫᄃᆡ 一반 교우가 츙만ᄒᆞᆫ 셩신과 풍셩ᄒᆞᆫ 은혜를 밧앗다더라

◉션교회연보 황히도 연안군 젼도ᄉᆞ 강신화씨의 통신을 거ᄒᆞᆫ즉 거一월二十五일에 히쥬 디방회를 연안읍 례ᄇᆡ당에셔 열고 모든ᄉᆞ무를 쳐리ᄒᆞᄂᆞᆫ즁에 밤마다 특별ᄒᆞᆫ 문뎨로 연셜도 ᄒᆞ엿ᄂᆞᆫᄃᆡ ᄀᆡ회ᄒᆞᆫ 뎨二일밤에 그디방 슌힝목ᄉᆞ 오긔션씨가 ᄂᆡ외국 션교회문뎨로 연셜ᄒᆞ야 션교회가 엇더ᄒᆞᆫ것을 셜명ᄒᆞ고 본디방에셔 작년도에 一百十여원을 거둔것이 오히려 부죡ᄒᆞ엿스니 금년에ᄂᆞᆫ 더 거두어야 되겟다고 격졀ᄒᆞᆫ말노 권면ᄒᆞᆫ즉 一반교우들이 ᄒᆞᆫ갈ᄀᆞᆺ치 ᄆᆞᄋᆞᆷ에 감동홈이 니러나 당쟝에 七十여원을 연보ᄒᆞ엿ᄂᆞᆫᄃᆡ 참셕ᄒᆞ엿던 부인들은 손에 ᄭᅵ엿던 지환과 머리에 ᄭᅩ졋던 빈혀를 ᄲᅢ여낸이도 만코 ᄯᅩᄒᆞᆫ 회원들이 각각 본교당으로 도라가셔 이ᄯᅳᆺ을 모든 교인들의게 알게ᄒᆞ고 二월二十五일ᄂᆡ로 六十여원을 더 거두겟다고 담당ᄒᆞ엿스매 젼후 금익늘 합ᄒᆞ야 二百五十여원에 달ᄒᆞ엿스니 참 감샤ᄒᆞᆫ일이오 본디방ᄂᆡ의 교우수를 통계ᄒᆞ면 학습인 이상으로 一千七白여인에 지내지 못ᄒᆞ되 이와ᄀᆞᆺ치 되엿스니 금년에 다른디방에셔도 더욱 만히 거두엇술줄 밋고 우리 쥬ᄭᅴ 찬송ᄒᆞᆫ다고 ᄒᆞ엿더라

◉광싱리(光生里)광싱 공슈디방 리용쥬씨의 통신을거ᄒᆞᆫ즉 뎡산군 잉면 광싱리 교회ᄂᆞᆫ 진실노 광싱리가 됨은 一千九百九년에 비로소 이곳에 교회를 셜립ᄒᆞ고 열심으로 젼도ᄒᆞ며 연보도ᄒᆞ야 근근히 례ᄇᆡ당 三간을 건츅ᄒᆞ엿스며 그즁에 ᄀᆞ쟝 감샤ᄒᆞᆫ일은 이곳젼도ᄉᆞ 김승렬씨ᄂᆞᆫ 열심젼도ᄒᆞ며 이교회에 ᄃᆡᄒᆞ야 졍죠一셕을 연보ᄒᆞ매 여러형뎨들도 이열심을 본밧아 몃말식 연보ᄒᆞ고 ᄯᅩ 쇽쟝 박외경씨ᄂᆞᆫ 이젼에도 졍죠一셕을 연보ᄒᆞ엿ᄂᆞᆫᄃᆡ 금년에ᄂᆞᆫ 셕셤을 더 연보ᄒᆞᆫ고로 금년에ᄂᆞᆫ 도합졍죠가 十二셕에 달ᄒᆞ엿슨즉 교회에 유치ᄒᆞ고 몃히동안 젼도ᄒᆞᄂᆞᆫ일에 쓰게되엿스니 참 하ᄂᆞ님ᄭᅴ 찬용 드릴만ᄒᆞ다 ᄒᆞ엿더라

◉동신一속 경긔도 슈원 젼도ᄉᆞ 리은영씨의 통신을 거ᄒᆞᆫ즉 슈원군 미곡면 원뜰교회에셔ᄂᆞᆫ 거一월二十일에 쟝유회를 열고 그리스도회보의 효력이란 문뎨로 권면ᄒᆞ야 금년에ᄂᆞᆫ 작년보다 ᄇᆡ나 더 보기로 작뎡ᄒᆞ엿스며 슈일공과지ᄂᆞᆫ 百여쟝식 보기로ᄒᆞ엿스며 ᄌᆞ급젼은 ᄆᆡ월 四원八十젼식

슈합ᄒᆞ기로 ᄒᆞ엿고 본구역안에 새로 지운교당이 二쳐오 새로 설립ᄒᆞᆫ 남학교가 二쳐이며

구운들 교회에서는 교당을 건츅ᄒᆞᆯᄎᆞ로 형뎨ᄌᆞ민들이 열심연보ᄒᆞ야 三十五원을 모집ᄒᆞ엿고 권ᄉᆞ 고홍슌씨는 젼일에 즁ᄒᆞᆫ 번리로 돈취리ᄒᆞ더니 지금은 쥬의 은혜를 세ᄃᆞᆺ고 도로혀 궁핍ᄒᆞᆫ 형뎨ᄌᆞ미들 보ᄂᆞᆫ대로 구졔ᄒᆞ며 힘잇ᄂᆞᆫ대로 근쳐 교회에 슌힝ᄒᆞ며 ᄯᅩ 미우연약ᄒᆞ던 고식리 교회를 부흥식혀 지금은 百여인이 례ᄇᆡ보며 ᄯᅩ학교ᄭᅡ지 설립ᄒᆞ고 학ᄉᆡᆼ 二十五명을 모집ᄒᆞ야 교슈ᄒᆞ며 ᄯᅩ 장지ᄂᆡ교회는 二十여년전에 설립되엿스나 항샹 연약ᄒᆞ더니 쇽장 모즁긔씨가 열심젼도ᄒᆞᆫ 결과로 지금은 百여인이 례비보고 ᄯᅩ학교를 설립ᄒᆞ고 학ᄉᆡᆼ十三명을 모집ᄒᆞ야 교슈ᄒᆞ며

ᄯᅩ 녀쇽장 김나혈씨는 의무로 十二쳐 교회를 四ᄎᆞ를 슌힝ᄒᆞ며 젼도홈으로 교우를 다수히 엇엇스며

박운병씨는 서울 졍동비지학당 졸업식으로 본동 빈한ᄒᆞᆫ 집 ᄌᆞ질을 모집ᄒᆞ야 교슈ᄒᆞᄂᆞᆫᄃᆡ 학ᄉᆡᆼ이 十三명에 니르럿다더라

◉김씨의회개 강원도 간셩 젼도ᄉᆞ 졍지덕씨의 통신을 거ᄒᆞᆫ즉 동군 산두교회쇽장 김의쥰씨는 본ᄅᆡ 건봉ᄉᆞ(乾鳳寺)즁으로 퇴쇽(退俗)ᄒᆞ야 산두동리에 살더니 쥬를 밋은후 술파 담비를 거절ᄒᆞ고 례비당을 건츅ᄒᆞ고 동리에 젼도ᄒᆞ야 교우를 모흐며 리웃을 도아주며 빈한ᄒᆞᆫ 교우의게 서칙을 사주며 고아(孤兒)를 양육ᄒᆞ고 형뎨의게 소와 면답을 주어 권농ᄒᆞ며 쥬의일을 열심으로ᄒᆞ야 교우가 六十여명에 달ᄒᆞ더니 죠물의 식긔홈을 인ᄒᆞ야 김씨가 락심홈으로 교회ᄭᆞ지 무력ᄒᆞ더니 이번 부흥회에 一반교우가 거듭나ᄂᆞᆫ즁 히김씨 ᄂᆡ외가 ᄋᆡ통ᄒᆞ며 회ᄀᆡ홈으로 깃븜을 츙만히 엇어 히씨ᄂᆡ외가 리웃남녀의게 힘써 젼도홈으로 새교회가 되엿다더라

◉장씨의열심 황히도 연안군 미서인 최일영씨의 통신을 거ᄒᆞᆫ즉 동군 김포면 ᄃᆡ일리 쟝래환 쟈문여량씨는 본ᄃᆡ 그곳 명문거족으로 수년젼브터 쥬를 밋ᄂᆞᆫᄃᆡ 동리와 문즁의 핍박을 항샹 이긔고 더욱 굿세히 밋어 쥬ᄭᅴ 긔도ᄒᆞ며 젼도ᄒᆞᄂᆞᆫ고로 교우三十여명과 학ᄉᆡᆼ 三十여명을 쥬ᄭᅴ 인도ᄒᆞ며 교우쟈홍구씨집에서 례비ᄒᆞ더니 금츈으로 새례비당을 건츅ᄒᆞ기로 작뎡ᄒᆞ고 十六원八十젼을 거두어 예산ᄒᆞᄂᆞᆫ즁이니 이곳을 위ᄒᆞ야 긔도 만히ᄒᆞ여 주기를 ᄇᆞ란다 ᄒᆞ엿더라

△외보▽

◉손춍통의게셩경을밧침 청국 남경각교회에서 련합춍회를 열고 ᄃᆡ표쟈 十二인을 션뎡ᄒᆞ야 더회로 ᄒᆞ여곰 림시남경졍부 대춍통(大總統)손일션씨의게 셩경 一부를 갓다밧치게ᄒᆞ엿더니 손춍통이 그셩경을 밧은후에 ᄌᆞ긔 비서관(秘書官)으로 ᄒᆞ여곰 답장ᄒᆞᆫ 대개는 은혜스럽게 주신 셩경一부는 감샤홈으로 밧앗고 민국(民國)의 셩립ᄒᆞᆫ 근본은 죵교의 ᄌᆞ유를 즁히 녁임인ᄃᆡ 여러분은 예수교에 ᄃᆡᄒᆞᆫ 열심으로 도덕을쥬챵(主唱)ᄒᆞ니 실노 흠픽(欽佩)ᄒᆞᄂᆞᆫ 바이라 ᄒᆞ엿다더라

◉쇠로(衰老)젼도ᄉᆞ의구휼금 지작년 十二월간에 미국ᄂᆡ우욕 미감리회 즁앙춍회에서 통샹(通常) 교우즁 ᄒᆞᆫ사ᄅᆞᆷ이 발론ᄒᆞ기를 교즁에 쇠로ᄒᆞᆫ 젼도ᄉᆞ들을 위ᄒᆞ야 구휼금으로 불가불 二十만원은 적립(積立)ᄒᆞ여야 될터인ᄃᆡ 만일 춍회의 一반회원들즁에서 十만원을 모집ᄒᆞᆯ것 ᄀᆞᆺ흐면 ᄌᆞ긔도 十만원을 연보ᄒᆞ겟노라 ᄒᆞᆫ고로 一반회원이 一년동안에 열심 모집ᄒᆞᆫ것이 十三만원에 달ᄒᆞᆫ고로 그교우가 약됴ᄒᆞᆫ 금익을 혼ᄌᆞ 연죠ᄒᆞ엿다더라

◉예루살넴에션교 미국미감리회 외국션교회에서 금년브터 예루살넴에 션교ᄉᆞ를 파송ᄒᆞ야 그곳 ᄇᆡᆨ셩의게 젼도ᄒᆞ기로 작뎡ᄒᆞ엿ᄂᆞᆫᄃᆡ 고감독 ᄂᆡ우민씨 ᄂᆡ외의 긔부ᄒᆞᆫ 돈 十六만원은 이목뎍으로 쓸작뎡이라더라

◉우편국휴업(休業) 미국ᄂᆡ

[illegible]셔 三년젼까지도 쥬일에 우편소의 문닷친것을 보기어렵더니 三년이릐로 졈졈 풍속을 일우어 지금은 쥬일아춤에 문을닷친 우편소가 더 만흐니 이는 그리스도교의 셰력이 날마다 확장되논증거라 홀지로다

◎청국의교인수효。。。。。 근일에 됴사훈바를 거훈즉 청국 젼국니에 그리스도교회가 二千三百四十一쳐오 교인의 수효가 二十七만八千六百二十八인이라더라

교회통신

긔셔 (긔셩 류계샹)

◎셰샹에뎨一고명훈의원

대개 셰샹에 신농훈 의원이 허다ᄒᆞ야 一신에 곳치지 못ᄒᆞ논병이 업논즁 병든다리를 버혀내고 인도고로 새다리를 문드러 붓치고 여젼히 거러 ᄃᆞᆫ니게ᄒᆞ며 ᄂᆡ장의 병이잇스면 ᄇᆡ를 가르고 그병을 집어낸후에 다시ᄭᆡ어미여 완젼훈 사ᄅᆞᆷ이 되게ᄒᆞ며 니가 다ᄲᆞ진쟈의게 은금으로나 혹옥으로 니를 문드러세워 젼보다 더 든든ᄒᆞ게ᄒᆞ며 아모리 즁병이라도 됴흔약을 써서 회복홀수 잇스나 그러나 이것은 다만 육신의 병을 두고말훈것이어니와 춤 곳치기 어려온병이 잇스니 곳 령혼의 병이라 만일 령혼에는 어ᄃᆡ던지 조고마훈 병이라도 이 셰상의 약으로는 다ᄉᆞ리기 어려오니라 녯젹에 유대국에 훈녀인이 잇더니 혈루증으로 十二년을 고싱ᄒᆞ며 셰샹에 고명훈 의ᄉᆞ는 다 쳥ᄒᆞ야 보앗스며 약이라 ᄒᆞ는것은 다 시험ᄒᆞ엿서도 맛ᄎᆞᆷᄂᆡ 곳치지 못ᄒᆞ고 다만 그 ᄌᆡ산만 허비훌ᄯᆞ름이오 무ᄉᆞᆷ 효험을 보지못훈고로 오직 죽기로 ᄌᆞ쳐ᄒᆞ엿더니 하로는 수만명사ᄅᆞᆷ이 예수를 옹위ᄒᆞ고 지나가거ᄂᆞᆯ 그녀인이 ᄉᆡᆼ각ᄒᆞ기를 내가 예수의 옷가만 훈번만 져도 나의병이 나흐리라ᄒᆞ고 의심업시 예수의 뒤를ᄯᆞ라가서 힘을다ᄒᆞ야 그옷가을 만지더니 그병이 곳 나흔지라 예수ᄭᅴ셔 아시고 나를 만진쟈가 누구뇨ᄒᆞ시니 그ᄯᆡ에 베드로와 동ᄒᆡᆼᄒᆞ던쟈들이 ᄃᆡ답ᄒᆞ되 션ᄉᆡᆼ님이여 이여러사ᄅᆞᆷ이 션ᄉᆡᆼ님을 옹위ᄒᆞ고 가매 혹 만지논자도 잇고 혹 걸니논쟈도 잇슬터인ᄃᆡ 엇지 나를 만진쟈가 누구냐ᄒᆞ시ᄂᆞ잇가 예수ᄭᅴ셔 ᄃᆡ답ᄒᆞ샤ᄃᆡ 내게셔 능력이 나가ᄂᆞᆫ줄을 셔ᄃᆞ랏노라 ᄒᆞ시니 그녀인이 은휘치 못ᄒᆞ고 예수ᄭᅴ 다 발ᄉᆞᆷᄒᆞ니 예수ᄭᅴ셔 ᄃᆡ답ᄒᆞ샤ᄃᆡ 녀인아 안심ᄒᆞ고 평안이 도라가라 네밋음이 너를 구원ᄒᆞ엿다 ᄒᆞ셧스니 이일을보면 이녀인은 그곳치기 어려온병을 돈훈푼 허비치 안코 다만 밋음으로 곳쳣스니 엇지 긔이훈 일이 아니리오 예수ᄭᅴ셔는 돈밧지 아니ᄒᆞ시고 우리 육신의 병만곳쳐 주실ᄲᅮᆫ아니라 령혼의 병ᄭᆞ지 곳쳐주시는것은 춤 감샤훈것이올시다

정오

본보뎨二十호 뎨一헌 중산구황연보란니(欄內) 開城北部교회 十三圓五十錢이라 훈것은 開城南部교회로 정오홈

날마다불셩경구졀

△二월

一일 쥬는 우리의 의로옴이 되심
렘廿三장六、시六十四장六、시七十一장十六、서六十一장十、누十五장廿二、묵十九장八、빌三장八、九、

二일 영광을 볼때에 각각 다룸
고젼十五장四十一、막九장卅四、卅五、벳젼五장五、六、빌二장五ㅡ七、九、十、단十二장三、

三일 어두온것이 우리의게 숨겨잇지 못홈
시百卅九편十二、욥卅四장廿一、廿二、렘廿三장廿四、시九十一편五、六、九、十、百廿一편三、五ㅡ七、廿三편四、

四일 샹호자를 위로홈
시六十九편廿六、셰一장十五、갈六장一、율五장廿、살젼五장十四、로十四장十三、十五장一、고젼十三장四、六、十장十二、

五일 심판날
고후五장十、로二장二、마廿五장卅一、卅二、十三장四十三、로八장卅二、卅四、八장一、고젼十一장卅二、

六일 밋논자는 맛당히 빗과 새벽별이 될것

목廿二장十六、 민二十四장十七、로十三장十二、가二장十七、 셔廿一장十一、十二、요八장十二、목二장廿八、막十三장卅一卅七、

七일 쥬ᄭᅴ셔 주린쟈를 불샹히 녁이심

마十四장十四、 히十三장八、 四장十五、五장二、 막十四장卅七、卅八、 시百三편十三、十四、 八十六편十五、十六、

八일 구원의 셩파 찬용의문

셔六十장十八、 묵廿一장十四、 엡二장十九ㅡ廿二、 벳젼二장三ㅡ五、 시六十五편一、

九일 일홀수업는때에 밤이옴

요九장四、 눅十四장十三、 욥三장十七、 삼젼廿八장十五、젼九장十、시百十五편十七、 딤젼四장六ㅡ八、 히四장九、十、

十일 돌을쳐셔 물을 냄

시七十八편廿、 고젼十장一ㅡ四、요十九장卅四、 셔五十三장五、 요五장四十、 렘二장十三、 요七장卅七、 묵廿二장十七、

十一일 쥬의 싱명나무

시百四편十六、 호十四장五、六、 렘十七장七、八、 겔十七장廿四、 시九十二편十二ㅡ十四、

十二일 쥬의 영광보기를 군구홈

출卅三장十八、 고후四장六、요一장十四、十八、 시四十二편二、廿七편八、고후三장十八、 요十七장廿四、

十三일 쥬의 말솜이 우리를 다시 살니심

시百十九편五十、 고젼十五장四十五、 요五장廿六、十一장廿五、廿六、一장四、十二、十三、六장六十三、 히四장十二、

十四일 쥬는 우리의 산업이 되심

민十八장廿、 사七十三편廿五、廿六、 十六장五、六、 익三장廿四、 시百十九편百十一、六十三편一、七、 가二장十六、

十五일 쥬가 풍파중에셔 우리를 보호ᄒᆞ심

시九十三편三、四、 八十九편八、九、 렘五장廿二、 셔四十三장二、 마十四장廿九ㅡ卅一、 시五十六편三、

회보ᄃᆡ금령슈

住所	氏名	金額
朔寧內洞	李玉鉉	四十錢
仝參議洞	리의경	二十錢
仝山芝峴	張學秀	二十錢
仝承陽里	韓聖順	二十錢
加平客舍村	鄭箕祚	三十錢
仝南仲里	崔相俊	三十錢
仝客舍里	金在植	三十錢
仝鄕校里	李順業	三十錢
延安三屯洞	吳玄卿	三圓六十錢
淮陽邑	金秉河	三十五錢
淮陽初一里	宋大用	四十錢
兎山市	李錫源	一圓五錢
長湍馬場洞	南道元	四十錢
白川一里	李元相	二圓十錢
長湍巨路里	金永煥	三十錢
唐津栗寺	李根淑	五十錢
公州下莘沼	徐相潤	三十錢
公州坪村	申勝律	三十錢
懷德新城里	朴玉淳	三十錢
襄陽上光丁里	吳世玉	四十錢
仝	朴相熙	二十錢
仝明池洞	李應烈	二十錢
仝漁城田	韓明三	二十錢
仝	金尙彦	二十錢
仝	辛致九	二十錢
仝基士門	李風雲	四十錢
仝沕淄	全德彦	四十錢

전도ᄉᆞ의보감寶鑑

⊙강도ᄒᆞ는요령(要領) (미국인 명미려)

죠션 전도ᄉᆞ가 처음은 사름의게 전도ᄒᆞ기가 어렵고 처음온 사름중에도 부인들의게 전도ᄒᆞ기가 더욱 어려온것은 대개 부인들은 회당에 참셔ᄒᆞ는 규측도 어둡고 강도듯는 ᄉᆞ졍에 ᄃᆡᄒᆞ야 경력도 업스며 무식ᄒᆞᆫ이가 더만코 또흔이 어린 ᄋᆞᄒᆡ들을 ᄃᆞ리고 와셔 울니며 ᄃᆞᆯ니기에 골몰ᄒᆞᆫ고로 ᄃᆡ회로 ᄒᆞ여곰 복음의 오묘ᄒᆞᆫ 리치를 알아듯도록 말기가 얼마좀 어렵겟ᄂᆞ뇨 그런즉 전도ᄒᆞ는이가 셩신의 큰능력을 엇지못ᄒᆞ면 결단코 공을 일우기 어려온고로 전도ᄒᆞ는 일에 ᄃᆡᄒᆞ야 첫재 긴요ᄒᆞᆫ 됴건은 전도ᄉᆞ가 몬져 셩신의 셰례를 밧음이니 이중거를 알고져ᄒᆞ면 五.슌절에 베드로를 볼지어다 그가 셩신의 능력으로써 강도홈으로 하로동안에 五千명을 회ᄀᆡ식혓고 둘재 긴요ᄒᆞᆫ 됴건은 지혜로써 강도홈이니 五.슌절에 베드로가 다만 셩

五

신의 능력만 엇엇슬뿐아니라 또ᄒᆞᆫ 지혜ᄭᆞ지 엇엇ᄂᆞ니 이때에 강도듯는 사ᄅᆞᆷ은 다 유대인인고로 베드로가 뎌희들의 닉히 알고 깁히밋는 구약속에 말ᄒᆞᆫ바 요엘과 다윗의 ᄉᆞ젹을 인증ᄒᆞ야 예수그리스도의 도리를 셜명ᄒᆞᆫ지라 그럼으로 뎌희가 쉽게셔 드럿ᄂᆞ니 우리도 외인의게 복음을 젼ᄒᆞᆯ때에 맛당히 이법을 써셔 뎌희의 닉히 아는일을 인증ᄒᆞ야 예수의 도리를 말ᄒᆞ는것이 필요ᄒᆞ니 가령 싀골 사ᄅᆞᆷ을 ᄃᆡᄒᆞ면 싀골일노 비유를 삼아 말ᄒᆞᆯ것이오 셩시(城市) 사ᄅᆞᆷ을 ᄃᆡᄒᆞ면 셩시에셔 흔이 보는일노 비유를 삼아 말ᄒᆞ야 아모됴록 귀로 만히듯고 눈으로 만히보는것을 들어 셩경리치에 합ᄒᆞ게ᄒᆞᆫ 연후에야 뎌희가 집에 도라가셔도 그 드른 말ᄉᆞᆷ을 긔억(記憶)ᄒᆞ야 집안사ᄅᆞᆷ셰리 서로 니야기도ᄒᆞ며 그 ᄆᆞᄋᆞᆷ속에 무ᄉᆞᆷ 싱각이 니러날것이라 만일 그러치 아니ᄒᆞ고 젼도ᄉᆞ가 ᄌᆞ긔 학문이나 재능을 ᄌᆞ랑코져ᄒᆞ야 신구약말ᄉᆞᆷ만 가지고 여긔뎌긔셔 인증ᄒᆞ야 말ᄒᆞ면 쳣번은 사ᄅᆞᆷ이 무ᄉᆞᆷ 말인지 알지못ᄒᆞ고 졍신업시 조을다가 례비당문밧게 나간 후에 누가 무ᄉᆞᆷ 젼도를 ᄒᆞ던가「무르면 반ᄃᆞ시 ᄃᆡ답ᄒᆞ기를 무엇이라고 강도ᄒᆞ는 입은 쳐다보앗지마는 ᄒᆞᆫ마ᄃᆡ도 알아듯지 못ᄒᆞ엿노라」ᄒᆞ면 무ᄉᆞᆷ 유익ᄒᆞᆷ이 잇ᄉᆞ리오 (미완)

세계격언

一、아ᄃᆞᆯ나아셔 ᄀᆞᄅᆞ치지 아니ᄒᆞ면 낫치아니ᄒᆞᆫ것만 ᄀᆞᆺ지못ᄒᆞᆷ (서양격언)

二、의심ᄒᆞ는 사ᄅᆞᆷ은 쓰지말것이오 쓰는사ᄅᆞᆷ은 의심치말것 (죠션격언)

三、부ᄌᆞ런ᄒᆞᆷ은 저축ᄒᆞ는 첫거름 (영국격언)

四、잘못ᄒᆞᆫ 일을 뉘우침은 ᄆᆞᄋᆞᆷ을 다ᄉᆞ리는 약이됨 (덕국격언)

五、금강셕(金剛石)이 보비지마는 ᄃᆞᆰ의눈에는 보리ᄒᆞᆫ알만못ᄒᆞᆷ (토이기격언)

六、부쟈의 린식(吝嗇)ᄒᆞᆫ것은 소가 황금을 싯고 풀뿐 먹는것 ᄀᆞᆺᄒᆞᆷ. (서양격언)

어린ᄋᆞᄒᆡ의게 유익ᄒᆞᆫ말

◉다시 ᄋᆞᄒᆡ가되엿스면

미국 하펍ㅣ대학교 교육회보에 이런말이 잇기로 이에 번역ᄒᆞ야 긔재ᄒᆞ노라

一、내가 다시 ᄋᆞᄒᆡ가 되엿스면 모든 됴ᄒᆞᆫ사ᄅᆞᆷ의 힝젹을 一一히 다차자 보겟구면

二、내가 다시 ᄋᆞᄒᆡ가 되엿스면 셩경을 좀 더깁히 연구ᄒᆞ야 셩경으로써 내령혼샹 천구를 삼아보겟구먼

三、내가 다시 ᄋᆞᄒᆡ가 되엿스면 텬하각국에 모든 거룩ᄒᆞᆫ 사ᄅᆞᆷ을 차자 ᄃᆞᆫ니면서 그 힝ᄒᆞ는 일을 비화 본보기를 삼겟구면

四、내가 다시 ᄋᆞᄒᆡ가 되엿스면 우리구쥬를 위ᄒᆞ야 일ᄒᆞᆯᄌᆞ격을 잘예비ᄒᆞ겟구먼

五、내가 다시 ᄋᆞᄒᆡ가 되엿스면 내부모의게 더효셩잇는 ᄋᆞᄃᆞᆯ이되며 내 형뎨ᄌᆞᄆᆡ의게 더 우익ᄒᆞ는쟈가 되며 남을 위ᄒᆞ야 더 됴ᄒᆞᆫ일ᄒᆞ는쟈가 되기를 잘예비ᄒᆞ야 보겟구먼

긔쟈왈 우리ᄉᆞ랑ᄒᆞ는 어린학도들은 이말을 깁히싱각ᄒᆞ야 어셔어셔 어려셔브터 모든 됴ᄒᆞᆫᄌᆞ격을 예비ᄒᆞ라 늙으면 후회나네

교육

◉가졍학

교제ᄒᆞ는법 (쇽)

잔치를 비셜ᄒᆞ고 손을 쳥ᄒᆞ는일에 ᄃᆡᄒᆞ야 주의ᄒᆞᆯ것

대개 손을 쳥ᄒᆞ야 음식을 ᄃᆡ접ᄒᆞ는일에 ᄃᆡᄒᆞ야 쥬인과 손을 믈론ᄒᆞ고 샹당ᄒᆞᆫ 례졀이 업스면 못될지니 맛당히 이아래 말ᄒᆞᆫ 몃가지 됴건을 주의ᄒᆞᆯ것이니라

一、손을 쳥ᄒᆞ는일에 ᄃᆡᄒᆞ야 주의ᄒᆞᆯ것이니 쳥텹을 보내되 특별ᄒᆞᆫ 잔치에 존귀(尊貴)ᄒᆞᆫ 손을 쳥ᄒᆞ랴면 十여일 젼긔ᄒᆞ야 미리 쳥텹을 보내던지 ᄒᆞᆨ 몸으로 가셔 쳥ᄒᆞ던지 ᄒᆞᆯ것이오 또 손을 쳥ᄒᆞᆯ때에 그 쳥코져ᄒᆞ는 손들가온ᄃᆡ 서로 무ᄉᆞᆷ 혐의가 잇서셔 ᄃᆡ면ᄒᆞ기를 슬혀ᄒᆞ는 사ᄅᆞᆷ이 잇는지 ᄌᆞ세히 싱각ᄒᆞ야 만一 그런 사ᄅᆞᆷ이 잇스면 둘즁에 ᄒᆞ나만

쳥ᄒᆞ는것이 됴흐며 셔양풍속에는 쳥ᄒᆞ는손의수효를 홍상 쌍맛는수로 ᄒᆞ기를 됴화ᄒᆞ되 특별히 ᄒᆞᆯ때 음식먹는 사ᄅᆞᆷ의 수효가 열셋되는것을 긔(忌)ᄒᆞᄂᆞ니 셔양손을 쳥ᄒᆞᆯ때는 이것을 ᄯᅩᄒᆞᆫ 주의ᄒᆞᆯ것이니라

二、ᄯᅩ 쳥텹을 밧은손은 그잔치에 참셕 여부를 속히 통지ᄒᆞᆯ것이오 혹 가기를 허락ᄒᆞᆫ후라도 무ᄉᆞᆷ 특별ᄒᆞᆫ ᄉᆞ고를 인ᄒᆞ야 갈수업ᄂᆞᆫ 경우에ᄂᆞᆫ 쥬인의게 그 연유를 몬져 통ᄒᆞ고 샤과(謝過)ᄒᆞᆯ시니라 잔치ᄒᆞᆯ 날을 당ᄒᆞ거던 ᄯᅳᆯ을 정결히ᄡᅳᆯ고 방안에 어즈러온 세간 그릇을 다치우며 보기 됴흔 긔명과 그림과 화쵸ᄂᆞᆼ속을 버려노코 겨울이면 더옵게 물쓴후에 몬지를 ᄯᅥ러내며 향을피우고 손씨슬 물과 슈건등속을 一一히 쥰비ᄒᆞ야 노흘것이니라

三、연셕에셔 피차 주의ᄒᆞᆯ것이니 쥬인이 손을 ᄃᆡᄒᆞ야 아모됴록 그얼골에 화락(和樂)ᄒᆞᆫ빗출 나타내며 몸을 단정히 가지고 문을열고 닷ᄂᆞᆫᄃᆡ도 가만가만히ᄒᆞ며 비록 음식이 풍비치못ᄒᆞᆯ지라도 모든 일에 그정셩을 드러내면 손들이 깃버ᄒᆞᆯ것이니라 쥬인이 샹좌(上坐)로 인도ᄒᆞ거던 샤양ᄒᆞ다가 허락지 아ᄒᆞ거던 그자리에 안즐것이오 너머 고샤치 말지며 쥬인[illegible]게 감샤ᄒᆞᆫ 뜻을 말ᄒᆞ랴면 죵언부언 ᄒᆞ지말고 간단히 ᄒᆞᆫ두말노 ᄒᆞᆯ것이나 쥬인과 친분이 갓가오면 감샤ᄒᆞ다ᄂᆞᆫ 말을 아니ᄒᆞ여도 무방ᄒᆞᄂᆞ니라 연셕에셔 귀속말을 ᄒᆞ던지 눈을굴녀 ᄉᆞ면을 도라보ᄂᆞᆫ것온 불가ᄒᆞ며 혹 무ᄉᆞᆷ 불쾌ᄒᆞᆫ 일이 잇슬지라도 불평ᄒᆞᆫ 긔ᄉᆡᆨ을 드러내지 말것이며 억지로 음식을 만히 권ᄒᆞᄂᆞᆫ것은 대단히 무례ᄒᆞᆫ 일이니 ᄆᆡ우 주의ᄒᆞᆯ것이며 잔치집에 락후(落後)ᄒᆞ야 오래 잇지 말것이니라

실　업

◉나무심으는법 (二)(속)

十、일제(日除)ᄒᆞᄂᆞᆫ법이니 이법은「젼나무」「오리나무」「잣나무」에ᄃᆡᄒᆞ야 태양의 볏흘 가리워 주기 위ᄒᆞ야 발(簾)을 덥허주ᄂᆞᆫ 것인ᄃᆡ 대개 넉자 넓이되ᄂᆞᆫ 발을처되 남편은 ᄒᆞᆫ자가 ᄯᅳ게ᄒᆞ고 북편은 두자가 ᄯᅳ게ᄒᆞ며 흐린날과 적은비오ᄂᆞᆫ때와 밤에는 발을것어 주ᄂᆞᆫ것이 됴흐니라

十一、간발(間拔)ᄒᆞᄂᆞᆫ 법이니 이법은 나무싹이 온젼히 발양(發揚)된후에 너머 ᄲᅵᆨᄲᅵᆨᄒᆞᆯ 념려가 잇스면 시시 속ᄲᅢ주ᄂᆞᆫ것인ᄃᆡ 대개 흐린날이나 적은비오ᄂᆞᆫ 날이나 아춤이나 져녁으로ᄒᆞ되 겻헤 싹이샹치 안토록 죠심ᄒᆞ야 속ᄲᅢ줄것이니라

十二、제쵸(除草)ᄒᆞᄂᆞᆫ 법이니 나무싹을 ᄒᆞᆫ번 속ᄲᅢ준지 몃날를 지낸후에ᄂᆞᆫ 곳 김을 ᄆᆡ여주되 ᄯᅩᄒᆞᆫ 흐린날이나 아춤이나 서녁으로도 ᄒᆞᄂᆞᆫ것이 됴코 그ᄲᅩᆸ은 잡풀은 ᄒᆞᆫ곳으로 모아 누엿다가 되비(堆肥)를 몬드러 쓰ᄂᆞᆫ것이 됴흐니라

十三、보비(補肥)ᄒᆞᄂᆞᆫ 법이니 무론 무ᄉᆞᆷ나무던지 속히 잘자라게ᄒᆞ랴면 불가불 보비를 잘ᄒᆞ여야 될지니 이ᄂᆞᆫ 곳 겻거름 주ᄂᆞᆫ것이라 보비ᄒᆞᄂᆞᆫ 시긔(時期)ᄂᆞᆫ 토질(土質)과 긔후(氣候)를ᄯᅡ라 굿지아니ᄒᆞ나 대개 양력六월十五일 이후브터 八월쵸성서지 니르ᄂᆞᆫ 동안에 주ᄂᆞᆫ것이 됴흐니라 비료ᄂᆞᆫ ᄯᅩᆼ거름 썩인것이나 서목을 쓰ᄂᆞᆫ것이 죠흔ᄃᆡ 그분량은 ᄒᆞᆫ평에 ᄃᆡᄒᆞ야 썩힌 ᄯᅩᆼ거름 二승(升)五홉(合)에 물 두말닷되를 석셔쓰던지 혹셔목 八량즁에 물서말을 석셔쓸것이오 번수는 一년에 두번식 ᄒᆞᄂᆞᆫ것이 뎍당ᄒᆞ되 대개 제쵸ᄒᆞᆫ후 흐리거나 가ᄂᆞᆫ비 올때에 주ᄂᆞᆫ것이 됴흐니라

담　총

◉ᄒᆞᆫ쇼년병뎡의굿센ᄆᆞᄋᆞᆷ

미국에 ᄒᆞᆫ쇼년 병뎡이 잇ᄂᆞᆫ데 하로ᄂᆞᆫ 죵일토록 대년습을 치르고 온즉 쟝관들이 모혀 잔치ᄒᆞᄂᆞᆫ지라 ᄆᆞᆺ춤 이쇼년이 그날 당번인고로 겻헤 모셔 슈종을더니 대쟝이 술ᄒᆞᆫ잔을 ᄯᅡ라 이쇼년을 주며 마시라고 지三강권ᄒᆞ되 쇼년이 굿이 샤양홈으로 대쟝이 깃버ᄒᆞ지 안커늘 겻헤안젓던 부쟝이 칙망ᄒᆞ여왈「네가 오날 대연습에 죵일 익쓴ᄭᅡ닭헤 힝긔나 ᄒᆞ라고 주시ᄂᆞᆫ 술을

七

리에 엇지 그러ᄒᆞ리오 ᄒᆞᆫᄃᆡ」 쇼년이 정셩ᄒᆞ고 ᄃᆡ답왈「술 마시ᄂᆞᆫ것이 병졸의 직칙이아니오 또ᄒᆞᆫ 몸에 해롭기로 아니먹ᄂᆞ이다」ᄒᆞᆫ매 부장이 그뜻을 시험코져ᄒᆞ야 로긔가 등등ᄒᆞ며 칼을 ᄲᅢ여들고 호령ᄒᆞ여왈「네가 이술을 아니먹으면 이ᄂᆞᆫ 군령을 어김이니 네 머리를 버히리라」ᄒᆞᆫᄃᆡ 쇼년이 눈물을 먹음고 공손히 ᄃᆡ답왈「군령이라 ᄒᆞ시니 이실직고 ᄒᆞ오리다 제부친이 술노 인ᄒᆞ야 오ᄉᆞᄒᆞᆫ고로 제모친이 저ᄃᆞ려 평성에 술을 입에ᄃᆡ지도 말나고 훈계ᄒᆞᆫ말이 ᄒᆞᆼ상 귀에잇고 또 성경말ᄉᆞᆷ에 술을 취치말나 ᄒᆞᆫ고로 비록 쟝관의 명령이 잇슬지라도 모친의 훈계와 성경의 ᄀᆞᄅᆞ친뜻을 슌죵치 아닐수 업ᄂᆞ이다」ᄒᆞᆫ거놀 모든 쟝관들이 긔특히 녁여 곳 승차식히고 젼보다 더 신임ᄒᆞ엿다더라

◉일식(日蝕)과 월식(月蝕)ᄒᆞᄂᆞᆫ 리유

동양국 학문으로 말ᄒᆞ면 일식이나 월식이 큰 지앙으로 호질되히 [illegible]양ᄒᆞ나 벼졸문도 알엇지마ᄂᆞᆫ 서학문으로 말ᄒᆞ면 그러ᄒᆞᆫ것이 아니라 일식은 ᄃᆞᆯ이 ᄒᆞᆫᄃᆞᆯ에 ᄒᆞᆫ번재 궤도를 도ᄂᆞᆫᄃᆡ 음력 쵸하로날 합삭(合朔)에 ᄒᆡ와 서로 맛날때에 우연히 ᄒᆡ를 가리우면 일식이 되ᄂᆞ니 비컨ᄃᆡ 여러ᄋᆞᄒᆡ들이 둥근 형상으로 돌시 ᄒᆞ나ᄒᆞᆫ 원편으로 돌고 ᄒᆞ나ᄒᆞᆫ 올흔편으로 돌다가 밋처 피치못ᄒᆞ야 서로 마조ᄯᅦ림과 ᄀᆞᆺᄒᆞ며 월식은 ᄒᆡ가 음력보름 긔망(旣望)에 ᄃᆞᆯ과 샹ᄃᆡ(相對)ᄒᆞᆫ 방향(方向)에 잇슨즉 디구ᄂᆞᆫ ᄒᆡ와 ᄃᆞᆯ의 즁간에 잇서서 그그림ᄌᆞ로 ᄃᆞᆯ을 가리우면 월식이 되ᄂᆞ니 비컨ᄃᆡ 밝은 쵸불과 칙샹ᄉᆞ이에 사ᄅᆞᆷ이 섯슨즉 사ᄅᆞᆷ의 그림ᄌᆞ가 칙샹을 가리우ᄂᆞᆫ것과 ᄀᆞᆺᄒᆞ니라

◉셔양의ᄅᆡ력

샹고에ᄂᆞᆫ 나무를 ᄯᅮ러 불을 내여 썻고 그후에 부시를 쳐서 불을 엇어 썻스며 즁고에 와서ᄂᆞᆫ 마른나무 가지[illegible]에 류황을뭇쳐 불을 붓치더니 七十여년젼에 셔양사ᄅᆞᆷ이 ᄌᆞ긔화(自起火)를 발명ᄒᆞ엿ᄂᆞᆫᄃᆡ 그것은 류황과 린질(燐質)을 합ᄒᆞ야 나무가지에 뭇친것이니라

明治四十五年二月十二日印刷

그리스도회보

KOREAN CHRISTIAN ADVOCATE

每月二回發行
明治四十五年二月二十七日印刷
明治四十五年二月二十九日發行
發行兼編輯人 北部社洞 奇義男
印刷人 北部樓閣洞 朴東完
印刷所 京城西小門內法韓印刷所
發行所 北部社洞 奇義男邸
디금 一장 二젼五리
[代金] 六ㅅ개월 二十젼
一ㅅ개년 四十젼

샤셜

◉물질뎍 셰계와 령혼뎍 셰계

대뎌 우리 인류의게 관계된 셰계들이 잇ᄉᆞ니 ᄒᆞ나은 물질뎍 셰계이오 또 ᄒᆞ나은 령혼뎍 셰계이라 물질뎍 셰계이라 ᄒᆞᄂᆞᆫ것은 우리의 눈으로 보기쉬온 만물노 써 일운것이니 이셰계에 속ᄒᆞᆫ사ᄅᆞᆷ들은 대개 즁등이하의 인물이 만흔ᄃᆡ 이즁에도 여러가지 등급이 잇섯셔 엇던자들은 갓가오면 ᄌᆞ긔 일신과 멀면 ᄌᆞ긔 가족의 먹고 닙고 거쳐ᄒᆞᄂᆞᆫ 일외에는 다른 ᄉᆡᆼ각이 업ᄉᆞᆫ즉 말ᄒᆞᆯ것 업거니와 이런 인물보다 좀낫다ᄂᆞᆫ 등급은 명예와 공업(功業)을 ᄉᆞ모ᄒᆞᄂᆞ니 혹문학과 긔슐(技術)을 연구ᄒᆞ야 인ᄉᆡᆼ의 유익ᄒᆞᆫ 셔칙을 져술ᄒᆞ던지 유죠ᄒᆞᆫ 긔계들 발명ᄒᆞ던지 의약(醫藥)에 젼력ᄒᆞ야 죽을 인명을 구원ᄒᆞ던지 교육에 죵ᄉᆞ(從事)ᄒᆞ야 후진을 인도ᄒᆞ던지 혹 정치상에 주의ᄒᆞ야 나라집의 영광과 ᄇᆡᆨ셩의 복리(福利)를 도모ᄒᆞᄂᆞᆫ자들도 잇ᄉᆞ나 이것은 다 그 ᄇᆞ라ᄂᆞᆫ바가 놉고 멀다ᄒᆞᆯ수 업도다 그러나 령혼뎍 셰계이라 ᄒᆞᄂᆞᆫ것은 형샹업ᄂᆞᆫ 령혼뎍 진리로써 일운것이니 이셰계에 속ᄒᆞᆫ자들은 다 그ᄉᆡᆼ각ᄒᆞᄂᆞᆫ바가 육신샹에 잇지안코 령혼샹에 잇ᄂᆞ니 대개 사ᄅᆞᆷ의 육신은 이셰샹에셔 잠시잇다가 업셔지ᄂᆞᆫ 것이어니와 령혼은 영원ᄒᆞᆫ 샹벌을 밧ᄂᆞᆫ리치가 잇ᄂᆞᆫ줄을 셔ᄃᆞ른지라 그런즉 령혼이 엇더케 침륜고초를 면ᄒᆞ고 영ᄉᆡᆼ을 엇을고ᄒᆞ야 밤낫으로 하ᄂᆞ님의 오묘ᄒᆞᆫ 리치를 깁히 연구ᄒᆞ야 ᄌᆞ긔 령혼뿐아니라 만국 만민의 령혼ᄭᆞ지 죄악즁에셔 구원코져ᄒᆞᄂᆞ니 이것은 가히 샹등 인물이라 칭ᄒᆞᆯ지로다 그런즉 이우희 말ᄒᆞᆫ바 두가지셰계에 속ᄒᆞᆫ 여러등급의 인물의보고 ᄉᆡᆼ각ᄒᆞᄂᆞᆫ바가 각각다르니 이ᄂᆞᆫ 비유컨ᄃᆡ 됴흔 망원경(望遠鏡)을들고 모든 물건을 볼때에 엇던 사ᄅᆞᆷ은 방속이나 ᄯᅳᆯ압헤 잇ᄂᆞᆫ 물건을 비최여보매 그 뵈이ᄂᆞᆫ것이 심히 갓갑고 엇던사ᄅᆞᆷ은 혹五리 혹十리 혹百리밧게 잇ᄂᆞᆫ산이나 물을 비최여보매 그 뵈이ᄂᆞᆫ것이 졈졈 더멀고 또 엇던 사ᄅᆞᆷ은 호호망망ᄒᆞᆫ 하ᄂᆞᆯ을 비최여보매 젼에 그 육안(肉眼)으로 보지못ᄒᆞ던 百千만 셩진셰계(星辰世界)가 다뵈이ᄂᆞᆫ것ᄀᆞᆺ도다 오ᄂᆞᆯ날 우리도 다힝히 우리쥬 예수의 피로 인ᄒᆞ야 하ᄂᆞ님의 ᄇᆞ르심을 닙엇ᄉᆞᆫ즉 아모됴록 셩경으로써 우리의 ᄆᆞ음거울(鏡)을 잘 닥ᄭᅡ 형샹업ᄂᆞᆫ 망원경을 문드러 갓가히 물질뎍 셰계에 빗최이지 말고 멀니 령혼뎍 셰계에 빗최여 놉고 오묘ᄒᆞ고 춤된것을 만히 차자내면 우리가 엇던 등급에 참예ᄒᆞᆯ수 잇ᄂᆞᆫ가 ᄉᆡᆼ각ᄒᆞ여 보십새다

본샤 광고

본월十一일(쥬일)은본회보에긔렴일이온ᄃᆡ이날에각쳐교회에셔각기힘대로본보에ᄃᆡᄒᆞ야연보ᄒᆞᆫ것을본샤로보내엿기로그의호ᄒᆞ시ᄂᆞᆫ뜻을감샤ᄒᆞ오며이에ᄎᆞ례대로긔지ᄒᆞ노라

경셩슈구문안교회 二원
경긔가평읍교회 一원七十젼
경셩마포교회 一원
강원도통쳔읍교회 六十젼

교즁휘문

△닉보△

◉샤쟝하츈 본샤쟝 긔의남씨는 강원도 츈쳔디방 사경회에 참셕ᄒᆞ기 위ᄒᆞ야 본월 十九일에 히디방으로 ᄂᆞ려갓더라

◉쥬씨샤임 함경도 원산항 남감리회목ᄉᆞ 쥬한명씨는 근일에 목ᄉᆞ의 직임을 샤면(辭免)코져ᄒᆞ야 쳥원셔를 뎨츌ᄒᆞ엿다더라

◉년회쟝긔 미감리회 미년회는 오는 三월五일에 경셩 샹동 례비당닉에셔 긔회ᄒᆞᆫ다더라

◉졔씨와ᄌᆞ션심 경셩 졍동 비지학당 학싱 뎡대현씨는 가셰가 빈한ᄒᆞᆫ터인ᄃᆡ 본월九일에 그부친샹을 당ᄒᆞ여 졸디에 감쟝ᄒᆞᆯ도리가 업더니 히교교ᄉᆞ와 학싱졔씨가 그졍경을보고 다수히 연조ᄒᆞ야 유감이 업시 쟝ᄉᆞ를 지냇다ᄒᆞ니 교ᄉᆞ졔씨의 ᄌᆞ션심과 학싱졔씨의 ᄉᆞ랑ᄒᆞᄂᆞᆫ ᄆᆞ옴을 사ᄅᆞᆷ마다 칭숑ᄒᆞᆫ다더라

◉박씨의지셩 히쥬디방 슌힝목ᄉᆞ 오긔션씨의 통신을 거ᄒᆞᆫ즉 빅쳔읍닉 박씨효진이라ᄒᆞᄂᆞᆫ ᄒᆞᆫ 졂은 부인이 잇ᄂᆞᆫᄃᆡ 밋음도 독실ᄒᆞ고 셩픔도 아ᄅᆞᆷ답고 픔힝도 단졍ᄒᆞᆫ부인이라 이부인이 어려슬때에 그 조모ᄭᅴ셔 혹 ᄒᆞᆫ푼식 두푼식 쥰돈을 쓰지안코 모핫더니 쟝셩ᄒᆞ야 츌가ᄒᆞᆫ후에 예수를 밋고 례비당에 ᄃᆞ니ᄂᆞᆫ지 몃ᄃᆞᆯ이 못되여 젼도인을 위ᄒᆞ야 연보ᄒᆞᆫ다 ᄂᆞᆫ 말을 듯고 문득 싱각ᄒᆞ기를 내게 잇ᄂᆞᆫ것을 다드리겟다ᄒᆞ고 그돈 몃十젼을 곳 교회에 드렷다ᄒᆞ니 이부인의 지극ᄒᆞᆫ 셩심은 춍감샤ᄒᆞ고 치하ᄒᆞᆯ만ᄒᆞᆫ 일이라ᄒᆞ엿더라

◉긔셩디방회一쇽 긔셩디방 교회형뎨 림진원씨의 통신을 거ᄒᆞᆫ즉 거一월廿四일브터 동廿九일ᄭᆞ지 히디방 디방회를 이쳔군 례비당에셔 열엇ᄂᆞᆫᄃᆡ 참셕ᄒᆞᆫ 회원이 二百二十인이오 그슌셔와 지낸일은 좌와 ᄀᆞᆺ더라

一、슌셔는 미일 샹오九시에 긔도회 동十시에 예배소공부 하오一시에 츌이굽공부 동七시에 부흥회를ᄒᆞ고 그ᄂᆞᆷ은 시간에는 젼도ᄉᆞ와 권ᄉᆞ와 여러형뎨가 교회에 ᄃᆡᄒᆞᆫ 유익ᄒᆞᆫ 문뎨로 강셜ᄒᆞ엿스며

二、쥬일학교를 위ᄒᆞ야 강셜ᄒᆞᄂᆞᆫ날에 본군 보통학교에셔 학싱을 령솔ᄒᆞ고 츌셕ᄒᆞ야 찬양ᄒᆞ고 또ᄒᆞᆫ 본군슈와 헌병ᄃᆡ쟝과 여러신ᄉᆞ가 츌셕ᄒᆞ야 찬셩ᄒᆞ고 권면ᄒᆞ엿스며

三、각교회에셔 교회를 ᄌᆞ유ᄒᆞᆯᄉᆞ샹이 진흥ᄒᆞ야 젼도인 월급을 각구역닉에셔 ᄌᆞ급ᄒᆞ기로 작뎡ᄒᆞ야 열심으로 연보ᄒᆞᄂᆞᆫᄃᆡ 이쳔븍구역 가려쥬교회 졍홍국씨는 압못보ᄂᆞᆫ 소경으로 쇼미五十승을 연보ᄒᆞ고 굄돌교회 김의죠씨는 쇼미百승을 연조ᄒᆞ엿스며 교우마다 ᄒᆞᆯ수잇ᄂᆞᆫ대로 힘써츌연ᄒᆞ엿ᄂᆞᆫᄃᆡ 그금익은 븍구역 다섯 교회에셔 二百二十八원 四十젼이오 남구역 닐곱교회에셔 二百四十九원 三十二젼이오 또 교우 김한표씨는 녀젼도인 월급을 독담ᄒᆞ엿스며 토산 구역은 一百三十四원이오 삭녕구역과 긔셩동구역은 아즉 작뎡되지는 못ᄒᆞ엿스나 쟝ᄎᆞᆺ 열심연보ᄒᆞ야 잘될 희망이 잇스며 또 삼약회(三約會)를 죠직ᄒᆞ엿ᄂᆞᆫᄃᆡ 당일에 입회ᄒᆞᆫ 회원이 六七十명에 달ᄒᆞ엿고 이회의 취지는 (一)입으로 져쥬ᄒᆞᄂᆞᆫ 말을 내지아니ᄒᆞᆷ이오 (二) 각식슐을 마시지 아니ᄒᆞᆷ이오 (三) 각식 담비를 ᄐᆡ우지 아니ᄒᆞᆷ이라더라

◉원쥬통신一쇽 원쥬박현일씨의 통신을 거ᄒᆞᆫ즉

一、동디방 디방회는 본월七일하오八시브터 시작ᄒᆞ야 동九일 샹오十一시에 폐회ᄒᆞ엿ᄂᆞᆫᄃᆡ 히리쓰감독 노불감리ᄉᆞ 으리ᄂᆞ목ᄉᆞ 인드손의ᄉᆞ 박원빅감리ᄉᆞ 권신일목ᄉᆞ 졔씨가 참셕ᄒᆞ야 졔반ᄉᆞ무를 쳐리ᄒᆞᆯ식 림시회쟝은 노불감리ᄉᆞ오 셔긔는 박현一씨라더라

二、거一월 二十九일브터 二월七일ᄭᆞ지 十일동안을 특별사경회로 형뎨六十여명이 열심공부ᄒᆞ엿ᄂᆞᆫᄃᆡ 갑을반으로 논호와 과졍은 마태복음 젼도법 구약총론 창셰긔 신약총론 마가복음 고린도젼셔 규츅대강이오 교ᄉᆞ는 박원빅 권신一 박현一 리동긔 김죵

가 열심으로 교슈ᄒᆞ고 밤에는 모든 교우가 긔도회로 모혓다더라

⊙김씨의밋음 강화군 남디방 젼도ᄉᆞ 종슌一씨의 통신을 거ᄒᆞᆫ즉 동군 하도면 송갑리사는 김억보씨는 그곳 교회의 입교인이오 十六세된 ᄯᆞᆯ 나오미도 입교인이라 불피풍우ᄒᆞ고 쥬일과 三일긔도회에 ᄒᆞᆫ번도 ᄲᅡ지지 아니ᄒᆞ고 잘밋는ᄃᆡ 그부친 억보씨가 마귀의 틈을ᄐᆞ서 외인의게 츌가식히는고로 본군 길상면 쟝흥동 토져곡사는 외인 죠뎡득씨집으로 츌가ᄒᆞᆫ 잇흔날에 신랑집에서 사당ᄎᆞ례를 지내라ᄒᆞᆫ즉 신부 김나오미씨가 ᄃᆡ왈「저는 어려서브터 쳔뎡에서 예수를 밋음으로 졔ᄉᆞ를 지내지아니ᄒᆞ엿ᄉᆞᆸᄂᆡ다 셩경ᄉᆞ도힝젼 五장二十九졀에 말ᄉᆞᆷᄒᆞ시기를 하ᄂᆞ님을 슌죵ᄒᆞ는것이 사ᄅᆞᆷ을 슌죵ᄒᆞ는것보다 맛당히 ᄒᆞᆯ것이라」ᄒᆞ셧스니 「저는 사당ᄎᆞ례를 지내지 못ᄒᆞ겟ᄉᆞᆸᄂᆡ다」ᄒᆞᆫ즉 시부모와 일가 졔족이 다 겨가막혀 그만두고 신랑ᄒᆞᆫ자 사당ᄎᆞ례를 지낸후에 그신부가 오직 셩신의 인도ᄒᆞ심으로 밋음에 담력을 내여 三일동안을 싀부모와 싀동싱의게 복음의 진리를 젼도ᄒᆞᆫ매 셩신의 감동됨으로 싀집식구와 일가제족중 밋기로 작뎡ᄒᆞᆫ 남녀가 三十인에 달ᄒᆞᆫ고로 ᄌᆞ긔싀집에다 례비당을 뎡ᄒᆞ고 작년一월 쳣쥬일브터 례비본후 오ᄂᆞᆯ날ᄭᆞ지 잘되오니 김나오미씨의 굿센 밋음은 모범될만ᄒᆞ다 ᄒᆞ엿더라

⊙인희로인ᄒᆞ야회ᄀᆡᄒᆞᆷ 남양디방 젼도ᄉᆞ 김광식씨의 통신을 거ᄒᆞᆫ즉 본구역 송산면 화양동교회니 송부용씨는 우리쥬를 밋기 작뎡ᄒᆞᆫ 이ᄅᆡ로 그남편의 핍박이 심ᄒᆞ야 심지어 셩경을 ᄶᅵ즈며 구타ᄒᆞ는말이 그안히가 본교회 쇽쟝모씨와 간음ᄒᆞᆫ다ᄒᆞᆫ매 쇽쟝은 이말을 듯고 송씨ᄃᆞ려 말ᄒᆞ기를 「이ᄀᆞᆺ치 악ᄒᆞᆫ말을 지어내니 외인의 비방이 념려된다」ᄒᆞᆫ즉 송씨는 ᄃᆡ답ᄒᆞ기를 「사ᄅᆞᆷ은 아모리 그러ᄒᆞᆯ지라도 하ᄂᆞ님ᄭᅦ서는 내가 이와ᄀᆞᆺᄒᆞᆫ죄를 범치아니ᄒᆞᆫ줄 아시니 조곰도 붓그러ᄒᆞᆯ것이 업다」ᄒᆞ고 젼보다 더열심으로 교회에 ᄃᆞᆫ니며 밤낫으로 그남편을 위ᄒᆞ야 긔도ᄒᆞ더니 필경 셩신의 인도ᄒᆞ심으로 그남편 리경화씨가 회ᄀᆡᄒᆞ고 교회에 드러와서 열심으로 셩경을 공부ᄒᆞ며 ᄂᆡ외간 화락ᄒᆞᆷ이 비ᄒᆞᆯᄃᆡ업스니 ᄎᆞᆷ영광을 하ᄂᆞ님ᄭᅦ 돌닐만ᄒᆞ다 ᄒᆞ엿더라

⊙안변사경회와부흥회 함남안변남산 김창쥰씨의 통신을 거ᄒᆞᆫ즉 본구억니에서 작년十二월 十六일브터 ᄒᆞᆫ달반 동안을 낫이면 사경회와 밤이면 부흥회를 열고 이쳔 고미탄교회 젼도ᄉᆞ 박여삼 본구역 젼도ᄉᆞ 박학면 회양구역 권ᄉᆞ 김변하교우 김창쥰제씨가 ᄀᆞ르쳣는ᄃᆡ 여러교우중에 ᄌᆞ긔죄를 세돗고 아조거절ᄒᆞ기로 작뎡ᄒᆞᆫ이도 만코 새로 밋기로 작뎡ᄒᆞᆫ이도 만히 잇슴으로 ᄌᆞ미를 만히 보앗다더라

△외보▽

⊙샹히의三대회 지나(支那)샹히에서 근일 그리스도교인이 큰회를 세번 열엇는ᄃᆡ 一은 그리스도교인 군쳔회니 그취지는 一반교도의 ᄉᆞ랑ᄒᆞ는 뜻을 륭통(融通)케ᄒᆞ며 구쥬의 복음을 널니 젼파 ᄒᆞᆯ일을 토론홈이오 二는 만국ᄀᆡ량회(萬國改良會)니 그취지는 풍쇽을 ᄀᆡ량ᄒᆞ야 세계의 진화(進化)를 찬죠ᄒᆞ며 아편과 술과 잡긔와 담비금ᄒᆞ는 일을 권쟝홈이오 三은 공화협찬회니 지나의 새공화국을 위ᄒᆞ야 긔도ᄒᆞ며 국민의 아ᄅᆞᆷ다온 덕힝의 긔초(基礎)를 견고케ᄒᆞ기 위ᄒᆞ야 구쥬의 진리를 더 힘써 젼파홈이라더라

⊙미국三교회의션교셩젹 작년말에 됴나ᄒᆞᆫ바를 거ᄒᆞᆫ즉 미국 각교회중에 외국션교에 힘을 뎨一 만히 쓰는 교회가 셋인ᄃᆡ 쳣재는 북감리교회니 외국의 입교인만 도합二十七만 五千八百八十七인이오 둘재는 북침례교회니 외국의 입교인이 十五만 五千六百六十二인이오 셋재는 북장로교회니 외국의 입교인이 十一만四千一百六十六인이라더라

三

⊙일본의장로교회 일본 남장로교회는 미국 션교총회에 쳥원ᄒᆞᆫ기를 본교회의 션교ᄉᆞ무가 확장됨으로 일군이 부죡ᄒᆞ니 남션교ᄉᆞ 九인과 녀션교ᄉᆞ 四인을 더 파송ᄒᆞ라 ᄒᆞ엿다더라

⊙미감리회의구휼금 미국미감리회에셔 작년도에 쇠로(衰老) 젼도ᄉᆞ들과 휴가(休暇) 젼도ᄉᆞ들을 위ᄒᆞ야 지출ᄒᆞᆫ 구휼금이 도합 一빅九十四만원이라더라

⊙긔독학ᄉᆡᆼᄌᆞ유젼도회 거一월 쳣쥬일동안에 영국 각쳐 대학교 남녀학ᄉᆡᆼ 二千여명이 리벌풀항구에 모혀 긔독학ᄉᆡᆼᄌᆞ유젼도회를 죠직ᄒᆞ엿는ᄃᆡ 벌셔 이회에 입회ᄒᆞᆫ 쳥년학ᄉᆡᆼ이 六千명에 달ᄒᆞ엿다더라

교회통신

긔셔 (슈원 리운영)

⊙죠션 교회의 쳣재격졍

우리쥬의 안에셔 은혜를 밧은 나의 ᄉᆞ랑ᄒᆞ는 형뎨ᄌᆞ미의게 뭇잡노니 우리교회의 격졍되는일이 무엇이뇨 교회가 만치못ᄒᆞ니 그것이 격졍이오 여간잇는 교회도 흥왕치 못ᄒᆞ니 그것이 격졍이오 학교가 만치못ᄒᆞ니 그것이 격졍이오 여간잇는 학교도 유지ᄒᆞ기 어려오니 그것이 ᄯᅩᄒᆞᆫ 격졍이지마는 쳣재격졍은 ᄌᆞ급이 부족ᄒᆞᆫ것인ᄃᆡ 대뎌 ᄌᆞ급이라 ᄒᆞ는것이 무엇이뇨 히셕ᄒᆞ면 곳ᄉᆞᄉᆞ로 쥰다ᄒᆞᆷ이니 이는 우리 죠션젼도인의 월급을 우리죠션 교인들이 쥰다ᄒᆞᆷ이라 사ᄅᆞᆷ이 ᄌᆞ긔의 존즁ᄒᆞᆫ 권리와 의무를 놈의게 양여ᄒᆞ고 의뢰ᄒᆞᆯ ᄆᆞᄋᆞᆷ만 가지면 엇지 붓그럽지 아니ᄒᆞ리오 누가 물건을 사고 그갑은 다른 사ᄅᆞᆷ의게 밧으라ᄒᆞ며 놈ᄭᅴ 일식히고 품삭은 리웃사ᄅᆞᆷ의게 미룰수 잇겟ᄂᆞ뇨 만일 이ᄀᆞᆺᄒᆞᆫ 사ᄅᆞᆷ이 잇스면 엇지 우숩지아니ᄒᆞ리오 슯흐다 우리 죠션에 예수의 빗치 빗친지 二十여년인ᄃᆡ 젼도등ᄉᆞ로는 젼수히 미국 션교회만 의뢰ᄒᆞ고 ᄌᆞ급의 힘을 발양치 못ᄒᆞ니 이는 비유컨ᄃᆡ 二十세된 사ᄅᆞᆷ이 조곰도 자라지 못ᄒᆞ고 어마니를 좃차 ᄃᆞ니며 졋을 달라고 우는것과 ᄀᆞᆺᄒᆞᆷ이니 보는사ᄅᆞᆷ이 무엇이라 ᄒᆞ겟ᄂᆞ뇨 병신인가 난쟝인가 의심치 아니ᄒᆞ겟ᄂᆞ뇨 우리가 엇지 하ᄂᆞ님의 은혜를 밧지아니ᄒᆞᆫ쟈 ᄀᆞᆺ치 스ᄉᆞ로 난쟝이 구실을 ᄒᆞᆯ수가 잇스리오 감샤ᄒᆞᆯ지로다 하ᄂᆞ님ᄭᅴ셔 텬국의 큰 ᄉᆞ무를 우리의게 부탁ᄒᆞ시고 ᄯᅩᄒᆞᆫ 지졍ᄉᆞ지 벌셔 우리의게 주셧스니 누구던지 하ᄂᆞ님의 은혜를 밧지 아니ᄒᆞ엿다ᄒᆞ면 거즛말 ᄒᆞ는쟈오 진리가 그ᄆᆞᄋᆞᆷ속에 업는쟈이라 엇지 먹고 닙는ᄃᆡ와 다른ᄃᆡ 쓸돈은 잇고 텬국을 위ᄒᆞ야 쓸돈은 업겟ᄂᆞ뇨 이왕에 무당판수의게와 담비와 술의게 얼마나 ᄌᆞ급ᄒᆞ엿ᄂᆞ뇨 누구던지 마귀의게 드린것만치 우리 션교회에 밧쳐도 용비가 넉넉ᄒᆞᆯ것이라 대개 ᄉᆞ랑ᄒᆞᆷ에는 ᄋᆞᆺ가온것이 업ᄂᆞ니 하ᄂᆞ님은 셰샹을 ᄉᆞ랑ᄒᆞ샤 독ᄉᆡᆼᄌᆞ를 주셧스며 예수ᄭᅴ셔는 우리를 ᄉᆞ랑ᄒᆞ샤 목숨을 ᄇᆞ리셧스며 ᄉᆞ도들은 예수를 위ᄒᆞ야 ᄉᆡᆼ명을 ᄇᆞ렷스니 우리도 만일 참으로 예수를 ᄉᆞ랑ᄒᆞ면 드리는것이 잇슬것이니 그런즉 우리ᄉᆞ랑ᄒᆞ는 그리스도인들이여 엇지 ᄌᆞ긔의 쳐디대로 예수를 위ᄒᆞ야 연보ᄒᆞ기를 앗길리가 잇스리오 파연 업슬줄 아ᄂᆞ이다 다시 말ᄉᆞᆷᄒᆞ옵ᄂᆞ니 우리도 ᄌᆞ급만 풍족ᄒᆞ면 젼도인을 ᄉᆞ방으로 다수히 파송ᄒᆞ야 면면촌촌이 교회를 셜립ᄒᆞᆯ것이오 교인도 다수히 엇을것이며 방방곡곡이 학교도 셜립ᄒᆞ야 학도도 다수히 양셩ᄒᆞᆯ것이니 아름답다 ᄌᆞ급이여 크도다 ᄌᆞ급의 셰력이여 과연 하ᄂᆞ님의 영광을 들어낼쟈이로다

정오(正誤)

본보 뎨一권 뎨廿六호 뎨五면 회보ᄃᆡ금령슈란닉(欄內)에 삭녕참의동 리의경씨의 리ᄌᆞ는 림ᄌᆞ로졍오ᄒᆞᆷ

날마다불셩경구결

△二월

十六일 우리의 무거온짐

고후五장四、시卌八편九、四、로七장廿四、八장廿二、廿三、벳젼一장六、벳후一장十四、고젼十五장

五十三、五十四、

十七일 하ᄂᆞ님ᄭᅴ서 ᄃᆞᆷ신형상대로 사ᄅᆞᆷ을 창조ᄒᆞ심
창一장廿七、힘十七장廿九、엡二장四、五、十、로八장廿九、요一三장二、시十七편十五、믁廿一장十七、로八장十七、

十八일 아담은 ᄌᆞ긔모양대로 아ᄃᆞᆯ을 나흠
창五장三、욥十四장四、시五十一편五、엡二장一、三、로七장十四、十五、十八、五장十二、十九、五장十五、八장二、고젼十五장五十七、

十九일 내구쇽ᄒᆞᄂᆞᆫ 히가니름
셰六十三장四、레廿五장十、셰廿六장十九、살젼四장十六、十七、호十三장十四、렘五十장卅四、

二十일 셰례밧ᄂᆞᆫ날
히三장八、율一장十三—十五、시百六편十四、눅四장一—三、히二장十八、눅廿二장卅一、卅二、

廿一일 올흔자의게 빗치잇슴
시九十七편十一、百廿六편五、六、고젼十五장卅七、벳젼一장三、六、七、

廿二일 네죰이 달니로다
죠二장卅四、막四장卅七、卅八、빌四장六、七、져四편八、百廿七편二、힘七장五十九、六十、고후五장八、

廿三일 쥬의진노ᄒᆞ심이 우리의게 림ᄒᆞ지아니홈
시九十편十一、마廿七장四十五、四十六、셰五十三장六、로八장一、五장一、갈三장十三、요一四장九、十、로三장廿六、

廿四일 우리가 션을밧음
욥二장十、지百十九편七十五、셰六十四장八、삼젼三장十八、렘十二장一、말三장三、히十二장六、마十장廿五、히五장八、벳젼四장十三、믁七장十四、

廿五일 하ᄂᆞ님을 차즘
욥廿三장三、셰五十장十、렘廿九장十三、눅十一장九、十、요一一장三、엡二장十三、十八、요一一장六、마廿八장廿、히十三장五、요十四장十六、十七、

廿六일 무지개ᄂᆞᆫ 하ᄂᆞ님의언약이라
믁四장三、창九장十二、十三、十六、삼후廿三장五、히六장廿八、힝十三장卅二、卅三、히十三장八、

廿七일 하ᄂᆞ님이 우리의게 ᄌᆞ유주심
율一장五、요八장十、十一、로五장十五、十六、엡二장四—七、로八장卅二、

廿八일 하ᄂᆞ님의 쵸불
죠廿장廿七、요八장七、九、창三장十一、율四장十四、요三장廿、廿一、로十四장廿、廿二、시百卅九편廿三、廿四、

二九일 하ᄂᆞ님의 날은 영원무궁홈
시百二편廿七、九十편二、말三장六、히十三장八、율一장十七、로十一장廿九、민廿三장十九、이三장廿二、히七장廿四、廿五、믁一장十七、

회보디금령슈

住所	氏名	金額
富平朴村	朴善益	四十錢
西部西學峴	朴約翰	四十錢
瓮津栗洞	金昌洙	三十錢
白川邑	洪淳倬	三圓
瓮津泮洞	徐中信	一圓六十錢
江華信嶋	金仁守	一圓
牙山十字堰	崔徹和	四十錢
仁川	金東鎰	二圓
新溪越川洞	池允善	三十錢
仝大坪市	金元珏	三十錢
安山花井里	朴德契	二圓六十錢
遂安畓洞	李明七	四十錢
仝栗里	宋翼周	二圓八十錢
美國	梁柱三	二圓
寧邊	慕理是	九十錢
安峽芹洞	金東洙	一圓二十錢
平昌中里	李東杞	一圓
江華莊岩里	李元善	四十錢
白川上四里	趙致奎	八十錢
上仝	朴成吾	二十錢
元山	쌔이부인	一圓三十五錢
江西邑	金昌煥	四圓
靑陽	金聖祚	四十錢
北部戰笠洞	安駿錫	四十錢
仝古淵洞	韓明達	四十錢
仝大廟洞	趙允鏞	四十五錢
南陽雙峰洞	金致贊	四十錢
仝柯長洞	金敎哲	四十錢

젼도ᄉᆞ의보감(寶鑑)

◉강도ᄒᆞᄂᆞᆫ요령(要領)(쇽)

(미국인 명미려)

대개 강도ᄒᆞᆯ때에 처음 드러온 교우들노 ᄒᆞ여곰 알아듯기 쉽게ᄒᆞ라면 무ᄉᆞᆷ 물건을 가지고 비유ᄒᆞ야 말ᄒᆞᄂᆞᆫ것이 됴ᄒᆞ며 또그 비유ᄒᆞᆯ 목뎍물

(目的物)을 철판이나 큰조희(紙)에 그리고 거긔다ᄒᆞ야 셜명ᄒᆞᆯ 문데나 요지를 써노코 듯는자들노 ᄒᆞ여곰 그 그림파 글ᄌᆞ에 주목(注目)케ᄒᆞᆫ후 一변 손으로 ᄀᆞᄅᆞ쳐 뵈이며 一변 입으로 강도ᄒᆞ는것이 더옥 요긴ᄒᆞᆫᄃᆡ 만일 젼도ᄉᆞ의 그림파 글시가 아롬답지 못ᄒᆞ면 여러교우의 보기슬힌 ᄉᆡᆼ각을 잇그러 내기 쉬운즉 아모됴록 다른사ᄅᆞᆷ의 손을 빌어서라도 그림을 아롬답게 그리며 글시를 단졍히 써셔 보는자의 눈을 깃브게 ᄒᆞ는것이 필요ᄒᆞ며 ᄯᅩ 그ᄲᅮᆫ아니라 강도ᄒᆞᆯᄯᅢ에 미양 요긴ᄒᆞᆫ 데목파 도리에 ᄃᆡᄒᆞ야는 듯는쟈들ᄃᆞ려 무러보아셔 더회로 ᄒᆞ여곰 잠시 연구케ᄒᆞᆫ후에 인ᄒᆞ야 그 요긴ᄒᆞᆫ뜻을 졀졀히 ᄒᆡ셕ᄒᆞ여 들녀주는것이 ᄯᅩᄒᆞᆫ 됴ᄒᆞᆫ 방법인고로 이아래 비유ᄒᆞᆯ 물건파 데목을 ᄎᆞ례로 긔록ᄒᆞ노라

데一파 데목은 의복

이 데목에 ᄃᆡᄒᆞ야는 젼도ᄉᆞ가 맛당히 솜두루막이 둘을 철판이나 빅지에 그린후에 ᄒᆞᆫ편에는「ᄌᆞ긔가 면당잡힌옷이라」쓰고 ᄯᅩᄒᆞᆫ편에는「친구가 차져준 옷이라」쓸것이니 그런후에 젼도ᄉᆞ가 뎐도(傳道)ᄒᆞᆯ는쟈들을 향ᄒᆞ야 뭇기를「이 두루막이는 누가 무ᄉᆞᆷᄭᆞ닭으로 면당잡혓ᄉᆞ며 ᄯᅩ 오ᄅᆡ도록 찻지못ᄒᆞᆫ것은 무ᄉᆞᆷ연고뇨」ᄒᆞ면 반ᄃᆞ시 ᄃᆡ답ᄒᆞ기를「그 두루막이 임쟈가 돈쓸일이 잇셔셔 잡혓는ᄃᆡ 돈이 업셔셔 진작 찻지못ᄒᆞ엿다」ᄒᆞᆯ지니 그다음에는 젼도ᄉᆞ가 뎐ᄒᆞ야 말ᄒᆞ기를「과연 그럿슴ᄂᆡ다 이 옷을 잡힌것은 ᄌᆞ긔의 허물인ᄃᆡ 五六월 七八월을 지낼 동안에는 이옷의 필요ᄒᆞᆷ을 조곰도 ᄭᆡᄃᆞᆺ지못ᄒᆞ고 태연무심히 잇다가 九十월을 당ᄒᆞᆫ후에야 비로소 ᄭᆡᄃᆞᆺ고 차즈랴ᄒᆞ나 슈즁에 돈ᄒᆞᆫ푼이 업ᄉᆞᆫ즉 엇지 차즐수 잇ᄂᆞᆫ가 다만 북풍한셜에 홋옷을 닙고 으르ᄅᆞ 썰고 잇던ᄎᆞ에 엇던 친구가 왓다가 이사ᄅᆞᆷ의 ᄯᅥᄂᆞᆫ것을 보고 불샹히 녀여 뭇기를「그ᄃᆡ의 솜두루막이는 어ᄃᆡ잇ᄂᆞ뇨」ᄒᆞ되 이사ᄅᆞᆷ은 다만 붓그러워 아모말도 못ᄒᆞ거ᄂᆞᆯ 그 친구가 말ᄒᆞ기를「나는 그ᄃᆡ가 규모업슴으로 솜옷을 다 면당잡혀먹은줄 임의 알엇노라 그러나 그ᄃᆡ의 ᄯᅥᄂᆞᆫ졍경은 참아 보지못ᄒᆞ겟ᄉᆞᆫ즉 그 면당표를 이리가져오면 내돈으로 차져주리라」ᄒᆞ고 인ᄒᆞ야 차져노코와셔 닙으라ᄒᆞ면 이 사ᄅᆞᆷ이 감샤ᄒᆞᆫ ᄆᆞ음으로 곳 와셔 밧지안켓ᄂᆞ뇨 미완

셰계격언

一、법을 어긔는쟈는 악(惡)을 칭찬ᄒᆞ고 법을 직히는쟈는 악을 ᄃᆡ뎍ᄒᆞᄂᆞ니라 (소라몬)

二、ᄒᆞᆫ푼즁의 션ᄒᆞᆫ힘실은 열근의 학문보다 나흐니라 (셔양격언)

三、졍직ᄒᆞᆫ것은 데一 됴ᄒᆞᆫ방편(方便)이니라(미국격언)

四、一분동안 참는것은 十년동안 평안ᄒᆞᆯ것이니라 (희랍격언)

五、사ᄅᆞᆷ의 습관은 데二 텬셩이 되ᄂᆞ니라 (의대리격언)

六、사ᄌᆞ의 그림ᄌᆞ를보고 놀내는쟈는 쥐를보고도 무셔워 ᄒᆞᄂᆞ니라 (일본격언)

어린ᄋᆞᄒᆡ의게 유익ᄒᆞᆫ말

◎어려셔총명ᄒᆞᆷ

녯날진(晋)나라 졍승 왕융은 어려셔 미우 총명ᄒᆞᆫ ᄋᆞᄒᆡ라 여러ᄋᆞᄒᆡ들파 ᄒᆞᆷᄭᅴ 들에 나가 놀더니 길가에 큰 오얏나무 ᄒᆞ나이 잇는ᄃᆡ 열ᄆᆡ가 만히 달녀가지가 부러질ᄃᆡ경이오 ᄯᅩᄒᆞᆫ 잘닉어셔 먹음즉 ᄒᆞᆫ지라 여러ᄋᆞᄒᆡ가 닷토아 나아가 ᄯᅡ먹고져ᄒᆞ되 ᄒᆞᆫ노 왕융은 가지안코 다른 ᄋᆞᄒᆡ들을 만류ᄒᆞ야 골ᄋᆞᄃᆡ「길가에 잇는 오얏나무에 닉은열ᄆᆡ가 뎌쳐럼 만흐니 반ᄃᆞ시 쓴오얏이라」ᄒᆞ거ᄂᆞᆯ 다른ᄋᆞᄒᆡ들이 밋지안코ᄯᅡ셔 맛보니 과연 쓴 오얏이러라

◎어려서진실ᄒᆞᆷ

미국 화셩돈이 어렷슬ᄯᅢ에 과목밧헤 가셔 놀다가 독기로 그아바지의 앗기는 실과나무 ᄒᆞ나흘 ᄶᅵᆨ어ᄇᆞ리고 겁이나셔 아모말도 못ᄒᆞ고 잇더니 그후에 그아바지가 그 과실나무의 죽은것을 보고 크게 노ᄒᆞ야 집에와셔 누가

떡온것을 사실ᄒᆞᄂᆞᆫ 마당에 화셩돈을 도라보며 「내가 떡엇ᄂᆞ냐」 무론ᄃᆡ 화셩돈이 쥬져쥬져 ᄒᆞ다가 ᄃᆡ답ᄒᆞ기를 「내가 출하리 아바지ᄭᅴ ᄭᅮ지람을 드를지언뎡 참아 거줏말을 ᄒᆞᆯ수업ᄉᆞᆸ니다 과연 제가 떡엇ᄉᆞᆸ니다」ᄒᆞ거ᄂᆞᆯ 그 아바지가 등을 두다리며 칭찬왈 「내가 파실나무보다 너의 거줏말 아니ᄒᆞᄂᆞᆫ것을 깃버ᄒᆞ노라」ᄒᆞ엿다더라

교 육

◎가졍학

음식에 ᄃᆡᄒᆞ야 주의ᄒᆞᆯ 것

여러 귀ᄒᆞᆫ손을 청ᄒᆞ야 음식을 ᄃᆡ졉코져ᄒᆞ면 불가불 새규모를 좃차 힝ᄒᆞ여야 반ᄃᆞ시 문란ᄒᆞᆷ이 업슬것인ᄃᆡ 그 졀ᄎᆞᄂᆞᆫ 이아래 ᄎᆞ례로 긔록ᄒᆞ노라

一、식탁(食卓)을 길게련ᄒᆞ야 노코 그우에 죠션음식이면 수져와 외국음식이면 양사시와 칼과 식챠(食叉)등속을 졍졔히 버려노흔후에 참셕ᄒᆞᆯ 각사ᄅᆞᆷ의 셩명을 뎍ᄃᆞᆸ지에 써셔 좌ᄎᆞ대로 노하 각각 그 뎡ᄒᆞᆫ자리를 찻기쉽게 ᄒᆞᆯ것이니라

二、손이 다 자리에 안진후에 음식을 ᄎᆞ례로 나위되 간단(間斷)이 업게ᄒᆞᆯ지며 손이 져(箸)를 몬져 잡은후에 쥬인이 비로소 져를 잡을것이며 손이 무엇을 청구ᄒᆞ면 곳응락ᄒᆞ야 지체치 말것이오 음식을 쥰비ᄒᆞᄃᆡ 녀름에ᄂᆞᆫ 아모됴록 서늘ᄒᆞ게ᄒᆞ고 겨울에ᄂᆞᆫ 더웁게ᄒᆞᆯ것이니라

三、안ᄂᆞᆫ 좌ᄎᆞ를 말ᄒᆞ자면 샹빈(上賓)은 미양 쥬인의 올흔편에 안칠것이며 쥬인과 손이 아모됴록 례복을 닙ᄂᆞᆫ것이 됴흐며 음식을 먹을때에 식건(食巾)은 무릅우에 덥흘것이오 가슴우에 놉히걸지 말것이며 국은 반사시식 ᄯᅥ서 먹으ᄃᆡ 입에서 소리가 나지안케ᄒᆞ며 면보(麵包)ᄂᆞᆫ 간간히 왼손으로 조곰식 ᄯᅦ여 먹고 새나 즘싱의 고기를 먹을때에ᄂᆞᆫ 올흔손에 칼을들고 왼손에 식챠를들고 식챠로 고기를 떡어누른후에 칼노버혀 먹을것이며 싱선을 먹을때에ᄂᆞᆫ 올흔손에 식챠를들고 떡어 먹을것이며 파실은 손으로 집어 뎝시에 옴겨노코 칼노 버혀 됴각됴각 썰어노흔후에 식챠로 떡어 먹을것이며 후식챠나 칼이나 사시가 ᄯᅡ에 ᄯᅥ러질지라도 몸을 굽혀 친히줍지 말고 「ᄲᅩ이」가 오기를 기ᄃᆞ려 ᄃᆡ신줍게 ᄒᆞᆯ것이며 음식을 먹ᄂᆞᆫ동안에 반ᄃᆞ시 겻헤안진 손이나 쥬인으로 더브러 담화ᄒᆞᄂᆞᆫ것이 됴흐며 음식을 맛친후에ᄂᆞᆫ 식건을 졉어 식탁우에 노코 식탁우에 노힌물노 양치ᄒᆞ지 말고 그물에 손가락 ᄭᅳᆺ만 담가 대강씨슬것이며 차마시기를 맛친후에 샹빈이 몬져 니러서거던 곳 ᄯᅡ라 니러설것이며 손이 도라가기를 청ᄒᆞ거던 쥬인은 례로써 젼송ᄒᆞᆯ것이니라

실 업

◎나무심으ᄂᆞᆫ법 (二)(속)

목묘기르ᄂᆞᆫ법

十四、목묘(木苗)를 해롭게ᄒᆞᄂᆞᆫ 버러지를 업시ᄒᆞᄂᆞᆫ 법이니 그법은 링슈(冷水) 五홉(合)에 양지물 두량즁을 ᄐᆞ셔 ᄭᅳ린후에 셕유(石油) 두되(升)를 혼합(混合)ᄒᆞ고 무슴 막ᄃᆡ기로 ᄒᆞᆫ참 ᄶᅥ으면 풀곳치될지니 이것을 八十되(升)가량 되ᄂᆞᆫ 물에 ᄐᆞ셔 물ᄲᅮᆷᄂᆞᆫ 그릇(噴霧器)으로 안ᄀᆡ곳치 ᄲᅮᆷ어줄것이니라

十五、셔리(霜害)를 예방ᄒᆞᄂᆞᆫ 법이니 그법은 넉자넓이되ᄂᆞᆫ 발노 덥허주되 남편은 ᄯᅡ에셔 二척(尺)이 ᄯᅳ고 북편은 一척이 ᄯᅳ게ᄒᆞᆯ지며 「은힝나무」나 「잣나무」곳치 연약ᄒᆞᆫ것은 락엽이나 집흐로 덥허주ᄂᆞᆫ것이 됴흐니라

뎨二 목묘를 옴겨 심으ᄂᆞᆫ법

나무씨를 이우희 말ᄒᆞᆫ법대로 ᄲᅮ려셔 싹이난후에 一년동안을 자라거던 그싹을 ᄲᅢᆸ아 ᄒᆞᆫ번이나 혹 두세번을 옴겨심으면 그목묘가 건장히 자라셔 능히 풍한셔습(風寒暑濕)을 이긔ᄂᆞᆫ고로 이법을 힝ᄒᆞᄂᆞ니 ᄇᆡᆨ양(白楊)곳흔것은 속히 자라ᄂᆞᆫ고로 이법을 힝ᄒᆞᆯ 필요가 업지마ᄂᆞᆫ 밤나무와 도토리나무ᄂᆞᆫ ᄒᆞᆫ두번 이법을 힝ᄒᆞ고 소나무곳흔것은 두세번힝ᄒᆞᄂᆞᆫ것이 합당ᄒᆞ니라

一、목묘를 ᄲᅢᆸ을때에ᄂᆞᆫ 몬져 큰 삽(鍤)으로 깁히파셔 나무

리가 상치안토록 흙을 떠 도러노코 목표를 곧게 셰워 내되 만일 뿌리가 깁히박여 잘 생겻지 아니ᄒᆞ거던 다시 삽으로 파고 셰울것이니라

二、그런후에는 목묘를 상즁하 三층으로 … 묵그되 소나무는 … 一百기로 二년생이면 五十기로 三년생이면 三十기로 ᄒᆞᆫ묵금을 지고 도토리와 밤나무ᄀᆞᆺᄒᆞᆫ것은 一년생이면 三十기로 二년생이면 二十기로 ᄒᆞᆫ묵금을 만들지니라

담총

⊙공긔론(空氣論)

대개 ᄯᅡ우에 공긔는 바다우에 물과ᄀᆞᆺᄒᆞ니 우리가 공긔를 마시고 공긔속에서 사는것이 맛치 물고기가 물을 마시며 물속에서 사는것과 ᄀᆞᆺᄒᆞᆫ지라 그럼으로 공긔가 우리와게 이ᄀᆞᆺ치 필요ᄒᆞ야 五六일동안 밥은 먹지안코도 능히 살수잇거니와 五六분동안 공긔를 마시지 못ᄒᆞ고는 살수업는ᄃᆡ 쥬후 一千七百七十四년이리로 여러 격치가(格致家)의 연구ᄒᆞᆫ바를 의지ᄒᆞᆫ즉 공긔 一百분즁에 담긔(淡氣)가 七十三분이오 양긔(養氣)가 二十三분이오 탄긔(炭氣)가 五분이니 每사ᄅᆞᆷ이 평균 廿五돈(頓)의 공긔를 덤령ᄒᆞᄆᆡ 一분동안에 一고륜(八升가량)의 공긔를 마시는것이 합당ᄒᆞ니라

⊙세상사ᄅᆞᆷ의 미신(迷信)

지나 소쥬디방에 ᄒᆞᆫ 고찰(古刹)이 잇ᄂᆞᆫᄃᆡ 그곳은 산이 놉고 물이 아ᄅᆞᆷ다온 곳이라 구경오ᄂᆞᆫ 사ᄅᆞᆷ이 만흔ᄃᆡ 하로ᄂᆞᆫ 엇던 그림잘 그리ᄂᆞᆫ 사ᄅᆞᆷ이 이절에 구경간즉 마춤 아모도 업ᄂᆞᆫ지라 법당벽상에 귀신의 화상ᄒᆞ나를 극히 흉악ᄒᆞ게 그려노코 왓더니 그절 직히ᄂᆞᆫ즁이 어ᄃᆡ 갓다가와셔 그 화상을 보고 괴상히녁여 그 근방으로 도리ᄃᆞᆫ니면셔 ᄌᆞ긔절에 텬신이 하강ᄒᆞ엿다가 자최를 머물고 갓다고 광고ᄒᆞᄆᆡ ᄉᆞ방에셔 남녀로소업시 와셔 치셩드리ᄂᆞᆫ자ㅣ 날마다 수근이지 아니ᄒᆞᄂᆞᆫ지라 몃ᄃᆞᆯ후에 그 화상 그린사ᄅᆞᆷ이 다시가셔 아모도 업ᄂᆞᆫ틈을 ᄐᆞ셔 그화상을 지여 업시ᄒᆞ고 왓더니 그절즁이 ᄯᅩ 광고ᄒᆞ기를 그 근방사ᄅᆞᆷ이 치셩을 잘못 드린셔둙으로 텬신이 다른곳으로 갓다ᄒᆞᄆᆡ ᄯᅩ 그 허신을 알고져ᄒᆞ야 ᄉᆞ방으로 ᄎᆞᆺ차오ᄂᆞᆫ자 날마다 여러ᄇᆡᆨ명에 달ᄒᆞ엿다ᄒᆞ니 이셰상에 우상의게 절ᄒᆞᄂᆞᆫ자 다 이와ᄀᆞᆺᄒᆞ니 어셔어셔 그ᄆᆞ옴속에 미신을 셔트릴지어다

明治四十五年二月廿七日印刷

그리스도회보

KOREAN CHRISTIAN ADVOCATE

每月二回發行

明治四十五年三月十二日印刷

明治四十五年三月十五日發行

發行兼編輯人 北部社洞 奇義男

印刷人 北部樓閣洞 朴東完

印刷所 京城西小門內法韓印刷所

發行所 北部社洞 奇義男

디금 一장 二젼五리

[代金] 六ᄀᆡ월 二十젼

一ᄀᆡ년 四十젼

사셜

◎됴흔사ᄅᆞᆷ은 됴흔나무와ᄀᆞᆺ흠

이때는 양력三월상슌이라 남산북산에 싸인 눈이 사라지고동됴셔됴에 봄일이 바야흐로 시작되엿스나 관령의 파송ᄒᆞᆫ 긔슈들은 각쳐보안림(保安林)과 국유디에 식목(植木)ᄒᆞ기를 착슈ᄒᆞ고 경향의 농부들은 각각 ᄌᆞ긔 동산에 파목심으기를 쥰비ᄒᆞᄂᆞᆫ도다 대개 됴흔나무를 심으ᄂᆞᆫ 리익은 다만 ᄒᆞᆫ두가지가 아니니 첫재ᄂᆞᆫ 나무의 ᄆᆞᆰ은 그늘이 사ᄅᆞᆷ으로 ᄒᆞ여곰 녀름에 혹독ᄒᆞᆫ 더위를 피케ᄒᆞ며 둘재ᄂᆞᆫ 나무의 울창(鬱蒼)ᄒᆞᆫ 빗치 보ᄂᆞᆫ자의 ᄆᆞᄋᆞᆷ을 깃브게ᄒᆞ고 셋재ᄂᆞᆫ 나무가 공긔를 신션(新鮮)케ᄒᆞ야 사ᄅᆞᆷ의 위싱에 유익ᄒᆞ며 넷재ᄂᆞᆫ 나무수풀이 무셩ᄒᆞ면 능히 우턱(雨澤)을 고로게ᄒᆞ야 한재(旱災)가 적을것이며 다셧재ᄂᆞᆫ 나무가 사ᄅᆞᆷ의 리용ᄒᆞᄂᆞᆫ 궁실과 쥬거(舟車)의 재료도되며 사ᄅᆞᆷ의 먹ᄂᆞᆫ바 과실도 맷ᄂᆞ니 이것은 다나무를 심으ᄂᆞᆫ 리익이라 이와ᄀᆞᆺ치 사ᄅᆞᆷ을 양셩ᄒᆞᄂᆞᆫ 리익이 여러가지니 대개 션ᄒᆞᆫ 사ᄅᆞᆷ은 혹 어진덕화를 뎐하에 널니 펴셔 억됴창싱으로 ᄒᆞ여곰 도탄(塗炭)을 면케도ᄒᆞ며 놉흔 졀기와 거록ᄒᆞᆫ 말과 온화ᄒᆞᆫ 티도가 보ᄂᆞᆫ쟈의 ᄆᆞᄋᆞᆷ을 깃브게도ᄒᆞ며 혹 그도덕의 ᄇᆞᆰ은 빗과 슉쳥(肅淸)ᄒᆞᆫ 바람이 능히 ᄒᆞᆫ세상의 어두온것과 어ᄌᆞ러온것을 쓰러업시ᄒᆞ기도ᄒᆞ며 그탁월ᄒᆞᆫ 재능과 고명ᄒᆞᆫ 지식이 나라집이나 샤회의 쓸만ᄒᆞᆫ 그릇이 될수도잇스며 그 아ᄅᆞᆷ다온 힘실이 모든 사ᄅᆞᆷ의 모범이 될수도잇ᄂᆞᆫ디 누구던지 우리쥬 예수그리스도의 말ᄉᆞᆷ을 밋고 그의 픔힝을 본밧아 힝치 아니ᄒᆞ면 능히 이런 됴흔사ᄅᆞᆷ을 일우지 못ᄒᆞᆯ지니 원컨디 우리동포 형뎨ᄌᆞ미들은 이됴흔 긔회를 일치말으시고 신령ᄒᆞᆫ 동산에 드러와셔 하ᄂᆞ님의 말ᄉᆞᆷ에 그뿌리를 박고 쥬의 ᄉᆞ랑에 그가지를 붓치고 셩신의 은혜가온디 자라셔 이우희 말ᄒᆞᆫ바와ᄀᆞᆺ치 됴흔 나무를 일우시면 그 유익홈이 대단히 클진뎌

◎본사 광고◎

거월十一일(쥬일)은본회보의긔렴일이온디이날에각쳐교회에서각각기힘대로본보에디ᄒᆞ야연보ᄒᆞᆫ것을본샤로보내엿기로그위호ᄒᆞ시ᄂᆞᆫ뜻을감사ᄒᆞ오며어에ᄂᆞᆫ매대로긔재ᄒᆞ노라

南部水標橋교회 六十錢

原州邑교회 八十一錢五里

稷山笠場교회 一圓

海州邑교회 四圓

본사 특별 광고

누구시던지 본회보 디금을 우편쇼위체(郵便小爲替)로 보내시되 혹 우표(郵票)로 보내실 경우에ᄂᆞᆫ 五젼자리 이하의 우표로 보내시고 五젼자리나 그 이샹 우표로 보내시ᄂᆞᆫ것은 밧지 아니ᄒᆞ겟습

증산연보

三和金塘敎會 三圓四十錢

교즁휘문

△ᄂᆡ보△

◉미감리회년회순셔 미감리회 금년 년회를 경셩 샹동례비당ᄂᆡ에셔 본월五일브터 열엿ᄂᆞᆫᄃᆡ 그순셔는 이아래와 굿더라

三월五일샹오九시로 十二시ᄭᆞ지 감독 히리스씨가 쥬셕이되여 회원호명을 맛친후 임원 죠직ᄒᆞ엿고
동하오二시三十분(광고) 젼도부인셩경학원 졸업례식 위원회
동七시三十분 강도 목ᄉᆞ젼덕긔씨
六일샹오八시로 九시ᄭᆞ지 긔도회 목ᄉᆞ긔의남씨인도
九시로 十二시ᄭᆞ지 ᄉᆞ무쳐리
하오二시三十분 위원회
동七시三十분 교육회 회쟝 목ᄉᆞ빌닝쓰씨
七일샹오八시三十분으로 九시ᄭᆞ지 긔도회 목ᄉᆞ쟝락도씨인도
九시로 十二시ᄭᆞ지 ᄉᆞ무쳐리
하오二시三十분 위원회
동七시卌분 ᄂᆡ외국션교회 회쟝 목ᄉᆞ모리스씨
八일샹오八시三十분으로 九시ᄭᆞ지 긔도회 박ᄉᆞ최승만씨인도
九시로 十二시ᄭᆞ지 ᄉᆞ무쳐리
하오二시卌분 미국에 파송ᄒᆞᆯ 평신도 총ᄃᆡ션뎡회
동七시卌분 졀제와 샤회ᄀᆡ량문뎨토론회회쟝 의ᄉᆞ 반복긔씨
九일샹오八시三十분으로 九시ᄭᆞ지 긔도회 박ᄉᆞ긔일씨인도
九시로 十二시ᄭᆞ지 ᄉᆞ무쳐리
하오二시三十분 위원회
十일샹오九시三十분 의찬회 ᄉᆞ무쟝 신학교쟝긔이부씨
十시卌분 강도 감독히리스씨
하오二시卌분 직텹슈여식(안수례식)
十一일샹오八시卌분으로 九시ᄭᆞ지 긔도회 목ᄉᆞ씌킴프씨인도
九시로 十二시ᄭᆞ지 ᄉᆞ무쳐리 젼도인파송긔ᄂᆡ고 폐회홈이라더라

◉춘쳔의흥경회 본샤쟝 긔의남씨가 춘쳔으로 하왕ᄒᆞ은젼호에 긔지ᄒᆞ엿거니와 동씨가 히디방에셔 여러날동안 부흥회와 사경회를 인도ᄒᆞᆫ 결과로 一반교우가 새온혜를 만히 밧앗다더라

◉아편목ᄉᆞ긔념회 고비지학당쟝 아편셜나씨가 감리교회 목ᄉᆞ즁 데一 처음으로 죠션에나와서 교회와 학교에 ᄃᆡᄒᆞ야 열심ᄒᆞ던 일은 우리 一반교우의 다 아는바어니와 본동씨의 ᄉᆞ업을 ᄉᆞ모ᄒᆞ야 본월九일하오七시三十분에 경셩 졍동례비당ᄂᆡ에셔 동씨의 긔념회를 셜힝ᄒᆞ엿는ᄃᆡ 당일에 감독히리스씨가 쥬셕으로 목ᄉᆞ최병헌씨의 긔도로 긔회ᄒᆞᆫ후 긔회대지를 셜명ᄒᆞ고 송언용씨가 동씨의 력ᄉᆞ를 말ᄒᆞᆫ후 박ᄉᆞ리승만씨와 신흥우씨가 ᄎᆞ례로 연셜ᄒᆞ고 동씨의 긔렴례비당을 건츅ᄒᆞ기 위ᄒᆞ야 각기 힘대로 연보ᄒᆞ엿다더라

◉긔셩디방회 경긔도 긔셩군리각균씨의 통신을 거ᄒᆞᆫ즉 남감리회 긔셩구역 련합디방회를 거二월二十二일브터 동廿七일ᄭᆞ지 긔셩 북부례비당ᄂᆡ에셔 열고 회쟝고영북씨가 쥬셕ᄒᆞ엿는ᄃᆡ 모힌 남녀교우의 수효는 二百인가량이며 여러연ᄉᆞ가 법을ᄒᆞ는즁 쥬의 도으심을 넙어 새로온 ᄉᆞ상과 확실ᄒᆞᆫ 밋음이 一층 더자랏스며 특별히 ᄌᆞ급됴를 각교회에셔 춘츄에 곡식으로 내여 아모됴록 ᄌᆞ담ᄒᆞᆯ일을 토론ᄒᆞ엿스며 각교회에 셔당(書堂)을 셜립ᄒᆞᆯ일을 권쟝ᄒᆞ기 위ᄒᆞ야 교육부와 감독부를 죠직ᄒᆞ고 또 각교회에 유년쥬일학교를 셜립ᄒᆞ기로 외결ᄒᆞ엿스며 이외에도 뎡혼ᄒᆞ며 결혼ᄒᆞ는 법과 또 풍쇽ᄀᆡ량ᄒᆞ는일을 외론ᄒᆞ엿는ᄃᆡ 모든 교우가 깃븜으로 결의ᄒᆞ엿다더라

◉제직원의열심 평북 래쳔군 리원식씨의 통신을 거ᄒᆞᆫ즉 희군 원샹 덕흥 리상三처 교회에셔 거二월十九일브터 二十四일ᄭᆞ지 부흥회를 열고 리원식 변진긔 박달영 최학중 김셩도 변봉룡 문찬호 변학현 리향쵸 챠ᄌᆞ현 김우승 졍긔화 졍봉샹 동졔씨가 열심젼도ᄒᆞᆫ 결과는 새로 밋기로 작뎡ᄒᆞᆫ 사ᄅᆞᆷ이 七十四인이라더라

◉강화디방의사경회 강화군 최족일씨의 통신을 거ᄒᆞᆫ즉 동군 홍련교당니에서 十二월 十九일브터 二十四일ᄭᆞ지 특별 사경회를 열고 갑을반을 조직ᄒᆞ야 미일샹오九시브터 하오四시ᄭᆞ지 창세긔 츌애굽긔 복음이동 식물학 찬숑가를 ᄀᆞᄅᆞ첫ᄂᆞᆫᄃᆡ 교ᄉᆞᄂᆞᆫ 최족일 로시좌 면효빈 죠죵환제씨오 미일츌셕ᄒᆞᆫ 학원은 평균七十인이샹이라더라

◉부인셩경학원졸업식 경셩 동대문안 부인셩경학원 뎨一회 졸업례식을 본월五일하오 三시에 상동례빈당니에서 셜힝ᄒᆞ엿ᄂᆞᆫᄃᆡ 림시회쟝 목ᄉᆞ 긔이부씨가 목ᄉᆞ최병헌씨의 긔도로 ᄀᆡ회ᄒᆞᆫ후 학ᄉᆡᆼ이 찬미ᄒᆞ고 목ᄉᆞ쩌다인씨ᄂᆞᆫ 녀ᄌᆞ셩경학습의 필요라ᄂᆞᆫ 문뎨로 목ᄉᆞ뒤덕긔씨ᄂᆞᆫ 녀ᄌᆞ셩경학원의 목뎍이란 문뎨로 각각 연셜ᄒᆞᆫ후 리화학당 녀학ᄉᆡᆼ이 합창ᄒᆞ고 감독해리스씨가 졸업쟝을 돌나준후 학ᄉᆡᆼ의 노래와 목ᄉᆞ현셕칠씨의 긔도로 폐회ᄒᆞ엿더라

◉량부인젼별회 경셩 졍동 리화학당쟝 프라이씨ᄂᆞᆫ 十여년ᄅᆡ로 죠션녀ᄌᆞ교육에 열심ᄒᆞ더니 쟝ᄎᆞᆺ ᄌᆞ긔본국으로 드러갈터이오 또 졍동보구녀관 병원쟝 커들너씨ᄂᆞᆫ 쟝ᄎᆞᆺ 평양녀병원쟝으로 올마갈터인고로 경셩 각교회녀 형뎨ᄌᆞᄆᆡ와 기외에 유지ᄒᆞᆫ 신ᄉᆞ부인제씨의 발긔로 본월十六일하오七시에 졍동뎨一례비당니에서 량부인을 위ᄒᆞ야 젼별회를 ᄀᆡ최(開催)ᄒᆞᆫ다더라

◉비현읍사경회 황히도 비현군목ᄉᆞ홍슌탁씨의 통신을 거ᄒᆞᆫ즉 금년二월五일브터 二十四일ᄭᆞ지 슌힝목ᄉᆞ 오긔션씨가 비현읍교회에 와서 사경회를 열고 각교회직원과 교우들을 모화 열심교슈홈으로 모든 학원들이 신령ᄒᆞᆫ 은혜를 풍셩히 밧앗스며 二十四일은 맛참 쥬일이라 이날아참에 오목ᄉᆞ가 본교회 ᄌᆞ급젼미슈와 년회부비와 션교회연보와 기타 여러가지 됴건을 들어 격졀ᄒᆞᆫ말노 권면ᄒᆞᆫ후에 연보를 거두ᄂᆞᆫᄃᆡ 十원으로 十젼ᄭᆞ지 족ᄌᆞ에 써셔 벽상에 걸고 교우들이 ᄌᆞ긔힘에 넘치도록 서로 다토아 연죠ᄒᆞᆫ 돈이 五十여원이오 또ᄒᆞᆫ 부인즁에셔ᄂᆞᆫ 앗기고 앗기던물건ᄭᆞ지 내여노앗ᄂᆞᆫᄃᆡ 은반지가 세ᄀᆡ요 은귀이ᄀᆡ가 두ᄀᆡ라더라

◉원씨의의연 황히도 셔흥군 황졍모씨의 통신을 거ᄒᆞᆫ즉 동군 도하면 두무골교회 원일샹씨ᄂᆞᆫ 본ᄅᆡ 신심이 독실ᄒᆞ야 열심으로 젼도ᄒᆞ야 인도ᄒᆞᆫ 사ᄅᆞᆷ을 쥬ᄭᅴ로 허다ᄒᆞ며 례비당을 지을때에 지졍과 신역으로써 연보ᄒᆞ야 례비당 二十여간을 새로지여 하ᄂᆞ님ᄭᅴ 밧쳣스며 또 젼도인과 교즁에 리왕ᄒᆞᄂᆞᆫ 손님의 죠셕공궤ᄒᆞ기가 곤난홈을 보고 ᄌᆞ긔 소농(所農)답 三두락 七十여원가치를 교즁에 밧쳐 영영토록 죠셕공궤를 담당케 ᄒᆞ엿다더라

◉노비쇽량 황히도 평산구역 셔영셕씨의 통신을 거ᄒᆞᆫ즉 금쳔군 동화면 법니교회 쇽장 리연철씨ᄂᆞᆫ 본ᄅᆡ가세가 부요ᄒᆞ야 노비가 만히잇ᄂᆞᆫᄃᆡ 三년젼에 쥬를 밋고 온가쇽과 노비를 권면ᄒᆞ야 쥬를 밋게ᄒᆞ고 션힝을 만히 힘ᄒᆞᆫᄃᆡ 작년봄브터 녀름ᄭᆞ지ᄂᆞᆫ 쥬일학당 교장직분을 밧아 열심으로 교슈ᄒᆞ엿고 가을브터ᄂᆞᆫ 쇽장직분을 밧아 열심으로 시무ᄒᆞᄂᆞᆫᄃᆡ 十一월분에 ᄌᆞ긔의 미득ᄒᆞᆫ 노비 五명의 문셔를 불살오고 그 노비의 가쇽들 十여명ᄭᆞ지 쇽량ᄒᆞ여 주면셔 나가 ᄌᆞ유로 살면셔 쥬를 진실히 밋으라고 권면ᄒᆞ엿다더라

◉젼목ᄉᆞ남힝 경셩 샤직동 남감리회 젼목ᄉᆞᄂᆞᆫ 군산항 쟝로교회 교우사경회에 참셕 교슈ᄒᆞ기 위ᄒᆞ야 본월八일에 히디방으로 젼왕ᄒᆞ엿다더라

◉김씨기셰 원산항 박학면씨의 통신을 거ᄒᆞᆫ즉 회양구역권ᄉᆞ 김병하씨가 원산에 왓다가 우연히 병이드러 신음ᄒᆞ다가 본월一일하오에 셰샹을 써낫다 ᄒᆞ엿더라

△외보▽

◉각교회의외국션교비 미국 엇던잡지에 긔ᄌᆡᄒᆞᆫ바를 의지

쥬후 작년도에 미국 각교회에셔 외국션교ᄒᆞᄂᆞᆫ일에 ᄃᆡᄒᆞ야 연보ᄒᆞᆫ 금익의 평균수를 비교ᄒᆞᆫ건ᄃᆡ 련합쟝로교회는 미一인이 五원十二젼이오 ᄀᆡ량교회는 미一인이 三원五十二젼이오 남쟝로교회는 미一인에 三원이오 강그레게슌교회는 미一인이 二원六十四젼이오 북쟝로교회는 미一인이 二원二十四젼이오 북침례교회는 미一인이 一원七十二젼이오 미감리회는 미一인이 一원三十젼이오 남감리교회는 미一인이 九十四젼이오 남침례교회는 미一인이 四十四젼이라더라

◎온힝가와젼도ᄉᆞ 미국인챠덕씨는 여러ᄇᆡᆨ만원 자본가진 온힝가로 ᄯᅩᄒᆞᆫ 찬양ᄃᆞᆫ니기를 편벽되히 됴화ᄒᆞ더니 금년봄브터 一년동안은 세계만국에 유람ᄒᆞ면셔 니르ᄂᆞᆫ곳마다 쥬의 복음젼파ᄒᆞ기를 결심ᄒᆞ고 근간에 쟝ᄎᆞᆺ 발졍ᄒᆞᆫ다더라

◎남감리회통계표 본년一월에 발힝ᄒᆞᆫ 남감리회 통계표를 의지ᄒᆞᆫ즉 一반교우의 수효ᄂᆞᆫ 도합一百九十一만八千九百七十四인즁 작년ᄂᆡ에 엇은 수효가 四만四千九百六十二인이오 ᄉᆞ망ᄒᆞᆫ 젼도ᄉᆞ가 一百十二인이오 학습젼도ᄉᆞ가 三百三인이며

쥬일학교임원과 교ᄉᆞ가 도합十二만九千三十인즁 작년ᄂᆡ에 증가(增加)ᄒᆞᆫ 수효가 三千七百五十四인이오 학도가 도합一百三十六만五千六百七十二인즁 작년ᄂᆡ에 증가ᄒᆞᆫ 수효가 四만一百九十인이며

엡웟쳥년회원이 도합十三만七千六十二인이니 작년ᄂᆡ에 감ᄒᆞᆫ 수효가 五千一百九十九인이며

작년도 젼도ᄉᆞ무에 ᄃᆡᄒᆞ야 지출ᄒᆞᆫ돈이 九百五十二만六千七百十四원이니 지작년에 비교ᄒᆞ면 十二만四千四원이 증가ᄒᆞ엿스며 외국션교회를 위ᄒᆞ야 거둔돈이 八十二만二千六百六十四원이니 지작년에 비교ᄒᆞ면 七만四千二百三十八원이 증가ᄒᆞ엿고 교당확쟝비로 거둔돈이 三十九만六千六百七十원이니 지작년에 비교ᄒᆞ면 四만三千七百二원이 증가ᄒᆞ엿스며 교당수효가 一만六千九百一쳐이니 그가치는 九千三百八十七만二百二十二원이오 각쟝로 구역에 부속ᄒᆞᆫ집이 五千一百三十七좌니 그가치는 一千九百三十八만九千六百四十원이오 디방회에 부속ᄒᆞᆫ집이 二百二十八좌니 그가치는 一百九十一만四千원이라더라

◎각교회를련합ᄒᆞᆯ운동 미국쟝로교회즁 라피룬이라ᄂᆞᆫ 명칭을 엇은 박ᄉᆞ리벗트씨ᄂᆞᆫ 각교회 련합ᄌᆞ유회 힝졍위원인ᄃᆡ 동박ᄉᆞ가 구라파각국으로 도라ᄃᆞᆫ니면셔 연설ᄒᆞ기를 우리쥬 예수ᄒᆞᆫ분을 머리로 삼은 예수교안에 파문(派門)의 다른것이 너머만흠으로 쥬의 복음을 젼ᄒᆞ기에 방해되ᄂᆞᆫ것이 업지아니ᄒᆞᆫ즉 모든 교회를 련합ᄒᆞ야 ᄒᆞᆫᄌᆞ유젼도회를 죠직ᄒᆞᄂᆞᆫ것이 필요ᄒᆞ다ᄒᆞ매 동박ᄉᆞ의 의론을 찬셩ᄒᆞᄂᆞᆫ자ㅣ만흔지라 오ᄂᆞᆫ一千九百十七년에ᄂᆞᆫ 신교(新敎)곳 예수교회의 창셜ᄒᆞᆫ지 뎨四百년긔념회를 거힝ᄒᆞᆯ터인즉 이때에 예수교 ᄀᆡ량ᄒᆞᆯ 안건(案件)을 뎨츌ᄒᆞ기로 쥰비ᄒᆞᄂᆞᆫ즁이라더라

四

도덕부

(미국인 원렴 의론)

◎신과령혼과육신

ᄉᆞ도 바울ᄭᅴ셔 뎨살노니가젼셔ᄭᅳᆺ헤 말ᄉᆞᆷᄒᆞ시기를 내가 하ᄂᆞ님ᄭᅴ 긔도ᄒᆞ야 너희신과 령혼과 육신이 예수 그리스도 오시ᄂᆞᆫ날ᄭᆞ지 최망이 업기를 원ᄒᆞᆫ다)ᄒᆞ엿스니 이ᄂᆞᆫ 이세샹 모든 사ᄅᆞᆷ의게 알게ᄒᆞᆫ것이오 ᄯᅩᄒᆞᆫ 우리로 ᄒᆞ여곰 젼신과 본셩을 간슈ᄒᆞᄂᆞᆫ것이 필요ᄒᆞᆷ을 알게ᄒᆞᆷ이라

예수ᄭᅴ셔 사ᄅᆞᆷ의게 영ᄉᆡᆼ을 ᄀᆞᄅᆞ치기 위ᄒᆞ야 마가十二쟝二十六七졀에 부활을 말ᄉᆞᆷᄒᆞ여왈 (나ᄂᆞᆫ 아브라함의 하ᄂᆞ님이오 이삭의 하ᄂᆞ님이오 야곱의 하ᄂᆞ님이라 ᄒᆞ셧슨즉 이ᄂᆞᆫ 죽은쟈의 하ᄂᆞ님이 아니오 산쟈의 하ᄂᆞ님이라)ᄒᆞ엿스니 이로 보건ᄃᆡ 육신은 령혼을 가도ᄂᆞᆫ집이 아니오 쟝ᄎᆞᆺ 그가온ᄃᆡ셔 나아와 완젼ᄒᆞ고 놉흔ᄉᆡᆼ명을 엇을지니 이러ᄒᆞᆫ말ᄉᆞᆷ이 셩경가온ᄃᆡ 二百여곳이 되ᄂᆞ니라

셰샹사ᄅᆞᆷ이 말ᄒᆞ기를 육신은 죄의 집이라ᄒᆞ나 그러치아니

될것은 예수ᄭᅴ셔 육신ᄭᅡ지 쓰ᄒᆞ도 죄짓지 안이ᄒᆞᆫ것을 보고알지라 그런고로 희브리사ᄅᆞᆷ이나 예수교인은 죄와육신이 상관 업다ᄒᆞᄂᆞ니라 육신은 동물의 몸이라 신과 심령으로 ᄯᅥ블러 분별이 잇ᄂᆞᆫ고로 령혼은 ᄯᅥᆺᄯᅥᆺᄒᆞ게ᄒᆞ여야 되ᄂᆞ니라

로마六장十三절에 말ᄉᆞᆷᄒᆞ기를 (너희 지톄를 죄에들여 불의ᄒᆞᆫ 병긔가 되지말고 오직 죽은자가온ᄃᆡ셔 부활ᄒᆞᆫ쟈ᄀᆞᆺ치 몸을 하ᄂᆞ님ᄭᅴ 돌니며 ᄯᅩᄒᆞᆫ 너희 지톄로 의의 병긔가되여 하ᄂᆞ님ᄭᅴ 돌니라) ᄒᆞ엿스니 우리ᄂᆞᆫ 죄가 육신을 쥬장치 못ᄒᆞ게 ᄒᆞᆯ지니라

령혼은 심리학과 정신학으로 궁구ᄒᆞ야 본즉 량심으로 세ᄯᅳᆺ논것이니 교인은 령혼을 싱각ᄒᆞᆯᄯᅢ에 셩경에 ᄀᆞᄅᆞ친대로 밋ᄂᆞ니라 우리본질 가온ᄃᆡ 세가지 분별이 잇ᄂᆞᆫ것과 신과 령혼의 분간되ᄂᆞᆫ것을 발ᄒᆞ면 ᄉᆞ도바울ᄭᅴ셔 고린도젼셔 二장十四五절에 말ᄉᆞᆷᄒᆞ시기를 혈긔에 붓ᄒᆞᆫ 사ᄅᆞᆷ은 하ᄂᆞ님 신의일을 밧지아니ᄒᆞ니 이ᄂᆞᆫ 뎌희가 어리셕게 싱각ᄒᆞᆷ이오 ᄯᅩᄒᆞᆫ 능히 세ᄯᅩᆺ지도 못ᄒᆞ되 셩신의게 쇽ᄒᆞᆫ사ᄅᆞᆷ은 모든것을 분별ᄒᆞᆫ다 ᄒᆞ엿스며 유다셔 十九절에 말ᄉᆞᆷᄒᆞ시기를 뎌사ᄅᆞᆷ은 혼신은 잇셔도 셩신은 업ᄂᆞᆫ사ᄅᆞᆷ이라ᄒᆞ엿ᄂᆞ니라 누가 一장四十六七절과 빌닙보一장二十七절과 야곱보三장十五절을 보시고 ᄌᆞ세히 싱각 ᄒᆞ시오 신은 셩경의 ᄯᅳᆺ대로 보면 사ᄅᆞᆷ의 본위라 이것이 하ᄂᆞ님을 ᄯᅥ날수업ᄂᆞᆫ 물건인고로 죽은후에ᄂᆞᆫ 하ᄂᆞ님ᄭᅴ로 도라가ᄂᆞ니라 창셰긔 二장七절에 하ᄂᆞ님이 사ᄅᆞᆷᄭᅥ 문드시고 어시아四十二장五절에 하ᄂᆞ님은 사ᄅᆞᆷ에게 싱명과 신을주셧다ᄒᆞ니라

사ᄅᆞᆷ의 신령ᄒᆞᆫ싱명이 그리스도를 밋ᄂᆞᆫ대로 다시나며 샤죄엇ᄂᆞᆫ것은 미국에 유명ᄒᆞᆫ 왜ᄇᆡᄉᆞ터 ᄌᆞ뎐에 분명히 신파 령혼의 ᄯᅳᆺ을 분별ᄒᆞ엿스니 그ᄯᅳᆺ을 말ᄒᆞ면 령혼은 싱명의 참 자리며 동작ᄒᆞᄂᆞᆫ 근본이며 뎨일요긴ᄒᆞᆫ 물건이오 신은 사ᄅᆞᆷ의 보히지안ᄂᆞᆫ 령혼의 자리라 령혼이 비록 몸에거ᄒᆞ나 그몸에 잇ᄂᆞᆫ 싱명을 인도ᄒᆞᄂᆞᆫ것이니라 진실노 그리스도교인은 신과 육신과 령혼을 하ᄂᆞ님의 ᄯᅳᆺ대로 거룩케ᄒᆞ기를 ᄇᆞ라노니 우리ᄂᆞᆫ 하ᄂᆞ님이 우리의 몸을샹관ᄒᆞᄂᆞᆫ줄 알어야 ᄒᆞᆯ것이오 이것을 정결히ᄒᆞ야 셩신이 우거ᄒᆞ기에 맛당ᄒᆞ게ᄒᆞᆯ것이라 ᄯᅩ우리의 ᄆᆞᄋᆞᆷ을 완젼히ᄒᆞ야 싱각ᄒᆞᄂᆞᆫ것과 긔렴ᄒᆞᄂᆞᆫ것과 작뎡ᄒᆞᄂᆞᆫ것과 쥬의ᄒᆞᄂᆞᆫ 권셰를 일우게 ᄒᆞᆯ지니라 우리의 신은 一신의 뎨일 놉흔것인ᄃᆡ 우리가 이것을 완젼히ᄒᆞ야 하ᄂᆞ님ᄭᅴ 갓갑게ᄒᆞ며 종교의 능력이 잇게ᄒᆞ야 하ᄂᆞ님의 신을 깃브게 ᄒᆞᆯ것이라 하ᄂᆞ님ᄭᅴ셔 우리에게 이우희 말ᄒᆞᆫ바 세가지 요긴ᄒᆞᆫ것을 주엇슨즉 우리가 이것을 거룩ᄒᆞ고 완젼케ᄒᆞ야 하ᄂᆞ님ᄭᅴ 지으신공을 긔렴ᄒᆞᆯ진뎌

젼도ᄉᆞ의보감(寶鑑)

◎강도ᄒᆞᄂᆞᆫ요령(要領)

(미국 명미려)

뎨一과 문뎨의복 (쇽)

옷 면당잡힌 사ᄅᆞᆷ이 반ᄃᆞ시 그 친구를 ᄃᆡᄒᆞ야 말ᄒᆞ기를「나의 ᄎᆞᆷ됴ᄒᆞᆫ 친구여 나ᄂᆞᆫ 진졍 그ᄃᆡ를 감샤ᄒᆞ노라 이ᄯᅢᄂᆞᆫ 내가 불가불 솜옷을 닙어야 될ᄯᅢ요 ᄯᅩ 나ᄂᆞᆫ 과연 아모 도리가 업ᄂᆞᆫᄯᅢ라 맛츰 이ᄯᅢ에 그ᄃᆡ가와셔 나의잡힌 옷을 차자주니 내가 ᄎᆞᆷ 감샤ᄒᆞᆫ ᄆᆞᄋᆞᆷ으로써 이두루막이를 밧아닙노라 ᄒᆞ지 안켓ᄂᆞ뇨 여러분 싱각에도 그러ᄒᆞᆯ것이오

내가 지금 이비유를 희셕코져 ᄒᆞᄂᆞᆫᄃᆡ 몬져 여러분ᄭᅴ 무러보노니 이옷은 무엇을 비유ᄒᆞᆫ것이뇨 이옷은 곳 우리의 션(善)이니 처음에 하ᄂᆞ님ᄭᅴ셔 여러분의게도 각각 이옷을 ᄒᆞᆫ벌식 주셧고 내게도 ᄒᆞᆫ벌 주셧스며 모든사ᄅᆞᆷ의게다 ᄒᆞᆫ벌식 주시면셔 이셰샹에 잇슬동안에 졍결ᄒᆞᆫ ᄆᆞᄋᆞᆷ으로 이옷을 닙고 다 션ᄒᆞᆫ사ᄅᆞᆷ이 되라고 당부ᄒᆞ셧ᄂᆞᆫᄃᆡ 오ᄂᆞᆯ날 여러분이 다 이옷을 닙고 잇ᄂᆞᆫ가 싱각ᄒᆞ여 보십세다 여러분즁에 어나분이 능히 ᄆᆞᄋᆞᆷ으로 ᄉᆞᄉᆞ로 싱각ᄒᆞ고 ᄉᆞᄉᆞ로 ᄃᆡ답ᄒᆞ기를 나ᄂᆞᆫ 죄과가 도모지 업노라ᄒᆞᆯ수 잇습닛가 아니요 이셰샹에 육신가진 사ᄅᆞᆷ으로ᄂᆞᆫ 죄과가 도모지 업슬수 업습니

다 그러면 이것은 곳 내나 여러분이 다 이옷을 임의면 당잡힌 즁거라 그러나 우리 능력으로는 능히 이옷을 도로 찻기 어렵도다 여러분즁에 엇던분이 혹 말ᄒᆞ기를 내가 오ᄂᆞᆯ브터 ᄯᅳᆺ을 세우고 다시는 악ᄒᆞᆫ일을 ᄉᆡᆼ각지도 말며 힝ᄒᆞ지도 말면 션ᄒᆞᆫ사ᄅᆞᆷ이 될수잇다고 ᄒᆞ리도 잇슬듯ᄒᆞ지오마는 리일 마귀의 시험과 육신의 졍욕이 발압헤 밋그러지는 돌이되여 ᄒᆞᆫ번 실수ᄒᆞᆫ후에 다시 ᄉᆡᆼ각ᄒᆞ면 이말이 다 뷘말되기 쉽습니다

그러면 여러분즁에 하ᄂᆞ님이 주신 이옷을 뎐당잡힌이가 몃분이나 잇습닛가 만일 잇스면 지금 녀름날을 당ᄒᆞ엿ᄂᆞᆫ지 겨울날을 당ᄒᆞ엿ᄂᆞᆫ지 스ᄉᆞ로 ᄉᆡᆼ각ᄒᆞ여 보십세다 그량심으로 그죄를 깁히 뉘웃쳐 괴로온 가온ᄃᆡ 잇ᄂᆞᆫ이ᄂᆞᆫ 곳 겨울날을 당ᄒᆞ야 이옷을 군절히 원ᄒᆞᄂᆞᆫ 사ᄅᆞᆷ이라 그러나 다만 그ᄆᆞᄋᆞᆷ이 연약ᄒᆞᆷ으로 능히 스ᄉᆞ로 션ᄒᆞᆫ 사ᄅᆞᆷ이 되지못ᄒᆞ야 익쓰ᄂᆞᆫ이가 잇ᄂᆞ뇨 내가 이런사ᄅᆞᆷ의게 깃븐쇼식을 젼ᄒᆞ고져 ᄒᆞ노니 여긔 ᄒᆞᆫ됴ᄒᆞᆫ 친구가 잇서셔 돈ᄃᆡ신에 ᄌᆞ긔의 피로써 이사ᄅᆞᆷ의 뎐당잡힌 션의(善衣)를 차져노코 이사ᄅᆞᆷᄃᆞ려 갑업시 와셔 닙으라ᄒᆞᆸᄂᆡ다 깃브도다 이쇼식이여 감샤ᄒᆞ도다 이친구여 할넬누야 ᄒᆞᆸ세다 여러분은 이친구가 누구신지 아시ᄂᆞ뇨 이친구는 곳 하ᄂᆞ님의 독ᄉᆡᆼᄌᆞ 예수 그리스도십ᄂᆡ다 이즁거를 알고져ᄒᆞ면 듸도서二장十四절을 ᄒᆞᆫ번 보십세다 여러분즁에 이션의를 아직 찻지못ᄒᆞᆫ이가 잇스면 판망말고 즉금으로 곳 예수ᄭᅴ나 아와셔 ᄌᆞ유로 밧아가시기를 ᄇᆞ라ᄂᆞ이다 아멘

셰계격언

一、펴보지 아니ᄒᆞᄂᆞᆫ 셔칙은 나무됴각과 다름이 업ᄂᆞ니라

二、하ᄂᆞ님 모르ᄂᆞᆫ 량심은 지판관업ᄂᆞᆫ 법뎡과 ᄀᆞᆺ흐니라

三、적은일에 항샹 진실ᄒᆞᆫ것이 큰일에 도덕이 되ᄂᆞ니라

四、거즛친구ᄂᆞᆫ 그입안에 살이 잇고 그비속에 칼이 잇ᄂᆞ니라

五、어리셕은쟈ᄂᆞᆫ 지혜잇ᄂᆞᆫ쟈가 一년을 요구ᄒᆞ야 ᄃᆡ답ᄒᆞᆯ 문뎨를 ᄒᆞᆫ시간동안에 뭇ᄂᆞ니라

六、됴흔안히와 건강(健康)ᄒᆞᆫ신톄ᄂᆞᆫ 사ᄅᆞᆷ의 ᄀᆞ장 큰 힝복이니라

七、아ᄅᆞᆷ다온 명예를 엇기ᄂᆞᆫ 심히 어렵고 이것을 일키ᄂᆞᆫ ᄆᆡ우 쉬우니라

어린ᄋᆞ히의게 유익ᄒᆞᆫ말

◉어린ᄋᆞ히의공덕심(公德心)

회란은 큰바다가에 노인나라이라 그럼으로 히번에 잇ᄂᆞᆫ 도셩들은 다압헤 방츅(防築)을 싸하 바다물의 넘쳐드러오ᄂᆞᆫ것을 막ᄂᆞᆫᄃᆡ 하로ᄂᆞᆫ 월늬암이라ᄂᆞᆫ ᄋᆞ히가 놀너나갓다가 우연히 방츅밋흘 술펴본즉 방츅에 쥐구멍만ᄒᆞᆫ 구멍이 뚤녀 바다물이 흘나드ᄂᆞᆫ지라 월늬암이 ᄉᆡᆼ각ᄒᆞᆫ즉 만一 몃시간만 그모양으로 지내면 그구멍이 졈졈 넓어져서 그방츅이 터지면 그안에 잇ᄂᆞᆫ 도셩을 함몰ᄒᆞᆯ 디경이라 그ᄯᅢ에 날이 임의 져믈엇스니 동리로 드러가셔 어룬들의게 말ᄉᆞᆷᄒᆞ쟈면 그동안에 히가 아조져셔 어두오면 그구멍을 찻기 어려울지라 ᄒᆞᆯ일업시 그구멍을 손바닥으로 막고 그밤을 시오매 몸이 심히 칩고 싀장ᄒᆞ지마ᄂᆞᆫ 그대로 안졋더니 날이 임의 ᄇᆞᆰ으매 맛참 지나가ᄂᆞᆫ 사ᄅᆞᆷ이 보고 「무ᄉᆞᆷ연고로 거긔안졋ᄂᆞ뇨」 무른즉 너머이를 써셔 말을 일우지못ᄒᆞ거ᄂᆞᆯ 그사ᄅᆞᆷ이 ᄂᆞ려가 ᄌᆞ셰히본즉 그모양이라 즉시 동리사ᄅᆞᆷ들을 불너 이방츅을 다시슈츅(修築)ᄒᆞᆫ후 온도셩사ᄅᆞᆷ들이 이ᄋᆞ히의 은혜와 공덕심을 감복ᄒᆞ엿다더라

◉피득의견고ᄒᆞᆫᄯᅳᆺ

피득이ᄂᆞᆫ 닐곱살먹은 ᄋᆞ히라 하로ᄂᆞᆫ 능금나무를 보고 그조부ᄃᆞ려 말ᄒᆞ기를 「한아바지 이능금ᄭᅩᆺ치 잘픠엿습니다」 그조부가 ᄃᆡ답ᄒᆞ기를 「이능금나무가 그약됴를 잘직히면 열매를 만히 맷겟지마ᄂᆞᆫ 만일 엇던ᄋᆞ히들과 ᄀᆞᆺ치 그약됴를 직히지 못ᄒᆞ면 열미커녕

아모것도 밋지 못ᄒᆞ리라」ᄒᆞᆫ뒤 피득이 못기를 「능금나무가 약됴를 지히다니오 그게 웬 말솜이오닛가」 그조부가 뒤답ᄒᆞ기를 「ᄭᅩᆺ슨 ᄭᅩᆺ 나무의 열미맷겟다는 약됴라 그러나 그ᄭᅩᆺ이 바람과 비에 ᄯᅥ러지면 열미를 못맷ᄂᆞ니 ᄋᆞᄒᆡ들도 이와ᄀᆞᆺᄒᆞᆫ일이 만ᄒᆞ니라」 피득이 말ᄒᆞ기를 「올치오 그러면 한아바지ᄭᅴ서는 제가 쟝ᄎᆞᆺ 됴ᄒᆞᆫ ᄋᆞᄒᆡ가 되겟다고 약됴ᄒᆞᄂᆞᆫ것이 다만 이ᄭᅩᆺ과 ᄀᆞᆺ다 ᄒᆞ신말솜이올세다그려」 두고봅시오 바람과 비가 아모리 심ᄒᆞᆯ지라도 제가 약됴ᄒᆞᆫ ᄭᅩᆺ은 부러ᄯᅥ러지게ᄒᆞ지 못ᄒᆞᆯ것이올세다」

교 육

⊙가졍학

됴졔ᄒᆞᄂᆞᆫ법 (쇽)

서신(書信)왕복에 주의ᄒᆞᆯ것

一、편지ᄉᆞ연에 ᄃᆡᄒᆞ야 주의ᄒᆞᆯ것이니 대개 편지라 ᄒᆞᄂᆞᆫ것은 ᄒᆞᆫ됴각 조희에 ᄒᆞᆯ말을 긔록ᄒᆞ야 千만리 밧긔라도 보내면 능히 통졍ᄒᆞᆯ수 잇ᄂᆞᆫ뒤 만일 그편지가온뒤 혹 분명치 못ᄒᆞᆫ말이 잇스면 밧아보ᄂᆞᆫ사ᄅᆞᆷ으로 ᄒᆞ여곰 궁금증이 나게ᄒᆞᆯᄲᅮᆫ아니라 무솜 시급ᄒᆞᆫ일에 관계된 편지ᄀᆞᆺ고보면 그일의 랑패됨이 엇더켓ᄂᆞ뇨 그럼으로 편지ᄂᆞᆫ 아모됴록 간단ᄒᆞ고 분명ᄒᆞ며 쉬운말노 ᄌᆞ세히 긔록ᄒᆞᆯ것이며 다른 번거ᄒᆞ고 쓸ᄃᆡ업ᄂᆞᆫ 말은 一졀 쓰지말고 ᄯᅩᄒᆞᆫ 친밀ᄒᆞᆫ 졍과 공경ᄒᆞᄂᆞᆫ 례를 표시ᄒᆞᆯ것이니라

二、편지에 ᄃᆡᄒᆞᆫ 격식이니 편지를 쓸ᄯᅢ에 아모됴록 우회와 아래로 ᄒᆞᆫ글ᄌᆞ 졍간씀 ᄯᅴ우고 쓰되 편지밧을 사ᄅᆞᆷ을 존칭ᄒᆞᄂᆞᆫ말은 (가령)좌하(座下) 각하(閣下) 형님(仁兄)이라ᄂᆞᆫ 말ᄀᆞᆺᄒᆞᆫ것은 ᄯᅡᆫ줄에 올녀 쓰ᄂᆞᆫ것이 됴ᄒᆞ며 것봉에ᄂᆞᆫ 젼면(前面)ᄒᆞᆫ가온ᄃᆡ 편지밧을 사ᄅᆞᆷ의 셩명을 졍ᄌᆞ로 ᄯᅮᆨᄯᅮᆨ히 쓰며 ᄯᅩ 그사ᄂᆞᆫ 디명은 봉투올흔편에 분명히 쓰고 우표(郵票)ᄂᆞᆫ 봉투 왼편 웃모퉁이에 붓칠것이며 ᄯᅩ 무솜 비밀ᄒᆞᆫ 편지ᄀᆞᆺᄒᆞ면 봉투 왼편 아래모퉁이에 친젼(親展)이라고 쓰ᄂᆞᆫ것이 됴흐며 ᄌᆞ긔의 셩명과 사ᄂᆞᆫ디명은 봉투후면(後面)에 분명히 쓰ᄂᆞᆫ것이 합당ᄒᆞ니라

三、편지졉슈(接受)홈에 ᄃᆡᄒᆞ야 주의ᄒᆞᆯ것이니 혹 톄젼부(遞傳夫)가 오착(誤錯)ᄒᆞ야 다른 사ᄅᆞᆷ의게로 가ᄂᆞᆫ편지나 무솜 다른우편물을 내게로 젼ᄒᆞ엿스면 반ᄃᆞ시 톄젼부의 오기를 기ᄃᆞ려 신젼ᄒᆞᆯ것이며 무론 무솜편지던지 다른사ᄅᆞᆷ의게 가ᄂᆞᆫ편지를 ᄉᆞᄉᆞ로히 ᄯᅦ여보던지 씻져ᄇᆞ리던지 혹 집류(執留)ᄒᆞ여 두ᄂᆞᆫ것은 도덕의 죄인이오 법률의 죄인이니라

실 업

⊙나무심으ᄂᆞᆫ법 (二)(쇽)

뎨三 가식법(假植法)

가식법은 이우희 말ᄒᆞᆫ바 목묘(木苗)의 묵은것을 묘포(苗圃)안에 뎍당ᄒᆞᆫ곳을 ᄐᆡᆨᄒᆞ야 구뎅이를 깁히파고 뭇으되 목묘의 三분지二가량을 흙으로 덥고 발노 밟은후에 낫이면(日中) 축축ᄒᆞᆫ 공셕ᄀᆞᆺᄒᆞᆫ 것으로 덥혀둘것이며 ᄯᅩ 마ᄅᆞᆯ 념려가 잇스면 물을 조곰식 주ᄂᆞᆫ것도 됴ᄒᆞ니라

뎨四 ᄲᅮ리자르ᄂᆞᆫ법(根切法)

옴겨심ᄂᆞᆫ(移植)목묘ᄂᆞᆫ 갈이나 큰가위(交刀)로 그ᄲᅮ리의 三분지一가량을 버히고 심으ᄂᆞᆫ것이 됴ᄒᆞ니라

뎨五 밧출갈고 두둑짓ᄂᆞᆫ법

목묘 심을밧출 갈고 두둑짓ᄂᆞᆫ법은 대개 나무씨 ᄲᅮ릴ᄯᅢ와 ᄀᆞᆺ치ᄒᆞᆯ것이니라

뎨六 심으ᄂᆞᆫ법

목묘를 먼곳에서 옴겨올ᄯᅢ에ᄂᆞᆫ 무솜 축축ᄒᆞᆫ 거젹에 ᄊᆞᄂᆞᆫ것이 됴ᄒᆞ며 심을 림시에ᄂᆞᆫ 븕은 진흙물에 담가노코 ᄎᆞ례로 집어다가 심으ᄃᆡ ᄯᅡ을 가래나 양삽(洋鍤)으로 목묘의 ᄲᅮ리보다 조곰더 깁히 판(掘)후에 왼손으로 목묘를 ᄭᅩᆺᄭᅩᆺ히 세우고 올흔손으로 흙을 그러덥흘ᄯᅢ에 특별히 주의ᄒᆞᆯ것은 잔ᄲᅮ리들이 굴이지(錯亂)안토록 ᄒᆞᆯ것이며 ᄯᅩ 목묘를 심으ᄂᆞᆫ 거리(距離곳 동

안셤갑이라)는 뎡목(定木 긴쟝터에 몃치식 금을 근것이라)호로써 이아래와 굿치 표를ᄒᆞ야 심을것이니라

(一)첫번 유겨심을때에는 미一평에 二百五十六쥬를 심을것이니 곳 四방三촌七푼반에 ᄒᆞᆫ기식이오

(二)둘재번에는 미一평에 一百四十四기를 심을것이니 곳 四방五촌에 ᄒᆞᆫ기식이오

(三)셋재번에는 미一평에 一百기식 심을것이니 곳 四방六촌에 ᄒᆞᆫ기식이니라

담총

⊙각죵샹쳐에 신효ᄒᆞᆫ약

미국 의학ᄉᆞ들이 여러히 연구ᄒᆞᆫ결과로 연쟝에 상ᄒᆞᆫ것이나 불에 데인것이나 각죵샹쳐에 진효ᄒᆞᆫ약을 발명ᄒᆞ엿ᄂᆞᆫ뎌 그결은 곳 ᄃᆞᆰ의알 속겁질이니 이것을 샹쳐에 붓치면 대략 二쥬일동안이면 조곰도 흠집업시 합창된다더라

회보디금령슈

住所	氏名	金額
南陽長安洞	金思允	二十錢
仝浦幕	예수교당	四十錢
仝花陽洞	朴喜秉	四十錢
仝花梁洞	韓魯洙	四十錢
伊川支石市	金益祚	一圓五錢
仝佳農州	鄭興國	三十錢
西部鍮洞	車仲一	四十錢
金城內灰峴	仝元成	四十錢
尉珍后塘洞	朱縉朝	四十錢
北部東谷	林在德	廿五錢
北部樓閣洞	李광溶	廿五錢
金川邑	楊汝進	九十錢
海州邑	黃鶴巢	四圓八十錢
新溪大坪市	李元明	六十錢
春川佳淵里	洪鍾肅	三圓三十錢
富平仙駐地	金光國	一圓五十錢
開城大騰洞	林鎭源	三十錢
洪川布項	申錫九	四十五錢
西部西江	趙乃德	四十錢
上仝	文啓明	廿五錢
開城	朴頤陽	十五錢
仁川港	閔重植	二圓
獜蹄峴村	高致善	二十錢
仝東里	金仕俊	二十錢
加平甘泉	洪炅在	三十錢
仝杏峴里	崔東夏	三十錢
平康泉岐里	李泰禹	三十錢

그리스도회보

KOREAN CHRISTIAN ADVOCATE

每月二回十五日三十日發行
明治四十五年三月廿七日印刷
明治四十五年三月三十日發行

發行兼編輯人 北部壯洞 奇義男
印刷人 北部樓閣洞 朴東完
印刷所 京城西小門內法韓印刷所
發行所 北部壯洞 奇義男

ᄃᆡ금 一쟝 二젼五리
「代金」 六ᄀᆡ월 二十젼
一ᄀᆡ년 四十젼

사 셜 편편(片片)

◎각국식민디의정황을시찰홈

근일 미국 쟝로교회에셔ᄂᆞᆫ 특별히 각국식민디(殖民地)로 철학가를 파송ᄒᆞ야 그 빅셩의 셩졍과 ᄉᆞ상를 공부케ᄒᆞᆫ것은 다름아니라 대개 식민디ᄂᆞᆫ 각식인죵파 각국빅셩이 모혀사ᄂᆞᆫ곳인즉 그 셩질파 습관파 언어와 ᄉᆞ상의 각각 다른것이 만흔지라 이속에셔 一二년동안을 홈ᄭᅴ잇스면셔 작공부ᄒᆞ면 인류의 셩졍과 ᄉᆞ상과 힝동에관ᄒᆞᆫ 비밀ᄒᆞᆫ것을 발명ᄒᆞᆯ수 잇슴이라 이것은 우리쥬의 복음을 젼ᄒᆞᄂᆞᆫ일에 ᄃᆡᄒᆞ야 ᄆᆡ쟝 필요ᄒᆞᆫ 방침(方針)이라 이를밀우어 셩각컨ᄃᆡ 젼도직임을 맛ᄒᆞ신 여러형뎨와 ᄌᆞᄆᆡᄂᆞᆫ 긔회잇ᄂᆞᆫ대로 각죵등급(等級)의 사ᄅᆞᆷ을 자조샹종ᄒᆞ야 몬져 그 셩졍과 ᄉᆞ상을 공부ᄒᆞᄂᆞᆫ것이 대단히 됴홀줄노 밋슴니다

◎하ᄂᆞ님ᄭᅴ셔ᄂᆞᆫ ᄉᆞᄉᆞ로 힘쓰ᄂᆞᆫ쟈를 도아주심

대개 하ᄂᆞ님의 도ᄂᆞᆫ 션ᄒᆞᆫ쟈를 복으로써 갑고 음란ᄒᆞᆫ쟈를 화로써 갑흐시며 ᄉᆞᄉᆞ로 셔ᄂᆞᆫ쟈ᄂᆞᆫ 붓도도고 기우러지ᄂᆞᆫ쟈ᄂᆞᆫ 업드러ᄯᅳ리시ᄂᆞ니 이것은 모든 인류의게 ᄃᆡᄒᆞ야 다ᄀᆞᆺ치되ᄂᆞᆫ 리치어니와 특별히 우리밋ᄂᆞᆫ쟈의 더욱 깁히 주의ᄒᆞᆯ것이니 엇던교우들은 흔히 말ᄒᆞ기를 하ᄂᆞ님ᄭᅴ 구ᄒᆞ기만ᄒᆞ면 반ᄃᆞ시 주신다ᄒᆞ지마ᄂᆞᆫ 하ᄂᆞ님의 도ᄂᆞᆫ 이와 다르샤 누구던지 졔힘대로 일ᄒᆞ고 밋ᄂᆞᆫ긔도로 구ᄒᆞᄂᆞᆫ쟈의게 은혜를 풍셩히 주시리니 대개 부ᄌᆞ런히 농ᄉᆞᄒᆞᄂᆞᆫ쟈의게 츄슈를 만히주시며 일만히ᄒᆞᄂᆞᆫ쟈의게 품삭을 넉넉히 주시며 쟝ᄉᆞ잘ᄒᆞᄂᆞᆫ쟈의게 리익을 풍부히 주실지니 이것은 다 육신샹 일이어니와 령혼샹으로 의론ᄒᆞᆯ지라도 다만 쥬를 밋을ᄲᅮᆫ아니라 밋고 ᄯᅩ 쥬를 위ᄒᆞ야 일만히 ᄒᆞᄂᆞᆫ쟈의게 은혜를 더풍셩히 ᄂᆞ리시ᄂᆞ니 우리교즁의 ᄉᆞ랑ᄒᆞᄂᆞᆫ 형뎨ᄌᆞᄆᆡᄂᆞᆫ 각각 육신파 령혼을 위ᄒᆞ야 힘대로 일ᄒᆞ고 하ᄂᆞ님의 은혜를 기ᄃᆞ립세다 파실나무밋헤 입을버리고 누어잇ᄂᆞᆫ쟈의게 파실이 ᄉᆞᄉᆞ로 ᄯᅥ러져 그닙으로 드러가기 어렵슴ᄂᆡ다

◎사ᄅᆞᆷ마다ᄭᅩᆺ의아ᄅᆞᆷ다온것을아ᄂᆞ니다

죠션반도에 무ᄉᆞ(無私)ᄒᆞᆫ 양츈이 다시 도라왓ᄂᆞᆫ가 산양(山陽)에 일흔ᄭᅩᆺᄎᆞᆫ 화심(花心)이 밍동(萌動)ᄒᆞᄂᆞᆫ도다 일노좃차 몃츌동안만 지내면 三千리강산이 쟝찻 ᄭᅩᆺ동산을 일울지로다 대개 ᄭᅩᆺ치라ᄒᆞᄂᆞᆫ것은 지극히 어리셕고 악ᄒᆞᆫ쟈라도 능히 ᄉᆞ랑ᄒᆞᆯ줄 아ᄂᆞᆫ것은 ᄭᅩᆺ치 능히 그 아ᄅᆞᆷ다온 셩질파 ᄌᆞ틱를 가지고 놈의 ᄉᆞ랑을 잇그러내ᄂᆞᆫ연고라 사ᄅᆞᆷ의 ᄆᆞ음속에도 이와ᄀᆞᆺᄒᆞᆫ ᄭᅩᆺ이 잇스니 그 아ᄅᆞᆷ다온것으로 능히 악ᄒᆞᆫ쟈와 원슈라도 감동식혀 션인파 온인을 만들수 잇스며 아블리가야만국에 사ᄅᆞᆷ의 고기를 먹고사ᄂᆞᆫ 인죵이라도 능혀 이 ᄭᅩᆺ의 아ᄅᆞᆷ다온것을 ᄭᆡᄃᆞᆯᄂᆞ니 그러면 어ᄭᅩᆺ은 무ᄉᆞᆷᄭᅩᆺ이뇨 곳 우리쥬예수그리스도로 말ᄆᆡ암아 엇은 ᄉᆞ랑이 우리도 ᄆᆞ음속에 이ᄭᅩᆺ을 잘히양ᄒᆞᆸ세다

교즁휘문

△ᄂᆡ보△

◉三씨션후발졍◉ 감독히리스씨는 일젼에 일본 동경으로 건너갓는ᄃᆡ 거긔셔 몃쥬일동안 류ᄒᆞ다가 미국으로 건너갈작뎡이오 목ᄉᆞ노블 리화학당쟝 프라이량씨는 본월十九일에 셔빅리아(西伯利亞)텰도로 미국을 향ᄒᆞ야 발졍ᄒᆞ엿다더라

◉샤장도일◉ 본샤쟝 긔의남씨는 ᄅᆡ월 일에 입본동경 죠션류학싱 청년회관니에셔 긔ᄒᆡᆼᄒᆞᆯ 츈령회(春令會)에 참셕교슈ᄒᆞ기 위ᄒᆞ야 경셩긔독교쳥년회 총무 길례태씨와 동힝ᄒᆞ야 본월二十七일에 경부텰도로 일본을 향ᄒᆞ야 발졍ᄒᆞ엿더라

◉리씨도미◉ 박ᄉᆞ리승만씨는 죠션 미감리회 평신도(平信徒)ᄃᆡ표로 본년五월一일브터 미국 미늬오폴니스셩에셔 긔ᄒᆡᆼᄒᆞᆯ 미국감리회 四년총회에 참셕ᄒᆞ기 위ᄒᆞ야 본월二十六일에 발졍ᄒᆞ야 일본으로 건너갓는ᄃᆡ 동경 죠션류학싱 청년회 츈령회에 참셕ᄒᆞᆫ후 바로 미국으로 건너갈 작뎡이라더라

◉미감리회년회一속◉ 본월五일에 시작ᄒᆞ야 十二일에 맛친 미감리회 년회슌셔는 젼호에 긔재ᄒᆞ엿거니와 이회에셔 작뎡ᄒᆞᆫ 결과로 목ᄉᆞ의 젼도쳐소가 만히 밧고엿는ᄃᆡ 토ᄐᆡ인 리익모량씨는 인쳔항으로 쟝락도씨는 경셩 동대문니로 홍승하씨는 슈원으로 손승용씨는 공쥬 남디방으로 리동식씨는 강릉으로 빅목ᄉᆞ는 원쥬로 루부쓰씨는 경셩 정동으로 현셕칠씨는 평양으로 쳔젼(遷轉)되엿고 목ᄉᆞ현슌 홍승하 김지찬 쥬 그룹五씨는 쟝로ᄉᆞ로 승품되엿스며 또 젼도ᄉᆞ 홍슌탁 리동식 쟝츈명 리하형 강신화 현셕칠 리지셩七씨는 목ᄉᆞ로 승품되엿더라

◉리회졸업식◉ 본월十八일하오八시에 경셩 정동레비당니에셔 정동 리화학당 즁등과 뎨五회 졸업식을 거힝ᄒᆞ엿는ᄃᆡ 그 슌셔를 말ᄒᆞ자면 회장 목ᄉᆞ 최병헌씨가 쥬셕ᄒᆞ야 리올나라씨의 쥬악(奏樂)과 장락도씨의 긔도로 ᄀᆡ회ᄒᆞ고 회장이 긔회취지를 셜명ᄒᆞᆫ후 리화학당 학싱一동이 창가ᄒᆞ고 졸업싱즁에 황마구렛 박구례쓰 조수사나三씨가 ᄎᆞ례로 연셜ᄒᆞ엿스며 목ᄉᆞ긔이부씨가 졸업싱의게 ᄃᆡᄒᆞ야 간단히 권셜ᄒᆞᆫ후 교쟝 프라이씨가 졸업증셔를 주고 졸업싱 一등이 또ᄒᆞᆫ 챵가ᄒᆞᆫ후 현셕칠씨의 긔도로 폐회ᄒᆞ엿는ᄃᆡ 졸업싱은 황마구렛 박구례쓰 조수사나등十五명이오 당야에 참셕ᄒᆞᆫ ᄂᆡ외국 남녀손님이 一千五百명에 달ᄒᆞ야 셩황을 뎡ᄒᆞ엿다더라

◉공쥬디방회一속◉ 츙쳥남도 공쥬디방회 셔긔정지관씨의 통신을 거ᄒᆞᆫ즉 거二월廿一일廿二일량일동안에 히디방회로 공쥬 하리동 교당니에셔 모혓는ᄃᆡ 회장 셔원보씨가 출셕ᄒᆞᆫ후 회원 八十五인이 참례ᄒᆞ엿고 각쳐 젼도인의 보단을 드른즉 교회가 흥황ᄒᆞ고 ᄌᆞ미잇는 말도 만흔즁 새로 셜시된 교회도 만코 교인도 만히 느럿스니 작년 미년회에 보고ᄒᆞᆫ 수효는 입교인이 五百四十二인이오 학습인이 一千三百二十九인이오 원입인이 三千九百九十五인이러니 금년에는 입교인이 六百九十三인이오 학습인이 一千一百九十一인이오 원입인이 四千八百九十五인이니 작년에 비교ᄒᆞ면 七百七十인이 증가ᄒᆞ엿고 표지를 밧은젼도ᄉᆞ가 十六인이오 권ᄉᆞ가 四十인이오 또 교회를 공고케ᄒᆞ고 또 속히 발달케 ᄒᆞ랴면 교회안에 쇼학교를 확장ᄒᆞ는 것이 요긴ᄒᆞ다는 문뎨와 또 교회 지졍은 교인의 예산연보가 무예산연보보다 낫다는 문뎨로 토론ᄒᆞᆫ후 젼도ᄉᆞ와 권ᄉᆞ를 각구역으로 파송ᄒᆞ는 것을 광고ᄒᆞ고 하오八시에 폐회ᄒᆞ엿다더라

◉학싱젼도예비단◉ 강화젼도인 로시좌씨의 통신을 거ᄒᆞᆫ즉 동군위량면 홍련교회니 합一학교학싱 五十三인니에 즁학교 예비학싱이 十四인이오 교ᄉᆞ가 五인인ᄃᆡ 공부가 날노 진취ᄒᆞ야가며 미토요일에 셩경연구회를 열고 신구약을 공부ᄒᆞ며 그즁에 二十

二명은 젼도ᄉᆞ업으로 죵ᄉᆞᄒᆞ기를작뎡ᄒᆞ고 미도요일이면 헤디방젼도ᄉᆞ 최죡一씨의게 갑도법을 비호니 쟝ᄎᆞ 텬국에 됴흔일군이 만히 싱길줄노 밋는다ᄒᆞ엿더라

◎송부인의밋음 황히도 히쥬군 셔촌 지암젼도ᄉᆞ 쳔광실씨의 통신을 거ᄒᆞᆫ즉 동군 가좌면 륙리 칠괴점교회는 남녀 교우가 三十명 가량인ᄃᆡ ᄌᆞ미즁 송명지씨는 열심으로 쥬를밋고 ᄌᆞ긔식구 四인을 쥬압흐로 인도ᄒᆞ고 보는 사ᄅᆞᆷ마다 쥬와 十ᄌᆞ가를 젼ᄒᆞ며 동이를 문ᄃᆞ러 싱익을ᄒᆞ는ᄃᆡ 청국가셔 젼도ᄒᆞ는 목ᄉᆞ 손졍도씨의 곤궁ᄒᆞᆫ 형편을듯고 ᄌᆞ긔의 차고ᄃᆞᆫ니는 노리ᄀᆡ와 치아통을 연죠ᄒᆞ엿는ᄃᆡ 이패물갑은 불과 一환五十젼이나 ᄌᆞ긔의 ᄉᆞ랑ᄒᆞ는것인ᄃᆡ 이처럼 쥬의일군을 위ᄒᆞ야 연보ᄒᆞ엿스니 다 쥬의 ᄉᆞ랑으로 좃차나오는 ᄆᆞ음이라 ᄒᆞ엿더라

◎리씨의열심 함남 안변군 남산교회 권ᄉᆞ김창즙씨의 통신을 거ᄒᆞᆫ즉 본구역니 죵지통교회속장 리긔실씨는 본리 허랑방탕ᄒᆞᆷ으로 세월을 보내더니 四년젼에 송도련합회에가셔 구경ᄒᆞ고 도라와셔 밋기로 작뎡ᄒᆞᆫ후에 이젼죄를 회ᄀᆡᄒᆞ고 동리사ᄅᆞᆷ의게 열심젼도ᄒᆞ야 밋는쟈가 만히 니러낫스나 례비당이 업슴으로 교우의게 연보를 청ᄒᆞ야 례비당을 건축ᄒᆞᆯ시 여러교우가 十환을 연보ᄒᆞᆫ고로 기외에 二十四환은 ᄌᆞ긔가 담당ᄒᆞ고 싱익ᄒᆞ는 샹업을 젼폐ᄒᆞ고 한ᄃᆞᆯ동안을 힘써 역ᄉᆞ를 감독ᄒᆞ야 례비당 六간을 건축ᄒᆞ엿다더라

◎위쥬진츙 강원도 양구읍교회 권ᄉᆞ 리회빅씨의 통신을 거ᄒᆞᆫ즉 동군북면 도일교회 화쳔 방금사는 졍졔호씨의 부인이 예수를 밋기로 작뎡ᄒᆞᆫ후브터 ᄯᆞᆯ三형뎨로 더브러 쥬일을 직히는ᄃᆡ 그남편의 핍박이 엇지 심ᄒᆞ던지 ᄒᆞ로는 례비당에 ᄃᆞᆫ니지 말나고 ᄯᆞ리면셔 항복ᄒᆞ라ᄒᆞᆫ즉 그부인이 ᄃᆡ답ᄒᆞ기를「만일내가 례비당에 ᄃᆞᆫ니지 안켓다고 항복ᄒᆞ면 이는 예수를 비반ᄒᆞ는 일이니 ᄒᆞᆯ수업다」ᄒᆞᆫ즉 그남편이 분긔가나셔 몹시처는지라 리웃사ᄅᆞᆷ이 그광경을보고 말ᄒᆞ기를 다음에는 아니가겟다ᄒᆞ면 저몹슬미를 아니마질터인ᄃᆡ 엇지져리 고집ᄒᆞᄂᆞ뇨ᄒᆞᆫ즉 졍부인이 ᄃᆡ답ᄒᆞ기를「내가 죽어도 쥬의일홈으로 죽으면 ᄶᅥᆺᄶᅥᆺᄒᆞᆫ 사ᄅᆞᆷ이 된다」ᄒᆞ거ᄂᆞᆯ 그남편이 ᄒᆞᆯ일업셔 방에드러가 ᄯᆞᆯ들을 불너다가 말ᄒᆞ기를 너희도 례비당에 갈터이냐 아니갈터이냐ᄒᆞᆫ즉 그ᄯᆞᆯ들도 一시에 ᄃᆡ답ᄒᆞ기를 저희도 예수를 비반ᄒᆞᆯ수업다ᄒᆞᆫ즉 졍씨가 ᄒᆞᆯ수업시 분을참고 그만ᄃᆞᆫ지라 이부인은 미를마진후로 三四삭을 위셕ᄒᆞ야 알터니 지금은 니러나 ᄃᆞᆫ니나 다리를 절어 병신이 되엿스나 그남편을 원망ᄒᆞ지안코 다만 회ᄀᆡᄒᆞ기만 ᄒᆞᆼ샹 긔도ᄒᆞᆷ으로 졍졔호씨도 크게 뉘웃치고 회심ᄒᆞ야 쥬를 밋을 희망이 잇다더라

◎률리교회의신건축 황히도 슈안군 률리교회 송의쥬씨의 통신을 거ᄒᆞᆫ즉 그곳교회는 셜립된지 九년에 밋는교우가 七十여명에 달ᄒᆞ나 교당이 협착ᄒᆞᆫ것을 한ᄒᆞ더니 작년에 새로 례비당을 건축ᄒᆞᆯ기로 작뎡ᄒᆞ고 一반 교우가 열심연보ᄒᆞ야 三百여환을 모하 와가十여간을 새로건축ᄒᆞ엿고 ᄯᅩ 젼도ᄉᆞ의 월급을 미삭 七환 五十젼식 담당ᄒᆞ엿다더라

◎방씨의세상을ᄯᅥ남 인쳔덕젹도 젼도ᄉᆞ 허진一씨의부인 방씨는 본리강화셩쟝으로 우리쥬예수를 밋은후로 몽쳔 부평 인쳔 덕젹도 三쳐교회에셔 각二년식 므릇六년동안을 열심으로 쥬의 복음을 젼파ᄒᆞ더니 우연히 신병을 엇어 경셩 졍동 보구녀관에 입원(入院) 치료ᄒᆞ다가 월젼에 불힝히 세상을 ᄯᅥ낫고로 경셩 졍동례비당니에셔 쟝례식을 거힝ᄒᆞ엿는ᄃᆡ 一반교우가 다수히 참셕ᄒᆞ엿더라

◎감하의연(感荷義捐) 형뎨ᄌᆞ미즁 몃분이 본회보샤에 ᄃᆡᄒᆞ야 좌와ᄀᆞᆺ치 긔부(寄付)ᄒᆞ엿ᄉᆞᆸ기 우리는 이몃분의게 ᄃᆡᄒᆞ야 감샤ᄒᆞᆫ뜻을 표ᄒᆞ노라

슌쳔 쟝신덕씨 금一환

아현 강셩환씨 금二十젼

三

◎본•보•신•구•람•자•비•교• 작년 十二월브터 본월 二十일ᄭᆞ지 본회보를 새로 청구ᄒᆞ신 경향각교회의 ᄉᆞ랑ᄒᆞ시는 형뎨ᄌᆞ매의 수효가 도합七百十六인인ᄃᆡ 이것을 각도에 분비ᄒᆞ면 좌와ᄀᆞᆺ더라

경긔도 二百五十五인
강원도 一百四十二인
평안도 一百二十四인
황ᄒᆡ도 一百二十二인
츙청도 六十四인
함경도 八인
젼라도 一인

△외보▽

◎공•화•긔•념•례•비•당• 거二월十九일에 청국 남경 각교회 ᄃᆡ표자들이 남경 청년회관에 모혀서 청국 공화정부(共和政府)가 죠직됨을 인ᄒᆞ야 남경에 공화긔념례비당을 건축ᄒᆞ기로 작뎡되엿는ᄃᆡ 그지졍은 젼국 각교우의게 연보를 거두어 쓸터이라더라

◎빈•한•ᄒᆞᆫ•자•가•부•자•됨• 청국류슌령 사는 쟝기진씨는 가세가 심히 빈한ᄒᆞ야 八九명식구가 죠셕을 굼는ᄯᆡ가 만흔 차라리 [illegible] (飢寒)을 이긔지 못ᄒᆞ야 집뒤 고목가지에 목을 ᄆᆡ고 느러진것을 집안사ᄅᆞᆷ이 보고 ᄭᅳᆯ너노ᄒᆞᆫᄯᆡ 두어시간을 지낸후에 다시 살아난지라 맛ᄎᆞᆷ 그 동니사는 젼도ᄉᆞ 류씨가 그 광경을 보고 군절히 권면ᄒᆞ기를「예수그리스도를 밋으면 쥬ᄭᅴ서 육신과 령혼의 량식을 다 주실것이오 ᄯᅩᄒᆞᆫ ᄒᆞᆼ샹 깃븐ᄆᆞ음으로 지내게 ᄒᆞ신다」ᄒᆞᆫ매 쟝씨니외가 밋기로 작뎡ᄒᆞ고 그다음 쥬일에 례비당에 참셕ᄒᆞ엿거ᄂᆞᆯ 류젼도ᄉᆞ가 쟝씨니외의 지낸ᄉᆞ실을 교회에 광포ᄒᆞᆫ매 여러교우가 측은히 녁여 량식과 돈ᄂᆞᆯ 얼마식 보죠ᄒᆞ엿더니 쟝씨니외가 ᄯᅮᄇᆞ쟝ᄉᆞ로 싱활ᄒᆞ여 가면셔 쥬를 진실히 밋고 ᄯᅩᄒᆞᆫ 쥬를 위ᄒᆞ야 일을 만히 ᄒᆞ는ᄃᆡ 지금은 가세가 요부ᄒᆞᆷ으로 교회일에 ᄃᆡᄒᆞ야 힘과 ᄌᆡ졍으로써 연죠ᄒᆞ기를 ᄒᆞᆼ샹깃버ᄒᆞᆫ다더라

◎교•쥬•청•년•친•목•회• 미국쏘스돈 침례교회니에서 청년교우들이 친목회를 죠직ᄒᆞ엿는ᄃᆡ 그목뎍은 회원즁에 ᄉᆡᆼ활이 곤난ᄒᆞᆫ쟈를 위ᄒᆞ야 교회나 샤회에 소긔ᄒᆞ야 무ᄉᆞᆷ직분을 엇어주고 ᄯᅩ 그회원을 ᄒᆞᆼ샹 권면ᄒᆞ야 그맛흔 ᄉᆞ무를 근실히 보게ᄒᆞ는것이라 작년에 이회를 셜립ᄒᆞᆯᄯᆡ에 회원의 수효가 겨우 二ᄇᆡᆨ명이더니 지금은 八百명에 달ᄒᆞ엿고 이로인ᄒᆞ야 교회도 흥왕ᄒᆞᆫ다더라

◎미•국•의•교•회•신•문• 미국니디에서 발힝ᄒᆞ는 각교회신문의 수효는 도합 八百六十五종이라더라

◎미•국•의•각•교•파•(敎派) 미국니디 예수교회즁에 三十一종의 교파가 잇는ᄃᆡ 이가온ᄃᆡ ᄇᆡᆨ만이샹의 교우를 엇은교파는 八이오 十만명이샹의 교우를 엇은교파는 二十三이라더라

◎학•싱•ᄌᆞ•유•젼•도•회• 영국학싱ᄌᆞ유젼도회는 대학교 학싱으로만 죠직ᄒᆞ엿는ᄃᆡ 이회원이 四千여명이오 이즁에서 외국으로 젼도ᄒᆞ러 나간쟈가 一千六百七十六인이라더라

◎남•녀•청•년•회•확•장•비• 미국니욕 실업계(實業界)에서 유력ᄒᆞᆫ 연보위원회를 죠직ᄒᆞ고 의연금(義捐金)八百만원을 모집ᄒᆞ엿는ᄃᆡ 이돈속으로 六百만원은 긔독교녀청년회 확쟝비로 쓸것이오 그놈아지 二百만원은 긔독교 남청년회 확쟝비로 쓸터이라더라

닉외잡보

◎호남션긔통(湖南線開通) 련산과 군산ᄉᆞ이에 렬도는 본월六일브터 긔통되엿는ᄃᆡ 본월廿四일에 군산항에서 긔통식을 거힝ᄒᆞ엿다더라

◎교육긔본금(敎育基本金) 미국에 뎨一유명ᄒᆞᆫ 큰부쟈 락펠너씨가 ᄌᆞ긔지산즁으로 二억만원을 一반국민의 교육긔본금으로 내여노코 이돈을 뎍당히 쓰는권한은 미국 국회(國會)에 위임(委任)ᄒᆞ엿다더라

도덕부

◎젼도ᄉᆞ와목ᄉᆞ의문답 ᄒᆞᆫ졂은 젼도ᄉᆞ가 쥬일아참례비에 젼도ᄒᆞᆯ 긔회를 엇엇는

자라 젼도를 맛친후에 [illegible]은
목ᄉᆞ드러 무러왈
(젼)오ᄂᆞᆯ아참에 내젼도가 엇
더ᄒᆞ더닛가
(목)매우 잘못ᄒᆞᆫ 젼도지오
(젼)잘못ᄒᆞᆫ 젼도야요 나는여
러시간을 허비ᄒᆞ야 그젼
도를 예비ᄒᆞ엿는걸이오
(목)아모렴 그야 그럿코말고
(젼)또 내가 그뎨목을 가지
고 셜명이야 좀잘ᄒᆞ엿습닛
가
(목)그럿소 셜명은 잘ᄒᆞ엿지요
(젼)그러면 웨 잘못ᄒᆞᆫ 젼도
라고 말ᄉᆞᆷᄒᆞ심닛가
(목)그ᄃᆡ가 아모리 여러시간
동안에 예비ᄒᆞ엿고 또ᄒᆞᆫ
셜명도 잘ᄒᆞ엿지마는 그젼
도속에 그리스도가 업스
닛가 잘못ᄒᆞᆫ 젼도라고말
ᄒᆞ엿소
(젼)그뎨목에 그리스도는 업
지오 그러나 ᄒᆞᆼ상 그리
스도만 가지고 젼도ᄒᆞᆯ가
요 다만 그뎨목와 쥬의
들 셜명ᄒᆞᆯ것잇이오 또잇
다금 륜리뎍(倫理的)이나
학술뎍(學術的)문뎨로 말
ᄒᆞ는것도 싱신(生新)치안
습닛가
(목)륜리뎍―학술뎍―그런문
뎨는 학교나 연셜장에셔
나 니야기 ᄒᆞᆯ것이지 쥬
일아참 례비에야 당ᄒᆞᆫ가
(젼)그러면 좀 ᄀᆞᄅᆞ쳐 주십시
오
(목)여보 셔울 ᄉᆞ대문밧그로
나가면 큰촌락이나 적은
촌락이나 면도셩이나 갓
가온 도셩이나 어ᄃᆡ던지
다 셔울노 오는길이 잇
지아니ᄒᆞ요
(젼)아모렴 잇다ᄲᅮᆫ이오닛가
(목)그러면 예수그리스도ᄭᅴ
셔는 곳셩경속에 셔울이
라 그럼으로 셩경어나
칙 어나장 어나절이던지
그가온ᄃᆡ 그리스도ᄭᅴ로
향ᄒᆞ야 오는길이 다잇슨
즉 그ᄃᆡ가 언제던지 젼
도를 예비코져 ᄒᆞᆯᄯᅢ에
불가불 몬져ᄒᆞᆯ것은 그뎨
목될 셩경구절 가온ᄃᆡ
그리스도ᄭᅴ로 가는길이
잇는가 업는가 ᄉᆞᆯ펴볼것
이오 나는 ᄒᆞᆼ상 젼도를
예비코져ᄒᆞᆯᄯᅢ에 어나구
절이던지 그리스도ᄭᅴ로
가는길이 업는구절과 뎨
목은 취치아니ᄒᆞᆷ은 뎡ᄒᆞᆫ
샹에 아모유익됨이 업슬
줄노 싱각ᄒᆞ는 연고요

◉긔도의지침(指針)

밋는자의게 뎨一요긴ᄒᆞ고 신
령ᄒᆞᆫ것은 곳긔도니 긔도라ᄒᆞ
는것은 우리가 하ᄂᆞ님으로
더브러 직접교통(直接交通)ᄒᆞ
는 긔관이라 그럼으로 쥬의
ᄯᅢ즈들이 쥬ᄭᅴ 긔도ᄒᆞ는 법
을 무러본즉 쥬ᄭᅴ셔 곳 긔도
ᄒᆞ는 원측(原則)을 ᄀᆞᄅᆞ쳐 주
셧ᄂᆞ니 지금 우리가 긔도의
지침을 말ᄒᆞ자면 대개 다섯
됴건으로 난홀수잇스니
(一)예수그리스도의 공로와
즁보(仲保)를 말미암지아
니ᄒᆞ면 하ᄂᆞ님의 은혜를
엇을수 업는줄을 온젼히
밋고 의지ᄒᆞᆯ것이며(요한
十四〇十三、十四、十五〇
十六)
(二)내ᄆᆞᄋᆞᆷ속에 조곰이라도
죄가잇스면 하ᄂᆞ님ᄭᅴ셔
긔도를 듯지아니 ᄒᆞ실줄
을 밋고 모든죄의 싱각
을 거절ᄒᆞᆯ것이오(시六十
六〇十八)
(三)하ᄂᆞ님의 말ᄉᆞᆷ 곳 셩경
말ᄉᆞᆷ을 온젼히 밋을것이
오(히브리十一〇六、六〇
十三―廿[illegible])
(四)하ᄂᆞ님의 ᄯᅳᆺ을 의지ᄒᆞ야
군구ᄒᆞᆯ것이오 우리졍욕
으로 쓸것을 구ᄒᆞ지 말
것이며(야고보四〇三)
(五)무엇슬 구ᄒᆞᆫ후에 하ᄂᆞ님
의 ᄯᅳᆺ만 기ᄃᆞ리고 잇기
를 농부가 봄에 심으고
가을에 츄슈ᄒᆞᆯᄯᅢᄭᆞ지 기
ᄃᆞ리고 잇는것ᄀᆞᆺ치 ᄒᆞᆯ것
이니라(야고보五〇七、누
가十八〇一―八)

가뎡미화(美話)

◉아버지가ᄃᆞᆯ(月)를문ᄃᆞ려

ᄒᆞᆫ사ᄅᆞᆷ이 져녁밥을 먹은후에
신문보기에 골몰ᄒᆞᆫᄃᆡ 맛ᄎᆞᆷ
동텬에 보름ᄃᆞᆯ이 교교(皎皎
ᄒᆞᆫ 빗출ᄯᅴ고 류리창으로 션
문보는 사ᄅᆞᆷ녑헤셧는 어린ᄋᆞ
희 피득ᄭᅴ 드려다 보는듯 ᄒᆞᆫ
지라 피득이가 그아버지ᄃᆞ려
뭇기를「아버지 뎌ᄃᆞᆯ을 누가
문ᄃᆞ럿습닛가」ᄒᆞ되 이ᄯᅢ 그
긔졍신을 다 신문속에 장ᄉᆞ
(葬死)지낸 그아버지는 아모
ᄃᆡ답이 업스매 피득은 다시
그와ᄀᆞᆺ치 무르되 그아버지는
또 ᄃᆡ답이 업거늘 피득은 조
급ᄒᆞᆫ ᄆᆞᄋᆞᆷ이 니러나셔 그 아

버지보ᄂᆞᆫ 신문을 와락 잡아다리면서「아버지 뎌돌을 누가 문ᄃᆞ럿서요」 그아버지ᄂᆞᆫ 정신업시 화(火)가나서 ᄒᆞᄂᆞᆫ말이「뎌돌을 내가 문ᄃᆞ럿다 에라 뎌리가거라」ᄒᆞ엿더라 그 잇ᄒᆞᆫ날 리웃집ᄋᆞᄒᆡ 요한이가 왓ᄂᆞᆫᄃᆡ 요한은 피득보다 나히 몃설우히라 피득이가 요한ᄃᆞ려 ᄒᆞᄂᆞᆫ말이「나ᄂᆞᆫ 누가 돌을 문ᄃᆞ럿ᄂᆞᆫ지 알앗다」ᄒᆞᆫᄃᆡ 요한이 ᄃᆡ답ᄒᆞ기를「나도 알아 하ᄂᆞ님이 문ᄃᆞ럿서요」피득이 머리를 흔들며 ᄒᆞᄂᆞᆫ말이 아니다 우리아버지가 문ᄃᆞ럿단다」ᄒᆞ거ᄂᆞᆯ 그어머니ᄂᆞᆫ 어졔 져녁에 그남편의 말도듯고 오ᄂᆞᆯ아춤에 피득의 말도 드른지라 그남편을 ᄃᆡᄒᆞ야 피득의 ᄒᆞ던말을 옴기고 그남편의게 권면ᄒᆞᄂᆞᆫ말이 다시ᄂᆞᆫ 어린ᄋᆞᄒᆡ들 ᄃᆡᄒᆞ야 거즛말을 ᄒᆞ지마시오 ᄋᆞᄒᆡ들은 부모의 말을 그럿케잘밋습ᄂᆡ다 ᄒᆞ엿더라

◎어린ᄋᆞᄒᆡ말노인ᄒᆞ야그허믈을뉘웃침

싀골 엇던촌에 교우집들이 서로 리웃ᄒᆞ야 사ᄂᆞᆫᄃᆡ ᄒᆞᆫ집은 김씨집이오 ᄒᆞᆫ집은 리씨집이라 김씨집에 六七세된 一봉이라ᄂᆞᆫ ᄋᆞᄒᆡ가 잇ᄂᆞᆫᄃᆡ 본ᄅᆡ 입이 무거워 말을 잘아니ᄒᆞᄂᆞᆫ지라 하로ᄂᆞᆫ 쥬일날오후에 리씨부인이 ᄌᆞ긔집뒤들에서 빨내ᄒᆞᆫ 의복에 풀을 먹이노라니 一봉이가 밧게서 놀다가 울타리 넘어로 넘겨다 보면서「여보 당신 무엇ᄒᆞ심닛가」ᄒᆞ거ᄂᆞᆯ 리부인이 ᄃᆡ답ᄒᆞ기를「빨내에 풀좀 먹인다 너ᄂᆞᆫ 一싱에 나를보고 말ᄒᆞᄂᆞᆫ일이 업더니 오ᄂᆞᆯ은 무ᄉᆞᆫ싱각이 들어서 이러케 말을ᄒᆞᄂᆞ냐 이상ᄒᆞᆫ일이다」一봉이가 ᄃᆡ답ᄒᆞ기를「내가 말ᄒᆞ기를 됴화ᄒᆡ서 그런것이 아니오 당신이 쥬일날 일을 ᄒᆞ시기로 ᄒᆞᆫ마ᄃᆡ 무러보앗슴ᄂᆡ다」리부인의 얼골이 별안간 븕홍을 가라부은듯 ᄒᆞ더니 잠간동안에 다업셔지고 一봉ᄃᆞ려 ᄒᆞᄂᆞᆫ말이「너ᄂᆞᆫ 입이 무거워서 말을 아니ᄒᆞᆯ때ᄂᆞᆫ 아니ᄒᆞ다가도 말을ᄒᆞ게되면 그런 됴ᄒᆞᆫ말만 ᄒᆞᄂᆞᆫ구나 나ᄂᆞᆫ 의복 정ᄉᆞ가 하도 급ᄒᆞ야 하ᄂᆞ님ᄭᅴ 죄짓ᄂᆞᆫ줄알면서도 뒤겻헤서 놈모르게 푸지를 좀ᄒᆞ노라고ᄒᆞ다가 너ᄒᆞᆫ테 물컷고나 다시ᄂᆞᆫ 그런일을 아니ᄒᆞ겟다」ᄒᆞ엿다더라

셰계격언

一、법관(法官)의압헤서 눈물을 ᄯᅥ러ᄯᅳ리ᄂᆞᆫ쟈ᄂᆞᆫ 쓸ᄃᆡ업시 눈물만 허비ᄒᆞᄂᆞᆫ쟈니라

二、악ᄒᆞᆫ쟈ᄂᆞᆫ 그허믈을 핑계ᄒᆞ고 션ᄒᆞᆫ쟈ᄂᆞᆫ 그허믈을 곳치ᄂᆞ니라

三、황금으로 부쟈되ᄂᆞᆫ것이 하ᄂᆞ님의 은혜로 부쟈되ᄂᆞᆫ것만 못ᄒᆞ니라

四、진실치 못홈으로써 영화를 엇ᄂᆞᆫ것이 출하리 진실ᄒᆞ기 위ᄒᆞ야 괴로옴 밧ᄂᆞᆫ것만 ᄀᆞᆺ지못ᄒᆞ니라

五、사ᄅᆞᆷ의 말은 입밧게 나오기젼에 금옥ᄀᆞᆺ고 나온후에 와륵(瓦礫)되기 쉬오니라

六、됴치못ᄒᆞᆫ 교육을 밧ᄂᆞᆫ것보다 출하리 교육업ᄂᆞᆫ것이 나흐니라

七、쾌활(快活)ᄒᆞᆫ 봄날과 ᄀᆞᆺᄒᆞ셔 능히 ᄆᆞᄋᆞᆷ속에 아ᄅᆞᆷ다온 쏫출 픠게ᄒᆞᄂᆞ니라

교육

◎가뎡학

례물(禮物)보내ᄂᆞᆫ 일에 ᄃᆡᄒᆞ야 주의ᄒᆞᆯ것

대개 놈의게 례물을 주ᄂᆞᆫ것은 덕의상(德義上)이나 교졔샹으로 필요ᄒᆞᆫ 일인ᄃᆡ 그 주ᄂᆞᆫ 물픔으로 말ᄒᆞ면 관혼상(冠婚喪)간 각기 경우를 ᄯᆞ라 뎍당히 쓸만ᄒᆞᆫ것을 ᄐᆡᆨᄒᆞᆯ것이며 ᄯᅩ 그물픔의 가치ᄂᆞᆫ 비록 적을지라도 그 주ᄂᆞᆫ 방법은 아모됴록 정중히ᄒᆞ야 그 셩을 나타낼것이니라

一、관혼간 길례(吉禮)에 ᄃᆡᄒᆞ야ᄂᆞᆫ 포빅(布帛)이나 식료픔(食料品)이나 긔구픔(器具品)으로써 주ᄂᆞᆫ것이 뎍당ᄒᆞ나 ᄃᆡ젼(代錢)으로써 주ᄂᆞᆫ것도 됴흐니라

二、상가흉례(喪家凶禮)에 ᄃᆡᄒᆞ야ᄂᆞᆫ 포빅이나 지촉(紙燭)으로써 주ᄂᆞᆫ것보다 ᄃᆡ젼으로써 보조ᄒᆞᄂᆞᆫ것이 ᄆᆡ우 됴흐며 아름답고 향긔로온 싱화(生花)나 혹 가화(假花)를 보내ᄂᆞᆫ례도 잇ᄂᆞ니라

三、병쟈의게ᄂᆞᆫ 쳐분이 엇스면 식료(食料)즁의 ᄌᆞ양픔을

주ᄂᆞᆫ것도 됴흐나 병쟈의 마음과 눈을 깃브게ᄒᆞᆯ만ᄒᆞᆫ 믈품을 보내ᄂᆞᆫ것이 더욱 됴흐니라

四、무ᄉᆞᆷ 화재나 슈지를 당ᄒᆞᆫ쟈의게ᄂᆞᆫ 젼곡(錢穀)이나 혹 무ᄉᆞᆷ 다른 필요ᄒᆞᆫ 믈품으로써 구졔ᄒᆞᆯ것이니라

五、멀니가ᄂᆞᆫ 사ᄅᆞᆷ의게ᄂᆞᆫ 긔렴품을 줄경우에ᄂᆞᆫ 오래도록 긔념될만ᄒᆞᆫ 믈품을 ᄆᆡᆫ드러 주ᄂᆞᆫ것이 됴흐니라

六、샹시(常時)에 무ᄉᆞᆷ 례믈을 친구의게 줄경우에ᄂᆞᆫ 아모됴록 그 시의(時宜)와 인졍에 뎍합(適合)ᄒᆞᆫ 믈품을 ᄐᆡᆨᄒᆞ야 줄것이니라

실업

◎나무심으ᄂᆞᆫ법 (二)(쇽)

가지를 찍어심으ᄂᆞᆫ것 (種穗)

뎨一 죵류

대개 됴션에셔 가지를 찍어 심으기에 합당ᄒᆞᆫ 나무ᄂᆞᆫ 됴션버들과 미국버들과 이대리버들과 할렬나무등이니라

뎨二 가지를취ᄒᆞᄂᆞᆫ법

가지를 취ᄒᆞ라면 二三년근으로브터 五六년근ᄭᆞ지 위한ᄒᆞ고 셋재가지(三番枝)이하로 새려이 강ᄒᆞᆫ것을 취ᄒᆞ야 쓰되 三월금음이나 四월쵸싱에 ᄒᆞᆯ것이니라

뎨三 가지를자르ᄂᆞᆫ법 (切穗法)

뎨二항ᄀᆞᆺ치 취ᄒᆞᆫ 나무가지를 기리가 五촌(寸)가량쯤 되게 자르되 나오ᄂᆞᆫ 싹(芽)의 눈을 넷식만두고 아래와 우희를 드ᄂᆞᆫ칼노 엇버힐(斜形割)것이니라

뎨四 가지를ᄭᅩᆺᄂᆞᆫ법(種穗)

뎨三항과ᄀᆞᆺ치 자른가지를 축축ᄒᆞᆫ ᄯᅡ에 심으ᄂᆞᆫ뒤 ᄲᅮᆫᄲᅮᆫᄒᆞᆫ 나무ᄭᅩ챵이로 ᄯᅡ에 구멍을 ᄯᅮᆯ되 ᄭᅩᆺᄭᅩᆺ이 누려ᄯᅮᆯ치말고 비스듬이 가로ᄯᅮᆯ코 나무가지ᄂᆞᆫ 븍으로 향ᄒᆞ고 싹눈은 우흐로 향ᄒᆞ게ᄒᆞ야 그 구멍ᄯᅮᆯ닌대로 비스듬히 누혀(斜揷) 四분지三ᄂᆞᆫ 땅속에 ᄭᅩᆺ치고 四분지一ᄂᆞᆫ 땅밧그로 나오게 ᄒᆞᆯ지니 곳 뎨三 뎨四의 싹눈이 땅밧그로 나오게ᄒᆞᆫ후에 흙을 그러덥고 발노 지근지근 ᄇᆞᆲ을것이니라

뎨五 심으ᄂᆞᆫ거리(距離)

심은ᄂᆞᆫ 거리ᄂᆞᆫ 대개 ᄒᆞᆫ평에 뒤ᄒᆞ야 一百ᄀᆡ식만 심으ᄂᆞᆫ것이 뎍당ᄒᆞ니라

뎨六 보호ᄒᆞᄂᆞᆫ법

심은후에 보호ᄒᆞᄂᆞᆫ법은 믈을 주며 김풀을 미여주며 거름 주며 필요ᄒᆞᆫ때에 집흘 덥허 주엇다가 다시 것어주ᄂᆞᆫ법은 대개 파죵(播種)ᄒᆞᆫ후에 ᄒᆡᆼᄒᆞᄂᆞᆫ것과 ᄀᆞᆺᄒᆞ니라

담총

◎미국사ᄅᆞᆷ의새문뎨

현금 미국인구ᄂᆞᆫ 九千三百만명인뒤 작년에 미국니디에셔 농ᄉᆞ지은 곡식의 百분지九十一분을 먹엇슨즉 이제이후로 五十년간 지내보면 미국인구가 거즌 二억만명에 달ᄒᆞᆯ지라 그러면 이ᄯᅢ에ᄂᆞᆫ 농ᄉᆞ를 느릴난지 먹ᄂᆞᆫ것을 주릴난지 이문뎨에 뒤ᄒᆞᆫ 뒤답은 지금어린ᄋᆞ희들의게 밀 밧게업소

◎각식새와 즘싱과 물고기사ᄂᆞᆫ ᄒᆡ수(可活年數)

학은 一ᄇᆡᆨ세(歲)이샹 잉무와 ᄇᆡᆨ로ᄂᆞᆫ 六十세 겨우(鵝)ᄂᆞᆫ 五十세 공작은 二十四세 ᄇᆡᆨ합(白鴿)은 二十세 ᄭᅬ고리ᄂᆞᆫ 十八세 ᄭᅯᆼ은 十五세 [illegible] 十세 코기리ᄂᆞᆫ 一百세이샹 약뒤(駱駝)ᄂᆞᆫ 六十세이샹 물은 三十세 소ᄂᆞᆫ 二十세 ᄀᆡᄂᆞᆫ 十二세 고양이ᄂᆞᆫ 十세 양은 九세 토끼ᄂᆞᆫ 八세 도야지ᄂᆞᆫ 七세 고릭ᄂᆞᆫ 一千세

◎코룬포의ᄉᆞ업

코룬포ᄂᆞᆫ 본뒤 의대리사ᄅᆞᆷ이니 셩픔이 모험(冒險)ᄒᆞ기를 됴화ᄒᆞ더니 나히 十六세에 항ᄒᆡ술(航海術)을 공부ᄒᆞ야 바다길노 만히 ᄃᆞᆫ녓더라 지금으로브터 四百년젼에ᄂᆞᆫ 우리 사ᄂᆞᆫ 디구(地球)가 둥근줄을 아ᄂᆞᆫ쟈가 업더니 코룬포가 디리학을 깁히 연구ᄒᆞᆷ으로 디구가 둥그러셔 비출ᄒᆞ고 셔으로만 가도 능히 동양 인도국에 올수잇ᄂᆞᆫ줄을 깁히 밋고 ᄒᆞᆫ번 시험코져ᄒᆞ되 ᄌᆞ본이 업ᄂᆞᆫ고로 포도아와 영국졍부에 뒤ᄒᆞ야 ᄌᆞ본을 쳥구ᄒᆞ엿스나 밋지아니 ᄒᆞᄂᆞᆫ지라 나죵에 셔반아왕후가 돈을 주어 큰비 세쳑을 쥰비ᄒᆞ야 一ᄒᆡᆼ一百二十인이 ᄀᆞᆺ치ᄯᅥ

고 대서양을 건너갈셰 수삭 동안을 가되 다만 하ᄂᆞᆯ에 다은 물뿐이오 륙디ᄂᆞᆫ 뵈이지 안ᄂᆞᆫ지라 여러사ᄅᆞᆷ이 심히 두려워 회졍(回程)ᄒᆞ야 도라가기를 청ᄒᆞ되 코룬포가 허락지 아니ᄒᆞᆫ매 여러사ᄅᆞᆷ이 코룬포를 바다물에 집어너코져 ᄒᆞ거ᄂᆞᆯ 코룬포가 이에 무리ᄃᆞ려 닐너ᄀᆞᆯᄋᆞᄃᆡ 三일동안만 더기ᄃᆞ려 보아서 뵈이ᄂᆞᆫ것이 업스면 도로 회졍ᄒᆞ자고 약됴ᄒᆞᆫ후 여젼히 가더니 믄득 나무가지와 푸른풀이 물결을 ᄯᆞ라 ᄂᆞ려오거ᄂᆞᆯ 여러사ᄅᆞᆷ이 크게깃버ᄒᆞ야 압흐로 나아가더니 다시 三일후 일혼아춤에 나러나본즉 지나가ᄂᆞᆫ 석 소릭가 들니며 륙디가 멀니 눈압헤 뵈이니 이것은 곳 세상에서 처음으로 차진 북아메리가 미국디방의 ᄒᆞᆫ셤(嶋) 곳 이라 이ᄯᅢ에 살던빅셩은 곳 홍인죵이라 코룬포등의 오ᄂᆞᆫ 것을 보고 황금을 만히주며 항복ᄒᆞ거ᄂᆞᆯ 코룬포등이 이토디와 인심을 슈습ᄒᆞᆫ후 동으로 도라와서 서반아 정부에 보고ᄒᆞᆫ매 그일홈이 셰계에 진동ᄒᆞ엿더라

회보ᄃᆡ금령슈

住所	氏名	金額
襄陽銅山	崔鳳道	四十錢
江陵邑	金鳳湃	三十錢
上仝	徐廣鎬	三十錢
上仝	金敎萬	三十錢
舊馬山	林翰朝	四十錢
弘濟院	禹昌濱	四十錢
通川庫低里	金光澤	一圓八十錢
長湍阿谷洞	金達鉉	三十錢
江華下稷洞	趙鏞烈	四十錢
鎭南浦	金弘植	四十錢
華川	咸致淳	三十錢
上仝	李春根	三十錢
上仝	具周鉉	三十錢
上仝	咸致道	三十錢
襄陽大海	金云八	四十錢
延安佳麗井	文武京	二圓
江陵燈明里	金聖道	三十錢
仝眞木亭	金㛒俊	三十錢
熙川柔院鎭	韓承翊	四圓
富平	崔馬太	四十錢
彰義門外	朴海肅	四十錢
金灘	王順七	二十錢
洪州	金光植	六十錢
春川	鄭天愛	三十錢
高城校洞	鄭允永	一圓廿錢
瓮津莽洞	교회	四十錢
京古澗洞	늬클부인	八十錢

광고

경계쟈 하ᄂᆞ님의 도으심으로 국문 신구약젼서가 완편된지라 이의 인쇄ᄒᆞ야 이제 미하ᄒᆞᄂᆞᆫ바 이칙의 쟝광은 국문 四호글ᄌᆞ 지의 신약파ᄀᆞᆺ고 그 쟝칙과 졍가ᄂᆞᆫ 이아릭 ᄌᆞ세히 긔록ᄒᆞ엿ᄉᆞ오니 이칙을 갈망ᄒᆞ시던 우리 형뎨와 ᄌᆞ매ᄂᆞᆫ 본공회와 경향 각교즁 칙샤에 청구ᄒᆞ시와 익독ᄒᆞ시옵쇼서

쟝칙과 뎡가

신구약젼서
단권一秩 견포의 一圓五十錢
仝 仝 반피의 一圓七十五錢
三권仝 지의 一圓二十五錢
仝 仝 포의 一圓三十五錢

구약젼서
二권一秩 지의 一圓
仝 仝 포의 一圓十五錢

본공회에 국ᄒᆞᆫ한문 밋각국문의 셩서가 구비ᄒᆞ옵고 ᄋᆞᆫ군각처로 발송ᄒᆞᄂᆞᆫ 셩서의 운비혹 우료ᄂᆞᆫ 본공회에서 출급ᄒᆞ오며 상세ᄒᆞᆫ 규측과 뎡가록은 청구를 ᄯᆞ라 공급ᄒᆞᄂᆞ이다

서울종로 대영셩셔공회 고빅

광고

경향 여러교우의 갈망ᄒᆞ시던 국문구약셩경의 완편이 출판되여 발셔브터 다수히 발매ᄒᆞ오니 쳠군ᄌᆞᄂᆞᆫ 슈용의 다소를ᄯᆞ라 륙쇽청구ᄒᆞ심을 ᄇᆞ라옵

그제본과 뎡가ᄂᆞᆫ 여좌ᄒᆞ옵

二권一질二쳔六빅五十환
지의 一환
포의 一환十五젼

한문셩경이 새로 샹해로셔 나왓ᄂᆞᆫᄃᆡ 문리관쥬구신약뎐이오 일어셩경신구약도 여러죵류가 잇ᄂᆞᆫᄃᆡ 본공회와 서울명동과 평양에잇ᄂᆞᆫ 일본인칙시 본공회 셩서발매소에서 발매ᄒᆞ옵

또 평양잇ᄂᆞᆫ 죠션인칙사 본공회 셩셔발매소에ᄂᆞᆫ 국문셩경과 국한눈셩경 여러죵류기 잇습

각 칙샤에서 사가면 삼활ᄒᆞ고 부비ᄭᆞ지 담당ᄒᆞ옵

京城鍾路基督敎靑年會下層
美國聖書公會 告白

(明治四十四年十二月二日第三種郵便物認可) 救主降生一千九百十二年四月十五日(月曜) (第一卷第三十號)

그리스도회보
KOREAN CHRISTIAN ADVOCATE

每月二回十五日三十日發行
明治四十五年四月十二日印刷
明治四十五年四月十五日發行

發行兼編輯人 北部社洞 奇義男
印刷人 北部樓閣洞 朴東完
印刷所 京城西小門內法韓印刷所
發行所 北部社洞그리스도會報社

ᄃᆡ금 一장 二젼五리
[代金] 六ᄀᆡ월 二十젼
一ᄀᆡ년 四十젼

사셜

◎고등주일학당교과셔의 셩질

고등쥬일학당 교과셔는 만국쥬일학회 학셩즁에 학력이 져이 진보된쟈들을 위ᄒᆞ야 재뎡(製定)ᄒᆞᆫ 책이니 그권수는 十六권인ᄃᆡ 一년급으로브터 四년급ᄭᆞ지 마련ᄒᆞ야 ᄆᆡ년급에 四권식이오 ᄆᆡ三ᄀᆡ월에 一권식 공부케ᄒᆞ엿고 그ᄂᆡ용(內容)ᄒᆞᆫ 뎨목은 셩경가온ᄃᆡ 여러거룩ᄒᆞᆫ 인물(人物)의 픔힝과 ᄉᆞ적을 명ᄇᆡᆨ히 말ᄒᆞᆫ것이라 ᄐᆡ셔각국에셔는 이책을 쥬일학당 고등교과셔로 쓰기 시작ᄒᆞᆫ지 임의 수년이나 죠션에셔는 아직 이책을 보지못ᄒᆞ겟더니 쟝로 감리량교회즁 쥬일공과 재뎡위원들이 협의(協議)ᄒᆞᆫ 결과로 경셩죵로 예수교셔회에 위임ᄒᆞ야 이책을 발힝케ᄒᆞᆫ지라 근일에 ᄆᆡ一년급 뎨一호가 처음으로 간힝되엿스니 우리교즁 쳥년후진들이 쟝ᄅᆡ 이책을 공부ᄒᆞ야 그가온ᄃᆡ셔 도덕상과 지식상 리익을 만히 엇을지로다 엇던 쳥년학ᄉᆡᆼ이 고명ᄒᆞᆫ 션ᄉᆡᆼ의게 가셔 뭇기를 「학교공부외에 특별히 공부ᄒᆞᆯ만ᄒᆞᆫ 책이 무엇이오닛가」ᄒᆞᆫ즉 그션ᄉᆡᆼ이 ᄃᆡ답ᄒᆞ기를 「쳥년들은 대개 심지미뎡(心志未定)ᄒᆞ야 방향을 모르기쉬온고로 녯날 거룩ᄒᆞᆫ 사ᄅᆞᆷ의 픔힝과 힝적을 만히 공부ᄒᆞ야 그즁에셔 ᄌᆞ긔 ᄉᆞ샹과 목뎍에 합ᄒᆞᄂᆞᆫ대로 ᄒᆞᆫ 표쥰(表準)을 뎡ᄒᆞᆫ후에 압흐로 나아가면 一평ᄉᆡᆼ에 실착(失錯)ᄒᆞᆯ 일이 업고 ᄯᅩᄒᆞᆫ 큰ᄉᆞ업을 가히 일울지니 이는 비유컨ᄃᆡ 큰 집을 짓던지 무ᄉᆞᆷ그릇을 문ᄃᆞᄂᆞᆫ 공쟝이 집의 도형과 그릇의 모본을 노코 재조ᄒᆞ면 그대로 ᄀᆞᆺ치 문ᄃᆞᆯ수 잇ᄂᆞᆫ것과 ᄀᆞᆺ다ᄒᆞ엿스니 이우헤 말ᄒᆞᆫ바 고등쥬일학당 교과셔ᄂᆞᆫ 셩경가온ᄃᆡ 모든거룩ᄒᆞᆫ 사ᄅᆞᆷ의 픔셩과 힝적을 ᄀᆞᄅᆞ치ᄂᆞᆫ것이라 그런즉 이책을 주의ᄒᆞ야 공부ᄒᆞᄂᆞᆫ 우리쳥년교우형뎨ᄌᆞ미들은 그가온ᄃᆡ셔 거룩ᄒᆞᆫ 모본을 만히엇어셔 하ᄂᆞ님을 슌죵ᄒᆞᆷ과 밋음은 아브라함과 ᄀᆞᆺᄒᆞ며 지혜와 신용은 요셉과 ᄀᆞᆺᄒᆞ며 홍심(恒心)을 직힘과 인내ᄒᆞᆷ은 모세와 ᄀᆞᆺᄒᆞ며 견확(堅確)ᄒᆞᆷ은 여호수아와 ᄀᆞᆺᄒᆞ며 용밍은 깃어온과 ᄀᆞᆺᄒᆞ며 쥬를 위ᄒᆞ야 악을 ᄃᆡ뎍ᄒᆞᄂᆞᆫ 모든거룩ᄒᆞᆫ 픔힝은 베드로 요한 바울 ᄀᆞᆺᄒᆞᆫ 여러ᄉᆞ도와 ᄀᆞᆺ치되기를 깁히 앙망ᄒᆞᄂᆞ이다

교즁휘문

△너보△

◎사•장•입•경• 본샤쟝긔의남씨는 일본동경 죠션류학싱 쳥년회관니에서 긔ᄒᆞᆫ 츈령회(春令會)에 참셕ᄒᆞ기 위ᄒᆞ야 일본으로 건너간것은 젼호에 게재ᄒᆞ엿거니와 동씨가 그곳에서 츈령회를 맛치고 본월 七일쥬일에 죠션학싱 몃사ᄅᆞᆷ의게세례를 베픈후 동十일에 경부션으로 경셩에 도라왓다더라

◎량•씨•동•힝• 죠션 미감리회 평신도총ᄃᆡ 리승만씨가 일본으로 건너간것은 젼호에 게재ᄒᆞ엿거니와 동씨가 본월十일에 감독 ᄒᆡ리스씨와 동반(同伴)ᄒᆞ야 미국을 향ᄒᆞ야 츌발ᄒᆞ엿ᄂᆞ더라

◎량•교•긔•학• 죠션감리회 신학교三년급 학싱들과 죠션예수교인 셩경학원 一년급 학셩들은 본월二일브터 경셩셔부 링동 셩경학원니에서 一대샹학ᄒᆞ엿는ᄃᆡ 량교학싱이 도합 六十여명이라더라

◎비•지•졸•업•식• 경셩 비지하당 즁학과졸업식을 거三월二十九일 하오二시에 졍동뎨一례ᄇᆡ당니에서 거힝ᄒᆞ엿ᄂᆞᆫᄃᆡ 그슌셔는 쥬셕신흥우씨가 목ᄉᆞ현슌씨의 긔도로 긔회ᄒᆞᆫ후 긔회대지를 셜명ᄒᆞ고 윤치오씨의 연셜과 공옥쇼학싱의 창가와 후작박영효씨의 츅ᄉᆞ와 감리ᄉᆞ긔이부씨의 독창과 학무국쟝 관유졍삼랑씨의 연셜과 비지즁학싱의 창가와 죠션총독 ᄉᆞᄂᆡ졍의각하의 츅ᄉᆞ가 ᄎᆞ례로 잇슨후에 목ᄉᆞ루부씨가 졸업증서를 슈여(授與)ᄒᆞ고 졸업싱ᄃᆡ표로 변지명씨가 답ᄉᆞᄒᆞᆫ후 목ᄉᆞ최병헌씨의 긔도로 폐회ᄒᆞ엿ᄂᆞᆫᄃᆡ 졸업싱은 김의봉씨이하 八인이더라

◎쥬•미•로•도•라•옴• 평북 회쳔군 유원진 한승의씨의 통신을 거ᄒᆞᆫ즉 본교회ᄌᆞ미즁 박씨는 졂어셔브터 자금五十六세에 니르도록 무당노릇으로 싱활을 삼다가 그남편이 세샹을 ᄯᅥ난후로는 그아ᄃᆞᆯ니외를 거ᄂᆞ리고 술장ᄉᆞ를 겸ᄒᆞ야 ᄒᆞ더니 작년六월에 쥬애수를 멋고 무당의 [illegible]명과 외복을 다 교회에 밧치고 또예수를 밋는 사ᄅᆞᆷ은 술장ᄉᆞᄒᆞ는것이 불가ᄒᆞ다ᄒᆞᆷ을 듯고 즉시 술장ᄉᆞ를 그만둔후에 아ᄃᆞᆯ과 ᄌᆞ부를 감화식혀 다 쥬압흐로 나오게ᄒᆞᆯ뿐 아니라 그리웃 사ᄅᆞᆷ의게 날마다 열심으로 권ᄒᆞ야 여러사ᄅᆞᆷ을 쥬압흐로 인도ᄒᆞ엿스며 교회일이라ᄒᆞ면 열심으로 힘ᄒᆞ니 그밋음과 힘실은 츙본밧을만ᄒᆞ다ᄒᆞ엿더라

◎츄•도•회•셜•립• 원산항 박학면씨의 통신을 거ᄒᆞᆫ즉 그곳 남감리회 동셔략다방 젼도인졔씨가 련합ᄒᆞ야 츄도회를 셜립ᄒᆞ엿ᄂᆞᆫᄃᆡ 그회의 취지는 입회금五十젼식을 내고 회원이되며 회원즁에 별세ᄒᆞᆫ이가 잇스면 그유족을 위ᄒᆞ야 미회원이 五十젼식 츌연ᄒᆞ야 도아주며 죽은사ᄅᆞᆷ을 위ᄒᆞ야 츄도ᄒᆞ기로 목뎍인ᄃᆡ 히회의 임원은 회장박학면 부회쟝류시국 서긔김광턱 회계김연즁제씨오 도마련복ᄉᆞ와 박학면 김연즁 三씨가 규측을 긔초즁이라ᄂᆞᆫᄃᆡ 남감리회 젼도인남녀재씨는 다 연회ᄒᆞ기를 ᄇᆞ란다더라

◎젼•도•ᄃᆡ•의•열•심• 경긔 장단군 김영화씨의 통신을 거ᄒᆞᆫ즉 긔셩 한영서원학싱즁에서 젼도ᄃᆡ를 죠직ᄒᆞ고 긔회잇는대로 열심젼도ᄒᆞ는즁 특별히 하ᄂᆞ님을 참으로 공경ᄒᆞ고 동포를 ᄉᆞ랑ᄒᆞ는 ᄆᆞᄋᆞᆷ이 만흔 리샹츈 유장록 리경츈 리긔연 신영슌 허삼용 박범우 리동슌제씨와 류학싱즁 몃사ᄅᆞᆷ이 목ᄉᆞ왕명덕씨와 의론ᄒᆞ야 김영학씨소관 구여즁 연약ᄒᆞᆫ 교회를 도아주기로 작뎡되야 긔셩동면 젹면교회와 새로 셜립ᄒᆞᆫ 장단무두리교회에 미쥬일 두사ᄅᆞᆷ식 나가셔 오젼과 져녁례비를 인도ᄒᆞ고 오후에는 락심ᄒᆞᆫ 교우와 외인을 ᄃᆡᄒᆞ야 열심으로 젼도ᄒᆞ며 권면ᄒᆞᆷ으로써 새로 밋는쟈도 만코 락심ᄒᆞᆫ쟈가 다시 회긔ᄒᆞ는쟈가 만타ᄒᆞ엿더라

◎긔•셩•남•셩•병•원• 경긔도 긔셩북부 남셩병원니 류계샹씨의통신을 거ᄒᆞᆫ즉 ᄒᆡ병원은 쥬

후 一千九百七년에 미국안리의만씨가 창셜ᄒᆞ엿ᄂᆞᆫᄃᆡ 처음에ᄂᆞᆫ 죠션식 가옥에셔 시업(始業)ᄒᆞ더니 작년에 비로소 복부랍졔에 신식 셕졔집을 굉걸히 건축ᄒᆞ고 졔반셜비를 확쟝ᄒᆞ야 업무(業務)가 날노 진보되매 병쟈가 ᄉᆞ방으로 좃차드러와셔 치료ᄒᆞ며 경비ᄂᆞᆫ 一년에 二千여원인ᄃᆡ 미국 감리교회에셔 담당ᄒᆞ고 임원은 의ᄉᆞ一인 리의만씨와 후보쟈(候補者)빈션명씨와 간호부ᄂᆞᆫ 셔양부인一인 죠션부인三인이오 기외에 ᄉᆞ무원三인이오 진찰시간은 샹오十一시로 하오四시ᄭᆞ지오 또경셩 졔즁원 의학교에 남ᄌᆞ二인을 입학케 ᄒᆞᆫ것은 졸업ᄒᆞᆫ후에 이병원 의ᄉᆞ로 슈용(需用)ᄒᆞᆯ 목뎍이라더라 기셩은 인구가 四만명이샹에 달ᄒᆞᄂᆞᆫ 큰도회쳐이로ᄃᆡ 아쥬 샹당ᄒᆞᆫ 병원이 업슴으로 기탄ᄒᆞ더니 하ᄂᆞ님의 은혜로 이런됴ᄒᆞᆫ 병원이 셜립되엿스니 몬져ᄂᆞᆫ 우리교즁 형뎨ᄌᆞ미를 위ᄒᆞ고 그다음은 기셩一반동포를 위ᄒᆞ야 감하ᄒᆞᆷ을 마지아니ᄒᆞ노라

◎긔도의열매 황히도 히쥬 곽명리씨의 통신을 거ᄒᆞᆫ즉 연안북방 젼도ᄉᆞ 오현경씨가 발우귀교회에셔 사경회를 열고 새벽마다 두시간식 죵용ᄒᆞᆫ방에셔 긔도ᄒᆞ고 사경회를 시작ᄒᆞᆯ시 출셕학원이 첫날은 二十여명이오 뎨이일은 三十여인이오 뎨ᄉᆞ일은 四十여명에오 나죵날은 五十여인이 공부ᄒᆞ여 은혜를 만히 밧고 또 회당이 협착ᄒᆞᆷ으로 증축ᄒᆞ기 위ᄒᆞ야 연보ᄒᆞᆫ것이 六十여원이라더라

◎사경회와부흥회 경긔도양쥬 미동 김현셩씨의 통신을 거ᄒᆞᆫ즉 일젼에 젹셩 남면 림간리교회ᄂᆡ에셔 부흥회와 사경회를 열고 권ᄉᆞ최형진 리운겸량씨와 즁앙복음젼도관 리명헌씨가 각각 시간을 논호아 열심으로 인도ᄒᆞ엿ᄂᆞᆫᄃᆡ 여러형뎨와 ᄌᆞ미가 새로 춍만ᄒᆞᆫ 은혜를 밧은즁 특별히 형뎨즁 ᄒᆞᆫ분은 부흥회열기 젼날ᄭᆞ지도 마귀의 유혹에 ᄯᅥ러져셔 쥬를 비방코져 ᄒᆞ엿고 또ᄒᆞᆫ분은 그곳교회를 ᄯᅥ나고져ᄒᆞ다가 이번 부흥회에 셩신의 권능으로 이 두형뎨를 그위험즁에셔 건졋스니 모든 영광은 하ᄂᆞ님께 돌닌다 ᄒᆞ엿더라

◎목ᄉᆞ를환영ᄒᆞᆷ 거월에 경셩에셔 기ᄒᆞᆫ 미감리회 년회에 참셕ᄒᆞ엿던 목ᄉᆞ 홍슌탁 오긔션 손졍도三씨가 빅쳔읍으로 ᄂᆞ려가매 그곳형뎨ᄌᆞ미와 남녀학도 수빅인이 당디회당ᄂᆡ에 모혀셔 셩대ᄒᆞᆫ 환영회를 열고 三씨의게 ᄃᆡᄒᆞ야 ᄉᆞ랑ᄒᆞᄂᆞᆫ뜻을 표ᄒᆞ엿더라

◎금셰에희귀ᄒᆞᆫ일 경긔도남양 곽응환씨의 통신을 거ᄒᆞᆫ즉 동군 마산동사ᄂᆞᆫ 리인의 시ᄂᆞᆫ 고포동교회ᄂᆡ 보셩학교 싱도 셰경은씨의 모친인ᄃᆡ 원ᄅᆡ 교육에 열심ᄒᆞᆷ으로 ᄌᆞ긔의 ᄌᆡ산을 다ᄒᆞ야 교육을 찬죠ᄒᆞᆷ은 一경이 다 아ᄂᆞᆫ바라 금번에도 보셩학교 교ᄉᆞ 一인의 식비를 ᄌᆞ담ᄒᆞ고 학교일에 힘써 도으며 교육을 쟝려ᄒᆞᆷ으로 히부인의 고샹ᄒᆞᆫ ᄉᆞ샹과 열심은 녀ᄌᆞ계에 모범이될만ᄒᆞᆫ 희한ᄒᆞᆫ 일인고로 듯ᄂᆞᆫ쟈가 다 칭숑ᄒᆞᆫ다ᄒᆞ엿더라

◎동대문교회사경 경셩동대문안 교회에셔 거월二十일브터 二十七일ᄭᆞ지 사경회를 열엇ᄂᆞᆫᄃᆡ 五반에 논호아 파졍은 출애굽 쟝졍가측 요한一셔 갈나듸아 마가복음 빌닙보 감리교문답 즁거론이오 교ᄉᆞᄂᆞᆫ 목ᄉᆞ최병헌 긔이부 현셕칠 긔이부인 젼도ᄉᆞ 김인권 신영식 신셩득 손창현 졔씨오 공부ᄒᆞᆫ 사ᄅᆞᆷ은 一百三十五인이오 또 져녁마다 연셜회로 다수히 모혀 ᄌᆞ미를 만히 보앗다더라

◎죠심ᄒᆞᆯ일 황히도 슈안읍교회 교의슈씨의 통신을거ᄒᆞᆫ즉 츙남 회덕군 산ᄂᆡ면 대뎐력(太田驛)교회ᄂᆡ 명쥬학교(明主學校)학감 송쥰(宋俊)이라ᄒᆞᄂᆞᆫ 사ᄅᆞᆷ이 신계 슈안 곡산등군 각교회로 도라ᄃᆞᆫ니면셔 명쥬학교가 음력작년 十二월분에 쇼화(消火)되엿슴으로 十三도에 一인식 파송ᄒᆞ야 연죠금을 쳥구ᄒᆞᆫ다ᄒᆞ고 二三원 혹 몃十젼식 슈합ᄒᆞᆫ돈이 임의 수十원가량이 되엿스나 히씨의 ᄒᆞᄂᆞᆫ일이 모호ᄒᆞᆯ뿐아니라 ᄃᆞᆫ니며 ᄒᆞᄂᆞᆫ말이 이학

보에 디ᄒᆞ야 연죠ᄒᆞᄂᆞᆫ 형뎨와ᄌᆞ매ᄂᆞᆫ 그리스도회보를 갑업사 보게ᄒᆞ며 ᄯᅩ잡지도 발간ᄒᆞ야 보게ᄒᆞ마ᄒᆞ며 혹 술도 마시니 이와ᄀᆞᆺ흔 거즛말과 부정ᄒᆞᆫ ᄒᆡᆼ위를ᄒᆞ니 이것은 필연코 협잡인듯ᄒᆞ니 교즁형뎨ᄌᆞᄆᆡᄂᆞᆫ 견긔(見欺)치 마시기를 ᄇᆞ라노라

◎감하의연 황히도 히쥬 쥬닉면 동五리사ᄂᆞᆫ 윤부인진도씨가 본샤에 디ᄒᆞ야 은반지ᄒᆞᆫ뫼를 연죠ᄒᆞ엿기 히부인의 본회보를 ᄉᆞ랑ᄒᆞᄂᆞᆫ ᄆᆞ음에 디ᄒᆞ야 본샤에셔ᄂᆞᆫ 감샤ᄒᆞᆫ뜻을표ᄒᆞ노라

△외보▽

◎소쥬의부흥회 청국 소쥬교회의 룡션을 거ᄒᆞᆫ즉 하쳐교회에셔 본년음력 정월초二일브터 쵸八일ᄭᆞ지 七일동안을 부흥회를 열고 쥬의복음을 젼ᄒᆞ엿ᄂᆞᆫ디 날마다 와셔 텽도ᄒᆞᄂᆞᆫ 남녀로쇼가 여러百명에 달ᄒᆞ매 례비당이 좁아 능히 용납지 못ᄒᆞ엿고 이부흥회의 결과로 새로엇은 교우쟈 八十여명이라더라

◎六百션교ᄉᆞ 미국과 가나다에 유명ᄒᆞᆫ 외국션교회가 도 二十五쳐인디 금년니에 선교ᄉᆞ 六百인을 세계각국으로 더파송ᄒᆞᆫ다더라

◎쳥긔미휼(淸饑美恤) 쳥국 남방에 작년 슈지(水災)와 병화(兵禍)로 인연ᄒᆞ야 六십만 가족(家族)이 다 굶머죽을 디경에 ᄲᅡ진지라 그럼으로 쳥국니디에 거류ᄒᆞᄂᆞᆫ 미국 션교ᄉᆞ들이 더회본국 교회에 향ᄒᆞ야 구휼금 二百만원을 쳥구ᄒᆞᆫ교로 미국 각쳐에셔 방쟝 구휼금을 슈합즁인디 거三월十일은 특별히 쳥국 구황연보(救荒捐補)쥬일노 뎡ᄒᆞ고 이날에 각교회에셔 거둔연보금은 다쳥국으로 보낸다더라

◎애이란의五슌졀 영국 애아란에셔ᄂᆞᆫ 박ᄉᆞ챱민과 목ᄉᆞ아력산대량씨가 각쳐로 슌힝ᄒᆞ면셔 六十일동안 부흥회를 인도ᄒᆞ엿ᄂᆞᆫ디 이결과로 새로 일홈 붓친쟈가 五千여명이오 그목숨을 쥬ᄭᅴ밧치고 젼도ᄒᆞᄂᆞᆫ일노 죵ᄉᆞᄒᆞ기를 작뎡ᄒᆞᆫ 쳥년이 一百八十인이오 ᄂᆡ외국 션교ᄉᆞ를 도아주게다ᄂᆞᆫ 쳥년이 二百인이라 ᄒᆞ엿스니 이것은 참 五슌졀이 다시 도라온것이라 ᄒᆞᆯ지로다

◎그리스도인보호회 그리스도인 보호회ᄂᆞᆫ 본四월十九일브터 동卄四일ᄭᆞ지 미국 뉴욕에셔 열터인디 그목뎍은 그리스도교의 젼진(前進)을 고동ᄒᆞᆷ에 잇고 당회에셔 연셜ᄒᆞᆯ이ᄂᆞᆫ 미국 대통령타프트각하와 젼대통령후보쟈 쁘라이안 젼대ᄉᆞ쁘라시스 미철 젼지ᄉᆞ색커듸와싱돈 만국쳥년회 즁앙총무 목덕 녀ᄉᆞ(女史)에담졔씨라더라

◎혼다씨별세 일본 우리 감리교회 감독 혼다용일(本多庸一)씨ᄂᆞᆫ 신심이 독실ᄒᆞ며 학식이 탁월홈으로 하ᄂᆞ님의 퇴ᄒᆞ신 그릇이되여 쥬를위ᄒᆞ야 거륵ᄒᆞᆫ ᄉᆞ업을 만히ᄒᆞ더니 거三월卄六일에 이세상을 기리셔낫더라

도덕부

(직산 신홍식)

◎신마의젼쟝(神魔戰場)

(갈五〇十六、)

현대 [illegible] 무형무젹ᄒᆞᆫ 젼쟝(戰場)이 잇스니 이 량딘(兩陣)의 칭호를 말ᄒᆞ자면 ᄒᆞᆫ편은 셩신의 딘이오 ᄯᅩ ᄒᆞᆫ편은 마귀의 딘이로다 이젼쟝의 형편은 세샹나라의 젼쟝과 ᄀᆞᆺ치 쟝금대포(長劍大砲)로 ᄊᆞ호ᄂᆞᆫ것이 아니라 다만 무형ᄒᆞᆫ 가온ᄃᆡ셔 능력궤계(能力詭計)로 서로반ᄃᆡᄒᆞᄂᆞᆫ 젼쟝이니 그목뎍을 의론컨ᄃᆡ 인류(人類)의 심ᄉᆞ(心思)를 복죵케ᄒᆞ고져홈이라 그런즉 셩신의 소원은 인류를 션으로 인도ᄒᆞ샤 하ᄂᆞ님의 허락ᄒᆞ신 복을 밧게홈이오 (챵一〇卄八) 마귀의 소원은 인류들을 악으로 인도ᄒᆞ야 더와ᄒᆞᆷᄭᅴ 멸망의 형벌을 밧게홈이니 (묵卄〇十) 슬프다 이와ᄀᆞᆺ치 흉악ᄒᆞ고 간샤ᄒᆞᆫ 마귀에게 ᄭᅳᆯ니여가셔 ᄉᆞᄉᆞ로 멸망을 제축ᄒᆞᄂᆞᆫ 인류가 만흐니 이ᄂᆞᆫ 다름아니라 마귀ᄂᆞᆫ 사ᄅᆞᆷ의 졍욕을 엿보아 이목의 듯고 보ᄂᆞᆫ바 헛된 영광으로 번약ᄒᆞᆫ 육신을 인도홈이오 오직 셩신은 사ᄅᆞᆷ의 량심을 도와셔 시련(試煉)ᄒᆞᄂᆞᆫ가온ᄃᆡ 의로온길노 신령ᄒᆞᆫ 령혼을 인

도ᄒᆞᆷ이며 두렴보다 아ᄒᆞᄉᆞ이 뎨 처ᄒᆞᆫ 인류는 ᄒᆞᆫ번 싱각에 ᄉᆞ심을 판단ᄒᆞᆯ수 잇ᄉᆞ니 (로六〇五) 엇지 쥬와치 아니리오 그런고로 이전장의 승픠는 인류에 ᄉᆞᆯ니고 안니ᄉᆞᆯ니논ᄃᆡ 잇다ᄒᆞ노라 어렴으로 태초브터 지금ᄭᆞ지된 전장을 다말ᄒᆞᆯ수업거니와 대강으로 몃곳형편을 설명ᄒᆞ노니

一、에덴동산 전장이니 아담과 해와가 이동산에 잇슬ᄯᆡ에 사탄이 와서 미혹케ᄒᆞ매 (창三〇一―廿四) 아담 해와 두사ᄅᆞᆷ이 다 하ᄂᆞ님의 계명을 싱각ᄒᆞ엿ᄉᆞ니 이는 셩신의싱각 곳 사ᄂᆞᆫ싱각이로다(로八〇五) 그러나 사탄이 보이는바로써 굿세히 유혹ᄒᆞ니 목전에 식욕이 불일듯ᄒᆞ야 보이지 안는계명은 이져ᄇᆞ리고 보이는 실과를 ᄯᅡ먹은고로 죄에ᄲᅡ져 은혜를 ᄯᅥ나 ᄉᆞ망에 드러갓ᄉᆞ니 이는 인류들의 연약ᄒᆞᆷ을 경계ᄒᆞᆯ만ᄒᆞᆫ 거울이라 ᄒᆞ여도 가ᄒᆞ도다

二、유대국 광야전장이니 예수ᄭᅴ셔 이 광야에 계실ᄯᅢ에 마귀가와서 비록 눈외보이는 식물과 세샹영광으로 유혹ᄒᆞᆯ 자라도 (馬四〇一―十三)예수ᄭᅴ셔 셩신의 싱각으로 조곰도 ᄉᆞᆯ니쟈 아니ᄒᆞ시고 마귀를 ᄭᅮ지져 물리치셧ᄉᆞ니 이는 인류의 담대ᄒᆞᆫ 싱각을 도와줄 모본이 될만ᄒᆞᆫ ᄡᅡ홈이로다

三、쥬를 밋는 개인(箇人)의 심리뎍(心理的)전장이니 엇던 사ᄅᆞᆷ은 ᄆᆞ음으로 셩신을 ᄯᅥ나서 마귀를 슌죵ᄒᆞ다가 필경 멸망밧은쟈도 잇고 (마廿七〇五) 마귀의 딘을 ᄯᅥ나서 셩신의딘에 도라와셔 구원밧은쟈도 잇ᄉᆞ며 (ᄉᆞ九〇一―十九) 재물이 업슬ᄯᆡ에는 셩신을 좃ᄂᆞᆫ대ᄒᆞ다가 재물을 본후에는 마귀를 ᄯᅡ라가셔 멸망당ᄒᆞᆫ쟈도 잇ᄉᆞ며(ᄉᆞ五〇一―十一) 마귀의 괴휼노 로식ᄒᆞ여 둔 재물을 셩신의 지혜로 흣터준후에 구원밧는쟈도 잇ᄉᆞ며 (눅十九〇一―十) 셩신으로 시쟉ᄒᆞ엿다가 마귀로 맛초는쟈도 잇ᄉᆞ며 (갈三〇三) 그외에 바람의 불니는 갈ᄃᆡ와ᄀᆞᆺ치 이리져리 ᄉᆞᆯ니는 쟈도 만ᄒᆞ니 이로보건ᄃᆡ 개인의 심리뎍전장이 더욱위ᄐᆡᄒᆞ도다 그러나 셩도들노 ᄒᆞ여곰 화복의 분별을 ᄭᆡᄃᆞ라셔 셩신의 인ᄂᆡᄒᆞ심을 밧는 증거가되리로다 그런즉 이셰샹 인류는 심ᄉᆞ를 굿게 세워 아담 해와의 실슈된 거울을 ᄉᆞᆯ핀후에 예수의 승전ᄒᆞ신 모범을 비화셔 신도들의 구원엇은 증거를 밧아가지고 셩신의딘으로 일졔히 ᄯᅡ라가면 셩신ᄭᅴ셔는 능력을 배프사 마귀의딘을 영원이 쇼멸ᄒᆞ시고 십ᄌᆞ가로 승젼가 부르는소ᄅᆡ에 온세샹이 화평ᄒᆞᆯ줄 밋노라

쇼ᄋᆞ문답

◎ᄒᆡ와ᄃᆞᆯ과디구

갑동은 형이오 을동은 아호라 형뎨 두ᄋᆞᄒᆡ가 셕양텬에 ᄒᆞᆷᄭᅴ 놀다가 아호가 ᄒᆡ넘어가는것을 보고 형ᄃᆞ려 뭇는 말이라

(을)언ᄂᆡ ᄒᆡ가 어ᄃᆡ로 넘어가ᄂᆞᆫ잇가

(갑)ᄒᆡ가 넘어가는것 아니다 ᄒᆡ는 그자리에 고대로 잇고 다만 우리사는 디구가 ᄉᆞᄉᆞ로 도는ᄃᆡ ᄒᆡ를 향(向日)ᄒᆞ는 곳은 낫(晝)이되고 ᄒᆡ를 등지(背日)ᄂᆞᆫ 곳은 밤이되ᄂᆞ니라

(을)우리가 디구우에 사는ᄃᆡ 만일 디구가 도라갈것ᄀᆞᆺᄒᆞ면 우리가 그도라가는줄을 웨 ᄭᆡᄃᆞᆺ지 못ᄒᆞᄂᆞ잇가

(갑)디구는 크고 사ᄅᆞᆷ은 적은고로 디구의 움자기는것을 ᄭᆡᄃᆞᆺ지 못ᄒᆞᄂᆞ니 비유컨ᄃᆡ 우리가 큰ᄇᆡ를 ᄐᆞ고 ᄲᆞᆯ니 갈ᄯᆡ에 좌우 언덕을 보면 나무와 집들은 다 뒤를 향ᄒᆞ야 다라나는듯ᄒᆞ되 우리 ᄐᆞᆫᄇᆡ는 가는줄을 모르는것ᄀᆞᆺᄒᆞ니라

(을)그러면 디구가 엇더케 도라가ᄂᆞ잇가

(갑)디구가 二十四시간 동안에 원편으로브터 올흔편으로 도는것을 닐은바 ᄌᆞ뎐(自轉)이니 이러케ᄒᆞᆫ번 도라가는것이 一쥬야(晝夜)ㅣ오 ᄯᅩ 三百六十五일동안에 그궤도(軌道)로 ᄒᆡ를 둘너(繞日)ᄒᆡᆼᄒᆞ는것은 닐은바 공뎐(公轉)이니 이러케 ᄒᆞᆫ번 그궤도를 도는것은 一년이나

라

(을)디구가 ᄉᆞᄉᆞ로 돌면 ᄯᅩ 엇더케 히를돌너 그궤도를 돌수잇ᄂᆞᆫ잇가

(갑)너ᄂᆞᆫ 핑구를 보지못ᄒᆞᄂᆞ나 핑구가 ᄶᅡ우에셔 ᄉᆞᄉᆞ로 돌면셔도 오래돌면 ᄎᆞᄎᆞ 그자리를 드듸여가ᄂᆞ니 디구가 一쥬야에 ᄉᆞᄉᆞ로 도ᄂᆞᆫ것은 핑구가 ᄉᆞᄉᆞ로 도ᄂᆞᆫ것ᄀᆞᆺ고 ᄯᅩ디구가 一년동안에 히를돌너 그궤도를 도라가ᄂᆞᆫ것은 핑구가 오리돌면 그자리를 드듸ᄂᆞᆫ것 ᄀᆞᆺᄒᆞ니라

셰계격언

一、놈의 힝복(幸福)을 빌(祈)것이오 놈의 불힝ᄒᆞᆷ을 빌지말지니라

二、아모리 희망업게 된사ᄅᆞᆷ이라도 ᄉᆞᄉᆞ로 락망치말면 반ᄃᆞ시 그 ᄇᆞ라ᄂᆞᆫ것을 일울것이니라

三、글을 속히 닑ᄂᆞᆫ쟈ᄂᆞᆫ 잘 닑ᄂᆞᆫ쟈되기 듬으니라

四、갑슬 더주고 물건사ᄂᆞᆫ 사ᄅᆞᆷ을 인ᄌᆞ(仁慈)ᄒᆞᆫ 사놈어렵고 치[illegible]수업ᄂᆞ니라

五、원인(原因)과 결과ᄂᆞᆫ ᄒᆞᆫ ᄉᆞ실의 두ᄆᆞᆺ이니라

六、메식이라 ᄒᆞᄂᆞᆫ것은 지혜잇ᄂᆞᆫ쟈가 어리셕은쟈를 멀니ᄒᆞ기 위ᄒᆞ야 발명ᄒᆞᆫ것이니라

七、부인의 지조(志操)ᄂᆞᆫ 어름덩이와 ᄀᆞᆺᄒᆞ셔 ᄒᆞᆫ번풀어지기만ᄒᆞ면 다시 회복ᄒᆞ기 어려오니라

八、안히나 남편을 턱ᄒᆞᆷ은 눈으로써 ᄒᆞ지말고 귀로써 ᄒᆞᄂᆞᆫ것이 가ᄒᆞ니라

九、우리의 량심(良心)은 도덕의 파슈병(把守兵)이니라

가뎡미화(美話)

⊙셩션ᄒᆞᆫ머리가ᄒᆞᆼ샹그ᄆᆞ옴속에잇슴

엇던 교우가 단골 반찬가가에셔 큰 셩션ᄒᆞᆫ머리를 외샹으로 드려다 먹엇ᄂᆞᆫᄃᆡ 그ᄃᆞᆯ 금음날에 반찬장ᄉᆞ가 외샹물목 긔록ᄒᆞᆫ칙을 가지고 와셔 갑슬 청구ᄒᆞ거ᄂᆞᆯ 그교우가 그몰목을 샹고ᄒᆞᆫ즉 그중에 셩션ᄒᆞᆫ머리 갑시 ᄲᅡ진지라 그ᄆᆞ옴에 도로혀 다힝히 녁여셔 아모말도 아니ᄒᆞ고 그칙에 청구ᄒᆞᆫ 금익(金額)만 주고 ᄂᆡ당으로 드러와셔 그안히ᄃᆞ려 그ᄉᆞ실을 말ᄒᆞ매 그안히가 말ᄒᆞ기를

(안히)그러면 웨 그말을ᄒᆞ고 샹당ᄒᆞᆫ갑슬 치러주지 아니ᄒᆞ셧소

(남편)아니 관계치안소 장ᄉᆞᄒᆞᄂᆞᆫ 사ᄅᆞᆷ이 그ᄶᅡ우로 졍신업ᄂᆞᆫ쟈ᄂᆞᆫ 그런손해를 좀당ᄒᆞ여야 됨넨다

그안히가 그남편의 말을듯고 올케녁이ᄂᆞᆫ것은 아니나 다시 강박ᄒᆞ기 어려워셔 잠잠ᄒᆞ엿더니 그후브터 그교우가 례비당에셔나 혹 가뎡에셔나 온젼ᄒᆞᆫ ᄆᆞᄋᆞᆷ으로써 긔도ᄒᆞᆯ때마다 귀에셔

「셩션ᄒᆞᆫ머리 도젹질ᄒᆞᆫ것은 엇더케 ᄒᆞᄂᆞ냐」

ᄒᆞᄂᆞᆫ소리가 들니ᄂᆞᆫ듯 들니ᄂᆞᆫ듯ᄒᆞ야 ᄒᆞᆼ샹 그ᄆᆞ옴에 피롭더니 하로ᄂᆞᆫ 그안히와ᄀᆞᆺ치 가족긔도를 ᄒᆞᄂᆞᆫᄃᆡ 그귀에셔 ᄯᅩ 그소리가 들니거ᄂᆞᆯ 긔도를 긋치고 그안히ᄃᆞ려 그런말을 다ᄒᆞ매 그안히가 ᄃᆡ답ᄒᆞ기를

(안히)나도 긔도ᄒᆞᆯ때마다 이런 소리가 들니ᄂᆞᆫ듯ᄒᆞᆸ데다 이ᄂᆞᆫ 우리 량심에 붓그러온 것이 잇슴으로 하ᄂᆞ님의 셩신ᄭᅴ셔 우리를 ᄭᅮ짓ᄂᆞᆫ것이 원다

(남편)올흔말이오 과연 올흔 말이오

ᄒᆞᆫ후에 즉시 반찬가가에 나가셔 기시 외샹칙에 셩션ᄒᆞᆫ 머리갑시 ᄲᅡ졋더라고 말ᄒᆞᆫ후 샹당ᄒᆞᆫ 갑슬 갑하준후에 그다음 긔도회에셔 여러교우를 ᄃᆡᄒᆞ야 간증ᄒᆞ매 그날브터 ᄆᆞ옴속에 ᄒᆞᆼ샹 괴롭던것이 다 업셔지고 새로 깃븜이 츙만ᄒᆞ여 하ᄂᆞ님의 ᄒᆞᆫ 신실ᄒᆞᆫ 아ᄃᆞᆯ이 되엿더라

교육

⊙가뎡학

가뎡경제(家庭經濟)

대뎌 ᄒᆞᆫ나라를 부(富)케ᄒᆞ랴면 몬져 ᄒᆞᆫ집을 부케ᄒᆞᆯ지며 ᄒᆞᆫ집을 부케ᄒᆞ랴면 불가불 가뎡경제를 잘연구ᄒᆞ여야 될

것인ᄃᆡ 그대ᄭᅦ들 이아래 ᄎᆞ례로 말ᄒᆞ노라

뎨一 졀검(節儉)과 린석의분별

집안의 지졍을 맛흔쟈ㅣ 불가불 졀검과 린석의 분별을 알아야 될지니 대개 졀검이라 ᄒᆞᄂᆞᆫ것은 돈을 쓰지아니ᄒᆞᄂᆞᆫ것을 ᄀᆞᄅᆞ친것이 아니라 돈을 ᄃᆡ즁히 잘쓰ᄂᆞᆫ것을 닐은것이니 가령 음식은 입에 맛ᄂᆞᆫ것으로 먹을만콤 예비ᄒᆞᆯ것이며 의복은 비록 포목(布木)옷이라도 더웁고 서늘ᄒᆞᆫ것을 졀셔(節序)에 맛게ᄒᆞ되 ᄒᆞᆼ샹 졍결ᄒᆞᆷ을 지힐것이며 거쳐와 긔구품(器具品)은 아모됴록 견고ᄒᆞ고 졍미(精美)ᄒᆞᆫ것을 ᄐᆡᆨᄒᆞ되 만일 조곰이라도 파상ᄒᆞᆫ곳이 잇스면 곳 곳칠것이며 집안에 병쟈가잇스면 곳 의원의게 말ᄒᆞ야 쇽히 다ᄉᆞ릴것이며 하ᄂᆞ님의 일이나 무ᄉᆞᆷ ᄌᆞ션ᄉᆞ업(慈善事業)에 ᄃᆡᄒᆞ야 돈쓸 경우가 잇스면 힘대로 샹당히 보조ᄒᆞᄂᆞᆫ것이 다 졀검의 요령(要領)이니라 린석이라 ᄒᆞᄂᆞᆫ것은 의ᄅᆡ히 쓸돈을 아니쓰ᄂᆞᆫ것을 닐은것이니 가령 친구로 더브러 됴졔ᄒᆞᄂᆞᆫ 마당에 맛당히 줄만ᄒᆞᆫ 물품을 아니주거나 가히 보답ᄒᆞᆯ 례(禮)를 ᄒᆡᆼ치 아니ᄒᆞ야 뎌의와 ᄌᆞ션ᄉᆞ을 도라보지안코 다만 ᄌᆞ긔의 리익만 ᄯᆞ라ᄃᆞᆫ니ᄂᆞᆫ것을 닐온것이니라

이우헤 졀검과 린석의 분별을 말ᄒᆞ엿거니와 누구던지 졀검을 힘쓰ᄂᆞᆫ쟈ᄂᆞᆫ 반ᄃᆞ시 그집을 부케ᄒᆞᆯ것이며 린석ᄒᆞ기로만 쥬쟝ᄒᆞᄂᆞᆫ쟈ᄂᆞᆫ 그집이 오ᄅᆡ 유지ᄒᆞ기 어려오니라

실업

◎나무심으ᄂᆞᆫ법 (二)(속)

완식법(完植法)

이우헤 말ᄒᆞᆫ바ᄂᆞᆫ 다 목묘(木苗) 예비ᄒᆞᄂᆞᆫ 법이어니와 이아래ᄂᆞᆫ 쟝찻 완식법을 말ᄒᆞᆯ것인ᄃᆡ 완식법이라 ᄒᆞᄂᆞᆫ것은 식림(植林)ᄒᆞᆯ 디단(地段)에 아조 심으ᄂᆞᆫ것이니라

一、식림ᄒᆞᆯ디단을 ᄐᆡᆨ뎡ᄒᆞᆯ것

식림ᄒᆞᆯ 디단을 ᄐᆡᆨ뎡ᄒᆞᆷ에ᄂᆞᆫ 첫재 목묘잇ᄂᆞᆫ데서 갓가온곳을 ᄐᆡᆨᄒᆞᆯ것이며 둘재 아모됴록 산림(山林)을 보호ᄒᆞ기 편리ᄒᆞᆫ곳을 ᄐᆡᆨᄒᆞᆯ것이며 셋재 나죵에 나무를 버혀·슈츌(輸出)ᄒᆞ며 방매ᄒᆞ기 편리ᄒᆞᆫ곳을 ᄐᆡᆨᄒᆞᆯ것이니 곳 철로나 물길의 갓가온것이니라

ᄯᅩ 여러가지 목묘에 ᄃᆡᄒᆞ야 각기 뎍당ᄒᆞᆫ 토셩(土性)을 ᄐᆡᆨᄒᆞᆷ에 ᄃᆡᄒᆞ야ᄂᆞᆫ 「니세아가시야」라ᄂᆞᆫ 나무ᄂᆞᆫ ᄒᆡ변에 대단히 습ᄒᆞᆫ ᄯᅡ를 졔ᄒᆞᆫ외에ᄂᆞᆫ 어ᄃᆡ던지 다잘될것이오 ᄇᆡᆨ양(白楊)이나 「황뎔나무」ᄂᆞᆫ 산간(山間)의 평디옥토(平地沃土)가 뎍당ᄒᆞ고 「소나무」ᄂᆞᆫ 대단히 비습(卑濕)ᄒᆞᆫ ᄯᅡ를 졔ᄒᆞᆫ외에ᄂᆞᆫ 다 뎍당ᄒᆞ며 「도토리나무」ᄂᆞᆫ 기름지고 모ᄅᆡ셕긴ᄯᅡ이 됴흐며 「밤나무」ᄂᆞᆫ 좀 습ᄒᆞ고 기름진ᄯᅡ이 뎍당ᄒᆞ며 대개 간조(乾燥)ᄒᆞᆫᄯᅡ에ᄂᆞᆫ 「잇갈나무」와 「썩갈나무」요 비습ᄒᆞᆫᄯᅡ에ᄂᆞᆫ 「오리나무」등쇽이오 놉흔산에ᄂᆞᆫ 「잣나무」요 ᄒᆡ변모ᄅᆡᄯᅡ에ᄂᆞᆫ 「흑송」이오 쳔토(淺土)에ᄂᆞᆫ 「젓나무」가 뎍당ᄒᆞ니라

二、나무심을시긔(時期)

나무심으ᄂᆞᆫ 시긔ᄂᆞᆫ 츈식(春植)과 츄식(秋植)의 구별이 잇ᄂᆞ니 산과 들에ᄂᆞᆫ 츈식이 됴ᄒᆞ며 큰 길가에ᄂᆞᆫ 츄식이 뎍당ᄒᆞᆫᄃᆡ 대개 죠션에셔ᄂᆞᆫ 츈식이 더됴흐니 양력四월쵸싱으로 즁슌(中旬)ᄭᆞ지 니르ᄂᆞᆫ 동안이 뎍당ᄒᆞ니라

담총

◎가뎡에셔알아둘일

의복에 먹이ᄂᆞᆫ 풀을 쑬때에 소금을 좀셕그면 그풀이 더 결ᄇᆡᆨᄒᆞ고 ᄯᅩ 가을바람에 옷이 부어지지 아니ᄒᆞᄂᆞ니라

우유가 쉬여서 먹을수업거던 쏘다 가루를 조곰셕고 막다이로 잘저으면 다시 새맛이 도라오ᄂᆞ니라

무슴싱션 비늘을 긁고저ᄒᆞᆯ때에 몬져 그싱션을 쓸ᄂᆞᆫ물에 일분동안즘 잠것다가 긁으면 비늘이 ᄆᆡ우 잘긁히ᄂᆞ니라

◎ᄌᆞ연히뎡ᄒᆞᆫ쇽도 「ᄲᆞᆯ리가ᄂᆞᆫ도수」

태양빗이나 불빗은 일쵸동안에 십팔만영리「한영리가우리나라삼리」를 가고 뎐긔(電氣)ᄂᆞᆫ 일쵸동안에 이만이천삼ᄇᆡᆨ칠십ᄉᆞ영리를 가고 셩음(聲音)은 한시간동안에 칠ᄇᆡᆨᄉᆞ

십삼영리를 가고 큰바람에 날니는 구름은 한시간동안에 삼십륙영리를 가고 지극히 빠른 락타(駱駝)는 하로동안에 일빅영리를 가ᄂᆞ니라

◉한사ᄅᆞᆷ이 하로동안에 고먹살만ᄒᆞᆫ 여러가지 음식의분량

쌀밥은 약저울로 이십일량즁 (가량)

감저ᄂᆞᆫ 약저울로 륙십량팔젼즁 (가량)

콩가루ᄂᆞᆫ 약저울로 십륙량즁 (가량)

면보ᄂᆞᆫ 약저울로 이십팔량륙푼즁 (가량)

우육(쇠고기)은 약저울로 ᄉᆞ십이량오젼즁 (가량)

우유떡은 약저울로 십삼량ᄉᆞ젼즁 (가량)

송아지고고기ᄂᆞᆫ 약저울로 오십[?]량즁 (가량)

야치(나물일홈)ᄂᆞᆫ 약저울로일빅ᄉᆞ십ᄉᆞ량 오젼즁 (가량)

회보딕금령슈

住所	氏名	金額
春川許文里	朴齊桓	十五錢
南部靑寧橋	金賛奎	四十錢
橫城介田里	[?]義根	一圓七十錢
漣川	金敎[?]	二十錢
豊德玉山里	朴光勳	二十錢
水原烏山	李殷榮	三圓
北部古澗洞	스미드부인	八十五錢
南部弘門洞	崔錫煥	四十錢
獜蹄桃李村	崔約翰	二十錢
上仝道里	李裕昇	二十錢
南部尙洞	張외닉스	三十錢
上仝	金仁善	三十錢
鶡川新月里	元容弼	二十錢
漣川顔川里	申智均	二十錢
開城	韓淳伯	三圓
海州	黃鶴巢	三圓四十錢
楊平分院里	朴鳳來	二圓
豊德	李聖學	二十錢
靑陽退川	韓範錫	一圓
麟蹄東里	李鍾範	二十錢
仝三峴村	林淳默	二十錢
鎭南浦	高鍾軾	一圓六十錢
開城朱雀峴	[?]進鎬	二十錢
豊德左后里	尹聖律	二十錢
上仝	金永煥	四十錢
金川邑	楊汝進	二十錢
白川邑	洪淳倬	四圓五十錢

그리스도회보

KOREAN CHRISTIAN ADVOCATE

每月二回十五日三十日發行
明治四十五年四月廿七日印刷
明治四十五年四月三十日發行

發行兼編輯人 北部社洞 奇義男
印刷人 北部樓閣洞 朴東完
印刷所 京城西小門內法韓印刷所
發行所 北部社洞 그리스도會報社

ᄃᆡ금 一장 二젼五리
[代金] 六ᄀᆡ월 二十젼
一ᄀᆡ년 四十젼

샤셜

⊙교회와지졍의관계

대뎌 우리그리스도교회는 하ᄂᆞ님과 인류의 합셩(合成)ᄒᆞᆫ 긔관인ᄃᆡ 하ᄂᆞ님의 편으로 ᄀᆞ장 요긴ᄒᆞᆫ 분ᄌᆞ는 우리쥬 예수의 ᄉᆞ랑과 셩신의 능력이라 ᄒᆞ려니와 사ᄅᆞᆷ의 편으로 뎨一 요긴ᄒᆞᆫ 분ᄌᆞ는 됴흔 일군과 지졍이라 ᄒᆞᆯ지로다 웨 그런고ᄒᆞ니 하ᄂᆞ님은 형샹도 업스시며 말ᄉᆞᆷ도 아니ᄒᆞ시ᄂᆞᆫ 신이신고로 그독ᄉᆡᆼᄌᆞ 예수를 밋ᄂᆞᆫ무리의 힘동파 입을빌어 당신의 ᄯᅳᆺ을 발표케ᄒᆞ시ᄂᆞᆫ 가온ᄃᆡ셔 그신령ᄒᆞᆫ 나라를 확쟝ᄒᆞ시ᄂᆞ니 오ᄂᆞᆯ날 세계만국 교회안에 여러쳔만명의 젼도직임 맛흔사ᄅᆞᆷ들은 다 하ᄂᆞ님의ᄯᅳᆺ을 밧드러 텬국의 일군이된고로 교회에셔 반ᄃᆞ시 샹당ᄒᆞᆫ 품삭을 주어 그육신의 곤난을 면케ᄒᆞᆫ연후에야 온젼히 하ᄂᆞ님의 일에만 젼심치지(專心致志)ᄒᆞᆯ수잇ᄂᆞᆫ 연고라 래셔격언에 닐ᄋᆞᄃᆡ 교회에 지졍이 군핍ᄒᆞ면 마귀가 깃버ᄒᆞᆫ다 ᄒᆞ엿스니 이ᄂᆞᆫ 춤 근리(近理)ᄒᆞᆫ 말이라 ᄒᆞᆯ지로다 어나 교회던지 지졍이 업서셔 젼도ᄉᆞ의 월봉을 지츌치못ᄒᆞ면 그젼도ᄉᆞᄂᆞᆫ 그육신의 긔한(飢寒)파 쳐ᄌᆞ의 곤경(困境)을 인ᄒᆞ야 ᄌᆞ연히 그ᄆᆞᄋᆞᆷ이 다른일에 논호이기쉽고 그ᄆᆞᄋᆞᆷ이 논호이면 젼도ᄒᆞᄂᆞᆫ일은 얼마콤 퇴보(退步)될것은 뎡ᄒᆞᆫ리치라 이ᄂᆞᆫ 비유컨ᄃᆡ 아모리 츙용(忠勇)ᄒᆞᆫ 병ᄉᆞ(兵士)라도 군량이 졀핍ᄒᆞ야 二三일을 굶으면 긔력이 진ᄒᆞ고 ᄆᆞᄋᆞᆷ이 ᄒᆡ타ᄒᆞ야 三군이 하로아춤에 흙덩어리 문허지듯 ᄒᆞᄂᆞᆫ것과 ᄀᆞᆺ흠이라 죠션각교회의 형편을 보건ᄃᆡ 젼도ᄉᆞ의 월봉이 十五환으르브터 二十五환에 지내지못ᄒᆞ니 이ᄀᆞᆺᄒᆞᆫ 박봉으로 엇지 신겸쳐ᄌᆞ(身兼妻子)힛던지 샹봉하솔힛던지 의복ᄊᆞ음식파 세랍과 ᄌᆞ녀교육비와 각종잡비를 능히 지츌ᄒᆞᆯ수잇ᄂᆞ뇨 ᄯᅩ 그ᄲᅮᆫ아니라 一반교우가 ᄌᆞ급젼을 잘내지 아니홈으로 이박봉이나마 월죵에 ᄲᅡᆨᄲᅡᆨ 지발치못ᄒᆞᆫ즉 젼도ᄉᆞ의 곤난이 엇더ᄒᆞ겟ᄂᆞ뇨 원컨ᄃᆡ 여러형뎨 ᄌᆞ미ᄆᆡ셔ᄂᆞᆫ 깁히 ᄉᆡᆼ각ᄒᆞ여 보시오 우리가 다각각 교회에 ᄃᆡᄒᆞᆫ 의무가 잇ᄂᆞᆫᄃᆡ 그의무ᄂᆞᆫ 이우회 말ᄒᆞᆫ바 사ᄅᆞᆷ의 편으로 요긴ᄒᆞᆫ 분ᄌᆞ된 일군과 지졍이니 젼도직임 맛흔쟈ᄂᆞᆫ 그ᄆᆞᄋᆞᆷ과 몸을 다ᄒᆞ야 쥬의 일을 부ᄌᆞ런이 ᄒᆞᆯ것이오 평신도 된쟈ᄂᆞᆫ 그힘대로 ᄌᆞ급젼을 잘내여 교회의 지졍을 도아주지 아니ᄒᆞ면 하ᄂᆞ님의 ᄯᅳᆺ파 쥬의 ᄉᆞ랑을 안다고ᄒᆞᆯ수 업ᄉᆞᆫ즉 아모됴록 이의무를 다각각 잘직히기를 옹츅ᄒᆞᄂᆞ이라

⊙본샤 광고⊙

거二월十一일(쥬일)은본회보의거럼일이온ᄃᆡ이날에각쳐교회에셔각기힘대로본보에ᄃᆡᄒᆞ야연보ᄒᆞᆫ것을본샤로보내엿기로그의호ᄒᆞ시ᄂᆞᆫᄯᅳᆺ을감샤ᄒᆞ오며이에ᄎᆞ례대로긔ᄌᆡᄒᆞ노라

甕津萍村교당 一圓五錢五厘
仝花山里교회 六十四錢五厘
仝丹川洞교회 四十錢
楊州內洞교회 一圓四十五錢五厘
永平기무지교회 十錢

교즁휘문

△너보△

◉례비당즁츅。 평남 강셔군 김창환씨의 통신을 거ᄒᆞᆫ즉 본군교회는 셜립된지 十여년에 교우가 三百여명에 달ᄒᆞ야 례비당 十二간이 협챡ᄒᆞᆫ지라 동절에도 문밧게셔 례비보는 형ᄯᅢ가 만하 개란홈을 마지안터니 쥬의 은혜가 풍셩ᄒᆞ야 거월에 一반교우가 열심으로 十一됴를 밧친금익이 三百원에 니르매 이것으로 례비당을 느리게 되엿다더라

◉최씨의유젹。 강원도 울진군 근북면 후당교회 쥬진됴씨의 통신을 거ᄒᆞᆫ즉 이교회는 고(故) 최광호씨가 셜립ᄒᆞ고 ᄌᆞ긔집 와가十二간을 례비당으로 밧치매 남녀교우가 三百명에 달ᄒᆞ엿더니 작년三월에 최씨가 쥬의 부르심을 넙어 세샹을 ᄯᅥ난후로 원교회가 ᄯᅩᄒᆞᆫ 큰영향(影響)을 밧을 디경에 니르럿더니 다힝히 젼한긔 김문호 젼옹셔졔씨가 열심으로 교즁일을 보술피는고로 지금은 최씨의 부인 신히젼씨가 다시 교회에 드러오매 이교회가 쟝챳 부흥홀 희망이 잇다더라

◉젼별과환영。 강화군 잠두교회 김세영씨의 통신을 거ᄒᆞᆫ즉 히교회에셔 일젼에 톄임(遞任)된 젼도ᄉᆞ 방쥭신씨의 젼별회와 신임젼도ᄉᆞ 죠니덕씨의 환영회를 셜힝ᄒᆞᆯ시 一반교우와 남녀학싱이 만히 참셕ᄒᆞ엿고 ᄯᅩ 본월十三일 하오八시에 슌힝목ᄉᆞ 최병헌씨를 위ᄒᆞ야 환영회를 열엇는ᄃᆡ 교우와 학싱이 만히 참셕ᄒᆞ야 강도락원(江島樂園)이란 문뎨로 김용호씨가 연셜ᄒᆞᆫ후 최목ᄉᆞ가 감샤ᄒᆞᆫ뜻으로 답ᄉᆞᄒᆞ엿다더라

◉졸업식一속。

▲창명졸업 평북 태쳔군 교회닉 창명학교에셔는 거월二十二일에 뎨三회 졸업식을 셜힝ᄒᆞ엿는ᄃᆡ 졸업싱은 고등과에 박시찬一인이오 심샹과에 김화셩 리윤풍 리득영등 六인이오 기외에 진급싱이 十一인이라더라

▲一졸업 강화 잠두교회닉 합一남녀학교 졸업식은 본월十七일 하오二시에 히디교당닉에셔 셜힝ᄒᆞ엿는ᄃᆡ 회쟝 죠니덕씨가 김봉一씨의 긔도로 기회ᄒᆞᆫ후 학싱즁 김우영 김활란량씨의 연셜과 리빈즁 복ᄉᆞ최병헌 히디 경찰셔쟝 춍본졍뎡량씨의 권셜과 졸업싱 오츈식의 답ᄉᆞ가 잇섯고 졸업싱은 송두션등四인이오 남학싱 진급에 김광련등十四인이오 녀학싱 진급에 김활란등十一인인ᄃᆡ 당일 샹픔과 졔반 비용은 학부형파 찬셩원졔씨가 담당ᄒᆞ엿다더라

▲ᄯᅩ 동군 홍텬동교회 합一학교 보습과 졸업싱은 졍슌규 리샹필 황도문등十一인이오 고등과 二학년 진급싱은 윤샹현등六인이오 동一학년 진급싱은 김졍인등十인이오 보통과 二학년 진급싱은 윤유용등七인이오 동一학년 진급싱은 한락현등五인이라더라

◉부흥회졍황。 강원도 김셩 三남골교회 셔윤덕씨의 통신을 거ᄒᆞᆫ즉 이교회는 셜립된지 임의 六七년에 교인이 평균 빅여명식 모혀 열심으로 쥬를 셤기더니 즁간에 미혹에 ᄲᅡ져 쥬를 비반ᄒᆞᆫ자ㅣ 만코 지금은 겨우 六十여명이 모혀 례비를 보는ᄃᆡ 맛치 술취ᄒᆞᆫ 사ᄅᆞᆷ이 졍신업시 이리져리 ᄃᆞᆫ니다가 더 복송아동산 화창ᄒᆞᆫ 봄바람에 스릅업시 잠이 깁히 드러 ᄯᅢ가 봄인지 겨울인지 모르는자와 곳ᄒᆞᆫ지라 이러ᄒᆞᆫᄯᅢ를 당ᄒᆞ야 하ᄂᆞ님ᄭᅴ셔 불샹히녀이심으로 목ᄉᆞ 김홍슌 권ᄉᆞ김영션 셔윤덕졔씨를 이곳으로 인도ᄒᆞ샤 근쳐교회와 본교회 협뎨ᄌᆞ민와 학싱들이 참셕ᄒᆞ고 一쥬일동안 사경회와 부흥회를 열고 낫에는 공부ᄒᆞ고 밤에는 부흥회로모혀 김홍슌씨가 젼도홈으로 형뎨ᄌᆞ민들이 셩신의 칙망ᄒᆞ심을 넙어 ᄎᆞᆷ으로 회ᄀᆡᄒᆞ고 쥬를 졍셩으로 셤기겟다ᄒᆞ며 ᄯᅩ 셰례밧은 사ᄅᆞᆷ도 十여인이라더라

◉네로인의열심。 강원도 안협 모시울 김동슈씨의 통신을 거ᄒᆞᆫ즉 이쳔읍교회 ᄌᆞ급 권ᄉᆞ 이셔용 최운익 리학셩 쇽쟝 죠웅필 四씨는 七十세된

로인인ᄃᆡ 쥬를 멋은후로 지금ᄭᆞ지 셩심으로 외인의게 젼도홈과 교회의 대쇼ᄉᆞ를 물론ᄒᆞ고 힘써 힘ᄒᆞᄂᆞᆫ가온ᄃᆡ 교회ᄌᆞ유홀 ᄉᆞ샹이 진흥ᄒᆞ야 젼도인 월급을 구역ᄂᆡ에셔 ᄌᆞ급ᄒᆞ기로 작뎡ᄒᆞ고 四씨가 각각 힘대로 연보ᄒᆞ고 ᄯᅩ 각 교회로 ᄃᆞᆫ니면셔 이문뎨로 권면ᄒᆞ며 연보를 쳥ᄒᆞᄂᆞᆫᄃᆡ 그ᄯᅢᄂᆞᆫ 엄동셜한이라 한고를 무릅쓰고 ᄃᆞᆫ니며 권면ᄒᆞ매 ᄒᆞᆫ형뎨가 이네로인의 힘흠을 보고 ᄉᆞ랑ᄒᆞᄂᆞᆫ ᄆᆞᄋᆞᆷ으로 말ᄒᆞ기를 로인의 육신이 대단히 피곤ᄒᆞ실터이오니 수일 쉬어셔 ᄃᆞᆫ니시ᄂᆞᆫ것이 됴흘듯ᄒᆞ외다ᄒᆞ매 네로인이 답왈 우리를 위ᄒᆞ야 예수ᄭᅴ셔 十ᄌᆞ가에 달니심을 ᄉᆡᆼ각ᄒᆞ면 우리 육신의 피곤ᄒᆞᆫ것을 엇지 ᄉᆡᆼ각ᄒᆞ겟소ᄒᆞ며 힘써 권면ᄒᆞ매 각교회 형뎨ᄌᆞᄆᆡ의 ᄆᆞᄋᆞᆷ에 깃븜이 츙만ᄒᆞ야 힘대로 연보ᄒᆞᆫ지라 그럼으로 이달브터 젼도인의 월급을 담당케 되엿스니 이ᄂᆞᆫ 다 이네로인의 지극ᄒᆞᆫ 열심으로 좃차 일운것이라 ᄒᆞ엿더라

◉쥬일학교의운동회

경긔도 긔셩군 동부 박이양씨의 통신을 거ᄒᆞᆫ즉 히교회 쥬일학교 련합운동회를 본월 二十일에 동군 셩균관ᄂᆡ에셔 열엇ᄂᆞᆫᄃᆡ 각죵 운동과목에 ᄃᆡᄒᆞ야 一등상단이ᄂᆞᆫ 쳥년ᄃᆡ에 황복만씨등七인이오 로년ᄃᆡ에 신학셔씨오 쟝년ᄃᆡ에 림빅규씨등 二인이오 유년ᄃᆡ에 김항식등二인이오 녀유년ᄃᆡ에 로복동등七인이오 부인ᄃᆡ에 김림아씨오 직원ᄃᆡ에 신영순씨오 당일에 샹픔으로 긔부ᄒᆞᆫ 인ᄉᆞᄂᆞᆫ 박한쵸 리샹츈량씨ᄂᆞᆫ 구약젼셔 각一질식 ᄉᆞ진ᄉᆞ 오경복씨ᄂᆞᆫ 대본ᄉᆞ진 一부 빅션명씨ᄂᆞᆫ 피의신약 一질 리용쥰씨ᄂᆞᆫ 경셰죵一긔 리쌔현씨ᄂᆞᆫ 녀양산一병 최지호씨ᄂᆞᆫ 금一환을 긔부ᄒᆞ엿다더라

◉태쳔교회의과거와현지

평북 태쳔군 리윤영씨의 통신을 거ᄒᆞᆫ즉 본교회ᄂᆞᆫ 一千九百八년에 하ᄂᆞ님의 은혜를 주심이 시작되여 밋ᄂᆞᆫ쟈 五六인이 열심으로 젼도ᄒᆞᆫ 결과로 불파一년에 밋ᄂᆞᆫ이가 四十여명에 달ᄒᆞᆫ지라 그러나 례ᄇᆡ당이 업슴을 한탄ᄒᆞ야 본교회 쇽쟝 리경화 박응학 졔씨가 하ᄂᆞ님ᄭᅴ 군구ᄒᆞ엿더니 하ᄂᆞ님ᄭᅴ셔ᄂᆞᆫ 밋ᄂᆞᆫ쟈의 긔도를 드르시ᄂᆞᆫ지라 과연 그히에 모든교우가 힘을다ᄒᆞ야 례ᄇᆡ당 짓기를 시작ᄒᆞᆯᄉᆡ 힘대로 연죠ᄒᆞ며 흙도지며 나무도메여 四百환가치되ᄂᆞᆫ 와가 十二간이 락셩되엿스며 ᄯᅩᄒᆞᆫ 그다음히에 녀ᄌᆞ의 교육이 필요홈을 ᄭᆡ드라 박응학 리진형 리진근졔씨가 힘을내여 三百환가격되ᄂᆞᆫ 녀학교를 건츅ᄒᆞ야 남녀학도를 모집ᄒᆞ고 열심교육ᄒᆞ엿ᄂᆞᆫᄃᆡ 그져간 엇더ᄒᆞᆫ 졍셩과 만흔 열심은 다말ᄒᆞᆯ수 업거니와 수三삭젼브터 교우 몃사ᄅᆞᆷ이 결심ᄒᆞ고 새벽긔도ᄒᆞ기를 시작ᄒᆞ야 계명셩 올나올ᄯᅢ면 네교우가 례ᄇᆡ당에 모혀 엇던이ᄂᆞᆫ 소원을 일우도록 긔도ᄒᆞᄂᆞᆫ이도 잇고 엇던이ᄂᆞᆫ 百일을 작뎡ᄒᆞ고 긔도ᄒᆞᄂᆞᆫ이도 잇셧ᄂᆞᆫᄃᆡ 그 은밀ᄒᆞᆫ즁에 비ᄂᆞᆫ것을 하ᄂᆞ님이 드르샤 아름다온일 몃가지를 일우엇스니 (一) 이젼에ᄂᆞᆫ ᄌᆞ급ᄒᆞᄂᆞᆫ 돈이 불파十여환이러니 지금은 여러교우가 특별히 더연보ᄒᆞ야 百환에 달ᄒᆞ엿고 (二) 교우 김치련씨ᄂᆞᆫ 자본가로 큰 쟝ᄉᆞ를 ᄒᆞᄂᆞᆫᄃᆡ 밋은지 수년에 쟝날이면 쥬일을 직히지 못ᄒᆞ더니 금년브터ᄂᆞᆫ 영원토록 직히기로 작뎡ᄒᆞ엿스며 (三) 교우 뎡지몽씨ᄂᆞᆫ 본이빈한ᄒᆞᆫ이로 셰샹에 다른소망을 ᄇᆞ라지안코 그 六十로신(老身)을 하ᄂᆞ님ᄭᅴ 밧쳐 풍우를 불계ᄒᆞ고 날마다 젼도ᄒᆞ야 새로밋ᄂᆞᆫ이가 만히 ᄉᆡᆼ기ᄂᆞᆫ것이오 (四) 이젼에ᄂᆞᆫ 본교회에 쇽ᄒᆞᆫ 남학교에 교ᄉᆞ가 一인이더니 금년에ᄂᆞᆫ 二인이오 (五) 교우들이 셩경을 공부ᄒᆞᄂᆞᆫ것이 영싱을 엇ᄂᆞᆫ 방법인줄 ᄭᆡ닷고 셩경을 부ᄌᆞ런이 연구ᄒᆞᄂᆞᆫ 일이라 이몃가지ᄂᆞᆫ 금년에 비로소 된일인ᄃᆡ 이것은 자든쟈가 ᄭᆡ여셔 일시 작ᄒᆞᄂᆞᆫ 긔초인줄 밋ᄂᆞᆫ다ᄒᆞ엿더라

◉남녀교우의새방침

황히도 옹진 김창헌씨의 통신을 거ᄒᆞᆫ즉 동군마산교회에셔 일젼에 七일동안 사경회를 열고 리영슌 셔즁신 부인 시녜를

새일녀제씨가 열심교슈ᄒᆞᆫ 결과로 一반교우가 신령ᄒᆞᆫ 은혜를 새로밧아 각기 지나간 일에 잘못된것을 뉘웃치며 압헤힝ᄒᆞᆯ바를 하ᄂᆞ님압헤 간구ᄒᆞᆯ시 ᄌᆞ미즁 十一인이 새로 ᄒᆞᆫ방침을 연구ᄒᆞ엿ᄂᆞᆫᄃᆡ 그것은 一쥬일동안에 ᄒᆞᆫ사ᄅᆞᆷ식 쥬압흐로 인도ᄒᆞᆯᄯᅢ에 十一인이 동심합력ᄒᆞ야 그사ᄅᆞᆷ만위ᄒᆞ야 긔도ᄒᆞ며 권면ᄒᆞ야 목뎍을 달ᄒᆞᆫ후에 ᄯᅩ 다른새 사ᄅᆞᆷ을 인도ᄒᆞ기로 결뎡ᄒᆞᆫ것이오 ᄯᅩ 남교우들은 이방침보다 ᄒᆞᆫ거름 더압서 나아가서 부인들과 경쟁ᄒᆞ기로 작뎡ᄒᆞ엿다더라

◎六씨단연 강화 남디방 전도ᄉᆞ 종슌一씨의 통신을 거ᄒᆞᆫ즉 본년一월에 인천항 ᄂᆡ동교당ᄂᆡ에서 사경회를 열고 공부ᄒᆞᆯᄯᅢ에 쎌잉복ᄉᆞ가 흡연ᄒᆞ지 말나ᄂᆞᆫ 문뎨로 연설ᄒᆞᆯᄯᅢ에 쇽쟝류시몬 렴셩오량씨ᄂᆞᆫ 당쟝에 단연ᄒᆞ고 ᄌᆞ긔교회로 도라와서 형뎨ᄌᆞ미의게 셜명ᄒᆞ엿더니 ᄯᅩᄒᆞᆫ 쇽쟝황도셩 황사슌 쟝산협 고슌근 四씨도 一졔히 단연ᄒᆞ엿다더라

△외보▽

◎학셩청년회관 일본 동경 죠션 류학싱 청년회는 셜립ᄒᆞᆫ지 임의 五六년에 회관이 협챡ᄒᆞᆷ으로 ᄒᆞᆼ샹 유감인바 이 회관을 증츅(增築)ᄒᆞ랴면 二만원의 경비를 요구ᄒᆞᆯ터인ᄃᆡ 만국청년회 즁앙총회에서 一만원의 연죠금을 허락ᄒᆞᆫ고로 본월六일에 죠션학싱 청년들이 히회관에모혀 一쟝연셜ᄒᆞᆫ후에 연죠금을 거둘시 각기 힘대로 연죠ᄒᆞᆫ것이 一千五百원에 달ᄒᆞ엿다더라

◎어린ᄋᆞᄒᆡ긔도의효력 청국 강소셩 송강포디방에 사ᄂᆞᆫ 쟝젼당씨의 집안식구 七명이 다 쥬를 밋노라ᄒᆞ나 신심이 독실치못ᄒᆞᆷ으로 쥬일례비에만 간신히 참예ᄒᆞ고 가족(家族)긔도ᄂᆞᆫ 도모지 주의치 아니ᄒᆞ되 오직 닐곱설 먹은 ᄯᆞᆯ 슈금은 능히 쥬를 ᄉᆞ랑ᄒᆞ며 아춤 저녁으로 긔도ᄒᆞ기를 폐치아니ᄒᆞ더니 그ᄉᆞ랑ᄒᆞᄂᆞᆫ 조모가 우연히 병을엇어 빅약이 무효홈으로 죽을디경에 림ᄒᆞ지라 슈금은 밤낫으로 혼자 ᄋᆡ를쓰며 그조모를 위ᄒᆞ야 하ᄂᆞ님ᄭᅴ 긔도ᄒᆞᆯᄯᅢ에 도화ᄀᆞᆺᄒᆞᆫ 두썀에 눈물을 흘니며 ᄭᅮ르녁은 잉도ᄀᆞᆺᄒᆞᆫ 닙설을 방긋방긋ᄒᆞ면서 지셩으로 간구ᄒᆞᄂᆞᆫ모양은 가히 하ᄂᆞ님과 사ᄅᆞᆷ을 다감동ᄒᆞᆯ너라 이와ᄀᆞᆺ치 긔도ᄒᆞᆫ지 수일만에 과연 그조모의 병이 ᄎᆞᄎᆞ 감세를 엇어 몃츌후에 아조 쾌차ᄒᆞ엿스니 이ᄂᆞᆫ 다만 슈금의 긔도효력이라 ᄒᆞ엿더라

◎황실출금 구라파 뎡말국 셔울 가펜히근 통신을 거ᄒᆞᆫ즉 이셩즁에잇ᄂᆞᆫ 미감리교회ᄂᆞᆫ 월전에 큰화재로 인ᄒᆞ야 손히가 적지아니홈으로 뎡말국 황뎨 황후량폐하께셔ᄂᆞᆫ 二千五百원 황태ᄌᆞ 동비량뎐하ᄂᆞᆫ 五百원 닥마 다이라 어가스타 三친왕은 각각 一百二十五원식을 히교회 관할복ᄉᆞ ᄲᅢ스터씨의게 ᄂᆞ리시고 뎍당히 분비ᄒᆞ야 쓰라ᄒᆞ셧다더라

◎션량국민양셩회 미국치가고 통신을 거ᄒᆞᆫ즉 히처에서 작년十一월에 각교회의 밋ᄂᆞᆫ 청년들이 모혀 션량국민양셩회(善良國民養成會)를 조직ᄒᆞ엿ᄂᆞᆫᄃᆡ 그목뎍은 一반청년의 술마시ᄂᆞᆫ것과 청루(靑樓)에ᄃᆞᆫ니ᄂᆞᆫ것과 잡긔ᄒᆞᄂᆞᆫ것과 기외에 여러가지 악습을 금지ᄒᆞᄂᆞᆫ것이라 본월 二十五、二十六량일동안에 치가고 뎨一감리회당에서 뎨二총회를 열터인ᄃᆡ 각처의 유력(有力)ᄒᆞᆫ 졍치가와 종교가와 문학가들도 만히 이회의 목뎍을 찬셩ᄒᆞᆫ다더라

◎청국예수교회의전도(前途) 근일 청국 ᄂᆡ디졍형을 여러ᄃᆞᆯ동안 시찰ᄒᆞᆫ 서양 엇던교우의 담화를 드른즉 긔왕에ᄂᆞᆫ 션교ᄉᆞ가 청국 샹류(上流)샤회에 잇ᄂᆞᆫ 사ᄅᆞᆷ의게 쥬를 밋으라고 권ᄒᆞ면 그방석ᄒᆞᄂᆞᆫ 말이 「이나라에ᄂᆞᆫ 아직 샹등사ᄅᆞᆷ으로 예수를 밋ᄂᆞᆫ자가 업슨즉 나도 밋을수업다」ᄒᆞ더니 근일 즁화민국(中華民國)이 셩립된후로 당국ᄒᆞᆫ 대관과 고등관즁에도 예수를 밋ᄂᆞᆫ자가 만홈으로 이젼방석ᄒᆞ던 견고ᄒᆞᆫ 셩(城)이 아조 문허졋다더라

도덕부

◎예수와모세의ᄀᆞᆺ고도다른것

구약 전부(全部)가 다 예수를 미리 나타내는 일이지마는 특별히 모세의 ᄉᆞ적가온ᄃᆡ 예수와 ᄀᆞᆺ흔일이 만흐나 그즁에 ᄆᆡ양 다른뎜이 잇스니 대강들어 말ᄒᆞ건ᄃᆡ (一) 모세는 리미 족쇽가온ᄃᆡ 나셔 바로의게 죽을번ᄒᆞ엿고 예수는 요섭의 집에 탄ᄉᆡᆼᄒᆞ샤 헤롯의게 해를 당ᄒᆞᆯ번ᄒᆞ셧ᄂᆞᆫᄃᆡ 그즁에 련ᄉᆞ가 쇼식을 젼ᄒᆞ고 박ᄉᆞ가 차자와셔 뵈옵고 하ᄂᆞ님이 현몽ᄒᆞ셧스니, 이는 ᄀᆞᆺ흔가온ᄃᆡ 다른뎜이오 (二) 모세는 몬져 애굽의 학술을 비호고 또 八十년을 광야에 잇는동안에 무한ᄒᆞᆫ 경력을 엇엇스나 예수ᄭᅴ셔는 나시면셔 춍명ᄒᆞ샤 비호지안코 다 아셧스니 이도또ᄒᆞᆫ ᄀᆞᆺ흔가온ᄃᆡ 다른뎜이며 (三) 모세는 우흐로 하ᄂᆞ님을 교통ᄒᆞ며 아래로 ᄇᆡᆨ셩을 졉제(接濟)ᄒᆞ엿고 예수ᄭᅴ셔도 하ᄂᆞ님과 사ᄅᆞᆷ ᄉᆞ이에 화목ᄒᆞᄂᆞᆫ 즁보가 되셧스나 모세는 본ᄅᆡ 사ᄅᆞᆷ이오 예수는 본ᄅᆡ 신이시니 이도또ᄒᆞᆫ ᄀᆞᆺ흔가온ᄃᆡ 다른뎜이며 (四) 모세는 률법으로써 사ᄅᆞᆷ의 ᄆᆞᄋᆞᆷ밧ᄭᅴ 몸을 구쇽(拘束)ᄒᆞ엿고 예수는 밋음과 ᄉᆞ랑으로써 사ᄅᆞᆷ의 육신안의 ᄆᆞᄋᆞᆷ을 감화케ᄒᆞ셧스니 이도또ᄒᆞᆫ ᄀᆞᆺ흔가온ᄃᆡ 다른것이며 (五) 모세는 유대ᄇᆡᆨ셩을 애굽의 도탄즁에셔 구원ᄒᆞ기 위ᄒᆞ야 무한ᄒᆞᆫ 고초를 당ᄒᆞ엿고 예수ᄭᅴ셔는 만국 민족을 침륜죄악가온ᄃᆡ셔 구원ᄒᆞ시기 위ᄒᆞ야 무한ᄒᆞᆫ 고초를 당ᄒᆞ실ᄲᅮᆫ 아니라 필경 十ᄌᆞ가에 못박혀 도라가시기ᄭᆞ지 ᄒᆞ셧스니 이도또ᄒᆞᆫ ᄀᆞᆺ흔가온ᄃᆡ 다른뎜이며 (六) 모세는 유대ᄇᆡᆨ셩을 가나안으로 인도ᄒᆞ랴다가 졍력이 쇠진ᄒᆞ야 죽엇고 예수는 모든 인류를 텬국으로 인도ᄒᆞ시랴고 피를흘니며 목숨을 ᄇᆞ리셧다가 다시 니러나샤 승텬ᄒᆞ셧스니 이도또ᄒᆞᆫ ᄀᆞᆺ흔가온ᄃᆡ 다른뎜이니라

가뎡견문

◎목ᄉᆞ니외담화

하로는 엇던목ᄉᆞ의 부인이 그 가장을 ᄃᆡᄒᆞ야 ᄒᆞᄂᆞᆫ말이

(부인)에 그ㅡ세샹에 목ᄉᆞ의 안히노릇ᄒᆞ기 참 어렵습데다

(목ᄉᆞ)웨 그러시오

(부인)내 귀ᄯᅮ멍에는 별별소리가 다들녀요

(목ᄉᆞ)무슨 소리가 들닌단말이오

(부인)이다음에는 젼도 너머 그럿케 길게 말으시오 어제 아츰에는 五十분동안을 ᄒᆞ십데다그려 그런데 ᄃᆞᆺ쟈노라닛가 넙헤셔 엇던교우가 말ᄒᆞ기를 「젼도도 지리스럽게도 ᄒᆞᆫ다 하도길게 ᄒᆞ닛가 갑이와셔 못견ᄃᆡ깃군」 또ᄒᆞᆫ 교우가 맛밧아 말ᄒᆞ기를 「글세말이오 목ᄉᆞ가 말ᄒᆞ기를「잠샌 ᄒᆞᆫ말만 더ᄒᆞ고 고만두겟소」ᄒᆞ더니 그후에도 十五분동안을 ᄒᆞᆸ데다그려」 또 다른교우가 겻헤셔 ᄡᅢ기를 치ᄃᆡ 「젼도를 너머 길게ᄒᆞ면 교우가 잘오지 안ᄂᆞᆫ걸」 그럼으로 셔양 엇던감독이 젊은 젼도ᄉᆞ드려 말ᄒᆞ기를 「그ᄃᆡ가 그ᄃᆡ 맛흔 교당에 교우가 만히 오게ᄒᆞ랴면 젼도를 좀 ᄶᅡ르막ᄒᆞ게ᄒᆞ오」ᄒᆞ엿답데다」 이럿케 밧고차기로 니야기를ᄒᆞᆸ데다

(목ᄉᆞ)낸들 젼도를 길게ᄒᆞ고 십허 그런것이 아니라 말되도록 결ᄉᆞ를 ᄒᆞ쟈닛가 ᄌᆞ연히 길어졋지오

(부인)그ᄲᅮᆫ이랍더닛가 엇던교우는 어ᄃᆡ로 집을ᄯᅥ낫고 엇던교우는 병이 깁하드럿고 엇던교우는 무슴경ᄉᆞ가 잇셧고 또 엇던교우는 무슴지앙을 당ᄒᆞ엿ᄂᆞᆫᄃᆡ 목ᄉᆞ가 ᄒᆞᆫ번도 차자보지 안는다고 시비ᄒᆞᄂᆞᆫ쟈도 잇스며 또 목ᄉᆞ가 교만ᄒᆡ셔 부귀ᄒᆞᆫ 교우를보면 손을잡고 반갑게 인ᄉᆞ를ᄒᆞ고 빈쳔ᄒᆞᆫ 교우를보면 고ᄀᆡ만 ᄭᅳᆺ덕ᄭᅳᆺ덕ᄒᆞ면셔 지나가ᄂᆞ니 엇지ᄂᆞ니 별별소리를 ᄒᆞᆫ담니다

五

어린ᄋᆞᄒᆡ들의니야기

⊙네얼골은네게쇽ᄒᆞᆫ것이 아니니라

효손이라ᄂᆞᆫ ᄋᆞᄒᆡ의 나히 열두설인ᄃᆡ 아ᄎᆞᆷ밥을 먹을ᄯᆡ에 무ᄉᆞᆷ 불쾌ᄒᆞᆫ일이 잇던지 얼골을 ᄶᅵᆼ그리며 눈쌀을 ᄶᅮᆸ푸리고 안젓스니 보ᄂᆞᆫ사ᄅᆞᆷ마다 그ᄆᆞᄋᆞᆷ의 불쾌ᄒᆞᆫ 줄을알되 아모말도 아니ᄒᆞ고 잇ᄂᆞᆫᄃᆡ 그아바지가 시ᄎᆞᆷ이 ᄯᅮᆨ다고 말ᄒᆞ기를「효손아 네얼골은 네게 쇽ᄒᆞᆫ것이 아니니라」효손은 이말을듯고 무ᄉᆞᆷ뜻인지 몰나셔 당황ᄒᆞᆫ 모양으로 그아바지를 ᄇᆞ라보며 뭇ᄂᆞᆫ말이「아바지 내얼골이 내게 쇽ᄒᆞ지 아니ᄒᆞ엿스면 뉘게 쇽ᄒᆞ엿단말ᄉᆞᆷ이오닛가」그아바지가 ᄃᆡ답왈「응 얼골은 네 얼골이지마ᄂᆞᆫ 보기ᄂᆞᆫ 다른사ᄅᆞᆷ이 보ᄂᆞᆫ것인즉 네얼골이 ᄂᆞᆷ의게 쇽ᄒᆞᆫ것이 아니나 그러데 너ᄂᆞᆫ ᄂᆞᆷ의게 쇽ᄒᆞᆫ물건을 가지고 네 임의(任意)로 ᄶᅵᆼ그리며 ᄶᅮᆸ푸려셔 다른사ᄅᆞᆷ으로 ᄒᆞ여곰 보기슬케ᄒᆞᆯ 권한(權限)이 업ᄂᆞ니라 그런즉 이후브터 다시ᄂᆞᆫ 네얼골을 그러케 ᄂᆞᆷ보기슬케 가지지 말아라」ᄒᆞ엿더라 엇더ᄒᆞᆫ 사ᄅᆞᆷ이던지 이말을 ᄉᆡᆼ각ᄒᆞ고 맛당히 그얼골을 ᄒᆞᆼ샹 화평ᄒᆞ며 단슉(端肅)ᄒᆞ게 가질것이니라

⊙만히주ᄂᆞᆫ데로쏠녀

엇던 로인이 쥬일마다 여섯설먹은 손ᄌᆞ 일남을 ᄃᆞ리고 젼도단압헤 안져셔 젼도시작ᄒᆞᆯᄯᅢ로브터 맛치기ᄭᆞ지 조을기만 ᄒᆞ거ᄂᆞᆯ ᄒᆞᆫ번은 목ᄉᆞ가 일남을 도라보아 우ᄉᆞ며 말ᄒᆞ기를「일남아 네가 능히 쥬일마다 너희한아버지로 ᄒᆞ여곰 조으시지 못ᄒᆞ게ᄒᆞ면 내가 동젼두푼식 줄것이니 그러케 ᄒᆡ보려ᄂᆞ냐」일남이「네ᄒᆞ고」ᄃᆡ답ᄒᆞᆫ후 그죠부가 조을ᄯᆡ마다 손으로 넙구리를 ᄒᆞᆫ번식 ᄶᅵᆯ너셔 조을지못ᄒᆞ게 ᄒᆞᆫ지라 목ᄉᆞ가 약됴ᄒᆞᆫ대로 동젼두푼을 주엇더니 그다음 쥬일날본즉 그로인이 도로젼파ᄀᆞᆺ치 조을되 일남은 본톄 못본톄ᄒᆞ고 안졋거ᄂᆞᆯ 목ᄉᆞ가 괴히녁여 젼도맛친후에 일남ᄃᆞ려뭇기를「너웨 오ᄂᆞᆯ은 너의 한아바지ᄭᅴ셔 조으시ᄂᆞᆫ것을보고도 못본톄ᄒᆞ고 가만히 잇셧ᄂᆞ냐」일남이 ᄃᆡ답왈「홍 저의 한아바지ᄭᅴ셔ᄂᆞᆫ 조으실ᄯᆡ에 그러케 셔우지 말나고 동젼 너푼식 주시던데요」ᄒᆞ엿다더라

셰계격언

一、이셰계를 ᄒᆞᆫ병원(病院)으로 볼것이오 ᄒᆞᆫ 려관(旅舘)으로 보지말것이며 또ᄒᆞᆫ 죽을곳으로 ᄉᆡᆼ각ᄒᆞᆯ것이오 ᄒᆞᆫ 살곳으로 ᄉᆡᆼ각지말지니라

二、빗준쟈의 긔억력(記憶力)은 빗진쟈의 긔억력보다 우승(優勝)ᄒᆞ니라

三、져주(咀呪)ᄂᆞᆫ ᄃᆞᆰ의 삭기와 ᄀᆞᆺᄒᆞ셔 ᄒᆞᆼ샹 그 본집을 차자오ᄂᆞ니라

四、위험(危險)과 쾌락(快樂)은 ᄒᆞᆫ줄기에셔 도다나오ᄂᆞ니라

五、ᄯᅡᆯ과 죽은싱션은 오래도록 집에 둘것이 아니니라

六、깁흔 강물은 소ᄅᆡ가 업고 엿흔 시내물은 소ᄅᆡ가 잇ᄂᆞ니라

七、오ᄂᆞᆯᄒᆞᆯ일은 ᄅᆡ일ᄭᆞ지 쓸어가지 말지니라

八、미ᄉᆞ를 셔셔히 ᄉᆡᆼ각ᄒᆞᆫ후 쇽쇽히 실ᄒᆡᆼᄒᆞᆯ지니라

긔셔

(ᄯᅵ비셩)

⊙부활쥬일에ᄃᆡᄒᆞᆫ답론

엇던디방교우가 본인의게 엽셔로써 말ᄒᆞ기를 부활쥬일은 구쥬탄일과 ᄀᆞᆺ치 一뎡ᄒᆞᆫ 일ᄌᆞ(日字)에 도라오지안코 ᄒᆡ마다 변ᄀᆡᄒᆞ야 작년에ᄂᆞᆫ 양력 四월十六일이더니 금년에ᄂᆞᆫ 四월七일이라 그럼으로 교우중에 여긔ᄃᆡᄒᆞᆫ 의문(疑問)이 혹 잇슨즉 ᄒᆞᆫ번회보에 긔지ᄒᆞ야 여러교우의 의혹을 셔트려 달나ᄒᆞ엿기로 이에 두어줄노써 담론ᄒᆞ노라

구쥬탄일은 양력을 의지ᄒᆞ야 직힘으로 一뎡ᄒᆞᆫ 일ᄌᆞ에 도라오거니와 부활쥬일은 녯날 유대국의 음력을 ᄯᅡ라직히ᄂᆞᆫ 졀긔인ᄃᆡ 이졀긔ᄂᆞᆫ 미리 양력三월二十二일후와 四월二十五일젼에 음력 망월(望月)이 처음으로 둥근후 첫재 쥬일에 도라오ᄂᆞ니 그 원인(原因)을 대강 말ᄒᆞ자면 녯날 유대국의 압비월 곳 졍월은 양

력三월과 四월ᄉᆞ이에 도라오고 유대인의 유월절은 이도十四일 져녁브터 시작되ᄂᆞᆫᄃᆡ 우리쥬 예수ᄭᅴ셔 이날져녁에 뎨ᄌᆞ들노 더브러 유월절 잔치를 마주막 잡수시고 그 잇ᄒᆞᆫ날 금요일에 十ᄌᆞ가에 못박혀 도라가셧다가 그다음 쥬일에 부활ᄒᆞ셧슨즉 이ᄯᅢᄂᆞᆫ 음력망월이 둥근후요 ᄯᅩᄒᆞᆫ 양력三월과 四월ᄉᆞ이에 잇던것이 의심업ᄂᆞᆫ 연고라ᄒᆞ노라

교육

◉가뎡학

가뎡경졔(쇽)

뎨二 경졔상에주의ᄒᆞᆯ것

ᄒᆞᆫ집의 지졍을 맛흔쟈ㅣ 불가불 주의ᄒᆞᆯ것을 이아래 대강 긔록ᄒᆞ노라

(一)드러오ᄂᆞᆫ것을 혜아려 나가ᄂᆞᆫ것을 예산ᄒᆞᆯ것이니 만일 드러오ᄂᆞᆫ것보다 쓰ᄂᆞᆫ것이 더만타던지 혹드러오지못ᄒᆞᆯ것을 헛되히 ᄇᆞ라고 ᄂᆞᆷ의게 빗(債)을 엇어쓰던지 ᄒᆞ엿다가ᄂᆞᆫ 후일에 곤난ᄒᆞᆫ 경우를 면치못ᄒᆞᆯ지니 엇지 가히 삼가지 아니ᄒᆞ리오

(二)물픔 사ᄂᆞᆫᄃᆡ 주의ᄒᆞᆯ것이니 물픔을 살ᄯᅢ에 몬져 그 픔질(品質)의 진가와 호부(好否)를 ᄌᆞ세히 숣핀후에 그갑의 놉고ᄂᆞ즌것을 혜아려 샹당히줄것이니라

(三)빗을 만히지지 말것이니 셔양격언에 닐ᄋᆞ기를「빗이라ᄒᆞᄂᆞᆫ것은 적게쓰면 채무(債務)요 만히지면 원슈라」ᄒᆞᆫ것은 ᄂᆞᆷ의게빗을 과도히 졋다가 갑지못ᄒᆞ면 송ᄉᆞ도 만날것이며 친ᄒᆞᆫ친구도 싣키쉽고 ᄯᅩᄒᆞᆫ ᄀᆡ인의 ᄌᆞ유를 일케ᄒᆞᄂᆞᆫ 연고라 그럼으로 불가불 빗을 질경우에ᄂᆞᆫ 빗노이로 업을삼ᄂᆞᆫ ᄀᆡ인이나 회샤에셔 엇어쓸지언뎡 친구의게 ᄃᆡ용ᄒᆞᄂᆞᆫ것은 불가ᄒᆞ니라

(四)지졍에 ᄃᆡᄒᆞ야 소홀ᄒᆞᆷ을 경계ᄒᆞᆯ것이니 곳 사ᄅᆞᆷ을 잘못 알고 젼ᄌᆡ(錢財)를 맛겻다가 랑패를 보던지 금젼을 잘간슈치 못ᄒᆞ야 도적의게 견실(見失)ᄒᆞ던지 혹길에 ᄲᅡ트리ᄂᆞᆫ 등ᄉᆞ니라

(五)물픔에 ᄃᆡᄒᆞ야 주의ᄒᆞᆯ일이니 파샹(破傷)키 쉬온 긔구(器具)를 어린ᄋᆞᄒᆡ들의게 주엇다가 파샹ᄒᆞ던지 썩기나 변미(變味)되기쉬온 식료픔(食料品)을 만히 샷다가 먹지못ᄒᆞ고 버리던지 의복을 몸에 잘맛지안케 말느던지 혹잘간슈치 못ᄒᆞ야 쥐가 쏠던지 좀이먹게ᄒᆞᄂᆞᆫ 폐단이 업게ᄒᆞᆯ것이니라

(六)절검을 힘쓸일이니 사ᄅᆞᆷ이 셰샹에 쳐ᄒᆞ매 근고(勤苦)로써 엇은ᄌᆡ산으로 싱활을 경영ᄒᆞᆯ시 그분수에 합당ᄒᆞᆫ 쾌락을 누리ᄂᆞᆫ것은 가ᄒᆞ나 너머 파도히 샤치와 방탕을 숭샹ᄒᆞᆷ은 대단히 경계ᄒᆞᆯ일이니라

실업

◉나무심으ᄂᆞᆫ법 (二)(쇽)

三、목묘를쎕아옴길ᄯᅢ에 주의ᄒᆞᆯ것

목묘(木苗)를 빗혜셔 쎕을ᄯᅢ에ᄂᆞᆫ 젼쟝(前章)에 긔록ᄒᆞᆫ대로 아모됴록 ᄲᅮ리가 샹치안케ᄒᆞᆯ지며 ᄯᅩ 옴겨갈ᄯᅢ에ᄂᆞᆫ 그ᄲᅮ리를 공셕으로 싸셔 풍일(風日)에 마르지 안토록ᄒᆞᆯ것이니라

四、가식법(假植法)

먼곳에셔 쎕아 옴겨온 목묘를 ᄒᆞᆫ쌔번에 다심을수 업ᄂᆞᆫ 경우에ᄂᆞᆫ 츅츅ᄒᆞᆫ ᄯᅡᆼ을파고 목묘의 묵금을 비스듬이(斜面) 누여노코 흙으로 그ᄲᅮ리만 뭇은후에 마를념려가 잇거던 ᄯᅢᄯᅢ로 물을 조금식 주ᄂᆞᆫ것이 됴흐니라

五、목묘심을산판을정돈홈

목묘심을 산판을 졍돈ᄒᆞᆷ에ᄂᆞᆫ 몬져 모든 썰기나무(灌木)와 잡풀을 졔(除)ᄒᆞ되 낫(鎌)으로 버힐것이며 그버힌풀들은 쟝리에 비료(肥料)로 쓰ᄂᆞᆫ것이 됴흐니라

六、목묘심으ᄂᆞᆫ거리 (距離)

목묘심으ᄂᆞᆫ 거리ᄂᆞᆫ 각각 목묘의 죵류를 ᄯᅡ라 다르나 대개 四방五쳑(木尺)거리에 ᄒᆞᆫ쥬식 심으ᄂᆞᆫ것이 합당ᄒᆞ니라

七、

목묘를 심을ᄯᅢ에 몬져 쥐악

돌을 광이로 긁어ᄇᆞ린후 ᄒᆞᆫ자(一尺) 깁히ᄯᅳᆷ파고 목묘의 근본ᄲᅮ리에셔 ᄒᆞᆫ치(一寸)ᄯᅳᆷ을 나오게 잘ᄭᅡᆫ진다음에는 보드라온 흙(細土)으로 뷘틈업시 못고 발로 ᄇᆞᆲ을것인ᄃᆡ 심을림시에 목묘를 진흙물에 ᄎᆞᆨ여셔 심으는것도 됴흐니라

담 총

⊙두역(痘疫)의ᄅᆡ력

샹고(上古)에는 두역이 업더니 진(秦)나라 말년에 처음으로 싱겨셔 리죠션조(李朝宣祖)당년에 비로소 죠션으로 드러와셔 일본 셩무텬황(聖武天皇)시ᄃᆡ에 일본으로 건너갓고 쥬후 一千년간에 셔양 구라파에 처음 건너갓는ᄃᆡ 그후브터 동셔양에셔 다 죵두법을 시힝ᄒᆞ더니 一千七百七년간에 영국사ᄅᆞᆷ 뎀나씨가 우두법을 처으. 발명ᄒᆞ엿ᄂᆞ니라

⊙인성의게 유익ᄒᆞᆫ초목

△금계랍(金鷄臘)나무는 남미(南美)비로국에셔 처음난것인ᄃᆡ 二百十년젼에 영국 비로총독의부인 금계랍씨가 학질을 엇어 수년동안 고싱을 ᄒᆞ다가 우연히 이나무 겁질을 맛본후에 곳 그학질이 쾌차ᄒᆞᆫ지라 그나무를 가지고 영국으로 와셔 식물학쟈로ᄒᆞ여곰 분셕ᄒᆞ야 닐곱 원질(原質)을 엇엇는ᄃᆡ 이원질은 다 학질을 다ᄉᆞ리며 긔혈을 보ᄒᆞ는 공능이 잇는지라 인ᄒᆞ야 그부인의 일홈으로써 그약의 일홈을 삼앗더라

회보ᄃᆡ금령슈

住所	氏名	金額
南部青寧橋	姜在喜	二十錢
開城	玄英杜	三十錢
伊川碑石里	盧永熙	二圓
楊口邑	李熙百	五圓
加平	李起永	三十錢
上仝	崔壽永	三十錢
華川中里	盧文卿	一圓卄錢
洪川牟谷	金永準	三十錢
麟蹄邑	朴南秀	三十錢
春川倉里	姜興彬	一圓五十錢
洪川	尹起德	三十錢
麟蹄	朴千有	十五錢
楊州沙川里	吳耕立	一圓卄錢
兎山市	李錫源	一圓五十錢
西部沙村里	蔡演默	二十錢
西部孔德里	金泰鉉	四十錢
上仝	高建鎬	三十錢
上仝	金重默	三十錢

그리스도회보
KOREAN CHRISTIAN ADVOCATE

每月二回十五日三十日發行
明治四十五年十月十二日印刷
明治四十五年十月十五日發行

發行兼編輯人 北部社洞 奇義男
印刷人 北部樓閣洞 朴東完
印刷所 京城西小門內法韓印刷所
發行所 北部社洞그리스도會報社
ᄃᆡ금 一쟝 二젼五리
[代金] 六ᄀᆡ월 二十젼
一ᄀᆡ년 四十젼

샤셜

◉긔독교회가이세샹풍교(風敎)에 유죠ᄒᆞᆫ것이무엇이뇨

혹(或)이 본긔쟈ᄃᆞ려 무러왈 긔독교는 엇더ᄒᆞᆫ 종교뇨 긔쟈ᄃᆡ왈 긔독교는 도덕이 완비ᄒᆞ고 종지(宗旨)가 슌졍(純正)ᄒᆞ며 ᄯᅩᄒᆞᆫ 그가온ᄃᆡ 신령ᄒᆞᆫ 능력을 합포ᄒᆞ엿스니 죽은 종교가 아니라 참 산종교니라 혹이왈 내가 일죽이 신구약을 열람ᄒᆞ엿노니 그말이 무미ᄒᆞ고 쇽루(俗陋)ᄒᆞᆫ데 갓가와 샹류샤회에 잇ᄂᆞᆫ 사ᄅᆞᆷ들의 모쇼(侮笑)를 면키 어려온즉 엇지 그ᄃᆡ의 말과ᄀᆞᆺ흐리오 긔쟈왈 이는 그ᄃᆡ가 문쟝지학을 숭샹ᄒᆞᄂᆞᆫ 션비로 그문ᄉᆞᄌᆞ의 셥졀만 보앗고 그속에 오묘ᄒᆞᆫ 도리를 맛보지 못ᄒᆞᆷ이로다 므롯 참된도리는 평샹(平常)ᄒᆞᆷ에 잇고 오괴(汚恠)ᄒᆞᆫ데 잇지 아니ᄒᆞᄂᆞ니 그런고로 우리 긔독교는 무슴 문ᄌᆞ(文字)의 긔괴ᄒᆞᆫ것이나 언어의 교묘(巧妙)ᄒᆞᆫ것을 취ᄒᆞ지안코 인류를 죄악가온ᄃᆡ셔 건져내여 하ᄂᆞ님의 ᄇᆞᆰ은빗ᄎᆞ로 인도ᄒᆞ며 심ᄒᆞ면 ᄌᆞ긔의 싱명을 ᄇᆞ려 동포의 령혼을 구원ᄒᆞ며 이셰샹의 풍교를 진화(進化)케ᄒᆞᆷ으로 종지를 삼앗스니 엇지 텬인(天人)의 도를 겸비ᄒᆞᆫ 종교가 아니리오 혹이왈 긔독교가 이셰샹풍교에 유죠ᄒᆞᆫ것은 무엇이뇨 긔쟈왈 우리도는 셩신의 능력으로써 능히 사ᄅᆞᆷ의 셩질을 변화ᄒᆞ야 악ᄒᆞᆫ쟈는 션ᄒᆞᆫ쟈가 되며 암약ᄒᆞᆫ쟈는 능력잇ᄂᆞᆫ쟈가 되며 방탕ᄒᆞᆫ쟈는 경건ᄒᆞᆫ쟈가 되며 음란ᄒᆞᆫ쟈는 정결ᄒᆞᆫ쟈가 되며 교만ᄒᆞᆫ쟈는 겸손ᄒᆞᆫ쟈가 되며 게을은쟈는 부ᄌᆞ런ᄒᆞᆫ쟈가되며 샤치ᄒᆞᆫ쟈는 졀검ᄒᆞᆫ쟈가되며 투긔ᄒᆞ던쟈는 화목ᄒᆞᄂᆞᆫ쟈가되며 죄의종 노릇ᄒᆞ던쟈가 ᄌᆞ유를 엇으며 모든셰샹의 풍속을 좃던쟈가 하ᄂᆞ님의 도리를 복죵ᄒᆞᄂᆞᆫ쟈가 되게 ᄒᆞᆯ뿐아니라 밧게나가면 군샹ᄭᅴ 츙셩을 다ᄒᆞ며 동포의게 ᄌᆞ션을 베플고 안에드러오면 부모ᄭᅴ 효슌ᄒᆞ며 가족의게 화목ᄒᆞᄂᆞᆫ 도리를 ᄀᆞᄅᆞ치ᄂᆞ니 이 엇지 셰샹풍교에 유죠ᄒᆞᆫ 종교가 아니리오 혹이왈 긔독교인이라고 사ᄅᆞᆷ마다 다 그럴수가잇ᄂᆞ뇨 긔쟈왈 녯날 셩현의 말솜에도 사ᄅᆞᆷ마다 요슌(堯舜)ᄀᆞᆺ치 되게ᄒᆞᆯ수업다 ᄒᆞ엿스니 우리교즁에 말노만 밋ᄂᆞᆫ쟈도 잇스며 밋음이 연약ᄒᆞᆫ쟈도 잇서셔 이런교인은 졸연히 감화식히기 어려온즉 엇지 사ᄅᆞᆷ마다 다 션ᄒᆞᆫ쟈가 되게ᄒᆞᆯ수잇스리오마는 비교뎍(比較的)으로 이셰샹에셔 인셩에 유익ᄒᆞ고 풍교를 진화(進化)ᄒᆞᆷ에 뎨一 공을만히 일운 종교ᄂᆞᆫ 우리 긔독교라 ᄒᆞ노라 뭇던쟈가 침음량구(沉吟良久)라가 올소이다 올소이다ᄒᆞ고 물너가더라

◉본샤특별광고

一、본회보에 ᄃᆡᄒᆞ야 신구람쟈(新購覽者) 一인을 엇어보내시ᄂᆞᆫ 이의게 우표비나 우환비로 十젼식 할인(割引)ᄒᆞ야 드리ᄂᆞᆫ 긔한은 본월 十五일일ᄭᆞ지 만긔(滿期)되엿ᄉᆞ오니 ᄌᆞ금이후로 본보를 구람코져 ᄒᆞ시ᄂᆞᆫ이어던지 소개ᄒᆞ시ᄂᆞᆫ이ᄂᆞᆫ 一년션금四十젼식 반년션금 二十젼식을 보내시옵

二、본회보의 신구람쟈 十인을 엇어보내시ᄂᆞᆫ 이의게ᄂᆞᆫ 젼과ᄀᆞᆺ치 본보一쟝식무ᄃᆡ금(無代金)으로 보내여드리겟솝니다

교즁휘문

△니보▽

◎제도호신一속 경셩 정동 감리ᄉᆞ 최병헌씨의 통신을 거ᄒᆞ야 이아래 ᄎᆞ례로 긔직ᄒᆞ노라

▲百二十三인의셰례 향일최 목ᄉᆞ가 강화 교동 볼음 아차 쥬문 송가 미음동 각도(島)로 슌힝ᄒᆞᆯ때에 각교회가 크게분흥ᄒᆞ야 셰례밧은쟈ㅣ 一百二十三인즁에 남녀교우가 六十三인이오 어린ᄋᆞᄒᆡ들이 六十명이라더라

▲엄씨열심 강화읍 잠두교회쇽장 엄명오씨는 미일상오四시면 교당에 드러가셔 혼자 긔도ᄒᆞᄂᆞᆫᄃᆡ 풍우와 한셔를 피치안코 샹거가 五리나 더되ᄂᆞᆫ 촌에셔 일즉이 니러나와셔 지셩으로 긔도ᄒᆞ니 히씨는 참 신도의 표쥰이 될만ᄒᆞ다 ᄒᆞ엿더라

▲녀교우의혈셩 쥬문도에는 원가가 모도 一百八十一호인ᄃᆡ 예수교신도의집이 一百三十六호라 그곳에 교회三쳐가 잇ᄂᆞᆫᄃᆡ 그즁 눌리교회는 작년에 례비당을 새로 건츅ᄒᆞᆯ 써 [illegible] 이곳[illegible] 고기잡이로 셩업을 삼는고로 봄과 녀름이면 남교우는 다 히상에 나가살고 다만 녀교우들만 잇서셔 밤마다 나아가 먼곳에 잇는 셕지를 머리로 여다가 츅디를 싸코 례비당을 지엇는ᄃᆡ 츅디의 놉기는 ᄒᆞᆫ길반이오 길기는 五十쳑가량이오 회당은 八간이니 우리신쟈들은 맛당히 쥬문도 녀교우의 열셩을 본밧을만ᄒᆞ더라

◎화산교회의부흥 황히도옹진군 김창헌씨의 통신을 거ᄒᆞᆫ즉 동군 화산교회는 년젼에교우가 七八十명에 달ᄒᆞ엿더니 수년ᄅᆡ로 모든교우의 ᄆᆞᄋᆞᆷ이 타락ᄒᆞ야 다 나가고 례비ᄒᆞᄂᆞᆫ 교우가 불과 八九명이머니 작년九十월브터 교우의 ᄆᆞᄋᆞᆷ이 부흥ᄒᆞ야 열심으로 긔도ᄒᆞ고 젼도ᄒᆞᆫ결과로 ᄎᆞᄎᆞ 다시드러와 례비보는사ᄅᆞᆷ이 三十여명에 달ᄒᆞ엿스나 례비당이불과 三간인고로 답답ᄒᆞ고 면망ᄒᆞᆫ일이 만터니 모든교우가 열심으로 연조ᄒᆞ야 十八간되는 례비당을 새로 사고 지금 재례비당에서 례비를 보게 되엿스니 하ᄂᆞ님씌 은혜를 무한감샤ᄒᆞᆫ다 ᄒᆞ엿더라

◎오씨의셩경공부 강원도회양군 남인샤씨의 통신을 거ᄒᆞᆫ즉 동군 샹초북면 사오포리 거ᄒᆞᄂᆞᆫ 오각균씨는 본리산협 싱장으로 다만 농ᄉᆞ업만 힘쓰더니 쥬를 밋은지 七八년되도록 혼솔이 화합지못ᄒᆞ여 밤낫으로 인롱ᄒᆞ며 하ᄂᆞ님씌 정셩을 다ᄒᆞ야 긔도ᄒᆞᆷ으로 셩신ᄭᅴ셔 감동ᄒᆞ샤 지금은 원집안이 화목ᄒᆞ여 쥬를 독실히 밋는즁에 히씨가 년금 六十여세에 특별히 공부ᄒᆞᄂᆞᆫ바는 미일 새벽과 져녁마다 ᄒᆞᆫ시간동안식 셩경을 공부ᄒᆞᄃᆡ 몬져 쥬긔도문과 ᄉᆞ도신경과 十계명을 외인후에 셩경닑기를 시작ᄒᆞᄂᆞᆫᄃᆡ 이시간에는 빈ᄉᆞ를 젼폐ᄒᆞ고 공부에만 젼심ᄒᆞᆫ다더라

◎신자의모범 츙남 온진군 복긔업씨의 통신을거ᄒᆞᆫ즉 동군샹두면 륙곡교회 고(故)권ᄉᆞ류지슈씨의 ᄉᆞ젹에 ᄃᆡᄒᆞ야 몃가지 칭찬ᄒᆞᆯ만ᄒᆞᆫ 일이 잇스니 히씨가 일즉이 부모를 여희고 빅부모슬하에서 길녀나서 효셩으로 그빅부모를 셤겻스며 히씨는 一千九百八년에 우리쥬압흐로 나아와 진리를ᄯᅡ라 셩심으로 쥬를셤기며 형뎨를 권면ᄒᆞ고 외인의게 열심 젼도ᄒᆞ며 리웃ᄉᆞ랑ᄒᆞ기를 내몸과 ᄀᆞᆺ치ᄒᆞ야 형뎨즁 환란이나 혹 질고가 잇스면 슈고와 괴로옴을 사양치아니ᄒᆞ고 진심으로 도아쥬며 ᄯᅩ 그곳 교회는 셜립된지 수년이로되 례비당이 업슴으로 놈의집을 빌어셔 례비ᄒᆞᆷ으로 미양 불안ᄒᆞᆫ일이 잇더니 작년봄에 히씨의 발긔로 三十환을 슈합ᄒᆞ야 례비당 四간반을 지어 지금은 여러교우가 평안ᄒᆞᆫ ᄆᆞᄋᆞᆷ으로 례비보며 히씨는 나히 二十五세외 쳥년으로 교회일에 열심ᄒᆞ더니 본년一월에 우연히 병이드러 二일만에 이세샹을 리별ᄒᆞ고 락원으로 도라갓다더라

◎률리교회의붉힘홈 황히도슈안군 률리교회 송의슈씨의 통신을 거ᄒᆞᆫ즉 이곳 교회즁 여러형뎨와 ᄌᆞ미들이 셩심과 지졍을 다ᄒᆞ야 새로 十여간되는 례비당을 건츅ᄒᆞ여 노

코 一벌 교우가 각각 ᄌᆞ긔의 졀파ᄀᆞᆺ치 보호ᄒᆞ여가다가 틀항히 거월九일에 야례비당의 젼례과 문허져서 여러교우의 생력야 一죠에 뷘ᄯᅡ에 도라 ᄀᆞᆺ슨즉 이것을 다시 건축ᄒᆞ랴면 대략 三百여환을 요구ᄒᆞᆯ터인ᄃᆡ 이ᄀᆞᆺ치 빈약ᄒᆞᆫ 교회의 힘으로는 엇지ᄒᆞᆯ도리가 업고 다만 무소불능ᄒᆞ신 하ᄂᆞ님의 도아주심만 기ᄃᆞ리고 잇다ᄒᆞ엿슨즉 우리 ᄉᆞ랑ᄒᆞ시ᄂᆞᆫ 각쳐형뎨와 ᄌᆞ매ᄭᅴ셔는 틀리교회를 위ᄒᆞ야 긔도만히 ᄒᆞ시기를 졀망ᄒᆞ노라

◎젼씨의변화긔질 츙남쳥양군 권봉규씨의 통신을 거ᄒᆞᆫ즉 본교회속장 젼승죠씨는 본ᄅᆡ 술마시고 ᄊᆞ홈ᄒᆞ기를 즐기더니 쥬를 밋은후로 술과 담ᄇᆡ와 징투를 거졀ᄒᆞ고 ᄯᅩᄒᆞᆫ 례비당 四간을 문젼에 새로 건축ᄒᆞ고 거월 七일브터 례비시작ᄒᆞ엿스며 구ᄎᆞᆫᄒᆞᆫ 형뎨 두집 식구를 합솔ᄒᆞ고 교리(敎理)와 실업을 권면ᄒᆞ며 고락을 ᄀᆞᆺ치ᄒᆞ니 이형뎨의 밋음과 ᄉᆞ랑은 반석ᄀᆞᆺ거니와 ᄯᅩᄒᆞᆫ 외인들이 말ᄒᆞ긔를 예수를 밋기는 밋을만ᄒᆞᆫ 것이 젼승죠를보면 이젼에는 ᄊᆞ홈판에 가보면 젼승죠요 ᄂᆞ구의게 봉변ᄒᆞ엿나ᄒᆞ면 젼승죠라ᄒᆞ더니 이제는 젼학쟈가 되엿스니 예수교의 효력이라고 말ᄒᆞ며 ᄯᅩᄒᆞᆫ 젼도와 교회일을 쉬지안코 ᄒᆞᆫ다ᄒᆞ엿더라

◎ᄌᆞ급심의진보 경셩 셔부 아현교회 오래쥬씨의 통신을 거ᄒᆞᆫ즉 거월二十二일에 히교당니에셔 뎨一회 계삭회를 열고 감리ᄉᆞ 쎔잉씨가 쥬쟝ᄒᆞ엿는ᄃᆡ 셔강 마포 공덕리 아현 四쳐교회 남녀직원제씨 합五十인이 참셕ᄒᆞ야 본쳐슌힝 목ᄉᆞ와 젼도ᄉᆞ 졔씨의 보단을 ᄎᆞ례로 드럿는ᄃᆡ 그즁에 뎨一 아름다온 결과는 작년에는 본교회 ᄌᆞ급젼이 미삭 오환에 지내지 못ᄒᆞ더니 금번에는 쎔잉목ᄉᆞ가 ᄌᆞ급의 필요ᄒᆞ다는 문뎨로 一쟝권면홈으로 一반교우의 ᄌᆞ급심이 분발ᄒᆞ야 ᄌᆞ급젼의 허락ᄒᆞᆫ것이 작년보다 월수히 증가ᄒᆞ엿다 ᄒᆞ엿더라

◎하ᄂᆞᆯ에재물을ᄡᅡ흠 강원도 원쥬군 박원빅씨의 통신을 거ᄒᆞᆫ즉 경긔도 려쥬북면 당우리교회는 一千九百四년 十一월에 설립되엿스며 교우의 수효는 七十여명에 달ᄒᆞ엿는ᄃᆡ 속장 죠근슈씨가 쥬장ᄒᆞ여 오는즁 동씨는 나히二十七세에 불과ᄒᆞ나 밋음이 독실ᄒᆞ야 교즁 범ᄉᆞ를 열심으로 보는ᄃᆡ 작년봄에 七百여환을 내여 반양제로 十二간 교당을 건축ᄒᆞ더니 금년봄에는 젼도ᄉᆞ의 봉급을 미삭 十一환식 내여노코 강쳔 곱시기 향골 소송골 네교회를 합ᄒᆞ야 젼도ᄉᆞ 一인을 청구ᄒᆞ는 고로 평남중산군 거ᄒᆞ던 홍셕두씨가 젼도ᄉᆞ로 왓는ᄃᆡ 각교회에셔 서로 깃분ᄆᆞ음으로 환영ᄒᆞ며 피ᄎᆞ ᄉᆞ랑ᄒᆞ는 정이 친형뎨와 ᄀᆞᆺ치 지내니 쟝ᄎᆞᆺ 교회의 흥왕홈을 가히 보겟다ᄒᆞ엿더라

◎졔쳔학교의진급식 츙북졔쳔군 리은영씨의 통신을 거ᄒᆞᆫ즉 동군서면 편동교회에셔 설립ᄒᆞᆫ 긔독학교에셔 거월二十三일 하오二시에 진급식을 셜힝ᄒᆞ엿는ᄃᆡ 그슌셔는 감리ᄉᆞ 변죠진씨가 쥬셕이되야 긔도로 개회ᄒᆞᆫ후 리영필씨가 개회대지를 셜명ᄒᆞ고 최진상씨가 학교연혁을 말ᄒᆞᆫ후 학생 一동이 창가ᄒᆞ고 김ᄇᆡᆨ권 졍봉쥰 리은영三씨가 격졀ᄒᆞᆫ말노 권설ᄒᆞᆫ후 변죠진씨가 진급증서를 슈여ᄒᆞ고 진급생중 리아담이 답ᄉᆞᄒᆞᆫ후 폐회ᄒᆞ엿는ᄃᆡ 진급생은 최문공 리아담 박문학등 十二인이라더라

△외보▽

◎세계종교회발긔 쳥국 샹히 통신을 거ᄒᆞᆫ즉 당디교회즁 명망이 놉흔 신ᄉᆞ왕인문씨등 十여인과 서국 박학ᄉᆞ 리뎨마태씨가 세계종교회(世界宗敎會)를 발긔ᄒᆞ엿는ᄃᆡ 취지는 만국 각교회를 련합ᄒᆞ야 ᄒᆞᆫ회를 죠직ᄒᆞ고 그가온ᄃᆡ셔 진리를 연구ᄒᆞ야 도덕을 발달ᄒᆞ며 인심을 구졔ᄒᆞᆯ인ᄃᆡ 동셔양 황ᄇᆡᆨ인죵을 물론ᄒᆞ고 다만 종교ᄉᆞ샹이 잇ᄂᆞᆫ쟈는 다 회원될 ᄌᆞ격이 잇고 그실힝ᄒᆞᆯ ᄉᆞ업은 각 대도회쳐에 종교샹 연설회와 학교와 도서관(圖書館)등을 셜립ᄒᆞᆯ일이라더라

◎인도국의교회흥왕 十[illegible]

에 교사ᄒᆞᆫ바를 거ᄒᆞᆫ즉 인도 젼국니 예수교인의 총수가 二百卄八만四千三百八十인이 더니 작년 통계표를 거ᄒᆞᆫ즉 三百八十七만六千一百九十六 인에 달ᄒᆞ엿다더라

◎긔독청년회의통계표 미국 긔독교청년회ᄂᆞᆫ 세계 十四국 에 지회를 셜립ᄒᆞ엿ᄂᆞᆫᄃᆡ 회 원 총수가 六十만명이오 소 유 재산이 一억一쳔四百만원 이라더라

◎미국셩셔공회의셩젹 미국 셩셔공회ᄂᆞᆫ 셜립ᄒᆞᆫ후로 오ᄂᆞᆯ 날ᄭᆞ지 발힝ᄒᆞᆫ 셩셔가 九千 만부에 달ᄒᆞ엿고 작년즁에 七 十가지 방언으로 발힝ᄒᆞᆫ 셩 셔가 六十七만九千五十五부 라더라

◎미감리회총회 미감리회총 회ᄂᆞᆫ 본월一일브터 미국민니 아 폴니스셩에셔 ᄀᆡ회ᄒᆞᆫ다더 라

◎신학박ᄉᆞ의ᄌᆞ격변경 영국 악스폿과 김부리취대학교에 셔ᄂᆞᆫ ᄌᆞ리로 쳐취아브잉글 쉬닛(영국국교의일홈)라ᄂᆞᆫ 교 회입교인만 신학박ᄉᆞ 졸업증 셔를 밧을수잇더니 금년에 이 두학교 의원과 감ᄉᆞ회의 작뎡 ᄒᆞᆫ결과로 물론 엇던교파(敎派)의 입교인이던지 다이학 교에셔 신학졸업 ᄒᆞᆯ수잇게 되엿다더라

◎교회를핍박ᄒᆞᆷ 청국ᄉᆞ쳔셩 에셔ᄂᆞᆫ 폭도가 니러나셔 예 수교회당을 불질느며 본토교 인을 다수히 해살(害殺)ᄒᆞ엿 다더라

◎종교샹대토론 거월에미국 늬욕셔 각교회 ᄃᆡ표쟈가 모혀 셔「미국의 종교뎍신심(宗敎的信心)이 점점 쇠약(衰弱)ᄒᆞᄂᆞᆫ죵 이뇨」ᄒᆞᄂᆞᆫ문뎨로 쟝로교와 감 리교와 감그레게슌교와 텬쥬 교와 유대교의 ᄃᆡ표쟈가 크 게 토론ᄒᆞᆫ 결과ᄂᆞᆫ 미국의 종 교뎍 신심이 조곰도 쇠약ᄒᆞᆫ 대로 도라가ᄂᆞᆫ 영향이 업다고 가결되엿다더라

도덕부

◎안식일의변샹

구약가온ᄃᆡ 안식일은 닐곱번 변ᄒᆞᆫ것이 잇ᄉᆞ니

一、첫재안식일은 오직 샹뎨 ᄭᅴ셔 七일동안에 텬디를 창조ᄒᆞ시고 복주신날노 뎡ᄒᆞ셧ᄂᆞ니 복이라ᄒᆞᄂᆞᆫ 것은 환난이 업슴을 닐 옴이라 하ᄂᆞ님ᄭᅴ셔 세샹 을 창조ᄒᆞ신이후로 十二 지파ᄯᅢᄭᆞ지 아모환난이 업시 지냇고 오직 노아 가 방쥬에셔 七일을 지 냇ᄉᆞ며 야곱이 그 쟝인 리반의집에셔 七일긔한 을 치온후 라헬의게 쟝 가든것ᄲᅮᆫ이니 이것은 긔 렴뎍(紀念的)안식일이오

二、둘재 안식일은 이스라엘 ᄇᆡᆨ셩이 ᄉᆞᄉᆞ로히 나아가 셔 마나를 거두ᄂᆞᆫ날 여 호와ᄭᅴ셔 뎌회를 경계ᄒᆞ 시고 (출十六〇卄七ㅣ卄八)인ᄒᆞ야 안식일직히ᄂᆞᆫ 것으로 十계명즁 ᄒᆞᆫ계 명이 되게ᄒᆞ시고 신날이 오 (출卄〇九、)

三、셋재 안식일은 여호와ᄭᅴ 셔 안식일 직히지 아니 ᄒᆞᄂᆞᆫ자의게 ᄉᆞ형(死刑)을 미리 션고ᄒᆞ신날이오(출 卌一〇十四、)

四、넷재 안식일은 이스라엘 ᄇᆡᆨ셩즁에 안식일에 나무 ᄒᆞᄂᆞᆫ쟈를 잡아 돌노 쳐 죽엿스니 이ᄂᆞᆫ 안식일을 ᄒᆞᆫ쟈의게 첫번으로 ᄉᆞ형 을 집힝(執行)ᄒᆞᆫ날이오

五、다섯재 안식일은 이스라 엘 ᄇᆡᆨ셩이 안식일을 크 게 더럽힘으로 여호와ᄭᅴ 셔 분노ᄒᆞ샤 뎌희를 멸 망식히고져 ᄒᆞ신날이오

六、여섯재 안식일은 쥬젼六 ᄇᆡᆨ六년으로 쥬젼五百三十 六년ᄭᆞ지 므릇 七十년동 안에 이스라엘 ᄇᆡᆨ셩이 바벨논으로 사로잡혀가 셔 노예노릇ᄒᆞ던 동안이 라 안식일은 七일동안에 도라오ᄂᆞᆫ것인ᄃᆡ 이 여섯 재 안식일은 七十년동안 이니 그것은 무ᄉᆞᆷ뜻이뇨 대개 七十은 안식일의 적분수(積分數)가 되ᄂᆞᆫ고 로 그적분수로써 안식일 을 범ᄒᆞᆫ 이스라엘 ᄇᆡᆨ셩 을 벌주셧ᄂᆞ니라 (미완)

긔셔

(미국리로의)

본인이 본년 三월 一十四일하 오三시반에 네부라스가 만국청년회에셔 미국 민즁 당령슈(民主黨領首)로 三ᄎᆞ 대통령 쳔망(薦望)이 잇던

샤라연씨의 큰 종교뎍(宗教的)연셜을 듯고 ᄌᆞ연 감동ᄒᆞᆷ이 잇서셔 두어줄 글노 우리 ᄉᆞ랑ᄒᆞᄂᆞᆫ 형뎨ᄌᆞ미의게 고ᄒᆞ노이다

샤라연씨가 예수교회의 발달이란 문뎨로 ᄒᆞ시三十분동안을 연셜ᄒᆞ엿ᄂᆞᆫᄃᆡ 히씨의 연셜 젼편이 곳 젼도ᄉᆞ의 젼도ᄒᆞᄂᆞᆫ것과 다름이업ᄂᆞᆫ지라 그연셜의 대개ᄂᆞᆫ 하ᄂᆞ님ᄭᅴ셔 창조ᄒᆞ신 만물을 응ᄒᆞ야 쳔만ᄉᆞ가 예수로 긔초를 삼지아니ᄒᆞ면 셩공ᄒᆞᆷ을 ᄇᆞ랄수업ᄂᆞᆫ 리유를 여러가지로 증거ᄒᆞᄂᆞᆫ즁 ᄌᆞ긔의 간증으로 듯ᄂᆞᆫ 무리의게! 공포ᄒᆞ기를 당초에 농ᄉᆞ집에서 싱장ᄒᆞ여 六세되엿슬ᄯᅢ브터 二十五세ᄭᆞ지 쇼즁대학교와 법률젼문과를 졸업ᄒᆞ엿ᄂᆞᆫᄃᆡ 그 여러ᄒᆡ 동안에 무한히 밧부게 지낸것은 한편으로 학교 과정을 공부ᄒᆞ며 한편으로ᄂᆞᆫ 셩경을 공부ᄒᆞ며 그층된 진리를 힘써 연구ᄒᆞᆫ연고라 만일 ᄌᆞ긔가 예수교인이 되지 아니ᄒᆞ엿더면 ᄌᆞ긔의 학문과 지능이 ᄒᆞᆫ세상을 능가(凌駕)ᄒᆞᆯ지라도 맛치 모리우헤 건축ᄒᆞᆫ집의 모양됨을 면치 못ᄒᆞ엿겟다ᄒᆞ며 연셜맛헤 四千여명 듯ᄂᆞᆫ 무리의게 요한복음 十四장六졀에「내가 그길이며 내가 참리치며 내가 곳 그싱명이라ᄂᆞᆫ」말ᄉᆞᆷ으로 두세번을 닐어부탁ᄒᆞᄂᆞᆫ지라 교뎨가 이연셜을 듯고 웨 이큰사ᄅᆞᆷ들이 예수교에 이와곳치 열셩잇ᄂᆞᆫ 그리유를 잠간 연구ᄒᆞ엿노라

대뎌 예수교ᄂᆞᆫ 그나라 ᄇᆡᆨ셩의근본이며 도덕의 근본이며 지졍의 근본이며 샹업의 근본이며 졍치의 근본이며 부ᄌᆞ런ᄒᆞᆷ의 근본이며 국민활동의 근본인고로 오ᄂᆞᆯ날 구미각국즁 부강ᄒᆞᆫ나라ᄂᆞᆫ 다 예수가 그나라의 국교가되엿고 빈약ᄒᆞᆫ나라ᄂᆞᆫ 이교(異教)로 그 국교를 쥬장ᄒᆞᆫ연고이라 이것은 우리가 목도ᄒᆞᄂᆞᆫ것인즉 여러말ᄒᆞᆯ것 업거니와 다만 우리 예수교회가 하ᄂᆞ님의 크신뜻대로 우리 동포즁에 쉬이지안코 발달되여 국민즁 ᄒᆞᆫ사ᄅᆞᆷ이라도 목자일흔양이 되지안키를 우리쥬 예수의 일홈으로 긔도ᄒᆞ노이다 아멘

◎어두온곳에죠심ᄒᆞᆯ것 (ᄇᆡᆨ셩 최ᄃᆡ진)

대개 사ᄅᆞᆷ을 보ᄂᆞᆫ법은 온밀ᄒᆞ고 어두온ᄃᆡ잇고 보이ᄂᆞᆫ곳에 잇지아니ᄒᆞ니 붉은ᄶᅡ온 사ᄅᆞᆷ의 두려워ᄒᆞᄂᆞᆫ바요 온밀ᄒᆞ고 어두온ᄶᅡ온 사ᄅᆞᆷ이 소ᄒᆞᆯ히 녁이ᄂᆞᆫ바라 사ᄅᆞᆷ이 두려온곳에ᄂᆞᆫ 쇼인도 조심ᄒᆞᆯ줄 알되 사ᄅᆞᆷ이 소ᄒᆞᆯ히 녁이ᄂᆞᆫ 곳에ᄂᆞᆫ 군ᄌᆞ도 흠업시 지내기 어려오니 그런고로 공회에 참셕ᄒᆞᄂᆞᆫ ᄐᆡ도ᄂᆞᆫ ᄒᆞᆯ노 잇슬ᄯᅢ의 ᄐᆡ도보다 엄숙ᄒᆞ고 ᄇᆡᆨ각을 ᄃᆡᄒᆞᄂᆞᆫ 말은 ᄉᆞᄉᆞ로히 쳐ᄒᆞᆯᄯᅢ보다 조심ᄒᆞᄂᆞᆫ지라 사ᄅᆞᆷ이 만일 공회에셔 잠시 실례를ᄒᆞ면 모든 사ᄅᆞᆷ이 죠롱ᄒᆞᆯ지니 엇지 잠시라도 젼젼긍긍ᄒᆞᆫ ᄆᆞᄋᆞᆷ으로 언힝과 동작을 쥬의치 아니ᄒᆞ리오 사ᄅᆞᆷ의 셩픔은 명망(名望)을 됴화ᄒᆞ고 죠롱을 슬혀ᄒᆞᄂᆞᆫ고로 공회에셔ᄂᆞᆫ 조심ᄒᆞ기 쉽고 ᄉᆞᄉᆞ로히 쳐ᄒᆞᆯᄯᅢ에ᄂᆞᆫ 방심ᄒᆞ야 악ᄒᆞᆫ길노 들어가기 쉬오나 엇지 ᄒᆞᆫ사ᄅᆞᆷ의 몸으로 타인이 보ᄂᆞᆫ곳에ᄂᆞᆫ 조심ᄒᆞ고 보지못ᄒᆞᄂᆞᆫ곳에ᄂᆞᆫ 악을 힝ᄒᆞᄂᆞᆫ것이 가ᄒᆞ리오 대개 어두온것이 나타나지 아님이 업ᄂᆞ니 그럼으로 셩현도 듯지못ᄒᆞᄂᆞᆫ 곳에 경계ᄒᆞ며 보이지 못ᄒᆞᄂᆞᆫ곳에 두려워ᄒᆞᆯ라고 ᄒᆞᆫ계ᄒᆞ셧도다 대개 온밀ᄒᆞᆷ과 광명ᄒᆞᆫ것의 구별이 잇스니 광명ᄒᆞᆫ곳에셔 힝ᄒᆞᆫ허물온 속히 나타나ᄂᆞᆫ지라 허물이 속히 나타나면 속히 회ᄀᆡᄒᆞ야 다시 죄를 범ᄒᆞᆯ가 두려워ᄒᆞ되 은밀ᄒᆞᆫ곳에셔 힝ᄒᆞᆫ허물은 더ᄃᆡ 더ᄃᆡ 나타나ᄂᆞ니 허물이 더ᄃᆡ 나타나면 그동안에 악ᄒᆞᆫ 디경으로 더옥 깁히드러가기 쉬온지라 그런즉 엇지 어두온곳이 조심ᄒᆞᆯ바가 아니리오 만일 어두온곳과 ᄒᆞᆯ노쳐ᄒᆞ엿슬ᄯᅢ에 조심ᄒᆞ면 이ᄂᆞᆫ 우흐로 하ᄂᆞ님과 밧그로 셰샹사ᄅᆞᆷ과 안으로 내ᄆᆞᄋᆞᆷ에 붓그러올것이 업슬지니 이ᄂᆞᆫ 가히 군ᄌᆞ의 힝ᄒᆞᆯ바라 ᄒᆞ노라

젼도ᄉᆞ一람

◎젼도모범

누구던지 젼도직임을 맛ᄒᆞᆫ자ᄂᆞᆫ 맛당히 그직무에 젼심처지ᄒᆞ야 몬져 ᄌᆞ긔의 힝ᄒᆞᆯ바를 극진히 ᄒᆞᆫ후에 하ᄂᆞ님의 인도ᄒᆞ심을 군구ᄒᆞᆯ것인ᄃᆡ ᄌᆞ긔의 힝ᄒᆞᆯ바ᄂᆞᆫ 이아래 긔록

ᄒᆞᆫ것과 ᄀᆞᆺᄒᆞ니 대개 듸모데 젼후셔를 만히 공부ᄒᆞᄂᆞᆫ것이 됴ᄒᆞ니라

(一)ᄌᆞ긔의 직임이 귀즁ᄒᆞ고 거룩ᄒᆞᆫ줄 알것이오 (갈 一〇一)

(二)맛당히 ᄒᆞᆼ심(恒心)이 잇서야 될것이오 (듸젼四〇十六、누九〇六十二、약 一〇八)

(三)맛당히 모든것을 다ᄇᆞ리고 쥬를 쫏칠것이오 (마 十九〇廿七、廿九、누五〇 二十七ㅣ廿九、막一〇十 八ㅣ廿)

(四)맛당히 그몸으로써 회ᄉᆡᆼ을 삼을것이오 (듸후四 〇六、로十二〇一)

(五)맛당히 그젼도ᄒᆞᆯ바는 확실ᄒᆞᆫ 증거가 잇ᄂᆞᆫ줄 알것이오 (듸젼一〇七、마 十五〇九、十四)

(六)맛당히 슌결무위(純潔無僞)ᄒᆞᆫ ᄆᆞᄋᆞᆷ을 가지고 젼도ᄒᆞᆯ것이오 (듸젼一〇五、十九、六〇十一)

(七)긔도는 맛당히 ᄎᆞ서를 일치말것이니라 (듸젼二 〇一ㅣ三) (미완)

셰계격언

一、경험(經驗)은 사ᄅᆞᆷ의 ᄆᆞ장 어진 교ᄉᆞ가 될지나 월샤금(月謝金)을 만히 요구ᄒᆞᄂᆞ니라

二、아ᄅᆞᆷ다온 ᄭᅩᆺ은 오래 길가에 머물너 잇지아니ᄒᆞᄂᆞ니라

三、거즛 친구는 공변된 원슈보다 악ᄒᆞ니라

四、셰샹 사ᄅᆞᆷ이 정직ᄒᆞᆫ쟈는 문밧게셔 보내고 아쳠ᄒᆞᄂᆞᆫ쟈는 직실노 부르기 쉬우니라

五、지식은 귀로좃차 드러오고 후회(後悔)는 입으로 좃차나오ᄂᆞ니라

六、즐거옴은 정신의 량약(良藥)이오 슯흠은 정신의 독약이니라

七、명예를 손상ᄒᆞ고 엇은리익은 손해라고 칭ᄒᆞᆯ것이니라

八、큰리익이 잇슬일에는 큰 위험(危險)도 ᄯᅡ라ᄃᆞᄂᆞ니라

어린ᄋᆞ히들의 니야기

셔양엇던 ᄋᆞ히가 화초씨 쟝ᄉᆞ를 차자가셔 뭇거ᄂᆞᆯ

(ᄋᆞ히)당신의게 화목의 씨라 ᄒᆞᄂᆞᆫ것이 잇슴ᄂᆞᆺ가

(쟝ᄉᆞ)화목의씨ㅣ 그것이 무엇이란말이냐

(ᄋᆞ히)우리 셩경학교에서 찬미ᄒᆞᆯ때에 드른즉「화목의씨를 ᄲᅮ릴지어다 우리가 ᄭᅩᆺ거두리라」ᄒᆞ던데요 내가 조고마ᄒᆞᆫ 동산ᄒᆞ나히 잇ᄂᆞᆫ데 그씨를 좀 심으랴ᄒᆞᄂᆞ이다

(쟝ᄉᆞ)올치 그런씨 잇지ᄒᆞ더니 최쟝에서 셩경ᄒᆞᆫ권을 ᄭᅥ어내여 손에들고ᄒᆞᄂᆞᆫ말이 그씨가 아마 베드로후셔一쟝에 잇지 ᄒᆞ더니 그쟝을차자 그ᄋᆞ히를 주며 닑어보라ᄒᆞᆫ데 그ᄋᆞ히가 밧아들고 닑ᄂᆞᆫ데 그 말ᄉᆞᆷ은 이와ᄀᆞᆺᄒᆞ니

「너희 밋음에 덕을 더ᄒᆞ고 덕에 지식을 더ᄒᆞ고 지식에 절졔를 더ᄒᆞ고 절졔에 인내를 더ᄒᆞ고 인내에 경건을 더ᄒᆞ고 경건에 형뎨간 화목ᄒᆞᆷ을 더ᄒᆞ고 화목에 ᄉᆞ랑을 더ᄒᆞ라」

이와ᄀᆞᆺ치 닑기를 다ᄒᆞᆫ매 쟝ᄉᆞ가 말ᄒᆞ기를

(쟝ᄉᆞ)그것이 다됴ᄒᆞᆫ씨니 네 ᄆᆞᄋᆞᆷ속에 심으면 그씨에 싹이나셔 동산에 화초와 ᄀᆞᆺ치 잘자라ᄂᆞ니라

(ᄋᆞ히)그것이 참씨가 아닌데 엇더케 내ᄆᆞᄋᆞᆷ속에 심을수 잇슴ᄂᆞᆺ가 다만 날ᄃᆞ려 그대로 힘ᄒᆞ야 동모들노 더브러 화목ᄒᆞ며 놈을 ᄉᆞ랑ᄒᆞ라ᄂᆞᆫ ᄯᅳᆺ이온ᄂᆞᆺ가

(쟝ᄉᆞ)아모렴ㅣ 그런ᄯᅳᆺ이지 네가 잘알앗다

(ᄋᆞ히)그러면 그 찬미에 ᄯᅩ「ᄭᅩᆺ거두리라」ᄒᆞᄂᆞᆫ 말ᄉᆞᆷ은 무슴 ᄯᅳᆺ이오ᄂᆞᆺ가

(쟝ᄉᆞ)그것은 다른ᄯᅳᆺ이 아니라 네가 놈을 ᄉᆞ랑ᄒᆞ면 놈이 ᄯᅩᄒᆞᆫ 너를ᄉᆞ랑ᄒᆞᆯ터이니 이것이 ᄭᅩᆺ거두ᄂᆞᆫ것이 아니냐

(ᄋᆞ히)알앗슴니다 내가 그씨를 심으랴ᄒᆞᄂᆞ이다 ᄒᆞ엿다더라

교육

◉가졍학

가뎡경제 (속)

(七)시간을 잘쓸것이니 셔양쇽담에 시간이 곳돈이라 ᄒᆞ엿스니 이것은 경제상에 매우 요긴ᄒᆞᆫ 말이라 그럼으로 ᄒᆞᆫ집안을 쥬장ᄒᆞᄂᆞᆫ자ㅣ 이금굿ᄒᆞᆫ 시간을 헛되이 보내지말고 맛당히 부즈런히 집안일을 다ᄉᆞ리ᄃᆡ 쎗쎗ᄒᆞᆫ법측을 일치말고 오ᄂᆞᆯ은 무ᄉᆞᆷ일을ᄒᆞ고 ᄂᆡ일은 무ᄉᆞᆷ일을 ᄒᆞᆯ것을 미리ᄉᆡᆼ각ᄒᆞ엿다가 ᄎᆞ셔를 ᄯᆞ라신쇽(迅速)히 실ᄒᆡᆼᄒᆞᆯ것이니라

(八)의연(義捐)ᄒᆞᄂᆞᆫ일이니 우리가 이세상에 쳐ᄒᆞ매 무ᄉᆞᆷ 공공(公共) ᄉᆞ업에 ᄃᆡᄒᆞ야 힘대로 연조ᄒᆞ야 一반샤회의 ᄒᆡᆼ복을 도모ᄒᆞᆷ은 당연ᄒᆞᆫ 의무라 그런즉 우리와 우리 가족을 위ᄒᆞ야 쓸것을 다예비ᄒᆞ고 남ᄂᆞᆫ것으로 교회나 학교나 병원이나 교ᄋᆞ원이나 무ᄉᆞᆷ 다른ᄌᆞ션ᄉᆞ업ᄒᆞᄂᆞᆫ 긔관에 샹당히 연조ᄒᆞ되 힘에 지나도록ᄒᆞᄂᆞᆫ것은 합당타ᄒᆞᆯ수 업ᄂᆞ니라

第三 지졍의츌납(出納)

집안에서 지졍을 츌납ᄒᆞᄂᆞᆫ쟈ㅣ 슈입(收入)과 지츌(支出)에 ᄃᆡᄒᆞᆫ 예산(預算)이 잇서서 슈입을 헤아려 지츌을 계교ᄒᆞᆯ지니 그예산ᄒᆞᆯ것은 이아래와 굿ᄒᆞ니라

(一)슈입이니 슈입은 경샹(經常)과 림시(臨時)의 두부분이 잇ᄂᆞᆫᄃᆡ 첫재 경샹슈입은 토디나 가옥굿ᄒᆞᆫ 부동산(不動產)에서 거두어 드리ᄂᆞᆫ 젼곡(錢穀)과 ᄇᆡ나 수레굿ᄒᆞᆫ 동산에서 거두ᄂᆞᆫ 셰젼과 쥬금(株金)이나 맛겻던지 빗준 돈에 ᄃᆡᄒᆞᆫ 리ᄌᆞ(利子)와 사ᄅᆞᆷ의 뢰력(腦力)이나 신톄력으로 버ᄂᆞᆫ 一뎡ᄒᆞᆫ 봉급등쇽이오 둘재 림시슈입은 영업샹으로 엇은 리익이나 림시로 버러드린돈이나 집안에셔 쓰고 남ᄂᆞᆫ 물픔이나 혹긔구픔을 방매ᄒᆞᆷ으로 거두어드린 돈굿ᄒᆞᆫ 것이니라

(二)지츌이니 지츌도 ᄯᅩᄒᆞᆫ경샹과 림시의 구별이 잇ᄂᆞᆫᄃᆡ 첫재 경샹지츌은 의복과 음식과 싀유탄(柴油炭)과 각양 셰납과 ᄌᆞ녀 교육비와 허락ᄒᆞᆫ ᄌᆞ급젼굿ᄒᆞᆫ 것이며 둘재 림시 지츌은 혼상비(婚喪費)와 의약비(醫藥費)와 셔칙비와 가옥 슈리비나 물픔 ᄆᆡ죠비와 려ᄒᆡᆼ비(旅行費)와 교졔비(交際費)와 무ᄉᆞᆷ 특별 의연비(義捐費) 등쇽이니라

실업

⊙나무심으ᄂᆞᆫ법(二)(쇽)

八 방화션과통로(防火線及通路)

산ㅅ불(山火)은 산림의 큰 원슈라 식림ᄒᆞᄂᆞᆫ자ㅣ 산ㅅ불막을 방법을 미리 연구ᄒᆞ여야 될터인ᄃᆡ 그방업은 곳 방화션을 설치ᄒᆞᄂᆞᆫ것이니 므릇방화션이라 ᄒᆞᄂᆞᆫ것은 식림디(植林地)의 四면이나 혹 三면으로 산ㅅ불의 념려가 잇ᄂᆞᆫ편에는 三四간 위한ᄒᆞ고 잡풀을 다ᄲᅩᆸ은후 밧츰갈아 산ㅅ불이 능히 침로치못ᄒᆞ게 ᄒᆞᆯ것이며 ᄯᅩ 一二간 가량의 길을내여 통ᄒᆡᆼ에 편리케도ᄒᆞ며 ᄯᅩ 방화션으로도 ᄃᆡ용ᄒᆞᆯ수 잇게ᄒᆞᆯ것이니라

九 보식법(補植法)

심은 목묘가 온젼히 다살기를 ᄇᆞ랄수 업ᄉᆞᆫ즉 그즁에 말나죽ᄂᆞᆫ것을 보츙ᄒᆞ기 위ᄒᆞ야 식림ᄒᆞᆫ후 一二년은 보식법을 ᄒᆡᆼᄒᆞ되 말나죽은 목묘굿헤 새목묘의 ᄀᆞ장 크고 건젼(建全)ᄒᆞᆫ것을 ᄐᆡᆨᄒᆞ야 심을것이니라

十 잡풀ᄲᅩᆸ아주ᄂᆞᆫ법

대개 식림ᄒᆞᆫ후 三년ᄂᆡ에는 一년二ᄎᆞ식 녀름과 가을에 밋헤 얼킨잡풀을 ᄲᅩᆸ아줄것이며 四년이후에는 一년一ᄎᆞ식 하계(夏季)에 ᄲᅩᆸ아줄것이니라

十一 가지쳐주ᄂᆞᆫ법(枝除法)

가지와 닙ᄉᆡ가 얼크러진후에는 ᄉᆡᄉᆡ로 가지를 쳐주ᄂᆞᆫ것이 됴흐며 식림ᄒᆞᆫ지 十五년쯤 된때에는 二三년만콤 ᄒᆞᆫ번식 가지를 쳐주ᄃᆡ 대개 양력 十一월 초에 ᄒᆞᄂᆞᆫ것이 합당ᄒᆞ니라

十二 간벌법(間伐法)

묘목이 잘자라 졈졈 큰나무가되면 서로 얼크러져서 멋헤든 묘목은 큰나무의게 눌녀서 잘발양치 못ᄒᆞᄂᆞ니 그ᄯᅢ에 ᄉᆡᄉᆡ로 큰나무를 버혀

그ᄉ이를 소통케ᄒᆞ야 적은나무로 ᄒᆞ여곰 잘발양케 ᄒᆞ엿이니라 (완)

담총

◉모든 힝셩(行星)이 히를 둘너ᄒᆞᆫ번도는도수

뎐상에 콩알ᄀᆺ치 널녀잇는 별들이 우리보기에는 비록젹은듯ᄒᆞ나 그실데를 샹고ᄒᆞ면 우리 사는 이디구보다 몃十비 더큰것도 잇고 또ᄒᆞᆫ 적은것도 잇ᄂᆞ니 그즁 一뎡ᄒᆞᆫ 자리에 잇는별은 뎡셩(定星)이라 칭ᄒᆞ고 궤도로 도라ᄃᆞ니는 별들은 힝셩이라 칭ᄒᆞ는ᄃᆡ 이 태양계(太陽系)에셔 발견된 힝셩이 여덟이라 이힝셩들이 태양을 에둘너 그 궤도를 ᄒᆞᆫ번 도는 긔한(期限)이 각각 다르니 슈셩(水星)은 十八일 금셩(金星)은 二百二十五일 우리디구는 三百六十五일 화셩(火星)은 六百八十七일 목셩(木星)은 四千三百三十二일 토셩(土星)은 一만七百五十九일 텬왕셩(天王星)은 三만六百八十七일 히왕셩(海王星)은 六만一빅二十七일인ᄃᆡ 대개 이러케 ᄒᆞᆫ번 도는 긔한이 각각 그 힝셩세계의 一쥬년이 되ᄂᆞ니라

회보ᄃᆡ금령슈

住所	氏名	金額
西部東幕	劉漢鍾	三十錢
西部孔德里	柳載源	三十錢
白川新柳川	李敎春	四十錢
上仝	趙致守	四十錢
上仝	李應權	四十錢
美國	龐達旭	一圓六十三錢
加平	李世鎭	二十錢
三陟花街村	洪淳沃	三十錢
蔚珍紅矢洞	黃鍾五	七十七錢
三陟芙湖	姜宅圭	三十錢
仝臨院	崔海亭	三十錢
江華錦洞	尹定一	四十錢
新昌孝子洞	崔翼大	三十錢
堤川잣뒤	李鍾萬	九十錢
原州邑	朴元百	六十錢
西部阿峴	趙禮敎	四十五錢
海州	黃雀巢	一圓廿錢
江華	崔足一	三圓
開城	로위부인	九十錢
杆城巨津	朴悰浩	四十錢
仝山斗	金義鍾	四十錢
仝松鶴洞	鄭順一	四十錢
仝校洞	尹九瑞	四十錢
仝下里	金光魯	四十錢
咸州上坪里	朱尙龍	三十錢
陽德自開洞	金達賢	三十錢
陽德邑	李鎭亨	六十錢
江東한ᄃᆡ	朴道賢	四十五錢

그리스도회보

KOREAN CHRISTIAN ADVOCATE

每月二回十五日三十日發行
明治四十五年五月廿七日印刷
明治四十五年五月三十日發行

發行兼編輯人 北部社洞 奇義男
印刷人 北部樓閣洞 朴東完
印刷所 京城西小門內法韓印刷所
發行所 北部社洞 그리스도會報社

ᄃᆡ금 一장 二젼五리
[代金] 六개월 二十젼
一개년 四十젼

사설

⊙하ᄂᆞ님을항거ᄒᆞᆯ쟈ㅣ업ᄂᆞ니라

하ᄂᆞ님의 신령ᄒᆞ신 눈이 ᄒᆞᆼ상 번개ㅅ불ᄀᆞᆺ치 ᄇᆞᆰ은지라 비록 은밀ᄒᆞᆫ 가온ᄃᆡ셔 힝ᄒᆞ는일이라도 보지못ᄒᆞ시는것이 업스며 하ᄂᆞ님의 젼능ᄒᆞ신 위엄이 뢰뎡(雷霆)보다 더큰지라 ᄒᆞᆫ번 진노ᄒᆞ심에 최절잔멸(摧折殘滅)치 아니ᄒᆞ는것이 업는ᄃᆡ 이세상의 어리석은 인싱들은 공연히 더회적은 지식을 희롱ᄒᆞ며 완악ᄒᆞᆫ 심쟝을 드러내여 감히 하ᄂᆞ님을 항거ᄒᆞ며 구세쥬를 비방ᄒᆞ는쟈ㅣ 만흐니 이엇지 새알노써 태산을치며 반듸ㅅ불(螢火)노써 태양을 겨주는것과 다르리오 그러나 하ᄂᆞ님ᄭᅴ셔는 형상업는 가온ᄃᆡ셔 ᄒᆞᆼ상 역ᄉᆞᄒᆞ샤 이런 인싱을 혹 셩신의 능력으로써 감화식히시던지 혹 무ᄉᆞᆷ 긔회를 주샤 더회 죄를 ᄭᆡ우치게 ᄒᆞ시던지 혹무ᄉᆞᆷ ᄃᆡ표(代表)로써 더회 완악ᄒᆞᆫ 힝동과 목뎍을 타파(打破)ᄒᆞ시ᄂᆞ니 그증거를 말ᄒᆞ쟈면 셔양 엇던사ᄅᆞᆷ이 一평싱에 하ᄂᆞ님을 밋지아니ᄒᆞ며 복음을 반ᄃᆡᄒᆞ다가 죽을 림시에 그집안 사ᄅᆞᆷ의게 유언ᄒᆞ야 ᄌᆞ긔가 죽은후에 분묘 샹하면(上下面)을 큰 돌노 봉ᄒᆞ고 쇠사슬노 얽어맨후 그돌에 「이것은 영원히 하ᄂᆞ님을 밋지아니ᄒᆞ는쟈의 분묘니 이분묘는 영원히 열어볼쟈가 업ᄂᆞ니라」ᄒᆞ는말을 삭엿더라 그런지 몃ᄒᆡ후에 그 분묘가온ᄃᆡ로 웬 나무 ᄒᆞ나히 나와서 졈졈자라ᄆᆡ니 필경은 그나무 ᄲᅮ리가 그 시톄(尸体)를 파서 썽밧그로 내ᄇᆞ렷다ᄒᆞ니 이것은 하ᄂᆞ님ᄭᅴ셔 말못ᄒᆞ는 나무로써 당신의 ᄃᆡ표를 삼아 이사ᄅᆞᆷ의 완악ᄒᆞᆫ 힝동과 목뎍을 ᄭᆡ트리고 누르심이니라 ᄯᅩᄒᆞᆫ가지 증거는 영국에 유명ᄒᆞᆫ 박ᄉᆞ데일씨는 ᄒᆞᆼ상 하ᄂᆞ님이 업다고 말ᄒᆞ더니 ᄒᆞᆫ번은 그친구즁에 유명ᄒᆞᆫ 국ᄉᆞᄒᆞᆫ분과 동힝ᄒᆞ야 엘프산 샹샹봉에 올나가서 태셔양에 히ᄯᅥ러지는것을 구경ᄒᆞᆯ서 바다우에 덥혓던 운무가 변ᄒᆞ야 억천만됴(條)의 금사화룡(金蛇火龍)을 지어 큰 활동 사진을 놀니는듯ᄒᆞ더니 히가 임의 넘어간후에는 나시 참담ᄒᆞᆫ 운무가되여 졈졈 어두온것이 텬디를 덥흐ᄆᆡ 구라파 젼국(全局)이 별안간 호호망망ᄒᆞᆫ 바다를 일운듯ᄒᆞᆫ지라 데일션싱이 이것을 구경ᄒᆞᆯᄯᅢ에 그ᄆᆞᄋᆞᆷ에 이샹ᄒᆞᆫ 감각(感覺)이 싱겨서 대쥬지ᄒᆞᆫ분이 무형ᄒᆞᆫ 가온ᄃᆡ 계신줄노 싱각ᄒᆞ면서 고ᄀᆡ를 숙이며 눈을 감고 안졋더니 겻헤안졋던 목ᄉᆞ가 소리를 놉혀왈「그ᄃᆡ가 지금도 하ᄂᆞ님이 업다고 말ᄒᆞ겟ᄂᆞ뇨」ᄒᆞᄆᆡ 데일씨가 목ᄉᆞ를 도라보며 ᄃᆡ답왈「내가 이제는 하ᄂᆞ님이 계신줄을 ᄭᆡ드랏노라」ᄒᆞ고 둘이업ᄃᆡ려 긔도를 드린후에 데일씨가 이시각브터 밋기시작ᄒᆞ야 유명ᄒᆞᆫ 종교가로 ᄯᅩᄒᆞᆫ 셔칙도 만히 져술ᄒᆞ고 교즁에 유익ᄒᆞᆫ ᄉᆞ업도 만히ᄒᆞ엿더라 오ᄂᆞᆯ날 누구던지 적은 지식을 밋고 하ᄂᆞ님의 진리를 밋지아니ᄒᆞ는쟈는 이우희 두가지 증거로 거울삼아 볼지어다

교즁휘문

△ᄂᆡ보▽

◎쇼학교련합대운동 본월九일에 경셩ᄂᆡ 쟝로회와 남북감리회즁 남녀쇼학교 련합대운동회를 남부 쟝츙단에셔 셜힝ᄒᆞ엿ᄂᆞᆫ데 당일에 참회ᄒᆞᆫ 학교ᄂᆞᆫ 남학교즁 동대문안 비지쇼학교 련동 경신쇼학교 승동 긔독쇼학교 새문안 영신쇼학교 샹동 공옥쇼학교 종교 광진학교 셔강 의법학교와 녀학교즁 련동 졍신녀쇼학교 승동 긔독녀쇼학교 새문안 영신녀쇼학교등이더라

◎리씨유지 경긔도 포쳔군 죠셩도씨의 통신을 거ᄒᆞᆫ즉 동군 용샹동 리태균씨ᄂᆞᆫ 그곳 교회학교의 재졍이 군졸ᄒᆞ야 ᄉᆞ무쇼와 긔슉ᄉᆞ에 불을 못ᄯᅦ이ᄂᆞᆫ것을 보고 ᄌᆞ션심이 분발ᄒᆞ야 八九삭ᄯᅦ일나무를 담당ᄒᆞ엿다더라

◎강셔교회흥왕 평남 강셔디방 젼도ᄉᆞ 김후식씨의 통신을 거ᄒᆞᆫ즉 강셔읍 교회ᄂᆞᆫ 一千八百九十八년에 처음 셜립된후 목ᄉᆞ 법계쳔씨와 부인 로씨삼놉을 이곳으로 파송ᄒᆞ여 젼도ᄒᆞ며 일변 녀학도를 모집ᄒᆞ야 ᄀᆞᄅᆞ쳣고 그후에 김재찬씨가 와셔 협력ᄒᆞ야 十一년동안 젼도ᄒᆞ야 다수ᄒᆞᆫ 교우를 엇어 교회를 굿건케ᄒᆞ고 남녀학교를 셜립ᄒᆞ고 그후에 젼도ᄉᆞ 박션재씨가 나여 열심젼도ᄒᆞ야 지금은 교우가 四百명에 달ᄒᆞ엿ᄂᆞᆫ데 와가十二간회당이 대단히 좁아셔 와가八간을 더 느리기로 작뎡ᄒᆞ고 교우들의 연보ᄒᆞᆫ것이 三百三十여환에 달ᄒᆞ엿스나 예산이 부족ᄒᆞ야 로역ᄀᆞᆺᄒᆞᆫ것은 교우들이 담부ᄒᆞ기로 결심ᄒᆞ고 역ᄉᆞ를 시작ᄒᆞ엿ᄂᆞᆫ데 유ᄉᆞ 박리극 박의현량시ᄂᆞᆫ 역ᄉᆞ감역이되여 연보금 슈합ᄒᆞᄂᆞᆫ일과 재목 사드리ᄂᆞᆫ일이며 기외에 一반 교우와 부인들이 힘을다ᄒᆞ야 죠역ᄒᆞ며 ᄯᅩ 밋지안ᄂᆞᆫ 외인ᄭᆞ지와셔 죠역ᄒᆞ며 ᄯᅩ 부인 三十명이 셩경 야학을 시작ᄒᆞ야 열심으로 공부ᄒᆞ며 ᄯᅩ 부인 二十인이 외국부인의게 젼교ᄒᆞᆯ 목뎍으로 미삭五젼식 내여 ᄉᆡ리ᄒᆞᄂᆞᆫ일도 잇스니 이 모든것은 다 강셔교회의 흥왕ᄒᆞᄂᆞᆫ 긔상이라 ᄒᆞ엿더라

◎부평의하ᄂᆞ님은혜 경긔도 부평군 김광국씨의 통신을 거ᄒᆞᆫ즉 본월十一일 하오五시에 계삭회를 본읍회당ᄂᆡ에셔 열엇ᄂᆞᆫ데 풍셩ᄒᆞᆫ 은혜와 ᄌᆞ미가 만히 잇셧고 동八시반에 환영회를 열고 감리ᄉᆞ 쎔잉씨와 슌힝목ᄉᆞ 로돈씨ᄂᆡ외와 ᄯᅩ 三년젼에 본디방에셔 젼도ᄒᆞ다가 다른디방으로 파송되엿더니 다시 본디방으로 파송된 목ᄉᆞ권신일씨를 환령ᄒᆞᆯ시 여러형뎨와 ᄌᆞ미의 깃브고 감사ᄒᆞᆫ뜻은 측량ᄒᆞᆯ수 업셧다더라

◎위쥬진심 황히도 빅쳔읍 홍슌탁씨의 통신을 거ᄒᆞᆫ즉 본읍교회에셔 작년에 례비당 十八간을 슈리ᄒᆞᆯ때에 三百여환을 썻ᄂᆞᆫ데 ᄯᅩ부족됴 七十여환을 권ᄉᆞ 류택만 속쟝 류긔창 송지규 문상운 교우 리긔풍 五씨가 각각 얼마식 빗을엇어셔 보용ᄒᆞ고 잇더니 금년봄에 그젼에 쓰던례비당을 六十환에 팔아셔 그빗을 갑흘때에 변리를 밧지안을뿐더러 그본젼중에서도 十제환 부족ᄒᆞᆫ것을 각각 그돈머리를 ᄯᅡ라셔 탕감ᄒᆞᆷ으로 회당 빗은 다 업시ᄒᆞ엿스니 하ᄂᆞ님집을 위ᄒᆞ야 그와ᄀᆞᆺ치 열심연보ᄒᆞᆷ을 감샤ᄒᆞ고 ᄯᅩ 리긔풍씨ᄂᆞᆫ 례비당에 칠ᄒᆞᄂᆞᆫ 도유(塗油)를 독담ᄒᆞ여 례비당을 단청케 ᄒᆞ엿스니 졔씨의 열셩을 치하ᄒᆞᆫ다 ᄒᆞ엿더라

◎량씨열심 강원도 평히군 리평동교회 젼샹련씨의 통신을 거ᄒᆞᆫ즉 ᄒᆡ교회ᄂᆞᆫ 교우의 수효가 二十여인에 달ᄒᆞ엿스나 례비볼쳐소가 업서셔 개탄ᄒᆞᆷ을 마지아니ᄒᆞ더니 교우 졍셩영씨ᄂᆞᆫ 례비당 긔지(基址)를 ᄌᆞ당ᄒᆞ며 젼샹일씨ᄂᆞᆫ 八환가치의 재목을 담당ᄒᆞ고 ᄯᅩ젼씨ᄂᆞᆫ 본리 목슈라 ᄌᆞ긔 집안일을 젼폐ᄒᆞ고 이례비당을 맛하 지엇ᄂᆞᆫ데 그공젼 七환즁에서 三환은 교즁경비에 보용ᄒᆞ라고 교회에 밧쳣다더라

◎려쥬교회의진흥 경샹북부 챵의문밧 젼도ᄉᆞ 박희슉씨의 통신을 거ᄒᆞᆫ즉 동씨가 근일에 려쥬와 리쳔 각교회의 형

편을보니 그즁 감샤홀일 몃가지가 잇는것은 려쥬군 밍골 젼도ᄉᆞ 쟝츈명씨가 목ᄉᆞ로 승품을 밧고 동군읍으로 반이ᄒᆞ니 각교회에서 환영홀서 三十여명 형뎨가 二十리ᄭᆞ지 나와서 영졉ᄒᆞ엿스며 당일 수百명 형뎨ᄌᆞ믜가 쟝목ᄉᆞ를 마자 한량업시 깃븐뜻을 표ᄒᆞᆯ시 본교회 쇽장 최창업씨가 다병(茶餠)을 쥰비ᄒᆞ야 여러형뎨들 ᄃᆡ졉ᄒᆞ엿고 교회에 송즁실씨는 집이 업서셔 심히 곤난ᄒᆞ더니 쟝목ᄉᆞ가 二十八환을 주고 집을 사주엇스며 또 김셕뎐씨도 빈한ᄒᆞᆫ 형뎨로 가옥이 퇴락ᄒᆞ야 우로를 가리기 어렵더니 쟝목ᄉᆞ가 돈十환을 주어 집을 슈리케 ᄒᆞ엿스니 이는 칭숑치 안는이가 업고 쟝목ᄉᆞ가 읍으로 반이ᄒᆞᆫ후에 쥬의일을 더욱 힘쓸시 밋는쟈의 집을 문젼문젼이 ᄃᆞ니며 권면ᄒᆞ고 외인의게 힘써 젼도ᄒᆞ더니 과연 하ᄂᆞ님ᄭᅴ셔 도라보샤 교우의 수효가 날노중가ᄒᆞ야 례비당이 협착홈을 근심ᄒᆞ다가 쟝씨가 교중에 공포ᄒᆞ매 一반 교우가 열심으로 四十여환을 연죠ᄒᆞ고 최창업씨는 十환을 연죠ᄒᆞ야 방금 례비당을 중츅ᄒᆞ는즁이라더라

◉공쥬교회ᄌᆞ급심 경긔도강화군 최죽일씨의 통신을 거ᄒᆞᆫ즉 츙남 공쥬부니 하리동에 감리회가 셜립된지 八九년에 교우의 수효는 비록 적지아니ᄒᆞ나 온젼ᄒᆞᆫ 밋음을 가진형뎨와 ᄌᆞ믜가 만치못홈으로 ᄌᆞ급과 연보홀때에 열심으로 내는자가 적어셔 ᄌᆞ년 지졍이 곤난ᄒᆞ더니 작년 가을브터 一반교우가 ᄎᆞᄎᆞ 셩신의 감화ᄒᆞ심을 닙어 비로소 교회의 구채잇슴을 개탄ᄒᆞ고 열심연보ᄒᆞ야 七十환가량되는 빗을 다 갑고 또금년 一월에 쟝유들이 협의ᄒᆞ되 구약을보면 하ᄂᆞ님ᄭᅴ 十一됴를 드렷거놀 우리는 구쥬의 ᄃᆡ속ᄒᆞ신 은혜를 닙엇거놀 엇지 十一됴를 밧치지 아니ᄒᆞ리오ᄒᆞ고 이에 모든사ᄅᆞᆷ이 작뎡ᄒᆞ되 월급 밧는쟈나 쟝ᄉᆞᄒᆞ는쟈나 농ᄉᆞᄒᆞ는쟈를 물론ᄒᆞ고 각각 엇는바의 十一됴를 드려 목ᄉᆞ의 ᄌᆞ급과 학교의 경비와 ᄌᆞ션ᄉᆞ업에 쓰기로 작뎡ᄒᆞ엿스며 더욱이 감샤홀것은 엇던ᄌᆞ믜는 셩경말ᄉᆞᆷ에 올흔손이 ᄒᆞ는것을 왼손이 알지못ᄒᆞ게 ᄒᆞ라ᄒᆞ신 말ᄉᆞᆷ을 ᄉᆡᆼ각ᄒᆞ고 아모도 업슬새에 회당 슈젼그릇에 돈 二환을 죠희에 싸노코 그우에 쓰기를 회당 유리창 곳치는ᄃᆡ 쓰기를 원ᄒᆞᆫ다ᄒᆞ엿스며 또 엇던ᄌᆞ믜는 슈젼홀때에 ᄌᆞ긔손에 씨던 은반지ᄒᆞᆫ기를 밧쳣스니 이는 진실ᄒᆞᆫ 밋음에서 나오는 결과라 ᄒᆞ엿더라

◉리씨회긔의열미 강원도간셩 졍지덕씨의 통신을 거ᄒᆞᆫ즉 동군 금화졍교회 권ᄉᆞ 리공션씨는 본ᄃᆡ 평양사ᄅᆞᆷ으로써 원산과 ᄒᆡ삼위등디로 ᄃᆞ니면셔 부랑픽류로 사ᄅᆞᆷ치고 돈쎄앗기를 위一능ᄉᆞ러니 쥬를 밋은후로 온젼히 이젼ᄒᆡᆼ실을 곳치고 쥬의 계명을 의지ᄒᆞ야 ᄌᆞ슈로 농업을 힘쓰며 ᄌᆡ물을 텬국에 싸키 위ᄒᆞ야 ᄌᆞ긔의 ᄌᆞ녀들 악의 악식식히면셔도 ᄌᆞ급젼을 ᄆᆡ삭에 九十젼식 ᄲᅢᆨᄲᅢᆨ 내고 례비당 건츅은 거의 독당ᄒᆞ고 쟝ᄎᆞ 젼도ᄉᆞ의 경비를 예비키위ᄒᆞ야 ᄌᆞ본금을 세우며 날연보를 작뎡ᄒᆞ고 구역ᄂᆡ에서 열심으로 복음을 젼ᄒᆞ매 됴흔 열미가 만히 잇다ᄒᆞ엿더라

◉청풍의새례비당 츙쳥도뎨천군 리은영씨의 통신을거ᄒᆞᆫ즉 ᄒᆞ군북면 한두실교회는 셜립ᄒᆞᆫ지 六七년에 례비당이 업서 ᄒᆞᆼ샹 근심ᄒᆞ더니 형뎨ᄌᆞ믜가 열심연보ᄒᆞ야 졍묘ᄒᆞᆫ 四간집을 사셔 례비당으로 뎡ᄒᆞ엿는ᄃᆡ 이는 김치경씨의 진심갈력ᄒᆞᆫ 결과라 ᄒᆞ엿더라

△외보▽

◉손즁산의연셜 지나 샹히통신을 거ᄒᆞᆫ즉 젼즁화민국 대총통 손일션씨는 거월十七일 하오三시에 샹히 청년회관을 심방ᄒᆞ엿는ᄃᆡ 희회에셔 긔렴픔으로 슌금휘쟝(徽章)ᄒᆞᆫ기를 주매 손씨가 감샤ᄒᆞᆫ ᄆᆞ옴으로 밧은후 一반 청년회원들의게 ᄃᆡᄒᆞ야 답ᄉᆞᄒᆞᆫ 대개에왈 「현금 즁화민국은 파괴(破壞)시ᄃᆡ로 말미암아 건셜(建設)시ᄃᆡ로 드러가는 즁인ᄃᆡ 대개 파괴ᄒᆞ기는 쉽고

건셜ᄒᆞ기는 어려운지라 쟝리 즁화민국을 완젼히 건셜ᄒᆞᆯ 칙임은 여러쳥년 제군의 엇깨우에 잇슨즉 제군은 이칙임지기를 ᄉᆞ양치말나ᄒᆞ엿고 그런후에 一동이 ᄉᆞ진을 박고 폐회ᄒᆞ엿다더라

◎남ᄌᆞ종교활동회 거四월十九일브터 동廿四일ᄭᆞ지 미국 뉴욕에서 남ᄌᆞ종교활동회(男子宗敎活動會)를 열고 五일동안을 각국각쳐의 각교회 ᄃᆡ표쟈가 모혀 ᄒᆡ회 취지(趣旨)를 연셜도ᄒᆞ고 토론도 ᄒᆞ엿는ᄃᆡ ᄒᆡ회의 취지는 근일 ᄃᆡ셔각국의 남ᄌᆞ들은 흔히 영업샹에 골몰ᄒᆞᆫ것을 핑계ᄒᆞ고 젼도ᄒᆞᄂᆞᆫ일이던지 혹 다른교회일에 잘주의치 아니ᄒᆞᆷ을 개탄히 녁여 ᄌᆞ금이후로는 一반 남ᄌᆞ의게 힘써 권면ᄒᆞ야 비록 영업에 골몰ᄒᆞᄂᆞᆫ 남ᄌᆞ라도 一쥬일에 몃시간식 더 회 종교에ᄃᆡᄒᆞᆫ 의무를 착실히 직히게ᄒᆞᆯ쟈는 운동이오 이회에셔 연셜ᄒᆞᆫ 변ᄉᆞ는 미국 대통령 태프트씨이하 여러유명ᄒᆞᆫ 대관과 박학ᄉᆞ제씨라더라

◎긔독교의새해 쳥국운남셩에 동악묘(東嶽廟)라 칭ᄒᆞᄂᆞᆫ 신당안에 큰 동샹(銅像)ᄒᆞ나와 흙보살(土菩薩) 수ᄇᆡᆨ기가 잇ᄂᆞᆫᄃᆡ ᄌᆞ리로 우미ᄒᆞᆫ ᄇᆡᆨ셩들이 그압헤 가셔 졀ᄒᆞ며 복을 근구ᄒᆞ더니 근일에 새로 도임ᄒᆞᆫ 운남도독 채군은 우리 쥬를 밋ᄂᆞᆫ고로 ᄇᆡᆨ셩을 ᄃᆡᄒᆞ야 긔독교의 필요ᄒᆞᆷ과 우샹숭ᄇᆡ의 허망ᄒᆞᆷ을 셜명ᄒᆞ고 一반 경찰관리를 파송ᄒᆞ야 이우회 말ᄒᆞᆫ바 동악묘를 훼철ᄒᆞ며 그안에 잇ᄂᆞᆫ 동샹을 녹여 돈을 문돌고 흙보살을 모다 ᄭᅢ어내다 밧헤폇더니 그셩니 신문에 그ᄉᆞ실을 긔저ᄒᆞ여왈 「쓸ᄃᆡ업ᄂᆞᆫ 동샹은 변ᄒᆞ야 쓸ᄃᆡ잇ᄂᆞᆫ 돈이되엿고 ᄇᆡᆨ셩을 미혹케ᄒᆞ던 흙보살은 화ᄒᆞ야 ᄇᆡᆨ셩을 리케ᄒᆞᄂᆞᆫ 밧거름이 되엿다」ᄒᆞ엿스며 원근방에 사ᄂᆞᆫ ᄇᆡᆨ셩들이 긔독교로 드러오ᄂᆞᆫ쟈ㅣ 날노 늘고 돌노 더ᄒᆞᆫ다 ᄒᆞ엿더라

◎량교합병 영령 가나다의 감리회와 쟝로교들 합병ᄒᆞ자ᄂᆞᆫ 문뎨에 ᄃᆡᄒᆞ야 감리회 ᄃᆡ표쟈들이 모혀 투표(投票)ᄒᆞ엿ᄂᆞᆫᄃᆡ 가표는 五百二十三이오 부표는 二十五라더라

◎四민명의회긔쟈 영국에유명ᄒᆞᆫ 슈힝젼노ᄉᆞ 집싀 스미스씨는 미국으로 건너와셔 지나간 五ᄀᆡ월을 각쳐로 도라ᄃᆞᆫ니면셔 四ᄇᆡᆨ여ᄎᆞ를 젼도ᄒᆞ엿ᄂᆞᆫᄃᆡ 그젼도드른 사ᄅᆞᆷ의 수효는 도합 一百二十五만명이오 그즁에 새로 회ᄀᆡᄒᆞ고 쥬를 밋기로 작뎡ᄒᆞᆫ쟈는 四만명가량이라더라

◎혼다감독의후임자 일본감리교 고감독 혼다용一씨가 이셰샹을 ᄯᅥᄂᆞᆫ것은 젼호에 임의 긔록ᄒᆞ엿거니와 동씨의 ᄃᆡ에 신학박ᄉᆞ 히로이와씨가 새로 감독으로 피션되엿ᄂᆞᆫᄃᆡ 향일 감독 히리스씨가 미국으로 건너가기젼에 히로이와씨의 픔힝에 ᄃᆡᄒᆞ야 말ᄒᆞ기를 「히씨는 능유능강(能柔能強)ᄒᆞ고 ᄯᅩᄒᆞᆫ 지능이 구비ᄒᆞ야 ᄒᆞᆫ교회의 인도쟈가 될만ᄒᆞ다」ᄒᆞ엿다더라

도덕부

◎안식일의변샹 (속)

七、 닐곱재 안식일은 유대인에 하ᄂᆞ님의 독ᄉᆡᆼᄌᆞ 예수를 十ᄌᆞ가에 못질ᄒᆞᆫ 다음날이라 이날은 구셰쥬가 아직 부활ᄒᆞ시기 젼인즉 다만 유대국에 쥬가 업스실ᄲᅮᆫ아니라 셰계만국 ᄉᆡᆼ명계(生命界)에 쥬가 업스신날이오 ᄯᅩ 쥬가업스실ᄲᅮᆫ아니라 아모빗도 업고 도덕도업고 깃븜도업고 하ᄂᆞ님의 진노ᄒᆞ심만 충만ᄒᆞᆫ 一긔 참담ᄒᆞᆫ 안식일이라 대개 안식일은 하ᄂᆞ님ᄭᅴ셔 인류의게 복주시ᄂᆞᆫ 날인ᄃᆡ 이안식일은 곳 유대인이 하ᄂᆞ님의 독ᄉᆡᆼᄌᆞ를 十ᄌᆞ가에 못질ᄒᆞᆫ다음날이니 엇지 하ᄂᆞ님ᄭᅴ셔 뎌희게 복을ᄂᆞ리실 리치가잇ᄉᆞ리오 그럼으로 유대인의 구약안식일은 이날에 아조맛치고 이후브터는 우리쥬 예수의 부활ᄒᆞ신 새 안식일을 직히게 되엿ᄂᆞ니라 (완)

긔셔

태평양항ᄒᆡᆼ즁 리승만

교뎨는 미국 四년총회의 평신도 ᄃᆡ표로 가ᄂᆞᆫ력로에 지난달 廿六일 일본동경으로 와셔 학ᄉᆡᆼ 하령회로 一쥬일동안을 은혜만히 밧앗고 이

도十일에 횡빈항에셔 일본우션 단파환(丹波丸)을 ᄐᆞ고 감독 히리스씨와 동힝ᄒᆞ셔 즁화민국(中華民國)ᄃᆡ표쟈 지나인(支那人)신도 三명과 외국션교ᄉᆞ 二명 병ᄒᆞ야 합五인이 ᄒᆞᆫ비에 올낫더라

처음 三四일은 대풍이 불어 풍랑이 심ᄒᆞ나 슌풍인고로 속히 왓고 그후 련三일은 역풍이 대단ᄒᆞ야 슈질ᄒᆞᄂᆞᆫ 션ᄀᆡᆨ이 만핫스나 우리ᄂᆞᆫ 다 여샹히 왓스며 그다음 량일은 일긔가 화창ᄒᆞ야 밤이면 월셕이 대양에 가득ᄒᆞᆫᄃᆡ 죠션달보다 적다크다 문뎨가되여 시비를 대단히ᄒᆞ고 우셧더라

륙디를 떠난후 十五일만 지내며 지나간 화요일은 젹도를 건너노라고 화요일을 련잇흘을 지냇ᄂᆞᆫᄃᆡ 밤낫 물노만 오기에 아모것도 보지못ᄒᆞ다가 오ᄂᆞᆯ 아ᄎᆞᆷ에야 처음으로 비ᄒᆞᆫ적을보니 엇지 반가온지 ᄇᆞ라보고 들니지ᄂᆞᆫ 안ᄂᆞᆫ것을 소릐를 질넛더니 지금은 처음으로 륙디가 보인다고 모도 션두에셔 들네며 ᄇᆞ라더라

지금 무션뎐(無線電)으로 소문을 드르니 영국에셔 ᄃᆡ뎨쳑이라ᄂᆞᆫ ᄇᆡ가 대셔양을건너 미국으로 향ᄒᆞ다가 이ᄃᆞᆯ 十四일밤에 큰 어름덩어리와 충돌이되여 즉시 파션ᄒᆞ엿ᄂᆞᆫᄃᆡ 션ᄀᆡᆨ二千四百명즁에셔 八百명은 지나가던ᄇᆡ가 건져내여 살고 一千六百명은 몰ᄉᆞᄒᆞ엿다니 이만치 놀나온일이 업더라

우리ᄂᆞᆫ 금야에 빅토리아항구에 도박ᄒᆞ야 쥬명일에 시아틀에 하륙ᄒᆞᆯ터이니 죠션셔 샹거가 一만四五千리라 시아틀에셔 당일에 쇽힝챠를 ᄐᆞ고 미국니디로 三일반을 가셔 춍회에 ᄎᆞᆷ예ᄒᆞᆯ터인ᄃᆡ 이달卅일브터 리월卅일ᄭᆞ지 ᄀᆡ회ᄒᆞ고 그후에ᄂᆞᆫ 동편으로 더 향ᄒᆞ려ᄒᆞᄂᆞᆫ 계획이더라

본국각교회와 쳥년회와 모든 동포를 위ᄒᆞ야 ᄒᆞᆼ샹 긔도ᄒᆞᄂᆞ이다

◉ᄌᆞ슈(自修)ᄒᆞᆯ칙임

공쥬의ᄉᆞ 반본긔

이문뎨에 ᄃᆡᄒᆞ야 긔록ᄒᆞᆫ것은 특별히 우리 그리스도인의게 향ᄒᆞ야 ᄒᆞᆫ말이니 로마十二〇一졀에 닐ᄋᆞᆫᄃᆡ 몸으로 산제ᄉᆞ를 드리라ᄒᆞ셧스니 그리스도인이 ᄌᆞ긔몸을 하ᄂᆞ님ᄭᅴ 밧칠것인고로 외인보다 더욱 조심ᄒᆞᆯ것이라 이제ᄉᆞ드리ᄂᆞᆫ것을 의론컨ᄃᆡ 레위긔卄二〇十七—卄졀에 닐온말이 소나 양이나 다온젼ᄒᆞ여야 즐거히 밧으실것이나 다 흠업ᄂᆞᆫ것으로 ᄒᆞᆯ지어다ᄒᆞ신은 다름아니라 하ᄂᆞ님ᄭᅴ 드릴만ᄒᆞᆫ제ᄉᆞᄂᆞᆫ 온젼ᄒᆞᆫ것ᄲᅮᆫ이니라 그러나 우리가 몸으로 산제ᄉᆞ를 하ᄂᆞ님ᄭᅴ 드리고 됴치못ᄒᆞᆫ 힝습이나 풍쇽이나 혹 위싱을 잘못ᄒᆞ야 몸을 약ᄒᆞ게ᄒᆞ고 병이 싱기게ᄒᆞ며 또 더럽게ᄒᆞ면 엇지 이와ᄀᆞᆺᄒᆞᆫ 몸으로 제ᄉᆞ를 거룩ᄒᆞ신 하ᄂᆞ님ᄭᅴ 드리리오 또ᄒᆞᆫ 고린도젼셔 六〇十九—二十졀에 닐ᄋᆞᆫᄃᆡ 너희몸은 너희가온ᄃᆡ 계신셩신의 뎐인줄을 아지못ᄒᆞᄂᆞ냐 너희ᄂᆞᆫ 너희것이 아니라 갑스로 산것이되엿스니 그런즉 너희몸으로 하ᄂᆞ님을 영화롭게ᄒᆞ라 ᄒᆞ셧스니 우리몸은 거룩ᄒᆞ신 셩신의 뎐 인줄을 알고도 엇지 몸을 약ᄒᆞ게ᄒᆞ고 더럽게ᄒᆞ야 셩신의뎐을 멸시ᄒᆞ리오 또 우리소망은 쥬일마다 외이ᄂᆞᆫ ᄉᆞ도신경에 골ᄋᆞᄃᆡ 내가 몸이 다시사ᄂᆞᆫ것을 밋슴ᄂᆞ이다ᄒᆞ니 우리몸이 부활ᄒᆞ고 ᄒᆞᆯ수잇ᄂᆞᆫ대로 우리몸을 강건케ᄒᆞ고 아모됴록 졍결케 ᄒᆞᄂᆞᆫ것은 우리의 칙임이라 만일 우리가 ᄌᆞ긔몸을 위ᄒᆞ야 위싱과 ᄌᆞ슈ᄒᆞ지 아니ᄒᆞ면 이ᄂᆞᆫ 몸을 ᄌᆞ긔(自棄)ᄒᆞᄂᆞᆫ것이니 칙임을 어긔ᄂᆞᆫ것이며 또 됴치못ᄒᆞᆫ것으로 몸을 해ᄒᆞᄂᆞᆫ것은 ᄌᆞ포(自暴)ᄒᆞᄂᆞᆫ것이니 이것도 또ᄒᆞᆫ 칙임을 어긔ᄂᆞᆫ것이라 그러나 이 ᄌᆞ포ᄌᆞ긔 ᄒᆞᄂᆞᆫ것을 분변ᄒᆞ기 어려오니 가령 몸을 졍결ᄒᆞ게ᄒᆞ지 안ᄂᆞᆫ것은 ᄌᆞ포ᄒᆞᆷ도되고 ᄌᆞ긔ᄒᆞᆷ도되ᄂᆞᆫ것이니 이와ᄀᆞᆺᄒᆞᆫ것은 다 위싱을 거졀ᄒᆞᄂᆞᆫ것인고로 우리몸으로 힘ᄒᆞᆯ칙임은 곳위싱을 직히ᄂᆞᆫ것이라 그런고로 위싱의 대지를 이아래 몃말ᄒᆞ노라 (미완)

젼도ᄉᆞ一람

◉젼도모범 (쇽)

(八)맛당히 존졀ᄒᆞ며 단아ᄒᆞ며 술을 됴화ᄒᆞ지 말며

담비를 피우지말며 다로지말며 람람ᄒᆞ지 말것이며 (듸젼三〇二, 三)

(九)맛당히 경건ᄒᆞ며 모든것에 족ᄒᆞᆫ줄알고 됴화ᄒᆞ지 말것이며 (듸젼六〇五ㅣ十)

(十)맛당히 모든일을 조심ᄒᆞ며 온젼히 힘써 그 진보ᄒᆞᆷ을 모든 사ᄅᆞᆷ의게 나타낼것이며 (듸젼四〇十五)

(十一)맛당히 다른 사ᄅᆞᆷ의 죄에 간섭지 말고 ᄉᆞᄉᆞ로 직혀 ᄭᅢ긋ᄒᆞᆯ것이며 (듸젼五〇廿二)

(十二)맛당히 급ᄒᆞᆫ 셩픔으로 노를 발ᄒᆞ지말것이며 (젼도七〇九)

(十三)맛당히 위싱에 주의ᄒᆞᆯ것이며 (듸젼五〇廿三)

(十四)맛당히 셩경닑ᄂᆞᆫ것과 권ᄒᆞᄂᆞᆫ것과 ᄀᆞᄅᆞ치ᄂᆞᆫ것을 힘쓸것이며 (듸젼四〇十三)

(十五)맛당히 ᄉᆞ랑ᄒᆞ고 근심ᄒᆞᄂᆞᆫ ᄆᆞᄋᆞᆷ을 직힐것이며 (듸후一〇七)

(十六)맛당히 그젼ᄒᆞᄂᆞᆫ바 복음이 반ᄃᆞ시 공을 일울줄 밋을것이며 (듸후一〇十一一十二)

(十七)맛당히 진리의 말ᄉᆞᆷ을 올케 분변ᄒᆞᆯ것이며 (듸후二〇十五)

(十八)맛당히 고난을 견ᄃᆡ고 그젼도의 직분을 온젼히 힘쓸것이며 (듸후四〇五)

(十九)맛당히 셩신을 힘닙어 그부탁ᄒᆞᆫ 아ᄅᆞᆷ다온것을 직힐것이며 (듸후一〇十三)

(二十)아모 사ᄅᆞᆷ의게나 거연히 안슈ᄒᆞ지 말것이니라 (듸젼五〇廿二)

어린ᄋᆞ희들의 니야기

◉八세ᄋᆞ의 용밍스러온 ᄆᆞᄋᆞᆷ

미국 북방엇던 농부의 ᄯᅡᆯ 알니스라ᄂᆞᆫ ᄋᆞ희가 잇ᄂᆞᆫᄃᆡ 나흔 겨오八세라 하로ᄂᆞᆫ 일은 식젼에 동구밧 철로근쳐에셔 놀ᄃᆡ가본즉 큰강우에 노흔철토ᄉᆞ다리가 년구(年久)ᄒᆞ엿던지 ᄒᆞᆫ가온ᄃᆡ가 ᄉᆞᄉᆞ로 문허져 강물에 ᄯᅮᆨ떠러지ᄂᆞᆫ지라 그 ᄋᆞ희가 심히 놀니고 의심ᄒᆞ던ᄎᆞ에 그다리셔편 산모퉁이로 무숨 소리가 들니거ᄂᆞᆯ 급히 도라본즉 셕탄연긔가 풀쑥풀쑥나면셔 산ᄀᆞᆺᄒᆞᆫ 화륜챠가 겁반푼엇치 업시드러오ᄂᆞᆫᄃᆡ 상거가 머지안흔지라 그ᄋᆞ희가 ᄉᆞᄉᆞ로 싱각ᄒᆞ기를 뎌챠가 다리 문허진줄을 모르고 뎌ᄀᆞᆺ치 급ᄒᆞᆫ속력으로 오다가 만일 이다리에 당도ᄒᆞ면 밋쳐 졍거를 못ᄒᆞ고 강물에 ᄯᅥ러지면 인명이 만히 샹ᄒᆞᆯ터이오 내가 적은목으로 아모리 소리를 지른ᄃᆡ도 알아드를수업스니 이일을 쟝ᄎᆞᆺ 엇지ᄒᆞᆯ고ᄒᆞ며 무한히 근심ᄒᆞ다가 믄득 싱각ᄒᆞ고 큰 나무가지 ᄒᆞ나를 ᄭᅥᆨ거 그ᄭᅳᆺ헤 제치마를 버셔 잡아ᄆᆡ여 들고 오ᄂᆞᆫ화륜챠 압흐로 소리를 지르며 마조드러가매 긔관슈(機關手)가 그광경을 류리구멍으로 내다보고 놀내며 의심ᄒᆞ야 급히 속력(速力)을 주려 졍거ᄒᆞ고 그ᄋᆞ희ᄃᆞ려 그 오ᄂᆞᆫ 리유를 무른즉 그ᄋᆞ희가 ᄉᆞ실대로 ᄃᆡ답ᄒᆞ거ᄂᆞᆯ 곳 그다리를 됴사ᄒᆞᆫ즉 파연 그ᄋᆞ희말과 ᄀᆞᆺᄒᆞᆫ지라 그챠에 을낫던 남녀로소가 다 나려와셔 그ᄋᆞ희의 등을 두ᄃᆞ리며 칭찬ᄒᆞ기를 마지아니ᄒᆞ엿ᄉᆞ며 그 긔관슈와 쟝거슈가 그ᄉᆞ실을 철도회샤에 보고ᄒᆞ매 그 회샤에셔 그 ᄋᆞ희의게 금화 三千원을 샹급으로 보내고 편지로 감샤ᄒᆞᆫ뜻을 표ᄒᆞ엿다더라

셰계격언

一、습관(習慣)이란것은 처음에는 검의줄ᄀᆞᆺ고 나죵에는 쇠사슬ᄀᆞᆺᄒᆞ니라

二、들ᄌᆞᆺ기는 산양ᄀᆡ로써 잡고 어리셕은자는 칭찬ᄒᆞᄂᆞᆫ것으로써 잡을수잇ᄂᆞ니라

三、법관의 ᄉᆞ졍(私情)을 사ᄂᆞᆫ쟈는 ᄌᆞ긔의 공졍ᄒᆞᆫ것을 파ᄂᆞᆫ쟈니라

四、적은일을 경히 녁이ᄂᆞᆫ쟈ᄂᆞᆫ 큰일을 감당ᄒᆞᆯ수업ᄂᆞ니라

五、급히 부쟈되라ᄂᆞᆫ쟈는 무죄ᄒᆞᆫ자 되기어려오니라

六、명예와 리익은 ᄒᆞᆫ주머니에 둘다 잡아너흘수 업ᄂᆞ니라

七、소경으로써 소경을 인도

ᄒᆞ면 돌다 굴엉에 ᄯᅡ질것밧게 업ᄂᆞ니라

八、원슈를 사고져 ᄒᆞᄂᆞᆫ쟈는 타인의게 금젼을 ᄃᆡ부(貸付)ᄒᆞ고 갑기를 저축ᄒᆞᆯ지니라

▲정오▼

본보 뎨一권뎨卅二호 뎨八헌담총란니 뎨十六힝에 슈셩(水星)은 十八일을 八十八일노 졍오ᄒᆞᆷ

교육

◎가졍학

가뎡경제 (쇽)

(三)치부ᄒᆞᄂᆞᆫ것이니 집안에셔 지졍을 맛하쓰ᄂᆞᆫ쟈ㅣ 불가불 젼곡(錢穀)의 내고 드린것을 ᄌᆞ세히 치부ᄒᆞ야 두고 후일에 샹고ᄒᆞ더라도 조곰도 흐리터분 ᄒᆞᆫ것이 업도록 ᄒᆞᆯ지니 치부ᄒᆞᄂᆞᆫ법은 치부ᄒᆞᆯ목뎍으로 문ᄃᆞ러 파ᄂᆞᆫ 공칙을 사던지 ᄒᆞᆨ 줄친 공칙 ᄒᆞᆫ권을사서 줄을 가로거어 四층을 문ᄃᆞᆫ후에 뎨一층에는 년 월 일을 쓰고 뎨二층에는 슈입된 돈을 긔록ᄒᆞ며 뎨三층에는 지츌ᄒᆞᆫ 돈을긔록ᄒᆞ엿다가 그칙장이 다 차셔 다시 새칙장으로 넘어갈때에는 묵은 장ᄭᆞ지 뎨一층에는 여젼히 년월 일을 긔록ᄒᆞ고 뎨二층에는 슈입ᄒᆞᆫ돈의 합수를 긔록ᄒᆞ며 뎨三층에는 지츌ᄒᆞᆫ 돈의 합수를 긔록ᄒᆞ고 뎨四층에는 슈입에셔 지츌을 감ᄒᆞ고 놈은 수효를 긔록ᄒᆞ야 이와ᄀᆞᆺ치ᄒᆞ면 치부에 조곰도 잘못될념려가 업ᄂᆞ니라 그럼으로 부인들도 산술과 부긔법(簿記法)을 좀 비호ᄂᆞᆫ것이 필요ᄒᆞ니라

四、므롯 젼지를 츌납ᄒᆞᆯ때에는 몬져 문서에 치부ᄒᆞᆫ후에 지츌ᄒᆞᆯ지니 만일 지츌ᄒᆞᆫ후에 치부코져 ᄒᆞ다가는 니져ᄇᆞ리기 쉬오니라

五、집안에 셜혹 신실ᄒᆞ고 령리ᄒᆞᆫ 하인이 잇슬지라도 지졍은 쥬부(主婦)가 맛하쓰ᄂᆞᆫ것이 맛당ᄒᆞ며 부득이ᄒᆞ야 신실ᄒᆞᆫ 하인의게 맛겨 쓸경우에는 일쥬일이나 ᄒᆞᆨ ᄒᆞᆫ보름만콤 치부칙을 됴사ᄒᆞᆯ지니니라

실업

◎누에(蠶)치ᄂᆞᆫ법

대게 누에치ᄂᆞᆫ일은 농ᄉᆞ집에 뎨一 필요ᄒᆞᆫ 부업(副業)인ᄃᆡ 죠션에도 ᄌᆞ리로 잠업을 힘쓰ᄂᆞᆫ자 만핫스나 다만 그 방법이 완젼치 못ᄒᆞ더니 수년이ᄅᆡ로 총독부에서 실업을 권장ᄒᆞᆫ 결과로 왕실과 귀족가에셔도 다 누에 치기를 힘쓸ᄲᅮᆫ아니라 또ᄒᆞᆫ 각기 가뎡에 잠업강습소를 셜립ᄒᆞ고 완젼ᄒᆞᆫ 새방법을 ᄀᆞᄅᆞ쳐 그 셩젹(成績)이 미우 됴흔즉 이때를 당ᄒᆞ야 이회보 실업부에 누에치ᄂᆞᆫ법을 비록 간략ᄒᆞᆯ지라도 ᄒᆞᆫ번 긔ᄌᆡᄒᆞᄂᆞᆫ것이 필요ᄒᆞᆯ듯 ᄒᆞ기로 이에 련쇽ᄒᆞ야 긔ᄌᆡᄒᆞ겟ᄉᆞ오니 주의ᄒᆞ야 보시기를 ᄇᆞ라노라

누에가 알에서 화ᄒᆞ야 나온후에 ᄲᅩᆼ닙을먹고 네번 겁질을 버슨후라야 능히 고치를 짓ᄂᆞᆫ고로 이것을 ᄉᆞ면잠(四眠蠶)이라 칭ᄒᆞ고 ᄌᆞ리로 죠션에서 치던누에는 다 삼면잠(三眠蠶)이라 그고치의 품질이 용렬ᄒᆞ야 리익이 심히 적은즉 지금은 불가불 일본의 四면잠ᄲᅮᆫ 취죵ᄒᆞ야 쓸것이니라

누에라ᄒᆞᄂᆞᆫ것은 가늘고 긴버러지오 그형샹은 피부(皮膚)에 아르룽 아르룽ᄒᆞᆫ 문의가 잇ᄂᆞᆫ것과 이런문의가 업ᄂᆞᆫ것의 두죵류가 잇스며 그머리에 먹ᄂᆞᆫ입이 잇고 그입의 좌우편으로 눈(目) 열둘이 잇스며 또 그먹ᄂᆞᆫ입아래로 실비앗ᄂᆞᆫ입(吐絲口)이 잇고 그 비의 좌우편으로 숨쉬ᄂᆞᆫ 구멍 열여덟이 잇ᄂᆞ니라

누에가 첫번 잠자고난후로 두번재 잠자기ᄭᆞ지 니르ᄂᆞᆫ동안을 ᄒᆞᆫ설(一齡)이라고 말ᄒᆞᄂᆞᆫᄃᆡ 처음에 알쇽에서 나온때에는 ᄒᆞᆫ돈즁이 一만두(頭)가량이오 네번잠자고 난후에는 ᄒᆞᆫ머리가 ᄒᆞᆫ돈즁가량이 되ᄂᆞ니라

누에의 ᄀᆞ장 됴화ᄒᆞᄂᆞᆫ바는 ᄲᅩᆼ닙과 신션ᄒᆞᆫ 공긔와 졍결ᄒᆞᆷ과 온란(溫暖)ᄒᆞᆷ과 간죠(乾燥)ᄒᆞᆷ과 교요ᄒᆞᆫ것이며 또 ᄀᆞ장 긔(忌)ᄒᆞᄂᆞᆫ바는 마르고 샹ᄒᆞᆫ

생납과 더러온 내암서와 담비 연긔와 더회똥에 싸인것과 너머 링(冷)ᄒᆞᆫ것과 너머더온것이니 누에치ᄂᆞᆫ자ㅣ 맛당히 주의ᄒᆞᆯ것이니라

담 총

◉이샹ᄒᆞᆫ일이라

쥬후一千八百十八년간에 미국 필니델피아셩에 사ᄂᆞᆫ엇던 녀인이 一년나에 두번 싱산(生産)을 ᄒᆞ엿ᄂᆞᆫ디 ᄒᆞᆫ번에 ᄋᆞ히 다섯식을 낫코 그 다음히에 또 잉ᄐᆡᄒᆞ야 여섯돌만에 쌍동이를 낫코 一년후에 그 어미가 죽엇ᄉᆞ니 그나히 三十七셰더라

◉식물(食物)의 ᄀᆞ장만ᄒᆞᆫ나라

셔양각국즁에 식물이 ᄀᆞ장만ᄒᆞᆫ나라ᄂᆞᆫ 영•미•법•덕四국인ᄃᆡ 그인민의 뢰력(腦力)이 츙실ᄒᆞ야 지식졍도가 一등위에 잇고 셔반아와 의대리ᄂᆞᆫ 식물이 뎨一적은고로 그인민의 지식 졍도가 이샹(以上) 四국만못ᄒᆞ다더라

회보디금령슈

住所	氏名	金額
武津藍橋市	朴鳳禧	三十錢
仝 栗洞	趙宗秀	三十錢
上仝	朴順秉	三十錢
康翎一里	金保羅	三十錢
上仝	李根弘	三十錢
順川新倉	宋禧鳳	四圓六十錢
堤川平洞	教堂	四十錢
仝方下里	教堂	四十錢
忠州道峰	鄭千一	四十錢
仝新潭	韓周三	二十錢
仝三灘里	金鐸振	二十錢
仝白岳洞	陸文甫	四十錢
驪州紫烟岩	崔亨根	四十錢
三和舊邑	文창조	三十錢
上仝	韓의철	三十錢
上仝	金셕용	三十錢
上仝	趙쥰규	三十錢
上仝	吳덕규	三十錢
仝西里	安셕훈	三十錢
富平	김베드로	一圓
稷山笠塲	申洪植	三圓
楊平分院	咸昌燮	四十錢
上仝	咸明燮	四十錢
禮山塲垈	李東萬	二十錢
牙山屯浦	教堂	二十錢
平壤	朴勝斗	廿三圓八十七錢
雲山北市	李應烈	一圓九十錢
仁川鉢山洞	千光錫	二圓
寧邊上里	李慶善	一圓廿錢
泰安창리	張先鐵	二十錢
上仝	楊相俊	二十錢

그리스도회보
KOREAN CHRISTIAN ADVOCATE

每月二回十五日三十日發行
明治四十五年六月十二日印刷
明治四十五年六月十五日發行

發行兼編輯人 北部社洞 奇義男
印刷人 北部樓閣洞 朴東完
印刷所 京城西小門內法韓印刷所
發行所 北部社洞 그리스도會報社

ᄃᆡ금 一쟝 二젼五리
[代金] 六ᄀᆡ월 二十젼
一ᄀᆡ년 四十젼

사셜

⊙복음을보며긔도ᄒᆞ기를 쉬지말지어다

우리쥬 예수를 밋는자ㅣ 령혼상으로 날마다 진보코져ᄒᆞ면 불가불 두가지 비결(秘訣)을 직혀야 될것인ᄃᆡ 그 두가지 비결은 무엇이뇨 곳 복음을 부즈런히 공부ᄒᆞ며 긔도를 쉬지안코 ᄒᆞᆷ이니 그리유를 말ᄒᆞ쟈면 므롯 복음은 우리쥬의 힝젹을 긔록ᄒᆞᆫ칙이라 그가온ᄃᆡ 쥬의 인의ᄒᆞᆫ 셩픔과 셩결ᄒᆞᆫ 힝실과 오묘ᄒᆞᆫ 말솜과 온기겸손ᄒᆞᆫ ᄐᆡ도를 ᄌᆞ셰히 그려냇스니 누구던지 우리쥬의 모범을 비호랴면 엇지능히 복음밧게셔 구ᄒᆞᆯ수 잇스리오 그럼으로 복음은 우리 령혼이 주릴때에 량식이되고 목마를때에 산물이 될지니 우리가 또ᄒᆞᆫ 이와ᄀᆞᆺ치 구ᄒᆞᆯ것이오 또 긔도라ᄒᆞ는것은 우리 령혼이 직접으로 하ᄂᆞ님의 신과 교통ᄒᆞ는 긔관이니 비컨ᄃᆡ ᄒᆞᆫ면보ᄉᆞ줄노 미기물(媒介物)을 삼아 千만리밧게 통신ᄒᆞᆯ수 잇는것ᄀᆞᆺᄒᆞ니 이면보ᄉᆞ줄이 ᄭᅳᆫ어지면 통신치못ᄒᆞᆯ것은 명 ᄒᆞᆫ리치라 그런즉 신쟈가 잠시라도 복음공부와 긔도ᄒᆞ기를 간단(間斷)ᄒᆞᆯ수 잇겟ᄂᆞ뇨 혹 엇던교우는 말ᄒᆞ기를 「나는 복음을 六七ᄎᆞ 느려보앗스니 그만ᄒᆞ면 족ᄒᆞ지 더공부ᄒᆞᆯ것 무엇잇ᄂᆞ뇨」ᄒᆞ지마는 결단코 그렷치 아니ᄒᆞ니 우리가 四셔三경을 공부ᄒᆞᆯ때에 一百번이나 二百번을 닑어서 잘 오일디경에 니르면 족ᄒᆞ다ᄒᆞᆯ수 잇스나 복음에 니르러셔는 우리가 죵신토록 쉬지안코 공부ᄒᆞ여도 족ᄒᆞ다 말ᄒᆞᆯ수업는것은 복음가온ᄃᆡ 오묘ᄒᆞᆫ리치는 불사록 더오묘ᄒᆞ야 ᄒᆞᆫ량이 업슴이오 또엇던 교우는 말ᄒᆞ기를 죠셕으로 가족긔도를 겸치아니ᄒᆞ니 그만ᄒᆞ면 족ᄒᆞ다ᄒᆞ지마는 그도또ᄒᆞᆫ 그럿치아니ᄒᆞ니 셔양쇽담에 닐으ᄃᆡ 긔도는 ᄒᆞᆫ치(寸)만콤ᄒᆞ교 죄는 ᄒᆞᆫ자(尺)만콤 짓는쟈ㅣ 만타ᄒᆞ니 우리의 긔도는 ᄒᆞᆼ샹 부족ᄒᆞᆷ을 근심ᄒᆞᆯ지언뎡 엇지 족ᄒᆞ다고 말ᄒᆞᆯ수잇ᄂᆞ뇨 그런즉 우리 ᄉᆞ랑ᄒᆞᄂᆞᆫ 여러형뎨와 ᄌᆞ미ᄭᅦ셔는 긔왕에 복음 본것과 긔도ᄒᆞᆫ것이던지 현금에 복음보고 긔도ᄒᆞ는것이 넉넉ᄒᆞᆫ줄노 싱각지말고 더 날마다 진보ᄒᆞ며 시마다 더ᄒᆞ야 령혼상에 유익ᄒᆞᆷ을 더 만히 엇을지어다

본사 광고

거二월十一일(쥬일)은본회보의거렴일이온ᄃᆡ이날에각처교회에셔각기협대로본보에ᄃᆡᄒᆞ야연보ᄒᆞᆫ것을본샤로보내엿기로그의호ᄒᆞ시는뜻을감샤ᄒᆞ오며이에ᄎᆞ례대로긔지ᄒᆞ노라

成川貝丫교회 六十五錢
仝함ᄃᆡ교회 六十錢
金川두룩동교회 三十錢
朔寧內洞교회 十九錢
仝참외골교회 四十五錢

본사특별광고

一、본회보에 ᄃᆡᄒᆞ야 신구람쟈(新購覽者)一인을 엇어보내시는 이의에 우표비나 우환비로 十젼식 할인(割引)ᄒᆞ야 드리는 긔한은 五월 十五일일ᄭᆞ지 만긔(滿期)되엿ᄉᆞ오니 조금이후로 본보를 구람코져 ᄒᆞ시는이던지 소개ᄒᆞ시는이는 一년션금 四十젼식 반년션금 二十젼식을 보내시옵

二、본회보의 신구람쟈 十인을 엇어보내시는 이의게는 젼과ᄀᆞᆺ치 본보 一쟝식 무ᄃᆡ금(無代金)으로 보내여 드리겟습니다

교즁휘문

△ᄂᆡ보▽

⊙년회일ᄌᆞ예뎡 미국통신을 거ᄒᆞᆫ즉 죠션 남감리회 년회ᄂᆞᆫ 오ᄂᆞᆫ十월十一일브터 시작ᄒᆞ기로 예뎡ᄒᆞ엿다더라

⊙량교방학식 본월十二일에 경셩 링동 셩경학원과 신학교 뎨三년급 하긔방학식 겸 진급식을 셔대문안 럼졍동 례비당에셔 설힝ᄒᆞ엿더라

⊙셩경학원의부흥회 일젼에 경셩 링동 셩경학원ᄂᆡ에셔 부흥회를 열고 五일동안을 一반 학원들이 ᄎᆞ례로 인도ᄒᆞ엿ᄂᆞᆫᄃᆡ ᄌᆞ미도 만히 보앗거니와 새은혜를 풍셩히 밧앗다더라

⊙三호씨의연셜 본감리회 신호디빙 감리회 쟝로ᄉᆞ 三호길태랑씨ᄂᆞᆫ 수년젼에 미국으로 건너가셔 만국 유년쥬일학교 총회에셔 유년들을 쥬일학교로 인도ᄒᆞᄂᆞᆫ 방법을 만히 연구ᄒᆞ고 귀국ᄒᆞᆫ후 그대로 실시ᄒᆞ여 됴흔 셩적을 보앗ᄂᆞᆫᄃᆡ 동씨가 일젼에 경셩 죵로 즁앙례비당에셔 경셩ᄂᆡ 남북감리회 쥬일학교 임원과 교ᄉᆞ와 ᄂᆡ외국 목ᄉᆞ졔씨를 모하노코 유년들을 쥬일학교로 인도ᄒᆞᄂᆞᆫ 방법에 ᄃᆡᄒᆞ야 一장 연셜ᄒᆞ고 목ᄉᆞ 현슌씨가 통역ᄒᆞ엿ᄂᆞᆫᄃᆡ 유익ᄒᆞ고 ᄌᆞ미잇ᄂᆞᆫ말이 만흘ᄲᅮᆫ아니라 죠션셔도 그대로 실시ᄒᆞ엿스면 유년쥬일학교의 흥왕홈을 가히 긔약ᄒᆞ리라더라

⊙젼씨귀경 경셩 샤직골 남감리회목ᄉᆞ 젼요셥씨ᄂᆞᆫ 월젼에 쳥국 샹히로 건너갓다가 본월六일에 경셩으로 도라왓더라

⊙하령회쟝긔 경셩 죵로 긔독교 쳥년회의 쥬최(主催)로 본월卄五일브터 년례를 의지ᄒᆞ야 북한에셔 본년 하령회(夏令會)를 열고 一반 쳥년학싱들의게 유익ᄒᆞᆫ 죵교뎍 문뎨로 연셜도ᄒᆞ고 교슈도ᄒᆞᆫ다더라

⊙사경회효력 경셩동대문안교회 손창현씨의 통신을 거ᄒᆞᆫ즉 경긔도 양쥬군 노원면 거각심ᄉᆞ라ᄒᆞᄂᆞᆫ 곳은 ᄌᆞ리로 셔울 무당들이 만히와셔 사ᄂᆞᆫ고로 쇽담에 무당촌이라칭ᄒᆞ더니 근년에 하ᄂᆞ님의 말숨이 이곳에 드러온이후로 무당촌이 변ᄒᆞ야 신쟈촌이된지라 一百호즘 되ᄂᆞᆫ촌에 밋ᄂᆞᆫ 집이 七十여호요 신쟈의 수효ᄂᆞᆫ 一百五十여인에 달ᄒᆞ엿ᄂᆞᆫᄃᆡ 거三월十四일브터 一쥬일간 사경회를 열고 낫에ᄂᆞᆫ 야고보와 산상보훈과 감리회쇼년문답을 교슈ᄒᆞᄂᆞᆫᄃᆡ 교ᄉᆞᄂᆞᆫ 신셩득 신영식 손챵현三씨요 날마다 五十여명식 참예ᄒᆞ며 밤에ᄂᆞᆫ 혼례•위싱•금쥬•단연•교육•연보등 여러가지 문뎨로 연셜ᄒᆞᆯ시 百여명식 ᄎᆞᆷ예ᄒᆞ엿ᄂᆞᆫᄃᆡ 이 단연연셜을 듯고 단연ᄒᆞᆫ 형뎨가 五인이오 연보문뎨에 ᄃᆡᄒᆞ야 ᄆᆡ인이 ᄆᆡ일 쌀ᄒᆞᆫ줌식 모화 연보ᄒᆞ기로 작뎡ᄒᆞᆫ 남녀가 三十여인이오 또ᄒᆞᆫ가지 회한ᄒᆞᆫ일은 수十년을 사ᄅᆞᆷ 속이고 마귀의 죵노릇ᄒᆞ던 늙은 무당ᄒᆞ나히 쥬를밋겟다고 작뎡ᄒᆞᆫ것이라더라

⊙一가감화 경긔도 양쳔군 신월리교회 원용필씨의 통신을 거ᄒᆞᆫ즉 ᄒᆞᆫ교회ᄂᆡ ᄌᆞ미 쟝이ᄃᆡ아씨ᄂᆞᆫ 三년젼브터 ᄌᆞ긔 친가에셔 예수를 밋고 셰례ᄭᆞ지 밧앗ᄂᆞᆫᄃᆡ 출가ᄒᆞᆫ후 싀가에셔도 진심으로 밋고 쥬일마다 교당에 ᄃᆞᆫ닌즉 싀부모와 남편이 심히 핍박ᄒᆞ여도 온유ᄒᆞᆫ ᄆᆞᄋᆞᆷ으로 핍박을 참고 견ᄃᆡ더니 ᄒᆞᆫ번은 쥬일아춤 례비당에 가랴고 새의복을닙고 셩경과 찬숑가를 가지고 나온즉 남편이 별안간 달녀들어 무수히 란타ᄒᆞ며 의복을 렬파ᄒᆞ되 압흔것을 복밧ᄂᆞᆫ것으로 싱각ᄒᆞ고 ᄒᆞᄂᆞᆫ 말이 내가 엇지 의복이 업고 몸이 압흐다고 하ᄂᆞ님ᄭᅴ 잇ᄂᆞᆫ 싱명을 찻지 아니ᄒᆞ리오ᄒᆞ고 교당으로 달녀와셔 례비ᄒᆞ고 온유ᄒᆞᆫ 모양으로 집에와셔 원망ᄒᆞᄂᆞᆫ 말이 업셧ᄂᆞᆫᄃᆡ 그다음 쥬일에ᄂᆞᆫ 반ᄃᆡᄒᆞ던 싀부모와 남편이 무숨 싱각이 낫던지 다 회ᄀᆡᄒᆞ고 쥬를 밋기로 작뎡ᄒᆞ엿스니 이ᄂᆞᆫ 쥬ᄭᅴ셔 쟝씨의 열심을 알으시고 셩신으로 그집안을 감화식히셧다고 영광을 하ᄂᆞ님ᄭᅴ 돌닌다ᄒᆞ엿더라

⊙박씨셩심 경긔도 부평군 김베드로씨의 통신을 거ᄒᆞᆫ즉 동군 동면사ᄂᆞᆫ 권ᄉᆞ 박션익씨ᄂᆞᆫ 여러해 ᄌᆞ긔집에셔 례비를 보더니 교우가 점점 즁가ᄒᆞ야 四十여명에 달ᄒᆞᆫ지라 허씨가 ᄒᆞᆼ샹 집이 협착ᄒᆞᆷ으로 례비보기에 곤난ᄒᆞᆷ을 개탄ᄒᆞ더니 작년봄에 ᄌᆞ긔가 돈 一百六十환을 연보ᄒᆞ고 또 三百평되ᄂᆞᆫ 가ᄃᆡ를 례비당 긔지로 밧쳐 六간을 건츅ᄒᆞ엿더니 작년 큰바람에 례비당이 문허지매 외인의 죠롱ㅣ 막심ᄒᆞ되 박씨ᄂᆞᆫ 조곰도 락심치 아니ᄒᆞ고 다시 지졍을 다수히 드려 젼보다 더욱 아름답게 지어 하ᄂᆞ님ᄭᅴ 밧치고 례비를 보ᄂᆞᆫ즁 형뎨들이 더욱 열심이 만타ᄒᆞ엿다라

⊙회긔ᄒᆞᆫ일 경긔도 안산구역 젼도ᄉᆞ 김동일씨의 통신을 거ᄒᆞᆫ즉 본구역 ᄉᆞ랑리교회 박봉근씨ᄂᆞᆫ 이왕 예수 밋기젼에 ᄌᆞ긔가 족즁 예수 밋논이를 원슈ᄀᆞᆺ치 녁이고 무수히 비방ᄒᆞ더니 하로ᄂᆞᆫ 박씨가 밋ᄂᆞᆫ 형뎨의집에 와셔 말ᄒᆞ기를 내쳐가 ᄉᆞ경에 니르럿스니 죽던지 살던지 찬미와 긔도나 ᄒᆞ여달나고 군쳥ᄒᆞ매 형뎨 몃사ᄅᆞᆷ이 가본즉 병쟈ᄂᆞᆫ 임의 죽엇고 집안식구ᄂᆞᆫ 장ᄉᆞ지낼 공론이 분분ᄒᆞ거ᄂᆞᆯ 그러나 긔도ᄒᆞ여 달나ᄒᆞ거ᄂᆞᆯ 형뎨들과 박봉근씨와 一심으로 찬송과 긔도를 몃분동안ᄒᆞᆯ시 죽엇던 사ᄅᆞᆷ이 차차 싱긔가잇셔 그 아츰에ᄂᆞᆫ ᄃᆞᆫ니기도ᄒᆞ며 말도ᄒᆞ니 의연ᄒᆞᆫ 새사ᄅᆞᆷ이되매 원집안이 쥬를 독실히 밋으매 린동에사ᄂᆞᆫ 외인ᄭᆞ지 하ᄂᆞ님의 권능을 찬송ᄒᆞ엿다더라

⊙고셩학ᄉᆞ 강원도 고셩교회 김형셕씨의 통신을 거ᄒᆞᆫ즉 본교회니에셔 동명(東明)녀숙을 새로 셜립ᄒᆞ엿ᄂᆞᆫᄃᆡ 원산 루씨건잉금 녀학교쟝 ᄉᆡᆨ이씨가 그학교 학싱 박마이나씨를 교ᄉᆞ로 틱송ᄒᆞ여 六세이샹 十세ᄭᆞ지 된어린ᄋᆞ히 二十一명을 모집ᄒᆞ여 교슈ᄒᆞᄂᆞᆫᄃᆡ 그어린ᄋᆞ히들을 ᄌᆞ긔의 동싱ᄀᆞᆺ치 ᄉᆞ랑ᄒᆞ며 학과를 법도잇게 ᄀᆞᄅᆞ치매 칭용이 원교회와 외인ᄭᆞ지 자자ᄒᆞ다더라

⊙비쳔통신一속 황히도 ᄃᆡ쳔군목ᄉᆞ 홍슌탁씨의 통신을 거ᄒᆞᆫ즉 동군 운암동교회ᄂᆞᆫ 교우가 만치못ᄒᆞᆷ으로 회당을 짓기시작ᄒᆞ엿스나 힘이 부족ᄒᆞ여 필역지 못ᄒᆞ엿고 금년봄에 긔초ᄒᆞ기가 어렵더니 그교회 유ᄉᆞ 림봉ᄭᅴ씨의 부인 박봉슌씨ᄂᆞᆫ 그머리를 버혀셔 월ᄌᆞ를 ᄆᆞᆫ드러 六十여젼을 밧고 팔아셔 그회당 기초에 보용ᄒᆞ엿스니 그열심이 도져ᄒᆞ다 ᄒᆞ엿더라

▲또 동군 읍니교우 리쟝셩씨ᄂᆞᆫ 음력 세젼에 길에셔 봉투지에너흔 지화 一百三十五환을 엇엇스나 그임ᄌᆞ가 누구인지 모르ᄂᆞᆫ고로 본군 헌병소에 그돈을 맛기고 각쳐에 광고ᄒᆞ여 그돈임ᄌᆞ를 차자 주엇스니 이일노 감샤ᄒᆞᆷ은 이형뎨ᄂᆞᆫ 지금 나히 二十여세된 청년이오 또 그가세ᄂᆞᆫ ᄆᆡ우 간난ᄒᆞ나 그돈에 탐심을 내지안코 그처럼 됴흔일을 ᄒᆞ여 예수ᄭᅴ 영광을 돌녓스니 그진실ᄒᆞᆫ 밋음을 감샤ᄒᆞᆫ다 ᄒᆞ엿더라

⊙리형뎨의견실ᄒᆞᆫ밋음 황히도 토산군 지음동 최익모씨의 통신을 거ᄒᆞᆫ즉 본교회 형뎨즁 리학남은 나히 겨오 十五세니 그과거ᄒᆞᄂᆞᆫ 모친을 모시고 지낼시 가셰도 ᄆᆡ우 빈한ᄒᆞ고 그당니 지쳔과 ㅡ가들이 만흔ᄃᆡ 그문즁에 텬도교를 ᄒᆞᄂᆞᆫ쟈ㅣ 여러집이라 그러나 오직 학남은 여러ㅡ가의 핍박을 밧으면셔도 예수를 독실히 밋더니 금년봄에 그모친이 쥬쟝ᄒᆞ야 린동 엇던쳐녀와 결혼ᄒᆞᆫ지라 혼인ᄒᆞᆫ날에 一가졔족이 모혀 사당ᄎᆞ례를 드리라ᄒᆞ매 학남이 반ᄃᆡᄒᆞ여왈 신쟈로 사당ᄎᆞ례 도리ᄂᆞᆫ것은 쥬의 계명을 어김이니 죽어도 ᄒᆞᆯ수업다ᄒᆞᆫ즉 모혓던 여러일가들이 크게노ᄒᆞ여 삭짓고 압졔로 졀식히려ᄒᆞ매 학남이 급히 몸을 ᄲᅢ여 젼도ᄉᆞ 최익모씨집으로 피ᄒᆞ엿더니 그모친이 알고와셔 집으로 ᄃᆞ려가고져ᄒᆞ매 학남이왈 우리집 사당을 불사로기젼에ᄂᆞᆫ 내가 결단코 집에 드러가지 안켓다ᄒᆞ며 죵시 가지 아니ᄒᆞ매 그 모친이 ᄒᆞᆯ일업셔 그잇흔날 그 사당을 미안ᄒᆞᆫ후에야 학남이

비로소 ᄌᆞ긔집으로 도라갓다 ᄒᆞ엿더라

△외보▽

◉상항쳥년회근ᄉᆞ 즁화민국 상히 동신을 거ᄒᆞᆫ즉 거五월 十二일 하오四시에 본쳐 쳥년회관니에서 특별총회를 열고 각셩(各省)과 죠션과 일본의 쳥년회 ᄃᆡ표쟈가 각기 회의 형편을 보고ᄒᆞᆯ시 히빅슈씨가 회쟝으로 회셕을 인도ᄒᆞ엿ᄂᆞᆫᄃᆡ 당일에 츌셕ᄒᆞᆫ 각쳐 ᄃᆡ표쟈ᄂᆞᆫ 四련ᄃᆡ표쟈 련야곱 광쥬와 향항ᄃᆡ표쟈량군 복쥬ᄃᆡ표쟈쥬군 일본 동경ᄃᆡ표쟈채군 죠션ᄃᆡ표쟈길례ᄐᆡ졔씨가 ᄎᆞ례로 각기쥬쟝ᄒᆞᄂᆞᆫ 쳥년회의 형편을 보고ᄒᆞᆫ후 라이온씨의 소ᄀᆡ로 각쳐ᄃᆡ표쟈가 샹견례를 힝ᄒᆞᆫ후에 폐회ᄒᆞ엿다더라

◉불교녀쳥년회 일본의 불교회ᄂᆞᆫ 불교녀쳥년회를 새로 죠직ᄒᆞ엿ᄂᆞᆫᄃᆡ 그 규측은 긔독교녀쳥년회 규측과 ᄀᆞᆺ흔것이 만타더라

◉十三션교ᄉᆞ 영령(英領)가나다 감리교 외국션교회에서ᄂᆞᆫ 새로 션교ᄉᆞ 十三명을 ᄯᅥᆨ뎡ᄒᆞ엿ᄂᆞᆫᄃᆡ 그즁에 三인은 일본으로 十인은 즁화민국으로 파송되리라더라

◉파사국션지쟈 파사국의 쇼위 ᄉᆞ히친목교(四海親睦敎)션지쟈라 칭ᄒᆞᄂᆞᆫ 아바사씨ᄂᆞᆫ 현금 미국에서 머므ᄂᆞᆫᄃᆡ 그 목뎍은 모든 종교를 합ᄒᆞ야 ᄉᆞ히 친목의 쥬의(主義)로 드러가게ᄒᆞ랴ᄒᆞᆷ으로 ᄌᆞ긔를 좃ᄂᆞᆫ 교도가 二千만명이라고 셩언(聲言)ᄒᆞᆫ다더라

◉부스대쟝의슌힝 만국구셰군교회의 두령 부스대쟝은 지금 나히 八十三세언ᄃᆡ 금년 안으로 미국과 가나다의 젼계(全界)를 ᄒᆞᆫ박휘 슌힝ᄒᆞ기로 결뎡ᄒᆞ엿다더라

◉미감리회四년총회록대개

△五월一일에 미감리회 四년총회를 미국 미니아폴니스셩에셔 열엇ᄂᆞᆫᄃᆡ 당일은 ᄉᆞ무의 쳐리ᄒᆞᆫ것이 업고 다만 이날 져녁에 셰계각국과 국ᄂᆡ각쳐의 각교회 ᄃᆡ표자로 츌셕ᄒᆞᆫ 형뎨ᄌᆞ미가 샹견례를 힝ᄒᆞᆫ후 민니소타 젼슈대학교장 빈센트씨등 三인은 환영ᄒᆞᄂᆞᆫ 뜻으로 연셜ᄒᆞ고 감독워렌씨ᄂᆞᆫ 총회 ᄃᆡ표로 크라우프드씨ᄂᆞᆫ 각쳐 평신도 ᄃᆡ표로 답ᄉᆞᄒᆞ엿ᄂᆞᆫᄃᆡ 당야에 츌셕ᄒᆞᆫ 인원이 二千여명이러라

회쟝빈센트씨가 미국 대통령 래프트씨의 츅뎐(祝電)을 랑독ᄒᆞ매 그츅뎐에 닐ᄋᆞᄃᆡ 「본인이 비률빈 총독으로 잇슬ᄯᅢ브터 교회ᄂᆞᆫ 올흔졍부를 붓들어줌에 대단히 요긴ᄒᆞᆫ 긔관인줄을 임의 알앗거니와 ᄯᅩ 오ᄂᆞᆯ날 감리교회가 졍부의 진보와 셰계의 문명을 얼마콤 도아주ᄂᆞᆫ것을 ᄃᆡ힝이아노라」ᄒᆞ엿더라

당일에 의대리 감리교회 녀학교쟝 가리파덕양이 연단에 나서매 회즁이 모다 손을치며 환영ᄒᆞᄂᆞᆫ 뜻을 표ᄒᆞ엿ᄂᆞᆫᄃᆡ 동씨ᄂᆞᆫ 별사ᄅᆞᆷ이 아니라 의대리의 유명ᄒᆞᆫ 대졍치가 가리파덕의 손녀러라

△五월二일 샹오八시에 졍식으로 ᄀᆡ회ᄒᆞ고 ᄒᆞᆫ시간동안 례비본후 九시브터 ᄉᆞ무를쳐리ᄒᆞᆯ시 흑인 감독션뎡ᄒᆞᄂᆞᆫ 문뎨로 얼마쯤 토론ᄒᆞ다가 위원十五인을 ᄉᆞᆫ뎡ᄒᆞ야 이일을 의론ᄒᆞᆫ후 총회에 보고케ᄒᆞ엿고 각국 각쳐의 ᄃᆡ표쟈들 호명ᄒᆞ매 八百여명에 달ᄒᆞ엿더라

셔긔를 공쳔션뎡ᄒᆞᆯ시 박ᄉᆞ 헌질네씨ᄂᆞᆫ 셔긔로 아욘스씨ᄂᆞᆫ 부셔긔로 피션되엿더라

즁화민국과 인도국의 ᄃᆡ표쟈가 각기 본국풍토에 ᄃᆡᄒᆞ야 ᄎᆞ례로 연셜ᄒᆞ엿더라

긔셔

◉ᄌᆞ슈(自修)ᄒᆞᆯ칙임 (속)

(공쥬의ᄉᆞ 반복긔)

一、몸을 셕긋게ᄒᆞᆷ 사ᄅᆞᆷ의 몸에잇ᄂᆞᆫ 비셜긔계(排泄器械)가 특별히 넷이 잇ᄉᆞ니 대쇼쟝(大小腸)은 대변(大便)을 ᄇᆞ리고 두태(腎臟)ᄂᆞᆫ 쇼변을 ᄇᆞ리고 허파(肺臟)ᄂᆞᆫ 피에잇ᄂᆞᆫ 탄산긔톄(炭酸氣体)를 ᄇᆞ리고 피부(皮膚)ᄂᆞᆫ ᄯᆞᆷ과 기름을 ᄇᆞ리ᄂᆞᆫ 그ᄆᆡ나 ᄯᆞᆷ이란것은 ᄒᆞᆫ가지 독질이 잇ᄂᆞᆫ것을 알나면 즘싱ᄒᆞ나를 가지고 왼몸을 ᄯᆞᆷ나지 못ᄒᆞ게 칠을발나셔 두면 그즘싱이 얼마되지 못ᄒᆞ야 죽을것이오 ᄯᅩ 사ᄅᆞᆷ의 몸은 반ᄉᆞ즘 ᄂᆞᆯ노뎨이되

깁히 데이지 아니ᄒᆞᆯ지라도 ᄯᆞᆷ이 잘나지못ᄒᆞ야 쉬죽을 것이라 그런고로 사ᄅᆞᆷ마다 ᄯᆞᆷ잘나게 제몸을 잘ᄶᅵᆨ긋게 ᄒᆞᆯ것이니 몸을 잘씻지 아니ᄒᆞ며 비늘과 기름과 ᄯᆞᆷ이 마른것이 ᄎᆞᄎᆞ ᄯᆞᆷ나ᄂᆞᆫ 조고마ᄒᆞᆫ 구멍을막아서 ᄯᆞᆷ으로ᄇᆞ릴 독질을 잘ᄇᆞ리지 못ᄒᆞ게되ᄂᆞᆫ고로 몸이 더럽고 악ᄒᆞᆫ ᄂᆡ암새를 내고 위ᄉᆡᆼ을 해ᄒᆞᄂᆞᆫ것이라 그런즉 사ᄅᆞᆷ마다 ᄒᆞᆼ샹 목욕을 자조ᄒᆞᆯ것이라 ᄯᅩ어린ᄋᆞ히 씻기ᄂᆞᆫ것을 두어가지로 말ᄒᆞᆯ지니 어린ᄋᆞᄒᆡ가 날ᄯᅢ에 젼신을 씨슬것이니 그럿치아니ᄒᆞ면 ᄋᆞ희가 머리에 틔열이 싱기기쉬오니 어렷슬ᄯᅢ에 더운방에셔 더운물과 됴흔 비누로 어린ᄋᆞ히의게 목욕을 자조식힐것이니라

二、운동 신톄를 부리여 일ᄒᆞᄂᆞᆫ 이의게ᄂᆞᆫ 운동ᄒᆞ라고 권면ᄒᆞᆯ것이 업스나 집안에 ᄀᆞ만히 잇셔 공부ᄒᆞᄂᆞᆫ이의게 특별히 권면ᄒᆞᆯ것이 잇ᄉᆞ니 운동아니ᄒᆞᄂᆞᆫ쟈ᄂᆞᆫ 제몸을 ᄉᆞᄉᆞ로 약ᄒᆞ게ᄒᆞᆯᄲᅮᆫ안니라 잇ᄂᆞᆫ바 원긔가 졈졈 쇠패ᄒᆞᆯ것이라 그럼으로 운동을 자조ᄒᆞᆷ으로 젼신의 피를 잘 슌환케ᄒᆞ야 각 지톄에 더러온것은 비셜긔계(排洩機械)로 보내고 ᄶᅵᆨ긋ᄒᆞᆫ 피ᄂᆞᆫ 각지톄로 잘펴지게ᄒᆞᄂᆞᆫ것이 몸을 쇼셩케ᄒᆞᄂᆞᆫ 방침이니라

三、ᄆᆞᆰ은공긔에호흡ᄒᆞᆷ 만일 여러사ᄅᆞᆷ이 좁은방안에 잇고 문을 다 ᄃᆞᆮ은후 얼마되지 못ᄒᆞ야 졸니고 두통이 나다가 됴흔공긔가 드러오지 아니ᄒᆞ면 졍신을 일허ᄇᆞ리고 죽을것이니 이ᄂᆞᆫ 공긔에잇ᄂᆞᆫ 산소(酸素)ᄂᆞᆫ 다 먹어 업셔지고 사ᄅᆞᆷ이 트ᄒᆞᄂᆞᆫ 탄산긔톄만 잇ᄂᆞᆫ연고니 이긔톄ᄂᆞᆫ 사ᄅᆞᆷ의게 대단히 독ᄒᆞᆫ것이라 이독질이 공긔에 만히잇스면 사ᄅᆞᆷ이 살지못ᄒᆞᆯ것이니 숫불에셔 나ᄂᆞᆫ 독긔ᄂᆞᆫ 곳탄소니라 숫불을 마시고 두통과 토ᄒᆞ랴ᄂᆞᆫ 증세가 날ᄯᅢ에 ᄆᆞᆰ은 공긔에 나아가면 소셩되ᄂᆞᆫ 것은 곳 산소를 마심이라 이리치를 싱각ᄒᆞᆯ매 사ᄅᆞᆷ마다 반ᄃᆞ시 ᄶᅵᆨ긋ᄒᆞᆫ 공긔에 호흡ᄒᆞᆯ지니 이ᄂᆞᆫ 낫ᄲᅮᆫ아니라 밤에 잘ᄯᅢ에도 ᄒᆞᆯ지니 만일 사ᄅᆞᆷ이 문을 다 ᄃᆞᆮ고 잠을 잔후 아ᄎᆞᆷ에 니러날ᄯᅢ 졍신이 상쾌치안코 두통이 나ᄂᆞᆫ것은 곳 탄소의 독질을 마신증거라 그런고로 일긔가 치울지라도 사ᄅᆞᆷ이 됴흔공긔를 호흡ᄒᆞᆯ지니라 특별히 주의ᄒᆞᆯ것은 잘ᄯᅢ에 니불이나 요로 머리를 덥지말것이니 머리를 덥고 공긔가 류통치못ᄒᆞ게 ᄒᆞᄂᆞᆫ것은 문을 다 ᄃᆞᆮᄂᆞᆫ것보다 더 악ᄒᆞᆫ 힝습이라. 그런고로 몸만덥고 문을 조곰 열어 ᄶᅵᆨ긋ᄒᆞᆫ 공긔가 드러오게ᄒᆞ고 잘것이라 특별히 병든사ᄅᆞᆷ을 위ᄒᆞ야 ᄆᆞᆰ은 공긔가 드러오고 쇼셩ᄒᆞᆯ 산소를 마시게ᄒᆞᆯ지니 히소 병인의게 되ᄒᆞ야 약보다 효력이 만흔것이라 젼에ᄂᆞᆫ 죠션사ᄅᆞᆷ들이 이리치를 몰음으로 여러가지 됴치못ᄒᆞᆫ 풍쇽이 잇셧스나 그러나 이말을 듯고 그대로 힝ᄒᆞ기를 근졀히 ᄇᆞ라노라 (미완)

젼도ᄉᆞ 一람

⊙젼도모범 (쇽)

이우회 말ᄒᆞᆫ바ᄂᆞᆫ 대개 젼도직임 맛흔쟈가 ᄌᆞ긔에 되ᄒᆞ야 힝ᄒᆞᆯ것이어니와 이아래 ᄎᆞ례로 말ᄒᆞ고져 ᄒᆞᄂᆞᆫ바ᄂᆞᆫ ᄌᆞ긔외에 되ᄒᆞ야 힝ᄒᆞᆯ것이니라

一、교회에 되ᄒᆞ야ᄂᆞᆫ (一) 맛당히 츙실ᄒᆞᆫ ᄆᆞᄋᆞᆷ을 보존ᄒᆞᆯ것이오(듸후二〇二一六) (二) 맛당히 부탁밧은것을 직힐것이며(듸젼六〇廿) (三) 범죄ᄒᆞᆫ쟈를 위ᄒᆞ야 근심ᄒᆞ지말것이며 (四) 쟝로를 거ᄉᆞ리ᄂᆞᆫ 송ᄉᆞᄂᆞᆫ 두세증인이 잇기젼에ᄂᆞᆫ 밧지말것이며(듸젼五〇十九) (五) 무익ᄒᆞᆫ 일을 힝ᄒᆞ지 말것이며(듸후二〇十四) (六) 비호고 깁히밋ᄂᆞᆫ것을 니져ᄇᆞ리지 말것이며(듸후三〇十四) (七) 맛당히 달녀 갈길을 알게ᄒᆞᆯ것이며(듸후四〇七) (八) 맛당히 더회게 유익ᄒᆞ도록 열ᄆᆡ를 번셩히 밋게ᄒᆞᆯ것이며(빌四〇十七) (九) ᄯᅡᆺ당히 착ᄒᆞᆫ날 힝ᄒᆞ기를 비화 열ᄆᆡ업ᄂᆞᆫ것을 면케ᄒᆞᆯ것이니라(듸노三〇十四)

二、ᄀᆡ인을 ᄃᆡᄒᆞ야ᄂᆞᆫ (一) 칙

五

망ᄒᆞ지 말것이오(듸젼三〇二) (二) 온유ᄒᆞᆫ ᄆᆞᄋᆞᆷ으로 사ᄅᆞᆷ의게 권면ᄒᆞᆯ것이며(듸후二〇廿五、廿六) (三) 모든 션ᄒᆞᆫ일ᄒᆡᆼᄒᆞ기를 예비ᄒᆞᆯ것이며(듸후二〇廿一) (四) 맛당히 투긔ᄒᆞᄂᆞᆫ ᄆᆞᄋᆞᆷ을 거절ᄒᆞᆯ것이며(듸도三〇三) (五) 맛당히 죠심ᄒᆞ야 놈의 업수히 녁임을 밧지말것이라(듸젼四〇十二)

三、젼도단(傳道壇)에 디ᄒᆞ야는 (一) 맛당히 경숙(敬肅)ᄒᆞᆷ을 직힐것이며 (二) 망녕되며 허탄ᄒᆞ고 속된말을 ᄒᆞ던지 죵언부언 ᄒᆞ지말것이며 (三) 젼도를 잘예비치 못ᄒᆞ엿스니 용셔ᄒᆞ야 드르라고 ᄌᆞ겸ᄒᆞᄂᆞᆫ 말을 쓰지말것이며 (四) 놈의 단쳐(短處)를 말ᄒᆞ지 말것이며 (五) 몸을너머요동ᄒᆞ며 팔을 버려서 춤추ᄂᆞᆫ것ᄀᆞᆺ치 ᄒᆞ던지 ᄀᆡᆨ샹을 너머 두다리지 말것이며 (六) 톄목에 합당치 안닌말을 ᄒᆞ지말것이며 (七) 말ᄒᆞᆫ 사ᄅᆞᆷ을 지뎍(指摘)ᄒᆞ야 말ᄒᆞ지 말것이며 (八) 다만 ᄒᆞᆫ두말만ᄒᆞ고 맛치겟노라 ᄒᆞᆫ뒤에 길게 말ᄒᆞ지말것이며 (九) 톄목에 디ᄒᆞᆫ뜻만 분명히 강연(講演)ᄒᆞᆫ후에는 곳 맛칠것이오 공연히 길게말ᄒᆞ야 사ᄅᆞᆷ의 염증을 취치말것이며 (十) ᄉᆞ랑으로써 쥬장을 삼을것이니라 (미완)

셰계격언

一、왼셰계로브터 지식을 거두어 드리ᄂᆞᆫ쟈는 춤셩현이니라

二、나를 도아주ᄂᆞᆫ쟈는 내친구요 나를 불샹히녁이ᄂᆞᆫ쟈는 내친구가 아니니라

三、이셰샹을 쳔히 녁이ᄂᆞᆫ쟈는 이셰샹의 쥬인이오 이셰샹을 존경ᄒᆞᄂᆞᆫ쟈는 이셰샹의 노예니라

四、쓸ᄃᆡ업ᄂᆞᆫ 물건사기를 됴화ᄒᆞᄂᆞᆫ쟈는 ᄒᆞᆫ히 쓸ᄃᆡ잇ᄂᆞᆫ물건ᄭᆞ지 파ᄂᆞ니나

五、알지못ᄒᆞᄂᆞᆫ쟈가 ᄌᆞ긔의 알지 못ᄒᆞᄂᆞᆫ줄을 능히알지못ᄒᆞ면 어리셕은쟈니 이런쟈는 피ᄒᆞᆯ것이오 알지못ᄒᆞᄂᆞᆫ쟈가 ᄌᆞ긔의 알지못ᄒᆞᄂᆞᆫ줄을 능히알면 션ᄒᆞᆫ쟈니 이런쟈는 ᄀᆞᄅᆞ칠것이니라

六、녀ᄌᆞ의 부귀를 탐ᄒᆞ여 결혼ᄒᆞᆫ쟈는 ᄌᆞ긔의 ᄌᆞ유를 일허ᄇᆞ릴쟈니라

七、놈의 칭찬을 요구ᄒᆞᄂᆞᆫ쟈는 ᄌᆞ긔의 ᄒᆡᆼ복을 놈의게 맛겨 둔쟈니라

八、지식은 실습(實習)을 ᄀᆞᄅᆞ치며 실습은 지식을 더ᄒᆞᄂᆞ니라

어린ᄋᆞᄒᆡ들의니야기

⊙독갑이불(鬼火)의허망ᄒᆞᆷ

엇던ᄋᆞᄒᆡ가 녀름밤에 우연히 들에 나갓다가 고춍(古塚)들 만ᄒᆞᆫ곳에 당도ᄒᆞᆫ즉 파란불이 공중에 ᄒᆞᆫ길ᄶᅳᆷ ᄯᅥ잇거ᄂᆞᆯ ᄆᆞᄋᆞᆷ에 이샹히 녁여 ᄶᅩᆺ차가 붓들고져ᄒᆞᆫ즉 압흐로 ᄃᆞ라나ᄂᆞᆫ지라 그ᄋᆞᄒᆡ가 별안간 겁이 나셔 몸을 도리켜 ᄶᅩᆺ겨온즉 그불이 ᄯᅩᄒᆞᆫ ᄶᅩᆺ차오ᄂᆞᆫ지라 그제는 분명ᄒᆞᆫ 독갑이불노 알고 혼비뵉산(魂飛魄散)ᄒᆞ여 제집으로 도라오매 숨이하ᄂᆞᆯ에닷코 ᄯᆞᆷ이등쏠에 흐르ᄂᆞᆫ지라 그아바지가 그광경을 보고 무ᄉᆞᆷᄭᆞ닭인가 무른ᄃᆡ 그ᄋᆞᄒᆡ가 헐ᄯᅥ거리며 ᄒᆞᄂᆞᆫ말이 「나는 죽금 독갑이의게 ᄶᅩᆺ겨 옴니다」인ᄒᆞ야 본대로 ᄌᆞ셰히 표ᄒᆞᆫᄃᆡ 그아바지가 우스며왈 그것이 독갑이불이 아니라 청린질(靑燐質)이라ᄂᆞᆫ것인ᄃᆡ 원ᄅᆡ 고춍속 마른ᄲᅧ다귀에 이물질이 포함ᄒᆞ엿다가 비온후 음침ᄒᆞᆫ 녀름밤에 훈중ᄒᆞᆫ 습긔를ᄯᆞ라 ᄯᅡᆼ 밧그로 ᄯᅥ올나 잇다가 네가붓잡으랴고 ᄃᆞ름박질ᄒᆞ여 갈ᄯᅢ에는 이물질이 공긔의 몰녀 네압흐로 ᄃᆞ라날것이오 ᄯᅩ 네가 무서워셔 ᄶᅩᆺ겨올ᄯᅢ에는 이물질이 공긔에 ᄲᅳᆯ녀 네뒤로 ᄶᅩᆺ차올것은 뎡ᄒᆞᆫ리치라 우리가 날마다 쓰ᄂᆞᆫ 셕량숫헤 바른 물질은 곳 청린질이니 녀름 밤에 그것을 물에 축여 캄캄ᄒᆞᆫ 구셕에두면 파란긔운이 빗출놋ᄂᆞᆫ것이 이와ᄀᆞᆺᄒᆞᆫᄃᆡ 너는 이런리치를 모르고 공연히 독갑이불노 알아셔 그쳐럼 겁을내엿스니 다시 그런 미신(迷信)을 세트리라고 경계ᄒᆞ엿다더라

긔쟈왈 이세샹에 하ᄂᆞ님을 밋지 안ᄂᆞᆫ쟈ㅣ 왕왕히 귀신을 밋ᄂᆞᆫ 미신이 엇지이 ᄋᆞᄒᆡ와 다르리오 개탄개탄

교육

⊙가졍학

가뎡경제 (쇽)

뎨四 져츅(貯蓄)

一、져츅의 요의(要義)니 져츅이란것은 드러오는것을 헤아려 나가는것을 계교ᄒᆞ고도 오히려 남는것이 잇게ᄒᆞᆷ인ᄃᆡ 그 쥬뎍은 대개 슈입의 十분지一를 져츅ᄒᆞ는것이 합당ᄒᆞ니 가령 ᄒᆞᆫ달에 一百환의 슈입을 엇는자는 아모됴록 졀용ᄒᆞ야 八十환만쓰고 二十환은 져츅ᄒᆞ엿다가 불시에 쓸것을 예비ᄒᆞᆯ것이라 만일 그럿치 아니ᄒᆞ야 슈입되는대로 다써ᄇᆞ리고 여지가 업시 ᄒᆞ엿다가 무ᄉᆞᆷ지앙을 만나던지 질병에 걸니던지 혹 연상간 불가불 쓸일이 잇서셔 빗(債)을 쓰고져ᄒᆞ여도 엇지 못ᄒᆞ면 그런곤난이 어ᄃᆡ잇스며 ᄯᅩ 혹 놉흔 변리를 주고 빗을 엇을지라도 진죽갑지 못ᄒᆞ면 필경 집을 유지치 못ᄒᆞ고 탕패ᄒᆞ는 디경에 니르기 쉬운즉 이엇지 가히 죠심ᄒᆞᆯ바가 아니리오

二、져츅의 방법이니 그방법온 모든 일용ᄉᆞ물(日用事物)에 ᄃᆡᄒᆞ야 젼보다 감싱(減省)ᄒᆞᆯ것인ᄃᆡ 그됴건을 들어말ᄒᆞ자면 의복으로 말ᄒᆞ더라도 젼에 비단과 사로 닙던것을 포목등쇽으로써 밧고며 젼에 남녀노비 三四명식 두고 지내던것이면 一二명으로써 밧고던지 一명식두고 지내던것이면 ᄒᆞ나도두지말고 몸으로써 ᄃᆡ신ᄒᆞ며 젼에 가용으로 미일 一환식 쓰던것이면 五十젼으로써 지뎡ᄒᆞ며 젼에 ᄐᆞ고 ᄃᆞᆫ니던것을 도보(徒步)로써 ᄃᆡ신ᄒᆞ며 모든것에 ᄃᆡᄒᆞ야 다 이와ᄀᆞᆺ치ᄒᆞ면 그즁 다쇼간 남는것이 잇슬지니 이것을 모앗다가 월죵에 은힝이나 우편국에 갓다맛기면 여긔ᄃᆡᄒᆞ야 리식을 엇을것이니라 그러나 이우희 말ᄒᆞᆫ바와ᄀᆞᆺ치 졀용ᄒᆞᆯ지라도 그즁에셔 남는돈을 ᄯᅩ로 모앗다가 은힝이나 우편국에 맛기지아니ᄒᆞ면 져츅ᄒᆞᆫ 효력이 업슬지니 이는 쇽담에 말ᄒᆞᆫ바 곳즁의 망건갑 나서지 안는다ᄂᆞᆫ것과ᄀᆞᆺ치 되기쉬우니 미우 죠심ᄒᆞᆯ것이니라

三、져츅의 효력이니 (一) 긔인으로 말ᄒᆞ면 나히졂고 신톄가 강건ᄒᆞᆯ때에 다쇼간 져츅ᄒᆞᆫ 효력으로 만년(晩年)에 안락을 누릴수 잇슴이오 (二) ᄒᆞᆫ 가죡으로 말ᄒᆞ면 다쇼간 슈입이잇고 집안에 아모지변이 업슬때에 졀용져츅홈으로 능히 불시의 곤난을 면ᄒᆞ며 장ᄅᆡ 무궁ᄒᆞᆫ 안락을 유지ᄒᆞᆯ수 잇스며 (三) ᄒᆞᆫ국가로 말ᄒᆞᆯ지라도 국민 각기인의 져츅심이 발달됨으로 一국의 부강을 누릴수잇슴이니라

실업

◉누에치는법 (쇽)

누에치는집

누에치는 업을 힘쓰고져ᄒᆞ면 불가불 그쳐소를 뎍당히 문드러야 될터인ᄃᆡ 죠션의 집제도는 누에치기에 뎍당ᄒᆞ다고 닐을수업스나 졸연히 변경키 어려온즉 아직 대강 변통ᄒᆞᆯ 도리를 연구ᄒᆞᆯ것인ᄃᆡ 그방법은 아모됴록 통창ᄒᆞᆫ방을 ᄐᆡᆨᄒᆞ야 좌우벽과 웃텬졍(天井)으로 들창문을 내고 때때로 열어 방안에 더러온 긔운은 빠져 나가고 밧게몱은 공긔는 드러오게ᄒᆞᆯ지며 ᄯᅩᄒᆞᆼ샹 오후十시가량에 불놀조곰식 ᄯᅥ여 밤과 식젼에 져이더운긔운이 들게ᄒᆞ고 만일 일긔가 심히치우면 아ᄎᆞᆷ에도 불을 좀곰식 ᄯᅥ여 줄지니라

잠실(蠶室)은 아모됴록 동향이나 남향으로 안져 동남으로 바로쏘는 태양빗출 잘밧고 셔편으로는 멀죽언히 무ᄉᆞᆷ 나무나 집이잇서셔 셕양벗ᄒᆞᆯ 바로밧지 안토록 ᄒᆞ는것이 됴흐며 남풍이 파히 불어서 방안에 훈즙ᄒᆞ고 축축ᄒᆞᆫ 긔운이 잇거던 북창을 열어 쫄것이며 ᄯᅩ 북풍이 불어셔 링ᄒᆞᆫ긔운이 드러올때에는 북창을 닷고 남창을 열어 더운긔운을 밧게ᄒᆞᆯ지니라

담총

◉지인지감(知人之鑑)

엇던 회샤 쥬인이 ᄉᆞ환ᄒᆞᆯ 사ᄅᆞᆷ ᄒᆞ나를 구ᄒᆞ는ᄃᆡ 그 친구의 쳔거편지를 엇어가지고 온자가 五十여명이라 그즁에 쳔거편지업시 온쇼년을 ᄐᆡᆨᄒᆞ고 다른사ᄅᆞᆷ들은 다퇴각ᄒᆞ거ᄂᆞᆯ 겻헤 안졋던 사ᄅᆞᆷ이 뭇기를 이쇼년은 쳔거도업시 왓는ᄃᆡ 하필 이쇼년을 ᄐᆡᆨᄒᆞᄂᆞ뇨 쥬인이 ᄃᆡ답왈 이 쇼쳔을 쳔거ᄒᆞᆫ 사ᄅᆞᆷ이 만흐니 뎌가 문에 당도ᄒᆞ야 몬져 그신을 문질은후에 ᄂᆞᆫ곱 공손히열고

드러오니 이는 정결ᄒᆞ고 근신(謹愼)ᄒᆞᆫ자가 쳔거ᄒᆞ엿고 드러와 나를보고 정숙히서셔 자리를 사양ᄒᆞ니 이는 공경ᄒᆞ고 례모잇ᄂᆞᆫ자가 쳔거ᄒᆞ엿스며 뭇ᄂᆞᆫ말을 ᄃᆡ답ᄒᆞᆷ에 말이 분명ᄒᆞ고 ᄎᆞ셔를 일치아니ᄒᆞ니 이ᄂᆞᆫ 총명ᄒᆞ고 령리ᄒᆞᆫ자가 쳔거ᄒᆞ엿스며 내가 짐즛 편지를 밧바닥에 ᄇᆞ려두엇더니 다른사ᄅᆞᆷ은 다 볼노ᄇᆡᆲ고 드러오ᄂᆞᆫᄃᆡ 이쇼년은 그편지를 집어 ᄎᆡᆨ상우에 노흐니 이ᄂᆞᆫ 죠심ᄒᆞ고 물건앗길줄 아ᄂᆞᆫ자가 쳔거ᄒᆞ엿스며 자리에 드러올ᄯᅢ에 반ᄃᆞ시 ᄎᆞ례로써 ᄒᆞ야 남보다 몬져 드러오기를 닷토지 아니ᄒᆞ니 이는 겸손ᄒᆞᆫ자가 쳔거ᄒᆞ엿고 ᄯᅩ 옷닙은것과 몸가지ᄂᆞᆫ것이 다 단정ᄒᆞ고 온용ᄒᆞ니 쳔거편지가 이에셔 더ᄌᆞ샹(仔詳)ᄒᆞᆯ수 잇겟ᄂᆞ뇨 그런고로 내가 이사ᄅᆞᆷ을 ᄐᆡᆨᄒᆞ엿노라 ᄒᆞ엿더라

△만두과(饅頭果)나무ᄂᆞᆫ 남양(南洋) 여러셤중에서 나ᄂᆞᆫ것인ᄃᆡ 그열ᄆᆡᄂᆞᆫ 사ᄅᆞᆷ의 샹식품(常食品)이 될만ᄒᆞ야 ᄒᆞᆫ두기먹으면 식쟝치안코 ᄯᅩ 그 겁질이 심히 견강ᄒᆞ야 오래도록 샹ᄒᆞ지안ᄂᆞᆫ지라 이곳 토민(土民)들은 셩질이 나타ᄒᆞ야 농ᄉᆞ나 쟝ᄉᆞᄒᆞ기를 슬ᄒᆡ홈으로 다만 이나무 수十쥬만 잘동산에 심어노코 그 열ᄆᆡ를 ᄯᅡ먹고 사ᄂᆞᆫ더이라 근일 셔양 각국사ᄅᆞᆷ들에도 멀니 려ᄒᆡᆼᄒᆞᄂᆞᆫ자가 능히 이 열ᄆᆡ를 몃ᄀᆡ식 ᄒᆡᆼ탁(行橐)에 져츅ᄒᆞ야 가지고 ᄃᆞᆫ니더라

회보ᄃᆡ금령슈

住所	氏名	金額
楊州	金敬善	三十錢
瑞山新村	林鳳翼	二十錢
仝明溪里	盧秉穆	四十錢
上仝	宋煥洙	三十錢
海美	崔병화	二十錢
開城	趙鍾絶	四十錢
南陽內洞	林淵默	四十錢
	朴順七	四十錢
	文京七	四十錢
	申羅味	四十錢
南陽奈坪里	林春心	四十錢
	林도라	四十錢
	金仁濟	四十錢
	金東植	四十錢
	太俊必	四十錢
	姜德洙	四十錢
	金東淳	四十錢
南陽魚坪里	河興允	四十錢
	金玉成	四十錢
	金泳斗	四十錢
	金信德	四十錢
	金元澤	四十錢
豊德廣坪里	金洛世	四十錢
上仝	鄭永旭	四十錢
上仝	姜龍鎭	四十錢
豊德蓮洞	李炳善	四十錢
開城禮城江	李貞烈	四十錢
延安遊舟地	敎堂	一圓

그리스도회보
KOREAN CHRISTIAN ADVOCATE

每月二回十五日三十日發行
明治四十五年六月廿七日印刷
明治四十五年六月三十日發行

發行兼編輯人 北部社洞 奇義男
印刷人 北部樓閣洞 朴東完
印刷所 京城西小門內法韓印刷所
發行所 北部社洞그리스도會報社
ᄃᆡ금 一장 二전五리
[代金] 六ᄀᆡ월 二十전
一ᄀᆡ년 四十전

샤 셜

◉ᄉᆞ랑과의로옴의관계

대뎌 ᄉᆞ랑과 의로옴은 ᄒᆞᆼ샹 ᄀᆞᆺ치 짝ᄒᆞ여 ᄃᆞᆫ니ᄂᆞᆫ고로 ᄉᆞ랑이 식은곳에 의로옴이 머믈지안코 의로옴이 업ᄂᆞᆫ곳에 ᄉᆞ랑이 ᄯᅥ나ᄂᆞ니 그럼으로 누구던지 그가족이나 샤회나 국가나 교회에ᄃᆡᄒᆞᆫ ᄉᆞ랑이 ᄒᆞᆫ번 ᄯᅥ나면 평일에 의(義)를 ᄉᆞ모ᄒᆞ던 ᄉᆡᆼ각이 ᄯᅡ라 지(灰)가 될것이며 ᄯᅩ 만일 이우회 말ᄒᆞᆫ바 각관계쳐에 ᄃᆡᄒᆞ야 ᄒᆞᆫ번 불의ᄒᆞᆫ일을 ᄒᆡᆼᄒᆞᆫ후에는 ᄌᆞ연히 서로 ᄉᆞ랑ᄒᆞᄂᆞᆫ ᄆᆞᄋᆞᆷ이 식어지ᄂᆞ니 그것은 ᄉᆞ랑과 의로옴이 아올너 ᄒᆡᆼᄒᆞ야 어그러지지 아니홈이라 가령 첫재 ᄒᆞᆫ가족관계로 말ᄒᆞ건ᄃᆡ 부모 ᄌᆞ녀 부부 형뎨 ᄌᆞ믜간에 서로ᄃᆡᄒᆞᆫ ᄉᆞ랑이 업스면 부모가 불ᄌᆞ(不慈)ᄒᆞ며 ᄌᆞ녀가 불효ᄒᆞ며 부부가 불화ᄒᆞ며 형뎨ᄌᆞ믜가 불우(不友)ᄒᆞ기 쉬울지니 이ᄂᆞᆫ 곳 의가업슴이오 ᄯᅩ 만일 이몃가지 죄과를 ᄒᆞᆫ번범ᄒᆞ면 서로 ᄉᆞ랑ᄒᆞ던 ᄆᆞᄋᆞᆷ이 졈졈쇠ᄒᆞ야 필경은 ᄉᆞ랑이 아조 업셔지ᄂᆞᆫ 디경에 니를것이며 둘재 ᄒᆞᆫ 샤회나 국가의 관계로 말ᄒᆞᆯ지라도 ᄀᆡ인이 ᄀᆡ인을 ᄃᆡᄒᆞ던지 샤회가 샤회를 ᄃᆡᄒᆞ던지 신민이 님군과 국가를 ᄃᆡᄒᆞ던지 서로 ᄉᆞ랑ᄒᆞᄂᆞᆫ ᄆᆞᄋᆞᆷ이 업스면 인ᄒᆞ야 동표의게 ᄃᆡᄒᆞᆫ ᄌᆞ션ᄉᆞ업과 샤회간의 신의와 님군의게 ᄃᆡᄒᆞᆫ 츙셩과국가에 ᄃᆡᄒᆞᆫ 의무가 업셔질지니 이ᄂᆞᆫ 곳 륜리와 법률의 죄인이라 누구던지 ᄒᆞᆫ번 륜리와 법률의 죄인이되면 ᄀᆡ인이 뮈워ᄒᆞ고 샤회가 물니차며 국법이 다ᄉᆞ릴지니 그러면 ᄉᆞ랑이 어ᄃᆡ로 좃차나오리오 셋재 교회의 관계로 말ᄒᆞᆯ지라도 누구던지 우리쥬 예수를 ᄉᆞ랑치못ᄒᆞ면 의ᄉᆞ모ᄒᆞ기를 주리고 목마른것ᄀᆞᆺ치 ᄒᆞᆯ수업도다 ᄯᅩ 의를 ᄉᆞ모ᄒᆞᄂᆞᆫ ᄆᆞᄋᆞᆷ이 업스면 능히 리웃 ᄉᆞ랑ᄒᆞ기를 ᄌᆞ긔몸ᄀᆞᆺ치 ᄒᆞᆯ수잇겟ᄂᆞ뇨 결단코 그럿치 못ᄒᆞᆯ것이라 과연 하ᄂᆞ님은 모든 ᄉᆞ랑의 근원이시오 모든 의로옴의 근원이시니 누구던지 ᄉᆞ랑과 의로옴의 관계를 깁히알고 그ᄃᆡ로 ᄌᆞ긔몸을 ᄃᆡᄒᆞᆫ 각관계쟈의게 진실히 ᄒᆡᆼᄒᆞ고져ᄒᆞ면 불가불 ᄉᆞ랑과 의로옴의 근원되시ᄂᆞᆫ 하ᄂᆞ님을 ᄉᆞ랑ᄒᆞ고 그말솜을 부ᄌᆞ런히 공부ᄒᆞ며 ᄯᅩᄒᆞᆫ ᄒᆞᆼ샹 긔도ᄒᆞ여야 될지니 힘쓸지어다

◉본샤 광고◉

거二월十一일(쥬일)은본회보의거렴일이온ᄃᆡ이날에각쳐교회에셔각기힘대로본보에ᄃᆡᄒᆞ야연보ᄒᆞᆫ것을본샤로보내엿기로그의호ᄒᆞ시ᄂᆞᆫ뜻을감샤ᄒᆞ오며이에ᄎᆞ례대로긔지ᄒᆞ노라

우죵션 二十錢
開城北部교당 二圓五十二錢
淮陽학동교당 十七錢
全北倉교당 八錢
全山月里교당 十四錢
金城墨洒川교당 二十錢
鐵原교당 一圓五十錢
伊川支石市교당 五十錢
全오된봉교당 十錢

교즁휘문

△ᄂᆡ보▽

⊙종•교•교•당•임•원•회• 경셩 종교교례ᄇᆡ당에셔 수월젼브터 교회규측을 의지ᄒᆞ야 직임잇는 신자ᄉᆞ이에 임원회를 조직ᄒᆞ고 一톄 교즁ᄉᆞ무를 네부에 분쟝ᄒᆞ엿스니 젼도부 유ᄉᆞ부 교육부 인제부등이라 ᄆᆡ월일ᄎᆞ식 ᄀᆡ회ᄒᆞ고 범ᄉᆞ를 회즁결의로 쳐리ᄒᆞᄆᆡ 그 방법의 됴리잇고 쳐ᄉᆞ에 화평ᄒᆞᆷ이 아름다온 실과ᄆᆡᆺ기에 됴ᄒᆞᆫ회망이 잇슬ᄲᅮᆫ아니라 임의나타난 공효가 적지아니ᄒᆞ고 ᄯᅩ 만일신자즁에 ᄆᆡ월 一뎡ᄒᆞᆫ슈입이 잇는자는 十一됴를 교회에 밧치고 기외에는 각각 쳐디를 ᄯᅡ라 ᄆᆡ월조급젼을 정셩으로 연보ᄒᆞ야 교회경비를 담당ᄒᆞ는즁 남반애 김명연 부인반에 징마르다 량씨는 ᄌᆞ긔의 넉넉지못ᄒᆞᆫ 형세를 불고ᄒᆞ고 그 엄원회 조직되기젼브터 열셩으로 우수히 연보ᄒᆞ야 一반교우의 모범이될만ᄒᆞᆫ 신자리고들 ᄒᆞ더라

⊙창•쳔•교•회•의•ᄌᆞ•급•심• 경셩창쳔교회 송병학씨의 통신을 거ᄒᆞᆫ즉 본교회는 교우의 수효가 四ᄇᆡᆨ여명에 달ᄒᆞ엿스나 다 빈한ᄒᆞᆫ 쳐디에 잇는고로 곤난이 막심ᄒᆞᆫ즁에 작년브터 젼도인의 ᄌᆞ급ᄒᆞᆯ ᄆᆡ삭 十환식 예산ᄒᆞ엿스되 그 슈입이 여一치못ᄒᆞ여 온교회가 항상 근심ᄒᆞ며 간절히 긔도ᄒᆞ엿더니 하ᄂᆞ님이 도으샤 작년가을브터 부인회에셔 집마다 죠셕으로 쌀이나 잡곡이나 먹는대로 식료즁에셔 ᄒᆞᆫ수깔식 ᄯᅥ두엇다가 ᄆᆡ삭 첫쥬일하오七사에 부인회로 모힐ᄯᅢ에 예바ᄒᆞᆫ 미곡을 슈합ᄒᆞ는것이 팔구승식되고 흑돈으로 돕는이도 잇서서 ᄆᆡ삭에 저축ᄒᆞᆫ금익이 二三환가량이된즉 이부인화가 흥왕ᄒᆞ면 장ᄎᆞᆺ 뎐국의 큰 긔본금이 되겟고 남교우즁 속장오명슌씨는 가셰가 넉넉지못ᄒᆞᆫ즁에도 직뎡ᄒᆞᆫ 기를 변변히 회당이는 ᄭᅢ초는 ᄌᆞ긔가 담당ᄒᆞ겟다 ᄒᆞ고 ᄯᅩ 빈한ᄒᆞᆫ 형뎨를 위ᄒᆞ야 쥬일공파지를 ᄆᆡ삭 三十장식 긔부ᄒᆞ며 본교회에 속ᄒᆞᆫ학교에도 ᄆᆡ삭 二환식 연보ᄒᆞ니 이것ᄒᆞᆫ 형뎨는 교회의 ᄒᆞᆫ모범이 될만ᄒᆞ며 속장리승범씨는 돈으로 ᄆᆡ삭 三十젼과 쌀ᄒᆞᆫ되식 부인회에 긔부ᄒᆞ고 다른 형뎨들은 각각 ᄃᆞᆰᄒᆞᆫ쌍식을 길너셔 교회 지정을 보용케 ᄒᆞ는ᄃᆡ 열심이 날노 진취ᄒᆞᆯ 긔망이 잇다ᄒᆞ엿더라

⊙八•년•동•안•ᄆᆡ•일•셩•경•봄• 평양남산현교당 목ᄉᆞ현셕칠씨의 통신을 거ᄒᆞᆫ즉 본교회속장 한병례씨는 지금 년긔가 六十一셰요 예수를 ᄆᆡᆺ은지는 十여년인ᄃᆡ 八년젼브터 지금ᄭᆞ지 날마다 ᄒᆞ로도 건느지 안코 무ᄉᆞᆷᄉᆞ무 보기젼에 몬져 긔도ᄒᆞ고 셩경을 보는ᄃᆡ 한씨와 일긔ᄒᆞᆫ 최ᄌᆞ를보면 공칙에 一년열두ᄃᆞᆯ 三百六十ᄀᆡ일줄ᄉᆞ간을 쳐두고 그날ᄌᆞ아래 셩경본 쟝졀을 긔록ᄒᆞ여둔것이 八년에 니르럿스니 우리쥬를 ᄆᆡᆺ는 형뎨ᄌᆞᄆᆡ는 한씨와ᄀᆞᆺ치 죵신토록 날마다 셩경의 말ᄉᆞᆷ 곳령ᄒᆞᆫ의 량식으로 그령ᄒᆞᆫ을 공급ᄒᆞ기를 ᄇᆞ란ᄃᆞ ᄒᆞ엿더라

⊙ᄉᆞ•경•회•의•셩•젹• 경긔도 남양 디방젼도ᄉᆞ 김광식씨의 통신을 거ᄒᆞᆫ즉 본디방 동구역 장안교회에셔 슈촌 회면 ᄯᅢ암 장안四교회가 합ᄒᆞ야 ᄉᆞ경회를 열고 몃날동안 부흥회를 겸ᄒᆞ야 열엇는ᄃᆡ 그즁 특별ᄒᆞᆫ 작뎡은 박죵훈 김덕문 김교철 ᄇᆡᆨ슌군 리규환 강연심 홍슌군등七씨는 단연ᄒᆞ고 담ᄇᆡ ᄃᆡ금으로 ᄆᆡ삭교회에 얼마식 밧치며 ᄯᅩ 엇던 부인은 ᄆᆡᆺ기젼에 ᄒᆡ마다 불공ᄒᆞ던 고양미를 ᄒᆞᄂᆞ님ᄭᅴ 밧친다고 쌀몃말을 교회에 긔부ᄒᆞ고 ᄯᅩ 황양교회에셔도 ᄉᆞ경회와 부흥회들 열고 교우즁 정문건 김지호 한명보 三씨도 단연ᄒᆞ고 ᄯᅩ 젼도부인 김착실 김진질량씨는 二월브터 五월ᄭᆞ지 각교회들 슌힝ᄒᆞ며 ᄉᆞ경회와 부흥회들 열엇는ᄃᆡ ᄶᅢ온혜들 풍셩히 밧고 ᄌᆞ급ᄒᆞᆯ 열심도 젼보다 더 분발ᄒᆞ엿스며 회ᄀᆡᄒᆞᆫ자가 二十여명에 달ᄒᆞ엿다더라

⊙김•씨•신•심• 황ᄒᆡ도 봉산군 목ᄉᆞ 김지찬씨의 통신을 거ᄒᆞᆫ즉 동군구연면 심일교회는 남녀교우가 四十명에 달ᄒᆞ엿는ᄃᆡ 그즁 김경션씨는 본ᄅᆡ 무식ᄒᆞ야 농업으로 싱활ᄒᆞ는

려이라 四년젼브터 쥬를밋고 열심으로 젼도ᄒᆞᄂᆞᆫ즁 타인과 문즁의 핍박이 무쌍ᄒᆞᆫ지라 그족하 쳥예가 허랑방탕ᄒᆞ야 가산을 다탕패ᄒᆞᆷ매 김씨가 족하형뎨의게 말ᄒᆞ기를 너희가 회ᄀᆡᄒᆞ고 쥬를 밋으면 나의 가산을 다주리라ᄒᆞ고 뎌회와 뎌회안히들ᄭᆞ지 쥬ᄭᅴ로 인도ᄒᆞᆫ후 약됴대로 가산을 다주고 동셔숙식ᄒᆞ며 무수ᄒᆞᆫ 교초를 지내더니 맛참 그곳 회당이 문허뎌셔 새로 건츅ᄒᆞᆯ시 쇽쟝 뎡상호 리여랑량씨가 열심극력ᄒᆞᄂᆞᆫ즁 김씨의 잇ᄂᆞᆫ바ᄂᆞᆫ 션산에 송츄몃쥬ᄲᅮᆫ이라 이것으로 회당 다섯간 지목을 담당ᄒᆞ고 ᄯᅩ 그몸으로써 부역ᄒᆞ니 이형뎨ᄂᆞᆫ 과연 몸과 잇ᄂᆞᆫ바 물건을 다쥬ᄭᅴ 드리ᄂᆞᆫ 신쟈라고 칭숑이 자자ᄒᆞ나더라

◎숭•실•졸•업•식• 평양 감리교회 숭실학교 뎨九회 졸업식을 본월十一일 샹오十시에 남산현 례비당니에셔 셜힝ᄒᆞ엿ᄂᆞᆫᄃᆡ 당일 슌셔ᄂᆞᆫ 히교쟝 비위량씨가 뎨五찬숑과 목ᄉᆞ 길션쥬씨의 긔도로 긔회ᄒᆞᆫ후 목ᄉᆞ 현셕七씨가 셩경을보고 졸업셩 一동아 찬미를 합챵ᄒᆞᆫ후 목ᄉᆞ 벡아덕씨가 긔회대지를 셜명ᄒᆞ고 목ᄉᆞ 마삼열씨가 권면연셜ᄒᆞᆫ후 본도쟝관송영우길씨가 츅ᄉᆞᄒᆞ고 뎡외죵씨가 답ᄉᆞᄒᆞᆫ후 교쟝이 졸업쟝을 슈여ᄒᆞ고 목ᄉᆞ 변영셔씨의 긔도로 폐회ᄒᆞ엿ᄂᆞᆫᄃᆡ 당일에 너외국목ᄉᆞ와 관리와 一반 남녀교우와 학부형과 학싱을 합ᄒᆞ야 무려千여명이 참셕ᄒᆞ엿고。 히학교에셔 금년에 졸업ᄒᆞᆫ 학싱은 七十인이오 현금출셕ᄒᆞᄂᆞᆫ 학싱은 四빅여명이더라

◎이•샹•ᄒᆞᆫ•일• 평남 진남포 리영달씨의 통신을 거ᄒᆞᆫ즉 히디방 쥬샹리사ᄂᆞᆫ 릐근덕씨ᄂᆞᆫ 쥬의 도리를 알지못ᄒᆞ야 날노 교인을 핍박ᄒᆞ던 사ᄅᆞᆷ이라 그아ᄃᆞᆯ 죵률이 그모친의 사귀들녀 고통ᄒᆞᄂᆞᆫ것을 보고 크게 민망히녀여 본읍목ᄉᆞ 김창규씨ᄃᆞ려 ᄌᆞ긔집에가셔 긔도ᄒᆞ여 주기를 ᄀᆞᆫ쳥ᄒᆞᄂᆞᆫ고로 김목ᄉᆞ와 마형곤 한의찬 三씨가 릐씨의 집에가셔 진심으로 찬숑긔도ᄒᆞᆫ후 한속쟝으로 그사귀들닌 쟝씨를 다리교셔 모든 교우와 목ᄉᆞ가 날마다 열심 긔도ᄒᆞᆯ분아니라 한속쟝의 너외가 더욱 진리로 맑ᄒᆞ며 열심으로 긔도ᄒᆞ엿더니 十五일만에 사귀가 물너가고 완인이되엿스니 이ᄂᆞᆫ ᄎᆞᆷ쥬의 권능이라ᄒᆞ고 찬숑ᄒᆞᄂᆞᆫ쟈가 만흐며 일노인ᄒᆞ야 교회를 비방ᄒᆞ던 릐씨부ᄌᆞ와 그동리 사ᄅᆞᆷ들ᄭᆞ지 교회로 드러온다더라

◎의•쥬•의•인• 츙남 직산군 신홍식씨의 통신을 거ᄒᆞᆫ즉 동군 립쟝교회 박지근씨ᄂᆞᆫ 본ᄃᆡ 술마시기를 됴화ᄒᆞ야、하로 百잔을 마시ᄂᆞᆫ고로 사ᄅᆞᆷ들이 박쥬뎍이란 별호를 지어 부르며 ᄯᅩᄒᆞᆫ 남과서로 시비ᄒᆞ기를 즐기던 사ᄅᆞᆷ으로 五六년젼브터 쥬를밋고 힝실을 곳쳣스나 쾌히 곳치지 못ᄒᆞ엿더니 수년젼브터 밋음이 진실ᄒᆞ고 셩신의 감화ᄒᆞᆷ을 밧아셔 쥬초를 거절ᄒᆞ고 샹업에 죵ᄉᆞᄒᆞ면셔 교회일도 진실히보며 교회에 ᄃᆡᄒᆞᆫ연보도 ᄒᆞᆼ샹 남보다 더내며 ᄯᅩ례비당에 四환가치의 괘죵을 긔부ᄒᆞ고 ᄯᅩᄒᆞᆫ 근일에ᄂᆞᆫ 교회의 엇던 형뎨가 남의게 빗으로 고난당ᄒᆞᆷ을 인셕히녁여 돈 六환을 도아주엇스니 이형뎨가 만일 부요ᄒᆞᆫ 쳐디에 잇슬것ᄀᆞᆺᄒᆞ면 별노히 치하ᄒᆞᆯ것이 업지마ᄂᆞᆫ 시댱에셔 근근히 샹업ᄒᆞ여 지내ᄂᆞᆫᄃᆡ에 이와ᄀᆞᆺ치 힘쓴것을보면 이ᄂᆞᆫ 과연 쥬를 깃ᄂᆞᆫ ᄎᆞᆷ ᄌᆞ션심으로 좃차 나온일이라 ᄒᆞ엿더라

◎박•씨•의•열•심• 함남 원산항 박학면씨의 통신을 거ᄒᆞᆫ즉 본항니 남감리교회에 부속ᄒᆞᆫ 광셩쇼학교ᄂᆞᆫ 지졍이 군졸ᄒᆞ여 유지ᄒᆞ기 어렵더니 다힝히 교우즁 박챵호씨가 셜력ᄒᆞ야 야구단(野球團)이란 단원졔씨와 협의ᄒᆞ고 지졍을 엇을ᄎᆞ로 연쥬회를 三야간열고 관광졔씨의게 거둔돈과 유지인ᄉᆞ의 보조ᄒᆞᆫ 금익이 도합 一百환에 달ᄒᆞᆫ것을 히학교에 긔부ᄒᆞᆷ으로 근근히 유지ᄒᆞᆯ형편이 되고 ᄯᅩ 박씨ᄂᆞᆫ 날마다 학교에와셔 명예로 교슈도ᄒᆞ고 ᄉᆞ무도보아줌으로 박씨의 열셩을 칭찬ᄒᆞᆫ다더라

三

⊙벽란도의풍긔一변 황ᄒᆡ도 ᄇᆡᆨ쳔군 리죽화씨의 통신을거ᄒᆞᆫ즉 동군 벽란도ᄂᆞᆫ 四十여호되ᄂᆞᆫ ᄒᆞᆫ촌이라 교회가 셜립된지 지금 八년에 남녀 신자가 百여명이요 또 학교를 셜립ᄒᆞ고 청년을 교육ᄒᆞᆯ식 남녀학ᄉᆡᆼ이 四十ㄱ명에 달ᄒᆞ엿더라 그곳은 본ᄅᆡ ᄒᆞᆫ촌으로써 음란ᄒᆞ고 무무ᄒᆞᆫ 풍쇽이 만터니 우리쥬의 거룩ᄒᆞᆫ 빗출 ᄒᆞᆫ번 빗최임으로 풍쇽과 인심이 변ᄒᆞ야 거룩ᄒᆞ여졋스며 아죡 밋지아니ᄒᆞᄂᆞᆫ 사ᄅᆞᆷ이라도 교회의 도리를 감복ᄒᆞ야 모든 ᄉᆞ샹을 업시ᄒᆞ고 지금은 모든 힝동이 젼파 판이ᄒᆞ얏슴으로 힘인ᄉᆞ지 영광을 하ᄂᆞ님ᄭᅴ 돌닌즉 젼일에ᄂᆞᆫ 이곳이 쳔토라ᄂᆞᆫ 죠ᄅᆞᆼ을 면치못ᄒᆞ엿스나 지금은 거룩ᄒᆞᆫ 촌이라고 흠만ᄒᆞ게되엿도다 그ᄲᅮᆫ아니라 교회에셔 셜립ᄒᆞᆫ 챵유학교ᄂᆡ에 특별히 젼도ᄃᆡ를 조직ᄒᆞ고 그근방十여촌락에 도라ᄃᆞᆫ니면셔 젼도ᄒᆞᆷ으로 교회영향이 더 진보되엿고 二十여명 학ᄉᆡᆼ이 ᄆᆡ쥬일 ᄆᆡ명이 一젼식 연보ᄒᆞ여 젼도비에 보용ᄒᆞ기로 슈합ᄒᆞᆫ 금익이 五환여젼에 달ᄒᆞ엿슨즉 적은것을 모하 큰것을 일우ᄂᆞᆫ 쟝ᄎᆞᆺ 이로말ᄆᆡ암아 아ᄅᆞᆷ다온 결과를 ᄇᆞ겟다ᄒᆞ엿더라

▲외보▼

⊙즁화민국 샹히통신을 거ᄒᆞᆫ즉 젼대총통 손일션씨가 근쟈에 즁화민국 四억만명의 국민ᄃᆡ표로 영국정부를 향ᄒᆞ야 ᄌᆞ유로 아편연 금ᄒᆞᄂᆞᆫ 쥬권(主權)을 요구ᄒᆞᆫ지라 이일에 ᄃᆡᄒᆞ야 만국개량회(萬國改良會)ᄂᆞᆫ 즁국 각쳐교회로 통텹을 보내고 각교회에셔 찬셩ᄒᆞ기를 청ᄒᆞ엿ᄂᆞᆫᄃᆡ 그찬셩ᄒᆞᄂᆞᆫ 방침은 (一) 교회마다 손씨의 영국보낸 청원셔를 一반교우의게 닑혀들니고 셜명ᄒᆞᆯ것이오 (二) 남녀교우를 물론ᄒᆞ고 각각 손씨의게 ᄃᆡᄒᆞ야 동졍을 표ᄒᆞᄂᆞᆫ뜻으로 편지ᄒᆞᆫ장식을 써셔 보낼것이오 (三) 각교회기 손씨의게 ᄃᆡᄒᆞ야 동졍을 표ᄒᆞᄂᆞᆫ뜻을 발표ᄒᆞᆯ것이오 (四) 각교회ᄂᆞᆫ 아편금ᄒᆞᄂᆞᆫ 쥬권을 불가불 회복ᄒᆞ여야 되겟다ᄂᆞᆫ 뜻으로 론셜을 지어 각사ᄅᆞᆷ을 권면ᄒᆞᆯ것이오 (五) 각교회ᄂᆞᆫ 각쳐에셔 아편먹다가 해밧은 사ᄅᆞᆷ의 ᄉᆞ실을 됴사ᄒᆞ야 샹히 만국개량회로 보고ᄒᆞᆯ것이오 (六) 각교회ᄂᆞᆫ 금연(禁烟)위원회를 조직ᄒᆞ여 아편금ᄒᆞᄂᆞᆫ 일을 도아줄것이오 (七) 각쳐에 아편심으ᄂᆞᆫ곳이 잇고 업ᄂᆞᆫ것을 됴사ᄒᆞᆯ것이오 (八) 각교회ᄂᆞᆫ 각각 본디방의 아편샹뎜을 업시ᄒᆞ도록 힘쓸것이오 (九) 특별히 긔도회를 열고 이일을 위ᄒᆞ야 슌셩(順成)ᄒᆞ기를 근구ᄒᆞᆯ것이라더라

⊙교인이다수됨 셔양엇던션교ᄉᆞ의 됴사ᄒᆞᆫ바를 거ᄒᆞᆫ즉 향쟈에 즁화민국을 조직ᄒᆞ기 위ᄒᆞ야 남경셔 모혓던 一반 신ᄉᆞ즁에 三분지二ᄂᆞᆫ 다그리스도교회 학교에셔 교육밧은 사ᄅᆞᆷ이라ᄒᆞ엿더라

⊙신도의귀족원의원 텬황폐하의 칙교로 일본 우리감리교회 젼도ᄉᆞ 이바라씨ᄂᆞᆫ 귀족원 의원으로 피임되엿더라

⊙즁앙례비당락셩 영국론돈셩 국회의ᄉᆞ당 근쳐에 새로 건츅ᄒᆞᄂᆞᆫ 감리회 즁앙례비당은 임의 락셩되여 오ᄂᆞᆫ十월경에 봉헌식(奉獻式)을 거힝ᄒᆞᆯ터인ᄃᆡ 이례비당의 건츅비ᄂᆞᆫ 一千만환에 달ᄒᆞ엿다더라

⊙방학동안의셩경학교 미국 동방에셔 적어도 一百七十교회가 양력七八량삭 녀름동안 휴학(休學)ᄒᆞᆫ ᄋᆞᄒᆡ들을 위ᄒᆞ야 특별히 셩경학교를 열고 날마다 셩경을 ᄀᆞᄅᆞ칠작뎡이라더라

▲정오▼

▲정오 본보뎨一권 뎨三十三호 뎨二현교즁휘문 란ᄂᆡ외려쥬교회의 진흥이라ᄒᆞᆫ 뎨하에 쟝목ᄉᆞ기 二十八환을 주고ᄂᆞᆫ 구역교회에셔 쟝목ᄉᆞ가 돈四十환을 주어ᄂᆞᆫ 본교회에셔 四환을 주어로 정오ᄒᆞᆷ

긔셔

⊙ᄌᆞ슈ᄒᆞᆯ칙임 (속) (공쥬의ᄉᆞ 반복긔)

四、음식먹ᄂᆞᆫ것 죠션사ᄅᆞᆷ가온ᄃᆡ 뎨一만흔 병은 톄증이나 다른 비속병이라 그런고로 병ᄉᆡᆼ기ᄂᆞᆫ 셔됴과 곳치ᄂᆞᆫ 것을 두어마대로 말ᄒᆞ랴ᄒᆞ노

니 사ᄅᆞᆷ이 음식 먹을때에 너무급히먹어 음식을 씹지안코 그대로 삼켯다가 ᄇᆡ속에 드러가 쇼화ᄒᆞᄂᆞᆫ 진익(津液)과 잘셕기지 못ᄒᆞ야 쇼화ᄒᆞᄂᆞᆫ것이 더듸되며 음식이 ᄇᆡ속에셔 쇼화홈을 잘밧지 못ᄒᆞ야 샹ᄒᆞ게되ᄂᆞᆫ고로 엇더 긔운으로 올나와 트림이 싱기기쉬우며 음식을 잘씹지안코 먹은후 이것을 잘ᄂᆞ려가게ᄒᆞ랴고 물을 밧비먹ᄂᆞᆫ고로 쇼화익과 물이 셕기여 그쇼화익이 잘쇼화식히지 못ᄒᆞ게ᄒᆞᄂᆞᆫ니 음식을 급히 먹지말코 잘씹ᄂᆞᆫ 사ᄅᆞᆷ은 체증이 흔히 업ᄂᆞ니 그런고로 음식을 잘씹어셔 먹늘것이라 또ᄒᆞᆫ가지ᄯᅥᄃᆞᆰ은 어린ᄋᆞᄒᆡ가 힘엇기젼에 모든 단단ᄒᆞ고 쇼화ᄒᆞ기 어려온것ᄂᆞᆫ 먹음으로 쟝셩ᄒᆞ기젼에 체증ᄂᆞᆯ 엇ᄂᆞ니 어린ᄋᆞᄒᆡ가 싱감이나 닉지아닌 츔외나 온갓 실과나 날무나 ᄇᆡᆨ치ᄭᅩ리나 날복어나 질긴ᄯᅥᆨ것흔것을 먹어셔 속병도 싱기고 셜ᄉᆞ도ᄒᆞ여 쇼화 긔계가 약ᄒᆞ게되니 이ᄂᆞᆫ 됴치못ᄒᆞᆫ 풍속이라 그런고로 부모들이 죠심ᄒᆞ야 어린ᄋᆞᄒᆡ가 울지라도 이런것을 먹지못ᄒᆞ게ᄒᆞ며 또 어린ᄋᆞᄒᆡ가 울때마다 졋을 자조 먹이ᄂᆞᆫ것은 쇼화 긔계가 잠시도 쉬지안코 일ᄒᆞ게ᄒᆞᄂᆞᆫ것이니 이것도 어린ᄋᆞᄒᆡ의 위싱을 해롭게ᄒᆞᄂᆞᆫ것인고로 어머니가 시간을 작뎡ᄒᆞ여 갓난ᄋᆞᄒᆡ들 ᄒᆞᆫ시반동안 ᄒᆞᆫ번식 열번가량을 먹일것이오 또ᄒᆞᆫ 먹이ᄂᆞᆫ동안을 느리고 번수를 주려 난지 여ᄃᆞᆲ돌이된후에ᄂᆞᆫ ᄒᆞ로 다섯번이나 여섯번에 지나지 말것이라 이와ᄀᆞᆺ치ᄒᆞ기ᄂᆞᆫ 날때브터 시작ᄒᆞ면 어렵지 아니ᄒᆞᆯ뿐아니라 ᄋᆞᄒᆡ의게 유익ᄒᆞᆯ것이니라 체증의 셋재ᄯᅥᄃᆞᆰ은 ᄇᆡᄉᆞ속에 촌충이나 회가 잇ᄂᆞᆫᄯᅥᄃᆞᆰ이니 이ᄀᆞᆺᄒᆞᆫ것이 ᄇᆡ속에 잇ᄂᆞᆫ사ᄅᆞᆷ온 속병이 잇슬수밧게 업스니 이두가지 츙이싱기ᄂᆞᆫ것을 잠간셜명ᄒᆞ겟노라 (미완)

긔셔 쳘원리화츈

우리ᄉᆞ랑ᄒᆞᄂᆞᆫ 밋ᄂᆞᆫ 형데들이여 이때에 ᄆᆡ우 위틔ᄒᆞᆫ거슨 이세샹에 그른도를 젼ᄒᆞᄂᆞᆫ 사ᄅᆞᆷ도잇고 또하ᄂᆞ님 말ᄉᆞᆷ을 잘셰ᄃᆞᆺ지도 못ᄒᆞ고 잘히셕지도 못ᄒᆞᄂᆞᆫ쟈가 사ᄅᆞᆷ을 미혹ᄒᆞᄂᆞᆫ 일이만흐니 우리 밋ᄂᆞᆫ쟈ᄂᆞᆫ 그러ᄒᆞᆫ 미혹에 ᄲᅡ지지안키를 하ᄂᆞ님ᄭᅴ 긔도ᄒᆞᄂᆞ이다 ᄉᆞ도十七쟝十一절에 베뢰아의 밋ᄂᆞᆫ 사ᄅᆞᆷ과 ᄀᆞᆺ치 하ᄂᆞ님말ᄉᆞᆷ을 늘샹고ᄒᆞ면 무엇이올흔지 분간ᄒᆞᆯ수 잇슬것이오또 지금브터ᄂᆞᆫ ᄎᆞᄎᆞ 그른도를 젼ᄒᆞᆯ사ᄅᆞᆷ이 더만히 싱길줄 알것은 셩경말ᄉᆞᆷ을 보니 예수 재림ᄒᆞ시기젼에 마귀가 미혹 식힐도로 모든 사ᄅᆞᆷ을 만히 시험ᄒᆞᆯ이로다 벳드루후셔 一쟝十절 말ᄉᆞᆷ에 ᄀᆞᆯᄋᆞ되 「형데들아 더욱 힘써 너희부르심과 턱ᄒᆞ심을 굿게ᄒᆞ라 만일 너희가 이모든것을 힝ᄒᆞ즉 언제던지 실족ᄒᆞ지 안니ᄒᆞᆫ다」ᄒᆞ신 말ᄉᆞᆷ을 삼가 죠심ᄒᆞᆯ것은 근일에 쇼위 안식교라ᄒᆞᄂᆞᆫ 교에셔ᄂᆞᆫ 젼도인으로ᄒᆞ여곰 젼도ᄒᆞ되 밋지안니ᄒᆞᄂᆞᆫ 사ᄅᆞᆷ을 회ᄀᆡ 식히지ᄂᆞᆫ 못ᄒᆞ되 도로혀 밋ᄂᆞᆫ형데를 유혹ᄒᆞᄂᆞᆫ것은 남의 교회로만 ᄃᆞᆫ니며 감언이셜노 ᄭᅬ여 그 밋음을 산란ᄒᆞ게 ᄒᆞᆯ뿐아니라 평강 늘아치교회에 가셔ᄂᆞᆫ 그형데들을 츙동식혀 토요일을 직히게ᄒᆞ고 남의 권한을 ᄲᅢ아셔 히쳐 유ᄉᆞ로 ᄌᆞ긔의 미셔인을 삼고 또ᄒᆞᆫ 쇼유권이 놈의게 잇ᄂᆞᆫ 례ᄇᆡ당을 ᄌᆞ긔 임의로 뭇지도 아니ᄒᆞ고 토요일에 례ᄇᆡᄒᆞᆫ다ᄒᆞ니 엇지 하ᄂᆞ님의 도를젼ᄒᆞ며 죄에잇ᄂᆞᆫ 민족을 불샹이 녀여 구원ᄒᆞᄂᆞᆫ길노 인도ᄒᆞᆫ다ᄒᆞ리오 이ᄂᆞᆫ 도로혀 믁시二〇十二ㅣ十五절에 닐운바 사탄의회요 발남의교훈이라 ᄒᆞᆯ수잇스니 우리 형뎨ᄌᆞᄆᆡ들은 이때에 쉬지말고 긔도ᄒᆞ여 이러ᄒᆞᆫ 미혹에 ᄲᅡ지지 안키를바라옵ᄂᆞ이다

젼도ᄉᆞ 一람

⊙젼도인의직칙

구약ᄉᆞ긔를 샹고ᄒᆞ건ᄃᆡ 모세와 아룬의 시ᄃᆡ에ᄂᆞᆫ 젼도인의 직임이 아직 명ᄇᆡᆨ히 분간되지 못ᄒᆞᆫ지라 그럼으로 다만 레위족속즁에셔 졔ᄉᆞ쟝을 턱뎡ᄒᆞᆫ후 졔ᄉᆞ쟝으로 ᄒᆞ여곰 사ᄅᆞᆷ ᄀᆞᄅᆞ치ᄂᆞᆫ 직칙ᄭᆞ지 맛게ᄒᆞ엿더니 그후 百여년간에 이스라엘ᄇᆡᆨ셩이 졈졈 여호와의 도에셔 ᄯᅥ날ᄲᅮᆫ아니라 졔ᄉᆞ쟝들ᄭᆞ지라도 ᄎᆞᄎᆞ ᄯᅴ만ᄒᆞᆫ 디경에 니르러 ᄇᆡᆨ셩ᄀᆞ르칠쟈

五

가 업슴으로 샹뎨ᄭᅴ셔 특별히 삼우엘을 부르샤 ᄉᆞᄉᆞ의 직분을 맛기시고 겸ᄒᆞ야 션지쟈가되게ᄒᆞ셧스니 이는 곳 이스라엘의 첫재션지라 젼문으로 사ᄅᆞᆷᄀᆞᄅᆞ치ᄂᆞᆫ 직칙을 맛흔지라 션지의 유익ᄒᆞᆷ을 ᄭᆡ닷고 이에 션지학교를 셜립ᄒᆞᆫ후 ᄌᆞ긔가 그학교의 감독이되여 여러사ᄅᆞᆷ을 교육ᄒᆞ야 뎌회로 ᄒᆞ여곰 션지의 직칙을 알게ᄒᆞ엿스니 (삼샹十九○廿) 이로밀우어 보건ᄃᆡ 삼우엘이젼에는 졔ᄉᆞ쟝이 ᄀᆞᄅᆞ치ᄂᆞᆫ일ᄭᆞ지 겸ᄒᆞ던것을 삼우엘시ᄃᆡ에 와셔야 비로소 논호여 졔ᄉᆞ쟝은 졔ᄉᆞ에 관ᄒᆞᆫ일만 쥬쟝ᄒᆞ고 션지는 교육에 관ᄒᆞᆫ일만 젼임ᄒᆞ엿더라 그러나 이션지학교에셔 졸업ᄒᆞᆫ쟈가 다 하ᄂᆞ님의 부르심을 입어 예언ᄒᆞᆫ것이라 하ᄂᆞ님의 ᄯᅳᆺ대로 턱ᄒᆞ야 쓰실ᄯᅢ에 혹 졸업못ᄒᆞᆫ쟈도 부르시ᄂᆞ니 곳 이사야 예리미 세결 ᄀᆞᆺᄒᆞᆫ 션지들은 다 션지학교 졸업싱밧게셔 턱ᄒᆞ셧ᄂᆞ니라 그러나 이졸업싱즁에셔 턱ᄒᆞ신것이 더만흐니라 하ᄂᆞ님의 사ᄅᆞᆷ턱ᄒᆞ시ᄂᆞᆫ 방법은 두가지가 잇스니 (一)이샤(異像)즁에 ᄀᆞᄅᆞ쳐 뵈이심이오 (二)예리미二쟝一졀 말ᄉᆞᆷ과 효유ᄒᆞ시던지 혹 묵시ᄒᆞ심이니라

션지쟈의 사ᄅᆞᆷᄀᆞᄅᆞ치ᄂᆞᆫ 방법도 두가지가 잇스니 (一) 하ᄂᆞ님의 ᄀᆞᄅᆞ쳐 뵈이신것을 입으로 셜명ᄒᆞ야 당셰사ᄅᆞᆷ마 ᄀᆞᄅᆞ치ᄂᆞᆫ것이오 (二) 하ᄂᆞ님의 묵시ᄒᆞ신것을 붓으로 긔록ᄒᆞ야 후셰사ᄅᆞᆷᄭᆞ지 ᄀᆞᄅᆞ치ᄂᆞᆫ것이니라

셰계격언

一、학문이란것은 어진쟈로 ᄒᆞ여곰 더욱 어질게ᄒᆞ며 악ᄒᆞᆫ쟈로 ᄒᆞ여곰 더욱악ᄒᆞ게 ᄆᆞᆫᄃᆞᄂᆞ니라

二、소경이 보지못ᄒᆞᆯ지라도 빗츤 그밝은것을 일치아니ᄒᆞᄂᆞ니라

三、ᄌᆞ긔一신만 위ᄒᆞ야 사ᄂᆞᆫ쟈ᄂᆞᆫ 칠하리 살지아니ᄒᆞᄂᆞᆫ편이 나흐니라

四、리웃 사ᄅᆞᆷ을 ᄉᆞ랑ᄒᆞᆯ지라도 ᄉᆞ이에잇ᄂᆞᆫ 담을헐어업시ᄒᆞ지 말지니라

五、ᄌᆞ녀가 만흐면 괴로옴도 만코 ᄌᆞ녀가 업스면 힝복도 업ᄂᆞ니라

六、파리ᄒᆞᆫ ᄌᆞ유가 살진노예보다 나흐니라

七、남ᄌᆞ의 늙는것은 그ᄆᆞ옴에 잇고 녀ᄌᆞ의 늙는것은 그얼골에 잇ᄂᆞ니라

八、남ᄌᆞ는 밧게셔 금젼을 벌고 녀ᄌᆞ는 안에셔 이것을 졀용ᄒᆞᆯ것이니라

어린ᄋᆞᄒᆡ들의니야기

◎알터의ᄌᆞ션심

미국 지가고에 알터라는 ᄋᆞᄒᆡ가잇ᄂᆞᆫᄃᆡ 가셰가 심히빈한ᄒᆞ야 신문을 팔너ᄃᆞᆫ닐ᄉᆡ 하로는 심히 치운겨울날이라 七十여셰된 엇던로인이 ᄯᅩᄒᆞᆫ 신문을 팔너나왓ᄂᆞᆫᄃᆡ 닙은 의복은 갈챵ᄀᆞᆺ치 엷고 밍렬ᄒᆞᆫ 북풍은 귀를베여내ᄂᆞᆫ듯ᄒᆞ며 휜슈염에 곳어름이 주레주레 달닌즁 ᄯᅩᄒᆞᆫ 감긔로 목이 담쌕쉬여서 「무ᄉᆞᆫ신문 무ᄉᆞᆫ신문을 사라고」 힘써소리를 질너도 도모지 겻헤사ᄅᆞᆷ도 알아듯지를 못ᄒᆞᄂᆞᆫ지라 그로인이 긔가막혀 쌍에가 펄셕 주져안즈며 탄식ᄒᆞᄂᆞᆫ말이 「이런 신셰가 ᄯᅩ어ᄃᆡ잇나 오ᄂᆞᆯ은 신문ᄒᆞᆫ쟝도 못팔겟스니 속졀업시 굴머자게 되엿도다」 열세졀 먹은 알터가 겻헤셔 그말을 듯다가 그로인 압흐로 갓가히 가셔 공손히 ᄒᆞᄂᆞᆫ말이 「로인쟝은 무ᄉᆞᆫ신문을 가지고 ᄃᆞᆫ니심닛가 내가 로인ᄃᆡ신 소리를 좀질너 드릴터이니 잘파십시오」 말을 맛친후에 아ᄅᆞᆷ다온 목소리를 놉혀 신문일홈을 력력히 불너가며 사보기를 쳥ᄒᆞ니 릭왕지인이 닷토아 사ᄂᆞᆫ지라 슌식간에 그로인이 신문을 다팔고 갈ᄯᅢ에 돈몃젼을 주면서 ᄒᆞᄂᆞᆫ말이 「네가 내신문을 팔아주기 위ᄒᆞ야 네신문은 ᄒᆞᆫ쟝도 못팔엇스니 나의 엇은리익을 논호자」ᄒᆞ매 알터가 사양ᄒᆞ여왈 「아니올세다 제가 그것을 ᄇᆞ라고 그런것이 아니오 우리쥬의 말ᄉᆞᆷ을 밧드러 로인쟝을 잠시 도아드린것이올세다 저ᄂᆞᆫ 젊은긔운에 밧비도라ᄃᆞᆫ니면 제신문 팔기에 파히 늣지아니ᄒᆞ엿ᄉᆞᆸ니다」ᄒᆞ고 그로인을 향ᄒᆞ야 공손히 례ᄒᆞ고 가ᄂᆞᆫ지라 그 겻헤 웬신ᄉᆞ가 서셔보다가 알터를 불너 칭찬ᄒᆞ고 돈十

환짜리 ᄒᆞᆫ쟝을 주고갓더라

교육

◉가졍학

가뎡경졔 (쇽)

물픔사드리ᄂᆞᆫ일

대뎌 물픔사드리ᄂᆞᆫ일도 가뎡경졔에 관계됨이 적지아니ᄒᆞ니 쥬부(主婦)된쟈ㅣ 불가불 깁히 주의ᄒᆞ여야 될지니라

一、물픔을 ᄐᆡᆨᄒᆞ야 살지니 대개 집안에셔 날마다 쓰고 자조 변동ᄒᆞᆯ 물픔은 화려(華麗)ᄒᆞᆫ것보다 견고ᄒᆞᆫ것을 ᄐᆡᆨᄒᆞᆯ지며 무ᄉᆞᆷ 쟝식(裝飾)ᄒᆞᄂᆞᆫ 물픔이나 ᄂᆞᆷ의게 션물노 줄 물픔은견고ᄒᆞᆫ것보다 화려ᄒᆞᆫ것을 ᄐᆡᆨᄒᆞᆯ지니라

二、물픔파ᄂᆞᆫ 샹뎜(商店)을ᄐᆡᆨᄒᆞᆯ것이니 물픔을 사고져ᄒᆞᆯ때에 비록 샹거가 좀멀지라도 아모됴록 됴흔 물픔을 노코 에노리 아니ᄒᆞᄂᆞᆫ 뎐을 차자갈지니라

三、아모됴록 직젼을 주고 물픔을 살것이니 그리ᄒᆞᆷ은 무엇이됴ᄒᆞ면 (一) 무ᄉᆞᆷ물픔이던지 좀 싸게살수 잇슴이오 (二) 어나뎐이던지 가셔 합의(合意)ᄒᆞᆫ 물픔을 살수잇슴이오 (三) 예산외에 필요치 아니ᄒᆞᆫ 물픔을 사지아닐수 잇슴이니라

四、물픔의 시가를 ᄒᆞᆼ샹 탐문ᄒᆞ야 알고잇슬것이니 쥬부된쟈ㅣ 물건의 시가를 알지못ᄒᆞ면 간사ᄒᆞᆫ 쟝사ᄇᆡ나 하인비의게 속아셔 시가외에 갑을 더주고 살념려가 잇슴이니라

실업

◉누에치ᄂᆞᆫ법 (쇽)

누에치ᄂᆞᆫ졔구(蚕具)

누에치ᄂᆞᆫ 졔구ᄂᆞᆫ 여러죵류가 잇ᄂᆞᆫᄃᆡ 그즁에 ᄀᆞ장 필요ᄒᆞᆫ 것만 들어말ᄒᆞᆯ건ᄃᆡ

一、잠가(蚕架)니 이것은 기동을 세운후 쟝쥭이나가ᄂᆞᆫ나무로 층층히 실엉을 미고 후에 누에먹이ᄂᆞᆫ 발(箔)을 펴ᄂᆞᆫ것이라 죠션셔ᄂᆞᆫ 과왕에 잠가의 설비가 업슴으로 잠실(蚕室)을 널게쓸줄 몰낫스나 만일 잠가를 설비ᄒᆞ면 三갑졀이나 더널게 쓸수잇ᄂᆞ니라

二、잠박(蚕箔)이니 잠박은곳 누에 먹이ᄂᆞᆫ 발이라 ᄃᆡ(竹)나 싸리나 갈ᄃᆡ로 역거셔 ᄆᆞᆫᄃᆞ러 펴고 그우에 헌 신문지ᄀᆞᆺᄒᆞᆫ것을 싸ᄂᆞᆫ것이 됴흐니라

三、잠망(蚕網)이니 누에가 네번 잠자고 난후에ᄂᆞᆫ 왕골ᄀᆞᆺᄒᆞᆫ것으로 그물을 ᄆᆡ자셔 잠박을 ᄃᆡ신ᄒᆞ야 쓰ᄂᆞᆫ것이 누에똥 치기에 ᄀᆞ장 편리ᄒᆞ니라

四、잠족(蚕簇)이니 이것은 곳 누에로 올나셔 ᄭᅩ치(繭)를 짓게ᄒᆞᄂᆞᆫ것이라 근일 신식(新式)을 의지ᄒᆞ야 ᄆᆞᆫ드ᄂᆞᆫ즁에 오공족(蜈蚣簇)이 ᄀᆞ장 됴흐니 그ᄆᆞᆫ드ᄂᆞᆫ 방법은 가ᄂᆞᆫ 삭기나 노ᄭᅳᆫ(細繩) ᄒᆞᆫ발가량을 곱쳐셔 단단히 비인후 마른집(藁)흘 네치가량식 되게 잘나셔 ᄉᆞ이ᄉᆞ이 평균히 셰이고 그 노ᄭᅳᆫ을 합ᄒᆞ야 ᄭᅩ고보면 그형상이 진에(蜈蚣)ᄀᆞᆺᄒᆞᆫ고로 오공족이라칭ᄒᆞᄂᆞ니라

담총

◉영국우션ᄐᆡ틱닉의큰지앙

거四월 十四일에 미국북히에셔 파션된 ᄐᆡ틱닉이란 ᄇᆡᄂᆞᆫ 셰계에 뎨一큰 우션(郵船)인ᄃᆡ 쟝이 八白八十一쳑(영쳑)이오 광이 八十二쳑이며 고가 一百七十五쳑이며 돈수가 四만五쳔돈이며 가치(價値)가 一千五百만환이니 그안에 三千四百四十七인을 용납ᄒᆞᆯ만ᄒᆞᆫ 긱실과 六白명이 모혀 잔치ᄒᆞᆯ만ᄒᆞᆫ 식당과 례ᄇᆡ당과 긔계운동쟝과 공 치ᄂᆞᆫ 마당과 헤음(浴泳)치ᄂᆞᆫ 연못과 적은화원(花園)과 모든 셜비ᄂᆞᆫ 셰계의 一등 려관(旅館)과 비등ᄒᆞ더라 이날밤 十一시四十분가량에 이ᄇᆡᄂᆞᆫ ᄒᆞᆫ시간동안에 七十리식 힝ᄒᆞᄂᆞᆫ 속력으로 밤의 어두운것을 무릅쓰고 가더니 별안간 산ᄀᆞᆺᄒᆞᆫ 어름뎡어리가 압헤당노ᄒᆞ매 속히 가던ᄇᆡ로 더보러 충돌ᄒᆞᆯ것은 면치못ᄒᆞᆯ일이라 ᄇᆡᄂᆞᆫ 셰여져셔 졈졈 바다밋흐로 ᄂᆞ려간즉 이ᄇᆡ에 올낫던 션직二千三白여명의 싱명이 ᄒᆞᆫ터럭ᄉᆞ이에 잇ᄂᆞᆫ지라 즉시 함쟝이 슈부(水夫)를 명ᄒᆞ야 큰ᄇᆡ에 달앗던 죵션 十여쳑을 ᄂᆞ려노코 ᄒᆞᆼ샹 규측을 의지ᄒᆞ야 부인들과 어린ᄋᆞ희들브터 몬져 죵션에 오르게ᄒᆞ엿ᄂᆞᆫᄃᆡ 겨우 七百五인을 슈용(收容)ᄒᆞᆫ지라 그럼으로 남ᄌᆞ들은 감안히셔셔 부인들과 ᄋᆞ희들의 오르ᄂᆞᆫ것을 보다가 더 오를자리가 업슴을보고 아조 살희망이 ᄭᅳᆫ어지매 「하ᄂᆞ님이시여 나를 갓가히 ᄒᆞᆸ쇼셔」ᄒᆞᄂᆞᆫ 풍류소ᄅᆡ가 온ᄃᆡ 그ᄇᆡ와 ᄒᆞᆷᄭᅴ한량업시 깁흔 물밋으로 ᄂᆞ려갓더라 이ᄯᅢ에 죵션에 오

즁七百五명은 팟닙ᄀᆞᆺ치 젹은 비를 ᄐᆞ고 망망대양에 바람을 ᄯᆞ라 왕릭ᄒᆞ다가 지나가는 영국 우션 가파듸아라는 ᄇᆡ를 만나셔 다 그 ᄇᆡ에 오르매 이 ᄇᆡ의 함쟝은 즉시 긔도회를 열고 七百五명의 살아는 것을 위ᄒᆞ야 하ᄂᆞ님께 감샤를 드리며 ᄯᅩ 죽은사롬 一千六百의 유족(遺族)을 위ᄒᆞ야 위로ᄒᆞ심을 간구ᄒᆞ엿더라

긔쟈왈 우리는 이 ᄇᆡ의 큰 ᄌᆡ앙 만난일에 ᄃᆡᄒᆞ야 깁히 동감졍을 표ᄒᆞᄂᆞᆫ 가온ᄃᆡ 몃가지 ᄉᆡᆼ각ᄒᆞᆯ것은 (一) 이사롬즁에 이세상의 헛된 영화를 탐ᄒᆞ야 잠시 하ᄂᆞ님의 은혜를 니져ᄇᆞ렷슴쟈도 응당 만핫슬것이라 그러나 나죵시간에는다 하ᄂᆞ님을 차잣스니 이는 사롬이 궁ᄒᆞ면 근본으로 도라오는(人窮反本)즁거요 (二) 남ᄌᆞ들이 ᄌᆞ긔의 죽을줄을 알고도 부인들과 ᄋᆞᄒᆡ들노 ᄒᆞ여곰 몬져 죵션에 오르게ᄒᆞ고 옹용히 죽올ᄯᅢ에 쳐ᄒᆞ엿스니 이는 우리쥬의 도로 좃차나온 분명의 빗치라 ᄒᆞ노라

회보ᄃᆡ금령슈

住所	氏名	金額
南部青寧橋	洪德周	二十錢
上仝	徐相烈	二十錢
海州	郭明理	四十錢
上仝	車南祚	四十錢
上仝	林永澤	三十錢
開城	權의나	三十四錢
白川	林鎭國	三十三錢五厘
仁川	閔重植	六十錢
開城	姜助遠	五圓
仁川德積	許進一	四十五錢
伊川支石市	柳讚熙	九十錢
鍾路	李承晚	五十錢
上仝	耶穌教書會	九十錢
麻田高村	韓應有	四十錢
漣川横山里	權德在	一圓二十錢
元山中里	朴鶴彛	四十錢
遂安	丁和悅	四十錢
長湍	金永鶴	三圓四十錢
伊川	趙應奎	三十二錢
順川	李能道	三十錢
春川	姜敬玉	三十錢
上仝	鄭泰永	三十錢
抱川	趙聖道	五圓四十錢
北部校洞	黃甲秀	二十錢
兎山	印洪錫	一圓五錢
仝芝陰洞	李相夏	一圓五錢
兎山市	李錫源	七十五錢

광고

경계자 본공회에서 죵로 젼긔회샤 월변에 본회관을 신츅ᄒᆞ고 금년 一월초에 이젼ᄒᆞ야 ᄉᆞ무를 더욱 확장ᄒᆞ엿ᄉᆞ오며 동서각방언의 번역과 각양쟝ᄎᆡᆨ의 셩서를 구비ᄒᆞ야 쳥구의 다쇼를 물론ᄒᆞ고 신쇽히 슈응ᄒᆞ되 우세 혹 운비는 본공회에서 일졀 담당ᄒᆞ오며 ᄎᆡᆨ샤영업인의게는 ᄉᆞ분 三할리를 계급ᄒᆞ오니 경향각쳐의 일반 교우는 슈으구람 ᄒᆞ실지어다

젼도의 더욱 확장되기를 위ᄒᆞ야 언문쇼본 마가와 동양으로 언한문마가복음을 발힝ᄒᆞ이 미권 一젼으로 미히ᄒᆞᄂᆞ이다

一千九百十二년二월

서울 죵로 대영셩셔공회 고ᄇᆡᆨ

▲광고▼

경향 여러교우의 갈망ᄒᆞ시던 국문구약셩경의 완편이 츌판되여 발셔브터 다수히 발매ᄒᆞ오니

쳠군ᄌᆞ는 슈용의 다소를ᄯᅡ라 륙쇽쳥구ᄒᆞ심을 ᄇᆞ라옵

그 제본과 뎡가는 여좌ᄒᆞ옵

二권一질二쳔六빅五十헌

지의 一환

포의 一환十五젼

ᄒᆞᆫ문셩경이 새로 샹ᄒᆡ로셔 나왓는ᄃᆡ 문리관쥬구신약과 신약이오

일어셩경신구약도 여러죵류가 잇는ᄃᆡ 본공회와 셔울명동과 평양에잇는 일본인ᄎᆡᆨ샤 본공회 셩셔발매소에서 발매ᄒᆞ옵

ᄯᅩ 평양잇는 죠션인ᄎᆡᆨ샤 본공회 셩셔발매소에는 국문셩경과 국한문셩경 여러죵류가 잇솝

각 ᄎᆡᆨ샤에서 사가면 삼할ᄒᆞ고 부비ᄭᆞ지 담당ᄒᆞ옵

京城鍾路基督教青年會下層
美國聖書公會 告白

明治四十四年二月二日第三種郵便物認可 主降生一千九百十二年七月十五日(月曜) 第一卷第廿六號

그리스도회보

KOREAN CHRISTIAN ADVOCATE

每月二回十五日三十日發行
明治四十五年七月十二日印刷
明治四十五年七月十五日發行

發行兼編輯人 北部社洞 奇義男
印刷人 北部樓閣洞 朴東完
印刷所 京城西小門內法韓印刷所
發行所 北部社洞그리스도회보社
ᄃᆡ금 一쟝 二젼五리
[代金] 六個월 二十젼
一個년 四十젼

사셜

⊙강ᄒᆞᆫ쟈가맛당히약ᄒᆞᆫ쟈를도아줄일

하ᄂᆞ님ᄭᅴ셔 이세샹을 창조ᄒᆞ샤 인류로 ᄒᆞ여곰 그 가온ᄃᆡ 거쳐케 ᄒᆞ셧ᄂᆞᆫᄃᆡ 인류가 이 세샹에 드러올때에 욕심과 교만이 ᄯᆞ라온지라 그럼으로 강ᄒᆞᆫ나라이 약ᄒᆞᆫ나라를 침탈ᄒᆞ며 강ᄒᆞᆫ 가족이 약ᄒᆞᆫ 가족을 압졔ᄒᆞ며 강ᄒᆞᆫᄀᆡ인이 약ᄒᆞᆫᄀᆡ인을 능멸ᄒᆞᄂᆞᆫ 폐단이 죵죵 잇셔셔 하ᄂᆞ님의 공평ᄒᆞ신 법률에 범ᄒᆞᄂᆞᆫ쟈ㅣ 만흔고로 인인ᄒᆞ신 하ᄂᆞ님은 이것을 심히 뮈워ᄒᆞ샤 영원히 밧고지못ᄒᆞᆯ 원측(原則)ᄒᆞ나를 뎡ᄒᆞ샤 사ᄅᆞᆷ마다 복죵케 ᄒᆞ셧스니 이것은 곳 강ᄒᆞᆫ쟈가 약ᄒᆞᆫ쟈를 도아줄것이라 그러나 이원측은 세가지로 말미암아 직힐수잇ᄂᆞ니

(一)신톄력으로 써 ᄒᆞᆯ것인ᄃᆡ 신톄력의 강ᄒᆞᆫ쟈가 약ᄒᆞᆫ쟈를 엇더케 도아주겟ᄂᆞ뇨 그무거온 짐을 ᄃᆡ신지며 겁드러질때에 붓드러주며 위험ᄒᆞᆫ때에 극력 보호ᄒᆞ기를 맛당히 ᄌᆞ랑ᄒᆞᄂᆞᆫ 어머니가 그 어리고 약ᄒᆞᆫᄌᆞ녀를 보양키 위ᄒᆞ야 그 긔력(氣力)을 다ᄒᆞ며 육톄를 괴롭게ᄒᆞ되 그것을 락으로 아ᄂᆞᆫ것ᄀᆞᆺ치 ᄒᆞ며

(二)지식으로 써 ᄒᆞᆯ것인ᄃᆡ 지식의 강ᄒᆞᆫ쟈가 약ᄒᆞᆫ쟈를 엇더케 도아주겟ᄂᆞ뇨 유익ᄒᆞᆫ 학술을 빈ᄒᆞᆫ쟈ㅣ 아름다온 옥을 궤속에 감초아 둠과ᄀᆞᆺ치 ᄒᆞᆫ쟈만 알고 잇지말고 녯 셩현의 ᄀᆞᄅᆞ치기를 게르게 말나ᄂᆞᆫ 훈계를 좃차셔 맛당히 넙셜이 마르고 혀가 모죠라지도록 남을 ᄀᆞᄅᆞ치기를 어진 션ᄉᆡᆼ이 교수ᄒᆞᆯ때에 잘 모르면 무한히 이를쓰다가 셔ᄃᆞ르면 깃버ᄒᆞᄂᆞᆫ것 ᄀᆞᆺ치ᄒᆞ며

(三)도덕으로 써 힝ᄒᆞᆯ것인ᄃᆡ 도덕의 강ᄒᆞᆫ쟈가 약ᄒᆞᆫ쟈를 엇더케 도아주겟ᄂᆞ뇨 동포의 령혼을 죄악즁에셔 구원ᄒᆞ기 위ᄒᆞ야 핍박과 비방과 슈욕을 무릅쓰고 쥬의 복음을 힘써젼ᄒᆞ며 리웃 ᄉᆞ랑ᄒᆞ기를 ᄌᆞ긔몸과 ᄀᆞᆺ치ᄒᆞ며 슬픈일게 ᄒᆞᆫ가지로 슬퍼ᄒᆞ며 깃븐일에 ᄒᆞᆷᄭᅴ 깃버ᄒᆞ기ᄂᆞᆯ 우리쥬 예수 그리스도ᄭᅴ셔 우리를 구원ᄒᆞ시랴고 十ᄌᆞ가우에 그 보혈 흘니신 모범을 좃차힝ᄒᆞᆯ지니 이 세샹에 이 원측대로 힝ᄒᆞᆫ다ᄂᆞᆫ ᄀᆡ인이나 단톄나 종교가 만치마ᄂᆞᆫ 춤으로 이 원측을 세우고 그대로 힝ᄒᆞᄂᆞᆫ 종교ᄂᆞᆫ 다만 우리그리스도교 ᄒᆞ나뿐인줄 밋노니 우리 쥬예수안에셔 ᄒᆞᆫ지톄된 우리ᄂᆞᆫ 싀긔와 교만과 징투와 뮈워ᄒᆞᆷ과 비방과 모든 악ᄒᆞᆷ을 다ᄇᆞ리고 우에 말ᄒᆞᆫ바 세가지로 이원측을 직혀셔 우리 불샹ᄒᆞᆫ 약ᄒᆞᆫ 동포들 도아줍세다 내가 남을 도아주면 남이 ᄯᅩᄒᆞᆫ 나를 도아줄것이니 힘쓸지어다 ᄉᆞ랑ᄒᆞᄂᆞᆫ 형뎨와 ᄌᆞᄆᆡ시여

◉본사특별고ᄇᆡᆨ

누구시던지 본회보 ᄃᆡ금을 우편쇼위체(郵便小爲替)로 보내시되 혹 우표(郵票)로 보내실 경우에ᄂᆞᆫ 五젼자리 이하의 우표로 보내시고 五젼자리나 그 이샹우표로 보내시ᄂᆞᆫ것은 밧지 아니ᄒᆞ겟삽

교즁휘문

△ᄂᆡ보▽

◉하감독인입 죠션파 일본에잇는 미감리교회를 관할ᄒᆞ는 감독 히리스씨는 거월즁 미국 미니아폴니스셩에셔 기ᄒᆞᆫ 미감리회 四년총회의 결의로 젼직무를 인임ᄒᆞ게된지라 그럼으로 린十월간에 다시 일본으로 건너와셔 얼마동안 각교회를 시찰ᄒᆞᆫ후 죠션으로 건너온다더라

◉리씨의열심 경긔도 안산군 김동일씨의 통신을 거ᄒᆞᆫ즉 동군 구쥬물 리부인 인규씨는 본시 경셩 남감리회당으로 몃ᄃᆞᆯ동안 ᄃᆞᆫ니면셔 례비보다가 이곳으로 락향ᄒᆞ여 본즉 그동리에 밋는형뎨는 ᄒᆞ나도업고 신리경쥰왕의회샹을 슝봉ᄒᆞ거ᄂᆞᆯ 리부인이 셩신의 인도ᄒᆞ심을 빗아 쥬를 차질ᄆᆞ음이나셔 그군쳐 교회를 무른즉 五리샹거되ᄂᆞᆫ ᄉᆞ탕리에 박죵션씨의 쥬장ᄒᆞᆫ 교회가 잇거ᄂᆞᆯ 리씨가 ᄌᆞ리로 문밧 츌입을 아니ᄒᆞ던터이나 열심이 분발ᄒᆞ여 그ᄉᆞ촌 시아자버니 김션령씨를 권면ᄒᆞ야 ᄀᆞᆺ치 례비를 보러ᄃᆞᆫ니면셔 그동리에셔 엇은 ᄌᆞ미형뎨가 근二十명에 달ᄒᆞᆫ지라 쥬일 오젼례비는 ᄉᆞ탕리교회에셔보고 쥬일져녁과 三일례비는 김션령씨가 ᄌᆞ긔집에셔 인도ᄒᆞ며 리부인의 남편김씨도 그부인의 권면을빗아 신심이 싱김으로 그부인의 열심을 칭숑ᄒᆞᄂᆞᆫ쟈ㅣ 만타ᄒᆞ엿더라

◉려쥬교회의흥왕홈 경긔도 리쳔군 한창셥씨의 통신을 거ᄒᆞᆫ즉 려쥬군 북대동교회의 리방헌씨는 본리 우샹셤기기로 뎨一유명ᄒᆞ야 그런 허망ᄒᆞᆫ일에 돈도 만히 허비ᄒᆞ고 ᄯᅩ 그동리 사ᄅᆞᆷ이 예수밋는 것을 핍박ᄒᆞ야 심지어 예수교인을 보기가 슬혀셔 셔울노 반이ᄉᆞ지ᄒᆞ엿더니 셔울셔 우연히 복음젼ᄒᆞᄂᆞᆫ 말ᄉᆞᆷ을듯고 그ᄆᆞ음이 감동되여 밋기를 시작ᄒᆞ엿ᄂᆞᆫ듸 그ᄂᆡ외가 다열심으로 쥬를 밋고 셤기매 그동리 사ᄅᆞᆷ이 말ᄒᆞ기를 젼에ᄂᆞᆫ 우샹셤기기로 뎨一이라ᄒᆞ더니 지금은 쥬를 셤기기로 뎨一이라ᄒᆞ더라 ᄯᅩ 그곳속장 리광현씨와 의론ᄒᆞ고 교회지졍도 만히 예비ᄒᆞ며 여간 죠고마ᄒᆞᆫ 지졍은 ᄌᆞ긔가 독당ᄒᆞ며 문밧게 나가면 젼도ᄒᆞ고 집에 드러오면 셩경공부로 일을 삼으니 이와ᄀᆞᆺ치 열심홈으로 쥬일 례비에 오인이 모히기 어렵더니 지금은 五十여인에 달ᄒᆞᆫ다ᄒᆞ엿더라

◉남양교회의신셜과합병 경긔도 남양군 김광식씨의 통신을 거ᄒᆞᆫ즉 본디방ᄂᆡ에 셜립된 교회가 본리 二十一쳐러니 금년에 각 권ᄉᆞ 속장 유ᄉᆞ졔씨가 열심젼도ᄒᆞᆫ 결과로 동군 마도면 상원동에 새로 교회를 셜립ᄒᆞ엿스며 교회다ᄉᆞ리기 편리홈을 인ᄒᆞ야 슈원군 ᄒᆡ창 뎨압량교회는 합병ᄒᆞ고 ᄯᅩ ᄉᆞ무가 호번ᄒᆞᆫ고로 본디방을 동셔 량디방으로 눈호앗ᄂᆞᆫ듸 동디방교회ᄂᆡ 十쳐에는 신쟈가 六百七十七인이오 셔디방ᄂᆡ 十一쳐에는 신쟈가 八百九十八인이라더라

◉젼도회의희망 평남 즁화군 룡흥농교회 강시봉씨의 통신을 거ᄒᆞᆫ즉 ᄒᆡ디방구역ᄂᆡ 률동 벌몰 ᄂᆡ동 룡흥 고잔 곤양 솔모루등 七쳐교회 직원들이 젼도회를 죠직ᄒᆞ엿ᄂᆞᆫ듸 회즁 임명은 회쟝一인 젼도국쟝一인 통신국쟝一인 회계국쟝一인 셔긔국쟝一인이오 이밧게 션유위원 두사ᄅᆞᆷ을 션뎡ᄒᆞ야 각교회로 슌환ᄒᆞ며 ᄒᆡ회에 입참케 ᄒᆞ기로 열심권면ᄒᆞᄂᆞᆫ듸 회비금인즉 형뎨는 二十젼이샹이오 ᄌᆞ미는 十젼이샹으로 모집ᄒᆞ고 회긔(會期)는 三ᄀᆡ월에 一ᄎᆞ식 모히기로 작뎡ᄒᆞ엿ᄂᆞᆫ듸 회일을 당ᄒᆞ면 남녀회원들이 풍우를 무릅쓰고 로비를 ᄌᆞ담ᄒᆞ야 회소로 모힐때마다 다른교우를 인도ᄒᆞ야 입회케ᄒᆞ며 회원이 츌셕ᄒᆞᄂᆞᆫ때마다 슈금(收金)ᄒᆞ야 ᄌᆞ본금에 보치ᄂᆞᆫ즁 거월廿八일에는 본디방 고잔교당ᄂᆡ에셔 뎨二회 젼도회를 기ᄒᆞ고 ᄒᆡ디방 쥬지 젼도ᄉᆞ 뎡진슈씨가 회쟝으로 츌셕ᄒᆞ고 ᄉᆞ무를 쳐리ᄒᆞᆫ후에 회계국쟝 로진국씨가 보고ᄒᆞ기를 금회에 슈입ᄒᆞᆫ 금익은 十七환五十젼이오 인원수는 남교우가 四十一인이

오 녀교우가 五十一인이라ᄒᆞ엿더라

◎김씨의ᄌᆞ션심 경긔도 려쥬읍교회 쟝츈명씨의 통신을 거ᄒᆞᆫ즉 동군 밍골교회 김츈죠씨는 본ᄅᆡ ᄌᆞ션심이 만흔ᄃᆡ 쥬를 밋은후로 ᄌᆞ션심이 더욱 진보되여 그동리에 학교를 셜립ᄒᆞ고 교ᄉᆞ一인의 신슈비를 ᄌᆞ담ᄒᆞ야 동니ᄋᆞᄒᆡ들파 근동ᄋᆞᄒᆡ들ᄭᅡ지 교육ᄒᆞ며 작년 정월에는 동리빈민의게 세찬으로 十三호에 ᄃᆡᄒᆞ야 ᄆᆡ호에 빅미一두식 주고 또 四셕은 츈궁에 주고 츄봉은 본밋흐로 밧앗스며 금츈에도 二十一호에 ᄃᆡᄒᆞ야 ᄆᆡ호에 一두식 구졔ᄒᆞ고 三셕은 ᄭᅮ어주고 가을에 본밋으로 밧겟노라ᄒᆞᆫ지라 그럼으로 一동이 히씨의 ᄌᆞ션심을 칭숑ᄒᆞᆫ다더라

◎졸업파진급 강원도 츈쳔군 김영모씨의 통신을 거ᄒᆞᆫ즉 본교회니 한영지서원 뎨二회 졸업식파 정명녀학당 진급식을 六월二十八일 하오八시반에 본례ᄇᆡ당니에서 겸힝ᄒᆞ얏는ᄃᆡ 당야에 관광재인이 二

ᄇᆡᆨ인이샹에 달ᄒᆞ엿스며 례식의 슌서대로 본디방 쟝로ᄉᆞ 허야곱씨가 쥬석ᄒᆞ고 권ᄉᆞ 홍승윤씨의 긔도로 ᄀᆡ회ᄒᆞᆫ후 교ᄉᆞ 리ᄐᆡ규씨가 식ᄉᆞ를 셜명ᄒᆞ고 남녀학싱이 우승훈창가를 노래ᄒᆞᆫ후 원감김영모씨가 학ᄉᆞ를 보고ᄒᆞ고 원쟝부라만목ᄉᆞ가 증서를 슈여ᄒᆞᆫ후 본도 니무부쟝 호리간씨의 츅ᄉᆞ와 본구역 젼도ᄉᆞ 홍죵슉씨와 본도 경무부쟝 흔병ᄃᆡ소좌 ᄉᆞ평졍길(寺平正吉)씨의 권면이 잇셧스며 금번 졸업싱은 로지명 박죵훈 고셩쥰 三인이오 학부형파 유지신ᄉᆞ의 긔부픔이 우대ᄒᆞᆫ즁 본도쟝관부인 리미ᄌᆞ씨는 五원금을 긔부ᄒᆞ얏다더라

▲외보▼

◎미감리회四년총회회록 대개 (卅四호속)

▲五월三일 감독히밀론씨가 림시회쟝으로 ᄀᆡ회ᄒᆞᆫ후 각쳐교회 ᄃᆡ표쟈를 뎜고ᄒᆞᆫ즉 一百三十四쳐 ᄃᆡ표쟈가 도합八百十九명이오 그즁에 네교우가 二十六명이며 흑인교우가 九十명이오 당일에 처리ᄒᆞᆫ ᄉᆞ건은 각위원회를 죠직ᄒᆞ엿더라

▲五월四일 감독크린손씨가 림시회쟝으로 ᄀᆡ회ᄒᆞᆫ후 감독킴불씨가 교회신문에 ᄃᆡᄒᆞ야 의안을 뎨츌ᄒᆞ엿는ᄃᆡ 그ᄂᆡ용은 우리감리교우의 집집마다 각기 본교회긔관신문 ᄒᆞᆫ쟝을 보게ᄒᆞ쟈는 일이오 그 다음에는 감독히리스씨가 일본파 죠션의 교회형편을 보고ᄒᆞᆫ후 또 감리ᄉᆞ 죠원시씨는 ᄌᆞ긔가 죠션감리교회의 셜립ᄒᆞᆫ지 뎨二十五년 은긔념(銀記念)회에 참셕ᄒᆞ엿는ᄃᆡ 미국본교회에서 죠션교회를 위ᄒᆞ야 감샤금으로 허락ᄒᆞᆫ돈이 도합五十二만九千六百二원에 달ᄒᆞ엿다고 보고ᄒᆞ엿더라

▲五월五일 당일은 쥬일이라 여러 감독파 회원뎨씨가 모혀 오젼오후에 긔렴례ᄇᆡ로 ᄌᆞ미잇는 젼도가 만핫다더라

▲五월六일 당일에 감독빼리씨가 림시회쟝으로 ᄀᆡ회ᄒᆞ고 몃교회 ᄃᆡ표쟈의 보고를 드른후에 미국 금지쥽령(禁止法令)에 의지ᄒᆞ야 미국 각쥬항구로 슐 실어드리는것을 금지케ᄒᆞ쟈는 케논셥하드씨의 국회의안(國會議案)을 파식혀 달나고 샹하의원에 ᄃᆡᄒᆞ야 강경히 교셥ᄒᆞ기로 엇던 회원의 동의가 잇셧는ᄃᆡ 이동의가 一치가결되엿더라

▲五월七일 당일은 감독 떼도웰씨가 림시회쟝으로 ᄀᆡ회ᄒᆞ고 각위원의 보고를 밧앗더라

▲五월八일 당일은 감독 쎄스포드씨가 림시회쟝으로 ᄀᆡ회ᄒᆞᆫ후 뎐쥬교국파 희랍교국에 션교ᄉᆞ보내는일에 ᄃᆡᄒᆞ야 션뎡ᄒᆞᆫ 위원의 보고를 드른즉 그대개가 (一) 감리교회는 맛당히 열심을 더ᄒᆞ야 뎐쥬교국파 희랍교국에 션교ᄉᆞ를 젼보다 더만히 파송ᄒᆞ자는 일이오 (二) 뎐쥬교국이나 희랍교국에 션교ᄉᆞ를 보내지 말자는 의론은 극력반ᄃᆡᄒᆞᆯ것이오 (이는 년젼소격란에서 ᄀᆡᄒᆞᆫ 만국션교회에서 뎐쥬교회와 희랍교국에는 션교ᄉᆞ를 보내지말자는 의론이 잇슨연고라) (三) 우리 감리교회에서 아모됴록 뎐쥬교회의 모든 음모와 이교회가 미국공립보통학교 관할ᄒᆞ는 권리를 엇

고져ᄒᆞ는 친략과 공의을 위ᄒᆞ야 슈합ᄒᆞᆫ돈으로 더회신부와 슈녀양셩ᄒᆞ는 학교에쓰는 일을 극력 반ᄃᆡᄒᆞᆯ것이오 (四) 텬쥬교와 희랍교의 신부나 교인ᄃᆞᆯ이 머리를 도리켜 우리 그리스도교로 드러오는쟈의게 깁히 동졍을 표ᄒᆞ고 환영ᄒᆞᆯ것인ᄃᆡ 이의안을 만장一치로 밧앗더라

그다음에 누구던지 흡연(吸烟)ᄒᆞ는쟈는 이회에셔 무슴 업원이던지 피션ᄒᆞᆯ권한을 주지말자는 동의가 잇서셔 一치가결되엿더라

▲五월九일 당일은 감독 쌔드씨가 림시회장으로 ᄀᆡ회ᄒᆞᆫ후 미국 대통령태프트씨의게 총ᄃᆡ를 보내여 동씨가 만국평화쥬지회를 셜립ᄒᆞ기 위ᄒᆞ야 그굿치 고심로력ᄒᆞᆷ에 ᄃᆡᄒᆞ야 우리 감리교회 젼톄는 감샤ᄒᆞᆫ뜻을 표ᄒᆞ기로 작뎡ᄒᆞ엿더라 (미완)

●●●●●●

⊙신분이젼도홈 중화민국 상히 동신을 거ᄒᆞᆫ즉 그곳에 사는 엇던 쳥년교우가 셔국목ᄉᆞ 모씨를 ᄃᆡᄒᆞ야 ᄒᆞ는말이 「내가 十여년동안 불철쥬야ᄒᆞ고 한문공부를 힘쓴것은 다만 과거(科擧)ᄒᆞ기를 희망ᄒᆞᆷ이러니 조뎡에셔 十여년젼브터 과거를 폐ᄒᆞ고본즉 다시ᄇᆞ랄것이 업서셔 이곳 즁셔셔원 (감리회학교)에 입학ᄒᆞᆫ지 三四년동안에 례ᄇᆡ三일과 쥬일마다 젼도ᄒᆞ는 말슴을 만히 드럿스나 ᄒᆞᆫ마ᄃᆡ도 귀에 들어오지 아니ᄒᆞ고 그리스도교를 반ᄃᆡᄒᆞ는 ᄉᆞ상만 점점 진보되더니 교쟝의 권홈을 인ᄒᆞ고 교회신문보기를 시작ᄒᆞᆫ후 싱각이 ᄎᆞᄎᆞ 감화되여 그리스도교가 춤됴ᄒᆞᆫ 종교인줄 세ᄃᆞᆺ고 쥬압흐로 나온후 신령ᄒᆞᆫ 은혜를 풍셩히 밧고 지금은 내몸과 싱명을 도라보지안코 쥬의일을 ᄒᆞ기로 작뎡ᄒᆞ엿노라」ᄒᆞ엿는ᄃᆡ 이쇼년은 그곳에 유명ᄒᆞᆫ 대관의 ᄋᆞ달이라더라

●●●●●●

⊙셰심ᄒᆞᆫ징을몬져탓ᄉᆞ 덕국 션교ᄉᆞ 노만셤씨는 동인도 수마트리셤즁에 드러가서 그곳 토인(土人)의게 여러번 죽을경우를 당ᄒᆞ엿스나 하ᄂᆞ님의 보호ᄒᆞ심을 힘닙어 잔명을 보존ᄒᆞ여기면셔 五十년동안 쥬의 복음을 힘써 젼파ᄒᆞᆫ 결과로 지금은 ᄌᆞ긔관할빗헤 八千여명신도가 잇는지라 월젼에 히교회 창립ᄒᆡ五十년 긔념회를 열엇는ᄃᆡ 외국션교ᄉᆞ 四十八명과 본토교인 八千명이 회동ᄒᆞ야 노씨의게 각각 례물을 드렷고 또 이셤은 화란국 령토인고로 화란국 황후폐하씌셔도 노씨의 五十년동안 교육ᄒᆞᆫ 공로를 위ᄒᆞ야 一등 훈쟝을 보내셧스니 이는 동씨가 쟝ᄎᆞᆺ 텬국의 영싱면류관 밧을 예표(預表)라 ᄒᆞ엿더라

●●●●●●

⊙긔독학교에회회교인 파사국셔울 데헤란 동신을 거ᄒᆞᆫ즉 이곳은 ᄌᆞ리로 회회교도의 셰력이 팽창ᄒᆞ야 우리그리스도교를 비방ᄒᆞ며 반ᄃᆡᄒᆞ는고로 그곳 긔독학교에 회회교도의 ᄌᆞ녀는 ᄒᆞ나도 입학지 아니ᄒᆞ더니 수년리로 더회가 점점 세드른것이 잇서셔 더회ᄌᆞ녀들 이학교로 보내는쟈 만흔지라 지금은 이학교 남학도三빅명즁에 회회교도의 ᄌᆞ질이 一百八十명이오 녀학도가 二百三十五명중에 회회교도의 ᄯᆞᆯ이 一百十六명이니 이는 다하ᄂᆞ님의 능력으로 인도ᄒᆞ심이라 ᄒᆞ엿더라

긔셔

⊙신자의거듭남

홍천 신셕구

지극히 오묘ᄒᆞ도다 밋는쟈의 거듭남이여 사ᄅᆞᆷ의 지혜로 능히 측량치못ᄒᆞᆯ것이라 예수 ᄀᆞᆯᄋᆞ샤ᄃᆡ 「사ᄅᆞᆷ이 거듭나지 아니ᄒᆞ면 하ᄂᆞ님나라를 보지못ᄒᆞᆫ다」ᄒᆞ셧스니 거듭나는 것은 신쟈의 데一 요긴ᄒᆞᆫ것인ᄃᆡ 거듭난다 ᄒᆞᆷ은 무엇이뇨 처음에 사ᄅᆞᆷ이 하ᄂᆞ님의 신셩ᄒᆞᆫ 형상으로 지은바되엿더니 조상이 ᄒᆞᆫ번죄를 범ᄒᆞᆫ후 그 유젼셩을 인ᄒᆞ야 어미ᄐᆡ즁에셔브터 죄가 잇슨즉 ᄌᆞ연히 죄에 잇슬네 드러가는고로 션을 힝ᄒᆞ고져ᄒᆞ는 ᄆᆞ음이 잇슬지라도 힝치못ᄒᆞ며 설혹 외모로 션을힝ᄒᆞᆯ지라도 ᄉᆞᄉᆞ로 솔피면 그즁의 악은 ᄇᆞ리지못ᄒᆞ엿ᄂᆞ니 바울이ᄀᆞᆯᄋᆞᄃᆡ 내가 원ᄒᆞ는 션은 힝치아니ᄒᆞ고 도로혀 원치아니ᄒᆞ는 그악을 힝ᄒᆞᆫ다는」말

숨어 꼿이를 닙음이라 그러나 오직 셩신으로 말미암아 죵심의 악ᄒᆞ고 더러온것을 써셔 ᄇᆞ리고 다시 신셩ᄒᆞᆫ신 하ᄂᆞ님의 셩픔을 밧아 새로 지은쟈가 되ᄂᆞ니 이는 혈긔로 난것도 아니오 정욕으로 난것도아니오 사ᄅᆞᆷ의 ᄯᅳᆺ으로 난것도아니오 하ᄂᆞ님ᄭᅴ로 난것이라 비컨ᄃᆡ 부모의 혈육을 밧아 육톄의 형샹을 일움ᄀᆞᆺ치 하ᄂᆞ님의 신을밧아 신의 형샹으로 일우는것이 곳 거듭나는것이니라 그런즉 엇더케 거듭남을 엇을수 잇ᄂᆞ뇨 바울이 ᄀᆞᆯᄋᆞᄃᆡ 「내가 그리스도와 ᄒᆞᆷᄭᅴ 十ᄌᆞ가에 못박혓ᄂᆞ니 내가 산것이 아니라 내안에 그리스도가 산것이라」ᄒᆞ엿스니 육톄가 죽지아니ᄒᆞ면 다시 사는것도 업ᄂᆞᆫ것 ᄀᆞᆺ치 육톄의 ᄆᆞᄋᆞᆷ이 죽지아니ᄒᆞ면 거듭남도 ᄯᅩᄒᆞᆫ 업슬지라 대개 사ᄅᆞᆷ이 ᄉᆞᄉᆞ로 술펴 죄를 깁히 ᄭᆡᄃᆞᆯ때에 ᄌᆞ긔ᄆᆞᄋᆞᆷ에 악과 궤휼홈이 잇슴으로 하ᄂᆞ님의 법을 굴복지 아니ᄒᆞᆯ뿐 아니라 ᄯᅩᄒᆞᆫ 능히 굴복ᄒᆞᆯ수도 업ᄂᆞᆫ줄알고 통회ᄒᆞᄂᆞᆫ ᄆᆞᄋᆞᆷ으로 ᄀᆞᆯᄋᆞᄃᆡ 「오호라 나는 괴로온 사ᄅᆞᆷ이로다 누가 이ᄉᆞ망의 몸에셔 나를 구원ᄒᆞ리오」ᄒᆞ야 ᄌᆞ긔육톄가 곳 ᄌᆞ긔의 원슈가 되는줄알고 그 정욕의 ᄆᆞᄋᆞᆷ을 十ᄌᆞ가에 못박아 죽인후에 거듭남을 엇을지니 그러면 거듭남의 무ᄉᆞᆷ 증거가잇ᄂᆞ뇨 거듭나기젼에는 량심이 죄에 가린바되여 신령ᄒᆞᆫ 리치를 알고져ᄒᆞᆯ지라도 능히 ᄭᆡ닷지 못ᄒᆞ다가 거듭난후에는 얼골에 수건을 벗고 거울을 보는것ᄀᆞᆺ치 쥬의영광을 능히 볼수잇스며 거듭난후에는 ᄆᆞᄋᆞᆷ이 ᄭᆡ긋ᄒᆞᆫ고로 ᄉᆞᄉᆞ로 싱각ᄒᆞᆯ때에 무ᄉᆞᆷ 됴흔 보물을 품은것ᄀᆞᆺ치 홍샹 깃븐것이며 거듭난후에는 셩신이 친히 우리신으로 더브러 우리가 하ᄂᆞ님의 ᄌᆞ녀됨을 증거ᄒᆞ시ᄂᆞᆫ고로 담대히 부르지져 ᄀᆞᆯᄋᆞᄃᆡ 아바 아바지라ᄒᆞ며 거듭나기젼에는 혹 거즛증거ᄒᆞ기를 내ᄆᆞᄋᆞᆷ에 셩신의 증거가 잇다ᄒᆞᆯ지라도 육톄로 좃차 음욕과 탐심과 교만과 싀긔와 거즛ᄒᆞᄂᆞᆫ 여러가지 악ᄒᆞᆫ 형뎍을 나타내고 거듭난후에는 셩신으로 좃차 ᄉᆞ랑과 희락과 화평과 온유와 ᄌᆞ비와 진실등 여러가지 션ᄒᆞᆫ 열ᄆᆡ를 맷ᄂᆞ니 일노좃차 증거가 외양에ᄭᆞ지 나타나며 거듭나기젼에는 그본셩이 악ᄒᆞ야 죄를짓기 됴화홈으로 죄를알고도 짐즛 짓다가 거듭난후에는 죄를 뮈워ᄒᆞ고 더러히녁임으로 죄를 짓지아니ᄒᆞᄂᆞ니 이는 하ᄂᆞ님의 씨가 그ᄆᆞᄋᆞᆷ에 잇슴으로 죄를 짓지 아니ᄒᆞᆯ뿐아니라 참아짓지 못홈이며 ᄯᅩ 거듭나기젼에는 비록 이런 리치를 공부ᄒᆞ야 알수는잇스나 ᄆᆞᄋᆞᆷ에 이런 증거는 엇지못ᄒᆞ리니 오묘ᄒᆞ도다 밋는자의 거듭남이여 이졔 손을들어 여러분 형뎨ᄌᆞ미ᄭᅴ 뭇ᄌᆞᆸᄂᆞ니 과연 이ᄀᆞᆺ흔 아ᄅᆞᆷ다온 증거가 잇ᄉᆞᆸᄂᆞᆫ잇가 대개 우리교우즁에 혹 수삼년 ᄉᆞ오년 밋다가도 왕왕 도로물너가는쟈가 잇는것은 다만 육신으로 그리스도를알고 참거듭나셔 신령ᄒᆞᆫ 쳐디에 니르지못홈이니 이보다 더 탄식ᄒᆞᆯ일이업고 ᄯᅩᄒᆞᆫ 거듭나지 아니ᄒᆞ면 셜혹 락심치 아니ᄒᆞᆯ지라도 구원은엇을수 업ᄂᆞᆫ고로 간졀ᄒᆞᆫ ᄆᆞᄋᆞᆷ을 가지고 은혜를 밧은분들대로 하ᄂᆞ님의 오묘ᄒᆞᆫ 도리를 대강 진술ᄒᆞ오니 깁히 깁히 쥬의ᄒᆞ실지어다 여러분 형뎨ᄌᆞ미시여

◉ᄌᆞ슈ᄒᆞᆯ칙임 (쇽)

(공쥬의ᄉᆞ 반복긔)

첫재 촌츙은 다 고기에 잇는것이니 그 알이 쇠고기나 도야지 고기나 개고기에, 잇는고로 사ᄅᆞᆷ이 그고기를 잘닉히지 아니ᄒᆞ고 혹 육회나 반싱반슉ᄒᆞ야 그알을 죽이지안코 먹음으로 ᄇᆡ속에셔 알이 화ᄒᆞ야 츙이되ᄂᆞ니라 둘재 회는 거반다 회알이 잇는물을 먹음으로 싱기는것이니 회잇는 사ᄅᆞᆷ이 대변으로 회알을 내여ᄇᆞ린것을 빗이나 논에 내여ᄇᆞ려 비온후에 미쳔이나 혹 우물에 드러가ᄂᆞ니 사ᄅᆞᆷ이 그물을 마심으로 인ᄒᆞ야 회가 싱기며 ᄯᅩᄒᆞᆫ ᄇᆡ추나 무나 다른음식을 그 더러온물노 씻셔 그알이 음식에 붓흔것을 잘닉히지 안으면 회가 싱기며 ᄯᅩ 대변이나 쇼변을 밧헤내여 치소를 거룬후에 먹기전에 잘씻셔 너히지안으면 회가 싱기ᄂᆞᆫ고로

조심ᄒᆞ야 먹을것이며 만일 이두가지 ᄎᆞᆼ이잇스면 됴혼의원의게 가셔 곳칠지니라 그리ᄒᆞ면 음식먹는것에 디ᄒᆞ야 우리가 주의ᄒᆞᆯ것은 어려슬때브터 됴흔 힝습을 밧을것과 음식을 더럽지안케 예비ᄒᆞᆯ것이니 이러케ᄒᆞᆷ은 몸을 강건케 ᄒᆞ는것이니라

젼도ᄉᆞ一람

◉젼도인의직칙 (속)

젼지는 두가지 칭호가잇는디 (一) 디언쟈(代言者)니 ᄌᆞ긔본분을 의지ᄒᆞ야 하ᄂᆞ님의 말ᄉᆞᆷ을 디신ᄒᆞ야 젼ᄒᆞ는쟈요 (二) 견쟈(見者)나 혹 예언쟈(豫言者)니 그 본것을 인ᄒᆞ야 장ᄅᆡ의 일을 미리말ᄒᆞ는쟈니라 구약에 ᄉᆞ쟈라칭ᄒᆞᆷ은 다하ᄂᆞ님의 부리는쟈라는 ᄯᅳᆺ이오 신약에 ᄉᆞ도라칭ᄒᆞᆷ은 우리쥬의 부리시는 문도라는 ᄯᅳᆺ인디 우리쥬ᄭᅴ셔 승텬ᄒᆞ신후에는 교회안에셔 이치임을 맛혼쟈ㅣ 여러무리를 인도ᄒᆞ야 하ᄂᆞ님ᄭᅴ 례비ᄒᆞ는일을 쥬장ᄒᆞᆯ시 그 례비ᄒᆞ는 슌셔즁에 무엇이 뎨一 긴요ᄒᆞᆫ지 깁히 연구ᄒᆞ여본즉 세샹사ᄅᆞᆷ들가온디 도덕이 무엇인지도 모르고 또ᄒᆞᆫ 무식ᄒᆞᆫ쟈가 더 만ᄒᆞᆫ지라 그런즉 불가불 도의 요령을 말노 ᄌᆞ세히 셜명ᄒᆞ야 들니기젼에는 례비의 효력이 적을줄을 셰닷고 인ᄒᆞ야 젼도ᄒᆞ는것이 례비슌셔즁 뎨一 요긴ᄒᆞᆫ 됴건이되엿도다 이럿케 작뎡된후로 교회의 련슈된쟈가 ᄒᆞᆫ이 이 젼도ᄒᆞ는 일을 맛핫스니 이는 곳 오ᄂᆞᆯ날 우리의 널큇는바 젼도인(목ᄉᆞ와 젼도ᄉᆞ)이라 그러나 텬쥬교와 희랍교는 젼도보다 례식을 더 요긴히 아는고로 그례비ᄒᆞ는 슌셔를보면 一분동안이라도 젼도ᄒᆞ는 시간은 업고 다만 례식을 힝ᄒᆞᆯᄯᆞᄅᆞᆷ이니 이것도 우리그리스도교와 샹반되는즁의 ᄒᆞ나이니라 젼도ᄒᆞ는 뎨목에 디ᄒᆞ야는 맛당히 텽도(聽道)ᄒᆞ는 사ᄅᆞᆷ의 학식졍도를 ᄯᆞ라 다르지니 학문잇는 사ᄅᆞᆷ들이 만흔 좌셕에셔는 맛당히 심원(深遠)ᄒᆞᆫ 도리를 말ᄒᆞᆯ것이오 무식ᄒᆞᆫ 사ᄅᆞᆷ이 만흔마당에는 불가불 쳔근ᄒᆞᆫ도리를 ᄀᆞᄅᆞ칠것이며 기외에도 텽도ᄒᆞ는 사ᄅᆞᆷ중에 두가지 죵류가 잇스니 (一) ᄂᆡ심(內心)을 죡히녁이는쟈니 이런사ᄅᆞᆷ은 지셩으로 도를듯고 직혀셔 더희 신령ᄒᆞᆫ 량식을 삼는쟈들이오 (二) 형식을 죡히녁이는쟈니 이런 사ᄅᆞᆷ들은 비록 쥬의도가 참도인줄을 알기는ᄒᆞ나 필경 세샹형편에 ᄭᅳᆯ녀셔 외모만 보는쟈들이니 젼도의 직임을 맛흔쟈ㅣ 맛당히 뎡도ᄒᆞ는쟈의 등급을 헤아려 그 션도ᄒᆞᆯ문대를 뎡ᄒᆞᆯ것이니라

셩경문답

(문)누가二十三장四十三절에 「락원」은 무엇이뇨

(답)그때 죽어가는도적이 예수ᄭᅴ 간구ᄒᆞ기를 「쥬여 언제던지 쥬의나라에 림ᄒᆞ실때에 나를 싱각ᄒᆞ쇼셔」ᄒᆞ매 쥬ᄭᅴ셔 디답ᄒᆞ시기를 오ᄂᆞᆯ 네가 나와 ᄒᆞᆫ가지로 락원에 잇스리라 ᄒᆞ셧스니 이는 이도적이 밋음으로 말미암아 장ᄅᆡ에 쥬의 나라에 드러가 ᄀᆞᆺ지 잇ᄉᆞᆯᄲᅮᆫ아니라 그ᄂᆞᆯ 락원에셔브터 ᄒᆞᆫ가지로 잇겟다 ᄒᆞ신ᄯᅳᆺ인즉 락원은 우리쥬의 신이 부활ᄒᆞ실때ᄭᆞ지 머믈너 계실곳이며 또 달니말ᄒᆞ면 밋는쟈의 령혼이 죽은후에 쥬의 직림ᄒᆞ시기ᄭᆞ지 기ᄃᆞ리는 곳이니 여긔셔도 쥬ᄭᅴ셔 우리와ᄒᆞᆷᄭᅴ 계시ᄂᆞ니라 六

셰계격언

一、법률가와 화가(畫家)는 문득 흰것을 변ᄒᆞ야 검은것을 문ᄃᆞᄂᆞ니다

二、로동(勞働)이란것은 돌을 변ᄒᆞ야 음식을 문ᄃᆞᄂᆞ니라

三、말이란것은 ᄉᆞ샹(思想)의 죵이지마는 혹 쥬인노릇ᄒᆞᆯ때도 만흐니라

四、샤위(詐僞)는 놈을속임으로브터 시작ᄒᆞ야 필경ᄌᆞ긔를 속이는디ᄭᆞ지 니르ᄂᆞ니라

五、뢰(腦)속에 지혜가 적은쟈는 발바닥에 일이 만흐니라

六、오ᄂᆞᆯ맛친만ᄒᆞᆫ 일은 ᄅᆡ일ᄭᆞ지 ᄭᅳ러가지 말지니라

七、누구던지 괴로옴과 붓그러옴을 참지못ᄒᆞ면 ᄉᆞ물샹에 큰셩력을 엇을수 업ᄂᆞ니라

八 빗을 버는쟈는 위험(危險)을 벗는쟈요 빗을 지는쟈는 근심을 지는쟈니라

어린ᄋᆞᄒᆡ들의니야기

◉어려서총명홈

엇던선ᄉᆡᆼ이 갑동과 을동의 두어린ᄋᆞᄒᆡ를 다리고 안졋다가 더희 의견을 보고져ᄒᆞ야 뭇기를

(선)가령 ᄃᆞᆰ의둥우리속에 ᄃᆞᆰ 다섯머리가 잇ᄂᆞᆫᄃᆡ 그즁에셔 ᄒᆞᆫ머리를 잡어내고 보면 그둥우리속에 잇ᄂᆞᆫ ᄃᆞᆰ이 몃머리냐

(갑)네머리올시다

(선)올타 그러면 ᄯᅩ나무가지우에 참식 닐곱머리가 안졋ᄂᆞᆫᄃᆡ 그즁에 ᄒᆞᆫ머리를 총으로 쏘아잡앗스니 그 나무가지우에 ᄉᆡ몃머리나 남엇ᄂᆞ뇨

(을)여섯머리올시다

(선)아니다 다시 ᄉᆡᆼ각ᄒᆞ여보라

을이ᄉᆡᆼ각다 못ᄒᆞ여 ᄒᆞᄂᆞᆫ말이

(을)닐곱머리에셔 ᄒᆞᆫ머리를 쏘아잡앗스니 남은것이 여섯머리가 아니고얼마란말ᄉᆞᆷ이오닛가 저ᄂᆞᆫ 그밧게 더ᄉᆡᆼ각ᄒᆞᆯ수 업ᄉᆞᆸᄂᆞ다

(선)갑동이 너ᄂᆞᆫ 엇더케ᄉᆡᆼ각ᄒᆞᄂᆞ냐

(갑)ᄒᆞᆫ머리도 업ᄉᆞᆸᄂᆞ이다

(선)엇지히셔

(갑)처음ᄒᆞᆫ머리가 마져 ᄯᅥ러질ᄯᅢ에 남어지 여섯머리ᄂᆞᆫ 총소리에 놀나셔 다 날너갓슨즉 그 나무우에 웬ᄉᆡ가 ᄯᅩ잇단 말ᄉᆞᆷ이온닛가

위ᄉᆡᆼ요설(衛生要說)

총론

하ᄂᆞ님ᄭᅴ셔 당신의 신셩ᄒᆞᆫ형샹과ᄀᆞᆺ치 우리의 육신을 죠셩ᄒᆞ샤 우리령혼으로 ᄒᆞ여곰 그가온ᄃᆡ 거ᄒᆞ게ᄒᆞ시며 ᄯᅩ우리가 쥬예수그리스도를 밋음으로 하ᄂᆞ님의 계명을 잘직히면 그셩신이 우리안에 계실지라 그럼으로 우리의 육신은 곳 셩신의 거ᄒᆞ시ᄂᆞᆫ 셩뎐이라 ᄒᆞ엿스니 우리가 아모됴록 우리 신톄를 ᄭᆡᆨ긋ᄒᆞ게 가지ᄂᆞᆫ것이 당연ᄒᆞᆫ지라 그런즉 첫재 주의ᄒᆞᆯ것이 위ᄉᆡᆼ이니 ᄒᆞᆯ수잇ᄂᆞᆫ대로 보양ᄒᆞᆯ 음식을 졀ᄎᆞ잇게 먹으며 의복과 거쳐를 졍결케ᄒᆞ며 신션ᄒᆞᆫ 공긔와 태양의 광션(光線)을 잘 리용ᄒᆞᄂᆞᆫ것이 ᄆᆡ단히 긴요ᄒᆞᆫ일이라 그런고로 동셔양 여러박학ᄉᆞ의 연구ᄒᆞᆫ바 위ᄉᆡᆼ에 관ᄒᆞᆫ말을 거두어 이에 게ᄌᆡᄒᆞ노니 우리 ᄉᆞ랑ᄒᆞᄂᆞᆫ 형뎨와 ᄌᆞᄆᆡ씌셔ᄂᆞᆫ 주의ᄒᆞ야 보실ᄲᅮᆫ아니라 ᄯᅩᄒᆞᆫ실디로 ᄇᆡ화 힝ᄒᆞ시기를 ᄇᆞ라노라

뎨一 공긔(空氣)

공긔라ᄒᆞᄂᆞᆫ것은 우리사ᄂᆞᆫ디구샹에 둘너잇ᄂᆞᆫ 긔운이니 ᄯᅡ우에셔 놉히 올나갈사록 점점 희박(稀薄)ᄒᆞ야 一百五十리 가량을 올나가면 아조 업셔지ᄂᆞᆫᄃᆡ 슌젼ᄒᆞᆫ 공긔를 분셕ᄒᆞ면 一百분에 ᄃᆡᄒᆞ야 질쇼(窒素)가七十九분이오 산쇼(酸素)가 二十분이오 탄쇼(炭素)와 미균(微菌)과 아손(亞孫)과 습긔가 합ᄒᆞ야 一분이라 이여러가지 물질즁에 산쇼라ᄒᆞᄂᆞᆫ것이 사ᄅᆞᆷ과 즘ᄉᆡᆼ의게 대단히 유익ᄒᆞ니 그 셩질은 능히 우리의 신톄를 더옵게ᄒᆞ며 폐경에셔 우리피를 졍결케ᄒᆞᄂᆞᆫ고로 우리가 五六일동안 음식을 먹지안코ᄂᆞᆫ 능히살수 잇스되 四五분동안 공긔를 마시지못ᄒᆞ면 곳 죽을지라 그즁거를 알고져ᄒᆞ면 누구던지 무슴물건으로 입과 코를 ᄆᆡᆨ봉ᄒᆞ야 공긔가 드러가지 못ᄒᆞ면 곳죽을것은 다름아니라 공긔가 업서셔 그런것이니라

실업

◉누에치ᄂᆞᆫ법 (속)

누에치ᄂᆞᆫ졔구(蠶具)

五、간습침(乾濕針)이니 이것은 잠실안에 온도(溫度)와 습긔를 측량ᄒᆞᄂᆞᆫ 긔계니 누에치ᄂᆞᆫ집의 ᄀᆞ장 요긴ᄒᆞᆫ것이니라 이외에도 깃븨(羽箒)와 져울과 광주리와 졍ᄒᆞᆫ 도마와 칼과 됴리와 잠분(蚕盆)등의 쥰비가 잇셔야 될지니라

뎨二 누에죵류

누에ᄂᆞᆫ 광졔(框製)와 보통졔(普通製)의 두가지 죵류가 잇스니 광졔ᄂᆞᆫ 나뷔(蛾) ᄒᆞ나식 각각 알을 낫케ᄒᆞᄂᆞᆫ쟈라 그런고로 됴코 됴치 못ᄒᆞᆫ것을 분변키 편리ᄒᆞ고 보통졔ᄂᆞᆫ 죠션셔 본ᄅᆡ쓰던것이니 곳넓은 됴희장우헤 알을 낫케ᄒᆞᄂᆞᆫ쟈니 그즁에 됴치못ᄒᆞᆫ알이 셕기기 쉬으니라

대개 누에 죵ᄌᆞ를 ᄐᆡᆨᄒᆞᆯ때에
알의 빗과 형상이 ᄒᆞᆫ결ᄀᆞᆺ고
또ᄒᆞᆫ 션미(鮮美)ᄒᆞ며 알쓰러
ᄭᅳᆺ친 ᄎᆞ례가 정제ᄒᆞ면 그것
이 됴ᄒᆞᆫ죵류요 만일 그럿치
아니ᄒᆞ고 알우헤 알을쓰러
텁텁히 붓쳣고 또빗과 형상
이 ᄒᆞᆫ결ᄀᆞᆺ지 못ᄒᆞ야 혹 죽은
알도잇고 혹흰알도 잇스면
이는 됴치못ᄒᆞᆫ 죵류니라

담총

◉ᄯᅡ속에잇ᄂᆞᆫ물의분량

ᄯᅡ속에도 물이 만히괴여잇ᄂᆞᆫ
고로 비록 간조ᄒᆞᆫ 사막(沙漠)
이라도 깁히파면 물이나ᄂᆞ니
라 그러나 ᄯᅡ속으로 十八리
가량만 드러가면 흙과 돌이
다져서 반셕보다 더굿은고로
물드러갈 틈이업ᄂᆞᆫ지라 이것
을 밀우어 보건ᄃᆡ ᄯᅡ속에 잇
ᄂᆞᆫ 물의분량은 ᄯᅡ우에 잇ᄂᆞᆫ
물의 三분一 가량이니 디면
(地面)에 올나와 괴여잇슬것
ᄀᆞᆺᄒᆞ면 대개 그깁히가 三쳔
영쳑으로 三쳔五빅영쳑에 달
ᄒᆞᆯ것이며 또ᄯᅡ속에 깁히 괴
인물은 ᄒᆞᆼ상 바다의 우묵ᄒᆞᆫ
곳을 향ᄒᆞ야 가로흘너가되
一년동안에 五六리가량밧게
더못가ᄂᆞ니라

회보ᄃᆡ금령슈

住所	氏名	金額
成川	裵貞一	一圓六十錢
楊州	崔命根	二十錢
仝	金興鍊	二十錢
仝	玄東憲	四十錢
仝	宋榮善	四十錢
仝	崔秉浩	四十錢
仝	宋學瑞	四十錢
仝	朴教寅	四十錢
南陽	金應泰	四十錢
江華	盧時佐	四十錢
水原	盧濟民	四十錢
堤川	洪一煥	二十錢
仝	南鉉九	二十錢
忠州	崔鎭尙	二十錢
淸風	金致卿	二十錢
南陽	洪衡杓	二十錢
忠州甑山里	全竣鎬	二十錢
甕津	車汝南	四十錢
開城	崔昌鉉	四十錢
木川	崔明洙	五十錢
南陽	朴琔錫	四十錢
楊平邑	朴泰善	四十錢
楊州	車相晋	四十錢
平海正明洞	張仁煥	四圓廿錢
西部貞洞	徐琦勳	四十錢
寧越禮美村	徐容國	四十錢
三陟	李鳳甲	二十錢
寧邊	柳秉植	三圓六十錢
溫陽九美洞	俞昌熙	四十錢
開城	姜助遠	一圓

그리스도회보

KOREAN CHRISTIAN ADVOCATE

每月二回十五日三十日發行
明治四十五年七月廿七日印刷
明治四十五年七月三十日發行

發行兼編輯人 北部社洞 奇義男
印刷人 北部樓閣洞 朴東完
印刷所 京城西小門內法韓印刷所
發行所 北部社洞그리스도會報社

ᄃᆡ금 一장 二젼五리
[代金] 六ᄀᆡ월 二十젼
一ᄀᆡ년 四十젼

사설

⊙청년학싱제군들의게

이때는 정히 七월하슌인ᄃᆡ 혹렬ᄒᆞᆫ더위와 지리ᄒᆞᆫ 쟝마가 사ᄅᆞᆷ을 피롭게ᄒᆞᄂᆞᆫ고로 관공ᄉᆞ립 각학교에셔 년례를 의지ᄒᆞ야 하긔 휴학을ᄒᆞ고 학싱들은 혹 학업을 맛치며 혹 학년을 지내고 각각집으로 도라와 잠시 한양ᄒᆞᄂᆞᆫ 동안이라 이때를 당ᄒᆞ며 제군의 부모의 ᄆᆞᄋᆞᆷ가온ᄃᆡ 무슴 싱각이 니러날것은 우리ᄉᆞ랑ᄒᆞᄂᆞᆫ ᄌᆞ녀가 一년동안에 학업이 얼마나 진보되엿스며 륜리와 도덕에 ᄃᆡᄒᆞᆫ ᄉᆞ상에 어ᄂᆞ 졍도에 니르럿ᄂᆞᆫ가ᄒᆞ야 제군의 一언 一힝과 一동 一졍을 주목ᄒᆞ여 보다가 만일 얼마콤 진보된것을보면 반ᄃᆞ시 깃버ᄒᆞ야 골ᄋᆞᄃᆡ 너희 학문과 범절이 뎌ᄀᆞᆺ치 되엿스니 참 우리집안에 다힝ᄒᆞᆫ 일이라ᄒᆞᆯ것이오 또 만일 그럿치못ᄒᆞ야 一호라도 ᄇᆞ라던바에 어그러지ᄂᆞᆫ 뎜이잇스면 그락심됨이 엇더켓ᄂᆞ뇨 원컨ᄃᆡ 제군은 제군의 담부(擔負)ᄒᆞᆫ 칙임을 싱각ᄒᆞᆯ지어다 제군은 뎨二셰국민을 교도ᄒᆞᆯ 부모요 션싱이며 제군의 두 엇기에는 부모의 영욕과 쳐ᄌᆞ의 고락과 민족의 휴쳑을 쎄메고 잇지아니ᄒᆞ뇨 제군의 학술이 날노 고명ᄒᆞᆫ 졍도에 나아가며 제군의 ᄉᆞ샹이 ᄒᆞᆼ샹 신셩(神聖)ᄒᆞᆫ 범위안에 잇ᄉᆞ면 이는 부모의 영화와 쳐ᄌᆞ의 안락과 민족의 힝복을 제군으로 말미암아 엇을수 잇고 만일 그럿치못ᄒᆞ면 모든것이 따 이와 반ᄃᆡ될지니 엇지 가히 두렵지아니ᄒᆞ리오

본긔자도 제군을 공경ᄒᆞ며 ᄉᆞ랑ᄒᆞᄂᆞᆫ고로 감히 ᄒᆞᆫ말노써 권면코져 ᄒᆞ노니 첫재ᄂᆞᆫ 위싱에 주의ᄒᆞ야 신톄의 강건ᄒᆞᆷ과 졍신의 활발ᄒᆞᆷ을 보존ᄒᆞᆯ것이며 둘재ᄂᆞᆫ 시간을 앗겨 죠셕으로 셔늘ᄒᆞᆫ때를 차자 一년동안에 비혼학과를 부ᄌᆞ런히 복습ᄒᆞ되 특별히 우리 밋ᄂᆞᆫ쟈의 슈신과(修身科)되ᄂᆞᆫ 셩경을 만히 공부ᄒᆞᆯ것이며 셋재ᄂᆞᆫ 방탕ᄒᆞᆫ 쇼년들과ᄀᆞᆺ치 사괴여 놀지말것이니 ᄌᆞ고이ᄅᆡ로 사ᄅᆞᆷ의 션악관습(善惡慣習)은 교재로 좃차되ᄂᆞᆫ것이 만흔고로 셩현도 교재를 삼가ᄒᆞ엿ᄂᆞᆫᄃᆡ ᄒᆞ믈며 혈긔 미뎡ᄒᆞᆫ 쳥년들이야 엇지 더죠심을 ᄒᆞᆯ바가아니리오 악ᄒᆞᆫ쇼년과 자조 상죵ᄒᆞ면 음란ᄒᆞᆫ말을 드르며 방탕ᄒᆞᆫ 힝위를보며 또 뎌희의게 살녀셔 희ᄃᆡ와 쳥루와 쥬ᄉᆞ에 가기쉬울지니 그러면 ᄌᆞ연히 ᄲᅡ지ᄂᆞᆫ줄 모르게 ᄲᅡ져셔 필경 헤여나지 못ᄒᆞᆯ디경에 니를지니 이 독ᄒᆞᆫ젼염병을 삼가피ᄒᆞᆯ지어다 쳥년학싱 제군들이여

본샤특별고빅

누구시던지 본회보 ᄃᆡ금을 우편쇼위체(郵便小爲替)로 보내시되 혹 우표(郵票)로 보내실 경우에ᄂᆞᆫ 五젼자리 이하의 표로 보내시고 五젼자리나 그 이샹 우표로 보내시ᄂᆞᆫ것은 밧지 아니ᄒᆞ겟습

교즁휘문

△ᄂᆡ보▽

⊙핀씨체경 미국 남감리회 외국션교부총무 핀손씨는 죠션 각쳐교회를 시찰ᄒᆞ기 위ᄒᆞ야 일젼에 경셩으로 왓ᄂᆞᆫᄃᆡ 방금 체류즁이라더라

⊙공을하ᄂᆞ님께돌님 경긔도 남양군 김광식씨의 통신을 거ᄒᆞᆫ즉 동군 긔곡교회형뎨 박광헌씨ᄂᆞᆫ 농업을 힘쓰ᄂᆞᆫᄃᆡ 쥬를 밋은후로 ᄒᆡ마다 지패가 업시 츄슈를 젼보다 만히 엇음으로 이것이 다 하ᄂᆞ님의 은혜이라ᄒᆞ야 교회ᄌᆞ급젼을 특별히 다른 사ᄅᆞᆷ보다 만히 대ᄂᆞᆫ지라 그런즉 다른교우들도 이형뎨의 모범을 ᄯᅩᆺ차 ᄌᆞ급심이 분발ᄒᆞ야 젼보다 몃갑졀식 더 허락ᄒᆞᆫ이가 만타더라

⊙어린학도가그집안을회ᄀᆡ식힘 황해도 벽천군 목ᄉᆞ홍슌탁씨의 통신을 거ᄒᆞᆫ즉 동군 벽란도교회ᄂᆡ 남학ᄉᆡᆼ 김봉쥰은 년금八셰라 젼년九월브터 입학ᄒᆞ엿ᄂᆞᆫᄃᆡ 그집은 다 밋지안ᄂᆞᆫ지라 이ᄋᆞᄒᆡ가 셩신의 감동ᄒᆞᆫ심을 닙어 그 집안에 밋지안ᄂᆞᆫ것을 한탄ᄒᆞ며 집안 식구들 쥬께로 인도ᄒᆞᆯᄉᆡᆼ각이 나셔 몬져 그조모의게 권권ᄒᆞ여왈「할머님 예수를 밋으시오 예수를 밋으면 죄악에셔 구원ᄒᆞᆷ을 밧으려니와 만일 밋지아니ᄒᆞ면 쟝ᄎᆞᆺ 디옥의 멸망을 면치 못ᄒᆞ겟스니 엇지 안밋ᄂᆞᆫ잇가」ᄒᆞ며 수ᄎᆞ 이걸ᄒᆞ니 목셕이 아닌들 엇지 감동치 안으리오 그 조모가 밋기로 작뎡ᄒᆞ고 잘단니ᄂᆞᆫ지라 금년 졍월브터ᄂᆞᆫ ᄯᅩᄒᆞᆫ 그어머니의게 그와ᄀᆞᆺ치 젼도ᄒᆞᆯᄯᆡ 그부친이 엄ᄒᆞᆫ말노 척망ᄒᆞ며 초달을 쳐굴ᄋᆞᄃᆡ「네가 할머니나 모시고 단니지 엇지 어머니ᄭᆞ지 밋게ᄒᆞ랴고 이ᄀᆞᆺ치 ᄒᆞᄂᆞ냐」ᄒᆞ고 힘써 막으되 그ᄋᆞᄒᆡᄂᆞᆫ 조곰도 ᄯᅳᆺ을 변치안코 온유ᄒᆞᆫ말노 ᄃᆡ답ᄒᆞ기를「아버지가 아모리 금ᄒᆞ실지라도 나ᄂᆞᆫ 어머니를 모시고 례비당에 가겟슴니다」ᄒᆞᄂᆞᆫ고로 그어머니가 ᄯᅩ감화를밧아 밋ᄂᆞᆫ지라 죠셕ᄯᆡ에ᄂᆞᆫ 그ᄋᆞᄒᆡ가 온집안식구를 모화 긔도ᄒᆞᆫ후에야 밥을 먹ᄂᆞᆫᄃᆡ 만일 ᄒᆞᆫ사ᄅᆞᆷ이라도 죠셕긔도에 불참ᄒᆞᄂᆞᆫ것을 보면 울며 밥을 먹지안코 ᄡᅮᆨ 긔도ᄒᆞᄂᆞᆫ것을 본후에야 밥을 먹ᄂᆞᆫ다ᄒᆞ니 이ᄋᆞᄒᆡ로 말미암아 그집안에 쥬의말슴이 드러가셔 온식구들 다 쥬압흐로 인도ᄒᆞ엿스니 쟝ᄒᆞ도다 김봉쥰의 밋음이여 이와ᄀᆞᆺ치 ᄒᆞᆼ상ᄒᆞ면 쟝ᄎᆞᆺ 쥬의 큰일군이 되리라ᄒᆞ엿더라

⊙신자의모범될일 경긔도양쥬군 김현셩씨의 통신을 거ᄒᆞᆫ즉 동군 현니면 미동교회 김한익씨ᄂᆞᆫ 쥬를 ᄉᆞ랑ᄒᆞ고 경외ᄒᆞᄂᆞᆫ일과 셩경을 힘써 연구ᄒᆞ야 교회를 유익ᄒᆞ도록 인도ᄒᆞ며 ᄯᅩ 그부친은 나히 지금 八十여셰에 임의 쥬를 밋은지 六七년이라 비록 밤이라도 촉하에 안경을 쓰지안코 셩경을 열심으로보며 ᄯᅩ ᄒᆞᆼ샹 왼편손을 잠시도 펴지아니ᄒᆞ며 ᄒᆞᄂᆞᆫ말이「내가 예수 손목을 이와ᄀᆞᆺ치 잡아 텬당ᄭᆞ지 니르겟다ᄒᆞ며 잠늘기젼에ᄂᆞᆫ 펴지아니ᄒᆞᄂᆞ니 우리의 본밧을만ᄒᆞ며 ᄯᅩ 그모친은 년금七十여셰에 셩심으로 례비당에 단니ᄂᆞᆫᄃᆡ 그사ᄂᆞᆫ곳에셔 례비당가ᄂᆞᆫ 샹거가 五리ᄶᅳᆷ되고 그즁간에 큰고ᄀᆡ가 잇셔 왕ᄅᆡ가 대단히 불편ᄒᆞ나 불피풍우ᄒᆞ고 단니니 이런 가족은 참 신자의 모범될만ᄒᆞ다ᄒᆞ엿더라

⊙육씨의츌쳡귀쥬 츙북츙쥬군리문현씨의 통신을 거ᄒᆞᆫ즉 ᄒᆡ구역 신담교회 육문보씨ᄂᆞᆫ 七八년젼에 쥬를밋고 싀크란돈 목ᄉᆞ의게 셰례ᄭᆞ지 밧앗ᄂᆞᆫᄃᆡ 五년젼에 쥬를 비반ᄒᆞ고 오입으로 죵ᄉᆞᄒᆞ야 쇼실을 엇어두고 술쟝ᄉᆞ를 ᄒᆞ더니 그간에 무수ᄒᆞᆫ 고난과 져앙도 만히 잇셧ᄂᆞᆫᄃᆡ 작년에 셩신의 쳑망ᄒᆞ심을 밧아 다시 회ᄀᆡᄒᆞ고 三셰 남아가 잇ᄂᆞᆫ 자긔 쇼실을 내보냇스니 그강개ᄒᆞᆷ을 칭찬아니ᄒᆞᄂᆞᆫ이가 업스며 ᄯᅩᄒᆞᆫ 그교회에 쇼학교가 잇ᄂᆞᆫᄃᆡ 말못되ᄂᆞᆫ 디경에 잇ᄂᆞᆫ것을 이형ᄯᆡ와 쟝쳔일 류거부三씨의 열심으로 유지ᄒᆞ야 오다가 지금은 ᄯᅩᄒᆞᆫ 됴흔교ᄉᆞ 쟝긔진씨를 고빙ᄒᆞ야 교슈ᄒᆞᄂᆞᆫᄃᆡ 젼진ᄒᆞᆯ 희망이 만코 교회도 신령ᄒᆞ게 흥왕ᄒᆞᆷ을 감샤ᄒᆞᆫ다 ᄒᆞ엿더라

⊙안씨문니에큰구원 경긔도 강화군 최죽일씨의 통신을 거ᄒᆞᆫ즉 동군 위량면 왕밧동 거ᄒᆞ는 안슌씨가 四년젼에 쥬의 부르심을 닙어 홍텬교회에 ᄃᆞᆫ니더니 그조부가 쥬를 비반ᄒᆞ라ᄒᆞ야 심지어 죽인다 위협ᄒᆞ매 강을 건너 피신ᄒᆞ엿다가 도라와셔 쥬를 더욱 독실히 밋음으로 그 조부는 본ᄅᆡ 셩질이 뮈운 사ᄅᆞᆷ을보면 무ᄉᆞᆷ 물건이던지 손에 잡히는대로 집어 싸리되 ᄉᆞ싱을 불고ᄒᆞ는 셩픔이라 그럼으로 말ᄒᆞ기를「텬쥬학ᄒᆞ는 손ᄌᆞ는 두어 무엇ᄒᆞ리오」ᄒᆞ고 여러번 거조를 ᄎᆞ렷스나 쥬의 도으심으로 조곰도 샹치안코 더욱 열심으로 긔도ᄒᆞ기를 ᄌᆞ긔 조부를 회ᄀᆡ식혀 주옵쇼셔ᄒᆞ고 눈물을 흘녓스며 ᄌᆞ긔 조모가 병환으로 위셕ᄒᆞ매 그조모를 잡고 통곡ᄒᆞ며왈 조모님이 회ᄀᆡᄒᆞ시지 못ᄒᆞ고 령혼이 써나시면 디옥형벌을 면치못ᄒᆞ겟다ᄒᆞ니 그조모와 모친이 예수는 아지못ᄒᆞ나 디옥형벌 밧는다는 소리에 두려워셔 ᄀᆞᆺ치 통곡ᄒᆞ기를 여러번ᄒᆞ매 쥬께셔 드르시고 그 조부모와 ᄌᆞ당숙을 회ᄀᆡ식히셧더라 이럼으로 쥬를 밋어 견ᄃᆡ고 참는자는 구원을 엇ᄂᆞ니 안씨혼츙에 큰구원이 니른줄밋교츙으로 감샤ᄒᆞ다 ᄒᆞ엿더라

⊙례비당봉헌식 황히도 신계군 공지현씨의 통신을 거ᄒᆞᆫ즉 동군 흑쳔동은 복음이 젼파된지 불파一년에 밋는남녀교우의 수효가 四十인에 달ᄒᆞ엿스나 다만 례비볼쳐소가 업슴으로 그근방 ᄃᆡ평지회당으로 풍우와 한셔를 무릅쓰고 ᄃᆞᆫ니며 三일례비는 본동 리원길씨집에셔 보더니 금년 음력졍월二일에 형뎨八九인이 합심ᄒᆞ야 례비당을 건축ᄒᆞ기로 작뎡ᄒᆞᆫ즉 남교우들은 태산쥰령을 넘어가셔 지목을 버혀수운ᄒᆞ며 토목역을 쳔집ᄒᆞ고 녀교우들을 돌파 흙파 물을 머리로 녀다가 역ᄉᆞ를 도아주되 다 깃븐ᄆᆞᄋᆞᆷ으로써 ᄒᆞ는지라 례비당三간을 불일셩지ᄒᆞ야 본월七일에 봉헌식을 힝ᄒᆞ엿다더라

⊙츄동교우의열심과쟝려 강원도 교셩군 김형셕씨의 통신을 거ᄒᆞᆫ즉 이교회는 셜립된지 七八년에 모히는 형뎨ᄌᆞ미가 六十명에 달ᄒᆞ엿는ᄃᆡ ᄌᆞ미가 만ᄒᆞᆫ것은 교회에ᄃᆡᄒᆞᆫ ᄌᆞ급젼파 교육에ᄃᆡᄒᆞᆫ 의연금을 잘내며 각각 농업과 샹업에 힘써 놀고먹는것을 붓그러워ᄒᆞ는즁 더욱 감샤ᄒᆞᆫ것은 유ᄉᆞ 쟝의환씨는 도긔(土器)를 졔조ᄒᆞ는 공쟝인ᄃᆡ 쥬를 밋은후 쟝ᄅᆡ 니디션교비로 보용키위ᄒᆞ야 ᄌᆞ긔가 졔조ᄒᆞ는즁 六젼五리가치되는 물동이 ᄒᆞᆫ기식을 날마다 하ᄂᆞ님씌 밧치매 미삭 二十六기라 그갑온 一환六十九젼이니 벌셔 수삭동안에 모힌돈 四환여젼을 본구역 유ᄉᆞ부에 두엇고 ᄌᆞ긔 평싱의 목뎍을 변치안키로 작뎡ᄒᆞ엿노라ᄒᆞ매 히교회 一반 교우들도 ᄆᆞᄋᆞᆷ이 감화되여 쟝ᄅᆡ 션교비로 특별 연보ᄒᆞᆫ 금익이 十여환에 달ᄒᆞ엿다더라

⊙기셩북구역ᄌᆞ급 황히도금쳔군 양여진씨의 통신을 거ᄒᆞᆫ즉 기셩북구역 형미졔씨들이 젼브터 젼도인의 ᄌᆞ급을 ᄒᆞᆯ수 잇는대로 미삭 二三환식 지출ᄒᆞ더니 금년에는 잇는 힘을 다ᄒᆞ야 열심으로 ᄌᆞ급을 내기로 작뎡ᄒᆞ엿는ᄃᆡ 一년예산이 一百四환七젼五리요 실시ᄒᆞ기는 오는 七월브터 곡식으로 낼터이라더라

⊙한영학싱의연 경긔도 기셩군 한영셔원 학싱 一동이 본보뎨卅二호에 긔징ᄒᆞᆫ바 황히도 슈안군 률리교회가 불힝히 문허짐에 ᄃᆡᄒᆞ야 一환六十三젼을 연보ᄒᆞ엿스니 이는 참 우리쥬예수 그리스도안에 ᄒᆞᆫ 지톄되여 동고동락으로 ᄉᆞ랑ᄒᆞ는 ᄆᆞᄋᆞᆷ을 표ᄒᆞᆷ이러라

⊙산긔도의효력 강원도철원군 리화츈씨의 통신을 거ᄒᆞᆫ즉 동군교회니 로로득씨는 본ᄂᆡ 강원도 이쳔읍 부쟈집 ᄌᆞ부로 그남편 로문경씨와 ᄀᆞᆺ치 쥬를 밋음으로 집안 핍박이 심ᄒᆞᆫ고로 부귀영화를 거즛것으로 알고 싸로나와 심산궁곡된 가리울이라ᄒᆞ는 동니에와셔 싱젼에 ᄒᆞ지아녀ᄒᆞ던 농ᄉᆞ를 힘써ᄒᆞ며 쥬를

변실이 몃더뢰 ᄒᆞ사마 아니ᄒᆞ다 도고입장에 마교십장이마ᄂᆞᆫ 말파굿치 그부인에 경건ᄒᆞᆫ행셩을 해ᄒᆞ져ᄒᆞ여 마귀가 힘을씀으로 그남편이 유혹에빠져 로마교로 가더니 그부인을 또 유혹ᄒᆞ여 ᄒᆞᆫ가지로 로마교를 ᄒᆞ쟈ᄒᆞ되 그부인은 듯지아니ᄒᆞ고 ᄒᆞᄂᆞᆫ말이 사ᄅᆞᆷ이 우물을 파되 ᄒᆞᆫ우물을 파라ᄒᆞᄂᆞᆫ말이 잇ᄂᆞᆫ데 엇지ᄒᆞ여 그리로 가리오ᄒᆞ고 굿세히 거절ᄒᆞ니 그남편에 ᄆᆞᄋᆞᆷ이 더욱 방탕ᄒᆞ여지며 로마교도 고만두고 ᄆᆡ일장취로 지내더니 필경에는 불고쳐ᄌᆞᄒᆞ고 머ᄂᆞᆫ먼곳으로 지힘업시 두로 ᄃᆞᆫ니며 고ᄉᆡᆼ을 만히 ᄒᆞ다가 경샹도 몽리가셔ᄂᆞᆫ 더갈데도 업고 슈즁에 ᄒᆞᆫ푼젼업슴으로 죽을디경을 당ᄒᆞ엿더라 그부인 로득셰ᄂᆞᆫ 어린 아희를 다리고 심산궁곡에서 고ᄉᆡᆼ을 당ᄒᆞ되 그시가에 부요홈을 조곰도 ᄉᆡᆼ각지아니ᄒᆞ고 다만 하ᄂᆞ님ᄭᅦ 쥬야로 그남편 회개ᄒᆞ기를 위ᄒᆞ여 밤이면 산에올나가 간구ᄒᆞ가를 수월동안ᄒᆞ더니 一일은 편지ᄒᆞᆫ쟝이 왓ᄂᆞᆫ데 그남편이 회개ᄒᆞ여 편지를 대경대희ᄒᆞ여 구쥬님ᄭᅴ 영화를 돌녀보내고 그남편이 집으로 오기를 고ᄃᆡᄒᆞ더니 수十일후에 문경씨가 집으로 드러오ᄂᆞᆫ데 얼골에 화ᄉᆡᆨ이 만면ᄒᆞ여 다른사ᄅᆞᆷ이 되엿스니 로득씨가 깃븜으로 환영ᄒᆞ고 그사고를 무른즉 ᄃᆡ답ᄒᆞ니 경샹도 몽리셔지 가서 일본으로 가고져ᄒᆞᄂᆞᆫ 슈즁에 ᄒᆞᆫ푼젼이 업슴으로 ᄌᆞ연 궁핍ᄒᆞ여 슬픔이 발ᄒᆞ며 도로 집을향ᄒᆞ여 오다가 츈쳔을 지날때에 쥬일을 직히고져ᄒᆞ여 회당에 들어간즉 그곳 관할목ᄉᆞ 무야곱씨의 권면홈을 듯고 다시 회개ᄒᆞ여 깃븐ᄆᆞᄋᆞᆷ으로 도라온말을 다ᄒᆞ고 즉시 그곳으로 가셔 ᄋᆡᆫ혜를 더욱 만히밧아 지금은 회쳔읍 구역장으로 일을ᄒᆞ오나 이ᄂᆞᆫ 다 그부인 로득씨의 산과도ᄒᆞᆫ 효력이라홈니다 누구시던지 남편이 아직 회개치아니ᄒᆞᆫ이가잇ᄂᆞᆫ자미 ᄂᆞᆫ로득씨와ᄀᆞᆺ치 남편을위ᄒᆞ여 긔도만히ᄒᆞ심을 ᄇᆞ람니다

▲외보▼

◉미감리회四년총회회록 때때 (속)

▲五월十일 림시회쟝 감독 월손씨가 기회ᄒᆞᆫ후 각위원의 보고를듯고 그보고ᄒᆞᆫ ᄉᆞ건과 다른 신ᄉᆞ건에 ᄃᆡᄒᆞ야 몃사ᄅᆞᆷ의 동의가 잇섯스나 ᄒᆞ나도 가결된것이 업셧더라

▲五월十一일 림시회쟝 감독닐니씨가 기회ᄒᆞᆫ후 각위원의보고를 밧앗ᄂᆞᆫ데 외국션교회 보고에 ᄃᆡᄒᆞ야 외국션교총회에서 지졍을 더지출치아니ᄒᆞᆫ즉 ᄌᆞ금이후로ᄂᆞᆫ 어나나라이던지 새로 션교회를 설립ᄒᆞᆯ것업시 과왕 설립된것만 확장케ᄒᆞ기로 작뎡되엿더라

▲五월十二일 쥬일인고로휴회ᄒᆞ엿더라

▲五월十三일 림시회쟝 감독 윌더손씨가 기회ᄒᆞᆫ후 즁화민국 평신도 ᄃᆡ표쟈들이 련명쳥원ᄒᆞ엿ᄂᆞᆫ데 그 ᄂᆡ용은 (一)미국정부에서 즁화민국에 ᄃᆡᄒᆞ야 친밀ᄒᆞᆫ 우의(友誼)를 표ᄒᆞᆫ것을 찬양ᄒᆞᆯ것이오 (二)이四년총회 단톄에서 즁화민국 공화졍톄를 공인(公認)ᄒᆞ여 달나ᄂᆞᆫ 일이라 아ᄉᆞ건을 얼마동안 토론ᄒᆞᆫ후 공압ᄒᆞ가로 가결ᄒᆞᆫ동시에 즁화민국 국기와 미국 국기를 교긔(交旗)ᄒᆞ야 연단우에 세웟더라

▲五월十四일 림시회쟝 감독늬우엘손씨가 기회ᄒᆞᆫ후 여간ᄒᆞᆫ ᄉᆞ무를 쳐리ᄒᆞ다

▲五월十五일 림시회쟝 감독 패일씨가 기회ᄒᆞᆫ후 뎡말국왕의 훙서(薨逝)ᄒᆞ신 일에 ᄃᆡᄒᆞ야 그왕실에 위문ᄒᆞᄂᆞᆫ 뎐보를 보내고 투표로 연임ᄒᆞᄂᆞᆫ 감독과 퇴로(退老)ᄒᆞᆫ 감독들을 션뎡ᄒᆞ엿더라

▲五월十六일 림시회쟝감독 스미스씨가 기회ᄒᆞᆫ후 ᄉᆞ망ᄒᆞᆫ 감독二인과 회로ᄒᆞᆫ 감독三인과 새로 스림감독三인 합八인에 ᄃᆡᄒᆞ야 감독八인을 투표션뎡ᄒᆞ엿ᄂᆞᆫ데 피션ᄒᆞᆫ 감독들은 넬노 월든 밀스 ᄢᅦᆨ클베 캄벨 헐스돈 폽스 헬니옷 八씨더라

▲五월十七일 림시회쟝 감독 루위스씨가 기회ᄒᆞᆫ후 미감리회쟝졍 第六十八편 二百六十됴 감리교인 연락(宴樂)에 ᄃᆡᄒᆞ야 모든 불필요ᄒᆞᆫ 연락은 다폐지ᄒᆞ고 다만 총축가온ᄃᆡ 웨슬네션ᄉᆡᆼ의 마련ᄒᆞᆫ 연락과 두번 총회에서 지명ᄒᆞᆫ 됴건의 연락만 취용ᄒᆞ기로 결의ᄒᆞᆫ후 폐회ᄒᆞ엿더라

⊙회즁셩경회(懷中聖經會) 영국 소격란에서 회즁셩경회를조직ᄒᆞ엿는ᄃᆡ 一쥬일동안에입회ᄒᆞᆫ 회원이 三만명에달ᄒᆞ엿고 이회의 목뎍은 회원된쟈ㅣ 날마다 신약ᄒᆞᆫ두쟝식 보는것이라더라

⊙미인에三十六원이상 미국뉴욕솔넌 침례교회는 교우외수효가 도합九百七인인ᄃᆡ 작년一년동안에 션교회에 ᄃᆡᄒᆞ야 三만四千八百九十六원을 연죠ᄒᆞ엿스니 이것을 미인에 분비ᄒᆞ면 평균三十六원 이상식이더라

⊙비쥬의복음빗 우리가 아는바 아불리가쥬는 셰계五대쥬즁에 뎨一 어두온대륙이라 대개 그ᄇᆡᆨ셩은 일을 긔록ᄒᆞᆫ 글도업고 종교도 업ᄉᆞ며 법도업고 뎡ᄒᆞᆫ거쳐와 집도업시 금수와 ᄀᆞᆺ치 ᄯᅱ여ᄃᆞᆫ니더니 구미각국 션교ᄉᆞ들이 위험ᄒᆞᆫ것을 무릅스고 드러가수十년동안 쥬의 복음을 젼ᄒᆞᆫ결과로 지금은 외국션교ᄉᆞ가 三千명이오 본토 젼도인이 一만九千七百二十인이오 셰례인이 三十八만七千二百인이오 학습인이 一百七十四만五千명에 달ᄒᆞ엿다ᄒᆞ니 무ᄉᆞ(無私ᄒᆞᆫ) 쥬의빗치 니르는 곳마다 금수ᄀᆞᆺ흔 야만도 긔질을 변화ᄒᆞ야 문명ᄒᆞᆫ 디위에 오르게ᄒᆞᆫ도다

⊙三년에一百션교ᄉᆞ 미국북장로교회에서는 오는三년너에 즁화민국으로 션교ᄉᆞ 一百인을 더파송ᄒᆞᆯ 작뎡이라더라

⊙폐창대연셜 거六월二十二일 하오二시에 일본동경 본향(本鄕) 즁앙회당니에서 창기(娼妓)의 츄ᄒᆞᆫ 영업을 폐지케ᄒᆞ야 인류사회와 풍긔를 젼숙케ᄒᆞ자는 묘예로 대연셜회를 열고 여러 유명ᄒᆞᆫ 션ᄉᆡᆼ들이 연셜ᄒᆞ엿는ᄃᆡ 그즁 삼쳔포ᄎᆞ랑씨는 군마현(群馬縣)에서 임의 창기영업을 폐지ᄒᆞᆫ셩적이 ᄆᆡ우 됴흔 증거를 들어 셜명ᄒᆞ엿다더라

긔셔

⊙교회임원의직칙 (이케셜)

대개 직칙이란것은 나의 직분과 의무에ᄃᆡᄒᆞ야 불가불 힘ᄒᆞᆯ것을 닐음이니 이셰샹 사ᄅᆞᆷ의 ᄎᆡᆨ임이 여러가지 방면으로 좃차오지마는 그즁에 뎨一귀ᄒᆞ며 즁ᄒᆞᆫ직칙은 우리 교회 임원의 직칙이라 엇지ᄒᆞ야 그런고ᄒᆞ니 하ᄂᆞ님과 ᄒᆞᆷᄭᅴ 일ᄒᆞ며 (고젼三〇九)하ᄂᆞ님과 ᄀᆞᆺ치 슈고ᄒᆞᆷ이라 (고후六〇一) 이셰샹 님군과ᄀᆞᆺ치 일ᄒᆞᄂᆞᆫ 졍부대신의 직칙도 귀ᄒᆞ며 즁ᄒᆞ며 어렵게 녁이거던 ᄒᆞ물며 무소부지ᄒᆞ시며 무소불능ᄒᆞ시며 우쥬만물을 관활ᄒᆞ시는 하ᄂᆞ님과 ᄀᆞᆺ치 일ᄒᆞ는 쟈리오 그런즉 이직칙을 져ᄇᆞ리지말고 잘ᄒᆞ랴면 몬져 무슴 예비가잇서야 되겟ᄂᆞ뇨 불가불 하ᄂᆞ님을 항샹두려워ᄒᆞ며 (잠一〇十) 하ᄂᆞ님ᄭᅴ 지식을구ᄒᆞ며 (약一〇五) 우리를 위ᄒᆞ야 삼가고 온무리를 위ᄒᆞ야 삼가며 (힝二十〇廿八) 거즛션지를 막고 (마七〇十五) 악ᄒᆞᆫ이리가 우리 밋는사ᄅᆞᆷ을 앗기지안는일과 (힝二十〇二十九) 우는 사ᄌᆞ가 삼킬쟈를 두루찻는것을 면케 (벳젼五〇八)ᄒᆞ며 우리가 힘어느나라 대신이 우흐로 님군ᄭᅴ ᄃᆡᄒᆞ야 츙셩이 잇ᄉᆞ며 아래로 ᄇᆡᆨ셩의게 ᄃᆡᄒᆞ야 ᄉᆞ랑과 공평ᄒᆞᆷ이 만흠으로 다만 그ᄯᅡ에서만 명망이 진동ᄒᆞᆯᄲᅮᆫ아니라 텬하각국이다 그일홈을 듯고 공경ᄒᆞ는것ᄀᆞᆺ치 우리도 교회안에서 하ᄂᆞ님을 츙셩으로 셤기며 형뎨와 ᄌᆞᄆᆡ들 진심으로 ᄉᆞ랑ᄒᆞ야 우리직칙을 다ᄒᆞᆷ으로 녯날덕국에 누더션ᄉᆡᆼ과 현금 미국에 무듸션ᄉᆡᆼ과 ᄀᆞᆺ치 이셰샹에셔 놉흔 명망이 교회안에 진동ᄒᆞ며 쟝리텬국에셔 ᄉᆡᆼ명의 면류관 밧기를 회망ᄒᆞ고 압흐로 나아갑세다

젼도ᄉᆞ一람

⊙젼도인의직칙 (속)

대뎌 젼도ᄒᆞ는것은 심히 어려운직임인즉 맛당히 녯날션지들과 ᄉᆞ도들의 엇데케 힘ᄒᆞᆫ것과 엇더케 ᄀᆞᄅᆞ친것을 ᄌᆞ셰히 슬펴 나의 모범을 지으며 또 뎌희가 교회안에서 무슴 명예와 권세를 엇엇는지 깁히 궁구ᄒᆞ여 나의 훈도를 삼을지니 신약가온ᄃᆡ 우리쥬를 졔ᄒᆞᆫ외에는 맛당히 바울

을데一위에 둘수밧게 업도다 바울이 친히가셔 젼도치 못ᄒᆞᆯ 경우에는 편지로써 젼도 ᄒᆞ엿는ᄃᆡ 그편지속에 우리의 힘ᄒᆞᆯ도리와 직힐본분을 명ᄇᆡᆨ히 셜명ᄒᆞ엿는ᄃᆡ 여러편지중에 특별히 듸도셔와 듸모데젼후셔를 잘공부ᄒᆞ면 바울의 젼도직칙에ᄃᆡᄒᆞᆫ 비결을 가히 알수잇ᄂᆞ니라 현금 우리 젼도인들은 션지와 ᄉᆞ도의 직무를 니어 힝ᄒᆞ는쟈들이니 므릇 션지와 ᄉᆞ도들 구별ᄒᆞ야 말ᄒᆞ자면 그 만는경우는 비록 다를지라도 그 쥬지는 다ᄀᆞᆺ치 텬국을 이세샹에 세우랴홈이오 우리의 만는경우도 녯날 션지들과 ᄉᆞ도들과는 ᄀᆞᆺ지아니ᄒᆞ나 쥬지는 뎌회와 ᄀᆞᆺᄒᆞ며 또 뎌회의 셩령감화밧은것과 권세잡은것이 우리보다 더큰듯ᄒᆞ나 우리가 뎌회를 본밧을ᄲᅮᆫ아니라 뎌회보다 더크신 우리쥬 예수그리스도로써 모범을삼아 힝ᄒᆞ면 우리도 능히 뎌회를 ᄯᆞ라 갈수업겟ᄂᆞ뇨

一젼도가 뎨一 요긴ᄒᆞᆫ 원인이니 목ᄉᆞ의 본분이 만흐되 그중에 젼도를 뎨一 요긴히 아논것은 이세상에 무식ᄒᆞ여 칙불수업는 사ᄅᆞᆷ이 만흔연고라 그럼으로 우리쥬 예수ᄭᅴ셔도 젼도를 힘쓰샤 十二문도와 七十뎨ᄌᆞ를 보내여 젼도케 ᄒᆞ셧스며 또 바울도 말ᄉᆞᆷᄒᆞ기를 「쥬ᄭᅴ셔 나를 보내심은 셰례를베플게 ᄒᆞ심이아니오 복음을 젼케ᄒᆞ심이라」ᄒᆞ엿스니 이말ᄉᆞᆷ의 ᄯᅳᆺ은 ᄌᆞ긔가 셰례베프는 권한이업는것이아니라 복음젼ᄒᆞ는것이 셰례 베프는것보다 더요긴ᄒᆞ다 홈이니라

셩경문답

(문)ᄉᆞ도二장三十八절에 베드로는 여러사ᄅᆞᆷ의 뭇는 말에 ᄃᆡᄒᆞ야 회ᄀᆡᄒᆞ라ᄒᆞ엿고 또 ᄉᆞ도十六장三十一절에 바울은 옥ᄉᆞ쟝의 뭇는말에 ᄃᆡᄒᆞ야 밋으라ᄒᆞ엿스니 우리는 외인이 어와ᄀᆞᆺ치 무를ᄯᅢ에 회ᄀᆡᄒᆞ라ᄒᆞᆯ넌지 밋으라ᄒᆞᆯ넌지 엇더케ᄃᆡ답ᄒᆞ여야 올켓ᄂᆞ뇨

(답)베드로회게 뭇던 사ᄅᆞᆷ은 임의 하ᄂᆞ님을 녁녁히 밋엇스나 다만 죄를거절치못ᄒᆞᆫ고로 회ᄀᆡ만 ᄒᆞ라ᄒᆞ엿ᄂᆞ니 므릇회ᄀᆡ는 죄에셔 ᄯᅥ나서 하ᄂᆞ님ᄭᅴ로 도라오는것이며 또 바울의게 뭇던 옥ᄉᆞ쟝은 그밤에 옥중에 당ᄒᆞᆫᄉᆞ졍이 벌셔 ᄌᆞ긔로ᄒᆞ여곰 회ᄀᆡ케ᄒᆞᆫ고로 밋기만ᄒᆞ라 ᄒᆞ엿ᄂᆞ니 밋음은 ᄌᆞ긔나 혹 다른것을 의지ᄒᆞ지말고하ᄂᆞ님만 밋는것이라 그러나 우리가 외인을 ᄃᆡᄒᆞᆯᄯᅢ에 회ᄀᆡᄒᆞ라던지 밋으라던지 이 두말ᄉᆞᆷ중에 어나것을 취ᄒᆞ던지 망발될것은 업ᄂᆞ니라

(문)예수ᄭᅴ셔는 그 어머니ᄭᅴ 원죄를 밧을수 업셧ᄂᆞ뇨

(답)밧으랴면 밧을수는 잇지마는 당신이 우리의 죄를 ᄃᆡ속ᄒᆞᆯ이가 되실터인즉 불가불 죄가 업셔야 되겟는고로 원죄를 밧지 아니ᄒᆞ셧ᄂᆞ니 이는 다셩신의 보호ᄒᆞ심을 인ᄒᆞ야 일우셧ᄂᆞ니라 (눅一○卅五)

셰계격언

一、금젼은 부리면 나의션량ᄒᆞᆫ 죵이되고 셤기면 나의 위험ᄒᆞᆫ 샹뎐이되ᄂᆞ니라

二、물에 ᄲᅡ져죽는쟈보다 쥬셕에ᄲᅡ져 죽는쟈가 더만흐니라

三、음악(音樂)은 눈에보이지안는 춤이오 춤은 귀에들니지안는 음악이니라

四、봄ᄭᅩᆺ이 업는나무는 가을에 열ᄆᆡ를 ᄆᆡᆺ지못ᄒᆞᄂᆞ니라

五、쥐를 잡는데는 '적은고양이가 千리마보다 나흐니라

六、ᄒᆞᆫ원슈가 나를 해롭게ᄒᆞ는 손해가 百쳔구가 나를 리롭게ᄒᆞ는 리익보다 더크니라

七、인내(忍耐)의 처음 맛은 쓸ᄀᆡᆺ고 나죵맛은 ᄉᆞᆯᄀᆞᆺᄒᆞ니라

어린ᄋᆞ희들의니야기

⊙셩경구졀이능히사ᄅᆞᆷ을도아줌

덕국 엇던사ᄅᆞᆷ이 ᄯᆞᆯ三형뎨를 두엇는ᄃᆡ 큰ᄋᆞ희는 열두셜이오 가온ᄃᆡᄋᆞ희는 열셜이오

엇해ᄋᆞ히ᄂᆞᆫ 어둠셜이라 더희 부모가 더희를 그고모의게 맛겨두고 미국으로 건너갓더니 몃ᄃᆞᆯ후에 이ᄋᆞ히들의부모가 미국에다 새로집을뎡ᄒᆞ고 아조 거긔서 살게된지라 그럼으로 그고모의게 편지ᄅᆞᆯᄒᆞ고 이ᄋᆞ히들을 미국으로 보내라ᄒᆞ엿스나 그고모ᄂᆞᆫ 슈륙 수만리에 더희를 혼자보내기도 어렵고 ᄯᅩ ᄃᆞ리고 ᄀᆞᆺ치 갈사ᄅᆞᆷ도 업서서 ᄆᆡ우 근심ᄒᆞ다가 믄득 ᄉᆡᆼ각ᄒᆞ고 쳑쟝에서 쳑훈권ᄅᆞᆯ ᄉᆞ어내여 그것쟝 뷘자리에다 셩경ᄒᆞᆫ구절을 영、덕、법三국 말노써서 그즁 큰ᄋᆞ히를 주며ᄒᆞᄂᆞᆫ말이「나ᄂᆞᆫ 너희를 쥬예수ᄭᅴ 맛겨보내니 어ᄃᆡ서던지 무슴 어려온일이 잇서서 어룬의 보호나 도아줌을 엇고져ᄒᆞᆯᄯᅢ에ᄂᆞᆫ 이쳑쟝을너희 무릅우에 ᄶᅥ노코 안젓스라」ᄒᆞ엿더라 이ᄋᆞ히들 三형뎨가 길을ᄯᅥ나 쳘로로 몃츌 가다가 ᄯᅩ 비ᄅᆞᆯ두고 대서양을 건널후 다시 쳘로로 몃쳔리ᄅᆞᆯ 가ᄂᆞᆫ동안에 더희가 무슴의심스럽고 무섭고 어려온일을 당ᄒᆞᆯᄯᅢ마다 그고모의 말대로 그셩경구절쓴 쳑쟝을 펴노코 여러고 진실ᄒᆞᆫ ᄆᆞ음에 예수ᄭᅴ서 도아주실줄 밋으며 졍셩으로 드려다보고 안젓슨즉 반ᄃᆞ시 엇던 사ᄅᆞᆷ이 겻헤서 더희 거동을 구경ᄒᆞ다가 갓가히와서 그셩경 구절을닑어본후에ᄂᆞᆫ 더희가 어ᄃᆡ로 누구ᄅᆞᆯ 차자가며 무슴어려온일이 잇ᄂᆞᆫ가 무러보와서 도더하 보호ᄒᆞ며 위로ᄒᆞ며 도아주어 더희부모의 새집ᄭᆞ지 무ᄉᆞ히 갓ᄂᆞᆫᄃᆡ 그쳑에 쓴셩경구절은 곳마태二十五쟝 四十절에「내가 진실노 너희ᄃᆞ려 닐ᄋᆞ노니 너희가 내동싱즁에 지극히 적은、이ᄒᆞ나의게 힝ᄒᆞᆫ것시 곳내게 힝ᄒᆞᆷ이라」ᄒᆞ신 말ᄉᆞᆷ이러라

위싱요설(衛生要說)

◉공긔 (쇽)

사ᄅᆞᆷ의 심경(心經)에서 ᄉᆞ지ᄇᆡᆨ톄로 퍼져나가ᄂᆞᆫ피ᄂᆞᆫ 그빗치 ᄇᆞᆰ고 졍ᄒᆞ며 그것이 다시 심경으로 도라드러 갈ᄯᅢᄂᆞᆫ 그빗치 검고 부졍ᄒᆞᆫ것은 다름아니라 그피가 사ᄅᆞᆷ의 몸에 잇던 독ᄒᆞᆫ 탄쇼ᄅᆞᆯ 거두어가지고 오ᄂᆞᆫᄭᅡ닭이라 그러나 이 검고 부졍ᄒᆞᆫ피가 심경에 드러와서 사ᄅᆞᆷ이 마시ᄂᆞᆫ 공긔속에 잇던 산쇼ᄅᆞᆯ 만나면 다시 변ᄒᆞ야 ᄇᆞᆰ고 졍ᄒᆞᆫ피가 되ᄂᆞ니 그런고로 심경은 피ᄅᆞᆯ 쳥결ᄒᆞᄂᆞᆫ 긔관이라 칭ᄒᆞᄂᆞ니라

사ᄅᆞᆷ의 몸에 독ᄒᆞ고 무거온 탄쇼긔가 잇ᄂᆞᆫ고로 우리의 입으로 나오ᄂᆞᆫ긔운은 곳탄긔라 그럼으로 좁은방에서 여러 사ᄅᆞᆷ이 문을 ᄯᅡᆨ닷고 잘ᄃᆡ경이면 방안에 ᄆᆞᆰ은 공긔ᄂᆞᆫ 다업서지고 사ᄅᆞᆷ의 입으로나온 탄긔만 가득히 찬고로 졍신이 희미ᄒᆞ고 두통이 날ᄲᅮᆫ아니라 심ᄒᆞ면 죽을것이라 그증거ᄅᆞᆯ 알고져ᄒᆞ면 수十여년젼 인도국ᄂᆡ란에 영국ᄉᆞ관 一百四十명이 동모ᄒᆞᆫ지라 인도총독이 ᄂᆡ반역ᄒᆞᆫ 군인들을 군법으로 ᄉᆞ형에 션고ᄒᆞᆫ후 一百四十명을 二간되ᄂᆞᆫ 방에 가도고 판문을 ᄯᅡᆨ닷어 두엇다가 그잇ᄒᆞᆫ날 열고본즉 다 죽엇ᄂᆞᆫ지라 지금ᄭᆞ지 이집을 긔렴으로 보관ᄒᆞ여 잇ᄂᆞᆫᄃᆡ 이집 일홈은 흑실(黑室)이라 칭ᄒᆞᄂᆞ니라

실업

◉누에치ᄂᆞᆫ법 (쇽)

뎨四 누에칠쥰비

누에ᄅᆞᆯ 치고져ᄒᆞᄂᆞᆫ쟈ㅣ 불가불 미리 쥰비가 잇서야 될터인ᄃᆡ 가량 잠실ᄒᆞᆫ간에 칠만ᄒᆞᆫ 누에 죵ᄌᆞᄂᆞᆫ 어린누에 두돈즁에 지내지 못ᄒᆞᆯ지니 여긔ᄃᆡᄒᆞᆫ 쥰비ᄂᆞᆫ 좌와ᄀᆞᆺ흠

一、ᄲᅩᆼ닙七百五十근가량
二、잠박(蚕箔)四十기
三、졔사망(除沙網)八十기
四、샹잠족(上蔟)四十기
五、죠강(糟糠)두셤
六、식도(食刀)一병
七、간습침(乾濕針)一기
八、깃뷔(羽箒)二기
九、큰도마(俎板)一기
十、잠박ᄃᆡ(蚕箔臺)一기
十一、잠분(蚕盆)五기
十二、광주리二기

이우헤 말ᄒᆞᆫ바 졔구ᄅᆞᆯ 쥰비ᄒᆞ되 ᄒᆞᆼ샹 졍결케 간수ᄒᆞᆯ지니라

뎨五 누에의최쳥법(催青法)

최쳥법은 일ᄒᆞᆫ봄에 ᄲᅩᆼ닙히 재비주둥아리와 ᄀᆞᆺ치 돗아나올ᄯᅢ에 누에죵ᄌᆞᄅᆞᆯ 비로소 ᄭᅥ어내여 잠박우에 펴노코 방안에 두어 그빗치 졈졈 프르게 문ᄃᆞᄂᆞᆫ것이니 그진힝ᄒᆞᄂᆞᆫ 슌서가 처음에ᄂᆞᆫ 그방속의 더온 도수가 날마다 一二

도식을나가셔 추추더 온란(溫暖)케ᄒᆞ면 대략二ᄎᆞ일후에는그빗ᄎᆞ 변ᄒᆞᄂᆞ니라
죠션은 긔후가 좀 간죠(乾燥)ᄒᆞᆫ즉 누에 종ᄌᆞ 붓흔 됴희가 파히 말나셔 방해될ᄃᆡ경이면 쥬젼ᄌᆞ에 물을담아 방안에셔 끌여셔 증긔가 방안에 퍼지게ᄒᆞᄂᆞᆫ것이 됴흐니라

담총

◎재봉침(裁縫針)의신발명

재봉침은 미국사ᄅᆞᆷ 호이시씨가 ᄭᅮᆷ에 군ᄉᆞ의 창끗헤 구멍이 잇ᄂᆞᆫ것을 보고 바ᄂᆞᆯ끗헤도 구멍이 잇스면 긔계로 쓸수잇ᄂᆞᆫ리치를 세듯고 인ᄒᆞ야 재봉긔계를 발명ᄒᆞ엿ᄂᆞᆫᄃᆡ 그후에점점 긔량ᄒᆞ야 지금 수十여종류에 달ᄒᆞᆫ때 그 신속흠이 한량업ᄂᆞ니라

◎두표(投票)ᄒᆞᄂᆞᆫ법

두표법은 쥬강셩젼五百九년 [illegible] 코레스돈이 아뎐[illegible]에 두표통을 세우고 ᄇᆡᆨ셩으로 ᄒᆞ여곰 치안방해ᄒᆞᄂᆞᆫ쟈의 셩명을ᄡᅥ셔 그통에 집어넛케 ᄒᆞ엿더니 그후에 미국에셔 대통령을 션뎡ᄒᆞᆯ때에 이법을 취용ᄒᆞᆫ후 졈졈 미량ᄒᆞ야 오ᄂᆞᆯ날은 세계만국에셔 공ᄉᆞ간에 사ᄅᆞᆷ을 탁용ᄒᆞ랴면 다 이법으로 션뎡ᄒᆞᄂᆞ니라

회보ᄃᆡ금령슈

住所	氏名	金額
金化	金興順	二圓
鐵原	李和春	一圓四十錢
平康	金永善	一圓二十錢
長湍	金牧榮	一圓五十錢
鎭南浦	金泰根	三十錢
三陟	金漢達	一圓二十錢
長湍士代金	金昌成	四十錢
襄陽邑	劉時國	四十錢
上仝물치	全達元	四十錢
元山	담손	九十錢
春川佳淵里	朴士羅	三十錢
橫城長峴	安孔文	四十錢
開城	高永福	一圓七十錢
泰安倉代金	趙成云	二十錢
公州敬天里	金秉濟	二圓四十錢
淮陽邑	耶穌敎堂	四十錢
淮陽初一里	宋大用	四十錢
淮陽初中里	吳宅洙	四十錢
德源셩북리	朴一成	三十錢
安邊南山	尹脩彦	三十錢
仝번지골	리승호	二十錢
仝종지동	리긔실	三十錢
上仝	진쟝규	三十錢
連山安川	安炳玉	四十錢
唐津栗寺	李建淑	四十錢
平山扞井洞	徐榮錫	七圓二十錢
瓮津龍湖嶋	朴應文	四十錢
寧邊南門	柳秉植	三圓九十錢
平海下城底洞	李喜榮	三十錢
慶州南門內	文鳳儀	四十錢
延日浦港	崔貴成	四十錢

그리스도회보

KOREAN CHRISTIAN ADVOCATE

每月二回 十五日 三十日發行
大正元年八月十二日印刷
大正元年八月十五日發行

發行兼編輯人 北部社洞 奇義男
印刷人 北部樓閣洞 朴東完
印刷所 京城西小門內法韓印刷所
發行所 北部社洞 그리스도會報社
ᄃᆡ금 一장 二젼五리
[代金] 六ᄀᆡ월 二十젼
一ᄀᆡ년 四十젼

◉션황폐하붕어(崩御)

션황폐하ᄭᅴ옵셔는 거七월三十일오젼령四十三분에붕어ᄒᆞ옵셧는ᄃᆡ우리一반ᄂᆡ외국신민은ᄋᆡ도(哀悼)ᄒᆞᄂᆞᆫ졍셩을표ᄒᆞ노라

◉신황뎨쳔조식(踐祚式)

신황뎨폐하ᄭᅴ옵셔는거七월三十일오젼一시에황령뎐신뎐에셔쳔조식을힝ᄒᆞ옵시고년호는대정원년(大正元年)으로지가공포ᄒᆞ옵셧더라

◉국복의마련

고텬황폐하ᄭᅴ ᄃᆡᄒᆞᆫ 국복긔한은 一ᄀᆡ년으로 뎡ᄒᆞ엿는ᄃᆡ 상쟝(喪章)은 양복에는 광三촌되는 흑사포(黑紗布)로 원편 팔둑에 두르고 일본옷이나 죠션옷에는 흑사포로 나뷔모양ᄀᆞᆺ치 ᄆᆡ져셔(蝶形結)원편가슴에 붓치게ᄒᆞ엿더라

◉대쟝긔일(大葬期日)

고텬황폐하의 대쟝식은 ᄅᆡ九월十三일 하오七시에 동경청산련병쟝에셔 거힝ᄒᆞᆫ후 셔경도산 어릉에 안쟝ᄒᆞᆫ다더라

◉대사지이(大赦在邇)

신텬황폐하ᄭᅴ옵셔 쳔조ᄒᆞ신고로 쟝ᄎᆞᆺ 죄슈(罪囚)를 대사ᄒᆞ기로 ᄂᆡ뎡되여 방금됴사즁이라더라

△學徒募集廣告

本校에셔秋學期에中學科預備一●二●三年級과工業夜學科一年級補缺生을募集ᄒᆞ오니志願諸君은勿失此期ᄒᆞ시옵

(但以上은自費生으로만)

請願接受 八月二十六日로 九月一日
試驗日 九月二●三日
開學日 九月五日

京城東部蓮洞 私立儆新學校 白

◉광 고◉

본인이구약젼셔대지를편저ᄒᆞ오니셩셔샹편술에쥬의ᄒᆞ시는이는 죠량ᄒᆞ시옵

송화군무진시회당ᄂᆡ

션우훈 빅

◉본사특별 고빅

누구시던지 본회보 ᄃᆡ금을 우편쇼위체(郵便小爲替)로 보내시되 혹 우표(郵票)로 보내실 경우에는 五젼자리 이하의 우표로 보내시고 五젼자리나 그 이샹 우표로 보내시는것은 밧지 아니ᄒᆞ겟습

교즁휘문

△닉보▽

◉부인젼도회 평양 남산현 목ᄉᆞ현셕七씨의 통신을 거ᄒᆞᆫ즉 五년젼에 히회당니 밋ᄂᆞᆫ 부인十인이 발긔ᄒᆞ야 부인젼도회를 죠직ᄒᆞ엿스니 이회ᄂᆞᆫ 쥬를 위ᄒᆞ야 일ᄒᆞᆯ목뎍으로 시작ᄒᆞ엿ᄂᆞᆫᄃᆡ 미월 一ᄎᆞ식 모힐때마다 뎡ᄒᆞᆫ회금 十젼식을 구취ᄒᆞ며 발긔ᄒᆞᆫ 회원들이 열심으로 다른부인들의게 권면ᄒᆞ야 지금은 회원이 三十五인에 달ᄒᆞ엿ᄂᆞᆫᄃᆡ 이회원들노 말ᄒᆞ면 가셰가 다넉넉ᄒᆞᆫ것이 아니로ᄃᆡ 졀용졀식ᄒᆞᆷ으로 五년동안 미삭十젼식 모흔것이 지금은 二百여환이 된지라 그회원즁에 가감ᄒᆞ고 때一 열심잇ᄂᆞᆫ 부인一인을 젼도인으로 튁ᄒᆞ여 현금 젼도ᄒᆞ니 이일을 싱각ᄒᆞ면 부인의 경영ᄒᆞᄂᆞᆫ일이 도로혀 남ᄌᆞ보다 승ᄒᆞ다ᄒᆞᆯ수 잇도다 이회ᄂᆞᆫ 영영 유지ᄒᆞ여 쥬의 큰 ᄉᆞ업을 일우기를 원ᄒᆞᆫ다ᄒᆞ엿더라

◉창도의새교당 강원도 김셩 창도 김동하씨의 통신을 거ᄒᆞᆫ즉 그곳은 거금七년젼에 교회가 셜립되엿스나 례ᄇᆡ당이 업서 곤난이 막심ᄒᆞ더니 三년젼에 본동두민제씨와 무반계원들이 본교회를 ᄃᆡᄒᆞ야 이곳 샤뎡(射亭)으로 례ᄇᆡ당을 몬드ᄂᆞᆫ것이 됴흘줄노 말ᄒᆞ기에 그갑을 언론ᄒᆞᆫ즉 동즁제씨가 ᄃᆡ답ᄒᆞ기를 막즁셩뎐에 ᄃᆡᄒᆞ야 갑을 언론ᄒᆞᄂᆞᆫ것이 불가ᄒᆞ니 몃十환간 교회에서 본동보통학교에 보조ᄒᆞ엿스면 피ᄎᆞ 싱광이리ᄒᆞ기로 뎐부의 한량업스신 은혜를 감샤ᄒᆞ야 즉시 긔노ᄒᆞᆫ후 금七十환을 그학교에 긔부ᄒᆞ고 희샤뎡 매도ᄒᆞᄂᆞᆫ 계약셔를 밧고 슈리ᄒᆞᄂᆞᆫ 동시에 근본와가六간을 三간을더느려 九간을 몬들고 지금ᄭᆞ지 편안ᄒᆞᆫ즁에셔 례ᄇᆡ를 잘본다ᄒᆞ엿더라

◉마귀를떠나쥬ᄭᅴ로옴 황히도 빅천군 홍슌탁씨의 통신을 거ᄒᆞᆫ즉 히군 각산면 봉화감에 사ᄂᆞᆫ 리씨ᄂᆞᆫ 년금二十四셰인ᄃᆡ 금년 一월브터 마귀의게 잡힌바되여 굿븜 세번이나 ᄒᆞ엿스나 조곰도 낫지안코 도로혀 집을떠나 무당의 집에가서 무당과 ᄒᆞᆫ가지로 굿도 ᄃᆞᆫ니ᄂᆞᆫ고로 그남편이 차자 다리고 집으로 올때에 쥭으랴고 물에싸지ᄂᆞᆫ것을 건져 다리고 집에가서 소경을 청ᄒᆞ야 경읽어도 낫지안ᄂᆞᆫ지라 그남편의집은 힘세ᄒᆞᄂᆞᆫ 집인고로 그런녀인을 집에나 근동에 잇게ᄒᆞᄂᆞᆫ것이 문즁에 붓그러온일이라고 비로 실어다가 강건너 교동싸에 갓다가 ᄇᆞ려 눈압헤 보이지안케 ᄒᆞ려ᄒᆞ더니 리씨가 예수를 밋으면 마귀가 쫏겨나간다ᄂᆞᆫ 말을듯고 二十리샹거되ᄂᆞᆫ 구름다리 교회를 차자와셔 수일을 류ᄒᆞ더니 이곳 젼도부인 쥬눌누씨가 이ᄀᆡ별을듯고 나아가셔 그부인과ᄒᆞᆷᄭᅴ 그본집으로가셔 복음을 젼ᄒᆞᆫ후 그집에잇ᄂᆞᆫ ᄉᆞ당파 모든 우상을 업시ᄒᆞ고 그부인을 다리고 읍으로 ᄃᆞ려와셔 十여일을 류ᄒᆞ매 모든부인들이 그를 위ᄒᆞ야 쥬ᄭᅴ군구ᄒᆞ더니 쥬ᄭᅴ셔 ᄒᆞᆫ번 권능을 베프샤 그마귀를 쫏차내시매 완인이되여 그본집으로 도라가니 온집안이 다버ᄒᆞ야 쥬를밋으며 ᄯᅩᄒᆞᆫ국문을 열심으로 비화셔 셩경과 찬미를 잘보며 그동리부인들의게 젼도ᄒᆞ매 젼에ᄂᆞᆫ 어두운가온ᄃᆡ셔 마귀만 섬기야 살줄알던 부인들이 지금은 쥬의도를 이샹히녁이며 지금 밋ᄂᆞᆫ부인이 六인이되엿스니 이부인으로 말미암아 그곳에 장ᄎᆞᆺ 큰교회를 일울소망이 잇다ᄒᆞ엿더라

◉분암리의새교당 츙남공주군 김병제씨의 통신을 거ᄒᆞᆫ즉 히군 진두면 문암리교회 유ᄉᆞ 졍시형씨ᄂᆞᆫ 쥬를독실히 밋ᄂᆞᆫ즁 례ᄇᆡ당이 업슴을 개탄히녀여 잇ᄂᆞᆫ바 ᄇᆡ미四十두를 연보ᄒᆞ니 그가익은 三十二환이라 이것으로 긔본을삼아 례ᄇᆡ당을 건축ᄒᆞᆯ시 다른형뎨ᄌᆞᄆᆡ가 ᄯᅩᄒᆞᆫ 얼마식 연보ᄒᆞ니 총금익이 六十여환인고로 례ᄇᆡ당七간을 건축ᄒᆞ고 그후에 례ᄇᆡ당안에 긔구물픔ᄭᆞ지 ᄌᆞ담ᄒᆞᆫ것도잇고 ᄯᅩ 그몸으로도 부역ᄒᆞ니 이형뎨ᄂᆞᆫ 몸과 지졍을 쥬ᄭᅴ 드린쟈라고 모ᄂᆞᆫ사름마다 칭송ᄒᆞ며 그부인

은 이일노 맘미암아 시량이 떠러질디경이라도 더욱 깃버ᄒᆞ며 어ᄃᆡ를 가던지 칙보를 메고 ᄃᆞ니며 공부를 힘써ᄒᆞᄂᆞᆫ고로 요한복음 八장三十一졀과ᄀᆞᆺ치 춤 데ᄌᆞ가 될만ᄒᆞ다 ᄒᆞ엿더라

◉리씨집안의ᄌᆞ션심 경긔도 리쳔군 한챵셥씨의 통신을거흔즉 려쥬군 흥곡면 북대동교회너 리방헌씨는 예수를밋고 힘ᄒᆞᄂᆞᆫ일에 ᄃᆡᄒᆞ야 그열심과 ᄌᆞ션심을 말노다ᄒᆞᆯ수업거니와 특별히 감샤ᄒᆞᆯ것은 ᄌᆞ긔집에서 부리던 종을 내여노아 ᄌᆞ유케ᄒᆞ며 형뎨로 ᄃᆡ접ᄒᆞ니 이는 파연 신힝즁 ᄌᆞ션심이오 또 그부인 신엘리사벳은 동리에 ᄃᆞ니면서 젼도ᄒᆞ고 형뎨의집을 심방ᄒᆞᆯ때에 요ᄉᆞ이 하졀을 당ᄒᆞ야 집집마다 ᄆᆡᆨ반이 만흔지라 그런고로 ᄋᆞ희와 어룬이 잘먹지못ᄒᆞ고 어려워ᄒᆞᄂᆞᆫ것을 보면 ᄌᆞ긔집에 도라가서 힘대로 ᄇᆡᆨ미를 보내며 혹 량식이 업ᄂᆞᆫ 형뎨의게도 이와ᄀᆞᆺ치 구졔ᄒᆞ며 또 그ᄌᆞ부는 회당안에칠 휘쟝을 독담ᄒᆞ여 문돌며 또ᄒᆞᆫ ᄉᆞ랑을 만히 베프니 이가 족은 춤 하ᄂᆞ님 나라의 유업을 밧을쟈라ᄒᆞ엿더라

◉신학셩의쥬의ᄒᆞᆯ것 평남진남포 비형식씨의 통신을거흔즉 평양교우 리근식씨가 남포교우 최형젼씨로 더브러 신구약 디도를 번역ᄒᆞᄂᆞᆫᄃᆡ 그ᄌᆞ셰ᄒᆞ기는 디도만 가지고도 ᄉᆞ긔와 력ᄃᆡ를 쪽히 알만ᄒᆞ게 문드럿ᄂᆞᆫᄃᆡ 신약디도는 벌서 번역되엿스니 一반 신학싱의게 보총이 될만ᄒᆞ다더라

◉리씨ᄂᆡ외의신ᄋᆡ심 츙북뎨쳔군 젼도ᄉᆞ 리은영씨의통신을 거흔즉 히군서면 평동교회는 一千九百五년에 셜립되엿스나 미우 연약ᄒᆞ더니 리영필씨와 그부인 루듸아씨가 회ᄀᆡᄒᆞ고 교회일을 힘써본후로 교회가 흥왕ᄒᆞ야 百여명이 례ᄇᆡᄒᆞ며 학교를 셜립ᄒᆞ고 학싱을 모집ᄒᆞ야 교슈ᄒᆞᄂᆞᆫᄃᆡ 리씨는 의지ᄒᆞᆯ곳이업고 병든쟈를보면 긔회잇ᄂᆞᆫᄃᆡ로 구졔ᄒᆞ더니 츙쥬 축현사ᄂᆞᆫ 서씨 마리아가 년구흔병으로 교섭ᄒᆞ나 로ᄌᆞ가 업서서 병원으로 가지못ᄒᆞᄂᆞᆫ지라 리씨가 로슈를 담당ᄒᆞ야 경셩졔즁원으로 보내여 그병을 곳치게ᄒᆞ엿스며 또ᄒᆞᆫ 시계一좌를 회당에 긔부ᄒᆞ야 형미들이 례ᄇᆡ시간을 잘직히게ᄒᆞ며 그부인은 四년젼브터 연미(捐米)ᄯᅳᄂᆞᆫ것을 다른부인보다 특별히 만히도 ᄒᆞ려니와 오ᄂᆞᆯ날ᄭᆞ지 ᄒᆞᆫ번도 궐ᄒᆞ지 아니ᄒᆞ며 셩경말ᄉᆞᆷ을 즁힝ᄒᆞ야 손님을 극진히 ᄃᆡ접ᄒᆞ며 빈한ᄒᆞᆫ 혀미를 구졔ᄒᆞᄂᆞᆫ것이 유무를 샹통ᄒᆞ다십히ᄒᆞ며 쥬의일을 지셩으로ᄒᆞ야 죄에 빠진 싱명을 쥬씨로 인도ᄒᆞ야 교회가 흥왕ᄒᆞᆷ으로 그ᄂᆡ외의 밋음은 인ᄀᆡ칭숑ᄒᆞᆫ다더라

◉ᄀᆡ셩의녀학교 경긔도 ᄀᆡ셩군 박이양씨의 통신을 거흔즉 히군 동부교회너 어원하당은 쫀스톤부인이 쥬쟝ᄒᆞ여 셜립ᄒᆞᆫ지 三ᄀᆡ년인ᄃᆡ 히부인은 교쟝이되여 유지방침을 ᄌᆞ담ᄒᆞ고 교ᄉᆞ 어운회씨ᄂᆞᆫ 젼임교슈ᄒᆞ며 교즁형뎨즁 강지풍 김쥬영 박슈겸 리ᄃᆡᆨ원 리회셩졔씨가 각기 소쟝대로 시간 교슈에 힘쓰ᄂᆞᆫ고로 미일 츌셕ᄒᆞᄂᆞᆫ 녀학싱이 三十二인에 달ᄒᆞ엿고 그셩젹은 금번 하긔시험에 우등싱은 三학년에 박금셤 二학년에 셜영복 一학년에 서복례 비반에 량도인이더라

◉녀학교의신셜립 강원도김셩군 챵도 현유셕씨의 통신을 거흔즉 히교회에서 녀쇼학교를 셜립ᄒᆞ기 위ᄒᆞ야 一반교우가 합심 ᄀᆞ구ᄒᆞ엿더니 하ᄂᆞ님ᄭᅴ서 원산비부인을 감화식히샤 쇼학교를 셜립ᄒᆞᆯ 긔회를 주시ᄂᆞᆫ동시에 교ᄉᆞ의 월급으로 ᄌᆞ긔가 ᄃᆞᆯᄃᆞᆯ히 六환식 담당ᄒᆞ겟다ᄒᆞᄂᆞᆫ고로 교ᄉᆞᄂᆞᆫ 본교회 즁학교 싱도 김윤철씨로 작뎡ᄒᆞ고 학도를 모집ᄒᆞᄂᆞᆫᄃᆡ 셜시초인고로 三四명에 지내지못ᄒᆞ더니 수삭후에는 十七명에 달ᄒᆞᆫ지라 교ᄉᆞ一인으로는 교슈ᄒᆞ기가 곤난ᄒᆞ다ᄒᆞ야 비부인이 원산녀학교싱도 강헬넌씨를 교ᄉᆞ로 고빙ᄒᆞ야 보내매 이두교ᄉᆞ가 ᄌᆞ미잇게 교슈ᄒᆞᆫ 결과로 금번 하긔시험에 됴흔셩젹을 만히 보앗스며 지굼은 학교 교실이 업서서 례ᄇᆡ당

三

에서 공부ᄒᆞ나 하ᄂᆞ님ᄭᅴ서 쟝ᄎᆞᆺ 교실ᄭᅡ지 주실줄 밋ᄂᆞᆫ다 ᄒᆞ엿더라

◉녀학ᄉᆡᆼ졸업식 평남즁산군 박션졔씨의 통신을 거ᄒᆞᆫ즉 히군 쟝신학교 녀학부 뎨一회 졸업식과 진급식을 거ᄒᆡᆼ 十九일 샹오十一시에 본례ᄇᆡ당니에서 거ᄒᆡᆼᄒᆞ엿ᄂᆞᆫᄃᆡ 졸업ᄉᆡᆼ은 박영슌 김열나 박션진 손영션등四인이오 三년급 진급ᄉᆡᆼ은 홍대은등二인이오 二년급 진급ᄉᆡᆼ은 홍진실등四인이오 본학교 임원과 교ᄉᆞ졔씨와 남녀 신ᄉᆞ졔씨가 물픔을 다수히 긔부ᄒᆞ야 학ᄉᆡᆼ들의게 시샹ᄒᆞ엿ᄂᆞᆫᄃᆡ 당일관광인이 二百여명에 달ᄒᆞ엿다더라

▲외보▼

◉미감리회四년총회회록 대개 (속)

△五월二十일 림시회쟝 감독 먹크인타여씨가 긔회ᄒᆞᆫ후 감독 핫셀 워른 스캇트 로빈손 히리스 므빈등 六씨는 외국션교 감독으로 인임ᄒᆞ쟈는 보고를밧다

▲五월廿一일 림시회쟝 감독ᄇᆡ리스톨씨가 긔회ᄒᆞᆫ후 그ᄯᆡ에 루위스바일셔 모힌 쟝로교 총회가 본총회에 ᄃᆡᄒᆞ야 환영ᄒᆞᄂᆞᆫ 츅ᄉᆞ를 ᄐᆞᆼ독공포ᄒᆞ고 금번총회에 새로 피션된 감독헨더손 쉡파드량씨의 인진례(引進禮)를 ᄒᆡᆼᄒᆞ다

△五월廿二일 림시회쟝 감독 워른씨가 긔회ᄒᆞᆫ후 여간ᄒᆞᆫ ᄉᆞ무를 쳐리ᄒᆞ고 퇴로ᄒᆞᄂᆞᆫ 감독 졔씨의게 ᄃᆡᄒᆞᆫ ᄉᆞ건으로 다쇼ᄒᆞᆫ 토론이 잇섯더라

△五월廿三일 림시회쟝 감독 크린스톤씨가 긔회ᄒᆞᆫ후 히마다 五월二十四일은 감리교회 긔념일노 직히자는 포로ᄐᆡ스ᄐᆡᆫ감리회 공함을 ᄐᆞᆼ독공포ᄒᆞ고 이공함에 ᄃᆡᄒᆞᆫ 답쟝은 젼도부위원의게 위임ᄒᆞ엿더라

△五월廿四일 이날은 요한 웨슬네션ᄉᆡᆼ의 거듭난날 뎨一百七十四회 긔렴일이라 一반회원이 친목만찬례를 거ᄒᆡᆼᄒᆞ고 웨슬네션ᄉᆡᆼ의 력ᄉᆞ를 들어 감독모모씨가 ᄎᆞ례로 강셜ᄒᆞᆫ후 림시회쟝 감독히밀톤씨가 긔회ᄒᆞ다 당일은 션교감독졔씨의 파송ᄒᆞᆯ곳을 작뎡ᄒᆞ다

△五월廿四일 림시회쟝 감독 ᄇᆡ쉬포드씨가 긔회ᄒᆞᆫ후 쟝ᄎᆞᆺ 구리파에서 요한 웨슬네션ᄉᆡᆼ파 보헤미안신교ᄀᆡ량자 재씨의 치명ᄒᆞᆫ일을 긔념키위ᄒᆞ야 거ᄒᆡᆼᄒᆞᆯ 뎨五ᄇᆡᆨ년긔렴회에 참예ᄒᆞᆯ ᄃᆡ표쟈를 션뎡ᄒᆞ다 그다음에 금쥬회를 죠직ᄒᆞᆯ시 각쳐교회의 ᄃᆡ표쟈로 一인식 투표션뎡ᄒᆞ다

△五월廿五일 림시회쟝 감독 워리씨가 긔회ᄒᆞᆫ후 프로ᄐᆡ스ᄐᆡᆫ감리회와 북쟝로교회와 갓그레케숀교회등 三쳐에서 각각 본총회에 ᄃᆡᄒᆞ야 익졉을 표ᄒᆞᄂᆞᆫ 츅ᄉᆞ를 ᄐᆞᆼ독공포ᄒᆞ고 각교회 긔관신문에관ᄒᆞᆫ 위원의 보고를 드른후 폐회ᄒᆞ다

△五월廿六일 당일은 쥬일인고로 오젼에는 모혀 례ᄇᆡ보고 오후에는 새로션뎡된 감독들의 취임식(就任式)을 ᄒᆡᆼᄒᆞ엿더라

△五월廿七일 림시회쟝 감독 닐늬씨가 긔회ᄒᆞᆫ후 향일 즁화민국 평신도총ᄃᆡ의 요구를 인ᄒᆞ야 본총회에서 미국외무대신의게 공함ᄒᆞ고 동민국의 공화졍톄를 속속히 승인케ᄒᆞ여달나 ᄒᆞ엿더니 동외부대신의 답함니개에 즁화민국공화졍톄의 승인여부는 ᄎᆞ후 ᄒᆡᆼ졍긔관에서 만국공법에 의지ᄒᆞ야 쳐분ᄒᆞᆯ것이라 ᄒᆞᆫ것을 공포ᄒᆞ고 또 각위원의 보고를 듯다

△五월廿八일 림시회쟝감독 루위스씨가 긔회ᄒᆞᆫ후 각위원의 보고를 듯고 감독히리스씨는 일본과 죠션셔 젼파교치 션교ᄉᆞ무를 쥬관케 ᄒᆞ엿더라

△五월廿九일 림시회쟝 [illegible]리스톨씨가 긔회ᄒᆞᆫ후 오는 총회ᄭᆞ지 시무ᄒᆞᆯ 각위원을 공쳔ᄒᆞ고 감독ᄇᆡ쉬포드씨의 긔도로 폐회ᄒᆞ다 (완)

◉인도국의부흥회 인도국에 잇ᄂᆞᆫ 감리교회는 지나간 ᄒᆞᆫ돌동안에 각쳐로 ᄃᆞᆫ니면셔 부흥회로 八千八百七十八회를 열엇ᄂᆞᆫᄃᆡ 젼후에 참셕ᄒᆞᆫ 인원이 二十三만五千六百九十八인이오 그즁에 밋기로 작뎡ᄒᆞᆫ 사ᄅᆞᆷ이 一만五百七十九인에 달ᄒᆞ엿다더라

◉미국예수교서회의셩젹 미국 예수교서회는 이리에 ᄇᆡ디에셔 二千四百만죵와 셔칙을 발ᄒᆡᆼᄒᆞ엿ᄂᆞᆫᄃᆡ 그 권수는

七억八千만권이오 또 외국인을 위ᄒᆞ야ᄂᆞᆫ 一百三十五국방언으로 번역ᄒᆞᆫ 셔젹이 여러빅만권이라더라

◎미감리회의디방부 금번미국 미감리회 四년총회의 작뎡ᄒᆞᆫ 결과로 ᄂᆡ디션교회에셔 디방부를 죠직ᄒᆞ고 각디방관할 목ᄉᆞ들과 각구역젼도ᄉᆞ들을 아모됴록 신셩ᄒᆞᆫ 방법으로써 지도ᄒᆞ야 복음젼ᄒᆞᄂᆞᆫ일에 특별ᄒᆞᆫ 효력을 엇게ᄒᆞᆫ다더라

◎ᄎᆞ감피중 영국 감리교회ᄂᆞᆫ 지나간 一년동안애 쥬일학싱 수효의 감ᄒᆞᆫ것이 一만二千四百九十五명이오 이와 반ᄃᆡ뎍으로 영국 종고셩교회ᄂᆞᆫ 지나간 三년동안에 쥬일학싱의 증가ᄒᆞᆫ것이 七만七百二十五명이라더라

◎미국셩셔공회의새계획 구라파 각쳐조션소(造船所)에셔 미국 파나마 운하(運河)가 ᄀᆡ통되면 항ᄒᆡ업(航海業)을 확쟝ᄒᆞ라고 현금 제조에 챡슈ᄒᆞᆫ 샹션이 一千五百쳑인ᄃᆡ 미국 셩셔공회ᄂᆞᆫ 이소분을 듯고 파나마운하로 지나단닐 각국 슈군의게 주기위ᄒᆞ야 각국방언으로 신약 번역ᄒᆞ기를 쥰비ᄒᆞᄂᆞᆫ중인ᄃᆡ 특별히 셔반아와 포도아와 남아메리가제국 방언으로써 번역ᄒᆞᆯ것이 만타더라

긔셔

◎ᄌᆞ슈ᄒᆞᆯ칙임 (속)

(공쥬의ᄉᆞ 반복긔)

二쟝

이우헤 셜명ᄒᆞᆫ 위싱의 대지ᄂᆞᆫ 다 우리몸으로 ᄌᆞ수ᄒᆞᆯ 칙임이니 이리치대로 힝ᄒᆞ지안으면 그몸을 ᄉᆞᄉᆞ로 버리ᄂᆞᆫ것이오 이우헤 말ᄒᆞᆫ바 됴치못ᄒᆞᆫ 힝습을ᄒᆞ면 그몸을 ᄉᆞᄉᆞ로 해ᄒᆞᄂᆞᆫ것신줄을 알것이오 또 이아래 긔록ᄒᆞᆯ것은 특별히 ᄉᆞᄉᆞ로 해ᄒᆞᄂᆞᆫ것이니 그리스도인ᄲᅮᆫ아니라 아모사ᄅᆞᆷ이던지 못ᄒᆞᆯ것신ᄃᆡ 특별히 담비와 술먹ᄂᆞᆫ것이 그몸을 해ᄒᆞ고 더럽게ᄒᆞᄂᆞᆫ것을 분명히 증거ᄒᆞ랴 ᄒᆞ노라

一、담비의 폐해(弊害) 담비먹ᄂᆞᆫ 사ᄅᆞᆷ마다 이아래 셜명ᄒᆞᆯ 폐해를 보겟다 ᄒᆞᄂᆞᆫ말이 아니라 다만 아모 사ᄅᆞᆷ이던지 담비먹음으로 유익ᄒᆞᆷ은 보지못ᄒᆞ고 다만 폐해만 잇슬지라 몬져 담비먹ᄂᆞᆫ가온ᄃᆡ 두가지 독질(毒質) 밧ᄂᆞᆫ것을 말ᄒᆞ고져ᄒᆞ노니 첫재 연긔의 독질은 곳 탄산긔톄인ᄃᆡ 이 긔톄를 만히 마시면 그독질을 밧고 산소를 감ᄒᆞᄂᆞᆫ지라 산소가 부족ᄒᆞᆯᄯᅢ에ᄂᆞᆫ 피를 정결케 못ᄒᆞᆯ것이니 대개 사ᄅᆞᆷ의 피ᄂᆞᆫ 젼신에 슌환ᄒᆞ면셔 여러가지 독질을 밧아가지고 폐경으로 드러와셔 탄산긔톄란 독질은 ᄇᆞ리고 졍결케ᄒᆞᄂᆞᆫ 산소를 엇으랴ᄒᆞ되 담비먹ᄂᆞᆫ 사ᄅᆞᆷ의 폐경에ᄂᆞᆫ 더러온 긔톄가 만히잇ᄂᆞᆫ고로 피가 능히 그잇ᄂᆞᆫ 독질을 ᄇᆞ리지못ᄒᆞᄂᆞ니 그러면 인ᄒᆞ야 그졍신을 약ᄒᆞ게ᄒᆞᄂᆞ니라 그럼으로 담비를 아니먹ᄂᆞᆫ것은 곳 독질을 ᄇᆞ리고 피를 졍결케ᄒᆞ야 몸이 건강ᄒᆞ며 젼신을 쇄락케ᄒᆞᄂᆞᆫ 방법이니 이와ᄀᆞᆺ치 ᄒᆞ기ᄂᆞᆫ 힘을 얼마콤 허비ᄒᆞᄂᆞᆫ것이라 둘재독질은 연초의 독질인ᄃᆡ 혹은 ᄂᆡ크틴이라 칭ᄒᆞᄂᆞ니 이 ᄂᆡ코틴이라ᄒᆞᄂᆞᆫ것은 곳담비대에 싱기ᄂᆞᆫ 담비진의 독질이니 이것을 개ᄀᆞᆺᄒᆞᆫ 져은즘싱의게 허여발으면 오래지 아니ᄒᆞ야 그개가 죽을것이라 이것을 싱각ᄒᆞ면 ᄂᆡ코틴이 대단히 독ᄒᆞᆫ줄을 알것이라 이것을 알고 담비의 연긔와 그독질을 마셔셔 폐에드러가ᄂᆞᆫ 그피로ᄒᆞ여곰 ᄆᆡ 독질을 밧게ᄒᆞᄂᆞᆫ것은 어리셕은쟈어니와 이와ᄀᆞᆺ치 독ᄒᆞᆫ줄을 모르고 먹ᄂᆞᆫ사ᄅᆞᆷ들을 위ᄒᆞ야 이아래 담비의 해되ᄂᆞᆫ것을 깁히연구ᄒᆞ야 말ᄒᆞ노니 이글을 보시ᄂᆞᆫ이ᄂᆞᆫ 아모됴록 담비먹ᄂᆞᆫ것을 거졀ᄒᆞ고 또 남도 권면ᄒᆞ야 담비를 먹지안토록ᄒᆞ되 특별히 어린ᄋᆞᄒᆡ를 경계ᄒᆞ야 못먹게ᄒᆞᆯ지라

셩경문답

(문)만일 그리스도ᄭᅴ셔 곳하ᄂᆞ님이시면 웨 바른대로 말ᄉᆞᆷᄒᆞ시지 안코 하ᄂᆞ님의 ᄋᆞ돌이시라고 말ᄉᆞᆷᄒᆞ셧ᄂᆞ뇨

(답)그리스도ᄂᆞᆫ 세샹 사ᄅᆞᆷ을이 더회 ᄆᆞᄋᆞᆷ속에 엇은 경험(經驗)으로인ᄒᆞ야 능히 셰닷기젼에 당신이 곳 하ᄂᆞ님이시라고 말ᄉᆞᆷ

ᄒᆞ시ᄂᆞᆫ것이 너머 일은줄노 ᄉᆡᆼ각ᄒᆞ신고로 하ᄂᆞ님의 ᄋᆞ들이시라ᄂᆞᆫ 명ᄉᆞ를 쓰샤 뎌희 연구ᄒᆞᄂᆞᆫ ᄉᆞ샹을 ᄎᆞᄎᆞ 인도ᄒᆞ야 필경 그리스도ᄭᅴ셔 곳하ᄂᆞ님이신줄 ᄭᆡ닷ᄂᆞᆫ 경험을 엇게ᄒᆞ심이니 그즁거를 알고져ᄒᆞ면 ᄉᆞ도들의 경험을 ᄉᆡᆼ각ᄒᆞᆯ지니라

(문)하ᄂᆞ님ᄭᅴ셔 몽ᄆᆡᄒᆞ고 질둔ᄒᆞᆫ쟈를 변화ᄒᆞ샤 ᄇᆞᆰ고 활발ᄒᆞᆫ쟈를 ᄆᆞᆫᄃᆞ러주시ᄂᆞ뇨

(답)하ᄂᆞ님의 신령ᄒᆞᆫ 은혜가 우리ᄆᆞᄋᆞᆷ속에 풍셩ᄒᆞ면 능히 우리 긔질을 변화ᄒᆞᆯ수잇ᄂᆞ니 그즁거를 알고져ᄒᆞ면 十二ᄉᆞ도즁 요한과 베드로와 ᄀᆞᆺᄒᆞᆫ이ᄂᆞᆫ 본ᄅᆡ 갈닐니히변에 사ᄂᆞᆫ 무식ᄒᆞᆫ 어부로ᄃᆡ 하ᄂᆞ님의 셩신능력으로 말ᄆᆡ암아 텬국의 오묘ᄒᆞᆫ 리치를 ᄭᆡ닷ᄂᆞᆫᄃᆡ 심히 명ᄇᆡᆨᄒᆞ며 여러무리압헤셔 복음을 젼ᄒᆞ며 쥬를 간증ᄒᆞᆯᄯᅢ에 그활발ᄒᆞᆷ이 엇더ᄒᆞ뇨 ᄯᅩ 현금일노 말ᄒᆞᆯ지라도 쥬를 밋기젼에는 ᄉᆞ샹이 몽ᄆᆡᄒᆞ며 위인이 둔탁ᄒᆞ던 사ᄅᆞᆷ이 교회에 드러와 거듭남을 엇은후로ᄂᆞᆫ 비록 이셰샹의 닐ᄋᆞᄂᆞᆫ바 학문은 업슬지라도 텬국의 진리를 ᄭᆡ닷고 말ᄒᆞᆷ에ᄂᆞᆫ 명ᄇᆡᆨᄒᆞ고 활발ᄒᆞᆷ이 젼일 그사ᄅᆞᆷ으로 볼수업ᄂᆞᆫ쟈가 만ᄒᆞᆫ 이것이 하ᄂᆞ님ᄭᅴ셔 능히 밋ᄂᆞᆫ쟈의 긔질을 변화ᄒᆞ시ᄂᆞᆫ 즁거니라

셰계격언

一、큰욕심이 잇ᄂᆞᆫ쟈ᄂᆞᆫ ᄆᆡ양 욕심업ᄂᆞᆫ것ᄀᆞᆺ치 뵈이ᄂᆞ니라

二、하ᄂᆞ님이 사ᄅᆞᆷ의게 눈과 귀ᄂᆞᆫ 둘식주시고 혀ᄂᆞᆫ ᄒᆞ나만 주신ᄯᅳᆺ은 문견은 만코 말은 적게ᄒᆞ라ᄒᆞ심이니라

三、친구를 ᄉᆞ랑ᄒᆞᄂᆞᆫ것은 사ᄅᆞᆷ의 샹졍이오 원슈를 ᄉᆞ랑ᄒᆞᄂᆞᆫ것은 종교의 특셩이니라

四、금젼과 지식과 도덕에 ᄃᆡᄒᆞᆫ 말은 드른바의 四분지一 ᄡᅳᆷ만 밋을것이니라

五、무ᄉᆞᆷ일이던지 ᄌᆞ긔의게 관계업ᄂᆞᆫ것은 션악을 말ᄒᆞ지말지니라

六、오ᄂᆞᆯ날 ᄒᆞᆫ시간이 ᄅᆡ일두시간보다 더귀ᄒᆞ니라

七、우리의게 아쳠ᄒᆞᄂᆞᆫ쟈ᄂᆞᆫ 우리의 ᄀᆞ장큰 원슈니라

八、드러나게 칙망ᄒᆞᄂᆞᆫ것이 속으로 뮈워ᄒᆞᄂᆞᆫ것보다 나흐니라

어린ᄋᆞᄒᆡ들의 니야기

◉등유의효셩

녯날 한(漢)나라시ᄃᆡ에 등유라 칭ᄒᆞᄂᆞᆫ ᄋᆞᄒᆡ가 잇ᄂᆞᆫᄃᆡ 다섯설되엿슬ᄯᅢ에 그조모가 머리털을 ᄶᆞᆨ다가 로인의눈이 어두운 서ᄃᆞ리에 그릇 살을 ᄶᆞᆨ가셔 피가ᄂᆞᄂᆞᆫ지라 겻헤섯던 하인이보고 급히 소ᄅᆡ를 지르고져 ᄒᆞ거ᄂᆞᆯ 등유가 손을 흔드러 소ᄅᆡ를 지르지못ᄒᆞ게 ᄒᆞ엿더니 그머리를 다 ᄶᆞᆨ근후에 그하인이 죵용히 등유ᄃᆞ려 무러왈 머리의 살을버혀셔 피가흐르ᄂᆞᆫᄃᆡ 웨 울지못ᄒᆞ엿ᄂᆞ뇨 등유왈 내조모ᄭᅴ셔 나를 ᄉᆞ랑ᄒᆞ샤 나의 머리털을 ᄶᆞᆨ그시다가 눈이어두어셔 실슈ᄒᆞ심으로 그릇 내살을 버히셧ᄂᆞᆫᄃᆡ 만일울면 조모ᄭᅴ셔 내살을 버히신줄 아시고 그ᄆᆞᄋᆞᆷ이 샹ᄒᆞ실터이라 그ᄯᅢᄂᆞᆫ 내가 엇더케 조모의 ᄆᆞᄋᆞᆷ을 위로ᄒᆞᆯ수 잇겟ᄂᆞ뇨 그럼으로 나ᄂᆞᆫ 오직 조모ᄭᅴ셔 나를 그쳐럼 ᄉᆞ랑ᄒᆞ시ᄂᆞᆫ것만 감샤히알고 내살의 압흔것은 ᄉᆡᆼ각지 아니ᄒᆞ엿노라 ᄒᆞ더니 그후에 등유의 효ᄒᆡᆼ이 텬하에 들니매 당시에 엇던 군왕이 그일홈을듯고 왕후를 봉ᄒᆞ엿더라

어네스트의진실ᄒᆞᆷ

셔양엇던 부귀ᄒᆞᆫ부인이 새로 샹노ᄋᆞᄒᆡ ᄒᆞ나를 고빙ᄒᆞ엿ᄂᆞᆫᄃᆡ 그ᄋᆞᄒᆡ의 ᄆᆞᄋᆞᆷ을 시험코져ᄒᆞ야 집뒤 화원에 슌금시계 ᄒᆞ나를 ᄯᅥ러트리고 그ᄋᆞᄒᆡ로 화초에물을 주라ᄒᆞᆫ후 가만히 류리창으로 엿본즉 그ᄋᆞᄒᆡ가 처음에 그시계를 집어 이리뎌리 보다가 주머니속에 깁히깁히 감초더니 잠시얼마동안 ᄉᆡᆼ각ᄒᆞ고 ᄡᅡ우엿업ᄃᆡ여 ᄒᆞᆫ참긔도ᄒᆞ더니 벌ᄯᅥᆨ 니러나 시계를 ᄭᅳ어내여들고 눈물을 씨스며 부인의게 와셔 두손으로 시계를 드리거

놀 그부인이 무러왈 네가 그 시계를 엇은줄을 아모도 모로ᄂᆞᆫᄃᆡ 웨 네가 가지지안코 나를주ᄂᆞ냐 그ᄋᆞ히의 ᄃᆡ답이 처음에ᄂᆞᆫ 그시계를 감초앗다가 다시 ᄉᆡᆼ각ᄒᆞᆫ즉 사ᄅᆞᆷ은 아모도 모를지라도 하ᄂᆞ님ᄭᅴ셔 다 아시ᄂᆞᆫ고로 갓다 드리ᄂᆞᆫ이다 그부인왈 네눈을 본즉 운것ᄀᆞᆺᄒᆞ니 웨 우럿ᄂᆞ냐 그ᄋᆞ히의 ᄃᆡ답이 잠시동안 내 량심이 마귀의게 사로잡혀 도적의일을 ᄒᆞᆯ번ᄒᆞᆫ것을 뉘웃쳐 ᄌᆞ연 슬픈눈물이 흘넛ᄂᆞ이다 그부인이 크게칭찬ᄒᆞ고 그후브터 학교에 보내여 공부를 식혀셔 필경 큰사ᄅᆞᆷ이되엿더라

위ᄉᆡᆼ요셜(衛生要說)

◎뎨一공긔

우리몸에잇ᄂᆞᆫ 독ᄒᆞ고 부정ᄒᆞᆫ 탄긔가 다만 우리입으로만 나올ᄲᅮᆫ아니라 ᄯᅩᄒᆞᆫ ᄯᆞᆷ구멍으로도 나오ᄂᆞ니 그럼으로 녀름날을 당ᄒᆞ야 ᄒᆞᆫ사ᄅᆞᆷ이 하로동안에 반사발가량되ᄂᆞᆫ ᄯᆞᆷ을 흘니ᄂᆞ니 만일 그럿치 못ᄒᆞ면 도로혀 위ᄉᆡᆼ에 해로올것은 몸에 잇ᄂᆞᆫ 독긔가 셜긔되지 못ᄒᆞ고 셔려잇ᄂᆞᆫ ᄭᆞᄃᆞᆰ이라 사ᄅᆞᆷ의 ᄯᆞᆷ구멍이 엇더케된것을 말ᄒᆞ쟈면 가족속으로 실낫ᄀᆞᆺᄒᆞᆫ 줄이 젼신에 얼켜잇ᄂᆞᆫ 줄ᄭᅳᆺ마다 바ᄂᆞᆯᄀᆞᆺᄒᆞᆫ 구멍이 잇서셔 이구멍으로 ᄯᆞᆷ이나오ᄂᆞᆫᄃᆡ 이일홈은 ᄯᆞᆷ줄이라 ᄒᆞᆫ사ᄅᆞᆷ의 젼신에 얼킨 ᄯᆞᆷ줄을 지여 볼것ᄀᆞᆺᄒᆞ면 그 기럭지가 죠션리수로 八十四리가량은 될지니라

사ᄅᆞᆷ의 몸에셔 ᄯᆞᆷ이 나오지 못ᄒᆞ면 병이되ᄂᆞᆫ 증거를 알고져ᄒᆞ면 녯날 라마셩즁에셔 무슴 큰경절을 당ᄒᆞ여 모든 귀족들이 닷토아 샤치를 숭샹ᄒᆞᆯ식 엇던귀족은 마챠압헤 세우고 ᄃᆞᆫ니ᄂᆞᆫ 열세설 먹은 동ᄌᆞ의 몸에 얇은금ᄭᅥᆸ 닙히고 두 겨ᄃᆞᆯ앙 아래ᄂᆞᆫ 금으로 문ᄃᆞᆫ날ᄀᆡ를 붓쳐 텬ᄉᆞ모양으로 ᄎᆞ리고 죵일토록 도라ᄃᆞᆫ니다가 집에도라와셔 그잇흔날 그동ᄌᆞ가 죽엇ᄂᆞᆫᄃᆡ 의ᄉᆞ가 검사ᄒᆞ여 본후 말ᄒᆞ기를 그ᄋᆞ히가 더운날 볏헤셔 구치ᄒᆞ야 ᄃᆞᆫ니노라고 ᄯᆞᆷ이 만히나되 그몸에 금을닙힌고로 ᄯᆞᆷ이 흘너ᄂᆞ리지 못ᄒᆞ고 도로속으로 드러간즉 독긔가 셔려셔 죽엇다ᄒᆞ엿더라

실업

◎누에치ᄂᆞᆫ법

뎨六 어린누에를쓰러옴김(蠶兒掃立)

대개 어린누에를 다른자리로 쓰러옴기ᄂᆞᆫ 시긔ᄂᆞᆫ 일은ᄲᅩᆼ닙이 두세닙ᄶᅳᆷ 돗아 나올ᄯᅢ가 ᄆᆡ쟝 뎍당ᄒᆞ니 만일 너머 일ᄒᆞ면 ᄲᅩᆼ닙이 업서셔 곤난ᄒᆞ고 너머 ᄂᆞ지면 ᄲᅩᆼ닙이 피ᄒᆞ퍼져셔 어린누에를 먹일수업슬지니라

어린누에를 쓰러옴기ᄂᆞᆫ 순셔ᄂᆞᆫ 최초에 략간발ᄉᆡᆼ된 누에ᄂᆞᆫ 쓰러ᄇᆞ리고 그 잠죵지(蠶種紙)를 넓은 빅지에싸셔 하로밤을 온란(溫暖)ᄒᆞᆫ방에 두엇다가 그잇흔날 샹오十二뎜가량에 펴보면 만히 발ᄉᆡᆼ되엿슬지니 그ᄯᅢᄂᆞᆫ 그누에 우흐로 시속겨(粗糠)를 고로게 펴고 ᄯᅩ 그우에ᄂᆞᆫ 가ᄂᆞᆯ게 써른 ᄲᅩᆼ닙을 ᄲᅮ려두면 누에들이 반ᄃᆞ시 그겨우흐로 올나 붓흘것이라 그런후에ᄂᆞᆫ 다른 빅지를 펴노코 깃뷔(羽箒)로 그누에 올나붓흔 겨를 살살 쓰러ᄂᆞ린후 그 즁량(重量)을 알고져ᄒᆞ면 그 빅지와 겨의 즁량을 몬져달어보고 누에를 석근후에 다시 달어보아셔 그즁량에 빅지와 겨의 즁량을 ᄲᅢ면 그놈아지ᄂᆞᆫ 곳누에의 즁량이니 누에 ᄒᆞᆫ돈즁을 四방 ᄒᆞᆫ자가량되ᄂᆞᆫ 지면(紙面)에 고로게 펴노흔후 ᄲᅩᆼ닙을 가ᄂᆞᆯ게써러 줄자니라

뎨七 ᄲᅩᆼ닙주ᄂᆞᆫ것

ᄲᅩᆼ닙은 ᄆᆡ개 네잠자기ᄭᆞ지ᄂᆞᆫ 썰어줄지니 그써ᄂᆞᆫ대쇼ᄂᆞᆫ 누에의 자라ᄂᆞᆫ 졍도를ᄯᅡ라 졈졈 더크게 썰것이니 온도가 놉고 긔후가 간죠ᄒᆞᆯᄯᅢ에ᄂᆞᆫ 좀크게ᄊᆞᆯ고 온도가 ᄂᆞ리고 긔후가 츅츅ᄒᆞᆯᄯᅢ에ᄂᆞᆫ 비교뎍으로 좀잘게 써ᄂᆞᆫ것이 됴흐며 ᄲᅩᆼ닙주ᄂᆞᆫ 회수(回數)ᄂᆞᆫ 첫잠잔후에ᄂᆞᆫ 하로닐곱번식 두잠이나 세잠잔후에ᄂᆞᆫ 하로여섯번식 네잠잔후에ᄂᆞᆫ 하로다섯번식 주ᄂᆞᆫ것이 뎍즁ᄒᆞ니라

담총

◎신교(神敎)

신교ᄂᆞᆫ 일본이 녜로브터 텬죠텬신(天照大神)을 숭봉ᄒᆞ며니 신무텬황(神武天皇)시대에 니르러ᄂᆞᆫ 비로소 령단을 새우고 텬신을 봉ᄉᆞᄒᆞ녀 이ᄂᆞᆫ 곳일본의 신교니라

七

회보ᄃᆡ금령슈

住所	氏名	金額
開城松谷里	朴濟益	二十錢
堤川邑	李殷榮	一圓五十錢
成川堯岩里	馬成道	三十錢
開城沙峴	李珏均	四十錢
北部宗橋	姜助遠	二十錢
杆城	李公善	二十錢
開城	韓道洙	二十錢
上仝	韓淵洙	二十錢
公州	李喬榮	四十錢
雲山	李華伯	五圓五十錢
南部山林洞	沈雨澤	三十錢
淮陽	金敬文	二十錢
南部五壯洞	劉敬相	四十錢
白川	李君範	十三錢五厘
三和	金泰根	四十七錢
金城	金演洙	一圓六十錢
開城	李鳳禧	二十錢
江華長花洞	金鍾立	四十錢
	金冀鉉	四十錢
原州后洞	金容德	二十錢
原州棠隅	李栽根	二十錢
開城	朴範宇	四十錢
上仝	盧汝成	四十錢
北部司醞洞	李枝盛	五十錢
淮陽	金寬五	二十錢
上仝	車致模	二十錢
金城	張應九	二十錢
淮陽	徐晶煥	二十錢
昌城陽德里	仝達善	四十錢
熙川	金義泰	六圓八十錢

그리스도회보

KOREAN CHRISTIAN ADVOCATE

每月二回十五日三十日發行
大正元年八月廿七日印刷
大正元年八月三十日發行

發行兼編輯人 北部社洞 奇義男
印刷人 北部樓閣洞 朴東完
印刷所 京城西小門內法韓印刷所
發行所 北部社洞그리스도會報社

ᄃᆡ금 一장 二젼五리
六ᄀᆡ월 二十젼
ᄀᆡ년 四十젼

사셜

⊙종교와실업의관계

대뎌 무ᄉᆞᆷ 실업이던지 종교쥬의를 떠나면 필경 실패ᄒᆞ기쉽도다 엇지 그런고ᄒᆞ니 실업이란것은 신용을 존즁히 녁이고 신용은 반ᄃᆞ시 종교쥬의로 좃차오나ᄂᆞᆫ것이라 그럼으로 세계 어나나라를 가던지 그실업계를 ᄯᅩ라보건ᄃᆡ 졍당ᄒᆞᆫ 종교쥬의가 업ᄂᆞᆫ쟈ᄂᆞᆫ 그ᄆᆞ옴이 교사ᄒᆞ야 온젼히 긔편(欺騙)을 쥬쟝ᄒᆞ야 계약을 위비ᄒᆞ며 물픔을 위죠ᄒᆞ며 물가를 고하(高下)ᄒᆞᆷ으로 신용이 ᄒᆞᆫ번 타락ᄒᆞ면 다시 회복키 어려올지니 이二十셰긔 문명시ᄃᆡ에 이런 실업가가 엇지 실패치 아니ᄒᆞ리오 그러나 참종교를 슝봉ᄒᆞᄂᆞᆫ 실업가ᄂᆞᆫ 자긔 신용을 금젼보다 몃ᄇᆡ나 더 존즁히녁이ᄂᆞᆫ고로 계약을 직히며 불완젼ᄒᆞ거나 됴치못ᄒᆞᆫ 물픔은 졔죠치도 아니ᄒᆞ며 팔지도아니ᄒᆞ고 물가에 츄호도 에누리가 업슴으로 ᄒᆞᆫ번 명예를 엇으면 필경은 큰공업을 셩취키 어렵지 아니ᄒᆞᆯ것은 지혜잇ᄂᆞᆫ쟈를 기ᄃᆞ리지 안코 가히 알지로다 근일 미국 신학박ᄉᆞ 모씨가 공함 수쳔쟝을 인쇄ᄒᆞ야 각쳐 유명ᄒᆞᆫ 실업가의게 보내여 질문ᄒᆞᆫ일이 잇ᄂᆞᆫᄃᆡ 그편지의 대개ᄂᆞᆫ 좌와ᄀᆞᆺᄒᆞ니

근일 실업계 쳥년들이 ᄒᆞᆫᄒᆡ 그리스도교의 원측이 ᄀᆡ인덕 ᄉᆡᆼ명파 힝위에 ᄃᆡᄒᆞ야ᄂᆞᆫ ᄆᆡ우 긴요ᄒᆞ지마ᄂᆞᆫ 실업에 ᄃᆡᄒᆞ야ᄂᆞᆫ 얼마콤 방해가되ᄂᆞᆫ줄노 ᄉᆡᆼ각ᄒᆞᄂᆞᆫ 쟈가 만히 잇스니 심히 불힝ᄒᆞᆫ일이라 그런즉 우리가 불가불 협의ᄒᆞ야 모든 쳥년으로 ᄒᆞ여곰 이런 오히(誤解)가 업도록ᄒᆞᄂᆞᆫ것이 됴흘줄노 밋노니 여긔 ᄃᆡᄒᆞ야 가부간 의견을 회시(回示)ᄒᆞ라 ᄒᆞ엿더라

이편지를 밧아본 실업가가 거진 다 찬셩ᄒᆞᄂᆞᆫ뜻으로 회답ᄒᆞ엿ᄂᆞᆫᄃᆡ 그즁에 유명ᄒᆞᆫ 온힝가 킨들너씨의 답쟝ᄒᆞᆫ 대개ᄂᆞᆫ

우리쥬의 말ᄉᆞᆷ가온ᄃᆡ「너희가 ᄂᆞᆷ의게 ᄃᆡ졉을 밧고져ᄒᆞᄂᆞᆫ대로 너희도 ᄂᆞᆷ을ᄃᆡ졉ᄒᆞ라」ᄒᆞ신것은 비단 그리스도교회에만 금법(金法)이될ᄲᅮᆫ아니라 실업계에도 금법이 될지니 교뎨ᄂᆞᆫ 누구던지 이 금법을 직히지안ᄂᆞᆫ쟈로 더브러 실업을 경영치 아니ᄒᆞᆯ지며 ᄯᅩ 실업계에 그리스도교를 밋지안ᄂᆞᆫ쟈가 만치마ᄂᆞᆫ 이런실업가도 오히려 사ᄅᆞᆷ을 고용ᄒᆞᄂᆞᆫ 경우에ᄂᆞᆫ 반ᄃᆞ시 진실히 밋ᄂᆞᆫ 교인을 구ᄒᆞᄂᆞ니 이것은 그리스도교의 효력이 실업계에 멋치ᄂᆞᆫ 증거를 낫타냄이라 ᄒᆞ엿더라

이우헤 인즁ᄒᆞᆫ 말을보면 그리스도교와 실업ᄉᆞ이에 밀졉ᄒᆞᆫ 관계가 엇더ᄒᆞᆫ것을 가히 알지니 우리 밋ᄂᆞᆫ형뎨ᄌᆞᄆᆡ즁에 실업에 죵ᄉᆞ코져ᄒᆞᄂᆞᆫ이ᄂᆞᆫ 그리스도의 금법을 직혀 힝ᄒᆞ면 ᄅᆡ두(來頭)의 큰공업을 가히 긔약ᄒᆞᆯ지니 쥬의ᄒᆞ야 힘쓸지어다

⊙본샤특별 고ᄇᆡᆨ

一、누구시던지 통신을 긔록ᄒᆞ야 보내시되 무ᄉᆞᆷ특이ᄒᆞᆫ ᄉᆞ실외에ᄂᆞᆫ 개인의 일보다 교회에ᄃᆡᄒᆞᆫ ᄌᆞ미잇고 유익ᄒᆞᆫ ᄉᆞ실을 간단명료ᄒᆞ게 록송ᄒᆞ시옵

二、본보ᄃᆡ금을 보내실ᄯᅢ에 五十젼 이샹이 되ᄂᆞᆫᄯᅢ에ᄂᆞᆫ 우편쇼 위체로 보내시옵

교즁휘문

△닉보▽

◎년회징긔 남감리회 본년 년회는 리九월五일에 긔셩셔 긔회ᄒᆞ깃는고로 감독 머러씨는 본월 二十六일에 일본으로브터 경셩에 도착ᄒᆞ엿더라

◎염련의사경회 평남즁화군 양무ᄃᆡ 고잔교회 김영호씨의 통신을 거ᄒᆞᆫ즉 동군 셔면 七교회가 본군 양무ᄃᆡ면 곤양교회에 회집ᄒᆞ야 七월二十九일브터 시작ᄒᆞ야 一쥬일동안 사경회를 열고 三반으로 분ᄒᆞ야 공부ᄒᆞᆯ시 과졍은 一반에는 아모스、베드로젼셔、빌닙보요 二반에는 히부리、갈나듸아、쇽쟝공부요 三반에는 누가복음、요한一셔、고린도젼셔를 ᄀᆞᄅᆞ치ᄂᆞᆫᄃᆡ 교ᄉᆞ는 송회봉 졍진슈 리챵쥬 변셩옥 四씨가 염련에 수고를 무릅쓰고 열심교슈ᄒᆞᆷ으로 남교우 三十八인과 녀교우三十인 합六十八인이 부즈런히공부ᄒᆞ며 오후에는 ᄒᆞᆫ시동안식 찬송가를 공부ᄒᆞ고 져녁에는 긔도회로 九十여명이 모혀 득별ᄒᆞᆫ 은혜와 ᄌᆞ미를 만히 엇엇스니 무한ᄒᆞᆫ 영광을 하ᄂᆞ님ᄭᅴ 돌닌다 ᄒᆞ엿더라

◎슈원교보一쇽 경긔도슈원군 류홍쥰씨의 통신을 거ᄒᆞᆫ즉 미국에잇는 ᄊᆡᆸ각부인이 슈원읍교회에 긔념례ᄇᆡ당을 건츅ᄒᆞᄂᆞᆫᄃᆡ 본교회 형데ᄌᆞ미와 남녀학도가 그부인의 션힘을 감복ᄒᆞ야 각기 힘대로 연보ᄒᆞ며 돈업는 부인들은 ᄉᆞ랑ᄒᆞ고 앗기는 비녀등물ᄭᆞ지 연죠ᄒᆞᆫ지라 이돈으로 례ᄇᆡ당二十二간을 새로 건츅ᄒᆞ고 본월十四일에 하ᄂᆞ님ᄭᅴ 헌봉ᄒᆞᆯ시 부인한셰라씨는 근본 연보ᄒᆞᆫ외에 三월브터 죠셕반미에셔 몃술식모화 쌀두말을 ᄯᅩ 밧치는고로 헌봉례식 ᄒᆡᆼᄒᆞ던날 각쳐에셔 온 손님들의 졈심을 쥰비ᄒᆞ엿스니 ᄊᆡᆸ각부인의 ᄉᆞ랑과 이곳형데ᄌᆞ미의 졍셩을 ᄉᆡᆼ각ᄒᆞᆫ즉 이것은 다 하ᄂᆞ님의 ᄉᆞ랑ᄒᆞ시는 은혜가 사ᄅᆞᆷ의 ᄆᆞᄋᆞᆷ에 물붓듯 ᄒᆞ심으로 이곳처된것이니 영광을 다 하ᄂᆞ님ᄭᅴ 돌니고 감샤ᄒᆞᆫ다 ᄒᆞ엿고

△슈원읍교회젼도부인 김셰라씨와 쇽쟝부인 류신덕씨는 지금나히七十에 갓가온ᄃᆡ 텬국일을 열심으로 ᄒᆞ여 쥬야로 원근각쳐에 ᄃᆞᆫ니며 젼도ᄒᆞᆷ으로 교회가 졈졈 흥왕ᄒᆞ며 긔력이 쇠ᄒᆞᆷ으로 밤이면 고통ᄒᆞ다가 낫이면 ᄯᅩᄒᆞᆫ 힘써젼도ᄒᆞᆷ으로 각교회 ᄌᆞ미졔씨도 이두부인ᄀᆞᆺ치 열심젼도ᄒᆞ야 디옥에침륜ᄒᆞᆯ 동포ᄌᆞ미들을 만히 쥬압흐로 인도ᄒᆞ야 영복을 ᄒᆞᆷᄭᅴ 누리기를 ᄇᆞ란다 ᄒᆞ엿더라

◎부귀오쥬 황ᄒᆡ도 평산셔영셕씨의 통신을 거ᄒᆞᆫ즉 금쳔군 호현면 빅물터교회 리경오씨는 쥬ᄭᅴ로 도라온지 五년에 진실히 밋다가 작년봄에 ᄌᆞ긔 가산에 판ᄒᆞᆫ일노 그종즁에 향ᄒᆞ야 격분ᄒᆞᆫ ᄆᆞᄋᆞᆷ이 시험으로 인도ᄒᆞ야 술먹기를 시작ᄒᆞ매 졈졈 방탕ᄒᆞ야 쥬를 비반ᄒᆞ고 잡긔판으로 ᄃᆞᆫ니며 여러가지 오입에 침닉ᄒᆞᆫ고로 츌교ᄭᆞ지 당ᄒᆞ엿고 ᄯᅩᄒᆞᆫ 넉넉지못ᄒᆞᆫ지산을 만히허비ᄒᆞ고 빗도만흔지라 인ᄒᆞ야 가산을 탕진ᄒᆞ고 ᄉᆡᆼ활자도가 대단히 곤난ᄒᆞᆫ즁에 그부인 은혜씨는 죠곰도 락심치 아니ᄒᆞ고 ᄌᆞ긔남편을 원망치도 아니ᄒᆞ며 다만 유아들을 다리고 더욱열심으로 쥬를 밋ᄂᆞᆫᄃᆡ 홍샹 그남편의 회ᄀᆡᄒᆞ기를 간구ᄒᆞ더니 거四월분에 최쇼를키러 동산ᄒᆞ엿다가 우연히 산삼七八돈즁 되는것 두ᄲᅮ리를 엇어셔 一百十원에 방매ᄒᆞ고 말ᄒᆞ기를 이는 하ᄂᆞ님ᄭᅴ셔 ᄌᆞ긔의 곤난ᄒᆞᆷ을 보시고 이처럼 은혜로 주셧스니 감샤ᄒᆞᆫ줄노 하ᄂᆞ님ᄭᅴ 영광을 돌니매 그남편도 ᄆᆞᄋᆞᆷ이 감동되여 하ᄂᆞ님ᄭᅴ 은혜를 감샤ᄒᆞ고 쥬를 다시 독실히 밋기로 작뎡ᄒᆞ엿고 ᄯᅩᄒᆞᆫ 감샤ᄒᆞᆫ뜻을 표ᄒᆞ기 위ᄒᆞ야 八환을 교당에 긔부ᄒᆞ여 패종ᄒᆞᆫ기를 사랏엿스며 지금은 그밋음이 젼보다 확ᄒᆞ다 ᄒᆞ엿더라

◎파를더갓가히ᄒᆞᆷ 경긔도려쥬군 당모루 홍셩두씨의 통신을 거ᄒᆞᆫ즉 거월슈지에 본교회니 죠근슈씨는 二千환가량 손해를 당ᄒᆞ엿ᄂᆞᆫ지라 그모친 리한나씨는 본시 츙[illegible]

독실히 밋는 부인인ᄃᆡ 금번 슈재로 인ᄒᆞ야 동니 사ᄅᆞᆷ들이와셔 격쟁도ᄒᆞ며 위로ᄒᆞᆷ에 ᄃᆡᄒᆞ야 ᄃᆡ답ᄒᆞ기를 내가 이 세상에 올ᄯᅢ에 아모것도 가지고 온것이 업고 다만 이 몸 ᄒᆞ나ᄲᅮᆫ이라 오ᄂᆞᆯ날 이 몸ᄭᆞ지 불녀가시더ᄅᆡ도 쥬의 뜻이면 감샤ᄒᆞ지 아니ᄒᆞ냐ᄒᆞ며 밋음이 젼보다 더 독실ᄒᆞ고 ᄯᅩ 로셕옥씨도 금번에 면답과 농ᄉᆞ를 젼혀 물가온ᄃᆡ 실패ᄒᆞ고 지금 十여식구가 위급ᄒᆞᆫ ᄃᆡ경에 잇스되 쥬를 의지ᄒᆞᆷ이 ᄯᅩᄒᆞᆫ 젼보다 더욱 굿건ᄒᆞ니 이와ᄀᆞᆺᄒᆞᆫ 어려온가온ᄃᆡ 쥬를 더갓가히 ᄒᆞᆷ은 참 본밧을만ᄒᆞ다 ᄒᆞ엿더라

◎토산구역의ᄌᆞ급열 황히도 토산 리셕원씨의 통신을 거ᄒᆞᆫ즉 토산장교회는 본ᄅᆡ 빈한ᄒᆞᆷ으로 교즁경비가 ᄒᆞᆼ샹 부족ᄒᆞ더니 신지오 김영찬량씨의 발론으로 一반교우가 각각 十一됴를내여 젼도ᄉᆞ의 월봉을 좀넉넉히 예비ᄒᆞ자ᄒᆞ매 여러형뎨ᄌᆞ매가 ᄒᆞᆫ결ᄀᆞᆺ치 락죵ᄒᆞ야 각각 돈이나 쌀을 힘대로 허락ᄒᆞ엿고 그즁에 엇던 부인은 앗기고 ᄉᆞ랑ᄒᆞ던 지환一쌍을 밧쳣다더라

◎김미교형의열셩 평남중산군 두만리교회 정진현씨의 통신을 거ᄒᆞᆫ즉 본교회는 셜립ᄒᆞᆫ지 四五년에 교우가 一百四五十명에 달ᄒᆞ엿스나 부인즁에 일군이업고 다만 속장 박셩은씨 혼ᄌᆞ셔 부인교우ᄭᅴ지 인도ᄒᆞ더니 금년봄에 하ᄂᆞ님ᄭᅴ셔 이곳을 ᄉᆞ랑ᄒᆞ샤 평양 남문밧교회에 ᄃᆞᆫ니던 김셩심씨를 이곳으로 보내엿는ᄃᆡ 이부인은 나히三十세오 남편은 외국에가셔 쇼식도 모르며 밋지안는 싀형집에셔 무수ᄒᆞᆫ 핍박을 밧다가 거二월분에 十三세된 아ᄃᆞᆯ을 다리고 이곳에와셔 교우즁 고회신씨집에 동거ᄒᆞ며 녀학도 七八명을 모집ᄒᆞ여 오젼에는 학싱을 ᄀᆞᄅᆞ치고 오후와 ᄆᆡ六일마다 본교회 구역닉로 ᄃᆞᆫ니면셔 열심젼도ᄒᆞᆷ으로 지금 쥬일마다 새로 밋으려나오는 부인이 만코 남반ᄭᆞ지 그영향이 밋쳐와셔 교회가 쟝ᄎᆞᆺ 흥왕ᄒᆞᆯ소망이 만으며 ᄯᅩᄒᆞᆫ 감샤ᄒᆞᆯ것은 이부인 모ᄌᆞ의 의식을 담당ᄒᆞ기 위ᄒᆞ야 교우들은 그빈곤ᄒᆞᆫ즁에며 삭 四환여젼을 연조ᄒᆞ고 그외에 부족ᄒᆞᆫ것은 고회신씨가 담당ᄒᆞ며 ᄌᆞ긔집ᄭᆞ지 빌녀셔 학싱을 ᄀᆞᄅᆞ치게ᄒᆞ니 참 감샤ᄒᆞᆫ일이라 ᄒᆞ엿더라

◎뎨천교보一속 츙북 뎨쳔구역 젼도ᄉᆞ 리운영씨의 통신을 거ᄒᆞᆫ즉

△본월十三일에 뎨쳔구역 쟝유회를 청풍한두실교회에셔 열고 ᄉᆞ무를 처리ᄒᆞᆫ후 림시토론회를 열고 교회유익은 긔도가 승어젼도라는 문뎨로 가부편 연의졔씨가 토론ᄒᆞ고 그리스도회보는 우리의 션싱이란말노 권면ᄒᆞᆫ결과로 작년보다 三비나 더보게되엿스며 교인은 불과 三百인에 지나지 못ᄒᆞ되 하三삭동안에 특별연보ᄒᆞᆫ 금익이 八十四환여젼이며 ᄯᅩ 보리가 三셕十六두요 당일 ᄌᆞ급젼 슈합ᄒᆞᆫ것이 十一환五十七젼에 달ᄒᆞ엿고

△뎨천읍 리죵슈씨는 교당와가 六간과 초가四간 三百七十五환가치와 긔디 二百七十七평을 교회에 긔부ᄒᆞᆷ으로 히씨의 교회를 ᄉᆞ랑ᄒᆞ는 ᄆᆞ음을 인ᄀᆡ칭숑ᄒᆞᆫ다 ᄒᆞ엿더라

◎감하의연 황히도 슈안군 연암면 돌리교회 송의쥬씨의 통신을 거ᄒᆞᆫ즉 본교회 례비당이 풍우에 문허진것을 하ᄂᆞ님의 도아주심으로 현금 다시 건축ᄒᆞ는ᄃᆡ 평남 평양 창촌 돌리면 류동교회에셔 보조금 四환五十五젼을 보내엿스니 여긔ᄃᆡᄒᆞ야 감샤ᄒᆞᆫ 뜻을 깁히 표ᄒᆞᆫ다ᄒᆞ엿더라

▲외보▼

◎긔독교인의경조식(敬吊式) 일본 긔독교인 련합동밍회의 결의로 리월十三일 고련황폐하 대쟝(大葬)에 젼국 긔독교회가 련합ᄒᆞ야 경조식을 힝ᄒᆞᆯ터인ᄃᆡ 그슌서는 좌와ᄀᆞᆺ흐니

(一) 쥬악(奏樂)
(二) 경조식ᄉᆞ
(三) 찬미가
(四) 셩경랑독
(五) 긔도
(六) 특별찬미가
(七) 경조에관ᄒᆞᆫ강도
(八) 긔도
(九) 찬송가
(十) 츅ᄉᆞ폐식이러라

◎텬쥬교인의귀졍(歸正) 즁화민국 쟝츈 염신슈씨는 본ᄅᆡ

명쥬교의 열심신도요 명셩이 一셩내에 진동ᄒᆞ고 또ᄒᆞᆫ 지식이 풍부ᄒᆞ더니 즁화민국의 공화졍톄가 셜립된후로 텬쥬교의 젼졔(專制)ᄒᆞ는것이 맛당치 아니홈을 세ᄃᆞᆺ고 니러나 창론ᄒᆞ야 그 교리(敎理)를 개혁코져ᄒᆞ나 ᄌᆞ긔의 힘이 밋지못홈을 개탄ᄒᆞ야 거 음력 五월十五일에 드ᄃᆡ여 그 견확ᄒᆞᆫ 뜻을 결단ᄒᆞ고 길림셩 감리교회에 입교ᄒᆞ야 우리교의 참도리를 찬양ᄒᆞ며 교인의 직칙을 독실히 직힌다더라

⊙쌕스대쟝별세 세계구셰군 교회를 챵셜ᄒᆞᆫ 쌕스대쟝은 쥬현시의 유명ᄒᆞᆫ 독신쟈로 쥬를 츙셩으로 셤기며 죄악즁에 침륜ᄒᆞᆫ 령혼을 만히 신령ᄒᆞᆫ 디경으로 인도ᄒᆞ엿스니 가히 十ᄌᆞ가아래 용밍스러온 쟝슈라 칭ᄒᆞᆯ만ᄒᆞᆫ지라 그럼으로 동써가 비록 ᄒᆞᆫ 평민의 신분을 가지고 ᄃᆞᆫ니지마는 세계각국 뎨왕과 대통령이 다 폐현을 허락ᄒᆞ고 우례(優禮)로써 ᄃᆡ졉ᄒᆞ더니 불힝히 로병으로 본월二十일에 이셰상을 ᄯᅥ낫ᄂᆞᆫᄃᆡ 나흔 지금 八十三세러라

긔셔

뎨텬 리은영

⊙고명ᄒᆞᆫ션ᄉᆡᆼ을고빙ᄒᆞ여 가시요

문、 여보시오 나는 하ᄂᆞ님을 공경ᄒᆞ는 교인을 모화노코 신학박ᄉᆞ를 고빙코ᄌᆞ ᄒᆞ는ᄃᆡ 그션ᄉᆡᆼ이 능히 ᄀᆞᄅᆞ쳐주겟소

답、 이션ᄉᆡᆼ은 모든신학을 통달ᄒᆞᆫ 션ᄉᆡᆼ이오니 념려마시오

문、 나는 대즁쇼학교를 셜립ᄒᆞ고 션ᄉᆡᆼ을 고빙코ᄌᆞ ᄒᆞ는ᄃᆡ 그션ᄉᆡᆼ이 능히 교슈ᄒᆞ겟ᄂᆞ닛가

답、 이션ᄉᆡᆼ은 모든학문이 겸젼ᄒᆞ니 의심마시오

문、 우리교회는 셜립ᄒᆞᆫ지 오ᄅᆡ되 속쟝도업고 젼도ᄉᆞ도업서셔 속쟝이나 젼도ᄉᆞ를 구ᄒᆞ는ᄃᆡ 그션ᄉᆡᆼ이 속쟝과 젼도ᄉᆞ의 칙임도 담당ᄒᆞ겟ᄂᆞ닛가

답、 셩신의 감동ᄒᆞ심을 밧은 션ᄉᆡᆼ인고로 죄의 ᄲᅡ진쟈를 차자ᄃᆞᆫ니며 회ᄀᆡ케도ᄒᆞ고 신심이 연약ᄒᆞᆫ쟈를 입도ᄒᆞ야 독실히 밋게ᄒᆞ는 션ᄉᆡᆼ이온즉 그 칙임도 ᄉᆞ양치 아니ᄒᆞᄂᆞ니다

문、 세상 우편국에서는 세상 허다ᄒᆞᆫ 셔신을 분젼ᄒᆞ는고로 분쥬도ᄒᆞ고 또ᄒᆞᆫ 신령치못ᄒᆞᆫ 셔신이 만흔고로 나는 특별히 동셔양 각교회의 쇼식만 젼ᄒᆞ여줄 우편국쟝을 고빙코ᄌᆞᄒᆞ는ᄃᆡ 그션ᄉᆡᆼ이 능히 시무ᄒᆞ겟ᄂᆞ닛가

답、 이션ᄉᆡᆼ은 세계각국 교회 형편을 슌식간에 다아는고로 그는 더말ᄒᆞᆯ것업ᄂᆞ이다

문、 한부인이 골ᄋᆞᄃᆡ 내가 ᄋᆞ희는 이럿을 두엇스나 ᄀᆞᄅᆞ치는법을 몰나 션ᄉᆡᆼ을 구ᄒᆞ는ᄃᆡ 그션ᄉᆡᆼ이 즐겨 응락ᄒᆞ겟ᄂᆞ닛가

답、 이션ᄉᆡᆼ은 가뎡교육이 능통ᄒᆞ니 두말마시오

문、 한농부가 골ᄋᆞᄃᆡ 나는 농ᄉᆞ를ᄒᆞ나 그법을 몰나 션ᄉᆡᆼ을 고빙코ᄌᆞᄒᆞ는ᄃᆡ 그션ᄉᆡᆼ이 능히 감당ᄒᆞ겟ᄂᆞ잇가

답、 이션ᄉᆡᆼ은 농학박ᄉᆞ요 실업을 쟝려ᄒᆞᄂᆞᆫᄃᆡ는 더옥 열심ᄒᆞᄂᆞᆫ 션ᄉᆡᆼ이오니 파렴치마시오

문、 그런 션ᄉᆡᆼ을 고빙ᄒᆞ자면 월급은 ᄆᆡ삭에 수십원식 되겟지오

답、 아니요 그션ᄉᆡᆼ은 학문과 도덕이 겸비ᄒᆞ나 월급은 一년에 四十젼식 밧지요

문、 그러면 그션ᄉᆡᆼ을 세샹사ᄅᆞᆷ즁에 누가 모시고 비호지 아니ᄒᆞ겟소 그션ᄉᆡᆼ이 지금 어ᄃᆡ잇ᄂᆞ잇가

답、 경셩 샤동 긔의남써ᄃᆡᆨ에 잇지오

문、 나는 속히가셔 모셔오고 십흐나 그런고명ᄒᆞᆫ 션ᄉᆡᆼ을 즉졉뵈올수는 업슬터인ᄃᆡ 누구를 차자가면 그션ᄉᆡᆼ을 뵈옵겟ᄂᆞ잇가

답、 그션ᄉᆡᆼ의 친구들 곳목ᄉᆞ 젼도ᄉᆞ 권ᄉᆞ 속쟝 미써 인졔써를 몬져뵈옵고 소ᄀᆡᄒᆞ여 달나ᄒᆞ시오

문、 그런 고명ᄒᆞᆫ 션ᄉᆡᆼ을 ᄎᆡ물도 업시뵈올수가 업슬ᄯᅳᆫ더러 ᄯᅩ 그휘하에 슈종ᄒᆞᄂᆞᆫ 탕반의게도 례물을 드려야ᄒᆞ겟지오

답、 그런말ᄉᆞᆷ을 두번도 마시

오 그션싱은 고샤ᄒᆞ고 그아래서 슈죵드ᄂᆞᆫ 사ᄅᆞᆷ도 그션싱의 교도를 밧온고로 대단히 쳥빈ᄒᆞᆷ넌다 그션싱의 월급이 一년에 四十젼인ᄃᆡ 모로ᄂᆞᆫ 사ᄅᆞᆷ이 혹五十젼이나 四十五젼을 보내면 그놈은 돈은 영락업시 도로보내지오

문、그러나 그션싱의 년세ᄂᆞᆫ 얼마나 되엿ᄂᆞ잇가

답、이제 겨우 두설이되엿지오

문、두설인ᄃᆡ 그럿케 고명히요

답、고명ᄒᆞ지마ᄂᆞᆫ 년세가 어린고로 미월에 두번식만 교슈ᄒᆞᆷ넌다

문、그말ᄉᆞᆷ이 뎨일 셥셥ᄒᆞᆸᄂᆡ다 그런 션싱의게 날마다 ᄇᆡ호던지 그럿치아니ᄒᆞ면 적어도 ᄒᆞᆫ쥬일에 ᄒᆞᆫ번식 뫼시고 ᄇᆡ화야ᄒᆞᆯ터인ᄃᆡ

답、그션싱은 학불염교불권ᄒᆞᄂᆞᆫ 션싱인즉 갈ᄒᆞᆯ것업고 우리 ᄇᆡ호ᄂᆞᆫ 사ᄅᆞᆷ들이 ᄒᆞᆯ타시원다

문、나ᄂᆞᆫ 지금四十젼만 가지고 경셩샤동 긔의남씨ᄃᆡᆨ을 차자 가겟소이다

답、당신이 친히 가실것도업고 우편국에 가서 환표로 보내사던지 그럿치아니ᄒᆞ거던 二젼ᄌᆞ리 우표二十뎐만 사셔보내면 그션싱은 미월 두번식은 영락업시 차자옴넌다

문、그러면 더욱 둇소그려 돈四十젼 앗거서 이션싱을 뫼시고 ᄇᆡ호지 아니ᄒᆞᄂᆞᆫ 사ᄅᆞᆷ이 어ᄃᆡ잇겟소 우리 밋ᄂᆞᆫ쟈ᄂᆞᆫ 고샤ᄒᆞ고 외인들도 이션싱을 뫼시고 ᄇᆡ호고져 ᄒᆞ겟소이다 그려

답、만치ᄂᆞᆫ 못ᄒᆞ나 외인들도 간혹 이션싱을 뫼시고 ᄇᆡ혼다ᄒᆞᆸ듸다 (미완)

젼도인一람

⊙목ᄉᆞ의직칙

본보에 「젼도ᄉᆞ一람」이란부분ᄂᆡ에 「젼도인의직칙」이란론데로 련쇽ᄒᆞ야 긔지ᄒᆞᄂᆞᆫ바 히부분은 「젼도인一람」이라ᄒᆞ고 히론데ᄂᆞᆫ 「목ᄉᆞ의직칙」이라고 ᄀᆡ뎡ᄒᆞᆷ이 필요ᄒᆞᆫ줄 ᄉᆡᆼ각ᄒᆞᆷ으로 이에 그대로 ᄀᆡ뎡ᄒᆞᆷ

二、 젼도ᄂᆞᆫ 은밀ᄒᆞᆫ것을 ᄀᆞᄅᆞ쳐 ᄇᆡ혐이니 사ᄅᆞᆷ이 이세샹에 쳐ᄒᆞ매 다 각각 알기 어려온일이 잇ᄂᆞᆫᄃᆡ 하ᄂᆞ님ᄭᅴ셔 사ᄅᆞᆷ마다 다 당신의 도를 ᄇᆡ히 알기를 원ᄒᆞ시지마ᄂᆞᆫ 오직 이도ᄂᆞᆫ 지극히 오묘ᄒᆞᆫ것이 만히 감최여 잇ᄂᆞᆫ고로 젼문으로 공부ᄒᆞᆫ 션싱이 잇서서 ᄇᆡ혀 ᄀᆞᄅᆞ쳐 주지아니ᄒᆞ면 가히 알수업도다 대개 교회ᄂᆞᆫ 국가와 ᄀᆞᆺᄒᆞ니 ᄇᆡᆨ셩이 알지못ᄒᆞᄂᆞᆫ 일은 반ᄃᆞ시 우에잇ᄂᆞᆫ쟈가 ᄇᆡ혀 ᄀᆞᄅᆞ쳐 뵈이지아니ᄒᆞ면 ᄇᆡᆨ셩이 엇지법률에 복죵ᄒᆞᆯ수 잇겟ᄂᆞ뇨 그럼으로 교회에 목ᄉᆞ를 세운것은 여러사ᄅᆞᆷ의 의심을 풀어주게ᄒᆞᆷ이니라

三、 젼도와 긔도ᄂᆞᆫ 서로표리(表裏)가 됨이니 로마교회에서ᄂᆞᆫ 젼도를 숭샹치안코 묵긔도와 공긔도 ᄒᆞᄂᆞᆫ것으로써 뎐부와 교통ᄒᆞᄂᆞᆫ 긔회를 삼앗스나 우리교회에서ᄂᆞᆫ 젼도와 긔도를 아울너 힘ᄒᆞᄂᆞᆫᄃᆡ 사ᄅᆞᆷ의 젼도ᄒᆞᄂᆞᆫ 말만드를ᄲᅮᆫ아니라 겸ᄒᆞ야 뎐부의 말ᄉᆞᆷ을 듯ᄂᆞᆫ것은 젼도인이 뎐부를 ᄃᆡ신ᄒᆞ야 그 말ᄉᆞᆷ을 펴ᄂᆞᆫ 연고니라 그런즉 목ᄉᆞᄂᆞᆫ 젼도단에 올나설ᄯᅢ마다 맛당히 ᄌᆞ긔의 ᄉᆞ의(私意)를 다 ᄶᅩᆺ아ᄇᆞ려 그ᄆᆞᄋᆞᆷ 그릇이 뷔게ᄒᆞ고 뎐부와 ᄌᆞ긔ᄉᆞ이에 ᄒᆞᆫ 무형ᄒᆞᆫ 뎐화(電話)줄을 [illegible] 노아 신령ᄒᆞᆫ 교통이 ᄉᆡᆼ겨야 ᄌᆞ저안케ᄒᆞᆫ 연후에야 ᄂᆞᆼ히 듯ᄂᆞᆫ쟈의 ᄆᆞᄋᆞᆷ을 감동ᄒᆞᆯ만ᄒᆞᆫ 말이 나올지니 엇지 가히 조심치아니ᄒᆞ리오 듯ᄂᆞᆫ쟈도 또ᄒᆞᆫ ᄌᆞ긔ᄆᆞᄋᆞᆷ을 열어 사ᄅᆞᆷ의 말을 듯지말고 쥬의 음셩을 드를지니라

진리문답

문、ᄉᆞᄉᆞ로 솔펴볼지라도 내가 쥬를 참밋ᄂᆞᆫᄃᆡ 내ᄆᆞᄋᆞᆷ속에 마귀의권세가 그쳐럼 강ᄒᆞ며 또 내졍욕을 거절ᄒᆞ고 그리스도만 좃차가기가 그럿케 어려운것은 무ᄉᆞᆷᄭᆞᄃᆞᆰ이뇨

답、그것은 다름이아니라 그ᄃᆡ가 그리스도로 더브러 합ᄒᆞᄂᆞᆫ 가온ᄃᆡ서 크게승젼ᄒᆞᄂᆞᆫ 비결을 ᄇᆡ호쟈못ᄒᆞᆫ연고니 그ᄃᆡ가 쥬의힘을 밧지안코 그ᄃᆡ의 힘으로써 죄악을 이긔고 셩셩ᄒᆞᆫ ᄃᆡ위에 오르고져 ᄒᆞ야 ᄋᆡ를 만히 썻지마ᄂᆞᆫ 아모 효력이 업거니와 다만 그ᄃᆡ가 최초에

음으로 죄샤ᄒᆞᆷ과 의롭다ᄒᆞ심을 엇으랴고 예수그리스도를 영졉ᄒᆞᆫ것ᄀᆞᆺ치 지금은 一향진보ᄒᆞ는 밋음으로 죄를 이긔고 신셩ᄒᆞᆷ을 위ᄒᆞ야 그리스도를 또ᄒᆞᆫ번 영졉ᄒᆞᄃᆡ로 마六쟝十一졀 말ᄉᆞᆷ과 ᄀᆞᆺ치ᄒᆞ면 로마六쟝十四졀의 허락ᄒᆞ신것을 밧을지니 힘쓸지어다 대개 밋음은 모든것을 다 ᄒᆞᆯ수잇게ᄒᆞ며 ᄉᆞ랑은 모든것을 다 쉽게 문드ᄂᆞ니다

세계격언

一、명예란것은 아모 공로업시 엇엇다가 또ᄒᆞᆫ 아모 파실업시 일키쉬운것이니라

二、내가 나를 존즁히 녁이지 아니ᄒᆞ면 누구던지 나를 경멸히 녁일것이니라

三、지믄은 비료와ᄀᆞᆺᄒᆞ셔 싸하두면 악ᄒᆞᆫᄂᆡ암ᄉᆡ가 나고 헤트려펴면 토디를 기름지게 문드ᄂᆞ니라

四、ᄌᆡ산이 만코 지식이 업는쟈는 몸에 황금을 넙고둔니는 양과 ᄀᆞᆺᄒᆞ니라

五、ᄌᆞ긔의 아는바를 다말ᄒᆞ지말고 ᄌᆞ긔의 말ᄒᆞ는바를 다알어야 될지니라

六、여호로 더브러 갓옷문돌일을 의론치말며 양율ᄃᆡᄒᆞ야 국ᄭᅳ릴 경륜을 루셜치 말지니라

七、거짓말은 도적질의 시초니라

八、침묵(沈默)은 녀ᄌᆞ의 ᄀᆞ장 아름다온 패물이니라

九、사름의 잠자는것은 시계의 ᄐᆡ엽감는것과 ᄀᆞᆺᄒᆞ니라

어린ᄋᆞᄒᆡ들의 니야기

차손이라는 ᄋᆞᄒᆡ가 하로는 진흙덩어리를 가지고 손작란을 ᄒᆞᆯ식 둥글게도 비져보며 네모지거나 길죽ᄒᆞ게도 문드러보고 사발ᄃᆡ졉 졉시 항아리 각식모양으로 이리변작 뎌리변작ᄒᆞ거ᄂᆞᆯ 그아버지가 우둑헌니서셔 보다가 젹이 우스며골ᄋᆞᄃᆡ 「차손아 너ᄀᆞᆺᄒᆞᆫ 어린ᄋᆞᄒᆡ는 이진흙덩어리와 ᄀᆞᆺᄒᆞᆫ줄을 아ᄂᆞ냐」 차손은 그말ᄯᅳᆺ을 몰나셔 눈이 휘둥그러지며 못는말이 「아버지 그것 무숨 말ᄉᆞᆷ인지 나는 모르겟슴니다」 그아버지가 ᄃᆡ답왈 「네가 모르면 내셜명ᄒᆞ여 줄것이니 ᄌᆞ세히 드르라」 너ᄀᆞᆺᄒᆞᆫ ᄋᆞᄒᆡ들은 아직 뇌력이 발달치못ᄒᆞ고 혈긔가 뎡치못ᄒᆞ며 습관셩(習慣性)이 굿지못ᄒᆞ야 어려셔브터 션ᄒᆞᆫ길노 인도ᄒᆞ면 쟝ᄅᆡ에 션ᄒᆞᆫ사름이 될것이오 또 어려서브터 악ᄒᆞᆫ길노 인도ᄒᆞ면 쟝ᄅᆡ에 악ᄒᆞᆫ사름이 되여 다시변화ᄒᆞ기 어려오니 엇지 이 유ᄒᆞᆫ 진흙덩어리를 비져 ᄆᆞ음대로 무숨형샹을 문둔후 구어 ᄒᆞᆫ그릇을 일우면 다시 변작ᄒᆞᆯ수 업는것과 다르리오 그럼으로 너도 어려서브터 됴ᄒᆞᆫ사름 되기를 공부ᄒᆞ랴면 맛당히 부모의게 슌죵ᄒᆞ고 학교션ᄉᆡᆼ의 ᄀᆞᄅᆞ침을 잘좃ᄎᆞ며 형뎨와 ᄌᆞᄆᆡ로더브러 화목ᄒᆞ며 어룬을 공경ᄒᆞ며 동모들과 ᄃᆡ토지말며 병신이나 걸인을 업수히 녁이지말고 불샹히 녁임으로 습관셩을 삼아 아조 본지를 세우면 이는 그릇즁에 방졍ᄒᆞ고 아름다온것과 ᄀᆞᆺᄒᆞ려니와 만일 그럿치못ᄒᆞ면 쟝ᄅᆡ에 불효 불충 불경 불신ᄒᆞᆫ 악쇼년이 될지니 이는 그릇즁에 ᄶᅵ그러져서 못쓸것과 一반이니 미우 조심ᄒᆞᆯ것이오 또ᄒᆞᆫ가지 잇지말고 ᄆᆞ음속에 삭여둘것은 너ᄀᆞᆺᄒᆞᆫ ᄋᆞᄒᆡ들노 됴ᄒᆞᆫ 그릇을 일우게ᄒᆞ는 모범은 곳 예수 그리스도시니 아모됴록 이모범을 좃차힘ᄒᆞ라ᄒᆞ매 차손이 묵묵히 듯다가 ᄃᆡ답ᄒᆞ기를 「아버지 그러면 나도 오ᄂᆞᆯ브터 됴ᄒᆞᆫ그릇 되기를 공부ᄒᆞ깃슴니다」ᄒᆞ엿더라

위싱요셜(衛生要說)

뎨二 미균(微菌)과 광션(光線)

대뎌 미균이란것은 지극히 적은 버러지라 우리의 육안(肉眼)으로는 능히 볼수업고 됴ᄒᆞᆫ 현미경(顯微鏡)을 ᄃᆡ이고야 볼수잇ᄂᆞ니 이버러지가 다만 부졍ᄒᆞᆫ 공긔속에만 셕겨 잇슬ᄲᅮᆫ아니오 됴치못ᄒᆞᆫ 물이나 무숨 썩은 물건이나 더러온 몬지나 비듬ᄀᆞᆺᄒᆞᆫ데도 셕겨잇ᄂᆞᆫᄃᆡ 사름이 이것을 마시면 머리가 압흐며 신톄가 로곤ᄒᆞ고 어지러온중이 ᄉᆡᆼ기며 구미가업고 심ᄒᆞ면 폐병(肺病)과 열병과 흑ᄉᆞ병과 호열ᄌᆞ ᄀᆞᆺᄒᆞᆫ병이 될지라

녯날의ᄉ들은 미균이 무엇인지 알지못ᄒ엿더니 현금은 모든학술이 발달됨으로 현미경을 문ᄃ러 능히미균을 보고 여러가지로 시험ᄒ야 미균의 해됨을 발견ᄒ엿ᄂᆞᆫᄃᆡ 이미균을 잘소개ᄒᆞᄂᆞᆫ 물건은 쥐ᄀᆞᆺ흔 털가진즘싱과 파리와 병쟈의 대변과 츅츅ᄒᆞᆫ 솜옷과 총담료와 보료등속이니 그럼으로 무숨 젼염병으로 알턴사ᄅᆞᆷ의 의복이나 금침은 곳 빨니ᄒ여 미균을 다 죽이ᄂᆞᆫ것이 됴흐니라 그럼으로 년젼에 청국 합이빈등디에셔 흑ᄉ병이 대치ᄒ여 여러만명이 죽을때에 그나라 관헌이 그병을 예방ᄒᆞᄂᆞᆫ 방칙은 몬져 죽은쟈들의 의복과 즙물과 심지어 집ᄭ지 다 불사로ᄂᆞᆫ데 잇셧ᄂᆞ니라 미균을 죽이ᄂᆞᆫ 셕탄산(石炭 혼약도 만커니와 미균을 쇼 酸)ᄀᆞᆺ멸ᄒ기ᄂᆞᆫ 태양의 광션이 뎨一 됴흐니라 그럼으로 사ᄅᆞᆷ의 거쳐ᄒᆞᄂᆞᆫ집은 아모됴록 챵호를 四면으로 내여 태양빗출 잘인도케ᄒ며 이불과 의복등속은 자조 내여걸어 볏헤말니ᄂᆞᆫ것이 ᄀ장필요ᄒ니 그러면 방구셕이나 의복이나 금침에 셕겻던 미균이 다 쇼멸되ᄂᆞ니라

그ᄲᅮᆫ아니라 특별히 주의ᄒᆞᆯ것은 집을 지으되 디형이 놉고 조강ᄒᆞᆫ곳을 턱ᄒ며 슈도를 통챵케ᄒ야 더러온 물이 잘ᄲᅡ져 나가게ᄒ며 압뒤ᄯᅳᆯ을 자조 청결ᄒ야 무숨 썩은물건을 머믈너 두지말것이니라

실업

◎누에치ᄂᆞᆫ법 (속)

뎨八 졔사(除沙)와 분박(分箔)

누에가 먹고남은 ᄶᅵ기와 및 누에 ᄯᅩᆼ을 잠사(蚕沙)라 칭ᄒ고 이것을 그대로두면 누에의게 대단히 해로온고로 자조자조 ᄡᅳ러ᄇ리ᄂᆞᆫ것을 졔사법이라ᄒᆞᄂᆞ니라

누에가 네잠자기젼에ᄂᆞᆫ 졔사법을 그리자조ᄒᆞᆯ 필요가 업지마ᄂᆞᆫ 네잠을 자고난후에ᄂᆞᆫ 미일 ᄒᆞᆫ번식은 불가불 졔사법을 힝ᄒᆞᆯ지니 졔사ᄒᆞᄂᆞᆫ 법은 네잠을 자기젼에ᄂᆞᆫ 누에가 뵈이지 안토록 그우에 조강(粗糠)을 ᄲᅮ리고 ᄯᅩ 그우에 ᄲᅩᆼ닙을 주면 누에들이 반ᄃᆞ시 우흐로 올나붓ᄒᆞᆯ것이니 그때에ᄂᆞᆫ 깃뷔로살살ᄡᅳ러 다른 잠좌(蚕座)로 옴기면 잠사ᄂᆞᆫ 다 묵은 잠좌에 ᄯᅥ러져잇슬것이며 네잠을 자고난후로ᄂᆞᆫ 누에우에 그물(網)을 덥고 그우에 ᄲᅩᆼ닙을주면 누에가 다 그그물에 올나붓ᄒᆞᆯ것이니 그때에 나른 잠좌로 옴길것이니라

누에란것은 속히 자라ᄂᆞᆫ 물건이라 자라ᄂᆞᆫ대로 그자리를 넓혀주지 아니ᄒ면 될수업ᄂᆞᆫ고로 그자리를 ᄎᆞᄎᆞ 넓히ᄂᆞᆫ것을 분박이라 칭ᄒᆞᄂᆞ니 대개 누에자리가 너머 넓으면 ᄲᅩᆼ닙을 만히 허비ᄒᆞᆯ것이며 너머 좁으면 누에의게 해로온고로 첫 잠자기젼에 잇던 면젹(面積)에 ᄃᆡᄒ야 첫잠을 잔후에ᄂᆞᆫ 그면젹의 五六비로 두잠잔후에ᄂᆞᆫ 十二三비로 세잠잔후에ᄂᆞᆫ 二十四五비로 네잠잔후에ᄂᆞᆫ 五六十비로 표쥰을 삼아 누에자리를 졈졈확쟝ᄒ여줄것이니라

뎨九 누에잠자ᄂᆞᆫ것을 주의ᄒᆞᆯ것

더대 누에의 잠자ᄂᆞᆫ때ᄂᆞᆫ 사ᄅᆞᆷ의 병든때와ᄀᆞᆺᄒᆞ니 불가불 깁히 주의ᄒ여야 될것이니 빗치 푸르고 ᄲᅩᆼ닙을 잘먹던 누에가 별안간 빗치변ᄒ야 희여지ᄂᆞᆫ것은 잠을 [illegible] ᄯᅢ니 불가불 졔사법을 힝[illegible] 후 ᄲᅩᆼ닙을 줄지니 만일 ᄲᅩᆼ닙 五六ᄎᆞ를 주도록 자지안ᄂᆞᆫ누에가 잇거던 이것을 ᄯᅡ로 옴기고 잘ᄯᅢᄭ지 먹일것이며 자고난후에 一졔히 다니러나기를 기ᄃᆞ려 ᄲᅩᆼ닙을 줄지니 만일 그럿치안코 아직 잠자ᄂᆞᆫ 누에가 잇ᄂᆞᆫᄃᆡ 몬져니러난 누에만 몬저먹이면 누에의 발육(發育)이 ᄒᆞᆫ결ᄀᆞᆺ지아니ᄒᆞᆯ지니 미우 주의ᄒᆞᆯ것이라

담총

◎다신교(多神敎)

샹고희랍(希臘)과 로마사ᄅᆞᆷ들이 十二텬신을 숭봉ᄒ엿ᄂᆞ니 이ᄂᆞᆫ 곳 구라파 샹고시ᄃᆡ의 다신교니라

◎파라문교(婆羅門敎)

파라문교ᄂᆞᆫ 인도국 샹고시ᄃᆡ브터 젼ᄒ야오며 오ᄂᆞᆯ날ᄭ지 숭봉ᄒᆞᄂᆞᆫ교니 그숭봉ᄒᆞᄂᆞᆫ 신을 파라마라 칭ᄒᆞᄂᆞᆫᄃᆡ 이션은 텬디기벽후 뎨一몬져 난 사ᄅᆞᆷ으로 그몸에 머리넷이 잇서서 四방을 관찰ᄒᆞᄂᆞᆫ줄노 밋ᄂᆞ니라

회보ᄃᆡ금령슈

住所	名氏	金額
楊州	白夫人	三十錢
仝	金漢翼	六十錢
上仝	李用勳	三十錢
上仝	玄命九	十五錢
溫陽	金有根	四十錢
上仝	崔鶴九	八十錢
利川	崔士連	四十錢
上仝	李齒德	四十錢
上仝	金正煥	四十錢
上仝	金極洙	四十錢
鎭岑	徐相善	四十錢
連山	李秉容	四十錢
南部大平洞	秦常圭	四十錢
仝茶洞	吳其泳	四十錢
江華	金景植	四十錢
海州	韓弼彦	一圓卒錢
上仝	金德弼	四十錢
上仝	高準鎬	四十錢
北部諫洞	朴來鎬	三十錢
北部樓閣洞	李元善	七十錢
仁川	金宇濟	四十錢
北部河橋	金光植	四十錢
北部三淸洞	南宮檍	七十錢
鴻山	高엘니	二十錢
金浦	李延熙	四十錢
安邊장안동	敎堂	八十錢
伊川온갈동	敎堂	四十錢
平海	李川權	三十錢
江陵	張炳淳	三十錢

▲학도모집광고▼

본교에서교사를새로어건축ᄒᆞ고츄긔ᄀᆡ학에젼입학ᄉᆡᆼ을다수모집ᄒᆞ오니입학코져ᄒᆞ시ᄂᆞᆫ이ᄂᆞᆫ九月十五일이ᄂᆡ로입학청원셔를데졍ᄒᆞ심을경요

ᄀᆡ학일ᄌᆞ九月二十일

시험일ᄌᆞ九月十五일노十九일ᄭᆞ지

一、시험과목
셩경
한문
리과
수학
국어

二、입학ᄌᆞ격
즁학교졸업ᄉᆡᆼ즁十八세이샹되며셰례밧고품힝이단졍ᄒᆞ며신톄건강ᄒᆞᆫ쟈로홈

三、입학규측
본ᄃᆡ방교회직분의쳔거셔와디방목ᄉᆞ의증거셔와즁학졸업쟝을뎜부ᄒᆞ야톄졍홀ᄉᆞ

입학금三원
월샤금二원七十五젼 (一학긔동안)

혹무러볼일이잇서본교쟝의게로편지ᄒᆞ야무르시면즉시회답ᄒᆞ겟습

쥬강ᄉᆡᆼ一쳔九ᄇᆡᆨ十二년八월일

평양ᄉᆞ립숭실대학
교쟝 비위량 고ᄇᆡᆨ

◉광 고◉

경계쟈 본공회에서 죵로 젼긔회샤 월변에 본회관을 신츅ᄒᆞ고 금년 一월초에 이접ᄒᆞ야 ᄉᆞ무를 더욱 확쟝ᄒᆞ엿ᄉᆞ오며 동서각방언의 번역과 각양쟝책의 셩셔를 구비ᄒᆞ야 청구의 다쇼를 물론ᄒᆞ고 신쇽히 슈응ᄒᆞ되 우셰 혹 운비ᄂᆞᆫ 본공회에서 일졀 담당ᄒᆞ오며 칙사영업인의게ᄂᆞᆫ ᄯᅩᄒᆞᆫ 三할리를 계급ᄒᆞ오니 경향각쳐의 일반 교우ᄂᆞᆫ 슈의구람 ᄒᆞ실지어다

젼도의 더욱 확쟝되기를 우ᄒᆞ야 언문쇼본 마가의 동양으로 언한문미기복음을 발힝ᄒᆞ야 미권 一젼으로 미하ᄒᆞᄂᆞ이다

一千九百十二년二월

서울 죵로 대영셩셔공회 고ᄇᆡᆨ

▲광 고▼

경향 여러교우의 갈망ᄒᆞ시던 국문구약셩경의 완편이 츌판되여 발셔브터 다수히 발매ᄒᆞ오니

쳠군ᄌᆞᄂᆞᆫ 슈용의 다소를 [illegible] 륙쇽청구ᄒᆞ심을 ᄇᆞ라옵 그재본과 뎡가ᄂᆞᆫ 여좌ᄒᆞ옵

二권一질二쳔六ᄇᆡᆨ五十[illegible]
지의 一환
포의 一환十五젼

한문셩경이 새로 샹히로셔 나왓ᄂᆞᆫᄃᆡ 문리관쥬구신약과 신약이오

일어셩경신구약도 여러죵류가 잇ᄂᆞᆫᄃᆡ 본공회와 셔울명동과 평양에잇ᄂᆞᆫ 일본인칙샤 본공회 셩셔발매소에서 발매ᄒᆞ옵

ᄯᅩ 평양잇ᄂᆞᆫ 죠선인칙샤 본공회 셩셔발매소에ᄂᆞᆫ 국문셩경과 국한문셩경 여러죵류가 잇ᄉᆞᆸ

각 칙샤에서 사가면 샹활ᄒᆞ고 부비ᄭᆞ지 담당ᄒᆞ옵

京城鍾路基督教青年會下層
美國聖書公會 告白

(明治四十四年二月二日)(第三種郵便物認可) 主降生一千九百十一年十月十九日(日曜) (第一卷第四十號)

그리스도회보

KOREAN CHRISTIAN ADVOCATE

每月二回十五日三十日發行
大正元年九月二十日印刷
大正元年十月五日發行

發行兼編輯人 北部社洞 奇義男
印刷人 北部樓閣洞 朴東完
印刷所 京城西小門內法韓印刷所
發行所 北部社洞그리스도會報社

디금 一장 二젼五리
[代金] 六ᄀᆡ월 二十젼
一ᄀᆡ년 四十젼

◎명치텬황폐하 대장식

본월 十三·十四·十五·三일간은 고명치텬황폐하의대장식을힝ᄒᆞ는동안인고로본보는우리一반형뎨와ᄌᆞ미를더표ᄒᆞ야경됴(敬吊)ᄒᆞ는졍셩을표ᄒᆞ노라

사셜

◎예수를밋을원인(原因)과 효과(效果)

므롯 宗敎는 원인으로써 싱겨셔 효과로써 일우는ᄃᆡ 우리 그리스도인이 쥬를 밋을 원인은 대략 十됴를 포함ᄒᆞ엿스니(一)예수그리스도ᄭᅦ셔 죄인을 구원ᄒᆞ시라고 이세상에 강싱ᄒᆞ심이오(듸젼一〇十五)(二)하ᄂᆞ님의 아ᄃᆞᆯ노 나를ᄉᆞ랑ᄒᆞ샤 나를위ᄒᆞ야 몸을ᄇᆞ리심이오(갈二〇卄)(三)하ᄂᆞ님의 아ᄃᆞᆯ 예수그리스도의 피가 우리모든죄를 ᄭᆡᆺ긋ᄒᆞ게ᄡᅥ셔 ᄇᆞ리심이오(요一、一五〇十一)(四)하ᄂᆞ님이 우리의게 영싱을 주엇다ᄒᆞ시고 이영싱은 그아ᄃᆞᆯ의게 잇다ᄒᆞ심이오(요一、五〇十一)(五)그리스도예수안에 잇는쟈는 죄를뎡ᄒᆞᆷ이 업다ᄒᆞ심이오(로八〇一)(六)모든것을 해로녁임은 내쥬그리스도예수를 아는것이 더옥 아름답다 ᄒᆞᆷ이오(빌三〇八)(七)하ᄂᆞ님을 ᄉᆞ랑ᄒᆞ는쟈는 모든일이 다 유익ᄒᆞ게 된다ᄒᆞᆷ이오(로八〇卄八)(八)내게 능력주시는 쥬안에서 능치못ᄒᆞᆯ것이 업다ᄒᆞᆷ이오(빌四〇十三)(九)쥬ᄭᅦ셔 말ᄉᆞᆷᄒᆞ샤ᄃᆡ 내가 과연 너희를 ᄇᆞ리지 아니ᄒᆞ고 결단코 ᄯᅥ나지아니ᄒᆞ리라 ᄒᆞ심이오(히十三〇五)(十)쥬ᄭᅦ셔 ᄯᅩᄒᆞᆫ 나를건져 모든 악ᄒᆞᆫ일에서 버셔나게ᄒᆞ시고 ᄯᅩ텬국에 드러가게ᄒᆞ시리라 ᄒᆞ심이며 ᄯᅩ우리가 임의 밋은후에 엇을효과는 대개열가지가잇스니(一)우리가 셩도될수 잇슴이오(로一〇七)(二)하ᄂᆞ님의 아ᄃᆞᆯ노더브러 련속ᄒᆞᆷ이오(고젼一〇九)(三)하ᄂᆞ님ᄭᅦ셔 우리로 화평ᄒᆞ게ᄒᆞ심이오(고젼七〇十五)(四)그리스도의 은혜를엇음이오(갈一〇六)(五)ᄌᆞ유를엇음이오(갈五〇十三)(六)텬국과 영광을 엇음이오(살젼二〇十二)(七)거룩ᄒᆞ게됨이오(살젼四〇七)(八)영싱을 엇음이오(요三〇十六)복을듸니어 밧음이오(벳젼三〇九)(九)그가 영광과 덕으로써 우리게주심이오(벳후一〇三)(十)어린양의 혼인잔치에 쳥ᄒᆞᆷ을 닙음이니 우리는 누구던지 쥬예수그리스도를 아직 모르는 외인을ᄃᆡᄒᆞᆯᄯᆡ에 맛당히 이원인과 효과를 드러 권면ᄒᆞᆷ으로 침륜ᄒᆞᆯ령혼을 만히 쥬압흐로 인도ᄒᆞᆸ세다

◎본사특별 고빅

一、누구시던지 통신을 긔록ᄒᆞ야 보내시되 무ᄉᆞᆷ특이ᄒᆞᆫ ᄉᆞ실외에는 개인의일보다 교회에ᄃᆡᄒᆞᆫ ᄌᆞ미잇고 유익ᄒᆞᆫᄉᆞ실을 간단명효ᄒᆞ게 록송ᄒᆞ시옵

二、본보딕금을 보내실ᄯᆡ에 五十젼 이샹이 되는ᄯᆡ에는 우편쇼 위체로 보내시옵

교즁휘문

△ᄂᆡ보▽

◉각교회의봉도식(奉悼式) 본월十三일은 일본 동경 쳥산련병쟝에셔 교련황폐하의 대쟝식(大葬式)을 봉힝ᄒᆞᆷ은 젼호에 긔지ᄒᆞ엿거니와 당일하오八시에 각예수교당에셔 봉도식을 힝ᄒᆞ엿ᄂᆞᆫᄃᆡ 그 슌셔ᄂᆞᆫ (一)찬숑가합챵 (二)셩경랑독 로마十三○一ㅣ七절 (三)긔도 (四)경조ᄉᆞ(敬吊辭) (五)찬숑가 (六)긔도 (七)찬숑가 (八)츅ᄉᆞ폐식이러라

◉경원신교ᄀᆡ학 경셩 링동 셩경학원과 감리회 신학교ᄂᆞᆫ 본월十八일에 다시 ᄀᆡ학ᄒᆞ야 ᄅᆡ十二월ᄭᆞ지 三개월간 계쇽교슈ᄒᆞ겟ᄂᆞᆫᄃᆡ 각쳐로브터 합당ᄒᆞᆫ ᄌᆞ격을 가진 학싱ᄃᆞᆯ이 만히와셔 입학ᄒᆞ기를 우리ᄂᆞᆫ 깁히 ᄇᆞ라노라

◉종교회당환영회 남감리회 감독 머러씨가 금년년회에 참셕ᄒᆞ기위ᄒᆞ야 경셩에 도착ᄒᆞᆷ은 젼호에 임의보ᄒᆞ엿거니와 본월三일 하오六시에 경셩종교ᄅᆡ비당ᄂᆡ에셔 동씨와 외국션교회 총무 핀슨씨의 환영회를 셜힝ᄒᆞ엿ᄂᆞᆫᄃᆡ 그 슌셔ᄂᆞᆫ ᄀᆡ회、쥬악、찬숑 메五합창、긔도、셩경、셩경긔억가、(광진남학싱) 식ᄉᆞ、찬숑、(비화녀학싱) 증픔진졍(贈品進呈)、영어찬숑、(비화녀학싱) 권면、(감독과총무) 긔도、무도(舞蹈)、(광진남학싱) 등인ᄃᆡ 당야에 남녀교우와 학싱들이 다수히 참셕ᄒᆞ야 一시 셩황을 졍ᄒᆞ엿다더라

◉디방회 一쇽 거월十三일하오八시에 평안남북 황히三도련합디방회를 령변읍회당에셔 ᄀᆡᄒᆞ엿ᄂᆞᆫᄃᆡ 회쟝 모리시 감리ᄉᆞ가 승좌ᄒᆞ야 김챵식감리ᄉᆞ의 긔도로 ᄀᆡ회ᄒᆞᆫ후 회쟝이 ᄀᆡ회취지를 셜명ᄒᆞ고 목ᄉᆞ 김찬흥씨가 환영ᄒᆞᄂᆞᆫ 뜻으로 강셜ᄒᆞ고 젼도ᄉᆞ 곽명슝 리동긔량씨가 답ᄉᆞ후 셔긔ᄂᆞᆫ 목ᄉᆞ리하영 젼도ᄉᆞ박션재량씨로 션뎡ᄒᆞ고 시간이 진ᄒᆞ야 폐회ᄒᆞ다

금번 디방회에 특별히 긴요ᄒᆞᆫ ᄉᆞ건의 졔의(提議)된것은 ᄌᆞ급과 쥬일학교와 교육을 一층 더권장ᄒᆞᆫ것과 젼도ᄉᆞ쥬ᄐᆡᆨ에 쳔동키 어려운 긔구물품을 비쳐ᄒᆞ자ᄂᆞᆫ것이오 또ᄒᆞᆫ 은혜를 만히밧은것은 모리시씨가 ᄆᆡ일오후에 ᄒᆞᆫ시간식 베드로젼셔를 ᄀᆞᄅᆞ쳣ᄂᆞᆫᄃᆡ 환란과 핍박을 참으라ᄂᆞᆫ 문뎨로 강셜ᄒᆞ고 목ᄉᆞ변영셔씨ᄂᆞᆫ 남을위ᄒᆞ야 긔도ᄒᆞᆷ과 졍결ᄒᆞᆷ과 쥬의 명령을 밧아일ᄒᆞ라ᄂᆞᆫ 문뎨로 ᄆᆡ일 샹오九시에 강셜ᄒᆞ엿ᄂᆞᆫᄃᆡ 회원六十九인과 방텽인이 다수참셕ᄒᆞ엿더라

十四일샹오九시에 목ᄉᆞ 변영셔씨가 신쟈의 쳣재ᄒᆞᆯ바ᄂᆞᆫ 긔도가 필요ᄒᆞᆫ것으로 강셜ᄒᆞᆫ후 회쟝이 승좌ᄒᆞ야 각학교의 학년과 과졍과 학측을 변ᄀᆡᄒᆞ기로 의론ᄒᆞᆯ시 변영셔씨가 교회ᄂᆡ 각학교를 위ᄒᆞ야 총독부의 승인ᄒᆞᆫ바 과졍과 시간과 학년표ᄃᆞᆯ 계시ᄒᆞ고 이대로 ᄒᆞ쟈ᄂᆞᆫ 동의에ᄃᆡᄒᆞ야 교육위원을 션뎡ᄒᆞ야 이일을 결의보고케 ᄒᆞ엿더니 교육위원쟝 김챵식씨가 三됴를 보고ᄒᆞ엿ᄂᆞᆫᄃᆡ

一、교과셔와 교슈시간은 변영셔씨가 총독부의 승인맛흔 과졍표대로 슈용ᄒᆞ자ᄒᆞ고

二、학측은 진남포 三숭학교에셔 총독부의 승인엇은 학측대로 실시ᄒᆞ게ᄒᆞ고

三、학측과 교과목인쇄ᄂᆞᆫ 비형식씨의게 위임케ᄒᆞᆫ것인ᄃᆡ

이샹三됴를 다쳐용ᄒᆞ기로 가결ᄒᆞ고

또ᄒᆞᆫ 각학교의 졍형을 조사ᄒᆞ야 유지키 어려운학교ᄂᆞᆫ 혹 병합ᄒᆞ며 폐지ᄒᆞ거나 ᄌᆡ졍이 넉넉ᄒᆞ고 위치가 편리ᄒᆞᆫ 곳에ᄂᆞᆫ 고등과를 두기로 작뎡ᄒᆞ다

오후두시에 회쟝 모리시씨가 ᄀᆡ회ᄒᆞ고 잠간동안 강셜ᄒᆞᆫ후 목ᄉᆞ 현셕七씨가 ᄌᆞ급문뎨로 격졀히 강셜ᄒᆞᆫ후 위원을 션뎡ᄒᆞ야 ᄌᆞ급의 잘될방침을 연구ᄒᆞ야 보고케ᄒᆞ엿더니 히위원의 보고가 여좌ᄒᆞ다

一、입교인은 어린ᄋᆞᄒᆡ외에 ᄆᆡ인이 ᄆᆡ삭十젼이샹으로 수력츌연ᄒᆞᆯᄉᆞ와

二、각각 그구역에셔 젼도인의 월봉을 ᄆᆡ년三월 쳣쥬일에 특별연죠ᄒᆞ야 젼도비에 보용ᄒᆞᆯᄉᆞ와

三、슈봉방법은 그디방 졍형을 ᄯᆞ차 혹츈츄량ᄎᆞ로 ᄒᆞ던지 혹 시가디(市街地)에ᄂᆞᆫ ᄆᆡ삭 가봉케ᄒᆞ기로■가결ᄒᆞ다

二

十五일 상오九시에 변영서씨가 긔회ᄒᆞᆫ후 정결이란문데로 목ᄉᆞ리능도씨는 교회의 신명이란문데로 송회봉씨는 조심이란문데로 비졍一씨는 합심이란문데로 츠례강설ᄒᆞ고

동일오후에는 본읍교우들이 ᄉᆞ랑ᄒᆞᄂᆞᆫ ᄆᆞᄋᆞᆷ으로 친목ᄒᆞ기 위ᄒᆞ야 一반회원을 쳥ᄒᆞ야 형데ᄌᆞ매 一百三十여인이 약산동뎌에 올나 쇼챵ᄒᆞ고 셜운ᄉᆞ에 니르러 셩대히 연회ᄒᆞᆫ후 깃븜으로 찬숑一百三十七을 합창ᄒᆞ고 리하영씨가 히부리十二○三一말ᄉᆞᆷ으로 강도ᄒᆞ다

十六일 상오九시에 변영서씨가 강도ᄒᆞᆫ후 밀녀의ᄉᆞ가 위싱에 필요ᄒᆞᆫ칙 네권식 一반회원의게 난화주고 모리시씨가 평양 령변 남포세디방 각학교 위원장은 변영서씨 셔긔는 비형식 량씨로 쳔거ᄒᆞ야 가결ᄒᆞ고

十一시에 숭덕학교 뎡초식(定礎式)을 거힝ᄒᆞᆯ시 모리시씨가 찬숑百三十六을 인도ᄒᆞ고 김창홍씨가 긔도ᄒᆞᆫ후 김지찬씨가 셩경로마 十二○一졀로ᄡᅮᆺ졀ᄭᆞ지 랑독ᄒᆞ고 변영서씨가 식ᄉᆞᄒᆞᆫ후 김창식씨가 권면ᄒᆞ고 모리시씨가 모퉁이돌안에 너흔 물픔을 광고ᄒᆞᆫ후 합개(合蓋)ᄒᆞ고 리능도씨가 긔도ᄒᆞᆫ후 촬영(撮影)ᄒᆞ고 뎨一찬숑과 김챵규씨의 츅ᄉᆞ로 폐회ᄒᆞ다

오후ᄒᆞᆫ시에 김창식씨가 찬숑가百三十五를 인도ᄒᆞ고 회장 모리시씨가 승좌ᄒᆞ야 ᄉᆞ무를 쳐리ᄒᆞᆯ시 현셕七씨가 동의ᄒᆞ기를 디방목ᄉᆞ쥬틱에 긔구물픔즁에 쳔동키 어려온것을 두자ᄒᆞ매 위원을 션뎡ᄒᆞ야 이다음 디방회에 보고케ᄒᆞ자고 가결이 되엿ᄂᆞᆫ디 위원은 현셕七 김지찬 박영찬 송회봉 리수홍 리광윤 최병훈 리쥰근 제씨더라

ᄯᅩ 쥬일학교를 더확쟝키 위ᄒᆞ야 위원을 션뎡ᄒᆞ여 이다음 디방회에 보고케ᄒᆞ엿ᄂᆞᆫ디 위원은 변영서 리하영 현셕七제씨더라 인ᄒᆞ야 셩찬례를 힝ᄒᆞ고 모든ᄉᆞ무를 하ᄂᆞ님ᄯᅳᆺ대로 결뎡ᄒᆞ고 은혜만히 밧은 영광을 찬숑ᄒᆞ고 김창식씨의 츅ᄉᆞ로 폐회ᄒᆞ다

◎박씨의열심 강원도 양양군 물치교회 젼달원씨의 동신을 거ᄒᆞᆫ즉 ᄒᆡ읍에서 젼도ᄒᆞᄂᆞᆫ 박동호씨는 간셩읍에셔 젼도ᄒᆞ다가 거三월에 이곳으로와셔 젼도ᄒᆞᄂᆞᆫ디 三월브터 오ᄂᆞᆯ날ᄭᆞ지 ᄌᆞ긔집에 잇ᄂᆞᆫ날이 별노업고 미양 식젼에 一三十리ᄭᆞ지 ᄃᆞᆫ니되 ᄒᆞᆼ샹 질거온 ᄆᆞᄋᆞᆷ으로 ᄃᆞᆫ니고 빈한ᄒᆞᆫ 교우의게 월보도 사주며 진심으로 쥬의 일을 ᄒᆞᆫ다더라

▲외보▼

◎막비쥬의은혜 즁화민국호남셩 형산교회에 문군이라ᄂᆞᆫ 교우가 잇ᄂᆞᆫ디 평싱에 술마시기를 즐겨ᄒᆞᆷ으로 ᄒᆡ교회를 쥬장ᄒᆞᄂᆞᆫ 셩목ᄉᆞ가 ᄒᆞᆼ샹술을 거졀ᄒᆞ라고 권유ᄒᆞ여도 죵시 듯지아니ᄒᆞ거ᄂᆞᆯ 셩목ᄉᆞ가 다시ᄂᆞᆫ 말ᄒᆞ지안코 다만 시시로 문군을 위ᄒᆞ야 쥬ᄭᅴ긔도ᄒᆞ더니 슈삭젼에 문군이 우연히 치통(齒痛)을엇어 빅약이 무효ᄒᆞ고 술을 먹으면 더 압흔지라 문군이 그심히 압흠을 견ᄃᆡ지못ᄒᆞ여 ᄉᆞᄉᆞ로 쥬ᄭᅴ 긔도ᄒᆞ기를 「쥬ᄭᅴ셔 나를 불샹히 넉이샤 이치통을 낫게ᄒᆞ여주시옵쇼셔 내가 다시ᄂᆞᆫ 술마시ᄂᆞᆫ 죄를 짓지아니ᄒᆞ겟ᄂᆞ이다」ᄒᆞ엿더니 그치통이 곳 긋쳣지라 문군이 그후브터ᄂᆞᆫ 아조 술을 거졀ᄒᆞ엿다ᄒᆞ나 이ᄂᆞᆫ 다쥬ᄭᅴ셔 명명즁에 그 ᄉᆞ랑ᄒᆞ시ᄂᆞᆫ쟈를 ᄒᆞᆼ샹 거룩ᄒᆞᆫ 범위안으로 인도ᄒᆞ심인줄 밋노라

◎일본의텬쥬교도 모쳐의통신을 거ᄒᆞᆫ즉 일본젼국니에 텬쥬교 구역이 二百四十二쳐요 션교ᄉᆞ가 一百四十五인이오 교도가 六만二쳔七百三인이니 죠션의 텬쥬교도의 수효와 비교ᄒᆞ면 一千三百六十七명이 적다ᄒᆞ엿더라

◎츌피입ᄎᆞ(出彼入此) 근일영국니 여러교회ᄂᆞᆫ 교우의 수효가 점점 줄고 다만 쾌커스교회ᄂᆞᆫ 一년니 증가ᄒᆞᆫ 교우의 수효가 빅비례(百比例)로 계교ᄒᆞ면 젼국인구의 증가ᄒᆞᆫ 수효보다 만타ᄒᆞ엿ᄉᆞ니 이ᄂᆞᆫ 다른 여러교회에서 나와셔 이 쾌커스교회로 드러오ᄂᆞᆫ것이라ᄒᆞ엿다더라

◎로동쥬일(勞動主日) 미국 교회목ᄉᆞ들이 발긔ᄒᆞᆫ결과로 미년九월 첫쥬일을 로동쥬일노 직히게되엿ᄂᆞᆫᄃᆡ 그목뎍은 일요일에 일식히ᄂᆞᆫ 고쥬(雇主)들과 이날을 직히지안코 일ᄒᆞᄂᆞᆫ 一반로동쟈들을 권장ᄒᆞ야 쥬일을 직히게 ᄒᆞ랴ᄂᆞᆫ것이라더라

긔셔

메천 리운영

◎고명ᄒᆞᆫ션ᄉᆡᆼ을고빙ᄒᆞ여 가시요 (젼호쇽)

문、나ᄂᆞᆫ 친히가야 그션ᄉᆡᆼ을 뵈올줄알앗더니 그럿치도 아니ᄒᆞᆫ즉 부인들도 이션ᄉᆡᆼ을 뫼시고 비홀수 잇소이다그려

답、그럿치 아니ᄒᆞ여도 그션ᄉᆡᆼ께셔 부인은 더ᄌᆞ셰히 ᄀᆞᄅᆞ쳐주시ᄂᆞᆫᄃᆡ 부인들은 아지를못ᄒᆞ야 그러ᄒᆞᆫ지 남ᄌᆞ보다 부인은 이션ᄉᆡᆼ을 뫼시고 비호ᄂᆞᆫ이가 매우 적다고ᄒᆞᆸ듸다

문、그러면 모든부인을 보ᄂᆞᆫᄃᆡ로 이션ᄉᆡᆼ을 뫼시고 비호라고 권면ᄒᆞ면 엇더ᄒᆞ겟ᄂᆞᆫ잇가

답、그ᄂᆞᆫ 매우 됴ᄒᆞᆫ일이오

문、부인 남ᄌᆞᄒᆞᆯ것업시 집집마다 사ᄅᆞᆷ마다 이션ᄉᆡᆼ의 교훈을 밧으면 이나라ᄂᆞᆫ 속히 텬국이되지 아니ᄒᆞ겟ᄉᆞᆸᄂᆞᆫ잇가

답、아모렴 그러코 말고요

문、그러나 그션ᄉᆡᆼ의 존호ᄂᆞᆫ 무엇이오닛가

답、그리스도회보라 ᄒᆞᆸᄂᆡ다

문、그러면 일시가 밧부온즉 위션 돈을붓치러 우편국으로 가겟ᄉᆞᆫ즉 작별ᄒᆞᆸ세다ᄒᆞ고 인ᄒᆞ야 모ᄌᆞ를버셔들고 고ᄀᆡ를 숙이며 인ᄉᆞᄒᆞᆫ후에도 라가더라 (완)

(텰원 리화춘)

◎신도와학쟈ᄉᆞ이에문답ᄒᆞᆫ것

경긔도 련천군 사긔막교회 권ᄉᆞ 셔경식씨ᄂᆞᆫ 본ᄅᆡ 이셰샹에셔 짝업ᄂᆞᆫ 란류로 지나다가 쥬께로 도라온후에 불의의 병긔를 일졀ᄇᆞ리고 의의 날카로온 병긔를 들어 범ᄉᆞ에 쥬를 영화롭게ᄒᆞ며 사ᄅᆞᆷ을 보ᄂᆞᆫ대로 도를젼ᄒᆞᄂᆞᆫᄃᆡ 그근동에 학쟈ᄒᆞᆫ분이 잇서셔 샹죵ᄒᆞᆯ때마다 예수를 밋으라고 권면ᄒᆞᆫ즉 뎌답ᄒᆞᄂᆞᆫ말이 나ᄂᆞᆫ 이셰샹에 뎨一광대ᄒᆞ고 존중ᄒᆞᆫ 공ᄌᆞ를 존숭ᄒᆞᄂᆞᆫ더 엇지 무식ᄒᆞᆫ 신진쇼년비들이 밋고 쫏ᄂᆞᆫ 이단의도를 ᄒᆞ리오ᄒᆞ고 ᄒᆞᆼ상 비웃거ᄂᆞᆯ 셔씨가 ᄉᆡᆼ각ᄒᆞ기를 뎌학쟈가 엇지ᄒᆞ면 진리를 세닷고 쥬를 밋어 슌죵ᄒᆞᄂᆞᆫ쟈가 될고ᄒᆞ야 ᄒᆞᆼ샹 긔도ᄒᆞ더니 하로ᄂᆞᆫ 그학쟈를 다시만나 인ᄉᆞᄒᆞᆫ후에 서로 문답ᄒᆞᆫ말이 좌와 ᄀᆞᆺ더라

(셔)당신이 공ᄌᆞ를 슝봉ᄒᆞ신다니 당신과 공ᄌᆞ와 엇더케되ᄂᆞᆫ지오

(학)엇더케 되다니 대셩현이시지오

(셔)아니오 나도 공ᄌᆞ가 셩현이신줄은 암니다마ᄂᆞᆫ 당신이 공ᄌᆞ와 엇더케 관계된것을 문ᄂᆞᆫ말이요

(학)공ᄌᆞ와 관계라니 그게무슨말인지 ᄌᆞ셰히 알수업소

(셔)당신이 이때것 내말을 알아듯지 못ᄒᆞ셧소구려

(학)그리셔 어셔말ᄉᆞᆷᄒᆞ오

(셔)내말은 당신이 공ᄌᆞ와 ᄉᆞ뎨간이되ᄂᆞᆫ지 부ᄌᆞ간이되ᄂᆞᆫ지 뭇ᄂᆞᆫ말이오

(학)옹ㅣ인제야 알겟소 그럿케 말ᄒᆞ면 부ᄌᆞ간은 될수업ᄂᆞᆫ 말이요 ᄉᆞ뎨간은 쪽되지오

(셔)그러면 내가 ᄒᆞᆫ말ᄉᆞᆷ을 무러보겟습니다

(학)무슨말이오

(셔)사ᄅᆞᆷ이 어려셔 글방에가셔 글을 여러ᄒᆡ동안 비화 셩공ᄒᆞᆫ후에ᄂᆞᆫ 그스승과 ᄒᆞᆫ평ᄉᆡᆼ을 삼닛가 ᄌᆞ긔의 부모를 차자와셔 부모와 평ᄉᆡᆼ을 삼닛가

(학)허허 그게무슨말이오 어나 밋쳔사ᄅᆞᆷ이 글을비화 셩공ᄒᆞᆫ후에 그스승과 평ᄉᆡᆼ을 사ᄂᆞᆫ쟈가 어듸잇단 말이오 아ㅣ별소리다 듯겟소

(셔)그러면 누구를 평ᄉᆡᆼ에 모시고 사ᄂᆞᆫ것이 올흘가요

(학)글을 다비혼후에ᄂᆞᆫ 그부모를 모시고 사ᄂᆞᆫ것이 올치요

(셔)그러ᄒᆞᆯ닛가 내ᄉᆡᆼ각은 셰샹사ᄅᆞᆷ이 글을 다비혼후에라도 부모를 ᄯᅥ나 스승과만 ᄀᆞᆺ치사ᄂᆞᆫ줄 알고

무러본말이오
(학)그게 무슨 무식ᄒᆞᆫ말이오 텬쥬학ᄒᆞᄂᆞᆫ 사ᄅᆞᆷ은 셔양 목ᄉᆞ와 ᄀᆞᆺ치 평셩을 사나보구려
(셔)내가드르니 유가에셔 말ᄒᆞ기를 텬싱즁민이라 ᄒᆞ다ᄒᆞ니 하ᄂᆞ님과 인류는 부ᄌᆞ간됨이 분명치 안슴닛가
(학)그러케 말ᄒᆞ면 하ᄂᆞᆯ과 부ᄌᆞ간이 되구말구요
(셔)그러홈으로 내가 홍샹당신을 권ᄒᆞᄂᆞᆫ말은 공ᄌᆞ는 당신의 ᄉᆞ승이오 하ᄂᆞ님은 당신의 아버지됨이 분명ᄒᆞ니 공ᄌᆞ와는 그만살고 하ᄂᆞ님을 모시고 살나ᄒᆞᄂᆞᆫ말이오
(학)그러면 텬쥬학ᄒᆞᄂᆞᆫ것이 하ᄂᆞ님을 셤기ᄂᆞᆫ것인가요
(셔)그러코말구요 당신말솜대로 텬쥬학이라ᄒᆞᄂᆞᆫ 뜻을 문ᄌᆞ로 히셕ᄒᆞ여보시오
학쟈가 한참안졋더니 골ᄋᆞᄃᆡ
(학)텬쥬학이란뜻은 하ᄂᆞ님을 비혼다ᄂᆞᆫ 말인가요
셔씨가 크게소리ᄒᆞ여 골ᄋᆞᄃᆡ
(셔)내가 권ᄒᆞᄂᆞᆫ말은 다른것이 아니라 당신의 아버지되시ᄂᆞᆫ 하ᄂᆞ님과 그의 셩ᄌᆞ 구쥬 예수를 차자공경ᄒᆞ라홈이오 이단지도를 ᄒᆞ라ᄂᆞᆫ것은 결단코 아니외다

학쟈가 그때야 비로소 확연히 셔돗고 그러면 칙훈권을 내게 팔나ᄒᆞ여 사가지고 가더니 그후에 과연 하ᄂᆞ님씌셔 그ᄆᆞᄋᆞᆷ을 감화ᄒᆞ샤 곳회ᄀᆡᄒᆞ고 지금은 네쥬일재 례비 참례를 ᄒᆞ엿다ᄒᆞ더라

그럼으로 로마 三〇四ㅣ하반절에 하ᄂᆞ님이 ᄌᆞ긔의 말솜가온ᄃᆡ 의라칭홈을 엇으시고 심판ᄒᆞᆯ때에 이긔심을 엇으시리라홈을 ᄉᆡᆼ각ᄒᆞ니 셔씨가 비록 한문은 모로나 셩신의 권능으로 이학쟈를 이긔엿다 ᄒᆞ노라

젼도인一람

◎목ᄉᆞ의직칙

四、五旬절 젼도의 셩질이니 우리가 션지와 ᄉᆞ도로써 모범을 삼고져ᄒᆞ면 몬져 오旬절의 왕ᄉᆞ를 샹고ᄒᆞ여야 젼도ᄒᆞᄂᆞᆫ법을 알지니 신약가온ᄃᆡ 진졍ᄒᆞᆫ 젼도는 이로브터 시작되엿도다 이때에 밧은셩령은 불과 혀ᄀᆞᆺ치 각사ᄅᆞᆷ의 머리우에 떠러젓슨즉 이는 곳 젼도ᄒᆞᄂᆞᆫ 심법(心法)이라 젼도ᄒᆞᄂᆞᆫ쟈ㅣ 불ᄀᆞᆺ치 뜨거운 ᄆᆞᄋᆞᆷ이 업스면 그 젼도ᄒᆞᄂᆞᆫ 말이 반ᄃᆞ시 무력ᄒᆞ고 그젼도를 듯ᄂᆞᆫ쟈ㅣ 또ᄒᆞᆫ 아모유익홈을 엇지못ᄒᆞᆯ지라 그럼으로 젼도는 맛당히 五旬절의 셩령불노써 ᄒᆞᆫ 요쇼(要素)를 삼을지니라

五、하ᄂᆞ님씌셔 사ᄅᆞᆷ을 부르샤 당신의 일군을 삼으심이니 녯날 삼우엘과 이사야와 애스겔은 다 하ᄂᆞ님의 부르심을 닙어 뎌희ᄆᆞᄋᆞᆷ 가온ᄃᆡ 각각 신령ᄒᆞᆫ 경험을 지낸고로 능히 一만가지 어려온일을 물니치고 그 즁대ᄒᆞᆫ 션지의 직칙을 감당ᄒᆞ엿ᄂᆞ니 목ᄉᆞ된쟈ㅣ 누구던지 ᄌᆞ긔가 그ᄆᆞᄋᆞᆷ속에 친히 당ᄒᆞᆫ경력 곳 복히 말ᄒᆞ자면 이우헤 말ᄒᆞᆫ바 션지들과 ᄀᆞᆺ치 그령ᄒᆞᆫ 외귀로 하ᄂᆞ님의 부르시ᄂᆞᆫ 음셩을 드른것이업스면 비록 소진과 쟝의의 구변과 모든 신학박ᄉᆞ의 학문을 가지고 젼도ᄒᆞᆯ지라도 아모효력이 업슬지니라

六、여러션지의 당ᄒᆞᆫ 경우는 ᄀᆞᆺ지 아니ᄒᆞᆯ지라도 그심법과 공효는 ᄀᆞᆺ홈이니 모셰는 로년에 부르심을 밧엇고 삼우엘은 유년에 부르심을 밧앗스며 모셰와 예리미야가 다 처음에는 부르신뜻을 몽힝ᄒᆞᆯ슈 업다고 샤양ᄒᆞ엿ᄂᆞᆫᄃᆡ 그샤양ᄒᆞᄂᆞᆫ 말이 다를ᄲᅮᆫ아니라 그 힝ᄒᆞᆫ일이 대샹부동ᄒᆞ엿스니 이는 다만 외면으로 다른것이오 그 심법과 그 것운공효는 쇡ᄀᆞᆺᄒᆞ니라

七、구약의 션지를 하ᄂᆞ님의 사ᄅᆞᆷ이라 칭홈이니 대개션지들은 다 그본업을 떠날ᄲᅮᆫ아니라 그몸과 령혼과 ᄆᆞᄋᆞᆷ과 지혜와 모든것을 다하ᄂᆞ님씌 밧치고로 하ᄂᆞ님씌셔도 무숨 일에던지 뎌희를 ᄃᆡᄒᆞ여 ᄊᆞ시며 세샹 사ᄅᆞᆷ들도 뎌희를 여호와의 사ᄅᆞᆷ이라고 칭ᄒᆞ엿ᄂᆞ니 신약에 바울이 「나는하ᄂᆞ님의 죵이라」고 말솜ᄒᆞᆫ것이 곳 이뜻이니라

진리문답

문、신도의 칠졍(七情)과 긔

력(氣力)과 정신에 ᄃᆡᄒᆞᆫ 셩신의 활동(活動)이 무엇이뇨

답、하ᄂᆞ님은 이우쥬(宇宙)ᄉᆞ이에 라렬ᄒᆞᆫ 만물의 ᄌᆞ연ᄒᆞᆫ 텬셩을 졔지ᄒᆞᄂᆞᆫ 법률을 마련ᄒᆞ신인즉 누구던지 이법률을 복죵치 아니ᄒᆞ면 이ᄂᆞᆫ 곳하ᄂᆞ님의 죄인이오 ᄯᅩ이법률을 알지못ᄒᆞ면 능히 직힐수 업고 알고져ᄒᆞ면 불가불 그법률을 지으시고 맛ᄒᆞ신이의 ᄯᅳᆺ을 깁히ᄉᆞᆯ펴야 될지니 그런고로 밋ᄂᆞᆫ쟈가 ᄒᆞᆼ샹 링졍(冷靜)ᄒᆞᆫ 되를 ᄉᆞ용ᄒᆞ야 하ᄂᆞ님의 ᄯᅳᆺ을 그윽히 ᄉᆞᆯ피ᄂᆞᆫ때에 셩신이오샤 직졉으로 ᄀᆞᄅᆞ쳐주시고 ᄯᅩᄒᆞᆫ능히 직힐힘을 주시ᄂᆞ니 이법률을 잘직히ᄂᆞᆫ쟈ᄂᆞᆫ 곳텬국의 슌량ᄒᆞᆫ 빅셩이라 그 七졍의 감발ᄒᆞᄂᆞᆫ것이 ᄌᆞ연히 법도에 합ᄒᆞ고 긔력이 활발ᄒᆞ며 심신이 샹활ᄒᆞ여 슈무족도(手舞足蹈)ᄒᆞᆷ을 ᄭᆡ닷지못ᄒᆞᄂᆞᆫ 깃봄을 엇을지니 이ᄂᆞᆫ다 셩신의 활동ᄒᆞ시ᄂᆞᆫ 힘이 신도의 七졍과 긔력과 졍신에 밋치ᄂᆞᆫ것이라 이ᄲᅮᆫ아니라 비록 이셰샹에셔 모든희망이 ᄯᅥ러져 흑암(黑暗)ᄒᆞᆫ 골작운이와 비참ᄒᆞᆫ 구롬속에 안져셔 졍감(情感)이 아조 져샹(沮喪)ᄒᆞ고 활긔(活氣)가 ᄯᅥ러진 사ᄅᆞᆷ이라도 망망ᄒᆞᆫ 대양에셔 풍파를 만나 지향업시 가ᄂᆞᆫ비를 인도ᄒᆞᄂᆞᆫ 등ᄃᆡ(燈臺)와ᄀᆞᆺᄒᆞᆫ 구쥬의 빗출 ᄯᅡ라교회에 드러와셔 쥬의ᄯᅥᆺᄯᅥᆺᄒᆞᆫ 픔속에 ᄒᆞᆫ번안기고보면 셩신의 긔이ᄒᆞᆫ 능력으로 그ᄆᆞᄋᆞᆷ속에셔 역ᄉᆞᄒᆞ샤 모든희망과 활긔와 쾌락ᄒᆞᆫ 졍감을 다 회복ᄒᆞᆯ수잇도다 이것은 밋ᄂᆞᆫ쟈의 ᄆᆞᄋᆞᆷ속에 확실히 셔ᄃᆞᆺᄂᆞᆫ 경험이니 원컨ᄃᆡ 션지엘니야의 경험을 공부ᄒᆞᆯ지니라

셰계격언

一、말이 만ᄒᆞᆫ쟈ᄂᆞᆫ 후회ᄒᆞᆯ때가 잇고 침묵(沉默)ᄒᆞᆫ쟈ᄂᆞᆫ ᄒᆞᆼ샹 안젼(安全)ᄒᆞ니라

二、그림은 소리업ᄂᆞᆫ 시(詩)요 시ᄂᆞᆫ 소리잇ᄂᆞᆫ 그림이니라

三、너와 나의 구별이 업스면 셰계의 평화를 유지키 어렵지 아니ᄒᆞᆯ지니라

四、견인(堅忍)은 실력보다 더 큰일을 셩취ᄒᆞᆯ수 잇ᄂᆞ니라

五、의ᄉᆞ(醫師)의 과실(過失)은 흙으로써 감초고 부쟈의 결뎜(缺點)은 황금으로써 써우ᄂᆞ니라

六、나의신용을 놈의 입에달어두지 말지니라

七、놈을 샹ᄒᆞᆷ에 니르도록 악희(惡戲)를 힝치말며 놈을 붓그럽게ᄒᆞᆷ에 니르도록 회희(詼諧)를 ᄒᆞ지 말지니라

八、잡긔와 미식과 술은 웃ᄂᆞᆫ 가온ᄃᆡ셔 사ᄅᆞᆷ을 랑패케ᄒᆞᄂᆞ니라

위싱요설

뎨二 미균과광션 (쇽)

미균을 쇼개ᄒᆞᄂᆞᆫ 물건은 임의 말ᄒᆞᆫ바와 ᄀᆞᆺᄒᆞᆫ고로 무슴 젼염병이 류ᄒᆡᆼᄒᆞᆯ때에ᄂᆞᆫ 더욱 주의ᄒᆞ야 쥐와 파리를 다잡아죽이며 무슴 셰간그릇이나 방구셕에 잇ᄂᆞᆫ몬지를 ᄆᆡ일부자런히 쓰러업시ᄒᆞ고 슈도구멍이나 측간근쳐에 셕회(石灰)를 ᄲᅮ려 미균의 쇼개됨을 예방ᄒᆞ며 음식담은 그릇을 잘덥허 파리가 붓지못ᄒᆞ게ᄒᆞ며 죠셕으로 모든 긔명을 ᄭᅳ린물노 졍히씻고 방안에 ᄆᆞᆰ은 공긔와 태양빗출 자조 드릴것이며 닉지안은 과실과 싱치와 쇼화 잘아니되ᄂᆞᆫ 음식등쇽을 조심ᄒᆞ야 먹지말지니라 근일 신문샹에 본즉 즁화민국 상히 대련등디와 일본 문ᄉᆞ항에 호열ᄌᆞ가 류ᄒᆡᆼᄒᆞᆷ으로 경무총감부에셔 방금 예방ᄒᆞᆯ 방침을 연구ᄒᆞᄂᆞᆫ즁이라ᄒᆞ엿기로 두어말노 뎨셩ᄒᆞ오니 익독ᄒᆞ시ᄂᆞᆫ 여러형뎨ᄌᆞᄆᆡᄂᆞᆫ 주의ᄒᆞ심을 ᄇᆞ라노라

뎨三 물

우리 사ᄂᆞᆫ디구로 말ᄒᆞ면 륙디가 四분지一이오 물이 四분지三이라 태양이 날마다 물을 ᄲᆞ라올니되 만물이 마르지아니ᄒᆞᄂᆞᆫ것ᄀᆞᆺ치 사ᄅᆞᆷ의 몸에도 물되ᄂᆞᆫ분ᄌᆞ가 만흔고로 혈ᄆᆡᆨ이 잘 류동ᄒᆞ야 四지와 百톄가 마르지안케ᄒᆞᄂᆞ니 화

학자의말을 드른즉 무게가 一百五十四근되ᄂᆞᆫ 사ᄅᆞᆷ의 몸을 분셕ᄒᆞ야 볼디경이면 물이 一百十一근이오 ᄶᅡᆫᄶᅡᆫᄒᆞᆫ 물질은 四十三근가량에 지나지 못ᄒᆞ리라 ᄒᆞ니 이를 미루어 보건ᄃᆡ 물이 사ᄅᆞᆷ의게 대단히 긴요ᄒᆞᆫ줄을 알지로다 목마를때에 마실물 업ᄂᆞᆫ것이 비곱흘때에 식물 업ᄂᆞᆫ것보다 더급ᄒᆞ지 아니ᄒᆞ뇨

대뎌물의 본질을 말ᄒᆞ쟈면 슈소(水素)와 산소(酸素)의 두가지 원소(原素)로 셩립ᄒᆞ엿ᄂᆞ니 이두가지 원소ᄂᆞᆫ 다 빗도업고 맛도업고 ᄂᆡ암ᄉᆡ도업ᄂᆞᆫ긔톄(氣體)인ᄃᆡ 슈소二분과 산소十六분이 서로합ᄒᆞ면 十八분의 ᄆᆞᆰ은물놀 일울지라 ᄌᆞ세히 말ᄒᆞ자면 슈소二근과 산소 十六근을 합ᄒᆞ면 물十八근이 된다ᄒᆞᆷ이니 이것은 다 근일 화학쟈가 각학교에셔 ᄀᆞᄅᆞ칠때에 실디로 시험ᄒᆞ야 뵈이ᄂᆞᆫ것이니라

실업

◎누에치ᄂᆞᆫ법 (쇽)

뎨十 샹족(上簇)

샹족이라ᄒᆞᆷ은 누에가 오령(五齡)네잠자고 난후라 잔후에 잠족(蚕簇)에 올니ᄂᆞᆫ것이니 대개 봄누에ᄂᆞᆫ 五령된지 뎨七일후와 녀름과 가을누에ᄂᆞᆫ 五령된지 五六일후에ᄂᆞᆫ 식욕이 감ᄒᆞ며 ᄯᅩ 머리를 들고 도라ᄃᆞᆫ닐터이니 이것은 곳 ᄭᅩ치를 짓고져ᄒᆞᄂᆞᆫ 증됴라 이런누에를 숙잠(熟蚕)이라 칭ᄒᆞᄂᆞ니 숙잠만 골나셔 잠족에 올닐지니라 대뎌 숙잠을 샹족케 ᄒᆞᆯ때에ᄂᆞᆫ 아모됴록 자리를 넓게 차지ᄒᆞᄂᆞᆫ것이 됴흐니 만일 잠실이 너머 좁아셔 잠좌에만 샹족키 어려온경우에ᄂᆞᆫ 잠상우흐로 오공족(蜈蚣簇)을 세겹이나 혹 네다섯겹으로 비렬(排列)ᄒᆞ되 세겹으로 비렬ᄒᆞᆯ시에ᄂᆞᆫ ᄆᆡ四방一쳑에 ᄃᆡᄒᆞ야 숙잠 一百머리를 올닐것이며 네겹이나 다섯겹으로 비렬ᄒᆞᆯ때에ᄂᆞᆫ ᄆᆡ四방一쳑에 ᄃᆡᄒᆞ야 一百二十머리를 올니ᄂᆞᆫ것이 합당ᄒᆞ고 만일 샹족케ᄒᆞᄂᆞᆫ일을 조곰 더듸게ᄒᆞ면 누에가 잠좌로 도라ᄃᆞᆫ니면셔 쓸ᄃᆡ업시 실을 토ᄒᆞ야 ᄇᆞ릴지니 ᄆᆡ우 주의ᄒᆞᆯ것이니라

샹족ᄒᆞᆫ후 四쥬야간은 잠실을 더옵게ᄒᆞ고 외풍이 드러오지 못ᄒᆞ게ᄒᆞᆯ지며 시시로 들창을 열어 공긔가 류통ᄒᆞ야 습ᄒᆞᆫ고 옹울ᄒᆞᆫ 긔운이 업게ᄒᆞᆯ지니라

뎨十一 슈견(收繭)

슈견은 누에ᄭᅩ치 ᄯᅡᄂᆞᆫ것을 닐옴이니 봄누에ᄂᆞᆫ 샹족ᄒᆞᆫ후 七일브터ᄒᆞ고 녀름과 가을누에ᄂᆞᆫ 샹족ᄒᆞᆫ후 五일브터 착슈ᄒᆞᄂᆞᆫ것이 됴흐니라

담총

◎ᄆᆞᄋᆞᆷ속에도적 (ᄯᅴ피셩)

세종조 좌의졍 허문경공 조(稠)씨ᄂᆞᆫ 쳥렴ᄒᆞ고 졍직ᄒᆞᆫ 졍승이라 님군을 셤기매 츙셩을 다ᄒᆞ고 집을 다ᄉᆞ리매 규모를 세우며 몸을닥그매 극긔(克己)ᄒᆞ기를 힘쓰ᄂᆞᆫ지라 그럼으로 날마다 밤이깁고 사ᄅᆞᆷ의 소리가 고요ᄒᆞ면 의관을 졍제ᄒᆞ고 촉불아래 단졍히 ᄭᅮᆯ어안져 졍욕을 억졔ᄒᆞ며 도덕에 잠심(潜心)ᄒᆞᆯ식 이때ᄂᆞᆫ 비록 뢰뎡(電霆)이 겻혜 ᄭᅥ러질지라도 귀에들니지 아니ᄒᆞ며 태산이압헤 당도ᄒᆞ여도 눈에 뵈이지아니ᄒᆞᆯ더이라

하로ᄂᆞᆫ 밤이 깁흔후에 공이 졍히 흙부쳐(泥塑)와ᄀᆞᆺ치 묵묵히 안져셔 심공(心工)에 힘쓰더니 간교ᄒᆞ고 렴치업ᄂᆞᆫ 도적이 이틈을ᄐᆞ서 공의침실에 드러와셔 잇ᄂᆞᆫ긔구와 물픔을 모다 탕진ᄒᆞ여 갓더라 도적이 간지 ᄒᆞᆫ시간후에 집사ᄅᆞᆷ이 비로서 ᄭᆡ닷고 ᄶᅩᆺ츤들 엇지 죵젹을 알이오 집사ᄅᆞᆷ이 한탄ᄒᆞ여왈 「그런들 대감이 좀으시지안코 안즈서셔야 ᄒᆞᆫ방안에 도적든것을 모르실수가 잇슴ᄂᆡᆺ가」ᄒᆞᆫᄃᆡ 공이 셔셔히 ᄃᆡ답왈 「그보다 더큰 도적이 ᄆᆞᄋᆞᆷ속에서 싸홈을ᄒᆞᄂᆞᆫᄃᆡ 하가(何暇)에 ᄆᆞᄋᆞᆷ밧게 도적을 막을수잇ᄂᆞ냐」ᄒᆞ엿더라

ᄯᅴ피셩왈 허공의 닐온바 ᄆᆞᄋᆞᆷ속에서 싸호ᄂᆞᆫ 큰도적은 곳졍욕을 ᄀᆞᄅᆞ친것이니 우리 ᄆᆞᄋᆞᆷ속에서ᄂᆞᆫ 날마다 이도적이 얼마나 큰젼징을 버렷ᄂᆞ뇨 우리도 맛당히 의의 호심경을 붓치며 밋음의 방픽를 들고 셩신의 검으로써 이ᄆᆞᄋᆞᆷ속의 도적을 ᄐᆡ멸ᄒᆞ여야 될지니라

회보령슈금듸

金額	住所	名氏
新溪	金敬玉	十五錢
杆城	鄭在德	四十錢
仝	宋江水	四十錢
仝	金周汝	四十錢
仝	金敎翰	四十錢
仝	李漢鏞	五十錢
北部帶洞	趙漢旭	八十錢
仝	李泰亨	二十錢
西部麻浦	敎堂	二十錢
牙山屯浦	吳翼杓	二十錢
燕岐	朴勝后	四十錢
牙山	鄭在寬	四十錢
溫陽	崔鳳鉉	四十錢
仝	南宮檍	七十錢
北部三淸洞	朱漢明	四十錢
元山	洪聽燮	三圓
甑山	金仁植	九十錢
高城	韓文三	五十錢
仝	河容植	五十錢
仝	許賢	廿五錢
仝	金亨錫	四十錢
仝	金贊浩	二十錢
仝	鄭鎭九	二十錢
南陽	姜泰熙	四十錢
仝	朴東浩	二十錢
襄陽	張春明	二圓
驪州	洪仁友	四十錢
寧越	李炳泰	四十錢
仝	崔시몬	二十錢

그리스도회보

KOREAN CHRISTIAN ADVOCATE

每月二回十五日三十日發行
大正元年九月二十七日印刷
大正元年九月三十日發行

發行兼編輯人 北部社洞 奇義男
印刷人 北部樓閣洞 朴東完
印刷所 京城西小門內法韓印刷所
發行所 北部社洞그리스도會報社

디금 一쟝 二젼五리
[代金] 六ᄀᆡ월 二十젼
一ᄀᆡ년 四十젼

사셜

◉습관의관계

대뎌 습관이란것은 사ᄅᆞᆷ을 속박(束縛)ᄒᆞᄂᆞᆫ 사슬이라 그럼으로 동양셩현의 말ᄉᆞᆷ에 「습관이 텬셩을 일운다」(習與性成)ᄒᆞ엿스며 셔양격언에도 습관이 「텬셩을 이길ᄲᅮᆫ아니라 텬셩보다 十빅나 더강ᄒᆞᆫ힘을 가졋다」ᄒᆞ엿스니 습관의 힘이 이와ᄀᆞᆺ치 크도다 그러나 습관은 두가지 죵류로 구별ᄒᆞᆯ지니 ᄒᆞ나흔 션ᄒᆞᆫ 습관이오 또ᄒᆞ나흔 악ᄒᆞᆫ 습관이라 몬져 악ᄒᆞᆫ습관을 말ᄒᆞ자면 사ᄅᆞᆷ으로ᄒᆞ여곰 그 ᄌᆞ유를 일코 임의로 힝동치 못ᄒᆞ게ᄒᆞ며 병드러 죽게ᄒᆞᄂᆞᆫ것이니 그즁 두세가지를 들어말ᄒᆞ진ᄃᆡ 아편ᄶᅡᄂᆞᆫ쟈가 처음에는 무심히 시작ᄒᆞ엿다가 ᄒᆞᆫ번ᄶᅡ라 두번ᄶᅡ라 ᄎᆞᄎᆞ긔十번에 니르면 필경 아편인이 박혀 그 결박을 벗지못ᄒᆞ면 피가 마르고 얼골이 동방누룩 ᄯᅳ듯ᄒᆞ야 반싱반ᄉᆞᄒᆞᆫ 귀신이되여 죽ᄂᆞᆫᄃᆡ 니르고야 마나니 이런독ᄒᆞᆫ 습관이 어ᄃᆡ잇스며 또 ᄌᆞ리로 죠션에잇ᄂᆞᆫ 습관즁에 소위 구긔라 ᄒᆞᄂᆞᆫ것은 다 술사와 무당과 판수의 말을 밋ᄂᆞᆫ 미신으로 좃차난것이니 엇던날은 츌입을 못ᄒᆞ고 엇던날은 토역을 못ᄒᆞ며 엇던날은 쟝을 못담으고 엇던날은 혼례를 못힝ᄒᆞ며 쟝례를 못힝ᄒᆞ고 ᄒᆡ산ᄒᆞᆫ집에는 외인의 츌입을 금ᄒᆞ고 초샹당ᄒᆞᆫ 사ᄅᆞᆷ은 그ᄃᆞᆯ이 가시기젼에는 ᄂᆞᆷ의집에 가ᄂᆞᆫ것을 혐의ᄒᆞ며 또 심지어 경읽고 굿을ᄒᆞ야 복을 구ᄒᆞ며 지앙을 피ᄒᆞᄂᆞᆫ것과 악ᄒᆞᆫ친구를 츄축홈으로 쥬셕잡긔에 침혹ᄒᆞ야 버셔나지 못ᄒᆞ고 필경 패가망신ᄒᆞ기ᄭᆞ지 니르ᄂᆞᆫ바 모든악ᄒᆞ고 어리셕은 일이오 또션ᄒᆞᆫ 습관으로 말ᄒᆞ면 어려셔브터 어진부모의 훈계를 듯고 자라매 고명ᄒᆞᆫ 션ᄉᆡᆼ의 교육을 밧을ᄲᅮᆫ아니라 그몸이 하ᄂᆞ님의 ᄉᆞ랑ᄒᆞ시ᄂᆞᆫ 풍속을 ᄯᅥ나지안코 그 눈이 ᄒᆞᆼ샹 그리스도의 모범에 잇스며 그 손에 신구약의 셩경을 놋치안코 그 입에 긔도ᄒᆞᄂᆞᆫ 소ᄅᆡ가 ᄭᅳᆫ치지 아니ᄒᆞ며 졍결ᄒᆞᆫ 쳔구가아니면 ᄉᆞ괴지 아니ᄒᆞ고 거륵ᄒᆞᆫ말이 아니면 입밧게 발ᄒᆞ지안코 션ᄒᆞᆫ일이 아니면 힝치아니홈으로 텬셩을 일운것이니 우리 ᄉᆞ랑ᄒᆞᄂᆞᆫ 형뎨와 ᄌᆞ미ᄆᆡ셔는 셩신의 도으신으로 이우헤 말ᄒᆞᆫ바 여러가지 악ᄒᆞᆫ습관을 임의 다 거절ᄒᆞ엿슬줄 깁히 밋거니와 아모됴록 一층 더 주의ᄒᆞ여 모든 션ᄒᆞᆫ 습관의 속박홈을 밧고 아직 모든악ᄒᆞᆫ습관의 죵노릇홈을 면치못ᄒᆞᄂᆞᆫ 동포들을 구원ᄒᆞ여냅세다 인ᄒᆞ야 찬송왈

복잇ᄂᆞᆫ쟈ᄂᆞᆫ 악ᄒᆞᆫ쟈의 의론대로 힝치아니ᄒᆞ고 죄인의 길에 서지도 아니ᄒᆞ며 오만ᄒᆞᆫ쟈의 자리에 안지도아니ᄒᆞ고 오직 여호와의 률법을 즐거워ᄒᆞ며 그률법을 쥬야로 믁샹ᄒᆞᄂᆞᆫ도다 이사ᄅᆞᆷ은 비컨ᄃᆡ 시내물가에 심은 나무가 그시졀을 좃차 열ᄆᆡ를 ᄆᆡ즈며 그닙사귀가 므르지 아니홈ᄀᆞᆺᄒᆞ니 므릇 그의힝ᄒᆞᄂᆞᆫ 일이 다 형통ᄒᆞ리로다

교즁휘문

△니보▽

◎머리감독퇴경 남감리회감독머리씨는 본월五일브터 긔셩셔 긔ᄒᆞᆫ 년회에 참셕ᄒᆞᆫ후 경셩으로 올나와셔 수일동안 두류ᄒᆞ고 본월二十三일에 경부션으로 일본을 향ᄒᆞ야 츌발ᄒᆞ엿는ᄃᆡ 릐월五일브터 긔회ᄒᆞᆯ 일본 감리교년회에 츌셕ᄒᆞᆯ 예뎡(預定)이라더라

◎년회一쇽 남감리회의 년회는 샹항에 게재ᄒᆞᆫ바와ᄀᆞᆺ치 긔셩에셔 긔ᄒᆞ고 졔반교무를 쳐리ᄒᆞ엿는ᄃᆡ ᄒᆡ회의 결과로 목ᄉᆞ와 젼도ᄉᆞ의 면임과 승품은 좌와ᄀᆞᆺ더라

△목ᄉᆞ의승품 츈쳔젼도ᄉᆞ홍죵슉 텰원젼도ᄉᆞ 리화츈량씨는 목ᄉᆞ로 승품되엿고

△목ᄉᆞ와젼도ᄉᆞ의면임 본샤쟝 긔의남씨는 긔셩 한영셔원쟝으로 면임됨으로 일간 긔셩으로 이거ᄒᆞ야 본사쟝의 임무를 겸임ᄒᆞᆯ터이오 경셩 죵교교당목ᄉᆞ 졍츈슈씨는 긔셩북부교당으로 텰원읍교당 젼도ᄉᆞ리화츈씨는 긔셩남부교당목ᄉᆞ로 츈쳔읍교당 젼도ᄉᆞ홍죵슉씨는 경셩죵교교당목ᄉᆞ로 경셩슈표교교당 젼도ᄉᆞ한인슈씨는 츈쳔읍교당으로 경셩슈구문안교당 젼도ᄉᆞ신공슉씨는 텰원읍교당으로 신임젼도ᄉᆞ 류경샹씨는 경셩슈구문안교당으로 긔셩남부교당 젼도ᄉᆞ최래곤씨는 경셩슈표교교당으로 긔셩북부교당 젼도ᄉᆞ오화영씨는 원산항교당으로 면임되엿더라

◎신학파셩경학싱 경셩셩경학원과 감리교신학교는 젼호에 게재ᄒᆞᆫ바와ᄀᆞᆺ치 본월十八일에 긔학ᄒᆞ엿는ᄃᆡ 츌셕ᄒᆞ는 학싱의 수효는 셩경학원 一년급 一부학싱 十四인과 신학二년급 一부학싱 五十七인이라더라

◎황보박량씨의결심 강원도 평강 류진면 금평리 ᄇᆡᆨ형련씨의 통신을 거ᄒᆞᆫ즉 동군 고삽면 셩두루교회 쇽쟝황보린씨는무ᄉᆞᆷ일이던지 ᄒᆞᆫ번 작뎡ᄒᆞ면 ᄉᆡᆨ그ᄃᆡ로ᄒᆞ는 셩픔인ᄃᆡ 졈엇슬때에 가셰가 극히 빈한ᄒᆞ야 비록 공부코져ᄒᆞ나 ᄒᆞᆯ수업는경우라 낫이면 농ᄉᆞ를 힘쓰고 밤이면 학당을 차자가셔 한ᄌᆞ두ᄌᆞ식 ᄇᆡ와셔 셔칙을 만히보아 아름다온 명예가 만터니 작년녀름브터 우리쥬압흐로 나온후로 신심이 날노독실ᄒᆞ야 쉬지안코 집안식구의게 국문을 ᄀᆞᄅᆞ치며 셩경을 공부ᄒᆞ되 쳣쟝브터 ᄎᆞ례로보면셔 ᄯᅳᆺ을모르는 구졀은 표ᄒᆞ야 두엇다가 쥬일이면 례ᄇᆡ당에와셔 젼도인의게 무르되 조곰도 게을니아니ᄒᆞ고 사ᄅᆞᆷ을 맛나면 젼도ᄒᆞ는 말이 입에셔 ᄭᅳᆫ치지아니ᄒᆞ며 ᄯᅩ동교회ᄂᆡ 박태화씨는 본ᄅᆡ 로마교를 밋다가 ᄇᆡ교ᄒᆞ고 쥬압에나온후로 이젼것을 익통회ᄀᆡᄒᆞ야 하ᄂᆞ님의 영화를 크게 나타내니 이두형뎨의 밋음으로 말미암아 교회가 날노흥왕ᄒᆞ며 ᄯᅩᄒᆞᆫ 온동리가 다 쥬를 밋을 희망이 잇다ᄒᆞ엿더라

◎고삭이교회의흥왕 경긔도 슈원군 류홍쥰씨의 통신을거ᄒᆞᆫ즉 본군고삭이교회는 년젼에 회당지은 빗으로 폐지케되엿더니 읍교회 교홍슌씨와 본교회 형뎨ᄌᆞᄆᆡ가 열심연보ᄒᆞ야 빗을다갑고 ᄯᅩᄒᆞᆫ 그교회 김봉근씨는 가셰가 지빈무의ᄒᆞᆫ즁 육신은 불고ᄒᆞ고 텬국일을 열심홈으로 교회가 점점 더흥왕ᄒᆞ는즁 됴흔열ᄆᆡ가 열녀셔 작년九월十一일에 ᄉᆞ립쇼학교를 셜립ᄒᆞᆯ시 교실노 八十원가치되는 초가十二간을 ᄆᆡ득ᄒᆞᆫ후 그교회형뎨즁 곽리쳘씨로 교ᄉᆞ를 뎡ᄒᆞ여 ᄀᆞᄅᆞ치는ᄃᆡ ᄒᆡ씨는 근본 완고ᄒᆞᆫ ᄆᆞ옴이 만터니 예수를 독신ᄒᆞᆫ후 능히 구습을 ᄯᅥ나셔 사신우상과 술담ᄇᆡ를 다거절ᄒᆞ고 열심교육ᄒᆞ매 학싱이 지금 二十八인에 달ᄒᆞ엿스며 ᄒᆡ씨의 ᄒᆡᆼ위가 단졍ᄒᆞ고 교육을 잘홈으로 어린ᄋᆞᄒᆡ들ᄭᆞ지 시긔졍투ᄒᆞ는 악습을 다바리고 교ᄉᆞ의 의로온 모범을 본밧아 단졍ᄒᆞᆫ 학싱이되고 학문이 일취월쟝ᄒᆞ여 괄목샹ᄃᆡ케 되엿스니 一반교우가 하ᄂᆞ님ᄭᅴ 영화를 돌닌다 ᄒᆞ엿더라

◎리씨부부의열심 김화군김홍슌씨의 통신을거ᄒᆞᆫ즉 강원도김셩서면 가리지교회 쇽쟝

리봉구씨는 본릭 술을 취ᄒᆞ야 사ᄅᆞᆷ 구타ᄒᆞ기로 위일능ᄉᆞᄒᆞ더니 셩신의 감화ᄒᆞ심을 밧아 예수를 밋은후에는 셩신에 취ᄒᆞ여 마귀치기로 능ᄉᆞ를 삼으니 ᄌᆞ긔부모와 형뎨들이 크게 핍박ᄒᆞ되 모든시험을 다밋음으로 이긔며 ᄒᆞ샹 위ᄒᆞ야 긔도ᄒᆞ더니 그후에 리씨부부가 원산항에 가셔 셔양목ᄉᆞ집에셔 고용으로 잇슬ᄯᅢ에 더욱힘써 그집안이 다회기ᄒᆞ기를 긔도ᄒᆞ더니 쥬의 크신 권능이 그집에 림ᄒᆞ샤 그부친과 형뎨들이 다 예수를 밋으매 하ᄂᆞ님ᄭᅴ 감샤ᄒᆞᆷ을 이긔지못ᄒᆞ야 깃븐ᄆᆞ옴으로 몃히젼에 고향에 다시도라와셔 ᄒᆞᆫ가지로 합ᄒᆞ야 밋ᄂᆞᆫ즁 ᄯᅩᄒᆞᆫ 속장직분으로 근실ᄒᆞ게 모든 교우를 인도ᄒᆞ고 가세가 빈한ᄒᆞᆫ가온ᄃᆡ라도 ᄌᆞ급젼을 셩실히내며 그부인 마리아는 셩경을 공부ᄒᆞᄂᆞᆫ것과 교회에 모든일을 특별이 힘써ᄒᆞᄂᆞᆫ즁 셩경을 볼ᄯᅢ마다 감샤ᄒᆞᆫᄆᆞ옴이 불닐듯ᄒᆞ야 극히 빈한ᄒᆞᆫ즁에 一푼이 여둑쳔금으로 푼푼이 모와셔 작만ᄒᆞ엿든 반지를 셩셔공회에 밧쳣스니 이는 실노 파부의 젹은돈 두푼을 예수ᄭᅴ셔 만흔지졍보다 더즁히 녁이신것과ᄀᆞᆺ차 이부인은 ᄌᆞ긔의 잇ᄂᆞᆫ것을 다밧친것이오 ᄯᅩ 겸ᄒᆞ야 쳥년을 교육ᄒᆞ기 위ᄒᆞ야 여러형뎨를 모집ᄒᆞ야 지졍 얼마를가지고 취리ᄒᆞᄂᆞᆫ 즁이라ᄒᆞ니 이러ᄒᆞᆫ 열심은 우리의게 모범이될만ᄒᆞ다 ᄒᆞ엿더라

◉사경회와부흥회 츙북뎨쳔군 리은영씨의 통신을 거ᄒᆞᆫ즉 본년八월二十五일에 뎨쳔군 셔면평동교회에셔 사경회를 열고 一쥬일동안을 갑을반으로 논호아 교슈ᄒᆞ엿스니 갑반 과졍은 요한복음 쟝뎡규측 신구경요지 오대종교 삼우엘젼셔 찬숑등이오 을반 과졍은 고린도젼셔 누가복음 감리교회문답 오대종교 비유요지 찬숑가등인ᄃᆡ 공부ᄒᆞᆫ학싱 五十여인즁 진급ᄒᆞᆫ학싱이 二十八인이오 교ᄉᆞᄂᆞᆫ 젼도ᄉᆞ 리은영 로졔민 권ᄉᆞ리영필三씨가 진심교슈ᄒᆞ고 학싱들은 열심공부ᄒᆞ엿ᄂᆞᆫᄃᆡ 그즁 최우등싱은 갑반에ᄂᆞᆫ 김용긔 을반에는 녀학싱 미리악량씨요 미일하오七시에는 부흥회로 모혀 크게유익홈을 엇은고로 불원간 ᄯᅩ 사경회와 부흥회를 열기로 작뎡ᄒᆞ엿다더라

◉셔씨의젼도셩젹 황히도히쥬 동촌 부졍동 신영심씨의 통신을 거ᄒᆞᆫ즉 본년四월분에 쥬희광씨의 ᄉᆞ랑홈으로 젼도인 셔즁신씨를 이곳으로 파송ᄒᆞ야 본경니 밋지안ᄂᆞᆫ곳에 젼도케홈으로 四五삭동간에 업던례빅당 四간을건츅ᄒᆞ고 새로 긔도쳐를 셜립ᄒᆞ엿스니 오릭지 아니ᄒᆞ여셔 다 밋을줄노 ᄯᅳᆺᄒᆞᆫ다ᄒᆞ엿더라

◉한씨의권학심 경긔도슈원군 류홍쥰씨의 통신을 거ᄒᆞᆫ즉 슈원읍 三一녀학교 한문교ᄉᆞ 한셩회씨는 일본가셔 류학ᄒᆞ여 학문도 고명ᄒᆞ고 힝위도 단졍ᄒᆞᆫ바 타쳐에셔 후ᄒᆞᆫ 월봉으로 교빙코져ᄒᆞ되 독실ᄒᆞᆫ 신쟈인고로 후ᄒᆞᆫ것을 탐치안코 본학교에셔 근무ᄒᆞᄂᆞᆫ즁 월은이 다만 八환인ᄃᆡ 학교경비를 난판ᄒᆞᆫ고로 월은을 밧아셔 경비도 보용ᄒᆞ고 샹픔도 ᄌᆞ비ᄒᆞ여 학싱을 권쟝ᄒᆞ며 교육을 열심홈으로 학싱들이 다감복ᄒᆞ야 더욱흥왕ᄒᆞ니 한씨의 셩력으로 학교가 쟝진지망이 잇다ᄒᆞ엿더라

◉안변구역ᄌᆞ급 함남안변구역 김챵쥰씨의 통신을 거ᄒᆞᆫ즉 본구역니에셔 미삭 나ᄂᆞᆫ ᄌᆞ급은 작년 년회후로 오원에 지내지 못ᄒᆞ더니 여러형미졔씨ᄭᅴ셔 열심을 더ᄒᆞ여 긔왕내ᄂᆞᆫ오원ᄌᆞ급외에 새로 릭년도 구역쟝 월봉을 위ᄒᆞ야 허락ᄒᆞᆫ 의연금외은 돈으로 一환이샹 三환ᄭᆞ지 허락ᄒᆞᆫ이가 九인이오 소미로 一두이샹 十두ᄭᆞ지 허락ᄒᆞᆫ이가 十六인이오 기외에 대미와 콩등속으로 一두이샹 三두ᄭᆞ지낸이가 五인이라 ᄒᆞ엿더라

△외보▽

◉현지와미리의구황칙(救荒策) 중화민국니디 구황회(救荒會) 회쟝허벗씨는 미국셔교회에셔 보낸구휼금 十만환으로 미일 一만二쳔명의 인

부ᄅᆞᆯ 고용ᄒᆞ야 각쳐에 하쳔(河川)을 소통케ᄒᆞ고 방츅을 싸ᄒᆞ며 운하(運河)들에서 히마다 긔황(飢荒)의 원인되는 슈지를 예방케ᄒᆞ는 동시에 굴머셔 죽게된 ᄇᆡᆨ셩들노 ᄒᆞ여곰 날마다 품삭을 밧아셔 연명케ᄒᆞᆫ다ᄒᆞ니 이는 ᄎᆞᆷ 현졔와 미리의 구황칙이라 ᄒᆞᆯ지로다

◎요령의력ᄉᆞ　인도국 엇던 목자가 큰요령ᄒᆞ나를 만드러 죠셕으로 그요령을 흔들면 양외무리가 그요령 소리를듯고 모혀드는지라 그럼으로 그요령 일홈ᄋᆞᆯ 쵸양령(招羊鈴)이라ᄒᆞ더니 그후에 엇던 무당이 그요령을엇어 굿ᄒᆞᆯ때마다 흔들며 춤추는고로 쵸양령이 변ᄒᆞ야 쵸마령(招魔鈴)이되엿더니 그무당이 금년봄브터 회ᄀᆡᄒᆞ여 그리스도인이된후에 ᄌᆞ긔의 ᄃᆞᆫ니는교회목ᄉᆞ의게 이요령을 갓다밧치며 그력ᄉᆞ를 말ᄒᆞ매 그목ᄉᆞ는 인ᄒᆞ야 그요령ᄋᆞᆯ 교당안에두고 쥬일학교 상학ᄒᆞᆯ때와 하학ᄒᆞᆯ때마다 이요령을 흔들게ᄒᆞᆫ고로 이니야기를듯는쟈마다 말ᄒᆞ기를 쵸마령이 다시 변ᄒᆞ야 구쥬의 양을부르는 목ᄉᆞ의 요령이 되엿순즉 그근본 일홈을 응합(應合)ᄒᆞ엿다ᄒᆞᆫ다더라

◎대즁학교젹립금　미국미감리회에서 관할ᄒᆞ는 대즁학교 五처에 ᄃᆡᄒᆞᆫ젹립금을 모집ᄒᆞ기위ᄒᆞ야 근일에 크게 활동ᄒᆞᆫ결과로 五百二十만원을 모집ᄒᆞ엿더라

◎밍인셩경젼부인간　미국셩셔공회에셔 소경들을 ᄀᆞᄅᆞ치기위ᄒᆞ야 신구약젼부를 도든글ᄌᆞ로 인간ᄒᆞ야 소경들노ᄒᆞ여곰 손으로 만져가면셔 닑게ᄒᆞ엿다더라

◎교회합병의투표수　영령가나다감리회와 쟝로교를 합병ᄒᆞ자는 문뎨에ᄃᆡᄒᆞᆫ 가나다젼국 감리회의 투표결과는 입원즁에는 가표가 二만三千四百七十五표요 부표가 三千八百六十九표며 세례 입교인즁에는 가표가 十六만八千九百八표요 부표가 二만六千九百七十二표며 학습인즁에는 가표가 四만二千一百十五표요 부표가 七千二百三十四표라더라

◎리빙스톤의긔렴일　百여년젼 아불리가야만부락은 구미ᄇᆡᆨ인죵의 발자최가 밋치지못ᄒᆞ던 곳인ᄃᆡ 소격란사ᄅᆞᆷ 대벽리빙스톤씨가 그리스도인즁 ᄀᆞ장 유명ᄒᆞᆫ 모험가(冒險家)로 ᄌᆞ긔싱명을 앗기지안코 ᄇᆡᆨ인죵의 고기가 뎨一맛잇다고ᄒᆞ는 야만들의게 복음을 살고 드러가셔 五十년동안 젼도ᄒᆞᆫ결과로 오ᄂᆞᆯ날 쥬의빗치 흑인죵의 ᄆᆞ옴속에ᄭᆞ지 빗최여잇는것은 우리가 다알거니와 명년은 곳 이모험가가 이세샹을 ᄯᅥ난지 뎨一百년이라 그럼으로 소격란각교회에셔 발긔ᄒᆞ여 명년에 리빙스톤 一百년긔렴회를 거힝ᄒᆞ기로 쥬션즁이라더라

긔셔

평강 ᄇᆡᆨ형련

◎인내력의필요홈

대개 고금텬하에 허다ᄒᆞᆫ 인류의 힝ᄒᆞᆫ바 ᄉᆞ젹을 一一히 다말ᄒᆞᆯ수 업ᄉᆞ나 대강 말ᄒᆞ자면 셩패 두가지ᄲᅮᆫ이라 그런즉 일운쟈는 아모환난도 격지안코 평안히안져셔 일운것이 아니라 무ᄉᆞᆷᄉᆞ업을 경영ᄒᆞ다가 어려운일을 당ᄒᆞ면 ᄇᆡᆨ절불굴ᄒᆞ는 ᄆᆞ옴을 가지고 인내홈으로 일운것이오 패ᄒᆞᆫ쟈는 아모ᄉᆞ업도 경영치안코 손을 묵고 안젓다가 패ᄒᆞᆫ것이 아니라 무ᄉᆞᆫ계획을 베풀다가 여외치못ᄒᆞ면 곳락심ᄒᆞ야 인내치못홈으로 패ᄒᆞᆫ것이니 그런고로 인내력이 셰샹사ᄅᆞᆷ의게 다 필요ᄒᆞ지마는 우리쥬예수그리스도를 밋는쟈의게는 더욱 필요ᄒᆞ니 우리가 이셰샹에 잇슬동안에 아모환난도업고 다만 평안ᄒᆞᆯᄲᅮᆫ이면 무ᄉᆞᆷ인내가 잇스리오 그런즉 환난즁에서 인내가 나타나ᄂᆞ니 쥬ᄭᅴ셔 ᄀᆞᄅᆞ샤ᄃᆡ ᄭᅳᆺᄭᆞ지 견ᄃᆡ는 사ᄅᆞᆷ은 구원을 엇으리라 (마廿四○十三)ᄒᆞ셧고 야고보ᄀᆞᆯᄋᆞᄃᆡ 시험을 밧고 ᄎᆞᆷ는쟈는 복이잇다 (약一○十二)ᄒᆞ엿스니 일노보건ᄃᆡ 밋는쟈가 인내력이 업스면 구원ᄒᆞ시는 복ᄋᆞᆯ 엇지못ᄒᆞᆯ지라 혹이 무러ᄀᆞᆯᄋᆞᄃᆡ 하ᄂᆞ님ᄭᅴ셔 그ᄉᆞ랑ᄒᆞ시는 ᄌᆞ녀의게 환난을 더ᄒᆞ시는것은 무

숨ᄭᅥ닭이뇨 ᄃᆡ답ᄒᆞ야 ᄀᆞᆯᄋᆞᄃᆡ 이것이 ᄉᆞ랑치 아니ᄒᆞ시ᄂᆞᆫ것이 아니오 도로혀 ᄉᆞ랑ᄒᆞ심이라 그ᄭᅥ닭이 두가지니 一은 시험ᄒᆞ심이니 이것으로 츙신쟈와 거즛신쟈를 분간ᄒᆞ심이오 二ᄂᆞᆫ 련단ᄒᆞ심이니 이것으로써 밋음을 견고케ᄒᆞ시ᄂᆞᆫ고로 이스라엘 사ᄅᆞᆷ의게 가나안 복디를 주시고져ᄒᆞ시매 몬져 의굽의 고난을 당케ᄒᆞ시고 요벱의게 쟝ᄎᆞᆺ 큰복을 나리시고져ᄒᆞ시매 몬져 그몸을 괴롭게ᄒᆞ셧스니 그런즉 텬국에 합당ᄒᆞᆫ쟈가 누구뇨 손에 쟁긔를 잡고 뒤흘 도라보지 안ᄂᆞᆫ쟈가 아니뇨 (눅九〇六十二) 교뎨가 이런시험을밧고 인내ᄒᆞᄂᆞᆫ ᄌᆞ미ᄒᆞᆫ분을 보앗ᄂᆞ이다

강원도 평강군 류진면 금평리교회 박마리아씨ᄂᆞᆫ 十二년젼에 우연히 흉악ᄒᆞᆫ 사귀가 들녀 심히 괴로히 지내다가 쥬를 밋은후에 그사귀가 곳 나감으로 쥬의 영화를 크게 나타낸이온ᄃᆡ 다만 一남一녀가 잇더니 그아ᄃᆞᆯ 이삭은 몬져 세샹을 ᄯᅥ나고 ᄯᆞᆯ 이뎍ᄂᆞᆫ 긔셩 두ᄅᆞᆯ나학당에셔 공부ᄒᆞ다가 十九세에 ᄯᅩᄒᆞᆫ 세샹을 ᄀᆞᆺ ᄯᅥ낫스니 슬하에 一뎜혈육이 업ᄂᆞᆫ지라 이러ᄒᆞᆫ 경우를 당ᄒᆞ엿스되 안연ᄌᆞ약(安然自若)ᄒᆞ야 홍샹 말ᄒᆞ기를 일후텬국에가셔 ᄉᆞ랑ᄒᆞᄂᆞᆫ ᄌᆞ녀를 맛나보리라ᄒᆞ고 사ᄅᆞᆷ을 만나ᄂᆞᆫ대도 쥬의말ᄉᆞᆷ을 증거ᄒᆞᄂᆞᆫ고로 요벱의 밋음과 ᄀᆞᆺ다ᄒᆞᄂᆞᆫ 칭숑을 엇엇스니 누구던지 시험을 당ᄒᆞᆯᄯᅢ에 이ᄌᆞ미를 효측(効則)ᄒᆞ야 복을 만히 밧기를ᄇᆞ라ᄂᆞ니다

젼도인一람

八、이사야의 예언을 엇더케 저술ᄒᆞᆫ것이니 대뎌 샹고 션지들의 지낸일과 그말ᄉᆞᆷ은 다 요긴ᄒᆞᆫ 훈계가 되ᄂᆞᆫᄃᆡ 그즁 션지이사야의 당ᄒᆞᆫ경우와 경력은 더욱 아ᄅᆞᆷ다온 훈계라 닑을지로다 이사야ᄂᆞᆫ 三千년젼에 유대국에 나셔 하ᄂᆞ님의 부르심을 닙엇ᄂᆞᆫᄃᆡ ᄌᆞ긔손으로 ᄌᆞ긔의 지낸일을 저술ᄒᆞᆯᄯᅢ에 뎨六쟝에 니르러셔야 비로소 ᄌᆞ긔가 하ᄂᆞ님의 부르심을 닙은ᄉᆞ실을 긔록ᄒᆞᆫ것은 다름아니라 대개 션지의 예언은 다른사ᄅᆞᆷ의 글과 ᄀᆞᆺ치 몬저 무숨비포가 잇ᄉᆞᆫ후에 ᄎᆞ셔를 ᄯᅡ라 저술ᄒᆞᄂᆞᆫ것이아니라 다만 하ᄂᆞ님의 감동식히심을 닙어 묵시ᄒᆞ시ᄂᆞᆫ대로 곳 저술ᄒᆞ야 ᄒᆞᆫ장을 일우고 몃날이나 몃ᄃᆞᆯ을 지난후에 ᄯᅩ 무숨 감동되ᄂᆞᆫ일이 잇스면 ᄯᅩ ᄒᆞᆫ쟝을 저술ᄒᆞᄂᆞ니 맛치 시(詩)짓ᄂᆞᆫ 사ᄅᆞᆷ이 ᄌᆞ긔 ᄆᆞᄋᆞᆷ에 무숨 감촉(感觸)되ᄂᆞᆫ일이 잇스면 곳 읍주어려 시ᄒᆞᆫ편을 문ᄃᆞᄂᆞᆫ것과 ᄀᆞᆺ도다 그런고로 션지 이사야가 여러번에 저술ᄒᆞᆫ것을 후인이 편찬(編纂)ᄒᆞᆯᄯᅢ에 ᄎᆞ셔를 잘차리지 못ᄒᆞ야 뎨一장될것을 뎨六장으로 ᄒᆞᆫ듯ᄒᆞ도다

九、이사야의 부르심을 닙은것은 대개 뎡ᄒᆞᆫᄯᅢ가 잇셧ᄂᆞ니 대개 다른신도들의 부르심을 닙은것은 쥬ᄭᅴ로 도라온지 수년간에 점점 감동되여 필경 확실히 쥬의ᄯᅳᆺ을 세ᄃᆞᆺᄂᆞᆫ고로 어나ᄯᅢ 어나곳에셔 쥬의 처음부르심을 닙엇ᄂᆞᆫ지 말ᄒᆞ기 어렵되 이사야ᄂᆞᆫ 홀연간 쥬의 부르심을 닙은후 곳 쥬의ᄯᅳᆺ을 알고 죵신토록 그날 그시각을 ᄌᆞ긔ᄆᆞᄋᆞᆷ속에 홍샹 긔억ᄒᆞ기를 ᄌᆞ긔의 ᄉᆡᆼ일이나 국가의 경절ᄀᆞᆺ치ᄒᆞ니 이ᄂᆞᆫ 그일이 ᄌᆞ긔평ᄉᆡᆼ에 뎨一 긴요ᄒᆞ고 ᄀᆞ장 큰일인ᄭᅡᄃᆞᆰ이니 맛치 ᄉᆞ도바울이 처음 쥬의 부르신 시각을 평ᄉᆡᆼ 닛지아니ᄒᆞᆫ것과 ᄀᆞᆺᄒᆞ니라

진리문답

문、어나ᄯᅢ 어나곳에셔 셩도들이 온세셩과 모든텬ᄉᆞ들을 심판ᄒᆞᆯ지 말ᄒᆞᆯ수잇ᄂᆞ뇨 (고젼六〇二、三)

답、고린도젼셔 六쟝 二三졀외에ᄂᆞᆫ 셩경 어나쟝졀에 이일을 말ᄒᆞᆫ곳이 업스나 대개 우리ᄉᆞ샹으로 츄측ᄒᆞᆫ건ᄃᆡ 우리쥬ᄭᅴ셔 ᄌᆡ림ᄒᆞ샤 一千년동안을 디구샹의 왕이되실림시에 이일이 일울듯 ᄒᆞ니라

문、셩경속에 「하ᄂᆞ님의 아ᄃᆞᆯ들」이라ᄂᆞᆫ 구절이 셋이니 각각 분간ᄒᆞ야 말ᄒᆞᆯ수잇겟ᄂᆞ뇨 (창六〇二、욥一〇六、요一〇十二)

답、이 명ᄉᆞ의 어훈은ᄀᆞᆺᄒᆞ나 그 지뎍(指的)ᄒᆞᆫ바ᄂᆞᆫ 각각 다르니 창셰긔六쟝二

절에 말ᄒᆞᆫ바는 셋의경건ᄒᆞᆫ것을 ᄆᆞᄅᆞ친것이오 욥一장六절에 . 말ᄒᆞᆫ바는 던ᄉᆞ들을 ᄆᆞᄅᆞ친것이오 요한一장十二절에 말ᄒᆞᆫ바는 그리스도를 밋는쟈들을 ᄆᆞᄅᆞ친것이니라

문、

ᄒᆞ세아 十四장 四절에는 「내가 더희 물녀가는 ᄆᆞᄋᆞᆷ을 곳쳐주고 즐겨 더희를 ᄉᆞ랑ᄒᆞᆫ다」ᄒᆞ셧고 히부리 十장 二十六절에는 「만일 우리가 진리를 분명히 안후에 짐즛 죄를 범ᄒᆞᆫ즉 다시 쇽죄ᄒᆞ는 졔ᄉᆞ가 업다」ᄒᆞ엿스니 이 두구절의 말ᄉᆞᆷ을 엇더케 죠화(調和)ᄒᆞ겟ᄂᆞ뇨

답、

별노히 죠화ᄒᆞᆯ 필요가 업ᄂᆞ니 ᄒᆞ세아十四장에 닐온말ᄉᆞᆷ은 다만 락심ᄒᆞ여 뒤로 물너갈지라도 얼마큼 회개ᄒᆞ면 가히 용셔ᄒᆞᆯ만ᄒᆞᆫ쟈를 ᄆᆞᄅᆞ쳐 말ᄉᆞᆷᄒᆞ신것이오 히부리十장에 닐온말ᄉᆞᆷ은 죄우에 죄를 계쇽ᄒᆞ야 비교ᄒᆞ지ᄒᆞ며 아조ᄒᆞᆯ수 업ᄂᆞᆫ쟈를 ᄆᆞᄅᆞ쳐 말ᄒᆞᆫ것이니 이두구절을 ᄌᆞ세히보고 ᄉᆡᆼ각ᄒᆞ면 그의미가 현수히 다른것을 가히 알지니라

셰계격언

一、압수레의 업드러짐은 뒤수레의 경계가 되ᄂᆞ니라

二、졍욕의 죵국은 후회의 시초니라

三、아ᄅᆞᆷ다온 음식을 즐기는 쟈는 그 황금주머니를 뷔게ᄒᆞ야 ᄌᆞ긔비를 ᄎᆡ우고 인ᄉᆡᆨᄒᆞᆫ쟈는 ᄌᆞ긔비를 뷔게ᄒᆞ야 그 황금주머니를 ᄎᆡ우ᄂᆞ니라

四、어리셕은쟈의 ᄆᆞᄋᆞᆷ은 그 입안에 잇고 지혜로온쟈의 ᄆᆞᄋᆞᆷ은 그ᄆᆞᄋᆞᆷ속에 잇ᄂᆞ니라

五、법률이 호번ᄒᆞᆯᄉᆞ록 죄에 범ᄒᆞᄂᆞᆫ쟈가 더만ᄒᆞ니라

六、부졍당ᄒᆞᆫ 약됴를 직히ᄂᆞᆫ 것은 신의(信誼)라 칭ᄒᆞᆯ 수업ᄂᆞ니라

七、나를 뮈워ᄒᆞᄂᆞᆫ쟈의 입으로도 감히 비방치 못ᄒᆞᆯ 것은 진졍(眞正)ᄒᆞᆫ 명예니라

八、불힝과 부쥬의(不注意)ᄂᆞᆫ ᄒᆞᆫ가지 물건인ᄃᆡ 일홈만 다르니라

九、무리ᄒᆞᆫ 셩급(性急)은 실패로가는 쳡경이라

어린ᄋᆞᄒᆡ들의니야기

율봉이란ᄋᆞᄒᆡ가 거즛말을 잘ᄒᆞᄂᆞᆫ고로 그아버지는 ᄒᆞᆼ샹경계ᄒᆞ더니 하로는 그아버지가 율봉다려 작란말고 글을닑으라ᄒᆞ매 율봉은 예ᄒᆞ고 ᄃᆡ답ᄒᆞᆫ후 그아버지압헤셔는 글을 부자런히 닑ᄂᆞᆫ톄ᄒᆞ다가 그아버지가 문밧그로 나간후에는 적은 됴총을 가지고 흠ᄯᅢ공부ᄒᆞᄂᆞᆫ 다른ᄋᆞᄒᆡ들을 향ᄒᆞ야 이리쏘고 더리쏘ᄂᆞᆫ지라 그럴지음에 그아버지가 별안간 밧그로좃차 드러오매 율봉은 급히 됴총을 왼손에 감초고 글을닑을시 그아버지가 그광경을 보고 의심내여 말ᄒᆞ기을「네손에 가진것이 무엇이냐 어ᄃᆡ좀 보자ᄒᆞᆫᄃᆡ」율봉이 올흔손을 펴셔 뵈이매 그아버지는 아모말도 업시 밧그로 나가거ᄂᆞᆯ 그형 갑득이가 엿보다가 율봉을 ᄭᅮ지져왈 아버지ᄭᅦ셔 ᄒᆞᆼ샹 너ᄃᆞ려「거즛말말나고 훈계ᄒᆞ셧ᄂᆞᆫᄃᆡ 너는 웨 ᄯᅩ거즛말을ᄒᆞ얏ᄂᆞ냐」ᄒᆞᆫᄃᆡ 율봉이 ᄃᆡ답왈「그리기에 내가 오날은 아모말도 입밧게 발ᄒᆞᆫ것이 업ᄂᆞᆫᄃᆡ 웨날ᄃᆞ려 거즛말을 ᄒᆞ얏다고 ᄒᆞᄂᆞ뇨」ᄒᆞ거ᄂᆞᆯ 그형이왈「대개 진실ᄒᆞᆷ은 ᄆᆞᄋᆞᆷ에잇고 입이나 혀ᄭᅳᆺ헤 잇지아니ᄒᆞ니 만일 ᄆᆞᄋᆞᆷ속에 사긔(詐欺)ᄒᆞᆯ 목뎍이 숨어잇스면 죵일토록 ᄒᆞᆫ말을 발치아니ᄒᆞᆯ지라도 이목과 슈죡이 다그 진실치못ᄒᆞᆷ을 발표치 아닐ᄆᆡ가 업ᄂᆞ니라ᄒᆞ매 율봉이 고ᄀᆡ를 숙이고 ᄒᆞᆫ참듯다가 ᄌᆞ복ᄒᆞ여왈「파연 그럿슴니다 다시는 삼가 거즛말과 거즛힝동을 거절ᄒᆞ야 하ᄂᆞᆯ아버지와 육신아버지의 계명을 범치 아니ᄒᆞ겟ᄂᆞ이다」ᄒᆞ엿다더라

위ᄉᆡᆼ요셜

뎨二 미균과광션(쇽)

대개 물은 여러가지 죵류가 잇스니 비물과 강물과 ᄉᆡᆷ물파 우물과 바다물이니라 첫재 비물의 엇더케 되ᄂᆞᆫ것을 말ᄒᆞᆯ진ᄃᆡ 태양이 더구상에 잇ᄂᆞᆫ물을 증발(蒸發)ᄒᆞ야

올나면 그것이 구름이되여 공즁에 떠잇다가 비가오랴고 더운바람이 불면 구름이 ᄎᆞᄎᆞ 싸으로 갓가히 ᄂᆞ려와서 찬긔운과 더운긔운이 상박홀때에 슈쇼가 싱기고 그런후에는 공긔속에 셕겻던 산쇼와 혼합ᄒᆞ야 물이되ᄂᆞ니 비물은 증류슈(蒸溜水)와 ᄀᆞᆺᄒᆞ여 아모찌기가 업는고로 대단히 ᄭᆡᆺ긋ᄒᆞᆫ지라 그증거를 알고져ᄒᆞ면 무슨물이던지 찌기가 잇는물에는 비누가 잘 풀니지 아니ᄒᆞ되 증류슈와 비물에는 비누가 잘풀니ᄂᆞ니 그것은 찌기가 업는ᄭᆞ닭이라 그럼으로 비물이 세탁(洗濯)ᄒᆞ는 쇼용으로 뎨一됴흐니라

둘재 강물은 됴흔것도 잇스며 됴치못ᄒᆞᆫ것도 잇ᄂᆞ니 그근원이 놉흔산에셔 발ᄒᆞ야 정ᄒᆞᆫ모릭나 돌바닥으로흘너오는 강물은 대개 됴코 그근원이 ᄭᆡᆺ긋지못ᄒᆞᆫ곳에셔 발ᄒᆞ고 또 사ᄅᆞᆷ만히 사는촌락이나 논밧ᄉᆞ이로 지날때에 모든 오예물(汚穢物)을 씨셔가지고 오는 강물은 됴치못ᄒᆞᆫ지라 그런고로 큰도회처는 쳥속으로 슈동홀 놋되 여러十리 밧게셔브터 물을인도ᄒᆞ야 음료슈(飮料水)를 공급케 ᄒᆞᄂᆞ니라

셋재 심물은 슈쇼와 산쇼외에 또다른 물질이 셕겻ᄂᆞ니 곳 셕회질(石炭質)과 렬질(鐵質)과 염질(鹽質)과 ᄆᆡᆨ니셤질(약일홈)과 류황질(硫磺質)ᄀᆞᆺᄒᆞᆫ것이니 이런물질들이 심물에 셕긴고로 심물즁에 혹 약물이 잇서셔 병쟈가 마시면 혹 병이낫는일도 잇ᄂᆞ니라

넷재 우물은 비물과 심물의합ᄒᆞᆫ것이니 우물이 깁지못ᄒᆞ면 싸우에 더러운물이 ᄉᆞ믜여들기 쉬운고로 우물은 놉흔곳에 깁히판후에 뚝겅을 문드러 덥는것이 됴흐니라

다섯재 바다물은 염질이 만히 셕긴고로 맛이쪼셔 마실수 업스나 사ᄅᆞᆷ의 병되게ᄒᆞ는 미균을 죽이ᄂᆞ니 바다바람이 아니면 기침병과 혹ᄉᆞ병과 폐병과 호열자ᄀᆞᆺᄒᆞᆫ병이 만히 싱길지니 여러날 항히(航海)ᄒᆞ다가 둔물이 ᄯᅥ러지면 바다물을 소쥬고으듯ᄒᆞ야 마시면 둔물과 ᄀᆞᆺᄒᆞ니라 음료슈를 아모됴록 극택ᄒᆞ야 마시지 아니ᄒᆞ면 괴악ᄒᆞᆫ 병이 싱기기 쉬오니 그럼으로 무숨 전염병이 류힝홀때에는 됴흔물이 업스면 링슈를 마시지말고 ᄭᅳ려셔 마시는것이 됴흐니라

실업

⊙누에치는법 (속)

뎨十二 녀름과가을누에를먹이는것

녀름과 가을은 일긔가 심히 더운고로 이때에는 미우주의ᄒᆞ야 누에를 먹이지아니ᄒᆞ면 병이나기 쉬온즉 잠실(蠶室)은 북창을 열어 ᄆᆞᆰ은긔운을 밧으며 셔편으로는 바알(簾)을 ᄂᆞ려셔 셕양의 태양빗치 바로 쏘아들지 아니토록 홀지며 ᄒᆞᆼ상 잠실을 졍결히ᄒᆞ고 잠구(蠶具)를 날마다 볏헤 쪼여 말니며 누에 쫑ᄌᆞ는 특별히 됴흔것을 퇴ᄒᆞ야 먹이되 뽕닙은 아모됴록 아춤과 히질림시에 싸셔 신션(新鮮)홈을 보존케ᄒᆞ며 때때로 졔사(除沙)를 자조힝홀지니라

뎨十三 잠병(蠶病)

대개 누에의 병은 다른 셩ᄒᆞᆫ 누에의게 전염되기 쉬오니 미우 주의ᄒᆞ야 예방ᄒᆞ되 그 방법은 (一) 됴흔누에 쫑ᄌᆞ를 퇴ᄒᆞ야 잘 보호홀것이며 (二) 잠실을 뎍당히 비쳐홀것이며 (三) 긔후(氣候)의 차고 더우며 조ᄒᆞ고 습ᄒᆞᆫ것을 응ᄒᆞ야 뎍당히 셜비ᄒᆞ야 줄것이며 (四) 잠실과 잠구를 ᄒᆞᆼ상 졍결케홀것이며 (五) 신션ᄒᆞᆫ 뽕닙을 먹일것이며 (六) 때때로 ᄆᆞᆰ은 공긔를 밧게홀지니라

죠션에 누에를 죽이는 쉬파리가 만흔ᄃᆡ 그모양은 비와 등에 세줄기 흰줄이 잇ᄂᆞ니 이것을 잠져(蠶蛆)라 칭ᄒᆞᄂᆞ니라 만일 이쉬파리가 잠실에 드러와셔 누에몸에 쉬를 쓸면 곳변ᄒᆞ야 버러지가되여 누에 가죽속으로 ᄯᅮᆯ코 드러가면 그누에는 죽을지니 어나때던지 누에몸에 검은뎜이 보이면 이는 곳 파리가 쉬를 쓰러붓친 징죠니 이런누에는 곳 잡아셔유불에 너어죽일것이며 잠실문을 망사등속으로 잘바르고 문을열고 닷기를 아모됴록 신속히ᄒᆞ야 이쉬파리가 드러가지못ᄒᆞ게 홀지니라

담총

◎당나귀가 ᄉᆞᄌᆞ될수 잇나

엇던 당나귀가 ᄉᆞᄌᆞ의 셥질을쓰고 산우흐로 지나가니 모든 즘싱들이 ᄉᆞᄌᆞ인줄알고 다놀나 다라나거늘 당나귀가 이광경을 보고 교만ᄒᆞᆫ ᄆᆞᄋᆞᆷ과 흥긔가나셔 소리를질으며 ᄉᆞ면으로 도라ᄃᆞᆫ니더니 여호하나이 숩풀속에셔 ᄯᅱ여나오며 잔가침을ᄒᆞ고 말ᄒᆞ기를 나ᄂᆞᆫ 자ᄂᆡ를보고 무셔울것이 업네 자ᄂᆡ가 소리만질으지 아니ᄒᆞ엿더면 내가 자ᄂᆡ를 ᄉᆞᄌᆞ인줄로 속앗슬걸 자ᄂᆡ의 소리를드르니 자ᄂᆡᄂᆞᆫ 당나귀가 분명ᄒᆞ도다 그러면 ᄂᆡ가 자ᄂᆡ를 두려ᄒᆞᆯ것 무엇잇나ᄒᆞ면셔 ᄭᆞᆯᄭᆞᆯ웃고 가거ᄂᆞᆯ 당나귀가 긔가막혀 소리질은것을 뉘우쳣들 무엇ᄒᆞ리오 이와ᄀᆞᆺ치 사ᄅᆞᆷ도 ᄌᆞ긔의 실샹은 업시 외양치레만 ᄒᆞ다가 령리ᄒᆞᆫ 눈밝은쟈를 만나면 본석이 탄로되ᄂᆞ니라

회보ᄃᆡ금령슈

住所	氏名	金額
江陵	李東植	三十錢
仝	洪元觀	二十錢
平昌	朴賢一	四十錢
价川	李權聖	一圓二十錢
豊德	李進錫	四十錢
仝	申善行	四十錢
仝	崔聖佑	二十錢
金城	盧秉基	廿一錢
西部貞洞	宋淳弼	二十錢
仝孔德里	金顯敎	四十錢
北部体府洞	趙明鎬	四十錢
北部寺洞	姜聲國	六十錢
南部大廣橋	趙璇熙	七十錢
白川	趙景福	二十錢
蔚珍	黃鍾五	八十錢
堤川	李殷榮	一圓五十錢
北部帶洞	李漢鏞	四十錢
蔚珍	姜在元	二十錢
牙山屯浦	李병규	二十錢
春川	金東潤	五圓二十五錢
泰川	朴應鶴	五圓
鬱陵島	張斗郁	二圓
公州	李道明	二十錢
上仝	申文善	二十錢
上仝	李在淳	二十錢
上仝	張禹鏞	四十錢
上仝	高鳳來	二十錢
金城	金永善	二圓
上仝	金東河	四十錢

八

그리스도회보

KOREAN CHRISTIAN ADVOCATE

每月二回十五日三十日發行
大正元年十月十二日印刷
大正元年十月十五日發行

發行兼編輯人 開城北部山芝峴 奇義男
印刷人 北部樓閣洞 朴東完
印刷所 京城西小門內法韓印刷所
發行所 北部社洞그리스도會報社
뒤금 一장 二젼五리
[代金] 六개월 二十젼 一개년 四十젼

론셜

◉힝복을진리에구ᄒᆞ라

고금동서를 물론ᄒᆞ고 이세샹에 쳐ᄒᆞ야 힝복을 구치아니ᄒᆞᄂᆞᆫ자와 아니ᄒᆞᆯ자ㅣ 몃사ᄅᆞᆷ에 지내지못ᄒᆞᆯ것은 지혜잇ᄂᆞᆫ자의 말을 기ᄃᆞ리지 안코 가히 알지로나 그러나 셰인온 그럿치아니ᄒᆞ샤 진리를 ᄇᆞᆰ힘으로써 요쇼(要素)를 삼ᄂᆞᆫ고로 우리쥬 예수그리스도ᄭᅴ셔도 훈계ᄒᆞ시기를 「너희가 보물을 ᄯᅡ헤 두지말고 하ᄂᆞᆯ에 싸흐라」ᄒᆞ셧슨즉 이말슴을 깁히 연구ᄒᆞ여 보건ᄃᆡ 여러길노 ᄂᆞᆫ홀터이나 그대뎨를 들어말ᄒᆞ면 힝복을 진리에 구ᄒᆞ라ᄒᆞ심이라 그런즉 누구던지 진졍ᄒᆞᆫ힝복을 엇고져ᄒᆞᄂᆞᆫ자ㅣ 맛당히 진리로써 량심을 기를것이어ᄂᆞᆯ 엇지ᄒᆞ야 우리죠션 동포들은 그량심을 ᄇᆞ리고 물욕을 좃차 헛된힝복을 구ᄒᆞᄂᆞᆫ쟈ㅣ만흔고 이ᄂᆞᆫ 맛치 아름다온 ᄭᅩᆺ출보고져ᄒᆞ면서 그ᄲᅮ리를 북도누어주지 아니ᄒᆞ며 졍ᄒᆞᆫ물을 마시고져ᄒᆞ면서 그근원을 ᄆᆞᆰ히지아니ᄒᆞᆷ과ᄀᆞᆺ도다 그대강을 들어말ᄒᆞ건ᄃᆡ 그조샹의 ᄲᅧ골을 파가지고 명당을 차자ᄃᆞᆫ님으로써 힝복을 구ᄒᆞᄂᆞᆫ자도 잇스며 산쳔에 긔도ᄒᆞ고 우샹의게 숭ᄇᆡᄒᆞᆷ으로써 힝복을 구ᄒᆞᄂᆞᆫ자도 잇스며 무당 불너 굿ᄒᆞ고 판수불너 경닑음으로써 힝복을 구ᄒᆞᄂᆞᆫ자도 잇스며 놈을 속이고 ᄌᆡ물을 탈취ᄒᆞᆷ으로써 힝복을 구ᄒᆞᄂᆞᆫ자도 잇스며 ᄌᆞ긔ᄂᆞᆫ 열손새락을 ᄭᅡᆷ작도 아니ᄒᆞ고 부귀ᄒᆞᆫ 친쳑을 의뢰ᄒᆞ야 힝복을 구ᄒᆞᄂᆞᆫ쟈도잇스며 혹실업을 힘쓰지안코 모든부졍당ᄒᆞᆫ 방법으로써 힝복을 구ᄒᆞᄂᆞᆫ쟈ㅣ 만흐니 엇지ᄒᆞᆫ번 통곡ᄒᆞ고 기리 탄식ᄒᆞᆯ바 아니리오 그런즉 오ᄂᆞᆯ날 죠션동포의 힝복을 엇더케 구ᄒᆞ겟ᄂᆞ뇨 맛당히 우헤 말ᄒᆞᆫ바 모든 헛된일을 거졀ᄒᆞ고 하ᄂᆞ님ᄭᅴ 도라와서 그죄를 ᄌᆞ복ᄒᆞ고 도덕을 연구ᄒᆞ야 그량심을 회복ᄒᆞ고 하ᄂᆞ님의 ᄌᆞ녀된 분수를 직히며 모든일을 진리의 인도ᄒᆞᄂᆞᆫ대로 ᄒᆡᆼᄒᆞ여 진실ᄒᆞᆫ 밋음으로써 하ᄂᆞ님ᄭᅴ 긔도ᄒᆞ여 구ᄒᆞ면 그육신과 령혼에 ᄃᆡᄒᆞ야 영원ᄒᆞ고 진졍ᄒᆞᆫ 힝복을 풍셩히 엇을지니 원컨ᄃᆡ 우리 밋ᄂᆞᆫ형뎨와 ᄌᆞᄆᆡ들은 우리불샹ᄒᆞᆫ 동포들의게 이ᄯᅳᆺ으로써 힘써 권면ᄒᆞ십세다

교즁휘문

△닉보▽

◉샤장이쥬(移任) 젼호에 게지ᄒᆞᆫ바와ᄀᆞᆺ치 본샤장 긔의남씨는 긔셩한영서원장으로 젼임(轉任)된고로 본월 十일에 긔셩으로 반이ᄒᆞ엿더라

◉하목ᄉᆞ귀임 남감리회목ᄉᆞ 하리영씨는 一년동안 슈유ᄒᆞ고 ᄌᆞ긔본국으로 건너간일은 우리가 다아ᄂᆞᆫ바어니와 동씨ᄂᆞᆫ 본월오일에 그부인과 동반ᄒᆞ야 죠션으로 다시건너왓ᄂᆞᆫᄃᆡ 경셩에 쥬지ᄒᆞ야 교회ᄉᆞ업에 죵ᄉᆞᄒᆞ리라더라

◉히쥬강습파사경회 황히도 히쥬셩복ᄉᆞ 오긔션씨의 통신을 거ᄒᆞᆫ즉 히쥬셩닉교회당에셔 거월二十五일브터 강습회를열고 一삭동안 공부ᄒᆞ엿ᄂᆞᆫᄃᆡ 히디방닉에셔 젼도ᄒᆞᄂᆞᆫ 부인들파 녀학교교ᄉᆞ 합二十一인이 심히 더온 녀름이라도 미일 다섯시간식 열심으로 공부ᄒᆞ엿고 련ᄒᆞ여 직인사경회를 열엇ᄂᆞᆫᄃᆡ 그때는 련일 풍우가 대작ᄒᆞ여 힝로ᄒᆞ기가 심히 곤난ᄒᆞᆫ즁이라도 百여리밧게잇ᄂᆞᆫ 남녀직원들이 열심으로 모혀 ᄒᆞᆫ쥬일동안 불슌ᄒᆞᆫ 일긔를 무릅쓰고 공부ᄒᆞ엿ᄂᆞᆫᄃᆡ 강습회원파 사경회원들의 공부ᄒᆞᆫ 셩젹이 미우 아름다와 다 진급ᄒᆞ엿다더라

◉리형데의신심 츙북음셩군 젼도ᄉᆞ 김치의씨의 통신을 거ᄒᆞᆫ즉 동군 두의면 옷두리실교회 권ᄉᆞ 리원필씨는 본ᄅᆡ 술집파 잡긔판으로 ᄌᆞ긔집을 삼고 ᄃᆞᆫ니더니 죄인을 불샹히녁이지ᄂᆞᆫ 하ᄂᆞ님ᄭᅴ셔 부르심을 닙어 죄악즁에셔 ᄯᅥ나 쥬를 밋고 교회ᄭᆞ지 셜립ᄒᆞᆫ후 밋ᄂᆞᆫᄆᆞ옴이 졈졈자라매 교회일을 힘쓰더니 하ᄂᆞ님은혜가 더욱 풍셩ᄒᆞ샤 본구역매셔직분을 맛흔후로ᄂᆞᆫ ᄌᆞ긔ᄉᆞᄉᆞ(私事)를 도라보지 아니ᄒᆞ고 몸을 부자런히ᄒᆞ며 ᄆᆞ옴을 다ᄒᆞ야 연약ᄒᆞᆫ 교회와 락심된 형데들을 자조차자 권면ᄒᆞ며 외인의게 힘써 젼도ᄒᆞᄂᆞᆫ고로 교회가 쟝ᄎᆞᆺ 흥왕ᄒᆞ겟다고 인ᄀᆡ 칭용ᄒᆞᆫ다더라

◉산교부흥 츙남 직산군 신홍식씨의 통신을 거ᄒᆞᆫ즉 진쳔군 빅낙면 산직말교회ᄂᆞᆫ 셜립된지 七八년인ᄃᆡ 우연히 교우가 락심ᄒᆞ여 례비ᄒᆞ지안코 다만 오ᄌᆞ일 함덕슈량씨만 잇셔셔 힘써 긔도홈으로 례빅를 직히더니 금년一월에 슌힝목ᄉᆞ 박봉릐 구역젼도ᄉᆞ 류승관량씨가 히교당에 사경회를열고 몃형데를 열심교슈ᄒᆞ며 ᄯᅩ 락심ᄒᆞᆫ 교우를 극력권면홈으로 교회를 멀니ᄒᆞ던 김승지씨가 다시 나와셔 진실히 밋기로 결심ᄒᆞ고 교회를 열심으로 도라보며 젼도홈으로 지금은 교우가 三十명에 달ᄒᆞ여 ᄌᆞ미잇게 례비ᄒᆞᄂᆞ니 이ᄂᆞᆫ 다 쥬의 권능이어니와 ᄯᅩᄒᆞᆫ 오ᄌᆞ일 함덕슈량씨의 ᄲᅮ리박힌 긔도와 박목ᄉᆞ와 류승관씨의 물주ᄂᆞᆫ 열심파 김승지씨의 다시 니러난싹이 쟝ᄎᆞᆺ 큰회망의 열ᄆᆡ를 미즐줄 밋ᄂᆞᆫ다ᄒᆞ엿더라

◉쳥년의모범 원산항 차농훈씨의 통신을 거ᄒᆞᆫ즉 히항 광셩학교닉 긔독쳥년회원 일동이 젼도ᄒᆞ기 위ᄒᆞ야 일슈일간 긔도ᄒᆞ며 예수교회 칙ᄉᆞ와 륵약ᄒᆞ고 일쥬일간 매셔ᄒᆞᆫ 리익으로 례비당을 슈리ᄒᆞ고 그놈은 금익으로 려비를쓰며 하긔휴학을 리용ᄒᆞ야 각처로 젼도ᄃᆡ를 파송ᄒᆞᆯᄉᆡ 박원셕 최지홍량씨ᄂᆞᆫ 강원도로 파송젼도케ᄒᆞ고 기타회원들은 원산부근에셔 열심젼도ᄒᆞ엿다더라

◉최씨회긔의열미 강원도횡셩군 ᄉᆞ닉상동 김죵식씨의 통신을 거ᄒᆞᆫ즉 동군 ᄃᆞᆫ닉면 마암리사ᄂᆞᆫ 최션긔씨ᄂᆞᆫ 본ᄅᆡ 지식이 만타고 ᄌᆞ부(自負)ᄒᆞ야 다른사ᄅᆞᆷ의게 ᄃᆡᄒᆞ야 교만ᄒᆞ기로 유명ᄒᆞ더니 군닉면 긔젼리시ᄂᆞᆫ 진의근씨가 이왕브터 최씨와 갓갑게지낸고로 수三년을두고 지셩으로 권면ᄒᆞ엿더니 하ᄂᆞ님의 인도ᄒᆞ심을 닙어 진리를 ᄭᆡ닷고 쥬를 밋은후로 젼습을 다ᄇᆞ리고 부모ᄭᅴ 효도ᄒᆞ며 리웃사ᄅᆞᆷ의게 젼도ᄒᆞ며 저녁례비를 본쥬에도 횟불을 켜노코 리웃 농부들을 청ᄒᆞ여 세우고 지셩으로 젼도ᄒᆞ매 새로히 쥬 밋ᄂᆞᆫ사ᄅᆞᆷ이 날노 더ᄒᆞᄂᆞᆫ즁 더욱 감샤ᄒᆞᆯ것ᄂᆞᆫ ᄌᆞ긔집을

도라보지아코 교회일을 힘써 보며 진의근씨의게 셩경파 교회법을 ᄒᆞᆼ샹 무러공부ᄒᆞ매 지속쟈은 ᄯᅩᄒᆞᆫ 졍셩으로 ᄀᆞᄅᆞ쳐준다 ᄒᆞ엿더라

◉十一녀학ᄉᆡᆼ의결심 경긔도 가평군 최슈영씨의 통신을 거ᄒᆞᆫ즉 츈쳔디방 홍쳔 린뎨 양구 화쳔 가평등 각구역에 녀ᄌᆞ들 교육ᄒᆞ기 위ᄒᆞ야 수년젼브터 녀학교ᄅᆞᆯ 셜립ᄒᆞ엿스나 미비ᄒᆞᆫ일이 만흔즁 뎨一 곤난ᄒᆞᆫ것은 샹당ᄒᆞᆫ 녀교ᄉᆞ가 업서셔 각녀학교ᄅᆞᆯ 다 폐지ᄒᆞ게 되엿기로 一반교회의 셥셥ᄒᆞᆫ ᄆᆞᄋᆞᆷ을 측량치못ᄒᆞ더니 긔셩 호슈돈녀숙에셔 심상소학파ᄂᆞᆫ 임의 졸업ᄒᆞ고 고등소학파 뎨三년급으로 명년 츈긔졸업ᄒᆞᆯ학도 十一명이 금번년회에 교육문뎨로 의론ᄒᆞᆯ때에 각구역에 셜립ᄒᆞᆫ학교ᄂᆞᆫ 교ᄉᆞ가 업서셔 폐지된다ᄂᆞᆫ말을 듯고 긔연히 탄식ᄒᆞ고 용밍스러온 ᄆᆞᄋᆞᆷ으로 작뎡ᄒᆞ기ᄅᆞᆯ 우리가 이ᄯᅢᄅᆞᆯ 당ᄒᆞ여 아ᄂᆞᆫ대로 인도ᄒᆞ야 폐지될 학교ᄅᆞᆯ 유지케ᄒᆞᄂᆞᆫ것이 우리의 당연ᄒᆞᆫ 의무인즉 一년후에 다시공부ᄒᆞ여 졸업을 맛ᄂᆞᆫ것이 올타ᄒᆞ고 十一인이 一졔히 ᄒᆞᆫᄆᆞᄋᆞᆷ으로 작뎡ᄒᆞ고 교슈의 칙임을 부담ᄒᆞ엿다ᄒᆞ니 이학ᄉᆡᆼ 졔씨ᄅᆞᆯ 뒤ᄒᆞ야 치하ᄒᆞᆯ만 ᄒᆞ다ᄒᆞ엿더라

◉쥬의ᄯᅳᆺ을세ᄃᆞ른청년 경셩 동대문안 손챵현씨의 통신을 거ᄒᆞᆫ즉 ᄒᆡ교회ᄂᆡ 청년十여명이 ᄒᆞᆼ샹 말ᄒᆞ기ᄅᆞᆯ 우리가 구쥬의 은혜로 구속ᄒᆞᆷ을 엇엇스니 다른사ᄅᆞᆷ을 위ᄒᆞ야 일ᄒᆞᄂᆞᆫ것이 합당ᄒᆞ다ᄒᆞ고 쥬야로 근심ᄒᆞ던 결과로 젼도디ᄅᆞᆯ 조직ᄒᆞ고 일평ᄉᆡᆼ을 젼도에 죵ᄉᆞᄒᆞ기로 작뎡ᄒᆞ엿ᄂᆞᆫᄃᆡ 그쥬지ᄂᆞᆫ 두가지로 교회ᄅᆞᆯ돕ᄂᆞᆫ것이니 一은 임의 ᄌᆞ금으로 내ᄂᆞᆫ외에 ᄆᆡ일 실업이나 로동으로 버ᄂᆞᆫ돈에셔 三十분의一을내여 교회경비에 보용케ᄒᆞᆷ이오 二ᄂᆞᆫ 시간이 잇ᄂᆞᆫ대로 젼도ᄒᆞ고 기외에도 쥬일례ᄇᆡ후에 단합ᄒᆞ야 락심된쟈와 외인의게 권면ᄒᆞ며 젼도ᄒᆞ야 불파 三쥬간에 락심되엿다가 다시 도라온쟈 十여인에 달ᄒᆞ엿스니 이청년들은 우리 그리스도교회에 모범될만ᄒᆞ다 ᄒᆞ엿더라

◉류씨의ᄌᆞ션슐 츙북 뎨쳔군 젼도ᄉᆞ 긔오여씨의 통신을 거ᄒᆞᆫ즉 ᄒᆡ읍 구세약국 쥬임 류히경씨ᄂᆞᆫ 의슐이 고명ᄒᆞᆷ으로 병인이 답지ᄒᆞᄂᆞᆫᄃᆡ 지빈무의ᄒᆞᆫ 사ᄅᆞᆷ은 무료로치료ᄒᆞ여주며 특별히 그리스도교인의게ᄂᆞᆫ 의례히 반익으로 슈응ᄒᆞᄂᆞᆫ고로 ᄒᆡ씨의 ᄌᆞ션심파 그리스도인을 ᄉᆞ랑ᄒᆞᆷ을 막불흠탄ᄒᆞᆫ다더라

△외보▽

◉일본의신구교회통계표

▲그리스도교 각파ᄅᆞᆯ 통계ᄒᆞ건ᄃᆡ 각쳐교회의 수효ᄂᆞᆫ 九百一쳐인ᄃᆡ 외국션교ᄉᆞ가 九百十一인이며 안슈례ᄅᆞᆯ 밧은 일본인 목ᄉᆞ가 六百六十一인이며 안슈례ᄅᆞᆯ 밧지못ᄒᆞᆫ 일본인목ᄉᆞ가 五百五十一인이며 부인젼도ᄉᆞ가 四百인이며 교도가 八만三千六百三十八인즁 작년에 셰례밧은 교도가 七千百八十九인이오 쥬일학당이 一千八百二十쳐인ᄃᆡ 교ᄉᆞ와 학ᄉᆡᆼ의 수효가 九만六千六百六十三인이오 작년 一년동안에 일본인즁에셔 거두어쓴돈이 二十七만二千八百六千七원이오 외국션교회의 보조ᄒᆞᆫ돈이 五十四만五千三百九十三원이오

▲텬쥬교회ᄅᆞᆯ 통계ᄒᆞᆫ건ᄃᆡ 교회가 四百九十七쳐인ᄃᆡ 외국션교ᄉᆞ가 三百七十二인이며 교도가 九만八千九百三十五인즁작년에 셰례밧은쟈가 七千三百四十九인이며 안슈례ᄅᆞᆯ밧은 일본인신부가 六十二인이라더라

◉교회의참상(慘狀) 즁화민국 광쥬 즁셩현에 교회가 셜립된지 여러ᄒᆡ에 교황이 날노 흥왕ᄒᆞ더니 불ᄒᆡᆼ히 본년六월에 교회ᄅᆞᆯ 뮈워ᄒᆞᄂᆞᆫ 본토ᄇᆡᆨ셩파 무뢰지ᄇᆡ 수쳔명이 셩군작당ᄒᆞ여 교당과 학교六좌와 교도의집 四百여호ᄅᆞᆯ 훼파(毁破)ᄒᆞ며 교도八명을 살해ᄒᆞ고 가산집물을 탕진ᄒᆞ여간고로 셔국목ᄉᆞ가 즁화민국졍부에ᄃᆡᄒᆞ야 이 비도(匪徒)들 잡아 징치ᄒᆞ고 손해비상을 밧아 달나고 교셥ᄒᆞᄂᆞᆫ즁이라더라

◉영국의션교회 영국젼국니

에 션교회의 수효가 二百여소인ᄃᆡ 작년一년동안에 이여러회에서 거둔돈이 二千四百만원에 달ᄒᆞ엿다더라

◉션교ᄉᆞ양셩회 미국와싱톤쥬 실버베이셩에서 거八월즁에 션교ᄉᆞ 양셩회 발긔회를 거ᄒᆞ엿ᄂᆞᆫᄃᆡ 이회의 목뎍은 션교ᄉᆞ를 만히양셩ᄒᆞ야 셰계각국으로 파송ᄒᆞ야 쥬의복음을 널니젼파 ᄒᆞ자ᄂᆞᆫ것이라 이회에 미국과 가나다와 기타 렬국에 잇ᄂᆞᆫ 각교회ᄃᆡ표쟈 六百명이 참셕ᄒᆞ야 회를 죠직ᄒᆞ엿ᄂᆞᆫᄃᆡ 오ᄂᆞᆯ날ᄭᆞ지 입회ᄒᆞᆫ회원이 十七만五千명이라더라

◉ᄲᅮᆨ스대쟝의후임쟈 구셰군교회의 셜립쟈 윌니암 ᄲᅮᆨ스대쟝의 별셰ᄒᆞᆷ은 졉젼호에 게지ᄒᆞ엿거니와 동대쟝의 쟝ᄌᆞ 색람웰씨가 그 아버지를 니여 셰계구셰군 대쟝이되엿더라

◉목ᄃᆡ션ᄉᆡᆼ의셰계슌힝 변젼에 경셩 청년회를 방문ᄎᆞ로 죠션에왓던 목ᄃᆡ션ᄉᆡᆼ은 현금만국션교회 ᄉᆞᄉᆞ부위원쟝인ᄃᆡ 동션ᄉᆡᆼ이 본월즁에 미국셔 ᄯᅥ나셔 인도 셤나 즁화민국 일본 죠션 뵉아볼니가 각국과 태평양 군도(群嶋)를 슌힝ᄒᆞᄂᆞᆫ동시에 니르ᄂᆞᆫ곳마다 본토교인을 회동ᄒᆞ야 교회형편을 시찰ᄒᆞ며 젼도ᄒᆞᄂᆞᆫ 문뎨로 강론ᄒᆞ되 특별히 젼도ᄉᆞ업의 동일ᄒᆞᆷ을 쥬장ᄒᆞ리라더라

긔셔

◉쥬일학교의소관(小觀)

(한셩류경상)

뎨一、긔원(起原)

긔원을 말ᄒᆞᆯ건ᄃᆡ 구약시ᄃᆡ브터 셩일학교가 잇셧ᄂᆞᆫᄃᆡ 이ᄂᆞᆫ 셩소에서나 혹가뎡에셔 ᄌᆞ녀를 ᄀᆞᄅᆞ치ᄂᆞᆫ것이오 여호와ᄭᅴ셔 친히 명령을 ᄂᆞ리샤 ᄌᆞ녀를 진리의 말ᄉᆞᆷ으로 교훈ᄒᆞ라ᄒᆞ시고(신六○六ー九) 아브라함이 이삭을 교육식힌것ᄂᆞᆫ 하ᄂᆞ님말ᄉᆞᆷ으로써 ᄒᆞ엿스니 지금말ᄒᆞ면 당시에 엇던셩질노ᄒᆞ엿던지 실상인즉 셩일학교의 셩질이 그가온ᄃᆡ 존지ᄒᆞ엿ᄂᆞ니라

긔원후로 말ᄒᆞ더ᄅᆡ도 바울외셔신즁(엡六○四、)ᄌᆞ녀를 하ᄂᆞ님ᄭᅴ셔 창조ᄒᆞ신 뎐셩을 ᄯᆞ라 교훈ᄒᆞ라ᄒᆞ셧스니 즉 뎨一셰긔브터 실디샹으로 교훈ᄒᆞ여 ᄂᆞ려왓스며 부모되ᄂᆞᆫ이ᄂᆞᆫ ᄌᆞ녀의 션ᄉᆡᆼ이 되지안을수 업스며 하ᄂᆞ님ᄭᅴ셔 ᄌᆞ녀를 교훈ᄒᆞ라명ᄒᆞ셧스니 힘써 ᄀᆞᄅᆞ치ᄂᆞᆫ것이 의무요 ᄌᆞ녀ᄂᆞᆫ 부모의 말ᄉᆞᆷ을 ᄀᆞ장 깁히 밋ᄂᆞ니 만일 능ᄒᆞᆫ 슈단으로 ᄀᆞᄅᆞ치고보면 다른사ᄅᆞᆷ이 ᄀᆞᄅᆞ치ᄂᆞᆫ것보다 더쉽고 공효ᄂᆞᆫ 더만흘지니라

근ᄃᆡ에 니르러서 일신ᄒᆞ게 조직ᄒᆞ여 긔원을 일우기ᄂᆞᆫ 十八셰긔이니 영국셔 얼마동안 부패ᄒᆞ여 종교계의 타락됨이 젼부후무ᄒᆞ더니 하ᄂᆞ님ᄭᅴ셔 도리 보시고 사ᄅᆞᆷ이 응ᄒᆞ야 ᄀᆡ혁ᄒᆞᆯ 시작ᄒᆞ니 즉 악쓰포드대학교에셔 공부ᄒᆞ던 대학ᄉᆡᆼ 죤한웨슬네씨와 촬쓰 웨슬네씨등 몃몃션ᄉᆡᆼ이 당시에 셰력을ᄯᅳ서 영국젼국의 종교계를 변혁ᄒᆞ여 신셩케ᄒᆞ매 이풍죠(風潮)가 밋치ᄂᆞᆫ곳마다 큰부흥회ᄂᆞᆯ 일우니 열심이 자라더라 감독 포틔어쓰씨가 ᄀᆡ혁의 ᄆᆞᄋᆞᆷ을 가지고 졂은청년들을 만히인도ᄒᆞ며 어린ᄋᆞ희들 교육ᄒᆞᄂᆞᆫᄃᆡ 극히 찬셩을ᄒᆞ엿스니 쳥년즁 우라벗우레의씨가 활판소 출신으로 니러나서 一千七百八十一년에 쥬일학교를 조직ᄒᆞ엿더라

심리뎍으로 긔원의 리력을 말ᄒᆞᆯ건ᄃᆡ 一시에 번복된ᄆᆞᄋᆞᆷ이 급히 박ᄋᆡ(博愛)ᄒᆞᄂᆞᆫ ᄯᅳᆺ과 친밀ᄒᆞ고져ᄒᆞᄂᆞᆫ ᄉᆞ샹이 ᄉᆡᆼ기여 윌니암 윌ᄇᆡ포쓰씨곳흔이ᄂᆞᆫ 샤회에 잇서셔 유명ᄒᆞᆫ 인물이나 아동교육ᄒᆞᄂᆞᆫᄃᆡ 헌신ᄒᆞ야 여러가지로 ᄃᆞ아 조직ᄒᆞ엿고 그외에 ᄯᅩ 크락손 ᄀᆡ늬 쉬에넙 ᄲᅮᆨ스돈 푸라이등제씨가 만히 니러나서 이일에 죵ᄉᆞᄒᆞ엿고 교ᄉᆞ즁 녀인도 만핫스며 교회에셔ᄂᆞᆫ 큰리용건으로 만히도와서 ᄎᆞᄎᆞ흥왕ᄒᆞ엿ᄂᆞ니라

뎨二、발달(發達)

우리가 헤아리드래도 구약시ᄃᆡ에ᄂᆞᆫ 가뎡교육에서 지내지못ᄒᆞ엿고 신약시ᄃᆡ에

와서도 또ᄒᆞᆫ 그러ᄒᆞ엿스나 十八세긔에 와서는 새제도로 창셜ᄒᆞ여 학교집을 건셜ᄒᆞ고 교ᄉᆞ를 고빙ᄒᆞ여 셩경과 문답을 교슈ᄒᆞ고 예수의 ᄉᆞ적을 됴목됴목 ᄀᆞᄅᆞ쳐셔 후진으로 션진을 압두ᄒᆞ게 ᄆᆞᆫᄃᆞ니 처음에는 영국 ᄒᆞᆫ촌에서 시작ᄒᆞᆫ것이 영국젼국을 범ᄒᆞ여 미국으로 건너온것도잇고 일번으로 덕국과 법국각쳐로 헤여지기도 ᄒᆞ엿ᄂᆞᆫ딕 오ᄂᆞᆯ와셔는 동양제국을 건너와서 우리나라에ᄭᆞ지 밋쳣스니 이런 긔관을 리용ᄒᆞ야 복음을 젼ᄒᆞ고 진리를 넓히 펴ᄂᆞᆫ일에 딕ᄒᆞ야 조곰도 게을니ᄒᆞ지 말것이며 소ᄅᆡ를 응ᄒᆞ야 각쳐교회에셔ᄂᆞᆫ 쥬일학교를 창셜ᄒᆞ여 후진을 ᄀᆞᄅᆞ쳐 쟝ᄅᆡ교회를 도울것이라ᄒᆞ노라

젼도인一람

◎목ᄉᆞ의직칙 (속)

十、이사야의 부르심을 닙음은 ᄯᅩᄒᆞᆫ 一뎡ᄒᆞᆫ 쳐소가 잇ᄂᆞ니 이사야가 본ᄅᆡ 예루살넴 사ᄅᆞᆷ으로 자조 셩뎐에 갓셧ᄂᆞᆫ딕 부르심을 닙을때에 다ᄅᆞᆫ곳에 잇슨것이 아니라 곳 젼브터 ᄒᆞᆼ샹 왕ᄅᆡᄒᆞ며 닉히 보던 이셩뎐안에 잇셧도다 이사야가 젼일에 졔ᄉᆞ쟝이 셩뎐에 올나셔 졔ᄉᆞ드리ᄂᆞᆫ 일도 ᄒᆞᆼ샹 보던것이어니와 이번에는 그ᄆᆞ옴눈으로 춤 하ᄂᆞ님을 본고로 모든것이 젼일 육신의 눈으로 심샹히 보던것과 ᄀᆞᆺ지아니ᄒᆞᆷ이라 그럼으로 신자의 춤회ᄀᆡᄒᆞᄂᆞᆫ 쳐소도 이와ᄀᆞᆺ도다 우리가 ᄒᆞᆼ샹 례ᄇᆡ당에 드러가서 입으로 하ᄂᆞ님을 찬숑ᄒᆞ며 귀로 젼도ᄒᆞᄂᆞᆫ 말ᄉᆞᆷ을 듯지마ᄂᆞᆫ 우리의 ᄆᆞ옴눈으로 춤하ᄂᆞ님을 보기젼에는 모든것이 다 심샹히 뵈이고 ᄒᆞᆫ번 하ᄂᆞ님을 뵈온후에는 그보ᄂᆞᆫ바와 셔ᄃᆞᆺᄂᆞᆫ바가 젼일보다 크게변ᄒᆞᆯ지니 맛차 야곱이 ᄭᅮᆷ에 황막ᄒᆞᆫ 들에셔 하ᄂᆞᆯ에다은 사다리를보고도 그ᄆᆞ옴이 하ᄂᆞ님ᄭᅴ 잇ᄂᆞᆫ고로 그곳을 하ᄂᆞ님의 거룩ᄒᆞᆫ 쳐소로 알앗ᄂᆞ니 그런후로 육안(肉眼)으로 보던 모든것이 다 별안간 변ᄒᆞ야 거룩ᄒᆞ게 뵈인것과 ᄀᆞᆺ도다 이사야의 부르심을 닙은일은 세가지가 잇ᄂᆞᆫ딕

一、하ᄂᆞ님을 뵈온것이니 대개유대인의 숭비ᄒᆞᄂᆞᆫ바ᄂᆞᆫ 형샹업ᄂᆞᆫ 신이신고로 쥬ᄭᅴ셔 말ᄉᆞᆷᄒᆞ시기를「하ᄂᆞ님을 뵈ᄋᆞᆫ자가 업다」ᄒᆞ셧ᄂᆞᆫ딕 이사야가 엇더케 뵈올수잇ᄂᆞ뇨 그럼으로 이사야의 말ᄉᆞᆷ에 (시六○) 하ᄂᆞ님을 뵈왓다ᄒᆞ엿스나 그형샹이 엇더ᄒᆞ다ᄂᆞᆫ 말은 조곰도 빗치지아니ᄒᆞ고 다만 하ᄂᆞ님의 젼후좌우에서 보고 드른것을 말ᄒᆞᆷ뿐이로다 그말ᄉᆞᆷ 가온딕 스랍(텬ᄉᆞ)이 하ᄂᆞ님압헤셔 찬숑ᄒᆞ기를「거룩ᄒᆞ도다 거룩ᄒᆞ도다」ᄒᆞ엿다 ᄒᆞ엿ᄂᆞᆫ딕 이ᄯᅳᆺ은 두가지가 잇도다 첫재는 하ᄂᆞ님의 셩질이 지극히 셩결ᄒᆞ고 ᄯᅩᄒᆞᆫ ᄆᆡᆼ렬ᄒᆞᆫ불파ᄀᆞᆺᄒᆞ셔 모든 더러온것과 죄악을 사로ᄂᆞᆫ고로 사ᄅᆞᆷ이 감히 갓가히가지 못ᄒᆞᆷ을 ᄀᆞᄅᆞ침이오 둘재ᄂᆞᆫ 하ᄂᆞ님의 ᄆᆡᆼ렬ᄒᆞᆫ 권능이 풍우와 뢰뎡(雷霆) ᄀᆞᆺᄒᆞ여 우쥬(宇宙)ᄉᆞ이에 충만ᄒᆞᆷ을 ᄀᆞᄅᆞ침이로다

二、ᄌᆞ긔ᄆᆞ음을 본것이라 이사야가 스랍의 찬숑ᄒᆞᄂᆞᆫ 소ᄅᆡ를 듯고 하ᄂᆞ님의 셩결ᄒᆞ심을 셔ᄃᆞ른 동시에 ᄌᆞ긔의 입셜이 더럽고 ᄌᆞ긔의죄악이 즁ᄒᆞᆷ을 비로소 셔ᄃᆞᆺ고 스ᄉᆞ로ᄎᆡᆨ망ᄒᆞ기를「내가 화잇슬진더 내가 멸망ᄒᆞ리로다」ᄒᆞ엿ᄂᆞ니라 여긔딕ᄒᆞ야 혹이 뭇기를 이사야ᄂᆞᆫ션지즁에 ᄀᆞ장큰 션지인딕 엇지 더러온말을 ᄒᆞ엿스리오 ᄒᆞ지마ᄂᆞᆫ 그ᄂᆞᆫ 그럿치아니ᄒᆞ니 이사야가 젼에ᄂᆞᆫ 비록 죄과가 잇셧슬지라도 이때로브터 회ᄀᆡᄒᆞᆫ고로 능히 대션지가 되엿ᄂᆞ니라

진리문답

문、마가복음 六장四졀 말ᄉᆞᆷ은 다만 우리쥬의 시딕에만 합당ᄒᆞ뇨 혹 지금시딕에 처음 회ᄀᆡᄒᆞᆫ자가 ᄌᆞ긔동니에셔 젼도ᄒᆞᄂᆞᆫ 일을 시작ᄒᆞᄂᆞᆫ 경우에도 합당ᄒᆞ겟ᄂᆞ뇨

답、이원측을 말ᄒᆞ면 아모시

ᄃᆡ라도 경험상으로 보롱 응ᄒᆞᆯ것이나 혹시 복음을 젼ᄒᆞᄂᆞᆫ자ㅣ ᄌᆞ긔동리에셔 더큰환영을 밧ᄂᆞᆫ때가 잇ᄉᆞᆫ즉 누구던지 ᄌᆞ긔몸을 희ᄉᆡᆼ(犧牲)삼아 쥬의 十ᄌᆞ가를 즁거코져ᄒᆞᄂᆞᆫ쟈 맛당히 ᄌᆞ긔동리에셔나 다른디방에셔나 ᄌᆞ긔를 환영ᄒᆞ던지 비쳑(排斥)ᄒᆞ던지 도모지 불계ᄒᆞ고 ᄌᆞ긔의 당ᄒᆞᆫ경우대로 나아가ᄂᆞᆫ것이 합당ᄒᆞ고 이구절의 말ᄉᆞᆷ을 가지고 핑계를 삼아 ᄌᆞ긔압헤 오ᄂᆞᆫ긔회를 놋치지 말지니라

문、내가 여러히동안을 교인의 의무를 직히ᄂᆞᆫ동안에 내ᄆᆞ음이 조곰도 하ᄂᆞ님을 슌죵치아니ᄒᆞ던지 또 쥬의일을 ᄒᆞᆯ때에 츄호라도 틔만(怠慢)ᄒᆞᆫ때를 ᄭᆡᄃᆞᆺ지못ᄒᆞ겟스나 그러나 내가 임의 샤죄ᄒᆞᆷ을 밧은줄 ᄭᆡᄃᆞᆺ지 못ᄒᆞ겟스며 또ᄒᆞᆫ ᄒᆞᆼ샹 화평ᄒᆞᆫᄆᆞ옴이 업ᄂᆞᆫ고로 그럿케 깃븜을 ᄭᆡᄃᆞᆯ수 업스니 이것은 무ᄉᆞᆷ ᄭᆞ닭이뇨

답、이ᄂᆞᆫ 분명히 하ᄂᆞ님ᄭᅴ셔 그ᄃᆡ의게 신령ᄒᆞᆫ 은혜를 ᄂᆞ리시랴고 그ᄃᆡ를 시험ᄒᆞ시며 단련ᄒᆞ시ᄂᆞᆫ즁이니 그ᄃᆡᄂᆞᆫ 그ᄃᆡ를 ᄉᆡᆼ각지말고 온젼히 쥬의말ᄉᆞᆷ만 밋고 쥬만의지ᄒᆞ야 쥬로ᄒᆞ여곰 그ᄃᆡ안에 드러오샤 ᄒᆞᆼ샹 거쳐ᄒᆞ시게ᄒᆞ며 쥬의 허락ᄒᆞ신 화평과 깃븜을 반ᄃᆞ시 엇을줄노밋고 슌젼ᄒᆞᆫ 졍신과 령혼으로 긔도ᄒᆞ고 기ᄃᆞ리면 큰화평과 영원ᄒᆞᆫ 깃븜을 엇을진뎌

셰계격언

一、악으로써 악인즁에 ᄯᅱ여나기ᄂᆞᆫ쉽고 션으로써 션인과 비등ᄒᆞ기ᄂᆞᆫ 어려오니라

二、사ᄅᆞᆷ은 놈을 속이고 놈의게 아쳠ᄒᆞᄂᆞᆫ것보다 ᄌᆞ긔를 속이며 ᄌᆞ긔의게 아쳠ᄒᆞ기를 더공교히 ᄒᆞᄂᆞ니라

三、어진안히를 엇은쟈ᄂᆞᆫ 놉귀가잇스며 어질지못ᄒᆞᆫ 안히를 엇은쟈ᄂᆞᆫ 슈족을 일헛ᄂᆞ니라

四、사ᄅᆞᆷ마다 그ᄆᆞ음쇽에 큰원슈를 두엇ᄂᆞ니 이ᄂᆞᆫ 곳 졍욕이니라

五、우리ᄂᆞᆫ 살기위ᄒᆞ야 먹ᄂᆞᆫ것이지 먹기위ᄒᆞ야 사ᄂᆞᆫ것은아니니라

六、빈쳔ᄒᆞ고 지덕이 잇ᄂᆞᆫ쟈ᄂᆞᆫ 직업을 엇은 어진노비와ᄀᆞᆺᄒᆞ니라

七、하ᄂᆞ님의ᄯᅳᆺ을 솔펴 그대로 힝ᄒᆞᄂᆞᆫ쟈ᄂᆞᆫ 반ᄃᆞ시 ᄌᆡ앙과 손해를 면ᄒᆞᆯ지니라

八、ᄌᆞ긔의 편의(便宜)ᄅᆞᆯ 엇고져ᄒᆞᄂᆞᆫ쟈ᄂᆞᆫ 몬져 놈의 편의를 도모ᄒᆞᆯ지니라

어린ᄋᆞᄒᆡ들의니야기

◎두ᄋᆞᄒᆡ의진위(眞僞)

효창이란 ᄋᆞᄒᆡᄂᆞᆫ 본ᄅᆡ빈한ᄒᆞᆫ 피부의 아ᄃᆞᆯ이라 ᄉᆡᆼ계가 말유ᄒᆞᆫ즁 그어머니ᄂᆞᆫ 또ᄒᆞᆫ 신병으로 수년동안을 지리에누어 니러나지 못ᄒᆞᄂᆞᆫ지라 효창이 날마다 지게를지고 산에 올나가셔 나무두짐식을 ᄒᆞ다가 ᄒᆞᆫ짐은 집에셔ᄯᅢ이고 또ᄒᆞᆫ짐은 큰셩시로가셔 팔아셔 ᄊᆞᆯ되나 사다가 그병든 어머니를 공양ᄒᆞ더니 하로ᄂᆞᆫ 효창이가 나무판돈을 가지고 ᄊᆞᆯ을 사러가다가 길에셔 돈주머니를 ᄯᅥᆯ드리고 길에셔울고셧ᄂᆞᆫᄃᆡ 맛참 길가에 엇던 큰집 샤랑으로 좃차 엇던로인이 나오다가 효창의 우ᄂᆞᆫ것을보고 그곡졀을 뭇거ᄂᆞᆯ 효창이 실졍대로 고ᄒᆞᆫ대 그로인이 그효셩을 긔특히녀이며 그졍경을 불샹히보고 지젼과 은젼이 만히든 돈주머니ᄒᆞ나ᄒᆞᆯ 내여뵈이며「이것이 네돈주머닌듯ᄒᆞ나 가져가거라」ᄒᆞᆫ매 효창이 밧아들고 ᄌᆞ세히보다가 ᄃᆡ답ᄒᆞ기를「이것은 제것이아니올시다 제돈주머니속에ᄂᆞᆫ 다만 二三十젼이잇슬ᄲᅮᆫ이요 이럿케 만ᄒᆞᆫ돈은 업습니다」ᄒᆞ고 다시 그주머니를 그로인의게 드리거ᄂᆞᆯ 그로인이 더욱 긔특히녀여왈「엇더턴지 내가 네게 이돈주머니를 주ᄂᆞᆫ것이니 ᄉᆞ양치말고 밧으라」ᄒᆞᆫ대 효창이가 두세번 ᄉᆞ양ᄒᆞ다가 ᄒᆞᆯ수업시 밧아가지고와셔 그어머니의게 고ᄒᆞᆯ때에 그리웃에 사ᄂᆞᆫ 복동이란 ᄋᆞᄒᆡ가 그말을듯고

또ᄒᆞᆫ 그로인의집 문압헤와셔 죵일토록 울거ᄂᆞᆯ 그로인이 또ᄒᆞᆫ 우ᄂᆞᆫᄉᆞᄃᆞᆰ을무른즉 복동이가 효창의 ᄒᆞ던말과 ᄭᅩᆨᄀᆞᆺ치 ᄃᆡ답ᄒᆞᄂᆞᆫ지라 그로인은 벌셔 그거짓말ᄒᆞᄂᆞᆫ 경샹을 짐작ᄒᆞ고 져이우ᄉᆞ며 문을닷고 드러가니 복동의 거짓ᄒᆡᆼ위ᄂᆞᆫ 쓸ᄃᆡ업시 ᄉᆞ일울기만 ᄒᆞ엿지 그계칙은 맛지아니ᄒᆞ엿더라

위ᄉᆡᆼ요셜

뎨三 음식

사ᄅᆞᆷ이 세샹에살ᄆᆡ 대단히 긴요ᄒᆞ게 ᄉᆡᆼ각ᄒᆞᄂᆞᆫ것이 세가지라 첫재ᄂᆞᆫ 음식이오 둘재ᄂᆞᆫ 의복이오 셋재ᄂᆞᆫ 거쳐ᄒᆞᆯ집인ᄃᆡ 그즁에 가쟝 큰것은 음식이라 음식이 넉넉ᄒᆞ면 의복과 집이 업슬지라도 살수잇거니와 만일 음식이업ᄉᆞ면 아ᄅᆞᆷ다온옷과 됴ᄒᆞᆫ집이 잇슬지라도 다쓸ᄃᆡ업ᄂᆞ니 가령 화륜챠ᄂᆞᆫ 증긔(蒸氣)의 힘으로 ᄃᆞᆫ니며 증긔ᄂᆞᆫ 셕탄의 불긔운을 빌어ᄉᆡᆼ기고 사ᄅᆞᆷ은 피의 더온것으로 말ᄆᆡ암아 살고 또피의 더온것은 음식의 힘을빌어 부지(扶持)ᄒᆞᄂᆞ니 우리몸에 음식은 화륜차에 셕탄과ᄀᆞᆺᄒᆞᆫ지라 그럼으로 사ᄅᆞᆷ은 불가불 음식을 구ᄒᆞᆯ것이오 음식을 구ᄒᆞᄂᆞᆫ즁에도 됴ᄒᆞᆫ것과 됴치못ᄒᆞᆫ것을 가려셔 먹을것인ᄃᆡ 대개힘이 만ᄒᆞᆫ것은 됴ᄒᆞᆫ음식이라 ᄒᆞ겟ᄉᆞ나 그ᄌᆡ료가 각각다르니 혹 질소(窒素)「힘이나게 ᄒᆞᄂᆞᆫ물질」가 잇ᄂᆞᆫ것도 만ᄒᆞ니 이ᄂᆞᆫ 계란의 흰ᄌᆞ위와 고기의 연질(軟質)과 쇠졋의 건락질(乾酪質)과 곡식의 단ᄇᆡᆨ질(蛋白質)「쌀속에희고 진긔잇ᄂᆞᆫ것」ᄀᆞᆺᄒᆞᆫ것이오 질소가 업ᄂᆞᆫ것도 잇스니 이ᄂᆞᆫ 여러가지 기름과 풀과 과실의 단것과 초와 소곰과 모든 단것인ᄃᆡ 단ᄇᆡᆨ질이라ᄒᆞᄂᆞᆫ것은 사ᄅᆞᆷ으로 ᄒᆞ여곰 힘이나고 긔운이 식식ᄒᆞ게ᄒᆞᄂᆞ니 그것을 분셕(分析)ᄒᆞ면 ᄇᆡᆨ분즁에 질소가 십륙분이오 탄소(炭素)가 오십ᄉᆞ분이오 슈소가 칠분이오 산소(酸素)가 십이분이오 류황질이 몃분이오 소곰이 몃분이니라

실업

◎누에치ᄂᆞᆫ법 (쇽)

뎨十四 견용(繭蛹)을죽여 말니ᄂᆞᆫ것

ᄭᅩᆺ치(繭)를 ᄯᅡᆫ후에 실을 ᄲᅩᆸ아 쓸것은 ᄭᅩᆺ치속에잇ᄂᆞᆫ 누에를 반ᄃᆞ시 죽여야 될지며 또오ᄅᆡ두고져ᄒᆞ면 잘말녀두어야 되ᄂᆞ니 그방법은 ᄯᅡᆼ을두자가량쯤파고 그밋헤 숫불을 퓌운후 집ᄌᆡ(藁灰)로 덥고 그우에 밋ᄲᅡ진 셕유궤ᄶᅡᆨ ᄀᆞᆺᄒᆞᆫ것을 노으되 넓은 양텰조각으로 밧쳐노코 그우에 ᄭᅩᆺ치담은 광쥬리를 노아두면 잠시동안에도 잘마를지니라

뎨十五 실ᄲᅩᆸᄂᆞᆫ것

죠션셔 ᄌᆞ리로 실ᄲᅩᆸᄂᆞᆫ법은 손으로써 ᄲᅩᆸᄂᆞᆫᄃᆡ 그법이 심히 완젼치못ᄒᆞ여 됴ᄒᆞᆫ실을 엇기 어려온즉 불가불 실ᄲᅩᆸᄂᆞᆫ 긔계를 쓰ᄂᆞᆫ것이 필요ᄒᆞ니라

실ᄲᅩᆸᄂᆞᆫ 긔계ᄂᆞᆫ 두죵류가잇ᄂᆞᆫᄃᆡ ᄒᆞ나흔 좌조긔계(座繰器械)이니 그갑슨 부쇽픔(附屬品)병ᄒᆞ야 三환니외오 또다른것은 양반긔계(揚返器械)니 그갑슨 十환가량이니라

실을ᄲᅩᆸ고져 ᄒᆞᆯ때에 몬져 ᄭᅩᆺ치의 크고 적으며 됴코 나즌것을 골나 각각 일미지게ᄒᆞᆫ후 솟(鍋釜)에 물을 七분가량쯤 채오고 그물을 잘ᄭᅳ린후 ᄭᅩᆺ치를 ᄒᆞᆫ개 병렬(並列)노ᄯᅴ워노아 ᄭᅩᆺ치의 젼부(全部)가 고로게 셕고 농슉(濃熟)ᄒᆞ거든 집고ᄀᆡᆼ이로ᄆᆞᆫ든 뷔(箒子)로 그농슉ᄒᆞᆫ ᄭᅩᆺ치를 록록치면 실ᄭᅳᆺ치 뭇어 올나올지니 그때ᄂᆞᆫ ᄭᅩᆺ치마다 실ᄭᅳᆺᄒᆞ나를 차자 긔계의 부쇽픔된 얼네(絲卷器)에 감ᄂᆞ니라

몬져 적은얼네에 감은것을 다시 큰얼네에 옴겨 감ᄂᆞ니 이것을 양반법(揚返法)이라칭ᄒᆞ며 그다음에ᄂᆞᆫ 큰얼네에 감은것을 취ᄒᆞ야 실ᄭᅳᆺ치 어자럽지 안토록 잘차자셔 타리를 지을지니라

담총

◎졈치ᄂᆞᆫ쟈와ᄉᆞ쥬보ᄂᆞᆫ쟈의허망ᄒᆞᆷ

갑을병졍무긔경신임계(甲乙丙丁□己庚辛壬癸)ᄂᆞᆫ 텬간(天干)이오 ᄌᆞ츅인묘진ᄉᆞ오미신유슐ᄒᆡ(子丑寅卯辰巳午未申酉戌亥)ᄂᆞᆫ 디지(地支)라 닐ᄋᆞᄂᆞ니 녯사ᄅᆞᆷ이 이二十二ᄌᆞ를 가지고 ᄒᆡ와 달과 날과 시의 일홈을 긔록ᄒᆞᆯᄯᆞᄅᆞᆷ이오 그가

七

온딕 다른뜻이 업거늘 후세에 점치ᄂᆞᆫ자와 四쥬보ᄂᆞᆫ자들이 륙갑글ᄌᆞ에 빙거ᄒᆞ야 허망ᄒᆞᆫ말을 지어내셔 세샹사ᄅᆞᆷ을 속이딕 사ᄅᆞᆷ의 빈부와 귀쳔과 슈요(壽夭)가 다 四쥬八ᄌᆞ에 달녓다ᄒᆞ니 엇지 우습지 아니리오 가령 죠션十三도로 말ᄒᆞᆯ지라도 ᄒᆞᆫ날ᄒᆞᆫ시에 난 사ᄅᆞᆷ이 몃ᄇᆡᆨ명이 될터이니 엇지 그여러사ᄅᆞᆷ의 빈부와 귀쳔과 슈요가 ᄀᆞᆺ흐리오 지금 텬하각국을 다도라볼디경이면 이러ᄒᆞᆫ 허망ᄒᆞᆫ말을 밋ᄂᆞᆫ인민은 그 나라 형세가 다썰치지 못ᄒᆞ고 그럿치아니ᄒᆞᆫ 셔양각국은 다 문명부강ᄒᆞ니 우리ᄉᆞ랑ᄒᆞᄂᆞᆫ 동포들은 그리치를 밀우어보고 점치ᄂᆞᆫ자와 ᄉᆞ쥬보ᄂᆞᆫ자의 말을 밋지말기를 깁히ᄇᆞ라노라

회보딕금령슈

住所	名氏	金額
江陵邑	高在範	二圓八十錢
豊德	田永春	二十錢
仝	鄭鳳時	二十錢
仝	李敬順	二十錢
仝	尹暎熙	四十錢
開城	金東植	四十錢
平壤	尹善旭	七十錢
平康	白瀅鍊	四圓
楊平	金漢甫	四十錢
南部倉內	李桂旭	七十錢
陰城	潘武祿	六十錢
上仝	潘采雲	二十錢
上仝	金友三	二十錢
上仝	張奎煥	二十錢
上仝	張東徽	二十錢
上仝	延道一	二十錢
上仝	南漢容	二十錢
長湍	許慶俊	二十錢
京城	張鴻植	二十錢
上仝	全在豊	五十五錢
公州	孫承鏞	四十錢
懷德	吳德大	四十錢
恩津	卜基業	一圓
上仝	徐冕勳	四十錢
海美	宋煥洙	十錢
上仝	崔병화	二十錢
瑞山	林鳳翼	二十錢
平壤	李東杞	三十錢

그리스도회보

KOREAN CHRISTIAN ADVOCATE

每月二回十五日三十日發行
大正元年十月廿八日印刷
大正元年十月三十日發行

發行兼編輯人 開城北部山芝峴 奇義男
印刷人 京城北部樓閣洞 朴東完
印刷所 京城西小門內 法韓印刷所
發行所 京城北部壯洞四十三統三戶呂炳鉉邸

ᄃᆡ금「代金」 一쟝 一젼五리 六ᄀᆡ월 二十젼 一ᄀᆡ년 四十젼

샤셜

◉신입교우를잘인도ᄒᆞᆯ일

ᄉᆞ도바울이 고린도 형뎨들향ᄒᆞ야 닐ᄋᆞᄃᆡ 「내가 너희를 젓으로 먹이고 밥으로 먹이지아니ᄒᆞ엿노라」ᄒᆞ엿스니 이말ᄉᆞᆷ을 궁구ᄒᆞ여 보면 그가온ᄃᆡ 지극히 깁흔 의미가 포함되엿도다 므롯 어린ᄋᆞᄒᆡ는 쟝위의 쇼화력(消化力)이 약ᄒᆞᆫ고로 견경(堅硬)ᄒᆞᆫ 밥을 먹이면 쇼화가 되지못ᄒᆞ야 반ᄃᆞ시 병이날것은 지혜잇ᄂᆞᆫ쟈의 말을 기ᄃᆞ리지안코 가히알지라 우리교회안에도 새로드러온 교우는 이어린ᄋᆞᄒᆡ와 ᄀᆞᆺᄒᆞ셔 신심이 견고치 못ᄒᆞ고 신령ᄒᆞᆫ 덕량(德量)이 부족ᄒᆞ야 텬국의 오묘ᄒᆞᆫ 리치를 잘세ᄃᆞᆺ지 못ᄒᆞᄂᆞᆫ고로 비록 쥬일례비에 참예ᄒᆞᆯ지라도 홍상 의심구름(疑雲)에 ᄣᆞ여잇다가 교회 목ᄉᆞ나 모든 임원의 언힘동지에 ᄃᆡᄒᆞ야 조곰이라도 부족ᄒᆞᆫ 뎜을보면 곳 비방ᄒᆞᄂᆞᆫ말을 지여내며 심ᄒᆞᆫ쟈는 교회에 향ᄒᆞ던 발잣최를 아조ᄭᅳᆫ코 다른외인ᄭᆞ지 못드러오게 져희ᄒᆞᄂᆞᆫ 폐단이 죵죵 잇ᄂᆞ니 그런즉 우리 교회의 젼도ᄒᆞᄂᆞᆫ 직임을 맛흔 임원들은 一층 더주의ᄒᆞ야 一반 신입교우를 잘인도ᄒᆞ되 바울의 말ᄉᆞᆷ파ᄀᆞᆺ치 밥으로 먹이지말고 졋으로먹일지니 그방법은 언제던지 신입교우들 ᄃᆡᄒᆞ야 권면ᄒᆞᆯᄯᅢ에 거연(遽然)히 령혼상 오묘ᄒᆞᆫ리치를 말ᄒᆞ여 의심구름이 니러나게 ᄒᆞ지도말며 교회에 ᄃᆡᄒᆞᆫ 칙임을 너머 무겁게 지우지도말며 오ᄅᆡ져져느려오던 모든구습을 一죠에 다거절ᄒᆞ라고 독촉ᄒᆞ지도말고 셩경에도 인졍에 갓갑고 평이(平易)ᄒᆞᆫ 말ᄉᆞᆷ으로써 몬져권면ᄒᆞ야 ᄎᆞᄎᆞ깁고 고샹ᄒᆞᆫ 문뎨로 드러갈것이며 ᄯᅩᄒᆞᆫ 말노젼도ᄒᆞᄂᆞᆫ것보다 나의 힝위와 얼골노써 감동식히ᄂᆞᆫ것이 더귀ᄒᆞ니 이것은 곳 신입 교우즁에 무ᄉᆞᆷ질거온 일이잇ᄂᆞᆫ지 슯흔일이 잇ᄂᆞᆫ지 근심되ᄂᆞᆫ일이 잇ᄂᆞᆫ지 싱각ᄒᆞ야 잇스면 즉시 뎌회로더브러 ᄒᆞᆷᄭᅴ질거워ᄒᆞ며 ᄒᆞᆷᄭᅴ 슯퍼ᄒᆞ며 ᄒᆞᆷᄭᅴ 근심ᄒᆞᄂᆞᆫ뜻을 표ᄒᆞᆯ것이오 례비당이나 어나다른곳에셔 서로 만날때마다 스ᄉᆞ로 슯혀 내가 혹 교만ᄒᆞᆫ모양이 잇슬가 혹 링담ᄒᆞᆫ ᄐᆡ도가 잇슬가 혹불슌ᄒᆞᆫ말을 ᄒᆞᆯ가 미리죠심ᄒᆞ야 써 졉ᄃᆡᄒᆞ되 홍샹 온화ᄒᆞᆫ 얼골파 겸손ᄒᆞᆫ 모양파 공슌ᄒᆞᆫ말노써 ᄃᆡᄒᆞ야 뎌사ᄅᆞᆷ의 ᄆᆞᄋᆞᆷ을 감복ᄒᆞ면 비록 원슈라도 나를 반ᄃᆡᄒᆞᆯ 싱각이 업서 지고 나의 권면ᄒᆞᄂᆞᆫ 말이 그ᄆᆞᄋᆞᆷ속에 깁히 드러갈지며 교회를 비방ᄒᆞᆯ 말이업서지고 찬양ᄒᆞᄂᆞᆫ 소ᄅᆡ가 나올지니 우리 교회의 목ᄉᆞ와 젼도ᄉᆞ와 권ᄉᆞ와 쇽쟝파 一반 밋ᄂᆞᆫ 형뎨ᄌᆞ미는 각각 이칙임을 지고 모든 신입 교우를 잘인도ᄒᆞ기를 졀축ᄒᆞᄂᆞ이다

◉본사이젼 광고

본 샤쟝 긔의남씨는 긔셩으로 반이(搬移)ᄒᆞᆫ고로 본월 二十五일에 본회보 발힝소(本會報發行所)를 경셩북부 쟝동ᄉᆞ십삼통삼호 려병현씨져(京城北部壯洞四十三統三戶呂炳鉉氏邸)로 이젼(移轉)ᄒᆞ엿ᄉᆞ오니 쳠위는 죠량ᄒᆞ신후 본회보에 ᄃᆡᄒᆞᆫ 一반 셔신(書信)을 우긔쳐(右記處)로 보내시옵

교즁휘문

△니보▽

◎량젼도ᄉᆞ젼임 본년 九월 남감리회 년회에서 작뎡ᄒᆞᆫ 결과로 양양젼도ᄉᆞ 류시국씨는이쳔으로 평강젼도ᄉᆞ 박여삼씨는 안변으로 젼임되엿더라

◎목ᄉᆞ젼임 경셩 동대문안 교회목ᄉᆞ 쟝락도씨는 경셩서대문밧 링동 신학교 교ᄉᆞ로 젼임ᄒᆞ고 ᄒᆡ쥬읍교회에서 젼도ᄒᆞ던목ᄉᆞ 오긔션씨는 경셩동대문안 교회목ᄉᆞ로 젼임되여 리월브터 시무ᄒᆞᆫ다더라

◎一쥬일간대젼도 경셩즁로긔독쳥년회의 쥬쟝으로 동회관니에서 본월 二十一일브터 니외국 교명ᄒᆞᆫ 목ᄉᆞ들을 쳥ᄒᆞ여 一쥬일동안 대젼도회를 열엇ᄂᆞᆫᄃᆡ 一반 텽도ᄒᆞᆫ이들이 풍셩ᄒᆞᆫ 은혜를 만히 밧엇다더라

◎十一됴회 평남평양군 울미면 대쳔동 김풍한씨의 통신을 거ᄒᆞᆫ즉 ᄌᆞ군 빅목ᄉᆞ의 관활ᄒᆞᄂᆞᆫ 구역니 각교회 형메ᄌᆞ민들은 작년十월간에 十一됴회를 조직ᄒᆞ고 미월 첫토요일에 통상회를 열고 셩경말ᄉᆞᆷ으로 토론ᄒᆞᆫ후 각각소득에서 十분지一을 교회에 밧친것이 五百여환에 달ᄒᆞᆫ지라 이것으로써 경비를 삼고 젼도인을 션뎡ᄒᆞ야 각쳐로 파송ᄒᆞᆯ시 쟝셕간씨는 현암교회로 교용필씨는 무동교회로 김풍한씨는 대쳔동교회로 파송ᄒᆞ야 젼도케되엿ᄉᆞ니 하ᄂᆞ님ᄭᅴ 영화를 돌니고 찬송ᄒᆞ며 이十一됴회의 본규측은 각회원이 돈을내여 젼도인을 세울ᄲᅮᆫ아니라 각각 ᄉᆞ욕을 이긔고 날마다 셩경一二장식 보고 타인을 ᄉᆞ랑ᄒᆞ야 긔도ᄒᆞᄂᆞᆫ것이니 이ᄂᆞᆫ 젼국신쟈들의 모범될만ᄒᆞᆫ 일이니 교회마다 이와ᄀᆞᆺᄒᆞᆫ 회를 세워 하ᄂᆞ님 나라를 속히 흥왕케ᄒᆞ기를 ᄇᆞ란다ᄒᆞ엿더라

◎쥬의권능을감사ᄒᆞᆷ 평북운산읍 김치호씨의 통신을 거ᄒᆞᆫ즉 희읍 김병제씨는 본리호회ᄌᆞ뎨로 평셩에 공슈지슐파 퇴일ᄒᆞᄂᆞᆫ 법을 공부ᄒᆞ야 경향간 출몰ᄒᆞ더니 三년젼브터 쥬의 부르심을 닙어 독실ᄒᆞᆫ 신쟈가된후로ᄂᆞᆫ 소위명당을찻지안코 텬당을구ᄒᆞ며 길일을 턱ᄒᆞ지안코 셩일을 직히니 이ᄂᆞᆫ 다쥬의 권능으로 되ᄂᆞᆫ것인즉 그은혜를 감샤ᄒᆞᆫ다ᄒᆞ엿더라

◎슈원읍교우의ᄌᆞ급심 슈원읍교회 젼도ᄉᆞ 류홍쥰씨의 통신을 거ᄒᆞᆫ즉 희교회에서ᄂᆞᆫ 형뎨ᄌᆞ미들이 셩심으로 죠셕마다 ᄌᆞ급미를 미인젼에 ᄒᆞᆫ슈쌔락식 떠모화서 작젼ᄒᆞ야 미삭 젼도ᄉᆞ의 월봉 부족됴 二환파 젼도부인 슌힝시 신발갑 五十젼파 쇽장부인 류신덕씨가 불피풍우ᄒᆞ고 밤낫으로 열심젼도ᄒᆞᆷ에 ᄃᆡᄒᆞ야 ᄌᆞ급젼도직무를 겸ᄒᆞ야 보게ᄒᆞ고 미삭 二환식 도아주ᄂᆞᆫ것파 다른교회에 젼도ᄎᆞ로파송ᄒᆞᄂᆞᆫ 임원의 려비등을 다지발ᄒᆞ기로 의결되여 잘실시되니이것은 다 하ᄂᆞ님ᄭᅴ셔 모든신자의 ᄆᆞᄋᆞᆷ을 감동ᄒᆞ샤 교회를 흥왕케ᄒᆞᆯ 싱명 열미를 밋게ᄒᆞ심이니 감사 찬송ᄒᆞᆷ을 마지아니ᄒᆞᆫ다 ᄒᆞ엿더라

◎량씨의신심 츙남 보령군 궁촌교회쇽장 리쥰셥씨의통신을 거ᄒᆞᆫ즉 희교회 권ᄉᆞ김락권씨ᄂᆞᆫ 十여년젼브터 예수를 독실히 밋으며 미국셔 七八년 류학ᄒᆞ다가 수년젼에 귀국ᄒᆞ야 쥬의일노 열심ᄒᆞᄂᆞᆫ바 이곳 교회가 본리 연약ᄒᆞ야 셜립된지 七八년에 례비당을 건축지 못ᄒᆞ고 엇던교우의 집을 빌어셔 례비ᄒᆞ더니 금년봄에 비로소 례비당으로 초가四간을 사셔 슈리ᄒᆞᆯ시 김락권씨가 돈二十환을 연보ᄒᆞ엿ᄉᆞ며 ᄯᅩᄒᆞᆫ 학교집으로 초가三간을 슈츅ᄒᆞ고 남녀학싱 二十여명을 모집ᄒᆞᆫ후 교ᄉᆞ二인을 고빙ᄒᆞ야 교슈케ᄒᆞ고 그근쳐에 ᄃᆞᆫ니며 열심젼도ᄒᆞᆷ으로 수년젼ᄭᆞ지 쥬일례비보ᄂᆞᆫ쟈가 겨우三十인에 지나지 못ᄒᆞ더니 지금은 쥬일마다 평균七八十명에 달ᄒᆞ니 하ᄂᆞ님의 은혜가 이곳에 풍셩ᄒᆞ시며 ᄯᅩ 쇽장김민제씨ᄂᆞᆫ 나이 지금 七十인ᄃᆡ 슬하에 一뎜혈육이 업고 단간두옥에 빅발로쳐와 ᄒᆞᆫ가지로 지낼시 그부인이 ᄒᆞᆼ샹 쳐파 등쇽을 빅수에니고 ᄃᆞᆫ니며 팔아셔 두로인이 호구ᄒᆞᄂᆞᆫ쳐

다에 이번 셩뎐 슈츅ᄒᆞᆯ때에 김씨가 돈十환을 련보ᄒᆞ엿스니 동씨는 파연 지물을 텬국에 싸ᄒᆞ쟈요 또ᄒᆞᆫ 쥬를 밋은지 十여년에 핍박파 곤난을 부수히 당ᄒᆞ엿스나 더옥 쥬를 의지ᄒᆞ고 락심치 아니ᄒᆞ며 참고 견딤으로 오ᄂᆞᆯ날이교회가 점점 뿌리를 박게ᄒᆞ엿스니 량씨는 텬국일을 잘홈으로 이후에 반ᄃᆞ시 샹이잇슬줄 밋ᄂᆞᆫ다 ᄒᆞ엿더라

△외보▽

◉영국셩셔공회 영국셩셔공회는 금년니에 발힝ᄒᆞᆫ 셩셔가 도합 七百三十九만四千五百九十三권인ᄃᆡ 그즁에 신구약 합부ᄒᆞᆫ 셩경이 九十六만八千三百三十七권이오 신약이 一百五十八만四千二百六十二권이오 ᄯᅩ복음이 四百八十四만一千八百八十四부라더라

◉미국의일인교우 미국가쥬에 잇ᄂᆞᆫ 일부인즁 그리스도인이 二千五百十四인이오 ᄯᅩ 상항에 잇ᄂᆞᆫ일본인즁 그리스도인은 六百四十명이라더라

◉텬쥬교를반ᄃᆡ홈 미국그리스도인도보계의 계저ᄒᆞᆫ바를 거ᄒᆞᆫ즉 근일 법국빅셩즁에 텬쥬교를 반ᄃᆡᄒᆞᄂᆞᆫ ᄉᆞ샹파 활동이 대단히 강경ᄒᆞ다더라

◉부인목ᄉᆞ 미국쿨노리드셩게 나ᄂᆞᆫ 부인픽러손씨는 근일에 목ᄉᆞ승픔을 밧앗ᄂᆞᆫᄃᆡ 녀ᄌᆞ로 목ᄉᆞ되기는 이부인으로브터 시작이라ᄒᆞ엿더라

◉인도의분흥회 인도국계쥬지ᄒᆞᄂᆞᆫ 미감리회 감독모씨의 통신을 거ᄒᆞᆫ즉 ᄌᆞ긔가 지나간 一삭동안에 각쳐로 도라ᄃᆞᆫ니며 분흥회를 기최(開催)ᄒᆞᆫ 결과로 우샹 셤기는 졔단을 훼철(毁撤)ᄒᆞᆫ것이 三百四十八쳐요 새로 셰례밧고 ᄯᅩ 밋기로 작뎡ᄒᆞᆫ쟈가 도합六千여명에 달ᄒᆞ엿다더라

◉만국금지회 뎨三회 만국금지회 (아편파 술파 모든풍쇽괴패ᄒᆞᄂᆞᆫ일을 금지ᄒᆞ자ᄂᆞᆫ회)는 명년九월 二十二일브터 二十八일ᄭᆞ지 의대리국 밀닌셩에셔 열기로 작뎡되엿더라

◉미국예수교회의통계 미국전국니 예수교회의 통계를 살ᄒᆞᆫ건ᄃᆡ 셰례인이 二千二百만인이며 학습인이 六千만인이며 쥬일학교 학싱이 一千六百만인이며 안슈례 밧은목ᄉᆞ가 十六만二千인이며 교회가 二千一만五千쳐이요 교회의 ᄌᆡ산이 二十六억원이라더라

◉하감독쟝ᄅᆡ 감독히리스씨는 본년十一월간에 미국셔 ᄯᅥ나셔 인도국을 유람ᄒᆞᆫ후 일본파 죠션을 향ᄒᆞ야 건너오겟다고 모쳐에 통신이잇다더라

◉일션인의군친회 일본동경 긔독쳥년회에셔 거九월 二十五일 하오七시에 년례를 의지ᄒᆞ야 동경에잇ᄂᆞᆫ 죠션류학싱을 쵸ᄃᆡ(招待)ᄒᆞ야 군친ᄒᆞᄂᆞᆫ뜻을 표ᄒᆞ고 회쟝에바라씨의에 수인의 환영ᄒᆞᄂᆞᆫ 연셜파 죠션학싱 ᄃᆡ표쟈 二인의 답ᄉᆞ가 잇슨후에 다파로 향웅(饗應)ᄒᆞ엿ᄂᆞᆫᄃᆡ 빈쥬간에 화긔가 융융ᄒᆞ야 하오九시에 산회 ᄒᆞ엿다더라

◉일본횡빈의쳥년회관 일본횡빈항에 긔독쳥년회관을 새로 건축ᄒᆞ기 위ᄒᆞ야 미국련합쳥년회에셔 금화七만원을 긔부(寄附)ᄒᆞᆫ고로 이돈을 긔초로삼고 당디 쳥년회원 一동의 힘대로 모집ᄒᆞᆫ것이 一관二千원이오 一반유지쟈의 긔부ᄒᆞᆫ것이 四만원이니 도합 十二만二千원으로 四층 벽돌집을 건축ᄒᆞᆯ터인ᄃᆡ 그안에 학교실파 운동쟝파 도셔관(圖書館)파 긔슉샤와 오락실(娛樂室)을 비치ᄒᆞ리라더라

◉인도국의교인수효 근년ᄃᆡ로 인도국에 그리스도교회가흥왕홈은 이왕에도 여러번 긔지ᄒᆞ엿거니와 근일에 ᄌᆞ세히 됴사ᄒᆞᆫ바를 거ᄒᆞᆫ즉 영국교회 교도가 三十三만二千인이며 침례교(沈禮敎)회 교도가 三十三만一千인이며 감리회 교도가 十六만二千인이며 쟝로회 교도가 十六만四千인이며 죠합교(組合敎)회 교도가 十三만四千인이라더라

긔셔

◉하ᄂᆞ님은혜의풍셩ᄒᆞᆫ열미

三

공뎨군한도예ᄉᆡ

대뎌 신구약셩경을 통이 계(計)지ᄒᆞ여 말ᄒᆞ자면 하ᄂᆞ님의 은혜밧게는 다른것이 업ᄂᆞ니이에 하ᄂᆞ님의 은혜를 ᄒᆞᆫ비나무에 비ᄒᆞ야 말ᄒᆞ고져ᄒᆞ노니 따의 온은ᄒᆞᆫ 습긔와 공긔중에 잇ᄂᆞᆫ 탄소(炭素)를 흡취(吸取)ᄒᆞ야 싹이나고 꼿치픠며 그다음에는 츙실ᄒᆞᆫ 열매를 맷ᄂᆞᆫ것과ᄀᆞᆺ치 우리밋ᄂᆞᆫ쟈의 ᄆᆞᄋᆞᆷ속에도 무형ᄒᆞᆫ 셩신의 은혜로 말미암아 젼일 악독ᄒᆞᆫ 셩질과 비패ᄒᆞᆫ ᄆᆞᄋᆞᆷ을 버리고 여러가지 아ᄅᆞᆷ다온 열매를 맷ᄂᆞᆫ것은 모든ᄉᆞ랑과 화평과 온유와 인내와 인ᄌᆞ와 진실과 밋음과 겸손과 소망이라 대개 사ᄅᆞᆷ을 ᄒᆞᆫ과목에 비ᄒᆞ고보면 그ᄆᆞᄋᆞᆷ은 곳뿌리라 뿌리가 견실치 못ᄒᆞ면 열매를 맷기 어려온고로 하ᄂᆞ님ᄭᅴ셔 그ᄆᆞᄋᆞᆷ으로브터 시작ᄒᆞ샤 돌ᄀᆞᆺᄒᆞᆫ ᄆᆞᄋᆞᆷ은 ᄲᅢ여ᄇᆞ리고 온유ᄒᆞ고 졍결ᄒᆞᆫ ᄆᆞᄋᆞᆷ을 주샤 이로좃차 아ᄅᆞᆷ다온 말과 션ᄒᆞᆫ힝위가 나오게ᄒᆞ시ᄂᆞ니 그럼으로 셩경에 말ᄉᆞᆷᄒᆞ시기를 「몰과 셩신으로 거듭나야 ᄒᆞ겟다」ᄒᆞ셧도다 또 하ᄂᆞ님ᄭᅴ 밧은 은혜를 리웃사ᄅᆞᆷ의게 베프ᄂᆞᆫ것은 깃봄을 창조ᄒᆞᄂᆞᆫ 긔관인ᄃᆡ 므롯 하ᄂᆞ님의 은혜는 그리스도안에 잇ᄂᆞ니 그리스도를 밋ᄂᆞᆫ쟈ㅣ 맛당히 이은혜를 밧을것이라 또 이은혜는 영원ᄒᆞᆫ 은혜라 이은혜로ᄡᅥ 모든 유형무형ᄒᆞᆫ 만물을 창조ᄒᆞ셧ᄉᆞᆫ즉 하ᄂᆞ님이 곳 은혜시며 은혜가 곳 영셩과 련당이니 밋음도 업셔지고 소망도 만족ᄒᆞ며 ᄃᆡ구가 제궤도를 어긔여가고 八힝셩이 젼징을ᄒᆞᆯᄯᅢ가 잇슬지라도 하ᄂᆞ님의 은혜는 졈졈 더 풍셩ᄒᆞᆯ것이오 대개 하ᄂᆞ님의 공평ᄒᆞᆫ 은혜는 장갑대히와ᄀᆞᆺᄒᆞ니 쥬야로 쉬이지안코 흘너가매 좌우에잇ᄂᆞᆫ 모든것을 윤택케ᄒᆞ야 박ᄒᆞᆫ토디라도 오곡이 풍등ᄒᆞ고 사막디방이라도 향긔로온 란초가 픠게ᄒᆞ며 또 이은혜는 태양과ᄀᆞᆺᄒᆞ셔 어두온 음곡에도 밝은빗치 빗최며 극히치운 빙쥬에도 더운긔운이 ᄂᆞ르게ᄒᆞᄂᆞᆫ도다 그런즉 하ᄂᆞ님의 풍셩ᄒᆞᆫ 은혜의 열매가 영원토록 우리 각사ᄅᆞᆷ ᄆᆞᄋᆞᆷ가온ᄃᆡ 계시기를 하ᄂᆞ님ᄭᅴ 긔도ᄒᆞ노라

◎ᄌᆞ유ᄒᆞᆫ칙임

뎨卅八호 (쇽)

공쥬의ᄉᆞ 반복긔

첫재 ᄌᆞ양질을 감ᄒᆞᄂᆞᆫ리유를 말ᄒᆞ고져ᄒᆞᄂᆞᆫᄃᆡ 죠션사ᄅᆞᆷ 가온ᄃᆡ ᄒᆞᆫ가지 유혹ᄒᆞᄂᆞᆫ 말은 식후에 뎨一미란 말이라 만一 사ᄅᆞᆷ이 음식맛보다 담비맛을 더됴화ᄒᆞ면 그입맛이 상ᄒᆞᆫ줄을 가히알지니 사ᄅᆞᆷ이 담비를 먹음으로 연초독질의 해를 밧어셔 텬연ᄒᆞᆫ맛을 변ᄒᆞ야 담비맛을 뎨一됴화ᄒᆞᄂᆞᆫ 것이 곳 몸을 해ᄒᆞᆫ증거라 만일 담비 만히먹ᄂᆞᆫ 사ᄅᆞᆷ과 아니먹ᄂᆞᆫ 사ᄅᆞᆷ의 음식먹ᄂᆞᆫ것을 비교ᄒᆞ면 흠연아니ᄒᆞᄂᆞᆫ쟈가 음식을 더잘먹ᄂᆞᆫ것을 볼지니 이것은 특별히 졂은 사ᄅᆞᆷ들을 두고 ᄒᆞᆫ말이오 또 담비가 사ᄅᆞᆷ의 입맛을 감ᄒᆞᆯᄲᅮᆫ아니라 음식을 잘쇼화치 못ᄒᆞ게ᄒᆞᄂᆞ니 의학박ᄉᆞ의 관찰노말ᄒᆞ면 담비먹ᄂᆞᆫ 사ᄅᆞᆷ이 다른사ᄅᆞᆷ보다 체증이 만히잇ᄂᆞᆫ고로 체증ᄭᆞᆺ치러온 사ᄅᆞᆷ의게 담비를 거졀ᄒᆞ라고 몬져 권고ᄒᆞᄂᆞ니라

둘재 담비의 독질이 심경을 해ᄒᆞᆷ을 말ᄒᆞ노니 담비를 파히먹ᄂᆞᆫ 사ᄅᆞᆷ이 ᄒᆞᆫ가지 특별ᄒᆞᆫ 병이싱기기가 쉬온ᄃᆡ 이ᄂᆞᆫ 의학박ᄉᆞ가 담비심장이라 칭ᄒᆞ고 담비를 처음먹을ᄯᅢ에 심장이 그격동식힘을 밧어셔 더ᄲᆞᆯ니, ᄯᅱ여놀고 다셔 먹지안으면 평상도수로 ᄯᅱ여놀되 만히 먹ᄂᆞᆫ사ᄅᆞᆷ의 심장은 이와ᄀᆞᆺ치 ᄯᅱ여놀거를 네머 파도히홈으로 약ᄒᆞ게되여 맛치 사ᄅᆞᆷ이 무거운짐을 지고 하로에 五十리를 갈ᄯᅢᄒᆞᆫ것을 혹 반날에 百리를가면 대단히 로곤ᄒᆞ게되ᄂᆞᆫ것ᄀᆞᆺᄒᆞ니 이럼으로 병이싱겻ᄂᆞ니라 담비 심장이라ᄒᆞᄂᆞᆫ 병의 증세는 특별히 세가지가 잇ᄉᆞ니 첫재로곤ᄒᆞᆫ것이오 둘재 평균도수로 ᄯᅱ놀지못ᄒᆞ고 서너번 ᄯᅱ놀다가 혹걸너ᄯᅴ기도ᄒᆞ며 혹 잠간농인ᄂᆞᆫ 쳔쳔히 ᄯᅱ기도ᄒᆞ으도 엇던ᄯᅢ에ᄂᆞᆫ 경충숭 혹 심노숭이 싱김이니 이ᄂᆞᆫ 심장이 흔ᄃᆡᄂᆞᆫ것파ᄀᆞᆺ치 ᄯᅱ놀고 갑갑홈을 셰ᄃᆞᆫᄒᆞᆫ것이며 셋재 심장놈이니 심장이 갑쟉이 갈노ᄶᅵ르ᄂᆞᆫ것ᄀᆞᆺ치 압흔것이라 이것은 ᄒᆞᆫ치못ᄒᆞᆯ것이로되 다른악숭은

발표니 청년의 대한 주의할 것이니라

젼도인―람

◉목ᄉᆞ의직칙

三、쥬의 은혜를 엇음이니 구약과 신약가온ᄃᆡ 무슴 더러온것을 쳥결ᄒᆞ는 표에 ᄃᆡᄒᆞ야 미리 세가지로 말ᄒᆞ엿ᄉᆞ니 곳 물과 불과 피라 이세가지의 본질은 비록 각각 다르나 그쓰는 공효는 ᄒᆞᆫ가지니 이럼으로 이사야가 그입설의 더러온줄을 세ᄃᆞᄅᆞ매 던ᄉᆞ는 숫불노써 이사야의 입에ᄃᆡ여 ᄒᆞ여곰 셋긋흠을 엇게ᄒᆞ엿고 예리미아가 나히 어리고 입이 둔ᄒᆞ여 엇더케말ᄒᆞᆯ줄을 모로매 하ᄂᆞ님ᄭᅴ서 ᄂᆞᆫ그손으로써 예리미아의 입에 안찰ᄒᆞ샤 (옘一〇九、) 능히 말ᄉᆞᆷ 잘ᄒᆞ게ᄒᆞ시며 또ᄒᆞᆫ 맛당히 ᄒᆞᆯ말을 넉넉히 주셧ᄉᆞ니 이는 곳 하ᄂᆞ님ᄭᅴ서 누구던지 당신을 ᄃᆡ신ᄒᆞ여 세상 사ᄅᆞᆷ의게 교훈ᄒᆞᆯ 필자의게는 반ᄃᆞ시 능력과 주저와 ᄒᆞᆯ말을 주지는 증거니라 이때에 이사야가 몬져 하ᄂᆞ님을 보고 다음에 ᄌᆞ긔죄를 세ᄃᆞᆺ고 나죵에 쥬의은혜를 엇엇ᄉᆞ니 그부르심을 닙은일의 슌서가 이ᄲᅮᆫ이 아니라 하ᄂᆞ님ᄭᅴ서 다시 더를 뎡ᄒᆞ여 션지를 삼고져ᄒᆞ셧도다 그럼으로 하ᄂᆞ님ᄭᅴ서 말ᄉᆞᆷᄒᆞ시기를 「누가 능히 나를 위ᄒᆞ야 가겟ᄂᆞ뇨 내가 누구를 가히 보낼고」ᄒᆞ시매 이사야는 곳ᄃᆡ답ᄒᆞ여 골ᄋᆞᄃᆡ 「내가 여긔잇ᄉᆞ오니 나를 보내쇼셔」ᄒᆞ엿ᄉᆞ니 이는 이사야가 스ᄉᆞ로 취ᄒᆞᆫ직분이라 이것을 ᄉᆡᆼ각ᄒᆞ면 이사야가 그ᄆᆞᄋᆞᆷ을 예비ᄒᆞ고 잇다가 하ᄂᆞ님ᄭᅴ 회ᄀᆡᄒᆞᆯ때에 곳 ᄌᆞ긔죄를 세ᄃᆞᆺ고 셔ᄃᆞ른 동시에 곳 하ᄂᆞ님의 은혜를 닙엇ᄂᆞᆫ즉 깃븜을 이긔지 못ᄒᆞ야 곳보내시는 명령을 밧들엇ᄉᆞ니 그신속홈이 비유컨ᄃᆡ 깁흔골에 돌을 던지매 곳ᄃᆡ답ᄒᆞ는 소리가 낫는것갓도다 그런즉 밋는자중 누구던지 그ᄆᆞᄋᆞᆷ속에 하ᄂᆞ님의 부르심을 세ᄃᆞ를 때에 맛당히 이사야로써 모범을 삼을지니라

진리문답

문、하ᄂᆞ님ᄭᅴ서 웨 가인의 제ᄉᆞ를 밧지아니 ᄒᆞ셧ᄂᆞ뇨

답、그 리유는 두가지가 잇ᄂᆞᆫ듯ᄒᆞᆫᄃᆡ 一은 밋음의 부죡홈이니 대개 하ᄂᆞ님은 밋음으로 드리ᄂᆞᆫ 제ᄉᆞ를 밧으시ᄂᆞᆫ지라 그럼으로 아벨는 밋음으로써 제ᄉᆞ를 드리매 (히十一〇四) 하ᄂᆞ님이 밧으시고 가인은 밋음이 부죡ᄒᆞᆫ고로 밧지아니 ᄒᆞ셧ᄉᆞ며 二는 그제물이 률법을 의지ᄒᆞ야 오지아니ᄒᆞᆫ ᄭᆞᄃᆞᆰ이니 대개 가인ᄂᆞᆫ 밋음이 부죡ᄒᆞᆫ고로 그제물ᄭᆞ지 률법을 의지ᄒᆞ야 오지아니ᄒᆞᆫ것이라 그런즉 우리밋ᄂᆞᆫ자가 능히 하ᄂᆞ님을 깃브시게 ᄒᆞᆯ만ᄒᆞᆫ것은 밋음이 첫재요 법례가 둘재니라

문、쥬일학교ᄃᆡ에서 八세이하 어린ᄋᆞᄒᆡ들을 ᄀᆞᄅᆞ칠때에 령혼샹으로 영원ᄒᆞᆫ 벌이 잇는 도리를 젼쥬ᄒᆞ야 ᄀᆞᄅᆞ치는것이 가ᄒᆞ뇨

답、아니라 어린ᄋᆞᄒᆡ들을 ᄀᆞᄅᆞ침에는 하ᄂᆞ님의 쥬지(主宰)되심과 홍샹 ᄃᆡ회를 감찰ᄒᆞ심과 그크신ᄉᆞ랑과 또ᄒᆞᆫ 하ᄂᆞ님을 잠시라도 ᄯᅥ나지 못ᄒᆞᆯ리유를 젼쥬ᄒᆞ야 ᄀᆞᄅᆞ치는것이 묘ᄒᆞ니라

셰계격언

一 하ᄂᆞ님 압헤서는 법률을 듯는자가 의로온 사ᄅᆞᆷ이 아니라 법률대로 힝ᄒᆞ는자가 의로온 사ᄅᆞᆷ이니라

二、사ᄅᆞᆷ이 경비치아니ᄒᆞᆯ 텬(神)의게 경비ᄒᆞ면 이는 아텸ᄒᆞ는것이오 의를보고 힝치아니ᄒᆞ면 이는 용밍 업는것이니라

三、일국이 스ᄉᆞ로 분징ᄒᆞ면 그나라이 망ᄒᆞ고 ᄒᆞᆫ집이 스ᄉᆞ로 분징ᄒᆞ면 그집이 망ᄒᆞᄂᆞ니라

四、누구던지 만일 죄가업다ᄒᆞ면 이는 스ᄉᆞ로 속여

논것이니 참리처가 그ᄆᆞ옴속에 잇지아니ᄒᆞ고 또 만일 죄를 고ᄒᆞ면 용샤ᄒᆞᆷ을 엇ᄂᆞ니라

五、하ᄂᆞ님께 죄를 엇으면 다시 빌곳이 업ᄂᆞ니라

어린ᄋᆞ희들의니야기

⊙나ᄂᆞᆫ몰나

리씨졍ᄌᆞᄂᆞᆫ 쳥년과거로 다만 열설먹은 외아ᄃᆞᆯ 원용ᄂᆞᆯ ᄇᆞ라고 적막ᄒᆞᆫ 셰월을 보내고 사ᄂᆞᆫᄃᆡ 원용은 ᄒᆞᆼ샹 작란만ᄒᆞ고 공부ᄂᆞᆫ 아니ᄒᆞᄂᆞᆫ지라 그어머니가 심히 근심ᄒᆞ나 쟝즁보옥ᄀᆞᆺ치 귀히녀이ᄂᆞᆫ 아ᄃᆞᆯ이라 참아 그몸에 미를더ᄒᆞ지 아니ᄒᆞ매 원용의 작란은 점점 더 심ᄒᆞ더라 하로는 원용이 학교에 갓다 오더니 ᄇᆡ혼 공과ᄂᆞᆫ ᄒᆞᆫ번도 드려다보지안코 어린 고양이를 가지고 작란만ᄒᆞ거ᄂᆞᆯ 그어머니가 참다못ᄒᆞ여 원용을 불너 경계ᄒᆞ여왈「네가 공부ᄂᆞᆫ 더럿케 아니ᄒᆞ고 작란만ᄒᆞ다가 시험에 뎜수가 ᄯᅥ러지면 엇더케 ᄒᆞ잔말이냐」원용이 ᄃᆡ답왈「나ᄂᆞᆫ 몰나요」ᄒᆞ고 여젼히 작란ᄒᆞ거ᄂᆞᆯ 그어머니가 ᄒᆞᆫ숨지으며 다시 훈계왈「모르다니 네일을 네가 모르면 엇더케 되나냐 네가 공부를 아니ᄒᆞᆷ으로 쟝ᄅᆡ무식ᄒᆞ고 쓸ᄃᆡ업ᄂᆞᆫ 사ᄅᆞᆷ이되면 우리집 가셩은 누가 니으며 나ᄂᆞᆫ 누구를ᄇᆞ라고 살잔말이냐」원용이 또 ᄃᆡ답왈「나ᄂᆞᆫ몰나요」ᄒᆞ고 고양이를 ᄯᆞ라 밧그로 ᄯᅱ여나가거ᄂᆞᆯ 그어머니가 긔가 막혀 혼자말ᄒᆞ기를「나ᄂᆞᆫ 몰나」ᄒᆞᄂᆞᆫ말이 필경 졔 一평싱 신셰를 그릇되게 ᄆᆞᆫ들터이니 내가 ᄒᆞᆫ번 버릇을 단단히 ᄀᆞᄅᆞ쳐 노흐리라」ᄒᆞ고 져녁을 짓지안코 잇더니 ᄒᆡ가 ᄯᅥ러지고져 ᄒᆞᆯ때에 원용이 밧그로 좃차 ᄯᅱ여드러오며 소ᄅᆡᄅᆞᆯ질너왈「어머니 나 져녁좀 주시오」그어머니ᄂᆞᆫ 도라다보지도 안코 바나질만 ᄒᆞ면서 옹용히 ᄃᆡ답왈「나ᄂᆞᆫ몰나」원용왈「어머니 나ᄂᆞᆫ ᄇᆡ가 대단히 곱ᄒᆞ요」그어머니ᄂᆞᆫ 또 ᄃᆡ답왈「나ᄂᆞᆫ몰나」원용은 ᄂᆡ심에 혼자 말ᄒᆞ기를「어머니가 평싱에 나를 ᄃᆡᄒᆞ야 이처럼 랭담ᄒᆞ게 ᄒᆞ신젹이 업ᄂᆞᆫᄃᆡ 오ᄂᆞᆯ은 무ᄉᆞᆷᄭᆞ닭으로 이처럼 ᄒᆞ시ᄂᆞ뇨」ᄒᆞ며 고ᄀᆡ를 숙이고 잠잠히 잇다가 다시 젹축왈「어머니 내가 참시쟝히셔 견ᄃᆡᆯ수가 업ᄉᆞ니 무엇 먹을것을 좀주셔요」그 어머니ᄂᆞᆫ 계속ᄒᆞ여왈「나ᄂᆞᆫ몰나」이와ᄀᆞᆺ치 얼마동안을 지내매 원용은 견ᄃᆡ다못ᄒᆞ여 눈물이 비오듯ᄒᆞ거ᄂᆞᆯ 그어머니ᄂᆞᆫ 그제야 재ᄆᆞ옴을 항복밧을만ᄒᆞᆫ 긔회가 온줄짐작ᄒᆞ고 원용을 불너 넙헤 안치고 그 머리를 어루만지며 새로히 훈계왈「네가 ᄒᆞᆼ샹 내훈계ᄒᆞᄂᆞᆫ 말에 ᄃᆡᄒᆞ야「나ᄂᆞᆫ몰나 나ᄂᆞᆫ몰나」ᄒᆞ니 네의복과 음식과 공부에ᄃᆡᄒᆞ야 너도 또ᄒᆞᆫ「나ᄂᆞᆫ몰나 나ᄂᆞᆫ몰나」ᄒᆞ더니 그러면 너ᄂᆞᆫ 반ᄃᆞ시 주리고 치운괴로옴과 또 쟝ᄅᆡ에 무식ᄒᆞ고 쓸ᄃᆡ업ᄂᆞᆫ ᄌᆞ식됨을 면치못ᄒᆞᆯ지니 그런즉 이「나ᄂᆞᆫ몰나」라ᄂᆞᆫ 말이 우리집 가ᄉᆞ와 네평싱 신셰를 그릇되게 ᄆᆞᆫ들지 안켓ᄂᆞ냐 그럼으로 이제후로ᄂᆞᆫ 다시「나ᄂᆞᆫ몰나」라ᄂᆞᆫ 문ᄌᆞ를 쓰지말어라」ᄒᆞ매 원용이 그말을 그ᄆᆞ옴속에 삭이고 다시ᄂᆞᆫ 그ᄀᆞᆺ치 아니ᄒᆞᆯ줄노 ᄌᆞ뵉ᄒᆞᆫ후 잇혼날브터 부ᄌᆞ련히 공부ᄒᆞ며 그어머니의 六
훈계를 잘직힘으로 쟝ᄅᆡ에 거룩ᄒᆞ고 됴흔 사ᄅᆞᆷ을 일우엇더라

위싱요설

데三 음식 (젼호련쇽)

대개 음식을 네종류에 구별ᄒᆞᆯ지니 첫재ᄂᆞᆫ 식물품(植物品)이니 각석 곡식과 과실과 치소등속이오 둘재ᄂᆞᆫ 동물품(動物品)이니 각석 먹ᄂᆞᆫ고기와 알과 젓과 싱션등속이오 셋재ᄂᆞᆫ 광물품(鑛物品)이니 소금과 쇼다등속이오 넷재ᄂᆞᆫ 음료품(飮料品)이니 물이라 이 여러 죵류의 음식을 분셕ᄒᆞ면 또 세가지로 논ᄒᆞᆯ수잇ᄂᆞ니 첫재ᄂᆞᆫ 탄소(炭素)가 만히 셕긴 음식이니 이것은 능히 사ᄅᆞᆷ의 몸을 더웁게ᄒᆞ고 둘재ᄂᆞᆫ 질소가 만히셕긴 음식이니 이것은 능히사ᄅᆞᆷ의 긔력을 보양ᄒᆞ고 셋재ᄂᆞᆫ 텰질과 슈산소가 만히 셕긴음식이니 이것은 사ᄅᆞᆷ의 피를 보양ᄒᆞᄂᆞ니라

화학쟈들이 사ᄅᆞᆷ의 혼이 먹ᄂᆞᆫ 음식을 분셕ᄒᆞᆫ즉 이아래 긔록ᄒᆞᆫ것과 ᄀᆞᆺᄒᆞ니라

쌀은 ᄇᆡᆨ분에 물이 십오분이오 단ᄇᆡᆨ질이 오분이오 기름이 일분즘이오 슈산탄소(水酸炭素)「진긔잇ᄂᆞᆫ 풀파 단 사탕의 본질이라」가 칠십팔분반이오 염질「소금본질」이 반분이며

녀은 고기ᄂᆞᆫ ᄇᆡᆨ분에 물이 오십분이오 단ᄇᆡᆨ질이 십칠분반이오 기름이 십오분이오 염질이 삼분이며

콩은 ᄇᆡᆨ분에 물이 십분이오 단ᄇᆡᆨ질이 십오분이오 기름이 삼분이오 슈산탄소가 오십구분이오 염질이삼분이며

싱션은 ᄇᆡᆨ분에 물이 칠십팔분이오 단ᄇᆡᆨ질이 십팔분이오 기름이 삼분이오 염질이 일분이며

밀가루ᄂᆞᆫ ᄇᆡᆨ분에 물이 십오분이오 단ᄇᆡᆨ질이 십일분이오 기름이 이분이이오 슈산탄소가 칠십오분이오 염질이 이분이며

감져ᄂᆞᆫ ᄇᆡᆨ분에 물이 칠십ᄉᆞ분이오 단ᄇᆡᆨ질이 이분이오 기름이 일분즘이오 슈산탄소가 이십일분이오 염질이 일분이라

여러가지 음식의 셩질이 엇더ᄒᆞᆫ것과 무슴지료가 그가온ᄃᆡ 셕긴것은 이우희 대강 말ᄒᆞ고 이다음호에 각종음식을 분류(分類)ᄒᆞ야 ᄌᆞ세히 셜명ᄒᆞ려니와 대개 음식이 잘삭으면 사ᄅᆞᆷ의몸에 유익ᄒᆞ고 삭지아니ᄒᆞ면 해가나ᄂᆞ니 아모됴록 잘삭을 음식을 가려셔 ᄯᅢ를 차자 절ᄎᆞ잇게 먹으면 대단히 됴흘지니라

사ᄅᆞᆷ의 니가 대개 셜흔두기니 음식을 먹을ᄯᅢ에 아모됴록 셜흔두번을 씹어서 삼키ᄂᆞᆫ것이 됴흐니 오ᄅᆡ 씹으면 ᄲᅣᆷ뒤와 혀밋헤셔 춤이나셔 음식을 잘삭게 ᄆᆞᆫ둔후에 목젓뒤에 잇ᄂᆞᆫ식도(食道)「줄ᄯᅴ」를 지나 비위경(脾胃經)으로 드러가셔ᄂᆞᆫ 간경의 진익과 다른 진익이 모혀와서 먹은것이 풀이되게ᄒᆞ면 ᄎᆞᄎᆞ삭어 적은 창ᄌᆞ로가셔 살될것은 살노가고 그남은 ᄶᅵᄭᅵᄂᆞᆫ 큰창ᄌᆞ로가셔 대변이 되ᄂᆞ니라

음식을 자조 먹으면 비위와 간과 창ᄌᆞ가 쇼화ᄒᆞᄂᆞᆫ 긔관을 자조 놀니기에 곤난ᄒᆞ야 병나기 쉬오니 우리나라 ᄋᆞ히들이 흔이 셜샤병이나 비위병이나 간경병에 죽ᄂᆞᆫ것은 젓을 너모 자조 먹이ᄂᆞᆫ ᄭᆞ닭이라

신톄를 로동ᄒᆞ야 일ᄒᆞᄂᆞᆫ 사ᄅᆞᆷ은 아모됴록 질소잇ᄂᆞᆫ것 칠분과 기름ᄉᆞ분과 슈산탄소만ᄒᆞᆫ것 십팔분과 염질 일분가량을 셕거서 음식을 ᄆᆞᆫ드러 좀 만히 먹ᄂᆞᆫ것이 대단히 됴코 뢰를 만히 쓰고 공부ᄒᆞᄂᆞᆫ 사ᄅᆞᆷ은 이러케 무거온 음식을 먹ᄂᆞᆫ것이 해로오니 아모됴록 경쳥(輕淸)ᄒᆞᆫ 음식을 절ᄎᆞ잇게 먹ᄂᆞᆫ것이 됴흐니리

실업

◉누에치ᄂᆞᆫ법

뎨十六 잠업죠합(蚕業組合)

엇더ᄒᆞᆫ ᄉᆞ업을경영ᄒᆞ던지 여러사ᄅᆞᆷ이 합심협력ᄒᆞ면 큰리익을 거둠은 뎡ᄒᆞᆫ리치인ᄃᆡ 특별히 죠션파ᄀᆞᆺ치 적은규모로써 양잠업을 경영ᄒᆞᆷ에ᄂᆞᆫ 공동뎍(共同的)영업이 더옥필요ᄒᆞᆫ고로 이에 몃가지 됴례를들어 공동죠합의 셜시됨을권고ᄒᆞ며 희망ᄒᆞ노라

一、샹묘(桑苗)와 누에죵ᄌᆞ와 비료와 잠구(蚕具)등속을 사고져 ᄒᆞᆯᄯᅢ에 여러사ᄅᆞᆷ이 공동죠합ᄒᆞ야 청구ᄒᆞ면 반ᄃᆞ시 나ᄒᆞᆫ물건을 싼갑스로 살수잇슴이오

二、누에죵ᄌᆞ를 보호ᄒᆞ며 져장(貯藏)ᄒᆞᄂᆞᆫ 쳐소를 셜비ᄒᆞᆷ에 ᄒᆞᆫᄌᆞ힘으로써 ᄒᆞ기 어려온것은 여러사ᄅᆞᆷ이 협력ᄒᆞ야 셜비ᄒᆞ며 또 이것을 그즁에 한슉(嫺熟)ᄒᆞᆫ자의게 맛겨ᄒᆞ면 경비가 월수히 적게들것이며

三、쏫치속에잇ᄂᆞᆫ 누에를 쥭이고 이것을 잘말니ᄂᆞᆫ 긔구(器具)의 셜비도 여러집이 합ᄒᆞ야 ᄒᆞᆫ곳에 셜비ᄒᆞ고 슌ᄎᆞ(順次)로 쓰면 또ᄒᆞᆫ 경비가 적게들것이며

四、실ᄲᅩᆸᄂᆞᆫ 긔계도 四五인이 공동죠합ᄒᆞ야 一좌만 사두고 돌녀가며 쓰ᄂᆞᆫ것이 됴흔것이며

五、실ᄲᅩᆸᄂᆞᆫ긔계 三좌에 ᄃᆡᄒᆞ야 양반긔계(揚返器械)一좌만 쥰비ᄒᆞ여도 쓰기에 군식ᄒᆞᆷ이 업슬지니 이것도 공동죠합으로 사두고 쓸것이며

六、누에 쏫치나 실을 방매ᄒᆞᆷ에 공동죠합으로 팔면 사회의 신용도 엇고 갑도 샹당히 밧을수 잇ᄂᆞᆫ것이니라

담총

◉가마귀가수리의일을ᄒᆞᆯ수잇나

슈리가 놉흔산에 안져서 어린양이 풀ᄯᅳ더 먹ᄂᆞᆫ것을 보고 살ᄀᆞᆺ치 ᄂᆞ려와서 양의 쇽기 한마리를 움키여 가ᄂᆞᆫ지라 겻헤잇던 가마귀가 이광경을보고 ᄆᆞ음에 칭찬ᄒᆞ기를 마지아니ᄒᆞ다가 ᄉᆞᄉᆞ로 싱각

七

ᄒᆞ되 슈리가 ᄒᆞᄂᆞᆫ일을 나ᄂᆞᆫ 못ᄒᆞᆯ것 무엇잇나ᄒᆞ고 곳나무 우희셔 ᄂᆞ려와 또ᄒᆞᆫ 양의 석기 ᄒᆞᆫ마리를 발톱으로 움키고 놀아가고져 ᄒᆞᆫ즉 제 힘에 붓치ᄂᆞᆫ 움킨것은 놋고져ᄒᆞᆫ즉 곱실곱실ᄒᆞᆫ 양의털이 발을 ᄶᅪᆨᄶᅪᆨ 얼거서 ᄲᅦ여낼수 업ᄂᆞᆫ지라 가마귀가 긔가막혀 허덕허덕ᄒᆞᆯ때에 양기르ᄂᆞᆫ 사ᄅᆞᆷ이 와셔 보고 그가마귀를 붓드러가지고 집에와셔 ᄋᆞᄒᆡ들을 주면셔 말ᄒᆞ기를 이 어리셕은 가마귀가 악가ᄂᆞᆫ 제가 슈리인체 ᄒᆞ엿지마ᄂᆞᆫ 지금은 아마 슈리가 아니오 가마귀인줄을 셰다럿깃지 즉식ᄲᅮᆫ아니라 사ᄅᆞᆷ도 ᄒᆞᆼ샹 제힘ᄭᅴ지조를 헤아려 무슴일을 시작ᄒᆞᆯ것이니라 ᄒᆞ더라

회보티금령슈

住所	名氏	金額
開城	韓斗敎	二十錢
上仝	李尙得	二十錢
上仝	白南容	四十錢
上仝	李基冕	四十錢
上仝	張永善	二十錢
上仝	金基兌	二十錢
上仝	ᄯᅩᆫ스돈	九十錢
蔚珍	吳殷善	四十錢
上仝	全孝連	四十錢
上仝	黃鍾五	二十錢
橫城	金鍾式	四十錢
上仝	卓英在	四十錢
上仝	崔上天	四十錢
上仝	俞星元	四十錢
蔚珍	鄭雲夏	二十錢
上仝	金東浩	四十錢
堤川	李炳榮	一圓
南部水標橋	全在豊	三十錢
平康	李秉郁	一圓六十錢
鉄原	李和春	五圓
金城	金永善	二圓十八錢
金化	金興順	一圓五十錢
水原	劉泓俊	五圓九十五錢
淸風	權道相	六十錢
京城	崔昌漢	四十錢
伊川	柳鶴熙	一圓九十五錢
南陽	金致玉	二十錢
平壤	새네딕부인	一圓
開城	金光錫	二十錢
京弘門洞	扈根協	四十錢
長湍	曹元哉	二十錢
上仝	宋昌根	二十錢
上仝	桂元山	二十錢
豊德	韓道亨	四十錢
陰城	李元弼	二十錢
上仝	金伯錫	二十錢
麟蹄	全仕俊	二十錢
上仝	李鍾範	二十錢
泰安	朴容田	二十錢
北部寺洞	朴德裕	四十錢
北部寺洞	柳養浩	六十錢

그리스도회보

KOREAN CHRISTIAN ADVOCATE

每月二回 十五日 三十日 發行
大正元年十一月十二日印刷
大正元年十一月十五日發行

發行兼編輯人 開城北部山芝峴 奇義男
印刷人 京城北部樓閣洞 朴東完
印刷所 京城西小門內 法韓印刷所
發行所 京城北部壯洞四十三統三戶呂炳鉉邸
디금 一장 二젼五리
「代金」 六긔월 二十젼 一긔년 四十젼

샤셜

◎젼도와ᄌᆞ슈(自修)

므릇 젼도의 효과(效果)는 다만 허다ᄒᆞᆫ 무리를 교회안으로 잇그러 드림에 잇지안코 뎌희 셩질을 변화ᄒᆞ야 새사ᄅᆞᆷ을 죠셩(造成)ᄒᆞᆷ에 잇ᄂᆞᆫ고로 젼도의 ᄉᆞ업이 ᄀᆞ장어렵다ᄒᆞ노니 시험ᄒᆞ야 싱각ᄒᆞᆯ지어다 대개 이셰샹 사ᄅᆞᆷ들이 교회에 향ᄒᆞ야 요구ᄒᆞᄂᆞᆫ것이 한업시 크고 도ᄒᆞᆫ 넓은ᄃᆡ 젼도의 직분을 맛흔쟈ㅣ 이여러나ᄅᆞᆷ의 크고 넓은 요구를 다 만족히 지급(支給)ᄒᆞ야 주랴면 불가불 ᄌᆞ긔브터 몬져 여긔 샹당ᄒᆞᆫ 도덕을 닥그며 능력을 발휘(發揮)ᄒᆞ여야 될쟈로다 미국에 유명ᄒᆞᆫ 목ᄉᆞ 길손씨가 일죽이 엇던회당에서 연셜ᄒᆞ기를 「가령 녀름날에 익긔가 심히 더운ᄃᆡ 수ᄇᆡᆨ명의 목마른 무리가 물을군졀히 구ᄒᆞᆯ때에 엇던사ᄅᆞᆷ이 큰통에 쳥령(淸冷)ᄒᆞᆫ 물을 ᄀᆞ득히 길어가지고 와셔 여러사ᄅᆞᆷ으로 ᄒᆞ여곰 ᄌᆞ유로 마시게ᄒᆞ면 뎌희 만족ᄒᆞᆷ이 엇더켓ᄂᆞ뇨 그러나 만일 그사ᄅᆞᆷ이 뷘물통을 디고 왓슬것곳ᄒᆞ면 물이잇ᄂᆞᆫ줄노 싱각ᄒᆞ고 닷토아 나왓던 무리들이 그통의 뷘것을보고 락심ᄒᆞ여다 훗허질지니 엇지 가히 우셥지아니ᄒᆞ리요」ᄒᆞ엿ᄂᆞᆫᄃᆡ 그후에 무듸선싱이 이말을 인증ᄒᆞ여 왈 「대개 이셰샹에는 령혼샹으로 목마른 사ᄅᆞᆷ이 만ᄒᆞ며 쳥령ᄒᆞᆫ물은 예수그리스도ᄭᅴ잇고 통을 가지고 이물을 기러다가 여러사ᄅᆞᆷ의게 지급ᄒᆞᄂᆞᆫ쟈ᄂᆞᆫ 젼도직분을 맛흔쟈들이라 그런즉 오ᄂᆞᆯ날 젼도인중에 뷘통을지고 ᄃᆞᆫᄂᆡ지 아니ᄒᆞᄂᆞᆫ쟈ㅣ 므릇 몃사ᄅᆞᆷ이나 되ᄂᆞ뇨」ᄒᆞ엿더라 대개 이통의 뷘것은 다만 ᄌᆞ슈력(自修力)의 부족ᄒᆞᆷ을 인ᄒᆞᆷ이오 또 이ᄌᆞ슈력의 부족ᄒᆞᆷ은 라타(懶惰)ᄒᆞᆷ을 인ᄒᆞᆷ이니 이ᄂᆞᆫ 언론이 교묘(巧妙)치 아닌것도 아니며 학문이 셤부(贍富)치 아닌것도 아니요 교회 다ᄉᆞ리ᄂᆞᆫ 지능이 우여차 아닌것도 아니로ᄃᆡ 다만 진실ᄒᆞᆫ 밋음과 고결(高潔)ᄒᆞᆫ 픔힝과 광대ᄒᆞᆫ 덕량(德量)과 신령ᄒᆞᆫ 지식의 부족ᄒᆞᆷ을 닐옴이니 누구시던지 젼도ᄉᆞ업에 죵ᄉᆞᄒᆞ시ᄂᆞᆫ 하ᄂᆞ님의 일군들은 아모됴록 뷘통을 지고 ᄃᆞᆫ니지말진뎌

교즁휘문

△ᄂᆡ보▽

◎긔렴졸업 본월 一일은 경셩졍동 ᄇᆡ지학당 창립뎨二十五년 긔렴일인ᄃᆡ 당일에 ᄒᆡ교 긔렴식을 설ᄒᆡᆼᄒᆞᄂᆞᆫ동시에 학교 창립이ᄅᆡ로 一반에셔 샹당히 슈업(修業)ᄒᆞ고도 기시 ᄒᆡ학교 규측을 의지ᄒᆞ야 졸업증셔를 밧지못ᄒᆞᆫ 학원 김연챵씨등 二十八인의게 졸업증셔 슈여ᄒᆞᄂᆞᆫ 례식을 겸ᄒᆡᆼᄒᆞ엿더라

◎쳥년회의야구단(野球團) 경셩즁로 긔독쳥년회에셔ᄂᆞᆫ ᄒᆡ회쳥년졔씨十九인으로 야구단을 조직ᄒᆞ야 일본ᄂᆡ디의 야구유희(野球遊戲)와 기타각죵 운동법을 시찰ᄒᆞ기 위ᄒᆞ야 거월 二十八일에 일본으로 건너갓다더라

◎젼씨감혜 경셩 쇼산림동 젼홍묵씨ᄂᆞᆫ 四년젼브터 안ᄆᆡ 되엿더니 거九월 十八일에 목ᄉᆞ 긔의남씨가 슈술료를 담당ᄒᆞ야 졔즁원으로 보내여 쥬임의ᄉᆞ 어비신 허스트량씨가 슈술을 베프러 눈속에 ᄇᆡᆨ막(白瘼)을 긁어낸후에 시믈(視物)을 여젼히ᄒᆞ니 이ᄂᆞᆫ 참 신긔ᄒᆞᆫ일이오 ᄯᅩ 졔즁원에셔 젼씨의 빈한홈을 가긍히 녁여 식비도 아니밧고 안경ᄭᆞ지 주어 보내ᄆᆡ로 젼씨가 몬져 영광을 하ᄂᆞ님ᄭᅴ 돌니고 다음에ᄂᆞᆫ 긔목ᄉᆞ와 졔즁원의 ᄉᆞ량씨의 ᄌᆞ션심을 감복ᄒᆞᆫ다더라

◎울도통신一속 경남울도군 도문쥬씨의 통신을 거ᄒᆞᆫ즉 좌와여ᄒᆞ더라

△산방평쟝의ᄌᆞ급◎ 일본인교우 산방평쟝씨ᄂᆞᆫ 샹업ᄎᆞ로 이곳에와셔 하ᄂᆞ님을 공경ᄒᆞ고 형뎨를 ᄉᆞ랑홈으로 이곳쟝흥교회에 ᄃᆡᄒᆞ야 七월브터 ᄆᆡ삭 五十젼식 ᄌᆞ급연조ᄒᆞ니 이ᄀᆞᆺ흔 형뎨의 밋음과 ᄉᆞ랑은 온교회의 모본이될만ᄒᆞ다ᄒᆞ엿고

△공부의열심◎ 이곳 교우ᄂᆞᆫ 다 빈한ᄒᆞᆫ즁 농업으로 ᄌᆞ싱ᄒᆞᄂᆞᆫ고로 한가히 공부ᄒᆞᆯ 여가이 업ᄉᆞ나 五월브터 셩경강습소를 조직ᄒᆞ되 농무여가에 ᄆᆡ일 신구약 각一쟝식 一쥬일간 연구ᄒᆞ여 쥬일례비후에 강습토론ᄒᆞ기로 작뎡ᄒᆞ고 열심공부ᄒᆞ니 쟝ᄎᆞ 이강습소의 결과로 하ᄂᆞ님의 일군이 만히 니러날줄 밋ᄂᆞᆫ다ᄒᆞ엿고

△부인회를위ᄒᆞ야긔도홈◎ 이곳은 아즉 부인회가 흥왕치 못홈으로 쟝ᄎᆞᆺ 부인회를 위ᄒᆞ야 새벽긔도회를 열기로 작뎡ᄒᆞ엿ᄉᆞ니 一반교우ᄂᆞᆫ 이곳 부인회를 위ᄒᆞ야 긔도ᄒᆞ여주기를 ᄇᆞ란다ᄒᆞ엿더라

◎거샤귀졍 평남 ᄆᆡᆼ산구역젼도ᄉᆞ 리진형씨의 통신을 거ᄒᆞᆫ즉 동군 학쳔면 교회탁ᄉᆞ 한졍현씨ᄂᆞᆫ 본ᄅᆡ 의복풍(醫卜風)三술을 겸ᄒᆞ야 산협에잇ᄂᆞᆫ 어두온 ᄇᆡᆨ셩을 속이고 갑밧ᄂᆞᆫ것은 젼곡이아니오 술을 취토록 먹기를 원ᄒᆞ야 ᄆᆡ일쟝취에 네모관을 모로쓰고 팔을 벌니고 빗쳑거리며 산골작이가 들셕들셕ᄒᆞ도록 교합ᄒᆞ며 가ᄉᆞᄂᆞᆫ 불고ᄒᆞ고 몃十년을 쥬광패를 ᄎᆞ고 지내더니 우연히 쥬의 부르심을 닙은날브터 三四十년 인박인술을 거졀ᄒᆞ고 쥬야로 셩경연구와 긔도ᄒᆞ기를 긋치지아니ᄒᆞ고 식구들 권ᄒᆞ여 [illegible] 열심젼도ᄒᆞ여 밋ᄂᆞᆫ사ᄅᆞᆷ이 만코 탁ᄉᆞ직무를 잘보며 교우의 집ᄋᆞ희들을 모화 국한문과 찬미를 교슈ᄒᆞ니 보ᄂᆞᆫ사ᄅᆞᆷ마다 한씨의 즁싱홈을 위ᄒᆞ야 쥬ᄭᅴ 영광을 돌니니 셩경말ᄉᆞᆷ과ᄀᆞᆺ치 불의의 병긔가 되엿던지톄를 하ᄂᆞ님ᄭᅴ드려 의의병긔가 됨이라 ᄒᆞ엿더라

◎영귀상뎨 평북 희쳔군 감리ᄉᆞ 송챵식씨의 통신을 거ᄒᆞᆫ즉 희군셔면 국셩리 셔창참 송웅ᄐᆡ씨ᄂᆞᆫ 二년젼에 쥬를 밋고 집안 우샹을 쳘파홈으로 집안 핍박을 만히 밧엇더니 작년五월에 그부인이 림죵시 유언ᄒᆞ기를 아ᄃᆞᆯ이 예수를 밋고 우샹을 쳘파홈으로 죽노라ᄒᆞᆫ지라 가족들이 모혀 망인의 혼ᄇᆡᆨ궤연을 ᄆᆞᆫ돌ᄆᆡ 이 형뎨의 ᄆᆞ옴에 비록 불편ᄒᆞ나 조긔가 문니쟝손으로 집안 핍박이 대단ᄒᆞ고 ᄯᅩ 가셰가 부요홈으로 셰샹 사ᄅᆞᆷ의 릉욕을 견ᄃᆡ기 어려옴으로 쥬불가불 혼ᄇᆡᆨ을 설치ᄒᆞ고 쥬일ᄭᆞ지 직히지못ᄒᆞ나 혼ᄇᆡᆨ이 헛된일인것은 홍샹집안에 셜

망ᄒᆞᆯ때 이처럼 죄되ᄂᆞᆫ열을
면케ᄒᆞ여 달나고 ᄒᆞᆼ샹 긔도
ᄒᆞᆫ 결과로 그조모와 셔모가
셩신감화홈을 밧어 혼빅이
랴것이 헛되고 하ᄂᆞ님ᄭᅴ 죄
되ᄂᆞᆫ줄을 셰둣고 거월첫쥬일
브터 다 쥬를밋고 혼빅을 쳘
폐ᄒᆞ여 셰샹사ᄅᆞᆷ의 핍박과
죠쇼ᄅᆞᆯ 쥬의힘으로 능히이긔
고 또 본쳐ᄂᆞᆫ 아직ᄭᆞ지 최한
슉씨집에셔 례비ᄒᆞ더니 이후
브터ᄂᆞᆫ 이형뎨가 ᄌᆞ긔집으로
긔도실을 뎡ᄒᆞ려ᄒᆞ니 동씨의
집안을 위ᄒᆞ야 하ᄂᆞ님의 은
혜를 감샤ᄒᆞ노라 ᄒᆞ엿더라

◎원슈ᄅᆞᆯ ᄉᆞ랑홈 경긔도강화
군 최죽일씨의 통신을 거ᄒᆞᆫ
즉 동군 신도 구로지교회 ᄌᆞ
매 김살미씨ᄂᆞᆫ 六년젼에 쥬
알혀나와셔 오ᄂᆞᆯᄭᆞ지 열심으
로 ᄃᆞᆫ니ᄂᆞᆫᄃᆡ 그남편의 핍박
이 심ᄒᆞ야 곤난이만터니 홍
샹 긔도ᄒᆞᆫ 힘으로 그 남편도
회개ᄒᆞ야 一가화락ᄒᆞ게 지나
더니 불힝히 금년七월에 十
一셰와 九셰된 ᄋᆞᄃᆞᆯ둘이 더
회집녑헤셔 노더니 리웃집의
물각ᄒᆞᆫ 사ᄅᆞᆷ이 싱연 복의알
을 ᄌᆞ긔집문압헤 ᄇᆞ렷더니
이ᄋᆞ히 형뎨가 주어다가 구
어먹고 당장 죽은지라 외인ᄀᆞᆺ
ᄒᆞ면 그리웃집에 뎌ᄒᆞ야 셩
ᄉᆞ지ᄯᅢ가 낫슬터이로ᄃᆡ 예수
ᄅᆞᆯ 밋음으로 참아오다가 죠
셕긔도ᄒᆞᆯᄯᅢ에 쥬긔도문에 ᄃᆡ
ᄒᆞ야ᄂᆞᆫ 우리가 우리의게 죄
지은쟈ᄅᆞᆯ 샤ᄒᆞ야 주ᄂᆞᆫ것ᄀᆞᆺ치
우리죄ᄅᆞᆯ 샤ᄒᆞ야 주옵소셔 ᄒᆞ
ᄂᆞᆫ 구졀에 니르러 ᄉᆡᆼ각ᄒᆞ기
ᄅᆞᆯ 내가 남의죄ᄅᆞᆯ 샤ᄒᆞ야 주
지안코 내죄ᄅᆞᆯ샤ᄒᆞ야 주쇼셔
ᄒᆞᄂᆞᆫ것은 쥬의계명을 어긤이
라ᄒᆞ고 즉시 사ᄅᆞᆷ을 보내여
원슈로 알던 리웃사ᄅᆞᆷ을 쳥
ᄒᆞ야 말ᄒᆞ기ᄅᆞᆯ 「그ᄃᆡ의죄ᄅᆞᆯ
예수의 일홈으로 샤ᄒᆞ야 주노
라」ᄒᆞ니 그사ᄅᆞᆷ이 빅비샤례
ᄒᆞ거ᄂᆞᆯ 인ᄒᆞ야 권면ᄒᆞ여 왈
「그ᄃᆡ도 회개ᄒᆞ야 예수의일
홈으로 구원을 엇으라」ᄒᆞ니
그집안 여셧식구가 다 곳회
개ᄒᆞ고 열심으로 례비ᄒᆞ러
ᄃᆞᆫ닌다 ᄒᆞ엿더라

◎령혼육신의복밧음 김화구
역 권ᄉᆞ 리대현씨의 통신을
거ᄒᆞᆫ즉 히구역 ᄉᆡ술막교회
비져수씨ᄂᆞᆫ 조실부모ᄒᆞ고 ᄒᆞᆫ
팔 ᄒᆞᆫ다리ᄅᆞᆯ 쓰지못ᄒᆞᄂᆞᆫ즁에
간질병을 겸ᄒᆞ야 남의교용도
못ᄒᆞ고 문젼걸식을ᄒᆞ더니 十
여년젼에 쥬의부르심을 밧어
교회에 드러온후로 ᄌᆞ긔몸에
악ᄒᆞᆫ병이 잇슴을 위ᄒᆞ야 밋
음으로 하ᄂᆞ님ᄭᅴ 긔도ᄒᆞ기ᄅᆞᆯ
마지아니ᄒᆞᆫ 효과로 그병이
쥬의 안찰ᄒᆞ심을 닙어 곳나
ᄒᆞᆫ지라 이영광을 하ᄂᆞ님ᄭᅴ
돌니고 모든사ᄅᆞᆷ의게 증거ᄒᆞ
며 걸식ᄒᆞᄂᆞᆫ것이 합당치못ᄒᆞᆫ
일인줄 셰둣고 끈끈이 져축
ᄒᆞ엿던돈으로 엿장ᄉᆞᄅᆞᆯᄒᆞ여
성활ᄒᆞ면셔도 불샹ᄒᆞᆫ 병신을
ᄒᆞᆯ수잇ᄂᆞᆫ대로 구졔ᄒᆞ며 그ᄲᅮᆫ
아니라 ᄌᆞ급젼을 잘내여오더
니 년젼에 자본잇ᄂᆞᆫ 사ᄅᆞᆷ을
만나 ᄀᆞᆺ치 영업을 시작ᄒᆞ엿
ᄂᆞᆫᄃᆡ 그자본쥬ᄂᆞᆫ 귀가어두어
물건매미ᄅᆞᆯ 못ᄒᆞᄂᆞᆫ지라 리씨
가 맛하쟝ᄉᆞᄒᆞᄂᆞᆫᄃᆡ ᄒᆞᆫ푼도 에
노리ᄅᆞᆯ 아니ᄒᆞ고 밧을갑만
말ᄒᆞ며 물건의 흠잇ᄂᆞᆫ것은
바로말ᄒᆞ야 매매에 정직홈으
로 사ᄅᆞᆷ마다 칭찬ᄒᆞ며 ᄌᆞ급
젼도 히구역八교회즁에 뎨一
만히내니 이형뎨ᄂᆞᆫ 령혼과
육신으로 특별ᄒᆞᆫ 은혜ᄅᆞᆯ 만
히 밧ᄂᆞᆫ다ᄒᆞ엿더라

◎리씨의문(倚門) 츙북 뎨쳔
군 리운영씨의 통신을 거
ᄒᆞᆫ즉 동구역 목계사ᄂᆞᆫ ᄌᆞ미
리사라씨ᄂᆞᆫ 파거ᄒᆞ야 그아ᄃᆞᆯ
김공억을 의지ᄒᆞ고 살더니
그아ᄃᆞᆯ이 三년젼에 부지거쳐
로 나간고로 리씨가 년금六
十四에 육신의 의지ᄒᆞᆯ곳이
업셔셔 쥬야로 그아ᄃᆞᆯ을 ᄉᆡᆼ
각ᄒᆞ고 눈물노지나ᄂᆞᆫᄃᆡ 그아
ᄃᆞᆯ 김공익의 나흔 지금三十
七셰니 이신문보시ᄂᆞᆫ 형뎨ᄌᆞ
ᄆᆡ즁에 혹 김공익의 거취ᄅᆞᆯ
아시ᄂᆞᆫ이가 계시거던 권유ᄒᆞ
야 보내시기ᄅᆞᆯ ᄇᆞ란다ᄒᆞ엿더
라

△외보▽

◎일본의죠합긔독회 일본너
디에 근일창설된 죠합긔독회
(組合基督會)의 총회ᄉᆞ무소ᄂᆞᆫ
대판시에 두기로 작뎡되엿고
히회의 취지ᄂᆞᆫ (一)교회의 ᄌᆞ
치독립(自治獨立) 쥬의ᄅᆞᆯ 쥬
쟝홈이오 (二)젼도와 교육과
출판과 기외의 다른 유익ᄒᆞᆫ
ᄉᆞ업을 확쟝홈이오 (三)셰계
각국 각교회즁에 본회의 취
지ᄅᆞᆯ 찬셩ᄒᆞᄂᆞᆫ쟈로 더브러
긔ᄆᆡᆨ(氣脉)을 샹통ᄒᆞ야 덥국

확장을 도모ᄒᆞᆷ인ᄃᆡ 어ᄃᆡ뎜저 히회원 三十명이상이 엇써셔 능히 ᄌᆞ급ᄒᆞᆯ수 잇ᄂᆞᆫᄃᆡ는 ᄒᆞᆫ교회의 셜립ᄒᆞᆷ을 승인ᄒᆞᆫ다더라

⊙대학ᄉᆡᆼ의연셜회 일본동경죠도뎐대학교니 긔독쳥년회원들은 본월二일브터 五일ᄭᆞ지 하하교 강당에셔 특별대연셜회를 열고 일본긔독교의 본령(本領)이란눈뎨로 륙군대학교쟝 강뎐쳘쟝씨 풍속기량이란문뎨로 경응의슉대학교쟝 항군치씨 샤회와 긔독교란문뎨로 히하교대학교쟝 안부긔웅씨 문예(文藝)와 종교의 통一이란 문뎨로 ᄂᆡᄂᆡ긔작三랑씨와 기외에도 여러가지 문뎨로 유명ᄒᆞᆫ 박학ᄉᆞ졔씨가 연셜ᄒᆞ엿다더라

⊙목덕씨의출발 미국에 유명ᄒᆞᆫ 종교가 목덕션ᄉᆡᆼ은 세계각국 긔독교회의 현샹을 시찰ᄒᆞ기 위ᄒᆞ야 거十월五일에 리풀넌으로 향ᄒᆞ야 출발ᄒᆞ엿는ᄃᆡ 명년四월경에 죠션경셩에 도착ᄒᆞᆯ 예뎡이라더라

▲별 보▼

⊙미국의신대통령 본월六일에 미국 대통령 후보자(候補者)三인중에서 투표션명ᄒᆞᆫ결과를드른즉 민쥬당령슈 월손씨는 四百四十二표요 공화당령슈 젼대통령 루스벨트씨는 七十七표요 현대통령 다푸트씨는 十二표인ᄃᆡ 월손씨가 최다수로 당션(當選)되엿다더라

긔셔

⊙비관과락관(悲觀及樂觀) 한셩류경상

황금ᄀᆞᆺ흔 뎐답을 미졍ᄒᆞᆫ 낫으로 잘나뉘여 이목을어즈럽게ᄒᆞ며 여긔셔도 우수수 ᄯᅥ긔셔도 우수수 동ᄌᆞ는ᄃᆡ하에셔 ᄡᅳ는이 락엽이니 이는 진실노 가을을 알니는 모다시인묵긱(時人墨客)이 ᄭᅩᆺ을 돌어읇ᄂᆞ니 락엽의 비관이로다 쳥쳥ᄒᆞᆫ 닙ᄉᆡ와 화려ᄒᆞᆫ ᄭᅩᆺ은 다 어나겨ᄅᆞᆯ에 업셔지고 빗과 논은 쓸쓸히 되엿는고 사ᄅᆞᆷ의 슬픔을 도옵는바이아닌가 파연 비관뎍(悲觀的)ᄉᆞ샹이로다 이ᄯᅢ에 ᄇᆡᆨ인(白人)들은 산과들노 ᄃᆞᆫ니며 남녀가 혼잡히 셰샹 비결(秘訣)을 언론ᄒᆞ여 길으ᄃᆡ 이는 참 됴흔 [illegible]아 비록 [illegible]안저셔는 [illegible]제ᄀᆞᆺᄒᆞ나 더간 곤로ᄒᆞᆫ봄과 씨는듯ᄒᆞᆫ 녀름에 수고ᄒᆞᆷ이 오날에 쾌락ᄒᆞᆷ이 되엿도다 ᄒᆞᆫ번 괴롭고 슬픔이 업스면 오날 츄졀(秋節)에와셔 엇지 이러ᄒᆞᆫ 유쾌ᄒᆞᆷ이 잇스리오 반갑고 쾌ᄒᆞ도다 ᄯᅩ 오ᄂᆞᆯ은 ᄐᆡ의의 셔봉이니 가을과 겨울의 ᄉᆞ샹이 명ᄇᆡᆨ봄과 녀름에 넘치는도다ᄒᆞ여 담화를 쟝황히ᄒᆞ니 이ᄉᆞ샹이 동양이의게는 엇지 업스리오 마는 곡진ᄒᆞᆫ 셔양빅인의 락관뎍(樂觀的)ᄉᆞ샹이 놀날만ᄒᆞ도다 가을은 一반이오 이목도 一반이것마는 ᄉᆞ샹의 범위와 모챡(摸捉)이 조곰 다른고로 호리자차에 쳔리지류(毫里之差千里之謬)로 더ᄭᅡᆺ헤 가셔는 동一ᄒᆞᆫ 결국을 틀님업시 엇지마는 방금에 ᄉᆞ샹을 가지는ᄃᆡ는 비관과 락관의 두길노 갈니는도다 오ᄂᆞᆯ 죠션민족은 어나ᄉᆞ샹에 쳐ᄒᆞ엿스며 지어 가을파 겨울을 ᄃᆡᄒᆞ여셔도 어나회포를 가젓스며 어나 의견을가져야 힘복이되며 ᄯᅩ 슌리(順理)라고 ᄒᆞ겟는가 一년四시는 디구의 동력(動力)으로 변ᄒᆞ여 [illegible]이녀 봄이업스면 녀름과 가을도업겟고 가을이업스면 봄도 역시업슬지니 피ᄎᆞ 못될것이오 열ᄃᆡ(熱帶)나 한ᄃᆡ(寒帶)를 제ᄒᆞ고 온ᄃᆡ(溫帶)에 니르러셔는 불역지뎐(不易之典)이라 쳘학의 문두로 하나(一)가업스면 여럿(多)도 업고 여럿이란것이 업스면 하나도업스리라ᄒᆞᄂᆞᆫ말파ᄀᆞᆺ치 츈하츄동이 셔로니어 도라ᄃᆞᆫ니는도다 식골 각쳐로 ᄃᆞᆫ니며 긔자도 목도ᄒᆞᆫ것파 ᄀᆞᆺ치 농부가 츄슈ᄒᆞ는 깃븐노래로 어즈럽게 즐기여 거두어 드리나 농부여사 가을을 탄식ᄒᆞ며 비결을 원망ᄒᆞ는이가 만흐니 이는 비관뎍 감각이 너무심ᄒᆞ지 아닌가 구타여 셔양사ᄅᆞᆷ의 의견을 치용ᄒᆞᆯ 리유는 업스나 죠션 민족은 ᄌᆞ리로 비관뎍 ᄉᆞ샹은 가지는것이 심히 불쾌ᄒᆞ며 그영향이 ᄆᆡ장 크니 비관뎍 ᄉᆞ샹은 젼톄인류샤회가 가질 필요가 젹은슘 우리는 더욱 비쳑ᄒᆞ여 비관을 품지말고 락관을 품는것이 됴흐니 나무닙의 ᄯᅥ러짐과 가을날의 교교(皎皎)

히 ᄇᆞᆰ은빗ᄎᆞᆯ 미학뎍(美學的)
ᄉᆞ샹으로 텬연ᄒᆞᆫ 리치를 누
리고 ᄒᆞᆯ수잇는ᄃᆡ 셔지는 락관
으로 보는것이 묘ᄒᆞᆫ줄노 ᄉᆡᆼ
각ᄒᆞᆯ거시라 나의 ᄉᆞ랑ᄒᆞ는
죠션미쥬된 형뎨ᄌᆞ믹시여 ᄉᆞ
도 바울의 말에 「홍샹쥬안에
서 즐거워ᄒᆞ라 내가 다시 말
ᄒᆞ노니 즐거워ᄒᆞ라」(빌四〇
四)ᄒᆞ교 ᄒᆞᆫ것을 세두려 텬연을
유희 바라고 ᄃᆡ인졉물(對人
接物)에 홍샹 락관뎍 ᄉᆞ샹만
품으시기를 원ᄒᆞ노라

一 뭇느니 기러기아
거쳐가 어ᄃᆡ냐
평원광야인가
번화ᄒᆞᆫ 도회냐

二 우쥬간 미샹(美想)을
내게 알닐쇼냐
공즁에 놉히떠
어ᄃᆡ로 향ᄒᆞ나

三 샹뎨가 지으신
텬디간 만물즁
곱지안은것을
차지러 가는가

四 우쥬간 만물이
실노 다 고ᄒᆞ니
아ᄅᆞᆷ답고 됴타
보기에 잇도다

五 기러기아 기러기아
동편과 서편에
묘ᄒᆞᆫᄉᆞ샹 젼히
만방에 알니다

六 하ᄂᆞᆯ 및 따 우헤
산천초목 금슈
어별곤츙들이
다 슈조물(受造物)이라

七 一반 사회가 다
진리를 세웟고
근도에 거ᄒᆞ면
즐거옴 ᄲᅮᆫ이라

八 부패ᄒᆞᆫ 텬디가
리샹뎍 나라 되
젼진히 나가면
텬당도 달겟네

◎다른사ᄅᆞᆷ들의뢰ᄒᆞ야구원을엇을수업숨

ᄃᆡ비싱

영국의 유명ᄒᆞᆫ 목ᄉᆞ 스펄즌씨가 일즉이 ᄌᆞ미잇는 비유로써 젼도ᄒᆞᆫ것이 잇스ᄃᆡ 그대개에 왈 엇던 동리에 부부두 사ᄅᆞᆷ이 잇서서 안히는 쥬를 독실히 밋음으로 쥬일례비와 三일 긔도회에 반ᄃᆞ시 참예ᄒᆞ고 그남편은 비록 세례를 밧엇스나 신심이 부족ᄒᆞ여 쥬일 례비에도 참예치아니ᄒᆞ며 목ᄉᆞ나 젼도ᄉᆞ가 례비당에 잘 ᄃᆞᆫ니라고 권면ᄒᆞ면 ᄃᆡ답ᄒᆞ는말이 「나는 비록 교당에는 잘ᄃᆞᆫ니지못ᄒᆞ나 안히가 나를 ᄃᆡ신ᄒᆞ여 부ᄌᆞ런히 ᄃᆞᆫ닌즉 관계치 안타ᄒᆞ고」쥬일을 당ᄒᆞ여 ᄌᆞ안히가 ᄒᆞᆯ때 례비보려 가쟈고 권ᄒᆞ면 반ᄃᆞ시 ᄃᆡ답ᄒᆞ기를 「그ᄃᆡ가 내ᄃᆡ신가서 나를위ᄒᆞ야 긔도나 착실히ᄒᆞ라」ᄒᆞ고 홍시 교당에 발자최를 ᄭᅳᆫ헛스니 우리 밋는자의 뜻으로 츄측ᄒᆞ건ᄃᆡ 만一 그 부부가 一시에 죽어서 ᄒᆞᆷ께 텬국에 니르러 텬당문을 두ᄃᆞ리면 문을 직히던 텬ᄉᆞ가 반ᄃᆞ시 깃븜으로 문을열고 그안히를 영접ᄒᆞ여 드리매 그남편이 뒤를ᄯᅡ라 드러가고져ᄒᆞᆯ때에 텬ᄉᆞ는 그남편의 소매를 ᄭᅳ러 문밧그로 내여 보내며 왈 「네 안히가 너를 ᄃᆡ신ᄒᆞ야 임의 텬당에 드러갓슨즉 너는 드러갈것업다」ᄒᆞ고 문을 구지닷고 드리지 아니ᄒᆞᆯ지니 이비유가 비록 츄측뎍(推測的)에 지나지못ᄒᆞ지마는 우리 밋는자의 신령ᄒᆞᆫ 리샹(理想)으로 진리에 빗최여 볼진ᄃᆡ 확실하 이와ᄀᆞᆺᄒᆞᆯ술 깃노니 션지 에스겔이 닐은ᄃᆡ 「비록 노아와 다니엘과 욥이 거긔 잇슬지라도 뎌희는 반ᄃᆞ시 ᄌᆞ긔의 ᄌᆞ녀를 구원치못ᄒᆞ고 오직 그 ᄌᆞ긔로써 ᄌᆞ긔의 ᄉᆡᆼ명만 구원ᄒᆞ리라(겔十四〇廿)」ᄒᆞ엿스니 이는곳 하ᄂᆞ님의 말ᄉᆞᆷ이니라

◎죄에서죽을것

삼화안셕쥰

죄악을 이긔는 묘법은 다른수업시 죄에서 죽는거시 묘법이라 우리가 죄에서 죽을것ᄀᆞᆺᄒᆞ면 죄로ᄒᆞ여곰 범ᄒᆞ게ᄒᆞ는결과에 니르지 아니ᄒᆞᆯ지니 죄라ᄒᆞ는거슨 죽은사ᄅᆞᆷ 우헤는 힘이업는거시라 젼에 장ᄉᆞᄒᆞ는 교우를 향ᄒᆞ여 세상에서 지낼 묘법을 무른즉 ᄃᆡ가 ᄃᆡ답ᄒᆞ기를 내가 세상에 ᄃᆡᄒᆞ여는 죽은 물건이 되엿거니ᄒᆞ는 ᄉᆡᆼ각을 가지고 잇서서 또 세상을 ᄃᆡᄒᆞ여 ᄉᆡᆼ각ᄒᆞ기를 이세상도 벌서 죽은 세샹이 거니ᄒᆞ고 잇슬것ᄀᆞᆺᄒᆞ면 세상미혹에 ᄲᅡ지지아니ᄒᆞ려니와 만일 그럿치아니ᄒᆞ여 스ᄉᆞ로 ᄉᆡᆼ씨ᄒᆞ기를 나는 대단히 령리ᄒᆞ고 민쳡ᄒᆞ고 범ᄉᆞ에 처각이 잇거니ᄒᆞ고 ᄉᆡᆼ각ᄒᆞ는거시 실패에 니르는 근본이라ᄒᆞ니 형뎨ᄌᆞ믹여 우리는 그리스도

ᄭᅦ셔 못박히실ᄯᅢ에 한가지로 못박힌쟈라 다시죄에셔 살ᄉᆞᆯ 됴이 무어시뇨

전도인一람

⊙목ᄉᆞ의직칙

十一、목ᄉᆞ된쟈의 당연히 ᄒᆡᆼᄒᆞᆯ일이니 우리교회안에셔 무ᄉᆞᆷ 직분을 맛던지 맛당히 이사야와 ᄀᆞᆺ치 깃븐ᄆᆞ옴으로써 ᄒᆞ여야되지 만一 그럿치 못ᄒᆞᆯ디경이면 당쵸에 그직분을 맛지안ᄂᆞᆫ것이 올흐니라 므릇 목ᄉᆞ된쟈는 은혜를 닙어 구원을 엇은외에 특별히 부르심을 닙은표젹이 잇ᄂᆞ니 누구던지 하ᄂᆞ님을 ᄃᆡ신ᄒᆞ야 그말ᄉᆞᆷ을 펴고져ᄒᆞ면 몬져 ᄌᆞ긔가 하ᄂᆞ님의 지시ᄒᆞ심을 밧우어후에야 바야흐로 다른 사ᄅᆞᆷ의게 젼ᄒᆞᆯ수잇ᄂᆞᆫᄃᆡ 대개 목ᄉᆞ된쟈의 증거는 세가지로 논ᄒᆞᆯ지라

一、ᄌᆞ긔가 은혜를 닙어 구원엇은것을 여러 사ᄅᆞᆷ압헤 간증ᄒᆞᄂᆞᆫ것이니 만一 ᄌᆞ긔가 아쥭 구원을 엇지못ᄒᆞ엿ᄉᆞ면 엇지 ᄂᆞᆷ의게 간증ᄒᆞᆯ수 잇ᄉᆞ리오 이는 닙은바 ᄌᆞ긔가 단녀보지 못ᄒᆞᆫ길노 ᄂᆞᆷ을 인도ᄒᆞᆯ수 업슴과 ᄀᆞᆺ도다 그럼으로 오직 ᄌᆞ긔의 경력ᄒᆞᆫ것으로써 ᄂᆞᆷ의게 고ᄒᆞᆯ지니 이런목ᄉᆞ는 셩경의ᄯᅳᆺ을 셜명ᄒᆞᆯᄯᅢ에 반ᄃᆞ시 말ᄒᆞ기를 「이셩경 말ᄉᆞᆷ은 나도 일즉이 경력ᄒᆞᆫ일이니 그ᄃᆡ가 하ᄂᆞ님ᄭᅴ 구ᄒᆞ면 나의엇은것을 그ᄃᆡ도 엇을것이라」ᄒᆞ리니 이는 ᄭᅩᆺ간증ᄒᆞᄂᆞᆫ것이라 그러나 ᄌᆞ긔의 경력이업시 다만 ᄂᆞᆷ의말만 듯고 젼ᄒᆞ랴면 될수업ᄂᆞ니 이는 비유컨ᄃᆡ 소경이 광학(光學)을 말ᄒᆞ며 귀먹어리가 셩학(聲學)을 ᄀᆞᄅᆞ치ᄂᆞᆫ것과 ᄀᆞᆺᄒᆞ니라 그런고로 목ᄉᆞ된쟈ㅣ 첫재증거는 ᄌᆞ긔의 경력을 ᄂᆞᆷ의게 간증ᄒᆞᄂᆞᆫ것이며

二、맛당히 젼도ᄒᆞᄂᆞᆫ ᄌᆡ능이 잇셔야될것이니 이는 ᄯᅴ모데젼셔三장 二졀에 닐은바 「감독은 칙망ᄒᆞᆯ것이업ᄉᆞ며 손을 ᄉᆞ랑ᄒᆞ며 ᄀᆞᄅᆞ치기를 잘ᄒᆞᆷ이니」감독은 ᄭᅩᆺ목ᄉᆞ요 ᄯᅩ 듸도一쟝九졀에 닐은바「비혼바 밋븐말ᄉᆞᆷ을 ᄒᆞᆼ샹직혀 ᄂᆞᆼ히 바른 교훈으로 권면ᄒᆞ고 거ᄉᆞ려 말ᄒᆞᄂᆞᆫ 사ᄅᆞᆷ을 셔돗게 칙망ᄒᆞᆯ쟈라야 되리라」ᄒᆞᆷ이니 우리의 힘으로 ᄂᆞᆼ히 이와 ᄀᆞᆺ치 ᄒᆞᆯ수잇겟ᄂᆞ뇨 아니라 우리쥬ᄭᅦ셔는 이세샹에셔 ᄶᅡᆨ이업ᄉᆞ시되 오히려 하ᄂᆞ님ᄭᅴ 격외(格外)ᄒᆞᆫ의 능력을 비셧거던 ᄒᆞᆯ믈며 우리사ᄅᆞᆷ이리오 우리는 불가불 ᄉᆞ도들이 五旬졀에 엇은 셩신의 능력을 엇지 못ᄒᆞ면 결코 젼도를 잘ᄒᆞᆯ수업ᄂᆞ니라

진리문답

문、텬국에 형샹업ᄂᆞᆫ 교회가 창세이ᄅᆡ로 이세샹에셔 션ᄒᆞᆫ힝실과 아ᄅᆞᆷ다온말노 그신명을 맛친 모든 셩현들을 다 함포ᄒᆞ엿ᄂᆞ뇨 여러셩현이 죄업슴으로 영셩을 엇ᄂᆞᆫ 결국은 ᄃᆞᆼ일(同一)치 안켓ᄂᆞ뇨

답、우리가 이문뎨에 ᄃᆡᄒᆞ야 질언(質言)ᄒᆞᆯ수업ᄉᆞ나 아마 이교회는 다만 그리스도를 밋ᄂᆞᆫ쟈만 함포되엿ᄂᆞ니 구약시ᄃᆡ에도 그리스도의 오시기를 ᄇᆞ라던 셩현들과 신약시ᄃᆡ에 모든신쟈들이 합ᄒᆞ야 이 무형ᄒᆞᆫ 교회를 셩립ᄒᆞᆯ지로다

문、령혼이 육신을 ᄯᅥ난후에 ᄭᅩᆺ 옷닙은 모양으로 잇겟ᄂᆞ뇨

답、이문뎨도 ᄃᆡ답ᄒᆞ기가 어렵도다 그러나 동셔양셩경학도들의 연구ᄒᆞᆫ바는 령혼이 육신을ᄯᅥ난후 신령ᄒᆞᆫ몸을 닙기위ᄒᆞ야 기ᄃᆞ리ᄂᆞᆫ 동안에는 옷닙은 형샹대로 잇ᄂᆞᆫ줄노 싱각ᄒᆞᄂᆞ니라

세계격언

一、세계에 ᄀᆞ장 뮈운쟈는 방관(旁觀)ᄒᆞᄂᆞᆫ쟈니라

二、얼골이 츄ᄒᆞᆫ녀인은 거울을 원망ᄒᆞᄂᆞ니라

三、황금으로써 ᄌᆞ손의게 주ᄂᆞᆫ쟈가 만치마는 그것을 ᄂᆞᆼ히 직히ᄂᆞᆫ쟈는 젹으니라

四、ᄂᆞᆷ이 나를 비방ᄒᆞᄂᆞᆫ말을

듯고 노ᄒᆞ지말지니다

五、후회ᄒᆞᄂᆞᆫ것은 ᄆᆞ음을 다ᄃᆞ리ᄂᆞᆫ 약이니라

六、오ᄂᆞᆯ날 갑시 나ᄌᆞᆫ 물건은 티일에 반드시 놉흔갑슬 요구ᄒᆞᆯ 물건이니라

七、도시(都市)의 슈치(差壯)ᄂᆞᆫ 그안에셔 사ᄂᆞᆫ ᄇᆡᆨ셩의 슈치니라

어린ᄋᆞ희들의니야기

미월당(梅月堂)김시습씨ᄂᆞᆫ 어려서브터 총명이 탁월ᄒᆞᆫ고로 세상이 다 신동(神童)이라 닐ᄏᆞᆺ더라 션ᄉᆡᆼ이 三세되엿슬ᄯᆡ에 솔닙에 이슬달닌것을 보고 시ᄒᆞᆫ귀를 지엇ᄂᆞᆫᄃᆡ 그글은 곳구실을 푸른 바날에 ᄭᆡ인것은 솔닙헤이슬이라(珠貫青針松葉露)ᄒᆞ엿더ᄃᆡ 션ᄉᆡᆼ이 五세되엿슬ᄯᆡ에 세종대왕ᄭᅴ셔 그총명ᄒᆞᆷ을 드르시고 정원으로 부르샤 대학을 강ᄇᆞᆺ아보실ᄉᆡ 능통ᄒᆞᆫ지라 샹이크게 긔특히 넉이샤 비단五十필을 하사(下賜)ᄒᆞ시며 놈을식히지말고 ᄌᆞ긔손으로 가지고 가라ᄒᆞ신ᄃᆡ 션ᄉᆡᆼ이 베ᄒᆞ고 ᄃᆡ답ᄒᆞᆫ후 그비단을 필필히 풀어 이ᄭᅳᆺ뎌ᄭᅳᆺ 붓잡어ᄆᆡ여 ᄒᆞᆫ필을 ᄆᆞᆫ든후에 ᄒᆞᆫᄭᅳᆺ을 잡고 나가거ᄂᆞᆯ 상이 보시고 크게 칭찬ᄒᆞ시매 이후브터 션ᄉᆡᆼ의일홈이 一국에 진동ᄒᆞ엿더라

위ᄉᆡᆼ요셜

뎨四 탄소(炭素)와 질소(窒素)만흔음식

이우헤 셜명ᄒᆞᆫ것과ᄀᆞᆺ치 우리 먹ᄂᆞᆫ 음식가온ᄃᆡ 동물픔(動物品)은 사라서 움자기ᄂᆞᆫ 새와 즘ᄉᆡᆼ과 ᄉᆡᆼ션의 고기ᄀᆞᆺ흔것이오 식물픔(植物品)은 ᄯᅡ에 심어서 ᄉᆡᆼ긴곡식과 과실ᄀᆞᆺ흔것인ᄃᆡ 그즁에 탄소가만히 셕긴음식은 삭어서 기름이되ᄂᆞ니 그 셩질(性質)이 능히 사ᄅᆞᆷ의 몸을 더옵게ᄒᆞᄂᆞ니라 그럼으로 인도국(印度國)ᄀᆞᆺ치 더운디방에 사ᄂᆞᆫ 사ᄅᆞᆷ들은 기름이젹은 초식을 만히먹고 아라시국(俄羅斯國)ᄀᆞᆺ치 치운디방에 사ᄂᆞᆫ 사ᄅᆞᆷ들은 기름진 고기를 만히먹ᄂᆞ니 대개 사ᄅᆞᆷ의 몸을 더옵게ᄒᆞᄂᆞᆫ 음식을 대강들어 말ᄒᆞᆯ디경이면 동물픔에ᄂᆞᆫ 쇼고기와 기름진 부분과 도야지 비긔(肥肌)와 양료리의 ᄲᅡ다와 어간유(魚肝油) 등속이오 식물픔에ᄂᆞᆫ 곡식의 풀되ᄂᆞᆫ 부분과 사탕과 ᄎᆞᆷ기름등속이라 우리 나라에서 만히먹ᄂᆞᆫ 음식ᄂᆞᆫ ᄊᆞᆯ이니 ᄊᆞᆯ속에 풀되ᄂᆞᆫ것을 씹을ᄯᆡ에 입안에서 춤이 ᄉᆡᆼ겨서 서로 화합ᄒᆞ면 단맛이 잇ᄂᆞᆫ것은 사탕이된ᄭᅡᄃᆞᆰ이라 그증거를 알고져ᄒᆞ면 어린ᄋᆞ희 암쥭을 ᄆᆞᆫ들ᄯᆡ에 ᄉᆡᆼᄊᆞᆯ을 입에너코 ᄭᆡ씹으면 사탕과ᄀᆞᆺ치 단맛이나ᄂᆞ니 그러케 사탕이된후에ᄂᆞᆫ 물과합ᄒᆞ야 비위경에 니르러 죽ᄀᆞᆺ치되면 그다음에ᄂᆞᆫ 대쇼쟝(大小腸)에 들어가서 피가되고 고기ᄂᆞᆫ 결단코 입의 춤으로 삭이기 어렵고 다만 비위경에 니르러 간경의 진익을 만난후에야 비로소삭어서 대쇼쟝으로 드러가실될것은 살되고 기름과 피될것은 ᄯᅩᄒᆞᆫ 그러케되ᄂᆞ니라

초식(草食)과 육식(肉食)[고기]을 다먹ᄂᆞᆫ 사ᄅᆞᆷ의 창ᄌᆞᄂᆞᆫ 길기가 그몸보다 여섯갑절이 되ᄂᆞᆫᄃᆡ 육식만먹ᄂᆞᆫ 호랑과 ᄉᆞᄌᆞ의 창ᄌᆞᄂᆞᆫ 길기가 그몸보다 세갑절에 지나지못ᄒᆞ고 초식만먹ᄂᆞᆫ 양의창ᄌᆞᄂᆞᆫ 길기가 그몸보다 스믈여덟갑절이오 ᄆᆞᆯ의창ᄌᆞᄂᆞᆫ 스믈네갑절이 되ᄂᆞ니 그리치ᄂᆞᆯ 궁구ᄒᆞ면 대개 사ᄅᆞᆷ이나 즘ᄉᆡᆼ의 육식먹ᄂᆞᆫ 분량은 셕고 초식먹ᄂᆞᆫ 분량ᄂᆞᆫ 큰고로 육식으로 ᄒᆞᆫ근먹을 식량에 초식은 두근을 넉어야 수리지 아니ᄒᆞᆯ지라 그런즉 호랑의 먹ᄂᆞᆫ육식ᄂᆞᆫ 창ᄌᆞ에 들어가서 자리를 젹게잡ᄂᆞᆫ고로 그창ᄌᆞ가 ᄶᆞ르고 양의먹ᄂᆞᆫ 초식은 자리를 만히잡ᄂᆞᆫ고로 그창ᄌᆞ가 ᄯᅩᄒᆞᆫ 길며 사ᄅᆞᆷ의 셕거먹ᄂᆞᆫ 초식과 육식은 뎍즁ᄒᆞᆫ 자리를 잡ᄂᆞᆫ고로 창ᄌᆞ의 길기도 뎍즁ᄒᆞ니라

실업

◎고구마(甘藷)재ᄇᆡ(栽培)ᄒᆞᄂᆞᆫ법

뎨一 심으기에뎍당ᄒᆞᆫ토디

고구마ᄂᆞᆫ 본ᄅᆡ 열ᄃᆡ(熱帶)디방에서 나ᄂᆞᆫ물건인고로 온화ᄒᆞᆫ곳이 아니면 ᄇᆡ양ᄒᆞ기가 심히 어려온지라 그런고로 죠션과ᄀᆞᆺ치 녀름졀긔에 계삭(季朔)이 단쵹ᄒᆞᆫ 디방에ᄂᆞᆫ ᄒᆞᆫ

[illegible] 괴롤 희롱
[illegible]라게 ᄒᆞ지아니ᄒᆞᆯ
연[illegible]을 엇기어렵도다
공[illegible]ᄒᆞ야 [illegible]으로 쏘여ᄒᆞᄂᆞᆫ 셋은
셔북방으로 [illegible]면이나 가옥의
가리우ᄂᆞᆫ것이 잇서셔 찬ᄇᆞ람을
막게ᄒᆞ며 동남방은 툭터져셔
태양뵈 빗슬잘밧게ᄒᆞ며 ᄯᅩᄒᆞᆫ
물이 잘ᄲᆞ지ᄂᆞᆫ곳이 됴흐니
만一 이우에 말ᄒᆞᆫ바와ᄀᆞᆺᄒᆞᆫ
토디롤 엇기어려온 경우에ᄂᆞᆫ
하모됴록 셔북방으로 판장
(板墻)을 셜비ᄒᆞᄂᆞᆫ것이 됴흐
니라

담총

⊙각물질의밀젹(密積)

각물질의 셜피고 ᄲᆡᆨᄲᆡᆨᄒᆞᆫ것을 ᄯᅡ라 그중량의 다른것이 심ᄒᆞᆫ듸 리학쟈의 연구ᄒᆞᆫ바를 의지ᄒᆞᆫ즉 미립방영쳑(每立方英尺)에ᄃᆡᄒᆞᆫ 중량이 빅금은 一千三百十八근 황금은 一千二百근 슈은(水銀)은 八百五十근 은은 六百五十근 동은 五百四十九근 성쳘(生鐵)은 四百五十四근 오목은 七十四근 샹수리나무ᄂᆞᆫ 四十八근 젹송(赤松)은 四十五근 바다물은 六十四근 맑은물은 六十二근 소와 양의 고기[illegible]온五十八근이라더라

⊙가락지씻ᄂᆞᆫ법

남녀간에 적은가락지를 ᄭᅧ다가 씻기어려온 경우에는 훌랑[illegible]이 잇ᄂᆞ니 그것은 굵은 실ᄒᆞᆫ겹으로 노끈을 ᄭᅩ아셔 그ᄒᆞᆫ끗을 가락지틈으로 너어 아래로 ᄊᆞᆸ아노코 그다음에는 그노끈으로 가락지ᄭᅵᆫ 손ᄭᅡ락에 감아 가온ᄃᆡ 마ᄃᆡ(指節)를 지나가기ᄭᆞ지 ᄒᆞᆫ후에는 그가락지틈에 너엇던 노끈끗을 잡고 우흐로향ᄒᆞ야 풀어올나가면 가락지가 곳ᄲᅢ지ᄂᆞ니라

⊙옴올닌ᄃᆡ 쓰ᄂᆞᆫ약

비누두량중과 셕유ᄒᆞᆫ량중과 독ᄒᆞᆫ쇼쥬 ᄒᆞᆫ량중과 황랍(黃臘)ᄒᆞᆫ량중을 셕거ᄭᅳ려셔 옴올닌곳을 문질너 씻기를 하로 몃번식ᄒᆞ면 즉효가 잇ᄂᆞ니라

회보ᄃᆡ금령슈

住所	氏名	金額
孟山	李振夏	四十錢
竹山大坪院教堂		八十五錢
露國亓教堂		四十錢
京大平洞	孫儀翻	四十錢
長端	全士明	四十錢
開城	李永瑞	四十錢
京西小門外	閔權	一圓
端川	鄭基煥	二十錢

그리스도회보
KOREAN CHRISTIAN ADVOCATE

每月二回十五日三十日發行
大正元年十一月廿八日印刷
大正元年十一月三十日發行

發行兼編輯人 開城北部山芝峴 奇...
印刷人 京城北部樓閣洞...林...
印刷所 京城西小門內 法韓印刷所
發行所 京城北部壯洞四十三統三戶呂炳鉉邸
ᄃᆡ금 一쟝 二젼五리
[代金] 六ᄀᆡ월 二十젼
一ᄀᆡ년 四十젼

사셜

⊙쥬를위ᄒᆞ야부자런히일ᄒᆞᆯ것

사ᄅᆞᆷ이 세샹에 나매 어려셔 쟝셩ᄒᆞ고 쟝셩ᄒᆞ여셔 늙고 늙어셔 죽ᄂᆞᆫ동안이 百년에 지나지 못ᄒᆞᄂᆞᆫᄃᆡ 이 百년이 ᄒᆞᆫ번 눈을 굼니ᄂᆞᆫ ᄉᆞ이에 다라나ᄂᆞᆫ도다 사ᄅᆞᆷ이 만일 젊어셔 ᄉᆞᄉᆞ로 힘쓰지 아니ᄒᆞ면 늙어셔 셩취ᄒᆞᆫ것이 업슬지니 뉘웃친들 엇지ᄒᆞ리오 대개 가기쉬운것은 百년의 광음이오 무궁ᄒᆞᆫ것은 千츄의 ᄉᆞ업이라 샹고셩현들이 이런줄을 아시ᄂᆞᆫ고로 ᄒᆞᆼ샹 젼々긍々(戰々兢々)ᄒᆞ야 잠시도 편ᄒᆞᆫ것을 엇지 못ᄒᆞ엿ᄂᆞ니 하우씨ᄂᆞᆫ 촌음(寸陰)을 앗기시고 도간(陶侃)은 분음을 앗긴것을 ᄉᆡᆼ각지 못ᄒᆞᄂᆞ뇨 論ᄒᆞ다 ᄌᆞ고로 셩현이 셩현되고 용우(庸愚)가 용우되ᄂᆞᆫ 경쥥(競爭)은 이 분촌 되ᄂᆞᆫ 광음(光陰)ᄉᆞ이에 잇섯도다 누구던지 이광음을 헛되히 보낼수 업다ᄒᆞ야 죵신토록 이광음을 유익ᄒᆞ게 보낸쟈ᄂᆞᆫ 반ᄃᆞ시 셩현 디위게 오르고 ᄯᅩ 이광음을 헛되히 보내되 판게셔 안타ᄒᆞ야 죵신토록 광음을 무의ᄒᆞ게 허비ᄒᆞᆫ쟈ᄂᆞᆫ 반ᄃᆞ시 용우ᄒᆞᆫ 등급에 ᄯᅥ러지ᄂᆞ니 ᄂᆡ여 하우씨ᄀᆞᆺᄒᆞᆫ 셩인과 도간ᄀᆞᆺᄒᆞᆫ 현인도 이와ᄀᆞ치 광음을 앗겻거던 하믈며 우리 쳥년후진들이야 엇지 ᄯᅢ를 일코 업을폐ᄒᆞ야 ᄌᆞ포ᄌᆞ긔(自暴自棄)ᄒᆞᄂᆞᆫ 디경에 니르리오 맛당히 이 금옥ᄀᆞᆺᄒᆞᆫ 광음을 앗거고 ᄯᅩ 앗기되 로마 十二쟝十一졀 말ᄉᆞᆷ과ᄀᆞᆺ치 부자런ᄒᆞ야 게으르지말고 열심을 품어 쥬를 셤기며 ᄯᅩᄒᆞᆫ 쟝ᄅᆡ의 텬국을 위ᄒᆞ며 현지의 동포를 위ᄒᆞ야 영원히 썩지아니ᄒᆞᆯ ᄉᆞ업을 만히ᄒᆞ면 ᄎᆞ셩에ᄂᆞᆫ 세샹에 쓸만ᄒᆞᆫ 사ᄅᆞᆷ이 되고 후셩에ᄂᆞᆫ 하ᄂᆞ님ᄭᅴ 샹밧을쟈가 될여니와 만일 그럿치 못ᄒᆞ면 ᄎᆞ셩게 잠々ᄒᆞ여 돌님이 업고 죽은후게 초목과 ᄒᆞᆷᄭᅴ 썩을지니(베드로젼一 二十四、二十五) 원컨ᄃᆡ 우리 밋ᄂᆞᆫ쳥년 동포 형뎨들은 힘쓸지어다 더욱 힘쓸지어다

△본샤긴급광고

년죵이갓갑고 ᄯᅩ본샤 경용이 군졸ᄒᆞ오니 본보를 구람ᄒᆞ시고 아직 ᄃᆡ금을 보내지 못ᄒᆞ신이ᄂᆞᆫ 본보를 ᄋᆡ호(愛護)ᄒᆞ시ᄂᆞᆫ 셩의(盛意)로 본보 ᄃᆡ금을 곳 우편쇼위톄(郵便小爲替)로 붓쳐 보내시옵

⊙본샤이젼 광고

본 샤쟝 긔외남씨ᄂᆞᆫ 리셩으로반이(搬移)ᄒᆞᆫ고로 거월 二十五일에 본회보 발ᄒᆡᆼ소(本會報發行所)를 경셩북부 쟝동ᄉᆞ십삼통 삼호 려병현씨져(京城北部壯洞四十三統三戶 呂炳鉉氏邸)로 이젼(移轉)ᄒᆞ엿ᄉᆞ오니 쳠위ᄂᆞᆫ 죠량ᄒᆞ신후 본회보에 ᄃᆡᄒᆞᆫ 一반 셔신(書信)을 우긔처(右記處)로 보내시오

교즁휘문

△너보▽

⊙평암감독강셜 일본감리교회감독 평암션보(平岩愃保)씨는 근일 죠션경셩에 건너왓는ᄃᆡ 본월 八일하오 四시에 죵로 긔독쳥년회관니에서「하ᄂᆞ님을 공경ᄒᆞ는것이도라」는 문뎨로 강도ᄒᆞ엿다더라

⊙평양의사경회 평양남산현교회목ᄉᆞ 현셕七씨의 통신을 거ᄒᆞᆫ즉 동회당에셔 거월三十一일브터 본월十三일ᄭᆞ지 부인도사경회를 열엇는ᄃᆡ ᄌᆞ미가 만코 유익밧은것은 말노 다ᄒᆞᆯ수업스나 대강들어 말ᄒᆞ쟈면 등수는 七등에 분ᄒᆞ엿고 과졍은 감리교문답 예수힝젹 ᄉᆞ도힝젼 고린도젼후서 데살노니가젼후서 듸모데젼후서 야고보 요한一서 창셰긔 출애급 여호수아 ᄉᆞ긔 삼우엘젼서요 미일오후 ᄒᆞᆫ시간식 교제와 풍쇽개량과 혼인과 가뎡교육 학교교육 위싱이란 문뎨로 연셜ᄒᆞ엿는ᄃᆡ 뎨 젼에 잘못ᄒᆞᆫ것을 세ᄃᆞᆺ고 이후 잘ᄒᆞᆯ랴고 작뎡ᄒᆞᆫ 사ᄅᆞᆷ도 만핫스며 또 교ᄉᆞ는 오라부인 번톄덕부인 번목ᄉᆞ부인 류목ᄉᆞ부인 모리스목ᄉᆞ부인 왁스목ᄉᆞ부인 목ᄉᆞ송희봉 리하영 김찬홍 현셕七 젼도ᄉᆞ 리동긔 송익쥬 윤형필제씨요 학원수효는 百十인인ᄃᆡ 첫날브터 ᄆᆞᆺ날ᄭᆞ지 공부를 잘ᄒᆞ고 ᄆᆞᆺ날저녁에는 모리시감리ᄉᆞ가 셩만찬 례식을 힝ᄒᆞ엿는ᄃᆡ 이번 사경회에 신령ᄒᆞᆫ 은혜를 풍셩히 밧엇다고 하ᄂᆞ님ᄭᅴ 영광을 돌넷다더라

⊙경건ᄒᆞᆫ신도 경긔도 강화군 잠두교회 젼도ᄉᆞ 죠닉덕씨의 통신을 거ᄒᆞᆫ즉 본교당에 허나오미씨는 여러히동안 젼도에 죵ᄉᆞᄒᆞ는 부인인ᄃᆡ 신곡을 츄슈ᄒᆞᆫ후에 몬져 하ᄂᆞ님ᄭᅴ 감샤ᄒᆞᆫ ᄆᆞ음이 잇서서 신곡을 팔아 돈二환을 밧쳐 텬국일에 쓰게 ᄒᆞ엿스며 금알마는 十八세된 녀ᄌᆞ인ᄃᆡ 이세상을 ᄯᅥ날ᄯᅢ에 ᄌᆞ긔조모의게 신々부탁ᄒᆞ기를 나 죽은후에라도 례비당 일에는 나살엇슬ᄯᅢ와 ᄀᆞᆺ치 연보ᄒᆞ여 달나고 ᄒᆞᆫ고로 금년 츄등에 산에 그조모가 금一환을 가져왓스니 이는 다 저물을 하ᄂᆞ님 나라에 ᄡᅡ아두는것이 올흔줄을 ᄭᆡ다랏스니 참감샤ᄒᆞᆷ을 마지아니ᄒᆞᆫ다 ᄒᆞ엿더라

⊙인천교우의열셩과긔도회 인천항교회 권ᄉᆞ 민쥰식씨의 통신을 거ᄒᆞᆫ즉 하ᄂᆞ님의 넓으신 은혜로 평양 남산현에서 젼도ᄒᆞ던 목ᄉᆞ 리익모씨를 인천 교회로 득파ᄒᆞ샤 본년 四월 十五일에 본교회에 도챡ᄒᆞᆫ 후로브터 형뎨ᄌᆞ미와 남녀 학싱을 열심인도ᄒᆞᆷ으로 一반 교우가 셩신을 츙만히 밧아 거五월에 합심연조ᄒᆞ야 一百二十여환을 봉일 슈납ᄒᆞ여 회당 젼톄를 一신 슈리ᄒᆞ고 또 六월에 교회의 빗진돈 三十七환 十젼을 쳥장ᄒᆞ엿스니 모든 교우의 참열셩을 감샤ᄒᆞ며 또거월十四일브터 특별긔도회를 열고 十일동안을 미일 상오五시로 六시반 하오六시로 七시반ᄭᆞ지 작뎡ᄒᆞ고 목ᄉᆞ 리익모씨가 인도ᄒᆞ는ᄃᆡ 진심으로 감도ᄒᆞ야 모든 듯는쟈의 ᄆᆞ음을 감동식힘으로 형뎨ᄌᆞ미와 남녀학싱이 미일 수百명식 참셕ᄒᆞ야 신령ᄒᆞᆫ 은혜를 만히 밧고 통회ᄒᆞ는 ᄆᆞ음으로 지은죄를 ᄌᆞ복ᄒᆞ며 술과 담비를 영々 ᄭᅳᆫ키로 작뎡도ᄒᆞ며 쥬의 일을 더욱 젼력ᄒᆞ야 ᄒᆞ기를 결심ᄒᆞ는 형미가 만히 잇서서 풍셩ᄒᆞᆫ 은혜밧은 영광을 하ᄂᆞ님ᄭᅴ 돌넛다ᄒᆞ엿더라

⊙신갈산교회졍황(情況) 경긔도 리천군 내면 신갈산교회 송병학씨의 통신을거ᄒᆞᆫ즉 본교회는 빈한ᄒᆞᆫ즁 수년젼에 지졍을 구취ᄒᆞ야 와가十二간을 사셔 례비ᄒᆞ더니 이회당 집은 년구ᄒᆞᆫ 로옥(老屋)인고로 본년七월 장마물에 쥬초와 기동이 써러지고 비가 ᄉᆡ서 당쟝에 문허졋스나 다시 슈리ᄒᆞᆯ 도리가 업서々 쥬야로 근심만ᄒᆞ더니 형뎨ᄌᆞ미제씨가 一심으로 작뎡ᄒᆞ고 각기 죠셕 긔도ᄒᆞᆯᄯᅢ마다 회당 즁슈(重修)ᄒᆞ기를 위ᄒᆞ야 간구ᄒᆞ며 또ᄒᆞᆫ 二쥬일동안 하오 七시브터 八시ᄭᆞ지 회당에 모혀서 진심긔도ᄒᆞ엿더니 하ᄂᆞ님이 드르시고 셩신의 감화ᄒᆞᆷ을 넘어 여간 지졍을

슈합ᄒᆞ야 겨우 二十九환二젼 파 은비녀一기 은반지一기 은귀지一기 면쥬五쳑 다례ᄒᆞᆫ 기이오니 이것으로ᄂᆞᆫ 슈리ᄒᆞᆯ 예산이 十분부족ᄒᆞᆫ즉 각쳐교회형뎨ᄌᆞ매ᄂᆞᆫ 이곳 교회를 위ᄒᆞ야 긔도로 도아주기를 ᄇᆞ라노라 ᄒᆞ엿더라

◎三씨진심。 강원도 평히군 근북면 정명동교회 황셩결씨의 동신을 거ᄒᆞᆫ즉 뎌교회ᄂᆞᆫ 작년二월분에 셜립ᄒᆞ여 쟝인환씨 집에서 례비ᄒᆞᄂᆞᆫ데 례비당이 협챡ᄒᆞ야 ᄯᅳᆯ에셔 례비보ᄂᆞᆫ사ᄅᆞᆷ도 잇ᄂᆞᆫ지라 회당건츅ᄒᆞ기위ᄒᆞ야 一반 교우가 ᄒᆞᆼ샹의론 만ᄒᆞ나 본리 빈한ᄒᆞᆫ 교우들이 연조ᄒᆞᆯ수 업셔々 근심ᄒᆞᄂᆞᆫ즁 금년 녀름을 지내엿스나 일긔가 점々 치워지ᄂᆞᆫ되 엇지ᄒᆞᆯ도리가 업셔 다만 개탄ᄒᆞᆯᄲᅮᆫ이러니 쇽쟝 쟝경즙씨가 빗으로 六十환을 엇고 ᄌᆞ긔가 五환을 연조ᄒᆞ며 또 뎜ᄉᆞ 쟝인환씨가 八환을 연조ᄒᆞ야 도합七十三환으로 초가八간을 二十환에 미득ᄒᆞ야 거긔 례비당을 중츅ᄒᆞ여 례비ᄂᆞᆫ 편히 잘보나 외채六十환을 갑흘도리가 업셔 걱정ᄒᆞ더니 쟝경즙 윤즁의씨가 ᄌᆞ긔의 피로옴을 불고ᄒᆞ고 금년 녀름에 제초(除草)ᄒᆞᄂᆞᆫ 교군(雇軍)으로 로동ᄒᆞᆯ기를 작뎡ᄒᆞ고 다른 교우들과 一졔히 들에 나가서 면답에 풀을미여 十여일 동안식 四五ᄎᆞ ᄒᆞ야 ᄌᆞ긔 가ᄉᆞ들 뒤에ᄒᆞ고 교회일을 몬져 ᄒᆞᆷ으로 맛참내 이외채六十환을 다갑핫스니 이와ᄀᆞᆺ흔형뎨의 열심은 참ᄆᆞ옴이 식은 형뎨의 모범이 될만ᄒᆞ다 ᄒᆞ엿더라

◎긔도의효력。 경남 울도군 쟝흥교회 도문쥬씨의 통신을 거ᄒᆞᆫ즉 이교회ᄂᆞᆫ 셜립된지 임의 三년이되엿스나 오히려 씨ᄲᅮ리ᄂᆞᆫ쟈만 잇고 잘기르ᄂᆞᆫ 쟈ᄂᆞᆫ 업슴으로 ᄲᅮ린씨가 나기ᄂᆞᆫᄒᆞ나 열ᄆᆡᄂᆞᆫ 맺지못ᄒᆞ야 근々히 지내더니 그쥬에 신실ᄒᆞᆫ 교우의집 수三호가 간도로 이거ᄒᆞ고 또 락심ᄒᆞᆫ쟈가 잇서 교회형편이 지극히 약ᄒᆞ더니 맛ᄎᆞᆷ니 감리ᄉᆞ 박원빅씨가 김벽두씨를 파송ᄒᆞ야 희씨가 새벽 긔도란 문뎨로 감셜ᄒᆞ매 남녀교우 十여인이 합심ᄒᆞ야 하ᄂᆞ님께 군구ᄒᆞ엿더니 이쳐도를 드르샤 도아주심으로 락심ᄒᆞᆫ쟈ㅣ 다시회개ᄒᆞ며 또 새로 밋기로 작뎡ᄒᆞᆫ쟈도 잇슴으로 지금은 교우가 六七十명에 달ᄒᆞ엿고 또 이긔도의 효력으로 새로 교회를 셜립ᄒᆞ엿스며 또 청년교우 五六인은 금쥬와 단연ᄒᆞ기로 작뎡ᄒᆞ엿고 복화옥씨의 부인 리씨ᄂᆞᆫ 심히 위급ᄒᆞᆫ 병으로 고통ᄒᆞ매 그 남편이 박수를 청ᄒᆞ야 독경(讀經)ᄒᆞ자ᄒᆞ매 리씨가 말ᄒᆞ기를 「쥭고 사ᄂᆞᆫ것이 하ᄂᆞ님께 잇지 엇지 마귀의게 잇스리오 우리ᄂᆞᆫ 텬디 만물을 내시고 다ᄉᆞ리시ᄂᆞᆫ 하ᄂᆞ님께 긔도로 구ᄒᆞᄂᆞᆫ것이 올타ᄒᆞ고」하ᄂᆞ님께 군구ᄒᆞ엿더니 파연三四쥬일간에 ᄎᆞᄎᆞ 병이 물너가셔 지금은 강건ᄒᆞᆫ 힘을엇고 하ᄂᆞ님을 찬양ᄒᆞ며 또 이교회ᄂᆞᆫ 빈한ᄒᆞᆷ으로 인ᄒᆞ야 ᄌᆞ급의 필요ᄒᆞᆷ을 수ᄎᆞ 광포ᄒᆞ되 ᄌᆞ급지 못ᄒᆞ더니 거七월브터 미삭 이환가량식 ᄌᆞ급ᄒᆞ니 비록 만치ᄂᆞᆫ 못ᄒᆞ나 졍셩을 다ᄒᆞ야 ᄌᆞ급ᄒᆞᄂᆞᆫ것인고로 하ᄂᆞ님께 감샤ᄒᆞᆫ다 ᄒᆞ엿더라

◎강씨의미ᄉᆞ(美事) 함남 리원군 빅치문씨의 통신을 거ᄒᆞᆫ즉 뎌교회니 강응三씨ᄂᆞᆫ 우리 쥬를 독실히 밋음으로 ᄌᆞ긔의 저산을 앗기지안코 교회에 슈용되ᄂᆞᆫ 졔반물품을 ᄌᆞ담 쥰비ᄒᆞ며 또 ᄌᆞ긔의 독력(獨力)으로 교회니에 녀학교를 셜립ᄒᆞ고 녀교ᄉᆞ를 교빙ᄒᆞ여 열심교슈ᄒᆞ니 이ᄂᆞᆫ 츙신도의 아름다온 일이라ᄒᆞ엿더라

◎경셩의사경회。 경셩니 미감리회ᄂᆞᆫ 본월二十일브터 련합부인사경회를 죵로 즁앙례비당니에서 열고 셔양목ᄉᆞ부인녜싸가 열심으로 교슈ᄒᆞᄂᆞᆫ디 ᄌᆞ미를 만히본다더라

◎츄슈감샤졀파너외국션교회

十二월데二쥬일은우리 감리회츄슈감샤졀일

찬숑ᄒᆞ리로다 셩경 말솜파 ᄀᆞᆺ치 울지어다 여호와를 찬숑ᄒᆞ고 우리를 구원ᄒᆞ시ᄂᆞᆫ 반셕을 향ᄒᆞ야 즐거워 부르셰 감샤ᄒᆞᆷ으로 그압헤 나아

가서 그를 향ᄒᆞ야 서로즐거
히 부르세 대개 여호와는 크
신하ᄂᆞ님이시오 크신왕이시
니 모든 신보다 놉흐시도다
(시편九五〇一—三)
하ᄂᆞ님ᄭᅴ서 하ᄂᆞᆯ문을 여시고
열혼 비와 느진비를 주샤 ᄯᅡ
를 윤턱ᄒᆞ게 ᄒᆞ심으로 오곡
백과가 풍등ᄒᆞ여 나의 곡간
에 넘쳣도다 엇지 하ᄂᆞ님 은
혜를 감샤치 아니ᄒᆞ리오

一우리가 은혜로 엇은바중에
서 맛당이 하ᄂᆞ님ᄭᅴ 드릴
것
이것은 하ᄂᆞ님ᄭᅴ서 특별이
이스라엘 ᄌᆞ긔 ᄇᆡᆨ셩의게
명령ᄒᆞ신바이니 태초사롬
들이 하ᄂᆞ님ᄭᅴ 제ᄉᆞ를 드
릴ᄯᅢ에 ᄌᆞ긔외게 잇ᄂᆞᆫ바로
ᄡᅥ 하ᄂᆞ님ᄭᅴ 드렷고 (창셰
긔四〇二—三) ᄯᅩ 모세의게
명ᄒᆞ시기를 너희는 내가
너희ᄭᅴ 주는ᄯᅡ에 드러가
그 곡식을 거둘ᄯᅢ에 처음
닉은 곡식ᄒᆞᆫ단을 제ᄉᆞ쟝의
게 가져가라 ᄒᆞ셧고 ᄯᅩ 드
디소산중에서 십일됴를 드
리라 ᄒᆞ셧ᄂᆞ니라 (레위二十
三〇十—二、민수十五〇十
一二十一、느헤미야十〇三
十七、八)
ᄯᅩᄒᆞᆫ 하ᄂᆞ님ᄭᅴ서 이스라엘
ᄇᆡᆨ셩이 십일됴를 내지안이
ᄒᆞᆯᄯᅢ에 엄위ᄒᆞ신 말ᄉᆞᆷ으로
칙망ᄒᆞ시기를 나의 물건을
곳 도젹질 ᄒᆞ엿다 ᄒᆞ셧ᄂᆞ
니라 (말나긔三〇七—九、)그
럼으로 우리의게 잇ᄂᆞᆫ바에
서 십의 일은 하ᄂᆞ님ᄭᅴ서
맛당히 차지실바 하ᄂᆞ님의
물건인줄 아노라

二하ᄂᆞ님ᄭᅴ서 명령을 슌죵ᄒᆞ
ᄂᆞᆫᄌᆞ의게 복을 주시겟다
허락ᄒᆞ심 (신긔二十八〇一
—十四、)
(一)하ᄂᆞ님의 말ᄉᆞᆷ을 듯고
삼가 직히면 너를 세상 모
ᄃᆞᆫ 나라에 놉히들겟다ᄒᆞ심
(二)가ᄂᆞᆫ 곳바다 복을 주시
겟다ᄒᆞ심 (三)우리의 몸에
소산과 육축의게 복을주겟
다ᄒᆞ심 (四)우리손으로 ᄒᆞ
ᄂᆞᆫ바 일과 음식에 복을 주
시겟다ᄒᆞ심 (五)우리를 거
륵ᄒᆞᆫ ᄇᆡᆨ셩이되게 ᄒᆞ시겟다
ᄒᆞ심 (六)너희가 만국에 ᄭᅮ
어주ᄂᆞᆫ자가 되겟다ᄒᆞ심 (신
명긔二十八〇一—十四、) (七)
너희가 맛당히 십일됴를
창고에 드려 내집에 량식
이 잇게ᄒᆞ고 이로ᄡᅥ 나를
시험ᄒᆞ야 내가 과연 너희게
복을 주나 아니주나 시험
ᄒᆞ여보라 ᄒᆞ셧ᄂᆞ니라 (말나
긔三〇十—十二、)
은혜밧은 형데ᄌᆞ미여 령혼
과 육신에 궁핍홈이 잇ᄂᆞ
뇨 이것은 하ᄂᆞ님을 더ᄒᆞ
여 우리의 곡간문과 ᄆᆞᄋᆞᆷ
문을 굿게다든 연고니라
ᄒᆞᆫ번 하ᄂᆞ님을 향ᄒᆞ여 ᄯᅡᆯ
열면 풍셩이 주실지니라

三감샤절에 드린져 물은 션
교회로 보낼지니라
우리ᄂᆞᆫ 이것을 가지고 신
령ᄒᆞᆫ씨를 ᄲᅮ릴지니 타방션
교ᄒᆞᄂᆞᆫ 일에 쓸지니라 수
년젼에 우리감리회에서 ᄂᆡ
외국 션교회를 조직ᄒᆞ고
션교ᄉᆞ를 청국에 파송ᄒᆞ여
복음을 젼ᄒᆞ게 시작된지라
그럼으로 이돈은 형데ᄌᆞ미
의 목소리를 ᄃᆡ신ᄒᆞ야 큰
소리로 더 청국에서 웨치
ᄂᆞᆫ도다 지금 우리 교회에
셔 ᄯᅩ 경영ᄒᆞᄂᆞᆫ것은 됴흔
목ᄉᆞ ᄒᆞ나를 동경에 파송
ᄒᆞ야 죠션 류학ᄉᆡᆼ의게 젼
도ᄒᆞ고져 ᄒᆞ오니 깁히 쳥
파ᄒᆞ시고 남북에 신령ᄒᆞᆫ
ᄡᅵ를 만히ᄲᅮ려 츄슈ᄒᆞ게ᄒᆞ
하ᄂᆞ님은 ᄡᅵ ᄲᅮ리ᄂᆞᆫ자의게
ᄡᅵ를 주시ᄂᆞᆫ도다

▲감샤쥬일예배슌셔

— 찬송 데ᄉᆞ
— 시편 데一百七편
— 긔도 데목은감샤홈
— 신약 고린도후데九쟝
— 특별찬송
— 젼도 데목츄슈감샤절과 션교회
— 슈젼
— 찬송 데二百三十四
— 츅ᄉᆞ 폐회

북감리회션교회

◎츄슈감샤일찬송

공쥬 리명쥬

一 깃브게이날뎡ᄒᆞ야
큰은혜감샤히
은혜를밧은우리는
다찬송ᄒᆞᆸ세다

二 화려ᄒᆞᆫ넓은뎐뎌에
우리들을위히
이슬과비를ᄂᆞ리니
만물번식ᄒᆞᆫ다

三 줄々히작々오ᄂᆞᆫ비
만물이흡슈히
ᄡᅡᆨ파이삭자라나셔
츄슈찬송ᄒᆞᆫ다

四 가을에거둔곡식은
오곡이풍등히
우리로먹게ᄒᆞ시니
홈감샤ᄒᆞᆸ니다

五 셰월이 순환ᄒᆞ여서
ᄯᅢᄯᅢ로변ᄒᆞᆫᄯᅢ
엄동셜한도라와도
렴녀ᄒᆞᆯ것업네

六 여호와우리ᄉᆞ랑ᄒᆞᆷ
한량이업도다
이날에감샤ᄒᆞᆫᄆᆞᄋᆞᆷ
혈변ᄒᆞᆯ수업네

긔셔

교회가잇슨후에셩명을 엇음

태쳔 리윤영

대개 국가가 잇슨후에 신가(身家)가 잇스며 교회가 잇슨후에 ᄯᅩᄒᆞᆫ 셩명의 삶을 엇을지로다 ᄉᆞ랑ᄒᆞᄂᆞᆫ 형뎨ᄌᆞ미시여 몸을 ᄉᆞ랑ᄒᆞᄂᆞ뇨 교회를 ᄉᆞ랑ᄒᆞᄂᆞ뇨 내몸을 ᄎᆞᆷᄉᆞ랑ᄒᆞᆯ면 몬져 교회를 ᄉᆞ랑ᄒᆞᆯ지니 바울이 말ᄉᆞᆷᄒᆞ시기를「교회ᄂᆞᆫ 예수의몸이라」(고젼十二〇十二)ᄒᆞ엿스며 예수 ᄀᆞᆯᄋᆞ샤ᄃᆡ「나ᄂᆞᆫ 포도나무요 너희ᄂᆞᆫ 가지라」(요十五〇)ᄒᆞ셧스니 셩각ᄒᆞᆯ지어다 교회를 ᄉᆞ랑치 아니ᄒᆞᄂᆞᆫ쟈ᄂᆞᆫ ᄌᆞ긔의 셩명되시ᄂᆞᆫ 예수를 ᄉᆞ랑치 아니ᄒᆞᆷ이며 ᄯᅩᄒᆞᆫ 셩명의 삶을 엇ᄂᆞᆫ교회를 ᄉᆞ랑치 아니ᄒᆞᆷ이 맛쳐 나무가지가 원례를 ᄯᅥ남ᄀᆞᆺ도다 예수 승텬ᄒᆞ샤 셩신을 보내여 교회를 셜립ᄒᆞ시고 ᄯᅩᄒᆞᆫ ᄉᆞ도를 명ᄒᆞ샤 十ᄌᆞ가의 도와 구원의 진리를 젼파ᄒᆞ야 六쥬五양에 가득ᄒᆞᆫ 죄인을 거륵ᄒᆞᆫ 나라로 ᄭᅳ러드려 구원코져 ᄒᆞ심이 임의 一千九百여년이 되엿도다 지금ᄭᅡ지 구원에 참례치 못ᄒᆞᆫ쟈ᄂᆞᆫ 말ᄒᆞᆯ것업거니와 임의 교회에 드러오신 형뎨ᄌᆞ미ᄂᆞᆫ 교회를 위ᄒᆞ야 일ᄒᆞᆯ지니 가령 우리 육톄로말ᄒᆞ면 여러분ᄌᆞ가 합ᄒᆞ야 ᄒᆞᆫ몸을 일우고 각분ᄌᆞ가 활동ᄒᆞ야 몸을 살게ᄒᆞᄂᆞᆫ 동시에 ᄯᅩᄒᆞᆫ 구셩(構成)된분ᄌᆞ도 삶을 엇음이오 그즁에 피로발ᄒᆞ면 져를죽여 육톄를 살게ᄒᆞᄂᆞ니 피가 죽지아니ᄒᆞ면 엇지 육톄가 살수잇스리오 이와ᄀᆞᆺ치 예수의 지톄된 우리가 신톄를 구셩ᄒᆞᆫ 분ᄌᆞ와 ᄀᆞᆺᄒᆞᆫ즉 우리가 불가불 교회를 위ᄒᆞ야 일ᄒᆞ기를 션톄의 분ᄌᆞ와ᄀᆞᆺ치 ᄒᆞ지아니치 못ᄒᆞᆯ것이오 ᄯᅩᄒᆞᆫ 우리ᄂᆞᆫ 모든 졍욕을 죽여 교회를 유익케 ᄒᆞ기를 육톄의 피와ᄀᆞᆺ치 ᄒᆞᆯ지라 그러나 근ᄅᆡ 죠션 그리스도교회의 어나디방을 물론ᄒᆞ고 교셕을 도라보고 형편을 ᄉᆞᆯ피건대 교회에 ᄃᆡᄒᆞᆫ 일은 ᄎᆡ지물론ᄒᆞ고 교회ᄂᆞᆫ 교회요 나ᄂᆞᆫ 나마 ᄒᆞᄂᆞᆫ것으로 비록 직분이 잇ᄂᆞᆫ쟈라도 내집만 싱각ᄒᆞ고 교회의 흥망과 셩쇠ᄂᆞᆫ 나의 알바이 아니라ᄒᆞ야 젼혀 목ᄉᆞ나 젼도ᄉᆞ의게 맛기고 지졍이 군졸ᄒᆞ던지 교인이 락심ᄒᆞ던지 례비당이 퇴락되던지 온갓것을 남의것과ᄀᆞᆺ치 심상히 보ᄂᆞᆫ쟈가 죵죵잇서 ᄌᆞ긔의 귀ᄒᆞᆫ 싱명을 불식부지간(不識不知間)에 쳔만층 디옥에 타락케 ᄒᆞ니 싱각이 이에 니르매 엇지 답답ᄒᆞ고 한심치 아니ᄒᆞ리오 싱각ᄒᆞ시오 가령 이셰샹에 학식을 넓히ᄂᆞᆫ 학교가 업스면 학ᄉᆞ가 어ᄃᆡ셔 낫스며 만일 식물을 내ᄂᆞᆫ 토디가 업스면 五곡과 百과를 엇지 엇으리오 이와ᄀᆞᆺ치 교회가 업스면 진리를 어ᄃᆡ셔 비화 알며 진리를 비화 알지못ᄒᆞ면 영싱을 어ᄃᆡ셔 구ᄒᆞ리오 그런즉 감히 엇지못ᄒᆞᆯ쟈 교회오 가히 ᄉᆞ랑치 아니치 못ᄒᆞᆯ쟈도 교회니 쟝강대히(長江大海)를 ᄇᆡ업시 엇지건너며 풍파 셰계를 교회로 말미암지 아니코 셩명을 엇지 능히 [illegible]보ᄒᆞ리오 오호라 그리스도예수안에서 사시ᄂᆞᆫ 부모와 형뎨ᄌᆞ미ᄂᆞᆫ 이왕에 잘못ᄒᆞᆫ것은 ᄯᅱ우쳐 곳치며 쟝ᄅᆡ를 도모ᄒᆞ야 교회에 ᄃᆡᄒᆞᆫ열이어면 감심(甘心)으로 ᄒᆞᆯ것이오 교회에 유익ᄒᆞᆯ일이면 몸이 죽ᄂᆞᆫᄃᆡ 니를지라도 쉬지말고 ᄒᆞ여서 셩명을 엇을지니 누구던지 ᄌᆞ긔를 ᄉᆞ랑ᄒᆞᄂᆞᆫ쟈ᄂᆞᆫ 몬져 교회를 ᄉᆞ랑ᄒᆞᆯ진뎌

◎긔도의용젹(容積)

츈쳔 리익규

찬숑ᄒᆞ리로다 쥬의 복음을식이 ᄯᅡ긋ᄭᆞ지 한ᄒᆞ고 젼파되ᄂᆞᆫᄯᅢ에 우리 죠션이 회년(禧年)을 당ᄒᆞ야 일변으로 밧버ᄒᆞ며 일변으로 의롭ᄒᆞ고 쥬를 위ᄒᆞ야 나아온쟈ㅣ 수十만으로 계산ᄒᆞᆯ지라 그런즉 어ᄂᆡᄯᅢ에 무릅ᄭᅮᆯ어 쥬압헤 긔도ᄒᆞᄂᆞᆫ집이 업스며 어ᄂᆞ날에 머리를 숙여 쥬압헤 ᄭᅮ로ᄒᆞᄂᆞᆫ 곳이업스리요마ᄂᆞᆫ 구ᄒᆞᆫ대로 밧은집이 몃집이며 원ᄒᆞᆫ대로 일운곳이 몃곳이뇨 과연 만치못ᄒᆞ리로다 그원인을 연구ᄒᆞ면 이ᄂᆞᆫ 긔도의 용젹이 넉넉지못ᄒᆞ며 온젼치못

ᄒᆞ야라ᄒᆞ지니[illegible] 대양大辭)와 물을 취코져ᄒᆞᆯ때에 누가 금ᄒᆞ며 쓰고져ᄒᆞᆯ때에 엇쟈 마르리오 그러나 취코져ᄒᆞ야 졉시를 가지고 가ᄂᆞᆫ쟈ᄂᆞᆫ ᄒᆞᆫ졉시 물밧게 더엇지 못ᄒᆞ고 사발을 가지고 가ᄂᆞᆫ쟈ᄂᆞᆫ ᄒᆞᆫ사발 물밧게 더엇지못ᄒᆞᆯ지며 동이나 독을 가지고 가ᄂᆞᆫ쟈ᄂᆞᆫ 그 그릇대로 엇을지라도 ᄯᅩᄒᆞᆫ 서아진 그릇이면 무ᄉᆞᆷ 소용이 잇ᄉᆞ리오 다만 온젼ᄒᆞ고 큰 그릇이라야 넉넉히 엇을지라 과연 하ᄂᆞ님의 무한ᄒᆞᆫ ᄉᆞ랑과 그리스도의 풍셩ᄒᆞᆫ 은혜가 이대양의 물과ᄀᆞᆺ도다 그러나 밋ᄂᆞᆫ쟈의 긔도가 적은 졉시나 사발과 ᄀᆞᆺ치 용젹이 크지못ᄒᆞ고 서아진 동이나 독과ᄀᆞᆺ치 온젼치 못ᄒᆞ야 구ᄒᆞ엿슬지라도 밧지못ᄒᆞ고 밧앗슬지라도 넉넉지못ᄒᆞᆷ이라 그런고로 셩경에 말ᄉᆞᆷᄒᆞ시기를 「서여 긔도ᄒᆞ라」ᄒᆞ셧스며 육신의 쓸것을 구치말나 ᄒᆞ셧스니 우리쥬 안에서 은혜를밧고 져ᄒᆞᄂᆞᆫ 형뎨와 ᄌᆞᄆᆡᄂᆞᆫ 졍셩스럽고 온젼ᄒᆞᆫ ᄆᆞᄋᆞᆷ으로 ᄯᅳᆺ터히 주시고 칙망ᄒᆞ지 아니ᄒᆞ[illegible]하ᄂᆞ님께 [illegible]구ᄒᆞ기를 원ᄒᆞ노라

전도인 람

◎목ᄉᆞ의직칙(속)

三、맛당히 하ᄂᆞ님의 부르실과 사ᄅᆞᆷ의 션거(選擧)ᄒᆞᆷ이 잇서야 될것인ᄃᆡ 우리 구쥬ᄭᅴ서로 말ᄉᆞᆷᄒᆞ더라도 ᄯᅩᄒᆞᆫ 이와 ᄀᆞᆺᄒᆞ시니 요한八장十六―四十二절과 히부리五장四절을 보면 다 예수ᄭᅴ서 이세샹에 강림ᄒᆞ샤 구세쥬가 되심은 ᄌᆞ긔가 ᄉᆞᄉᆞ로 취ᄒᆞ신것이 아니요 하ᄂᆞ님ᄭᅴ서 세우신것을 ᄀᆞᄅᆞ쳐 ᄇᆞᆰ혓고 에스라三장八절과 七장十四、五절을 보면 션지들도 이와 ᄀᆞᆺᄒᆞᆫ것을 말ᄉᆞᆷᄒᆞ엿스며 요한廿장廿一절과 ᄉᆞ도四장十九―二十절과 고젼十二장廿八절을 보면 ᄉᆞ도들도 이와 ᄀᆞᆺᄒᆞᆫ것을 ᄀᆞᄅᆞ쳣스며 로마十장十四절과 고후五장廿절을 보면 바울도 ᄯᅩᄒᆞᆫ ᄌᆞ긔가 ᄉᆞ도의 직분을 ᄉᆞᄉᆞ로 취ᄒᆞᆯ것이 아니라 곳 하ᄂᆞ님의 위임(委任)ᄒᆞ신것이라고 말ᄉᆞᆷᄒᆞ엿도다 그러면 엇더ᄒᆞᆫ것은 하ᄂᆞ님ᄭᅴ서 부르신것이며 엇더ᄒᆞᆫ것은 사ᄅᆞᆷ이 션거ᄒᆞᆫ것이뇨 이는 대단히 오묘ᄒᆞ야 말ᄒᆞ기 어렵도다 대개 하ᄂᆞ님의 사ᄅᆞᆷ 부르심은 一뎡ᄒᆞᆫ 방법이 업서서 이사ᄅᆞᆷ 부르시ᄂᆞᆫ것이 뎌사ᄅᆞᆷ 부르신 법과 ᄀᆞᆺ지아니ᄒᆞ나 다만 내ᄆᆞᄋᆞᆷ으로써 내가 과연 하ᄂᆞ님의 부르심을 닙은줄 셰드른것으로 확실ᄒᆞᆫ 증거를 삼을것이며 내가 임의 이처럼 셰돗고 쥬를 위ᄒᆞ야 젼도에 종ᄉᆞ코져ᄒᆞ나 내가 그직칙을 담당치 못ᄒᆞᆯ가 념려ᄒᆞ야 쥬져ᄒᆞ고 결단치 못ᄒᆞᄂᆞᆫ 경우에ᄂᆞᆫ 맛당히 교회중 엇던 사ᄅᆞᆷ의 션거ᄒᆞᆷ을 기ᄃᆞ릴지니 이는 곳 하ᄂᆞ님의 부르신과 사ᄅᆞᆷ의 션거ᄒᆞᆷ의 구별이라 ᄒᆞᆯ지로다 ᄯᅩ 그러면 사ᄅᆞᆷ의 션거ᄒᆞᆷ도 내ᄆᆞᄋᆞᆷ속에 셰드를것이 잇ᄂᆞ뇨 모든 하ᄂᆞ님의 일은 반ᄃᆞ시 사ᄅᆞᆷ으로 인연ᄒᆞ야 [illegible]취ᄒᆞ나 내가 [illegible] 하ᄂᆞ님의 부르심을 밧은줄 짐작ᄒᆞ고 나를 [illegible]ᄒᆞᆫ 사ᄅᆞᆷ은 ᄌᆞ긔 ᄉᆞ의(私意)를 좃침이 아니오 곳 쥬의 뜻을 셰드른 이상에ᄂᆞᆫ 비록 내뜻에 좀불합(不合)ᄒᆞᆫ것이 잇슬지라도 맛당히 순종ᄒᆞᆯ것이니라

진리문답

문、베드로젼셔三장十五절엣 닐ᄋᆞᆫᄃᆡ「너희속에잇ᄂᆞᆫ 소망의 셔닭을 뭇ᄂᆞᆫ쟈마 잇거든 ᄒᆞᆼ샹 예비ᄒᆞ[illegible] 잇다가 온유ᄒᆞ고 두려옴으로써 ᄃᆡ답ᄒᆞ라」ᄒᆞ엿스니 여긔 ᄃᆡᄒᆞ야 엇더케 ᄃᆡ답ᄒᆞ여야 ᄀᆞ장 명ᄇᆡᆨᄒᆞ고 유력ᄒᆞ겟ᄂᆞ뇨

답、여긔ᄃᆡᄒᆞᆫ ᄃᆡ답은 불가불 신쟈의 증거를 쥬장ᄒᆞᆯ지니 (一)ᄌᆞ긔 ᄆᆞᄋᆞᆷ속에 [illegible]히 셰드른바 그리스도의 경험을 가지고 증거ᄒᆞᆯ것이며 (二) 그리스도교회 효력이 고금동서간 어ᄂᆞ 다른 사ᄅᆞᆷ의게 밋친것을 증거ᄒᆞᆯ것이며 (三) 구원

ᄒᆞ심을 밧으라고 젼ᄒᆞ신 소식파 베프신 권세들 들어 셩경의 유一무二흠을 증거갈것이며 (四)복음가온ᄃᆡ 우리쥬의 슌一ᄒᆞ시고 신령ᄒᆞ시고 셩결(聖潔)ᄒᆞ신 픔힘을 형용ᄒᆞ야 증거ᄒᆞᆯ지니라

세계격언

一、一분의 시간을 일허ᄇᆞ리는것은 一분의 리익을 일허 ᄇᆞ리는것이니라

二、지혜잇는쟈는 구ᄅᆞᆷ을 보고 외투를 닙ᄂᆞ니라

三、ᄂᆞᆷ의 물건을 엇고져ᄒᆞ면 반드시 내물건을 입ᄒᆞᆯ지니라

四、쳡경에 험악ᄒᆞᆫ길이 만호니라

위싱요셜

뎨四 탄소와질소만흔음식 (속)

탄소가 만흔 음식은 사ᄅᆞᆷ의 몸을 더웁게ᄒᆞᄂᆞᆫ 리치를 이우에 셜명ᄒᆞ엿거니와 질소가 만히 셕긴음식은 삭어셔 사ᄅᆞᆷ의 힘줄과 살이되ᄂᆞ니 그런음식을 대강 들어 말ᄒᆞ쟈면 동물품에ᄂᆞᆫ 네발가진 즘승이나 두발가진 새고기와 물셩션과 ᄃᆞᆰ의알 등쇽이며 식물품에ᄂᆞᆫ ᄡᆞᆯ과 밀가루와 보리와 콩등쇽이니 질소라ᄒᆞᄂᆞᆫ것은 공긔속에 만히 셕겨잇ᄂᆞᆫᄃᆡ 그형샹은 비록 보이지 아니ᄒᆞ나 특별ᄒᆞᆫ 셩질을 가지고 이우에 말ᄒᆞᆫ 몃가지 식물품에 셕겨셔 단ᄇᆡᆨ질(蛋白質)[살되ᄂᆞᆫ것]이 되야 사ᄅᆞᆷ으로 ᄒᆞ여곰 긔운이 나게ᄒᆞᄂᆞ니 단ᄇᆡᆨ질이라ᄒᆞᄂᆞᆫ것은 쉽게 말ᄒᆞ자면 ᄃᆞᆰ의알의 흰자위와 ᄡᆞᆯ속에 희고 진긔 잇ᄂᆞᆫ것이라 사ᄅᆞᆷ이나 즘셩이나 무ᄉᆞᆷ 연쟝에 샹ᄒᆞ야 피를 흘니면 피가온ᄃᆡ 걸쭉ᄒᆞᆫ 션지ᄂᆞᆫ 다 단ᄇᆡᆨ질노 말미암아 일운것이니 만일 션지가 업슬디경이면 흘으ᄂᆞᆫ 피를 긋치게 ᄒᆞᆯ수업ᄂᆞ니라

이우에 대강 말ᄒᆞᆫ것은 다 식물(食物)이라 기외에 또 음료(飮料)가 잇스니 그죵류를 대강 말ᄒᆞ쟈면 우유[소졋]와 가피와 챠와 술ᄀᆞᆺᄒᆞᆫ것이라

우유ᄂᆞᆫ 사ᄅᆞᆷ이 마시ᄂᆞᆫ 음료즁에 뎨일 자양품(滋養品)이니 우리 나라에셔ᄂᆞᆫ 아죽 우유 먹ᄂᆞᆫ 사ᄅᆞᆷ이 적으되 셔양이나 일본에셔ᄂᆞᆫ 우유를 만히 먹ᄂᆞᆫᄃᆡ 혹 셩우유를 챠와 ᄀᆞᆺ치 마시며 혹 음식에 됴합(調合)ᄒᆞ야 먹으되 특별히 ᄋᆞ히들과 병든쟈를 위ᄒᆞ야 만히 쓰ᄂᆞ니라

가피와 챠ᄂᆞᆫ 로곤ᄒᆞ고 긔운업고 머리압흘때에 마시면 당쟝에 긔운이 반짝나고 졍신이 샹쾌ᄒᆞ나 만히 먹으면 유익지 못ᄒᆞᄂᆞ니라

술이라 ᄒᆞᄂᆞᆫ것은 세계각국에 먹ᄂᆞᆫ 사ᄅᆞᆷ이 만흐나 대개 사ᄅᆞᆷ의게 해되ᄂᆞᆫ것이 여러가지니 첫재ᄂᆞᆫ 사ᄅᆞᆷ의 텬셩을 변ᄒᆞ야 모든 방탕ᄒᆞ고 음란ᄒᆞᆫ 힝실에 쥼미쟈가되고 둘재ᄂᆞᆫ 사ᄅᆞᆷ의 신톄를 무력ᄒᆞ게 ᄒᆞ며 졍신과 간경과 비위경을 해롭게ᄒᆞ고 셋재ᄂᆞᆫ 마시ᄂᆞᆫ쟈로 ᄒᆞ여곰 부모와 형뎨와 쳐ᄌᆞ를 도라보지 안코 지산을 탕픽케 ᄒᆞᄂᆞ니라

실업

◎고구마지비ᄒᆞᄂᆞᆫ법 (속)

뎨二 고구마죵ᄌᆞ를예비ᄒᆞᄂᆞᆫ묘샹(苗床)

이우회 말ᄒᆞᆫ바와 ᄀᆞᆺ치 토디의 위치(位置)를 임의 뎡ᄒᆞᆫ후에ᄂᆞᆫ 너섯자 넓이와 ᄒᆞᆫ자깁히되ᄂᆞᆫ 구멍을 팔때에 [illegible] 온ᄃᆡᄂᆞᆫ 젹이 놉고 좌우편은 낫게ᄒᆞ되 물이 잘ᄲᅡ지지 아니ᄒᆞᄂᆞᆫ ᄯᅡ에ᄂᆞᆫ ᄒᆞᆫ편에 물ᄲᅡ질 실도랑을 내여 그안에 물이 고이지 못ᄒᆞ게ᄒᆞ며 그구멍의 쥬위(周圍)로 ᄒᆞᆫ간식 격(隔)ᄒᆞ야 말쟝을 세우되 디면(地面)보다 ᄒᆞᆫ자쯤 더놉게 ᄒᆞᆫ후 그우에 가ᄂᆞᆫ 셕가리ᄀᆞᆺᄒᆞᆫ 나무를 가루노코 집(藁)을 엉거 두루면 울타리와 ᄀᆞᆺᄒᆞᆯ지니 양력 三월十일경에 니르러 그가온ᄃᆡ 됴ᄒᆞᆫ 구비(廐肥)(외양간 쳐낸거름)를 펴고 잘 ᄡᅥᆨ은후에 겨(糠)와 인분(人糞) ᄡᅥᆨ은 물을 고로ᄲᅮ리고 그우에 또 구비를 펴셔 그두겁기가 목쳑 ᄒᆞᆫ자가량쯤 되게ᄒᆞ야 또 ᄡᅥᆨ은후 흙二분에 퇴비(堆肥)一분을 됴화ᄒᆞ야 잘셕혀 두엇던것을 굵은 체(篩)로 쳐셔 그우에 ᄒᆞᆫ치(一寸)둣게쯤 되게 고로펴고 집흘셜어 그우에 덥ᄒᆞᆫ후 또 그우에 풍셕으로 덥흐되 짐엉과 ᄀᆞᆺ치 문ᄃᆞ러 비가 새지안케ᄒᆞᆯ지니라

이와 ᄀᆞᆺ치ᄒᆞᆫ지 一쥬일동안을

지낸후에 [illegible] 죵
홀때 [illegible] 셔 [illegible] ᄒᆞᆯ따
구비주고 공채으로 면[illegible]면
흙속에 손자락을 너어보아셔
쳐음에는 더운 긔운을 셔ᄯᅳᆺ
다가 잠시후에는 셔ᄯᅳᆺ지못ᄒᆞᆯ
만ᄒᆞᆯ 때가 ᄀᆞ장뎍당(適當)ᄒᆞ고 ᄑᆞ
마 죵ᄌᆞ를 ᄑᆞ뭇을지니 죵ᄌᆞ
는 아모됴록 죵ᄅᆔ와 큰것을
퇴ᄒᆞᄂᆞᆫ것이 됴코 이죵ᄌᆞ 뭇
을때에 만일 온도가 너머 ᄑᆞ
ᄒᆞ면 그죵ᄌᆞ가 썩기쉬우니라
이와ᄀᆞᆺ치 묘상을 예비ᄒᆞᆷ은
죠션ᄀᆞᆺ치 하계(夏季)가 단쵹
ᄒᆞᆫ 디방에셔 고구마가 쇽히
자라게 ᄒᆞ라면 이법을 ᄡᅳ지
안코는 잘될수 업ᄂᆞᆫ연고니라

담총

◎사ᄅᆞᆷ의 호흡(呼吸)

공긔가 사ᄅᆞᆷ의 숨통으로 말미암아 폐경(肺經)에 드러가는것을 흡(吸)이라 칭ᄒᆞ고 폐경안에 잇던 긔운이 숨ᄂᆞᆺ을 좃차 입밧그로 나오ᄂᆞᆫ것을 호(呼)라 칭ᄒᆞ고 一흡一호ᄂᆞᆫ 긔식(氣息)이라 칭ᄒᆞᄂᆞᆫ디 사ᄅᆞᆷ이 대략 一분동안에 十七ᄎᆞ의 긔식으로 ᄯᅢᆺᄯᅢᆺᄒᆞᆫ 도수를 뎡ᄒᆞ되 누엇슬때에는 一분동안에 十七ᄎᆞ요 안졋슬때에는 十九ᄎᆞ요 셔슬때에ᄂᆞᆫ 二十三ᄎᆞ요 [illegible]때에ᄂᆞᆫ 五十二ᄎᆞ요 ᄲᅢ니 ᄃᆞ라날때에ᄂᆞᆫ 一[illegible]七ᄎᆞ니라

◎셩션에 히감내암시를 업시ᄒᆞᄂᆞᆫ법

엇더ᄒᆞᆫ고기ᄂᆞᆫ 히감 내암셔로 인ᄒᆞ야 구미에 됴치못ᄒᆞ니 그셩션 아감이에 초(醋)ᄒᆞᆫ 숫가락만 너흐면 그 내암시가 업셔지ᄂᆞ니라

회보ᄃᆡ금령슈

住所	氏名	金額
富平邑	權信一	三圓五十錢
襄陽	尹昌基	四十錢
京宣惠倉內	宋宅洙	八十五錢
甑山	高明濬	六十五錢
元山	車東勳	卄四錢
鎭南浦	裴亨湜	四十錢
仝	三崇學校	四十錢
	魯錫元	四十錢
	高宗漢	四十錢
	朴炳稷	四十錢
	吳龍周	四十錢
	權泰烈	四十錢
	吳勳信	四十錢
	鄭益魯	四十錢
	盧儀瑞	四十錢
	鄭吉學	四十錢
	金昌植	四十錢
	崔亨銓	四十錢
	崔忠誠	二十錢
	李道明	二十錢
	宋麟鳳	二十錢
南陽	金德三	二十錢
	姜連心	二十錢
麟蹄	崔約翰	二十錢
江華	金永敎	七圓三十六錢

그리스도회보
KOREAN CHRISTIAN ADVOCATE

每月二回十五日三十日發行
大正元年十二月二十日印刷
大正元年十二月二十五日發行

發行兼編輯人 開城北部山芝峴 奇義男
印刷人 京城北部樓閣洞 朴東完
印刷所 京城西小門內 法韓印刷所
發行所 京城北部壯洞四十三統三戶 呂炳鉉

ᄃᆡ금 一장 一젼五리
[代金] 六개월 二十젼
一개년 四十젼

▲사 고▼

본회보는 창간ᄒᆞᆫ지 二쥬년 동안에 이독(愛讀)ᄒᆞ시는여러형뎨ᄌᆞ미의셩의(盛意)를닙ᄉᆞ와거의二千五百쟝을발ᄒᆡᆼᄒᆞᆷ에 니르럿스니텬부씌 영광을돌니고구람졔씨씌 감하ᄒᆞ오며 명년三월 브터는一층확쟝ᄒᆞ야쥬보(週報)로 변경ᄒᆞ겟슨즉 이후브터는본회보가ᄒᆞᆫ돌에 네번이나 다섯번식은(첨위僉位)를차져가뵈올졔이며또본보의톄직(體裁)도만히기량ᄒᆞ여보시는안목을깃브게ᄒᆞ도록ᄒᆞ겟ᄉᆞ오니본보를더욱이호(愛護)ᄒᆞ셔셔계속(繼續)구람ᄒᆞ실ᄲᅮᆫ아니라다른형뎨ᄌᆞ미의게널니광고ᄒᆞ야새로구람ᄒᆞ실이를만히모집ᄒᆞ야보내시되이아래긔록ᄒᆞᆫ됴건을주의ᄒᆞ야ᄒᆞ심을옹망ᄒᆞᄂᆞ이다

一 본보는一千九百十三년三월一일브터一쥬(週)동안에ᄒᆞᆫ번식발ᄒᆡᆼᄒᆞᆷ

一 본보ᄃᆡ금은명년三월브터一년션금八十젼반년션금四十젼으로뎡ᄒᆞᆷ

一 본회보구람쟈(購覽者)를새로모집ᄒᆞᄂᆞᆫ긔한은명년三월一일ᄭᆞ지한ᄒᆞᆷ

一 一년이나혹반년션금을보내지아니ᄒᆞ시ᄂᆞᆫ이의게ᄂᆞᆫ회보를발송ᄒᆞᆯ수업슴

一 본회보구람쟈를최다수(最多數)로모집ᄒᆞ여보내신이의게ᄂᆞᆫ피의금변(皮衣金邊)ᄒᆞᆫ신구약一질노써감샤ᄒᆞᆫ뜻을표ᄒᆞᆷ

一 본회보를구람코져ᄒᆞ시면경셩북부장동ᄉᆞ십삼통삼호京城北部壯洞四十三統三戶)본보발ᄒᆡᆼ소로션금을보내시고쳥구ᄒᆞ시옵

론셜

○구셰진쥬론

무론 엇던나라 민족이던지 밧그로 강대의 침범을 밧고 안으로 간신의 담학을 당ᄒᆞ면 불가불 큰영웅과 어진 인재를 기ᄃᆞ려 그위티ᄒᆞᆷ을 면ᄒᆞ고 태평을 노래ᄒᆞ리로다 ᄯᅩ 이세상 인류가 밧그로 마귀의 속박을 밧고 안으로 ᄉᆞ욕의 침해를 당ᄒᆞ야 그 위티ᄒᆞᆷ이 란욕당ᄒᆞᆫ 나라 민족보다 더심ᄒᆞ니 만일 구셰진쥬가 강싱ᄒᆞ샤 구원ᄒᆞ시지 아니ᄒᆞ면 셰계민족이 서로 침륜에 드러 멸망치 아닐쟈가 업ᄉᆞ리라 그러나 一국의 위티ᄒᆞᆷ을 구원ᄒᆞ기는 혹 능히 ᄒᆞᆯ사ᄅᆞᆷ이 잇ᄉᆞ되 셰계의 위티ᄒᆞᆷ은 능히 구원ᄒᆞᆯ 사ᄅᆞᆷ이업고 一시의 위티ᄒᆞᆷ을 구원ᄒᆞ기는 혹 능히 ᄒᆞᆯ사ᄅᆞᆷ이 잇ᄉᆞ되 만셰의 위티ᄒᆞᆷ은 능히 구원ᄒᆞᆯ 사ᄅᆞᆷ이 업ᄉᆞ며 육신의 위티ᄒᆞᆷ을 구원ᄒᆞ기는 능히 ᄒᆞᆯ사ᄅᆞᆷ이 잇ᄉᆞ되 령혼의 위티ᄒᆞᆷ을 능히 구원ᄒᆞᆯ 사ᄅᆞᆷ이 업ᄉᆞ다 이는 우리 구셰쥬ᄭᅴ셔 연등우에 뛰여나샤 구셰ᄒᆞ신 큰 공로를 세우셧도다 一千九百여년젼에 하ᄂᆞ님ᄭᅴ셔 이 셰상을 긍휼히 녁이샤 셰계인죡이 마귀에 미혹ᄒᆞ고 물욕에 침닉ᄒᆞ야 죄악에 ᄲᅡ짐을 ᄎᆞᆷ아 보시지못ᄒᆞ샤 독별히 그독싱ᄌᆞ로 인셩을 닙우어 셰상에 강싱ᄒᆞ시니 일홈이 예수시라 하ᄂᆞ님의 도리를 ᄇᆞᆰ히샤 만국 만민으로 ᄒᆞ여곰 ᄒᆞᆯ노 ᄒᆞ나이신 하ᄂᆞ님ᄭᅴ셔 텬디에 쥬재시오 만물을 창조ᄒᆞ시고 인류를 관할ᄒᆞ시는줄을 알게ᄒᆞ셧ᄉᆞ니 그 뜻은 지극히 신령ᄒᆞ시고 오묘ᄒᆞ시고 의로오시고 인의ᄒᆞ신지라 만국 만민이 맛당히 그 은혜를 감샤ᄒᆞ고 그 계명을 쥰힝ᄒᆞᆯ것이어ᄂᆞᆯ 도로혀 그은혜를 ᄇᆡ반ᄒᆞ고 사ᄅᆞᆷ의 손으로 문ᄃᆞᆫ 죽은물건을 셤기니 그 죄가 극형에 처ᄒᆞ여도 오히려 부족ᄒᆞᆯ지라 하ᄂᆞ님의 공의로 시벌ᄒᆞ시면 반ᄃᆞ시 디옥에 ᄯᅥ러져 영원히 침륜을 밧은후에야 가ᄒᆞᆯ지나 하ᄂᆞ님의 인의ᄒᆞ심은 ᄎᆞᆷ아 그 멸망ᄒᆞᆷ을 보시고 구원ᄒᆞ지 아니치 못ᄒᆞᆯ자라 이럼으로 예수ᄭᅴ셔 아바지의 뜻을 봉승ᄒᆞ샤 빅셩을 건져 텬국에 곳치 오르시ᄆᆡ고 병을 곳치시ᄆᆡ 도를 젼파ᄒᆞ셧ᄉᆞ니 쥬별히 사ᄅᆞᆷ의 죄를샤ᄒᆞ시기만ᄒᆞ면 이는 공의에 어긔여지고 법률ᄃᆡ로 마죡이면 인의에 합당치 못ᄒᆞ니 그러ᄒᆞ면 인의를 ᄇᆞ리고 공의만 좃침도 불가ᄒᆞ고 공의를 ᄇᆞ리고 인의만 쓰기도 더옥 불가ᄒᆞᆫ지라 인의도 쓰고 공의도 베플고져 ᄒᆞᆯ진대 오직 ᄃᆡ인쇽죄ᄒᆞ는법이 잇ᄉᆞ니 맛치 양계셩의 안히가 그남편의 형벌을 ᄃᆡ신 밧기를 청ᄒᆞ고 슌우의 ᄯᆞᆯ이 그아비의 죄를 ᄃᆡ신 당ᄒᆞ기를 원ᄒᆞᆷ과 ᄀᆞᆺ도다 그러나 뎌는 ᄒᆞᆫ사ᄅᆞᆷ이 ᄒᆞᆫ사ᄅᆞᆷ을 ᄃᆡ쇽ᄒᆞ엿거니와 이는 ᄒᆞᆫ사ᄅᆞᆷ이 텬하 사ᄅᆞᆷ을 ᄃᆡ쇽ᄒᆞ엿ᄉᆞ며 뎌는 국법을 범ᄒᆞ엿고 이는 텬법을 범ᄒᆞ엿ᄉᆞ니 그경즁과 대쇼가 엇더ᄒᆞ뇨 우리 구쥬는 지극히 거룩ᄒᆞ시고 죄업ᄉᆞ신 하ᄂᆞ님의 ᄉᆞ랑ᄒᆞ시는 아ᄃᆞᆯ노 그영광을 ᄇᆞ리시고 셰상에 강싱ᄒᆞ샤 도를 젼ᄒᆞ시고 빅셩을 ᄀᆞᄅᆞ치시ᄆᆡ 고난을 밧으샤 十ᄌᆞ가에 피를 흘녀 사ᄅᆞᆷ의 맛당히 밧을 형벌을 밧으시고 사ᄅᆞᆷ의 직히지 못ᄒᆞᆯ법을 직히심으로 마귀의 권능을 파ᄒᆞ고 ᄉᆞ망의 세력을 이긔셧ᄉᆞ니 그공이 텬디에 덥혀고 덕이 고금에 놉흔지라 이럼으로 텬하에 모든 우리쥬를 힘닙어 구원을 엇고져ᄒᆞ는 사ᄅᆞᆷ은 하로라도 그공과 덕을 닛지 아니ᄒᆞ여야 거의 디옥의 형벌을 면ᄒᆞ고 텬국의 복락을 누리리로다 이세샹 나라의 일시 위티ᄒᆞᆷ을 당ᄒᆞ여도 큰영웅과 어진 인재를 힘닙어 그익회를 면ᄒᆞ거든 하물며 이세샹 인류의 령혼샹 영원ᄒᆞᆫ 고초를 엇지 구쥬예수를 의뢰ᄒᆞ야 구쇽지 못ᄒᆞ리오 만고젼브터 만고후ᄭᆞ지 우리 구쥬는 ᄒᆞ나ᄲᅮᆫ이시니 원컨ᄃᆡ 우리동포 형뎨ᄌᆞᄆᆡ셔는 어셔 어셔 우리 쥬예수ᄭᅴ로 나와셔 구원을 밧을지어다

교즁휘문

△너보▽

◎신•도•외•사•경•회•

경긔도 강화군 최쥭일씨의 통신을 거ᄒᆞᆫ즉 본군 신도구역니 교남

타교회에서 거월 二十三일브터 五일동안을 남녀사경회를열고 교슈ᄒᆞ엿ᄂᆞᆫᄃᆡ 목ᄉᆞ로래인씨가 샹오에ᄂᆞᆫ 빌닙보언서 하오에ᄂᆞᆫ 마태복음 十三장의 비유를 히셕ᄒᆞ야 ᄀᆞᄅᆞ치고 동二시반으로 三시반ᄭᅡ지ᄂᆞᆫ 젼도ᄉᆞ 최죽一씨가 창세긔를 문답으로 ᄀᆞᄅᆞ치고 로래인씨부인은 녀교우 十여인을 모흐고 샹오에ᄂᆞᆫ 언문초학을 ᄀᆞᄅᆞ치며 하오에ᄂᆞᆫ 마태복음六장의 긔도ᄒᆞᄂᆞᆫ 법과 륜리학을 ᄀᆞᄅᆞ쳣ᄂᆞᆫᄃᆡ 유익홈을 만히밧엇고 날마다 하오七시에ᄂᆞᆫ 남녀학싱이 간증회로 모혓ᄂᆞᆫᄃᆡ 감ᄉᆞ 김동슌씨가 열심으로 젼도ᄒᆞ야 ᄌᆞ미를 만히 보앗스며 금번 사경회의 결과로 본구역니 쟝봉도 옹암교회와 진촌교회에서도 十二월니로 사경회를 ᄒᆞᆯ기로 셔원ᄒᆞ엿다더라

◎녀학싱의마ᄌᆞ막증거

공쥬군 목ᄉᆞ 안창호씨의 통신을 거훈즉 동군에 우리 감리교회를 셜립ᄒᆞᆫ지ᄂᆞᆫ 十一년이오 남학교를 셜립ᄒᆞᆫ지ᄂᆞᆫ 九년이오 녀학교를 셜립ᄒᆞᆫ지ᄂᆞᆫ 六년이라 그간에 되여온일은 다 말ᄒᆞᆯ수업거니와 셩경말ᄉᆞᆷ에 겨ᄌᆞ씨ᄂᆞᆫ 모든씨즁에 ᄆᆡ一 적은것이로되 ᄯᅢ에 심어 자란후에ᄂᆞᆫ 공즁에나ᄂᆞᆫ 새가 와서 깃드린다ᄒᆞ심 ᄀᆞᆺ치 이 교회와 학교ᄂᆞᆫ ᄆᆡ一 약ᄒᆞ고 어린 모양이더니 능력이 만흐신 쥬ᄭᅴ셔 도으샤 지금와서ᄂᆞᆫ 크게 확장이되고 또 형메ᄌᆞ미와 어린학싱들ᄭᅡ지 쥬를 참으로 셤기고 밋어서 아름다온 열ᄆᆡ를 낫타내ᄂᆞᆫ것이 만흠으로 三위一톄ᄭᅴ 영광을 돌니고 감샤ᄒᆞᄂᆞᆫ즁 영명녀학교 학싱 박ᄌᆞ션은 이학교 셜립초에 드러온 션진쟈인ᄃᆡ 비록 나히 어리나 쥬를 독실히 밋고 공부에 열심홈으로 션싱과 여러사ᄅᆞᆷ의게 칭찬을 만히 밧으나 그러나 ᄒᆞᆫ갓 격졍ᄒᆞᄂᆞᆫ바ᄂᆞᆫ 부모가 쥬를 밋지 아니홈이러니 즁도에 우연 득병ᄒᆞ야 신음신음 알키를 수년동안 ᄒᆞ다가 금년五월에 니르러ᄂᆞᆫ 병이 점々침즁ᄒᆞᆫ지라 이ᄯᅢ를 당ᄒᆞ야ᄂᆞᆫ 자조 목ᄉᆞ와 교ᄉᆞ를 쳥ᄒᆞ야 찬송과 긔도ᄒᆞᆯ기를 원ᄒᆞ나 그부모ᄂᆞᆫ 목ᄉᆞ와 교ᄉᆞ를 아지못ᄒᆞᄂᆞᆫ고로 긔별을 못ᄒᆞ엿더니 하로아참에ᄂᆞᆫ 지필묵을 가져오라ᄒᆞ야 그아바ᄭᅴ 드려 쓰라ᄒᆞ고 목ᄉᆞ와 교ᄉᆞ를 쳥ᄒᆞ야 긔도케ᄒᆞ며 또ᄒᆞᆫ 세례밧기를 원ᄒᆞ야 밧은지라 이학싱이 이ᄯᅢᄭᅡ지 세례를 밧지못홈은 합격이 되지못홈이 아니라 병을 인ᄒᆞ야 여러번 례식에 참예치 못홈이라 그후로ᄂᆞᆫ 다른일은 원치안코 목ᄉᆞ의 긔도와 찬송듯기를 원ᄒᆞᆯᄲᅮᆫ이러니 하로ᄂᆞᆫ ᄌᆞ션이가 그부친을 ᄃᆡᄒᆞ야 ᄒᆞᄂᆞᆫ말이 「나ᄂᆞᆫ 우리 아바지집으로 가겟습ᄂᆞ이다」ᄒᆞ거ᄂᆞᆯ 그부친은 이ᄯᅢ에 태안읍에가셔 첩을 다리고 살다가 ᄯᆞᆯ의병이 위급홈을 듯고 본집에 온고로 못기를 「나와ᄀᆞᆺ치 태안집으로 가랴ᄂᆞ냐」ᄒᆞᆫ즉 아니라ᄒᆞ고 하ᄂᆞᆯ을 ᄀᆞᄅᆞ치며 「하ᄂᆞ님 아바지집으로 가겟ᄂᆞ이다」ᄒᆞ거ᄂᆞᆯ 그부친이 비로소 ᄭᆡᄃᆞᆺ고 「어나ᄯᅢ에 가겟ᄂᆞ냐」ᄒᆞᆫ즉 오날밤이라 ᄒᆞ거ᄂᆞᆯ 그부모가 싱각ᄒᆞ니 一변으로 이상ᄒᆞ고 일변으로 비창ᄒᆞ야 ᄆᆞᄋᆞᆷ을 진졍치 못ᄒᆞ고 그밤에ᄂᆞᆫ 이ᄋᆞᄒᆡ의 령혼이 ᄯᅥ날줄 알고 잇더니 밤열두시쯤ᄒᆞ야 ᄯᅩ병의 셩세가 무한 고통ᄒᆞ더니 그밤을 지낸후에 「나ᄂᆞᆫ 깃브다 나ᄂᆞᆫ 깃브다」ᄒᆞ며 ᄒᆞ초말ᄒᆞ더니 그 다음날에ᄂᆞᆫ 그과친드려 무ᄉᆞᆷ 됴흔 니야기를 ᄒᆞ여달나ᄒᆞᆫ매 그부친은 ᄀᆞᆯᄋᆞᄃᆡ 「내가 무ᄉᆞᆷ니야기를 ᄒᆞᆫ단말니냐」ᄒᆞᆫ즉 ᄌᆞ션이 ᄯᅩ 말ᄒᆞ기를 「그러면 셩경이나 닑어듯녀 달나」ᄒᆞ야 그 아바지로 셩경을 만히보게ᄒᆞ고 하ᄂᆞᆫ말이 「아바지ᄭᅴ 예수를 밋지아니ᄒᆞ셧소 밋으시오」ᄒᆞ고 부모의게 다 젼도를 만히ᄒᆞ고 그후 三일만에 기리자ᄂᆞᆫ되다 슬프다 사ᄅᆞᆷ이 세상에 삶이 뉘아니 죽으리오마ᄂᆞᆫ 쥬를 밋ᄂᆞᆫ쟈가 츅복잇ᄂᆞᆫ쟈로다 [illegible]꼿을 확실히 아ᄂᆞᆫ도다 박ᄌᆞ션의 밋싸온 년광이 十七세러라 부모를 쥬ᄭᅴ로 인도ᄒᆞᄂᆞᆫ쟈가 참 ᄉᆞ랑ᄒᆞ고 효도ᄒᆞᄂᆞᆫ쟈로다 지금은 그부모가 쥬ᄭᅴ나와 영싱길을 엇어 [illegible]ᄒᆞ니 참 밋ᄂᆞᆫ쟈의 증거ᄂᆞᆫ 능력이 만흔줄 알겟다 ᄒᆞ엿더라

◎집을하ᄂᆞ님ᄭᅴ밧침

충북대

쳐군 리영필씨의 굿신을 거ᄒᆞᆫ즉 츙쥬군 엄졍면 비ᄃᆡ교회 쥬원三씨ᄂᆞᆫ 七년젼에 쥬의부르심을 닙어 ᄇᆞᆰ은빗가온ᄃᆡ로 나왓스니 이곳은 ᄒᆞᆫ편은 목계시장이오 ᄒᆞᆫ편은 ᄂᆡ창시장이 잇서 핍박이 날노 심ᄒᆞ나 희씨가 온젼히 참고 견ᄃᆡ여 진심젼도ᄒᆞᆫ 결과로 지금은 교우가 四十여인에 달ᄒᆞ엿스나 례ᄇᆡ당이 업슴을 심히 개탄ᄒᆞ더니 희씨가 ᄌᆞ긔집 六간을 례ᄇᆡ쳥으로 밧쳣스니 씨의 쥬를 ᄉᆞ랑ᄒᆞᄂᆞᆫ ᄆᆞᄋᆞᆷ은 신쟈의 모범이 될만ᄒᆞ다 ᄒᆞ엿더라

△외보▽

◎분ᄉᆞ의련합젼도회 일본구쥬문ᄉᆞ에 잇ᄂᆞᆫ 각 긔독교회ᄂᆞᆫ 거十一월 三일브터 八일ᄭᆞ지 련합젼도회를 열엇ᄂᆞᆫᄃᆡ 됴흔 열ᄆᆡ를 만히 거두엇다더라

◎일본의녀ᄌᆞ쳥년회 본회ᄂᆞᆫ 수년젼에 셜립되엿ᄂᆞᆫᄃᆡ 비샹히 진보되여 현금은 횡빈셔경 대판 신호 션ᄃᆡ 등각쳐에 지회 十九쳐가 셜립되고 회원이 一쳔五百명에 달ᄒᆞ엿고 근일 횡빈항에ᄂᆞᆫ 직업에 죵ᄉᆞᄒᆞᄂᆞᆫ 쳥년녀ᄌᆞ의 슈양관(修養舘)을 셜치ᄒᆞ고 동경에ᄂᆞᆫ 의국부인 슉박소(宿泊所)를 셜비ᄒᆞᆫ다더라

◎미국의니디션교 미국젼국니 각교회ᄂᆞᆫ 十一월 十七일브터 廿四일ᄭᆞ지 一쥬일동안을 미국니디 션교ᄉᆞ업을 위ᄒᆞ야 특별 대회를 열고 션교에ᄃᆡᄒᆞᆫ 여러가지 문뎨로 연셜ᄒᆞ엿다더라

◎외국션교부년회 미감리회 외국 션교부년회ᄂᆞᆫ 거월 十一일에 ᄲᅳ룩클닌셩에셔 열고 외국 션교회에 ᄃᆡᄒᆞᆫ 방침을 의결ᄒᆞ엿다더라

○뎨一큰년회 미국 오하요북디방 년회ᄂᆞᆫ 미감리회의 뎨一큰 년회인ᄃᆡ 목ᄉᆞ직분가진회원이 五百명이더라

◎소격란의셩셔공회 영국소격란의 셩셔공회ᄂᆞᆫ 금년一년동안에 셩경 三百二十二만九千九百八十七부를 발힝ᄒᆞ엿다더라

◎뎨一회당에뎨一큰ᄉᆞ업 미국 지가고셩 미감리회 뎨一례ᄇᆡ당은 셜립된지 六十二년동안에 다수ᄒᆞᆫ 보죠금을 내여 건츅ᄒᆞ고 셜립ᄒᆞᆫ 지교회가 一ᄇᆡᆨ五十八쳐이라더라

긔셔

○세샹을이긔랴면맛당히긔도ᄒᆞᆯ것

안변 비형련

쥬ᄭᅴ셔 ᄀᆞᆯᄋᆞ샤ᄃᆡ 「누구던지 나를 ᄯᆞ르오랴거던 ᄌᆞ긔를 이긔고 제十ᄌᆞ가를 지고 나를 좃치라」(마十六〇廿四)ᄒᆞ셧고 하ᄂᆞ님ᄭᅴ셔 밧모셤에셔 요한을 빙자ᄒᆞ야 이긔ᄂᆞᆫ쟈의게 특별히 닐곱가지 복을 허락ᄒᆞ셧스니 (묵二〇二、三〇廿二) 일노써 보건ᄃᆡ 밋ᄂᆞᆫ쟈가 세샹을 이긘후에야 텬국에 드러갈것이오 넷적에 이스라엘 ᄇᆡᆨ셩이 광야에 잇슬ᄯᅢ에 하ᄂᆞ님ᄭᅴ셔 모세를 명ᄒᆞ샤 十二지파즁에셔 十二인을 ᄐᆡᆨᄒᆞ야 가나안을 졍탐ᄒᆞ려 보냇더니 그사ᄅᆞᆷ들이 가나안에 가셔 그 셩곽의 견고홈과 인민의 쟝대홈을 보고 크게 락심ᄒᆞ야 도라와셔 무리를 츙동ᄒᆞ야 모세를 원망ᄒᆞ고 하ᄂᆞ님을 시험ᄒᆞ야 다시 익급으로 가기를 ᄭᅬᄒᆞᄂᆞᆫ고로 하ᄂᆞ님ᄭᅴ셔 크게 진노ᄒᆞ샤 허락ᄒᆞ신 복디에 드러가지 못ᄒᆞ게ᄒᆞ시고 四十일을 졍탐ᄒᆞᆫ고로 하로를 一년으로 ᄃᆡ신ᄒᆞ샤 四十년동안을 류리(流離)ᄒᆞ다가 필경 망ᄒᆞ게ᄒᆞ셧스니 대개 이스라엘 사ᄅᆞᆷ의 멸망ᄒᆞᆫ 것이 비록 여러가지 죄를 범ᄒᆞᆫᄭᆞᄃᆞᆰ이나 특별히 가나안 사ᄅᆞᆷ을 두려워ᄒᆞ고 하ᄂᆞ님의 능력을 밋지 아니ᄒᆞᆫ ᄭᆞᄃᆞᆰ이니 이것으로 보건ᄃᆡ 세샹을 이긔지 못ᄒᆞᆫ쟈의 결국(結局)이 엇더ᄒᆞ뇨 그런즉 우리가 불가불 세샹을 이겨야 ᄒᆞ겟고 세샹을 이긔랴면 우리 사ᄅᆞᆷ의 연약ᄒᆞᆫ 힘으로ᄂᆞᆫ ᄒᆞᆯ수 업스니 불가불 무소불능ᄒᆞ신 하ᄂᆞ님의 능력을 힘닙어야 ᄒᆞ겟고 하ᄂᆞ님의 능력을 힘닙으랴면 하ᄂᆞ님과 동힝ᄒᆞ야 셩신이 우리속에 계셔야ᄒᆞ겟고 하ᄂᆞ님과 동힝ᄒᆞ랴면 긔도외에 다른 도리가 업ᄂᆞᆫ줄로 아노라 예수ᄭᅴ셔 이세샹에 계실ᄯᅢ에 비록 하ᄂᆞ님과

늘동텹ᄒᆞ셧지마는 특별히 하ᄂᆞ님의 말ᄉᆞᆷ을 친히 드르시기는 세번ᄲᅮᆫ이니 쳣ᄌᆡ는 세례를 밧으시고 긔도ᄒᆞ실ᄯᅢ오(눅三○廿一—廿二)둘ᄌᆡ는 산에올으샤 긔도ᄒᆞ실ᄯᅢ오(눅九○廿八—卅五)셋ᄌᆡ는 헬나 사ᄅᆞᆷ이 당신을 보고져ᄒᆞᆯᄯᅢ에 긔도ᄒᆞ실ᄯᅢ니(요十二○廿—廿八)이우에 긔록ᄒᆞᆫ 구졀을 차자 ᄌᆞ세히 연구ᄒᆞ야보면 우리쥬는 하ᄂᆞ님ᄭᅴ 一톄되신 셩ᄌᆞ시로되 긔도아니ᄒᆞ실ᄯᅢ에는 하ᄂᆞ님의 말ᄉᆞᆷ을 ᄒᆞᆫ번도 듯지못ᄒᆞ셧ᄉᆞ니 하물며 우리들이 하ᄂᆞ님ᄭᅴ ᄒᆞᆷᄭᅴ 잇ᄉᆞ랴면 긔도아니ᄒᆞ고 될수 잇ᄉᆞ리오 그런즉 우리쥬를 밋는 형뎨ᄌᆞ미는 쉬지말고 긔도ᄒᆞᆷ으로 큰 능력을 엇어 이셰샹을 이긔고 텬국에 드러가셔 무궁ᄒᆞᆫ 영광즁에셔 지내기를 힘써 보십세다

○정치와종교

미국 위산ᄌᆞ

림々총々ᄒᆞᆫ 인류가 이셰샹에 쳐ᄒᆞ야 서로 보약ᄒᆞ며 서로 친화ᄒᆞᆯᄉᆡ 개인이 단합ᄒᆞ야 샤회가 되며 샤회가 단합ᄒᆞ야 국가가 되는ᄃᆡ 그즁에 현질긔ᄇᆡᆨ의 갓지아니ᄒᆞᆷ과 의즁졍투의 욕심이 업지못ᄒᆞᆫ고로 반ᄃᆞ시 셩인을 기ᄃᆞ려 이를 ᄀᆞᄅᆞ치며 금지ᄒᆞᄂᆞ니 이에 인군의도가 잇ᄉᆞ며 ᄉᆞ승의도가 잇도다 대개 인군은 안민의 유형ᄒᆞᆫ ᄉᆞ실을 총할ᄒᆞ야 립법과 힝졍과 ᄉᆞ법의 졍리를 그나라에 베프ᄂᆞ니 이것이 ᄀᆞᆯ온바 졍치오 ᄉᆞ승의 도는 ᄇᆡᆨ셩의 무형ᄒᆞᆫ 졍신을 감화ᄒᆞᆷ에 젼력ᄒᆞ야 ᄌᆞ긔와 ᄂᆞᆷ과 신애ᄃᆡᄒᆞᆫ 리치를 들어 언론을 세우ᄂᆞ니 이것이 일온바 종교ㅣ라 샹고시ᄃᆡ에는 민족이 단슌ᄒᆞ며 ᄉᆡᆼ활이 용이ᄒᆞ야 졍치의 실샹은 엇서도 종교의 일홈은 업더니 즁고이후에는 인죵이 날노번셩ᄒᆞ며 샤회가 복잡ᄒᆞ야 ᄉᆡᆼ활이 어려울ᄉᆞ록 경징이 더옥 심ᄒᆞᆫ고로 무리가 무리로 더브러 닷토며 나라이 나라로더브러 닷토며 개인이 개인으로 더브러 닷토아 약육강식(弱肉强食)ᄒᆞᆷ이 거연히 텬연ᄒᆞᆫ 공례가 되엿ᄉᆞ며 쥬권을 잡은 뎨왕은 비록 착ᄒᆞᆫ 졍ᄉᆞ가 잇슬지라도 능히 그ᄯᅢ단을 막지못ᄒᆞ엿더니 ᄌᆞ비와 지용이 겸비ᄒᆞᆫ 종교쥬가 이ᄯᅢ를 ᄐᆞ셔 세간에 굴긔ᄒᆞ야 핑원심오ᄒᆞᆫ 학술을 발명ᄒᆞ매 나라는 그리익을 힘닙으며 ᄇᆡᆨ셩은 그복을 밧아 만셰에 가히 변치못ᄒᆞᆯ 도리가 되엿ᄂᆞ니 오ᄂᆞᆯ 세계를 그도에 진화ᄒᆞᆫ 긔독교와 유교와 불교와 파라몬교와 회々교 ᄀᆞᆺᄒᆞᆫ것이라 종교가 일노말ᄆᆡ암이 그ᄊᆡᆷ힘을 엇은지라 그러나 고셕시ᄃᆡ의 종교를 도라보면 졍치로 더브러 합ᄒᆞᆫ쟈도 잇고 졍치가 종교로 더브러 난호인쟈도 잇거니와 오ᄂᆞᆯ날 시세를 ᄉᆞᆯ피건ᄃᆡ 난호이지 안을수 업ᄂᆞᆫ 형세가 잇ᄉᆞ며 ᄯᅩᄒᆞᆫ 억지로 합ᄒᆞᆯ수 업ᄂᆞᆫ 리유가 잇ᄂᆞ니 대개 종교의 셩질과 공용과 ᄉᆞ상이 가히 졍치의 부족ᄒᆞᆷ을 도울것이오 가히 졍치로 더브러 아울너 힝치 못ᄒᆞᆯ리유가 잇도다 엇지ᄒᆞ야 그러ᄒᆞᆫ가ᄒᆞ면 졍치는 사ᄅᆞᆷ을 다ᄉᆞ리면 종교는 신권을 쥬쟝ᄒᆞ며 졍치는·현세를 쥬쟝ᄒᆞ면 종교는 ᄅᆡᄉᆡᆼ을 인도ᄒᆞ야 졍치를 말ᄒᆞᄂᆞᆫ자는 국가를 거ᄂᆞ려 ᄒᆞᆯ노 [illegible] ᄯᅢ 종교는 세계를 합ᄒᆞ야 평등으로 보ᄂᆞ니 그자최는 ᄀᆞᆺ지 아니ᄒᆞ되 그효력은 서로 기ᄃᆞ려 서로 도음이 젹지아니ᄒᆞ도다 이졔 신권이 졍치에 유익되는것을 말ᄒᆞ자면 비록 어진 님군이 잇셔 광막ᄒᆞᆫ 토디와 즁다ᄒᆞᆫ 인민을 거ᄂᆞ리고 ᄉᆞ리의 변쳔을 표죵ᄒᆞ며 시비의 요란ᄒᆞᆷ을 졍돈ᄒᆞᆯᄯᅢ에 샹벌이 능히 유감이업지 못ᄒᆞᆯ지나 종교가에셔는 신권을 말ᄒᆞᆷ에 ᄀᆞᆯᄋᆞᄃᆡ 명々ᄒᆞᆫ가온ᄃᆡ 쥬ᄌᆡ가 계셔 무형ᄒᆞᆷ에 보시며 무셩ᄒᆞᆷ에 드르시며 계시지 아니ᄒᆞᆫ곳이 업ᄉᆞ샤 감히 숨기지못ᄒᆞ며 감히 도망ᄒᆞᆯ수 업ᄂᆞᆫ고로 셰샹 사ᄅᆞᆷ의 능히 셰ᄃᆞᆺ지 못ᄒᆞᄂᆞᆫ것과 쳐분치 못ᄒᆞᄂᆞᆫ것도 오쟉 우리쥬ᄌᆡᄭᅴ셔는 다취ᄒᆞ야 샹벌이 지극히 공평ᄒᆞ시며 경즁의 ᄉᆞ졍이 업다ᄒᆞᄂᆞ니 하우씨의 홍범구쥬와 모셰의 참셰五경이 다이ᄯᅳᆺ이라 일노 새사ᄅᆞᆷ을 ᄀᆞᆯᄋᆞ침에 경젹을 져술ᄒᆞ며 가곡을 편찬ᄒᆞ야 젼국에 남녀로유로 ᄒᆞ여곰 귀에젓코 눈에니으면 션힝의

[illegible]미ᄒᆞ지 아니ᄒᆞ며 앙헌와 두려온것을 몰을쟈가 드믄지라 졍치샹 능력이 국업골은 곳치되 그ᄆᆞ음을 씻지못ᄒᆞᆷ애 비교ᄒᆞ면 그공이 또ᄒᆞᆫ 만치아니ᄒᆞᆫ가 이는 신권으로써 졍치의 쪽지못ᄒᆞᆷ을 돕는것이오 (미완)

진리문답

문、우리쥬ᄭᅴ셔는 온젼히 죄가 업스신ᄃᆡ 무ᄉᆞᆷᄭᆞ닭으로 요한의게 회개ᄒᆞ는 세례를 밧으셧ᄂᆞ뇨

답、우리쥬ᄭᅴ셔 세례를 밧으신것은 (一) 당신이 이스라엘 ᄌᆞ손으로 이스라엘 션지쟈들의 예언에 복죵ᄒᆞ시는 의를 셩취코져 ᄒᆞ심이오 (二) 당신이 인ᄌᆞ로 인류의 ᄃᆡ표쟈가 되샤 련후ᄯᅢ 새 관계를 짓고져 ᄒᆞ심이오 (三) 방션ᄒᆞ며 하ᄂᆞ님의 ᄉᆞ도로 하ᄂᆞ님의 ᄯᅳᆺ을 온젼히 복죵ᄒᆞ는 ᄉᆡᆼ활에 진력코져 ᄒᆞ심이니 간단히 말ᄒᆞ쟈면 당신이 ᄒᆞᆫ사ᄅᆞᆷ이되샤 하ᄂᆞ님ᄭᅴ ᄃᆡᄒᆞᆫ 모든 의를 셩취코져 ᄒᆞ심이니라

세계격언

一、무병ᄒᆞᆫ 사ᄅᆞᆷ에게는 양의(良醫)가 되기 어려오니라

二、ᄉᆞ승된쟈는 쳥년의 운명(運命)을 능히 좌우지(左右之)ᄒᆞᄂᆞ니라

三、용밍 잇는쟈는 가히 범치못ᄒᆞ고 지혜 잇는쟈는 가히 어즈럽게 ᄒᆞᆯ수 업ᄂᆞ니라

四、몸의 괴롬과 즐거운것은 지식의 놉고 나진ᄃᆡ 달넛ᄂᆞ니라

五、졍직ᄒᆞᆷ은 인류의 ᄀᆞ장 놉흔 방편(方便)이니라

어린ᄋᆞᄒᆡ들의 니야기

녯날 츈추시ᄃᆡ에 초(楚)나라 졍승손숙오는 어렷슬ᄯᅢ에 나가놀다가 급히 집으로 도라와 울며 그모친을 붓너왈「어머니 나는 죽겟소」그 모친왈「죽기는 왜죽는단 말이나」숙오왈「머리 둘가진 비암을 보면 죽는다지요 내가 오날 이런 비암을 보앗스니 살지못ᄒᆞ겟ᄂᆞ이다」그 모친왈「그비암을 엇지ᄒᆞ엿ᄂᆞ뇨」숙오왈「죽엿ᄂᆞ이다」그모친왈「무ᄉᆞᆷ ᄯᅳᆺ으로 그비암을 죽엿ᄂᆞ뇨」숙오왈「나는 이왕 죽으려니와 다른사ᄅᆞᆷ이 또 이비암을 보면 죽을터이기로 죽엿ᄂᆞ이다」그모친왈「착ᄒᆞ다 내ᄋᆞ들아 죽지아니ᄒᆞ켓다 놈을위ᄒᆞ야 착ᄒᆞᆫ일을 힘ᄒᆞ엿ᄉᆞᆫ즉 그음덕으로 쟝슈ᄒᆞ고 귀히되겟다」ᄒᆞ엿더니 그후에 과연 숙오가 초국의 어진 졍승이 되엿더라

위ᄉᆡᆼ요셜

뎨五쟝 음식의 환용(換用)ᄒᆞ는법

사ᄅᆞᆷ이 세샹 만물을 리ᄒᆞ게 쓰는ᄃᆡ 만일 ᄒᆞᆫ가지 물건만 가지고 오리도록 쓸디경이면 염증이 나기쉬오니 가령 비단옷이 빗나고 됴흘지라도 ᄒᆞᆼ샹 닙으면 그빗나고 됴흔것을 서ᄅᆞ지 못ᄒᆞ고 풍류소리가 됴흘지라도 ᄒᆞᆼ샹 드르면 귀ᄲᅮ리를 흔드러 듯기스러온 ᄉᆡᆼ각이 날지니 음식도 이와ᄀᆞᆺᄒᆞ야 고기와 ᄃᆞᆰ의알이 사ᄅᆞᆷ의 몸을 보양ᄒᆞ는데 ᄆᆡ우 됴흐나 그것만 ᄒᆞᆼ샹 먹으면 다만 그아ᄅᆞᆷ다온 맛을 셔ᄅᆞᆺ지 못ᄒᆞᆯ뿐아니라 도로혀 염증이 싱기고 염증이 싱김으로 병이나기 쉬오니 아모리 큰부쟈로 음식 샤치를 숭샹ᄒᆞᆯ지라도 아참에 고기를 만히 썻스면 뎜심에 치소를 만히 쓰고 저녁에는 싱션과 두부ᄀᆞᆺ흔것을 뎌죵히 쓸것이오 오날 육죵을 만히 썻스면 ᄅᆡ일은 치소등속을 만히 쓰는것이 됴흐니라

젼호에 셜명ᄒᆞᆫ바와 ᄀᆞᆺ치 고기와 싱션과 ᄃᆞᆰ의알과 쌀ᄀᆞᆺ흔것은 질소(窒素)가 셕긴고로 사ᄅᆞᆷ의 몸을 ᄌᆞ양(滋養)ᄒᆞ고 도야지 비계와 기름과 [illegible] 다ᄀᆞᆺ흔것은 탄소(炭素)가 셕긴고로 사ᄅᆞᆷ의 몸을 더옵게 ᄒᆞ거니와 이몃가지 음식만 먹고는 살수업는고로 또다른 죵류의 음식을 요구ᄒᆞᄂᆞ니 그것은 렬질(鐵質)과 셕회질(石灰質)이 셕긴것인ᄃᆡ 그일홈을 들어 말ᄒᆞ쟈면 곳 소곰과 치소와 과실ᄀᆞᆺ흔것이라 이몃가지를 먹지못ᄒᆞ고 ᄒᆞᆼ샹 밥과 고기 등속만 먹으면 혈괴병(血壞病)이 나셔 죽을[illegible]이

다 그것은 무슨 ᄭᆞ닭인고ᄒᆞ니 ᄯᆞᆷ질과 셕회질 셕긴음식이 아니면 능히 피를 묽힐수 업슴이니 그증거를 알고져ᄒᆞ면 빅여년젼에 영국 함장 안손이 풍범션을 ᄐᆞ고 아홉달 동안에 디구한박휘를 돌시 그ᄇᆡ속에셔 혈괴병으로 죽은 쟈ㅣ 빅여명이라 그ᄯᅢ에 ᄀᆞᆺ치 ᄃᆞᆫ니던 의원 쿡스가 심히 근심ᄒᆞ야 깁히 연구홈으로 비로소 그병난 근인(根因)을 알고 감져와 파실과 채소들 만히사셔 ᄇᆡ에싯고 ᄃᆞᆫ니면셔 죠셕으로 먹인후에는 다시 그 병이나지 아니ᄒᆞ야 남은 사ᄅᆞᆷ을 다 구ᄒᆞ엿스니 대개 그근인이 처음에는 그런ᄯᅵ치들 몰나셔 다만 고기와 면보와 술등속으로 수군(水軍)을 먹이고 털질과 셕회질 셕긴 음식은 먹이지못홈으로 혈괴이 악ᄒᆞ게되야 터진쟈 혈괴병이 싱긴것이라 사ᄅᆞᆷ이 날마다 먹ᄂᆞᆫ 음식가온ᄃᆡ 마흔가지 물질을 함유(含有)ᄒᆞᆫ 후에야 샹등 음식이라고 닐올터이나 불란셔국에ᄂᆞᆫ 음식 샤치를 슝샹ᄒᆞᄂᆞᆫ 부쟈들외에는 이ᄀᆞᆺ치 구비(具備)ᄒᆞᆫᄭᅴ 먹을수 업ᄂᆞ니와 대개 여나나라 사ᄅᆞᆷ이던지 아참져녁으로 이것 뎌것 교환ᄒᆞ야 여러가지를 먹ᄂᆞᆫ것이 됴흐니라

음식의 차고 더운것을 말ᄒᆞᆯ 디경이면 찬것보다 더운것이 더쇼화가 잘되ᄂᆞ니 그리치를 알고져ᄒᆞ면 ᄯᅳ거온국을 마셔 볼지어다 그 ᄯᅳ거온 긔운이 곳심장을 격동ᄒᆞ야 그가온ᄃᆡ 잇던 피가 속히 위경(胃經)에 들어가 쇼화긔관(消化機關)을 도아 음식을 삭게ᄒᆞ고 젼신으로 자조 도라ᄃᆞᆫ니고 ᄯᅩ 찬 음식을 먹으면 심장을 격동ᄒᆞᄂᆞᆫ법이 더ᄃᆡᆫ고로 몃분동안을 지나기젼에는 ᄆᆡ 먹은것이 명치에 걸녀잇ᄂᆞᆫ것을 세도를 터이니라 그럼으로 아라사국ᄀᆞᆺ치 치운 디방에 사ᄂᆞᆫ 사ᄅᆞᆷ은 국을 흔히 먹ᄂᆞ니 그것은 피가 자조도라 몸을 덥게 ᄒᆞᆷ을 취ᄒᆞᄂᆞᆫ연고이나 차고더온것도 셕거먹ᄂᆞᆫ것이 됴흐니라

사ᄅᆞᆷ이 꼬기나 ᄯᅥᆨᄀᆞᆺ치 무거온 음식을 먹은뒤에 몸에 피곤ᄒᆞ야 좀이 오ᄂᆞᆫ것은 피가 그무거온 음식을 쇼화식히노라고 위경에 들어가 잇ᄂᆞᆫ쥴 뇌경(腦經)에ᄂᆞᆫ 피가 적은고로 졍신이 혼곤ᄒᆞᆯ것이라 그럼으로 무거온 음식을 먹은뒤에 셔칙을 보던지 무숨졍신드ᄂᆞᆫ일을 ᄒᆞᄂᆞᆫ것이 대단히 해롭고 병이잇셔 좀을 잘ᄌᆞ지 못ᄒᆞᄂᆞᆫ쟈ᄂᆞᆫ 밤에 음식을 좀 먹ᄂᆞᆫ것이 됴흐니 그것은 피가 뇌경을 ᄯᅥ나 위경으로 들어가 음식을 쇼화식히ᄂᆞᆫ 동안에 좀을 좀쳥홈이니라

실업

◎고구마지비ᄒᆞᄂᆞᆫ법 (쇽)

죵ᄌᆞ로 예비ᄒᆞᆫ 고구마의 분량은 묘샹(苗床) 一평에 ᄃᆡᄒᆞ야 一쳔량즁 가량을 쓸터인ᄃᆡ 큰죵이나 됴흔싹들 엇고져ᄒᆞ면 흙가불 그방법을 외지ᄒᆞ야 뭇어야 될지니 그방법은 흙우에 고구마들 가루눕여 노흐되 서로 련졉(連接)저 안토록 무치가량식 ᄯᅴ워셔 원 마디에 ᄀᆞ둑이 버려노흔후 그우에 널반지를 놋코 가만가만 ᄇᆞᆲ어셔 평균ᄒᆞ게ᄒᆞ고 젼부(全部)를 다 이와ᄀᆞᆺ치ᄒᆞᆫ후 그고구마가 뭇칠만콤 흙으로 덥고 ᄯᅩ 그우에ᄂᆞᆫ 미리 쥰비ᄒᆞ야 한ᄶᅳᆷ 셕엇던 보리ᄶᅵᆨ다(麥稈)이나 벼집이거 ᄎᆡ강(粃糠)등속에 흙을 좀셕거셔 두세치 가량 둣겁게 덥흔후 ᄯᅩ 그우에는 집홀덥고 비를 막기위ᄒᆞ야 집웅 모양으로 공셕을 덥흔후 만일 너머 간죠ᄒᆞᆯ 념려가 잇스면 물을 좀식주ᄂᆞᆫ것이 됴흐니 이와ᄀᆞᆺ치ᄒᆞ야 싹이나거던 덥혓던 집홀 것어 치운후 밤과 치운날만 공셕으로 덥혓다가 온화ᄒᆞᆫ날이면 직접으로 태양빗출 밧아 싹이 강건ᄒᆞ게 ᄒᆞᆯ지며 ᄯᅩ ᄯᅢᄯᅢ로 인분슈(人糞水)를 부어주어 속히 자라게ᄒᆞ고 ᄯᅩ 서리가 아니올 시긔에ᄂᆞᆫ 덥혓던 공셕을 아조것어 치울지며 싹이 ᄒᆞᆫ자ᄶᅳᆷ 자라거던 본포(本圃)에 옴겨 심을지니라

담총

◎망원경(望遠鏡)의 발명

ᄒᆞᆫ일

대개 안경알의 가온ᄃᆡ가 오목ᄒᆞᆫ것은 먼데잇ᄂᆞᆫ 물건이 갓가히 보이게ᄒᆞᄂᆞᆫ고로 근시(近視)ᄒᆞᄂᆞᆫ 쟈의게 합당ᄒᆞ고 안경알의 가온ᄃᆡ가 내아민것

은 적은 물건이 크게보이게 홈으로 늙은 사ᄅᆞᆷ에게 합당ᄒᆞᆫ지라 만일 오목ᄒᆞᆫ알을 쇠통 뒤끗헤 붓치고 내아민알을 압끗헤 붓치면 망원경이 되ᄂᆞ니 이망원경을 녯날하란국 사ᄅᆞᆷ이 처음으로 발명ᄒᆞᆯ때에 그어린ᄋᆞᄒᆡ들이 안경알을 가지고 작란ᄒᆞ다가 별안간 소ᄅᆡ를 질너 골ᄋᆞᄃᆡ 이것이 웬일이오 뎌긔잇ᄂᆞᆫ 탑이 웬것이오 ᄒᆞ거ᄂᆞᆯ 그아버지가 급히 가본즉 굴근ᄃᆡ롱에 내아민알은 압헤붓치고 오목ᄒᆞᆫ알은 뒤에 붓쳣ᄂᆞᆫᄃᆡ 그것을 눈에 ᄃᆡ이고 볼때에 빅리반게 잇ᄂᆞᆫ 탑이 지쳑에 와서 보이거ᄂᆞᆯ 그법으로 망원경을 발명ᄒᆞ야 텬문보ᄂᆞᆫ쟈와 바다에 ᄇᆡ ᄐᆞ고 ᄃᆞᆫ니ᄂᆞᆫ쟈와 젼쟝에서 ᄃᆡ병을 엿보ᄂᆞᆫ자의게 대단히 유익ᄒᆞᆫ 물건이 되엿ᄂᆞ니라

◎손터진ᄃᆡ바르ᄂᆞᆫ약

도야지 기름 셕량즁과 ᄃᆞᆰ의알 노른자 두ᄀᆡ와 ᄭᅮᆯ ᄒᆞᆫ숫가락과 밀가루 셕량즁을 물에 잘ᄀᆡ여서 저녁에 잘때에 손터진ᄃᆡ 바르면 터진ᄃᆡ가 낫ᄂᆞ니라

회보ᄃᆡ금령슈

住所	氏名	金額
長湍	成基浩	四十錢
仝	金永奎	四十錢
仝	朴喜卿	四十錢
仝	白南憲	二十錢
仝	曹元哉	二十錢
仝	金增默	四十錢
利川	千周白	四十錢
仝	李寅浩	四十錢
仝	姜昌秀	四十錢
仝	辛鍾泰	四十錢
仝	李邦憲	八十錢
仝	張春明	四圓
豆毛浦	盧鳳思	四十錢
仝	徐元植	四十錢
伊川	李昌雲	四十錢
南陽	姜連根	二十錢
仝	金思允	二十錢
廣州	朴鳳來	四十錢
陰竹	李昌會	一圓五十三錢
忠州	李文賢	六十錢
楊州	金顯聲	一圓
布哇	金利濟	一圓一錢
堤川	李殷榮	六十錢
廣州邑	教堂	五十五錢
仝	石璣韶	四十錢
泰川	邊鎭基	四十錢
仝	李原植	四十錢
青寧橋	朴鳳九	四十錢
仝	李난씨	四十錢
仝	徐應萬	四十錢
公州	崔漢奎	四十錢

◎관쥬신약젼셔

본공회에서 죠션문관쥬신약젼셔를 처음으로 발힝ᄒᆞ야 금월二十일경브터 매하를 시쟉ᄒᆞᄂᆞᆫ바 그쟝칙과 뎡가ᄂᆞᆫ 이아래 ᄌᆞ세히 긔록ᄒᆞ엿ᄉᆞ오니 죠량ᄒᆞ신후 다쇼간 소용을 ᄯᆞ라서 본공회나 혹 경향각쳐교회즁 칙사로 청구ᄒᆞ시기를 경요

경셩종로 대영셩셔공회 고ᄇᆡᆨ

四호쥬ᄌᆞ관쥬신약젼셔 뎡가록

번호			圓錢
九三	포의	죠션제 ᄃᆡ도부	●四○
九四	견포의	양장 동	●六五
九五	바피의	동	一●一○
九八	상품피의	동	三●五○
九九	상품절피의	동	四●○○

그리스도회보
KOREAN CHRISTIAN ADVOCATE

每月二回十五日三十日發行
大正元年十二月廿八日印刷
大正元年十二月三十日發行

發行兼編輯人 開城北部山芝峴 奇義男
印刷人 京城北部樓閣洞 朴東完
印刷所 京城西小門內 法韓印刷所
發行所 京城北部壯洞四十三統三戶 呂炳鉉邸

ᄃᆡ금 一장 二젼五리
[代金] 六ᄀᆡ월 二十젼
一ᄀᆡ년 四十젼

사설

송送 구舊 영迎 신新

셕화광음(石火光陰)이 살ᄀᆞᆺ치 다라나매 뎐안간(轉眼間)에 一千九百十二년이 사(紗)와ᄀᆞᆺ치 왑엇도다 슬프다 지나간 一년동안에 인ᄉᆞ(人事)의 변쳔된것을 도라보건ᄃᆡ 졍치뎍 교육뎍 실업뎍 학슐뎍 샤교뎍의 형々ᄉᆡᆨ々ᄒᆞᆫ 일을 이루나 긔록ᄒᆞᆯ수 업ᄂᆞ니와 우리 량감리회즁의 그쟝쥬요ᄒᆞᆫ 일을 들어말쟈면 본년一월에 미감리회 년회를 경셩 졍동 례ᄇᆡ당에서 열엇고 五월에 감리회 四년 총회를 미국 미니아폴니스셩에서 열엇는ᄃᆡ 박ᄉᆞ 리승만씨가 평신도ᄃᆡ표로 참셕ᄒᆞ엿고 九월에 남감리회 년회를 ᄀᆡ셩에서 열엇더라

긔쟈의 잡은붓을 노키젼에 셩심으로 ᄒᆞᆫ번 웅츅ᄒᆞᄂᆞᆫ바는 우리 ᄉᆞ랑ᄒᆞᄂᆞᆫ 형뎨와 ᄌᆞ미의 슬픔과 두려옴과 근심과 의통과 의심과 불평과 분노와 곤난과 모든 됴치못ᄒᆞᆫ ᄉᆞ샹과 ᄌᆡ앙은 一千九百十二년의 쇠잔ᄒᆞᆫ 빗츠로 쇼멸ᄒᆞ고 깃븜과 ᄌᆞ유와 쾌락과 질거옴과 지혜와 총명과 화평과 은혜와 모든 ᄒᆡᆼ복이 一千九百十三년의 새벽빗출 ᄶᅡᆨᄒᆞ여 우리형뎨 ᄌᆞ미ᄭᅴ와서 영원히 머믈지어다

▲사 고▼

본회보는 창간ᄒᆞᆫ지 二쥬년동안에 익독(愛讀)ᄒᆞ시ᄂᆞᆫ 여러 형뎨ᄌᆞ미의 셩의(盛意)를 닙ᄉᆞ와 거의 二千五百쟝을 발ᄒᆡᆼᄒᆞᆷ에 니르럿ᄉᆞ니 텬부ᄭᅴ 영광을 돌니고 구람졔씨ᄭᅴ 감하ᄒᆞ오며 명년 三월브터는 一층 확쟝ᄒᆞ야 쥬보(週報)로 변경ᄒᆞ겟ᄉᆞᆫ즉 이후브터는 본회보가 ᄒᆞᆫᄃᆞᆯ에 네번이나 다셧번식은 쳠위(僉位)들 차져가 뵈올것이며 ᄯᅩ본보의 톄지(體裁)도 만히 ᄀᆡ량ᄒᆞ여 보시는 안목을 깃브게ᄒᆞ도록 ᄒᆞ겟ᄉᆞ오니 본보를 더욱 익호(愛護)ᄒᆞ셔서 ᄀᆈ쇽(繼續)구람ᄒᆞ실ᄲᅮᆫ아니라 다른 형뎨ᄌᆞ미의게 널니 광고ᄒᆞ야 새로 구람ᄒᆞ실이를 만히 모집ᄒᆞ야 보내시되 이아리 긔록ᄒᆞᆫ 됴건을 주의ᄒᆞ야 ᄒᆞ심을 옹망ᄒᆞᄂᆞ이다

一、본보는 一千九百十三년三월一일브터 一쥬일동안에 ᄒᆞᆫ번식 발ᄒᆡᆼᄒᆞᆷ

一、본보ᄃᆡ금은 명년 三월브터 一년션금 八十젼 반년션금 四十젼으로뎡ᄒᆞᆷ

一、본회보 구람쟈(購覽者)를 새로 모집ᄒᆞᄂᆞᆫ 긔한은 명년 三월一일ᄭᆞ지 한ᄒᆞᆷ

一、一년이나 혹 반년치를 반드시 션금으로 요구ᄒᆞᆷ

一、본회 보구람쟈를 최다수(最多數)로 모집ᄒᆞ여 보내신이의게는 피의금변(皮衣金邊) ᄒᆞᆫ신구약 一질노써 감샤ᄒᆞᆫ뜻을 표ᄒᆞᆷ

一、본회보를 구람코져 ᄒᆞ시면 경셩북부쟝동ᄉᆞ십삼통삼호(京城北部壯洞四十三統三戶) 본보 발ᄒᆡᆼ소로 션금을 보내시고 쳥구ᄒᆞ시옵

교즁휘문

△ᄂᆡ보▽

◎셩탄일경츅◦◦◦◦ 본월二十五일 구쥬셩탄일에 경향각쳐 례ᄇᆡ당에서 一반교우가 다깃븐ᄆᆞ음으로 경츅례식을 거ᄒᆡᆼᄒᆞ엿더라

◎졍동교회의셩황◦◦◦◦◦ 경셩졍동미감리회 뎨一회당에서 금번 구쥬셩탄일을 긔렴키 위ᄒᆞ야 一반교우가 각기힘대로 연보ᄒᆞᆫ 경츅비가 一ᄇᆡᆨ二十여원에 달ᄒᆞᆫ바 당일에 셩대ᄒᆞᆫ 례식을 셜ᄒᆡᆼᄒᆞ고 남은돈으로 ᄇᆡᆨ미ᄅᆞᆯ 만히 무ᄒᆞ여 빈한ᄒᆞᆫ 교우들을 구휼(救恤)ᄒᆞ엿다더라

◎쳥년회의부흥회◦◦◦◦◦ 경셩죵로 긔독쳥년회관니에서 본월二十二일브터 동二十九일ᄭᆞ지 一쥬일동안을 ᄆᆡ일 七시三十분에 부흥회를 ᄀᆡᄒᆞ고 박ᄉᆞ 스밋쓰씨가 젼도ᄒᆞ엿는ᄃᆡ 一반텽즁(聽衆)이 신령ᄒᆞᆫ 은혜를 만히 밧엇다더라

◎부부간의도젼(道戰)◦◦◦◦◦ 츙남목쳔군 쟝명리 최명슈씨의 통신을 거ᄒᆞᆫ즉 동군운계교회 니 부인 김사라씨는 나히二十여셰 되엿슬ᄯᅢ에 그가쟝 그정인셥씨가 집을 ᄯᅥ날ᄉᆡ 그ᄯᅢ 그부인은 잉ᄐᆡᄒᆞᆫ지 八삭이라 다ᄒᆡᆼ히 아ᄃᆞᆯ을 나하고 초로 양육ᄒᆞ야 네살이 되도록 그가쟝의 죵젹을 아지못ᄒᆞ고 셰월을 보내더니 이곤난ᄒᆞᆫ가온ᄃᆡ 우연히 쥬의 부르심을 닙어 예수ᄅᆞᆯ 밋을ᄉᆡ 그아ᄃᆞᆯ 야곱을 ᄃᆞ리고 경건히 례ᄇᆡᄒᆞ더니 금년八월에 그가쟝이 원산셔 일본 불교를 공부ᄒᆞ야 三년만에 졸업ᄒᆞ고 젼교인으로 피션되여 그부인을 ᄃᆞ리러 왓는지라 부부간에 서로 공부ᄒᆞᆫ 결과를 토론ᄒᆞᆯᄉᆡ 부인김씨는 쥬의 복음을 젼ᄒᆞ고 그가쟝 정인셥씨는 불교ᄅᆞᆯ 젼ᄒᆞ니 이ᄀᆞᆺ치 서로 샹힐ᄒᆞᆫ지 六七일에 그부인은 본ᄅᆡ 학문이업스나 쥬의 권능을 의지ᄒᆞ야 능히 그가쟝으로 ᄒᆞ여곰 불교를 비반ᄒᆞ고 쥬ᄅᆞᆯ밋어 진리를 ᄭᆡᄃᆞᆺ게 ᄒᆞ엿스니 이부인은 참 그가쟝을 구원ᄒᆞ엿다ᄒᆞ엿더라

◎삭녕군의사경회◦◦◦◦◦◦ 경긔도삭녕군 참의동교회 림외경씨의 통신을 거ᄒᆞᆫ즉 ᄒᆡ교회에서 본구역쟝 김긔슌씨의 인도로 본월七일브터 十三일ᄭᆞ지 사경회를 열고 ᄆᆡ일 샹오八시三十분으로 九시ᄭᆞ지 긔도ᄒᆞ고 九시로 十시ᄭᆞ지는 본읍리 ᄐᆡ관씨가 셩경유취를 교슈ᄒᆞ고 十시로 十一시ᄭᆞ지는 신지오씨가 마가복음을 교슈ᄒᆞ고 十一시로 十二시ᄭᆞ지는 김긔슌씨가 빌닙보인서를 교슈ᄒᆞ고 오후二시에는 밀암리교회 김용모씨가 신쟈긔ᄎᆞ를 교슈ᄒᆞ고 공부후에는 집々이 복음과 젼도지를 젼파ᄒᆞᄂᆞᆫᄃᆡ 겸손ᄒᆞᆫ ᄆᆞ음으로 복음을 밧어 밋기로 작뎡ᄒᆞᆫ 사ᄅᆞᆷ도 만코 ᄯᅩ 하오七시에는 김긔슌씨가 부흥회ᄅᆞᆯ 인도ᄒᆞᆯᄉᆡ 셩신의 칙망ᄒᆞ심을 밧어 죄를 ᄭᆡᄃᆞᆺ고 이통홈으로 회ᄀᆡᄒᆞᆫ 형뎨ᄌᆞᄆᆡ가 만흔고로 영광을 하ᄂᆞ님ᄭᅴ 돌닌다ᄒᆞ엿더라

◎량녀ᄉᆞ교육심◦◦◦◦◦ 경긔도 쟝단군 김영학씨의 통신을거ᄒᆞᆫ즉 본보뎨四十二호에 게재된 바긔셜 호슈돈녀슉十一녀학ᄉᆡᆼ은 홍샹 녀ᄌᆞ교육이 발달되지 못ᄒᆞᆷ을 개탄ᄒᆞ더니 수년ᄅᆡ로 다ᄒᆡᆼ히 우리남감리회 각쳐교회니에 녀학교를 새로 셜립ᄒᆞᆫ곳이 만ᄒᆞ나 지졍도업고 녀교ᄉᆞ도 업서셔 교육을 못ᄒᆞᆯᄌᆞ음에 맛참 ᄀᆡ셩호슈돈 녀슉쟝 왕니씨가 ᄯᅩᄒᆞᆫ 죠션에 녀ᄌᆞ교육이 젼진치못ᄒᆞᆷ을 단식ᄒᆞ고 방침을 연구ᄒᆞ다가 ᄉᆡᆼ각ᄒᆞ기ᄅᆞᆯ 우리고등반 학ᄉᆡᆼ은 명년이 졸업긔한이나 一년동안 외촌교회에 나아가셔 쇼학교ᄅᆞᆯ 교슈ᄒᆞ고 ᄅᆡ명년에 졸업ᄒᆞᆷ이 됴흔줄 ᄉᆡᆼ각ᄒᆞ나 그학ᄉᆡᆼ의 말을 듯지안코는 ᄒᆞ지못ᄒᆞ리로라 명령뎍으로 ᄒᆞ야 一졔히 고등반 학ᄉᆡᆼ을 불너 향촌교회의 녀ᄌᆞ교육이 업ᄂᆞᆫ것과 의복음식에 불평ᄒᆞᆫ 것을 셜명ᄒᆞᆫ후 누구던지 고ᄉᆡᆼ을ᄒᆞᆯ지라도 一년동안 나가서 교슈ᄒᆞ기로 ᄌᆞ원ᄒᆞᄂᆞᆫ쟈가 잇ᄂᆞ뇨 무른즉 十一학ᄉᆡᆼ이 一졔히 응락ᄒᆞᄂᆞᆫ즁 김영옥씨는 쟝단읍으로 김ᄉᆞ례씨는 고랑포로 파송되여 량씨가 오던날브터 오늘ᄭᆞ지 ᄌᆞ긔의 괴로옴을 불고ᄒᆞ고 열심교육ᄒᆞ되 학ᄉᆡᆼ을 ᄉᆞ랑ᄒᆞ며 진리로 긔초삼아 셰샹학문을 ᄀᆞ

ᄅᆞᆫ쳐니 이는 참교회의 힘복이오 녀ᄌᆞ의 문명을 발달식히는 어머니라 교회마다 녀ᄌᆞ교육을 힘써 듸모데의 조모 로이스와 그어머니 유니게의 가격과 예수의 모친 마리아의 힝젹을 모번ᄒᆞᆯ 녀ᄌᆞ를 만히 양셩ᄒᆞ야 이죠션 쳥년후진의 가뎡교육을 담당케 ᄒᆞ기를 깁히 ᄇᆞ란다ᄒᆞ엿더라

◉거듭난김씨 황ᄒᆡ도 셔흥군 두무동 구역 슌힝목ᄉᆞ 황뎡모씨의 통신을 거ᄒᆞᆫ즉 본구역니 민치동교회 김셕인씨는 쥬를 밋기젼에 날마다 슐먹기와 잡긔로 셰월을 보내며 ᄒᆞᆼ샹 노래ᄒᆞ기를 호리건곤에 취ᄒᆞ야 셰간 갑ᄌᆞ를 이졋노라ᄒᆞ더니 홀연이 쥬의부르시는 음셩을 듯고 즉시회기ᄒᆞᆫ후로 젼습을 다거절ᄒᆞ고 밋음이 독실ᄒᆞ여 날마다 셩경을 공부ᄒᆞ며 열심젼도ᄒᆞ여 ᄌᆞ긔동ᄉᆡᆼ 三형뎨와 모친과 식구를 다밋게ᄒᆞ고 또 동리 사ᄅᆞᆷ의게 지셩권면ᄒᆞ야 四五인이밋어 ᄒᆞᆫ회를 일우어 례ᄇᆡᄒᆞ매 모든사ᄅᆞᆷ이 말ᄒᆞ기를 이젼 셕인은 다라나고 지금 새셕인이가 와셔 교회를 셰운다 ᄒᆞᆫ다더라

◉한영지셔원 경긔도포쳔군 二동교리 한영지셔원 리경옥씨의 통신을 거ᄒᆞᆫ즉 ᄒᆡ셔원은 三년젼에 교회에셔 셜립ᄒᆞ고 학ᄉᆡᆼ을 모집ᄒᆞᆫ후 김쥰기씨를 교ᄉᆞ로 고빙ᄒᆞ고 혜조교ᄉᆞ는 김츈三씨가 명예로 근무ᄒᆞ더니 본년 츈긔후브터는 긔셩 한영셔원 빅치운씨가 특별히 의무로 ᄒᆡ지셔원에 ᄌᆞ원근무ᄒᆞ야 각항 과졍을 一층긔량ᄒᆞ고 열심교슈ᄒᆞ야 학ᄉᆡᆼ의 졍도가 일취월쟝ᄒᆞᆷ으로 ᄒᆡ씨의 열셩을 사ᄅᆞᆷ마다 칭숑ᄒᆞᆫ다더라

◉젼도지남간힝 츙북 음셩구역 젼도ᄉᆞ 김치익씨의 통신을 거ᄒᆞᆫ즉 뎨쳔읍 젼도ᄉᆞ 리은영씨가 편찬ᄒᆞᆫ 신구경요지는 다수발매되여 우리가 ᄒᆞᆷᄭᅴ 유익ᄒᆞᆷ을 만히 보앗거니와 ᄒᆡ씨가 또 젼도지남이란 ᄎᆡᆨ을 편찬ᄒᆞ야 방금 인쇄즁인ᄃᆡ 이ᄎᆡᆨ은 동셔양 각셔젹즁에셔 젼도에 요용될만ᄒᆞᆫ 유명ᄒᆞᆫ 력ᄉᆞ와 비유와 ᄌᆞ미잇는 니야기를 모집ᄒᆞᆫ것인고로 一반 권ᄉᆞ와 쇽쟝의게 보츙이 될만ᄒᆞ다더라

◉만국긔도회뎨목

一千九百十二년一월五일(쥬일)브터 동월十一일(토요)ᄭᆞ지만국이련합ᄒᆞ야긔도ᄒᆞ는바그각날에뎡ᄒᆞᆫ뎨목이여좌ᄒᆞᆷ

쥬일 앗총강도본분

좀언二十九장十八졀과 에스더四장十四졀과 마태六장三十三졀과 에베소三장十四졀十五졀즁에셔 ᄐᆡᆨᄒᆞ야 각기 쥬의대로 강도ᄒᆞᆷ

월요일 (일월륙일)

감사ᄒᆞ며ᄌᆞ복ᄒᆞᆷ

시百三편 사十二쟝、욜二장二十一졀노三十二졀、학一쟝 마六장二十四졀노三十四졀 고젼十三장二十七졀노三十一졀과 十三장을볼것이오

화요일 (일월칠일)

교회의련합을위ᄒᆞᆷ

(그리스도는 머리되시고 교회는 ᄒᆞᆫ몸됨)

긔도ᄒᆞᆯ바는 온셰계샹 신자를위ᄒᆞ야 빌거시라

시百四十五편、사五十五장 딤후三장十四ㅣ四장八졀、묵二장一졀노八졀과 三장七ㅣ十三졀 살젼一쟝을 볼것이오

슈요일 (일월팔일)

국가와뎨왕을위ᄒᆞᆷ

시二편과百三十二편 롬十三쟝 약四쟝을 볼것이오

목요일 (일월구일)

외디션교를위ᄒᆞᆷ

(찬숑ᄒᆞ고긔도ᄒᆞᆯ것)

시七十二편 사十一쟝一ㅣ九졀 ᄒᆡᆼ一쟝ㅣ九졀 엡三쟝十四ㅣ끗ᄭᆞ지보시오

금요일 (일월십일)

가뎡과교육과쳥년을위ᄒᆞᆷ

출十二쟝 廿一ㅣ廿八졀 수四쟝十九ㅣ二十四졀 엡五쟝十九ㅣ六장九졀 빌四쟝一ㅣ九졀을보시오

토요일 (일월십일일)

ᄂᆡ디젼도와유대인을위ᄒᆞᆷ

시百廿二편 눅八장四ㅣ廿一졀 롬十一쟝二十九ㅣ끗 사三十五장과 五十二장七졀과八졀 셰十二쟝九ㅣ十三장一졀ᄭᆞ지 보시오

◉감하의연 경긔도 리쳔군 한창셥씨가 본회보에 ᄃᆡᄒᆞ야 긔렴연보로 一환을 거두어보내엿기로 이에 감샤ᄒᆞᆫ뜻을 표ᄒᆞ노라

△외보▽

◎확쳥회(廓淸會)의운동 일본ᄂᆡ디각처에 확쳥회의 세력이 점々셩힝ᄒᆞᄂᆞᆫ듸 이회의 목뎍은 뎌국ᄂᆡ 모든 챵기(娼妓)와 마굴(魔窟)을 쓰러업시ᄒᆞᆯ 작뎡이라 취회 총무 익부졍조(益富政助)씨ᄂᆞᆫ 일본동북디방으로 순힝ᄒᆞ며 연셜회를 열고 一반 신문긔자와 젼도ᄉᆞ와 실업가들을 모와연셜도ᄒᆞ며 젼도도ᄒᆞ엿스며 또동경 죠도뎐대학교 학싱들은 근일에 이회의 목뎍을 찬셩ᄒᆞ야 폐창회(廢娼會)를 죠직ᄒᆞ엿ᄂᆞᆫ듸 ᄒᆞᆫ쟝은 안부긔웅(安部磯雄)씨라더라

◎카네씌의ᄌᆞ션심 미국부호로유명ᄒᆞᆫ 카네쓰씨ᄂᆞᆫ ᄌᆞ긔ᄌᆡ산총익 二十익만원즁에셔 一억만원만 떼여 그 ᄌᆞ손의게 분지ᄒᆞ여주고 그남어지 十九억만원은 이ᄌᆡ산에ᄃᆡᄒᆞᆫ ᄌᆡ무위원회에 내맛겨 셰계공공ᄉᆞ업을 위ᄒᆞ야 쓸터인듸 몬져 구제회를 죠직ᄒᆞᆯ터이라더라

◎존스목ᄉᆞ의죠션담 현금ᄌᆞ긔 본국에 류ᄒᆞᄂᆞᆫ 존스목ᄉᆞ의 일은 우리가 다아ᄂᆞᆫ바 동씨가 미국 엇던 공회셕에셔 발ᄒᆞ기를 현금 죠션교회 ᄉᆞ업즁 빅분지 八十五ᄂᆞᆫ 다 ᄌᆞ급으로 된다ᄒᆞ엿다더라

◎구셰군의신경영 미국구셰군 본영에셔ᄂᆞᆫ 쟝ᄎᆞᆺ 쟝교(將校)五十인을 즁화민국(청국)으로 파송ᄒᆞ야 각대도회쳐에 영문을 셜치ᄒᆞᆯ 작뎡이라더라

◎애급의션교회ᄂᆡ용 애급젼국ᄂᆡ에 잇ᄂᆞᆫ 션교ᄉᆞ들이 근일에 八일동안 특별총회를 열고 회々교도(回々敎徒)의게 젼도ᄒᆞᆯ 방침을 의론ᄒᆞᆫ것은 다름아니라 근일 회々교도즁에 셩경을 사보며 교회목ᄉᆞ를 차자보고 교리(敎理)를 뭇ᄂᆞᆫ쟈가 만ᄒᆞᆯ뿐아니라 회々교즁에 젼교직칙 맛흔쟈도 우리 교회에 드러와 셰례밧ᄂᆞᆫ쟈가 죵々 잇스니 이ᄂᆞᆫ 작금량년 신풍조(新風潮)를 ᄯᅡ라 점々 셰드론것이 잇ᄂᆞᆫ연고라ᄒᆞ엿더라

◎동경의죠션교회 일본동경죠션인 목ᄉᆞ(牧師) 쥬공三씨의 통신을거ᄒᆞᆫ즉 동경에 류학싱이 대략 오빅여명이오 그즁 신자가 일빅오십여원이라 져간 동경에 죠션 긔독쳥년회에셔 면려ᄒᆞ고 또ᄒᆞᆫ 죠션감리 쟝로 량교회에셔 죵々목ᄉᆞ와 젼도인을 파송ᄒᆞ야 젼도ᄒᆞᆫ결과로 오늘날 젹지아니ᄒᆞᆫ 교회를 일우엇ᄂᆞᆫ듸 이교회가 다른교회보다 특이다른거슨 교우가 다 죠션 각디방에셔 와서 모힌쳥년남ᄌᆞ요 쟝ᄎᆞ 교회에 쥬셕될만ᄒᆞᆫ 긔관이오 다년 긔독쳥년회관에셔 례비를 보다가 금년에 죠션 감미리 쟝로 량교회에셔 협의ᄒᆞ야 션교ᄉᆞ ᄒᆞᆫ사ᄅᆞᆷ을 파송ᄒᆞ고 례비당을 셜시ᄒᆞ얏스니 텬부ᄭᅴ 감샤ᄒᆞ오며 이곳 교우의 모히ᄂᆞᆫ 열심에 ᄃᆡᄒᆞ야 감복ᄒᆞᆯ만ᄒᆞᆫ거슨 다름아니라 ᄒᆞᆫ번왓다가면 뎐ᄌᆞ비가 구젼식 되되 앗기지안코 또 비오ᄂᆞᆫ날이라도 빈ᄌᆞ리가 업스며 금번 구쥬탄신에 경츅쥰비로 수십여명 위원들이 자조 집회ᄒᆞᄂᆞᆫ듸 수십리밧긔셔라도 불피풍우ᄒᆞ고 와셔 그셩심으로 쥰비ᄒᆞ니 이곳쳥년 교우들을 위ᄒᆞ야 특별히 ᄉᆡᆼ각ᄒᆞ고 힘잇ᄂᆞᆫ 긔도로 도아주며 또ᄂᆞᆫ 각교회의 됴흔쇼식을 죵々 듯긔ᄒᆞ야 은혜를 ᄂᆞᆫ호게ᄒᆞᆷ을 ᄇᆞ란다 ᄒᆞ엿더라

긔셔

◎그리스도의셩탄일

한셕 류경상

구름업시 ᄆᆞᆰ은 한ᄂᆞᆯ에 별도 총々ᄒᆞ거니와 둥근달이 셔산에 걸녓스니 하ᄂᆞᆯ 경치 아ᄅᆞᆷ답고 우ᄂᆞᆫ쟈와 웃ᄂᆞᆫ쟈로 한가지 감각을 지어내여 그옥히 비결(秘訣)을 묵샹케ᄒᆞ니 이때와 이날이 어ᄂᆞ때와 어ᄂᆞ날인고 깁흔겨울 북풍이 사ᄅᆞᆷ의 졍신을 움작이ᄂᆞᆫ 동졀이오 유대인을 리용(利用)ᄒᆞ여 텬하에 도를젼ᄒᆞ고 몸을 ᄇᆞ려 인류샤회를 구원ᄒᆞ시려 강싱ᄒᆞ신 그리스도의 셩탄일이라 대개 ᄒᆞᆫ집 어룬의 싱일에ᄂᆞᆫ ᄒᆞᆫ집가족이 모혀 즐겨ᄒᆞ고 ᄒᆞᆫ나라 데왕의 탄신에ᄂᆞᆫ 그나라 관민샹하가 노래ᄒᆞ며 동락ᄒᆞ나 오ᄂᆞᆯ 그리스도의 셩탄일은 경계(境界)를 뎡ᄒᆞᆯ것업시 디구이편셔브터 뎌편ᄭᅳᆺᄭᅡ지 만국만민이 다경ᄉᆞ로알고 즐겨ᄒᆞᄂᆞᆫ날이니 우

리 죠션민족도 쥬의 복음을 듯고 구원길에 나온쟈ㅣ 만흐니 우리 ᄉᆞ랑ᄒᆞ는 그리스도의 탄신일을 당ᄒᆞ야 손을 함ᄭᅴᄒᆞ고 소릐를 니어서 찬숑ᄒᆞ기를 마지아니 ᄒᆞᆯ것이라 사쇼ᄒᆞᆫ 一개인으로 목공이나 로공이 칙상이나 화로를 문들ᄯᅢ에도 一뎡ᄒᆞᆫ뜻이 잇슨연후에야 비로소 손을들어 문드는ᄃᆡ ᄒᆞ믈며 하ᄂᆞ님ᄭᅴ셔 사ᄅᆞᆷ을 문드러 존즁ᄒᆞᆫ 싱명을 부어주어 이세샹에 내여노실ᄯᅢ에 엇지 예뎡ᄒᆞ신 목뎍이 업스시리오 요한복음을 공부ᄒᆞ신이는 싱명의 가치가 얼마나 귀즁ᄒᆞᆫ것이며 하ᄂᆞ님ᄭᅴ셔 엇더케 녁이시는것을 깁히 탄복ᄒᆞ엿슬지라 디구상 만물즁에 사ᄅᆞᆷ보다 더귀ᄒᆞᆫ것이 업스며 인류샤회의 ᄀᆞ장 귀ᄒᆞᆫ것은 싱명이라 초목도 일마동안 사는싱명이잇고 금슈 어별 곤즁도 몃히동안 사는 싱명이 잇스되 인류의 싱명은 이와ᄀᆞᆺ지 아니ᄒᆞ야 영싱ᄒᆞ는 실톄력(實体力)이 잇서서 새지지 아니ᄒᆞ고 업셔질수업는 원소의 무형ᄒᆞᆫ것이라 이싱명에 과ᄒᆞᆫ 언론을 엇지 쟈황히 다ᄒᆞ리오 그리스도ᄭᅴ셔는 이싱명을 위ᄒᆞ야 구원ᄒᆞ시랴고 탄강ᄒᆞ신지라 우리가 셰샹에 날ᄯᅢ에 우연히 우리 ᄆᆞᄋᆞᆷ대로 난것이 아니라 하ᄂᆞ님의 경영ᄒᆞ신 싱명을 가지고 낫스니 ᄀᆞ장 경ᄒᆞᆯ치 아니ᄒᆞ도다 그런즉 죄로인ᄒᆞ야 하ᄂᆞ님의 노염압헤 잇던 우리는 맛당히 그리스도의 은혜를 빙ᄒᆞ고 진리를 알아 그리스도인됨으로 욕망이 ᄎᆞ싱에만 뎡한ᄒᆞ지 안코 릭싱ᄭᅡ지 큰희망이 잇게ᄒᆞᆯ지니「로마十四장十八」에 말ᄉᆞᆷ파ᄀᆞᆺ치 오직 셩신을 힘닙어 의로옴과 평강ᄒᆞᆷ과 희락으로 하ᄂᆞ님 나라의 ᄇᆡᆨ셩된 직분을 다ᄒᆞᆯ지라 깃브고 즐거운 이날에 구쥬 예수그리스도ᄭᅴ 구원을 닙은나의 동포들은 잠간 싱각ᄒᆞ십세다 처음에 도를듯고 깃버밧을ᄯᅢ에는 아모궁량도 업시 목마른쟈ㅣ 믈을만난듯 쥬린쟈ㅣ 음식을 티ᄒᆞᆫ듯 불분곡직ᄒᆞ고 밋엇스니 잘못된바 아니오 덕잇는 민족의 힘씌을 드러냇스나 그리스도교의 신학을 오히ᄒᆞᆫ것이 져간 불쇼ᄒᆞᆫ지라 오ᄂᆞᆯ와서는 ᄭᆡ드라 아는것이 만ᄒᆞ나 오히려 더죠심ᄒᆞᆯ것은 육신샹 싱활이라 그리스도ᄭᅴ셔 말ᄉᆞᆷᄒᆞ시기를 너희들이 어서 하로밧비 셰샹을 ᄯᅥ나 텬당으로 가라ᄒᆞ신바도 업고 셰샹에 븟흔 의무를 허수히ᄒᆞ고 지내라ᄒᆞ신적도 도모지 업스며 육신싱활을 도라보지 말나ᄒᆞ신 교훈도업는지라 그리스도ᄭᅴ셔 탄강ᄒᆞ심으로브터 도가 일우어 여러셩도가 구미각국을 덥헛는ᄃᆡ 니르는 곳마다 그리스도교는 감동력파 활발ᄒᆞᆫ 긔샹을 나타내여 야만의 민족이 긔화를ᄒᆞ고 긔화의 민족이 문명에 달ᄒᆞ여 탄강ᄒᆞ셧ᄯᅡ가 죽으신 그리스도신줄노 싱각지안코 죽으셧다가 다시사신 그리스도를 앙모ᄒᆞ며 육신샹 쳐디가 고샹ᄒᆞ여지고 문화가 발달되매 도리는 더잘연구ᄒᆞ고 찬숑과 경츅도 핑장히ᄒᆞ며 하ᄂᆞᆯ과 ᄯᅡ에 붓그러워 ᄒᆞᆯ것이 업게되여 오날에 동양죠션에셔ᄒᆞ는 경츅과 서양에셔ᄒᆞ는 경츅이 비교뎍 얼마나 등분이 잇겟ᄂᆞ뇨 적어도 빗비나 틀닐지라 엇지ᄒᆞ여 그리스도교가 우리민족의게 와서는 젼무후무히 널니 퍼젓스나 젼무후무히 무력ᄒᆞ뇨 무타라 우리는 그리스도교의 신학을 오히ᄒᆞ여 락관뎍(樂觀的)그리스도교를 밋지안코 비관뎍(悲觀的) 그리스도교를 밋어온 연유라 그리스도는 사는싱명의 근원이니 죽으셧스나 다시 사신 그리스도시오 오늘도 살게ᄒᆞ신 그리스도시라 궁ᄒᆞᆫ쟈는 ᄉᆞ상도 궁ᄒᆞ다는 속담이 잇스니 춤그러ᄒᆞ도다 육신나라의 민족된 본분을 다ᄒᆞ지 못ᄒᆞᆫ민족이 엇지하ᄂᆞ님 나라의 민족된 의무를 잘ᄒᆞ리오 육신의 형뎨나 동포를 ᄉᆞ랑치 안커나 못ᄒᆞ는 민족이 엇지 하ᄂᆞ님을 ᄉᆞ랑ᄒᆞ리오 깁히 연구ᄒᆞ고 분발ᄒᆞ여 「오ᄂᆞᆯ날 다윗의셩에 너희를위ᄒᆞ야 구쥬가 나셧스니 그리스도쥬시라」ᄒᆞᆫ 말파 「ᄯᅡ에셔 희락을 닙은 인류의게는 평안 ᄒᆞᆯ지어다」ᄒᆞ는 구절(누가二쟝十一、十四)을 긔억ᄒᆞ여 오늘 그리스도의 나심을 ᄯᅱ놀며 경츅ᄒᆞ고 인류를 구원ᄒᆞ려 오셔셔 구원ᄒᆞ셧스니 락관뎍 그리스도시라 이 락관뎍 그리스도를 봉ᄉᆞᄒᆞ여 五

락파뎌 ᄉᆞ상으로 육신파 령
혼을 위ᄒᆞ야 나아갑세다

一、슌경군아말ᄒᆞ라
엇더ᄒᆞᆫ증죠이냐
힝긱들아산너머
빗난별을보ᄂᆞ냐
슌경군아더광치
깃븐쇼식가졋늬
힝긱들아허락된
일ᄌᆞ가일우엇다

二、슌경군아말ᄒᆞ라
느진밤이놉핫다
힝긱들아예언ᄒᆞᆫ
하평락을아ᄂᆞ냐
슌경군아더광치
홍노두루빗쵠다
힝긱들아더빗이
온세상을둘넛다

三、슌경군아말ᄒᆞ라
아참이붉아온다
힝긱들아다붉아
의심두렴다업다
슌경군아네집에
편히가서쉬어라
힝긱들아보아라
화평왕이오셧다

◎셩탄일찬송가

경셩비지대학 한셕원

깃브도다 오놀날이여우리구
쥬탄싱ᄒᆞ셧더라
브르신다 만국빅셩들아어셔
빨니차자가보세
다가셔깃븜을엇ᄂᆞᆫ즁우리민
족더욱깃븜엇세
우리ᄂᆞᆫ깃븜으로ᄆᆞᄋᆞᆷ파ᄯᅳᆺ파
졍셩으로경츅ᄒᆞ세
리웃ᄉᆞ랑ᄒᆞ라ᄒᆞ셧스니금년
엔확실히힝ᄒᆞ세
구ᄒᆞᄂᆞᆫ쟈ᄂᆞᆫ주신다ᄒᆞ셧스니
춤ᄆᆞᄋᆞᆷ으로구ᄒᆞ세
쥬를ᄒᆞᆼ샹ᄉᆞ모ᄒᆞᄂᆞᆫ쟈 그가ᄭᅳᆺ
날에아시리로다
의심마라우리죄를구쇽ᄒᆞ려
구쥬예수오셧네
셩신ᄭᅴ셔ᄒᆞᆼ샹우리지시ᄒᆞ시
니지시ᄒᆞᆷ을좃세
탄식마라예수그우편에게서
ᄒᆞᆼ샹인도ᄒᆞ시네
신쟈들아춤으로밋어그의ᄭᅳᆺ
날에인침을밧세
이외더의ᄯᅳᆺᄒᆞ지마라그의ᄭᅳᆺ
날엔다쓸데업네
여긔뎌긔모혀서우리구쥬나
심을찬송ᄒᆞᆸ세다

◎전별(餞別) 一千九百十

二년 지셩 최티진

공변된 련도ᄂᆞᆫ 쥬야로 쉬이
지안코 슌환ᄒᆞ야 어언간 一
千九百十二년을 전별ᄒᆞ게되
엿스니 신속ᄒᆞ다 광음이여
엇지 이ᄀᆞ치 빨니가ᄂᆞ뇨 내
가 너를 환영ᄒᆞᆫ지 몃날이뇨
一월一일이 아닌가 우리들이
샹봉ᄒᆞᆯ때에 거연히 작별말고
네가 진취ᄒᆞᄂᆞᆫ 동시에 나도
전진ᄒᆞ야 인심의 가격을 셩
립ᄒᆞ고 대업을 셩취ᄒᆞ야 쟝
ᄎᆞᆺ 깃븐낫츠로 샹별코져 긔
약ᄒᆞ엿더니 너ᄂᆞᆫ 그긔약을
일치아니ᄒᆞ고 쥬야四시를 평
균히ᄒᆞ며 한셔온량을 ᄎᆞ서로
三百六十五일에 一분도 오착
업시 지낸후에 리별을 고ᄒᆞ
니 뉘가 너를 원망ᄒᆞ며 뉘가
너를 무졍타ᄒᆞ리오마ᄂᆞᆫ 거연
ᄒᆞᆫ졍과 의연ᄒᆞᆫ 회포를 금제
키 어렵도다 차호ㅣ라 내가
지금 너를 전별ᄒᆞᄂᆞᆫ 창회(悵
懷)가 지낸히를 전별ᄒᆞᆯ때 보
다 우심ᄒᆞ고 져작년을 전별
ᄒᆞᆯ때보다 우심ᄒᆞ니 이ᄂᆞᆫ 네
가 다아ᄂᆞᆫ바어니와 특별히
네소ᄆᆡ를 잡고 ᄒᆞᆫ번 부탁ᄒᆞᆯ
말은 우리구쥬 예수그리스도
ᄭᅴ 차자가서 十ᄌᆞ가로 하례
ᄒᆞ고 찬송가로 노래후에 불
샹ᄒᆞᆫ 우리죠션 민족즁 령혼
샹으로 침륜고초에 ᄲᅡ지게된
쟈ㅣ 부지기수오니 一千九百
十三년 오ᄂᆞᆫ길에 싱명슈와
싱명떡을 만히가지고 함ᄭᅴ오
서서 더희 목마르고 ᄇᆡ곱흔
령혼을 구ᄒᆞ시라고 말ᄉᆞᆷ 좀
전ᄒᆞ여라 아니오시면 아니되
겟스니 슈고를 앗기지 마시
고 오시게ᄒᆞ라 진졍이오 젼
실이라고ᄒᆞ여 너를 보ᄂᆞᆫ날노
힝쟝을 차리시게ᄒᆞ라 신々부
탁ᄒᆞᄂᆞᆫ것이매 부터 닛지말고
신젼ᄒᆞ여라 아ㅣ나의 ᄉᆞ랑ᄒᆞᆫ
ᄂᆞᆫ 一千九百十二년아 너의
인ᄌᆞᄒᆞᆫ 덕으로 금년은 죠션
에 복을 주고가니 치하ᄒᆞᆯ기
를 마지아니ᄒᆞ니 네가 가ᄂᆞᆫ
길에 一千九百十三년을 맛나
거던 공슈ᄅᆞᆯ 오지말고 도덕
과 복록과 화평과 인이와 졍
의를 만히가지고 오게ᄒᆞ라
너ᄂᆞᆫ 一년三百六十五일을 뎌
거(謫居)ᄒᆞ야 직임을 맛쳐묘
평안히 도라가니 하일하시에
우리가 다시샹봉ᄒᆞᆯ것은 긔약
ᄒᆞᆯ수 업스니 진실노 개탄ᄒᆞᆯ
일이로다 친구를 작별ᄒᆞᄂᆞᆫ
마당에 강개ᄒᆞᆫ말이 쓸데가
무엇이뇨 그러나 네가 가ᄂᆞᆫ
길에 우리민족의 지란과 고
롱과 라타와 몽ᄆᆡ와 약습을

거두어 가지고가셔 무뎌항에 장ᄉᆞᄒᆞ고 우리민족으로 ᄒᆞ여곰 一千九百十三년이 가져오ᄂᆞᆫ 만복을 영접ᄒᆞ게 ᄒᆞ기를 ᄇᆞ라노라

진리문답

문、ᄉᆞ도힝젼 二쟝十七졀 말ᄉᆞᆷ이 구원은 ᄎᆞᄎᆞ 진보되여 가ᄂᆞᆫ것인즉 우리가 죽기젼에ᄂᆞᆫ 구원을 엇ᄉᆞᄂᆞᆫ지 못엇ᄉᆞᄂᆞᆫ지 알수업다ᄂᆞᆫ뜻을 ᄀᆞᄅᆞ침이뇨

답、므릇 구원이라ᄒᆞᆷ은 과거와 현재와 미래를 다 포합ᄒᆞᆫ것이니 과거로 말ᄒᆞ면 우리가 그리스도를 밋고 회개ᄒᆞᆷ으로 우리원죄와 젼죄(前罪)에 ᄃᆡᄒᆞᆫ 벌을 면ᄒᆞᆫ것이니 이ᄂᆞᆫ 임의 엇은 구원이오 현재로 말ᄒᆞ면 우리가 ᄒᆞᆼ상 긔도ᄒᆞ고 하ᄂᆞ님의 말ᄉᆞᆷ을 힘써 공부ᄒᆞ며 셔여 직힘으로 이세샹과 마귀의 권셰를 이긔이니 이ᄂᆞᆫ 방쟝 엇어 나아가ᄂᆞᆫ 구원이오 미래로 말ᄒᆞ면 우리가 ᄎᆞ싱에셔 모든일을 다셩공ᄒᆞᆫ후 리싱에 영원ᄒᆞᆫ 영광을 누림이니 이ᄂᆞᆫ 쟝ᄎᆞᆺ 엇을 구원이니라

세계격언

一、국가의 가치(價値)ᄂᆞᆫ 그 국가를 죠직ᄒᆞᆫ 인민의 가치니라

二、종교와 졍의(正義)와 협의(協議)와 지졍은 ᄒᆞᆫ나라의 ᄉᆞ유(四維)니 그즁에 ᄒᆞ나히 업스면 그나라이 셜치지 못ᄒᆞᄂᆞ니라

三、졀검ᄒᆞ고 근면ᄒᆞᄂᆞᆫ 인민은 졍부의 됴흔 친구오 라타ᄒᆞ고 샤치ᄒᆞᄂᆞᆫ쟈ᄂᆞᆫ 졍부의 위험물이니라

四、一뎡ᄒᆞᆫ 쥬권이업시 남의 긔ᄲᅡᆯ(旗色)만보고 ᄯᅡ라ᄃᆞ니ᄂᆞᆫ것은 진졍 불량ᄒᆞᆫ거동이니라

五、샤회의 리익을 발달ᄒᆞᄂᆞᆫ 것은 곳 ᄌᆞ긔 개인의 리익을 발달ᄒᆞᄂᆞᆫ것이니라

위싱요설

뎨六 운동

운동이란것은 여러가지 죵류가 잇ᄉᆞ니 대개 신톄와 슈족을 움자겨셔 피가 잘돌아ᄃᆞ니고 긔운이 활발(活潑)케ᄒᆞᄂᆞᆫ것인ᄃᆡ 초목도 바람의 힘을 빌어셔 운동ᄒᆞ며 ᄂᆞᄂᆞᆫ새와 길즘싱도 다 운동ᄒᆞᄂᆞᆫ고로 능히 사ᄂᆞ니 ᄒᆞ믈며 만물즁에 ᄀᆞ쟝 귀ᄒᆞ고 신령ᄒᆞᆫ 사ᄅᆞᆷ이야 엇지운동을 더욱주의치 아니ᄒᆞ리오 그러나 엇던사ᄅᆞᆷ은 졈잔은 모양을 나타내고 운동ᄒᆞ기를 붓그러워ᄒᆞ야 스ᄉᆞ로 그몸을 해롭게ᄒᆞᆷ으로 폐경(허파)이 썩어서 부족증이나 혹톄증ᄀᆞᆺ흔 병을엇으면 얼골에 피긔운이업고 젼신이 로곤ᄒᆞ야 졂엇슬때에 싱명을 일어바리ᄂᆞᆫ쟈ㅣ 만코 열에한 둘이 혹살아 잇슬지라도 나이 오륙십에 니르면 허리가 굽고 긔운이 쇠ᄒᆞ야 세샹에셔 사ᄅᆞᆷ이 ᄒᆞᄂᆞᆫ일을 다ᄒᆞ지 못ᄒᆞ고 한 바린물건이 되ᄂᆞ니 엇지 개탄ᄒᆞᆯ바ㅣ 아니리오

실업

⊙고구마재빈ᄒᆞᄂᆞᆫ법 (쇽)

뎨三 본포(本圃)고구마옴겨심을것

一、ᄯᅡᆼ의 셩질이니 대개 고구마ᄂᆞᆫ 습ᄒᆞᆫᄯᅡᆼ을 졔ᄒᆞᆫ외에ᄂᆞᆫ 별노 퇴ᄒᆞᆯ것이 업스나 물이 잘ᄲᅢ지ᄂᆞᆫ 양토(壤土)가 ᄀᆞ장 뎍당ᄒᆞ고 파히 기름진ᄯᅡᆼ이나 비료를 넘어 만히 준곳에ᄂᆞᆫ 싹줄기와 닙사만 무셩ᄒᆞ고 ᄲᅮ리에 거두어 드리ᄂᆞᆫ힘이 적은고로 출하리 옥토를 취치 아니ᄒᆞᆯ지니라

二、비료ᄂᆞᆫ 고구마를 ᄌᆞ양ᄒᆞᆷ에ᄂᆞᆫ 대개 두말직이 범위에 ᄃᆡᄒᆞ야 퇴비(堆肥)一百五十관(貫곳一千량즁)과 과린산셕회(過燐酸石灰)五관을 혼합ᄒᆞ야 쓰되 원비(原肥)만 주고 보비(補肥)ᄂᆞᆫ 주지말지니라

三、심으ᄂᆞᆫ 법이니 묘샹(苗床)에 고구마를 묫은지 대략 六十일을 지낸후 양력五월 즁슌에 니르거던 본포에 옴겨심을때에 두자넓이되게 두둑을 만돌고 ᄒᆞᆫ자두치샹거에 ᄒᆞᆫ폭위식 심으되 ᄒᆞᆫ치가량ᄯᅳᆷ 파고 밋동으로 세마듸만 ᄯᅡᆼ속에 뭇치게ᄒᆞ고 그좌우 넙흐로 집흘 펴주어 파히 간조(乾燥)치 안토록 ᄒᆞᆯ지니라

대개 고구마ᄂᆞᆫ 륜작법(輪作法)을 의지ᄒᆞ야 ᄒᆡ마다 ᄯᅡᆼ을 밧고아 심으면 미우 비대(肥大)ᄒᆞᆫ 고구마를 엇을수 잇스나 그형샹이 졔一치못ᄒᆞ고 셤유질(纖維質) 곳 실이 만ᄒᆞᆯ것이며 련작법(連作法) 심엇던

ᄯᅡᆼ에 나어 심으면 비대치ᄂᆞᆫ 못ᄒᆞ나 혐상이 제一ᄒᆞ고 실이 적으니라

四、비양ᄒᆞᄂᆞᆫ 법이니 고구마 싹이 점々 자라거던 자조풀 ᄲᅢᆸ고 북도도와주며 또 넌출이 벗어가면서 마듸가 ᄯᅡᆼ에 다으면 겻뿌리가 ᄂᆞ려 본뿌리의 힘을 ᄂᆞᆫ홀념려가 잇슨즉 그넌출을 一二三ᄎᆞ 뒤집어 노흘지며 또넙시가 과히 무셩ᄒᆞ거던 낫으로 좀훌여낼지니라

담총

◉놀고먹ᄂᆞᆫ폐단

오ᄂᆞᆯ날 죠션민족이 이ᄀᆞᆺ치 빈약ᄒᆞ고 곤궁ᄒᆞᆫ 디경에 니른것은 그 원인이 여러가지나 그즁에 뎨一큰폐단은、곳놀고 먹기를 됴화ᄒᆞᄂᆞᆫ것이라 엇던 셔양목ᄉᆞ가 죠션풍속에 ᄃᆡᄒᆞ야 져술ᄒᆞᆫ칙이 잇ᄂᆞᆫᄃᆡ 거긔말ᄒᆞ기를「엇던죠션 사ᄅᆞᆷ이 ᄯᅥᆨᄒᆞᆫ시루와 탁쥬ᄒᆞᆫ잔과 마른북어ᄒᆞᆫ머리를 더쥬라 칭ᄒᆞᄂᆞᆫ샤신압헤 노코 비ᄂᆞᆫ말이 오리살고 아ᄃᆞᆯ만코 놀고먹게ᄒᆞ여주시오ᄒᆞᄂᆞᆫ 말을 드른즉 이ᄂᆞᆫ 조션풍속에 사ᄅᆞᆷ마다 홍용ᄒᆞᄂᆞᆫ말이니 므롯 놀고 먹ᄂᆞᆫ것은 셔양빅인죵의 붓그러워ᄒᆞᄂᆞᆫ바라」ᄒᆞ엿스니 우리ᄂᆞᆫ 이런말을 드ᄅᆞᆯ때에 ᄆᆞ음이 압흐고 붓그러워ᄒᆞᆯ것이라 하ᄂᆞ님ᄭᅴ셔 우리의게 되와 이목구비와 슈족을 주신것은 우리를ᄒᆞ여곰 되ᄅᆞᆯ 싱각ᄒᆞ며 눈으로보고 귀로듯고 입으로말ᄒᆞ며 슈족으로 동작ᄒᆞ야 놈파ᄀᆞᆺ치 직업을 힘써 우흐로 부모를 밧들고 아래로 쳐ᄌᆞᄅᆞᆯ 거ᄂᆞ릴것이어ᄂᆞᆯ 엇짐으로 열손가락을 웅자기지안코 가만히 안저셔 三四촌이나 五六촌가에 벼ᄉᆞ섭이나 월급량이잇ᄂᆞᆫ줄을 알면 반ᄃᆞ시 말ᄒᆞ기를「내가 굼ᄂᆞᆫ줄알면 응당 져곡간에 좀ㅂ 내겟지」ᄒᆞ며 ᄌᆞ기의 가족싱활을 놈의게 의뢰ᄒᆞᄂᆞᆫ쟈ㅣ 부지기수니 엇지 한심치 아니ᄒᆞ리오 우리 밋ᄂᆞᆫ 형뎨ᄌᆞᄆᆡ즁에ᄂᆞᆫ 응당이런폐단이 비교뎍으로 적겟지마ᄂᆞᆫ 조곰이라도 이런싱각이 잇ᄂᆞᆫ 형뎨ᄌᆞᄆᆡᄂᆞᆫ 놀고먹거나 놈을 의뢰ᄒᆞᆯ 싱각을 一졀 타파(打破)ᄒᆞ고 각々 독립싱활을 도모ᄒᆞᆸ세다

그리스도회보

KOREAN CHRISTIAN ADVOCATE

每月二回十五日三十日發行
大正二年一月十二日印刷
大正二年一月十五日發行

發行兼編輯人 開城北部山芝峴 奇義男
印刷人 京城北部樓閣洞 朴東完
印刷所 京城西小門內 法韓印刷所
發行所 京城北部壯洞四十三統三戶 呂炳鉉邸

ᄃᆡ금 一쟝 二젼五리
[代金] 六ᄀᆡ월 二十젼
一ᄀᆡ년 四十젼

사셜

◎진리의ᄌᆞ유

고린도후서 五쟝十七졀에 닐ᄋᆞ되「누구던지 그리스도안에 잇스면 새로 지은것이니 이젼것은 지나가고 새것이 되엿다」ᄒᆞ엿스니 거룩ᄒᆞ고 깃브도다 이말ᄉᆞᆷ이여 대개 인류의 압졔는 유형과 무형의 두가지로 구별ᄒᆞᆯ지니 이셰샹 셰력범위안에셔 약ᄒᆞᆫ쟈가 강ᄒᆞᆫ쟈의게 복죵ᄒᆞᄂᆞᆫ것은 유형ᄒᆞᆫ 압졔오 ᄯᅩ령혼샹으로 마귀와 졍욕의게 복죵ᄒᆞ여 죄악으로써 ᄉᆞᄉᆞ로 결박ᄒᆞᄂᆞᆫ것은 무형ᄒᆞᆫ 압졔니 유형ᄒᆞᆫ 압졔는 몸으로써 당ᄒᆞ거니와 무형ᄒᆞᆫ 압졔는 ᄆᆞᄋᆞᆷ으로써 당ᄒᆞᄂᆞᆫ고로 유형ᄒᆞᆫ 압졔는 가히 두려울것이 업스나 무형ᄒᆞᆫ 압졔는 춤 두렵도다 그런즉 이무형ᄒᆞᆫ 압졔를 벗고져ᄒᆞ면 그도가 어ᄃᆡ잇ᄂᆞ뇨 오직 우리쥬 그리스도예수 안에셔 진리의 ᄌᆞ유를 구ᄒᆞᆷ에 잇스니 원컨ᄃᆡ 우리ᄉᆞ랑ᄒᆞᄂᆞᆫ 형뎨와 ᄌᆞᄆᆡ즁에 임의 이 무형ᄒᆞᆫ 압졔를벗고 진리의 ᄌᆞ유를 엇은쟈는 아직 이 죄악의 긔반(羈絆)놀 면치못ᄒᆞᆫ 모든 동포의게 힘써 권면ᄒᆞ야 쥬압흐로 인도ᄒᆞᆷ으로 이一千九百十三년의 새희브터는 이압졔를 면ᄒᆞ고 새지식과 새ᄆᆞᄋᆞᆷ과 새ᄌᆞ유를 엇어 새사ᄅᆞᆷ이 되기를 하ᄂᆞ님ᄭᅴ 긔도ᄒᆞᄂᆞ이다

▲사고▼

본회보는 창간ᄒᆞᆫ지 二쥬년동안에 ᄋᆡ독(愛讀)ᄒᆞ시ᄂᆞᆫ 여러 형뎨ᄌᆞᄆᆡ의 셩의(盛意)를 닙ᄉᆞ와 거의 二千五百쟝을 발힝ᄒᆞᆷ에 니르럿스니 텬부ᄭᅴ 영광을 돌니고 구람졔씨ᄭᅴ 감하ᄒᆞ오며 명년 三월브터는 一층 확쟝ᄒᆞ야 쥬보(週報)로 변경ᄒᆞ겟ᄉᆞᆫ즉 이후브터는 본회보가 ᄒᆞᆫ돌에 네번이나 다섯번식은 쳠위(僉位)를 차져가뵈올것이며 ᄯᅩ본보의 톄지(體裁)도 만히 ᄀᆡ량ᄒᆞ여 보시는 안목을 깃브게ᄒᆞ도록 ᄒᆞ겟ᄉᆞ오니 본보를 더욱 ᄋᆡ호(愛護)ᄒᆞ시셔 계속(繼續)구람ᄒᆞ실ᄲᅮᆫ아니라 다른 형뎨ᄌᆞᄆᆡ의게 널니 광고ᄒᆞ야 새로 구람ᄒᆞ실이를 만히 ᄆᆞ집ᄒᆞ야 보내시되 이아ᄅᆡ 긔록ᄒᆞᆫ 됴건을 주의ᄒᆞ야 ᄒᆞ심을 옹망ᄒᆞᄂᆞ이다

一、본보는 一千九百十三년三월一일브터 一쥬일동안에 ᄒᆞᆫ번식 발힝ᄒᆞᆷ

一、본보ᄃᆡ금은 명년 三월브터 一년션금 八十젼 반년션금 四十젼으로뎡ᄒᆞᆷ

一、본회보 구람쟈(購覽者)를 새로 모집ᄒᆞᄂᆞᆫ 긔한은 명년 三월一일ᄭᆞ지 한ᄒᆞᆷ

一、一년이나 혹 반년치를 반ᄃᆞ시 션금으로 요구ᄒᆞᆷ

一、본회 보구람쟈를 최다수(最多數)로 모집ᄒᆞ여 보내신이의게는 피의금변(皮衣金邊)ᄒᆞᆫ신구약 一질노써 감샤ᄒᆞᆫ뜻을 표ᄒᆞᆷ

一、본회보를 구람코져 ᄒᆞ시면 경셩북부장동ᄉᆞ십삼통삼호(京城北部壯洞四十三統三戶) 본보 발힝소로 션금을 보내시고 청구ᄒᆞ시ᄋᆞᆸ

교즁휘문

△내보▽

◎량씨셔간도시찰 경셩상동교회목ᄉᆞ 현슌씨와 창젼리교회 젼도ᄉᆞ 김태현씨는 셔간도의 교회 형편과 죠션 동포의 생활ᄒᆞᄂᆞᆫ 졍형을 시찰ᄒᆞ기 위ᄒᆞ야 본월二일에 발졍ᄒᆞ엿ᄂᆞᆫᄃᆡ 쟝로교회에셔는 임의 이곳에 젼도인을 파송ᄒᆞ여 젼도ᄒᆞ기를 착슈ᄒᆞ엿스나 우리 감리교회에셔는 아직 젼도인을 파송ᄒᆞ야 젼도ᄒᆞ지 못ᄒᆞᆫ지라 그런으로 이 량씨가 시찰ᄒᆞ고 도라온후에는 쟝ᄎᆞᆺ 젼도인을 파송ᄒᆞᆯ터이라더라

◎강릉의사경회 강원도 평히구역 젼도ᄉᆞ 황종九씨의 통신을 거ᄒᆞᆫ즉 강릉읍교당ᄂᆡ에셔 거十二월 十二일브터 ᄉᆞ범대사경회를 열엇ᄂᆞᆫᄃᆡ 교ᄉᆞ는 감리ᄉᆞ 박원빅 목ᄉᆞ 리동식 젼도ᄉᆞ 박현一 홍셩두 졔씨오 학원은 강릉三쳑울진평히四군ᄂᆡ 권ᄉᆞ와 쇽장과 유ᄉᆞ와 기타각교회 임원졔씨 합五十여명이오 과졍은 갑반에는 츌애급요한복음 젼도법 쟝졔규측 신약총론이오 을반에는 마태복음 야고보 규측 감리회문답 예수힝젹인ᄃᆡ 一쥬간 공부ᄒᆞᄂᆞᆫ동안에 신령ᄒᆞᆫ신 하ᄂᆞ님ᄭᅴ 은혜를 만히 밧엇고 미일 상오八시에 샹학ᄒᆞ야 하오三시반ᄭᆞ지 공부ᄒᆞ고 三시반브터 五시ᄭᆞ지는 一반 공부ᄒᆞᆫ 학싱들이 분ᄃᆡᄒᆞ야 읍ᄂᆡ와 외촌과 보통학교 학싱들의게 열심젼도ᄒᆞᆫ 결과로 학싱즁 새로 밋기로 작뎡ᄒᆞᆫ자가 만코 그외에도 쥬의복음을 듯고 신심이 분발ᄒᆞ야 교회로 드러온이도 만타더라

◎우一사경회 황히도 옹진군 김창헌씨의 통신을 거ᄒᆞᆫ즉 동군 마산면 평동교당ᄂᆡ에셔 거월十일브터 사경회를 열고 一쥬간을 갑반으로 ᄂᆞᆫ호와 교슈ᄒᆞ엿ᄂᆞᆫᄃᆡ 갑반은 그리스도교통분답 누가복음 초학디지 대강령이오 을반은 ᄉᆞ노힝젼 베드로후셔 교회ᄉᆞ긔 초학디지 특별과로 요한一셔 에베소 찬숑가를 교슈ᄒᆞᆯ시 미일 츌셕ᄒᆞᆫ 학싱이 四十三명이오 ᄯᅩ져녁마다 긔도회로모혀 신령ᄒᆞᆫ 은혜를 만히 밧은중 회쟝 교로부 교ᄉᆞ 박희슉 박희도三씨가 셩심으로 과졍을 교슈ᄒᆞ며 긔도회를 인도ᄒᆞ매 모든 사ᄅᆞᆷ의 ᄆᆞᄋᆞᆷ이 감동ᄒᆞ엿고 동十五일밤에는 셩단찬 례식을 힝ᄒᆞ엿고 十八일 하오七시에는 간즁회를 열엇스며 十九일 오젼九시에는 졔삭회로모혀 각교회의 ᄌᆞ미잇ᄂᆞᆫ 보단을 만히 듯고 폐회ᄒᆞ엿다더라

◎론산에새례ᄇᆡ당 츙남은진군 론산교회 복긔언씨의 통신을 거ᄒᆞᆫ즉 이곳교회가 셜립된지 거의八九년에 四五간 초가에셔 례ᄇᆡ를 보더니 다년풍우에 퇴락되야 례ᄇᆡᄒᆞ기 어렵더니 하ᄂᆞ님ᄭᅴ셔 권고ᄒᆞ샤 금츄에 감리ᄉᆞ 셔원보씨와 목ᄉᆞ 위리암씨와 본교회 쟝유들과 샹의ᄒᆞ야 교회긔디즁에 ᄃᆡ뎐(垈田)一단을 밧매ᄒᆞ야 례ᄇᆡ당을 반잉졔로 건츅ᄒᆞ고 졔반셜비도 완비ᄒᆞᆫ바 형뎨ᄌᆞ미와 남녀학싱들이 ᄒᆞᆷᄭᅴ 례ᄇᆡ보게 되엿스니 모든 영광은 다 쥬ᄭᅴ 돌닌다 ᄒᆞ엿더라

◎린뎨외련합유ᄉᆞ부 강원도 린뎨군 ᄂᆡ샹동교회 죠졍환씨의 통신을 거ᄒᆞᆫ즉 이곳은 비록 궁벽ᄒᆞᆫ 산협이로ᄃᆡ 텬부의 권능으로 七十리ᄂᆡ에 네교회를 세워주신지 四五년간에 형뎨ᄌᆞ미가 긔ᄇᆡᆨ명에 지내지 못ᄒᆞ고 ᄯᅩᄒᆞᆫ 지졍이 간핍ᄒᆞᆷ으로 ᄒᆞᆼ샹 교회가 흥왕ᄒᆞ기를 긔도ᄒᆞ더니 거월에 본읍교회 쇽장리죵범씨가 발긔ᄒᆞ여 린뎨구역 각교회의 련합유ᄉᆞ부를 조직ᄒᆞ고 텬국역ᄉᆞ를 돕자ᄒᆞ엿더니 四쳐교회 쇽쟝과 유ᄉᆞ졔씨가 찬셩ᄒᆞ야 거월二十일에 본군서화면 현리교회로 회집ᄒᆞ여 련합유ᄉᆞ부를 조직ᄒᆞ엿고 임원은 부장一인 유ᄉᆞ一인 서긔一인으로 션뎡ᄒᆞ고 쥬지는 (一)미월 一ᄎᆞ식 회집ᄒᆞ여 형뎨ᄌᆞ미의게 권면ᄒᆞ며 외인의게 젼도ᄒᆞ고 (二)각교회 ᄌᆞ급젼을 도취ᄒᆞ여 평균히 분비케ᄒᆞᆷ이오 (三)형미졔씨로 ᄒᆞ여곰 열심으로 연보ᄒᆞ야 ᄌᆞ급의 ᄌᆞ본을 세우게ᄒᆞ고 ᄯᅩᄒᆞᆫ ᄎᆞᄎᆞ 각교우의 지혜가 진보되ᄂᆞᆫ대로

텬국 역ᄉᆞ에 더요긴ᄒᆞᆫ 일을
ᄒᆞ기로 작뎡홈이라더라

◉모범될二형四ᄆᆡ 츙남당진
디방 젼도ᄉᆞ 최한규씨의 통
신을 거ᄒᆞᆫ즉 공쥬군 유구교
회는 셜립된지가 七八년인ᄃᆡ
처음에는 평균二百여명식 모
혀 레비ᄒᆞ더니 우연히 마귀
가 연약ᄒᆞᆫ 교우들 시험홈으
로 밋음이 아쥬 견고치 못ᄒᆞᆫ
형뎨가 모다 락심ᄒᆞ고 큰 ᄅᆡ
비당이 거의 뷔인모양이라
외인의 죠소를 무한히 밧는
즁에 특별히 형뎨二인과 ᄌᆞ
ᄆᆡ四인의 됴흔모범으로 인ᄒᆞ
야 지금은 이교회가 다시 흥
왕ᄒᆞ여지며 락심ᄒᆞ엿던쟈가
다시 회심향도ᄒᆞ는쟈가 날노
더ᄒᆞ니 엇지 감샤치 아니리
오 이형미제씨의 일홈을 말
ᄒᆞ쟈면 권ᄉᆞ 리계년씨는 본
ᄅᆡ 토호로 유명ᄒᆞ며 우리교
회를 만히 핍박ᄒᆞ더니 거금
七년젼에 우연히 쥬의말ᄉᆞᆷ을
듯고 밋기시작ᄒᆞᆫ후로는 一졀
이세샹 풍쇽을 ᄇᆞ림ᄋᆡ 그 ᄉᆞ
랑ᄒᆞ는 익쳡을 ᄇᆞ리고 초요
케 지내던 가산을 탕진ᄒᆞ고
지금은 남의집을 ᄎᆞ거ᄒᆞ여
살지라도 오히려 안빈락도의
ᄆᆞ음이 견고ᄒᆞ여 죽을지라도
쥬를 의지ᄒᆞ기로 작뎡ᄒᆞ고
그젼락심ᄒᆞᆫ쟈들 만히 권면ᄒᆞ
며 교회 ᄉᆞ무를 부ᄌᆞ런히 보
고 쇽쟝 죠종식씨는 쥬를 밋
은후로 쥬샹영업을 폐ᄒᆞ엿고
지금 六十一셰된 환부로 다
만 十一셰된 어린ᄋᆞᄃᆞᆯ만 다
리고 남의협호에 우거ᄒᆞ야
여간 약쟝ᄉᆞ로 호구지칙을
ᄒᆞᆯ지라도 토요일 하오이면
ᄲᅳᆨ 본교회를 차자 드러와셔
여러형뎨를 권면ᄒᆞ여 레비케
ᄒᆞ며 비록 로인이라도 ᄆᆡ양
레비당에 켜는 남포도 ᄌᆞ긔
손으로 닥가켜며 방즁졔구를
다 ᄌᆞ긔가 맛하 뎡돈ᄒᆞ며 놈
을 ᄃᆡᄒᆞ여왈 이는 내아버지
집이니 맛당히 이안에잇는
물픔은 내가 숙기ᄭᆞ지는 온
젼히 맛하 간슈ᄒᆞ겟다ᄒᆞ며
쇽쟝부인 리마리아씨는 三삭
된 유아를업고 단니며 풍우
를 무릅쓰고 락심된이를 권
면ᄒᆞ며 원근에 젼도를 힘써
ᄒᆞ며 쇽쟝 리온혜씨는 홍샹
락심ᄒᆞᆫ이를 위ᄒᆞ야 눈물을
흘니며 긔도ᄒᆞ고 만나는대로
권면ᄒᆞ야 긔어히 교당으로
인도ᄒᆞ며 쇽쟝윤느쓰씨는 파
거ᄒᆞ는 쳐디에 경파가 극난
ᄒᆞ고 ᄯᅩᄒᆞᆫ 교당파 상거가 멀
지라도 ᄲᅳᆨ레비를 참예치 못
ᄒᆞᆫ이를 다리고와셔 레비를
진실히 보게ᄒᆞ며 최슈쳔씨의
부인은 아쥬 밋은지 오리지
아니ᄒᆞᆫ고로 학습도 못밧엇스
나 五리이샹되는 회당에를
쥬일파 특별긔도회때에 ᄒᆞᆫ번
도 ᄲᅡ지지안코 풍우가 심ᄒᆞᆯ
지라도 ᄲᅡ지는때가 업스니
이는 참 우리쥬안에셔 됴흔
모범쟈들이라 칭ᄒᆞ겟다 ᄒᆞ엿
더라

◉태안군의세빗 경셩 셔부
창젼리교회 박니셩씨의 통신
을 거ᄒᆞᆫ즉 츙남 태안군 안민
도 창긔교회 량샹쥰 렴샹근
죠셩운三씨는 쥬의 부르심을
닙어 동군 승어리레비당으로
단니며 레비ᄒᆞ더니 히교회의
밋는쟈가 우연히 다 락심ᄒᆞ
야 교회가 거연히 폐지되는
지라 三씨가 ᄀᆡ탄ᄒᆞ여왈 우
리가 임의 예수를 밋어 구원
의 길을 엇엇슨즉 ᄭᅳᆺᄭᆞ지 참
고 견듸여 쥬의ᄯᅳᆺ을 ᄒᆞᆫ갈ᄀᆞᆺ
치ᄒᆞᆫ자ᄒᆞ고 三씨가 합심협력
ᄒᆞ야 창긔동네에 레비당을
뎡ᄒᆞ고 레비ᄒᆞ며 힘써 젼도
ᄒᆞᆫ결과로 남녀교우가 七八十
명에 달ᄒᆞ엿스나 젼도ᄉᆞ도 업
고 어느목ᄉᆞ나 혹 구역에 쇽
ᄒᆞᆫ곳이업시 다만 이세형뎨가
인도홈으로 이와ᄀᆞᆺ치 졈졈흥
왕ᄒᆞ더니 하ᄂᆞ님ᄭᅴ셔 은혜를
더베프샤 공쥬 셔감리ᄉᆞ로
ᄒᆞ여곰 젼도인 량치옥씨를
파송ᄒᆞ야 히씨가 이교회로
온후에 교회가 더욱 왕셩ᄒᆞ
며 이세형뎨즁 죠셩운씨는
불ᄒᆡᆼ히 작년에 세샹을 ᄯᅥ나고
다만 량렴 두형뎨가 교회일
에 ᄃᆡᄒᆞ야 진심으로ᄒᆞ는즁
량치옥씨의 부인이 ᄯᅩᄒᆞᆫ 쥬
의빗출 널니젼ᄒᆞ니 쟈ᄎᆞᆺ 이
형미와 이교회로 인ᄒᆞ야 태
안인민은 다쥬를 밋게되기를
밋으며 모든 영광은 하ᄂᆞ님
ᄭᅴ 돌닌다 ᄒᆞ엿더라

△외보▽

◉목덕션싱의연셜 셰계만국
그리스도교회를 시찰키 위ᄒᆞ
야 수월젼에 미국셔 발졍ᄒᆞᆫ
목덕션싱은 지금 구라파에
잇는ᄃᆡ 거월에 익이란국 벨
三 피숫 퀴인스대학교에셔 ᄀᆞ쟝

힘잇고 ᄌᆞ미만코 감동력잇는 연셜은 산용슈츌(山聳水出)ᄒᆞᆫ 파곳치 三시간동안을 ᄒᆞ엿는ᄃᆡ 여러쳔명의 텽즁(聽衆)은 시간의 긴것을 ᄭᆡ닷지못ᄒᆞ고 손을치며 갈ᄎᆡ(喝采)ᄒᆞ는 모양이 텬디를 진동ᄒᆞᆯ듯 ᄒᆞ엿스며 죵말에는 쥬를위ᄒᆞ야 젼도ᄒᆞᆯ 일군이 만히 잇서야 될줄노 격절히 연셜ᄒᆞᆫ매 그대학ᄉᆡᆼ즁에 열사ᄅᆞᆷ이 니러서셔 더회 평ᄉᆡᆼ을 외국에 가셔 젼도ᄒᆞ기로 ᄌᆞ원ᄒᆞ엿고 여러 학ᄉᆡᆼ들이 션ᄉᆡᆼ의 ᄐᆞᆫ마차를 ᄭᅳᆯ고 대도상으로 도라ᄃᆞᆫ녓다더라

◉람장군의연셜 즁화민국혁명군 련합ᄃᆡ ᄉᆞ령장관 람텬울(藍天蔚)씨는 구미각국 군졔를 시찰ᄒᆞ기 위ᄒᆞ야 현금 미국에 류ᄒᆞ는ᄃᆡ 동씨가 월젼에 뉴욕 엇던 공회에서 연셜ᄒᆞ엿는ᄃᆡ 그대개에왈 본인은 아직 셰례입교는 못ᄒᆞ엿스나 그리스도교의 원측을 밋노니 나와 교제가 ᄭᅡᆺ가온 외국션교ᄉᆞ와 교우들두고 본즉 다 졍직ᄒᆞᆫ 픔힝과 서로ᄉᆞ랑ᄒᆞ며 남을 도아주랴는 ᄉᆞ샹이 압서고 ᄯᅩᄒᆞᆫ 금번 혁명란에도 그리스도인의 조력(助力)을 만히 엇엇ᄉᆞᆫ즉 현금 즁화민국의 ᄀᆞ장 필요ᄒᆞᆫ 종교는 곳 그리스도교인줄노 깁히 밋는다 ᄒᆞ엿더라

◉셩셔공회의ᄉᆞ업 미국셩셔공회는 작년 一월동안에 八十四국말노 셩경을 발힝ᄒᆞ엿다더라.

◉미감리교녀션교회 미국미감리교 녀션교회는 작년에 거둔 션교비가 一百八十만一千五百三十二원이라더라

◉쥬일학교의흥왕 미감리회 쥬일 학교 학ᄉᆡᆼ의 수효는 작년一년동안에 즁가ᄒᆞᆫ것이 五만四千三百九十八명이라더라

긔셔

그리스도의셩탄과그리스도회보의발간

금천 김야곱

우쥬가 공허ᄒᆞ고 캄캄ᄒᆞᆫ 가온ᄃᆡ 형샹업ᄂᆞᆫ 위치에 일대명ᄉᆞ가 잇스니 왈 도라 도는 하ᄂᆞ님의 형샹이라 곳 하ᄂᆞ님의 말ᄉᆞᆷ이니 시초도 업고 죵말도 업스며 자취도업고 소리도업서 그혜가 지극히 허ᄒᆞ고 그용이 지극히 신령스러우샤 본긔쟈의 쳔단ᄒᆞᆫ 학식과 박약ᄒᆞᆫ 지혜로는 그 엇더케 ᄋᆞ묘ᄒᆞᆷ을 감히 연구ᄒᆞ야 언론키 어렵도다

그러나 이도의 묘용(妙用)되는 공으로 인ᄒᆞ야 나의 육톄가 조셩되고 나의령혼이 픔부되야 이셰샹에 산츌되얏스니 깁히 ᄉᆡᆼ각ᄒᆞᆯ게라 이도가 발젼되는 곳마다 유형ᄒᆞᆫ 톄질이 구셩되고 이도가 류힝ᄒᆞ는때마다 무형ᄒᆞᆫ 긔운이 발ᄉᆡᆼᄒᆞ는도다 이도가 ᄒᆞᆫ번나타나ᄆᆡ 텬디가 완연히 형톄를 일우엇고 그기온ᄃᆡ 쳔쳔만만의 유형무형ᄒᆞᆫ 물질이 완연구비 ᄒᆞ얏스니 우리인류가 우거ᄒᆞ는 디구힝셩이 되얏도다

대개 존귀와 영광이 가득ᄒᆞ며 무소불능ᄒᆞ시고 무형무젹ᄒᆞᆫ 이도가 죵의 형샹을 취ᄒᆞ야 형톄를 일우어 一천九ᄇᆡᆨ十三년젼에 팔늬스텐국에 탄강ᄒᆞ시니 곳 그리스도시라 놀납고 이샹ᄒᆞ도다 엇짐이뇨 영광을 놋코 릉모을 취ᄒᆞ시며 존귀를 ᄇᆞ리고 비쳔에 쳐ᄒᆞ시느뇨 아혹ᄒᆞᆫ ᄉᆡᆼ각이 쟝경에 니르고 알고져ᄒᆞᆷ이 되슈에 사맛치니 사ᄅᆞᆷ마다 졍신을 다ᄒᆞ야 깁히 연구ᄒᆞᆯ만ᄒᆞ도다

대개 만유의 단톄된 이셰계는 인류의 소용물이요 셰계의 쥬인된 인류는 도의 지톄라 하ᄂᆞ님은 도의 쥬재시요 만유는 도의 능력이라 샹ᄃᆡ 밀접ᄒᆞᆫ 관계가 가히 슈유라도 ᄯᅥ나지 못ᄒᆞᆯ지며 경각이라도 멀니ᄒᆞ지 못ᄒᆞᆯ지라 사ᄅᆞᆷ마다 이도안에 잇고 도안에힝ᄒᆞ야 맛ᄒᆞᆫ바 직칙을 힝ᄒᆞ며 뎡ᄒᆞᆫ바 복락을 누리면 어쳔만셰에 밀졉ᄒᆞᆫ 관계가 ᄯᅥ나지 아닐지라 嗚ᄒᆞ다 ᄒᆞᆫ사ᄅᆞᆷ 우리 죠샹 아담으로 말미암아 죄가 드러오고 ᄀᆞ장 친졀ᄒᆞᆫ 하ᄂᆞ님과 분리되ᄆᆡ 그후 ᄌᆞᄌᆞ손손이 근본뎍 죄악을 인ᄒᆞ야 마귀의 긔반을 벗지 못ᄒᆞ고 졍욕에 ᄲᅡ진바되야 텬하 인류가 음탕무도ᄒᆞ며 허황무셜ᄒᆞ니 패망에 니름이 여지가 업ᄂᆞᆫ고로 고금동서에 하ᄂᆞ님의 보내신바 셩인현쳘들이 근심ᄒᆞ야 눈물을 흘녀 이도ᄅᆞᆯ 젼파ᄒᆞ고 이도로

써 교훈ᄒᆞ야 션ᄒᆞᆫ길노 인도ᄒᆞᆷ이 비일비지로ᄃᆡ 치치ᄒᆞᆫ 인싱들을 맛ᄎᆞᆷ내 죄악에셔 구원치 못ᄒᆞ엿스니 이로좃ᄎᆞ 셰샹은 졈졈부패ᄒᆞ고 도ᄂᆞᆫ 졈졈 쇠미ᄒᆞᆫ지라 세샹이 이에 니르매 누가 한심ᄒᆞ야 눈물을 흘니지 아니ᄒᆞ리오 외심ᄒᆞ야 뭇노니 그러면 이셰계ᄂᆞᆫ 맛ᄎᆞᆷ내 죄악에 쇼멸되얏겟ᄂᆞ뇨 셩경에 ᄀᆞᆯᄋᆞᄃᆡ 「하ᄂᆞ님의 ᄉᆞ랑이 우리의게 이ᄀᆞᆺ치 나타나셧스니 곳하ᄂᆞ님이 독싱ᄌᆞ를 이셰샹에 보내샤 우리로 ᄒᆞ여곰 져로 말미암아 살게ᄒᆞ셧ᄂᆞ니라」(요一 四〇九) ᄉᆡᆼ각이 이에 니르ᄆᆡ 아혹ᄒᆞᆫ 의심과 한심ᄒᆞᆫ ᄉᆞ졍은 봄눈이 스러짐ᄀᆞᆺ고 즐거운 ᄆᆞᄋᆞᆷ과 감샤ᄒᆞᆫ ᄉᆡᆼ각은 불ᄭᅩᆺ이 니러남ᄀᆞᆺ도다

다시뭇노니 팔늬스텐국에 그리스도가 엇지ᄒᆞ야 탄강ᄒᆞ셧ᄂᆞ뇨 샹뎨의 지인ᄒᆞ신 호싱지덕으로 인류의 지악ᄒᆞᆫ 죄를 ᄃᆡ쇽ᄒᆞ려오심이오 죠션에 그리스도회보ᄂᆞᆫ 엇지ᄒᆞ야 발간되엿ᄂᆞ뇨 이문뎨에 ᄃᆡᄒᆞ야ᄂᆞᆫ 우리 죠션사ᄅᆞᆷ으로 머리를놉고 소ᄅᆡᄅᆞᆯ 놉혀 ᄃᆡ답ᄒᆞᆯ분이 불가승수ᄭᅦ지만은 이 사ᄅᆞᆷ의 쳔단ᄒᆞᆫ 지식으로 ᄆᆞᄋᆞᆷ을 가다듬고 붓을들어 감히 거륵ᄒᆞ노니 그리스도회보ᄂᆞᆫ 지극히 큰리의와 지극히 놉흔복뎍으로 발간ᄒᆞ야 인류샹 법측과 인도샹 리의에 공효가 다대ᄒᆞ니

一은 우리를 도안에 인도ᄒᆞ야 일용ᄉᆞ물에 도와 합ᄒᆞ야 텬명을 승슌케ᄒᆞ며 二ᄂᆞᆫ 진리로 우리 밋음을 더ᄒᆞ고 소망을 굿게ᄒᆞ야 텬국젼졍에 용ᄆᆡᆼ과 담력잇고 실패와 락망업게ᄒᆞᆷ이라 ᄒᆞ노라

찬숑ᄒᆞ리로다 그리스도여 ᄀᆞᆯᄋᆞ샤ᄃᆡ 나ᄂᆞᆫ 문이라 나ᄂᆞᆫ 길이니 쥬리고 목마른쟈 나오며 무거운짐진쟈 나올지어다 감샤ᄒᆞ리로다 그리스도회보의발간됨이여 그리스도ᄭᅴ 나온쟈 밧을지며 진리를 알고져ᄒᆞᄂᆞᆫ쟈 볼지어다 사ᄅᆞᆷ이 온젼ᄒᆞᆫ 사ᄅᆞᆷ되게ᄒᆞᄂᆞᆫ 긔계창이로다 우리죠션 금일에 그리스도를 밋고 하ᄂᆞ님을 슌죵ᄒᆞ야 ᄒᆡᆼᄒᆞᄂᆞᆫ쟈 적은가 만흔가 종교가 불미ᄒᆞ고 도덕이 부족ᄒᆞ야 텬도를 알아 능히 ᄒᆡᆼᄒᆞᆫ쟈 적다ᄒᆞ리니 노운이 찬셩ᄒᆞ고 도긔가 류일ᄒᆞᆫ 금일에 쳐ᄒᆞ야 이도에 ᄯᅥ나 스ᄉᆞ로 거ᄒᆞ얏스니 오호라 텬부ᄒᆞᆫ 샹ᄐᆡ를 의론컨ᄃᆡ 텬명을 불슌ᄒᆞᆷ으로 후일에 대환을 면치못ᄒᆞ며 그리스도를 밋지못ᄒᆞᆷ으로 영원ᄒᆞᆫ 고난을 면치못ᄒᆞ리니 우리의 ᄉᆞ랑ᄒᆞᄂᆞᆫ 형뎨ᄌᆞ미여 도를차졋스며 그리스도를 밋엇ᄂᆞᆫ쟉 그리스도안에 거ᄒᆞ며 즐기고 깃버ᄒᆞᆯ지며 그리스도를 밧지아닌 형뎨ᄌᆞ미ᄂᆞᆫ ᄒᆞᆫ번 ᄆᆞᄋᆞᆷ을 결단ᄒᆞ고 그리스도ᄭᅴ 나올지어다 곳 무소불능ᄒᆞ신 그리스도ᄭᅴ셔 령혼샹 질병을 다 곳쳐 주시리로다 우리사ᄅᆞᆷ의 졍신샹 질병은 너머만코 너머심ᄒᆞ야 이셰샹에 용렬ᄒᆞᆫ 의원과 무효ᄒᆞᆫ 약지도ᄂᆞᆫ 능히 곳칠슈업고 다만 민쳡ᄒᆞ고 권능만은 의원과 신긔ᄒᆞ고 특별ᄒᆞᆫ 약지와 됴ᄒᆞᆫ 침과 리ᄒᆞᆫ칼ᄂᆞᆯ 가지고 부패ᄒᆞ고 완고ᄒᆞᆫ ᄉᆞ상을 타파ᄒᆞ며 요ᄉᆞᄒᆞ고 어두운 풍쇽을 버혀ᄇᆞ리며 완고스럽고 게으른 습관을 씨서ᄇᆞ리고 새졍신과 새힘과 새ᄉᆞ상과 새ᄆᆞᄋᆞᆷ을 가져 새사ᄅᆞᆷ이 되여야ᄒᆞᆯ터인ᄃᆡ 이거슨 육신과 령혼의 병을 곳치ᄂᆞᆫ 의원과 형질은업고 능력은 만은 신긔ᄒᆞᆫ 약재라야 뎍합ᄒᆞᆫ지라 우리를 구원ᄒᆞ여 주시려고 부르ᄂᆞᆫ 무소불능ᄒᆞ신 의원 그리스도 목소ᄅᆡ를 엇지 듯지못ᄒᆞ며 우리를 진리로 인도ᄒᆞ시랴고 발간ᄒᆞᆫ 그리스도회보를 엇지 보지 아니ᄒᆞ리오

◎고싱은금보다귀히

긔셩 류봉

송ᄇᆡᆨ이 샹셜을 이긔지 못ᄒᆞ면 엇지 졀긔를 지힌다ᄒᆞ며 사ᄅᆞᆷ이 고싱을 이긔지못ᄒᆞ면 엇지 영웅이나 셩인이되리오 우리죠션 남녀쳥년 졔군이여 눈을 들어 五양六쥬에 우둑우둑ᄒᆞᆫ 셩인과 영웅을 슬피어보시오 녯적에 야곱이도 돌벼개를 베고 잣스며 요셉도 야곱의 ᄋᆡᄌᆞ로서 이굽에 팔녀가서 二년동안 옥에갓쳐 슬픈눈물을 흘니엿고 모세ᄀᆞᆺᄒᆞᆫ 대셩인도 미듸안에 은거ᄒᆞ야 목쟈노릇 ᄒᆞ엿스며 션지쟈 엘니야도 긔갈을 이긔지 못ᄒᆞ야 파부의게 ᄯᅥᆨ을 엇어먹엇스며 대슌ᄀᆞᆺᄒᆞᆫ 셩군도 력산에 밧흘갈고 하빈에

五

서 웅긔를 몬드럿고 공ᄌᆞᄀᆞᆺᄒᆞᆫ 대셩인도 진채에서 절량됨을 당ᄒᆞ엿스며 한신ᄀᆞᆺᄒᆞᆫ 영웅도 표모의게 긔식ᄒᆞ엿고 만국 구쥬예수씨도 나사렛본퇴에서 목수노릇 ᄒᆞ셧스며 바울ᄀᆞᆺᄒᆞᆫ 큰ᄉᆞ도도 장막을문돌어 싱이ᄒᆞ고 쥬를 위ᄒᆞ야 교셩ᄒᆞᆯ때에 돌에도 맛고 ᄐᆡ장도 맛고 쳐직에도 맛자 고롱ᄒᆞ엿스며 로마로 작쳐갈때에 디즁히 모진바람 래산ᄀᆞᆺ치 물을맘어 바울ᄉᆞ도의 ᄐᆞ신비를 ᄉᆞ졍업시 서터리여 히샹에서 고심ᄒᆞ고 로마에 니루ᄒᆞ에 옥즁에 깁히 갓쳐 못ᄒᆞᆯ고셩 지낸후 치명ᄭᆞ지ᄒᆞ엿스며 베드로ᄀᆞᆺᄒᆞᆫ 대셩도도 어부싱이ᄒᆞ엿도다 이런보건ᄃᆡ 고싱이 셩인을 입우고 고싱이 영웅을 나게ᄒᆞᄂᆞᆫ도다 우리 죠션 남녀쳥년 졔군들이 고싱으로 락을삼고 부모와 현매와 쳐구를 三千리 반도에 부락ᄒᆞ고 긔젹 ᄒᆞᆫ소리에 삼ᄀᆞᆺ치가ᄂᆞᆫ 비류ᄒᆞ고 히외 만리에가서 려관한등에 눈물씨스며 공부ᄒᆞᄂᆞᆫ 남녀쳥년도 불쇼ᄒᆞ도다 죠션니디에서 공부ᄒᆞ시ᄂᆞᆫ 쳥년졔군이여 슌님군은누구며 우리ᄂᆞᆫ 누구인고 우리도 고싱을 만히ᄒᆞ면 슌님군도되겟고 베드로도 되겟고 모세도 되리로다 속담에 돈업ᄂᆞᆫ 뎐디에 영웅이 드믈다 ᄒᆞ엿스나 본인은 돈잇ᄂᆞᆫ 뎐디에 영웅이 드믈줄노 인즁ᄒᆞᆸᄂᆡ다 고싱으로 인ᄒᆞ야 영웅되엿단 말은 드럿스나 돈을 만히드려 영웅되엿단말은 못드럿슴ᄂᆡ다 우리 쳥년남녀 졔군이여 고싱을ᄊᆞ다말고 열믹를 달다ᄒᆞ시오 셰샹에 뎨一단것은 사탕과 엿과 꿀이라ᄒᆞ나 고싱의 열믹ᄂᆞᆫ 꿀보다 더달고 사탕이나 엿보다 더단것인줄 암ᄂᆡ다 꿀이나 사탕이나 엿은 돈을주고 사먹을수 잇스나 고싱의 단열믹ᄂᆞᆫ 돈을주고 엇지 살수잇스리오

◉신년회기ᄉᆞ

(新年悔改詞)

一 셰월이무졍히라
삼ᄀᆞᆺ치다라나네
구셰는벌셔가고
신년이다시왓네

二 뎐시가슌환ᄒᆞ니
인ᄉᆞ도변쳔ᄒᆞ네
이몸이죄로인히
두렵고슬퍼힛네

三 동지후일양(一陽)ᄯᅡ라
회긔심잉동ᄒᆞ네
새롭고새로워라
령혼이거듭낫네

四 쥬압헤승비ᄒᆞᆯ제
깃븐몸측량업네
새노래놉히불너
뎐부를찬송ᄒᆞ네

진리문답

문、요한十七장 十三절에 닐ᄋᆞ신바「내즐거옴」은 무엇을 ᄀᆞᄅᆞ치심이뇨

답、이것은 우리쥬ᄭᅴ서 이세샹에 계실동안에 그아바지뜻대로 힝ᄒᆞ신 즐거옴을 ᄀᆞᄅᆞ치신것이니 누가十장二十一절과 히부리十二장二절에 말ᄉᆞᆷᄒᆞᆫ 즐거옴과 ᄀᆞᆺᄒᆞᆫ것이니라

문、요한十七장 二十二절에 말ᄉᆞᆷᄒᆞ신바「영광」은 무엇을 ᄀᆞᄅᆞ치심이뇨

답、이ᄂᆞᆫ 본장 一·二·四·五·六절에 말ᄉᆞᆷᄒᆞ신바 당신의 신령ᄒᆞᆫ ᄉᆞ명(使命)과 교통을 ᄀᆞᄅᆞ치심이니라

문、히부리 四장 三、九、十一절에 닐ᄋᆞ신바「안식」은 무엇을 ᄀᆞᄅᆞ치심이뇨

답、이ᄂᆞᆫ 우리가 이세샹에 잇슬동안에 그밋음과 신령ᄒᆞᆫ 교통으로 맘미암아 엇ᄂᆞᆫ 안식이니 곳우리의 현재 가나안이오 쟝ᄅᆡ영원ᄒᆞᆫ 안식의 표본(表本)이니라

셰계격언

一、황금을위ᄒᆞ야 ᄌᆞ긔의 ᄌᆞ유를 판(賣)자ᄂᆞᆫ 영원히 노예됨을 면치못ᄒᆞᄂᆞ니라

二、ᄇᆡᆨ셩의 소리ᄂᆞᆫ 곳샹뎨의 소리니라

三、아모리 압제ᄒᆞᄂᆞᆫ 뎨왕이라도 필부(匹夫)의 지식과 지혜ᄂᆞᆫ 능히 ᄲᅢ앗지 못ᄒᆞᄂᆞ니라

四、악ᄒᆞᆫ습관(習慣)과 아름다온 실과ᄂᆞᆫ 온젼히 둘것이 아니라 셔르될것이니라

五、사ᄅᆞᆷ은 법률에서 나셔 법률에서 자라고 또ᄒᆞᆫ 법률에서 죽ᄂᆞ니라

六、법률은 션ᄒᆞᆫ사ᄅᆞᆷ을 위ᄒᆞ야 지은것이 아니니라

가뎡과쇼ᄋᆞ

◉쌋과돈을다주어

대뎌 쌋과 돈은 어린ᄋᆞ희들의 보롱으로 됴화ᄒᆞᄂᆞᆫ것인고로 용이히 놈을주지 아니ᄒᆞᄂᆞᆫ것이라 영국 엇던귀부인이 어린아ᄃᆞᆯ 형뎨를 다리고 길노 나갈시 맛참 화초집을

지내는지라 ᄋᆞ희들아 겸불싱심으로 꽃을 달나고 조루매 두목금을 사서 ᄒᆞ나식 논화주고 또 돈몃젼식을 주엇더니 오는로번에셔 웬 걸인 ᄒᆞ나히 얼골에 검은ᄯᅴ가 줄ᄌᆞ히 흐르고 옷은 더러온 살을 감초지 못ᄒᆞ엿는ᄃᆡ 또ᄒᆞᆫ ᄒᆞᆫ다리 ᄒᆞᆫ팔을 쓰지못ᄒᆞ는 병신이라 집힝이를 집고 절ᄯᅮᆨ거리며 「돈ᄒᆞᆫ푼적션ᄒᆞᆸ시오」소리를 지르매 그즁 좀큰 아희는 피ᄒᆞ여 다라나며 「아이고 어머니 더더러온 거지가 갓가히오네」ᄒᆞ고 적은ᄋᆞ희는 얼골에 불샹히녁이는 긔ᄉᆡᆨ을ᄯᅴ고 우둑ᄒᆞᆫ이 서서 보다가 제손에 들엇던 돈과 꽃을 다걸인의 손에 노코 졈두(點頭)ᄒᆞ여 작별ᄒᆞ고 도라셔는지라 그어머니가 등을 ᄯᅮᆨᄯᅮᆨ두다리며왈 「긔특ᄒᆞ다 내 아ᄃᆞᆯ이여 네 어린 ᄆᆞᄋᆞᆷ에도 ᄌᆞ션심이 밍동ᄒᆞ엿고나 네가 이ᄆᆞᄋᆞᆷ을 확츙(擴充)ᄒᆞ면 쟝ᄅᆡ에 됴흔사ᄅᆞᆷ을 일우리라」ᄒᆞ엿더니 그후에 과연 이ᄋᆞ희는 유명ᄒᆞᆫ 도덕가(道德家)가되고 더럽다고 피ᄒᆞ여 다라나던 ᄋᆞ희는 불량ᄒᆞᆫ 픽류가 되엿다더라

위싱요설

뎨六 운동 (련쇽)

운동을 잘ᄒᆞᆫ사ᄅᆞᆷ은 신톄가 건쟝ᄒᆞ고 긔혈(氣血)이 넉넉ᄒᆞ야 죽는날ᄭᆞ지 능히 모든 병을 물리치고 평안히 살수 잇ᄂᆞ니라 그런고로 셔양각국 사ᄅᆞᆷ들은 어렷슬때브터 학교에셔 운동ᄒᆞ는 법을 ᄀᆞᄅᆞ치는ᄃᆡ 그죵류를 말ᄒᆞ자면 첫재는 톄조(体操)「병뎡의기예법」니 팔놀니기와 발맛취 거름것기와 다름질ᄒᆞ는것이오 둘재는 긔계(機械)운동이니 운동틀에셔 몸을소사 ᄯᅱ여나가기와 턱거리ᄒᆞ기와 지죠넘기와 줄붓잡고 올나가기와 방망이 놀니는것이오 셋재는 야외(野外) 운동이니 몰달니기와 제기차기와 공치기와 ᄯᅱ염질ᄒᆞ는것이ᄃᆡ 이여러가지 운동을 비홀때에 네가지 규모가 잇ᄂᆞ니 첫재는 ᄀᆞᄅᆞ치는ᄃᆡ로 좃칠것이오 둘재는 비혼ᄃᆡ로 힘홀것이오 셋재는 무서워ᄒᆞ지 말것이오 넷재는 달련홀것이니라 운동의 효험을 구별ᄒᆞ야 말홀진ᄃᆡ 대개 다섯가지가 잇스니 첫재는 혈ᄆᆡᆨ이 자조돌아 ᄉᆞ지와 빅톄에 류통(流通)ᄒᆞ는것이오 둘재는 숨을 자조쉼으로 공긔를 만히 마신즉 공긔속에 잇는 산소(酸素)가 몸에잇는 단소(炭素)를 살너 업시ᄒᆞ고 폐경의 피를 ᄭᆡᆨ굿ᄒᆞ게ᄒᆞ는것이오 셋재는 몸이 더옴으로 ᄯᆞᆷ이 만히 나오고 ᄯᆞᆷ이 만히나옴으로 몸속에 잇던단긔와 오좀 버케와 물과 모든더러온 ᄶᅵᄭᅴ가 다 증발(蒸發)ᄒᆞ야 ᄯᆞᆷ구멍으로 좃ᄎᆞ나온즉 병이 젹을것이오 넷재는 힘줄과 ᄲᅧ가 굿어져서 신톄력(身体力)이 발달된것이오 다섯재는 음식이 잘먹히며 또 잘쇼화될것이니라 이 여러가지 효험이 잇는고로 운동을 셩풍히 ᄒᆞ는 셔양이나 일본사ᄅᆞᆷ을 볼디경이면 열에 닐곱이나 여ᄃᆞᆲ은 다몸이 건장ᄒᆞ고 긔운이 식식ᄒᆞ니라

이우회 셜명ᄒᆞᆫ것은 대개 학교에셔 ᄀᆞᄅᆞ치는 운동법이어니와 이밧게도 몃가지 운동이잇ᄂᆞ니 아춤이나 져녁때에 공긔됴흔 들밧기나 산우희나 넓은길에셔 왓다갓다 산보(散步)ᄒᆞ는것도 운동이오 ᄌᆞ힝거나 마챠를ᄐᆞ고 대로샹에 달니는것도 운동이오 무숨힘드는 일을ᄒᆞ는것도 운동이오 긔운 업슬때에나 음식먹은뒤에 한번 잘웃는것도 운동이라 그럼으로 몃해젼에 영국총리대신 글뎃스톤씨는 나히 구십에 갓가왓슬때에도 하로세번식 ᄯᅳᆯ에잇는 나무를 지고 운동ᄒᆞ엿스며 일본에 유명ᄒᆞᆫ 션싱 복택유길씨는 나히칠십에 니르도록 날마다 자고 니러나면 십리밧들에 나갓다 도라오던지 아춤밥 지을쌀을 한두확을 쓸던지 무숨 운동을 홍샹 주의홈으로 이두사ᄅᆞᆷ은 일평싱에 아모병이 업시 팔십 혹구십ᄭᆞ지 살앗스니 운동이 엇지 긴요치 아니리오

실업

◎고구마지비ᄒᆞ는법 (쇽)

뎨四 슈확(收穫)

고구마 ᄏᆡ는 시긔는 ᄒᆞᆫ두번 서리마진후 닙시가 이울(萎)때를 당ᄒᆞ여 ᄏᆡ는것이 됴ᄒᆞ니 만일 여러번 된서리를 마지면 못쓰ᄂᆞ니 아모됴록 주의ᄒᆞ야 뎍당ᄒᆞᆫ때를 일치말

것어매 또땅이 습ᄒᆞᆯ때에 키면 썩기가 쉬오니 비온뒤에는 꼿키지 맘것이오 코구마 뭇어둘때에 아모됴록 물잠빠지지 표 죠간ᄒᆞᆫ곳을 턱ᄒᆞᆯ지니라

이우회 말ᄒᆞᆫ바는 죵ᄌᆞ로 쓰던지 혹요[illegible] 팔냐는 고구마의 키는 [illegible]를 맘ᄒᆞᆷ이어니와 꼿시쟝에 내다팔것은 十월샹슌이후에 시쟝의 시가(時價)를 보아셔 키는것도 무방ᄒᆞ니라

길때에 몬져 낫으로 줄기를 버혀ᄇᆞ리고 가리로 좌우녑ᄒᆞᆯ 폰셔 고구마가 샹치안토록 ᄒᆞᆯ지니라

담총

◉황뎨와 농부의 문답

녯날 루마왕 아바스뎐하가 산양을 나가다가 로번에서 ᄒᆞᆫ농부를 만낫는ᄃᆡ 그얼골이 심히 흉악ᄒᆞ야 왕의 ᄐᆞᆫ말이 놀너여 뛰는바람에 왕이 거의 ᄯᅥ러질번ᄒᆞᆫ지라 왕이 크게 진노ᄒᆞ여 무ᄉᆞ를 명ᄒᆞ야 그 농부의 목을 버히라ᄒᆞᆯ매 무ᄉᆞ가 드듸여 그농부를 결박ᄒᆞ여 노코 칼을 ᄂᆞ리고져 ᄒᆞᆯ 즈음에 그농부가 소ᄅᆡ를 놉혀왈 「쇼신이 죽을제 죽더라도 죄상이나 좀알고 죽으려 ᄒᆞᄂᆞ이다」 왕이 진노ᄒᆞᆫ 음셩으로 ᄃᆡ답왈 「네죄는 곳 네불길ᄒᆞᆫ 얼골이라 네얼골은 내가 오ᄂᆞᆯ 아춤에 첫번으로 만난 물건인ᄃᆡ 나의 ᄐᆞᆫ말을 놀내게ᄒᆞ여 하마트면 내가 ᄯᅥ러질번 ᄒᆞ엿스니 내게불길ᄒᆞᆷ이 엇지 이에서더 ᄒᆞ리오」 농부왈 「그러면 쇼신이 오ᄂᆞᆯ아춤에 첫번으로 뎐하의 용안(龍顔)을 뵈왓ᄉᆞᆸᄂᆞᆫᄃᆡ 이로 인ᄒᆞ야 쇼신이 목을일코 죽게되엿ᄉᆞ오니 뎐하의 용안은 쇼신의게 불길ᄒᆞᆷ이 엇덧습닛가」 왕이 이말을 듯고 빙그레 웃으며 무ᄉᆞ를 명ᄒᆞ여 결박ᄒᆞᆫ것을 풀고 금은을 후히주어 뎨집으로 돌녀보내엿더라

회보ᄃᆡ금령슈

住所	氏名	金額
金溝	王順七	二十錢
堤川	李保羅	四十錢
寧越	金亨淳	四十錢
平昌	李根天	二十錢
仝	李潤儀	二十錢
西部阿峴	黃壽竟	八十五錢
仝	趙禮敎	四十錢
鳳山	李光旭	七圓八十七錢
伊川	崔海鵬	四十錢
新昌	崔翼大	四十錢

◉판쥬신약젼셔

본공회에서 죠션문판쥬 신약젼셔를 처음으로 발힝ᄒᆞ야 금월二十일경브터 매하를 시작ᄒᆞᄂᆞᆫ바 그쟝칙과 뎡가는 이아래 ᄌᆞ세히 긔록ᄒᆞ엿ᄉᆞ오니 죠량ᄒᆞ신후 다쇼간 소용을 ᄯᆞ라셔 본공회나 혹 경향각쳐 교회즁 칙샤로 청구ᄒᆞ시기를 경요

본공회 발힝 구약젼셔二칙一질 지의는 뎡가一원이오 포의는 一원十五젼이온바 구람인의 경제샹 졍형을 인ᄒᆞ야 포의는 七十五젼으로 지의는 六十젼으로 각가ᄒᆞ엿ᄉᆞ오니 쳠교우는 죠량ᄒᆞ시옵쇼셔

경셩 죵로 대영셩셔공회 고빅

뎡가록

四호쥬ᄌᆞ관쥬신약젼셔

번호			圓 錢
九三	포의	죠션제 ᄃᆡ도부	●四〇
九四	면포의	양쟝 동	●六五
九六	반피의	동	一●一〇
九八	샤픔피의	동	三●五〇
九九	샤픔절피의	동	四●〇〇

▲광 고▼

경향 여러교우의 갈망ᄒᆞ시던 국문구약셩경의 완편이 출판되여 발셔브터 다수히 발매ᄒᆞ오니

쳠군ᄌᆞ는 슈용의 다소를 ᄯᆞ라 륙쇽청구ᄒᆞ심을 ᄇᆞ라ᄋᆞᆸ

그제본과 뎡가는 여좌ᄒᆞᄋᆞᆸ

二권一질二쳔六ᄇᆡᆨ五十혈

지의 一환

포의 一환十五젼

한문셩경이 새로 샹히로셔 나왓는ᄃᆡ 문리관쥬구신약과 신약이오

일어셩경신구약도 여러죵류가 잇ᄂᆞᆫᄃᆡ 본공회와 셔울명동과 평양에잇ᄂᆞᆫ 일본인칙샤 본공회 셩셔발매소에셔 발매ᄒᆞᄋᆞᆸ

또 평양잇ᄂᆞᆫ 죠션인칙샤 본공회 셩셔발매소에는 국문셩경과 국한문셩경 여러죵류가 잇ᄉᆞᆸ

각 칙샤에셔 사가면 삼활ᄒᆞ고 부비ᄭᆞ지 담당ᄒᆞᄋᆞᆸ

京城鍾路基督敎靑年會下層

美國聖書公會 告白

그리스도회보

KOREAN CHRISTIAN ADVOCATE

每月二回十五日三十日發行
大正二年一月廿八日印刷
大正二年一月三十日發行

發行兼編輯人 京城北部山芝峴 奇義男
印刷人 京城北部權園洞 朴東完
印刷所 京城西小門內 法韓印刷所
發行所 京城北部壯洞四十三統三戶 呂炳鉉

[代金] 딕금 一장 二젼五리 六ᄀᆡ월 二十젼 一ᄀᆡ년 四十젼

사셜

ᄉᆞ샹계(思想界)의진보

공허ᄒᆞᆫ 텬디간에 쳐ᄒᆞᆫ인ᄉᆡᆼ을 말ᄒᆞ쟈면 그신톄의 길기가 七쳑에 지나지 못ᄒᆞᆫ즉 비유컨ᄃᆡ 망々ᄒᆞᆫ 대히즁에 ᄯᅥ잇ᄂᆞᆫ 쌀알과ᄀᆞᆺ도다 그러나 하ᄂᆞ님ᄭᅴ셔 주신바 사ᄅᆞᆷ의 허령(虛靈)ᄒᆞᆫ ᄆᆞᄋᆞᆷ은 ᄉᆡᆼ각ᄒᆞᄂᆞᆫ 범위가 지극히 광활ᄒᆞ여 노으면 륙합(六合)안에 ᄀᆞ득ᄒᆞ고 거두면 방촌(方寸)ᄉᆞ이에 감초여 잇ᄂᆞ니 므ᄅᆞᆺ 사ᄅᆞᆷ이 이ᄆᆞᄋᆞᆷ으로 연구ᄒᆞᄂᆞᆫ ᄉᆞ샹계를 말ᄒᆞᆯ진ᄃᆡ 고금이 다르도다 샹고시ᄃᆡ에는 인문(人文)이 열니지 못ᄒᆞ고 민지(民智)가 몽ᄆᆡᄒᆞᆷ으로 일월셩신의 죠료(照曜)ᄒᆞᆷ과 풍우 뢰뎡의 밍렬ᄒᆞᆷ과 강히산악의 심고(深高)ᄒᆞᆷ과 목셕조수의 동식(動植)ᄒᆞᆷ을 볼ᄯᅢ에 귀신의 위력(威力)을 감각ᄒᆞ야 이것을 숭ᄇᆡᄒᆞᄂᆞᆫ고로 인류샤회에 ᄌᆞ연히 다신쥬의(多神主義)가 셩힝ᄒᆞ엿더라 그러나 즁고이ᄅᆡ로 풍긔가 날노열니며 민지가 점々 발달됨을 좃차 셩리의학셜이 니러나면서 인ᄒᆞ야 유물쥬의(唯物主義)로 도라가는 동시에 무신론(無神論)이 셩힝(盛行)ᄒᆞ더니 十九셰긔 말엽(末葉)이후로는 구미(歐美)각국 철학가들의 ᄉᆞ샹계가 크게 진보된결과로 유물론이 변ᄒᆞ야 유심론(唯心論)이되고 무신론(無神論)이 변ᄒᆞ야 일신론(一神論)이 되며 현실쥬의(現實主義)를 반ᄃᆡᄒᆞ고 신령쥬의로 도라가니 이ᄉᆞ샹계의 진보되는것은 사ᄅᆞᆷ의 지식으로 되는것이 아니라 무소불능ᄒᆞ신 우리텬부ᄭᅴ셔 명々(冥々)ᄒᆞᆫ가온ᄃᆡ서 가만히 인도ᄒᆞ심으로 말미암아 되는줄노 우리는 깁히 밋노라

▲사고▼

본회보는 창간ᄒᆞᆫ지 二쥬년동안에 익독(愛讀)ᄒᆞ시는 여러 형뎨ᄌᆞᄆᆡ의 셩의(盛意)를 닙ᄉᆞ와 거의 二千五百쟝을 발힝ᄒᆞᆷ에 니르럿스니 텬부ᄭᅴ 영광을 돌니고 구람제씨ᄭᅴ 감하ᄒᆞ오며 명년 三월브터는 一층 확쟝ᄒᆞ야 쥬보(週報)로 변경ᄒᆞ겟슨즉 이후브터는 본회보가 ᄒᆞᆫ달에 네번이나 다셧번식은 쳠위(僉位)를 차저가뵈올것이며 ᄯᅩ본보의 톄지(體裁)도 만히 ᄀᆡ량ᄒᆞ여 보시는 안복을 깃브게ᄒᆞ도록 ᄒᆞ겟ᄉᆞ오니 본보를 더욱 익호(愛護)ᄒᆞ셔셔 계속(繼續)구람ᄒᆞ실ᄲᅮᆫ아니라 다른 형뎨ᄌᆞᄆᆡ의게 널니 광고ᄒᆞ야 새로 구람ᄒᆞ실이를 만히 모집ᄒᆞ야 보내시되 이아ᄅᆡ 긔록ᄒᆞᆫ 됴건을 주의ᄒᆞ야 ᄒᆞ심을 앙망ᄒᆞᄂᆞ이다

一、본보는 一千九百十三년三월一일브터 一쥬일동안에 ᄒᆞᆫ번식 발힝ᄒᆞᆷ

一、본보ᄃᆡ금은 명년 三월브터 一년션금 八十젼 반년션금 四十젼으로뎡ᄒᆞᆷ

一、본회보 구람쟈(購覽者)를 새로 모집ᄒᆞᄂᆞᆫ 긔한은 명년 三월一일ᄭᆞ지 한ᄒᆞᆷ

一、一년이나 혹 반년치를 반ᄃᆞ시 션금으로 요구ᄒᆞᆷ

一、본회 보구람쟈를 최다수(最多數)로 모집ᄒᆞ여 보내신이의게는 피의금변(皮衣金邊)ᄒᆞᆫ신구약 一질노써 감샤ᄒᆞᆫ뜻을 표ᄒᆞᆷ

一、본회보를 구람코져 ᄒᆞ시면 경셩북부장동ᄉᆞ십삼통삼호(京城北部壯洞四十三統三戶) 본보발힝소로 션금을 보내시고 쳥구ᄒᆞ시옵

교중휘문

△녀보▽

◎답대ᄒᆞᆫ十一세학싱 경셩감리회신학싱 윤인一씨의 통신을 거ᄒᆞᆫ즉 경셩 동부 어의동 六十一통六호 리형섭씨의 장ᄌᆞ 리핑슈는 나히 지금 十一세오 동대문안 비지쇼학교 三년급 학싱인ᄃᆡ 그 모친은 신실ᄒᆞᆫ 신자오 그부친은 밋지 아니ᄒᆞᆯ뿐만 아니라 도로혀 교회를 비방ᄒᆞ며 그쳐ᄌᆞ들이 교회에 ᄃᆞᆫ니는것을 핍박ᄒᆞ고 군쵹ᄒᆞᄂᆞᆫ지리 그러나 이 아히는 례비당에 ᄃᆞᆫ니기를 정셩것ᄒᆞ며 학교에 ᄃᆞᆫ니기를 부ᄌᆞ런히ᄒᆞᆫ매 점々 그부친의 노홈을 격동케홈이 되엿거ᄂᆞᆯ 하로ᄂᆞᆫ 그 아히가 저녁 례비에 갓다가 또라온즉 그부친이 대단히 노ᄒᆞ야 ᄭᆞ지져왈 너 어ᄃᆡ갓다 왓ᄂᆞ냐ᄒᆞᆫᄃᆡ

(ᄌᆞ)례비당에 갓다가 왓슴니다

(부)너 아비의 말을 거역ᄒᆞ고 죵시 례비당에 ᄃᆞᆫ니기를 됴화홈은 무ᄉᆞᆷᄯᆞ돍이뇨

(ᄌᆞ)하ᄂᆞ님의 명령을 거역홈이 부친의 명령을 거역홈보다 더큰 죄가 되ᄂᆞᆫ줄노 싱각홈니다

(부)그 엇지홈 말이냐

(ᄌᆞ)하ᄂᆞ님ᄭᅴ셔 이 텬디 만물과 사름을 조셩ᄒᆞ시고 그명령을 반포ᄒᆞᆫ신후에 비로소 부ᄌᆞ의 관계가 잇ᄉᆞ며 ᄯᅩᄒᆞᆫ 부친의 명령이 잇셧거ᄂᆞᆯ 엇지 하ᄂᆞ님을 두려워홈이 부친을 두려워홈보다 경ᄒᆞ오릿가

(부)그러면 내가 너를양육지 아니ᄒᆞᆯ지라도 너ᄂᆞᆫ 하ᄂᆞ님이 기르신즉 능히 살수가 잇겟ᄂᆞ뇨

(ᄌᆞ)아모리 아버님이 지산을 모화 우리를 먹이고 닙히여 기르실지라도 하ᄂᆞ님ᄭᅴ셔 비를ᄂᆞ리지 아니ᄒᆞ시고 七년대한곳ᄒᆞᆫ가물이 잇ᄉᆞ면 엇지 돈을 가지고 쌀을살수가 잇ᄉᆞ며 ᄯᅩᄒᆞᆫ 면화나무에셔 솜을 ᄯᅡ고 ᄉᆡᆼ닙흐로 누에를 먹여 비단옷을 닙을수가 잇ᄉᆞ오릿가

(부)너ᄂᆞᆫ 그럿케 하ᄂᆞ님이 먹이고 닙힌다ᄒᆞᆫ즉 지금 내가 너를 아비집에셔 내여 쫏칠터이오 이 후에ᄂᆞᆫ 한푼지산도 네게주자이나ᄒᆞᆯ터이니 엇지ᄒᆞᆯ터이뇨

(ᄌᆞ)부친은 깁히 싱각ᄒᆞ옵쇼셔 사름마다 올때에 . 가지고 온것이 업거ᄂᆞᆯ 엇지 임의 모화ᄂᆞᆫ 지산을 ᄇᆞ라리잇가 부친ᄭᅴ셔 지금 내여쫏겟노라 ᄒᆞ심은 두렵ᄉᆞ오나 지산을 샹쇽지 안켓다 ᄒᆞ심은 두려옴이 조곰노 업ᄂᆞ이다

(부)그엇지ᄒᆞ야 그러ᄒᆞ뇨

(ᄌᆞ)만일 부모를 ᄯᅥ나면 양친의 ᄆᆞ옴을 손샹케ᄒᆞ며 ᄯᅩᄒᆞᆫ 공양ᄒᆞᆯ날이 업겟ᄂᆞᆫ고로 두렵거니와 지산에 ᄃᆡᄒᆞ야ᄂᆞᆫ 조곰도 겨졍ᄒᆞᆯ것이 업ᄂᆞᆫ것이 하ᄂᆞ님ᄭᅴ셔 쇼ᄌᆞ의게 강건ᄒᆞᆫ 육신을 주셧슨즉 부친ᄭᅴ셔 모흐신 지산보다 더만히 모홀는지도 알수업슴이올세다

(부)그러나 네가 지금 나히 어리니 고싱됨ᄋᆞᆯ 싱각지 못ᄒᆞᄂᆞ뇨

(ᄌᆞ)놉흔산을 넘으면 평단ᄒᆞᆫ 평디가잇고 깁흔물을 건너면 탄々ᄒᆞᆫ 륙디가 잇ᄂᆞ니 어려셔 고싱홈은 장셩ᄒᆞᆫ후에 락이 잇슬줄 아ᄂᆞ이다 ᄒᆞᄂᆞᆫ지라

그부친이 이말을 드른후에 탄복홈을 마지아니 ᄒᆞ엿스니 일노보건ᄃᆡ 각교회에셔 어린 아히들을 잘인도홈이 교회에 더욱 굿센 긔초가 되ᄂᆞᆫ줄 밋노라 ᄒᆞ엿더라

◎강릉의디방회 미감리회원쥬 디방회셔긔 박현一씨의 통신을 거ᄒᆞᆫ즉 거월九일에 원쥬디방회를 강릉읍교당에셔 열엇ᄂᆞᆫᄃᆡ 각쳐회원과 방청인ᄋᆞᆯ 합ᄒᆞ야 六千여인이 三일동안ᄋᆞᆯ 귀회ᄒᆞ야 ᄉᆞ무를 쳐리ᄒᆞᆫ바 감리ᄉᆞ 빌셔암씨ᄂᆞᆫ 유고ᄒᆞ야 참예쳐 못ᄒᆞ고 감리ᄉᆞ 박원빅씨가 쥬셕ᄒᆞ고 박현一씨가 셔긔로 피션ᄒᆞ엿ᄉᆞ며 특별연셜ᄒᆞᆫ때ᄂᆞᆫ 션교와 ᄌᆞ급파 쥬일학교와 교육이오 ᄯᅩ새로 젼도ᄉᆞ로 승임ᄒᆞᆫ쟈 三인이오 승급된 권ᄉᆞ가 四인인ᄃᆡ 울진 평히 량군에셔 젼도ᄉᆞ一인ᄋᆞᆯ 청원홈으로 션임젼도ᄉᆞ 황쟝오씨ᄂᆞᆫ 그디방

으로 파송ᄒᆞ엿스며 ᄯᅩ감샤ᄒᆞᆯ 것은 이왕 ᄌᆞ급ᄒᆞ던 이외에 금년브터는 두별ᄌᆞ급으로 년々히 츄슈ᄒᆞᆯ때에 각기 츄슈ᄒᆞᄂᆞᆫ중에셔 곡식으로 얼마던지 힘대로 연조ᄒᆞ야 션교ᄒᆞᄂᆞᆫ일에 도아주쟈고 회즁이 작뎡ᄒᆞ엿스며 ᄯᅩᄒᆞᆫ 치하ᄒᆞᆯ것은 본읍교우들이 각쳐에셔 온형뎨들 위ᄒᆞ야 셩대ᄒᆞᆫ 환영회를 열고 서로 ᄉᆞ랑ᄒᆞᄂᆞᆫ ᄯᅳᆺ을 표ᄒᆞᆫ것이라 ᄒᆞ엿더라

◉원쥬외사경회 강원도 원쥬읍교회 권ᄉᆞ김용덕씨의 통신을 거ᄒᆞᆫ즉 본월四일노 十三일ᄭᆞ지 직원사경회를 히읍교당에셔 열엇ᄂᆞᆫᄃᆡ 갑을두반으로 ᄂᆞᆫᄒᆞ아 갑반에는 요한복음 신약총론 츌애굽 젼도법이오 을반에는 예수힝젹 마태복음 야고보 신구경요지문답을 교슈ᄒᆞᆯ시 교ᄉᆞ는 감리ᄉᆞ박원빅 젼도ᄉᆞ박현一 윤셩렬 홍셩쥬四씨가 교슈ᄒᆞ엿스며 샹오九시로 동三十분ᄭᆞ지는 박감리ᄉᆞ가 만국긔도회뎨목으로 인도ᄒᆞ고 동三十분으로 十一시 三十분ᄭᆞ지는 공부ᄒᆞ고 ᄯᅩ 하오一시로 三시ᄭᆞ지 공부ᄒᆞ고 ᄯᅩ 四시에는 一반 남녀학셩들이 젼도ᄒᆞ엿스며 七시로 八시ᄭᆞ지는 교졔와 혼례와 졀검과 위싱파 분수를 직히ᄂᆞᆫ등 여러문뎨로 교ᄉᆞ 졔씨가 연셜ᄒᆞᆷ으로 一반교우가 신령ᄒᆞᆫᄯᅳᆺ을 셰ᄃᆞ른쟈가 만라ᄒᆞ엿더라

◉량교회의새은혜 황히도봉산 셔부교회 리광욱씨의 통신을 거ᄒᆞᆫ즉 본교회가 셜립된지 七八년에 남녀신쟈가 수百명에 달ᄒᆞ더니 하ᄂᆞ님의 은혜를 비반ᄒᆞᄂᆞᆫ쟈가 다수ᄒᆞ고 다만 六七十명의 남녀교우가 남어잇셔 신심이 굿건ᄒᆞᆫ즁 하ᄂᆞ님ᄭᅴ셔 이곳에 은혜를주샤 평양 숭실학교ᄂᆡ 뎐도회에셔 구쥬셩탄 방학동안에 젼도ᄃᆡ로 학싱 오웅쳔 김셕ᄒᆞᆫ 류기쥰 김형식 박동걸등四씨를 파송ᄒᆞ여 본교회ᄂᆡ 형뎨들과 합력ᄒᆞ야 각촌으로 도라ᄃᆞᆫ니며 젼도ᄒᆞᆯ시 쥬의 도리를 반ᄃᆡᄒᆞᄂᆞᆫ쟈를 쥬의권능과 셩경말ᄉᆞᆷ으로 감화식혀 밋기로 허락ᄒᆞᆫ쟈가 다수ᄒᆞ며 ᄯᅩ 락심ᄒᆞ엿던 형뎨 몃분이 다시 교회에ᄃᆞᆫ니게로 결심ᄒᆞ엿고 ᄯᅩ 이젼도ᄃᆡ는 ᄆᆡ일 져녁과 새벽으로 一쥬일동안 긔도회를 열고 一심긔도ᄒᆞᆷ으로 유익을 만히 엇우즁 본군 구연면 새말교회에셔도 그근동과 본동교회에 와셔 도아주기를 청ᄒᆞᆷ매 一졔히 그곳으로 가셔 몃날동안 젼도ᄒᆞ며 져녁과 새벽긔도를 ᄒᆞᆫ결과로 락심된쟈가 다시 ᄃᆞᆫ니며 신입쟈가 八九인에 달ᄒᆞ엿슨즉 모든영광은 다 하ᄂᆞ님ᄭᅴ 돌닌다 ᄒᆞ엿더라

◉위쥬진심 경긔도 가평구역 젼도ᄉᆞ 최슈영씨의 통신을 거ᄒᆞᆫ즉 강원도 츈쳔디방 션교ᄉᆞ 엣웻쓰부인은 一千九百十년에 츈쳔디방 션교직임에 피신되여 히디방 여셧골 각구역에 ᄃᆞᆫ니며 열심젼도ᄒᆞᆯ싀 풍우한셔를 무릅쓰고 태산쥰령을 넘어ᄃᆞᆫ니며 맛나ᄂᆞᆫ 사ᄅᆞᆷ마다 젼도ᄒᆞ고 죠션형미 ᄉᆞ랑ᄒᆞ기를 ᄌᆞ긔몸과 ᄀᆞᆺ치ᄒᆞ며 복음을 젼ᄒᆞ기로만 위쥬ᄒᆞ더니 一千九百十一년에 션교회의 지휘로 다른디방으로 이임ᄒᆞ게된고로 츈쳔디방 각교회에셔 원류셔를 션교회에 드러 다시 본디방에새 젼도케된지라 이부인이 각구역교회에만 젼도ᄒᆞᆯᄲᅮᆫ이 아니라 외인의 집집마다 젼도ᄒᆞ며 혹 엇더ᄒᆞᆫ 부인의 무례ᄒᆞᆫ 말을 드를지라도 허물치안코 ᄉᆞ랑ᄒᆞᆷ으로 권면ᄒᆞ며 ᄯᅩᄒᆞᆫ 녀ᄌᆞ교육이 업슴을 개탄히너여 쥬ᄭᅴ 간구ᄒᆞ며 일면으로 션교회의 승락을 엇어 각구역에 학교를 셜립ᄒᆞ고 교ᄉᆞ를 고빙ᄒᆞ며 학셩을 모집ᄒᆞ여 하ᄂᆞ님의 진리와 보통학문을 ᄀᆞᄅᆞ치ᄂᆞᆫᄃᆡ 학도가 빅여명에 달ᄒᆞ엿슨즉 이는 다만 쥬를 위ᄒᆞ야 셤을 힘ᄒᆞᆷ이라 ᄒᆞ엿더라

◉송씨의진실ᄒᆞᆫ밋음 평북회쳔군 오학쥬씨의 통신을 거ᄒᆞᆫ즉 본군서면 극셩리 송응태씨는 쥬를 밋ᄂᆞᆫ힘으로 이셰샹을 이긔더니 일젼에 동씨의 조모가 셰샹을 ᄯᅥ나매 여러 친척과 린리가 모혀 구식 샹례대로 힝ᄒᆞ매 응태씨 혼자 여러사ᄅᆞᆷ을 이길수업셔 답々ᄒᆞᆫ즁에 목ᄉᆞ 박영찬씨와 권ᄉᆞ송창식씨가 조상ᄎᆞ로와 본즉 모혓던 사ᄅᆞᆷ들이 ᄆᆡ수

三

일홈으로 릉욕ᄒᆞᄂᆞᆫ지라 박목ᄉᆞᄂᆞᆫ 도라가고 송창식씨ᄂᆞᆫ 머믈너 호상ᄎᆞ로 장디ᄭᆞ지 갓더니 회장ᄒᆞᆫ 사ᄅᆞᆷ수 三十명이 창식씨ᄃᆞ려ᄒᆞᄂᆞᆫ말이 젼일에 응틱씨의 부친 혼빅을 철폐ᄒᆞ고 또 그조모상에 졔ᄉᆞ아니ᄒᆞᄂᆞᆫ것이 다 네죄라ᄒᆞ며 릉욕과 구타가 무쌍ᄒᆞᆫ지라 그잇흔날 쥬일에 응태씨집에서 례비ᄒᆞᆯ식 그가족들이 말ᄒᆞ기를「우리ᄂᆞᆫ 문즁에 ᄶᅩᆺ겨난쟈들이니 하ᄂᆞ님밧긔 친근히ᄒᆞᆯ곳이 업다ᄒᆞ고」깃븐 ᄆᆞᄋᆞᆷ으로 찬숑ᄒᆞ니 송씨의 집안의 밋음은 가위반셕갓다 닐올만ᄒᆞ다 ᄒᆞ엿더라

◎구약대지출판。 긔셩동부교회박이양씨가 구약대지(舊約大旨)를 편집ᄒᆞ야 불원간에 츌판ᄒᆞᆫ다ᄒᆞ니 이칙은 장ᄎᆞᆺ 신약대지로 더브러 一빈젼도에 죵ᄉᆞᄒᆞᄂᆞᆫ쟈의게 다대ᄒᆞᆫ 편익(便益)을 공급ᄒᆞ리라더라

◎긔렴연보광고

본년一월 十二일은 본회보창간 뎨二회 긔렴쥬일이온ᄃᆡ 이날에 각쳐교회에서 각기힘대로 본회보에 연보ᄒᆞᆫ것을 본샤로 보내엿습기 그의호ᄒᆞ시ᄂᆞᆫ뜻을 감샤ᄒᆞ오며 이에 ᄎᆞ례로 게직ᄒᆞ야 광포ᄒᆞ노라

京城鍾路中央會堂 一圓十七錢
上仝 貞洞會堂 三圓七十三錢
加平邑敎會 七十七錢
仁港龍洞敎會 二圓
通川庫底里敎會 三十錢
開城北部會堂 七圓五錢
上仝西部會堂 二十錢
京城宗橋會堂 二圓十二錢
上仝紫橋會堂 八十二錢

△외보▽

◎복덕션싱의리션。 만국그리스도교회 시찰원 미국인 목ᄃᆡ션싱의일은 젼호에도 긔지ᄒᆞ엿거니와 동션싱이 리三월 二十三일에 경셩에 도달ᄒᆞ야 약一쥬간 톄류ᄒᆞ며 각교회 형편도 시찰ᄒᆞ며 유익ᄒᆞᆫ 연셜노 ᄒᆞᆫ후에 곳 일본으로 건너갈 예뎡이라더라

◎링부호의긔부금。 미국의뎨一 유명ᄒᆞᆫ부자 카네씨ᄂᆞᆫ 공공ᄌᆞ션ᄉᆞ업에 ᄃᆡᄒᆞ야 긔부ᄒᆞᆫ 금익을 류별(類別)ᄒᆞ야 닐ᄒᆞ자면 도셔관(圖書館)에 五千二百만불(ᄒᆞᆫ불이 二환가량)대학교슈의 샹여금으로 二千二百만불 젼문학교에 二千만불 기타 각죵ᄌᆞ션 긔부금으로 一千三百만불 카네스협회에 一억二千五百만불이니 합계 三억三千二百만불이오 또 락펠너씨ᄂᆞᆫ 교육긔본금으로 五千二百만불 치카고대학교에 三千五百만불 젼문학교에 二千三百만불 기타 각죵 ᄌᆞ션 긔부금으로 七千四百만불 합계 一억七千五百만불이라더라

◎손일션씨의환영。 양력셰젼에 젼 즁화민국대통령 손일션씨가 남창셩즁에 도달ᄒᆞ매 그곳 그리스도교우들이 손씨를 위ᄒᆞ야 환영회를 열엇ᄂᆞᆫᄃᆡ 손씨가 그리스도교회를 찬셩ᄒᆞᄂᆞᆫ뜻으로 격졀ᄒᆞᆫ 연셜을 ᄒᆞ엿다더라

◎민국의교회상황。 즁화민국 十八셩(省)니에 예수교회가 二千三百四十一처요 교우가 二十七만八千六百二十八인이며 본토 젼도인이 一만一千六百六十一인이라더라

◎미감리회외국션교。 미국 미감리회 외국션교부에서 파송ᄒᆞ야 현금 외국에 쥬지ᄒᆞᄂᆞᆫ 션교ᄉᆞ즁에 남션교ᄉᆞ가 三百八十五인이오 녀션교ᄉᆞ가 七百五十九인인ᄃᆡ 작년즁에 외국션교에 ᄃᆡᄒᆞ야 밧은 연보와 긔부금의 춍익이 三百七만八千八百六원이라더라

긔셔

시ᄃᆡ의요구(要求)와 리샹뎍젼도(理想的傳道)

링아싱(冷啞生)

지극히 적은 죵ᄌᆞ가 후일에 울창ᄒᆞᆫ 삼림을 일울줄을 엇지알며 큰집 동량(棟樑)의 ᄉᆡ복이 처음에 심히 어린싹에서 시작된줄을 엇지 ᄉᆡᆼ각지 아니ᄒᆞ리오 지금 그 젹은 씨를 심으며 어린싹을 비양ᄒᆞᄂᆞᆫ쟈ᄂᆞᆫ 임의 십년의 쟝구ᄒᆞᆫ 계칙을 엇은쟈ㅣ라 ᄒᆞ리로다 대개 우리죠션의 산록을 솔펴보건ᄃᆡ 울창ᄒᆞᆫ 삼림은 고샤ᄒᆞ고 ᄒᆞᆫ기동재목도 엇기 힘들며 여간 닙이마르고 줄기가 곳지못ᄒᆞᆫ 나무ㅅᄀᆡ나 잇슬지라도 큰쟝인의 쓰임이 되지못ᄒᆞ니 그무슴연고인고 뜻이잇ᄂᆞᆫ쟈의 ᄒᆞᆼ샹 근심ᄒᆞᄂᆞᆫ바ㅣ라 본ᄅᆡ 나무의 죵ᄌᆞ와 토디의 셩질이 악ᄒᆞᆫ것은 아니언마는 심으지ᄂᆞᆫ

아니ᄒᆞ고 텬연뎍으로 셩쟝ᄒᆞᆫ 것을 작벌ᄒᆞ기만 일삼으며 혹 심으는쟈가 잇슬지라도 비양ᄒᆞ는 방법이 뎍의치못ᄒᆞᆫ ᄭᆞ닭이니 그로좃차 발ᄉᆡᆼᄒᆞ는 손해가 젹지아니ᄒᆞ며 슈한(水旱)의 ᄌᆡ앙도 그원인이 여긔잇도다 그러나 지금잇는 바 나무도 젼일에는 족히 동량의 ᄌᆡ목이 되엿스려니와 샤회의 물질뎍(物質的) 문명이 발뎐되는 동시에 가옥의 졔도도 ᄯᅩᄒᆞᆫ 시ᄃᆡ의 요구를 ᄯᆞ라 광대ᄒᆞ고 견고ᄒᆞ고 화려ᄒᆞᆷ을 취ᄒᆞᄂᆞ니 이와ᄀᆞᆺᄒᆞᆫ 가옥을 건츅ᄒᆞᆷ에는 현ᄌᆡ의 ᄌᆡ목이 아직 그소용에 뎍합ᄒᆞ다ᄒᆞᆯ가 아니라 불가불 그 굽은것은 ᄡᅥᆨ거바르게ᄒᆞ며 ᄶᅡᆯ온것은 늬어길게ᄒᆞ는 곤난을 당ᄒᆞᆫ후에라도 완젼ᄒᆞᆫ 소용이 되기 어려운즉 이에 다수ᄒᆞᆫ ᄌᆡ력을 쇼비ᄒᆞ야 다른디방에서 산출ᄒᆞ는 ᄌᆡ목을 슈입ᄒᆞ는 부득이ᄒᆞᆫ 경우에 닐을지라 셰ᄐᆡ가 압흐로 졈졈진취ᄒᆞ는동시에 다수ᄒᆞᆫ 농량의 ᄌᆡ목을 요구ᄒᆞᆯ것은 의심이업슨즉 영구히 타인의 공급만 앙망ᄒᆞᆷ이 가ᄒᆞᆯ가 불가불 유용ᄒᆞᆫ 죵ᄌᆞ를 심어 수년후에 큰ᄌᆡ목이 되기를 긔약ᄒᆞᆯ것이니 칠년 알는병에 삼년묵은 쑥을 구ᄒᆞᆷᄀᆞᆺ도다

그와ᄀᆞᆺ흔 필요를 ᄭᆡ드른후에 비로소 우리 민족의 졍신계(精神界)를 ᄒᆞᆫ번 관찰ᄒᆞᆯ지니 이죄악의 시ᄃᆡ가 텬국의 건셜을 요구ᄒᆞᆷ이 엇지 샤회의 문명이 물질뎍 발뎐을 ᄌᆡ촉ᄒᆞᆷ에 비ᄒᆞᆯᄲᅮᆫ이며 요구ᄒᆞ는 바 동량의 ᄌᆡ목이 엇지 가옥을 건츅ᄒᆞᆷ에 유용ᄒᆞᆫ 대목을 필요ᄒᆞᆷ ᄀᆞᆺᄒᆞᆯᄲᅮᆫ이리오 그러나 이텬국을 건셜ᄒᆞ야 졍신계의 향샹뎍(向上的) 진보를 도모ᄒᆞᆷ에 뎍당ᄒᆞᆫ 광대ᄒᆞ고 견고ᄒᆞᆫ 동량의 ᄌᆡ목이 다수히 잇다ᄒᆞᆯ가 과연 잇스면 다ᄒᆡᆼ이어니와 만일 그럿치아니ᄒᆞ면 ᄯᅩᄒᆞᆫ 그공급을 타인의게 앙망ᄒᆞᆷ이 가ᄒᆞ다ᄒᆞᆯ가 혹은 ᄌᆡ목을 엇지못ᄒᆞᆷ을 인연ᄒᆞ야 당연히 ᄒᆞᆯ일을 폐ᄒᆞᆷ이 가ᄒᆞ다ᄒᆞᆯ가 대개 젼일에 유용ᄒᆞ던 ᄌᆞ격과 츙분ᄒᆞ던 ᄌᆡ목도 현금 형이하(形而下)학술의 지식이 발달승가ᄒᆞᆷ을 ᄯᆞ라 임의 시셰에 뎍합ᄒᆞ지 못ᄒᆞᆫ물건이됨은 사실샹 ᄌᆞ연의 현샹(現象)이라 ᄒᆞ노니 그럼으로 우리가 그텬국을 건셜ᄒᆞᆯ 칙임자됨을 스ᄉᆞ로 ᄭᆡ드른 이샹에는 그ᄌᆡ목을 비양ᄒᆞ야 완젼ᄒᆞᆫ 동량의 ᄌᆞ격을 엇음이 ᄆᆡ일의 급무될ᄲᅮᆫ아니라 다시업는 쳡경(捷經)이리ᄒᆞᆯ지라 그ᄌᆡ목을 엇음에는 오직 신셩ᄒᆞᆫ 죵ᄌᆞ가되며 희망의 ᄊᆡᆨ이되는 슌결(純潔)ᄒᆞᆫ 쳥년과 유년의 덕셩(德性)을 비양ᄒᆞᆷ에 잇스니 대개 뎌희는 아직 죄악의 독ᄒᆞᆫ바람과 물욕의 사나운 비를 만나지 아니ᄒᆞ엿슴으로 그가지가 부늘업고 줄기가 연약ᄒᆞ야 용이히 굽은것을 바르게ᄒᆞᆯ 수잇ᄂᆞ니 비양ᄒᆞ는 방법을 일치안코 광명ᄒᆞᆫ 졍노가는데셔 신셩ᄒᆞ고 완젼ᄒᆞᆫ 리샹뎍비료(理想的肥料)를 베플면 후일에 유용ᄒᆞᆫ 동량의 ᄌᆡ목을 엇을수 잇슬ᄲᅮᆫ아니라 울창ᄒᆞᆫ 삼림을 일우어 남산의 변복을 일신케ᄒᆞ고 텬진이란만(天眞爛漫)ᄒᆞᆫ ᄌᆞ연계의 흥취를 도으며 슈한의 ᄌᆡ앙도 ᄯᅩᄒᆞᆫ 면ᄒᆞ리니 그효용과 리익이 엇지 젹다ᄒᆞ리오 그런즉 뎍당치못ᄒᆞᆫ ᄌᆡ목을 무리히 리용코져ᄒᆞ며 비양ᄒᆞ야 엇을수잇는 ᄌᆡ목을 놈의 공급만 의뢰ᄒᆞ는 어리셕음을 비ᄒᆞᆯ자ㅣ 누가잇스리요 그럼으로 쟝ᄅᆡ의 영원ᄒᆞᆫ 계칙을 ᄭᆡ드른쟈는 공연ᄒᆞᆫ 로력과 헛된심려를 쇼비치말고 맛당히 젹은 ᄡᅵ를 심으며 어린싹을 비양ᄒᆞ기를 힘쓸지니 남녀간 쳥년과 유년을 교육ᄒᆞ는 칙임을 가진쟈와 근졀히 힘쓸바이며 텬국의 복음을 젼파ᄒᆞ는쟈의 특별히 쥬의ᄒᆞᆯ바이라 ᄒᆞ노라

진리문답

대쳔 리운영

문、 베드로젼셔 三〇十九、에 신으로써 가셔 옥에잇는 신의게 반포ᄒᆞ엿단 말숨은 무숨ᄯᅳᆺ이뇨

답、 그우회와 아리잇는 발숨을본즉 옥에잇는 신들은 홍수ᄯᅢ에 ᄌᆡ앙을 맛는자들의령혼이오 신으로 가셔 반포ᄒᆞ엿단 말숨은 셩신ᄭᅴ셔 노아를 감동ᄒᆞ샤 홍슈ᄯᅢ에 젼도ᄒᆞ신 발숨이니라

문、 마태廿七〇五十二、에 무덤이 열니고 자던셩인이

니러낫다 ᄒᆞ엿스니 그셩인들은 그후에 죽지안코 사랏ᄂᆞ뇨

답、이말ᄉᆞᆷ은 여긔만 긔록ᄒᆞ고 다른 복음에는 업ᄉᆞᆫ즉 ᄌᆞ세히 말ᄒᆞᆯ수 업ᄉᆞ나 그시에 잠시 니러나셔 여러사ᄅᆞᆷ의게 증거ᄒᆞ고 도로죽은줄노 ᄉᆡᆼ각ᄒᆞ노라

문、ᄉᆞ도ᄒᆡᆼ젼八쟝을보면 빌닙이 몬져 구스너시의게 젼도ᄒᆞ엿거ᄂᆞᆯ 엇지ᄒᆞ여 베드로가 몬져 이방사ᄅᆞᆷ의게 젼도ᄒᆞ엿다 ᄒᆞᄂᆞ뇨

답、빌닙은 개인의게 젼도ᄒᆞ엿ᄉᆞᆫ즉 유대법을 어김이 업고 베드로는 온집식구의게 젼도ᄒᆞ엿ᄉᆞᆫ즉 공회와 다름이업ᄂᆞᆫ고로 베드로 몬져 젼ᄒᆞ엿다 ᄒᆞᄂᆞ니라

세계격언

一、미개(未開)ᄒᆞᆫ나라에는 참소ᄒᆞᄂᆞᆫ쟈가 ᄀᆞ장 두렵고 기명ᄒᆞᆫ나라에는 아텸ᄒᆞᄂᆞᆫ쟈가 ᄀᆞ장 두려오니라

二、ᄆᆞᄋᆞᆷ이 빙셜ᄀᆞᆺ치 쳥백ᄒᆞᆫ 사ᄅᆞᆷ이라도 참소ᄒᆞᄂᆞᆫ쟈의 칼날ᄀᆞᆺᄒᆞᆫ 혀ᄂᆞᆫ 피키 어려오니라

三、도덕은 ᄂᆡ부(內部)의 최임을 졔졔ᄒᆞ고 법률은 외부의 최임을 졔졔ᄒᆞᄂᆞ니라

四、ᄀᆞ장 놉흔법률은 도덕을 보호홈에 잇ᄂᆞ니라

五、동산은 사ᄅᆞᆷ을 쫏고 부동산은 쳐소를 쫏차 법률의 효력이 ᄉᆡᆼ기ᄂᆞ니라

六、ᄒᆞᆫ푼ᄶᅳᆷ의 ᄋᆡ졍(愛情)은 빅근ᄶᅳᆷ의 법률과 그 가치(價値)가 평균ᄒᆞ니라

七、ᄒᆞᆫᄉᆞ건의 소송(訴訟)을 가지고 지판소에 나왓다가 두ᄉᆞ건의 소송을 가지고 집으로 도라가기 쉬오니라

가뎡과쇼년

⊙불량ᄒᆞᆫ쇼년의원인

근일 일본 동경 감화원(感化院)에셔 불량ᄒᆞᆫ 쇼년되ᄂᆞᆫ 원인을 됴사연구ᄒᆞ여 본후 그원인을 빅분비례(百分比例)로 구별ᄒᆞᆫ것이 좌와ᄀᆞᆺᄒᆞ니 (一) 부모의 ᄋᆡ졍(愛情)이 파도홈으로된쟈가 빅분에 二十二분령(零)二오 링담(冷淡)ᄒᆞᆫ 교육으로 쫏차된쟈ㅣ 十一분이요 엄혹(嚴酷)ᄒᆞᆫ 교육으로 쫏차된쟈ㅣ 二분령二오 ᄌᆞ긔의 불량ᄒᆞᆫ 유젼셩(遺傳性)으로 된쟈가 三분령二요 싱모의 불맛홈으로 인ᄒᆞ야된쟈가 二분령九요 불량ᄒᆞᆫ 친구를 ᄉᆞ괴으로된쟈가 十七분령四요 쳡의 쇼ᄉᆡᆼ으로 인ᄒᆞ야된쟈가 一분령二요 디방의 불미ᄒᆞᆫ 풍쇽으로 쫏차된쟈가 四분령九요 가뎡의 불완젼홈으로 된쟈가 二十분이요 교육업슴으로 된쟈가 二분령四요 ᄌᆞ세히 알수업ᄂᆞᆫ 원인이 十二분령四인ᄃᆡ 이것을 족젹으로 구별ᄒᆞ면 六빅五十一명즁에 귀족에八인 ᄉᆞ족에 百八十四인 평민에 四百五十九인이요 직업으로 구별ᄒᆞ면 샹업에 三百五인 관리에六十三인 은힝회샤원에 二十九인 고등관에 十九인 의ᄉᆞ에十八인 교육가에 十五인이라더라

위싱요셜

뎨六 운동

그러나 운동도 뎍즁히ᄒᆞᄂᆞᆫ것이 됴ᄒᆞ니 만일 그럿치 못ᄒᆞ야 과도ᄒᆞᆫ 디경에 니르면 심장병이 ᄉᆡᆼ기기 쉬오니 그것은 다른ᄭᆞᄃᆞᆰ이 아니라 운동을 과히ᄒᆞ면 심쟝이 커져셔 피가 잘통치 못홈이라 세샹 사ᄅᆞᆷ즁에 혹 ᄌᆡ죠만 만코 긔질(氣質)이 부족ᄒᆞᆫ쟈도 잇스며 혹긔질은 됴ᄒᆞ나 ᄌᆡ죠가 부족ᄒᆞᆫ쟈도 잇ᄂᆞ니 이런 사ᄅᆞᆷ은 구비(具備)ᄒᆞ다고 닐을수 업ᄉᆞᆫ즉 무ᄉᆞᆷᄉᆞ업을 ᄒᆞ던지 온젼ᄒᆞᆫ 공을 일우기 어려울지라 그런고로 ᄌᆡ죠와 긔질 두가지를 다 발달코져 ᄒᆞ면 학교에셔 학문을 공부ᄒᆞ면셔 운동을 힘쓸것이니라 사ᄅᆞᆷ이 다셧살로 셜흔살ᄭᆞ지 혈믹이 일분동안에 칠십륙ᄎᆞ로 칠십팔ᄎᆞᄭᆞ지 ᄯᅱ노ᄂᆞᆫᄃᆡ 례ᄉᆞ로히 거러ᄃᆞᆫ닐때에는 팔십ᄎᆞ로 팔십오ᄎᆞᄭᆞ지 ᄯᅱ며 놉흔산으로 오르ᄂᆞ릴때에는 일ᄇᆡᆨᄉᆞ십오ᄎᆞ로 일ᄇᆡᆨ륙십ᄉᆞᄎᆞᄭᆞ지 ᄯᅱ고 ᄯᅩ혈믹이 더듸노ᄂᆞᆫ 사ᄅᆞᆷ은 평샹도수가 일분동안에 륙십ᄉᆞᄎᆞ밧게ᄂᆞᆫ 더ᄯᅱ지못ᄒᆞᄂᆞ니 그럼으로 운동을잘ᄒᆞ면 혈믹이 더자조ᄯᅱ어 몸이더옴게ᄒᆞ고 사ᄅᆞᆷ이 하로동안에 약져울로 스물두량즁 가량되ᄂᆞᆫ 산소를 마시지 못ᄒᆞ면 하

로동안에 먹고살만ᄒᆞᆫ 음식의 분량을 쇼화식히기 어려온지라 그런즉 아모됴록 호흡(呼吸)을 자조ᄒᆞ야 공긔가온ᄃᆡ 잇ᄂᆞᆫ 산소를 만히 마시ᄂᆞᆫ것이 됴코 호흡을 자조ᄒᆞ랴면 운동을 힘쓸것인ᄃᆡ 대개 사ᄅᆞᆷ의 호흡ᄒᆞᄂᆞᆫ 평샹도수ᄂᆞᆫ 일분동안에 십칠ᄎᆞ식이오 셀니 다롬질ᄒᆞᆯ때에ᄂᆞᆫ 일분동안에 일ᄇᆡᆨ십구ᄎᆞ식이니라

실업

◎농ᄉᆞ강습의요항 (農事講習要項)

一、농업(農業)

대개 농업은 뎐답에 五곡이나 ᄎᆡ소를 심으며 동산에 파목을 ᄌᆡᄇᆡᄒᆞ며 목장(牧場)을 설치ᄒᆞ야 륙츅을 기르며 ᄲᅩᆼ나무를 ᄇᆡ양ᄒᆞ야 누에를치며 ᄉᆡᆼ기외 토디를 리용ᄒᆞ야 인ᄉᆡᆼ의 일용ᄒᆞᄂᆞᆫ 의식에 ᄃᆡᄒᆞ야 모든 필요ᄒᆞ고 유익ᄒᆞᆫ 물픔을 ᄉᆡᆼ산ᄒᆞᄂᆞᆫ 업무니 농업에 죵ᄉᆞᄒᆞᄂᆞᆫ쟈ᄂᆞᆫ 밧과 동산에 ᄒᆞᆼ샹 잇서서 신톄로써 로동ᄒᆞ면서 ᄉᆡᆼ신ᄒᆞᆫ 공긔를 마시고 화평ᄒᆞᆫ ᄉᆡᆼ활을 도모ᄒᆞᄂᆞᆫ고로 그ᄆᆞᄋᆞᆷ과 몸이 ᄒᆞᆼ샹 건젼(健全)ᄒᆞᄂᆞ니 인ᄉᆡᆼ을 위ᄒᆞ야 ᄀᆞ장 뎍당ᄒᆞᆫ ᄉᆡᆼ업이니라 그런고로 미국 화셩돈이 일ᄌᆞᆨ이 말ᄒᆞ여왈 농업은 ᄉᆡᆼ업즁에 ᄀᆞ장 건젼ᄒᆞ고 귀즁ᄒᆞ며 유익ᄒᆞᆫ것이라 ᄒᆞ엿ᄉᆞ니 이ᄂᆞᆫ 千고의 명담이되엿ᄂᆞ니 우리 죠션은 ᄌᆞ리로 농업을 힘쓰ᄂᆞᆫ 나라이나 다만 우에 잇ᄂᆞᆫ쟈가 잘인도치 못ᄒᆞᆷ으로 ᄒᆞᆫ가지도 진보ᄒᆞᆫ것이 업셧도다 그러나 근일 당국쟈(當局者)가 농업ᄀᆡ량에 ᄃᆡᄒᆞ야 진력지도(盡力指導)ᄒᆞᄂᆞᆫ ᄯᅢ를당ᄒᆞ야 불가불 새방법을 잘연구ᄒᆞ야 진보 발달ᄒᆞᆷ을 계도ᄒᆞᆯ지니라

二、농작물(農作物)의 분류

므릇 농작물의 분류ᄂᆞᆫ 보통작물과 특별작물의 두가지로 구별ᄒᆞᆯ지니 보통작물은 (一)곡류(穀類)에ᄂᆞᆫ 벼 대ᄆᆡᆨ 쇼ᄆᆡᆨ 서(지장) 속(조) 슈수 피 대두 쇼두 록두 모밀(蕎麥) 등속이오 ᄎᆡ소류에ᄂᆞᆫ 무 ᄇᆡ치 감람(甘藍) 외 참외 호박(南瓜) 마날 파 ᄉᆡᆼ치 쑥갓 등속이오 과목류에ᄂᆞᆫ 평과(平果) ᄇᆡ 밤 복숭아 감(柿) 포도 등속이니라

담총

◎극락도민(極樂嶋民)의 샹ᄐᆡ(狀態)

극락도라 칭ᄒᆞᄂᆞᆫ셤은 ᄃᆡ만(臺灣)동편으로 ᄇᆡᆨ여리 샹거되ᄂᆞᆫ ᄒᆡ즁에 잇ᄂᆞᆫᄃᆡ 이셤은 쥬회가 九十리가량이오 사ᄂᆞᆫ ᄇᆡᆨ셩이 一千三白인이ᄀ 이인ᄃᆡᄂᆞᆫ 몃千년이ᄅᆡ도 늘시노안코 술지도 아니ᄒᆞ며 이니빙의 긔후(氣候)ᄂᆞᆫ 四시에 칩지노안코 더웁지도 아니ᄒᆞ야 ᄒᆞᆼ샹 음력 五월초승 일긔와 ᄀᆞᆺᄒᆞᆫ고로 거민이 ᄒᆞᆼ샹 벗고잇스며 먹ᄂᆞᆫ것은 텬연뎍으로 나ᄂᆞᆫ 감ᄌᆞ뿐인ᄃᆡ 시시로 비어(飛魚)를 잡어서 구어먹고 다른 ᄉᆡᆼ션이나 고기나 식물은 도모지 먹지아니ᄒᆞ며 술과담비도 먹지아니ᄒᆞ며 이ᄇᆡᆨ셩의 쓰ᄂᆞᆫ긔계ᄂᆞᆫ 감ᄌᆞ ᄏᆡᄂᆞᆫ 나무ᄭᅩᆺ창이 ᄒᆞᆫ긔와 나무 버히ᄂᆞᆫ 독긔ᄒᆞ나뿐이니 뎌회ᄂᆞᆫ 의식쥬(衣食住)에 ᄃᆡᄒᆞ야 곤난ᄒᆞᆫ 것이 업슴으로 그 신톄를 수고롭게 ᄒᆞᆯ필요가 업고 ᄯᅩ 이셤즁에ᄂᆞᆫ 마라리아라 칭ᄒᆞᄂᆞᆫ 괴악ᄒᆞᆫ병이 잇서서 본토인의게ᄂᆞᆫ 이병이 침노치 못ᄒᆞ되 외디사ᄅᆞᆷ이 드러가면 곳 이병에 븟들녀 十샹八九ᄂᆞᆫ 죽ᄂᆞᆫ고로 외디 사ᄅᆞᆷ이 감히 드러오지 못ᄒᆞᆫ즉 뎌회ᄂᆞᆫ 이병을 포ᄃᆡ와 군함ᄀᆞᆺ치 밋고 외인의 침노를 조곰도 근심치 아니ᄒᆞ며 법률노 원치안코 종교도 원치안코 다만 샹고 화서국(華胥國) ᄇᆡᆨ셩과 ᄀᆞᆺ치 회회락락ᄒᆞ여 지낼ᄯᆞ름이라 작년 녀름에 일본 ᄃᆡ만총독부에서 十八인의 탐험ᄃᆡ(探險隊)를 죠직ᄒᆞ야 이셤으로 보내며 ᄌᆞ세히 시찰ᄒᆞᆫ결과로 이우희 말ᄒᆞᆫ ᄉᆞ실을 엇엇ᄂᆞᆫᄃᆡ 이一힝즁에 十七인이 마라리아병에 븟들녓스며 이一힝이 본도인의게 됴ᄒᆞᆫ식물을 주어도 뎌회ᄂᆞᆫ 입에 ᄃᆡ지도 안코 아ᄅᆞᆷ다온 보패를 주어도 밧지아니ᄒᆞ며 이ᄯᅡ에ᄂᆞᆫ 독ᄒᆞᆫ 사갈과 악ᄒᆞᆫ 즘ᄉᆡᆼ이 업서서 벗슨몸으로 밤에 ᄃᆞᆫ녀도 아모 위험ᄒᆞᆫ것이 업스며 근처에 잇ᄂᆞᆫ 물고기들은 사ᄅᆞᆷ이 손으로 만져도 피ᄒᆞ여 다라날슐 모른다더라

七

회보딕금령슈

住所	氏名	金額
楊州	宋信默	二圓
順川	吳顯洙	四十錢
京樓閣洞	李元善	二十錢
海州	吳世烈	卅九錢
元山	崔東本	四十錢
長湍	尹始炳	四十錢
京昭格洞	崔聖熙	四十錢
京梓洞	李夫人	四十錢
京水標橋	姜夫人	四十錢
仝	金수산나	四十錢
江華	崔足一	三圓
仝上	趙鍾範	八十錢
喬桐	金光國	四圓
東部	史一煥	四十錢
北部月宮后洞	黃仁龍	四十錢
利川	崔聖俊	六十錢
	金公翠	四十錢
	安商祜	二十錢
忠州	陳容九	四十錢
	崔鎭相	二十錢
	陳順化	二十錢
甑山	郭濬模	二十錢
瓮津	金昌憲	一圓八十錢
北部寺洞	朴容翰	四十錢
仝許屏	河蘭史	一圓
豊德	李玤鉦	四十錢
長湍	張慶錄	二十錢
金川	張敬濟	三十錢
開城	閔豊鎬	三十錢
仝	李綱宇	三十錢
鎭南浦	韓成浩	二十錢
兎山	印洪錫	一圓五錢
	李相夏	一圓五錢
蔚珍	黃鍾五	一圓廿錢
東京	田榮澤	五十錢
西大門外	徐相祜	四十錢
上仝	金日煥	四十錢
安峽	金東洙	七十五錢
鍮洞	車仲一	六十錢
泰安	梁相俊	二十錢
開城	林鎭國	三十錢
平壤	韓復淳	四十錢
開城	朴頤陽	八十錢

본샤특별고빅

一、누구시던지 통신을 긔록ᄒᆞ야 보내시되 무숨특이ᄒᆞᆫ 소식외에는 개인의 일보다 교회에ᄃᆡᄒᆞᆫ ᄌᆞ미잇고 유익ᄒᆞᆫ ᄉᆞ실을 간단명효ᄒᆞ게 특송ᄒᆞ시옵

二、본보딕금을 보내실때에 五十젼 이샹이 되는때에는 우편쇼 위체로 보내시옵

관쥬신약젼셔

본공회에서 죠션문관쥬 신약젼셔를 처음으로 발힝ᄒᆞ야 금월二十일경브터 매하를 시작ᄒᆞᆫ는바 그쟝칙과 뎡가는 이아래 ᄌᆞ세히 긔록ᄒᆞ엿ᄉᆞ오니 죠량ᄒᆞ신후 다쇼간 소용을 ᄯᅡ른셔 본공회나 혹 경향각처 교회즁 칙샤로 청구ᄒᆞ시기를 경요

본공회 발힝 구약젼셔二칙一달 지의는 뎡가一원이오 포의는 一원十五젼이온바 구람인의 경제샹 졍형을 인ᄒᆞ야 포의는 七十五젼으로 지의는 六十젼으로 감가ᄒᆞ엿ᄉᆞ오니 쳠교우는 죠량ᄒᆞ시옵쇼셔

경셩 종로 대영셩셔공회 고빅

四호쥬ᄌᆞ관쥬신약젼셔

뎡가록

번호			圓錢
九二	포의	죠션제 디도부	·四〇
九四	견포의	양쟝 동	·六五
九五	반피의	동	一·一〇
九六	샤픔피의	동	三·五〇
九九	샤픔절피의	동	四·〇〇

광고

본공회에서 각죵셩셔를 구비ᄒᆞ여 디방의 원근과 청구의 다쇼를 물론ᄒᆞ고 신속슈응ᄒᆞ는바 근일에 특별히 감가된칙도 잇고 새로 츌판된칙이 잇기로 이아래 긔록과 ᄀᆞᆺ치 광포홈

감가ᄒᆞᆫ언문구약 뎡가록

二권一질	지의	六十錢
同	포의	七十五錢

신츌판언문관쥬신약뎡가록

포의	디도부	四十錢
견포의	동	六十五錢
반피의	동	一圓十錢
샤등총피의	동	三圓五十錢
샤듯절피의	동	四圓

京城鍾路
美國聖書公會 告白

그리스도회보

KOREAN CHRISTIAN ADVOCATE

每月二回 十五日 三十日 發行
大正二年二月十三日印刷
大正二年二月十五日發行

發行兼編輯人 開城北部山芝峴 奇義男
印刷人 京城北部樓閣洞 朴東完
印刷所 京城西小門內 法韓印刷所
發行所 京城北部壯洞四十三統三戶 呂炳鉉

뎌금 一장 二젼五리
[代金] 六긔월 二十젼
一긔년 四十젼

론설

◎리샹뎍종교와신령뎍종교

三화 안셕쥰

므릇 리샹이라 ᄒᆞᄂᆞᆫ것은 도덕이나 학문을 만히 연구ᄒᆞᄂᆞᆫ데셔 나오ᄂᆞᆫ것인ᄃᆡ 동양종교 곳 유교(儒敎)ᄂᆞᆫ 그 리샹이 텬연뎍주의에 잇슴으로 싱명의 죽고 사ᄂᆞᆫ것과 복과 화밧ᄂᆞᆫ것이 다 텬연뎍이라ᄒᆞ야 녯날 셩현들을 모본삼아 그와ᄀᆞᆺ치되랴ᄒᆞᄂᆞᆫ ᄆᆞᄋᆞᆷ이 잇ᄂᆞᆫ 종교오 ᄯᅩ녯날 헬나국 종교ᄂᆞᆫ 그 리샹이 ᄌᆞ연뎍주의에 잇스니 곳 철학ᄉᆞ샹이 잇ᄂᆞᆫ 종교인고로 신들을 만히 위ᄒᆞᄂᆞᆫ중에 각사ᄅᆞᆷ이 아모됴록 ᄌᆞ유활동ᄒᆞ기 위쥬ᄒᆞ야 그신애를 강건케ᄒᆞ며 그학문을 증진케ᄒᆞ며 그지식을 발달케ᄒᆞ기를 힘쓰고 사ᄅᆞᆷ마다 셩각ᄒᆞ기를 하ᄂᆞ님은 다만 온젼ᄒᆞᆫ 몸과 온젼ᄒᆞᆫ ᄆᆞᄋᆞᆷ을 가지신이라ᄒᆞ고 심지어 쑤쎄터 라ᄒᆞᄂᆞᆫ 신의 셕샹(石像)을 문돌ᄯᅢ에 그온젼ᄒᆞᆫ 몸과 온젼ᄒᆞᆫ 긔샹을 공교ᄒᆞᆫ 공쟝의 손으로 문ᄃᆞ럿스니 그ᄯᅳᆺ은 츌신이라ᄒᆞᄂᆞᆫ것은 곳 셩결ᄒᆞ야 ᄆᆞᄋᆞᆷ과 몸이 다 온젼히된사ᄅᆞᆷ에 지나지 못ᄒᆞᆫ다ᄒᆞᆷ이라 이 두종교의 주지ᄂᆞᆫ 이러ᄒᆞ거니와 우리의 슝봉ᄒᆞᄂᆞᆫ 그리스도교ᄂᆞᆫ 신령뎍종교니 사ᄅᆞᆷ의 ᄆᆞᄋᆞᆷ으로 가히 측량치 못ᄒᆞᆯ 신권(神權)과 은혜와 구원과 심판을 ᄇᆞᆰ히 셩경으로ᄡᅥ 뵈이신즁에 그리스도ᄭᅴ셔 사ᄅᆞᆷ의 몸을 입우샤 이마누엘(하ᄂᆞ님이 우리와 ᄒᆞᆷᄭᅴ계심)이 되신것을 나타내셧스니 쥬ᄂᆞᆫ 만유를 찬숑ᄒᆞ시ᄂᆞᆫ 하ᄂᆞ님이시오 만단의 죄악을 뎌쇽ᄒᆞ신 구쥬시오 만민을 심판ᄒᆞ실 님군이시오 만민의 ᄆᆞᄋᆞᆷ을 감찰ᄒᆞ시며 감화ᄒᆞ시ᄂᆞᆫ 대쥬지 시니 이하ᄂᆞ님은 곳 온세샹의 하ᄂᆞ님이시오 온세샹사ᄅᆞᆷ은 곳 이하ᄂᆞ님의 ᄌᆞ녀가 되ᄂᆞ니라

▲사고▼

본회보ᄂᆞᆫ 창간ᄒᆞᆫ지 二쥬년동안에 ᄋᆡ독(愛讀)ᄒᆞ시ᄂᆞᆫ 여러 형뎨ᄌᆞᄆᆡ의 셩의(盛意)를 닙ᄉᆞ와 거의 二千五百장을 발힝ᄒᆞᆷ에 니르럿스니 텬부ᄭᅴ 영광을 돌니고 구람졔씨ᄭᅴ 감하ᄒᆞ오며 명년 三월브터ᄂᆞᆫ 一층 확쟝ᄒᆞ야 쥬보(週報)로 변경ᄒᆞ겟ᄉᆞᆫ즉 이후브터ᄂᆞᆫ 본회보가 ᄒᆞᆫ달에 네번이나 다섯번식은 쳠위(僉位)를 차져가뵈올것이며 ᄯᅩ본보의 톄지(體裁)도 만히 긔량ᄒᆞ여 보시ᄂᆞᆫ 안목을 깃브게ᄒᆞ올록ᄒᆞ겟ᄉᆞ오니 본보를 더욱 ᄋᆡ호(愛護)ᄒᆞ셔서 계쇽(繼續)구람ᄒᆞ실ᄲᅮᆫ아니라 다른 형뎨ᄌᆞᄆᆡ의게 널니 광고ᄒᆞ야 새로 구람ᄒᆞ실이를 만히 모집ᄒᆞ야 보내시되 이아래 긔록ᄒᆞᆫ 됴건을 주의ᄒᆞ야 ᄒᆞ심을 옹망ᄒᆞᄂᆞ이다

一、본보ᄂᆞᆫ 一千九百十三년三월一일브터 一쥬일동안에 ᄒᆞᆫ번식 발힝ᄒᆞᆷ

一、본보ᄃᆡ금은 명년 三월브터 一년션금 八十젼 반년션금 四十젼으로뎡ᄒᆞᆷ

一、본회보 구람쟈(購覽者)들 새로 모집ᄒᆞᄂᆞᆫ 긔한은 명년 三월一일ᄭᆞ지 한ᄒᆞᆷ

一、一년이나 혹 반년치를 반ᄃᆞ시 션금으로 요구ᄒᆞᆷ

一、본회 보구람쟈를 최다수(最多數)로 모집ᄒᆞ여 보내신이의게ᄂᆞᆫ 피의금변(皮衣金邊)ᄒᆞᆫ신구약一질노ᄡᅥ 감샤ᄒᆞᆫᄯᅳᆺ을 표ᄒᆞᆷ

一、본회보를 구람코져 ᄒᆞ시면 경셩북부쟝동ᄉᆞ십삼통삼호(京城北部壯洞四十三統三戶)본보 발힝소로 션금을 보내시고 쳥구ᄒᆞ시옵

교중휘문

△비보▽

◉만리지의새교회 경셩졍동교회권ᄉᆞ 셔긔훈씨의 통신을 거훈즉 셔부 만리지에 작년 十월브터 새로 교회가 셜립되엿는ᄃᆡ 이교회는 히동사는 김덕슌씨와 그부인은 본ᄅᆡ 졍동교우로셔 여러히동안 갓갑지 아니훈 례ᄇᆡ당에를 풍우와 한셔를 피치안코 열심으로 례ᄇᆡᄒᆞ러ᄃᆞᆫ니며 홍샹 싱각ᄒᆞ기를 우리는 밋고 례ᄇᆡ홈으로 구원을 엇엇스나 리웃에 죄인이 만흐니 엇지ᄒᆞ면 여러 동포들을 쥬ᄭᅴ로 인도홀고ᄒᆞ며 본동에 교회가 셜립되기를 쉬지안코 긔도ᄒᆞ엿더니 쥬ᄭᅴ셔 그 긔도를 깃브게 밧으샤 도아주심으로 작년三월브터 쥬일밤과 三일밤에는 ᄌᆞ긔집에셔 례ᄇᆡ보기를 시작ᄒᆞ엿스나 밋기로 작뎡ᄒᆞ는 사ᄅᆞᆷ은 별노업고 도를 듯는사ᄅᆞᆷ은 만터니 작년 十월브터는 쥬일 아ᄎᆞᆷ례ᄇᆡᄭᆞ지 보는ᄃᆡ 깃븐ᄆᆞᄋᆞᆷ으로 ᄌᆞ긔집을 례ᄇᆡ당으로 밧치고 ᄂᆡ외가 합심ᄒᆞ야 젼도홈으로 밋는사ᄅᆞᆷ이 날노 증가ᄒᆞ매 쳐소가 좁은고로 집을 느리는ᄃᆡ 졍동교회에셔 얼마간 죠급ᄒᆞ고 놈어지 四十여환은 ᄌᆞ긔가 ᄆᆡ우 어려온즁이라도 앗기지 안코 ᄌᆞ담ᄒᆞ며 몸으로 역ᄉᆞ를 만히 도아줌으로 五六十인이 례ᄇᆡ볼만콤 되엿스며 밋는교우도 五十여명에 달ᄒᆞ엿스니 이는 다 하ᄂᆞ님의 넓으신 은혜와 김씨ᄂᆡ외의 독실훈 밋음과 군졀훈 긔도와 리웃사ᄅᆞᆷ ᄉᆞ랑ᄒᆞ기를 ᄌᆞ긔몸ᄀᆞᆺ치 ᄒᆞ는ᄆᆞᄋᆞᆷ으로 된줄밋고 감샤 칭숑훈다 ᄒᆞ엿더라

◉학싱의모본뎍열심 평양빌닝스목ᄉᆞ의 통신을 거훈즉 히군 남산현 미감리교회ᄂᆡ 광셩학교학싱의 지젹은 一百九十여명이나 평균츌셕ᄒᆞ는 학싱은 一百八十五명이라 작년 구쥬셩탄일을 당ᄒᆞ여 흔번무도(欣抃舞蹈)ᄒᆞ는 동시에 一구여출노 웨치는 소리가 주는것이 밧는것보다 복이잇다ᄒᆞ야 연보ᄒᆞ기를 쳥ᄒᆞ거늘 임원과 션싱제씨도 ᄯᅩ훈 감샤홈을 마지못ᄒᆞ여 지필을들고 긔록ᄒᆞ니 학싱一동이 나도 나도ᄒᆞ야 슌식간에 구취훈 금익이 十三원이상에 달ᄒᆞ거늘 그귀훈 금익으로 사소(些少)훈 물픔을 미득ᄒᆞ여 평안 남북도 여러교회학교에 분ᄇᆡ홈으로 모본뎍학싱들이라고 칭숑이 자자ᄒᆞ다더라

ᄯᅩ훈 동씨의 통신을 거훈즉 평양 구골회당에 유년(幼年)쥬일학교 학싱은 六十五명이 츌셕ᄒᆞ는ᄃᆡ 그 만치못훈 학싱들이 젼도ᄉᆞ를 위ᄒᆞ야 ᄆᆡ삭 ᄌᆞ급젼 一원三十젼을 담당ᄒᆞ엿스니 우리신자의 거울이 될만ᄒᆞ고 ᄯᅩ훈 그즁 엇던 어린ᄂᆡ학싱은 ᄌᆞ긔부모의게 ᄆᆡ일 돈一젼식을 타셔 덜니쓰지안코 쥬일 슈젼과 ᄌᆞ급을 위ᄒᆞ야 쓰니 이ᄀᆞᆺ치ᄒᆞ는 일을 싱각ᄒᆞ면 참 아ᄅᆞᆷ다온 일이라 훌지로다 슬프다 이셰상에 장셩훈 교우도 ᄌᆞ급을 위ᄒᆞ야 이ᄀᆞᆺ치 못ᄒᆞ되 이 어린ᄋᆞ희의 ᄒᆞ는것을보면 우리 죠션반도에 새빗치 빗최인줄을 확실히 안다ᄒᆞ엿더라

◉셩탄후문 경셩 북부 챵의문밧교회 형뎨의 통신을 거훈즉 四五년젼에 샹동교회 젼도ᄉᆞ 박희슌씨가 처음으로 이곳에와셔 쥬의 거룩훈 말ᄉᆞᆷ을 젼ᄒᆞ야 밋는자가 만히 니러남으로 목ᄉᆞ 젼덕긔씨와 여러 임원제씨가 깃븜으로 ᄃᆞᆫ니며 연조를 쳥구ᄒᆞ야 례ᄇᆡ당을 건축ᄒᆞ고 훈 완젼훈 교회를 셜립훈지라 지나간셩탄일에는 박희슌씨가 샹동본교회 임원제씨의게와 여러 교우의게 셩탄비를 힘써 쳥구ᄒᆞ야 수十원을 엇어 그곳잇는 교우즁 빈한훈 ᄌᆞᄆᆡ들의게는 광목치마 훈벌식과 형뎨들의게는 약간훈 례물노써 증여(贈與)ᄒᆞ고 그날 관광ᄒᆞ는 남녀수ᄇᆡᆨ명의게ᄭᆞ지 파봉을 분급홈으로 一반교우들이 박희슌씨의 형뎨 ᄉᆞ랑ᄒᆞ는 열심을 감복훈다더라

◉강셔읍교회의대사경회 평남 강셔읍교회 젼도ᄉᆞ 김홍식씨의 통신을 거훈즉 히군셔ᄃᆡ방 대사경회를 거十二월 二十八일에 본회당ᄂᆡ에셔 ᄀᆡᄒᆞ엿는ᄃᆡ 교ᄉᆞ는 모리스 변영셔 송희봉 김찬흥 변학용 송득후제씨오 과졍은 요한복음 누가복음 쟝졍규측 고린도젼셔 에베소인셔 빌닙보 갈나듸아 히부리 찬숑가오

공부ᄒᆞᆫ 학싱은 一百二十九인이라 공부ᄒᆞ기젼에 새벽긔도회로 모히고 죠반후에 아ᄎᆞᆷ긔도회를 지낸후 시간좃차 공부ᄒᆞ엿ᄂᆞᆫᄃᆡ 각파에셔 특별ᄒᆞᆫ ᄌᆞ미를보고 풍셩ᄒᆞᆫ 은혜를 만히밧아 잠자던 령혼으로 ᄒᆞ여곰 새로 경셩ᄒᆞᄂᆞᆫ ᄆᆞ옴ᄲᅮᆫ 업서 각각 깃븜으로 해여젓스며 ᄯᅩ 본교회가 이번 사경회에 은혜밧은ᄇᆞᆯ은 락심되엿던 형뎨들이 새로 열심을내여 례ᄇᆡ당에 참예ᄒᆞ며 새로 밋은쟈가 十여인이며 지난 가을에는 二百五十명이 모히던 교회가 지금은 三百三十인에 달ᄒᆞ엿다더라

◎사경회와부흥회 경셩졍동교회에셔 본월七일브터 十五일ᄭᆞ지 사경회를 열엇ᄂᆞᆫᄃᆡ 교ᄉᆞᄂᆞᆫ 쎈잉감리ᄉᆞ 목ᄉᆞ리경직 최병헌 루푸쓰 젼도ᄉᆞ방죡신졔씨오 과졍은 뎨살노니가 고뎐도 긔인젼도법 산샹보훈 이젹 ᄉᆞᆨ쟝직임 긔도법 죄동이오 시간은 샹오九시로 十二시三十분ᄭᆞ지ᄒᆞ고 三十분간 휴게ᄒᆞᆫ후 하오一시브터 二시ᄭᆞ지 공부ᄒᆞ며 동七시에는 부흥회로 모히ᄂᆞᆫᄃᆡ 남감리교목ᄉᆞ 하리엿씨가 져녁마다 젼도ᄒᆞ엿슴으로 一반교우가 신령ᄒᆞᆫ 은혜를 만히 밧앗다더라

◎우리암씨와춤ᄉᆞ랑 츙남공쥬군 미감리회소관 영명학교 교감 도샹규씨의 통신을 거ᄒᆞᆫ즉 미국인목ᄉᆞ 우리암씨ᄂᆞᆫ 하ᄂᆞ님의 ᄉᆞ명을 밧아 이곳에 온지 六년동안에 열심으로 학교를 셜립ᄒᆞ고 현세의 문명ᄒᆞᆫ 지식을 교슈ᄒᆞ야 졸업싱이 三十여명에 달ᄒᆞ엿ᄂᆞᆫᄃᆡ 히씨가 금츈에 ᄌᆞ긔나라로 도라가게된고로 졸업싱 一동이 지나간 동긔휴가에 一졔히 모혀 젼별회를 기ᄒᆞ고 약간ᄒᆞᆫ 긔념픔으로 ᄉᆞ랑ᄒᆞᄂᆞᆫ뜻을 표ᄒᆞ엿ᄂᆞᆫᄃᆡ 기시에 참석ᄒᆞᆫ 인원은 남녀교우 학심부형 합ᄒᆞ야 수ᄇᆡᆨ여명이라 각각 一회一비ᄒᆞᆫ ᄆᆞ옴으로 긴시간을 지내엿ᄂᆞᆫᄃᆡ 히씨의 이력을 대강 들어말ᄒᆞᆫ건ᄃᆡ 경뎐 론산 강경세디방에 슌힝ᄒᆞ며 젼도ᄒᆞᆯ때에 교인ᄲᅮᆫ아니라 외인도 면분잇ᄂᆞᆫ 사ᄅᆞᆷ은 다 우리암씨를 ᄉᆞ닷스러온 목ᄉᆞ라고 칭도ᄒᆞ며 ᄌᆞ긔 슌힝ᄒᆞᄂᆞᆫ 지방마다 학교를 셜립ᄒᆞ엿스며 셩력잇ᄂᆞᆫ 학싱이 학비에 곤난ᄒᆞ야 공부못ᄒᆞᄂᆞᆫ것을보면 학도록 도아주엇스며 학교나 교회일에 되ᄒᆞ야 조곰도 ᄉᆞ피ᄒᆞᄂᆞᆫ 때가 업스며 ᄌᆞ긔의 의복 음식 거쳐ᄂᆞᆫ 졍결ᄒᆞᆫ외에 더원치 아니ᄒᆞ며 남을도아주되 그의 원ᄒᆞᆯ기젼에 몬져 형편을 ᄉᆞᆯ펴 도아주엇다ᄒᆞ니 이우회 몃가지를 보더라도 동씨ᄂᆞᆫ 과연 인익ᄒᆞᆫ 목ᄉᆞ오 열심잇ᄂᆞᆫ 교ᄉᆞ이며 유덕ᄒᆞᆫ 군ᄌᆞ라 ᄒᆞ엿더라

◎강화의사경회 경긔도강화읍 교회권ᄉᆞ 김용호씨의 통신을 거ᄒᆞᆫ즉 본읍 잠두교회에셔 거월四일브터 九일ᄭᆞ지 교우 ᄇᆡᆨ여명이 모혀서 사경회를 열고 목ᄉᆞ로태인씨가 샹오十시로 十一시반ᄭᆞ지 빌닙보인서 하오一시로 二시반ᄭᆞ지 마태복음十三장 비유를 ᄀᆞᄅᆞ치고 션도ᄉᆞ 죠니뎍씨ᄂᆞᆫ 하오二시반으로 三시반ᄭᆞ지 예베소인서를 ᄀᆞᄅᆞ치고 로태인씨부인은 샹오十시로 十一시반ᄭᆞ지 부인들의게 언문을 ᄀᆞᄅᆞ치고 하오一시로 二시반ᄭᆞ지 마태복음六장五절노 十五절ᄭᆞ지 긔도법을 ᄀᆞᄅᆞ치고 二시반으로 三시반ᄭᆞ지 문답하를 ᄀᆞᄅᆞ첫ᄂᆞᆫᄃᆡ 오묘ᄒᆞᆫ진리를 ᄭᆡ다라 유익ᄒᆞᆷ을 만히 보앗다 ᄒᆞ엿더라

긔렴연보광고

본년一월十二일은 본회보창간 뎨二회 긔렴쥬일이온ᄃᆡ 이날에 각처교회에셔 각기힘대로 본회보에 연보ᄒᆞᆫ것을 본샤로 보내엿습기 그의호ᄒᆞ시ᄂᆞᆫ뜻을 감샤ᄒᆞ오며 이에 ᄎᆞ례로 게지ᄒᆞ야 광포ᄒᆞ노라

鎭南浦碑石洞교회	二圓
京城靑坡橋교회	一圓
平壤邑교회	五十四錢
上仝石橋교회	六十錢
上仝갈궁정교회	二十錢
上仝注波교회	十錢
上仝독골교회	廿三錢

△외보▽

◎명고옥의련합회 일본명고옥(名古屋)시닉 각교회ᄂᆞᆫ 거월 첫쥬일(週日)동안에 명디즁앙례ᄇᆡ당닉에셔 련합긔도회를 열고 ᄆᆡ일 하오二시브터 긔회ᄒᆞ고 목ᄉᆞ고돈씨가 젼도ᄒᆞ엿ᄂᆞᆫᄃᆡ 텽즁은 四百여인여오 그결과ᄂᆞᆫ 十六명의

청년학싱이 쥬의일에 죵ᄉᆞᄒᆞ기로 결심ᄒᆞ엿다더라

◉대연셜회의쥰비 일본긔독청년회는 리四월一일에 목뎌션싱이 동경에도달ᄒᆞᆫ후 신뎐(神田)청년회관니에서 각국긔독교 청년남녀 학싱을 모와 三일간 대연셜을 열기위ᄒᆞ야 원뎐작지진(元田作之進)씨등 五인을 쥰비위원으로 선뎡ᄒᆞ엿다더라

◉횡빈의금쥬회 일본횡빈항(橫濱港) 각교회 련합 금쥬회(禁酒會)에서 국회(國會)에 청원ᄒᆞᆫ개요는 대개 술은 이 위싱과 경제와 도덕에 지극히 악ᄒᆞᆫ 영향(影響)이 밋게ᄒᆞ는 물건인ᄃᆡ 근일 정부와 샤회와 학교에서 상픔(賞品)으로 술잔을 몬드러 주는일이 죵죵 잇스니 이는 술을 마시리고 권장ᄒᆞ는뜻인즉 이엇지 국가와 진운(進運)을 방희(妨碍)홈이 아니리요 ᄒᆞ엿더라

◉민국의교회흥왕 즁화민국(청국)북방 미감리회는 작년즁에 새로 엇은교우의 수효자ㅣ 一千六百명이라더라

◉퍼어슨셩경학원 미국교회에서 고박ᄉᆞ퍼어슨씨를 긔렴ᄒᆞ기위ᄒᆞ야 죠션경셩에 셩경학원을 새로 건츅ᄒᆞᆯ터인ᄃᆡ 그경비의 예산의 十만환니에 반익은 벌서 모집ᄒᆞ엿다더라

◉미감리회의외국션교비 미국 미감리회 외국션교부에서 작년즁에 외국션교비로 슈입ᄒᆞᆫ 금익이 도합四百七十三만二千二百六환六젼이라더라

◉교회신문불가불구람 미국 미감리회 감독의회에서 본교회장졍에 九十六됴를 기뎡ᄒᆞ기로 의안(議案)을 뎨츌ᄒᆞ엿는ᄃᆡ 그ᄂᆡ용은 계삭회에서 교회신문을 구람치 아니ᄒᆞ는 권ᄉᆞ나 속장이나 유ᄉᆞ나 쥬일학당쟝이나 엡웟청년회장은 계삭회원으로 빗지말쟈는 됴건이라더라

◉덕국의교민통계 덕국의 최근(最近)통계표를 거ᄒᆞᆫ즉 그나라 빅셩즁에 예수교인이 三千九百九十九만一千四빅十一인이오 텬쥬교인이 二千三百八十二만一千四百五十三인이오 유대교인이 六十一만五千二十一인이오 다른 잡교인이 二十八만三千九百四十六인이라더라

긔셔

◉쿠리스티나녀ᄉᆞ의략ᄉᆞ 덕국쿠리스티나씨는 본리 덕국부인으로서 쥬후一千八빅八十三년에 그집안이 다 미국에 입젹ᄒᆞ엿는ᄃᆡ 이부인이 년로ᄒᆞᆫ후에 이거ᄒᆞ엿슴으로 영문에 익숙지 못ᄒᆞᆫ자라 비록 쥬를위ᄒᆞ야 간단ᄒᆞᆫ 긔즁은 ᄒᆞ엿스나 젼도는 능히 ᄒᆞ지못ᄒᆞ고도 다만 긔도와 연보ᄒᆞ는것으로 텬국일을 돕는즁 특별히 타방션교회 연보에 주의ᄒᆞ엿더라 그ᄌᆞ세ᄒᆞᆫ ᄉᆞ젹을 다 긔록ᄒᆞᆯ수 업스나 대강 멋가지로만 볼지라도 이부인의 큰졍셩은 알수가잇스니 이부인의 가세는 부요ᄒᆞ다ᄒᆞᆯ수 업스며 ᄒᆞᆯ노 그ᄌᆞ녀 몃을 교육식히며 쥬의 일을 ᄒᆞ엿는ᄃᆡ 살님ᄒᆞᆯ때에 의복도 겨우 헐벗지 아닐만콤만 작만ᄒᆞ고 오래고 헌옷을 여러번 기워가며 닙엇스며 혹독ᄒᆞᆫ 동졀일지라도 방안에 불을 어러죽지 아니리만콤만 피우며 됴흔 음식을 흔히 자시지 아니ᄒᆞ는것은 다만 타방션교회를 위ᄒᆞ야 연보를 힘쓰려홈이오 집안에 긴히 소용되는 물건외에는 사는일이 업스며 혹ᄌᆞ녀즁 별다른 음식을 먹고져 원ᄒᆞ면 말솜ᄒᆞ기를 「만일 우리가 모든일에 돈을 졀용치 아니ᄒᆞ면 쥬의 나라일을 위ᄒᆞ야 연보ᄒᆞ는것이 엇치기쉽다」ᄒᆞ고 또 만일 연보를 더ᄒᆞ게되는 때에는 더깃버ᄒᆞ엿다 ᄒᆞ니 일노보면 ᄌᆞ긔육신은 졈々 쇠패ᄒᆞ고 집안 저산을 더느릴 사롬이 업슴으로 힝여나 연보를 못ᄒᆞ게될가 념려홈이 쥬야로 그ᄆᆞ옴 가온ᄃᆡ 떠나지 아니홈을 가히 알지로다 이외에도 가히 찬송ᄒᆞᆯ만ᄒᆞᆫ 일이 잇스니 그ᄌᆞ녀즁 헤늬이라는이가 그모친과 ᄀᆞᆺ치 춤독신쟈로 평싱에 원ᄒᆞ고 쥬께 긔도ᄒᆞ기는 어나때던지 타방션교ᄉᆞ로 가서 진리대도를 젼코져 원ᄒᆞ더니 일일은 긔회가 니르는지라 그 로모의

게 이ᄉᆞ샹을 엿주어본즉 이때 쿠리스틔나부인의 년긔가 六十九세요 집안 식구라고ᄂᆞᆫ 그ᄯᆞᆯ 헤늬 ᄒᆞ나이 잇서서 그 모친을 위로ᄒᆞ고 봉양ᄒᆞ던터이나 그모친은 ᄃᆡ답ᄒᆞ기를 구원의 리치를 젼ᄒᆞᄂᆞᆫ것이 나와ᄀᆞᆺ치 잇서 나를 위로ᄒᆞᄂᆞᆫ것보다 큰일이니 가기를 허락ᄒᆞᆫ다ᄒᆞᆷ으로 헤늬씨ᄂᆞᆫ 뎐부의 ᄉᆞ명을밧고 모친의 허락을 인ᄒᆞ여 죠션경셩 리화녀ᄒᆞᆨ당에서 교육에 죵ᄉᆞᄒᆞ니 쿠리스틔나녀ᄉᆞ의 신심은 춤아름답다ᄒᆞᆯ수 잇스니 곳타방션교에 ᄃᆡᄒᆞ야 극력연보ᄒᆞᆫ것과 다만 무남독녀로 ᄌᆞ긔를 봉양ᄒᆞᄂᆞᆫ 헤늬씨를 션교ᄉᆞ로 보낸일을보니 하ᄂᆞ님ᄭᅴ서 ᄌᆞ긔독셩ᄌᆞ로 우리죄인을 구원ᄒᆞ려ᄒᆞ신ᄯᅳᆺ을 만분의 一이라도 ᄯᅩ르기를 힘쓰ᄂᆞᆫ것은 그가말ᄉᆞᆷ 아니ᄒᆞ여도 그힘ᄒᆞᆫ일노 나타내 보이엿도다 이부인이 이러ᄒᆞᆫᄉᆞ업을 만히ᄒᆞ고 一千九百十二년十一월十五일에 하ᄂᆞ님의 명ᄒᆞ신ᄯᅳᆺ대로 영화로온 북디로 올나갓스니 이세샹 육졍(肉情)으로 싱각ᄒᆞ면 헤늬씨를 션교ᄉᆞ로 보낸지 수년에 모녀 다시맛나 뎐륜지졍을 펴셔지 못ᄒᆞ엿스니 극히 슬플일이나 헤늬부인은 독신자중 도덕가라 놉을 ᄃᆡᄒᆞ야 말ᄒᆞ기를 「ᄉᆞ후뎐부 압헤가셔 반가히 맛나ᄂᆞᆫ것으로 위로를 엇ᄂᆞᆫ다」ᄒᆞ엿스니 이ᄀᆞᆺᄒᆞᆫ 모녀의 신심은 고왕금릐에 드믈다ᄒᆞᆯ지로다

◎그리스도회보에ᄃᆡᄒᆞᆫ감렴(感念)

젼남포 비형식

광음이여ᄉᆞ(光陰如駛)ᄒᆞ야 우리 ᄉᆞ랑ᄒᆞᄂᆞᆫ 그리스도회보 창간ᄒᆞᆫ지 어언간 뎨二회긔렴을 당ᄒᆞ야 회보의 력ᄉᆞ를 싱각ᄒᆞ게되엿스니 첫재 하ᄂᆞ님의 은혜주심을 찬숑ᄒᆞ오며 둘재 샤원一동의 근로ᄒᆞ신 공효를 치하ᄒᆞ오며 셋재구람재씨의 익독ᄒᆞ신 열셩을 감샤ᄒᆞᄂᆞ이다 회보의 쟝릭도 하ᄂᆞ님의 은혜가 홍샹회보샤에 림ᄒᆞ셔야 ᄒᆞ겟고 샤원一동의 근로ᄒᆞ심도 시죵이여一ᄒᆞ여야 ᄒᆞᆯ수잇고 구람재씨도 일가월즁(日加月增)ᄒᆞ여야 우리그리스도회보의 셰력이 一층 확쟝ᄒᆞ겟ᄂᆞᆫ지라 그런고로 본인의 적은 졍셩을 다ᄒᆞ야 은혜를 한량업시 주시ᄂᆞᆫ 하ᄂᆞ님ᄭᅴ 우리 그리스도회보가 일진무감(日進無減)케ᄒᆞ여 달나고 긘구ᄒᆞ오며 도덕샹 긔ᄉᆞ이문(奇事異聞)을 찻노라고 로심초ᄉᆞᄒᆞ시ᄂᆞᆫ 샤원一동은 비록 千신만고를 당ᄒᆞᆯ지라도 앗기지 안니ᄒᆞ야 회보의 목뎍을 달ᄒᆞ기ᄭᆞ지 무실력힝(務實力行)ᄒᆞ여야 회보가 집々마다 광포될줄 밋ᄉᆞ오며 ᄯᅩᄒᆞᆫ 회보를 구람ᄒᆞ시ᄂᆞᆫ 부형모미들은 우리종교샹 졍신뎍(精神的)긔관으로 환영익독ᄒᆞᄂᆞᆫ것이 우리신자의 의무로 알것은 이회보의 목뎍이 곳 우리의 목뎍이오 이회보의 권리가 곳우리의 권리인ᄯᅡ닭이로소이다 그런즉 이회보가 실샹 우리의 ᄃᆡ언자이니 ᄃᆡ언자에 ᄃᆡᄒᆞ야 엇지 一긔년 수로(酬勞)금 八十젼이 만타ᄒᆞ고 앗길수 잇ᄂᆞᆫ잇가 여보 형뎨ᄌᆞ미들이여 지졍경제로 인ᄒᆞ야 못보겟다 핑계마시오 회보갑 八十젼을 三百六十五일에 분비ᄒᆞ면 미일 엽젼두푼에 지내지못ᄒᆞ며 회보一년 五十二장에 분ᄒᆞᆯ지라도 ᄒᆞᆫ쟝에 ᄒᆞᆫ돈五픈식 밧게못되ᄂᆞ이다 그러면 우리 싱활샹에 다른 비용은 물론ᄒᆞ고 어린ᄋᆞᄒᆡ의게ᄃᆡᄒᆞᆫ 비용ᄒᆞᆫ가지만 一년 계산ᄒᆞ면 보통으로 미일 ᄒᆞᆫᄋᆞᄒᆡ의게 평균 五리식이라도 一년에 一원八十젼은 되오니 이비용에서 반만 저축ᄒᆞᆯ지라도 이회보를 구람ᄒᆞᆯ수 잇슴니다 이방법도 극난ᄒᆞ오면 一二인이나 혹 三四인식 조합ᄒᆞ야 구람(組合購覽)ᄒᆞ실지라도 ᄯᅩᄒᆞᆫ 쉽지아니ᄒᆞ오닛가 돈업다고 핑계ᄒᆞᄂᆞᆫ것이 구람ᄒᆞ실 ᄆᆞᄋᆞᆷ이 업다ᄂᆞᆫ ᄃᆡ명ᄉᆞ(代名詞)로 인증ᄒᆞᆯ수 잇ᄂᆞ이다 지三 충고ᄒᆞ옵ᄂᆞ니 우리의 령혼샹 목뎍을、달코져ᄒᆞ오면 교회 긔관보의 목뎍을 달ᄒᆞ기위ᄒᆞ야 ᄆᆞᄋᆞᆷ을 다ᄒᆞ고 ᄆᆞᄋᆞᆷ에 힘을더ᄒᆞ고 힘에 금젼을 더ᄒᆞ야 신자ᄂᆞᆫ 무론 남녀로쇼ᄒᆞ고 회보ᄒᆞᆫ쟝식 다 익독ᄒᆞ심을 간졀히 ᄇᆞ라ᄂᆞ이다

……△그리스도회보▽……

一、품격(品格) (1) 도덕 (2) 진리 (3) 신령 (4) 싱명 (5) 신앙력 (6) 소망

二、목뎍 세샹사ᄅᆞᆷ을 속죄

五

三、구령ᄒᆞᄂᆞᆫ 길노 인도홈

권리와의무

1 련국ᄌᆞ민과 十ᄌᆞ군병된 직분을 알게홈
2 공의와 절제를 공포홈
3 종교의 츅파 거즛을 알게홈
4 교회정치를 一치케홈
5 젼징세계로 도덕샹 평화세계를 세우고져홈
6 동서양교회의 혁편을 통신홈
7 연약ᄒᆞᆫ 교회와 신쟈를 부흥케ᄒᆞ여 굿건케홈
8 환란밧ᄂᆞᆫ쟈를 위로ᄒᆞ며 시험밧ᄂᆞᆫ쟈로 이길힘을 엇게홈
9 가뎡과 학교의 교육방침을 알게홈
10 져도쟈의 직칙을 알게홈
11 신쟈의 실업을 알게홈

△ᄉᆞ조(詞藻)

한셩쳥녕교례비당 류경샹

一、
먹ᄂᆞᆫ것은
살랴홈인가
엇호랴홈인가
죽ᄂᆞᆫ것은
살랴홈인가
이긔려홈인가

十、
호리건곤의
몽롱ᄒᆞᆫ세월을
보내지말고
압날일을
속히쥰비ᄒᆞᆯ지어다
나의벗이여

三
먼들가온ᄃᆡ우뚝헌이셧ᄂᆞᆫ
긱이여
남은회포가
잇ᄂᆞᆫ가
엇더ᄒᆞᆫ가

四
눈을부비여
정신을가다듬어
붓ᄭᅳᆺᄒᆞᆯ적시여
기다리노라

五
시셰가
남아를산출ᄒᆞᄂᆞᆫ가
남아가
시셰를산출ᄒᆞᄂᆞᆫ가
남아가능히시셰도산출ᄒᆞᆯ
수잇다ᄒᆞ노라

六
시셰를오히홈이여
노치면아니오ᄂᆞ니
인류가죠심ᄒᆞᆯ비로다
그릇치면후회ᄒᆞᆫ들효력
이잇나

진리문답

매천 리은영

문、요한一서 五장 十七절에 죽지안ᄂᆞᆫ 죄ᄂᆞᆫ 무슴죄뇨

답、회개ᄒᆞ고 예수 밋음으로 샤유ᄒᆞᆯ죄ᄂᆞᆫ 죽지 아ᄂᆞᆫ죄니라

문、누가복음 十六쟝에 불의ᄒᆞᆫ 쳥직이를 칭찬ᄒᆞ심은 무슴ᄯᅳᆺ이뇨

답、부쟈ᄂᆞᆫ 하ᄂᆞ님이오 쳥직이ᄂᆞᆫ 셰샹 사ᄅᆞᆷ이니 셰샹사ᄅᆞᆷ들이 하ᄂᆞ님의 지물노 살기ᄂᆞᆫ 一반이라 그러나 그지물을 가지고 쥬셕잡기에 쓰ᄂᆞᆫ쟈보다 친구를 ᄉᆞ괴여 ᄌᆞ신지최을 예비홈으로 그지혜를 칭찬ᄒᆞ셧ᄂᆞ니라

문、예수의 족보ᄃᆡ수가 마태복음과 누가복음이 엇지ᄒᆞ야 굿지아니ᄒᆞ뇨

답、ᄌᆞ셰히 말ᄒᆞᆯ수업ᄉᆞ나 신학ᄉᆞ들이 말ᄒᆞ기를 요셥과 마리아가 다 다윗의 ᄌᆞ손이나 요셥은 솔노몬의지파요 마리아ᄂᆞᆫ 나다니엘의지파로 ᄂᆞ려왓슨즉 마태복음은 요셥의 족보요 누가복음은 마리아의 족보라ᄒᆞᄂᆞ니다

셰계격언

一、ᄌᆞ긔의 나라를 비반ᄒᆞᄂᆞᆫ 쟈ᄂᆞᆫ ᄌᆞ긔의 [illegible](府)의 바닥에 구멍을 ᄯᅮᆯᄂᆞᆫ쟈와 굿ᄒᆞ니라

二、희히덕(詼譜的)으로 남의 명예를 손상ᄒᆞᄂᆞᆫ쟈ᄂᆞᆫ ᄀᆞ장 교활ᄒᆞᆫ도적이니라

三、지물을 뇌(腦)속에 너어두ᄂᆞᆫ것이 ᄀᆞ장 안젼(安全)ᄒᆞᆫ 보관법이니라

四、부인은 그얼골에 주의를 더ᄒᆞᆯ사록 그집안일에 더옥 등한ᄒᆞᄂᆞ니라

五、ᄆᆞᄋᆞᆷ을 수고롭게ᄒᆞᄂᆞᆫ쟈ᄂᆞᆫ 사ᄅᆞᆷ을 부리고 혐(躰力)을 수고롭비ᄒᆞᄂᆞᆫ쟈ᄂᆞᆫ 사ᄅᆞᆷ의게 부리우ᄂᆞ니라

六、부쟈ᄂᆞᆫ 덕(德)을 숨기기 쉽고 빈쟈(貧者)ᄂᆞᆫ 부덕(不德)을 숨기기 어려오니라

가뎡과쇼년

⊙세죵류의학싱

이세샹에 세죵류의 학싱이잇스니 샹등과 즁등과 하등이라 이세죵류의 학싱을 갑ᄌᆞ 무슴물건에 비유컨ᄃᆡ 샹등학싱은 암소가 약간ᄒᆞᆫ 풀ᄲᅮᆫ을 마먹고ᄯᅩ 그보슈(報酬)로 됴흔 우유를 내여 사ᄅᆞᆷ의 진ᄃᆡ

를 조양케ᄒᆞᄂᆞᆫ것ᄀᆞᆺ치 조곰비
호고도 크게진보ᄒᆞ야 일쳥의
게 유익ᄒᆞᆫ일을 만히ᄒᆞ고。즁
등학ᄉᆡᆼ은 잉무새가 다만 ᄀᆞ
ᄅᆞ쳐주ᄂᆞᆫ것만 아ᄂᆞᆫ것ᄀᆞᆺ치 비
ᄒᆞᆫ것외에ᄂᆞᆫ 더진보치 못ᄒᆞ고
하등학ᄉᆡᆼ은 밋셰진 항아리가
물붓ᄂᆞᆫ대로 ᄉᆡᄂᆞᆫ것ᄀᆞᆺ치 ᄇᆡᄒᆞᆫ
대로 이져ᄇᆞ리ᄂᆞ니라
그런즉 우리ᄉᆞ랑ᄒᆞᄂᆞᆫ 남녀학
ᄉᆡᆼ들은 아모됴록 다샹등학ᄉᆡᆼ
이되기를 ᄇᆞ라노라

격치문답(格致問答)

문、녀름에 류리잔에 어름을
담아두면 물방울이 그릇
밧그로 내솟ᄂᆞ니 어름물
이 류리를 ᄯᅮᆯ코나오ᄂᆞ뇨
답、아니라 공긔즁에ᄂᆞᆫ ᄒᆞᆼ샹
슈증긔(水蒸氣)가 셕겨잇
ᄂᆞᆫᄃᆡ 만일 지극히 찬물
건이잇스면 슈증긔가 그
찬물건에 엉겨붓ᄂᆞᆫ고로
그러ᄒᆞ니라
문、화륜차ᄂᆞᆫ 무슨힘으로 ᄃᆞᆫ
니ᄂᆞ뇨
답、물끌ᄂᆞᆫ 증긔의힘으로 ᄃᆞᆫ
니ᄂᆞ니라
문、증긔의 힘을 좀시험ᄒᆞ여
볼수잇ᄂᆞ뇨
답. 시험ᄒᆞ야 볼수잇ᄂᆞ니 튼
々ᄒᆞᆫ 병에물을 반ᄶᅳᆷ채온
후 막위를 단々히 막고
불을ᄯᅦ여 살이면 나죵에
ᄂᆞᆫ 그막이가 ᄲᅥᆼᄒᆞ고 ᄲᅡ
져 나올것이니라

실업

◎농ᄉᆞ강습의요항 (쇽)

특별작물은 목면(木綿) 대마
(大麻) 호마(胡麻) 임(荏) 감져
(甘藷) 마령셔(馬鈴薯) 인삼
제츙국(除虫菊) 잉쇽(罌粟) 담
비 차(茶)등쇽이니라

三、농작물의품죵(品種)

대개 농작물의 품죵이라ᄒᆞᄂᆞᆫ
것은 긔후와 토질(土質) ᄌᆡᄇᆡ
법(栽培法)을 인ᄒᆞ야 각々 요
구ᄒᆞᄂᆞᆫ 품죵이 다르니 가령
벼(稻)로 말ᄒᆞ면 몃가지 죵류
가 잇스니 곳 죠신력(早神力)
일츌(日出) 고궁(高宮) 대쟝(大
場) 빙ᄉᆡᆨ(氷色) 목흑(目黑)등
이오 대ᄆᆡᆨ(大麥)으로 말ᄒᆞ면
고루뎬메론 륙각(六角)수바리
등의 죵류가 잇슴이라

四、작물과긔후와토양(土
壤)의관계

므릇 작물은 긔후와 토양에
ᄃᆡᄒᆞ야 뎍당ᄒᆞᆫ 죵류를 ᄐᆡᆨᄒᆞᆯ
지니 가령 목면과 감져와 감
귤(柑橘)등쇽은 온란(溫暖)ᄒᆞᆫ
긔후에 뎍당ᄒᆞ며 마령셔 감
람 평과 등쇽은 한링(寒冷)ᄒᆞᆫ
긔후에 뎍당ᄒᆞ고 ᄯᅩ 목면과
락화ᄉᆡᆼ(落花生) 등쇽은 사토
(沙土)에 뎍당ᄒᆞ며 대두(大豆)
와 쇼두ᄂᆞᆫ 뎜토(粘土)를 됴화
ᄒᆞ고 륙도(陸稻)와 리우ᄂᆞᆫ 비
습ᄒᆞᆫ ᄯᅡᆼ을 됴화ᄒᆞᄂᆞ니라

담총

◎이상ᄒᆞᆫ의협심(義俠心)

근일 법국 우루스셩에서 엇
던 죄슈(罪囚)가 탈옥(脫獄)ᄒᆞ
여 도망ᄒᆞ다가 엇던촌가에
드러가 요긔ᄒᆞ기를 쳥ᄒᆞᆫᄃᆡ
그집쥬인 니외가 기리탄식ᄒᆞ
고 눈물을 ᄲᅮ리며왈「손님이
공교히 이처럼 군핍ᄒᆞᆫᄯᅢ에
차자드러오셧ᄉᆞ니 쥬인된 ᄆᆞ
ᄋᆞᆷ에 미우 가엽고 붓그러온
일이오」ᄒᆞ거ᄂᆞᆯ 죄슈가 그군
핍ᄒᆞᆫ 리허를 무른ᄃᆡ 쥬인이
ᄃᆡ답왈「내가 수삭이ᄅᆡ로 신
병을엇어 버리도 못ᄒᆞ고 여
간 저츅ᄒᆞ엿던 돈량은 병
치료ᄒᆞ기에 다써ᄇᆞ리고 지
금은 먹을것도 업고 ᄡᅳᆯ것도
업슐ᄲᅮᆫ외라 집셰를 두ᄃᆞᆯ재
못주엇더니 집쥬인이 어셔
집을 뷔여노흐라고 셩화ᄀᆞᆺ치
지촉ᄒᆞᄂᆞ니 부득불 이치운
겨울에 늙은부모를 모시며
어린ᄌᆞ식들을 ᄭᅳᆯ고 갈곳이
업슨즉 이런 답답ᄒᆞ고 막막
ᄒᆞᆫ일이 어ᄃᆡ잇ᄉᆞ리오」그 죄
슈가 듯기를 다ᄒᆞ매 동졍(同
情)의 눈물을 흘닌후 쥬인의
게 무러왈「집셰가얼마뇨」쥬
인왈「두ᄃᆞᆯ치 十원이오」죄슈
왈「나ᄂᆞᆫ 탈옥ᄒᆞ여 나온죄슈
인ᄃᆡ 법국에 탈옥ᄒᆞᆫ 죄슈를
잡아밧치면 샹금(賞金) 二十
원을 주ᄂᆞᆫ것이니 그ᄃᆡ가 나
를 잡아다가 시텽(市廳)에 밧
치면 반ᄃᆞ시 二十원을 밧을
지니 그돈으로 집셰나 주고
아직 몃칠동안 시량을 쥰비
ᄒᆞᆷ이 엇더ᄒᆞ뇨」쥬인이「내가
죽을지언뎡 그일은 ᄒᆡᆼᄒᆞᆯ수업
소」죄인왈「그ᄃᆡ가 듯지아니
ᄒᆞ면 내가 ᄌᆞ현(自現)이라도
ᄒᆞᆯ터인즉 그ᄃᆡᄂᆞᆫ 고집말나ᄒᆞ
고」인ᄒᆞ야 쥬인의 손을 잇글
고 시텽에 드러가니 시텽의
옥관이 국법에 의지ᄒᆞ야 二
十원을 ᄀᆞᆺ치갓던 쥬인의게
내여주고 그죄슈ᄂᆞᆫ 잡아가두
七 엇더라 그후에 그쥬인은 그

[illegible] ᄂᆞᆫ것이
[illegible] 생각ᄒᆞ고 사령에
도리가 지ᄉᆞ(知事)를 보고 그 쟈유의 죠현ᄒᆞᆫ ᄉᆞ실을 一一히 말ᄒᆞ매 지ᄉᆞ도 그 의협심을 가샹히 녁여 즉시 그 죄슈를 불너 칭찬ᄒᆞ고 또ᄒᆞᆫ 효유ᄒᆞᆫ후 특사방면(特赦放免)ᄒᆞ엿다더라

◉광 고◉

젼傳도道지指남南 뎡가금 二十錢

본서는 신학졸업싱 리은영씨가 동서양 각서젹즁에서 젼도의 요용됨만ᄒᆞᆫ 도리와 화학 유명ᄒᆞᆫ 력ᄉᆞ 이상ᄒᆞᆫ 비유 ᄌᆞ미잇ᄂᆞᆫ 니야기를 간단ᄒᆞ게 쟉요ᄒᆞ야 편즙ᄒᆞᆫ 것이오니 죵교를 확쟝코ᄌᆞ 혈셩ᄒᆞ시며 지식을 발달코ᄌᆞ 열심ᄒᆞ시ᄂᆞᆫ 형매제씨ᄂᆞᆫ 륙속쳥구ᄒᆞ시옵
(인쇄즁)

매셔인의게ᄂᆞᆫ 특할인ᄒᆞ겟ᄉᆞᆸ

매발매소

忠北堤川邑耶穌敎堂內 金秀漢
水原邑鍾路耶穌敎堂內 金致玉
水原邑南門通東洋世援書舖 金聖默
江華邑蚕頭耶穌敎堂內 盧濟民

◉광 고◉

교대가 대구보혜약방과 동ᄉᆞ약방을 셜립ᄒᆞ고 동서양약 二百五十여죵을 본뎜과 ᄀᆞᆺ치 확인ᄒᆞ여 수응ᄒᆞ오니 출쟝지뎜을 원ᄒᆞ시ᄂᆞᆫ 형미ᄂᆞᆫ 긔별ᄒᆞ시면 교대가 인허ᄊᆞ치 맛하 드리겟ᄂᆞ이다

미국의ᄉᆞ 어유빈씨의 만병슈등과 미국샹ᄉᆞ품 금계랍(목ᄉᆞ슈용품)지뎜을 겸ᄒᆞ엿ᄉᆞ오니 다수쳥구ᄒᆞ시옵

忠北堤川邑耶穌敎堂隅榮秀堂
主 金秀漢 白

◉본사특별고빅

一、누구시던지 통신을 긔록ᄒᆞ야 보내시되 무숨득이ᄒᆞᆫ ᄉᆞ실외에ᄂᆞᆫ 개인의 일보다 교회에뎌ᄒᆞᆫ ᄌᆞ미잇고 유익ᄒᆞᆫ ᄉᆞ실을 간단명효ᄒᆞ게 특송ᄒᆞ시옵

二、본보ᄃᆡ금을 보내실때에 五十젼 이샹이 되ᄂᆞᆫ때에ᄂᆞᆫ 우편쇼 위채로 보내시옵

◉판쥬신약젼서

본공회에서 죠선문관쥬 신약젼서를 처음으로 발힝ᄒᆞ야 금월二十일경브터 매하를 시작ᄒᆞᄂᆞᆫ바 그쟝칙과 뎡가ᄂᆞᆫ 이아래 ᄌᆞ세히 긔록ᄒᆞ엿ᄉᆞ오니

죠량ᄒᆞ신후 다쇼간 소용을 ᄯᆞ르셔 본공회나 혹 경향각쳐 교회즁 최샤로 쳥구ᄒᆞ시기를 경요

본공회 발힝 구약젼서二칙一달 지의ᄂᆞᆫ 뎡가一원이오 포의ᄂᆞᆫ 一원十五젼이온바 구람인의 경제샹 졍형을 인ᄒᆞ야 포의ᄂᆞᆫ 七十五젼으로 지의ᄂᆞᆫ 六十젼으로 각가ᄒᆞ엿ᄉᆞ오니

첨교우ᄂᆞᆫ
죠량ᄒᆞ시옵쇼서

경셩 종로 대영셩서공회 고빅

四ᄒᆞ쥬ᄌᆞ판쥬신약젼서

뎡가록

번호				圓 錢
九三	포의	죠션제	ᄃᆡ도부	●四〇
九四	견포의	양쟝	동	●六五
九五	반피의		동	一●二〇
九八	샹품피의		동	三●五〇
九九	샹품절피의		동	四●〇〇

▲광 고▼

본공회에서 각종셩서를 구비ᄒᆞ여 디방의 원근과 쳥구의 다쇼를 믈론ᄒᆞ고 신속슈응ᄒᆞᄂᆞᆫ바 근일에 특별히 감가된칙도 잇고 새로 출판된칙이 잇기로 이아래 긔록과 ᄀᆞᆺ치 광포홈

감가ᄒᆞᆫ언문구약 ᄀᆡ뎡가록

二권一질	지의	六十錢
同	포의	七十五錢

신출판언문관쥬신약뎡가록

포의	ᄃᆡ도부	四十錢
견포의	동	六十五錢
반피의	동	一圓十錢
샹등총피의	동	三圓五十錢
샹등절피의	동	四圓

京城鍾路
美國聖書公會 告

그리스도회보

KOREAN CHRISTIAN ADVOCATE

毎週一回土曜日發行
大正二年三月五日印刷
大正二年三月八日發行

發行兼編輯人 開城北部山芝峴 奇義男
印刷人 京城北部樓閣洞 朴東完
印刷所 京城北部觀峴 徽文館
發行所 京城北部壯洞四十三統三戶 呂炳鉉

ᄃᆡ금…代金
一쟝 二젼五리
六ᄀᆡ월 四十젼
一ᄀᆡ년 八十젼

샤셜

● 긔독교는무엇이뇨

혹쟈ㅣ우리ᄃᆞ려 뭇기를 긔독교는 무엇이뇨 ᄒᆞᆯ것ᄀᆞᆺᄒᆞ면 여긔ᄃᆡᄒᆞ야 신학샹 학셜이나 교회졔도나 의식(儀式)으로 ᄃᆡ답ᄒᆞᄂᆞᆫ것보다 신약셩경즁에셔 모본ᄒᆞ여낸바 고금긔독신쟈즁 ᄆᆞ쟝 특이ᄒᆞᆫ 사ᄅᆞᆷ의 ᄉᆡᆼ활과 픔셩과 ᄉᆞ업을 ᄌᆞ세히 셜명ᄒᆞ야 들니ᄂᆞᆫ것이 필요ᄒᆞ도다 대개 긔독교ᄂᆞᆫ 하ᄂᆞ님ᄭᅴ ᄃᆡᄒᆞᆫ사ᄅᆞᆷ의 령혼샹관계를 ᄉᆡᆼ출(生出)ᄒᆞ엿고 ᄯᅩ 이관계로 좃차나오ᄂᆞᆫ 진신쟈의 ᄉᆡᆼ활과 픔셩과 ᄉᆞ업ᄂᆞᆫ 대략 이아래말ᄒᆞᆫ바 몃가지가 잇ᄂᆞ니 (一)하ᄂᆞ님의 셩결(聖潔)ᄒᆞᆷ과 인ᄋᆡᄒᆞᆷ과 지혜와 능력을 엇고져ᄒᆞ며 (二)ᄌᆞ긔죄를 깁히ᄭᆡᄃᆞᆺ고 온젼히 회ᄀᆡᄒᆞ고 (三)온젼ᄒᆞᆫ ᄆᆞᄋᆞᆷ과 힘으로 긔독을구쥬와 밋 즁보쟈(仲保者)로 신앙ᄒᆞ며 (四)ᄌᆞ긔죄를 샤ᄒᆞ신 하ᄂᆞ님의 ᄉᆞ랑을 확실히알고 하ᄂᆞ님을 ᄉᆞ랑ᄒᆞᄂᆞᆫᄆᆞᄋᆞᆷ이 불붓ᄃᆞᆺᄒᆞ여 그 결과ᄂᆞᆫ 깃븜과 화평과 인ᄂᆡ와 겸손과 진실ᄒᆞᆷ과 존졀ᄒᆞᆷ의 아름다온 덕힝이 드러나고(五) ᄆᆞᄋᆞᆷ가온ᄃᆡ 츙만ᄒᆞᆫ 이 졍신이 밧그로 ᄉᆡᆼ활에 발표되여 리웃사ᄅᆞᆷ ᄉᆞ랑ᄒᆞ기를 ᄌᆞ긔몸과 ᄀᆞᆺ치ᄒᆞ며 온젼히 하ᄂᆞ님의일에헌신(獻身)쥬의를쓰며 (六)이 ᄂᆡ부(內部)에 잇ᄂᆞᆫ 졍신과 외부(外部)에 드러난 ᄉᆡᆼ활은 곳 우리밋음의 근본이니 졈졈 긔독의 모범을 좃차 완젼ᄒᆞᆫ ᄃᆡ경에 니르고 (七)이 종교ᄂᆞᆫ 돈셰(遯世)쥬의를 가진 종교가아니요 이세샹에셔하ᄂᆞ님을 위ᄒᆞ야 활동ᄒᆞᄂᆞᆫ 종교가 되며 (八)이종교ᄂᆞᆫ ᄀᆡ인이나 국민의 셩격(性格)에 ᄃᆡᄒᆞ야 비샹ᄒᆞᆫ 뎍합력(適合力)과 ᄑᆡᆼ쟝셩(膨張性)이 잇고 (九)불완젼ᄒᆞᆫ 이세샹의 진보ᄂᆞᆫ 죄악의 결과를 일우되 긔독교의 목뎍은 하ᄂᆞ님의 나라를 완젼히 셩립ᄒᆞᆷ에 잇ᄂᆞ니라

특별샤고

본회보의 신모집(新募集) 긔한을 본월三十一일ᄭᆞ지 연긔(延期)ᄒᆞ엿ᄉᆞ오니 ᄋᆡ독ᄒᆞ시ᄂᆞᆫ 쳠위는 죠량ᄒᆞ시ᄋᆞᆸ

샤고

본회보는 금년 三월브터 一층 확쟝ᄒᆞ야 쥬보(週報)로 변경ᄒᆞ고 ᄯᅩ본보의 톄지(體裁)도 만히 ᄀᆡ량ᄒᆞ여 보시는 안목을 깃브게ᄒᆞ도록 ᄒᆞ겟ᄉᆞ오니 본보를 더욱 ᄋᆡ호(愛護)ᄒᆞ셔셔 계쇽(繼續) 구람ᄒᆞ실뿐 아니라 다른 형뎨ᄌᆞ매의게 널니 광고ᄒᆞ야 새로 구람ᄒᆞ실이를 만히 모집ᄒᆞ야 보내시되 이아래 긔록ᄒᆞᆫ 됴건을 주의ᄒᆞ야 ᄒᆞ심을 ᄋᆞᆼ망ᄒᆞᄂᆞ이다

一、본보ᄂᆞᆫ 一千九百十三년 三월브터 一쥬일동안에 ᄒᆞᆫ번식 발ᄒᆡᆼᄒᆞᆷ

一、본보ᄃᆡ금은 금년 三월브터 一년션금 八十젼 반년션금 四十젼으로뎡ᄒᆞᆷ

一、본회보 구람쟈(購覽者)를 새로 모집ᄒᆞᄂᆞᆫ 긔한은 금년 三월卅一일ᄭᆞ지 한ᄒᆞᆷ

一、一년이나 혹 반년치를반ᄃᆞ시 션금으로 요구ᄒᆞᆷ

一、본회보 구람쟈를 최다수(最多數)로 모집ᄒᆞ여 보내신이의게ᄂᆞᆫ 피의금변(皮衣金邊)ᄒᆞᆫ 신구약一질노써 감샤ᄒᆞᆫᄯᅳᆺ을 표ᄒᆞᆷ

一、본회보를 구람코져 ᄒᆞ시면 경셩북부쟝동ᄉᆞ십삼통삼호(京城北部壯洞四十三統三戶)본보 발ᄒᆡᆼ소로 션금을 보내시고 쳥구ᄒᆞ시ᄋᆞᆸ

교즁휘문

△니 보▽

○하감독입셩 작년五월미감리회 四년총회에 참셕ᄒᆞ기위ᄒᆞ야 미국으로 건너갓던 헤리스감독이 작년十一월즁에 미국셔 떠나 인도로 건너간일은 긔왕 본보에 긔지ᄒᆞ엿거니와 동감독이 거월十五일에 일본으로브터 경셩에 도달ᄒᆞ엿는ᄃᆡ 그잇흔날 쥬일에 샹동교당에셔 젼도ᄒᆞ엿다더라

○인쳔의디방회 미감리회 경디방회는 거二월十九일에 인쳔항 감리교당ᄂᆡ에셔 ᄀᆡᄒᆞ엿는ᄃᆡ ᄒᆡ회셔긔의 통신을 거ᄒᆞᆫ즉 좌와ᄀᆞᆺ더라

△젼도ᄉᆞ면임(轉任) 경셩샹동교회젼도ᄉᆞ 리필쥬씨는 경셩 동대문외왕십리교회로 경셩 셔강교회 김태현씨는 경셩샹동교회로 인쳔항 교회 박용리씨는 경셩 셔강 교회로 교동읍교회 김광국씨는 강화남구역으로 인천군 영종도교회 김경린씨는 인쳔항교회로 강화셔구역 로시좌씨는 인쳔영종도교회로 강화셔구역 김의졔씨는 교동읍교회로 강화남구역 윤희一씨는 동군 셔구역으로 경셩왕십리교회 김인권씨는 충남 은진군 강경포교회로 강경포교회 윤인一씨는 경셩 동대문안교회로 경셩아현 오태쥬씨는 양쳔교회로 젼임되엿고

△신임젼도ᄉᆞ파뎡 젼도ᄉᆞ 리홍셕씨는 경셩 련화봉교회로 박죵셩씨는 경셩 이태원교회로 셔긔훈씨는 경셩 만리지교회로 김죵우씨는 경셩 졍동교회로 파뎡되엿고

△여러형뎨ᄌᆞᄆᆡ가 션교회에 ᄃᆡᄒᆞ야 연보ᄒᆞᆫ 금익은 四十六환이오 물픔은 은지환二쌍 은반지五ᄀᆡ 은빈여一ᄀᆡ 부인의혁신화一부 부인의 왜즁져고리一건이오

△각목ᄉᆞ쥬틱의 긔구물픔을 각기교회로 쥰비ᄒᆞ기로 결뎡ᄒᆞ엿다더라

○二빅五十신입교우 평양부목ᄉᆞ 변영셔씨의 통신을 거ᄒᆞᆫ즉 거월즁에 희셩ᄂᆡ 감리회 각교당 련합사경회를 열엇는ᄃᆡ 공부ᄒᆞᆫ 학싱은 二빅여명에 달ᄒᆞᆫ지라 이학싱들이 오후에는 각각 ᄀᆡ인젼도에 힘쓰고 져녁에는 특별젼도회로 모혀 쥬의진리를 강론ᄒᆞ며 一심으로 긔도ᄒᆞᆫ 결과는 四처교당에 새로밋기로 작뎡ᄒᆞᆫ쟈가 二百五十명이니 모든 영광은 다 하ᄂᆞ님ᄭᅴ 돌닌다더라

○교회와학교가진보홈 인쳔부 덕젹면 구역젼도ᄉᆞ 허진一씨의 통신을 거ᄒᆞᆫ즉 본면교회는 셜립된지 七八년에 교우의 즁감(增減)이별노히 업슴으로 쥬야 긔도로 군구ᄒᆞ엿더니 셩신의 인도ᄒᆞ심으로 젼도ᄃᆡ를 죠직ᄒᆞ야 둘식둘식 면면 촌촌히 단니며 ᄀᆡ인의게 복음을 젼ᄒᆞ고 구쥬를 즁거ᄒᆞ며 二쥬일 동안을 힘써젼도ᄒᆞ엿더니 감샤ᄒᆞ신 하ᄂᆞ님ᄭᅴ셔 보혜ᄉᆞ를 보내샤 밋는쟈의게는 밋음파 은혜를 더풍셩히 주샤 진실히 례ᄇᆡᄒᆞ는쟈ㅣ 날노더ᄒᆞ며 죄악가온ᄃᆡ 잇는쟈의게는 완고ᄒᆞᆫ ᄆᆞ음을 감화ᄒᆞ샤 의통ᄒᆞ며 회ᄀᆡᄒᆞᆷ으로 구원ᄒᆞ는 길을 만히 엇어 교회에 드러오게 ᄒᆞ셧ᄉᆞ니 춤감샤ᄒᆞᆫ즁 더욱 감샤ᄒᆞᆯ 것은 쳥년학싱의 교육젼졍을 열어주심으로 학교가 날노 흥왕ᄒᆞ야 학싱이 三十여명에 달ᄒᆞ야 예비과로브터 四학년ᄭᆞ지 잇셔 셩경의 진리와 학문의 지식을 교슈ᄒᆞ는 ᄌᆞ미는 이루다 말ᄒᆞᆯ수 업스나 다만 교ᄉᆞ一인으로 교슈ᄒᆞ기가 곤난ᄒᆞ야 불가불 교ᄉᆞ一인을 더고빙ᄒᆞ여야 될터인ᄃᆡ 아직 지정이 업슴으로 하ᄂᆞ님ᄭᅴ 군구ᄒᆞ는즁이니 여러형ᄆᆡ졔씨는 이학교를 위ᄒᆞ야 긔도ᄒᆞ여 주시기를 군졀히 ᄇᆞ란다 ᄒᆞ엿더라

○교당긔디를긔부홈 충북뎨쳔읍김수한씨의 통신을 거ᄒᆞᆫ즉 동군 마산 김용경씨는 ᄌᆞ긔의소유 충쥬 엄졍면 ᄌᆡ현례ᄇᆡ당긔디 一百평을 헌교회에 긔부ᄒᆞ엿ᄉᆞ니 히씨의 셩의를 막불칭송ᄒᆞᆫ다ᄒᆞ며 또 쳥풍군 북면 칠면교회 형ᄆᆡ졔씨는 열심연보ᄒᆞ야 희교회 례ᄇᆡ당긔디 二百二十평을 ᄆᆡ득ᄒᆞ야 교회에 긔부ᄒᆞ엿는ᄃᆡ 이는 그교회 김치경씨의 열심쥬션홈이라고 인ᄀᆡ칭숑ᄒᆞᆫ다더라

○리씨의신심 경긔도 가평군 감쳔젼도ᄉᆞ 최슈영씨의

통신을 거ᄒᆞᆫ즉 본교회는 셜립된지 六七년에 셰례교인이 二十五인이오 학습인이 三十여인에 지내지 못ᄒᆞ더니 수년이릭로는 더욱 시험을 당ᄒᆞ야 교인의 신심이 ᄎᆞᄎᆞ 타락되여 쥬일례ᄇᆡ에 참셕ᄒᆞ는 쟈ㅣ불과五六인이오 간혹 리덕민씨 혼자 례ᄇᆡ를 보는때도 잇셧는ᄃᆡ 리씨의 형편을 말ᄒᆞᆯ진ᄃᆡ 년긔는 六十세오 가셰는 미일 四전자리 집신 세켜레를 삼아팔아셔 늬외런명ᄒᆞ여 지내면셔도 쥬의 신령ᄒᆞᆫ 은혜를 깁히 세ᄃᆞᆺ고 즐거온 ᄆᆞ옴으로 복음을 젼ᄒᆞ며 一반교우의 형편을 위ᄒᆞ야 쥬야로 울며 긔도ᄒᆞᆫ 결과로 하ᄂᆞ님ᄭᅴ셔 불샹히 넉이샤 락심ᄒᆞ엿던 형뎨ᄌᆞ미로ᄒᆞ여곰 다시 죄를 회ᄀᆡᄒᆞ고 쥬압흐로 나아오게 ᄒᆞ신지라 지금은 미쥬일 평균七十여명이 례ᄇᆡ를 보니 이는 리씨의 견확ᄒᆞᆫ밋음으로 말미암아 셩취ᄒᆞᆫ줄노 밋는다 ᄒᆞ엿더라

○의무교ᄉᆞ 황히도 금쳔 나며울라슌화씨의 통신을 거ᄒᆞᆫ즉 그곳은 벽항궁촌으로 미ᄀᆡᄒᆞᆷ이 비ᄒᆞᆯᄃᆡ 업더니 예수의 ᄇᆞᆰ은빗치 ᄒᆞᆫ번 빗최이매 교회가 셜립되고 광명ᄒᆞᆫ 사ᄅᆞᆷ이 날노 니러나니 모든교우가 문명의 一보를 더 젼진ᄒᆞ야 쳥년ᄌᆞ뎨를 교육ᄒᆞ고 진리로 인도 코져ᄒᆞ야 교회안에 쇼학교 세우기를 ᄒᆡᆼ샹 원ᄒᆞ나 이곳 교우는 다 농업에 죵ᄉᆞᄒᆞ야 근근득싱ᄒᆞ는지라 지졍이 군졸홈으로 교ᄉᆞ의 월봉을 담당키 어려워셔·여의치 못ᄒᆞ더니 작년十월에 ᄀᆡ셩 한영서원쟝 긔의남씨의 쳔거로 히셔원 즁학과 四년싱 김야곱씨가 이곳에 와셔 월봉을 밧지아니ᄒᆞ고 위무로 교슈ᄒᆞ니 히씨는 ᄀᆡ셩 남구역젼도ᄉᆞ 김영학씨의 령랑(令郞)이라 의식이 불편ᄒᆞ되 조곰도 괴로옴을 싱각지아니ᄒᆞ고 도로혀 모든것을 락으로 알아 학싱들을 지극히 ᄉᆞ랑ᄒᆞ며 세샹학문과 하ᄂᆞ님의 도리로 더희지식을 계발ᄒᆞ고 뭇사ᄅᆞᆷ을 ᄃᆡᄒᆞ야 겸손ᄒᆞᆫ ᄆᆞᄋᆞᆷ으로 쥬의 말ᄉᆞᆷ을 젼홈으로 사ᄅᆞᆷ마다 칭찬ᄒᆞᆫ다더라

○량씨열심 경긔도 풍덕 한도영씨의 통신을 거ᄒᆞᆫ즉 이곳교회는 七년젼에 셜립되엿고 례ᄇᆡ당은 五년젼에 초가 六간을 근근히 건츅ᄒᆞ엿ᄉᆞ나 지졍이 부족ᄒᆞ여 곤난히 지내더니 쇽쟝리병션 유ᄉᆞ김명학량씨가 비록 빈한ᄒᆞ나 각각 돈七환식을 긔부ᄒᆞ여 마루를 노코 쥬일에는 례ᄇᆡ당으로 쓰고 다른날에는 쇼학교 교실노 쓰게ᄒᆞ엿스니 이두형뎨의 열심을 감샤ᄒᆞ는즁 또 감샤ᄒᆞᆯ일은 량씨가 금년에는 얼마던지 경비를 또 ᄌᆞ담ᄒᆞ여 류리창을 드리고 一층 더 화려ᄒᆞ게 ᄒᆞᆫ다더라

○고셩교회통신 강원도 고셩군 사현리교회유ᄉᆞ 젼회셥씨의 통신을 거ᄒᆞᆫ즉 히교회ᄂᆡ 박샹운씨 모친 살노미씨는 一문졔쪽의 핍박을 이긔고 쥬를 진실히 밋은지 二년동안에 조곰도 락심치 아니ᄒᆞ며 교즁학교에 ᄃᆡᄒᆞ야 돈十원ᄭᆞ지 의연ᄒᆞ엿고 또박샹인씨는 쥬를 밋은이후로 一문의 반ᄃᆡ와 엄부의 금단이 날노심ᄒᆞ되 신심이 조곰도 ᄯᅥ러지지안코 또ᄒᆞᆫ 젼도ᄉᆞ업 ᄃᆡᄒᆞ야 ᄌᆞ긔소유 밧一일경을 긔부ᄒᆞ야 쟝ᄅᆡ 젼도인급료에 보용케 ᄒᆞ엿스니 량씨는 가히 모범이 될만ᄒᆞ다ᄒᆞ엿더라

● 긔렴연보광고

본년一월十二일은 본회보챵간 데一회 긔렴쥬일이온ᄃᆡ 이날에 각쳐교회에서 각기험대로 본회보에 연보ᄒᆞᆫ것을 본샤로 보내엿숩기 그ᄋᆡ호ᄒᆞ시는뜻을 감샤ᄒᆞ오며 이에 ᄎᆞ례로 게지ᄒᆞ야 광포ᄒᆞ노라

金川방여울교회	二十五錢
문슈동교회	十五錢
兎山場교회	二十錢
두령동교회	二十錢
법뉴동교회	十七錢五里
芝陰洞교회	四十錢
구란동교회	二十錢
兎山덕골교회	二 錢
붓쳐골교회	二十錢
金川덕골교회	二十錢

△외보▽

○남ᄌᆞ종교젼진회 근일미국셔 남ᄌᆞ종교젼진운동(男子宗敎前進運動)이라 칭ᄒᆞ는회

가쵸지됨은 긔왕에 게지ᄒᆞᆫ 학교 학싱의 총계는 四百三

엿거니와 히회의 목뎍은 一반남ᄌᆞ로 ᄒᆞ여곰 종교젼진에 티ᄒᆞ야 一층 더 힘쓰게 ᄒᆞ기로 운동홈인ᄃᆡ 근일 히회에셔 파송ᄒᆞᆫ 스미스 로빈 량씨는 창가단원(唱歌團員) 四인으로 더브러 동힝ᄒᆞ야 세계각국으로 도라ᄃᆞ니며 히회의 목뎍을 광포ᄒᆞᆫ다더라

○만국일요학교대회 만국일요학교대회(萬國日曜學校大會)는 금년八월七일브터 同十五일ᄭᆞ지 셔ᄉᆞ국 ᄶᅳ리취셩에셔 열터이라더라

○일본인션교회 미국 태평양 연안(沿岸)에 거류ᄒᆞ는 일본인의 셜립ᄒᆞᆫ 감리교션교회에셔 작년一년동안에 거두어쓴돈이 도합 三만一千二百六十二원이니 비교ᄒᆞ면 미一인이 평균 三十六원식 연보ᄒᆞ엿다더라

○미감리회통계 작년말에 됴사ᄒᆞᆫ바를 의지ᄒᆞᆫ즉 미감리회 교우총계가 三百六十만七千八百九十八인이니 작년즁에 증가(增加)ᄒᆞᆫ 수효가 六만四千一百九十인이오 쥬일

만五千六百二十四인이니 작년즁에 증가ᄒᆞᆫ 수효가 九만三千一百九十五인이라더라

○만국션교회통계 만국션교회 통계표를 거ᄒᆞᆫ즉 영 미 덕 셔(英美德瑞) 등 신교(新敎)국에셔 여러외국으로 파송ᄒᆞᆫ 션교ᄉᆞ가 二만四千九十二인인ᄃᆡ 그즁에 안슈례밧은 목ᄉᆞ가 六千七百六十九인 의ᄉᆞ(醫師)가 七百九十九인 평신도가 四千五百六인 션교ᄉᆞ부인이 六千二百八十六인 미혼양(未婚孃)이 五千七百三十二인이며 본토젼도인이 十一만一千八百六十二인 인ᄃᆡ 그즁에 안슈례밧은 목ᄉᆞ가五千九百四十一인이며 디회관할ᄒᆞ는 젼도쳐(傳道所)가五만一百八十쳐인ᄃᆡ 그즁에완젼셜립ᄒᆞᆫ 교회가 一만五千三百九十六쳐이며 이여러교회에쇽ᄒᆞᆫ 입교인이 二百六十四만四千一百七十인、 세례인이 一百六十만 五千 四百 五十二인 학습인이 一百八十만五千八百二인이며 쥬일학교가 三만六千五쳐인ᄃᆡ 학싱이 一百四十八만八千十九인이며 션학교와 대학교와 즁학교학싱이二十만八千八百六十一인이오쇼학교학싱이 一百五十四만一千二百二十六인이라더라 ᄯᅩ이여러 외국션교회에셔 작년즁에 슈입ᄒᆞᆫ 금익이 六千八十만八千二百원인ᄃᆡ 이금익즁에 미국인의 연보ᄒᆞᆫ것이 二千九百八十八만五千四百四十二원이오 영국인의 연보ᄒᆞᆫ것이 一千五百八十만四千五百十二원이오 그남어지는 기외다른 나라에셔 연보ᄒᆞᆫ것이라더라

○애굽의셩경쳥구 애굽국은 본리회회교를 국교로 슝봉ᄒᆞ더니 근일에 풍죠(風潮)의 변홈을 ᄯᆞ라 각관립학교에셔 셩경ᄀᆞᄅᆞ치는것이 필요ᄒᆞᆫ줄 ᄭᆡᄃᆞᆺ고 애굽 졍부는 월젼에 학부대신을 경유ᄒᆞ야 신구약셩경 四百六十부와 신약四百부와 관쥬셩경二十부와 셩경쥬히二十부를 영국셩셔공회로 쳥구ᄒᆞ엿는ᄃᆡ 이것은 쟝ᄎᆞᆺ 관립학교 교과셔로 쓸 계획이라더라

긔셔

○본밧을만ᄒᆞᆫ허부인의셔거(逝去) 경셩목ᄉᆞ 하리영

쥬후一千九百十二년十一월六일에 강원도 츈쳔디방 남감리교회 관할ᄒᆞ는 허쟝로ᄉᆞ의 대부인이 미국 지오지아쥬 웨크로쓰셩에셔 세상을 떠낫는ᄃᆡ 허부인은 남지오지아년회의 목ᄉᆞ로 지근(在勤)ᄒᆞ든 교 에드워드 마야씨의 령양이니 동 마야목ᄉᆞ는 현금 경셩에 쥬지ᄒᆞᆫ 마야부인의 조부러라 동허부인은 지오지아쥬에셔 싱쟝 슈학ᄒᆞ엿는ᄃᆡ 이곳은 요한 웨슬네 션싱이 쥬후一千七百三十六七량년간에션교ᄉᆞ로 쥬거ᄒᆞ엿던 디방이라 이디당에 녀ᄌᆞ젼문학교로는 세계상에 뎨一몬져 셜립된 웨슬네 녀ᄌᆞ젼문학교가 잇ᄉᆞ니 이부인은 이학교의 졸업싱이라 어려셔브터 일즉이 죄를 회기ᄒᆞ고 하ᄂᆞ님ᄭᅴ로 도라와셔 쟝셩ᄒᆞ매 견학ᄒᆞ고 완젼ᄒᆞᆫ 밋음으로 우리교회에 ᄀᆞ장 됴흔 모범이 될만ᄒᆞᆫ 녀ᄌᆞ를 일우엇더라

二十二년젼에 히부인이 령혼의 위급홈을 지나셔 셩신의 감동ᄒᆞ심을 밧은줄알고 본교회목ᄉᆞ의게 편지ᄒᆞ엿스되 「하ᄂᆞ님은 나의 돕는쟈가 되셧스니 내가 이젼싱각과 ᄀᆞᆺ지안코 지금은 ᄌᆞ시(自恃)ᄒᆞ는 ᄆᆞᄋᆞᆷ이 업시 오날 아ᄎᆞᆷ에 능히 정결ᄒᆞᆫ ᄆᆞᄋᆞᆷ을 엇은줄 알고 확실히 증거ᄒᆞ노니 내가 하ᄂᆞ님ᄭᅴ ᄀᆞᆫ구ᄒᆞᄃᆡ 나를 도으시고 내ᄆᆞᄋᆞᆷ를 슬피샤 무슴 그릇됨이 잇ᄂᆞ 보시옵쇼셔 ᄒᆞ엿더니 내가 ᄀᆞᆫ구ᄒᆞ는중에 마귀가 조곰만 도으면 적은과실이 미구에 자라셔 큰 죄악이 될것을 ᄭᆡᄃᆞᆺ고 이것을 하ᄂᆞ님ᄭᅴ 다 밧치고 ᄀᆞᆫ구ᄒᆞᄃᆡ 이과실이 내게셔 ᄯᅥ나게 ᄒᆞ시ᄃᆡ 동방에셔 셔방이 먼것ᄀᆞᆺ치 ᄒᆞ시옵쇼셔 ᄒᆞ엿더니 하ᄂᆞ님의 ᄯᅳᆺ대로 구홈으로 그ᄯᅢ에 곳 하ᄂᆞ님ᄭᅴ셔 나의 ᄀᆞᆫ구홈을 일우어 주신줄 내가 알앗고 ᄯᅩ 셩신이 내ᄆᆞᄋᆞᆷ속에 림ᄒᆞ시기를 밋음으로 ᄀᆞᆫ구ᄒᆞ엿더니 셩신ᄭᅴ셔 혹이 증거홈과ᄀᆞᆺ치 영광의 요란홈으로 림ᄒᆞ시지 아니ᄒᆞ고 온유ᄒᆞ고 ᄉᆞ랑스러온 화평으로 림ᄒᆞ시고 ᄯᅩ 나의 의지ᄒᆞ는바 셩부 셩ᄌᆞ 셩신ᄭᅴ셔 홍샹 나를 이러케 보호ᄒᆞ실줄 확실히 밋노라」ᄒᆞ엿더라

이말솜은 히부인 장례식에 말솜ᄒᆞ엿거니와 이경력과 경력의 영광이 각종의 빗출 어둡게 ᄒᆞ엿스며 二十二년간에 셰샹의 부화(浮華)홈과 ᄯᅩ 근쟈 가족의 불힝홈과 비샹ᄒᆞᆫ 환난중에셔 도아주고 온젼히 션ᄒᆞ고 아룸다오신이의게 더욱친밀케 ᄒᆞ엿더니 그런고로 그집에 드러가는쟈마다 곳 그리스도를 ᄉᆞ랑ᄒᆞ고 존경ᄒᆞ는줄 ᄭᆡᄃᆞ를수밧게 업셧더라

一千九百년에 히부인이 외국녀션교회 남지오지아 디방셔긔로 피션ᄒᆞ엿다가 十二년간을 본년회 녀ᄌᆞ중 션교ᄉᆞ업에 인도자가 되엿더니 히부인의 모범과 열심으로 남지오지아년회가 션교ᄉᆞ업을 더 확쟝ᄒᆞ매 인ᄒᆞ야 남감리교회 젼례인도쟈가 되엿더라

一千九百七년에 녀션교 부회에셔 여러큰 년회가 각각 一만원식을 긔부ᄒᆞ기로 허락ᄒᆞ는중 히부인은 죵용히 출반ᄒᆞ야 말솜ᄒᆞ되 「ᄌᆞ미들이여 교민는 하ᄂᆞ님ᄭᅴ 의지홈으로 남지오지아 년회는 五만 四千원을 허락ᄒᆞ겟노라」ᄒᆞ엿스니 이럼으로 우리가 히부인의 셩공ᄒᆞᆫ 비결은 곳 하ᄂᆞ님ᄭᅴ 의지ᄒᆞ는 것인줄 알겟도다

하ᄂᆞ님ᄭᅴ 이ᄀᆞᆺ치 헌신ᄒᆞ고 ᄯᅩ 멸망홀 셰샹을 ᄉᆞ랑ᄒᆞ야 하ᄂᆞ님의 일을 힝ᄒᆞ는중 ᄌᆞ긔싱명은 파연 그리스도을 위ᄒᆞ야 ᄇᆞ렷더라 여러ᄃᆞᆯ젼에 히부인이 신톄가 건강치 못ᄒᆞ엿스나 一千九百十二년 十월二十四일에 남 지오지아년회에 녀션교 직원회를 열고 히회에셔 一千九百十三년도에 힝홀일을 뎡리ᄒᆞ고 나죵에 말ᄒᆞᄃᆡ 「ᄌᆞ미들이여 이것은 내가 남 지오지아를 위ᄒᆞ야 마ᄌᆞ막 ᄒᆞ는일이니 내가 집에 도라가셔 홀일을 ᄌᆞ셰히 예비ᄒᆞᆫ후 ᄌᆞ미들이 하ᄂᆞ님의 도아주심으로 이대로 힝ᄒᆞ기를 ᄇᆞ라노라 ᄒᆞ엿더니 불과 二쥬일이 못되여셔 고요히 명이 진ᄒᆞ니 그ᄯᆞ를이 과연 예언이 되엿더라

우리가 히부인의 가쟝과 두 령남의게 동졍을 표ᄒᆞ야 육신으로 ᄋᆡ통홈을 마지아니ᄒᆞ고 주셧던 싱명을 위ᄒᆞ야 하ᄂᆞ님ᄭᅴ 감샤ᄒᆞ는중 긔도홀ᄃᆡ 하ᄂᆞ님의 복주심이 그와 친척과 ᄯᅩᄒᆞᆫ 그와 셩사에 ᄉᆞ랑ᄒᆞ고 진실히 힝ᄒᆞ던일을 힝홀쟈들의게 머믈기를 원ᄒᆞ노라

● ᄉᆞ됴(詞藻)

불여귀(不如歸)

한셩 류경샹

一

먼들에
막연히섯는뎌동ᄉᆞ
야
네길을어듸어ᄃᆡ로뎡홀
ᄂᆞ뇨
바ᄅᆞᆷ을좃차길을뎡치ᄯᅡ
라

二

한거름에
우연히ᄯᅴ여ᄯᅴ여놋는이
로졍긔의비밀을싱각ᄒᆞ
라
ᄯᅳᆫ구름은뎡홈이업ᄂᆞ니
라

三、ᄒᆞᆫ번에 홀홀히 그릇가면 텬리를 헛치ᄂᆞ니 뒤에 힘도업서 미라업서 미라동ᄌᆞ야 후일을 ᄯᅢᄒᆞ고 도라감이 엇더ᄒᆞ뇨 여러회로뒤 ᄒᆞᆼ상 육신의 약홈을 셰웃겟스니 이것을 이긔기에 무슴 됴흔비결이 잇ᄂᆞ뇨

답、 셩경보고 긔도ᄒᆞᄂᆞᆫ것이 날마다 힝ᄒᆞᄂᆞᆫ 습관을 일우면 모든 육신의 약홈을 세트릴수 잇ᄂᆞ니라

진리문답

문、 예수ᄭᅴ셔 하ᄂᆞ님과 一톄시면 웨 당신도 하ᄂᆞ님ᄭᅴ 긔도ᄒᆞ셧스며 그런즉 우리는 뉘게 향ᄒᆞ야 긔도ᄒᆞᄂᆞᆫ것이 올흐뇨

답、 예수ᄭᅴ셔 신의 ᄌᆞ격(資格)을 가지고 계신동시에는 그아버지 하ᄂᆞ님과 동등이시오 ᄯᅩ 사ᄅᆞᆷ의 ᄌᆞ격을 가지고계신 동시에는 하ᄂᆞ님아래셔 은혜를 ᄀᆞᆫ구ᄒᆞᆯ수밧게 업ᄂᆞ니 예수ᄭᅴ셔 이셰샹에 계실ᄯᅢ에는 슌젼ᄒᆞᆫ 사ᄅᆞᆷ이신고로 그러ᄒᆞ셧거니와 지금은 그 아버지 보좌압헤 안저계신즉 곳 하ᄂᆞ님과 동등이시라 누구던지 예수의 일홈으로 하ᄂᆞ님ᄭᅴ 긔도ᄒᆞ면 반ᄃᆞ시 일우어 주실지니라

문、 내가 교회에 드러와서 하ᄂᆞ님의 일에 죵ᄉᆞᄒᆞᆫ지

셰계격언

一、 친구의 잔치에는 서서(徐徐)히 가고 친구의 급난(急難)에는 ᄲᆞᆯ니갈지니라

二、 두ᄆᆞᄋᆞᆷ을 품은 친구는 ᄆᆞ장 위험ᄒᆞᆫ 슈뎍(讐敵)이니라

三、 군ᄌᆞ는 몬져 ᄐᆡᆨᄒᆞᆫ후에 ᄉᆞ괴(交)ᄂᆞᆫ고로 허믈이 적고 쇼인은 몬져 ᄉᆞ괸후에 ᄐᆡᆨᄒᆞᄂᆞᆫ고로 원망이 만흐니라

四、 약됴를 쉽게ᄒᆞᄂᆞᆫ쟈는 그 약됴를 니저ᄇᆞ리기도 쉽게ᄒᆞᄂᆞ니라

五、 법국부인은 말이만코 ᄉᆡᆼ각이 적으며 영국부인은 ᄉᆡᆼ각이 만코 말이 적으니라

六、 졂어서 근로(勤勞)홈은 늙은후에 안락(安樂)을 일우ᄂᆞ니라

七、 미인(美人)의 우슴은 돈주머니의 눈물이니라

八、 덕이잇ᄂᆞᆫ 부인은 그용모가 비록 츄ᄒᆞᆯ지라도 집안의 쟝식(粧飾)이 되ᄂᆞ니라

가뎡과쇼년

◉심즁유언(中心有言)

김신ᄌᆞ는 十셰녀ᄋᆞ로 그모친을 ᄯᅡ라 부ᄌᆞ런히 교당에 ᄃᆞᆫ니면서 젼도ᄒᆞᄂᆞᆫ말ᄉᆞᆷ을 드를ᄲᅮᆫ아니라 ᄯᅩ 쇼학교에서 금쥬가(禁酒歌)를 비홈으로 술마시ᄂᆞᆫ것이 불가ᄒᆞᆫ줄을 짐작ᄒᆞ더니 하로는 그 아버지가 술이 대취ᄒᆞ여 그ᄯᆞᆯ 신ᄌᆞ를 불너 돈을 주며 술을 사오라ᄒᆞ거ᄂᆞᆯ 신ᄌᆞ의 어린ᄆᆞᄋᆞᆷ에도 쥬를 밋ᄂᆞᆫ으ᄒᆡ로 술을사러ᄃᆞᆫ니ᄂᆞᆫ것이 붓그러온일인줄 ᄭᆡ닷고 그아버지ᄭᅴ 옹용(雍容)히 고ᄒᆞ여왈 나는 쥬를 밋ᄂᆞᆫ고로 술을 사러갈수업ᄂᆞ이다 그 아버지가 크게노ᄒᆞ여 ᄇᆞᆰ은눈을 부릅ᄯᅳ고 손을들어 ᄯᅡ리려ᄒᆞᄂᆞᆫ지라 신ᄌᆞ는 겁결에 므릅훌ᄭᅮᆯ고 ᄯᅡᆼ우에 업ᄃᆡ려 긔도ᄒᆞᄂᆞᆫ말이「하ᄂᆞ님 아버지시여 더거시기 더거시기 오ー더거시기 아멘」ᄒᆞ거ᄂᆞᆯ 그아버지가 취ᄒᆞᆫ즁에도 그광경을 보고 믄득 가샹가긍ᄒᆞᆫ ᄉᆡᆼ각이나셔 술사 오라고 강박지아니ᄒᆞ고 그잇ᄒᆞᆫ날 술이 ᄭᆡᆫ후에 신ᄌᆞᄃᆞ려 무러왈「어제 너는 웨 긔도ᄒᆞᆫ다고 더거시기 소ᄅᆡ만 여러번 ᄒᆞ엿ᄂᆞ냐」ᄒᆞᆫᄃᆡ 신ᄌᆞ가 ᄃᆡ왈「제ᄆᆞᄋᆞᆷ속에는 아버지로ᄒᆞ여곰 술사 오라ᄂᆞᆫ 말ᄉᆞᆷ을 ᄒᆞ지안케 ᄒᆞ여주실ᄲᅮᆫ아니라 ᄯᅩᄒᆞᆫ 다시는 술을 마시지안케ᄒᆞ여 주시옵쇼셔」ᄒᆞᄂᆞᆫ 말노 써 긔도ᄒᆞ랴 ᄒᆞ여도 아버지ᄭᅴ셔 ᄯᅡ리랴고 손을 드시ᄂᆞᆫ바람에 엇더케 놀나고 겁이 낫던지 도모지 말이 나오지 아니ᄒᆞ여셔 그리ᄒᆞ엿ᄂᆞ이다」 그아버지가 그말을 듯고 크게감동되여 다시는 술을 마시지아니ᄒᆞ엿다ᄒᆞ니 이는 분명히 하ᄂᆞ님ᄭᅴ셔 이어린 ᄆᆞᄋᆞᆷ속에 소리업ᄂᆞᆫ 긔도를 드르시고 곳 ᄃᆡ답ᄒᆞ심이로다

격치문답(格致問答)

문、 이셰샹 만물의 톄질(體質)을 몃 죵류로 구별ᄒᆞᆯ수 잇겟ᄂᆞ뇨

답、 세죵류로 구별홀지니 一은 고톄(固體)니 돌과 나무ᄀᆞᆺ치 견강ᄒᆞᆫ 물질이며 二ᄂᆞᆫ 익톄(液體)니 물과 기름ᄀᆞᆺ치 흐르ᄂᆞᆫ 물질이오 三은 긔톄(氣體)니 연긔와 슈증긔 ᄀᆞᆺ치 부산(浮散)ᄒᆞᄂᆞᆫ 물질이니라

문、 이셰샹 긔톄즁에 사ᄅᆞᆷ과 동물의게 뎨一 유익ᄒᆞᆫ 것은무엇이며 뎨一 유해(有害)ᄒᆞᆫ것은 무엇이뇨

답、 뎨一 유익ᄒᆞᆫ것은 공긔즁에 셧겨잇ᄂᆞᆫ 산쇼긔(酸素氣)니 사ᄅᆞᆷ이 마시면폐경에 드러가셔 더러온 피를 졍결케ᄆᆞᆫ들고 또 뎨一유해ᄒᆞᆫ 긔톄ᄂᆞᆫ 탄쇼긔(炭素氣)니 사ᄅᆞᆷ이마시면 피를 더럽케 ᄆᆞᆫᄃᆞ러 병이 되게ᄒᆞᄂᆞ니라

문、 인가 근쳐에 나무를 만히 심으ᄂᆞᆫ것이 위싱에 유익홈은 무ᄉᆞᆷ 리치뇨

답、 나무ᄂᆞᆫ 사ᄅᆞᆷ의게 유해ᄒᆞᆫ 탄쇼긔를 마셔 그지엽(枝葉)을 양셩ᄒᆞ고 또 사ᄅᆞᆷ의게 유익한 산쇼긔를 부러내여 공긔를 신션(新鮮)케 ᄒᆞᄂᆞᆫ ᄭᆞ닭이니라

교회ᄉᆞ긔

뎨一편 샹고ᄉᆞ(上古史)
(쥬젼四百년브터 쥬후五百三十二년ᄭᆞ지)

뎨一장 교회의쥰비시ᄃᆡ

그리스도 교회ᄂᆞᆫ 오쥬 예수 그리스도안에 잇ᄂᆞᆫ 모든 거륵ᄒᆞᆫ 션도의 령혼으로써 셩립(成立)ᄒᆞᆫ 무형교회(無形敎會)와 또 이셰샹에 그리스도 교인 젼톄로써 셩립ᄒᆞᆫ 유형교회(有形敎會)를 통칭ᄒᆞᄂᆞᆫ 명ᄉᆞ요 교회 ᄉᆞ긔ᄂᆞᆫ 이 유형교회의 지낸ᄉᆞ젹을 긔록ᄒᆞᆫ것이니 하ᄂᆞ님ᄭᅴ셔 이 교회를 셜립ᄒᆞ시기 위ᄒᆞ야 몃ᄇᆡᆨ년젼브터 당신의 ᄐᆡᆨᄒᆞ신 ᄇᆡᆨ셩 유대인과 밋 이방사ᄅᆞᆷ으로 ᄒᆞ여곰 예비케ᄒᆞ신것이 잇스니

一、몬져 헬나(希臘)를 들어 말ᄒᆞ건ᄃᆡ 이나라 ᄇᆡᆨ셩의 어진 덕힝과 고명ᄒᆞᆫ 교육과 오모ᄒᆞᆫ 철학과 긔교ᄒᆞᆫ 공쟝이 다 예수교 젼ᄒᆞᆯ길을 쥰비ᄒᆞ엿ᄂᆞ니 더회가 비록 여러 신을 슝비ᄒᆞ엿스나 그즁에 유명ᄒᆞᆫ 철학가 소크릐트스 플비도 에리스타들ᄀᆞᆺᄒᆞᆫ이들이 여러가지 리학을 궁구홈으로 나죵에ᄂᆞᆫ 독一무二ᄒᆞ신 하ᄂᆞ님이 계신줄을 ᄭᆡ돗게ᄒᆞ엿스며 또 헬나님군 아력산더와 그후ᄉᆞ들이 셔리아국과 애급국을 졍복(征服)ᄒᆞᆫ 후에 이나라들의 방언이 인ᄒᆞ야 헬나 말이 되매 이 방언으로 복음을 젼ᄒᆞ게 되엿더라

二、로마국은 예수의 강셩ᄒᆞ실ᄯᅢ를 당ᄒᆞ여 막강(莫强)ᄒᆞᆫ 군병으로 구라파젼부와 아셰아셔편과 아불리가북방을 졍복ᄒᆞ야 강토를 ᄉᆞ방으로 널니고 졍치와 샹권과 풍쇽을 펴ᄂᆞᆫ 동시에 그리스도 교인의 젼도ᄒᆞᄂᆞᆫ 길을 열엇더라

三、유대국 ᄇᆡᆨ셩이 특별히 예수교를 위ᄒᆞ야 예비ᄒᆞᆫ것이 만흐니 더회가 바빌논으로 잡혀갓다 도라온후로 (쥬젼 四百四十五년 브터 一百七十년ᄭᆞ지)더희 슝봉ᄒᆞ던 유젼(遺傳)과 션지와 졔ᄉᆞ졔쟝들이 다 헛된줄을 ᄭᆡᄃᆞᆺ고 인ᄒᆞ야 각쳐에 유대교당을 세우고 하ᄂᆞ님의 참도리를 젼ᄒᆞ며 모셰 오경에 긔록ᄒᆞᆫ 법률을 실시ᄒᆞ며 미사야가 오신다ᄂᆞᆫ 말을 ᄇᆡᆨ셩의게 만히 젼ᄒᆞ엿고 또 유대인 가온ᄃᆡ 두 죵류의 교회가 잇스니 一은 바리새 교인ᄃᆡ 이교ᄂᆞᆫ 구약에 긔록ᄒᆞᆫ 률법을 직히라고 ᄀᆞᄅᆞ치며 사ᄅᆞᆷ이 죽엇다 부활ᄒᆞᆫ다ᄂᆞᆫ 말과 죽은후 션악보응(善惡報應)이 잇ᄂᆞᆫ줄을 밋으나 교회도리대로 힝ᄒᆞᄂᆞᆫ쟈ᄂᆞᆫ 드믈고 二ᄂᆞᆫ 사두개 교인ᄃᆡ 이교ᄂᆞᆫ 바리새교와 ᄀᆞᆺ치 구약을 쓰되 부활은 밋지아니ᄒᆞᄂᆞ니 더회ᄂᆞᆫ 대개 유대국의 귀족들이더라

이우에 말ᄒᆞᆫ바 몃가지ᄂᆞᆫ 다 하ᄂᆞ님ᄭᅴ셔 예수교회를 셜립ᄒᆞ시기젼브터 몬져 쥰비ᄒᆞ신 것이로다

실업

○농ᄉᆞ강습의요항(쇽)

五 죵ᄌᆞ

대개 농작물(農作物)은 됴흔 죵ᄌᆞ를 ᄐᆡᆨᄒᆞ야 심으ᄂᆞᆫ것이 ᄀᆞ장 필요ᄒᆞ니 곡류(穀類)와 화초등의 죵ᄌᆞ를 ᄐᆡᆨᄒᆞ고져ᄒᆞ면이아래말ᄒᆞᆫ바 다섯가지를 시험홀지니 (一)픔질의 신결(新潔)ᄒᆞᆫ것 (二)형톄가 방졍

七

(方正)ᄒᆞᆫ것 (三)빗치 윤택(潤澤)ᄒᆞᆫ것 (四)중량이 무거온것 (五)발아력(發芽力)이 크고 신속ᄒᆞᆫ것을 턱ᄒᆞᆯ지니라

六 발아력을시험홈

종ᄌᆞ도 여러가지 구별이 잇스나 대개 네부분으로 써 셩립ᄒᆞ엿ᄂᆞ니 곳 외피(外皮)와 ᄂᆡ피와 ᄂᆡ육(內肉)과 비ᄌᆞ(胚子)라 이 네부분은 공긔와 온열(溫熱)과 슈습(水濕)을 엇은후에야 터져셔 싹이 나ᄂᆞᆫ고로 져이 더온물에 침(沈)ᄒᆞ던지 진흙이나 비료(肥料)속에 뭇어두어야 발아ᄒᆞᄂᆞ니라

七 종ᄌᆞ를정턱(精擇)ᄒᆞᄂᆞᆫ 법

종ᄌᆞ를 정턱ᄒᆞᄂᆞᆫ 법은 대개 세가지가 잇스니 (一)키(簸)로 놀어셔 놀어가지 안ᄂᆞᆫ것을 취홈 (二)소반에 노코 씨긋ᄒᆞ고 방졍ᄒᆞᆫ 것으로 알알이 고를것 (三)링슈나 소곰물에 ᄯᅴ워보고 밋흐로 가라안ᄂᆞᆫ것을 취ᄒᆞᆯ것인ᄃᆡ 그즁에 염슈션(鹽水選)이 뎨一 됴흔 법이니라

▲광 고▼

본공회에서 각종셩셔를 구비ᄒᆞ여 디방의 원근과 쳥구의 다쇼를 물론ᄒᆞ고 신속슈응ᄒᆞᄂᆞᆫ바 근일에 특별히 감가된칙도 잇고 새로 출판된칙이 잇기로 이아래 긔록과 ᄀᆞᆺ치 광포홈

감가ᄒᆞᆫ언문구약 ᄀᆡ뎡가록

二권一질 지의 六十錢

同 포의 七十五錢

신츌판언문관쥬신약뎡가록

포의 디도부 四十錢

견포의 동 六十五錢

반피의 동 一圓十錢

샹등총피의 동 三圓五十錢

샹등졀피의 동 四 圓

京城鍾路 美國聖書公會 告白

광 고

현금샤회의ᄉᆞ업이놀마다발젼ᄒᆞᄂᆞᆫ이시ᄃᆡ에유독공업이ᄀᆡ량진화치못홈은사ᄅᆞᆷ사ᄅᆞᆷ이다유감히녀기ᄂᆞᆫ바로소이다이러홈으로본셔원에셔다년연구즁기간시험뎍으로간략ᄒᆞᆫ실업과가잇셧ᄉᆞ오나시험즁인고로완비치못ᄒᆞ왓ᄉᆞᆸ드니하ᄂᆞ님의도으심으로본셔원ᄂᆡ에공업실을건축ᄒᆞ고각종긔구를쥰비ᄒᆞ고학싱을모집ᄒᆞ오니입학을지원ᄒᆞ시ᄂᆞᆫ이ᄂᆞᆫ三월二十일ᄂᆡ로쳥원셔를뎨출ᄒᆞ옵소셔(단학싱은픔힝단졍신톄강건ᄒᆞᆫ十六세이샹남ᄌᆞ를요홈)

과 목

염직과

셩경、 화학、 물리학、 직물산슐、 직물에 부속ᄒᆞᆫ 계산법、 도형、 직죠젼문、 수직긔법족답긔법、 력직긔、 평직문식、 염식젼문、 목면、 쥬、 져마、 모、 표ᄇᆡᆨ법

긔한은二ᄀᆡ년입학금은六원월사금은불요홈

샤진과

셩경、 화학、 샤진젼문、 실습、

긔한은五ᄀᆡ월입학금은十원월사금불요홈

샹오에ᄂᆞᆫ학문 하오에ᄂᆞᆫ실습보죠싱은불요홈

開城北部

韓英書院 實業部 고ᄇᆡᆨ

그리스도회보

KOREAN CHRISTIAN ADVOCATE

每週一回木曜日發行
大正二年三月十日印刷
大正二年三月十三日發行

發行兼編輯人 開城北部山芝峴 奇義男
印刷人 京城北部樓閣洞 朴東完
印刷所 京城北部觀峴 徽文館
發行所 京城北部壯洞四十三統三戶 呂炳鉉邸

ᄃᆡ금…代金 一장 二젼 六개월 四十젼 一개년 八十젼

론설

●하ᄂᆞ님의은혜

운산 리창식

무소불능ᄒᆞ신 하ᄂᆞ님의 은혜여 찬숑홀만ᄒᆞ도다 북쟝을 열고 산안(山顏)을 바라보니 삼동에 깁히 싸엿던 눈은 거물々ᄒᆞ고 남산에 올나 시ᄂᆡ가를 굽어보니 구츄(九秋)에 말낫던 버들가지는 희읏々々ᄒᆞ엿도다 동ᄌᆞ(童子)야 뭇노니 ᄎᆞ시가 어나ᄯᅢ냐 동지 쇼대한립춘 우슈 경칩 졀긔가 다 지나고 양츈이포덕(陽春布德)에 만물이 빗출내는ᄯᅢ러라 올연히(兀然)안져 묵연(默然)히 싱각ᄒᆞ니 무한ᄒᆞᆫ 감회(感懷)가 유연(油然)히 발싱ᄒᆞ는도다 차홉다 뎌 엄숙ᄒᆞᆫ 빙셜(氷雪)도 온란(溫暖)ᄒᆞᆫ 양긔(陽氣)에 그굿은ᄯᅳᆺ을세트려 날마다 졈々 업서져가고 뎌 긔ᄆᆡᆨ(氣脈)이업시 아조 말낫던 버들가지도 화평ᄒᆞᆫ 바람에 감앗던 눈을 ᄎᆞ々ᄯᅳ는도다 아ㅣ 우리를 홍샹ᄉᆞ랑ᄒᆞ시는 하ᄂᆞ님아바지 무한ᄒᆞ신 은혜를 이로말ᄆᆡ암아 가히 알니로다 그런즉 우리 쥬를 밋는 형뎨ᄌᆞ미들이여 이은혜시ᄃᆡ를 당ᄒᆞ여 우리는과연만물즁 ᄀᆞ장 귀ᄒᆞᆫ자라 강산초목(江山草木)도하ᄂᆞ님의 은혜를 보답(報答)ᄒᆞ랴는 ᄆᆞ음을 발싱ᄒᆞ는 이ᄯᅢ에 우리는 엇더케 ᄒᆞ여야 이캄캄ᄒᆞ고 우리쥬를 모르는 동포의 구습을 세트리고 쥬ᄭᅴ로 인도ᄒᆞ야 부활ᄒᆞ는 동포가 되게ᄒᆞ며 만물이 다 하ᄂᆞ님의 은혜가온ᄃᆡ셔 빗출ᄂᆡ는 표를 알게ᄒᆞ겟ᄉᆞᆸᄂᆞᆫ잇가 이ᄯᅢ는 과연 만물이 싱광휘(萬物生光輝)ᄒᆞ는 호시절이라 은혜를 밧은 형뎨ᄌᆞ민들이시여

특별사고

본회보의 신모집(新募集) 긔한을 본월三十一일ᄭᆞ지 연긔(延期)ᄒᆞ엿ᄉᆞ오니 익독ᄒᆞ시는 쳠위는 죠량ᄒᆞ시옵

사고

본회보는 금년 三월브터 一층 확쟝ᄒᆞ야 쥬보(週報)로변경ᄒᆞ고 또본보의 톄ᄌᆡ(體裁)도 만히 ᄀᆡ량ᄒᆞ여 보시는 안목을 깃브게ᄒᆞ도록 ᄒᆞ겟ᄉᆞ오니 본보를 더욱 ᄋᆡ호(愛護)ᄒᆞ서셔 계쇽(繼續) 구람ᄒᆞ실ᄲᅮᆫ아니라 다른 형뎨ᄌᆞ믜의게 널니 광고ᄒᆞ야 새로 구람ᄒᆞ실이를 만히 모집ᄒᆞ야 보내시되 이아래 긔록ᄒᆞᆫ 됴건을 주의ᄒᆞ야 ᄒᆞ심을 옹망ᄒᆞᄂᆞ이다

一、본보는 一千九百十三년 三월브터 一쥬일동안에 ᄒᆞᆫ번식 발힝ᄒᆞᆷ

一、본보ᄃᆡ금은 금년 三월브터 一년션금 八十젼 반년션금 四十젼으로 뎡ᄒᆞᆷ

一、본회보 구람쟈(購覽者)를 새로 모집ᄒᆞ는 긔한은 금년 三월卅一일ᄭᆞ지 한ᄒᆞᆷ

一、一년이나 혹 반년치를 반드시 션금으로 요구ᄒᆞᆷ

一、본회보 구람쟈를 최다수(最多數)로 모집ᄒᆞ여 보내신이의게는 피의금변(皮衣金邊)ᄒᆞᆫ 신구약一질노써 감샤ᄒᆞᆫᄯᅳᆺ을 표ᄒᆞᆷ

一、본회보를 구람코져 ᄒᆞ시면 경셩북부쟝동ᄉᆞ십삼통삼호(京城北部壯洞四十三統三戶)본보 발힝소로 션금을 보내시고 청구ᄒᆞ시옵

교즁휘문

△ᄂᆡ보▽

○하감독도일

감독 히리스씨는 인항에셔 ᄆᆡᄒᆞᆫ 미감리회 경디방회에 ᄎᆞᆷ셕ᄒᆞᆫ후 경셩으로 올나와셔 수일을 지낸후 곳 일본으로 건너갓다더라

○디방회후문(後問)

미감리회 경디방회 통신은 젼호에 대강 긔지ᄒᆞ엿거니와 추후소문을 드른즉 당일에 츌셕ᄒᆞᆫ 회원은 감독 히리스 감리ᄉᆞ 뗌임량씨와 기외 목ᄉᆞ八인과 젼도ᄉᆞ二十八인과 권ᄉᆞ四十八인과 쇽장十一인과 유ᄉᆞ八인과 쥬일학교교감 四인인ᄃᆡ 뗌잉씨가 회쟝으로 죠ᄂᆡ덕씨가 셔긔로 김용하씨가부셔긔로 피션되엿스며 히리스감독이 권면강셜ᄒᆞᆫ후 만찬례를 힝ᄒᆞ고 현슌씨가 셔간도 시찰ᄒᆞᆫ 형편을 광포ᄒᆞ고 경디방의 금년통계는 교회가 七十五쳐요 신도가 一만四千二百三十六인이며 쥬일학교가 六十八쳐요 쥬일학싱이 五千九百五十三인이며 학교가 四十二쳐요 학싱이 一千九百三十三인이러라

○졍동교회의연보

경셩 남대문외 이듸원교회는 四년젼브터 졍동교회에셔 쥬일이면 사ᄅᆞᆷ을 파송ᄒᆞ여 쇽쟝황병두씨집 에셔 례ᄇᆡ보더니 지금은 교우가 수十명에 달ᄒᆞ야 그집에셔 례ᄇᆡ보기가 협착ᄒᆞ야 항샹 곤난ᄒᆞᆫ지라 황병두씨가 몬져 빗을 엇어 집ᄒᆞ나를 사셔 례ᄇᆡᄒᆞ나 그 빗을 쇽히 갑지못ᄒᆞ야 근심ᄒᆞ더니 거월에 졍동교회에셔 사경회맛치ᄂᆞᆫ날 이형편을 광포ᄒᆞ엿더니 당쟝에 二十여환을 연보ᄒᆞ엿고 또 본월二일 쥬일아츰에 또ᄒᆞᆫ 이듸원 교회의 ᄉᆞ졍을 목ᄉᆞ최병헌씨가 一쟝진술ᄒᆞ엿더니 남녀교우가 뜨거온 ᄆᆞ옴이 니러나셔 각기 힘대로 연보ᄒᆞᄂᆞᆫ즁 특별히 감샤ᄒᆞᆫ것은 비지학당학싱들과 리화학당학싱들이 각각 ᄌᆞ긔의 찻던 시계도 ᄢᅦ여노며 은반지를 ᄲᅢ여노코 또ᄒᆞᆫ 부인들은 비녀와 신들을내여놈으로 당일연보ᄒᆞᆫ 금익이 八十여원이오 물품은 신구약피의셩경 一질, 은시계 四ᄀᆡ, 은비녀 二ᄀᆡ, 은가락지 一쌍, 은반지 十一ᄀᆡ, 은귀이ᄀᆡ 두ᄀᆡ, 은북 一ᄀᆡ, 금테안경 一ᄀᆡ, 녀진신 一부라 이와ᄀᆞᆺ치 졍셩을 다ᄒᆞ야 연보ᄒᆞᆫ 一반교우의 열셩을 감샤ᄒᆞ거니와 이모든 영광스러온 일은 하ᄂᆞ님ᄭᅴ 돌닌다더라

○공쥬디방회

공쥬디방회 셔긔김병졔씨의 통신을 거ᄒᆞ니 거二월二十六일샹오九시브터 二十八일샹오十二시ᄭᆞ지 북감리회 디방회로 공쥬부 하리동 례ᄇᆡ당에셔 모혓ᄂᆞᆫᄃᆡ 회쟝대리오씨가 츌셕ᄒᆞᆫ후 ᄀᆡ회ᄒᆞ니 츌셕회원이九十三인즁 목ᄉᆞ가 七인이오젼도ᄉᆞ가 二十二인즁 새로표지밧은 젼도ᄉᆞᄂᆞᆫ 박병진 도상규 김승환 김홍비 최학구 최병수 박상후 졔씨오 년회학습으로 드러갈 사ᄅᆞᆷ은 김병졔씨로 쳔거ᄒᆞ엿고 쥬지집ᄉᆞ승픔밧을 사ᄅᆞᆷ은 복긔업 최봉현 량씨로 쳔거ᄒᆞ엿스며 권ᄉᆞᄂᆞᆫ 四十四인인ᄃᆡ 각젼도인의 보단을 드른즉 작년보다 입교인이, 만히 증가ᄒᆞ여 각교회가 신령ᄒᆞ게 되엿스며 각권ᄉᆞ졔씨가 젼도인의 공부란 문뎨와 젼도인의 직무란 문뎨와 젼도인의 교회지졍립산이란 문뎨와 젼도인의 신령ᄒᆞᆫ 픔힝이란 문뎨로 ᄌᆞ미잇게 연셜ᄒᆞ고 二十七일 샹오十一시에 감독 히리스씨가 츌셕ᄒᆞᆫ후 고린도후 六쟝을 보고 격졀ᄒᆞᆫ 문뎨와 신령ᄒᆞᆫ 도리로 강도ᄒᆞ고 동하오七시에 감독이 누가十쟝을 보고 강도ᄒᆞ야 각회원들이 유익을 만히엇엇스며 二十八일에 젼도인과 권ᄉᆞ들의게 표지을분급ᄒᆞ고 젼도ᄉᆞ파송구역을 광고ᄒᆞ고 새로 변경된 구역은 론산에 김병졔 강경포에 김인쥰 청양에 복긔업 경텬에 졍덕환 당진에 리용쥬 졔씨러라

○부흥회의새은혜

텰원구역ᄂᆡ 련쳔 사긔막교회 권ᄉᆞ 셔경식씨의 통신을 거ᄒᆞᆫ즉 본교회가 셜립된지 八九년에 모히ᄂᆞᆫ 형뎨ᄌᆞᄆᆡ가 四十여인에 지나지못ᄒᆞ더니 불힝히 락심된쟈가 만하 례ᄇᆡ보ᄂᆞᆫ 형ᄆᆡ가 二十여인에 지나지못ᄒᆞᄂᆞᆫ고로 쥬야로 하

ᄂᆞ님ᄭᅴ 교회를 위ᄒᆞ야 긔도로 구ᄒᆞ더니 주ᄭᅴ셔 도라보심으로 목ᄉᆞ김홍순 권ᄉᆞ류철수 셔윤덕졔씨를 이곳으로 인도ᄒᆞ샤 거二월十八일노 卄一일ᄭᆞ지 부흥회를 ᄀᆡᄒᆞ엿는ᄃᆡ 김목ᄉᆞ는 주장ᄒᆞ고 본구역쟝 류쳘수씨는 밤과 낫으로 열심젼도ᄒᆞ고 권ᄉᆞ셔윤덕씨는 찬미와 긔도를 인도ᄒᆞ엿고 동三씨와 속쟝김완식씨가 합심ᄒᆞ야 외인의게 젼도도ᄒᆞ고 락심ᄒᆞᆫ쟈를 권고도 ᄒᆞ엿는ᄃᆡ 새로밋는사ᄅᆞᆷ이 七八인이오 락심ᄒᆞ엿든 사ᄅᆞᆷ이 다 도라와셔 ᄌᆞ긔죄를 ᄭᆡᄃᆞᆺ고 하ᄂᆞ님ᄭᅴ ᄌᆞ복ᄒᆞ고 새로온 은혜를 바앗스며 ᄆᆡ일 五十여인식 출셕ᄒᆞᆫ즁에 넘치는 은혜를 만히 밧엇다더라

○사경과부흥회

인쳔항 ᄂᆡ동교회목ᄉᆞ 리익모씨의 통신을 거ᄒᆞᆫ즉 ᄒᆡ회당ᄂᆡ에셔 二월七일브터 十八일ᄭᆞ지 사경회와 부흥회를 ᄀᆡᄒᆞᆫ후 낫에는 공부ᄒᆞ고 밤에는 부흥회로 모힐ᄉᆡ 공부ᄒᆞ는 남녀학싱이 一百九인에 달ᄒᆞ니 갑을 두반으로 뎡ᄒᆞ고 과졍은 츌ᄋᆡ급 젼도셔 쟝졍규측 마태복음 야고보인셔 셩경요리등이며 교ᄉᆞ는 로태인 리익모 리지셩졔씨인ᄃᆡ 一반학원들이 ᄌᆞ미스럽게 야는즁에 밤마다 부흥회로 모힐ᄉᆡ 일긔가 심히 치운ᄃᆡ 형뎨ᄌᆞᄆᆡ들이 진심으로 하ᄂᆞ님의 풍셩ᄒᆞᆫ ᄉᆞ랑과 넓으신 은혜를 밧으랴고 三ᄇᆡᆨ여명이 ᄒᆞᆷᄭᅴ모혀 ᄀᆞᆫ졀ᄒᆞᆫ ᄆᆞ음으로 긔도ᄒᆞ는ᄃᆡ 예수ᄭᅴ셔 승텬ᄒᆞ시기젼에 뎨ᄌᆞ들의게 예루살렘을 ᄯᅥ나지말고 기ᄃᆞ리라 ᄒᆞ신말ᄉᆞᆷ을 직힌쟈들이 셩신을 밧어 각국방언을 말ᄒᆞᆷ과 ᄀᆞᆺ치 하ᄂᆞ님의 ᄉᆞ랑과 긍휼히 녁이심이 녜나 이제나 변치아니 ᄒᆞ시고 당신의 ᄯᅳᆺ대로 구ᄒᆞ는쟈의게 풍족히 베프시는도다 쥬의 ᄉᆞ랑ᄒᆞ시는 형뎨ᄌᆞᄆᆡ들노 ᄒᆞ여곰 쥬의 구속ᄒᆞᆷ을 밧을ᄲᅮᆫ더러 셩신으로 거듭나게ᄒᆞ샤 ᄆᆞ음속에 올치못ᄒᆞᆫ ᄉᆞ샹ᄭᆞ지 다 ᄲᅢ여주시고 거룩ᄒᆞᆫ 새사ᄅᆞᆷ을 일우게 ᄒᆞ셧스니 하ᄂᆞ님의 ᄌᆞ비ᄒᆞ심과 은혜를 밧을사록 찬송ᄒᆞ며 감샤ᄒᆞᆯᄲᅮᆫ 아니라 ᄋᆡ통ᄒᆞ며 회ᄀᆡᄒᆞ는쟈가 만코 고통과 슯흠이 다지낸후에는 깃븜이 츙만ᄒᆞ야 녜젼에 셩뎐미문에 안젓던 안진방이가 곳침을 밧어 베드로와 요한을 ᄯᅡ라 셩뎐안에 드러가셔 것고 ᄯᅱ며 깃븜으로 찬송ᄒᆞᆫ 것ᄀᆞᆺ치 형뎨ᄌᆞᄆᆡ들이 이안진방이 ᄀᆞᆺᄒᆞᆫ쟈 만터니 셩신의 권능으로 ᄆᆞ음속에 잇는 병을 곳쳐주심을 간증ᄒᆞ지 아니ᄒᆞᆯ수업셔 一시에 四五인식 니러나셔 각각 ᄌᆞ긔의 밧은 은혜를 간증ᄒᆞ며 ᄯᅩ하ᄂᆞ님의 은혜를 밧은 증거는 하ᄂᆞ님과 사ᄅᆞᆷ을 ᄉᆞ랑ᄒᆞᆫ다는 말ᄲᅮᆫ 아니라 츙열미가 밋는도다 본회당에셔 디방회시에 ᄂᆡ외국 션교회일을 셜명ᄒᆞ는 동시에 형뎨들은 돈으로연보ᄒᆞᆯ식 ᄌᆞᄆᆡ들은 ᄌᆞ긔의 ᄉᆞ랑ᄒᆞ는 비녀와 반지와 져고리와 혹은 신고왓던 신ᄭᆞ지 버셔노흔것을 보면 은혜밧은 증거를 가히 알겟스며 ᄯᅩ부흥회인도ᄒᆞᆫ 목ᄉᆞ는 도마스 오긔션량씨더라

○대즁학도의젼도

평양 숭실즁학교 박죵은씨의 통신을 거ᄒᆞᆫ즉 하ᄂᆞ님ᄭᅴ셔 숭실대즁학도의게 풍셩ᄒᆞᆫ 은혜를 만히 ᄂᆞ리심으로 동긔방학ᄒᆞᆫ후에 더회 ᄉᆞ랑ᄒᆞ시는 부모들을 반가히 맛나 즐기는것보다 흑암ᄒᆞᆫ 죄가온ᄃᆡ 잇는 령혼의게 복음 젼ᄒᆞ기를 붓그러워 아니ᄒᆞ고 공부ᄒᆞ던 몸과 뢰를 편안히 쉬는것보다 영원ᄒᆞᆫ 형벌과 ᄉᆞ망을 아지못ᄒᆞ고 살앗스나 싱명이 죽은 령혼의게 쥬의 일홈 알녀주기를 깃버ᄒᆞ야 대즁학도가각 七인식합十四인을다ᄉᆞᆺ파로 ᄂᆞᆫ화 ᄃᆞᆫ니며 ᄒᆞᆫ 쥬일동안 열심젼도ᄒᆞᆷ으로 각파보고를 졉수ᄒᆞ야 본즉 평양 즁화 영유 닐곱교회디경오십여 동ᄂᆡ에셔 一千一百여명의게 젼도ᄒᆞ야 밋기로 작뎡ᄒᆞᆫ이가 三百三十二人에 달ᄒᆞ엿다ᄒᆞ니 이는 참 청년학싱의 아름다온 모범이라 ᄒᆞᆯ지로다

○쟝부인의졍대ᄒᆞᆫ말

경긔도 남양군 자월교회허광모씨의 통신을 거ᄒᆞᆫ즉 이곳 교회가 션지七년에 교우가 만치아니ᄒᆞ나 속쟝부인 쟝나오미씨는 청년과거로 본리교회

설립홀때브터 몬져드러와셔 악훈 우리의 핍박과 고난를 참고 견ᄃᆡ며 ᄌᆞ긔집으로 례비당을 삼고 권솔이 합심ᄒᆞ야 쥬를밋는즁 슬하에 ᄯᆞᆯᄒᆞ나히 잇셔 금년에 년광이十八셰라 홍진비린는 고금의 샹ᄉᆞ니 누가 능히막으리요 우연이 병이 들매 이부인이 그ᄯᆞᆯ을 비에싯고 인쳔항에 올너와셔 병원에셔 치료ᄒᆞ다가 령혼이 ᄯᅥ나미 이때는 경디방회로 인항용동 회당에 모혓슬때라 각쳐형뎨들이 ᄉᆞ랑ᄒᆞᄂᆞᆫᄆᆞᄋᆞᆷ으로 호쟝ᄒᆞ여 우리교인ᄆᆡ장디에 장ᄉᆞᄒᆞ고 쟝부인의 ᄆᆞᄋᆞᆷ을 위로홀시 그부인이 ᄀᆞᆯᄋᆞᄃᆡ 나는 조곰도 슬픈ᄆᆞᄋᆞᆷ이 옵ᄂᆞ이다 하ᄂᆞ님ᄭᅴ로브터 왓다가 하ᄂᆞ님ᄭᅴ로 도로갓ᄉᆞ니 나와 무ᄉᆞᆷ 샹관이 잇ᄉᆞ리요 그러나 감샤ᄒᆞ온것은 쥬ᄭᅴ셔 나ᄅᆞᆯ 불샹히 녁이시고 각쳐에계신 션ᄉᆡᆼ과형뎨를 부르샤 나의 슬품이 변ᄒᆞ야 깁븜이 되게ᄒᆞ신것이니 하ᄂᆞ님ᄭᅴ 영광을 돌닌다ᄒᆞ엿다더라

◉긔렴연보광고

본년一월十二일은 본회보챵간 뎨二회 긔렴쥬일이온ᄃᆡ 이날에 각쳐교회에셔 각기힘대로 본회보에 연보훈것을 본샤로 보내엿ᄉᆞᆸ기 그의호ᄒᆞ시는뜻을 감샤ᄒᆞ오며 이에 ᄎᆞ례로 게지ᄒᆞ야 광포ᄒᆞ노라

抱川龍翔洞교회 四十錢
鐵原豐田교회 七十錢
加平北面남즁리교회 四十錢
金川區域各교회 二圓七十四錢五里
杆城南區域교회 二十八錢
蔚珍古等堡洞교회 二十二錢
原州邑교회 一圓九十六錢五里
江華蚕頭교회 一圓十七錢
淮陽東區域山月里교회 三十九錢五里
三學洞교회 八錢
北倉교회 十錢

〈외 보〉

○동경류학싱단연(斷烟) 일본동경에 죠션류학싱이 대략 五六百명인디 그즁에 임의 단연훈쟈도 만치마는 아직 단연치 못훈자가 만터니 근일에 임의 단연훈 형뎨들이 단연동밍(同盟)회를 조직ᄒᆞ고 단연을 권면홈으로 회원이 三四十명에 달ᄒᆞ엿고 찬셩원도 만흔ᄃᆡ 회비는 ᄆᆡ삭 三十젼식 거두어 죠션류학싱즁 빈궁훈자를 구졔훈다ᄒᆞ니 이는 참 학싱청년의 아름다온일이로다

○손일션씨환영회 일본 동경 신뎐구 긔독청년회관에셔 거二월二十三일에 一반회원이 현금 동경에 톄류ᄒᆞ는 즁화민국 젼대、총통 손일션씨를 환영ᄒᆞ기 위ᄒᆞ야 대회를 열엇더라

○설립三十년긔렴부흥회 일본동경 경구교 감리교당에셔 본교회 설립 뎨三十년긔렴일을 감샤ᄒᆞ기 위ᄒᆞ야 본월三일하오二시에 대부흥회를 열고 각쳐션교ᄉᆞ와 一반교우가 회집ᄒᆞ여 긔도 강셜ᄒᆞ엿다더라

○쥬를밋쟈는ㅣ복이잇도다 즁화민국 송강부졍림진 감리교회신도 쥬위쳔씨는 신심이 독실ᄒᆞ야 쥬의 도리를 직힘으로 히셩닉에셔 은긔뎐(銀器塵)을 내고 영업에 종ᄉᆞᄒᆞ되 맛당히 밧을 갑슬 말ᄒᆞ고 츄호라도 에노리ᄒᆞ는일이 업슬뿐더러 빈궁훈 사ᄅᆞᆷ 구졔ᄒᆞ기를 힘쓰더니 지나간 옴력 十二월 卄三일에 대젹당이 각각 무긔를 들고 졍림셩즁에 드러와셔 집집마다 돌입ᄒᆞ야 지물을 강탈홀시 젹당一디가 쥬씨의 은긔뎐을 드리치고져홀때에 젹당의 령슈가 호령ᄒᆞ여왈『우리가 비록 강도의일은 힝홀진언뎡 쥬씨 ᄀᆞᆺ치 一평싱에 착훈 일만 힝ᄒᆞ는 사ᄅᆞᆷ의 지산을 츄호라도 강탈ᄒᆞ는것은 의젹(義賊)이 아니라』ᄒᆞ고 인ᄒᆞ야 가는지라 그럼으로 쥬군의 집은 훌노 화를 면ᄒᆞ엿스니 이는 반ᄃᆞ시 하ᄂᆞ님ᄭᅴ셔 도와주심이라고 찬용홈을 마지아니ᄒᆞ며 더욱 쥬의 일을 힘쓴다더라

○미국의ᄌᆞ션가 미국젼국닉 부호(富豪)즁 ᄀᆞ장 유명훈자ㅣ 十一인이 작년에 젼도ᄉᆞ업과 각종 ᄌᆞ션ᄉᆞ업에 되ᄒᆞ야 연보훈 금익이 도합 六억만환인디 그즁 뎨一 만히 낸사ᄅᆞᆷ은 카넥씨니 二억五

쳔만환을 ᄌᆞ션ᄉᆞ업비로 내여 노앗다더라

○교육부의보죠학싱

미감리회 교즁학교 학싱으로 작년즁에 히교회니 교육부의 보죠ᄒᆞᆫ 학비로 공부ᄒᆞᆫ 학싱이 二쳔一빅八인이더라

긔셔

○안식교인의게미혹밧는 형뎨을권면ᄒᆞᆷ

신학싱 방죡신

근일 안식교인들이 언필칭 예수씨셔 안식일을 직히셧ᄉᆞ니 우리도 안식일을 직히는거시 맛당ᄒᆞ다 ᄒᆞ나 그러치 아니ᄒᆞᆫ 리유는 예수씨셔도 육신은 률법에 쇽ᄒᆞ셧ᄉᆞ매 할례와 셰례을 밧으심과 졀긔 직히심은 하ᄂᆞ님법을 슌종ᄒᆞ심이요 셰납을 니심과 十ᄌᆞ가에 못박히심은 국법을 슌종ᄒᆞ심이요 가는뵈에 향지료로 무덤에 장사ᄒᆞ심은 인류의 풍쇽을슌종ᄒᆞ심이니 예수씨셔 무덤에 계신날ᄭᆞ지는 온젼히 률법에 쇽ᄒᆞ여 구약시ᄃᆡ을 맛치심이니 이는 예수씨셔 안식일을 직히신연고요 부활ᄒᆞ신날브터는 신약에 쇽ᄒᆞ엿ᄂᆞ니 그런고로 률법은 구약에 쇽ᄒᆞ고 셩신과 은혜는 신약에 쇽ᄒᆞᆫ지라 ᄉᆞ도힝젼에 ᄉᆞ도들이 안식일에 유대인의 회당에셔 젼도ᄒᆞᆫ거슨 유대인이 모혀 례비ᄒᆞ는 긔회을 타셔 예수그리스도의 일홈을 젼ᄒᆞ려 ᄒᆞᆷ이오 안식일을 직힌거시 아니니 ᄉᆞ도들이 홍샹 모힌날을 차자 보시요(막十六〇九、루一〇十、젼고十六〇二、요二十〇十九、ᄉᆞ二十〇七) 이날은 곳 우리가 지금 직히는 쥬일이오 예수씨 부활ᄒᆞ신 날이라 구약시ᄃᆡ에는 안식일을 쥬일이라 말ᄒᆞᆫ곳이 업ᄉᆞ며 ᄉᆞ도시ᄃᆡ에 골노시교회에셔 이단쟈들이 졀긔와 안식일을 직히며 례법과 텬ᄉᆞ(셰현ᄉᆞ긔별갓ᄒᆞᆫ것)를 예수씨보다 더 존숭ᄒᆞᆷ으로 바울션싱씨셔 엄히 경계(서二〇十六七)ᄒᆞ셧스니 곳 안식교인의 직히는 날이오 모세ᄯᅢ로 예수ᄯᅢᄭᆞ지 다른안식일이 업ᄂᆞ니 구약은 슌젼ᄒᆞᆫ 예수씨오실 그림ᄌᆞ요 유대교의 률례는 곳 예수씨을 단싱ᄒᆞᆫ 겁질(空殼)이라 무론 아모 죵ᄌᆞ던지 그난바 싹을 ᄉᆞ랑ᄒᆞ는쟈가 그겁질을 도라볼거시 별노 업ᄉᆞ며 형뎨을 본후에 그림ᄌᆞ을 ᄉᆞ모ᄒᆞᆯ거시 업ᄂᆞ니 더 ᄒᆞᆫ발은 구약에 두고 ᄒᆞᆫ발은 신약에 두는쟈(마九〇十七) 들의 ᄌᆞ유라 칭ᄒᆞ는 말에 미혹을 밧으니 그ᄌᆞ유의 힝동을 ᄉᆞᆯ피건ᄃᆡ 과연 쥬인업는 ᄌᆞ유로다(막一〇二十八) 안식일쥬인이 죽음에셔 부활ᄒᆞ샤 셩신으로 뎡ᄒᆞ신날을 바리고 률법으로 정죄ᄒᆞᆷ을 밧아 무덤에 계신날을 직힐 필요가 업다ᄒᆞ노라

ᄉᆞ조(詞藻)

리치의비결

한션 류경샹

一 재벽안개가흣터지며
욱일죠양이 올나오며

二 뒤화츈풍이번듯치며
엄동셜한이업셔지니

三 일년사시에밤과낫이
도라가는ᄃᆡ뎡ᄒᆞᆫ법이라

四 화복존망의亚환ᄒᆞᆷ이이
와갓다고 졍히 말ᄒᆞᆯ지
라

셩경연구

○셩경가온ᄃᆡ四十일

一 죄와 심판의 四十일 (창七〇四、十二、十七)

二 률법과긍휼의四十일 (츌卄四〇十八、卅四〇廿八)

三 밋음과 밋지 아니ᄒᆞᆷ의四十일(신九〇九、민十三〇卄五)

四 하ᄂᆞ님의 력량과 사ᄅᆞᆷ의 라약ᄒᆞᆷ의四十일 (왕샹十九〇一―八)

五 회ᄀᆡᄒᆞᆷ과 샤유ᄒᆞᆷ의 四十일(요나三〇)

六 젼징과득승(得勝)의四十일(누四〇二)

七 구쇽과 영광의四十일(힝一〇三)

가뎡과쇼년

○지혜잇는ᄋᆞᄒᆡ와어리셕은ᄋᆞᄒᆡ의구별

리동과 김동은 둘다 十셰쇼ᄋᆞ라 하로져녁는 그션싱이 어두운방에 안졋다가 더희의견을 보고져ᄒᆞ야 각각 돈얼마식을 주며왈「너희는 이 돈을 가지고 저자에 나가셔 너희 의견대로 무슴 문건을

五

사다가 이방속을 ᄀᆞ득히 ᄎᆡ올지어다」ᄒᆞᆫ터 두ᄋᆞᄒᆡ가 각각 논호여 갓더라 얼마 오릭지 아니ᄒᆞ여 김동은 마른풀(枯草)ᄒᆞᆫ짐을 사다가 션ᄉᆡᆼ안진 방에 ᄀᆞ득히 ᄎᆡ오거ᄂᆞᆯ 션ᄉᆡᆼ 왈「ᄎᆡ오기는 ᄎᆡ왓다마는 어두운방속이 더 어둡지 아니ᄒᆞ냐」ᄒᆞ고 리동은 그돈의 十분지一을주고 양초ᄒᆞᆫᄀᆡ를 사다가 불을켜노코 션ᄉᆡᆼᄭᅴ 고ᄒᆞ여왈 이제는 이방을 ᄎᆡ왓삽ᄂᆡ다 션ᄉᆡᆼ왈「착ᄒᆞ다 나의 뎨ᄌᆞ여 네가 ᄇᆞᆰ은 빗ᄎᆞ로써 어두운 방속을 ᄎᆡ왓스니 이는 네총명과 지혜를 나타냄이라」ᄒᆞ더니 그후에 과연 리동은 현철ᄒᆞᆫ 사ᄅᆞᆷ이 되고 김동은 하우(下愚)를면치 못ᄒᆞ엿다더라

격치문답(格致問答)

문 우리가 놉흔 산으로 올가기는 어렵고 ᄂᆞ려오기는 쉬우니 그것은 무ᄉᆞᆷ리치뇨

답 올나갈제는 디구의 견인력(牽引力)을 거ᄉᆞ리는 고로 어렵고 ᄂᆞ려올제는 견인력을 슌죵ᄒᆞᄂᆞᆫ ᄭᆞ닭이니라

문 디구의 견인력은 무엇이뇨

답 디구의 즁심(中心)이 거대(巨大)ᄒᆞᆫ 힘을 가지고 디구샹 만물을 다잇그ᄂᆞᆫ고로 만물이 다 디구즁심을 향ᄒᆞ야 ᄭᅳᆯ니ᄂᆞ니 이것을 디구의 견인력이라ᄒᆞᄂᆞ니라

문 가령 디구의 견인력이 업서질것ᄀᆞᆺᄒᆞ면 무ᄉᆞᆷ 악결과가 ᄉᆡᆼ기겟ᄂᆞ뇨

답 이견인력이 업스면 디구샹 만물의 즁량(重量)이 업슬지니 그러면 우리사ᄅᆞᆷ도 가을터럭(秋毫)과 ᄀᆞᆺ치 공즁에 ᄯᅥᄃᆞᆫ니며 우리사ᄂᆞᆫ 집과 가쟝집물과 모든 물건도 공즁으로 뎡향업시 ᄂᆞᆯ녀ᄃᆞᆫ닐지니라

교회ᄉᆞ긔

역술 미국인목ᄉᆞ 긔이부

뎨一편 구약에 션ᄐᆡᆨ(選擇)ᄒᆞᆫ신ᄇᆡᆨ셩

세샹사ᄅᆞᆷ이 텬명을 거역ᄒᆞᆷ으로 하ᄂᆞ님이 널니 구원ᄒᆞᆯ은혜를 ᄉᆡᆼ각ᄒᆞ시고 셩명의 소망을 허락ᄒᆞ샤 구약의 ᄐᆡᆨᄒᆞ신 ᄇᆡᆨ셩즁에 은밀히 ᄊᆞ하두신지라 모세의게 니르러 벼리(綱)와 법도를 세우고 ᄇᆡᆨ셩을 ᄀᆞᄅᆞ칠ᄉᆡ ᄐᆡᆨᄒᆞ신 ᄇᆡᆨ셩을 구별ᄒᆞ야 각국이 분란ᄒᆞᆷ이 업더니 가나안ᄯᅡ에 ᄉᆞᄉᆞ(士師)가 나셔 졍벌(征伐)이 날노 니러남을 인ᄒᆞ야 셩경을 연구ᄒᆞᆯ 겨를이 업서셔 만히 본토인의 악ᄒᆞᆫ 풍속에 물드ᄂᆞᆫ지라 (ᄉᆞᄉᆞ긔二〇十九ㅣ과 三쟝七졀) 하ᄂᆞ님이 이ᄯᅢ에 션지쟈들을 보내샤 ᄀᆞᄅᆞ치고 ᄀᆡ량ᄒᆞ게 ᄒᆞ시니 삼우엘이 이ᄯᅢ에 기동이 되엿고 ᄯᅡ윗과 솔노몬이 션지쟈와 졔ᄉᆞ쟝으로 더브러 ᄯᅳᆺ을 ᄀᆞᆺ치ᄒᆞ야 그ᄇᆡᆨ셩을 거ᄂᆞ리고 하ᄂᆞ님을 경ᄇᆡᄒᆞ니 이ᄯᅢ에 풍속이 아름다워지고 국태민안ᄒᆞ야 영광이 비ᄒᆞᆯ데 업더니 ᄇᆡᆨ셩의 ᄆᆞᄋᆞᆷ이 날노 경박ᄒᆞ여지고 셰샹풍속이 ᄯᅢ로 변ᄒᆞ야 여러번 하ᄂᆞ님ᄭᅴ 죄를 엇ᄂᆞᆫ지라 이ᄯᅢ에 하ᄂᆞ님이 각나라들노 ᄒᆞ여곰 쳐서 이방사ᄅᆞᆷ의게 흣트셧더니 파사방고러스ᄯᅢ에 다시 고국에 도라와서 셩뎐을 다시 세우니 쥬강ᄉᆡᆼ젼 五百十六년에 필역ᄒᆞᆫ지라 그러나 ᄇᆡᆨ셩이 외모로만 힝ᄒᆞ고 ᄎᆞᆷᄆᆞᄋᆞᆷ으로 힘치아니 ᄒᆞᄂᆞᆫ고로 ᄒᆞᆼ샹 션지의 ᄎᆡᆨ망ᄒᆞᆷ을 밧으니 말나긔는 션지쟈즁의 마ᄌᆞ막 션지오 쥬강ᄉᆡᆼ젼 四百三十년이라 도를 강론ᄒᆞ고 ᄇᆡᆨ셩을 ᄀᆞᄅᆞ치매 이후브터 ᄐᆡᆨᄒᆞ신 ᄇᆡᆨ셩들이 률법을 좃차 감히 법도를 범치못ᄒᆞ고 례의를 직히며 도를 ᄉᆞ모ᄒᆞ더니 마게돈니아왕 알렉산더가 동셔로 젼징을 니르킬ᄯᅢ에 희랍교에 점점 물드러가니 일노써 률법을 잡은쟈는 바리ᄉᆡ교인이오 이방풍속에 ᄲᅡ진쟈는 사두ᄀᆡ교인이라

실업

○농ᄉᆞ강습의요항(속)

七 토디를ᄀᆡ량ᄒᆞ며졍리ᄒᆞᄂᆞᆫ법

토디를 ᄀᆡ량ᄒᆞᆷ에 ᄃᆡᄒᆞ야 여러가지법이 잇ᄂᆞᆫᄃᆡ 이루 다 말ᄒᆞᆯ수 업거니와 그즁에 두세가지만 말ᄒᆞ고져ᄒᆞ노라

(미완)

담총

○놈을도아주ᄂᆞᆫ가온디ᄌᆞ긔도유익홈

엘프산은구쥬(歐洲)에뎨一놉고유명훈 산이라 녯날 카레지국명장 히니발이 로마뎨국을 엄습ᄒᆞ랴고 十만대병을 거ᄂᆞ리고 이산을 넘어가다가 여러만명의 군ᄉᆞ를 눈속에 파뭇은 일은 력ᄉᆞ샹에 분명히 긔록ᄒᆞ엿거니와 이산은 놉기가 一만쳑에 달훈고로 이산ᄉᆡᆨ되기에ᄂᆞᆫ 四시에 눈이 싸여 잇ᄂᆞᆫ지라 그러나 경치를 더듬ᄂᆞᆫ 긱들이 죵죵 이산을 넘어 둔니ᄂᆞᆫ디 하로ᄂᆞᆫ 엇더훈 힝긱이 이산 샹봉에셔 눈보라(吹雪)를 만나셔 찬긔운이 ᄲᅧ에 사못치매 슈족이 얼고 혈긔가 펴지지 못ᄒᆞ야 ᄌᆞ연 조름이(眠氣) 와셔 ᄭᆡᆷ작못ᄒᆞ고 눈우에 누어 거의 죽을디경에 니르럿더니 맛참 뒤에오ᄂᆞᆫ 힝긱ᄒᆞ나히 그곳에 당두ᄒᆞ엿ᄂᆞᆫ디 ᄌᆞ긔도 젼신이 얼고 슈족이 ᄲᅥᆺᄲᅥᆺᄒᆞ여 미구에 싱명이 위급훈곳에 ᄲᅡ지게 되엿슬지라도 몬져 누어 잇ᄂᆞᆫ사룸을 볼때에 一편량심(一片良心)이 움자기ᄂᆞᆫ지라 당쟝에 ᄌᆞ긔싱명을 도라볼 여가이 업시 곳 그사룸의 녑흐로 갓가히 가셔 ᄌᆞ긔의 언손으로 그사룸의 젼신을 주무으고 슈족도 녹여주며 그귀에 입을 디이고 위로ᄒᆞᄂᆞᆫ 말도 ᄒᆞᄂᆞᆫ동안에 몬져누엇던 사룸이 졈졈 원긔(元氣)를 회복ᄒᆞ며 졍신을 슈습ᄒᆞ야 니러안고 또 후에 오던사룸도 놈의신톄를 힘써 주무르ᄂᆞᆫ동안에 혈믹이 잘 슌환(循環)됨으로 톄온(體溫)을 더ᄒᆞ야 능히 찬긔운을 이길수 잇ᄂᆞᆫ지라 두사룸이 인ᄒᆞ야 손을 잇글고 급히 힝보ᄒᆞ야 무ᄉᆞ히 평디셔지 ᄂᆞ려온지라

우리가 이 니야기를 보고 싱각홀것은 누구던지 놈을 물질샹(物質上)이나 졍신샹(精神上)으로 도아주ᄂᆞᆫ가온디 ᄌᆞ긔도 유익홈을 엇ᄂᆞᆫ것이니 一반 쳥년학싱은 범연히 보지 말진뎌

법령뎍요(法令摘要)

대뎌 우리가 령혼샹으로ᄂᆞᆫ 무형훈 졍부밋헤셔 하ᄂᆞ님의 계명과 교훈을 복죵치 아닐수 업고 이를 복죵ᄒᆞ랴면 우리령혼에 관계되ᄂᆞᆫ 셩경의 도라를 공부치 아닐수 업ᄂᆞᆫ것과 ᄀᆞᆺ치 우리의 육신이 유형훈 졍부밋헤셔 이셰샹 법률을 복죵치 아닐수 업고 또 이를 복죵ᄒᆞ랴면 우리싱명과 지산에 관계되ᄂᆞᆫ 법령과 규측을 알지 아닐수 업ᄂᆞᆫ디 근일 신법령(新法令)이 날마다 반포되나 별노히 주의ᄒᆞ여 보ᄂᆞᆫ쟈ㅣ 만치 못홀뿐 아니라 혹 보더라도 히셕(解釋)키 어려온 뎜이 만흔고로 ᄌᆞ금이후로ᄂᆞᆫ 신법령즁 우리싱명과 지산과 의무에 깁히관계되ᄂᆞᆫ것은·슌한ᄒᆞ고 쉬운말노 번역ᄒᆞ여 본보에 게지ᄒᆞ오니 주의ᄒᆞ야 보시기를 ᄇᆞ라ᄂᆞ이다

▲묘디와 화장쟝과 미장과화장을 취톄ᄒᆞᄂᆞᆫ 규측(墓地火葬場理葬及火葬取締規則)

明治四十五年六月二十日
總督府令第二十三號

뎨一됴 묘디를 새로 뎡ᄒᆞ거나 변경(變更)ᄒᆞ거나 폐지ᄒᆞ랴면 경무부쟝(경셩에셔ᄂᆞᆫ경무총쟝)의 허가를 맛흘 (미완)

회보디금령슈

利川	韓昌燮	一圓六十錢
安山	金善榮	四十錢
仝	朴悰善	四十錢
仝	黃日周	四十錢
仝	洪元直	四十錢
仁川	金東鎰	四十錢
安山	朴和鎭	四十錢
延日	李晩雨	二十錢
鎭南浦	裴亨湜	三圓二十錢
楊州	李基鳳	二十五錢
仝	金明順	二十五錢
仝	申興植	二十五錢
仝	安奭熙	二十五錢
三和	金昌奎	四十錢
清津	孫日景	二十錢
鏡城	崔秉嶽	四十錢
平壤	金基浩	十六圓二十錢
開城	감목ᄉᆞ	八十錢
彰義門外	朴海肅	二十錢
仝	崔順瑞	四十錢
石城	羅建泰	四十錢
咸悅	許巡軾	十五錢
林川	劉百源	八十錢
成川	李鎭亨	三圓六十錢
洪州	鄭惠煥	四十錢
兎山	庾石弘	八圓四十錢
加平	崔壽永	三圓
成川	李冕奎	八十錢
京貞洞	奇怡富	一圓八十錢

△學生募集▽

試驗日字 三月三十一日
開學日字 四月一日
但願書三月二十九日迄受理홈

一 中學科預備生及一學年生新募集
一 中學科第二三年生도增募集
一 染織科實眞科學生도募集
(詳細는本院에來問홈)

開城私立韓英書院 白

△學生募集▽

今般本校에셔前長老會保誠學校와監理會光成學校를合併ᄒᆞ야保光學校라稱ᄒᆞ고校務를一層擴張ᄒᆞ야新入生을募集ᄒᆞ오니志願者는四月一日內로請願書를提呈홈을敬要홈
但詳細ᄒᆞᆫ事件은本事務室에來議ᄒᆞᆯ事

一 開學日字 四月一日
一 試驗科目
聖經은四福音中大要
算術은分數以內
漢文은庸學中
歷史는東洋史
國語는讀本中
一 試驗日字 三月二十八日
上同三十一日ᄭᆞ지
一 入學資格은敎會男子로品行이端正ᄒᆞ고年齡이十五歲以上者

元山私立保光學校 白

▲광 고▼

본공회에셔 각죵셩셔를 구비ᄒᆞ여 디방의 원근과 쳥구의 다쇼를 물론ᄒᆞ고 신속슈응ᄒᆞ는바 근일에 특별히 감가된칙도 잇고 새로 츌판된칙이 잇기로 이아래 긔록과 ᄀᆞᆺ치 광포홈

감가ᄒᆞᆫ언문구약 ᄆᆡ뎡가록
二권一질 지의 六十錢
同 포의 七十五錢

신츌판언문관쥬신약뎡가록
포의 디도부 四十錢
권포의 동 六十五錢
반피의 동 一圓十錢
샹등총피의 동 三圓五十錢
샹등졀피의 동 四圓

京城鍾路 美國聖書公會 告白

광 고

현금샤회의ᄉᆞ업이놀마다발젼ᄒᆞ는이시ᄃᆡ에유독공업이ᄆᆡ량진화치못홈은사름사름이다유감히녀기는바로소이다이러홈으로본셔원에셔다년연구즁기말시험뎍으로간략ᄒᆞᆫ실업과가[illegible]셧ᄉᆞ오ᄂᆞᆫ시험즁인고로완비치못ᄒᆞ왓ᄉᆞᆸᄃᆡ니하ᄂᆞᆯ님의도으심으로본셔원ᄂᆡ에공업실을건츅ᄒᆞ고각죵긔구를쥰비ᄒᆞ고학싱을모집ᄒᆞ오니입학을지원ᄒᆞ시는이는三월二十일ᄂᆡ로청원서를뎨츌ᄒᆞᄋᆞᆸ소셔(단학싱은픔힝단졍신톄강건ᄒᆞᆫ十六셰이샹남ᄌᆞ를요홈)

과 목

염。직。과。
셩경、 화학、 물리학、 직물산슐、직물에 부속ᄒᆞᆫ 계산법、도형、직죠젼문、 수직긔법족답긔법、 력직긔、 평직문식、 염식젼문、 목면、쥬、 져마、 모、 표ᄇᆡᆨ법
긔한은二ᄀᆡ년입학금은六원월사금은불요홈

샤。진。과。
셩경、 화학、 샤진젼문、 실습、
긔한은五ᄀᆡ월입학금은十원월사금불요홈
샹오에는학문 하오에는실습보죠싱은불요홈

開城北部
韓英書院 實業部 고ᄇᆡᆨ

○교뎨는 하나님은혜가운ᄃᆡ엇은형뎨ᄌᆞ미의게고ᄒᆞᄋᆞᆸᄂᆞ이다이ᄯᅢ로단은쇼화신약으로세계각국에찬상을바든영졔오며이외에본당졔조관허약픔오십육죵과삼용당초지동서양약각죵이구비ᄒᆞ오니수소용청구ᄒᆞ시면본당규측ᄃᆡ로신속수응ᄒᆞᄋᆞᆸ

경셩종로화평당대약방본포주 리응션 고ᄇᆡᆨ
電話一六九七番 振替口座京城八一八番

八寶丹
팔보단
和
팔보단
八寶丹

홍병션 역

詳解 로다인셔쥬셔 全

菊版三百餘頁。定價六十錢郵稅八錢
(一)로마인셔를ᄌᆞ셰히공부코쟈ᄒᆞ거나(二)ᄌᆞ셰ᄒᆞᆫᄯᅳᆺ을알고쟈ᄒᆞ야도아지못ᄒᆞᆫ형뎨ᄌᆞᄆᆡ는이쥬셔을보시요

總發行所 京城北部小安洞十六統八戶
普及書館

그리스도회보

KOREAN CHRISTIAN ADVOCATE

每週一回木曜日發行
大正二年三月二十五日印刷
大正二年三月二十七日發行

發行兼編輯人 開城北部山芝峴 奇義男
印刷人 京城北部樓閣洞 朴東完
印刷所 京城北部觀峴 徽文館
發行所 京城北部壯洞四十三統三戶 呂炳鉉

ᄃᆡ금…代金 一쟝 二젼 / 六ᄀᆡ월 四十젼 / 一ᄀᆡ년 八十젼

사셜

●진졍ᄒᆞᆫ그리스도인의ᄌᆞ격

긔자의 닐은바 진졍ᄒᆞᆫ 그리스도인은 곳 샹당ᄒᆞᆫ ᄌᆞ격을 가진 젼도인과 평신도를 ᄀᆞᄅᆞ쳐 말ᄒᆞᆷ인ᄃᆡ 젼도인은 목ᄉᆞ와 젼도ᄉᆞ와 모든 교회직원을 통칭ᄒᆞᆷ이오 평신도는 一반보통밋ᄂᆞᆫ 형뎨ᄌᆞᄆᆡ를 닐옴이며 뎌희샹당ᄒᆞᆫ ᄌᆞ격은 뎌희가 날마다 실디뎍싱활과 언ᄒᆡᆼ으로써 셰샹에 모범될만ᄒᆞᆫ것인ᄃᆡ 그즁에 몃가지만 들어 말ᄒᆞ건ᄃᆡ 좌와ᄀᆞᆺᄒᆞ니

一 신도의 근본뎍ᄌᆞ격이니 곳 ᄆᆞᄋᆞᆷ으로 그리스도의 싱활을 실디경험(經驗)ᄒᆞ여 하ᄂᆞ님ᄭᅴ 죄샤ᄒᆞᆷ을 엇은줄 ᄭᆡᄃᆞ를ᄲᅮᆫ아니라 하ᄂᆞ님은 그리스도의 아버지시요 그리스도는 하ᄂᆞ님의 아ᄃᆞᆯ이신줄 밋고 깃븜과 화평ᄒᆞᆫ 가온ᄃᆡ셔 싱활ᄒᆞᄂᆞᆫ것이라 그럼으로 요한 웨슬네션싱이 일죽이 엇던 청년 젼도ᄉᆞ ᄃᆞ려 닐너왈「그ᄃᆡ가 구원엇은 경험이 잇거던 학문의 잇고 업는 것은 말ᄒᆞᆯ것 업시 다만 그즁거를 발표ᄒᆞᆷ이 필요ᄒᆞ다」ᄒᆞ엿스니 누구던지 ᄎᆞᆷ 구원을 엇어 하ᄂᆞ님의 ᄉᆞ랑이 그 ᄆᆞᄋᆞᆷ속에 츙만ᄒᆞᆫ자는 ᄌᆞ연히 그 언ᄒᆡᆼ동지가 셰쇽(世俗)사ᄅᆞᆷ과 다른것이 나타나ᄂᆞ니 이구원의 실디경험이 업ᄂᆞᆫ쟈는 十년二十년을 교회에 ᄃᆞᆫ니며 혹 젼도ᄉᆞ업에 죵ᄉᆞᄒᆞᆯ지라도 ᄒᆞᆫ번도 신도의 특별ᄒᆞᆫ ᄌᆞ격을 발휘(發揮)치 못ᄒᆞᆯ지로다 바울이 말ᄉᆞᆷᄒᆞ기를「나는 복음을 붓그러워 아니ᄒᆞ노니 복음은 신쟈를 구원ᄒᆞ시ᄂᆞᆫ 하ᄂᆞ님의 능력이라」(로一〇十六)ᄒᆞ셧스니 이하ᄂᆞ님의 능력이 ᄆᆞᄋᆞᆷ속에 잠겨 잇스면 셰쇽에 ᄯᅱ여나는 픔ᄒᆡᆼ이 ᄌᆞ연 드러날지니 이는 곳신자의 근본뎍ᄌᆞ격이라ᄒᆞ노라

二 인졍을 동찰(洞察)ᄒᆞᆷ이니 타인의 심졍을 ᄉᆞᆯ핀다ᄒᆞᆷ은 무ᄉᆞᆷ 심리뎍 학ᄉᆞᆯ(心理的學術)노써 ᄉᆞᆯ피라ᄒᆞᆷ이 아니오 다만 ᄌᆞ긔가 교회에 드러온후로 엇더케 시험을 밧고 엇더케 곤난 당ᄒᆞᆫ 경력을 미루어 타인의 심졍을 ᄉᆞᆯ펴셔 나의 ᄯᅡᄯᅳᆺᄒᆞᆫ ᄉᆞ랑으로써 뎌사ᄅᆞᆷ의 츙졍(衷情)을 어루만지고 ᄯᅩ 뎌사ᄅᆞᆷ의 쟝쳐(長處)을 옴겨다가 단쳐(短處)를 보츙ᄒᆞ야 졈졈긔질을 변화케ᄒᆞᄂᆞᆫ것이니라(미완)

특별사고

본회보의 신모집(新募集)긔한을 본월三十一일ᄭᆞ지 연긔(延期)ᄒᆞ엿ᄉᆞ오니 익독ᄒᆞ시ᄂᆞᆫ 쳠위는 죠량ᄒᆞ시옵

사고

一、본보는 一千九百十三년三월브터 一쥬일동안에 ᄒᆞᆫ번식 발ᄒᆡᆼᄒᆞᆷ

一、본보ᄃᆡ금은 금년 三월브터 一년션금 八十젼 반년션금 四十젼으로뎡ᄒᆞᆷ

一、본회보 구람쟈(購覽者)를 새로 모집ᄒᆞᄂᆞᆫ 긔한은 금년 三월卅一일ᄭᆞ지 ᄒᆞᆫᄒᆞᆷ

一、一년이나 혹 반년치를 반ᄃᆞ시 션금으로 요구ᄒᆞᆷ

一、본회보 구람쟈를 최다수(最多數)로 모집ᄒᆞ여 보내신이의게는 피의금변(皮衣金邊)ᄒᆞᆫ 신구약一질노써 감샤ᄒᆞᆫ뜻을 표ᄒᆞᆷ

一、본회보를 구람코져 ᄒᆞ시면 경셩북부쟝동ᄉᆞ십삼통삼호(京城北部壯洞四十三統三戶)본보 발ᄒᆡᆼ소로 션금을 보내시고 청구ᄒᆞ시옵

교즁휘문

△닉 보▽

●하감독도션(渡鮮)

감독히리스씨는 현금 일본셔 체류ᄒᆞ는 중인ᄃᆡ 일간 입경(入京)ᄒᆞ는 목덕션싱을 회견(會見)ᄒᆞ기 위ᄒᆞ야 수일후 일본셔 ᄯᅥ나셔 본월二十一二일간 경셩에 도착ᄒᆞ리라더라

●신학교ᄀᆡ학

경셩 셔부링동 감리교회신학교는 본월廿五일에 ᄀᆡ학ᄒᆞ야 오는 六월十四일 휴학ᄒᆞᆯ터인ᄃᆡ 학급은 四학년二부와 一학년 三부라더라

●목덕션싱의릭경(來京)

목덕션싱 환영회 셜비위원쟝 원두우씨의 통신을 거ᄒᆞᆫ즉 만국전도련합회에셔 목덕박ᄉᆞ를 파송ᄒᆞ여 만국에 전도ᄉᆞ업이 엇더케 되여감을 알고 그일을 간셥ᄒᆞ려ᄒᆞ여 지금 히씨가 여러나라의 전도형편을 시찰ᄒᆞ는 즁인ᄃᆡ 거의 다맛치고 불원간에 죠션으로 오는ᄃᆡ 그 오는 뜻은 무슴일을 ᄒᆞ려오는것이 아니오 각쳐에 전도ᄒᆞᆫ 형편의 엇더ᄒᆞᆫ것을 보고 본련합회에 보고ᄒᆞᆯ 일이라 죠션사름들즁에 혹 말ᄒᆞ기를 히씨가 다수ᄒᆞᆫ 금익을 가지고 와셔 전도ᄒᆞ려ᄒᆞᆫ다 홈은 오히이며 히씨의 통신을 졉ᄒᆞᆫ즉 죠션에 잇는 션교ᄉᆞ와 죠션형뎨몃분을 청ᄒᆞ여 전도ᄉᆞ업을 협의ᄒᆞ야 그형편을 알고져 홈이라 히씨가 죠션에 계신 여러형뎨씌 몬져 문안ᄒᆞ오며 이일에 ᄃᆡᄒᆞ여 특별히 원ᄒᆞ기는 감샤ᄒᆞᆫ것과 의론ᄒᆞᆯ것과 쟝ᄅᆡ에 보고ᄒᆞ는 일을 다 셩신츙만홈으로ᄒᆞ기를 긔도ᄒᆞ여 달나ᄒᆞ기로 이에 광포ᄒᆞᆫ다 ᄒᆞ엿더라

●리쳔과광남사경회

리쳔군 신갈산교회권ᄉᆞ 송병학씨의 통신을 거ᄒᆞᆫ즉 거一월六일브터 十一일ᄭᆞ지 리쳔구역닉 二十四교회 련합사경회를 본읍교당에셔 열엇는ᄃᆡ 교ᄉᆞ는 목ᄉᆞ홍승하 전도ᄉᆞ한챵셥 리치덕三씨오 과졍은 창셰긔 호세아 누가복음 셰례문답 감리회문답 등을 공부ᄒᆞ여 특별ᄒᆞᆫ 유익이 만흔것은 각교회에셔 금년동안 전도ᄒᆞᆯ 방칙을 一층 확쟝ᄒᆞ엿고 셩신의 감화ᄒᆞ심을 밧어 새로온 능력이 각교회에 츙만ᄒᆞ고

거二월六일브터 十八일ᄭᆞ지 광쥬 남구역 노루목교회에셔 려쥬 리쳔 광쥬三읍 련합사경회를 열엇는ᄃᆡ 교ᄉᆞ는 변감리ᄉᆞ 듸목ᄉᆞ 홍승하목ᄉᆞ 전도ᄉᆞ한창셥 함챵셥五씨오 一二반에 논호아 一반에는 창셰긔 ᄉᆞ도힝젼 갈나듸아 찬숑가오 二반에는 츌익급 아모스 쟝졍규측 四복음즁거 갈나듸아 찬숑가등을 교슈ᄒᆞ엿고 다수ᄒᆞᆫ 학싱의 새힘을 엇은것과 유년학싱의 강도련습회에 청년형뎨ᄌᆞ민의 ᄆᆞᄋᆞᆷ이 一층더 새로와 三읍디방에셔금년에 三千명을 인도ᄒᆞ여 밋게ᄒᆞ기로 각교회가 열심긔도ᄒᆞ고 전도ᄒᆞ는즁 위션 새로 밋는사름이 만히 니러난다더라

●련합사경회와부흥회

강원도 김화군 안츈호씨의 통신을 거ᄒᆞᆫ즉 김화 김셩 텰원 평강네고을 각교회는 거二월十一일에 김화 디경터교당에셔 사경회와 부흥회를 열엇는ᄃᆡ 참셕ᄒᆞᆫ 인원은 쟝로ᄉᆞ 전요셥목ᄉᆞ김홍슌예시 전도ᄉᆞ 신공슉 강죠원 량씨와 권ᄉᆞ 쇽쟝 유ᄉᆞ 매셔인졔씨와 교우가 五六十명이라 샹오九시로 하오四시ᄭᆞ지 사경ᄒᆞ고 긔도회는 셔윤덕 야고보인셔는 김홍슌 호세아는 신공슉 유년쥬일학교졍형은 강죠원 마가복음은 예시졔씨니 각기광졍을 힘써 ᄀᆞᄅᆞ치고 ᄯᅩ긔회를 ᄯᆞ라 ᄀᆡ인전도를 힘썻스며 ᄯᅩ 저녁마다 부흥회를 ᄒᆞᆯ서 형뎨ᄌᆞ민들이 죄를 뉘우쳐 곳치며 쟝ᄅᆡ에 하ᄂᆞ님의 노ᄒᆞ심을 피코져ᄒᆞ는쟈 만흐며 ᄯᅩ 비도ᄒᆞᆫ쟈가 다시 도라오며 락심ᄒᆞ엿던쟈가 쥬압흐로 다시 나아오는쟈 만코 十六일쥬일에는 근쳐각교회의 교우가 디경터교당에 모혀셔 전요셥쟝로ᄉᆞ가 전도ᄒᆞ고 셩만찬을 베프럿고 하오二시에는 유년쥬일학교를 실디로 인도ᄒᆞ는것과 슌셔와 졔반규측을 강죠원씨가 셜명ᄒᆞ엿고 동七시에 례비ᄒᆞᆫ

[illegible]에 一반교우의 근친ᄒᆞᄂᆞᆫ 뜻을 표ᄒᆞ엿더라

●김부인의밋음 파ᄌᆞ션(慈善)

평남슌천군 신창교회오현영씨의 룽신을 거ᄒᆞᆫ즉 그곳교회 권ᄉᆞ 리슈홍씨의 모친김신덕씨ᄂᆞᆫ 본교회 셜립ᄒᆞᄂᆞᆫ 최초브터 하ᄂᆞ님을 밋어 모든 힝ᄒᆞᆷ에 시죵이 여일ᄒᆞ야 쥬ᄭᅴ 영화로옴을 돌니더니 작년가을브터 로병(老病)으로써 괴로옴을 만히 밧으ᄆᆡ 그아ᄃᆞᆯ 리권ᄉᆞᄂᆞᆫ 극진ᄒᆞᆫ 효셩을다ᄒᆞ야 시탕ᄒᆞ더니 드ᄃᆡ여 하ᄂᆞ님의 부르심을 닙어 본년一월二십九일에 셰샹을 ᄯᅥ낫ᄂᆞᆫᄃᆡ 림죵시에 교우 몃사ᄅᆞᆷ과 그아ᄃᆞᆯ을 불너 쥬를 잘밋으라고 권면ᄒᆞ고 현가ᄋᆡ三百원의 빗一일경을 교회에 긔부ᄒᆞ얏슴으로 그근경 모든교회에셔 그부인의 밋음과 ᄌᆞ션심을 ᄉᆞ모ᄒᆞ야 감복지 안는사ᄅᆞᆷ이 업다더라

●젼도인사경회

경긔도 포쳔군 조셩도씨의 룽신을 거ᄒᆞᆫ즉 거一월二十一일브터 동二十일ᄭᆞ지 경셩 양쥬 포쳔 뎔원 평강 김화 김셩등 여러구역 젼도인 사경회를 포쳔 용샹골교회에셔 열고 젼도인 十七인과 그곳 교우八十여인이 ᄒᆞᆷᄭᅴ 공부ᄒᆞᆯᄉᆡ 파졍은 교회규측 단니엘묵시 조직신학 강도법이오 부흥회도 ᄆᆡ일샹오九시로 十二시三十분과 하오二시로 四시三十분과 동七시로 九시ᄭᆞ지 공부ᄒᆞ엿ᄂᆞᆫᄃᆡ 교ᄉᆞᄂᆞᆫ 목ᄉᆞ 김홍슌 예시 홍죵숙 젼도ᄉᆞ 신공숙 리운겸졔씨가 ᄎᆞ제로 교슈ᄒᆞᄂᆞᆫ중 신령ᄒᆞᆫ 북을 만히 밧앗스며 포쳔 솔모루쟝에 가셔 로샹젼도ᄒᆞᄂᆞᆫ중 복음을 잠시동안에 七十여권을 젼파ᄒᆞ엿고 새로 밋ᄂᆞᆫ 사ᄅᆞᆷ은 七인인ᄃᆡ 이젼에 쥬의 교회를 핍박ᄒᆞ고 반ᄃᆡᄒᆞ던 포쳔 셔면 셔씨일인과 유명ᄒᆞᆫ 의원 리씨ᄒᆞᆫ분이 밋기로 작뎡ᄒᆞ엿스니 참으로 하ᄂᆞ님ᄭᅴ 영광을 돌니고 포쳔교회가 날노 흥왕ᄒᆞᆯ줄 밋으며 이사경회와 부흥회로 인ᄒᆞ야 각젼도인이 큰복을 밧고 일일은 근친회로 모혀셔 각교회졍형도 셔로 보고ᄒᆞ며 쟝ᄎᆞ 앏흐로 쥬의 나라일을 엇더케 ᄒᆞᆯ것도 의론ᄒᆞᆷ으로 서로 ᄉᆞ랑ᄒᆞ며 슈고를 담당ᄒᆞ기로 작뎡ᄒᆞ엿다더라

●긔도의효력

츙북 츙쥬구역젼도ᄉᆞ 리문현씨의 룽신을 거ᄒᆞᆫ즉 쳥풍군 슈하면 명오지 교회ᄂᆞᆫ 셜립ᄒᆞᆫ지 九년에 현ᄃᆡ원 신의三 신건셩 김셩진졔씨의 열심으로 교회가 졈졈흥왕ᄒᆞ여 ᄌᆞ미잇ᄂᆞᆫ중 작년十월분에 근동 황강역 사ᄂᆞᆫ 쟝한슈ᄂᆞᆫ 지금나히 十七셰에 밋친병으로 아조 ᄇᆞ린사ᄅᆞᆷ이 되엿ᄂᆞᆫᄃᆡ 그집은 밋지 안ᄂᆞᆫ 집인고로 우샹의게 빌ᄲᅮᆫ이더니 병쟈의 츌가ᄒᆞᆫ 누의가 쥬를 밋ᄂᆞᆫ고로 친가에 가셔 그동싱을 ᄃᆞ려다가 교회형뎨의게 부탁ᄒᆞᆷ으로 一쥬일을 밤 낫 쉬지안코 긔도ᄒᆞᆷ으로 지금은 완인이 되여 쥬를 진실이 밋으며 그집안도 다 회기ᄒᆞ엿고 외인ᄭᆞ지 하ᄂᆞ님의 권능을 찬숑ᄒᆞᆫ다더라

●긔렴연보광고

본년一월十二일은 본회보챵간 뎨二회 긔렴쥬일이온ᄃᆡ 이날에 각쳐교회에셔 각기힘대로 본회보에 연보ᄒᆞᆫ것을 본샤로 보내엿습기 그ᄋᆡ호ᄒᆞ시ᄂᆞᆫ뜻을 감샤ᄒᆞ오며 이에 ᄎᆞ례로 게직ᄒᆞ야 광포ᄒᆞ노라

江華信嶋區域 七十錢
加平甘泉교회 四十錢
洪川道替里교회 三十錢
開城東部교회 一圓
京城往十里교회 六十錢
扶餘窺岩石村金聖基氏 一圓
公州加尺徐炳哲氏 四十錢
全陵山禹鍾璇氏 三十錢

〈외 보〉

●미국의죠션인션교회

미국남방 가쥬 스톡톤셩에 죠션형뎨ᄌᆞᄆᆡ들이 션교회를 셜립ᄒᆞ엿ᄂᆞᆫᄃᆡ 지졍도 요죡(饒足)ᄒᆞ거니와 졔반형편이 완젼ᄒᆞᆫ 긔초를 세웟스며 이 션교회를 쥬쟝ᄒᆞᄂᆞᆫ이ᄂᆞᆫ 황목ᄉᆞ 모(某)씨라더라

●교회신문구람쟈신모집

미국 남감리회 감독회의에셔

는 각교회신문 구람자를 만히 모집ᄒᆞ기 위ᄒᆞ야 전국니 三百여디방 六千여교당으로 ᄒᆞ여곰 신모집경정(競爭)을붓치기로 의뎡ᄒᆞ엿다더라

●영국의교즁학교

영국(잉글린드와웰스만)니디에 예수교의 관할ᄒᆞ는 학교가六十五만二十八쳐인ᄃᆡ 그즁에 션ᄉᆡᆼ과 학ᄉᆡᆼ의 수효는 六百八十一만三千四百二十八인이니 작년즁에 론돈교회의 관할ᄒᆞ는 학교의 학ᄉᆡᆼ은 四만二千七百七十七인이 늘엇고 기외에 다른 교회학교의 학ᄉᆡᆼ은 二만五千二百八十五인이 줄엇다더라

●감리교의뎨一큰교당

미국 뉴욕 킬바리 교당은 셰계상 감리교즁에 뎨一 큰교당인ᄃᆡ 현금셔 츌ᄒᆞ는 입교셰례인이 三千二十五인이오 학습인이 二百五인이라더라

●교회의식(儀式)의 지뎡

미감리회 총회에셔는 ᄒᆡ교회의식을 지뎡ᄒᆞ기 위ᄒᆞ야 지뎡위원으로 감독아졔쿡씨이하 七인을 션뎡ᄒᆞ엿더라

긔셔

●그리스도쳥년의게고ᄒᆞ노라 동경 뎐영택

ᄉᆞ랑ᄒᆞ는 우리 그리스도안에 잇는 쳥년졔군들이여 여러분은 밤낫뛰놀며 노래ᄒᆞ며 감샤홀지로다 그는 여러분이 그리스도 쳥년이 됨이라 그러면 대개 그리스도쳥년은 무엇을 닐음인가 셰샹쳥년가온ᄃᆡ 이팔쳥츈에 ᄆᆞ음대로 노자는 방탕ᄒᆞᆫ 쳥년도 잇고 부셰(浮世)의 리욕에 심신이 혼몽ᄒᆞᆫ 쳥년도 잇도다 그러나 춤쳥년다온 쳥년은 오놀날 이셰샹에 가장 신셩ᄒᆞ고 확실ᄒᆞᆫ ᄌᆞ각(自覺)을엇고져 ᄒᆞ는 쳥년이라 경건ᄒᆞ고 진실ᄒᆞ고 근면ᄒᆞ고 용감ᄒᆞ며 무서움을 모르고 어려움을 모르는 쳥년이라 그러나 셰샹쳥년은 소망이 현지뎍이요 단순ᄒᆞ야 완젼ᄒᆞᆫ 힘이 업스나 내가 말ᄒᆞ는 그리스도 쳥년은 춤쳥년다운 쳥년으로 우리구쥬 그리스도안에 드러와 그의 도리를 ᄯᆞ르는 쳥년이라 그의소망은 현지에 잇지안니ᄒᆞ고 영원에 잇스며 단순ᄒᆞ지안코 위대(偉大)ᄒᆞ도다 근일 엇던쳥년은 가장 아는톄ᄒᆞ야 하ᄂᆞ님의 존부(存否)를 말ᄒᆞ며 텬당지셜은 미신에 지나지아니ᄒᆞ되 종교는샤회에 업지못홀거시라 ᄒᆞ며 교회에는 ᄒᆞᆫ힘셰거리로둔니쟈는ㅣ만ᄒᆞ니 엇지 한심치 아니ᄒᆞ리요 그러나 그리스도 쳥년은 통이ᄒᆞ는 ᄆᆞ옴으로 멸망홀 셰샹에셔 뛰여나와 쥬예수로 말미암아 즁ᄉᆡᆼᄒᆞᆷ을 엇고 쥬의 진리를 셰다라 심리에 평화가 츙만ᄒᆞ고 등에 십ᄌᆞ가를 지고 가슴에도 십쟈가를 품고 머리에도 십ᄌᆞ가를니고 입으로 하ᄂᆞ님을 부르짓고 나아가ᄂᆞ니 이런쳥년은 하ᄂᆞ님ᄭᅴ셔 복을 쥬실 쳥년이요 예수ᄭᅴ셔 요구ᄒᆞ시는 쳥년이라 나는 이와갓흔그리스도쳥년에게 고ᄒᆞ노니 우리는 진실ᄒᆞᆫ신자가 될뿐안이라 예수를위ᄒᆞ야 힘를쓰며 고심ᄒᆞ고 땀과피를 흘니며 일홀거시오 다만 악을힝치아니ᄒᆞ고 악에셔 버셔날뿐아니라 션ᄒᆞᆫ 싸홈을 ᄒᆞ는사ᄅᆞᆷ이 됩시다 현금 됴션민족즁에 아직 하ᄂᆞ님ᄭᅴ 되ᄒᆞᆫ 의무를 져ᄇᆞ리고 ᄌᆞ힝ᄌᆞ지ᄒᆞ며 샤신우샹을 슝비ᄒᆞ야 헛된영화와 무리ᄒᆞᆫ 힝복을 구ᄒᆞ며 졍욕의 유혹을 밧아 심지를 뎡치못ᄒᆞ고 날노 음란방탕ᄒᆞᆫ ᄭᅡ에 몸이 잠겨셔 능히 헤여나지 못ᄒᆞ며 ᄯᅩ 고의(故意)로 졍의를 반ᄃᆡᄒᆞ고 죄악에 복죵ᄒᆞ야 쥬의 복음을 듯고도 회기홀 ᄆᆞ옴이 업슬뿐아니라 도로혀 비방ᄒᆞ니 이는 닐온바 캄캄ᄒᆞᆫ 음곡(陰谷)에 안져셔 태양의 광명ᄒᆞᆫ 빗츨 조롱ᄒᆞ는 쟈와 ᄀᆞᆺ흐니 슯흐다 이불샹ᄒᆞᆫ 동포들의 령혼을 다 하ᄂᆞ님압흐로 인도홈은 十ᄌᆞ가밋헤셔 용진불굴(勇進不屈)ᄒᆞᄂᆞᆫ 쳥년신도졔군의 칙임이고녀 녯날 루터도 시ᄃᆡ를 술피고 그 대ᄉᆞ에 ᄌᆞ임ᄒᆞ엿슨즉 이러ᄒᆞᆫ 즁대ᄒᆞᆫ 칙임을 가진우리는 스ᄉᆞ로 술펴볼필요가 잇도다 넉넉ᄒᆞᆫ 리샹과 넉넉ᄒᆞᆫ 셩경과 넉넉ᄒᆞᆫ 힘이 잇는가 볼거시로다 이에 몃가지로 말ᄉᆞᆷᄒᆞ노니 첫재는 위대ᄒᆞᆫ 셩격(性格)을 만둘거시라 ᄉᆞ도바울의 쟝ᄒᆞᆫ 인격이 아니면 그ᄯᅢ에 그일을 못ᄒᆞ엿고 셩루터의 위대ᄒᆞᆫ 셩격이아니면 텬하에 권셰가 강강ᄒᆞᆫ 로마교를 기혁ᄒᆞ지못ᄒᆞ

엿깃도다 하ᄂᆞ님ᄭᅴ셔ᄂᆞᆫ 사ᄅᆞᆷ으로 ᄒᆞ여곰 우리 가온ᄃᆡ 큰 일을 셩취ᄒᆞ시랴고 합당ᄒᆞᆫ인물 곳 지셩스럽고 밋ᄲᅮᆫ 죵을 두루차즈시ᄂᆞᆫ지라 우리가 셩격을 양셩ᄒᆞᆯᄯᅢ에 부모ᄂᆞᆫ 션칭을 온젼히 밋고 ᄇᆡ울수업ᄂᆞ니 오직 완젼ᄒᆞ신 하ᄂᆞ님의 신령ᄒᆞᆫ 교훈을 ᄭᅳᆫ치안코 늘 밧아 든든ᄒᆞᆫ 인물이되도록 힘쓸거시오 둘재ᄂᆞᆫ 두번지 하ᄂᆞ님의 신령ᄒᆞᆫ 소ᄅᆡ를 드를거시니 곳 텬국의 대쟝으로 ᄐᆡᆨᄒᆞᆷ을 밧어 아조 교회에 몸을 밧칠거시라 우리교회 가온ᄃᆡᄂᆞᆫ ᄒᆞᆯ일이 산과 ᄀᆞᆺ고 바다와 ᄀᆞᆺᄒᆞᆫ 사ᄅᆞᆷ이 젹도다 힘이 업ᄂᆞᆫ 교회에 힘잇ᄂᆞᆫ 쳥년을 요구ᄒᆞᄂᆞ니 뒤의일도 념려말며 압길도 걱졍말고 하ᄂᆞ님만 의지ᄒᆞ고 교회ᄂᆞᆫ ᄂᆡ집이요 나ᄂᆞᆫ 교회의 기둥으로 ᄉᆡᆼ각ᄒᆞ고 나아갑시다 눈을 들어 솔펴보니 셰상은 심이 악ᄒᆞ도다 신문샹에ᄂᆞᆫ 살인강도의 보도(報道)가 ᄭᅳᆫ치지안코 소위 무신론(無神論)이 류힝ᄒᆞ며 구쥬의 빌칸반도ᄂᆞᆫ 연무탄우(烟霧彈雨)의 젼장이나 일변으로ᄂᆞᆫ 평화의 소식도 자조 들니ᄂᆞᆫ도다 져놀만엔젤의 대망샹(大妄想)이란 비젼징론(非戰爭論)이 구쥬에 셩힝ᄒᆞ며 카네기가 평화ᄉᆞ업에 막대ᄒᆞᆫ 지졍을 허비ᄒᆞ며 ᄯᅩᄒᆞᆫ 우리예수교회ᄂᆞᆫ 셰샹에셔 졈졈왕셩ᄒᆞ야 셰계인구의 졀반이ᄂᆞ 차지ᄒᆞ엿도다 셰샹이 이러ᄒᆞᆫᄃᆡ 우리죠션교회형편을 ᄌᆞ셰히 관찰ᄒᆞᆫ건ᄃᆡ 맛치 원 셰샹에(그즁에도아세아) 하ᄂᆞ님의 일을 경영ᄒᆞ시기에 우리를 ᄐᆡᆨᄒᆞ신듯ᄒᆞ니 우리ᄂᆞᆫ 안과밧그로 힝ᄒᆞᆯ일이 위대ᄒᆞ도다 이러ᄒᆞᆫ 쳐디와 이러ᄒᆞᆫ 시ᄃᆡ에셔 예수를가지고 능히젼진ᄒᆞ여나아갈 모든큰힘이 완젼ᄒᆞ게잇서야 ᄒᆞᆯ리로다 예수ᄭᅴ셔 셰샹구원ᄒᆞ시기를 경영ᄒᆞ시고 셰샹ᄆᆞᆺ날에 일우시려ᄒᆞᄂᆞᆫ도다 길이멀다 한탄말고 다만하ᄂᆞ님의 불기둥만 ᄇᆞ라다보고 나아갑시다 그리ᄒᆞ면 우리ᄂᆞᆫ 영광을 하ᄂᆞ님ᄭᅴ 돌니고 복을밧을수 이슬진져 하ᄂᆞ님이 ᄀᆞᆺ치ᄒᆞ시도다

●ᄉᆞ조(詞藻)

한셩 류경샹

一 웅도를품은자ᄂᆞᆫ
　심ᄉᆞ가굳강ᄒᆞ고
리샹을가진자ᄂᆞᆫ
　셩졍이고요ᄒᆞ여

二 진실로엿흔ᄯᅢ로
　희롱키어려우니
허물며필부로써
　감언리셜무익ᄒᆞ고

三 눈물로손을잡아
　ᄆᆞᄋᆞᆷ을잇글거나
노래로무릅쳐셔
　즁심을못보리라

셩경연구

●오직너희ᄂᆞᆫ텬국을구ᄒᆞ라(눅十二〇卅一)

一、텬국이 어ᄃᆡ잇ᄂᆞ뇨

디구샹 만국즁에 어나 나라던지 우리가 디도를 가지고 다 차질수 잇스되 오직 텬국은 형샹도 업고 디도도 업ᄂᆞᆫᄃᆡ 멀니ᄒᆞ면 졈졈더멀어셔 능히 차질수 업고 갓가히ᄒᆞ면 졈졈 더 갓가와셔 너희ᄆᆞᄋᆞᆷ가온ᄃᆡ 잇ᄂᆞ니라(눅十七〇廿一)

二、텬국의 경황(景況)이 엇더ᄒᆞ뇨

디구샹 만국경황은 유람ᄒᆞᆫ 사ᄅᆞᆷ들의 붓과 말노써 셰샹에 드러냇지마ᄂᆞᆫ 텬국경황은 유람ᄒᆞᆫ자가누구뇨 가히 빙거ᄒᆞᆯ것이업고 오직 셩경가온ᄃᆡ 묵시ᄒᆞᆫ것이 셰가지니

(一)지극히 거륵ᄒᆞᆫ 곳이오(히十〇十九—二十)

(二)새예루살넴이오 (묵廿一〇一—四十—廿七)

(三)ᄉᆡᆼ명의강이니라 (묵廿二〇一—五)

三、텬국에셔ᄂᆞᆫ 엇더케ᄉᆡᆼ활ᄒᆞᄂᆞ뇨

이셰샹사ᄅᆞᆷ은 먹지 아니ᄒᆞ면 살수업ᄂᆞᆫ고로 녯글에 ᄇᆡᆨ셩은 먹ᄂᆞᆫ것으로 하ᄂᆞᆯ을 삼ᄂᆞᆫ다ᄂᆞᆫ 말이 잇스되 오직 텬국ᄇᆡᆨ셩은 바울의 말ᄉᆞᆷ과 ᄀᆞᆺ치 「먹ᄂᆞᆫ것과 마시ᄂᆞᆫ 것이 아니라 오직셩신을 힘닙어 의로옴과 평강ᄒᆞᆷ과 깃븜ᄲᅮᆫ이며」(롬十四〇十七)ᄯᅩ 쥬의 말ᄉᆞᆷ과 ᄀᆞᆺ치 「ᄯᅥᆨ으

로만 살것이 아니오 오직ᄒᆞᄂᆞ님의 입으로 나오ᄂᆞᆫ 모든 말ᄉᆞᆷ으로 살것이니라 (미완)

가뎡과 쇼ᄋᆞ

●아희의밋음이크다

진남포 덕동교회에서 거二월 십칠일브터 사경공부를 시작ᄒᆞ려고 십륙일 쥬일에 공부싱으로 ᄒᆞ여곰 손드러 표ᄒᆞ라 ᄒᆞᆯᄯᅢ에 교우가 다 드ᄂᆞᆫ즁 임ᄃᆡ용씨도 손을 드럿ᄂᆞᆫ지라 그ᄋᆞᄃᆞᆯ 아홉살된ᄋᆞ희가 녑헤 안져보왓ᄃᆞ니 그부친이 그잇흔날 가ᄉᆞ로 인ᄒᆞ야 공부에 참예못ᄒᆞᆯ 모양으로 집안에셔 말ᄒᆞᆫ즉 그ᄋᆞ희가 그부친ᄭᅴ 말ᄒᆞ되「어제셩싱압헤셔 작뎡ᄒᆞᆫ것을 공부아니ᄒᆞ시면 사ᄅᆞᆷ의게 거즛말ᄉᆞᆷ될ᄲᅮᆫ더러 ᄒᆞᄂᆞ님ᄭᅦ 거즛말ᄉᆞᆷ이 되고 죄가 될가 ᄒᆞ오니 작뎡ᄒᆞ신대로 공부ᄒᆞᆸ세다」ᄒᆞᆫ즉 그어린ᄋᆞ희의 말에감동이 되여 아모 말 못ᄒᆞ고 공부를ᄒᆞ여 큰 은혜를 밧앗다고 임ᄃᆡ용씨의 간증이 잇ᄉᆞ니 어리ᄋᆞ희의 밋음이 그ᄋᆞ버지의 졍욕ᄭᆞ지

어괴엿다고 쥬ᄭᅴ 찬송ᄒᆞ엿더라

격치문답(格致問答)

문 우리가 무ᄉᆞᆷ물톄(物體)던지 아조 쇼멸ᄒᆞᆯ수 잇ᄂᆞ뇨

답 아니라 그형톄ᄂᆞᆫ 변ᄒᆞᆯ수 잇지마ᄂᆞᆫ 그본질을 쇼멸ᄒᆞᆯ수ᄂᆞᆫ 업ᄂᆞ니라

문 형톄를 엇더케 변ᄒᆞ깃ᄂᆞ뇨

답 가령 강텰(鋼鐵)ᄒᆞᆫ조각을 풀무로 녹이면 그고톄(固體)가 변ᄒᆞ여 익톄(液體)가 되겟고 이 익톄된것을 그대로 두고 화력(火力)을 쉬지안코 더ᄒᆞ면 필경 이익톄가 변ᄒᆞ야 긔톄가 되여셔 공즁으로 올나 갈지나 그본질의 즁량(重量)은 그대로 가지고 텬디간에 잇슬지니 그럼으로 무ᄉᆞᆷ 물톄던지 아조 쇼멸ᄒᆞᆯ수 업다ᄒᆞ노라

교회ᄉᆞ긔

뎨一편 구약에 션ᄐᆡᆨᄒᆞ신 ᄇᆡᆨ셩(쇽)

이ᄯᅢ에 ᄐᆡᆨ신ᄒᆞᆫ ᄇᆡᆨ셩들이 슈리아에 입져ᄒᆞᄂᆞᆫᄃᆡ 슈리아왕이 그도를 멸코져ᄒᆞ야 셩뎐에셔 샤신의게 졔ᄉᆞᄒᆞ고 셩경을 불살으ᄂᆞᆫ지라 ᄲᅦᆫ빅셩즁에 미거버쓰라ᄒᆞᄂᆞᆫ 사ᄅᆞᆷ이 一심으로 쥬를 셤기더니 이ᄯᅢ를 당ᄒᆞ야 분긔(奮起)ᄒᆞ여 막다가 츌국(黜國)을 당ᄒᆞ니 곳 쥬강싱젼 一百六十六년으로 一百六十三년될ᄯᅢ라 이ᄯᅢ에 ᄐᆡᆨᄒᆞ신 ᄇᆡᆨ셩의 나라이 왕셩치못ᄒᆞ나 그러나 녯법도를 회복ᄒᆞ고 ᄯᅩ ᄇᆡᆨ가셔의 쥬션이 잇셔 률법의 울타리가 되니 ᄲᅦᆫ빅셩의 넑ᄂᆞᆫ 글은 달모(達模)라 ᄒᆞᄂᆞᆫ 칙이라 일노써 바리ᄉᆡ당사ᄅᆞᆷ들이 날노 셩ᄒᆞ고 유대교가 각쳐에 퍼지매 각국중에 유대교로 나간쟈도 잇고 ᄯᅩ ᄲᅦᆫ빅셩중에 유민(遺民)이 만ᄒᆞ셔 셩심으로 쥬를 셤겨 허락ᄒᆞ신 언약이 응ᄒᆞᆷ을 굿게밋고 ᄒᆞᆼ샹 그리스도가 강싱ᄒᆞ샤 ᄒᆞᄂᆞ님나라 세우시기를 기ᄃᆞ렷ᄉᆞ니 이ᄂᆞᆫ 구약에 마ᄌᆞ막결과니라 (미완)

실업

●농ᄉᆞ강습의요항(쇽)

(一)ᄀᆡᆨ토법(客土法)은 셩질이 서로 ᄀᆞᆺ지 아니ᄒᆞᆫ흙을 혼합(混合)ᄒᆞᄂᆞᆫ것이니 가령 뎜토(粘土)에 사토(沙土)를 셕고 셕회토(石灰土)나 뎜토에 사토를 셕거 됴흔 토질을 모ᄃᆞᄂᆞᆫ것이니라

(二)소토법(燒土法)은 토디의 표면(表面)을 ᄉᆡᆨ가 불노 ᄐᆡ오ᄂᆞᆫ것이니 ᄯᅡᆫᄯᅡᆫᄒᆞᆫ 뎜토에 ᄃᆡᄒᆞ야 이법을 힝ᄒᆞ면 양분(養分)을 더ᄒᆞ야 됴흔 토질을 몬ᄃᆞᆯ고 ᄯᅩᄒᆞᆫ 잡풀과 해충(害虫)을 박멸(撲滅)ᄒᆞᄂᆞ니라

(三)비슈법(排水法)은 밧도랑(渠)을 몬ᄃᆞᆫᄃᆡ 명구(明溝)나 혹 은구(隱溝)로 ᄒᆞ야 물이 잘 ᄲᅡ지게 ᄒᆞᄂᆞᆫ것이니 이법을 힝ᄒᆞ면 토디를 온란(溫暖)케 ᄒᆞ며 ᄯᅩᄒᆞᆫ 공긔와 물을 소동케ᄒᆞ야 농작물(農作物)의 ᄲᅮ리가 깁히 박히ᄂᆞ니라

(四)륜지법(輪栽法)농작물을 ᄒᆡ마다 교환ᄒᆞᄂᆞᆫ것이니 가령

금년에 모밀을 심엇던 토디에 명년에는 셔속이나 목면(木綿)을 심으난것 ᄀᆞᆺ흔것이니라

담총

●청근(菁根)의여러가지 효능(效能)

一 국슈나 혹 떡을 과히 먹어 쉰 트름이 날때에 무(菁根)를 강판에 갈어셔 즙을 내여 마시면 즉효가 잇슴

二 두부나 싱션의 즁독(中毒)ᄒᆞᆫ때에 청근을 살마 그물을 마시면 즉효가 잇슴

三 여러히 해소(咳嗽)병에 청근즙(菁根汁)을 쟝복ᄒᆞ면 신효가 잇슴

四 두통이 대단ᄒᆞᆯ때에 청근즙을 ᄯᅳᆺᄯᅳᆺᄒᆞ게ᄒᆞ여 마시면 즉효가 잇슴

五 어린ᄋᆞ히 입병난데도 청근즙으로 자조 씨셔주면 효험이 잇슴

六 밋친 ᄀᆡ게 물닌데도 청근즙을 내여 ᄇᆞ르고 붓쳐두면 신효가 잇슴

七 모든 혈증(血症)에 청근즙을 쟝복ᄒᆞ던지 혹 ᄃᆞ려셔 마시던지ᄒᆞ면 신효가 잇슴

八 ᄉᆞᆯ는 물이나 불에 데인데도 청근즙으로 자조 씨스면 신효가 잇슴

九 어린ᄋᆞ히가 열긔로 눈이 븕던지 혹 간긔(肝氣)가 발작코져ᄒᆞᆯ때에 청근즙을 ᄒᆞᆫ숫가락쯤 내여 황련(黃連)가루를 ᄐᆞ셔 마시면 신효가 잇슴

법령뎍요(法令摘要)

●묘디와화장쟝과미장과화쟝취톄규측 (속)

뎨二됴 묘디는 부(府)나 면(面)이나 리(里)나 동(洞)이나 기외에 공공단톄(公共團體) 또는 이에 비등ᄒᆞᆫ쟈이 아니면 새로 뎡ᄒᆞᆯ수 업스나 다만 특별ᄒᆞᆫ ᄉᆞ졍이 잇는때에는 一ᄀᆡ인이나 一가족(家族)이나 혹여러가족의 묘디를 허가ᄒᆞᆷ이 잇슴

뎨三됴 묘디를 뎡ᄒᆞ는 경우에는 이아래와 ᄀᆞᆺ흔 졔한(制限)이 잇ᄂᆞ니 (一)길과 텰도와 강과 ᄂᆡ(川)에셔 十간이샹 샹거(相距)와 인가(人家)에셔 六十간이샹 샹거되는 곳으로 뎡ᄒᆞᆯᄉᆞ (二)물근원과 물흐르는ᄃᆡ와 먹는 우물과 심에 관계 업는 곳으로 뎡ᄒᆞᆯᄉᆞ

뎨四됴 화장쟝(火葬場)을 새로 셜치ᄒᆞ거나 다시 슈륙(修築)ᄒᆞ거나 증륙(增築)ᄒᆞ는 경우에는 경무부쟝의 허가를 밧음이 가ᄒᆞᆷ 화장쟝의 ᄉᆞ업을 즁지ᄒᆞ거나 혹 폐지코져ᄒᆞ는 때에는 경무부쟝의게 신고ᄒᆞᆷ이 가ᄒᆞᆷ

뎨五됴 화장쟝을 셜치ᄒᆞ는경우에는 좌와 ᄀᆞᆺ흔 졔한(制限)이 잇슴 (一)길이나 텰도나 ᄂᆡ물(河川)에셔 샹거가 六十간이샹과 인가와 공즁(公衆)의 모히는 곳에셔 샹거가 一百二十간 이샹이될ᄉᆞ (二)시가(市街)나 촌락에 ᄃᆡᄒᆞ야 바람머리(風上)가 되지 안는 곳으로ᄒᆞᆯᄉᆞ (三)화로연통을 갓초아 ᄂᆡ암ᄉᆡ를 막게ᄒᆞᆯᄉᆞ (四)四면에 놉기가 六쳑이샹되는 담을 싸ᄒᆞᆯᄉᆞ 다만 인가와 격졀(隔截)ᄒᆞᆫ 산림이나 들 이면 이한(此限)에 잇지아니ᄒᆞᆷ

뎨六됴 화장쟝의 셜비ᄒᆞ는 일을 다 맛친후에는 경찰셔에 신고ᄒᆞ야 검사를 밧고 인가를 엇지못ᄒᆞ면 쓰지못ᄒᆞᆷ

회보딕금령슈

熙川	李化松	四圓
金川	徐榮錫	十三圓五十錢
元山	으로스	九十錢
公州	安聖鎬	四十錢
安峽	金基純	四圓
杆城	咸仁燦	一圓六十錢
海州	高容弼	四十錢
蔚珍	張鏞杓	八十錢
京城	李漢鏞	二十錢
馬山	金圭潤	四十錢
通川	鄭雲熙	八十錢
	金成澤	八十錢
伊川	張文甫	四十錢
	李錫源	八十錢
仁川德積	許進一	五十五錢
南陽	金光瓚	三十錢
	金東鉉	三十錢
	林春心	三十錢
	金東植	三十錢
	奉聖烈	三十錢
	金仁濟	三十錢
	金振聲	三十錢
	太俊弼	三十錢
	林㐰라	三十錢
	許光模	七十五錢
	金仁奉	三十錢
	林淵默	三十錢

七

△學生募集▽

試驗日字 三月三十一日
開學日字 四月一日
但願書三月二十九日迄受理ᄒᆞᆷ
一中學科預備生及一學年生新募集
一中學科第二三年生도增募集
一染織科實習科學生도募集
(詳細ᄂᆞᆫ本院에來問ᄒᆞᆷ)

開城私立韓英書院 白

△學生募集▽

今般本校에셔前長老會保誠學校와監理會光成學校를合併ᄒᆞ야保光學校라稱ᄒᆞ고校務를一層擴張ᄒᆞ야新入生을募集ᄒᆞ오니志願者ᄂᆞᆫ四月一日內로請願書를提呈ᄒᆞᆷ을敬要ᄒᆞᆷ
但詳細ᄒᆞᆫ事件은本事務室에來議ᄒᆞᆯ事

一開學日字 四月一日
一試驗科目
聖經은四福音中大要
算術은分數以內
漢文은庸學中
歷史ᄂᆞᆫ東洋史
國語ᄂᆞᆫ讀本中
一試驗日字 三月二十八日
노同三十一日ᄭᆞ지
一入學資格은敎會男子로品行이端正ᄒᆞ고年齡이十五歲以上者

元山私立保光學校 白

▲광 고▼

본공회에셔 각종셩셔를 구비ᄒᆞ여 디방의 원근과 청구의 다쇼를 물론ᄒᆞ고 신속슈응ᄒᆞᄂᆞᆫ바 근일에 특별히 감가된칙도 잇고 새로 출판된칙이 잇기로 이아래 긔록과 ᄀᆞᆺ치 광포ᄒᆞᆷ

감가ᄒᆞᆫ언문구약 긔뎡가록
二권一질 지의 六十錢
同 포의 七十五錢
신출판언문관쥬신약뎡가록
포의 디도부 四十錢
견포의 동 六十五錢
반피의 동 一圓十錢
샹등총피의 동 三圓五十錢
샹등졀피의 동 四圓

京城鍾路 **美國聖書公會** 告白

광 고

현금샤회의ᄉᆞ업이ᄂᆞᆯ마다발젼ᄒᆞᄂᆞᆫ이시ᄃᆡ에유독공업이ᄀᆡ량진화치못ᄒᆞᆷ은사ᄅᆞᆷ사ᄅᆞᆷ이다유감히녀기ᄂᆞᆫ바로소이다이러ᄒᆞᆷ으로본셔원에셔다년연구ᄒᆞ기간서험뎨으로간략ᄒᆞᆫ실업과가잇셧ᄉᆞ오나시험즁인고로완비치못ᄒᆞ왓삽드니하ᄂᆞ님의도으심으로본셔원ᄂᆡ에공업실을건축ᄒᆞ고각종긔구를쥰비ᄒᆞ고학싱을모집ᄒᆞ오니입학을지원ᄒᆞ시ᄂᆞᆫ이ᄂᆞᆫ三월三十일ᄂᆡ로청원셔를몌출ᄒᆞ옵소셔(단학싱은픔힝단졍신톄강건ᄒᆞᆫ十六셰이샹남ᄌᆞ를요ᄒᆞᆷ)

과 목

염직과
셩경、화학、물리학、직물산슐、직물에 부속ᄒᆞᆫ 계산법、력젼문、수직긔법쪽답긔법、평직문식、염식젼문、목면쥬、져마、모、표빅법긔한은二ᄀᆡ년입학금은六원월사금은불요ᄒᆞᆷ

샤진과
셩경、화학、샤진젼문、실습、긔한은五ᄀᆡ월입학금은十원월사금불요ᄒᆞᆷ
샹오에ᄂᆞᆫ학문 하오에ᄂᆞᆫ실습보죠싱은불요ᄒᆞᆷ

開城北部
韓英書院 實業部 고빅

팔보단

●교데ᄂᆞᆫ 하님은혜가온데 [illegible] ᄂᆞᆫ형데ᄌᆞ믜의게고ᄒᆞ옵ᄂᆞ이다
이팔보단은근위쇼화약으로세계의찬상을밧은영제오며이외에본당제조관허약품이오십여죵이오동셔양약당쇼지도구비ᄒᆞ온바목하지뎍、출장이나힘미、쇼미등경영ᄒᆞ시ᄂᆞᆫ쳠위ᄂᆞᆫ본당으로청구ᄒᆞ시면속히약업취체ᄒᆞᄂᆞᆫ법영을복응ᄒᆞᆫ제반청원인허격식과할인법、용약법、즁가표를一切무료발송ᄒᆞ깃ᄉᆞ오니동업상유지ᄒᆞ신쳠위ᄂᆞᆫ편리ᄒᆞᆫ시긔를용ᄒᆞᆯᄉᆞ져치말으시옵쇼셔

경셩종로화평당대약방본포
쥬임 리응션 고빅
電話一六九七番 振替口座京城八一八番

詳解 로마인셔쥬셕 全

홍병션 역

菊版三百餘頁。定價六十錢郵稅八錢(一)로마인셔를ᄌᆞ세히공부코쟈ᄒᆞ거나(二)ᄌᆞ세ᄒᆞᆫ뜻을알고쟈ᄒᆞ야도아지못ᄒᆞᆫ형뎨ᄌᆞ미ᄂᆞᆫ이쥬셕을보시요

總發行所 京城北部小安洞十六統八戶
普及書館

그리스도회보

KOREAN CHRISTIAN ADVOCATE

每週一回木曜日發行
大正二年三月二十五日印刷
大正二年三月三十一日發行

發行兼編輯人 開城北部山芝峴 奇義男
印刷人 京城北部樓閣洞 朴東完
印刷所 京城南部上犁洞 新文館
發行所 京城北部壯洞四十三統三戶 呂炳鉉邸

디금(代金) 一장 二젼 六개월 四十젼 一개년 八十젼

샤셜

●진졍ᄒᆞᆫ그리스도인의자격 젼호쇽(前號續)

四 셩셔를 만히 볼것이니 므릇 셩경은 싱명으로써 싱명을 디ᄒᆞᄂᆞᆫ ᄀᆞ장 보비롭고 또ᄒᆞᆫ 긴요ᄒᆞᆫ 글이라 볼ᄉᆞ록 그 가온디 오묘ᄒᆞ고 신긔ᄒᆞᆫ 의미가 무궁무진ᄒᆞ니 비유컨디 만경창파 넓은 강물을 억쳔만명의 목마른쟈가 ᄯᅥ 먹을ᄉᆞ록 새로 새물이 흘너ᄂᆞ려 오ᄂᆞᆫ것ᄀᆞᆺ도다 또 셩경외에도 신쟈의 닑을글이 만흐니 곳 쥬를 밋고 쥬를 위ᄒᆞ야 치명ᄒᆞᆫ 셩현들과 쥬를 위ᄒᆞ야 일만히 ᄒᆞ던 박학ᄉᆞ와 현부인의 젼긔(傳記)들이라 이런칙을 만히 열람ᄒᆞᄂᆞᆫ 가온디셔 녯 사ᄅᆞᆷ의 픔셩과 졀의(節義)와 인너와 괴롭게 싸호던 힘ᄉᆞ를 본밧어 내게 유익ᄒᆞᆷ이 되게ᄒᆞᆯ것이오

五 모든 일에 디ᄒᆞ야 련단ᄒᆞᆷ이니 곳 바울의 말ᄉᆞᆷ과 ᄀᆞᆺ치 「내가 빈쳔ᄒᆞᆷ에 쳐ᄒᆞᆯ줄도 알고 풍비ᄒᆞᆷ에 쳐ᄒᆞᆯ줄도 아라 모든 일에 비부르며 비곱흠과 풍비ᄒᆞ며 부족ᄒᆞᆷ을 닉히 아ᄂᆞᆫ것이오」

六 싱활의 샹틱(狀態)를 변ᄒᆞᆯ것이니 우리 밋ᄂᆞᆫ쟈ᄂᆞᆫ 셰샹사ᄅᆞᆷ의 주의를 더 밧ᄂᆞ니 만일 一동一졍에 조곰이라도 실착ᄒᆞᄂᆞᆫ일이 잇스면 샤회ᄂᆞᆫ 결단코 용셔치 아니ᄒᆞ고 반드시 비평(批評)을 더ᄒᆞᆯ지니 불가불 十분신즁ᄒᆞᆫ 티도를 가지고 신셩ᄒᆞ며 진실ᄒᆞ며 광명ᄒᆞ고 졍대ᄒᆞ며 인이(仁愛)ᄒᆞ야 니부(內部)의 싱명을 충실히ᄒᆞ고 외부의 싱활을 혁신(革新)ᄒᆞᆯ것이오

七 평신도의 칙임이니 밋ᄂᆞᆫ쟈ㅣ 다 목ᄉᆞ와 젼도ᄉᆞ와 젼도부(傳道婦)와 ᄀᆞᆺ치 직졉으로 복음젼ᄒᆞᄂᆞᆫ 칙임이 잇슨즉 불가불 一쥬일동안에 몃시간식 긔회를 ᄐᆞ셔 열심으로 회뎨뎍(會躰的)이나 개인뎍으로 젼도ᄒᆞᄂᆞᆫ 칙임을 져ᄇᆞ리지 말것이니라 (완)

특별샤고

본회보의 신모집(新募集) 긔한을 본월三十一일ᄭᆞ지 연긔(延期)ᄒᆞ엿ᄉᆞ오니 익독ᄒᆞ시ᄂᆞᆫ 쳠위ᄂᆞᆫ 죠량ᄒᆞ시옵

회보디금령슈

地名	姓名	金額
南陽	林敬默	三十錢
	白俊基	三十錢
	林龍根	三十錢
	文敬七	三十錢
	林泰先	三十錢
	申淳七	三十錢
	金泳哲	三十錢
	金元澤	三十錢
	姜信秉	三十錢
	金信德	三十錢
	金玉星	三十錢
	河興允	三十錢
	許光模	三十錢
	金壽吉	三十錢
原州	權德洙	八十錢
橫城	林敬弼	四十錢
	林聖化	四十錢
原州	尹聲烈	四十錢
安邊	朴陽和	六十錢
	金貞謙	六十錢
	金永玉	六十錢
端川	鄭基煥	四十錢
北間島	千成萬	四十錢
成川	朱尙龍	四十錢
長湍	黃敏秀	六十錢
	梁在煥	三十錢
	李壽福	六十錢

교즁휘문

▲니 보▼

●협의위원회

본월二十四일에 즁화민국샹히로 브터 경셩에 도챡ᄒᆞᆫ 만국션교회샹비위원쟝(常備委員長)목덕션싱은 죠션교회와 교회교육ᄉᆞ업과 션교ᄉᆞ회와 교회인도쟈와 교즁셔적잔힝에 ᄃᆡᄒᆞᆫ 모든방침을 협의토론ᄒᆞ기 위ᄒᆞ야 림시협의회를 죠직ᄒᆞ엿ᄂᆞᆫᄃᆡ 히위원등은 각교파즁에셔 외국션교ᄉᆞ五十인과 죠션인ᄃᆡ표쟈二十五인이라더라

●졸업식과학싱모집

경셩 샹동 공옥학교에셔ᄂᆞᆫ 본월二十九일에 졸업례식을 힝ᄒᆞᆫ후 신학년도에 신입학싱을 크게 모집ᄒᆞᆫ다더라

●셔흥군교회의사경회

셔흥 북디방권ᄉᆞ 박이도씨의 통신을 거ᄒᆞᆫ즉 히군 세평면 ᄆᆡ쳐동 교당에셔 작년十二월二十一일브터 동二十七일ᄭᆞ지 사경회를 열엇ᄂᆞᆫᄃᆡ ᄌᆞ미잇ᄂᆞᆫ것과 유익엇은것은 다 말ᄒᆞᆯ수 업거니와 대강 말ᄒᆞ건ᄃᆡ 공부ᄒᆞᆫ 과졍은 누가복음 빌닙보오 오후에ᄂᆞᆫ 一반교우가 각각 힘을 다ᄒᆞ야 젼도ᄒᆞᄂᆞᆫᄃᆡ 하ᄂᆞ님의 말숨을 잘밧ᄂᆞᆫ사ᄅᆞᆷ이 만흐며 새로 밋기로 작뎡ᄒᆞ고 공부ᄒᆞᆫ 사ᄅᆞᆷ이 六인이며 그즁 졍씨부인은 밋기로 작뎡ᄒᆞᄂᆞᆫ 날브터 마귀ᄂᆞᆫ 아모권세가 업스니 셤기ᄂᆞᆫ 것이 헛될ᄲᅮᆫ아니라 도로혀 하ᄂᆞ님ᄭᅴ 죄되ᄂᆞᆫ것을 확실히 ᄭᆡ돗고 즉시 우샹을 소화ᄒᆞ엿스며 一쥬일동안 공부ᄒᆞ고 폐회ᄒᆞᄂᆞᆫᄃᆡ 서로 작별ᄒᆞ기를 셥셥히 싱각ᄒᆞ오니 이ᄂᆞᆫ 다 쥬안에셔 서로 ᄉᆞ랑ᄒᆞᄂᆞᆫ ᄆᆞᄋᆞᆷ이 잇슴이니 영광을 다 하ᄂᆞ님ᄭᅴ 돌닌다 ᄒᆞ엿더라

●양쥬의사경회

경긔도 양쥬군 직동교회쇽장 죠챵식씨의 통신을 거ᄒᆞᆫ즉 본교회ᄂᆞᆫ 대단히 연약ᄒᆞ야 작년봄과 녀름동안에 쥬일례비를 보ᄂᆞᆫ쟈ㅣ 불과五六인이더니 셩신ᄭᅴ셔 도아 주심으로 지난겨울브터ᄂᆞᆫ 二十여인식 모히며 ᄯᅩᄒᆞᆫ 특별ᄒᆞᆫ 은혜를 베프샤 거월二十五일브터 본월二일ᄭᆞ지 사경과 부흥회를 열고 본구역젼도ᄉᆞ 리운겸씨와 경셩권ᄉᆞ 윤샹언씨가 오젼에ᄂᆞᆫ 예수힝젹과 산샹젼도로 공부식히이고 오후와 져녁에ᄂᆞᆫ 부흥회로 모혀 여러교우가 은혜를 만히 밧을ᄲᅮᆫ아니라 새로밋ᄂᆞᆫ쟈가 五六인이되여지금은 三十인가량이 모혀셔례비를 보게 되엿스니 이영광은 쥬ᄭᅴ로 돌닌다 ᄒᆞ엿더라

●부흥회의결과

황히도 히쥬군 동강면 六리샤인동교회 고학슈씨의 통신을 거ᄒᆞᆫ즉 본구역젼도ᄉᆞ 박회도씨ᄂᆞᆫ 작년十一월에 히쥬셔구역 취야교회로 와셔 본동교회ᄭᆞ지 十쳐교회를 관할ᄒᆞᄂᆞᆫᄃᆡ 풍우를 불피ᄒᆞ고 각교회를 슌힝ᄒᆞ며 교회마다 부흥회를 열어 신령ᄒᆞᆫ 은혜를 밧ᄂᆞᆫ즁 특별히 본교회에셔 二월二十일브터 사경회를 열고 오젼두시간과 오후ᄒᆞᆫ시간은 요한一셔, 베드로젼셔, 듸도셔를 공부ᄒᆞ고 오후三시로 六시ᄭᆞ지ᄂᆞᆫ 외인의게 젼도ᄒᆞ고 져녁마다 부흥회로 모혀 셩신츙만ᄒᆞᆷ을 밧은지라 사ᄅᆞᆷ마다 새열심이 날ᄲᅮᆫ외라 사ᄅᆞᆷ이 날노 증가ᄒᆞ여 젼년에ᄂᆞᆫ 二十여인에 불과ᄒᆞ더니 지금은 三四十명에 달ᄒᆞ엿다더라

●평강구역임원회

강원도 평강군 김현셩씨의 통신을 거ᄒᆞᆫ즉 본구역교회ᄂᆞᆫ 심히 연약ᄒᆞᆫ고로 각교회의 형편을 솔펴보면 엇지ᄒᆞ여야 다른구역과 다른교회를 좃차갈ᄂᆞᆫ지 알수업셔 ᄒᆞᆼ샹 근심ᄒᆞ더니 하ᄂᆞ님ᄭᅴ셔 ᄉᆞ랑ᄒᆞ샤 작년十一월분에 본구역니 임원회를 조직ᄒᆞ야 주심으로 회원이 자조모혀 교회일을 의론ᄒᆞ고 힘써 실힝ᄒᆞᆫ 결과로 두어가지 특별ᄒᆞᆫ 일이 싱겻스니 첫재ᄂᆞᆫ 본구역ᄌᆞ급과 十一됴와 부인연미(捐米)를 극력ᄒᆞᄂᆞᆫ 일이오 둘재ᄂᆞᆫ 본구역임원회니에 인제회를 셜립ᄒᆞᆫ일이니 이왕에ᄂᆞᆫ 본구역니에셔 ᄆᆡ삭 슈입ᄒᆞᄂᆞᆫ ᄌᆞ급이 불과 七十젼이러니 임원회를 셜립ᄒᆞᆫ 이후로 구역쟝의 월급三원을 지츌ᄒᆞ고도 오히려 여익이 잇스며 인제회를 셜립ᄒᆞᆫ후로 ᄉᆞ랑ᄒᆞᄂᆞᆫ뜻이 나타

나는것은 그동안에 별세ᄒᆞᆫ 교우가 三인인ᄃᆡ 여긔ᄃᆡᄒᆞ야 인졔ᄒᆞᆫ것은 교인의집 三十여호가 동심합력ᄒᆞ야 ᄆᆡ호에 ᄡᆞᆯ 三승과 돈도 얼마식 연조ᄒᆞ야 초종범빅을 담당ᄒᆞ엿다더라

●금천의부흥회

황히도 금천군 동화면 남여울교회속장 라슌화씨의 통신을 거ᄒᆞᆫ즉 히교회ᄂᆡ에셔 젼도ᄉᆞ셔영셕 빅ᄉᆞ겸 젼병용 三씨가 월젼에 부흥회를 열고 三十여명 교우가 합심긔도ᄒᆞ며 각각 ᄌᆞ긔죄를 ᄭᆡ닷고 신령ᄒᆞᆫ 은혜밧기를 원ᄒᆞᄂᆞᆫ즁에 특별히 쟝로교형뎨 최졍셥씨도 동참ᄒᆞ여 四일동안 오젼에는 긔도ᄒᆞ고 오후에는 각각 외인의게 젼도ᄒᆞ고 져녁이면 다시 긔도회로 모히ᄂᆞᆫᄃᆡ ᄆᆡ일방쳥인 六七十명이 쥬의 복음을 ᄌᆞᆯ드럿고 一반교우도 깃븜으로 폐회ᄒᆞ엿더니 하ᄂᆞ님ᄭᅴ셔 구원엇을쟈를 놀노더ᄒᆞ샤 지금四十여인에 달ᄒᆞ엿ᄉᆞ니 이교회가 쟝ᄎᆞᆺ 크게흥왕ᄒᆞᆯ 소망이 잇다더라

●춤깃브고감샤ᄒᆞᆯ일

평양 대동강면 리동긔씨의 통신을、거ᄒᆞᆫ즉 히군동면 빅목ᄉᆞ구역ᄂᆡ 대쳔동교회에는 례비당과 젼도인의 쥬턱은 잇스나 긔디는 一평도업시 남의ᄯᅡ에 잇슴으로 一반교우들이 개탄히 녁여 하ᄂᆞ님ᄭᅴ 구ᄒᆞ엿더니 곳 응답ᄒᆞ샤 三十리밧게잇는 쟝로교부인 오씨영복은 지금나이 六十八세인ᄃᆡ 남편도업고 ᄌᆞ녀도업시 홀노 사ᄂᆞᆫᄃᆡ 다섯히젼에 예수를 밋고 열심으로 지금ᄭᆞ지 교회일을 도아주며 교우를 극진히 ᄉᆞ랑ᄒᆞᄂᆞᆫᄃᆡ 본교회 젼도인의 쥬턱긔디는 이부인의 ᄯᅡㅇ이라 이부인이 八十九평을 우리교회에 긔부ᄒᆞ엿스니 춤감샤ᄒᆞ며 하ᄂᆞ님ᄭᅴ셔 밋고 구ᄒᆞᄂᆞᆫ쟈의 긔도는 드르시ᄂᆞᆫ줄 안다ᄒᆞ엿더라

●김씨의교육심

강원도 고셩군 구역쟝 김형셕씨의 통신을 거ᄒᆞᆫ즉 본구역ᄂᆡ에셔 수년젼브터 쇼학교를 셜립ᄒᆞ야 교즁과 교외의 쳥년을 양셩ᄒᆞᄂᆞᆫᄃᆡ 교ᄉᆞ김용문씨는 긔셩 한영셔원 즁학과三년급에셔 공부ᄒᆞ다가 작년四월에 이곳교ᄉᆞ로 피빙되야 열심[illegible]슈ᄒᆞᄂᆞᆫ즁 학교의 져졍이 부족ᄒᆞ여 홍샹 죠셕지공이 박약ᄒᆞᆫ즁에도 특별히 ᄌᆞ션ᄒᆞᆫ것은 ᄆᆡ삭 五원식 밧는즁 二원식은 그학교에 도로 긔부ᄒᆞ야 아모됴록 유지키를 힘쓰니 一반교우의 모범이 될만ᄒᆞ다더라

●다비대부인의밋음

황히도 토산구역쟝 유셕홍씨의 통신을 거ᄒᆞᆫ즉 토산쟝교회 다비대라ᄒᆞᄂᆞᆫ 부인은 쥬를 밋은지 八년에 외인의게 곤난당ᄒᆞᆫ일은 다 말ᄒᆞᆯ수 업스나 그가쟝의 핍박이 더욱 심홈으로 홍샹 쥬ᄭᅴ 군구ᄒᆞ더니 그가쟝 리형슌씨가 회ᄀᆡᄒᆞᆫ후로는 홍샹 깃븐ᄆᆞ옴으로 외인을 ᄃᆡᄒᆞ나 밋ᄂᆞᆫ형뎨를 ᄃᆡᄒᆞ나 쥬를 증거ᄒᆞ며 타쳐형뎨의게도 ᄒᆞᆫ결ᄀᆞᆺ치 슈죵ᄒᆞ더니 본월에 우연히 뎨즁을 엇어 三四일간 위즁ᄒᆞᆫ지라 여러형ᄆᆡ가 문병ᄌᆞᆫ것을 보고 혀가 굿은말노 찬숑가를 달나ᄒᆞ여 뎨二百五十二를 졍신업시 찬ᄂᆞᆫ것ᄀᆞᆺᄒᆞ여 무론즉 날빗보다 더ᄇᆞᆰ은 텬당이라ᄒᆞ며 굿은혀로 찬숑가를 부르거ᄂᆞᆯ 이ᄯᅢ에 아래웃방에 잇던 ᄌᆞᄆᆡ형뎨가 눈물을 먹음은이가 만터라 긔도를 ᄀᆞᆺ치ᄒᆞᆫ후 어룰ᄒᆞᆫ 말노 긔도문을 온젼히 외이고 긔운을 강잉ᄒᆞ여 목욕물을 달나ᄒᆞ야 쇼셰와 슈죡을 씨쓴후 원대로 찬숑가 ᄒᆞᆫ편을ᄒᆞ고 즐거온말노 나는 오ᄂᆞᆯᄭᆞ지 텬당ᄒᆞ나만 ㅂ라고 잇다가 아버지 압흐로 가겟고 이셰샹은 조곰도 싱각지 아니ᄒᆞᆫ다ᄒᆞ고 인ᄒᆞ야 여러사ᄅᆞᆷ들을 예수ᄯᅳᆺ으로 위로ᄒᆞ고 령혼이 ᄯᅥ날ᄯᅢ에 잠자는것ᄀᆞᆺ치되니 텬당간줄 밋고 하ᄂᆞ님ᄭᅴ 영화를 돌닌다 ᄒᆞ엿더라

●한영셔원졸업식

본월二十일 긔셩 ᄉᆞ립한영셔원에셔 즁학과 뎨一회졸업식과 쇼학과 뎨七회졸업식을 거힝ᄒᆞ엿ᄂᆞᆫᄃᆡ 즁학과 졸업싱은 리샹츈 류 봉 빅남셕三인이오 쇼학과졸업싱은 조도연등 十五인인ᄃᆡ 리빈의 츅ᄉᆞ와 원쟝의 훈유가 잇셧다더라

●긔렴연보광고

본년一월十二일은 본회보창간 뎨二회 긔렴쥬일이온ᄃᆡ 이날에 각쳐교회에셔 각기힘대로 본회보에 연보ᄒᆞᆫ것을 본샤로 보내엿습기 그 익호ᄒᆞ시ᄂᆞᆫ뜻을 감샤ᄒᆞ오며 이에 ᄎᆞ례로 게ᄌᆡᄒᆞ야 광포ᄒᆞ노라

洪川邑교회 三十錢
上仝布項里교회 五十錢
鬱島郡道洞교회 二十錢
上仝長興洞교회 八十錢
江西邑교회 一圓五十錢
楊州西區域 一圓〇三錢
京城東大門內교회 三圓

◀외 보▶

●동경의년회

일본 동경 동부감리교의 년회ᄂᆞᆫ 본월七일브터 경교구 은좌교당ᄂᆡ에셔 감독평암션보(平岩愃保)씨의 쥬쟝으로 귀회ᄒᆞ엿ᄂᆞᆫᄃᆡ 출셕ᄒᆞᆫ 회원은 七十四인이오 뎨二일에ᄂᆞᆫ 가나다국빅토리아대학교쟝 발왓스씨가 긔독교덕륜리(基督的倫理)라ᄂᆞᆫ 문데로 연셜ᄒᆞ엿더라

●동경침례(浸禮)교당의 소실(燒失)

일본 동경 신뎐구침례교즁앙회관은 수년젼에 거익금(巨額金)을 쇼비ᄒᆞ야 새로 건축ᄒᆞᆫ것인ᄃᆡ 불힝히 거월二十일 대화(大火)에 젼소(全燒)되엿다ᄒᆞ니 우리ᄂᆞᆫ 히교회一반형뎨ᄌᆞ미를 위ᄒᆞ야 동감졍을 표ᄒᆞ노라

●하감독의발졍

감독헤리스씨는 본월二十일 일본동경셔부년회에 참셕ᄒᆞᆫ 후 二十一일에 발졍ᄒᆞ야 방금 죠션으로 건너오ᄂᆞᆫ즁이라더라

●감리회대학교장년례회

미국 각감리회대학교쟝년례회는 본년一월十四일브터 十六일ᄭᆞ지 네브라숫가 링콘셩에셔 열엇ᄂᆞᆫᄃᆡ 四十여쳐 대학교쟝이 출셕ᄒᆞ야 쟝ᄅᆡ 교육발뎐(發展)에 ᄃᆡᄒᆞᆫ 방침을 의뎡ᄒᆞ얏스며 작년 一년동안에 감리교회교육부에셔 교육비로 거둔돈이 一千四百만환이라고 보고ᄒᆞ엿더라

●만국평화회발긔의안(議案)

미국 뉴욕지ᄉᆞ슐셔씨는 미국졍부에 의안을 뎨츌ᄒᆞ엿ᄂᆞᆫᄃᆡ 그ᄂᆡ용은 미국졍부에셔 세계각국에 ᄃᆡᄒᆞ야 만국평화회를 발긔ᄒᆞ고 각국ᄃᆡ표쟈를 미경(美京)화셩돈으로 쳥ᄒᆞ야 만국평화에 ᄃᆡᄒᆞᆫ 문뎨로 협의케ᄒᆞ쟈ᄂᆞᆫ일이라더라

긔 셔

●십ᄌᆞ가샹유언(十字架上遺言)

한셩쳥녕교 류경샹

잔ᄉᆞᄒᆞᆫ 셰ᄃᆡ에ᄂᆞᆫ 어ᄌᆞ러운인ᄉᆞ가 만코 호랑이 업ᄂᆞᆫ산골에ᄂᆞᆫ 여호가 호랑의 위엄도 베프ᄂᆞᆫ것은 녜나 이제나 조금도 다름이 업ᄂᆞᆫ지라 이로 말미암아 셰샹에 ᄉᆞ샹이 잇ᄂᆞᆫ쟈ᄂᆞᆫ 흔히 개탄ᄒᆞ기도ᄒᆞ며 ᄉᆞ리를 세드른쟈ᄂᆞᆫ 슯허ᄒᆞ기도ᄒᆞᄂᆞ니 연고로 구약젼도셔에 보면 젼도쟈ᄂᆞᆫ 모든것이 다 헛되다ᄒᆞ고 지혜를 더ᄒᆞᄂᆞᆫ것은 슯흠을 더ᄒᆞᄂᆞᆫ것이요 지식을 늘이ᄂᆞᆫ것은 강개홈을 늘이ᄂᆞᆫ것이라 ᄒᆞᆫ말숨이 어시호 우리를 감탄케홈인져 나의 ᄉᆞ랑ᄒᆞᄂᆞᆫ 동포시여 나의 ᄉᆞ랑ᄒᆞᄂᆞᆫ 밋ᄂᆞᆫ형뎨ᄌᆞ민시여 이때ᄂᆞᆫ 파연 음란ᄒᆞ고 어ᄌᆞ러운[illegible] ᄒᆞ여 셰샹ᄉᆞ가 어ᄌᆞ러운[illegible]에 우리의 ᄆᆞ옴과 뢰슈ᄒᆞ지 어ᄌᆞ러운지라 비유컨ᄃᆡ 어린 ᄋᆞ희가 너머지거나 샹ᄒᆞ여 위ᄐᆡ홀때에 부모를 찻고 싱각ᄒᆞᄂᆞᆫ것과 ᄀᆞᆺ치 우리도 혹독ᄒᆞᆫ 시험을 밧을ᄯᆡ에 하ᄂᆞ님을 싱각ᄒᆞ고 예수의 말숨과 힝ᄒᆞ심을 거듭 싱각ᄒᆞᄂᆞᆫ것이 의당ᄒᆞᆫ지라 언제인들 우리구쥬의 십ᄌᆞ고난을 싱각아니ᄒᆞ며 그 말숨을 묵샹아니홀것은아니나 십ᄌᆞ가에 못박히신 날을 싱각ᄒᆞ고 당홀때에는 더욱 우리의 ᄆᆞ옴이 비챵ᄒᆞ도다 이때에 예수ᄭᅴ셔 십ᄌᆞ가샹에셔 유언ᄒᆞ신 몃귀절을 다시 긔억ᄒᆞᄂᆞᆫ것이 우리의 신심도 돕고 담력도 내게ᄒᆞᄂᆞᆫ것이 되겟기로 특별히 일곱번 말숨ᄒᆞ신것을 샹고ᄒᆞ여 이아ᄅᆡ 베프노라

一 십ᄌᆞ가를 지우고 골골타라 ᄒᆞᄂᆞᆫ곳에 니르러 강도로 더브러 홈ᄭᅴ 십ᄌᆞ가에 못박으니 얼마젼에 셰례요한이 셰샹죄를 지고 가ᄂᆞᆫ 하ᄂᆞ님

의 어린양을 보라고(요한一○二九)세상에 웨치더니 이제 예수ᄭᅴ셔 과연 몃히동안 여러가지로 ᄆᆞ옴으로 고ᄉᆡᆼᄒᆞ시고 이쓰셔셔 사ᄅᆞᆷ을 하ᄂᆞ님ᄭᅴ로 나오게ᄒᆞ고 하ᄂᆞᆯ복음을 젼ᄒᆞ시기를 쉬지안으시더니 나죵에는 결국으로 ᄌᆞ긔 몸을 십ᄌᆞ가에 달어 몸과 ᄉᆡᆼ명을 ᄇᆞ리시기ᄭᆞ지 허락ᄒᆞ셧스니 과연 우리의죄를 지고 가신지라 십ᄌᆞ가상에셔 유언ᄒᆞ신가온ᄃᆡ 첫재말ᄉᆞᆷ은 ᄌᆞ긔를 죽이고 심히 악ᄒᆞᆫ 모양으로 핍박ᄒᆞᄂᆞᆫ쟈도 위ᄒᆞ여 긔도ᄒᆞ샤 우리의 원슈 ᄉᆞ랑ᄒᆞᆯ것을 뵈여 가ᄅᆞ쳐 주심이니 ᄌᆞ긔가 하ᄂᆞᆯ리치를 말ᄉᆞᆷᄒᆞᆫ대로(마태五○四十三ㅡ)ᄌᆞ긔가 몬져 원슈를 위ᄒᆞ여 긔도ᄒᆞ시며「뎌들이 아지못홈이니이다」ᄒᆞ셧고 (누가二十三○三十四)

二 ᄌᆞ긔육신모친을 잇지아니ᄒᆞ시고 ᄉᆡᆼ각ᄒᆞ셔셔 겻헤 와셔 담대히 섯ᄂᆞᆫ ᄉᆞ랑ᄒᆞᄂᆞᆫ 뎨ᄌᆞ(혹요한인듯)의게 부탁ᄒᆞ샤 셤기게ᄒᆞ셧스니 ᄎᆞᆷ 사ᄅᆞᆷ이시고 ᄎᆞᆷ 하ᄂᆞ님어신고로 부족ᄒᆞᆫ것이 업도록 힘ᄒᆞ시노라고 모친을 공경ᄒᆞ여 셤겻스니 우리도 그와ᄀᆞᆺ치 부모를 졍셩것 셤겨셔 계명을 직힐것이며 (요한十九○二十六ㅡ二十七)

三 감샤ᄒᆞ신 예수ᄭᅴ셔 고난 가온ᄃᆡ셔도 ᄌᆞ긔의 괴로옴은 ᄉᆡᆼ각지 안으시고 넓으신 ᄉᆞ랑으로 더 도적의 죄를 ᄌᆞ긔의게 붓치시고 락원으로 쳥ᄒᆞ셧스니 아모나 오ᄂᆞᆫ것을 용납ᄒᆞ시샤 밧으신다ᄂᆞᆫ 유언이시며 은혜로온 허락이시니라(누가二十三○四十三)

四 우리구쥬 그리스도ᄭᅴ셔ᄂᆞᆫ ᄎᆞᆷ 하ᄂᆞ님의 아ᄃᆞᆯ이시로되 괴로오나 즐거오나 ᄒᆞᆼ샹 하ᄂᆞ님를 ᄉᆡᆼ각ᄒᆞ시고 불으시고 차지셧스니 이것으로 보고 ᄉᆡᆼ각ᄒᆞ여도 우리의게 모본을 주시샤 더욱 하ᄂᆞ님을 잇지말고 긔렴ᄒᆞ여 회로이락잔 쥬를 봉ᄉᆞᄒᆞᆯ것이며 (마태二十七○四十六 마가十五○三十四)

五 하ᄂᆞ님을 슌종ᄒᆞ시고 셩경말ᄉᆞᆷ을 응ᄒᆞ게 ᄒᆞ시랴고 심지어 이런 고초즁에도「내가 목마르다고」ᄒᆞ셔셔 하ᄂᆞ님을 슌종ᄒᆞᄂᆞᆫ것을 가ᄅᆞ치시샤 유언ᄒᆞ셧스니 우리ᄂᆞᆫ 엇던경우이던지 슌죵ᄒᆞ고 졍도를 ᄯᅡ를것이며(요한十九○二十八ㅡ)

六 운명시에도 셩경을 닐우게ᄒᆞ시샤「다일우엇다」ᄒᆞ시고 괴로온ᄃᆡ셔 운명ᄒᆞ시니 ᄎᆞᆷ 진션진미ᄒᆞ시샤 일호도 ᄎᆞ착이 업시 본의를 다ᄒᆞ시고 우리를 구원ᄒᆞ셧스니 살기도 잘살어야ᄒᆞ려니와 죽기도 잘죽어야ᄒᆞ고 올흔시긔에 ᄃᆡ합히 다 일운후 죽어야 인도의 합ᄒᆞ리로다(요한十九○三十)

七 ᄌᆞ긔의 혼을 하ᄂᆞ님의게 부탁ᄒᆞ시고져ᄒᆞ셔셔 큰소ᄅᆡ로 긔도ᄒᆞ여 고ᄒᆞ셧스니 우리도 그와ᄀᆞᆺ치 ᄒᆞᆼ샹 하ᄂᆞ님을 의뢰ᄒᆞᄂᆞᆫ가온ᄃᆡ 육신과 령혼을 보험ᄒᆞ고 셰샹을 ᄯᅥ나ᄂᆞᆫ것이 의당ᄒᆞ다고 단언ᄒᆞ리로다 (누가二十三○四十六)

그런즉 우리ᄂᆞᆫ 예수와 ᄀᆞᆺ치 십ᄌᆞ가를 지ᄃᆡ 무형ᄒᆞᆫ 십ᄌᆞ가를 져야 그뎨ᄌᆞ가 될것은 예수ᄭᅴ셔 그러케 임의 훈계ᄒᆞ시고 우리가 량심으로 헤아려 보와도 과연 예수를 ᄯᅡ르랴면 그자최를 ᄇᆞᆲ아야 ᄒᆞ리니 고초가 업스면 엇지 락이 잇스며 어려운싸홈이 업스면 엇지영성의 면류관이 잇스리요 이우회 몃몃가지 유언을 ᄉᆡᆼ각ᄒᆞ면셔 셩명의 도리의 리치를 더 ᄇᆞᆰ히 터득ᄒᆞᄂᆞᆫ것이 엇지아ᄅᆞᆷ답지 아니리요 (마태十○三十八ㅡ三十九 로마八○十六ㅡ二十一 뎨모듸후二○十一ㅡ十五)

● 사 조(詞藻)

십ᄌᆞ가를지신예수

경셩정동 한펜인숄나

一 귀ᄒᆞᆫ몸 ᄇᆞ리신
우리의 구셰쥬ᄭᅴ
내ᄆᆞ옴과 네ᄆᆞ옴을
합ᄒᆞ야 다드리옵시다
이악ᄒᆞᆫ 셰샹를
이ᄀᆞᆺ치 ᄋᆡ휼ᄒᆞ샤
번화ᄒᆞᆫ 만물에
영광을 다ᄇᆞ리셧도다
의로옵고 ᄉᆞ랑스러온
우리구셰쥬 내몸이
죽어도 그ᄯᅳᆺ을
늘슌종ᄒᆞ겟네

二 셤부의 어린양

구셰쥬 우리죄로
이몸에 당홀벌
되신히 참혹홈당힛네
루추훈 죄인을
보혈노 씨셔주샤
내죄와 네죄가
훈때에 샤유홈밧앗네
三 내쥬를 의탁히
추훈몸 밧치오니
곤ᄒ고 괴로옴
이몸에 써나가게ᄒ며
내손과 네손을
붓들어 잡으시샤
우리의 ᄆᄋᆞᆷ과뜻과
힘실이 셔굿코착ᄒ게

●부활ᄒ신예수를노래홈 동인

一 봉훈돌을 옴겨놋코
무덤열닐때 부활ᄒ신
우리구쥬 능력만토다
련ᄉ들의 얼골빗촌
번ᄀ굿흔듸 부활ᄒ신
우리구쥬 영광이로다
디옥문셰쳐ᄇ리고
무덤에나온구셰쥬
할넬누야ᄼᄼᄼᄼ
찬송홉시다 형데들아
신앙심을 더욱분발히
십ᄌ가에 달닌예수
다시사셧네
二 직힌군ᄉ 무셔워셔
떨고섯ᄂᆫ듸 우리구쥬
부활ᄒ야 죽음이겻네
막달나의 마리아는
ᄎ져왓ᄃ가 부활ᄒ신
우리구쥬 ᄇᆰ히젼힛네
三 삼일만에 음부권을
버셔나신쥬 우리들은
ᄎᆷᄆᄋᆞᆷ으로 찬양홉시다
엠마오로 가든데ᄌ
맛나보고셔 부활ᄒ신
우리구쥬 증거ᄒ엿네
四 셰샹구원 ᄒ시랴고
괴롬이겻고 우리구쥬
예수ᄭᅴ셔 부활ᄒ시샤
데ᄌ보라 갈닐니로
몬져가시니 영광일세
그의데ᄌ 다시보왓네

성경연구

●오직너희는텬국을구ᄒ라(눅十二○卅一)(쇽)

四 텬국이 엇더케 귀ᄒ뇨

방울이 말솜ᄒ기를 대개 하ᄂ님의 나라는 말에 잇지 아니ᄒ고 오직 권능에 잇다ᄒ엿고(고젼四○廿) 셰례요한이 말솜ᄒ기를「후으로 브터오신이는 만물우에 계신지라 ᄯᅡ에셔 난이는 ᄯᅡ에 쇽훈다」ᄒ고(요三○卅一) ᄯᅩ골ᄋᆞ되「하ᄂ님이 보내신이는 하ᄂ님ᄭᅴ셔 셩신을 한량업시 주셧ᄉ매 하ᄂ님의 말솜을 ᄒ신다」(요三○卅四) ᄒ고 예수ᄭᅴ셔 말솜ᄒ시기를「하놀과 ᄯᅡ에 모든권셰를 다 내게주셧다」(마二十八○十八) ᄒ셧스니 이말솜을 싱각ᄒ면 텬국의 귀훈것을 가히 알지니라

五 엇더케 ᄒ여야 텬국에 드러가겟ᄂ뇨

우리가 타국에 가셔 입젹ᄒ랴면 몬져 그나라법률을 직혀야 되ᄂᆫ것 ᄀᆺ치 우리가 텬국에 입젹ᄒ랴면 불가불 텬국법을 직혀야될지니 그됴목을 대강말ᄒ건ᄃ 좌와ᄀᆺ홈

(一) 거듭나야될것 (요三○三五二)
(二) 어린ᄋ히와 ᄀᆺ치 변화ᄒ여야 될것(마十八○三三)
(三)맛당히 열믹를 미즐것(마廿一○四十三)
(四)여러가지 환난을겨글것(힝十四○廿二五)
(五)맛당히 셔긔관과 바리시교인보다 나흐야될것(마五○廿)
(六)지극히 젹은 형데를 ᄉ랑ᄒ여야될것(마廿五○卅四ㅣ四十)

六 엇던사룸이 능히 텬국에 드러가지 못ᄒ깃ᄂ뇨

텬국법을 직히지못훈쟈ᄂᆫ 능히 드러가지못ᄒᆯ지니 그항목은 좌와ᄀᆺ홈

(一)불의훈쟈(고젼六○九) (二)혈육에 쇽훈쟈 (고젼十五○五十) (三)ᄉ욕을 좃ᄂᆫ쟈 (엡五○五) (四)뒤를도라보ᄂᆫ쟈 (눅九○六十二) (五)다만 외모로 경건훈쟈 (마七○廿一) (六)지극히 젹은 형뎨를 ᄉ랑치아니훈쟈 (마廿五○四十一ㅣ四十五)

七 텬국에 드러간쟈는 무슴 표젹이잇ᄂ뇨

이셰샹사룸도 의복이나 훈쟝으로써 표홈이 잇ᄂᆫᄃ 텬국인덜 엇지표가

업스리오 그표는 좌와곳홈

(一)예수와 그아버지의 일홈을 니마에 쓴것이오(묵十四○一)(二)니마와 손에 마귀의 표를 밧지 아니훈것이니라 (묵廿○四)

세계격언

一 다른사ᄅᆞᆷ의 어리셕음을 인ᄒᆞ야 나의 지혜를 더(增)홀수 잇ᄂᆞ니라

二 十六세의대인이 六十세의 쇼ᄋᆞ 되ᄂᆞᆫ일이 잇ᄂᆞ니라

三 빈곤홈을 인ᄒᆞ야 ᄌᆞ긔의 ᄌᆞ유를 일허ᄇᆞ린자ᄂᆞᆫ 함락(陷落)ᄒᆞ야 좌하층(最下層)에 ᄂᆞ려가기쉬오니라

四 울기 잘ᄒᆞᄂᆞᆫ 남ᄌᆞ와 웃기 잘ᄒᆞᄂᆞᆫ 녀ᄌᆞᄂᆞᆫ 신임(信任)에 두기 어려오니라

五 악훈 사ᄅᆞᆷ을 ᄉᆞ괴ᄂᆞᆫ 우의(友誼)ᄂᆞᆫ 려명(黎明)의 그림ᄌᆞ와 곳ᄒᆞ셔 점점 희박ᄒᆞ야 필경아조쇼멸ᄒᆞᄂᆞ니라

격치문답(格致問答)

문 경긔구(輕氣球)ᄂᆞᆫ 무엇이뇨

답 경긔구ᄂᆞᆫ 인도교칠훈 양포(洋布)로 둥근 주머니를 큰집치곳치 문ᄃᆞ러 그속에 슈쇼긔(水素氣)이라ᄂᆞᆫ 긔운을 부러너허 ᄀᆞ득히 찬후에 나사로 구멍을 ᄭᅪᆨ막고 보면 그주머니가 공즁으로 ᄯᅥ올너 갈지니 그밋헤 가븨온 대둥우리(竹籃)를 달고 사ᄅᆞᆷ이 그우희 드고 안ᄌᆞ면 공즁으로 왕릭홀수잇고 ᄂᆞ려오고져ᄒᆞ면 그 나사구멍을 열어 그 긔운을 좀식ᄲᆡᆸ으면 ᄯᅡ에ᄂᆞ려와 감안히 ᄯᅥ러지ᄂᆞ니 이것으로 경긔구티를 죠직ᄒᆞ야 젼쟝(戰場)에셔 뎍딘을 졍탐도ᄒᆞ며 포격도ᄒᆞᄂᆞ니라

문 이것은 무숨리치뇨

답 이주머니속에 너흔슈쇼긔ᄂᆞᆫ 공긔보다 四빅나 경(輕)훈고로 맛치 비가 물에셔 ᄯᅳᄂᆞᆫ것곳치 공긔즁에셔 ᄯᅳᄂᆞ니라

교회ᄉᆞ긔

역술미국인목ᄉᆞ긔이부

뎨二편이방사ᄅᆞᆷ(異邦人)

원릭 이방사ᄅᆞᆷ은 망녕된 힘위로 그 교를 ᄂᆞᆫ호와 ᄯᅳᆺ대로 힝ᄒᆞ니 일노ᄡᅥ 젼도가 막히고 풍쇽이 퇴픽ᄒᆞ야 오직 싱젼에 헛된영광을 구ᄒᆞ고 ᄉᆞ후의 복을 도라보지 아니ᄒᆞ니 비유컨ᄃᆡ 길을 일흔 양과 곳ᄒᆞ야 좃차나갈바를 아지못홈과 곳흔지라 희랍과 로마의 형편을 보면 가히 알것이니 쥬강싱 ᄒᆞ실ᄯᅢ에 예버구리어ᄡᅳ와 신의ᄡᅳ의 도가 니러나 이두나라에 횡힝ᄒᆞ니 혹은 이단과 샤셜과 무당과 뎜치ᄂᆞᆫ것을 ᄯᅩᆺ차 모든 샤신을 셤기고 혹은 미혹훈 ᄆᆞ음으로 허무훈ᄃᆡ ᄲᅡ져 싱명을 경히녀이고 스ᄉᆞ로 죽은쟈도 만히 잇스니 샤신을 셤기ᄂᆞᆫ도리가 오릭될수록 더욱그릇젼홀뿐만 아니라 오륜(五倫)과 삼강(三綱)이 더욱 실픽ᄒᆞ야 졍도(正道)를 숭봉치 아니ᄒᆞ고 헛된 영광만 구ᄒᆞ야 챵우(倡優)빅의 연극쟝이 쳐々에 잇고 음란ᄒᆞ고 샤치ᄒᆞ야 ᄒᆞ지못홀일이 업스니 일노ᄡᅥ 음탕훈 풍쇽이 놀노 셩ᄒᆞ야 ᄌᆞ긔의 안히를 ᄇᆞ리고 잔음ᄒᆞᄂᆞᆫ 폐단이 크게힝ᄒᆞ나 그러나 이곳치 위틱훈 ᄯᅢ에도 맛참ᄂᆡ 새도를 ᄇᆞ라ᄂᆞᆫ자가 잇셔 우샹의 헛되고 거줏됨과 모든 샤교가 세샹에 무익홈을 알고 만히 유대교에 드러가셔 션홈을 좃고 악홈을 폐ᄒᆞ고져 ᄒᆞ니라 맛참 이ᄯᅢ에 로마국에 박ᄉᆞ가 예언ᄒᆞ되 동방에 큰왕이 나시고 유대국이 각국즁에 머리가되리라 ᄒᆞ더니 필경 그리스도ᄭᅴ셔 강싱ᄒᆞ시니라

뎨三편 예수ᄭᅴ셔 교회터를세우심

예수ᄭᅴ셔 다윗의 후예가 되샤 벳네헴에 나시니 모든 션지쟈의 예언이 응훈지라 년셰가 三十이 되실ᄯᅢ에 나아가 빅셩을 ᄀᆞᄅᆞ쳐 이젹을 만히 힝ᄒᆞ시고 갈닐니와 유대로 슌힝ᄒᆞ시며 十二ᄉᆞ도를 튁ᄒᆞ샤 서로 돕게ᄒᆞ시니 놉흔 일홈이 원근에 퍼지더라

(미완)

△學生募集▽

試驗日字 三月三十一日
開學日字 四月一日
但願書三月二十九日迄受理ᄒᆞᆷ
一 中學科預備生及一學年生新募集
一 中學科第二三年生徒增募集
一 染織科寫眞科學生徒募集
(詳細ᄂᆞᆫ本院에來問ᄒᆞᆷ)

開城私立韓英書院 白

▲學生募集▼

今般本校에셔前長老會保誠學校와監理會光成學校ᄅᆞᆯ合倂ᄒᆞ야保光學校라稱ᄒᆞ고校務ᄅᆞᆯ擴張ᄒᆞ야新入生을募集ᄒᆞ오니志願者ᄂᆞᆫ四月一日內로請願書ᄅᆞᆯ提呈ᄒᆞᆷ을敬要ᄒᆞᆷ
但詳細ᄒᆞᆫ事件은本事務室에來議ᄒᆞᆯ事

一 開學日字 四月一日
一 試驗科目
聖經은四福音中大要
算術은分數以內
漢文은庸學中
歷史ᄂᆞᆫ東洋史
國語ᄂᆞᆫ讀本中
一 試驗日字 三月二十八日
노同三十一日ᄭᆞ지
一 入學資格은敎會男子로品行이端正ᄒᆞ고年齡이十五歲以上者

元山私立保光學校 白

▲광 고▼

본공회에셔 각죵셩셔ᄅᆞᆯ 구비ᄒᆞ여 디방의 원근과 청구의 다쇼ᄅᆞᆯ 믈론ᄒᆞ고 신쇽슈응ᄒᆞᄂᆞᆫ바 근일에 특별히 감가된칙이 잇도 잇고 새로 출판된칙이 잇기로 이아래 긔록과 ᄀᆞᆺ치 광포ᄒᆞᆷ

감가ᄒᆞᆫ언문구약 ᄆᆡ뎡가록
二권一질 지의 六十錢
同 포의 七十五錢
신츌판언문관쥬신약 뎡가록
포의 디도부 四十錢
견포의 동 六十五錢
반포의 동 一圓十錢
샹등총피의 동 三圓五十錢
샹등절피의 동 四圓

京城鍾路 美國聖書公會 告白

▲광 고▼

현금샤회의ᄉᆞ업이날마다발젼ᄒᆞᄂᆞᆫ이시ᄃᆡ에유독공업이ᄆᆡ량진화치못ᄒᆞᆷ은사ᄅᆞᆷ사ᄅᆞᆷ이다유감히녀기ᄂᆞᆫ바로소이다이러ᄒᆞᆷ으로본셔원에셔다년연구즁기잔시험뎍으로잔략ᄒᆞᆫ실업과가잇셧ᄉᆞ오나시험즁인고로완비치못ᄒᆞ왓ᄉᆞᆸ더니하ᄂᆞ님의도으심으로본셔원ᄂᆡ에공업실을건츅ᄒᆞ고각죵긔구ᄅᆞᆯ쥰비ᄒᆞ고학싱을모집ᄒᆞ오니입학을지원ᄒᆞ시ᄂᆞᆫ이ᄂᆞᆫ三월三十일ᄂᆡ로청원셔ᄅᆞᆯ계출ᄒᆞ옵소셔
단학싱은픔힝단졍신톄강건ᄒᆞᆫ十六세이상남ᄌᆞᄅᆞᆯ요ᄒᆞᆷ

과 목

염직과
셔경、화학、물리학、직물산술
직물에 부속ᄒᆞᆫ 계산법、도형
직죠젼문、수직긔법죡답긔법
력직긔、평직문식、염식젼문
목면、쥬、져마、모、표ᄇᆡᆨ법
긔한은二ᄀᆡ년입학금은六원
월사금은불요ᄒᆞᆷ

샤진과
셩경、화학、샤진젼문、실습
긔한은五ᄀᆡ월입학금은十원
월사금은불요ᄒᆞᆷ
샹오에ᄂᆞᆫ학문 하오에ᄂᆞᆫ실습
보죠싱은불요ᄒᆞᆷ

開城北部
韓英書院 實業部 고ᄇᆡᆨ

詳解 로마인셔쥬셕 全
홍병션 역
菊版三百餘頁。 定價六十錢 郵稅八錢
(一)로마인셔ᄅᆞᆯᄌᆞ세히공부코쟈ᄒᆞ거나(二)ᄌᆞ세ᄒᆞᆫ뜻을알고쟈ᄒᆞ야도아지못ᄒᆞᆫ형뎨ᄌᆞᄆᆡᄂᆞᆫ이쥬셕을보시요

總發行所 京城北部小安洞十六統八戶
普及書舘

●교뎨ᄂᆞᆫ하ᄂᆞ님은혜가온ᄃᆡ에 잇ᄂᆞᆫ형뎨ᄌᆞᄆᆡ의게고ᄒᆞ옵ᄂᆞ이다 이팔보단은근위쇼화약으로셰계의찬상을밧은영졔오며이외에본당제조관허약픔이오십여죵이오동셔양약각죵당쵸지도구비ᄒᆞᆫ바목하기뎜、출장이나힝ᄆᆡ、쇼ᄆᆡ등경영ᄒᆞ시ᄂᆞᆫ쳠위ᄂᆞᆫ본당으로청구ᄒᆞ시면쇽히

팔보단

약업취톄ᄒᆞᄂᆞᆫ법영을복응ᄒᆞᆫ졔반쳥원인허격식과할인법、용약법、즁가표ᄅᆞᆯ一切무료발송ᄒᆞᆫ깃ᄉᆞ오니동업샹유지ᄒᆞᆫ신쳠위ᄂᆞᆫ편리ᄒᆞᆫ시긔ᄅᆞᆯ용ᄒᆞᄉᆞᄌᆞ져치말으시옵쇼셔

경셩종로 화평당대약방본포
쥬임 리응션 고ᄇᆡᆨ

電話一六九七番
振替口座京城八一八番

每週一回木曜日發行
大正二年三月三十一日印刷
大正二年四月五日發行
編輯兼發行人 開城北部山芝峴 奇義男
印刷人 京城北部樓閣洞 朴東完
印刷所 京城南部上犂洞 新文館
發行所 京城北部壯洞三十二統三戶 呂炳鉉邸
ᄃᆡ금…代金 一장 二젼 六ᄀᆡ월 四十젼 一ᄀᆡ년 八十젼

사설

●종교뎍신앙과그활동

그리스도교회력ᄉᆞ샹 모든 위대(偉大)ᄒᆞᆫ 인물의 지나간 자최를 잠깐 도라다 보건ᄃᆡ 뎌회셩취ᄒᆞᆫ바 위대ᄒᆞᆫ ᄉᆞ업은 뎌희 고샹ᄒᆞᆫ 졍신으로 좃차 왓고 뎌희고샹ᄒᆞᆫ 졍신은 뎌희 견확(堅確)ᄒᆞᆫ 신심으로 좃차 발셩ᄒᆞ엿ᄂᆞᆫᄃᆡ 그즁에 ᄀᆞ장 탁월(卓越)ᄒᆞᆫ쟈ㅣ 二三인을 들어말ᄒᆞ고져ᄒᆞ노니

바울은 ᄉᆞ도즁 ᄀᆞ장 위대ᄒᆞᆫ 인격(人格)이라 신약셩경즁 바울과 밋 그뎨ᄌᆞ의 손으로 져술ᄒᆞᆫ것이 반에 지내고 당시에 아셰아와 구라파각국으로 도라ᄃᆞᆫ니며 교회를 셜립ᄒᆞ고 복음을 젼파ᄒᆞ야 셰계뎍종교를 일우게ᄒᆞ엿스니 우리. 그리스도교회안에 예수를 졔ᄒᆞᆫ 외에는 바울이 ᄀᆞ장 놉흔 디위를 뎜령ᄒᆞ엿도다 그러면 바울의 위대ᄒᆞᆫ 인격과 ᄉᆞ업이 어ᄃᆡ로 좃차왓ᄂᆞᆫ가 다만 ᄌᆞ긔의 경험을 인ᄒᆞ야 예수 그리스도ᄂᆞᆫ 하ᄂᆞ님의 아ᄃᆞᆯ이신줄을 셔ᄭᅵ고 밋음으로 좃차 왓스며

루터ᄂᆞᆫ 빈한ᄒᆞᆫ 농ᄉᆞ집에셔 니러나셔 로마법왕(法王)의 셰력을 두려워ᄒᆞ지 안코 로마교의 부패ᄒᆞᆷ을 공격ᄒᆞ고 그리스도교의 기혁(改革)ᄉᆞ업을 셩취ᄒᆞ야 종교ᄲᅮᆫ아니라 졍치 문학 샤회 륜리 쳘학등 각방면에 새 빗출 주고 당시 구라파젼국(全局)의 신ᄉᆞ샹을 불너 니르켯스니 이 위대ᄒᆞᆫ 인격과 ᄉᆞ업도 오직 ᄌᆞ긔 말과ᄀᆞᆺ치 하ᄂᆞ님이 ᄌᆞ긔를 도아 주실줄 밋은 신앙으로 좃차왓스며

요한웨슬네도또ᄒᆞᆫ 당시종교가즁 탁월ᄒᆞᆫ 인격으로 신리뎍ᄌᆞ각(神理的自覺)ᄒᆞᆷ을 엇어 영국 국교이외에 특별히 평민뎍교회(平民的會教)를 쇼직ᄒᆞ엿스니 곳 오ᄂᆞᆯ날 우리의 직히ᄂᆞᆫ 바 감리교회라 이위대ᄒᆞᆫ 인격과 ᄉᆞ업은 또ᄒᆞᆫ 어ᄃᆡ로 좃차왓ᄂᆞᆫ가 다만 ᄌᆞ긔의 신앙으로 좃차왓도다

그러면 이우희 말ᄒᆞᆫ바 二三인의 종교뎍 운동의 비결(秘訣)은 뎌희 종교뎍 신앙이 아닌가 과연 그러ᄒᆞ도다 그럼으로 오ᄂᆞᆯ날 우리가 이것을 싱각ᄒᆞᆯ때에 불가불 그리스도교뎍 신앙심을 분발ᄒᆞ야 우리의 졍신뎍 긔초를 견고히 셰운후 각각 목뎍ᄒᆞᄂᆞᆫ바 ᄉᆞ업에 ᄃᆡᄒᆞ야 젼력(專力)ᄒᆞ면 무엇을 셩취치 못ᄒᆞ리오 녯사ᄅᆞᆷ의 인격을 가히 엇을지며 녯사ᄅᆞᆷ의 ᄉᆞ업을 가히 긔ᄃᆡ(期待)ᄒᆞᆯ지니 힘쓸지어다 쳥년제군들이여

특별샤고

본회보를 익독ᄒᆞ시ᄂᆞᆫ 쳠위ᄂᆞᆫ 본보ᄃᆡ금을 우표로 보내시지 마시고 아모됴록 우편쇼위체(郵便小爲替)로 보내주시옵

교즁휘문

◀ᄂᆡ 보▶

●목덕션싱챠경(着京)

만국션교회 샹비위원장 목덕션싱은 본월二十五일샹오十시四十분에 경의션(京義線)으로 경셩남대문뎡거장에 도챠ᄒᆞ얏ᄂᆞᆫᄃᆡ 경향각쳐 션교ᄉᆞ一동과 각교회목ᄉᆞ와 젼도ᄉᆞ와 평신도ᄃᆡ표쟈등百여인이 나와영졉ᄒᆞ엿고 본월二十七일브터 二일동안을 졍동비지학당니에 셜비ᄒᆞᆫ 텬막에셔 크게 젼도회를 열고 목덕션싱의 신령ᄒᆞᆫ 강셜을 드럿ᄂᆞᆫᄃᆡ 당일텽즁은 경셩니 각교회형뎨ᄌᆞ미수쳔명이러라

●하감독입셩

일본 동경셔부년회에 참셕ᄒᆞ기위ᄒᆞ야 일본으로 건너갓던 감독히리스씨가 동경셔 츌발ᄒᆞᆫ 일은 젼호에 긔지ᄒᆞ엿거니와 히씨가 본월二十四일에 경부션으로 경셩에 도챠ᄒᆞ엿더라

●유치원의졸업식

경셩 졍동교회에서 셜립ᄒᆞᆫ 유치원 뎨一회졸업식은 본월二十四일하오三시에 비지학당에서 셜힝ᄒᆞ엿ᄂᆞᆫᄃᆡ 당일에 졸업장밧은 학도는 김용득이하 十二명이러라

●슈원디방회

경긔도 남양군 슈촌김응태씨의 통신을 거ᄒᆞᆫ즉 본년二월二十일에 슈원디방회를 려쥬읍교당에서 열엇ᄂᆞᆫᄃᆡ 각쳐회원과 방청인 합百여인이 三일동안을 긔회ᄒᆞ야 ᄉᆞ무를 쳐리ᄒᆞᆯ시 각위원을 션뎡ᄒᆞᆫ후 쳡회원의 보단을 보니 ᄌᆞ미잇ᄂᆞᆫ 일이 만코 젼도ᄉᆞ 권ᄉᆞ의 픔힝과 공부를 사실ᄒᆞᆫ즉 다 아름답고 우등이 만ᄒᆞ며 년회 학습인으로 쳔거된 젼도ᄉᆞ가 二인이오 진급ᄒᆞᆫ 젼도ᄉᆞ가 十三인이오 신임젼도ᄉᆞ가 五인이오 공부졸업ᄒᆞᆫ 권ᄉᆞ가 十二인이오 진급ᄒᆞᆫ권ᄉᆞ가 十五인이오 ᄯᅩᄒᆞᆫ 문뎨를 뎡ᄒᆞ고 잔잔히 연셜ᄒᆞᆯ시 술과 담비ᄭᅳᆫ을것과 혼인과 직분과 쥬일직힐것과 집안식구 회긔식힐것과 가쇽긔도와 ᄌᆞ급등ᄉᆞ로 각기 열심연셜ᄒᆞ매 허다ᄒᆞᆫ 사ᄅᆞᆷ의 ᄆᆞ옴이 감동ᄒᆞ야 쟝ᄎᆞᆺ 크게 유익ᄒᆞ겟고 ᄯᅩᄒᆞᆫ 그교회에서 각쳐회원을 위ᄒᆞ야 셩연를 비셜ᄒᆞ고 친익ᄒᆞᆫ 졍을 표ᄒᆞ엿다더라

●금쳔의새례비당

황ᄒᆡ도 평산구역젼도ᄉᆞ 셔영셕씨의 통신을 거ᄒᆞᆫ즉 금쳔동화면 법니교회는 셜립된지 七년에 현금교우가 七八十명에 달ᄒᆞᆫ바 이젼례비당이 협착ᄒᆞᆫ고로 교우들이 열심을 분발ᄒᆞ여 례비당을 새로 건츅ᄒᆞᆯ시 와가 十二간을 一신ᄒᆞ게 건츅ᄒᆞ엿ᄂᆞᆫᄃᆡ 교우들의 몸으로 부역ᄒᆞᆫ것이 二百七十명에 달ᄒᆞ엿고 ᄯᅩᄒᆞᆫ 감샤ᄒᆞᆫ 것은 아직 밋지아니ᄒᆞᄂᆞᆫ 근동 형뎨제씨가 수十리밧게셔 우마를 삭고와셔 지목과 토셕을 四十리거리에셔 슈운ᄒᆞ여 준것이 七十여ᄐᆡ에 달ᄒᆞ엿고 역비를 통계ᄒᆞ면 八百十四원가량이오 ᄯᅩ 교우들의 연보ᄒᆞᆫ금익이 一百九十원六十젼이며 젼례비당 방매ᄒᆞᆫ가익이 四十六원十五젼이니 합계금익이 一쳔五十원七十五젼가령이오 각기 힘대로 연보ᄒᆞᆫ 제씨의 씨명을 一一히 다 표명ᄒᆞᆯ수 업스나 그즁에 다수히 연보ᄒᆞᆫ이는 리인철씨四十원 라샹운씨十五원九十젼 리졔만 리인진 라윤권三씨 각十四원 라세찬十二원 긔쟝로ᄉᆞ 감목ᄉᆞ 각十원 이외에 五원으로 十젼ᄭᆞ지 연보ᄒᆞᆫ 교우가 四十여명이더라

●궁촌교회의사경회

충남 홍쥬군 화셩면 쥬동졍령 궁촌교회에셔 본년 一월二十二일브터 三十일ᄭᆞ지 사경회를 열고 교ᄉᆞ와 파졍감리ᄉᆞ 셔원보씨는 ᄉᆞ도힝젼과 요한一셔오 목ᄉᆞ김광식씨는 누가복음과 창세긔오 젼도ᄉᆞ리용쥬씨는 감리교강령과 츌애급이오 복긔업씨는 셩경디지와 위싱학이오 셔감리ᄉᆞ부인은 마가복음과 감리회쇼년문답이오 졍덕환씨는 마태복음과 긔독교통의문답이며 시간은 샹오九시로 十二시三十분과 하오二시로 四시간ᄭᆞ지 맛치고 四시로 五시ᄭᆞ지는 긔인젼도를ᄒᆞ야 밋기로 작뎡ᄒᆞᆫ쟈ㅣ三十여명이오 락심ᄒᆞᆫ쟈가 다시 나왓ᄉᆞ

며 七시로 八시ᄭᆞ지ᄂᆞᆫ 부흥회를 인도ᄒᆞᄆᆡ 교우百여인이 참예ᄒᆞ야 ᄋᆡ통ᄒᆞᄂᆞᆫ ᄆᆞᄋᆞᆷ으로 죄를 회ᄀᆡᄒᆞ며 ᄌᆞ복ᄒᆞᆷ으로 하ᄂᆞ님ᄭᅴ셔 위로ᄒᆞᆷ을 주샤 깃붐으로 폐회ᄒᆞ엿고 ᄯᅩ셔감리ᄉᆞ부인은 과거ᄒᆞᄂᆞᆫ 리부인의 식비를 담당ᄒᆞ야 공부식히고 ᄯᅩ 감마리아의 불샹ᄒᆞᆫ 형편을 보고 금화十여원을 주어 심ᄒᆞᆫ 치위에 여러ᄋᆞ히들과 ᄀᆞᆺ치 살어나게 ᄒᆞ엿슴으로 감샤ᄒᆞᆫᄆᆞᄋᆞᆷ을 이긔지못ᄒᆞᆫ다 ᄒᆞ엿더라

●부흥된쥬일학교

강원도 김화군 디경터교회 안츈호씨의 통신을 거ᄒᆞᆫ즉 히디ᄂᆞᆫ 김화 텰원량군의 경계를 뎡ᄒᆞᆫ 즁앙이오 경원텰도 통로의 ᄒᆞᆫ 큰 쥬막거리인ᄃᆡ 쥬의 붉은빗치 빗최인지 十여년에 교회가 날노 흥왕ᄒᆞ더니 즁간에 우연히 시험을 당ᄒᆞ고 락심되여 한동안 잠을 자더니 셩신의 인도ᄒᆞ심으로 부흥회를 ᄒᆞᄂᆞᆫ가온ᄃᆡ ᄌᆞ미를 만히 보고 교회가 잠을 ᄭᆡ여 젼과 ᄀᆞᆺ치 쥬일공부ᄒᆞ던것을 곳치여 남녀다섯반을 멸을 뎡ᄒᆞ야 규측대로 공부ᄒᆞ고 문답ᄒᆞᄂᆞᆫ ᄌᆞ미가 만흔ᄃᆡ 이로 인ᄒᆞ야 교회가 다시 흥왕ᄒᆞᆯ 희망이 잇다더라

●四군도사경회

황희도 셔흥군 두무동 김락도씨의 통신을 거ᄒᆞᆫ즉 거十一월十五일브터 동廿四일ᄭᆞ지 셔흥 도하면 두무골교당ᄂᆡ에셔 셔흥 봉산 슈안 신계 四군 도사경회를 열엇ᄂᆞᆫᄃᆡ ᄌᆞ미와 유의밧은것은 다말ᄒᆞᆯ수 업거니와 대강말ᄒᆞᆫ건ᄃᆡ 교ᄉᆞᄂᆞᆫ 감리ᄉᆞ 모리쓰 목ᄉᆞ 김찬흥 김지찬 황졍모등四씨오 三등에 분ᄒᆞ여 과졍은 쟝졍규측 아모스 야고보 갈나ᄃᆡ아 베드로젼셔 데살노니가젼셔 마가복음이오 ᄆᆡ일하오六시브터 七시반ᄭᆞ지 풍속ᄀᆡ량에 ᄃᆡᄒᆞ야 연셜ᄒᆞ고 ᄀᆡ인젼도와 조혼의폐와 ᄌᆞ급방침과 위ᄉᆡᆼ이란문뎨로 연셜ᄒᆞ엿ᄂᆞᆫᄃᆡ 젼일에 잘못ᄒᆞᆫ것을 곳치여 이후로ᄂᆞᆫ 잘ᄒᆞ기로 작뎡ᄒᆞᆫ사ᄅᆞᆷ이 만흐며 ᄯᅩ十七일쥬일에ᄂᆞᆫ 모리쓰감리ᄉᆞ가 셩찬례식을 힝ᄒᆞ엿스며 사경을 맛치ᄂᆞᆫ날 하오六시브터 八시반ᄭᆞ지 군쳔회를 열엇ᄂᆞᆫᄃᆡ 여러사ᄅᆞᆷ의 ᄌᆞ미잇ᄂᆞᆫ 유회로 듯ᄂᆞᆫ사ᄅᆞᆷ으로ᄒᆞ여곰 ᄆᆞᄋᆞᆷ을 질겁게도ᄒᆞ며 ᄯᅩᄒᆞᆫ ᄆᆞᄋᆞᆷ을 삼가 쥬예수의 ᄌᆞ최를 ᄯᆞ르기로 결심ᄒᆞ엿스니 이사경회에 무한ᄒᆞᆫ ᄌᆞ미와 신령ᄒᆞᆫ 은혜를 만히밧아 모든영광을 하ᄂᆞ님ᄭᅴ 돌닌다 ᄒᆞ엿더라

●옹진의부인사경회

황희도 옹진군 리경호씨의 통신을 거ᄒᆞᆫ즉 본월十一일브터 동군 마산면 평동교당ᄂᆡ에셔 데一회 부인사경회를 열엇ᄂᆞᆫᄃᆡ 과졍은 창셰긔 회부리오 교ᄉᆞᄂᆞᆫ 셔양부인 ᄲᅡᆯ늬씨와 젼도ᄉᆞ김창헌씨오 학도ᄂᆞᆫ二十二명인ᄃᆡ 오젼十시로 十二시ᄭᆞ지ᄂᆞᆫ ᄲᅡᆯ늬부인이 교슈ᄒᆞ고 오후二시로 四시ᄭᆞ지ᄂᆞᆫ 김창헌씨가 교슈ᄒᆞ며 여러부인들은 새벽마다 은혜밧기를 군구ᄒᆞ며 져녁마다 긔도회로 남녀三十여명이 모혀 신령ᄒᆞᆫ 은혜를 밧앗스며 ᄯᅩ 이사경회에셔 슈업증셔밧은이가 三인이오 진급된이가 十五인이며 十五일밤에ᄂᆞᆫ 군쳔회로모혀 깃븜과 ᄌᆞ미를 만히보앗다더라

●쟝단의사경회

쟝단 고량포 양지환씨의 통신을 거ᄒᆞᆫ즉 동교회ᄂᆞᆫ 셜립된지 여러ᄒᆡ에 교우가 百여명에 달ᄒᆞ더니 불힝히 락심된쟈가 만하 지금은 례ᄇᆡ보ᄂᆞᆫ쟈ㅣ五六十명에 지나지 못ᄒᆞᄂᆞᆫ고로 쇽쟝박흥션씨가 교회를 위ᄒᆞ야 쥬야로 긔도ᄒᆞᆷ으로 쥬ᄭᅴ셔 도아주샤 목ᄉᆞ리화츈 젼도ᄉᆞ김영학 교ᄉᆞ빅남셕三씨를 이곳으로 보내샤 거월二十四일브터 본월二일ᄭᆞ지 사경회를 ᄀᆡᄒᆞ고 야고보 요한복음 빌닙보등을 교슈ᄒᆞ고 밤이면 부흥회로 모혀 리화츈씨가 인도ᄒᆞ여 一반교우가 새은혜를 밧고 락심되엿던 형ᄆᆡ가 다시 분흥ᄒᆞᆷ으로 ᄆᆡ쥬일례ᄇᆡ보ᄂᆞᆫ쟈ㅣ 七八十명에 달ᄒᆞᆫ다 ᄒᆞ엿더라

●회쳔의부인사경회

평북 회쳔군 리화송씨의 통신을 거ᄒᆞᆫ즉 하ᄂᆞ님ᄭᅴ셔 긔회를주샤 녕변 본교회에셔 부인사경회를 식히기 위ᄒᆞ야 교ᄉᆞ김신은 리一심두부인을

보내여 거二월十七일브터 五일동안을 마태복음을 공부ᄒᆞ엿ᄂᆞᆫᄃᆡ 이곳 여러부인들이 유익을 만히 엇엇스며 폐회후에ᄂᆞᆫ 각촌으로 도라ᄃᆞᆫ니며 一쥬일간을 무부인이 열심젼도홈으로 새로 밋은쟈가 남녀 二十一인이니 이와ᄀᆞᆺ치 一시에 다수ᄒᆞᆫ 교우를 엇기ᄂᆞᆫ 처음이라ᄒᆞ엿더라

●긔렴연보광고

본년一월十二일은 본회보챵간 뎨二회 긔렴쥬일이온ᄃᆡ 이날에 각쳐교회에서 각기힘대로 본회보에 연보ᄒᆞᆫ것을 본샤로 보내엿ᄉᆞ기 그 ᄋᆡ호ᄒᆞ시ᄂᆞᆫ뜻을 감샤ᄒᆞ오며 이에 ᄎᆞ례로 게지ᄒᆞ야 광포ᄒᆞ노라

江華西區域 一圓二十錢
仝 南區域 一圓四十錢
南陽靈興島교회 二圓六十錢
京東部龍頭里교회 十七錢
忠州邑西門外교회 一圓四十七錢
開城龍峴교회 十錢
仝昭章里교회 十錢

◀외보▶

●일본교역쟈(敎役者)총회

일본감리교회 교역쟈총회ᄂᆞᆫ 본월五일 오젼十시브터 우면요관에서 긔ᄒᆞ엿ᄂᆞᆫᄃᆡ 출셕ᄒᆞᆫ 인씨ᄂᆞᆫ 감독평암션보씨이하 四十여인이니 졔씨가 각각신도를 양셩ᄒᆞ야 교회확쟝홀 방침에 ᄃᆡᄒᆞᆫ 의견을 교환(交換)ᄒᆞ고 ᄯᅩᄒᆞᆫ 군친ᄒᆞᄂᆞᆫ 뜻을 토로(吐露)ᄒᆞᆫ후 폐회ᄒᆞ엿다더라

●례비당근쳐에서 연초발매금지

미국ᄌᆞ기고셩민단(民團)에서ᄂᆞᆫ 근일 특허권위원회를 열고 례비당과 쇼학교의 ᄉᆞ면六百보안에서ᄂᆞᆫ 담비나권연발매(發賣)ᄒᆞᄂᆞᆫ일을 금지ᄒᆞ기로 결뎡ᄒᆞ엿다더라

●二만명의 신구람쟈

미국 동북방감리교회긔관신문을 작년十一월브터 본년二월ᄭᆞ지 각쳐교회목ᄉᆞ와 젼도ᄉᆞ의 신보집경징(新募集)ᄒᆞᆫ 결과로 二만명의 신구람쟈를 엇엇다더라

긔셔

●태평양젼도록(太平洋傳道錄)

영국 태요한션ᄉᆡᆼ 져술
경셩 긔이부목ᄉᆞ 번역

뎨一쟝 유년(幼年)의ᄉᆞ졍을의론홈

태요한션ᄉᆡᆼ이 ᄀᆞᆯᄋᆞᄃᆡ「내가 이 글을 져술홈은 셩신의 영광을 위홈이라 二十여년젼에 엇던친구가 나를 권ᄒᆞᄃᆡ 칙ᄒᆞ나를 져술ᄒᆞ야 셩신이 우리의 힝ᄒᆞᄂᆞᆫ 모든 일을 보호ᄒᆞ야 주심을 강론ᄒᆞ라 ᄒᆞ되 그가온ᄃᆡ ᄉᆞᄉᆞ로 과쟝(誇張)ᄒᆞᄂᆞᆫ뜻이 잇슬가 두려워 감히 져술치 못ᄒᆞ엿다가 六十四셰에 니르러 비로소 뜻을 뎡ᄒᆞ고 이글을 져술ᄒᆞ니 이ᄂᆞᆫ 셩신ᄭᅴ셔 나를 명ᄒᆞ샤 져술케ᄒᆞᆫ듯ᄒᆞ도다 그럼으로 이에 평ᄉᆡᆼ의 엇은바와 평일에 긔록ᄒᆞᆫ바와 편지가온ᄃᆡ 잇ᄂᆞᆫ 바를 ᄎᆞ례로 슈집(蒐集)ᄒᆞ야 이칙을 일우엇스니 우리와 ᄀᆞᆺ치 셩긔와 운명을 맛흐신 셩신을 빗어 ᄆᆞᆺ날ᄭᆞ지 결과 됨을 ᄇᆞ라노라 내가 본ᄅᆡ 영국ᄉᆞ혀뎍란셩 적은촌에서 ᄉᆡᆼ쟝ᄒᆞ엿ᄂᆞᆫᄃᆡ 이곳은 부요ᄒᆞᆫ쟈가 두어집에 지내지 못ᄒᆞ고 기외에ᄂᆞᆫ 다 빈한ᄒᆞᆫ 사ᄅᆞᆷ들이라 이사ᄅᆞᆷ들이 무ᄉᆞᆷ 물건을 졔조ᄒᆞ던지 혹쟝ᄉᆞ를 ᄒᆞ던지 부즈런치 못ᄒᆞ면 긔한(飢寒)을 면키 어려온지라 이ᄀᆞᆺ치 곤궁ᄒᆞᆫ 즁에도 졍치와 종교샹신문은 구람ᄒᆞ고 ᄒᆞᆼ샹의론ᄒᆞ며 남녀물론ᄒᆞ고 다 가셔 공부도ᄒᆞ고 ᄯᅩ 촌촌히 례비당이 잇셔 쥬일을 당ᄒᆞ면 ᄀᆞᆺ치모혀 빈부와 귀쳔을 모도 니져ᄇᆞ리고 도덕을 슝샹ᄒᆞᄂᆞᆫ지라 나의 부모도 이촌즁에셔 四十년동안 양말(洋襪)짓기로 ᄉᆡᆼ이를 삼으니 우리十一남ᄆᆡ도 三간초옥에셔 부모를 도와 양말을 지을ᄉᆡ ᄒᆞᆫ간에ᄂᆞᆫ 보션긔계 五六좌가 잇고 ᄒᆞᆫ간은 음식을 ᄆᆞᆫ드러 손님과 가족이 ᄀᆞᆺ치 먹ᄂᆞᆫ곳이오 ᄯᅩᄒᆞᆫ간은 비록우리의 자ᄂᆞᆫ방이나 ᄯᅩᄒᆞᆫ 셩소를 삼아 우리아버지ᄭᅴ셔 죠셕으로 우리를 위ᄒᆞ야 긔도ᄒᆞ시ᄆᆡ 우리가 그간졀ᄒᆞᆫ소ᄅᆡ를 듯고 하ᄂᆞ님ᄭᅴ셔 반ᄃᆞ시 그

四

가온ᄃᆡ 계신줄 알엇스니 우리의 쥬를 밋ᄂᆞᆫ 증거ᄂᆞᆫ 다만 우리아버지의 긔도에 잇셧도다 다른사ᄅᆞᆷ은 우리아버지 얼골에 영광이 어ᄃᆡ로 좃차 온줄 알지못ᄒᆞ되 나ᄂᆞᆫ 츔 셩신으로 좃차 온줄 알엇스니 우리집의 쥬를 셤기ᄂᆞᆫ 열심은 조샹브터 그러ᄒᆞ나 우리아버지ᄭᅴ 니르러셔ᄂᆞᆫ 더욱ᄀᆞᆫ졀ᄒᆞᆫ지라 우리아버지ᄭᅴ셔 十七세되실ᄯᅢ에 셩신의 감동ᄒᆞᆷ을 크게 닙어 홍샹나무수풀에 가셔 긔도ᄒᆞ실ᄉᆡ 셰샹일을 다 니져ᄇᆞ리매 비록 겻헤 사ᄅᆞᆷ이 당신의 쓴모ᄌᆞ를 집어가도 알지못ᄒᆞ엿스며 ᄯᅩ 우리조부ᄭᅴ셔 몸이 연약ᄒᆞᆷ을 인ᄒᆞ야 ᄆᆡ양 새벽과 져녁에 원집안 식구를 ᄃᆞ리고 하ᄂᆞ님ᄭᅴ 경비ᄒᆞ더니 七十七세에 텬당으로 가실ᄯᅢᄭᆞ지 무슴 밧분일이 잇던지 불평ᄒᆞᆫ 일이 잇던지 물론ᄒᆞ고 ᄒᆞᆫ번도 간단(間斷)ᄒᆞᆷ이 업ᄂᆞᆫ지라 이ᄀᆺ치 하ᄂᆞ님을 의지ᄒᆞᄂᆞᆫ가온ᄃᆡ ᄒᆞᆫ 집안만 유익ᄒᆞᆯᄲᅮᆫ아니라 외인ᄭᆞ지 감화ᄒᆞᄂᆞᆫ쟈만터라 우리 리웃집에 ᄒᆞᆫ 츄ᄒᆞᆫ녀인이 잇셔사ᄅᆞᆷ의 쳔히녀이고 뮈워ᄒᆞᄂᆞᆫ바가 되더니 그녀인이 풍편에 우리아버지ᄭᅴ셔 ᄌᆞ긔를 위ᄒᆞ야 긔도ᄒᆞᆫ다ᄂᆞᆫ 소문을 듯고 겨울 밤에 사ᄅᆞᆷ업슬ᄯᅢ를ᄐᆞ셔 창밧게 와셔 가만히 우리아버지의 긔도ᄒᆞᄂᆞᆫ소ᄅᆡ를 엿듯고 이에 ᄆᆞᄋᆞᆷ이 감동되여 다른사ᄅᆞᆷ을 ᄃᆡᄒᆞ야 말ᄒᆞ되 내가 아모션ᄉᆡᆼ의 긔도ᄒᆞᆷ으로 말ᄆᆡ암아 ᄃᆡ욱가온ᄃᆡ셔 구원을 엇엇다ᄒᆞ엿스니 이ᄀᆺ치 긔도ᄒᆞ면 셩신이 엇지 듯지아니ᄒᆞ시리오

(미완)

●사 조(詞藻)

●히동우(解凍雨)

한셩 류경상

一 가ᄂᆞᆫ비가길을ᄯᆞ라
만리를발졍ᄒᆞ니

二 면토가졋고ᄂᆡ가되여
봄물이챵일ᄒᆞ니

三 뎐야를젹시면은
뎌농부ᄂᆞᆫ고를트고

四 사공들은비를올녀
원방에ᄯᅥ나가니
일년풍작과쳔리교통이
졍히여긔잇더라

셩경연구

●누가복음연구

누가복음은 문ᄌᆞ의 연미ᄒᆞᆷ과 의미의 오묘ᄒᆞᆷ과 긔ᄉᆞ(記事)의 ᄌᆞ셰ᄒᆞᆷ이 四복음즁에 ᄆᆡ장 ᄲᅡ여나니 우리가 ᄆᆞᄋᆞᆷ을 다ᄒᆞ여 연구ᄒᆞ면 유익ᄒᆞᆷ을 만히 엇을지니 이에 좌와 ᄀᆺ치 긔록ᄒᆞ여 이독ᄒᆞ시ᄂᆞᆫ 졔군ᄌᆞ의 ᄇᆞᆰ히 연구ᄒᆞᆷ을 기ᄃᆞ리ᄂᆞ이다

누가복음은 통이 二十四쟝인ᄃᆡ 이것을 十三단으로 논홀지니 (一)보통ᄉᆞ샹 (二)하ᄂᆞ님의 은혜 (三)은혜를 감샤ᄒᆞᄂᆞᆫ 말ᄉᆞᆷ (四)시가(詩歌) (五)긔도 (六)부인의륜리(七)샤회학(八)력ᄉᆞ의관계 (九)셔로ᄃᆡᄒᆞᆫ말ᄉᆞᆷ (十)누가의홀노긔록ᄒᆞᆫ비유(十一)누가의홀노긔록ᄒᆞᆫ 이적(十二)긔ᄉᆞ의요무(要務) (十三)누가의 득도(得道)ᄒᆞᆫ원인이니라

一 보통ᄉᆞ샹은 본복음一○卅三 五十四 五十五 六十八과 二○十一十四 卅一 卅二과 三○四一六과 四○五 廿五과 七○十六과 廿一○廿四과 二十四○四十七에연구홀것

(미완)

●가뎡과 쇼ᄋᆞ

셔양엇던 박ᄉᆞ가 ᄀᆞᆯᄋᆞ되 ᄋᆞᄒᆡ들은 쇠와 ᄀᆺᄒᆞ셔 처음에 가치(價値)가 업지마ᄂᆞᆫ 단련ᄒᆞᆯᄉᆞ록 가격이 졈졈 올너가ᄂᆞ니 가령 평샹ᄒᆞᆫ 쇠 ᄒᆞᆫ덩어리의 갑시 五환에 지나지 못ᄒᆞᆯ것으로 멸편ᄌᆞ를 ᄆᆡᆫ들면 그갑시 二十환에 샹당ᄒᆞ고 ᄯᅩ 이것을 단련ᄒᆞ야 보검을 ᄆᆡᆫ들면 三百五十환에 샹당ᄒᆞ고 ᄯᅩ 이것을 단련ᄒᆞ야 지봉침을 ᄆᆡᆫ들면 三千환에 샹당ᄒᆞ고 ᄯᅩ 이것을 단련ᄒᆞ야 시계ᄐᆡ엽을 ᄆᆡᆫ들면 一만五千환에 샹당ᄒᆞᆷ과 ᄀᆺ치 ᄋᆞᄒᆡ들도 어려셔ᄂᆞᆫ 지식이 업셔 가치가 업지마ᄂᆞᆫ ᄎᆞᄎᆞ 쟝셩ᄒᆞ면셔 도덕으로써 그 심지를 단련ᄒᆞ고 학식으로 그 지혜와 총명과 지능을 단련ᄒᆞ면 크고쓸만ᄒᆞᆫ ᄌᆡ목을 일울지니 그가치가 엇더켓ᄂᆞ뇨

격치문답(格致問答)

●물톄의동졍(物體動靜)

문 물톄의 동졍이엇더ᄒᆞ뇨

답 물톄ᄂᆞᆫ 무ᄉᆞᆷ다른 힘을 엇지못ᄒᆞ면 능히 동(動)ᄒᆞ지못ᄒᆞ고 졍(靜)ᄒᆞ지도못ᄒᆞᄂᆞ니 가령 큰돌ᄒᆞ나히 디구의 인력(引力)을 엇어 졍ᄒᆞ엿다가 무ᄉᆞᆷ다른 힘이 와셔 ᄯᅡ리던지 굴니면 동ᄒᆞ고 또이와 ᄀᆞᆺᄒᆞᆫ 힘이 잇셔 반ᄃᆡ되ᄂᆞᆫ 방향(方向)으로 ᄭᅳᆯ면 두힘이 샹뎍(相敵)ᄒᆞ야 고만 졍지(靜止)홈이니라

문 동졍의 습관셩(習慣性)은 무엇이뇨

답 우리가 화륜챠를 ᄐᆞ고 갈때에는 챠와ᄀᆞᆺ치 동ᄒᆞᄂᆞᆫ 습관셩을 밧은고로 뎡거장에 와셔 별안간 뎡거ᄒᆞ면 우리몸이 압흐로 기우러지ᄂᆞᆫ것은 그밧은습관셩대로 동ᄒᆞ고져홈이오 또 그챠가 가만히 셔잇슬때에는 우리도 그와ᄀᆞᆺ치 졍ᄒᆞᆫ습관셩을 밧은고로 그챠가 별안간 ᄯᅥ날제는 우리몸이 뒤로 기우러지ᄂᆞᆫ것은 그밧은습관셩대로 졍ᄒᆞ고져홈이니라

교회ᄉᆞ긔

젼호쇽(前號續)

뎨三편 예수ᄭᅴ셔 교회터를세우심

이ᄯᅢ에 바리새교인은 두긔ᄒᆞ야 해홀ᄆᆞ옴을두고 사두개교인은 자특ᄒᆞᆫ 계칙을ᄂᆡ고 심지어셔민(庶民)ᄭᆞ지라도 혹輔방ᄒᆞ며 혹찬양ᄒᆞ야 그ᄆᆞ옴과 모양을 다 칭량치못ᄒᆞ겟ᄂᆞᆫ즁 예수ᄭᅴ셔 또ᄒᆞᆫ 담대히 예루살넴에 올나가샤 뎨왕의형상을 나타내시니 이ᄯᅢ에 반복ᄒᆞᄂᆞᆫ ᄇᆡᆨ셩들이 ᄌᆞ긔의 고국을 회복ᄒᆞ고 또각국을 졍복홀가 ᄇᆞ람으로 공슌히 영졉ᄒᆞ더니 오직 예수ᄭᅴ셔는 셰샹나라를 세우지아니ᄒᆞ시매 소망에 합ᄒᆞ지못ᄒᆞᆫ고로 필경은 무리가 다ᄇᆡ리고 부르지져 ᄀᆞᆯ오ᄃᆡ「十ᄌᆞ가에 못박으라」ᄒᆞ엿스나 그러나 셰샹사ᄅᆞᆷ이 예수를 죽이고져홈을 미루워보면 하ᄂᆞ님ᄭᅴ셔 셰샹죄인을 구쇽ᄒᆞ실 뜻이시니라 또 그리스도가쇽죄ᄒᆡ를 드린것은모든밋ᄂᆞᆫ쟈의 죄가 미양일노인ᄒᆞ야 샤유ᄒᆞ심을엇고 올흠이 일노써 일우게ᄒᆞᆫ것이오 또ᄒᆞᆫ 三일만에 부활ᄒᆞ샤 구셰쥬가되심은 영싱을 ᄇᆞᆰ히 나타내심이니 그영광스러온몸을 뵈이샤 모든 밋ᄂᆞᆫ쟈로ᄒᆞ여곰 큰복을 엇게ᄒᆞ시고 후에ᄌᆞ긔문도의게 부탁ᄒᆞ샤 복음을 뎐하에 두루젼ᄒᆞ게ᄒᆞ시며 승텬ᄒᆞ샤 본유(本有)의 영광을 가지시고 교회의 머리가되샤 셩신을 보내여 신도를 거ᄂᆞ림나게ᄒᆞ시며 큰 은혜를 베프샤 만민의게 밋치게ᄒᆞ시ᄂᆞ니라

뎨一권 셩신강림홈으로브터교황이로마를엇엇셔 욹을삼음(쥬강셩후七百五十五년)

뎨一장 셩신이강림홈으로브터 一百년

뎨一관 ᄉᆞ도들이이스라엘가온ᄃᆡ교회를세움

대개 교회를 세운것은 유대의 쎈빅셩으로 브터 시작됨이니 그 쎈빅셩이 다 도를 비반ᄒᆞᆫ것이 아니라 그중에 혹 셩심으로 쥬를 셤겨 감화를 언어 사ᄂᆞᆫ쟈가 잇ᄂᆞᆫ지라 쥬 승텬후 十일은 곳 오슌졀날인ᄃᆡ 셩신이 강림ᄒᆞ샤 모든 ᄇᆞ라ᄃᆞᆫ쟈가 다 셩신을 밧앗스니 이ᄂᆞᆫ 교회의 터가 시작될 긔회라 그ᄯᅢ에 베드로가 담대히 젼도ᄒᆞ야 밋ᄂᆞᆫ사ᄅᆞᆷ이 三千명이나되고 또 날노 더ᄒᆞ며 ᄃᆞᆯ노 셩ᄒᆞ야 그수효가 五千인에 달ᄒᆞ엿스니 이ᄯᅢ에 쥬의 은혜가 크게 나타나고 교회가 크게 힝ᄒᆞ야 쥬를밋ᄂᆞᆫ 모든쟈들이 잇고업ᄂᆞᆫ것을 서로 도아주고 고락을 ᄀᆞᆺ치ᄒᆞ야 피ᄎᆞ친목홈이 맛치 ᄒᆞᆫ집이 화합홈과 ᄀᆞᆺᄒᆞᆫ지라 얼마되지아니ᄒᆞ야 신도가 날노 만하지고 ᄉᆞ무가 날노 셩ᄒᆞᆫ고로 ᄉᆞ도들이 ᄀᆞᄅᆞ치ᄂᆞᆫ 일만 맛흘ᄲᅮᆫ 아니라 모든 ᄉᆞ무를 잔셥ᄒᆞ니 심히 복잡ᄒᆞ고. 어려온고로 교회중에 지덕이 겸비(才德兼備)ᄒᆞᆫ쟈 七인을 ᄐᆡᆨᄒᆞ야 돕게ᄒᆞ고 (힝六쟝)그후에 곳곳이 쟝로를 션뎡ᄒᆞ야(힝十一쟝三十절)ᄀᆞᄅᆞ치ᄂᆞᆫ일을 담임ᄒᆞ고 신도를 감찰ᄒᆞ게ᄒᆞ니 므릇 교회가 예루살넴에 시작된지 쥬년이라 스데반이죽

온후로 신도가 四방으로 흣터져 복음을 가나안ᄯᅡ에 젼ᄒᆞ고 빌닙이 교회를 사마리아에 세우니(힝十一장十九절) 새로 밋은쟈들이 예루살넴 교회로 더브러 ᄒᆞᆫ집이 되고 베드로가 각쳐에 슌힝ᄒᆞ야 새로밋는쟈를 위로ᄒᆞ니 이ᄯᅢ에 유대사ᄅᆞᆷ들이 밋은쟈나 아니밋은쟈가 오히려 서로 화목ᄒᆞ고 식기ᄒᆞ기를 ᄉᆡᆼ각지 안코 하ᄂᆞ님 셤기ᄂᆞᆫ 례를 붉혀 구약의 규례를 의지ᄒᆞ야 힝ᄒᆞ더니 후에 셩도가 널니젼파되매 싀긔ᄒᆞᄂᆞᆫ ᄆᆞᄋᆞᆷ이 니러나셔 서로 합ᄒᆞ지 못ᄒᆞᆫ고로 쥬후 三十六년에 유대인즁에 밋지 안ᄂᆞᆫ쟈들이 · 니러나 신도를 핍박ᄒᆞ나 그러나 핍박이 니러날ᄉᆞ록 도가 더욱 젼파되더라(힝二十一장二十절) 이ᄯᅢ에 유대에 밋ᄂᆞᆫ쟈들이 수만인에 니르니 베드로와 요한과 쥬의동ᄉᆡᆼ 야고보가 다 다ᄉᆞ렷ᄂᆞ니라(갈二장七九절) 일노 말미암아 교회의 터가 유대 셴빅셩즁으로 시작되엿다 ᄒᆞ노라

실업

●농ᄉᆞ강습요항 (쇽)

八 면답을 다ᄉᆞ리고 가ᄂᆞᆫ법

면답을 다ᄉᆞ림에 논은 五六촌(寸)쯤 깁게 갈고 밧흔 七八촌쯤 깁게 갈지니 죠션셔 ᄌᆞ릐로 갈던것은 좀 엿(淺)ᄒᆞᆫ 고로 ᄌᆞ금이후로는 이우회 말ᄒᆞᆫ 표쥰대로 가ᄂᆞᆫ것이 됴토다 대뎌 면답은 깁히 갈ᄉᆞ록 작물(作物)의 ᄲᅮ리가 넓히 퍼져셔 흙속의 양분을 만히 흡수(吸收)ᄒᆞ며 ᄯᅩᄒᆞᆫ 공긔와 물의 류통(流通)이 잘 되고 토디를 고옥(膏沃)케ᄒᆞᄂᆞᆫ 리익이 잇ᄂᆞ니라 밋거름(基肥)은 파죵(播種)ᄒᆞ기젼에 펴줄것인ᄃᆡ 그방법은 작물을 ᄯᅡ라 각々 다르거니와 넘어 깁히 펴주ᄂᆞᆫ것이 됴치 못ᄒᆞ니라 밧두둑의 광과 놉기ᄂᆞᆫ 토디의 슈습(水濕)을 ᄯᅡ라 뎍당히 ᄒᆞᆯ지나 습ᄒᆞᆫ ᄯᅡ에ᄂᆞᆫ 놉게ᄆᆞᆫ드ᄂᆞᆫ것이 합당ᄒᆞ니라. 면답 가ᄂᆞᆫᄃᆡ ᄃᆡᄒᆞ야 리용ᄒᆞᄂᆞᆫ 힘은 세가지가 잇스니 (一)사ᄅᆞᆷ의힘을 리용ᄒᆞ고 (二)말과 소의 힘을 리용ᄒᆞ며 (三)증긔(蒸氣)의 힘을 리용ᄒᆞᆯ지니 현금 셔양각국에셔 밧가ᄂᆞᆫ 긔계ᄂᆞᆫ 증긔로 써 ᄭᅳᄂᆞᆫᄃᆡ 그 힘이 대단히 커셔 깁히갈고 ᄯᅩᄒᆞᆫ 쇽ᄒᆞ니라

담총

●투금강(投金江)

고려 공민왕ᄯᅢ에 엇던 형뎨두사ᄅᆞᆷ이 동힝ᄒᆞ여 가다가 길에셔 황금ᄒᆞᆫᄀᆡ(一錠)를 엇어셔 형뎨가 반식 논호와 가졋더니 경긔도 양쳔군 공암진(孔岩津)을 건너다가 아호가 몬득 금을 강물에 던지거ᄂᆞᆯ 형히 괴샹히 녀여 그연고를 무른ᄃᆡ 아호가 ᄃᆡ답왈 내가 평ᄉᆡᆼ에 형님ᄉᆞ랑ᄒᆞᄂᆞᆫ ᄆᆞᄋᆞᆷ이 지극ᄒᆞ더니 금을 논호아 가진후로ᄂᆞᆫ 별안간 형님을 싀긔ᄒᆞᄂᆞᆫ ᄆᆞᄋᆞᆷ이 밍동(萌動)ᄒᆞ니 이ᄂᆞᆫ 샹셔롭지 못ᄒᆞᆫ 물건인즉 강에던져 아조 니져ᄇᆞ리ᄂᆞᆫ 것이 올슴ᄂᆡ다 ᄒᆞ거ᄂᆞᆯ 형이 ᄯᅩᄒᆞᆫ 그금을 물에 던지며왈「네 말이 올타」ᄒᆞ엿더라. 그럼으로 지금ᄭᆞ지 이강을 투금강(금던진강)이라칭ᄒᆞ니 형뎨간에 지물을 위ᄒᆞ야 셔로 우ᄋᆡ(友愛)를 샹ᄒᆞᄂᆞᆫ쟈ㅣ맛당히 이일을 거울삼을진뎌

법령뎍요(法令摘要)

●묘디와화장장과미장과화장을취톄ᄒᆞᄂᆞᆫ규측 (墓地火葬場埋葬及火葬取締規則) (쇽)

뎨七됴 새로 셜치ᄒᆞᆫ 묘디와 화장장의 쥬위(周圍)에ᄂᆞᆫ 나무를 심을ᄉᆞ

뎨八됴 묘디를 관리ᄒᆞᄂᆞᆫ쟈ᄂᆞᆫ 그 관리에 쇽ᄒᆞᆫ 묘디의 도본과 묘젹(墓籍)을 ᄆᆞᆫ돌며 화장장에ᄂᆞᆫ 화장ᄒᆞᆫ 문부를 ᄭᅮᆷ여 둘ᄉᆞ

뎨九됴 묘디와 화장쟝은 ᄒᆞᆼ샹 졍결케ᄒᆞ며 샹ᄒᆞᆫ곳이 잇스면 곳 슈리ᄒᆞᆯᄉᆞ

뎨十됴 시톄(尸體)나 ᄇᆡᆨ골을 묘디밧게ᄂᆞᆫ 미장ᄒᆞ거나 이장치못ᄒᆞᆯᄉᆞ

시톄를 화장쟝밧게ᄂᆞᆫ 화장치못ᄒᆞ되 화장쟝을 셜치치 못ᄒᆞᆫ곳에셔ᄂᆞᆫ 경찰셔의 허가를엇어 이규측에 의지ᄒᆞ지 아니홈도 잇슴

뎨十一됴 시톄는 죽은지 (二十四시간을)지낸뒤가 아니면 미장치 못홀지나 젼염병에 죽은쟈의 시톄는 이 제한에 잇지아니홈

뎨十二됴 미장이나 이장이나 화장코져ᄒᆞᄂᆞᆫ쟈는 경찰셔나 슌사쥬지소나 헌병파견소나 동츌장소(同出張所)의 인허증(認許證)을 맛흘ᄉᆞ

뎨十三됴 묘디를 관리ᄒᆞᄂᆞᆫ쟈와 화장장을 경영ᄒᆞᄂᆞᆫ쟈는 뎨十二됴의 인허증을 밧지 아니면 미장이나 이장이나 화장케 ᄒᆞ지못홈 (미완)

회보딕금령슈

泰川	李原植	三十錢
	邊鎭基	三十錢
江華	全鳳淳	八十錢
	朱敬鎭	一圓二十錢
	丁允化	四十錢
	羅熙明	四十錢
	趙鍾烈	八十錢
	張允伯	四十錢
	趙春植	八十錢
加平	吳顯泳	三十錢
	高泰健	三十錢
江華	田炳奎	五圓六十錢
麟蹄	朴南秀	四十錢
	全士俊	四十錢
襄陽	朴東浩	四十錢
	趙英洵	四十錢
	全達元	四十錢
	全德彥	四十錢
	吳世玉	四十錢
	金益烈	四十錢
	韓明三	四十錢
	李在興	四十錢
	崔鳳道	四十錢
	金明來	四十錢
平壤	盧仁默	四十錢
保寧	李康鎬	四十錢
	金洛權	四十錢
	李鍾權	四十錢
	吳文先	四十錢
	具然琛	四十錢
布哇	南世潤	四圓三錢
江華	金敬直	四十錢
	崔聖益	四十錢
	崔永奎	四十錢
	柳愛羅	四十錢
	朴俊出	四十錢
	崔聖源	四十錢
南陽	金光瓚	一圓五十錢
忠州	金大一	四十錢
	鄭仁澤	四十錢
	黃鶴栖	四十錢
	陳容九	六十錢
	李마리아	二十錢
洪川	金永俊	四十錢
	金聖有	四十錢
	尹起德	四十錢
麟蹄	李鍾範	四十錢
	曹正煥	四十錢
	張弘錫	四十錢
	崔錫太	四十錢
	朴德云	四十錢
龍岡	康仁杰	四十錢
平壤	鄭元植	四十錢
	崔重植	八十錢
開城	李永瑞	二十錢
長湍	張慶祿	六十錢
開城	李鍾奎	六十錢

그리스도회보

KOREAN CHRISTIAN ADVOCATE

每週一回月曜日發行
大正二年四月九日印刷
大正二年四月十四日發行

編輯兼發行人 開城北部山芝峴 奇義男
印刷人 京城北部樓閣洞 朴東完
印刷所 京城南部上犁洞 新文館
發行所 京城北部壯洞四十三統三戶 呂炳鉉邸

대금…代金 一긔년 二젼 六긔월 四十젼 一장 八十젼

샤셜

●령혼뎍과육신뎍싱활

므롯 령혼을 위ᄒᆞ야 사ᄂᆞᆫ것은 령혼뎍싱활이오 육신을 위ᄒᆞ야 사ᄂᆞᆫ것은 육신뎍 싱활이니 몬저말ᄒᆞᆫ것은 참 싱활이며 영원ᄒᆞᆫ 싱활이오 후에 말ᄒᆞᆫ것은 거즛 싱활이며 단촉(短促)ᄒᆞᆫ 싱활이니 이 두가지중에 엇던것을 ᄐᆡᆨᄒᆞ겟ᄂᆞ뇨 반ᄃᆞ시 참되고 영원ᄒᆞᆫ 싱활을 ᄐᆡᆨᄒᆞᆯ것은 조곰도 의심이 업도다 ᄆᆞᆫ져 육신뎍 싱활을 의론코져 ᄒᆞ노니 대개 사ᄅᆞᆷ의 셩졍은 본ᄅᆡ 연약ᄒᆞ야 외물(外物)의 촉감(觸感)을 밧어 ᄒᆞᆼ샹 움자기ᄂᆞᆫ것이 비유컨ᄃᆡ 물이 바람의 작용(作用)을 ᄯᅡ라 ᄒᆞᆫ번 니러나고 ᄒᆞᆫ번 ᄯᅥ러져셔 쳔ᄐᆡ만샹(千態萬狀)의 물셜을 짓ᄂᆞᆫ것ᄀᆞᆺ도다 인싱이 이 셰샹에 쳐ᄒᆞ매 슬프고 깃브며 근심ᄒᆞ고 두려워ᄒᆞᄂᆞᆫ것이 다 이 셰샹바다의 밋친바람을 ᄯᅡ라 층층히 니러나ᄂᆞᆫ 욕심물셜의 변화ᄒᆞᄂᆞᆫᄃᆡ도로다 슬프다 이 육신의 싱활이 얼마나 되ᄂᆞ뇨 사ᄅᆞᆷ이 나셔 늙고 병들어 죽ᄂᆞᆫ것은 면치못ᄒᆞᆯ 비극(悲劇)이라 나ᄂᆞᆫ 비록 가지안코져 ᄒᆞ나 셰월이 나를위ᄒᆞ야 길게 머물지 아니ᄒᆞ니 엇지ᄒᆞᆯ가 그런즉 인싱이 잠시 이셰샹에 븟쳐잇ᄂᆞᆫ 동안에 ᄒᆞᆼ샹 욕망ᄒᆞᄂᆞᆫ바 쾌락을 어나곳에 차질가 비록 쾌락이 잇다ᄒᆞᆯ지라도 셕양 부유(蜉蝣)의 쾌락에 지내지못ᄒᆞᆯ지니 이 엇지 참쾌락이라 닐을수 잇스리요 ᄯᅩ 혹이 잠시 쾌락을 엇을지라도 고통이 반ᄃᆞ시 그뒤를 ᄯᅡ라 올지라 그럼으로 육신뎍 싱활은 거즛되고 단촉ᄒᆞᆫ 싱활이라ᄒᆞ노라 그런즉 참되고 영원ᄒᆞᆫ 싱활을 엇고져 ᄒᆞ면 엇더케 ᄒᆞ여야 되겟ᄂᆞ뇨 이육신을 좃ᄂᆞᆫ 모든 부패(腐敗)ᄒᆞᆫ ᄉᆞ샹과 욕망과 쾌락을 쓸어 ᄇᆞ리고 우리구쥬예수 그리스도를 밋고 ᄉᆞ랑ᄒᆞᆷ으로 령혼뎍 즁싱(重生)을 엇고 날마다 쉬지안코 긔도ᄒᆞᄂᆞᆫ가온ᄃᆡ셔 우리령혼이 하ᄂᆞ님으로 더브러 직졉교통ᄒᆞᄂᆞᆫ 긔회를 삼으며 하ᄂᆞ님의 말슴을 ᄒᆞᆼ샹 연구ᄒᆞᆷ으로 우리령혼의 일용ᄒᆞᆯ 량식을 넉넉히 작만ᄒᆞ고 쥬를 위ᄒᆞ야 ᄆᆞᄋᆞᆷ을 다ᄒᆞ고 힘을 다ᄒᆞ야 복음을 널니 젼파ᄒᆞ며 괴로옴과 험ᄒᆞᆫ것을 무릅쓰고 우리의 원슈되ᄂᆞᆫ 마귀를 ᄃᆡ뎍ᄒᆞ면 우리쥬ᄭᅴ셔 반ᄃᆞ시 ᄌᆞ비ᄒᆞ신 눈으로써 우리를 보시며 젼능ᄒᆞ신 손으로 써 우리를 붓들고 칭찬ᄒᆞ여 ᄀᆞᆯᄋᆞ샤ᄃᆡ 「잘 ᄒᆞᆫ다 나의 ᄉᆞ랑ᄒᆞᄂᆞᆫ 형뎨여 쟝ᄒᆞ도다 나의 ᄐᆡᆨᄒᆞᆫᄃᆡ ᄌᆞ녀」ᄒᆞ시고 우리의 ᄆᆞᄋᆞᆷ을 넘치ᄂᆞᆫ 깃븜으로 써 ᄎᆡ와주시고 쟝ᄅᆡ 우리령혼을 위ᄒᆞ야 영싱의 면류관을 문ᄃᆞ시며 광명ᄒᆞᆫ 텬당에 안락(安樂)ᄒᆞᆫ 자리를 예비ᄒᆞ실지니 이ᄂᆞᆫ 곳 참되고 영원ᄒᆞᆫ령혼뎍 싱활이라 우리가 임의 이 귀즁ᄒᆞᆫ 싱활을 ᄐᆡᆨᄒᆞ엿슨즉 조곰도 퇴보치말고 ᄒᆞᆼ샹 압흐로 나아가십세다

교즁휘문

▲ᄂᆡ 보▼

●목덕션ᄉᆡᆼ의젼도회

만국션교회 샹비위원쟝 목덕
션ᄉᆡᆼ은 거월二十五일 경셩에
도착ᄒᆞ야 二十七、八、량일간
졍동비지학당 뎐막에셔 대젼
도회를 ᄀᆡᄒᆞ고 쳥년의 깁히
경계ᄒᆞᆯ바ᄂᆞᆫ 음란ᄒᆞᆫ ᄉᆡᆼ각과
힘위라ᄂᆞᆫ 문뎨로 쟝시간동안
을 강연ᄒᆞᆯ때에 一반텽즁(聽
衆)은 졍슉ᄒᆞᆫ 태도로 ᄆᆡ우
주의ᄒᆞ야 듯고 환영ᄒᆞᄂᆞᆫ ᄯᅳᆺ
을 표ᄒᆞ엿ᄂᆞᆫᄃᆡ 당야(當夜)에
참셕ᄒᆞᆫ 인원은 경셩ᄂᆡ 각교
회의 밋ᄂᆞᆫ 형뎨와 각학교 학
ᄉᆡᆼ즁 년령十五세 이샹 대략
수三쳔명이오 아직밋지 아니
ᄒᆞᆫ 즁에 새로 밋고 날마다
셩경보며 一쥬일 만콤식 몃
사ᄅᆞᆷ식 회동(會同)ᄒᆞ야 셩경
의 진리를 연구ᄒᆞ기로 작뎡
ᄒᆞᆫ 쟈가 二百七十七인이더라

●긔독쳥년회의 비결(秘訣)

거월二十九일 샹오十二시량
에 경셩 죵로 긔독쳥년회관
ᄂᆡ에셔 ᄒᆡ회의 셰례회원 림
시총회를 ᄀᆡᄒᆞ엿ᄂᆞᆫᄃᆡ 목덕션
ᄉᆡᆼ이 참셕ᄒᆞ엿다가 긔독쳥년
회의 비결이란 문뎨로 一반회
원의게 권면ᄒᆞᆫ 말의 대개ᄂᆞᆫ
(一)ᄒᆞᆼ샹 곤난ᄒᆞᆫ 문뎨를 인ᄒᆞ
야 하ᄂᆞ님ᄭᅴ 의지ᄒᆞᆷ으로 특
별ᄒᆞᆫ 능력을 엇을것 (二)진졍
ᄒᆞᆫ 열심이 잇셔야 될것 (三)一
반 직원이 ᄒᆞᆼ샹 젼진ᄒᆞᆯ 방침
을 연구ᄒᆞᆯ것 (四)시긔(時機)를
리용ᄒᆞᆯ것 (五)직원이 쳐무규
졍(處務規程)에 주의ᄒᆞᆯ것 (六)
회원은 직원의게만 맛겨두지
말고 각각칙임을 질것 (七)셩
경공부를 쉬지안코 ᄒᆞᆯ것 (八)
은밀ᄒᆞᆫ 긔도를 힘쓸것 (九)서
로ᄉᆞ랑ᄒᆞ고 서로화동(和同)
ᄒᆞᆯ것이더라

●리화학당의 졸업식

경셩졍동 리화학당즁학과 뎨
六회졸업식은 거월卅一일 하
오팔시에 졍동례ᄇᆡ당ᄂᆡ에셔
ᄒᆡᆼᄒᆞ엿ᄂᆞᆫᄃᆡ 쥬셕긔이부씨가
목ᄉᆞ오긔션씨의 긔도로 ᄀᆡ회
ᄒᆞᆫ후 ᄀᆡ식ᄒᆞᄂᆞᆫ 취지를 셜명
ᄒᆞ고 졸업ᄉᆡᆼ 하졍슌 홍금
후 김활론三씨의 연셜과 비
지학당쟝 신흥우씨의 권셜이
잇슨후졸업증셔를 슈여(授與)
ᄒᆞ고 목ᄉᆞ최병헌씨의 긔도로
폐회ᄒᆞ엿ᄂᆞᆫᄃᆡ 졸업ᄉᆡᆼ은 하졍
슌씨등十二인이더라

●사쳥교회의부흥과사경회

강원도 텰원군 사쳥교회의 통
신을 거ᄒᆞᆫ즉 ᄒᆡ교회ᄂᆞᆫ 심히
연약ᄒᆞ야 수년ᄂᆡ로 마귀의 셰
력밋ᄒᆡ로 도라가ᄂᆞᆫ쟈ㅣ 만터
니 의외에 하ᄂᆞ님ᄭᅴ셔 ᄇᆞ리
시지 아니ᄒᆞ시고 디방젼도ᄉᆞ
신공슉 평강구역쟝 김현셩 본
구역 ᄆᆡ셔인 ᄇᆡᆨ긔쥰씨를 보
내샤 셩경회와 부흥회를 열
고 시간을 좃차 교슈ᄒᆞᆯ시 거
월二十二일브터 二十六일ᄭᆞ
지 인도ᄒᆞᄂᆞᆫᄃᆡ 샹오十시三十
분으로 十一시ᄭᆞ지ᄂᆞᆫ ᄇᆡᆨ긔쥰
씨가 긔도를 인도ᄒᆞ고 十一
시로、十二ᄭᆞ지ᄂᆞᆫ 김현셩씨가
죠직신학을 교슈ᄒᆞ고 十二시로
하오一시ᄭᆞ지ᄂᆞᆫ 신공슉씨가
아모스를 교슈ᄒᆞ고 동七시반
으로 八시반ᄭᆞ지ᄂᆞᆫ 신공슉 김
현셩량씨가 부흥회를 인도ᄒᆞ
ᄂᆞᆫᄃᆡ 모든 부형모미들이 죄를
ᄌᆞ복ᄒᆞ고 이통ᄒᆞ며 회ᄀᆡᄒᆞ니
쥬의 은혜를 감샤ᄒᆞ며 ᄯᅩᄒᆞᆫ락
심ᄒᆞ야 쥬일과 三일례ᄇᆡ에 참
셕지 아니ᄒᆞ고 죄에 ᄲᅡ졋던
교우가 다시 쥬ᄭᅴ로 도라와셔
다시ᄂᆞᆫ 범죄치 안키로 작뎡
ᄒᆞᆫ쟈가 만흐며 ᄯᅩ하오三시로
五시ᄭᆞ지ᄂᆞᆫ 본동과 근동으로
ᄃᆞᆫ니며 열심젼도ᄒᆞᆷ으로 감복
된쟈ㅣ 만흐니 이로 인ᄒᆞ야
교회ᄂᆞᆫ 쟝ᄎᆞᆺ 흥왕ᄒᆞᆯ줄노 밋
ᄂᆞᆫ다 ᄒᆞ엿더라

●ᄒᆡ쥬가좌면교회의사경회

황ᄒᆡ도 ᄒᆡ쥬군 가좌면 七리
교회 죠지션씨의 통신을 거ᄒᆞᆫ
즉 본교회에셔 거월十二일브
터 사경회를 열고 一쥬일동
안 교슈ᄒᆞ엿ᄂᆞᆫᄃᆡ 교ᄉᆞᄂᆞᆫ 젼
도ᄉᆞ 박희도 권ᄉᆞ황학쇼량씨
인ᄃᆡ 특별ᄒᆞᆫ 일은 본교회ᄂᆡ
속쟝 김봉우씨의 ᄉᆡᆼ업은 토공
이라 도긔(陶器)를 ᄆᆞᆫᄃᆞ러 영
평도에 션복船卜ᄒᆞ랴고 약
됴ᄒᆞᆫ고로 작공에 분골ᄒᆞ야 사
경회에 참셕지 못ᄒᆞ고 쥬야
로 도긔를 ᄆᆞᆫᄃᆞᄂᆞᆫ즁에 공부ᄒᆞ
ᄂᆞᆫ 이의게ᄭᆞ지 방해가 밋쳐
셔 졈졈 타락되여 겨오 十명
ᄂᆡ외가 공부ᄒᆞ더니 김봉우씨
의 도긔엽이 문허져셔 쥬야갈
력ᄒᆞ야 ᄆᆞᆫ든 물건수十원가치
가 파샤ᄒᆞᆫ후 그ᄆᆞᄋᆞᆷ이 경셩되
여 사ᄅᆞᆷ의 힘은 무용ᄒᆞᆷ을 ᄭᆡ
ᄃᆞᆺ고 그날브터 츌셕ᄒᆞ야 공부
를맛치ᄂᆞᆫ날ᄭᆞ지 깃븜이 츙만
ᄒᆞ매 학원의 수효가 다시 느
러 근三十명에 달ᄒᆞ엿고 ᄯᅩ

ᄒᆞᆫᄉᆞ건은 동리에 쥬를 모로ᄂᆞᆫ 집들을 위ᄒᆞ야 하ᄂᆞ님씌 긔도ᄒᆞ고 여러사ᄅᆞᆷ을 불너 돌식 돌식 젼도ᄒᆞ기로 작뎡ᄒᆞ엿다더라

●공쥬의영명학교

충남 공쥬군 영명학교 교감 도샹규씨의 통신을 거ᄒᆞᆫ즉 본교ᄂᆞᆫ 작년이후로 예수교 교육죠합회에셔 총독부에 뎨졍(提呈)ᄒᆞᆫ 학측변경에 의지ᄒᆞ야 완젼ᄒᆞᆫ 보통과와 고등과를 셜립ᄒᆞ고 열심으로 교육ᄒᆞ야 금년에 니르러ᄂᆞᆫ 각과의 졸업식을 거월二十七、八량일간에 셜ᄒᆡᆼᄒᆞ엿ᄂᆞᆫᄃᆡ 각학ᄉᆡᆼ의 ᄌᆞ형과 남녀교우며 리빈제씨의 흠션히 녁이ᄂᆞᆫ ᄆᆞᄋᆞᆷ은 측량ᄒᆞᆯ수 업ᄂᆞᆫ즁 보통과 졸업ᄉᆡᆼ온 의례히 고등과에 입학ᄒᆞᆯ 계획이오 고등과 졸업ᄉᆡᆼ은 다 각쳐에 가셔 교슈ᄒᆞ게되고 또ᄂᆞᆫ 대학공부를 시작ᄒᆞ랴ᄂᆞᆫ쟈도잇ᄂᆞᆫᄃᆡ 도령에셔 오신 여러 손님과 본군슈 박용관씨ᄂᆞᆫ 군곡ᄒᆞᆫ 언ᄉᆞ로 쟝시간에 찬셩ᄒᆞᄂᆞᆫ 뜻을 표ᄒᆞ엿스며 교황은 점점 확쟝되여 새학긔에 입학ᄒᆞ기로 쳥원ᄒᆞᄂᆞᆫ쟈ㅣ만흔지라 년령七셰이샹으로 보통과에 입학케ᄒᆞ고 공ᄉᆞ립학교의 졸업ᄉᆡᆼ이나 이와ᄀᆞᆺ흔 학력이 잇ᄂᆞᆫ쟈면 고등과에 입학케ᄒᆞ엿스며 또ᄒᆞᆫ 고등과로 말ᄒᆞ면 충쳥남북도 十八만인구가 온ᄃᆡ ᄒᆞ나이라 불가불 굉걸ᄒᆞᆫ 교실이 잇셔야 ᄒᆞ겟ᄂᆞᆫ고로 교쟝우리암씨ᄂᆞᆫ 열심으로 쥬션ᄒᆞ야 건축ᄒᆞᆯ 긔디ᄂᆞᆫ 벌셔 구쳐되엿슨즉 불과 一년반이ᄂᆡ에 각항긔계와 굉걸ᄒᆞᆫ 학교가 건축되겟스니 과연 하ᄂᆞ님의 은혜로 충남이 대ᄀᆡᄒᆞ겟다더라

●광셩졍진졸업식

평남 평양군 김창쥰씨의 통신을 거ᄒᆞᆫ즉 거월二十二일오젼十시에 당디 남산현 광셩학교와 졍진녀학교 뎨四회 졸업식을 희회당ᄂᆡ에셔 거ᄒᆡᆼᄒᆞ엿ᄂᆞᆫᄃᆡ 본도 도쟝관이하 여러 관리와 본교회목ᄉᆞ이하 여러 교우와 학부형제씨 합쳔여인이 모힌즁 관원의 훈유와 임원의 축ᄉᆞ와 학ᄉᆡᆼ의 답ᄉᆞ가 잇섯ᄂᆞᆫᄃᆡ 一반 리빈이 다 깃븐ᄆᆞᄋᆞᆷ이 충만ᄒᆞ엿스니 이졸업식의 셩황을 가히 알지라 ᄒᆞ엿더라

●긔렴연보광고

본년一월十二일은 본회보챵간 뎨二회 긔렴쥬일이온ᄃᆡ 이날에 각쳐교회에셔 각기힘대로 본회보에 연보ᄒᆞᆫ것을 본샤로 보내엿ᄉᆞᆸ기 그의호ᄒᆞ시ᄂᆞᆫ 뜻을 감샤ᄒᆞ오며 이에 ᄎᆞ례로 게ᄌᆡᄒᆞ야 광포ᄒᆞ노라

鳳山泉溢敎會	五十錢
仝馬洞敎會	四十錢
仝陽德洞敎會	二十錢
仝西部敎會	十七錢
仝順洞敎會	十錢
仁川德積區域	七十五錢
孟山五峰里敎會	四十五錢

▲외보▼

●동경동부감리교년회통계

일본 동경동부년회의 본년통계표를 거ᄒᆞᆫ즉 희년회에 속ᄒᆞᆫ 셰례회원이 六千三빅十七인이오 학습인이 一千八百十三인이며 쥬일학교학ᄉᆡᆼ이 一만二千九百六十三인이오 본년도 예산총익은 슈입(收入)이 三만九천八百九十八원十二젼이니 그ᄂᆡ용은 ᄌᆞ급젼이 三만七千원이오 특별긔부금이二千八百원이며 작년도에 놈온 돈이 九十八원十二젼이라더라

●하인트씨의 환영회

미국셰계협회(世界協會)에셔 만국일요학교ᄉᆞ업을 시찰ᄒᆞ기위ᄒᆞ야 파송ᄒᆞᆫ 위원 하인트씨一힝三十인이 거월三十八일에 일본동경에 도챡ᄒᆞ엿ᄂᆞᆫᄃᆡ 삽퇴(澁澤)판곡(阪谷)량남작과 기외 즁야(中野)씨등 八九인의 발긔(發起)로 동二十二일에 하인트씨一힝을 동경 뎨국려관에셔 환영ᄒᆞᆯ시 ᄂᆡ외국신ᄉᆞ와 귀부인등 三百여인이 참셕ᄒᆞ엿고 만찬 즁간에 쥬셕 쇼긔(小崎)씨와 동경시쟝 판곡남작이 영어로 환영ᄒᆞᄂᆞᆫ 뜻을 셜명ᄒᆞᆫ후 젹빈하인트씨가 답ᄉᆞᄒᆞ고 폐회ᄒᆞ엿다더라

●동경긔독교인가족슈양회

(家族修養會)

일본 동경긔독교인가족슈양회ᄂᆞᆫ 명치四十년브터 셜시되여ᄆᆡ년七월에 산슈와 경치됴흔곳에셔 각쳐 경건ᄒᆞᆫ ᄌᆞ미들이 모혀 몃날동안보든 강ᄉᆞ의 연셜도 듯고 긔도도 ᄒᆞ더니

금년은 츈화일란(春和日暖)ᄒᆞᆫ 때를 ᄯᅡ라셔 본월廿二일브터 廿八일ᄭᆞ지 동경부ᄉᆞ헌뎡 교회ᄂᆡ에셔 모힌다더라

● 민국승인의 청구

미국외국션교회총회에셔 미영(美英)량국졍부에 향ᄒᆞ야 즁화민국을 속히 승인ᄒᆞᄂᆞᆫ것이 유익ᄒᆞ고 필요ᄒᆞᆯ줄노 쟝셔를 보내쟈고 의뎡ᄒᆞᆫ후 여긔ᄃᆡᄒᆞᆫ위원을 션뎡ᄒᆞ엿다더라

● 미국청년회의셩경반

작년즁 미국각쳐 긔독청년회셩경반에셔 공부ᄒᆞᆫ 학싱은 十八만 四千명이더라

● 미감리회교육긔관

미감리회에 쇽ᄒᆞᆫ 젼셰계교육회가 三百六十쳐인ᄃᆡ 여긔쇽ᄒᆞᆫ 디단과 건물(建物)의 가익이 六千만환이오 비픔(備品)이 八빅만환의가치요 젹립금이 四千六빅만환이니 총계가 一억一千四빅만환이오 학싱이 七十五만九빅八十五인이더라

● 아라사의예수교

아라사젼국ᄂᆡ에 예수교당이 一千四百二十八쳐요 목ᄉᆞ가 六百八十인이며 교우가 四百만명이라더라

긔셔

● 태평양젼도록(太平洋傳道錄) 젼호쇽(前號續)

영국인 태요한 션싱 져술
미국인 긔이부목ᄉᆞ 번역

우리아버지의 ᄆᆞᄋᆞᆷ을 의론컨ᄃᆡ 일쪽이 목ᄉᆞ되기를 원ᄒᆞ셧더니 그후에 셩신의 ᄯᅳᆺ이 아닌줄 ᄭᅢᄃᆞᆺ고 이에 하ᄂᆞ님ᄭᅴ 긔도ᄒᆞᆫᄃᆡ 만일 셩신ᄭᅴ셔 허락ᄒᆞ실진ᄃᆡ 나의 아ᄃᆞᆯ이 목ᄉᆞ되기를 원ᄒᆞᄂᆞ이다 ᄒᆞ엿더니 이제 니르러 우리형뎨三인이 다 목ᄉᆞ의 직분을 밧고 원집안이 다 쟝로가 된지라 그즁 갓가온 회당이 十二리ᄶᅳᆷ 되니 비록 이ᄀᆞᆺ치 머나 내 아버지ᄭᅴ셔 평싱에 례ᄇᆡ를 세번밧게 ᄲᅡ지지 아니ᄒᆞ셧스니 ᄒᆞᆫ번은 바람이 불고 눈이 만히 옴으로 가다가 도라오고 ᄒᆞᆫ번은 어름에 막히여 못가고 ᄒᆞᆫ번은 회당근쳐에 젼염병이 만흐매 사ᄅᆞᆷ들이 모친ᄭᅴ 권ᄒᆞ야 만류홈으로 가지못ᄒᆞ고 그외에는 다시 ᄒᆞᆫ번도 가지 아니ᄒᆞᆫ때가 업스며 갈때에 반ᄃᆞ시 우리형뎨와 누의를 ᄃᆞ리고 가셔 례ᄇᆡᄒᆞ고 도라오ᄂᆞᆫ길에 강도ᄒᆞ던 말솜을 다시 ᄒᆡ셕ᄒᆞ야 ᄀᆞᄅᆞ치며 집에 니르러 ᄒᆞᆫ가지로 오찬을 맛친후 모친ᄭᅴ셔 우리형뎨와 누의로 더브러 홈ᄭᅴ 셩경구졀을 닑으시매 아버지ᄭᅴ셔 ᄒᆡ셕ᄒᆞ실ᄉᆡ 구약과 뎐로력졍과 여러가지 녯일노 비유ᄒᆞ야 셩경ᄯᅳᆺ을 ᄇᆞᆰ히 증거ᄒᆞ시니 그 요지를 서로 문답ᄒᆞᆫ 말솜이 一빅닐곱가지가 되더라 모친ᄭᅴ셔 어린ᄋᆞᄒᆡ로 인ᄒᆞ야 회당에 가지못ᄒᆞᆯ때가 잇스면 부친ᄭᅴ셔 우리의게 명ᄒᆞ야 강도ᄒᆞᆫ 말솜을 연필노 긔록ᄒᆞ엿다가 집에 도라와셔 모친ᄭᅴ 드리고 말솜으로 고ᄒᆞᆫ후에 만일 ᄲᅡ진것이 잇스면 부친ᄭᅴ셔 셜명ᄒᆞ시니 우리 모친ᄭᅴ셔 이ᄀᆞᆺ치 비포ᄒᆞ심은 우리로 ᄒᆞ여곰 도리(道理)를 연구ᄒᆞᄂᆞᆫᄃᆡ 큰ᄌᆞ미를 엇게ᄒᆞ심이라 우리형뎨와 누의 十一인이 이ᄀᆞᆺ치 ᄒᆡᆼᄒᆞ매 ᄌᆞ미가 졈졈 더ᄒᆞ야 수고롭고 어려옴을 ᄭᅢᄃᆞᆺ지 못ᄒᆞ니 비록 칙벌을 밧을지라도 오히려 유익ᄒᆞᆫ줄노 알겟더라 그러나 우리집을 다ᄉᆞ리심이 ᄉᆞ랑으로 쥬쟝ᄒᆞ야 사ᄅᆞᆷ을 경솔히 칙벌치 아니ᄒᆞ시며 혹 칙벌ᄒᆞᆯ 일이 잇스면 몬져 긔도ᄒᆞᆫ후에 비로소 칙벌ᄒᆞ시니 일노인ᄒᆞ야 우리형뎨와 누의들이 칙벌밧ᄂᆞᆫ것은 우리부모의 칙벌ᄒᆞ시ᄂᆞᆫᄃᆡ 잇지 아니ᄒᆞ고 다만 우리가 범죄홈으로 우리부모ᄭᅴ셔 우리를 위ᄒᆞ야 슯허ᄒᆞ시며 념려ᄒᆞ시ᄂᆞᆫᄃᆡ 잇슴으로 더욱 조심ᄒᆞ엿노라

뎨二쟝 모든비ᄒᆞᆫ일을의론홈

우리가 그촌에 잇슬때에 됴ᄒᆞᆫ 학당ᄒᆞ나히 잇스니 셩경과 영국글과 래틘글과 히리니글과 디리학과 산술과 여러가지 과졍을 ᄀᆞᄅᆞ치ᄂᆞᆫ즁 교ᄉᆞᄂᆞᆫ ᄀᆞ장 유명ᄒᆞᆫ 션싱인고로 외방으로 좃차와셔 공부ᄒᆞᄂᆞᆫ쟈ㅣ 만터라 션싱이 여러학싱을 ᄉᆞ랑ᄒᆞᄂᆞᆫ즁에 우리집덕ᄒᆡᆼ을 ᄉᆞ랑ᄒᆞ더니 우리의 궁곤홈을 ᄉᆡᆼ각ᄒᆞ고 의복ᄒᆞᆫ벌을 사셔 가지고 우리 긔도ᄒᆞᆯ때에 가만히 문에 걸고 갓지라 긔도를 다ᄒᆞ고 문에 니르니 옷ᄒᆞᆫ벌이 상에 잇거ᄂᆞᆯ 모친ᄭᅴ 가셔 말솜ᄒᆞ니 ᄯᅩᄒᆞᆫ 어ᄃᆡ

서온줄 아지못ᄒᆞᄂᆞᆫ지라 심히 이샹히 녁이샤 맛당히 하ᄂᆞ님ᄭᅴ 감샤ᄒᆞᆯ것이라 ᄒᆞ시더라 잇흔날 내가 그옷을 닙고 학당에 가니 션ᄉᆡᆼ이 나의옷을 보고 크게 칭찬ᄒᆞ거ᄂᆞᆯ 나ᄂᆞᆫ 션ᄉᆡᆼ이 이옷을 아지못ᄒᆞᄂᆞᆫ줄 알고 내가 션ᄉᆡᆼ을 향ᄒᆞ야 옷의 소종릭를 말ᄒᆞ니 션ᄉᆡᆼ이 닐ᄋᆞᄃᆡ 요한아 네가 무슴물건이 업ᄂᆞᆫ것을 내가 아ᄂᆞᆫ고로 너희부친이 셩경보고 긔도ᄒᆞᆯᄯᅢ에 너를 주엇스니 셩신ᄭᅴ셔 명ᄒᆞ신바ㅣ라 이후라도 이옷을 보면 이것은 우리 션ᄉᆡᆼ이 주엇다 ᄒᆞ리로다 ᄒᆞ더라 그러나 션ᄉᆡᆼ이 편벽된 ᄆᆞ옴이 잇셔 무슴일에 반ᄃᆞ시 나를 샹줄것을 도로혀 칙망ᄒᆞᄂᆞᆫ지라 (미완)

●사 조(詞藻)

(ᄃᆞᆯ) 하셩 류경샹

一
동편에셔돗ᄂᆞᆫᄃᆞᆯ은
ᄐᆡ양빗출반사ᄒᆞ여
어둔밤을ᄇᆞᆰ히고져
엄연ᄒᆞ게솟ᄂᆞᆫ고나

二
반갑도다너의광ᄎᆡ
동편에셔셔편ᄭᆞ지
조료ᄒᆞ게빗최ᄂᆞ니
공변됨이아ᄅᆞᆷ답다

三
깃분몸과슬푼ᄆᆞ옴
네가혼자자아니며
만년불변하ᄂᆞᆯ리치
넓히깁히ᄭᆡᆯ어ᄂᆡ여

四
동셔남북빅셩으로
시인묵ᄀᆡᆨ인ᄉᆡᆼ으로
감발심을너허주니
너의공이쟝ᄒᆞ도다

교회ᄉᆞ긔

전호쇽(前號續) 역술 긔이부

뎨二관 복음이 이스라엘노 말미암아 렬국에 젼파됨

그 ᄯᅢ에 스데반이 예루살넴에 잇셔 열심으로 헬나풍쇽을 좃ᄂᆞᆫ 유대사ᄅᆞᆷ을 석거 복죵케ᄒᆞ니 이로인ᄒᆞ야 송ᄉᆞᄒᆞ기를 셩뎐을 더럽게ᄒᆞ고 모세의 률법을 훼방ᄒᆞᆫ다ᄒᆞ야 뭇ᄇᆡᆨ셩이 돌노쳐 죽이니 이후브터 복음의 축ᄃᆡ가 각국에 옴긴지라 그 홋터진 신도가 두로 힝ᄒᆞ야 젼도ᄒᆞ니 온가나안 ᄲᅮᆫ 아니라 부리기이와 수리이에 젼ᄒᆞ고 빌닙이 사마리아에 교회를 세우니 ᄯᅢ에 요술ᄒᆞᄂᆞᆫ 시몬이 이 도를 밋엇스나 셩심이 업셔 교회를 미혹ᄒᆞᄂᆞᆫ 괴슈가 되엿ᄂᆞ니라 넷 학ᄉᆞ가 지목ᄒᆞ야 사탄의 맛아ᄃᆞᆯ이라 ᄒᆞ엿고 ᄯᅩ 하ᄂᆞ님 은혜가 엇더ᄒᆞᆫ것인지 알지못ᄒᆞ고 팔고져 ᄒᆞᆫ고로 그후에 그일홈으로 교회직분 ᄑᆞᄂᆞᆫ것이라고 칭ᄒᆞ니라 사마리아모든 교회가 처음 밋음으로 셩신을 밧지 못ᄒᆞ엿더니 베드로와 요한이 니르러 손을 안찰ᄒᆞ매 비로소 셩신을밧으니 예루살넴교회가 사마리아 모든 교회로 더브러 합ᄒᆞ야 ᄒᆞᆫ집안이 되니라 그ᄯᅢ에 쥬의 ᄉᆞ쟈가 빌닙으로 ᄒᆞ야곰 구스에 잇ᄂᆞᆫ ᄂᆡ시의게 셰례를 주게ᄒᆞ엿고 ᄯᅩ 베드루의게 보이샤 이방사ᄅᆞᆷ을 쇽되고 ᄭᆡᆺ긋지 안타ᄒᆞ지 말나ᄒᆞ야 (힝十一쟝十一절) 가이사라에잇ᄂᆞᆫ 로마사ᄅᆞᆷ 고넬뇨의 온집안을 밋게ᄒᆞ니 이로말ᄆᆡ암아 이방교회가 시작되니라 수리아 안듸옥과 유대와 이방이 만히 밋어 아교회가 됨으로 예루살넴에셔 레위사ᄅᆞᆷ 바나바를 보내여 모든 신도를 굿게ᄒᆞ엿스니 이로써 보건ᄃᆡ 복음의 젼파됨 긔약이 임의 니르럿ᄂᆞ니라

뎨三관 바울의 이방ᄉᆞ도됨

예루살넴이 핍박을 당ᄒᆞᆯᄯᅢ에 ᄒᆞᆫ쇼년이 잇셔 신도를 더욱 핍박ᄒᆞ니 이ᄂᆞᆫ 곳 바울인ᄃᆡ 처음일홈은 사울이니 쟝ᄎᆞᆺ 이방ᄉᆞ도가 될쟈ㅣ라 길니기아 다쇼에셔 낫고 벤야민의 지파오 로마에 입젹ᄒᆞᆫ 사ᄅᆞᆷ이라 어렷슬ᄯᅢ에 예루살넴에 가셔 가미엘의게 비홀ᄉᆡ 능히 률법과 ᄇᆡᆨ가셔를 통달ᄒᆞ니 그ᄯᅢ에 ᄒᆞᆫ가지 지죠만 잇스면 ᄉᆡᆼ이의 ᄌᆞ본이 되ᄂᆞᆫ지라 그즁에 쟝막짓ᄂᆞᆫ ᄉᆡᆼ이ᄒᆞᄂᆞᆫ자가 잇셔 바울도 ᄀᆞᆺ치 ᄇᆡ호니라 그후에 바울의 학문이 진보ᄒᆞ야 학도즁에 우등이 되엿고 ᄯᅩ 바울이 미양 예수밋ᄂᆞᆫ자가 률법을 폐ᄒᆞᆫ다ᄒᆞ야 격분ᄒᆞᆫ ᄆᆞ옴이 니러나 무리를 거ᄂᆞ리고 핍박ᄒᆞ야 유대로 브터 다마섹에 니르러 신도를 다 잔멸코져 ᄒᆞ더니 쥬ᄭᅴ셔 길에셔 나타나보이샤 그 악ᄒᆞᆫ ᄯᅢ를 막고 그 막힌ᄆᆞ옴을 열어주신후

五 불너 이방ᄉᆞ도를 보이시니

바울이 다마섹에 니르러 아나니아의게 셰례를 밧고 아랍비아에 가셔 三년을 살다가 다시 다마섹에 도라오니 사ᄅᆞᆷ들이 죽이고져 ᄒᆞ거놀 도망ᄒᆞ야 예루살넴에 올나가 베드로와 야고보를 만나보고 셩면에 잇다가 묵시를 엇으니 뜻이 더욱 굿고 ᄆᆞ옴이 더욱 강ᄒᆞᆫ지라 드듸여 고향에 도라왓더니 얼마되지 아니ᄒᆞ야 바나바와 ᄒᆞᆷ씌 안듸옥에 니르러 젼도ᄒᆞ니 곳 쥬강싱후 四十五년이라 이때에 무리가 셩신을 밧음으로 바나바와 바울을 퇴ᄒᆞ야 ᄉᆞ골노 ᄃᆞᆫ니면서 도를 젼케ᄒᆞ니 바나바의 싱질 마가도 또ᄒᆞᆫ 좃ᄂᆞᆫ지라 구브로와 쇼아셰아 남방 모든 셩에 교회를 셜립ᄒᆞ고 쥬후四十七년에 안듸옥에 도라오니 유대사ᄅᆞᆷ들이 말ᄒᆞ기를 이방에 예수를 밋ᄂᆞᆫ 사ᄅᆞᆷ들도 맛당히 할례를 밧고 률법을 좃차야 구원을 엇ᄂᆞᆫ다ᄒᆞ야 신도의 ᄆᆞ옴을 요란케ᄒᆞᄂᆞᆫ고로 바울이 바나바로 더브러 예루살넴에 올나가 ᄉᆞ도들과 의론ᄒᆞ야 할례와 률법으로 써 쥬를 밋ᄂᆞᆫ 이방사ᄅᆞᆷ의게 거리끼지 안케ᄒᆞ고 오직 노아의 七계(誡)만직혀 유대인의 고괴(古怪)ᄒᆞᆷ을 변ᄒᆞ기로 작뎡ᄒᆞ고 쥬후 五十二년으로 四년에 니르러 다시 나아가 젼도ᄒᆞᆯ식 쇼아셰아 북방에 니르러 이샹ᄒᆞᆫ 가온ᄃᆡ 쥬의 명령을 밧아 누가와 듸모데를 다리고 마게돈냐로 가셔 빌닙보에 니르니 셩도가 물흐르ᄂᆞᆫ것ᄀᆞᆺ치 젼파되ᄂᆞᆫ지라(이ᄂᆞᆫ구라파에교회가시작됨) 그후에 마게돈냐와 아가이아 모든셩에 두로ᄃᆞᆫ니다가 고린도에 가셔 二년을 류ᄒᆞ고 다시 예루살넴에 올나가셔 五十四년으로 八년에 니르ᄂᆞᆫ 동안에 세번나가 젼도ᄒᆞᆯ식 에베소에서 三년을 류ᄒᆞ고 예루살넴에 도라와서 절긔를 직히더니 그즁에 예수를 밋지아니ᄒᆞᄂᆞᆫ 유대인들이 죽이고져 ᄒᆞ거놀 다힝히 로마사ᄅᆞᆷ이 구ᄒᆞ엿고 그후에 가이사라에서 二년동안을 갓치고 또 그후에 로마에 잡혀가셔 비록 옥즁에 잇셧스나 깃븐ᄆᆞ옴으로 쥬의 도를 젼ᄒᆞ니라 교회에서 젼ᄅᆡᄒᆞᄂᆞᆫ 말을 드른즉 바울이 六十三년될때에 로마황뎨가 빅방ᄒᆞ매 다시 마게돈나에 도라와서 아셰아모든 교회를 굿게ᄒᆞ더니 두번재 로마국옥즁에 갓쳐서 포악ᄒᆞᆫ 니로왕의 손에 죽엇다 ᄒᆞ니라

◎가뎡과쇼ᄋᆞ

●어린ᄋᆞ히의게ᄂᆞᆫ 어머니 교육이 ᄀᆞ장필요홈

근일 일본감리교우 원윤소씨ᄂᆞᆫ 츌옥쟈보호소(出獄者保護所)를 셜립ᄒᆞᆫ후 三百명의 츌옥쟈를 밧아 보호ᄒᆞᄂᆞᆫ동시에 뎌희부모의 잇고 업ᄂᆞᆫ것을 됴사ᄒᆞᆫ즉 이三百명즁 二十세젼에 량친구몰ᄒᆞᆫ쟈가 五十六명、량친구존ᄒᆞᆫ쟈가 一百四十명、편친(片親)시하에 잇던쟈가 九十九명이며 또 뎌희 교육졍도를 됴사ᄒᆞᆫ즉 이三百명즁에 심샹쇼학四년급이하가 一百十八명、동 四년급이샹이 一百六명、고등쇼학졸업싱이 三十二명、즁학교학싱이 十一명、젼문학교학싱이 四명、입학도 못ᄒᆞᆫ쟈가 二十九명이라ᄒᆞ니 이로 미루어 보건ᄃᆡ 쳥년의 후텬셩(後天性)을 잘 변화ᄒᆞ기ᄂᆞᆫ 부모의 잇고 업ᄂᆞᆫ것도 관계업고 또 학교교육에도 관계가 젹고 다만 가뎡에셔 어진부모가 어렷슬때브터 그런셩을 잘 인도ᄒᆞ야 교훈홈에 달녓도다 우리ᄉᆞ랑ᄒᆞᄂᆞᆫ 형뎨ᄌᆞ미ᄭᅴ셔ᄂᆞᆫ 그 귀즁ᄒᆞᆫ ᄌᆞ녀를 진졍 ᄉᆞ랑코져ᄒᆞ시면 다만 그구복(口腹)을 치우ᄂᆞᆫ것으로 써 ᄉᆞ랑치 마시고 아모됴록 하ᄂᆞ님의 ᄉᆞ랑과 말솜으로 써 ᄀᆞᄅᆞ치며 경계ᄒᆞ야 그덕셩(德性)을 비양ᄒᆞ야 장ᄅᆡ에 됴흔 쳥년을 일우게ᄒᆞ심으로 써 ᄉᆞ랑ᄒᆞ시옵쇼셔 깁히ᄇᆞ라고 또 깁히ᄇᆞ라ᄂᆞ이다

세계격언

一、모든 사ᄅᆞᆷ(各人)의 친구ᄂᆞᆫ 아모사ᄅᆞᆷ의 친구도아니니라

二、진졍(眞正)ᄒᆞᆫ 친구ᄂᆞᆫ 확실ᄒᆞᆫ ᄌᆞ본이니라

三、두친구를 위ᄒᆞ야셔ᄂᆞᆫ 바놀구멍도 넓고 두슈뎍(讎敵)을 위ᄒᆞ야셔ᄂᆞᆫ 온셰계도 좁으니라

四、결혼(結婚)은 인싱힝복의 ᄭᅩᆺ도되고 해츙(害虫)도되

ᄂᆞ니라

五、부모는 ᄌᆞ녀의 허물을 숨기고 ᄌᆞ녀는 부모의 허물을 숨기면 그가온ᄃᆡ 곳은것이 잇ᄂᆞ니라

六、어머니의 눈물방울은 ᄌᆞ녀의 불평(不平)을 씨셔 ᄇᆞ리ᄂᆞ니라

격치문답(格致問答)

●응집력(凝集力)과 부챡력(付着力)

문 응집력은 무엇이뇨

답 응집력은 ᄀᆞᆺ흔물톄의 여러분ᄌᆞ가 서로 닯어 엉기는 힘이니 가령 쇠나 돌ᄀᆞᆺ흔 고톄는 이 응집력이 마ᄒᆞᆫ고로 심히 싼싼히 엉기여 ᄭᅳᆫ고 분지르기가 어렵고 슈은ᄀᆞᆺ흔 익톄는 이 응집력이 젹은고로 손으로 누르면 짜로 짜로 떠러젓다가 손을 떼면 다시 엉기며 연긔ᄀᆞᆺ흔 긔톄는 이 응집력이 대단히 약ᄒᆞᆫ고로 ᄒᆞᆼ샹 서로 떠나기를 됴화ᄒᆞᄂᆞ니 만일 이세계에 응집력이 업섯더면 모든 고톄가 엉기지못ᄒᆞ고 가루가 될터이니라

문 부챡력은 무엇이뇨

답 부챡력은 셩질 다른 물질이 화학뎍(化學的)으로 서로 합ᄒᆞᄂᆞᆫ 힘이니 가령 공긔즁 산쇼(酸素)와 셕탄즁 탄쇼(炭素)가 서로 합ᄒᆞ야 불이되고 슈쇼(水素)와 산쇼가 합ᄒᆞ야 물을 일우ᄂᆞᆫ것 ᄀᆞᆺ흔것이니 만일 부챡력이 업섯더면 이세계에 다만 七十여가지 원쇼(原素)ᄲᅮᆫ이요 혼셩물(混成物)은 업섯슬터이니 우리가 엇지 살수잇스리오

셩경연구

●누가복음연구 (젼호쇽)

(二)하ᄂᆞ님의은혜는 본복음 一〇五十、五十三、五十五、七十八、二〇十四、三〇六、四〇卄二、卅一、四十二、五〇卄二—卄六、七〇一—十一、九〇十三—十四、十〇十四、〇十二—十四、에 연구ᄒᆞᆯ것

(三)은혜를 감샤ᄒᆞᄂᆞᆫ 말솜은 본복음、一〇卄五、四十四、四十五、七十八、二〇卄九—卅二、四〇四十三、七〇十六、十〇二十二、十七〇十六、十八〇四十三、二十三〇四十七、卄四〇五十二、에 연구ᄒᆞᆯ것

(四)시가ᄂᆞᆫ본복음 一〇卄八—卅三、四十六—五十二、六十八—七十九、二〇卄九—卅二、十七〇五、에 볼 것

(미완)

실업

●농ᄉᆞ강습요항 (쇽)

九 파죵(播種)ᄒᆞᆯ시긔

작물의 파죵ᄒᆞᆯ 시긔ᄂᆞᆫ 너머 일던지 ᄯᅩ 너머 늣던지 ᄒᆞ면 다츄슈를 감ᄒᆞᄂᆞ니 만일 너머 느진 념려가 잇거던 물이나 혹 더온 물에 침ᄒᆞ엿다가 파죵ᄒᆞᄂᆞᆫ것이 됴흐니라

十 파죵ᄒᆞᄂᆞᆫ법

파죵ᄒᆞᄂᆞᆫ 법은 씨를 ᄲᅳ리ᄂᆞᆫ 것과(撒播) 모죵내ᄂᆞᆫ것과 (條播) ᄯᅩ 씨를 집어심은것(點播)의 세가지가 잇ᄂᆞᆫᄃᆡ ᄲᅳ리ᄂᆞᆫ 법은 대개 묘샹이나 극히 기름진 ᄯᅡ에 ᄒᆡᆼᄒᆞ며 모죵내ᄂᆞᆫ 것과 씨를 집어 심으ᄂᆞᆫ법은 보통 ᄒᆡᆼᄒᆞᄂᆞᆫ 것인ᄃᆡ 그거리(距離)와 간격(間隔)은 작물의 죵류와 토디의 셩질을 ᄯᆞ라 변통ᄒᆞᆯ지니라 파죵ᄒᆞᆫ후 흙으로 뭇고 무슨 집흐로 덥허주면 대양볏ᄒᆞᆯ 막고 습긔를 주ᄂᆞ니라

十一 파죵ᄒᆞᄂᆞᆫ 분량

파죵ᄒᆞᄂᆞᆫ 분량은 파죵ᄒᆞᄂᆞᆫ 법과 죵ᄌᆞ의 대쇼를 ᄯᆞ라 각각 다르니라 ᄯᅩ 됴치 못ᄒᆞᆫ 죵ᄌᆞᄂᆞᆫ 됴흔 죵ᄌᆞ보다 그분량을 비교뎍 만히 ᄡᅳᆯ지니라 죵ᄌᆞ를 너머 둣겁게 ᄲᅳ리면 작물의 싹이 너머 ᄲᅢᆨᄲᅢᆨ히 나서 간격이 심히 좁으면 태양의 광션(光線)을 잘 밧지 못ᄒᆞ야 싱육(生育)이 불량ᄒᆞ고 ᄯᅩ 너머 얇게 파죵ᄒᆞ면 작물의 간격이 셜펴셔 태양의 광션을 잘 밧어 발육은 잘되나 뷘 ᄯᅡ이 만히 잇슬지니 이ᄂᆞᆫ 토디경제상에 불가ᄒᆞᆯᄲᅮᆫ아니라 작물의 셩슉ᄒᆞᄂᆞᆫ ᄎᆞ셔가 고로지못ᄒᆞ니라 옥토에ᄂᆞᆫ 박토보다 죵ᄌᆞ를 좀 젹게 ᄲᅳ리ᄂᆞᆫ것이 됴흐며 긔후(氣候)가 뎍당ᄒᆞᆫ 곳에셔ᄂᆞᆫ 뎍당치 못ᄒᆞᆫ곳 보다 죵ᄌᆞ를 좀 젹게 심으ᄂᆞᆫ것이 됴흐니라

담총

●나라에 허물을감초지 아니혼지샹

리씨죠 셩죵대왕ᄭᅴ셔 하로는 후원에셔 소풍ᄒᆞ실ᄉᆡ 웬 ᄭᆞ치훈머리가 입에 무슨 휴지훈 됴각을 물고 오다가 면하압헤 ᄯᅥ러트리거놀 심히 괴샹히 녁이샤 집어보신즉 엇던 히변읍 슈령이 기시 좌승지(左承旨)의게 션물보낸 물목이여놀 면하ᄭᅴ셔 소미속에 감초고 환궁ᄒᆞ샤 즉시 六방승지들 다 불너 세우고 우스시며 무러골ᄋᆞ샤ᄃᆡ「경등의게 누가 비밀히 뢰물을 주면 경등은 례의를 도라보지 안코 밧겟ᄂᆞ뇨」여러승지가 여출일구(如出一口)로 ᄃᆡ답왈「엇지 감히 밧을수가 잇ᄉᆞ오릿가」ᄒᆞ되 홀노 좌승지가 ᄯᅡ에 업ᄃᆡ려고ᄒᆞ여왈「하놀 ᄀᆞᆺᄒᆞ신 님군압헤셔 감히 긔망홀길이 업ᄉᆞᆸᄂᆞ이다 쇼신은 늘근어머니가 잇ᄉᆞ옵ᄂᆞᆫᄃᆡ 집이 간난ᄒᆞ와 잘 공양치 못홈을 홍샹 한탄ᄒᆞᄋᆞᆸ던ᄎᆞ에 수일젼 엇던 친절훈 히변읍 슈령이 쇼신의 졍셰를 아옵고 어산물(魚產物) 몃죵을 보내엿숩ᄂᆞᆫᄃᆡ 신이 로모를 공양ᄒᆞ기 위ᄒᆞ야 밧엇ᄉᆞ오니 ᄇᆞ라옵건ᄃᆡ 면하ᄭᅴ셔ᄂᆞᆫ 신의 청렴치 못훈 죄를 다ᄉᆞ리옵쇼셔 ᄒᆞ거놀 면하ᄭᅴ셔 우스시고 소미속에셔 그 쪽지를 내여 주시며왈「경은 가히 곳은 신하라 닐을지로다」ᄒᆞ셧더라

●구쥬황뎨의 음식샤치

영국황뎨 조지폐하의 날마다 진어ᄒᆞ시ᄂᆞᆫ 료리ᄂᆞᆫ 훈그릇에 젹어도 二十환가치를 요구훈즉 훈ᄭᅴ에 평균三ᄇᆡᆨ환가령이오 동폐하의 료리문ᄃᆞᄂᆞᆫ 슉슈장(熟手長)세다도씨의 월급은 미삭二千一百환이오

아라사황뎨폐하ᄂᆞᆫ 죠셕으로 十五죵류의 귀즁훈 료리를 진어ᄒᆞ시ᄂᆞᆫᄃᆡ 훈그릇이 十五환가치에 샹당ᄒᆞ고 동폐하의 슉슈장의 봉급은 一년에 三만五千환이라더라

법령뎍요(法令摘要)

●묘디와 화장장과 미장파 화장을 취톄ᄒᆞᄂᆞᆫ규측(쇽)

뎨十四됴 죽은 신톄를 다른 곳으로 옴겨가고져ᄒᆞᄂᆞᆫ쟈ᄂᆞᆫ 경찰셔의 허가를 밧음이 가ᄒᆞᆷ

뎨十五됴 화장은 히가 진후에 힝홈이 가ᄒᆞ되 경찰관리나 그직무를 힝ᄒᆞᄂᆞᆫ쟈의 허가를 맛흐면 이졔한안에 잇지아니홀ᄉᆞ

뎨十六됴 젼염병(傳染病)으로 죽은쟈의 신톄ᄂᆞᆫ 특별히 허가를 맛기외에ᄂᆞᆫ 경찰셔의 지뎡(指定)훈 묘디가아니면 미장홈을 엇지못ᄒᆞ고 ᄯᅩ三년이샹을 지내기젼에ᄂᆞᆫ 이장(移葬)홈을 엇지못홀ᄉᆞ

뎨十七됴 광혈 壙穴)의 깁기ᄂᆞᆫ 관샹판(棺上板)으로 브터 디면(地面)ᄭᆞ지 두자이샹으로 홈이 가ᄒᆞ고 다만 ᄇᆡᆨ골을 미장ᄒᆞᄂᆞᆫ 경우에ᄂᆞᆫ 이졔한안에 잇지아니홀ᄉᆞ

뎨十八됴 경무총장은 묘디나 화장장이 공즁위싱(公衆衛生)에 방해되거나 ᄯᅩ 토디의 변경홈을인ᄒᆞ야 묘디나 화장장에 뎍당치 못훈줄노 인뎡ᄒᆞᄂᆞᆫ때ᄂᆞᆫ 옴기라고 명령홈도 잇슬ᄉᆞ

뎨十九됴 경무총장은 필요훈줄노 인뎡ᄒᆞᄂᆞᆫ때ᄂᆞᆫ 묘디와 화장장을 ᄀᆡ량ᄒᆞ거나 슈리ᄒᆞ거나 ᄉᆞ용졍지(使用停止)홈을 명령홈도 잇슬ᄉᆞ

회보ᄃᆡ금령슈

長湍	白南憲	六十錢
	曹元哉	三十錢
高城	金永鶴	三十錢
	鄭俊永	三十錢
	延文善	四十錢
	金鏞珏	四十錢
	金仁植	四十錢
	金錫甫	四十錢

그리스도회보
KOREAN CHRISTIAN ADVOCATE

每週一回月曜日發行
大正二年四月十六日印刷
大正二年四月二十一日發行

發行兼編輯人 開城北部山芝峴 奇義男
印刷人 京城北部樓閣洞 朴東完
印刷所 京城南部上犂洞 新文館
發行所 京城北部壯洞四十二統三戶 呂炳鉉邸

ᄃᆡ금…代金 一장 二젼 六ᄀᆡ월 四十젼 一ᄀᆡ년 八十젼

샤셜

●신도의 셩실(誠實)을 비양ᄒᆞᄂᆞᆫ 비결(秘訣)

오쥬 예수그리스도ᄭᅴ ᄃᆡᄒᆞᆫ 신도의 직무즁 ᄀᆞ장 즁요ᄒᆞᆫ 것은 죄악즁에 ᄲᅡ진 령혼을 만히 쥬압흐로 인도ᄒᆞᆷ이니 그러면 ᄌᆞ긔의 셩실이 부족ᄒᆞ고야 엇지능히 ᄂᆞᆷ의ᄆᆞ음을 감동ᄒᆞ야 그죄과를 뉘웃치고 쥬ᄭᅴ로 도라오게 ᄒᆞ깃ᄂᆞ뇨 그런즉 몬져 ᄌᆞ긔의 셩실을 비양ᄒᆞᄂᆞᆫ것이 필요ᄒᆞᆫᄃᆡ 여긔 ᄃᆡᄒᆞ야 몃가지 비결이 잇ᄂᆞ니 첫재ᄂᆞᆫ 맛당히 샤위(詐僞)의 두려옴과 후환의 위ᄐᆡᄒᆞᆷ을 싱각ᄒᆞ야 셩경가온ᄃᆡ 예수ᄭᅴ셔 위션자(僞善者)를 칙망ᄒᆞ신말숨을 ᄯᅡ로 ᄲᅢᆸ아 긔록ᄒᆞ여두고 ᄯᅢᄯᅢ로 싱각ᄒᆞ면 가히 내 ᄆᆞ음을 감동ᄒᆞ야 셩실ᄒᆞᆫᄃᆡ로 도라가게ᄒᆞᆯ지며 둘재는 ᄉᆞ도바울과 ᄀᆞᆺ치 ᄉᆞᄉᆞ로 힘써하ᄂᆞ님을 ᄃᆡᄒᆞ나 사ᄅᆞᆷ을 ᄃᆡᄒᆞ나 ᄒᆞᆼ샹 흠업ᄂᆞᆫ 량심을 가지고 잇서야 될지니 그럼으로셩실은 하로 아ᄎᆞᆷ이나 하로저녁에 능히 셩공(成功)키 어려온지라 맛당히 날노 힘쓰며 ᄃᆞᆯ노 공부ᄒᆞ야 오ᄅᆡᆫ후에야 공효(功效)를 가히 거둘지니 이는 ᄎᆞᆷ 고금셩현의 심공(心工)으로 덕을 일우ᄂᆞᆫ 비결이며 셋재는 맛당히 ᄆᆞ음을 다ᄒᆞ야 셩경을 공부ᄒᆞᆯ것이니 대개 셩경은 멀니 빗최ᄂᆞᆫ 등불이라 모든 어두운것과 숨은것을 다 드러내ᄂᆞᆫ 힘이잇ᄂᆞᆫ고로 셩경말숨에 닐으ᄃᆡ 하ᄂᆞ님의 도ᄂᆞᆫ ᄆᆞ음속의 싱각ᄭᆞ지 감찰ᄒᆞᆫ다ᄒᆞ엿스니 예수ᄭᅴ셔 이세샹에 강싱ᄒᆞ샤 모든 거짓것을 셰트리시고 ᄎᆞᆷ 리치를 발명ᄒᆞ셧ᄂᆞᆫᄃᆡ ᄎᆞᆷ 리치는 곳예수요 예수의 말숨은 곳셩경이니 누구던지 셩실의 도를 연구코져ᄒᆞ면 이셩경밧게 또 무엇을 구ᄒᆞ리오 또 넷재는 쉬이지안코 긔도ᄒᆞᆷ이니 대뎌 하ᄂᆞ님의 셩신은 우리의 구ᄒᆞᄂᆞᆫ대로 일우어주시ᄂᆞᆫ 능력을 가지신고로 우리가 스ᄉᆞ로 숣펴보아셔 우리ᄆᆞ음속에 一호라도 셩실치 못ᄒᆞᆫ것이 잇슬ᄯᅢ에 곳업ᄃᆡ려 하ᄂᆞ님ᄭᅴ 고ᄒᆞ고 셩신의 힘을 간구ᄒᆞ면 하ᄂᆞ님ᄭᅴ셔 반ᄃᆞ시 츙만ᄒᆞᆫ 셩신의 힘을보내샤 우리ᄆᆞ음속에서 역ᄉᆞᄒᆞ샤 모든 샤위ᄒᆞᆫ 싱각은 내여 ᄶᅩᆺ츠시고 다만 셩실ᄒᆞᆫ ᄆᆞ음을 주샤 싱각과 말과 힝동이 다 셩실케ᄒᆞ여주실지니 원컨ᄃᆡ 우리一반ᄉᆞ랑ᄒᆞᄂᆞᆫ 형뎨와 ᄌᆞ미ᄭᅴ셔 이비결을 직힘으로 다 셩실ᄒᆞᆫ 신도가 되여 쥬ᄭᅴ ᄃᆡᄒᆞᆫ 직칙을 져ᄇᆞ리지 마시기를 절망ᄒᆞᄂᆞ이다

본샤특별고ᄇᆡᆨ

一、본 회보ᄃᆡ금은 우표로 보내시지 마시고 아모됴록 우편쇼위톄(郵便小爲替)로 보내시되 혹 부득이ᄒᆞ야 우표로 보내시게 되ᄂᆞᆫ 경우에는 五리나 혹 二젼ᄶᆞ리 우표로보내 주시옵

二、본회보의 신구람자 十인을 엇어보내시ᄂᆞᆫ 이의게는 젼과ᄀᆞᆺ치 본보一장식 무ᄃᆡ금(無代金)으로 보내여 드리겟슴ᄂᆡ다

교중휘문

◀ᄂᆡ 보▶

●한국쥬일학교시찰단

미국세계협회에서 파송ᄒᆞᆫ 만국쥬일학교시찰위원 하인트씨一힝三十인은 본월十八일에 경셩에 도챡ᄒᆞ얏ᄂᆞᆫᄃᆡ 동十九일하오二시에 경복궁ᄂᆡ경무ᄃᆡ에셔 쥬일학교대연습회를열고 동二十일샹오十시브터는 각쥬일학교를 방문ᄒᆞ고 동하오一시에는 쇼공동 일본인교당ᄂᆡ에셔 일본인쥬일학교강연회를열고 동하오三시에는 졍동비지학당ᄂᆡ에셔 쥬일학교대회를열고 동二十一일샹오十시로十二시ᄭᆞ지는 종로청년회관ᄂᆡ에셔 외국인교역쟈(敎役者)회를열고 동하오三시로五시ᄭᆞ지는 승동회당에셔 죠션인교역쟈회를 열고 동七시에는 일본인교역쟈회를 열고 동七시반에는 졍동비지학당에셔 쥬일학교련합회를 열작뎡이라더라

●즁앙례비당의부인사경회

경셩리문동 즁앙례비당ᄂᆡ에셔는 본월一일브터 부인사경회를 열엇ᄂᆞᆫᄃᆡ 날마다 출셕ᄒᆞ야 공부ᄒᆞᄂᆞᆫ 쟈미가 一百五十명가량이라더라

●공쥬의사경회

츙남 공쥬동ᄃᆡ방 윤힝목ᄉᆞ 박봉ᄅᆡ씨의 통신을 거ᄒᆞᆫ즉 히디방 교당에셔 거二월에 一쥬일 동안식 사경회를 ᄀᆡᄒᆞ엿ᄂᆞᆫᄃᆡ 학싱이 八十六인이오 과졍은 마태복음 ᄉᆞ도ᄒᆡᆼ젼 교회ᄉᆞ긔 베드로젼후 야고보셔요 교ᄉᆞ는 히디방 쥬지젼도ᄉᆞ 감리ᄉᆞ 목ᄉᆞ요 ᄯᅩ 밤마다 긔도회와 간증회를 열고 一반회원이 감샤ᄒᆞᆫ ᄆᆞ음으로 쥬의 은혜를 만히 밧엇다더라

●금쳔의사경회

평산군 면병용씨의 통신을 거ᄒᆞᆫ즉 금쳔군 동화면 법ᄂᆡ교회에서 二월二十四일브터 三월二일ᄭᆞ지 대사경회를 ᄀᆡᄒᆞ엿ᄂᆞᆫᄃᆡ ᄀᆡ셩권ᄉᆞ 리각균 한영셔원학싱 류봉 본구역젼도ᄉᆞ 셩영셕三씨가 열심교슈ᄒᆞ엿ᄂᆞᆫᄃᆡ 과졍은 즁거론 요한복음 요한一셔 긔도론 찬숑가요 시간은 샹오九시반으로 十二시ᄭᆞ지와 하오一시반으로 四시반ᄭᆞ지요 본교회와 본구역ᄂᆡ 형뎨ᄌᆞ미 재씨가 시간을 ᄯᅡ라 공부ᄒᆞ야 하ᄂᆞ님의 무궁ᄒᆞᆫ 은혜를 만히 밧엇다더라

●하ᄂᆞ님은구ᄒᆞᄂᆞᆫ것을드르심

강원도 평강구역쟝 김현셩씨의 통신을 거ᄒᆞᆫ즉 희구역ᄂᆡ 쥬파교회는 셜립ᄒᆞᆫ지 얼마되지 못ᄒᆞ고 밋ᄂᆞᆫ집은 다만 두집이오 기외에는 시던교인과 뎐도교인이라 ᄃᆡ회핍박이 ᄌᆞ심ᄒᆞᆷ으로 쇽쟝림금복 리슌셔량씨가 ᄒᆞᆼ샹 긔도ᄒᆞ더니 하ᄂᆞ님의 도으심으로 평양살던 라원겸씨가 작년에 이곳으로 반이ᄒᆞ야 옴으로 세집이 되엿고 ᄯᅩᄒᆞᆫ 새로 밋ᄂᆞᆫ집파 락심ᄒᆞ엿다가 다시 도라온집을 합ᄒᆞ야 지금은 밋ᄂᆞᆫ집이 여섯집이 되엿스며 ᄯᅩᄒᆞᆫ 금년에 림금복 리슌셔량씨가 젼당ᄒᆞ여 례비당五간을 사기로 ᄒᆞ엿더니 모든 부형모ᄆᆡ제씨가 각々 힘대로 연보ᄒᆞ야 그가외을 갑고 오히려 남엇스며 례비보ᄂᆞᆫ 교우가 二十여명에 달ᄒᆞ엿스니 이영광을 하ᄂᆞ님ᄭᅴ 돌니다 ᄒᆞ엿더라

●신심으로미권쟈

황히도 옹진군 김창헌씨의 통신을 거ᄒᆞᆫ즉 동군 남면 룡호도 권병욱씨는 근본 후쥬ᄀᆡᆨ으로 사ᄅᆞᆷ치기로 일삼더니 하ᄂᆞ님의 넓으신 은혜로 一千九百三년분에 회ᄀᆡᄒᆞ고 쥬를 독실히 밋으나 다만 무식ᄒᆞᆷ으로 셩경ᄒᆞᆫ졀도 보지못ᄒᆞ니 엇지 뎐도ᄒᆞᄂᆞᆫ 리치를 세ᄃᆞ라 알수잇스리오 마ᄂᆞᆫ 오직 밋음으로 긔도ᄒᆞ며 진심으로 권면ᄒᆞ야 이곳에 밋ᄂᆞᆫ사ᄅᆞᆷ이 수十명에 달ᄒᆞ엿더니 불힝히 다 락심ᄒᆞ고 그동리에 사ᄂᆞᆫ 부인ᄒᆞᆫ분과 이형뎨ᄲᅮᆫ이라 외인들은 이형뎨의 무식ᄒᆞᆷ을 임의 아ᄂᆞᆫ고로 업수히 녁이고 비방이 더ᄒᆞ나 이형뎨ᄂᆞᆫ 더욱 진심으로 더회 손을잡고 눈물과 군졀ᄒᆞᆫ 말노 권면ᄒᆞ매 모든 사ᄅᆞᆷ의게 셩신이 감동되샤 작금량년에는 례비보ᄂᆞᆫ 신쟈가 十여명이더니 거월十三일브터 김창헌씨가 사경회를 열고 一쥬일동안 요한복음과 죠션문을 교슈ᄒᆞᆯ식 학싱은 남녀

十一인이 열심으로 공부ᄒᆞᆯ때 또 저녁마다 긔도회에 참예ᄒᆞ야 신령ᄒᆞᆫ 은혜를 만히 밧는중 새로 밋기로 작뎡ᄒᆞᆫ 사ᄅᆞᆷ이 남녀四인이라ᄒᆞ엿더라

●숭덕학교졸업식

평북 녕변읍교회 리태렬씨의 통신을 거ᄒᆞᆫ즉 히읍 숭덕학교는 三층양옥을 새로 건축ᄒᆞ고 임원과 교ᄉᆞ제씨가 쥬의 도으시는 힘을 닙어 열심 시무ᄒᆞᆫ 결과로 남녀학ᄉᆡᆼ이 一百四十여명에 달ᄒᆞ엿는ᄃᆡ 거월二十六일에 뎨五회졸업과 진급식을 거ᄒᆡᆼᄒᆞᆯ시 졸업ᄉᆡᆼ이 九인이오 진급ᄉᆡᆼ이 四十二인이오 참관인이 三百여인이오 一반 학ᄉᆡᆼ이 리빈의 귀즁ᄒᆞᆫ 권면과 상픔을 만히 밧엇스니 쥬의 은혜와 리빈제씨의 찬셩을 감하ᄒᆞᆫ다더라

●합一학교졸업식

경긔도 강화군 위량면 홍텬동교회니 ᄉᆞ립합一학교 교ᄉᆞ 면효비씨의 통신을 거ᄒᆞᆫ즉 히학교에셔 거월二十六일에 뎨二회졸업식을 거ᄒᆡᆼᄒᆞ엿는ᄃᆡ 졸업ᄉᆡᆼ은 윤상형등 六인이오 고등二년급으로 진급ᄉᆡᆼ은 김졍인등 八인이오 동二년급 진급ᄉᆡᆼ은 로왈복등 七인이오 동一년급 진급ᄉᆡᆼ은 리덕만등 七인이오 초등三년급 진급ᄉᆡᆼ은 남궁래의등 三인인ᄃᆡ 당일의 셩황은 리빈이 五百여인이오 교쟝이하 임원과 리빈제씨가 격졀ᄒᆞᆫ 언ᄉᆞ로 권면ᄒᆞ고 례식을 맛친후에 리빈즁 밋지 안는이의게 복음을 젼ᄒᆞᆫ수효가 二百여인에 달ᄒᆞ엿는ᄃᆡ 깃분ᄆᆞᄋᆞᆷ으로 밧엇슨즉 하ᄂᆞ님ᄭᅴ 영광을 돌닌다 ᄒᆞ엿더라

●김씨의의연

경셩 룡산면 삼ᄀᆡ교우 김덕겸씨가 셔부 만리재에 새로 교회가 셜립됨을 듯고 감샤히 녀이는중 지졍이 군졸ᄒᆞᆷ을 듯고 넉々지 못ᄒᆞᆫ 형세에 돈一환을 연보ᄒᆞ엿기에 본교회에셔는 넉々ᄒᆞᆫ 교회의 빅환이나 다름업시 썻스니 동씨의 의무심을 극히 감샤ᄒᆞ다 ᄒᆞ엿더라

●오부인의밋음

평남 三화부 진남포 비형식씨의 통신을 거ᄒᆞᆫ즉 그곳 ᄌᆞ미ᄌᆞᆼ 오씨유덕은 쥬를 밋은지 四년에 쥬를 위ᄒᆞ야 재물노 연조도 만히ᄒᆞ고 그남편은 비록 밋지아니ᄒᆞ나 그ᄌᆞ녀는 교회학교에셔 공부식히는ᄃᆡ 열심으로 학교를 도아주는지라 이부인이 ᄯᅩᄒᆞᆫ 특별ᄒᆞᆫ 은혜를 밧은것은 작년十二월에 평양잇는 으라빈쓰 쎄니듸 김졔듸三부인이 본교회에 와셔 ᄒᆞᆫ쥬일동안 부인사경회를 열고 가르칠ᄯᅢ에 셩신의 감화를 밧아 그모친을 쥬압흐로 인도ᄒᆞᆫ후 그모친이 오리밋고 의지ᄒᆞ던 큰 마귀를 다 쇼멸ᄒᆞ엿는ᄃᆡ 그 마귀의게 년々히 허비ᄒᆞᆫ것을 다 회계ᄒᆞ니 수三十원가치가 되는지라 그남편 리효건씨를 어셔 회ᄀᆡ식혀 쥬압흐로 나오게 ᄒᆞ기를 쥬야긔도ᄒᆞ는중 남편도 필경은 회ᄀᆡᄒᆞ고 쥬압흐로 나오리라더라

●ᄌᆞ션심은진리로좃차남

경긔도 인천부 ᄀᆡ포교회 김현호씨의 통신을 거ᄒᆞᆫ즉 젼도ᄉᆞ 허진一씨가 이곳에 온후로 쥬의 도리를 힘써 젼ᄒᆞ며 모든 형뎨와 ᄌᆞᄆᆡ를 ᄉᆞ랑ᄒᆞ고 겸손ᄒᆞᆫ ᄆᆞᄋᆞᆷ으로 권면ᄒᆞ여 교회가 날노 흥왕ᄒᆞ니 참 감샤ᄒᆞᆫ즁 더욱 감샤ᄒᆞᆯ것은 지나간 음력十二월에 대젼도회를 열고 본구역ᄂᆡ에 가々 호々로 ᄃᆞᆫ니며 一쥬일동안 복음을 젼ᄒᆞᆯ시 불샹ᄒᆞᆫ 쳐디에 잇는쟈를 만히 보고 이련ᄒᆞᆫ ᄆᆞᄋᆞᆷ으로 긔도ᄒᆞ더니 셩신의 인도ᄒᆞ심으로 ᄌᆞ션심이 니러나셔 젼도ᄒᆞ러 ᄃᆞᆫ닐ᄯᅢ 긔한(飢寒)이 박두ᄒᆞᆫ 빈민 三十二명을 모와셔 빅미ᄒᆞᆫ가마(一俵)와 슈々ᄒᆞᆫ가마와 의복十여환가치를 논화주어 구졔ᄒᆞ엿스니 이는 쥬의 말ᄉᆞᆷ과 곳치 지극히 적은쟈의게 ᄃᆡ졉ᄒᆞᆷ이 곳 나를 ᄃᆡ졉ᄒᆞᆷ이라 ᄒᆞ신 진리가온ᄃᆡ셔 좃차남이니 참 예수를 밋는쟈의 아름다온 모범이 될만ᄒᆞ다 ᄒᆞ엿더라

홍목ᄉᆞ의최다수모집

황히도 빙쳔읍교회 목ᄉᆞ홍슌탁(洪淳倬)씨는 본년一월一일브터 三월말일ᄭᅡ지 본회보신구람인(新購覽人)을 최다수(最多數)로 모집ᄒᆞ야 보내엿슴기 본사는 피의금변(皮衣金邊)판쥬신약一부와 반피의구약一질노 써 동씨의게 감하ᄒᆞᆫ 뜻을표ᄒᆞ노라

●긔렴연보광고

본년一월十二일은 본회보챵간 뎨二회 긔렴쥬일이온ᄃᆡ 이날에 각쳐교회에셔 각기힘대로 본회보에 연보ᄒᆞᆫ것을 본샤로 보내엿솝기 그 의호ᄒᆞ시는뜻을 감샤ᄒᆞ오며 이에 ᄎᆞ례로 게재ᄒᆞ야 광포ᄒᆞ노라

熙川新豊里교회 四十錢
永平邑 교회 二十錢
仝 ᄀᆞ무지교회 二十錢
杆城北區域 五十五錢
延安鉢隅洞교회 六十錢
驪州康川里교회 十四錢

◀외 보▶

●일본청년회의대회

일본긔독교청년회의 대회는 본월一일브터 동경 신뎐구청년회관ᄂᆡ에셔 기ᄒᆞ엿는ᄃᆡ 만국션교회샹비위원쟝 목덕션싱도 참셕ᄒᆞ야 미일오젼 十시로 동四十五분ᄭᆞ지는 협의회(協議會)로 동十시四十五분으로 동十一시十五분ᄭᆞ지는 긔도회로 동十一시十五분으로 동十二시ᄭᆞ지는 셩경연구회로 하오七시브터 동九시ᄭᆞ지는 대연셜회로 모혓는ᄃᆡ ᄒᆡ연셜원은 목덕션싱 평암(平岩)감독이외四五인이 륜ᄎᆞ(輪次)로 ᄒᆞ엿다더라

●고(故)혼다(本多)션싱의 긔렴회

일본 동경청산학원교우一동의 발긔로 거二월廿六일오후七시에 감리교회 고 감독 혼다션싱 긔렴회를 ᄒᆡ학원신학강당ᄂᆡ에셔 열엇는ᄃᆡ 회쟝셕판졍신(石阪正信)씨이하 一반남녀학싱과 혼다션싱의 유족이 츌셕ᄒᆞ엿다더라

●목덕션싱후문

샹항에 긔지ᄒᆞᆫ바 목덕션싱은 금번에 四十四국을 도라왓는ᄃᆡ 그즁 동양즁화민국에 와셔 힝ᄒᆞᆫ 일이 ᄀᆞ쟝광대ᄒᆞ기로 대강긔록ᄒᆞ노니 민국대총통원셰ᄀᆡ씨는 강단을 광활히 세우고 션싱으로 강연케ᄒᆞ셧서 샹히셔는 학싱만 十一만五千여인이 츌셕ᄒᆞ엿고 나죵에 밋기로 셔약셔를 써노흔쟈가 五千이오 븍경셔는 하로동안에 밋기로 작뎡ᄒᆞᆫ쟈가 四빅인이며 또봉텬셔는 五千인에 달ᄒᆞ엿다더라

●만국긔독학싱련합대회

만국긔독학싱련합 동맹회는 본년六월二일브터 三일ᄭᆞ지 미국 뉴욕 모홍 호슈에셔 열작뎡이라더라

●二만六천환의쥬일연보

미국 뉴욕시ᄂᆡ 엇던쟝로교례ᄇᆡ당에셔는 금년二월九일쥬일 아츰례ᄇᆡ에 외국션교회를 위ᄒᆞ야 슈젼그릇을 가지고 도라ᄃᆞᆫ니면셔 주머니속에 잇는돈만 거둔것이 二만六千환이라더라

●미국예수교인의통계

미국젼국ᄂᆡ에 잇는 예수교인의 통계는 미감리교인 三百二十九만三千五빅二十六인、남쟝로교인이 二百四十七만五千六빅九인、남감리교인이 一百九十一만九千八빅七十三인、흑인쟝로교인이 一百三十六만八千一百五十인、긔독뎨ᄌᆞ교인이 一百三十四만八十七인、북침례교인이 一百十七만五千九百二十三인、ᄀᆞ량교인이 九十七만四百五十一인이니 총계三千六百六十七만五千五빅三十七인즁에셔 작년즁에새로 엇은 교우가 五十七만九千八빅五十二인이라더라

긔 셔

●태평양젼도록 (속)

영국태요한션싱 져술
한셩긔이부목ᄉᆞ 번역

하로는 션싱이 나를 ᄯᅡ리지 아니ᄒᆞᆯ일에 혹독히 ᄯᅡ렷스나 모친의 권면ᄒᆞ심으로 다시 학당에 갓더니 션싱이 나를 보고 믄득 발노 차거놀 내가 심히 무셥고 놀나와셔 도망ᄒᆞ야 집으로 도라온후 다시 가지아니ᄒᆞ엿노라 그ᄯᅢ에 내가 여간총명이 잇스며 공부의 ᄌᆞ미를 알고 ᄯᅩ 근쳐에 다른학당이 업스나 맛춤ᄂᆡ 션싱이 두려워셔 감히 가지 못ᄒᆞ니 가히 앗갑도다 이ᄯᅢ에 내나히 十三세라 집에셔 공업을 ᄇᆡ홀식 미일샹오六덤죵에 시작ᄒᆞ야 하오 十덤죵에 긋치니 뎜심시간은 一덤죵으로 죠셕 밥시간은 반덤죵으로 작뎡ᄒᆞ야 이공부를 힘쓰고 글도 닑으며 몸으로써 셩신ᄭᅴ 드리고 목ᄉᆞ직분 엇기를 긔도ᄒᆞ엿스니 본국에

셔 젼도ᄒᆞ나 외국에셔 젼도ᄒᆞ나 나의 평싱에 하ᄂᆞ님 셤길일을 의론ᄒᆞ면 다 이공부로 큰 유익을 엇엇다ᄒᆞ노라 젼에 우리부친이 집안식구를 다리고긔도ᄒᆞᆯ ᄯᅢ 내가 셩신밧음을 내가 입으로 다 말ᄒᆞᆯ수 업도다 외인들은 알지 못ᄒᆞ나 우리는 ᄀᆞᆫ졀ᄒᆞᆫ 말ᄉᆞᆷ을 드를ᄯᅢ에 눈물이 흐름을 ᄭᆡᄃᆞᆺ지 못ᄒᆞ엿ᄂᆞ니 예수를 모르ᄂᆞᆫ 외국사ᄅᆞᆷ들은 혹 우리를 위ᄒᆞ야 긔도ᄒᆞᄂᆞᆫ지 알수 업스나 우리부친은 ᄒᆞᆼ샹 더회를 위ᄒᆞ야 긔도ᄒᆞ시ᄂᆞᆫ 말ᄉᆞᆷ을 우리가 드를ᄯᅢ에 우리구쥬ᄭᅴ셔 우리와 ᄒᆞᆷᄭᅴ 계셔 우리의 젼능ᄒᆞ신 벗이 되신줄 ᄭᆡ드럿노라 내가 우리부친이 ᄒᆞᆼ샹 긔도ᄒᆞ신후에 얼골에 영광이 나타남을 볼ᄯᅢ마다 나도 ᄒᆞᆫᄆᆞᄋᆞᆷ되기를 원ᄒᆞ엿노니 이ᄀᆞᆺ치 긔도ᄒᆞ심을 듯고 내ᄆᆞᄋᆞᆷ속에 외국가셔 복음젼ᄒᆞᆯ싱각이 니러낫노라 ᄯᅩ ᄒᆞᆫ가지 말ᄒᆞᆯ것이 잇스니 이ᄂᆞᆫ 내평싱에 뎨一 크고 요긴ᄒᆞᆫ 교훈이라 그ᄯᅢ에 ᄒᆞᆼ년을 만나 부친은 먼곳으로 보셤을 팔너가셔 오시지 안코 집안에는 조곰도 먹을것이 업스나 모친이 사ᄅᆞᆷ의게 말ᄒᆞ지 아니ᄒᆞ시고 밤즁에 우리를 ᄭᆡ와 말ᄉᆞᆷᄒᆞ시기를 내가 이 난쳐ᄒᆞᆫ 졍샹을 하ᄂᆞ님ᄭᅴ 고ᄒᆞ엿스니 반ᄃᆞ시 주시리라 ᄒᆞ더니 과연 그잇흔날 우리 외조부ᄭᅴ셔 밀가루와 물고기를 보내엿스니 이는 하ᄂᆞ님ᄭᅴ셔 모친의 긔도를 드르심이라 모친이 우리를 모흐고 하ᄂᆞ님ᄭᅴ 감샤ᄒᆞᆫ 긔도를 드린후 우리의게 말ᄉᆞᆷᄒᆞ시기를 나의 ᄌᆞ녀들아 하ᄂᆞ님을 ᄉᆞ랑ᄒᆞ라 그영광이 너희게 유익ᄒᆞᆷ이 되리라 ᄒᆞ셧스니 우리집이 간난ᄒᆞ고 식구가 만ᄒᆞ여 하로 ᄒᆞᆫ번식 먹고 살엇스되 우리十一남ᄆᆡ가 이ᄀᆞᆺ치 쟝셩ᄒᆞᆷ은 다 하ᄂᆞ님의 은혜를 밧고 부모의 ᄀᆞᄅᆞ치심을 좃침이라 (미완)

교회ᄉᆞ긔

(젼호쇽) 역슐긔이부

● 뎨四관 예수의모든ᄉᆞ도들의론ᄒᆞᆷ

예수의 ᄉᆞ도를 샹고ᄒᆞ건ᄃᆡ 어ᄂᆞ곳에셔 젼도ᄒᆞ엿ᄂᆞᆫ지 ᄌᆞ셰히 알수 업고 가히 알바ᄂᆞᆫ 요한의 형 야고보ᄂᆞᆫ 쥬강싱후 四十四년에 예루살넴에셔 죽음을 당ᄒᆞ엿고 이ᄯᅢ에 베드로는 이곳을 ᄯᅥ나 다른곳으로 가니라 혹이 말ᄒᆞᄃᆡ 베드로가 로마에 가셔 감독이 되여 二十五년을 지내엿다ᄒᆞ니 이것은 샹고ᄒᆞᆯ수도 업고 밋을수 업ᄂᆞᆫ말이니라 헤롯왕이 교회를 핍박ᄒᆞᆫ 후에 베드로가 예루살넴교회쥬셕이되여 각쳐에 젼도ᄒᆞ고 ᄯᅩ 四방에 흣허져사ᄂᆞᆫ 유대인의게 젼도를 만히 ᄒᆞ엿고 ᄯᅩ 빠벨논으로 갓다ᄒᆞ니 셩경을 보아셔 알것은 이ᄲᅮᆫ이니라 과연 로마감독이되엿스면 바울이 로마에 편지ᄒᆞᆯᄯᅢ에 반ᄃᆞ시 말ᄉᆞᆷᄒᆞ엿스리라 교회즁 녯학ᄉᆞ의 긔록ᄒᆞᆫ바를 보면 쥬후六十四년에 베드로를 十ᄌᆞ가에 석구로 못박앗다ᄒᆞ니 엇지 로마에 二十五년 감독이 되엿스리오 쥬의 아호 야고보ᄂᆞᆫ 유대인으로 ᄯᅩ 유대교회에 쥬셕(柱石)이라 ᄒᆞ던 사ᄅᆞᆷ이니 각국에 흣허져사ᄂᆞᆫ 十二지파의 신도를 만히 다ᄉᆞ리고 편지로써 위로ᄒᆞ더니 쥬후六十九년에 예루살넴에셔 도적의게 잡혀 셩뎐ᄭᅩᆨ대이에 올녀 공즁으로 ᄯᅱ여ᄂᆞ려 죽게ᄒᆞ니라

ᄯᅩ 유젼ᄒᆞᄂᆞᆫ 말을 드ᄅᆞᆫ즉 유다ᄂᆞᆫ 수리아에셔 젼도ᄒᆞ엿고 안드레ᄂᆞᆫ 아국남편에셔 젼도ᄒᆞ다가 죽엇고 마태는 복음을 져슐ᄒᆞᆫ후에 나가 젼도ᄒᆞ야 혹 페시아에 가셔 젼도ᄒᆞ고 인듸오벨노로 갓다ᄒᆞ고 시몬은 인도에 가셔 젼도ᄒᆞ다가 十ᄌᆞ가에 못박혀죽고 ᄯᅩ 유젼ᄒᆞᄂᆞᆫ 말을 드ᄅᆞᆫ즉 도마ᄂᆞᆫ 수리아에셔 젼도ᄒᆞ다가 그후에 인도로 가셔 다시 젼도ᄒᆞ다가 ᄌᆞᄀᆡᆨ(刺客)의게 죽엇다ᄒᆞ고 바돌노미ᄂᆞᆫ 아랍비아에셔 젼도ᄒᆞ다가 후에 인도에 니르러 ᄭᅥᆸ질을 벗겨죽임을 당ᄒᆞ고 요한은 에베소에가셔 바울의 세운교회를 다ᄉᆞ릴셰 년만ᄒᆞ여 ᄒᆞᆼ샹 신도의게 슌히 말ᄒᆞᄃᆡ 서로 화목ᄒᆞ라ᄒᆞ고 복음을지어 사ᄅᆞᆷ을 인도ᄒᆞ야 깁히밋게 ᄒᆞ더니 로마왕이 교회를 핍박ᄒᆞᆯᄯᅢ에 반모섬으로 귀양가셔 묵시록一권을 져슐ᄒᆞ고 그곳에셔 노

五

혀 예베소로 도라와 교회를 다ᄉᆞ릴ᄉᆡ 몸을 단졍히 가지고 사ᄅᆞᆷ을 ᄉᆞ랑ᄒᆞ더니 쥬후빅년에 와셔 죽신ᄒᆞ니라

●데五관 유대국파 이방에교회를멸ᄒᆞ고져홈

ᄉᆞ도힝젼을 보면 교회가 날노 광포됨을 알것은 유대인의 두긔가 더욱 심ᄒᆞ야 빅가지로 복음이 셰샹에 퍼짐을 막으니 오직 녯법을 잡은 바리셔교인만 ᄉᆞ도를 죽이기로 ᄭᅬᄒᆞᆯᄲᅮᆫ아니라 부활을 밋지 아니ᄒᆞ는 사두기교인도 ᄯᅩᄒᆞᆫ 참노ᄒᆞ더라 쥬후四十四년에 악ᄒᆞᆫ 헤롯왕이 예루살넴에셔 야고보를 죽이고 ᄯᅩ 베드로를 가두어 죽이고져 ᄒᆞ더니 하ᄂᆞ님ᄭᅴ셔 그 ᄭᅬ를 막으셧고 五十八년에 바울이 예루살넴에 니르매 유대사ᄅᆞᆷ이 죽이고져 ᄒᆞ더니 맛ᄎᆞᆷ 로마국 千부장이 구ᄒᆞ니라 六十九년에 예루살넴 감독 야곱이 도를 위ᄒᆞ야 싱명을 ᄇᆞ리니 유대사ᄅᆞᆷ이 교회를 날노 심ᄒᆞ게 핍박홈으로 하ᄂᆞ님ᄭᅴ셔 진노ᄒᆞ샤 그사ᄅᆞᆷ들을 四방에 헷치셧고 나라를 멸ᄒᆞ며 경셩의 셩면이 돌짝밧이 되게 ᄒᆞ신지라 이ᄯᅢ에 신도들이 구세쥬 예수씨의 예언을 싱각ᄒᆞ고(마태卄四장六졀)미리 예루살넴을 ᄯᅥ나 요단강동편 펠나셩에 가셔 이환란을 피ᄒᆞ니 일노써 유대사ᄅᆞᆷ들이 다시 그러ᄒᆞᆫ 악독ᄒᆞᆫ 일을 힝치 못ᄒᆞ나 그러나 호랑이가 가고 싀랑이 오매 그포악홈이 더욱 심ᄒᆞ니 이는 이방사ᄅᆞᆷ들이라 각국이 처음에는 셩각ᄒᆞ되 예수교는 유대국의 이단이라 ᄒᆞ야 예수의 신도보기를 유대사ᄅᆞᆷ과 다름이 업시ᄒᆞ고 로마국 법례를 좃차 그젼도홈을 용납지 안코 예수ᄭᅴ셔 十ᄌᆞ가에 못박혀 죽으셧다가 부활ᄒᆞ셧다 홈을 지혜업ᄂᆞᆫ것으로 싱각ᄒᆞ니 이ᄯᅢ에 교회는 사ᄅᆞᆷ이 적고 회당이 업셔 하ᄂᆞ님례비홀곳이 업ᄂᆞᆫ고로 널ᄋᆞ되 사신을 셤기고 ᄌᆞ힝ᄌᆞ지ᄒᆞᄂᆞᆫ쟈라 ᄒᆞ더니 이후에 유대사ᄅᆞᆷ이 츙동ᄒᆞ며 ᄯᅩ 교회가 날노 셩홈을 보고 비로소 유대인과 신도가 분별된줄 아ᄂᆞᆫ지라 드듸여 역젹으로 모함ᄒᆞ야 六十四년에 로마국 니로왕이 크게 살육을 힝ᄒᆞ고 경셩을 불질녀 불ᄭᅳᆺ이 九일을 쎄지지 아니ᄒᆞᄂᆞᆫ지라 빅셩들이 원망홈으로 신도를 모함ᄒᆞ니 이ᄯᅢ에 음특ᄒᆞᆫ ᄭᅬ를 힝ᄒᆞ야 여러가지 형벌노써 신도들을 살해홀ᄉᆡ 혹 즘싱의 가죽을 씨우고 ᄉᆞᄌᆞ(獅子)로 ᄒᆞ여곰 먹게ᄒᆞ며 혹 밀기름을 그몸에 바르고 불을 켜셔 밤에 왕의 잔치ᄒᆞᄂᆞᆫ 동산에 촉불을 ᄃᆡ진ᄒᆞ니 그 참혹홈을 엇지 다 말ᄒᆞ리오 그러나 그해가 다힝히 경셩안에만 잇셧고 각식골에는 밋치지 아니ᄒᆞᆫ지라 八十一년브터 九十六년에 니르러 ᄯᅩ미듸안왕이 즉위ᄒᆞ매 신도들의 지산을 탈취ᄒᆞ고 나라밧게 내여쫏치니 이것은 예수ᄭᅴ셔 나라를 세운다 ᄒᆞ심으로 신도가 역젹질홀 뜻이 잇슬가 두려워ᄒᆞ야 예수의 족속 두사ᄅᆞᆷ을 경셩으로 불너 올녀 됴사ᄒᆞᆫ즉 그손과 발이 다 농ᄉᆞᄒᆞᄂᆞᆫ 사ᄅᆞᆷ이오 다른뜻은 업ᄂᆞᆫ듯 홈으로 왕의 의심이 풀녓더라

●사 조(詞藻)

한셩 류경상

一
나진소리와
연연ᄒᆞᆫ음셩은
ᄋᆞ녀ᄌᆞ의ᄐᆡ도이며

二
웅장ᄒᆞᆫ소리와
늠늠ᄒᆞᆫ위풍은
호남ᄌᆞ의긔상이라

三
텬동파디진의
굉굉ᄒᆞᆫ소리가
굿은뜻을못이긔나

四
나진소리와
연연ᄒᆞᆫ음셩이
쟝부의벽셩(癖性)을희롱헤

셩경연구

●누가복음연구 (쇽)

五
긔도는 본복음즁(一)예수ᄭᅴ셔 긔도ᄒᆞ라고 명ᄒᆞ신것二十一〇卅六、卄二〇四十、四十六(二)긔도의효험一〇九—卄五、三〇卄一、卄二、九〇卄八、卄九、卄二〇四十一(三)예수의츅복ᄒᆞ심二〇卅四、九〇十六、十一〇五—十三、十八〇一—八九—十四、卄二〇十七、十九、卄四〇卅、五十、五十一

(四)과도법 十一〇一ㅣ十四十二〇廿九(五)예수ᄭᅴ셔혼자긔도ᄒᆞ심 一〇廿一、五〇十六、六〇十二、九〇十八、廿八、二十二〇四十一、廿三〇四十六(六)금식긔도 二〇卅七、五〇卅三

六 부인의륜리(一)개인의게말ᄉᆞᆷᄒᆞ신것 一〇、二〇、七〇二十八、卅七ㅣ五十、八〇一ㅣ三、九ㅣ廿一、四十ㅣ五十六、十二〇五十三、十三〇十ㅣ十七、十五〇八ㅣ十、十七〇卅五、十八〇一ㅣ八、二十、廿二〇五十六(二)가뎡에 ᄃᆡᄒᆞ야 말ᄉᆞᆷᄒᆞ신것 五〇廿七ㅣ卅九、六〇卅八、十二〇十三ㅣ卅五十三〇十五〇十六〇

(미완)

◎가뎡과 효ᄋᆞ

●효ᄌᆞ의셕별가(石鼈歌)

아동방에 유명ᄒᆞᆫ 유현(儒賢) 길야은(吉冶隱) 션ᄉᆡᆼ의 일홈은 ᄌᆡ(再)니 션ᄉᆡᆼ이 八셰되엿슬ᄯᆡ에 그부친이 보셩판관으로 ᄂᆞ려갈ᄉᆡ 그부친을 ᄯᆞ라 보셩관아에 가잇섯는ᄃᆡ 하로는 그모친을 ᄉᆡᆼ각ᄒᆞ고 울다가 남계라칭ᄒᆞ는 시ᄂᆡ에 가셔 놀더니 [illegible]으로 웬 자라삭기 ᄒᆞᆫ머리가 나와셔 오ᄅᆡ도록 드러가지안커ᄂᆞᆯ 션ᄉᆡᆼ이 ᄉᆡᆼ각ᄒᆞᄃᆡ 뎌자라삭기도 필경 제 어미를 일코 뎌모양인가 ᄒᆞ여 그자라삭기를 붓들고 노래ᄒᆞ여왈「자라야자라야 너도 네 어미를 일헛ᄂᆞ냐 내가 너를 잡아다가 살머먹을줄은 알지마는 네가 네어미 일흔것이 내가 내어머니ᄯᅥ난것과 一반이라」인ᄒᆞ야 그자라삭기를 물에 노코 부루지져 우니 듯는쟈ㅣ다 슬패ᄒᆞ더니 그후에 과연 그부모를 셤김에 효셩이 츌텬(出天)ᄒᆞ고 려됴(麗朝) 왕씨를 위ᄒᆞ야 그츙졀을 굽히지 아니ᄒᆞ엿더라 션ᄉᆡᆼ이 일즉이 벼슬을 사양ᄒᆞ고 밧동산에 도라와셔 그모친을 셤길ᄉᆡ 홍샹 그모친의 금침을 ᄌᆞ긔손으로 펴고 치우거ᄂᆞᆯ 그부인이 말ᄒᆞᄃᆡ 내가 잇고 하인이 잇는ᄃᆡ 웨 친히 금침을 펴고 치우시ᄂᆞ잇가」ᄒᆞᆫᄃᆡ 션ᄉᆡᆼ왈「어머니ᄭᅴ셔 년만ᄒᆞ시니 내가 아모리 이ᄀᆞᆺ치 정셩을 다ᄒᆞ고져 ᄒᆞᆫ들 능히 오ᄅᆡ홀수 잇스리오」ᄒᆞ고 인ᄒᆞ야 쳐연(凄然)히 눈물을 흘니거ᄂᆞᆯ 그분인도 감동ᄒᆞ여 효부(孝婦)가 되엿더라

세계격언

一 부채(負債)는 어리셕음과 죄를 만히 낫는 어미니라

二 빗을 져가며 작만ᄒᆞᆫ 지산과 잔계로 엇은돈은 쇽히 쇼실(消失)ᄒᆞ기 쉬오니라

三 비복(婢僕)열을 부리는 것은 샹면열을 사는것이니라

四 부친의 덕힝은 아ᄃᆞᆯ을 위ᄒᆞ야 ᄀᆞ장 귀즁ᄒᆞᆫ 유물(遺物)이 되ᄂᆞ니라

五 아ᄃᆞᆯ의게 황금만근을 ᄭᅵ쳐주는것이 경셔ᄒᆞᆫ질 ᄀᆞᄅᆞ치는것만못ᄒᆞ니라

격치문답(格致問答)

●셩음(聲音)의속력(速力)

문 셩음의 속력이 엇더ᄒᆞ뇨

답 무ᄉᆞᆷ셩음이던지 다 一초(秒)동안에 一千一百영쳑의 거리(距離)를 힝ᄒᆞᄂᆞ니라

문 셩음이 엇더케 힝ᄒᆞᄂᆞ뇨

답 셩음은 공긔의 소개를 인ᄒᆞ야 힝ᄒᆞᄂᆞ니라

문 셩음이 一초동안에 一千一百영쳑식 힝ᄒᆞ는 실거(實據)를 말ᄒᆞᆯ수잇깃ᄂᆞ뇨

답 실거를 말ᄒᆞ자면 가령 우리가 먼곳에셔 춍놋는 것을 볼ᄯᆡ에 춍구멍에셔 화약연긔가 풀셕 난뒤에 얼마동안 잇다가 비로소 탕소리가 우리귀에 드러오니 그연긔날ᄯᆡ에 벌셔 춍소리가 낫지마는 우리귀에ᄭᆞ지 오는 동안이 잇는고로 얼마잇다야 들니ᄂᆞ니 이를 미루어 보면 가히알지니라

실업

●농ᄉᆞ강습요항 (쇽)

十二 작물에 해되ᄂᆞᆫ것을 업시홈

작물에 해되ᄂᆞᆫ것은 동물과 식물과 병균(病菌)등이니 동물즁에ᄂᆞᆫ 곡식먹ᄂᆞᆫ 새와 버러지들인ᄃᆡ 이것들을 업시ᄒᆞᄂᆞᆫ 방법은 여러가지가 잇ᄂᆞ니 츄후로 본회보법령뎍요부문ᄂᆡ에 해츙구제(害虫驅除)예방규측을 주의ᄒᆞ야 볼지며 식물즁에 해롭게ᄒᆞᄂᆞᆫ것은 곳잡풀과 가라지ᄀᆞᆺᄒᆞᆫ것이니 이것들은 잘 ᄲᆡᆸ고 ᄆᆡ여 (耘)주ᄂᆞᆫ것밧게 다른 방법이 업ᄉᆞᆯ지니라

또병균은 작물의 ᄲᅮ리나 줄기나 이삭에 병이 드러셔 번셩치 못ᄒᆞᄂᆞᆫ것이니라

十三 즁가리(中耕)와 웃거름(補肥)

즁가리ᄂᆞᆫ 작물이 쟝셩ᄒᆞᆫ후에 밧이랑ᄉᆞ이의 흙을 ᄒᆞᆫ번다시 갈고 븍도도아(培)주ᄂᆞᆫ것이니 뎍당ᄒᆞᆫ 시긔에 이법을 힘ᄒᆞ면 토디를 핑연(膨軟)케ᄒᆞ며비료의긔운을 고로 펴며 작물의 무근ᄲᅮ리ᄂᆞᆫ 쓴고 새ᄲᅮ리를 발싱케ᄒᆞᄂᆞᆫ 리익이 잇ᄂᆞ니라

보비ᄂᆞᆫ 원비(原肥)가츙족(充足)지 못ᄒᆞᆫ 곳에 쇽히 발산식히ᄂᆞᆫ 힘이 잇ᄂᆞᆫ 비료를 것흐로 주ᄂᆞᆫ것이니 보비ᄂᆞᆫ 대개 익비(液肥)를 쓰ᄂᆞᆫ것이됴흐니라

十四 잔발(間拔)

잔발법은 작물의 잔격(間隔)아 너머ᄲᅵᆨ々ᄒᆞᆷ 념려가 잇ᄉᆞᆯᄯᅢ에 잔々히 츙실치 못ᄒᆞᆫ것을 ᄲᆡᆸ아주ᄂᆞᆫ것이니라

담총

●슈륙(水陸)으로 다 ᄃᆞᆫ니ᄂᆞᆫ ᄌᆞ동챠(自動車)

미국아리소나쥬 오구란도에 사ᄂᆞᆫ 모씨가 근일 슈륙통힝ᄌᆞ동챠를 새로 발명ᄒᆞ야 젼ᄆᆡ특허권(專賣特許權)을 맛혓ᄂᆞᆫᄃᆡ 이챠가 륙디에셔 ᄃᆞᆫ닐ᄯᅢᄂᆞᆫ 一시간에 八十리를 가고 ᄯᅩ 물에셔 ᄃᆞᆫ닐ᄯᅢᄂᆞᆫ 一시간에 六十리를 가ᄂᆞᆫ지라 그 제죠ᄒᆞᆫ 법은 보통ᄌᆞ동챠와 다름이 업스나 쇠로 비모양ᄀᆞᆺ치 믄ᄃᆞᆫ 부표(浮標)를 붓쳣ᄂᆞᆫᄃᆡ 이부표ᄂᆞᆫ 쟝이 二十쳑이오 광이 三쳑가량이라 륙디로 ᄃᆞᆫ닐ᄯᅢᄂᆞᆫ 이 부표를 달어ᄆᆡ고 ᄯᅩ 물에셔 ᄃᆞᆫ닐ᄯᅢᄂᆞᆫ 이 부표를 ᄂᆞ려 장치(裝置)ᄒᆞ고 발동긔(發動機)ᄂᆞᆫ ᄌᆞ동챠뒤에 붓쳣ᄂᆞᆫᄃᆡ ᄃᆞᆫ닐ᄯᅢ에ᄂᆞᆫ 물속으로 드러가셔 발동ᄒᆞᄂᆞᆫ 힘에 ᄌᆞ동챠ᄂᆞᆫ 살ᄀᆞᆺ치 다라나되 부표가 잇ᄂᆞᆫ고로 물에 잠기지 아니ᄒᆞᆫ다더라

법령뎍요(法令摘要)

●묘디와 화장장과 ᄆᆡ장과화장을 취톄ᄒᆞᄂᆞᆫ규측 (쇽)

뎨二十됴 관리ᄒᆞᆯ자를 아지못ᄒᆞᄂᆞᆫ분묘가 잇ᄂᆞᆫᄯᅢᄂᆞᆫ 경무총쟝은 一년이샹의 긔한을 뎡ᄒᆞ야 이긔한안에 신고ᄒᆞᆯᄯᅳᆺ으로 고시ᄒᆞᆷ이 가ᄒᆞᆯᄉᆞ

이우희 말ᄒᆞᆫ 긔한안에 신고가 업ᄂᆞᆫ것은 쥬인업ᄂᆞᆫ 분묘로인뎡ᄒᆞᆯᄉᆞ

뎨二十一됴 묘디외에 ᄆᆡ장ᄒᆞᆫ 시톄나 ᄲᅧ골은 경찰셔에셔 ᄀᆡ장(改葬)ᄒᆞᆷ을 명ᄒᆞᆷ도 잇ᄉᆞᆯᄉᆞ 이런경우에 ᄆᆡ장ᄒᆞᆫ자를 알지못ᄒᆞᄂᆞᆫᄯᅢᄂᆞᆫ 그토디의 쇼유쟈나 ᄯᅩᄂᆞᆫ 관리쟈가 경찰셔의 허가를 엇어 ᄀᆡ장ᄒᆞᆷ도잇ᄉᆞᆷᄉᆞ

회보ᄃᆡ금령슈

高城

張秉森	四十錢
朴儀來	四十錢
金永培	四十錢
韓文三	四十錢
金贊浩	四十錢
張東赫	四十錢
河龍植	四十錢
全鍾運	四十錢
咸永壽	四十錢
金亨錫	四十錢

그리스도회보

KOREAN CHRISTIAN ADVOCATE

每週一回月曜日發行
大正二年四月二十三日印刷
大正二年四月二十八日發行

發行兼編輯人 開城北部山芝峴 奇義男
印刷人 京城北部樓閣洞 朴東完
印刷所 京城南部上犂洞 新文館
發行所 京城北部壯洞四十三統三戶 呂炳鉉邸

ᄃᆡ금…代金 一쟝 二젼 六개월 四十젼 一개년 八十젼

샤셜

●한셩쥬일학교대연습의 셩황

ᄯᅢ는 졍히 양력 四월十九일 하오二시라 풍화일란ᄒᆞ여 만물이 빗출내매 궁셩양류와 북산송ᄇᆡᆨ은 쳥록휘장을 둘너친듯 샹림의 두견화、신이화와 욱동의 힝화 도화는 오ᄉᆡᆨ금슈(錦繡)를 펴논듯 ᄒᆞ믈며 츔추는 나뷔와 노래ᄒᆞ는 ᄉᆡ는 모다 지공무ᄉᆞᄒᆞ신 우리텬부의 호ᄉᆡᆼ지덕(好生之德)을 감샤ᄒᆞ고 찬송ᄒᆞ는듯ᄒᆞ도다 이ᄯᅢ 경복궁뒤 경무ᄃᆡ압 바다ᄀᆞᆺ치 너른 어원(御苑)에 오ᄉᆡᆨ긔번(旗幡)이 동풍에 펄펄놀니는ᄃᆡ 그밋헤 몸에션명ᄒᆞᆫ 츈복을 닙고 가슴에 휘쟝(徽章)을 붓쳣스며 손에 찬미칙을 들고 얼골에 양츈과ᄀᆞᆺ치 화긔를 ᄯᅴ고 섯는 만여명의 남녀로쇼는 곳 한셩쥬일학교대연습에 참셕ᄒᆞᆫ 신도즁 형뎨ᄌᆞ미와 학ᄉᆡᆼ즁 쟝년 유년과 관광ᄒᆞ는 인ᄉᆞ 부녀러라 당일슌서를 대강들어말ᄒᆞ건ᄃᆡ 열심만코 권확ᄒᆞᆫ 회쟝원두우씨는 산악을 움ᄌᆞ기는듯ᄒᆞᆫ 八九千명의 찬숑가(二百三十四)로 긔회ᄒᆞᆫ후 죠션인즁 박승봉씨와 일본인즁 교본금태랑씨가 군졀ᄒᆞᆫ 긔도를 드리고 회쟝이 긔회ᄒᆞᆫ 대지를 셜명ᄒᆞ매 一반텽즁이 박슈(拍手)ᄒᆞ야 환영ᄒᆞ는 뜻을 표ᄒᆞ고 그다음에는 리화학당녀학ᄉᆡᆼ들이 쳥아ᄒᆞᆫ 음셩으로 찬숑가(二百四十八)를 합창(合唱)ᄒᆞ매 텽즁이 박슈갈치(喝采)ᄒᆞ고 목ᄉᆞ오긔션씨가 류챵격졀(流暢激切)ᄒᆞᆫ 웅변(雄辯)으로 환영ᄉᆞ(歡迎辭)를 말ᄒᆞ고 목ᄉᆞ 긔이부씨가 번역ᄒᆞ매 텽즁이 박슈갈치ᄒᆞ고 그다음에는 금번 일본으로좃차 죠션에 건너온 만국쥬일학교시찰단一힝三十인즁 단쟝 하인드박ᄉᆞ와 동힝즁 ᄲᅮ라운복ᄉᆞ량씨가 ᄎᆞ례로 쥬일학교의 필요홈과 진보되는 형편을 말ᄒᆞᆯ시 목ᄉᆞ현슌씨가 류챵ᄒᆞᆫ 웅변으로 번역ᄒᆞ매 텽즁이 말ᄭᅳᆺ마다 박슈갈치ᄒᆞ야 환영ᄒᆞ는뜻을 나태낸후 시찰단一힝이 쳥아홍량(洪亮)ᄒᆞᆫ 셩음으로 찬송가를 부르매 텽즁이 박슈갈치ᄒᆞᆫ후 찬양회 회원一동이 찬송가(一百六十二)를 합창ᄒᆞ매 텽즁이 박슈갈치ᄒᆞ고 외국션교ᄉᆞ의ᄌᆞ녀들이 영어로 찬미ᄒᆞ매 텽즁이 박슈갈치ᄒᆞᆫ후 샹동과 동대문량쇼학교학도들이 신구약칙일홈들을 모화 문ᄃᆞᆫ 노래를 부르면서 미리연습ᄒᆞ엿던 유희(遊戲)를 연극(演劇)ᄒᆞ매 텽즁이 자조 박슈갈치ᄒᆞᆫ후 비화학당녀학ᄉᆡᆼ들이 찬송가(六十七)를 합창ᄒᆞ매 텽즁이 박슈갈치ᄒᆞᆫ후 남녀쇼학도二百인이 찬송가(一百十七)를 노래ᄒᆞ매 텽즁이 박슈갈치ᄒᆞ고 일본인쇼학도들이 일어로 찬송ᄒᆞ매 텽즁이 박슈갈치ᄒᆞᆫ후 리화학당녀학ᄉᆡᆼ이 영어로 찬미ᄒᆞ매 텽즁이 박슈갈치ᄒᆞ고 뎨一찬미와 회쟝의 츅ᄉᆞ로 폐회ᄒᆞ니 ᄯᅢ는 하오五시반이러라

본샤특별고ᄇᆡᆨ

一、본 회보ᄃᆡ금은 우표로 보내시지 마시고 아모됴록 우편쇼위체(郵便小爲替)로 보내시되 혹 부득이ᄒᆞ야 우표로 보내시게 되는 경우에는 五리나 혹 一젼짜리 우표로보내주시옵

二、본회보의 신구람쟈 十인을 엇어보내시는 이의게는 젼파ᄀᆞᆺ치 본보一쟝을 무ᄃᆡ금(無代金)으로 보내여 드리겟숩내다

교즁휘문

◀니 보▶

●샹동교회의불힝

경셩 샹동 교회에셔는 본월 十三일 하오八시량에 학싱긔 슉샤에셔 불이 니러나셔 목ᄉ쥬턱에 연소(延燒) 되엿다ᄒᆞ니 우리는 듯기에 심히 놀납고 히교회ᄂᆡ 一반 형뎨ᄌᆞ미와 특별히 목ᄉ젼덕긔씨를 위ᄒᆞ야 동감졍을 표ᄒᆞ노라

●녕변의부인대사경회

평북 녕변읍교회 리태뎔씨의 통신을 거ᄒᆞᆫ즉 본교회ᄂᆡ에셔 거三월二十一일브터 三十一일ᄭᆞ지 부인사경회를 열고 공부ᄒᆞ엿는ᄃᆡ 교ᄉ는 목ᄉ 송희봉 젼도ᄉ졍진슈 리태뎔 쥬죵화 방긔슌 권ᄉ리윤명 리창근 션원졔 송혜헌 류병식졔씨오 학싱은 九十인이오 파졍은 구등에는 히부리 호세아 골노시요 七등에는 ᄃᆡ모데젼후셔 텰왕긔샹 베드로젼후셔요 五등에는 삼우엘젼셔 고린도후셔 갈나듸아요 四등에는 ᄉᄉ긔 ᄉ도힝젼 고린도젼셔요 三등에는 출이굽 예수힝젹 ᄉ도힝젼이오 一二등에는 창셰긔 예수힝젹 감리회쇼년문답이오 특별히 밧은 은혜는 견확ᄒᆞᆫ 밋음과 신령ᄒᆞᆫ 소망과 진실ᄒᆞᆫ ᄉ랑을 충만히 밧앗스니 희락ᄒᆞᆫ ᄯᅴ도가 감우를 맛는 초목과ᄀᆞᆺ다 ᄒᆞ엿더라

●쟝명교회에새례빗당

츙남 목천군 쟝명리교회 홍의션씨의 통신을 거ᄒᆞᆫ즉 본교회는 심히 연약ᄒᆞ야 쥬잔풍다에 인ᄂᆡ치 못ᄒᆞ고 ᄃᆞ셩ᄀᆞᆺ치 문허질 디경이러니 교우즁 리츈화씨와 김경렬씨등 二三인이 힘과 ᄆᆞ음을 다ᄒᆞ야 본교회를 붓들어와셔 지금은 교우百여명이 모혀례비ᄒᆞ나 원릐 빈한ᄒᆞᆫ 교회인고로 례비당이 문허질 디경이로ᄃᆡ 슈리ᄒᆞᆯ 방침이 업더니 형뎨ᄌᆞ미의 열심찬조ᄒᆞᆫ 결과로 본동즁앙에 四十五원가치되는 초가十간을 사셔 슈리ᄒᆞ야 례비당으로 쓰는ᄃᆡ 이집갑과 슈리비 十五원을 이연조금으로 지발ᄒᆞ고 부족의이 七환인ᄃᆡ 빗슬엇어쓴후 갑흘도리가 업셔셔 근심ᄒᆞ더니 리츈화씨가 七환을 보조ᄒᆞ야 이빗을 갑핫스니 여러 교우의 셩심과 리씨의 신앙심을 감하ᄒᆞᆫ다 ᄒᆞ엿더라

●대쳔동교회의연조

평남 평양부 동면 대쳔동교회 박승찬씨의 통신을 거ᄒᆞᆫ즉 히교회는 셜립된지 八九년에 남녀교우가 수十인에 지내지 못ᄒᆞ고 례비당도업시 쥬일이면 교우의 집을차자ᄃᆞ니면셔 례비ᄒᆞ더니 하ᄂᆞ님ᄭᅴ셔 특별ᄒᆞᆫ 은혜를 베프심으로 一반교우가 츙셩과 쓰거운 ᄆᆞ음을 분발ᄒᆞ야 초가七잔을 사셔 쥬일이면 례비를 편히보고 쉬지아니ᄒᆞ고 긔도ᄒᆞ며 쥬의 十ᄌᆞ가를 바라보며 젼도ᄒᆞᆷ으로 지금은 남녀 九十여인이 례비ᄒᆞ게된지라 본례비당을 즁슈ᄒᆞ기 위ᄒᆞ야 본월四일 쥬일아참에 연보ᄒᆞᆫ 금익이 一百六十八원九十젼인ᄃᆡ 그즁에 감샤ᄒᆞᆫ것은 본교회를 지극히 ᄉ랑ᄒᆞ시는 리씨는 지금 나히八十셰라 년젼브터 셩면을 위ᄒᆞ야 연미ᄒᆞᆫ것을 돈으로 계산ᄒᆞ면 二十원에 달ᄒᆞ엿스니 그셩심은 교우의모범이 될만ᄒᆞ고 또 물품으로 연조ᄒᆞᆫ이가 잇는ᄃᆡ 시계三ᄀᆡ 은쟝도一ᄀᆡ 은반지一ᄀᆡ 금혜안경一ᄀᆡ라 이ᄀᆞᆺ치 연조ᄒᆞᆫ 졔씨의 셩심을 감하ᄒᆞ거니와 이모든 영광은 다 하ᄂᆞ님ᄭᅴ 돌닌다 ᄒᆞ엿더라

●금셰의 마래

평북 운산면 샹리 김치호씨의 통신을 거ᄒᆞᆫ즉 그곳교회 속쟝리창식씨는 쥬를밋기젼에 셰리로 볼의도 힝ᄒᆞ고 도식도ᄒᆞ더니 七八년젼브터 쥬의부르심을 닙어 열심으로 쥬회일을 잘보더니 잠잔 가ᄉ로인ᄒᆞ야 유혹에싸져 몃쥬일을 오지아니ᄒᆞᆷ으로 교우들이 긔도ᄒᆞ며 권면ᄒᆞ엿더니 지금은 더욱 열심을 내여 잘ᄃᆞ니며 타인의게 젼도도ᄒᆞ니 하ᄂᆞ님ᄭᅴ셔 권능을 더주샤 교회일을 더욱 열심으로 ᄒᆞᆫ줄 밋고 감샤ᄒᆞᆫ다 ᄒᆞ엿더라

●하ᄂᆞ님ᄭᅴ영광돌닐일

황히도 금쳔군 동화면 김야곱씨의 통신을 거ᄒᆞᆫ즉 본교회는 이년젼에 하ᄂᆞ님의빗츨 밧아 처음사오명의 죄인이 죄를ᄌᆞ복ᄒᆞ고 쥬를밋은후 열

심을 픔어 하ᄂᆞ님을 셤기며 ᄆᆞ음을 다ᄒᆞ야 서로 ᄉᆞ랑ᄒᆞᆷ으로 동심합력ᄒᆞ야 례ᄇᆡ당을 건축ᄒᆞ고 몃사ᄅᆞᆷ이 모혀 례ᄇᆡᄒᆞ며 죄인동포를 위ᄒᆞ야 하ᄂᆞ님압헤 ᄒᆞᆼ샹 긔도ᄒᆞ며 열심젼도ᄒᆞᆷ으로 셩신이 구원엇을 쟈를 날노 더ᄒᆞ샤 현금에는 교우가 三十여명에 니르럿고 ᄯᅩᄒᆞᆫ 유년을 교육ᄒᆞ기 위ᄒᆞ야 쇼학교를 셜립ᄒᆞ얏스나 하ᄂᆞ님의은혜를 감샤ᄒᆞ며 ᄯᅩᄒᆞᆫ근일에 하ᄂᆞ님ᄭᅴ 영광돌닐 일이 잇스니 교우즁 라인텬씨는 일년젼에 죄를 회ᄀᆡᄒᆞ고 우샹을 거졀ᄒᆞ며 열심으로 하ᄂᆞ님을 셤기는ᄃᆡ 그친쳑들의 핍박ᄒᆞᆷ이 비ᄒᆞᆯᄃᆡ 업는지라 허씨는 문즁ᄎᆞᆫ손으로 미양 큰집에 졔ᄉᆞ를 당ᄒᆞ야 한가지로 졀ᄒᆞ지아나ᄒᆞ니 문즁에셔 핍박이 더욱니러나 허씨의게 말ᄒᆞ기를 네가 예수를 밋깃ᄂᆞ냐 아니밋깃ᄂᆞ냐 힐문ᄒᆞ며 만일밋으면 췌가츌송ᄒᆞᆯ뿐아니라 근쳐에도살지 못ᄒᆞ리라ᄒᆞ며 구타ᄒᆞᄂᆞᆫ디경에 니르니 신톄가 심히압흐되 눈압헤 그리스도ᄭᅴ셔 십ᄌᆞ가에 못박히신것시 ᄇᆞᆰ히보히며 하ᄂᆞ님ᄭᅴ셔 하ᄂᆞᆯ에ᄊᆞ하둔 복을 주실줄 확실히 밋는다ᄒᆞ고 죠곰도 락망치아니ᄒᆞ고 친쳑들을 위ᄒᆞ야 ᄒᆞᆼ샹 긔도ᄒᆞ니 이형뎨의 그리스도예수를 밋음과 하ᄂᆞᆯ에ᄊᆞ하둔소망을잡고 인ᄂᆡᄒᆞᆷ이 우리한가지 쥬를밋고 한가지 소망이잇는 부형모ᄆᆡ졔씨의게 모범이되니 이로좃차 이교회는 더욱흥왕ᄒᆞ며 이로말ᄆᆡ암아 모든교우는 쥬안에셔 즐겁고 즐거워ᄒᆞ야 셩신의열ᄆᆡ를 ᄆᆡ즐리라 ᄒᆞ엿더라

●긔렴연보광고

본년一월十二일은 본회보챵간 뎨二회 긔렴쥬일이온ᄃᆡ 이날에 각쳐교회에셔 각기힘대로 본회보에 연보ᄒᆞᆫ것을 본샤로 보내엿삽기 그 익호ᄒᆞ시는뜻을 감샤ᄒᆞ오며 이에 ᄎᆞ례로 게지ᄒᆞ야 광포ᄒᆞ노라

驪州虎索里敎會 十錢
仝 堂隅敎會 五十一錢
仝 小松谷敎會 十五錢
海州花陽寺洞敎會 十六錢
仝 申村敎會 二十六錢五厘
仝 錦山面富井洞敎會 二十六錢
仝 龍川面東山里敎會五十一錢五厘

◀외 보▶

●전국청년회의대회

일본전국긔독교청년회의 대회는 전호에 긔지ᄒᆞᆫ바와 ᄀᆞᆺ치 본월一일브터 五일ᄭᆞ지 동경신면청년회관ᄂᆡ에셔 열엇는ᄃᆡ 츌셕ᄒᆞᆫ 회원은 전국ᄂᆡ 七十五쳐 청년회와 五十七쳐 학교의 ᄃᆡ표쟈 합五百명이오 목덕션싱과 기외 여러 유명ᄒᆞᆫ 종교가가 각식문뎨로 연셜ᄒᆞ엿고 폐회ᄒᆞ기젼에 이제브터 三년후에 이와ᄀᆞᆺᄒᆞᆫ 대회를 ᄯᅩ 열기로 작뎡ᄒᆞ엿다더라

●일본셔부감리교년회

일본 셔부감리교뎨六회년회는 거三월二十一일브터 동二十五일ᄭᆞ지 감독평암션보씨의 쥬쟝으로 동경셔 열고 각쳐교회의 보고를 드른후 ᄉᆞ무를 쳐리ᄒᆞ엿다더라

●이젹을 보고 회ᄀᆡᄒᆞᆷ

즁화민국 감숙셩 민쥬 위진마씨는 그곳교회를 관할ᄒᆞ는 목ᄉᆞ라 그아우는 쥬를독실히 밋고 그형은 밋지안코 ᄒᆞᆼ샹 조롱ᄒᆞ더니 금년봄에 그아우가 우연히 병이 들어 고통ᄒᆞ더니 하로는 크게 소릐질너 왈 우리쥬ᄭᅴ셔 더긔 계시니 나는 가노라ᄒᆞ고 인ᄒᆞ야 명이 ᄭᅳᆫ어지는지라 집안사ᄅᆞᆷ이 통곡ᄒᆞ며 긔도ᄒᆞ야 다시 회싱(回甦)ᄒᆞ기를 ᄀᆞᆫ구ᄒᆞ더니 과연 쥬ᄭᅴ셔 젼능을 나타내샤 죽엇던자가 다시 ᄭᆡ여나매 온집안이 비샹히 깃버ᄒᆞ며 찬미ᄒᆞᆯᄯᅢ에 처음브터 예수교를 극력반ᄃᆡᄒᆞ던 그ᄇᆡᆨ씨가 그광경을 보고 탄식왈 내가 오ᄂᆞᆯ날ᄭᆞ지 신구약말ᄉᆞᆷ을 허탄ᄒᆞᆫ줄노 알엇더니 이런이젹을 보고도 一향고집ᄒᆞ면 반ᄃᆞ시 텬벌이 밋츠리라ᄒᆞ고 그날브터 회ᄀᆡᄒᆞ엿다더라

●샹히의 협의회

三 만국션교회샹비위원쟝목덕션싱이 샹히에셔 협의회(協議會)를 열엇슬ᄯᅢ에 전국각셩(各省)으로 브터 파송ᄒᆞᆫ 협의위원은 총계一百二十인이러라

●영국의 대ᄌᆞ션가

영국ᄌᆞ션가 아링톤씨는 림죵시 유언으로 ᄌᆞ긔재산 一千만원즁에셔 六빅만원은 외국션교회에 긔부ᄒᆞ고 二百만원은 론돈 강그레게슌교회즁 션교부에 긔부ᄒᆞ고 또 二빅만원은 침례교회즁 젼교회에 긔부ᄒᆞ엿다더라

긔셔

●태평양젼도록 (쇽)

영국 태요한 션ᄉᆡᆼ 저슐
한셩 긔이부 목ᄉᆞ 번역

내가 예수교회에셔 엇은 돈을 계산ᄒᆞ니 족히 六쥬일을 지낼만ᄒᆞᆫ고로 본셩에셔 샹학ᄒᆞ면 크게 ᄌᆞ미를 볼가ᄒᆞ엿더니 맛춤 져부의 량디(量地)ᄒᆞ는사ᄅᆞᆷ이 나를 고용ᄒᆞᆯ식 시간은 아참 九시로 오후 四시ᄭᆞ지라 집이 十二리가 되매 날마다 릭왕간에 공부를 만히ᄒᆞ엿스며 뎜심후 쉬일ᄯᅢ에도 다른 사ᄅᆞᆷ과 ᄀᆞᆺ치 놀지안코 죵용ᄒᆞᆫ 곳을 차져 칙을보매 일만흔사ᄅᆞᆷ이 나ᄃᆞ려 뭇기를 무슴칙을 보ᄂᆞ뇨ᄒᆞ거ᄂᆞᆯ 내가 ᄃᆡ답ᄒᆞᄃᆡ 나는 ᄒᆞᆼ샹 칙보기를 됴와ᄒᆞ노라ᄒᆞ니 그사ᄅᆞᆷ이 나를 동반에셔 쎄여 대학방에 올녀 ᄌᆞ긔와 ᄀᆞᆺ치 七년잇기를 원ᄒᆞ거ᄂᆞᆯ 내가 말ᄒᆞᄃᆡ 三四년은 가ᄒᆞ거니와 七년은 잇슬수 업다고 말ᄒᆞ니 그가 뭇기를 그ᄃᆡ가 집을 엇지 못ᄒᆞ야 그러ᄒᆞ뇨ᄒᆞ거ᄂᆞᆯ 내가 ᄃᆡ답ᄒᆞᄃᆡ 특별히 셤기는 쥬가 계신잇가 七년동안을 이일에만 죵ᄉᆞᄒᆞᆯ수업다ᄒᆞ니 그가 또 뭇기를 셤기는 쥬가 누구뇨ᄒᆞ기로 내가 ᄃᆡ답ᄒᆞᄃᆡ 쥬 예수니 그럼으로 내가 ᄒᆞᆼ샹 젼도ᄒᆞ기를 예비ᄒᆞ노라ᄒᆞᆫᄃᆡ 그가 말ᄒᆞᄃᆡ 그ᄃᆡ가 만일 칠년을 ᄒᆞᆷᄭᅴ잇지못ᄒᆞᆯ 경우면 산슐법을 주고져ᄒᆞ노라 내가말ᄒᆞᄃᆡ 산법은 졸디에 밧기 어려오니 七년공부를 위ᄒᆞ야 나의 평ᄉᆡᆼ ᄯᅳᆺ을 폐ᄒᆞ리오 비록 감샤ᄒᆞ나 좃지 못ᄒᆞ겟노라 ᄒᆞᆫᄃᆡ 그가 허락ᄒᆞ거ᄂᆞᆯ 집으로도라오매 량디ᄒᆞ던 여러사ᄅᆞᆷ이 나를 기ᄃᆞ리니 더희는 태반이나 텬쥬교인인ᄃᆡ ᄒᆞᆼ샹 셩신의 일홈을 망녕되이 부르는지라 그럼으로 내가 더희 ᄯᅥ나기를 심히 원ᄒᆞᆷ이라 그ᄯᅢ에 우리고향에 ᄒᆞᆫ션ᄉᆡᆼ이 잇셔 량디국에셔 나를 이ᄀᆞᆺ치 ᄃᆡ졉ᄒᆞᆷ을 듯고 내게 와셔 말ᄒᆞᄃᆡ 그ᄃᆡ가 글닑기를 원ᄒᆞ면 내가 월샤금도 밧지안코 오직 내 의식만ᄒᆞ리라ᄒᆞ거ᄂᆞᆯ 우리 형뎨와 ᄌᆞ미가 ᄒᆞᆷᄭᅴ학당에 드러가니 이ᄯᅢ는 량믹이 다 닉은지라 엇던사ᄅᆞᆷ의 집에 가셔 믹고모ᄌᆞ 만ᄃᆞᆯ기를 품팔시 쥬인의 지휘ᄒᆞ는대로 문돌더니 三일후에 손가족이 얇어셔 심히 어려온지라 처음에는 칭찬ᄒᆞ더니 나죵에는 분분히 흉을 보더라 밤에는 일군이 마구우에셔 잘식 쥬인이 나의 나히 어림을 ᄉᆡᆼ각ᄒᆞ고 나를 불너 ᄌᆞ긔아ᄃᆞᆯ자는방에셔 ᄀᆞᆺ치자게ᄒᆞ니 내ᄉᆡᆼ각에 더욱 감샤ᄒᆞ여 비가올ᄯᅢ에 더희 ᄭᅩᆺ심으는일을 도아쥴식 나의 모친의 ᄀᆞᄅᆞ치신 법대로 각ᄉᆡᆨ ᄭᅩᆺ을 ᄎᆞ려잇게심으니 쥬인이 보고 심히 깃버ᄒᆞ야 공젼을 줄ᄯᅢ에 공젼외에도 션물을주더라 (미완)

교회ᄉᆞ긔 (쇽)

긔이부 역슐

●뎨六관 각교회의 형편

틱ᄒᆞ신 빅셩즁에 세운교회가 오릭될ᄉᆞ록 더욱 예수의 감ᄉᆡᆼᄒᆞ심을 ᄉᆡᆼ각ᄒᆞ여보면 이스리엘사ᄅᆞᆷ의 ᄯᅳᆺ을 의지ᄒᆞ야 셰샹나라와 샹관됨을 ᄀᆡ의치 아닌것을 ᄇᆞᆰ혓스나 그러나 그리스도가 모세률법의 죵말(終末)이 되여 굿게힘ᄒᆞᆷ을 ᄇᆞᆰ히지 못ᄒᆞ니라 예루살넴이 함락ᄒᆞᆫ후 신도들이 만히 ᄒᆞᆫ가ᄒᆞᆷ을 취ᄒᆞ야 산림ᄉᆞ이에 은신ᄒᆞ야 졈졈 나사렛인파에보나이스 베안교회(간난ᄒᆞ고 곤궁ᄒᆞᆫ이라)를 세우니 그가온ᄃᆡ 바리새교인의 누룩이 잇ᄂᆞᆫ지라 이방신도들을 쇽되다ᄒᆞ야 교통ᄒᆞ기를 깃버ᄒᆞ지 안ᄂᆞᆫ쟈가 잇스되 혹 이방신도로 더브러 교통ᄒᆞᄂᆞᆫ쟈도 잇서 젼도를 위ᄒᆞ야 은근ᄒᆞᆫ졍을 나타내니 수리아와 안듸옥교회라 ᄉᆞ도의 모든편지를 보면 쇼아셰아 모든 교회형편을 알것이니 갈니듸아사ᄅᆞᆷ은 원릭 구라파에 호젹ᄒᆞ고 쇼아셰아에

옴거사는빅셩이라 바울이 두번재 젼도홀때에 큰회를 셰웁으로 그곳사름이 만히 셩신을 밧어 복음을 위호야 고난밧기를 달게녁이더니 교ᄉᆞ가 유대로브터 와서 신도를 고혹케홈으로 바울이 편지호야 신도로 셩신을밧어 ᄌᆞ유호는 도리를 붉히게호고 골노시교회에 편지훈것을 싱각호여보면 그곳에도 이방사름의 누룩이 잇서셔 방탕히 힘호는 폐단이 만허 형상업는것을 경히녁이고 형상잇는것을 즁히녁이며 갓가온디를 ᄇᆞ리고 먼디를 힘쓰는고로 바울이 편지호디 복음의 뎡훈뜻은 그리스도안에 잇스니 오직 그리스도를 힘닙는쟈ㅣ라야 구원을 엇는다 호엿고 에베소에는 이단이 만히남으로 바울이 쟝로와 작별홀때에 교회안에 싀랑이 드러와 신도를 흣터 뎌회의게 합호고져홀것을 ᄀᆞᄅᆞ치고 작별훈후에 또 편지를 붓쳐 여러곳 신도들이 다 그리스도로 더브러 혈믹이 서로 련호야 훈지톄됨을 붉히고 베드로젼서를보면 쇼아셰아각셩에 모든 교회가 해를 만히 밧음으로 리싱의 소망을품고 금셰의 고난견딤을 권면호며 또후서를보면 쇼아셰아 모든 교회에 이단이 니러남으로 엄호게 ᄭᅮ지졋고 믁시록을 보면 아셰아 七교회의 형편을 말호엿스니 ᄉᆞ망(死亡)에 니른교회가 둘이오 ᄇᆞ리고 취홀것을 아는교회가 셋이오 밧그로는 빈한호고 피곤호나 안으로는 실샹 부요(富饒)훈쟈ㅣ 둘이니 이것은 셩신이 츙만훈 교회라호고 마게돈나에 잇는 빌닙보와 데살노니가와 비리아 세교회는 바울의 편지로 보면 가히알지니 데살노니가에 잇는 신도들은 쥬ᄭᅴ셔 두번오신다 홈으로 변론호야 의론이 잇는고로 바울이 편지호야 그의혹을 막고 빌닙보에 잇는 신도는 열심으로 쥬를 셤김으로 바울ᄭᅴ서 심히 위로호엿스나 거줏 션지쟈가 유대로 브터 와서 미혹호게홈으로 바울이 편지호야 그간샤훈말과 거줏힝홈을 막고 회랍국에 큰교회가 잇스니 곳 고린도교회라 이곳에 이론이 분분호야 혹 학술을 즁히녁이고 셰샹디톄를 취호며 혹 힝실을 법도(法度) 업게호며 방탕홈을 좃는고로 바울이 편지호야 깁히 칙망호며 경계호고 로마에 잇는 유대인과 이방사름은 복음을 깃버호는쟈ㅣ 만흔지라 그럼으로 드듸여 큰교회를 일우엇스나 유대사름은 셩졍이 편벽되여 이방사름과 홈ᄭᅴ호지아니홈이 잇는고로 바울이 편지호야 말호되 하ᄂᆞ님의 뜻은 복음에 나타냇스니 구원을 엇는 근본이 온젼히 그리스도안에 잇슴을 붉혓ᄂᆞ니라

●사 조(詞藻)

한셩 류경부

一 쟝빅산운구름을것고
즁텹훈봉만을니라겨
셩큼〃〃달녀가며

二 두만강은바룸에울녀
호탕훈물결을번듯치며
출넝〃〃달녀와서
네소셔알외매
슯훈쟈는깃버호며
의심호던쟈는밋으며
약훈쟈는건장호며
원망호던쟈는ᄉᆞ랑호야
손을잡고머리를 들어
다시빗는 하놀을볼지
니……그무숨소리가

셩경연구

●누가복음연구 (쇽)

七、샤회학 본복음에볼것은 (一)빈궁훈사룸의게 디훈관렴(觀念)二○廿四、四○十八、廿六、十○卅七、十一○五ㅣ八、十二○卅三、卅四、十四○十二ㅣ十四、十六○十九ㅣ卅一、十八○二ㅣ八 (二)죄인의게디훈 관렴五○廿、卅六、七○卅四、卅六ㅣ五十、十五○一、二、十八○九ㅣ十四、十九○二ㅣ十、卅三○卅三ㅣ卅九 (三)젼지에디훈 관렴三○十三、十四、六○廿四、八○三、廿五、十○四、卅五、十二○六ㅣ十八、卅五 五十九、十五○八ㅣ十三、十八○廿一、十九○八ㅣ十三、廿○廿二、四十七、廿一○四、

五廿二〇卅九、廿三〇二

八、력ᄉᆞ의관계 본복음에 볼것은 一〇廿一、廿五、廿六、二〇一、四、四十二、三〇一一三、九〇七一十、卅三〇一、八 (미완)

●ᄉᆞ도바울의ᄉᆞ젹

한셩 류경상 져

一、고향과부모 …… 바울은 사울이라고도 칭ᄒᆞ엿ᄂᆞᆫᄃᆡ 길니기아도의 수부(首府)되는 다소셩에셔 싱쟝ᄒᆞ엿스니 다소는 희랍국의 유명ᄒᆞᆫ 도회쳐오 문화가 ᄀᆞ장발달된곳이라 그부친은 벤야민족속으로 유명ᄒᆞ고 힘세ᄒᆞᆯ만ᄒᆞᆫ 유대인이오 바리시다파의 ᄋᆡ국당이며 히부리풍속에 엄미여 지내는완고라 ᄒᆞᆯ만ᄒᆞᆫ 사ᄅᆞᆷ이며 아랍방언을 능통ᄒᆞ고 로마국민의 ᄌᆞ격이 잇더라 로마국민된ᄌᆞ격는 ᄂᆡ디에 잇셔셔 공공ᄒᆞᆫ 평등ᄌᆞ유를 누리는 권한이 잇스며 로마국귀족반렬에 잇슨듯ᄒᆞ니 ᄂᆡ란이잇슬ᄯᅢ에 나가셔 공을세움으로 이러ᄒᆞᆫ 디위를 도득ᄒᆞᆫ듯도ᄒᆞ고 엇던 긔회를 ᄐᆞ셔엇은듯도ᄒᆞ니라 사울의 부친의 일홈은 모친의 일홈과 ᄀᆞᆺ치 ᄉᆞ긔에 업스나 우리가 ᄃᆡ모데후서一〇三을 보와셔 경신ᄒᆞ던가족인줄은 짐작ᄒᆞ며 사울외에 ᄯᆞᆯᄒᆞ나가 잇슨듯ᄒᆞ니라 (ᄉᆞ도二十三〇十六)

二、일홈 사울이란(ᄒᆞᄂᆞᆫ (ᄉᆞ도九〇十一)일홈은 할례밧은일홈이니 유대민족의 흔ᄒᆞᆫ 일홈이오 이스라엘족속의 처음으로 왕된 사울왕을 긔렴ᄒᆞ려고 그ᄀᆞᆺ치 진것이더라 사울의 일명은 우리가 닉히 아는 바울이니 지금 유대인들이 구라파에셔 ᄌᆞ녀의게 유대일홈도짓고 영국이나 덕국일홈도 지어 둘식가지는것과ᄀᆞᆺ치 바울이라 ᄒᆞᄂᆞᆫ일홈은 어렷슬ᄯᅢ에 주어 외방에셔 부르게 홈이러라 만약 사울의 부친이 엠밀리안 족속에 관계된이면 그족속가온ᄃᆡ 바울이란일홈이 잇슴으로 이것을 응ᄒᆞ여 지어준것ᄀᆞᆺᄒᆞ니 유명ᄒᆞᆫ 바울려쓰 곳바울이란 명칭이 잇셧슨즉 이것을 ᄯᅩ라 일홈ᄒᆞᆫ듯ᄒᆞ니라 이일홈이 ᄉᆞ도十三〇九에 처음나타나 긔록되엿스니 실로외방일홈인것이 드러낫고 사울이라ᄒᆞ는 바울ᄉᆞ도가 과연 일평싱에 외방을 위ᄒᆞ여 일ᄒᆞ엿스며 두일홈즁 바울이라ᄒᆞᄂᆞᆫ 일홈이 더욱 흔히씌엿스니 유대인으로 유명히 외방인의게 가셔 예수그리스도를 젼ᄒᆞ여 마ᄅᆞ쳣ᄂᆞ니라 (미완)

◎가뎡과쇼ᄋᆞ

●효부(孝婦)의 졀힝

신라때 박죠(朴慥)의 안히 림씨가 그싀어머니 면씨를 효셩으로 셤기더니 그남편이 셔울노 벼슬살너 산동안에 그집에셔 밤즁에 불이 나셔 집안사ᄅᆞᆷ이 각각ᄌᆞ긔몸만 구원ᄒᆞ기에 골몰ᄒᆞᆫᄃᆡ 그ᄯᅢ 그싀어머니는 늙고 병이 들어셔 자리에 누어 니러나지 못ᄒᆞᄂᆞᆫ지라 림씨가 불속으로 ᄯᅱ여드러가 그싀어머니를 업고 나오다가 문턱에 걸녀 업드러지매 맛참 바람이 ᄆᆡᆼ렬ᄒᆞ고 불길이 셩ᄒᆞ야 사ᄅᆞᆷ의 몸에 밋쳣거ᄂᆞᆯ 림씨가 ᄌᆞ긔몸으로써 그싀어머니몸을 덥허 보호ᄒᆞ다가 그등이 무루녁을 디경이로ᄃᆡ 죵시놋치 안커ᄂᆞᆯ 그집죵ᄒᆞ나히 겻헤셔 그광경을 보고 의롭게녀여 즉시그몸을도라보지 안코 ᄯᅱ여드러가 죽기로써 구원ᄒᆞ야 고부(姑婦)가 다 목숨을 보젼ᄒᆞ엿다 ᄒᆞ니 우리ᄉᆞ랑ᄒᆞᄂᆞᆫ ᄌᆞ미ᄭᅴ셔는 다 이런부인의 효힝을 거울삼을것이라ᄒᆞ노라

●신을 일치 아니ᄒᆞᄂᆞᆫ 쇼년

녯날 범식과 쟝쇼 두사ᄅᆞᆷ이 태학관에 드러가 ᄀᆞᆺ치공부ᄒᆞ다가 학업을 맛치고 각각집으로도라올ᄯᅢ에 범식이 쟝쇼ᄃᆞ려닐ᄋᆞᄃᆡ 내가 二년후 아모ᄃᆞᆯ 아모날에 그ᄃᆡ를 차져가겟노라ᄒᆞ거ᄂᆞᆯ 쟝쇼가 심즁에 긔억ᄒᆞ엿다가 그날을 당ᄒᆞᄆᆡ 그모친ᄭᅴ ᄉᆞ실을 고ᄒᆞ고 손ᄃᆡ졉ᄒᆞᆯ 음식을 쥰비ᄒᆞ여 달나ᄒᆞᄆᆡ 그모친왈 쳔리밧게 사는 친구가 二년후에 오겟다는 약됴를 ᄭᅩᆨ직힐는지 엇지 알고 그리ᄒᆞᄂᆞ냐ᄒᆞ거ᄂᆞᆯ 쟝쇼ᄃᆡ왈 범식은 신이잇는친구니 반ᄃᆞ시 실신치 아니ᄒᆞᆯ줄아ᄂᆞ이다ᄒᆞ더니 그런지 얼마오리지 아니ᄒᆞ야 범식이 왓다ᄒᆞ니 우리쳥년동포졔군

온다 이와ᄀᆞᆺ치 신을 직히면 장리에 반ᄃᆞ시 정직ᄒᆞᆫ 대인군ᄌᆞ가 될줄밋노라

세계격언

一 하ᄂᆞ님의 ᄉᆞ랑은 ᄀᆞ장 놉흔ᄉᆞ랑이오 부모의 ᄉᆞ랑은 ᄀᆞ장깁흔 ᄉᆞ랑이니라

二 친젹으로 더브러 음식을 ᄀᆞᆺ치홈은 됴커니와 ᄉᆞ업을 ᄀᆞᆺ치ᄒᆞ기는 능치못ᄒᆞ니라

三 금젼을 ᄌᆞ랑ᄒᆞᄂᆞᆫ쟈는 다ᄅᆞᆫ일에 ᄌᆞ랑ᄒᆞᆯ것이 업ᄂᆞᆫ쟈니라

四 쥬인의 ᄒᆞᆫ눈은 비복(婢僕)의 네눈보다 ᄇᆞᆰ으니라

五 ᄉᆞ업으로 말미암아 금젼을 엇고 담화(談話)로 말미암아 지식을 엇ᄂᆞ니라

六 지조만잇고 ᄯᅳᆺ을 셰우지못ᄒᆞᆫ 사ᄅᆞᆷ은 치(舵)업ᄂᆞᆫ ᄇᆡ와 ᄀᆞᆺᄒᆞ셔 즁류(中流)에셔 표탕(飄蕩)ᄒᆞᄂᆞ니라

격치문답

문 물톄의 ᄑᆡᆼ쟝셩(膨張性)이 무엇이뇨

답 무슴물톄던지 ᄯᅳ거온것을 맛나면 느러나ᄂᆞ니 이것을 ᄑᆡᆼ쟝셩이라 ᄒᆞᄂᆞ니라

문 그실거(實據)를 말ᄒᆞᆯ수 잇겟ᄂᆞ뇨

답 익톄(液體)로 말ᄒᆞ쟈면 가령 ᄒᆞᆫ사발 드ᄂᆞᆫ챠관에 링슈七홉사발쯤 붓고 그물을 ᄭᅳ리면 필경 그챠관우흐로 넘칠지니 이는 ᄑᆡᆼ쟝셩을 밧은ᄭᅡ닭이며 ᄯᅩ 고톄(固體)로 말ᄒᆞ쟈면 수레박휘(車輪)에 쇠테두리를 두룰ᄯᅢ에 그쇠테두리가 좀 젹어셔 그박휘에 씌울수업게ᄆᆞᆫ드러 이것을 불노다뤄 ᄲᅢᆯ것케 된후 그박휘에 씌우면 드러갈지니 그런후에 물에 집어 너어식히면 아조 ᄭᅪᆨ 끼여 ᄲᅡ지지아니ᄒᆞᄂᆞ니 이것은 그쇠테두리가 불속에셔 ᄑᆡᆼ쟝셩을 밧어 느러난후 셰워셔 식히면 다시 슈츅(收縮)된 리치니라

실업

●농ᄉᆞ강습의요항 (쇽)

十五 죵ᄌᆞ취ᄒᆞᄂᆞᆫ법

대뎌 ᄌᆞ물의 츄슈를 만히 엇고져ᄒᆞ면 불가불 됴흔죵ᄌᆞ를 취ᄒᆞ여야 될지니 죵ᄌᆞ의 닉(熟)ᄂᆞᆫ 도수로 말ᄒᆞ면 알과 과실을 먹으랴고 심으ᄂᆞᆫ 작물은 완젼히 닉은후에 죵ᄌᆞ를 취ᄒᆞᄂᆞᆫ것이 됴흐며 ᄯᅩ 닙사귀나 줄기를 먹으랴고 심으ᄂᆞᆫ 작물은 누룻누룻(黃熟)ᄒᆞᆯᄯᅢ에 죵ᄌᆞ를 취ᄒᆞᄂᆞᆫ것이 뎍당ᄒᆞ니라

十六 츄슈ᄒᆞᄂᆞᆫ법

곡식은 븬(刈)뒤에 비맛지 안토록ᄒᆞ야 들에 두엇다가 더 닉고 마른후에 썰어 드리ᄂᆞᆫ 것이 됴코 과실등속은 완젼이 닉기젼에 ᄯᅡᄂᆞᆫ것이 됴흐니 이는 져쟝(貯藏)ᄒᆞ여두ᄂᆞᆫ동안에 더닉을수 잇슴이니라 무론무슴작물이던지 너머농슉ᄒᆞ면 도로혀 그픔질을 손샹케 ᄒᆞᆯ념려가 잇ᄂᆞ니라

十七 져쟝(貯藏)ᄒᆞᄂᆞᆫ법

곡식이나 과실을 져쟝홈에 ᄃᆡᄒᆞ야 주의ᄒᆞᆯ것은 온도(溫度)의 변화홈이니 아모됴록 온도의 변화가 젹은 곳을 ᄐᆡᆨᄒᆞ야 져쟝ᄒᆞᄂᆞᆫ것이 됴흐며 져쟝ᄒᆞᆯᄯᅢ에 멱셔리나 부ᄃᆡ에 담아두되 만일 썩은것이 잇거던 곳 골나버려 다른 셩ᄒᆞᆫ 과실ᄭᆞ지 손샹치 안케ᄒᆞᆯ지니라

담총

●신문지의리력

샹고시ᄃᆡ에는 신문지가 무엇인지 알지못ᄒᆞ고 지내더니 一千四百二十八년젼에 구라파 셔로마(西羅馬)국말년에 신문 ᄒᆞᆫ죵을 창간ᄒᆞ엿스나 졍부에셔 발힝홈을 허락지 아니홈으로 폐지되엿고 四百八년젼에 의대리국 위리사셩에셔 처음으로 신문을 간힝ᄒᆞ고 三빅八년젼에 비국안범덕셩에셔 쥬보(週報)一죵을 창간ᄒᆞ고 二百九十九년젼에 덕국 부린코폭셩 미일신문을창간ᄒᆞ엿ᄂᆞᆫᄃᆡ 이 신문샤가 지금ᄭᆞ지 잇스며 법국셔는二百八十三년젼에 영국 론돈셔는 二百十七년젼에 일본셔는 명

쳐二년에 신문븐 창간ᄒᆞ엿고 죠션셔는 귀국五百년간에독립신문을 창간ᄒᆞ엿더라

●오대양(五大洋)의위차와면젹(面積)

태평양은 동아셰아와 아메리가ᄉᆞ이에 잇스니 면젹이 八千만방영리(方英哩)요 대셔양은 아메리가와 구리파ᄉᆞ이에 잇스니 면젹이 四千만방영리요 인도양은 인도국 남편에 잇스니 면젹이 二千만방영리요 남빙양은 남극(南極)갓가히 잇스니 면젹이 一千만방영리요 북빙양은 북극(北極)갓가히 잇스니 면젹이 五百만방영리니라

법령뎍요(法令摘要)

●묘디와 화장장과 미장과화장을 취톄ᄒᆞᄂᆞᆫ규측 (쇽)

뎨二十二됴 쥬인업ᄂᆞᆫ 분묘에 딕ᄒᆞ야ᄂᆞᆫ 젼됴(前條)의 규뎡ᄒᆞᆫ것을 쥰용ᄒᆞᆯᄉᆞ

뎨二十三됴 이아리긔록ᄒᆞᆫ 됴항즁ᄒᆞ나에 당ᄒᆞᆫ자ᄂᆞᆫ 셕달이하징역이나 百원이하 벌금에쳐ᄒᆞᆯᄉᆞ

(一)님의 뎜령ᄒᆞᆫ 따에 임의로 시톄나 빅골을 미장ᄒᆞ거나 귀장ᄒᆞᆫ쟈

(二)화장쟝이외에셔 화장ᄒᆞᆫ쟈

(三)시톄(尸體)또ᄂᆞᆫ 시톄담은관곽을산림원야(原野)에드러내여 노ᄒᆞᆫ쟈

(四)뎨十八됴 뎨十九됴 또ᄂᆞᆫ 뎨二十一됴 뎨一항의 명령을 억인쟈

뎨二十四됴 이아리긔록ᄒᆞᆫ됴항즁 ᄒᆞ나에 당ᄒᆞᆫ자ᄂᆞᆫ 구류(拘留)또ᄂᆞᆫ 과료(科料)에쳐ᄒᆞᆯᄉᆞ

(一)뎨一됴 뎨四됴 뎨六됴 뎨八됴 또ᄂᆞᆫ 뎨十됴 뎨一항과 뎨十一됴로 뎨十七됴에 니르기ᄭᆞ지 규뎡ᄒᆞᆫ것을 위반(違反)ᄒᆞᆫ쟈

(二)미장과 화장과 또ᄂᆞᆫ 시톄 옴겨가ᄂᆞᆫ 일을 방해ᄒᆞᆫ쟈

(三)경찰관의 독촉ᄒᆞᆷ을 밧고도 묘디 또ᄂᆞᆫ 화장쟝을 쓸어 졍결케 아니ᄒᆞᆫ쟈

부측(附則)

본법령을 시힝ᄒᆞᆯ 구역과 긔한은 죠션총독이 뎡ᄒᆞᆯᄉᆞ

본법령을 시힝ᄒᆞᆯ 때에 현존(現存)ᄒᆞᆫ 공동묘디ᄂᆞᆫ 본법령에 의지ᄒᆞ야 셜치ᄒᆞᆫ것으로 인뎡ᄒᆞ되 다만 그관리자ᄂᆞᆫ 三개월니에 도형을 쳠부ᄒᆞ야 그잇ᄂᆞᆫ따와 위치와 묘젹(墓籍)을 신고ᄒᆞᆷ이 가ᄒᆞᆯᄉᆞ

젼항(前項)의 신고를 아니ᄒᆞᆫ것은 그묘디를 폐ᄒᆞᆫ것으로 인뎡ᄒᆞᆷ (미완)

회보디금령슈

通川長箭里敎堂		四十錢
龍川	張日泰	二十錢
南陽	洪宇善	六十錢
	洪大弼	四十錢
	金益權	四十錢
	宋榮魯	四十錢
	洪大亨	六十錢
	金士允	六十錢
	朴鍾勳	六十錢
南陽	金敎哲	六十錢
	金光植	六十錢
	鄭鎭九	六十錢
	浦幕교회	六十錢
	崔敬植	六十錢
	郭應煥	六十錢
淮陽	吳宅洙	四十錢
	吳鍾承	四十錢
	李秉一	四十錢
杆城	孫昌國	四十錢
伊川	劉時國	四十錢
	趙寬浩	四十錢
	崔鳳翼	四十錢
	尹周禎	四十錢
	李龍成	四十錢
	宋支秉	四十錢
	申彦奎	八十錢
	申載明	八十錢
	李成源	四十錢
利川	韓昌燮	二圓四十錢
楊平	金漢輔	四十錢
南陽	朴公三	七十錢
伊川	金漢杓	八十錢
安義	沈文泰	四十錢
青陽	權鳳奎	八十錢
積城	柳伯元	四十錢
	趙張淳	四十錢

그리스도회보

每週一回月曜日發行
大正二年四月三十日印刷
大正二年五月五日發行

發行兼編輯人 開城北部山芝峴 奇義男
印刷人 京城北部樓閣洞 朴東完
印刷所 京城南部上犂洞 新文館
發行所 京城北部壯洞四十三統三戶 呂炳鉉邸

ᄃᆡ금(代金) 一쟝 二젼 六ᄀᆡ월 四十젼 一ᄀᆡ년 八十젼

사셜

●개인젼도의 필요홈

오쥬예수를 밋는쟈ㅣ 맛당히 사ᄅᆞᆷ를 쥬압흐로 만히 인도ᄒᆞ는것으로 써 ᄀᆞ장 크고 즁요ᄒᆞᆫ 의무를 삼을것은 첫재 쥬의훈계ᄅᆞᆯ 슌죵홈이니 주ᄭᅴ셔 말ᄉᆞᆷᄒᆞ샤ᄃᆡ 너희는 셰상의 빗치니 너희빗출 사ᄅᆞᆷ압헤 빗최게ᄒᆞ라 ᄒᆞ시고 ᄯᅩ골ᄋᆞ샤ᄃᆡ 너희는 원뎐하에 ᄃᆞᆫ니며 만민의게 복음을 젼파ᄒᆞ라ᄒᆞ셧ᄉᆞ니 이말ᄉᆞᆷ가온ᄃᆡ「너희」라ᄒᆞ는 ᄃᆡ명ᄉᆞ는 곳 고곰동셔에 예수를 위ᄒᆞ야 증인이된바 모든 신도를 ᄀᆞᄅᆞ치심인ᄃᆡ 놈의송ᄉᆞ에 증인된자 법뎡에셔 입을봉ᄒᆞ고 아모말도 업시 안졋는것이 가ᄒᆞᆯ가 결코 그런일이 업슬지니 우리도 임의 예수의 증인이 되엿슨즉 불가불 우리의 지낸 경험과 엇은은혜를 숨기지말고 놈의게 말ᄒᆞ지 아닐수업슴이오 둘재는 예수의 힝ᄒᆞ신모범을 효측(效則)홈이니 셩경에 볼지어다 예수ᄭᅴ셔 젼도ᄒᆞ실ᄯᅢ에 개인의게도 젼ᄒᆞ시고 공즁(公衆)의게도 젼ᄒᆞ시며 밋는자의게도 젼ᄒᆞ시고 밋지안는쟈의게도 젼ᄒᆞ시며 유대인이나 이방인이나 부귀ᄒᆞᆫ쟈나 빈쳔ᄒᆞᆫ쟈나 춍명ᄒᆞᆫ사ᄅᆞᆷ이나 우미ᄒᆞᆫ 사ᄅᆞᆷ이나 아는쟈나 모르는쟈나 강당에셔나 셩뎐에셔나 집에셔나 길에셔나 비에셔나 산에셔나 만나는대로 도를 젼ᄒᆞ셧ᄉᆞ니 우리도 맛당히 이와ᄀᆞᆺ치 쥬를 본밧어야 될것이오 셋재는 넷 사ᄅᆞᆷ의 힝ᄒᆞᆫ일노 써 서ᄃᆞ를것이니 ᄉᆞ도힝젼八장四졀에보면 당시에 ᄉᆞ방으로 흣허진 교우가 다복음젼홈으로써 ᄃᆡ회 ᄎᆡᆨ임을 삼은것은 명ᄇᆡᆨᄒᆞᆫ일이라 그런즉 우리도 복음젼홈으로 써 ᄎᆡᆨ임을 삼어야 될것인ᄃᆡ ᄀᆞ장 편리ᄒᆞ고 필요ᄒᆞᆫ 방법은 곳개인젼도라 혹엇던사ᄅᆞᆷ은 말ᄒᆞᄃᆡ 나는 목ᄉᆞ도 아니요 젼도ᄉᆞ도 아닌즉 젼도ᄒᆞᆯ 긔회를 엇지못ᄒᆞ야 ᄒᆞᆯ수업노라ᄒᆞ지마는 이는 칭탁에 지내지아니ᄒᆞ는말이라 예수ᄭᅴ셔 말ᄉᆞᆷᄒᆞ샤ᄃᆡ ᄒᆞᆫ사ᄅᆞᆷ이 회ᄀᆡᄒᆞ매 모든 텬ᄉᆞ가 다깃버ᄒᆞᆫ다 ᄒᆞ셧ᄉᆞ니 ᄒᆞᆫ사ᄅᆞᆷ의 령혼을 여러사ᄅᆞᆷ의 령혼에 비교ᄒᆞ면 그관계가 ᄯᅩᄒᆞᆫ 경ᄒᆞ지 아니ᄒᆞ도다 영국에 유명ᄒᆞᆫ 목ᄉᆞ 뎨일씨가 쥬일오후에 젼도ᄒᆞ고 오는길에 비를 만나 뉘집쳠하밋헤셔 비를피ᄒᆞᆯᄯᅢ에 엇던 쇼년이 ᄯᅩᄒᆞᆫ 비를피ᄒᆞ여 겻헤섯거ᄂᆞᆯ 뎨목ᄉᆞ가 그쇼년의게 잠시동안 젼도ᄒᆞᆫ결과는 그쇼년이 그시각브터 회ᄀᆡᄒᆞ야 독실히 밋고 교회에 드러와서 十九셰긔에 젼도ᄉᆞ업으로 뎨一위를 뎜령ᄒᆞ엿ᄉᆞ니 이는 곳유명ᄒᆞᆫ 스퍼진션싱이라 이로 미루어 보건ᄃᆡ 개인젼도의 효력이 엇더케 크뇨 우리가 만일 개인젼도에 힘쓰고져ᄒᆞ면 하로 몃번식 됴ᄒᆞᆫ긔회를 엇을수잇ᄂᆞ니 원컨ᄃᆡ 우리밋는형뎨ᄌᆞ미는 다각 이긔회를 일치 마십세다

본샤특별고ᄇᆡᆨ

一、본 회보ᄃᆡ금은 우표로 보내시지 마시고 아모됴록 우편쇼위톄(郵便小爲替)로 보내시되 혹 부득이ᄒᆞ야 우표로 보내시게 되는 경우에는 五리나 혹 二젼짜리 우표로보내주시옵

二、본회보의 신구람쟈 十인을 엇어보내시는 이의게는 젼파ᄀᆞᆺ치 본보一쟝을 무ᄃᆡ금(無代金)으로 보내여 드리겟숩내다

교즁휘문

▲ᄂᆡ 보▼

●동경청년회의츈령회

경셩죵로 긔독청년회 학싱부 ᄃᆡ판총무최셩모씨의 통신을 거ᄒᆞᆫ즉 일본동경죠선인청년회에셔 금번학긔휴업즁에 데二회 학싱츈령회(春令會)를 열엇ᄂᆞᆫᄃᆡ 회쟝은 평양숭실대학쥬무ᄒᆞᄂᆞᆫ 목ᄉᆞ빌링쓰씨요 참셕ᄒᆞᆫ 회원은 三十여인이며 ᄂᆡ외국유명ᄒᆞᆫ 교ᄉᆞ七八인이 혜번ᄒᆞ야 강연ᄒᆞᆯ시 一반회원이 령혼샹 유익과 육신샹 지식을 만히 거두엇스며 그즁에 더욱 ᄌᆞ미로온일은 학싱 十여인이 혹 쥬를 위ᄒᆞ야 헌신ᄒᆞ기로 결심도ᄒᆞ며 혹 쥬를 독실히 밋기로 작뎡도ᄒᆞ고 혹 학싱계에 나아가 젼도ᄒᆞ기를 ᄌᆞ원홈도잇셧다더라

●ᄒᆞᆫ번위로ᄒᆞ고ᄒᆞᆫ번감샤홈

경셩죵부향뎡동 十九통三호 김영훈씨의 ᄯᆞᆯ 五세녀ᄋᆞ가 일젼에 죵로 뎐긔회샤압헤셔 불힝히 뎐챠에 눌녀죽은고로 뎐긔회샤ᄂᆞᆫ 북부경찰셔의명령을 ᄎᆞᆺ차 죠위금(吊慰金)으로 一百환을 김씨의게 보낸것을 김씨ᄂᆞᆫ 의롭홈을 이긔지못ᄒᆞ야 그돈을 되각ᄒᆞ엿다ᄂᆞᆫ ᄉᆞ실은 ᄆᆡ일신보에도 임의 게지ᄒᆞ엿거니와 추후로 ᄯᅩ 드른즉 뎐긔회샤ᄂᆞᆫ 동씨의게 ᄃᆡᄒᆞ야 ᄒᆡ금익을 밧으라고 루ᄎᆞ 근청ᄒᆞ매 동씨ᄂᆞᆫ 부득이ᄒᆞ야 그금익을 밧아 경셩 죵부 리문동 미감리회소쇽즁앙례비당쇼학교에 긔부ᄒᆞ엿다ᄒᆞ니 우리ᄂᆞᆫ 첫재 동씨의 ᄉᆞ랑ᄒᆞᄂᆞᆫ ᄯᆞᆯ이 그와 ᄀᆞᆺ치 참혹히 죽은일을 위ᄒᆞ야 위로ᄒᆞᄂᆞᆫ 동졍을 표ᄒᆞ고 둘재 동씨가 그돈으로써 특별히 우리교회에 긔부ᄒᆞᆫ일에 ᄃᆡᄒᆞ야 ᄯᅩᄒᆞᆫ 감샤ᄒᆞᆫᄯᅳᆺ을 표ᄒᆞ노라

●남양군의새교회

경긔도 남양군 김광식씨의 통신을 거ᄒᆞᆫ즉 ᄒᆡ군동구역화인면 원막동 비병찬씨ᄂᆞᆫ 쥬를 밋은지 三四년에 ᄌᆞ긔친족의게 무한ᄒᆞᆫ 핍박과 곤난을 당ᄒᆞ면셔도 락심치 안코 더욱 쥬를 독신ᄒᆞ더니 근쟈에 본읍교회니 권ᄉᆞ와 쟝유졔씨가 슌회ᄒᆞ야 열심젼도ᄒᆞᆫ 결과로 ᄒᆡ동니에 교회를 셜립케되엿스니 모든영광은 하ᄂᆞ님ᄭᅴ 돌닌다ᄒᆞ엿더라

●고난즁에회개홈

경긔도 인쳔부 덕젹면 젼도ᄉᆞ 허진一씨의 통신을 거ᄒᆞᆫ즉 그곳 문갑도ᄂᆞᆫ 편소ᄒᆞᆫ 도즁(島中)에 五六十호되ᄂᆞᆫ 적은 촌락인ᄃᆡ 七八년젼에 교회를 셜립ᄒᆞ야 형편이 ᄆᆡ우 흥왕ᄒᆞ더니 불힝히 그곳 인도쟈가 마귀의 미혹에 ᄲᅡ져셔 쥬일례비를 폐홈으로 一반교우가 목쟈를 일흔 양과ᄀᆞᆺ치 락심ᄒᆞ야 교회를 폐지홀ᄃᆡ경이 되엿ᄂᆞᆫ지라 허젼도ᄉᆞ가 十三삭동안을 죠셕으로 하ᄂᆞ님ᄭᅴ 긔도ᄒᆞ엿더니 쥬ᄭᅴ셔 드르시고 셩신을 그곳에 보내샤 형뎨ᄌᆞᄆᆡ 十七인이 고난즁에셔 죄를 ᄭᆡ닷고 쥬ᄭᅴ 도라오기를 원ᄒᆞ기로 본구역 형뎨四五인을 문갑도에 보내여 교회를 다시 셜립ᄒᆞ고 모든 일엇던 양을 도로찻게 되엿스며 ᄯᅩᄒᆞᆫ 특별히 감샤ᄒᆞᆫ것은 이곳 각교회니 형뎨의 열심과 션교회의 도아줌으로 권ᄉᆞ一인을 ᄒᆡ교회에 파송ᄒᆞ야 그곳에 뎐국ᄉᆞ업을 一층 확쟝ᄒᆞ게 되엿스니 모든 영광은 하ᄂᆞ님ᄭᅴ 돌닌다 ᄒᆞ엿더라

●은혜를밧은교회

강원도 고셩군 一북면 리동 쟝익환씨의 통신을 거ᄒᆞᆫ즉 ᄒᆡ동교회에셔 거월에 사경회와 부흥회를 一쥬일동안 ᄀᆡᄒᆞ엿ᄂᆞᆫᄃᆡ 교ᄉᆞᄂᆞᆫ 원산항젼도ᄉᆞ 오화영 경셩 죵교젼도ᄉᆞ 강조원 본구역쟝 김형셕三씨요 과뎡은 신약략ᄉᆞ 마가복음 이동 쥬일학교교과셔요 공부ᄒᆞᆫ 학싱은 남녀七十九인이라 공부ᄒᆞ기젼 새벽마다 특별 긔도회로 모히ᄂᆞᆫᄃᆡ 구역쟝 김형셕씨가 인도ᄒᆞ엿고 샹오九시로 十시ᄭᆞ지ᄂᆞᆫ 강조원씨가 긔도ᄒᆞᄂᆞᆫ 방법을 十시로 十一시ᄭᆞ지ᄂᆞᆫ 오화영씨가 마가복음을 十一시로 十二시ᄭᆞ지ᄂᆞᆫ 김형셕씨가 신약략ᄉᆞ를 하오二시로 三시ᄭᆞ지ᄂᆞᆫ 김형셕씨가 복음이동을 三시로 四시ᄭᆞ지ᄂᆞᆫ 강조원씨가 쥬일학교 교과셔를 교슈ᄒᆞ고 七시로 八시ᄭᆞ

지ᄂᆞᆫ 오화영씨가 부흥회를 인도ᄒᆞ엿ᄂᆞᆫᄃᆡ 몃칠동안에 츙만ᄒᆞᆫ 은혜를 다 각々 밧엇다 더라

●밋음의모본

평북 ᄀᆡ천군 신평교회 윤득슌씨의 통신을 거ᄒᆞᆫ즉 ᄒᆡ교회ᄂᆡ 안씨덕힝은 그가쟝이 밋지안ᄂᆞᆫ즁에 가셰ᄂᆞᆫ 빈궁ᄒᆞ야 국수쟝ᄉᆞ로 ᄉᆡᆼ이ᄒᆞ며 六十여셰에 十五리교당을 불피풍우ᄒᆞ고 쥬일마다 고ᄀᆡ를 둘식넘어 ᄃᆞᆫ니며 ᄌᆞ금과 연조ᄂᆞᆫ 교우즁에 뎨一이오 百여리밧 사경회에 깃븜으로 참예ᄒᆞ며 외인과 밋ᄂᆞᆫ사ᄅᆞᆷ을 一반으로 ᄉᆞ랑ᄒᆞ니 모든사ᄅᆞᆷ이 칭숑ᄒᆞ고 또 본교회즁 김영봉씨ᄂᆞᆫ 쥬를밋ᄂᆞᆫ지 三四년에 가셰ᄂᆞᆫ 빈한ᄒᆞ나 열심으로 부인을 百여리밧 사경회에 보낼ᄉᆡ 려비ᄂᆞᆫ 동셔ᄃᆡ취ᄒᆞ야 파송ᄒᆞ고 ᄌᆞ긔ᄂᆞᆫ 손수 물깃고 나무뷔여다가 죠셕을 지어먹고 잘때에ᄂᆞᆫ 셩경ᄒᆞᆫ쟝식닑고자니 이두형뎨의 밋음은 과연 모본이 될만ᄒᆞ다 ᄒᆞ엿더라

●임원회와인제부

경긔도 양쥬군 셔구역 젼도ᄉᆞ 리운겸씨의 통신을 거ᄒᆞᆫ즉 ᄒᆡ구역은 대단히 연약ᄒᆞ나 셩신의 도아주심으로 작년브터 임원회를 조직ᄒᆞ고 十一됴와 ᄌᆞ금을 미삭슈입ᄒᆞ야 구역쟝의 월봉을 八원식 지츌ᄒᆞ고 여지 四十여원을 유ᄉᆞ부에 유치ᄒᆞ엿스며 임원회에 또ᄒᆞᆫ 인제부를 두엇ᄂᆞᆫᄃᆡ 본구역ᄂᆡ 항동교회쇽쟝 현동헌씨가 거월二十八일에 셰샹을 떠낫ᄂᆞᆫᄃᆡ 가셰가 대단 빈궁ᄒᆞ야 초죵범졀을 치릴수업고 그교회도 또ᄒᆞᆫ 넉넉지 못ᄒᆞ야 보조ᄒᆞᆯ 도리가 막연ᄒᆞ더니 본구역ᄂᆡ 인제부에셔 九원二十五젼을 연조ᄒᆞ고 이왕 구역ᄂᆡ에셔 교즁소용으로 예비ᄒᆞ엿던 샹여를 썻ᄂᆞᆫᄃᆡ 동셔구역이 합ᄒᆞ야 교인七十여인이 모혀셔 교회법ᄃᆡ로 쟝례ᄒᆞ엿스니 현쇽쟝의 밋지아니ᄒᆞ던 동ᄉᆡᆼ과 친쳑과 동리사ᄅᆞᆷ들이 다 교회를 찬숑ᄒᆞ고 하ᄂᆞ님께 영광을 돌녓다더라

●ᄀᆡ셩교우의츈긔운동회

ᄀᆡ셩군 박이양씨의 통신을 거ᄒᆞᆫ즉 당디四부교회에셔 금번미국시찰단一힝을 환영ᄒᆞ기위ᄒᆞ야 셩균관ᄂᆡ에셔 츈긔운동회를 열엇ᄂᆞᆫᄃᆡ 운동과목은 남ᄌᆞ부에 ᄃᆡ면(戴冕)긔취(旗取) 뎨등(提燈) 셩경문답 계산(計筭) 취츄(取鰍)등각죵의 경주(競走)요 녀ᄌᆞ부에ᄂᆞᆫ 졍장(正裝) 인침(引針) 취물(取物) 셩경문답등각죵의 경주인ᄃᆡ 一등수샹자ᄂᆞᆫ 남ᄌᆞ부에 김용문 고죵명 김황운 리경운 김황식 죠라단 고션경 ᄇᆡᆨ요한 손금셩 최데모ᄃᆡ 등이요 녀ᄌᆞ부에 손도진 리호진 최사라 리여돈 김귀봉 오련회 김죵림 ᄇᆡᆨ주영 김옥셤 박홍임등이며 로인측에 리영일씨요 셔양인리빈쟝 二百보경주에 긔의남씨요 쟝년측 四百보경주에 신영슌 안승한량씨인ᄃᆡ 당일ᄂᆡ외국인졔씨의 긔부ᄒᆞᆫ 금익과 물픔이 다수ᄒᆞ엿다더라

●긔렴연보광고

본년一월十二일은 본회보챵간 뎨二회 긔렴쥬일이온ᄃᆡ 이날에 각쳐교회에셔 각기힘대로 본회보에 연보ᄒᆞᆫ것을 본샤로 보내엿습기 그 익호ᄒᆞ시ᄂᆞᆫ뜻을 감샤ᄒᆞ오며 이에 ᄎᆞ례로 게재ᄒᆞ야 광포ᄒᆞ노라

遂安 金元賛氏 一圓
稷山 笠塲教會 五十六錢
仝 良岱教會 十錢
仁川 千光錫氏 七十錢
鎭川 山直里教會 十五錢
金化 長林里教會 三十錢
仝 地境垈教會 二十錢
仝 새술막教會 二十五錢

▲외 보▼

●일본션교협의회의결의

만국션교회샹비위원쟝목덕션ᄉᆡᆼ은 일본각쳐교회ᄃᆡ표쟈로 더브러 거三월三일브터 十一일ᄭᆞ지 동경륙디 졍양헌에셔 협의회를 열고 여러가지 문뎨로 토론ᄒᆞᆫ후 결의ᄒᆞᆫᄉᆞ건즁 ᄀᆞ장즁요ᄒᆞᆫ것은 (一)긔독교쥬의에ᄃᆡᄒᆞᆫ 문학을 발달키 위

ᄒᆞ야 번역잘ᄒᆞᆯ사ᄅᆞᆷ을 양셩ᄒᆞᆯ
것과 (二)교회셔젹을 만히보
게ᄒᆞ기위ᄒᆞ야 권독단(勸讀團)
을 셜치ᄒᆞᆯ것과 (三)긔독교쥬
의로 ᄆᆡ일신문을 간힝(刊行)
ᄒᆞᆯ것과 (四)각도회쳐와 촌락
에셔 ᄀᆡ인뎍 젼도와 단톄뎍
젼도를 힘슬것과 (五)쥬일학
교ᄉᆞ업에 一층더 힘쓸것과
(六)각 계급(階級)에 ᄃᆡᄒᆞᆫ 젼
도ᄉᆞ업을 확쟝ᄒᆞᆯ것과 (七)간
졉(間接)젼도의 방법을 연구
ᄒᆞᆯ것과 (八)각교파가 공동뎍
으로 젼도ᄉᆞ업에 ᄃᆡᄒᆞ야 특
별히 운동ᄒᆞᆯ것인ᄃᆡ 이운동에
필요ᄒᆞᆫ 경비로 五만원을 ᄂᆡ
외국에셔 모집ᄒᆞᆯ일이더라

●민국을위ᄒᆞ야긔도ᄒᆞᆷ

ᄆᆡ일신문에 긔ᄌᆡᄒᆞᆫ바를 거ᄒᆞᆫ
즉 즁화민국졍부는 본월十八
일에 각셩(各省)도독의게 훈
령ᄒᆞᄃᆡ 각기관할ᄒᆞ는 디방ᄂᆡ
에잇는 긔독교션교ᄉᆞ의게 교
셥ᄒᆞ야 오는 二十八일에 각
쳐교당ᄂᆡ에셔 긔도회를 열고
새로 셜립된 공화국(共和國)
곳 즁화민국의 쟝ᄅᆡ융셩(隆
盛)ᄒᆞᆷ을 위ᄒᆞ야 긔도ᄒᆞ여달
나고 청구ᄒᆞᆫ후 각셩 도독도
다 그긔도회에 참셕ᄒᆞ라ᄒᆞ엿
는ᄃᆡ 북경에잇는 미국션교ᄉᆞ
들은 미국션교회에 뎐보ᄒᆞ야
이날에 미국젼국각교회에셔
도 동일(同一)ᄒᆞᆫ 긔도회를 열
게ᄒᆞ엿다고 북경졍부에 통고
ᄒᆞ엿스며 또셰계협회에 뎐보
ᄒᆞ야 이날 영국과 원 구라파
젼계(全界)각교당에셔도 다
이와ᄀᆞᆺ흔 긔도회를 열게ᄒᆞᆯ작
뎡이라더라

●호쥬(濠洲)각교회의통계표

근일에 발표ᄒᆞᆫ 통계표를 거
ᄒᆞᆫ즉 호쥬 각교파(敎派)의 관
할ᄒᆞ는 교인의 수효는 론돈
교인이 一百七十一만四百四
十三인, 텬쥬교인이 九十二만
一千四百二十五인, 쟝로교우
가 五十五만八千二百三十六
인, 감리교우가 五十四만七千
八百六인이라더라

●一부五ᄌᆞ의션교ᄉᆞ

미국인 쫀 쫀스씨는 영국감
리회션교ᄉᆞ로 인도국에 三十
四년을 잇셧는ᄃᆡ 그아ᄃᆞᆯ 五
형뎨가 다 외국션교ᄉᆞ로 복
음젼파ᄒᆞ는일에 죵ᄉᆞᄒᆞᆫ다ᄒᆞ
니 이런가족은 참 셰샹에 듬
을다고 말ᄒᆞᆫ다더라

●미감리회의쥬일학교통계

미감리회 쥬일학교의 작년통
계를 거ᄒᆞᆫ즉 쥬일학교가 三
만五千六百四十四처니 작년
즁에 증가(增加)ᄒᆞᆫ 수효가
三百四十二요 인원과 교ᄉᆞ가
三十八만一千六十九인이니작
년즁에 증가ᄒᆞᆫ 수효가 八千
四百七十五인이며 학원이 三
百八十九만一千一百九十五인
이니 작년즁에 증가ᄒᆞᆫ수효가
二十五만九千六百七十八인이
러라

긔셔

●태평양젼도록 (쇽)

영국태요한션ᄉᆡᆼ 져술
한셕긔이부목ᄉᆞ 번역

내가 거긔셔 여러날 일ᄒᆞᆫ후
에 젼도직분을 맛하 그디방
의 모든일을 신문샹에 게ᄌᆡ
ᄒᆞ엿노라 혁랍ᄉᆞ고셩에 ᄒᆞᆫ지
회가 잇스니 쇼년교ᄉᆞ를 쳥
ᄒᆞ야 락심된 교우를 권면ᄒᆞ
고 또 一반교우도 권면케ᄒᆞᆯ
ᄉᆡ 二ᄇᆡᆨ五十량의 년봉(年俸)
을 주기로 작뎡ᄒᆞ는지라 내
가 ᄉᆡᆼ각ᄒᆞᄃᆡ 이 직분이 내게
맛당ᄒᆞ니 반ᄃᆞ시 ᄒᆞᆫ 론셜을
지어 총교회에 밧치는것이
필요ᄒᆞ다ᄒᆞ나 그ᄯᅢ에 내가
론셜지을 줄을 아지못ᄒᆞᆷ으로
시(詩)두편을 지어올녓더니
총교회에셔 젼도ᄉᆞ 두사ᄅᆞᆷ을
퇴뎡ᄒᆞ엿는ᄃᆡ 내가 그가온ᄃᆡ
참예ᄒᆞᆫ지라 나를 불너 시험
ᄒᆞᆫ지잇흘을 지낸후에 곳 힝
쟝을 차려ᄯᅥ날ᄉᆡ 一百二十영
리길에 비록 마챠가 잇슬지
라도 돈이 업슴으로 셰를 엇
어ᄐᆞ지못ᄒᆞ고 슈건에 셩경만
싸들고 도보로ᄯᅥ나니 이ᄀᆞᆺ치
궁핍ᄒᆞ나 셩신은 아시니 도
로혀 부ᄒᆞ도다(묵二〇九)우리
부친이 나를 十八리되는곳ᄭᆞ
지 다리고 오셔셔 보내실ᄉᆡ
권면ᄒᆞ시고 눈물을 흘니시니
그ᄯᅢ에 ᄒᆞ신모든 말ᄉᆞᆷ이 어
제 드른듯ᄒᆞ도다 나도 눈물
을 흘니며 二리길을 더오셔
셔 나를위ᄒᆞ야 긔도ᄒᆞ실ᄉᆡ
샹하입셜이ᄯᅥᆯ녀 말을 다ᄒᆞ지
못ᄒᆞ고 서로 마조ᄇᆞ라보매 두
눈에 눈물이 ᄀᆞ득ᄒᆞᆫ지라 부친
이 나의 손을 잡고 말ᄉᆞᆷᄒᆞ샤
ᄃᆡ 내아ᄃᆞᆯ아 셩신이 네게 계
시기를 원ᄒᆞ노라 네아비의

하ᄂᆞ님이 너를 도으샤 죄악에셔 ᄯᅥ나게 ᄒᆞ시리라 이말ᄉᆞᆷ을 ᄒᆞ실ᄯᅢ에 부ᄌᆞㅣ서로 안고 슬퍼ᄒᆞᆫ것을 엇지 다 형언ᄒᆞ리오 인ᄒᆞ야 부친ᄭᅴ 하직ᄒᆞ고 길에 올나 졈졈가니 부친은 졈졈 머러지고 눈물은 긋치지 아니ᄒᆞᄂᆞᆫ지라 길가에셔 ᄒᆞᆫ시간을 울고 언덕에 올나 부친을 ᄇᆞ라보되 보이지 아니ᄒᆞ거ᄂᆞᆯ 내가 ᄉᆡᆼ각ᄒᆞᄃᆡ 부친이 필경길에셔 나를 위ᄒᆞ야 하ᄂᆞ님ᄭᅴ 긔도ᄒᆞ셧슬것이니 하ᄂᆞ님ᄭᅴ셔 나를 도아주시리라ᄒᆞ야 내ᄆᆞᄋᆞᆷ에 든든ᄒᆞ고 부친이 나를 보내시던 모양이 지금ᄭᅡ지도 눈에잇도다

뎨三일만에 혁랍ᄉᆞ고셩에 니르니 그곳 교우들이 셩즁에 집ᄒᆞᆫ치를 셰내여 주니 셰는 一쥬일동안에 三百분이라 내가 하ᄂᆞ님의 도으심으로 나아가 뎌회 뎡ᄒᆞᆫ 규측파 디방을 샹고ᄒᆞ니 뎌회가 우리두젼도ᄉᆞ의게 말ᄒᆞᄃᆡ 여긔두가지 법측이 잇스니 ᄌᆞ셰히 샹고ᄒᆞ라 ᄒᆞ거ᄂᆞᆯ 우리가 ᄀᆞᆨ별히 샹고ᄒᆞᆫ후 뎌희가 말ᄒᆞᄃᆡ 년봉二百五十량을 줄터이니 존졀ᄒᆞ야 지내기를 ᄇᆞ라며 ᄯᅩ 필요ᄒᆞᆫ 셔칙은 교회에서 예비ᄒᆞᆫ것이 잇스니 아직볼것이오 一년후에는 더 예비ᄒᆞ겟노라 ᄒᆞ거ᄂᆞᆯ 우리두사ᄅᆞᆷ도 ᄯᅩᄒᆞᆫ 뎌회규측대로 모든일을 ᄒᆞ엿노라 (미완)

교회ᄉᆞ긔 (속)

역술 긔이부

●뎨二장 쥬강ᄉᆡᆼ후一百년으로二百년ᄭᆞ지

뎨一판 로마에셔교회를 해롭게홈

이우헤잇ᄂᆞᆫ 글을 보면 로마국 니로왕과 ᄯᅩ 미틔안왕이 처음브터 교회를 해롭게 ᄒᆞᆫ 것을 가히 알지니 九十八년으로 一百十七년에 니르러 트레쟌이 즉위ᄒᆞ매 위인이 인션ᄒᆞ야 은덕이 무리의게 밋쳣스나 젼님군의 법을 본밧아 신도를 살해ᄒᆞ야 안듸옥 교회 감독의늬틔어쓰를 잡아 로마에 보내여 연극장에 두어 즘ᄉᆡᆼ으로 ᄒᆞ여곰 먹게ᄒᆞ니라(주후一百十六년)그감독이 잡힐 ᄯᅢ에 길에셔 닐곱편지를 져술ᄒᆞ야 쇼아셰아 모든교회에 보내여 참고 견딤을 권면ᄒᆞ엿ᄂᆞ니라 이ᄯᅢ에 로마국규례가 ᄇᆡᆨ셩들이 임의로 모힘을 엄금ᄒᆞ더니 쇼아셰아 감ᄉᆞ 플니늬가 도임ᄒᆞᆫ후 신도를 만히잡아 곳 쳐단ᄒᆞᆯ바를 능히 아지못ᄒᆞ고 로마황뎨의게 샹셔ᄒᆞ야 ᄀᆞᆯᄋᆞᄃᆡ 그리스도신도가 나라신의게 졔ᄉᆞ치아니ᄒᆞ고 ᄯᅩ 황뎨를 향ᄒᆞ야 분향ᄒᆞ지 아니ᄒᆞ나 이것이 뎨一큰죄오 그외에는 七일만콤 회당에 모혀 찬송ᄒᆞ고 그리스도신도로 일홈ᄒᆞᆫ자는 ᄆᆡᆼ셰코 악을 ᄒᆡᆼ치 안코 도적질ᄒᆞ지아니ᄒᆞ며 ᄒᆡᆼ음ᄒᆞ지 안ᄂᆞᆫ다ᄒᆞ고 흣허졋다가 수일동안에 ᄯᅩ모혀 홈ᄭᅴ모시고 먹으며 그즁에 ᄯᅩ 두부녀를 잡아셔 심문ᄒᆞᆫ즉 그구초에 다른말은 업고 오직 그리스도만 좃칠지라ᄒᆞ며 ᄯᅩ 소위 신도들이 모든 셩시와 향곡에 업ᄂᆞᆫ곳이 업스니 쟝ᄎᆞᆺ 엇더케 쳐단ᄒᆞ여야 그교가 셩ᄒᆡᆼ치 못ᄒᆞ게ᄒᆞᆯᄂᆞᆫ지 아지못ᄒᆞᄂᆞ이다 ᄒᆞ니 트레쟌황뎨가 듯고칙령을 ᄂᆞ려 ᄀᆞᆯᄋᆞᄃᆡ 이ᄀᆞᆺᄒᆞᆫ 무리ᄂᆞᆫ 잡지말고 명식업ᄂᆞᆫ 쳥원을 듯지말나 만일 공연히 송ᄉᆞᄒᆞᆫ즉 맛당히 잡아드려 확실히 심문ᄒᆞ리니 나라신의게 졔ᄉᆞᄒᆞ지 안ᄂᆞᆫ자와 황뎨를 위ᄒᆞ야 분향치 안ᄂᆞᆫ쟈ᄂᆞᆫ 다 죽이리라 ᄒᆞ엿ᄂᆞ니라 그왕이 죽고 헤드리안왕이 즉위ᄒᆞ매(一百十七년으로三十八년) 위인이 도량은 광대ᄒᆞ고 나라다ᄉᆞ리기를 법도잇게ᄒᆞ나 그은덕이 교인의게 ᄭᅡ지는 밋치지 못ᄒᆞ여 ᄆᆡ양 나라안에 졀긔를 당ᄒᆞ면 교인을 잡아 나라신의게 졔ᄉᆞᄒᆞᄂᆞᆫ지라 황뎨가 다시 죠칙을 ᄂᆞ려 교인을 무소ᄒᆞᄂᆞᆫ 폐단을 엄금ᄒᆞ나 젼왕의 ᄒᆡᆼ위를 다ᄇᆞ리지 못ᄒᆞ야 신도들이 맛참늬 해를 밧엇ᄂᆞ니라 유대ᄯᅡ 듸베리아감ᄉᆞ가 시메온을 잡아셔 그의 나히 만흔것도 긍휼히 녁이지안코 十ᄌᆞ가에 못박아 죽엿스며 ᄯᅩ 예수의 무덤잇던곳에 빈어쓰라ᄒᆞᄂᆞᆫ 녀신의 ᄉᆞ당을 세워 욕되게ᄒᆞ니라 그후에 안톤늬어쓰가 황뎨가 되매(自三十八년으로六十一년)위인이 덕셩이 잇고 긔운이 화평ᄒᆞ야 ᄉᆞ방교인들의 학ᄃᆡ밧음을 보고 측은히 녁여 ᄆᆞᄋᆞᆷ에 ᄉᆡᆼ각ᄒᆞ되 ᄒᆞᆫ사ᄅᆞᆷ의 목숨을 보존ᄒᆞᄂᆞᆫ것이 一만명도적을 죽임보다 낫다

五

ᄒᆞ더니 그때에 병과 흉년과 모든ᄌᆡ앙이 만흐매 ᄇᆡᆨ셩들이 다 말ᄒᆞᄃᆡ 신도들이 나라신의게 졔ᄉᆞᄒᆞ지 아니ᄒᆞᄂᆞᆫ 죄라ᄒᆞ되 다ᄒᆡᆼ히 셩군의 보호ᄒᆞᆷ으로 핍박이 업셧고 마ᄀᆡ쓰어릴늬어쓰가 즉위ᄒᆞ매(百一六十一년으로八十년)위인이 셩졍은 진즁ᄒᆞ고 광음을 앗기되 ᄉᆞᄉᆞ로 지조와 지혜를 자랑ᄒᆞ야 복음은 업수히 녁이고 ᄇᆡᆨ셩의게 맛겨 해ᄒᆞᆯ뿐이아니라 또 슌검들을 향곡에 파송ᄒᆞ야 모든교인들을 잡아 혹독히 형벌ᄒᆞ고 억지로 우상의게 경ᄇᆡ케ᄒᆞ며 스머나 폴늬캅은 ᄉᆞ도요한의 문인이니 나히만ᄒᆞ셔 잡힘을 당ᄒᆞ야 굿세게 쥬를 증거ᄒᆞ야 ᄀᆞᆯᄋᆞᄃᆡ 내가 예수를섬긴지 수十년이오 또 내나히 임의 八十六이라 날마다 은춍을 밧엇스니 엇지 나의 구쥬를 감히 훼방ᄒᆞ리오 말을맛치고 불살나죽임을 당ᄒᆞ엿ᄂᆞ니라 이때에 신도들이 해를 밧을ᄉᆞ록 날노 교회가 더왕셩ᄒᆞ야 다 죽일수도 업고 쳐단ᄒᆞᆯ 도리가 업셧더라

●사 조(詞藻)

한셩 류경샹

뎐하ᄉᆞ를 의론ᄒᆞᄂᆞᆫ쟈는
물드린 안경을버서노코
원인을 솔피ᄂᆞᆫ것이 가ᄒᆞ지
눈압헤 보이ᄂᆞᆫ것만 가져
셩픽를 말ᄒᆞᆷ이
리샹뎍의 연구가아니니라

어둡고 캄캄ᄒᆞᆫ
깁흔 골방에셔
혼ᄌᆞ잇서셔 힘ᄒᆞ여도
신의눈은 번젹 번젹
어ᄃᆡ로 가셔 피ᄒᆞᆯ가

뎌셔ᄂᆞᆫ
우ᄂᆞᆫ가
웃ᄂᆞᆫ가
지저귀ᄂᆞᆫ소ᄅᆡ가내귀에ᄂᆞᆫ맛치

셩경연구

●누가복음연구

九、서로ᄃᆡᄒᆞᆫ말숨(相對詞)본복음一〇九、廿七、七〇卅八、十〇卅—卅七、十一〇卅八—四十、十六〇十九、十八〇九—十四、卅八、卅九、十九〇二—四、二十〇十九、廿一〇一—三、廿二〇廿一、四十七、卅三〇十八—廿、廿七、卅三、廿四〇十에볼것

十、본복음에만긔록ᄒᆞᆫ비유본복음七〇四十一—四十三、七〇廿五—卅七、十一〇五—八、十二〇十六—廿一、十三〇六—九、十四〇七—十四、十五〇八—十、十一—卅二、十六〇十九—卅一、十八〇一—八、十—十四에볼것

十一、본복음에만긔록ᄒᆞᆫ 이젹 본복음五〇四—十一、七〇十一—十八、十三〇十一—十七、十四〇一—六、十七〇十一—十九、廿二〇五十五十에볼것

●바울의도젹 (쇽)

한셩 류경샹

三、ᄉᆡᆼ년(生年)……바울의ᄉᆡᆼ년은ᄌᆞ셰히 모르나 예수ᄭᅴ셔 탄ᄉᆡᆼᄒᆞ신수 년젼이나 후인듯ᄒᆞ며 스데반이 피살ᄒᆞᆯ때에사울은 쳥년이엇스나(ᄉᆞ도七〇五八)이때에 바울이 삼십여셰나 ᄉᆞ십쯤되엿겟고 스데반은 강ᄉᆡᆼ후三十六년가량에 피살되엿스며 엇던쟈의 학셜을 듯건ᄃᆡ 이때사울의 나히 ᄉᆞ십이 다되지 못ᄒᆞ엿스며 예수강ᄉᆡᆼ후에 난듯ᄒᆞ다ᄂᆞᆫ 변론도잇ᄂᆞ니라

四、공부ᄒᆞᆷ과예루살넴에셔유ᄒᆞᆷ……바울이 십셰쯤되여셔 힐렐(Hillel)의 손ᄌᆞ되ᄂᆞᆫ 가말니엘이라ᄂᆞᆫ 유명ᄒᆞᆫ 바리ᄉᆡ교 션ᄉᆡᆼ문하에 드러가 잇셔셔 공부ᄒᆞ여 박학ᄉᆞ가 되엿스니 가말니엘은 외방문학에 한슉ᄒᆞᆫ 션ᄉᆡᆼ이요 철학에도 졍통ᄒᆞᆫ션비러라 그런고로 바울도 유대교의 괴슈가 되엿스며(갈나듸아 一〇十四)여러편지를보면 그샤샹가온ᄃᆡ 희랍철학도 만히비ᄒᆞᆫ것을 나태내엿더라 가말니엘문하에셔 구약을 원문(原文Mss)으로 비호고 희랍문학을 공부ᄒᆞᆫ고로 그편지가온ᄃᆡ 흔히 구약에셔 귀절을 ᄲᅢᆸ아셔 희랍문학으로 만히 역등(譯謄)ᄒᆞ엿스며 바울이 츌신ᄒᆞᆯ때ᄭᆞ지 예루살넴에잇셔셔 지내엿ᄂᆞᆫ지 미분명ᄒᆞ나 ᄉᆞ도二六〇四、五을 보면 장구히 잇슨것을 나타내

엿스나 그러나 예수ᄭᅴ셔 에루살넴에셔 지내셧지마는 바울이알지못ᄒᆞᆫ것은 그곳에잇지 아닌듯도ᄒᆞ며 바울이 예수ᄭᅴ셔 젼도ᄒᆞ실때에 실릐씨아나 알렉산두리아에 가셔 지내다가 다시도라와셔 듯고나사렛에셔 브터니러난 예수그리스도의도를 이단(異端)으로 녁여 핍박ᄒᆞᆫ듯ᄒᆞ니라

五、대뎨ᄉᆞ장들과ᄀᆞᆺ치지냄……ᄉᆞ뎨반의 ᄉᆞ건이 싱긴동시에 바울은 혹 져명(著名)ᄒᆞᆫ 졔ᄉᆞ졔장파 반렬을 ᄀᆞᆺ치ᄒᆞᆫ것ᄀᆞᆺᄒᆞ며 더 확실ᄒᆞᆫ 사실은 렬셩과 젼력으로 위험ᄒᆞᆫ때를 당ᄒᆞ여 일ᄒᆞᆫ것이니(ᄉᆞ도九○一ㅡ二 二六○十ㅡ十五)졔ᄉᆞ졔장들이 사울의청ᄒᆞᆷ을 잘 드른거시니라

六、다마셕으로 보냄을 닙음……바울의 ᄌᆞ의라ᄒᆞᆯ수도 잇스나 졔ᄉᆞ졔장의 부림이 되여 다마셕셩ᄭᆞ지 간일이잇스나(ᄉᆞ도二六○十二)헤여져잇는 유대인이 오만명가량이나되는ᄃᆡ 다마셕에도 만히잇셔 이단을 ᄶᅩᆺ치ᄆᆡ 빅셩을 다ᄉᆞ려 졍치샹으로 슌복케도ᄒᆞ고져ᄒᆞ며 이단을 밋지못ᄒᆞ게 도ᄒᆞ고져ᄒᆞ여 잡으러 보낸거시니라 당시에 다마셕에도 로마법관이 잇셧스나 유대인의 유대관원도 잇셧는고로(고린도十一○三十二)유대관원의게 공문을 보내니 이관원은 로마법관 아레다왕밋헤셔 지내더니 하회를 보건ᄃᆡ 친근히 지내고 동졍(同情)을 가져셔 일ᄒᆞ러간쟈를 잡으려 ᄒᆞᆫ매 구차히 피ᄒᆞᆫ 일도 잇ᄂᆞ니라(ᄉᆞ도九○十八ㅡ二五) (미완)

◎가뎡과쇼ᄋᆡ

●어진어머니의교훈

동양력ᄉᆞ가온ᄃᆡ 부인으로셔 능히 그아ᄃᆞᆯ을 잘교훈ᄒᆞ야 셩현ᄃᆡ위에 오르게ᄒᆞᆫ이는 밍ᄌᆞ의 어머니구씨를 뎨ㅡ노칠만ᄒᆞ니 이부인이 일죽이 밍ᄌᆞ를 유학(游學)식히러 보내고 ᄌᆞ긔는 집안에셔 질삼(紡績)에 죵ᄉᆞᄒᆞ더니 하로는 밍ᄌᆞ가 게으른 ᄆᆞ음이 싱겨셔 공부를 폐ᄒᆞ고 집에 도라왓는지라 그어머니가 베틀에셔 ᄂᆞ려셔 칼노써 베틀을 ᄭᅳᆫ커늘 밍ᄌᆞᄭᅴ셔 두려워ᄒᆞ야 그연고를 무르신ᄃᆡ 그어머니가ᄃᆡ답왈 네가 공부ᄒᆞᆯ때에 나진ᄃᆡ셔 브터 시작ᄒᆞ야 ᄎᆞᄎᆞ놉흔ᄃᆡ로 향ᄒᆞ야 올나가는것이 맛치 내가 베를 짤때에 촌(寸)을 모와 쳑(尺)을 일우고 쳑을모와 필을 일우는것ᄀᆞᆺᄒᆞᆫᄃᆡ 네가 이제 셩현의 학을 비호다가 업을 셩취치 못ᄒᆞ고 공부를 폐ᄒᆞ는것이 엇지 내가 베를 짜다가 필을 일우지 못ᄒᆞ고 베틀을 ᄭᅳᆫ는것과 다르리오 밍ᄌᆞㅣ크게 ᄭᆡ닷고 다시 학업을 힘써 맛참ᄂᆡ 대셩현을 일우엇스니 우리ᄉᆞ랑ᄒᆞ는 ᄌᆞ미즁에 ᄌᆞ녀를 교육ᄒᆞ는자ㅣ맛당히 밍ᄌᆞ의 어머니를 본밧을진뎌

셰계격언

一 우리의 명운(命運)은 하ᄂᆞ님ᄭᅴ 맛겨둘것이나 우리의 몸으로써 회복ᄒᆞᆯ지니라

二 놈의 구죠(救助)를 의뢰(依賴)ᄒᆞ야 안져먹는것보다 출하리 여러사ᄅᆞᆷ압헤셔 죽은짐승의 가죽을 벗길지니라

三 ᄒᆞᆼ샹의무를 위ᄒᆞ야 쾌락을 희생(犧牲)에 공ᄒᆞᄂᆞᆫ쟈는 탁월(卓越)ᄒᆞᆫ 디위를 엇ᄂᆞ니라

四 사ᄅᆞᆷ마다 목마르게ᄇᆞ라는바 황금과 명예와 셰력은 거록ᄒᆞᆫ 사ᄅᆞᆷ의 ᄀᆞ장 갑업ᄉᆞᆫ 완물(玩物)이니라

五 강면(强勉)ᄒᆞ는쟈는 진빗을 갑흐되 락망ᄒᆞᆫ쟈는 빗을 더지기쉬오니라

六 졍신이 라타(懶惰)ᄒᆞᆫ쟈는 그신톄를 쇠약케ᄒᆞᄂᆞ니라

격치문답

문 물의 부력(浮力)이 무엇이뇨

답 물의부력은 곳 물의우흐로 써밧드는힘이니 무숨물톄던지 물우에 ᄯᅳ는것은 다 이부력의 작용(作用)이니라

문 물의 부력을 엇더케 측량ᄒᆞᄂᆞ뇨

답 물톄의 즁량이 그 ᄌᆞ셩(自成)ᄒᆞᆫ 용젹(容積即大小)에 담길만ᄒᆞᆫ 물의 즁량과 ᄀᆞᆺᄒᆞ면 그것이 물에

ᄯᅩ되 그표면(表面)이 물의표면과 가즈런ᄒᆞ고 만일 그물의 즁량보다 二ᄇᆡ가 경(輕)ᄒᆞ면 반은 물밋헤 잠기고 반은 물우희 드러날지며 ᄯᅩ만일 三ᄇᆡ가 경ᄒᆞ면 三분一은 물밋헤 잠기고 三분二는 물우희 ᄯᅳᆯ지니 가령 여긔 쇠그릇 ᄒᆞ나히 잇ᄂᆞᆫᄃᆡ 그 즁량이 그 그릇에 ᄎᆡ온 물의 즁량보다 二ᄇᆡ가 가ᄇᆡ야오면 그것을 물에 ᄯᅴ울ᄯᅢ에 반은 잠기고 반은 물에 ᄯᅳ지며 만일 그것이 그즁량보다 무거오면 곳 가러안즐지라 그럼으로 산ᄀᆞᆺ치 큰 텰갑션(鐵甲船)이라도 지울ᄯᅢ에 그ᄇᆡ에 ᄎᆡ올만ᄒᆞᆫ 물의 즁량보다 비교뎍 二ᄇᆡ가 경ᄒᆞ게 문드ᄂᆞ니 이것을 ᄇᆡ슈량(排水量)이라 칭ᄒᆞᄂᆞ니라

실업

●농ᄉᆞ강습요항 (쇽)

十七 벼(稻)의 긔후(氣候)와 토질(土質)

벼는 원릐 열ᄃᆡ(熱帶)나 반열ᄃᆡ즁 온도(溫度)놉고 비만히오ᄂᆞᆫ 디방에 합당ᄒᆞᆫ 작물인고로 죠션으로말ᄒᆞ더라도 북방은 논 농ᄉᆞ가 비교뎍 젹고 남방은 만흐니라 벼에 뎍당ᄒᆞᆫ 토질은 비료(肥料)를 ᄲᅡ라드리ᄂᆞᆫ 힘이 만코 ᄯᅩᄒᆞᆫ 물을 잘 밧ᄂᆞᆫ 토디가 ᄀᆞ장 됴흐니 모릐ᄯᅡᆼ은 비료를 리용ᄒᆞᄂᆞᆫ 힘이 젹으나 비료를 만히 펴주면 픔질 됴흔 벼를 거둘지니라 물ᄲᅡ라드리ᄂᆞᆫ 힘이 젹은 진흙ᄯᅡᆼ(埴土)은 흔히 벼를 만히 거두게 ᄒᆞᆯ지나 미픔(米品)이 됴치못ᄒᆞ야 용졍ᄒᆞᆯᄯᅢ에 부셔지기쉬오니라 벼에 ᄀᆞ장 합당ᄒᆞᆫ 토질은 진흙이 조곰 셕긴양토(壤土)니라 (미완)

담총

●인쇄술(印刷術)의 리력

상고에는 조희도업고 인쇄ᄒᆞᆯ줄도 모르ᄂᆞᆫ고로 글을 대ᄶᅩᆨ(竹簡)에 쓰던지 혹돌에 삭여노코 보더니 그후에 조희ᄯᅳᄂᆞᆫ법이 몬져 발명되고 지나 오계(五季)시ᄃᆡ에 지샹 화응이 처음으로 나무판에 삭여 박ᄂᆞᆫ법을 발명ᄒᆞ고 죠션은 一千一百二十년젼에 신라(新羅)의 쟝왕이 목판각(木板刻)으로 대쟝경을 박엿스며 그후 대죵대왕ᄭᅴ셔 연동활ᄌᆞ(鉛銅活字)를 문드러 셔젹을 만히 인쇄ᄒᆞ엿스니 이로 미루어보건ᄃᆡ 활ᄌᆞ는 죠션셔 처음발명되엿고 일본은 一千一百四十년젼 칭덕텬황시ᄃᆡ에 처음으로 동판을 발명ᄒᆞ엿스며 임진년간에 가등청졍이 죠션활ᄌᆞ를 취ᄒᆞ여다가 일본에 젼ᄒᆞ엿더라

셔양으로말ᄒᆞ면 샹고 바빌논이아에셔는 벽돌에 글ᄌᆞ를 눌너써셔 보더니 四百四十년젼에 영국사ᄅᆞᆷ이 처음으로목판각을 썻스며 그후에 덕국사ᄅᆞᆷ 고텬보가연동활ᄌᆞ를 처음발명ᄒᆞ엿고 四百三十三년젼에 영국사ᄅᆞᆷ가고스돈이 처음으로 인쇄긔계를 발명ᄒᆞ엿고 一百十八년젼에 덕국사ᄅᆞᆷ이 셕판(石板)인쇄법을 처음으로 발명ᄒᆞ엿더라

법령뎍요 (法令摘要)

●묘디와 화장쟝과 미장과 화장을 취톄ᄒᆞᄂᆞᆫ규측

부 측(附則) (쇽)

본법령을 시ᄒᆡᆼᄒᆞᆯᄯᅢ에 현존(現存)ᄒᆞᆫ 공동묘디밧게 잇ᄂᆞᆫ 분묘ᄂᆞᆫ 본법령에 의지ᄒᆞ야 설치ᄒᆞᆫ것으로 인뎡ᄒᆞ고 다만 그관리쟈ᄂᆞᆫ 본법령시ᄒᆡᆼ일브터 一년ᄂᆡ에 그분묘 잇ᄂᆞᆫ 디명과 위치와 묘젹을 신고ᄒᆞᆷ이 가ᄒᆞᆯᄉᆞ

이우희말ᄒᆞᆫ바 신고가 업스면 쥬인업ᄂᆞᆫ 분묘로 인뎡ᄒᆞᆯᄉᆞ

본법령시ᄒᆡᆼᄒᆞᆯᄯᅢ에 현존ᄒᆞᆫ 화장쟝은 본법령에 의지ᄒᆞ야 설치ᄒᆞᆫ것으로 인뎡ᄒᆞ고 다만 그경영쟈ᄂᆞᆫ 본령시ᄒᆡᆼ일로브터 一ᄀᆡ월ᄂᆡ에 그잇ᄂᆞᆫ디명과 위치와 구조(構造)ᄒᆞᆫ것을 신고ᄒᆞᆷ이 가ᄒᆞᆯᄉᆞ

이우희 말ᄒᆞᆫ바 신고가 업스면 그ᄉᆞ업을 폐지ᄒᆞᆫ것으로 인뎡ᄒᆞᆯᄉᆞ

뎨四항에 의지ᄒᆞ야 신고ᄒᆞᆫ 분묘에ᄂᆞᆫ 뭇친쟈의 안히의 시톄에 한ᄒᆞ야 본법령의 규뎡ᄒᆞᆷ을 불관(不關)ᄒᆞ고 미장ᄒᆞᆯ수 잇슴 (완)

그리스도회보

KOREAN CHRISTIAN ADVOCATE

每週一回月曜日發行
大正二年五月七日印刷
大正二年五月二十日發行

發行兼編輯人 開城北部山芝峴 奇義男
印刷人 京城北部樓閣洞 朴東完
印刷所 京城南部上犂洞 新文館
發行所 京城北部壯洞四十三統三戶 呂炳鉉邸

ᄃᆡ금…代金 一쟝 二젼 六개월 四十젼 一개년 八十젼

사셜

●청년의신덕(信德)

사ᄅᆞᆷ의 ᄌᆡ조를 의론ᄒᆞ면 본리 텬ᄉᆡᆼ지ᄌᆡ로 총명이 과인ᄒᆞ고 도량이 광활ᄒᆞ야 ᄒᆞ나를 드르면 열을 ᄭᆡ닷고 머리를 말ᄒᆞ면 ᄭᅩ리를 아ᄂᆞᆫ쟈도 잇고 텬셩이 질둔ᄒᆞ야 감각력이 비교뎍 더ᄃᆡ나 다만 근실히 비ᄒᆞᄂᆞᆫ 가온ᄃᆡ셔 ᄒᆞᆫ번 셔ᄃᆞ론것은 굿게 직혀 이져ᄇᆞ리지 아니ᄒᆞ고 ᄆᆞᄋᆞᆷ이 견확ᄒᆞ야 이리뎌리 쓸니지 아니ᄒᆞᄂᆞᆫ쟈도 잇ᄂᆞ니 누구던지 이두가지를 다 겸비ᄒᆞᆫ쟈ᄂᆞᆫ 가히 탁월ᄒᆞᆫ인ᄌᆡ 닐을지라 일을 당ᄒᆞ면 그영오ᄒᆞ고 민쳡ᄒᆞ며 확실ᄒᆞ고 근간ᄒᆞᆫ것이 합ᄒᆞ야 대정치가로 졔셰안민(濟世安民)ᄒᆞᄂᆞᆫ쟈도잇고 큰학슐가로 인민의게 편리ᄒᆞᆫ 긔계를 발명ᄒᆞ던지 유익ᄒᆞᆫ 셔젹을져슐ᄒᆞ야 현셰와 후셰에유젼케ᄒᆞᄂᆞᆫ쟈도 잇스며 대웅변가(雄辯家)로 산용슈츌(山湧水出)ᄒᆞᄂᆞᆫ 구변을 빅앗타 만인의 환영을 밧ᄂᆞᆫ쟈도 잇거니와 만일 사ᄅᆞᆷ이 이ᄀᆞᆺ치 겸비치못ᄒᆞᆫ경우에ᄂᆞᆫ 어나것을 취ᄒᆞ겟ᄂᆞ뇨 여긔ᄃᆡᄒᆞ야 불가불 깁히 ᄉᆡᆼ각ᄒᆞᆯ것은 대개 텬ᄉᆡᆼ영오(伶悟)ᄒᆞᆫ쟈ᄂᆞᆫ 그총명과 ᄌᆡ조만 밋고 방과(放過)ᄒᆞ야 필경 경박부랑ᄒᆞᆫ디경에 ᄯᅥ러지기 쉽고 또 텬ᄉᆡᆼ 질둔ᄒᆞᆫ쟈ᄂᆞᆫ 근실ᄒᆞᆷ이 업고보면 염권심(厭倦心)이 나셔 ᄌᆞ포ᄌᆞ긔(自暴自棄)ᄒᆞ기 쉬오나 사ᄅᆞᆷ의신덕은 ᄒᆞᆫ히 좀 질둔ᄒᆞᆫ가온ᄃᆡ셔 나기 쉬온 고로 도덕가에셔ᄂᆞᆫ 질둔ᄒᆞᆫ사ᄅᆞᆷ을 ᄇᆞ리지아니ᄒᆞᄂᆞ니 그런즉 두가지를 다 겸ᄒᆞ지못ᄒᆞᆯ디경이면 영오ᄒᆞ고 신덕부족ᄒᆞᆫ쟈보다 질둔ᄒᆞ고 신덕잇ᄂᆞᆫ쟈를 취ᄒᆞᆯ것이라 사ᄅᆞᆷ이 만일 신덕이업고보면 이ᄂᆞᆫ 근원업ᄂᆞᆫ 물과 ᄲᅮ리업ᄂᆞᆫ 나무와ᄀᆞᆺᄒᆞ여 ᄉᆞ업상에 아모소용이 업슬것이라 그런즉 一반청년학ᄉᆡᆼ은 영오ᄒᆞᆫ쟈나 질둔ᄒᆞᆫ쟈나 다 학슐만 쥬쟝치 말고 반ᄃᆞ시 신덕으로 근본을 삼을지니 그러면 신덕은 어ᄃᆡ로 좃차 나오겟ᄂᆞ뇨 오직 우리쥬예수 그리스도를 밋음으로 하ᄂᆞ님ᄭᅴ 엇은 신덕은 ᄉᆡᆼ기ᄂᆞᆫ 일월ᄀᆞᆺ고 밋업기ᄂᆞᆫ 四시ᄀᆞᆺᄒᆞ며 무겁기ᄂᆞᆫ 태산ᄀᆞᆺ고 깁기ᄂᆞᆫ 창히ᄀᆞᆺᄒᆞᆫ지라 흔드러도 움ᄌᆞ기지안코 굽혀도 ᄲᅢᆺ기지 아니ᄒᆞ야 텬하 만ᄉᆞ가 다 응ᄒᆞ야 리치대로 일울지니 원컨ᄃᆡ 우리ᄉᆞ랑ᄒᆞᄂᆞᆫ 쳥년학ᄉᆡᆼ졔군ᄂᆞᆫ ᄌᆞ긔의 영오ᄒᆞᆷ을 ᄌᆞ랑치도 말며 ᄌᆞ긔의 질둔ᄒᆞᆷ을 겁내지도 말고 우리쥬ᄭᅴ잇ᄂᆞᆫ 이 신덕을 구ᄒᆞ야 흠업고 쓸만ᄒᆞᆫ 그릇을 일울지어다

본샤특별고빅

一、경향간 본회보를 익독ᄒᆞ시ᄂᆞᆫ 형뎨ᄌᆞ미즁 긔왕에 보신회보ᄃᆡ금의 령지됴(零在條)나 혹 쟝리에 보실회보ᄃᆡ금의 션금(先金)을 아직 아니 보내신이ᄂᆞᆫ 속속히 우편쇼위톄(郵便小爲替)로 붓쳐보내시되 혹 부득이ᄒᆞ야 적은돈을 우표로 보내실 경우에ᄂᆞᆫ 五리짜리나 二젼짜리로 보내여쥬시옵

二、본회보의 신구람쟈 十인을 엇어보내시ᄂᆞᆫ 이의게ᄂᆞᆫ 젼파ᄀᆞᆺ치 본보一쟝을 무ᄃᆡ금(無代金)으로 보내여 드리겟ᄉᆞᆷᄂᆡ다

교즁휘문

◀ᄂᆡ 보▶

●몽양원(蒙養院)의 음악회

경셩 졍동 교우즁 졍태응 과 한영 한치명 빈찬회졔씨가 비지학당ᄂᆡ 몽양유치원의 경비 군졸ᄒᆞᆷ을 개탄히 녁여 ᄒᆡ원 경비를 긔분잔이라도 죠급(助給)ᄒᆞ기 위ᄒᆞ야 ᄒᆞᆫ 음악회(音樂會)를 발긔ᄒᆞ고 본월十五 十六량일 하오七시반에 죵로청년회관ᄂᆡ에셔 각죵긔묘ᄒᆞᆫ 음악을 연쥬(演奏)ᄒᆞᆯ터인ᄃᆡ 一반유지인ᄉᆞ의 찬셩ᄒᆞ심을 옹망ᄒᆞᄂᆞᆫ바 ᄒᆡ음악회의 취지셔는 좌와ᄀᆞᆺ더라

음악회취지셔

넷적에 현슉ᄒᆞᆫ 부인들이 ᄐᆡ교를 힘ᄡᆞᆷ은 보고 듯ᄂᆞᆫᄃᆡ와 말ᄉᆞᆷᄒᆞᄂᆞᆫᄃᆡ 음샤ᄒᆞᆷ을 피ᄒᆞ야 ᄐᆡ즁ᄋᆞᄒᆡ로 란만ᄒᆞᆫ 텬진을 일우게ᄒᆞ며 ᄋᆞᄒᆡ가 어릴ᄯᆡ에 유교를 힘ᄡᆞᆷ은 의연ᄒᆞᆫ 량심을 비양ᄒᆞᆷ이라 이제 말을비호ᄂᆞᆫ 유ᄋᆞ들이 가로샹에 놀며 뎌희ᄭᅵ리 작란ᄒᆞᆯᄯᆡ에 됴흔말ᄲᅮᆫ ᄒᆞ지아니ᄒᆞ고 ᄒᆞᆼ샹 더러온말을 ᄒᆞ야 습관의 셩픔을 일우게되니 ᄅᆡ두결과가 됴치못ᄒᆞᆯ지라 엇지 한심치아니리오 작년녀름에 졍동교회에셔 비지학당구역ᄂᆡ에 ᄒᆞᆫ 몽양원을 셜시ᄒᆞ고 유ᄋᆞ들을 보양ᄒᆞ니 ᄋᆞᄒᆡ가 지금은 六십명에 니른지라 그러ᄂᆞ 지졍이 군졸ᄒᆞᆷ으로 명예교ᄉᆞ들이 오락가락ᄒᆞ야 완젼치못ᄒᆞ니 비컨ᄃᆡ 고기ᄂᆞᆫ 발발ᄒᆞᆫᄃᆡ 못물이 마르ᄂᆞᆫ것ᄀᆞᆺ고 ᄭᅩᆺ송이ᄂᆞᆫ 몽몽ᄒᆞᆫᄃᆡ 됴ᄒᆞᆫ비가 오지아니ᄒᆞᆷ ᄀᆞᆺᄉᆞ오니 가련ᄒᆞᆫ 졍경은 사ᄅᆞᆷ으로 ᄒᆞ여곰 눈물이나게 된지라 ᄎᆞᆷ아 그냥 두고 볼수 업ᄉᆞ와 감히 음악회로 ᄌᆞ의ᄒᆞ시ᄂᆞᆫ 여러분ᄭᅴ셔 도와주시기를 ᄇᆞ라ᄂᆞ니다 젹션ᄒᆞᄂᆞᆫ집에ᄂᆞᆫ 남은 경ᄉᆞ가 만코 비양ᄒᆞᄂᆞᆫ ᄋᆞᄒᆡ들의게ᄂᆞᆫ 은택이 되리니 엇지깃브지아니리오 죠량ᄒᆞ시옵쇼셔

●박씨의회ᄀᆡᄒᆞᆫ피로연(披露宴)

황ᄒᆡ도 ᄒᆡ쥬군 사인동교회 교학슈씨의 통신을 거ᄒᆞᆫ즉 이젼에 마귀를 대단히 슝샹ᄒᆞ고 교인을 몹시 핍박ᄒᆞ던 박덕슌씨ᄂᆞᆫ 월젼부흥회에 새로 밋기로 작뎡ᄒᆞ고 밋ᄂᆞᆫ날브터 담ᄇᆡ를 ᄭᅳᆫ코 하로ᄂᆞᆫ ᄌᆞ긔집에셔 셤기던 마귀를 다 불사ᄅᆞᆯᄯᆡ에 잔ᄎᆡ를 비셜ᄒᆞ고 一반 교우를 쳥ᄒᆞ여 ᄃᆡ졉ᄒᆞ며왈 이왕 헛된마귀를 셤길ᄯᆡ에도 젼곡을 만히 허비ᄒᆞ여 여러사ᄅᆞᆷ을 먹엿ᄂᆞᆫᄃᆡ 오ᄂᆞᆯ날ᄂᆞᆫ 거즛을 ᄇᆞ리고 ᄎᆞᆷ신을 밋ᄂᆞᆫ날 엇지 ᄉᆞ랑ᄒᆞᄂᆞᆫ 형뎨ᄌᆞ미를 ᄃᆡ졉지 아니ᄒᆞ리오 ᄒᆞ며 이사ᄅᆞᆷ의 ᄉᆡᆼᄋᆡᄂᆞᆫ 연ᄌᆞ질인ᄃᆡ 연ᄌᆞ질ᄒᆞᆯᄯᆡ나 무슴 다른일을 ᄒᆞᆯᄯᆡ나 ᄒᆞᆼ샹 찬숑가 뎨八쟝一졀을 노래ᄒᆞ면셔 깃붐이 츙만ᄒᆞ야 사ᄅᆞᆷ을 만나ᄂᆞᆫ 대로 젼도ᄒᆞ니 이형뎨의 ᄒᆡᆼᄒᆞᄂᆞᆫ 일은 우리 밋ᄂᆞᆫ쟈의 본밧을만ᄒᆞ다 ᄒᆞ엿더라

●젹셩군의부흥회

경긔도 젹셩군 림자리교회 리쥰호씨의 통신을 거ᄒᆞᆫ즉 본교회에셔 거二월十六일브터 五일동안 젼도ᄉᆞ 리운겸 권ᄉᆞ 류한익량씨가 샹오十시브터 十二시ᄭᆞ지 사경회를 인도ᄒᆞ고 하오七時에 부흥회를 인도ᄒᆞ엿ᄂᆞᆫᄃᆡ 十八일하오七시 부흥회에 여러형뎨ᄌᆞ미가 ᄋᆡ통ᄒᆞᄂᆞᆫ ᄆᆞ음으로 죄를 회ᄀᆡᄒᆞ고 셩신츙만ᄒᆞᆷ을 밧음으로 하ᄂᆞ님과 사ᄅᆞᆷᄉᆞ이에 막혓던 담이 문허지ᄂᆞᆫ즁 류한익씨가 새로 三시가 되엿다고 시간을 보ᄒᆞ매 모든 형뎨ᄌᆞ미가 깃븜이 츙만ᄒᆞ여 도라가 잠을 일우지못ᄒᆞ고 감샤ᄒᆞᆫ 긔도로 하ᄂᆞ님과 교통이 되엿다고 잔증을 ᄒᆞ엿다더라

●열심잇ᄂᆞᆫ ᄋᆞᄒᆡ

평양 대구동교회 리샹션씨의 통신을 거ᄒᆞᆫ즉 ᄒᆡ교회ᄂᆡ 쥬분학교를 셜립ᄒᆞᆫ지 四五년에 하ᄂᆞ님은혜로 흥왕ᄒᆞᄂᆞᆫ즁 거二월十일브터 一쥬일동안 본교당에셔 부흥회를 열고 젼도ᄒᆞᆯ시 그즁에 ᄒᆞᆫ ᄋᆞᄒᆡ가 잇ᄂᆞᆫᄃᆡ 곳 공립보통학교 一년급학ᄉᆡᆼ 최ᄉᆞ민이오 나히 불과 十二셰라 예수를 밋ᄂᆞᆫ지 三四삭에 지나지 못ᄒᆞ고 또 집안식구즁에 밋ᄂᆞᆫ쟈ᄂᆞᆫ 이ᄋᆞᄒᆡ뿐이라 그러나 금번부흥회를 당ᄒᆞ야 오젼에ᄂᆞᆫ 학교에셔 공부ᄒᆞ고 오후에ᄂᆞᆫ 七시

三十분ᄭᆞ지 열심으로 젼도ᄒᆞᄂᆞᆫᄃᆡ 팝박ᄒᆞᄂᆞᆫ쟈와 흙보ᄂᆞᆫ쟈가 만흘지라도 ᄉᆞ도힝젼一쟝八졀에 온련하에 가셔 내일홈으로 젼도ᄒᆞ라ᄒᆞ신 말ᄉᆞᆷ과 ᄯᅩ 갈나듸아六쟝十四졀에 十ᄌᆞ가를 ᄌᆞ랑ᄒᆞ라ᄒᆞ신 말ᄉᆞᆷ을 슌죵ᄒᆞ야 죄악즁에 ᄲᅡ져가ᄂᆞᆫ 동포의희들 四인을 인도ᄒᆞ야 밋게ᄒᆞ엿스며 그ᄲᅮᆫ아니라 저ᄃᆞᆫ니ᄂᆞᆫ 학교와 밋지아니ᄒᆞᄂᆞᆫ 졔부모를 위ᄒᆞ야 이동ᄒᆞᄂᆞᆫ ᄆᆞᄋᆞᆷ으로 쥬야로 열심긔도ᄒᆞᄂᆞ 이ᄋᆞ희를 칭찬아니ᄒᆞᄂᆞᆫ 교우가 업다ᄒᆞ엿더라

● 만동학교졸업식

츙남 강경포교회니 ᄉᆞ립만동학교 뎨一회졸업식을 거三월三十一일에 거힝ᄒᆞ엿ᄂᆞᆫᄃᆡ 히교쟝 우리암씨ᄂᆞᆫ 유고ᄒᆞ여 츌셕지못ᄒᆞ고 목ᄉᆞ손승용씨의 인도로 뎨五쟝찬숑가를 노래ᄒᆞᆫ후 젼도ᄉᆞ 김병셰씨가 셩경을 랑독ᄒᆞ고 량셕률씨가 취지를 셜명ᄒᆞ고 학감박쥰하씨가 학ᄉᆞ보고ᄒᆞ고 교쟝ᄃᆡ리로 교감량셕률씨가 증셔를 슈여ᄒᆞ고 ᄯᅩ 박쥰하씨가 샹픔을 슈여ᄒᆞᆫ후 리빈즁 판ᄉᆞ박유병씨와 ᄂᆡ디인 훈도의 권셜이 잇셧고 졸업싱즁 김샹운씨와 임원즁 류영완씨의 답ᄉᆞ가 잇셧ᄂᆞᆫᄃᆡ 졸업싱은 김샹운등四인이오 四학년진급싱은 오명덕등五인이오 三학년진급싱은 김쇠동등六인오 二학년진급싱은 리봉츈등九인이오 一학년 진급싱은 최마라등五인이더라

● 챵교졸업식

황히도 빅쳔읍 홍슌탁씨의 통신을 거ᄒᆞᆫ즉 히군 ᄉᆞ립챵동녀학교 뎨一회졸업식을 거월五일샹오十시에 거힝ᄒᆞ엿ᄂᆞᆫᄃᆡ 졸업싱은 최온희등 六인이오 군ᄂᆡ유지졔씨의 긔부ᄒᆞᆫ샹픔가격은 二十여원이오 관광쟈가 수百인에 달ᄒᆞ야 동군ᄂᆡ에 처음되ᄂᆞᆫ 셩황을 졍ᄒᆞ엿다더라

● 긔렴연보광고

본년一월十二일은 본회보챵간 뎨二회 긔렴쥬일이온ᄃᆡ 이날에 각쳐교회에셔 각기힘대로 본회보에 연보ᄒᆞᆫ것을 본샤로 보내엿습기 그 익호ᄒᆞ시ᄂᆞᆫ뜻을 감샤ᄒᆞ오며 이에 ᄎᆞ례로 게지ᄒᆞ야 광포ᄒᆞ노라

利川區域	一圓
金化邑教會	六十錢
堤川區域	四十錢
鎭南浦德洞教會	一圓二十錢
平海正明洞教會	一圓十錢
蔚珍永陽洞教會	二十錢

▲외 보▼

● 가쥬문뎨(加州問題)와 긔독교도

근일 미국가쥬 의원(議院)은 일본인의게 히디방토디소유권을 인허치 말자ᄂᆞᆫ 법안(法案)을 뎨츌ᄒᆞᆫ후로 일본젼국ᄂᆡ에 빅셩의 반ᄃᆡᄒᆞᄂᆞᆫ 의론이 니러날ᄲᅮᆫ아니라 일미량졍부간에 교셥이 분분ᄒᆞ더니 이일에 ᄃᆡᄒᆞ야 동경잇ᄂᆞᆫ 긔독교도즁유지졔씨ᄂᆞᆫ 본월十八일 오후二시에 조도뎐 대외빅쟉(大隈伯爵)ᄉᆞ져에 모혓ᄂᆞᆫᄃᆡ 미국인즁에ᄂᆞᆫ 메쎄목ᄃᆡ 쎄보뎨三박ᄉᆞ와 감독히리스 그린 멕클네뎨씨와 일본인즁에ᄂᆞᆫ 졍심곤지조 히로명탄졍씨등 수십여인이며 당셕에 의결ᄒᆞᆫ 일은 미국국무경 부라이안씨와 가쥬지ᄉᆞᄶᅩᆫ손씨의게 쟝문뎐보를 보내여 경고ᄒᆞ기를 아모됴록 일미간력ᄉᆞ덕친교 (日美間歷史的親交)를 보존케ᄒᆞ기를 힘써 쥬션ᄒᆞ라ᄒᆞᆯ것이라더라

● 민국을 위ᄒᆞ야 긔도홈

영국젼국ᄂᆡ 각교당에셔ᄂᆞᆫ 거월二十八일에 즁화민국의 쟝ᄅᆡ를 위ᄒᆞ야 긔도회를 열엇다고 모쳐에 뎐보가 잇셧다더라

● 목덕션싱연셜회졍황

거四월十二일 토요하오二시에 일본 동경 신뎐구 북신보뎡 즁화민국 긔독교청년회관ᄂᆡ에셔 죠션류학싱 三百五十六인이 모혓ᄂᆞᆫᄃᆡ 목덕션싱이 「쳥년의시험」이란 문뎨로 신흥우군의 유창ᄒᆞᆫ번역으로 연셜ᄒᆞᆯ때에 그 친절츙곡홈이 웅변가의 一시ᄃᆡᆨ 연셜이 아니오 진실노 부ᄌᆞ와 형뎨간 ᄌᆞᄋᆡ의 극진ᄒᆞᆫ 교훈과 ᄀᆞᆺ홈으로 一반텽즁의 ᄆᆞᄋᆞᆷ이 다 감격ᄒᆞ여 과학으로 진리를 홍샹 반ᄃᆡᄒᆞᄂᆞᆫ 싱각이 단단ᄒᆞ던 학싱五十九인의 ᄆᆞᄋᆞᆷ이 감동되여 쥬를밋기로 결심ᄒᆞ엿스니 하ᄂᆞ님ᄭᅴ 이영광을 돌닌다ᄒᆞ엿더라

긔셔

●태평양젼도록 (쇽)

영국태요한셥싱 져술
한셕긔의부목ᄉᆞ 번역

우리가 ᄒᆞᆫ가지 어려온일이 잇스니 미양 일죽이 니러나 밤이 깁도록 공부ᄒᆞ다가 一년후에 두사탐이 다 병들엇스니 그원인은 과도히 슈고롭고 또 음식이 합당치 못ᄒᆞᆷ이라 나는 히소가 즁ᄒᆞ고 피를 도ᄒᆞ매 의원이 능히 다ᄉᆞ리지 못ᄒᆞᄂᆞᆫ고로 곳 집으로 도라와 치료ᄒᆞ게 됨지라 이로인ᄒᆞ야 ᄇᆡ라던바를 일코 ᄀᆞᆺ치잇던사ᄅᆞᆷ은 나보다 좀 건장ᄒᆞ나 병으로 인ᄒᆞ야 ᄌᆞ긔집으로 도라와 몃히동안 쇼학교교ᄉᆞ로 잇다가 죽고 나는 집에온후로 산즁의 ᄆᆞᆰ은 공긔를 마시며 우유를 만히 먹엇더니 몃칠후에 좀나ᄒᆞᆫ고로 또ᄒᆞᆫ 쇼학교에셔 교슈ᄒᆞ다가 병이 아조쾌차ᄒᆞᆷ을 엇은지라 오십량은ᄌᆞ를 엇어가지고 셩쥬학교에 샹학ᄒᆞ엿더니 ᄒᆞᆫ 계삭회 동안을 지내지못ᄒᆞ야 학비금이 다 진ᄒᆞ엿ᄂᆞᆫᄃᆡ 가히 취ᄒᆞᆯ곳이 업고 아모 다른 도리가 업ᄂᆞᆫ지라 집에보낼 편지를 쓸ᄉᆡ 그ᄯᆡ에 졍샹과 학교를 ᄯᅥ나 다른 곳으로 갈일과 혹합당ᄒᆞᆫ 곳이 잇셔셔 유학ᄒᆞᆯᄃᆡ 경이면 다시 편지ᄒᆞᆯ ᄯᅳᆺ과 만일 그럿치 못ᄒᆞ면 집에 도라와 보션이나 문ᄃᆞ러 부모ᄭᅴ 루를 세치지안코 구쥬의 도리를 좃차 힝ᄒᆞᆯ지니 부모ᄭᅴ셔는 과도히 걱졍마시옵쇼셔 ᄒᆞ고 편지를 쓸ᄯᅢ에 눈물이 흐름을 셰ᄃᆞᆺ지 못ᄒᆞᆯ너라 이ᄯᅢ에 내ᄆᆞᄋᆞᆷ에 싱각ᄒᆞᄃᆡ 만일 이편지가 집에 가면 우리ᄉᆞ랑ᄒᆞ시ᄂᆞᆫ 부모ᄭᅴ셔 대단히 근심ᄒᆞ시리라ᄒᆞ야 칙샤우에 언져노코 무슴칙ᄒᆞᆫ권을 사랴고 칙샤를 향ᄒᆞ고 가더니 하ᄂᆞ님ᄭᅴ셔 인도ᄒᆞ샤 ᄒᆞᆫ곳에 당도ᄒᆞᆫ즉 광고판에 무슴광고를 썻거늘 ᄌᆞ셰히 보니 그사의에왈 마리산쟝로지회에셔 교ᄉᆞ일인을 구ᄒᆞ오니 원ᄒᆞᄂᆞᆫ이가 잇거던 본회목ᄉᆞ를 차저와셔 의론ᄒᆞ라ᄒᆞ엿거ᄂᆞᆯ 내가 곳목ᄉᆞ를 차저가보고 작뎡ᄒᆞ엿더라

(미완)

교회ᄉᆞ긔 (쇽)

역술 긔이부

●뎨二쟝 쥬강싱후一百년으로二百년ᄭᆞ지

뎨一관 로마에셔교회를 해롭게ᄒᆞᆷ

一百六十六년에 니르러 로마셩에셔 학살(虐殺)을 당ᄒᆞᆫ쟈ㅣ 날노 만ᄒᆞᆫ지라 ᄇᆡᆨ셩들은 신도가 우샹의게 경비ᄒᆞ지 아니ᄒᆞᆷ으로 모함ᄒᆞᄃᆡ 잔음ᄒᆞ고 어린ᄋᆞᄒᆡ들을 잡아먹ᄂᆞᆫ다ᄒᆞ니 그ᄯᆡ에 교인즁에 명망잇ᄂᆞᆫ션ᄇᆡ 유실늬어쓰가 ᄒᆞᆫ글을 저술ᄒᆞ야 훼방ᄒᆞᄂᆞᆫ 말을 ᄃᆡ뎍ᄒᆞ다가 학살을 당ᄒᆞ고 一百七十七년에 꼴따에 잇ᄂᆞᆫ 라욘스와 베인(즉금법국남방)교회가 더욱 해를 밧고 베인셩감독 파듸너쓰의 나히 九十셰에 옥즁에셔 죽은지라 그감독이 옥에 갓치러갈ᄯᅢ에 ᄇᆡᆨ가지로 형벌을 밧고 그ᄯᅢ에 불난듸나라ᄒᆞᄂᆞᆫ 녀죵이 잇셔 담대히 쥬를 위ᄒᆞ야 즁거ᄒᆞᆷ으로 여러번 칫직으로 ᄯᅡ리고 또 불살너 즘싱으로 ᄒᆞ여곰 그 시톄를 먹게ᄒᆞ고 또 十八셰된 ᄋᆞᄒᆡ가 잇셔 비록 형벌을 엄ᄒᆞ게 당ᄒᆞ고 핍박을 만나되 그 ᄯᅳᆺ을 ᄲᅢ앗기지 안터라 온쓰셩에셔 쥬를 위ᄒᆞ야 해를 밧은신도가 만ᄒᆞᆫᄃᆡ ᄇᆡᆨ셩들이 그신톄를 ᄒᆞᆫ곳에 싸코 나무로 불을질너 ᄌᆡ가 되게ᄒᆞ야 고론강물에 ᄇᆞ리고 부활ᄒᆞᆫ다ᄂᆞᆫ것을 훼반ᄒᆞ더라 그ᄯᅢ에 로마국과 덕국이 싸홀시 ᄒᆞᆫ병영을 일홈ᄒᆞ야 뢰(雷)라ᄒᆞ니 이것은 오ᄅᆡ 가믐(旱)을 인ᄒᆞ야 군ᄉᆞ가 곤ᄒᆞ고 물이 픔리ᄒᆞ야 죽엄이 셔토련ᄒᆞᆫ지라 그리스도 신도가 열심으로 하ᄂᆞ님ᄭᅴ 긔도ᄒᆞ야 하ᄂᆞᆯ에 구름이 니러나고 뢰셩이 진동ᄒᆞ며 비가 ᄂᆞ림으로 이ᄀᆞᆺ치 일홈ᄒᆞ니라 그후에 콤모두어쓰황뎨가 즉위ᄒᆞ미(一百八十년으로一百九十二년)런셩이 군ᄉᆞ다리기를 즐기지 안ᄂᆞᆫ지라 그런고로 교회가 조곰 평안ᄒᆞᆷ을 엇고 또 황뎨의 ᄉᆞ랑ᄒᆞᄂᆞᆫ 안히 마시아가 신도을 ᄉᆞ랑ᄒᆞ야 황뎨ᄭᅴ 말ᄒᆞᆫ고로 교회가 핍박을 면ᄒᆞ니 일노 미루어 보건ᄃᆡ 교회가 비록 핍박을 밧으나 사ᄅᆞᆷ의 멸ᄒᆞᆫ바가 되지아니 ᄒᆞ엿스니 대개

하ᄂᆞ님이 세우신것은 사ᄅᆞᆷ이 능히 폐ᄒᆞ지 못ᄒᆞᆫ다ᄒᆞᆫ말이 올토다

뎨二관 유대사ᄅᆞᆷ이 결심ᄒᆞ고 로마를 비반홈

쥬후 수ᄇᆡᆨ년에 유대인즁에 ᄒᆞᆼ상 그리스도라 닐ᄏᆞᆺᄂᆞᆫ 사ᄅᆞᆷ이 잇셔 ᄇᆡᆨ셩을 유인ᄒᆞ야 로마관할을 벗고져 ᄒᆞᄂᆞᆫ쟈ㅣ 잇스니 一百十六년에 아프리가북편에 유대인 안드레라ᄒᆞᄂᆞᆫ 사ᄅᆞᆷ이 란을지어 그때에 희랍사ᄅᆞᆷ과 로마사ᄅᆞᆷ의 죽은쟈ㅣ 수만명이라 아프리가에 잇ᄂᆞᆫ 유대사ᄅᆞᆷ이 그고기를 먹고 그피에 목욕ᄒᆞ며 그가죽으로 옷을 문ᄃᆞ러 닙고 그참ᄌᆞ로 ᄯᅴ를 ᄯᅴ여 예루살넴에셔 핍ᄒᆞᆫ 분을 갑고 이방사ᄅᆞᆷ이 거룩ᄒᆞᆫ 셩에 우샹의 ᄉᆞ당세운 한을 씻고 一百三十二년에 유대사ᄅᆞᆷ 빠코스바가 (민수긔廿四장十七)스ᄉᆞ로 셰샹구쥬라 닐ᄏᆞᆺ고 유대사ᄅᆞᆷ을 츙동ᄒᆞ야 로마사ᄅᆞᆷ을 가나안디경에셔 내여ᄶᅩᆺ고져ᄒᆞ니 이것은 거룩ᄒᆞᆫ 산을 파셔 ᄯᅩᆼ구덩이를 문돌고 셩디(聖地)를 더럽게홈이라 그때에 교회가 이거즛 그리스도의게 부쳐지내지아니홈으로 죽은사ᄅᆞᆷ이 만흐며 이란리가 三년을 련ᄒᆞ매 필경 로마황뎨 헤드리안의게 패ᄒᆞᆫ바가 되여 로마황뎨가 예루살넴에 군ᄃᆡ쥬지소를 세우고 유대사ᄅᆞᆷ을 그 디경밧게 내여ᄶᅩᆺ칠ᄉᆡ 슌죵치 안ᄂᆞᆫ쟈ᄂᆞᆫ 죽이고 유대사ᄅᆞᆷ으로 ᄒᆞ여곰 안식일을 직히지 못ᄒᆞ게ᄒᆞ며 ᄯᅩ 할례도 ᄒᆡᆼ치 못ᄒᆞ게ᄒᆞ고 그교를 업시ᄒᆞ며 그죡죡을 문란케ᄒᆞ니 그리스도신도가 이졍경을 보고 심히 두려워홈은 하ᄂᆞ님이 당신의 턱ᄒᆞ신 ᄇᆡᆨ셩을 엄ᄒᆞ게 최벌ᄒᆞ시ᄂᆞᆫ 연고라 일노써 보건ᄃᆡ 예수단ᄉᆡᆼ후에 ᄯᅳ릇 그리스도라 ᄌᆞ칭ᄒᆞᄂᆞᆫ쟈ᄂᆞᆫ 다 예수의 도적이라 반ᄃᆞ시 하ᄂᆞ님의 노ᄒᆞ심을 밧을지니 일노브터 소위 빠코쓰바ᄂᆞᆫ 사룩을 속이고 거즛말ᄒᆞᆫ쟈로 알엇ᄂᆞ니라

신도의보감 (寶鑑)

一 슬픈일이 잇슬때에 요한十四쟝을 볼것

二 놈이 나를 실패ᄒᆞ게ᄒᆞᆯ때에 시편二十七쟝을 볼것

三 무슴죄에 범ᄒᆞᆫ때에 시편五十一쟝을 볼것

四 근심되ᄂᆞᆫ일이 잇슬때에 마태六〇十九ㅣ卅四졀을 볼것

五 례비시간젼에 시편八十四쟝을 볼것

六 위ᄐᆡᄒᆞᆫ일이 잇슬때에 시편九十一쟝을 볼것

七 괴롭고 답답ᄒᆞᆫ일이 잇슬때에 시편三十四쟝을 볼것

八 하ᄂᆞ님이 나를 멀니ᄒᆞ신듯ᄒᆞᆯ때에 시편一百三十九쟝을 볼것

九 락망되고 실심되엿슬때에 이사야四十쟝을 볼것

十 풍셩ᄒᆞᆫ 열ᄆᆡ를 ᄆᆡᆺ기져ᄒᆞ면 요한十五쟝을 볼것

十一 의심이 니러날때에 요한七쟝十七졀 말ᄉᆞᆷ대로 힝ᄒᆞᆯ것

十二 외롭고 두려온ᄉᆡᆼ각이 날때에 시편二十三쟝을 볼것

十三 쥬의 은혜밧은것을 이져ᄇᆞ린때에 시편一百三쟝을 볼것

十四 ᄒᆞᆫ신쟈의게 ᄃᆡᄒᆞᆫ 예수의 관렴을알고져ᄒᆞ면 마태五쟝을 볼것

十五 예수의 종교뎍관렴을 알고져ᄒᆞ면 야고보一쟝十九ㅣ廿八졀을 볼것

十六 신심을 고동코져ᄒᆞ면 히부리十一쟝을 볼것

十七 ᄆᆞ음이 ᄯᅥ러지ᄂᆞᆫ것을 ᄭᅵ드른때에 로마八쟝三十一졀을 볼것

(미완)

셩경연구

●누가복음연구 (쇽)

十二、긔ᄉᆞ의 요무(要務) 본복음一〇二〇三〇十ㅣ十四、四〇十六、卅、九〇廿八ㅣ卅六十九〇四十一ㅣ四十四、廿二〇四十四、에 볼것

十三、누가의 득도ᄒᆞᆫ원인 힝十六〇十、十三、十五、딤後四〇十一、빌、二十四、

힘二十〇四十五、에볼것이우회 말ᄒᆞᆫ바는 예수평싱의 간략ᄒᆞᆫ 화샹(畵像賛)이어니와 ᄌᆞ셰ᄒᆞᆫ부분은 이아리 계쇽ᄒᆞ여긔ᄌᆡᄒᆞ노라

누가복음은 三단으로 논ᄒᆞᆯ지니

데一단은 예수리력의 완젼ᄒᆞᆷ이니(一〇三、)이것을 또 구분ᄒᆞ랴면 (一)예수의 텬연뎍(天然的)완젼ᄒᆞᆷ이니 곳 예수ᄭᅴ셔 강싱ᄒᆞ시기젼의 경황이며(一〇五—二〇卅九、)(二)예수ᄌᆡ지(才智)의 완젼ᄒᆞᆷ이니 곳 예수의 어렷슬ᄯᅢ의 경황이며 (二〇四十—五十二)(三)예수슈직(受職)의 완젼ᄒᆞᆷ이니 곳 예수ᄭᅴ셔 다윗의 후예되심과 요한의ᄭᅴ 세례밧으심과 또 세례요한의 증거ᄒᆞᆫ것이니라(三〇) (미완)

●바울의ᄉᆞ젹 (쇽)

한셩 류경샹

七、회개ᄒᆞᆷ—우리가 긔렴ᄒᆞᆯ만ᄒᆞᆫ 바울의 회ᄀᆡᄒᆞᆷ은 ᄀᆞ장 신긔ᄒᆞ니 이ᄀᆞᆺ치 회ᄀᆡᄒᆞᆫ쟈의게 나타난거동은 젼에 업든례(例)인ᄃᆡ 보통묵시이나 나타내뵈심과는 특별히 다른줄노 감각ᄒᆞ엿ᄂᆞ니 과연 신비젹(神秘的)일이며 바울의 여러 편지가온ᄃᆡ 쥬ᄭᅴ셔 다시사신 증거를 ᄇᆞᆰ히 드러내고 확실히 밋엇ᄂᆞ니라 (고린도젼十五〇八) 당시에 바울의 먹은ᄆᆞᄋᆞᆷ이 온젼히 변ᄒᆞ여지고 목뎍이 일시에 슬어졋다고는 ᄒᆞᆯ수 업스나 셩경을 보고 히득ᄒᆞ건ᄃᆡ 이ᄯᅢ에 된일이 두가지 됴건으로 맘미암아 결과를 일우엇는ᄃᆡ 첫재는 신긔ᄒᆞᆫ 됴건이니 하ᄂᆞ님ᄭᅴ셔 뎡ᄒᆞ서교(갈나듸아一〇十五)목뎍ᄒᆞ셔셔 이ᄀᆞᆺ치 힝ᄒᆞ심이니 바울이 처음당ᄒᆞᆫ경험이며 감화이오 둘재는 텬연ᄒᆞᆫ 됴건이니 바울의 근본뎍픔힝과 지식과 판단ᄒᆞᆷ은 변ᄒᆞ지 안코 ᄀᆡ혁만 되여 이젼에 밋던거시 다 업셔지지안코 구약교훈도 반ᄃᆡᄒᆞ지안코 범위만 넓혀 여러션지의 ᄀᆞᄅᆞ친진리를 고샹히 히셕ᄒᆞ엿ᄂᆞ니 젼에 몽롱ᄒᆞ게 밋어 오든거슬 다. 나사렛예수를 ᄀᆞᄅᆞ친거신줄노 더 득ᄒᆞ엿스니 슌셔잇게 ᄌᆞ연뎍으로 된 회ᄀᆡ니라

八、아랍비아와 다마셕에셔 지냄 다마셕에 잇는 문도들의게 도롤비호고 또세례를 밧은후(ᄉᆞ도九〇十九)이곳셔 ᄯᅥ나 예루살넴으로 가지안코 (갈나듸아一〇十七) 아랍비아와 다른디방으로 갓ᄂᆞ니라 여러날과 여러ᄃᆞᆯ을 보내여 관쇽ᄒᆞ여지ᄆᆡ 바울이 다마셕에셔 젼도ᄒᆞ기를 시쟉ᄒᆞ니 그셩즁 빅셩이 밧지아니ᄒᆞᄆᆡ 피ᄒᆞ여 쥬예수와 하ᄂᆞ님으로 더브러 교통ᄒᆞ려 뷔인들로 가니 곳 아랍비아 사막이라 의심컨ᄃᆡ 여긔는 셔ᄂᆡ산근쳐인듯ᄒᆞ니 모셰가 건이던 셔ᄂᆡ산이 바울의 발자최를 감초더라

九、예루살넴으로 잔일 — 대략삼년을 지나셔 다마셕으로 다시 왓다가 죽이랴ᄒᆞᄆᆡ 예루살넴으로 향ᄒᆞ여가니 그곳셔 바나바와 다른친구들이 당시 예루살넴에 잇는 ᄉᆞ도들의게 소개ᄒᆞ여주니라 (ᄉᆞ도九〇二六—三十) 여긔 잇슬ᄯᅢ에 베드로의 번긔이 되여 얼마를 지난후 헬나를 좃는 유대인들과 ᄀᆞᆺ치 변론ᄒᆞ니 그사ᄅᆞᆷ들이 죽이기로 ᄭᅬᄒᆞ여 싱명이위ᄐᆡᄒᆞ게 되ᄆᆡ 형뎨들이 수리이 히변으로 다리고가셔 다소로 보내니 이ᄯᅢ는 강싱후三十八、九년간이러더라

十、다소와 안듸옥에셔 젼도 ᄌᆞ긔고향 다소로 가셔 다소와 밋그근방 실릐시아에셔 ᄌᆞ긔가 엇은도리를 대략 삼년이나 ᄀᆞᄅᆞ친듯ᄒᆞ고 그후에 비나바가 안듸옥으로 청ᄒᆞ여 ᄀᆞᆺ치일ᄒᆞ니 헬나사ᄅᆞᆷ들과 외방인들의게 예수의 복음을 젼ᄒᆞ고 메시야ᄭᅴ로 와셔 은혜를 넙게ᄒᆞ엿스며 (ᄉᆞ도十一〇二十一)안듸옥에셔 바나바와ᄒᆞᆷᄭᅴ 일년이나 젼도ᄒᆞ니 강싱후四十三년간이며 여긔셔 브터 그리스도인이라 는명칭을 엇엇고(ᄉᆞ도十一〇二六)그후에 그곳셔 연보를 것어가지고 예루살넴으로가셔 구제ᄒᆞ엿스니 이ᄯᅢ는 로마황뎨 클러듸어쓰가 위에잇슬ᄯᅢ러라(강싱후四十一—五四)

세비대의 아달 야고보가 피살을 당ᄒᆞ고 베드로가 옥에 갓쳣다가 셩신의능력으로 옥에셔 나온후 긔이ᄒᆞᆫ 일이잇슬때좀되여셔 바울과 바나바는 예루살넴으로 온듯ᄒᆞ니라 (갈나듸아 二〇一 ᄉᆞ도十一〇二五—三十) (미완)

◎가뎡과쇼ᄋᆞ

●평싱에 거짓말을 아니ᄒᆞᆷ

지나송나라때에 유명ᄒᆞᆫ 지샹 ᄉᆞ마광(司馬光)은 ᄋᆞ동과 쥬졸(走卒)도 그일홈을 모르는쟈ㅣ업섯ᄂᆞ니 공이 어렷슬때에 그ᄆᆡ씨로 더브러 작란ᄒᆞᆯ시 프른호도셥질을 벗기려ᄒᆞ되 능치못ᄒᆞ야 얼마동안 ᄋᆡ를 쓰다가 그ᄆᆡ씨는 ᄒᆞᆯ수업시 안으로 드러간 ᄉᆞ이에 겻헤셔 보던 죵이 ᄭᅳᆯ는 물노써 호도가지에 부어 데친후에 껍질을 벗겨주거ᄂᆞᆯ 공이 가지고 안으로 드러가셔 그ᄆᆡ씨를 속여왈「내가 능히 이 호도셥질을 벗겻노라」ᄒᆞᆫᄃᆡ 그시죵(始終)을 구경ᄒᆞ던 그 부친이 노ᄒᆞ여 엄히 ᄭᅮ지져 왈「네가 웨 거짓말을 ᄒᆞᄂᆞ냐」ᄒᆞ엿더니 공이 그때브터 심히 뉘웃쳐 一평싱에 거짓말ᄒᆞᆫ마ᄃᆡ를 아니ᄒᆞ엿ᄂᆞ니 그럼으로 공이 일ᄌᆞᆨ이 말ᄒᆞᄃᆡ 나는 평싱에 힘ᄒᆞᆫ바 모든일을 사ᄅᆞᆷ의게 ᄃᆡᄒᆞ야 말못ᄒᆞᆯ것이 업다 (平生所爲之事無不可對人言者)ᄒᆞ엿스니 청년졔군은 맛당히 ᄉᆞ마공으로써 모범을 삼을진뎌

세계격언

一 금젼으로 써 산(買)츙실(忠實)은 금젼으로 써 셔 드릴수 잇ᄂᆞ니라

二 비복(婢僕)의 칭찬ᄒᆞ는 말노써 그쥬인의 ᄉᆞ덕(私德)에 ᄃᆡᄒᆞ야 확실ᄒᆞᆫ 칭찬을 삼음만ᄒᆞ니라

三 군ᄌᆞ는 ᄌᆞ긔를 모로는쟈의게 잠시 굴ᄒᆞ엿다가 ᄌᆞ긔를 아는자의게 쟝구히 펴(伸)ᄂᆞ니라

四 남편의 셩질을 알고져ᄒᆞ면 그안히의 얼골빗출 ᄌᆞ셰히 볼지니라

五 량마(良馬)는 결코 차지안코 어진안히는 결코 불평ᄒᆞᆫ 말을 ᄒᆞ지아니ᄒᆞᄂᆞ니라

六 오ᄂᆞᆯ날쥰비에 게으른쟈는 ᄅᆡ일은 더욱 쥰비업기쉬오니라

七 유예(猶豫)는 시간의 도적이니 ᄒᆡ마다 시간을 ᄲᆡ아셔 가다가 드듸여 촌(寸)만ᄒᆞᆫ 시각도 남기지아니ᄒᆞᄂᆞ니라

실업

●농ᄉᆞ강습요항 (속)

十八 벼의 픔죵(品種)

농작물즁에 픔죵이 ᄀᆞ장 만ᄒᆞᆫ것은 벼니 그즁에 찰벼(粘稻)와 메벼(粳稻)와 조도와 만도등이며 ᄯᅩ수염업는벼와 수염잇는벼의 분별이 잇는ᄃᆡ 죠션과 ᄀᆞᆺ치 온도가 나진ᄃᆡ방에는 ᄒᆞᆯ수잇는대로 일흔벼를 심으는것이 합당ᄒᆞ며 ᄯᅩ 四五년만콤식 죵ᄌᆞ를 가라(交換)심으는것이 필요ᄒᆞ니라

十九 죵ᄌᆞ를 ᄐᆡᆨᄒᆞ는법

벼의죵ᄌᆞ를 ᄐᆡᆨᄒᆞ는법은 셩슉(成熟)이 잘되고 알이 완실ᄒᆞᆫ벼를 ᄐᆡᆨᄒᆞᆫ후에 링수 ᄒᆞᆫ동의에 소곰엿량즁을 타셔 그물에다 벼죵ᄌᆞ를 담그면 부실(不實)ᄒᆞᆫ 알은 다 우흐로 ᄯᅳᆯ터이니 그것들을 다 건져ᄇᆞ리고 밋헤 가라안진 알만 취ᄒᆞ야 다시 링슈에 써셔셔 쓸지니라

담총

●오래사는 방법의 十二됴목

一 져녁十시에 자고 샹오七시에 니러나셔 ᄆᆡ일뎡ᄒᆞᆫ 시간에 식ᄉᆞ를 ᄒᆞᆫ후에는 군것질을 ᄒᆞ지말것

二 밤에 놉ᄒᆞᆫ 창을 (곳바리지나 들창ᄀᆞᆺᄒᆞᆫ것)열고잘것

三 ᄌᆞ양분(滋養分)이 만ᄒᆞᆫ 음식을 먹으되 과식ᄒᆞ지말것

四 ᄆᆡ일 적어도 물 여듧곡부식 마실것

五 거러ᄃᆞᆫ닐때나 안젓슬때나 ᄒᆞᆼ샹 머리와 눈셥을 졍직히ᄒᆞ고 가슴을 펼것

六 식ᄉᆞᄒᆞ기젼에 ᄒᆞᆼ샹 신션ᄒᆞᆫ 공긔를 마실것

七 ᄒᆞᆼ샹 태양빗치 통챵ᄒᆞᆫ 곳에 나아갈것

八 무엇이던지 ᄌᆞ극물(刺戟物)을 피ᄒᆞᆯ것

九 밤과 아ᄎᆞᆷ에 니(齒)를 ᄒᆞᆫ번식 닥글것

十 목욕을 ᄌᆞ조ᄒᆞᆯ것

十一 술과 담비먹는 습관을 써트릴것

十二 규측이 잇게 운동ᄒᆞᆯ것

법령뎍요(法令摘要)

●면경비 부담방법(面經費負擔方法)

죠션총독부령뎨十六호

대졍二년三월六일

뎨一됴 면경비는 지산으로 좃차ᄉᆡᆼ기는 슈입(收入)과 면교부금(面交付金)과 면에 쇽ᄒᆞᆫ 무슴다른 슈입으로 쓰고 오히려 부족ᄒᆞᆯ때는 면부과금(面賦課金)을 거두어 쓸수도 잇슬ᄉᆞ

뎨二됴 면부과금으로 거둘 죵목(種目)과 제한은 좌와ᄀᆞᆺ흠

一 호별할(戶別割)이니 평균 매호에 三十젼 이니요

二 디셰부가금(地稅附加金)이니 본셰(本稅) 一원에 디ᄒᆞ야 평안남북도와 함경남북도에셔는 八十젼이니며 기외 다른 도에셔는 五十젼이니요

뎨三됴 디셰의부과가 업는 디방과 또무슴특별ᄒᆞᆫᄉᆞ졍이 잇는디방에셔는 도장관의 허가를 엇어 다른 죵목을 셜치ᄒᆞ야 디셰부가금을 디신ᄒᆞᆯ수도 잇슬ᄉᆞ (미완)

회보디금령슈

積城 鄭昌業 八十錢
黃鍾九 四十錢
麻田 權善良 八十錢
韓炳善 四十錢
韓應有 八十錢
漣川 權德順 八十錢
金君三 四十錢
權德在 八十錢
長湍 韓應斗 四十錢
淮陽 金逸容 三十錢
崔聖逸 三十錢
金益洙 三十錢
崔尙倫 三十錢
金尙夏 三十錢
鎭南浦 李根夏 四十錢
崔秉勳 四十錢
崔鳳仁 四十錢
鄭仁國 四十錢
魯錫道 四十錢
東部往十里 朴應善 四十錢
北部白雲洞 朴敏炯 四十錢
忠州 趙祥增 四十錢
尹炳煥 四十錢
陰城 潘武祿 四十錢
潘采雲 四十錢
朴現樫 四十錢
忠州 李景魯 四十錢
安洛中 四十錢
朴容一 四十錢
李翼祚 四十錢
陰城 延道一 四十錢
· 張東燮 四十錢
張基性 四十錢
燕岐 吳翼杓 四十錢
忠州 朴俊秉 四十錢
瓮津 李京鎬 一圓五十錢
淮陽 李章郁 三十錢
玄有錫 三十錢
金東河 六十錢
驪州 趙根洙 四十錢
洪聖疇 四十錢
金永祚 四十錢
辛致章 四十錢
趙根浩 四十錢
原州 洪祐正 四十錢
泰安 梁致玉 四十錢
梁相俊 四十錢
廉聖漢 四十錢
趙鎭元 六十錢
沔川 全學道 四十錢
洪川 金相德 四十錢
李君七 四十錢
貞淑女學校 四十錢

그리스도회보
KOREAN CHRISTIAN ADVOCATE

每週一回月曜日發行
大正二年五月十四日印刷
大正二年五月十九日發行

發行兼編輯人 開城北部山芝峴 奇義男
印刷人 京城北部樓閣洞 朴東完
印刷所 京城南部上犂洞 新文館
發行所 京城北部壯洞四十三統三戶 呂炳鉉邸

ᄃᆡ금…代金 一장 二젼 六개월 四十젼 一개년 八十젼

사셜

●새것과녯것

오쥬예수 골ᄋᆞ샤ᄃᆡ 텬국의 뎨ᄌᆞ된 셔긔관마다 맛치 쥬인이 그 고간에서 새것과 녯것을 내여옴과 ᄀᆞᆺ다 ᄒᆞ셧스니 므릇 텬국의 뎨ᄌᆞ된 셔긔관은 그리스도ᄭᅴ셔 ᄀᆞᄅᆞ쳐주신 신령뎍 도리를 ᄇᆡ화 그 오묘ᄒᆞᆫ것을 통투히 ᄭᆡ드른쟈를 닐ᄋᆞ심이니 예수의 이말솜이 모든 젼도직임 잇ᄂᆞᆫ쟈의 즁요ᄒᆞᆫ 비결이 될지로다 그런즉 우리가 여긔ᄃᆡᄒᆞ야 깁히 연구ᄒᆞᆯ것은

一、고간에서 새것과 녯것을 내여쓰고져 ᄒᆞ면 불가불 몬져 만히 드려다 싸하 두어야 될것이니 이고간은 곳 우리의 ᄆᆞᄋᆞᆷ이오 싸하둘것은 곳 우리의 신앙과 지식이라 만일 몬져 드려다 싸하둔것이 업스면 엇지 내여다 쓸것이 잇스리오 그럼으로 요한 웨슬네션ᄉᆡᆼ이 일쟉이 말솜ᄒᆞ시기를 「젼도인으로 능히 사ᄅᆞᆷ을 인도치 못ᄒᆞᄂᆞᆫ것은 지식이 부족ᄒᆞᆷ이오 지식이 부족ᄒᆞᆫ것은 ᄇᆡ으른연고라」ᄒᆞ엿스며 ᄯᅩ 미국에 유명ᄒᆞᆫ 목ᄉᆞ 깁슨씨ᄂᆞᆫ 말ᄒᆞ기를 「복음을 젼ᄒᆞᄂᆞᆫ쟈는 비유컨ᄃᆡ 통에 ᄆᆞᆰ은 물을 길어 가지고 ᄃᆞᆫ니다가 목마른쟈의게 물을 공급ᄒᆞᄂᆞᆫ것과 ᄀᆞᆺᄒᆞᆫᄃᆡ 만일 목 마른쟈가 물을 엇으러 왓다가 그 통이 뷘것을 보면 엇지 락망이 되지 안켓ᄂᆞ뇨」ᄒᆞ엿스니 우리 젼도직임을 맛흔쟈ㅣ 맛당히 이것을 ᄉᆡᆼ각ᄒᆞ고 새것과 녯것을 우리ᄆᆞᄋᆞᆷ고간에 만히 온튝(蘊畜)ᄒᆞ지 아니면 우리직무를 감당치 못ᄒᆞᆯ것은 지혜잇ᄂᆞᆫ쟈의 말을 기ᄃᆞ리지 안코 가히 알녀니와 시험ᄒᆞ야 十二ᄉᆞ도와 바울을 볼지어다 十二ᄉᆞ도ᄂᆞᆫ 그리스도 문하에서 三년간 훈도(薰陶)ᄒᆞ신 교훈을 밧엇고 바울은 아라비아광야에서 三년간 슈양(修養)ᄒᆞᆫ 공부가 잇셧도다

二、우리의 온튝ᄒᆞᆯ바 새것과 녯것이 무엇인지 ᄌᆞ셰히 알어야 될것이니 여긔 ᄃᆡᄒᆞ야 녯것은 모세의 률법이오 새것은 예수의 복음이라고 말ᄒᆞᆯ쟈도 잇스며 녯것은 입의 젼파ᄒᆞ여 아ᄂᆞᆫ것이오 새것은 아직 듯지도 보지도 못ᄒᆞᆫ것이라고 말ᄒᆞᆯ쟈도 잇고 녯 진리를 새로난 형샹으로 말ᄒᆞ여 나타내ᄂᆞᆫ것이라고 말ᄒᆞᆯ쟈도 잇슬지나 우리ᄂᆞᆫ 결코 엇던ᄯᅢᄂᆞᆫ 녯것을 내여오고 엇던ᄯᅢᄂᆞᆫ 새것을 내여올것이 아니라 녯것과 새것을 ᄒᆞᆫᄯᅢ에 ᄀᆞᆺ치 내여오지 아니면 못될지로다 근일 셔양 엇던 박ᄉᆞ가 말ᄒᆞᄃᆡ「ᄉᆞ상계에서 그리스도교와 인류를 됴화(調和)ᄒᆞᆯ 필요가 눈압헤 박두ᄒᆞ엿다」ᄒᆞ니 이ᄂᆞᆫ 젼도ᄒᆞᄂᆞᆫ쟈ㅣ 맛당히 시ᄃᆡ의 진보를 ᄯᆞ라 사ᄅᆞᆷ의 ᄉᆞ샹도 진보된것을 깁히 샹량ᄒᆞ야 셩경의 녯 진리로 근본을 삼고 새로온 셜명을 붓쳐 듯ᄂᆞᆫ쟈의 ᄉᆞ샹을 인도ᄒᆞ야 신령ᄒᆞᆫ 디경에 니르게 ᄒᆞ라 ᄒᆞᆷ이라

(미완)

본샤특별고ᄇᆡᆨ

一、경향간 본회보를 익독ᄒᆞ시ᄂᆞᆫ 형뎨ᄌᆞ미즁 긔왕에 보신회보ᄃᆡ금의 령져됴(零在條)나 혹 쟝ᄅᆡ에 보실회보ᄃᆡ금의 션금(先金)을 아직 아니 보내신이ᄂᆞᆫ 속속히 우편쇼위톄(郵便小爲替)로 붓쳐보내시되 혹 부득이ᄒᆞ야 적은돈을 우표로 보내실 경우에ᄂᆞᆫ 五리ᄶᅡ리나 二젼ᄶᅡ리로 보내여 쥬시옵

二、본회보의 신구람쟈 十인을 엇어보내시ᄂᆞᆫ 이의게ᄂᆞᆫ 젼과 ᄀᆞᆺ치 본보一쟝을 무ᄃᆡ금(無代金)으로 보내여 드리겟ᄉᆞᆸᄂᆡ다

교즁휘문

◀ᄂᆡ 보▶

●하감독의도션

감독 ᄒᆡ리스씨는 본월四일에
일본으로 브터 경셩에 도챡
ᄒᆞ엿ᄂᆞᆫᄃᆡ 금번에는 죠션셔
좀 오리 류ᄒᆞᆯ작뎡이라더라

●룡강의새교회

평남 진남포 비셔동교회 최
병훈씨의 통신을 거ᄒᆞᆫ즉 룡
강심다리교회는 작년三월브
터 새로 셜립되엿ᄂᆞᆫᄃᆡ 비셔
동교회속쟝 졍익노씨가 十여
리되ᄂᆞᆫ 촌에셔 여러히동안을
七十로모와 ᄌᆞ녀를 ᄃᆞ리고
쥬일과 三일례ᄇᆡ에 풍우와
한셔를 무릅쓰고 열심으로
ᄃᆞᆫ니며 ᄒᆞᆼ샹 하ᄂᆞ님ᄭᅴ 긔도
ᄒᆞ며 젼도ᄒᆞᆫ 결과로 三四년
젼에 ᄌᆞ긔사ᄂᆞᆫ 고잔동리에셔
몬져 고죵환 리긔보 리긔인
씨등 몃형뎨를 엇엇스니 이
ᄂᆞᆫ ᄉᆞ도즁 야곱 요한형뎨와
ᄀᆞᆺ치 쥬의 일군으로 부르심
을 밧은쟈ㅣ라 밋ᄂᆞᆫ날브터
ᄌᆞ긔식구의게 젼도ᄒᆞ여 六七
명식구가 다 회ᄀᆡᄒᆞ엿스며
ᄒᆞᆼ샹 셩경을 연구ᄒᆞ며 졍익
노씨를 도아 젼도ᄒᆞ기를 쉬
지아니ᄒᆞ더니 작년三월브터
긔도실을 룡강 셤 다리에다
세우고 례ᄇᆡ보기를 시작ᄒᆞ엿
ᄂᆞᆫᄃᆡ 모히ᄂᆞᆫ 교우ᄂᆞᆫ 불과수
三十명이나 독실히 밋ᄂᆞᆫ쟈가
태반이라 그즁 김ᄐᆡ일모친
황씨독실은 년금六十三세라
七八년젼에 신병으로 인ᄒᆞ야
쥬를 밋고 몸에 병ᄭᅡ지 나음
을 엇고 ᄃᆞᆫ니더니 유혹을 인
ᄒᆞ야 쥬를 니젓다가 작년에
그동리에 긔도실을 셜립ᄒᆞᆫ매
그 날브터 다시 도라와 독실
히 밋ᄂᆞᆫ즁 새벽이면 회당에
가셔 긔도ᄒᆞ기를 쉬지아니ᄒᆞᆫ
효과는 지금은 四五간되ᄂᆞᆫ
긔도실을 주시고 또 그곳에
사경회를 거二월三十일브터
一쥬일동안 열고 남녀二十여
명이 오젼에ᄂᆞᆫ 공부ᄒᆞ고 오후
에ᄂᆞᆫ ᄀᆡ인젼도를 ᄒᆞ엿ᄂᆞᆫᄃᆡ
새로 밋기로 작뎡ᄒᆞᆫ사ᄅᆞᆷ이
수十명에 달ᄒᆞ엿다더라

●신평교회의사경회

평북 ᄀᆡ쳔군 신평교회 리면
규씨의 통신을 거ᄒᆞᆫ즉 그곳
은 어둡고 몽ᄆᆡᄒᆞᆫ 사ᄅᆞᆷ이 만
하셔 교회가 무엇인지 예수
가 무엇인지 알지못ᄒᆞ더니
하ᄂᆞ님ᄭᅴ셔 호싱지덕을 베프
샤 그곳에 잇ᄂᆞᆫ 윤득슌씨를
몬져 예수ᄭᅴ로 인도ᄒᆞ신지라
윤씨가 ᄌᆞ긔조부모와 량친을
회ᄀᆡ식히고 쥬의 은혜를 찬
숑ᄒᆞᄂᆞᆫ즁 거월十三일브터 一
쥬일동안 사경회를 시작ᄒᆞ고
공부ᄒᆞ엿ᄂᆞᆫᄃᆡ 교ᄉᆞᄂᆞᆫ 양덕젼
도ᄉᆞ 리진형 셩쳔 리면규량
씨오 과졍은 빌닙보 바울힝
젹 마가복음 그리스도경력
인ᄃᆡ 신령ᄒᆞᆫ 은혜를 밧앗고
오후에ᄂᆞᆫ 근쳐에 ᄃᆞᆫ니며 젼
도ᄒᆞ엿슴으로 됴흔 희망이
만타ᄒᆞ엿더라

●사촌리교회의부인사경회

경셩부 룡산면 사촌리교회ᄂᆞᆫ
작년칠월브터 그곳교우의집
에셔 례ᄇᆡ보기를 시작ᄒᆞ엿ᄂᆞᆫ
ᄃᆡ 지금은 평균례ᄇᆡ참예ᄒᆞᄂᆞᆫ
이가 四十명에 달ᄒᆞ엿고 ᄆᆡ
우 ᄌᆞ미잇ᄂᆞᆫ교회라 지난달
二十一일브터 二十六일ᄭᆞ지
ᄒᆞᆫ쥬일동안 부인사경회를 열
고열심으로 공부ᄒᆞᆫ이가 十九
인이오 그즁에 十七인이 시험
을 잘 맛침으로 진급을 밧엇
ᄂᆞᆫᄃᆡ ᄀᆞᄅᆞ친교ᄉᆞᄂᆞᆫ부인 셩셔
학원에셔 졸업ᄒᆞᆫ부인 문이사
벨과문알벳 두분이 ᄀᆞᄅᆞ쳣ᄉᆞ
며그즁에 ᄌᆞ미잇ᄂᆞᆫ거ᄉᆞᆫ 마춤
기다리고잇든비가 그곳부인
들의 열심을 시험ᄒᆞ랴고 련일
오되 ᄒᆞᆫ번도 결셕지안코 공부
ᄒᆞᆫ 결과로 二十六일에 진급례
식을 힝ᄒᆞᄂᆞᆫ즁 긔이ᄒᆞ고놀
날만ᄒᆞᆫ일은 진급밧을사ᄅᆞᆷ을
ᄎᆞ례로 불너ᄂᆡᄂᆞᆫ때에 뎨일 우
둥으로 진급ᄒᆞᆫ이ᄂᆞᆫ 나히 七
十四셰된 로부인량마리암씨
라 본ᄃᆡ 하ᄂᆞ님 셤기기를 녯
젹 안나와 ᄀᆞᆺ치 ᄌᆞ긔집을 례
ᄇᆡᄒᆞᄂᆞᆫ쳐소로 뎡ᄒᆞ고 주야로
밋지안ᄂᆞᆫ자를 위ᄒᆞ야 긔도ᄒᆞ
며 열심으로 젼도ᄒᆞ고 권면
ᄒᆞ며 셩경공부ᄒᆞ기를 더욱
힘써 ᄒᆞ더니 이번 사경회에
여러졂은이를 압두ᄒᆞ고 뎨일
둥 진급쟝을 밧앗더라 교ᄉᆞ
의 말이 엇지 셩경에 잇ᄂᆞᆫ말
ᄉᆞᆷ을 잘외오고 ᄃᆡ답에 막힐
거시 업ᄂᆞᆫ지 이젼에도 보지
못ᄒᆞᆫ일이라ᄒᆞ니 엇지 젼능ᄒᆞ
신 쥬의권능을 감샤치 아니
리오 이말ᄉᆞᆷ을보시ᄂᆞᆫ 여러형

데ᄌᆞ미즁 나히만하 공부ᄒᆞᆯ수업다ᄒᆞ고 셩경공부를 게을니ᄒᆞᄂᆞᆫ이들은 이로부인을 모범삼기를ᄇᆞ란다 ᄒᆞ엿더라

●눈어두온ᄋᆞᄒᆡ가쥬의일ᄒᆞᆷ을부름

긔셩 셔부교회 리각균씨의 ᄐᆞᆼ신을 거ᄒᆞᆫ즉 ᄒᆡ교회니 박복남이라 ᄒᆞᄂᆞᆫᄋᆞᄒᆡᄂᆞᆫ 조실부모ᄒᆞ고 ᄯᅩᄒᆞᆫ 눈이어두어 걸식으로 지내더니 긔셩남셩병원에셔 여러가지 병을 잘 곳친다ᄒᆞᆷ을 듯고 ᄆᆞᄋᆞᆷ에 깃버ᄒᆞ야 그병원을 ᄎᆞ저와셔 눈을곳쳐 달나ᄒᆞᆫ매 그병원장 리위만씨가 불샹히 녁여 여러가지방법으로 시험ᄒᆞ야도 효험이 업ᄂᆞᆫ지라 그러나 그 갈곳과 의지가 업슴을 보고 약간 돈을 주고 근쳐 신웁에셔 신짓ᄂᆞᆫ법을 ᄇᆡ호게 ᄒᆞ얏더니 그지도를 ᄯᅡ라 부ᄌᆞ런히 ᄇᆡ홈으로 지금은 신을 삼이ᄂᆞᆫᄃᆡ 능ᄒᆞ게 되얏스며 기간 三四년간 신심이 졈졈 독실ᄒᆞ야 ᄆᆞᄋᆞᆷ에 거듭남과 하ᄂᆞ님의 아ᄃᆞᆯ됨을 확실이 셰닷고 ᄯᅩᄒᆞᆫ 텬국의 영원ᄒᆞᆫ 복을 ᄉᆡᆼ각ᄒᆞ고 ᄒᆞᆼ샹깃버ᄒᆞ며 셩경을부ᄌᆞ런히 외오며 사ᄅᆞᆷ을 만나ᄂᆞᆫ대로 그리스도의 복음을 젼파ᄒᆞ고 ᄯᅩᄒᆞᆫ 구걸ᄒᆞ야 엇은 돈즁에셔 몃십젼식 저츅ᄒᆞ야 ᄌᆞ급과 연보에 열심긔부ᄒᆞ며 ᄒᆞᆼ샹 쥬압으로 사ᄅᆞᆷ을 인도ᄒᆞ지못ᄒᆞᆷ을 근심ᄒᆞᄂᆞᆫ지라 이로말미암아 모든교우의 신심을 분발케ᄒᆞ며 영화를 하ᄂᆞ님ᄭᅴ 돌닌다 ᄒᆞ엿더라

●영교졸업식

츙남 공쥬군 영명녀학교교감 리규갑씨의 ᄐᆞᆼ신을 거ᄒᆞᆫ즉 ᄒᆡ학교뎨일회졸업식을 거四월二일에 ᄒᆡ군례비당에셔 ᄒᆡᆼᄒᆞ엿ᄂᆞᆫᄃᆡ 당일셩황은 관민간ᄅᆡ빈이 四ᄇᆡᆨ여인이오 기타관광졔씨가 수ᄇᆡᆨ인이라 학ᄉᆡᆼ들의 쳥아ᄒᆞᆫ 챵가와 ᄅᆡ빈의 유익ᄒᆞᆫ 연셜이며 권셜을 ᄌᆞ미잇게 드를때에 텽즁이 박슈갈ᄎᆡᄒᆞ고 교장이 졸업증셔를 슈여ᄒᆞ니 졸업ᄉᆡᆼ은 진영신 김일나 박ᄌᆞ이ᄉᆞ 셔유돌나 강면네 로마리아 등六인이며 ᄯᅩᄒᆞᆫ 진급ᄉᆡᆼ은 셔슌이 등 三十二인이니 깃브도다 이녀학교 졸업식은 츙남에 쳐음잇ᄂᆞᆫ 일이니 츙남녀ᄌᆞ계에 빗치라ᄒᆞᆯ수잇다ᄒᆞ엿더라

●의무교ᄉᆞ의열심

강원도 이쳔군 류시국씨의 ᄐᆞᆼ신을 거ᄒᆞᆫ즉 ᄒᆡ군ᄂᆡ 녀학교ᄂᆞᆫ 지졍이 군졸ᄒᆞ여 폐지되엿더니 하ᄂᆞ님ᄭᅴ셔 의무교ᄉᆞ 두사ᄅᆞᆷ을 보내샤 작년十二월분에 이학교를 복셜ᄒᆞ엿ᄂᆞᆫᄃᆡ 남교ᄉᆞᄂᆞᆫ 본교회권ᄉᆞ 최운익씨니 각쥬와 농업을ᄒᆞᆷ으로 업무에 분주ᄒᆞ나 리익과 수고를 불고ᄒᆞ고 교육에 젼력ᄒᆞ야 ᄆᆡ일샹오에 두시간식 한문을 교슈ᄒᆞ고 ᄯᅩ 녀교ᄉᆞᄂᆞᆫ 긔셩 이리협녀학교 학ᄉᆡᆼ 어윤희씨인ᄃᆡ 수년젼에 긔셩 동부교회 녀쇼학교에셔 三년동안 교슈ᄒᆞᄂᆞᆫ 동안에 ᄉᆡᆼ각ᄒᆞ기ᄂᆞᆫ 죠션녀ᄌᆞ도 샹회(商會)를 죠직ᄒᆞ야 다대ᄒᆞᆫ 리익을 엇어가지고 ᄌᆞ유로 ᄌᆞ션ᄉᆞ업ᄒᆞᄂᆞᆫ것이 묘ᄒᆞᆫ줄알고 곳 교ᄉᆞ를 ᄉᆞ면ᄒᆞ고 녀ᄌᆞ샹회를 챵셜ᄒᆞ고 고금(股金) 수百원을 모집ᄒᆞ야 샹뎜을 열엇스니 그일홈은 션일샹뎜(鮮·商店)이라 수년동안 영업을ᄒᆞ야 리익을 만히 엇을지음에 이곳녀학교가 지졍이 군졸ᄒᆞ여 폐지됨으로 三四十명ᄉᆡᆼ도가 다 홋터젓다ᄂᆞᆫ 소식을 듯고 이셕히 녁여 그샹뎜을 타인의게 위탁ᄒᆞ고 의무로 이곳에 와셔 十여명학ᄉᆡᆼ을 모집ᄒᆞ여 인ᄌᆞᄒᆞᆫ ᄆᆞᄋᆞᆷ으로 교슈ᄒᆞ며 슉식이 불편ᄒᆞ되 깃븜으로 지내니 이두교ᄉᆞᄂᆞᆫ 쥬를 영화롭게ᄒᆞ고 동포를 ᄉᆞ랑ᄒᆞᄂᆞᆫ쟈라 ᄒᆞ엿더라

●긔렴연보광고

본년一월十二일은 본회보챵간 뎨二회 긔렴쥬일이온ᄃᆡ 이날에 각쳐교회에셔 각기힘대로 본회보에 연보ᄒᆞᆫ것을 본샤로 보내엿습기 그 ᄋᆡ호ᄒᆞ시ᄂᆞᆫ 뜻을 감샤ᄒᆞ오며 이에 ᄎᆞ례로 게재ᄒᆞ야 광포ᄒᆞ노라

雲山橋洞敎會 一圓九十錢
仝邑敎會 五十錢
長端邑敎會 二十九錢
仝臯浪浦敎會 二十七錢
仝마게울敎會 十錢
瑞興杜武洞敎會 三十錢
仝梅彩洞敎會 三十錢
仝松田洞敎會 二十錢
仝松洞敎會 二十錢

◀외 보▶

●일본긔독교회동밍평의회

일본긔독교회 동밍평의 회는 거월二十八일 오젼十一시에 동경신뎐쳥년회관에셔 긔ᄒᆞ고 미국가쥬에셔 일본인을빈쳑ᄒᆞᄂᆞᆫ의안에 ᄃᆡᄒᆞ야 미국국무경 부라이안씨의게 일미량국의 친션(親善)을 힘써 쥬션ᄒᆞ라고 장문뎐보홀일과 ᄯᅩ 본월三일 만국쳥년대회에 참셕ᄒᆞ기위ᄒᆞ야 미국으로 건너가는 졍심(井深)미지조씨와 만국일요학교대회에 참셕ᄒᆞ기위ᄒᆞ야 동힝ᄒᆞᄂᆞᆫ 쇼긔홍도 량씨를 보졍에셔 젼별ᄒᆞ기로 결뎡ᄒᆞ엿다더라

●뢱헬너씨의긔부금

미국에 유명ᄒᆞᆫ 부쟈ㅣ 뢱헬너씨는 일본에 긔독교대학교를 셜립ᄒᆞ기 위ᄒᆞ야 四百만원을 긔부ᄒᆞ기로 작뎡ᄒᆞ엿다고 모쳐에 뎐보가 왓다더라

●포와국의 감리교졍황

포와국에 잇ᄂᆞᆫ 일션인(日鮮人)감리교회는 거二월二十六일브터 三월二일ᄭ지 호노눌누셩 미국인감리교당 ᄂᆡ에셔 년회를 열엇ᄂᆞᆫᄃᆡ 감리ᄉᆞ 외도만씨가 쥬셕이 되고 미국대륙셔 건너온 감독랏곡씨가 참셕ᄒᆞ야 각교회보고를드른후각항ᄉᆞ무를 쳐리ᄒᆞ엿ᄂᆞᆫᄃᆡ 작년도통계를 거ᄒᆞᆫ건ᄃᆡ 일션인합ᄒᆞ야 셰례인이 二百二十인이오 총회원이 一千七百四十一인이며 교회가三十四쳐오쥬일학교학싱이 一千五百八十三인이며 젼도ᄉᆞ는 조션인남ᄌᆞ가 二十여인이며 일본인남녀가 十一인이오 교회에 속ᄒᆞᆫ 지산이 十八만四千여원이라더라

●술갑이데一만하

미국젼국ᄂᆡ에셔 됴사ᄒᆞᆫ바 작년통계표를 거ᄒᆞᆫ즉 미국ᄂᆡ에셔 슈입ᄒᆞᆫ 국고금총계가 十四억 二十八만 九百十원이오 상업상으로 슈입(輸入)ᄒᆞᆫ익이三十三억三百三十二만九千八빅六十八원인ᄃᆡ 젼국교육비로 쓴 돈이 八억三千二百三十만八百六十八원이며 마시ᄂᆞᆫ것으로허비ᄒᆞᆫ 돈이 二十五억원가량이라더라

긔 셔

●태평양젼도록 (속)

영국태요한션싱 져술

한셩긔이부목ᄉᆞ 번역

도라와 젼에 쓴편지를 ᄇᆞ리고 다시써셔 집에 붓치고 잇흔날 일즉이 학교에 가니 목ᄉᆞ가 내게말ᄒᆞᄃᆡ 뎌학교가 폐ᄒᆞᆫ 연고는 악인ᄌᆞ뎨들이 밤에 학교에와셔 분경을 니르키고 교ᄉᆞ三四인을 좃찻다ᄒᆞ며 큰 곤장을 내여 탁ᄌᆞ우에 노코 말ᄒᆞᄃᆡ 내가 임의 이학교를 관할ᄒᆞ엿스니 이곤장은 소미속에 두고 말노 만히 감복식히라 이곤장은 내가 부득이ᄒᆞ야 쓴것이로라ᄒᆞ더라 례비一일에 낫에는 十八인이오 밤에는 二十二인이모혓고 긔계방에 잇ᄂᆞᆫ 학싱ᄒᆞ나히 밤에 와셔 산술을 비혼다ᄒᆞ며 가만히 내게말ᄒᆞᄃᆡ 내가 온것은 션싱이 해ᄅᆞᆯ 닙을가 두려워ᄒᆞ야 보호ᄒᆞ러왓노라ᄒᆞ더니 례비二일에는 쇼년학싱즁一남一녀가 악ᄒᆞᆫ뜻을 가지고 와셔 어ᄌᆞ러온말노 크게 우스며 다른 학싱의 공부ᄒᆞᄂᆞᆫ것을 져회ᄒᆞ야 학교규측을 문란케ᄒᆞ거ᄂᆞᆯ 내가 두쇼년ᄃᆞ려 규측을 잘직히라고 권면ᄒᆞᆫ즉 뎌희가 더욱 야료ᄒᆞ거ᄂᆞᆯ 내가 그남ᄌᆞ를 ᄃᆡᄒᆞ여 닐으ᄃᆡ 죵용히 잇던지 그럿치 아니면 집으로 도라가라 ᄒᆞ매 그쇼년이 듯지안코 도로혀 나를 ᄭᅮ지즈며 ᄯᅡ릴 막ᄃᆡ기를 들고 오거ᄂᆞᆯ 내가 문을 닷고 열쇠를 젼ᄃᆡ에 너흔후 소미속에셔 곤장을 내여노흐며왈 너희를 다른 사ᄅᆞᆷ의손으로 ᄯᅡ리면 올치 안커니와 내손으로 ᄯᅡ리면 가히 두려오리라ᄒᆞ매 그학싱이 주먹을들고오거ᄂᆞᆯ 내가 탁ᄌᆞ넙헤 의지홈을 인ᄒᆞ야 맛지아니ᄒᆞ고 곤장으로 뎌를 세번 ᄯᅡ리니 뎌가 견ᄃᆡ지 못ᄒᆞ여 탁ᄌᆞ뒤로 ᄂᆞ려가거ᄂᆞᆯ 내가 자리에 올나안져 여러학싱을 ᄃᆡᄒᆞ야 말ᄒᆞᄃᆡ 너희는 드르라 학문을 위ᄒᆞ야 학교에 온쟈는 내가 깃븐뜻으로 ᄀᆞᄅᆞ치려니와 만일 악의를 가지고 학교규측을 문란케ᄒᆞ면 이는 출하리 오지안는것만못ᄒᆞ도다 내가 임의 이학교를

맛핫스니 나의 본뜻은 ᄉᆞ랑으로써 베플코져ᄒᆞᆷ이오 형벌ᄒᆞ기를 원치아니ᄒᆞ며 만일ᄉᆞ랑으로 써 ᄒᆞᆯ수잇스면 다시는 곤장을 쓰지 아니ᄒᆞᆯ것이오 이두사ᄅᆞᆷ이 이후브터규측을 잘직히면 내가 더회를 벗으로 ᄃᆡ접ᄒᆞ리라 이말을맛치매 학즁이 고요ᄒᆞ고각사ᄅᆞᆷ이 다ᄌᆞ긔의 공부에잠심(潛心)ᄒᆞ여 하학때에 무ᄉᆞ히 다 집으로도라갓더라

(미완)

교회ᄉᆞ긔(쇽)

긔이부 역술

뎨三관 녯교회의조상을 의론ᄒᆞᆷ

쥬후 一百여년에 교회즁에 여러쳘학ᄉᆞ가 잇스니 ᄉᆞ도의 문인이라 그런고로 녯사ᄅᆞᆷ들이 칭ᄒᆞ기를 교회의 비조(鼻祖)라 ᄒᆞ엿ᄂᆞ니 이사ᄅᆞᆷ들이 다 각々 져술ᄒᆞᆫ 글이 잇셔지금ᄭᆞ지 ᄂᆞ려오ᄂᆞᆫᄃᆡ 그즁에ᄒᆞᆫ사ᄅᆞᆷ의 일홈은 클네멘트니원ᄅᆡ 로마교회의 교두(敎頭)가 되여 고린도교회의 쟝로와 신도를 권ᄒᆞ야 서로 친목ᄒᆞ야 분징이 업게ᄒᆞ며 ᄌᆞ셰히 그리스도의 몸과 피를의론ᄒᆞ야 쇽죄ᄒᆞᄂᆞᆫ 방침을 삼고 신도로ᄒᆞ여곰 의지ᄒᆞᆯ바를엇게ᄒᆞ야 진실ᄒᆞᆫ 쎈빅셩이되니라 바나바ᄂᆞᆫ 안력산드리아에 잇셔 이방신도의게 편지ᄒᆞ엿스며 ᄌᆞ긔의 총명으로셩경을 의지ᄒᆞ여 률법을 히셕ᄒᆞᆫ지라 그가 ᄉᆞᄉᆞ로 말ᄒᆞ기를 구약에 긔록ᄒᆞᆫ 모든일이 다 그리스도를 위ᄒᆞ야 미리표ᄒᆞᆫ것이라 ᄒᆞ엿스나 그글이 실샹은 셩경의 진실ᄒᆞᆫ뜻은 ᄇᆞ리고 허공을 의지ᄒᆞ야져술ᄒᆞᆫ것이라 허마쓰라ᄒᆞᄂᆞᆫ이ᄂᆞᆫ 칙ᄒᆞᆫ권을 져술ᄒᆞ엿스니그 일홈은 목ᄌᆞ(牧字)라 긔이ᄒᆞᆫ 형상과 교회규례를 말ᄒᆞ고 또 비유로 말ᄒᆞᆷ에 닐곱쳐녀로 교즁 七덕을 ᄀᆞᄅᆞ치고 나무닙ᄉᆞ귀가 ᄯᅥ러지ᄂᆞᆫ것으로 셰샹이 쇠ᄒᆞ고 도(道)가 쇠ᄒᆞᆷ을 비유ᄒᆞ엿스니 이ᄀᆞᆺᄒᆞᆫ모든것을 낫낫치 말ᄒᆞᆯ수가 업고 의네시어쓰ᄂᆞᆫ 안듸옥교회 감독이 되여 닐곱편지를 져술ᄒᆞ야 이단을 쳣스니이글을 보면 교회다ᄉᆞ리ᄂᆞᆫ법을 알것이오 폴늬갑은 스머나교회 감독으로 잇슬때에 빌닙보교회에 편지ᄒᆞᆫ것을 보면교회를 다ᄉᆞ리ᄂᆞᆫ 사ᄅᆞᆷ의 놉고 ᄂᆞᆽ진분별이 업슴을 알것이오 또칙ᄒᆞᆫ권이 잇스니 어ᄂᆞ사ᄅᆞᆷ이 져술ᄒᆞ엿ᄂᆞᆫ지 알수업스나 예수의 도를 ᄇᆞᆰ혀 ᄌᆞ긔의 친구의게 보내여 그 의심을 풀게ᄒᆞ엿고 파피어쓰라ᄒᆞᄂᆞᆫ 사ᄅᆞᆷ이 잇셔 四복음의리력과 예수ᄭᅴ셔 ᄌᆡ강림(再降臨)ᄒᆞ샤 복된히와 텬국세움을 연구ᄒᆞ야 셜명ᄒᆞ엿스니그글이 가히 불만ᄒᆞᆫ지라 그러나 모든글을 샹고ᄒᆞᆫ즉 신약과 크게다ᄅᆞ니 신약은 참하ᄂᆞ님의 믁시로 일운것이오교회조샹의 글은 사ᄅᆞᆷ의 ᄌᆡ조로 지은것이라 비록 셩경으로 근본을 삼앗스나 셩경의ᄇᆞᆰ고 ᄉᆡᆨ숫ᄒᆞᆷ을 밋치지 못ᄒᆞ엿더라

뎨四관 명ᄉᆞ가글을지어 이방에변빅ᄒᆞᆷ

샹관(欵)을 보면 모든 글져술ᄒᆞᆫ것을 알지니 이ᄂᆞᆫ 다만교인의 의견만 나ᄅᆞ킨것이라쥬후 百여년에 ᄌᆡ조와 지혜잇ᄂᆞᆫ 션비가 만히 나셔 글을져술ᄒᆞ여 이방셔긔관과 변론ᄒᆞ니 이여러사ᄅᆞᆷ은 교회의풍쇽도 알고 각죵글도 다아ᄂᆞᆫ고로 능히 이방사ᄅᆞᆷ을 이긔ᄂᆞᆫ자ㅣ니 곳 교회즁에셔말잘ᄒᆞᄂᆞᆫ 션비라 그즁에 뎨一일홈난자ᄂᆞᆫ 쪄스틴이니 살마리아도 셰겸사ᄅᆞᆷ인ᄃᆡ 이사ᄅᆞᆷ이 쇼시에 희랍국 셩리학(性理學)을 공부ᄒᆞ여 그 모든글을 구경ᄒᆞ고 ᄌᆞ긔의 ᄆᆞ음에 대단히 답답ᄒᆞ여 지내던ᄎᆞ에 ᄒᆞ로ᄂᆞᆫ 히변에 힝ᄒᆞ다가 ᄒᆞᆫ 쟝쟈(長者)를 만나여러글을 변론ᄒᆞ다가 쟝쟈가셩경으로써 보이고 닐너ᄀᆞᆯᄋᆞᄃᆡ 하ᄂᆞ님을 알고져 ᄒᆞᆯ진ᄃᆡᄌᆞ긔의 ᄌᆡ조로 알지 못ᄒᆞᆯ것이오 다만 믁시로써 춍명을열어야 ᄒᆞ겟고 학력으로도셰ᄃᆞ라 알지 못ᄒᆞᆯ것이오 반ᄃᆞ시 ᄆᆞᄋᆞᆷ을 굿게ᄒᆞ고 긔도ᄒᆞᆷ으로 된다ᄒᆞ거ᄂᆞᆯ 쪄스틴마토가 듯고 송연(悚然)ᄒᆞ야 곳하ᄂᆞ님의 셩신이 그ᄆᆞᄋᆞᆷ가온ᄃᆡ 불니러나듯ᄒᆞᄂᆞᆫ지라 즉시ᄇᆞᆰ히 ᄭᆡ닷고 교회에 나와셔셩경을 연구ᄒᆞ고 쥬의 도를

젼ᄒᆞ며 다른뜻이업고 오직ᄌᆞ긔가 섬으로 다른사름을능히 서게ᄒᆞ고 ᄌᆞ긔가 셔ᄃᆞ름으로 놈을 셔돗게ᄒᆞ야사 룸을 만히 구원ᄒᆞ고 힘써 이 세샹의 이단을 막어 복죵케ᄒᆞ니 이ᄯᅢ 로마셩에 유명ᄒᆞᆫ 크리섬이 심히 뮈워ᄒᆞ야 황뎨의게 참소ᄒᆞ야 一百六十六년에 쫏임을 당ᄒᆞ니라 그러나 쪄스틘의 져술ᄒᆞᆫ 글에 세가지 요지가잇스니 (一)은 무고히 교인의 해밧음을 ᄇᆞᆰ히고 (二)는 그리스도는 영원히 어두온길에 촉ᄃᆡ가 되신고로 네로브터 각국에셔 그리스도를 위ᄒᆞ야 축블된자가 잇스니 사그리틔쓰와 풀니토 ᄀᆞᆺ흔이들이라ᄒᆞ고 (三)은 하ᄂᆞ님ᄭᅴ 경비ᄒᆞ는례를 의론ᄒᆞ엿스니 긔도와 세례와 셩만찬이라 셩만찬을 의론ᄒᆞ야 ᄀᆞᆯᄋᆞᄃᆡ 교즁쟝로가 ᄯᅥᆨ과 잔을 잡고 셩부와 셩ᄌᆞ와 셩신의 일홈으로 몬져 츅ᄉᆞᄒᆞ고 모든 신도들이 아멘ᄒᆞᆫ후에 집ᄉᆞ가 ᄯᅥᆨ을 ᄯᅦ여들고 포도즙을 ᄯᅥ셔 모든 신도들의게 주어 먹고 ᄆᆞ시게 ᄒᆞᆫ고로 이것은 은샤셩찬이라 ᄒᆞᄂᆞ니 거듭난 세례를 밧은쟈라야 가히 밧을지니 이셩찬은 특별히 다른 의찬에 비홀것이 아니라ᄒᆞ고 안식일을 의론ᄒᆞ야 ᄀᆞᆯᄋᆞᄃᆡ 각쳐신도가 례비홀ᄯᅢ에 ᄀᆞᆺ치 셩경구절을 닑고 맛친후에는 인도자가 부리압헤셔 젼도홀 것이니 이ᄀᆞᆺ치 ᄒᆞ여야 교회 밧게셔 훼방ᄒᆞ기를 어린ᄋᆞ희를 삶아먹고 잔음ᄒᆞᆫ다 ᄒᆞᄂᆞᆫ 말을 막으리라 ᄒᆞ엿더라 ᄯᅩ 사듸쓰교회 감독 멜니토 가 셩경의 종지를 세워 말ᄒᆞ고 그리스도ᄭᅴ셔 ᄃᆡ인 속죄ᄒᆞ심을 ᄌᆞ세히말ᄒᆞᆫ 글을 져술ᄒᆞ엿스니 이ᄀᆞᆺ흔글은 다 구속ᄒᆞᄂᆞᆫ도의 요지와 강령을 ᄇᆞᆰ혓더라

신도의보감 (쇽)

十八 우리맛흔일에 ᄃᆡᄒᆞ야 용긔(勇氣)를 엇기원홀 ᄯᅢ에 여호수아一〇을 볼 것

十九 하ᄂᆞ님의 나라보다 세샹이 더 커 뵈이ᄂᆞᆫ듯홀 ᄯᅢ에 시편九十쟝을 볼것

二十 평안히 쉬기를 원홀 ᄯᅢ에 마태十一〇廿五ᅳ卅ᄭᆞ지 볼것

廿一 그리스도인의 확실ᄒᆞᆫ 증거를 알고져홀ᄯᅢ에 로마八〇一ᅳ卅을 볼것

廿二 바울의 깃븜의 비결을 알고져홀ᄯᅢ에 골노시三〇十二ᅳ十七을 볼것

廿三 무숨일이나 혹 유람ᄒᆞ기위ᄒᆞ야 집을 ᄯᅥ나는대에 시편一百二十一쟝을볼것

廿四 놈을 비방ᄒᆞ거나 학ᄃᆡ홀싱각이 ᄌᆞ랄ᄯᅢ에 고린도젼十三〇을 볼것

廿五 긔도ᄒᆞ는범위가 점점 좁고 ᄉᆞ욕에 갓가와오는 듯홀ᄯᅢ에 시편六十七쟝을볼것

廿六 그리스도교에 ᄃᆡᄒᆞᆫ 바울의 관렴을 알고져홀ᄯᅢ에 고린도후五〇十五ᅳ十九을 볼것

廿七 바울의 사ᄅᆞᆷ졉ᄃᆡᄒᆞᄂᆞᆫ 규측을 알고져홀ᄯᅢ에 로마十二〇을 볼것

廿八 지물헤트리고 갑하주기를 싱각홀ᄯᅢ에 마가十〇十七ᅳ卅一을 볼것

廿九 큰쳥텹이나 됴흔긔회를 원ᄒᆞ거던 이사야五十五〇을 볼것

三十 긔도에 ᄃᆡᄒᆞᆫ 예수의 관렴을 알고져ᄒᆞ면 마태六〇五ᅳ十五을 볼것

卅一 션지쟈들의 하ᄂᆞ님경비ᄒᆞᄂᆞᆫ 진샹(眞像)을 알고져ᄒᆞ거던 이사야五十八〇一ᅳ十二을 볼것

卅二 션지쟈들의 종교뎍관렴을 알고져ᄒᆞ면 이사야一〇十ᅳ十八과 미가六〇六ᅳ八을 볼것

●바울의ᄉᆞ젹 (쇽)

한셩 류경샹

十一、뎨일ᄎᆞ젼도단님

이후에 바울과 바나바의 사젹즁에 ᄒᆞᆫ가지일이 싱기엿스니 년ᄃᆡᄂᆞᆫ 얼마후인지 모르겟스나 四十五년간이나 四十九년간즘되여셔 슌힝(巡行)ᄒᆞ여 단니며 젼도ᄒᆞ기로 ᄒᆞ니 하ᄂᆞ님ᄭᅴ셔 이두ᄉᆞ도의게 명ᄒᆞ여 발졍ᄒᆞ라ᄒᆞ심을 응ᄒᆞ여 시작ᄒᆞᆫ거시라 (ᄉᆞ도十三〇二五十三〇四ᅳ五十二) 두사롬이 살누기아에 가셔 거긔셔 브터 ᄯᅥ나 비를 ᄐᆞ고 구브로

에 니르럿다가 바로에 니르러 ᄒᆞᆫ박슈를 만나니 유대의 거즛 션지쟈인ᄃᆡ 그일홈은 바예수라 그사ᄅᆞᆷ의게 이젹을 힝ᄒᆞ고 밤빌니아로가셔 비로비시듸아로 지나 젼도ᄅᆞᆯ 광쟝히 ᄒᆞ여 만흔 사ᄅᆞᆷ을 쥬ᄭᅦ셔 용납ᄒᆞ시ᄂᆞᆫ대로 인도ᄒᆞᆫ후 니고니온으로가니 두뎨ᄌᆞ의 깃븜이 츙만ᄒᆞ더라 그후 실리시아로 ᄃᆞᆫ니며 일ᄒᆞ다가 란을 맛나 안듸옥으로 도라오니 슌힝(ᄉᆞ도十四○)ᄒᆞ여ᄃᆞᆫ니며 ᄒᆞᆫ일은 다 긔록지못ᄒᆞ나 츅량ᄒᆞ기 어려운 일과 긔이ᄒᆞᆫ 일을 ᄒᆞ엿다 ᄒᆞ리니 그 효력이 력ᄉᆞ상으로 심히 만ᄒᆞ며 그후에 안듸옥을 향ᄒᆞ여 앗달니아에셔 비를ᄐᆞ고 온후 뎨ᄌᆞ들과 ᄀᆞᆺ치오리 잇셧다 ᄒᆞ엿스니 의심컨ᄃᆡ 강셩후五十년이나 五十一년ᄭᆞ지 이두ᄉᆞ도가 안듸옥에 머믄듯ᄒᆞ니라

十二、유대교에 ᄃᆡᄒᆞᆫ 변론과 총회를 회집ᄒᆞᆷ과 총회의결과 됴흔일에 마가 의례히 잇ᄂᆞᆫ지라 외방인의게 그리스도교를 젼파ᄒᆞ며 발달ᄒᆞ여 나아가ᄂᆞᆫᄃᆡ 시험이 잇서 큰변론이 니러나매 그리스도교회가온ᄃᆡ 유대인들이 잇셔 젼일 베드로의 ᄆᆞᄋᆞᆷ을 억미던 셰력을가지고 고집ᄒᆞ며(ᄉᆞ도十○三十四)무익ᄒᆞᆫ 변론을 니ᄅᆞ키니 이ᄂᆞᆫ족속의 구별을 심히ᄒᆞᄂᆞᆫᄃᆡ셔 브터 난거시러라 바울이 젼도ᄒᆞᄂᆞᆫ 디방에셔 이문뎨가 니러나 괴롭게ᄒᆞ니 쥬의 동싱이 이ᄯᅢ에 예루살넴에 잇셔셔 감독으로 ᄉᆞ무를 보ᄂᆞᆫ터인고로 ᄌᆞ연히 수부에 잇ᄂᆞᆫ 감독의게 이변론을 가지고 판단ᄒᆞ여 주기를 쳥ᄒᆞ게 된지라 바울이 묵시를 엇어 올나가셔 두어사ᄅᆞᆷ과 의론ᄒᆞᆫ후(갈나듸아二○一—二)이문뎨로 회집ᄒᆞ여 결의ᄒᆞᆫ 결과ᄂᆞᆫ 유대인이나 외방인이나 동일ᄒᆞᆫ 권한이 잇슴을 반포ᄒᆞ고 음란ᄒᆞᆫ일과 목ᄆᆡ여죽인 즘싱과 피 먹ᄂᆞᆫ것만 외방인가온ᄃᆡ셔 힝치못ᄒᆞ게 금ᄒᆞ니라(ᄉᆞ도十五○十一、十七파二一、二十八)바울이 이후에ᄂᆞᆫ 유대인의 반ᄃᆡᄒᆞᄂᆞᆫ 변론을 당치아니ᄒᆞ고 ᄌᆞ유로 그리스도교의 진리를 젼파ᄒᆞ니 유력ᄒᆞᆫ 결과를 엇은연고러라 그후에 거즛증거를세워 셀레멘트감독의 써친 교훈이라ᄒᆞ고 바울의 ᄐᆡ도를 반ᄃᆡᄒᆞᆫ 력ᄉᆞ뎍일도 잇셧ᄂᆞᆫᄃᆡ 완고ᄒᆞ고 완픽ᄒᆞᆫ 유대교인들이 총회에셔 결의ᄒᆞ여 타협ᄒᆞᆫ 문뎨를 다시 가지고 ᄭᅳᆺᄭᅳᆺ니 반ᄃᆡ를 니르켯스니 엇더케 괴롭게ᄒᆞ고 굿세게 직희려 ᄒᆞ엿던지 베드로가 일시실슈ᄒᆞ여 유혹된일도 잇셧더라(ᄉᆞ도十五○一—二갈나듸아二○十一—二十一)이거슬 보면 바울은 ᄃᆡ졉밧을만ᄒᆞᆫ ᄉᆞ도이며 열두뎨ᄌᆞ와 협력ᄒᆞ여 탁월ᄒᆞᆫ 일을힝ᄒᆞ엿고 분징과 싀긔ᄒᆞᄂᆞᆫ 무리들을 졀ᄃᆡ뎍으로 반ᄃᆡᄒᆞ여 드려누이니라

(미완)

세계격언

一 운명(運命)이 사ᄅᆞᆷ의 부귀ᄂᆞᆫ ᄲᅢ앗을수 잇스되 사ᄅᆞᆷ의 용긔ᄂᆞᆫ ᄲᅢ앗지 못ᄒᆞᄂᆞ니라

二 다른사ᄅᆞᆷ의 실챡(失錯)ᄒᆞᆷ을 보고 나의 실챡ᄒᆞᆯ것을 미리막을지니라

三 현셰(現世)의 힝복은 희망을 억졔ᄒᆞᆷ으로 좃차나고 릭셰(來世)의 힝복은 이것을 희망ᄒᆞᆷ으로 좃차오ᄂᆞ니라

四 진졍ᄒᆞᆫ 쾌락과 완젼ᄒᆞᆫ ᄌᆞ유ᄂᆞᆫ 도덕으로 말ᄆᆡ암지 아니면 능히 엇지못ᄒᆞᄂᆞ니라

五 즁대ᄒᆞᆫ ᄉᆞ업을 경영ᄒᆞᄂᆞᆫ 쟈ㅣ 맛당히 말을 적게ᄒᆞᆯ지니라

격치문답

문 물톄의 밀젹(密積)은 무엇이뇨

답 밀젹은 무슴물톄던지 그 ᄌᆞ셩(自成)ᄒᆞᆫ 분ᄌᆞ(分子)의 ᄲᅢᆨᄲᅢᆨᄒᆞᆫ것을 말ᄒᆞᆷ이니 가령 나무로 말ᄒᆞ면 오동나무ᄀᆞᆺᄒᆞᆫ 것은 밀젹이 적고 박달나무ᄀᆞᆺᄒᆞᆫ것은 밀젹이 크며 금질(金質)노 말ᄒᆞ면 동ᄀᆞᆺᄒᆞᆫ 것은 밀젹이비교뎍 적고 황금ᄂᆞᆫ 밀젹이 뎨一크니라

문 나무와 황금의 밀젹비량(比量)이 엇더ᄒᆞ뇨

답 ᄒᆞᆫ됴각 마른 나무ᄂᆞᆫ 그

七

ᄌᆞ셩ᄒᆞᆫ 용젹에 담을만ᄒᆞᆫ 물의 즁량보다 경ᄒᆞᆫ고로 물우에 ᄯᅳᄂᆞ니 이는 그 밀젹비량이 젹음이오 ᄒᆞᆫ 됴각 확금은 그 ᄌᆞ셩ᄒᆞᆫ 용젹에 담을 만ᄒᆞᆫ 물의 즁량보다 十九비가 더 무거운것은 그밀젹비량이 대단히 큼이니라

담 총

●一동一졍을 가히 죠심치 아니치못홀것

한헌(寒暄)김굉필션싱이 평안도 회쳔군 뎍쇼(謫所)에 잇슬때에 졍암(靜菴)죠광조션싱의 나히 十七세에 한헌션싱을 ᄯᆞ라가 학업을 힘쓰더니 하로는 한헌이 그 모부인ᄭᅴ 보내랴고 ᄭᅯᆼ(雉)ᄒᆞᆫ머리를 볏헤 말니다가 하인이 주의치 못홈으로 고양이게 일허ᄇᆞ린바ㅣ된지라 한헌이 크게 노ᄒᆞ여 얼골빗촐 변ᄒᆞ며 소리를 놉혀 하인을 ᄭᅮ짓거ᄂᆞᆯ 졍암이 나려서셔 공손히 고ᄒᆞ여왈 부모를 공양ᄒᆞᄂᆞᆫ 졍셩도 군졀치아닐수업스나 사ᄅᆞᆷ을 ᄃᆡᄒᆞᆫ 군ᄌᆞ의 ᄉᆞ식(辭色)도 조심치 아닐수업ᄂᆞ이다ᄒᆞᆫᄃᆡ 한헌이 나려나 손을잡으며왈 나도 뉘웃치는 지음에 네말이 또ᄒᆞᆫ 이와ᄀᆞᆺᄒᆞ니 심히 붓그러옴을 이긔지 못ᄒᆞ거니와 내가 네스승이 아니오 네가 내스승이라ᄒᆞ엿더라

회보ᄃᆡ금령슈

洪川	李圭燮	八十錢
	金載根	四十錢
	崔光鉉	四十錢
洪川	咸昌淳	四十錢
	趙鳳鎭	四十錢
	金致先	四十錢
	秋雅各	四十錢
	金聖有	四十錢
	尹起德	四十錢
公州	金秉濟	四圓
白川	洪淳倬	二十九圓三十錢
北間島	南仁相	六十錢
淮陽	吳應浩	六十錢
	吳周鍾	六十錢
	李致載	六十錢
	韓士淵	二圓四十錢
	吳宅洙	六十錢
	金敬文	一圓三十錢
	宋大用	六十錢
寧邊	吉致日	八十錢
价川	孫正權	八十錢
寧邊	崔成承	四十錢
江陵	高在範	七圓六十錢
	崔昌國	一圓三十錢
安邊	白瀅鍊	三圓三十錢

그리스도회보

KOREAN CHRISTIAN ADVOCATE

每週一回月曜日發行
大正二年五月二十二日印刷
大正二年五月二十六日發行

發行兼編輯人 開城北部山芝峴 奇義男
印刷人 京城北部樓閣洞 朴東完
印刷所 京城南部上犂洞 新文館
發行所 京城北部壯洞四十三統三戶 呂炳鉉邸

ᄃᆡ금……代金 一쟝 二젼 六ᄀᆡ월 四十젼 一ᄀᆡ년 八十젼

사설

●새것과넷것 (쇽)

三、이셰샹에 결코 새 진리가 업슴을 아는동시에 진리라ᄒᆞ는것은 사ᄅᆞᆷ의 지식의 진보ᄒᆞᆷ을 ᄯᆞ라 발달되는줄을 알어야 될것이오 ᄯᅩ 그리스도교 가온ᄃᆡ 영원히 변치안는 진리가 잇는ᄃᆡ 이것이 시ᄃᆡ를 ᄯᆞ라 변화ᄒᆞ는 요쇼(要素)를 포함ᄒᆞᆫ줄 알어야 될지로다 대개 모든새것이 다 넷진리의 ᄉᆡᆷ으로 좃차 흘너나려오는 지파(支派)니 그럼으로 셔양에 유명ᄒᆞᆫ 철학쟈 쎌크손씨가 말ᄒᆞᄃᆡ 「우리의 현재는 과거를 아조 ᄯᅥ난것이 아니오 과거가 발달되여가는것이라 우리가 미ᄅᆡ를 향ᄒᆞ야 갈수록 과거가 와셔 우리덜미를 누른다」ᄒᆞ엿스니 우리는 결코 신구약의 넷진리를 ᄯᅥ나지 말고 오직 과학의 진보와 심리학의 발달ᄒᆞᆷ을 ᄯᆞ라 오ᄂᆞᆯ날에 합당ᄒᆞᆫ 새방법과 새 경험과 새 셜명을 븟쳐셔 영원히 변치 아니ᄒᆞ는 넷진리를 ᄇᆞᆰ힐지니 이는 ᄎᆞᆷ 새것과 넷것을 그 고간에셔 내여오는 쥬인이라 닐을지로다

四、젼도직임을 맛ᄒᆞᆫ쟈 셩경을 닑음에 히부리와헬나의 넷방언으로도 닑어보고 현실뎍(現實的)ᄉᆡᆼ활과 경험에 밀접ᄒᆞᆫ 관계가 잇는 새법언으로도 닑을필요가 잇ᄂᆞ니 대개 셩경의 본문은 히부리말과 헬나말인고로 이것을 그본문으로써 닑으면 그가온ᄃᆡ 무한ᄒᆞᆫ 흥미(興味)가 잇ᄂᆞ니 가령 여호와라 메시야ᄀᆞᆺᄒᆞᆫ 말은 본문의 방언인ᄃᆡ 그대로 닑는것이 됴ᄒᆞ며 ᄯᅩ 이ᄲᅮᆫ아니라 셩경에 혹 분명치 못ᄒᆞᆫ 곳이 잇슬ᄯᅢ에 본문으로 닑으면 그ᄯᅳᆺ을 요연(瞭然)히 알수잇는고로 젼도에 죵ᄉᆞ코져ᄒᆞ는쟈ㅣ다 히부리말과 헬나말을 몬져 공부ᄒᆞ며 ᄯᅩ 젼도단에셔 여러사ᄅᆞᆷ을 ᄃᆡᄒᆞ야 셩경을 볼ᄯᅢ에는 불가불 현실뎍(現實的)ᄉᆡᆼ활과 경험에 밀접ᄒᆞᆫ 새법언으로써 닑고 셜명ᄒᆞ여야 듯는쟈의 닐곱가지 졍(情)을 감쵹(感觸)ᄒᆞ는 효력이 속ᄒᆞᆫ고로 셩경은 넷방언으로도 닑고 새법언으로도 닑는것이 필요ᄒᆞ다 ᄒᆞᄂᆞ니 이는 ᄯᅩᄒᆞᆫ 쥬의 닐ᄋᆞ신바 텬국의 뎨ᄌᆞ는 넷것과 새것을 내여 오는 쥬인이라 ᄒᆞ심이니 우리가 만일 하ᄂᆞ님의 ᄯᅳᆺ을 밧들어 텬국의 복음을 이셰샹에 널니 젼파코져ᄒᆞ면 불가불 이우회말ᄒᆞᆫ바 샹당ᄒᆞᆫ ᄌᆞ격을 예비치 아닐수업다ᄒᆞ노라 (완)

본샤특별고ᄇᆡᆨ

一、경향간 본회보를 이독ᄒᆞ시는 형뎨ᄌᆞ미즁 긔왕에 보신회보ᄃᆡ금의 령ᄌᆡ됴(零在條)나 혹 쟝ᄅᆡ에 보실회보ᄃᆡ금의 션금(先金)을 아직 아니 보내신이는 속속히 우편쇼위톄(郵便小爲替)로 븟쳐보내시되 혹 부득이ᄒᆞ야 적은돈을 우표로 보내실경우에는 五리짜리나 二젼짜리로 보내여쥬시옵

二、본회보의 신구람쟈 十인을 엇어보내시는 이의게는 젼과ᄀᆞᆺ치 본보一쟝을 무ᄃᆡ금(無代金)으로 보내여 드리겟ᄉᆞᆸ내다

교즁휘문

◀니 보▶

●부인졸업식

경셩 동대문안교당에서 거월 十六일 하오二시반에 부인셩셔학원 졸업식을 거힝ᄒᆞ엿는듸 쥬셕 목ᄉᆞ긔이부씨가 목ᄉᆞ오긔션씨의 긔도로 ᄀᆡ회ᄒᆞ고 목ᄉᆞ젼요셥 쟝락도량씨가 연셜ᄒᆞᆫ후 졸업싱 十五인의게 졸업증셔를 슈여ᄒᆞ고 졸업싱 一동이 헌신가를 노래ᄒᆞᆫ후에 목ᄉᆞ현슌씨의 긔도로 폐회ᄒᆞ엿는듸 본교회에셔 졸업싱들의게 각각 은긔념장 ᄒᆞᆫ기식 시샹ᄒᆞ엿다더라

●고마르다의겨ᄌᆞ씨

츙남 목쳔구역니 권ᄉᆞ 최명슌씨의 통신을 거ᄒᆞᆫ즉 본구역니 운계교회에 고마르다라 ᄒᆞ는부인은 나히 二十여셰에 그가쟝이 셰샹을 떠나매 그ᄋᆞ돌 졍원강을 다리고 록빈쳥샹이 외로히 지내니 그쳑연ᄒᆞᆫ 경샹과 가련ᄒᆞᆫ 고초를 엇지 다 긔록ᄒᆞ리오 그러나 이부인의 온젼ᄒᆞᆫ 셩픔으로 우리쥬 예수를 경비ᄒᆞᆯ시 리웃사ᄅᆞᆷ과 대쇼가 친쳑들이 비방ᄒᆞ며 부졍ᄒᆞᆫ 말노써 핍박이 무쌍ᄒᆞ야 친쳑의게 내여쫏기기를 二三ᄎᆞᄒᆞ며 무수ᄒᆞᆫ 곤핍을 당ᄒᆞ되 부인은 ᄆᆞᄋᆞᆷ이 조곰도 흔들니지 아니ᄒᆞ고 쥬의 진리를 밋어 리웃을 내몸과ᄀᆞᆺ치 ᄉᆞ랑ᄒᆞ며 친쳑의게 의로써 졉ᄃᆡᄒᆞ야 열심으로 그리스도의 피를 증거ᄒᆞ야 모든사ᄅᆞᆷ으로 회ᄀᆡ케ᄒᆞ며 교회를 세우니 그무수히 핍박ᄒᆞ던 친쳑과 리웃사ᄅᆞᆷ이 감화되여 五十여명이 다 쥬ᄭᅴ 경비ᄒᆞ며 근동사ᄅᆞᆷ도 만히 밋을 ᄆᆞᄋᆞᆷ이 싱겨셔 교회가 크게 니러나니 이부인의 졀힝과 굿센밋음이 엇지 우리남녀교우의 본밧을바ㅣ아니리오 우리 형뎨와 ᄌᆞᄆᆡ들은 이부인의게 ᄃᆡᄒᆞ야 겨ᄌᆞ씨란 말ᄉᆞᆷ을 긔억ᄒᆞᆯ것이라 ᄒᆞ엿더라

●령혼육신이다ᄭᆡᆨᄭᅳᆺ게됨

황히도 토산구역 유셔홍씨의 통신을 거ᄒᆞᆫ즉 히군 슈리넘아교회 김교하씨는 근본 농민으로 밋은지 六년이더니 하로는 ᄒᆞᆫ二十셰된 ᄋᆞ히가 오는듸 온몸에 죵긔가 나셔 그츄ᄒᆞᆫ것을 보고 춤을 아니비앗틀 사ᄅᆞᆷ이 업스니 이것은 문동병과 ᄀᆞᆺᄒᆞᆫ것이라 김씨가 여간 죵긔를 곳치더니 ᄋᆞ회를 보고 쥬의 ᄯᅳᆺ을 싱각ᄒᆞ야 방아간에 ᄃᆞ려다 두고 이죵긔를 곳치더니 집안부인들이 보고 그츄ᄒᆞᆫ것 만지든 몸으로 집에 드러오지 못ᄒᆞ게ᄒᆞᆫ즉 밤이면 나가셔 치료ᄒᆞ여주고 ᄒᆞᆼ샹 불샹히 녁이ᄂᆞᆫ ᄆᆞᄋᆞᆷ으로 긔도ᄒᆞ더니 ᄒᆞᆫ二十일만에 ᄎᆞᄎᆞ 낫는고로 ᄌᆞ긔三춘집에 두고 일도 식히며 월여를 치료ᄒᆞ여 아조 나흔지라 그ᄋᆞ회가 지금 김씨의 집에 잇셔 열심으로 쥬를 밋으며 ᄒᆞ는말이 이병으로 六七년을 지낼때에 어어먹으러 아니든곳이 업스되 데一됴흔곳은 이곳이라ᄒᆞ며 셩경을 열심으로 공부ᄒᆞᆫ다 ᄒᆞ엿더라

●빅씨가의풍셩ᄒᆞᆫ은혜

츙남 련산군 명암교회 리병용씨의 통신을 거ᄒᆞᆫ즉 히군 ᄂᆡ젹면 안쳔교회에 빅셩식씨는 조실부모ᄒᆞ고 남의집 고용으로 十여년을 지내다가 늣게 ᄋᆞ돌을 낫코 독립싱활의 긔초를 세웟는듸 다힝히 七년젼에 쥬를밋고 모든핍박을 이긔는즁 밤이면 언문공부를 심써ᄒᆞ고 낫이면 육신을 위ᄒᆞ야 일을 부ᄌᆞ런히ᄒᆞ고 틈틈이 셩경을 공부ᄒᆞ며 그ᄋᆞ돌이 점점자라매 ᄀᆞ르치기를 원ᄒᆞ야 ᄒᆞᆼ샹 하ᄂᆞ님ᄭᅴ 긔도ᄒᆞ더니 작년에는 ᄌᆞ긔가 젼일에 머슴살어셔 박토 六두락 삿던것을 팔아 八十원을 공쥬교회니 신헌구씨의게 맛겨두고 그리ᄌᆞ로 그ᄋᆞ돌의 학비를 삼아 ᄀᆞᄅᆞ치며 ᄯᅩ 그부인은 본리 실진ᄒᆞ여 괴로이 지내더니 쥬를 밋은후로 졈졈 완인이 되엿스니 과연 하ᄂᆞ님의 은혜가 이집에 풍셩ᄒᆞ다 ᄒᆞ엿더라

●경신학교각과연습회

황히도 슈안군 연암면 률리교회 한용진씨의 통신을 거ᄒᆞᆫ즉 히교회니 경신학교에셔 금번 츈긔에 각과 연습회를 본월 五일에 셜힝ᄒᆞᆯ시 부근각쳐교회 부속쇼학교 四五쳐가 련합ᄒᆞ야 연습ᄒᆞ엿는듸 이는

二

一시 유희뎍으로 힘ᄒᆞᆫ것이 아니라 이곳 학교는 셜립ᄒᆞᆫ지 六七년동안에 유지ᄒᆞ여 온것은 하ᄂᆞ님의 도아주심으로 지내는즁 여러 학부형졔씨의 열심ᄒᆞ는바 지경을 앗끼지 안코 찬조ᄒᆞᆫ 힘이 만흠이오 ᄯᅩᄒᆞᆫ 금번 연습회도 교육샹 열심잇는 유지신ᄉᆞ 졔씨가 합력ᄒᆞ여 셩힘ᄒᆞ엿스며 이연습회는 여러학싱이 그동안 공부ᄒᆞᆫ 셩젹을 알며 그즁 공부에 우등셩젹을 뎜령ᄒᆞᆫ자를 표장ᄒᆞ기 위ᄒᆞ야 셩힘ᄒᆞᆫ 일인ᄃᆡ 과목은 뎨조、긔취、국어、고도、언문을 한문으로 번역、작문、계산、탈의경주、쳘ᄌᆞ등이니 관광졔씨의 칭찬ᄒᆞ는소리가 과목마다 긋치지 아니ᄒᆞ엿스며 남학싱즁 우등싱은 탐학용 리의셥 리묘믁 졔씨며 녀학싱즁 우등싱은 송경셥 리셩률 림봉녀등이며 당일 셩황은 ᄅᆡ빈이 五百인에 니르럿고 유지졔씨의 찬조ᄒᆞᆫ 금익이 百원에 달ᄒᆞ엿는ᄃᆡ 샹픔과 잡비七十원을 졔ᄒᆞ고 二十여원 남어지로 학교 ᄌᆡ실을 건축ᄒᆞᆯ터이라더라

●긔렴연보광고

본년一월十二일은 본회보챵간 뎨二회 긔렴쥬일이온ᄃᆡ 이날에 각쳐교회에셔 각기힘대로 본회보에 연보ᄒᆞᆫ것을 본샤로 보내엿습기 그 익호ᄒᆞ시는뜻을 감샤ᄒᆞ오며 이에 ᄎᆞ례로 게지ᄒᆞ야 광포ᄒᆞ노라

江華쟝곶温水洞教會	十一錢五厘
安峽邑教會	三十八錢
仝東面上食站教會	十五錢
仝苧洞教會	三十四錢
朔寧邑教會	三十錢
仝叅議洞教會	二十八錢
仝內洞教會	十三錢
鐵原栗田洞教會	十八錢

◀외 보▶

●동경긔독교회특별젼도

일본동경긔독교인특별젼도회는 거월二十五일과 二十六일 량일간 대판목ᄉᆞ샹면번대랑씨의쥬최(主催)로 열엇는ᄃᆡ 그 결과는 새로 밋기로 작뎡ᄒᆞᆫ쟈와 세례밧기를 원ᄒᆞᆫ쟈가 六十여명에 달ᄒᆞ엿다더라

●하인르一힝의별부(別府)긔회

만국쥬일학교시찰단하인르씨 一힝八인은 거월廿五일에 죠션으로브터 일본별부에 도챠ᄒᆞ야 그잇흔날 샹오十시에 당디 쇼학교에셔 연셜회를 열엇는ᄃᆡ 관민유지신도 九百여인이 참셕ᄒᆞ엿고 동二十七일 샹오에는 당디 감리교회당ᄂᆡ에셔 련합일요학교학싱대회를 열고 긔독의 ᄉᆞ랑이란 문뎨로 강셜ᄒᆞ엿스며 동일하오七시반에 긔독교 교육은 국민의 희망이란문뎨와 실업가의 종교교육이란문뎨로 一힝즁 스태프 하리손량씨가 연셜ᄒᆞᆯ시 텽즁이 一千二百여명에 달ᄒᆞ엿다더라

●동경녀ᄌᆞ쳥년회의셩셔연구회

향일 목덕박ᄉᆞ가 동경에 잇슬때에 당디녀ᄌᆞ쳥년회관ᄂᆡ에셔 셩셔연구회를 발긔ᄒᆞ엿는ᄃᆡ 당셕에 입회ᄒᆞ기를 원ᄒᆞᆫ쟈가 二百十명인ᄃᆡ 그즁에 신쟈가 一百五十三명이오 새로 밋기 작뎡ᄒᆞᆫ쟈가 五十七명이라더라

●그리스도안에잇는 대졍치가들

현금 미국대통령 윌손씨와 국무경(총리대신) 부라이안씨와부통령 마셸씨는 다그리스도를 독실히 밋는 대졍치가들인ᄃᆡ 년젼에 부라이안씨가 죠션에 왓슬때에 경셩종로 쳥년회관에셔 연셜ᄒᆞᆯ때에 말ᄒᆞ기를

「내가 쥬를 밋은후로 ᄂᆞᆷ의 ᄋᆞ들노릇도 젼보다 낫게ᄒᆞ고 ᄂᆞᆷ의 아비노릇도 젼보다 낫게ᄒᆞ며 ᄂᆞᆷ의 남편노릇도 젼보다 낫게ᄒᆞ고 ᄂᆞᆷ의 형뎨노릇도 젼보다 낫게ᄒᆞ며 ᄂᆞᆷ의 친구노릇도 젼보다 낫게ᄒᆞ고 국가를 위ᄒᆞ야 국민의무도 젼보다 낫게ᄒᆞ엿ᄂᆞ니 이는내가 ᄌᆞ랑ᄒᆞ는말이 아니오 파연우리쥬안에셔 엇은 ᄉᆞ랑과 의로옴을 증거홈이라ᄒᆞ엿고」

ᄯᅩ 마셸씨는 월젼에 치카고셩에셔 연셜ᄒᆞᆯ때에 말ᄒᆞ기를 나는 모든 그리스도교회긔관이 다 격외션교회(格外宣教會)을 일우어 예수그리스도의 복음를 널니젼파

ᄒᆞᆫ 결과가 새로난 법령으로 말ᄆᆡ암지말고 오직 새로난 남녀신도로 말ᄆᆡ암아 이 세계도 새로나ᄂᆞᆫᄃᆡ 서지 니르기를 ᄇᆞ라노라 ᄒᆞ엿더라

긔셔

●태평양젼도록 (속)

영국대요한션ᄉᆡᆼ 져술

한셩긔이부목ᄉᆞ 번역

그잇흔날 두학ᄉᆡᆼ이 나무싸혼 고간속에 숨어잇셔 ᄀᆡ가 우ᄂᆞᆫ 소리와 고양이 부르지지ᄂᆞᆫ 소리를 ᄒᆞ거ᄂᆞᆯ 내가 뎌희를 불너내여 업허논후 큰 곤쟝을들고 말ᄒᆞᄃᆡ 너희두사ᄅᆞᆷ은 요동치 말고 다른 학ᄉᆡᆼ은 가만히 드르라ᄒᆞ고 뎌희 잘못ᄒᆞᆫ일을 심문ᄒᆞ니 뎌희가 크게 죄가 잇셔 맛당히 칙벌밧을줄을 아ᄂᆞᆫ지라 내가 뎌희ᄃᆞ려 닐ᄋᆞᄃᆡ 너희가 처음에 범죄ᄒᆞᆷ을 인ᄒᆞ야 곤쟝을 쓴것이 一뎡ᄒᆞᆫ 규례가 아니니 너희가 만일 ᄌᆞ복ᄒᆞ면 용셔ᄒᆞ리라ᄒᆞ니 뎌희가 이말을 듯고 ᄃᆞᆯ게너겨 ᄌᆞ복ᄒᆞ고 그후브터 다 졍ᄒᆞᆫ 학ᄉᆡᆼ이 되엿더라 또 엇던 흉포ᄒᆞᆫ 학ᄉᆡᆼ이 이말을 듯고 학ᄉᆡᆼ의 부모의게 말ᄒᆞᄃᆡ 「ᄌᆞ뎨를 학교에 보내지 말나」ᄒᆞ니 그 학부모가 교회목ᄉᆞ와 ᄒᆞᆷᄭᅴ와셔 내게 말ᄒᆞᄃᆡ 뎌희 ᄋᆞᄒᆡ들이 두려워 감히 학교에 오지못ᄒᆞᆫ다ᄒᆞ거ᄂᆞᆯ 내가 말ᄒᆞᄃᆡ 그학ᄉᆡᆼ들을 본ᄅᆡ ᄯᅡ린일도 업고 또 셜혹 좀 ᄯᅡ렷슬지라도 뎌희를 훈계ᄒᆞ야 학교규측을 잘 직히게ᄒᆞ랴ᄒᆞᆷ이니 무론 엇덧던지 나를 맛겨두라 그럿치 아니ᄒᆞ면 나도 가겟노라ᄒᆞ니 뎌희도 아모말이 업시갓더라 이후브터 학ᄉᆡᆼ들이 규측을 잘 직혀 학교가 흥왕ᄒᆞ매 몃칠후에 그 흉악ᄒᆞᆫ 학ᄉᆡᆼ이 다시 밤에 와셔 공부ᄒᆞ고 나를 공경ᄒᆞ니 학ᄉᆡᆼ이 날노 더ᄒᆞ야 교실(校室)이 좁은지라 이후로ᄂᆞᆫ 곤쟝을 영영쓰지안코 학ᄉᆡᆼ이 혹 글을 잘못닑던지 무슴 허물이 잇던지 말노 칙망ᄒᆞ여 형벌치 안코 화ᄒᆞ더니 하로ᄂᆞᆫ 임원 몃치 모혀 나의 월은을 말ᄒᆞ시 학ᄉᆡᆼ들이 ᄆᆡ삭 월샤금(月謝金)을 더ᄒᆞ야 내게 겨외례물을 더주고져ᄒᆞ니 이는 학교일이 잘되여 가ᄂᆞᆫ 증거러라 얼마후에 나ᄂᆞᆫ 년한이 다ᄒᆞ여 가게되고 다른 학문만흔 선ᄉᆡᆼ을 청ᄒᆞ여 왓ᄂᆞᆫᄃᆡ 동편에 사ᄂᆞᆫ 여러 학ᄉᆡᆼ이 내게와셔 의론ᄒᆞᄃᆡ 뎌희가 다른곳에 방ᄒᆞ나를 슈리ᄒᆞ고 나를 청ᄒᆞ여 글을 ᄇᆡ혼다ᄒᆞ거ᄂᆞᆯ 내가 말ᄒᆞᄃᆡ 학교임원이 임의 작뎡ᄒᆞᆫ일이오 또 새로 온 선ᄉᆡᆼ의 학문을 내가 ᄯᅡ를수업슨즉 너희는 그럿케 ᄉᆡᆼ각지말고 새로 온 선ᄉᆡᆼ의게 슈학(受學)ᄒᆞᄂᆞᆫ것이 가ᄒᆞ도다 내게 향렴ᄒᆞᄂᆞᆫ 아름다온 ᄠᅳᆺ은 감샤ᄒᆞ나 너희 청ᄒᆞᆫ바ᄂᆞᆫ 응락지 못ᄒᆞ깃노라 ᄒᆞ엿더니 ᄯᅥ날ᄯᅢ에 학ᄉᆡᆼ이 련련ᄒᆞ야 놋치안코 내게 례물을 보내니 그즁에 ᄒᆞ나은 처음에 야료ᄒᆞ던 학ᄉᆡᆼ이라 이로 인ᄒᆞ야 우리아버지의 하ᄂᆞ님이 ᄒᆞᆼ샹 내게계셔 나의 곤궁ᄒᆞᆷ을 구원ᄒᆞ신줄 아노라 (미완)

교회ᄉᆞ긔 (속)

긔이부 역술

뎨三관 교외명ᄉᆞ가글을 지어훼방ᄒᆞᆷ

쥬강ᄉᆡᆼ후 二百년간에 루시안과 실서쓰라 ᄒᆞᄂᆞᆫ사ᄅᆞᆷ이 나셔 글을 져술ᄒᆞ야 그리스도교를 ᄃᆡ뎍ᄒᆞ니 이두사ᄅᆞᆷ은 이방의 명ᄉᆞ라 실서쓰가 ᄒᆞᆫ글을 져술ᄒᆞ니 일홈은 셜진(說眞)이라 그글은 온예수교인을 다 변론ᄒᆞ엿스나 이제 그젼ᄒᆞᆫ칙이 업고 오리젠이라ᄒᆞᄂᆞᆫ사ᄅᆞᆷ이 이글에 ᄃᆡᄒᆞ야 비평ᄒᆞᆫ 말을보면 가히 실서쓰의 훼방ᄒᆞᆫ것을 알겟더라 처음에ᄂᆞᆫ 유대사ᄅᆞᆷ이 그리스도교를 심히 비방ᄒᆞ야 심지어 미리아를 실졀(失節)ᄒᆞᆷ으로 무함ᄒᆞ며 그리스도를 잔음ᄒᆞ야 나핫다ᄒᆞ고 나죵에ᄂᆞᆫ 이방사ᄅᆞᆷ의 훼방ᄒᆞᆷ을 가탁ᄒᆞ야 예수ᄂᆞᆫ 혹 지혜가 조곰 잇다ᄒᆞ나 그리스도라 ᄒᆞᆷ은 무식ᄒᆞᆫ사ᄅᆞᆷ의 말이오 묵시라 ᄒᆞᆷ은 원리 샹고ᄒᆞᆯ것이 업고 다만 그를좃ᄂᆞᆫ 모든사ᄅᆞᆷ은 어리셕고 완악ᄒᆞᆫ 무리라 ᄒᆞ고

또 루시안이 적은칙을 지어 그리스도신도를 훼방ᄒᆞ엿스나 널넛스ᄃᆡ 녯날에 ᄒᆞᆫ사ᄅᆞᆷ이 유대에 니르러 거즛 교회에 드러가매 교인들이 신명(神明)ᄒᆞ다ᄒᆞ야 숑봉ᄒᆞ더니 해를 밧을때에 교인과ᄀᆞᆺ치 옥에 갓친지라 교인들이 그사ᄅᆞᆷ을즁히 녁이고 고난밧음을 긍휼히 녁여 만히 연보ᄒᆞ여주엇더니 옥에셔 노힌후에 우샹의 제물을 먹음으로 교회에셔 쫏겨나셔 각쳐에 표박ᄒᆞ야 스ᄉᆞ로 그몸과 그ᄆᆞ옴을 괴롭게ᄒᆞ다가 불에던져 죽임을 당ᄒᆞ엿스니 대개 ᄉᆡᆼ명을 ᄇᆞ리고 명예를 구ᄒᆞᄂᆞᆫ쟈ㅣ라ᄒᆞ니 루시안의 ᄯᅳᆺ을 보건ᄃᆡ 예수교신도는 무식ᄒᆞᆫ 무리라 공교ᄒᆞᆫᄃᆡ 쇽ᄒᆞ고 미혹홈을 밧아 능히 진리와 거즛것을 구별치 못ᄒᆞᄂᆞᆫ줄노 나타내고져 ᄒᆞ엿스니 이두글을 보건ᄃᆡ 가히 교밧게 사ᄅᆞᆷ들은 복음이 널니젼파될가 두려워홈을 알지라 다만 ᄃᆡ덕ᄒᆞ여 말ᄒᆞ고 셩교의 진리는 털끗만치도 훼셕지 못ᄒᆞ여 ᄒᆞᆫ갓 붓과 먹으로 그한심(恨心)을 ᄡᅥ고져 ᄒᆞ엿스니 가히 소졸(疎拙)ᄒᆞᆫ 계칙이라 ᄒᆞ리로다

뎨六관 교회가안으로힘쓸것을의론홈

구약때에 하ᄂᆞ님께셔 션지쟈를 션ᄐᆡᆨᄒᆞ야 즁보를 삼앗더니 신약때에 니르러 예수께셔 영원히 즁보가 되신고로 제ᄉᆞ쟝의 직분을 ᄒᆞᆫ족쇽의 사ᄅᆞᆷ만 홀ᄲᅮᆫ이아니라 그리스도의 신도된쟈는 맛당히 힘ᄒᆞᄂᆞ니라(히四〇十六ㅣ 벳젼二〇九) 그리스도께셔 머리가 되여 셩회로 더브러 합ᄒᆞ야 一톄가 되ᄂᆞᆫ고로 ᄆᆞ옴을 ᄀᆞᆺ치ᄒᆞ고 힘을 ᄀᆞᆺ치ᄒᆞ야 사ᄂᆞᆫ것이오 ᄯᅩ하ᄂᆞ님이 특별ᄒᆞᆫ 셩신을 주샤 사ᄅᆞᆷ의 지조와 힘으로 밋치지 못홀바를 도아주시니 고린도젼셔 十二쟝을 보면 가히 알지라 녯교회에 셩신을 주심이 두가지가 잇스니 ᄒᆞ나는 말ᄉᆞᆷ에 나타나ᄂᆞᆫ것이오 ᄯᅩ ᄒᆞ나는 힝ᄉᆞ(行事)에 나타나ᄂᆞᆫ것인ᄃᆡ 말ᄉᆞᆷ에 나타나ᄂᆞᆫ것이 ᄯᅩ두가지가 잇스니 (一)은 ᄒᆞᆫ때에만 ᄡᅳ고 후일에는 ᄡᅳ지못ᄒᆞᄂᆞᆫ쟈ㅣ니 곳 혀로 소리ᄒᆞ며 번역홈으로 션지쟈와 밋 셩신의 감동홈이 참되고 거즛됨을 분변ᄒᆞᄂᆞᆫ것이오 (二)는 ᄒᆞᆫ때에만 힝홀ᄲᅮᆫ 아니라 후에도 힝ᄒᆞᄂᆞᆫ쟈ㅣ니 곳 지식으로도 권면ᄒᆞ고 혹 엄ᄒᆞᆫ것과 공슌ᄒᆞᆫ것으로도 권면ᄒᆞ며 위로홈이오 ᄯᅩ힝ᄉᆞ에 나타내ᄂᆞᆫ 셩신은 곳 교즁ᄉᆞ무도 다ᄉᆞ리며 혹 권능을 엇어 긔힝 이젹도 힝ᄒᆞ고 혹 질병도 곳치며 신도들이 모힐때에 다 가히 권면홀것이라 그러나 오직 부인들은 ᄀᆡ구ᄒᆞᆫ바 업셧더라 그후에 교회가 날이 오리고 신도가 날노 더ᄒᆞ니 밋ᄂᆞᆫ덕의 강ᄒᆞ고 약홈이 ᄀᆞᆺ지안코 말을 내매 헛되고 진실홈의 각각 다름이 잇스며 경박(輕薄)ᄒᆞᆫ쟈와 진즁(珍重)ᄒᆞᆫ쟈가 ᄀᆞᆺ치 그즁에 잇ᄂᆞᆫ지라 그런고로 ᄉᆞ도들이 완젼ᄒᆞᆫ 직칙을 세워 교회로 ᄒᆞ야곰 ᄎᆞ셔가 잇게홈이라 ᄉᆞ도들이 처음으로 교회를 세울때에 친히 젼도홈과 밋 모든ᄉᆞ무를 다ᄉᆞ리더니 ᄎᆞᄎᆞ교회가 광포되매 다른곳에 가셔 젼도홈으로 ᄒᆞᆫ사ᄅᆞᆷ이나 혹 두어사ᄅᆞᆷ을 ᄐᆡᆨᄒᆞ야 서로 돕게ᄒᆞ고 계승(繼承)ᄒᆞ야 그칙임을 담임ᄒᆞᆫ쟈는 일홈을 쟝로라고도ᄒᆞ며 혹 감독이라고도ᄒᆞ니 그직무는 젼도홈을 쥬쟝ᄒᆞ며 모든교회의 례ᄇᆡᄒᆞᄂᆞᆫ일과 기타 길흉(吉凶)간 ᄉᆞ무를 다ᄉᆞ리더니 十二ᄉᆞ도가 죽은후로 이쟝로즁에셔 각교회에 관ᄒᆞᆫ 직분이 잇스니 그일홈은 곳 감독이오 그놈어지는 다 쟝로러라 ᄯᅩ 다른직분ᄒᆞ나이 잇셔 몬져 예루살넴으로 브터 시작ᄒᆞ야 그후에 각교회에 다잇스니 곳 집ᄉᆞ인ᄃᆡ 이ᄂᆞᆫ 남녀가 다ᄒᆞᄂᆞᆫ것이니 구제홈과 병을 술피ᄂᆞᆫ것과 교우를 권면ᄒᆞᄂᆞᆫ 직칙을 담당ᄒᆞᄂᆞᆫ 것이러라(힝六〇三ㅣ 로十六〇一 뎜젼三〇八 五〇九) ᄯᅩᄒᆞᆫ 직임이 잇스니 곳 복음을 젼ᄒᆞᄂᆞᆫ쟈라 이는 교회안에 잇지안코 ᄉᆞ방에 두루ᄃᆞᆫ니ᄂᆞ니 혹 ᄉᆞ도즁에셔도 ᄐᆡᆨᄒᆞ고 혹 회쟝즁에셔도 션뎡ᄒᆞ야 긔도ᄒᆞ고 손을 안찰ᄒᆞ야 복을 빌고 회즁에 젼도ᄒᆞ매 가히 드를

만ᄒᆞ고 ᄯᅩ 법도가 잇서 가히 직힐만ᄒᆞᆫ 사ᄅᆞᆷ이라야 이작임을 맛기고 처음브터 약쇽ᄒᆞᆫ 됴례가 잇서 교회 풍화(風化)를 브르게ᄒᆞ되 만一 이단을 젼ᄒᆞ고 간샤ᄒᆞᆷ을 힝ᄒᆞᄂᆞᆫ쟈ㅣ 잇스면 처음에는 쟝로가 죵용히 권면ᄒᆞ고 그리도 듯지 아니ᄒᆞᆫ즉 출교ᄒᆞ엿다가 혹 후에 다시 회기ᄒᆞ거던 영졉ᄒᆞᄂᆞᆫ것이 올흐니라

셩경연구

●누가복음연구(뎨十호) (쇽)

뎨二단은 예수실힝(實行)의 완젼ᄒᆞᆷ (四〇一—九〇卅六) (一)예수ᄭᅴ셔 마귀에 ᄃᆡᄒᆞ야는 그시험을 이긔심(四〇一—十四) (二)예수ᄭᅴ셔 사ᄅᆞᆷ에ᄃᆡᄒᆞ야는 은근히 권면ᄒᆞ심 (四〇十五—九〇卄七) (三)예수ᄭᅴ셔 하ᄂᆞ님ᄭᅴ ᄃᆡᄒᆞ야는 산에 올나 얼골을 변화ᄒᆞ심(九〇卄八—卅六)

뎨三단은 예수셩취(成就)의 완젼ᄒᆞ심 (九〇五十一—卄四〇ᄉᆞᆺ졀) (一)예수ᄭᅴ셔몬져 ᄯᅳᆺ을뎡ᄒᆞ시고 셰샹사ᄅᆞᆷ의게 나아가 셩취ᄒᆞ실예비의 완젼ᄒᆞᆷ(九〇五十一—十八〇卅) (二)예수의 구셰ᄒᆞ실때가 갓가오매 셰샹에 나아가시ᄂᆞᆫ 방법의 완젼ᄒᆞ심(十八〇卅一—卄四〇十二) (三)예수의지휘(指揮)ᄒᆞ시ᄂᆞᆫ 능력의 완젼ᄒᆞᆷ과 그셩취의 완젼ᄒᆞᆷ (卄四〇十三—五十三)첫재 예수ᄭᅴ셔 그 고난 밧으시ᄂᆞᆫ 졍형을 표명(表明)ᄒᆞ심(본장十三—三十五) 둘재예수ᄭᅴ셔 문도의 신앙심을 격동ᄒᆞ심(본장卅六—四十三) 셋재 예수ᄭᅴ셔 문도의게 새계명을 주심 (본장四十四—四十九)넷재 예수ᄭᅴ셔 새로 츅복(祝福)ᄒᆞ심으로 하ᄂᆞ님 공경ᄒᆞᆯᄉᆞ샹을 격발ᄒᆞ심(본장五十—五十三)

(미완)

●바울의ᄉᆞ젹 (쇽)

한셩 류경샹

十三、 뎨이ᄎᆞ젼도단님

뎨이ᄎᆞ젼도ᄂᆞᆫ소아셰아로단녓스니 예루살넴에셔 동힝ᄒᆞ여 온 유다와 실나가 안디옥에 잇ᄂᆞᆫ 여러형뎨를 권면ᄒᆞ고 도라간후에 이두ᄉᆞ도ᄂᆞᆫ 안디옥에셔더류ᄒᆞ다가 바울이 바나바의게 뎨이ᄎᆞ로 젼도나가기를 쳥ᄒᆞᆫ티 바나비가 요한마가를 다리고 가쟈ᄒᆞ미 (ᄉᆞ도十五〇三十六—四十三〇十三) 의론이 합ᄒᆞ지못ᄒᆞ여 서로 각각ᄂᆞᆫ호이니 바울은 실나를 다리고 ᄯᅥ나고 바나바ᄂᆞᆫ 마가를 다리고 ᄯᅥ나가ᄂᆞᆫ곳마다ᄌᆞ유로 젼도ᄒᆞ니 강싱후五十一년간이러라

이때에 바울이 륙로로 발졍ᄒᆞ니 수리아와 실리시아와 니곤니온등 몃곳은 젼에단녓스나 다시 심방ᄒᆞ고 더베와 루쓰드라에 니르러 거긔셔 브터 듸모데가 一힝을ᄀᆞᆺ치ᄒᆞ니 세사ᄅᆞᆷ이 브루기아와 갈니듸아로 단니며 젼도ᄒᆞ다가 바울이 몸에 병이 잇슴으로 갈니듸아에 머물게되니라 (ᄉᆞ도十六〇一六—갈나듸아셔四〇十三) 그후에 이샹ᄒᆞᆫ일이 잇서셔 소아셰아다른디방으로 단니며 순힝젼도ᄒᆞᆷ도 잇셧ᄂᆞ니라

十四、 유로바로 향ᄒᆞᆷ

소아셰아 각디방을 것친후 셩신이 바울로 아쩌안히를 건너 유로바로 향ᄒᆞ게ᄒᆞ시니 드로이를 ᄯᅥ나 비률두고 바로 마게도니아로 향ᄒᆞ니 강싱후五十二년이며 처음으로 빌닙보에셔 젼도ᄒᆞ다가 곤경을 당ᄒᆞ고 (ᄉᆞ도十六〇十二—四十)더 남편으로 향ᄒᆞ여 데살노니가에 이르니 유대인들이 만히 사ᄂᆞᆫ곳인ᄃᆡ 샹업도 번창ᄒᆞ고 인구도 만흔지라 열심으로 젼도ᄒᆞ여 큰교회를 세우고 베뢰아로 먼져 나가셔 젼도ᄒᆞ니 (ᄉᆞ도十七〇一—九十—十四)유대인들이 ᄯᅡ라와서 괴롭게 ᄒᆞᆷ을 밧기도ᄒᆞ고 복도 만히 밧엇스며 나종에 ᄌᆞ긔는 비를타고 아뎐으로 향ᄒᆞ야가고 실나와 듸모데ᄂᆞᆫ 베뢰아에 더잇게ᄒᆞ며 ᄯᅩᄒᆞᆫ 속히 오라고 명ᄒᆞ엿더라

(미완)

◎가뎡과쇼ᄋᆞ

●비률빈 ᄋᆞ히들의 미어 (謎語슈슈젹기)

문 칼에 찍히고도 곳합창되는것이 무엇이뇨

답 물(水)

문 ᄲᅡᆨ 붓잡으면 가고 노아주면 눕ᄂᆞᆫ것이 무엇이뇨
답 붓(筆)
문 올나오면 우리로 ᄒᆞ여곰 가게ᄒᆞ고 ᄂᆞ려가면 우리로 ᄒᆞ여곰 머물게ᄒᆞᄂᆞᆫ것이 무엇이뇨
답 닻(錨)
문 안즈면 키가 크고 서면 키가 적은것이 무엇이뇨
답 ᄀᆡ(犬)
문 잡아 ᄃᆞ리면 집핑이가 되고 밀면 장막이 되ᄂᆞᆫ것은 무엇이뇨
답 우산(雨傘)
문 어미는 나려서쟈고 ᄒᆞ면 ᄌᆞ식은 눕쟈고ᄒᆞᄂᆞᆫ것이 무엇이뇨
답 사다리(梯)
문 말은 분명ᄒᆞ나 알어드를수 업다가 그얼골을 본후에야 비로소 무슨 말인지 알엇스니 그것이 무엇이뇨
답 시게(時計)

셰계격언

一 근면(勤勉)은 지능의 결핍ᄒᆞᆫ 곳을 보충ᄒᆞᆯ수잇ᄂᆞ니라.

二 희망은 무ᄉᆞᆫ일에던지 곤난ᄒᆞᆷ을 니져ᄇᆞ리게 ᄒᆞᄂᆞ니라

三 침묵(沈默)은 무궁(無窮)ᄒᆞᆷ과ᄀᆞᆺ치 깁고 담화는 시잔과 ᄀᆞᆺ치엿ᄒᆞ니라

四 어리석은자의 ᄆᆞᄋᆞᆷ은 그 입에 잇고 지혜로온쟈의 ᄆᆞᄋᆞᆷ은 그 ᄆᆞᄋᆞᆷ에 잇ᄂᆞ니라

五 군ᄌᆞ는 말에 눌(訥)ᄒᆞ고 힝ᄒᆞᆷ에 민쳡ᄒᆞᄂᆞ니라

격치문답

문 황금의 밀젹(密積)이 얼더ᄒᆞᆫ것은 우리가 임의 알엇거니와 황금을 물에 너으면 그 일허ᄇᆞ리ᄂᆞᆫ 즁량이 얼마나 되겟ᄂᆞ뇨
답 본즁량에 ᄃᆡᄒᆞ야 十九분지一을 일허ᄇᆞ릴지니 가령 공즁에셔 十九푼즁되던 황금을 물에 잠그고 달어보면 十八푼즁이될지니라
문 이리치를 미루어 무슴뇨긴ᄒᆞᆫ결과를 얻겟ᄂᆞ뇨
답 가령 여긔 황금 ᄒᆞᆫ됴각이 잇ᄂᆞᆫ듸 그 진가(眞假)를 알고져ᄒᆞ면 그 금을 실노 믜여 져울갈고리에 걸고 달어 본후 다시 그 금됴각이 물속에 공즁달니게ᄒᆞᆫ후 달어보아셔 그 처음 달어본즁량보다 十九분지一만 감ᄒᆞ엿스면 이는 진품 황금이오 만일 十九분지一이 더 감ᄒᆞ엿스면 이는 그가온듸 다른 금질(金質)곳 동ᄀᆞᆺᄒᆞᆫ것이 석긴줄 알것이니라

실업

●벼의 파죵(播種)

파죵이라 ᄒᆞᆷ은 죵ᄌᆞ를 곳 ᄊᆞ에 ᄲᅮ리ᄂᆞᆫ것이니 이거이 자란후에 다시 취죵ᄒᆞ야 논에 옴겨심으ᄂᆞᆫ것은 모죵이니 긔후가 온란(溫暖)ᄒᆞᆫ 디방에셔ᄂᆞᆫ 이법을 힝ᄒᆞᆷ이 됴코 또 파죵ᄒᆞᆫ대로 두고 너머 ᄲᆡᆨᄲᆡᆨᄒᆞᆫ(密)것은 솎아주어 결실케 ᄒᆞᄂᆞᆫ법도잇ᄂᆞᆫ듸 이것을 직죵(直種)이라 칭ᄒᆞᄂᆞ니 이법은 대개 긔후(氣候)가 찬(冷)디방이나 혹 링쳔(冷泉)이 나ᄂᆞᆫ 논에 ᄒᆞᆫ히 시힝ᄒᆞᆯ것이나 그죵에도 ᄲᅮ려심으ᄂᆞᆫ법(撒播法)과 집어심으ᄂᆞᆫ법(點播)의 구별에 잇ᄂᆞᆫ듸 ᄲᅮ려심으면 셩슉이 좀 속히될지나 공긔의 소통이 덜되여 병나기가 쉬온즉 죠션셔ᄂᆞᆫ 집어심으ᄂᆞᆫ 법을 시힝ᄒᆞᄂᆞᆫ것이 됴ᄒᆞ니라

뎜파법은 양력九월 즁슌(中旬)경에 논을 미리 써레질ᄒᆞ야 반일동안 볏헤 말닌후 뎜파긔(點播器)로 심을 자리를 내고 서서히 물을돌닌후 그자리에다 八九알식심으되 ᄉᆞ이는 一촌(寸)가량식 ᄯᅴ울지니라

담총

●셰계에면화를ᄀᆞ장만히 쓰ᄂᆞᆫ나라

셰계샹에 면화(電話)를 뎨一 만히 쓰ᄂᆞᆫ나라ᄂᆞᆫ 셔뎐국(瑞典國)이니 이나라에셔ᄂᆞᆫ 뎐화료금(料金)이 一년에 十五환가량에 지내지 아니ᄒᆞᄂᆞᆫ고로 이나라의 슈부(首府)되ᄂᆞᆫ 스독홈에셔ᄂᆞᆫ 즁등싱활이상되ᄂᆞᆫ 집은 다 뎐화를 ᄉᆞ용ᄒᆞ으로 반찬가가에 무슴반찬을 쳥구ᄒᆞ던지 의복뎐에 무슴의

복을 맛츼던지 가죵샹뎜에 ᄃᆡᄒᆞ야 무ᄉᆞᆷ물픔을 보내라고 말ᄒᆞ던지 친쳑이나 친구로 더브러 무ᄉᆞᆷ 일을 의론ᄒᆞ던지 한담을 ᄒᆞ던지 의원의게 문병을 ᄒᆞ던지 모다 면화로 써ᄒᆞᄂᆞᆫᄃᆡ 이ᄀᆞᆺ치 면화를 셩히 ᄉᆞ용ᄒᆞᄂᆞᆫ 효력도 만커니와 폐단도 적지 아니ᄒᆞ니 업무(業務)가 크고 교제가 넓은 사ᄅᆞᆷ은 죵일 면화통압헤 불녀와서셔 다른 ᄉᆞ무를 볼수 업다더라

법령뎍요(法令摘要)

●면경비 부담방법(속)

뎨四됴 디방의 ᄉᆞ졍에 의지ᄒᆞ야 특별ᄒᆞᆫ 필요가 잇ᄂᆞᆫ때ᄂᆞᆫ 도쟝관의 허가를 엇어 뎨二一됴의 제한을 됴과(超過)ᄒᆞ야 면부과금을 부과ᄒᆞᆷ도 잇슬ᄉᆞ

뎨五됴 호별할은 면니에셔 독립싱활(獨立生活)ᄒᆞᄂᆞᆫ 자의게 ᄃᆡᄒᆞ야 부과ᄒᆞᆯᄉᆞ 호별할의부과금 슈쇄ᄒᆞᄂᆞᆫ 긔한은 국셰와 호셰(戶稅)의 례(例)를 좃치되 다만 특별ᄒᆞᆫ ᄉᆞ졍이 잇슬때에ᄂᆞᆫ 부윤군슈의 허가를 엇어 별노히 긔일(期日)을 뎡ᄒᆞᆷ도 잇슬ᄉᆞ

뎨六됴 호별할은 쇼득(所得)과 지산에 빗최여 등급을 뎡ᄒᆞ야 부과ᄒᆞ되 다만 특별ᄒᆞᆫ ᄉᆞ졍이 잇ᄂᆞᆫ때ᄂᆞᆫ 부윤 군슈의 허가를 엇어 평균히 펼수도 잇슬ᄉᆞ

뎨七됴 디셰부가금은 면니에셔 디셰를 밧치ᄂᆞᆫ자에게 본셰와 ᄒᆞᆫ때에 부과ᄒᆞ야 밧으되 다만 특별ᄒᆞᆫ ᄉᆞ졍이 잇슬때ᄂᆞᆫ 부윤 군슈의 허가를 엇어 별노히 징슈긔일을 뎡ᄒᆞᆷ도 잇슬ᄉᆞ

뎨八됴 면쥬인과 면하인의 슈당(手當)과 급료(給料)를 주기위ᄒᆞ야 필요가 잇슬때ᄂᆞᆫ 부윤 군슈의 허가를 엇어 뎨二一됴 부과금외에 현픔(現品)을 부과ᄒᆞᆷ도 잇슬ᄉᆞ

현픔을 거두고져ᄒᆞᄂᆞᆫ때ᄂᆞᆫ 그때의 시셰를 ᄯᆞ라 금익을 뎡ᄒᆞ야 통지ᄒᆞᆯᄉᆞ

현픔의 부과를 ᄒᆞᆯ쟈ᄂᆞᆫ 금젼으로써 ᄃᆡ납(代納)ᄒᆞᆯ수도잇슴

부 측

본령은 대졍二년 四월一일브터 시힝ᄒᆞᆯᄉᆞ (완)

회보ᄃᆡ금령슈

新溪	趙允瑞	四十錢
	千周浩	四十錢
	金京玉	四十錢
	金致秉	四十錢
	金有根	四十錢
	池允善	四十錢
瑞興	洪記燮	四十錢
旌善	金永善	四十錢
橫城	安孔文	四十錢
堤川	李鍾萬	四十錢
	韓泰洙	四十錢
寧越	許順一	四十錢
	李道賢	四十錢
	洪仁友	四十錢
	金容植	四十錢
原州	李潤畯	四十錢
	劉明七	四十錢
	李我根	八十錢
	朴元日	八十錢
豊德	金用世	八十錢
	姜龍欽	八十錢
	金永煥	八十錢
	李奎玉	四十錢
	尹士俊	八十錢
	崔聖佑	二十錢

☯광 고☯

본공회에서 각죵셩서를 구비ᄒᆞ여 디방의 원근과 쳥구의 다쇼를 물론ᄒᆞ고 신속슈응ᄒᆞᄂᆞᆫ바 근일에 특별히 감가된칙도 잇고 새로 츌판된칙이 잇기로 이아래 긔록과 ᄀᆞᆺ치 광포홈

감가된칙 (미명가독)

언문구신약 三권一질(포의)	一圓十錢
언한문신약지의	四十錢
同 (포의)	四十五錢
언한문신약지의	三十五錢
同 (포의)	四十錢

새로츌판된칙

언문관쥬신약	각 종
同 마대복음	명가 一錢

京城鍾路 美國聖書公會 告白

◉신新간刊셔書젹籍 (광廣고告)

예수의지림	三十錢
망은셜	五錢
마태복음대지	四錢
마가복음대지	三錢
누가복음대지	四錢
요한복음대지	四錢
ᄉᆞ복음대지(합부)	十二錢
구약ᄉᆞ긔	二十五錢
명심도	七錢
일일의력	五十錢
신약셩셔면림	五十錢
강도취집	二十五錢
신자의경	十二錢
셩경디리	十四錢
찬송가곡죠(포의)	九十錢
찬송가곡죠(반피의)	一圓五十錢
쥬일학교용화쳡 百枚一束	十五錢
쥬일학교용화쳡 五十枚一束	十五錢
쥬일학교학도즁표 每張	二錢
쥬일학교상즁 每張	二錢
쥬일학교서긔보고표 每張	二錢五厘
쥬일학교츌셕부 每張	二錢五厘
쥬일학교등부즁서 每張	四錢
쥬일학교학적부 每百枚	七十錢
쥬일학교교ᄉᆞ보고서 每百枚	六十錢
쥬일학교신입학도인도쟈샹쟝 每張	五厘
쥬일학교학싱싱일츅하표 每張	四錢
쥬일학교신입학싱환영표 每百枚	四十錢

京城鍾路 朝鮮耶穌教書會 主務 班禹巨

每週一回月曜日發行
大正二年五月二十八日印刷
大正二年六月二日發行

發行兼編輯人 開城北部山芝峴 奇義男
印刷人 京城北部樓閣洞 朴東完
印刷所 京城南部上犂洞 新文館
發行所 京城北部壯洞四十三統三戶 呂炳鉉邸
ᄃᆡ금…代金 一쟝 二젼 六ᄀᆡ월 四十젼 一ᄀᆡ년 八十젼

사셜

○하ᄂᆞ님의빗가온ᄃᆡ 다나타남

침々칠야에 지쳑을 분변키 어려온ᄃᆡ ᄒᆞᆫ사ᄅᆞᆷ이 손에 ᄑᆞᆺ알(豆粒)만ᄒᆞᆫ 적은 등불을 들고 방향모르ᄂᆞᆫ 길노 ᄒᆞᆫ자갈ᄯᅢ에 스ᄉᆞ로 밋기를 나ᄂᆞᆫ ᄇᆞᆰ은빗출 가졋스니 능히 길을 바로 차져 갈수잇스며 내몸과의복에 더러온것이 뭇엇슬지라도 분명히 볼수잇다ᄒᆞ며 갑々ᄒᆞᆫ 가온ᄃᆡ로 촉불업시 ᄃᆞᆫ니ᄂᆞᆫ 사ᄅᆞᆷ을 죠쇼(嘲笑)ᄒᆞ엿지마ᄂᆞᆫ 그잇ᄒᆞᆫ날 태양이 놉히 올나온후 ᄌᆞ세히 본즉 몸에 검은칠도 뭇엇고 의복에 흙도 뭐엿스며 오던길을 다시 차져가니 겻헤 평탄ᄒᆞᆫ 길을 두고 굿히여 긔구(崎嶇)ᄒᆞᆫ 길노 온것을 비로소 ᄭᆡ돗고 스ᄉᆞ로 뉘웃쳐왈 내가 잔밤에 다른사ᄅᆞᆷ을 죠쇼ᄒᆞᆫ것이 맛치 五十보 다라난자가 百보 다라난자를 우슨것과 ᄀᆞᆺ도다ᄒᆞ니 슬프다 이세샹에 적은 지식과 박약(薄弱)ᄒᆞᆫ 지능(才能)을밋고 큰 말을 ᄒᆞ여왈 나ᄂᆞᆫ 령홍샹으로나 법률샹으로나 조곰도 죄지은 일이업ᄉᆞᆫ즉 우ᄒᆞ로 하ᄂᆞ님ᄭᅴ와 아ᄅᆡ로 사ᄅᆞᆷ의게 붓그럽지아니ᄒᆞ고 ᄯᅩ 내게ᄃᆡᄒᆞ야ᄂᆞᆫ 죵교가 그효력을 일는다ᄒᆞᄂᆞᆫ쟈ㅣ 엇지 적은등불을밋은쟈와 다르리오 그러나 하ᄂᆞ님의 빗치 ᄒᆞᆫ번 그ᄆᆞ음속에 드러가면 모든것이 다 ᄇᆞᆰ히 나타날지니 젼일에 내가 스ᄉᆞ로 올흔데ᄒᆞ던것은 하ᄂᆞ님압헤 불의ᄒᆞᆷ이오 ᄂᆞᆷ을 죠쇼ᄒᆞ던것은 사ᄅᆞᆷ의게 교만ᄒᆞᆷ이며 나의 언ᄒᆡᆼ(言行) 가온ᄃᆡ ᄉᆞ랑도 업스며 진실ᄒᆞᆷ도 업고 셩결ᄒᆞᆷ도 업스며 겸손ᄒᆞᆷ도 업스니 엇지 감히 죄지은것이 업다ᄒᆞ리오ᄒᆞ야 곳쥬ᄭᅴ로 나와셔 죄를 ᄌᆞ복ᄒᆞ고 밋음으로 써 풍셩ᄒᆞᆫ 은혜를 밧으면 이ᄂᆞᆫ 곳 거룩ᄒᆞᆫ 싱활노 나아오ᄂᆞᆫ 길이오 영싱으로 드러가ᄂᆞᆫ 문이로다 그런즉 이 형샹업ᄂᆞᆫ 하ᄂᆞ님의 빗치 그ᄆᆞ음가온ᄃᆡ 드러오게ᄒᆞ랴면 그묘방이 어ᄃᆡ잇ᄂᆞ뇨 그묘방은 다만온젼히 밋ᄂᆞᆫ ᄆᆞ음을 하ᄂᆞ님ᄭᅴ 향ᄒᆞ여 열고 긔도로 ᄀᆞᆫ구ᄒᆞ기를 쉬이지 아니ᄒᆞ면 셰샹에 빗치잇스라 명ᄒᆞ신 하ᄂᆞ님ᄭᅴ셔 ᄯᅩᄒᆞᆫ 이런사ᄅᆞᆷ의 ᄆᆞ음속에도 빗치잇스라 명ᄒᆞ실지니 이ᄂᆞᆫ 비유컨ᄃᆡ 텬문학쟈가 호々망々ᄒᆞᆫ 궁창(穹蒼)밧게 육안(肉眼)으로볼수업ᄂᆞᆫ 별을 차즈랴고 유력ᄒᆞᆫ(有力)망원경(望遠鏡)을 ᄃᆡ이고 교요ᄒᆞᆫ ᄆᆞ음으로 ᄇᆞ라보면 그별이 그눈에 드러와 빗최ᄂᆞᆫ것ᄀᆞᆺ도다 그러면 우리ᄉᆞ랑ᄒᆞᄂᆞᆫ 동포형뎨ᄌᆞ매ᄭᅴ셔ᄂᆞᆫ 젼일에 스ᄉᆞ로 밋던ᄆᆞ음은 다 ᄇᆞ리고 하ᄂᆞ님만 의지ᄒᆞᄂᆞᆫ 신심의 굿센 망원경을 ᄒᆞᆼ샹 하ᄂᆞ님ᄭᅴ 향ᄒᆞ야 열어노코 이ᄇᆞᆰ은 빗출 다 ᄀᆞᆺ치 밧을지어다

본샤특별고ᄇᆡᆨ

一、경향간 본회보를 익독ᄒᆞ시ᄂᆞᆫ 형뎨ᄌᆞ매즁 긔왕에 보신회보ᄃᆡ금의 령재됴(零在條)나 혹 쟝ᄅᆡ에 보실회보ᄃᆡ금의 션금(先金)을 아직 아니 보내신이ᄂᆞᆫ 속々히 우편쇼위톄(郵便小爲替)로 붓쳐보내시되 혹 부득이ᄒᆞ야 적은돈을 우표로 보내실경우에ᄂᆞᆫ 五리ᄶᆞ리나 二젼ᄶᆞ리로 보내여쥬시옵

二、본회보의 신구람쟈 十인을 엇어보내시ᄂᆞᆫ 이의게ᄂᆞᆫ 젼과ᄀᆞᆺ치 본보一쟝을 무ᄃᆡ금(無代金)으로 보내여 드리겟슴내다

교즁휘문

◀니 보▶

●샹동교당의부흥회

미국션교ᄉᆞ베릿트씨는 민국니디에셔 여러히를 젼도에 죵ᄉᆞᄒᆞ다가 지금 ᄌᆞ긔본국으로 도라가는 길에 경셩에 와셔 두류ᄒᆞ는동안에 본월十五일브터 二十二일ᄭᆞ지 샹동교당니에셔 부흥회를 열고 신령ᄒᆞᆫ 젼도를 만히ᄒᆞ엿는ᄃᆡ 一반교우가 새 은혜를 풍셩히 밧엇다더라

●긔목ᄉᆞ귀국

죠션에셔 다년 쥬의일에 열심ᄒᆞ던목ᄉᆞ 긔이부씨는 신학덕학리를 더 깁히 연구ᄒᆞ기위ᄒᆞ야 교회에 슈유ᄒᆞ고 본월二十四일에 ᄌᆞ긔본국으로 향ᄒᆞ야 동부인ᄒᆞ고 발졍ᄒᆞ엿는ᄃᆡ 수년후에 다시 나올쟉뎡이라더라

◉지셩이면감텬

경셩만리지교회젼도ᄉᆞ 셔긔훈씨의 통신을 거ᄒᆞᆫ즉 츙남공쥬군경텬리교회권ᄉᆞ셔용ᄃᆡ씨는 조고여싱으로 곤고히 자라나셔.일ᄌᆞ무식으로 타인의게 고용이나 ᄒᆞ더니 하ᄂᆞ님의은혜로 예수압헤 나아온후 언문을 공부ᄒᆞ야 셩경은 볼수잇스나 한문을 아지못ᄒᆞ야 한탄ᄒᆞ기를 마지아니홈으로 유몽쳔ᄌᆞ라 ᄒᆞ는칙을 사셔 나무를 ᄒᆞ러가나 김을미러가나 칙을 지게에 달엇다가 일ᄒᆞ고 쉬일ᄯᆡ면 칙을 펴노코 공부ᄒᆞ며 혼자써보기 어려온글ᄌᆞ는 표ᄒᆞ엿다가 아는사ᄅᆞᆷ의게 무러보며 지셩과 열심으로 공부ᄒᆞ더니 지금은 언한문셩경을 능히보며 매셔직분으로 널니 ᄃᆞᆫ니며 젼도ᄒᆞ는ᄃᆡ 유식ᄒᆞᆫ 사ᄅᆞᆷ의게도 밀닐거시 업시 젼도ᄒᆞ니 이는 그형뎨의 셩심을 하ᄂᆞ님ᄭᆡ셔 감동ᄒᆞ샤 도아주심인줄 밋고 감샤ᄒᆞ며 일반형뎨ᄌᆞᄆᆡ즁 무식ᄒᆞ야 공부도 못ᄒᆞ고 젼도도 못ᄒᆞ겟다ᄒᆞ는 쳠위는 이러ᄒᆞᆫ 형뎨를 모본ᄒᆞ기를ᄇᆞ란다ᄒᆞ엿더라

●텬화신변화(天火神變化)

평안북도 녕변군남산현 미국의ᄉᆞ밀너씨의 통신을 거ᄒᆞᆫ즉 희군고셩면 남산동에 ᄒᆞᆫ부인이 잇는ᄃᆡ 팔년젼부터 텬화신이라 칭ᄒᆞ고 셤기기를 지셩으로 ᄒᆞ야 혹독ᄒᆞᆫ미신에 드러가셔 눈자위ᄭᆞ지 편ᄒᆞ고 말ᄒᆞ는것과 힝동ᄒᆞ는거시 실셩ᄒᆞᆫ 사ᄅᆞᆷ과 ᄀᆞᆺᄒᆞ며 ᄯᅩᄒᆞᆫ 근쳐 모든사ᄅᆞᆷ의게 말ᄒᆞ기를 하ᄂᆞ님을 공경ᄒᆞᆫ다ᄒᆞ며 병난 사ᄅᆞᆷ의게 부작을 써붓치고 무슴 진언을 ᄒᆞ야 사ᄅᆞᆷ을 유혹ᄒᆞ고 혹 그사ᄅᆞᆷ의 병이 나흐면 ᄌᆞ긔의 뎨ᄌᆞ라 칭ᄒᆞ고 히마다 쌀과 돈을 밧아먹고 ᄯᅩᄒᆞᆫ 통으로 거북을 ᄆᆞᆫᄃᆞ러 가지고 산가지를 넛코 졈도치며 부작칙을 ᄆᆞᆫᄃᆞ러 무고 차자와셔 구ᄒᆞ는쟈의게 주되 다른무녀나 소경이나 다른신의게 몬져가셔 무러본 사ᄅᆞᆷ의게는 말ᄒᆞ기를 그거슨 귀신의게 가셔 무러보고 왓스니 내 하ᄂᆞ님ᄭᆡ는 ᄯᅩ ᄒᆞᆯ수 업다고 ᄒᆞ며 졈쳐주지 아니ᄒᆞ고 ᄯᅩᄒᆞᆫ 그동즁에 사는사ᄅᆞᆷ은 다 반인이라 그러나 무숨 어려온일이 잇스면 그부인의게 가셔 무러보고 식히는 대로ᄒᆞ고 ᄯᅩᄒᆞᆫ ᄒᆞᆫ날은 엇던풍수 ᄒᆞᆫ사ᄅᆞᆷ을 맛나 맘ᄒᆞ기를 당신이 엇더케 됴흔명당을 구ᄒᆞ여 엇을수가 잇소 다만 하ᄂᆞ님만 ᄒᆞᆯ수잇스니 속히 그런허탄ᄒᆞᆫ거슬 ᄇᆞ리고 졍도를 차즈라 ᄒᆞ고 디셔와 쇠를 내노으라 ᄒᆞ매 그사ᄅᆞᆷ이 견ᄃᆡ지 못ᄒᆞ야 쇠를 주고 도라갓스며 홍샹싱각은 텬화ㅣ란 큰 도쟝을 삭여쥬ᄉᆞ로 찍어셔 주고 여러수다ᄒᆞᆫ 사ᄅᆞᆷ을 유혹ᄒᆞ더니 우리 구쥬의 거륵ᄒᆞ신 셩신ᄭᆡ셔 그 부인을 불샹히 녀이시고 귀에 예수의젼도말숨이 들니게 ᄒᆞ실ᄯᆡ에 ᄆᆞᄋᆞᆷ이 좀 흔들니엿더니 ᄒᆞ로는 길을가다가 로즁에 쇠울ᄌᆞ(쇠가乙)잇는거슬 보고싱각ᄒᆞ기를 나는 이쇠와ᄀᆞᆺ치 ᄭᅬ부러진 길노 가는사ᄅᆞᆷ이라 ᄒᆞ고 싱각을 만히 고싱으로ᄒᆞ다가 셩신의칙망홈으로 녕변셩니에 와셔 눈물을 흘니며 ᄌᆞ복ᄒᆞ기를 내가 이모든거슬 다 회당에 밧치고 다시는 이런일을 ᄒᆞ지 아니ᄒᆞ고 밋기로 쟉뎡ᄒᆞ며 그젼에 내가 하ᄂᆞ님을 셤긴다ᄒᆞ고 수다ᄒᆞᆫ 사ᄅᆞᆷ의 젼곡을

먹고 사랏스니 죄를 지엿다 ᄒᆞ며 그젼죄를 엇지ᄒᆞᆯ줄아지 못ᄒᆞ고 슯허ᄒᆞᆷ으로 여러 부인젼도로 인ᄒᆞ야 위로 되고 세돗는ᄆᆞᄋᆞᆷ이 니러나며 특별히 밀너의ᄉᆞ부인이 돈 이십젼을 가지고 비유로 ᄀᆞᄅᆞ치기를 당신이 이돈을 밧는것과 ᄀᆞᆺ치 구원을밧으면 밧는거시오 아니밧으면 아니밧는것과 ᄀᆞᆺ치 구원을 밧으면 밧고 아니밧으면 못밧을거시라고 젼도ᄒᆞ고 셩경을 주고 ᄀᆞᄅᆞ칠때에 그부인이 한량업시 깃븜으로 찬숑ᄒᆞ는거시 팔년동안 하ᄂᆞ님을 찻다가 오날날 예수의피로 내죄를 씨심을 밧엇다ᄒᆞ며 엽듸여 시로 찬숑ᄒᆞ기를 죠션노래 모양으로 부르고 깃부기가 ᄭᅳᆺ업시 됴화ᄒᆞ며 ᄌᆞ긔집으로 도라가며 맛나는사ᄅᆞᆷ마다 붓잡고 젼도ᄒᆞ기를 그젼에 구쥬를 아지 못ᄒᆞᆷ으로 밋지못ᄒᆞ엿거니와 지금은 밋지아니ᄒᆞ면 죄가된다고 말ᄒᆞ기를 쉬지아니ᄒᆞ고 젼도ᄒᆞ니 참 셩신의 감화로 그부인의 ᄆᆞᄋᆞᆷ과 힝동을 다맛하쓰시기를 이와ᄀᆞᆺ치ᄒᆞ시니 참 깃부고 긔이ᄒᆞᆫ 일이니 여러형뎨ᄌᆞᄆᆡ로 더욱 구쥬의 권능을 세ᄃᆞ르시기를 원ᄒᆞᆫ다 ᄒᆞ엿더라

●김부인의교육심

강원도 회양읍교회 권ᄉᆞ한ᄉᆞ연씨의 통신을 거ᄒᆞᆫ즉 이교회는 세운지 八九에년 형뎨ᄌᆞᄆᆡ의 열심으로 와가六간을 건츅ᄒᆞ고 례ᄇᆡᄒᆞ나 남녀학교가 업서 셥셥ᄒᆞ더니 김미리암씨의 발긔로 녀학교를 셜립코져ᄒᆞ나 신쟈의 집에는 학ᄉᆡᆼ이 만치못ᄒᆞ고 밋지안는쟈의 집ᄋᆞ히를 모집ᄒᆞᆯ터인ᄃᆡ 교회를 비방ᄒᆞ고 학교를 조롱ᄒᆞ는 완고들를 부족ᄒᆞᆫ 언ᄉᆞ와 적은 열심으로는 감히 교제ᄒᆞ기 어려온지라 그러나 김부인이 열심으로 집집마다 ᄃᆞᆫ니면서 아ᄅᆞᆷ다온 언ᄉᆞ와 인내ᄒᆞ는 ᄆᆞᄋᆞᆷ으로 현금시ᄃᆡ에 남녀간 진화ᄒᆞ는 리치와 인류가 교육이 업스면 금수와 다를것이 업다고 권면ᄒᆞᆯ때에 녯날 태임은 문왕을 ᄐᆡ즁에셔브터 ᄀᆞᄅᆞ친일과 ᄆᆡᆼᄌᆞ의 모부인은 세번 집을 옴긴일과 이외에 여러가지로 권면ᄒᆞᆫ 결과로 학도 부모들이 락죵ᄒᆞ는지라 이에 원산셔디방 관할쟝로ᄉᆞ 비여만씨부인의게 쳥ᄒᆞ야 교ᄉᆞ김노득씨를 고빙ᄒᆞ고 지금 학도를 모집ᄒᆞ야 열심으로 교슈ᄒᆞ는ᄃᆡ 학ᄉᆡᆼ二十명이 ᄆᆡ일츌셕ᄒᆞ야 공부를 잘ᄒᆞ니 이는 첫재는 하ᄂᆞ님ᄭᅴ셔 도으심이오 둘재는 김부인의 ᄌᆞ션심으로 이ᄀᆞᆺ치 되엿스니 감샤ᄒᆞ며 ᄯᅩ 경셩 종교젼도ᄉᆞ 강조원씨가 이곳 교회에 유년쥬일학교를 셜립ᄒᆞ여 쥰후로 三四十명학ᄉᆡᆼ이 ᄆᆡ쥬일 ᄌᆞ미잇게 공부ᄒᆞ며 새로 밋기작뎡ᄒᆞᆫ 사ᄅᆞᆷ도 만히 잇슴으로 지금은 ᄆᆡ쥬일 례ᄇᆡ보는 교우가 六七十명에 달ᄒᆞ엿스니 이로써 하ᄂᆞ님ᄭᅴ 영화를 돌닌다 ᄒᆞ엿더라

●쥬일학교운동회

경셩셔부 종교례ᄇᆡ당 유년쥬일학교장 구자옥씨의 통신을 거ᄒᆞᆫ즉 희유년쥬일학교에셔 본월십일토요에 츈긔운동회를 북부삼쳥동에셔 거ᄒᆡᆼᄒᆞ얏는ᄃᆡ 참예ᄒᆞᆫ 학ᄉᆡᆼ수효는 팔십칠명이요 셩경을 외는것과 예수ᄒᆡᆼ젹에 ᄃᆡᄒᆞ야 문답ᄒᆞ는것과 찬미ᄒᆞ는것과 기타 이러ᄒᆞᆫ등류 여러가지로 시험ᄒᆞᆫ후 샹품을 베플고 일일 화창ᄒᆞ게 놀다가 하오육뎜종에 도라왓는ᄃᆡ 쥬일학교학ᄉᆡᆼ은 각학교학ᄉᆡᆼ이 다수ᄒᆞ고 각학교는 토요일에도 학과가 잇슴으로 참예ᄒᆞᆫ 학ᄉᆡᆼ수는 비교뎍 적엇스나 쥬일학교에 운동회는 본교회에 처음 잇셧는일이라 그영광과 감샤ᄒᆞᆷ을 하ᄂᆞ님ᄭᅴ 돌녓다더라

●긔렴연보광고

본년一월十二일은 본회보챵간 뎨二회 긔렴쥬일이온ᄃᆡ 이날에 각쳐교회에셔 각기힘대로 본회보에 연보ᄒᆞᆫ것을 본샤로 보내엿습기 그 ᄋᆡ호ᄒᆞ시는뜻을 감샤ᄒᆞ오며 이에 ᄎᆞ례로 게지ᄒᆞ야 광포ᄒᆞ노라

漣川區域各教會 一圓八十錢
江陵邑教會 四十錢
仝見召教會 二十五錢
仝照月坪教會 十二錢
仝望祥教會 二十二錢
仝南陽里教會 二十錢

◀외 보▶

●횡빈항에 잇는 련합긔도회

일본횡빈항에 잇는 모든 교회에셔는 거四월十八일하오七시반에 봉리뎡 감리교당ᄂᆡ에셔 련합긔도회를 열고 미국가쥬의 토디법안문뎨(土地法案問題)에 ᄃᆡᄒᆞ야 일미량국간에 친의(親誼)를 손샹치안토록 히결됨을 위ᄒᆞ야 ᄒᆞᆫᄆᆞ음으로 긔도ᄒᆞ엿다더라

●부인젼도회셜립의경영

일본그리스도교회ᄂᆡ 분인젼도회를 셜립ᄒᆞ기 위ᄒᆞ야 임시 가ᄉᆞ무소(假事務所)를 두고 회원을 모집ᄒᆞᄂᆞᆫ즁인ᄃᆡ 히회의 목뎍은 젼도에 죵ᄉᆞᄒᆞᆯ 일이며 임원은 회쟝一인 부회쟝二인 리ᄉᆞ七인으로 셩립ᄒᆞᆯ지며 히회의 쟝졍과 규측은 긔초ᄒᆞ엿다가 오ᄂᆞᆫ 十월 일본그리스도교대회에셔 통과ᄒᆞᆯ 작뎡이라더라

●중화민국ᄂᆡ 각쳐긔도교회의 긔도회

중화민국졍부의 요구에 응ᄒᆞ야 젼국二十一셩(省)ᄂᆡ 각파그리스도교회는 거四월二十七일에 민국의 쟝리를 위ᄒᆞ야 공동긔도회를 열엇ᄂᆞᆫᄃᆡ 긔도ᄒᆞᆫ 됴건은 (一)민국의국회를위ᄒᆞᆷ (二)쟝ᄎᆞᆺ셥힐 대총통를 위ᄒᆞᆷ (三)새로 건셜ᄒᆞᆯ 졍부를 위ᄒᆞᆷ (四)쟝ᄎᆞᆺ긔초ᄒᆞᆯ 헌법(憲法)을 위ᄒᆞᆷ (五)셰계각국이 속히 민국 졍톄(政體)를 승인ᄒᆞᆷ을 위ᄒᆞᆷ (六)젼국이 태평을 누리기를 위ᄒᆞᆷ (七)유더ᄒᆞᆫ 대총통이 피션됨을 위ᄒᆞᆷ (八)나라의 긔초가 영원히 견고ᄒᆞᆷ을 위ᄒᆞᆷ이더라

●만국쥬일학교대회

만국쥬일학교대회는 오는 七월八일노 十五일ᄭᆞ지 八일동안을 구라파 셔ᄉᆞ국 수리최셩에셔 열터인ᄃᆡ 미국각교파로브터 파송ᄒᆞᆯ 위원은 一千명으로 작뎡ᄒᆞᆫ바 임의 록명(錄名)된 위원이 八百五十명에 달ᄒᆞ엿다더라

●졍오(正誤)

본보 뎨二권 뎨十호 뎨二현긔렴연보 란ᄂᆡ에 平海正明洞敎會는 平海郡 各敎會로 졍오홈

긔 셔

●태평양젼도록 (쇽)

영국태요한션싱 져슐

한셩긔이부목ᄉᆞ 번역

태평양젼도록은 영국쥬교가로 유명ᄒᆞᆫ 태요한 션싱이 태평양여러셤에셔 복음이 무엇인지 알지도 못ᄒᆞᆯ때에 드러가셔 젼도ᄒᆞᆫ ᄉᆞ젹을 긔록ᄒᆞᆫ것인ᄃᆡ 션싱의 신덕과 신령ᄒᆞᆫ 싱활과 담용(膽勇)이 신도의 모범이 될만 ᄒᆞᆯ뿐아니라 죡히 잠자ᄂᆞᆫ령혼을 셰울만ᄒᆞᆫ고로 동셔양 신도의 아니볼수 업ᄂᆞᆫ글이라 본셔즁 뎨一쟝과 뎨二쟝은 션싱이 어려셔 가졍에셔 지낸일과 학교에셔 교육밧던일을 대강말ᄒᆞ엿거니와 뎨三쟝브터는 션싱이 실디로 죵교ᄉᆞ업에 드러가는 시초니 이글을 보시는 형뎨ᄌᆞᄆᆡᄭᅴ셔 一층더 주의ᄒᆞ야 보셔셔 유익ᄒᆞᆷ을 만히 엇기라ᄇᆞᄂᆞ이다

뎨三장 혁랍ᄉᆞ고셩에셔 젼도ᄒᆞᆷ

혁랍ᄉᆞ고셩에 ᄀᆡ황회라 칭ᄒᆞᄂᆞᆫ 회가 잇스니 내가 마리산학교로 가기젼에 내리력셔를 보내며 뎌회게 무슴 직분을 구ᄒᆞ엿더니 내가 마리산학교에셔 ᄯᅥ나던날에 ᄀᆡ황회회당에셔 편지가 왓ᄂᆞᆫᄃᆡ 편지에 닐으ᄃᆡ 우리여러위원이 그ᄃᆡ의 쳥원셔를 밧은후로 ᄒᆞᆼ샹 그ᄃᆡ의 일을 살폇더니 그ᄃᆡ가 지금은 마리산학교를 ᄯᅥ낫스니 리일은 일죽이 와셔 젼도ᄒᆞᆯ일을 의론ᄒᆞ자 ᄒᆞ엿거ᄂᆞᆯ 내가 그 잇흔날 하ᄂᆞ님ᄭᅴ 긔도ᄒᆞ고 뎌회게 가셔 시험을 통과ᄒᆞᆫ후 그잇흔날은 쥬일이라 나를 엇던곳으로 파송ᄒᆞᆯ시 뎌회즁에셔 두사ᄅᆞᆷ을 ᄒᆞᆷᄭᅴ 보내여 집집이 드러가 ᄀᆡ인젼도ᄒᆞ고 ᄯᅩᄒᆞᆫ 모힌무리의게 강도도 식혀보더니 여러위원이 다시 모혀 내일을 작뎡ᄒᆞᆯ시 ᄒᆞᆫ 쟝로가 나를 쳥ᄒᆞ야 말ᄒᆞᄃᆡ 우리가 그ᄃᆡ의게 二년월봉을 지츌ᄒᆞᆯ터이나 一년월봉은 위션 줄것이오 남어지 一년월봉은 연보즁으로 나ᄂᆞᆫ것인즉 一년후에 다 지츌ᄒᆞᆯ여니와 봉급은 미년三빅六十원식으로 뎡ᄒᆞ엿노라ᄒᆞ고 나를 젼도ᄒᆞ지아니

五

ᄒᆞᆫ 디방으로 파송ᄒᆞ니 그디명은 록가라 더회 싱각에도 이 디방은 인심과 풍속이 괴악ᄒᆞ야 전도ᄒᆞ기 어려올줄을 짐작ᄒᆞᆫ고로 나를무한 히권면ᄒᆞ며 또ᄒᆞᆫ 하ᄂᆞ님ᄭᅴ 긔도ᄒᆞᆫ후 더회즁에셔 몃사ᄅᆞᆷ을 나와 ᄒᆞᆷᄭᅴ 보내여 얼마동안 더세우기ᄭᆞ지 ᄀᆞᆺ치 일ᄒᆞ게 ᄒᆞᆯ비포러라

교회ᄉᆞ긔 (쇽)

긔이부 역슐

뎨七관 불가ᄉᆞ의론 (不可思議論)

복음이 셰상에 널니 힘ᄒᆞᆯᄉᆞ록 각죵폐단이 더욱니러나셔 언힝만 도에 어그러질ᄲᅮᆫ 아니라 그 학문ᄭᆞ지 진리를 일허ᄇᆞ리ᄂᆞ니 이즁에 그릇된것은 새로 교회에 나온사ᄅᆞᆷ들이 그저조와 지혜를 밋고 멸국의 곡학(曲學)으로써 진리에 혼잡케 ᄒᆞᆫ것이라 원리 멸국의 곡학은 망녕되히 리치와 츙도의 관계됨과 셩신과 형상의 교셥됨을 말ᄒᆞ야 교화(敎化)를 엄습ᄒᆞ니 이ᄀᆞᆺᄒᆞᆫ 것을 불가ᄉᆞ의론이라 ᄒᆞᄂᆞ니 이교를 셜시ᄒᆞᆫ쟈ㅣ 참람히 ᄌᆞ긔지혜를 의지ᄒᆞ야 세가지로 지파를 난호앗ᄂᆞᆫ디 (一)은 수리아국 불가ᄉᆞ의론이니 굴ᄋᆞᄃᆡ 처음에 ᄒᆞᆫ 큰신이 잇셔 사단을 ᄃᆡ뎍ᄒᆞ니 이 두신은 션후의 분별이 업ᄂᆞᆫ지라 모든 긔질잇ᄂᆞᆫ 물건이 다 사단의게 쇽ᄒᆞ거ᄂᆞᆯ 만물을 화육ᄒᆞᄂᆞᆫ 쥬인이 모든 별(諸星)의 신을 의지ᄒᆞ야 이긔고 그권셰를 ᄲᅢ아슨후에 텬ᄉᆞ와 모든 능력잇ᄂᆞᆫ쟈를 ᄆᆞᆫ드셧ᄉᆞ니 그 지은바가 곳 닐곱텬ᄉᆞ라 그 텬ᄉᆞ들이 이셰상을 짓고 만물을 다ᄉᆞ리ᄂᆞᆫ디 그 즁에 유대인의 하ᄂᆞ님도 게신지라 사ᄅᆞᆷ이 이닐곱텬ᄉᆞ의게 지음을 밧으매 혹은 긔질에 잡히고 혹은 신령에 잡힌고로 지혜와 어리셕은 분별이 잇ᄉᆞ니 그리스도가 강림ᄒᆞ샤 지혜 잇ᄂᆞᆫ쟈는 인도ᄒᆞ야 다시 올나가고 긔질에 잡혀 물욕에 ᄲᅡ진쟈는 감화ᄒᆞ지 못ᄒᆞᆫ다ᄒᆞ니 이것은 파ᄉᆞ국 태양(太陽)신의 누룩으로 말미암아 된말이오 (二)는 익급국의 불가ᄉᆞ의론이니 뎨一 유명ᄒᆞᆫ사ᄅᆞᆷ은 바실나이듸쓰(쥬후一百三十六년)라 이사ᄅᆞᆷ이 말ᄒᆞ되 처음에 태극(太極)의 신이 잇스니 일홈은 업고 태극이라 칭ᄒᆞᄂᆞᆫ지라 발셩ᄒᆞᄂᆞᆫ 긔틀이 태극신으로 브터 시작ᄒᆞ야 밧게나타나ᄂᆞᆫ쟈ㅣ 세가지 잇스니 셩신과 령ᄒᆞᆫ과 형용이라 이것이 태극신으로 더브러 합ᄒᆞ니 이로 말미암아 나ᄂᆞᆫ쟈가 만코 나올ᄉᆞ록 더욱 젹어져셔 뎨一 젹은쟈가 별의 하ᄂᆞ님이 되엿스니 곳 여호와시라 여호와ᄂᆞᆫ 신의게 쇽ᄒᆞᆫ 사ᄅᆞᆷ만 구원ᄒᆞ시ᄂᆞᆫ고로 유대사ᄅᆞᆷ만 ᄐᆡᆨᄒᆞ야 ᄇᆡᆨ셩을 삼고 션지를 내샤 신에 쇽ᄒᆞᆯ도를 젼ᄒᆞ니 일노말미암아 구쇽ᄒᆞᄂᆞᆫ 소망이 사ᄅᆞᆷ가온ᄃᆡ 잇셔 긔약이 니르매 셩신이 마리아의게 감동ᄒᆞ샤 구쥬를 탄싱ᄒᆞ시고 셰례를 밧을ᄯᅢ에 셩신을 밧어 구쇽ᄒᆞᄂᆞᆫ 도를 젼ᄒᆞ시며 긔픔이 ᄇᆞᆰ은쟈를 인도ᄒᆞ샤 또 광명ᄒᆞᆫᄃᆡ 드러간다ᄒᆞ고 또 명ᄉᆞ 쎌넨타인이라 ᄒᆞᄂᆞᆫ쟈ㅣ 잇스니(쥬후一百四十년) 글을 져슐ᄒᆞ야 말ᄒᆞ되 태신(太神)이 깁ᄒᆞᆫ 못(池)이 되여 음양을 포함ᄒᆞ고 그안으로 말미암아 만물이 발셩ᄒᆞᄂᆞᆫᄃᆡ 다 비필이 잇셔 그비필의 죵류가 十五가지가 잇스니 첫재ᄂᆞᆫ 도가 진리로 더브러 ᄧᅡᆨ이 되ᄂᆞᆫ것이며 둘재ᄂᆞᆫ 도와 진리의 감화ᄒᆞᆷ으로 말미암아 말이 싱긔로 더브러 잉ᄐᆡᄒᆞ야 ᄧᅡᆨ이되고 셋재ᄂᆞᆫ 싱긔가 말노더브러 사ᄅᆞᆷ과 교회를 잉ᄐᆡᄒᆞ야 ᄧᅡᆨ이 된다ᄒᆞ니 젼ᄒᆞᆷ이 멀ᄉᆞ록 그진리를 일허ᄇᆞ려셔 아모리 근본에 도라오고져ᄒᆞ나 좃차셔 도라올길이 업ᄂᆞᆫ지라 이럼으로 그른ᄃᆡ ᄲᅡ짐이 더욱 깁ᄒᆞᆫ고로 말ᄒᆞ되 별노히 ᄒᆞᆫ신이 잇셔 도라올길를 ᄀᆞᄅᆞ치니 모든 ᄧᅡᆨ이 예수를 조셩ᄒᆞ고 一만명의 수다ᄒᆞᆫ 텬ᄉᆞ로 그압헤 모혀 셤기게ᄒᆞ니 이것은 다 텬디가 잇기젼의 형편이라 하ᄂᆞᆯ에셔ᄂᆞᆫ 긔상을 일우고 ᄯᅡ에셔ᄂᆞᆫ 형상을 일우ᄂᆞᆫᄃᆡ 엇지써 형상을 일우ᄂᆞ뇨 ᄒᆞᆯ것ᄀᆞᆺᄒᆞ면 대개 신의 지은쟈가 만물을 지엇스며 또 사ᄅᆞᆷ의 범죄ᄒᆞᆷ을 인ᄒᆞ야 예수를 강싱식히매 도가 예수로 더브

러 평싱에 합ᄒᆞ엿다가 예수ᄭᅴ셔 죽은후에는 도가 예수를 다시 살게ᄒᆞ야 신묘ᄒᆞᆫ 지혜로 신에 쇽ᄒᆞᆫ 사ᄅᆞᆷ을 택ᄒᆞ야 四지百뎨를 믄드럿다ᄒᆞ고 (三)은 마시만이니 ᄒᆞᆫ쥬교의 아ᄃᆞᆯ이라 교회의 규측을 직히지 아니홈으로 그아바지가 출교ᄒᆞ엿스니 드듸여 불가ᄉᆞ 의론에 드러가 바울의 셔신을 빙쟈ᄒᆞ야 구약의 말ᄉᆞᆷᄒᆞᆫ 여호와를 론단ᄒᆞ다가 신약의 말ᄒᆞᆫ바 련부를 비반ᄒᆞ엿스니 널넛스되 하ᄂᆞᆯ아바지는 심판과 칙벌이 업고 오직 은혜와 복만줄ᄲᅮᆫ 아니라 형샹에 쇽ᄒᆞᆫ것은 다 악홈으로 근본을 삼으니 셰샹을 창조ᄒᆞ신 대쥬ᄭᅴ셔 셩신과 사ᄅᆞᆷᄉᆞ이에 거ᄒᆞ시며 하ᄂᆞ님의 아ᄃᆞᆯ이 강싱ᄒᆞ심은 참몸으로 오신것이 아니오 그림ᄌᆞ로 환형(幻形)ᄒᆞ야 참신의 참온젼ᄒᆞᆫ ᄉᆞ랑을 젼ᄒᆞ엿다ᄒᆞ니 이로좃차 의론ᄒᆞ는자ㅣ 다구약의 률법을 경히녁이고 오직 바울을 빗들어 참ᄉᆞ도를 삼고 그외는다 이단을 힘ᄒᆞᆫ쟈로 녁엿스니 이로 말ᄒᆞ미암아 보건되 불가ᄉᆞ의론은 진리로써 렬국곡학(列國曲學)과 혼잡ᄒᆞᆫ쟈ㅣ라 맛치 셩경에 닐은바 가라지를 밀가온듸 ᄲᅳ렷다홈이 곳 이것을 ᄀᆞᄅᆞ침이로다

셩경연구

●누가복음연구 (쇽)

본복음의 특ᄉᆡᆨ(特色)을 대강 의론ᄒᆞ건ᄃᆡ (一)본복음가온ᄃᆡ 죄인과 셩신이란 말ᄉᆞᆷ의 긔록된것이 다른 복음보다 월수히 더 만홈이오 (二)본복음은 구쥬ᄭᅴ셔 유대인이나 이방사ᄅᆞᆷ이나 모든인류를 다 구원ᄒᆞ시랴고 오신ᄯᅳᆺ을 특별히 ᄇᆞᆰ힌것이오 (三)본복음은 학문이 놉흔 누가의 붓으로 져슐ᄒᆞᆫ 고로 다른 복음보다 그 뎨지와 언ᄉᆞ가 월등히 나흔것이며 (四)본복음은 다른 복음에 ᄲᅡ진바 이젹과 비유를 더 긔록ᄒᆞᆫ것이니라

완

●바울의ᄉᆞ젹 (쇽)

十五、아덴에잇슴 바울이 여긔와셔는 문화와 학식의 발달됨을 리용ᄒᆞ여 유대인과 경건ᄒᆞᆫ 사ᄅᆞᆷ들과 학쟈들을 압헤셔 변론ᄒᆞ고 아레오바고에 니르러셔 공즁(公衆)을 향ᄒᆞ여 웨쳐 연셜ᄒᆞ고 ᄉᆞ도의 쳘학을 반항ᄒᆞ여 예수그리스도와 그의죽으심을 ᄀᆞᄅᆞ쳣더라

十六、고린도에셔 지냄 얼마되지아니ᄒᆞ여셔 아덴을 ᄯᅥ나 고린도로 향ᄒᆞ니 희랍디방이요 아가이아도를 다ᄉᆞ리는 로마국법관이 여긔셔 쥬지ᄒᆞ더라 고린도에셔 여러모양으로 진력ᄒᆞ여 젼도ᄒᆞ는동안에 괴롬도 밧고 긔회도 리용ᄒᆞ여 ᄌᆞ긔손으로 일ᄒᆞ여가며 쥬ᄭᅴ셔 붓드시는대로 교회를 붓드러 도아주니 이ᄯᅢ에 실나와 듸모데도 ᄂᆞ려와셔 도아주더라 (ᄉᆞ도十八○一ㅡ十)

十七、아굴나와 브리스길나가로마에셔 쫏겨남 …… 강싱후五十二년초에 클러듸어스 황뎨가 령을ᄂᆞ려 유대인을히롭게 ᄒᆞᆯ셰 로마셩에셔 유대인들을 귀양보내ᄂᆞᆫ듸 이가온듸 새로 혼인ᄒᆞᆫ 부부 브리스길나와 아굴나가 홈게 잇셧스며 고린도에 와셔 두류ᄒᆞ니 이두사ᄅᆞᆷ은 모물(毛物)일 ᄒᆞ는쟈라 공부ᄒᆞᆯ ᄯᅢ에 규측을 의지ᄒᆞ여 이런손 지조를 닉혀셔 어려운ᄯᅢ에 공급ᄒᆞ는 저료를 삼으니 바울도 이와 비등ᄒᆞᆫ 재조를 어렷슬ᄯᅢ에 공부ᄒᆞ엿더라 이ᄯᅢ에 이두사ᄅᆞᆷ이 바울을 셤겨 일ᄒᆞ엿스니 밋는 신쟈인지 다만 경건ᄒᆞᆫ 니외인지 ᄌᆞ셰치 안으나 신쟈인듯ᄒᆞ며 이 두사ᄅᆞᆷ의 회ᄀᆡᄒᆞᆫ 사연이 업스니 아마 ᄉᆞ도 초년에 젼도홈을 듯고 밋은 사ᄅᆞᆷ인듯 ᄒᆞ며 바울을 션ᄉᆡᆼ으로 알고 셤기기로ᄒᆞ엿더라 (ᄉᆞ도十八○二ㅡ五ㅡ六)

(미완)

◉가뎡과쇼ᄋᆞ

○쥬인을속이지안는ᄋᆞ히

김ᄎᆞ손이라ᄒᆞ는ᄋᆞ히가 나히 十三세에 그 가세가 대단히 빈한ᄒᆞ여 그 리웃집 긔실동산을 직혀주고 날마다 몃십젼식 버러다가 그 과거ᄒᆞᆫ 어머니를 공양ᄒᆞᆯ시 그 ᄆᆞᄋᆞᆷ이 미우 진실ᄒᆞ야 과실ᄒᆞᆫ거라도

ᄉᆞ々로히 ᄯᅡ먹는일이 업는지라 동산쥬인이 긔특히 녁여 나올때에 과실몃기를 주엇더니 가지고 나오는길에 엇던 리웃집ᄋᆞ히가 보고 불너왈 너는 과실동산에 잇스니 반ᄃᆞ시 과실을 실토록 먹을터이지 네소매속에 감춘것이 잇거던 나도 좀 주는것이 엇더ᄒᆞ뇨 ᄎᆞ손이 ᄃᆡ답왈 네가 과실을 즐기ᄂᆞ냐 동산쥬인이 내게 몃기 준것이 잇슨즉 내가 네게 줄수잇거니와 놈이 나를 밋고 동산을 맛겨직히라ᄒᆞ엿ᄂᆞᆫᄃᆡ 만일 내가 ᄒᆞᆫ기라도 ᄉᆞ々로히 취ᄒᆞ면 이는 불의요 ᄯᅩᄒᆞᆫ 도젹이니 내가 비록 빈곤(貧困)ᄒᆞᆯ지라도 엇지 도젹의일을 힝ᄒᆞ리요ᄒᆞᆫᄃᆡ 리웃집ᄋᆞ히가 크게 붓그러워 물너갓더라

세계격언

一 니부(內部)의 거즛말은 ᄌᆞ긔를 속이는것이오 외부(外部)의 거즛말은 놈을 속이는것이니라

二 뜻이 놉흔ᄃᆡ 잇는쟈는 능히 놉흔것을 더위잡을 수잇스되 싱각이 나즌ᄃᆡ 잇는쟈는 반ᄃᆞ시 나즌ᄃᆡ로 ᄯᅥ러질지니라

三 언어와 ᄉᆞ업과 친구의게 ᄃᆡᄒᆞ야 최샹(最上)되는 비결은 진실이니라

四 거즛말 ᄒᆞᄂᆞᆫ쟈는 몬져 거즛말을 진실ᄒᆞᆫ 말노 알다가 필경은 진실ᄒᆞᆫ말을 거즛말노 아ᄂᆞ니라

五 ᄋᆡ졍(愛情)은 쾌락ᄒᆞᆫ ᄉᆡᆼ활의 ᄀᆞ장큰 긔초니라

六 ᄉᆞ랑과 두려옴이 둘 다 ᄀᆞᆺ치 셜수업ᄂᆞ니라

격치문답

○소래의 청탁(淸濁)

문 소래의 청탁을 엇더케 구별ᄒᆞᆯ수잇ᄂᆞ뇨

답 무슴소리던지 자조 진동(震動)ᄒᆞᆯ수록 놉흐니 이는 청셩이오 더듸 진동ᄒᆞᆯ수록 나즈니 이는 탁셩이니라

문 청탁셩의 진동ᄒᆞᄂᆞᆫ 도수가 엇더ᄒᆞ뇨

답 ᄀᆞ장놉흔 청셩은 一초동안에 三만八쳔번을 진동ᄒᆞ고 ᄯᅩ ᄀᆞ장 나진 탁셩은 一초동안에 十六번을 진동ᄒᆞᄂᆞ니 三만八쳔번이샹을 진동ᄒᆞᄂᆞᆫ것은 소리를 일우지못ᄒᆞᄂᆞ니라

실업

●농ᄉᆞ강습요항 (쇽)

二十一 벼의비료(肥料)

특별히 긔후가 좀 한랭(寒冷)ᄒᆞᆫ 디방에셔는 ᄒᆞᆯ수잇는 대로 속히 셩슉(成熟)케ᄒᆞ기 위ᄒᆞ야 비료를 잘 쓰는것이 됴흔ᄃᆡ 대개 벼에 ᄃᆡᄒᆞ야는 구비(廏肥)와 되비(堆肥곳풀 썩은것)의 잘 썩은것을 일흔가을에던지 혹 봄에던지 갈(耕)기젼에 논에 펼지며 사ᄅᆞᆷ의 대변이나 쇼변 썩은비료도 됴흐나 이것은 보비(補肥)로 쓰는것이 합당ᄒᆞ고 비료 주는 분량으로 말ᄒᆞ면 구비와 되비는 대략 두말락가량에 三千량가량이오 인분요(人糞尿)는 一千五百량가량을 쓸지니라

담총

○ᄋᆡ졍으로 써 훈계ᄒᆞᆷ

녯날 당나라때에 진셰운이라 ᄒᆞᄂᆞᆫ사ᄅᆞᆷ은 三형뎨즁 둘재인ᄃᆡ 그형뎨의게 ᄃᆡᄒᆞ야 우ᄋᆡ(友愛)가 돈독ᄒᆞᆫ지라 그아우가 방탕ᄒᆞ여 날마다 쳥루쥬ᄉᆞ로 도라ᄃᆞᆫ니다가 밤이 깁흔후에야 드러오거ᄂᆞᆯ 그빅씨가 여러번 경계ᄒᆞ되 죵시 듯지아니ᄒᆞᄆᆡ 셰운이 그빅씨ᄭᅴ 고ᄒᆞ여왈 올흔말노 훈계ᄒᆞ여도 듯지아니ᄒᆞᄂᆞᆫ것을 늘 칙망만ᄒᆞ시면 형뎨간 ᄋᆡ졍만샹ᄒᆞ고 유익홈이 업슬것인즉 출하리 ᄋᆡ졍으로 써 훈계ᄒᆞ논이만 ᄀᆞᆺ치 못ᄒᆞ다ᄒᆞ고 셰운이 그날브터는 밤이깁흐면 대문녑헤 서셔 기ᄃᆞ리다가 그아우가 오면 친히 대문을 열고 ᄋᆡ졍이 ᄯᅮᆨ々ᄯᅥ러지는 음셩으로 칩고 더우며 비곱흐고 비부름을 무르며 근심ᄒᆞ고 싱각ᄒᆞᄂᆞᆫ 빗치 얼골에 나타나며 밤마다 이와ᄀᆞᆺ치ᄒᆞ기를 여러번ᄒᆞᄆᆡ 그아우가 ᄆᆞᄋᆞᆷ에 감동되여 크게 뉘웃치고 다시는 밤출입을 아니

七

ᄒᆞᆯ뿐아니라 그몸가짐을 미우 단속ᄒᆞ야 졍직ᄒᆞᆫ 군ᄌᆞ가 되엿더라

법령뎍요(法令摘要)

●경찰범쳐벌규측(警察犯處罰規則)
죠션총독부령뎨四十호
명치四十五년三월二十五일

뎨一됴 이아래 말ᄒᆞᆫ바 각항에 범ᄒᆞᆫ자는 구류(拘留)나 벌금에 쳐ᄒᆞᆯᄉᆞ

一 연고업시 ᄂᆞᆷ의 사는집이나 뷘집과 건죠물(建造物)과 비(船)안에 드러가숨은쟈

二 一뎡ᄒᆞᆫ 쥬소(住所)와 싱업이 업시 ᄉᆞ방으로 비회(徘徊)ᄒᆞ는자

三 밀미음(密賣淫)을 ᄒᆞ거나 그런일을 쥬션ᄒᆞ야주거나 혹 그런자를 집에 븟친쟈

四 연고업시 ᄂᆞᆷ의게 ᄃᆡᄒᆞ야 만나보기를 강쳥(强請)ᄒᆞ거나 강박ᄒᆞ는말을 ᄒᆞ거나 혹 위협(威脅)ᄒᆞ는 힝동을 ᄒᆞᆫ자

五 무슴일에 합력ᄒᆞ던지 긔부(寄附)를 ᄒᆞ던지 물픔을 사던지ᄒᆞ라고 강쳥ᄒᆞ거나 또 무슴지조를 뵈이던지 혹 일에 로력(勞力)을 쓰고 돈으로 갑하달나고 조르는쟈 (미완)

◉광 고◉

본공회에서 각종셩셔를 구비ᄒᆞ여 디방의 원근과 쳥구의 다쇼를 물론ᄒᆞ고 신속슈응ᄒᆞ는바 근일에 특별히 감가된칙도 잇고 새로 츌판된칙이 잇기로 이아래 긔록과 ᄀᆞᆺ치 광포ᄒᆞᆷ

감가된칙 (미명가록)

언문구신약 三권一질(포의)	一圓十錢
언한문신약지의	四十錢
同 (포의)	四十五錢
언한문신약지의	三十五錢
同 (포의)	四十錢

새로츌판된칙

언문관쥬신약	각종
同 마태복음	명가 一錢

京城鍾路 **美國聖書公會** 告白

◉광 고◉

미국에셔 례비당에다는종(鍾)을다수무리ᄒᆞ얏ᄉᆞ오니 륙속쳥구ᄒᆞ심을ᄇᆞ라ᄋᆞᆸ

開城北部忠橋婦人雜貨商 **鮮一商店** 告白

○광 고○

본공회에서 각종셩셔를 발힝ᄒᆞᆷ은 여러교우의 이믜아시는바어니와 셩셔젼파를 더욱확장코져ᄒᆞ야 四복음을 一젼쟈리 마가복음과ᄀᆞᆺ치 쇼본으로 츌판ᄒᆞ야 ᄆᆡ권一젼으로 ᄆᆡ하ᄒᆞ오니 젼도상 소용을 ᄯᅡ라 다쇼간 쳥구ᄒᆞ심을 바라오며 또ᄒᆞᆫ 빈한ᄒᆞᆫ 교우의지경곤난을 인ᄒᆞ야 셩셔몃죵류를 좌긔와ᄀᆞᆺ치 감가ᄒᆞ엿ᄉᆞ오니 우리일반교우는 량쵹ᄒᆞ실지어다

좌긔

四호쥬ᄌᆞ구신약젼서 젼二칙

번호		원가	변가
一○	지의	一圓二五젼	九○젼
一二	포의	一圓三五젼	一圓一○젼

四호주ᄌᆞ연환문신약젼△

一六○	지의	五○젼	四○젼
一六二	포의	六○젼	四五젼

五호주ᄌᆞ 샤동

一七○	지의	四○젼	三五젼
一七二	포의	四五젼	四○젼

경셩종로 **대영셩셔공회** 고ᄇᆡᆨ

八

◉신新간刊셔書젹籍 (광廣고告)

예수의지림		三十錢
망은셜		五錢
마태복음대지		四錢
마가복음대지		三錢
누가복음대지		四錢
요한복음대지		四錢
ᄉᆞ복음대지(합부)		十二錢
구약ᄉᆞ긔		卄五錢
명심도		七錢
일일의력		五十錢
신약셩셔면림		五十錢
강도취집		卄五錢
신쟈의경		十二錢
셩경디리		十四錢
찬숑가곡죠(포의)		九十錢
찬숑가곡죠(반피의)		一圓卄錢
쥬일학교용화첩	百枚一束	十五錢
쥬일학교용화첩	五十枚一束	十五錢
쥬일학교학도증표	每張	二錢
쥬일학교상중	每張	二錢
쥬일학교셔긔보고표	每張	二錢五厘
쥬일학교츌셕부	每張	二錢五厘
쥬일학교등부증서	每張	四錢
쥬일학교학젹부	每百枚	七十錢
쥬일학교교ᄉᆞ보고서	每百枚	六十錢
쥬일학교신입학도인도쟈샹쟝	每張	五厘
쥬일학교학싱일측하표	每張	四錢
쥬일학교신입학싱환영표	每百枚	四十錢

京城鍾路 **朝鮮耶穌教書會** 主務 班禹巨

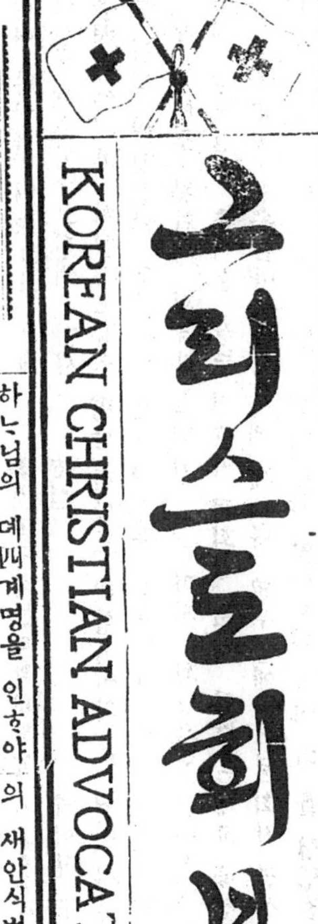

每週一回月曜日發行
大正二年六月四日印刷
大正二年六月九日發行

發行兼編輯人 開城北部山芝峴 奇義男
印刷人 京城北部樓閣洞 朴東完
印刷所 京城南部上犂洞 新文館
發行所 京城北部壯洞四十三統三戶 呂炳鉉邸

ᄃᆡ금 代金 一쟝 二젼 六ᄀᆡ월 四十젼 一ᄀᆡ년 八十젼

샤셜

●쥬일례비를 반드시 직힐것

유대인은 一쥬일(週日)니에 데七일을 더희안식일노 직혓고 그리스도인은 一쥬일니에 데一일을 우리안식일노 직히ᄂᆞ니 그리스도인이 유대인의 직히지아니ᄒᆞ던날을 거룩ᄒᆞ게 직힘이 올타ᄒᆞ겟ᄂᆞ뇨 또다시 말ᄒᆞ건ᄃᆡ 우리의 안식일은 하ᄂᆞ님의 도덕법(道德法)도 직히고 하ᄂᆞ님의 은혜도 밧ᄂᆞᆫ날이라 ᄒᆞᆯ수잇겟ᄂᆞ뇨 여긔ᄃᆡᄒᆞᆫ ᄃᆡ답은 의심업시 그럿타ᄒᆞᆯ지니 이제 그증거를 들어 말ᄒᆞ건ᄃᆡ

대개 안식일은 하ᄂᆞ님의 계명을 복죵치 아니ᄒᆞ며 또ᄒᆞᆫ 하ᄂᆞ님의 은혜를 ᄉᆡᆼ각지 아니ᄒᆞᄂᆞᆫ쟈의 쉬이며 연락(宴樂)ᄒᆞᄂᆞᆫ일을 위ᄒᆞ야 뎡ᄒᆞᆫ날이아니오 다만 그리스도인이 하ᄂᆞ님의 데四계명을 인ᄒᆞ야 그의 은혜를 ᄉᆡᆼ각ᄒᆞ고 경비ᄒᆞ며 거룩ᄒᆞ게 직히ᄂᆞᆫ날노 뎡ᄒᆞᆫ고로 안식은 곳 하ᄂᆞ님의 ᄇᆡᆨ셩이 쉬인다ᄒᆞᄂᆞᆫ뜻이며 또 안식일에 쉬이ᄂᆞᆫ것은 보통의무(義務)가 되엿ᄂᆞ니 이ᄂᆞᆫ 도덕법으로 제한홈이로다 그런즉 이날은 하ᄂᆞ님의 도덕법을 직히ᄂᆞᆫ 날이 아니뇨 바울의 말ᄉᆞᆷ에 률법은 우리를 그리스도ᄭᅴ 인도ᄒᆞᄂᆞᆫ 션ᄉᆡᆼ이라ᄒᆞ엿스니 이ᄂᆞᆫ 특별히 안식ᄒᆞᄂᆞᆫ법에 ᄃᆡᄒᆞ야 진실ᄒᆞᆫ 뜻이리 므릇 그리스도인의 안식법은 유대인의 안식법에셔 직졉(直接)으로 모본ᄒᆞᆫ바니 그리스도ᄭᅴ셔 ᄌᆞ긔를 ᄀᆞᄅᆞ쳐 안식일의 쥬인이라ᄒᆞ시고 이셰샹에 젼도ᄒᆞ시ᄂᆞᆫ동안에 유대인의 안식일을 극진히 직히시다가 이 녯안식법은 ᄌᆞ긔몸과 ᄀᆞᆺ치 십ᄌᆞ가에 못질ᄒᆞ시고 부활ᄒᆞ신날노 시작ᄒᆞ여 우리의게 은혜의 새안식법을 주셧도다 그러나 도덕법은 이로 말미암아 폐지되지 아니ᄒᆞ엿ᄂᆞ니 그럼으로 쥬ᄭᅴ셔 ᄀᆞᆯᄋᆞ샤ᄃᆡ 나ᄂᆞᆫ 률법을 멸ᄒᆞ러온것이아니라 ᄒᆞ시고 바울은 ᄀᆞᆯᄋᆞᄃᆡ 우리가 밋음을 인ᄒᆞ야 률법을 폐ᄒᆞᄂᆞᆫ것이 아니오 도로혀 률법을 굿게ᄒᆞᄂᆞ니라 ᄒᆞ엿스니 우리가 이안식을 직히ᄂᆞᆫ것이 곳 하ᄂᆞ님의 도덕법을 직힘이오 또바울이 ᄀᆞᆯᄋᆞᄃᆡ 너희 를은혜아래붓쳣다 ᄒᆞ엿스니이ᄂᆞᆫ 우리를 새안식의 은혜아래붓친것이라 대뎌 은혜ᄂᆞᆫ 률법으로 좃차오지안코 오직ᄉᆞ랑으로 좃차오ᄂᆞ니 우리의 직히ᄂᆞᆫ바 十계명은 하ᄂᆞ님ᄭᅴ ᄃᆡᄒᆞᆫ ᄉᆞ랑과 사ᄅᆞᆷ의게 ᄃᆡᄒᆞᆫ ᄉᆞ랑이라 그런즉 우리ᄂᆞᆫ 十계명즁 넷재계명으로 긔초를 삼아 특별히 일요일노 안식일을 뎡ᄒᆞ여 거룩ᄒᆞ게 직히고 하ᄂᆞ님ᄭᅴ 은혜와 복을 밧ᄂᆞᆫ것이라

그럼으로 우리가 신약의 안식일 곳쥬일을 직힘은 다만 하ᄂᆞ님의 도덕법을 복죵ᄒᆞᄂᆞᆫ 의무가 될ᄲᅮᆫ아니라 또ᄒᆞᆫ 하ᄂᆞ님의 은혜를 밧ᄂᆞᆫ 특권(特權)이라ᄒᆞ노라 (미완)

본샤특별고ᄇᆡᆨ

一、경향간 본회보를 익독ᄒᆞ시ᄂᆞᆫ 형뎨ᄌᆞᄆᆡ즁 과왕에보신회보ᄃᆡ금의 령지됴(零在條)나 혹 쟝ᄅᆡ에보실회보ᄃᆡ금의 션금(先金)을 아직 아니보내신이ᄂᆞᆫ 속々히 우편쇼위톄(郵便小爲替)로 붓쳐보내시되 혹 부득이ᄒᆞ야적은돈을 우표로 보내실경우에ᄂᆞᆫ 五리짜리나 二젼짜리로 보내여쥬시옵

二、본회보의 신구람쟈 十인을 엇어보내시ᄂᆞᆫ 이의게ᄂᆞᆫ 젼과ᄀᆞᆺ치 본보一쟝을ᄃᆡ금(無代金)으로 보내여 드리겟ᄉᆞᆸᄂᆡ다

교즁휘문

◀ᄂᆡ 보▶

●쥬의권능으로 나흠

경셩리문동즁앙례비당목ᄉᆞ리경직씨의 통신을 거ᄒᆞᆫ즉 본교회가 셜립된지 불과三四년에 하ᄂᆞ님의 은혜를 만히 밧은즁 더욱감샤ᄒᆞᆯ일은 그동안 교우즁 실진(失眞)ᄒᆞᆫ쟈五인이 다 나흠을 엇엇ᄂᆞᆫᄃᆡ 이루다 말ᄒᆞᆯ수업거니와 남부쇼동사ᄂᆞᆫ 리슌돌은 나히 지금十七세에 우연히 十五일젼브터 밋친증이 발ᄒᆞ여 남녀로쇼를 물론ᄒᆞ고 보ᄂᆞᆫ대로 욕셜을 ᄒᆞ다가도 다만 교우를 보면 깃븐빗츨ᄯᅴ고 말ᄒᆞᄂᆞᆫ지라 그부모ᄂᆞᆫ 아직 밋지아니ᄒᆞᆷ으로 굿을ᄒᆞ며 경을 닑ᄂᆞᆫ 경우에 니르럿더니 병쟈가 크게 노ᄒᆞ여 야단을 치ᄂᆞᆫ고로 본교당임원제씨가 그집에 가셔 불쳘쥬야ᄒᆞ고 합심긔도ᄒᆞᆷ으로 점점 새졍신이 도라와셔 지금은 아조 완인이 되엿다 ᄒᆞ니 하ᄂᆞ님의 특이ᄒᆞᆫ 권능을 증거ᄒᆞ고 찬숑ᄒᆞᆫ다 ᄒᆞ엿더라

●산월리교회의졈흥

강원도 회양군 북챵교회 김샹하씨의 통신을 거ᄒᆞᆫ즉 ᄒᆡ군ᄉᆞ동면 산월리교회속쟝 김익슈씨ᄂᆞᆫ 본시 멈치며 우샹을 극히 숭비ᄒᆞ다가 五六년젼에 권ᄉᆞ 현유셕씨의게 복음을듯고 즉시회ᄀᆡᄒᆞ야 우샹을 거절ᄒᆞ고 쥬야로 긔도ᄒᆞ며 열심젼도ᄒᆞ야 三四十명교우를 엇어 교회를 셜립ᄒᆞ엿ᄂᆞᆫᄃᆡ 례비당을 건츅ᄒᆞᆯ시에 남교우ᄂᆞᆫ 나무와 셕지를 운슈ᄒᆞ며 녀교우ᄂᆞᆫ 머리로 돌과 물을 이여다가 극력으로 六간회당을 졍결ᄒᆞ게 건츅ᄒᆞ고 지금은 교우六十여명이 모혀 례비ᄒᆞ며 쥬의 은혜를 찬숑ᄒᆞ고 또ᄒᆞᆫ 빈한ᄒᆞᆫ 즁에도 ᄌᆞ금과 연조에 열심ᄒᆞ니 ᄒᆡ교회ᄂᆞᆫ 쟝ᄎᆞᆺ 흥왕ᄒᆞ리라더라

●밋고구ᄒᆞᄂᆞᆫ쟈의게허락ᄒᆞ심

평남 진남포 비형식씨의 통신을 거ᄒᆞᆫ즉 ᄒᆡ구역ᄂᆡ 덕동교회가 여러가지 환난으로 인ᄒᆞ야 교회ᄂᆞᆫ 심히 연약ᄒᆞᆫ 즁에 잇ᄉᆞ나 교우즁에 진실히 밋ᄂᆞᆫ쟈 몃사ᄅᆞᆷ이 쥬ᄭᅴ 긔도ᄒᆞ기를 마지안터니 하ᄂᆞ님ᄭᅴ셔 이긔도를 드르시고 연약ᄒᆞᆫ 교우들의게 열심을 주샤 초가례비당을 팔아 와가례비당八간을 새로 건츅ᄒᆞ엿ᄂᆞᆫᄃᆡ 교우들이 몸으로 부역ᄒᆞᆫ것은 고샤ᄒᆞ고 돈으로 거둔것이 七十여원인고로 초가회당판돈과 합ᄒᆞ야 됴흔회당을 건츅ᄒᆞ엿ᄉᆞ니 쥬의은혜ᄂᆞᆫ 하량업슴을 감샤ᄒᆞᆫ다 ᄒᆞ엿더라

●최권ᄉᆞ의열셩

츙남 목쳔군 홍익션씨의 통신을 거ᄒᆞᆫ즉 본구역ᄂᆡ에 당쵸에 三四교회가 잇셔 포면으로ᄂᆞᆫ 흥왕ᄒᆞ나 ᄂᆡ용으로ᄂᆞᆫ 완젼치 못ᄒᆞ며 신도가 각기 본분을 직히지 못ᄒᆞ고 새로히 죄에빠지ᄂᆞᆫ쟈ㅣ만터니 하ᄂᆞ님ᄭᅴ셔 이디방사ᄅᆞᆷ의 령혼이 멸망에 드러감을 불샹히 녀이샤 구원ᄒᆞ시랴고 최명슈씨를 파송ᄒᆞ샤 젼도케 ᄒᆞ시매 ᄌᆞ긔의 곤난을 불고ᄒᆞ고 인내ᄒᆞ며 신쟈를 더 독실케ᄒᆞ고 불신쟈를 권면ᄒᆞ야 교회가 점점 흥왕ᄒᆞᄂᆞᆫ즁 학교를 셜립ᄒᆞᆫ후 교ᄉᆞ를 고빙ᄒᆞ야 교슈ᄒᆞᆯ시 경비의 군졸홈을 인ᄒᆞ야 빗을 져가며 학교를 유지ᄒᆞ노라고 익쓰ᄂᆞᆫ 결과로 본구역ᄂᆡ 十교회즁 새로 셜립된 교회가 七쳐라더라

●원산셩경학교의졸업식

원산항 젼도ᄉᆞ박학면씨의 통신을 거ᄒᆞᆫ즉 ᄒᆡ디 교회ᄂᆡ 셩경녀학교ᄂᆞᆫ 셜립ᄒᆞᆫ지 우금ᄉᆞ긔년에 교수실과 학ᄉᆡᆼ긔슉ᄉᆞ도 완비ᄒᆞ고 졔반규칙과 교ᄉᆞ가 완비ᄒᆞᆯᄲᅮᆫ더러 ᄒᆡ교쟝 커퍼씨의 열심모집ᄒᆞᆫ결과로 학ᄉᆡᆼ이 륙칠십명에 달ᄒᆞᆫ바 금년 오월십칠일 샹오십시에 남산동 례비당에서 뎨이회졸업식을 셩대히 거ᄒᆡᆼᄒᆞ엿ᄂᆞᆫᄃᆡ 졸업ᄉᆡᆼ은 박혜숙 김살노메 라마리아 김나오미 ᄉᆞ씨라더라

●신간소ᄀᆡ

일본인 쥭ᄂᆡ록지조(竹內錄之助)씨ᄂᆞᆫ 쥬를 독실히 밋ᄂᆞᆫ교우로 본년 二월브터 경셩에셔 신문계(新文界)라ᄂᆞᆫ 잡지를 간ᄒᆡᆼᄒᆞᄂᆞᆫᄃᆡ ᄒᆡ잡지ᄂᆞᆫ 一반 청년학ᄉᆡᆼ계에 환영을 밧ᄂᆞᆫ다더라

●북감리회디방회와년회

북감리회경셩디방회는 본월二일브터 경셩샹동교당니에셔열고 졔반ᄉ무를 쳐리ᄒ엿고 년회는 본월六일브터 졍동교당니에셔 열엇는ᄃ 감독히리스씨가 쥬쟝ᄒ더라

●경셩 죵로 대영셩공회ᄉ업

본공회에셔 작년도에 매하ᄒᆫ 셩셔의 합계가 十八万三千八百四十五권인ᄃ 이것치 젼파ᄒ기에만 一년 시무ᄒᆫ 남매셔 一百五十一인을 ᄉ용ᄒ야 그 매셔의 권수가 十四万一千四百四十五권인바 그 슈입금은六千八百五十七원八十七젼이요 비용금은 二万五千九百七十원五十五젼이며 녀매셔 三十三인을 ᄉ용ᄒ야 그 매하ᄒᆫ 권슈는 八千八百八十四권인바 그 슈입금은 四百六十九원九十一젼이요 비용금은 三千六百二十二圓九十二젼이며

북영셩셔공회에셔는 ᄉ무를 본공회에 위탁ᄒ야 금익一千원을 긔부ᄒᆫ지라 이 금약으로써 남매셔四인과 녀매셔 二인을 ᄐᆡᆨ용ᄒ야 그 매셔 합계가 五千六十九권에 니르럿스며

본공회로셔 작년에 츌판된 셩셔는 합계十三万一千二十九권이니 이는 一千九百十一년보다 二千五百二十九권이 증가됨이오 이외에 또ᄒᆫ 망인(盲人)의 닑는 셩셔를 발간ᄒ는 모든 청구를 다 슈응ᄒ엿고

이 우에 긔록ᄒᆫ거슨 다만 죠션니에셔 젼파된 셩셔어니와 작년도에 온 셰계에는 발수된거슬 혜아리건ᄃ 그 수의 만흠이 가히 사ᄅᆞᆷ을 놀나겟도다 대영셩셔공회에셔 七百三十九万四千五百二十三권이요 미국 셩셔공회에셔 三百六十九万一千二百一권이며 북영셩셔공회에셔 三百二十二万九千九百八十七권이며 기타 샤회에는 二百여만권을 발힝ᄒ야 총계 一千六百여万권이 一년니에 젼파되엿다더라

●젼목ᄉ귀국

남감리회경셩죵교례비당쥬관목ᄉ 젼다인씨는 교회에 슈유ᄒ고 거五월二十九일에 동부인ᄒ고 ᄌ긔본국(미국)을 향ᄒ여 발졍ᄒ엿더라

◀외 보▶

●어머니들의대회

일본동경은좌교회니에는 거五월二十四일 오젼十시브터 오후十二시반ᄭ지 교회즁 ᄋᆞ히어머니들의 대회를열고 모회(母會)의 효력을 증진케ᄒᆷ에 ᄃᆡᄒ야 방법이 엇더ᄒᆷ과 모회가 풍속을 교졍(矯正)ᄒᆷ에 ᄃᆡᄒ야 리익이 엇더ᄒᆷ과 ᄒᆡ마다 젼국 모회로 모힐날을 특별히 뎡ᄒ쟈는 문뎨로 토론ᄒᆫ후 당일 하오二시브터 ᄇᆡᆨ쟉대ᄋᆡ죵신 신ᄉ 안등대랑 량씨가 모회에 관ᄒᆫ 문뎨로 연셜ᄒ엿다더라

●일요학교교ᄉ강습회

일본동경북부관니 각쥬일학교교ᄉ 강습회는 거五월 十九 二十량일 하오六시브터 신면쳥년회관니에셔 열고 심리학(心理學)과 음악을 강습ᄒ엿다더라

●즁화민국긔도회 (속)

거四월二十七일에 즁화민국 각쳐교회에셔 대총통원셰긔(袁世凱)씨의 요쳥에 의지ᄒ야 민국쟝ᄅᆡ를 위ᄒ야 긔도회를 ᄀᆡᄒᆫ ᄉ실은 젼호에 게지ᄒ엿거니와 추후로 드른즉 각대도회쳐에셔 ᄀᆡ회ᄒᆫ셩황은 대략좌와 ᄀᆞᆺ더라

△북경각교회는 회당마다 젼수회원이 모혀긔도ᄒ엿고

△ᄀᆡ봉부에셔는 각쳐교우가 ᄒᆫ곳에 모혀 긔도ᄒ엿는ᄃ 당야에 민졍뎡쟝관이하 一반관리가 참셕ᄒ엿스며

△쟝사에셔는 一千四百여인이 ᄒᆫ곳에 모혀 긔도ᄒ엿고

△무챵에셔는 각교회ᄃᆡ표쟈가 션렬사에 모혀 긔도ᄒ엿는ᄃ 당야에 부총통 려원홍씨와 민졍뎡쟝관이하 一반관리가 참셕ᄒ엿고 폐회ᄒᆫ후에 려부총통이 만찬회를 열고 각교회 ᄃᆡ표쟈를 관ᄃᆡᄒ엿스며

△샹히에셔는 남녀신도 一千六百여인이 당디슌도당(殉道堂)에 모혀 긔도ᄒ엿고

△구강에셔는 四千여인이 텬막(天幕)을 치고 모혀 긔도ᄒ엿다더라

三

●교회신문의발뎐

미국미감리회긔관신문즁 늬우욕 그리스도회보와 기외 三쳐신보는 본년三월ᄭᆞ지로 신구람쟈의 모집된것이 五만명이라더라

●쟝막젼도회

미국 뉴욕쟝막젼도회는 작년 녀름에 二十만명의게 젼도ᄒᆞ엿는ᄃᆡ 금년녀름에도 데三十四회로 ᄯᅡ디에셔 쟝막회를 열고 영미국 유명ᄒᆞᆫ 박ᄉᆞ졔씨를 쳥ᄒᆞ여 여러날동안 젼도ᄒᆞᆯ 작뎡이라더라

●흑인(黑人)교도의총수

미국에셔 근일됴사ᄒᆞᆫ바를 거ᄒᆞᆫ즉 젼국너에 흑인교도즁 침례교회에만 속ᄒᆞᆫ자가 二百二十六만一千인이라더라

긔셔

●태평양젼도록 (속)

영국태요한션싱 져술

미국긔이부목ᄉᆞ 번역

내가 뎌희 집으로 ᄂᆞ려올ᄯᅢ에 나의 직임쥬ᄂᆞᆷ을 공경ᄒᆞ야 하ᄂᆞ님ᄭᅴ 감샤ᄒᆞ며 ᄯᅩ 은혜를 더ᄒᆞ샤 길을 인도ᄒᆞ시고 나의 어려운곳에 젼도ᄒᆞᆯ 일을 예비ᄒᆞ여 주시기를 긔도로 군구ᄒᆞᆫ후 싱각ᄒᆞ니 나의 가는ᄃᆡ방은 허다ᄒᆞᆫ 사ᄅᆞᆷ이 젼도ᄒᆞᆷ을 듯지안코 十년 二十년에 례빈당을 알지못ᄒᆞ며 모다 말ᄒᆞᄃᆡ 셩신이 업다ᄒᆞ고 ᄯᅩ 텬쥬교인들은 술을 먹고 힝악ᄒᆞ야 가히 권면ᄒᆞᆯ수업스며 악ᄒᆞᆫ 일이 드러나되 붓그러워ᄒᆞ지 안는지라 내가 뎌희로 더브러 규례를 뎡ᄒᆞ야 미양 四뎜죵에 공부ᄒᆞ고 ᄉᆞᄉᆞ로히 긔도ᄒᆞᆫ후 ᄀᆞᆺ치 모혀 ᄯᅩ공동 긔도ᄒᆞ고 여러가지로 뎌희를 교훈ᄒᆞ야 감화케ᄒᆞ며 안식일에 례빈ᄒᆞᆯ 쳐소는 마구우에 ᄒᆞᆫ간집이 잇스니 ᄉᆞ다리가 썩어셔 견고치 못ᄒᆞ더라 내가 여긔셔 一년을 젼도ᄒᆞ매 다만 여섯사ᄅᆞᆷ이 ᄒᆞᆼ상 례비보고 ᄯᅩ 곤궁ᄒᆞᆫ부인 ᄒᆞᆫ분이 잇셔 ᄒᆞᆫ간집을 빌님으로 거긔셔 긔도ᄒᆞ더니 이부인이 크게 어려온 ᄉᆞ졍이 잇스니 그남편이 비록건쟝ᄒᆞ나 술을 됴화ᄒᆞ야 취ᄒᆞ면 ᄒᆞᆼ샹 그부인을 ᄯᅡ리고 집안에 잇는것을 갓다 팔아셔 술갑슬 갑ᄒᆞ니 그부인은 비록 이ᄀᆞᆺᄒᆞᆫ 곤난을 당ᄒᆞᆯ지라도 ᄒᆞᆼ샹 참고 하ᄂᆞ님ᄭᅴ 긔도ᄒᆞ며 ᄯᅩᄒᆞᆫ ᄯᅡᆯ이 잇셔셩심으로 하ᄂᆞ님을 밋는지라 우리가 그집에 가셔 긔도ᄒᆞᆷ으로 셩신이 도으샤 그남편이 회개ᄒᆞ야 술을끈고 죄악에셔 ᄯᅥ나 너외가 ᄀᆞᆺ치 례비보며 뎌희열심이 졈々 더ᄒᆞ야 젼일 술친구와 ᄀᆞᆺ치 례비보는동시에 ᄯᅩᄒᆞᆫ 권면ᄒᆞ야 술을 끈케ᄒᆞ니 그부인의 사룸을 구원ᄒᆞᆫ 큰효력이 이와 ᄀᆞᆺ도다 그 남편이 ᄌᆞ긔집을 례비당으로 허락ᄒᆞᆷ으로 이곳에 큰 소망이 잇더라 내가 긔황회를 맛흔후로 一년이 되도록 특별ᄒᆞᆫ 효험은 업스나 오직 이곳의 허다ᄒᆞᆫ 곤궁ᄒᆞᆫ 사ᄅᆞᆷ들을 밋게ᄒᆞ여 죵ᄌᆞ를 섁리고 ᄯᅩ 반년을 더 류ᄒᆞ야 엇더케 되는 결과를 보고져ᄒᆞ엿스니 이ᄀᆞᆺ치 구ᄒᆞᆷ을 뎌희가 허락ᄒᆞ는지라 (미완)

교회ᄉᆞ긔 (속)

긔이부 역술

데八관 만티너쓰의지파됨

그ᄯᅢ에 신도들의 힘ᄒᆞᆫ바가 만히 진리를 거역ᄒᆞᆷ으로 흑울ᄒᆞᆫ사ᄅᆞᆷ들이 니러나 문허진 풍화를 바로잡으니 교회가 셩신의 은샤를 밧어 비록 녜와 ᄀᆞᆺ치 왕셩ᄒᆞ지는 못ᄒᆞ나 오히려 당시형편을 분ᄒᆞ게 녀이고 녯날규례를 ᄉᆞ모ᄒᆞ야 교회직분 맛흔쟈들이 그직분을 다ᄒᆞ지못ᄒᆞᆷ을 근심ᄒᆞ며 ᄯᅩ 불가ᄉᆞ의론이 사ᄅᆞᆷ을 미혹ᄒᆞ야 셩경의 실디를 ᄯᅥ나고 곡학의 헛것을 연구ᄒᆞᆯ가 두려워ᄒᆞ니 이것은 만티너쓰의 후로 말미암아 온것이라 쥬후 一百五十년에 쇼아셰아사ᄅᆞᆷ 만티너쓰가 본리 열심과 놉흔 의긔가 잇더니 처음으로 교회에 드러오매 셩신의 능력이 크게 나타나니 흑은 그리스도가 보내신 보혜ᄉᆞ가 교회를 셕긋ᄒᆞ게 ᄒᆞ는줄노 알더라 만티너쓰가 쳐녀 두사ᄅᆞᆷ과 ᄀᆞᆺ치 왓스니 ᄒᆞ나는 부리시길나오 ᄯᅩᄒᆞ나는 믹셔밀나라 이상ᄒᆞᆫ 형상을 보고 예언을 ᄒᆞ며 엄히 셰속을 피ᄒᆞ고 담대히 쥬의 일ᄒᆞᆷ을 젼ᄒᆞ니 츙ᄆᆞᄋᆞᆷ으로 그교에 드러가는쟈ㅣ 만터라 교즁

에 쳘학ᄉᆞ가 잇셔 닐ᄋᆞᄃᆡ 하ᄂᆞ님ᄭᅴ셔 이사ᄅᆞᆷ을 보내여 교회를 셰굿게 ᄒᆞ엿다ᄒᆞ고 카테지셩에 잇ᄂᆞᆫ 명ᄉᆞ터털ᄂᆡ안은 학식이 만흔사ᄅᆞᆷ인ᄃᆡ 일즉이 말ᄒᆞᄃᆡ 만ᄃᆡ너쓰ᄂᆞᆫ 구약모든 션지의 허락만 응ᄒᆞᆯᄲᅮᆫ아니라 능히 신약션지의 예언도 응ᄒᆞ엿다ᄒᆞ더라 쇼아셰아쥬교가 ᄇᆡ쳑ᄒᆞ여 말ᄒᆞ기를 셩신의 감화홈이 아니오 마귀의 미혹ᄒᆞᆫ쟈라ᄒᆞ야 세사룩과 밋 슈죵ᄒᆞᄂᆞᆫ쟈를 교외에 내여쫏고 로마쥬교가 또ᄒᆞᆫ ᄇᆡ쳑ᄒᆞ야 교회록에 붓치지 못ᄒᆞ게 엄금ᄒᆞ엿더라 만ᄃᆡ너쓰의 교ᄂᆞᆫ 좌와ᄀᆞᆺ흐니 말ᄒᆞ엿스ᄃᆡ 하ᄂᆞᆯ우헤 새 예루살넴이 쇼아셰아로 미구에 강림ᄒᆞᆯ것이오 하ᄂᆞ님이 그나라를 초례로 일울것이니 네가지 등급이 잇고 사ᄅᆞᆷ이 슝봉ᄒᆞ기도 ᄒᆞ고 깁흔 등급이 잇스니 (一)은 본셩을 회복홈이오 (二)ᄂᆞᆫ 률법과 션지를 의지홈이오 (三)은 그리스도와 션지를 힘닙ᄂᆞᆫ것이오 (四)ᄂᆞᆫ 보혜ᄉᆞ를 의지ᄒᆞ야 만ᄃᆡ너쓰의 몸에 나타나ᄂᆞᆫ것이라

이교를 좃ᄂᆞᆫ 사ᄅᆞᆷ들이 말ᄒᆞ기를 렬국학문은 다 마귀의게로 좃차나왓다ᄒᆞ야 그글과 경뎐(經典)을 조곰도 보지안코 또 ᄒᆞᄂᆞᆫ말이 만일 완젼홈을 일우고져ᄒᆞᆯ진ᄃᆡ 금식ᄒᆞ고 셰쇽을 피ᄒᆞ며 싀집가고 장가들지 안ᄂᆞᆫ것이 아ᄅᆞᆷ답고 만일 두번싀집가고 쟝가들면 음ᄒᆞᆫ것과 ᄀᆞᆺ치 녁이고 혹 교즁에셔 잔음을 ᄒᆞ던지 샤신을 경비ᄒᆞ면 죽을죄로 알아 가히 샤유치못ᄒᆞᆫ다ᄒᆞ니 그교의 규모가 이러케 엄슉홈으로 좃ᄂᆞᆫ무리즁에 경건(敬虔)ᄒᆞᆫ 사ᄅᆞᆷ이 만하 힘써 처음 교의 셰굿ᄒᆞᆫ것을 회복ᄒᆞ고져 ᄒᆞᄂᆞᆫ고로 각쳐사ᄅᆞᆷ들이 다 감화ᄒᆞ야 잘 직히나 그러나 이교회에셔 어그러진일을 ᄒᆞᄂᆞᆫ것과 또 교인들이 위험ᄒᆞᆫᄃᆡ ᄲᅡ지게 ᄒᆞᄂᆞᆫ것을붉히 슬펴보니 그즁에 또ᄒᆞᆫ 렬국의 누록이 잇ᄂᆞᆫ지라 이럼으로 그교안에 션지쟈ㅣ라 닐ᄏᆞᆺᄂᆞᆫ쟈가 홀연히 밋친것ᄀᆞᆺ치ᄒᆞ야 말ᄒᆞᄂᆞᆫ것이 괴이(怪異)ᄒᆞ니 이것은 ᄉᆞ욕을 이긔고 셰샹을 경히녁임이 너머 심홈으로 승도(僧徒)를 일우ᄂᆞᆫ것이니 죡히 말ᄒᆞᆯ것이 업고 가히 취ᄒᆞᆯ것은 열심으로 구쥬ᄭᅴ셔 다시 림ᄒᆞ심을 기ᄃᆞ리며 셩경의 허락ᄒᆞ신바가 다 실디로 응ᄒᆞ며 교회ᄂᆞᆫ 우에 거ᄒᆞᄂᆞᆫ쟈와 아리거ᄒᆞᄂᆞᆫ쟈가 다 一톄가되며 귀ᄒᆞ고 쳔ᄒᆞ며 ᄉᆞ랑ᄒᆞ고 뮈워ᄒᆞᄂᆞᆫ 분별이 업고 또 셩신의 모든 은샤가 그 ᄉᆞ이에 잇ᄂᆞᆫ줄노 밋엇스니 이것이 죡히 교즁에 빗치될만 ᄒᆞ더라

셩경공부의지침(指針)

이글이 비록 간단ᄒᆞ나 셩경공부ᄒᆞᄂᆞᆫ쟈의 지침이될만ᄒᆞ기로 이에 초례로 긔록ᄒᆞ야여러형뎨ᄌᆞ미의일람(一覽)에공ᄒᆞ노라

뎨一쟝 총론

셩경은 하ᄂᆞ님의 말솜을 긔록ᄒᆞᆫ 칙인고로 이세샹모든 칙즁에 뎨一위를 뎜령ᄒᆞ엿ᄂᆞᆫᄃᆡ 이칙을 구약과 신약의 두부분으로 논ᄒᆞ왓스니「약」이란ᄯᅳᆺ은 곳「약됴」란말솜이니 하ᄂᆞ님ᄭᅴ셔 이세샹인류의게 은혜주심을 약됴ᄒᆞ셧다홈이니라

므롯셩경은 샹하(上下)五千년동안에 각디방각쳐인이 져슐ᄒᆞ엿ᄂᆞ니 구약엇던칙은 이세샹에 ᄀᆞ장오린 글이니라

구약

구약즁 처음 다섯칙은 오경(五經)이라 칭ᄒᆞᄂᆞ니 이세샹의 창조된것과 사ᄅᆞᆷ이 처음으로 죄에 ᄲᅡ진것과 홍슈젼 인류의 싱활과 홍슈후 유대인의 ᄉᆞ젹과 하ᄂᆞ님ᄭᅴ셔 주신 률법을 긔록ᄒᆞᆫ 칙인ᄃᆡ 신명긔 ᄆᆞᆺ쟝곳三十四쟝을 졔ᄒᆞᆫ외에ᄂᆞᆫ 다 모세의 져슐ᄒᆞᆫ것이니라

(미완)

●바울의ᄉᆞ젹 (쇽)

아굴나와 브리스길나 두사ᄅᆞᆷ은 션ᄀᆞᆨ쟈로 로마셩에 복음이 두달ᄒᆞ기 젼에 임의 안듯ᄒᆞ니 싱각건ᄃᆡ 예수그리스도의 ᄉᆞ젹이 오순졀 후에(ᄉᆞ도二〇十) 즉시 로마에도 소식은 밋쳣슬것이나 로마셩으로 말ᄒᆞ면 번창ᄒᆞᆫ곳인고로 다신교가 유힝ᄒᆞ여 유대교도잇셧

고 사신교도 잇셧스며 셤지의 예언도 짐쟉ᄒᆞ여 허탄ᄒᆞᆫ 소망도 가졋겟고 새로 드러와셔 각죵 도리를 말ᄒᆞᄂᆞᆫ자도 잇셧겟스나 무슴 종교던지 셩립되여 일운거슨 아직업셧스며 바울이 빌닙보에 오기젼에ᄂᆞᆫ 그리스도교가 아ᄶᅵ아바다 뎌편에ᄂᆞᆫ 완젼히 셩립되지 못ᄒᆞ엿스리로다

十八、고린도에잇셔々 일ᄒᆞᆫ교셔신을긔록ᄒᆞᆷ 바울이 고린도에ᄂᆞᆫ 십팔삭동안을 잇셔々 일ᄒᆞ고 지내엿ᄂᆞᆫᄃᆡ 특별ᄒᆞᆫ것슨 셔신을 긔록ᄒᆞ여 각교회로 보낸일이니 처음으로 뎨살노니가젼후셔를 긔록ᄒᆞ엿스니 강싱후五十三년이나 그후인듯ᄒᆞ고 五十三년젼은 아니니라

크게반ᄃᆡᄒᆞᆷ과 셩공ᄒᆞᆷ이 고린도교회를 세우ᄂᆞᆫᄃᆡ 표쥰이되엿스니 고린도근방에 허다ᄒᆞᆫ 무리가 니러나 밋음으로 교회가 흥왕ᄒᆞ엿고 의심컨ᄃᆡ 바울을 도아셔 일ᄒᆞᄂᆞᆫ 여러사람이 ᄒᆞᆷᄭᅴ단니며 아가이아온디방에 도를젼ᄒᆞᆫ듯ᄒᆞ며 이때에뇌로가 클니ᄃᆡ어쓰황뎨를 니어 등극ᄒᆞ니 강싱후五十四년十월이라(고린도후一〇二)

(미완)

◎가뎡과쇼ᄋᆞ

●어려셔총혜ᄒᆞᆷ

三국시ᄃᆡ에 조츙(曹沖)이 어려셔브터 총혜(聰慧)ᄒᆞᆷ이 사ᄅᆞᆷ에 지내더니 하로ᄂᆞᆫ 그조부 조죠(曹操)가 큰 코키리(象) ᄒᆞᆫ쳑을 사왓ᄂᆞᆫᄃᆡ 그즁량을 알고져ᄒᆞ나 계칙이 나지아니ᄒᆞ여 여러문무빅관ᄃᆞ려 무르되 감히 ᄃᆡ답ᄒᆞᄂᆞᆫ쟈ㅣ업ᄂᆞᆫ지라 이때에 조츙의 나히 六셰인ᄃᆡ 그조부ᄭᅴ 고ᄒᆞ여왈 이 코키리를 비에 실어보아셔 비에 물올나온 한뎡을 먹으로 표ᄒᆞᆫ후 코키리ᄂᆞᆫ ᄂᆞ려노코 다른물건을 실어셔 물이 다시 표ᄒᆞᆫ 한뎡ᄭᆞ지 올나오거던 실엇던 물건을 져울노 다러보면 그즁량이 곳 코키리 즁량이로소이다ᄒᆞ매 조죠가 크게 깃버ᄒᆞ야 그대로 힝ᄒᆞ엿더라

세계격언

一 ᄉᆞ랑ᄒᆞ던사ᄅᆞᆷ을 일허ᄇᆞ린것이 뮈워ᄒᆞᄂᆞᆫ 사ᄅᆞᆷ과 ᄀᆞᆺ치 사ᄂᆞᆫ것보다 다힝ᄒᆞ니라

二 명예를 ᄉᆞ랑ᄒᆞᄂᆞᆫᄆᆞᄋᆞᆷ은 얼마콤 악힝을 억졔ᄒᆞᄂᆞ니라

三 아쳠ᄒᆞᄂᆞᆫ쟈ᄂᆞᆫ 악ᄒᆞᆫ일에 친구가되고 션ᄒᆞᆫ일에 슈뎍(讐敵)이 되ᄂᆞ니라

四 교만이 션봉으로 나아가면 빈궁(貧窮)은 후단으로 ᄯᆞ라가ᄂᆞ니라

五 겸손은 죵교의 뎨一아ᄅᆞᆷ다온결과니라

격치문답

●셩음의 반샤(反射)

문 좌우에 놉흔 셕벽(石壁)이 잇ᄂᆞᆫ곳에셔 소리를 질으면 마즌편 셕벽이 ᄀᆞᆺ치 향응(響應)ᄒᆞᆷ은 무슴리치뇨

답 셩음이 一초동안에 一千二百쳑식가ᄂᆞᆫ 속도로 힝ᄒᆞ야 마즌편 셕벽에 ᄇᆞ드치고ᄂᆞᆫ 압히 막혀셔 더 가지못ᄒᆞ고 반샤ᄒᆞ야 우리귀에 도라오ᄂᆞᆫ 리치니라 六

문 뷘집이나 뷘독속에셔 소래를 질으면 그소ᄅᆡ가 더 웅쟝ᄒᆞ게 들님은 무슴리치뇨

답 소ᄅᆡ가 방의 四벽(壁)이나 독의 측면(側面)에 져촉(抵觸)ᄒᆞᆫ후 ᄒᆞᆫ가온ᄃᆡ로 모혀 원셩(原聲)을 돕ᄂᆞᆫ 리치니 그럼으로 큰례비당의 젼도단은 헤버러지게 아니ᄒᆞ고 흔히 옴쑥 드러가셔 좌우와 뒤에 벽이 잇게ᄒᆞᄂᆞᆫ것은 젼도ᄒᆞᄂᆞᆫ 셩음이 이우희 말ᄒᆞᆫ 리치에 의지ᄒᆞ야 웅쟝케ᄒᆞ고져 ᄒᆞᆷ이니라

실업

●농ᄉᆞ강습요항

二十二 논에 졔초(除草)ᄒᆞ고 물ᄃᆡ이ᄂᆞᆫ것

졔초라ᄒᆞᆷ은 잡풀을 뽑고 흙을 긁어 올녀 새ᄲᅮ리를 발싱케ᄒᆞ며 싹을 비양ᄒᆞᆷ이니 대개 발슈(發穗)ᄒᆞ기젼에 세번을 졔초ᄒᆞᄂᆞᆫ것이 뎍당ᄒᆞ며 그러

나 북도와 갓치 긔후가 한랭(寒冷)ᄒᆞᆫ디방에셔는 제초를 자조ᄒᆞ면 줄기와 닙사귀만 무셩ᄒᆞ고 셩슉(成熟)이 더듸될념려가잇슴으로 두번만 제초ᄒᆞ는것이 됴흐니라

제초는 반ᄃᆞ시 일긔가 됴흔 ᄯᅢ를 ᄐᆡ셔ᄒᆞ되 물을 ᄲᆞᆸ아 벼ᄲᅮ리가 드러나셔 대양빗출 밧도록 ᄒᆞᆫ후에 제초ᄒᆞ고 다시 물을 듸여줄것이며 벼가 이삭을 비ᄐᆡᄒᆞᆯ 림시에는 아모됴록 물을 깁히 듸여주고 이삭이 나온후브터는 물을 ᄎᆞᄎᆞ감ᄒᆞ야 엿게ᄒᆞ다가 이삭이 고ᄀᆡ를 숙인후브터는 물을 아조 ᄲᆞᆸ아셔 논바닥이 마ᄅᆞ게ᄒᆞᆯ지니라

담총

●빙쥬(氷洲)ᄇᆡᆨ셩의 사는형편

빙쥬는 북빙양(北氷洋)갓가히 잇는 셤인ᄃᆡ 뎡말국의 령토(領土)라 륙디의 면젹은 죠션과 비등ᄒᆞ고 인구는 七만명가량이며 긔후는 녀름에도 치운고로 농ᄉᆞ를 지을수업고 다만 五六七월간에는 산에 프르스름ᄒᆞᆫ 풀이 돗아나오는고로 사는 ᄇᆡᆨ셩들은 양치기를 힘스고 또ᄒᆞᆫ 고릐와 다른 물고기잡는것으로 ᄉᆡᆼ업을 삼ᄂᆞ니 녀름이면 양의 털과 고릐기름등속을 밧고기 위ᄒᆞ야 구라파대륙으로 좃차 쟝ᄉᆞ의 ᄇᆡ가 곡식과 포ᄇᆡᆨ(布帛)을 싯고 드러오면 뎌희 가진물건으로 의식의 원료(原料)를 밧고며 불ᄯᆡᆯ나무는 열ᄃᆡ(熱帶)밋 바다으로 좃차오는 란죠(暖潮)가 구미(歐美)각국 ᄒᆡ안(海岸)에셔 ᄯᅥᄂᆞ려오는 나무토막과 나무가지를 모라다가 이 셤에 싸하노은것을 주어다 ᄯᅦ고 이셤즁에는 녀름 二三삭동안은 ᄒᆞᆼ샹 낫이오 겨울 二三삭동안은 ᄒᆞᆼ샹밤인고로 겨울이 되면 남녀로쇼가 고릐기름으로 불을켜노코 각각 공부를 ᄒᆞ던지 일을ᄒᆞ다가 잠이오면 자리만콤 자고 나셔 또 불을 붉키고 각기 업무(業務)에 죵ᄉᆞᄒᆞ며 쥬일을 당ᄒᆞ면 곳곳이 례ᄇᆡ당 종소릐도 들니며 남녀 학도가 ᄎᆡᆨ을 ᄭᅵ고 학교로 가는모양도 보겟더라

법령뎍요(法令摘要)

●경찰범쳐벌규측(警察犯處罰規則) (쇽)

六 리익을 거둘목뎍으로 물픔이나 입장권(入場券)등을 억지로 맛기는쟈

七 구걸을 ᄒᆞ거나 또 구걸ᄒᆞ라고 식힌쟈

八 무ᄉᆞᆷ회나 회샤에 들나고 강쳥ᄒᆞᄂᆞᆫ쟈

九 람(濫)히 시쟝이나 시쟝과비스름ᄒᆞᆫ곳에 영업쟈로 물픔을 갓다 진렬ᄒᆞ거나 혹입쟝ᄒᆞ라고 강쳥ᄒᆞ거나 또ᄂᆞᆫ물픔ᄆᆡ매 ᄒᆞᄂᆞᆫ위탁(委託)을 강쳥ᄒᆞᆫ쟈

十 입(찰入札)을 방해ᄒᆞ고 공동입찰을 강쳥ᄒᆞ며 락찰(落札)ᄒᆞᆫ쟈의게 ᄃᆡᄒᆞ야 그ᄉᆞ업이나 리익의 분ᄇᆡ와 혹금픔(金品)을강쳥ᄒᆞ고 또ᄂᆞᆫ락찰인의게 무고히 이것을 밧은쟈

十一 입찰쟈가 통모(通謀)ᄒᆞ야 경정입찰의 취지에 위반(違反)되ᄂᆞᆫ 힝위를ᄒᆞᆫ쟈

十二 지물을 ᄆᆡ매ᄒᆞ거나 로력(勞力)을 공급홈에 당ᄒᆞ야 샹당치못ᄒᆞᆫ 갑슬 쳥구ᄒᆞ거나 혹샹당ᄒᆞᆫ 갑슬 치루지안코 부당ᄒᆞᆫ 리익을 도모ᄒᆞᆫ쟈

十三 다른사ᄅᆞᆷ의 ᄉᆞ업이나 ᄉᆞᄉᆞ일에 관ᄒᆞ야 신문이나 잡지나 기타 츌판물(出版物)에 게ᄌᆡ치 아니ᄒᆞ기로 약됴ᄒᆞ고 또ᄂᆞᆫ 신문이나 잡지나 기타 츌판물에 허위(虛僞)ᄒᆞᆫ 일을 긔ᄌᆡᄒᆞ고 혹 긔ᄌᆡᄒᆞ기로 약됴ᄒᆞ고 금픔을밧거나 기외에 무ᄉᆞᆷ부졍ᄒᆞᆫ 리익을 도모ᄒᆞᆫ쟈

(미완)

회보ᄃᆡ금령슈

楊州	李雲謙	四十錢
	金漢翼	四十錢
積城	鄭聖三	四十錢
	康元順	四十錢
楊州	趙昌植	八十錢
	宋永善	四十錢
積城	宋學瑞	四十錢
楊州	黃永洙	二圓
	金顯聲	一圓
江西	朴尙鉉	六圓
順川	李能道	三十錢

地名	姓名	金額
順川	李愛敬	三十錢
	張信德	三十錢
	朱宗華	三十錢
	洪性疇	三十錢
	安順道	三十錢
	朴昌彬	三十錢
	朴璐淳	三十錢
	李秀弘	三十錢
	金永芝	三十錢
	韓致新	三十錢
	咸一文	三十錢
	楊炳龍	三十錢
東大門	이듸신부인	六十錢
	玄떼시	四十錢
仝	교회事務室	四十錢
仝	吳基善	六十錢
上仝教會坪		一圓三十錢
金城	金瀅喆	八十錢
平壤	高京呂	四十錢
	李夏榮	四十錢
	李龍淵	八十錢
	張錫玗	八十錢
	楊俊熙	四十錢
	吳志善	四十錢
	崔冕浩	八十錢
鎭南浦	金泰根	八十錢
洪州	李氣浩	四十錢
公州	金士賢	五圓六十錢
東大門外	崔伯淳	四十錢
三陟	金泰潤	四十錢
開城	金基兌	八十錢
	朴昌龍	八十錢
	金光錫	四十錢
	金東植	四十錢
	張永善	四十錢
	韓斗敎	四十錢
	鄭春洙	四十錢
	셜牧師	一圓二十錢
仁川	盧泰仁	二圓半錢
	듸목ᄉᆞ	一圓半錢
公州	듸목ᄉᆞ	一圓
江陵	金聖道	四十錢
	張炳珣	四十錢
	陸基華	四十錢

그리스도회보

KOREAN CHRISTIAN ADVOCATE

每週一回月曜日發行
大正二年六月十一日印刷
大正二年六月十六日發行

發行兼編輯人 開城北部山芝峴 奇義男
印刷人 京城北部樓閣洞 朴東完
印刷所 京城南部上犂洞 新文館
發行所 京城北部壯洞四十三統三戶 呂炳鉉邸

디금(代金) 一장 二젼 六ᄀᆡ월 四十젼 一ᄀᆡ년 八十젼

샤셜

●쥬일례비를 반드시 직힐것 (쇽)

우리가 이 의무를 힝ᄒᆞ고 이득권을 누리고져ᄒᆞ면 불가불 쥬일을 거룩ᄒᆞ게 직혀야 될것은 임의 다 알엇거니와 대개 쥬일을 직히는 됴건으로 말ᄒᆞ면 또ᄒᆞᆫ 여러가지가 잇ᄂᆞᆫ디 이는 밋ᄂᆞᆫ자마다 다 알고 다 직히노라 ᄒᆞ겟지마는 교회에 직임잇ᄂᆞᆫ 형뎨즁에도 조곰만 주의치 못ᄒᆞ면 미양 범ᄒᆞᄂᆞᆫ 일이 잇거던 ᄒᆞ믈며 보통교인이리요 심히 두렵고 또ᄒᆞᆫ ᄋᆡ답도다 그럼으로 언ᄉᆞ의 번거홈을 피치 안코 이에 몃가지 됴건을 말ᄒᆞ고져 ᄒᆞ노니 (一)쥬일에는 무숨물픔을 사거나 팔지말것이니 그런즉 모든 식료픔(食料品)이나 무숨 다른 필요픔을 그젼날에 다 예비ᄒᆞᄂᆞᆫ것이 됴ᄒᆞ며 (二)쥬일에는 가무(家務)와 업무에 디ᄒᆞ야 무숨일이던지 ᄒᆞ지도 말고 식히지도 말것인디 혹 엇던 밋음이 박약ᄒᆞ고 라타ᄒᆞᆫ자는 쥬일에 일 아니ᄒᆞᆫ다 핑계ᄒᆞ고 이셰샹의 쾌락을 좃차 방탕ᄒᆞᆫ 싸에 ᄲᅡ져 도로혀 죄짓ᄂᆞᆫ 일을 힝ᄒᆞ니 이러ᄒᆞᆫ자는 말ᄒᆞᆯ것업거니와 진졍ᄒᆞᆫ 그리스도인은 쥬일을 됴흔 긔회로 삼아 셰샹일은 아니ᄒᆞᆯ지라도 하ᄂᆞ님의 일은 더 만히 ᄒᆞ여야 될것이며 (三)쥬일에는 쥬의 말숨을 젼ᄒᆞ던지 혹 하ᄂᆞ님ᄭᅴ셔 허락ᄒᆞ실만ᄒᆞᆫ 무숨의무을 ᄡᆞᆲ아 힝ᄒᆞ기외에는 ᄉᆞᄉᆞ일노 친구를 심방ᄒᆞᄂᆞᆫ것이 불가홈은 이것도 또ᄒᆞᆫ 셰샹일을 ᄒᆞᄂᆞᆫ것에 지내지 아니홈으로 셔양셔는 일요일 심방은 풍속이 아름답게녁이지 아니ᄒᆞᄂᆞᆫ것이며 (四)쥬일에는 부득이ᄒᆞᆫ 경우를 졔ᄒᆞᆫ외에는 비나 거ᄆᆞ를 ᄐᆞ던지 도보를 ᄒᆞ던지 먼길에 려힝(旅行)을 피ᄒᆞᄂᆞᆫ것은 이것도 내가 몸으로 로동ᄒᆞ며 또ᄒᆞᆫ 놈으로 ᄒᆞ여곰 로동케 ᄒᆞᄂᆞᆫ일인연고며 (五)쥬일에는 신문이나 잡지나 편지를 밧아보지도 말며 놈의게 보내지도 아니ᄒᆞᆯ것은 이것도 셰샹일에 주의홈인연고라 그럼으로 근일 미국서는 일요일에 우편물을 비달치 못ᄒᆞ게ᄒᆞ자는 의론이 유력(有力)ᄒᆞ야 그대로 실시ᄒᆞᄂᆞᆫ 도시(都市)가 만ᄒᆞ며 (六)쥬일에는 무숨연락(宴樂)이나 유희(遊戲)를 ᄒᆞ던지 혹 쇼셜ᄀᆞᆺ흔 칙을 보ᄂᆞᆫ것도 불가홈은 이날은 우리의 안식인고로 슌一ᄒᆞᆫ ᄆᆞ옴과 졍결ᄒᆞᆫ 몸으로 하ᄂᆞ님의 진리를 연구ᄒᆞ여 쥬의ᄉᆞ랑을 감샤히 싱각ᄒᆞ면서 이안식을 거룩히 보내고져홈이니 이 몃가지는 다 하ᄂᆞ님의 뎨四계명에 의지ᄒᆞ야 직히ᄂᆞᆫ 의무여니와 十계명즁 하ᄂᆞ님ᄭᅴ 디ᄒᆞᆫ 네가지 계명을 다 포함ᄒᆞᆫ바 ᄀᆞ장 즁대ᄒᆞ고 요긴ᄒᆞᆫ 一종의무가 잇셔셔 그리스도인 된쟈 가히 직히지 아니치 못ᄒᆞᆯ지니 이는 곳 쥬일례비에 참예ᄒᆞᄂᆞᆫ것이라 (미완)

본샤특별고빅

一、경향간 본회보를 익독ᄒᆞ시ᄂᆞᆫ 형뎨ᄌᆞᄆᆡ즁 긔왕에 보신회보디금의 령지됴(零在條)나 혹 쟝리에보실회보디금의 션금(先金)을 아직 아니 보내신이는 속々히 우편쇼위톄(郵便小爲替)로 붓쳐보내시되 혹 부득이ᄒᆞ야적은돈을 우표로 보내실경우에는 五리ᄶᆞ리나 二젼ᄶᆞ리로 보내여쥬시옵

二、본회보의 신구람쟈 十인을 엇어보내시ᄂᆞᆫ 이의게는 젼과ᄀᆞᆺ치 본보一쟝을무디금(無代金)으로 보내여 드리겟ᄉᆞᆸ내다

교중휘문

◀너 보▶

●북감리교회년회순서

본월六일에 북감리교회 뎨六회년회를 경셩 졍동교당에셔 ᄀᆡ회ᄒᆞᆷ은 젼호에 임의 게재ᄒᆞ엿거니와 그순셔를 대강말ᄒᆞ자면 좌와ᄀᆞᆺ더라

一、본월四일 샹오九시에 션교회를 ᄀᆡᄒᆞᆷ(문뎨는 션교졍칙과교육) 동하오二시에졸업못ᄒᆞᆫ학ᄉᆡᆼ을시험ᄒᆞᆷ

二、동五일 샹오九시에 (一)션교ᄉᆞ와 죠션인이 련합ᄀᆡ회ᄒᆞᆷ(二)지졍에관ᄒᆞᆫ건(三)노불씨의 츙의회 보고ᄒᆞᆷ 동하오二시에 졸업못ᄒᆞᆫ학ᄉᆡᆼ을시험ᄒᆞᆷ

三、동六일 샹오九시에 셩만찬례를 ᄒᆡᆼᄒᆞᆫ후 협의회를 조직ᄒᆞᆷ

동하오二시三十분에 닐늬안 해리쓰긔념 병원봉헌식을 거ᄒᆡᆼᄒᆞ고

동八시에 회쟝반의ᄉᆞ가 금회쥬를 ᄀᆡᄒᆞ엿고

四、동七일 샹오八시三十분에ᄀᆡ회ᄒᆞ고 ᄉᆞ두쳐리ᄒᆞᆫ후 잠시 쉬엇다가 동十시三十분에 감독ᄲᅦ쉬포드씨가 강도ᄒᆞ고 다시 ᄉᆞ무쳐리를 시작ᄒᆞ야 十二시에 폐회ᄒᆞ엿스며

五、동八일은 쥬일인ᄃᆡ 별항과ᄀᆞᆺ치 남북감리교우가 ᄇᆡ지학당련막에셔 련합례ᄇᆡᄒᆞ엿스며

六、九일 샹오九시에 ᄀᆡ회ᄒᆞ고 ᄉᆞ무쳐리ᄒᆞᆫ후 잠시 쉬엇다가 동十시三十분에 감독ᄲᅦ쉬포드씨가 강도ᄒᆞᆫ후 형뎨샹견례를 ᄒᆡᆼᄒᆞ고

동하오二시반에 부인협의회를 ᄀᆡᄒᆞ엿스며

동八시에 회쟝ᄲᅦᆨ거씨가 교육회를 ᄀᆡᄒᆞ엿고

七、十일샹오八시三十분에ᄀᆡ회ᄒᆞ고 ᄉᆞ무쳐리ᄒᆞᆫ후 잠시 쉬엇다가 동十시三十분에 ᄲᅦ쉬포드씨가 강도ᄒᆞ고 十一시十五분에 안슈례를 ᄒᆡᆼᄒᆞ며

동八시에 회쟝셔원보씨가 션교회를 ᄀᆡᄒᆞ엿고

八、동十一일 샹오八시三十분에 ᄀᆡ회ᄒᆞ고 ᄉᆞ무쳐리ᄒᆞᆫ후 ᄲᅦ쉬포드씨가 강도ᄒᆞ엿다더라

●김화읍의부흥회

경셩 신공숙씨의 통신을 거ᄒᆞᆫ즉 강원도 김화읍 교회는 셜립된지 八九년에 교우가 二十인에 지내지 못ᄒᆞ엿고 교당도 깁흔 산밋헤 잇슴으로 례ᄇᆡ보기에 대단히 비편ᄒᆞ고 외인의 비쇼ᄒᆞᆷ도 불쇼ᄒᆞ더니 작년 년회의 결과로 김목ᄉᆞ홍순씨가 이곳으로 온후에 본회당을 본읍즁앙으로 옴겨짓기 위ᄒᆞ야 긔도ᄒᆞ기를 쉬지안터니 과연 ᄋᆡᆨ호ᄒᆞ시는 하ᄂᆞ님ᄭᅴ셔 드르시고 본교회니 ᄌᆞ미즁 김뉘되아씨의 ᄆᆞᄋᆞᆷ을 감동ᄒᆞ샤 본읍즁심되는 ᄌᆞ긔소유디를 교회에 긔부ᄒᆞ야 회당을 건츅케ᄒᆞ매 一반 남녀교우가 ᄯᅩᄒᆞᆫ 열심을 발ᄒᆞ야 각기닷토아 연보ᄒᆞ고 심지어 외인ᄭᆞ지 연보ᄒᆞᆫ것이 一百四十여원에 달ᄒᆞᆫ지라 이 돈으로 굉걸ᄒᆞᆫ 례ᄇᆡ당을 새로 건츅ᄒᆞ고 ᄯᅩ 새로 밋ᄂᆞᆫ사ᄅᆞᆷ이 수十인에 니르러 지금은 교우四十여인이 모혀 례ᄇᆡᄒᆞ니 엇지 감샤치 아니ᄒᆞ며 이외에 더욱 다른교회에 모범될만ᄒᆞᆫ 일은 거월二十七일에 김셩구역과 본읍구역을 합ᄒᆞ야 계삭회로 본읍새례ᄇᆡ당에셔 모혓ᄂᆞᆫᄃᆡ 각교회 ᄃᆡ빈졔씨 ᄃᆡ졉ᄒᆞᆯ 식찬을 부인회에셔 담당ᄒᆞ고 산채를 ᄏᆡ오ᄂᆞᆫ이와 ᄊᆞᆯ을 가져오ᄂᆞᆫ이가 각기 깃븐ᄆᆞᄋᆞᆷ으로ᄒᆞ야 ᄎᆞᆷᄉᆞ랑을 나타내니 하ᄂᆞ님ᄭᅴ 감샤ᄒᆞ고 본읍교회에 치하ᄒᆞᆫ다ᄒᆞ엿더라

●고씨의신심

경긔도 삭녕구역쟝 김긔순씨의통신을 거ᄒᆞᆫ즉 본구역ᄂᆡ ᄃᆞᆰ밧모루교회 고치환씨는 예수밋기젼에 잡기로 다섯번이나 가산을 탕픽ᄒᆞ고 형편이 말못되매 의지ᄒᆞᆯ곳이 업셔 쥬야로 탄식ᄒᆞ되 친쳑과 친구도 ᄉᆞ랑ᄒᆞᄂᆞᆫ쟈ㅣ 업더니 예수를 밋으면 ᄉᆞ랑ᄒᆞᄂᆞᆫ 친구도 만코 새사ᄅᆞᆷ이 된다ᄂᆞᆫ 말을 듯고 一쳔九百七년五월에 토산구나이교회를 차자가셔 셩경과 찬미를 사가지고 깃븐ᄆᆞᄋᆞᆷ으로 집에도라와셔 샤신을 불사로니 외인의 비쇼와 비방ᄒᆞᄂᆞᆫ말은 ᄎᆞᆷ 견ᄃᆡ

여 드를수 업스나 의를「위ᄒᆞ야 핍박을 밧ᄂᆞᆫ자ㅣ복이 잇다ᄂᆞᆫ 말ᄉᆞᆷ을」ᄉᆡᆼ각ᄒᆞ고 더욱 예수를 열심으로 밋고 례ᄇᆡ볼 쳐소를 심방ᄒᆞ야 二十리되ᄂᆞᆫ ᄃᆞᆰ밧골교회를 차자 四년동안을 쥬일마다 례ᄇᆡ보러 ᄃᆞ니며 릐왕간 사ᄅᆞᆷ을 만나ᄂᆞᆫ대로 젼도ᄒᆞ며 ᄌᆞ긔본동에 교회셜립되기를 쥬야로 긔도ᄒᆞ더니 ᄌᆡ작년브터 十五인가량이 ᄌᆞ긔집에 모혀 례ᄇᆡ를 보나 례ᄇᆡ당이 업ᄂᆞᆫ지라 하로ᄂᆞᆫ 고씨가 쥬를 밋기젼의 형편과 밋은후에 은혜밧은것을 혜아려본즉 ᄌᆞ긔의 가산을 탕패ᄒᆞ고 ᄂᆞᆷ의 빗이 만흐며 의식이 업던쟈가 지금은 쥬의 은혜로 빗도업고 의식이 걱정업스니 이ᄂᆞᆫ쥬ᄭᅴ셔 구원ᄒᆞ샤 복을 주심이니 하ᄂᆞ님의 은혜가 무한감샤ᄒᆞ다 ᄒᆞ고 즉시 그아ᄃᆞᆯ과 의론ᄒᆞ고 농우를 파라 례ᄇᆡ당六간을 건축홀ᄉᆡ 히씨ᄂᆞᆫ 년금七十三세라 슈고를 앗기지아니ᄒᆞ고 담부지역을ᄒᆞ매 외인들은 조롱ᄒᆞ기를 젼에ᄒᆞ지아니ᄒᆞ던 일을ᄒᆞᆫ다ᄒᆞ니 ᄃᆡ답ᄒᆞ기를 내가 젼에ᄂᆞᆫ 육신의 일만ᄒᆞ엿거니와 이제ᄂᆞᆫ 하ᄂᆞ님을 위ᄒᆞ야 일을 ᄒᆞ노라ᄒᆞ고 쥬의 十ᄌᆞ가를젼ᄒᆞ니 젼에ᄂᆞᆫ 쥬를 밋으면 츙밋친다ᄒᆞ던 사ᄅᆞᆷ들이 지금은 말ᄒᆞ기를 며로인은 반ᄃᆞ시 텬당에 가리라ᄒᆞ며 밋ᄂᆞᆫ쟈가 졈々니러나셔 쥬일마다 二十四五인가량이 례ᄇᆡᄒᆞ니 이교회ᄂᆞᆫ 고씨의 열심으로 셜립되엿다고 영광을 텬부ᄭᅴ 돌닌다더라

●쥬일학ᄉᆡᆼ의긔ᄉᆞ

평남 진남포 ᄇᆡ형식씨의 롱신을 거ᄒᆞᆫ즉 본교회 쥬일학교 즁등과一학년학ᄉᆡᆼ 강영대가 거월十八일쥬일에 신입학ᄉᆡᆼ八명을 인도ᄒᆞ얏ᄂᆞᆫᄃᆡ 그즁에 八세된 남학ᄉᆡᆼ一명이 그 부모ᄂᆞᆫ 잇다ᄒᆞ나 의복이 람루ᄒᆞ야 붉은살이 드러나셔 불샹ᄒᆞᆫ 고아와 ᄀᆞᆺᄒᆞᆫ지라 눈으로 ᄎᆞᆷ아 볼수업ᄂᆞᆫ고로 학ᄉᆡᆼ一동이 쥬ᄭᅴ ᄇᆡ온 ᄌᆞ비ᄒᆞᆫ ᄆᆞ음이 一치ᄒᆞ야 그아히를 의복ᄒᆞᆫ벌 히납히기로 작뎡ᄒᆞ고 학ᄉᆡᆼ들이 의복과 금젼으로써 연조ᄒᆞ야 一습을 ᄆᆞᆫᄃᆞ러 닙히고 그ᄋᆞ히부모의게 권면ᄒᆞ야 쥬를 밋기로 작뎡ᄒᆞ엿스니 ᄌᆞ비ᄒᆞ신 쥬의 능력이 한량업시 감샤ᄒᆞ다 ᄒᆞ엿더라

●부인련합긔도회

거월이십일브터 일쥬일동안 경셩ᄂᆡ에 남북감리회와 쟝로회부인 련합긔도회를 승동례ᄇᆡ당ᄂᆡ에서 열고 동대문교회 목ᄉᆞ 오긔션씨가 인도ᄒᆞ고 젼도ᄒᆞ엿ᄂᆞᆫᄃᆡ 일반 부인교우들이 새로온 은혜를 만히 밧앗다더라

●경셩감리교회련합젼도회

경셩감리교회련합젼도회ᄂᆞᆫ본월八일(쥬일)샹오十시에졍동 ᄇᆡᄌᆡ학당압 텬막에서 열고 일본감리회감독평암션보씨ᄂᆞᆫ 목ᄉᆞ현슌씨의통변으로 청국감리회감독쎄쉬포드씨ᄂᆞᆫ 목ᄉᆞ변영서씨의통변으로 젼도ᄒᆞ엿ᄂᆞᆫᄃᆡ 당일참셕ᄒᆞᆫ 교우ᄂᆞᆫ 경셩ᄂᆡ 남북감리회각교당의 형메ᄌᆞᄆᆡ졔씨수쳔명이러라

●긔렴연보광고

平昌邑敎會	五十七錢
金化가리지敎會	三十錢
仝삼남골敎會	二十錢
仝늣거리敎會	二十錢
南陽東西區域	一圜四錢五厘
白川邑敎會	二圓
戚從邑	一圓

◆외 보▼

●대판(大阪)의특별젼도회

일본대판시ᄂᆡ에 잇ᄂᆞᆫ ᄌᆞ유감리교회에서ᄂᆞᆫ 거五월五일브터十八일ᄭᆞ지 밤마다 특별대젼도회를 열고 복음을 젼ᄒᆞ엿ᄂᆞᆫᄃᆡ 텽즁(聽衆)은 ᄆᆡ회에 四千여명가량이오 그결과ᄂᆞᆫ 밋기로 작뎡ᄒᆞᆫ쟈가 三百三十여인에 달ᄒᆞ엿다더라

●평암감독의 텬긔봉ᄉᆞ(天機奉伺)

일본감리교회 감독 평암션보(平岩愃保)씨ᄂᆞᆫ 거월二十六일하오에 본교회의 ᄃᆡ표로 궁셩에 츌두ᄒᆞ야 텬황폐하의 어병샹(御病狀)을 봉ᄉᆞᄒᆞᆫ후 퇴궐ᄒᆞ엿다더라

●젹십ᄌᆞ(赤十字)총회

일본젹십ᄌᆞ샤본년총회ᄂᆞᆫ 거월二十七일샹오十시에 일비공원(日比公園)에서 열엇ᄂᆞᆫᄃᆡ 참회ᄒᆞᆫ자ᄂᆞᆫ 대략 五만명이오 샹픔을 밧은쟈ᄂᆞᆫ 七百명이라더라

●미국관공립학교의셩경과뎡

미국 졍부에셔 근일에 됴사훈 바를 거훈즉 각관공립보통학교에셔 셩경과뎡을 ᄀᆞᄅᆞ침에 ᄃᆡᄒᆞ야 법률의 동의를 엇은 쥬(州)가 아홉이요 쥬회(州會) 학무국에셔 보통학교에 셩경 ᄀᆞᄅᆞ치쟈는 법안(法案)을 통과ᄒᆞ기로 작뎡훈쥬가 十一 이오 여긔ᄃᆡ훈 법률도 제뎡훈것이 업고 또훈 그런 의론도 발표치아니훈쥬가 十五요 보통학교에 셩경ᄀᆞᄅᆞ치는일놀 법률파 학무국에셔 반ᄃᆡᄒᆞ는 의견을 표시훈쥬가 八이니 대개 보통학교에 셩경ᄀᆞᄅᆞ치는 일을 반ᄃᆡᄒᆞ는쥬는 다 텬쥬교인과 유대인의 셰력이 핑챵(膨漲)훈 ᄃᆡ방이라더라

●만국션교ᄉᆞ박람회

미국치카고셩 감리교회의쥬션으로 거五월三일브터 본월七일ᄭᆞ지 만국션교ᄉᆞ박람회를 열엇는ᄃᆡ 셰계각국에 흣허져잇는 션교ᄉᆞ들이 각기 쥬지훈 나라의 토산물(土産物)과 졔조픔과 풍속에 ᄃᆡ훈 셔화(書畵)등물을 츌픔ᄒᆞ여 一반입쟝훈쟈의 관람(觀覽)에공ᄒᆞ엿다더라

●익이란(愛爾蘭)의 ᄌᆞ치

익이란국에 ᄌᆞ치졍톄(自治政體)를 뎍용(適用)ᄒᆞ쟈는 문뎨로 영국졍부에 의안을 뎨츌훈지 수년이지냇ᄉᆞ되 ᄒᆡ의안이 아직 락챡(落着)되지못ᄒᆞ엿거니와 이 문뎨로 인ᄒᆞ야 그리스도교인과 텬쥬교인ᄉᆞ이에 죵죵 충돌(衝突)이 니러나는것은 다름이 아니라 익이란국ᄂᆡ에는 텬쥬교인의 수효와 셰력이 그리스도교인보다 대단히 강대훈고로 만일 ᄌᆞ치졍톄를 실시ᄒᆞ는 날에는 법국이나 의대리국과 ᄀᆞᆺ흔 텬쥬교국이 되여 그리스도교회에 방해되는 졍령(政令)이 만히 잇슬줄노 예탁홈으로 그리스도교인은 ᄒᆡ의안을 반ᄃᆡᄒᆞ는 동시에 텬쥬교인은 ᄒᆡ의안을 극력찬셩훈다더라

긔셔

●태평양젼도록 (속)

영국태요한션싱 져술
미국긔이부목ᄉᆞ 번역

내가 쥬일을 당ᄒᆞ매 뎌희의게 말ᄒᆞ되 이다음례ᄇᆡ에 만일 사룸이 더오지아니ᄒᆞ면 ᄀᆡ황교에셔 나를 다른곳으로 보내리라ᄒᆞ엿더니 그다음 례ᄇᆡ에 여러사룸이 각각 훈 사룸식 다리고 오니 두곳에셔 례ᄇᆡ보러온 사룸이 ᄇᆡ나더훈지라 이는 뎌희가 나와 익졍이 깁흠으로 내가 혹 다른 곳으로 갈가 두려워ᄒᆞ야 힘써 권면훈 결과로 사룸의 수효를 ᄇᆡ나 더홈이러라 이후브터 례ᄇᆡ보는 규례를 뎡ᄒᆞ야 셩경도 ᄇᆡ호고 시도 노리ᄒᆞ며 또 토론회를 열고 술금ᄒᆞ는 문뎨로 토론훈후 금쥬회(禁酒會)를 세우며 또 공동긔도회 둘를 죠직ᄒᆞ되 낫에 一반은 밤을 위ᄒᆞ야 긔도ᄒᆞ고 밤에 一반은 낫을 위ᄒᆞ야 긔도ᄒᆞ니 이 모든 도를 ᄇᆡ호는쟈는 다 덕힝을 셰움으로써 쥬쟝ᄒᆞ며 ᄆᆡ양 례ᄇᆡᄉᆞ이에 시노릭ᄒᆞ기를 ᄇᆡ호기 위ᄒᆞ야 모힐시 내가 뎌희와 ᄀᆞᆺ치 참셕ᄒᆞ고 쥬일마다 두번 례ᄇᆡ에 셩신의 도으심을 밧아 ᄉᆞᄉᆞ히 흥왕ᄒᆞ니 거룩훈 열ᄆᆡ가 구쥬ᄯᅢ로 좃차나셔 우리 쳔훈몸에 영광이 보인지라 마구쥬인이 다른곳에 회당을 예비코져ᄒᆞ되 합당훈 곳이 업고 또 여러사룸이 흣허질가 두려워ᄒᆞ더니 다힝이 멀지아니훈곳에 큰집훈채를 엇어 례ᄇᆡ보기로 작뎡ᄒᆞ고 또훈 뎌희ᄭᅵ리 연보ᄒᆞ야 큰 사다리ᄒᆞ나를 예비ᄒᆞ야 회당에 올나가고 ᄂᆞ려오게훈다ᄒᆞ니 여러사룸이 듯고 깃버ᄒᆞ더라 그러나 그ᄃᆡ방형편을 본즉 오ᄅᆡ쓰지 못ᄒᆞ깃는고로 허락지안코 나의 어진벗ᄒᆞ나이 잇스니 그일홈은 필도마라 도량이 잇슴으로 내가 차져보고 그일을 의론ᄒᆞ니 그가 ᄌᆞ세히 듯고 싱각ᄒᆞ더니 그 근쳐에 집훈채를 새로 건튝ᄒᆞ야 례ᄇᆡ당으로 쓰랴고 경영훌시 밋쳐 역ᄉᆞ를 시작지 아니ᄒᆞ야셔 훈사룸이 그근쳐에 큰집훈채를 사셔 례ᄇᆡ당을 문드니 그안에 학교도잇고 쥬틱도 잇는지라 필써가 이교회에 와셔 샹의ᄒᆞ고 그 집을 사셔 긔황회ᄃᆡ방젼도쳐를 삼쟈고 권ᄒᆞ니 원릭 이ᄃᆡ방은 우리가 젼도ᄒᆞ기에 합

당ᄒᆞᆫ지라 ᄒᆞᆫ가온ᄃᆡ 큰치은 례비당을 뎡ᄒᆞ고 그밧긔 큰치ᄂᆞᆫ 남녀학교로 쓰기를 작뎡ᄒᆞ엿더니, 그집을 곳쳐 一반은 공착을 삼고 一반으로 례비당과 학교를 ᄇᆡ치ᄒᆞ니 인ᄒᆞ야 큰 교회를 일우엇더라

(미완)

●면류관에별이업네

한셩 최원셔

엇던 부인이 예수를 잘밋고 슈신과 가도를 잘다ᄉᆞ리며 흠이업ᄂᆞᆫ 량심으로 범죄치안타가 하로ᄂᆞᆫ 그부인이 죽엇ᄂᆞᆫᄃᆡ 곳 텬당길노 향ᄒᆞ야 가며 ᄒᆞᆫ곳을 ᄌᆞ세히 ᄇᆞ라보니 텬당문이 잇셔셔 광채가 찬란ᄒᆞ더라 부인이 텬문에 드러서셔 또 ᄒᆞᆫ곳을 ᄇᆞ라보니 영광가온ᄃᆡ 모든 션지와 셩도와 셩녀들이 잇ᄂᆞᆫᄃᆡ 각각 그머리에 금면류관을 썻스매 면류관우에 광채잇ᄂᆞᆫ별 ᄒᆞ나식이 잇ᄂᆞᆫ것을 보고 ᄆᆞᄋᆞᆷ에 흠션히 ᄉᆡᆼ각ᄒᆞ며 섯더니 이윽고 ᄒᆞᆫ텬ᄉᆞ가 금면류관을 손에 들고와셔 부인의 머리에 씌우거늘 부인이 ᄌᆞ세히보니 다른사ᄅᆞᆷ과 ᄀᆞᆺ치 면류관에 별이 업거늘 부인이 쓰기를 뎡지ᄒᆞ고 텬ᄉᆞ의게 무러왈 엇지ᄒᆞ여 내면류관에ᄂᆞᆫ 별이업ᄂᆞ뇨ᄒᆞᆫ즉 텬ᄉᆞ가 ᄃᆡ답왈 뎌곳에잇ᄂᆞᆫ 셩도와 셩녀들은 셰샹에 잇슬ᄯᅢ에 지극ᄒᆞᆫ 곤난즁에 잇셔도 쥬의 말ᄉᆞᆷ을 열심으로 젼ᄒᆞ야 하ᄂᆞ님압헤셔 모든 ᄉᆡᆼ령으로 구원을 엇게ᄒᆞᆫ고로 쥬ᄭᅴ셔 금면류관우에 별을 주심이오 부인은 셰샹에 잇슬ᄯᅢ에 쥬를 밋음으로 범죄치안코 슈신과 가도를 잘ᄒᆞ엿스나 다만젼도를 아니ᄒᆞᆫ고로 면류관에 별을 주시지 아니ᄒᆞᆷ이라 ᄒᆞ거ᄂᆞᆯ 부인이 이말듯고 셰샹에 잇슬ᄯᅢ에 젼도못ᄒᆞᆷ을 후회ᄒᆞ고 면류관에 별이 업슴을 붓그러워ᄒᆞ며 죠민ᄒᆞ더니 텬ᄉᆞ도 가고 ᄌᆞ긔ᄂᆞᆫ 답답ᄒᆞᆫ 가온ᄃᆡ 문득 ᄭᆡ고 보니 ᄒᆞᆫᄭᅮᆷ이라 부인이 ᄭᅮᆷ을 ᄭᆡ여셔 ᄌᆞ세히 ᄉᆡᆼ각ᄒᆞ니 평일에 나타ᄒᆞᆫ ᄆᆞᄋᆞᆷ으로 젼도아니ᄒᆞᆫ것을 뉘우치고 곳 그시로브터 쥬ᄭᅴ 긔도ᄒᆞ며 ᄌᆞ긔몸을 아조밧치고 열심으로 젼도를시작ᄒᆞ니 一년에 수ᄇᆡᆨ명식을 쥬ᄭᅴ로 인도ᄒᆞ며 또 ᄌᆞ긔일을 모든 부인의게 증거ᄒᆞ며 셰샹에 잇슬ᄯᅢ에 츙깃븐ᄆᆞᄋᆞᆷ으로 지내다가 년로ᄒᆞᆫ후 셰샹을 리별ᄒᆞ엿스니 그제ᄂᆞᆫ 텬국에 가셔 온젼ᄒᆞᆫ 면류관을 밧고 다른이를 부러워ᄒᆞᆯ것업시 쥬압헤셔 찬숑ᄒᆞ리로다 우리도 쥬의 은혜를 ᄒᆞᆫ업시 밧앗슨즉 잠시 지나가ᄂᆞᆫ 셰ᄃᆡ가온ᄃᆡ셔 몸과 ᄆᆞᄋᆞᆷ을 다ᄒᆞ야 그리ᄒᆞ면 그종말은 무한ᄒᆞᆫ 영ᄉᆡᆼ을 엇고 또 금면류관에 별ᄭᆞ지 밧을것이니 이면류관은 ᄉᆡᆼ명의 근원되ᄂᆞᆫ 샹이외다

교회ᄉᆞ긔 (쇽)

긔이부 역술

뎨九관 일뎨의 이단을 편벽되이 잡음

쥬후二百년에 교회에셔 三위가 一톄되ᄂᆞᆫ 도를 론난ᄒᆞᆯ식 혹은 一톄됨만알고 三위의 분별을 알지못ᄒᆞ며 혹은 그리스도가 하ᄂᆞ님과 ᄀᆞᆺᄒᆞᆫ몸이 잇ᄂᆞᆫ줄 알지못ᄒᆞ고 혹은 그리스도와 밋 아바지의 위가 피ᄎᆞ 다름이 업다ᄒᆞ니라 쇼아셰아에 ᄒᆞᆫ지파가 잇셔셔 요한의 모든 글과 처음에 도가 잇다ᄒᆞᄂᆞᆫ 말을 밋지안코 요한복음과 믁시록이 셩경에 긔록ᄒᆞᆯ글이 못된다ᄒᆞ고 또 은샤ᄒᆞᆷ이 다름이 업다ᄒᆞ며 또 ᄒᆞᆫ 지파ᄂᆞᆫ 말ᄒᆞᄃᆡ 예수ᄂᆞᆫ 동졍녀 마리아의게 탄ᄉᆡᆼᄒᆞᆫ 아ᄃᆞᆯ이 되엿스니 범인(凡人)과 다름이 업ᄂᆞᆫᄃᆡ 셰례밧을ᄯᅢ에 처음으로 도를 엇어 그리스도가 되엿다ᄒᆞ고 또유명ᄒᆞᆫ 프뤽시쓰ᄂᆞᆫ 말ᄒᆞᄃᆡ 그리스도ᄂᆞᆫ 하ᄂᆞ님ᄭᅴ셔 친히 나타나셔 죽음을 당ᄒᆞ엿다ᄒᆞ니 그런고로 녯교회에셔 이 이단을 하ᄂᆞ님 아바지가 죽음을 밧은교라 칭ᄒᆞ여 이교를 쏫ᄂᆞᆫ사ᄅᆞᆷ들은 다 쏫겨낫스니 이셔ᄅᆞ으로 이단의 론난이 벌ᄀᆞᆺ치 니러나 쏫겨난사ᄅᆞᆷ뿐이며 교회안에 명ᄉᆞ들도 三위一톄되신 관계를 분분히 의론ᄒᆞ더니 쥬후 二百二十五년간에 로마국 철학ᄉᆞ 셰벨늬어쓰가 이단을 셜립ᄒᆞ고 닐ᄋᆞᄃᆡ 처음브터 지금ᄭᆞ지 하ᄂᆞ님은 오직 ᄒᆞᆫ분만 계시니

고금에 힘ᄒᆞᆫ신바가 ᄀᆺ지아니ᄒᆞᆫ고로 그일홈이 또다른지라 구약시ᄃᆡ에는 ᄃᆡᄃᆡ(代代)로션지쟈의게 나타내샤 률법과 례의를 명ᄒᆞ엿스니 아바지라 칭ᄒᆞ고 신약시ᄃᆡ에는 셰샹에 강림ᄒᆞ샤 사ᄅᆞᆷ을 구쇽ᄒᆞ기 위ᄒᆞ야 괴로옴과 죽음을 당ᄒᆞ엿스니 하ᄂᆞ님의 아ᄃᆞᆯ이라 칭ᄒᆞ고 五旬졀후에는 교회를 세우고 인심을 감화ᄒᆞ엿스니 셩신이라 칭ᄒᆞᆫ다 ᄒᆞᆫ고로 이 이단이 당시에는 쇼아셰아 모든 디방에 대단히 셩ᄒᆞ엿ᄂᆞ니라

뎨十관 이리늬어쓰의 의론홈

쇼아셰아 여러교회가 셩경을 의지ᄒᆞ야 모든 도를 ᄇᆞᆰ히니 그즁에 낫타난자는 스머나 감독폴늬캅의 문도 이리늬어쓰라(쥬후一百九十년으로二百二년ᄭᆞ지) 이리늬어쓰가 카사에 옴겨거ᄒᆞ야 라연쓰셩 쥬교가 되엿더니 쥬후二百二년에 도를 위ᄒᆞ야 죽임을 당ᄒᆞ니라 그가 셩경을 근본삼고 글을 져술ᄒᆞ야 그리스도의 도를 ᄇᆞᆰ히고 모든 샤셜과 이단을 막을ᄉᆡ 미양 사ᄅᆞᆷ드려 닐ᄋᆞᄃᆡ 다만 진리를 술필진ᄃᆡ 셩경과 교회의 유젼으로 져작ᄒᆞᆫ 글을 샹고ᄒᆞᆯ것이니 이유젼된 글이 반ᄃᆞ시 셩경에 합ᄒᆞ여야 가히 표쥰이 된다ᄒᆞ고 또 ᄀᆞᆯᄋᆞᄃᆡ 교회가 잇스면 셩신이 또ᄒᆞᆫ 잇슬것이오 또 셩신이 잇스면 교회와 모든 은샤가 잇슬것이니 대개 셩신은 사ᄅᆞᆷ을 위ᄒᆞ야 밋는덕을 화츙ᄒᆞ는 방법이라ᄒᆞ고 하ᄂᆞ님과 아ᄃᆞᆯ을 변론ᄒᆞ여 ᄀᆞᆯᄋᆞᄃᆡ 녜로브터 부ᄌᆞ의 위가 다르나 셩픔은 ᄀᆺ고 영광도 ᄀᆺ흠으로 一톄가 된다 ᄒᆞᄂᆞ니 아ᄃᆞᆯ은 아바지를 사ᄅᆞᆷ의게 보이시ᄂᆞᆫ 하ᄂᆞ님이오 셩신은 아ᄃᆞᆯ의 은혜를 사ᄅᆞᆷ의게 베프러 주시ᄂᆞᆫ 하ᄂᆞ님이라 대개 그리스도ᄯᅢ셔 죄에 ᄲᅡ진사ᄅᆞᆷ을 건져내여 션ᄒᆞᆫ대로 인도ᄒᆞᄂᆞᆫ고로 사ᄅᆞᆷ이 비록 죄에 범ᄒᆞ지 아니ᄒᆞ여도 하ᄂᆞ님의 아ᄃᆞᆯ이 강림ᄒᆞ샤 하ᄂᆞ님의 ᄯᅳᆺ을 일우리라ᄒᆞ고 또 닐ᄋᆞᄃᆡ 그리스도가 사ᄅᆞᆷ의 디경에 오신것은 사ᄅᆞᆷ으로 ᄯᅩᄒᆞᆫ 그리스도의 디경에 가게ᄒᆞ심이오 또 그리스도의 몸에는 하ᄂᆞ님의 셩픔과 사ᄅᆞᆷ의 셩픔이 갓초왓스니 셩만찬의 ᄯᅥᆨ과 포도즙잇ᄂᆞᆫ것이 그리스도의게 셩신과 육신이 합ᄒᆞ야 一톄된것과 ᄀᆺᄒᆞ니라 또 육신이 다시 니러나ᄂᆞᆫ 도를 발명ᄒᆞ여 불가ᄉᆞ의론을 막아 말ᄒᆞᄃᆡ 육신이 만일 다시 니러나지 아니ᄒᆞ면 그리스도ᄭᅴ셔 육신으로 나타나시지 아니ᄒᆞ엿스리라ᄒᆞ니 이리늬어쓰ᄂᆞᆫ 가히 졍도(正道)의 션비라 ᄒᆞ리로다 (미완)

셩경공부의지침(指針)(쇽)

뎨一칙은、 창셰긔니 그ᄯᅳᆺ은 이셰샹만ᄃᆞᆯ의 시작된일을 긔록ᄒᆞ엿다ᄂᆞᆫ 말이며

뎨二칙은、 츌애굽긔니 그ᄯᅳᆺ은 이스라엘ᄇᆡᆨ셩이 애굽에셔 나오던ᄉᆞ젹을 긔록ᄒᆞᆫ것이라 홈이며

뎨三칙은、 레위긔니 그ᄯᅳᆺ은 레위죡쇽이 유대ᄇᆡᆨ셩의 하ᄂᆞ님 경비ᄒᆞᄂᆞᆫ 례식을 쥬쟝ᄒᆞᄂᆞᆫ일에 관ᄒᆞᆫ 모든 됴례를 긔록ᄒᆞᆫ것이라홈이며

뎨四칙은、 민수긔니 그ᄯᅳᆺ은 이스라엘ᄇᆡᆨ셩의 수효를 긔록ᄒᆞᆫ것이라홈인ᄃᆡ 그가온ᄃᆡ 이ᄇᆡᆨ셩의 력ᄉᆞ를 긔록ᄒᆞᆫ것이만ᄒᆞ며

뎨五칙은、 신명긔니 그ᄯᅳᆺ은 률법을 다시 공포ᄒᆞᆫ것을 긔록ᄒᆞᆫ것이라홈인ᄃᆡ 이는 모셰가 하ᄂᆞ님ᄭᅴ 밧은바 률법을 ᄇᆡᆨ셩의게 다시 닐켜 들니고 거긔 몃가지를 더ᄒᆞᆫ것이며

뎨六칙은、 여호수아니 여호수아가 모셰의 뒤를니여 이스라엘ᄇᆡᆨ셩을 인도ᄒᆞ야 가나안ᄯᅡ지 드러가 뎌희나라의 긔초를 셰운ᄉᆞ젹을 긔록ᄒᆞᆫ것이며

뎨七칙은、 ᄉᆞᄉᆞ긔니 여호수아가 죽은후에 그ᄇᆡᆨ셩 다ᄉᆞ린쟈들을 ᄉᆞᄉᆞ라칭ᄒᆞ엿ᄂᆞᆫᄃᆡ 이칙가온ᄃᆡ 하ᄂᆞ님ᄭᅴ셔 이ᄇᆡᆨ셩을 위ᄒᆞ야 힘ᄒᆞᆫ신 일과 여러ᄉᆞᄉᆞ의 힝동을 긔록ᄒᆞᆫ것이니 이칙의 져술ᄒᆞᆫ자ᄂᆞᆫ 누구인지 ᄌᆞ셰히 알수업스나 유대인들은 삼우엘의 져술ᄒᆞᆫ것으로 밋으며

뎨八칙은、 룻긔니 그리스도의 육신뎍계통(系統)의 조샹되ᄂᆞᆫ 다윗왕의 증조모 룻의

가뎡력ᄉᆞ를 긔록ᄒᆞᆫ 칙인ᄃᆡ 이칙도 삼우엘의 져슐ᄒᆞᆫ것인줄노 밋ᄂᆞ니라 (미완)

●바울의ᄉᆞ젹 (쇽)

十九、안듸옥에셔예루살넴으로떠나감 강ᄉᆡᆼ후五十四년가량에 비울이 고린도를떠나수리아로 향ᄒᆞ니 갤륵오총독이 핍박ᄒᆞ여 괴롭게 굴미러라 에베소를 잠간ᄃᆞᆫ녀 아굴나와 그안히를 리별(ᄉᆞ도十八〇十九ㅡ二十二)ᄒᆞ고 ᄌᆞ긔만 가이사랴와 예루살넴을 향ᄒᆞ고 떠나니라 (아굴나ᄂᆞᆫ 밋ᄂᆞᆫ신쟈를 만히 니르키고 교회를 세우며 만히도아준쟈러라) 예루살넴에ᄂᆞᆫ 무슴큰 졀긔를 직히러 급히 올나잔듯ᄒᆞ나 졀긔를 직흰말은 도모지 업고 교회에 문안ᄒᆞ엿다ᄒᆞᆷ만 잇스며 야고보와 교회의게 인ᄉᆞᄒᆞ고 즉시 안듸옥으로 떠나가셔 그곳셔 또얼마동안을 두류ᄒᆞ엿다고 ᄒᆞ니라(ᄉᆞ도十八〇)을 다 자셰히 보되 二十一二十三을 더ᄇᆞᆰ히 보라 (미완)

◎가뎡과쇼ᄋᆞ

●엘니의부ᄌᆞ

진남포 안셕쥰

녯젹에 ᄒᆞᆫ 유명ᄒᆞᆫ 대제ᄉᆞ장이 잇스니 일홈은 엘니라 그위인이 유슌ᄒᆞ고 온후ᄒᆞ야 엄ᄒᆞᆫ긔샹은 별노히 업던사ᄅᆞᆷ이라 삼우엘하셔에 긔록ᄒᆞᆫ것을 샹고ᄒᆞᆫ건ᄃᆡ 이사ᄅᆞᆷ의 아ᄃᆞᆯ은 셩면가온ᄃᆡ 제ᄉᆞ의 직분을 맛핫스나 하ᄂᆞ님을 경외ᄒᆞᄂᆞᆫ ᄆᆞᄋᆞᆷ이 업셧스니 엘니ᄀᆞᆺ치 경건ᄒᆞᆫ 대제ᄉᆞ장의 아ᄃᆞᆯ이 이와ᄀᆞᆺ치 악ᄒᆞᆷ은 무ᄉᆞᆷᄭᆞᄃᆞᆰ이뇨 ᄎᆞᆷ 두려운 일이로다 대뎌 이아ᄃᆞᆯ들은 아ᄎᆞᆷ이면 셩뎐라발소리에 비로소 ᄌᆞᆷ을 ᄭᆡ고 밤이면 례ᄇᆡᄒᆞᄂᆞᆫ 음악소리 가온ᄃᆡ셔 졸기만ᄒᆞ던 사ᄅᆞᆷ이니 점점 불량ᄒᆞᆫ 쇼년이되여 그ᄒᆡᆼ실의 츄ᄒᆞᆫ것과 그일홈의 더러온것이 하ᄂᆞ님과 밋그 부친의게 ᄭᆞ지 욕을 돌닐ᄯᆡ에 셩신께셔ᄂᆞᆫ 얼마나 슯허ᄒᆞ셧스며 그부친은 얼마나 의통ᄒᆞ엿스리오 므룻 엘니ᄂᆞᆫ 그아ᄃᆞᆯ의게 ᄃᆡᄒᆞ야 너머 ᄉᆞ랑만 ᄒᆞᆫ고로 그교훈이 너머부드럽고 슌ᄒᆞ야 ᄒᆞᆼ샹 봄바ᄅᆞᆷᄀᆞᆺ고 가을서리ᄀᆞᆺ지 못ᄒᆞ엿도다 그아ᄃᆞᆯ의 불법ᄒᆞᆫ 일을 드ᄅᆞᆯᄯᆡ에 불너세우고 칙망ᄒᆞᆫ 말이「네가 웨 이러ᄒᆞᆫ 일을 ᄒᆡᆼᄒᆞ엿ᄂᆞ냐 내가 네모든 악ᄒᆡᆼ을 사ᄅᆞᆷ의게 드럿노라 불가ᄒᆞ다 내아ᄃᆞᆯ아 나의 듯ᄂᆞᆫ 소문이 됴치아니ᄒᆞ니 너희가 여호와의 ᄇᆡᆨ셩으로 범죄케ᄒᆞᆷ이로다」ᄒᆞ엿스니 이러케 죄에 ᄲᆞ진ᄯᆡ에 잠시 ᄭᅮ짓ᄂᆞᆫ말이 회ᄀᆡ식히ᄂᆞᆫ 일에 ᄃᆡᄒᆞ야 넉넉지 못ᄒᆞᆫ즉 그가뎡에셔 교훈을 잘못ᄒᆞᆫ결과ᄂᆞᆫ 여긔나타낫도다 슯흐다 이셰샹 교인들즁에 교회의 직분 맛ᄒᆞᆫ쟈라도 그ᄌᆞ녀를 잘교훈치 못ᄒᆞᆷ으로 버리게 되ᄂᆞᆫ일이 죵죵잇ᄂᆞᆫ것은 그부모된쟈가 쥬의 공평ᄒᆞᆫ 뜻과 ᄉᆞ랑ᄒᆞ시ᄂᆞᆫ ᄆᆞᄋᆞᆷ을 모본ᄒᆞ야 ᄀᆞᄅᆞ치지 못ᄒᆞᆫ연고라 죄를 뮈워ᄒᆞ시ᄂᆞᆫ 하ᄂᆞ님의 말ᄉᆞᆷ에「네올흔눈이 너로 범죄케 ᄒᆞ거던 ᄲᆡ아 ᄇᆞ리라 네 百톄즁에 ᄒᆞ나를 일ᄂᆞᆫ것이 온몸이 디옥에 ᄲᆞ지ᄂᆞᆫ것보다 유익ᄒᆞ다」ᄒᆞ셧스니 이말ᄉᆞᆷ은 쥬의 공평ᄒᆞᆫ말ᄉᆞᆷ인ᄃᆡ 맛치 가을서리와 ᄯᅳ거운볼ᄀᆞᆺᄒᆞᆫ말ᄉᆞᆷ이니 원컨ᄃᆡ 우리밋ᄂᆞᆫ 형뎨ᄌᆞ미ᄭᅴ셔ᄂᆞᆫ ᄌᆞ녀를 교훈ᄒᆞᆯᄯᆡ에 맛당히 이것을 거울삼을지어다

세계격언

一 시간은 ᄉᆡᆼ명을 짓ᄂᆞᆫ 원쇼(元素)니 누구던지 그 ᄉᆡᆼ명을 ᄉᆞ랑ᄒᆞ거던 시간을 랑비(浪費)치 말지니라

二 과거를 ᄉᆡᆼ각ᄒᆞ고 현ᄌᆡ에 로동(勞動)ᄒᆞ면 미ᄅᆡ에 쾌락을 엇ᄂᆞ니라

三 ᄉᆡᆼ명이 만일 나의 쇼유물(所有物)ᄀᆞᆺᄒᆞ면 이것을 억지로 머므를수 업ᄂᆞᆫ 경우에ᄂᆞᆫ 이것을 ᄇᆞ리ᄂᆞᆫ 것이 가ᄒᆞ니라

四 적은것을 보고 큰것을 셰ᄃᆞᆺᄂᆞᆫ것은 ᄒᆞᆫ닙사귀의 ᄯᅥ러짐을 보고 ᄒᆡ가 쟝ᄎᆞᆺ ᄂᆞ즐것을 아ᄂᆞᆫ것 ᄀᆞᆺᄒᆞ니라

五 불법ᄒᆞᆫ 쾌락이 지나간뒤에ᄂᆞᆫ 법에 맛당ᄒᆞᆫ 고통(苦痛)이 ᄯᅡ라오ᄂᆞ니라

실업

●농ᄉᆞ강습요항 (속)

二十三 벼의 츄슈홈

벼를 뷔는 긔한은 대개 이삭의 젼부(全部)가 다 누른빗츠로 변ᄒᆞᆫ ᄯᅢ에 ᄒᆞᆯ지니 벼는 너머 일죽이 뷔면 쌀알이 츙실치 못ᄒᆞ야 쳥미(靑米)가 섯기면 쌀에 좀이 속히 날것이오 ᄯᅩ 너머 늣게 뷔면 이삭달닌 벼고깅이가 약ᄒᆞ여 바람에 부러지며 뷜ᄯᅢ에 ᄯᅥ러지기 쉬오니라

벼를 뷜ᄯᅢ에 반ᄃᆞ시 일긔가 오ᄅᆡ 쳥명ᄒᆞᆫ 긔회를 ᄐᆞ셔 뷔되 논바닥이 마르면 곳 그우에 펴노흐러니와 만일 논바닥에 물이 잇스면 논ᄯᅮᆨ에도 가(稻架)를 셜치 ᄒᆞᄂᆞᆫ것이 필요ᄒᆞ니라 (미완)

담총

●밥먹지안코 사는법

밀가루(麥粉)ᄒᆞᆫ되를 더온물에 반쥭ᄒᆞ면 그 부피(容積)가 두되오홉(二升五合)가량은 될지니 이것을 ᄯᅳ거온 곳에 四十八시 동안을 두면 그반쥭이 ᄯᅥ셔(腐敗)쉬인 내암ᄉᆡ가 날지며 그용젹은 ᄆᆡ우주러셔 최초와 ᄀᆞᆺ치 ᄒᆞᆫ되가량밧게는 아니될지니 여긔다 먹는소다(曹達)두 세숫가락가량을 녹여셔 석그면 누른빗치 날지니 이것을 손으로뭉쳐셔 솟우에 엉거레를노코 그우에 이밀가루 뭉친것을 노코 잘 ᄶᅵ면 부프러올나셔 호ᄯᅥᆨ(胡餠)이될지라 쳥인파 ᄀᆞᆺ치 이것으로 죠셕밥을 ᄃᆡ신ᄒᆞ면 세식구가 넉넉히 三일동안은 살지니라

법령뎍요

●경찰범쳐벌규측 (속)

十四 쳥구치 아니ᄒᆞᄂᆞᆫ 신문이나 잡지나 기타츌판물을 비달ᄒᆞ고 그ᄃᆡ금을 쳥구ᄒᆞ거나 혹 구람ᄒᆞ라고 강쳥ᄒᆞᄂᆞᆫ쟈

十五 쳥구치 아니ᄒᆞᆫ 광고를 내고 그ᄃᆡ금을 쳥구ᄒᆞ거나 혹광고를 내라고 강쳥ᄒᆞᄂᆞᆫ쟈

十六 ᄉᆞ실에 지나치거나 ᄯᅩᄂᆞᆫ 허위(虛僞)ᄒᆞᆫ 광고를 내고 부졍ᄒᆞᆫ 리익을 도모ᄒᆞᄂᆞᆫ쟈 (미완)

회보ᄃᆡ금령슈

開城	鄭應鉉	二圓四十錢
熙川	金義泰	八圓
馬山浦	金圭潤	四十錢
端川	李斗燮	四十錢
牙山屯浦	李敎堂	四十錢
忠州	李文賢	六十錢
仝	嚴正甫	六十錢

그리스도회보
KOREAN CHRISTIAN ADVOCATE

每週一回月曜日發行
大正二年六月十八日印刷
大正二年六月二十三日發行

發行兼編輯人 開城北部山芝峴 奇義男
印刷人 京城北部樓閣洞 朴東完
印刷所 京城南部上犂洞 新文館
發行所 京城北部壯洞四十三統三戶 呂炳鉉邸

ᄃᆡ금(代金) 一쟝 二젼 / 六ᄀᆡ월 四十젼 / 一ᄀᆡ년 八十젼 / 海外一ᄀᆡ년 一환六十젼

샤셜

●쥬일례비를 반ᄃᆞ시 직힐것 (쇽)

우리가 쥬일례비를 불가불 직힐 의무에 ᄃᆡᄒᆞ야 ᄀᆞ장즁요ᄒᆞᆫ 됴건을 들어 말ᄒᆞ쟈면 一은 하ᄂᆞ님을 공경ᄒᆞᄂᆞᆫ 일이니 十계명즁에 뎨一계로 뎨四계ᄭᆞ지ᄂᆞᆫ 하ᄂᆞ님을 ᄉᆞ랑ᄒᆞᄂᆞᆫ 계명이오 一쥬간 七일즁에 첫날 곳 쥬일은 하ᄂᆞ님ᄭᅴ 밧치ᄂᆞᆫ 날인ᄃᆡ 우리가 만일 이날에 하ᄂᆞ님의 셩뎐에 나아가셔 그를 경비ᄒᆞ며 그를 찬숑ᄒᆞ고 그를 감샤치아니ᄒᆞ면 그를 ᄉᆞ랑ᄒᆞᄂᆞᆫ뜻이 어ᄃᆡ잇스며 이날을 그의게 밧치ᄂᆞᆫ 표가 어ᄃᆡ잇ᄂᆞ뇨 비컨ᄃᆡ 이세샹에 님군을 셤기ᄂᆞᆫ쟈ㅣ그 님군의 경절을 당ᄒᆞ야 경츅ᄒᆞᄂᆞᆫ 자리에 남과 ᄀᆞᆺ치 참셕지 아니ᄒᆞ면 이ᄂᆞᆫ 님군을 공경ᄒᆞᄂᆞᆫ 도리라 닐올수업습과 ᄀᆞᆺ도다 그럼으로 우리가 불가불 쥬일례비에 잘 참예ᄒᆞ여야 될것이며 二ᄂᆞᆫ 우리령혼뎍슈양(靈魂的修養)을 취홈이니 이세샹에 ᄀᆞ장 불샹ᄒᆞ고 또ᄒᆞᆫ 불힝ᄒᆞᆫ쟈ᄂᆞᆫ 종교가 업서셔 그령혼이 좀시도 슈양ᄒᆞᆯ 긔회를 엇지 못ᄒᆞᄂᆞᆫ쟈인ᄃᆡ 우리ᄂᆞᆫ 입의 진졍ᄒᆞᆫ 죵교를 밧드ᄂᆞᆫ쟈가 되엿슨즉 六일동안에 육신이 진셰업무(塵世業務)에 골몰ᄒᆞᄂᆞᆫ 동시에 령혼도 좀시 하님ᄭᅴ 머러진듯ᄒᆞᆫ 감각이 업지 아니ᄒᆞ다가 우리안식일을 당ᄒᆞ매 각각 졍결ᄒᆞᆫ 몸과 슌일ᄒᆞᆫ ᄆᆞ음을 예비ᄒᆞᆫ후 가족과 ᄒᆞᆷᄭᅴ 셩당에 드러가 묵샹ᄒᆞ며 공도(公禱)ᄒᆞᄂᆞᆫ가온ᄃᆡ 三위一톄로 더브러 직졉교통ᄒᆞᄂᆞᆫ 긔회를 엇으며 도를 듯ᄂᆞᆫ 가온ᄃᆡ 진리의 오묘ᄒᆞᆫ것을 ᄭᆡᄃᆞᆺ고 심즁의 모식(茅塞)ᄒᆞᆫ 것을 졔거(除去)ᄒᆞ며 새로온 은혜를 밧으니 신도의 깃븜이 엇지 이에셔 지내리오 三은 ᄂᆡ관뎍칙벌(內觀的責罰)을 피홈이니 혹 엇던교인이 쥬일을 당ᄒᆞ야 이세샹의 헛된 쾌락을 도모ᄒᆞ던지 혹 가무(家務)나 업무에 ᄃᆡᄒᆞ야 밧분일이 잇슬ᄯᅢ에 ᄌᆞ긔ᄆᆞ음으로써 ᄌᆞ긔를 용셔ᄒᆞ여 ᄀᆞᆯ으ᄃᆡ 오ᄂᆞᆯ 하로만 례비에 잠간 ᄲᅡ지기로 과히 큰죄될것이 업다ᄒᆞ야 례비에 불참ᄒᆞᄂᆞᆫ일이 잇지마ᄂᆞᆫ 이ᄂᆞᆫ 一시마귀의 시험에 ᄲᅡ지ᄂᆞᆫ일이라 그러나 다시 신셩ᄒᆞᆫ ᄉᆞ상으로 그ᄆᆞ음을 드려다보면 이ᄂᆞᆫ 스ᄉᆞ로 ᄌᆞ긔를 속임이니 엇지 ᄂᆡ관뎍칙벌을 면ᄒᆞ리오 四ᄂᆞᆫ 외관뎍칙벌(外觀的責罰)을 피홈이니 누구던지 一시 유혹의 ᄲᅢ인바ㅣ되여 쥬일례비에 불참ᄒᆞ지마ᄂᆞᆫ 다른 사ᄅᆞᆷ을 ᄃᆡᄒᆞᆯᄯᅢ마다 ᄌᆞ연 ᄌᆞ긔의 죵교뎍의무를 슈힝(遂行)치못홈을 ᄭᆡᄃᆞᆺ고 그허믈을 뉘우치지 아닐수 업ᄂᆞ니 이ᄂᆞᆫ 곳 외관뎍 칙벌을 당홈이라 그런즉 우리밋ᄂᆞᆫ 형뎨와 ᄌᆞ미ᄂᆞᆫ 이우회말ᄒᆞᆫ바 네가지 됴건을 깁히 싱각ᄒᆞ야 쥬일례비에 ᄃᆡᄒᆞᆫ 즁요ᄒᆞᆫ 의무를 一층 더 주의ᄒᆞ야 잘직힐지어다 (완)

본샤특별고ᄇᆡᆨ

一、경향간 본회보를 ᄋᆡ독ᄒᆞ시ᄂᆞᆫ 형뎨ᄌᆞ미즁 긔왕에 보신회보ᄃᆡ금의 령ᄌᆡ됴(零在條)나 혹 쟝ᄅᆡ에보실회보ᄃᆡ금의 션금(先金)을 아직 아니 보내신이ᄂᆞᆫ 속々히 우편쇼위톄(郵便小爲替)로 붓쳐 보내시되 혹 부득이ᄒᆞ야젹은돈을 우표로 보내실경우에ᄂᆞᆫ 五리ᄶᆞ리나 二젼ᄶᆞ리로 보내여쥬시옵

二、본회보의 신구람쟈 十인을 엇어보내시ᄂᆞᆫ 이의게ᄂᆞᆫ 젼과ᄀᆞᆺ치 본보一쟝을무ᄃᆡ금(無代金)으로 보내여 드리겟습ᄂᆡ다

교즁휘문

▲너 보▼

●미감리회년회一속(束)

본월六일브터十二일ᄭᆞ지 경
셩뎡동뎨一례ᄇᆡ당ᄂᆡ에셔 ᄀᆡ
ᄒᆞᆫ 미감리회년회의 슌셔는
젼호에 임의 게지ᄒᆞ엿거니와
히년회에셔 슈리ᄒᆞᆫ 보고와
ᄉᆞ건은 대략 좌와ᄀᆞᆺ더라

▲미국四년총회에 츌셕
ᄒᆞᆫ 목ᄉᆞ의보고

노보울씨가 됴션교회에ᄃᆡᄒᆞ
야 총회에셔 결뎡ᄒᆞᆫ ᄉᆞ건을
좌와ᄀᆞᆺ치 보고ᄒᆞᆷ

一、됴션과 즁화민국교회를
위ᄒᆞ야 즁앙련합회를 민
국에 셜치ᄒᆞᆯᄉᆞ

二、히리스감독은 션교회 감
독으로 뎡ᄒᆞ고 다른 감
독으로 관할케ᄒᆞᆯᄉᆞ

三、션교ᄉᆞ들은 디방회와 계
삭회의 임원이될ᄉᆞ

△로쇠(老衰)ᄒᆞᆫ젼도ᄉᆞ의
보죠금

황졍모씨는 됴션감리교인즁
에 뎨一몬져 쥬를밋고 ᄯᅩ
쥬를 위ᄒᆞ야 일을 만히 ᄒᆞ여
교회에 유공ᄒᆞᆫᄃᆡ 나히 지금
六十여세인즉 젼도인보존회
의 젹립금즁으로 二百五十원
을 보죠ᄒᆞ여주쟈는 일을 결
뎡ᄒᆞ엿더라

▲본쳐 젼도인을 위ᄒᆞ야
뎡ᄒᆞᆫ과졍

一년급 요한 로마 쟝졍규측
즁계삭회와 디방회 례위긔
셩경략론 젼도법 교회ᄉᆞ긔
즁 셩신강림후 一百년ᄭᆞ지
외일것은 마태 五〇ー七〇
닑을것은 뎐도소원 량교변
론

二년급 히부리 갈나듸아 신
명긔 삼우엘젼 젼도법 교
회ᄉᆞ긔즁 二百년으로四百
五十년ᄭᆞ지 즁거론 쟝졍규
측 뎨四권 ᄉᆞ민필지

三년급 듸모데젼 에베소 예
레미아 렬왕샹하 에스라
느헤미아 젼도법 교회ᄉᆞ긔
즁四百五十년으로七百五十
년ᄭᆞ지 쟝졍규측 뎨五권ー
뎨六권 인류학

四년급 이사야 요한一、二、三、
셰가리아 말나긔하가 셩교
총론 목ᄉᆞ지법 교회ᄉᆞ긔즁
七百五十년으로ー一千三百
년ᄭᆞ지 쟝졍규측즁 모든례
문 구즁론

△권ᄉᆞ의과졍

一년급 마태 신약총론 창셰긔
구약디지 시一ー三十편 쟝
졍규측즁 二十五 대강의일
것은 고린도 十三〇 시一
편二十二편 열람ᄒᆞᆯ것은 쟝
원량우샹론

二년급 츌애굽 민수긔 구약
총론 신약디지 즘언 뎨살
노니가젼후 쟝졍규측즁 총
측 텬로력졍 외일것은 마
태 五쟝 시五十一편

△속쟝의과졍

누가ᄉᆞ도 감리교문답 셩경도
셜 교우의 ᄃᆡ힝규측 닑을것
은 인가귀도 묘측문답 쥬일
수론

△미감리회본년통계

교당四百七十七쳐 젼도ᄉᆞ一
百七十七인 권ᄉᆞ二百三十九
인 입교인 七千九百九十九인
학습인 八千二百八인 원입인
一만五千九百四十四인 셰례
밧은 ᄋᆞᄒᆡ들 二千二百六十三
인 총계 三만四千七百六十인
쥬일학교 三百十八쳐 교ᄉᆞ一
千十七인 학싱 一만八천九百
二十五인
교당가격十만六千七百三十二
원 ᄌᆞ급슈입六千七百二十二
원 각항슈입三만一千六百二
원 총계三만八천五百四원
남학교九十三쳐 교ᄉᆞ一百五
十인 학싱二千八百五十二인
녀학교五十三쳐 교ᄉᆞ一百十
二인 학싱一千九百六十七인

△년회학습됴례

뎨一됴、만국 교회법측을 의
ᄒᆞ야 四十셰이하된 사름
의게 학습을 허락ᄒᆞᆯ것

뎨二됴、一년급 진급싱의게
학습을 허락ᄒᆞ되 신학교
에셔 공부치 못ᄒᆞᆫ쟈와
ᄯᅩ는 대학교졸업싱 이라
도 년회에셔 작뎡ᄒᆞᆫ 과
졍과 신학교一년급과졍
을 신학교쟝의게 시험ᄒᆞ
고 ᄯᅩ 년회위원의 됴사
를 경ᄒᆞ야 우등셩젹이
잇는사름의게 학습을 허
락ᄒᆞᆯ것

뎨三됴、젼도ᄉᆞ로 감리ᄉᆞ압
헤셔 젼도ᄉᆞ역(事役)을
一ᄀᆡ년간 시험을 경ᄒᆞ야
량호ᄒᆞᆫ 결과가 잇는쟈의
게 학습을 허락ᄒᆞᆯ것

뎨四됴、의ᄉᆞ의게 신톄검사

를 경ᄒᆞ야 건강ᄒᆞᆫ쟈의게 학습을 허락ᄒᆞᆯ것

△장로와 집ᄉᆞ픔밧은 목ᄉᆞ와 젼도ᄉᆞ

장로픔을 밧은목ᄉᆞ는 박봉릭 김광식 안창호 오긔션 김찬흥 변영서졔씨오 집ᄉᆞ픔을 밧은젼도ᄉᆞ는 변학용 한챵셥 신홍식 방족신 졍지관 리진형졔씨더라

●평양디방회

평양디방회셔긔 박션졔씨의 통신을 거ᄒᆞᆫ즉 거五월二十九일노 三十一일ᄭᆞ지 평양 진남포 녕변 三쳐디방회를 평양남산현례비당에셔 기ᄒᆞ엿는ᄃᆡ 기회ᄒᆞ기젼에 몬져 감리ᄉᆞ모리쓰 김창식량씨가 셩만찬례를 힝ᄒᆞᆫ후 모리쓰씨가 승셕ᄒᆞ야 ᄉᆞ무를 쳐리ᄒᆞᆯ시 몬져 각위원을 션뎡ᄒᆞᆫ후 목ᄉᆞ이하도 보단ᄒᆞ고 하오四시로 五시ᄭᆞ지 교육이란문뎨로 연셜ᄒᆞ엿고 三十일에 다시기회ᄒᆞ야 ᄉᆞ무쳐리ᄒᆞᆫ후 하오三시에 일반교우와 남녀학싱을 드리고 뎡거장에 나가 감독히리쓰씨를 영졉ᄒᆞ고 동四시로 五시ᄭᆞ지 금쥬와 단연이란문뎨로 연셜ᄒᆞ고 동三十一일에 다시 기회ᄒᆞ고 ᄉᆞ무를 쳐리ᄒᆞ엿스며 새로 결뎡된일은 젼도ᄉᆞ쥬튁잇는 곳에는 운반ᄒᆞ기 어려운 가구를 다 마련ᄒᆞ기로 작뎡ᄒᆞ고 또 공동묘디법에 ᄃᆡᄒᆞ야 년회에 쳥원ᄒᆞ야 총독부에 교섭ᄒᆞ야 우리교회에셔는 ᄯᅡ로 인가를 엇어 죠션니의 미감리교회는 어ᄃᆡ던지 一치케ᄒᆞ자 ᄒᆞ엿ᄉᆞ며 이회에 모힌수는 一ᄇᆡᆨ二十四인인ᄃᆡ 감리ᄉᆞ가 二인 목ᄉᆞ가 十三인 젼도ᄉᆞ가 三十九인 젼도부인이 十인 신쳔젼도ᄉᆞ가 十九인 권ᄉᆞ가 五十五인니에 신쳔권ᄉᆞ가 十九인이오 기외에 디방쇽쟝파유ᄉᆞ와 탁ᄉᆞ졔씨오 통계표는 셔긔보단에 이三쳐디방에 례비당이 一ᄇᆡᆨ九쳐이오 교인이 一만八ᄇᆡᆨ四十九인인ᄃᆡ 셰례교우가 三千九百五十七인이오 학습이二千二十一인이오 원입일이 四千八百七十一인이오 쥬일학교가 七十四쳐오 남쇼학교가 四十六쳐오 녀쇼학교가 十九쳐오 남녀즁학교가 각一쳐오 一년동안 총슈입ᄒᆞᆫ 금익이 二만二쳔一ᄇᆡᆨ三十九원二젼이며 진남포젼도ᄉᆞ 비형식씨는 평양구골교회로 三화구읍젼도ᄉᆞ 졍길학씨는 진남포교회로 파송되엿더라

●구ᄒᆞ면주시는일

경셩 남대문밧 련화봉교회젼도ᄉᆞ 리흥셔씨의 통신을 거ᄒᆞᆫ즉 이곳은 호수가 一千여호에 지내고 인구가 五千명이나되는 큰동리로셔 하ᄂᆞ님의교회가 업셔 항샹 유감이러니 四五년젼브터 샹동교회에셔 젼도ᄒᆞᆫ 결과로 교회가 셜립되여 날노 흥왕ᄒᆞᆯᄲᅮᆫ아니라 ᄉᆞ촌리와 갈월리두곳에 지교회ᄭᆞ지 셜립되엿는ᄃᆡ 련화봉에는 교우가 一二ᄇᆡᆨ명이오 부쇽녀학교에 학도가 四五十명이니 하ᄂᆞ님의 은혜 감샤ᄒᆞᆷ을 찬숑ᄒᆞ며 겸ᄒᆞ야 그곳교당을 건축ᄒᆞ기로 一반교우들이 열심긔도ᄒᆞ는즁 최경셔씨가 一百五十원 심의셕씨가 一百원 김긔홍 손봉순 송턱슈三씨가 각十원 최인셩 한셰현량씨가 각五원을 긔부ᄒᆞ엿스며 그곳 동쟝신태졍씨는 밋지아니ᄒᆞ는 이로ᄃᆡ 회당건츅ᄒᆞᆫ다는 말을 듯고 三원五十젼을 긔부ᄒᆞ엿스니 하ᄂᆞ님ᄭᅴ셔 합심ᄒᆞ야 긔도ᄒᆞ면 다 일우어주신다고 一반교우가 하ᄂᆞ님 은혜를 감샤ᄒᆞᆫ다 ᄒᆞ엿더라

●신학교졸업식

본월十三일 하오四시에 감리교협셩신학교 뎨二회졸업식을 경셩 종교례비당에셔 거ᄒᆡᆼᄒᆞ엿는ᄃᆡ 그슌셔는 쥬셕목ᄉᆞ하리명씨가 신마실라씨의 쥬악과 목ᄉᆞ최병헌씨의 긔도로 기회ᄒᆞ고 회쟝이 식ᄉᆞ를 간단히 진술ᄒᆞ고 졸업싱리익모씨가「그리스도진리의셰력」이란문뎨로 연셜ᄒᆞᆫ후 찬양ᄃᆡ一동이 창가ᄒᆞ고 또 졸업싱 신홍식씨는「력ᄉᆞ에 하ᄂᆞ님을 나타내심」이란문뎨로 졍지덕씨는「쇽량의가치」란문뎨로 연셜ᄒᆞ고 찬양ᄃᆡ一동이 창가ᄒᆞᆫ후 교쟝이 졸업증셔를 슈여ᄒᆞ고 졸업싱ᄃᆡ표로 최셩모씨가 답ᄉᆞᄒᆞᆫ후 목ᄉᆞ홍종슉씨의 츅ᄉᆞ로 폐회ᄒᆞ엿는ᄃᆡ 당일 졸업싱의 씨함은 여좌ᄒᆞ니

박원빅 리익모 장락도 신홍식 정지관 정지덕 최셩모 김인권 로시좌 방죽신 윤샹은 신셩득 오익표 박영찬 박영셰 신셩희졔씨더라

긔렴연보광고

新溪邑教會 三十錢
仝砧橋教會 三十錢
仝大坪市教會 十錢
仝黑川里教會 六錢
牙山屯浦教會 二十錢
新昌로산教會 二十錢

▲외 보▼

●청산학원쟝의 취임식(就任式)

일본동경 청산학원은 당디 감리교회에 부쇽ᄒᆞᆫ 대학교이라 금츈 동경감리교년회의 결과로 고목임태랑(高木壬太郞)씨가 히학원〻쟝을 피임ᄒᆞ엿슴으로 거五월二十一일에 동학원닉에셔 원쟝취임식을 거ᄒᆡᆼᄒᆞ엿ᄂᆞᆫ디 당일릭빈은 一千二百여인이오 문부대신 오면의인씨와 동경부지〻 죵샹졍씨와 감독 평암션보씨와 미국감리교총티 구로푸오도씨등의 츅ᄉᆞ가 잇셧더라

●관셔학원의 신학교

일본신호관셔학원닉신학교에셔ᄂᆞᆫ 교외교육(校外教育)에 ᄃᆡᄒᆞᆫ 계획(計劃)을 쥰비ᄒᆞ기 위ᄒᆞ야 위션 금년七월즁슌간에 금틱에셔 하긔강습회를열기로 셜비즁이라더라

●죵교교육감독

이젼에ᄂᆞᆫ 일본 문부셩관할밋혜 죵교국이 잇셔셔 죵교학교교ᄉᆞ의 임면(任免)을 감독ᄒᆞ더니 근일에 니르러 죵교국의 필요치아니ᄒᆞᆷ을 셔둣고 히국을 폐ᄒᆞᆫ후에 문부셩에셔 직접으로 죵교학교의 교ᄉᆞ임면과 모든 죵교뎍교육을 감독ᄒᆞᆯ작뎡이라더라

●감독의반년회

미국 미감리교 감독반년회ᄂᆞᆫ 거四월三十일에 찰스돈셩에셔 열엇더라

●덕국의교젹(教籍)

덕국셔 근일에 됴사ᄒᆞᆫ 교젹을 샹고ᄒᆞᆫ즉 젼국닉에 예수교인이 三千九百九十九만一千四百十一인이니 젼국인구의 百분지六十二분 가량이오 텬쥬교인이 二千三百八十二만一千四百五十三인이니 젼국인구의 三十七분 가량이라더라

●ᄌᆞ션가의 유증(遺贈)

고(故)웹니암보든씨ᄂᆞᆫ 미국의 유명ᄒᆞᆫ ᄌᆞ산가로 외국션교ᄉᆞ를 ᄌᆞ원ᄒᆞ야 즁화민국으로 향ᄒᆞ여오다가 즁로에셔 병을 엇어 근일에 셰샹을 떠낫ᄂᆞᆫ디 히씨가 ᄌᆞ긔 쇼유ᄌᆞ산의 젼부를 다 외국션교와 셩경학교에 ᄃᆡᄒᆞ야 좌와ᄀᆞᆺ치 유증ᄒᆞ엿스니 지카고 의빈뉴교당과 무듸셩경학교와 늬우욕셩경학교에 각二十만원식 프린스톤신학학교와 지카고 유대인션교회와 남북장로교외국션교회에 각十만원식 즁화민국닉디션교회에 五十만원 미국셩셔공회와 지카고 예수교셔회와 아프리가닉디션교회와 나일션교회인쇄국에 각五만원식 유증ᄒᆞ엿다더라

긔셔

●태평양젼도록 (쇽)

영국태요한션ᄉᆡᆼ

교회쟝졍을 뎡ᄒᆞ야 샹오七뎜죵에 내가 셩경을 ᄀᆞᄅᆞ친후 남녀와 ᄋᆞ히를 합ᄒᆞ야 빅명에 달ᄒᆞ엿ᄂᆞᆫ디 다 빈한ᄒᆞ여 올때에 람루ᄒᆞᆫ 의복에 신도업더니 ᄎᆞ〻 도를 비ᄒᆞᆫ후로 졈〻 곳쳐 뎌희 몸을 즁히 녁임으로 신도사고 모ᄌᆞ도 작만ᄒᆞ며 졍결ᄒᆞᆫ 의복도 예비ᄒᆞ야 표면샹으로도 만히 변ᄒᆞ엿고 또 뎌희가 ᄒᆞᆼ샹 열심으로 다른 사ᄅᆞᆷ을 다리고 오ᄂᆞᆫ지라 이로인ᄒᆞ야 교회가 졈〻 흥왕ᄒᆞ야 얼마동안 젼도ᄒᆞᆫ 결과ᄂᆞᆫ 크게 ᄌᆞ미를 보왓스니 이ᄂᆞᆫ 허다ᄒᆞᆫ 경영과 쉬이지안코 긔도 ᄒᆞᆷ으로써 일운것이라 젼도직임 가진형뎨들이 쥬일아ᄎᆞᆷ六뎜죵에 모다 각교우의 집을 심방ᄒᆞ고 권면ᄒᆞ야 다 회당에 모히게 ᄒᆞᆫ후 뎌희게 젼도ᄒᆞᆯ시 내가 당쵸에 이와ᄀᆞᆺ치 시작ᄒᆞ야 ᄒᆞᆫ사ᄅᆞᆷ 두사ᄅᆞᆷ ᄎᆞ〻 나와 열심이

더ᄒᆞ매 남녀로쇼를 물론ᄒᆞ고 다 힘을 쓰니 이로 인ᄒᆞ야 서로 ᄉᆞ랑ᄒᆞᄂᆞᆫ ᄆᆞᄋᆞᆷ이 한량업ᄂᆞᆫ지라 례비삼일져녁에 공동긔도회가 될ᄉᆡ 사ᄅᆞᆷ이 만히 모혀셔 회당이 좁으니 내가 셩경을 가지고 절々히 히셕ᄒᆞ야 들니고 더욱 힘써 권면ᄒᆞ엿더니 그 잇흔날져녁에ᄂᆞᆫ 그즁 ᄒᆞᆫ사ᄅᆞᆷ이 교우되기를 원ᄒᆞᄂᆞᆫ고로 내가 요리문답약히를 ᄌᆞ세히 ᄀᆞᄅᆞ쳐 주엇더니 더가 또 지회되기를 원ᄒᆞᄂᆞᆫ고로 내가 쳔거ᄒᆞᄂᆞᆫ 표지를 주엇더라 이ᄀᆞᆺ치ᄒᆞᆫ지 오리지 아니ᄒᆞ여셔 예수의 용밍스러온 군ᄉᆞ가 만히 니러나미 또 여ᄃᆞᆲ사ᄅᆞᆷ이 연보ᄒᆞ야 학교를 셜립ᄒᆞ니 더회ᄂᆞᆫ 처음에 내게 라뎐(羅典)문ᄌᆞ와 헬나글을 비혼사ᄅᆞᆷ들이며 례비五일에ᄂᆞᆫ 쥬일에 쓸 시가(詩歌)를 예비ᄒᆞ고 六일에ᄂᆞᆫ 술금ᄒᆞᄂᆞᆫ 회로 모힐ᄉᆡ 령슈되ᄂᆞᆫ이가 다 교인이라 각々 더회 ᄯᅳᆺ대로 권면ᄒᆞ니 크게 효력이 싱겨셔 허다ᄒᆞᆫ 사ᄅᆞᆷ이 술을 금ᄒᆞ야 다졍ᄒᆞ고 쾌활ᄒᆞᆫ 긔상이 나타나더라 쥬일을 당ᄒᆞ매 젼일 후쥬ᄒᆞ던사ᄅᆞᆷ들이 례비를 보니 하ᄂᆞ님의 도으심이 아니면 금쥬ᄒᆞᄂᆞᆫ 효력이 이ᄀᆞᆺ치 속히 나리오 그때 형평을 말ᄒᆞ쟈면 더사ᄅᆞᆷ이 이사ᄅᆞᆷ의 취ᄒᆞᆫ것을 금ᄒᆞ고 늙은이가 졂은이를 경계ᄒᆞ야 ᄀᆞᆯᄋᆞᄃᆡ 형데여 나의 량심의 칙망을 밧을지어다 사름이 남의 취홈을 금ᄒᆞ지아니ᄒᆞ면 후에 ᄌᆞ긔도 술취ᄒᆞᄂᆞᆫ쟈가 되기 쉬오니 술이 취ᄒᆞ면 목ᄉᆞ의면칙을 면치못ᄒᆞᆯᄲᅮᆫ아니라 스ᄉᆞ로 그몸을 해홈이니 비록 약으로 쓰더라도 조심ᄒᆞᆯ것이라ᄒᆞ야 풍화가 크게 변ᄒᆞ엿더라 이때에 엇던 쇼년이 내게와셔 술금ᄒᆞᄂᆞᆫ 방법을 뭇ᄂᆞᆫᄃᆡ ᄃᆡᄒᆞ야 내가 ᄃᆡ답ᄒᆞ기를 누구던지 술마시던쟈가 ᄌᆞ긔힘으로 비록 그입을 담ᄀᆞᆺ치 막어도 힘이 젹고 다만 하ᄂᆞ님ᄭᅴ 구ᄒᆞ면 힘이 빅비나 더ᄒᆞ다 ᄒᆞ엿노라

(미완)

고(故) 변돈스크란론 부인의 략ᄉᆞ

한셩진명녀학교교ᄉᆞ 여메례황

변돈 스크란론씨ᄂᆞᆫ 의학박ᄉᆞ 스크란론씨의 대부인이니 쥬후一千八뵉三十二년二월十九일에 미국마ᄉᆞ쥬셋도에셔 츌싱ᄒᆞ엿ᄂᆞᆫᄃᆡ 텬셩이 온후ᄒᆞ고 ᄌᆞ질이 특슈ᄒᆞ야 어려셔브터 학업을 힘쓴결과로 너취즁학교에셔 졸업ᄒᆞ고 一千八百五十三년에 스크란론집으로 츌가ᄒᆞ야 가뎡에셔 산업을 다ᄉᆞ리더니 광음이 흐르ᄂᆞᆫ 물결ᄀᆞᆺᄒᆞᆫ지라 거연간 츌가ᄒᆞᆫ지 二十년이되매 그남편 스크란론씨가 불힝히 병을 엇어 신음ᄒᆞᄂᆞᆫ고로 부인이 쥬야로 병셕을 ᄯᅥ나지안코 지셩으로 약셕을 공진ᄒᆞ되 필경은 효험이 업서셔 슬프다 이부인으로 ᄒᆞ여곰 금슬의 락을 영구히 일케ᄒᆞ엿더라 이후로ᄂᆞᆫ 그ᄌᆞ데를 ᄀᆞᄅᆞ치며 공공ᄉᆞ업에 열심죵ᄉᆞᄒᆞ야 각쳐로 슌힝ᄒᆞ면셔 하ᄂᆞ님의 도를 젼파ᄒᆞ더니 하ᄂᆞ님ᄭᅴ셔 죠션에 광명션을 ᄂᆞ리사 一千八百五십오년에 이부인이 죠션션교ᄉᆞ로 쳔망되엿스니 부인계에 외국션교ᄉᆞᄂᆞᆫ 이부인으로 좃차 처음잇ᄂᆞᆫ일이라 一긔ᄋᆞ녀ᄌᆞ로 언어를 통치못ᄒᆞ고 풍속을 모르ᄂᆞᆫ 만리타국에 나오기를 엇지 됴화ᄒᆞ리오마ᄂᆞᆫ 이부인은 조곰도 샤양ᄒᆞᄂᆞᆫ 긔석이 업시 도로혀 깃본ᄆᆞᄋᆞᆷ으로 그히오월二十일에 죠션경셩에 도착ᄒᆞ야 졍동 리화졍터를 뎜령ᄒᆞ고 젼도ᄒᆞᆯ때에 죠션에ᄂᆞᆫ 아직 녀ᄌᆞ교육이 업슴을 개탄ᄒᆞ야 리화학당를 셜립ᄒᆞ고 학싱을 모집ᄒᆞᆯᄉᆡ 식골셔 오ᄂᆞᆫ 학싱의게 편리를 주기위ᄒᆞ야 긔숙샤와 사턱을 건륙ᄒᆞ고 각죵 신구학문을 교슈ᄒᆞ엿스니 죠션녀ᄌᆞ학교의 호시(嚆矢)가 되엿도다 그러나 이때ᄂᆞᆫ 죠션사ᄅᆞᆷ이 셔양사ᄅᆞᆷ을 처음보ᄂᆞᆫᄃᆡ 미신ᄒᆞᄂᆞᆫ쟈의 말이 양인은 죠션사ᄅᆞᆷ의 늙은이ᄂᆞᆫ 잡어셔 물을 먹이고 졂은이ᄂᆞᆫ 잡어 솟에 ᄶᅧ먹으며 ᄋᆞ히들은 잡어 셔양으로 보낸다 홈으로 학교에 보내지아니ᄒᆞᄂᆞᆫ

쟈가 만홀뿐더러 입학ᄒᆞ엿던 녀ᄌᆞ도 도로 나오ᄂᆞᆫ쟈가 잇셧스나 ᄎᆔ후로 그럿치 아니ᄒᆞᆷ을알고 ᄎᆞᄎᆞ 입학ᄒᆞᄂᆞᆫ쟈 만흔고로 학교가 완젼히 셩립되엿더라

또 녀병원을 셜시ᄒᆞ고 여러 사ᄅᆞᆷ의 병을 치료ᄒᆞ여 주되 또 一죵미신쟈의 말이류힝ᄒᆞ기를 양인이 사ᄅᆞᆷ의 눈을 ᄲᆡᆸ아 약을 만들고 ᄇᆞᆰ은 물약은 곳 사ᄅᆞᆷ의 피라ᄒᆞ야 약을 사가지고도 의심이 나셔 내여ᄇᆞ리고 가ᄂᆞᆫ쟈ㅣ잇스며 또 젼도를 듯고ᄂᆞᆫ 텬쥬학징이가 사ᄅᆞᆷ의 심쟝을 변ᄒᆞ야 부모형뎨를 몰나본다ᄒᆞ여 별별말이 만흐되 이부인은 인내심을 발ᄒᆞ여 그대로 힘ᄒᆞ여 나아감으로 필경은 다 셩공ᄒᆞ엿더라

一千八百八十九년에 보구녀관을 셜립ᄒᆞ고 학싱과 부녀의 병을 치료케ᄒᆞ며 一번으로 교회를 확쟝ᄒᆞᆯ시 동대문안에도 교회와 녀병원과 학교를 셜립ᄒᆞ엿고 一千九百六년에 샹동에 큰교회와 학교를 셜립ᄒᆞ엿스니 경셩니 감리교회와 녀학교와 녀병원에 ᄃᆡᄒᆞ야 이부인의 ᄉᆞ법이 뎨一위를 점령ᄒᆞ엿다 ᄒᆞ여도 파흔 말이 아니라ᄒᆞᆯ지로다

경셩이외에도 슈원 쟝지니 룡인 인쳔 공덕리 파쳔 히미 덕산등디에도 이부인이 ᄃᆞᆫ니면셔 복음을 젼파ᄒᆞ여 교회와 학교를 셜립ᄒᆞ엿ᄂᆞ니 이러케ᄒᆞᄂᆞᆫ가온ᄃᆡ 여러쳔명의 령혼을 쥬압흐로 인도ᄒᆞ며 몃만명의병을 치료케 ᄒᆞ엿ᄂᆞᆫ지 이루다말ᄒᆞᆯ수업스며 또 이부인의게 교육을 밧은 녀학싱즁에 젼도인 교ᄉᆞ 간호부등 각죵ᄉᆞ업에 죵ᄉᆞᄒᆞ야 오ᄂᆞᆯ날 부인샤회에 일홈이 나타난쟈도 만히 잇더라

슬프다 사ᄅᆞᆷ의 명은 한이 잇ᄂᆞᆫ지라 一千九百九년十월二일에 이부인의 령혼이 이 셰샹을 ᄯᅥ나 구쥬의 예비ᄒᆞ신 영광스러온 곳으로 올나가고 그 ᄌᆞ데와 ᄌᆞ부도 이 부인의 교훈을 밧어 ᄯᅩᄒᆞᆫ 죵교ᄉᆞ업에 죵ᄉᆞᄒᆞ더라

이 부인이 이와ᄀᆞᆺ치 죠션을 위ᄒᆞ야 그 목숨을 도라보지 안코 여러가지 됴흔ᄉᆞ업을 셩취ᄒᆞ고 필경 죠션에셔 그 육신을 맛치고 오ᄂᆞᆯ날 그유히(遺骸)가 양화진에 뭇쳐잇도다 그럼으로 이 부인을 싱각ᄒᆞᄂᆞᆫ 여러 ᄂᆡ외국 신ᄉᆞ슉녀졔씨ᄂᆞᆫ 부인의 지나간 자최를 긔렴ᄒᆞ기 위ᄒᆞ야 근일 긔렴례비당을 건튝ᄒᆞ기로 경영즁이러라

교회ᄉᆞ긔 (쇽)

괴이부 역슐

뎨三쟝 쥬후二百년으로 칸스탄틘ᄭᆞ지二百二十三년

뎨一관 교회가해를밧음

쥬후一百九十三년으로 二百十一년ᄭᆞ지 셉틔머쓰써븨어쓰가 토마황뎨로 잇셧스니 그위인이 본ᄅᆡ 포악무도ᄒᆞᆫ지라 그러나 맛ᄎᆞᆷ 그ᄯᅢ에 교회가 평안ᄒᆞᆷ을 엇음은 ᄒᆞᆫ신도가 긔도ᄒᆞ야 황뎨의 위즁ᄒᆞᆫ 병을 낫게ᄒᆞᆫ고로 교회가 잠시동안 그의 보호ᄒᆞᆷ을 엇엇더니 나죵에는 처음잇던 ᄆᆞᄋᆞᆷ이 변ᄒᆞ야 칙령을 ᄂᆞ려 사ᄅᆞᆷ들이 교회에 드러감을 금ᄒᆞ니 이럼으로 이굽과 북아프리가와 카톄지 모든 교회사ᄅᆞᆷ들이 해를 만히 밧으니 오리젠의 부친 레안이다쓰기 알렉산드레에셔 죽임을 당ᄒᆞ고 저덕이 겸비ᄒᆞᆫ 녀인ᄒᆞ나도 잡혀가 처음에는 혹형을 당ᄒᆞ고 나죵에는 군ᄉᆞ의게 맛겨욕을 보이게ᄒᆞ되 이녀인이 죽기로써 막고 욕을 면ᄒᆞᆫ후에 그어머니와 ᄒᆞᆷᄭᅴ 끌난 가마물에 던져 죽이니 그후에 ᄒᆞᆫ군ᄉᆞ가 그녀인의 굿센ᄆᆞᄋᆞᆷ으로써 쥬를 셤김을 싱각ᄒᆞ여보고 ᄌᆞ연 ᄆᆞᄋᆞᆷ이 감동되여 교회에 드러왓다가 ᄌᆞ긔쟝관(長官)의게 버힘을 당ᄒᆞ고 카톄지교회가 ᄯᅩᄒᆞᆫ 해를 이ᄀᆞᆺ치 당ᄒᆞ엿스나 그러나 그ᄯᅢ에 두녀인이 잇스니 ᄒᆞᆫ부인의 일홈은 퍼핏ᄶᅡ아오 ᄯᅩᄒᆞᆫ 부인은 필니시나라 이두부인은 만틔너쓰의 교회를 좃ᄂᆞᆫ쟈니 모든 환란즁에도 예수를 증거ᄒᆞ여 지금ᄭᆞ지 셩명이 나타낫스니 대개 퍼핏ᄶᅡ아ᄂᆞᆫ 셰가(勢家)의 녀ᄌᆞ로 잡혀 옥에 갓치매 그졋먹ᄂᆞᆫ 어린ᄋᆞᄒᆡ를 ᄲᅢ앗ᄂᆞᆫ지라 그아바지ᄂᆞᆫ 밋지아니ᄒᆞᄂᆞᆫ고로 옥

에 나가서 울며 널니ᄀᆞᆯᄋᆞᄃᆡ 「네가 엇지ᄒᆞ야 네부모와 어린ᄋᆞᄒᆡ를 ᄉᆡᆼ각지 아니ᄒᆞ고 예수의 도를 ᄇᆞ리지 안ᄂᆞ뇨」 그부인이 ᄃᆡ답ᄒᆞ여왈 내가 아바지의 명령을 좃차 그깃분 ᄆᆞᄋᆞᆷ을 엇고져ᄒᆞ나 더욱 하ᄂᆞᆯ아바지의 ᄯᅳᆺ을 좃차 그의게 더욱 깃븜을 엇고져ᄒᆞᄂᆞ이다 ᄒᆞ더라 그후에 필니시나와ᄀᆞᆺ치 져쟈(市場)에서 목을 베힐셔 두부인이 시를 흠ᄯᅢ 노래ᄒᆞ고 쥬를 찬용ᄒᆞ며 조곰도 두려워ᄒᆞᆷ이 업ᄂᆞᆫ지라 처음에ᄂᆞᆫ 들소(野牛)의게 던져 ᄲᅳᆯ노밧아 거의 죽게된후에 죽이니라 쥬후二百十八년으로 二十二년에 카리알나쓰가 황뎨가 되니 이ᄂᆞᆫ 쇼시에 태양신(太陽神)의게 졔ᄉᆞᄒᆞ던 졔ᄉᆞ장으로 잇던쟈ㅣ라 그사ᄅᆞᆷ됨이 황음무도(荒淫無道)ᄒᆞ고 졍ᄉᆞ에 게으르며 텬하에 모든 교회를 합ᄒᆞ야 ᄒᆞ나를 ᄆᆞᆫ늘고 ᄉᆞᄉᆞ로 교쥬가 되고져ᄒᆞᆷ으로 이ᄯᅢ에ᄂᆞᆫ 교회에셔 해를밧지 아니ᄒᆞ엿고 그후에 알력산드레써비어쓰가 황뎨위에 나아가매(주후二百二十三년 오로二百三十五년) ᄯᅩᄒᆞᆫ 교회를 해ᄒᆞ지안코 희랍국에 셩리학을 즁히녀여 대궐안에 모든 셩현의 ᄉᆞ진을 거럿스니 그즁에 아브라함과 예수씨의 ᄉᆞ진도 잇ᄂᆞᆫᄃᆡ 다 슝봉ᄒᆞ고 예수의 말ᄉᆞᆷ에 「네가 놈의게 ᄃᆡ졉을 밧고져ᄒᆞ거든 너도 놈을 ᄃᆡ졉ᄒᆞ라」ᄒᆞ신말ᄉᆞᆷ을 룡샹우편에 삭여붓쳣더라 (미완)

셩경공부의지침(속)

뎨九、뎨十칙은 삼우엘젼후서니 나죵 두ᄉᆞᄉᆞ 곳 엘니와 삼우엘의 시말(始末)과 이스라엘과 유대국왕들의 쇼년ᄉᆞ긔를 긔록ᄒᆞᆫ것인ᄃᆡ 삼우엘과 나단의 져술이니라

뎨十一、뎨十二칙은 렬왕긔 샹하권이니 여러왕의 ᄉᆞ긔라 여러션지가 져술ᄒᆞ고 예레미아나 혹 에스라가 편집ᄒᆞᆫ 것이니라

뎨十二、十四칙은 력ᄃᆡ샹하권이니 렬왕긔에 잇ᄂᆞᆫ 말ᄉᆞᆷ을 거듭긔록ᄒᆞᆫ것이 만흐나 대개 유대국ᄉᆞ긔를 만히 말ᄒᆞ야 죵말에ᄂᆞᆫ 유대왕들이 바빌논으로 잡혀가고 예루살넴이 불에 탄 ᄉᆞ젹으로 써 맛쳣ᄂᆞ니 유대인들은 이칙을 일긔(日記)라 칭ᄒᆞ고 져술쟈ᄂᆞᆫ 에스라인줄노 밋ᄂᆞ니다 (미완)

●바울의ᄉᆞ젹 (속)

二十、소아셰로 단이며 뎨삼ᄎᆞ 젼도ᄒᆞᆷ과 에베소에셔 두류ᄒᆞᆷ ᄯᅩ계속ᄒᆞ여 슌힝ᄒᆞ여 션교ᄒᆞ니 소아셰아 희변가흐로 것쳐 여러곳을 심방ᄒᆞ니 뎨삼ᄎᆞ 슌힝젼도ᄒᆞᆫ거시 길고오리ᄒᆞ엿스며 ᄀᆞ장로력ᄒᆞ엿스나 ᄉᆞ도ᄒᆡᆼ젼을 긔록ᄒᆞᆫ 누가가 너무 간략히 며술ᄒᆞᆫ연고로 우리가 보고비홀말이 적으니라 이ᄯᅢᄂᆞᆫ 강ᄉᆡᆼ후 五十五년 가량이요 나죵에ᄂᆞᆫ 에베소에 이르러 두류ᄒᆞ니라 (미완)

◎가뎡과쇼ᄋᆞ

●원숭의 작란이 곳ᄋᆞᄒᆡ들의작란

ᄒᆞᆫ원숭이가 엇던ᄋᆞᄒᆡ를 ᄯᆞ라 글방에 드러갓더니 여러ᄋᆞᄒᆡ들이 돌녀가며 원숭을 희롱ᄒᆞᆯ셔 ᄒᆞᆫᄋᆞᄒᆡ가 우스며 원숭이도 옷고 다른 ᄋᆞᄒᆡ가 돌을 던지매 원숭이도 ᄯᅩᄒᆞᆫ 돌을 던지고 ᄯᅩ 다른 ᄋᆞᄒᆡ가 원숭의 ᄭᅩ리를 붓잡고 털을 ᄲᅢᆸ으매 원숭이도 그ᄋᆞᄒᆡ의 머리ᄯᅡ온것을 붓잡고 머리털을 ᄲᅢᆸᄂᆞᆫ지라 그ᄋᆞᄒᆡ가 소래를 지르며 구원ᄒᆞ여 달나ᄒᆞ거ᄂᆞᆯ 맛참 션ᄉᆡᆼ이 밧그로 브터 드러오다가 그광경을 보고 그 원숭을 붓잡으니 여러ᄋᆞᄒᆡ들이 그놈을 ᄯᅡ리려ᄒᆞᆫᄃᆡ 션ᄉᆡᆼ왈 불가ᄒᆞ도다 그원숭의 ᄒᆡᆼᄒᆞᆫ 일은 다 너희가 몬져ᄒᆡᆼᄒᆞᆫ 일이라 만일 너희가 됴ᄒᆞᆫ 모범을 보여주엇더면 그것도 반ᄃᆞ시 그와ᄀᆞᆺ치 숭내내엿슬 것을 너희가 몬져 악희(惡戲)를 ᄒᆞᆷ으로 그것도 ᄯᅩᄒᆞᆫ 본밧은것이라 이로 미루어보건ᄃᆡ 너희가 너희보다 어린동ᄉᆡᆼ이나 동모의게 ᄃᆡᄒᆞ야 一호라도 조심치 못ᄒᆞᄂᆞᆫ ᄒᆡᆼ동이 잇스면 뎌희가 곳 너희ᄒᆡᆼ동을 본밧기를 이원숭이와 ᄀᆞᆺ치ᄒᆞᆯ지니 너희ᄂᆞᆫ ᄆᆡ양 너희ᄭᅵ리 잇슬ᄯᅢ라도 몸을 단졍히 가지라ᄒᆞ엿더라

七

세계격언

一 셩공은 로력(勞力)으로 좃차오ᄂᆞᆫ것이오 희망으로 좃차오ᄂᆞᆫ것은 아니니라

二 덕(德)은 향긔잇ᄂᆞᆫ 물건과 ᄀᆞᆺᄒᆞ셔 파쇄(破碎)ᄒᆞᆯ사록 더욱 향긔가 진동ᄒᆞᄂᆞ니라

三 후회ᄂᆞᆫ 임의 일허ᄇᆞ린 덕힝의 반향(反響)이니라

四 ᄌᆞ긔의 허믈을 가리우기 위ᄒᆞ야 거즛말을 ᄒᆞᄂᆞᆫ쟈ᄂᆞᆫ 허믈우에 죄를 더ᄒᆞᄂᆞᆫ쟈니라

五 학문업시 경험을 엇ᄂᆞᆫ것이 경험업시 학문에 달ᄒᆞᄂᆞᆫ것보다 우승(優勝)ᄒᆞ니라

실업

●농ᄉᆞ강습요항 (쇽)

二十三 벼의 츄슈ᄒᆞᆷ

벼를 타작ᄒᆞᆷ에ᄂᆞᆫ 반ᄃᆞ시 도급긔(稻扱器)로 망셕우에 ᄡᅥ러 모래와 잔돌이 셕기지 안토록 ᄒᆞᄂᆞᆫ것이 대단히 필요ᄒᆞ며 작미를 ᄒᆞᄂᆞᆫ 경우에ᄂᆞᆫ 아모됴록 청미와 피와 졀미와 모ᄅᆡ와 잔돌이 업도록 ᄒᆞ여야 될지니라

담총

●도적도 회ᄀᆡᄒᆞ면 됴흔 사ᄅᆞᆷ

홍판셔 긔셥은 텬셩이 쳥렴ᄒᆞ야 지물을 탐ᄒᆞ지 아니ᄒᆞᆷ으로 가세가 미우 빈한ᄒᆞ더니 하로밤은 엇던 절도가 감안히 그집에 드러가 왼집을 다 슈탐ᄒᆞ되 불고 쓰른듯ᄒᆞ여 가져갈것이 ᄒᆞ나도 업거놀 도적도 도로혀 측은히 싱각ᄒᆞ여 제가 가젓던돈 닐곱량을 ᄉᆞᆺ가온ᄃᆡ 너코 갓더라 그 잇흔날 아ᄎᆞᆷ에 계집죵이 됴화셔 뛰놀며 그돈을 갓다 드리거놀 공왈 누가 그돈을 일헛ᄂᆞᆫ뇨 ᄒᆞ고 곳 광고를 써셔 대문에 붓쳐왈 「돈일흔쟈ᄂᆞᆫ 곳 차져가라 과연 엇던쟈가 차져왓ᄂᆞᆫᄃᆡ 그셩은 류(劉)라 홍공이 그 온ᄯᅳᆺ을 무론ᄃᆡ 류모ᄃᆡ왈 엇지 ᄉᆞᆺ가온ᄃᆡ 돈 일흘리치가 잇슴나잇가 쇼인이 과연 간밤에 절도의 힝식으로 ᄃᆡᆨ에 드러왓슴다가 대감ᄃᆡᆨ이 너머 청한(淸寒)ᄒᆞᆷ을 민망히 녁여 그돈을 두고갓삽나이다 ᄒᆞ거놀 공이 그돈을 내여주며 가지고 가기를 지촉ᄒᆞᆫᄃᆡ 류모가 눈물을 흘녀왈 동시 사ᄅᆞᆷ으로 대감은 엇지 그리 착ᄒᆞ시고 쇼인은 엇지 그리 악ᄒᆞᆫ잇가 쇼인이 다시는 도적질을 아니ᄒᆞ겟ᄉᆞ오니 이돈을 밧으시옵쇼셔 ᄒᆞᆫᄃᆡ 공왈 네가 회ᄀᆡᄒᆞᄂᆞᆫ것은 미우 됴흐며 돈은 가지고 가라ᄒᆞ엿더라 그후에 류모가 ᄯᅡ연 량민이 되여 자조 ᄃᆞᆫ니ᄆᆡ 공이 ᄯᅩᄒᆞᆫ 긔특히 녁여 미ᄉᆞ에 신임ᄒᆞ더니 그후에 공의 ᄌᆞ뎨 지룡이 헌죵죠부원군이 되매 류모를 미우 신임ᄒᆞᆷ으로 류모도 큰 부쟈가 되엿더라

그리스도회보

KOREAN CHRISTIAN ADVOCATE

每週一回月曜日發行
大正二年六月二十五日印刷
大正二年六月三十日發行

發行兼編輯人 開城北部山芝峴 奇義男
印刷人 京城北部樓閣洞 朴東完
印刷所 京城南部上犂洞 新文館
發行所 京城北部壯洞四十三統三戶 呂炳鉉邸

딗금代金 一장 二젼 六ᄀᆡ월 四十젼 一ᄀᆡ년 八十젼 海外一ᄀᆡ년 一환六十젼

사셜

●죄악의 능력

므릇 죄라ᄒᆞᄂᆞᆫ것은 우흐로 하ᄂᆞ님ᄭᅴ 디ᄒᆞ야 그계명을 범ᄒᆞ고 그률법을 어긔며 그 도덕을 ᄯᅥ나고 아래로 사ᄅᆞᆷ의게 디ᄒᆞ야 맛당히 힝ᄒᆞᆯ것을 힝치아니ᄒᆞ며 맛당히 힝치못ᄒᆞᆯ것을 힝ᄒᆞᄂᆞᆫ 모든 량심에 붓그러온일이니 텬싱셩인이 아니면 죄업ᄂᆞᆫ 사ᄅᆞᆷ이 누가 잇스리오 그럼으로 ᄉᆞᄉᆞ로 죄가 업다고 말ᄒᆞᄂᆞᆫ쟈ᄂᆞᆫ 그죄를 능히 알지 못ᄒᆞᄂᆞᆫ쟈오 그죄를 알지못ᄒᆞᄂᆞᆫ쟈ᄂᆞᆫ 능히 곳치지못ᄒᆞ고 죄악즁에셔 허덕허덕ᄒᆞ다가 그결과ᄂᆞᆫ 그령혼이 영원ᄒᆞᆫ 침륜ᄒᆞ고초를 면치못ᄒᆞᆯ지니 두렵고 두렵도다 죄의 능력이여 이제 죄의 능력을 분별ᄒᆞ야 말ᄒᆞ건ᄃᆡ 一은 죄가 사ᄅᆞᆷ을 미혹(迷惑)케 ᄒᆞᄂᆞᆫ 능력을 가젓스니 누구던지 죄에 ᄲᅡ지기 젼에야 죄짓기를 돌게녁일쟈ㅣ 업지마ᄂᆞᆫ 엇지되여 죄의 롱락즁(籠絡中)으로 ᄒᆞᆫ번 잇글녀드러가면 죄가 령혼을 죽이ᄂᆞᆫ 위험ᄒᆞᆫ 함정인줄 모르고 도로혀 평탄ᄒᆞᆫ길노 보고 의심업시 ᄃᆞᆫ니ᄂᆞ니 비컨ᄃᆡ 썩은 조긔(鮑魚)젼에 드러간쟈 죵일 그ᄂᆡ암ᄉᆡ를 맛흐면 그ᄂᆡ암ᄉᆡ의 악ᄒᆞᆫ줄 모르ᄂᆞᆫ것 ᄀᆞᆺ도다 二ᄂᆞᆫ 죄가 숨길수업ᄂᆞᆫ 능력을 가젓스니 대뎌 사ᄅᆞᆷ의 ᄆᆞᄋᆞᆷ이 ᄒᆞᆫ번 이ᄌᆞ러지매 신의 눈이 번ᄀᆡ갓ᄒᆞ셔 그 폐간(肺肝)을 다 드려다 보실지라 그런즉 이ᄂᆞᆫ 하ᄂᆞ님압헤 숨길수 업습이오 혹 어두운가온ᄃᆡ셔 죄지은것을 사ᄅᆞᆷ은 알쟈ㅣ 업다고 싱각ᄒᆞᆯ지나 속에 잇ᄂᆞᆫ쟈ㅣ 반ᄃᆞ시 밧긔 드러나ᄂᆞ니 비록 입으로 말은 아니ᄒᆞᆯ지라도 ᄌᆞ연히 형ᄉᆡᆨ(形色)에 나타나셔 필경 남이 다 알지니 이ᄂᆞᆫ 셔국엇던도덕가의 닐온바 ᄒᆞᆫᄯᅢᄂᆞᆫ 잠시 속일수 잇스나 장구히 속일수업스며 ᄒᆞᆫ사ᄅᆞᆷ은 속일수잇스나 여러사ᄅᆞᆷ은 속일수 업습이오 동양셩현의 말ᄉᆞᆷ에 숨은것이 드러나지 아님이 업다(無隱不顯)ᄒᆞ심이라 三은 죄가 사ᄅᆞᆷ으로 ᄒᆞ여곰 분리(分離)케ᄒᆞᄂᆞᆫ 능력을 가젓스니 사ᄅᆞᆷ이 ᄒᆞᆫ번 죄에 범ᄒᆞ면 그ᄆᆞᄋᆞᆷ이 날노 ᄯᅥ러져셔 션ᄒᆞᆫ 사ᄅᆞᆷ과 ᄀᆞᆺ치쳐ᄒᆞ야 도덕의 졍론을 드르면 아모ᄌᆞ미업고 ᄯᅩᄒᆞᆫ 귀에 거ᄉᆞ림을 셰ᄃᆞ러 젼에 친밀ᄒᆞ던 사ᄅᆞᆷ으로 더브러 서로 ᄯᅥ날ᄲᅮᆫ아니라 심지어 부모형뎨, 쳐ᄌᆞ식지도 서로 화합지 못ᄒᆞᆫ즉 셰샹에 용납지 못ᄒᆞᆯ 사ᄅᆞᆷ이 되여 사ᄅᆞᆷ이 더를 멀니ᄒᆞ며 하ᄂᆞ님ᄭᅴ셔도 더를 멀니ᄒᆞ시리로다 그러면 엇더케 이죄악의 능력을 이긜수 잇ᄂᆞ뇨 사ᄅᆞᆷ이 ᄒᆞᆫ번 죄의 죵이 된 후에는 ᄌᆞ긔의 힘과 ᄌᆞ긔의힝홈으로 써 이능력을 이긜수 업고 오직 무소불능ᄒᆞ신 하ᄂᆞ님의 독싱ᄌᆞ 예수그리스도의 힘을 빌어야 능히 죄악을 이긜지니 누구던지 이런경우를 당ᄒᆞᆫ쟈ᄂᆞᆫ 곳 쥬압헤 나와셔 모든 죄를 ᄌᆞ복ᄒᆞ고 밋ᄂᆞᆫᄆᆞᄋᆞᆷ으로 긔도ᄒᆞ면 반ᄃᆞ시 셩신의 능력을 주샤 죄를 능히 보고 능히 거졀케ᄒᆞ심으로 서로 머러젓던 하ᄂᆞ님으로 더브러 다시 갓갑고 서로 ᄯᅥ낫던 사ᄅᆞᆷ과도[illegible]다시합ᄒᆞᆯ수잇스니『쥬져(躊躇)말고 나아올진져

누가十五장을보시오

교회통문

▲뎌 보▼

●쥬일학교총ᄃᆡ도구(渡歐)

만국쥬일학교대회는 오는七월八일브터 셔ᄉᆞ국수리취셩에셔 ᄀᆡᄒᆞᆷ은 본보에 임의 게ᄌᆡᄒᆞ엿거니와 경셩비지학당 쟝신홍우씨는 죠션쥬일학교를 ᄃᆡ표ᄒᆞ야 ᄒᆡ회에 참셕ᄒᆞ랴고 일젼에 출발ᄒᆞ엿더라

●미감리교회의규측ᄀᆡ뎡됴건

작년五월에 미국 미니아폴늬스셩에셔 ᄀᆡᄒᆞᆫ 미감리교회총의회에셔 본교회 규측즁 ᄀᆡ뎡된됴건이 몃가지 잇기에 이에 긔ᄌᆡᆨᄒᆞ야 경향간 형뎨ᄌᆞ매의게 아시게ᄒᆞ노라

규측뎨六쟝뎨一관 디방회의조직

디방회는 디방ᄂᆡ 각구역에 슌힝목ᄉᆞ와 쥬지젼도ᄉᆞ와 권ᄉᆞ와 디방유ᄉᆞ와 쥬일학교교감과 에벗청년회々쟝과 녀보호회々쟝과 외국녀션교회조력쟈회々쟝과 국ᄂᆡ녀션교회됴력쟈회々쟝과 또 우리교회외 평신도요 디방ᄂᆡ 계삭회ᄉᆞ원이오 외국션교회나 외국녀션교회에셔 외국에 파송ᄒᆞᆷ을 밧앗던쟈가 모혀셔 회의ᄒᆞᄂᆞ니 만一 쥬일학교々감이나 쇽쟝이나 에벗청년회々쟝이나 감리교회천ᄋᆡ회회쟝이나 녀보호회々쟝이나 외국녀션교회조력쟈회々쟝이나 국ᄂᆡ녀션교회조력쟈회々쟝이니 한구역안에 一인이샹이 되거던 계삭회에셔 총ᄃᆡ一인을 션뎡ᄒᆞ야 디방회에 참예케ᄒᆞᆷ지니라

뎨七쟝뎨一관 계삭회의조직

계삭회는 구역ᄂᆡ에 슌힝목ᄉᆞ들과 쥬지젼도ᄉᆞ들과 권ᄉᆞ들과 에벗청년회회쟝들과 후진청년회々쟝들과 감리교천ᄋᆡ회々쟝들과 녀보호회々쟝들과 외국션교회조력쟈회々쟝들과 외국녀션교회조력쟈회々쟝들과 본구역ᄂᆡ에 입교인된 녀집ᄉᆞ들을 본구역계삭회ᄉᆞ원으로 허입ᄒᆞᆯ것이오 또우리교회에 평신도요 감독이 지뎡ᄒᆞᆫ일노 외국션교회나 외국녀션교회에셔 외국에 파송ᄒᆞᆷ을 밧앗던쟈도 참예케 ᄒᆞᆷ지니라

션교회련합총회

(一)구라파련합총회

1	오지리와흉아리	년환회
2	쎌가리아	년환회
3	뎡말	ᄆᆡ년회
4	핀란드	ᄆᆡ년회
5	법국	년환회
6	아다리아	ᄆᆡ년회
7	덕국북방	ᄆᆡ년회
8	나위	ᄆᆡ년회
9	아라ᄉᆞ	션교회
01	덕국남방	ᄆᆡ년회
11	셔뎐	ᄆᆡ년회
21	셔셔	ᄆᆡ년회

(二)아셰아동방련합총회

1	즁화민국즁앙	ᄆᆡ년회
2	죠션	ᄆᆡ년회
3	일본동방	션교ᄉᆞ회
4	일본셔방	션교ᄉᆞ회
5	즁화민국복쥬	ᄆᆡ년회
6	즁화민국흥화	ᄆᆡ년회
7	즁화민국북방	ᄆᆡ년회

(三)아셰아남방련합총회

1	셍갈	ᄆᆡ년회
2	쌤빼이	ᄆᆡ년회
3	셤라	션교회
4	인도즁앙	션교회
5	말레시아	ᄆᆡ년회
6	인도북방	ᄆᆡ년회
7	인도셔방	ᄆᆡ년회
8	비률빈군도	ᄆᆡ년회
9	인도남방	ᄆᆡ년회

●ᄌᆡ물을 하ᄂᆞᆯ에 싸흠

강원도 횡셩군 한슌빅씨의 통신을 거ᄒᆞᆫ즉 경긔도 젹셩읍교회 리이빅가부인은 쇼년과거로 근근ᄉᆡᆼ활ᄒᆞ면셔도 무엇을 ᄒᆞ던지 열심이 만ᄒᆞ셔 쥬를 밋기젼에 감악산 부쳐의게 불공ᄒᆞᆷ으로 극락셰계에 갈줄알고 지셩으로 불공ᄒᆞ더니 혹 예수를 밋으라권ᄒᆞ면 ᄃᆡ답ᄒᆞ기를 나는 다른신을 숭ᄇᆡᄒᆞ니 내게는 젼도말나ᄒᆞ던 부인이라 하ᄂᆞ님ᄭᅴ셔 이부인을 불샹히 보샤 헛된것을 거졀ᄒᆞ고 쥬를 밋게ᄒᆞ신지라 밋ᄂᆞᆫ날브터 시죵이 여一ᄒᆞ게 열심으로 쥬를 ᄉᆞ랑ᄒᆞ며 말ᄒᆞ기를 이셰샹의 누구던지 올ᄯᅢ에도 하ᄂᆞ님ᄭᅴ셔 인도ᄒᆞ시고 이셰샹에 잇슬동안에도 하ᄂᆞ님ᄭᅴ셔 보호ᄒᆞ시고 죽은후에 그령혼도 하ᄂᆞ님ᄭᅴ셔 인도ᄒᆞ시ᄂᆞ니 나의잇

는 지산이 만치못ᄒᆞ나 내가 본ᄅᆡ 이셰샹에 올때에 공슈로 왓슨즉 엇지 하ᄂᆞ님의 일에 쓰기를 앗기리오ᄒᆞ고 젼々푼々히 모흔지물즁 졍조五十셕을 교회에 연보ᄒᆞ엿스니 일노보면 이부인의 밋음과 열심을 가히알것이라 ᄒᆞ엿더라

●회양의새례비당

강원도 회양군 김샹하씨의 동신을 거ᄒᆞᆫ즉 동군 쟝양면 탑거리교회 졍긔셩씨는 본ᄅᆡ 복슐(卜術)로 업을 삼더니 三년젼에 쥬압흐로 나아와셔 쥬를 독실히 밋고 가족을 열심으로 권면ᄒᆞ고 ᄀᆞᄅᆞ치며 권ᄉᆞ김영八씨와 합심ᄒᆞ야 젼도ᄒᆞᆫ 결과로 금년봄에 六간 집을 사셔 슈리ᄒᆞ고 교우二十여명이 례비ᄒᆞ니 졍형뎨의 이젼력ᄉᆞ와 밋은후 결과는 츰 회한ᄒᆞᆫ일이라고 ᄒᆞᆫ다더라

●고씨의신령뎍부요

황히도 신계군 대평시교회 고광운씨는 十여년젼에 쥬를 밋고 이셰샹의 졍욕을 온젼히 거절ᄒᆞ고 밋음이 날노긋건ᄒᆞ야 비록 빈한ᄒᆞ나 ᄌᆞ긔의 곤난ᄒᆞᆷ을 불고ᄒᆞ고 모든 사ᄅᆞᆷ의게 젼도ᄒᆞ는ᄃᆡ ᄒᆞᆫ사ᄅᆞᆷ이 반ᄃᆡᄒᆞ여왈 그ᄃᆡ는 예수를 밋어 복을 만히밧엇다면셔 엇지그리 빈한ᄒᆞ냐ᄒᆞ거놀 고씨가 ᄃᆡ답ᄒᆞ되 그ᄃᆡ는 츰부쟈를 아지못ᄒᆞ는도다 이셰샹에셔 지물이 만흔 유형뎍부ᄌᆞ는 다 잇다가 업셔질것이거니와 나의 무형ᄒᆞᆫ 신령뎍부쟈는 영원히 업셔지지 아니ᄒᆞᆯ부쟈니 내가 비록 육신으로는 이와ᄀᆞᆺ치 빈한ᄒᆞ나 만一 이셰샹부쟈로는 내ᄆᆞ옴을 감히 음란케 못ᄒᆞ리라ᄒᆞ고 ᄒᆞᆼ샹 깃분ᄆᆞ옴으로 하ᄂᆞ님ᄭᅴ 찬숑ᄒᆞᆫ다ᄒᆞ엿더라

●뎨쳔군의깃분쇼식

츙북 뎨쳔읍 젼도ᄉᆞ 리은영씨의 통신을 거ᄒᆞᆫ즉 히읍 류명심 쟝즁샹량씨는 본ᄅᆡ 슐장ᄉᆞ로 위업ᄒᆞ더니 몃히젼브터 쥬를 밋노라고 말은ᄒᆞ나 ᄒᆞᆼ샹 의심ᄒᆞ더니 금년봄에 부흥회로 모힐때에 량씨가 몬져 죄를 회ᄀᆡᄒᆞᆷ으로 학습인으로 밧은후로 슐장ᄉᆞ를 폐ᄒᆞ고 집안식구와 합ᄒᆞ야 쥬를 셤기며 근동으로 ᄃᆞᆫ니며 젼도ᄒᆞᆷ으로 十여명교우가 모히더니 지금은 四十여명이 례비ᄒᆞ니 량씨의 열심을 인ᄀᆡ 칭숑ᄒᆞᆫ다더라

●유년쥬일학교

황히도 금천 동화면 ᄂᆡ남동교회 림광익씨의 통신을 거ᄒᆞᆫ즉 쇽장 라슌화씨는 교회일을 열심으로 ᄒᆞ는즁 작년봄브터 유년쥬일학교를 조직ᄒᆞ고 쥬일오후에 어린ᄋᆞ회들을 모화 하ᄂᆞ님의 말ᄉᆞᆷ을 ᄀᆞᄅᆞ칠시 동씨가 긔셩디방회에 참예ᄒᆞ야 유년쥬일학교의 모범을 비화 가지고 도라와셔 그모범대로 유년학싱을 ᄀᆞᄅᆞ치며 슈용되는물픔을 청구ᄒᆞ야 四월브터 시작ᄒᆞ엿는ᄃᆡ 교우제씨가 유년쥬일학교의 ᄌᆞ미잇는것을 보고 깃분ᄆᆞ옴을 이긔지 못ᄒᆞ니 이학교셜립된것을 하ᄂᆞ님ᄭᅴ 감샤ᄒᆞᆫ다ᄒᆞ엿더라

◀외 보▶

●긔독학교의교육총회

일본젼국ᄂᆡ에 긔독교쥬의로 셜립ᄒᆞᆫ 각학교의 교육총회는 본월七일에 동경명치학원신학교ᄂᆡ에셔 ᄀᆡᄒᆞ엿는ᄃᆡ 각쳐각학교의 ᄃᆡ표가 출셕ᄒᆞ야 몬져긔독교젼문대학교창립위원의보고를 드른후 향일 미국 목뎍션싱의 교육방침에 ᄃᆡᄒᆞᆫ 연구위원三인을 션뎡ᄒᆞ고 ᄯᅩ 각쳐학교의 현샹(現狀)을 됴사ᄒᆞ기위ᄒᆞ야 위원七인을 션뎡ᄒᆞ고 젼국긔독학교롱一ᄒᆞᆯ 방법을 베프러 실힝ᄒᆞ기로결뎡ᄒᆞ엿다더라

●팔년동안의셰례인

인도국ᄂᆡ에 우리감리교회가 흥왕ᄒᆞᆷ은 우리가 임의 짐작ᄒᆞ거니와 지나간 八년동안에 감리교회에서 셰례밧은 교도가 도합二十만명에 달ᄒᆞ엿다더라

●二十명의 새션교ᄉᆞ

미국남쟝로교회에서 작년즁에 새로션교ᄉᆞ二十명을 죠션에 파송ᄒᆞ엿다더라

●슐집은 죄의제죠소(製造所)

미국남방엇던 법관이 근일에 ᄌᆞ셰히 됴사ᄒᆞᆫ바를 거ᄒᆞᆫ즉 잇흘동안에 졉슈ᄒᆞᆫ 형ᄉᆞ소송(刑事訴訟)三十八건즁에 슐

三

집에 관계된것이 二十一건이라ᄒᆞ엿더라

긔셔

●태평양젼도록 (쇽)

영국태요한 션ᄉᆡᆼ

므릇 내가 군구ᄒᆞᄂᆞᆫ것은 목ᄉᆞ가 되던지 외국션교ᄉᆞ가 되던지 교회임원이 되던지 쥬일학교교ᄉᆞ가 되던지 집에잇던지 교회에잇던지 이셰샹에셔 구쥬를 위ᄒᆞ야 힘을쓰매 도모지 술을 금ᄒᆞ기로 ᄆᆞᄋᆞᆷ에 원ᄒᆞ며 또 담비먹ᄂᆞᆫ일에 ᄃᆡᄒᆞ여셔도 내가 증거ᄒᆞᆯ것은 허다ᄒᆞᆫ 해가잇고 죄에 ᄲᅡ질것이니 비록 술ᄀᆞᆺ치 심ᄒᆞ지ᄂᆞᆫ 아니ᄒᆞ나 다쇼간 죄되기ᄂᆞᆫ 一반이라 누구던지 담비를 먹으면 ᄃᆡ면도 손샹ᄒᆞ고 몸을 닥금에 도모지 무익ᄒᆞᆫ쥭 단연(斷烟)ᄒᆞᆷ은 가히 아ᄅᆞᆷ다온 일ᄒᆞᆷ을 직히며 악ᄒᆞᆫ일을 피ᄒᆞ고 구쥬를 좃ᄂᆞᆫᄃᆡ 조곰도 흠뎜이 업게ᄒᆞᆷ이니 이 두가지 ᄉᆞ욕을 끈ᄂᆞᆫ 사ᄅᆞᆷ은 나ᄂᆞᆫ 구쥬의 진실ᄒᆞᆫ 문도로 알고 하ᄂᆞ님ᄭᅴ 찬양ᄒᆞ리로다 내가 ᄉᆞᄉᆞ로 ᄌᆞ랑ᄒᆞᄂᆞᆫ 말이 아니라 셩경에 ᄀᆞᄅᆞ쳣스니 므릇 죄를 ᄇᆞ리고 션을구ᄒᆞᄂᆞᆫ날은 셰샹에 뎨一깃븐날이라ᄒᆞᆯ것이라 네로 브터 혁납ᄉᆞ고셔에 ᄀᆞ황교ᄃᆡ방이 이ᄀᆞᆺ치 흥왕ᄒᆞᆷ을 보지못ᄒᆞ엿더니 셩신을 의지ᄒᆞ야 더ᄉᆞ랑ᄒᆞᄂᆞᆫ 교회를 위ᄒᆞ야 복을 빈결과로 미양례비보ᄂᆞᆫ 교우가五六百인에 달ᄒᆞ니 내가 슈고ᄒᆞ엿다ᄒᆞᆷ이 아니라 하ᄂᆞ님ᄭᅴ 감샤ᄒᆞ고 즐거옴이 만죡ᄒᆞ도다 이곳교우가 다 빈한ᄒᆞᆫ 사ᄅᆞᆷ이나 셩쥬각쳐에 도를 비ᄒᆞᄂᆞᆫ쟈가 만흠으로 이젼부패ᄒᆞᆫ 풍쇽이 다 아ᄅᆞᆷ다온풍쇽으로 변ᄒᆞ엿더라 이 변ᄒᆞᆫ바 아ᄅᆞᆷ다온 풍쇽을 말ᄒᆞ고져ᄒᆞ노니 곳 ᄀᆞ황교쟝젹에 ᄀᆞ회ᄒᆞᆯᄯᅢ마다 일이 만ᄒᆞ니 그일은 몬져 나를도아 젼도ᄒᆞᄂᆞᆫ 남ᄌᆞ八九인과 부인十五六인즁에 미월남ᄌᆞ一인과 부인二인식 파송ᄒᆞ야 두번은 거리에셔 ᄒᆞᆫ번은 회당에셔 젼도ᄒᆞᆫ 일긔를 슈졍(修正)ᄒᆞ고 또 다른 공ᄉᆞ를 의론ᄒᆞᆫ후 나죵에ᄂᆞᆫ 병든쟈와 빈한ᄒᆞᆫ쟈들 구졔ᄒᆞᆯ 방침을 의론ᄒᆞᆯᄉᆡ 부요ᄒᆞᆫ 형뎨의 품군쓰ᄂᆞᆫ것이 적지아니ᄒᆞ니 무숨일이던지 나의 천거ᄒᆞᄂᆞᆫ 사ᄅᆞᆷ을 쓰게ᄒᆞ엿더니 이로인ᄒᆞ야 허다ᄒᆞᆫ 교우가 ᄉᆡᆼ활의 곤궁ᄒᆞᆷ을 면ᄒᆞ고 피ᄎᆞ ᄉᆞ랑ᄒᆞᆷ이 젼보다 더ᄒᆞ더라

(미완)

교회ᄉᆞ긔 (쇽)

긔이부 역술

뎨三쟝 쥬후二百년으로 간스탄틘ᄭᅡ지二百二十三년

뎨一관 교회가해를밧음

쥬후二百三十五년으로 三十八년에 니르러 ᄆᆡᆨ스민이가 그님군을 찬역(簒逆)ᄒᆞ고 ᄉᆞᄉᆞ로 황뎨가되매 이ᄯᅢ에 각쳐교회가 해를 만히밧고 ᄯᅩ 갈듸너쓰가 황뎨로 잇ᄂᆞᆫ동안에(쥬후二百三十八년으로二百四十四년)밧그로 강ᄒᆞᆫ 뎍국을 막고 안으로 란민을 증치ᄒᆞ며 겸ᄒᆞ야 졍ᄉᆞ를 힘쓰고 ᄉᆞ랑을 베프러 교회가 평안ᄒᆞᆷ을 엇게ᄒᆞ니라 二百四十四년으로 四十九년에 니르러 빌립이 황뎨가 되니 그사ᄅᆞᆷ됨이 포학무도 ᄒᆞ나 그러나 교회의 ᄒᆞᆫ 쳘학ᄉᆞ 오리졘으로 더브러 쳔분이 잇ᄂᆞᆫ고로 샹소(上䟽)ᄒᆞ야 쥬의 도를 ᄌᆞ세히 말ᄉᆞᆷᄒᆞᆷ으로 해를 면ᄒᆞ고 二百四十九년으로 五十二년에 니르러 ᄯᅦ시어쓰가 황뎨가 되매 졍ᄉᆞ에 부ᄌᆞ런ᄒᆞ고 션ᄃᆡ법뎐(先代法典)을 회복ᄒᆞ고져ᄒᆞ야 각셩에 죠셔ᄒᆞ며 각대신의게 령을 ᄂᆞ려 신도로 ᄒᆞ여곰 그교를 ᄇᆞ리고 국교(國敎)에 도라오게ᄒᆞ며 혹 그ᄌᆡ산을 젹몰(籍沒)ᄒᆞ고 나라밧게 내여좃치며 혹그 슈족을 결박ᄒᆞ여 쥭이ᄂᆞᆫ고로 도를 비반ᄒᆞ고 형벌을 면ᄒᆞᄂᆞᆫ쟈도 만코 참고 견ᄃᆡ다가 필경 쥭임을 당ᄒᆞᆫ쟈도 만ᄒᆞ니 뎌희ᄂᆞᆫ 다 교회의 두령(頭領)이러라

로마교회 쥬교 폐비늬어쓰가 쥭고 카톄지쥬교 싸이프리안이 도망ᄒᆞ고 쳘학ᄉᆞ 오리졘은 혹형을 당ᄒᆞ고 후에 노히니라 그ᄯᅢ에 도를 비반ᄒᆞᆫ 환난을 면ᄒᆞᄂᆞᆫ쟈ㅣ 三등이 잇스니 (一)은 나라신의게 분향ᄒᆞ고(二)ᄂᆞᆫ 돈으로 쇽밧치고 뎌자에셔 ᄒᆞᆫ표를 사니 이표를 가지면 나라신을 셤기ᄂᆞᆫ

쟈ㅣ라ᄒᆞ고 (三)은 져자에셔 예수를 아니밋는다ᄒᆞ고 교회의 평안홈을 기ᄃᆞ린쟈ㅣ니 이무리는 교회에셔 쪼겨낫ᄂᆞ니라 그즁에 진리를 굿게 직힌쟈는 二등이 잇ᄉᆞ니 (一)은 무리압헤셔 예수를 증거ᄒᆞ다가 즁ᄒᆞᆫ 형벌을 밧고 죽기에는 니르지 아니ᄒᆞ고 (二)는 도를 증거ᄒᆞ다가 죽은쟈ㅣ라 二百五十一년으로 五十三년에 니르매 셸너쓰가 황뎨가 되니 국셰도 미약ᄒᆞ고 교회도 또 위ᄐᆡᄒᆞᆫ 디경에 니르지라 나라안에 병과 흉년이 여러번 잇ᄉᆞ니 교회에 원슈들이 무함ᄒᆞ되 예슈를 밋는무리들이 나라신을 노ᄒᆞ게홈으로 이 지앙이 니러낫다ᄒᆞ더라 카뎨지셩에 병이 심ᄒᆞ야 죽은 사ᄅᆞᆷ이 서로 련ᄒᆞ니 교밧게 사ᄅᆞᆷ들이 두려워ᄒᆞ야 죽은 사ᄅᆞᆷ을 만히 져자에 ᄇᆞ리니 이럼으로 젼염이 되여 더욱심ᄒᆞᆫ지라 이때에 신도들은 죽기를 무릅쓰고 시톄를 거두어 장ᄉᆞ지냄으로 병이 조곰 굿치매 교밧게사ᄅᆞᆷ들의 분노홈이 점점굿치더라 二百五十四년으로 六十년에 셸례리안이 황뎨가 되매 셩픔이 활달ᄒᆞ고 나라를 다ᄉᆞ리는 지조가 잇셔 교회가 잠잔 평안홈을 엇엇더니 엇던 잔악ᄒᆞᆫ사ᄅᆞᆷ의 씌이는 말을 듯고 처음에 잇던ᄆᆞ옴이 변ᄒᆞ여 감독을 나라밧게 내여쫏고 신도를 모화 례빅ᄒᆞ지 못ᄒᆞ게 ᄒᆞ는지라 이때에 카례지셩감독 ᄊᆡ이푸리안과 로마감독 스데반과 씩스터쓰가 ᄀᆞᆺ치죽음을 당ᄒᆞ고 또 로마교유ᄉᆞ가 ᄒᆞᆫ교회 집ᄉᆞ로런투를 잡아 힐문ᄒᆞ되 너희교회지산이 얼마던지 잇는되로 다 관가로 가져오라ᄒᆞᆫ되 그 집ᄉᆞ가 환과고독을 불너다가 압헤세우고 이것이 다 우리 교회지산이라ᄒᆞ니 유ᄉᆞ가 듯고 심히 노ᄒᆞ야 가두엇다가 불살너죽이니라 二百六十년으로 六十八년에 길니너쓰가 황뎨가 되매 위인이 빅셩을 ᄉᆞ랑ᄒᆞ고 죠셔를 ᄂᆞ려 신도로 ᄒᆞ여곰 뎌희뜻되로 하ᄂᆞ님을 경비ᄒᆞ게ᄒᆞ니 교회가 四十년간에 평안홈을 엇어 각쳐에서 크게왕셩ᄒᆞᆫ지라 二百七十년으로 七十五년에 오랄늬안이 황뎨가 되매 교회가 그의 보호홈을 힘닙어 평안홈을 엇고 잇다금 해를 밧음이 잇ᄉᆞ나 그러나 족히 근심홀것이 업는고로 이평탄ᄒᆞᆫ때를 당ᄒᆞ야 각쳐에 교당을 건축ᄒᆞ니라 二百八十四년에 ᄯᅡ이오클늬슌이 황뎨가 되매 지조와 지혜가 겸비ᄒᆞ야 나라일을 졍돈ᄒᆞ고 션셰의 영광을 회복코져ᄒᆞ더니 八년이 지낸후에 나라이 크고 졍ᄉᆞ가 번거홈으로 ᄌᆞ긔의 친구 믹스민으로 동편디방을 다ᄉᆞ리게ᄒᆞ고 간스탄듸어쓰로 차관을 삼아 셔편디방을 다ᄉᆞ리게ᄒᆞ고 길니어쓰로 부왕(副王)을 삼으니 이왕은 본릭 예수교를 ᄉᆞ랑ᄒᆞ지 안는쟈라 그러나 젼에 핍박을 당홀때에 교인들이 의를 직히여 교회를 더욱 흥왕케홈을 본고로 다시 해를 더ᄒᆞ고져 아니ᄒᆞ더니 길니어쓰가 홀연히 예수교를 뮈워ᄒᆞ야 명령를 ᄂᆞ려 멸ᄒᆞ기를 청ᄒᆞ엿더니 황뎨가 죠셔를 ᄂᆞ려 교인즁에 군민(軍民)을 물론ᄒᆞ고 다 나라신의게 제ᄉᆞᄒᆞ라ᄒᆞ니 이럼으로 군ᄉᆞ된쟈들이 만히 병영(兵營)을 ᄯᅥ나갓ᄂᆞ니라

그러나 얼마되지 아니ᄒᆞ여 니고뎨미아셩에서 빅셩들이 나라신의게 제ᄉᆞᄒᆞ다가 틈을 투셔 작란ᄒᆞ야 셩즁에 화려ᄒᆞᆫ 교당들을 다 문허트리니라 또 그후에 황뎨가 모든셩에 죠셔를 ᄂᆞ려 교인의 례빅홈을 금ᄒᆞ고 셩당을 헐고 셩경을 불사로니 군츅홈이 이젼보다 더욱 심ᄒᆞᆫ즁에 엇던이는 들즘싱의게 던져 죽게도ᄒᆞ고 또 불노 틔워 죽게도ᄒᆞ고 또 결박ᄒᆞ야 바다에 던진쟈도 잇고 十ᄌᆞ가에 못박힌쟈도 잇고 또 슈족을 베인쟈와 온몸에 기름을 발나 불살나 죽게도ᄒᆞ고 또 두눈을 쎈쟈도 잇ᄉᆞ니 잇다금 혹형당홈을 일우다 말홀수 업도다 그러나 간스탄틔어쓰의게 속ᄒᆞᆫ 쏠과 셔반아와 쁘리톤세도에셔는 교회가 평안ᄒᆞ엿ᄂᆞ니라 그후에 ᄯᅡ이오클늬슌이 폐위(廢位)를 당ᄒᆞᆫ후에 길니어쓰가 동방권셰를 홀노 잡은후로브터 교회를 크게

해롭게ᄒᆞ나 그러나 몸에 병이 잇슴으로 하ᄂᆞ님이 칙벌ᄒᆞ신줄노 ᄭᅢ닷고 곳 훈령을 ᄂᆞ려 빅셩의 ᄯᅳᆺ대로 쥬를 경비ᄒᆞ게ᄒᆞ고 교인의게 긔도ᄒᆞᆷ을 청구ᄒᆞ니라 三百六년에 어쓰, 큰노리어쓰가 죽고 그 ᄭᅩᆯ디방을 다ᄉᆞ리ᄂᆞᆫ 간스탄틘 아ᄃᆞᆯ 간스탄틘이 황뎨가 되매 로마국에 여러왕이 잇셔 서로 ᄊᆞ홀시 그즁에 로마셩에 사ᄂᆞᆫ 믹스미너쓰가 간스탄틘으로 더브러 ᄊᆞ혼지라 유젼ᄒᆞᄂᆞᆫ 말에 간스탄틘황뎨가 길에셔 맛참 하ᄂᆞᆯ을 우러러보니 거긔 十ᄌᆞ가가 나타나고 또 그가온ᄃᆡ 크게쓴 글ᄌᆞ가 잇스니 닐ᄋᆞᄃᆡ 이것을 의지ᄒᆞ면 이번ᄊᆞ홈에ᄂᆞᆫ 이긔을 엇으리라ᄒᆞ고 혹은 닐ᄋᆞᄃᆡ 황뎨의 ᄭᅮᆷ에 그리스도ᄭᅴ셔 十ᄌᆞ가를 보이신고로 황뎨가 그 명령대로 힝ᄒᆞ야 과연 이긤을 엇엇다ᄒᆞ니라(쥬후三百十三년)에 간스탄틘황뎨가 셔방 모든 도를 통합ᄒᆞ고 빅셩의게 죠셔를 ᄂᆞ려 나라신의게 졔ᄉᆞᄒᆞᆷ과 그리스도교에 나아가ᄂᆞᆫ 것을 다 뎌희ᄯᅳᆺ대로 ᄒᆞ게ᄒᆞ니라 동로마에 두님군이 잇스니 ᄒᆞ나흔 믹셔민파 라이씬이어쓰라 이두사ᄅᆞᆷ이 교회의 ᄃᆡ뎍이 되더니 맛ᄎᆞᆷ 간스탄틘황뎨가 ᄊᆞ홀ᄯᅢ에 믹셔민은 일즉 죽고 라이씬이어쓰ᄂᆞᆫ 맛ᄎᆞᆷ니 피혼지라 일노말ᄆᆡ암아 三百二十三년에 동로마가 통一이되고 간스탄틘황뎨가 다 관할ᄒᆞ니 이ᄯᅢ브터 교회가 각쳐에 흥왕ᄒᆞ고 비로소 신도들도 평안ᄒᆞᆷ을 엇으니라 (미완)

성경공부의지침(속)

뎨十六、뎨十七칙은 에스라와 ᄂᆞ헤미아니 유대인이 바빌론으로 잡혀간후로 거긔셔 七十년동안을 갓쳐잇다가 파사왕 ᄊᆡ이러스가 바빌론을 쳐 항복밧은후 유대인의게 미우 션졍을 힝ᄒᆞ야 뎌희로 ᄒᆞ여곰 뎌희고국에 도라오게ᄒᆞ엿더라 이ᄯᅢ에 에스라와 ᄂᆞ헤미아ᄂᆞᆫ 유대인즁 ᄀᆞ장교초(翹楚)라 인ᄒᆞ야 뎌희도라오던형편과 그후에 유대인의게 관계된ᄉᆞ실을 긔록혼것이니라

뎨十八칙은 에스더니 파사왕비에스더ᄂᆞᆫ 본ᄅᆡ 유ᄃᆡ인으로 파사왕의 총ᄋᆡ를 밧을ᄯᅢ에 그나라에 가셔 사ᄂᆞᆫ 유대인들이 학살을 당ᄒᆞ게되엿더니 에스더가 왕ᄭᅴ 말ᄒᆞ여 구원혼 ᄉᆞ실을 긔록혼것인ᄃᆡ 이칙의 져술쟈ᄂᆞᆫ ᄌᆞ셰히 알수업ᄂᆞ니라

뎨十九칙은 욥긔니 혼 션혼 사ᄅᆞᆷ욥이 무한혼 환난과 고통을 당ᄒᆞ고 엇더케 견ᄃᆡ며 참다가 다시 모든 고난가온ᄃᆡ셔 버셔나와 젼보다 더 큰힝복을 누린ᄉᆞ실을 긔록혼것인ᄃᆡ 그년ᄃᆡᄂᆞᆫ ᄌᆞ셰히 알수업스나 대개 아브라함젼 인듯ᄒᆞ니라 (미완)

●바울의ᄉᆞ젹 (속)

알넥산드리아에셔 온 헬나신쟈ᄒᆞ나히 이곳에와셔 잇셧스니 곳 아볼노라ᄒᆞᄂᆞᆫ 청년이라 (ᄉᆞ도十八〇二四|十九〇一)이곳셔 학식이잇ᄂᆞᆫ 아굴나와 브리스길나로 더브러 교졉ᄒᆞ여 셔로 변론ᄒᆞ고 고린도로 너머가셔 그곳셔 유력혼 일을ᄒᆞ엿스나 ᄌᆞ긔의 넓온학식과 철학젹 사샹이 넘침으로 그리스도교에 위반되ᄂᆞᆫ일이 잇게가르치미 바울의 가르치ᄂᆞᆫ도리와 샹반되ᄂᆞᆫ거시 업지안터라 이대에 바울은 삼년이나 에베소에 잇셔셔 젼도ᄒᆞ엿스니 사ᄅᆞᆷ을 만히 잇글고 이젹을 힝ᄒᆞ여 무리로 탄복케ᄒᆞ니 쥬의말ᄉᆞᆷ이 힘이잇셔 흥왕ᄒᆞ야 넓히퍼지고 그후에 바울의 일힝은 골노셔와 라오듸게아와 여러곳으로 ᄃᆞᆫ이며 바울의 갈슈업ᄂᆞᆫ 각디방에가셔 젼도케ᄒᆞ더라.(ᄉᆞ도十九〇一|二十二 골노새二〇一 ᄉᆞ도十九二十三|四十二) 이ᄯᅢ에 에베소에 무슘졀긔가 든지라 무리들이 만히 모혓ᄂᆞᆫᄃᆡ 은장식 데메드리오라 ᄒᆞᄂᆞᆫ쟈가 무리를 소동ᄒᆞᆷ은 바울의 젼ᄒᆞᄂᆞᆫ 도로인연ᄒᆞ여 뎌희들의 싱애가 十九〇十七|二十) 낭픠된다ᄒᆞᆷ이니 바울의 일힝을 잡아셔 괴롭게ᄒᆞ매 바울이 임의 뎡혼 계칙을 ᄯᅡ라 곳 유로바로 향ᄒᆞ니라

(미완)

◎가뎡과쇼ᄋᆞ

●참 어진어머니

八十여년젼 법국남방에 ᄒᆞᆫ 농ᄉᆞ집부인이 잇ᄂᆞᆫᄃᆡ 늬외화락ᄒᆞ야 ᄒᆞᆫ ᄌᆞ미잇ᄂᆞᆫ 가뎡을 죠직ᄒᆞ엿스나 다만 가세가 빈한ᄒᆞ야 농업으로 근々득싱ᄒᆞ더니 슬프다 그남편이 우연히 병을 엇어 수일동안 신음ᄒᆞ다가 셰상을 영별ᄒᆞ니 부인의 익통ᄒᆞᆷ은 ᄒᆞᆫ붓으로 다 긔록ᄒᆞᆯ수업도다 그러나 복즁에 七삭된ᄋᆞᄒᆡ가 잇ᄂᆞᆫ고로 다힝히 남ᄌᆞ를 나흐면 ᄉᆡ집 가셩(家聲)을 ᄭᅳᆫ치아니ᄒᆞᆯ가ᄒᆞ여 쥬야로 하ᄂᆞ님ᄭᅴ 긔도ᄒᆞ엿더니 十삭만에 과연 一긔옥동을 나흐매 이부인의 깃븜이 엇더켓ᄂᆞ뇨 그러나 부인이 깃븐가온ᄃᆡ ᄒᆞᆫ가지 싱각이 니러나기를 텬힝으로 이 ᄌᆞ식이 죽지안코 쟝셩ᄒᆞ면 불가불 교육은 식혀야 사ᄅᆞᆷ노릇을 ᄒᆞᆯ터인ᄃᆡ 내집이 이와ᄀᆞᆺ치 빈한ᄒᆞᆫ즉 쟝ᄅᆡ의 학비(學費)를 무엇으로 공급ᄒᆞ리오ᄒᆞ야 근심ᄒᆞ기를 마지아니ᄒᆞ다가 그ᄆᆞ음으로 결뎡ᄒᆞᆫ 일이 잇셧ᄂᆞᆫᄃᆡ 그것은 이부인이 이젼에ᄂᆞᆫ 그나라풍쇽을 의지ᄒᆞ야 하로 네ᄭᅵ식 먹던것을 이날브터 세ᄭᅵ식먹고 ᄒᆞᆫᄭᅵ먹기에 샹당ᄒᆞᆫ 식료(食料)의 ᄃᆡ금은 져츅ᄒᆞ기를 시작ᄒᆞ엿더라

그ᄋᆞᄃᆞᆯ이 날노 ᄌᆞ라셔 七셰에 니르매 보통쇼학교에 보내니 원래 보통학교에ᄂᆞᆫ 학비가 들지아니ᄒᆞᄂᆞᆫ지라 그ᄋᆞᄃᆞᆯ이 十四셰에 보통학교를 졸업ᄒᆞ매 그ᄋᆞᄃᆞᆯ을 불너 무러왈 네가 이제ᄂᆞᆫ 보통학교를 졸업ᄒᆞ엿스니 장ᄎᆞᆺ무엇을 ᄒᆞ고져ᄒᆞᄂᆞ뇨 그ᄋᆞᄃᆞᆯ이 ᄃᆡ답왈 즁학교에 입학코져ᄒᆞ나 학비를 판비ᄒᆞᆯ 도리가 업고 ᄯᅩᄂᆞᆫ 어머니ᄭᅴ셔 혼자 빈한ᄒᆞᆫ싱활을 ᄒᆞ시노라고 그와ᄀᆞᆺ치 ᄋᆡ를 쓰시고 몸을 괴롭게ᄒᆞ시ᄂᆞᆫᄃᆡ ᄌᆞ식된도리에 무엇을 ᄒᆞ던지 돈푼버리를 ᄒᆞ여셔 어머니를 도아드릴수밧게 업ᄉᆞᆸ나이다 그모친왈 내가 十四년동안에 하로 ᄒᆞᆫᄭᅵ식 감ᄒᆞ여 져츅ᄒᆞᆫ 돈이 넉넉히 너를 대학교ᄭᆞ지 졸업식힐수 잇스니 어셔 두말말고 됴ᄒᆞᆫ즁학교를 턱ᄒᆞ야 입학ᄒᆞ라ᄒᆞ매 그ᄋᆞᄃᆞᆯ이 그모친의 ᄯᅳᆺ을 감복ᄒᆞ야 곳입학ᄒᆞ야 공부를 부ᄌᆞ런히 ᄒᆞᆷ으로 즁학교 우등졸업을 ᄒᆞᆫ후 ᄯᅩ 대학교에 입학ᄒᆞ야 법률과졍치를 졸업ᄒᆞ고 처음에ᄂᆞᆫ 변호ᄉᆞ 영업을 ᄒᆞ다가 즁년에 졍계(政界)에 나서셔 명망이 一국에 진동ᄒᆞ더니 一千八百八十八년간에 법국대통령으로 피션(被選)되여 늬졍과 외교를 잘ᄒᆞᆷ으로 ᄇᆡᆨ셩이 편안ᄒᆞ고 나라이 부강ᄒᆞ매 셰샹이 이부인의 힘ᄒᆞᆫ일을 칭도치 아니ᄒᆞᄂᆞᆫ쟈ㅣ업스며 그ᄋᆞᄃᆞᆯ이 그모친의 은혜를 보답(報答)키위ᄒᆞ야 여러十만원지산을 던져 그모친의 긔렴병원을 셜립ᄒᆞ엿스니 오ᄂᆞᆯ날 법국파리경셩에 ᄀᆞ장큰병원즁의 ᄒᆞ나히러라

셰계격언

一 지식은 빈쳔ᄒᆞᆫ쟈의 은이오 부귀ᄒᆞᆫ쟈의 황금이며 뎨왕의 금강셕이니라

二 학문은 션ᄒᆞᆫ쟈를 더욱 션ᄒᆞ게ᄒᆞ고 악ᄒᆞᆫ쟈를 더욱 악ᄒᆞ게ᄒᆞᆯ수 잇ᄂᆞ니라

三 ᄌᆞ긔의 허물을 드를ᄯᅢ에 노(怒)ᄒᆞ지안코 곳 곳치ᄂᆞᆫ쟈ᄂᆞᆫ 샹지(上智)의 사ᄅᆞᆷ이니라

四 고샹ᄒᆞᆫ ᄉᆞ샹으로 써 벗을 삼ᄂᆞᆫ쟈ᄂᆞᆫ 언제던지 고젹(孤寂)지 아니ᄒᆞᆯ지니라

五 ᄀᆞ장곤난히 ᄇᆡ화엇은것은 ᄀᆞ장오ᄅᆡ도록 긔억ᄒᆞᄂᆞ니다

실업

●농ᄉᆞ강습요항 (쇽)

뎨二十四 량ᄆᆡᆨ(兩麥)의 긔후와 토질

량ᄆᆡᆨ은 대개 온란(溫暖)ᄒᆞᆫ 긔후를 됴화ᄒᆞ며 연ᄆᆡᆨ(燕麥)은 한랭(寒冷)ᄒᆞᆫᄯᅡ에 뎍당ᄒᆞ니라 량ᄆᆡᆨ은 모ᄅᆡ바탕양토(壤土)와 물이 잘ᄲᅡ지ᄂᆞᆫ ᄯᅡ에 뎍당ᄒᆞ며 연ᄆᆡᆨ은 진흙바탕양토와 습긔가 잇ᄂᆞᆫᄯᅡ에 뎍당ᄒᆞ니라 대개 연ᄆᆡᆨ은 새로 ᄀᆡ쳑ᄒᆞ야 다른 곡식은 심을수업ᄂᆞᆫ 박토에도 심으ᄂᆞ니라

뎨二十五 량ᄆᆡᆨ의 죵ᄌᆞ 턱ᄒᆞᄂᆞᆫ법

七 밀은 물론 가을에 심으려니

와 보리는 츄경과 츈경의 두 가지가 잇ᄂᆞ니 ᄀᆞ장츙실ᄒᆞ고 슌일ᄒᆞᆫ 죵ᄌᆞ를 틱ᄒᆞ야 물 ᄒᆞᆫ 말(一斗)에 소곰여돏량즁을 풀고 그물에다 죵ᄌᆞ를 담그면 ᄯᅥ오르ᄂᆞᆫ것이 잇슬터이니 그것들 건져ᄇᆞ리고 밋흐로 ᄀᆞ라 안진것만 취ᄒᆞ야 다시 몱은 물에 씨셔셔 쓸지니라 량틱에 깜북이(黑穗)지ᄂᆞᆫ것을 예방ᄒᆞ랴면 죵ᄌᆞ를 링슈에 四五시간가량을 침ᄒᆞ엿다가 一百二十도되ᄂᆞᆫ 더운물에 잠간 담엇다가 다시 一百三十도되ᄂᆞᆫ 더운물에 五분동안쯤 담어 두엇다가 ᄭᅥ내여 식혀셔 음간(陰乾)ᄒᆞ야 쓸지니라

담총

●돌이업ᄂᆞᆫ나라

구라파에 뎡말국은 젼국니에 어ᄃᆡ를 가던지 다만 평탄ᄒᆞᆫ 들ᄲᅮᆫ이오 돌ᄒᆞᆫ기나 산ᄒᆞ나를 차져볼수업고 다만五六간식 되ᄂᆞᆫ 언덕이 여긔 뎌긔 뵈일 ᄯᆞ람이라 그럼으로 뎡말국사ᄅᆞᆷ의 하ᄂᆞᆯ산이라 칭ᄒᆞᄂᆞᆫ바 힌멜벨구산은 놉기가 八百쳑에 지내지 못ᄒᆞ더라 이와ᄀᆞᆺ치 돌이 업ᄂᆞᆫ나라에셔 집을 지으랴면 지ᄃᆡ돌ᄀᆞᆺᄒᆞᆫ것은 엇더케 엇어쓰ᄂᆞᆫ뇨 다 다른나라로브터 사다가 쓰기도ᄒᆞ며 ᄯᅩ 특별히 돌건지ᄂᆞᆫ 회샤가 잇서셔 화륜션에 돌건지ᄂᆞᆫ 긔계를 싯고 ᄃᆞ니면셔 바다 밋헤 잇ᄂᆞᆫ돌을 건져다가 파ᄂᆞ니 이나라ᄂᆞᆫ 돌이업ᄂᆞᆫ 고로 농업의 발달이 셰계에 뎨一이오 ᄯᅩ 이나라에 특별히 이샹ᄒᆞᆫ 일은 도쳐에 결묵발이가 만흐니 이ᄂᆞᆫ 슌연히 흙으로 셩립ᄒᆞ야 산악이 업슨고로 디긔가 약ᄒᆞ고 디긔가약홈으로 사ᄅᆞᆷ의 다리와 발의 힘이 약ᄒᆞᆫ연고라고 싱각ᄒᆞᄂᆞᆫ 쟈도잇더라

회보ᄃᆡ금령슈

忠州 嚴正甫 六十錢
陸文甫 六十錢
淸風 李吉雨 三十錢
權道相 六十錢
全鳴梧里 禮拜堂 六十錢
金德仁 六十錢
尹敬植 六十錢
金相俊 一圓二十錢
寧越 田元龍 六十錢
平海 炭錫萬 二圓
蔚珍 黃炳虎 四十錢
海州 安明汝 三十錢
高學洙 三十錢
趙在善 三十錢
千光實 三十錢
朴熙道 三十錢
金允業 三十錢
任承鎬 三十錢
姜斗永 三十錢

그리스도회보

KOREAN CHRISTIAN ADVOCATE

每週一回月曜日發行
大正二年七月二日印刷
大正二年七月七日發行

發行兼編輯人 開城北部山芝峴 奇義男
印刷人 京城北部樓閣洞 朴東完
印刷所 京城南部上犂洞 新文館
發行所 京城北部壯洞四十三統三戶 呂炳鉉

ᄃᆡ금(代金) 一쟝 二十젼 六개월 四十젼 一개년 八十젼 海外一개년 一圜六十젼

샤셜

●긔독학교학싱의 젼도 의무

하ᄂᆞ님ᄭᅴ셔 이셰샹에 텬국을 건셜(建設)ᄒᆞ시ᄃᆡ 인류로써 ᄃᆡ리를 삼으샤 모든 일을 진힝(進行)케ᄒᆞ시ᄂᆞᆫᄃᆡ 이인류즁에 ᄀᆞ장 주의ᄒᆞ시며 ᄀᆞ장 요긴ᄒᆞᆫ 그릇으로 쓰고져ᄒᆞ시ᄂᆞᆫ쟈ᄂᆞᆫ 오직 쳥년이오 이쳥년에도 더욱 귀즁히 녁이시며 크게 쓰고져ᄒᆞ시ᄂᆞᆫ쟈ᄂᆞᆫ 긔독학교학싱쳥년이라 그것은 웨 그런고ᄒᆞ니 一은 그시ᄃᆡ의 뎍당홈을 취ᄒᆞ심이니 학싱쳥년이 다른사ᄅᆞᆷ의 밋치지못ᄒᆞᆯ 장쳐(長處)세가지가 잇ᄂᆞᆫ것은 쳣재 열심이 만홈이니 인싱의 활발ᄒᆞᆫ ᄯᅢ가 쳥년시ᄃᆡ라 그신톄가 건강ᄒᆞ고 그졍신이 발월ᄒᆞ고 그심지가 왕장(旺壯)ᄒᆞ야 무ᄉᆞᆷ일이던지 구ᄒᆞ면 반ᄃᆞ시 일우고 목뎍ᄒᆞ면 반ᄃᆞ시 달ᄒᆞᄂᆞ니 진실노 이 ᄆᆞᄋᆞᆷ과 이 용긔로써 쥬의 도를 젼ᄒᆞ면 능히 여러사ᄅᆞᆷ의 ᄆᆞᄋᆞᆷ을 감동ᄒᆞᆯ수잇슬것이오 둘재는 일력(日力)이 만홈이니 혹 엇더케 ᄉᆡᆼ각ᄒᆞ면 학싱이 그학과를 공부ᄒᆞ기위ᄒᆞ야 한거ᄒᆞᆫ 틈이 업슬듯ᄒᆞ지마는 그러나 쳥년들은 쟝년과 ᄀᆞᆺ치 가무(家務)와 셰무(世務)에 관렴되ᄂᆞᆫ 일이 업ᄂᆞᆫ고로 학업을 힘쓰ᄂᆞᆫ 놈어지에 한극(閑隙)이 오히려 만코 특별히 방학ᄒᆞᆫ 동안에 쥬를 위ᄒᆞ야 진리를 증거홈이 엇지 쾌ᄒᆞᆫ 일이 아니리오 셋재는 쳥년시ᄃᆡ에 맛당히 예비ᄒᆞᆯ것이니 대개 젼도홈은 인싱의 도덕상칙임을 가지고 셰계의 구령뎍(救靈的)의무를 힝ᄒᆞᄂᆞᆫ 일인고로 인류사회의 ᄀᆞ장놉고 ᄀᆞ장귀ᄒᆞᆫ ᄉᆞ업이 될ᄲᅮᆫ 아니라 우리신쟈가 님의 쥬의 은혜를 밧엇슨즉 어나ᄯᅢ를 당ᄒᆞ던지 어나곳을 가던지 맛당히 힘을 다ᄒᆞ야 쥬의 ᄉᆞ랑을 다른 동포의게 증거ᄒᆞᄂᆞᆫ것이 우리의 당연ᄒᆞᆫ 일이라 그러면 불가불 예비가 잇서야 될터인ᄃᆡ 이일의 예비ᄒᆞᆯ 긔회는 학싱시ᄃᆡ가 뎨一뎍당ᄒᆞ다 ᄒᆞ노라 二는 쳥년학싱의 모범을 세우고져 ᄒᆞ심이니 므릇 쳥년이 쳐음에는 혹 외겁(畏怯)ᄒᆞᄂᆞᆫ ᄆᆞᄋᆞᆷ이 잇던지 혹 구차히 편ᄒᆞᆫ것을 취ᄒᆞ던지 나아오기를 슬혀ᄒᆞ다가 ᄒᆞᆫ번 고동홈을 밧은후에야 비로소 흥긔(興起)ᄒᆞᄂᆞ니 그젼례를 들어 말ᄒᆞ건ᄃᆡ 루터(路得)가 일쯕이 대학교학싱으로 잇슬ᄯᅢ에 여러학싱의게 젼도ᄒᆞ엿ᄂᆞᆫᄃᆡ 처음에는 반ᄃᆡᄒᆞᄂᆞᆫ쟈도 잇스며 죠쇼ᄒᆞᄂᆞᆫ쟈도 잇더니 ᄎᆞᄎᆞ 루터의 열심에 고동된바되여 도를 밋ᄂᆞᆫ쟈 만터니 그가온ᄃᆡ셔 나와셔 교ᄉᆞ된쟈도 만코 교회두령된쟈도 만홈으로 그후에 루터가 로마교를 반ᄃᆡᄒᆞ고 그리스도교로 ᄀᆡ량ᄒᆞᆯᄯᅢ에 학교에셔 루터의 젼도를 듯던 여러사ᄅᆞᆷ이 소리를 ᄀᆞᆺ치ᄒᆞ야 응홈으로 맛참ᄂᆡ 우리그리스도교회를 셜립ᄒᆞ엿스니 이것이 다 쳥년학싱의 힘이아니뇨 (미완)

본샤특별고ᄇᆡᆨ

一、경향간 본회보를 익독ᄒᆞ시ᄂᆞᆫ 형뎨ᄌᆞᄆᆡ즁 긔왕에 보신회보ᄃᆡ금의 령지됴(零在條)나 혹 쟝ᄅᆡ에 보실회보ᄃᆡ금의 션금(先金)을 아직 아니 보내신이는 속々히 우편쇼위톄(郵便小爲替)로 붓쳐보내시되 혹 부득이ᄒᆞ야 적은돈을 우표로 보내실 경우에는 五리짜리나 二젼짜리로 보내여쥬시옵

二、본회보의 신구람쟈 十인을 엇어보내시는 이의게는 젼과ᄀᆞᆺ치 본보一쟝을무ᄃᆡ금(無代金)으로 보내여 드리겟ᄉᆞᆸᄂᆡ다

교즁휘문

◀ᄂᆡ 보▶

●대사경회 파졍

경디방회를 거六월二일에 경셩 샹동교당에셔 미흡은 젼호에 게ᄉᆡᄒᆞ엿거니와 히회에셔 과졍을 졔뎡ᄒᆞ야 一년급식 맛친쟈 진급을주어 승급케ᄒᆞ고 과졍위원은 목ᄉᆞ현슌 리익모 오긔션三씨로 션뎡ᄒᆞ엿고 그과졍은 좌와ᄀᆞᆺ더라

一년급、감리회문답 산샹보훈 야고보인셔 四복음비유

二년급、마가복음 창셰긔 데살노니가젼후 빌닙보 예수힝젹

三년급 누가복음 출이급 고린도젼 듸모데젼후 구약디지

四년급、마태복음 고린도후 ᄉᆞ도힝젼 아모쓰 셩디지반

五년급、요한복음 갈나듸아 에베소 골노시 호셰아 셩디지맛침

六년급、요한一二三셔 로마인셔 베드로젼후 이사야 교회ᄉᆞ긔 (ᄉᆞ도시디브터二百二十三년ᄭᆞ지)

七년급、히부리 셰가리아 단니엘 묵시 교회ᄉᆞ긔 (三百二十三년으로四쟝ᄭᆞᆺᄭᆞ지)

●안권ᄉᆞ의 ᄌᆞ급심

강원도 이쳔군 류시국씨의 통신을 거ᄒᆞᆫ즉 안협 셔면 문암리사는 안권ᄉᆞ응슌씨는 싱활샹에 무엇이던지 하ᄂᆞ님ᄭᅴ셔 주신줄 아는고로 언필칭 하ᄂᆞ님의 것이라ᄒᆞ며 년젼 쇽쟝으로 고지동교회를 인도ᄒᆞᆯᄯᅢ에도 잇는바 밧三일경죵에 百여원가치되는 一등뎐 一일경을 ᄌᆞ급으로 긔부ᄒᆞ엿스며 또 년년히 ᄌᆞ급ᄒᆞ는것이 十원에 ᄂᆞ리지 아니ᄒᆞ다가 지우금년ᄒᆞ야는 열심을 더ᄒᆞ야 본구역에는 빅미一듸 二十六원가치를 ᄌᆞ급ᄒᆞ엿스며 또 삭녕군 구역쟝의 월은이 부족ᄒᆞᆷ을 위ᄒᆞ야 졍조一듸를 긔부ᄒᆞ엿스니 가치는 十三원이라 이ᄀᆞᆺ치 텬국ᄉᆞ업을 위ᄒᆞ야 지졍을 쓰는쟈ㅣ 엇지 놈의 령혼이 죄로인ᄒᆞ야 죽게된것을 보고 측은ᄒᆞᆫ ᄆᆞ옴이 업스리오 그런고로 문압리로 반이ᄒᆞᆫ자 불과五六삭에 열심권면ᄒᆞ야 밋는쟈十명이 그집에 모혀셔 례비보는듸 금년리로 례비당을 건축ᄒᆞ게 되엿스니 이형데의 밋음의 결과를 감샤ᄒᆞᆫ다ᄒᆞ엿더라

●새벽긔도의효력

평남 진남포 비형식씨의 통신을 거ᄒᆞᆫ즉 이곳 윤부인신덕씨는 쥬를 독실히 밋는듸 다만 아ᄃᆞᆯᄒᆞ나이 잇스나 그아ᄃᆞᆯ은 싱익로 인ᄒᆞ야 쥬를 밋지안코 함경도 북쳥으로가고 이부인은 이곳에잇셔 육신은 곤고ᄒᆞ되 밋는쟈의 집으로 ᄃᆞᆫ니며 슉식을ᄒᆞ며 긔인젼도를 열심으로 ᄒᆞ는즁 三삭동안을 혼ᄌᆞ 회당에 가셔 새벽긔도를 ᄒᆞ더니 그아ᄃᆞᆯ이 쥬의 감동ᄒᆞᆷ을 밧어 쥬를 밋고 그모친의게 회기ᄒᆞᆫ 편지를 보내고 또ᄒᆞᆫ 집에도라와 모친을 모시고 쥬를 셤기겟다 ᄒᆞ엿스니 누가十五쟝의 말ᄉᆞᆷ과 ᄀᆞᆺᄒᆞ며 이는 윤부인의 밋고 긔도ᄒᆞᆫ 효력이라 ᄒᆞ엿더라

●룡덕동파뎜교의새교회

황히도 셔흥군 미양면 룡덕동에는 쥬를 밋는쟈ㅣ업더니 황한필씨가 이곳와셔 젼도ᄒᆞᆷ으로 홍긔셥씨가 몬져밋고 긔도ᄒᆞᆫ결과로 홍씨가 ᄌᆞ긔초가四간을 례비당으로 밧치고 열심젼도 ᄒᆞ엿슴으로 지금二十七인의 교우가 모혀셔 례비ᄒᆞ며 또 신계군 뎜교교회는 김치겸 림덕무량씨가 쥬의 은혜를 감샤ᄒᆞᆷ으로 와가五간을 하ᄂᆞ님ᄭᅴ 밧쳐 례비당으로 ᄉᆞ용ᄒᆞ더니 불힝히 문어져 즁슈ᄒᆞᆯ 도리가 업더니 이량씨가 힘써셔 즁슈ᄒᆞ고 교우三十여명이 례비ᄒᆞᆫ다더라

●연초거졀

경긔도 인쳔부 영종도 [illegible]리교회 죵슌一씨의 통신을 거ᄒᆞᆫ즉 히교회니 졍영후 박공셔량씨는 쥬를 밋기 시작ᄒᆞᆯᄯᅢ에 단연ᄒᆞ고 졍ᄒᆞᆫ후 졍문식 하셩틱三씨는 쥬를밋은후로도 단연치 못ᄒᆞ더니 슈삭젼에 고린도젼셔 三쟝十六七졀을 보고 싱각ᄒᆞ되 ᄌᆞ긔몸은 하ᄂᆞ님의 셩신이 거쳐ᄒᆞ시는 셩뎐이니 더럽게 못ᄒᆞᆯ술을 씨ᄃᆞᆺ고 즉시 단연ᄒᆞ엿다더라

●모범될만음

련천군 사과막교회 리원규씨의 통신을 거ᄒᆞᆫ즉 그교회 신치도씨는 지금八十로인이라 八년젼에 쥬를 밋고 十리밧게셔 ᄒᆞᆫ쥬일도 ᄲᅡ지지안코 ᄃᆞᆫ니다가 그후에 례비당갓가히 와서 살면셔 례비ᄒᆞ나 슬하에 一뎜혈육이 업고 빈한ᄒᆞ야 초명셕을 ᄆᆞᆫ드러 파라셔 ᄌᆞ급과 연보를 졍셩으로 내니 ᄎᆞᆷ 모범이 될만ᄒᆞ다 ᄒᆞ엿더라

외보

●대판의 공세젼도(攻勢傳道)

일본대판시ᄂᆡ 감리회는 거五월二十三일브터 六월二일ᄭᆞ지 련합공세젼도회를 ᄀᆡᄒᆞ고 十일동안 젼도ᄒᆞᆫ 결과로 신입교우五十三명을 엇엇다더라

●세계의 쥬일학교통계

만국쥬일학교통계표를 거ᄒᆞᆫ즉 온세계의 쥬일학교는 대략 二十八만五千九百九十九교인바 교ᄉᆞ의 수효는 三百六十만七千三百七十一인이오 학도는 二千五百四十만三千八百二十三인이러라

●긔독교밧긔잇는인구

근일에 조사ᄒᆞᆫ바를 의지ᄒᆞᆫ즉 세계만국즁 우리긔독교 범위밧ᄭᅴ잇는 인구는 공ᄌᆞ교인이 二억五千六百만인이오 파라문교인이 二억七百만인이며 불교인이 一억四千七百만인이오 회회교인이 一억七千五百만인이며 무종교인이 二억만인이라더라

●긔독청년회의진보

긔독청년회는 一千八百五十一년에 이세상에 츌ᄉᆡᆼ(出生)ᄒᆞ엿지마는 지나간十년동안에 진보된것이 그젼五十여년동안에 진취된것보다 二비이상에 달ᄒᆞ엿ᄂᆞ니 이제 그비교표를 샹고ᄒᆞᆫ건ᄃᆡ 좌와ᄀᆞᆺ더라

一千九百년통계표

청년회의조직 一千四百三十九쳐
청년회관 三百五十九좌
청년회ᄌᆡ산 四千만원
청년회원 二十五만二千인
청년회一년경비 五百八十만원

一千九百十년 통계표

청년회의조직 二千十七쳐
청년회관 七百좌
청년회ᄌᆡ산 一억四千만원
청년회원 五十만인
청년회一년경비 一千四百三十二만三千원

●술장ᄉᆞ의 락망(落望)

미국법률에 일요일에는 술파는일을 허락지아니홈은 우리가 다 알거니와 월젼에 늬우왁 쥬회하의원(州會下議院)에 술장ᄉᆞ들이 청원셔를 뎨졍ᄒᆞ엿는ᄃᆡ 연셔(聯署)ᄒᆞᆫ 술장ᄉᆞ의 셩명이 엇지만턴지 그청원셔의 즁량은 다섯근이 더되고 그ᄂᆡ용은 일요일하오 一시브터 十一시ᄭᆞ지 술파는 것을 법률노 인허ᄒᆞ여달는것이라 그러나 그청원셔에 ᄃᆡᄒᆞᆫ 의안은 샹의원(上議院)에셔 대다수로 ᄯᅥ러졋다더라

긔셔

●태평양젼도록(쇽) 영국대요한 션ᄉᆡᆼ 져

그러나 나를 ᄃᆡ뎍ᄒᆞ는쟈는 술파는사ᄅᆞᆷ이니 이는 내가 술금ᄒᆞ는회를 세우고 ᄆᆡ례비六일마다 모혀 술먹는것을 금자ᄒᆞ는 문뎨로 강론홈이러라 하로는 거리에모혀 젼도홀ᄉᆡ 모든 명망잇는 사ᄅᆞᆷ들이 와셔 도를 드르니 뎌희는 태반이나 우리회당에 참셕ᄒᆞ야 시를 노래ᄒᆞ던교우들이라 ᄒᆞᆷᄭᅴ 찬미를 노래ᄒᆞ고 모든 지나가는 사ᄅᆞᆷ들을 인도ᄒᆞ야 셩경 말ᄉᆞᆷ을 듯게ᄒᆞ니 술파는 사ᄅᆞᆷ들이 모혀 경찰관리의게 졍소ᄒᆞ여 골ᄋᆞᄃᆡ 뎌사ᄅᆞᆷ들이 모혀 우리의 술파는 영업을 방해ᄒᆞᆫ다 ᄒᆞ매 맛ᄎᆞᆷ 그경관은 감리교인이라 뎌희ᄃᆞ려 닐너왈 내가 공변되히 쳐결홀터이니 다 물너가라ᄒᆞᆫ 후에 ᄯᅩ 우리의게 통긔ᄒᆞ여 왈 술장ᄉᆞ들이 교회를 걸어 졍소ᄒᆞᆫ 일이 잇는고로 내가 비록 죠샤ᄒᆞ여 본다ᄒᆞ엿스나 그가온ᄃᆡ 올코 그른것은 내

가 엿의 알엇ᄉᆞᆫ즉 안심ᄒᆞ라 ᄒᆞ더니 얼마후에 과연 경관이 오거ᄂᆞᆯ 우리ᄂᆞᆫ 길가 다락우에 올나가셔 一재히 서를 노래ᄒᆞ며 도를 젼ᄒᆞ니 그경관이 ᄀᆞᆺ치 참셕ᄒᆞ야 강론홈을 듯ᄂᆞᆫ지라 술장ᄉᆞ들이 ᄒᆞᆯ일업셔 뎌희도 우리의 찬미ᄒᆞ며 강도ᄒᆞ고 긔도ᄒᆞᆫ후 모든규측을 완젼히 명ᄒᆞ고 셜명ᄒᆞᄂᆞᆫ것을 듯고 흣허져가니 그경관이 이광경을 보고 깃븐모양으로 우리의게 말ᄒᆞ되 아모됴록 여러사ᄅᆞᆷ을 권면ᄒᆞ야 큰효력이 잇게ᄒᆞ라ᄒᆞ고 인ᄒᆞ야 갓더라 이ᄀᆞᆺ치 악ᄒᆞᆫ 무리와 ᄯᅦ가 문허지고 우리의 도가 도로혀 더 넓히 젼파되니 술장ᄉᆞ들이 더욱분홈을 이긔지 못ᄒᆞ야 ᄒᆞᆼ샹우리를 뮈워ᄒᆞ더니 하로ᄂᆞᆫ 술장ᄉᆞ들이 술을 큰챠에 실어다 록가회당큰문압헤 노코 리왕ᄒᆞᄂᆞᆫ 사ᄅᆞᆷ을 먹인다ᄒᆞ거ᄂᆞᆯ 내가 두쇼년을보내여 술시ᄅᆞᆫ챠를 쉴어 길겻흐로 옴겨노으라ᄒᆞ엿더니 술장ᄉᆞ가 술샤를 미복ᄒᆞ엿다가 이두쇼년이 그챠를 쉴어 내려홀때에 내다라 두쇼년을 잡아 경찰서로 보내ᄂᆞᆫ지라 내가 이일을 알고 좃차가 말ᄒᆞ되 이두사ᄅᆞᆷ이 무슴 올치아닌일을 힝ᄒᆞ엿ᄂᆞ뇨 뎌희가 ᄃᆡ답ᄒᆞᄃᆡ 이사ᄅᆞᆷ들이 술파ᄂᆞᆫ 졔구(諸具)을 밟고 차ᄂᆞᆫ고로 잡어가거니와 만일 네가막으면 너ᄭᆞ지 잡어가리라 내가 말ᄒᆞ되 그쇼년의 ᄒᆞᆫ일은 내가 식힌바니 나도 ᄀᆞᆺ치 가리라ᄒᆞ고 몃거름을 나아가니 별안간 거리에셔 누가 소리를 놉히 질너골으ᄃᆡ 젼도ᄉᆞ와 그죠역쟈가 잡혀간다ᄒᆞ매 당각에 나를 보호ᄒᆞᆯ 사ᄅᆞᆷ들이 가득히 모힌지라 내가 여러사ᄅᆞᆷᄃᆞ려 요란치 말나 부탁ᄒᆞᆫ후 뎌희와 ᄀᆞᆺ처 경찰서에 드러가니라 (미완)

교회ᄉᆞ긔(쇽)

긔이부 역술

데二관 알넥산드리아교회의 명ᄉᆞ를 의론홈

쥬후二百년에 교회의 문학ᄉᆞ가 만히 니러나셔 서원을 여러곳에 셜립ᄒᆞ니 알넥산드리아와 안듸옥과 가톄차셰셩에 메一만ᄒᆞᆫ지라 알넥신드리아의 학ᄉᆞ들은 원리브터 희랍국의 셩리학을 연구ᄒᆞ여 오더니 예수교로 드러온후로브터 ᄌᆞ긔의 연구ᄒᆞ던바 학문으로 더욱 그리스도교의 ᄯᅳᆺ을 셔ᄃᆞᆺ고 안듸옥의 학ᄉᆞ들은 셩경의 오묘ᄒᆞᆫ ᄯᅳᆺ을 ᄌᆞ셰히 연구ᄒᆞ고 카톄지의 학ᄉᆞ들은 시의(時宜)를 좃차 교회를 유지ᄒᆞ니 이모든 교회ᄂᆞᆫ 다 예수의 명령을 좃차 새로 교회에 나온쟈들을 ᄀᆞᄅᆞ치니 회쟝과 쟝로와 집ᄉᆞ가 잇셔 각각 그일을 맛하 힝ᄒᆞᄂᆞᆫ지라 이럼으로 예수교가 더욱 널니젼파되고 교회를 다ᄉᆞ리ᄂᆞᆫ 직목이 날노 흥긔(興起)ᄒᆞ며 ᄯᅩᄒᆞᆫ 이단도 벌ᄯᅦᄀᆞᆺ치 니러나 도리를 연구홈이 더욱 졍밀ᄒᆞ니 일노말미암아 젼도대셔원(傳道大書院)이 챵셜된지라 一百八十년에 알넥산드리아셩에 고금(古今)일을 통달ᄒᆞᄂᆞᆫ사ᄅᆞᆷ 핀테너쓰가 셩도를 모집ᄒᆞ야 서원을 챵립ᄒᆞ니 그가온ᄃᆡ 유명ᄒᆞᆫ 클네멘트알넥산더라ᄒᆞᄂᆞᆫ 사ᄅᆞᆷ이 잇셔 어려셔브터 히부리교를 좃다가 장셩ᄒᆞᆫ후에ᄂᆞᆫ 그리스도교를 좃치니 그사ᄅᆞᆷ됨이 의 ᄉᆞ모ᄒᆞ기를 목ᄆᆞ르고 주림과 ᄀᆞᆺ치ᄒᆞ야 여러나라에 두루ᄃᆞᆫ니며 진리를 궁구ᄒᆞ더니 一百九十一년에 알넥산드리아로 와셔 핀테너쓰를 본밧아 글을 저술ᄒᆞ야 그리스도교를 ᄇᆞᆰ히고 ᄯᅩ 시와 노래를 지어 열심과 그리스도의 ᄉᆞ랑을 형용ᄒᆞ여 나타내더니 二百二년에 교회가 군축을 당ᄒᆞ매 마태十쟝 二十三졀에 긔록ᄒᆞᆫ 말ᄉᆞᆷ과 ᄀᆞᆺ치 수리아로 도망ᄒᆞ야 해를 잠시 피ᄒᆞ엿다가 二百二十五년에 죽고 그의뎨ᄌᆞ 오리졘은 셩명이 더욱 나타나셔 교인과 외인이 말ᄒᆞ되 ᄯᅱ여난사ᄅᆞᆷ이라 ᄒᆞ더라 이사ᄅᆞᆷ이 一百八十五년에 알넥산드리아셩에셔 낫스니 셰례ᄂᆞᆫ 어려서 밧은지라 그아바지ᄂᆞᆫ 네안늬다쓰니 저조와 덕힝이 겸비ᄒᆞᆫ 참 그리스도의 신쟈라 ᄌᆞ긔의 ᄋᆞᄃᆞᆯ 오리졘을 어릴때브터 인도ᄒᆞ야 셩경을 연구ᄒᆞ게 ᄒᆞ더니 二百二년에 그아바지ᄂᆞᆫ

도를 위ᄒᆞ야 치명ᄒᆞ고 그아ᄃᆞᆯ 오리겐은 나히 十七세라 그 부친과ᄀᆞᆺ치 치명코자ᄒᆞ되 그ᄌᆞ친의 만류홈을 인ᄒᆞ야 죽지못ᄒᆞ고 또 그부친이 옥에 갓쳣슬때에 글을 올녀 군ᄒᆞ되 찰하리 도를 위ᄒᆞ야 죽을지언뎡 예수를 밋ᄂᆞᆫ ᄆᆞ옴은 변치마옵쇼셔ᄒᆞ엿고 이때에 가산은 벌셔 다 젹몰이 되엿스나 다힝히 교회의 원쟝(院長)직임을 맛흔고로 월봉을 엇어 ᄌᆞ긔의 어머니와 여섯형뎨가 겨오 구명도싱ᄒᆞ여 지내니라 (미완)

성경공부의지침(쇽)

뎨十九칙은 시편이니 각〻다ᄅᆞᆫ시ᄃᆡ에 여러유명ᄒᆞᆫ 시가들이 져술ᄒᆞᆫ것인ᄃᆡ 그대지는 하ᄂᆞ님과 그의 말솜과 힝ᄒᆞ신일에 ᄃᆡᄒᆞ야 엇더케 감각ᄒᆞ며 찬양ᄒᆞᆯ것을 ᄇᆞᆰ히 말ᄒᆞ엿ᄂᆞ니 히부리말노는 찬양ᄒᆞᄂᆞᆫ 칙이라홈이오 그種類와 셩질을 구별ᄒᆞ건ᄃᆡ (一)찬양ᄒᆞ며 경비ᄒᆞᄂᆞᆫ시오 (二)감샤ᄒᆞᄂᆞᆫ시요 (三)훈계ᄒᆞᄂᆞᆫ시요 (四)예언ᄒᆞᄂᆞᆫ시요 (五)력ᄉᆞ셜질을 포함ᄒᆞᆫ시요 (六)긔도ᄒᆞᄂᆞᆫ시니 이것은 다윗왕의 져술ᄒᆞᆫ것이 마흔고로 흔히 다윗의 시라칭ᄒᆞ며 이즁에 고라의 아ᄃᆞᆯ 아삽과 혹 다른사ᄅᆞᆷ의 져술ᄒᆞᆫ것도 잇ᄂᆞ니라

뎨二十칙은 잠언이니 소라문왕의 져술ᄒᆞᆫ것인ᄃᆡ 다 사ᄅᆞᆷ의 언힝과 쳐ᄉᆞ홈에 ᄃᆡᄒᆞ야 지혜롭고 모법될만ᄒᆞᆫ 말이라

뎨二十一칙은 젼도니 이것도 소라문왕의 져술ᄒᆞᆫ것으로 상샹ᄒᆞᄂᆞᆫᄃᆡ 이는 ᄌᆞ긔가 이셰샹의 모든 헛된일에 ᄃᆡᄒᆞ야 경력ᄒᆞᆫ것을 ᄌᆞ셰히 긔록ᄒᆞᆫ것이니라

뎨二十二칙은 소라문왕의 아가니 이는 교인이 교회와 ᄌᆞ긔령혼을 ᄉᆞ랑ᄒᆞᄂᆞᆫ뜻을 말ᄒᆞᆫ것이며 그비유ᄒᆞᆫ것은 그때 동방풍속과 습관에 뜻을붓쳐 셜명ᄒᆞ엿ᄂᆞ니라

뎨二十三칙은 이사야니 이는 션지 이사야가 유대인이 이방사ᄅᆞᆷ의게 잡혀갓다가 파사왕 싸이러스때에 노여 도라올것과 우리구쥬의 탄싱과 힝젹과 도라가실일을 예언ᄒᆞᆫ것이니 대뎌 이사야는 유대인이 바벨논으로 잡혀가기젼에 유대국에 살엇ᄂᆞ니라

뎨二十四칙은 예레미아니 션지 예레미아가 유대국 나죵님군시ᄃᆡ에 나셔 그후四十년동안에 엇더케 될것을 예언ᄒᆞᆫ것인니 대개 유대국ᄉᆞ긔에 관ᄒᆞᆫ 일이니라 (미완)

●바울의ᄉᆞ젹 (쇽)

二十一、고린도젼셔를 긔록ᄒᆞ고 마게도니아를 ᄃᆞᆫ여온후 후셔를 긔록홈、 발졍ᄒᆞ기 얼마젼에 에베소에 잇셔 고린도젼셔를 긔록ᄒᆞ여보내엿스니(강싱후五十七년봄이라) 고린도교회에 어려운일도 잇고 또 무러본문뎨도 잇슴으로 이서신을 져술ᄒᆞ여보내고 ᄌᆞ긔는 여러곳을 ᄃᆞᆫ여 아ᄶᅵ안히를 ᄶᅵ고 각ᄃᆡ방을 심방ᄒᆞ며 마게도니아를 것쳐 고린도로 가랴고 듸도를 몬져 보내여 고린도교회형편을 알고 ᄌᆞ긔가 소아셰아에 잇슬때에 도라와셔 보고ᄒᆞ라고 명령ᄒᆞ엿스나 여러곳을 ᄃᆞᆫ여 마게도니아ᄭᆞ지 오도록 소식이 업ᄉᆞᆷ으로 고린도후셔를 져술ᄒᆞ여 그곳서보내니라(고린도후二〇十二、十三、ᄉᆞ도二十〇一、二、)후셔 사연은 신령ᄒᆞᆫ 진리와 ᄌᆞ긔의념려홈과 ᄉᆞ랑을 베프러말ᄒᆞ니라

二十二、일누리곤ᄭᆞ지 가셔 젼도ᄒᆞ며 연보를 거두고 갈나듸아셔를 씀、 마게도니아 여러교회를 심방ᄒᆞᄂᆞᆫᄃᆡ 편ᄃᆡ홈으로 젼도ᄒᆞ고 긔회를 리용ᄒᆞ여 몃몃새디방도 ᄃᆞᆫ이며 셔편으로 더나가셔 앗의리아히ᄭᆞ지 범ᄒᆞᆫ듯ᄒᆞ니라(로마十五〇十九)또 헬나여러디방을 슌힝ᄒᆞ여 예루살넴에 잇ᄂᆞᆫ 빈궁ᄒᆞᆫ 신쟈를 위ᄒᆞ야 연보를 거두니(로마十五〇二五、二六、고린도후八〇一ㅣ四 九〇一、二、)예루살넴서 일ᄒᆞᄂᆞᆫ 야고보의게 동졍을 표ᄒᆞᄂᆞᆫ것도 되고 ᄌᆞ긔의 인ᄌᆞᄒᆞᆫ ᄉᆞ랑도 여긔셔 나타나니 유대인들을 위ᄒᆞᄂᆞᆫ ᄆᆞ옴도 이와ᄀᆞᆺ도다 (로마十五〇二十七을보라)그러나 ᄀᆞ쟝 즁요ᄒᆞᆫ 일을 ᄒᆞᆫ거슨 갈나듸아인셔를 긔록ᄒᆞᆫ일이니 이때에 이셔신을 긔록ᄒᆞ여 마게도니아에셔 보낸듯

ᄒᆞ니 ᄌᆞ긔가 슈고ᄒᆞ여 일을ᄒᆞ고 세운교회가 위ᄐᆡᄒᆞ여젓다 ᄒᆞᆷ을 드른연고러라 그후에ᄂᆞᆫ 고린도로 ᄂᆞ려가셔 몬져 보낸ᄌᆞ긔친구들을 만나셔 권면ᄒᆞ며 ᄀᆞᄅᆞ친거슬 보고 즐거워ᄒᆞ엿슬것이며 그곳셔 예루살넴으로 보낼구제금을 거두어야고보의게로 가지고갈거슬 예비ᄒᆞ엿ᄂᆞ니라

二十三、로마인셔를 긔록ᄒᆞᆷ과 그사연과 비울이 로마에 관계가 잇슴、 고린도에셔 석달이나 잇다가 큰일 ᄒᆞᆫ거시잇스니 곳로마인셔를 져술ᄒᆞᆫ것인ᄃᆡ 엇더케 뒤리력과 로마인셔의 사연을 연구ᄒᆞ여 볼거시니라

이셔신가온ᄃᆡ 로마에 잇ᄂᆞᆫ신쟈의 조용치못ᄒᆞᆷ과 어ᄌᆞ러움은 말ᄒᆞ지안코 로마교회가온ᄃᆡ 외방인이 만흐며 유대인은 슈효가 적을ᄲᅮᆫ아니라 아모셰력도 업슴을 표시ᄒᆞ엿스며 ᄯᅩ다만 신령ᄒᆞ고 깁흔도리를 변론ᄒᆞ고 형식샹언론과 교회의형편은 과히 베풀지아니ᄒᆞ엿ᄂᆞ니라

하여간에 바울이 로마셩을 츄앙ᄒᆞ고 취미를가진 회방ᄉᆞ도의 넓은사샹으로 로마를 심방ᄒᆞ려ᄒᆞ엿스며 (로마十五 ○二十三) 바울의ᄉᆞ랑ᄒᆞᄂᆞᆫ 아굴나를 이곳에 와셔 맛나니 이ᄂᆞᆫ 젹에 이타리로 보내여 교회를 셜립ᄒᆞ라 ᄒᆞᆫ명령을 가셔 시험ᄒᆞ고 도라온것인ᄃᆡ 여러 다른 밋ᄂᆞᆫ무리를 단합ᄒᆞ여 ᄒᆞᆫ 단톄를 닐우게 ᄆᆞᆫᄃᆞ럿ᄂᆞ니 그런즉 개인샹으로 로마졍형과 교회의 엇더ᄒᆞᆷ을 다 듯고 취미를 새로 엇엇고 (이일ᄲᅮᆫ 아니라 여러 헬니디방에셔도 아굴나의힘을 닙어 밋ᄂᆞᆫ쟈가 교통ᄒᆞ게되엿ᄂᆞ니다)

바울이 로마에 이러ᄒᆞᆫ관계가 잇ᄂᆞᆫ고로 셔신을 우리가 아ᄂᆞᆫ바와ᄀᆞᆺ치 신령ᄒᆞ고 고샹ᄒᆞ게 보내엿스며 셔신가온ᄃᆡ ᄉᆞ랑과 친분과 은혜와 특별ᄒᆞᆫ 경험으로 ᄀᆞᄅᆞ쳣ᄂᆞ니 로마사ᄅᆞᆷ들이 비록 수부에 잇셔셔 지혜와 총명이 고샹ᄒᆞᆯ터이나 바울의게 탄복ᄒᆞ고 감화력을 엇게되니 로마인이 고루ᄒᆞ엿ᄂᆞᆫ지 바울이 고샹ᄒᆞ엿ᄂᆞᆫ지 여서 문뎨이라 아마 바울의 고샹ᄒᆞᆫ ᄉᆞ샹이 ᄒᆞᄂᆞ님의 젼능ᄒᆞ신권세를 겸ᄒᆞᆫ 연고라ᄒᆞ노라 (미완)

◎가뎡과쇼년

●미국대통령의 권면ᄒᆞᆫ 말

미국대통령 월손씨가 거五월쵸에 샹항쇼학도들의게 권면ᄒᆞᆫ말이 좌와ᄀᆞᆺᄒᆞᆫ고로 이에 긔ᄌᆡᄒᆞ노라

내가 샹상컨ᄃᆡ 너희ᄂᆞᆫ 아마 너희 션ᄉᆡᆼ들이 너희들의게 ᄃᆡᄒᆞ야 너머 엄혹(嚴酷)ᄒᆞ고 괴롭게 구ᄂᆞᆫ줄노 ᄉᆡᆼ각ᄒᆞᆯ듯ᄒᆞ나 그럿치아니ᄒᆞᆫ것이 오ᄂᆞᆯ날 너희 션ᄉᆡᆼ들이 이ᄀᆞᆺ치 ᄒᆞᆷ은 너희로ᄒᆞ여곰 아모됴록 품ᄒᆡᆼ을 잘 닥고 공부를 부ᄌᆞ런히ᄒᆞ야 시험을 잘 치룸으로 쟝ᄅᆡ의 됴흔 국민의 ᄌᆞ격을 예비코져 ᄒᆞᆷ이니 그런고로 내ᄉᆡᆼ각에ᄂᆞᆫ 너희들의 평ᄉᆡᆼ힝복과 안락과 ᄉᆞ업의 열ᄆᆡ가 오ᄂᆞᆯ날 너희 션ᄉᆡᆼ들의 엄혹ᄒᆞ고 괴로온 ᄭᅩᆺ(花)으로 좃차 ᄉᆡᆼ길줄노 아노라

ᄯᅩ ᄒᆞᆫ말ᄉᆞᆷ을 ᄒᆞ고져ᄒᆞᄂᆞᆫ바ᄂᆞᆫ 너희가 이학교를 면ᄒᆞ고 나가면 이보다 더 엄혹ᄒᆞᆫ 고ᄅᆞ온 션ᄉᆡᆼ을 만날지니 이는 곳 이세샹이라 므롯 이세샹은 누구던지 모든 일을 질셔(秩序)잇게 잘ᄒᆞ고 만히 ᄒᆞᄂᆞᆫ쟈를 요구ᄒᆞ고 무식ᄒᆞ고 어둡고 라타ᄒᆞ야 일ᄒᆞ기슬혀ᄒᆞᄂᆞᆫ쟈를 원치아니ᄒᆞᄂᆞᆫ고로 너희들이 무덤에 드러가기젼에ᄂᆞᆫ 이 션ᄉᆡᆼ이 너희ᄃᆞ려 맛당히 ᄒᆞᆯ 일을 잘ᄒᆞ고 만히ᄒᆞ며 민속(敏速)히 ᄒᆞ라고 홍샹 엄혹히 굴지라 그런고로 너희가 오ᄂᆞᆯ날 이쇼학교의 엄혹ᄒᆞᆫ 션ᄉᆡᆼ을 괴롭게 ᄉᆡᆼ각ᄒᆞ면 쟝ᄅᆡ의 이세샹의 더 엄혹ᄒᆞᆫ 션ᄉᆡᆼ의 채찍(鞭)을 엇더케 면ᄒᆞ랴ᄂᆞ뇨 그런즉 너희가 아모됴록 오ᄂᆞᆯ날 너희션ᄉᆡᆼ의 훈계와 교육을 잘 밧어셔 ᄅᆡ두(來頭)의 힝복과 셩공(成功)을 긔ᄃᆡᄒᆞᆯ지어다

정오(正誤)

본보 뎨二권 뎨五호 긔렴연보란ᄂᆡ 忠州西門外敎會ᄂᆞᆫ 忠州區域으로 졍오홈

세계격언

一 진졍ᄒᆞᆫ 가뎡교육은 진졍ᄒᆞᆫ 교육을 밧은 어머니가 아니면 능히 식힐수업ᄂᆞ니라

二 어릴때에 감복ᄒᆞᆫ 일을 쳥년때에 경험ᄒᆞ야 쟝년때에 셰ᄃᆞᆺᄂᆞ니라

三 세계는 대학교가되고 곤난은 어신ᄉᆞ우(師友)가 되ᄂᆞ니라

四 ᄋᆞ희들은 그부모의 ᄒᆡᆼ위를 빗쳐뵈이는 거울이니라

五 교육은 사ᄅᆞᆷ의 텬셩을 변경ᄒᆞ는것이 아니오 다만 그것을 슈보(修補)ᄒᆞ는것이니라

六 놉흔 월샤금은 안젼(安全)ᄒᆞᆫ 학문을 사기에 족ᄒᆞ니라

七 ᄒᆡᆼ샹 너머 일혼줄노 싱각ᄒᆞ는쟈는 반ᄃᆞ시 너머 늣기쉬오니라

평림(評林)

●열가지무익(無益)

一 졍셩이 업스면 긔도가 무익

二 밋음이 업스면 젼도가 무익

三 덕셩(德性)이 업스면 학문이 무익

四 위싱을 못ᄒᆞ면 보약이 무익

五 ᄆᆞ옴이 교만ᄒᆞ면 ᄌᆡ조가 무익

六 샤신우샹은 숭비홈이 무익

七 부졍ᄒᆞᆫ 친구는 교제홈이 무익

八 괴악ᄒᆞᆫ 풍쇽은 좃는것이 무익

九 음란ᄒᆞᆫ 셔적은 보는것이 무익

十 불의의 ᄌᆡ산은 탐ᄒᆞ는것이 무익

실업

●데二十六 량ᄆᆡᆨ의 파종(播種)

면디는 젼히 양력十월중에 아모됴록 깁히 갈지니 츄경(秋耕)의 리익은 대개 이아래와 ᄀᆞᆺᄒᆞ니

(一)토양(土壤)으로 ᄒᆞ야곰 태양의 빗출 풍족히 밧어 작물(作物)의 양분(養分)을 더ᄒᆞ게홈

(二)토양으로 ᄒᆞ여곰 핑연(膨軟)케ᄒᆞ고 잡풀을 업시홈

(三)흙속에 칩복(蟄伏)ᄒᆞᆫ 버러지들을 업시ᄒᆞ고 병균(病菌)을 멸홈

(四)봄의 일을 간략히홈

대개 양력四월중슌(中旬)경에 봄눈이 다 녹은후에 흙이 다 마르거던 ᄒᆞᆯ수잇는대로 일쯕이 보ᄉᆞ으로 흙을 가라닐으킨후 흙덩어리를 ᄭᆡ고 밧의 우묵ᄒᆞᆫ 곳을 다 평탄히 문돌지니라

밧두둑은 ᄒᆞᆯ수잇는대로 남북의 방위를 좃차문돌고 고랑의 깁흔것은 구비(廐肥)ᄀᆞᆺ치 용적(容積)만흔 비료로써 멧굴지니라

밧두둑ᄉᆞ이는 一쳑五촌으로 一쳑八촌가량으로 ᄒᆞ는것이 뎍당ᄒᆞ고 됴파(條播)법으로써 씨를 심으는것이 됴흐며 비료를 편후에 흙으로 얇게 뭇고 또종ᄌᆞ를 심은후에 다시 흙으로 얇게 덥는것이 됴흐니라

종ᄌᆞ의 분량(分量)은 대략 一반보(反步)에 ᄃᆡᄒᆞ야 엿되(六升)가량을 심을지니라

담총

●입이 둔ᄒᆞᆫ병(口吃病)을 곳치는법

입이둔ᄒᆞ야 말ᄒᆞ기 어려워ᄒᆞ는병을 곳치는법이 잇스니 꼿종용ᄒᆞᆫ 방에서 ᄌᆞ미잇는칙을 닑으되 니(齒)를 ᄭᅩᆨ 담을고 ᄂᆞᆺ은음셩으로 완완(緩緩)히 닑기를 ᄆᆡ일이나 혹 간일(間日)ᄒᆞ야ᄒᆞ면 ᄎᆞᄎᆞ 나흠을 엇ᄂᆞ니라

●나무를 썩지안케ᄒᆞ는법

피마ᄌᆞ(蓖麻子)기름를 ᄭᅳ리다가 셕탄가루를 혼합ᄒᆞᆫ후 막ᄃᆡ기를 가지고 잘 저으면 양칠(洋漆)과 ᄀᆞᆺ치될지니 이것으로 나무에 칠ᄒᆞ면 오리도록 썩지아니ᄒᆞᄂᆞ니라

七

●장판ᄒᆞ는법

볏집(稻藁)을 양지물에 ᄉᆞᆯ려 그녹은것을 흙손으로 방바닥에 발나 마른후에 콩딤을ᄒᆞ면 각장으로 ᄒᆞᆫ장판보다 견고ᄒᆞ고 광ᄎᆡ가 나며 갑도 만히들지아니ᄒᆞᄂᆞ니 가령 볏집ᄒᆞᆫ뭇가량이면 五六간이나ᄒᆞ고 양지물ᄒᆞᆫ통이면 十五간가량은 무려히 ᄒᆞᆯ지니라

그리스도회보

KOREAN CHRISTIAN ADVOCATE

每週一回月曜日發行
大正二年七月九日印刷
大正二年七月十四日發行

發行兼編輯人 開城北部山芝峴 奇義男
印刷人 京城北部樓閣洞 朴東完
印刷所 京城南部上犂洞 新文館
發行所 京城北部壯洞四十三統三戶 呂炳鉉邸

ᄃᆡ금…代金 一쟝 二젼 / 六ᄀᆡ월 四十젼 / 一ᄀᆡ년 八十젼 / 海外 一ᄀᆡ년 一환六十젼

샤셜

●긔독학교학ᄉᆡᆼ의 젼도 의무 (쇽)

므릇 쳥년학ᄉᆡᆼ이 신학문의 감각(感覺)과 신ᄉᆞ샹의 격동을 밧어 다른날 무ᄉᆞᆷᄉᆞ업을 ᄒᆞ던지 젼국샤회에 관계가 깁흘지라 그럼으로 뎌회학ᄉᆡᆼ시ᄃᆡ에 참도리의 빗출 엇으면 쟝ᄅᆡ에 그셰력으로 말ᄆᆡ암아 거둘바 종교뎍 리익이 엇더케 광대ᄒᆞ겟ᄂᆞ뇨 우리감리교회의 창립쟈 요한 웨슬네 션ᄉᆡᆼ이 쇼시에 영국 우진대학교에셔 공부ᄒᆞᆯᄯᅢ에 공부ᄒᆞᄂᆞᆫ 여가에 동지(同志)의 학ᄉᆡᆼ을 모화 감도ᄒᆞ며 긔도ᄒᆞᆯᄉᆡ 이것을 거룩ᄒᆞᆫ 반이라ᄒᆞ엿ᄂᆞᆫᄃᆡ 그즁 닐곱사ᄅᆞᆷ이 후일 교회의 명ᄉᆞ가 되여 영국교회를 ᄀᆡ량ᄒᆞ고 감리교회를 셜시ᄒᆞᄂᆞᆫ 일에 ᄃᆡᄒᆞ야 웨슬네 션ᄉᆡᆼ을 도아준일이 만햇스니 이도 ᄯᅩᄒᆞᆫ 학ᄉᆡᆼ쳥년의 힘이 아니뇨 ᄯᅩ 근일일노 말ᄒᆞ더라도 미국에 학ᄉᆡᆼ션교회가 잇셔셔 교회에 ᄀᆞ장 힘이 잇고 즁대ᄒᆞᆫ 단톄를 일우엇ᄂᆞᆫᄃᆡ 그대지ᄂᆞᆫ 모든 쳥년학ᄉᆡᆼ을 고동ᄒᆞ야 복음젼파ᄒᆞᆯ 의무를 알고 ᄉᆞ업셩취ᄒᆞᆯ ᄌᆞ격을 예비케ᄒᆞᆷ이라 작년즁에도 이회원즁에셔 외국션교ᄉᆞ로 나간쟈가 三百여인에 달ᄒᆞ엿ᄂᆞᆫᄃᆡ 이회의 력ᄉᆞ를 샹고ᄒᆞ건ᄃᆡ 一百년젼에 미국 윌람대학교학ᄉᆡᆼ즁 모리라ᄒᆞᄂᆞᆫ사ᄅᆞᆷ이 ᄯᅳᆺᄀᆞᆺᄒᆞᆫ쟈 몃사ᄅᆞᆷ으로더브러 ᄯᅢᄯᅢ로 모혀 긔도ᄒᆞ며 온셰계에 젼도ᄒᆞᆯ 문뎨를 연구ᄒᆞ고 ᄯᅩᄒᆞᆫ 각각 ᄌᆞ긔몸에 당ᄒᆞᆫ 의무로 써 서로 권면ᄒᆞᆯᄉᆡ 다른 학ᄉᆡᆼ들은 다 코우슴을 ᄒᆞ며 모힐ᄯᅢ마다 짐즛져회(沮戱)ᄒᆞ되 모리씨등은 조곰도 굴쥭지 안코 압흐로 진보ᄒᆞᄂᆞᆫ지라 하로ᄂᆞᆫ 다른 학ᄉᆡᆼ의 ᄯᅥ드ᄂᆞᆫ것을 피ᄒᆞ야 학교밧 엇던스풀속에 드러가셔 회를죠직코져ᄒᆞᆯᄉᆡ 맛ᄎᆞᆷ 뢰셩벽력을 ᄒᆞ며 비가 퍼붓ᄂᆞᆫ고로 여러사ᄅᆞᆷ이 언덕밋헤 몸을 의지ᄒᆞ야 비를 피ᄒᆞ더니 이옥고 바람과 비가 긋치매 모리씨가 여러사ᄅᆞᆷ을 ᄃᆡᄒᆞ여 말ᄒᆞᄃᆡ 지금은 검은 구름이 임의 것치고 프른 하ᄂᆞᆯ이 뵈이니 맛당히 일을 의론ᄒᆞᆯ것인ᄃᆡ 우리가 온셰계에 젼도ᄒᆞ기로 결뎡ᄒᆞᄃᆡ 우리회의 셰력이 이디구샹 모든 어두운곳ᄭᆞ지 밋치게 ᄒᆞ쟈ᄒᆞ매 이사ᄅᆞᆷ즁에도 모리씨의 언론이 너머 오활ᄒᆞ다고 말ᄒᆞᄂᆞᆫ쟈 잇거ᄂᆞᆯ 모리씨가 ᄃᆡ답왈 우리가 지금은 회원이 적고 힘이 약ᄒᆞ지마ᄂᆞᆫ ᄎᆞᆷ으로 원ᄒᆞ면 반ᄃᆞ시 일울것이라 ᄒᆞ고 인ᄒᆞ야 학ᄉᆡᆼ젼도회를 죠직ᄒᆞ고 점점 다른 학교학ᄉᆡᆼ들과 도련락ᄒᆞ야 크게 확장되여 오ᄂᆞᆯ날은 젼국학교를 다련락ᄒᆞ야 이회원즁에 젼도ᄉᆞ의 ᄌᆞ격을 가진쟈ᄂᆞᆫ 외국에나가 젼도ᄒᆞ고 그럿치 아니ᄒᆞᆫ쟈ᄂᆞᆫ 농샹공업을 힘써 그슈입즁의 十분一을 이회에 밧침으로 그목뎍ᄒᆞᆫ바와 ᄀᆞᆺ치 그셰력이 자못 젼셰계(全世界)에 밋쳣스니 이엇지 二三쳥년의 됴흔 모범으로 좃차 셩취ᄒᆞᆫ것이 아니리오 (미완)

본샤특별고ᄇᆡᆨ

一、경향간 본회보를 ᄋᆡ독ᄒᆞ시ᄂᆞᆫ 형뎨ᄌᆞᄆᆡ즁 긔왕에 보신회보ᄃᆡ금의 령지됴(零在條)나 혹 쟝ᄅᆡ에 보실회보ᄃᆡ금의 션금(先金)을 아직 아니 보내신이ᄂᆞᆫ 속々히 우편쇼위톄(郵便小爲替)로 붓쳐보내시되 혹 부득이ᄒᆞ야 적은돈을 우표로 보내실 경우에ᄂᆞᆫ 五리ᄶᆞ리나 二젼ᄶᆞ리로 보내여쥬시옵

二、본회보의 신구람쟈 十인을 엇어보내시ᄂᆞᆫ 이의게ᄂᆞᆫ 젼과ᄀᆞᆺ치 본보一쟝을무ᄃᆡ금(無代金)으로 보내여 드리겟삽내다

교즁휘문

◀니 보▶

●교회가흥왕홈

평남 즁화군 룡흥동 교회젼도ᄉᆞ 졍진슈씨의 통신을 거ᄒᆞᆫ즉 본교회는 셜립된지 八九년이러로 ᄌᆞ미본일을 다 말ᄒᆞᆯ수 업스나 一千九百九년에 초가례비당四간에서 七八十명교우가 례비홈으로 대단 협착ᄒᆞ야 와가十五간을 새로 건축ᄒᆞᆫ후 여러임원들이 홍상 쥬씨군구ᄒᆞ기를 이례비당이 뷔인자리가 업시ᄒᆞ여달나ᄒᆞ며 긔도ᄒᆞ던즁 금년에 니르러는 一반교우들이 합심젼도ᄒᆞᆫ 결과로 신쟈가 날노증가ᄒᆞ야 지금은 ᄆᆡ쥬일평균 一百七八十명식 모히며 직원즁에 二三인식 작반ᄒᆞ야 ᄆᆡ六일과 쥬일오후와 三일마다 十二동리들 례번ᄒᆞ야 단니며 외인의게 젼도ᄒᆞ고 교우도 심방ᄒᆞᄂᆞᆫ고로 ᄆᆡ쥬일 새로밋기로 작뎡ᄒᆞᄂᆞᆫ쟈도만코 또 모든교우도 열심이 니러나 쥬일을 당ᄒᆞ면 가로에 찬숑소리가 련락ᄒᆞ고 또 쟝ᄎᆞ교당을 즁축ᄒᆞ기로 의론도ᄒᆞ며 또 본교회ᄂᆡ 남녀쇼학교가 잇ᄂᆞᆫᄃᆡ 교우의ᄌᆞ녀를 모집ᄒᆞ야 교슈ᄒᆞᆯ식 교쟝(敎場)이 좁은고로 와가四간반을 반양졔로 다시 건축ᄒᆞ기 위ᄒᆞ야 三百여원을 거두엇스며 남녀교우들이 열심이 분발ᄒᆞ야 일을ᄒᆞ며 그동리의 호수는 五十六호인ᄃᆡ ᄒᆞᆫ사ᄅᆞᆷ도 밋지 아니ᄒᆞᄂᆞᆫ집이 五호밧게 업ᄂᆞᆫ지라 이럼으로 린동에서 이동리ᄂᆞᆫ 파시텬국이라 칭ᄒᆞ며 이곳교우는 十二동리사ᄅᆞᆷ이오 또 압흐로 점점 더흥왕ᄒᆞᆯ 희망이 만타ᄒᆞ엿더라

●이젹을보고밋음

경셩 동부 미아리박희슉씨의 통신을 거ᄒᆞᆫ즉 손가쟝교당 압집에 사ᄂᆞᆫ 유흥슈씨ᄂᆞᆫ 쥬의 말ᄉᆞᆷ젼ᄒᆞᄂᆞᆫ사ᄅᆞᆷ을 핍박ᄒᆞ며 반ᄃᆡ홈이 심ᄒᆞ더니 거월 十四일 토요에 유씨의 ᄆᆡ졔가 회산ᄒᆞᆫ후 후산을 못홈으로 위급ᄒᆞᆫ 경우를 당ᄒᆞ야 무당을 불너 굿슬ᄒᆞ며 판슈를 불너 경을 닑어도 맛ᄎᆞᆷᄂᆡ 효험이 업ᄂᆞᆫ지라 산모ᄂᆞᆫ 혈ᄆᆡᆨ이 것치고 호흡이 ᄭᅳᆫ친지라 밤즁에 회당문을 두다리며 사ᄅᆞᆷ을 살녀달나홈으로 회당쥬인 유씨가 말ᄒᆞ기를 우리ᄂᆞᆫ 다만 밋ᄂᆞᆫᄆᆞ음으로 예수의 공로를 의지ᄒᆞ야 하ᄂᆞ님ᄭᅴ 긔도로 구ᄒᆞᄂᆞᆫ 일밧게ᄂᆞᆫ 다른도리가 업고 그러나 쥬를 핍박ᄒᆞ던 사ᄅᆞᆷ의게ᄂᆞᆫ 샹관이 업노라ᄒᆞᆫ즉 류씨와 그모친이 말ᄒᆞ기를 우리도 쟝ᄎᆞ 밋겟스니 가셔 찬숑이나 ᄒᆞ여달나홈으로 즉시 류대유 김셕화량씨와 부인몃분이 가셔본즉 과연 산모ᄂᆞᆫ 죽엇고 구셕구셕이 우ᄂᆞᆫ소리ᄲᅮᆫ이라 찬미를ᄒᆞ고 긔도ᄒᆞᆫ후 산모를 본즉 손에ᄆᆡᆨ이 놀고 코에 호흡이 잇스며 또ᄒᆞᆫ 후산을 ᄒᆞᆫ지라 산모가 말ᄒᆞ여왈 나를 위ᄒᆞ여 찬숑과 긔도를 ᄒᆞ여달나 ᄒᆞ거놀 젼도ᄉᆞ와 ᄀᆞᆺ치 五일동안을 긔도ᄒᆞ엿더니 하ᄂᆞ님의 도으심으로 무ᄉᆞᄒᆞ엿고 유흥슈씨 형뎨가 회ᄀᆡᄒᆞ고 그집안 네식구가 다 례비ᄒᆞ며 동리사ᄅᆞᆷ들도 두려온 ᄆᆞ음으로 하ᄂᆞ님ᄭᅴ 영화를 돌니며 우리도 예수를 밋ᄂᆞᆫ것이 올타ᄒᆞ니 이교회가 쟝ᄎᆞ 흥왕ᄒᆞᆯ 희망이 잇다ᄒᆞ엿더라

감리교협셩신학교학ᄉᆡᆼ모집광고

본학교에셔 규측과 과졍을 ᄀᆡ뎡ᄒᆞ고 셩경학원 졸업ᄉᆡᆼ이 아니면 본학교에 입학을 허락지 아니ᄒᆞ며 셩경학원 一년급三부를 다 공부ᄒᆞᆫ 학ᄉᆡᆼ은 신학교 一년급一부에 입학ᄒᆞᆯ것이요 신학교 一년급二부에 입학을 원ᄒᆞᄂᆞᆫ 쟈ᄂᆞᆫ 각〻본ᄃᆡ방 쟝로ᄉᆞ의 쳔거쟝을 요구ᄒᆞ며 학ᄉᆡᆼ수ᄂᆞᆫ 각부에 三十명으로 뎡ᄒᆞ고 금츄긔에 一년급一부와 二부의 학ᄉᆡᆼ을 모집ᄒᆞ겟ᄉᆞ기 ᄌᆞ이 광고ᄒᆞ오니 지원ᄒᆞ시ᄂᆞᆫ쟈ᄂᆞᆫ 좌긔과졍을 ᄀᆡ학젼에 미리 쥰비ᄒᆞ고 ᄀᆡ학일ᄌᆞ를 어김이업시 입학ᄒᆞ심을 무망ᄒᆞᆷ

과졍표

(一년급一부) 신약총론 갈나듸아 신명긔 교회ᄉᆞ긔 실용신학 조직신학 음악

(一년급二부) 구약총론 아모스 호세아 히부리 음악 교회ᄉᆞ긔 쥬히학 실용신학 조직신학

(ᄀᆡ학일ᄌᆞ)九月二十日

쥬후一千九百十三년七월 일

감리교협셩신학교

고빅

외보

●그린박ᄉᆞ의셔훈(敍勳)

미국션교ᄉᆞ그린박ᄉᆞᄂᆞᆫ 명치二년츄에 일본으로 건너와셔 처음으로 구쥬의 복음을 젼파ᄒᆞ엿고 일로젼징시에도 일본을 위ᄒᆞ야 동졍을 표ᄒᆞᆫ 일이 만흔ᄃᆡ 금번에 텬황폐하ᄭᅴ셔 동박ᄉᆞ의 공로를 ᄉᆡᆼ각ᄒᆞ시고 훈三등욱일즁슈쟝(旭日中綬章)을 하ᄉᆞᄒᆞ신고로 거월十七일에 샹야졍양헌(靜養軒)에셔 삽턱(澁澤)신뎐(神田)량남작이외죠야(朝野)신ᄉᆞ七十여인이모혀 동박ᄉᆞ를위ᄒᆞ야 츅하회를 열엇다더라

●관셔학원(關西學院)의 교외교육(校外教育)

일본신호관셔학원에셔 금년브터 교외교육을 실시ᄒᆞᆫ다ᄂᆞᆫ ᄉᆞ실은 젼호에 게재ᄒᆞ엿거니와 본월卄二일브터 금턱(金澤)감리교당니에셔 ᄀᆡ회ᄒᆞᆯ터인ᄃᆡ 그슌셔ᄂᆞᆫ 모세의근본뎍종교ᄉᆞ샹이란문뎨로 송본익길(松本益吉)씨가 바울의 인격과 젼도ᄉᆞ업이란 문뎨로 벳도씨가 로마인셔즁에 바울의복음이란문뎨로 길긔언(吉崎彦)씨가 젼도인과 셩경연구란문뎨로 쳥목즁십랑(青木澄十郞)씨가 셩셔ᄉᆞ범과로 뎐즁의홍(田中義弘)씨가 ᄎᆞ뎨로 강론ᄒᆞᆫ다더라

●미국학ᄉᆡᆼ의직업별

미국교육계에셔 근일죠사ᄒᆞᆫ바를 의지ᄒᆞᆫ즉 각대학교졸업ᄉᆡᆼ 十만九인ᄂᆡ에 목ᄉᆞ와션교ᄉᆞ된쟈가 一만七千八百八十四인 변호ᄉᆞ된쟈가 二만二千二百五十八인 의ᄉᆞ된쟈가 八千九百二인 교육가된쟈가 一만五千三百十四인 샹업가된쟈가 一만五千一百二十五인 관리된쟈가 一千八百四十인 긔ᄉᆞ(技師)된쟈가 二千四百六인 농업가된쟈가 一千七百四十八인 신문긔쟈와 문ᄉᆞ(文士)된쟈가 二千二十九인 그놈어지 一만一千六百三인은 잡업(雜業)에 죵ᄉᆞᄒᆞᆫ다더라

긔셔

●태평양젼도록(속)

영국 태요한 션ᄉᆡᆼ 져

그ᄯᅢ에 거긔일맛ᄒᆞᆫ 두목이 술쟝ᄉᆞ와 부동ᄒᆞ야 나를 고소ᄒᆞᆫ 일이라 나의 말은 ᄒᆞᆫ마ᄃᆡ도 듯지안터니 홀연히 밧그로브터 ᄒᆞᆫ사ᄅᆞᆷ이 드러오니 그모양이 ᄆᆡ우단졍ᄒᆞᆫ지라 나ᄃᆞ려 무러왈 션ᄉᆡᆼ이 뎌사ᄅᆞᆷ과 ᄀᆞᆺ치올ᄯᅢ에 돈을 얼마나 썻ᄂᆞ뇨 ᄒᆞᄂᆞᆫ고로 내가 몃마ᄃᆡ 말ᄒᆞ고저ᄒᆞᆯᄯᅢ에 ᄯᅩ 엇던 대관一인이 드러와셔 슌사ᄃᆞ려 뭇고 크게소ᄅᆡᄒᆞ여ᄀᆞᆯᄋᆞᄃᆡ 그일은 내가 아ᄂᆞᆫ것이라 내가 도뎌히 ᄇᆞᆰ히리니 오ᄂᆞᆫ 월요일에 일즉이오라ᄒᆞ고 그 대관이 나간후에 그두목이 됴흔말노 우리의게 닐ᄋᆞᄃᆡ 너희일이 타협되엿ᄉᆞ니 나가라 ᄒᆞ거ᄂᆞᆯ 우리가 나와셔 그 대관이 누구인지 알고져ᄒᆞ되 알수업스나 외양으로 보더라도 명망과 셰력이 놉흔사ᄅᆞᆷ

三

인줄 짐작ᄒᆞ엿더라

이후로는 우리를 더항(抵抗)ᄒᆞ는쟈ㅣ업고 허다ᄒᆞᆫ 무리가 젼ᄒᆞ야 서로 술을 경계ᄒᆞ고 또 금쥬회(禁酒會)도 크게 유력ᄒᆞᆫ 단톄가 되엿더라

원리 이디방의 곤궁과 환난은 모다 술의 연고라 그러나 이곳 련쥬교인들은 술을 경계치 안코 더회모히는 구락부(俱樂部)가 잇서 날마다 모히면 ᄒᆞᆫ떼가 되여 더회 힝ᄒᆞ는 일이 올타ᄒᆞ며 무식ᄒᆞ고 년쇼ᄒᆞᆫ 사ᄅᆞᆷ들을 미혹ᄒᆞ야 누룩바다에 ᄲᅡ지게ᄒᆞᄂᆞᆫ고로 내가 그사ᄅᆞᆷ들을 위ᄒᆞ야 특별히 긔도ᄒᆞ고 회당에서 강론ᄒᆞᆫ후 하로는 내가 말ᄒᆞ되 내 강론에 ᄃᆡᄒᆞ야 변론ᄒᆞᆯ이가 잇거던 나와서 변론ᄒᆞ려니와 그런 변론은 유익ᄒᆞᆷ이 업스리라 ᄒᆞ매 더회즁에 우준ᄒᆞ고 무리ᄒᆞᆫ말노 무엇이라고 변론ᄒᆞ는쟈 잇거ᄂᆞᆯ 내가 더회를 위ᄒᆞ야 긔도ᄒᆞ고 가슴이 압흔눈물을 흘녓노라

또 이곳에 샤신을 셤기는쟈 ᄒᆞᆫ사ᄅᆞᆷ이 잇서 즁병이 든지라 그부인이 나를 쳥ᄒᆞ여 ᄌᆞ긔 남편보기를 원ᄒᆞ거ᄂᆞᆯ 내가 그집에 가보니 그침쟝안에 허다ᄒᆞᆫ 잡셔(雜書)가 만흐며 그외에 셩경도 잇스나 이는 ᄌᆞ긔가 진리를 연구코저ᄒᆞᆷ이아니요 그 실상은 무식ᄒᆞᆫ사ᄅᆞᆷ을 유인ᄒᆞ야 하ᄂᆞ님을 밋지안케ᄒᆞ되 무리압헤서 셩경말ᄉᆞᆷ을 인증ᄒᆞ여 말ᄒᆞ야 첫재는 ᄌᆞ긔가 샤신의게 복죵치 아니ᄒᆞᆷ을 드러내랴ᄒᆞᆷ이오 둘재는 ᄌᆞ긔가 복음을 연구ᄒᆞ여 본즉 밋을것이 업슴으로 반ᄃᆡᄒᆞ노라는뜻을 표시코저ᄒᆞᆷ이오 셋재는 셩경가온ᄃᆡ셔 ᄌᆞ긔가 반ᄃᆡᄒᆞ고 긔롱ᄒᆞᆯ만ᄒᆞᆫ 구절을 차저 내고저ᄒᆞᆷ이러라

(미완)

교회ᄉᆞ긔

긔이부 역술

뎨二관 알넥산드리아교회의 명ᄉᆞ를 의론ᄒᆞᆷ (쇽)

오리젠이 어렷슬때브터 몸가저기를 엄슉히 ᄒᆞᆷ으로 마태 十九쟝 十二절의 뜻을 오히ᄒᆞ고 ᄉᆞᄉᆞ로 고ᄌᆞ가되여 셕을 멀니ᄒᆞ고 또 외국에 유람ᄒᆞ여 각쳐교회를 권면ᄒᆞ더니 二百十八년에 예루살넴과 가이샤랴의 교회감독이 되여 쟝로의 직분을 밧앗더니 알넥산드리아감독과 화합지못ᄒᆞ야 이단을 젼ᄒᆞ고 교회규칙을 경홀히 녁인다ᄒᆞ는 무소를 당ᄒᆞᆷ으로 교회밧게 ᄶᅩᆺ겨낫스나 그후에 가이샤랴셩에 가서 서원을 셜립ᄒᆞ매 로마황뎨 빌닙아랍이 만히도아주고 二百五十四년에 두로셩에서 젼도ᄒᆞ다가 미를 마진후로브터 병이 드러 수년후에 죽으니 그의 평ᄉᆡᆼ에 져술ᄒᆞᆫ 글을 샹고ᄒᆞ여 보면 六十여권이라 그가온ᄃᆡ 셩경쥬히(註解)와 셩경을 의지ᄒᆞ야 져술ᄒᆞᆫ 졈규(箴規)와 밋 도를 ᄌᆞ셰히 ᄇᆞᆰ혀노ᄒᆞᆫ 모든 글을 다 말ᄒᆞᆯ수업고 그져술ᄒᆞᆫ 글가온ᄃᆡ 또ᄒᆞᆫ 리치에 어그러진것도 만흐니 이것은 그지조가 놉고 ᄯᅳᆺ이 광활ᄒᆞ야 ᄉᆡᆼ각이 곡식ᄒᆞᆫᄃᆡ 드러간 것이니 닐넛스ᄃᆡ 셰샹의 물픔의 원질이 시초브터 잇섯는지 의혹이 잇스나 그러나 물픔의 발ᄉᆡᆼ된 시초와 원질의 모양을 ᄯᅡ라 잇섯다ᄒᆞ고 또 닐ᄋᆞᄃᆡ 사ᄅᆞᆷ이 육톄를 일우기젼에 령혼은 하ᄂᆞ님ᄭᅴ셔 지으신바되나 그러나 텬샹(天上)에서 하ᄂᆞ님을 거역ᄒᆞᆫ 죄로 인ᄒᆞ야 칙벌을 당ᄒᆞ야 텬당을 ᄯᅥ나 셰샹사ᄅᆞᆷ이 되여 비루ᄒᆞᆫ몸에 븟쳣스니 이럼으로 육신은 령혼의 좀간거ᄒᆞ는 옥(獄)이라 일노인ᄒᆞ야 육신이 다시 산다ᄒᆞᆷ은 헛말ᄲᅮᆫ이오 오직 만물이 다 하ᄂᆞ님ᄭᅴ로 다시 도라갈때에는 육톄를 다시 버서ᄇᆞ린다ᄒᆞ며 또 예수ᄭᅴ서 죄를 ᄃᆡ쇽ᄒᆞ신 공을 의론ᄒᆞᄃᆡ ᄯᅡ에쇽ᄒᆞᆫ 사ᄅᆞᆷ을 말ᄒᆞᆯᄲᅮᆫ만 아니라 하ᄂᆞᆯ에잇ᄂᆞᆫ것도 관계가 되ᄂᆞ니 일후에는 반ᄃᆞ시 一만령혼과 모든귀신이 쥬로 더브러 다시 합ᄒᆞᆯ것이니 이때에는 맛당히 텬당과 디옥의 분별이 업다ᄒᆞ고 또 셩경을 히셕ᄒᆞᄃᆡ 글ᄌᆞ의 ᄯᅳᆺ은 경홀히 녁이고 은벽(隱僻)ᄒᆞᆫ것을 찻고 깁흔것을 궁구ᄒᆞᄂᆞᆫ고로 넘쳐가는 ᄉᆡᆼ각이 만코 또는 셩경의 ᄯᅳᆺ을 三층에 분셕ᄒᆞ엿

스니 (一)은 글ᄌᆞ의 외면을 ᄇᆞᆰ히 ᄒᆡ셕ᄒᆞ고 (二)는 사ᄅᆞᆷ의 ᄆᆞᄋᆞᆷ을 ᄭᆡ러 합ᄒᆞᄂᆞᆫ것이오 (三)은 그옥ᄒᆞ고 현묘ᄒᆞᆷ을 궁구ᄒᆞᆷ이라 ᄒᆞ야 모든 이젹은 비유ᄒᆞᆫᄯᅳᆺ으로 숨은 리치를 형용ᄒᆞ야 나타내엿다ᄒᆞ고 ᄯᅩ 말ᄒᆞᄃᆡ 만일 사ᄅᆞᆷ이 셩경을 ᄇᆞᆰ히고져 ᄒᆞᆯ진ᄃᆡ 맛당히 긔도를 ᄒᆞ라ᄒᆞ엿스니 과연 이말은 슌젼히 흠이 업고 그리스도의 셩픔을 의론ᄒᆞᄃᆡ 하ᄂᆞ님의 셩픔과 사ᄅᆞᆷ의 셩픔이 서로 합ᄒᆞᆷ을 말ᄒᆞ엿슨즉 통합ᄒᆞ야 말ᄒᆞ면 그글이 비록 잇다곰 흠절이 잇스나 그러나 유익ᄒᆞᆷ도 만코 ᄯᅩ 가히 취ᄒᆞᆯ만ᄒᆞᆫ 실디가 잇스며 ᄯᅩ 그의 사ᄅᆞᆷ됨은 겸손ᄒᆞ고 청념ᄒᆞ고 ᄭᆡᆨ긋ᄒᆞ야 ᄒᆞᆼ샹 ᄆᆞᄋᆞᆷ으로 쥬를 셤기니 가히 후세에 본밧을만ᄒᆞ니 대인이 아니고는 능히 이러ᄒᆞᆯ수가 업스리로다

셩경공부의지침(쇽)

뎨二十五칙은 ᄋᆡ가니 예레미야가 이칙을 져술ᄒᆞ야 예루살넴과 셔면의 뷘터를 보고 심히 슬퍼ᄒᆞᄂᆞᆫ ᄯᅳᆺ을 표ᄒᆞ고 ᄯᅩ 기외에 ᄌᆞ긔의 예언도 긔록ᄒᆞ엿ᄂᆞ니라

뎨二十六칙은 에스겔이니 션지 에스겔은 최쵸에 바빌논으로 잡혀간 유대인중에 ᄒᆞ나힌ᄃᆡ ᄌᆞ긔가 바빌논에 잇슬ᄯᅢ에 이칙을 져술ᄒᆞ야 하ᄂᆞ님을 ᄇᆡ반ᄒᆞ고 죄악이 관영(貫盈)ᄒᆞᆫ 모든 유대인을 혹독히 칙망ᄒᆞᄂᆞᆫ 동시에 ᄯᅩᄒᆞᆫ 그즁에 경건ᄒᆞᆫ ᄇᆡᆨ셩으로 잡혀와셔 고ᄉᆡᆼᄒᆞᄂᆞᆫ쟈들을 위로ᄒᆞ엿ᄂᆞ니라

뎨二十七칙은 다니엘이니 션지 다니엘이 최쵸에 바빌논으로 잡혀가셔 나죵ᄭᆞ지 七十년동안을 거긔 잇셔셔 이칙을 져술ᄒᆞ엿ᄂᆞᆫᄃᆡ 대개 몃부분은 ᄉᆞ긔요 몃부분은 예언이니 그 대지는 ᄌᆞ긔가 바빌논에 잇셔셔 엇더케 힝동ᄒᆞᆫ 시말(始末)을 긔록ᄒᆞ고 ᄯᅩᄒᆞᆫ 이셰상에 여러나라이 쟝ᄎᆞᆺ 니러날것과 메시야의 쟝ᄎᆞᆺ 오실것을 예언ᄒᆞᆫ것이니라 이우회 말ᄒᆞᆫ 네칙은 유대인의 닐온바 대션지요 이아래말ᄒᆞᆯ바 十二칙은 유대인의 닐온바 쇼션지니라

뎨二十八칙은 호세아니 션지 호세아가 이스라엘국 북방사ᄅᆞᆷ으로 여로보함왕 뎨二세ᄯᅢ에 그ᄇᆡᆨ셩들이 우샹을 숭비ᄒᆞᆷ으로 여호와ᄭᅴ 죄짓는쟈ㅣ 만ᄒᆞᆷ을 통분히 녁여 처음에는 더회ᄃᆞ려 회ᄀᆡᄒᆞ고 여호화ᄭᅴ로 나오라고 권ᄒᆞ다가 필경 아모효력이 업슴을 보고 (一〇-三〇)그다음에는 하ᄂᆞ님의 공졍ᄒᆞᆫ 심판당ᄒᆞᆯ것을 공포ᄒᆞ엿ᄂᆞ니라 (四〇-十四〇)

(미완)

●바울의ᄉᆞ젹 (쇽)

한셩 류경샹

二十四、젼도ᄒᆞᆷ과 려힝ᄒᆞᆷ과 로마로향ᄒᆞᆷ 바울이 로마로 향ᄒᆞ고져ᄒᆞᄂᆞᆫᄆᆞᄋᆞᆷ은 ᄌᆞ긔의 탁월ᄒᆞᆫ 샤상에서 ᄉᆡᆼᄒᆞ여 ᄉᆡᆼ각과 일을 다여긔 목뎍ᄒᆞ고 나아가니라 비록젼도와려힝은 로마셩 동편에서 ᄒᆞ엿스나 향심은 서편으로 나아가니 (ᄉᆞ도十九〇二十一)이셩으로 가쟈고 유의ᄒᆞᆫ지가 오리고 서반아ᄭᆞ지 가셔 젼도ᄒᆞ려ᄒᆞ엿스며 예루살넴으로 가야 ᄒᆞᆯ됴건이 잇셔셔 단여온후 이타리로 향ᄒᆞ여 로마를보고 서반아ᄭᆞ지 가랴ᄒᆞ니라(ᄉᆞ도힝젼二十一〇一-二十六)

二十五、셔신을 보닐긔회 이ᄯᅢ에 긔회가 잇셔 젼에 문안ᄒᆞ고 ᄀᆞᄅᆞ치랴ᄒᆞ던 취지로 이 셔신을써셔 밋는녀인이 고린도엇던 포구에셔 힝션ᄒᆞ여 로마로 가는인편을 엇어 보내기로ᄒᆞ니 이녀인은 교회의 근실ᄒᆞᆫ ᄌᆞᄆᆡ 뵈뵈라 (로마十六〇一)그럼으로 그셔신즁에 이녀인을 잘 ᄃᆡ접ᄒᆞ라ᄒᆞ고 여러가지 사연으로 긔록ᄒᆞ여 유대인들이 밋지아니ᄒᆞᆷ과 신령ᄒᆞᆫ 리치를 ᄌᆞ세히 말ᄒᆞ엿스니 곳 우리가 보는 로마인서이라 이셔신은 곳학문샹으로 깁고 오묘ᄒᆞᆫ거슬 다 말ᄒᆞ여스니 바울의 셔신가온ᄃᆡ 이ᄀᆞᆺᄒᆞᆫ칙은 ᄯᅩ 업ᄂᆞ니라

二十六、셔신의 톄격과 문톄와 권면ᄒᆞᆫ 도리 이 셔신의 ᄂᆡ용(內容)을 드려다보건ᄃᆡ 여러가지 됴건이 잇스나 도리뎍 부분이(로마인 五

셔 (一十一)더 깁허 ᄒᆞᆫ번샹고치 아니치못ᄒᆞᆯ거시며 이ᄀᆞᆺᄒᆞᆫ 도덕샹 교훈을 이곳사ᄅᆞᆷ들만 위ᄒᆞ고 이교회에만 ᄃᆡᄒᆞ야 말ᄒᆞᆷ인지 그러치아니ᄒᆞ고 대뎨로 그리스도교의 근본뎍 도리ᄅᆞᆯ 반포ᄒᆞ기 위ᄒᆞ여 로마에 잇ᄂᆞᆫ교회에 말ᄒᆞ여 각쳐사ᄅᆞᆷ의게 알닌거신지 도리가 오묘ᄒᆞ미 엇지ᄒᆞ여 로마인셔에만 썻ᄂᆞᆫ지 의문이되여 아모나 ᄒᆞᆫ번 뭇기를 마지아닐지라 무ᄉᆞᆷ 도리던지 그러치 아니ᄒᆞᆫ거시 아니로되 이도리ᄂᆞᆫ 신령ᄒᆞ고 하ᄂᆞ님의 묵시ᄒᆞ심을 닙어 긔록ᄒᆞᆫ거시라 이셔신을 져술ᄒᆞᆫ쟈가 엇더ᄒᆞᆫ 능력을 엇고 무ᄉᆞᆷ경우를 당ᄒᆞ야 긔록ᄒᆞ엿ᄂᆞᆫ지 우리가 연구ᄒᆞᆯ거시라 이제 그 대강을 베프러 히셕ᄒᆞ고져 ᄒᆞ노라

(미완)

◎가뎡과쇼년

●고보긔일(塙保己一)의 향학심(向學心)

일본에 고보긔일이라ᄂᆞᆫ쇼년이 잇셧ᄂᆞᆫᄃᆡ 나히 七셰에 눈이멀고 十五셰브터 학업에 힘쓰기를 그ᄆᆞᄋᆞᆷ으로 결뎡ᄒᆞᆫ후 날마다 학당에 가셔 동모들 글닑ᄂᆞᆫ소리도 듯고 션ᄉᆡᆼ의 강론ᄒᆞᄂᆞᆫ 소리도 드러셔 그ᄆᆞᄋᆞᆷ으로 긔억ᄒᆞ며 또집에 도라오면 그형과 아호로 더브러 토론ᄒᆞ기를 날과 밤에 쉬이지 아니ᄒᆞᆷ으로 학문을 통달ᄒᆞᆫ지라 그학식의 고명ᄒᆞᆷ을 듯고 ᄉᆞ방으로 브터 ᄇᆡ호러오ᄂᆞᆫ 뎨ᄌᆞ가 날노 더ᄒᆞ야 학샤(學舍)가 좁아셔 능히 용납지 못ᄒᆞᆯ너라 하로 져녁은 그뎨ᄌᆞ를 모화 시셔를 강론ᄒᆞᆯ시 별안간 바람이 부러셔 촉불이 써지매 여러사ᄅᆞᆷ이 다 눈잇ᄂᆞᆫ소경을 일운지라 ᄎᆡᆨ을 압헤 노코도 ᄒᆞᆫ구졀을 닑지못ᄒᆞ되 고보긔一은 오히려 쉬이지 안코 ᄒᆞᆫ번 랑독ᄒᆞᆫ후 ᄒᆞᆫ번 히셕ᄒᆞ기를 물흐르ᄂᆞᆫ것ᄀᆞᆺ치ᄒᆞ야 강론을 필ᄒᆞᆫ후 우스며왈 그ᄃᆡ들이 다 두눈이 계명셩(啓明星)ᄀᆞᆺᄒᆞᆫᄃᆡ 도로혀 눈 먼 나만 못ᄒᆞ뇨 ᄒᆞ엿더라 이로 미루어 보건ᄃᆡ 사ᄅᆞᆷ이 전심치지(專心致志)ᄒᆞ면 비록 눈 먼 소경이라도 이와ᄀᆞᆺ치 학업을 셩취ᄒᆞ고 아ᄅᆞᆷ다온 일홈을 전ᄒᆞ엿거던 ᄒᆞ믈며 눈ᄇᆞᆰ은 사ᄅᆞᆷ이리오 누구던지 눈에 소경되지안코 ᄆᆞᄋᆞᆷ에 소경된쟈야 엇지 고보긔一의 죠쇼를 면ᄒᆞ리오.

세계격언

一 어린ᄋᆞ히를 그ᄅᆞᆫ 길노 인도치아니ᄒᆞ랴면 금젼이 만ᄒᆞᆯ지라도 주어셔 쓰지 못ᄒᆞ게ᄒᆞᆯ지라

二 어린ᄋᆞ히ᄂᆞᆫ 가뎡에셔 보고 드ᄅᆞᆫ일을 셰샹에 나가 말ᄒᆞᄂᆞ니라

三 유희(遊戲)의 一시간은 담화의 一년보다발견(發見)ᄒᆞᄂᆞᆫ것이 만흐니라

四 강ᄒᆞᆫ쟈의 유희ᄂᆞᆫ 약ᄒᆞᆫ쟈의 ᄉᆞ망이니라

五 간난(艱難)으로 말ᄆᆡ암아 엇은 경험은 지혜를 더ᄒᆞᄂᆞ니라

六 귀에 맛겨두ᄂᆞᆫ것보다 눈에 맛겨두ᄂᆞᆫ것이 더명확(明確)ᄒᆞ니라

七 지혜ᄂᆞᆫ 듯ᄂᆞᆫ것으로 좃차나고 후회ᄂᆞᆫ 말ᄒᆞᄂᆞᆫ것으로 좃차나ᄂᆞ니라

평림(評林)

●네가지이샹(異常)

一 교회학당에셔 부득이ᄒᆞᆫ 경우에 외인교ᄉᆞ를 고빙ᄒᆞᆷ은 이샹ᄒᆞᆯ것이 업스나 여러ᄒᆡ 동안을 교회학당 교ᄉᆞ로 잇스면셔 례ᄇᆡ당에 아니ᄃᆞᆫ이ᄂᆞᆫ것은 참 이샹

二 외국사ᄅᆞᆷ이 죠션사ᄅᆞᆷ으로더브러 말ᄒᆞᆯ때에 죠션사ᄅᆞᆷ이 통변ᄒᆞᆷ은 이샹ᄒᆞᆯ것이업스나 죠션사ᄅᆞᆷ이 죠션사ᄅᆞᆷ으로 더브러 말ᄒᆞᆯ때에 외국사ᄅᆞᆷ이 통변ᄒᆞᆷ은 참 이샹

三 교인의 아ᄃᆞᆯ이 교인의 ᄯᆞᆯ노 더브러 결혼ᄒᆞᆯ때에 교당에셔 혼례베프ᄂᆞᆫ것은이샹ᄒᆞᆯ것이 업스나 외인의 아ᄃᆞᆯ이 외인의ᄯᆞᆯ노 더브러 결혼ᄒᆞᆯ때에 교당에셔 혼례베프ᄂᆞᆫ것은 참 이샹

四 유리ᄒᆞᆫ 직산이 잇던지 ᄃᆞᆫᄃᆞᆫ이 샹당ᄒᆞᆫ 슈입이 잇ᄂᆞᆫ사ᄅᆞᆷ이 의복호샤ᄒᆞ고 ᄃᆞᆫ이ᄂᆞᆫ것은 이샹ᄒᆞᆯ것

이 업스나 지산도업고 샹당ᄒᆞᆫ 슈입도 업는사ᄅᆞᆷ이 의복호샤를 극히ᄒᆞᄂᆞᆫ것은 참 이샹

실 업

●농ᄉᆞ강습요항 (쇽)

뎨二十七 량믹의비료

이왕에 죠션농부가 량믹밧헤 비료주던 분량은 미〻젹은고로 토디가 졈〻 박ᄒᆞ게 되ᄂᆞ니 그럼으로 이제브터는 불가불 비료의 분량을 좀 더ᄒᆞ여야 될터인ᄃᆡ 비료의 죵류는 잘썩은 구비(廐肥)를 원비(原肥곳밋거름)로 주고 다만 발육(發育)이 불량ᄒᆞᆯ때에는 인분썩힌 오좀을 보비(補肥)로 주는것도 무방ᄒᆞ니라 비료주는 분량은 츄경ᄒᆞ기젼에 三百평곳二두락가량에 구비나 혹 퇴비(堆肥)二쳔량즁가량을 줄것이며 또 파린산셕회(過燐酸石灰)五百량을 잘썩은 인분오좀에 섞고 물三비가량을 ᄐᆞ셔 파죵(播種)젼에 주는것이 됴흐니라

뎨二十八 량믹의제초(除草)

량믹의 즁경(中耕)은 싹이二三촌가량 자란후에 적은보삽으로 엿게 갈고 또 六七촌가량 자란후에 좀 깁히 갈어 ᄲᅮ리엽헤 붓도도며 흙을 보도럽게 문드러 발육과 결실을 다 잘ᄒᆞ게ᄒᆞᆯ지니라.

담 총

●미국사ᄅᆞᆷ의특셩(特性)

△미국셔는 큰도회처나 적은 촌락이나 길내는것은 반드시 바둑판과 ᄀᆞᆺ치 종선(縱線)과 횡선(橫線)을 내여 종선은 一二三四의 수글ᄌᆞ추례로 일홈ᄒᆞ고 횡선은 에、비、시、듸의、국문글ᄌᆞ 추례로 ᄒᆞᆫ후 큰길 좌우에 잇는 인가들은 좌변에도 一반으로 百반이나 혹二百반ᄭᆞ지ᄒᆞ고 우변에도 또ᄒᆞᆫ 이와ᄀᆞᆺ치 ᄒᆞᆷ으로 집찻기가 대단히 쉬오니라

△미국사ᄅᆞᆷ은 길에 ᄃᆞᆫ일때에 가는사ᄅᆞᆷᄃᆞᆫ이는 길과 오는사ᄅᆞᆷᄃᆞᆫ이는 길을 분변ᄒᆞ고 그 즁에도 로인과 부인은 반드시 안쪽(內側)길노 ᄃᆞᆫ이고 쇼년과 쟝년의 남ᄌᆞ는 반드시 밧겻쪽길노 ᄃᆞᆫ이게 ᄒᆞ엿는ᄃᆡ 남ᄌᆞ一인과 녀ᄌᆞ二인이 동힝ᄒᆞᆯ 경우에는 남ᄌᆞ가 두 녀ᄌᆞ ᄉᆞ이에 서고 또남ᄌᆞ二인과 녀ᄌᆞ一인이 동힝ᄒᆞᆯ경우에는 녀ᄌᆞ가 두 남ᄌᆞ ᄉᆞ이에 서ᄂᆞ니라

△미국사ᄅᆞᆷ은 돈의 수효를 말ᄒᆞᆯ때에 다른 나라사ᄅᆞᆷ들과 ᄀᆞᆺ치 원과 젼을 말ᄒᆞ지안코 다만 수의 글ᄌᆞ만 말ᄒᆞᄂᆞ니 가령 一원五十젼이면 ᄒᆞ나열다섯이라ᄒᆞ며 一百二十五원四十젼이면 一百二十五、四十이라ᄒᆞᄂᆞ니 이는 아모됴록 간략히 말ᄒᆞ고져ᄒᆞᆷ이니라

△미국사ᄅᆞᆷ은 다른나라사ᄅᆞᆷ과 ᄀᆞᆺ치 돈을 지갑에 너치안코 양복바지 올흔편 호주머니에 넛ᄂᆞ니 이는 ᄭᅳ어내여 쓰기도 편리ᄒᆞᆯᄲᅮᆫ외라 도젹마즐 념려도 업슴이니라

△미국사ᄅᆞᆷ은 층집을 됴화ᄒᆞᄂᆞᆫ고로 七八층으로브터 五十층ᄭᆞ지 잇는ᄃᆡ 이ᄀᆞᆺ치 놉흔 집은 오르고 ᄂᆞ리기가 힘드는고로 승강긔(升降機)를 리용ᄒᆞ야 이것을 ᄐᆞ고 승강ᄒᆞᄂᆞ니라

△미국셔는 뎐차를 ᄐᆞᆯ때에는 로인과 부인이 반드시 몬져 오르고 또 ᄂᆞ릴때에는 쇼년과 쟝년의 남ᄌᆞ가 몬져 ᄂᆞ려셔 로인과 부인을 보호ᄒᆞᄂᆞ니라

법령ᄃᆡ요

●경찰범쳐벌규측 (쇽)

十七 다른 사ᄅᆞᆷ의 업무(業務)와 또는 다른 힝위에 ᄃᆡᄒᆞ야 악희(惡戲)를 ᄒᆞ거나 또는 방해ᄒᆞᆫ쟈

十八 연고업시 놈의 금담취인(金談取引)등ᄉᆞ에 간셥ᄒᆞ고 또는 송ᄉᆞ나 정의(爭議)를 권유ᄒᆞ던지 교쥰(敎唆)ᄒᆞ고 기타 분요(紛擾)를 니르킬만ᄒᆞᆫ 힝위를 ᄒᆞᆫ쟈

十九 람(濫)히 여러사ᄅᆞᆷ을모화 관령과 공셔(公署)에 청원ᄒᆞ거나 호소ᄒᆞᆫ쟈

二十 불온당(不穩當)ᄒᆞᆫ 연셜을 ᄒᆞ거나 불온당ᄒᆞᆫ 글이나 그림이나 시가를 게시(揭示)ᄒᆞ던지 반포ᄒᆞ던지 랑독ᄒᆞ던지 방음(放吟)ᄒᆞᆫ쟈

二十一 사ᄅᆞᆷ을 속이거나 미

혹케ᄒᆞᆯ만ᄒᆞᆫ 풍셜과 또ᄂᆞᆫ 헛소문을 젼ᄒᆞᆫ쟈(傳者)

二十二 망녕되히 길흉화복을 말ᄒᆞ고 또ᄂᆞᆫ 귀도(鬼神에祈禱ᄒᆞᆷ)와 부작주고 진언(呪)ᄀᆞᆺᄒᆞᆫ것을 ᄒᆞ거나 혹슈찰(守札)등속을주던지ᄒᆞ야 사ᄅᆞᆷ을미혹케ᄒᆞᆯ만ᄒᆞᆫ 힝위를ᄒᆞᆫ쟈 (미완)

회보ᄃᆡ금령슈

義州 仁川 海州

李奎瑞 五十錢
金兌鎭 八十錢
李允行 三十錢
池致守 三十錢
洪士連 三十錢
徐永奎 三十錢
金泳潡 三十錢
金泳漢 三十錢
金仲植 三十錢
朱恩奉 三十錢
趙順錫 三十錢
韓明成 三十錢
金奉宇 三十錢
白雲鶴 三十錢
崔成錫 三十錢
李德煥 三十錢
金元奎 三十錢
金炳哲 三十錢
韓宗玄 三十錢
金致道 三十錢
京西部孔德里 柳載源 四十錢
金重默 四十錢
劉漢鍾 四十錢
金이밀네 四十錢
高根成 四十錢
方足信 六十錢
全萬里倉 張周煥 四十錢
開城 尹秦泳 七十錢
京西部石橋 劉漢翼 六十錢

광고

본공회에서 각죵셩셔를 구비ᄒᆞ여 디방의 원근과 청구의 다쇼를 물론ᄒᆞ고 신속슈응ᄒᆞᄂᆞᆫ바 근일에 특별히 감가된칙도 잇고 새로 출판된칙이 잇기로 이아래 긔록과 ᄀᆞᆺ치 광포ᄒᆞᆷ

감가된칙 (미명가독)

四號언문구신약 三권一질(포의) 一圓十錢
四號언한문신약지의 四十錢
同(포의) 四十五錢
五號언한문신약지의 三十五錢
同(포의) 四十錢

새로출판된칙

四號언문관쥬신약 각죵
五號언문마래복음 명가一錢

京城鍾路 美國聖書公會 告白

광고

崔昌根 著

自宅獨習 最新寫眞術 全卷 (定價金 圓七十錢)

이칙은경셩죵로즁앙긔독교청년회젼임(專任)샤진슐교ᄉᆞ최창근씨가졍밀히연구ᄒᆞ야져술ᄒᆞᆫ것인ᄃᆡ누구시던지집에셔혼자잘공부ᄒᆞᆫ후혼돌동안만샤진ᄉᆞ의게실디련습ᄒᆞ면능통ᄒᆞ리니샤진슐에류의ᄒᆞ시ᄂᆞᆫ이ᄂᆞᆫ청구ᄒᆞ시옵

發賣所
京城鍾路中央青年會館
京城南部大廣橋滙東書館

광고

본공회에서 각죵셩셔를 발힝ᄒᆞᆷ은 여러교우의 임의아시ᄂᆞᆫ바어니와 셩셔젼파를 더욱 확장코져ᄒᆞ야 四복음을 一젼자리 마가복음과ᄀᆞᆺ치 쇼본으로 출판ᄒᆞ야 미권一젼으로 매하ᄒᆞ오니 젼도샹 소용을 ᄯᆞ라 다쇼간 청구ᄒᆞ심을 바라오며 또ᄒᆞᆫ 빈한ᄒᆞᆫ 교우의 지졍ᄒᆞᆫ난을 인ᄒᆞ야 셩셔몃죵류를 좌긔와ᄀᆞᆺ치 감가ᄒᆞ엿ᄉᆞ오니 우리일반교우ᄂᆞᆫ 량촉ᄒᆞ시옵쇼셔

좌긔

四호쥬ᄌᆞ구신약젼서 젼二칙

번호		원가	변가
一〇	지의	一圓二五젼	九〇젼
一二	포의	一圓三五젼	一圓一〇젼

四호주ᄌᆞ언한문신약젼서

번호		원가	변가
一六〇	지의	五〇젼	四〇젼
一六二	포의	六〇젼	四五젼

五호주ᄌᆞ 샹등

번호		원가	변가
一七〇	지의	四〇젼	三五젼
一七二	포의	四五젼	四〇젼

경셩죵로 대영셩셔공회 고빅

신新간刊셔書적籍 (광廣고告쇽續)

구세론 三젼
구세진젼 三젼
장쟈로인론 三젼
리취예수 四젼
아모권면 三젼
인셩일납 五젼
장현량우샹론 五젼
우리하ᄂᆞ님파그의창조ᄒᆞᆫ신우쥬 二젼
여호수아소ᄉᆞ긔대지 五젼
바울힝적공부 八젼
인가귀도 八젼
예수져강림 三十젼
긔독쳥년회ᄉᆞ경부 十젼
학셩쳥년회의죵교샹회합 十젼
신경 十젼
신입학싱인도 十젼
학셩쳥년회회쟝 十젼
셩경열쇠 十젼
셩신충만 十젼
신약젼셔소인 十二젼五리
셩경도리 十五젼
젼도인일일공과 十五젼
마가복음일과 十五젼
예수힝적초셔독 十七젼
쥬일학당교파셔(지의) 二十젼
쥬일학당교파셔(포의) 三十젼
안인거 二十젼
구약소긔 三十五젼
신약젼서대지 三十五젼
젼도인동힝ᄒᆞᆯ칙 三十五젼
예수ᄉᆞ긔 四十젼
예수힝적공부 三十젼
강도요령 四十五젼

京城鍾路 朝鮮耶穌教書會 主務班禹巨 告白

그리스도회보
KOREAN CHRISTIAN ADVOCATE

每週一回月曜日發行
大正二年七月十六日印刷
大正二年七月二十一日發行

發行兼編輯人 開城北部山芝峴 奇義男
印刷人 京城北部樓閣洞 朴東完
印刷所 京城南部上犂洞 新文館
發行所 京城北部壯洞四十三統三戶 呂炳鉉邸

ᄃᆡ금…代金 一쟝 二젼 / 六ᄀᆡ월 四十젼 / 一ᄀᆡ년 八十젼 / 海外 一ᄀᆡ년 一환六十젼

사셜

●긔독학교학싱의 젼도 의무 (쇽)

하ᄂᆞ님ᄭᅴ셔 긔독학교학싱쳥년을 더욱 귀즁히 아시고 크게 쓰시고져ᄒᆞ심은 이우회 임의 련쇽ᄒᆞ야 말ᄒᆞ엿ᄂᆞ니 이로 미루어 보건ᄃᆡ 우리쥬의 ᄃᆡ지된 학싱쳥년이 불가불 젼도에 힘써야 될것은 우흐로 하ᄂᆞ님ᄭᅴ ᄃᆡᄒᆞᆫ 의무요 ᄯᅩᄒᆞᆫ 아래로 사ᄅᆞᆷ의게 ᄃᆡᄒᆞᆫ 의무라 그런즉 이의무를 진쟈ㅣ 맛당히 젼도ᄒᆞᄂᆞᆫ 방법을 알어야 될터인ᄃᆡ 그방법은 두가지로 슌서를 차저나아갈지니 一은 연구법인ᄃᆡ 아연구에 ᄃᆡᄒᆞ야셔도 ᄯᅩᄒᆞᆫ 두가지 방법이 잇스니 첫재 여러동지를 합ᄒᆞ야 강습소(講習所)를 셜립ᄒᆞ고 일쥬일에 ᄒᆞᆫ번식모혀 셩경공부ᄒᆞᆫ 가온ᄃᆡ셔 무슴 의문(疑問)이 잇스면 서로 토론ᄒᆞ며 ᄉᆞ도들과 고금에 유명ᄒᆞᆫ 셩도와 션싱들의 젼도ᄒᆞᆫ 일을 강구ᄒᆞ며 죠션각쳐와 일본과 즁화민국과 세계각국에 복음젼파된 현샹(現狀)을 각교회신문잡지즁에셔 샹고ᄒᆞ며 샹즁하 三등샤회에 각々 엇더케 교제를 열어 젼도ᄒᆞᆯ 긔회엇을것을 싱각ᄒᆞᆯ것이며 둘재 젼도회를 셜립ᄒᆞ고 적어도 ᄒᆞᆫᄃᆞᆯ에 두번식 여러동지가 ᄀᆞᆺ치모혀 긔도ᄒᆞ며 젼도ᄒᆞᄂᆞᆫ 일을 련습ᄒᆞ되 각회원이 ᄎᆞ례로 돌녀 ᄒᆞᆫ번식 무슴문뎨를 ᄐᆡᆨᄒᆞ여 강도ᄒᆞ며 ᄯᅢ々로 외국으로 좃차오ᄂᆞᆫ 신ᄉᆞ나 ᄂᆡ디의 유명ᄒᆞᆫ 목ᄉᆞ를 쳥ᄒᆞ야 무슴문뎨로 강도를 ᄒᆞ던지 혹 어ᄂᆞ 나라의 교회형편과 풍쇽에 관ᄒᆞᆫ 연셜을 ᄒᆞ게 ᄒᆞᆯ것이오 二ᄂᆞᆫ 실힝법인ᄃᆡ 이실힝에 ᄃᆡᄒᆞ여셔도 ᄯᅩᄒᆞᆫ 네가지 방법이잇스니 첫재 밋지안ᄂᆞᆫ 동학싱들의게 젼도ᄒᆞᆷ이니 더희 령혼을 위ᄒᆞ야 긔도ᄒᆞ며 만날ᄯᅢ마다 나의 독실ᄒᆞᆫ 밋음과 진졍ᄒᆞᆫ ᄉᆞ랑으로써 모범을 뵈여 더희 ᄆᆞ옴을 감동케ᄒᆞ며 셩경의 도리로 군절히 권면ᄒᆞ되 더희 죄를 회ᄀᆡᄒᆞ고 쥬ᄭᅴ로 도라오기ᄭᆞ지 힘쓰며 둘재 학교밧게잇ᄂᆞᆫ ᄀᆡ인의게 젼도ᄒᆞᆷ이니 몬져ᄌᆞ긔 가족과 친쳑과 친구로브터 싱소ᄒᆞᆫ 외인의게ᄭᆞ지 긔회잇ᄂᆞᆫ대로 구원의 도리를 말ᄒᆞ야 교회로 드러오게ᄒᆞ며 셋재 여러동지회원이 학싱젼도ᄃᆡ를 죠직ᄒᆞ야 쥬일오후나 방학동안에 갓가온촌이나 먼디방에 나가셔 어두운 가온ᄃᆡ 잇ᄂᆞᆫ동포의게 쥬의 빗출 젼ᄒᆞᆯ것이며 넷재 누구던지 특별ᄒᆞᆫ ᄉᆞ졍을 인ᄒᆞ야 젼도ᄒᆞᄂᆞᆫ 일을 힘쓸수 업ᄂᆞᆫ경우에ᄂᆞᆫ ᄌᆞ긔의 힘대로 지졍을 긔부ᄒᆞ야 젼도비에 보용(補用)케 ᄒᆞᆯ것이니 원컨ᄃᆡ 우리ᄉᆞ랑ᄒᆞᄂᆞᆫ 학싱쳥년제군은 이우회 말ᄒᆞᆫ 젼도방법을 힘써 실힝ᄒᆞᆷ으로 우흐로 하ᄂᆞ님과 아래로 사ᄅᆞᆷ의게 ᄃᆡᄒᆞᆫ 의무를 저ᄇᆞ리지 말지어다 (완)

본샤특별고빅

一、경향간 본회보를 익독ᄒᆞ시ᄂᆞᆫ 형뎨ᄌᆞ믹즁 긔왕에 보신회보ᄃᆡ금의 령지됴(零在條)나 혹 쟝릭에 보실회보ᄃᆡ금의 션금(先金)을 아직 아니 보내신이ᄂᆞᆫ 속々히 우편쇼위톄(郵便小爲替)로 붓쳐보내시되 혹 부득이ᄒᆞ야 적은돈을 우표로 보내실 경우에ᄂᆞᆫ 五리짜리나 二젼짜리로 보내여쥬시옵

二、본회보의 신구람쟈 十인을 엇어보내시ᄂᆞᆫ 이의게ᄂᆞᆫ 젼과ᄀᆞᆺ치 본보一쟝을무ᄃᆡ금(無代金)으로 보내여 드리겟ᄉᆞᆸᄂᆡ다

교즁휘문

◀내 보▶

●ᄌᆞ긔렴회(磁紀念會)

거六월 二十八일 하오 八시에 경셩 졍동 리화학당니에셔 졍동교회 목ᄉᆞ최병헌씨의 二十년젼도긔렴회를 열엇는ᄃᆡ 그슌셔는 회쟝 려병현씨의 인도로 찬숑가 一百三十六을 노래ᄒᆞᆫ후 졍득셩씨의 긔도로 ᄀᆡ회ᄒᆞ고 하몬부인이 쥬악ᄒᆞᆫ후 회쟝이 취지를 셜명ᄒᆞ고 로인찬숑ᄃᆡ가 노래ᄒᆞᆫ후 강미씨가 긔렴ᄉᆞ를 진슐ᄒᆞ고 리화코러쓰가 노래ᄒᆞᆫ후 로병션씨가 최목ᄉᆞ의 二十년략ᄉᆞ를 랑독ᄒᆞ고 리셩회씨가 츅샤를 진슐ᄒᆞᆫ후 최병헌씨의 답ᄉᆞ와 한졔현씨의 환영ᄉᆞ가 잇슨후 뎨一찬숑과 쟝락도씨의 긔도로 폐회ᄒᆞ고 다과를 나위엿는ᄃᆡ 최병헌씨의 략ᄉᆞ를 대강말ᄒᆞ건ᄃᆡ 二十五년젼에 쥬밋기를 시작ᄒᆞ야 三년간을 조원시목ᄉᆞ와ᄀᆞᆺ치 일ᄒᆞ고 二十一년젼에 학습인이 되고 二十년젼에 셰례를 밧고 十九년젼에 아편셜라목ᄉᆞ와 젼도를 시작ᄒᆞ고 十八년젼에 농상공부쥬ᄉᆞ를 피임ᄒᆞ고 十七년젼에젼도ᄉᆞ의 직임을 밧고 또그리스도인회보의 쥬필노 잇셧고 十五년젼에 일본 횡빈에 건너가셔 셩경인쇄ᄒᆞᆯ 언문쥬ᄌᆞ를 쌧스며 十三년젼에 조목ᄉᆞ와ᄀᆞᆺ치 신학월보를 츌판ᄒᆞ고 十二년젼에 집ᄉᆞ목ᄉᆞ로 승임되고 十一년젼에 샹동교회로 이젼ᄒᆞ엿다가 十년젼에 다시 졍동으로 환임ᄒᆞ고 九년젼에 에벗쳥년회를 죠직ᄒᆞ고 八년젼에 관립외국어학교 교관을 피임ᄒᆞ고 四년젼에 쟝로목ᄉᆞ로 승임ᄒᆞ엿스며 져슐ᄒᆞᆫ 칙은 셩산명경과 량교변론 두칙이더라

●리권ᄉᆞ의열심

경긔도 삭녕구역쟝 김긔슌씨의 통신을 거ᄒᆞᆫ즉 희군군니면 동변리교회 권ᄉᆞ리태관씨는 근본 토산구역에셔 매셔ᄒᆞ더니 작년十월에 이곳으로와셔 매셔ᄒᆞ는즁 본읍교회에 밋는 부인이 두분만 잇슴을 ᄒᆞᆼ샹 개탄히녁이며 또 녀ᄌᆞ교육이 업슴을 근심ᄒᆞ야 하ᄂᆞ님ᄭᅦ 근군ᄒᆞ더니 맛춤 무목ᄉᆞ 슌힘시에 보고 이형편을 말ᄒᆞ며 녀ᄌᆞ교육실시ᄒᆞ기를 쳥구ᄒᆞ엿더니 무목ᄉᆞ가 ᄀᆡ셩 미리흠녀학교쟝 잔시돈부인과 의론ᄒᆞ고 졸업싱 리뉸히씨를 보내여 금년四월브터 학도를 모집ᄒᆞ야 교슈ᄒᆞ는즁 미六일 오후와 쥬일오후이면 학부형을 심방ᄒᆞ야 온유ᄒᆞᆫ ᄐᆡ도로 열심젼도ᄒᆞᆷ과 녀ᄌᆞ교육을 권면ᄒᆞᆷ으로 처음에는 학싱이 불과六인이더니 지금은 十여명에 달ᄒᆞ고 또ᄒᆞᆫ 새로밋는 부인도 만히 잇스매 학교와 교회가 날노 왕셩ᄒᆞ니 이것은 다 리씨의 긔도ᄒᆞᆫ 결과라 ᄒᆞ엿더라

●슝실학교의젼도회형편

평양 슝실학교니 뎡일션씨의 통신을 거ᄒᆞᆫ즉 본학교니젼도회에셔 졔쥬와 쳥국과 평안남도 여러곳에 젼도ᄒᆞ는것은 다 아는바어니와 금년三월경에도 一반회원이 젼도인 파송ᄒᆞ기로 결뎡ᄒᆞᆫ후 경비로 인ᄒᆞ야 념려ᄒᆞ더니 一반학싱이 졍셩츌연ᄒᆞ야 금화긔빅원에 달ᄒᆞᆫ고로 본교츌신 안경록씨를 강원도로 파숑ᄒᆞ는ᄃᆡ 본월二일 하오에 뎡거쟝에셔 젼별ᄒᆞᆯ시 사ᄅᆞᆷ마다 희식이 만면ᄒᆞ고 긔뎍ᄒᆞᆫ소리에 그육졍은 슓흠이 ᄌᆞ연싱겨 입은 빙긋이 열니고 니마는 찡그리니 방관쟈의 안목에 가관일듯ᄒᆞ다 ᄒᆞ엿더라

●진남포 교회에 학예회 (學藝會)

진남포교회 비형식씨의 통신을 거ᄒᆞᆫ즉 三슝남녀학교쥬최로(主催)평양남산현 교회니 밍아 학교학싱三十四인을 쳥리ᄒᆞ야 본월四五량일간 학예회를 열고 一반교우와 학부형과 기타 공ᄉᆞ립학싱을 쳥ᄒᆞ야 관광케 ᄒᆞ엿는ᄃᆡ 학예의 실디샹 효과가 이목구비와 총명이 완젼ᄒᆞᆫ 사ᄅᆞᆷ보다 못ᄒᆞ지 아니ᄒᆞᆷ을 보는쟈가 감탄ᄒᆞ엿고 또ᄒᆞᆫ 쟝관(壯觀)은 벙어리가 말ᄒᆞ는것을 보고 밋지아니ᄒᆞ는 사ᄅᆞᆷ들이 쥬ᄭᅴ 영광을 돌니며 관람졔씨의 의연금이 五十여원에 달ᄒᆞᆷ을 감샤찬숑ᄒᆞᆫ다 ᄒᆞ엿더라

●교당과 학교의 ᄌᆞ미로 온일

경긔도 인쳔부 덕젹면 의포

교회 김현호씨의 통신을 거ᄒᆞᆫ즉 본교회는 셜립이후로 흥왕ᄒᆞ지 못ᄒᆞ더니 젼도ᄉᆞ허진一씨가 교회일을 힘써ᄒᆞᆷ으로 교회가 졈졈 흥왕ᄒᆞᄂᆞᆫ즁 그곳 진리란동리ᄂᆞᆫ 쥬의빗치 빗최지 못ᄒᆞ야 동리사ᄅᆞᆷ들이 신쟈를 비방ᄒᆞ며 군츅ᄒᆞ더니 작년十一월브터 밋ᄂᆞᆫ쟈ㅣ 만히싱겨셔 당쟝에 쥬초를 거졀ᄒᆞ고 쥬를 셤겨 교회가 졈졈 왕셩ᄒᆞ매 형뎨송동흔씨ᄂᆞᆫ 깃븜으로 ᄌᆞ긔의집 八간을 례ᄇᆡ당으로 밧쳐 五十명교우가 례ᄇᆡᄒᆞ니 셩경말ᄉᆞᆷ과 ᄀᆞᆺ치 죄만ᄒᆞᆫ곳에 은혜가 풍셩ᄒᆞᆫ줄을 ᄭᆡᄃᆞᆺ겟고 또 학교를 셜립ᄒᆞ고 학ᄉᆡᆼ五十여명을 모집ᄒᆞᆫ후 의포와 우포두곳으로 분ᄒᆞ야 뎨一 뎨二학교라칭ᄒᆞ고 신구학문을 ᄀᆞᄅᆞ침으로 교육이 날노 발젼되니 하ᄂᆞ님ᄭᅴ셔 은혜우에 은혜를 베프러 주심을 一반교우가 더욱 감샤ᄒᆞᆫ다 ᄒᆞ엿더라

●마귀를떠나쥬ᄭᅴ도라옴

경긔도 남양군 젼도ᄉᆞ김광식씨의 통신을 거ᄒᆞᆫ즉 히군 슈착지면 련곡동 리진ᄉᆞ집손부안씨부인은 청년과거로 이세상을 보내다가 불힝히 마귀의 권세 아래 잇셔 세상의 화복을 판단ᄒᆞᆫ다ᄒᆞ며 우상을 셤기더니 이부인의 외ᄯᆞᆯ은 경셩 북부 쇼안동 교회니 손졍실씨 부인이라 그 친가모친이 우상슝ᄇᆡᄒᆞᆷ을 한탄ᄒᆞ며 쥬를 밋더니 그친가에 ᄂᆞ려와셔 그 우상을 업시ᄒᆞ고 령혼을 영ᄉᆡᆼ의 길노 인도ᄒᆞ야 젼도ᄉᆞ와 젼도부인을 청ᄒᆞ야 열심으로 긔도와 찬송ᄒᆞᆫ후 그모친안씨가 회ᄀᆡᄒᆞ고 쥬ᄭᅴ로 도라왓스니 하ᄂᆞ님ᄭᅴ 영광을 돌닌다 ᄒᆞ엿더라

◀외 보▶

●부인교풍대회(婦人矯風大會)

일본동경 마포구 영화녀학교니에셔 본월十일브터 十三일ᄭᆞ지 각교회련합부인교풍회를 열엇ᄂᆞᆫᄃᆡ 히회의 목뎍은 부인샤회의 아ᄅᆞᆷ답지못ᄒᆞᆫ 풍쇽과 습관(習慣)을 기량(改良)ᄒᆞ랴 ᄒᆞᆷ이러라

●긔독교하긔강습소(夏期講習所)

일본동경 쇼셕쳔구 독일학교(獨逸學校)안에셔 본월十一일브터 十七일ᄭᆞ지 뎨二회긔독교 하긔강습소를 열고 여러가지문뎨로 여러명ᄉᆞ가 강연ᄒᆞᆫ다더라

●일본 감리교쥬일학교 의형편

일본각감리교 쥬일학교의 됴사ᄒᆞᆫ 통계를 의지ᄒᆞᆫ건ᄃᆡ 좌와ᄀᆞᆺ더라

청삼(青森)교회 교ᄉᆞ三인 학ᄉᆡᆼ七十인
복도(福島)교회 교ᄉᆞ三인 학ᄉᆡᆼ一百六十인
좌뵉(佐伯)교회 교ᄉᆞ二인 학ᄉᆡᆼ三十인
횡빈(橫濱)교회 교ᄉᆞ二十인 학ᄉᆡᆼ三百三十五인
록아도(鹿兒島)교회 교ᄉᆞ三인 학ᄉᆡᆼ七十三인
쳔엽현(千葉縣)교회교ᄉᆞ五인 학ᄉᆡᆼ一百六十三인
션ᄃᆡ(仙臺)교회 교ᄉᆞ四인 학ᄉᆡᆼ一百二十인
신호(神戶)동부교회 교ᄉᆞ三인 학ᄉᆡᆼ五十인

이외에도 동경과 각쳐에 잇ᄂᆞᆫ 감리교가 만흐되 이됴사즁에 루락됨

●가쥬(加州)의 일본쇼학도

일본셔 위문ᄉᆞ(慰問使)로 파송ᄒᆞᆫ 강원쇼륙(江原素六)씨ᄂᆞᆫ 미국가쥬에 도달ᄒᆞ야 각디방을 시찰ᄒᆞᆫ후 잉부(櫻府)에 니르러 일본쇼학교 학도들을 모화노코 질문ᄒᆞ기를 그ᄃᆡ들이 가쥬ᄇᆡᆨ셩되기를 원ᄒᆞᄂᆞ뇨 일본ᄇᆡᆨ셩되기를 원ᄒᆞᄂᆞ뇨 만일 가쥬ᄇᆡᆨ셩되기를 원ᄒᆞᄂᆞᆫ쟈ㅣ 잇스면 손을 들나ᄒᆞ매 손드ᄂᆞᆫ 학도ᄂᆞᆫ ᄒᆞ나도 업셧다더라

●미국잇ᄂᆞᆫ 죠션형뎨의 곤난

엇던신문에 게ᄌᆡᄒᆞᆫ바를 의지ᄒᆞᆫ즉 미국가쥬(加州)디방에 잇ᄂᆞᆫ 죠션형뎨즁 몃十명이 본쳐 과원(果園)쥬인과 계약ᄒᆞ고 살구ᄯᆞᄂᆞᆫ 고용(雇傭)을 엇어갓다가 그디방 ᄇᆡᆨ인(白人)로동쟈들의게 륙츌(逐出)을 당ᄒᆞ엿다ᄒᆞ니 이쇼문이 진뎍ᄒᆞᆫ지 알수업스나 우리ᄂᆞᆫ 죠션형뎨들을 위ᄒᆞ야 동졍을 표ᄒᆞ노라

●각종교ᄃᆡ표쟈를 됴ᄃᆡ홈

일본종교국이 금번에 문부셩으로 부쇽훈결과로 문부대신 오뎐의인(奧田義人)씨ᄂᆞᆫ 본월八일하오三시에 각종교ᄃᆡ표쟈를 ᄌᆞ긔ᄉᆞ져로 됴ᄃᆡ(招待)ᄒᆞ엿ᄂᆞᆫᄃᆡ 감독 평암션보씨ᄂᆞᆫ 감리교 ᄃᆡ표쟈로 참셕ᄒᆞ엿다더라

●사ᄅᆞᆷ의미신(迷信)을셔트림

즁화민국졀강(浙江)화평진근쳐에 루ᄇᆡᆨ년 지난 동청나무ᄒᆞ나히 잇ᄂᆞᆫᄃᆡ 크기ᄂᆞᆫ 두아름에 지나고 놉기ᄂᆞᆫ 三四십쟝인ᄃᆡ 그속은 뷔엿더라 근일에 그나무에셔 이샹ᄒᆞᆫ소리가 남으로 그근방ᄇᆡᆨ셩들이 서로 말ᄒᆞ기를 귀신이 잇다ᄒᆞ여 향촉과 음식을 가지고와셔 숭비ᄒᆞ며 복을비ᄂᆞᆫ쟈ㅣ 날노수쳔명에 지내ᄂᆞᆫ지라 그디방사ᄂᆞᆫ 로즁보씨ᄂᆞᆫ 그리스도를 독실히 밋고 교회학교에 교ᄉᆞ로 시무(視務)ᄒᆞᄂᆞᆫ즁이쇼문을 듯고 쟝뎡二三인을 거ᄂᆞ리고 가셔 본즉 남녀로쇼가 산을 덥헛ᄂᆞᆫᄃᆡ 그나무ᄂᆞᆫ 때때로 무ᄉᆞᆷ소리를 발ᄒᆞ거ᄂᆞᆯ 로씨가 곳쟝뎡을 명ᄒᆞ여 그나무를 찍은즉 그속으로 박쥐(蝙蝠)수십머리가 놀나간후로 아모 소리가 업스매 모혓던 무리가 비로소 뎌희미혹홈을 ᄭᆡᄃᆞᆺ고 다 훗허졋다더라

긔셔

●태평양젼도록 (쇽)

영국 대요한 션ᄉᆡᆼ 져

내가 이 사신섬기ᄂᆞᆫ쟈로 더브러 진리를 강론ᄒᆞ고 긔도ᄒᆞ엿더니 뎌가 ᄎᆞᄎᆞᄌᆞ미를 엇어 사ᄅᆞᆷ구쇽ᄒᆞᄂᆞᆫ도리를 ᄭᆡᄃᆞᆺ고 비로소 주리고 목마른것ᄀᆞᆺ치 ᄉᆞ모ᄒᆞ야 눈물을 흘니며 크게 소리ᄒᆞ여 ᄌᆞ긔의 죄를 군졀히 뉘웃치고 죄샤유ᄒᆞ심을 구ᄒᆞ더니 그후브터ᄂᆞᆫ ᄌᆞ긔벗을 ᄃᆡᄒᆞ야 쥬를 밋어야 복엇을것을 증거ᄒᆞ고 내게 셩경사주기를 쳥홈으로 내가 ᄒᆞᆫ권사서 주매 깃븜으로 밧고 말ᄒᆞᄃᆡ 지금브터ᄂᆞᆫ 내가 모든 샤셔(邪書)를 다 불사로고 이글만 보고 밋깃노라 ᄒᆞ더니 과연 이날브터 죽ᄂᆞᆫ날ᄭᆞ지 누구를 ᄃᆡᄒᆞ던지 반ᄃᆞ시 예수그리스도의 은혜를 젼ᄒᆞ고 깃븜과 희망이 츙만ᄒᆞ더라

또 그 리웃에 밋지아ᄂᆞᆫ쟈ᄒᆞᆫ 사ᄅᆞᆷ이 잇셔셔 병이 들어 졈졈 죽게된지라 그부인은 텬쥬교인인ᄃᆡ 그남편의 병이 급홈을 보고 내게 와셔 ᄌᆞ긔 남편의 병보아주기를 군졀히 쳥ᄒᆞ거ᄂᆞᆯ 내가 ᄌᆞ긔의 신부를 쳥ᄒᆞ여 뵈이라 말ᄒᆞᄃᆡ ᄆᆞᄋᆞᆷ에 즐기지 아니홈을 표시ᄒᆞᄂᆞᆫ고로 내가 부득이ᄒᆞ야 뎌를 ᄯᆞ라 그집에 니르러 그 남편의 모양을 본즉 열긔가 크게 발ᄒᆞ여 눈이 붉고 입에 침이 흐르ᄂᆞᆫ지라 내가 뎌ᄃᆞ려 예수의 일홈을 말ᄒᆞ니 뎌가 더욱 긔가 나셔 내 얼골에 침을 비앗고 도로혀 나를 어리셕다 말ᄒᆞ며 인ᄒᆞ야 ᄯᅡ에 붓친것과 졍욕에 붓친것과 마귀에 붓친것이 도모지 업다 말ᄒᆞᄂᆞᆫ지라 그 부인이 뎌의 손을 잡아 내게 주어 의지ᄒᆞᄂᆞᆫ 뜻을 뵈이거ᄂᆞᆯ 내가 날마다 가셔 뎌를 보니 뎌가 ᄆᆞᄋᆞᆷ에 셩신을 원망홈으로 문동병을 엇어 혹거리에도 잇스며 혹 문에도 의지ᄒᆞ야 고통을 부르지즘을 리웃사ᄅᆞᆷ이 듯고 혹 불샹히 녀여 가본즉 뎌가 도로혀 붓잡고 욕셜을 ᄒᆞᄂᆞᆫ고로 노ᄭᅳᆫ으로 미여 길샹우에 두매 뎌가 능히 몸을 운동치 못ᄒᆞᄂᆞᆫ고로 입에 침을 흘니며 눈이붉은지라 내가 뎌를 ᄃᆡᄒᆞ야 말ᄒᆞᄃᆡ 네가 나와ᄀᆞᆺ치 쥬를밋고 긔도ᄒᆞ면 평안홈을 엇을지니 밋겟ᄂᆞ냐 ᄒᆞᆫ즉 뎌가 이말을 듯고 소리를 놉혀왈 마귀를 향ᄒᆞ야 내가 긔도ᄒᆞ겟ᄂᆞ냐ᄒᆞ거ᄂᆞᆯ 내가 다시말ᄒᆞᄃᆡ 네말이 마귀가 업다ᄒᆞ더냐 이제ᄂᆞᆫ 잇슴을 ᄭᆡᄃᆞ럿나냐ᄒᆞᆫᄃᆡ 뎌가 더욱 크게 소리질너왈 마귀도잇고 셩신도 잇스니 내가 살어셔도 뎌희를 원망ᄒᆞ고 죽어셔도 뎌희를 원망ᄒᆞ리라ᄒᆞ고 인ᄒᆞ야 긔운이 ᄭᅳᆫ허져셔 독사와ᄀᆞᆺ치 ᄭᅩ리를 치며 음부로 가니라

(미완)

교회ᄉ긔

긔이부 역슐

뎨三관 카톄지교회명ᄉ를 의론홈

카톄지셩에 잇ᄂᆞᆫ 학ᄉ들은 알넥산드리아에 잇ᄂᆞᆫ 학ᄉ와 ᄀᆞᆺ지아니ᄒᆞ니 이사ᄅᆞᆷ은 그와 ᄀᆞᆺ치 은벽홈과 긔이홈을 구ᄒᆞ지 아니ᄒᆞ고 ᄌᆞ긔의 본ᄅᆡ 비ᄒᆞᆫ도로써 신도의 힝실을 졍졔식히고 다른교와 학문은 경영밧게 던져두어셔 진리를 문란케ᄒᆞ지 아니ᄒᆞ니 그즁에 유명ᄒᆞᆫ쟈ᄂᆞᆫ 터털늬안이라 본ᄅᆡ 말잘ᄒᆞᄂᆞᆫ 션비러니 나히 三十셰에 비로소 진리를 ᄭᆡᄃᆞᆺ흠으로 카톄지교회의 회쟝이 되엿다가 쥬후二百二十년에 죽으니라 이사ᄅᆞᆷ은 본ᄅᆡ 셩픔이 강ᄒᆞ고 용모가 엄슉ᄒᆞ야 화슌ᄒᆞᆫ 풍도ᄂᆞᆫ 적으나 그러나 구변이 넉넉ᄒᆞ고 몸가지기를 졍대히ᄒᆞ며 사ᄅᆞᆷ듸졉ᄒᆞ기를 츙셩스럽게ᄒᆞ고 모든교회의 폐단을 슯혀 그깁흔ᄯᅳᆺ을 분셕ᄒᆞ며 힘써 불가ᄉᆞ 의론의 그른것을 곳치고 ᄒᆞᆨ 교즁에 폐단된것이 잇ᄉ면 말을 엄ᄒᆞ게ᄒᆞ야 즁계ᄒᆞ니 이로말미암아 원망이 만ᄒᆞ나 그러나 진리를 호위홈으로 더욱 힘쓰더라 또 터털늬안이 만틔너쓰회에 드러가 져슐ᄒᆞᆫ글이 만ᄒᆞ니 그글에 닐넛스되 하ᄂᆞ님은 신령ᄒᆞᆯ뿐만 아니라 무한ᄒᆞᆫ 원긔(元氣)를 포함ᄒᆞ셧다 ᄒᆞ엿고 또 시조의 원죄(元罪)를 의론ᄒᆞ엿ᄉᆞ되 부모가 ᄌᆞ녀의게 젼ᄒᆞᄂᆞᆫ것이 그육신에만 젼ᄒᆞᆯ뿐아니라 령혼상에도 젼홈이 되ᄂᆞ니 이럼으로 모든인류의 령혼이 본ᄅᆡᄂᆞᆫ 그리스도ᄭᅴ 붓헛던 무리들이니 그의 본셩을 가진쟈라야 가히 그리스도ᄭᅴ로 갈수잇다 ᄒᆞ엿스며 또 셩만찬을 의론ᄒᆞ엿스되 확실히 그리스도의 몸과 피가 그가온ᄃᆡ 붓쳐잇다ᄒᆞ엿고 또 육신이 다시 니러나ᄂᆞᆫ도와 또후셰에 영원ᄒᆞᆫ 복을 의론ᄒᆞ엿스되 실톄(實体)가 잇슴을 증거ᄒᆞ엿더라 그러나 카톄지교회즁에셔 그글을 연구ᄒᆞᄂᆞᆫ쟈ᄂᆞᆫ 싸이푸리안이라ᄒᆞᄂᆞᆫ 사ᄅᆞᆷ이니 이ᄂᆞᆫ 본ᄅᆡ 셰가의 ᄌᆞ뎨로 ᄌᆡ조와 학문이 셤부ᄒᆞ야 졂어셔브터 교ᄉ가 되여 샤치ᄒᆞ고 셰샹풍쇽에 물든사ᄅᆞᆷ이 되엿더니 二百四十五년에 와셔 비로소 교회에 드러와 五十八년에 도를 위ᄒᆞ야 치명ᄒᆞ엿더라 그가 평싱에 카톄지감독이 되엿ᄂᆞᆫᄃᆡ 교회다ᄉ린 ᄉ젹을 샹고ᄒᆞ건ᄃᆡ ᄌᆞ긔의 션싱 터털늬안보다 엄슉ᄒᆞᆫ것이 부족ᄒᆞ엿ᄉ며 또 ᄯᅴ시안황뎨가 교회를 군츅ᄒᆞᆯᄯᅢ에 도망ᄒᆞ야 산즁에 거ᄒᆞ야 편지로써 신도들을 권면ᄒᆞ다가 후에다시 카톄지셩에 도라왓더니 맛츰 그ᄯᅢ에 젼염병이 대치ᄒᆞ나 그러나 ᄌᆞ긔몸을 도라보지안코 병인들 一변구원ᄒᆞ고 또 죽은쟈를 장ᄉᆞᄒᆞ엿스며 또일즉이 로마감독 스데반으로 더브러 통회(通會)가 합ᄒᆞ야 ᄒᆞ나히 되ᄂᆞᆫ것을 변론ᄒᆞ야 흔칙을 져슐ᄒᆞ니 그칙일홈은 셩회합일(聖會合一)이라ᄒᆞ니 셩공회밧게ᄂᆞᆫ 달니 구쇽ᄒᆞᄂᆞᆫ 은혜가 업슴을 ᄇᆞᆰ히 말ᄒᆞ고 또 공회를 ᄯᅥ나셔 ᄉᆞᄉᆞ로 이회를 세운쟈ᄂᆞᆫ 그베프ᄂᆞᆫ 셰례가 참것이 되지못ᄒᆞᄂᆞᆫ것은 대개 셩신은 ᄒᆞᆯ노 공회에 계셔 감독의 손을 빌어 젼ᄒᆞᆫ다ᄒᆞᆷ이라ᄒᆞ고 또 스데반은 말ᄒᆞ되 무론누구던지 그리스도의 도를 의지ᄒᆞ야 셰례를 베프ᄂᆞᆫ쟈ᄂᆞᆫ 가히 참셰례가 된다ᄒᆞ나 그러나 싸이푸리안은 셩회가 일통(一統)됨을 위ᄒᆞ야 말ᄒᆞ되 교회를 다ᄉ리ᄂᆞᆫ 권셰ᄂᆞᆫ 각감독의게 다ᄀᆞᆺ치 잇ᄂᆞᆫ것이오 특별히 로마감독 ᄒᆞᆯ노 그권셰를 잡지못ᄒᆞᆫ다ᄒᆞ고 또말ᄒᆞ되 셩회ᄂᆞᆫ 참 신도의 교통ᄒᆞᄂᆞᆫ것뿐만 아니라 또ᄒᆞᆫ 구쇽ᄒᆞᄂᆞᆫ 은혜를 발(發)ᄒᆞᄂᆞᆫ 곳 인고로 각각 법으로 유지ᄒᆞᆯ것이라ᄒᆞ고 또말ᄒᆞ되 만一 공회가 사ᄅᆞᆷ의 머리가 되지못ᄒᆞ면 이와ᄀᆞᆺ치 하ᄂᆞ님도 사ᄅᆞᆷ의 아바지가 되시지 못ᄒᆞᆫ다ᄒᆞ더라 (미완)

셩경공부의지침(속)

뎨二十九칙은 요엘이니 션지 요엘은 유대국 예루살넴의졔ᄉᆞ쟝인듯ᄒᆞ고 요엘이 이칙을 져슐ᄒᆞᆯᄯᅢᄂᆞᆫ 유대왕 요아스의 시ᄃᆡ인듯ᄒᆞ나 확실히 그럿타고 말ᄒᆞᆯ수업고 이칙을 두부분에 논ᄒᆞᆯ지니 샹부는 한지(旱災)와 츙지(虫災)를 인ᄒᆞ야 그ᄇᆡᆨ셩을 경계ᄒᆞ야 회ᄀᆡᄒᆞ고 긔도ᄒᆞ라ᄒᆞᆷ이오 하부는 한님ᄭᅴ셔 쟈ᄎᆞᆺ 이ᄇᆡᆨ셩들의게 풍셩ᄒᆞᆫ 은혜ᄂᆞ리실것을 예언ᄒᆞᆫ것이니라

뎨三十칙은 아모스니 션지 아모스의 져술ᄒᆞᆫ것이라 이션지는 본ᄅᆡ 유대국 데코아 디방의 ᄒᆞᆫ목쟈로 셩신의 부르심을 닙어 션지가된후 모든 ᄇᆡᆨ셩의 우샹숭비ᄒᆞᆷ을 심히 악흉히 녁여 소ᄅᆡ를 놉혀 경셩ᄒᆞ며 또ᄒᆞᆫ 二년후에 큰 디진(地震)이 잇슬것으로 써 이스라엘왕 여로보암을 경셩ᄒᆞ고 하ᄂᆞ님의 공평ᄒᆞᆫ 심판을 말ᄒᆞ야 왕과 그ᄇᆡᆨ셩의 회ᄀᆡᄒᆞᆷ을 지촉ᄒᆞ엿ᄂᆞ니라

뎨三十一칙은 옵아듸야니 션지 옵아듸야의 져술ᄒᆞᆫ것이라 이 션지의 츌쳐와 ᄉᆞ젹을 도모지 알수업스나 샹샹컨ᄃᆡ 유대인즁에 ᄒᆞᆫ 평민인듯ᄒᆞ며 이칙은 두부분으로 논ᄒᆞᆯ지니 샹부는 이동나라의 멸망ᄒᆞᆯ 것을 예언ᄒᆞᆫ 것이오 하부는 이스라엘국의 즁흥(中興)ᄒᆞᆯ 것을 예언ᄒᆞ엿ᄂᆞ니라

(미완)

●바울의ᄉᆞ젹 (쇽)

한셩류 경샹

(一) 갈나듸아에셔 니러난 위긔(危機)는 얼마젼에 바울 ᄆᆞᄋᆞᆷ에 드러와 갈나듸아인셔를 져술ᄒᆞ여 보내엿스며 그후로 브터 교회를 권고케 ᄒᆞ고져ᄒᆞ여 여러가지 도리샹으로 ᄀᆞᄅᆞ치랴ᄒᆞ여 ᄀᆞ장즁요ᄒᆞᆫ 의롭게되는리치를 연구ᄒᆞ엿스니 모든도리즁에 ᄀᆞ장관계가 만흠으로 진리의진리가 여긔 ᄒᆞᆯ노 포함된지라 인류샤회가 다 죄가온ᄃᆡ 빠져 하ᄂᆞ님압헤 의롭게 될수업스나 복음의 리치는 이거슬 ᄀᆞᄅᆞ쳣스니 죄인의 밧을만ᄒᆞᆫ 복음이요 죄인이 탄복ᄒᆞᆯ만ᄒᆞᆫ 뎨안(提案)이며 여러가지 도리가 만ᄒᆞ나 의롭게 되는거슬 ᄀᆞᄅᆞ치는도리는 웃듬이요 여러가지 도리가 다 여긔 관계가 잇스며 죄인의게는 이보다 더 긴절ᄒᆞᆫ 말슴이 업ᄂᆞ니라

(二) 유대인들의 밋지안는 폐단은 바울의게 심히 어려운 문뎨가 되여 이거슬업시ᄒᆞ려ᄒᆞ엿스니 유대인들이 밋지 안는 완고의ᄆᆞᄋᆞᆷ이 잇슬ᄲᅮᆫ외라 교회에 드러와셔 이러ᄒᆞᆫ ᄆᆞᄋᆞᆷ을 가지고 일을 참셥ᄒᆞᄆᆡ 오히ᄒᆞ여 해를 더ᄒᆞ고 그릇인도ᄒᆞ는거시 만터라 로마에는 유대인들이 만흠으로 유대인의 감화력이 커셔 샤신(邪神)위ᄒᆞ는 풍속이 쳐쳐에 잇다ᄒᆞᆷ을 듯고 ᄉᆞ도 바울이 격동되여 도리를 ᄒᆞᆫ번 더 깁히연구ᄒᆞᆫ거시러라

(三) 별로 요긴치 안으나 간접으로 샹관되는 문뎨가 고린도에도 잇셔서 바울이 당시에 두류ᄒᆞ며 본거신ᄃᆡ 곳 형식샹 졀ᄎᆞ를 즁히 녁임과 날과 달을 직히는거시라 이런 등ᄉᆞ의 폐가 로마에도 잇다ᄒᆞᆷ을 분명히 드른고로 로마인셔를 긔록ᄒᆞᆯ때에 이 됴건도 말슴ᄒᆞ엿스니 여좌ᄒᆞᆫ ᄉᆞ연으로 ᄒᆞᆫ거시더라 (一)의롭게 되는 도리의 진리를 고샹히 베프러 ᄀᆞᄅᆞ쳣스니 학리샹으로 ᄒᆞ지안코 단슌ᄒᆞ고 오묘ᄒᆞ게 ᄒᆡ셕ᄒᆞ여 주엇스니 로마교회는 아조 무식ᄒᆞᆫ 교회가 아닌고로 이쳐럼 ᄒᆞ여 더듸만ᄒᆞ게 지도ᄒᆞᆫ거시니 여긔셔 브터 넓히 밋치기를 희망ᄒᆞᆫ거시오 (二)또 유대교의 몃몃됴건을 들어셔 녯거슬 ᄇᆞ리고 고샹ᄒᆞᆫ 그리스도교의 신션ᄒᆞᆷ을 세ᄃᆞ르라 ᄒᆞ엿스니 이스라엘나라가 이 새로온 도리를 힘닙으면 일층 새로워 질거슬 뵈여 범위를 넓히라ᄒᆞ고 녯젹 모세의 교훈에셔 놀던좁은거슨 물이치라ᄒᆞ엿고 (三)또 로마의 여러가지 형편을 들어 져술ᄒᆞ니라

그런즉 로마인셔는 별노 급ᄒᆞᆫ ᄉᆞ연이 잇셔셔 긔록ᄒᆞᆫ거시 아니오 도리를 ᄇᆞᆰ히고져ᄒᆞ여 범위를 넓게 잡고 깁히 연구ᄒᆞ여 충실히 지엇스며 고린도ᄀᆞᆺ치 학문이 고샹ᄒᆞᆫ 쳐소에셔 넉은안목과 의견으로 호활ᄒᆞ게 셔긔로 더브러 져술ᄒᆞ엿스니 조용ᄒᆞᆫ 쳐소에셔 오ᄅᆡ 하ᄂᆞ님의 신으로 더브러 교통ᄒᆞ며 지은고로 우리가 탄복ᄒᆞᆯ만치 은혜로온 말슴이 가득ᄒᆞ니라

(미완)

가뎡과쇼년

●효ᄌᆞ와 방탕ᄒᆞᆫ쇼년

십팔년젼에 일본셔 큰디진파히쇼(海嘯)를 인ᄒᆞ야 여러쳔명의 남녀로쇼가 비참ᄒᆞᆫ 죽음을 당ᄒᆞᆯ때에 엇던쇼년 三인이 겸창(鎌倉)등디로 피셔(避暑)갓다 오던길에 엇던쥬막에셔 쉬일ᄉᆡ 그즁 ᄒᆞᆫ쇼년은 술을 즐기지아니ᄒᆞᆷ으로 문밧게 안졋고 다른 두쇼년은 술마시기를 됴화ᄒᆞᄂᆞᆫ고로 방안에 드러가셔 술파ᄂᆞᆫ녀인을 희롱ᄒᆞ며 술을마시노라고 히가 임의 셔산에 누려감을 셔ᄃᆞᆺ지 못ᄒᆞᄂᆞᆫ지라 밧게 안졋던 쇼년은 ᄆᆞᄋᆞᆷ에 심히 민망ᄒᆞ여 어셔 가기를 ᄌᆡ촉ᄒᆞ매 두쇼년은 도로혀 우셔왈 그ᄃᆡᄂᆞᆫ 웨그리 조급히 구ᄂᆞ뇨 우리가 술몃잔식만 더 먹기를 기ᄃᆞ리라ᄒᆞ거ᄂᆞᆯ 밧게잇던쇼년이 다시 ᄌᆡ촉ᄒᆞ여왈 그ᄃᆡ등은 아모 걱졍이 업지마는 나는 나의 모친의 병환계심을 보고 왓ᄂᆞᆫ고로 ᄆᆞᄋᆞᆷ에 초민(焦悶)ᄒᆞᆷ을 이길수 업슨즉 어셔밧비 도라가 모친을 뵈오려ᄒᆞ노라 두쇼년왈 그ᄃᆡ의 친환이 즁ᄒᆞ지아니ᄒᆞᆷ을 우리가 다 짐작ᄒᆞᄂᆞᆫ바 그갓치 조급히 굴것이 무엇이뇨 그러면 우리ᄂᆞᆫ 여긔셔 더 놀다 갈터이니 그ᄃᆡᄂᆞᆫ ᄌᆞ량대로 몬져가ᄂᆞᆫ것이 됴ᄒᆞᆯ가ᄒᆞ노라 밧게 잇던쇼년이 ᄒᆞᆯ일업시 두사ᄅᆞᆷ을 작별ᄒᆞ고 ᄒᆞᆫ자 갈ᄉᆡ 四五리를 힝ᄒᆞ여 놉ᄒᆞᆫ 고ᄀᆡ우에 당도ᄒᆞᆯ매 련디가 진동ᄒᆞᄂᆞᆫ듯ᄒᆞ며 등뒤에셔 쳔병만마가 달녀오ᄂᆞᆫ 소ᄅᆡ가 들니거ᄂᆞᆯ 크게놀나 도라보매 겸창압 큰바다에 태산ᄀᆞᆺᄒᆞᆫ 물결이 온세계를 집어 삼킬듯이 몰녀ᄃᆞ러오ᄂᆞᆫ지라 ᄉᆞ변에뵈이던 모든 촌락은 슌식간에 망々ᄒᆞᆫ 대히를 일우엿ᄂᆞᆫᄃᆡ 앗가 ᄌᆞ긔와 동힝ᄒᆞ던 두쇼년은 一시쾌락을 취ᄒᆞ야 그쥬막에셔 취ᄒᆞᆫ 노래를 브르다가 더희몸은 임의 쳔쟝만장되ᄂᆞᆫ 바다속으로 드러갓더라

긔쟈왈 슬프다 이때에 이 비참ᄒᆞᆫ 죽음은 가위 대동(大同)지환이라 이두쇼년에만 ᄀᆞᆺ치지아니ᄒᆞ엿지마ᄂᆞᆫ 一방으로 이세쇼년을 두고 싱각ᄒᆞ면 ᄒᆞᆫ쇼년은 효ᄌᆞ요 졍인(正人)인고로 능히 이 익운을 면ᄒᆞ엿고 두쇼년은 탕ᄌᆞ(蕩子)인고로 참혹ᄒᆞᆫ 죽엄을 당ᄒᆞ엿ᄉᆞ니 이것이 엇지 쳥년의 감계(鑑戒)가 아니리오

셰계격언

一 부졍ᄒᆞᆫ 공긔는 사ᄅᆞᆷ을 죽이ᄂᆞᆫ 검(劍)과 ᄀᆞᆺᄒᆞ니라

二 건강(健康)은 쾌락을 낫코 쾌락은 건강을 낫ᄂᆞ니라

三 의ᄉᆞ(醫士)와 변호ᄉᆞᄂᆞᆫ 자조상죵ᄒᆞᄂᆞᆫ것이 아름답지 못ᄒᆞ니라

四 술은 반측ᄌᆞ(反側子)와 ᄀᆞᆺᄒᆞ셔 처음에는 친구ᄀᆞᆺ흐나 나죵에ᄂᆞᆫ 원슈가 되ᄂᆞ니라

五 샹뎨씌 ᄃᆡᄒᆞ야 신심을 일흔쟈는 사ᄅᆞᆷ의게 ᄃᆡᄒᆞ야 신용을 일키 쉬오니라.

평림(評林)

●몃가지가쇼(可笑)ᄒᆞᆫ일

一 죠샹의 뵈골을 파가지고 명당을 차져 죠만의 부귀를 도모ᄒᆞᄂᆞᆫ것은 참가쇼ᄒᆞᆫ일

二 무당불너 굿ᄒᆞᆷ으로 목하의 지앙을 멀니ᄒᆞ고져ᄒᆞᄂᆞᆫ것은 참가쇼ᄒᆞᆫ일

三 판수불너 뎜침으로 쟝ᄅᆡ의 길흉을 알고져ᄒᆞᄂᆞᆫ것은 참가쇼ᄒᆞᆫ일

四 우샹의게 졔ᄉᆞᄒᆞᆷ으로 복을 구ᄒᆞ랴다가 ᄌᆡ산만 탕패ᄒᆞᄂᆞᆫ것은 참가쇼ᄒᆞᆫ일

五 여러가지 풍속의 구긔(拘忌)를 피ᄒᆞ야 ᄉᆞᄉᆞ로 그몸을 속박(束縛)ᄒᆞᄂᆞᆫ것은 참가쇼ᄒᆞᆫ일

六 열손가락을 움ᄌᆞ기지안코 가만히 안져 친척과 친구의 구죠만 ᄇᆞ라ᄂᆞᆫ것은 참가쇼ᄒᆞᆫ일

七 졍당ᄒᆞᆫ 업을 직히지안코 모든 곡경(曲逕)을 인ᄒᆞ야 一시힝복을 도모ᄒᆞ고져ᄒᆞᄂᆞᆫ것은 참가쇼ᄒᆞᆫ일

七

실 업

●농가강습요항(속)

데廿九 량믹의 츄슈

양력六월하슌브터 七월즁슌간에 이삭과 입사와 줄기가 다 노른빗을 쯸때가 뎍당흔 츄슈시긔(時期)니라 량믹의 츄슈는 아모됴록 청명흔 일긔를 투셔 홀지니 비록 좀 일홀지라도 청명흔 때를 놋치지 말것이니라 량믹을 빈후에 三四일동안 볏헤 잘 말녀 타작흐여 알을 쎌지니 그법은 믹급긔(麥扱器)나 믹타뎌(麥打臺)로 쎌고 그후에 도리끼(連枷)로 뚜드려 그수염을 다 업시흐고 다시 당긔(唐箕)로 날녀 알을 졍밀히 싸을지며 것보리는 곳 도리끼로 뚜드릴지니라

담 총

●파리잡는됴희(捕蠅紙) 문드는법

비상가루흔돈즁과 흰사탕두돈즁을 두량즁되는물에 화합흐야 삼간쯜여셔 둣거운 됴희에 칠흐야 다시 볏헤 말녀 두엇다가 파리를 잡으려홀때에 다시 물에 축여 방안에 어딕던지 어린우히들의 손이 밋치지아니홀곳에 펴노으면 파리가 사탕을 먹노라고 안졋다가 죽느니라

●물고기도 미국에 난것이다힝흔군

미국 젼대통령 레프트씨는 모든 물고기가 번셩치 못흠은 독류병(毒瘤病)으로흐여 죽는연고라 고셩각흐고 본二十만원을 지출흐야 이병의 근원과 쏘흔 곳칠방법을 연구흔다더라

그리스도회보

KOREAN CHRISTIAN ADVOCATE

每週一回月曜日發行
大正二年七月二十三日印刷
大正二年七月二十八日發行

發行兼編輯人 開城北部山芝峴 奇義男
印刷人 京城北部樓閣洞 朴東完
印刷所 京城南部上犂洞 新文館
發行所 京城北部壯洞四十三統三戶 呂炳鉉邸

ᄃᆡ금…代金 一장 二十젼 一ᄀ월 四十년 一ᄀ년 八十젼 海外一ᄀ년 一환六十젼

론셜

●그리스도교는 모든종교우에 뛰여남

안변 빅형련

녀름날에 ᄶᅵ는듯ᄒᆞᆫ 더위와 지리ᄒᆞᆫ 쟝마가 사ᄅᆞᆷ을 괴롭게ᄒᆞ매 울젹ᄒᆞᆫ 회포를 이긔지못ᄒᆞ야 북창을 열고 셔안을 의지ᄒᆞ야 올연(兀然)히 안졋더니 듯밧게 엇던 친구가 밧그로 브터 드러와 자리를 뎡ᄒᆞ고 한헌(寒暄)을 맛친후 무러왈 내가 드른즉 예수교도들이 그리스도교는 셰샹 모든종교우에 ᄀᆞ장 뛰여나다고 말ᄒᆞ니 그 무ᄉᆞᆷ연고이뇨 내가 ᄃᆡ답왈 이는 예수교인의 ᄌᆞ긍ᄒᆞ는말이 아니라 실샹 그러ᄒᆞᆫ 리유가 잇ᄂᆞ니 이제 몃가지 됴건을 들어 셰계샹 각종교의 쟝단(長短)을 비교ᄒᆞ야 말ᄒᆞ고져ᄒᆞ노니

一은、 그교의 감화력(感化力)을 보고 알지니 유교(儒敎)에 션ᄒᆞᆫ쟈의게 복을주고 음란ᄒᆞᆫ쟈의게 화를ᄂᆞ린다(福善禍淫)ᄂᆞᆫ 말과 불교에 인과(因果)로 륜회(輪廻)ᄒᆞᆫ다ᄂᆞᆫ 말이 다 사ᄅᆞᆷ의 ᄆᆞᄋᆞᆷ을 감화ᄒᆞ야 악을 징계ᄒᆞ고 션을 권ᄒᆞᆷ으로ᄡᅥ 근본을 삼으나 그 열ᄆᆡ를 보고 그 나무의 션악(善惡)을 아ᄂᆞᆫ것과 ᄀᆞᆺ치 그 숭봉ᄒᆞᄂᆞᆫ 무리의 ᄒᆡᆼᄒᆞᆷ을 보고 그교의 엇더ᄒᆞᆷ을 가히 짐작ᄒᆞᆯ지니 ᄀᆡ인으로 말ᄒᆞ더라도 다른 종교를 숭봉ᄒᆞᆫ지 오릭되 션ᄒᆞᆫ ᄆᆞᄋᆞᆷ과 의로온 ᄒᆡᆼ실은 조곰도 나타냄이 업던 사ᄅᆞᆷ이 그리스도교를 신앙(信仰)ᄒᆞᆫ후로ᄂᆞᆫ 온젼히 회ᄀᆡᄒᆞ고 지극히 악ᄒᆞᆫ쟈라도 셩경의 말ᄉᆞᆷ을 슌죵ᄒᆞ면 거룩ᄒᆞᆫ사ᄅᆞᆷ이 되여 능히 의를 위ᄒᆞ야 죽음을 두려워ᄒᆞ지안코 화평ᄒᆞᆫ ᄆᆞᄋᆞᆷ을 엇ᄂᆞᆫ것을 보면 가히 알지오 또 국민으로 말ᄒᆞᆯ지라도 다른죵교를 밧드ᄂᆞᆫ 나라와 그리스도교를 밧드ᄂᆞᆫ 나라의 풍쇽과 인심과 졍치와 법률과 교육을 비교ᄒᆞ여보면 가히 알지로다 그러나 녯날 엇던님군이 궐문밧게 나오다가 발버힌 사ᄅᆞᆷ(녯날은 발버히ᄂᆞᆫ 형벌이 잇슴)을 보고 텬하의 신(履)을 업시ᄒᆞ고져ᄒᆞᆫ것과 ᄀᆞᆺ치 그리스도교회즁에 회ᄀᆡ치못ᄒᆞᆫ쟈 두세사ᄅᆞᆷ을 보고 그교를 훼방ᄒᆞᆷ은 엇지 망녕된일이 아니리오 (미완)

본샤특별광고

본회보를 이독(愛讀)ᄒᆞ시ᄂᆞᆫ 여러 형뎨ᄌᆞᄆᆡ께서 임의 량쵹(諒燭)ᄒᆞᄋᆞᆸᄂᆞᆫ바 본보ᄃᆡ금은 반ᄃᆞ시 션금(先金)을 요구ᄒᆞᄋᆞᆸᄂᆞᆫᄃᆡ 경향각쳐 구람(購覽)제씨즁 작년ᄃᆡ금즁령지됴(零在條)와 본년ᄃᆡ금즁 六ᄀᆡ월션금도 아직 아니보내신이가 만ᄉᆞ온것은 아마 돈보내ᄂᆞᆫ 방법에 ᄃᆡᄒᆞ야 편리치 못ᄒᆞᆷ이 만ᄒᆞᆫ 연고인듯ᄒᆞᄋᆞᆸ기 본샤에셔 여러구람졔시의 편리를 도모ᄒᆞ기위ᄒᆞ야 **우편집금법(郵便集金法)**을 ᄎᆡ용코져ᄒᆞ와 이에 몬져 통고ᄒᆞ오니 본사의 근졀ᄒᆞᆫ 셩의와 곤난ᄒᆞᆫ 형편을 량쵹ᄒᆞ시와 ᄃᆡ금을 보내시되 므릇 우편집금은 一삭동안 관한ᄒᆞᄂᆞᆫ 뎡례가 잇ᄉᆞ오니 맛참 현금이 업ᄉᆞ면 톄부(遞夫)의게 ᄌᆞ셰히 말ᄉᆞᆷᄒᆞ시고 출급ᄒᆞ실긔한을 톄부가 집금령슈증을 갓다 뵈인날브터 시작ᄒᆞ야 三十ᄀᆡ일(個日)이ᄂᆡ로 확실히 지뎡ᄒᆞ셧다가 그긔한에 곳 출급ᄒᆞ시와 주고 밧ᄂᆞᆫ ᄉᆞ이에 곤난과 실이 업도록ᄒᆞ심을 근졀히 ᄇᆞ라ᄂᆞ이다

교즁휘문

▲너 보▼

●정동교회의계삭회

경셩정동 뎨一례비당에셔 본월十六일에 계삭회를 열고 유ᄉᆞ부를 죠직ᄒᆞ엿ᄂᆞᆫᄃᆡ 히부원은 二十인을 션뎡ᄒᆞ야 교회직졍에 관ᄒᆞᆫ 모든일을 담임케ᄒᆞᆫ다더라

●쥬일학교ᄉᆞ범과

경셩즁로 즁앙례비당에셔는 본월十五일브터 쥬일학교ᄉᆞ범과 강습소를 열고 ᄆᆡ례비二일마다 하오四시브터 六시ᄭᆞ지 경셩 각 미감리회 쥬일학교교ᄉᆞ졔씨의게 ᄉᆞ범과를 교수ᄒᆞᄂᆞᆫᄃᆡ 교ᄉᆞᄂᆞᆫ 목ᄉᆞ현슌씨라더라

●평양교회통신 (김형지)

△평양 숭실대학교 졸업싱의게 권면ᄒᆞᄂᆞᆫ 례비를 거六월八일에 남산현회당에셔 거힝ᄒᆞ엿ᄂᆞᆫᄃᆡ 모힌사ᄅᆞᆷ은 一千三百인가량이라 본교쟝 빅위량씨의 인도로 리광윤 김형지 량씨가 긔도ᄒᆞ고 젼쥬 리룰셔 목ᄉᆞ가 히부리五쟝四졀에「하ᄂᆞ님의 부르심을 닙어셔 목ᄌᆞ가 될것이란」문뎨로 강셜ᄒᆞ고 김익슌목ᄉᆞ의 츅ᄉᆞ로 폐회ᄒᆞ엿스며

△동九일은 졸업싱一동이 반일회로 본학교에 회집ᄒᆞ엿ᄂᆞᆫᄃᆡ 참셕언원은 五百명가량이라 히회슌셔ᄂᆞᆫ 졸업싱들이 인도ᄒᆞᆯ식 쟝신국은 긔도、오련경은 셩경랑독、쟝근은 졸업의 ᄉᆞ긔담、김이곤은 시흥(詩興)、최응칠은 졸업싱의쟝ᄅᆡ、리영휘ᄂᆞᆫ 헌샤(獻謝)、변셩옥은 영어챵가、라송덕은 감계、리셩휘ᄂᆞᆫ 작별ᄉᆞ를 진술ᄒᆞ고 교쟝의 츅ᄉᆞ로 폐회ᄒᆞ엿스며

△동十일은 대학교헌당식을 본교에셔 거힝ᄒᆞᆯ식 교쟝이 위창셕쟝로의 긔도로 ᄀᆡ회ᄒᆞ고 취지를 셜명ᄒᆞᆫ후 특션싱이 찬송ᄒᆞ고 박치록쟝로가 렬왕긔샹권八쟝十二졀을 랑독ᄒᆞ고 대구 어도만목ᄉᆞ가「하ᄂᆞ님의 학교란」문뎨로 연셜ᄒᆞ고 학싱박윤근씨가 독챵ᄒᆞ고 김션두쟝로가 하ᄂᆞ님의「밧을만ᄒᆞᆫ집이란」문뎨로 연셜ᄒᆞᆫ후 리룰셔목ᄉᆞ의 츅ᄉᆞ로 폐회ᄒᆞ엿스며

△동十一일은 졸업식을 쟝대현교당에셔 거힝ᄒᆞᆯ식 교쟝이 찬송가 뎨五와 원두우목ᄉᆞ의 긔도로 ᄀᆡ회ᄒᆞᆫ후 리일영목ᄉᆞ가 뎨살노니가젼셔 五쟝을 랑독ᄒᆞ고 특션싱四인이 찬송ᄒᆞᆫ후 졸업싱변셩옥씨가 인류싱활의 목뎍이란 문뎨로、오련경씨ᄂᆞᆫ 인싱의모슌과조화(人生의矛盾과調和)란 문뎨로 연셜ᄒᆞ고 대학싱一동이 찬송ᄒᆞᆫ후 졸업싱쟝신국씨가 ᄉᆞ샹시ᄃᆡ란 문뎨로 연셜ᄒᆞ고 특션싱四인이 노래ᄒᆞᆫ후 교쟝이 마대五쟝十六졀의 말ᄉᆞᆷ으로 권면ᄒᆞ고 졸업증셔를 슈여ᄒᆞᄂᆞᆫᄃᆡ 졸업싱은 김이곤 라송덕 리셩휘 리영휘 변셩옥 오련경 쟝 근 쟝신국 최응칠 등九씨러라

●원산항통신 (리긔죵) 一속

△원산항 감리교 유년쥬일학교에셔 련합대운동회를 거힝ᄒᆞ엿ᄂᆞᆫᄃᆡ 六셰이샹 十五셰된 남녀학싱 九百여명이 보광학교운동쟝에 회집ᄒᆞ니 관광인은 九六千명이 구름ᄀᆞᆺ치 둘넌즁에 회쟝 도마련씨가 ᄀᆡ회ᄒᆞ고 슌셔대로 거힝ᄒᆞᆯ식 그 학싱들의 톄육발달홈을 칭찬아니ᄒᆞᄂᆞᆫ쟈ㅣ 업고 또 보광학교학싱들은 음악ᄃᆡ를 예비ᄒᆞ야 청아ᄒᆞ고 유쾌ᄒᆞᆫ 곡됴로 듯ᄂᆞᆫ쟈의 흉금이 샹쾌ᄒᆞ게ᄒᆞ며 의학ᄉᆞ 리민창씨ᄂᆞᆫ ᄌᆞ션심으로 당일부샹쟈를 치료ᄒᆞ엿스니 이처럼 ᄌᆞ미잇게 운동ᄒᆞ기ᄂᆞᆫ 함남에 처음이라ᄒᆞ엿더라

△본항교회닉 보광학교 뎨一회졸업식을 거월六일에 본학교에셔 셜힝ᄒᆞ엿ᄂᆞᆫᄃᆡ 千여명의 ᄅᆡ빈이좌셕을 협챡케ᄒᆞ엿스며 졸업싱 면하부ᄂᆞᆫ「인격과 쳑임」이란 문뎨로 라대화ᄂᆞᆫ「지덕의 관계」란 문뎨로 연셜ᄒᆞᆯ식 듯ᄂᆞᆫ쟈가박슈갈치ᄒᆞ엿고 교쟝부두一씨가 졸업싱의게 권면ᄒᆞᆫ후 졸업증셔를 슈여ᄒᆞ엿고 졸업싱즁에셔 답ᄉᆞᄒᆞᆫ후 폐회ᄒᆞ엿ᄂᆞᆫᄃᆡ 당일 졸업싱은 면부하 리슌영 라대화 박원셕 문찬규 김태호 등六씨이더라

●원산교회의十一됴 (박학면)

六월二일에 원산항닉 즁 샹

랑리교회 입원들이 샹리회당에 모혀 ᄌᆞ급젼에 ᄃᆡᄒᆞᆫ 의견을 수시동안 서로 토론ᄒᆞᆫ 결과로 각기 十一됴를 내기로 작뎡ᄒᆞ엿ᄂᆞᆫᄃᆡ 六월브터 十一됴로 드러온돈이 五十여원에 달ᄒᆞ엿스니 참 감샤ᄒᆞ다 ᄒᆞ엿더라

●조씨의밋음 (김원각)

황ᄒᆡ도 신계군 월쳔동교회 조윤셔씨는 쥬를 밋은후 모든 시험을 당ᄒᆞᄂᆞᆫ즁 하로는 그빅씨가 불너 말ᄒᆞᄃᆡ 오늘 온 긔고일이니 와셔 제ᄉᆞ참예를ᄒᆞ야 형뎨간 불목ᄒᆞᆷ이 업게ᄒᆞ라고 심히 핍박ᄒᆞᆯ때에 조씨의 말이 제ᄉᆞ참예를 아니ᄒᆞᆷ으로 형님과 불목ᄒᆞ면 이세상에셔 좀 어려옴을 당ᄒᆞ려니와 만一 제ᄉᆞ참예를 ᄒᆞᆷ으로 하ᄂᆞ님과 불목ᄒᆞ면 지옥형벌의 어려옴을 영원토록 면치못ᄒᆞ겟스니 츌하리 형님과 잠시 불목ᄒᆞᆯ지언뎡 하ᄂᆞ님과 밋 그아ᄃᆞᆯ 예수와는 불목ᄒᆞᆯ수 업ᄉᆞ오니 나는 형님이 쥬를 밋으심으로 우흐로 하ᄂᆞ님과 화목ᄒᆞ고 아래로 동싱과 화목ᄒᆞ시기를 츅슈ᄒᆞᄂᆞ이다 ᄒᆞ엿다더라

◀외보▶

●만국션교ᄉᆞ련합회

만국션교ᄉᆞ 련합회는 거六월 四일브터 十일ᄭᆞ지 뉴욕 쿨닙톤 스푸링에셔 기ᄒᆞ고 셰계각국에 복음젼파된형편을 드른후 또ᄒᆞᆫ 쟝ᄅᆡ에 엇더케 더 널니젼파ᄒᆞᆯ 방침을 의론ᄒᆞ엿다더라

●침례교회(빕퇴슷쳐취)

미국침례교회의 최근(最近) 조사를 거ᄒᆞᆫ즉 셰계 만국에 잇ᄂᆞᆫ 침례교인의 도합수효는 六百五十一만六千四百八十三인이라더라

●미감리회 녀션교회젹립금

미국 미감리회외국녀션교회 젹립금(積立金)은 三百四十六만三千九百七十二원이라더라

●쌋스톤대학교

미국 쌋스톤대학교는 미감리회관할아래 잇ᄂᆞᆫᄃᆡ 금년통계표를 거ᄒᆞᆫ즉 교ᄉᆞ가一百四十五인이오 ᄉᆞ무원이 四十三인이며 학싱이 一千五百八인이나 ᄒᆡ학교셜립이후로 최다수(最多數)의 학싱을 엇엇다더라

●동경즁앙회당의 특별젼도회

일본동경 본향구(本鄕區)즁앙회당에셔 하긔방학즁에 잇는 학싱들을 위ᄒᆞ야 거월二十七일브터 二十九일ᄭᆞ지 三일간 특별젼도회를 열고 각쳐명ᄉᆞ를 청ᄒᆞ야 여러가지문뎨로 강도ᄒᆞ엿ᄂᆞᆫᄃᆡ 밤마다 츌셕ᄒᆞᆫ 학싱이 二百여인식이오 새로 밋기를 작뎡ᄒᆞᆫ쟈가 二十二인이라더라

●문부대신의훈시(訓示)

일본문부대신오뎐의인씨의훈시ᄒᆞᆫ 대개에 닐ᄋᆞᄃᆡ 종교와 교육은 그 목뎍이 ᄀᆞᆺ지 아니ᄒᆞ지마는 셰도인심(世道人心)을 붓드ᄂᆞᆫ 작용(作用)에 ᄃᆡᄒᆞ야는 둘이 서로 기ᄃᆞ려 힝ᄒᆞ지 아니치못ᄒᆞᆯ지라 그럼으로 금번에 종교의 관할을 문부셩에 옴겨 붓친것이오 ᄌᆞ리로 죵교의 감독ᄒᆞᆷ은 그 시셜(施設)에 관ᄒᆞ야 국자힝졍(國家行政)샹으로 감독ᄒᆞᆷ이 필요ᄒᆞ다ᄒᆞᆷ이나 그ᄂᆡ용에 관ᄒᆞ야서는 무숨 간셥(干涉)을 더ᄒᆞᆯ만ᄒᆞᆫ 죵류가 아닌ᄃᆡ 이번에 이일(종교국을폐ᄒᆞ고 문부셩에 붓침)은 종교와 교육을 혼동(混同)ᄒᆞᆫ다고 싱각ᄒᆞᆷ은 쓸ᄃᆡ업ᄂᆞᆫ 근심에 지나지 안ᄂᆞᆫ다 ᄒᆞ엿더라

긔셔

●태평양젼도록 (쇽)

영국 태요한 션싱 져

그죽는 모양을 본 사ᄅᆞᆷ마다 심히 두려워ᄒᆞ야 하ᄂᆞ님을 경외ᄒᆞᆯ ᄉᆞ샹이 니러나ᄂᆞᆫ쟈ㅣ 혹잇스며 이죽은 사ᄅᆞᆷ의 쳔구즁 의원ᄒᆞ나히 잇ᄂᆞᆫᄃᆡ 본ᄅᆡ 술마시기를 됴화ᄒᆞ며 ᄌᆞ긔의 학문이 잇고 의술이 고명ᄒᆞᆷ을 밋어 하ᄂᆞ님을 두려워ᄒᆞ지안으며 사ᄅᆞᆷ의게 교만ᄒᆞ고 또 그몸에 곳치기 어려온병이 잇스니 곳 술병이 골절에 박힘이라 그안ᄒᆡ가 간ᄒᆞ여왈 대뎌 술이란것은 령혼과 육신을 죽이ᄂᆞᆫ 독약이니 아조거절ᄒᆞ라ᄒᆞ매 크게 분노ᄒᆞ여 찻던 칼을 쌔여 스ᄉᆞ로 죽으랴ᄒᆞᄂᆞᆫ고로 그고모

가 내게와셔 가보기를 청ᄒᆞ거ᄂᆞᆯ 내가 가셔본즉 과연 그모양인ᄃᆡ 가련ᄒᆞᆫ 그안히와 두아ᄃᆞᆯ은 겻헤셔 붓들고 우ᄂᆞᆫ지라 내가 셩경말ᄉᆞᆷ으로 위로ᄒᆞ고 ᄀᆞᆺ치 업ᄃᆡ려 긔도ᄒᆞᆫ후 날마다 ᄒᆞᆫ번식 가보고 권면ᄒᆞᆯ시 날이 오ᄅᆡ매 ᄌᆞ연 졍이 깁허지매 나의 말을 잘 듯고 혹 내가 하로ᄂᆞᆫ 무ᄉᆞᆷ ᄉᆞ고를 인ᄒᆞ야 못간날이 잇셧더니 나오기를 기ᄃᆞ리다가 그 잇ᄒᆞᆫ날 내가 가면 내 손을 잡고 반기며 ᄒᆞᄂᆞᆫ말이 내 육신의 병이 이ᄀᆞᆺ치 깁헛ᄉᆞ니 그ᄃᆡᄂᆞᆫ 나를위ᄒᆞ야 엇더케 ᄒᆞ랴ᄂᆞ뇨 내가 이말을 듯고 뎌ᄃᆞ려 말ᄒᆞ기를 그ᄃᆡ의게 셩경이 잇ᄂᆞ뇨 우리가 ᄒᆞᆫ쟝보리라ᄒᆞ니 뎌가 큰 ᄎᆡᆨ쟝을 ᄀᆞᄅᆞ치며 말ᄒᆞᄃᆡ 젼에 내가 보던 셩경이 뎌궤 잇슬터이니 차저보라 ᄒᆞ거ᄂᆞᆯ 내가 본즉 과연 셩경ᄒᆞᆫ권이 잇ᄂᆞᆫ고로 손을 ᄯᅡ라 편즉 에베소六쟝이라 두사ᄅᆞᆷ이 ᄐᆞᆨᄌᆞ를 의지ᄒᆞ야 보기를 맛친후에 샹아래 업ᄃᆡ려 뎌ᄃᆞ려 몬져 긔도를 인도ᄒᆞ라ᄒᆞ매 뎌가 말ᄒᆞ기를 내가 평ᄉᆡᆼ에 쥬긔도문만 닑어보앗지 긔도ᄂᆞᆫ ᄒᆞᆯ줄 모ᄅᆞᆫ다ᄒᆞ거ᄂᆞᆯ 내가 말ᄒᆞᄃᆡ 그ᄃᆡ가 반ᄃᆞ시 긔도ᄒᆞ라 내가 ᄒᆞᆫ번듯고져 ᄒᆞ노라ᄒᆞ고 뎌를 지촉ᄒᆞ니 뎌가 마지못ᄒᆞ여 긔도ᄒᆞᄃᆡ 쥬여 나의 긔도ᄒᆞᆯ줄모름을 아시ᄂᆞ니 용셔ᄒᆞ시옵쇼셔ᄒᆞ고 인ᄒᆞ야 니러나고져ᄒᆞᄂᆞᆫ고로 내가 뎌를 그대로 ᄭᅮᆯ니고 뎌를 ᄃᆡ신ᄒᆞ야 긔도ᄒᆞᆯ시 말말이 다 ᄌᆞ긔 입에셔 나오ᄂᆞᆫ것ᄀᆞᆺ치ᄒᆞ야 뎌가 셩신을 ᄃᆡ뎍ᄒᆞ던ᄉᆞ졍을 알외고 뎌의 령혼과 육신의 괴로온것과 뎌가 모든 죄를 뉘웃쳐 곳치게ᄒᆞ여 주시기를 간구ᄒᆞᄂᆞᆫ 뜻으로 긔도ᄒᆞ고 그다음에ᄂᆞᆫ 뎌의 ᄉᆞ랑ᄒᆞᄂᆞᆫ 쳐ᄌᆞ를 위ᄒᆞ야 긔도ᄒᆞᆫ후 니러날때에 뎌가 크게 감동ᄒᆞᆷ을닙은것이 외모에 나타나더라 (미완)

교회ᄉᆞ긔

긔이부 역슐

뎨四관 교회의 직분을 의론ᄒᆞᆷ

셩경에 ᄌᆞ세히 샹고ᄒᆞ여보면 교회가 처음브터 감독과 교ᄉᆞ와 집ᄉᆞ의 직분이 잇셔 통칭쟝로라 ᄒᆞ더니 ᄎᆞᄎᆞ 그후로브터 등급의 분별이 잇셧고 이뿐아니라 ᄯᅩ 다른직분이 잇스니 바울의 교회다ᄉᆞ림을 보건ᄃᆡ 듸모데ᄂᆞᆫ 에베소와 밋 쇼아셰아 모든교회의 ᄉᆞ쟈가 되엿고 듸도ᄂᆞᆫ 크레데의 각교회를 관할ᄒᆞ엿스니 묵시록에 니ᄅᆞᆫ바 닐곱교회ᄉᆞ쟈(使者)를 의론ᄒᆞᆷ이 ᄯᅩᄒᆞᆫ 이와ᄀᆞᆺᄒᆞᆫ것이나 그러나 그후브터 교회가 졈졈 광포되매 도셩과 대읍(大邑)으로브터 향당(鄕黨)과 촌락(村落)에ᄭᆞ지 니르러 다 직분이 잇셧스니 도셩과 대읍은 웃듬이 되고 향당과 촌락은 하등이 되며 ᄯᅩ 본회감독이 지회감독을 봉ᄒᆞ니 이럼으로 말ᄆᆡ암아 그디위의 놉고 ᄂᆞ진등분이 잇셔 도셩과 대읍 감독이 촌락의 감독보다 놉흔지라 교회가 더욱 광포됨으로 말ᄆᆡ암아 도셩과 대읍의 감독은 권셰가 더욱 커셔 사ᄅᆞᆷ들이 닐ᄋᆞᄃᆡ 이감독은 그리스도의 위를 니어 서고 향읍의 감독은 ᄉᆞ도의 위를 ᄃᆡ신ᄒᆞᆫ다 ᄒᆞ니 비록 신약셩경에 모든 신도ᄂᆞᆫ 다 졔ᄉᆞ쟝의 직분이 잇고 구약에 졔ᄉᆞ쟝과 ᄇᆡᆨ셩의 분별 잇ᄂᆞᆫ것과ᄂᆞᆫ ᄀᆞᆺ지 아니ᄒᆞᆷ을 ᄇᆞᆰ히 말ᄒᆞ엿스나 (히四〇十六벳젼二〇五九、묵一〇六) 오직 이때에 교회직분을 놉히고져ᄒᆞ야 교직(敎職)과 교민(敎民)의 등분을 베프러 감독은 대졔ᄉᆞ쟝이 되고 모든쟝로ᄂᆞᆫ 졔ᄉᆞ쟝이 되며 집ᄉᆞᄂᆞᆫ 레위의 족속이 된지라 이럼으로 교회가 날노 왕셩ᄒᆞᆯᄉᆞ록 등급의 분별이 졈졈 더ᄒᆞ야 샹즁하 三등에 논호고 ᄯᅩ 하등직가온ᄃᆡ 四등이 잇스니 셩뎐문을 맛ᄂᆞᆫ쟈와 셩경을 밧드ᄂᆞᆫ쟈와 간샤ᄒᆞᆫ것을 쫏ᄂᆞᆫ쟈와 촉불을 잡ᄂᆞᆫ쟈이오 ᄯᅩ 이우에 쟝로가 잇고 쟝로우에 샹등직이 잇스니 처음에ᄂᆞᆫ 새로 교회에 나온쟈도 다ᄀᆞᆺᄒᆞᆫ 셩도로 녁이더니 그후브터 교인이 ᄎᆞᄎᆞ 만ᄒᆞᆷ을 인ᄒᆞ야 셩범(聖凡)의 분별이 이쳐럼잇셔더라 그럼으로 셩도가 서로 교통ᄒᆞᄂᆞᆫ ᄉᆞ랑을 일허ᄇᆞ리고 오직 신가(神家)라

야비로소 셩도가 되니 그직분이 더욱 놉흘스록 거륵ᄒᆞ고 ᄭᆡ긋홈이 ᄯᅡ라 놉하지고 도셩에 거ᄒᆞᆫ 감독은 다른 셩읍에 거ᄒᆞᆫ 감독보다 권셰가 더욱 만코 그즁에도 ᄉᆞ도의 거ᄒᆞ던 셩에 사ᄂᆞᆫ감독이 ᄀᆞ장 놉핫스니 곳 로마와 에베소와 알넥산드리아와 고린도셩이 이것이라 일즉이 닐ᄋᆞᄃᆡ ᄉᆞ도에 거ᄒᆞ던곳에 거ᄒᆞᄂᆞᆫ쟈ᄂᆞᆫ 가히 ᄉᆞ도의 직분을 밧ᄂᆞᆫ다 ᄒᆞ야 로마감독으로 뎨一놉흔 위에 거ᄒᆞ게ᄒᆞ니 이ᄂᆞᆫ 네가지 원인이 잇ᄂᆞ니 (一)은 로마ᄂᆞᆫ 나라도셩이 됨이오 (二)ᄂᆞᆫ 로마ᄂᆞᆫ 도셩이 될ᄲᅮᆫ만 아니라 ᄉᆞ도ᄯᅢ브터 교회가 흥왕홈이오 (三)은 바울과 베드로가 다 여긔셔 치명홈이오 (四)ᄂᆞᆫ 핍박을 당홀ᄯᅢ에 신도의 츙졀(忠節)이 크게 나타남이라 ᄒᆞ엿고 ᄯᅩ 닐ᄋᆞᄃᆡ 예수ᄭᅴ셔 베드로를 셰워 교회긔초를 삼으셧고 ᄯᅩ 로마교회에셔 二十五년동안 감독이 되엿스니 그후브터 ᄃᆡᄃᆡ로 서로젼ᄒᆞ여 로마감독된 쟈가 그 졍통(正統)을 닛ᄂᆞᆫ다 홈이라 그러나 그ᄯᅢ에 교회에셔 오히려 로마감독으로 통회교황(統會敎皇)을 삼지 아니ᄒᆞ엿ᄂᆞ니라 ᄊᆡ이프리안이 셩회합一이란글을 져술ᄒᆞ야 ᄀᆞᆯᄋᆞᄃᆡ 감독은 ᄀᆞᆺ치 교회에셔 ᄉᆞ도의 직분을 맛흔쟈ㅣ니 엇지 존비(尊卑)의 츙졀이 잇스리오ᄒᆞ고 ᄯᅩ 로마감독이 통회권셰를 참람히 잡ᄂᆞᆫ것이 엇지 그른일이 아니리오 ᄒᆞ엿더라

(미완)

셩경공부의지침(쇽)

뎨二十二칙은 요나니 션지 요나의 져술ᄒᆞᆫ것이라 요나ᄂᆞᆫ 이스라엘 북방사ᄅᆞᆷ으로 여로보암뎨二세시ᄃᆡ에 나셔 하ᄂᆞ님의 ᄉᆞ명을 ᄯᅴ고 앗수루아셔울 늬네위에 가셔 회ᄀᆡ식히ᄂᆞᆫ 젼도를 홈으로 필경 뎌회가 회ᄀᆡᄒᆞ엿스니 이가온ᄃᆡ 하ᄂᆞ님의 지극히 깁흔ᄯᅳᆺ이 감초여 잇도다 이ᄯᅢ에 이스라엘국 군신상하의 죄악이 관영(貫盈)홈으로 하ᄂᆞ님의 공졍ᄒᆞᆫ 심판을 면치 못홀터인ᄃᆡ 쟝ᄎᆞ 늬네웨사ᄅᆞᆷ으로ᄒᆞ여곰 하ᄂᆞ님을 ᄃᆡ신ᄒᆞ야 이스라엘을 칙벌케ᄒᆞ랴 ᄒᆞ심으로 요나를 보내샤 더회를 몬져 회ᄀᆡ식혓ᄂᆞ니라

뎨二十三칙은 미가니 션지 미가의 져술ᄒᆞᆫ 것이라 미가ᄂᆞᆫ 이사야와 ᄒᆞᆫᄯᅢ사ᄅᆞᆷ이니 이칙의 대개ᄂᆞᆫ 유대북방과 그셔울 사마리아와 예루살넴의 멸망홀것과 그ᄇᆡᆨ셩의 잡혀갓다가 도라올것과 시온에셔 신졍(神政)셜시될것과 메시야ᄭᅴ셔 베들네헴에 탄싱ᄒᆞ실것을 예언ᄒᆞᆫ것이니라

뎨二十四칙은 나훔이니 션지 나훔의 져술ᄒᆞᆫ것이라 그 시ᄃᆡᄂᆞᆫ 늬네웨셩의 멸망홀림시오 그강령은 (一) 유대인을 압졔ᄒᆞᄂᆞᆫ 앗수루아셔울 네늬웨의 멸망홀 쇼식을젼홈이오 (二) 앗수루아 ᄇᆡᆨ셩의 죄악이 관영홈으로 반ᄃᆞ시 이화를 면치못홀것을 예언ᄒᆞᆫ것이니라

(미완)

●바울의ᄉᆞ젹 (쇽)

한셩 류경샹

二十七、 예루살넴에 가셔 셩뎐에셔 잡힘과 가이샤랴에 두히나잇슴 로마인셔를 져술ᄒᆞᆫ 연유와 계제ᄂᆞᆫ 이러ᄒᆞ고 바울의 ᄉᆞ젹을 ᄭᅳᆺ치지 더 샹고ᄒᆞ랴면 이러ᄒᆞ니 고린도에셔 셕달을 잇다가 마게도니아로 갓다가(ᄉᆞ도二十一○一-五、七-十四、十九-三五)빌닙보에 와셔 유월졀을 지키고 소아셰아로 건너와셔 (ᄉᆞ도二十一○一、五-六、十七-二十)밀네도에셔 에베소쟝로들을 모화노코 권면ᄒᆞᆫ후에 ᄇᆡ를 타고 두로로 가셔ᄂᆞᆫ 여러 션지쟈가 금ᄒᆞ여 ᄉᆞ도바울ᄃᆞ려 예루살넴으로 올나가지말나 ᄒᆞ엿스나 강싱후五十八년오월에 슈부(首府)로 갓스니 이ᄯᅢᄂᆞᆫ 애굽셔 군ᄉᆞ로 로마국 졍권을 괴롭게ᄒᆞ려ᄒᆞ여 와셔 ᄡᅡ호고 물너간후러라 바울이 유대인을 반ᄃᆡᄒᆞ여 ᄀᆞᄅᆞ친일이 잇슴으로 유대인들이 혐의를 먹음고 셩뎐에셔 죽도록 ᄯᅡ리엿ᄉᆞ며 로마법관이 와셔 구호ᄒᆞ여 주엇스나 얼마젼 애굽셔와셔 니르킨 란이 잇슴으로 의심ᄒᆞ여 노치안코 잡아 영문으로 ᄃᆞ려다가 나죵에ᄂᆞᆫ 가이

사라에 보내여 옥에가두니라 (스도二十三〇二十五、二十七ㅣ三十五) 감ᄉᆞ 벨닉쓰가 재판을ᄒᆞ여 주지안코 ᄌᆞ긔가 갈니매 바울은 구류ᄒᆞ야두고 재로피임된 베스도감ᄉᆞ의게 넘기니 二년이나 구류ᄒᆞ엿다가 (이때ᄂᆞᆫ 강싱후六十년 녀름이오 (ᄉᆞ도二十四〇二十五ㅣ二五〇) 옥에 갓쳐잇셔 지내ᄂᆞᆫ 두ᄒᆡ동안에 바울이 무엇을 ᄒᆞ엿ᄂᆞᆫ지 모르겟스나 엇던학쟈ᄂᆞᆫ 이동안에 에베소인셔와 골노시와 빌네몬셔를 긔록ᄒᆞ엿다ᄒᆞ나 이셔신은 이후에 긔록ᄒᆞᆫ듯ᄒᆞ고 또 로마에셔져술ᄒᆞᆫ듯ᄒᆞ니 이때에ᄂᆞᆫ 무엇을 ᄒᆞ엿ᄂᆞᆫ지 알수업ᄂᆞ니라

二十八、 의태리로 힝션ᄒᆞ여 로마에니름

얼마후에 보르기오베스도가 바울을 불너 세우고 심문ᄒᆞ여 (ᄉᆞ도二五〇一ㅣ八)말을 다 듯고 증거가 업스나 오히려 공의대로 판결을 내여 주지아니ᄒᆞ매 바울이 가이사의게 샹소ᄒᆞ겟다ᄒᆞ니 얼마를 옥에 더 가두고 무숨 특별ᄒᆞᆫ 관리가 오면 바울의 송ᄉᆞ의말을 듯게ᄒᆞ더라 이로 인연ᄒᆞ여 빅부쟝과 쳔부쟝과 감ᄉᆞ와 왕압헤ᄭᆞ지 바울이 웅변으로 변론ᄒᆞ여 발명도ᄒᆞ고 동시에 젼도도ᄒᆞ니라 얼마후에 비를 타고 의태리로 향ᄒᆞ여 가다가 풍랑을 맛나 파션ᄭᆞ지 당ᄒᆞᆫ후 고싱ᄒᆞ다가 나죵에 멜니데에 하륙ᄒᆞ니 이ᄂᆞᆫ 적은 셤이라 그곳셔 겨울을 지내고 그이듬ᄒᆡ봄에 바울의 일힝이 로마ᄭᆞ지 득달ᄒᆞ니 때ᄂᆞᆫ 강싱후六十一년이라 교회의 ᄃᆡ표쟈들이 셩밧게 나와 환영ᄒᆞ니 로마인셔를 밧아본지 거의 삼년이나 되엿ᄂᆞᆫᄃᆡ 이날 비로소 잡혀오ᄂᆞᆫ 셩도를 위로ᄒᆞ고 감복ᄒᆞᄂᆞᆫ뜻으로 동정을 표ᄒᆞ더라

二十九、 로마에 두ᄒᆡ나잇셔셔 여러 셔신을 긔록ᄒᆞᆷ

로마셩에 잇슬때에 비록 죄슈나 ᄌᆞ유로 졉빈ᄒᆞ고 직희ᄂᆞᆫ 군ᄉᆞᄒᆞ나만 잇더라 (ᄉᆞ도二四〇二十三、二十七〇三、六〇十五十六ㅣ) 몃날을 지난후 로마에 잇ᄂᆞᆫ유명ᄒᆞᆫ 유대인을 모화노코 유력ᄒᆞ게 미셔야ᄂᆞᆫ 그리스도 예수신것을 증거ᄒᆞ여 젼도ᄒᆞ니 엇던쟈ᄂᆞᆫ 외면뎍으로 듯고 밋ᄂᆞᆫ쟈도 잇스며 밋지안ᄂᆞᆫ쟈도 잇셔 합ᄒᆞ지 안으나 바울은 열심으로 젼도ᄒᆞ니라 두ᄒᆡ동안이나 잇셔셔 젼도ᄒᆞᆯ뿐외라 셩경가온ᄃᆡ 유명ᄒᆞᆫ 셔신몃쳑 져술ᄒᆞ엿스니 ᄃᆡᄃᆡ로 ᄂᆞ려오며 오ᄂᆞᆯᄭᆞ지 그리스도교회의 셰력을 돕ᄂᆞᆫ원동력이 여긔셔 무한히 싱ᄒᆞᄂᆞ니 그긔록ᄒᆞᆫ ᄎᆞ셔ᄂᆞᆫ 빌닙보인셔와 골노시인셔와 빌네몬셔와 에베소인셔이니라

(미완)

◎가뎡과쇼ᄋᆞ

●남의 말을 엿드지말것

경학이란 ᄋᆞᄒᆡ가 하로ᄂᆞᆫ 노긔등등ᄒᆞ여 그모친ᄭᅴ 고ᄒᆞ여 왈「이압집에 사ᄂᆞᆫ 녀학도가 이뒤집의 아모를 ᄃᆡᄒᆞ야 어머니를 비방ᄒᆞ더이다」 그모친왈「그학도가 아모를 ᄃᆡᄒᆞ야 나를 비방ᄒᆞ엿슬것 ᄀᆞᆺᄒ면 너ᄂᆞᆫ 엇지 그말을 드럿ᄂᆞ냐」 경학왈「뎌희ᄭᅵ리 말ᄒᆞᆯ때에 내가 가만히 엿드럿ᄂᆞ이다」 그모친왈「남의 말을 엿듯ᄂᆞᆫ것은 픔힝에 올치아닌일이니 다시ᄂᆞᆫ 그러지 말지어다」 경학왈 「내귀를 가지고 내가 듯ᄂᆞᆫ것이 무숨불가ᄒᆞᆷ이 잇스리오」 그모친왈 「그럿치 아니ᄒᆞ도다 가령여긔 ᄒᆞᆫ물건이 내게쇽ᄒᆞᆫ고로 내가 그물건을 혼자 쓰던지 누구게 주던지 ᄆᆞ음대로 ᄒᆞᆯ것인ᄃᆡ 다른 ᄃᆡ삼인이 와셔 만일 내허락업시 드러나게 ᄲᅢ앗으면 강도되고 모르게 가져가면 졀도됨은 사ᄅᆞᆷ마다 다 아ᄂᆞᆫ니 말도 이와ᄀᆞᆺᄒᆞ여 내쇽에 잇ᄂᆞᆫ말을 내싱각에 합ᄃᆞᆼᄒᆞᆫ 사ᄅᆞᆷ의게 두기를 허락ᄒᆞ엿ᄂᆞᆫᄃᆡ 누구던지 내허락업시 엿듯ᄂᆞᆫ것은 내게 쇽ᄒᆞᆫ 물건을 졀취ᄒᆞᆷ과 다름이 업ᄂᆞ니라 그럼으로 비록 친졀ᄒᆞᆫ 벗이라도 누구로 더브러 비밀ᄒᆞᆫ 말을 ᄒᆞᆯ때에 결코 엿듯지 말지어다 녯날 셩인의 말ᄉᆞᆷ을 듯지못ᄒᆞ엿ᄂᆞ냐 닐넛스ᄃᆡ 문밧게 신 두커리가 노혓거던 쥬인의 허락업시ᄂᆞᆫ 경솔히 드러가지 말나 ᄒᆞ엿ᄂᆞ니라」

셰계격언

一 마귀는 쾌락ᄒᆞᆫ 가면(假面)을 장식ᄒᆞ는힘이 잇ᄂᆞ니라

二 마귀는 ᄒᆞᆼ샹 뎌의 목뎍을 달ᄒᆞ기 위ᄒᆞ야 셩경의 말ᄉᆞᆷ을 인증ᄒᆞᄂᆞ니라

三 마귀는 미ᄉᆡᆨ으로 써 쇼년을 미혹케ᄒᆞ고 황금으로 써 탐비(貪鄙)ᄒᆞᆫ쟈를 미혹케ᄒᆞ며 셰력으로써 공명가를 미혹케ᄒᆞ고 오괴ᄒᆞᆫ말노써 학쟈를 미혹케ᄒᆞᄂᆞ니라

四 죵교업는 사ᄅᆞᆷ은 굴네버슨ᄆᆞᆯ과 ᄀᆞᆺᄒᆞ니라

五 진졍ᄒᆞᆫ 신심은 사ᄅᆞᆷ의 ᄆᆞᄋᆞᆷ을 고샹케ᄒᆞ는 용긔(勇氣)를 더ᄒᆞᄂᆞ니라

평림(評林)

●몃가지 아지못ᄒᆞᆯ일(不知事)

一 셰계샹에 죵교만키로는 죠선이 뎨一위를 뎜령ᄒᆞ엿스니 민지(民志)가 미명ᄒᆞ여 그러ᄒᆞᆫ지 별안간 대죵교가와 도덕가가 만히 ᄉᆡᆼ겨셔 그러ᄒᆞᆫ지 참 아지못ᄒᆞᆯ일

二 무슨교니 무슨교니ᄒᆞ는 쇼위 새죵교의 쇼위 경문(經文)을 본즉 그말이 우리신구약에셔도 ᄯᅦ다쓰고 불경에셔도 ᄯᅦ다쓰고 공ᄆᆡᆼᄌᆞ와 로ᄌᆞ의 글에셔도 ᄯᅦ다셧스니 엇더케 쥬의를 잡으면 올흘가 참 아지못ᄒᆞᆯ일

三 다각기 ᄀᆞᆯᄋᆞᄃᆡ 우리교가 독립ᄒᆞ고 진졍ᄒᆞᆫ 죵교라ᄒᆞ며 그리스도교를 비방ᄒᆞ지마는 쥬일에 례ᄇᆡᄒᆞ는 법은 의례히 그리스도인을 ᄯᅩᆺ츠니 쥬일은 본ᄅᆡ 어ᄃᆡ로 좃차왓스며 더회는 언제브터 쥬일례ᄇᆡ를 직혀왓던가 참 아지못ᄒᆞᆯ일

실업

●뎨卅 대두(大豆)의 긔후와 토질(氣質)

대두는 원ᄅᆡ 온란(溫暖)ᄒᆞᆫ 긔후를 됴화ᄒᆞ며 토질은 진흙밧탕양토(埴壤土)가 뎍당ᄒᆞ니 너머 기름진 ᄯᅡᆼ에는 줄기와 입서만 무셩ᄒᆞ고 결실이 적을 념려가 만흐니라

대두는 다른 곡식과 ᄀᆞᆺ치 디력(地力)을 모손(耗損)ᄒᆞ지 안코 도로혀 토디를 기름지게ᄒᆞ는고로 一二三년을 련ᄒᆞ야 심어도 조곰도 감홈이 업ᄂᆞ니라

담총

●ᄀᆞ장무셔운동물은 파리(蠅)

파리가 모든 젼염병의 병균(病菌)을 그입과 발노 뭇쳐다가 여긔뎌긔 젼파홈은 우리가 임의 짐작ᄒᆞ거니와 미국엇던 셰균학쟈(細菌學者)의 실험(實驗)ᄒᆞᆫ 바를 의지ᄒᆞᆫ즉 파리ᄒᆞᆫ머리가 一년동안에 二百五十만으로 六百六十만ᄀᆡ의 병균을 젼파ᄒᆞ고 온셰계 인구로 말ᄒᆞ면 파리의 젼파ᄒᆞ는 병균으로 말미암아 죽는사ᄅᆞᆷ이 四百만인구에 달ᄒᆞᆫ다ᄒᆞ엿고

이파리의 젼ᄒᆞ는 병균은 호렬자(虎列剌)와 열병과 리질과 두창(痘瘡)등 모든 독창괴질을 젼염ᄒᆞ는 것인고로 파리는 실샹 호랑이나 독사보다 더 무셔운 동물이며

ᄯᅩ 파리 ᄒᆞᆫ마리가 ᄒᆞᆫ번 알을 ᄡᅳ러 삭기를 ᄡᆞᆫ후에 이것이 ᄒᆞᆫ 녀름 三삭동안에 십이ᄃᆡ(十二代)ᄭᆞ지 니르는 ᄌᆞ손이 二百五十만머리에 달ᄒᆞᆫ다ᄒᆞ엿더라

법령뎍요

●경찰범쳐벌규측 (속)

二十三 병쟈의게 ᄃᆡᄒᆞ야 금염(禁厭)과 긔도와(山川鬼神等의게 祈禱ᄒᆞ는것) 부작주어 진언ᄀᆞᆺᄒᆞᆫ것을 ᄒᆞ던지 졍신치료(精神治療)법을 힝ᄒᆞ던지 ᄯᅩ는 신슈(神水)등속을 주어 의약의 치료를 방해케ᄒᆞᆫ쟈

二十四 넘치게 최면술(催眠術)을 베픈쟈

二十五 짐줏(故意) 허위(虛僞)ᄒᆞᆫ 통변을ᄒᆞᆫ쟈

二十六 ᄌᆞ긔나 혹 다른사ᄅᆞᆷ의 업무(業務)에 관ᄒᆞ야 관허가 잇다고 거즛칭탁ᄒᆞᆫ쟈

二十七 관공직(官公職)이나 품위나 훈작(勳爵)이나 학위(學位)나 칭호를 거즛ᄒᆞ던지 법령으로 뎡ᄒᆞᆫ 복장이나 휘장(徽章)을 참용(僭用)ᄒᆞ고 혹 이와 비ᄉᆞᆺᄒᆞᆫ것을 ᄉᆞ용ᄒᆞᆫ자

二十八 관공셔(官公署)에ᄃᆡᄒᆞ야 진실치못ᄒᆞᆫ 신고(申告)를 ᄒᆞ거나 신고ᄒᆞᆯ 의무가 잇고도 연고업시 즐겨ᄒᆞ지아니ᄒᆞ거나 또ᄂᆞᆫ 그졍샹을 알고 진실치못ᄒᆞᆫ ᄃᆡ셔(代書)를 ᄒᆞᆫ자

二十九 본젹(本籍)과 거쥬와 셩명과 년령과 신분(身分)과 직업을 거즛칭ᄒᆞ고 려관에셔 류슉ᄒᆞ던지 비를든자

三十 관공셔에셔 부르는ᄃᆡ 연고업시 응(應)치 아니ᄒᆞᆫ자

(미완)

◎회보대령슈금

林川 張基永 八十錢
江陵 高在範 一圓六十錢
安峽 高道源 八十錢
安聖德 四十錢
价川 尹得淳 二圓八十錢
平壤 吳應千 四十錢
崔龍勳 四十錢
崔尙彦 四十錢
李昌河 四十錢
趙斗律 四十錢
金根雨 四十錢
玄錫七 四十錢
金得洙 四十錢
邊永瑞 四十錢
泰川 白允鴻 五圓
喬桐 仲戒大 二圓四十錢
金光國 四圓四十錢
甑山 朴寅鏞 四十錢
朴寅昌 四十錢
金錫泓 四十錢
平昌 朴賢一 八十錢
李根天 八十錢
水原 劉泓俊 三圓
海州 鄭在鎔 八十錢
加平 鄭熙泰 三十錢
李正淑 三十錢
李基伯 三十錢
陽平 金鏡德 四十錢
海州 池京善 三十錢
朴基程 三十錢
景泰元 三十錢
景陽根 三十錢
金洛鉉 三十錢
平海 田漫秀 三十錢
恩津 徐應善 四十錢
連山 朴重九 四十錢
鎭南浦 韓成浩 二十八錢
報恩 崔炳翌 六十錢
平壤 李仁贊 四十錢
李益敏 四十錢
金在善 四十錢
金瀅柱 四十錢
李泳夏 四十錢
李光潤 四十錢
李致熏 四十錢
中和 金成丘 四十錢
義州 崔商揖 八十錢
平壤 黃鼎謨 五圓
三陟 方景暢 四十錢
開城 鄭鳳根 四十錢
京城古潤洞 韓明達 四十錢
仁川 힐믹부인 四十錢
開城 윌쓰牧師 四十錢
元山 裴牧師 八十錢

그리스도회보

KOREAN CHRISTIAN ADVOCATE

每週一回月曜日發行
大正二年七月三十日印刷
大正二年八月四日發行

發行兼編輯人 開城北部山芝峴 奇義男
印刷人 京城北部樓閣洞 朴東完
印刷所 京城南部上犂洞 新文館
發行所 京城北部壯洞四十三統三戶 呂炳鉉邸
대금…代金 一장 二젼 一월 四十젼 一년 八十젼 海外 一년 一환六十젼

론셜

●그리스도교는 모든종교우에 뛰여남 (쇽)

안변 빅형련

二는 그교의 널니 퍼짐을 보고 가히 알지니 불교나 유교나 회회교나 파라문교나 모든교가 그년뒤로 말ᄒᆞ면 각각 션후(先後)의 차별이 잇지마는 다 동양몃나라에 퍼질ᄲᅮᆫ이오 ᄯᅩ 평안ᄒᆞᆫ 때에는 왕셩ᄒᆞ다가 핍박이나 이단이 셩ᄒᆞᆯ때에는 침미(沉微)ᄒᆞ야 셩쇠가 무샹(無常)ᄒᆞ지마는 우리그리스도교는 그럿치 아니ᄒᆞ야 지금 一千九百년간에 온셰계에 사ᄅᆞᆷ사는데는 아니퍼진곳이 업고 ᄯᅩ 처음브터 오ᄂᆞᆯ날ᄭᆞ지 ᄒᆞᆼ샹 진보만ᄒᆞ엿스며 핍박이 니러날수록 더욱 왕셩ᄒᆞ야 ᄒᆞᆫ번도 쇠ᄒᆞᆫ 시ᄃᆡ가 업셧스니 하ᄂᆞ님의 산(活)종교가 아니면 엇지 이ᄀᆞᆺ치 권셰가 잇스리오 이것을 보아도 가히 알지로다

三은 그교를 밧드는쟈의 ᄉᆞ업의 발달ᄒᆞᆷ을 보고 가히알지니 대개 무엇이던지 실디로 힝치안코 뷘 말노만ᄒᆞᆯ것ᄀᆞᆺᄒᆞ면 이디구(地球)를 등에 지고 텬샹텬하에 임의로 왕리ᄒᆞ겟다ᄒᆞᆯ지라도 ᄂᆞᆼ치못ᄒᆞᆯ이 업슬지나 실디로 힘ᄒᆞᆷ을 보면 그럿치아니ᄒᆞ니 오ᄂᆞᆯ날 이셰계에 그리스도교를 숭봉ᄒᆞᄂᆞᆫ 국민의 셩취ᄒᆞᆫᄉᆞ업과 다른교를 밋는 국민의 셩취ᄒᆞᆫᄉᆞ업을 비교ᄒᆞ야 볼지어다 젼셰에 보지못ᄒᆞ던 긔계의 발명ᄒᆞᆫ것과 학술의 진보된것과 교육의 제도와 문명의 정도와 모든 인류샤회에 유익ᄒᆞᆫ 일은 다 그리스도교를 밧드는 국민을 션진(先進)으로 양보(讓步)ᄒᆞ면셔오직 종교에 ᄃᆡᄒᆞ야셔는 훼방ᄒᆞ며 비쳑ᄒᆞ는것이 엇지 뷘 말노 ᄌᆞ랑ᄒᆞᆷ이아니리오 그런즉 종교도 반ᄃᆞ시 그리스도교가 뎨一위를 뎜령ᄒᆞᆯ지로다

四는 그교의 능력을 보고 알지니 불교의 비다경과 회회교의 고란경과 유교의 四셔와 션교의 도덕경이 비록 명쳘ᄒᆞᆫ말이나 다 사ᄅᆞᆷ의 말이오 하ᄂᆞ님의 묵시가 아닌고로 능력이 업고 우리신구약셩경은 하ᄂᆞ님의 묵시로 나타난바 산말ᄉᆞᆷ인고로 능력이 만토다 셩경에 닐ᄋᆞᄃᆡ 하ᄂᆞ님은 챵조ᄒᆞᆯ이시오 흘노ᄒᆞ나만되시며 능ᄒᆞ신쟈시며 만왕의왕이시며 만쥬의쥬시오 오직 죽지아니ᄒᆞᆷ이 그의게만 잇고 갓가히 가지못ᄒᆞᆯ빗헤 거ᄒᆞ시고 사ᄅᆞᆷ이 보지못ᄒᆞ엿고 ᄯᅩ 볼수업는쟈시니 그의게 존귀와 영원ᄒᆞᆫ 능력을 돌닐지어다(딤젼六○十五ー十六)ᄒᆞ엿스니 이셰상에 셩현은 아모리 지혜가 잇다ᄒᆞᆯ지라도 이우희 말ᄒᆞᆫ바 몃가지즁에는 ᄒᆞ나도 참예치 못ᄒᆞᆯ것이오 ᄯᅩ ᄌᆞ긔가 이셰상에 잇셔셔 친히 젼도ᄒᆞᆯ때에도 잘 텽죵(聽從)치 아니ᄒᆞ엿거던 ᄒᆞᆯ믈며 ᄌᆞ긔몸이 죽은후에 누가 그말을 텽죵ᄒᆞ리오 그럼으로 그글을닑는 사ᄅᆞᆷ은 만치마는 그도를 실힝ᄒᆞ는쟈는 적도다 그러나 오쥬예수그리스도는 하ᄂᆞ님과 三위一톄시오 오ᄂᆞᆯ이나 릭일이나 영원히 변치 아니ᄒᆞ시고 ᄒᆞᆼ샹 계셔셔 세샹사ᄅᆞᆷ의 션악을 살피샤 샹벌을 베프시ᄂᆞ니 이교는 죽은 교가 아니오 참 산 교니 엇지 이교의 능력을 당ᄒᆞᆯ쟈ㅣ잇스리오 (미완)

본샤특별광고

본회보를 익독(愛讀)ᄒᆞ시ᄂᆞᆫ 여러 형뎨ᄌᆞ미ᄭᅴ셔 임의 량촉(諒燭)ᄒᆞ옵ᄂᆞᆫ바 본보ᄃᆡ금은 반ᄃᆞ시 션금(先金)을 요구ᄒᆞ옵ᄂᆞᆫᄃᆡ 경향각쳐 구람(購覽)제씨즁 작년ᄃᆡ금즁 령지됴(零在條)와 본년ᄃᆡ금즁 六ᄀᆡ월션금도 아직 아니보내신이가 만ᄉᆞ온것은 아마 돈 보내ᄂᆞᆫ 방법에 ᄃᆡᄒᆞ야 편리치 못홈이 만흔 연고인ᄃᆞᆺᄒᆞ옵기 본샤에셔 여러구람 제씨의 편리를 도모ᄒᆞ기위ᄒᆞ야 **우편집금법(郵便集金法)**을 취용코져ᄒᆞ와 이에 몬져 츙고ᄒᆞ오니 본샤의 간절ᄒᆞᆫ 셩의와 곤난ᄒᆞᆫ 형편을 량촉ᄒᆞ시와 ᄃᆡ금을 보내시되 므롯 우편집금은 一삭동안 관한ᄒᆞᄂᆞᆫ 명례가 잇ᄉᆞ오니 맛참 현금이 업ᄉᆞ면 톄부(遞夫)의게 ᄌᆞ세히 말ᄉᆞᆷᄒᆞ시고 츌금 ᄒᆞ실긔한을 톄부가 집금령슈증을 갓다 뵈인날브터 시작ᄒᆞ야 三十ᄀᆡ일(個日)이너로 확실히 지뎡ᄒᆞ셧다가 그긔한에 곳 츌금ᄒᆞ시와 주고 밧ᄂᆞᆫ ᄉᆞ이에 곤난과 실신이 업도록 ᄒᆞ심을 간절히 ᄇᆞ라ᄂᆞ이다

교즁휘문

◀ᄂᆡ 보▶

●학ᄉᆡᆼ사경회

경셩 승동 쟝로교 즁앙례ᄇᆡ당에셔 본월二十二일브터 학ᄉᆡᆼ사경회를 ᄀᆡᄒᆞ고 하긔방학즁에 잇ᄂᆞᆫ 각학교 학ᄉᆡᆼ들의게 령혼샹 유익ᄒᆞᆫ 학과를 교수ᄒᆞᆯ터인ᄃᆡ 쟝로교와 감리교를 믈론ᄒᆞ고 쥬를 밋ᄂᆞᆫ 모든 쳥년학ᄉᆡᆼ들은 다수히 입학ᄒᆞ야 공부ᄒᆞ기를 ᄇᆞ란다 ᄒᆞ엿더라

●셩신의ᄐᆡᆨᄒᆞᆫ일군 (졍덕환)

츙남 쳥양군 퇴쳔교회 권봉규씨ᄂᆞᆫ 쥬의말ᄉᆞᆷ을 듯고 밋고져ᄒᆞ나교회가 업ᄂᆞᆫ고로 ᄌᆞ긔ᄌᆞ질의 한문션ᄉᆡᆼ 복용규씨를 경셩으로 보내여 밋ᄂᆞᆫ도리를 ᄇᆡ화오라 ᄒᆞ엿더니 一년만에 대강ᄇᆡ화왓기로 크게 깃버셔 다섯사ᄅᆞᆷ을 모화 례ᄇᆡ보기를 시작ᄒᆞ엿더니 하ᄂᆞ님ᄭᅴ셔 도으심으로 목ᄉᆞ김광식 젼도ᄉᆞ졍덕환량씨를 파송ᄒᆞ매 권씨가 열심이 분발ᄒᆞ야 젼도홈으로 교우五十여인을 엇고 지작년에 회당六간반을 건츅ᄒᆞᆯ 연보금 八十여원을 엇엇ᄉᆞ나 부죡이 四十여원이라 작년에야 료감ᄒᆞ고 지금은 평균ᄆᆡ쥬일에 四十여인이 참예ᄒᆞ며 또 읍교회에ᄂᆞᆫ 三十여명이 모히ᄂᆞᆫᄃᆡ 속쟝젼승호씨가 인도ᄒᆞ며 또 관인이나 학군이 만타ᄂᆞᆫ사ᄅᆞᆷ의게 하ᄂᆞ님의 말ᄉᆞᆷ을 더욱 힘써젼ᄒᆞ며 혹이 말ᄒᆞ기를 월급을 먹너냐ᄒᆞ면 ᄃᆡ답ᄒᆞᄃᆡ ᄂᆡ식구의 먹고 닙ᄂᆞᆫ것이 다 하ᄂᆞ님이 주신것이라 ᄒᆞ며 회당근쳐에셔 술을 못팔게ᄒᆞ며 五六년간에 날마다 오ᄂᆞᆫ손님을 ᄃᆡ졉ᄒᆞᄂᆞᆫ것이 젹지안치만은 홍샹 깃븐ᄆᆞ옴으로ᄒᆞ니 이ᄀᆞᆺ흔 형뎨ᄂᆞᆫ 신쟈가 모본ᄒᆞᆯ만ᄒᆞ다 ᄒᆞ엿더라

●황ᄒᆡ도셔디방교회임원회 (박회슉)

본월十六일에 ᄒᆡ쥬군신광ᄉᆞᄂᆡ에셔 ᄒᆡ도 셔디방 각구역젼도ᄉᆞ와 유ᄉᆞ와 매셔인졔씨가 회집ᄒᆞ야 三일간 교회의졔반ᄉᆞ항을 의론ᄒᆞᆯ식 목ᄉᆞ고로부씨가 쥬셕ᄒᆞ야 교회와 학교와 매셔에 ᄃᆡᄒᆞ야 여러가지로 의론ᄒᆞ엿ᄉᆞ며 인쳔목ᄉᆞ로태인씨가 ᄆᆡ일 마태十二쟝에 씨ᄲᅮ리ᄂᆞᆫ 비유로 ᄒᆡ셕ᄒᆞ야 셩령의 감화를 만히 밧은즁 ᄌᆞ급에 ᄃᆡᄒᆞ야 졔씨들이 이셰샹의 지산은 각각 ᄌᆞ긔의 소유가 아니요 하ᄂᆞ님의것인즉 교회에 밧치ᄂᆞᆫ 것이 맛당ᄒᆞᆫ줄을 ᄭᆡ닷고 一반임원이 비록 빈한ᄒᆞᆫ 쳐디나 이것을 불고ᄒᆞ고 박봉즁에 十一됴를 밧치기로 작뎡ᄒᆞ고 十一됴회를 조직ᄒᆞᆫ후 교우들의게 十一됴내ᄂᆞᆫ것을 ᄀᆞᄅᆞ치기로 결뎡ᄒᆞ엿ᄉᆞ니 여러형뎨와ᄌᆞ미ᄭᅴ셔ᄂᆞᆫ 이회를 위ᄒᆞ야 긔도로 도아주기를 ᄇᆞ란다 ᄒᆞ엿더라

●고동즁에텬부를차짐 (김홍슌)

강원도 김화읍교회ᄂᆡ 리부인은 근본 경셩살더니 ᄒᆡ군셔변 읍골동리로 락향ᄒᆞ야 사ᄂᆞᆫᄃᆡ 우연히 학질을 엇어 심히 고롱ᄒᆞ더니 그 부인ᄆᆞ옴에 내가 예수를 밋으면 학질이 ᄯᅥ러지겟다ᄒᆞ야 쥬일에 례ᄇᆡ당에 와셔 쥬를 밋기로

작뎡ᄒᆞ고 긔도ᄒᆞ더니 파연 이 병이 이각되엿스니 셩경에 十二년동안 혈루증이 잇셔 예수의 옷가만 만져도 ᄆᆞ음에 낫게다ᄒᆞᆫ 밋음과ᄀᆞᆺ치 이 부인도 이 밋음으로 학질을 떼고 쥬를 ᄉᆞ랑ᄒᆞᄂᆞᆫ즁 셩경과찬미를 열심공부ᄒᆞ며 쥬의 고난 당ᄒᆞ신 구졀을 말ᄒᆞᆯ때마다 눈물을 흘니며 또ᄒᆞᆫ 산긔도를 쉬이지안코ᄒᆞ며 교우를 극진히 ᄉᆞ랑ᄒᆞ야 ᄆᆞ음에 깃븜이 ᄒᆞᆼ상 츙만ᄒᆞ다 ᄒᆞ엿더라

●김한나씨의밋음

(빅형련)

강원도 금셩군 창도교회닉 김한나부인은 쥬를 밋기젼에 그남편이 방탕ᄒᆞ야 가ᄉᆞ를 불고홈으로 집안에 분경이 ᄭᅳᆫ치지 아니홈으로 ᄒᆞᆼ상 근심ᄒᆞ더니 맛참 근심ᄒᆞᄂᆞᆫ쟈가 쥬를 밋으면 평안ᄒᆞᆫ ᄆᆞ음을 엇ᄂᆞᆫ다ᄂᆞᆫ 젼도를 듯고 곳 쥬를 밋기로 작뎡ᄒᆞᆫ즉 온집안이 핍박ᄒᆞ야 셩경과 찬숑가를 ᄲᅢ아셔 불살오ᄂᆞᆫ고로 친졍으로잔즉 문을닷고 내여쫏되 부인은 온슌ᄒᆞᆫ 말노 권면ᄒᆞ니 그남편이 비록 쥬ᄂᆞᆫ 아니 밋으나 핍박은 들ᄒᆞᄂᆞᆫ지라 이부인이 五六년간을 집안식구 회기ᄒᆞ기를 위ᄒᆞ야 쥬야로 긔도ᄒᆞ더니 지금은 그남편 김대업씨가 밋기로 작뎡ᄒᆞᆫ즉 집안에 화긔가 가득ᄒᆞᆫ지라 외인도 말ᄒᆞ기를 예수ᄂᆞᆫ 파연 밋을만ᄒᆞᆫ교라ᄒᆞ며 이부인은 고미탄등디로 단니며 젼도ᄒᆞᄂᆞᆫ딕 이곳은 유명ᄒᆞᆫ 산골짝이오 험ᄒᆞ기 비ᄒᆞᆯ곳이 업ᄂᆞᆫ딕 슈고를 조곰도 싱각지 아니ᄒᆞ니 이 부인의 집안식구를 회기식힌 능력과 젼도ᄒᆞᄂᆞᆫ 열심은 밋ᄂᆞᆫ자가 본밧을만ᄒᆞ다 ᄒᆞ엿더라

◀외 보▶

●긔독교인련합봉도회

(奉悼會)

본월二十일 명치텬황봉도회ᄂᆞᆫ 일본동경 신뎐구(神田區) 쳥년회관닉에셔 일본각긔독교회동맹회와 동경긔독교남쳥년회와 녀쳥년회와 부인교풍(矯風會)가 련합ᄒᆞ야 거힝ᄒᆞᆫ다더라

●만국쥬일학교대회

만국쥬일학교대회를 본월八일브터 十五일ᄭᆞ지 셔ᄉᆞ국(瑞士國) 드리드이셩에셔 개ᄒᆞᆫ일은 젼젼호에 임의게지ᄒᆞ엿거니와 회회의 력ᄉᆞ를 대강샹고ᄒᆞᆫ건딕 뎨一회ᄂᆞᆫ 一千八百八十九년七월에 영국론돈셩에셔 열엇고 뎨二회ᄂᆞᆫ 一千八百九十三년九월에 뎌국 센틀이스셩에셔 열엇고 뎨三회ᄂᆞᆫ 一千八百九十八년七월에 영국론돈셩에셔 열엇고 뎨四회ᄂᆞᆫ 一千九百四년四월에 예루살넴에셔 열엇고 뎨五회ᄂᆞᆫ 一千九百七년五월에 의태리로마셩에셔 열엇고 뎨六회ᄂᆞᆫ 一千九百十년五월에 미국와싱톤에셔 열엇고 뎨七회ᄂᆞᆫ 본년본월에 드리드여에셔 열엇고 뎨八회ᄂᆞᆫ 一千九百十六년 일본동경에셔 열기로 작뎡되엿다더라

●두대학교의다른쥬견

영국에 ᄀᆞ장크고 유명ᄒᆞᆫ 대학교ᄂᆞᆫ 킴부리취대학교와 악쓰포드대학교인딕 이두학교ᄉᆞ이에 큰 문뎨ᄒᆞ나히 니러난것은 물론 무ᄉᆞᆫ 교파셰 ᄋᆞᆨᄒᆞᆫ 학싱이던지 다 신학박ᄉᆞ학위(學位)을 주쟈ᄒᆞᆷ이라 이문뎨로 얼마 토론ᄒᆞ다가 필경 두학교의 의견이 합ᄒᆞ지 못ᄒᆞ야 서로 논호엿ᄂᆞᆫ딕 킴부리취대학교ᄂᆞᆫ 이문뎨대로 모든 교파에 다 허락ᄒᆞ기로 결뎡ᄒᆞ엿고 악쓰포드대학교ᄂᆞᆫ 젼과ᄀᆞᆺ치 죵고셩교회(宗古聖敎會)에 쇽ᄒᆞᆫ 학싱의게만 신학박ᄉᆞ학위 을주기로 ᄒᆞ엿다더라

●만국평화회의운동

향일 미국졍부에셔 만국평화회를 발긔ᄒᆞ고 각국에 ᄒᆞᆼ협ᄒᆞ엿ᄂᆞᆫ딕 ᄒᆞᆼ협을 졍식(正式)으로 밧엇다ᄂᆞᆫ 나라ᄂᆞᆫ 영국 오지리 의태리 법국 브라셀 셔뎐 나위 퓨루 아라사등이니 미국을 합ᄒᆞ면 총계 열나라 이라더라

긔셔

●태평양젼도록 (쇽)

영국 대요한 션싱 져

내가 더ᄃᆞ려 닐ᄋᆞᄃᆡ 날이 시면 내가 학교에 갈터이니 그동안에 잠을 좀 잘지어다 내가갓다 와셔 그딕의 잠자ᄂᆞᆫ 모양을 살피리라ᄒᆞ매 더가

내말을 듯고 곳 잠이 들거놀
내가 학교에 가셔 반일에 공
부를 맛치고 뎌를 보러갓즉
뎌가 내목소리를 듯고 나를
씨여 안고 셩신씌 감샤를 드
려골ᄋᆞᄃᆡ 션ᄉᆡᆼ이 나를 위ᄒᆞ
야 긔도홈으로 새졍신을 엇
어 서벽에 니러나 나의 져ᄌᆞ
와 홈씌 긔도ᄒᆞ엿스니 이는
내 평ᄉᆡᆼ에 처음 일이니 이후
브터는 내가 날마다 이와 ᄀᆞᆺ
치 하ᄂᆞ님씌 긔도ᄒᆞ며 그를
지셩으로 셤기기로 작뎡ᄒᆞ엿
노라ᄒᆞ며 피ᄎᆞ담론ᄒᆞ매 ᄌᆞ미
가 만히 잇는지라 그후 안식
일에 회당에 와셔 례ᄇᆡᄒᆞ고
ᄯᅩ 만찬일에 뎌희ᄂᆡ외와 두
아ᄃᆞᆯ이 다 셰례를 밧고 인ᄒᆞ
야 크게 츙셩되고 ᄉᆞ랑시러
온 교우가 되엿는ᄃᆡ 뎌가 본
ᄅᆡ 의원으로 젼에는 부귀ᄒᆞᆫ
집병만 보더니 이후로는 빈
궁ᄒᆞᆫ 사ᄅᆞᆷ의 병을 깃븐 ᄆᆞᄋᆞᆷ
으로 무료(無料)로 보아주고
홍샹 그사ᄅᆞᆷ을 권ᄒᆞ야 구쥬
를 밋게ᄒᆞ며 다ᄉᆞ리지 못ᄒᆞᆯ
병을 맛나면 나를 쳥ᄒᆞ야 병
쟈의 령혼을 위ᄒᆞ야 긔도ᄒᆞ
게ᄒᆞ더니 수년후에 뎌가 병
이 들어 죽으니 그병의 근원
은 쳥년시ᄃᆡ에 그몸을 파히
샹ᄒᆞᆫ연고라 죽을때에 구쥬와
ᄀᆞᆺ치 영원ᄒᆞᆫ 영광을 누릴줄
밋고 ᄇᆞ람으로 그령혼이 평
안히 갓더라
내가 이셰샹에 잇는 동안에
허다ᄒᆞᆫ 사람의 죽는것을 보
앗스나 뎌희가 죽어도 죽엇
다ᄒᆞ지 안코 예수와ᄀᆞᆺ치 잇
다ᄒᆞ노니 나를 ᄯᅡ라 셩경을
ᄇᆡ혼 쇼년들이 능히 하ᄂᆞ님
나라의 진리를 셰ᄯᅩᆺ고 주예
수의 ᄉᆞ랑을 증거ᄒᆞ다가 완
젼ᄒᆞᆫ 밋음으로 나보다 몬져
이셰샹을 ᄯᅥ난쟈이라

(미완)

교회ᄉᆞ긔

긔이부 역술

뎨九관 교회다ᄉᆞ림을
의론홈

ᄉᆞ도의 규례를 의지ᄒᆞ야 이
단을 좃는쟈와 도를 비반ᄒᆞ
고 횡악ᄒᆞ다가 셩명이 확실
히 탄로되면 반다시 츌교ᄒᆞ
엿다가 혹 회ᄀᆡ홈을 확실히
본후에는 다시 드러오게 ᄒᆞ
는지라 ᄯᅴ시안황뎨때에 도를
비반ᄒᆞ고 우샹의게 경ᄇᆡᄒᆞᆫ쟈
ㅣ만터니 교회가 ᄎᆞᄎᆞ 안돈
된후로브터 다시 교회에 들
기를 쳥ᄒᆞ는 사ᄅᆞᆷ이 만흔고
로 그때브터 법을 엄ᄒᆞ게 세
워 이사ᄅᆞᆷ들의 ᄆᆞᄋᆞᆷ에 진실
홈과 거록됨을 시험ᄒᆞ야 드
러오기를 허락ᄒᆞ던지 혹거졀
ᄒᆞ던지 홀시 三百十一년에
와셔 이법이 실ᄒᆡᆼ되여 다시
교회에 드러오기를 구ᄒᆞ는쟈
는 네가지 계뎨(階梯)를 지
나여 죄를 면케ᄒᆞ니 이네가
지는 울고 듯고 ᄭᅮᆯ고 셧는
것인ᄃᆡ 우는계뎨(泣階)는 상
복(喪服)을 입고 교당압헤
업ᄃᆡ여 ᄋᆡ통ᄒᆞ며 교당에 츌
입ᄒᆞ는 사ᄅᆞᆷ의게 말ᄒᆞ야 다
시 밧기를 군졀히 구ᄒᆞ는것
이니 이것은 그졍셩을 시험
홈이오 그런후에 듯는계뎨
(聽階)에 오르게 ᄒᆞᄂᆞ니 이
는 회당안에 도러와 젼도홈
을 듯게ᄒᆞ다가 ᄯᅩ 다시 그
졍셩을 시험ᄒᆞ야 ᄭᅮᆯ는계뎨
(跪階)에 오르게 ᄒᆞ엿ᄂᆞ니
이는 회당에 드러와셔 회우
ᄀᆞᆺ치 긔도ᄒᆞ되 ᄯᅢ에 ᄭᅮᆯ어안
게ᄒᆞ고 ᄯᅩ 다시 시험ᄒᆞ야 서
는계뎨(立階)에 오르게 ᄒᆞ엿
ᄂᆞ니 이는 교우와 다름이 업
게 녁이나 그러나 오직 셩만
찬만 ᄀᆞᆺ치먹지 못ᄒᆞ게 ᄒᆞ고
반ᄃᆞ시 수년을 지낸후에야
비로소 무리압헤셔 죄를 ᄌᆞ
복ᄒᆞ고 츙의롱ᄒᆞ는 ᄆᆞᄋᆞᆷ으로
쥬를 증거ᄒᆞ면 감독이 그머
리를 안찰ᄒᆞ야 쥬의일홈으로
죄를 샤유ᄒᆞ고 후에 다시 신
도로 더브러 입을 맛초게ᄒᆞ
고 처음과ᄀᆞᆺ치 형뎨로 녁
엿ᄂᆞ니라 비록 이ᄀᆞᆺ치 법을
세웟스나 ᄯᅩᄒᆞᆫ 관후(寬厚)히
용납ᄒᆞ는법이 잇슴으로 인ᄒᆞ
야 곳 용ᄆᆡᆼ스러온 ᄆᆞᄋᆞᆷ으로
고난을 참고 견ᄃᆡ며 쥬의일
홈을 불너 증거만ᄒᆞ면 ᄌᆞ유
홈을 엇어 곳 교회로 드러오
게 ᄒᆞ엿거니와 이네가지 계
뎨로 시험치 아니ᄒᆞ면 교회
에 다시 드러오지 못ᄒᆞ는법
이 잇셧스며 ᄯᅩ 그때에 교회
가 오ᄅᆡ 핍박을 만히 밧은고
로 신도들의 참된 ᄆᆞᄋᆞᆷ과 거
즛된 ᄆᆞᄋᆞᆷ을 ᄇᆞᆰ히 알수잇스
며 ᄯᅩ 교회의 법을 엄ᄒᆞ게
셰웟슴으로 그즁에 열심으로
쥬를 셤기는쟈의 도덕심이

나라ᄂᆞᆫ쟈도 잇섯ᄉᆞ며 ᄯᅩ 교회밧게 ᄉᆞ욕을 좃차 힝ᄒᆞ던 사ᄅᆞᆷ들도 교회의 신도들이라 서로 ᄉᆞ랑ᄒᆞ며 간난(艱難)ᄒᆞᆫ 빅셩을 구제ᄒᆞ고 질병을 치료ᄒᆞ여 주며 빅가지 션ᄒᆞᆷ이 잇서 오륜(五倫)을 직히며 ᄯᅩ 일용ᄉᆞ물간에 서로 편ᄒᆞᆫ대로 쓰며 굿세히 젼도ᄒᆞ다가 치명ᄒᆞᆫ쟈들을 보고 탄복지 안ᄂᆞᆫ쟈ㅣ업섯ᄉᆞ며 ᄯᅩ 이때에 교회가 유대사ᄅᆞᆷ과 이방 사ᄅᆞᆷ과 서로 혼인ᄒᆞ지 안코 교회밧게 풍쇽은 마귀의게 억미인것으로 알고 잔치와 연회쟝을 폐ᄒᆞ며 벼슬ᄒᆞᄂᆞᆫ것과 병뎡노릇 ᄒᆞᄂᆞᆫ것을 이방풍속에 ᄲᅡ진것과 ᄀᆞᆺ치 녁이고 맛당히 예수의 군병이 된다ᄒᆞ며(엡六○十一ㅡ廿) ᄯᅩ 힝동ᄒᆞᆯ때에 十ᄌᆞ가를 이마에 그리고 거쳐ᄒᆞᄂᆞᆫ 집과 쓰ᄂᆞᆫ 기룻에다 형샹을 삭이되 빅의 닷도 삭엿ᄉᆞ며 혹 고기잡ᄂᆞᆫ 어부도 삭이고 (묵七○九) 혹 수ᄉᆞᆷ도 삭이고 (요十八○廿七) 혹 ᄉᆞᄉᆞᆷ도 삭이고 (시四十二○一) 혹 염소도 삭이고(요一○廿九) 혹 목쟈가 어린양을 엇ᄀᆡ에 메이ᄂᆞᆫ 형샹을 삭여스니 (누十五○四) 이럿케 ᄒᆞᄂᆞᆫ 뜻은 눈에 ᄒᆞᆼ샹 환ᄒᆞ게 ᄒᆞ야 ᄆᆞᄋᆞᆷ을 경동(儆動)식히고져ᄒᆞᄂᆞᆫ 뜻이러라

성경공부의지침(속)

메卅五칙은、하박국이니 션지하박국의 져술ᄒᆞᆫ것이라 하박국은 본릭 레위 족쇽에 쇽ᄒᆞ엿스며 그 년ᄃᆡᄂᆞᆫ ᄌᆞ세히 알수업스나 여호야김 시ᄃᆡ에 예언ᄒᆞ엿다고 말ᄒᆞᄂᆞᆫ쟈가 혹잇ᄂᆞ니라 이칙의 대지ᄂᆞᆫ (一)모든빅셩의 죄과를 포고ᄒᆞᆷ이오 (二)하ᄂᆞ님ᄭᅴ셔 갈대야사ᄅᆞᆷ의 손을 빌으샤 이스라엘을 칙벌ᄒᆞ실것을 예언ᄒᆞᆷ이오 (三)하ᄂᆞ님ᄭᅴ셔 나죵에ᄂᆞᆫ 갈대야을 멸망케ᄒᆞ심은 이스라엘의 원슈를 갑허주실것을 예언ᄒᆞᆫ것이오 (四)이 모든일의 일울것을 긔도ᄒᆞᆷ이니라

메卅六칙은、셔반이아니 션지쟈 셔반이아의 져술ᄒᆞᆫ것이라 이션지ᄂᆞᆫ 유대국왕실의 지친(至親)이니 요시야시ᄃᆡ에 예언ᄒᆞ엿ᄂᆞᆫᄃᆡ 이칙의 대지ᄂᆞᆫ(一)온셰샹과 특별히 하ᄂᆞ님을 경외치 아니ᄒᆞᄂᆞᆫ 유대와 예루살넴이 하ᄂᆞ님의 심판을 면치 못ᄒᆞᆯ것을 예언ᄒᆞᆫ것이오 (二)모든 빅셩의 회ᄀᆡᄒᆞᆷ을 권면ᄒᆞᆫ것이오 (三)장ᄎᆞ 모든 나라즁에 이스라엘의 영광되여 주실것을 예언ᄒᆞᆫ것이니라

(미완)

개인젼도모범

진남포 졍길학

문 개인젼도ᄂᆞᆫ 무엇이뇨

답 마四○十九 낙시질ᄒᆞᄂᆞᆫ 젼도니 ᄒᆞᆫ사ᄅᆞᆷ식 엇기를 힘씀

문 개인젼도에 주의ᄒᆞᆯ것이 무엇이뇨

답 고후四○二、六○七 진리를 바로 알게ᄒᆞ고 사ᄅᆞᆷ의 말을 셕지말일

문 개인젼도를 엇더케ᄒᆞᄂᆞ뇨

답 힝八○二十六、三十 셩신의 인도ᄒᆞ시ᄂᆞᆫ 대로 슌죵ᄒᆞᆷ

문 개인젼도를 엇던사ᄅᆞᆷ이 ᄒᆞᄂᆞ뇨

답 누二十二○卅二、 마七○五 고젼十四○八 요一○卅九 막九○卅三 회ᄀᆡᄒᆞ고 밋ᄂᆞᆫ 사ᄅᆞᆷ

문 개인젼도를 무ᄉᆞᆷ 말노ᄒᆞᄂᆞ뇨

답 엡六○十七、히四○十二、딤후一○十五、三○十六、十七、시五十○十一、셩경말ᄉᆞᆷ뿐

문 개인젼도인의 필요ᄒᆞᆫ 습관(習慣)이 무엇이뇨

답 (一)긔도ᄒᆞᄂᆞᆫ 습관 롬十二○十二
(二)셩경보ᄂᆞᆫ 습관 시一百十九○百五
(三)증거ᄒᆞᄂᆞᆫ습관 딤후四○二

문 개인젼도인이 엇더ᄒᆞᆫ ᄆᆞᄋᆞᆷ을 가져야 ᄒᆞ겟ᄂᆞ뇨

답 롬九○二 마卅三○卅三 누十九○四十一、四十二 불샹히 녁이ᄂᆞᆫᄆᆞᄋᆞᆷ

문 불신쟈의게 알게ᄒᆞᆯ말ᄉᆞᆷ이 무엇이뇨

답 (一)온셰계 사ᄅᆞᆷ이 다 죄잇슴 롬三○十、廿三 시十四○一、三 셔五十三○六、一 요一○八、十 요十六○八ㅡ九 마二十二○卅七ㅡ卅八 약二○十 엡四○十八 롬一○廿二ㅡ廿三
(二)죄의결과 요三○卅六

롬六〇卅三 겔十八〇四、廿 롬二〇八ㅣ九 갈三〇十 요八〇廿一、廿四 믁廿一〇八、十四ㅣ十一 (三)하ᄂᆞ님의 ᄉᆞ랑 요三〇十六 롬五〇八ㅣ十〇十二ㅣ十三、一 요三〇一四 벳젼二〇廿四 (四)회ᄀᆡᄒᆞ여야ᄒᆞᆯ것 눅五〇卅二、十三〇三ㅣ五 힝二〇卅八ㅣ三〇十九、十七〇卅 막一〇十五 마七〇廿一

●바울의ᄉᆞ젹 (쇽)

한셩 류경샹

三十、방송됨과 젼도ᄒᆞᆷ과 셔신을 긔록ᄒᆞᆷ과 피살됨

로마셩에셔 강싱후六十二년 녀름ᄭᆞ지 갓쳐잇슨듯ᄒᆞ니 그 일을 샹고ᄒᆞᆫ건ᄃᆡ 여긔셔 사형을 당ᄒᆞ엿ᄂᆞᆫ지 빅방되엿ᄂᆞᆫ지 모르나 빅방되엿다 ᄒᆞᆯ것은 방송된후에 희브리인셔를 저술ᄒᆞᆫ듯ᄒᆞ고 ᄯᅩ 로마로 잡혀가기젼이나 (ᄉᆞ도二十六〇三十二 六〇十五ㅣ) 잡혀간후에나 후ᄃᆡ 밧은것을 보더라도 방송되엿다ᄒᆞ겟고 ᄯᅩ 그후에 유로바 동셔량편과 소아세아에셔 젼도ᄒᆞ고 셔신도 저술ᄒᆞ엿ᄂᆞ니 그ᄎᆞ례로 말ᄒᆞ면 듸모데젼셔와 듸도셔와 듸모데후셔인ᄃᆡ 듸모데후셔ᄂᆞᆫ 뎨一마ᄌᆞ막으로 치명ᄒᆞ기젼에 로마옥즁에셔 저술ᄒᆞᆫ것이라고 젼ᄒᆞᄂᆞᆫ의견이 잇스니 그ᄣᅢᄂᆞᆫ 강싱후六十六년인듯ᄒᆞ니 늬로황뎨가 크게니러나 핍박ᄒᆞ여 불로 교회를진멸ᄒᆞ던동시에 바울이 참예ᄒᆞ여 六十七八년간에 피살되엿ᄂᆞ니라

ᄉᆞ도 바울이 피살되기젼에베드로가 로마에셔 몬져 치명쟈가된것ᄀᆞᆺ흔ᄃᆡ ᄣᅢᄂᆞᆫ 곳 강싱후六十六七년간이니 샹상컨ᄃᆡ 유ᄃᆡ인들이 니러나 로마를 반역ᄒᆞ기를 이ᄣᅢ브터 시작ᄒᆞ여 四년후에 유대가 픠ᄒᆞ고 예루살넴이 아조 진멸을당ᄒᆞ엿스니 (곳강싱후七十년에 예루살넴이 망ᄒᆞᆫ거시라) 로마황뎨ᄂᆞᆫ 의례히 이런ᄣᅢ에 유ᄃᆡ에셔 시작된 그리스도교와 그교의 신쟈를 잔ᄒᆡᄒᆞ엿슬거시로다

三十一、셔반아를심방ᄒᆞᆷ

ᄉᆞ도바울의사젹즁 ᄒᆞᆫ가지가 더넘어 잇스니 곳 ᄉᆞ도 셔반아를 심방ᄒᆞ엿ᄂᆞᆫ지 못ᄒᆞ엿ᄂᆞᆫ지 알고져ᄒᆞᄂᆞᆫ거시라 로마인셔十五〇二四、二八에 말ᄉᆞᆷᄒᆞᆫ 소원대로 되엿ᄂᆞᆫ지 미샹ᄒᆞ도다 다ᄅᆞᆫ셔신을 보건ᄃᆡ 심방ᄒᆞᆫ 증거가 잇스니 바울의 동모 클레멘트씨가 공포ᄒᆞ엿스ᄃᆡ ᄉᆞ도바울이 셰상을 ᄯᅥ나가기젼에 극셔ᄭᆞ지 갓다ᄒᆞ엿스니 극셔편은 곳 셔반아이며 ᄯᅩ 혹이 말ᄒᆞᄃᆡ 클레멘트가 고린도에셔 저술ᄒᆞᆫ고로 셔편이라 말ᄒᆞᆷ은 의타리ᄀᆞᄅᆞ친거시아니뇨 ᄒᆞ엿스나 당시에 즁앙디ᄂᆞᆫ 로마인고로 셔편은 곳 로마셔편에 잇ᄂᆞᆫ 쳐소이라 그런즉 의심업시 셔반아를 말ᄒᆞᆫ거시며 ᄯᅩ 클레멘트가 이거슬 그릇 말ᄒᆞ엿슬리가 만무ᄒᆞ나 셔반아에 가셔 힝ᄒᆞᆫ ᄉᆞ젹은 구젼으로도 업고 자최도업고 일누리곤에 잔거슨 분명ᄒᆞᆫ거신ᄃᆡ 이것도 ᄉᆞ젹에ᄂᆞᆫ 업스니 사젹에 업다고 아니잔거슨 아니라 그런즉 ᄉᆞ도바울이 강싱후六十二년봄이후나 六十六년봄이젼이나 ᄒᆞᆫ번은 극셔ᄭᆞ지 갓다ᄒᆞᆯ수 잇스며 당시에 이디방디명은 에스반나니 륙디ᄭᆞᆺ치라ᄂᆞᆫ뜻이오 지금 말로ᄒᆞ면 곳셔반아라ᄂᆞᆫ 나라이니라 (완)

◎가뎡과쇼ᄋᆞ

●토기와자라의경쥬(競走)

산밋헤 강이오 강우에 산이로다 산과 강ᄉᆞ이에셔 두 동물이 서로 맛나니 ᄒᆞ나흔 토기요 ᄯᅩᄒᆞ나흔 자라러라 토기가 자라ᄃᆞ려 뭇ᄂᆞᆫ말이 그ᄃᆡ가 오ᄂᆞᆯ 나와 처음 맛낫슨즉 우리경쥬나 ᄒᆞᆫ번 ᄒᆞ야 각각 그 본령(本領)을 시험코져ᄒᆞᄂᆞ뇨 자라왈 나ᄂᆞᆫ 본ᄅᆡ 거름이 지둔(遲鈍)ᄒᆞ야 그ᄃᆡ를 당ᄒᆞᆯ수 업슬가ᄒᆞ노라 토기가우서왈 우리가 서로 처음 맛나ᄂᆞᆫ 자리에 엇지 누가 낫고 누가 못ᄒᆞᆫ것을 말ᄒᆞᄂᆞ뇨 자라가 ᄒᆞᆯ일업시 경쥬ᄒᆞ기를 응락ᄒᆞ엿더라 인ᄒᆞ야 五빅보 밧게잇ᄂᆞᆫ 반셕밋ᄭᆞ지 가기를 작뎡ᄒᆞ고 「ᄒᆞ나 둘 셋」ᄒᆞᄂᆞᆫ 소ᄅᆡ에 두 동물이 ᄀᆞᆺ치 ᄯᅥ낫ᄂᆞᆫᄃᆡ 토기가 三분지二ᄶᅳᆷ가

셔도라본죽 자라가 허위져거리며 겨오 ᄯᅥ난자리에셔 수십보밧게 더 못왓거ᄂᆞᆯ 토기가 크게 우셔왈 나는 네가 그ᄶᅥ위로 둔보(鈍步)인줄은 아지 못ᄒᆞ엿더니 지금본죽 아조 ᄒᆞᆯ것 업구나 나는 여긔셔 ᄒᆞᆫ잠자고도 능히 너보다 압셔가겟다ᄒᆞ고 인ᄒᆞ야 풀밧헤 누어 잠이 드럿더라 자라는 드른톄 아니ᄒᆞ고 그대로 쉬이지 안코 감으로 몬져 목뎍ᄒᆞᆫ 곳에 도달ᄒᆞᆫ후 크게 소리질너왈 토기야 잠좀 ᄭᆡ여라 나는 둔보지마는 너보다 몬져 여긔왓다 ᄒᆞ거ᄂᆞᆯ 토기가 ᄭᆡ쳐 놀나 눈을 ᄯᅳ고 보니 과연 자라가 반셕밋헤 가셔 안젓는지라 제가 자라를 업수히 녁이고 잠자다가 도로혀 자라의게 뒤진것을 뉘웃치더라 어린학도들은 이 비유를 ᄉᆡᆼ각ᄒᆞᆯ지어다 학교에셔 공부ᄒᆞᆯᄯᅢ에 ᄌᆞ긔의 ᄌᆡ조가 놈보다 좀 나흔것을 밋고 ᄭᅬ를쓰며 공부를 잘 아니ᄒᆞ다가 필경은 좀 질둔(質鈍)ᄒᆞ고 부즈런히 공부ᄒᆞ는쟈보다 뒤ᄯᅥ러지는 쟈ㅣ 엇지이토기와 다르리오

세계격언

一 샹뎨ᄭᅴ셔는 사ᄅᆞᆷ의손을 빌어 사ᄅᆞᆷ의게 션ᄒᆞᆫ 물건을 주시ᄂᆞ니라

二 샹뎨의 보호를 엇은쟈는 ᄃᆡ뎍지 못ᄒᆞᆯ사ᄅᆞᆷ이 업ᄉᆞ며 힝치못ᄒᆞᆯ일이 업ᄂᆞ니라

三 부쟈되기 어려온 계졔(階梯)는 처음一만원을 저츅ᄒᆞᆯ동안에 잇ᄂᆞ니라

四 긴급히 ᄒᆞᆯ만ᄒᆞᆫ 일이 잇거던 곳 시작ᄒᆞ야 그일을 맛치기젼에는 무ᄉᆞᆷ다른일을 ᄉᆡᆼ각지 말지니라

五 금젼에 관ᄒᆞᆫ 일은 경ᄒᆞᆯ(輕忽)히 쳐판치 말지어다 금젼은 곳 픔힝(品行)이니라

六 셩공ᄒᆞ는 비결은 一뎡ᄒᆞᆫ 목뎍을 변치 아니홈에 잇ᄂᆞ니라

실업

●농ᄉᆞ강습요항 (쇽)

뎨卅四 콩의 죵류

콩은 셩슉(成熟)ᄒᆞ는 시긔에 ᄃᆡᄒᆞ야 일은콩과 느즌콩의 두가지 구별이 잇ᄉᆞ며 ᄯᅩ 그 형샹에 ᄃᆡᄒᆞ야 납작ᄒᆞᆫ콩과 동근콩(丸大豆)의 두가지 분별이 잇ᄂᆞᆫᄃᆡ ᄯᅩ 이 동근콩즁에도 크고 젹은것과 희고 검고 푸르고 누른빗의 각각다른것이 잇ᄂᆞ니라

일본 북히도와 동븍 각디방에셔 나는 콩이 ᄀᆞ장 됴흔죵류며 ᄯᅩ 죠션의 뎨一됴흔 콩은 경긔도 쟝단과 함경도 안변과 단천셔 나는죵류니라 죠션니에 콩을 뎨一만히 심으는 디방은 함경도인ᄃᆡ 본도에셔 일본으로 만히 슈츌ᄒᆞ는 콩은 빗치 희고 알이 굴근것과 혹 푸른것이며 기름짤 쇼용으로 지나(支那)에 슈츌ᄒᆞ는것은 대개 빗치 누르고 알이 젹은콩이니라

뎨卅二 콩의취죵법(取種法)

콩의 죵ᄌᆞ를 잘 턱ᄒᆞ지 못ᄒᆞ면 아니될지니 아모됴록 알알히 골나 그즁에 버러지 먹은것과 형톄가 온젼치 못ᄒᆞᆫ 것은 골나 ᄇᆞ릴지니라

담총

●셩경의ᄂᆡ용

신구약셩경은 합六十六칙에 쟝수는 一千一百八十九요 졀수는 三만一千一百七十二이오 ᄌᆞ수는 영어로 三百五十六만六千四百八十인ᄃᆡ 쥬(主)라 칭ᄒᆞᆫ 말ᄉᆞᆷ이 一千八百五十五오 렬왕긔하十九쟝과 이샤야 三十七쟝은 ᄒᆞᆫ글ᄌᆞ도틀님업시 ᄀᆞᆺᄒᆞ며 뎨一 긴구졀은 에스더八쟝九졀이오 뎨一 ᄶᅡ른구졀은 요한十一쟝卅五졀이니라

●디구샹에 일영(日影)이 ᄀᆞ장길고ᄶᅡ른디방

북극디방 스피스ᄡᅥ젠에셔는 ᄒᆡ가 ᄀᆞ장 긴ᄯᅢ에 하로낫(晝)이 석ᄃᆞᆯ十五일동안이며 분란도 헬이아셩에셔는 양력 二十一일이 ᄀᆞ장긴 낫인ᄃᆡ 二十二시간동안이요 十二월 二十一일이 ᄀᆞ장 ᄶᅡ른낫이니 二시간동안이며 나위국 워드버리셩에셔는 ᄀᆞ장긴낫이 양력九월二十一일브터 七월二十二일ᄭᆞ지 니르고

七

아라사 피득보셩에셔는 ᄀᆞ장 긴낫이 十九시간동안이오 ᄀᆞ장 짜른낫이 五시간동안이니라

법령뎍요

●경찰범쳐벌규측 (쇽)

卅一 관공셔(官公署)의 고시(告示)나 혹 관공셔의 지휘를 ᄯᅡ라 고시ᄒᆞᆫ 금법을 범ᄒᆞ거나 ᄯᅩᄂᆞᆫ 그 셜치에 관ᄒᆞᆫ 고시를 더럽히거나 ᄯᅳ저ᄇᆞ린쟈

卅二 경찰셔에셔 지시ᄒᆞ거나 명령ᄒᆞᆫ ᄉᆞ항에 위반(違反)ᄒᆞᆫ쟈

卅三 부졍(不正)ᄒᆞᆫ 목뎍으로 사ᄅᆞᆷ을 숨긴쟈

卅四 뎨ᄌᆞ나 직공(職工)이나 비복(婢僕)이나 로역쟈(勞役者)나 고용ᄒᆞᄂᆞᆫ 쟈의게 ᄃᆡᄒᆞ야 연고업시 그 ᄌᆞ유를 방해ᄒᆞ거나 ᄯᅩ ᄒᆞᆫ 가혹(苛酷)히 ᄃᆞ독ᄒᆞᆫ쟈

卅五 람(濫)히 ᄂᆞᆷ의 녑헤 막어셔거나 혹 심히 ᄯᅡ라ᄃᆞᆫ인쟈

(미완)

◎회보대령슈금

지명	성명	금액
溫陽	權群玉	四十錢
甑山	朴錫薰	四十錢
平壤	宋合奎	八十錢
	宋尚裕	四十錢
	鄭達鉉	四十錢
	崔觀哲	四十錢
中和	朴文夏	四十錢
平壤	金昌俊	八十錢
抱川	李成玉	八十錢
	李相鼎	八十錢
永平	朴宗述	四十錢
鬱島	金秉斗	四十錢
	金成西	四十錢
	朴在天	四十錢
	張東煥	四十錢
	金友煥	四十錢
	宋元洙	四十錢
	都文周	四十錢
	張斗郁	二圓五十錢
京城同樂園	金昌奎	六十錢
群山	宋正憲	四十錢
延安	李君範	八十錢
保寧宮村	敎堂	四十錢
恩津	卜箕業	[illegible]
甑山	郭濬模	三十錢
	尹鳳鎭	三十錢
	金昇鉉	四十錢

그리스도회보

KOREAN CHRISTIAN ADVOCATE

每週一回月曜日發行
大正二年八月七日印刷
大正二年八月十一日發行

發行兼編輯人 開城北部山芝峴 奇義男
印刷人 京城北部樓閣洞 朴東完
印刷所 京城南部上犂洞 新文館
發行所 京城北部壯洞四十三統三戶 呂炳鉉邸

대금(代金) 一쟝 二젼 / 一ᄀ월 四十젼 / 一ᄀ년 八十젼 / 海外 一ᄀ년 一환六十젼

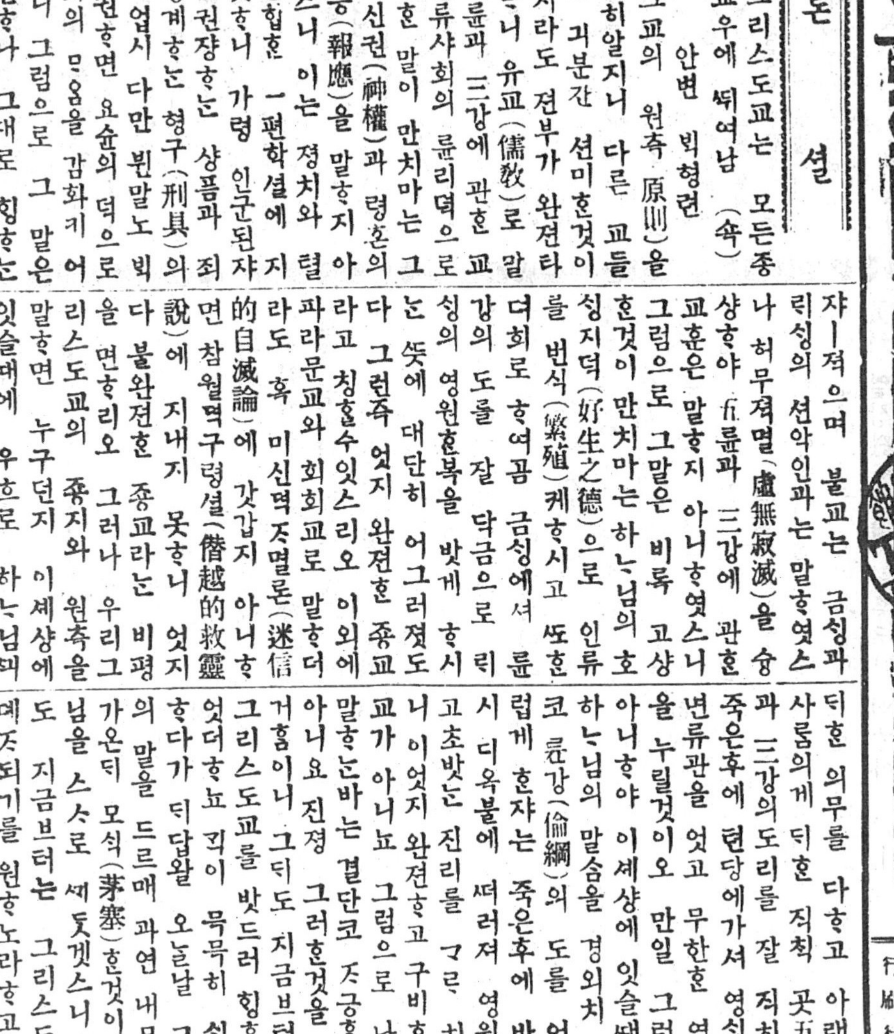

론셜

●그리스도교는 모든종교우에 뛰여남 (쇽)

안변 빅형련

五는 그교의 원측 原則을 보고 가히알지니 다른 교들은 비록 긔분간 션미훈것이 잇다홀지라도 젼부가 완젼타 홀수업ᄂ니 유교(儒教)로 말ᄒ면 五륜과 三강에 관훈 교훈이 인류샤회의 륜리뎍으로는 절당훈 말이 만치마는 그가온ᄃ 신권(神權)과 령혼의 리싱보응(報應)을 말ᄒ지 아니ᄒ엿스니 이는 정치와 텰학의 혼합훈 一편학셜에 지내지 못ᄒ니 가령 인군된쟈 션인을 권장ᄒ는 상픔과 죄인을 징계ᄒ는 형구(刑具)의 셜비가 업시 다만 뷘말노 빅셩을 권ᄒ면 요슌의 덕으로도 뎌희의 ᄆ음을 감화키 어려울지니 그럼으로 그 말은 비록 션ᄒ나 그대로 힝ᄒ는 쟈ㅣ적으며 불교는 금싱과 리싱의 션악인과는 말ᄒ엿스나 허무젹멸(虛無寂滅)을 숭샹ᄒ야 五륜과 三강에 관훈 교훈은 말ᄒ지 아니ᄒ엿스니 그럼으로 그말은 비록 고샹훈것이 만치마는 하ᄂ님의 호싱지덕(好生之德)으로 인류를 번식(繁殖)케ᄒ시고 또훈 뎌희로 ᄒ여곰 금싱에셔 륜강의 도를 잘 닥금으로 리싱의 영원훈복을 밧게 ᄒ시는 뜻에 대단히 어그러졋도다 그런즉 엇지 완젼훈 종교라고 칭홀수잇스리오 이외에 파라문교와 회회교로 말ᄒ더라도 혹 미신뎍ᄌ멸론(迷信的自滅論)에 갓갑지 아니ᄒ면 참월뎍구령셜(僭越的救靈說)에 지내지 못ᄒ니 엇지 다 불완젼훈 종교라는 비평을 면ᄒ리오 그러나 우리그리스도교의 종지와 원측을 말ᄒ면 누구던지 이셰샹에 잇슬때에 우흐로 하ᄂ님씌 ᄃ훈 의무를 다ᄒ고 아래로 사룸의게 ᄃ훈 직칙 곳五륜과 三강의도리를 잘 직히면 죽은후에 텬당에가셔 영싱의 면류관을 엇고 무한훈 영광을 누릴것이오 만일 그럿치 아니ᄒ야 이셰샹에 잇슬때에 하ᄂ님의 말숨을 경외치 안코 륜강(倫綱)의 도를 어ᄌ럽게 훈쟈는 죽은후에 반ᄃ시 디옥불에 ᄲ러져 영원훈 고초밧는 진리를 ᄀᄅ치ᄂ니 이엇지 완젼ᄒ고 구비훈종교가 아니뇨 그럼으로 나의 말ᄒ는바는 결단코 ᄌ궁홈이 아니요 진졍 그러훈것을 징거홈이니 그ᄃ도 지금브터는 그리스도교를 밧드러 힝홈이 엇더ᄒ뇨 ᄀᆡᆨ이 묵묵히 싱각ᄒ다가 ᄃ답왈 오늘날 그ᄃ의 말을 드르매 과연 내ᄆ음 가온ᄃ 모쇡(茅塞)훈것이 열님을 스ᄉ로 ᄭᅢᄃ겟스니 나도 지금브터는 그리스도의 뎨ᄌ되기를 원ᄒ노라ᄒ고 흔연히 물너가더라 (완)

샤고

경향각쳐의 본회보 구람ᄒ시는 형뎨ᄌ미씌셔는 좌긔훈 됴항에 의지ᄒ야 긔셔나 통신을 긔록ᄒ여 보내시면 대단히 감샤ᄒ겟ᄉ

一、각쳐 디방회나 계삭회나 쟝유회에셔 작뎡훈 ᄉ항즁 본교회에 유익ᄒ고 다른교회에셔 본밧을만훈일

一、사경회나 부흥회의 아룸다온 결과

一、유익훈 론셜 혹긔셔(一千五빅ᄌ에 지내지말일)

一、ᄀᆡ인의 특이훈 일

교즁휘문

◀너 보▶

●엇벌교회의새례ᄇᆡ당 (김광찬)

경긔도 남양군 엇벌교회ᄂᆡ
하도원씨ᄂᆞᆫ 술장ᄉᆞ와 잡기로
업을 삼더니 쥬를 밋은후에
즉시 이것을 다 ᄇᆞ리고 ᄌᆞ긔
집으로 례ᄇᆡ당을 삼아 다섯
식구로 더브러 례ᄇᆡᄒᆞ며 동
리 사ᄅᆞᆷ의게 젼도ᄒᆞ니 밋쳐
다ᄒᆞᄂᆞᆫ쟈도 잇스며 협잡이라
ᄒᆞᄂᆞᆫ쟈도 잇서셔 핍박이 ᄌᆞ
심ᄒᆞ던ᄎᆞ에 十一셰된 외아ᄃᆞᆯ
이 우연히 병이드러 三四일
만에 죽ᄂᆞᆫ지라 동리사ᄅᆞᆷ들이
죠쇼ᄒᆞ며 별말이 만ᄒᆞ셔 견
될수 업스나 하씨ᄂᆞᆫ 말ᄒᆞ기
를 엇지ᄒᆞ엿던지 예수를 밋
어야 ᄒᆞᆫ다ᄒᆞ고 ᄌᆞ긔부인과
ᄀᆞᆺ치 열심젼도ᄒᆞ여 령홍도가
온ᄃᆡ 두곳교회를 셜립ᄒᆞ고
례ᄇᆡ보ᄂᆞᆫ 형뎨ᄌᆞ미가 六七十
명에 달ᄒᆞ엿더라 그러나 엇
벌교회ᄂᆞᆫ 례ᄇᆡ당이 업시 처
음브터 지금ᄭᆞ지 하씨집에
셔 례ᄇᆡᄒᆞ더니 작년八월에
교우의게 광고ᄒᆞ기를 九월이
후에ᄂᆞᆫ ᄌᆞ긔집에셔 례ᄇᆡ보ᄂᆞᆫ
것을 허락지 안켓스니 례ᄇᆡ
당을 새로 건축ᄒᆞ던지 사던
지ᄒᆞ라 ᄒᆞ매 一반 교우들이
락심ᄒᆞ야 엇지ᄒᆞᆯ줄 모르더니
김영쳘씨가 교우들를 권면ᄒᆞ
기를 우리가 하형뎨의 집을
十여년동안이나 례ᄇᆡ당으로
쓴것이 도리가 아니라ᄒᆞ매
각교우가 一번 열심대로 연보
ᄒᆞ야 집을ᄉᆞ려ᄒᆞᆯ시 동리에셔
례ᄇᆡ당으로ᄂᆞᆫ 팔지아니ᄒᆞ기
로 결심ᄒᆞ여 고가(高價)를
주고져 ᄒᆞ나 살수업셔 근심
ᄒᆞ더니 하ᄂᆞ님ᄭᅴ셔 도아주샤
하씨의 ᄆᆞᄋᆞᆷ을 감동ᄒᆞ신지라
하씨가 형뎨들 쳥ᄒᆞ야 말ᄒᆞ
ᄃᆡ 우리가 지금ᄭᆞ지 례ᄇᆡ당
을 뎡치 못ᄒᆞ엿스니 교뎨의
집 와가四간을 사셔 례ᄇᆡ당
으로 쓰라ᄒᆞ매 형뎨들이 깃
버ᄒᆞ야 六十六원에 산후에
六원은 하씨가 연보ᄒᆞ고 또
교우들이 七十八원九十五젼
을 연보ᄒᆞ고 그후에 인쳔 로
태인목ᄉᆞ가 이곳에와셔 ᄌᆞ급
문뎨로 젼도ᄒᆞ매 하씨가 셩
신의 감동홈을 밧아 ᄌᆞ긔집
즁에팔고 남아지 와가七간반
을 젼수히 밧치니 百四十여
원가치에 샹당ᄒᆞᆫ 집이라 례
ᄇᆡ당이 업다가 十여간이 싱
겻스니 이로인ᄒᆞ야 쟝ᄎᆞᆺ 교
회가 흥왕ᄒᆞᆯ줄 밋고 쥬ᄭᅴ 영
광을 돌닌다 ᄒᆞ엿더라

●쥬를ᄯᆞ라이사홈 (권봉규)

츙남 보령군 시무리 교회 김
베드로씨난 三셰에 부친을
여의고 그 모친을 모시고 잔
명을 부지ᄒᆞ여 가다가 六년
젼브터 쥬를 밋더니 불힝히
그곳교회가 업셔지매 모ᄌᆞ셔
로 의론ᄒᆞ고 무쥬군 쥬동교
회로 쥬를 ᄯᆞ라 갓더니 그곳
은 산협인고로 싱활이 곤난
ᄒᆞ야 다시 쳥양군 쟝ᄃᆡ교회
로 갓더니 이곳은 쟝터와 읍
즁인고로 물가가 너머 고등
ᄒᆞ야 싱활이 어려온고로 그
모친의게 간ᄒᆞ야 본군 퇴쳔
교회로 와셔 형뎨의집 협호
를 엇어잇더니 하ᄂᆞ님의 도
으심과 형뎨의 ᄉᆞ랑홈으로
농ᄉᆞ도ᄒᆞ고 쟝ᄉᆞ도ᄒᆞ야 예수
를 더욱 진실히 밋으며 로인

울 공경ᄒᆞ고 쳥년을 ᄉᆞ랑ᄒᆞ며 외인의게 신용을 엇어 지금은 취리ᄒᆞᄂᆞᆫ 사ᄅᆞᆷ들이 말ᄒᆞ기를 이사ᄅᆞᆷ은 긔빅량이라도 달나ᄒᆞ면 의심업시 주겟다ᄒᆞ니 이ᄂᆞᆫ다 쥬ᄭᅴ 엇은 신용이라 ᄒᆞ엿더라

●두형뎨의은혜밧음 (리창식)

평북 운산군은 원릐강 리 빅三대셩의 고을이라 이세셩을 말ᄒᆞᆯ것ᄀᆞᆺᄒᆞ면 각기 문즁에 대쇼파도 만히나고 ᄯᅩᄒᆞᆫ 각기 수빅호가 ᄌᆞ셩一촌ᄒᆞ야 살면셔 농ᄉᆞ를 힘쓴외에 공맹의 도에 ᄌᆞ쳐ᄒᆞᄂᆞᆫ고로 셩명의 구쥬되시ᄂᆞᆫ 예수를 젼ᄒᆞ면 요두반목ᄒᆞ며 무슈핍박ᄒᆞ나 무소불능ᄒᆞ신 하ᄂᆞ님ᄭᅴ셔 그즁두사ᄅᆞᆷ을 부르시니 첫재 리홍지씨ᄂᆞᆫ 나히 지금 六十인ᄃᆡ 수년전에 쥬를 밋고 본읍례빈당에 ᄃᆞᆫ니ᄂᆞᆫᄃᆡ 작년 음력十월분에 모친상을 당ᄒᆞ야 교회례법을ᄎᆞ차 장례ᄒᆞ려 ᄒᆞᆯ때에 수빅호되ᄂᆞᆫ 문즁이며 三四형뎨와 친족의 반ᄃᆡᄒᆞᆷ을 이긔고 교회법대로 장례를 힝ᄒᆞ엿ᄉᆞ며 ᄯᅩ 강홍상씨ᄂᆞᆫ 쥬를 밋은후로 제ᄉᆞ와 술을 거졀ᄒᆞ고 문즁의 비방을 샹관치 아니ᄒᆞ고 도로혀 젼도ᄒᆞ며 十여리되ᄂᆞᆫ 본읍교당에 ᄃᆞᆫ니며 례비ᄒᆞ니 하ᄂᆞ님의 권능이 아니면 이두형뎨를 회개식힐수 잇ᄉᆞ리오 영광을 쥬ᄭᅴ 돌닌다 ᄒᆞ엿더라

●죠션쟝로교회의통계표

죠션쟝로교회의 통계표를 거ᄒᆞᆫ즉 경긔 츙쳥량도에 목ᄉᆞ十二인 쟝로二十一인 죠ᄉᆞ卅二인 교인도합一만七쳔五인이오 평안남도에 목ᄉᆞ二十八인 쟝로九十六인 죠ᄉᆞ四十三인 교인도합三만인이오 평안북도에 목ᄉᆞ二十六인 쟝로十五인 조ᄉᆞ三十五인 교인도합二만六쳔九百四十八인이오 황히도에 목ᄉᆞ十인 쟝로三十四인 조ᄉᆞ三十六인 교인도합一만一千四百三十九인이오젼라도에 목ᄉᆞ二十인 쟝로二十五인 조ᄉᆞ二十九인 교인도합一만五千四빅三十九인이오경상도에 목ᄉᆞ十八인 쟝로十八인 조ᄉᆞ四十인 교인도합二만三千九빅八十五인이오 함경도에 목ᄉᆞ十四인 쟝로十六인 조ᄉᆞ十五인 교인도합九千三빅四十二인이오 총계 목ᄉᆞ一百二十八인 쟝로二빅二十五인 조ᄉᆞ二百三十인 교인十二만七쳔二빅二十八인이러라

◆외 보◆

●녀ᄌᆞ의하긔 슈양회 (修養會)

일본긔독교 녀ᄌᆞ쳥년회ᄂᆞᆫ 거월二十二일브터 二十八일ᄭᆞ지 一쥬일동안 횡슈하(橫須賀)대진 등남관에셔 녀ᄌᆞ하긔슈양회를열고 여러유명ᄒᆞᆫ 박학ᄉᆞ를 쳥ᄒᆞ야 강연(講演)ᄒᆞ엿다더라

●졍치와 죵교에 허락지 아니ᄒᆞᆷ

일본젼국니에 각쇼학교교샤(校舍)와 공ᄃᆡ를 이젼에ᄂᆞᆫ 졍치와 죵교 목뎍으로 모히ᄂᆞᆫ 일에ᄃᆡᄒᆞ야 빌어쓰기를 허락ᄒᆞ엿더니 금번 쇼학교령을 기졍ᄒᆞᆫ후 브터ᄂᆞᆫ 졍치뎍과 죵교뎍 연셜회라던지 의ᄉᆞ회라던지 一졀빌니지 안키로 문부셩훈령이 각디방리ᄉᆞ의게 왓다더라

●쥬일학교의보고

영국감리교 총회에 보고ᄒᆞᆫ바를거ᄒᆞᆫ즉 젼국 감리교쥬일학교ᄂᆞᆫ 七년동안에 학싱의 감ᄒᆞᆫ 수효가 二十여만명이며 교ᄉᆞᄂᆞᆫ 남교ᄉᆞ의 수효가 젼보다 감ᄒᆞᆫ동시에 녀교ᄉᆞ의수효가 느럿고

미국니 각교파에 속ᄒᆞᆫ 쥬일학교학싱의 수효ᄂᆞᆫ 통합三千만명인ᄃᆡ 그즁에 녀ᄌᆞ가 一千七빅만명이라더라

●의ᄉᆞ(醫士)의대회

미국 의약총회 셜립뎨六十四년 긔렴회ᄂᆞᆫ 거六월말에 미니아폴니셩에셔 열엇ᄂᆞᆫᄃᆡ 미국과 가나다 각쳐로 조차와셔 참회ᄒᆞᆫ 의ᄉᆞ가 四만명에 달ᄒᆞ엿다더라

긔 셔

●태평양젼도록 (속)

영국 태요한 션싱 져

내가 이 일을 증거ᄒᆞ기 위ᄒᆞ야 ᄒᆞᆫ어린 ᄋᆞᄒᆡ의 일을 말ᄒᆞ고져ᄒᆞ노니 이셩즁에 손요한이라ᄂᆞᆫ ᄋᆞᄒᆡ가 잇ᄂᆞᆫᄃᆡ 사ᄅᆞᆷ마다 ᄉᆞ랑ᄒᆞᄂᆞᆫ쟈라 더가 볼

三

힝히 병이 드러 죽을ᄯᅢ에 어린ᄋᆞ히의 ᄎᆞᆷᄆᆞᄋᆞᆷ으로 예수를 뵈온 즐거옴을 말ᄒᆞ엿ᄂᆞ니 이말은 뎌의 동류만 감동ᄒᆞᆯ뿐아니라 도의 리치를 알지 못ᄒᆞᄂᆞᆫ 사ᄅᆞᆷ도 감동ᄒᆞᆯ것이오 ᄯᅩ 능히 구쥬의 문도를 안위ᄒᆞᆯ것이로다 뎌가 ᄒᆞᆼ샹 시를 노래ᄒᆞ여 ᄀᆞᆯᄋᆞᄃᆡ 내가 내죄를 잡아 예수의 셩신 어린양ᄭᅴ 보내리라ᄒᆞ니 듯ᄂᆞᆫ 사ᄅᆞᆷ이 감동치 안ᄂᆞᆫ이가 업고 ᄯᅩ 뎌가 그부모ᄭᅴ ᄃᆡᄒᆞ야 마ᄌᆞ막 말노 ᄒᆞ기를 내가 구쥬ᄭᅴ로 가셔 ᄒᆞᆷᄭᅴ 잇슬터이오나 거긔셔 부모를 다시 뵈옵지 못ᄒᆞᆯ가 두려워ᄒᆞᄂᆞ이다 그 모친이 울며 무러왈 내아ᄒᆞ 이것이 무ᄉᆞᆷ말이냐 뎌가 ᄃᆡ답왈 내가 어셔 텬당에 가셔 다른 사ᄅᆞᆷ을 위ᄒᆞ야 ᄒᆞᆼ샹 긔도ᄒᆞ여 뎌회로 예수를 보게ᄒᆞ면 이것이 엇지 쾌락ᄒᆞᆫ일이 아니오닛가 우리교ᄉᆞ가 나를 ᄀᆞᄅᆞ칠ᄯᅢ에 말ᄒᆞ기를 내가 예수를 진실히 밋으면 나죵에 ᄌᆞ긔와 ᄀᆞᆺ치 텬당에 잇게다ᄒᆞ셧ᄉᆞ니 아버지와 어머니ᄭᅴ셔도 과연 쥬를 진실히 밋으시면 일후에 나와 ᄀᆞᆺ치 쥬압헤 계시지 안켓ᄉᆞᆷᄂᆞ잇가 뎌의 부모가 이말을 듯고 눈물이 ᄯᅥ러짐을 ᄭᆡᄃᆞᆺ지 못ᄒᆞᆯᄯᅢ에 벌셔 그ᄆᆞᄋᆞᆷ속에 특별ᄒᆞᆫ 은혜를 만히 밧엇더라 ᄉᆡᆼ각ᄒᆞᆯ지어다 八세된 어린ᄋᆞ히로 이ᄀᆞᆺ치 말ᄒᆞᆷ은 셩신이 뎌의 입을 빌어 말ᄒᆞ야 그부모의 ᄆᆞᄋᆞᆷ을 ᄶᅵ른것이 분명ᄒᆞ도다 젼일에 뎌가 내게 글을 ᄇᆡ홀ᄯᅢ에 내가 하로ᄂᆞᆫ 뎌의 집에 갓즉 뎌가 깃븐 빗ᄎᆞ로 나를 영졉ᄒᆞ여 왈 션ᄉᆡᆼ님 어셔 드러옵시오 지금 내 이모가 오셔서 무ᄉᆞᆷ 셰샹 니야기를 ᄒᆞ시니 내가 심히 ᄌᆞ미업시 ᄉᆡᆼ각ᄒᆞ던 ᄎᆞ에 맛ᄎᆞᆷ 션ᄉᆡᆼ님ᄭᅴ셔 오셧ᄉᆞ니 예수 어린양의 니야기를 좀 듯고져ᄒᆞᄂᆞ이다 ᄒᆞ더니 뎌가 죽을ᄯᅢ에 ᄯᅩᄒᆞᆫ 이ᄀᆞᆺ치 견실ᄒᆞᆫ 밋음을 나타내ᄂᆞᆫ 말을 맛치고 깃븐빗ᄎᆞ로 옹용히 이셰샹을 ᄯᅥ낫ᄉᆞ니 뎌가 반ᄃᆞ시 ᄉᆞ랑ᄒᆞ시ᄂᆞᆫ 아버지 품속으로 드러가 잇슬줄노 깁히 밋노라

시세와젼도인

한셩 신샹우

젹막ᄒᆞᆫ 깁흔밤에 고요히 안져 텬디간에 무한ᄒᆞᆫ 현샹을 ᄉᆞᆯ펴볼ᄉᆡ 광활ᄒᆞᆫ 텬공에 졍이 ᄇᆞᆰ은 달빗츤 지극히 ᄭᆡᆨ긋ᄒᆞ고 ᄆᆞᆰ아 하ᄂᆞᆯ과 ᄯᅡᄉᆞ이에 빗첫ᄉᆞ며 종々 부ᄂᆞᆫ 바ᄅᆞᆷ은 업ᄂᆞᆫ바이 아니나 나무와 풀닙히 흔들니지 아니ᄒᆞ니 진실노 텬하만물이 다 잠을 드러 운동ᄒᆞᄂᆞᆫ 힘을 뎡지ᄒᆞᆫ것ᄀᆞᆺ도다 그러나 실샹은 그럿치 아니ᄒᆞ야 이디구ᄂᆞᆫ 쉬이지 안코 그궤도를 도ᄂᆞᆫ고로 쥬야와 四시가 ᄉᆡᆼ기며 셕토(石土)와 초목은 풍화(風火)작용과 호흡작용을 쉬이지 아니ᄒᆞ야 녯강산을 다시 알기어려오니 이와ᄀᆞᆺ치 텬디만물의 변화쇼쟝(消長)이 무샹(無常)ᄒᆞ도다 그런즉 텬도의 변화가 이러ᄒᆞ거든 인류의 ᄉᆡᆼ활인들 엇지 변화가 업ᄉᆞ리오 므릇 사ᄅᆞᆷ은 혈육ᄉᆡᆼ활의 一ᄉᆡᆼ을 지낸후ᄂᆞᆫ 그령혼이 반ᄃᆞ시 가ᄂᆞᆫ곳이 잇슬것이오 가ᄂᆞᆫ곳을 인도ᄒᆞ여주ᄂᆞᆫ 이도 ᄯᅩᄒᆞᆫ 잇슬것이라 그런고로 인ᄉᆡᆼ은 신을 위ᄒᆞᄂᆞᆫ ᄆᆞᄋᆞᆷ이 근본뎍으로 잇ᄉᆞ나 다만 인류진화(進化)의 졍도를 ᄯᆞ라 몃가지 시ᄃᆡ의 구별이 잇ᄂᆞ니

뎨一 피동시ᄃᆡ(彼動時代)니 이ᄯᅢᄂᆞᆫ 사ᄅᆞᆷ의 지식이 열니지 못ᄒᆞᆷ으로 죠물의 텬연뎍 동작을 볼ᄯᅢ에 무셥고 ᄯᅥᆯ니ᄂᆞᆫ ᄆᆞᄋᆞᆷ이 홀연히 신을 ᄉᆡᆼ각ᄒᆞ나 ᄎᆞᆷ신을 찻지 못ᄒᆞ고 다만 일월셩신과 토목금슈를 숭비ᄒᆞ니 이ᄂᆞᆫ 샹고 미ᄀᆡ시ᄃᆡ 인류의 종교ᄉᆞ샹이오

뎨二 슈도(受道)시ᄃᆡ니 이ᄯᅢᄂᆞᆫ 우리의 지혜와 ᄉᆞ샹이 졈々 열니ᄂᆞᆫ 것을 ᄯᆞ라 샹고인류의 무셔워ᄒᆞ고 숭비ᄒᆞ던 ᄌᆞ연뎍 현샹과 ᄌᆞ연뎍 물질은 다 리용ᄒᆞᆯ것인줄을 ᄭᆡᄃᆞᆺ고 다시 ᄒᆞᆫ거름 더나아가 이 텬디만물을 창조ᄒᆞ신 쥬재를 밋고져ᄒᆞᄂᆞᆫ ᄆᆞᄋᆞᆷ이 ᄉᆡᆼ기며 겸ᄒᆞ야 그도를 밧ᄂᆞᆫ시ᄃᆡ니 오ᄂᆞᆯ날 우리의 밋ᄂᆞᆫ 졍도오

뎨三 신셩(神聖)시ᄃᆡ니 이ᄯᅢᄂᆞᆫ 인류의 령혜(靈慧)와 밋음이 슌연히 신셩ᄒᆞᆫ 디경에

니르러 죄도 알지못ᄒᆞ고 오직 쥬로더브러 ᄒᆞ나히 되여 하ᄂᆞ님과 직졉 교통ᄒᆞᄂᆞᆫ 시ᄃᆡ를 닐옴이라 인류의 종교 사샹은 이우회 말ᄒᆞᆫ 세시ᄃᆡ를 ᄯᆞ라 ᄎᆞ례로 진보ᄒᆞ거니와 대뎌신령이라 ᄒᆞᄂᆞᆫ것은 인싱의 큰 목뎍이라 이것은 지혜와 덕이 합일(智德合一)ᄒᆞᆫ 후에 일우ᄂᆞ니 지식이 발달치 못ᄒᆞ면 ᄉᆞ리에 어두움으로 도덕이 ᄯᅩᄒᆞᆫ 완젼치 못ᄒᆞᆫ지라 이럼으로 지식이 통달ᄒᆞᆫ후에 비로소 덕이 완젼ᄒᆞ며 덕이 완젼히 일운후에 신령ᄒᆞᆫ ᄃᆡ경에 드러가ᄂᆞ니 ᄉᆡᆼ각ᄒᆞᆯ지어다 우리그리스도를 밋고 도를 젼ᄒᆞᄂᆞᆫ 형뎨ᄌᆞᄆᆡ여 텬도가 변화ᄒᆞ며 인류샤회도 진화ᄒᆞ고 신을 밋ᄂᆞᆫ 졍도도 ᄯᅩᄒᆞᆫ 진보ᄒᆞᄂᆞᆫᄃᆡ 우리가 도를 젼ᄒᆞᆷ에 당ᄒᆞ야 엇지 텬도와 인ᄉᆞ의 변화를 응치아니ᄒᆞ며 밋음의 졍도를 참작지 아니ᄒᆞ리오 죠션의 샹고력ᄉᆞᄂᆞᆫ 말ᄒᆞᆯ것업스나 별국과 샹통ᄒᆞᆫ 후에 뎨一큰 력ᄉᆞᄂᆞᆫ 그리스도복음의젼파라 二十여년젼에 우리ᄂᆞᆫ 엇더ᄒᆞᆫ 신을 밋엇스며 밋음의 졍도ᄂᆞᆫ 엇더ᄒᆞ엿던가 ᄒᆞᄂᆞᆫ것은 특별문뎨어니와 오ᄂᆞᆯ날 一반 밋ᄂᆞᆫ쟈의 신은 여호와 三위一톄시오 그졍도ᄂᆞᆫ 도를 밧ᄂᆞᆫ 슈도시ᄃᆡ라 이럼으로 이ᄯᆡᄂᆞᆫ 진실노 신령ᄒᆞᆫ 목ᄌᆞ를 구ᄒᆞ며 희망ᄒᆞᄂᆞᆫᄯᆡ라 겸ᄒᆞ야 남녀의 지식이 날노 진보되고 구령뎍(救靈的)ᄉᆞ업이 만히 니러나ᄂᆞᆫ 이ᄯᆡ를 당ᄒᆞ야 도를 젼ᄒᆞᄂᆞᆫ 우리ᄂᆞᆫ 二十여년젼 지식과 웅변법으로ᄂᆞᆫ 엇지 능히 오ᄂᆞᆫ셰력을 이긔여 오묘ᄒᆞᆫ 진리를 젼ᄒᆞᆯ수 잇스리오 셥々ᄒᆞ도다 셩경을 연구ᄒᆞᄂᆞᆫ 학교가 업ᄂᆞᆫ바ᄂᆞᆫ 아니나 졔도와 셜비가 아직 완젼ᄒᆞᆫ 학측을 두지못ᄒᆞ엿스니 이것이 우리의 유감ᄒᆞᄂᆞᆫ 바어니와 말을닥ᄂᆞᆫ 슈ᄉᆞ학(修辭學)이며 ᄉᆞ상과 츄리를 졍리식히ᄂᆞᆫ 론리학(論理學)이며 ᄆᆞ옴의 지향과 작용을 발달식히ᄂᆞᆫ 심리학(心理學) 등이 셩경의 보조과목으로 잇슬지어놀 아직 업슴으로 진리를 명빅히 히셕지 못ᄒᆞ고 셜명과 언ᄉᆞ를 됴리잇게 ᄒᆞ지못ᄒᆞᆫ다ᄂᆞᆫ 탄식만ᄒᆞᆷ이 무숨 유익이 잇스리오 어제날 유감을 경계ᄒᆞ야 오날이라도 ᄉᆞᄉᆞ로 힘ᄒᆞᆷ이 ᄉᆞ업의 진취니 두렵도다 도를 젼ᄒᆞᄂᆞᆫ 우리무리ᄂᆞᆫ 하ᄂᆞ님과 셰상중간에 잇셔 신령ᄒᆞᆫ 곳을 소ᄀᆡᄒᆞᄂᆞᆫ 사ᄅᆞᆷ이니 텬도를 알앗스면 인간샤회를 세ᄯᅩ를 것이오 인간샤회를 히셕ᄒᆞ엿스면 우리의 직칙을 힘써 ᄉᆡᆼ각ᄒᆞᆯ지니 ᄇᆞ라고 긔도ᄒᆞᄂᆞᆫ 바ᄂᆞᆫ 우리 지식과 ᄉᆞ상을 크게 혁명식혀 진실노 젼도인의 의무를 다ᄒᆞᆯ것이라 ᄒᆞ노라

교회ᄉᆞ긔

긔이부 역슐

뎨五관 교회다ᄉᆞ림을의론ᄒᆞᆷ

혼례를 셩당에셔 힝ᄒᆞᆯᄯᆡ에 가락지로 빙거를 삼고 신부ᄂᆞᆫ 금으로 문둔 픠물과 화려ᄒᆞᆫ 의복을 쑴이지 안코 ᄯᅩᄒᆞᆫ 슈건으로 얼골을 가리우지 못ᄒᆞ게ᄒᆞ야 외인의 풍속을 본밧지 안으며 죽은자를 화장(火葬)ᄒᆞ지 안코 고린도젼서 十五장에 말ᄒᆞᆫ바와 ᄀᆞᆺ치 유대사ᄅᆞᆷ의 규례를 본밧아 관곽으로써 장ᄉᆞᄒᆞ고 년년히 ᄌᆞ긔의 종족(宗族)과 친쳑간에 죽은날을 긔렴ᄒᆞ엿다가 다만 금식ᄒᆞ고 긔도만ᄒᆞᆯᄲᅮᆫ이오 ᄯᅩ 누가 十八장 二十四졀을 오히(誤解)ᄒᆞ야 모든 잇ᄂᆞᆫ것을 ᄇᆞ림으로 졍셩을 삼고 ᄯᅩ 고린도젼셔 七장과 마태 十九장 十二졀을 오히ᄒᆞ야 싀집가고 장가들지 안ᄂᆞᆫ것으로써 거룩ᄒᆞᆷ을 일운다ᄒᆞ고 세상을 피ᄒᆞ고 숨어사ᄂᆞᆫ것으로 영싱의 쳡경을 삼엇ᄂᆞᆫᄃᆡ 그중에 ᄀᆞ장 유명ᄒᆞᆫ이ᄂᆞᆫ 애굽국 뎨비스셩에사ᄂᆞᆫ 바울이니 이사ᄅᆞᆷ이 본ᄅᆡ ᄯᅴ시안황이 교회를 핍박ᄒᆞᆯᄯᆡ로브터 ᄌᆞ긔의 고향을 ᄯᅥ나ᄒᆞᆯ노 애굽국 광야에셔 九十년동안이나 살다가 그곳에셔 죽엇ᄂᆞ니 이사ᄅᆞᆷ의 평싱ᄉᆞ젹을 샹고ᄒᆞ건ᄃᆡ 나히 二十二세에 사ᄅᆞᆷ이 능히 가지 못ᄒᆞᄂᆞᆫ곳으로 피ᄒᆞ야 굴속에 거ᄒᆞ니라 혹 유젼ᄒᆞᄂᆞᆫ 말은 굴속에 거ᄒᆞᆫ지 九十여년동안에 ᄭᅡ마귀가 날마다 먹을것을 물고 와셔 먹여살니더니 ᄯᅩ 은ᄉᆞ(隱士)안트니라 ᄒᆞᄂᆞᆫ사 五

롬이 쥬의 묵시로 인도ᄒᆞᆷ을 밧아 바울의 잇ᄂᆞᆫ곳을 차져가셔 굴문밧게셔 부르기를 오래ᄒᆞ매 그제야 드러오기를 허락ᄒᆞ야 ᄀᆞᆺ치입을 ᄆᆞᆺ초고 인ᄉᆞᄒᆞᆫ후에 안져 말ᄒᆞᆯ시 바울이 안토니ᄃᆞ려 무러ᄀᆞᆯᄋᆞᄃᆡ 지금도 셰샹에 우샹이 잇스며 또 당금황뎨가 누구냐 말ᄒᆞᆯᄌᆞ음에 맛ᄎᆞᆷ ᄭᅡ마귀가 ᄯᅥᆨ을 물고 왓ᄂᆞᆫᄃᆡ 젼보다 ᄇᆡ나 더 큼으로 이두사ᄅᆞᆷ이 논호아 먹을제 서로 ᄉᆞ양ᄒᆞ다가 ᄀᆞᆺ치 먹고 물을 ᄆᆞ신후 쥬ᄭᅴ 샤례ᄒᆞ고 슈일동안 ᄀᆞᆺ치거ᄒᆞ다가 분슈작별ᄒᆞ고 도라온지 얼마되지 못ᄒᆞ야 안토니가 다시 바울을 차져 갓더니 그가 손을 합ᄒᆞ고 ᄯᅡ에 ᄭᅮᆯ어 업ᄃᆡ여 긔도ᄒᆞᄂᆞᆫ것 ᄀᆞᆺᄒᆞᆷ으로 ᄒᆞᆷᄭᅴ 긔도ᄒᆞ랴고 갓가히 가셔 보니 임의 죽엇ᄂᆞᆫ지라 그러나 홀연히 엇던 ᄉᆞ쟈두머리가 와셔 발톱으로 ᄯᅡ헤 구멍이를 ᄑᆞᆫ노흐니 안토니가 그 시톄를 그곳에 장ᄉᆞᄒᆞ고 도로 ᄌᆞ긔집으로 갓다고 말ᄒᆞᄂᆞ니라

셩경공부의지침(속)

뎨卄七칙은, 학개니 션지학개의 져술ᄒᆞᆫ것이라 학개ᄂᆞᆫ 유대ᄇᆡᆨ셩이 바발논으로 브터 뎌회 본국에 도라온 후로 뎨一몬져 예언ᄒᆞᆫ 션지니 아마 이션지도 바빌논으로 잡혀갓던 유대인즁에 ᄒᆞ나인듯ᄒᆞ며 그 말ᄒᆞᆫ 일은 대개 예루살넴셩과 셩뎐을 새로건륙ᄒᆞᆷ과 또 여긔ᄃᆡᄒᆞ야 ᄇᆡᆨ셩을 고동식혀 아모됴록 젼보다 더 화려ᄒᆞ게 건륙코져ᄒᆞᆷ이니라

뎨卄八칙은, 세가리야니 션지쟈 세가리야의 져술ᄒᆞᆫ것이라 세가리야ᄂᆞᆫ 본ᄅᆡ 유대인즁 셰력이 잇ᄂᆞᆫ 족쇽에 쇽ᄒᆞ엿ᄂᆞᆫᄃᆡ 바빌논에셔 나셔 자란듯ᄒᆞ며 그후에 예루살넴으로 도라온후 션지 학개보다 두돌후브터 예언ᄒᆞ기를 식작ᄒᆞ엿ᄂᆞᆫᄃᆡ 이칙의 ᄂᆡ용은(一)여덟가지 몽샹(夢想)을 들어 그ᄇᆡᆨ셩의 회ᄀᆡᄒᆞᆷ을 지촉ᄒᆞ엿ᄉᆞ며 (二)예루살넴의 함락(陷落)ᄒᆞᆫ 일을 ᄉᆡᆼ각ᄒᆞ야 더욱 주의ᄒᆞᆯ것과 모든 리웃나라이 쟝ᄎᆞᆺ 다 멸망ᄒᆞ고 이스리엘이 필경 태평힝복을 누릴것을 예언ᄒᆞ엿ᄂᆞ니라

뎨卄九칙은, 말나기니 말나기가 이칙져술쟈의 일홈인지 혹 무슨 직함인지 ᄌᆞ셰히 알수 업스나 말나기ᄂᆞᆫ 유대ᄇᆡᆨ셩이 바빌논으로 브터 도라온지 五十년후에 예언ᄒᆞ기를 시작ᄒᆞ엿ᄂᆞᆫᄃᆡ 이칙은 대개 네 부분에 논ᄒᆞᆯ지니 (一)ᄇᆡᆨ셩의게 하ᄂᆞ님의 은혜로써 경셩ᄒᆞᆷ이오 (二)졔ᄉᆞ쟝들이 하ᄂᆞ님일ᄒᆞᆷ과 률법을 경외치 아니ᄒᆞᆷ을 칙망ᄒᆞᆷ이오 (三) 졔ᄉᆞ쟝들과 ᄇᆡᆨ셩이 우샹셤기ᄂᆞᆫ 이방사ᄅᆞᆷ과 혼인ᄒᆞᄂᆞᆫ것을 칙망ᄒᆞᆷ이오 (四)ᄇᆡᆨ셩들이 하ᄂᆞ님을 잘 밋지아니ᄒᆞᆷ을 칙망ᄒᆞᆷ이니라

(미완)

●바울의ᄉᆞ젹 (속)

한셩 류경샹

ᄉᆞ도바울이 영국에 하륙ᄒᆞ엿다ᄂᆞᆫ 말도 잇스나 이거슨 너머 황당ᄒᆞ여 가히 츄측ᄒᆞ기 어렵고 밋을슈업ᄂᆞ니라

三十二、ᄉᆞ도바울의톄격

우리가 이만치 연구ᄒᆞ고 츄앙ᄒᆞ여 압고져ᄒᆞᄂᆞᆫ가온ᄃᆡ 그 톄격도 역시 알고십흔 마ᄋᆞᆷ이 잇ᄂᆞ니 대략 샹고ᄒᆞ건대 키ᄂᆞᆫ 젹고 머리ᄂᆞᆫ ᄃᆡ머리오 슈염은 만코 견고ᄒᆞᆫ 골격을 가진듯ᄒᆞ며 바울의말이 몸에 가시가 잇다 ᄒᆞ엿스나 이ᄂᆞᆫ 령혼샹으로 말ᄒᆞᆫ것이오 륙신샹으로 말ᄒᆞᆫ것은 아닌듯ᄒᆞ며 엇던 학쟈가 베드로의 톄격과 바울의 톄격을 그려뵈엿ᄂᆞᆫᄃᆡ 바울은 ᄀᆞ장 영리ᄒᆞᆫ 모양을 나타내엿스니 우리가 셔신의 초월ᄒᆞᆫ거슬 보건ᄃᆡ 웅당 그럿타고 ᄒᆞ리로다

◎가뎡과쇼ᄋᆞ

●ᄌᆞ긔쥬견(主見)이 업ᄂᆞᆫ쟈ᄂᆞᆫ 반ᄃᆞ시 패ᄒᆞᆷ

엇던사ᄅᆞᆷ이 그아ᄃᆞᆯ과 ᄀᆞᆺ치 나귀를 압세우고 져자로 팔너갈ᄉᆡ 지나가던 힝인이 보고 우셔왈 그ᄃᆡ가 웨그리 어리셕으뇨 뷘나귀를 몰고 가면셔 둘즁에 누구던지 ᄒᆞ나히 ᄐᆞ고 갈것이 아니뇨 그아비가 그말을 올히녁여 그아ᄃᆞᆯ노 ᄒᆞ여곰 ᄐᆞ게ᄒᆞ엿더니 또 엇던힝인이 보고 말ᄒᆞᄃᆡ

졂은 아ᄃᆞᆯ을 틔우고 늙은 아비가 도보로 가니 이는 도리상에 온당치 못ᄒᆞ도다 ᄒᆞ매 그아비가 또 그말을 올히녁여 ᄌᆞ긔가 ᄐᆞ고 그아ᄃᆞᆯ노 거러가게 ᄒᆞ엿더니 또 엇던힝인이 보고 말ᄒᆞᄃᆡ 인제 이나귀를 본즉 미우 확실ᄒᆞ야 그ᄃᆡ의 부ᄌᆞ를 다 틔우고도 능히 잘갈터인ᄃᆡ 졂은 아ᄃᆞᆯ노 ᄒᆞ여곰 거러셔 ᄯᆞ라가게ᄒᆞ니 엇지 박졍(薄情)ᄒᆞ뇨 그아비가 또ᄒᆞᆫ 그말을 올케 싱각ᄒᆞ여 부ᄌᆞᆺ치 ᄐᆞ고 가더니 또 엇던 힝인이 보고 말ᄒᆞᄃᆡ 그ᄃᆡ가 이나귀를 팔너 가지안ᄂᆞ뇨 팔너가ᄂᆞᆫ 나귀를 부ᄌᆞ가 아올너 ᄐᆞ고 가니 그 동안에 다리의 힘이 쇠약ᄒᆞ엿슬터이니 그러면 엇더케 그나귀를 팔수잇겟ᄂᆞ뇨 과연 어리셕은 일이로다 인제는 그나귀의 네굽을 골비로 싸민후 긴막ᄃᆡ기로 ᄭᅦ여 ᄒᆞᆫ엇식 엇기에 둘너메고 가면 그나귀다리의 힘이 회복될가ᄒᆞ노라 그아비가 또 그말을 올히녁여 그대로 ᄒᆞ여 메고 큰다리를 건널시 나귀가 괴롭고 아품을 이긔지 못ᄒᆞ여 크게 요동ᄒᆞᄂᆞᆫ바룸에 골비가 ᄭᅳᆫ어지며 강물에 더러져 죽엇ᄂᆞᆫ지라 그아비가 심히 뉘웃쳐 그아ᄃᆞᆯ드려 닐너왈 내가 내쥬견을 세우지 못ᄒᆞ고 놈의 말만듯고 네번 방침을 변ᄒᆞ엿다가 이ᄀᆞᆺ치 실패를 보앗스니 너는 ᄎᆞ후에 네쥬견업시 놈의말만 그러케 밍종(盲從)치 말지어다 ᄒᆞ엿다더라

세계격언

一 바룸은 빈쥬머니를 놉니고 말은 어리셕은 사룸을 움ᄌᆞ기ᄂᆞ니라

二 싸홈잘ᄒᆞᄂᆞᆫ 목ᄉᆞ와 병만ᄒᆞᆫ 무ᄉᆞ(武士)와 탐람ᄒᆞᄂᆞᆫ 지판관파 ᄂᆡ암시나ᄂᆞᆫ 리발ᄉᆞ(理髮師)ᄂᆞᆫ 다 무용지물이니라

三 밧동산에 세가지 필요ᄒᆞᆫ 것은 됴흔긔후(氣候)와 됴흔죵ᄌᆞ와 됴흔농부니라

四 이셰상은 ᄒᆞᆫ사다리와 ᄀᆞᆺ흐니 이로좃차 올나가ᄂᆞᆫ쟈도잇스며 이로 좃차 ᄂᆞ려가ᄂᆞᆫ쟈도 잇ᄂᆞ니라

五 하로밤오ᄂᆞᆫ 눈(雪)은 ᄃᆡ구의 어머이요 여러날오ᄂᆞᆫ 눈은 그계모(繼母)니라

평림(評林)

●몃가지기량(改良)ᄒᆞ엿스면

하ᄂᆞ님의 도를 지셩으로 ᄀᆞᄅᆞ치되 ᄒᆞᆫ마ᄃᆡ가 귀에 드러가지 아니ᄒᆞ니 이런사룸은 그귀를 좀 기량ᄒᆞ엿스면

무엇을 밋고 그러ᄒᆞᆫ지 교만방ᄌᆞᄒᆞ야 동포형뎨를 눈아래로 보ᄂᆞᆫ쟈 만흐니 이런사룸은 그눈울 좀 기량ᄒᆞ엿스면

말은 의인여긔라 ᄒᆞ면셔도 셔ᄃᆡ업시 형뎨의 적은허물을 크게 느려가며 비방ᄒᆞ니 이런사룸은 그입을 좀 기량ᄒᆞ엿스면

ᄆᆞ옴이 완악ᄒᆞ야 올흔도리는 싱각지안코 놈을해ᄒᆞ야 ᄌᆞ긔를 리ᄒᆞᆯ일만 싱각ᄒᆞ니 이런사룸은 그ᄆᆞ옴을 좀 기량ᄒᆞ엿스면

피가 셔늘ᄒᆞ야 그런지 됴흔ᄉᆞ업에 ᄃᆡᄒᆞ야 압흐로 용밍잇게 나아가지못ᄒᆞ니 이런사ᄅᆞᆷ은 그피를 좀 기량ᄒᆞ엿스면

얼골이 둣거워 그런지 렴치업ᄂᆞᆫ 일을 힝ᄒᆞ고도 붓그러온줄을 도모지 모르니 이런사룸은 그얼골을 좀 기량ᄒᆞ엿스면

밤낫업시 화투골패를 만짐으로 가산을 탕패ᄒᆞ고 부모와 쳐ᄌᆞ를 곤난ᄒᆞᆫ 구덩이에 ᄲᅡ지게ᄒᆞ니 이런사룸은 그손을 좀 기량ᄒᆞ엿스면

실업

●농ᄉᆞ강습요항 (속)

뎨卌三 콩의 파죵(播種)

대져콩은 뿌리가 깁히 박이ᄂᆞᆫ 셩질을 가진곡식인고로 갈고 붓도도와 주ᄂᆞᆫ 일을 너머 뎡령히 ᄒᆞᆯ필요가 업ᄂᆞ니라

콩의 파죵ᄒᆞᆯ시긔가 너머 일느면 썩기쉽고 또 싹이난후라도 셔리의 해를닙을 념려가 잇스며 또 너머 느지면 셩슉(成熟)이 더ᄃᆡ되ᄂᆞᆫ고로 대개 양력五월쵸싱이 뎍당ᄒᆞᆫ 시긔라 ᄒᆞ노라

밧두둑은 남향으로 ᄒᆞ고 넓이는 一쳑八촌으로 二쳑ᄭᆞ지ᄒᆞ고 심으는 자리는 상거가 七촌 가량ᄒᆞ되 두세알식 덤파(點播)ᄒᆞᆯ지니라

죵ᄌᆞ의 분량은 三빅평(두말락)가량에 ᄃᆡᄒᆞ야 잔 콩이면 三승五홉이오 굵은콩이면 四승二홉으로 쥼먹을 삼으되 박토에는 좀 만히 심으고 옥토에는 좀 젹게심을것이며 심은후 뭇는흙은 一촌가량쯤 깁게 ᄒᆞᆯ지니라

담총

●그림ᄒᆞᆫ폭에四十만원

二빅七十년젼에 셔양 유명ᄒᆞᆫ 화가(畵家)렘브란드씨가 벳새비의 경치를 그린 산슈一폭이 잇셧는ᄃᆡ 이그림은 과연 산 그림(活畵)이오 그뿐아니라 그 그림 그린 화가의 일흠을 사모ᄒᆞ야 세샹이 다 보비로 아는고로 금년六월九일에 미국 엇던경미쇼(競賣所)에셔 이 그림ᄒᆞᆫ폭에 四十만원을주고 엇던부쟈가 사갓다더라

법령뎍요

●경찰범쳐벌규측 (속)

卅六 졔ᄉᆞ나 쟝의(葬儀)나 츅의(祝儀)나 또는 그힝렬(行列)에 ᄃᆡᄒᆞ야 못된 작란이나 방해를 더ᄒᆞᆫ쟈

卅七 샹오 一시후히 뜨기젼에 노리ᄒᆞ고 츔추며 풍류ᄒᆞ거나 혹 달니 헌화ᄒᆞ야 다른사ᄅᆞᆷ으로 ᄒᆞ여곰 잠 못자게ᄒᆞᆫ쟈

卅八 연극쟝(演劇塲)이나 긔셕(寄席)이나 공즁(公衆)이 모힌좌셕에셔 모힌사ᄅᆞᆷ의게 방해를 더ᄒᆞᆫ쟈

◎회보대령슈금

지명	성명	금액
盆津	李鍾和	四十錢
	李基弘	四十錢
	金尙龍	四十錢
	趙宗秀	四十錢
	李聖弼	四十錢
	朴順秉	四十錢
	吳秋理	四十錢
	金昌洙	四十錢
	朴鳳禧	四十錢
龍岡	金就礪	八十錢
鎭南浦	金俊國	八十錢
金城	金寅洙	一圓二十錢
	金順弼	六十錢
	朴文相	六十錢
高原	姜鳳岐	八十錢
	劉鳳輝	八十錢

三月二十六일이젼

지명	성명	금액
楊州	沈相雲	八十錢
	金憲明	四十錢
	元明三	四十錢
	李요한	四十錢
	崔학보	四十錢
	任俊相	四十錢
抱川	趙聖道	四十錢
	金俊祺	四十錢
	李셩옥	四十錢
永平	金락인	四十錢

그리스도회보
KOREAN CHRISTIAN ADVOCATE

每週一回月曜日發行
大正二年八月十四日印刷
大正二年八月十八日發行

發行兼編輯人 開城北部山芝峴 奇義男
印刷人 京城北部樓閣洞 朴東完
印刷所 京城南部上犂洞 新文館
發行所 京城北部壯洞四十三統三戶 呂炳鉉邸

ᄃᆡ금…代金 一장 二전 六ᄀᆡ월 四十전 一ᄀᆡ년 八十전 海外 一ᄀᆡ년 一환六十전

샤셜

ᄌᆞ긔의쥬견(主見)으로 셩경을 히셕지 말것

셩경은 하ᄂᆞ님의 묵시ᄒᆞ신 말숨이오 그가온ᄃᆡ 오묘ᄒᆞᆫ 리치가 잇ᄂᆞᆫ고로 누구던지 허명(虛明)ᄒᆞ고 독신ᄒᆞᄂᆞᆫ ᄆᆞᄋᆞᆷ으로써 연구치 안코 ᄌᆞ긔의 편샤(偏邪)ᄒᆞᆫ 쥬견으로써 셩경속에 드러가면 반ᄃᆞ시 업ᄂᆞᆫ것을 잇ᄂᆞᆫ줄노 알며 잇ᄂᆞᆫ것을 업ᄂᆞᆫ줄노 ᄉᆡᆼ각ᄒᆞ야 무숨유익ᄒᆞᆷ을 엇지못ᄒᆞᆯᄲᅮᆫ아니라 도로혀 의심우에 의심을 더ᄒᆞ야 ᄉᆞᄉᆞ로 그령혼을 ᄉᆞ망ᄒᆞᄂᆞᆫ 길로 모라드리기 쉬울지니 엇지 가히 두렵지 아니ᄒᆞ리오 녯날 엇던 텬문학쟈가 월셰계(月世界)의 형편을 ᄒᆞᆫ번 살피고져ᄒᆞ야 텬문ᄃᆡ에 올나가니 밤은 텬긔가 쳥명ᄒᆞ야 ᄒᆞᆫ뎜 구름과 안ᄀᆡ가 업ᄂᆞᆫ지라 몃쳔비의 망원경(望遠鏡)을 눈에 붓치고 월셰계를 ᄇᆞ라보매 그속에 놉흔 산과 깁흔 골작운이가 력력히 다보이ᄂᆞᆫᄃᆡ 그가온ᄃᆡ 웬 엄쳥나게크고 흉악ᄒᆞᆫ 동물 ᄒᆞ나히 잇셔셔 놉흔 산과 깁흔 골작운이를 ᄒᆞᆫ거름에 셩큼 셩큼 넘어가거놀 텬문학쟈ㅣ크게놀나고 ᄯᅩ의심ᄒᆞ야 ᄉᆞᄉᆞ로 말ᄒᆞᄃᆡ 내가 긔왕에는 월셰계에 아모 ᄉᆡᆼ물(生物)이 업ᄂᆞᆫ줄 알엇더니 지금본즉 더ᄀᆞᆺ치 영특ᄒᆞᆫ 동물이 그 속에 잇스니 나의 젼일 ᄇᆡ혼것은 다 헛된것이오 오ᄂᆞᆯ이야 참 새것을 발견ᄒᆞ엿다ᄒᆞ고 그망원경을 잘 닥근후 다시ᄒᆞᆫ번 빗최여 보매 그동물이 뵈이지안ᄂᆞᆫ지라 그제야 앗가 뵈이던것은 월셰계에 잇ᄂᆞᆫ 동물이 아니오 곳 망원경알에 붓허잇던 버러진줄 알엇더라 이 니야기로 미루어 ᄉᆡᆼ각ᄒᆞ건ᄃᆡ 셩경을 연구ᄒᆞᄂᆞᆫ쟈즁에 이와ᄀᆞᆺᄒᆞᆫ 일이 잇ᄂᆞ니 그ᄆᆞᄋᆞᆷ은 곳 망원경이오 그ᄆᆞᄋᆞᆷ가온ᄃᆡ 잇ᄂᆞᆫ ᄌᆞ긔의 편샤ᄒᆞᆫ 쥬견은 곳 이버러지와 ᄀᆞᆺᄒᆞ니 이버러지ᄂᆞᆫ 능히 그ᄆᆞᄋᆞᆷ눈을 현혹ᄒᆞ야 혹은 말ᄒᆞᄃᆡ 四복음에 엇던 말숨은 밋을만ᄒᆞ나 엇던 말숨은 밋기 어렵다ᄒᆞ며 혹은 말ᄒᆞᄃᆡ 신약은 밋으나 구약은 밋기 어렵다ᄒᆞ며 혹은 ᄌᆞ긔의 ᄆᆞᄋᆞᆷ대로 셩경의 ᄯᅳᆺ을 그릇히셕 ᄒᆞᄂᆞᆫ쟈도 잇스니 이는 그쥬견이 샤곡ᄒᆞᆫᄃᆡ로 드러가셔 그러ᄒᆞᆫ것이니 이런 사ᄅᆞᆷ의 ᄆᆞᄋᆞᆷ은 셩경의 진리로도 능히 열어줄수업도다 그런즉 누구던지 하ᄂᆞ님의 거룩ᄒᆞᆫ 말숨을 연구ᄒᆞ야 그 령혼의 유익ᄒᆞᆫ 량식을 삼고져ᄒᆞ면 몬져 그 ᄆᆞᄋᆞᆷ거울에 ᄌᆞ쥬견(自主見)이라ᄂᆞᆫ 버러지를 써셔ᄇᆞ릴지어다

특별샤고

본샤에셔 임의 광고ᄒᆞᆫ바와 ᄀᆞᆺ치 본회보ᄃᆡ금을 우편집금법(郵便集金法)으로 슈합ᄒᆞᄂᆞᆫ즁이오나 우편국소(郵便局所)가 잇ᄂᆞᆫ 부즁이나 읍니이외에는 이법을 취용치 못ᄒᆞ겟ᄉᆞ오니 우편국소가 업ᄂᆞᆫ촌에 거ᄒᆞ시ᄂᆞᆫ이ᄂᆞᆫ 곳 우편쇼위톄(郵便小爲替)로 붓쳐보내시ᄋᆞᆸ쇼셔

교즁휘문

◀ᄂᆡ 보▶

●모범될믿음 (리 권 셩)

평남 ᄀᆡ쳔군 ᄂᆡ남면 신평리 교회 윤두슌씨는 ᄌᆞ긔샤랑으로 례ᄇᆡ당을 삼아 수년동안 례ᄇᆡ볼셔 일가들이 말ᄒᆞ기를 그집은 망ᄒᆞ엿고 또 식구는 다 밋쳣다ᄒᆞ며 문즁이 모혀 약됴ᄒᆞ기를 어린ᄋᆞᄒᆡ 하나라도 몬져 예수를 밋으면 벌금 十원식 밧기로ᄒᆞ고 홍샹 핍박ᄒᆞᄂᆞᆫ즁 윤씨는 더욱 눈물을 흘니며 긔도ᄒᆞ고 젼도ᄒᆞᆫ 결과로 벌금 밧기로 약됴ᄒᆞᆫ 일가즁에셔 七八인이 쥬압흐로나오매 례ᄇᆡ당이 협착ᄒᆞ야 새로 건츅ᄒᆞ기를 경영ᄒᆞ고 근구ᄒᆞ엿더니 하ᄂᆞ님ᄭᅴ셔 신쟈의 ᄆᆞᄋᆞᆷ을 감화ᄒᆞ샤 각각 힘대로 연조ᄒᆞᆫ 금익이 六十원가량이오 또ᄒᆞᆫ 지목을 구취ᄒᆞ고 형뎨ᄌᆞ미가 합력ᄒᆞ야 례ᄇᆡ당 三간을 건츅ᄒᆞᆯ시 금년에 필역ᄒᆞ고 거월 셋재쥬일브터 四十명이 례ᄇᆡᄒᆞᄂᆞ니 이는 하ᄂᆞ님ᄭᅴ셔 근구ᄒᆞᄂᆞᆫ쟈의게 일우어 주심이오 또 윤씨ᄂᆡ외는 날마다 새벽이면 례ᄇᆡ당에 와셔 ᄒᆞᆫ시동안식 긔도ᄒᆞ기를 우리가 이세상에 잇ᄂᆞᆫ날ᄭᆞ지 쥬를 위ᄒᆞ야 핍박과 환난을 당ᄒᆞᆯ때에 깃븜으로 이길능력을 주시옵소셔 ᄒᆞ며 또 그곳셔 十五리샹거에 사ᄂᆞᆫ안씨 덕힝부인은 나히六十세오 쥬를 밋은지 七八년에 十五리되ᄂᆞᆫ 곳에 큰령을 둘식너머 풍우를 무릅쓰고 쥬일마다 참예ᄒᆞ며 연조와 ᄌᆞ급도 넉넉지못ᄒᆞᆫ 가셰에 남보다 만히내니 이부인은 지물을 텬국에 ᄡᆞᄂᆞᆫ쟈라 ᄒᆞ엿더라

●셩신의 감동ᄒᆞᆷ을 밧은 열심 (임 승 호)

황히도 히쥬군 검단면 지치암교회는 셜립된지 十여년에 교회가 흥왕치 못ᄒᆞ야 겨우 十여명 교우가 례ᄇᆡᄒᆞ더니 작년에 목ᄉᆞ고루부와 젼도ᄉᆞ 박희도량씨가 히쥬 셔디방교회를 인도ᄒᆞᄂᆞᆫ즁 작금량년에 남녀사경회를 수ᄎᆞᄒᆞ엿ᄂᆞᆫ디 밤과 식벽마다 긔도회로 모혀 교우마다 ᄌᆞ긔의 죄를 위통ᄒᆞᄂᆞᆫ ᄆᆞᄋᆞᆷ으로 ᄌᆞ복ᄒᆞ며 셩신의 감화를밧어 교회가 一층변화ᄒᆞ야 모든 교우가 홍샹 깃븐ᄆᆞᄋᆞᆷ으로 힘써 젼도ᄒᆞ야 남녀가 四十여명이 모혀 례ᄇᆡᄒᆞ더니 거월분에 우연히 十九세된 녀ᄌᆞ가 사귀가 들녀 본동근쳐로 ᄃᆞᆫ니며 힝픽를 무수히 ᄒᆞᄂᆞᆫ지라 교우七八인이 이경상을 보고 불샹히 녀여 二十여일동안을 밤낫으로 례ᄇᆡ당에 모혀 긔도ᄒᆞ엿슴으로 지금은 완인이 되여 그식모와 남편ᄭᆞ지 쥬를 밋고 례ᄇᆡ당에 ᄃᆞᆫ니니 이영광은 하ᄂᆞ님ᄭᅴ 돌닌다 ᄒᆞ엿더라

●도ᄃᆡ문안교회의활긔(活氣) (윤인일)

금년 미년회에셔 본교회 목ᄉᆞ오긔션씨를 다른교회로 파송ᄒᆞ거로 ᄂᆡ명이 된지라 그런고로 남녀직원들과 一반교우들이 욕졍에 셥셥ᄒᆞᆷ과 교회일에 ᄃᆡᄒᆞ야 념려됨이 막심ᄒᆞ야 하ᄂᆞ님ᄭᅴ 긔도ᄒᆞ며 쳐분만 기ᄃᆞ릴ᄲᅮᆫ이더니 하ᄂᆞ님ᄭᅴ셔 본교회를 ᄉᆞ랑ᄒᆞ샤 오목ᄉᆞ의게 젼보다 더 귀ᄒᆞ고 영광스러온 쟝로의 품을 주어 다시 본교회에 인입케 ᄒᆞ시매 락담ᄒᆞ던 가온ᄃᆡ 잇던 직원과 교우들이 의외에 깃븐쇼식을 듯고 一변 하ᄂᆞ님ᄭᅴ 감샤ᄒᆞ며 一변 오목ᄉᆞ의게 하례ᄒᆞᄂᆞᆫ ᄆᆞᄋᆞᆷ이 一시에 발ᄒᆞ야 거월쵸순에 동소문밧 三산평으로 一반교우가 회집ᄒᆞ야 사하회(謝賀會)를 열엇고 겸ᄒᆞ야 교회가 압흐로 엇더케 진흥ᄒᆞᆯ 방침을 토론ᄒᆞ엿ᄂᆞᆫᄃᆡ 당일에 밧은 은혜는 다 긔록ᄒᆞᆯ수 업거니와 그후로 모든 직원들이 젼보다 굿센힘을 엇어 심ᄒᆞᆫ 더위에라도 락심된 형뮈를 차자드리며 죄그늘에 안진쟈의게 복음을힘써 젼ᄒᆞᆷ으로 본교회를 하ᄂᆞ님ᄭᅴ셔 더 큰교회로 세우실줄밋고 감샤ᄒᆞᆫ다 ᄒᆞ엿더라

●비젼도ᄉᆞ의젼별샹황 (김 찬 홍)

평남 진남포 비셕동교회 비형식씨는 평양구골교회로 뎐임되얏슴으로 거三十一일에 진남포 뎡거쟝에셔 비씨와 그가족을 젼송ᄒᆞᆷ에 ᄃᆡᄒᆞ야 一반교우와 학싱합一百四

十여인의 셕별(惜別)ᄒᆞᄂᆞᆫ 감회ᄂᆞᆫ 산과 바다도 감동ᄒᆞᆯ듯ᄒᆞᆫ지라 비씨가 이곳에셔 여러히 헌신ᄒᆞᆫ ᄉᆞ업은 일쥭이 하ᄂᆞ님의 부르심을 밧어 쥬를 외지ᄒᆞ고 젼도에 죵ᄉᆞᄒᆞ며 겸ᄒᆞ여 三승남녀학교를 셜립ᄒᆞᆫ 이릭十유여년에 교육에 열심ᄒᆞ야 모든 방침을 베픈고로 남녀학ᄉᆡᆼ의 ᄉᆞ모ᄒᆞᄂᆞᆫ 바ᄂᆞᆫ 어린ᄋᆞ히가 졋을 ᄉᆞ모ᄒᆞᆷ과 ᄀᆞᆺ고 교우의 ᄉᆞ랑ᄒᆞᄂᆞᆫ 졍의가 골슈에 잠겻더라 그럼으로 거월一일에도 남녀학ᄉᆡᆼ들이 젼별회를 열고 본교ᄉᆞ진입미로 례물을삼아 ᄉᆞ랑ᄒᆞᄂᆞᆫ뜻을 표ᄒᆞ엿고 뎡거장에셔도 교우와학ᄉᆡᆼ이 찬미一百三十六장으로 분수ᄒᆞ여 각각 ᄉᆞ랑ᄒᆞᄂᆞᆫ 뜻을 나타내엿더라

●광셩학교락셩식

(병 영 셔)

평남 평양부 미감리회 남학교즁 뎨一큰학교ᄂᆞᆫ 광셩학교인ᄃᆡ 이곳치 홍로즁에 잇ᄂᆞᆫ 것ᄀᆞᆺᄒᆞᆫ 염뎐이라도 미일 츌셕학ᄉᆡᆼ이 一百八十명에 달ᄒᆞ니 학ᄉᆡᆼ의 열심을 가히알지로다 본교ᄂᆞᆫ 교샤가 업셔 곤난ᄒᆞ더니 금년에 비로소 三층양옥을 건츅ᄒᆞ엿스니 이것은 쳣재 본교회졔씨의 열심이 잇ᄂᆞᆫ즁 몬져 연보ᄒᆞ야 본교샤 하층을 지어놋코 둘재 미국교우들이 六千원가량이나 연보ᄒᆞᆷ이라 그러나 학교ᄂᆡ에 운동 긔구와 운동쟝이 부족ᄒᆞ더니 본월一일에 본학교락셩식을 거힝ᄒᆞᆯ때에 본교즁 특별찬송ᄃᆡ가 부모은덕가와 가뎡가와 효슌가와 찬미가등으로 一반교우의 ᄆᆞᄋᆞᆷ을 활발케ᄒᆞ며 또 용감ᄒᆞᆫ 졍신과 탁월ᄒᆞᆫ 긔상으로 연셜ᄒᆞᆯ때에 一반참셕인의 열심을 분발 식히ᄂᆞᆫ지라 이때에 여러부모형뎨들이 힘을다ᄒᆞ야 연보ᄒᆞᆫ 금익이 四빅여원에 달ᄒᆞ엿고 또 부인들은 물픔으로 연조ᄒᆞᆯ식 월ᄌᆞ(月子)가 八건 은지환이 七쌍 은반지 三ᄀᆡ 은쟝도 三ᄀᆡ 은치동ᄀᆡ 또학ᄉᆡᆼ들도 연조ᄒᆞ엿ᄂᆞᆫᄃᆡ 은시계 二ᄀᆡ 양혜一부 만년필一ᄀᆡ 모시와 모사쥬의가 여셧벌이라 그런즁 엇던부인은 三四ᄌᆞ녀를 거ᄂᆞ리고 심히 어려온즁 ᄌᆞ긔식집을때에 례물밧은 픠물을 ᄋᆞ돌의게 유업으로 줄것을 내여노은것이며 지금ᄭᆞ지도 연보가 련락부졀ᄒᆞ니 과연 숄노문이 셩뎐지을때에 례물가지고 오든모양과 방불ᄒᆞ니 형뎨ᄌᆞ믹ᄂᆞᆫ 이학교를 위ᄒᆞ야 긔도ᄒᆞ여주시기를 ᄇᆞ란다 ᄒᆞ엿더라

▲외 보▼

●동경금쥬회(禁酒會)一쥬년긔렴

일본동경 삼뎐(三田)금쥬회창립 뎨一긔렴회ᄂᆞᆫ 거六월二十八일에 우의관에셔 열엇ᄂᆞᆫᄃᆡ 츌셕쟈ᄂᆞᆫ 一百三十여명이오 의학박ᄉᆞ 촌상힝다씨가 음쥬리해(飮酒利害)라ᄂᆞᆫ 문뎨로 연셜ᄒᆞ엿다더라

●미감리회쥬일학ᄉᆡᆼ수효

미감리회쥬일학교학ᄉᆡᆼ의 수효ᄂᆞᆫ 금년에 됴사ᄒᆞᆫ 바를 거ᄒᆞᆫ즉 온셰계에 도합四百三만五千六百二十四인이러라

●인도국의죠혼(早婚)

인도국 서릿셩에셔 거六월즁에 四빅여쳐의 혼인례식을 지내엿ᄂᆞᆫᄃᆡ 신랑의 나흔보통 三셰로 一九셰ᄭᆞ지오 신부의 나흔 대개 一셰로 七셰ᄭᆞ지니 더회ᄂᆞᆫ 혼인례식을 지내ᄂᆞᆫ 동안에 더회부모의 품에안겨셔 사탕과 엿슬먹고 잇ᄂᆞᆫ쟈ㅣ 만터라더라

●미국의금쥬동밍회

미국 금쥬동밍회 (禁酒同盟會)ᄂᆞᆫ 각교회의 찬셩을 엇어가지고 릭十一월에 젼국대회를 열고 금쥬ᄒᆞᄂᆞᆫ 됴항을 미국헌법에 편입(編入)케ᄒᆞ기로 운동즁이라더라

●포와(布哇)의죠션인교회

미국감리회 ᄂᆡ디션교회 총무 쌧스웰씨가 근일 포와각쳐교회의 형편을 사찰ᄒᆞ고 도라와 본회에 보고ᄒᆞᆫ바를 의지ᄒᆞᆫ즉 그디방 죠션인의 교회가 ᄀᆞ장 흥왕ᄒᆞ며 이교회안에 새로 큰 학교ᄒᆞ나ᄒᆞᆯ 셜립ᄒᆞ엿ᄂᆞᆫᄃᆡ 죠션형뎨즁 박ᄉᆞ리승만씨가 이학교교쟝으로 피션되여 모든 학ᄉᆞ를 쥬관ᄒᆞᆷ으로 이학교ᄂᆞᆫ 쟝ᄎᆞ 크게 흥왕ᄒᆞᆯ줄노 밋으며 또 죠션인녀ᄌᆞ교육긔관은 수사나 웨슬네홈이 뎨一위를 뎜령ᄒᆞ겟다고 ᄒᆞ엿더라

三

긔셔

●태평양젼도록 (속)

영국 태요한 션ᄉᆡᆼ 져

또 이곳 텬쥬교인즁에 나와 친ᄒᆞᆫ이가 만흔ᄃᆡ 내가 혹 뎌회를 차져가면 셩경도 나ᄃᆞ려 보라ᄒᆞ며 긔도도 나ᄃᆞ려ᄒᆞ라ᄒᆞᄂᆞᆫ지라 그즁에 ᄒᆞᆫ부인이 텬쥬교를 ᄯᅥ나 예수교로 드러오기를 원ᄒᆞᆷ으로 ᄒᆞᆫ 교우의 집에 잇셔서 나로 ᄒᆞ여곰 ᄌᆞ긔의 션ᄉᆡᆼ과 목ᄉᆞ를 삼더니 하로ᄂᆞᆫ 두 남ᄌᆞ와 두 녀인이 ᄆᆞ챠를 ᄐᆞ고 셰슈도원으로 좃차와셔 이부인을 잡아가려ᄒᆞ나 뎌가 가기를 슬혀ᄒᆞ여왈 나ᄂᆞᆫ 지금 예수교로 드러왓노라 ᄒᆞ매 뎌회가 크게 야료ᄒᆞᄂᆞᆫ지라 그럴ᄯᅢ에 이부인이 사ᄅᆞᆷ을 보내여 나를 쳥ᄒᆞ거ᄂᆞᆯ 내가 가보니 여러 텬쥬교인이 둘너셔셔 요란을 니ᄅᆞ키ᄂᆞᆫᄃᆡ 이부인은 내게 구원ᄒᆞ여 주기를 쳥ᄒᆞ매 텬쥬교인들이 노긔대발ᄒᆞ여 나를 ᄒᆞᆫ 모퉁이로 미러붓치ᄂᆞᆫ 바ᄅᆞᆷ에 이부인도 병즁에 긔운이 업셔셔 밀녀 넘어지ᄂᆞᆫ지라 뎌회즁에 두녀인이 이부인을 붓들고 억지로 옷을 넙히고 ᄃᆞ려가거ᄂᆞᆯ 내가 목소ᄅᆡ를 놉혀왈 이ᄀᆞᆺ치 사ᄅᆞᆷ을 무리ᄒᆞ게 핍박지 말나ᄒᆞ되 뎌회ᄂᆞᆫ 드른톄 아니ᄒᆞ고 풍우ᄀᆞᆺ치 모라가거ᄂᆞᆯ 내가 급히 ᄶᅩᆺ차 무리가온ᄃᆡ로 헷치고 드러가려ᄒᆞ매 뎌히가 위력으로 막ᄂᆞᆫ지라 ᄒᆞᆯ수업시 경찰셔에 드러가 고급(告急)ᄒᆞ야 슌사를 ᄃᆞ리고가셔 이부인을 보호ᄒᆞ려ᄒᆞ엿더니 이 슌사ᄂᆞᆫ 공교히 텬쥬교인이라 도로혀 뎌회를 도아 뎌회목뎍을 셩취케ᄒᆞ니 이부인이 병즁에 쇠약ᄒᆞᆫ 몸으로 뎌회게 붓들녀 챠우에 올나안ᄌᆞ매 슌사ᄂᆞᆫ 뒤에셔 길을 지촉ᄒᆞ여 가거ᄂᆞᆯ 내가 소ᄅᆡ를 놉혀 지나가ᄂᆞᆫ 사ᄅᆞᆷ을 ᄃᆡᄒᆞ야 구원ᄒᆞ여 주기를 쳥ᄒᆞ엿더니 맛ᄎᆞᆷ 엇던 관원이 지나다가 이 광경을 보고 마대라ᄂᆞᆫ 슌사를 불너 명령왈 뎌 ᄆᆞ챠를 잡으라 그안에 잇ᄂᆞᆫ 죄인은 다 네게 붓치노니 뎌회가 만일 ᄃᆞ라나면 그죄를 네게돌니리라ᄒᆞ매 마슌사가 급히 챠에 ᄯᅱ여 올나 웃층에 니르니 뎌회즁에 두 녀인만 잇고 두남ᄌᆞᄂᆞᆫ 벌셔 도망ᄒᆞᆫ지라 내가 이 두녀인을 ᄃᆞ리고 경찰셔에 드러가 지판ᄒᆞᆯ시 이 경찰셔쟝이 ᄯᅩᄒᆞᆫ 텬쥬교인이라 ᄀᆞᆺᄒᆞᆫ 텬쥬교인을 곡호ᄒᆞ야 나ᄃᆞ려 닐너왈 벗이여 그녀인을 녀ᄉᆞ원으로 보내엿ᄉᆞ니 이ᄂᆞᆫ 됴ᄒᆞᆫ 디방이라 그ᄃᆡ가 굿히여 막ᄂᆞᆫ것이 무리ᄒᆞ도다 내가 임의 보낸일이니 두번 말ᄒᆞ지 말나ᄒᆞ고 슌사로 ᄒᆞ여곰 여러 사ᄅᆞᆷ을 다 모라냇더라 (미완)

●구쥬의ᄉᆡᆼ각이더욱군졀

간셩 쟝병의

디구셩이 공뎐(公轉)ᄒᆞ야 四시가 변쳔ᄒᆞ고 디츅(地軸)이 ᄌᆞ뎐ᄒᆞ야 쥬야가 슌환ᄒᆞᆫ다 어언간 셰월은 류슈ᄀᆞᆺ치 가셔 쳥년의 검은머리 ᄇᆡᆨ발을 지촉ᄒᆞ며 ᄇᆡᆨ슈풍진 로인들은 북망산쳔 ᄇᆞ라본다 二十셰긔 쳥년들의 젼졍이 망연ᄒᆞ고 한산ᄇᆡᆨ슈 로인늘의 갈길이 멀지안타 엇지ᄒᆞ면 됴흐리오 구쥬의 ᄉᆡᆼ각 더욱군졀

영화롭다 만왕의왕 공변되다 만유의쥬 광활ᄒᆞᆫ 디구샹에 억됴챵ᄉᆡᆼ 길너노코 ᄌᆞ긔목뎍 일우랴고 독ᄉᆡᆼᄌᆞ를 보냇ᄉᆞ니 구쥬의 ᄉᆡᆼ각 더욱군졀

뎐원에 농업쟈ᄂᆞᆫ 이삭을 희망ᄒᆞ고 시가(市街)에 샹업쟈ᄂᆞᆫ 리익을 희망ᄒᆞ고 학교에 학업쟈ᄂᆞᆫ 졸업을 희망ᄒᆞ고 더운ᄯᅢ에 목마른쟈ᄂᆞᆫ 물마시기를 희망ᄒᆞ고 쥬를밋ᄂᆞᆫ 형뎨ᄌᆞ미ᄂᆞᆫ 텬당복디를 희망ᄒᆞ니 구쥬의 ᄉᆡᆼ각 더욱군졀

七년대한 왕감을에 비쌀보기 소원이오 九년지슈 큰쟝마에 ᄒᆡᆺ빗보기 소원이오 만리히외 ᄀᆡᆨ디에셔 고향보기 소원이오 침침 칠야 깁흔밤에 등불엇기 소원이오 ᄉᆞ랑ᄒᆞᄂᆞᆫ 형뎨ᄌᆞ미 예수보기 소원이니 구쥬의 ᄉᆡᆼ각 더욱군졀

길일ᄒᆞᆫ 양의무리 목쟈를 부르짓고 부모일ᄒᆞᆫ 어린ᄋᆞ화 우ᄂᆞᆫ소ᄅᆡ 쳐량ᄒᆞ다 눈을 들어북산을 도라보니 구쥬 의 긔도ᄒᆞ시던 산인듯 압흐로 사쟝(沙場)을 ᄇᆞ라보니 구쥬의 힝젹ᄒᆞ시던 갈닐니히변인듯 챵히에 둥실ᄯᅳᆫ 일엽쇼션 시몬 베드로의 ᄇᆡ인듯 막막

시긔과 학문가들이 바울을 되ᄒᆞ여 배품례절이 허다ᄒᆞ며 항복ᄒᆞᆫ 대문이 만ᄒᆞ나 다 번거ᄒᆞ미 긔록ᄒᆞᆯ 필요가 업ᄂᆞᆫ고로 말ᄒᆞ지안이ᄒᆞ나 바울의 서신을 참고ᄒᆞ여보라 (고린도젼셔九〇十九—二十五 후셔 十二〇十五—十七 ᄉᆞ도二十三〇五—七二十二〇二五—二十九二十四〇二十、二十一 빌닙보三〇四—十二) 만약그리스도교에 바울이 업셧더면 엇지 온 동서양에 그말ᄉᆞᆷ이 젼파되엿스며 셜혹 되엿슬지라도 그셩젹이 오ᄂᆞᆯ날 이ᄀᆞᆺ치 되엿슬넌지 긔필키 어렵도다 바울ᄉᆞ도의 공이 업셧더면 그리스도 교의도리가 완젼히 알게 되지못ᄒᆞ여 ᄉᆞ랑과 밋음과 의가 불완젼ᄒᆞ게 젼파 되엿슬지라 그럼으로 바울의 공을 ᄉᆞ도즁 매一위에 둘수밧게업스며 만약 바울이 업셧더면 그와 비등ᄒᆞᆫ 사ᄅᆞᆷ을 엇더케 던지 하ᄂᆞ님ᄭᅴ셔 공급ᄒᆞ셧겟스며 바울을 압 세우시고 일ᄒᆞ신이ᄂᆞᆫ 뒤에 계신 하ᄂᆞ님이시니 영원히 하ᄂᆞ님ᄭᅴ 찬송ᄒᆞ리로다

완

가뎡과쇼ᄋᆞ

●어려서 영오(穎悟)ᄒᆞᆷ

송나라졍승 ᄉᆞ마광(司馬光)이 어렷슬때에 여러ᄋᆞᄒᆡ로 더브러 공(球)을 차며 놀더니 그공이 기동구멍(柱穴)에 드러간지라 손으로 ᄭᅳ어내쟈니 팔이 밋치지 못ᄒᆞᆷ으로 당쟝에 엇지ᄒᆞᆯ도리가 업셔셔 여러ᄋᆞᄒᆡ가 심히 근심ᄒᆞ더니 션싱이 서셔히 와셔 보고 즉시 겻헤잇ᄂᆞᆫ 다른 ᄋᆞᄒᆡ를 명ᄒᆞ야 링슈ᄒᆞᆫ동이를 기러다가 그 기동구멍에 부으매 그공이 곳 써오르ᄂᆞᆫ지라 겻헤셔 보던 사ᄅᆞᆷ이 다 그영오ᄒᆞᆷ을 칭찬ᄒᆞ더니 그후에 션싱이 자라매 과연 큰 그릇을 일우엇더라

삼국시ᄃᆡ에 제갈근(諸葛瑾)의 ᄌᆞᄂᆞᆫ ᄌᆞ유니 그얼골이 매우 긴지라 그때 오나라(吳)님군이 제갈ᄌᆞ유로 더브러 ᄒᆞᆫ번 희롱ᄒᆞ기 위ᄒᆞ야 나귀ᄒᆞᆫ필을 ᄭᅳ러오라ᄒᆞ야 나귀얼골에 제갈ᄌᆞ유(諸葛子瑜)네글ᄌᆞ를 쓰니 이ᄯᅳᆺ은 나귀의 얼골이 제갈ᄌᆞ유의 얼골과ᄀᆞᆺ치 길다ᄒᆞᆷ이라 그때 ᄌᆞ유의 아ᄃᆞᆯ 제갈각의 나히 七세인ᄃᆡ 그부친을 ᄯᆞ라 갓다가 그광경을 보고 붓을 들어 그님군이 쓴바 네글ᄌᆞ 밋헤 갈지나귀녀(之驢)두글ᄌᆞ를 써쓰니 이ᄂᆞᆫ 제갈ᄌᆞ유의 나귀라 ᄒᆞᆷ이라 그님군이 크게 칭찬ᄒᆞ고 그나귀를 내여주며왈 네가 두글ᄌᆞ를 써씀으로 이 나귀가 네부친의게 쇽ᄒᆞ엿스니 네가 가져가라ᄒᆞ고 그후에 제갈각으로써 부므를 삼엇더라

세계격언

一 자쟝이 벌네(尺蠖)의 ᄉᆞᆨ부리ᄂᆞᆫ것은 쟝ᄎᆞᆺ펴기를 구ᄒᆞ려ᄒᆞᆷ이니라

二 비호지안코 지식를 구ᄒᆞᆷ은 그물업시 물고기를 구ᄒᆞᆷ과 ᄀᆞᆺᄒᆞ니라

三 두토기를 ᄶᅩᆺᄂᆞᆫ쟈ᄂᆞᆫ 능히 ᄒᆞᆫ토기도 엇지 못ᄒᆞᄂᆞ니라

四 물건은 몬져 썩은후에야 반ᄃᆞ시 버러지가 싱기며 사ᄅᆞᆷ은 몬져 의심ᄒᆞᆫ 후에야 참소가 드러오ᄂᆞ니라

五 포도나무ᄂᆞᆫ 세가지 열ᄆᆡ를 ᄆᆡᆺᄂᆞ니 첫재ᄂᆞᆫ 쾌락ᄒᆞᆫ열ᄆᆡ오 둘재ᄂᆞᆫ 취(醉)ᄒᆞᄂᆞᆫ 열ᄆᆡ오 셋재ᄂᆞᆫ 뉘우치ᄂᆞᆫ 열ᄆᆡ니라

六 나무에 ᄭᅩᆺ이 잇ᄂᆞᆫ동안에ᄂᆞᆫ 그열ᄆᆡ를 먹을수업나니라

七 션ᄒᆞᆫ 나무ᄂᆞᆫ 반ᄃᆞ시 션ᄒᆞᆫ 열ᄆᆡ를 ᄆᆡᆺ고 악ᄒᆞᆫ 나무ᄂᆞᆫ ᄯᅩᄒᆞᆫ 악ᄒᆞᆫ과실을 ᄆᆡᆺᄂᆞ니라

평림(評林)

●아홉가지 가탄(可歎)

신심은 업시 셰상에 ᄃᆡᄒᆞ야 무슴 다른 목뎍을 가지고 교회에 ᄃᆞᆫ니ᄂᆞᆫ쟈 만ᄒᆞ니 ᄎᆞᆷ가탄

쥬일을 직히지 안코 세상의 헛된쾌락을 산양질ᄒᆞ러 여긔뎌긔 ᄃᆞᆫ니ᄂᆞᆫ쟈만ᄒᆞ니 ᄎᆞᆷ가탄

쥬일에 례비참예를 ᄒᆞ기ᄂᆞᆫ ᄒᆞ면셔 젼도ᄒᆞᄂᆞᆫ말ᄉᆞᆷ은 주의ᄒᆞ야 듯지안ᄂᆞᆫ쟈 만ᄒᆞ니 ᄎᆞᆷ가탄

교회에 ᄃᆞᆫ니면셔 교회지졍에 ᄃᆡᄒᆞᆫ 칙임은 모르레ᄒᆞ고 다른 사ᄅᆞᆷ만 밋ᄂᆞᆫ쟈만ᄒᆞ니 ᄎᆞᆷ가탄

젼도칙임이 잇ᄂᆞᆫ쟈로 ᄌᆞ긔도

ᄌᆞ셰히모르면서 놈을 ᄀᆞᄅᆞ치ᄂᆞᆫ쟈만ᄒᆞ니 ᄎᆞᆷ가탄

교회의 목ᄉᆞ로 부귀ᄒᆞᆫ쟈만 ᄎᆞ져ᄃᆞ니고 빈쳔ᄒᆞᆫ쟈ᄂᆞᆫ ᄒᆞᆫ번도 찻지안ᄂᆞᆫ쟈잇ᄉᆞ니 ᄎᆞᆷ가탄

교회에 ᄌᆞ급젼을 허락ᄒᆞ엿ᄉᆞ면 그대로 내지안코 거ᄌᆞᆺ말을 ᄆᆞᆫᄃᆞᄂᆞᆫ쟈ㅣ만ᄒᆞ니 ᄎᆞᆷ가탄

쥬의 은혜를 밧고도 ᄌᆞ긔가족이나 다른 동포의게 증거ᄒᆞ기를 즐기지안ᄂᆞᆫ쟈ㅣ만ᄒᆞ니 ᄎᆞᆷ가탄

형뎨의 잘못ᄒᆞᄂᆞᆫ것을 볼ᄯᅢ에 ᄃᆡ면ᄒᆞ야 권면치 안코 외면ᄒᆞ야 비방ᄒᆞᄂᆞᆫ쟈만ᄒᆞ니 ᄎᆞᆷ가탄

실업

●농ᄉᆞ강습요항 (속)

뎨卅四 콩의 비료

콩은 ᄲᅮ리로 공긔즁의 질소(窒素)를 ᄲᆞ라드리ᄂᆞᆫ 능력이 잇슴으로 질소질비료(窒素質肥料)를 줄필요가 업고 다만 박토에ᄂᆞᆫ 잘 썩은 구비(廐肥)를 좀 주고 三빅평에 ᄃᆡᄒᆞ야 초목회(草木灰)一千량즁 가량을 주ᄂᆞᆫ것이 족ᄒᆞ니라

법령뎍요

●경찰범처벌규측 (속)

卅九 공즁이 ᄌᆞ유로 교통ᄒᆞᄂᆞᆫ 곳에서 훤화ᄒᆞ고 가로막어 누엇고 ᄯᅩᄂᆞᆫ 심히 취ᄒᆞ야 ᄇᆡ회ᄒᆞᄂᆞᆫ쟈

四十 공즁이 ᄌᆞ유로 교통ᄒᆞᄂᆞᆫ 곳에 람(濫)히 거마(車馬)나 비나 혹 다른 물건을 두거나 ᄯᅩᄂᆞᆫ 교통을 방해될만ᄒᆞᆫ 힝위를 ᄒᆞᆫ쟈

四十一 공즁이 ᄌᆞ유로 교통ᄒᆞᄂᆞᆫ 곳에서 위험(危險)ᄒᆞᆫ 념려가 잇ᄂᆞᆫᄯᅢ에 등불을 켜노커나 다른 예방ᄒᆞᄂᆞᆫ 쟝치(裝置)를 ᄃᆡ만ᄒᆞᆫ쟈

四十二 관령의 독촉을 밧고도 문허질념려가 잇ᄂᆞᆫ건륙물(建築物)의 슈리ᄒᆞᆯ것이나 ᄯᅩᄂᆞᆫ 넘어질 물건의 다시 쌋커나 밧고ᄂᆞᆫ 일에 ᄃᆡ만ᄒᆞᆫ쟈

四十三 잡답(雜沓)ᄒᆞᆫ 곳에서 졔지ᄒᆞᆷ을 즐기지안코 더혼잡(混沓)ᄒᆞᆫ 힝위를 ᄒᆞᆫ쟈

그리스도회보

KOREAN CHRISTIAN ADVOCATE

每週一回月曜日發行
大正二年八月二十日印刷
大正二年八月二十五日發行

發行兼編輯人 開城北部山芝峴 奇義男
印刷人 京城北部樓閣洞 朴東完
印刷所 京城南部上犂洞 新文館
發行所 京城北部壯洞四十三統三戶 呂炳鉉邸

ᄃᆡ금…代金
一쟝 二젼
六개월 四十젼
一개년 八十젼
海外 一개년 一환六十젼

사설

●신도의경제론(經濟論)

이세상에 ᄀᆞ장무거운 칙임은 놈의 지졍을 맛하 잘쳐리ᄒᆞᄂᆞᆫ것이니 누구던지 이 칙임에 틱만(怠慢)ᄒᆞᆫ쟈ᄂᆞᆫ 가히 더브러 도의(道義)를 의론ᄒᆞᆯ수업슬뿐아니라 그 맛긴 쥬인을 ᄃᆡᄒᆞᆯ때에 무슴말노 써 ᄃᆡ답ᄒᆞ리오 이제 우리의 잇ᄂᆞᆫ바 지산은 다 ᄒᆞᄂᆞ님ᄭᅴ셔 각각 우리의게 맛기신 것이니 엇지 가히 우리의 ᄆᆞᄋᆞᆷ대로 이 지산을 랑비(浪費)ᄒᆞ리오 대뎌 우리가 이세샹에 잇ᄂᆞᆫ 동안에ᄂᆞᆫ 하로라도 돈을 아니쓸수가 업슨즉 맛당히 쓰기ᄂᆞᆫ 쓰되 쓸때마다 몬져 그 쓰ᄂᆞᆫ일이 그 지산 맛기신 쥬인 ᄒᆞᄂᆞ님의 허락ᄒᆞ실만ᄒᆞᆫ 일인가 아닌가 우리 량심에 무러보아셔 만일 량심이 올치 아니ᄒᆞᆫ줄 셔ᄃᆞ르면 비록 ᄒᆞᆫ픈이라도 쓰지 말지니 그럼으로 사ᄅᆞᆷ마다 치물 쓰ᄂᆞᆫ 가온ᄃᆡ 보라ᄂᆞᆫ 격언(格言)이 잇ᄂᆞ니라 우리가 다 돈을쓰되 一뎡ᄒᆞᆫ 규칙이 잇스면 거의 방탕ᄒᆞᆷ에 ᄲᅡ지지 아니ᄒᆞᆯ지니 그됴목은 대개 좌와 ᄀᆞᆺᄒᆞᆷ

一、날마다 돈쓰ᄂᆞᆫ ᄉᆞ항을 반드시 일긔칙에 긔록ᄒᆞᆯ것이니 법샹ᄒᆞᆫ 사ᄅᆞᆷ이 ᄆᆡᄆᆡ 이 일에 주의치 아니ᄒᆞᆷ은 두가지 원인이 잇ᄂᆞ니 쳣재ᄂᆞᆫ 라타(懶惰)ᄒᆞᆷ이오 둘재ᄂᆞᆫ 그 랑비ᄒᆞᆷ을 붓그러워ᄒᆞ야 치부ᄒᆞ기를 즐기지 아니ᄒᆞᆷ이라 그러나 화셩돈 웨슬네 웰닝론 ᄀᆞᆺᄒᆞᆫ 一ᄃᆡ위인(偉人)들도 그 ᄉᆞ무의 골몰ᄒᆞᆷ을 도라보지안코 ᄆᆡᄆᆡ 그 돈쓰ᄂᆞᆫ 것을 치부ᄒᆞᆷ은 그 일긔를 샹고ᄒᆞᆫ후 그즁에 랑비ᄒᆞᆫ 됴항이 잇스면 곳 ᄉᆞᄉᆞ로 경계ᄒᆞ야 도덕샹과 경제샹 유익을 엇고져ᄒᆞᆷ이니라

二、결심ᄒᆞ고 ᄆᆡ삭얼마식 져륙ᄒᆞᆷ이니 누구던지 멀니 싱각지 못ᄒᆞᆷ으로 다쇼간 져륙이 업ᄂᆞᆫ사ᄅᆞᆷ이 졸디에 병이 나던지 혹 불가불 돈쓸일이 싱기면 큰 곤경에 ᄲᅡ지기 쉽고 혹 놈의게 빗을 지고 一시 곤경을 면ᄒᆞ엿스나 이 빗진ᄭᆞᄃᆞᆰ을 인ᄒᆞ야 필경 죄를 지던지 빗을 더지기 쉬울지니 엇지 두렵지 아니ᄒᆞ리오 그럼으로 염치를 보존ᄒᆞ고 ᄌᆞ유심를 양셩ᄒᆞ기ᄂᆞᆫ 져륙이 뎨一긴요ᄒᆞ니라

三、쓸ᄃᆡ업시 놈을 본밧지 말것이니 혹 엇던사ᄅᆞᆷ은 ᄌᆞ긔의 형편을 싱각지 못ᄒᆞ고 망녕되이 놈을 본밧어 ᄒᆞᆫ ᄃᆞᆯ에 二十원 슈입ᄒᆞᄂᆞᆫ쟈가 의복 음식 거쳐 용도가 二三百원 슈입ᄒᆞᄂᆞᆫ쟈와 ᄀᆞᆺ치 ᄒᆞ려ᄒᆞᄂᆞᆫ 폐단이 죵죵 잇ᄂᆞ니 이런일은 一졀 ᄒᆞ지말것이니라

四、ᄒᆞᄂᆞ님의 일에 돈쓰ᄂᆞᆫ것을 앗기지말것이니 신도가 맛당히 그슈입의 十分一을 쥰뎍ᄒᆞ야 ᄒᆞᄂᆞ님의 일에 쓰ᄂᆞᆫ것은 그쥬인의 맛긴것으로 그쥬인의 일에 쓰ᄂᆞᆫ것이니 엇지 여긔 ᄃᆡᄒᆞ야 린식ᄒᆞᆯ수 잇스리오 이ᄂᆞᆫ 닐온바 지물을 하ᄂᆞᆯ에 쌋ᄂᆞᆫ것이니라

그런즉 우리밋ᄂᆞᆫ 형뎨ᄌᆞ미ᄭᅴ셔ᄂᆞᆫ 돈을 씀에 ᄃᆡᄒᆞ야 맛당히 이 네가지 됴목을 주의ᄒᆞᆯ진뎌

특별샤고

본샤에셔 임의 광고ᄒᆞᆫ바와 ᄀᆞᆺ치 본회보ᄃᆡ금을 우편집금법(郵便集金法)으로 슈합ᄒᆞᄂᆞᆫ즁이오나 우편국소(郵便局所)가 잇ᄂᆞᆫ 부즁이나 읍ᄂᆡ이외에ᄂᆞᆫ 이법을 취용치 못ᄒᆞ겟ᄉᆞ오니 우편국소가 업ᄂᆞᆫ촌에 거ᄒᆞ시ᄂᆞᆫ이ᄂᆞᆫ 곳 우편쇼위톄(郵便小爲替)로 붓쳐보내시옵쇼셔

교즁휘문

▲ᄂᆡ 보▼

●비지학당의교ᄉᆞ강습소

경셩 졍동비지학당ᄂᆡ에셔 본월十三일브터 각교회학교 남녀교ᄉᆞ를 모와 하긔강습소를 열고 一쥬일동안은 교육에 관ᄒᆞᆫ 여러가지 과졍을 교슈ᄒᆞ고 ᄯᅩ 一쥬일동안은 교육방침을 토론ᄒᆞᆫ다더라

●남감리교의 년회 쟝ᄀᆡ (將開)

남감리교년회는 감독 머러씨의 쥬쟝으로 ᄅᆡ九월十六일브터 경셩종교회당ᄂᆡ에셔 열작뎡이라더라

●횡셩읍에 새례ᄇᆡ당 (안 공 문)

강원도 횡셩읍교회는 一반교우의 열심으로 四百원을 연조ᄒᆞ야 회당十간을 건츅ᄒᆞ고 강화군 김츈식씨가 이곳젼도ᄉᆞ로 파송되여 불피풍우ᄒᆞ고 ᄃᆞᆫ니며 젼도홈으로 불과 一년ᄂᆡ에 교우가 百여명에 달ᄒᆞ엿고 ᄯᅩ 본읍신국현씨집에셔 마귀가 니러나 하로 불을 일곱번식 노하 집이 타는지라 마귀가 신씨부인의게로 침범ᄒᆞ야 싀부모도 모르고 남편ᄯᅩ 모르며 의복을 몸에 닙지안코 가로로 ᄃᆞᆫ니며 야료ᄒᆞᄂᆞᆫ ᄎᆞ에 김츈식씨와 여러 교우가 가셔 긔도ᄒᆞᆫ지 一삭만에 ᄎᆞᄎᆞ 졍신이 도라와셔 완인이 된고로 쥬ᄭᅴ 영광을 돌니며 안씨대쇼가가 다 합심ᄒᆞ야 교당에 ᄃᆞᆫ니고 ᄯᅩ 본군 사룬동사는 안슌옥씨의 부인은 나히六十세인ᄃᆡ ᄯᅩᄒᆞᆫ 마귀의 침범을 닙어 三ᄀᆡ월동안을 고롱ᄒᆞ더니 속쟝부인 박안나 김마리다량씨와 여러 부인들이 모혀 긔도ᄒᆞ더니 ᄎᆞᄎᆞ 병이 감ᄒᆞ여 셩ᄒᆞᆫ사ᄅᆞᆷ이 된고로 리웃사ᄅᆞᆷ들ᄭᆞ지 하ᄂᆞ님ᄭᅴ 영화를 돌니며 교우가 날노 증가ᄒᆞᆫ다ᄒᆞ엿더라

개인동졍(個人動靜)

●경셩졍동리화학당쟝푸라이 부인은 작년즁에 一ᄀᆡ년동안 슈유ᄒᆞ고 ᄌᆞ긔 본국(미국)에 갓다가 일젼에 경셩으로 다시 도라왓더라

●경셩 비지학당쟝 신흥우씨가 죠션 쥬일학교 ᄃᆡ표쟈로 셔ᄉᆞ국 트릿쓰이셩에셔 ᄀᆡ회ᄒᆞᆫ 만국쥬일학교 총회에 참셕ᄒᆞ기 위ᄒᆞ야 구쥬(歐洲)로 건너간일은 임의 긔ᄌᆡᄒᆞ엿거니와 ᄒᆡ씨가 수일젼에 경셩으로 도라왓더라

▲외 보▼

●ᄉᆞ립대학교의병합셜

일본문부대신 오뎐의인(奧田義人)씨는 여러ᄉᆞ립대학교를 병합(合併)ᄒᆞ야 ᄒᆞᆫ 완젼ᄒᆞᆫ 대학교를 만드는것이 필요ᄒᆞᆯ줄노 ᄉᆡᆼ각홈으로 죵속히 실시ᄒᆞ기를 운동즁이라더라

●二百만원의긔부금

미국부쟈 락펠너씨는 일본에 긔독교대학교를 세우기 위ᄒᆞ야 긔부금 二百만원을 허락ᄒᆞ엿다는 일은 긔왕에도 본회보에 게ᄌᆡᄒᆞ엿거니와 다시 드른즉 ᄒᆡ씨가 ᄒᆡ금의의 교부(交附)ᄒᆞ는일을 만국청년회총무 목덕박ᄉᆞ의게 위탁ᄒᆞ엿다더라

●만국쥬일학교총회

거월즁에 셔ᄉᆞ국 트릿쓰이셩에셔 ᄀᆡᄒᆞᆫ 만국쥬일학교총회에 참셕ᄒᆞᆫ 각국각교회의 ᄃᆡ표쟈는 二千六ᄇᆡᆨ인에 달ᄒᆞ엿는ᄃᆡ ᄒᆡ회에 ᄃᆡᄒᆞᆫ 긔부금의 슈입된것은 二十四만원에 달ᄒᆞ엿스니 三년젼에 엇은 긔부금은 十四만원에 지나지못ᄒᆞ더니 금번은 十만원을 더 엇엇슨즉 ᄒᆡ회의 진보됨을 가히 알겟고 이돈은 다만 오는 三년동안에 쓸경비라더라

●동경통신 一 속

청산학원 로졍 一

▲감독ᄒᆡ리스씨는 일본에 건너간후로 청산학원안에 류ᄒᆞ면서 죠션학ᄉᆡᆼ들노 더브러 ᄆᆡ일두시간동안식 죠션말을 연구ᄒᆞ며 셩경으로 토론도ᄒᆞᆫ다더라

▲동경청산학원에 류ᄒᆞ는 ᄒᆡ리스감독은 거七월二十六일하오에 ᄒᆡ학원ᄂᆡ에셔 원류회를 열고 죠션연합교회목ᄉᆞ쥬공三 청년회총무김졍식 최샹호三씨와 죠션류학ᄉᆡᆼ六형뎨를 청ᄒᆞ여 만찬을 ᄃᆡ졉ᄒᆞ고 죠션교회에 ᄃᆡᄒᆞᆫ 방침을 토론ᄒᆞ엿다더라

▲ᄒᆡ리감독은 본월六일하오六시에 ᄌᆞ긔쥬ᄐᆡᆨ에셔 죠션류학ᄉᆡᆼ六형뎨를 청ᄒᆞ여 긔도회

를 귀ᄒᆞ엿ᄂᆞᆫᄃᆡ 죠션교회와 각교역쟈와 죠션청년들과 고ᄉᆡᆼᄒᆞᄂᆞᆫ 형뎨들과 질병에걸닌 희쥬 인더손 평양 길선듀량씨와 기외 다른 형뎨를 위ᄒᆞ야 감독과 로졍一 김영섭 면영턱 로대욱 최덕용 손경도 졔씨가 ᄎᆞ례로 긔도ᄒᆞ엿다더라

●태평양젼도록 (쇽)

영국 대요한 션ᄉᆡᆼ 져

그런지 잇흘후에 텬쥬교인이 거즛말노 나의 젼도ᄒᆞᆫ 일을 신문샹에 게지ᄒᆞ엿ᄂᆞᆫᄃᆡ 이로 인ᄒᆞ야 교회즁 두목이 모히고 나를 불너 사문ᄒᆞᆯ식 나의 말을 드른후 또 그 두녀인을 부르니 그녀ᄉᆞ원슈녀가 말ᄒᆞᄃᆡ 뎌희가 일즉이 오지 아니ᄒᆞ엿슴으로 그ᄉᆞ실을 아지 못ᄒᆞᆫ다ᄒᆞ고 슌사가 비록 반돌동안을 탐문ᄒᆞ여도 차져내지 못ᄒᆞ고 그ᄯᅢ에 ᄆᆞ챠부리뎐 챠부도 죵젹을 알지못ᄒᆞ더니 하로ᄂᆞᆫ 그 잡혀가던 부인이 음방ᄌᆞ멸죠샹아래 잇다가 ᄌᆞ긔의 친ᄒᆞᆫ 사ᄅᆞᆷ으로 ᄒᆞ여곰 내게 긔별ᄒᆞ엿거ᄂᆞᆯ 내가 회즁에 공포ᄒᆞ고 슌사를 불너 가셔 구원ᄒᆞ라ᄒᆞ매 슌사가 가보아도 인ᄒᆞ야 죵젹이 업슴은 뎌희가 벌셔 다른곳으로 ᄃᆞ려 감이라 그 방쥬인ᄃᆞ려 무른즉 또ᄒᆞᆫ 알지 못ᄒᆞᆫ다 ᄒᆞᆷ으로 ᄒᆞᆯ일업시 유안ᄒᆞ여 두엇더니 그후에 드르니 그부인이 젼염병이 드러셔 젼염될념려가 잇다ᄒᆞ야 고빈원으로 보내여 거긔셔 죽엇더라 얼마후에 텬쥬교신부가 큰 강당에셔 나를 대단히 져주ᄒᆞ매 풍문이 괴악ᄒᆞᆫ지라 회즁에셔 내게 무슴 화가 잇슬가 두려워ᄒᆞ야 나를 권ᄒᆞ여 잠시 그셩을 ᄯᅥ나 아빅면셩근쳐 엇던디방에 가셔 젼도ᄒᆞ기를 권ᄒᆞ거ᄂᆞᆯ 내가 그셩으로 가셔 一년동안을 젼도ᄒᆞ면셔 텬쥬교인의 긔운이 좀 쇠ᄒᆞ기를 기ᄃᆞ리더니 하로ᄂᆞᆫ 맛춤 텬쥬교인의 집녑흐로 지나갈식 별안간 돌ᄒᆞᆫᄀᆡ가 二층우흐로 브터 ᄯᅥ러지며 내머리를 쳐셔 피가 흐르매 인ᄒᆞ여 그자리에셔 긔절ᄒᆞ엿다가 ᄭᅢ여 나셔 의원의게 치료를 밧은지 여러날만에 나앗고 그후에 또 몃번은 거리로 젼도ᄒᆞ러 ᄃᆞᆫ닐ᄯᅢ에 텬쥬교인이 ᄊᆞᆯᄂᆞᆫ물동을 기우려 내게 부은일도 잇지마ᄂᆞᆫ 하ᄂᆞ님의 도으심으로 내가 샹치도 안코 또ᄒᆞᆫ 두려운 ᄆᆞᄋᆞᆷ도 업시 젼보다 더 힘써 젼도ᄒᆞ니 뎌희가 감히 져희치 못ᄒᆞᆯᄲᅮᆫ외라 뎌희 긔운이 졈졈 쇠ᄒᆞ더라 (미완)

개인젼도모범

(廿二호쇽)

진남포 졍길학

(五)밋을것 요一〇十二 六〇四十七 三〇十六 힝十六〇二十一 요一 三〇二十三 막五〇三十六ㅣ

(六)붓그러워ᄒᆞ지말고즐거워ᄒᆞᆯ것 롬一〇十六 마十〇三十二ㅣ三十三 롬十〇九ㅣ十 빌二〇十ㅣ十一 요一四〇十五ㅣ

(七)분명히구원엇은것 요十〇廿八 롬八〇十六 딤후一〇十三 요一 五〇十三ㅣ

(八)지톄ᄒᆞ지말것 눅十二〇十九ㅣ廿 힝二十四〇廿五十七〇三十 고후六〇二 약四〇十三ㅣ十四ㅣ

●개인젼도인이급히알것

一、령혼을공부ᄒᆞᆷ

(가)령혼의근본 창一〇廿六ㅣ廿七

(나)령혼의귀즁 막八〇卅六ㅣ卅七

(다)령혼의가치 벳젼一〇十八ㅣ十九

(라)령혼의명수(命數)겔十八〇四 廿 三十一

二、사ᄅᆞᆷ을공부ᄒᆞᆷ

(가)사ᄅᆞᆷ의귀즁 식十三〇十二

(나)사ᄅᆞᆷ의디위 시八〇三ㅣ八

(다)사ᄅᆞᆷ의등분 고젼九〇十九廿二

三、하ᄂᆞ님의말ᄉᆞᆷ을공부ᄒᆞᆷ

히四〇十二 엡六〇十七 딤후三〇十五 十七 식五十五〇十ㅣ十一 요五〇廿四ㅣ廿五 롬一〇十六ㅣ

긔셔

◎쥬일학교를발젼ᄒᆞᆯ방법

한셩 현슌

대뎌 하ᄂᆞ님ᄭᅴ셔 죄악에 침륜된 우리셰샹사ᄅᆞᆷ을 구원ᄒᆞ시ᄂᆞᆫ 도리와 허락은 만고에 변치못ᄒᆞᆯ리치라 ᄒᆞᆯ지나 구원ᄒᆞ시ᄂᆞᆫ 방법에 ᄃᆡᄒᆞ야ᄂᆞᆫ 시ᄃᆡ의 형편과 사ᄅᆞᆷ의 지식이 발달됨을 ᄯᅡ라 변ᄀᆡᄒᆞ시ᄂᆞ니 이제 증거를 드러 말ᄒᆞ진ᄃᆡ 모세이젼에ᄂᆞᆫ ᄀᆡ인과 가족을 ᄐᆡᆨᄒᆞ샤 셰계만국즁에셔 하ᄂᆞ님의 구원ᄒᆞ시ᄂᆞᆫ 도리를 보존ᄒᆞ야 젼ᄅᆡᄒᆞᆯ 국민의 죠샹을 세우시고 모세ᄯᅢ로브터ᄂᆞᆫ 률법과 졔ᄉᆞ의규례를 세우샤 구원ᄒᆞ시ᄂᆞᆫ 도리를 표범뎍(表範的)으로 나타내시고 그리스도의 시ᄃᆡ가 갓가히 올ᄉᆞ록 모든 션지쟈의 예언을 의지ᄒᆞ야 구원의 도리를 더욱 명ᄇᆡᆨᄒᆞ게 ᄒᆞ엿스며 그리스도의 시ᄃᆡ에 니르러셔ᄂᆞᆫ 곳 신셩(神性)과 인셩(人性)을 온젼히가지신 하ᄂᆞ님의 독ᄉᆡᆼᄌᆞ 예수그리스도ᄭᅴ셔 이구원의 도리의 온젼ᄒᆞᆫ 방법을 일우셧ᄉᆞ니 이ᄂᆞᆫ 셰샹사ᄅᆞᆷ의 죄를 십ᄌᆞ가에 못박혀 도라가심으로 ᄃᆡ쇽ᄒᆞ야 주심이라 예수ᄀᆞᆯᄋᆞ샤ᄃᆡ 나ᄂᆞᆫ 셰샹의빗이니 나를 ᄯᅡ르ᄂᆞᆫ쟈ᄂᆞᆫ 어두운ᄃᆡ 힝치아니ᄒᆞ고 ᄉᆡᆼ명의 빗을 엇으리라 ᄒᆞ셧ᄉᆞ니 예수를 밋ᄂᆞᆫ쟈 예수의 픔격을 본밧지 아니ᄒᆞ면 엇지 ᄎᆞᆷ ᄉᆡᆼ명을 엇으리오 그리스도의 시ᄃᆡ이후로ᄂᆞᆫ 사ᄅᆞᆷ의게 셩신의 감화홈을 주샤 구원의 도리를 ᄇᆡ호ᄂᆞᆫ 가온ᄃᆡ셔 ᄉᆞᄉᆞ로 ᄭᆡᄃᆞᆺ게 ᄒᆞᄂᆞᆫ방법을 세우셧ᄉᆞ니 교회력ᄉᆞ가온ᄃᆡ 두어 사ᄅᆞᆷ의 ᄉᆞ젹을 들어 말ᄒᆞ건ᄃᆡ 마텬 루터가 밋음으로구원을 엇ᄂᆞᆫ것을 ᄭᆡᄃᆞ른것도 ᄇᆡ호ᄂᆞᆫ 가온ᄃᆡ셔 셩신ᄭᅴ셔 ᄀᆞᄅᆞ치신것이오 요한 웨슬네가 거륵홈이 업시ᄂᆞᆫ 구원을 엇지 못홈을 ᄭᆡᄃᆞ른것도 ᄇᆡ호ᄂᆞᆫ 가온ᄃᆡ셔 셩신의 감화를 밧은것이라

이제 우리죠션에 하ᄂᆞ님ᄭᅴ셔 구원의 도리를 젼ᄒᆞ신후로 우리가 임의 하ᄂᆞ님의 구원ᄒᆞ시ᄂᆞᆫ 두가지 방법을 보앗ᄉᆞ니 ᄒᆞ나ᄂᆞᆫ 교회에 부흥의 불을 니르키샤 모든 밋ᄂᆞᆫ쟈로 하여곰 죄악을 ᄌᆞ복ᄒᆞ고 샤유의 은혜를 밧게 ᄒᆞ신것이오 또 ᄒᆞ나ᄂᆞᆫ 모든 밋ᄂᆞᆫ쟈로ᄒᆞ여곰 젼도ᄒᆞᄂᆞᆫ 열심을 니르켜셔 만민을 구원케 홈이라 그러나 오ᄂᆞᆯ날 우리죠션교회가 신령ᄒᆞᆫ 눈을 들어 ᄉᆞᆲ혀보건ᄃᆡ 하ᄂᆞ님ᄭᅴ셔 뎡녕히 모든 밋ᄂᆞᆫ쟈로 ᄒᆞ여곰 구원의 도리를 더 깁히 ᄇᆡ와셔 밋음의 근뎌(根柢)를 굿건케 ᄒᆞ시ᄂᆞᆫ줄 알지로다 이에 이방법을 밧아셔 시힝ᄒᆞᄂᆞᆫ것은 곳 하ᄂᆞ님의 말ᄉᆞᆷ을 ᄀᆞᄅᆞ치ᄂᆞᆫ 쥬일학교를 발젼케 홈이라

쥬일학교를 발젼코져 ᄒᆞᆯ진ᄃᆡ 몬져 교회와 쥬일학교가 셔로 관계된것을 밝히 알아야 ᄒᆞᆯ지니 쥬일학교ᄂᆞᆫ 셩경을 공부ᄒᆞ며 교회의 법식을 ᄇᆡ호ᄂᆞᆫ 곳이오 교회ᄂᆞᆫ 이것을 관활ᄒᆞ야 모든 밋ᄂᆞᆫ쟈로 ᄒᆞ여곰 셩경의 지식을 넓혀 주며 남녀로유를 잘 인도ᄒᆞ야 그리스도인 된 픔셩을 발달케 홈이니 교회와 쥬일학교ᄂᆞᆫ 셔로 ᄯᅥ러지지못ᄒᆞᆯ 관계가 잇고 쥬일학교ᄂᆞᆫ 맛당히 교회의 지휘를 밧을지니라

이제 쥬일학교를 발젼ᄒᆞᄂᆞᆫ 방침을 들어ᄎᆞ례로 말ᄒᆞ건ᄃᆡ

一、관죠직을 완젼케ᄒᆞᆯ것

쥬일학교ᄂᆞᆫ 사ᄅᆞᆷ의 ᄆᆞᄋᆞᆷ에 하ᄂᆞ님의 말ᄉᆞᆷ을 깁히 심으ᄂᆞᆫ 곳이니 사ᄅᆞᆷ의 년령을 ᄯᅡ라 하ᄂᆞ님의 말ᄉᆞᆷ을 ᄎᆞ등잇게 ᄀᆞᄅᆞ치지 아니ᄒᆞ면 그결실을 엇기가 어려운지라 그럼으로 근ᄃᆡ 교회에셔ᄂᆞᆫ 교육학과 심리학의 법측을 의지ᄒᆞ야 등급을 졔뎡ᄒᆞ야 ᄀᆞᄅᆞ치ᄂᆞ니 오ᄂᆞᆯ날 죠션교회에셔 실시ᄒᆞᄂᆞᆫ 쥬일학교ᄂᆞᆫ 유년과 쟝년을 ᄂᆞᆫ호아셔 ᄀᆞᄅᆞ치ᄂᆞᆫ 곳도 잇고 혹 식골교회에셔ᄂᆞᆫ 쟝년과 유년의 구별이 업시 ᄀᆞᄅᆞ치ᄂᆞᆫ곳도 잇스며 유년의게ᄂᆞᆫ 도모지 ᄀᆞᄅᆞ치지 아니ᄒᆞᄂᆞᆫ 곳도 잇스니 이제 규모잇ᄂᆞᆫ 졔도로 죠직ᄒᆞᆯ진ᄃᆡ 쥬일학교젼부를 ᄂᆞᆫ호아 四부로 죠직ᄒᆞᆯ지니

一항 영아부는 유아로브터 三四셰ㅅ지 입록ᄒᆞ게 ᄒᆞ야 쥬일학교와 가뎡으로 더브러 련락을 일우게 ᄒᆞ야 그ᄋᆞ회가 三四셰가 되여셔 능히 말ᄒᆞᆯ만ᄒᆞ면 유년부유치과에 드러오게ᄒᆞᆯ것이오

二항 유년부는 三四셰로 브터 十五六셰ㅅ지 년령의 ᄋᆞ동을 의지ᄒᆞ야 졔뎡ᄒᆞᆫ 공과를 ᄀᆞᄅᆞ칠지니 이부를 논ᄒᆞ건ᄃᆡ

(一) 유치과 四셰로 六셰ㅅ지

(二) 초등과 七셰로 九셰ㅅ지

(三) 즁등과 十셰로 十二셰ㅅ지

(四) 고등과 十三셰로 十五셰ㅅ지

三항 쟝년부는 十六셰이샹으로로년ㅅ지 년령의 ᄋᆞ동을 의지ᄒᆞ야 몃반으로 조직ᄒᆞ고 공과는 만국쥬일 특별공과를 ᄀᆞᄅᆞ칠것이오

四항 가뎡부는 신쟈즁 남녀를 물론ᄒᆞ고 쥬일학교 ᄒᆞᆼ샹시간에 참예치 못ᄒᆞ는쟈를 위ᄒᆞ야 셜립ᄒᆞᆫ 것이니 회당에셔 먼곳에 사는 몃사ᄅᆞᆷ으로 반을 조직ᄒᆞ고 그즁엇더ᄒᆞᆫ 가뎡에 모혀셔 미쥬一ᄎᆞ식 셩경을 공부케 ᄒᆞᆷ이니 가뎡부의 목뎍은 셩경공부가 각 가뎡에 널니 퍼져셔 사ᄅᆞᆷ마다 셩경의 지식을 엇게ᄒᆞᆷ이오 쥬일학교에셔만 공부ᄒᆞ는쟈로 ᄒᆞ여곰 집에 가셔도 ᄒᆞᆼ샹 공부케 ᄒᆞ는긔회를 열어줌이라

이와ᄀᆞᆺ치 쥬일학교가 조직이 될진ᄃᆡ 각사ᄅᆞᆷ의 온 평싱을 잘 ᄒᆞᄂᆞ님ᄭᅴ로 인도ᄒᆞ야 죄악에 ᄲᅡ지지 안코 진졍ᄒᆞᆫ 구원에 드러가게ᄒᆞᆯ지니 이제 류ᄋᆞ들은 영ᄋᆞ부에 잇고 유년ᄋᆞ회들은 유년부에 잇고 쟝년으로 로년ㅅ지는 쟝년부에 잇고 집집마다 셩경을 공부ᄒᆞᆯ 긔회는 가뎡부에 잇ᄉᆞ니 과연 조션을 온젼히 ᄒᆞᄂᆞ님ᄭᅴ 밧쳐셔 그리ᄉᆞ도의 왕국을 일우기는 쥬일학교ᄉᆞ업에 잇다고 ᄒᆞ여도 과언이 아닌줄 아노라 (미완)

교회ᄉᆞ긔

긔이부 역슐

뎨七관 녯교회의 셩례를 의론ᄒᆞᆷ

녯적에 셰례를 밧는쟈들은 교회에 드러오기젼에 교회의 법식을 익숙히 닉여 여러사ᄅᆞᆷ압헤셔 뭇는대로 다 잘ᄃᆡ답ᄒᆞ고 또 후에도 셰쇽에 억미인 마귀를 끈코 긔도문을 긔억ᄒᆞᆫ후 물에 세번 잠기게ᄒᆞ고 오직 병든쟈는 물노 ᄲᅮ리게만ᄒᆞᄂᆞ니 또 이ᄀᆞᆺ치 ᄒᆞᆫ후에는 다시 손으로 안찰ᄒᆞ고 긔도ᄒᆞ야 셩신을 밧게ᄒᆞᄂᆞ니 이것은 ᄉᆞ도들의 힝ᄒᆞ던바를 본밧음이라(힝八쟝) 그리ᄒᆞᆫ지 얼마되지 아니ᄒᆞ여셔 셔방교회가 침례(沉禮)와 안슈례(按手禮)를 분셕ᄒᆞ야 침례는 목ᄉᆞ도 힝ᄒᆞ고 안슈례는 반ᄃᆞ시 감독만 힝케ᄒᆞᄂᆞ니 이럼으로 셰례를 베플ᄯᅢ에 혹 감독이 참예치 못ᄒᆞ는 경우에는 목ᄉᆞ가 침례만 힝ᄒᆞ엿다가 혹 감독이 긔회를 득셔 안슈례를 힝ᄒᆞ는ᄃᆡ 이것은 견진(堅振)의 례가 시작됨이라 또신ᄉᆞ(信士)는 다 졔ᄉᆞ가 된다ᄒᆞ야 구약의 법대로 졔ᄉᆞ(祭司)의 법을 셜립ᄒᆞ니 이는 곳 기름으로 바르는것인ᄃᆡ 므릇 견진의 례를 밧는쟈는 발셔 기름으로 바름을 엇엇ᄂᆞ니라 또 동방교회가 그리ᄉᆞ도의 부활졀긔와 셩신강림졀긔와 밋 쥬ᄭᅴ셔 모든 나타나신 졀긔에 셰례를 베플게ᄒᆞ고 또 셰례밧는 사ᄅᆞᆷ은 다 흰옷을 닙더라 그ᄯᅢ에 어린ᄋᆞ히 셰례주는법이 완젼히 ᄒᆞᆼ힝치는 못ᄒᆞ나 그러나 교회에셔 흔히 힝ᄒᆞᆷ으로 터럴니안이 깃버ᄒᆞ지 아니ᄒᆞ야 말ᄒᆞᄃᆡ ᄋᆞ히들이 만일 쟝셩ᄒᆞ야 셰례의 은혜를 일허 ᄇᆞ릴디경이면 다시 회복지 못ᄒᆞᆯ가 두렵다ᄒᆞ고 또말ᄒᆞᄃᆡ 대개 어린ᄋᆞ히들이 셰례밧는것은 반ᄃᆞ시 몬져증거를 보는것이 가ᄒᆞ다ᄒᆞ더라 (텬쥬교에셔는 그부모가 ᄃᆡ신ᄒᆞᆷ) 처음에는 셩만찬과 이찬을 ᄒᆞᆷᄭᅴ 베플더니 쑬늬아늬쓰황뎨ᄯᅢ에 니르러 ᄉᆞᄉᆞ로히 모히는것을 엄금ᄒᆞ는고로 ᄒᆞᆯ수업셔 이찬은 뎡지되고 셩뎐에셔 강도ᄒᆞᆫ후에

다흠ᄯᅢ 셩찬을 먹다가 ᄶᅩᆺ늬 아늬쓰가 죽은후에야 의찬먹는 규례가 다시 실힝되나 젼법과 달나 의찬과 셩찬을 ᄒᆞᆷᄭᅴ먹지 안코 또 의찬을 먹을ᄯᅢ에는 신도가 발씻는 례를 힝ᄒᆞ야 겸손ᄒᆞᆫ뜻을 표ᄒᆞ고 (요十三〇)셩찬을 먹는례는 처음에 신도가 회당에 모혀 경빅ᄒᆞ고 셩경을 강론ᄒᆞᆫ후 셩찬을 밧지못ᄒᆞᆯ쟈는 물너가고 오직 먹을쟈만 긔도문을 외오고 쥬ᄭᅴ 츅샤ᄒᆞᆫ후에 먹는것이니 그 긔도문 외이는 격식은 처음에는 모힌무리와 밋 만민을 ᄃᆡ신ᄒᆞ야 긔도ᄒᆞ고 또 그다음에는 서로 입맛초고 화평ᄒᆞᆷ을 표ᄒᆞᆫ후에 ᄯᅥᆨ과 술을 츅샤ᄒᆞᆫ후 ᄒᆞᆷᄭᅴ 먹고 ᄆᆞ시ᄂᆞ니 긔도문 외이는 격식을 다 힝ᄒᆞᆫ 후에는 눈화줄 감독이나 혹 목ᄉᆞ가 ᄯᅥᆨ과 술을 들고 사ᄅᆞᆷ을 향ᄒᆞ야 말ᄒᆞᄃᆡ 이것은 그리스도의 몸과 피라 ᄒᆞᆯᄯᅢ에 밧는쟈들이 一一시에 다 아멘ᄒᆞ고 먹은후에는 모든목ᄉᆞ가 병든사ᄅᆞᆷ들과 쥬를위ᄒᆞ야 옥에 갓친쟈들을 차자가셔 ᄃᆡ회들의게 눈호아 주엇스며 또ᄒᆞᆫ 규례가 잇는ᄃᆡ 각각 셩찬의 ᄯᅥᆨ을 조곰식 가지고 ᄌᆞ긔집에 도라가 례비날 식벽에 온집안식구로 더브러 긔도ᄒᆞ고 먹으며 말ᄒᆞᄃᆡ 이러케 ᄒᆞᄂᆞᆫ것이 재례비가 되여 참 하ᄂᆞ님의 복을 엇는다ᄒᆞ며 또 북아프리가교회에셔는 어린ᄋᆞᄒᆡ들과 ᄒᆞᆷᄭᅴ 셩찬을 먹으니 이셩찬의 ᄯᅥᆨ과 술은 사ᄅᆞᆷ들의 날마다 먹는ᄯᅥᆨ으로 쓰되(교즁사ᄅᆞᆷ이깃븐ᄯᅳᆺ으로ᄇᆞ탄다ᄒᆞᄂᆞᆫ연고)오직 누룩을 넛치안은 ᄯᅥᆨ으로 쓰ᄂᆞ니 이는 유대국졀긔의 규례를 본밧은것이오 술을드셔 쓰ᄂᆞ니 이ᄯᅳᆺ은 교회와 예수가 화합ᄒᆞᄂᆞᆫ 도를 표ᄒᆞᆷ이라

셩경공부의지침(쇽)

뎨五칙은 ᄉᆞ도힝젼이니 쥬후六十三년간에 누가가 져술ᄒᆞᆫ것이라 이칙의 ᄂᆡ용은 ᄉᆞ도들의 힝ᄒᆞᆫ일을 긔록ᄒᆞᆫ고로 ᄉᆞ도힝젼이라 칭ᄒᆞᄂᆞᆫᄃᆡ 그가온ᄃᆡ 엇던ᄉᆞ도의 힝ᄒᆞᆫ것은 더러 ᄲᅡ진것도 잇스나 이칙은 우리그리스도교회의 챵셜ᄒᆞᆫ ᄉᆞ긔이며 그리스도의 션교회에셔 첫번져 술ᄒᆞᆫ 칙이니라

ᄉᆞ도힝젼 이하는 다 셔신(書信)이니 여러ᄉᆞ도들이 각교회와 혹 개인의게 보낸 편지인고로 셔신이라 칭ᄒᆞ엿ᄂᆞ니라

뎨六칙은 로마인셔니 ᄉᆞ도바울이 쥬후五十八년간에 고린도에셔 져술ᄒᆞ야 로마교회에 보낸셔신인고로 로마인셔라 칭ᄒᆞᄂᆞ니라 이ᄯᅢ에 로마사ᄅᆞᆷ즁에 혹은 유대교를 숭빅ᄒᆞᆷ으로 참신을 아는쟈도 잇스며 혹은 우상을 숭빅ᄒᆞᆷ으로 하ᄂᆞ님을 알지못ᄒᆞᄂᆞᆫ쟈도 만흔고로 ᄉᆞ도바울이 이셔신을 보내여 ᄃᆡ회로 ᄒᆞ여곰 오직구원을 엇는길은 쥬예수 그리스도를 밋는 것뿐인줄을 알게ᄒᆞᆫ것이니라

뎨七칙과 八칙은 고린도젼후셔니 쥬후五十七년간에 ᄉᆞ도바울이 에베소에셔 젼셔를 져술ᄒᆞ고 마게돈이아에셔 후셔를 셔술ᄒᆞ야 고린도교회에 보낸셔신인고로 고린도인셔라칭ᄒᆞᄂᆞ니 고린도는 희랍국ᄂᆡ에 ᄒᆞᆫ 큰 도셩인ᄃᆡ 거긔사는 ᄇᆡᆨ셩은 다 거즛신을 숭ᄇᆡᄒᆞᄂᆞᆫ고로 ᄉᆞ도바울이 가셔 젼도ᄒᆞᆫ 결과로 ᄃᆡ회 숭비ᄒᆞ던 거즛신을 ᄇᆞ리고 참 하ᄂᆞ님ᄭᅴ로 도라온쟈 만히 니러남으로 ᄒᆞᆫ 교회를 셜립ᄒᆞ엿더라 바울이 그곳을 ᄯᅥ난후에도 ᄃᆡ회를 군졀히 싱각ᄒᆞ여 이 셔신을 보내여 ᄃᆡ회를 더 깁히 ᄀᆞᄅᆞ치며 ᄃᆡ회죄를 셔ᄃᆞᆺ게 ᄒᆞ고 ᄃᆡ회 밋음을 더 굿게 ᄒᆞ엿ᄂᆞ니라

◎가뎡과쇼ᄋᆞ

●리빙스돈의니야기

十九셰긔ᄭᅡ지 아불리가대쥬의대부분이 아직 캄캄ᄒᆞᆫ 가온ᄃᆡ 잇셔셔 거긔사는 ᄇᆡᆨ셩들은 뎡ᄒᆞᆫ 집도 업고 졍부도 업스며 법률도 업고 륜리도 업시 들즘싱과 ᄀᆞᆺ치 여긔뎌긔 ᄯᅱ여 ᄃᆞᆫ니며 나무 열ᄆᆡ와 풀ᄲᅮ리와 동류의 고기로 그 비를 채오며 ᄃᆡ회 말이 사ᄅᆞᆷ의 고기즁에 ᄇᆡᆨ인죵의 고기가 뎨一 맛이 됴타ᄒᆞᆷ으로 구미 각국션교ᄉᆞ가 감히 그ᄯᅡ에 드러가지 못ᄒᆞ더니 하ᄂᆞ님ᄭᅴ셔 이민족을 구원ᄒᆞ시랴

고ᄒᆞᆫ 비샹ᄒᆞᆫ 인물을 영국 소격란디방에 나게ᄒᆞ시니 이는곳 다윗리빙스돈이라 션ᄉᆡᆼ은 본ᄅᆡ 빈한ᄒᆞᆫ 집 ᄌᆞ손으로 어려셔 부모를 여이고 ᄉᆞᄉᆞ로 ᄉᆡᆼ활ᄒᆞᆯ도리가 업셔셔 글나스고셩 양목제죠소에 드러가 고용ᄒᆞᆷ으로 하로 몃젼식 버러 겨오 사라가면셔도 어려셔브터 그 탁월(卓越)ᄒᆞᆫ 뜻은 능히 태산을 움ᄌᆞ길만ᄒᆞ야 학문을 ᄇᆡ호지 못ᄒᆞ면 그 뜻을 일우지 못ᄒᆞᆯ줄안고로 야학교에 입학ᄒᆞ여 공부를 힘쓸시 낫에 양목실을 샙으면셔 ᄒᆞᆫ편녑헤 ᄎᆡᆨ을노코 공부ᄒᆞ되 그 고용ᄒᆞ는 일을 더욱 부ᄌᆞ런히 ᄒᆞ야 ᄂᆞᆷ의게 뒤지지아니ᄒᆞ는지라 이와ᄀᆞᆺ치 수三년동안을 ᄒᆞᆫ갈ᄀᆞᆺ치ᄒᆞ매 그쥬인이 심히 긔특히녀여 그뜻을 일우어주랴고 학비를 ᄃᆡ여주어 대학교에 입학ᄒᆞ게ᄒᆞ엿더라 그럼으로 션ᄉᆡᆼ은 더욱 힘써ᄇᆡ화 학업을 맛친후에 그몸을 도라보지안코 사ᄅᆞᆷ을 잡어먹는 아불리가 토인의게 젼도ᄒᆞ야 구미각국 션교ᄉᆞ의 션봉이 되여 이ᄇᆡᆨ셩을 화ᄒᆞ야 능히 쥬의 복음을 밧음으로 오ᄂᆞᆯ날 이태륙(大陸)안에 복음의빗치 밋치지아니ᄒᆞᆫ곳이 업게ᄒᆞᆫ것은 이 유명ᄒᆞᆫ 모험가(冒險家) 리빙스돈의 공로가 뎨一위를 졈령ᄒᆞ엿더라

세계격언

一 지극히 젹은 불ᄭᅩᆺ(火花)이라도 어두운가온ᄃᆡ 잇셔셔는 황황ᄒᆞᆫ 빗출 ᄌᆞ랑ᄒᆞᄂᆞ니라

二 세번 져자의 호랑이를 젼ᄒᆞ매 사ᄅᆞᆷ마다 다밋ᄂᆞ니라

三 황금은 도덕(道德)이 그 빗출 일허ᄇᆞ릴때에 빗출 내ᄂᆞ니라

四 황금의 힘은 능히 형뎨로 서로 뮈워ᄒᆞ게ᄒᆞ며 가족으로 서로 닷토게ᄒᆞ며 친구로 서로 ᄯᅥ나게ᄒᆞᄂᆞ니라

五 기름과 물과 녀인과 비밀(秘密)은 서로 용납지 못ᄒᆞ는 셩픔이 잇ᄂᆞ니라

평림(評林)

●신도의닐곱가지변ᄒᆞᆷ

젼에는 셰샹의 헛된 영화와 부패(腐敗)ᄒᆞᆫ 일만 ᄇᆞ라더니 쥬를 밋은후브터는 텬국의 진졍ᄒᆞᆫ 영화와 고샹ᄒᆞᆫ ᄉᆞ업만 ᄇᆞ라니 이는 그희망이 변ᄒᆞᆷ

젼에는 입으로 나오는것이 모다 음담패셜과 샹인해물ᄒᆞ는 말뿐이더니 쥬를밋은후브터는 ᄒᆞᆼ샹 말ᄒᆞ는것이 령혼샹으로 구원엇는도리와 의인여긔ᄒᆞ는말뿐이니 이는 그 언론이 변ᄒᆞᆷ

젼에는 교만ᄒᆞ고 슬프며 근심ᄒᆞ고 독살스러온 모양으로 사ᄅᆞᆷ을 ᄃᆡᄒᆞ더니 쥬를 밋은후브터는 겸손ᄒᆞ고 깃브며 즐겁고 온화ᄒᆞᆫ 모양으로 사ᄅᆞᆷ을 ᄃᆡᄒᆞ니 이는 그외모가 변ᄒᆞᆷ

젼에는 ᄂᆞᆷ을 구타ᄒᆞ며 후욕ᄒᆞ는 광패ᄒᆞᆫ 일이 만터니 쥬를 밋은후브터는 ᄂᆞᆷ을 위ᄒᆞ야 젼도ᄒᆞ며 힘드는 일에 죠력ᄒᆞ며 빈한쟈의게 구죠ᄒᆞ니 이는 그힘위이 변ᄒᆞᆷ

젼에는 모든 무뢰지ᄇᆡ와 부랑패류로 더브러 샹종ᄒᆞ더니 쥬를밋은후브터는 그젼친구를 멀니ᄒᆞ고 진실ᄒᆞᆫ 신쟈와 고명ᄒᆞᆫ 도덕가로 더브러 교유(交遊)ᄒᆞ니 이는 그 교졔가 변ᄒᆞᆷ

젼에는 샤치ᄒᆞ고 라타ᄒᆞ며 방탕ᄒᆞᆫ ᄉᆡᆼ활노 지내더니 쥬를 밋은후브터는 검소ᄒᆞ고 존졀ᄒᆞ며 근면(勤勉)ᄒᆞ야 샹당ᄒᆞᆫ업무(業務)에 죵ᄉᆞᄒᆞ니 이는 그 ᄉᆡᆼ활이 변ᄒᆞᆷ

젼에는 만경창파에 키업는 ᄇᆡ와ᄀᆞᆺ치 갈바를 아지못ᄒᆞ더니 쥬를 밋은후브터는 오쥬 예수를 ᄯᆞ라 텬당의 영원ᄒᆞᆫ 복디로 목뎍ᄒᆞᆫ 항구를 삼으니 이는 지향(志向)이 변ᄒᆞᆷ

실업

●농ᄉᆞ강습요항 (쇽)

뎨卅五 콩의 즁경(中耕)

콩의 즁경도 량ᄆᆡᆨ과 ᄀᆞᆺ치 너머주의치 아니ᄒᆞ여도 가ᄒᆞ니 대개 싹이난지 十五六일후에 ᄭᅩᆺ 피기젼ᄭᆞ지 두어번 즁경ᄒᆞ는것이 가ᄒᆞ며 ᄭᅩᆺ핀뒤에 즁경ᄒᆞ는 것은 대단히 불가ᄒᆞ니 만일 그러면 셩슉(成熟)ᄒᆞᆯ때에도 입사귀가 쳥쳥ᄒᆞ야 결실이 잘되지 안ᄂᆞ니라

뎨卅六 콩의 츄슈

콩의 츄슈ᄒᆞᆯ 시긔는 대개 양력九월하슌(下旬)브터十월즁슌ᄭᆞ지ᄒᆞ는것이 ᄀᆞ장뎍당ᄒᆞ니 입이 ᄯᅥ러지고 줄기가 마

르며 콩고투리가 ᄯᅩᄒᆞᆫ 누른빗이 날ᄯᅢ에 곳츄슈ᄒᆞᆯ지니라 콩은 아모됴록 아ᄎᆞᆷ이슬이 마르지안코 흐린ᄯᅢ를 ᄐᆞ서 거두ᄂᆞᆫ것이 됴ᄒᆞ니 만일 청명ᄒᆞᆫ 날 일즁(日中)에 거두면 콩고투리가 다ᄯᅱ여 알이 ᄯᅡ에 ᄯᅥ러질념려가 잇ᄂᆞ니라

콩을 거ᄃᆞᆫ 드렷다가 청명ᄒᆞᆫ 날에 펴 너러 고로게 잘 말닌후에 도리ᄀᆡ(麰枷)로 ᄯᅮ두러 알을 잘 정ᄒᆡᄒᆞᆫ후 말녀셔 셤에 너흘지며 콩의 츄슈ᄒᆞᄂᆞᆫ 분량은 三百평에 되ᄒᆞ야 一셕五두가량이 보통이니라

담총

●탐심(貪心)을 경계ᄒᆞᆷ

녯날 셔양 엇던 님군이 탐심이 만흠으로 ᄌᆞ긔의 슝비ᄒᆞᄂᆞᆫ 신의게 ᄒᆞᆼ샹 황금만히 엇기를 긔도ᄒᆞ더니 하로ᄂᆞᆫ 엇던 ᄇᆡᆨ발로인이 와셔 왕의게 무러왈 왕이 ᄒᆞᆼ샹 황금만히 엇기를 ᄂᆡ게 ᄀᆞᆫ구ᄒᆞᄂᆞᆫ고로 ᄂᆡ가 이제 황금을 좀 주고저ᄒᆞ노니 보라ᄒᆞ고 집헛던 집ᄑᆡᆼ이로써 왕의 압헤 노힌 큰 궤를 ᄒᆞᆫ번 치며 황금이 되라 명령ᄒᆞ니 곳 그 궤가 변ᄒᆞ야 황금이 되ᄂᆞᆫ지라 그로인이 ᄯᅩ 무러왈 이만ᄒᆞ엿스면 왕의 ᄆᆞ옴에 만족ᄒᆞ뇨 왕이 ᄃᆡ답왈 아직도 넉넉지 못ᄒᆞ다ᄒᆞ매 그로인이 우셔왈 그러면 내가 왕의게 비술(秘術)을 젼ᄒᆞ야 무엇이던지 왕의 손으로 만지ᄂᆞᆫ 물건은 다 황금이 되게ᄒᆞ노니 그만ᄒᆞ면 만족ᄒᆞ겟ᄂᆞ뇨 왕이 크게 깃버샤례ᄒᆞ매 그로인은 믄득 간곳이 업더라 왕이 니러나 ᄂᆡ면으로 드러가랴고 손으로 단장을 집흐매 그 단장이 곳 화ᄒᆞ야 황금이 되고 모ᄌᆞ를 만지매 그모ᄌᆞ가 ᄯᅩᄒᆞᆫ 황금이 되며 문을 열면 문이 황금으로 변ᄒᆞ고 벽을 만지면 벽도 황금이 되며 무엇이던지 손만 가셔 다으면 곳 황금이 되ᄂᆞᆫ지라 왕이 크게 신긔히 녁여 희식이 만면ᄒᆞ야 ᄂᆡ면에 드러가매 그 ᄉᆞ랑ᄒᆞᄂᆞᆫ ᄯᆞᆯ이 잇셔셔 먹을것을 좀 달나ᄒᆞ거ᄂᆞᆯ 왕이 과ᄌᆞ를 주라고 손으로 집으매 그파ᄌᆞ가 ᄯᅩᄒᆞᆫ 화ᄒᆞ야 황금이 되고 얼마후에 ᄌᆞ긔가 ᄯᅩᄒᆞᆫ 식쟝ᄒᆞ야 아ᄎᆞᆷ밥을 먹으랴고 손으로 면보를 ᄯᅦ이려ᄒᆞᆫ즉 면보가 황금이 되고 고기를 집으려ᄒᆞᆫ즉 고기도 황금이 되니 이ᄀᆞᆺ치 수일을 지내매 눈에 뵈이고 손에 잡히ᄂᆞᆫ 것이 다 황금이나 먹고 마실것은 엇을수 업고 그 ᄉᆞ랑ᄒᆞᄂᆞᆫ ᄯᆞᆯ은 주리고 목말나셔 울기만ᄒᆞᄂᆞᆫ지라 왕이 심히 뉘웃쳐 그ᄯᆞᆯ을 위로ᄒᆞ랴고 손으로 어루만지매 그ᄯᆞᆯ이 ᄯᅩᄒᆞᆫ 화ᄒᆞ야 황금이 되ᄂᆞᆫ지라 왕이 크게 놀나 방셩통곡ᄒᆞ다가 몸을 도리켜 셔니 곳 ᄒᆞᆫ ᄭᅮᆷ이라 젼신에 ᄯᆞᆷ이 비오듯ᄒᆞ며 가슴이 울넝거리거ᄂᆞᆯ 왕이 깁히 뉘웃치고 스ᄉᆞ로 경계ᄒᆞ야 다시ᄂᆞᆫ 탐심을 부리지 안코 염결(廉潔)ᄒᆞᆫ 님군이 되엿다더라

그리스도회보

KOREAN CHRISTIAN ADVOCATE

每週一回月曜日發行
大正二年八月二十八日印刷
大正二年九月一日發行

發行兼編輯人 開城北部山芝峴 奇[illegible]男
印刷人 京城北部樓閣洞 朴東完
印刷所 京城南部上犂洞 新文館
發行所 京城北部壯洞四十三統三戶 呂炳鉉

ᄃᆡ금……代金
一장 二젼
六ᄀ월 四十젼
一ᄀ년 八十젼
海外 一ᄀ년 一환六十젼

샤셜

●十一됴에 ᄃᆡᄒᆞᆫ의무

인류가 이셰샹에 쳐ᄒᆞ매 각각 부담(負擔)ᄒᆞᆫ바 두가지 큰 의무가 잇ᄂᆞ니 첫재는 도덕샹의무요 둘재는 법률샹의무인ᄃᆡ 므롯 도덕샹의무는 하ᄂᆞ님의 무형ᄒᆞᆫ 졍부에 ᄃᆡᄒᆞᆫ것을 닐옴이오 법률샹의무는 이셰샹의 유형ᄒᆞᆫ 졍부에 ᄃᆡᄒᆞᆫ것을 ᄀᆞᄅᆞ침이라 다시 이 두가지의무를 각각 몃가지로 구별ᄒᆞᆯ수 잇ᄉᆞ니 몬져 이셰샹졍부에 ᄃᆡᄒᆞᆫ 의무를 말ᄒᆞ건ᄃᆡ 납셰 병역 복법(納稅 兵役 服法)등 의무가 잇ᄉᆞ나 그즁에 특별히 납셰의무를 들어 말ᄒᆞ고져 ᄒᆞ노니 어나 나라던지 ᄒᆞᆫ 쥬권쟈(主權者)가 잇서셔 그ᄇᆡᆨ셩을 다ᄉᆞ리며 ᄃᆡ회 ᄉᆡᆼ명과 ᄌᆡ산을 보호ᄒᆞ기 위ᄒᆞ야 허다ᄒᆞᆫ 긔관을 셜치ᄒᆞ매 여긔ᄃᆡᄒᆞ야 날마다 ᄌᆡ졍을 요구치 아니면 될수업ᄂᆞᆫ고로 그통치(統治)밋헤 잇ᄂᆞᆫ ᄇᆡᆨ셩은 각각 ᄌᆞ긔 소유ᄌᆡ산즁 一년슈입의 몃분을 그졍부에 밧치ᄂᆞ니 이는 납셰의무의 처음ᄉᆡᆼ긴 원인이라 그러나 그밧치ᄂᆞᆫ바 셰익(稅額)은 고금이 다르고 동셔가 ᄀᆞᆺ지아니ᄒᆞ며 ᄯᅩ 각기국법을 ᄯᅡ라 고하(高下)가 잇거니와 샹고시ᄃᆡ에 뎨一공평ᄒᆞᆫ 졔도는 대개 十분지一이니 닐온바 하우시의공법(貢法)과 은(殷)나라의 죠법(助法)과 쥬(周)나라의 쳘법(徹法)이 일홈은 다르나 다 十一됴라 ᄒᆞ엿ᄉᆞ며 구약시ᄃᆡ에 유대인도 十一됴를 그님군의게 밧쳣ᄉᆞ니(삼상八〇十五、十七)그런즉 납셰는 우리의 면치못ᄒᆞᆯ 의무요 十一됴는 고금에 통용ᄒᆞᆫ 젼례로다 이셰샹졍부에 ᄃᆡᄒᆞᆫ 의무도 이와ᄀᆞᆺᄒᆞᆫᄃᆡ ᄒᆞ믈며 하ᄂᆞ님의 무형ᄒᆞᆫ 졍부에 ᄃᆡᄒᆞᆫ 도덕샹 의무는 얼마나 더 관즁(關重)ᄒᆞ뇨 대개 하ᄂᆞ님ᄭᅴ ᄃᆡᄒᆞᆫ 의무는 우리가 다 임의 알거니와 간단히 말ᄒᆞ쟈면 우리의게 잇ᄂᆞᆫ것을 하ᄂᆞ님ᄭᅴ 밧치ᄂᆞᆫ것인ᄃᆡ 첫재 우리의 령혼과 ᄆᆞ옴과 몸을 다 밧칠것이오 둘재 우리의 잇ᄂᆞᆫ바 ᄌᆡ산의 十분지一을 밧쳐셔 그의 나라를 이셰샹에 확쟝ᄒᆞᄂᆞᆫ 일에 ᄃᆡᄒᆞ야 쓰게ᄒᆞᄂᆞᆫ것이라

(미완)

샤고

본회보를 이호(愛護) 구람ᄒᆞ시ᄂᆞᆫ 졔씨즁에 금년六개월 션금(先金)만 보내신이ᄂᆞᆫ 본월말일(末日)에히 션금이 임의다 ᄒᆞ엿ᄉᆞ오니 하반긔(下半期)六개월 션금四十젼식 과 이ᄶᅡ지 션금을 아니보내신이ᄂᆞᆫ 一ᄀ년 션금八十젼식을 속속히 우편쇼위톄(郵便小爲替)로 붓쳐보내시와 본회보로 ᄒᆞ여곰 ᄌᆡ졍에 곤난홈이 업게ᄒᆞ심을 근졀히 ᄇᆞ라ᄂᆞ이다

교중휘문

◀내 보▶

●본년六월十三일감리교 신학졸업식연셜

졸업ᄉᆡᆼ 신흥식

문뎨 력ᄉᆞ에하ᄂᆞ님을나타냄

창셰이후로 몃쳔년력ᄉᆞ들 샹고ᄒᆞ여 보면 뎨왕들의 셩ᄒᆞ고 쇠ᄒᆞ는것과 습쇽의 변쳔ᄒᆞ는것과 도덕의 발달되는것과 문화(文化)의 진보ᄒᆞ는것이다 하ᄂᆞ님의 샹션벌악(賞善罰惡)ᄒᆞ는 리치로 되지안는것이 도모지 업ᄉᆞᆸᄂᆡ다 이럼으로 력ᄉᆞ라 ᄒᆞ는것은 하ᄂᆞ님을 나타내는 긔관이라고 인증ᄒᆞᆯ수잇ᄉᆞᆸ니다 대개 력ᄉᆞ를 말ᄒᆞ자면 두가지로 구별ᄒᆞᆯ수 잇스니 一은 졍치뎍력ᄉᆞ오 二는 종교뎍력ᄉᆞ이올셰다 그러ᄂᆞ 허다ᄒᆞᆫ 력ᄉᆞ를 단축ᄒᆞᆫ 시간에 다 말ᄒᆞᆯ수 업거니와 대강 몃가지만 들어 말ᄒᆞ고져 ᄒᆞᆷᄂᆡ다

一 졍치뎍력ᄉᆞ이니 샹고시ᄃᆡ에 모세셩인은 ᄌᆞ긔동족 이ᄉᆞ라엘ᄇᆡᆨ셩들이 애굽에셔 학ᄃᆡ와 고난밧음을 인ᄒᆞ여 하ᄂᆞ님ᄭᅴ 명령을 밧아셔 여러 모양의 ᄌᆡ앙으로 바로 왕을 경계ᄒᆞ고 이ᄉᆞ라엘ᄇᆡᆨ셩을 바로왕의 손에셔 구ᄒᆞ여 냇쓰니 이것은 하ᄂᆞ님을 알지못ᄒᆞ는 애굽에 하ᄂᆞ님의 권능을 나타낸것이오 ᄯᅩᄒᆞᆫ 광야에 나와셔 여러가지 이젹으로 ᄇᆡᆨ셩을 보호ᄒᆞ엿스니 이도 ᄯᅩᄒᆞᆫ 하ᄂᆞ님을 나타낸것이 아니오닛가 ᄯᅩᄒᆞᆫ 유대국에 왕업을 창립ᄒᆞ던 다윗왕은 사울의 핍박과 압살놈의난을 당ᄒᆞᆯᄯᅢ에 위험과 고난을 여러번 당ᄒᆞ엿지마는 다윗의 저술ᄒᆞᆫ 시편을 볼것ᄀᆞᆺᄒᆞ면 하ᄂᆞ님을 나타내지아니ᄒᆞᆫ곳이 도모지 업ᄉᆞ며 ᄯᅩᄒᆞᆫ 지나에 은(殷)나라님군 셩탕은 칠년대한을 당ᄒᆞ여 ᄉᆡᆼ민이 죽을디경을 당ᄒᆞ여셔 샹림이라 ᄒᆞ는들에 가셔 졔단을 ᄊᆞ코 ᄌᆞ긔몸으로 희ᄉᆡᆼ을 ᄃᆡ신ᄒᆞ고 여ᄉᆞᆺ가지 죄를 ᄌᆞ복ᄒᆞᆷ으로 하ᄂᆞ님ᄭᅴ셔 비를 크게 주샤 ᄉᆡᆼ민을 구원ᄒᆞ엿스니 이것도 하ᄂᆞ님을 나타낸것이 아니오며 ᄯᅩᄒᆞᆫ 죵고시ᄃᆡ로 말ᄒᆞ면 바빌론을 통일ᄒᆞ고 열국의 일등 군왕이 되엿던 느브갓네사는 하ᄂᆞ님을 모르고 우샹을 힘써 셤기던쟈이지마는 단니엘의 젼도를 듯고 하ᄂᆞ님을 알엇ᄉᆞ오며 ᄯᅩ ᄌᆞ긔가 하ᄂᆞ님의 공평되신 형벌노 나라밧게 쫏겨나셔 칠년고ᄉᆡᆼ을 ᄒᆞᆫ후에 하ᄂᆞ님계신줄을 분명히 ᄭᆡᄃᆞᆺ고 회ᄀᆡᄒᆞ여 하ᄂᆞ님을 찬양ᄒᆞ고 칭숑ᄒᆞ며 존경ᄒᆞ엿스니 이것도 하ᄂᆞ님을 모르는곳에 나타낸것이 아니오닛가 ᄯᅩᄒᆞᆫ 근셰로 말ᄒᆞ면 미국을 창립ᄒᆞ던 와셩톤이 대통령위에 잇셔 말ᄒᆞᄃᆡ 나라를 잘 다ᄉᆞ리고 ᄇᆡᆨ셩을 평안케 ᄒᆞ는 법은 하ᄂᆞ님ᄭᅴ셔 주신 셩경칙외에 업다 ᄒᆞ고 덕국에 엇던 님군은 무르ᄃᆡ 하ᄂᆞ님의 종교를 한마ᄃᆡ말노 엇더케 말ᄒᆞᆯ수잇ᄂᆞ뇨ᄒᆞᆫ즉 비ᄉᆞ믹이 ᄃᆡ답ᄒᆞᄃᆡ 이스라엘이라 ᄒᆞ엿스니 이샹의 여러사ᄅᆞᆷ들은 졍치샹으로 하ᄂᆞ님을 나타낸것이 아니오닛가

二 종교뎍ᄉᆞ긔이니 샹고시ᄃᆡ에 엘니야는 하ᄂᆞ님의 종교를 증거ᄒᆞᆯᄯᅢ에 아합왕과 이셰별의 위험ᄒᆞᆫ 핍박을 당ᄒᆞ여셔 삼년동안 사렙ᄯᅡ 과부의 집에셔 하ᄂᆞ님의 권능을 나타내고 ᄯᅩ 바알의 션지쟈도 ᄉᆞᄇᆡᆨ여명을 불노 시험ᄒᆞᆫ후 죽이기도ᄒᆞ고 ᄯᅩᄒᆞᆫ 요단강건너 가셔 화거를 ᄐᆞ고 승텬ᄒᆞ엿스니 이는 종교샹으로 하ᄂᆞ님을 나타낸것이오 ᄯᅩ 아람나라 대장나아만의집에 잡혀와셔 잇는 이스라엘계집ᄋᆞᄒᆡ는 더의 쥬인 나아만이 문동병으로 근심ᄒᆞᆯᄯᅢ에 말ᄒᆞ되 이스라엘나라의 하ᄂᆞ님의 션지쟈가 잇스니 그션지쟈의게 가면 문동병을 곳치겟다고 증거ᄒᆞ매 나아만이 이스라엘션지쟈 엘니샤의게 가셔 문동병을 곳침을 밧고 하ᄂᆞ님을 존경ᄒᆞ엿스니 이는 그계집아히가 ᄌᆞ긔고국에 잇슬ᄯᅢ에 종교를 아는연고로 비록 어릴지라도 하ᄂᆞ님을 나타낸것이오니 이로 보면 하ᄂᆞ님을 나타내는ᄃᆡ는 남녀

분별이 업ᄂᆞᆫ줄 아옵ᄂᆡ다 ᄯᅩᄒᆞᆫ 동양 지나의 대셩인 공ᄌᆞᄭᅴ셔ᄂᆞᆫ 말ᄉᆞᆷᄒᆞ샤ᄃᆡ 하ᄂᆞ님ᄭᅴ 죄를 엇으면 긔도ᄒᆞᆯ곳이 업다 ᄒᆞ시며 ᄯᅩ 하ᄂᆞᆯ이 덕을 내게 내셧다 ᄒᆞ셧스니 이도 ᄯᅩᄒᆞᆫ 종교샹으로 하ᄂᆞ님을 나타낸것이올세다 ᄯᅩᄒᆞᆫ ᄉᆞ도시졀에 바울셩인은 아덴에셔 아지못ᄒᆞᄂᆞᆫ 신의 단을 보고 아덴빅셩의게 하ᄂᆞ님을 나타내여 증거ᄒᆞ신일은 여러분의 다 아시ᄂᆞᆫ바이올세다 ᄯᅩᄒᆞᆫ 가데지교회에 녀신도 펏팟쥬아라ᄒᆞᄂᆞᆫ이ᄂᆞᆫ 로마핍박을 당ᄒᆞᆯ때에 졋먹ᄂᆞᆫ 어린아희를 ᄲᅢ앗고 옥에 가도왓ᄂᆞᆫᄃᆡ 그 친아바지ᄂᆞᆫ 밋지안ᄂᆞᆫ쟈인ᄃᆡ 옥에 나가셔 그ᄯᆞᆯ의게 말ᄒᆞᄃᆡ 너ᄂᆞᆫ 엇지ᄒᆞ여 네부모와 ᄌᆞ식을 ᄉᆡᆼ각지 안코 예수만밋으려ᄒᆞ나냐 지금이라도 아니밋ᄂᆞᆫ다ᄒᆞ면 살터이니 그대로ᄒᆞ라ᄒᆞᆫ즉 그녀인이 ᄃᆡ답ᄒᆞᄃᆡ 내가 아바지의 명령을 슌종ᄒᆞ여 아바지를 깃브시게ᄒᆞᄂᆞᆫ것이 됴흔줄 ᄉᆡᆼ각ᄒᆞ오나 ᄯᅩ ᄉᆡᆼ각ᄒᆞᆸ기ᄂᆞᆫ 하ᄂᆞ님의 명령을 좃차 하ᄂᆞ님을 깃브시게ᄒᆞᄂᆞᆫ것이 더 됴흔줄 아ᄂᆞ이다 ᄒᆞ고 그 ᄆᆞ옴을 곳치지 안코 ᄌᆞ긔몸을 맛쳣ᄉᆞ오니 비록 연약ᄒᆞᆫ 녀ᄌᆞ라도 종교샹으로 하ᄂᆞ님을 죽도록 나타냇습ᄂᆡ다 이샹 여러 사ᄅᆞᆷ들은 다 종교샹으로 하ᄂᆞ님을 나타낸것이 아니오닛가 마ᄌᆞ막으로 말ᄉᆞᆷᄒᆞᆯ것은 지금 시ᄃᆡ로 볼것ᄀᆞᆺᄒᆞ면 젼에 교회에 쟝로직분을 힝ᄒᆞ다가 현금미국대통령으로 잇ᄂᆞᆫ 윌손씨 ᄀᆞᆺᄒᆞᆫ이ᄂᆞᆫ 졍치뎍으로 하ᄂᆞ님을 나타낼줄 밋고 감샤ᄒᆞᆸ거니와 지금 이자리에 참예ᄒᆞ신 셔양 션교ᄉᆞ졔씨와 조션여러분 부모형뎨 ᄌᆞᄆᆡ졔씨와 우리 졸업ᄉᆡᆼ 세씨ᄂᆞᆫ 종교뎍으로 하ᄂᆞ님을 나타내ᄂᆞᆫ 긔관이 되엿ᄉᆞ오니 긔관을 잘 ᄡᅳᆷ으로 쟝리에 예수를 밋고 하ᄂᆞ님을 나타내ᄂᆞᆫ 후진들의 샹고ᄒᆞᆯ 큰 력ᄉᆞ가 되시기를 ᄇᆞ라옵ᄂᆡ다

●려쥬읍에새은혜

(리 문 현)

본월七일에 경셩미국셩셔공회후ᄭᅦ도마쓰 김젼량씨가 매셔에 유명ᄒᆞᆫ 리봉긔 젼츈션 김경화 최진샹 신지균 젼무호 엄졍보 졔씨를 ᄃᆡ동ᄒᆞ고 려쥬읍에셔 매셔ᄒᆞᄂᆞᆫ 방법도 연습케ᄒᆞ고 겸ᄒᆞ야 복음을 집집이 ᄃᆞᆫ니며 매하ᄒᆞ엿ᄂᆞᆫᄃᆡ 불과 五일에 매하ᄒᆞᆫ 복음이 一千八十一권에 달ᄒᆞ엿습으로 매셔인졔씨도 새졍신을 엇엇스며 ᄯᅩᄒᆞᆫ 본읍 교회창셜 十여년에 처음잇ᄂᆞᆫ 일인고로 교우의 열심도 一층 분발ᄒᆞ야 영광을 하ᄂᆞ님ᄭᅴ 돌녀 감샤찬숑ᄒᆞ며 외인도 예수를 밋어야 되겟다ᄂᆞᆫ 니야기가 골목골목셔 들닌즉 쟝ᄎᆞ 교회가 더욱 흥왕ᄒᆞ리라더라

▲외 보▼

●쟝릐의만국쥬일학교총회

一千九百十六년의 만국쥬일학교총회를 일본동경셔 기ᄒᆞ리라ᄂᆞᆫ ᄉᆞ실은 임의 본보에 게지ᄒᆞ엿거니와 츄후ᄌᆞ셰ᄒᆞᆫ 소문을 드른즉 히ᄉᆞ건에 ᄃᆡᄒᆞ야 금년죠션경셩에 왓던만국쥬일학교시찰위원쟝 하인트박ᄉᆞ가 거七월즁 셔ᄉᆞ국 트리트이 총회에셔 동의ᄒᆞᆷ은 영국 국무경 베루세이씨의찬셩을 인ᄒᆞᆷ인ᄃᆡ 히총회의 비샹ᄒᆞᆫ 찬셩을 엇어 그대로 가결되엿ᄂᆞᆫᄃᆡ 히ᄉᆞ안(事案)에 ᄃᆡᄒᆞᆫ 평의회장은 영국로바ㅣ레도로경으로 ᄉᆞ무실힝위원쟝은 미국하인스박ᄉᆞ로 션뎡ᄒᆞ엿다더라

●일본의쇼학교 감수(減數)

일본젼국ᄂᆡ에 쇼학교 수효가 졈졈감ᄒᆞᄂᆞᆫ 리유ᄂᆞᆫ 뎡(町)과 촌의 합병ᄒᆞᆫ 결과와 불완젼ᄒᆞᆫ 학교들을 합ᄒᆞ야 완젼케ᄒᆞᆫ 원인과 학년을 느림으로 고등쇼학교가 만히 감ᄒᆞᆫ연고인ᄃᆡ 지나간 五년동안에 감ᄒᆞᆫ 비교표ᄂᆞᆫ 좌와ᄀᆞᆺᄒᆞᆷ

명치四十년	二七、一二五
仝 四一년	二六、三八六
仝 四二년	二六、○八四
仝 四三년	二五、九一○
仝 四三년	二一、四○五

●인도국의 됴흔쇼식

인도국에셔 근일에 졍밀히 죠사ᄒᆞᆫ바를 거ᄒᆞᆫ즉 젼국ᄂᆡ에

잇는 외언의 ᄌᆞ녀즁 二十세이하 六세이샹된 ᄋᆞ희의 수효가 도합 九천九百五十만명가량인ᄃᆡ 뎌희종교는 파라문교 회회교 불교 다신교(多神敎)등이라 그러나 근일에 니르러셔는 뎌희부모의 ᄉᆞᄉᆞ로 ᄊᆡᄃᆞᄅᆞᆷ을 인ᄒᆞ야 쥬일학교에 참예ᄒᆞ는 ᄋᆞ희들이 날노 즁가(增加)ᄒᆞᆫ다더라

●미국미감리교외대즁학교

미국안에만잇는 미감리교회 쇼관대학교가 五十三처와 즁학교가 四十三처에 출셕학ᄉᆡᆼ의 수효가 총계 四만명이라더라

●一일五百명의신입교우

미국 펜실벤니아쥬 윌쓰베어셩미감리교즁앙례ᄇᆡ당에셔 거六월즁 쥬일아츰례ᄇᆡ뭇헤 새로 밋기로 일홈부친 교우가 五百二명에 달ᄒᆞ엿다더라

●젼염병쟈의 혼인불허(不許)

미국 펜실벤니아쥬 샹의원에셔 젼염병잇는 남녀의게는 혼인빙표(婚姻憑票)를 주지 안키로 법률안을 통과ᄒᆞ엿다더라

●태평양젼도록 (속)

영국 대요한션ᄉᆡᆼ 져

대뎌 이 텬쥬교인들은 무리ᄒᆞ게 흉포ᄒᆞᆫ 긔운을 부리다가 필경은 그 긔운이 쇠ᄒᆞ야 맛치 어린강아지가 방ᄌᆞ히 멀니셔 사ᄅᆞᆷ을 보고 짓다가 급기 사ᄅᆞᆷ이 갓가히 가면 몸을 피ᄒᆞ여 물너가는것 ᄀᆞᆺ치 ᄒᆞ니 이런일은 뎌희가 도로혀 해를 ᄌᆞ취홈이라 뎌희는 아모리 그러ᄒᆞᆯ지라도 우리는 위력으로 닷토지 안코 반ᄃᆞ시 법률노 써 뎌희를 ᄃᆡᄒᆞ매 뎌희우에 권셰잡은 사ᄅᆞᆷ이 잇셔셔 ᄒᆞᆼ샹 법대로 시비를 판단ᄒᆞ니 여긔ᄃᆡᄒᆞ야 엇지ᄒᆞᆯ 수잇ᄂᆞ뇨 다만 뎌희 교회에 방해를 더홀ᄲᅮᆫ이로다

내가 관할ᄒᆞ는 큰 지회에셔 ᄒᆞᆫ 쟝로 세우기를 원ᄒᆞᆯ시 나를 쳔망ᄒᆞ야 션뎡ᄒᆞ기로 작뎡ᄒᆞᆫ지라 내가 거긔셔 一년동안을 젼도ᄒᆞ매 뎌희도음을 만히 밧을ᄲᅮᆫ외라 여러교우가 나를 권ᄒᆞᄃᆡ 사양치말고 그직분을 맛흐면 젼도홈에 ᄃᆡᄒᆞ야 유익홈이 잇겟다ᄒᆞ며 또 젼에 잇던 쟝로는 나의 친히ᄒᆞ는 형님이라 이로 인ᄒᆞ야 나를 그의후임쟈(後任者)로 뎡ᄒᆞᆫ고로 내가 그직분을 맛하 여러히를 젼도ᄒᆞ는 동시에 다른 학문을 힘쓸시 특별히 교육학과 격물학과 위ᄉᆡᆼ학을 깁히 연구ᄒᆞ야 능히 그 졍미(精微)ᄒᆞᆫ것ᄭᆞ지 다 알엇스나 그러나 내가 이 학문를 그쳐럼 긴요히 녀이지 아니홈은 쥬ᄭᅴ 엇을것은 이런 학문보다 한량업시 더크고 유익ᄒᆞ고 신긔ᄒᆞᆫ 학문인줄 ᄊᆡᄃᆞ른 ᄭᆞᄃᆞᆰ이라 그럼으로 나는 어ᄂᆡᄯᅢ던지 쥬의 구원ᄒᆞ는도리를 몬져연구ᄒᆞ고 놈은 시간에 다른 학문을 ᄯᅩᄒᆞᆫ 연구ᄒᆞᆫ것은 다름아니라 이것이 쥬의도를 젼홈에 ᄒᆞᆫ 보조물(補助物)이 될줄ᄉᆡᆼ각홈이니라 (미완)

개인젼도모범 (속)

진남포 졍길학

갑 개인젼도ᄒᆞ는것도 무ᄉᆞᆷ법이 잇ᄂᆞ뇨

을 무론 무ᄉᆞᆷ일이던지 법업는 일이 어ᄃᆡ 잇스리오 젼도ᄒᆞ는 데一법은 셩신ᄭᅴ 잇슨즉 셩신의 인도ᄒᆞ심만 좃는것이 데一묘ᄒᆞᆫ법이지오

갑 그것은 의례히 그러ᄒᆞ려니와 혹 은혜를 만히밧고 여러히 쥬의 일에 경력이 만ᄒᆞ신이의게는 묘ᄒᆞᆫ방칙이 잇겟지오

을 그리요 ᄊᆡᄃᆞ를만ᄒᆞᆫ 말ᄉᆞᆷ도 만코 본밧을만 ᄒᆞᆫ 일도 만코 ᄇᆡ홀만ᄒᆞᆫ것도 만슴니다

갑 그러면 웨 그런방법을 널니 ᄀᆞᄅᆞ쳐 주지아니ᄒᆞ심ᄂᆞᆺ가

을 웨요 ᄀᆞᄅᆞ쳐 드릴ᄆᆞ옴은 잇지오마는 내가 좀 념려ᄒᆞ는 일이 잇셔 ᄉᆡᆼ각ᄒᆞ는 즁이오

갑 젼도ᄒᆞ는 방법을 ᄀᆞᄅᆞ치는ᄃᆡ 념려ᄒᆞᆯ것이 무엇이란 말ᄉᆞᆷ이오

을 허ㅣ ᄀᆞᄅᆞ치기만 ᄒᆞ면 다 유익ᄒᆞᆫ줄노 아시오 잘못 ᄀᆞᄅᆞ치면 신령ᄒᆞᆫ ᄆᆞ옴으로 쥬는 의지ᄒᆞ지 안코 방법만 의지ᄒᆞ면 비록 사ᄅᆞᆷ을 만히 엇으나 무ᄉᆞᆷ 유익이 잇스리오

긔셔

◎쥬일학교를발젼홀방법(쇽)

한셩 현 슌

二관 교ᄉᆞ를양셩홀것

오ᄂᆞᆯ날 쥬일학교를 발젼케ᄒᆞ라면 교ᄉᆞ를 다수히 양셩ᄒᆞ야 교슈를 더욱 션량ᄒᆞ게 ᄒᆞᄂᆞᆫ것보다 더 필요ᄒᆞᆫ 문뎨가 업ᄂᆞᆫ줄 아노니 대개 쥬일학교 교ᄉᆞᄂᆞᆫ 셩경을 힘셔ᄒᆞ야 하ᄂᆞ님의 뜻을 반포ᄒᆞ기로 부르심을 밧아셔 젼도인의 다음 자리를 가진쟈라 그의 디위를 교회에셔 졈졈 세ᄃᆞ라 가ᄂᆞ니 하ᄂᆞ님ᄭᅴ셔 쳣재 교회에 ᄉᆞ도를 세우시며 둘재 예언ᄒᆞᄂᆞᆫ쟈와 셋재 교ᄉᆞ와 ᄯᅩ 그다음에 이젹힘ᄒᆞᄂᆞᆫ쟈를 세우셧다 ᄒᆞᆷ은 곳 ᄉᆞ도바울의 ᄀᆞᄅᆞ친 말ᄉᆞᆷ이라 이말ᄉᆞᆷ죵 교ᄉᆞ의 디위가 오ᄂᆞᆯ날 교회에 뎍당ᄒᆞ니 ᄉᆞ도의 녯날디위ᄂᆞᆫ 다 지나가고 예언ᄒᆞᄂᆞᆫ쟈ᄂᆞᆫ 목ᄉᆞ로 변ᄒᆞ엿스니 교ᄉᆞ가 강단에 션 쟈를 다음ᄒᆞ야 이젹을 힝ᄒᆞᄂᆞᆫ것 ᄃᆡ신에 더욱 놉흔디위에 셔셔 유ᄋᆞ와 쳥년의게 ᄉᆡᆼ명을 찻ᄂᆞᆫ길을 셩경으로 ᄀᆞᄅᆞ치ᄂᆞ니 그 ᄎᆡᆨ임이 엇지 거룩지 아니ᄒᆞ며 즁대치 아니ᄒᆞ리오 그럼으로 각 교회에셔 쥬일학교를 더욱 발젼ᄒᆞ라면 맛당히 교ᄉᆞ양셩과를 죠직ᄒᆞ야 교슈를 션량ᄒᆞ게 홀지니 그공부홀과뎡을 말ᄒᆞ건ᄃᆡ •

一항 셩경 쥬일학교를 달니 일홈ᄒᆞ면 셩경학교라 홀지니 곳 셩경은 쥬일학교의 교과셔의 긔초가 됨이라 교ᄉᆞᄂᆞᆫ 맛당히 신구약셩경젼부에 ᄃᆡᄒᆞ야 력ᄉᆞ뎍 보통지식을 가져야 홀지니 이 공부를 도옵기 위ᄒᆞ야 교뎨가쥬일학교교ᄉᆞ양셩과교과셔라ᄒᆞᄂᆞᆫ ᄎᆡᆨ을 쥰비ᄒᆞ야 ᄆᆡ쥬일ᄎᆞ식화요일하오ᄉᆞ시에 죵로 즁앙례ᄇᆡ당에셔 ᄀᆞᄅᆞ치오니 형뎨ᄌᆞᄆᆡ들ᄭᅴ셔 만이 오셔셔 공부ᄒᆞ시되 특별히 교ᄉᆞ되신 쳥년ᄌᆞᄆᆡ들ᄭᅴ셔 오시기를 ᄇᆞ라노라

二항 학도를공부ᄒᆞᄂᆞᆫ것 임의 학도의 년령을 ᄯᆞ라 부와 파를 죠직ᄒᆞᄂᆞᆫ 법을 말ᄉᆞᆷᄒᆞ엿스나 그년령의 ᄎᆞ등을 ᄯᆞ라 심리의 ᄎᆞ등을 연구ᄒᆞᄂᆞᆫ것은 오직 심리학을 공부ᄒᆞᄂᆞᆫᄃᆡ 잇ᄉᆞ니 ᄯᅩ 이공부에 ᄃᆡᄒᆞ야 교뎨가 쥬일학교 심리학이라 ᄒᆞᄂᆞᆫ ᄎᆡᆨ을 쥰비ᄒᆞ야 교ᄉᆞ양셩과에셔 ᄀᆞᄅᆞ치ᄂᆞᆫ 즁이외다

三항 학교를 공부ᄒᆞᄂᆞᆫ것 쥬일학교ᄂᆞᆫ 셩경의 교훈을 ᄀᆞᄅᆞ치ᄂᆞᆫ 곳이라 홈은 ᄯᅩ 거듭 말ᄒᆞ기를 기ᄃᆞ리지 아니ᄒᆞ고 알지라 그러나 이학교의 력ᄉᆞ와 관리법을 ᄌᆞ셰히 알아야 학교를 발젼ᄒᆞ기에 편리ᄒᆞᆫ 방법을 엇을지라 그런고로 교뎨가 ᄯᅩᄒᆞᆫ 이십셰긔 그리스도교 쥬일학교라 ᄒᆞᄂᆞᆫᄎᆡᆨ을 쥰비죵이오니 츌판되기를 기ᄃᆞ리시옵소셔

四항 교ᄉᆞ를 공부홀것 교ᄉᆞ가 교회의 즁요ᄒᆞᆫ 디위를 가지고 쥬일학교에셔 즁대ᄒᆞᆫ ᄎᆡᆨ임을 진것은 임의 말ᄉᆞᆷᄒᆞ엿거니와 교ᄉᆞ가 교슈홈에 ᄃᆡᄒᆞ야 학도의 ᄆᆞᄋᆞᆷ을 엇ᄂᆞᆫ것은 ᄌᆞ긔가 무엇을 만히 암으로 인홈이 아니오 온젼히 ᄌᆞ긔의 사ᄅᆞᆷ된 픔격으로 인홈이라 엠머손이라 ᄒᆞᄂᆞᆫ이가 ᄀᆞᆯᄋᆞᄃᆡ 그ᄃᆡ가 우뢰ᄀᆞᆺᄒᆞᆫ 소ᄅᆡ를 지를지라도 그ᄃᆡ의 ᄒᆞᄂᆞᆫ말을 드를수 업다ᄒᆞ엿ᄉᆞ니 이ᄂᆞᆫ 곳 픔격이 업ᄂᆞᆫ 교ᄉᆞ를 ᄀᆞᄅᆞ침이라 그런고로 쥬일학교에셔 교ᄉᆞ의게 요구홀것은 놉흔 도덕과 신령ᄒᆞᆫ ᄉᆡᆼ명이 츙만홈이니 교ᄉᆞ가 학도의 압헤셜ᄯᅢ에 하ᄂᆞ님의 진리를 힘셔ᄒᆞᄂᆞᆫ 큰 션ᄉᆡᆼ되ᄂᆞᆫ 픔격을 나타낼지니라 이 공부에 ᄃᆡᄒᆞ야 교뎨가 쥬일학교 교ᄉᆞ라ᄒᆞᄂᆞᆫᄎᆡᆨ을 쥰비ᄒᆞᄂᆞᆫ즁이외다 •

결론

五 이제 교뎨가 경향각쳐에 잇

는 감리교회에 문안ᄒᆞ고 또ᄒᆞᆫ 권고ᄒᆞ옵ᄂᆞ니 우리 교회에셔 이 쥬일학교의 큰 ᄉᆞ명을 써ᄃᆞ라 앎으로 금년 미년회에셔 교뎨로 ᄒᆞ여곰 젼국ᄂᆡ 쥬일학교를 도라보라 ᄒᆞ심으로 황공급급ᄒᆞ와 이 일을 감당ᄒᆞ기 어렵ᄉᆞ오나 다만 ᄌᆞ비ᄒᆞ신 하ᄂᆞ님ᄭᅴ셔 셩신으로 도아주실줄 밋ᄉᆞᆸ고 이 일에 몸을 밧쳐 죵ᄉᆞᄒᆞ겟ᄉᆞ오니 모든 형뎨ᄌᆞ미ᄭᅴ셔는 동의를 표ᄒᆞ시며 긔도로 도아주시기를 쳔만ᄇᆞ라옵ᄂᆡ다 (완)

교회ᄉᆞ긔

긔이부 역술

뎨八관 늬오풀니토의신교와 밋 마늬의교를 의론홈

복음이 로마국에 물흐리는 것ᄀᆞᆺ치 젼파됨으로 이방교 밋는사ᄅᆞᆷ들이 말ᄒᆞᄃᆡ 뎌희교가 예수교로 말미암아 ᄎᆞᄎᆞ 업서질가 두렵다ᄒᆞ야 그교즁 션ᄇᆡ들이 각교의 ᄯᅳᆺ을 연합ᄒᆞ야 교회를 새로 죠직ᄒᆞ고 일홈을 곳쳐 늬오풀니토신교라ᄒᆞ니(늬오풀니토는희랍국셩리학(性理學)의시조된셩인) 이교에셔 말ᄒᆞ기를 오직 ᄒᆞᆫ 지극히 놉흔신이 잇셔 모든 션힝의 근원이 되며 또ᄒᆞᆫ량이 업셔 형히(形骸)우헤 ᄯᅥ여나고 또ᄒᆞᆫ 신이 잇서셔 셰샹ᄉᆞ이에 거ᄒᆞ야 셰샹을 다ᄉᆞ리니 변화가 무궁ᄒᆞ야 무론 무슴 우샹이던지 일홈은 비록 다르나 다 ᄒᆞᆫ근본으로 도라간다ᄒᆞ고 또 션악간에 적은신이 잇서셔 이 셰샹에 츙만홈으로 이 적은 신과 밋 사ᄅᆞᆷ의 령혼은 신령뎍셰샹이 되엿슴으로 능히 눈으로 보지못ᄒᆞ며 또 그놈어지 모든 물건들은 형질뎍(形質的)셰샹이 되ᄂᆞ니 신령과 형질은 무론 다 리긔(理氣)로 좃차나고 또 리긔우에 지극ᄒᆞᆫ 신이 잇셔 만유(萬有)의 춍 근원이 되고 또 사ᄅᆞᆷ의 령혼은 리긔와 톄질(體質)ᄉᆞ이에 거ᄒᆞᄂᆞᆫ고로 능히 샹하를 통달ᄒᆞᄂᆞ니 형샹과 밧탕이 잇ᄂᆞᆫ 물건은 변ᄒᆞ기도ᄒᆞ고 옴김이 잇고 ᄯᅢᄯᅢ로 형샹이 빗침이 잇ᄉᆞ며 어리셕은 사ᄅᆞᆷ들은 지식이 놉지못홈으로 적은신의 물건을 숭봉ᄒᆞ되 오직 명쳘(明哲)ᄒᆞᆫ 현인들은 신령ᄒᆞᆫ고 ᄇᆞᆰ아셔 지극히 놉흔신의 오묘ᄒᆞᆫ ᄯᅳᆺ을 연구ᄒᆞ야 ᄉᆞ욕을 이긔고 본셩을 회복ᄒᆞ여 이셰샹에 요란홈을 진졍ᄒᆞ며 그ᄆᆞᄋᆞᆷ을 움작이지 안코 다시 만유쥬의게로 간다ᄒᆞ니 대개 늬오풀니토의 신교는 ᄯᅳᆺ이 이러ᄒᆞᆫ지라 이신교를 좃차 복음을 힘써 치ᄂᆞᆫ쟈ᄂᆞᆫ 바비류니(쥬후三百四년에죽음)학문이 만ᄒᆞᆯᄲᅮᆫ더러 또 칙져술도 만히 ᄒᆞᆫ즁 특별히 칙두권을 지어 신구약의 흠뎜을 차져내여 두셩경이 서로 합ᄒᆞ지안ᄂᆞᆫ다ᄒᆞ고 또 바울이 베드로를 칙망ᄒᆞᆫ것으로 흠을 잡어 훼방ᄒᆞ야 말ᄒᆞᄃᆡ 이것이 분란을 니르켯다ᄒᆞ고 또 예수ᄭᅴ셔 절긔 직히러 가신것을 비방ᄒᆞᄃᆡ 처음에는 가지아니ᄒᆞᆫ다ᄒᆞ고 후에 다시 간것은 거즛말을 홈이라 ᄒᆞ며 또 모든 뎨ᄌᆞ의 아름다온 모본을 그르다 말ᄒᆞ엿ᄉᆞ니 바비류의 셩교를 ᄃᆡ뎍홈은 루시안과 셜수의 훼방홈에 비ᄒᆞ여도 一층 더ᄒᆞ더니 맛참 그ᄯᅢ에 학문이 만코 밋음이 독실ᄒᆞᆫ 신도들이 잇셔 늬오풀니토의 신교를 밋어 깁히 셩경의 졍미ᄒᆞᆫᄯᅳᆺ을 연구홈에 드러가나 그러나 六百년에 니르러 비로소 신교가 업셔젓ᄉᆞ며 또 쥬후二百여년에 니르러 이단이 니러ᄂᆞ니 일홈은 마늬교라ᄒᆞ니 ᄀᆞ장험ᄒᆞ야 해됨이 더욱 심ᄒᆞ더라 마늬라ᄒᆞᄂᆞᆫ쟈는 파ᄉᆞ국명ᄉᆞ인ᄃᆡ 졂어셔흠텬감(欽天鑑)이되여 그림을 잘그리고 환술(幻術)을 숙습ᄒᆞ더니 비로소 교에 드러와 쟝로의 직임을 엇엇ᄉᆞ나 그 ᄆᆞᄋᆞᆷ이 바르지 못홈으로 미양 파ᄉᆞ교를 긔렴(파ᄉᆞ교ᄂᆞᆫᄇᆞᆰ은신파어두온신이처음브러잇서션후분별이업고모든일에음양이잇ᄂᆞᆫᄃᆡ곳ᄇᆞᆰ은것파어두온것이라)ᄒᆞ야 셩경과 파ᄉᆞ교를 혼잡ᄒᆞ야 ᄒᆞ나를 문ᄃᆞᆫ고로 츌교를 당ᄒᆞ고 파ᄉᆞ교인도 이 사ᄅᆞᆷ을 죽이고져 ᄒᆞᄂᆞᆫ고로 동방으로 도망ᄒᆞ야 인도국과 지나와 셔역등디에 가셔 산에 숨어살아 마늬교의 글을 져술ᄒᆞ고 또 후에 고향에 도라왓다가 필경 잡혀 가죽을 벗겨 죽임을 당ᄒᆞ엿ᄂᆞ니라(쥬후二百七十七년)

셩경공부의지침(속)

뎨九칙은 갈나듸아인셔니 ᄉᆞ도 바울이 갈나듸아교회에 보낸셔신인ᄃᆡ 그져술ᄒᆞᆫ 때ᄂᆞᆫ ᄌᆞ셰히 알수업스나 아마 쥬後五十八년간에 져술ᄒᆞᆫ듯ᄒᆞ며 그요령은 뎌회게 그리스도교의 진리를 슌젼히 ᄀᆞᄅᆞ쳣스니 샹샹컨ᄃᆡ 바울이 뎌회를 ᄯᅥᄂᆞᆫ후에 진실치 못ᄒᆞᆫ교ᄉᆞ가 뎌회게 가셔 거줏것으로써 ᄀᆞᄅᆞ친고로 바울이 이셔신을 보내여 경셩ᄒᆞᆷ인듯ᄒᆞ니라

뎨十칙은 에베소인셔니 ᄯᅩᄒᆞᆫ ᄉᆞ도바울이 쥬後六十二년간에 로마옥즁에셔 이셔신을져슐ᄒᆞ야 에베소교우들의게 보낸것이오 에베소ᄂᆞᆫ 쇼아셰아의 슈부니 거긔 ᄯᅡ이아나라ᄂᆞᆫ 녀신의 굉장ᄒᆞᆫ 신당이 잇스니 그곳ᄇᆡᆨ셩들이 우샹을 만히 숭비ᄒᆞᆷ은 가히 알지로다

뎨十一칙은 빌닙보인셔니 이칙도 ᄯᅩᄒᆞᆫ ᄉᆞ도바울이 쥬後六十三년간에 로마에셔 빌닙보교회에 보낸셔신이니 그요령은 첫재 뎌회를 위로ᄒᆞ고 둘재 뎌회게 진리의 오묘ᄒᆞᆷ을 ᄀᆞᄅᆞ침이니라

뎨十二칙은 골노시인셔니 ᄉᆞ도바울이 쥬後六十二년간에 로마에셔 골노시교우들의게 보낸셔신이니라

●ᄉᆞ죠(詞藻)

한셩 김진태

一

누가감히
유무형을분간ᄒᆞᄂᆞᆫ쟈여
뎌공즁을
보ᄂᆞᆫ가못보ᄂᆞᆫ가
형형식식악ᄒᆞᆫ마귀들은
죠슈ᄀᆞᆺ치
모라드러오지만
쥬의권능엇지ᄃᆡ뎍ᄒᆞ며
간흉요물
폭풍ᄀᆞᆺ치밀지만
계노아라셩신의검으로
한번들고
번쩍ᄒᆞ면누구를

二

쓰르림이
울울창창뎌소나무
그늘진곳에셔
청청아아ᄒᆞᆫ소리로
슯히우ᄂᆞᆫ쓰르림이
너의우ᄂᆞᆫ목뎍무엇인고
1 텬디만물
창죠ᄒᆞ신
죠물쥬를
칭송ᄒᆞ노라우ᄂᆞᆫ가
2 침침칠야
어둔밤에
잠든령혼
ᄭᆡ오노라고우ᄂᆞᆫ가
3 녀름가고
가을옴을
셰샹사ᄅᆞᆷ
알게ᄒᆞ노라우ᄂᆞᆫ가
4 하긔방학
리용ᄒᆞ여
노ᄂᆞᆫ학ᄉᆡᆼ
예비ᄒᆞ라고우ᄂᆞᆫ가
아마도내귀에ᄂᆞᆫ모도다

◎가뎡과쇼ᄋᆞ

●죄우에 죄를더히

메례라ᄒᆞᄂᆞᆫ ᄋᆞᄒᆡ가 작란이 심ᄒᆞ고 부모의 닐으ᄂᆞᆫ 말솜을 슌죵치 아니ᄒᆞᆷ으로 그 모친이 대단히 걱졍ᄒᆞ더니 하로ᄂᆞᆫ 그모친이 ᄭᅩᆺ 병을 칙샹우에 노코 밧그로 나가면셔 작란말나 당부ᄒᆞ엿더라 메례ᄂᆞᆫ「네」ᄒᆞ고 ᄃᆡ답ᄒᆞ엿스나 그모친이 나간후에 곳 그ᄭᅩᆺ병을들고 작란ᄒᆞ다가 ᄯᅥ러트려셔여지매 심히 근심ᄒᆞ다가 ᄒᆞᆫ 고양이를 붓드러 ᄭᅩᆺ병 노엿던 칙샹아래 두엇다가 그모친이 드러온후 고양이를 ᄀᆞᄅᆞ치며왈 어머니 뎌 고양이가「ᄭᅩᆺ병을 ᄭᆡ트렷ᄂᆞ이다」그 모친은 그 ᄉᆞ식을 보고 임의 七분이나 짐작ᄒᆞ고 엄졍(嚴正)ᄒᆞᆫ 말노 무러왈 만일 네가 ᄭᆡ트리고 고양이게 미루면 이ᄂᆞᆫ 어미의 훈계를 슌죵치 아니ᄒᆞᆫ 죄우에 ᄯᅩᄒᆞᆫ 어미속인죄를 더ᄒᆞᆷ이니 너ᄂᆞᆫ 그럿케 알지어다 굿ᄐᆡ여 내가 너를 강박지 아니ᄒᆞ노라ᄒᆞ고 그밤에 눈물을 흘니며 하ᄂᆞ님씌 졍셩으로 긔도ᄒᆞ엿더니 하ᄂᆞ님씌셔 드르시고 메례의 ᄆᆞᄋᆞᆷ을 감화ᄒᆞ샤 뎌가 밤이 ᄉᆡ도록 잠 ᄒᆞᆫ잠 일우지 못ᄒᆞ고 ᄌᆞ긔의 죄를 뉘웃치다가 그잇ᄒᆞᆫ날 아참에 곳 그 어머니씌 가셔 눈물을 흘니며「어머니 어제 그ᄭᅩᆺ병은 과연 내가 ᄭᆡ트리고 고양의게 미룬죄를 내가 심히 붓그러워ᄒᆞ고 ᄯᅩᄒᆞᆫ 뉘웃치ᄂᆞᆫ고로 다시ᄂᆞᆫ 그런죄를 짓지 아니ᄒᆞ깃스니 나를 용셔ᄒᆞ여 주쇼

셔ᄒᆞ거ᄂᆞᆯ 그모친이 몬져 하ᄂᆞ님ᄭᅴ 감샤ᄒᆞ고 인ᄒᆞ야 메레의 등을 ᄯᅮᆨᄯᅮᆨ 두ᄃᆞ리며 왈 나의 ᄉᆞ랑ᄒᆞᄂᆞᆫ ᄯᆞᆯ이여 네가 능히 죄를 ᄌᆞ복ᄒᆞ고 능히 뉘웃침은 하ᄂᆞ님ᄭᅴ셔 너를 ᄉᆞ랑ᄒᆞ심이니 이제 브터 네가 그 ᄆᆞᄋᆞᆷ을 변치안코 압흐로 나아가면 나도 ᄯᅩᄒᆞᆫ 너를 ᄉᆞ랑ᄒᆞ리라ᄒᆞ매 그후에 메레가 과연 진실ᄒᆞ고 유덕ᄒᆞᆫ 부녀를 일우엇더라

세계격언

一 새의복을 엇기서지는 날 근의복을 ᄇᆞ리지 말지니라

二 신은 비록 황금으로 문ᄃᆞ럿슬지라도 발에 신지아니치못ᄒᆯ지니라

三 습관은 뎨二텬셩(第二天性)을 일우지마는 혹 뎨一텬셩으로 그릇 알기도 ᄒᆞᄂᆞ니라

四 약됴에 졔한(制限)을 두지아니ᄒᆞ면 그신용을 멸ᄒᆞᄂᆞ니라

五 ᄀᆞ장놉흔 지능과 ᄀᆞ장큰 명예는 온젼이 셩질을 달니ᄒᆷ에 잇ᄂᆞ니라

◎회보대령슈금

地名	姓名	金額
杆城	金光魯	四十錢
雲山	黃昌道	四圓四十錢
仁川	康元錫	一圓
恩津	金周鉉	四十錢
陽德	朴鳳圭	三十錢
連山	李秉容	四十錢
	徐相春	四十錢
	金日文	四十錢
	吳聖淑	四十錢
鎭南浦	敎 堂	八十錢
	金秉璇	八十錢
龍岡	印龍德	四十錢
水原	卓重基	六十錢
	朴殷秉	六十錢
	俞文俊	三十錢
	裴炳周	四十錢
	張在信	六十錢
	安鍾厚	八十錢
南陽	金鍾學	六十錢
	金致玉	四十錢
三陟	金純孝	八十錢
	崔海政	四十錢

每週一回月曜日發行
大正二年九月四日印刷
大正二年九月八日發行

發行兼編輯人 開城北部山芝峴 奇義男
印刷人 京城北部樓閣洞 朴東完
印刷所 京城南部上犂洞 新文館
發行所 京城北部壯洞四十三統三戶 呂炳鉉邸

ᄃᆡ금(代金) 一쟝 二젼 / 六개월 四十젼 / 一개년 八十젼 / 海外一개년 一환六十젼

샤셜

●十一됴에 ᄃᆡᄒᆞᆫ의무(속)

대셔 각국 교인들은 교회에 ᄃᆡᄒᆞ야 슈입지산의 十분一을 밧치ᄂᆞᆫ것이 ᄌᆞ긔의 一신상의 무인줄 알ᄲᅮᆫ아니라 각기 가뎡의 아름다온 풍규(風規)와 습관을 일운고로 의례히 이 十一됴를 빅비ᄒᆞ엿다가 뎡ᄒᆞᆫ 긔한에 밧치ᄂᆞᆫᄃᆡ 그명목을 구별ᄒᆞ야 말ᄒᆞ쟈면 본교회에 ᄃᆡᄒᆞ야ᄂᆞᆫ(一)쥬일연보(二)월연보(三)특별연보요(회당슈리비와 식탄비에 쓸것) 본교회밧긔 ᄃᆡᄒᆞ야ᄂᆞᆫ(一)닉디션교회에 ᄃᆡᄒᆞᆫ연보(二)외국션교회에 ᄃᆡᄒᆞᆫ연보(三)셩셔공회에 ᄃᆡᄒᆞᆫ연보(四)로쇠(老衰)젼도ᄉᆞ 구휼에 ᄃᆡᄒᆞᆫ 연보 빈궁구졔에 ᄃᆡᄒᆞᆫ연보 등이니 이와ᄀᆞᆺᄒᆞᆫ 각종 ᄉᆞ업비ᄂᆞᆫ 다 교우의 도덕상의무로 내ᄂᆞᆫ 十一됴 금으로 ᄎᆞᆷ용ᄒᆞᆷ은 ᄒᆞᆫ번뎡ᄒᆞ야 밧고지 못ᄒᆞᆯ일이며 이ᄲᅮᆫ아니라 비록 그리스도교를 신앙치 아니ᄒᆞᄂᆞᆫ 사ᄅᆞᆷ이라도 능히 이도덕상의무를 직힐줄 아ᄂᆞᆫ고로 큰부쟈가 ᄌᆞ긔슈업의 十一됴를 내여 각교회와 닉외국션교회와 병원과 학교와 고ᄋᆞ원과 쳥년회와 각종ᄌᆞ션ᄉᆞ업에 ᄃᆡᄒᆞ야 一사금으로 몃쳔몃만원식 긔부도ᄒᆞ며 혹 젼담ᄒᆞ야 교당이나 병원이나 회관이나 학교를 건륙ᄒᆞ야 주기도ᄒᆞ며 혹 ᄌᆞ긔ᄯᅳᆺ에 잇ᄂᆞᆫ사ᄅᆞᆷ을 교육ᄒᆞ야 외국에 파송ᄒᆞ야 젼도에 죵ᄉᆞ케ᄒᆞ고 그경비를 담당ᄒᆞ기도ᄒᆞ며 혹 죽을ᄯᅢ에 유언으로 ᄌᆞ긔 지산의 몃부분을 교회나 각종 ᄌᆞ션샤치에 ᄃᆡᄒᆞ야 유증(遺贈)ᄒᆞᄂᆞᆫ일도 죵죵 잇ᄂᆞ니 그럼으로 근일 미국에 유명ᄒᆞᆫ부쟈카네씨ᄂᆞᆫ ᄌᆞ긔소유지산중에셔 二억五千원을 공회에 붓쳐 각종ᄌᆞ션ᄉᆞ업에 쓰게ᄒᆞ엿ᄉᆞ니 이ᄂᆞᆫ 닐운바 젹이능산(積而能散)이며 돈을 쓸ᄃᆡ쓰ᄂᆞᆫ 사ᄅᆞᆷ이오 셔양ᄲᅮᆫ아니라 동양일본교인으로 말ᄒᆞ더라도 十一됴내ᄂᆞᆫ 의무를 잘직힘으로 동경엇던교회에셔ᄂᆞᆫ 모히ᄂᆞᆫ 교도가 二百六十여명에 지내지못ᄒᆞ되 작년중에 능히 三千五百여원을 거두어 썻다ᄒᆞ니 비교뎍으로 죠션보다 三비이상을 더 거둔것이 아니뇨 혹말ᄒᆞ기를 셔양이나 일본은 죠션보다 부ᄒᆞᆫ나라인고로 그럿타ᄒᆞ겟지마ᄂᆞᆫ 결코 그럿치 아닌것이 ᄌᆞ긔슈입에 十一됴를 표준ᄒᆞᆷ은 동셔빈부(東西貧富)가 일반이니 원컨ᄃᆡ 우리ᄉᆞ랑ᄒᆞᄂᆞᆫ 동포형뎨ᄂᆞᆫ 비록 빈궁ᄒᆞᆫ 죠션민족일지라도 하ᄂᆞ님ᄭᅴ ᄃᆡᄒᆞᆫ 이 큰의무를 져ᄇᆞ리지 말고 다른 무익ᄒᆞᆫ일에 돈을 쓰지 말고 져륙ᄒᆞ엿다가 더도 말고 다만 十一됴만 교회에 밧치시면 이ᄂᆞᆫ 곳 쥬의 닐ᄋᆞ신바 지물을 하ᄂᆞᆯ에 싸하둠이니 쟝ᄅᆡ 텬국에셔 이보다 몃千만비의 보상을 밧을지니 힘써 실힝ᄒᆞᆯ지어다 어셔 힘써 실힝ᄒᆞᆯ지어다 이ᄂᆞᆫ 우리구쥬ᄭᅴ셔 임의 권ᄒᆞ신것이오 오ᄂᆞᆯ날 ᄇᆞ리시ᄂᆞᆫ것이올셰다 아멘

(완)

특별샤고

본샤에셔 임의 광고ᄒᆞᆫ바와 ᄀᆞᆺ치 본회보ᄃᆡ금을 우편집금법(郵便集金法)으로 슈합ᄒᆞᄂᆞᆫ중이오나 우편국소(郵便局所)가 잇ᄂᆞᆫ 부중이나 읍닉이외에ᄂᆞᆫ 이법을 취용치못ᄒᆞ겟ᄉᆞ오니 우편국소가 업ᄂᆞᆫ촌에 거ᄒᆞ시ᄂᆞᆫ이ᄂᆞᆫ 곳 우편쇼위톄(郵便小爲替)로 붓쳐보내시옵쇼셔

교중휘문

◀내 보▶

●원쥬읍교회의사경회

(김 용 면)

강원도 원쥬읍교당에셔 본월八일브터 一쥬일동안 직인사경회를 ᄒᆞ엿는ᄃᆡ 각쳐에셔 온직인四十여인을 갑을반으로 논ᄒᆞ아 교슈ᄒᆞᆯ시 갑반파졍은 요한복음 신약총론 젼도법 출이굽이오 올반과졍은 창셰긔 마태복음 데살노니가젼후셔 신구경요지문답이오 교ᄉᆞ는 감리ᄉᆞ 박원빅 목ᄉᆞ 강신화 젼도ᄉᆞ박현一 홍셩쥬졔씨오 시간은 샹오八시반으로 九시ᄶᅡ지는 긔도회로 九시로 十二시ᄶᅡ지는 과졍을ᄯᅡ라 공부ᄒᆞ고또 하오二시로 三시ᄶᅡ지 공부ᄒᆞ고 三시로 四시ᄶᅡ지는 교육과 교졔와 위싱과 혼례와 장례와 연보라는 문뎨로 토론ᄒᆞ엿스며 또ᄒᆞᆫ 감샤ᄒᆞᆫ것은 작년직인사경회에는 불과二十여인이더니 금번에는 四十여인에 달ᄒᆞ엿스니 감샤ᄒᆞᆫ즁 교ᄉᆞ졔씨는 열심으로 ᄀᆞᄅᆞ치고 직인들또 열심으로 공부ᄒᆞ여 신령상 은혜를 만히 밧어 쥬ᄭᅴ 감샤ᄒᆞ다ᄒᆞ엿더라

●개인동졍

히리스감독이 일본동경에셔 무류ᄒᆞᆷ은 젼호에 게지ᄒᆞ엿거니와 거월二十五일에 경부션으로 경셩에 도착ᄒᆞ엿더라

●장단의새례비당

(리 호 쥰)

경긔도 장단군 송남면 션젹교회는 셜립된후로 례비당이 업셔 쇽쟝강지현씨집에셔 례비ᄒᆞ는ᄃᆡ 심히 협착ᄒᆞ야 곤난ᄒᆞᆷ으로 하ᄂᆞ님ᄭᅴ 군구ᄒᆞ엿더니 하ᄂᆞ님ᄭᅴ셔 도아주샤 금츈에 강지현 뎐지쳔 한경셔三씨가 합심ᄒᆞ여 례비당을 건츅ᄒᆞ기로 작뎡ᄒᆞ엿스나 싱활이 곤난ᄒᆞ고 교우가 적어 힘이 미약ᄒᆞ야 근심ᄒᆞ더니 하ᄂᆞ님ᄭᅴ셔 뎌회의게 힘을 주샤 례비당 四간을 신츅ᄒᆞ고 례비ᄒᆞ며 영광을 하ᄂᆞ님ᄭᅴ 돌닌다 ᄒᆞ엿더라

●손씨의연

(송 영 확)

경긔도 리천군 대면 신갈산교회 례비당이 붕퇴(崩頽)ᄒᆞ야 다시 슈츅ᄒᆞᆯ 경영으로 작년十월브터 온교우가 합심긔도ᄒᆞ는 쇼식을 평북 희천군교우 손영심씨가 듯고 돈九十젼을 우편으로 연보ᄒᆞ엿ᄉᆞᆸ기 一반형뎨ᄌᆞ미가 히씨의게 ᄃᆡᄒᆞ야 감샤ᄒᆞᆷ을 마지아니ᄒᆞᆫ다ᄒᆞ엿더라

◀외 보▶

●하감독의젼도

히리스감독은 거八월三일쥬일에 일본겸창(鎌倉)교당에셔「새시험」이란 문뎨로 젼도ᄒᆞ엿는ᄃᆡ 一반텽즁(聽衆)이 신령ᄒᆞᆫ은혜를 만히 밧엇다더라

●긔독교 교육동밍(同盟會)

일본긔독교교육동밍회는 근일에 교원즁기부(教員仲介部)를 셜치ᄒᆞ엿는ᄃᆡ 그규뎡은 좌와ᄀᆺᄒᆞᆷ

一은 본부는 긔독교쥬의의 모든 학교에 교원을 고빙ᄒᆞ논쟈와 교원되기를 희망ᄒᆞ는쟈 ᄉᆞ이에 즁기ᄒᆞ기를 목뎍ᄒᆞᆷ

二는 교원을 고빙코져ᄒᆞ는학교가 본부의 즁기를 의뢰(依賴)코져ᄒᆞ면 그담임ᄒᆞᆯ 과졍과 보슈(報酬)ᄒᆞᆯ 금익과 기외에 다른됴건을 신츌ᄒᆞᆷ

三은 교원되기를 본부에 의뢰코져ᄒᆞ는쟈는 그 리력과 교슈ᄒᆞᆯ과졍과 보슈금익과 입외 혼인ᄒᆞ고 아니ᄒᆞᆫ것이며 긔독교를 밋고 아니밋음을 ᄌᆞ세히 긔록ᄒᆞ야 본부에 보냄

四는본부는 일이 결뎡된후에는고빙ᄒᆞᆯ학교와 피빙(被聘)ᄒᆞᆯ당쟈에게 ᄃᆡᄒᆞ야 됴사샹에 비용ᄒᆞᆫ 금익을 청구ᄒᆞᆷ

五는 본ᄉᆞ무소는 동경부청산학원안에둠

●종교법규의긔초(起草)

일본 문부셩니 종교국은 현금 종교에 관ᄒᆞᆫ 신법규를 긔초즁인바 일간 탈호(脫稿)되면 곳발포ᄒᆞᆫ다더라

●덕국의 신학젼문학교

덕국안에 신학젼문학교가 十七쳐인ᄃᆡ 신학젼문대학싱이

三千三百八十六인이라더라

●지나의인구

지나정부의 최근(最近)됴사를 거ᄒᆞᆫ즉 젼국니 인구가 三억二千만명가량이니 평균미一방영리(方英哩)에 ᄃᆡᄒᆞ야 二百八인식이더라

●三십만원의션교연보

미국남감리교 외국션교회 총무 핀숀씨의 보고를 거ᄒᆞᆫ즉 거七월상슌 웨이네스발셩에셔기ᄒᆞᆫ 션교총회에셔 외국션교에 ᄃᆡᄒᆞ야 연보 거둔 금익이 三十만원이라 ᄒᆞ엿더라

●구경에 쓰는돈이 만허

미국니에셔 작년一년동안에 활동샤진구경에 허비ᄒᆞᆫ 돈이 六억三千八百만원인ᄃᆡ 구경ᄒᆞᆫ사름의 수효는 三十六억명이라더라

●태평양젼도록 (속)

영국 태요한션ᄉᆡᆼ 져

대四쟝 외국에 젼도ᄒᆞ는 본분을 의론홈

내가 이 셰에셔 이 ᄀᆞᆺ치 젼도ᄒᆞᆫ매 하ᄂᆞ님ᄭᅴ셔 도으샤 미ᄉᆞ를 슌셩케 ᄒᆞ시나 그러나 내가 드른즉 남양(南洋) 여러셤에 잇ᄂᆞᆫ빅셩들이 아직 쥬의 일홈을 듯지 못홈으로 령혼의 구원엇을 긔회를 맛나지 못ᄒᆞ엿다홈으로 ᄒᆞᆼ상ᄆᆞ음에 뎌희를 불샹히 녀이더니 이셰에셔 젼도ᄒᆞᆯ 년한이 다ᄒᆞᆫ매 내싱각에 뎌희를 위ᄒᆞ야 예비ᄒᆞᆯ사름이 업고 본셩으로 말ᄒᆞ면 내가 업더라도 젼도ᄒᆞᆯ 사름이 또 잇슬지라 그럼으로 이 일을 위ᄒᆞ야 날마다 긔도ᄒᆞ며 하ᄂᆞ님의 뜻을 고요히 기ᄃᆞ리며 그동안에 의학과 기외에 다른 학문을 힘써 연구ᄒᆞ더니 그런지 三년만에 ᄒᆞᆫ일이 잇ᄉᆞ니 곳 본교회에셔 나를 턱ᄒᆞ야 외국에 젼도케 ᄒᆞ기로 작뎡ᄒᆞ니 이는 하ᄂᆞ님ᄭᅴ셔 나의 긔도를드르심이라

젼에 나의 부친이 쟝로회에셔 간ᄒᆡᆼᄒᆞ는 신문에 광고ᄒᆞ고 우히빅리ᄒᆞᆫ셤에 가셔 영요한목ᄉᆞ을 도아줄 사름을 구ᄒᆞ되 一二년동안에 ᄒᆞᆫ 사름도 엇지 못홈으로 총회에셔 여러가지 과목으로 시험ᄒᆞᆫ후 영요한목ᄉᆞ도아줄사름을 턱ᄒᆞᆯ시 一반회우의 명텹을 거두어 그즁에셔 가합ᄒᆞᆫ 사름을 턱ᄒᆞ고져ᄒᆞ야 몬져 긔도ᄒᆞᆯ실시 암암즁에 내가 드르니 쥬의 목소리가 잇셔 내ᄆᆞ음 가온ᄃᆡ 말ᄉᆞᆷᄒᆞ샤ᄃᆡ 너보다 더 강ᄒᆞᆫ쟈 업ᄉᆞ니 네가 가기로 작뎡ᄒᆞ라 ᄒᆞ시는듯ᄒᆞᆫ지라 그ᄯᅢ 내가 입을 막고 속으로 말ᄒᆞᄃᆡ 나를 턱ᄒᆞ여 보내쇼셔 (이샤야六〇八、) ᄒᆞ엿ᄉᆞ나 나의 ᄆᆞ음은 하ᄂᆞ님의 음셩이 아니오 내가 一시격동ᄒᆞ야 발ᄒᆞᆫ뜻인가 ᄒᆞ야 곳 작뎡치 못ᄒᆞ엿ᄉᆞ나 이일을 위ᄒᆞ야 ᄒᆞᆼ샹긔도ᄒᆞ더니 오ᄂᆞᆯ날와셔 ᄉᆡᆼ각ᄒᆞᆫ즉 그말ᄉᆞᆷ이 분명히 쥬의 목소리인줄 밋고 내ᄆᆞ음이 셩경으로 증거ᄒᆞ는지라 본교회에 허다ᄒᆞᆫ 쇼년이 다 됴ᄒᆞᆫ 재목이지마는 특별히 나를 부르샤 외국에 젼도케 ᄒᆞ심은 내가 ᄒᆞᆼ샹 뎌불샹ᄒᆞᆫ 빅셩을 위ᄒᆞ야 긔도ᄒᆞ며 내ᄆᆞ음으로 진졍 뎌희구원ᄒᆞ기를 원ᄒᆞ고 예비ᄒᆞᆫ ᄭᆞᄃᆞᆰ인듯ᄒᆞ도다 이셰에 사는 빅셩들은 여러ᄒᆡ동안에 쥬의 도를 비화령혼을 구원ᄒᆞᆫ쟈 만코 또 나를 ᄃᆡ신ᄒᆞ야 젼도ᄒᆞᆯ 쇼년이 만치마는 뎌바다 가온ᄃᆡ 여러셤에 사는 뎌빅셩들의 목마른 령혼을 위ᄒᆞ야 쥬의 ᄉᆡᆼ명슈를 기러다줄 사름은 아마 나밧게 아직업는줄노 ᄉᆞᄉᆞ로 밋엇더라

(미완)

연단 (演壇)

●본년六월十三일감리교신학졸업식연셜

졸업ᄉᆡᆼ 리익모

그리스도진리의셰력

이셰샹에 허다ᄒᆞᆫ 물톄즁에 셰력잇는것이 만ᄒᆞ나 그리스도진리의 셰력과 ᄀᆞᆺᄒᆞᆫ것이 어ᄃᆡ잇슬가 기인의 셰력과 샤회의 셰력이 셩ᄒᆞ면 ᄒᆡᆼᄒᆞ는바 일이 셩대ᄒᆞᆫ지나 그리스도진리의 셰력에 밋칠수 잇슬가

권병(權柄)의 셰력 이셰샹 나라의 셰력이 광쟝ᄒᆞᆫ즉 ᄌᆞ긔의 빅셩을 잘보호ᄒᆞ며 그 셰력을 텬하에 ᄑᆡᆼ챵케ᄒᆞ고 ᄶᅧᆨᄒᆞ는쟈도 만치만은 그것은 아츰안ᄀᆡ와 ᄀᆞᆺ도다 례를 들어 다 말ᄒᆞᆯ수업거니와 十八셰긔에 라폴이온은 유로바젼부를 거의 다통일ᄒᆞ야

의대리의 렬판을 쓰고 영국과 아라ᄉᆞ를 ᄌᆞ긔의 발아릐 포복케 ᄒᆞ랴ᄒᆞᆯ때에는 온셰샹을 ᄌᆞ긔의게 복죵케 ᄒᆞᆯ것ᄀᆞᆺ지만은 ᄒᆞᆫ번 패ᄒᆞ매 그셰력이 쇠ᄒᆞᆯ뿐만 아니라 ᄌᆞ긔의 몸도 젹은셤에 갓쳐잇다가 五十二셰에 죽엇스니 셰샹사ᄅᆞᆷ의 셰력이 이러ᄒᆞ도다

태양의셰력 하ᄂᆞ님의 지은바 만물즁에 태양의 셰력과 그리스도 진리의 셰력이 엇더케 큰것을 좀 비교ᄒᆞᆯ수 잇도다 첫재ᄂᆞᆫ 흑암ᄒᆞᆫ 셰계를 명랑케ᄒᆞᄂᆞᆫ 셰력이 태양의게 잇게ᄒᆞ샤 광활ᄒᆞᆫ 텬디간에 태양의 빗츠로 디쳑을 분변치 못ᄒᆞᆯ 흑암ᄒᆞᆫ셰계를 광명케 ᄒᆞᆷ이오

둘재ᄂᆞᆫ 만물을 ᄉᆡᆼ활케 ᄒᆞᄂᆞ니 태양의 더운셰력이 아니면 동물과 식물이 엇지 살수 잇스며 사ᄅᆞᆷ이 씨를 심은들 엇지 발ᄉᆡᆼᄒᆞᆯ수 잇스리오 그러즉 만물의 ᄉᆡᆼ활은 태양의 셰력으로 되게ᄒᆞ셧다 ᄒᆞᆯ지로다

셋재ᄂᆞᆫ 만물을보호ᄒᆞᆷ 우리가 사ᄂᆞᆫ 디구와 공즁에 허다ᄒᆞᆫ 별들이 그궤도를 ᄯᅥ나지못ᄒᆞ고 억쳔만년 슌환ᄒᆞ야 괴변이 업시 평안ᄒᆞᆷ은 태양의 흡력으로 보호ᄒᆞᆷ이라 만일 태양의 보호ᄒᆞᆷ이 업슬것 ᄀᆞᄒᆞ면 여러별들이 서로 부듸쳐 삽시간에 만물이 멸망ᄒᆞᆯ지니 만물을 보젼ᄒᆞ샤 평안케 ᄒᆞ심은 하ᄂᆞ님ᄭᅴ서 태양의 셰력으로 보호ᄒᆞ심이 아니리오

넷재ᄂᆞᆫ 만물을 왕셩케ᄒᆞᆷ 식물의 리치를 말ᄒᆞ건ᄃᆡ 사ᄅᆞᆷ이 됴흔물을 주며 북도도고 하ᄂᆞ님ᄭᅴ서 단비를 주실지라도 지엽이 무셩ᄒᆞ고 열ᄆᆡ가 풍셩케ᄒᆞᆷ은 태양의 셰력이니 그뿐아니라 누가 태양의 셰력을 힘닙지 아니ᄒᆞ리오 보지못ᄒᆞᄂᆞᆫ 소경이라도 그셰력을 의뢰ᄒᆞ야 ᄉᆡᆼ활ᄒᆞᄂᆞ니 그와ᄀᆞᆺ치 그리스도진리의셰력이 뉘게 보급지아니리오

그리스도진리의셰력 이셰력은 사ᄅᆞᆷ과 태양으로 못ᄒᆞᄂᆞᆫ것을능히 힝ᄒᆞᄂᆞᆫ 셰력이라

첫재ᄂᆞᆫ 사ᄅᆞᆷ의 ᄆᆞᄋᆞᆷ을 ᄇᆞᆰ게ᄒᆞᆷ이니 어리셕은 쟈로 지혜ᄅᆞᆸ게ᄒᆞ며 암ᄆᆡᄒᆞᆫ쟈로 명철케ᄒᆞ야 경건ᄒᆞ며 거룩ᄒᆞᆫ 사ᄅᆞᆷ이 되게ᄒᆞᄂᆞ니 ᄀᆡ인이나 일국이나 온셰계인민으로 ᄒᆞ여곰 그리스도의 진리가 니르ᄂᆞᆫ곳에ᄂᆞᆫ 거룩ᄒᆞ게 ᄒᆞᄂᆞᆫ도다 태양의 셰력이야 사ᄅᆞᆷ의 심즁에 지극히 젹게 어두온것ᄒᆞ나이라도 엇지 ᄇᆞᆰ게ᄒᆞᆯ수 잇스리오

둘재ᄂᆞᆫ 사ᄅᆞᆷ을 ᄌᆞ유케ᄒᆞᆷ 예수ᄭᅴ서 말ᄉᆞᆷᄒᆞ샤ᄃᆡ 사ᄅᆞᆷ이 ᄒᆞᆺ샹 내도에 잇스면 참 나의 뎨ᄌᆞ가 될터이오 ᄯᅩ진리를 알지니 진리가 너희를 노흐리라 ᄒᆞ셧스니 이셰샹에 아모리 부요ᄒᆞᆫ쟈라도 ᄒᆞᆫ시ᄃᆡ에 사ᄅᆞᆷ이 놈의 노예된것을 쇽량ᄒᆞ야 ᄌᆞ유케 못ᄒᆞ리니 하물며 령혼이 마귀와 죄의 죵된것을 ᄌᆞ유케ᄒᆞᆯ수 잇스리오 능히 못ᄒᆞᆯ지라 그러나 그리스도의 진리ᄂᆞᆫ ᄒᆞᆫ시ᄃᆡ사ᄅᆞᆷ만 아니오 쳔쳔만만시ᄃᆡ의 사ᄅᆞᆷ을 ᄌᆞ유케 ᄒᆞᄂᆞ니 그셰력이 엇더ᄒᆞᆫ가 깁히 ᄉᆡᆼ각ᄒᆞᆯ지어다

긔셔

●죵교ᄂᆞᆫ 지긔(知己)의 감(感)이라

일본동경청산학원

(로 정 一)

대뎌 이셰샹에 ᄆᆞᄋᆞᆷ이 ᄯᅥ러지고 희망이 ᄭᅳᆫ허진 사ᄅᆞᆷ을 구원ᄒᆞᄂᆞᆫ 오직ᄒᆞᆫ가지방법은 그사ᄅᆞᆷ으로 ᄒᆞ여곰 ᄌᆞ긔의게 동졍을 표ᄒᆞ고 그ᄉᆞ졍을 아ᄂᆞᆫ 친구가 비록 ᄒᆞᆫ사ᄅᆞᆷ이라도 이셰샹에 잇ᄂᆞᆫ것을 알게ᄒᆞᆷ에 잇ᄂᆞ니 미국구셰군대쟝 고(故)월니암ᄲᅳ쓰씨가 무수ᄒᆞᆫ 악쇼년과 무뢰비를 구원ᄒᆞ야 하ᄂᆞ님의 아ᄃᆞᆯ이 되게ᄒᆞᆫ것은 다만 이 비결을 쓴 셔ᄃᆞᆰ이 아닌가 누구던지 온샤회가 다 ᄌᆞ긔를 ᄇᆞ린 물건으로 지목ᄒᆞ며 다시 회ᄀᆡᄒᆞᆯ 여망이 업다ᄒᆞᄂᆞᆫ줄노 스ᄉᆞ로 인뎡ᄒᆞ면 그사ᄅᆞᆷ은 반ᄃᆞ시 ᄌᆞ포ᄌᆞ긔 ᄒᆞᄂᆞᆫᄃᆡ 니를것이라 그러나 ᄒᆞᆫ사ᄅᆞᆷ이라도 ᄌᆞ긔를 ᄉᆞ랑ᄒᆞ고 참 알어주며 위ᄒᆞ야 긔도ᄒᆞ야 주ᄂᆞᆫ쟈가 어ᄃᆡ 잇ᄂᆞᆫ줄만알면 결단코 아조ᄯᅥ러지ᄂᆞᆫ 디경에 니르지아니ᄒᆞᆯ지니 그런고로 사ᄅᆞᆷ은 지긔(知己)의 감(感)으로 구원ᄒᆞᄂᆞᆫ것이라 ᄒᆞ노라

하ᄂᆞ님과 사ᄅᆞᆷᄉᆞ이에 관계된 죵교ᄂᆞᆫ 곳 이지긔의 감이니 그럼으로 예수ᄭᅴ서 말ᄉᆞᆷᄒᆞ샤ᄃᆡ 사ᄅᆞᆷ이 친구를 위ᄒᆞ야 목숨을 ᄇᆞ리면 이에셔 더 큰ᄉᆞ

랑이 업ᄂᆞ니 너희는 나의 명ᄒᆞᄂᆞᆫ대로 힝ᄒᆞ면 나의 친구라 ᄒᆞ셧도다 여긔「나의 친구라」ᄒᆞ신 말ᄉᆞᆷ을 ᄉᆡᆼ각ᄒᆞ면 비록텰셕인들 엇지 감동치아니ᄒᆞ리오 우리의 텬부ᄭᅴ셔는 죄를 범ᄒᆞ고 ᄯᅩᄒᆞ며 더럽고 다시 더러온 죄인 나를 아직 ᄇᆞ리시지 안으시고 나죵ᄭᆞ지 내 령혼을 구원ᄒᆞ시랴고 회ᄀᆡᄒᆞ기를 기ᄃᆞ리시ᄂᆞᆫ도다 이와ᄀᆞᆺᄒᆞᆫ ᄌᆞ각(自覺)을 엇은ᄯᅢ는눈물을 ᄲᅮ리면 내구쥬예수여 나의 아버지여 一분의 가치(價値)가 업ᄂᆞᆫ 이몸과 졍신을 쥬ᄭᅴ 밧치겟ᄂᆞ이다 텬디로도 비교치 못ᄒᆞᆯ 은혜를 감샤ᄒᆞᄂᆞᆫ ᄉᆡᆼ각이 ᄉᆡ암솟듯ᄒᆞ며 통곡ᄒᆞ고 찬숑ᄒᆞ리로다

늘 울어도 눈물노셔
못갑흘줄알어
몸밧게 밧칠것업셔
이몸밧침니다

나의 ᄆᆞᄋᆞᆷ과 나의 ᄉᆞ졍을 누가 알니오 부모나 친구나 알어줄수도 잇고 도아줄수도 잇지마는 불완젼ᄒᆞ도다 나의 ᄉᆞ졍과 심ᄉᆞ를 나보다 더잘 아시ᄂᆞᆫ이는 오직 하ᄂᆞ님이시오 예수씨라 닷신은 친히 인ᄉᆡᆼ의 모든 ᄉᆞ졍과 형편을 경험ᄒᆞ셧ᄂᆞ이다 그런고로 만ᄇᆡᆨ셩이 목소ᄅᆡ를 ᄀᆞᆺ치ᄒᆞ야 나의아버지여 나의구쥬여 부르면셔 젹막ᄒᆞᆫ 곳에셔 흉금을 열고 각기 ᄉᆞ졍과 희망을 고ᄒᆞ야 긔도ᄒᆞᄂᆞᆫ도다 방탕ᄒᆞᆫᄌᆞ식이 도야지 밥통을 내여던지고 ᄌᆞ긔아버지집에 품군이라도 될ᄉᆡᆼ각ᄒᆞ며 발을 도리켜 오ᄂᆞᆫᄃᆡ 그아버지는 밤낫으로 그 아ᄃᆞᆯ을 ᄉᆡᆼ각ᄒᆞ여왈 나의 아ᄃᆞᆯ은 어ᄃᆡ셔 방황(彷徨)ᄒᆞᄂᆞᆫ가 어ᄃᆡ셔 주리고 목말나잇ᄂᆞᆫ가 ᄒᆞ면셔 멀니 ᄇᆞ라보니 이것이 지긔의 감이 아닌가 이것이 곳하ᄂᆞ님이시오 곳 종교이라 ᄒᆞ노라

ᄃᆞᆰ우ᄂᆞᆫ 소ᄅᆡ듯고 통곡ᄒᆞ던 베드로와 다마삭셩밧게 공즁에셔 부르시는 소ᄅᆡ를 드른 바울도 지긔의 감이 아닌가 루터 웨슬네와 리빙스톤、스펄존、무듸등 여러거륵ᄒᆞᆫ 션ᄉᆡᆼ과 구원을 엇은 셩도가 다 지긔의감으로 새ᄉᆡᆼ명을 엇은 쟈가 아닌가 예수ᄭᅴ셔 말ᄉᆞᆷᄒᆞ샤ᄃᆡ「나는 죄인의 친구라ᄒᆞ셧스며 션ᄒᆞᆫ목쟈니 션ᄒᆞᆫ목쟈는 양을위ᄒᆞ야 목숨을 ᄇᆞ리고 나도양을 알고 양도 나를 안다ᄒᆞ셧도다 바울이 증거ᄒᆞ여왈 슬프다 나는 괴로온 사ᄅᆞᆷ이라 내가 이ᄉᆞ망즁에셔 나를 구원ᄒᆞᆯ수 잇스리오 오쥬예수 그리스도로 인ᄒᆞ야 내가 하ᄂᆞ님ᄭᅴ 감사ᄒᆞ노라 텬하인간에 다른일홈으로 우리가 구원을 엇지 못ᄒᆞ리니 예수그리스도의 일홈으로만 구원을 엇ᄂᆞ니라」ᄒᆞ셧도다

교회ᄉᆞ긔

긔이부 역술

뎨八판 늬오폴늬토의 신교와 밋 마늬의 교를 의론홈(쇽)

그후에 마늬의 무리들이 그 교를 ᄎᆞᄎᆞ 로마국에 젼파ᄒᆞ매 몃날이 못되여 원근이 다 좃고 온나라에 셩힝ᄒᆞ니 그 교의 대지는 좌와ᄀᆞᆺᄒᆞᆫᄃᆡ 처음브터 두 쥬지(主宰)가 잇스니 (一)은 ᄇᆞᆰ은나라이오(二)는 어두온 나라이라 ᄇᆞᆰ은나라하ᄂᆞ님은 광명ᄒᆞᆫ 텬디가 잇고(곳락원)ᄯᅩ 영광이 그가온ᄃᆡ 찬란히 빗나며 픔물(品物)의 실톄(實体)가 그가온ᄃᆡ 싸혓스나 그러나 ᄯᅩᄒᆞᆫ 어두온 나라로 더브러 리웃이 된다ᄒᆞ며 ᄯᅩ 어두온나라는 깁ᄒᆞᆫ 못이 잇고 흐리고 더러온 것이 그 가온ᄃᆡ 츙만홈으로 곳 샤단이 이로말미암아 니러나 ᄇᆞᆰ은나라의 영광을 보고 웅거ᄒᆞ고져 ᄒᆞ거ᄂᆞᆯ 광명ᄒᆞᆫ나라 하ᄂᆞ님이 ᄒᆞᆫ 원인(原人)을 죠셩ᄒᆞ고(즁국에반고씨와ᄀᆞᆺᄒᆞᆫ사ᄅᆞᆷ) 五힝빗을 예비ᄒᆞ야 샤단을 ᄃᆡ뎍ᄒᆞ게ᄒᆞ고 샤단도 ᄯᅩᄒᆞᆫ 이 두 온셰상에 五힝으로써 ᄃᆡ신ᄒᆞ야 원인이 샤단의게 픽ᄒᆞᆫ바 됨으로 샤단이 ᄇᆞᆰ은빗 三분의 一을 삼킴으로 말ᄆᆡ암아 ᄇᆞᆰ은빗이 어두온셰샹에 五힝으로 더브러 혼잡ᄒᆞ야 우쥬(宇宙)가 되고 ᄯᅩ 만물도 일노 말ᄆᆡ암아 ᄇᆞᆰ은것과 어두온것이 ᄀᆞᆺ초아 잇스며 ᄯᅩ 불노 말ᄒᆞ여도 안에싸인 바탕은 어둡고 밧그로 나타나는것은 빗이 잇고 ᄯᅩ 희와 ᄃᆞᆯ은 가비얍고 ᄆᆞᆰ은긔운으로 된것이며 ᄯᅩ 희ᄂᆞᆫ 원인의 쳐소요 ᄃᆞᆯ은 ᄉᆡᆼ모(生母)의쳐소ㅣ니 일노써 일월은 텬샹의 ᄌᆞ항(慈航)이 된다ᄒᆞ고(ᄌᆞ항은불교에닐은바사ᄅᆞᆷ을구원ᄒᆞ여젼너가재ᄒᆞᄂᆞᆫ뜻)ᄯᅩ어

두온 가온ᄃᆡ 혼잡ᄒᆞᆫ 빗은 고난을 밧으신 예수씨라 말ᄒᆞ엿ᄂᆞᆫᄃᆡ 이우헤말ᄒᆞᆫ바 세계ᄂᆞᆫ 눈으로 능히 보지못ᄒᆞᄂᆞᆫ 세계요 눈으로 능히 볼수잇ᄂᆞᆫ 세계ᄂᆞᆫ 어두온 나라의 님군 샤단의 ᄢᅵ아슨 빗과 밋 그어두온바탕을 합ᄒᆞ야 세샹사ᄅᆞᆷ을 죠셩ᄒᆞ엿ᄉᆞ니 육톄ᄂᆞᆫ 어두온 바탕으로 일운것이 되고 령혼은 ᄇᆞᆰ은빗으로 된것이니 이것은 원언의 형샹과 그림ᄌᆞ를 모본ᄒᆞᆫ것이니 그럼으로 사ᄅᆞᆷ이 물욕에 ᄲᅡ짐도 잇고 또 뎐리를 ᄉᆞ모홈도 잇서 도심과 샤욕이 ᄒᆞᆼ샹 서로 치고 이긔ᄂᆞᆫ것이며 또 광명ᄒᆞᆫ나라 하ᄂᆞ님의게 쇽ᄒᆞᆫ 뎐ᄉᆞ열둘이 잇ᄉᆞ니 그가온ᄃᆡ 다섯뎐ᄉᆞ가 ᄇᆞᆰ은세계를 다ᄉᆞ리ᄂᆞ니 이세계의 빗이 어두온나라의게 ᄢᅵ앗김을 보고 이빗을 어두온ᄃᆡ셔 구원ᄒᆞ야 나오게 홈을 하ᄂᆞ님ᄭᅴ 군구홈으로 특별히 예수를 보내여 형샹으로 나타내샤 사ᄅᆞᆷ을 인도ᄒᆞ야 빗을 회복ᄒᆞ게 ᄒᆞ시거ᄂᆞᆯ 강퍅(剛愎)ᄒᆞᆫ 유대사ᄅᆞᆷ들이 예수를 죽인고로 맛ᄎᆞᆷᄂᆡ 그공을 일우지 못홈으로 보혜ᄉᆞ를 보내여 그위를 ᄃᆡ신ᄒᆞ야 인도ᄒᆞ게 ᄒᆞ시니 보혜ᄉᆞᄂᆞᆫ 곳 마늬라ᄒᆞᄂᆞᆫ 사ᄅᆞᆷ이라 이사ᄅᆞᆷ이 十二ᄉᆞ도와 七十감독과 쟝로를 퇴ᄒᆞ여 춍도를 젼ᄒᆞᆫ다ᄒᆞ고 교인을 두층으로 ᄂᆞᆫ호니 (一)은 샹지(上智)니 옴기지 안코 (二)ᄂᆞᆫ 근고(勤苦)히 ᄇᆡ화셔 아ᄂᆞᆫ쟈라 샹지ᄂᆞᆫ 시집과 쟝가를 가지안코 훈(葷)(담비예류)과 술을 먹지안으며 잇ᄂᆞᆫ것을 팔어 간난ᄒᆞᆫ 사ᄅᆞᆷ을 구재ᄒᆞ고 ᄆᆡ월에 七일식 금식ᄒᆞ며 또 태양을 숭봉ᄒᆞ며 마늬의게 샬어 졀ᄒᆞᆫ다ᄒᆞ니라 또 이교에 두가지 셩례가 잇ᄉᆞ니 (一)은 기름과 물노 세례를 주ᄂᆞᆫ것이며 (二)ᄂᆞᆫ 술은ᄡᅳ지안코 떡으로만 셩찬을 베프ᄂᆞᆫ것이니 일노ᄡᅥ 보건ᄃᆡ 마늬교ᄂᆞᆫ 예수교와 파ᄉᆞ교를 합ᄒᆞ야 일운것이니 그해가 더옥 심ᄒᆞ더라

● ᄉᆞ죠 (詞藻)

一 ᄉᆞ샹

(一)교인이여교인이여
교인ᄉᆞ샹무엇인고
(二)셩경찬미안다ᄒᆞ고
거즛힘위ᄒᆞ지마소
(三)진실노교인의더ᄉᆞ샹은
아마도공평무ᄉᆞ이지

二 쳥년

二十세긔쳥년들아
오유쟝에투족마소
황금ᄀᆞᆺᄒᆞᆫ이세월을
一각인들허송ᄒᆞ리
아마도쳥년의힘쓸것은
ᄉᆞ논공샹
ᄌᆞ긔직분이라
직분을다ᄒᆞ라면
셩경을연구ᄒᆞ여야
실력이싱ᄒᆞ지

◎ 가뎡과쇼ᄋᆞ

● 서로다토지 말것

갑을(甲乙)두양이 ᄒᆞᆫ 시ᄂᆡ물을 건너갈터인ᄃᆡ 다만 외나무다리ᄒᆞ나히 잇ᄂᆞᆫ고로 두양이 서로 몬져건너가기를 닷홀ᄉᆡ 갑양은 ᄀᆞᆯᄋᆞᄃᆡ 이다리ᄂᆞᆫ 당쵸에 나를 위ᄒᆞ야 노ᄒᆞᆫ것인즉 내가 몬져 건너자다ᄒᆞ고 을 양은 ᄀᆞᆯᄋᆞᄃᆡ 이다리ᄂᆞᆫ 너만 위ᄒᆞ야 노ᄒᆞᆫ것이 아니라 나도 위ᄒᆞ야 노ᄒᆞᆫ것이니 네가 몬져 건너가라ᄂᆞᆫ 쟝졍규측이 어ᄃᆡ 잇ᄂᆞ냐 이ᄀᆞᆺ치 다토기를 마지아니ᄒᆞ다가 갑 양이 몸을 놀네뛰여 오르매 을 양도 또ᄒᆞᆫ ᄀᆞᆺ치 뛰여올나 갑 양과 서로 츙돌ᄒᆞ다가 둘이 다 물에 ᄯᅥ러젓더라 이와 ᄀᆞᆺ치 어린ᄋᆞᄒᆡ들이 형뎨ᄌᆞᄆᆡ간에 서로 양보(讓步)치 안코 서로 닷토다가 당쟝에 서로 샹해ᄒᆞᄂᆞᆫ 폐단이 잇슬ᄲᅮᆫ아이니라 ᄎᆞᄎᆞ 습여셩셩(習與性成)ᄒᆞ야 쟝ᄅᆡ에도 불화홀 념려가 잇ᄉᆞ니 ᄒᆞᆼ샹 경계ᄒᆞ야 서로 닷토지 말지어다

세계격언

一 ᄆᆡ일ᄒᆞᆫ시간식十년만 공부ᄒᆞ면 비록 우ᄆᆡᄒᆞᆫ 사ᄅᆞᆷ이라도 춍명ᄒᆞᆫ쟈될수 잇ᄂᆞ니라

二 입과 돈주머니ᄂᆞᆫ 닷쳐둘ᄉᆞ록 됴흐니라

三 잘시작ᄒᆞᄂᆞᆫ것은 됴코 잘 맛치ᄂᆞᆫ것은 더욱 됴흐니라

四 ᄉᆡᆼ션과 손(客)은 三일을 지나면 ᄂᆡ암시를 내ᄂᆞ니라

五 신ᄉᆞ의 ᄭᅩ리되ᄂᆞᆫ것보다 농부의 머리되ᄂᆞᆫ것이 나흐니라

현지의 고롱이 잇슬ᄯᅢ에 과거의 쾌락을 ᄉᆡᆼ각지말지니라

평림 (評林)

●현ᄃᆡ의ᄉᆞ샹계(思想界)

△근일 구미(歐美)각국에셔는 그리스도교회의 ᄀᆡ혁쥬의(改革主義)가 셩힝ᄒᆞ야 신진파(新進派)는 모든 교회를 롱一ᄒᆞ자ᄂᆞᆫ ᄉᆞ샹과 언론이 만코 보슈파(保守派)는 각각 ᄌᆞᄀᆡ의 교파(敎派)를 확쟝ᄒᆞᆯ ᄉᆞ샹과 언론이니 ᄅᆡ두형편이 엇지될ᄂᆞᆫ지

△근일 불량ᄒᆞᆫ 쇼년이 만히 잇ᄂᆞᆫ것은 그죄가 온젼히 그부모의게 잇ᄂᆞ니 그부모가 쥬식황음(酒色荒淫)ᄒᆞᆷ으로 그ᄌᆞ녀가 쳣재ᄂᆞᆫ 안으로 그유젼셩(遺傳性)의 죄악과 병독을 밧음이오 둘재ᄂᆞᆫ 밧그로 그부모의 부졍ᄒᆞᆫ 모범을 효측ᄒᆞᆷ이니 그럼으로 근일 미국비쥬에셔 혼인을 방한ᄒᆞᄂᆞᆫ 법률을 실시ᄒᆞᆷ이니 과연 그럴듯ᄒᆞ지

실업

●농ᄉᆞ강습요항 (쇽)

뎨三十七 팟(小豆)의 긔후와 토질

팟은 콩과 ᄀᆺ치 온란ᄒᆞᆫ 긔후를 됴화ᄒᆞᄂᆞᆫ고로 북도와 ᄀᆺ치 샹강이 일즉이 되ᄂᆞᆫᄃᆡ 방에셔ᄂᆞᆫ 아모됴록 쇽히셩슉ᄒᆞᄂᆞᆫ 죵ᄌᆞ를 ᄐᆡᆨᄒᆞ야 쓸지니라 팟은 대개 모ᄅᆡ밧탕 양토(壤土)가 됴ᄒᆞ나 너머 비습ᄒᆞᆫ ᄯᅡᄂᆞᆫ 됴치못ᄒᆞ며 ᄯᅩ 너머 기름진ᄯᅡ에ᄂᆞᆫ 가지와 입ᄉᆡ만 무셩ᄒᆞ야 결실이 늣게 될 념려가 잇고 팟도 토디의 힘을 모손ᄒᆞᄂᆞᆫ일이 젹으니라

뎨三十八 팟의 죵류

팟의 죵류ᄂᆞᆫ 젹두와 ᄇᆡᆨ두와 흑두의 구별이 잇스나 대개 만히 심으ᄂᆞᆫ것은 젹두니라

뎨三十九 팟의죵ᄌᆞ ᄐᆡᆨᄒᆞᄂᆞᆫ법

팟의 죵ᄌᆞᄐᆡᆨᄒᆞᄂᆞᆫ 법은 대개 콩과 ᄀᆺᄒᆞ니라

뎨四十 팟의 파죵법

팟의파죵법도 콩과ᄀᆺᄒᆞ니 그 분량은 三百평가량에 二승으로 三승ᄭᆞ지 ᄒᆞᆯ지나 로박ᄒᆞᆫ 곳에ᄂᆞᆫ 좀 더ᄲᅮᆯ일지면 파죵ᄒᆞᄂᆞᆫ긔한은 대개 양력五월즁슌(中旬)으로 쥰뎍ᄒᆞᆷ이 가ᄒᆞ니라

담총

○활동ᄒᆞᄂᆞᆫ인형(人形)

근일 법국셔울파리셩에셔 신발명ᄒᆞᆫ 인형은 그신톄안에 ᄌᆞ동긔계를 셜치ᄒᆞ고 그다리 아래 류셩긔를 붓쳣ᄂᆞᆫᄃᆡ 됴혼양복을 닙혀노코 고동을 트러노흐면 그 인형은 능히 四지ᄇᆡᆨ톄를 놀니며 류셩긔에셔 나ᄂᆞᆫ 소ᄅᆡᄂᆞᆫ 그신톄속으로 롱ᄒᆞ야 입으로 나와셔 온갓 말을 다ᄒᆞ고 눈을 감엇다 ᄯᅳᆺ다ᄒᆞᄂᆞᆫ것이 ᄭᅩᆨ 산사ᄅᆞᆷ과 ᄀᆺ치ᄒᆞᆫ다더라

●굉쟝히 큰 잔치

거七월즁슌에 미국졍부ᄂᆞᆫ 흑인 ᄌᆞ유를 위ᄒᆞ야 싸혼 남북젼징(南北戰爭)뎨五十년긔렴회를 거힝ᄒᆞᆯ시 당시 젼쟝에 나가 싸호던 늙은병뎡들을 위ᄒᆞ야 잔치를 비셜ᄒᆞ고 ᄒᆞᆫ 사ᄅᆞᆷ의게 二十회식 식ᄉᆞ를 향응(饗應)ᄒᆞ엿ᄂᆞᆫᄃᆡ 식ᄉᆞ가 도합 八十만샹이라더라

법령뎍요

●경찰범쳐벌규측 (쇽)

四十四 츌입을 금지ᄒᆞᄂᆞᆫ 곳에 람(濫)히 츌입ᄒᆞᆫ자

四十五 슈지나 화지나 무숨 다른 ᄉᆞ변(事變)이 잇슬ᄯᅢ에 졔지를 밧지안코 현쟝(現塲)에 드러서던지 혹 그곳에셔 물너가지 안던지 ᄯᅩᄂᆞᆫ 관리가 ᄀᆺ치 구원ᄒᆞ기를 쳥ᄒᆞ되 짐짓 좃지아니ᄒᆞᄂᆞᆫ자

四十六 가로샹에셔 밤에 등불업지 소레나 우마를 부린자

四十七 허가업시로변(路邊)이나 강변에셔 로뎜(露店)을 열어노혼자

四十八 졔지를 밧지안코 로변에 음식이나 무숨물건을 버려노코 파ᄂᆞᆫ자

四十九 뎐션근방에셔 연(紙鳶)을 놀니고 달니 뎐션에 방해될만ᄒᆞᆫ 힝동을 ᄒᆞ던지 혹ᄒᆞ게ᄒᆞᆫ자

五十 셕젼이나 다른 위험ᄒᆞᆫ 회롱을 ᄒᆞ고 혹ᄒᆞ게ᄒᆞ며 가로샹에셔 공긔총취시(空

氣銃吹矢)등의 희롱을 ᄒᆞ던지 혹ᄒᆞ게ᄒᆞᆫ쟈

五十一 람(濫)히 ᄀᆡ나 혹 다른 즘싱을 교쵹(敎唆)ᄒᆞ거나 혹 ᄯᅱ여다라나게ᄒᆞᆫ쟈

五十二 사오나온 즘싱이나 밋친ᄀᆡ ᄀᆞᆺ치 사ᄅᆞᆷ을 무러셔 샹케ᄒᆞᆯ만ᄒᆞᆫ것을 잘 붓잡어 ᄆᆡ지아니ᄒᆞᆫ쟈

五十三 ᄀᆡ싸홈이나 ᄃᆞᆰ싸홈을 붓친쟈

五十四 공즁(公衆)이 보ᄂᆞᆫ 곳에셔 소나 몰이나 다른 즘싱을 학ᄃᆡᄒᆞᆫ쟈

五十五 위험ᄒᆞᆫ 념려가 잇ᄂᆞᆫ 졍신병(精神病)쟈를 잘감호(監護)치 아니ᄒᆞ야 집밧게셔 ᄇᆡ회(徘徊)케 ᄒᆞᄂᆞᆫ쟈

五十六 공즁이 보ᄂᆞᆫ곳에셔 옷을 벗고 볼기짝이나 엉덩이를 드러내거나 기외에 다른츄ᄒᆞᆫ 톄도를 뵈인쟈

五十七 가로샹에셔 대쇼변을 보거나 혹보게ᄒᆞᆫ쟈

五十八 다른 사ᄅᆞᆷ의 신톄나 물픔이나 ᄯᅩᄂᆞᆫ 여긔 해가 밋칠만ᄒᆞᆫ 곳에 무슴물건을 내여ᄇᆞ리거나 내여 쏜(放射)쟈

五十九 람이 즘싱의 죽은 신톄나 ᄯᅩᄂᆞᆫ 무슴더러온 물건을 내여ᄇᆞ리거나ᄯᅩᄂᆞᆫ 그런것을 주의ᄒᆞ야 거두어 업시ᄒᆞ지 아니ᄒᆞᆫ쟈

六十 사ᄅᆞᆷ의 마시ᄂᆞᆫ 물을 더럽히던지 ᄉᆞ용(使用)을 방해롭게ᄒᆞ던지 혹 그물길을 막은쟈 (미완)

◎회보ᄃᆡ령슈금

地名	姓名	金額
陽川	崔重根	四十錢
楊平	咸昌燮	二圓二十錢
元山	朴一成	四十錢
已上四月一日ᄭᆞ지		
杆城	鄭舜日	四十錢
平海	林聖植	四十錢
	黃三峰	四十錢
	李奎源	四十錢
	全載昊	四十錢
富平	金自先	一圓二十錢
	朴善益	八十錢
	李杜益	六十錢
	金順西	八十錢
	金潤花	四十錢
	朴야곱	四十錢
仁川	金允鉉	六十錢
金川	盧秉斗	四十錢
	李應成	四十錢
開城	裵善明	八十錢
	李昌淳	八十錢
	李世賢	八十錢
	李珏均	八十錢
海州	高準鎬	六十錢
	全相俊	六十錢
	劉承烈	六十錢
瓮津	李鍾和	三十錢
江西	可峴教堂	八十錢
公州	裵相範	四十錢
	林弘喆	四十錢
南陽	朴瑛錫	四十錢

그리스도회보

KOREAN CHRISTIAN ADVOCATE

每週一回月曜日發行
大正二年九月十日印刷
大正二年九月十五日發行

編輯兼發行人 開城北部山芝峴 奇義男
印刷人 京城北部樓閣洞 朴東完
印刷所 京城南部上犂洞 新文館
發行所 京城北部壯洞四十三統二戶 呂炳鉉邸

대금(代金) 一장 二젼 六개월 四十젼 一개년 八十젼 海外 一개년 一환六十젼

사셜

●그리스도회보와젼도인의관계

그리스도회보와 남북감리교회젼도인의 관계를 말ᄒᆞ건ᄃᆡ 그리스도회보ᄂᆞᆫ 一二 ᄀᆡ인이 영리(營利)의 목뎍으로 셜시ᄒᆞᆫ 신문이 아니라 량교회가 합심협력ᄒᆞ야 간힝ᄒᆞᄂᆞᆫ 간졉젼도긔관(間接傳道機關)이며 각젼도인(목ᄉᆞ、젼도ᄉᆞ、권ᄉᆞ 쇽장、매셔인를 포함)은 ᄌᆞ긔의 一신상만 위ᄒᆞᆷ이 아니라 一반형미를 위ᄒᆞ야 직졉(直接)젼도ᄒᆞᄂᆞᆫ 직임을 맛흔쟈니 이로 미루어 싱각ᄒᆞ면 그리스도회보ᄂᆞᆫ 모든젼도인의 ᄉᆞ업을 원죠(援助)ᄒᆞ며 찬셩ᄒᆞᆷ으로써 그취지를 삼어야 되겟고 각젼도인은 그리스도회보의 발뎐을 계도(計圖)ᄒᆞᆷ으로써 그의무를 삼어야 되겟다고 말ᄒᆞ여도 과ᄒᆞᆫ 말이 아니로다 웨그런고 ᄒᆞ니 직졉간졉으로다 젼도ᄒᆞᄂᆞᆫ 긔관이 된 연고라 므릇 그리스도회보의 요령은 첫재 一반교도의 신령뎍유익을 공급ᄒᆞᆷ이오 둘재 각교회의 졍신뎍교통을 소기ᄒᆞᆷ이오 셋재 모든형뎨ᄌᆞ미의 보통지식을 널님이오 넷재 교도로 ᄒᆞ여곰 필요ᄒᆞᆫ 학문과 경험을 알게ᄒᆞᆷ인ᄃᆡ 一반교우들은 혹 이런 ᄂᆡ용을 ᄌᆞ셰히 알지못ᄒᆞᆷ으로 구람(購覽)ᄒᆞ기를 쥬져ᄒᆞ던지 거졀ᄒᆞᆯ지라도 젼도직임이 잇ᄂᆞᆫ이ᄂᆞᆫ 힘과 ᄆᆞᄋᆞᆷ을 다ᄒᆞ야 사ᄅᆞᆷ마다 권ᄒᆞ며 집집이 광포ᄒᆞ야 아모됴록 감리교인의 칙샹마다 그리스도회보ᄒᆞᆫ권식은 다 노여 잇게ᄒᆞᄂᆞᆫ것이 또ᄒᆞᆫ ᄌᆞ긔의 의무로 싱각ᄒᆞᆯ것이라 ᄒᆞ노라 만일 그럿치아니ᄒᆞ면 그리스도회보ᄂᆞᆫ 엇지 혼자 발뎐ᄒᆞᆯ수 잇스며 스ᄉᆞ로 셜수잇ᄂᆞᆫ가 근일 미국각쳐 감리교긔관보들은 각교당젼도인들의 경징모집(競爭募集)ᄒᆞᆷ을 인ᄒᆞ야 엇던회보ᄂᆞᆫ 一삭동안에 그젼보던 사ᄅᆞᆷ외에 二만명의 신구람쟈를 엇엇다ᄒᆞ니 이엇지 가히 놀날만 ᄒᆞᆫ일이아니뇨 원컨ᄃᆡ 모든 젼도직임잇ᄂᆞᆫ이ᄂᆞᆫ 이일을 싱각ᄒᆞ시고 젼보다 一층더 본회보를 이호(愛護)ᄒᆞ시와 쟝리의 발뎐을 힘써 계도ᄒᆞ심을 다시 옹망ᄒᆞᄂᆞ이다

사고

본회보를이호(愛護)

구람ᄒᆞ시ᄂᆞᆫ 졔씨즁에 금년六개월 션금(先金)만 보내신이ᄂᆞᆫ 거월말일(末日)에 한 션금이 임의다ᄒᆞ엿ᄉᆞ오니 하반긔(下半期)六개월 션금四十젼식과 이ᄯᅢᄭᆞ지 션금을 아니보내신이ᄂᆞᆫ 一개년 션금八十젼식을 속속히 우편쇼위톄(郵便小爲替)로 붓쳐보내시와 본회보로 ᄒᆞ여곰 지졍에 곤난ᄒᆞᆷ이 업게 ᄒᆞ심을 근졀히 ᄇᆞ라ᄂᆞ이다

교즁휘문

◀니 보▶

●졍동교당의사경회

경셩졍동뎨一례당니에셔 거 八월二十五일브터 본월三일ᄭᆞ지 직원사경회를 열고 감리ᄉᆞ 로보을 목ᄉᆞ최병헌 쟝락도三씨가 교슈ᄒᆞ엿ᄂᆞᆫᄃᆡ 미일츌셕ᄒᆞᆫ 학원은 五十여명에 달ᄒᆞ엿고 공부ᄒᆞᄂᆞᆫ 동안에 신령ᄒᆞᆫ 은혜를 만히 밧엇다더라

●희쥬읍교당의사경회

(홍 슌 탁)

희쥬디방각구역젼도ᄉᆞ와 모든 직인들을 위ᄒᆞ야 八월二十일브터 二十七일ᄭᆞ지 희쥬읍교당에셔 제직대사경을 열고 열심으로 공부ᄒᆞ엿ᄂᆞᆫᄃᆡ 사경회원은 남녀합ᄒᆞ여 一百五十五인이오 교ᄉᆞᄂᆞᆫ 본디방 감리ᄉᆞ 모리시 지녕(載寧)쟝로회목ᄉᆞ한위렴 평양빌닝쓰 본디방 고로부 희쥬홍슌탁제씨가 갑을반으로 ᄂᆞᆫ호아 교수ᄒᆞ엿ᄂᆞᆫᄃᆡ 갑반과졍은 고린도젼셔 듸모데젼셔 로마인셔 이사야요,을반과졍은 예수힝젹 아모쓰 베드로젼셔 빌닙보요 미일 밤마다 빌닝쓰목ᄉᆞ가 열심으로 강론ᄒᆞ엿ᄂᆞᆫᄃᆡ 三四百명식 모히매 회당이 협착ᄒᆞᆫ고로 회당마당에셔 례비ᄒᆞ엿ᄉᆞ며 일반형졔이 다 새은혜를 밧아가지고 각구역으로 도라갓ᄉᆞ니 하ᄂᆞ님ᄭᅴ 감샤ᄒᆞᆫ다 ᄒᆞ엿더라

●평양현암동교회의사경회

(쟝 셕 간)

본교회에셔 八월二十五일브터 一쥬일간 남녀사경회를 열고 권ᄉᆞ쟝셕간 김풍한 김영호 변영옥四씨와 젼도부인 김명빅씨가 미일 다섯시간식 교슈ᄒᆞᄂᆞᆫ즁 본교회로브터 九리 샹거되ᄂᆞᆫ 삼졍동교회와 류동교회에셔 부인들과 학도ᄭᆞ지 슈고를 불고ᄒᆞ고 수十명이와셔 열심공부ᄒᆞ야 회원이 百十명에 달ᄒᆞ엿고 특별히 셩신의 감화ᄒᆞᆫ심으로 이ᄀᆞᆺ치 만히 모히기ᄂᆞᆫ 본교회에 처음되고 새은혜와 새열심을 엇어 하ᄂᆞ님ᄭᅴ 감샤ᄒᆞᆫ다 ᄒᆞ엿더라

●밋음파열심의능력

(조 졍 환)

강원도 린메읍교회에 ᄌᆞ미 황수산나씨ᄂᆞᆫ 쥬를 밋기젼에 싱업은 슐쟝ᄉᆞ와 우샹셤기기로 일삼더니 三년젼에 회ᄀᆡᄒᆞᆫ후로ᄂᆞᆫ ᄌᆞ긔의힝ᄒᆞ던 일을 곳치고 모든사ᄅᆞᆷ을 ᄀᆞᄅᆞ쳐 복음을 젼ᄒᆞ며 ᄌᆞ졍으로 교회와 학교를 도으며 병쟈를 위ᄒᆞ야 열심으로 긔도ᄒᆞᆷ으로 병쟈들이 이집으로가셔 유ᄒᆞ며 긔도ᄒᆞ여 달나ᄒᆞ여 곳침을 엇어가ᄂᆞᆫ쟈가 혹 잇ᄉᆞ니 이ᄀᆞᆺᄒᆞᆫ 밋음은 쥬ᄭᅴ 영광을 돌닌다 ᄒᆞ엿더라

●즁화룡흥동교회의사경회

(쥬 흥 남)

평남 즁화군 룡흥동교회에셔 거월二十一일에 사경회를 열고 목ᄉᆞ김지찬 젼도ᄉᆞ비형식 졍진슈 강시봉제씨가 교슈ᄒᆞ엿ᄂᆞᆫᄃᆡ 三등에 분ᄒᆞ고 과졍은 마태 마가 요한 골노시 갈나듸아 여호수아 듸모데후셔 ᄉᆞ랑 긔도 죄 례비 셰측을 교슈ᄒᆞᆯ시 남녀학싱百五인이 공부ᄒᆞ야 은혜를 만히 밧엇ᄂᆞᆫᄃᆡ 심ᄒᆞᆫ 더위에 十五리 밧게셔 부인들이 어린ᄋᆞᄒᆡ들을 다리고 미일츌셕ᄒᆞ며 본교회 교우들은 三十여명의 뎜심을 닷토아 ᄃᆡ졉ᄒᆞ엿ᄉᆞ며 특별히 속쟝룡운힝씨ᄂᆞᆫ 빈한ᄒᆞᆫ가세에 교ᄉᆞ들의 식ᄉᆞ를 ᄌᆞ담공궤ᄒᆞ며 ᄯᅩ 하오八시로 九시ᄭᆞ지 특별긔도회로 모혀 신령ᄒᆞᆫ 은혜를밧어 열심이 분발ᄒᆞᆷ으로 쥬ᄭᅴ영광을 돌닌다 ᄒᆞ엿더라

◀외 보▶

●부쓰대쟝의츄도회(追悼會)

일본동경신뎐구 화강락당(和强樂堂)에셔 거七월二十일에 고(故)구셰군대쟝월니암부쓰씨의 힝젹을 긔렴키 위ᄒᆞ야 츄도긔렴회를 열엇다더라

●남녀혼합교육의문뎨

근일 일본너디에셔 남녀를 혼합ᄒᆞ야 ᄒᆞᆫ 교실에셔 교슈ᄒᆞᆫ쟈ᄂᆞᆫ 의론이 류힝ᄒᆞ지마ᄂᆞᆫ 一반 보슈론쟈(保守論者)ᄂᆞᆫ 졀ᄃᆡ뎍 반ᄃᆡᄒᆞ여왈 구미(歐米)각국ᄀᆞᆺ치 ᄌᆞ유교육을 숭샹ᄒᆞᄂᆞᆫ 나라에셔도 쇼학교에ᄂᆞᆫ 남녀혼합교육을 관계업시

알지마는 대학교육에 니르러셔는 아모됴록 남녀혼합을 피ᄒᆞᆷ은 다름아니라 첫재 이셩동반(異性同伴)의 위험을 피홈이오 둘재 남녀학력이 서로 어그러짐이오 셋재 교슈상에 불편ᄒᆞᆫ 덤이 만흠이니 ᄒᆞ믈며 동양교육계에셔는 더욱 주의ᄒᆞ야 피ᄒᆞᆯ것이라ᄒᆞᆫ다더라

●헌법ᄀᆡ졍의금쥬(禁酒)

미국샹의원에 독쥬(毒酒)를 만들던지 팔던지 마시는 일을 엄금ᄒᆞ는 법률을 실힝키 위ᄒᆞ야 헌법을 ᄀᆡ졍ᄒᆞ자는 의안(議案)이 뎨츌되엿는디 의원즁에 이 의안을 찬셩ᄒᆞ는 쟈ㅣ 만코 가쥬의원모씨는 이 의안즁(독쥬)라홈은 모든 쇼쥬셩질 가진술만 포함ᄒᆞ고 믹쥬와 포도쥬는 그즁에 쌥쟈는 의견을 진술ᄒᆞ엿다더라

●二百만원의긔부금

미국에 유명ᄒᆞᆫ 부쟈 카네씨는 남감리회 쇼관 인덜벨트 대학교 부속 의학교(醫學校)를 새로 셜치ᄒᆞ기 위ᄒᆞ야 긔부금 二百만원을 허락ᄒᆞ엿논디 이금외즁에셔 四十만원은 교샤(校舍)건튝과비픔(備品)에 디ᄒᆞ야 쓰고 一百六十만원은 젹립금으로세우게 ᄒᆞᆫ다더라

연 단 (演壇)

●본년六월十三일감리교신학졸업식연셜

졸업싱 졍지덕

문뎨 쇽량의 가티

본인이 죵이라ᄒᆞ는 니야기는 입에 담기도 실치마는 오날 문뎨에 쇽량이란 말이 잇스니 그원인을 말ᄒᆞ고져ᄒᆞᆫ즉 부득이 죵의 니야기를 몬져 ᄒᆞᆯ수밧게 업슴니다

본인의 싱장ᄒᆞᆫ곳에 ᄒᆞᆫ쇽담이 잇는디 죵을 쇽량ᄒᆞ여 내면 치마를 쓰고 잔다ᄒᆞ는 말이 잇스니 그ᄯᅳᆺ은 이곳풍쇽에 반죡이나 평민의 부녀들은 츌입시에 치마를 쓰고 죵은 치마를 쓰지못ᄒᆞᆷ이니 이것은 곳 죵된표라 그런고로 죵된쟈ㅣ ᄌᆞ긔의 쇽ᄒᆞ고 원통ᄒᆞᆫ 말은 다ᄒᆞᆯ수업스나 대강말ᄒᆞ면 죵된쟈는 그샹뎐의게 학디밧는것은 고샤ᄒᆞ고 지어三쳑동ᄌᆞ라도 다 하디ᄒᆞ고 의복음식과 좌와츌입에 ᄌᆞ유가 업고 ᄌᆞ식을 길너도 학문을 ᄀᆞᄅᆞ칠수가 업고 거쳐는 힝랑방ᄒᆞᆫ간에 지내지못ᄒᆞᄂᆞ니 쇽ᄒᆞ다 ᄌᆞ긔당디ᄲᅮᆫ만 아니라 ᄌᆞ긔의 ᄌᆞᄌᆞ손손이 밧는것이라 이쳐디에셔 엇더ᄒᆞᆫ ᄌᆞ션가가 ᄌᆞ긔를 쇽량ᄒᆞ여주면 그감샤ᄒᆞ는말은 다ᄒᆞᆯ수업스려니와 몬져 빅셩된표를 ᄒᆞ겟다ᄒᆞ야 치마를 들고 네가 어디갓다가 이졔야 왓ᄂᆞ냐 너와 나와 ᄉᆞ싱을 ᄀᆞᆺ치ᄒᆞ쟈ᄒᆞ며 치마를 쓰고 먹고 마시고 츌입ᄒᆞ고 죽을때ᄭᆞ지 쓰고 죽는다ᄒᆞ는 말이 잇스니 이와ᄀᆞᆺ치 우리조샹 되는 이와가 과실ᄒᆞᆫ고로 인ᄒᆞ야 샤탄의 죵이 되미 모든 인류가 다 마귀의 노예가 되여六千여년을 젼리ᄒᆞ면셔 고통ᄒᆞ는지라 이때를 당ᄒᆞ여 예수ᄭᅴ셔 텬국으로 브터 강림ᄒᆞ샤 이죵을 쇽량ᄒᆞ라면 불가불 샹당ᄒᆞᆫ 가치가 잇셔야 ᄒᆞᆯ터이오 ᄯᅩᄒᆞᆫ 마귀들은 이셰샹을 주고 예수ᄭᆞ지 죵으로 사되 만一 그럿치못ᄒᆞ면 샹당ᄒᆞᆫ 가치를 내되 이셰샹에는 업는보비를 달나고ᄒᆞ엿소 그런즉 예수ᄭᅴ셔 아모것도 가지고 오신것업고 다만 공의와 ᄉᆞ랑ᄲᅮᆫ이라 예수ᄭᅴ셔 ᄌᆞ긔의 피로써 가치를삼아 이인류를 디쇽ᄒᆞ셧스니 이가치를 무게급으로 말ᄒᆞ면

(一)가치의귀ᄒᆞᆫ것, 대개 무슴 물건이던지 지극히 귀ᄒᆞᆫ것을 ᄀᆞᄅᆞ쳐 말ᄒᆞ기를 셰샹에 업는보비라 ᄒᆞ는것이오 그런고로 예수의 피는 이셰샹에 다시업는 보비오 금은으로 쇽량ᄒᆞ엿스면 금은으로 믈느려니와 마귀의게는 ᄉᆞ랑과 공의가 업는고로 능히 물너가지 못ᄒᆞᆯ것이오

三

(二)가치의셰력, 이젼에 이스라엘빅셩이 애굽왕 바로의손에셔 학디를 면ᄒᆞ고 죵의멍에를 버서날때에 어린양의 피로 六十만명을 쇽량ᄒᆞ엿지마는 예수의 피의 가치는 파거와 미리는 고샤ᄒᆞ고 현시二十셰긔에 싱활ᄒᆞ는 十六억 싱령을 마귀의 손에셔 ᄲᅢ나게ᄒᆞ셧스니 오날 이자리에 모히신 교우들은 예수의 피

로 속량ᄒᆞᆷ을 엇엇스니 그ᄇᆡᆨ셩된표가 잇셔야 ᄒᆞᆯ것이오 그런즉 이표는 치마를 쓰는 것이 아니오 셩경 에베소一쟝十四졀말ᄉᆞᆷ에 밧을긔업의 표는 셩신이라 ᄒᆞ셧소 그런즉 우리교우는 허락ᄒᆞ신 셩신을 츙만히 밧어 죽을ᄯᅢᄭᆞ지 쓰고 마시기를 ᄇᆞ라나이다

●태평양젼도록 (쇽)

영국 태요한션ᄉᆡᆼ 저

내가 ᄉᆡᆼ각ᄒᆞᄃᆡ 당쵸에 이셩에 젼도올ᄯᅢ에 본회 회쟝의 ᄐᆡ뎡ᄒᆞᆷ을 밧엇슨즉 이제 외국으로 젼도ᄒᆞ러가랴면 불가불 몬져 그의 허락을 엇어야 될것이라ᄒᆞ야 뎌를 ᄎᆞ저보고 우히빅리셤에 젼도가기를 원ᄒᆞ노라 말ᄒᆞ니 뎌가 이말을 듯고 크게 깃거워ᄒᆞ야 거의 눈물이 날듯ᄒᆞ더라 이날 내가 집에 도라오매 ᄆᆞᄋᆞᆷ에 쾌활ᄒᆞ고 깃븜이 비ᄒᆞᆯᄃᆡ 업는지라 인ᄒᆞ야 쥬를위ᄒᆞ야 모든것을 다밧치기로 쥬의를 확실히 뎡ᄒᆞ고 여러ᄒᆡ ᄒᆞᆷᄭᅴ 잇던 친구의게 나의 작뎡ᄒᆞᆫ 목뎍을 ᄌᆞ세히 말ᄒᆞ니 뎌가 묵묵히 안져 오ᄅᆡ ᄉᆡᆼ각ᄒᆞ다가 ᄃᆡ답ᄒᆞᄃᆡ 만일 내게도 가기를 허락ᄒᆞ면 ᄀᆞᆺ치 가겟노라ᄒᆞ거놀 내가 말ᄒᆞᄃᆡ 그ᄃᆡ가 만일 이 ᄆᆞᄋᆞᆷ이 잇ᄉᆞ면 엇지 본회회쟝의게 청원ᄒᆞ지 안ᄂᆞ뇨 내가 그ᄃᆡ를 ᄃᆡ신ᄒᆞ야 글을 써 쳥원ᄒᆞᆷ이 엇더ᄒᆞ뇨 뎌가 ᄃᆡ답왈 그러면 ᄆᆡ우 됴흐니 나를 위ᄒᆞ야 속히 쥬션ᄒᆞ여 달나ᄒᆞ더니 뎌가 잔후에 얼마 오ᄅᆡ지 아니ᄒᆞ여셔 뎌도 ᄀᆞᆺ치 가기를 원ᄒᆞ는 쳥원셔가 교당에 왓는지라 회쟝이 그글을 보고 그잇ᄒᆞᆫ날 일쪽이 우리의게 와셔 이일을 의론ᄒᆞᆯ시 우리의 젼도ᄒᆞᆯ 공부를 절절히 시험ᄒᆞ고 인ᄒᆞ야 하ᄂᆞ님ᄭᅴ 긔도ᄒᆞ니 ᄀᆞᆺ치 갈 친구의 셩은 난이오 일홈은 요셥이니 교육학을 ᄇᆡ혼지 수년에 긔황회에 잇셔 젼도ᄒᆞ매 하ᄂᆞ님의 도으심을 닙어 교회가 흥왕ᄒᆞ니라 우리가 ᄀᆞᆺ치 쥬의를 뎡ᄒᆞᆫ지 몃날후에 교회임원들이 모혀 샹의ᄒᆞᆫ후 총회에 보고ᄒᆞ야 우리의게 교ᄉᆞ의 직임을 맛기니 이일을 결뎡ᄒᆞᆫ후 몬져 一년쓸 의약과 각죵물픔을 예비ᄒᆞᆯ시 우리부모는 말ᄉᆞᆷᄒᆞ샤ᄃᆡ 내가 너를 임의 하ᄂᆞ님ᄭᅴ 밧쳣스니 가히 하ᄂᆞ님의 ᄯᅳᆺ을 좃차 힝ᄒᆞᆯ것이라 ᄒᆞ시고 다른친구들은 다 나를 권ᄒᆞ야 가지말나 ᄒᆞ는이가 만흐며 교ᄉᆞ와 로션ᄉᆡᆼ들과 본회목ᄉᆞ는 여러번 나를 권ᄒᆞᄃᆡ 집에 잇서서 록가를 맛하 젼도ᄒᆞᆯ지어다 그ᄃᆡ가 이곳에셔 젼도ᄒᆞᆫ 동안에 하ᄂᆞ님의 도으심을 닙어 교회가 흥왕ᄒᆞ엿스니 그ᄃᆡ가 만일 다른곳으로 가면 례ᄇᆡ보던사ᄅᆞᆷ이 흣허질가 념려ᄒᆞ고 ᄯᅩᄒᆞᆫ 그ᄃᆡ가 이곳에 잇스면 쟝ᄎᆞᆺ 큰 ᄉᆞ업을 일울 긔회를 엇을것인ᄃᆡ 이제 사ᄅᆞᆷ잡어 먹는 야만의 소혈(巢穴)노 가면 결단코 ᄉᆡᆼ명을 보존치 못ᄒᆞᆯ지니 엇지 가히 두렵지 아니ᄒᆞ리오 (미완)

●썩을육신으로고샹ᄒᆞᆫ힝젹을엇음

쟝단 (김영학)

하ᄂᆞ님ᄭᅴ서 사ᄅᆞᆷ을 내신것은 그힝ᄒᆞᄂᆞᆫ 일에 션ᄒᆞᆫ 결과를 엇고져ᄒᆞ심이니 사ᄅᆞᆷ의 육신은 ᄒᆞᆫ번이 셰샹을 ᄯᅥ나면 업서지되 오직 그힝ᄒᆞᆫ바 일은 영원히 잇ᄂᆞ니 이에 ᄃᆡᄒᆞ야 맛당히 연구ᄒᆞᆯ바라 사ᄅᆞᆷ이 ᄒᆞᆼ샹말ᄒᆞ기를 ᄒᆞᆫ번 셰샹에 나셔쾌락을 누리다가 죽으면 그만이라 ᄒᆞ나 실샹은 그런것이 아니니 사ᄅᆞᆷ이 이셰샹에 잇는동안에 아ᄅᆞᆷ다온 힝젹을 세치면 그일홈이 쳔츄에 유젼되여 썩지아니ᄒᆞ되 만일 ᄌᆞ긔의 ᄉᆞ욕을 좃차 악ᄒᆞᆫ일을ᄒᆞ며 그루명이 만셰에 유젼ᄒᆞ야 비록 션ᄒᆞᆫᄌᆞ손이 날지라도 씻슬수 업ᄂᆞ니 이는 샹고에 슌님금ᄀᆞᆺᄒᆞᆫ 셩현이 그아버지 고슈의 악ᄒᆞᆫ 일홈을 씻지못ᄒᆞᆫ것을 보아도 가히 알지라 그런고로 ᄆᆡᆼᄌᆞ가 일쪽이 말ᄒᆞ기를 셰샹사ᄅᆞᆷ이 유왕 려왕이라 칭ᄒᆞ면 후셰에 효ᄌᆞ현손이 百셰를 니어도 능히 곳칠수 업다ᄒᆞ엿스니 사ᄅᆞᆷ된쟈 엇지 그힝젹을 도라보아 죠심ᄒᆞᆯ바 아니리오 우리가 만일 육신에 ᄆᆡ이여 ᄌᆞ긔 ᄉᆞ욕을 좃치면 불의ᄒᆞᆫ 힝실이 만히 ᄉᆡᆼ겨 나의 힝젹을 해ᄒᆞᆯ일이 만ᄒᆞᆯ터이나 만一 이ᄉᆞ욕을 이긔고 올ᄒᆞᆫ길

노 나아가면 비록 잠시 고난을 당ᄒᆞᆯ지라도 후일에 볼만ᄒᆞᆫ 힝젹을 엇을지니 엇지 육신으로써 이힝젹을 예비치 아니ᄒᆞ리오 대개 육신은 잠시오 힝젹은 영원ᄒᆞ며 육신은 경ᄒᆞᆫ것이오 힝젹은 즁ᄒᆞᆫ것이며 육신은 썩으나 힝젹은 썩지아니ᄒᆞᆯ것이니 이는 우리가 쎄ᄃᆞ라 알기쉬온바라 지나대셩인 공부ᄌᆞ의 육신은 차자셔 만나기 어려오되 텬하사ᄅᆞᆷ이 놉히여 졔ᄒᆞᄂᆞᆫ 문션왕의 힝젹은 수쳔년후 금일ᄭᆞ지 사ᄅᆞᆷ의 도덕을 ᄀᆞᄅᆞ치며 베들네헴적은 셩에 예수씨의 육신은 차자 만나기 어려오되 텬하사ᄅᆞᆷ이 놉혀부르ᄂᆞᆫ 그리스도의 힝젹은 오ᄂᆞᆯ날ᄭᆞ지 하ᄂᆞ님의 도리를 젼파ᄒᆞᄂᆞ니 오호라 힝젹의 영셩ᄒᆞᆷ이여 이세상에셔 셩현군ᄌᆞ가 되엿거나 란신적ᄌᆞ가 되엿거나 그일홈이 쳔츄만ᄃᆡ에 써지지 아니ᄒᆞ며 다ᄅᆞᆫ셰상에 가셔 텬당복락을 밧거나 디옥의 고초를 당ᄒᆞ거나 그힝젹이 쳔츄만셰에 죽지안키ᄂᆞᆫ 一반이라 지극히 ᄶᅡᄅᆞᆫ 이셰상에 션ᄒᆞᆫ일을 ᄒᆞ엿던지 악ᄒᆞᆫ일을 ᄒᆞ엿던지 그갑슨 무궁세월에 이셰샹과 후ㅅ셰샹에셔 즐거옴과 슬픔을 밧을것이니 풀ᄭᅳᆺ헤 이슬ᄀᆞᆺ흔육신으로 영원ᄒᆞᆫ 힝젹을 더럽히지 말지라 그런즉 육신을 밧치ᄂᆞᆫ것이 하ᄂᆞ님의 ᄯᅳᆺ이오 인싱의 직분이라 이샹에 말ᄒᆞᆫ바와 ᄀᆞᆺ치 사ᄅᆞᆷ이 그힝ᄒᆞᆫ바 일노 혹숭비를 밧으며 혹 비방을 밧으며 혹 텬당에 올으며 혹 디옥에 ᄯᅥ러지ᄂᆞᆫ 것은 잠ᄭᆞᆫ동안 육신이란집에 우접ᄒᆞ야 인간이란 곳에셔 힝동대로 되ᄂᆞᆫ것이라 요슌과 걸쥬가 님군되기ᄂᆞᆫ 一반이로되 요슌은 쳔만ᄃᆡ에 션ᄒᆞᆫ님군으로 존경ᄒᆞ고 걸쥬ᄂᆞᆫ 악ᄒᆞᆫ 님군으로 비평ᄒᆞ며 요한과 유대가 예수의 뎨ᄌᆞ되기ᄂᆞᆫ 一반이로ᄃᆡ 요한은텬당에셔 즐길것이오 유대ᄂᆞᆫ 디옥에셔 통곡ᄒᆞ리니 사ᄅᆞᆷ이 엇지 육신의 관계로 압길을 불고ᄒᆞ리오 육신이 ᄒᆞᆫ번나고 ᄒᆞᆫ번 죽ᄂᆞᆫ것은 비록 뎨왕이라도 피치못ᄒᆞᆯ바니 우리ᄂᆞᆫ 육신을 인ᄒᆞ야 힝젹에 루명을 더ᄒᆞ지말고 맛당히 ᄉᆞ욕을 이긔여 고샹ᄒᆞᆫ 힝젹을 세워 하ᄂᆞ님ᄭᅴ셔 주신 직분을 다ᄒᆞ여 아름다온 힝젹을 일우기를 ᄇᆞ라노라

교회ᄉᆞ긔

긔이부 역슐

뎨九관 복음이널니젼파됨

쥬후 수ᄇᆡᆨ년에 로마에 쥬의 복음이 셩힝ᄒᆞ야 밋ᄂᆞᆫ쟈가 날노 더ᄒᆞ니 이ᄯᆡ에 말ᄒᆞ기를 로마병뎡수효보다 신도가 더만ᄒᆞ니 셩과 읍과 산즁과 ᄒᆡ변ᄭᆞ지 신도가 편만ᄒᆞᆫ고로 신도들이 말ᄒᆞ되 만일 우리가 님군을 ᄇᆡ반ᄒᆞᆯᄯᅳᆺ이 잇셔 젼일의 한심(恨心)을 갑고져ᄒᆞ면 어렵지 안켓다 ᄒᆞ더라 당시에 도의 바ᄅᆞᆷ이 날노 셩힝ᄒᆞ야 ᄉᆞ셔인이 다 깃븜으로 좃고 귀인과 공경(公卿)들도 다 도의 법을 친복ᄒᆞᆷ으로 교가 로마에 힝ᄒᆞᆷ이 ᄒᆞᆫᄯᆡ에 극히 셩ᄒᆞᆫ지라 이리늬어쓰의 글을 보면 셔편으로 셔반아와 덕국등 모든나라에 다 퍼지고 동편으로 미듸안과 파ᄉᆞᄭᆞ지 니르럿다ᄒᆞ니 이리늬어쓰가 쏠(금법국) 감독이 되엿슬ᄯᅢ에 힘써 젼도ᄒᆞ고 신도를 구라파디방에 보내여 야만의게 젼도ᄒᆞ엿스니 이ᄯᆡ에 젼도ᄒᆞᄂᆞᆫ사ᄅᆞᆷ들은 一심으로 젼도ᄒᆞ고 ᄯᅩ 교인들이 만히 도아줌으로 힘이 나게ᄒᆞᆷ이니 대개 말노 젼ᄒᆞᄂᆞᆫ것이 몸소 힝ᄒᆞ야 젼ᄒᆞᆷ만 ᄀᆞᆺ지못ᄒᆞᆷ이라 로마에 잇ᄂᆞᆫ 신도즁에 사ᄅᆞᆷ의 노예된쟈 만흐되 츙셩과 올흠을 만히 나타냄으로 그쥬인들이 보고 감화밧은쟈ㅣ 만코 그리스도를 ᄃᆡ뎍ᄒᆞᄂᆞᆫ쟈들은 복음이 날노 젼파되여 빈부귀쳔을 물론ᄒᆞ고 다 밋고 좃침을 보고 그분ᄒᆞᆷ을 이긔지못ᄒᆞ야 간샤ᄒᆞᆫ 쐬로 멸ᄒᆞ고져ᄒᆞ나 그러나 신도를 해ᄒᆞᆯᄉᆞ록 더욱 밋고 좃차 도를 위ᄒᆞ야 치명ᄒᆞᆫ쟈도 만코 ᄯᅩ 교즁 명ᄉᆞ의 오리젠과 쎠스퇸두사ᄅᆞᆷ이 글을 져슐ᄒᆞ야 거역ᄒᆞᄂᆞᆫ쟈를 ᄃᆡ뎍ᄒᆞ니 그글이 가지안ᄂᆞᆫ곳이 업ᄂᆞᆫ지라 그글에 닐넛스ᄃᆡ 그리스도의 신도를 보니 악으로 악을 갑지안코 셰샹에 쳐ᄒᆞ기를 화평ᄒᆞ게ᄒᆞ며 무론 ᄉᆞ농공샹ᄒᆞ고 다 법을 좃치며 국법을 어긔고 부셰를 항

五

거홀뜻이 업ᄉ니 엇지 도를 세ᄃ름이 아니리오ᄒ더라

성경공부의지침 (속)

뎨十三、十四칙은 뎨살논이가젼후셔니 ᄉ도바울이 에베소교회를 심방ᄒ기젼에 고린도에셔 뎨살논이가 교회에 보낸것이니 젼셔는 쥬후五十二년에 후셔는 五十三년에 져슐ᄒ엿ᄂᆞᆫᄃᆡ 그요지는 뎌회를 위로ᄒ며 또 뎌희게 진리의 오묘ᄒᆫ것 ᄀᆞᄅᆞ친것이니라

뎨十五、十六칙은 듸모데젼후셔니 ᄉ도바울이 듸모데의게 보낸셔신인ᄃᆡ 듸모데는 ᄉ도바울이 젼도ᄒ러 ᄃᆞᆫ니ᄂᆞᆫ길에 여러번 동힝ᄒᆫ고로 바울이 심히 ᄉ랑ᄒᄂᆞᆫ쟈라 젼셔는 쥬후六十四년에 져슐ᄒ고 후셔는 六十五년이나 혹六十六년간에 바울이 치명ᄒ기젼에 로마셩에셔 져슐ᄒ엿ᄂᆞᆫᄃᆡ 이셔신가온ᄃᆡ 젼도인의 직칙과 모범을 ᄇᆞᆰ히 말솜ᄒ엿ᄂᆞ니라

뎨十七칙은、 듸도셔니 ᄉ도바울이 쥬후六十四년간에 ᄌᆞ긔 동반(同伴)듸도의게 보낸셔신이니라

뎨十八칙은 빌네몬셔니 ᄉ도바울이 쥬후六十二년간에 로마셩에셔 ᄌᆞ긔친구빌네몬의게 보낸셔신이라 그대지는 얼마젼에 빌네몬의 죵 오네시모가 온당치 못ᄒ게 그쥬인을 ᄯᅥ낫더니 그후에 ᄌᆞ긔죄를 깁히 ᄭᆡ닷고 곳친고로 바울이 빌네몬의게 이셔신을 보내여 오네시모를 용셔ᄒ고 이제는 그리스도안에 ᄉ랑ᄒ는형뎨로 알고 다시 밧으라고 권면ᄒᆫ일이니라

◉ᄉ죠 (詞藻)

한셩 김진ᄐᆡ

죄인

一、죄 지고 시시로 이세샹을 늘ᄇ라보고

二、힘 ᄒ여 분쥬히 다라나는 셰샹사ᄅ믈

三、게 잠간 좀서서 동셔양을 휘둘너보라

四、쥬 예수 눈빗쳔 번ᄀᆡᆺ치 두루빗최네

五、어 ᄃᆡ를 가면은 면홀손가 쥬ᄭᅦ로와야

◉가뎡과쇼ᄋᆞ

녯날 엇던셩인이 됴흔 사탕ᄯᅥᆨᄒᆫ긔와 금강셕ᄒᆫ긔를 ᄒᆫ어린ᄋᆞᄒᆡ압헤 노흐며 둘즁에 ᄒ나홀ᄐᆡᆨᄒ야 가지라 ᄒ매 그 어린ᄋᆞᄒᆡ가 좌우를 도라보다가 사탕ᄯᅥᆨ을 취ᄒ야 슌식간에 먹어ᄇ린지라 그ᄋᆞᄒᆡ의 아비가 대단히 노ᄒ여 그ᄋᆞᄒᆡ를 ᄭᅮ지져왈 이 어리셕은 ᄌᆞ식아 사탕ᄯᅥᆨ은 잠시동안 네입을 깃브게홀ᄲᅮᆫ이오 금강셕은 네싱명이 잇ᄂᆞᆫ때ᄭᅡ지ᄂᆞᆫ 영구히 잇술 보비인ᄃᆡ 네가 웨 그 못된것을 ᄐᆡᆨᄒ엿ᄂᆞ냐 그말을 듯고 잇던 셩인은 소ᄅᆡ를 놉혀왈 너는 이어린ᄋᆞᄒᆡ보다 더 어리셕도다 너는 이금강셕보다 몃쳔만비나 더 보비롭고 영원무궁히 잇술 텬당의 복락을 취ᄒ지안코 이어린ᄋᆞᄒᆡ압에 잇는사탕ᄯᅥᆨ과 ᄀᆞᆺᄒᆫ 이 악ᄒᆫ 셰샹의 쾌락을 ᄐᆡᆨᄒᆞ니 너도 너를 위ᄒ야 스ᄉ로 ᄐᆡᆨᄒᆯ것을 아지못ᄒᄂᆞᆫ도다 사ᄅᆞᆷ이 온텬하를 엇고도 ᄌᆞ긔의싱명을 일허ᄇ리면 무숨유익홈이잇ᄉ리오

세계격언

一、도리에 위반되는 습관은 지나간날에 우연히 잘못된일이니 곳 곳치는것이 올ᄒ니라

二、지산업는 귀죡은 무긔업는 병ᄉ(兵士)와ᄀᆞᆺᄒ셔 호긔부릴곳이 젼혀업ᄂᆞ니라

三、거즛 신자는 사ᄅᆞᆷ을 속이기 위ᄒ야 하ᄂᆞ님ᄭᅴ

셰납(稅納)을 밧치ᄂᆞ니라

四、이세샹에는 ᄒᆞᆫ눈으로써 웃울고 ᄯᅩᄒᆞᆫ 눈으로써 웃ᄂᆞᆫ쟈가 만흐니라

五、셥질을 보고 나무를 판단치못ᄒᆞ며 외모를 보고 사ᄅᆞᆷ을 판단치못ᄒᆞᄂᆞ니라

평림(評林)

△사ᄅᆞᆷ이세가지 욕망을 가지고 이세샹에 사ᄂᆞᆫ듸 (一) 영싱욕(永生慾) (二) 명예욕(名譽慾) (三) 육졍욕(肉情欲)이니 영싱욕을 가지고우흐로 하ᄂᆞ님ᄭᅴ ᄃᆡᄒᆞᆫ 의무와아래로 사ᄅᆞᆷ의게 ᄃᆡᄒᆞᆫ 의무를잘 직히ᄂᆞᆫ쟈는 ᄀᆞ장거룩ᄒᆞ고놉ᄒᆞᆫ사ᄅᆞᆷ이라 칭ᄒᆞᆯ것은 물론이어니와 그다음으로 명예욕을가지고 셰계나 샤회에 나셔셔 언론을 고샹히ᄒᆞ며 픔힝을단졍히ᄒᆞ야 ᄒᆞᆫ세샹의 이목을 경동케ᄒᆞᆯ만ᄒᆞᆫ ᄉᆞ업을셩취ᄒᆞᆫ쟈는 가히 즁등인물이라 칭ᄒᆞ겟고 이 두가지 욕망은업고 다만 육졍욕을 가지고 됴ᄒᆞᆫ 음식과 화려ᄒᆞᆫ 의복과 편안ᄒᆞᆫ 거쳐와 아름다온 녀ᄉᆡᆨ만 싱각ᄒᆞ야이것을 엇으면그ᄆᆞ음에 만족ᄒᆞ고 엇지못ᄒᆞ면불의의 일이라도 힝ᄒᆞᄂᆞᆫ쟈는 ᄀᆞ장루츄ᄒᆞᆫ 하등인물이라 이세샹에 이러ᄒᆞᆫ 사ᄅᆞᆷ이 최다수를 뎜령ᄒᆞ엿스니 이로인ᄒᆞ야 탄식

△인싱은 세가지 요소를 가지고 싱활을 경영ᄒᆞᄂᆞᆫ듸 이세가지는 무엇인고ᄒᆞ니 (一) 뇌력(腦力)이니 사ᄅᆞᆷ의 지식파지능을 ᄀᆞᄅᆞ침이오 (二) 신톄력이니 사ᄅᆞᆷ의 신톄로로동ᄒᆞᆷ을 ᄀᆞᄅᆞ침이오 (三)금력이니 사ᄅᆞᆷ의 잇ᄂᆞᆫ바 지산을ᄀᆞᄅᆞ침이라 누구던지 이세가지나 두가지를 겸비ᄒᆞ면 능히 싱활상힝복을 누릴것이오ᄒᆞᆫ가지만 리용ᄒᆞᆯ지라도 가히싱활상곤난을 면ᄒᆞᆯ것이오 이세가지가 다업스면 도뎌히싱활을 도모ᄒᆞᆯ수업ᄂᆞᆫ듸 죠션민족가온듸 뇌력도 업고 금력도 업시 잇ᄂᆞᆫ 신톄력ᄭᆞ지리용치안코 가만히 안졋ᄂᆞᆫ쟈가 만흐니 이로 인ᄒᆞ야 ᄯᅩᄒᆞᆫ번 탄식

실업

○농ᄉᆞ강습요항 (쇽)

뎨四十一、팟의비료

팟의비료는 대개 콩과 ᄀᆞᆺᄒᆞ나 구비(廐肥)ᄀᆞᆺᄒᆞᆫ것은 쓰지말지며 파리산셕회(過燐酸石灰)를 三百평에 ᄃᆡᄒᆞ야 七百량즁가량식 쓸지니라

뎨四十二、팟의 즁경(中耕)

팟의 즁경은 대개 콩과ᄀᆞᆺᄒᆞ며 버러지를 잘구졔(驅除)ᄒᆞ여주지 아니ᄒᆞ면못될지니라

뎨四十三、팟의츄슈

팟의 츄슈ᄒᆞᆯ시긔는 양력九월하슌경에니르러 ᄒᆞᆫ줄기에 두세 고투리가 검은빗츠로 변ᄒᆞ거던 곳거두어드리되 팟의 셩숙이 ᄒᆞᆼ샹 졔一차 못ᄒᆞᆯ념려가 잇슴으로 몬져 셩숙된것은몬져골나 거두고 늣게 셩숙ᄒᆞᆯ것은 몃날더 기ᄃᆞ리ᄂᆞᆫ것이됴흐니라 팟도 콩과 ᄀᆞᆺ치 아참 이슬이 마르기젼이나 안ᄀᆡ만히 ᄭᅵ인날을 기ᄃᆞ려 거두는것이됴흐며 다거두어 드린후에는 볏헤 잘 말녀셔 도리ᄭᆡ로 ᄯᅮ두릴것이니라

팟의 츄슈ᄒᆞᆯ 분량은 보통三百평에 ᄃᆡᄒᆞ야 一셕五두가량이니라

담총

●셰계각국의도셔관(圖書館)

오지리국은 도셔관이 五百七十七좌에 셔젹이 五百四十七만六千권이오 법국은 도셔관이 五百五좌에 셔젹이 四百五十九만八千권이며 의태리는 도셔관이 四百九十三좌에 셔젹이 四百三十五만권이며 덕국은 도셔관이 三百九十八좌에 셔젹이 三百二十四만이며 미국은 도셔관이 一百六十九좌에 셔젹이 二百三十六만九千권이며 영국은 도셔관이 二百좌에 셔젹이 二百八十七만二千권이며 아라ᄉᆞ국은 도셔관이 一百四十五좌에 셔젹이 九十五만二千권이러라

법령뎍요

●경찰법쳐벌규측 (쇽)

六十一、강물과 기쳔과 슈도의 소통(疏通)을 방해ᄒᆞᆯ만ᄒᆞᆫ 힝위를ᄒᆞᆫ쟈

六十二、기쳔이나 슈도을 훼손(毁損)ᄒᆞ거나 그런것을 슈리ᄒᆞ거나 잘 파라ᄂᆞᆫ 관셔의 독촉을밧고도 이것을 틔만히ᄒᆞᆫ쟈

六十三、관셔의 독촉을 밧고도 도로를 쓸던지 물뿌리지 아니ᄒᆞ고ᄯᅩᄂᆞᆫ 제지(制止)를 즐겨 밧지안코 어름얼때에 도로에 물뿌린쟈

六十四、관셔의 독촉을 밧고도 굴뚝(烟突)을 곳치거나 슈리ᄒᆞ거나 쇼제(掃除)ᄒᆞᄂᆞᆫ일에 틔만ᄒᆞᆫ쟈

六十五、함부루 놈의 표등(標燈)이나 졀과 회샤집과 도로와 공원등디에 공즁의 홍샹쓰ᄂᆞᆫ 등불을 끈쟈

六十六、신당이나 졀이나 례비당이나 묘쇼나 비표(碑表)나 무숨형샹굿ᄒᆞᆫ것을 더렵힌쟈

六十七、함부루 놈의 가옥이나 공작물(工作物)을 더렵히던지 혹은 여긔 됴희를 붓치던지 쟝찰(張札)을ᄒᆞ던지 ᄯᅩᄂᆞᆫ 놈의 표찰(標札)이나 됴패(招牌)나 매디찰(賣貸札)이나 기타광고지등물을 더렵히던지 ᄯᅦ여ᄇᆞ린쟈

◎회보딕령슈금

鎭南浦 高鍾軾 一圓二十錢
南陽 韓魯洙 六十錢
北部小安洞 金仁善 八十錢
楊州 白夫人 四十錢
甑山 朴永魯 四十錢
李日昇 一圓二十錢
洪穡燮 四十錢
姜泳文 四十錢
牙山 朴勝原 四十錢
海州 姜錫洪 三十錢
寧越 沈應燮 八十錢
李明瑞 四十錢
淮陽三學洞教堂 六十錢
元山 金樂三 四十錢
平山 申順一 四十錢
鎭南浦 車炳彪 三圓六十錢
貞洞梨花學堂헤늬부인 一圓二十錢
中部壽洞 許 憲 一圓二十錢
安峽 安應淳 八十錢
仁川 鄭文植 二圓四十錢
北部寺洞 朱允章 五十錢
元山 마여부인 一圓七十錢
林川 張監老 八十錢

▲광 고▼

崔昌根 著

自宅獨習 **最新寫眞術** 全卷 (定價金一圓七十錢)

이칙은경셩죵로즁앙긔독교청년회젼임(專任)샤진슐교ᄉᆞ최창근씨가졍밀히연구ᄒᆞ야져슐ᄒᆞᆫ것인디누구시던지집에서혼자잘공부ᄒᆞᆫ후ᄒᆞᆫ돌동안만샤진ᄉᆞ의게실디련습ᄒᆞ면능통ᄒᆞ리니샤진슐에류의ᄒᆞ시ᄂᆞᆫ이ᄂᆞᆫ청구ᄒᆞ시옵

發賣所
京城鍾路中央青年會館
京城南部大廣橋灘東書館

광 고

본공회에셔 각죵셩셔를 구비ᄒᆞ여 디방의 원근과 청구의 다쇼를 물론ᄒᆞ고 신속슈응ᄒᆞᄂᆞᆫ바 근일에 특별히 감가된칙이 잇도 잇고 새로 츌판된칙이 잇기로 이아래 긔록과 굿치 광포홈

감가된칙 미명가독
四號언문구신약 三권一질(포의) 一圓十錢
四號언한문신약지의 四十문
同 (포의) 四十五錢
五號언한문신약지의 三十五錢
同 (포의) 四十錢

새로츌판된칙 각죵
四號언문관쥬신약
五號언문마태복음 가명각錢

京城鍾路 **美國聖書公會** 告白

◎신新간刊셔書젹籍 (광廣고告쇽續)

부요록 八전
바울의오도젼서 二十전
예수힝젹문답 七전
신혜샹히론 五전
신약신학략히 三十전
식물학 八十전
부표식약 (일어) 五十전
곡조찬송가 (포의) 九十전
곡조찬송가 (반피의) 一圓五十전
언셜초집 (메일) 八전
언셜초집 (메이) 十전
훈몽조집 四十전
계오문답 十전
쥬일학교용화첩 (百枚一束) 十五전
仝 (五十枚一束) 十五전
쥬일학교학도증표 (每張) 二전
쥬일학교상중 (仝) 二전
쥬일학교셔긔보고 (仝) 一전五里
쥬일학교츌석부 (仝) 二전五里
쥬일학교등부증서 (仝) 四전
쥬일학교학적부 (每百枚) 五十전
쥬일학교교수보고서 (每百枚) 六十전
쥬일학교신입학성인도쟈상장 (每張) 五리
쥬일학교신입학셩환영표 (每百枚) 四十전
쥬일학교유아의싱일축하장 (每張) 一전五리
쥬일학교학성셩일축하표 (每張) 四전
예수힝적도 十六전
유으부입회청원서 (每十張) 七전

京城鍾路 **朝鮮耶穌教書會** 主務 班禹巨 告白

그리스도회보

KOREAN CHRISTIAN ADVOCATE

每週一回月曜日發行
大正二年九月十八日印刷
大正二年九月二十二日發行

發行兼編輯人 開城北部山芝峴 奇義男
印刷人 京城北部樓閣洞 朴東完
印刷所 京城南部上犂洞 新文館
發行所 京城北部壯洞四十三統三戶 呂炳鉉邸

ᄃᆡ금…代金
一장 二전
六ᄀᆡ월 四十전
一ᄀᆡ년 八十전
海外 一ᄀᆡ년 一환六十전

론셜

교회를흥왕케홀방침

예쳔 (리은영)

우리교회는 그리스도씌셔 싱명의 피로 갑주고 사신것이라 그런고로 죄악에 ᄲᅡ진사ᄅᆞᆷ이 ᄒᆞ나식 둘식 회개ᄒᆞ야 구쥬를 밋고 모힌곳이 즉교회ㅣ나 그 흥왕홀 방침을 대략 二관으로 분셜ᄒᆞ노니 첫재는 열심으로 밋을것이라 근ᄅᆡ에 교회소식을 대강 듯건ᄃᆡ 교회는 교회요 나는 나라는 쥬견으로 ᄌᆞ긔의 일만 싱각ᄒᆞ고 교회의 흥망셩쇠는 소불간셥ᄒᆞ야 교인이 락심ᄒᆞ던지 지졍이 군졸ᄒᆞ던지 모든 것을 ᄂᆞᆷ의 일과 ᄀᆞᆺ치 심샹히 보는쟈 허다ᄒᆞ야 ᄌᆞ긔의 귀즁ᄒᆞᆫ 싱명을 스ᄉᆞ로 몃만층 디옥에 타락케ᄒᆞ니 이것이 무ᄉᆞᆷ연고ㅣ뇨 다름아니라 밋음이 업는 ᄉᆞᄅᆞᆷ이로다 그러나 뎌회들이 쥬일아츰이면 손에 셩경을 들고 입으로 찬미를 노래ᄒᆞ며 례ᄇᆡ나 츰예ᄒᆞ면 텬당갈줄아는쟈 ᄇᆡᆨ쳔명이 모히여 교회라 홀지라도 쥬씌셔 뎌회를 보실ᄯᅢ에 반ᄃᆞ시 그ᄌᆞ비ᄒᆞ신눈에 눈물을 먹음고 슯히 탄식ᄒᆞ실것이오 셩신씌셔 ᄯᅩᄒᆞᆫ 뎌회 ᄆᆞ옴속에 계시지 아니ᄒᆞ실것이니 이런교회는 육신샹으로 보면 풍족ᄒᆞ나 령혼샹으로 보면 밋음이 업는 죽은 교회라 슬프다 형데들이여 ᄒᆞᆫ번 다시 밋고 ᄒᆞᆫ번 다시 싱각ᄒᆞ오 밋음이 업스면 하ᄂᆞ님을 깃브시게 못ᄒᆞᆫ다ᄒᆞ셧고 (히十一○六)밋음이 업는쟈는 유황불 구렁텅이에 들어간다 ᄒᆞ엿고 (묵二十一○八) 힘홈이 업는 밋음은 죽은 밋음이라 ᄒᆞ엿스나 (약二○十七) 열심으로 밋고 열심으로 일늘 ᄒᆞ면 교회에 ᄂᆡ면뎍과(內面的) 외면뎍(外面的)이 ᄊᆞᆼ방으로 흥왕홀것이오 둘재는 열심으로 셩경을 공부홈이니 셩경은 모든 밋는자를 구원ᄒᆞ시는 하ᄂᆞ님의 능력이시라 비록 구쥬를 밋엇슬지라도 셩경을 공부ᄒᆞ지 아니ᄒᆞ면 하ᄂᆞ님의 은혜와 그리스도의 구속ᄒᆞ신 공로를 아지 못홀것이오 ᄯᅩᄒᆞᆫ 영싱이 잇는 줄을 ᄭᆡᄃᆞᆺ지 못홀지니 이와 ᄀᆞᆺᄒᆞᆫ 사ᄅᆞᆷ들이 모히여 교회라 ᄒᆞᆫ들엇지 교회로 인뎡ᄒᆞ리요 다만 운동쟝에 모힌것과 다름이업스리로다 그런즉 밋는자의 긴졀ᄒᆞᆫ것은 셩경을 공부홈이라 우리들의 육신의 음식이 ᄌᆞ양품 되는것과 ᄀᆞᆺ치 령혼의 ᄌᆞ양품은 하ᄂᆞ님의 말숨이라 셩경을 공부ᄒᆞ지 못ᄒᆞᆫ사ᄅᆞᆷ은 그졍신과 원긔가 쇠약ᄒᆞ야 ᄯᅳᆫ 셰샹의 풍파를 견ᄃᆡ지 못ᄒᆞ며 물욕에 교폐ᄒᆞ야 ᄂᆞᆷ은셰샹을 반병신으로 지닐것이니라

(미완)

사고

본회보를ᄋᆡ호(愛護)구람ᄒᆞ시는 졔씨즁에 금년六ᄀᆡ월션금(先金)만보내신이는 거월말일(末日)에히 션금이 임의다ᄒᆞ엿ᄉᆞ오니 하반긔(下半期)六ᄀᆡ월션금四十젼식과 이ᄯᅢᄭᆞ지 션금을 아니보내신이는 一ᄀᆡ년션금八十젼식을 속속히 우편쇼위톄(郵便小爲替)로 붓쳐보내시와 본회보로 ᄒᆞ여곰 지졍에 곤난홈이 업게ᄒᆞ심을 근졀히 ᄇᆞ라ᄂᆞ이다

교즁휘문

◀니 보▶

●남감리회년회

남감리회년회는 본보에 임의 게지ᄒᆞᆫ바와ᄀᆞᆺ치 본월 十六일브터 감독머러씨의 쥬장으로 경셩샤직동 션교ᄉᆞ쥬ᄐᆡᆨ에셔 ᄀᆡᄒᆞ고 각항보고를 졉슈ᄒᆞᆫ후 모든신ᄉᆞ건을 협의 결뎡ᄒᆞ엿는ᄃᆡ ᄌᆞ세ᄒᆞᆫ ᄉᆞ실은 츄후 듯는대로 게지ᄒᆞ겟노라

●졍동교회의부흥회

경셩 졍동교회에셔 본월十四일브터 一쥬일동안 부흥회를 열고 미국으로브터 도라온목ᄉᆞ김유슌씨가 인도ᄒᆞᄂᆞᆫᄃᆡ 一반교우가 신셩ᄒᆞᆫ 은혜를 만히밧엇스며 동씨는 특별히 부흥회목ᄉᆞ로 장ᄎᆞ경향각쳐 미감리교회ᄂᆞᆯ 슌힝젼도ᄒᆞᆯ 터이라더라

●사경회의은혜

(손 덕 윤)

평남 진남포 금당교회에셔동 군서면八교회 도사경회를 거월二十五일브터 동三十일ᄭᆞ지 ᄀᆡᄒᆞ고 과졍은 요한복음、로마인셔、목시죠읍교회、뭇긔요、교ᄉᆞ는 목ᄉᆞ김창규 젼도ᄉᆞ 리창쥬김샹쥰 김셕쥰 四씨오 ᄆᆡ일샹오九시로 十시ᄭᆞ지 긔도ᄒᆞ고 十시로十二시ᄭᆞ지 공부ᄒᆞ고 또 하오二시로 四시ᄭᆞ지공부ᄒᆞ고 동八시반으로 九시반ᄭᆞ지 ᄌᆞ복회로 모힐식 남녀교우 一百三十여인이 모혀 셩신의 감동식힘을 밧어각각 ᄌᆞ긔들의 죄를 ᄌᆞ복ᄒᆞ며 또ᄒᆞᆫ 은혜밧은것을 감샤ᄒᆞ는즁 쇼인션부인은 여러ᄒᆡ 단독병으로 심히 고통ᄒᆞ더니 지금은 쥬의은혜로 완인이되엿다ᄒᆞ며 또형뎨 졍리권씨는 픽류로 유명ᄒᆞ더니 쥬를밋고춤으로 회ᄀᆡᄒᆞ여 열심으로 례ᄇᆡᄒᆞ며 또 一반임원들은 二쥬일동안 산과 례ᄇᆡ당에셔 ᄉᆡ벽긔도홈으로 온교회가 하ᄂᆞ님의 은혜를 풍셩히 밧엇다더라

●김부인과홍씨의열셩

(안 경 록)

강원도 녕월군 三량리 김씨뎐혜는 나히지금 七十一세라 一ᄉᆡᆼ에 쓰고 남은것이 十三원五十젼이니 이것은 내가 간후에라도 례ᄇᆡ당을 새로 건츅ᄒᆞ는ᄃᆡ 쓰라ᄒᆞ엿스며 또 홍인우씨는 열심젼도ᄒᆞ며 지금ᄌᆞ긔집에셔 十여인이 례ᄇᆡᄒᆞ고 금츈에는 례ᄇᆡ당을 새로 건츅ᄒᆞ기로 극력ᄒᆞ며 교우를 만나는대로 이일을 위ᄒᆞ야 긔도ᄒᆞ여주면 대단 고맙겟다고 부탁ᄒᆞ며 하ᄂᆞ님ᄭᅴ 긔도를 쉬이지안는다 ᄒᆞ엿더라

●강서교회의젼도인쥬ᄐᆡᆨ

(김 홍 식)

본읍교당을 즁츅홈은 임의아시는바어니와 본년봄에 八十여원을 거두어 와가四간을 신츅ᄒᆞ고 ᄉᆞ무실과 ᄂᆡ실을 아룸답게 ᄭᆞᆷ엿스며 또젼도인 쥬ᄐᆡᆨ에 운뎐키어려온 긔구품 셜비ᄒᆞ기 위ᄒᆞ야 금번 강셔 디방계삭회에셔 四회당슈금(收金)위원五인을 션뎡ᄒᆞ고 예산四十원은 읍교회에 十四원 학동교회에 十원 가응리교회에 十원 ᄀᆡ골교회에 六원으로 분담ᄒᆞ되 ᄆᆡ계삭회시에 一회식 슈합ᄒᆞ야 一년ᄂᆡ로 긔구를 완비케ᄒᆞ기로 작뎡ᄒᆞ엿더라

●운산고동 교회의열심 연죠

(리 뎌 봉)

운산고동교회는 례ᄇᆡ당이 업서셔 교우집에셔 례ᄇᆡᄒᆞ더니 재작년에 一반교우가 열심연죠ᄒᆞ야 례ᄇᆡ당 六간을 건츅ᄒᆞ엿스나 ᄌᆡ졍이 부족ᄒᆞ여 잘슈리치 못ᄒᆞ여 교우들이 민망히 녁이더니 하ᄂᆞ님ᄭᅴ셔 은혜를 주샤 리씨부인이 이것을 슈리ᄒᆞ겟다ᄒᆞ고 또여러교우가 연보ᄒᆞ야 지금은 화려ᄒᆞ게 슈리ᄒᆞ엿는ᄃᆡ 이교회의 교우는 남녀합ᄒᆞ야 十五六인이오 연보ᄒᆞᆫ 졔씨는 리씨 부인七원 김화평 최신부모친 한봉관 길형쥰제씨가 각一원식이라더라

●환영과젼별

(한 챵 셥)

경긔도 려쥬군 여러교회에셔 七월七일에 리문현씨의 환영과 장츈명씨의 젼별회를 열엇는ᄃᆡ 환영과 젼별의 셩황은 다말ᄒᆞᆯ것 업거니와 쟝목ᄉᆞ의 다년 친의ᄒᆞ던 졍을 표ᄒᆞ기 위ᄒᆞ야 셰ᄇᆡᆨ저ᄒᆞᆫ필을 례물노 즁여ᄒᆞ엿스며 폐회후에 약간다과를 논혼후에

사진ᄒᆞᆫ쟝식 교부ᄒᆞ엿고 쟝목ᄉᆞ가 ᄇᆡ를ᄯᅳ는때에 형뎨ᄌᆞᄆᆡ는 강머리에 나아가 리별을 서로 고ᄒᆞᆯ때에 깃븜은 하ᄂᆞ님을 찬숑ᄒᆞ고 섭섭ᄒᆞᆫ 졍회는 강샹의 풍경이 쇼죠ᄒᆞᆫ듯 一시외인의게 쥬의 ᄉᆞ랑이 더욱 나타낫더라

◀외 보▶

●만국긔독교대회

만국긔독교대회는 거六월卄九일브터 七월六일ᄭᆞ지 미국 포린도셩에셔 ᄀᆡᄒᆞ엿는ᄃᆡ 세계각국교회의 ᄃᆡ표쟈로 참셕ᄒᆞᆫ이가 수쳔명에 달ᄒᆞ엿스며 박ᄉᆞ민도씨가 회셕을 쥬쟝ᄒᆞ엿고 오후와 밤에는 여러가지 문뎨로 유명ᄒᆞᆫ 박학ᄉᆞ들의 연셜회가 잇셧는ᄃᆡ 텽즁은 회마다 수만명에 달ᄒᆞ엿고 미국젼부통령 페어빙크ᄉᆞ씨는「그리스도교인의 ᄎᆡᆨ임」이란문뎨로 일미관계를 말ᄒᆞ고 마슈목ᄉᆞ는 「시졍의ᄀᆡ혁」(市政의改革)이란문뎨로 가쥬의 편견(加州偏見)을 통론ᄒᆞ는 마당에는 텽즁이 三만명에 달ᄒᆞ매 안질 자리 엇기에 대단히 곤난ᄒᆞ고 일본교회ᄃᆡ표자원뎐(元田)박ᄉᆞ는 일본샤회의 샹ᄃᆡ라는 문뎨로 연셜ᄒᆞ엿스며 기외에도 여러가지 문뎨로 유명ᄒᆞᆫ 박ᄉᆞ들의 연셜이 잇셧다더라

●미국의 ᄌᆞ션ᄉᆞ업비

미국감리교회 ᄌᆞ션ᄉᆞ업 연죠회에서 본년도 각죵 ᄉᆞ업에 ᄃᆡᄒᆞ야 분ᄇᆡᄒᆞᆫ 긔부금은 외국션교회에 三百六十만원 ᄂᆡ디션교회와 회당건튝부에 三百十二만원 교육부에 六十一만원련합년회부에 一百八十만원 쥬일학교부에 四十二만원 미국셩셔공회에 二十만원이라더라

●태평양젼도록 (쇽)

영국 태요한션ᄉᆡᆼ 져

내가 ᄃᆡ답ᄒᆞᄃᆡ 나의 쥬의를 ᄒᆞᆫ번 뎡ᄒᆞ엿스니 다시 곳치지못ᄒᆞᆯ것이오 또ᄒᆞᆫ 쥬 예수ᄭᅴ 몸을 밧쳣슨즉 쥬ᄭᅴ셔 반ᄃᆞ시 나의 션도쟈와 교ᄉᆞ가 될것이며 또 내가 사ᄅᆞᆷ을 잡어먹는 디방에서 ᄒᆞᆫ번 죽을지라도 죽을때와 죽는 쳐소와 죽는 리유와 죽는 목뎍은 가히 하ᄂᆞ님을 의지ᄒᆞᆯ지라 그런즉 죽는 것은 두려워ᄒᆞᆯ것 업거니와 또 내가 가기로 결뎡ᄒᆞᆫ것은 젼에 내가 빈한ᄒᆞᆫ 교우의 열병이나 호렬ᄌᆞ ᄀᆞ흔 젼염병을 피치안코 보아주되 하ᄂᆞ님ᄭᅴ셔 여러번 긔묘ᄒᆞᆫ 방법으로 써 나를 보호ᄒᆞ샤 지금ᄭᆞ지 죽지안케ᄒᆞ셧스니 나의 죽고 사는것은 다만 오쥬 예수ᄭᅴ 의지ᄒᆞ고가노라 뎌회는 나의 듯지 아니ᄒᆞᆷ을 보고 또 말ᄒᆞᄃᆡ 록가에 잇스면 그ᄃᆡ 원ᄒᆞ는대로 월봉을 뎡ᄒᆞ고 됴ᄒᆞᆫ 집을 주겟노라ᄒᆞ며 아모됴록 나를 만류ᄒᆞ야 이 디방에 머믈게 ᄒᆞ랴ᄒᆞ니 이는 나의 젼도ᄒᆞᆯᄯᅳᆺ을 더욱 굿게 ᄒᆞᆷ이라 그즁에 나와 절친ᄒᆞᆫ 뎡씨로인이 와셔 말ᄒᆞᄃᆡ 그ᄃᆡ가 만일 그곳에 가면 반ᄃᆞ시 그디방 야만의 ᄇᆡᆨ속에 장ᄉᆞᄒᆞᆯ가 념려ᄒᆞ노라 내가 ᄃᆡ답ᄒᆞᄃᆡ 뎡션ᄉᆡᆼ이여 션ᄉᆡᆼ이 임의 늙엇스니 반ᄃᆞ시 장ᄉᆞᄒᆞᆷ을불진ᄃᆡ 나와 ᄀᆞᆺ치 쥬의일을 ᄒᆞ다가 또ᄒᆞᆫ 긴 버러지로 ᄒᆞ여곰 다 먹게ᄒᆞᆯ지라도 무슴 유감이 업슬줄 아노라 나는 다시 션ᄉᆡᆼ의게 고ᄒᆞ노니 우리가 쥬의 ᄯᅳᆺ대로 죽으면 사ᄅᆞᆷ이 잡아먹던지 버러지가 ᄯᅳᆺ어먹던지 아모관계가 업ᄂᆞ니 다만 부활ᄒᆞ는 날에 나의 몸이 반ᄃᆞ시 쥬의 형샹을 본밧어 영광 가온ᄃᆡ 나타나리라ᄒᆞ매 뎡션ᄉᆡᆼ이 니러셔 다라나며왈 그ᄃᆡ가 이ᄀᆞᆺ치 말ᄒᆞ니 내가 두번 말ᄒᆞ지 못ᄒᆞ겟다 ᄒᆞ더라 록가에 잇는 여러친ᄒᆞᆫ 벗들이 모도 다 나를 만류ᄒᆞᄃᆡ 혹은하ᄂᆞ님을 의지ᄒᆞ야 말ᄒᆞ는이도잇고 혹은 ᄌᆞ긔의 어리셕은 ᄉᆡᆼ각으로 말ᄒᆞ는이도 잇셔 나로 ᄒᆞ여곰 ᄆᆞ음을 뎡치 못ᄒᆞ게ᄒᆞ는지라 내가하ᄂᆞ님ᄭᅴ 군절히 긔도ᄒᆞ엿더니 몃시간이 아니되여 ᄒᆞᆫ칼노 버힌것ᄀᆞᆺ치 명ᄇᆡᆨ히 ᄃᆡ답ᄒᆞ게ᄒᆞ시매 내가 뎌회ᄃᆞ려 말ᄒᆞᄃᆡ 본국은 셩견과 례ᄇᆡ당과 교ᄉᆞ가 만흠으로복음의빗치 ᄉᆞ방에 빗최엿거니와 남양셤즁에 잇는ᄇᆡᆨ셩은 하ᄂᆞ님의 은혜와 쥬의 일홈을 조곰도 듯지못ᄒᆞᆫ고로 나의 량심이 홍샹 뎌회를 불샹히 녁이더니 구쥬ᄭᅴ셔셔 나ᄃᆞ려 뎌회게곳가셔 복음을젼

ᄒᆞ야 너희로 당신의뎨ᄌᆞ가되게ᄒᆞ라시ᄂᆞᆫ 말ᄉᆞᆷ이 내귀에ᄒᆞᆼ상잇ᄉᆞ니 내가쥬의 명령을 복죵치 아닐수업노라

긔 셔

경셩 동대문안교회 (오 긔 션)

대뎌 이셰샹에 사ᄅᆞᆷ이 무ᄉᆞᆷ 일을 ᄒᆡᆼᄒᆞ면 반ᄃᆞ시 그력ᄉᆞ가 잇ᄂᆞᆫ것은 물론 고금동셔ᄒᆞ고 다 잇ᄂᆞᆫ바이라 하ᄂᆞ님ᄭᅦ셔 죠션 민족을 불샹히 녁이시고 우리쥬의 흘니신 피의 효력으로 ᄡᅥ 구원코져 ᄒᆞ셔셔 三十년젼브터 쥬의 복음을 젼케ᄒᆞ시고 큰권능을 나타내샤 경향각쳐에 쥬의 도가 다 젼파되고 신쟈가 수십여만명에 달ᄒᆞ엿ᄉᆞ오니 우리를 구원ᄒᆞ시ᄂᆞᆫ 하ᄂᆞ님ᄭᅦ 영광을 돌니고 감샤ᄒᆞᄂᆞ이다 그러ᄂᆞ 우리 죠션교회에 력ᄉᆞ가 편술되지 못ᄒᆞ여 미우 유감이 되ᄂᆞᆫ고로 교뎨가 죠션감리교회 력ᄉᆞ를 편찬코져ᄒᆞ여 작년九월十월자에 각 쥬관ᄒᆞᄂᆞᆫ 목ᄉᆞ의게로 력ᄉᆞ편찬ᄒᆞᆯ 됴건을 긔송ᄒᆞ시라고 통지ᄒᆞ엿ᄉᆞ오며 발셔 수십쳐에셔 긔록ᄒᆞ여 보내엿ᄉᆞ오니 감샤ᄒᆞ옵ᄂᆞ이다 그러ᄂᆞ 아직 보내시지 아니ᄒᆞ신 여러곳과 혹 통지셔를 밧지 못ᄒᆞᆫ곳을 위ᄒᆞ여 그목록을 좌개ᄒᆞ오니 여러분ᄭᅴ셔 이것을 보시고 곳긔록ᄒᆞ야 보내셔셔 력ᄉᆞ에 어ᄂᆞ교회던지 루락되지 안케ᄒᆞ시기를 ᄇᆞ라ᄂᆞ이다

ᄉᆞ력ᄉᆞᄂᆞᆫ교회셜립된후로一千九百十二년ᄭᆞ지

(一)엇던디방에셔어나히 어나ᄯᅢ에 젼도를 시작ᄒᆞ고 교회를 셜립ᄒᆞ엿ᄂᆞᆫ지

(二)처음으로 인도ᄒᆞᆫ쟈(동셔양인물론ᄒᆞ고 목ᄉᆞ나 젼도ᄉᆞ나 권ᄉᆞ나 속쟝이나)

(三)유리로 인도쟈의 변경된쟈의 씨명과 교회의 연혁 (년월을긔록ᄒᆞᆷ)

(四)어나ᄯᅢ 어나디방(도셩에ᄂᆞᆫ 셩의 ᄂᆡ외며 읍이나 촌이나)에 교회가 새로 셜립되엿ᄉᆞ며 그곳졍황이 엇더ᄒᆞᆷ과 밋 인도쟈의 변경된것

(五)각교회에셔 어나히 어나ᄯᅢ에 특별ᄒᆞᆫ 일이 잇슴(부흥회나 환난이나 핍박이나 인도쟈의 셩픔밧은것이나 혹 교회를 해롭게ᄒᆞᆫ것)

(六)각교회ᄂᆡ에 어나히 어나ᄯᅢ에 병원이나 학교를 셜립ᄒᆞᆷ(남녀 대즁쇼 신학 셩경 밈으의죵목)

(七)각교회안에 처음밋ᄂᆞᆫ쟈가 몃명으로 시작되여 지금은 몃명에 달ᄒᆞ엿스며 그즁에 입교 셰례 학습 원입 직인의 구별ᄒᆞᆫ 수효

(八)유리로 각디방 감리ᄉᆞ와 목ᄉᆞ와 부인젼도인이 누구이며(동셔양인을물론ᄒᆞ고)

(九)각교회에셔 례ᄇᆡ당과 학교를 셜립ᄒᆞᄂᆞᆫ듸와 ᄂᆡ외국 션교와 교회유지와 각항 ᄌᆞ션ᄉᆞ업에 듸ᄒᆞ야 ᄀᆞ쟝유력히 ᄒᆡᆼᄒᆞᆫ 교우의 씨명과 그 ᄉᆞ실과 ᄯᅩᄂᆞᆫ 인도쟈의 특별ᄒᆞᆫ 일과 기외에 됴흔 셩젹을 아시ᄂᆞᆫ대로 긔록ᄒᆞ여보내시옵쇼셔

(十)긔록ᄒᆞᆫ것은 경셩동대문안교회ᄉᆞ무소로 보내여 주시옵쇼셔

●신톄와졍신의관계

경셩 윤인一

신톄ᄂᆞᆫ 졍신으로 더브러 밀졉ᄒᆞᆫ 관계가 잇ᄂᆞᆫ고로 신톄가 강건ᄒᆞᆯᄯᅢ에ᄂᆞᆫ 그졍신도 ᄯᅩᄒᆞᆫ 활발ᄒᆞᆷ을 우리의 경험샹으로 미루어 가히 알지로다 그런고로 쳔ᄐᆡ만샹의 심졍은 다 엇더ᄒᆞᆫ 원인으로 좃차 발ᄉᆡᆼᄒᆞ던지 그결과ᄂᆞᆫ 신톄에 큰 영향이 밋치ᄂᆞ니라 가량 우리가 갑작이 놀날만ᄒᆞᆫ 급보를 드를것ᄀᆞᆺᄒᆞ면 얼골빗치 급히 변ᄒᆞ며 놀나기도ᄒᆞ고 심ᄒᆞ면 긔졀도 ᄒᆞᆷ지니 이ᄂᆞᆫ 불ᄒᆡᆼᄒᆞᆫ 쇼식이 ᄆᆞ옴이라ᄒᆞᄂᆞᆫ 통로(通路)를 지나 모든 신경(神經)을 자극(刺戟)ᄒᆞᆷ으로 그 니러나ᄂᆞᆫ 현샹이 육톄를 해롭게ᄒᆞᆷ이오 ᄯᅩᄒᆞᆫ 우리가 연회에 참셕ᄒᆞ야 음식샹을 밧고 안졋슬ᄯᅢ에 엇더ᄒᆞᆫ 친구의게 무고히 됴치못ᄒᆞᆫ 욕셜을 들을것ᄀᆞᆺᄒᆞ면 아모리 쾌락ᄒᆞᆫ 좌셕이오 ᄯᅩᄒᆞᆫ눈압헤 진슈셩찬을 버려노왓슬지라도 홀연히 구토를 지촉ᄒᆞ야 한숫갈의 음식을

입에셔는 거졀홀지니 이도 또훈 ᄆᆞ음의 영향이 육톄에 이샹을 나타내는 실례이나 ᄆᆞ음속에 무슴 쟝이가 업슬때에는 아모리 것친음식이라도 아롬다온 맛으로 싱각ᄒᆞ고 먹을것이며 또훈 아모리 즁훈병에 걸녓스나 ᄆᆞ음에 신앙력이 잇는때에는 태연히 그운명에 쳐ᄒᆞᄂᆞ니 이는 다 인류의 보통셩질과 ᄉᆞ실인고로 누구던지 괴이ᄒᆞ게 싱각홀것이 업스리로다 우리가 대로상으로 왕릭홀때에 얼골에 슈쳑ᄒᆞ고 져샥훈 긔ᄉᆡᆨ이 보이며 창연히 거러가는 청년들을 혹 볼지니 오호라 뎌들은 엇지ᄒᆞ야 이러케 건강을 일코 긔력이 쇠ᄒᆞ엿는가 혹은 말ᄒᆞ되 영양(榮養)이 츙분치 못ᄒᆞ다ᄒᆞ고 질병으로 인ᄒᆞ야 그럿타 홀지나 그런것이 아니로다. 뎌들은 소망을 일허ᄇᆞ려 위싱도쳐에 안식홀 쳐소를 보지못홈이니 그런고로 용ᄉᆞ(勇士)는 신톄의 강장훈쟈를 ᄀᆞᄅᆞ침이 아니오 쳘심셕쟝(鐵心石腸)이 능히 一긔(一騎)로써 빅긔千긔를 닥홀만훈쟈를 닐옴이니 이는 완젼훈 졍신이 능히 그육톄를 활발케ᄒᆞ며 능히 그육톄를 강건케 홈이로다 강건훈 신톄는 활발훈 졍신을 양셩훈다ᄒᆞ나 교톄는 건젼(健全)훈 졍신이 능히 건젼훈 신톄를 죠셩ᄒᆞ는것이 만고에 밧고지못홀 리셜(理說)인줄노 밋노라 므롯 근심과 걱졍과 슯홈의 감졍이 신톄안녕에ᄭᆞ지 필요훈 활동력(活動力)의공급(供給)을 차단(遮斷)ᄒᆞ는것이 흡ᄉᆞ히 슈통의 근원을 ᄭᅳᆫ는것과 ᄀᆞᆺᄒᆞ니 슈통이 아모리 완젼ᄒᆞ고 비셜(排泄)을 잘홀지라도 만일 슈원이 ᄭᅳᆫ허지면 슈통의 완젼홈의 소용이 무엇이뇨 신톄가 아모리 강건ᄒᆞ고 무병홀지라도 활동력의 근본되는 졍신이 희망과 안졍을 밧고아 근심과 두려옴으로 셰샹에 살냐ᄒᆞ면 필경 토우(土偶)와 다름이 업스리로다 그런고로 감히 붓을 들어 두어ᄌᆞ로 그리스도교안에 잇는청년들을 권ᄒᆞ노니 졍신의 슈양(修養)홈은 一만일에 실머리라 졍신이 활발치 못ᄒᆞ면 ᄉᆞ샹과 영위(營爲)가 업슬지오 ᄉᆞ샹과 영위가 업슨즉 육톄의 동작이 티만ᄒᆞ야 내일을 놈의일과ᄀᆞᆺ치 범샹히 보며 나의 맛당히 홀의무를 다른사룸의게 미루어 훈사룸의 실슈가 千百사룸의게 영향이 밋치고 훈사룸의 티만홈으로 그 악훈 결과가 훈샤회에 밋쳐 쳔만사룸의 졍력(精力)이 一ᄌᆞ티만훈쟈로 말미암아 一죠에 허공의 연긔와ᄀᆞᆺ치 홋허지게ᄒᆞᄂᆞ니 엇지 졍신이 一만일을 경영홈에 뎨一 필요훈것이 아니리오 오호라 태셔의 물질뎍 문명과 졍신뎍 문명이 다 어대로 좃차 나왓ᄂᆞ뇨 그리스도교쳥년의 활발ᄒᆞ고 완젼훈 졍신을 슈양ᄒᆞ는 결과로 강건ᄒᆞ고 부지런훈 톄구(体軀)를 일움으로 좃차 나옴이 아니뇨 (미완)

교회ᄉᆞ긔

그이부 역슐

뎨四쟝 간스탄틘으로 브터총회가갈스던읍에모히기ᄭᆞ지니름 (三百十三년으로 四百五十一년)

뎨一관 간스탄틘을 의론홈

쥬후三百三十三년에 간스탄틘황뎨가 로마젼국을 통활ᄒᆞ매 모든 뎍국을 졍복ᄒᆞ며 녯 야만들을 다 진졍ᄒᆞ되 ᄌᆞ긔의 공을 ᄌᆞ랑치안코 영화를 ᄒᆞᄂᆞ님ᄭᅴ 돌니며 우리쥬 그리스도의신도가 되엿스나 셰례를 밧지아니ᄒᆞ엿스니 그리유는 셰례를 밧은후에 범죄훈것은 다시 샤유홈을 엇지못홀가 두려워홈이오 三百三十七년에 니르러 죽을때에 비로소 셰례를 밧엇ᄂᆞ니라 그의모친 헬니아는 경건훈 부인이니 나히비록 늙엇스나 가나안셩디에 가셔 예수의 젼도ᄒᆞ시던곳에 여러 교당을 건츅ᄒᆞ엿스니 그모ᄌᆞ동심ᄒᆞ야 쥬를 셤김이러라 간스탄틘이 비록 예수교를 이ᄀᆞᆺ치 즁히 녁엿스나 그러나 사신셤기는것을 금치아니ᄒᆞ며 오직 녯 젼례를 좃지안코 간샤훈 례를 힝ᄒᆞ는쟈는 엄금ᄒᆞ더라 이때에 도셩을 벼잔타인ᄯᅡᆼ에 옴기고 ᄌᆞ긔일홈을 ᄯᅡ라 간스탄틘셩이라 칭ᄒᆞ니(지금토이기국셔울)

五

새도셩에 풍물(風物)이 녯도셩의 풍물보다 더ᄒᆞ더라 간ᄉᆞ단틘황뎨가 교에 나온것을 샹고ᄒᆞ면 온젼히 진리를 위ᄒᆞᆫ것이 아니오 다른뜻이 잇ᄉᆞ니 그뜻은 예수의 도로써 디구샹을 다ᄉᆞ리기가 쉬올가ᄒᆞᆷ이라 그러나 그의ᄆᆞ옴이 어질고 아름다워셔 ᄇᆡᆨ셩ᄉᆞ랑ᄒᆞ기를 ᄌᆞ긔몸ᄀᆞᆺ치 ᄒᆞᄂᆞᆫ고로 ᄇᆡᆨ셩ᄃᆞᆯ이 부모와 ᄀᆞᆺ치 셤기고 만방(萬邦)이 화합ᄒᆞ고 황뎨가 비록교회의 셩리를 셔ᄃᆞ름으로 감화를 밧엇스나 녯ᄉᆡᆼ각을 죳시 ᄇᆞ리지 못ᄒᆞ야 로마국에셔 국신(國神)의게 졔ᄉᆞᄒᆞᄂᆞᆫ법을 의지ᄒᆞ야 졔ᄉᆞ쟝一인을 셔뎡ᄒᆞ야 온나라안에 졔ᄉᆞᄒᆞᄂᆞᆫ법을 맛기니 황뎨가 즉위ᄒᆞᆷ으로 브터 죽기ᄭᆞ지 이직분을 관할ᄒᆞ고 양신(陽神)아파라를 숑봉ᄒᆞ여 무ᄉᆞᆷ일을 ᄒᆞ랴면 무당의게 길흉을 무러 판단ᄒᆞ고 또 돈을 지음에 예수와 아파라의 일홈을 삭이고 또 셩픔이 시긔가 만하 ᄒᆞᆼ샹 원슈갑기를 ᄉᆡᆼ각ᄒᆞ니 셩경에 용셔ᄒᆞ라ᄂᆞᆫ도로 비교ᄒᆞ면 대단히 위반되ᄂᆞᆫ지라 또 ᄌᆞ긔쳐남라이신이어쓰를 칠때에 항복ᄒᆞ면 죽이지안ᄂᆞᆫ다 허락ᄒᆞ고 나죵에 죽엿스며 또 쳐죡하도 죽엿고 ᄌᆞ긔의 친아ᄃᆞᆯ 그리스보가 지조와 지혜가 잇슴으로 또ᄒᆞᆫ 찬역(簒逆)ᄒᆞᆯ가 셔려 맛춤ᄂᆡ 죽엿스니 그잔학ᄒᆞ고 어질지 못ᄒᆞᆷ이 이보다 더심ᄒᆞᆷ이 업스니 이것은 또ᄒᆞᆫ 셩덕의 흠졀이 될지로다 그러나 그의 평ᄉᆡᆼᄒᆞᆫ일이 가히 긔렴ᄒᆞᆯ만ᄒᆞᆫ것은 만흐니 나이쓰읍 총회에 ᄉᆞᄉᆞ로 겸손ᄒᆞ엿스니 그의셩심과 밋음을 가히 알것이오 또 여러곳에 잇ᄂᆞᆫ신도를 보호ᄒᆞ엿스며 률법과 졍ᄉᆞ에 다 셩경의 도리를 의지ᄒᆞ야 뎡ᄒᆞ고 또 이젼에 교회가 핍박을 당ᄒᆞᆯ때에 교즁회당과 뎐답과 가산물픔이 관가에 젹몰된것을 다 도로 내여주어 회복식히고 교즁 모든 교ᄉᆞᄃᆞᆯ은 요역(徭役)을 면ᄒᆞ여주고 국민의게 효유ᄒᆞ여 죵을 노하 량민(良民)이 되게ᄒᆞ고 젼국으로 ᄒᆞ여곰 다 쥬일을 직히게ᄒᆞ며 국고금으로 연보ᄒᆞ여 교당을 건츅ᄒᆞ며 교ᄉᆞ를 공양ᄒᆞ고 교즁의 명ᄉᆞ를 쳥ᄒᆞ야 ᄌᆞ긔의 아ᄃᆞᆯ을 ᄀᆞᄅᆞ치게ᄒᆞ다가 맛춤ᄂᆡ 황뎨가 되고데미아셩에셔 죽으니 여러신하가 황금관에 염ᄒᆞ야 간스탄틘도셩에 보내여 장ᄉᆞ지내니라 그후에 동방교회에셔는 간스탄틘황뎨를 봉ᄒᆞ야 ᄉᆞ도반렬에 거ᄒᆞ게ᄒᆞ고 셔방교회에셔는 대쟈(大者)라고 칭ᄒᆞ니라 대개 이럿케ᄒᆞᆷ은 교회를 보호ᄒᆞᆫ공이 잇슴을 즁히 녁임이러라 황뎨가 교회에 나온후로 온나라ᄇᆡᆨ셩ᄃᆞᆯ이 련쇽ᄒᆞ여 쥬를 밋으니 셩심으로 힝ᄒᆞᄂᆞᆫ쟈는 션후를 닷토아ᄒᆞ고 거즛것을 칭탁ᄒᆞ던쟈ᄃᆞᆯ도 물결ᄀᆞᆺ치 흐르니 이로써 교회가 크게 흥왕ᄒᆞ야 춤것과 거즛것을 분변ᄒᆞ기가 어렵고 또 신가(神家)와 셔민(庶民)의 등분이 더욱 심ᄒᆞ고 황뎨가 큰영광으로 모든 감독의게 나타낸것은 국고금을 각교당에 긔부ᄒᆞ니 당시에 나라졍ᄉᆞ와 교회졍ᄉᆞ가 ᄒᆞᆷ께 힝ᄒᆞ고 신가와 관가(官家)가 ᄀᆞᆺ치서서 갑동이 얼ᄉᆞ(臬司)의 권세를 가지고 황실에셔 신가의 권세를 혹활ᄒᆞ니 이것은 비록 교밧게 영광이 된다ᄒᆞ려니와 교안에ᄂᆞᆫ 실샹 영광이 된다ᄒᆞᆯ것이 업ᄂᆞ니라

셩경공부의지침(속)

뎨十九칙은 히부리인셔니이 셔신의져슐쟈는 ᄉᆞ도바울인듯ᄒᆞ나 ᄌᆞ셰치 안코 그럿치 아니면 바울의 동반(同伴)즁ᄒᆞ나힌듯ᄒᆞ며 그 져슐ᄒᆞᆫ때는 쥬후六十五년간이오 그 요령은 (一)유대교를 신앙ᄒᆞᄂᆞᆫ 히부리인의게 그리스도교를 소ᄀᆡᄒᆞ며 며회게 유대교의 의식(儀式)은 임의 결국ᄒᆞ엿고 유대인이나 이방사ᄅᆞᆷ이나 구별업시 다 ᄒᆞᆫ몸이 되여 신령ᄒᆞ고 진실ᄒᆞᆫ ᄆᆞ옴으로 하ᄂᆞ님 셤기기를 ᄀᆞᄅᆞ침이니라

뎨二十칙은 야고보인셔니쥬후六十一년간에 ᄉᆞ도야고보(요한의 동ᄉᆡᆼ아닌야고보)가 져슐ᄒᆞᆫ칙이니 이칙은 각국에 흣허져 사ᄂᆞᆫ 모든 유대인을 위ᄒᆞ야 져슐ᄒᆞ엿ᄂᆞ니라

뎨二十一、二十二칙은 베드로젼후셔니 ᄉᆞ도베드로가 특별히 각국에 흣허져 사ᄂᆞᆫ 유대인즁 그리스도 밋ᄂᆞᆫ쟈ᄃᆞᆯ을 위ᄒᆞ야 젼셔는 쥬후六十四년

에 후셔는 六十五년에 져술ᄒᆞ엿ᄂᆞ니라

◎가뎡과쇼ᄋᆞ

●어린학도의 인내심(忍耐心)

아터라ᄒᆞᄂᆞᆫ 즁학도가 잇ᄂᆞᆫᄃᆡ 셩픔이 온화ᄒᆞ야 ᄒᆞᆼ샹 동모들과 닷토ᄂᆞᆫ 일이 업고 그 얼골에 노긔를 나태내지 아니ᄒᆞ며 혹 다른 ᄋᆞᄒᆡ들이 서로 다토ᄂᆞᆫ것을 볼때에 반ᄃᆞ시 권면ᄒᆞᄂᆞᆫ말이「너희ᄂᆞᆫ 참을지어다 잠시 참엇다가 十분동안만 지난후에 다시 ᄉᆡᆼ각ᄒᆞ면 누가 그르고 올흔것이 ᄌᆞ연히 판단되리라」ᄒᆞ더라 그럼으로 하로ᄂᆞᆫ 학교 긔슉샤(寄宿舍)에 ᄀᆞᆺ치 슉식ᄒᆞᄂᆞᆫ 학도들이 아터업ᄂᆞᆫ ᄉᆞ이에 입을 모와 의론ᄒᆞᄃᆡ「아터」가 ᄒᆞᆼ샹 우리ᄃᆞ려「참으라 참으라」권면ᄒᆞᄂᆞᆫ 것이 좀 뮙살스러오니 더ᄂᆞᆫ 얼마나 잘참나 못참나 우리가 ᄒᆞᆫ번 시험ᄒᆞ여 보ᄂᆞᆫ것이 엇더ᄒᆞ뇨 여러학도가 一시에 ᄃᆡ답왈「자 그것 참 됴흔말이다」ᄒᆞ매 그즁에 ᄒᆞᆫ 학도가 무러왈 그러면 엇더케 시험ᄒᆞᆯ 계칙을 말ᄒᆞ라ᄒᆞᆫᄃᆡ 엇던 학도가 의견을 말ᄒᆞᄃᆡ「우리긔슉사 규측이 식죵(食鍾)을 친후에 十五분이 지나도록 식당에 드러가지 아니ᄒᆞ면 죠셔밥을 주지아니ᄒᆞᄂᆞ니 ᄅᆡ일 아ᄎᆞᆷ에 아터가 니러나기젼에 뎨 의복을 감초고 주지아니ᄒᆞ여 아ᄎᆞᆷ을 굴미면 반ᄃᆞ시 ᄉᆡᆼ을 낼지니 그때에 우리가 一졔히 조롱을 ᄒᆞ여보자ᄒᆞ매 여러학도가 다 그계칙을 찬셩ᄒᆞ여 그대로 ᄒᆞ엿더라 아터가 그잇흔날 아ᄎᆞᆷ에 식죵치ᄂᆞᆫ 소ᄅᆡ를 듯고 벌ᄯᅥᆨ 니러나 옷을 닙으려ᄒᆞᆫ즉 의복이 노엿던 자리에 업ᄂᆞᆫ지라 두루 차져도 간곳이 업스매 여러 동모를 도라보며 내 옷이 업스니 너희들 혹 보왓ᄂᆞ냐 ᄒᆞ되 여러학도ᄂᆞᆫ 옷을 닙ᄂᆞᆫ다 셰수를 ᄒᆞᆫ다 분주히 ᄯᅥ들며 아터의 뭇ᄂᆞᆫ말은 ᄃᆡ답도 아니ᄒᆞ더니 식죵친후 十五분이나 거진 되매 一졔히 식당으로 향ᄒᆞ여 가면서 눈짓ᄒᆞ고 웃ᄂᆞᆫ양을 보매 분명히 뎌희가 감촌줄 알고 뎌희게 쳥ᄒᆞ여 왈 나도 뎡ᄒᆞᆫ시간에 아ᄎᆞᆷ밥을 먹어야 샹학을 ᄒᆞ겟스니 어서나의 옷을 이리 달나ᄒᆞ되 ᄃᆡ답도 아니ᄒᆞ고 다 식당으로 드러갓더라 아터가 ᄉᆡᆼ각ᄒᆞᆯ때에 노긔가 발작ᄒᆞ려ᄒᆞ다가 문득ᄉᆡᆼ각ᄒᆞ고 ᄉᆞᄉᆞ로 말ᄒᆞᄃᆡ「응 못될일이야 이런적은일에 내가 ᄉᆡᆼ을 내다니 말이되나 내가 아ᄎᆞᆷ은먹지안코 샹학ᄒᆞ지 좀 시장ᄒᆞ더라도 관계치 아니히」ᄒᆞ며 칙을 들고 다시 죵용히 누어 공부만 ᄒᆞ더니 여러 학도들이 아ᄎᆞᆷ밥을 다 맛친후 긔슉샤로 와셔 본즉 아터의 옹용온화ᄒᆞᆫ ᄐᆡ도가 젼과ᄀᆞᆺᄒᆞᆫ지라 뎌희가 서로 도라보다가 도로혀 붓그러운 모양으로 감초왓던 의복을 갓다주며왈 아터야 어셔 옷닙고 샹학이나ᄒᆞ여라 네가 아ᄎᆞᆷ을 못먹어셔 안되엿다 우리가 회히(詼諧)를 너머 심히 ᄒᆞ셔 도로혀 무안ᄒᆞ다 아터ᄂᆞᆫ 우스며 ᄃᆡ답왈「별말을 다ᄒᆞᄂᆞᆫ고나 그리도 관계치 안타」ᄒᆞ엿더라 이후브터 학교니에 여러학도가 다 아터를 공경ᄒᆞ고 ᄉᆞ랑ᄒᆞ엿스며 그후에 아터ᄂᆞᆫ 과연 一셰의위대(偉大)ᄒᆞᆫ 사ᄅᆞᆷ이 되엿더라

세계격언

一 악마(惡魔)의 ᄲᅮᆯ에 션량ᄒᆞᆫ 텬ᄉᆞ라고 쓴것이 만흐니 이것을 주의치 아닐수 업ᄂᆞ니라

二 쳡경(捷徑)으로 가기 위ᄒᆞ야 큰길을 ᄇᆞ리지 말지니라

三 유쾌(愉快)ᄒᆞᆫ 동힝은 ᄆᆞ챠보다 나흐니라

四 려힝(旅行)ᄒᆞᄂᆞᆫ 가온ᄃᆡ 지혜잇ᄂᆞᆫ쟈ᄂᆞᆫ 더욱 지혜를 더ᄒᆞ고 어리셕은쟈ᄂᆞᆫ 더욱 어리셕음을 더ᄒᆞᄂᆞ니라

五 나를 반ᄃᆡᄒᆞᆷ에 ᄃᆡᄒᆞ야 주의를 부를지언뎡 감졍을 부르지말지니라

六 사ᄅᆞᆷ을 너머 밋ᄂᆞᆫ것과 ᄯᅩᄒᆞᆫ 너머밋지 안ᄂᆞᆫ것이 다 실챡(失錯)이니라

七 새 친구와 녯 집은 너머 밋ᄂᆞᆫ것이 불가ᄒᆞ니라

실업

●농ᄉᆞ강습요항 (쇽)

뎨四十四 조(粟)의 긔후와 토질

조는 대개 온란ᄒᆞ고 향양ᄒᆞ고 좀 조강ᄒᆞᆫ따에 맛당ᄒᆞ며 감을(旱)을 견듸기는 모든곡류(穀類)즁에 뎨一 강ᄒᆞ니라 죠션에는 평안 함경량도가 뎨一 조를 만히 심으는ᄃᆡ 픔질도 됴코 거두는 분량도 만ᄒᆞ니라

조는 기름진 토디를 됴화ᄒᆞ며 ᄯᅩᄒᆞᆫ 새로 긔력ᄒᆞᆫ 따에 맛당ᄒᆞ며 비습ᄒᆞᆫ 따에는 잘 되지 아니ᄒᆞᄂᆞ니라

뎨四十五 조의 죵류

조는 메조와 차조의 구별이 잇고 ᄯᅩᄒᆞᆫ 빗의 푸르고 누르며 흰것과 수염의 길고 짜른 구별도 잇스며 셩슉(成熟)의 이르고 느즌것도 잇ᄂᆞ니라

뎨四十六 조의죵ᄌᆞ ᄐᆡᆨᄒᆞᄂᆞᆫ법

조의 죵ᄌᆞ는 량ᄆᆡᆨ과ᄀᆞᆺ치 셩슉이 잘되고 알이 완젼ᄒᆞᆫ것을 ᄐᆡᆨᄒᆞ여 두엇다가 심을때에 물一승(升)에 ᄃᆡᄒᆞ야 소곰ᄒᆞᆫ량즁가량을 타셔 그물에 죵ᄌᆞ를 담어 ᄯᅳᄂᆞᆫ것은 ᄇᆞ리고 가라안ᄂᆞᆫ것만 취ᄒᆞ야 다시 링수에 씨셔셔 쓸지니라

◎회보ᄃᆡ금령슈

地名	姓名	金額
遂安	韓用鎮	六十錢
	李時煥	六十錢
	明寛道	六十錢
	許 樊	六十錢
	金元贊	六十錢
	吳仁星	三十錢
	宋翼周	六十錢
仁川	姜雲植	六十錢
	李鶴九	六十錢
	辛興俊	六十錢
	丁約翰	六十錢
	咸洙轍	六十錢
	千光錫	六十錢
忠州	金明化	三十錢
	崔鎮尙	六十錢
清風	金致敬	四十錢
忠州	黃鶴柄	四十錢
魯城	金商文	四十錢
金化	李大鉉	二圓四十錢
畓桐	金光國	四十錢
通川	金成澤	四十錢
平壤	金豊漢	四十錢
	朴承贊	四十錢
	金應根	八十錢
	金世珍	八十錢
	李泳舜	八十錢
	金聖祚	四十錢
	金仲樊	八十錢
中和	林鎮學	八十錢
新溪	曹엘니스벳	四十錢

그리스도회보
KOREAN CHRISTIAN ADVOCATE

每週一回月曜日發行
大正二年九月二十五日印刷
大正二年九月二十九日發行

發行兼編輯人 開城北部山芝峴 奇義男
印刷人 京城北部樓閣洞 朴東完
印刷所 京城南部上犂洞 新文館
發行所 京城北部壯洞四十三統三戶 呂炳鉉邸

대금(代金) 一장 二젼 / 六개월 四十젼 / 一개년 八十젼 / 海外 一개년 一환 六十젼

론설

●교회를흥왕케ᄒᆞᆯ방침 (속)

례쳔 (리은영)

닐ᄋᆞ신바 사ᄅᆞᆷ이 썩으로 사ᄂᆞᆫ것이아니라 오직 하ᄂᆞ님의 입으로 나온말ᄉᆞᆷ으로 사ᄂᆞ니라 ᄒᆞ신것이 이것이라 베젼 사ᄅᆞᆷ의 력ᄉᆞ를 샹고ᄒᆞ건ᄃᆡ 빈한ᄒᆞᆫ 농가싱쟝으로 로마법왕의 위력을 두려워안코 로마교의 부픽ᄒᆞᆷ을 공격ᄒᆞ고 그리스도교의 혁신ᄉᆞ업을 셩취ᄒᆞ던 마틘루터ᄂᆞᆫ 오직 의인은 밋음으로 살니라ᄒᆞᆫ 셩경말ᄉᆞᆷ의 감동된것이오 당시종교가즁 고샹ᄒᆞᆫ 인격으로 교리뎍ᄌᆞ각(自覺)을 엇어 영국국교외에 평민뎍교회를 죠직ᄒᆞ던 요한웨실네씨도 회개ᄒᆞ면 안다ᄂᆞᆫ셩경말ᄉᆞᆷ으로 ... 를 삼은셔ᄃᆞ리이오 구라파와 아셰아각국으로 ᄃᆞᆫ니며 복음을 젼파ᄒᆞ며 셰계뎍종교를 챵립ᄒᆞ던ᄉᆞ도바울은 그리스도ᄭᅴ셔 만민의 죄를 ᄃᆡ속ᄒᆞ시고 부활ᄒᆞ셧다ᄂᆞᆫ 셩경말ᄉᆞᆷ으로 목뎍을 뎡ᄒᆞᆷ이니 아름답다 셩경이여 만교의 보감이오 우리교회의 지침이로다 오호라 형뎨들이여 베뢰아사ᄅᆞᆷ은 데살노니가사ᄅᆞᆷ보다 더 귀ᄒᆞᆫ것이 무엇이온잇가 뎌희ᄂᆞᆫ 군졀ᄒᆞᆫ ᄆᆞᄋᆞᆷ으로 말ᄉᆞᆷ을 밧아셔 날마다 셩경을 샹고ᄒᆞ야 이것이 그러ᄒᆞᆫ지 알냐ᄒᆞᄂᆞᆫ고로 그즁에 밋ᄂᆞᆫ사ᄅᆞᆷ이 만타ᄒᆞ엿스니 우리도 셩경을 들고만 ᄃᆞᆫ닐것이아니라 열심으로 공부ᄒᆞ야 진리뎍ᄭᆡ초를 견고히 세우고 교회일에 젼력ᄒᆞ면 교회ᄂᆞᆫ 흥왕ᄒᆞᆯ것이오 셋재ᄂᆞᆫ 열심으로 젼도ᄒᆞᆷ이니 밋고도 젼도ᄒᆞ지아니ᄒᆞ면 밋지 아니ᄒᆞᆷ이나 다를것이 업고 셩경을 공부ᄒᆞ고도 젼도ᄒᆞ지아니ᄒᆞ면 공부ᄒᆞ지아니ᄒᆞᆷ이나 일반이라 녯사ᄅᆞᆷ들도 셰쇽의부패ᄒᆞᆷ과 사ᄅᆞᆷ의 착ᄒᆞ지못ᄒᆞᆷ을 슯허ᄒᆞ야 ᄒᆞᆫ갓 ᄌᆞ긔만 착ᄒᆞᆯᄲᅮᆫ아니라 텬하를 건지고져ᄒᆞ야 ᄒᆞᆼ샹 게으르지 안코 죽음을 위한ᄒᆞ얏스니 하우씨ᄂᆞᆫ ᄌᆞ긔집압흐로 세번을 지낫스되 드러가지 아니ᄒᆞ엿고 공ᄌᆞᄂᆞᆫ 자리가 더울 겨를이 업셧다ᄒᆞ니 뎌ㅣ 하우씨와 공부ᄌᆞ 엇지 ᄒᆞᆯ노 편ᄒᆞᆷ을 아지못ᄒᆞ리요만은 진실노 텬명을 두려워ᄒᆞ고 ᄇᆡᆨ셩을 불샹이 녁임이라 ᄒᆞ믈며 우리 쥬ᄭᅴ셔 일즉이 그문도의게 닐너갈ᄋᆞ샤ᄃᆡ 너희ᄂᆞᆫ 온텬하에 ᄃᆞᆫ니며 만민의게 복음을 젼파ᄒᆞ라 (미완)

사고

본회보를이호(愛護)구람ᄒᆞ시ᄂᆞᆫ 제씨즁에 금년六개월션금(先金)만보내신이ᄂᆞᆫ 八월말일(末日)에히 션금이 임의다ᄒᆞ엿ᄉᆞ오니 하반긔(下半期)六개월션금四十젼식과이ᄯᅢᄭᆞ지션금을아니보내신이ᄂᆞᆫ一개년션금八十젼식을속속히우편쇼위톄(郵便小爲替)로붓쳐보내시와본회보로ᄒᆞ여곰지졍에곤난ᄒᆞᆷ이업게ᄒᆞ심을군졀히ᄇᆞ라ᄂᆞ이다

교즁휘문

◀ᄂᆡ 보▶

●년로ᄒᆞᆫ녀젼도인의게양로(養老)금을줌

졍동 하란ᄉᆞ

녜로브터 늙은사ᄅᆞᆷ을 불샹히 녁이고 어린ᄋᆞᄒᆡ를 보호ᄒᆞᄂᆞᆫ 것이 사ᄅᆞᆷ사ᄂᆞᆫ 세계의 동一ᄒᆞᆫ 덕의나 우리교즁에는 특별ᄒᆞᆫ 덕의가 보통뎍에 비ᄒᆞᆯ비 아니니 무식ᄒᆞᆫ쟈를 교도ᄒᆞ며 간난ᄒᆞᆫ쟈를 살도록 구죠ᄒᆞᆷ으로 목뎍을 삼으니 우리교즁 형뎨ᄌᆞᄆᆡ가 ᄌᆞ연히 감화되여 무궁ᄒᆞᆫ 복을 누린즉 감격ᄒᆞᆫ ᄆᆞᄋᆞᆷ이 실노 골슈에 사ᄆᆞᆺ치ᄂᆞᆫ즁 특별히 우리 늙은 ᄌᆞᄆᆡ들의 더욱 감샤ᄒᆞ올것은 다 말ᄉᆞᆷᄒᆞᆯ수 업ᄉᆞ오나 대강말ᄒᆞᆫ건ᄃᆡ 우리교회즁 부인션교회에셔 젼도ᄒᆞ던 ᄌᆞᄆᆡ즁 나히 만ᄒᆞᆫ사ᄅᆞᆷ을 구휼ᄒᆞ기 위ᄒᆞ야 ᄆᆡ삭 양로금을 지발ᄒᆞ야 늙은 히를 안과(安過)케ᄒᆞ니 이러ᄒᆞᆫ 덕의심은 고금에 드믄일이라 현금 문명각국에셔는 ᄉᆞ관(士官)이 년로ᄒᆞ면 비록 벼슬에 죵ᄉᆞ치 못ᄒᆞᆯ지라도 양로금을 주어 셩젼에 안과케ᄒᆞᄂᆞ니 이와ᄀᆞᆺ치 우리교회에셔는 젼도ᄒᆞ던 늙은ᄌᆞᄆᆡ의게 이러ᄐᆞᆺ 감격ᄒᆞᆫ 일을ᄒᆞ니 형뎨와 ᄌᆞᄆᆡ가 뉘아니 감샤ᄒᆞ오릿가 이로 좃차 七十로ᄆᆡ들이 영원ᄒᆞᆫ 복을밧겟ᄉᆞ니 이것은 다 하ᄂᆞᆯ아바지ᄭᅴ셔 주시ᄂᆞᆫ 것으로 밋ᄉᆞᆸ고 감샤찬숑ᄒᆞᄂᆞ이다

●운산읍교회의감샤ᄒᆞᆫ일

(김 치 호)

이곳에 쥬의 빗치 빗최인지 수十년에 례ᄇᆡ당이 업셔 쥬야근심ᄒᆞ더니 三년젼에 리챵식 리셕림 김응슈三씨가 열심으로 연보ᄒᆞ야 몃간지을 지졍은 구취ᄒᆞ엿스나 례ᄇᆡ당 지을 긔디가 업셧더니 본읍 사ᄂᆞᆫ 고승조씨가 아직 쥬는 아니밋으나 긔十원가치되ᄂᆞᆫ 동산을 교회에 긔부ᄒᆞᆷ으로 와가四간을짓고 례ᄇᆡ를 편히 보니 고씨의일을 감샤ᄒᆞ고 ᄯᅩ림씨부인은 쥬를 밋다가 지금은 회당에 ᄃᆞᆫ니지못ᄒᆞ나 쥬ᄉᆞ랑ᄒᆞᄂᆞᆫ ᄆᆞᄋᆞᆷ은 근졀ᄒᆞᆷ으로 교회를 위ᄒᆞ야 등유를 년년히 담당ᄒᆞ기로 작뎡ᄒᆞ고 금년브터 담당ᄒᆞ오니 이열심을 ᄯᅩᄒᆞᆫ 감샤ᄒᆞᆫ다 ᄒᆞ엿더라

●가평읍교회의됴흔쇼식

(리 긔 영)

본읍교회는 셜립이후로 은혜를 풍셩히 밧엇더니 二三년젼브터 은혜를 ᄇᆡ반ᄒᆞ고 셰샹으로 물너간 형뎨ᄌᆞᄆᆡ가 만흠으로 교회가 점점 연약ᄒᆞ와 여러직원이 힘쓰더니 지금브터는 특별ᄒᆞᆫ 은혜를 만히 밧엇ᄉᆞ옵기로 감샤ᄒᆞᆷ을 이긔지못ᄒᆞ야 몃말ᄉᆞᆷ으로 고ᄒᆞᄂᆞ이다 본교회가 새례ᄇᆡ당 건츅ᄒᆞ기를 ᄒᆞᆼ샹 긔도ᄒᆞ엿더니 하ᄂᆞ님ᄭᅴ셔 도으심으로 二十간되ᄂᆞᆫ 가옥을 ᄆᆡ슈ᄒᆞ여 一신히 즁슈ᄒᆞ고 지금은 새례ᄇᆡ당에셔 례ᄇᆡᄒᆞᄂᆞᆫᄃᆡ 즁슈ᄒᆞᆯᄯᅢ에 젼도ᄉᆞ최슈영씨가 진심젼도ᄒᆞᆫ결과로 락심되엿던 쟈가 다시도라오고 ᄯᅩ 새로 밋ᄂᆞᆫ 형ᄆᆡ가 만하셔 지금은 六七十명이 례ᄇᆡᄒᆞ오니 쥬ᄭᅴ 영화를 돌니오며 속장김지영씨는 유식ᄒᆞ온ᄃᆡ 이셰샹영화는 불고ᄒᆞ고 친쇽으로 더브러 쥬를 졍셩으로 셤기며 손님ᄃᆡ졉을 극진히ᄒᆞ고 새로ᄆᆡ슈ᄒᆞᆫ 례ᄇᆡ당긔디는 히씨의 소유인ᄃᆡ 하ᄂᆞ님ᄭᅴ 밧쳣ᄉᆞ오며 본교회와 녀학교에 연보를 만히 ᄒᆞ엿ᄉᆞ오니 두형뎨의 열셩을 하ᄂᆞ님ᄭᅴ 감샤ᄒᆞᆫ다 ᄒᆞ엿더라

●남산현교회의졔직사경회

(현 셕 七)

거월六일브터 十일동안 녕변 남포 평양디방에 모든졔직들이 평양 남산현회당에 모혀 사경회를 열ᄉᆡ ᄌᆞ미도 만커니와 신령ᄒᆞᆫ 은혜를 한량업시 밧엇ᄉᆞ오며 사경회원은 一百五인인ᄃᆡ 갑을 반으로 논호와 공부ᄒᆞ고 교ᄉᆞ와 과졍은 감리ᄉᆞ모리스씨는 ᄉᆞ랑이란 문뎨로 ᄆᆡ일아츰에 인도ᄒᆞ고 ᄯᅩ 로마인셔를 교슈ᄒᆞ엿스며 감리ᄉᆞ김챵식씨는 쟝졍규츅즁에 젼도인의 ᄌᆞ격과 직분이란과졍을 교슈ᄒᆞ고 목ᄉᆞ변영셔씨는 예레미아와 고린도젼셔 교뎨는 강도법을 교슈ᄒᆞ엿고 ᄯᅩᄆᆡ일샹오八시반으로 十二시ᄭᆞ지 공부ᄒᆞᆫ후 하오六시에 모혀 그리스도안에 밋음과 소망과 ᄉᆞ랑과 셩

명과 상급이란문뎨로 강도ᄒᆞ
고 마ᄌᆞ막날은 잔중회로 모ᄒᆞ
혀서 녀름동안 히타ᄒᆞ던ᄆᆞᄋᆞᆷ
을 금번사경회로 말미암아
一반교우가 다 큰은혜를 밧
고 열심을 엇엇ᄉᆞ오니 불가
불 직분잇ᄂᆞᆫ쟈ᄂᆞᆫ 교우를 인
도ᄒᆞᆯ뿐아니라 ᄌᆞ긔가 몬져
공부ᄒᆞ여야 될줄 ᄭᆡᄃᆞᆺᄂᆞ이
다

●ᄉᆡ벽긔도 (샹 동)

녀름동안에 고열을 당ᄒᆞ여
모든사ᄅᆞᆷ들이 육신도 로곤ᄒᆞᆯ
ᄲᅮᆫ더러 ᄆᆞᄋᆞᆷ도 ᄯᅩᄒᆞᆫ 히타ᄒᆞᆫ
모양이 잇더니 거八월二十
四일브터 二十九일ᄭᆞ지 一
쥬일동안 ᄉᆡ벽마다 四시반으
로 五시 반ᄭᆞ지 긔도회로 모
히ᄂᆞᆫᄃᆡ 그수효ᄂᆞᆫ 남산현교당
에 百六十인 리간동교회에
三十五인 구동교회에 三十인
리문동교회에 二十인 합二百
四十二인이 ᄉᆡ벽죵소리를 듯
고 깁히든잠을ᄭᆡ며 ᄯᅩ 히타
ᄒᆞ던 ᄆᆞᄋᆞᆷ을 ᄯᅥᆯ쳐 열심으로
긔도ᄒᆞᄂᆞᆫᄃᆡ 은혜를 만히 밧
엇ᄉᆞ며 이긔도의 효과로 죄
를 ᄌᆞ복ᄒᆞ며 ᄯᅩ ᄒᆞᆼ샹 셩경
보고 긔도ᄒᆞ기로 작뎡ᄒᆞᆫ사ᄅᆞᆷ
과 쉬지안코 ᄀᆡ인젼도ᄒᆞ기로
작뎡ᄒᆞᆫ사ᄅᆞᆷ과 ᄉᆡ벽긔도ᄒᆞ기
작뎡ᄒᆞᆫ쟈와 三十년동안 인박
힌 담비를 거졀ᄒᆞᆫ 사ᄅᆞᆷ이 만
ᄉᆞ오니 이ᄂᆞᆫ 다 이긔도의 효
력으로 된줄아ᄂᆞ이다

●강씨의ᄌᆞ급심 (김 챵 헌)

황히도 옹진군 북면 화산리
교회쇽장문종목씨부인 강영
복씨ᄂᆞᆫ 지금 우리교회 학습
인이로되 밋음이 독실ᄒᆞᆫ 부
인인고로 하ᄂᆞ님의 은혜를
분명히 ᄭᆡᄃᆞᆺ고 일용만물이
다 내것이아니고 하ᄂᆞ님ᄭᅴ셔
은혜로 주시ᄂᆞᆫ줄 아ᄂᆞᆫ고로
먹으나 닙으나 ᄒᆞᆼ샹 감샤ᄒᆞᆫ
ᄉᆡᆼ각ᄲᅮᆫ이라 그러ᄂᆞ 가셰ᄂᆞᆫ
빈곤ᄒᆞ야 죠셕이 어려운즁에
ᄌᆞ긔부모ᄂᆡ외가 나히 八십당
년에 혈육은 ᄯᆞᆯᄒᆞ나ᄲᅮᆫ인고로
그ᄯᆞᆯ을 의지ᄒᆞ고 적막ᄒᆞᆫ 셰
월을 보내나 세샹에 부귀와
다남ᄌᆞ를 영화로 아ᄂᆞᆫ사ᄅᆞᆷ의
ᄉᆡᆼ각과ᄂᆞᆫ 다른지라 텬당에
무궁ᄒᆞᆫ 복을ᄇᆞ라ᄂᆞᆫ고로 조곰
도 실심치 안코 쥬만 독실히
밋ᄂᆞᆫ즁 그ᄯᆞᆯ 강영복씨ᄂᆞᆫ 계
명즁 메오계를 직히ᄂᆞᆫ고로
그 불샹ᄒᆞᆫ 부모를 극진히 공
경ᄒᆞᄂᆞᆫ지라 하로ᄂᆞᆫ 그부모
ᄂᆡ외가 한탄ᄒᆞ기를 우리ᄂᆞᆫ
임의 늙어셔 쥬ᄭᅴ셔 못다ᄒᆞ
신 역ᄉᆞ를 몸으로 감당ᄒᆞᆯ수
도 업고 ᄯᅩᄂᆞᆫ 우리수즁에 푼
젼이 업ᄂᆞᆫ고로 젼도인을 위
ᄒᆞ야 일푼ᄌᆞ급도 ᄒᆞᆯ수업ᄉᆞ니
무ᄉᆞᆫ 렴의로 텬당의 무한ᄒᆞᆫ
복락을 밧으리요ᄒᆞ고 마조안
져 탄식ᄒᆞᆯ지음에 그 ᄯᆞᆯ이 부
모의 한탄ᄒᆞᄂᆞᆫ말을 듯고 ᄆᆞ
ᄋᆞᆷ에 감동ᄒᆞᆷ을 밧아 ᄒᆞᄂᆞᆫ말
이 우리ᄂᆞᆫ 임의 은혜로 사ᄂᆞᆫ
사ᄅᆞᆷ들이라 엇지 만분의 일
이라도 갑기를 ᄉᆡᆼ각지 안으
리오ᄒᆞ고 ᄒᆞᆫᄯᅢ밥을 굶을지라
도 주리고 고ᄉᆡᆼᄒᆞᄂᆞᆫ 일군을
도아주겟다ᄂᆞᆫ ᄉᆡᆼ각을 ᄒᆞᆯᄯᅢ에
마태十八쟝四十절과 四十二
졀을 본지라 그시로 브터 미
일죠셕밥을 지을ᄯᅢ마다 무돈
모곡ᄒᆞ고 ᄒᆞᆫ숫갈식 져츅ᄒᆞ엿
다가 ᄒᆞᆫ말이 된후에ᄂᆞᆫ ᄌᆞ긔
부모ᄂᆡ외와 ᄌᆞ긔의 ᄌᆞ급을
힘써ᄒᆞ오니 참 모본될만ᄒᆞᆫ
일이라 ᄒᆞ엿더라

외보

●돈으로 셰례를 사ᄂᆞᆫ 텬쥬교 신부

법국에ᄂᆞᆫ 이리로 감리교당이
업더니 근일 희국 ᄲᅥ네프라
ᄂᆞᆫ 셩에 처음으로 감리교당
이 건륙되여 거七월샹슌에
봉헌식(奉獻式)을 힝ᄒᆞ고 당
일에 어린ᄋᆞ히 七명의게 셰
례를 주엇ᄂᆞᆫᄃᆡ 그러기 몃츌젼
에 그곳 텬쥬교신부가 이닐
곱 ᄋᆞ히즁 ᄒᆞᆫᄋᆞ히의 부친을
차자보고 말ᄒᆞ기를 「만일 그
ᄃᆡ의 ᄋᆞ돌을 우리텬쥬교당에
ᄃᆞ리고 와셔 셰례를 밧게ᄒᆞ
면 내가 돈 一빅원을 주마ᄒᆞ
엿ᄉᆞ나 그ᄋᆞ히의 부친은 좀
시거졀ᄒᆞ엿고 ᄯᅩ 이회당첫번
례비에 참예ᄒᆞᆫ쟈가 八十명이
오 두번재 례비에 二百여명
이 참예ᄒᆞ엿ᄂᆞᆫᄃᆡ 그곳 텬쥬교
신부ᄂᆞᆫ 위협(威脅)ᄒᆞ기를 누
구던지 다시 그 감리교당에
참예ᄒᆞᄂᆞᆫ쟈가 잇스면 서로교
제를 ᄭᅳᆫ코 비쳑ᄒᆞᆫ다 ᄒᆞ엿다
더라

●유년례비권유단 (幼年禮拜勸喩團)

영국안에 쳥년교우들은 유년

례비권유단을 죠직ᄒᆞ야 각쳐로 도라ᄃᆞ니며 어린ᄋᆞᄒᆡ들의게 열심권유ᄒᆞ야 어린ᄋᆞᄒᆡ들노 반ᄃᆞ시 쥬일례비에 참예케 ᄒᆞᆯ 목뎍이라더라

●지나(支那)신도즁의졍치가

지나 외무총장 륙즁샹씨의부친은 원리 감리교회 목ᄉᆞ인고로 륙씨가 어려서 그 부친의게 셰례를밧고 쥬를 독실히 밋엇ᄂᆞᆫᄃᆡ 향일 지나민국의 쟝리를 위ᄒᆞ야 젼국니 각교회에서 긔도회를 ᄀᆡᄒᆞᆫ것도 동씨의 발론으로 된일이라ᄒᆞ며 현금 북경 참의원(參議院)부의쟝 왕씨도 그리스도교신쟈인ᄃᆡ 근일 ᄌᆞ긔집 샤랑에서 샤경회를열고 북경쥬지 외국션교ᄉᆞ를 쳥ᄒᆞ야 그가족과 여러 교즁쳥년의게 날마다 셩경을 ᄀᆞᄅᆞ친다더라

●태평양젼도록 (쇽)

영국 태요한션ᄉᆡᆼ 져

내가 학교에 입학ᄒᆞ던 날브터 젼도직임을 맛흘ᄯᅢᄭᆞ지 내 부모의 열심ᄒᆞ신 은혜를 ᄉᆡᆼ각ᄒᆞ면 엇지 나의 붓ᄭᅳᆺ으로 다 긔록ᄒᆞᆯ수잇스리오 나를 위ᄒᆞ야 ᄒᆞᆼ샹 ᄒᆞᄂᆞ님ᄭᅴ 긔도ᄒᆞ시며 지졍으로 말ᄒᆞᆯ지라도 부모의 간신히 져츅ᄒᆞ신 돈으로 나의 학비를 츙용(充用)ᄒᆞ엿거니와 내가 젼도를 시작ᄒᆞᆫ후로는 내가 놈의 맛아ᄃᆞᆯ된 직분을 다ᄒᆞ야 부모의 ᄉᆡᆼ활샹 곤난ᄒᆞᆷ을 좀 논호아 드리어야 될터인ᄃᆡ 우리쥬턱과 목쟝과 여간ᄒᆞᆫ 가쟝즙물은 젼리지물이오 ᄯᅩ 나의 부친의 근고ᄒᆞ심으로 엇은바 젓짜ᄂᆞᆫ 소 ᄒᆞᆫ필이 잇스니 집안식구가 이것으로 ᄡᅥ 육신ᄉᆡᆼ명을 보존ᄒᆞᄂᆞᆫ 데一큰ᄌᆞ본을 삼엇ᄂᆞᆫ지라 그럼으로 나의 월봉을 존절히 쓰고 놈은것으로 ᄡᅥ 집에 보내여 자라ᄂᆞᆫ 동ᄉᆡᆼ들의 의복비과 월ᄉᆞ금을 지츌ᄒᆞᆫ후 놈ᄂᆞᆫ것으로 다른 가용에 보츙케ᄒᆞ엿노라 이ᄀᆞᆺ치 ᄒᆞᄂᆞᆫ가온ᄃᆡ셔 십년동안을 격물학과 의학과 ᄉᆞ범학을 공부ᄒᆞ엿스니 그 곤난ᄒᆞ고 간핍ᄒᆞᆷ은 이루 다 말ᄒᆞᆯ수업스나 다만 ᄒᆞᄂᆞ님ᄭᅴ셔 시각으로 나를 도아주셧스니 조곰도 근심치 아니ᄒᆞ엿더라 내가 이셩을 ᄯᅥ난후로 나를 ᄃᆡ신ᄒᆞ야 귀황교회를 맛하다ᄉᆞ리ᄂᆞᆫ 사ᄅᆞᆷ이 미우 힘을 쓰매 하ᄂᆞ님ᄭᅴ셔 더를 도으시고 은혜를 풍셩히 주샤 그 교회가 흥왕케 ᄒᆞ실ᄲᅮᆫ아니라 그뒤로 ᄯᅩ 됴흔 젼도ᄉᆞ를 예비ᄒᆞ샤 ᄒᆞᆼ샹 ᄭᅳᆫ이지 안코 니여젼도케 ᄒᆞ시매 교우가 날노 더ᄒᆞ야 교당이 용납지 못ᄒᆞᆯ디경인고로 그겻헤 ᄯᅩ 회당을 셜립ᄒᆞ엿스니 이것은 다 이후에 밋친열미러라 내가 이셩(혁랍덕셩)을 ᄯᅥ난후 허다ᄒᆞᆫ 남녀의 내게 ᄃᆡᄒᆞᆫ ᄉᆞ랑은 뎌희ᄆᆞ옴이 나와 ᄒᆞᆷᄭᅴ 남양으로 간것ᄀᆞᆺᄒᆞ여 비록 궁곤ᄒᆞᆫ 즁이라도 힘대로 돈을 연보ᄒᆞ야 뵈와 실을 사셔 의복을 지어 셤즁에 의복닙을줄 모르고 벌거벗고 잇ᄂᆞᆫ 교우들을 닙히게ᄒᆞ되 년년히 이ᄀᆞᆺ치ᄒᆞ니 이ᄂᆞᆫ 뎌희가 우리쥬를 위ᄒᆞ야 텬국을 남양졀도ᄭᅡ지 셰우고져ᄒᆞᄂᆞᆫ ᄯᅳᆺ에서 니러난것이로다

(미완)

긔셔

●신례와졍신의관계(쇽)

한셩 (윤 인 一)

그럼으로 그 유형무형의 문명이 그 ᄒᆞᆷ도 업고 병도 업ᄂᆞᆫ사ᄅᆞᆷ의 활동력의 본원이 되ᄂᆞᆫ 졍신가온ᄃᆡ서 니러나 현금셰계 十六억만구의 비극뎍(悲劇的)ᄉᆡᆼ활을 탈면(脫免)ᄒᆞ고 희극뎍(喜劇的)ᄉᆡᆼ활을 요구ᄒᆞᆷ으로 오ᄂᆞᆯ날 소망이 ᄭᅳᆫ허졋던 ᄉᆡᆼ명이 구원의 길노 도라오ᄂᆞᆫ쟈ㅣ 죠션에도 그수가 몃十만으로 회계ᄒᆞ게 되엿도다 그러나 금일 우리 죠션그리스도교즁 쳥년들은 형식샹 샤회변동이 니러나ᄂᆞᆫ 동시에 은금보다도 귀ᄒᆞ고 보셕보다도 귀ᄒᆞᆫ 우리쳥년의 졍신샹 취미가 ᄒᆞᆷᄭᅴ 타락되야 희극뎍ᄉᆡᆼ활을 모다 비극뎍ᄉᆡᆼ활노 밧고아 혹은 두손으로 머리를 쥐고 슯히 탄식도ᄒᆞ며 혹은 육톄뎍 질병을 일우어 길게 신음ᄒᆞ기도ᄒᆞ고 혹은 아모 연고업시 ᄒᆞᆯ연히 집을ᄯᅥ나 방탕ᄒᆞᆫ길노 ᄒᆡᆼᄒᆞ기도ᄒᆞ며 혹은 젼에 열심으로 진

리를 젼ᄒᆞ더니 이제는 진리를 싱각지도안코 그 귀ᄒᆞᆫ 졍신의 싱명을 미삭 수十원에 팔녀 이단에 싸지기도ᄒᆞ야 모다 무형ᄒᆞᆫ 쇠사슬을 두엇기에 메고 어두음의 침침ᄒᆞᆫ 것으로 담을 둘너싸고 근심 겨정 념려 공구들노 형구(刑具)를 베프러노은 옥즁에 깁히 금고되여 무긔한으로 놈모르게 고싱을 당ᄒᆞ니 가히 탄식ᄒᆞᆯ 일이로다 간혹 그럿치 아니ᄒᆞᆫ 청년이 잇다ᄒᆞᆯ지라도 오히려 그졍신이 젼에 비교ᄒᆞ야 ᄎᆞᄎᆞ 이즈러지고 흠이 싱기여 그영향이 육톄ᄭᆞ지 밋쳐 그 현상이 다르사ᄅᆞᆷ의 졍신을 연구ᄒᆞ는사ᄅᆞᆷ의 눈에 보일때에는 ᄯᅩᄒᆞᆫ 심상히 보지 못ᄒᆞ리로다 젼에는만흔사ᄅᆞᆷ을 인도ᄒᆞ던사ᄅᆞᆷ이 이제는 인도ᄒᆞᆷ을 밧기를 어린ᄋᆞ희가 그부모의게 인도ᄒᆞᆷ을 밧듯ᄒᆞ며 젼에는 미일 一二원가치의 일을 ᄒᆞ던사ᄅᆞᆷ이 이제는 五十젼 一원에도 밋치지 못ᄒᆞ며 젼에는 一二쳔보 三쳔보 경쥬쟝에서도 一등상을 써앗기지안턴 청년이 이제는 五百보 六百보 경쥬쟝에서도 오히려 三등상도 일허ᄇᆞ리며 젼에는 야구(野毬)경징에 구슈구(擲毬受毬)를 ᄒᆞᆫ번도 실슈ᄒᆞᆷ이 업던청년이 이제는 매 척구의 형세 밍렬히 드러옴을보면 겁ᄒᆞ야 오히려 피ᄒᆞ야 가니 엇지 이럿케 졍신과 육톄의 능력이 ᄒᆞᆷᄭᅴ 써러젓는고 여보 우리그리스도교의 쳥년형톄들이여 졍신을 슈양ᄒᆞ며 육톄를 건강케ᄒᆞ야 활발유쾌ᄒᆞᆫ 긔상을 양셩ᄒᆞᆸ세다 우리의 졍신이 완젼ᄒᆞᆷ에는 셩신으로 더브러 교통ᄒᆞᆷ이 친밀ᄒᆞ여야 ᄒᆞᆯ지니 우리졍신은 무형ᄒᆞᆫ 신이라 셩신으로 더브러 친ᄒᆞ기를 우리육톄가 사ᄅᆞᆷ으로 더브러 친ᄒᆞᆷ보다 속ᄒᆞ야 그로 지음을 밧엇슨즉 ᄯᅩᄒᆞᆫ 그가 힘을 줄터이오 그가 완젼케 ᄒᆞ리로다 바울이 ᄀᆞᆯᄋᆞ듸 셩신이 ᄆᆞᄋᆞᆷ속사ᄅᆞᆷ의게 능력을 주어 강건케ᄒᆞᆫ다 ᄒᆞ엿스니 이말ᄉᆞᆷ의 을흠이여 사ᄅᆞᆷ이 ᄆᆞᄋᆞᆷ에 셩신이 업ᄂᆞᆫ고로 우리의 졍신이 강건치 못ᄒᆞ고 우리의 졍신이 강건치 못ᄒᆞᆫ즉 능력이 업셔 쳔만ᄉᆞ를 당ᄒᆞ매 ᄆᆞᄋᆞᆷ에 몬져 니러나ᄂᆞᆫ 싱각은 어려올난(難)ᄌᆞ로다 네젼삼손은 하ᄂᆞ님의 신이 계실때에는 능히 당ᄒᆞᆯ쟈ㅣ 업더니 신이 써나시매 그신톄의 능력ᄭᆞ지 써낫고 싸윗은 셩신이 ᄒᆞᆷᄭᅴᄒᆞ시매 능히 사울왕의 손에서 구원을 엇어 영화스러온 디위를 취ᄒᆞ엿고 단니엘과 사드락과 메삭과 아베느고는 쥬의신이 ᄒᆞᆷᄭᅴᄒᆞ심으로 능히 졍신이 완젼ᄒᆞ고 의지가 견고ᄒᆞ야 ᄉᆞᄌᆞ굴과 풀무불구렁에 더졋슬지라도 쥬의신이 ᄒᆞᆷᄭᅴᄒᆞ신고로 ᄉᆞᄌᆞ로 능히 셩질을 변케ᄒᆞ야 단니엘의발아래업듸여 잇기를 맛치 길드린 ᄀᆡ의 슌ᄒᆞᆷ과 ᄀᆞᆺ고 ᄯᅳ겁기도 보통불보다 七비나더ᄒᆞᆫ 밍렬ᄒᆞᆫ 불도 세사ᄅᆞᆷ의 졍신덕세력과 쥬의 신의 압헤셔는 더의 ᄯᅳ거온 원질을 일허ᄇᆞ렷도다 그때ᄲᅮᆫ아니라 지금도 쥬의신이 계셔 졍신이 완젼ᄒᆞ면 일우지못ᄒᆞᆯ일이 업ᄉᆞ며 신령ᄒᆞ고 영원ᄒᆞᆫ 희망이 압헤 올지니 하ᄂᆞ님ᄭᅴ 긔도ᄒᆞ야 우리의게 셩신이 교통ᄒᆞ야 졍신의 완젼ᄒᆞᆷ을 도모ᄒᆞᆯ진뎌 (완)

교회ᄉᆞ긔

긔이부 역술

●뎨二관 교회를다ᄉᆞ림이 너그럽고엄즁ᄒᆞᆷ을 의론ᄒᆞᆷ

교회가 흥왕ᄒᆞ야 국가의 교회가 된후로 브터 쥬관ᄒᆞ는쟈의 힝ᄒᆞᆷ이 각각 달나셔 국권을 잡은 쟈는 미양 힘으로써 복죵케ᄒᆞ야 교회를 통합ᄒᆞ고져ᄒᆞ니 실상은 위티ᄒᆞᆷ이 되는고로 교회에 분경이 니러나셔 서로 변론이 된지라 그러나 교회가 핍박을 당ᄒᆞᆯ때에는 만히 죽기를 두려워ᄒᆞ야 엇던이는 죵젹을 숨기고 엇더이는 셩경을 불살오고 ᄯᅩ엇던이는 거즛 셩경을 드려 화를 피ᄒᆞᆫ이도 잇스니 셩도를 엄히 직히는쟈들이 이와ᄀᆞᆺᄒᆞᆫ사ᄅᆞᆷ들의 비교ᄒᆞᆫ것을 싱각ᄒᆞ엿다가 츌교ᄒᆞᆫ후에 다시 이사ᄅᆞᆷ들이 회ᄀᆡᄒᆞ고 용셔ᄒᆞ기를 군졀히 구ᄒᆞᆯ때에는 즁계ᄒᆞᆷ식 경ᄒᆞ게 다ᄉᆞ리고져 ᄒᆞ는이도 잇고 즁히 다ᄉᆞ리고져 ᄒᆞ는이도 잇셔 드듸여 변론이 크게 니러난지라 맛
五 츰 카테지 감독은 젼일에 거

죳 셩경을 드린타이그리시쓰의 세컨더쓰와 누미듸아 케시늬그리에사ᄂᆞᆫ ᄯᅩ나러쓰ᄂᆞᆫ 엄ᄒᆞ게 징치ᄒᆞ쟈ᄒᆞ고 카례지감독 민슈리어쓰와 ᄯᅩ 그의 총집ᄉᆞᄂᆞᆫ 경ᄒᆞ게 다ᄉᆞ리고져ᄒᆞ엿ᄂᆞ니라 로마왕 ᄯᅡ이오클늬시안이 교회를 핍박ᄒᆞᆫ후에 얼마되지 아니ᄒᆞ야 민수리어쓰감독이 죽엿ᄂᆞ니 로마왕 믹센틔어쓰 특별ᄒᆞᆫ 일노인ᄒᆞ야 그때에 민수리어쓰감독을 부르ᄂᆞᆫ고로 그가 와셔 왕을보고 ᄌᆞ긔의 집으로 도라가다가 죽엇ᄂᆞ니라 그때에 감독민수리어쓰가 의 총집ᄉᆞ카실늬안으로 감독을 뎡ᄒᆞ니 카실늬안을 뮈워ᄒᆞᄂᆞᆫ 당파가 카례지와 누미듸안 교회에셔 니러나니 그 뮈워ᄒᆞᄂᆞᆫ 리유ᄂᆞᆫ 감독민수리어쓰의 밋ᄂᆞᆫ것과ᄀᆞᆺ치 밋ᄂᆞᆫ 연고ㅣ니라 카실늬안의 뎨一되ᄂᆞᆫ 원슈ᄂᆞᆫ 카례지의 부쟈 과부누실나오 ᄯᅩ 누미듸아에 세컨더쓰와 ᄯᅩ 나더쓰라 더들이 카실늬안으로 ᄒᆞ여곰 카례지감독이 되지못ᄒᆞ도록 힘을 만히 썻스나 셩ᄉᆞ가 되지못ᄒᆞ고 이에 펠닉쓰에프텬지어쓰가 카실늬안을 카례지감독으로 션뎡ᄒᆞ엿ᄂᆞ니라 카례지의 권셰 만히잇ᄂᆞᆫ 누실나가 ᄌᆞ긔의 당파로 더브러 새감독을 항거ᄒᆞ며 세컨더쓰가 감독七十인을 다리고 카례지에 와셔 누실나의 집에 회동ᄒᆞ야 카실늬안을 츌직ᄒᆞ니 이ᄂᆞᆫ 반역쟈의게 감독직분을 밧은연고오 ᄯᅩᄒᆞᆫ 카실늬안이 거즛 셩경을 젼ᄒᆞᆫ다고 더들이 송ᄉᆞᄒᆞ고 그ᄃᆡ에 미ᄯᅩ린어쓰로 션뎡ᄒᆞ니 그ᄂᆞᆫ 누실나의 총이ᄒᆞᄂᆞᆫ 쟈ㅣ라 이일노 인ᄒᆞ야 북아프리가에 ᄒᆞᆫ 긔초되ᄂᆞᆫ 큰 교파가 니러낫ᄂᆞ니라 칸스탄틘황뎨가 로마감독 밀틔아드쓰의게 죠셔ᄒᆞ야 셸에 잇ᄂᆞᆫ 감독다섯사ᄅᆞᆷ으로 ᄒᆞ여곰 이일을 ᄇᆞᆰ히 심문ᄒᆞ라ᄒᆞ고 심문ᄒᆞᆯ때에 카실늬안의 ᄉᆞ건에 ᄃᆡᄒᆞ야 원고될사ᄅᆞᆷ 열감독과 피고될사ᄅᆞᆷ 열감독이 ᄀᆞᆺ치니르게ᄒᆞ고 三百十四년에 심문을 ᄒᆞ엿ᄂᆞᆫ지라 그때에 밀틔아드쓰ᄂᆞᆫ 이다리감독十五인과 ᄀᆞᆺ치와셔 참셕ᄒᆞ엿스며 누미듸아감독 ᄯᅩ나더쓰ᄂᆞᆫ 카실늬안을 송ᄉᆞᄒᆞᄂᆞᆫ 쟈들즁에 머리가 되ᄂᆞᆫ쟈ㅣ라 그의 송ᄉᆞᄒᆞᄂᆞᆫ 말은카실늬안이 츙실치 못ᄒᆞᆯ뿐더러 교회률법에 위반되ᄂᆞᆫ일을 몃가지 힝ᄒᆞ엿다 ᄒᆞ엿ᄂᆞ니라 미ᄯᅩ린어쓰 당파에셔 말ᄒᆞ기를 이번판결을 공평ᄒᆞ게 ᄒᆞ지아니ᄒᆞ엿다ᄒᆞ니 그런고로 칸스탄틘황뎨가 三百十四년에 알쓰읍에 총회를 열고 카실늬안의게 감독직분을준 펠닉쓰를 ᄃᆡᄒᆞ야 송ᄉᆞᄒᆞᄂᆞᆫ 말을 드럿ᄂᆞ니 이총회에셔 펠닉쓰ᄂᆞᆫ 무죄ᄒᆞ다ᄒᆞ고 미ᄯᅩ린어쓰와 그의 당파를 ᄃᆡᄒᆞ야 뎡죄ᄒᆞ니 미ᄯᅩ린어쓰가 국법에 범ᄒᆞᆫ바 된지라 그런고로 뎌들이 교회에셔 ᄶᅩᆺ겨나고 뎌들의 소유물을 몰수히 ᄲᅢ앗고 뎌들을 국ᄉᆞ범으로 ᄃᆡ졉ᄒᆞ엿고 미ᄯᅩ린어쓰가 三百十五년에 죽으니 그ᄃᆡ에 ᄯᅩ나터스로 션뎡ᄒᆞ고 그로인ᄒᆞ야 그당파에셔 ᄯᅩ나터쓰라ᄂᆞᆫ 명칭을 엇엇ᄂᆞ니라 ᄯᅩ나터쓰의 무리가 한ᄒᆞ야 말ᄒᆞ되 나라와 교회가 샹관ᄒᆞᆯ것이 업고 각기 다ᄉᆞ릴것이오 국가의 관할을 밧을것이 업다ᄒᆞ고 이ᄀᆞᆺ치 ᄒᆞ여야 교회에 거룩ᄒᆞ고 ᄭᅢᆨ긋ᄒᆞᆷ을 세운다ᄒᆞ더라

셩경공부의지침 (속)

뎨二十三、廿四、廿五칙은 요한一、二、三서니 ᄉᆞ도요한의 져술ᄒᆞᆫ 셔신이라 뎨一셔ᄂᆞᆫ 一반교인의게 보낸것인ᄃᆡ 그요지ᄂᆞᆫ 요한복음과 ᄀᆞᆺ치예수그리스도의 신령ᄒᆞ심과 그 구쇽ᄒᆞ신 공로를 ᄇᆞᆰ히 말ᄒᆞᆫ것이오 뎨二셔ᄂᆞᆫ ᄌᆞ긔의 아ᄂᆞᆫ바 밋ᄂᆞᆫ 부인의게 보낸것이며 뎨三셔ᄂᆞᆫ ᄌᆞ긔의 친구 가이오의게 보낸것이니 다 쥬後九十년이후에 져술ᄒᆞᆫ듯ᄒᆞ니라

뎨二十六칙은 유다서니 ᄉᆞ도 유다가 하ᄂᆞ님의 부르심을 닙은바 모든 신도의게 보낸셔신이니 그요지ᄂᆞᆫ 모든교회를 권면ᄒᆞ야 홍샹 하ᄂᆞ님의 ᄉᆞ도들의 ᄀᆞᄅᆞ친말ᄉᆞᆷ을 확실히 직혀 경건ᄒᆞᆫ 사ᄅᆞᆷ이 되라ᄒᆞᆷ이니 그 져술ᄒᆞᆫ 일ᄌᆞᄂᆞᆫ ᄌᆞ세히 알수업스나 쥬後六十五년간인듯ᄒᆞ니라

뎨二十七칙은 묵시록이니쥬後九十六년간에 ᄉᆞ도요한이 핏모스셤에 금고(禁錮)되여 잇슬때에 져술ᄒᆞᆫ것이라 이칙

의대지는 하ᄂᆞ님께셔 쟝ᄅᆡ의 응험(應驗)홀 일에 관ᄒᆞ야 묵시ᄒᆞ신 몽샹(夢想)을 긔록ᄒᆞᆫ것이니 이긔록ᄒᆞᆫ 말슴가온ᄃᆡ 님의 지나간 일도 잇고 아직 일우어 맛치지 못ᄒᆞᆫ 일도 잇ᄂᆞᆫᄃᆡ 이모든일은 반ᄃᆞ시 하ᄂᆞ님의 뎡ᄒᆞ신때에 니르러 다 일울지니라

◎가뎡과 쇼ᄋᆞ

●졍직홈은 립신(立身)ᄒᆞᄂᆞᆫ졍략

법국로이왕뎨十四세때에 유명ᄒᆞᆫ 대졍치가와 대지졍가를 겸ᄒᆞᆫ위인(偉人)쏠벨씨의 ᄉᆞ젹은 우리가 력ᄉᆞ샹에도 보거니와 동씨은 본ᄅᆡ 포목뎐ᄒᆞ던 샹민의 아ᄃᆞᆯ노 일시곤궁홈을 면치못ᄒᆞ고 모직쟝ᄉᆞᄒᆞᄂᆞᆫ 집의 고용으로 미샥긔십원을 엇어 싱계를 도모ᄒᆞ더니 하로는 법국 파리경셩에 사는 엇던 은힝가가 모직을다수히 사가ᄂᆞᆫ동시에 쏠벨씨가 회계를 잘못ᄒᆞ야 모직갑으로 돈 二빅五十원을 더밧엇ᄂᆞᆫᄃᆡ 이때 법국졍치가 문란ᄒᆞ고 풍속이 부패홈으로 우흐로 왕공으로브터 아ᄅᆡ로 셔민ᄭᆞ지 덕의를 숭샹치 아니ᄒᆞᄂᆞᆫ고로 그샹뎜쥬인은 그돈 더밧은것을 미우 깃버ᄒᆞᄂᆞᆫ지라 그러나 쏠벨씨ᄂᆞᆫ 그일을 개탄히 녀여 쥬인을 향ᄒᆞ야 말ᄒᆞᄃᆡ 우리가 그돈을 더밧은것은 나의 소홀ᄒᆞᆫ 허믈노 말믜암아 그럿케 되엿ᄉᆞ나 우리가 님의 오챠(誤錯)됨을 셰ᄃᆞ른 이샹에 그돈을 본쥬의게 도로 보내지 아니ᄒᆞ면 이는 부졍ᄒᆞᆫ 일이니 나는 곳 본쥬의게 그 ᄉᆞ실을 말ᄒᆞ겟노라ᄒᆞ고 곳 그돈을 가지고 본쥬를 차져가 ᄌᆞ긔의 오챠홈을 샤과ᄒᆞ고 그돈을 주엇더라 그후브터 그샹뎜쥬인은 쏠벨씨를 뮈워ᄒᆞ야 곳 ᄌᆞ긔샹뎜에셔 내여 쫏차더니 그 소문이 그 은힝가의 귀에 드러가매 그은힝가는 곳 쏠벨씨를 쳥ᄒᆞ야 말ᄒᆞᄃᆡ 그ᄃᆡᄂᆞᆫ 졍직ᄒᆞᆫ 쇼년으로 덕의를 숭샹ᄒᆞ다가 쥬인의게 히고(解雇)를 당ᄒᆞ엿ᄉᆞ니 나는 그ᄃᆡ를 위ᄒᆞ야 동졍을 표ᄒᆞ지 아니홀수업다ᄒᆞ고 ᄌᆞ긔은힝의 취톄역(取締役)을 식혓더라 그후에 동씨가 ᄎᆞᄎᆞ은힝계에 신용과 명예를 엇어 법국뎨一등유명ᄒᆞᆫ 인물이 되엿ᄉᆞ니 이는 곳 동씨의 립신양명ᄒᆞᆫ 첫계뎨(階梯)라 그럼으로 졍직홈은 쳥년의 가쟝놉흔 졍략이라 ᄒᆞ노라

셰계격언

一 아름다운외모에 덕이업ᄂᆞᆫ쟈는 됴흔 화초에 향긔업는것과 ᄀᆞᆺᄒᆞ니라

二 말이 만흐면 그픔격(品格)을 손샹ᄒᆞ고 ᄯᅩ이 만흐면 그 열믹가 젹으니라

三 산속에 잇ᄂᆞᆫ도젹은 셰트리기 쉬우되 ᄆᆞᄋᆞᆷ속에 잇ᄂᆞᆫ도젹은 셰트리기 어려오니라

四 나라집의 긔초(基礎)는 그 쇼년을 잘 교육홈에 잇ᄂᆞ니라

五 큰 슐과 아츰잠(朝寢)은 사ᄅᆞᆷ으로 ᄒᆞ여곰 속히빈한케ᄒᆞ기에 족ᄒᆞ니라

평림(評林)

▲현금미국외무대신 부라이안씨는 식젼이면 ᄒᆞᆫ손에 박운이(竹筐)들고 져ᄌᆞ에 나와 무슴물픔을 사가지고 가ᄂᆞᆫᄃᆡ 젼에는 고등법원쟝 마쉘과 농샹대신 웹스터가 이ᄀᆞᆺ치ᄒᆞ더니 지금은 외무대신이ᄯᅩ 이풍속을 복고(復古)ᄒᆞᆫ다고 셰평(世評)이 잇다지 우리쥬의 탄솔(坦率)ᄒᆞᆫ 뎨ᄌᆞ가 아니면아마 힝ᄒᆞ기 어렵지

▲미국 오하요 엇던셩에사는 슐쟝ᄉᆞᄒᆞ나는 쥬일날에 슐령내지말나는 관헌(官憲)의 강졔(强制)를 분히녁여 ᄌᆞ살ᄒᆞ엿다니 이런사ᄅᆞᆷ은 ᄌᆞ유심이 너머 과ᄒᆞ여셔 그런가 아마 죄우에 죄를 더홀뿐이지

▲근일셔양각국 녀학싱들은 졸업젼에 퇴학ᄒᆞᄂᆞᆫ쟈ㅣ만흔고로 당국에셔 ᄌᆞ셰히 됴사ᄒᆞᆫ바를 거ᄒᆞᆫ즉 十지八九는 다 회샤나 샹뎜의 고용으로 나가ᄂᆞᆫ쟈라 ᄒᆞ엿ᄉᆞ니 이시ᄃᆡᄂᆞᆫ 아마 금젼시ᄃᆡ인지

담총

●불가불알어둘일

△어린ᄋᆞᄒᆡ늘이 혹 잘못ᄒᆞ야 양지물(苛性曹達)을 먹은 경우에는 됨수에 초(醋)를 타

七

셔 ᄒᆞᆫ그릇마시면 히독이되ᄂᆞ니라

ᄉᆞ독죵(毒腫)이 시작될때에 ᄃᆡ야에 더운물을 써다노코 손으로 당쳐에 물을 세언고 또ᄂᆞᆫ 솜에 물을 츅여 당쳐에 붓치고 식으면 또 더옵게ᄒᆞ야 붓치기를 오ᄅᆡᄒᆞ면 곳 엷게 골마터지던지 가라안던지ᄒᆞ고 또 슌식으로 시작되ᄂᆞᆫ 죵긔에ᄂᆞᆫ 마날명쥭을 강판에 갈어 참기름에 묘화ᄒᆞ야 당쳐에 붓치면 속효를 엇ᄂᆞ니라

법령뎍요

●경찰범쳐벌규측 (쇽)

六十八 함부루 남의 밧들이나 동산에서 치소를 키거나 화초를 ᄭᅥᆨ근쟈

六十九 남의쇼유ᄒᆞᆫ 따이나 혹 문져멈령ᄒᆞᆫ따에 공작물(工作物)을 설치ᄒᆞ던지 헌함(軒檻)을 내고목륙을ᄒᆞ며또ᄂᆞᆫ경작(耕作)이나 달니현샹을 변ᄒᆞᆯ만ᄒᆞᆫ힝위를ᄒᆞᆫ쟈

七十 면셜목이나다리(橋梁)이나광고판이나 다른 공동건륙물에 몰이나 소를 함부루믹ᄂᆞᆫ쟈

七十一 다리나 뎨방(堤防)이 잇ᄂᆞᆫ 곳에 ᄯᅦ(筏)를 뮌쟈를 훼손ᄒᆞᆯ 념려가 잇ᄂᆞᆫ 곳에 ᄯᅦ(筏)를 뮌쟈

七十二 함부루 남의 ᄆᆡ여둔 소나몰이나 다른 즘싱이나 빈나 ᄯᅦ를 ᄭᅳᆯ너노ᄒᆞᆫ쟈

七十三 함부루 남의 밧동산으로 ᄯᅩᆼ힝ᄒᆞ거나 또ᄂᆞᆫ 여긔 소와몰이나 수레를 침입(侵入)케ᄒᆞᆫ쟈

七十四 ᄌᆞ긔의 뎜유(占有)ᄒᆞᆫ 쟝소안에 잇ᄂᆞᆫ 늙은이나 어린이나 병신이나 질병잇ᄂᆞᆫ쟈를 위ᄒᆞ야 구죠를 요구ᄒᆞᆫ쟈

혹은 죽은쟈의 시톄나 ᄉᆞ틔ᄒᆞᆫ것이 잇ᄂᆞᆫ줄 알고 도 속히 경찰관리나 또ᄂᆞᆫ 이 직무를 힝ᄒᆞᄂᆞᆫ쟈의게 신고치 아니ᄒᆞᆫ쟈와 또ᄂᆞᆫ 이런시톄나 ᄉᆞ틔를 경찰관리나 이직무를 힝ᄒᆞᄂᆞᆫ쟈의 지휘가업시 다른곳으로 옴긴쟈 (미완)

▲광 고▼

自宅獨習 **最新寫眞術** 全卷

崔昌根 著

(定價金一圓七十錢)

이칙은경셩쇼로즁앙긔독교청년회젼임(專任)샤진슐교ᄉᆞ최창근씨가졍밀히연구ᄒᆞ야져슐ᄒᆞᆫ것인ᄃᆡ누구시던지집에셔혼자잘공부ᄒᆞᆫ후ᄒᆞᆫ돌동안만샤진ᄉᆞ의게실디련습ᄒᆞ면능ᄒᆞ리니샤진슐에류의ᄒᆞ시ᄂᆞᆫ이ᄂᆞᆫ청구ᄒᆞ시옵

發賣所

京城鍾路中央青年會館

京城南部大廣橋滙東書館

광 고

본공회에셔 각죵셩셔를 구비ᄒᆞ여 디방의 원근과 청구의 다쇼를 물론ᄒᆞ고 신속슈응ᄒᆞᄂᆞᆫ바 근일에 특별히 감가된칙도 잇고 새로 출판된칙이 잇기로 이아래 긔록과 ᄀᆞᆺ치 광포ᄒᆞᆷ

감가된칙 / 미명가록

책		가
四號언문구신약	三권一질 (포의)	一圓十錢
四號언한문신약지의		四十문
同	(포의)	四十五錢
五號언한문신약지의		三十五錢
同	(포의)	四十錢

새로출판된칙

책	가
四號언문관쥬신약	각종
五號언문마태복음	가명 각각 錢

京城鍾路 **美國聖書公會** 告白

◉신新간刊셔書젹籍 (광廣고告쇽續)

책		가
부요록		八전
바울의오도젼셔		二十전
예수힝젹문답		七전
신헤삼히론		五전
신약신학략히		三十전
식물학		八十전
부표식약	(일어)	五十전
곡조찬송가	(포의)	九十전
곡조찬송가	(반피의)	一圓五十전
언셜초집	(매일)	八전
언셜초집	(매인)	十전
훈몽ᄌᆞ집		四十전
계오문답		十전
쥬일학교용화첩	(百枚一束)	十五전
仝	(五十枚一束)	十五전
쥬일학교학도증표	(每張)	二전
쥬일학교상증	(仝)	二전
쥬일학교셔긔보고	(仝)	一전五里
쥬일학교출셕부	(仝)	三전五里
쥬일학교동부증셔	(仝)	四전
쥬일학교학젹부	(每百枚)	五十전
쥬일학교교수보고셔	(每百枚)	六十전
쥬일학교신입학성인도ᄌᆞ상장	(每張)	五리
쥬일학교신입학성환영표	(每百枚)	四十전
쥬일학교유아의성일축하장	(每張)	一전五리
쥬일학교학성성일축하표	(每張)	四전
예수힝젹도		十六전
유ᄋᆞ부입회청원서	(每十張)	七전

京城鍾路 **朝鮮耶穌教書會** 主務班禹巨 告白

그리스도회보

KOREAN CHRISTIAN ADVOCATE

每週一回月曜日發行
大正二年十月一日印刷
大正二年十月六日發行

發行兼編輯人 開城北部山芝峴 奇義男
印刷人 京城北部樓閣洞 朴東完
印刷所 京城南部上犂洞 新文館
發行所 京城北部壯洞四十三統三戶 呂炳鉉邸

ᄃᆡ금 代金: 一장 二젼, 一ㄱ월 四十젼, 一ㄱ년 八十젼, 海外 一ㄱ년 一환六十젼

론셜

●교회를흥왕케ᄒᆞᆯ방침 (속)

예쳔 (리은영)

이ᄯᅢ에 문도의게만 부탁ᄒᆞ심이뇨 아니라 고금동셔를 물론ᄒᆞ고 오ᄂᆞᆫ시ᄃᆡ에 쥬를 밋ᄂᆞᆫ 모든쟈의게 다 ᄀᆞᄅᆞ치신 말ᄉᆞᆷ이라 그런쥭 우리ᄂᆞᆫ 과연엇더ᄒᆞᆫ 사ᄅᆞᆷ이며 ᄯᅩᄒᆞᆫ 무엇ᄒᆞᆯ 사ᄅᆞᆷ이뇨 하ᄂᆞ님을 실노 밋고 하ᄂᆞ님ᄭᅴ 긔도ᄒᆞ며 구셰쥬를 간중ᄒᆞ고 구셰쥬를 효측ᄒᆞ라 당초에 하ᄂᆞ님ᄭᅴ셔 우리를 ᄉᆞ랑ᄒᆞ시고 불샹히 녁이샤 그아ᄃᆞᆯ을 우리의게 보내심은 다만 예수의 보혈노 우리죄만 씨실ᄲᅮᆫ아니라 ᄯᅩᄒᆞᆫ 그 피로 교회에 죡ᄌᆞ를 삼아 일셰이셰천셰만셰로 텬디가 업셔질ᄯᅢᄭᆞ지 그싹이 나오게ᄒᆞ신바라 고로 예수를 밋고 하ᄂᆞ님ᄭᅴ 나온쟈ㅣ 죽기를 두려워 ᄒᆞ지안코 세로브터 지금ᄭᆞ지 도를 젼ᄒᆞ다가 쥬의 일홈으로 죽은쟈를 쳔빅으로 계교치 못ᄒᆞᆯ지라 그런즉 원컨ᄃᆡ 우리구쥬를 밋ᄂᆞᆫ쟈ᄂᆞᆫ 과연 하ᄂᆞ님의 ᄌᆞ녀요 텬국의 후ᄉᆞ라 열심으로 구쥬를밋고 열심으로 셩경을 공부ᄒᆞ고 열심으로 예수를 젼파ᄒᆞ야 압흐로 나아가면 교회ᄂᆞᆫ ᄌᆞ연 흥왕ᄒᆞᆯ것이니 힘쓰고 힘쓸지어다 나의ᄉᆞ랑ᄒᆞᄂᆞᆫ 그리스도신쟈들이여 (완)

긔쟈ㅣ 이론셜ᄭᅳᆺ헤 감히 ᄒᆞᆫ말을 더ᄒᆞ고져ᄒᆞ노니 므릇 젼도의 직임을 맛흔쟈 교회를 흥왕케ᄒᆞ고져ᄒᆞ면 불가불 몃가지 필요ᄒᆞᆫ 쥰비가 잇셔야 될지니 그쥰비ᄒᆞᆯ것은 (一) 무ᄉᆞᆷ물건이던지 능히 불사롤만ᄒᆞᆫ 열심이오 (二) 태산을 ᄲᅢ고 셰샹을 덥ᄒᆞᆯ만ᄒᆞᆫ 용긔(勇氣)요 (三) ᄌᆞ긔의 의심을 몬져 ᄭᆡ트리고 그다음에 다른사ᄅᆞᆷ을 ᄀᆞᄅᆞ칠만ᄒᆞᆫ 셩경샹학력과 신학덕지식이오 (四) 활발ᄒᆞᆫ 가온ᄃᆡ 온화ᄒᆞ고 단즁(端重)ᄒᆞᆫ 용ᄐᆡ요 (五) 듯ᄂᆞᆫ쟈의 ᄆᆞᄋᆞᆷ을 감동ᄒᆞᆯ만ᄒᆞᆫ구변이오 (六) 샹즁하三급인물을 다 깃브게ᄒᆞᆯ만ᄒᆞᆫ교제슈단이오 (七) 온교회를 잘 관할ᄒᆞᆯ만ᄒᆞᆫ 능력이라ᄒᆞ노라

샤고

본회보를 이호(愛護) 구람ᄒᆞ시ᄂᆞᆫ 제씨즁에 금년六개월 션금(先金)만 보내신이ᄂᆞᆫ 八월말일(末日)에하 션금이 임의 다ᄒᆞ엿ᄉᆞ오니 하반긔(下半期)六개월 션금四十젼식과 이ᄃᆡᄭᆞ지 션금을 아니보내신이ᄂᆞᆫ 一ㄱ년 션금八十젼식을 속속히 우편쇼위톄(郵便小爲替)로 붓쳐보내시와 본회보로ᄒᆞ여곰 지졍에 곤난홈이 업게ᄒᆞ심을 근졀히 ᄇᆞ라ᄂᆞ이다

교즁휘문

◀ᄂᆡ 보▶

●진남포비셕동례ᄇᆡ당의 뎡초식 (졍길학)

거월十七일하오二시반에 본 례ᄇᆡ당 뎡초식을 거ᄒᆡᆼᄒᆞᆯ식 감독ᄒᆡ리스씨의 쥬장으로 감리ᄉᆞ모리스씨가 찬숑가 六쟝을 노래ᄒᆞᆫ후 목ᄉᆞ변영셔씨의 긔도로 ᄀᆡ회ᄒᆞ고 목ᄉᆞ김찬홍씨가 시편百二十二편을 랑독ᄒᆞᆫ후 목ᄉᆞ현슌씨가 고린도젼셔三쟝九졀노 十三졀ᄭᆞ지 랑독ᄒᆞ고 젼도ᄉᆞᄇᆡᆨ형식씨가 본교회력ᄉᆞ를 대강셜명ᄒᆞᆫ후 일본인목ᄉᆞ신곡민지조씨와 쟝로교목ᄉᆞ송린셔씨가 츅ᄉᆞᄒᆞ고 감독ᄒᆡ리스씨가 강셜ᄒᆞᆫ후 현슌씨가 번역ᄒᆞ엿스며 목ᄉᆞ도이명씨가 츅ᄉᆞᄒᆞᆫ후 폐회ᄒᆞᆯ식 감독이 례ᄇᆡ당에 ᄃᆡᄒᆞ야 만셰를 쥬창ᄒᆞᆯ식 참셕교우五六百과 외인ᄭᆞ지 만셰를 부르고 각각 깃븜이 츙만ᄒᆞ여 도라갓다더라

●비셕동교회의부인사경회 (졍길학)

거월一일브터 六일ᄭᆞ지 본교회ᄂᆡ에 부인사경회를 열고 四등에 분ᄒᆞ야 교슈ᄒᆞᆯ식 一二반과졍은 예슈ᄒᆡᆼ젹 창셰긔 위ᄉᆡᆼ학이오 三반과졍은 ᄉᆞ도ᄒᆡᆼ젼 고린도젼셔 츌애굽이오 四반과졍은 데살노니가젼후셔 갈나듸아 ᄉᆞᄉᆞ긔요 교ᄉᆞ는 라뷘쓰 쎄늬득 김셰듸 량진실 김란시 김찬홍 졍길학 리살렘씨등八인이오 공부ᄒᆞᆫ 부인수는 七十여인인ᄃᆡ 진급ᄒᆞᆫ 부인은 六十명에 달ᄒᆞ엿스니 이사경회에 一반부인들이 은혜를 만히밧어 모든영광을 하ᄂᆞ님ᄭᅴ 돌닌다더라

●봉산군양덕동교회의사경회 (최진홍)

황ᄒᆡ도 봉산군 문졍면 양덕동교회에셔 거월一일브터 一쥬일간 사경회를 열고 갑을 두반에 분ᄒᆞ야 공부ᄒᆞᆯ식 갑반과졍은 마태복음 갈나듸아 아모쓰오 을반과졍은 ᄉᆞ랑 十계명 빌닙보오 교ᄉᆞ는 김지찬 졍진슈 리쥰근三씨오 시간은 ᄆᆡ일샹오八시반으로 九시ᄭᆞ지는 긔도회로 九시로 十二시ᄭᆞ지는 공부ᄒᆞ고 하오二시로 四시ᄭᆞ지는 갑을반을 합ᄒᆞ야 량심요리(良心要理)를 공부ᄒᆞ고 밤에는 셩경 위ᄉᆡᆼ ᄉᆡᆼ명 소망 샹급이란 문뎨로 토론ᄒᆞ고 츌셕학ᄉᆡᆼ은 남녀九十三인인ᄃᆡ 그즁부인들의 열심은 二十리밧게잇는 부인들이 ᄆᆡ일 어린ᄋᆞᄒᆡ를 등에 업고 압헤 걸니며 뎜심은싸 머리에 니고 쳣날브터 ᄭᅳᆺ날ᄭᆞ지 ᄎᆞᆷ예ᄒᆞ여 공부ᄒᆞ엿스니 하ᄂᆞ님ᄭᅴ 감샤ᄒᆞᆫ다 ᄒᆞ엿더라

●량씨의열심 (ᄇᆡᆨ형련)

강원도 이쳔군 고미탄면 귀암리교회속쟝 졍긔화씨는 무실무가ᄒᆞᆫ 六十로인으로 남의 집에 붓치어 집신을 삼으면셔 불피풍우ᄒᆞ고 교회에 ᄃᆞᆫ니며 열심으로 교회를 도읍고 ᄯᅩ교우홍죵호씨도 혈혈단신으로 쥬식에 ᄲᅡ져 그ᄒᆡᆼᄒᆞ는바를 ᄎᆞᆷ아 볼수업더니 쥬압헤 나와 회ᄀᆡᄒᆞ고 다른사ᄅᆞᆷ의 집에 의탁ᄒᆞ야 · 집신삼는것으로 ᄉᆡᆼᄋᆡᆨᄒᆞ며 쥬일을 잘직히며 셩경보기와 젼도ᄒᆞ기를 게을니아니ᄒᆞ며 반ᄃᆡᄒᆞ는쟈ㅣ잇스면 셩신의 능력을 힘닙어 이긔니 이두형뎨의 신ᄒᆡᆼ은 본밧을만ᄒᆞ다 ᄒᆞ엿더라

●량씨의신심 (김두식)

황ᄒᆡ도 봉산 귀연면 탑촌 사는 박씨덕인은 술쟝ᄉᆞ로 영업ᄒᆞ다가 쥬를 밋은후로 이업을 폐ᄒᆞ고 ᄉᆞ우의집에 의지ᄒᆞ여 삶으로 핍박이 심ᄒᆞ나 긔도로써 이긔고 폭풍우가 올지라도 례ᄇᆡ당에는 ᄒᆞᆫ번도 궐ᄒᆞ지안코 ᄃᆞᆫ니며 ᄯᅩ 리씨 은덕은 쥬를 밋은후로 하ᄂᆞ님의 은혜를 ᄭᆡ드라 비록 빈한ᄒᆞᆫ 즁이라도 ᄌᆞ급을 ᄆᆡ삭二十젼식ᄒᆞ니 그족하가 잇셔 ᄌᆡ졍을 허비ᄒᆞᆫ다고 핍박ᄒᆞ는지라 이七十로인이 방물(方物)을 머리에 니고 ᄃᆞᆫ니며 파라 여간리남는것으로 ᄌᆞ급젼을 ᄒᆞᆫ결ᄀᆞᆺ치 내니 이로인의 ᄌᆞ급심은 아쥬 쥬의 은혜를 ᄭᆡᄃᆞᆺ지못ᄒᆞᆫ 교우의 ᄆᆞᄋᆞᆷ을 감동식힐만ᄒᆞ다 ᄒᆞ엿더라·

●가평읍교회의새레비당 (최 슈 영)

본교회는 셜립이후로 쥬의 은혜를 만히 밧은즁 더욱 감샤ᄒᆞ온것은 본교당 위치가 ᄒᆞᆫ편 구셕에잇셔 손님은 차자오기에 곤난ᄒᆞ고 ᄯᅩᄒᆞᆫ 협착ᄒᆞ여 모히기에 불편ᄒᆞ기로 형데들이 근구ᄒᆞ엿더니 하ᄂᆞ님ᄭᅴ셔 허락ᄒᆞ샤 교당위치를 읍ᄂᆡ즁앙에 뎡ᄒᆞᆫ후 十여간 교당을 신츅ᄒᆞ고 형데ᄌᆞ매들이 깃븐ᄆᆞ옴으로 거월二일에 봉헌식을 거ᄒᆡᆼᄒᆞ엿ᄂᆞᆫᄃᆡ 신ᄉᆞ졔씨와 관리졔씨가 동참ᄒᆞ여 하ᄂᆞ님ᄭᅴ 영화를 돌녓다더라

●평강돌다리교회통신 (박 연 셔)

본교회ᄂᆞᆫ 레비당이 업셔셔 一반교우가 열심으로 긔도ᄒᆞ엿습더니 하ᄂᆞ님ᄭᅴ셔 드르시고 허락ᄒᆞ심으로 레비당륙간을 건츅ᄒᆞᆯ시 특별히 감샤ᄒᆞ올거슨 유ᄉᆞ 김계한씨ᄂᆞᆫ 터를 밧치고 부형모매졔씨ᄂᆞᆫ 빈한ᄒᆞᆫ 형셰지마ᄂᆞᆫ 금젼으로 연보ᄒᆞ고 몸으로 역ᄉᆞᄒᆞ야 완젼ᄒᆞᆫ 레비당을 건츅ᄒᆞ고 지금은 교우들이 깃븜으로 레비ᄒᆞ오며 특별히 하ᄂᆞ님ᄭᅴ 영화돌닐것슨 벙어리가 예슈를 밋으며 그부형의 핍박을 당ᄒᆞ면셔도 열심으로 레비ᄒᆞ니 참 그리스도의 밝은빗치 그벙어리를 브르신쥴 알고 감샤ᄒᆞ옵ᄂᆞ이다

▲ᄯᅩ본교회에셔 유년쥬일학교를 七월브터 시작ᄒᆞᆯ시 유년남녀쥬일학ᄉᆡᆼ을 모집ᄒᆞ야 하ᄂᆞ님의 말솜을 ᄀᆞ르칠시 그즁에 외인학ᄉᆡᆼ이 만흔ᄃᆡ 그부형이 핍박ᄒᆞ지마ᄂᆞᆫ 그학ᄉᆡᆼ들은 쥬일을 고ᄃᆡᄒᆞ매 그부형이 이샹히 녁여 공부ᄒᆞᄂᆞᆫ거슬 와본즉 과연 ᄌᆞ질을 ᄀᆞ르칠만ᄒᆞᆫ고로 그 핍박ᄒᆞ던이가 도로혀 감화ᄒᆞ야 열심으로 권면ᄒᆞᆷ으로 학ᄉᆡᆼ이 날노 더 드러오니 이ᄂᆞᆫ 하ᄂᆞ님ᄭᅴ셔 교회를 불상히 녁이샤 은혜를 풍부히 쥬신쥴밋고 깃버ᄒᆞ며 영화를 돌닙ᄂᆞ이다

▲외 보▼

●일본긔독교회의대회

일본긔독교회의대회ᄂᆞᆫ 본월 一일브터 겸창(鎌倉)에셔 ᄀᆡᄒᆞ고 동四일브터 七일ᄭᆞ지ᄂᆞᆫ 부ᄉᆞ견뎡(富士見町)교당에셔 뎨卄七회대회를 ᄀᆡᄒᆞ고 협의ᄒᆞᆯᄉᆞ건은 (一)일본긔독교회의 죠직과발달 (二)일본긔독교회의 교육ᄉᆞ업 (三)일본긔독교회젼도긔관의 죠직과셜비(設備) (四)교회신학ᄉᆞ샹의 쥰비등이며 ᄯᅩ 졍심(井深)씨ᄂᆞᆫ 일본긔독교회의 샤회ᄉᆞ업이란 문뎨로 식촌(植村)과 웅야(熊野)량씨ᄂᆞᆫ 일본긔독교회의 쥬일학교ᄉᆞ업이란 문뎨로 연셜ᄒᆞᆫ다더라

●미감리회교역쟈회

일본 미감리회 교역쟈(敎役者)회ᄂᆞᆫ 명년봄에 ᄀᆡᄒᆞᆯ 동교역쟈 슈양회(修養會)에 관ᄒᆞᆫ 예비ᄉᆞ건을 의론ᄒᆞ기위ᄒᆞ야 일젼에 모쳐에셔 ᄀᆡ회ᄒᆞ고 명츈슈양회에 강연ᄒᆞᆯ쟈를 작뎡ᄒᆞ엿ᄂᆞᆫᄃᆡ 곳 ᄲᅦ리 쇼뎐(小畑) 삼원(杉原)三씨라더라

●그린박ᄉᆞ의 별셰

일본ᄂᆡ디에셔 四十여년간을 젼도에 죵ᄉᆞᄒᆞ던 그린박ᄉᆞᄂᆞᆫ 거월十五일에 이셰샹을 ᄯᅥ낫ᄂᆞᆫᄃᆡ 동十七일에 장식(葬式)을 ᄒᆡᆼᄒᆞ엿다더라

●인도국의 교인수효

인도젼국ᄂᆡ에 총인구가 三억一千五百十三만二千二百十七인인ᄃᆡ 그즁에 그리스도교인이 三百八十七만六千一百九十六인이라더라

●셩경동식물박람회 (聖經動植物博覽會)

영국박람회 협ᄉᆞ부에셔ᄂᆞᆫ 특별박람회를 ᄀᆡᄒᆞ고 셩경가온ᄃᆡ 잇ᄂᆞᆫ 모든 즘ᄉᆡᆼ과 새와 버러지와 초목등속을 다진렬(陳列)ᄒᆞ야 一반 인민의게 뵈여줄 계획이라더라

●ᄋᆡ이란ᄌᆞ치졔뎨의반ᄃᆡ

ᄋᆡ이란국의 ᄌᆞ치졔뎨를 ᄎᆡ용ᄒᆞ쟈ᄂᆞᆫ 법안(法案)이 아직도 현안(懸案)즁으로잇ᄂᆞᆫ ᄉᆞ실은 임의 본보에 게재ᄒᆞ엿거니와 근일 ᄋᆡ이란쟝로교인十三만一千인이 련명(聯名)ᄒᆞ야 ᄒᆡ법안을 반ᄃᆡᄒᆞᄂᆞᆫ 쟝셔가 ᄋᆡ이란셔울 벨핏슷에도달ᄒᆞ엿ᄂᆞᆫᄃᆡ ᄒᆡ쟝셔의 ᄂᆡ용은 대개 ᄒᆡ법안은 ᄋᆡ이란국민젼뎨와 ᄒᆡ 교회에 큰 불리익이라 ᄒᆞ엿다더라

三

●태평양젼도록(쇽)

영국태요한션ᄉᆡᆼ 져

뎨五쟝 우히빅리여러셤을의론홈

본쟝은 태요한션ᄉᆡᆼ이 태평양 셤즁에 가셔 야만의게 젼도ᄒᆞᆫ일이니 ᄌᆞ미가만ᄉᆞᆸ니다

一쳔八빅五十칠년十二월총회에셔 우리로 ᄒᆞ여곰 四ᄀᆡ월동안 공부ᄒᆞᆫ것으로 시험을 보게ᄒᆞᆫ후 몬져ᄉᆞ방으로 도라ᄃᆞᆫ니며 여러 대관의게 젼도ᄒᆞ야 열심을 발ᄒᆞ야 우리의 외국션교ᄒᆞᄂᆞᆫ 일을 찬셩케ᄒᆞ고 그 다음ᄒᆡ 二월에 본회목ᄉᆞ가 쟝로회당에셔 사ᄅᆞᆷ을 만히 모화노코 우리를 도아주ᄂᆞᆫ 문뎨로 젼도ᄒᆞ니 ᄌᆞ미가 만터라 당쟝에셔 여러목ᄉᆞ가 우리로 외국젼도ᄉᆞ를 션뎡ᄒᆞ매 동년四월十六일에 우리가 ᄇᆡ를 ᄐᆞ니 그ᄇᆡ의 일홈은 고랍이라 비록 더듸가나 함쟝이 힘써 쥬션ᄒᆞ야 줌으로 ᄆᆡ우 평온(平穩)홈을 엇엇고 쥬일을 당ᄒᆞ면 함쟝이하 여러사공과 션ᄀᆡᆨ으로 더브러 ᄒᆞᆫ곳에 모혀 례ᄇᆡ를볼ᄉᆡ 함쟝은 찬미를 인도ᄒᆞ고 나ᄂᆞᆫ 긔도ᄒᆞᆫ후 셩경을 보고 히셕ᄒᆞᆯᄉᆡ 그즁에 ᄒᆞᆫ 졍대ᄒᆞᆫ 부쟈가 나를 향ᄒᆞ야 말ᄒᆞᄃᆡ 지금 이ᄇᆡ에셔 ᄀᆞᆺ치 셩경공부ᄒᆞᆫ 일과 교훈 밧은 일은 평ᄉᆡᆼ에 이져ᄇᆞ리지 안ᄂᆞᆫ다ᄒᆞ더라 여러날만에 ᄇᆡ가 오스탈니아항구 미륙분에 니르니 본국목ᄉᆞ가 거긔셔 기다리다가 우리를 인도ᄒᆞ야 ᄌᆞ긔ᄋᆞᄒᆡ를 다리고 다른ᄇᆡ에 오르니 일홈은 살긔라 五빅원으로 써 션가를 작뎡ᄒᆞ고 안이탄으로 향ᄒᆞ려ᄒᆞ더니 맛ᄎᆞᆷ 대풍이 니러나 五일동안을 기ᄃᆞ려 ᄯᅥ날ᄉᆡ 젼에 ᄐᆞ던 함쟝과 ᄀᆞᆺ지아니ᄒᆞ야 ᄃᆡ회즁에셔 ᄒᆞᆼ샹 ᄭᅮ짓ᄂᆞᆫ 쇼ᄅᆡ가 잇ᄂᆞᆫᄃᆡ 함쟝은 말ᄒᆞᄃᆡ 부함쟝이 사공을 ᄭᅮ지ᄂᆞᆫ 것이라ᄒᆞ나 우리ᄂᆞᆫ ᄌᆞ미업시 ᄇᆡ에셔 十二일을 지내매 졈졈 그셤에 갓가히 왓ᄂᆞᆫ지라 그러나 함쟝이 우리ᄃᆞ려 샹륙ᄒᆞ기를 쳥ᄒᆞ지아니홈은 사공이 다라날가 념려홈이라 얼마만에 ᄒᆞᆫ젹은 ᄇᆡ가 셤으로 좃차오거ᄂᆞᆯ 내가 ᄒᆞᆫ편지를 써셔 거긔쥬지ᄒᆞᄂᆞᆫ 목ᄉᆞ의게 붓쳣더니 그잇흔날 일죽이 목ᄉᆞ가 본국인마션ᄉᆡᆼ으로 더브러 적은 ᄇᆡ두쳑을 거ᄂᆞ리고 나와셔 우리 一힝을 실어 올닐ᄉᆡ 살긔션 녑헤 잇ᄂᆞᆫ 큰 쇠갈구리가 이적은 ᄇᆡ의 돗ᄃᆡ를 걸구러트리매 내가 쳐ᄌᆞ를 ᄭᅳᆯ고 가으로 피ᄒᆞ야 다ᄒᆡᆼ히 죽기ᄂᆞᆫ 면ᄒᆞ엿스나 돗ᄃᆡ업ᄂᆞᆫ ᄇᆡ가 간신히 가다가 언덕에셔 三十여리 샹거를 두고 우리 힝쟝이 만ᄒᆞ셔 ᄇᆡ가 잠기ᄂᆞᆫ지라 이 광경을보면 참 셩명을 보존키 어렵도다

졍오 (正誤)

본회보뎨二十七호뎨四혈(頁) 뎨四란(欄) 뎨七八힝(行)에 미국구셰군대쟝ᄭᅩ **윌니암ᄲᅮ쓰**라ᄂᆞᆫ구절에 **영국**을**미국**으로 오지ᄒᆞ엿ᄉᆞ기 이에**졍오**홈

교회ᄉᆞ긔

긔이부 역슐

●뎨三관 아리어쓰의이단을 의론홈

알넥산드리아셩의 감독은 알넥산더니 ᄒᆞᆼ샹 말ᄒᆞ되 그리스도ᄂᆞᆫ 셰샹을 창조ᄒᆞ기젼에 영원히 계신아바지로 말ᄆᆡ암아 나신바요 ᄯᅩ 하ᄂᆞ님의 아ᄃᆞᆯ이시오 그셩픔과 젼톄가 다 아바지와 ᄀᆞᆺ다ᄒᆞ나 그교회즁 ᄒᆞᆫ쟝로 아리어쓰ᄂᆞᆫ 이말을 그르게 넉이ᄂᆞᆫᄃᆡ 이사ᄅᆞᆷ은 학문이 넓고 변론을 잘ᄒᆞ나 그러나 ᄌᆞ승지벽(自勝之僻)이 잇셔 말ᄒᆞᄃᆡ 셩부ᄂᆞᆫ ᄒᆞᆯ노계신 하ᄂᆞ님이시니 시죵이 업스며 권능이 무궁ᄒᆞ시고 지혜가 한량업스시며 덕이 슌일(純一)ᄒᆞ시고 힝ᄒᆞ심이 변치안커니와 예수ᄂᆞᆫ 아바지의 지으신 아ᄃᆞᆯ이 되셧스니 하ᄂᆞ님으로 더브러 셩픔과 젼톄가 ᄀᆞᆺ지안코 지음을 밧으신 신분이라ᄒᆞ니 알넥산더감독이 이말을 듯고 三百二十一년에 애굽 감독과 리비나감독으로 더브러 알넥산드리아에 모혀 아리어쓰을 면직ᄒᆞ니라 아리어ᄉᆞᆫ 엄슉ᄒᆞ고 단졍홈으로 사ᄅᆞᆷ들이 만히붓좃ᄎᆞ니 그 즁에 그의말을 올케녁이ᄂᆞᆫ 감독이 잇셔 엇던이ᄂᆞᆫ 그말이 ᄎᆞᆷ 올타ᄒᆞ고

엇던이ᄂᆞᆫ 그말을 시비ᄒᆞᆯ것이 업다ᄒᆞ더니 얼마되지 못ᄒᆞ여 동방에 모든 교회가 변ᄒᆞ야 도를 닷토ᄂᆞᆫ 전징이 된지라 칸스탄틘이 이소문을 듯고 그 두 리론이 엇더케 다르지 아지못ᄒᆞ야 죠셔를 ᄂᆞ려 권면ᄒᆞ되 이 구구ᄒᆞᆫ 적은일노써 서로 닷토지말나ᄒᆞ고 감독ᄒᆞ시아씌로 ᄒᆞ여곰 죠셔를 가지고 알넥산드리아에 가셔 그 분징ᄒᆞᄂᆞᆫ 원인을 ᄉᆞᆲ혀본즉 관계되미 적지아니ᄒᆞᆫ지라 이ᄉᆞ실을 곳 황뎨ᄭᅴ 쥬달ᄒᆞ니 황뎨가 三百二十五년에 텬하 감독을 나이쓰셩에 모ᄒᆞ고 황뎨가 감독三百十八인과 ᄒᆞᆷᄭᅴ 참예ᄒᆞᆯ시 처음에ᄂᆞᆫ 대궐안으로 모히매 모든 감독이 고요히 황뎨오기를 기ᄃᆞ리더니 조곰잇다가 황뎨가 오매 몸에 화려ᄒᆞᆫ 옷을 닙고 금옥보ᄑᆡ를 찻ᄂᆞᆫ지라 감독들이 다 공슈(拱手)ᄒᆞ고 모혀 섯ᄉᆞ니 황뎨가 여러사ᄅᆞᆷ의게 되ᄒᆞ야 말ᄒᆞ되 모든 벗들아 내가 심히 원ᄒᆞᄂᆞᆫ것은 이회에셔 쥬의 은혜를 감샤ᄒᆞ고 ᄯᅩ 하ᄂᆞ님ᄭᅴ셔 내게 복만히 주시기를 ᄇᆞ라거ᄂᆞᆯ 지금 교회에셔 분징ᄒᆞᆷ을 보니 국가의 전징보다 더욱 근심이 되고 두려워 ᄒᆞ노라 모든 벗들은 ᄆᆞ음을 합ᄒᆞ야 깃븜으로 쥬ᄭᅴ 감샤ᄒᆞ고 화평ᄒᆞᆫ 률법으로 화목지못ᄒᆞᆫ 혐의를 히셕ᄒᆞ라ᄒᆞ매 모든 감독들이 서로 변론ᄒᆞᆯ식 그리스도ᄂᆞᆫ 태초브터 하ᄂᆞ님ᄭᅴ 밧으신셩픔이 계신줄노 밋ᄂᆞᆫ쟈가만코 아리어쓰의 말을 밋ᄂᆞᆫ쟈ᄂᆞᆫ 적은지라 알넥산드리아의 쟝로안탄아시어쓰ᄂᆞᆫ 쇼시브터 지조와 지혜가 무리즁에 ᄲᅡ어나ᄂᆞᆫ 사ᄅᆞᆷ인ᄃᆡ 아리어쓰의 도가 그ᄅᆞᆫ것을 판단ᄒᆞ야 ᄇᆞᆰ히니 무리가 다 올라ᄒᆞ며 황뎨도 ᄯᅩᄒᆞᆫ 깃버ᄒᆞ고 아리어쓰의 말을 좃ᄂᆞᆫ쟈ᄂᆞᆫ 오직 애굽의 두 감독ᄲᅮᆫ이라 총회에셔 드ᄃᆡ여 신경을 세워일홈을 나이쓰신경이라ᄒᆞ며 아리어쓰를 츌회ᄒᆞ고 그글을 불사롬으로 그도가 잠간 폐ᄒᆞᆫ지라 그러나 황뎨의 누의 칸스탄틘어쓰와 밋 가이사랴 감독 유시비어쓰가 황뎨의 ᄆᆞ음을 츙동ᄒᆞ야 아리어쓰의도가 과히 그른것이 업다ᄒᆞ고 그ᄯᅢ에 아리어쓰가 ᄯᅩ ᄒᆞᆫ가지 신경을 세우니 황뎨가 ᄯᅩᄒᆞᆫ 깃버ᄒᆞ야 三百三十년에 아리어쓰의게 다시 직분을 회복ᄒᆞ니 안탄아시어쓰가 감독직분 맛ᄒᆞᆫ지가 수년이라 그가 허락ᄒᆞ지아니ᄒᆞᆫᄃᆡ 황뎨가 노ᄒᆞ야 안탄아시어쓰의 직임을 ᄲᅢ앗고져ᄒᆞ야 모든 감독을 불너 총회를 열고 안탄아시어쓰를 무함ᄒᆞ야 교회를 ᄒᆞᆫ란케ᄒᆞᆫ 죄가 잇다ᄒᆞ고 그직임을 면ᄒᆞᆫ후 쏠ᄯᅡ으로 귀양보내고 교회를 명ᄒᆞ야 아리어쓰를 영졉케ᄒᆞ니 그가 오다가 길에서 병드러 죽으매 그나히 八十이더라 아리어쓰가 이ᄀᆞᆺ치 교회의 법을 혼잡ᄒᆞ엿스니 여러번 츌교를 당ᄒᆞᆷ이 맛당ᄒᆞ도다

(미완)

셩경공부의지침 (쇽)

●셩경의방언

신구셩경을 져슐ᄒᆞᆫ 근본 방언은 히브리말과 헬나 말이니 몬져 구약의 져슐ᄒᆞᆫ 방언을 의론컨ᄃᆡ 곳 히부리말이라 이방언의 연혁(沿革)을 세시ᄃᆡ로 ᄂᆞᆫ홀수잇스니 각각 그시ᄃᆡ를 ᄯᅡ라 어법과 문뎨가 변ᄒᆞ엿ᄂᆞᆫᄃᆡ 그시ᄃᆡ의 구별은 좌와 ᄀᆞᆺᄒᆞ니라

一、태고시ᄃᆡ니 이ᄂᆞᆫ 모세가 五경을 져슐ᄒᆞᆫ 말을 ᄀᆞᄅᆞ침인ᄃᆡ 이五경속에 응용(應用)ᄒᆞᆫ 어법과 문뎨ᄂᆞᆫ 다른 셩경에셔ᄂᆞᆫ 차자볼수업스니 샹샹컨ᄃᆡ 모세이후 얼마오래지아니ᄒᆞ여셔 곳 죽은말이되여 셰샹에 힝용되지 못ᄒᆞᆫ듯ᄒᆞ도다

二、즁고시ᄃᆡ니 이ᄂᆞᆫ 모세 이후로브터 솔노몬왕ᄯᅢᄭᆞ지 ᄂᆞ려온것을 ᄀᆞᄅᆞ침이라 이시ᄃᆡ에 져슐ᄒᆞᆫ 칙들을 보건ᄃᆡ 태고시ᄃᆡ에 쓰던 말은 다 변ᄒᆞ고 새말을 취용ᄒᆞ엿슬ᄲᅮᆫ외라 그 문법과 문치(文彩)도 만히 진보되엿ᄂᆞᆫᄃᆡ 그즁에 년ᄃᆡ가 더 놉흔것은 문법이 더 단슌(單純)ᄒᆞ고 년ᄃᆡ가 나즌것은 더 명ᄇᆡᆨᄒᆞ고 션미ᄒᆞ며 미가와 이샤야 가온ᄃᆡᄂᆞᆫ 외국말도 더러 셕겻ᄂᆞᆫᄃᆡ 대개 아메니아방언이더라

三、최말시ᄃᆡ니 이ᄂᆞᆫ 이스라엘ᄇᆡᆨ셩이 바빌논으로 잡혀갓다가 노여도라온후에 져슐ᄒᆞᆫ 여러션지의 칙을 ᄀᆞᄅᆞ침이니
五. 이ᄯᅢ에 유대인이 외국인과 교

섭을 시작ᄒᆞᆫ후인고로 그말이 만히 단련(鍛鍊)되고 진보ᄒᆞ야 오직 방언에 지나고 一부 문학을 일우엇더라

개인젼도모범

(廿五호속)

진남포 정길학

갑、아ㅣ그도 그럿킨 그리요 그러나 잘 못비홀가 두려워셔 유익ᄒᆞᆫ 말을 못ᄒᆞ겟소 그리도 듯고 보면 유익ᄒᆞ지오

을、그러ᄒᆞ기에 나의 지나본 경력과 또ᄒᆞᆫ 다른 션싱의게 비ᄒᆞᆫ것즁에 ᄀᆞ장요긴ᄒᆞᆫ것 몃가지만 말솜ᄒᆞ고 젼도ᄒᆞᆯ때에 쓸 셩경말솜을 만히 알게ᄒᆞ야 ᄯᅥᆨ 하ᄂᆞ님말솜으로만 젼도ᄒᆞᄂᆞᆫ법을 삼게 ᄒᆞ겟솝니다

갑、우리나라 젼도인의 큰 병통이 잇솝넨다 도모지 하ᄂᆞ님말솜 쓰기를 스려ᄒᆞᄂᆞᆫ병이란 말이오

을、ᄒᆞᆼ 그게 스려ᄒᆞᄂᆞᆫ 것이 아니지오 하ᄂᆞ님은 밋으면서도 그의 말솜은 경멸히 녁이ᄂᆞᆫ 죄도 잇고 또ᄒᆞᆫ 붓그러ᄒᆞᄂᆞᆫ 죄도 잇ᄂᆞᆫ것이오

갑、아ㅣ젼도인치고야 하ᄂᆞ님의 말솜을 그럿케 싱각ᄒᆞᆯ 사ᄅᆞᆷ이 어ᄃᆡ잇겟소

을、그럿치 안치오 젼도인이라도 셩경을 보기만ᄒᆞ고 특별히 연구아니ᄒᆞ여도 유익이 업거던 ᄒᆞ믈며 자조 보지도 아니ᄒᆞ면 엇더케 그말솜이 내말보다 유력ᄒᆞᆫ줄 알수잇겟소

갑、또 긔도ᄂᆞᆫ 잠간ᄒᆞ고 젼도만 만히 ᄒᆞᄂᆞᆫ것이 올흔줄 아ᄂᆞᆫ병도 잇솝넨다

을、네 그병은 사ᄅᆞᆷᄒᆞ고 말ᄒᆞ기ᄂᆞᆫ 됴화ᄒᆞ고 하ᄂᆞ님ᄒᆞ고 말ᄒᆞ기ᄂᆞᆫ 괴로와ᄒᆞᄂᆞᆫ 병이올시다 그려

갑、오라요 젼도가 급ᄒᆞ기도 ᄒᆞ지만은 능력업시 작고 젼도만ᄒᆞ면 무숨 열ᄆᆡ가 밋쳐야지오

을、그러ᄒᆞ기에 토리션싱의 말솜은 누구던지 확실히 능력밧지 안코ᄂᆞᆫ 젼도ᄒᆞ지 말나ᄒᆞ고 ᄒᆞᆫ 말솜도 잇담네다

갑、엇더턴지 사ᄅᆞᆷ은 처음브터 바로 十ᄌᆞ가문으로 (요十〇ㅣ九、)인도ᄒᆞ여야 ᄭᅢᆺ서지 념려가 업셔요

을、올흔 말솜이올시다 수효만 채우랴고 아모소리나 히셔 다려온들 그사ᄅᆞᆷ들이 몃칠이나 ᄃᆞᆫ니고 ᄯᅥ러짐닛가

◎가뎡과쇼ᄋᆞ

●너머ᄭᅬ를쓰지말것

서양엇던 부쟈가 츌립ᄒᆞᆯ때마다 반ᄃᆞ시 ᄉᆞ인교(四人轎)를 ᄐᆞᄂᆞᆫ고로 교군군四인을 월급으로 고용ᄒᆞ더니 하로ᄂᆞᆫ 쥬인의 ᄉᆞ랑ᄒᆞᄂᆞᆫ ᄀᆡ를 일코 집근쳐에서 아모리 차져도 죵젹을 알수업ᄂᆞᆫ고로 교군군들을 불너 어ᄃᆡᄭᆞ지던지 나가셔 차져보라ᄒᆞᆫ매 교군군들은 즐겨아니ᄒᆞ여왈 우리의 직무ᄂᆞᆫ 쥬인이 츌입ᄒᆞᆯ때에 四인교를 메고ᄃᆞᆫ니ᄂᆞᆫ 것이니 ᄀᆡ를 차즈러 ᄃᆞᆫ님은 결코 우리의 ᄒᆞᆯ일이 아니라 ᄒᆞ거ᄂᆞᆯ 쥬인왈 아 참 그런걸 나ᄂᆞᆫ잠시 싱각지 못ᄒᆞ여 그릇 지휘를 ᄒᆞ엿노라 그런즉 불가불 내가 친히 그ᄀᆡ를 차져볼터이니 너희ᄂᆞᆫ 어서 ᄉᆞ인교를 등ᄃᆡᄒᆞ라ᄒᆞᆫ매 뎌희ᄂᆞᆫ 곳 그 쥬인을 틔우고 놉흔산 길흔골작운이와 좁은길 험ᄒᆞᆫ수풀을 불계ᄒᆞ고 죵일도라ᄃᆞᆫ니되 잠시동안 쉬임을 엇지못ᄒᆞ고 비지ᄯᆞᆷ을 흘니며 숨이 하ᄂᆞᆯ에 닷토록 헐ᄯᅥ거리고 엇기ᄂᆞᆫ ᄯᅥ러지ᄂᆞᆫ듯ᄒᆞ며 발은 누에 ᄭᅳᆺ치ᄀᆞᆺ치 브릇ᄂᆞᆫ지라 날이 어두오매 집에 도라와셔 뎌희세ㅣ 뉘웃치며 ᄒᆞᄂᆞᆫ말이 우리가 당초에 쥬인의 명령을 복죵ᄒᆞ야 뷘몸으로 차져낫던들 이런수고ᄂᆞᆫ 아니ᄒᆞ엿슬것을 쓸ᄃᆡ업ᄂᆞᆫ 권리를 차즈며 ᄭᅬ를 부리다가 죵일토록 죽을고싱을 ᄒᆞ엿다고 탄식ᄒᆞᆷ을 마지아니ᄒᆞ엿더라

ᄋᆞ히들이나 놈의 고용이 된쟈ㅣ 이 니야기를 싱각ᄒᆞ고 무숨 일에 ᄃᆡᄒᆞ던지 큰 관계가 업거던 맛당히 어룬이나 쥬인의 식히ᄂᆞᆫ대로 힝ᄒᆞ며 ᄭᅬ를 부리지 말지니라

세계격언

一 산협에 사ᄂᆞᆫ빅셩은 ᄒᆞᆼ샹 산악의 움작이지아니ᄒᆞᆷ

을 보ᄂᆞᆫ고로 굿세고 움작이지안ᄂᆞᆫ 셩질을 가젓스니 졍치ᄉᆞ샹의 진보가 더듸되며 ᄒᆡ변에 사ᄂᆞᆫᄇᆡᆨ셩은 ᄒᆞᆼ샹 물의 흐르ᄂᆞᆫ 것을 보ᄂᆞᆫ고로 민쳡ᄒᆞ고 활발ᄒᆞᆫ 셩질을 가젓스니 졍치ᄉᆞ샹의 진보가 속히 되ᄂᆞ니라

변호ᄉᆞ가 법률ᄉᆞ무소를 열어노코 소숑쟈를 기ᄃᆞ리ᄂᆞᆫ것은 맛치 검의가 그물을 버려노코 지나가ᄂᆞᆫ 파리를 기ᄃᆞ림과 ᄀᆞᆺᄒᆞ니라

실업

●농ᄉᆞ강습의요항 (쇽)

뎨四十七 조의파죵

조밧도 보리밧과 ᄀᆞᆺ치 젼히 가을에 미리 가라두ᄂᆞᆫ것이 됴ᄒᆞ며 조ᄂᆞᆫ 련작(連作)을 심히 긔(忌)ᄒᆞᄂᆞᆫ고로 ᄒᆡ마다 밧흘 밧고아 심으ᄂᆞᆫ것이 가ᄒᆞ니라 、양력四월하슌(下旬)경에 비료를 펴준후 산파(撒播)법을 힘ᄒᆞᆯ지며 혹 쳐소를 ᄯᆞ라 뎜파(點播)나 혹됴파(條播)법도 힘ᄒᆞᆯ지니라 파죵ᄒᆞᄂᆞᆫ 분량은 三百평에 ᄃᆡᄒᆞ야 산파면 一승이오 됴파면 六홉(合)가량이니라 ᄯᅡ이 잔조(乾燥)ᄒᆞ야 싹이 잘 나지 아니ᄒᆞᆯ념려가 잇ᄂᆞᆫ ᄯᅢ에ᄂᆞᆫ 죵ᄌᆞ를 하로밤쯤 물에 침(浸)ᄒᆞ엿다가 쓰ᄂᆞᆫ것이 됴ᄒᆞ니라

뎨四十八 조의비료

조의 비료ᄂᆞᆫ 젼히 츈경ᄒᆞᆯᄯᅢ에 퇴비(堆肥)를 三百평에 ᄃᆡᄒᆞ야 二百관(一貫이百兩重)을 펴주엇다가 파죵ᄒᆞ기젼에 과린산셕회(過燐酸石灰)五관 가량을 인분슈(人糞水)一百관에 혼합ᄒᆞ야 쓸지니라

뎨四十九 조의잔발(間拔)

조가 二三촌쯤 자란후에 즁경과 제초ᄒᆞᆯᄯᅢ마다 너머 ᄇᆡᆨ게 난것은 ᄉᆞ이ᄉᆞ이 ᄲᅩᆸ아 좀 설피게ᄒᆞ되 ᄉᆞ이가 三촌가량쯤되게 ᄒᆞᆯ지니라

뎨五十 조의츄슈

조의 츄슈ᄂᆞᆫ 대개 九월하슌간에 잘셩슉ᄒᆞᆫᄯᅢ를 기ᄃᆞ려 밧헤셔 이삭으로 잘너 드리ᄂᆞᆫ것이 됴ᄒᆞ며 조 이삭을 벗헤 잘 말녀 도리ᄭᅢ로 두ᄃᆞ리되 아모됴록 모리와 잔돌이 드러가지 안도록 ᄒᆞᆯ지며 츄슈ᄒᆞᄂᆞᆫ분량은 三百평에 ᄃᆡᄒᆞ야 보통一셕十두가량을 거두ᄂᆞ니라

담총

●비밀ᄒᆞᆫ말을 엿듯ᄂᆞᆫ긔계

근일 미국사ᄅᆞᆷ 다아나아씨가 비밀ᄒᆞᆫ 말 엿드ᄂᆞᆫ 긔계를 신발명ᄒᆞ엿ᄂᆞᆫᄃᆡ 이긔계ᄂᆞᆫ ᄒᆞᆫ 적은 궤ᄶᅡᆨ속에 너어둔것이라 이것을 방안에 노아두면 몃집을 격ᄒᆞᆫ 곳에셔 비밀히 ᄒᆞᄂᆞᆫ말이 다 분명히 들니ᄂᆞᆫᄃᆡ 이 긔계를 발명ᄒᆞᆫ지ᄂᆞᆫ 임의 二년이 지냇스나 미국셔ᄂᆞᆫ 이것이 공안(公安)에 방해롭다ᄒᆞ야 경찰소용으로만 쓴다ᄒᆞ며 구라파에셔ᄂᆞᆫ 一반공즁이 다 ᄉᆞ용ᄒᆞ깃다ᄂᆞᆫ 의론이 잇슨즉 만일 그리ᄒᆞ고 보면 외교와 가뎡의 비밀ᄒᆞᆫ 말도 셰샹에 젼파될ᄂᆞᆫ지 알수업다고 말ᄒᆞᆫ다더라

●우편으로 돈붓쳐보내ᄂᆞᆫ법

우편으로 돈 붓쳐보내ᄂᆞᆫ법은 통샹위톄(通常爲替)와 쇼ᄋᆡᆨ위톄(小額爲替)의 두가지 죵류가 잇ᄂᆞᆫᄃᆡ 통샹위톄ᄂᆞᆫ 五환이샹만ᄒᆞᆫ돈을 붓치ᄂᆞᆫᄃᆡ 뎍용ᄒᆞᄂᆞ니 그료금(料金)은 十환ᄭᆞ지 六젼 二十환ᄭᆞ지 十젼 三十환ᄭᆞ지 十四젼 四十환ᄭᆞ지 十八젼 五十환ᄭᆞ지 廿二젼 六十환ᄭᆞ지 廿六젼 七十환ᄭᆞ지 三十젼 八十환ᄭᆞ지 卅四젼 九十환ᄭᆞ지 卅八젼 一ᄇᆡᆨ환ᄭᆞ지 四十젼이니라 쇼ᄋᆡᆨ위톄법은 五환이하적은 돈붓치ᄂᆞᆫᄃᆡ 뎍용ᄒᆞᄂᆞ니 그료금은 五환ᄭᆞ지 三젼인ᄃᆡ 증셔一매에 五환이샹은 못붓치ᄂᆞ니라 통샹위톄로 붓친돈은 一뎡ᄒᆞᆫ 우편국쇼에셔만 찻고 쇼ᄋᆡᆨ위톄로 붓친돈은어나 우편국소에셔던지 차질수잇ᄂᆞ니라

법령뎍요

●경찰범쳐벌규측 (쇽)

七十五 사ᄅᆞᆷ의 시톄(尸體)나 ᄉᆞᄐᆡ를 감초거나 혹 다른 물건과 ᄀᆞᆺ치 가쟝(假裝)ᄒᆞᆫ쟈

七十六 허가를 엇지안코 사ᄅᆞᆷ의 시톄나 ᄉᆞ톄를 히부(解剖)ᄒᆞ거나 보존ᄒᆞᆫ쟈

七十七 一뎡ᄒᆞᆫ 음식에 다른 물질을 혼합ᄒᆞ야 부졍ᄒᆞᆫ 리익을 도모ᄒᆞᆫ쟈

七十八 병들어 죽은 즘싱의 고기나 익지 아니ᄒᆞᆫ 과실이나 썩은 음식이나 무슴다른 위싱에 방해될 만ᄒᆞᆫ 음식을 판쟈

七十九 파뭇은 소나 ᄆᆞᆯ이나 양이나 도야지나 기의 ᄉᆞ톄(死體)를발굴(發掘)ᄒᆞᆫ쟈

八十 닉키던지 굽던지 겁질을 벗기지 안코 먹을만ᄒᆞᆫ 음식을 무엇으로 덥지안코 그대로 버려노코 파ᄂᆞᆫ쟈

八十一 ᄌᆞ긔나 다른 사ᄅᆞᆷ의 신톄에 ᄌᆞᄌᆞᄒᆞ야 문의 노ᄒᆞᆫ쟈

八十二 가옥이나 다른 건륙물 갓가히 인화(引火)ᄒᆞ기 쉬운물건을 두던지 산야(山野)에 함부루 불노은쟈

八十三 셕회(石灰)나 다른 ᄌᆞ연히 발화(發火)ᄒᆞ기 쉬운물픔을 소홀히 둔쟈

八十四 함부루 춍을 노커나 또ᄂᆞᆫ 화약ᄀᆞᆺ치 격발(激發)ᄒᆞᄂᆞᆫ물건을 가지고완롱(玩弄)ᄒᆞᆫ쟈 (미완)

그리스도회보

KOREAN CHRISTIAN ADVOCATE

每週一回月曜日發行
大正二年十月九日印刷
大正二年十月十三日發行

發行兼編輯人 開城北部山芝峴 奇義男
印刷人 京城北部樓閣洞 朴東完
印刷所 京城南部上犂洞 新文館
發行所 京城北部壯洞四十統三戶 呂炳鉉邸

ᄃᆡ금…代金 一쟝 二젼 / 六ᄀᆡ월 四十젼 / 一ᄀᆡ년 八十젼 / 海外 一ᄀᆡ년 一환六十젼

사설

●모범덕인물의 힝젹을 공부홀것

이 호호 망망훈 텬디간에 모든 유형훈 물질과 무형훈 도리가 츙만ᄒᆞ여 잇는 가온ᄃᆡ 七쳑에 지내지못ᄒᆞ는 이 몸이 쳐ᄒᆞ매 그 졍신은 령한이 잇고 ᄉᆞ샹은 방향이 업슨즉 비컨ᄃᆡ 一엽쇼션이 무변대히에 ᄯᅥ서 동서남북간 갈바를 알지 못ᄒᆞ는것ᄀᆞᆺ도다 그러나 압헤 가는 비가 잇서서 슌풍에 돗을달고 평디ᄀᆞᆺ치 잘닷는것을 볼때에 다만 그비를 ᄯᅡ라가면 그바다를 무ᄉᆞ히 건널지라 이와 ᄀᆞᆺ치 사름이 만일 샹지셩현(上知聖賢)의 총명과 지질을 타고 나지 못훈 이샹에는 불가불 훈 모범덕인물을 표쥰ᄒᆞ야 나아가지 아니ᄒᆞ면 능히 풍파만흔 세샹바다를 잘 건너가지 못홀터인ᄃᆡ 모범덕으로 말ᄒᆞ면 텬샹텬하에 짝이 업스신바 하ᄂᆞ님이시오 사름이신 오쥬 예수 그리스도 외에야 또다시 어ᄃᆡ잇스리오 그런즉 우리가 그리스도의 모범은 셩경가온ᄃᆡ셔 그의 힝ᄒᆞ심과 말솜을 공부홈으로 능히 좃칠수잇스니 이것으로 긔초를 삼고 또 동서 고금에 우리보다 몬져 힝훈 모든 거룩훈 사름의 힝젹을 만히 연구ᄒᆞ야 그가온ᄃᆡ 하ᄂᆞ님을 위ᄒᆞ야 그몸을 밧쳣던지 부모ᄭᅴ 효셩이 지극ᄒᆞ던지 님군ᄭᅴ 츙셩이 나타낫던지 형뎨간에 우익가 돈독ᄒᆞ던지 부부간에 ᄉᆞ랑ᄒᆞ며 공경ᄒᆞ던지 친구간에 신의를 숭샹ᄒᆞ던지 一반동포의게 ᄌᆞ션심이 도더ᄒᆞ던지 놈을 위ᄒᆞ야 ᄌᆞ긔를 이져버리던지 모든 탁월훈 덕힝과 위대훈 ᄉᆞ업과 고샹훈 언론을 발표훈것이 잇거던 나도 곳 그 모범을 좃차 힝ᄒᆞ기로 ᄉᆞᄉᆞ로 권ᄒᆞ며 ᄉᆞᄉᆞ로 힘스면 파히 어렵지 아니홀지니 이는 닐온바 짓기를 마지아니ᄒᆞ면 군ᄌᆞ를 일운다(作之不已乃成君子)홈이라 그럼으로 동셔양위인(偉人)즁에 녯사름의 힝젹을 잘 공부홈으로 그 목덕훈인물을 붓그리지 아니홀만훈 일홈을 력ᄉᆞ샹에 빗내엿스니 이엇지 쳥년의 깁히 힘쓸바ㅣ 아니리오 그럼으로 본긔쟈는 동셔양여러 유명훈 위인의 간략훈 힝젹을 ᄎᆞ례로 본회보에 긔지ᄒᆞ려ᄒᆞᄂᆞ니 여러 익독(愛讀)제씨는 특별히 주의ᄒᆞ야 보시기를 옹축ᄒᆞᄂᆞ이다

사고

본회보를이호(愛護)구람ᄒᆞ시는 제씨즁에 금년六개월 션금(先金)만 보내신이는 八월말일(末日)에히 션금이 임의다ᄒᆞ엿ᄉᆞ오니 하반긔(下半期)六개월 션금四十젼식과 이ᄯᅢᄭᆞ지 션금을 아니보내신이는 一ᄀᆡ년 션금八十젼식을 속속히 우편쇼위톄(郵便小爲替)로 붓쳐보내시와 본회보로 ᄒᆞ여곰 지졍에 곤난홈이 업게 ᄒᆞ심을 근졀히 ᄇᆞ라ᄂᆞ이다

교즁휘문

◀ᄂᆡ 보▶

●셩경학원과신학교

경셩셔부리동셩경학원과 량감리교회신학교는 거九월二十일에 기학ᄒᆞ엿는ᄃᆡ 량학교 학싱총수는百여인이라더라

●하ᄂᆞ님의은혜가풍셩홈

경셩 북부 뵈운동교회는 三년전에 교우심언퇴씨의 셩의로 그집에서 몃형뎨가 모혀 사경회를 열고 몃ᄂᆞᆯ동안 공부홈으로 ᄎᆞ々 젼도되여 회원이 남녀三十여인에 달ᄒᆞ여 ᄒᆞᆫ 교회를 셩립ᄒᆞ고 그후에 권ᄉᆞ박민형 김챵규량씨와 형뎨ᄌᆞᄆᆡ졔씨가 열심젼도홈으로 지금은 ᄆᆡ쥬일 남녀교우 四五十인이 츌셕ᄒᆞ고 또 작년九월에 쥬일학교를 셜립ᄒᆞ고 남녀어린학싱 수三十명을 모집ᄒᆞ야 쥬일오후이면 언문과 찬미와 셩경을 교슈ᄒᆞ는ᄃᆡ 그즁에 十여학싱은 처음브터 우금ᄭᆞ지 불피풍우ᄒᆞ고 례ᄇᆡ와 공부시간에 츌셕ᄒᆞ니 이는 하ᄂᆞ님의 은혜가 풍셩홈이라 그럼으로 쥬일학교 뎨一회창립긔렴례식을 거월 二十八일 오후二시에 셜힝ᄒᆞ엿는ᄃᆡ 당일형뎨ᄌᆞᄆᆡ와 ᄅᆡ빈졔씨가 합百여인이라 깃븜으로 례식을 힝ᄒᆞᆫ후 다과를 나위엿는ᄃᆡ 당일슌셔는 좌와ᄀᆞᆺᄒᆞ니

쥬셕목ᄉᆞ 김영식씨가 찬숑가 뎨[illegible]쟝으로 기회ᄒᆞᆫ후 목ᄉᆞ박봉리씨가 긔도ᄒᆞ고 젼도ᄉᆞ김진호씨가 고린도젼셔十三쟝을 랑독ᄒᆞᆫ후 권ᄉᆞ박민형씨가 기회대지를 셜명ᄒᆞ고 남학싱一동이 셩경구절을 ᄎᆞ례로 외인후 또 녀학싱一동이 찬미ᄒᆞ고 셩경구절을 ᄎᆞ례로 외이고 또 독션녀학싱一인이 찬미ᄒᆞ고 박봉리 김진호량씨의 권셜이 잇슨후 김영식씨가 학싱의게 샹픔을 주고 찬숑가二百三十四쟝을 합챵ᄒᆞᆫ후 김영식씨의 츅ᄉᆞ로 폐회ᄒᆞ엿더라

●양덕의새례ᄇᆡ당

(신 홍 식)

츙남 직산 양덕에 부인교회 형편은 이왕 회보에 게ᄌᆡᄒᆞ엿거니와 이교회가 ᄆᆡ우 흥왕ᄒᆞ나 례ᄇᆡ당이 업셔 곤난이 막심ᄒᆞᆫ고로 여러형뎨ᄌᆞᄆᆡ가 힘써긔도홈으로 하ᄂᆞ님ᄭᅴ셔 이교회를 ᄉᆞ랑ᄒᆞ샤 함우퇴씨의 ᄂᆡ외분으로 례ᄇᆡ당건츅ᄉᆞ무에 쓰시니 이두분이 극력쥬션ᄒᆞᆫ매 몬져 ᄌᆞ긔의 권쇽이 다 각々연보ᄒᆞ며 다른형뎨ᄌᆞᄆᆡ들도 각々 힘ᄃᆡ로 연보ᄒᆞ고 또ᄒᆞᆫ 이디방감리ᄉᆞ대리오씨와 이곳 금광에셔 ᄉᆞ무보는 셔양인몃사름이 합심연보홈으로 ᄇᆡᆨ원가치되는 六간가옥을 사셔 지금은 四五十명 교우가 편안히 례ᄇᆡᄒᆞ니 하ᄂᆞ님ᄭᅴ 감샤를 드린다ᄒᆞ엿더라

●김젼도ᄉᆞ의교육심

(김 영 철)

경긔도 남양군 령흥면 어평리구역 젼도ᄉᆞ김광찬씨는 작년디방회에 파송되엿는ᄃᆡ 젼도와 교우를 교졉홈에 ᄃᆡᄒᆞ야 아름답고 가히 모본홀만ᄒᆞᆫ 일이 만히 잇는고로 교회가 날노흥왕ᄒᆞ며 쥬의영광을 나타내는즁 더욱 감샤홀것은 본구역에 학교가 업는고로 홍샹 하ᄂᆞ님ᄭᅴ 군구ᄒᆞ엿더니 쥬의도와 쥬심을 닙어 학교를 셜립ᄒᆞ고 금년五월二十五일에 기학ᄒᆞ엿는ᄃᆡ 학싱의수효는 三十명에 달ᄒᆞ고 학교신셜비용은 김씨가 ᄌᆞ당ᄒᆞ엿스며 본구역에셔 유지졔씨가 이학교를 위ᄒᆞ야 찬셩회를 죠직ᄒᆞ는즁이라더라

●김강량씨의밋음

(샹 동 인)

샹동 교회ᄂᆡ 十九세된 부인 김옥셩씨는 쥬를 밋은지 七八년에 그밋음과 열심이 처음밋던날브터 오늘날ᄭᆞ지 졈々 자라는ᄃᆡ 그남편은 날노 져희ᄒᆞ며 ᄯᅢ이나 듯지안코 열심을 더ᄒᆞ야 례ᄇᆡ당에 ᄃᆞᆫ니니 졈々 핍박이 심ᄒᆞ여 례ᄇᆡ당죵소ᄅᆡ가나면 그남편이 밥을먹다가도 례ᄇᆡ당가는 길목에 가셔 직히여잇다가 ᄯᅥᆨ 붓들고 무수히 군츅ᄒᆞ나 부인은 공슌ᄒᆞᆫ 말노 나는 예수를 밋지안코는 살수업다ᄒᆞ며 능히 그핍박을 이긔고 ᄃᆞᆫ니며 연보를 열심으로ᄒᆞ며 싀부모가 슐을 걸으라ᄒᆞ면 공슌ᄒᆞ고 지혜로온 말노 져는 어려셔브터 슐을걸을줄 모른다ᄒᆞ니 싀부모가 다시는 그

련일을 식히지 아니ᄒᆞ며 또 동면 버던이교회 강요한나씨ᄂᆞᆫ 나히 五十여세에 예수를 밋은지 二년이 되엿ᄂᆞᆫᄃᆡ 이도 그와ᄀᆞᆺ치 남편의 핍박이 ᄌᆞ심ᄒᆞ야 례ᄇᆡ당에 가지못ᄒᆞᄂᆞᆫ ᄯᅢ에도 연보금은 ᄲᅢᆨ々 모화두고 ᄌᆞ급미를 죠셕으로 모화두엇다가 긔회잇서 례ᄇᆡ 참예ᄒᆞᆯᄯᅢ에ᄂᆞᆫ 두엇던 연보와 쌀을가지고 회당에와서 밧치니 이 두부인의 밋음과 열심은 가히 본밧을만ᄒᆞ다 ᄒᆞ엿더라

●쥬의권능이나타남

(김 챵 규)

경셩 븍부 ᄇᆡ운동교회 김슌현씨부인은 쥬를 밋은지 三년에 무고히 지내더니 월젼에 우연히 병이나셔 안폐(眼閉)가 되여 수삭동안을 보지 못ᄒᆞ매 一반교우가 심히 민망히녁여 약도쓰며 쥬ᄭᅴ 긔구ᄒᆞ엿더니 하ᄂᆞ님ᄭᅴ셔 불샹히 녁이시고 이부인의 눈을곳치샤 다시보게ᄒᆞ시니 하ᄂᆞ님ᄭᅴ 영광을돌닌다 ᄒᆞ엿더라

◀외 보▶

●동경의 공셰젼도(攻勢傳道)

일본동경 미감리회각교당은 본월즁에 공셰대젼도회를 ᄀᆡᄒᆞᆯ터인ᄃᆡ 거월二十二일하오에 각교당ᄃᆡ표로 목ᄉᆞ와 평신도각一인식 청산학원신학교에 모혀 쥰비회를 열고 결뎡ᄒᆞᆫ ᄉᆞ항은 (一)본월十三、十四、十五、三일간은 밤마다 각교당에셔 쥰비 긔도회를ᄀᆡᄒᆞᆯᄉᆞ (二)본월十六일은 청년회관ᄂᆡ에셔 련합대젼도회를 ᄀᆡᄒᆞᆯᄉᆞ (三)동十七、十八、十九、三일간은 밤마다 구단(九段)마포(麻布)은좌(銀座)구입(駒込)四교당에셔 모히고 동二十四、二十五、二十六、三일간은 밤마다 하곡(下谷)즁앙(小央)우입(牛込)청산(靑山)삼뎐(三田)五교당에셔 모히ᄂᆞᆫᄃᆡ 十一월一、二、량일간은 밤마다 ᄉᆞ곡(四谷) 쳔초(淺草)량교당에셔 특별젼도회를 ᄀᆡᄒᆞᆯᄉᆞ 이라더라

●대판의 공셰젼도회

일본대판(大坂)미감리회공셰대젼도회는 본월十一일브터 평암(平岩)감독쇼방(小方)젼도국쟝강원쇼륙(江原素六)졔씨의 쥬쟝으로 十일동안을 각교회로 도라단니며 ᄀᆡ최(開催)ᄒᆞᆯ작뎡이라더라

●히리스감독의츅하회

미감리회감독히리스씨가 일본에셔 젼도ᄒᆞᆫ지 뎨四十년츅하회를 쥰비ᄒᆞ기 위ᄒᆞ야 거월二十四일에 동경은좌교회에셔 위원회를 ᄀᆡᄒᆞ고 ᄅᆡ十二월二十六일에 청산학원대강당에셔 츅하회를 맛친후 뎨국려관이나 졍양헌(靜養軒)에셔 만찬회를 열고 무슴 긔렴픔을 증뎡(贈呈)ᄒᆞ기로작뎡ᄒᆞ엿다더라

●ᄋᆞ동의유희쟝(遊戲場)

일본동경시각구역에 一반ᄋᆞ동의 유희공원을 셜치ᄒᆞ기위ᄒᆞ야 방금 됴사쥰비즁이라더라

●아라ᄉᆞ의감리교회

아라ᄉᆞ국셔울피득보에 잇ᄂᆞᆫ 미감리교션교는 미우 흥왕ᄒᆞᄂᆞᆫ모양인ᄃᆡ 근일 새로 셜립ᄒᆞᆫ 쥬일학교는 四ᄇᆡᆨ명의 남녀학도를 교수ᄒᆞ며 특별히 각쳐 고등즁학교와 대학교학ᄉᆡᆼ들의게 신구약을 만히 ᄂᆞᆫ허주엇ᄂᆞᆫᄃᆡ 뎌희는 신구약을 처음보ᄂᆞᆫ고로 대단히 환영ᄒᆞᄂᆞᆫ쟈ㅣ만타더라

●태평양젼도록 (쇽)

영국태요한션ᄉᆡᆼ 저

적은 ᄇᆡ가 졈졈 바람에불녀 다른 셤으로 가니 그셤에 사ᄂᆞᆫ 토민은 사ᄅᆞᆷ을 잡어 먹ᄂᆞᆫ 야만인즉 만일 우리가 그곳에 샹륙만ᄒᆞ면 뎌희들의 환영ᄒᆞᄂᆞᆫ 밥이 될것이라 그럼으로 건장ᄒᆞᆫ ᄉᆞ공을 명ᄒᆞ야 노를 죽기위한ᄒᆞ고 흔들어도 바람이 거ᄉᆞ려 능히 갈수 업더니 다ᄒᆡᆼ히 본국인 영목ᄉᆞ가 우리의 위ᄐᆡᄒᆞᆫ 형편을 알고 급히 여러사ᄅᆞᆷ을 다리고 와셔 협력ᄒᆞ야 구원ᄒᆞᆷ으로 무ᄉᆞ히 목뎍ᄒᆞᆫ 셤에 도달ᄒᆞ엿스나 모든 ᄒᆡᆼ쟝이 다물에 져젓ᄂᆞᆫ고로 하로동안 ᄇᆡ우에셔 거풍식힌후 져녁ᄯᅢ에 샹륙ᄒᆞ니 본국에셔 ᄯᅥ난후 므릇 넉ᄃᆞᆯ十四일을 히샹에셔 지냇더라 목ᄉᆞ부인과

본토교우들이 깃봄으로 우리를 졉ᄃᆡᄒᆞ니 하ᄂᆞ님의 은혜와 보호를 밧어 모든 위험홈을 면ᄒᆞ고 평안히 우리갈ᄃᆡ방에 니르러 하ᄂᆞ님ᄭᅴ 찬숑ᄒᆞ엿스며 영목ᄉᆞ는 거긔 몃칠동안 잇스며 젼도 홀방침과 집지을일을 샹의ᄒᆞ더니 마션싱의 ᄂᆡ외가 노법ᄉᆞ 고셔아로 좃차 와셔 타나도남편유미라 칭ᄒᆞᄂᆞᆫ 셤에 쥬지ᄒᆞ고 나는 본국교우 란션싱과 픽부인과 ᄀᆞᆺ치 그셤 북편에 쥬지ᄒᆞ니 쇼ᄃᆡ명은 리시노구라 란션싱은 집지을 목셕의 지료를 운슈ᄒᆞ야 오고 영목ᄉᆞ는 목슈를 다리고 와셔 쥬지홀 집과 회당을 건륙ᄒᆞ야 근긔를 삼고져ᄒᆞ되 지료가 됴치못ᄒᆞᆫ고로 홀수잇는대로 우리 손으로 좀 믄드러 쓸ᄉᆡ 담싸홀셔회가 업슨즉 바다에 굴셥질을 구어 회를 믄돌며 집을 덥는것은 고양나무셉질노 ᄭᅵ와를 ᄃᆡ신ᄒᆞ야 초초히 락셩(落成)을 고ᄒᆞ엿더라 대개 이곳은 슈토가 됴치못ᄒᆞ고 바다가 갓가옴으로 쟝긔가 심ᄒᆞ야 열병과 학질이 셩힝ᄒᆞ고 특별히 외국사ᄅᆞᆷ이 이곳에 거ᄒᆞ변 그 쟝독(瘴毒)을 편벽되이 더 밧올ᄲᅮᆫ외라 이두셤은 인심이 우쥰ᄒᆞ며 완악ᄒᆞ야 서로 ᄯᅦ를 지어 싸호기를 됴화ᄒᆞ니 어ᄃᆡ를 가던지 ᄒᆞᆼ샹젼쟝ᄀᆞᆺ더라 이두셤에 츄쟝(酋長)이 잇셔셔 우리의 쥬지홈을 허락ᄒᆞ엿ᄂᆞᆫᄃᆡ 더회는 본시 사ᄅᆞᆷ을 잡아먹ᄂᆞᆫ 야만이라 무숨 도덕심이 잇셔 우리의 젼도홈을 원ᄒᆞᄂᆞᆫ것이 아니오 다만 우리의 물건을 탐내여 간사ᄒᆞᆫ ᄭᅬ로 우리의 일을 도아주며 ᄯᅩᄒᆞᆫ 우리의 쓰ᄂᆞᆫ 사ᄅᆞᆷ을 해치 안켓노라 거즛 허락홈이러라

(미완)

교회ᄉᆞ긔

긔이부 역술

●뎨三관 아리어쓰의이단을 의론홈 (쇽)

그후 얼마되지 아니ᄒᆞ여 칸스탄틴황뎨가 죽고 그둘지아돌이 계통ᄒᆞ매 젼국을 동서로 논호와 다ᄉᆞ릴ᄉᆡ 뎨二칸스탄틴이 셔방을 다ᄉᆞ리ᄂᆞᆫ고로 안탄나시어쓰를 불너그 직분을 회복ᄒᆞ니 알넥산드리아 ᄇᆡᆨ셩들이 깃븐ᄆᆞ옴으로 영졉ᄒᆞᄂᆞᆫ지라 안탄나시어쓰가 百명감독을 모흐고 나이쓰읍에서 작뎡ᄒᆞᆫ 신식을 좃치나 그러나 동방교회에셔 아리어쓰의 이단이 횡힝ᄒᆞ야 불ᄀᆞᆺ치 셩힝ᄒᆞ고 ᄯᅩ 칸스탄틴어쓰가 동방을 다ᄉᆞ리매 뭇 신하로 더브러 다 이단에 도라간지라 안탄나시어쓰가 다시 도망ᄒᆞ야 로마에 니르매 로마감독 쭐니어쓰가 깃버ᄒᆞ야 영졉ᄒᆞ니 이ᄯᅢ에 셔방교회ᄂᆞᆫ 진리를 조차 나이쓰읍의 신식을 힝ᄒᆞ매 이로 인ᄒᆞ야 동셔교회가 서로 교섭(交涉)이 업고 분징이 쉬지안ᄂᆞᆫ지라 三百四十三년에 황뎨가 다시 회쟝들을 사듸가셩에 모홀ᄉᆡ 동방교회ᄂᆞᆫ 오지안코 다른셩에 ᄯᅩ로 모히고 사듸가총회에셔ᄂᆞᆫ 나이쓰의 신식을 좃친고로 안탄나시어쓰의 직분을 회복ᄒᆞ니 모든 회우가 깃버ᄒᆞ야 영졉ᄒᆞ더라 三百五十년에 황뎨가 ᄯᅩᄒᆞᆫ 이단을 좃친고로 죠셔를 ᄂᆞ려 셔방회쟝으로 ᄒᆞ여곰 안탄나시어쓰를 츌회케홀ᄉᆡ 이긔ᄂᆞᆫ쟈ᄂᆞᆫ 직분을 파면ᄒᆞ고 츌교ᄒᆞ니 이ᄯᅢ에 안탄나시어쓰가 공당에서 젼도ᄒᆞ더니 군병들이 드러와 공당밧게 내여좃치니 드ᄃᆡ여 도망ᄒᆞ여 들(野)에가 숨으니라(三百五十六년)이로 인ᄒᆞ야 아리어쓰의이단이 다시 셩ᄒᆞ야 교회에 큰히가 되나 그러나 졍도(正道)가 이런일을 당ᄒᆞ매 여러명ᄉᆞ가 ᄎᆞ례로 니러나 큰 지죠를 발ᄒᆞ야 나이쓰신식을 ᄇᆞᆰ히니 이단을 쏫ᄂᆞᆫ쟈들이 서로 닷토아 두당파가 되니 ᄒᆞᆫ당파ᄂᆞᆫ 말ᄒᆞᄃᆡ 그리스도의 신셩(神性)이 아바지의 신셩과 크게 다르다ᄒᆞ고 ᄯᅩᄒᆞᆫ 당파ᄂᆞᆫ 말ᄒᆞᄃᆡ 그리스도의 신셩이 아바지와 다르지아니ᄒᆞ나 그러나 궁구ᄒᆞ면 조곰 다림이 잇다ᄒᆞ니 두당파가 이와 ᄀᆞᆺ치 닷톨ᄯᅢ에 황뎨가 화합을 식히고져ᄒᆞ여 엄금ᄒᆞ야 말ᄒᆞᄃᆡ 이후ᄂᆞᆫ 그리스도의 신셩으로 써 닷토지 말나ᄒᆞ나 그분징이 더욱심ᄒᆞᆫ지라 (三百六十一년)황뎨가 죽고 쭐니안이 등극ᄒᆞ매 ᄯᅳᆺ을 결단ᄒᆞ고 교회를 잔멸코져ᄒᆞ야 분징이 니러나면 교회가 ᄉᆞᄉᆞ로 멸망됨을 ᄇᆞ라ᄂᆞᆫ고로

이단파 졍됴가 굿치 힘홈을 허락ᄒᆞ고 ᄌᆞ긔뜻대로 공격(攻擊)ᄒᆞ게ᄒᆞ며 안탄나시어쓰의 직임을 회복ᄒᆞᆫ후(三百六十二년)회쟝을 모흐고 화친케ᄒᆞ니 이럼으로 진리를 좃ᄂᆞᆫ쟈ㅣ만터니 얼마되지 아니ᄒᆞ여 황뎨가 또 안탄나시어쓰를 나라밧게 내여쫏고 역젹(逆賊)굿치 녁이더니 밋 황뎨가 죽고 또비안이 등극ᄒᆞ매 다시 안탄나시어쓰를 불너 직임을 회복ᄒᆞ엿더니 三百六十四년으로 七十九년에 니르러 쌜빈어쓰황뎨가또 이단을 쫏차 안탄나시어쓰를 츌회ᄒᆞ엿다가 넉ᄃᆞᆯ만에 다시 불너드렷ᄂᆞᆫᄃᆡ 그후로ᄂᆞᆫ 평안히 거ᄒᆞ야 텬명으로 죵신ᄒᆞ니라 안탄나시어쓰가 감독된후 四十六년에 나라밧게 쫏겨남은 二十년이로ᄃᆡ 굿은ᄆᆞ음과 곳은 졀ᄀᆡᄂᆞᆫ 변치아니ᄒᆞ엿스니 가히 셩도즁에 금셩(金城)굿ᄒᆞᆫ 사ᄅᆞᆷ이라 ᄒᆞ리로다 그후에 ᄲᅡ실과 밋 나쟌옵의 그레고리와 나이쓰옵의 그레고리三인이 호걸노 나셔 힘써 아리어쓰의 이단을 쳐셔 멸ᄒᆞ고 셩도를 다 날노 새롭게ᄒᆞ더니 三百八十一년에 뎨一듸아도시어쓰황뎨가 이 회쟝들을 칸스탄틘노불셩에 모흐니 이때에 뭇사ᄅᆞᆷ들이 다 말ᄒᆞᄃᆡ 나이쓰옵의 신식이 뎍당ᄒᆞ다ᄒᆞ니 이후로 이단은 고을밧게만 힝ᄒᆞ고 모든 공당(公堂)들은 다 졍도(正道)가 쥬쟝ᄒᆞ니 아리어쓰의 이단이 일노좃차 망ᄒᆞ엿ᄂᆞ니라

셩경공부의지침 (쇽)

●셩경의방언

신약셩경을 져슐ᄒᆞᆫ 방언은곳 헬나말이니 대져 헬나말의근본은 도리안과 아요니안두족쇽의 방언이 혼합ᄒᆞ야 일운 말인ᄃᆡ 즁간에 마셰돈왕알넥산더가 헬나국을 졍복(征服)ᄒᆞᆫ후 마셰돈사ᄅᆞᆷ의 세력이 헬나국니에 퍼지매 그방언도 또ᄒᆞᆫ 변ᄒᆞ야 마세돈족쇽의말이 만히 석겻ᄉᆞᆫ즉 인ᄒᆞ야 세 민족의 방언이 ᄒᆞᆫ 완젼ᄒᆞᆫ 헬나 글을 일우엇더라

헬나방언의 연혁은 대개 이우회 말ᄒᆞᆫ바와 굿거니와 신약셩경을 져슐ᄒᆞᆫ쟈ᄂᆞᆫ 다헬나말을 능통ᄒᆞ던 유대인들이니 더회ᄂᆞᆫ 유대인의 ᄉᆞ샹을 가지고 헬나말노 져슐ᄒᆞᆫ것이니라

●셩경의연혁(沿革)

샹고의 신구약셩경은 가죡에 썻더니 그후에ᄂᆞᆫ 양의가죡으로문든 죠회에 썻고 로마시ᄃᆡ에 니르러셔ᄂᆞᆫ 나무겁질노 ᄯᅳᆫ 죠회에 썻스나 유대인들이 ᄆᆡ우 비밀히 간수홈으로 셰샹에셔 신구약젼부를 엇어보기 어렵더니 쥬후三百三十二년간에 로마칸스탄틴황이 유시비어스를 명ᄒᆞ야 텬하에 널니 구ᄒᆞ야 모ᄒᆞᆫ 결과로 신구약젼부 五十질(帙)을 엇어셔 로마셩즁 각교당에 논호아 주어 잘 보관케 ᄒᆞ엿더라

개인젼도모범 (쇽)

진남포 졍길학

갑、 아ㅣ여보 그말ᄉᆞᆷ드르니 내가 ᄒᆞᆫ말ᄉᆞᆷ 무러볼것이 ᄉᆡᆼ각나ᄂᆞᆫ구려 지나본즉 사ᄅᆞᆷ마다 처음브터 신령ᄒᆞᆫ것만 위쥬ᄒᆞᄂᆞᆫ이가 업고 또 그럿케라도 ᄭᅳᆯ어만 오면 잘밋ᄂᆞᆫ수가 잇습넨다

을、 그럿치요 그러ᄒᆞ기에 개인젼도인은 아니밋ᄂᆞᆫ사ᄅᆞᆷ만 차져ᄃᆞᆫ니ᄂᆞᆫ것이 아니라 새로나온 사ᄅᆞᆷ의게 구원의 길을 분명히 ᄀᆞᄅᆞ치ᄂᆞᆫ 직분이지요 그럼으로 교회마다 개인젼도ᄃᆡ가 잇서셔 나오기만ᄒᆞ고 뜻은 뎡치못ᄒᆞᆫ 사ᄅᆞᆷ을 완젼ᄒᆞᆫ신쟈 되기ᄭᆞ지 인도ᄒᆞᄂᆞᆫ 것이올시다

갑、 자ㅣ오ᄂᆞᆯ은 벌셔 시간이 만히 지낫스니 다음날 또 올터이오니 개인젼도ᄒᆞᄂᆞᆫ 방칙을 좀 ᄀᆞᄅᆞ쳐 주시오

을、 네 그동안 긔도만히 ᄒᆞ시고 오서셔 ᄀᆞᄅᆞ칠것이 아니라 서로 토론홉세다

을、 一쥬일동안 무ᄉᆞᆷ됴ᄒᆞᆫ 방칙을 만히 엇어 계시오닛가

갑、 엇기ᄂᆞᆫ 고샤ᄒᆞ고 一쥬일동안을 간신히 기다렷소 어서 젼도ᄒᆞᄂᆞᆫ 방칙브터 ᄀᆞᄅᆞ쳐 주시오

을、 그러면 이빈쓰션싱ᄭᅴ 비ᄒᆞᆫ대로 말ᄉᆞᆷᄒᆞ오리다

갑、그션싱은 처음듯는 션싱인ᄃᆡ 어ᄃᆡ계신이요

을、네지금 미국 치가고셩 무듸대학교에셔 개인젼도인을 양셩식히는 유명ᄒᆞᆫ션싱인ᄃᆡ 나는 이션싱을 샹면도 못ᄒᆞ엿스나 그의 져슐ᄒᆞᆫ 칙으로 비홧슴니다

갑、그첫재는 무엇이온잇가

을、(一)은 내가 몬져 확실ᄒᆞᆫ 신쟈가 되여야 쓸것이니 누가二十二장二十二졀에 예수ᄭᅴ셔 베드로ᄃᆞ려 말슴ᄒᆞ시기를 네가 몬져 스ᄉᆞ로 도릿킨후에 네 형뎨를 굿게ᄒᆞ라ᄒᆞ셧고 마태七장五졀에 네 눈에셔 들보를 몬져 ᄲᅢ여라 그후에야 ᄇᆞᆰ히보고 동싱의 눈에잇는 가시를 ᄲᅢ리라ᄒᆞ셧고 고린도젼셔十四장八졀에 만일 나발이 분명치 못ᄒᆞᆫ소릐를 발ᄒᆞ면 누가 젼징을 쥰비ᄒᆞ리오 ᄒᆞ셧스니 밋브다 이말슴이여 ᄌᆞ긔가 회ᄀᆡ치 안코 엇지ᄂᆞᆷ을 회ᄀᆡ케ᄒᆞᆯ수 잇스며 제죄를 ᄇᆞ리지안코 엇지 ᄂᆞᆷ다려 죄잇다ᄒᆞᆯ수 잇스며 셩경을 온젼히 밋지안코 엇지 사ᄅᆞᆷ을 ᄀᆞᄅᆞ칠수 잇스리오

◎가뎡과쇼ᄋᆞ

●효ᄌᆞ는 반ᄃᆞ시 션보(善報)를 밧음

진(晉)나라ᄯᅢ에 진유(陳遺)는 효셩으로써 그 모친을 셤기나 그 집이 간난ᄒᆞ야 잘공양치 못ᄒᆞᆷ을 ᄒᆞᆼ상 한탄ᄒᆞ고 그 모친의 식셩은 솟밋헤누ᄅᆞᆫ밥강졍(鐺底焦飯)을 됴화ᄒᆞ더니 그ᄯᅢ 오군(吳郡)태슈 원모가 진유의효셩잇슴을 듯고 본군 죵ᄉᆞ관을 삼엇더라 진효ᄌᆞ는 벼슬 사는동안에 그 모친의 됴화ᄒᆞ는바 누른밥강졍을 날마다 모화 큰 젼ᄃᆡ에 담어두엇다가 인편잇슬ᄯᅢ마다 붓치더니 ᄒᆞᆫ번은 그 디방에 병란(兵亂)이 니러난고로 본군태슈가 군ᄉᆞ를 거ᄂᆞ리고 나가 싸홀ᄉᆡ 진효ᄌᆞ도 군즁에 ᄯᆞ라가게 된지라 ᄯᅥ날ᄯᅢ에 그 모친ᄭᅴ 드리랴고 모홧든 누ᄅᆞᆫ밥강졍 두어말(二斗)을 그 힝쟝속에 진이고 온것은 그모친 공양키 위ᄒᆞ야 져륙ᄒᆞᆫ 물건을 비록 란리즁이라도 함부루 ᄇᆞ릴수 업슴이라 본군태슈가 뎍병으로 더브러 싸호다가 크게 패ᄒᆞ야 ᄶᅩᆺ길ᄉᆡ 쟝졸이 ᄉᆞ면으로 흣허져 산곡즁에 숨어 수十일을 지내는 동안에 먹을것을 엇지못ᄒᆞ야 다 죽고 오직 진효ᄌᆞ는 그 누ᄅᆞᆫ밥 강졍을 가지고 연명ᄒᆞ여 살엇다가 뎍병이 물너간후 ᄌᆞ긔집으로 도라왓스니 이는 효ᄌᆞ가 반ᄃᆞ시 션보를 밧음이라 ᄒᆞ더라

평림(評林)

안변 빅형련

●열가지 후회(後悔)

一 취즁에 실슈ᄒᆞ고 슐센뒤에 후회

二 쇼시에 공부안코 늙은뒤에 후회

三 쥬식으로 몸샹ᄒᆞ고 병난뒤에 후회

四 허랑방탕 돈쓰다가 가산이 탕진ᄒᆞᆫ뒤에 후회

五 예수를 밋지안타가 디옥갈ᄯᅢ에 후회

六 올흔 권면 듯지안타가 랑패ᄒᆞᆫ뒤에 후회

七 라타ᄒᆞ야 일 아니ᄒᆞ다가 곤궁ᄒᆞᆯᄯᅢ에 후회

八 은밀히 죄짓다가 탄로된뒤에 후회

九 분ᄒᆞᆫ일을 못참다가 봉변ᄒᆞᆫ뒤에 후회

十 리욕만 좃차가다가 명예손샹ᄒᆞᆫ뒤에 후회

후회만말고 곳 곳쳐스면 됴흐련마는

세계격언

一 미ᄀᆡ(未開)ᄒᆞᆫ 나라에 잇셔셔는 참소ᄒᆞ는쟈가 ᄀᆞ장두렵고 ᄀᆡ명ᄒᆞᆫ 나라에 잇셔셔는 아텸ᄒᆞ는쟈가 ᄀᆞ장 두려오니라

二 사ᄅᆞᆷ이 비록 빙셜과ᄀᆞᆺ치 쳥빅ᄒᆞᆯ지라도 참소ᄒᆞ는 말을 면키어려온ᄃᆡ 다만 참소를 만나고도 그 ᄆᆞᄋᆞᆷ을 움자기지 말고 그 입으로 말ᄒᆞ지아니ᄒᆞ면 그참소는 곳쇼멸ᄒᆞᆷ을 볼수잇ᄂᆞ니라

三 ᄂᆞᆷ이 나를 비방ᄒᆞ는 말이 진실ᄒᆞ면 맛당히 ᄉᆞ

ᄉᆞ로 칙망ᄒᆞ야 곳칠것이오 ᄯᅩ 만일 그비방ᄒᆞᄂᆞᆫ 말이 허탄ᄒᆞ면 ᄒᆞᆫ번 우슴에 붓쳐둘지니라

四

법률의 구제(救濟)ᄂᆞᆫ 피해쟈(被害者)의게 리익을 공급ᄒᆞᄂᆞᆫ것이 아니라 다만 그손해를 회복ᄒᆞᆯ ᄯᆞ름이니라

종교쇼셜(宗敎小說)

●량단의루(兩端之淚) (一)

대셔양으로 넘어가ᄂᆞᆫ ᄒᆡㅅ빗은 영국론돈셩셔편 힘스스뎃산즁간에 서잇ᄂᆞᆫ 三층벽돌집 류리창에 반샤되여 그방안에 등촉을 ᄇᆞᆰ혀노은듯ᄒᆞ고 븍히로 좃차 부러드러오ᄂᆞᆫ 가을바람은 그집 ᄯᅳᆯ압헤 잇ᄂᆞᆫ 죵려나무를 흔드러 이리 뎌리 붓치질을 ᄒᆞᄂᆞᆫᄃᆡ 그밋헤 一위신ᄉᆞ가 회ᄉᆡᆨ평복에 운동모ᄌᆞ쓰고 뒤짐지고 힘쓰강식을 ᄇᆞ라보며 무ᄉᆞᆷᄉᆡᆼ각을 ᄒᆞᄂᆞᆫ지 우뚝ᄒᆞᆫ이 섯다가 맛참 우톄부가 편지 두쟝을 젼ᄒᆞ매 밧아셔 ᄯᅳᆺ어보면셔 방안으로 드러가ᄂᆞᆫ이ᄂᆞᆫ 곳 그집쥬인 목ᄉᆞ ᄉᆞ빌립이니 그 셩졍을 말ᄒᆞ쟈면 본ᄅᆡ 용단이 부족ᄒᆞ고 분긔가 적어셔 무ᄉᆞᆷ일을 당ᄒᆞ던자 엇지ᄒᆞ면 됴ᄒᆞᆯᄂᆞᆫ지 쥬의를 뎡치못ᄒᆞᄂᆞᆫ 병통이 잇ᄂᆞᆫ지라 이날에 그편지를 ᄯᅳᆺ어 본후 무ᄉᆞᆷ 난쳐ᄒᆞᆫ ᄉᆞ졍이 잇던지 두손으로 이마를 잔ᄯᅳᆨ 붓웅키고 등을 교의에 의지ᄒᆞ야 졍신업시 안즌것은 아마 무ᄉᆞᆷᄉᆡᆼ각을 골ᄉᆞ돌히 ᄒᆞᄂᆞᆫ모양이러니 별안간 벌ᄯᅥᆨ니러서셔 아ᄅᆡ층을 향ᄒᆞ야 그부인의 일홈을 불너왈 사라 이리올나와셔 나를 좀도아줄지어다

담총

●셰계의뎨一큰지판소

미국뉴욕시에서 방금경영ᄒᆞᄂᆞᆫ 지판소ᄂᆞᆫ 젼셰계의 뎨一큰 지판소가 될ᄲᅮᆫ아니라 미국ᄂᆡ에 뎨一큰집이 될터인ᄃᆡ 이집은 건물평(建物坪)수가 一만평이오 건튝비ᄂᆞᆫ 二千만에 달ᄒᆞᆯ터이라더라

●셰계의뎨一큰 화륜션

덕국힘벅항구에서 새로 제죠ᄒᆞᆫ 우션(郵船)임페레트ᄂᆞᆫ 셰계에 뎨一크고 ᄀᆞ장화려ᄒᆞᆫ화륜션이니 그 기리ᄂᆞᆫ 九ᄇᆡᆨ十九영쳑이오 ᄇᆡ슈량(排水量)은 五만톤이며 속력은ᄆᆡ시간 二十三ᄒᆡ리(海里)를 가고 싯고 단니ᄂᆞᆫ 죵션이 八十三쳑이오 四면五千五ᄇᆡᆨ리 범위에셔 능히 통신ᄒᆞᄂᆞᆫ 무션뎐긔(無線電機)를 장치ᄒᆞ엿고 션ᄀᆡᆨ二千五ᄇᆡᆨ인을 슈용ᄒᆞᆯ수 잇스며 그 가ᄋᆡᆨ은 一千八ᄇᆡᆨ만원인ᄃᆡ 그 가온ᄃᆡ 큰 연셜관과 식당과 목욕ᄒᆞᄂᆞᆫ 연못(池)과 공원과 ᄎᆡ마밧(菜圃)과 운동실과 공치ᄂᆞᆫ쳐소를 다 화려ᄒᆞ게 셜비ᄒᆞ엿다더라

●쇼포우편료금(小包郵便料金)

무ᄉᆞᆷ물건이던지 一百六十량즁ᄭᆞ지ᄂᆞᆫ 쇼포우편으로 붓쳐보낼수 잇ᄂᆞᆫᄃᆡ 그 죵류ᄂᆞᆫ 통샹(通常)과 셔류(書留)의 두가지로 구별ᄒᆞ야 통샹쇼포료금은 二十량ᄭᆞ지 八젼이오 그 다음브터ᄂᆞᆫ ᄆᆡ二十량즁에 ᄃᆡᄒᆞ야 四젼식올나가며 셔류쇼포료금은 二十량즁ᄭᆞ지 十二젼이오 그 다음브터ᄂᆞᆫ ᄆᆡ二十량즁에 ᄃᆡᄒᆞ야 六젼식올나가ᄂᆞ니라

법령뎍요

●경찰범쳐벌규측 (속)

八十五 허가를 엇지안코 연화(烟火)를 졔조ᄒᆞ거나 판쟈

八十六 허가를 엇지안코 연회장과 다른 흥힝(興行場)을 ᄀᆡᄒᆞᆫ쟈

八十七 나루ㅅ비나 다리나 다른쟝소에셔 一뎡ᄒᆞᆫ 통힝료(通行料)외에 더 밧던지 혹 뎡ᄒᆞᆫ 통힝료를 주지 안코 통힝ᄒᆞ던지 ᄯᅩᄂᆞᆫ 무고히 통힝을 방해ᄒᆞ던지 통힝의 쳥구에 응치아니ᄒᆞᆫ쟈

뎨二됴 본령의 규뎡을 위반ᄒᆞᄂᆞᆫ 힝동을 교쥰(敎唆)ᄒᆞ거나 방죠(幫助)ᄒᆞᆫ쟈ᄂᆞᆫ 젼됴에 빗최여 쳐단ᄒᆞᆷ 다만 졍샹에 의지ᄒᆞ야 면형(免刑)ᄒᆞᆷ도잇슴.

부측(附則)

본령은 명치 四十五년 四월 一일브터 시힝ᄒᆞᆷ (완)

◎회보ᄃᆡ금령슈

地方	姓名	金額
長湍	金牧榮	八十錢
	李慶七	八十錢
	李桓日	八十錢
	南善良	八十錢
	朴吾吉	八十錢
開城	崔炯鎭	八十錢
	金有植	四十錢
	韓文敎	四十錢
江陵	李東湜	四十錢
驪州	金東振	二圓
瓮津	車汝南	四十錢
江陵	金基瑞	四十錢
江華	金益濟	四十錢
	金悳植	四十錢
京城樂峴	白樂駿	五十錢
開城	馬鍾濡	四十錢
	崔昌鉉	六十錢
三陟	李鳳甲	二十錢
	姜宅奎	一圓四十錢
	洪淳玉	四十錢
元山	崔洛善	四圓
廣州	裴明先	四十錢
木川	柳聖寬	四十錢
伊川	申載敏	四十錢
	金亨基	四十錢
	安炳淳	四十錢
白川	朴根培	一圓二十錢
端川	李昌甲	四十錢
禮山	李東晚	四十錢
忠州	黃順天	三十錢
西部社洞	全在豐	四十錢
蔚珍	姜在元	八十錢
西部龍山	陳神父	八十錢
義州	徐神父	八十錢
雲山	金秉濟	三圓六十錢
長湍	韓寅洙	八十錢
	金永煥	四十錢
驪州	崔亨根	四十錢
京義線枇峴驛	金神父	八十錢
甑山	金京俊	四圓二十錢
江華	趙鍾烈	四十錢
龍川	李承奉	四十錢
	金弘湜	四十錢
杅城	李昌淳	四十錢
布哇	崔弘爲	六圓六錢
恩津	徐友善	四十錢
金化	金형진	四十錢
	金興順	二圓八十錢
鎭南浦	李基甫	四十錢
	朴秉稷	四十錢
	張仲浩	四十錢
	趙誠心	四十錢
	崔忠誠	四十錢
	盧義瑞	四十錢
	宋禧鳳	四十錢
	金成祐	四十錢
	三崇學校	四十錢
	裴亨湜	四十錢
淮陽	金允容	四十錢
	韓興福	四十錢
	張應九	四十錢
安山	安聖道	四十錢
京西學峴	朴要瑞	三十錢
豐德	金增默	八十錢
	朴光勳	四十錢
廣州	安順浩	八十錢
懷德	李道明	四十錢
	張禹鏞	四十錢
	李在淳	四十錢
	朴玉淳	四十錢
	申文善	二十五錢
江華	黃有富	二圓四十錢
	金鍾立	四十錢
京往十里	李弼柱	四十錢
京里門洞	李鶴鳴	四十錢
寧越	金榮仁	八十錢
橫城	韓君伯	八十錢
	金鍾式	四十錢
	卓英在	四十錢
伊川	鄭基華	八十錢
喬桐	黃漢信	八十錢
咸從	邊學用	八十錢
鎭川	金聖在	四十錢
	吳子日	四十錢
	李敬俊	四十錢
	李奎甲	四十錢
稷山	申洪植	二圓
杅城	鄭在德	四十錢
京彰義門外	辛英植	四十錢

緊急廣告

一千九百十四년도월력을본셔회에셔임의인쇄ᄒᆞ야발매중이온ᄃᆡ명가(定價)는ᄒᆞᆫ장에一젼식이며모양은一千九百十三년도월녁보다일층미댱ᄒᆞ야미일공부ᄒᆞᆯ셩경구절과농ᄉᆞ졀긔와국명경절과교회명졀을쳠입ᄒᆞ야각교우의게가히업지못ᄒᆞᆯ것ᄲᅮᆫ아니라각사회에셔도ᄉᆞ용ᄒᆞ기필요ᄒᆞ오며

구쥬셩탄츅하표 는一千九百十二년도에각교회의모든형뎨ᄌᆞ미셔셔구쥬셩탄일을서로츅하ᄒᆞ는ᄯᅳᆺ으로깃브게ᄉᆞ용ᄒᆞ시든것이온ᄃᆡ아름다온빗ᄎᆞ로네가지그림으로인쇄ᄒᆞ야일반교우ᄭᅴ셔셔셩탄츅하ᄒᆞ시기에업지못ᄒᆞᆯ것이옵기금년에는다수히발매ᄒᆞ기위ᄒᆞ야특별렴가로四장일속을五젼식에방매ᄒᆞ겟숩기ᄌᆞ에광보ᄒᆞ오며

一千九百十四년도회즁일긔 는 이아래긔록ᄒᆞᆷ과ᄀᆞᆺ치방금인쇄중이온ᄃᆡ너항을一千九百十三년도일긔칙보다특별히미량ᄒᆞ야미일일긔ᄒᆞ기에미우편리ᄒᆞ도록ᄒᆞ엿ᄉᆞ오며세계총인구수효와죠션각도의인구수효와면적파리수와기타즁요ᄒᆞᆫ수항을졀졀히긔입ᄒᆞ야ᄒᆞᄂᆞ님ᄭᅴ셔역ᄒᆞ시는제씨의재작시도업지못ᄒᆞᆯ것으로믄드럿숩니다우리의ᄉᆞ랑ᄒᆞ시는형뎨ᄌᆞ미ᄭᅴ셔는ᄯᅢ를일치마시고속히청구ᄒᆞ시와ᄒᆞᄂᆞ님역ᄉᆞ에유익ᄒᆞ도록ᄒᆞ심을ᄇᆞ라ᄂᆞ이다

회즁일긔 (포의) 二十젼
仝 (후포의) 三十젼
仝 (혁의) 六十젼

ᄃᆡ금은션금이나인환으로요구ᄒᆞᆷ

京城鍾路 **朝鮮耶穌教書會** 主務 班禹巨 告白

◎광 고◎

본공회에셔 각죵셩셔를 구비ᄒᆞ여 디방의 원근과 청구의 다쇼를 믈론ᄒᆞ고 신속슈응ᄒᆞ는바 근일에 특별히 감가된칙도 잇고 새로 출판된칙이 잇기로 이아래 긔록과 ᄀᆞᆺ치 광포ᄒᆞᆷ

감가된칙 미명가독

四號언문구신약 三권一질 (포의) 一圓十錢
四號언한문신약지의 四十문
同 (포의) 四十五錢
五號언한문신약지의 三十五錢
同 (포의) 四十錢

재로출판된칙

四號언문관쥬신약 각 죵
五號언문마태복음 가 명 각 錢

京城鍾路 **美國聖書公會** 告白

(明治四十四年二月二日)(第三種郵便物認可) 主降生一千九百十三年十月二十日 (第二卷第三十三號)

每週一回月曜日發行
大正二年十月十六日印刷
大正二年十月二十日發行

發行兼編輯人 開城北部山芝峴 奇義男
印刷人 京城北部樓閣洞 朴東完
印刷所 京城南部上犂洞 新文館
發行所 京城北部壯洞四十三統三戶 呂炳鉉邸

ᄃᆡ금…代金 一장 二젼 / 六개월 四十젼 / 一개년 八十젼 / 海外 一개년 一환六十젼

사설

●전도인의 월봉을 박(薄)ᄒᆞ지안케ᄒᆞᆯ것

므릇 사ᄅᆞᆷ이 셰상에 쳐ᄒᆞ매 몬져 그 육신ᄉᆡᆼ활에 ᄃᆡᄒᆞ야 큰 곤난과 근심이 업ᄉᆞᆫ연후에 능히 그 도덕상 의무를 다ᄒᆞᆷ은 상지(上知)셩현을 제ᄒᆞᆫ외에 보통 다 그러ᄒᆞᆯ지라 그럼으로 녯글에 닐ᄋᆞᄃᆡ 의식이 족ᄒᆞᆫ후에 례절을 안다ᄒᆞ엿도다 웨 그런고ᄒᆞ니 대개 육톄를 갓촌인ᄉᆡᆼ은 하로를 먹지아니ᄒᆞ면 주리고 ᄯᅢ를 ᄯᅡ라 의복을 밧고지 못ᄒᆞ면 한셔를 견ᄃᆡ기 어려온고로 공문뎨ᄌᆞ에 ᄌᆞ로ᄀᆞᆺᄒᆞᆫ 현인도 진채에셔 량식이 ᄯᅥ러지매 공ᄌᆞᄭᅴ ᄃᆡᄒᆞ야 온로(慍怒)ᄒᆞᆫ 빗출 뵈엿고 안ᄌᆞᄀᆞᆺᄒᆞᆫ셩인도 三十묘(畝)의 밧이 잇슴으로 능히 안빈락도(安貧樂道)ᄒᆞ엿스며 공즁에 ᄂᆞᄂᆞᆫ새와 들밧ᄭᅴ 피ᄂᆞᆫ쏫은 심으지도 안코 거두지도 안치마ᄂᆞᆫ 하ᄂᆞ님ᄭᅴ셔 먹이시며 닙히시거던 ᄒᆞ믈며 하ᄂᆞ님의 도를 젼ᄒᆞᄂᆞᆫ쟈ㅣ 이 셰상의 모든것을 다 ᄇᆞ리고 오쥬예수 그리스도만 의지ᄒᆞ고 압흐로 나갈ᄯᅢ에 지박ᄒᆞᆫ 봉급으로 능히 그 가족을 공급지못ᄒᆞ야 안히ᄂᆞᆫ 치운것을 브르지즈며 ᄋᆞ히ᄂᆞᆫ 주려셔 우ᄂᆞᆫ 디경에 니르면 엇지 그 ᄆᆞ옴에 근심이 업스며 만일 ᄌᆞ긔가 이런 근심이 잇고보면 엇지 젼도에 ᄃᆡᄒᆞᆫ 열셩이 다쇼간 감ᄒᆞ지 안키를 확실히 밋으리오 이ᄂᆞᆫ 그 육신ᄉᆡᆼ활에 ᄃᆡᄒᆞᆫ 루(累)가 그 픔덕(品德)과 렴치를 타락(墮落)케ᄒᆞᆷ이니 그런고로 긔갈이 그몸에 졀박ᄒᆞ면 비록 엄ᄒᆞᆫ 아비와 ᄉᆞ랑ᄒᆞᄂᆞᆫ 어미라도 그ᄌᆞ식의 그른 일ᄒᆞᄂᆞᆫ것을 금ᄒᆞ기 어렵다ᄒᆞᆷ이로다 ᄯᅩ 그ᄲᅮᆫ아니라 교즁에 ᄒᆞᆼ샹 덕당ᄒᆞᆫ 일군이 젹음을 면치못ᄒᆞᆷ은 젼도인의 봉급이 박ᄒᆞᆫ연고니 춍명ᄒᆞᆫ ᄌᆞ뎨가 그부형이 젼도에 죵ᄉᆞᄒᆞᆷ으로 一ᄉᆡᆼ곤궁ᄒᆞᆫ 샹태에 잇슴을 볼ᄯᅢ에 그 ᄆᆞ옴이 벌셔 다른 셰샹 업무에 도리켜 풍후ᄒᆞᆫ 봉급을 찻고져ᄒᆞ니 이 엇지 깁히 탄식ᄒᆞᆯ바ㅣ 아니리오 그럼으로 어나교회던지 젼도인의 픔덕과 렴치를 ᄒᆞᆼ샹 보존ᄒᆞ며 ᄯᅩᄒᆞᆫ 쳥년후진즁에 덕당ᄒᆞᆫ 일군을 만히 엇고져ᄒᆞ면 적이 그 봉급을 더ᄒᆞ야 육신샹으로 ᄌᆞ긔와 그 가족의 의복 음식을 걱졍ᄒᆞᄂᆞᆫ 루가 업게ᄒᆞᆯ것이라ᄒᆞ노라 쥬ᄭᅴ셔 말ᄉᆞᆷᄒᆞ시기를 일군이「맛당히 그 픔싹을밧ᄂᆞᆫ다ᄒᆞ시지 아니ᄒᆞ셧ᄂᆞ잇가 대개 픔싹이라ᄒᆞᄂᆞᆫ것은 ᄌᆞ긔와 그 담칙ᄒᆞᆫ 가족이 능히 ᄉᆞᄉᆞ로 공급ᄒᆞᆯ만ᄒᆞᆫ것을 닐ᄋᆞ심이니 여긔ᄃᆡᄒᆞ야 여러 독쟈(讀者)의 동의를 엇고져 ᄒᆞᄂᆞ이다

사고

본회보를 이호(愛護)구람ᄒᆞ시ᄂᆞᆫ 졔씨즁에 금년六개월션금(先金)만 보내신이ᄂᆞᆫ 八월말일(末日)에 하션금이 임의다ᄒᆞ엿ᄉᆞ오니 하반긔(下半期)六개월션금四十젼식과 이ᄯᅢᄭᆞ지 션금을 아니보내신이ᄂᆞᆫ 一ᄀᆡ년션금八十젼식을 속속히 우편쇼위톄(郵便小爲替)로 붓쳐보내시와 본회보로ᄒᆞ여곰 ᄌᆡ졍에 곤난ᄒᆞᆷ이 업게ᄒᆞ심을 근졀히 ᄇᆞ라ᄂᆞ이다

교즁휘문

◀비 보▶

●리씨의밋음 (최 희 졍)

강원도 三쳑군 원덕면 임원동교회ᄂᆡ 리화경씨ᄂᆞᆫ 이곳교회 셜시초브터 쥬를 밋고 열심젼도ᄒᆞ며 ᄌᆞ긔부인과 ᄀᆞᆺ치 례비당에 ᄃᆞᆫ닐때에 동리사ᄅᆞᆷ의 모욕과 핍박이 심ᄒᆞ되 ᄀᆡ의치 아니ᄒᆞ고 ᄃᆞᆫ니며 작년에 나은아ᄃᆞᆯ이 병이드러 죽으매 리씨ᄂᆡ외가 다 락심ᄒᆞ야 교우가 권면ᄒᆞ되 듯지안터니 금년음력졍월 첫쥬일에 와셔 ᄋᆡ통ᄒᆞᄂᆞᆫᄆᆞᄋᆞᆷ으로 회ᄀᆡᄒᆞ니 교우의 ᄆᆞᄋᆞᆷ을 감동식히며 ᄯᅩ 심히핍박ᄒᆞ던쟈즁에 二三인이 교회에 드러왓ᄉᆞ니 이ᄂᆞᆫ다 이형뎨의 다시 회ᄀᆡᄒᆞᆫ 열미라 ᄒᆞ엿더라

●젹은셤에풍셩ᄒᆞᆫ은혜

경긔도 인쳔부 덕젹면 구포ᄂᆞᆫ 젹은 셤즁인ᄃᆡ ᄌᆞ리로 인민의 졍도가 열니지못ᄒᆞ야 여러가지 죄짓ᄂᆞᆫ 습속이 만흠으로 육신ᄉᆡᆼ활ᄒᆞᄂᆞᆫ 샹ᄃᆡᄉᆞ지 불셩모샹이더니 우리구쥬의 붉은빗치 이곳에 빗최매 교회를 셜립ᄒᆞᆫ지 불과三년에 쥬의일노 ᄃᆡᆨᄒᆞ신 일군이 남녀七八인이 잇고 례비당六간을 건츅ᄒᆞ고 一동이 셩신감화를 밧어 젼일의 부패ᄒᆞᆫ 풍쇽이 ᄭᆡᆨ긋ᄒᆞ고 근면ᄒᆞ게 되엿고 빈촌이 부요ᄒᆞ게 됨으로 이근동사ᄅᆞᆷ의게 모범이 되며 더욱감샤ᄒᆞᆯ것은 이곳 관활ᄒᆞᄂᆞᆫ 젼도ᄉᆞ허진一씨의 열심교육ᄒᆞᆫ 결과로 됴ᄒᆞᆫ일군이 만히 나셔 이곳 진말에 례비당을 새로 세우게 되엿ᄉᆞ니 이 죄만ᄒᆞᆫ곳에 은혜가 풍셩ᄒᆞ심을 ᄒᆞᄂᆞ님ᄭᅴ 감샤ᄒᆞᆫ다 ᄒᆞ엿더라

●피셔즁쥬의은혜 (김 헌 식)

경긔도 강화군 三산면 보문ᄉᆞ에 피셔ᄒᆞ기 위ᄒᆞ야 경셩 동대문안교회 목ᄉᆞ오긔션 인쳔항목ᄉᆞ리익모 경셩 종교당목ᄉᆞ홍종숙 샹도교회젼도ᄉᆞ최셩모 四씨가 오셧ᄂᆞᆫᄃᆡ 이 졀위치ᄂᆞᆫ 동남북은 산을의지ᄒᆞ고 셔ᄂᆞᆫ 황ᄒᆡ에 림ᄒᆞ엿ᄂᆞᆫ지라 이때ᄂᆞᆫ 졍히 복즁인ᄃᆡ 남으로오ᄂᆞᆫ 음풍이 안ᄀᆡ를 니르키ᄂᆞᆫ고로 위ᄉᆡᆼ에 대단히 불리ᄒᆞ더라 이곳에셔 동으로 ᄆᆡ음도와 북으로 셕모도가 뎨一갓가온교회인ᄃᆡ 八월十일과 二十일두쥬일을 二인식 례번ᄒᆞ야 젼도ᄒᆞ기로 작뎡ᄒᆞ고 교우의게 통지ᄒᆞ엿더니 농ᄉᆞ에 골몰ᄒᆞ여 례비에 참예치 못ᄒᆞ던 교우들이 깃븜으로 참예ᄒᆞ여 젼에ᄂᆞᆫ 二十명에 지나지못ᄒᆞ더니 당일에ᄂᆞᆫ 七十여명에 달ᄒᆞᆫ지라 리익모씨가 강도ᄒᆞᆫ후 오긔션씨가 학ᄉᆡᆼ의게 권면ᄒᆞ매 맛치 쥬린쟈의게 음식을 쥼과 목마른쟈의게 물을 마시움과 ᄀᆞᆺᄒᆞ여 이곳교우의 령혼이 ᄎᆞᆷ 새로 거듭나며 길일흔쟈가 갈길을 차진것ᄀᆞᆺ치 깃버ᄒᆞ며 풍셩ᄒᆞ신 ᄒᆞᄂᆞ님의 은혜를 감샤ᄒᆞᆫ다 ᄒᆞ엿더라

●최씨의ᄌᆞ션심

경셩 동대문안 교회부인쇽쟝 최요한나씨ᄂᆞᆫ 우리쥬를 밋ᄂᆞᆫ ᄆᆞᄋᆞᆷ이 독실ᄒᆞ고 ᄯᅩᄒᆞᆫ 온식구가 다 밋ᄂᆞᆫ집인ᄃᆡ 그부인의 가셰ᄂᆞᆫ 큰 ᄌᆡ산가가 아니로되 쥬를 ᄉᆞ랑ᄒᆞᄂᆞᆫ ᄆᆞᄋᆞᆷ은 풍부흠으로 그교회에 ᄒᆞᆫ형뎨가 의복이 업셔 례비당에 오지못ᄒᆞᆫ다ᄂᆞᆫ 말을듯고 곳안밧의복 一습과 신ᄭᆞ지 사셔 주엇고 ᄯᅩᄂᆞᆫ 례비당길을 슈츅ᄒᆞᄂᆞᆫᄃᆡ 돌 열수레와 그슈츅비ᄭᆞ지 담당ᄒᆞ엿슴으로 一반 교우들은 다 그부인의 됴ᄒᆞᆫ ᄉᆞ업을 칭찬ᄒᆞᆫ다더라

●사경회와부흥회 (뎨쳔 리온영)

충북뎨쳔군 셔면평동교당ᄂᆡ에셔 본월十六일에 뎨쳔충쥬량구역사경회를 열고 一쥬일 동안을 갑을병三반으로 ᄂᆞᆫ호아 교슈ᄒᆞ엿ᄉᆞ니 갑반과졍은 요한복음 로마인셔 강도법 아모ᄉᆞ 시편이요 을반과졍은 시편 누가복음 에베소 갈나듸아 고린도젼셔요 병반과졍은 시편 마태복음 야고보셔 진리히의인ᄃᆡ 공부ᄒᆞᆫ 학ᄉᆡᆼ은 남녀병ᄒᆞ야 六十四인이오 진급ᄒᆞᆫ 학ᄉᆡᆼ은 四十一인즁 최우등ᄉᆡᆼ은 갑반에ᄂᆞᆫ 권삼원 을반에ᄂᆞᆫ 한운삼 병반에ᄂᆞᆫ 루듸아박 셩신오졔씨 인ᄃᆡ 히학원들의게ᄂᆞᆫ 셩경과 양지등쇽으로 샹픔을

슈여ᄒᆞ엿스며 교ᄉᆞ는 목ᄉᆞ쟝츈명 젼도ᄉᆞ 리영필 리은영졔씨인ᄃᆡ ᄆᆡ일 하오七시에 부흥회로 모히여 죄를 ᄌᆞ복ᄒᆞ고 단연 단음도 ᄒᆞ고 밧은은혜를 간증도ᄒᆞ야 일반형ᄆᆡ졔씨ᄭᅴ셔 각각 새은혜를 밧아가지고 도라갓ᄉᆞ오니 모든 영광을 텬부젼에 돌녀감샤ᄒᆞ다 ᄒᆞ엿더라

◀외 보▶

●동경의 공셰젼도회(攻勢傳道會)

일본동경 미감리회 련합공셰젼도회는 젼호에 게ᄌᆡᄒᆞᆫ바와 ᄀᆞᆺ치 본월十七일브터 十一월二일ᄭᆞ지 각교당에셔 모힐터인ᄃᆡ ᄒᆡ회 쥰비연셜회로 본월十일브터十三일ᄭᆞ지 밤마다 신면청년회관ᄂᆡ에셔 모혓는ᄃᆡ 산뎐인지죠(山田寅之助)씨는신인의화합(神人和合)이란 문뎨로 강원쇼륙(江原素六)씨는 비복뎍졍신(婢僕的精神)이란 문뎨로 고목입태랑(高木任太郞)씨는 당면(當面)의 문뎨와 긔독교란 문뎨로 연셜ᄒᆞ엿다더라

●금쥬금연대회(禁酒禁烟大會)

일본미감리회 풍교샹임위원회는 젼국ᄂᆡ 각쳐 미감리회는 본월十二일을 금쥬금연쥬일노 뎡ᄒᆞ고 여긔 샹당ᄒᆞᆫ 문뎨로 젼도ᄒᆞ기를 희망ᄒᆞᆫ다고 각교회에 공함을 발송ᄒᆞ엿다더라

●남감리교회의션교비

미국남감리교년회는 본년五월에 ᄀᆡᄒᆞ엿는ᄃᆡ 그ᄯᆡ에 외국션교비로 예산에 편입ᄒᆞ기를 청구ᄒᆞᆫ 보고를 거ᄒᆞᆫ즉 일본ᄂᆡ디션교회에 十六만六쳔빅六十원 죠션션교회에 十一만六千六百二十四원 ᄯᅩ 죠션녀션교회에 六만二千八빅六十四원 지나(支那)션교회에 十二만六빅二十八원 지나 녀션교회에 十一만九千一百十二원이라더라

●즁화민국의승인(承認)

즁화민국 대춍통션거(選擧)는 본월六일에 맛친결과로 림시대춍통 원셰개씨는 졍식대춍통으로 림시부춍통려원홍씨는 졍식부춍통으로 피션(被選)ᄒᆞ엿는ᄃᆡ 당일ᄂᆡ로 각국 졍부는 즁화민국을 승인ᄒᆞ엿다더라

●태평양젼도록(속)

영국태요한션ᄉᆡᆼ 져

이곳 츄쟝이 말은 그ᄀᆞᆺ치 ᄒᆞ나 다른 사ᄅᆞᆷ을 식혀 우리를 은근히 해코져ᄒᆞ는지라 그러나 사ᄅᆞᆷ의 ᄉᆡᆼ각ᄒᆞ는바 악ᄒᆞᆫ 것은 능히 감초지 못ᄒᆞ리로다 내가 그 샹ᄐᆡ(狀態)를 보매 벌거버슨 몸에 각ᄉᆡᆨ문ᄎᆡ를 내엿스니 보기에 놀납고 불샹ᄒᆞ야 ᄉᆡᆼ각ᄒᆞᄃᆡ 내가 엇지ᄒᆞ야 나의 ᄌᆞ미 잇는 곳과 ᄉᆞ랑ᄒᆞ는 벗을 ᄯᅥ나셔 낫고 쳔ᄒᆞᆫ 사ᄅᆞᆷ이 되여 ᄌᆞ긔셩명을 ᄇᆞ리도록 이 야만으로 더브러 올코 그ᄅᆞᆫ것을 말ᄒᆞ는고 ᄒᆞ다가 믄득 다시 ᄉᆡᆼ각ᄒᆞᄃᆡ 아니라 내 ᄉᆡᆼ각이 잠시 잘못드럿도다 내가 이곳에 온것은 오쥬예수의 명령을 밧드러 이야만으로 쥬의 ᄉᆞ랑을 알고 혁랍덕사ᄅᆞᆷ과ᄀᆞᆺ치 열심을 내게 ᄒᆞ랴홈이로다 이ᄯᅢ에 영목ᄉᆞ는 타나도에 잇는지라 내가 그곳에 가셔 션교회집짓는일을 잔검ᄒᆞ시 그곳 토민들이 영목ᄉᆞ와 나를 두 괴물노알고 우리를 볼ᄯᅢ마다 뎌희ᄭᅵ리 웃고 말ᄒᆞ더라 그즁에 혹 엇던 무리는 무ᄉᆞᆷ 병긔를 가지고 우리잇는근쳐에 왕ᄅᆡᄒᆞ는ᄃᆡ 츄후로 드른즉 뎌희는 우리를 보호ᄒᆞ러ᄃᆞᆫ니는 무리라ᄒᆞ더니 하로는 두ᄯᅦ가 모혀 ᄒᆞᆫ 젼징을 일우엇스매 뎌희즁 남ᄌᆞ는 머리에 ᄃᆞᆰ의 깃을 꼿고 얼골에 오ᄉᆡᆨ칠을 ᄒᆞ엿스며 각각 무ᄉᆞᆷ병긔를 가졋고 녀ᄌᆞ들은 ᄋᆞᄒᆡ를 안고 숨엇스며 로약들은 울기만ᄒᆞ더니 반일이 지내매 서로 츙돌ᄒᆞ는 소ᄅᆡ가 졈졈갓가온지라 영목ᄉᆞ가 몬져 기동을 안고 긔도ᄒᆞᆫ 후 나를 향ᄒᆞ여 말ᄒᆞᄃᆡ 녜젼에 예루살넴을 세울ᄯᅢ에 얼마나 위티ᄒᆞ엿ᄂᆞ뇨 우리가 오ᄂᆞᆯ날 타나도에 교회를 세우는것이 ᄯᅩᄒᆞᆫ 이ᄯᅢ와 ᄀᆞᆺᄒᆞ니 우리가 오ᄂᆞᆯ은 역ᄉᆞ를 굿치고 뎌무지ᄒᆞᆫ 사ᄅᆞᆷ을 위ᄒᆞ야 긔도ᄒᆞ쟈ᄒᆞ고 집으로 도라와 뎌희를 위ᄒᆞ야 ᄒᆞᄂᆞ님ᄭᅴ 군졀히 긔도ᄒᆞ엿더니 뎌희의 싸호는 소ᄅᆡ가 졈졈 업

서지고 히는 임의 셔양에 갓가왓더라 바다ㅅ가에 사는 토민들이 다 간후에 소문을 드르매 그싸홈의 결과로 본쳐 사ᄅᆞᆷ 六인이 죽엇는ᄃᆡ 승젼ᄒᆞᆫ 편은 그죽은 시톄를 ᄭᅳ을고 히변에서 잡아서 살마노코 승젼가를 부르며 눈호아먹으며 깃븐 소ᄅᆡ가 진동ᄒᆞ더라 (미완)

교회ᄉᆞ긔

긔이부 역술

●뎨四관 쭐니안이 교회를 빈반ᄒᆞᆷ

쭐니안은 간스탄틘황뎨의 족하니 나히 六셰에 간스탄틘어쓰가 종실(宗室)을 크게 살휼ᄒᆞᆯ시 쭐니안은 나히 어림으로 ᄎᆞᆷ아 죽이지 아니ᄒᆞ엿스나 맛ᄎᆞᆷ내 의심ᄒᆞ야 사ᄅᆞᆷ으로 ᄒᆞ여곰 그의 동졍을 삷히고 관원을 파송ᄒᆞ야 그를 관활ᄒᆞ니라 쭐니안은 셩교인들이 만히 외모만 닥고 츙셩된 ᄆᆞᄋᆞᆷ과 착ᄒᆞᆫ 힝실이 업슴을 보고 뮈워ᄒᆞ나 ᄆᆞᄋᆞᆷ에 위티ᄒᆞ고 념려가 만홈으로 감히 외면에 나타내지 못ᄒᆞ고 셩경을 닑으며 금식ᄒᆞ고 긔도ᄒᆞ나 안으로 희랍국 셩리학을 공부ᄒᆞ고 이교(異敎)와 유명ᄒᆞᆫ 사ᄅᆞᆷ을 교셥ᄒᆞ니 셰샹사ᄅᆞᆷ들은 예수교밧그로 나감을 보고 국교가 다시 니러나기를 ᄇᆞ라더라 쭐니안이 쇼시브터 싱각이 허탄ᄒᆞ야 미혹ᄒᆞᆫ 길노 드러가기 쉬우니 쑴을 쑤던지 이샹ᄒᆞᆫ 일을 보던지 혹 무당으로 빌던지 ᄉᆞᄉᆞ로 닐ᄋᆞᄃᆡ 국신(國神)의 나타남을 엇엇다ᄒᆞ고 혹 깁흔밤에 압팔노신의 도아줌을 엇엇다ᄒᆞ며 또 그 경비ᄒᆞ는신은 태양신(太陽神)이라 간스탄틘어쓰가 잇슬때에는 쭐니안이 원망을 숨기고 아텸홈으로 거줏 예수교도가 된고로 황뎨가 부왕(副王)을 봉ᄒᆞ야 쏠짱을 다ᄉᆞ리게ᄒᆞ니 쭐니안의 지혜와 용밍이 크게 나타나 묘족(苗族)을 쳐 이긔고 졍ᄉᆞ를 힝ᄒᆞ매 디경안이 잘 다ᄉᆞ리고 평안ᄒᆞᆫ지라 이로 인ᄒᆞ야 셩명이 랑ᄌᆞᄒᆞ니 황뎨가 듯고 싀긔ᄒᆞ야 군병을 거두고 동방으로 옴기라고 명ᄒᆞ매 쭐니안은 황명을 쫏고져ᄒᆞ나 그부하쟝샹(部下將相)들이 쭐니안을 억지로 세워 황뎨를 삼고 군ᄉᆞ를 거ᄂᆞ려 동편으로 향ᄒᆞ야 싸호고져 ᄒᆞᄂᆞᆫ지라 황뎨가 듯고 크게 로ᄒᆞ여 싸홈ᄒᆞ려ᄒᆞ다가 홀연히 위급ᄒᆞᆫ 병을 엇어 죽으니 이로인ᄒᆞ야 싸홈을 즁지ᄒᆞ고 쭐니안을 밧드러 황뎨를 삼으니라

쭐니안이 황뎨가 되매 샤치를 ᄇᆞ리고 검쇼홈을 숭샹ᄒᆞ며 악ᄒᆞᆫ관리를 징계ᄒᆞ고 간샤ᄒᆞᆫ 신하를 물니치며 무당과 술ᄀᆡᆨ(術客)을 부르고 몸에 굴근옷을 닙으며 소찬(菲食)을 먹고 마루에서 자니 은ᄉᆞ(隱士)의 모양과 ᄀᆞᆺ더라 ᄌᆞ긔의 죵족이 젼황의게 멸ᄒᆞᆫ바되고 또 졂어쓸때에 교ᄉᆞ의 압제를 밧엇스며 교즁사ᄅᆞᆷ들이 거줏의문으로 숭샹ᄒᆞ고 츙셩과 밋음이 젹음을 본고로 셩교를 깁히 뮈워ᄒᆞ며 힘을다ᄒᆞ야 국신의 녯규례를 회복ᄒᆞ고 쫏겨나간 무당을 부르며 국민의게 죠셔ᄒᆞ야 졔ᄉᆞᄒᆞᄂᆞᆫ 졔단과 셩소를 헐고 셩경의 모든 ᄉᆞ진을 찌져ᄇᆞ리며 대궐안에 국신의 졔단을 ᄊᆞᆺ코 ᄉᆞᄉᆞ로 졔ᄉᆞ쟝이 되여 즘싱을 죽이며(그즘싱의 ᄂᆡ쟝을즁험ᄒᆞ야 길흉을판단홈) 그 뎡ᄒᆞᆫ 규례가 만히 셩교와 ᄀᆞᆺ더라 쳥결ᄒᆞᆫ 쟈로 졔ᄉᆞ쟝을 삼고 빈궁ᄒᆞᆫ 쟈를 구졔ᄒᆞ며 먼ᄃᆡ사ᄅᆞᆷ을 ᄉᆞ랑ᄒᆞ고 또 귀신의 나타나며 응ᄒᆞᄂᆞᆫ일을 강론ᄒᆞ고 국지를 연보ᄒᆞ야 슈도원(修道院)과 류양국(留養局)과 육영당(育嬰堂)을 셜립ᄒᆞ니 이것은 비록 밧그로ᄂᆞᆫ 셩교의 규모를 슌죵ᄒᆞ나 안으로 실상 셩교를 어지럽게 홈이라 그러나 이황뎨의 ᄒᆞᄂᆞᆫ바ᄂᆞᆫ 비유컨ᄃᆡ 죽은사ᄅᆞᆷ의게 약을 쓰ᄂᆞᆫ것이오 마른나무의 싱나무가지를 졉붓침이니 맛ᄎᆞᆷ내 슈고만ᄒᆞ고 유익이 업스리라 황뎨가 비록 셩교를 깁히뮈워ᄒᆞ나 감히 셰력으로 핍박ᄒᆞ지 못홈은 젼에 교인이 핍박홀ᄉᆞ록 더 왕셩홈을 불ᄀᆞᆺ치 홀ᄲᅮᆫ외라 또 젼국ᄇᆡᆨ셩이 교회에 드러감이 만홈으로 격동ᄒᆞ면 변이날샤 두려워홈이오 또교회에셔 분징이 니러남을 보고 더회ᄭᅴ리 닷토아 망케홈이 올타ᄒᆞ야 교인의게 셰납을 즁히뎡ᄒᆞ고 그

의관작(官爵)과 월봉(月俸)을 거두며 교민(敎民)과 국민(國民)이 서로 용ᄉᆞᄒᆞ면셔 말ᄒᆞ되 너희션싱이 닐으기를 네것옷을 다른사ᄅᆞᆷ이 취ᄒᆞ거던 속옷ᄭᆞ지 버셔주라 ᄒᆞ엿스니 엇지ᄒᆞ야 닷토ᄂᆞ냐ᄒᆞ고 공립(公立)학교에 신도로써 교ᄉᆞ를 쓰지안코 ᄯᅩ 교인의 ᄌᆞ뎨를 희랍문ᄌᆞ로 ᄀᆞᄅᆞ치지 못ᄒᆞ게ᄒᆞ며 말ᄒᆞᄃᆡ 마태복음과 누가복음만 낡어도 족ᄒᆞᆫ지라 가히 희랍국 셩현의 글을 더럽게 ᄒᆞ지말나ᄒᆞ고 ᄯᅩ 유대교를 다시 니르켜 셩교의 대젹ᄒᆞᆷ을 삼고져ᄒᆞ야 유대교인을 붉녀 션왕의 뎡ᄒᆞᆫ바 셰납을 감ᄒᆞ여주고 예루살넴에 도라와 셩뎐을 대신 건축ᄒᆞ게ᄒᆞ니 유대사ᄅᆞᆷ들이 깃버ᄒᆞ야 四방에셔 예루살넴으로 모혀 셩뎐을 다시 건축ᄒᆞ니 션지의 말ᄒᆞᆫ바가 응ᄒᆞ엿다ᄒᆞ야 녜터를 시작ᄒᆞ매 ᄯᅳᆺ밧게 놉흔 우뢰와 번젹번젹ᄒᆞᄂᆞᆫ 번ᄀᆡ가 나며 ᄯᅡ히 진동ᄒᆞ며 불이 밍렬ᄒᆞᆷ으로 무리가 두려워ᄒᆞ야 긋쳣스니 쏠니안의 ᄭᅬ가 비록 깁ᄒᆞ나 하ᄂᆞ님이 파ᄒᆞ신것이니라 로마국이 파ᄉᆞ국으로 더브러 협의가 잇더니 쏠니안이 알넥산더의 권셰와 위엄을 계젹코져ᄒᆞ야 군ᄉᆞ를 거ᄂᆞ리고 파ᄉᆞ국을 치니 파ᄉᆞ왕이 본ᄅᆡ 그 지모(智謀)와 용ᆡᆼ(勇猛)을 임의 드럿슴으로 ᄉᆞ신을 로마국에 보내여 화친ᄒᆞ기를 쳥ᄒᆞ니 쏠니안이 듯지안코 군ᄉᆞ를 모화 깁히 드러가다가 량식이 핍졀ᄒᆞ여 군ᄉᆞ가 황황ᄒᆞᆫ지라 그럼으로 군ᄉᆞ를 도라켜 오다가 파ᄉᆞ에셔 그 뒤를 음습ᄒᆞ야 침으로 쏠니안이 크게 픠ᄒᆞ고 샹ᄒᆞᆫ지라 혹이 말ᄒᆞᄃᆡ 황뎨가 죽을ᄯᅢ에 탄식ᄒᆞ여왈 갈닐니 사ᄅᆞᆷ이 나를 이긔엿고나 ᄒᆞ엿다 ᄒᆞ더라 (三百六十三년)쏠니안을 계승ᄒᆞᆫ 왕은 그리스도의 신도라 그럼으로 우샹을 경비ᄒᆞ던쟈들이 불시에 니러나 그 권세를 회복ᄒᆞ엿다가 듸아도시어쓰황뎨ᄯᅢ에 다 업셔지고 그 경비ᄒᆞ던 쳐소ᄭᆞ지 다 허러ᄇᆞ리니라 (三百九十四년)이ᄯᅢ에 셩읍에 거ᄒᆞᄂᆞᆫ 쟈ᄂᆞᆫ 다 그리스도교를 ᄯᅩᆺ고 오직 향곡(鄕谷)즁에 잇ᄂᆞᆫ사ᄅᆞᆷ이 혹 다른신을 경비ᄒᆞ엿스니 이ᄯᅢ에 교회가 비록 이ᄀᆞᆺ치 흥왕ᄒᆞ엿스나 근본이 굿고 깁지못ᄒᆞ여 헛되고 거즛것이 만흠으로 이단이 분분ᄒᆞ여 교회가 혼잡히 되엿스니 가히 단식ᄒᆞᆯ 일이로다

(미완)

셩경공부의지침 (속)

구약셩경을 헬나말노 번역ᄒᆞ기는 쥬젼 二百八十九년간에 유대인즁 박학ᄉᆞ七十인이 알넥산드리아에셔 번역ᄒᆞᆫ고로 이셩경을 셉투에진트라 칭ᄒᆞᄂᆞ니 그ᄯᅳᆺ은 七十인경(人經)이라 ᄒᆞᆷ이니라

쥬후 뎨二세긔즁에 신구셩경즁 요한 二三셔와 베드로후셔와 유다셔를 졔ᄒᆞᆫ외에는 젼부를 다 시리아 말노 번역ᄒᆞ엿는ᄃᆡ 이셩경을 피싯도라칭ᄒᆞ엿ᄂᆞ니라

쥬후 뎨三세긔말에 북아프리카에셔 헬나말 구약셩경젼부를 라틘말노 번역ᄒᆞ엿고 ᄯᅩ 쥬후三百八十五년으로브터 四百四년ᄭᆞ지 니르ᄂᆞᆫ 동안에 예례미가 로마법왕 다마셔스의 지휘를 ᄯᅡ라 히브리 말 구약원본(原本)을 라틘 말노 번역ᄒᆞ엿는ᄃᆡ 그즁에 사편만 ᄲᅡ졋스며 이것을 불게잇이라 칭ᄒᆞ니 그ᄯᅳᆺ은 라틘경이라 ᄒᆞᆷ이니라

쥬후一千三百八十년으로브터 동八十八년ᄭᆞ지 니르ᄂᆞᆫ 동안에 요한 위클닙이 그 친구 니콜나스로 더브러 라틘셩경을 영어로 번역ᄒᆞ엿고 그후에 박ᄉᆞ 틘델이 교졍ᄒᆞ야 쥬후一千五百二十六년간에 신약젼부를 영어로 출판ᄒᆞ얏고 그후 一千五百二十五년에 신구약젼부를 영어로 츌판ᄒᆞ엿고 그후에도 여러박학ᄉᆞ들이 만히 교졍ᄒᆞ엿ᄂᆞ니라

루터션싱의략ᄉᆞ

대뎌 비샹ᄒᆞᆫ 사ᄅᆞᆷ이잇슨후에 반ᄃᆞ시 비샹ᄒᆞᆫ ᄉᆞ업을 셩취ᄒᆞᆷ은 만고에 밧고지못ᄒᆞᆯ 리치라 十五세긔즁에 로마법왕의 셰력이 더욱 강ᄒᆞ여 뎨왕의 통치권을 간셥ᄒᆞ며 인민의 권리를 졔한ᄒᆞ매 구쥬 각국一반인민의 ᄉᆞ샹가온ᄃᆡ 죵교ᄀᆡ혁쥬의(主義)가 六七월장마뒤에 버섯돗아나오듯

ᄒᆞ나 법왕의 세력에 눌녀 감히 발표치 못ᄒᆞ더니 오리 참으시던 하ᄂᆞ님ᄭᅴ셔 당신의 교회를 다시 신셩케ᄒᆞ시랴고 쥬후 一千四백八十三년 十一월十일에 덕국ᄊᆡᆨ손니쥬 이슬뇌벤셩에셔 ᄒᆞᆫ 비샹ᄒᆞᆫ 사ᄅᆞᆷ이 탄싱케ᄒᆞ시니 그일홈은 마틘루터러라

션싱은 본ᄅᆡ 빈한ᄒᆞᆫ 금뎜 군의 아ᄃᆞᆯ이라 졈졈쟝셩ᄒᆞ매 불가불 교육을 밧어야 될터이나 집이간난ᄒᆞ야 ᄉᆞᄉᆞ로 공급ᄒᆞᆯ 도리가 업슴으로 이센아취셩 가로상으로 ᄃᆞᆫ니며 챵가를 불너 음식을 엇어먹더니 그셩 시쟝(市長)의 부인이 루터를 ᄉᆞ랑ᄒᆞ야 쥬션ᄒᆞᆷ으로 얼퍼트학교에 드러가 공부ᄒᆞᆯ시 그부친은 법률 공부을 식혀 쟝ᄎᆞ 변호ᄉᆞ 영업을 열게ᄒᆞ랴ᄂᆞᆫ것을 그 ᄉᆞ랑ᄒᆞᄂᆞᆫ 목ᄉᆞ의 권고를 인ᄒᆞ야 특별히 셩경공부에 젼력(專力)ᄒᆞ엿스나 셩경젼부(全部)는 다 엇어보지 못ᄒᆞ엿더니 一千五빅五년에 졸업ᄒᆞᆫ후 쟝리ᄉᆞ법에 목뎍을 뎡치 못ᄒᆞ고 잇더니 하로ᄂᆞᆫ ᄌᆞ긔친구 두사ᄅᆞᆷ으로 더브러 어ᄃᆡ를 가다가 별안간 큰 풍우를 만나 뢰뎡벽력에 동힝ᄒᆞ던 두사ᄅᆞᆷ이 마져죽고 ᄌᆞ긔혼자 무ᄉᆞᄒᆞᆷ을 엇엇더라 그후 브터 ᄆᆞᄋᆞᆷ이 감동되여 하ᄂᆞ님ᄭᅴ셔 ᄌᆞ긔의게 특별ᄒᆞᆫ 은혜를 ᄂᆞ리신줄 ᄭᆡ닷고 드ᄃᆡ여 하ᄂᆞ님ᄭᅴ ᄌᆞ긔의 몸과 영혼을 다 밧치고 이세샹에 텬국을 확쟝식히기로 결심ᄒᆞ고 동년六월에 어거스틘교회의 슈도ᄉᆞ(修道士)가 되여 거긔셔 셩경젼부를 엇어보고 열심으로 연구ᄒᆞ나 다만 ᄌᆞ긔의 죄를 ᄭᆡ닷고 심히 익통ᄒᆞ야 ᄉᆞᄉᆞ로 그몸을 괴롭게ᄒᆞ더니 그교ᄉᆞ 스틔쥬피스가 루터의게 그리스도안에 잇ᄂᆞᆫ 하ᄂᆞ님의 ᄉᆞ랑과 령혼이 평안ᄒᆞᆷ을 엇ᄂᆞᆫ도리를 ᄀᆞᄅᆞ쳐주ᄂᆞᆫ지라 그후 一千五百七년에 션싱이 교회목ᄉᆞ 직분을 밧고 또 다음히에 그디방쥬권쟈 프레더릭의 설립ᄒᆞᆫ 위튼벅대학교교ᄉᆞ로 고빙되엿더라

이ᄯᅢ에 션싱의 나히 비록 二十五세가 차지못ᄒᆞ엿스나 당시에 학식이 고명ᄒᆞᆫ 청년으로 유명ᄒᆞ야 셩경을 강론ᄒᆞᆯ ᄯᅢ마다 듯ᄂᆞᆫ쟈를 크게 감동케ᄒᆞ엿스며 一千五百十一년에 로마셩으로 갈ᄯᅢ에ᄂᆞᆫ ᄒᆞᆫ 진실ᄒᆞᆫ 텬쥬교인이더니 거긔셔 그나라사ᄅᆞᆷ들의 셰샹을 ᄯᅡ름과 모든 죄악과 외식ᄒᆞᆷ를 보고크게 놀나 ᄆᆞᄋᆞᆷ에 싱각ᄒᆞᄃᆡ 이ᄂᆞᆫ 셩경에「밋음으로 살나」ᄒᆞᆫ 말ᄉᆞᆷ을 위반(違反)ᄒᆞᆷ이라 그ᄆᆞᄋᆞᆷ가온ᄃᆡ 스ᄉᆞ로 결뎡ᄒᆞᆫ것이 잇셔셔 위튼벅으로 도라온후 그 다음히에 신학박ᄉᆞ학위(學位)를 엇고 젼도ᄒᆞ기를 시작ᄒᆞ엿ᄂᆞᆫᄃᆡ 명망이 날노 놉핫더라

◎가뎡과쇼ᄋᆞ

●어린누의(妹)말이 쟝셩ᄒᆞᆫ 오라비를 경셩(警醒)ᄒᆞᆷ

十五세된 김옥一은 오라비니 고등보통학교二년급싱이오 十세된 숙ᄌᆞᄂᆞᆫ 옥一의 누의니 보통쇼학교一년급싱이라 하로ᄂᆞᆫ 두ᄋᆞ히가 학교로 좃차 집에와셔 옥一ᄂᆞᆫ 산술 문뎨를 맛치노라고 골몰ᄒᆞᆷ이오 숙ᄌᆞᄂᆞᆫ 독본을 닑노라고 ᄀᆞ장겨를이 업ᄂᆞᆫ모양이라 별안간 안방에셔 어린ᄋᆞ히우ᄂᆞᆫ 소ᄅᆡ가 들니매 그 모친은 져녁밥 짓노라고 쥬방(厨房)에 잇다가 숙ᄌᆞ를 불너왈「숙ᄌᆞ야 어린ᄋᆞ히 운다 가셔 좀 안어주어라」숙ᄌᆞᄂᆞᆫ 머리를 득득글그면셔 ᄒᆞᄂᆞᆫ말이「아이고 어머니도 놈 공부ᄒᆞᄂᆞᆫᄃᆡ 어린것은 웨 안어주라고 나ᄂᆞᆫ 슬혀요」ᄒᆞ더니 一二분동안이 지낸뒤에 ᄒᆞᄂᆞᆫ말이「어ㅣ 내가 잘못힛군 아ᄎᆞᆷ에 션싱님ᄭᅴ셔 학도들 ᄃᆞ려 집에잇셔셔ᄂᆞᆫ 어머니 말ᄉᆞᆷ을 잘 슌죵ᄒᆞ라고 ᄒᆞ시든데 내가 가셔 어린ᄋᆞ히를 좀 안어주어야 되겟군」ᄒᆞ면셔 곳 안방으로 건너갓더라 그런지 十여분동안을 지낸후 그 모친이 또옥一을 불너왈「옥一아 더 우편국에 가셔 이편지 좀 붓치고 오너라」옥一은 눈쌀을 찝푸리고 ᄒᆞᄂᆞᆫ말이「아이고 귀치안어 산술문뎨ᄂᆞᆫ 이러케 어려운ᄃᆡ 그것 좀 맛쳐 보랴ᄂᆞᆫ데 또 어ᄃᆡ를 갓다오라니 엇지쟌말이야 나ᄂᆞᆫ 갈수 업셔요」그런지 一二분이 지낸후에 숙ᄌᆞ를 도라보며 말ᄒᆞᄃᆡ「앗가 네가 ᄒᆞ던말을 감안히 싱각ᄒᆞ니 나도 불가불 어머

나말솜을 슌죵ᄒᆞ야 우편국에 갓다오ᄂᆞᆫ것이 올흔줄을 세ᄃᆞ랏노라 어린 너도 오히려 슌죵ᄒᆞᄂᆞᆫ ᄯᆞᆯ이 되고져ᄒᆞᄂᆞᆫᄃᆡ 너보다 나흘 좀 더먹은 내가 엇지 슌죵ᄒᆞᄂᆞᆫ 아ᄃᆞᆯ이 되고져ᄒᆞ지 아니리요」곳 나려셔셔 우편국으로 향ᄒᆞ엿다ᄒᆞ니 이ᄂᆞᆫ 곳 어린누의가 쟝셩ᄒᆞᆫ 오라비를 경셩ᄒᆞᆷ이라 ᄒᆞ노라

평림(評林)

●열가지아지못ᄒᆞᆯ일

一 예수ᄂᆞᆫ 밋으면셔도 마귀의일만ᄒᆞ니 아지못ᄒᆞᆯ일

二 ᄌᆞ긔ᄂᆞᆫ 밋으면셔도 가죡을 권면치 안ᄂᆞᆫ것 아지못ᄒᆞᆯ일

三 텬당가기원ᄒᆞ면셔도 죄악을 범ᄒᆞᄂᆞᆫ것 아지못ᄒᆞᆯ일

四 쥬일은 직히면셔도 모든일을 다ᄒᆞᄂᆞᆫ것 아지못ᄒᆞᆯ일

五 셩경은 신자의 거울이라ᄒᆞ면셔도 보지아ᄂᆞᆫ것 아지못ᄒᆞᆯ일

六 복밧기ᄂᆞᆫ 원ᄒᆞ면셔도 구ᄒᆞ지안ᄂᆞᆫ것 아지못ᄒᆞᆯ일

七 평시에ᄂᆞᆫ 두눈이 식ᄉᆞ별ᄀᆞᆺ다ᄒᆞ고도 례비볼ᄯᅢ에ᄂᆞᆫ 죠ᄂᆞᆫ것 아지못ᄒᆞᆯ일

八 놈은 잘ᄀᆞᄅᆞ치면셔도 ᄌᆞ긔ᄂᆞᆫ 힝치안ᄂᆞᆫ것 아지못ᄒᆞᆯ일

九 셰월은 ᄲᆞᆯ니간다면셔도 셰월을 허송ᄒᆞᄂᆞᆫ것 아지못ᄒᆞᆯ일

十 아지못ᄒᆞ면셔도 아ᄂᆞᆫ톄ᄒᆞᄂᆞᆫ것 아지못ᄒᆞᆯ일

셰계격언

一 션ᄒᆞᆫ 사ᄅᆞᆷ은 위난(危難)을 만날ᄉᆞ록 더욱 션ᄒᆞᆫ것을 나타내고 향긔로온 물건은 파쇄(破碎)ᄒᆞᆷ을 당ᄒᆞᆯᄉᆞ록 더욱 향긔를 드러내ᄂᆞ니라

二 녀ᄌᆞ의 우ᄂᆞᆫ것을 볼ᄯᅢ에 진졍으로 밋지말지어다 그 ᄯᅳᆺ에 맛기지안코 우ᄂᆞᆫ것은 녀ᄌᆞ의 텬셩이니라

三 션비를 귀ᄒᆞ게 녁임은 그 졀의(節義)를 취ᄒᆞᆷ이니 므릇 션비의 졀의ᄂᆞᆫ ᄌᆞ긔 一신만 세움에 잇지안코 一국의 유지(維持)와 텬하의 안위(安危)를 뎡ᄒᆞᆷ에 죡ᄒᆞ니라

종교쇼셜(宗敎小說)

●량단의루(兩端之淚) (二)

二층아래로셔 나히 한 四十여셰쯤된 부인이 ᄃᆡ답ᄒᆞ며 올나와셔 방문을 열고 드려다보며 ᄒᆞᄂᆞᆫ말이라

또 무숨 어려운일이 잇셔셔 나의 도아주기를 기ᄃᆞ리시오 령감은 번번히 무숨 곤난ᄒᆞᆫ 일이 잇ᄉᆞ면 나를 잘 부르십데다

이ᄀᆞᆺ치 말ᄒᆞᄂᆞᆫ부인ᄂᆞᆫ 곳 ᄉᆞ목ᄉᆞ의 안히 강씨러라 ᄉᆞ목ᄉᆞ가 젹히우스며왈 내가 죠금 편지 두쟝을 밧엇ᄂᆞᆫᄃᆡ ᄉᆞ셰량난ᄒᆞ야 엇더케 작뎡을 ᄒᆞ면 됴흘ᄂᆞᆫ지 알지못ᄒᆞ야 내ᄆᆞᄋᆞᆷ이 심히 괴로온지라 내가 그편지를 낡어 들닐터이니 ᄒᆞᆫ번 ᄌᆞ셰히 듯고 ᄉᆡᆼ각ᄒᆞ여 보시오

인ᄒᆞ야 그편지를 랑독ᄒᆞ니 그ᄉᆞ연에 ᄒᆞ엿ᄉᆞᄃᆡ

공경ᄒᆞ야 고ᄒᆞᄋᆞᆸᄂᆞ니 본교당에셔 새로 목ᄉᆞ一인을 고빙코져ᄒᆞᄋᆞᆸᄂᆞᆫ바 여러사ᄅᆞᆷ의 공천(公薦)으로 션ᄉᆡᆼ을 뎡망ᄒᆞ얏ᄉᆞ오며 보슈금(報酬金)으로 말솜ᄒᆞ오면 一년에 二千원식 드리기로 ᄒᆞ얏ᄉᆞ오며 또 본교당형편은 ᄆᆡ우흥왕ᄒᆞᆯᄲᅮᆫ외라 지졍도 교우즁에 여러자산가들이 담당ᄒᆞ고 또ᄒᆞᆫ 一반교우가 ᄌᆞ급ᄒᆞᆷ으로 조곰도 군식ᄒᆞᆷ이 업ᄉᆞ오니 죠량ᄒᆞ신후 본교회를 ᄉᆞ랑ᄒᆞ시ᄂᆞᆫ ᄆᆞᄋᆞᆷ으로 곳 왕림ᄒᆞ셔 잘 교도(敎導)ᄒᆞ시와 본교회로 ᄒᆞ여곰 더욱 흥왕케ᄒᆞ심을 ᄇᆞ라ᄂᆞ이다

모년 모월 모일

미돈가부교당 ᄃᆡ표 모는 ᄇᆡᆨ

담총

●잠을 편안히 일우게ᄒᆞᄂᆞᆫ법

사ᄅᆞᆷ이 신경쇠약증(神經衰弱症)이나 혹 무숨 다른 병으로 인ᄒᆞ야 잠을일우지 못ᄒᆞ고 ᄋᆡ를 무한히 쓰ᄂᆞᆫᄯᅢ가 잇ᄂᆞᆫᄃᆡ 만일 무숨약이나 술의

긔운을 빌어 잠을 청ᄒᆞ면 잠시 좀 잘수잇스나 이것이 반ᄃᆞ시 ᄒᆞᆫ 습관셩을일우어 약이나 슐의 힘을 빌지못ᄒᆞ면 도뎌히 잠을 일울수업고 ᄒᆞᆼ샹 두통이 잇스며 정신이 산란ᄒᆞᆯ지나 이런경우에 잠을 일우게ᄒᆞ는 방법두가지가 잇스니 (一)은 잘때에 목욕을 ᄒᆞ고 젼신을 잘 문지르며(摩擦) 머리를 셔늘ᄒᆞ게 ᄒᆞᆫ후 감안히 취침ᄒᆞ는것이오 (二) ᄌᆞ긔집에 목욕ᄒᆞᆯ 셜비가 완젼치못ᄒᆞᆫ쟈는 ᄉᆞ지를 펴고 ᄯᅩᆨ바로 누어셔 아모ᄉᆡᆼ각도 말고 숨을 깁히 쉬이되 이ᄀᆞᆺ치 二十번이나 혹三十번을 쉬이면 몸이 반ᄃᆞ시 피곤ᄒᆞᆯ 것이니 그후에 ᄯᅩ 一二十번만 니여 쉬이면 ᄌᆞ연 잠이들지니라

◎회보ᄃᆡ금령슈

지명	성명	금액
堤川	張俊相	四十錢
	李會雲	四十錢
	李엘니사벳	四十錢
	柳海敬	八十錢
	金秀漢	四十錢
	金東根	四十錢
	李永弼	四十錢
	朴振成	四十錢
	南銈九	四十錢
	洪一煥	四十錢
開城	白南容	四十錢
清津	孫日敬	四十錢
洪川	崔養熹	四十錢
海州	車南祚	四十錢
仝	中村敎堂	四十錢
	吳世烈	四十錢
	黃允祚	四十錢
	申永心	四十錢
	徐中信	四十錢
龍安	韓贊弼	四十錢
北部桂洞	李夫人	二十錢
開城	李基兄	八十錢
西部戩笠洞	安駿錫	四十錢
忠州	趙應秀	六十錢
東部豆毛浦	盧鳳恩	四十錢
通川	崔允幅	一圓二十錢
鎭南浦	裵亨湜	七圓五十錢
仝	車炳彪	三圓二十錢
四德	劉永七	四十錢
淮陽	李元龍	四十錢
泰川	白允鴻	二圓二十錢
新溪	趙允瑞	四十錢
	金敬玉	四十錢
	金元珏	四十錢
	池允喜	四十錢
	林德茂	四十錢
	金致謙	四十錢
	金有根	四十錢

新刊聖書廣告

신간셩셔광고

번호		정가
七〇	신약젼셔 五호ᄌᆞ지의	十젼
九〇	샹동 관쥬 四호ᄌᆞ지의	三十젼

젼도의보급을위ᄒᆞ야이우혜긔록ᄒᆞᆫ렴가(廉價)의셩셔를재로발힝ᄒᆞ엿ᄉᆞ오니죠량후다쇼간청구ᄒᆞ심을경요

京城鍾路 **大英聖書公會** 白

대영셩셔공회 고

◎광 고◎

본공회에셔 각죵셩셔를 구비ᄒᆞ여 디방의 원근과 청구의 다쇼를 물론ᄒᆞ고 신속슈응ᄒᆞ는바 근일에 특별히 감가된칙도 잇고 재로 츌판된칙이 잇기로 이아래 긔록과 ᄀᆞᆺ치 광포홈

감가된칙

四號언문구신약		미뎡가독
三권一질	(포의)	一圓十錢
四號언한문신약	지의	四十문
同	(포의)	四十五錢
五號언한문신약	지의	三十五錢
同	(포의)	四十錢

새로출판된칙

四號언문관쥬신약	각죵
五號언문마태복음	가뎡각 錢

京城鍾路 **美國聖書公會** 告白

緊急廣告

一千九百十四년도월력을본셔회에셔임의인쇄ᄒᆞ야발매즁이온ᄃᆡ뎡가(定價)는ᄒᆞᆫ장에一젼식이며모양은一千九百十三년도월녁보다일층미량ᄒᆞ야ᄆᆡ일공부ᄒᆞᆯ셩경구절과농ᄉᆞ절긔와국명경절과교회명절을쳠입ᄒᆞ야각교우의게가히업지못ᄒᆞᆯ것ᄲᅮᆫ아니라각샤회에셔도ᄉᆞ용ᄒᆞ기필요ᄒᆞ오며

구쥬셩탄츅하표 는一千九百十二년도에각교회의모든형메ᄌᆞ미ᄭᅴ셔구쥬셩탄일을서로츅하ᄒᆞ는ᄯᅳᆺ으로깃브게ᄉᆞ용ᄒᆞ시든것이온ᄃᆡ아름다온빗츠로네가지그림으로인쇄ᄒᆞ야일반교우ᄭᅴ셔셩탄츅하ᄒᆞ시기에업지못ᄒᆞᆯ것이옵기금년에는다수히발매ᄒᆞ기위ᄒᆞ야특별렴가로四장일속을五젼식에방매ᄒᆞ겟ᄉᆞᆸ기ᄌᆞ에광보ᄒᆞ오며

一千九百十四년도회즁일긔 는 이아래긔록홈과ᄀᆞᆺ치방금인쇄즁이온ᄃᆡ너항을一千九百十三년도일긔칙보다특별히미량ᄒᆞ야ᄆᆡ일긔ᄒᆞ기에ᄆᆡ우편리ᄒᆞ도록ᄒᆞ엿ᄉᆞ오며세계총인구수효와죠션각도의인구수효와면적과리수와기타즁요ᄒᆞᆫᄉᆞ항을젼졀히긔입ᄒᆞ야ᄒᆞ나님ᄉᆞ역ᄒᆞ시는졔씨의재잠시도업지못ᄒᆞᆯ것으로믿ᄉᆞᆸᄂᆞ다우리의ᄉᆞ랑ᄒᆞ시는형메ᄌᆞ미ᄭᅴ셔는ᄯᅢ를일치마시고속히청구ᄒᆞ시와ᄒᆞ나님역ᄉᆞ에유익ᄒᆞ도록ᄒᆞ심을복축ᄒᆞᄂᆞ이다

회즁일긔	(포 의)	二十젼
仝	(후포의)	三十젼
仝	(혁 의)	六十젼

ᄃᆡ금은션금이나인환으로요구홈

京城鍾路 **朝鮮耶穌敎書會** 主務 班禹巨 告白

每週一回月曜日發行
大正二年十月二十三日印刷
大正二年十月二十七日發行

發行兼編輯人 開城北部山芝峴 奇義男
印刷人 京城北部樓閣洞 朴東完
印刷所 京城南部上犂洞 新文館
發行所 京城北部壯洞四十三統三戶 呂炳鉉邸

대금…代金 一쟝 二젼 / 六ᄀᆡ월 四十젼 / 一ᄀᆡ년 八十젼 / 海外 一ᄀᆡ년 一환六十젼

론설

●신쟈의 신령뎍교졔(神靈的交際)

일본쳥산학원 로졍一

「누구던지 하ᄂᆞᆯ에 계신 우리아바지의 뜻대로 ᄒᆞᄂᆞᆫ쟈ᄂᆞᆫ 나의 ᄌᆞᄆᆡ요 나의 부형이오 나의 모친이니라」 인ᄉᆡᆼ의 취미ᄂᆞᆫ 무엇이뇨 ᄒᆞ면 뜻이 ᄀᆞᆺ흔형뎨ᄭᅵ리 서로 만나 가슴 가온ᄃᆡ 비밀ᄒᆞᆫ것을 교통ᄒᆞᆷ이 우리인ᄉᆡᆼ의 무한히 쾌ᄒᆞᆫ일이라ᄒᆞ노라 우리ᄂᆞᆫ 텬부의 거룩ᄒᆞᆫ 뜻을 좃차 힝ᄒᆞᄂᆞᆫ 신령뎍형뎨인바 죵교와 교회를 인연ᄒᆞ야 신령뎍 교졔를 ᄒᆞᆯ만ᄒᆞᆫ 쟈들이아니뇨 ᄉᆡᆼ각컨ᄃᆡ 거듭남을 엇은쟈ㅣ 二三인이라도 서로 모힌곳에ᄂᆞᆫ 쥬 그리스도ᄭᅴ셔 반ᄃᆞ시 림ᄒᆞ시ᄂᆞ니 신령ᄒᆞᆫ힘이 흥발(興發)ᄒᆞ야 취미가 호연(浩然)ᄒᆞᆯ지니라 아푸리카 대사막(沙漠)을 륙힝ᄒᆞᄂᆞᆫ ᄃᆡ상(隊商)들을 볼지어다 뎌들이 이 사막을 건너갈때에 날마다 눈에 보이ᄂᆞᆫ것은 다만 챵챵ᄒᆞᆫ 하ᄂᆞᆯ과 막막ᄒᆞᆫ 사쟝이오 一뎜이라도 ᄆᆞᄋᆞᆷ을 깃브게 ᄒᆞᆯ것이 업셔셔 진실노 견ᄃᆡ기 어려온지라 그러나 가다가다 기름진 ᄯᅡᆼ을 만나면 약ᄃᆡᄂᆞᆫ 푸른 풀 언덕에 노코 사ᄅᆞᆷ은 ᄆᆞᆰ은ᄉᆡᆷ물을 움키여 마심으로 여러날 목마름을 위로ᄒᆞᄂᆞ니 우리인ᄉᆡᆼ이 이셰샹에 쳐ᄒᆞᆷ도 이와ᄀᆞᆺ도다 날마다 아모 쥬견도 업고 아모 취미도 업ᄂᆞᆫ 사ᄅᆞᆷ들과 서로 ᄶᅡᆨᄒᆞ여 속된일에 골몰ᄒᆞ면 보고 듯ᄂᆞᆫ것이 모도다 부패ᄒᆞᆫ 셰속에 감화되지 안음이 업셔셔 진실노 견ᄃᆡ기 어려우나 그러나 쥬일과 三일져녁에 신령ᄒᆞᆫ 형뎨ᄌᆞᄆᆡ로 더브러 서로 모혀「시와 찬미와 신령ᄒᆞᆫ 곡죠로 서로 화답ᄒᆞ며」 긔도ᄒᆞ며 복된말ᄉᆞᆷ을 드를때에 나도 업고 셰상도 업고 새셰계에 잇ᄂᆞᆫ 감념(感念)이 ᄌᆞ연히 ᄉᆡᆼ기ᄂᆞ니라 쥬ᄭᅴ셔 홍문산과 게세마네동산에셔 베드로 요한 야곱 세뎨ᄌᆞ로 더브러 동힝ᄒᆞ심이 결코 우연히 의미업ᄂᆞᆫ일이 아니니 날마다 산악ᄒᆞᆫ 무리와 쇼인들의게 에워싸인바되샤 그ᄆᆞᄋᆞᆷ가온ᄃᆡ 젹막ᄒᆞ고 무료(無聊)ᄒᆞᆫ 감각이 니러남이라 오쥬 예수 그리스도ᄭᅴ셔도 이와 ᄀᆞᆺ흐시거던 ᄒᆞ믈며 우리사ᄅᆞᆷ이리오 우리ᄂᆞᆫ 하로라도 신령ᄒᆞᆫ 친구가 업시ᄂᆞᆫ 참ᄉᆡᆼ활ᄒᆞᆯ수 업슬지로다

대개 신령ᄒᆞᆫ 친구를 의론컨ᄃᆡ 사ᄅᆞᆷ은 각각 ᄉᆞᄉᆞ로 됴화ᄒᆞᄂᆞᆫ것과 목뎍ᄒᆞᆷ과 경우를 ᄯᆞ라 서로 교졔ᄒᆞᄂᆞ니 우리의 닐온바 신령ᄒᆞᆫ 교졔라ᄒᆞᆷ은 텬부의 뜻대로 힝코져ᄒᆞᄂᆞᆫ 신쟈ᄉᆞ이에 ᄉᆞ괴ᄂᆞᆫ것이라 그 교졔의 목뎍은 젹게 말ᄒᆞ쟈면 서로 신심을 련단ᄒᆞ며 덕셩(德性)을 ᄇᆡ양케ᄒᆞᄂᆞᆫ것이며 이것을 크게 말ᄒᆞ쟈면 서로 합심ᄒᆞ야 텬국을 확쟝ᄒᆞ기를 긔도(期圖)ᄒᆞᆷ이니라

(미완)

샤고

본회보를 이호(愛護)구람ᄒᆞ시ᄂᆞᆫ 졔씨즁에 금년六개월 션금(先金)만 보내신이ᄂᆞᆫ 八월말일(末日)에 히 션금이 임의다ᄒᆞ엿ᄉᆞ오니 하반긔(下半期)六개월 션금四十젼식과 이ᄯᅢᄭᆞ지 션금을 아니보내신이ᄂᆞᆫ 一개년 션금八十젼식을 속속히 우편쇼위톄(郵便小爲替)로 붓쳐보내시와 본회보로ᄒᆞ여곰 뎡졍에 곤난ᄒᆞᆷ이 업게ᄒᆞ심을 근졀히 ᄇᆞ라ᄂᆞ이다

교즁휘문

◀니 보▶

●매셔부인의열심

평안북도 녕변군은 우샹을
숭비ᄒᆞ는 풍쇽이 셩힝ᄒᆞ는고
로 아직ᄭᆞ지 굿을ᄒᆞ며 불샹
(佛像)의게 불공ᄒᆞ는 부인이
허다ᄒᆞ고 모든 어두온 그늘
에 안즌쟈ㅣ 그수를 알기어
려운즁에셔 매셔부인 ᄒᆞᆫ분을
세운지라 이부인은 회ᄀᆡᄒᆞᆫ후
로 쥬를 열심으로 증거ᄒᆞ고
밋지아니ᄒᆞ는 부인들의게 힘
써 매셔ᄒᆞ고 젼도ᄒᆞᆫ것을 이
아래 긔록ᄒᆞ옵ᄂᆞ니 이부인의
셩명은 김샤은이오 나흔 四
十인ᄃᆡ 거구월즁에 매셔ᄒᆞ며
젼도ᄒᆞᆫ 집수는 二百집이오
밋지안는 부인을 방문ᄒᆞᆫ 수
효는 二百三十명이오 매셔ᄒᆞᆫ
것은 요한복음 마태복음 합
ᄒᆞ야 五十권이오 언문모르는
부인의게 셩경을 닑어 들니
고 또 핍박도 만히 당ᄒᆞ되
깃부고 감샤히 녁이기를 마
지아니ᄒᆞᆫ다 ᄒᆞ엿더라

●박씨의회ᄀᆡᄒᆞᆷ

최 샹 현

평양 리기동교회 교우박찬긔
씨는 나히 五十여셰인ᄃᆡ ᄌᆞ
긔ᄯᆞᆯ이 예수밋기를 권면ᄒᆞ며
리웃사ᄅᆞᆷ의 젼도를 만히 드
르ᄃᆡ 죵시 회ᄀᆡ안터니 금년
에 ᄌᆞ긔아ᄃᆞᆯ이 六월브터 밋
기로 시쟉ᄒᆞ고 불힝히 뢰병
으로 월여를 치료ᄒᆞ며 교우
들이 심방ᄒᆞ야 긔도ᄒᆞ더니
불힝히 셰샹을 영별ᄒᆞ니 나
히 十八셰라 그부모가 몃번
을 긔졀ᄒᆞ는ᄃᆡ 그 참혹ᄒᆞᆫ 형
샹은 말ᄒᆞᆯ수 업는지라 그ᄯᆡ
는 七월三十일복즁이나 본교
쇽쟝뎡용ᄃᆡ 한국보 기타졔씨
가 초죵범ᄇᆡᆨ에 극력으로 도
아준 결과로 그다음쥬일브터
교회에 나아와 쥬를 밋는ᄃᆡ
박씨는 교인의 ᄉᆞ랑ᄒᆞ는것을
칭찬도ᄒᆞ고 밋지안는쟈의게
열심으로 간증ᄒᆞ니 이영광은
하ᄂᆞ님ᄭᅴ 돌닌다 ᄒᆞ엿더라

●남감리교의감
샤일(感謝日)

긔셩 긔목ᄉᆞ

감샤일은 ᄒᆡ마다 우리교
회에셔 직히는바 금년남감
리교 년회의 작뎡ᄒᆞᆫ 결
과로 죠션각쳐 남감리교
회는 금년양력十월二十
일(음력十월초二일)목요
에 감샤일을 직히는 동시
에 죠션ᄂᆡ디션교회
를 위ᄒᆞ야 연보를 거두기
로ᄒᆞ엿더라

●량씨의츰회ᄀᆡ

황히도 구강령 안면 률동교
회 쇽쟝리셩필 유ᄉᆞ죠죵슈량
씨는 본교회에셔 다년시무ᄒᆞ
야 一반교우가 다 그의 감화
를 만히 밧엇더니 호ᄉᆞ다마
라 四五월젼브터 안식교에
유혹되여 본교회를 비반ᄒᆞ는
지라 여러교우가 쥬져ᄒᆞ야
갈바를 모르더니 슌힝목ᄉᆞ
고루부씨가 권면ᄒᆞ나 듯지안
니ᄒᆞ더니 하로는 리씨가 ᄭᅮᆷ
을 ᄭᅮ니 고목ᄉᆞ가 와셔 젼도
ᄒᆞ는 말숨이 안식일을 직힘
으로 구원엇는것이 아니라쥬
를 밋음으로 구원엇는다ᄒᆞ는
말을듯고 ᄭᆡ여보니 ᄒᆞᆫ ᄭᅮᆷ이라
그잇흔날 리씨가 ᄌᆞ긔 부인
과 안져셔 ᄭᅮᆷ 니야기를 ᄒᆞᆯ식
이 부인도 그와ᄀᆞᆺᄒᆞᆫ ᄭᅮᆷ을 ᄭᅮ
지라 즉시 하ᄂᆞ님ᄭᅴ 긔도ᄒᆞ
고 쥬일직히기를 다시작뎡ᄒᆞ
고 열심으로 교회일을 보고
죠씨는 거八월二十七일에 고
목ᄉᆞ와 샹봉ᄒᆞ야 권면ᄒᆞ고
一ᄀᆡ월간 긔도ᄒᆞ기를 셔로작
뎡ᄒᆞ고 긔도ᄒᆞ더니 구ᄒᆞ는쟈
의게 주시는 하ᄂᆞ님ᄭᅴ셔 셩
신의 감동ᄒᆞᆷ을 주샤 즉시 유
혹ᄒᆞ엿던 죄를 회ᄀᆡᄒᆞ고 다
시 쥬일직히기로 작뎡ᄒᆞ고
여러교우압헤셔 간증ᄒᆞ며 몃
ᄃᆞᆯ동안 보지못ᄒᆞᆫ일을 겸ᄒᆞ여
보겟다ᄒᆞ매 온 교회가 다 깃
버ᄒᆞ며 영광을 하ᄂᆞ님ᄭᅴ 돌
닌다 ᄒᆞ엿더라

●령동제직사경회뎨一회

강능 리 동 식

강원도 강능읍교당ᄂᆡ에셔 거
팔월十四일노 二十일ᄭᆞ지 강
능 삼쳑 울진 평히 四군에잇
는 직원들이 모혀 공부ᄒᆞ엿
는ᄃᆡ 학싱은 二十二인이오
교ᄉᆞ는 젼도ᄉᆞ안경록 황종오
죠지범 최히정 리동식졔씨오
과졍은 갑을두반으로 논호아
갑반에는 츌이급 요한복음
구약총론 젼도법이오 을반에

는 창셰긔 마가복음 신약총론 젼도법이오 시간은 샹오八시반으로 九시ᄭᆞ지 긔도회 九시로 十二시ᄭᆞ지 공부ᄒᆞ고 下오一시반으로 二시반ᄭᆞ지는 갑을반이 합ᄒᆞ여 ᄀᆡ인젼도법을 공부ᄒᆞ고 二시반으로 三시반ᄭᆞ지는 토론회로 모혓는ᄃᆡ 문뎨는 ᄌᆞ급 교육 교졔 혼례 장례 위싱 으로ᄒᆞ고 四시반으로 六시ᄭᆞ지는 각구역으로 논호와 열심으로젼도ᄒᆞ엿ᄉᆞ오니 춤으로 감샤ᄒᆞᆫ 일이와다 졔직사경회는 령동에 쳐음잇는 일인고로 만히 모히지못ᄒᆞ엿ᄉᆞ나 모히신이는 신령ᄒᆞᆫ 은혜를 풍셩히 밧아 각각 간증도ᄒᆞ고 ᄌᆞ복도ᄒᆞ며 지금브터는 각교회로 도라가셔 쥬의일을 새로 ᄒᆞ깃다고 작뎡ᄒᆞ엿스니 명년졔직사경회는 금년보다 여러비가 모힐줄 밋ᄉᆞ옵고 감샤ᄒᆞ옵ᄂᆡ다

●조월평에새례ᄇᆡ당

샹 동

강능군 옥계면 조월평 교회 쇽쟝 쟝한필씨는 四년젼에 우리쥬의 말솜을 듯고 ᄌᆞ긔 온식구와 김지하씨와 굿치밋으며 ᄌᆞ긔 집에서 례ᄇᆡ를보며 열심으로 젼도ᄒᆞ더니 교우가 四십여인에 달ᄒᆞ매 집이 협착ᄒᆞ야 례ᄇᆡ에 불편홈으로 하ᄂᆞ님ᄭᅴ 례ᄇᆡ당 건츅ᄒᆞ기 위ᄒᆞ야 긔도ᄒᆞ엿더니 금츈에 교우 몃분과 쟝씨부ᄌᆞ가 열심으로 ᄉᆞ역ᄒᆞ여 례ᄇᆡ당 六간을 ᄌᆞ긔긔디에 건츅ᄒᆞ고 그 긔디ᄭᆞ지 교회에 밧쳣ᄉᆞ오며 모든 교인들은 열심으로 써 례ᄇᆡ당에 모혀 례ᄇᆡ보더니 금번 박감리ᄉᆞ원빅씨와 목ᄉᆞ으리벗씨가 순힝ᄎᆞ로 이곳에와셔 거九월이십일일 쥬일에 하ᄂᆞ님ᄭᅴ 례ᄇᆡ당 봉헌식을 힝ᄒᆞ엿ᄉᆞ오니 다 쟝씨의 열심을 칭송치 안는이가 업다더라

●개인동졍

▲미감리회감독히리쓰씨는본월二十五일에 일본으로 브터 경셩에 도착ᄒᆞ엿더라

▲미국인커취씨는 죠션 그리스도교회창립에 ᄃᆡᄒᆞ야 미우 힘썻는ᄃᆡ 동씨도 금번에 히리쓰 감독과 작반ᄒᆞ야 경셩에 와셔뎨류즁이라더라

▲외 보▼

●미감리교의젼도회

일본동경미감리교의 특별젼도회는 본월二일브터四일ᄭᆞ지 ᄀᆡᄒᆞ엿는ᄃᆡ 만히 모힌때는一千三百 여인에 달ᄒᆞ엿고 그 결과는 새로 밋기로작뎡ᄒᆞᆫ쟈가 一百十五인이라더라

●일본죠합(組合)긔독교회 통계

일본젼국니 죠합긔독교회 통계표를 거ᄒᆞᆫ즉 독립교회가 七十五쳐 지교회가 十八쳐 강의쇼(講義所)가 九쳐이니 합계 一百二쳐에 목ᄉᆞ가 五十八인 젼도ᄉᆞ三十인 녀젼도ᄉᆞ十인 셰례교우가 五百六十三인 쥬일학교학싱이 五千五百四十一인이라더라

●젼국ᄉᆞ범학교쟝회의

일본젼국 ᄉᆞ범학교쟝회의는 본월十七일브터 一쥬간 ᄀᆡᄒᆞ엿는ᄃᆡ 문부셩에서 무러본 문뎨는 (一)ᄉᆞ범학교학싱의 덕셩(德性)을 비양홈에 ᄃᆡᄒᆞ야 특별히 ᄀᆡ량ᄒᆞᆯ 됴건이 무엇인지 그방법ᄭᆞ지 말ᄒᆞᆯ일 (二)ᄉᆞ범학교과졍을 더 간단히 ᄀᆡ량ᄒᆞᆯ것이 잇는지 그방법ᄭᆞ지 말ᄒᆞᆯ일 (三)현금ᄉᆞ범학교에 실힝ᄒᆞ는 교슈법에 혹 뎍졀(適切)치못ᄒᆞᆫ 뎜이 잇는지 그 ᄀᆡ량ᄒᆞᆯ됴건을 말ᄒᆞᆯ일 (四)ᄉᆞ범학교부쇽쇼학교의 뎍당ᄒᆞᆫ 편졔(編制)가 엇더ᄒᆞᆫ지 의견을 말ᄒᆞᆯ일이라더라

●지나공화국의신교ᄌᆞ유
(支那共和國信敎自由)

근일 지나공화국의 헌법이졔뎡되엿는ᄃᆡ 그즁에 一반인민이 무슨 종교던지 ᄌᆞ유로 신앙ᄒᆞ라는 됴건이 편입되엿다더라

●이이란 ᄌᆞ치졍례 법안 실패(失敗)

이이란국ᄌᆞ치졍례(自治政體)에 ᄃᆡᄒᆞᆫ 법안을 히국니 一반신교파가 반ᄃᆡᄒᆞᆷ은 긔왕에 본보에 게재ᄒᆞ엿거니와 영국샹의원 뎨이독회(第二讀會)에서 三百二표(票)에 ᄃᆡᄒᆞᆫ 三百六十四표로 실패되여 명년국회에 다시 뎨츌ᄒᆞᆯ작뎡이라더라

●미국금쥬회(禁酒會)긔렴회

三 미국금쥬회 창립뎨二十년 긔

렴회는 릐十一월 十일브터 동十三일ᄭᆞ지 오하이오 콜넘버스에셔 기ᄒᆞᆯ작뎡인ᄃᆡ 당회에 참셕ᄒᆞᆯ 각교회ᄃᆡ표쟈는 적어도 二만명가량은 될줄노 츄측ᄒᆞᆫ다ᄒᆞ엿더라

●미국각교파목ᄉᆞ의년봉(年俸)

미국에셔 근일됴사ᄒᆞᆫ바를 거ᄒᆞᆫ즉 ᄒᆡ국ᄂᆡ 각교파즁 대도회쳐밧ᄭᅴ 잇ᄂᆞᆫ 각교회목ᄉᆞ의 一년봉급 평균익은 유니틔리안교회는 二千四百四十二환 북장로교회는 一千九百五十四환 기량교회는 一千八百四十六환 죠합(組合)교회는 一千七百六十환 남장로교회는 一千七百十四환 미감리교회는 一千四百八十二환 북침례교회는 一千三百六十六환 남감리교회는 一千三百六十二환 형뎨교회는 一千九百十四환 뎨ᄌᆞ교회는 一千五十二환 남쟝로교회는六百六十八환식이라더라

긔셔

●부인의의무

공쥬영명여학교리일나

리

므릇 하ᄂᆞ님ᄭᅴ셔 텬디와 만물을 내셧ᄂᆞᆫᄃᆡ 그 가온ᄃᆡ 사ᄅᆞᆷ이 ᄀᆞ장 귀ᄒᆞ고 신령ᄒᆞᆷ은 지혜를 쥬심이라 만약 지혜가 업ᄉᆞᆯ진ᄃᆡ 금슈와 조곰도 다름이 업ᄉᆞᆯ지라 그런즉 지혜라 ᄒᆞᄂᆞᆫ것이 남ᄌᆞ의게만 잇ᄂᆞᆫ것이 아니라 녀ᄌᆞ의게도 동一ᄒᆞᆫ 지혜를 주셧ᄂᆞ니 남ᄌᆞ와 녀ᄌᆞ가 동一ᄒᆞᆫ 지혜가 잇ᄉᆞᆯ디경이면 동등의 권리가 잇ᄉᆞᆷ은 분명ᄒᆞᆫ 리치가 아닌가 그럼으로 태셔각국의 문명ᄒᆞᆫ 나라와 동양에도 션진ᄒᆞᆫ 나라를보면 남ᄌᆞ와 녀ᄌᆞ의 우렬이 업고 동등된 권리로 남ᄌᆞᄂᆞᆫ 남ᄌᆞ의 의무를 힝ᄒᆞ고 녀ᄌᆞᄂᆞᆫ 녀ᄌᆞ의 의무를 힝ᄒᆞ야 부인샤회가 잇ᄂᆞᆫ 가온ᄃᆡ 외국부인회는 나라를 위ᄒᆞ야 ᄋᆞ히를 교육ᄒᆞᄃᆡ ᄒᆞᆼ샹 나라ᄉᆞ랑ᄒᆞᄂᆞᆫ 졍신을 뢰슈에 너어 줌으로 어렷슬때브터 몸이 맛도록 나라를 ᄉᆞ랑ᄒᆞᆯ줄을 알고 ᄌᆞ션부인회는 ᄌᆞ션덕으로 어린ᄋᆞ히를 인도ᄒᆞᆷ으로 어렷슬때브터 하ᄂᆞ님을 ᄉᆞ랑ᄒᆞ고 부모의게 효도ᄒᆞ며 형뎨의게 우익ᄒᆞ고 나라에 츙셩ᄒᆞ며 동포를 ᄉᆞ랑ᄒᆞᆯ줄 아ᄂᆞᆫᄆᆞᄋᆞᆷ이 잇도다 그럼으로 나라민족은 도덕과 교육이 병진되니 엇지 문명극도에 도달치 아니ᄒᆞ리오 그것을 볼진ᄃᆡ 그나라 부인샤회가 그나라에 ᄃᆡᄒᆞᆫ 의무가 이ᄀᆞᆺ치 즁대ᄒᆞ도다

슬프다 죠션부인형뎨여 쥬ᄭᅴ셔 주신 동등권리로 四쳔여년을 남ᄌᆞ의 속박을 밧고 ᄒᆞᆫ집안에셔 ᄌᆞ유로 활동치 못ᄒᆞᄂᆞᆫ 동물의 ᄃᆡ졉을 밧엇도다 쥬ᄭᅴ셔 주신 동一ᄒᆞᆫ 셩픔으로 엇지ᄒᆞ야 친리를 일엿ᄂᆞᆫ가 인류의 ᄉᆞ샹이 잇슬진ᄃᆡ 분ᄒᆞᆫ ᄆᆞᄋᆞᆷ이 잇슬것이오 한ᄒᆞᄂᆞᆫᄆᆞᄋᆞᆷ이 잇슬진ᄃᆡ 연구ᄒᆞᆯ ᄉᆞ샹이 싱길지라 엇지ᄒᆞ여야 권리를 회복ᄒᆞ겟ᄂᆞᆫ가ᄒᆞ면 우리 용렬ᄒᆞᆫ ᄉᆞ샹으로ᄂᆞᆫ 문명ᄒᆞᆫ 나라부인의 졍도와 ᄀᆞᆺ지못ᄒᆞ니 어나겨를에 三四十셰가 넘은부인들은 교육밧어 부인샤회에 출각ᄒᆞ기 어렵고 죠션풍속으로 ᄂᆡ외를극진히 ᄒᆞ야 문밧을 감히 나가지 못ᄒᆞ던 부인을 별안간 샤회에 나오시기를 권고ᄒᆞ면 도모지 못될일이니 폐일언ᄒᆞ고 쥬를 밋지아니ᄒᆞᆫ 부녀제씨를 권면ᄒᆞ야 쥬ᄭᅴ로 인도ᄒᆞ고 나히어린 녀ᄌᆞ들을 하로밧비 교육ᄒᆞ야 쥬의 진리와 이셰샹학문을 연구케ᄒᆞ야 도덕샹 지식을 발달케ᄒᆞᆷ이 가히 우리죠션 부인졍도에 뎍당ᄒᆞ도다

대뎌 교육을 말ᄒᆞᆯ진ᄃᆡ 가뎡교육과 학교교육과 샤회교육인ᄃᆡ 이세가지 교육즁에 가뎡교육이 뎨一 긴요ᄒᆞ니 잠간말ᄒᆞᆯ진ᄃᆡ 동산에 나무를 심어 기를 때에 혹 ᄭᅮ부러진 것은 바로잡고 북을 돗오며 곗가지를 쳐셔 잘 기르면 보기에도 됴커니와 이후에 됴흔 ᄌᆡ목을 일울지니 만일 그대로 ᄇᆞ려두면 화목(火木)지용밧게 더못될지라 어린ᄋᆞ히를 교훈ᄒᆞᆯ때에 쥬의 진리가온ᄃᆡ 인익뎍(仁愛的)으로 ᄒᆞᆼ샹 그ᄆᆞᄋᆞᆷ을 바르게ᄒᆞ며 뢰슈에 공덕심과 ᄉᆞ랑ᄒᆞᄂᆞᆫ ᄆᆞᄋᆞᆷ을 너어주면 그ᄋᆞ히가 어릴때브터 경뎐의인ᄒᆞᆷ과 공익덕을 위ᄒᆞ야 ᄌᆞ긔의 몸이 맛도록 압흐로 나아가ᄂᆞᆫ 큰일군이 되여 길일흔 동포를 구

ᄒᆞ야 쥬의길노 인도ᄒᆞ면 누가아니 찬숑ᄒᆞ리오 그런즉 그ᄋᆞ혜를 누가ᄀᆞᄅᆞ치리오 오직 그ᄋᆞ혜의 어머니가 션싱이 될지라 곤졀히 ᄇᆞ라노니 우리 죠션 부인 형뎨들은 이왕일은 후회말고 어셔밧비 후진ᄋᆞᆯ 교육ᄒᆞ야 졀셰인격(絕世人格)을 ᄆᆞᆫᄃᆞ러ᄀᆡ인ᄀᆡ인이지ᄉᆞ인인(志士仁人)이되면 여러분 형뎨의 공로가 엇지 크지아니리오 그런즉 一반동포의 문명발달됨이 졔부인형뎨의 감화력에 달녓스니 즁ᄒᆞ고크도다 우리죠션부인샤회의 담당ᄒᆞᆫ ᄌᆞ연뎍(自然的)의무여

교회ᄉᆞ긔

긔이부 역술

뎨七관 아팔라나리어쓰의 셜명홈

쥬후수ᄇᆡᆨ년간에 변론이 여러번 니러남은 오직 ᄒᆞᄂᆞ님이 三위一톄에 관ᄒᆞᆫ 문뎨뿐이라 그리스도의 신셩이 ᄒᆞᄂᆞ님과 사ᄅᆞᆷ의 셩픔을 합ᄒᆞᆫ것을 각각 ᄯᅳᆺ대로 변론ᄒᆞ니 三百八十년에 나오듸시아감독 아팔라나리어쓰는 경건ᄒᆞ고 학문이 풍달ᄒᆞ여 안탄나이어쓰의 벗이된지라 처음에는 나이쓰웁 신식을 좃더니 늙으매 그러치 아니ᄒᆞ야 그리스도ᄭᅴ셔 ᄒᆞᄂᆞ님과 사ᄅᆞᆷ의 두셩픔을 합ᄒᆞᆫ 리치를 변론ᄒᆞᆯ식 편벽되히 말ᄒᆞ되 그리스도ᄭᅴ셔 만일 온젼히 ᄒᆞᄂᆞ님과 사ᄅᆞᆷ의 셩픔을 합ᄒᆞ엿스면 一위가 되지못ᄒᆞ고 반ᄃᆞ시 두위가 되실것이오 ᄯᅩ 사ᄅᆞᆷ의 셩픔이 잇스면 반ᄃᆞ시 사ᄅᆞᆷ의원죄가 잇슬것이니 대개 죄가 싱기는 긔틀은 ᄆᆞᄋᆞᆷ안에 ᄲᅮᆫ리가 박힘이오ᄯᅩ만일 그리스도ᄭᅴ셔 온젼히 사ᄅᆞᆷ의 셩픔이 잇스면 ᄯᅩᄒᆞᆫ 사ᄅᆞᆷ의 ᄆᆞᄋᆞᆷ도 잇슬것이라 그런고로 분셕ᄒᆞ야 말ᄒᆞ쟈면 그리스도는 온젼히 ᄒᆞᄂᆞ님의 셩픔으로 사ᄅᆞᆷ의 육신을 닙으실뿐이라 대개 셩경에그리스도ᄭᅴ셔 육신으로 탄싱ᄒᆞ신것만 말ᄉᆞᆷᄒᆞ고 혼을일우신 것을말ᄉᆞᆷᄒᆞ지 아니ᄒᆞ엿스니 혼이라 ᄒᆞ는것은 나고 셰ᄃᆞᆺ고 신령ᄒᆞᆫ것이니 나고 셰ᄃᆞᆺ는것 두가지는 사ᄅᆞᆷ과 만물이 다 잇는것이라 그러나 그리스도ᄭᅴ셔는 나고 셰ᄃᆞᆺ는 혼은 어머니로 말ᄆᆡ암아 엇으셧고 신령ᄒᆞᆫ것은 ᄒᆞᄂᆞ님으로 말ᄆᆡ암아 일운것이니 반ᄃᆞ시 이와 ᄀᆞᆺᄒᆞ여야 그리스도는 가히 원죄가 업는 구쥬가 되리라 ᄒᆞ니 그ᄯᅢ에 이말을 ᄶᅩᆺ는쟈ㅣ만히 잇셔 ᄉᆞᄉᆞ로 교회를 세우니 안탄나시어쓰와 그레고리가 힘을 합ᄒᆞ야 그말를 듸뎍ᄒᆞ고 칸스탄틘노불셩 총회에셔 그 그른것을 ᄇᆡᆨ쳑ᄒᆞ여 말ᄒᆞ되(三百八十一년)셩경에 비록 그리스도의 육신만 일우신것을 긔록ᄒᆞ엿스나 그러나 궁구ᄒᆞ면 육신과 령혼두가지를 말ᄉᆞᆷᄒᆞᆫ것이 잇스니 그리스도ᄭᅴ셔 ᄒᆞᄂᆞ님의 셩픔만 온젼히 잇슬뿐 아니라 ᄯᅩᄒᆞᆫ 육신과 셩신과 령혼 세가지가 잇스니 이럼으로 구쥬가 되신것이라 만일 그리스도ᄭᅴ셔 신령ᄒᆞ실지라도 나고 셰ᄃᆞᆺ는 령혼만 잇스면 가히 사ᄅᆞᆷ의 령혼을 구원치 못ᄒᆞ실것이니 웨 그런고ᄒᆞ면 사ᄅᆞᆷ의 ᄆᆞᄋᆞᆷ이 잇서야 모든 시험을 밧을것이오 ᄯᅩ 학습이 잇슨연후에야 가히 션지가 될수잇는연고라 그런고로 사ᄅᆞᆷ으로 더브러 다름이업는 참 사ᄅᆞᆷ이시라 바울이 말ᄒᆞ듸 ᄒᆞᄂᆞ님ᄭᅴ셔 당신아ᄃᆞᆯ를 죄잇는 육신의 형상으로 보내셧다ᄒᆞ니 (루마八쟝三졀) 그러면 육신이 됨으로 죄를 밧지아니ᄒᆞ셧ᄂᆞ뇨 무르듸 그ᄯᅢ 그리스도를 ᄒᆞᄂᆞ님과 사ᄅᆞᆷ의 두가지 셩픔으로 번론ᄒᆞ던쟈들이 각각 ᄒᆞᆫ 칙을 지어 말ᄒᆞ엿스듸 혹은 ᄒᆞᄂᆞ님의 셩픔만잇고 ᄉᆞᄅᆞᆷ의 셩픔은 일어ᄇᆞ리셧다ᄒᆞ고 잇던이는 말ᄒᆞ듸 사ᄅᆞᆷ의 셩픔만 잇고 ᄒᆞᄂᆞ님의 셩픔을 일어ᄇᆞ리셧스니 뎍당ᄒᆞᆫ 즁도(中道)를 잡기가 어려온지라 알넥산드리아 교회의 명ᄉᆞ들은 그리스도가 ᄒᆞᄂᆞ님의 셩픔만 잇ᄉᆞᆫ즉 그리스도의 어머니는 ᄒᆞᄂᆞ님을 나흔쟈ㅣ라 ᄒᆞ여ᄀᆞᆯᄋᆞ듸 도가 사ᄅᆞᆷ의 형상에 졉ᄒᆞ여 ᄒᆞᄂᆞ님의 셩픔이 되엿스니 그리스도ᄭᅴ셔 거룩홈을 일운것은 ᄉᆞ셰(事勢)가 그러ᄒᆞ다ᄒᆞ고 안듸옥교회 명ᄉᆞ들은 그리스도가 사ᄅᆞᆷ의 셩픔만잇다ᄒᆞ야 말ᄒᆞ듸 도가 사ᄅᆞᆷ의 육톄에 븟쳣스니 ᄒᆞᄂᆞ님의 셩픔이 되지아니홀것이오

五

그리스도ᄭᅴ셔 거륵ᄒᆞᆷ을 일운것은 공력二로 된것이라 ᄒᆞ더라 (미완)

성경공부의지침(속)

●성경의도리와교훈

구약셩경의 대지는 첫재 우리로ᄒᆞ여곰 오직 ᄒᆞᆫ분이신 참 하ᄂᆞ님을 알게ᄒᆞᆷ이니 대개 하ᄂᆞ님은 영ᄉᆡᆼᄒᆞ시며 젼능ᄒᆞ시고 텬디만물을 창조ᄒᆞ셧스며 온젼히 공졍ᄒᆞ시고 거륵ᄒᆞ시며 ᄉᆞ랑과 ᄌᆞ비ᄒᆞ심이 만흐시고 만물노 ᄒᆞ여곰 다 당신의 ᄯᅳᆺ을 ᄯᆞ라 각각 질셔(秩序)를 직히게ᄒᆞ신것을 다 이칙가온ᄃᆡ 긔록ᄒᆞ엿ᄂᆞ니라

둘재 이칙은 하ᄂᆞ님과 사ᄅᆞᆷᄉᆞ이에 관계된것을 ᄀᆞᄅᆞ침이니 하ᄂᆞ님ᄭᅴ셔 임의 텬디만물을 창조ᄒᆞ신후에는 첫재 사ᄅᆞᆷ 곳 아담을 당신의 형샹과 ᄀᆞᆺ치 문ᄃᆞ셧ᄂᆞᆫᄃᆡ 이사ᄅᆞᆷ이 처음에는 졍직ᄒᆞ고 질거워ᄒᆞ야 아모죄가 업ᄂᆞᆫ지라 더로ᄒᆞ여곰 만물을 관할ᄒᆞᄂᆞᆫ 주인이 되게ᄒᆞ엿더니 즁간에 마귀의 시험에 ᄲᅡ져 하ᄂᆞ님의 계명을 어김으로 이 셰샹에 죄가 드러오고 죄로인ᄒᆞ야 ᄉᆞ망케ᄒᆞ신고로 그ᄌᆞ손들도 다 나면서 원죄가 잇ᄂᆞᆫ고로 다 죄짓기를 됴화ᄒᆞᄂᆞᆫ리치도 이칙가온ᄃᆡ ᄀᆞᄅᆞ쳣ᄂᆞ니라

셋재 이칙은 하ᄂᆞ님ᄭᅴ셔 사ᄅᆞᆷ의게 약됴ᄒᆞ신것을 ᄀᆞᄅᆞ침이니 하ᄂᆞ님ᄭᅴ셔 아브라함과 이삭과 야곱과 다윗과 모든 션지들을 ᄃᆡᄒᆞ야 당신이 쟝ᄎᆞᆺ 거륵ᄒᆞ신 구쥬를 보내샤 누구던지 이 약됴를 참 ᄆᆞ옴으로 밋고 더회ᄉᆡᆼ명과 모든것을 다 그의게 밧치ᄂᆞᆫ쟈ᄂᆞᆫ 반ᄃᆞ시 죄에셔 구원ᄒᆞ심을 엇게ᄒᆞ시겟다고 약됴ᄒᆞ신것도 다 이칙가온ᄃᆡ 말ᄒᆞ엿ᄂᆞ니라 (미완)

루터션ᄉᆡᆼ의략ᄉᆞ(속)

●뇌오와 뎃셀과 에익의 관계

一千五百十七년에 새술이 헌부ᄃᆡ를 텃드림과 ᄀᆞᆺ치 루터션ᄉᆡᆼ은 로마교가 올치아닌줄 밋음으로 그교를 파멸케ᄒᆞ엿더라 이ᄯᅢ에 로마법왕은 노렌쇼듸메듸시의 열재아ᄃᆞᆯ인ᄃᆡ 셩베드로회당을 건륙ᄒᆞ기에 지졍이 부죡ᄒᆞᆷ으로 샤죄문(赦罪文)을 문ᄃᆞ러노코 누구던지 신부의게 제 죄를 고ᄒᆞ고 이 샤죄문을 사ᄂᆞᆫ쟈ᄂᆞᆫ 샤죄ᄒᆞᆷ을 밧ᄂᆞᆫ다ᄒᆞ고 샤죄문을 크게 방매ᄒᆞ며 권고ᄒᆞ여왈 죽은쟈나 산쟈나 친구나 ᄌᆞ긔를 위ᄒᆞ야 이 글을 사면 ᄅᆡᄉᆡᆼ에 디옥형벌을 면ᄒᆞᆫ다 ᄒᆞ더라 도민니칸 신부 요한 뎃셀이 큰 돈궤를 가지고 ᄉᆡᆨ손늬디방에 가셔 돈만흔 회샤쥬인들과 빈한ᄒᆞᆫ ᄇᆡᆨ셩의게 돈을 엇으랴고 샤죄문을 팔면셔 말ᄒᆞᄃᆡ「누구던지 이후셰에 령혼이 디옥에 ᄲᅥ러질가 두려워ᄒᆞ거던 이궤에 돈을던지라 그리ᄒᆞ면 그령혼이 쟝ᄎᆞᆺ 텬당에 가리라」ᄒᆞ매 어리석은 인민이 닷호아 돈을 던지매 루터ᄂᆞᆫ 신령ᄒᆞᆫ 리치를 연구ᄒᆞ고 셩경을 공부ᄒᆞᆫ 션ᄉᆡᆼ이라 뎃셀을 ᄃᆡᄒᆞ야 샤죄를 엇음은 다만 그죄ᄂᆞᆯ 회ᄀᆡᄒᆞ고 그리스도를 밋음에 잇다ᄒᆞ고 덕국에셔ᄂᆞᆫ 뎃셀이 샤죄문파ᄂᆞᆫ것을 금ᄒᆞ랴ᄒᆞ엿스나 목뎍을 달치 못ᄒᆞᆫ지라 션ᄉᆡᆼ이 ᄉᆞᄉᆞ로 말ᄒᆞᄃᆡ 내가 하ᄂᆞ님의 ᄯᅳᆺ대로 뎌불의ᄒᆞᆫ쟈의 북(鼓)을 ᄭᅢ트리라 ᄒᆞ고 그샤죄문을 반ᄃᆡᄒᆞᄂᆞᆫ 글 九十五됴를 써셔 윗텐벍회당문에 붓쳣스니 이날은 一千五百十七년 一월 二十一일이니 이날 져녁은 로마교회에셔 거륵ᄒᆞᆫ져녁이라 칭ᄒᆞᄂᆞᆫᄃᆡ 션ᄉᆡᆼ이 이날브터 죵교ᄀᆡ혁(改革)을 시작ᄒᆞ엿더라 이로 인ᄒᆞ야 큰소동이 니러나니 처음에ᄂᆞᆫ 온덕국ᄇᆡᆨ셩이 션ᄉᆡᆼ을 찬셩ᄒᆞᄂᆞᆫ듯ᄒᆞ더니 졍부와 교회감독이 협력ᄒᆞ야 얼마후에ᄂᆞᆫ 닷토기를 시작ᄒᆞ야 션ᄉᆡᆼ을 반ᄃᆡᄒᆞᄂᆞᆫ 징톤이 날노 셩힝ᄒᆞ더니 一千五百十九년에ᄂᆞᆫ 션ᄉᆡᆼ의 학교친구즁요ᄒᆞᆫ 에익이 션ᄉᆡᆼ을 이단힝ᄒᆞᆫ다고 공격(攻擊)ᄒᆞ야 여러가지 됴목을 문ᄃᆞ럿ᄂᆞᆫ지라 이로 인ᄒᆞ야 레입식에셔 션ᄉᆡᆼ이 에익으로 더브러 크게 변로ᄒᆞ엿ᄂᆞᆫᄃᆡ 이변론즁에 션ᄉᆡᆼ이 법왕만 비쳑ᄒᆞᆯ뿐아니라 온교회의 공회ᄭᆞ지 비쳑ᄒᆞ여왈 죵교샹 권세ᄂᆞᆫ 오직셩경가온ᄃᆡ 믁시된 하ᄂᆞ님의 말ᄉᆞᆷ뿐이라고 말ᄒᆞ엿더니 맛내참 법왕의 명령으로 션ᄉᆡᆼ을 이

교자(異敎者)라 칭ᄒᆞ야 출교ᄒᆞᄂᆞᆫ지라 一千五百二十년十二월十일에 션싱이 이훈령을 웜렌벅쟝터에셔 불사로고 법왕과 그권리를 항거ᄒᆞ니 로마교와 갈나섬이 이ᄯᅢ에 완셩되엿더라 (미완)

◎가뎡과 쇼ᄋᆞ

●어린ᄋᆞᄒᆡ의 ᄌᆞ션심이 그 모친을회ᄀᆡ식힘

일니스라ᄒᆞᄂᆞᆫ ᄋᆞᄒᆡ는 큰부쟈의 ᄯᆞᆯ인ᄃᆡ 홍샹 화려ᄒᆞᆫ 의복을 닙고 아ᄅᆞᆷ다온 음식을 먹으며 굉걸ᄒᆞᆫ 집에거쳐ᄒᆞ고 그리웃에 ᄭᅢ라운이란 사ᄅᆞᆷ이 사ᄂᆞᆫᄃᆡ ᄌᆞ녀가 八인이라 그러나 가셰가 빈한ᄒᆞ야 람루ᄒᆞᆫ 의복이 뎌희몸을 가리우지 못ᄒᆞ고 일니스로 더브러 홈ᄭᅴ 놀새 일니스의 모친은 ᄆᆞᄋᆞᆷ이 대단히 교만ᄒᆞ야 빈한ᄒᆞᆫ 사ᄅᆞᆷ을 눈아ᄅᆡ로 보는고로 일니스가 그 리웃집 ᄋᆞᄒᆡ들과 ᄀᆞᆺ치 놀지 못ᄒᆞ게 ᄒᆞ매 일니스도 ᄯᅩᄒᆞᆫ 그모친을 본밧어 교만ᄒᆞ더니 하로는 그유모가 무ᄉᆞᆷ 잡지척을 닑는ᄃᆡ 그 가온ᄃᆡ 부쟈와 나사로의 관계된 니야기와 ᄉᆞ도들이 무한ᄒᆞᆫ 곤난과 핍박을 밧는즁에도 그잇는지산을 홋허 빈한ᄒᆞᆫ 사ᄅᆞᆷ을 구제ᄒᆞᆫ일을 ᄌᆡ미잇는 말ᄒᆞᆫ것이라 일니스가 그유모의 닑는소ᄅᆡ를 미우 주의ᄒᆞ야 듯다가 유모ᄃᆞ려 무러왈「유모ㅣ 하ᄂᆞ님ᄭᅴ셔도 나사로ᄀᆞᆺ치 빈한ᄒᆞ고 더러온 사ᄅᆞᆷ을 ᄉᆞ랑ᄒᆞ셧ᄂᆞ잇가」유모ㅣ 답왈 하ᄂᆞ님ᄭᅴ셔는 빈한ᄒᆞᆫ 사ᄅᆞᆷ을 더 ᄉᆞ랑ᄒᆞ시고 불샹히 넉이시ᄂᆞ니이다」일니스가 그잇흔날 그 모친ᄭᅴ 고ᄒᆞ여 왈 어머니ㅣ 나는 오놀브터 녯날 ᄉᆞ도들의 힝ᄒᆞᆫ 일을 본밧어 착ᄒᆞᆫ일을 좀 힝ᄒᆞ여보깃ᄂᆞ이다 그모친이 얼마동안 싱각ᄒᆞ더니 우서왈 네 ᄆᆞᄋᆞᆷ대로 ᄒᆞᆯ터니면 ᄒᆞ렴오나」일니스가 즉시 됴흔과ᄌᆞ와 아ᄅᆞᆷ다온 완물(玩物)을 만히 가지고 그 리웃집에 가셔 여러ᄋᆞᄒᆡ들을 논호아 주고 대단히 깃븐모양으로 집에와셔 그후브터는 의복가지던지 음식이던지 ᄒᆞᆼ샹 그 빈한ᄒᆞᆫ집 ᄋᆞᄒᆡ들을 갓다주매 그리웃집에셔 미우 깃버ᄒᆞ야 칭찬ᄒᆞ기를 마지아니ᄒᆞ는지라 그 모친도 일니스의 ᄒᆞ는 것을보고 감동되여 젼과ᄀᆞᆺ치 린식ᄒᆞ고 교만ᄒᆞᆫᄆᆞᄋᆞᆷ이 만히 업셔지고 일니스는 十셰젼에 그 리웃집 ᄋᆞᄒᆡ들의게로 브터 ᄌᆞ션ᄉᆞ업을 시작ᄒᆞ야 날마다 히마다 그ᄌᆞ션심이 진보되여 필경 당시에 유명ᄒᆞᆫ 대ᄌᆞ션가를 일우엇더라

평림(評林)

●여섯ᄭᅡ지병든교인

메쳔 리은영

△녀름에는 례비를 젼폐ᄒᆞ고 겨울에만 례비보니 더위먹은 교인인지

△ᄒᆞᆫ쥬일은례비보고ᄒᆞᆫ쥬일은 불참ᄒᆞ니 학질엇은 교인인지

△부인불너일식히고ᄌᆞ긔혼자 례비보니 반신불슈 교인인지

△아ᄃᆞᆯ불너일식히고부부ᄭᅵ리 례비보니 졀ᄯᅮᆨ발이 교인인지

△쥬일아춤례비보고오후에는 일만ᄒᆞ니사열사한(乍熱乍寒) 교인인가

△여긔뎌긔볼일보고례비ᄉᆞᆺ헤 참예ᄒᆞ니 퇴가샹ᄒᆞᆫ 교인인지

우숨거리(笑話)

셔양엇던 어리셕은 사ᄅᆞᆷ이 센폴셔 긔챠를 ᄐᆞ고 싀틀ᄭᅡ지 가는즁인ᄃᆡ 챠속에셔 쟝거슈ᄃᆞ려 뭇기를

여보ㅣ센폴에셔 싀틀이 몃리나 되ᄂᆞ잇가

쟝거슈가 ᄃᆡ답ᄒᆞᄃᆡ

一쳔五百二十영리올세다

어리셕은 사ᄅᆞᆷ이 ᄒᆞᆫ참동안안젓더니 쟝거슈가 ᄯᅩ 그 압흐로 지나가매 다시 뭇기를

여보ㅣ 그러면 싀틀셔 센폴은 몃리나 되ᄂᆞ잇가

쟝거슈가 ᄲᆞᆯᄲᆞᆯ우ᄉᆞ면셔 ᄒᆞ는 말이

여보ㅣ이 졍신업는 친구 그것은 무슨말이오 센폴셔 싀틀이 一千六百二十리면 싀틀셔센폴도 一千六百二十리겟지 다를것이 무엇이란말이오

어리셕은쟈가 ᄃᆡ답ᄒᆞᄃᆡ

엇지 그럴리치가 잇단말이오 구쥬탄일브터 양력一월一일ᄭᅡ지는 다만 七일동안이오 一월一일브터 구쥬탄일ᄭᅡ지는 三百十九일인데

종교쇼셜(宗敎小說)

●량단의루(兩端之淚) (三)

목ᄉᆞ가 닑기를 다ᄒᆞ매 그 부인을 도라보며왈

부인ᄉᆡᆼ각이 엇더ᄒᆞ오

그 부인은 ᄃᆡ답ᄒᆞᄃᆡ

一년봉급이 二千원이면 지금밧는것보다 二ᄇᆡ나 되는구려

목ᄉᆞ는 ᄒᆞᆫ번 탄식ᄒᆞ는 소ᄅᆡ를 발ᄒᆞ여왈

응ㅡ그것은 무ᄉᆞᆫ말이오 우리는 리욕를 탐ᄒᆞ는 사ᄅᆞᆷ이 아닌ᄃᆡ 웨 봉급의 다쇼를 몬져ᄉᆡᆼ각ᄒᆞᆫ단말이오

강씨는 목ᄉᆞ의 얼골을 ᄒᆞᆫ참 쳐다보다가 빙긋빙긋우스며왈

령감은 봉급ᄉᆡᆼ각을 도모지 아니ᄒᆞ실는지 나 모르겟소 령감이 만일 그런ᄉᆡᆼ각이 업셧스면 오ᄂᆞᆯ날 더만콤 화려ᄒᆞᆫ 의복과 더만콤 아름다온 음식과 더만콤 구비ᄒᆞᆫ 긔용품(器用品)이 어ᄃᆡ셔 ᄉᆡᆼ겻겟소

목ᄉᆞ는 적이 우스며왈

그도 그러키는 그러ᄒᆞ오 그러나 여긔 편지ᄒᆞᆫ장이 또 잇스니 내가 닑는것을 또 좀 드러보시오

인ᄒᆞ야 그편지를 들고 랑독ᄒᆞ니 그ᄂᆡ용에 ᄒᆞ엿스ᄃᆡ

경계쟈는 본교당에서 션ᄉᆡᆼ의 놉흐신 셩망을 ᄉᆞ모ᄒᆞ와 본교당 관할ᄒᆞ는 목ᄉᆞ로 연빙(延聘)코져 ᄒᆞᄋᆞᆸ는바 보슈(報酬)는 一년에 二千원식이오 또 녀름두달 동안은 한양(閒養)ᄒᆞ실틈을 드리겟ᄉᆞ오며 또ᄒᆞᆫ 이곳은 학교가 四면 총총ᄒᆞ와 여러학ᄉᆡᆼ들노 더브러 뎐국일을 ᄀᆞᆺ치 힘쓰실수 잇ᄉᆞ오니 이 엇지 션ᄉᆡᆼ의 됴흔 긔회가 아니리오 이에앙청(仰請)ᄒᆞ오니 죠량ᄒᆞ신후 본교당의 ᄇᆞ라는 ᄯᅳᆺ을 져ᄇᆞ리시지 말고 곳 왕림ᄒᆞ시기를 업ᄃᆡ려 츅슈ᄒᆞᄂᆞ이다

년 월 일

의묘례산교당ᄃᆡ표

위랑만 비

(미완)

八

그리스도회보
KOREAN CHRISTIAN ADVOCATE

每週一回月曜日發行
大正二年十月三十日印刷
大正二年十一月三日發行

發行兼編輯人 開城北部山芝峴 奇義男
印刷人 京城北部樓閣洞 朴東完
印刷所 京城南部上犂洞 新文館
發行所 京城北部壯洞四十三統三戶 呂炳鉉邸

ᄃᆡ금…代金
一장 二젼
六ᄀᆡ월 四十젼
一ᄀᆡ년 八十젼
海外一ᄀᆡ년 一환六十젼

론셜

●신쟈의 신령뎍교제(神靈的交際) (쇽)

일본쳥산학원 로졍一

죵인이 서로 모히면 한헌(寒暄)의인ᄉᆞ와 분운(紛紜)ᄒᆞᆫ 쇽담을 피ᄒᆞ야 신령ᄒᆞᆫ 태도로 서로 례ᄒᆞ며 도덕샹언론을 서로 교환ᄒᆞᄂᆞᆫ것이 가ᄒᆞ다ᄒᆞ노라 서로 담화ᄒᆞᆯ 문뎨ᄂᆞᆫ 널게 말ᄒᆞ면 六十六셔즁에셔 취ᄒᆞ던지 혹은 각각 ᄌᆞ긔의 신령뎍경험을 드러냄도 가ᄒᆞ며 또ᄂᆞᆫ 담화의 진힝(進行)홈을 ᄯᆞ라 찬미로 써 거륵ᄒᆞᆫ 은혜를 감샤ᄒᆞᄂᆞᆫ것이 우리로 ᄒᆞ여곰 점점 우흐로 향ᄒᆞ게ᄒᆞᄂᆞᆫ 긴요ᄒᆞᆫ 지료가 되ᄂᆞ니 원컨ᄃᆡ 독쟈(讀者)졔형뎨ᄌᆞ미ᄂᆞᆫ 서로 권ᄒᆞ며 서로 도읍세다

슈양(修養)의 긴요ᄒᆞᆫ 됴건을 의론컨ᄃᆡ 이ᄶᅡ곰 본ᄯᅳᆺ을 변ᄒᆞ야 교회밧그로 ᄯᅱ여나가ᄂᆞᆫ쟈가잇스니 이와 ᄀᆞᆺᄒᆞᆫᄉᆞ실은 우리가 깁히 익셕히 녁이ᄂᆞᆫ바라 ᄉᆡᆼ각컨ᄃᆡ 더들도 ᄒᆞᆫ번 심지를 결뎡ᄒᆞ고 밋기로 표빅(表白)ᄒᆞᆫ쟈가 즁도에 ᄯᅥ러지ᄂᆞᆫ것이 결단코 처음브터 원ᄒᆞ던바ᄂᆞᆫ 아니라 그러나 그 신심이 차(冷)고 졍신이 약ᄒᆞ야 압으로 나아가고져 ᄒᆞ되 나아갈 능력이 업서 고통ᄒᆞ며 텬당과 디옥 두ᄉᆞ이에셔 방황ᄒᆞᄂᆞᆫ쟈가 적지 아니ᄒᆞ도다 그러케 방황 고통ᄒᆞᄂᆞᆫ ᄯᅢ에 친ᄒᆞᆫ 벗곳 신령뎍친구가 차자와셔 위로ᄒᆞ며 권면ᄒᆞᄂᆞᆫ쟈가 잇스면 믄득 ᄆᆞᄋᆞᆷ긔틀이 ᄒᆞᆫ번 변ᄒᆞ야 다시 ᄯᅥᆯ처 니러나셔 슈양ᄒᆞᄂᆞᆫ 힘을 다ᄒᆞ면 이로브터 점점 신령ᄒᆞᆫ 디경에 나아가기 어렵지 안타ᄒᆞ노라 이와 ᄀᆞᆺ치 신쟈가 신령뎍교제ᄂᆞᆫ ᄒᆞᆼ샹 게으르지 말것이라 크게 주의ᄒᆞ시기를 원ᄒᆞᄂᆞᆫ 바ᄂᆞᆫ 새로 밋ᄂᆞᆫ 형뎨ᄌᆞ미ᄂᆞᆫ 몬져 밋ᄂᆞᆫ 신령뎍친구를 구ᄒᆞ며 또 몬져 밋ᄂᆞᆫ쟈ᄂᆞᆫ 새로 밋ᄂᆞᆫ쟈를 친히 ᄉᆞ괴여 서로 권ᄒᆞ며 ᄀᆞᄅᆞ치ᄂᆞᆫ 것이 가ᄒᆞ도다 루터션ᄉᆡᆼ은 메랑손ᄀᆞᆺᄒᆞᆫ 신령ᄒᆞᆫ친구가 잇스며 무듸션ᄉᆡᆼ은 샹키ᄀᆞᆺᄒᆞᆫ 신령ᄒᆞᆫ 친구가 잇서 거륵ᄒᆞᆫ ᄉᆞ업을 완젼히 일우엇다ᄒᆞᄂᆞ니 우리도 낫과 밤에 신령ᄒᆞᆫ 친구를 ᄉᆞ모ᄒᆞᆷ에 굿치지 말고 모든 고통ᄒᆞ고 슬픈디경에 ᄲᅡ진쟈를 위ᄒᆞ야 ᄒᆞᆫ잔의 랭슈라도아줄 수가 잇스면 ᄒᆡᆼ복이라ᄒᆞ노라 므릇 신령ᄒᆞᆫ 교제의 크게필요ᄒᆞᆫ것은 우리가 교우를 심방ᄒᆞᆯᄯᅢ에 몬져 진졍ᄒᆞᆫ 담화곳 신앙담(信仰談)을 서로교환ᄒᆞᆷ이 가ᄒᆞ니 만일 속되고 어ᄌᆞ러운말노 막(幕)을 열면 가지에 가지를 더ᄒᆞ고 닙에 닙을 더ᄒᆞ야 필경은 놉고신령ᄒᆞᆫ 말을 ᄒᆞ여볼여디가 업게 되ᄂᆞ니라 현금풍긔에는 언론ᄒᆞᄂᆞᆫ 문뎨를 죵교뎍이나 혹 신앙샹에셔 뎨츌ᄒᆞ면 혹 불쾌ᄒᆞᆫ 감뎡을 니르키ᄂᆞᆫ쟈도 잇스며 혹 조롱ᄒᆞᄂᆞᆫ쟈도 잇스나 그러나 우리밋ᄂᆞᆫ 형뎨ᄌᆞ미ᄂᆞᆫ 심지를 견확히ᄒᆞ며 신령뎍용긔를 발휘(發揮)ᄒᆞ야 그대로 나아가시면 셩신은 힘을 주시며 텬ᄉᆞ가 슈죵들진져 (완)

사고

본회보를 ᄋᆡ호(愛護)구람ᄒᆞ시ᄂᆞᆫ 졔씨즁에 금년六개월 션금(先金)만 보내신이ᄂᆞᆫ 八월말일(末日)에 ᄒᆡ션금이 임의다 ᄒᆞ엿ᄉᆞ오니 하반긔(下半期)六개월 션금四十젼식과 이ᄯᅢᄭᆞ지 션금을 아니보내신이ᄂᆞᆫ 一개년 션금八十젼식을 속속히 우편쇼위톄(郵便小爲替)로 붓쳐보내시와 본회보로 ᄒᆞ여곰 ᄌᆡ졍에 곤난홈이 업게ᄒᆞ심을 ᄀᆞᆫ절히 ᄇᆞ라ᄂᆞ이다

교즁휘문

◀ᄂᆡ 보▶

●경긔도리쳔교회통신─ 속 송병학

리쳔군의 교회수효가 二十二쳐인ᄃᆡ ᄌᆞ급을 작뎡ᄒᆞᆫ지 四五년이 되엿스나 젼도인의 경비가 ᄒᆞᆼ샹 부족ᄒᆞ여 각교회에셔 념려ᄒᆞ더니 거七월二十四일 본구역 련합쟝유회에셔 一반회원들이 깃븐ᄆᆞᄋᆞᆷ으로 가결ᄒᆞᆫ바는 미삭十四원三十젼과 졍조十두로 ᄌᆞ급을 작뎡ᄒᆞ고 거두는방법은 슈금원十二인을 퇴뎡ᄒᆞ여 一년十二ᄀᆡ월에 미삭一인식 담임ᄒᆞ고 음력미월二十二일에 슈합ᄒᆞ얏다가 월총쟝유회에는 젼도인의 월봉을 지발ᄒᆞ기로ᄒᆞ여 수삭동안 실힝ᄒᆞᆫ바가 미우잘되엿스며 또각교회에셔 미월쳣쥬일의 슈젼과 월종쟝유회의 슈젼은 본읍교당으로 보내여 교회의 쟝리예비금으로 져립ᄒᆞ고 ᄌᆡ미잇게 식리ᄒᆞ며 각교회가 날노 새로와가는 증거가 만흐며

◀본군 대면 신갈산교회 문영훈씨가 본교당 좁슈홀때에 몸소 목역을 돕다가 큰나무가 넘어져셔 허씨의 허리를 샹ᄒᆞ야 조곰도 ᄀᆡ동을 못ᄒᆞ고 긔식이 위험ᄒᆞᆫ지라 교우네사ᄅᆞᆷ이 떠메여 허씨의 집으로 가셔 하ᄂᆞ님ᄭᅴ 군구ᄒᆞ엿더니 하ᄂᆞ님ᄭᅴ셔 불샹히 녁이샤 완인이되여 하ᄂᆞ님을 찬숑ᄒᆞ며 젼과ᄀᆞᆺ치 일을ᄒᆞ니 조롱ᄒᆞ던 외인ᄭᆞ지 하ᄂᆞ님의 권능을 놀나며 쥬를 찬숑ᄒᆞᆫ다ᄒᆞ엿더라

●밋음이 샤귀를이김 박셕훈

평남 중산군 북리면 발산리 거ᄒᆞ는 곽션웅이라ᄒᆞ는 사ᄅᆞᆷ이 우연히 샤학ᄒᆞᆫ 마귀의게 붓들녀 고싱ᄒᆞ는즁 빅약이 무효ᄒᆞ여 온집안이 근심ᄒᆞᆫ지 五ᄀᆡ월에 비로소 그모친과 빅씨가 예수를 밋으면 샤귀가 쏫겨갈줄알고 밋기로 작뎡ᄒᆞ고 긔도ᄒᆞ여 달나ᄒᆞ거ᄂᆞᆯ 교우들이 불렬쥬야ᄒᆞ고 一삭동안을 긔도ᄒᆞ는즁 교인의 의인여긔ᄒᆞ는 ᄯᅳᆺ를 외인들이 비로소 셔룻ᄉᆞ오며 또 부인 다섯분이 한젹ᄒᆞᆫ 곳을차자 샤귀쏫기를 졍셩으로 군구ᄒᆞ매 필경마귀가 ᄒᆞᆯ수업셔 이사ᄅᆞᆷ의게셔 떠나가니 비방ᄒᆞ고 조쇼ᄒᆞ던 외인들이 하ᄂᆞ님의 권능과 넓으신 은혜를 감복ᄒᆞ며 영화를 쥬ᄭᅴ 늘닌다ᄒᆞ엿더라

●민씨의복음긔부 강창슈

경긔도 리쳔군 쟝면 오쳔리 거ᄒᆞ는 민병ᄉᆞ치회씨는 본시 부귀ᄒᆞ던 환족으로 인ᄒᆞ흠이 경ᄂᆡ사ᄅᆞᆷ의게 밋치더니 하ᄂᆞ님의 영광이 그집에 빗최샤 온집안이 다 쥬를 독실히 밋는즁 민씨가 복음二十권을 본교회에 긔부ᄒᆞ면셔 부탁ᄒᆞᄃᆡ 이복음은 본동외인의게 하나식주어 하ᄂᆞ님의 도를 젼파케ᄒᆞ라ᄒᆞ매 이로인ᄒᆞ야 교우의 신심이 一층분긔ᄒᆞ며 하ᄂᆞ님의 영광이 더 나타난다ᄒᆞ엿더라

●쥬일학교부흥 박셕훈

중산군 발산리교회ᄂᆡ 유년쥬일학교는 셜립된지 二년에 츌셕학싱이 불과八九十명이더니 금년九월에 평양광셩학교 교ᄉᆞ한국보씨가 교감ᄃᆡ리를 본후로 쥬일을 당ᄒᆞ면 멀심도 폐ᄒᆞ고 길가에 나가 아ᄒᆡ들을 인도ᄒᆞ고 또 미六일마다 남녀학싱을 모흐고 열심권면ᄒᆞ니 싱도의 ᄆᆞᄋᆞᆷ이 부흥되야 신입학싱이 四五十명에 달ᄒᆞᆫ고로 회당이 좁아셔 밧게셔 공부ᄒᆞ엿스니 허씨의 열심을 감샤ᄒᆞ며 학싱의 셩의를 가샹ᄒᆞᆫ다ᄒᆞ엿더라

◀외 보▶

●일본긔독교회뎨二十七회대회

일본긔독교회뎨二十七회대회는본월四일브터 동경 부ᄉᆞ견뎡(富士見町)교회ᄂᆡ에셔 ᄀᆡᄒᆞ엿는ᄃᆡ 츌셕의원은 一百十四인이오 림시회쟝 모리관치(毛利官治)씨가 ᄀᆡ최를 공포ᄒᆞᆫ후 교회현샹됴사위원의 보고를 거ᄒᆞᆫ즉 일본긔독교회총수는 七十二쳐오 젼도회는 一百二十八쳐며 츌쟝젼도소(出張傳道所)는 一百三十四쳐인ᄃᆡ 회원총수는 二만一千七十八인즁 남교우가 九千八

百九十四인이오 녀교우가 九千二十八인이며 쇼ᄋᆞ가 二千一百五十六人이오 쥬일학교 츌셕학ᄉᆡᆼ총수가 一만一千六百七十七인이며 젼도ᄉᆞ가 一百十六인이오 작년즁거두어 쓴지졍총익이 九만五千六百八十一원二十五젼이더라

●대졍三년의대젼도회

일본련합긔독교회 젼도국 상무위원회(常務委員會)는 본월구일에 긔ᄒᆞ엿는ᄃᆡ 명년三월一일브터 대젼도회를 긔최ᄒᆞᆯ작뎡인바 여긔ᄃᆡᄒᆞ야 五만원의 ᄌᆞ금을 거두ᄃᆡ 二만五千원은 외국으로 브터 또 二만五千원은 ᄂᆡ디로 브터 모집ᄒᆞᆯ터이라더라

●동경의금쥬회(禁酒會)

일본금쥬동밍뎨十六회대회는 본월十一、十二、량일에 동경은좌(銀座)교당에셔 긔ᄒᆞ고 각단톄의 보고를 드른후 셩젹이 됴흔단톄에 ᄃᆡᄒᆞ야 우승긔(優勝旗)를 주엇는ᄃᆡ 죠션경셩금쥬회에셔 우승긔를 엇엇다더라

●병란즁의 풍셩(豊城)교회

지나(支那)강셔셩풍셩은 남창셩에셔 멀지아니ᄒᆞᆫ지라 거八월二十一일 남창싸홈에 패ᄒᆞ야 도망ᄒᆞ던군ᄉᆞ 수쳔명이 풍셩에돌입ᄒᆞ야 창탈(搶奪)ᄒᆞ기를 시작ᄒᆞ매 집집이다 산으로 피란ᄒᆞ여 손해를 만히 보앗스되 오직 이곳 예수교인들은 안연히 집에셔 긔도만ᄒᆞ고 잇더니 三일후에 즁앙군ᄃᆡ가 풍셩에 니르러 다 진졍식히매 교인들은 다 안령무ᄉᆞᄒᆞᆷ을 엇엇스니 이는 다 하ᄂᆞ님의 보호ᄒᆞ심이라ᄒᆞ엿더라

●지나의 텬쥬교인통계

작년즁에 됴사ᄒᆞᆫ 통계표를 거ᄒᆞᆫ즉 지나젼국ᄂᆡ에 셰례밧은 텬쥬교인의 총수 一百三十六만三千六百九十七인이오 학습인이 三十九만八百八十五인이니 이나라안에잇는 그리스도교인의 총수보다 략二ᄇᆡ에 달ᄒᆞ엿스나 텬쥬교회는 그리스도교보다 二ᄇᆡᆨ여년젼브터 지나에 젼도ᄒᆞ기를 시작ᄒᆞ엿슨즉 비교뎍 더ᄃᆡ 진보됨이라 ᄒᆞ엿더라

●ᄒᆞᆫ교당에셔六十七년젼도ᄒᆞᆫ목ᄉᆞ

영국스팔딩침례교회목ᄉᆞ 졔씩존쓰씨는 금년나히 만 九十세니 이 교당에셔 줄곳 六十七년동안을 관할목ᄉᆞ로 젼도ᄒᆞ엿스며 동씨는 소격란 글니스고대학교의 뎨一회졸업에 뎨一등졸업ᄒᆞᆫ 학ᄉᆞ이며 또ᄒᆞᆫ 七十년동안을 병업시 지낸로인이라더라

●술집업는 나라를 문돌쟈고

미국긔독교인공려회(共勵會)는 오는 一千九百二十년ᄂᆡ로 미국젼국ᄂᆡ에 술집은 ᄒᆞ나도 업시ᄒᆞ기로 一층젼력ᄒᆞ야 대활동을 시작ᄒᆞ기로 계획즁이라더라

●태평양젼도록 (쇽)

영국태요한션ᄉᆡᆼ 져

(뎨三十三호쇽)

우리가 만찬을 먹으랴 ᄒᆞᆯ때에 영목ᄉᆞ의 곡샹이 어ᄃᆡ 갓는지 알지못ᄒᆞ엿더니 얼마만에 와셔 말ᄒᆞᄃᆡ 더죽은 사롬을 뎌희끼리 잡어먹는것을 구경ᄒᆞ엿는ᄃᆡ 식암물에셔 그 고기를 씨셔셔 모도피물이 되엿슨즉 마실물을 어ᄃᆡ셔 구ᄒᆞ리오ᄒᆞ며 말ᄒᆞ는 모양을 본즉 다만 물이 더러온것을 근심ᄒᆞᆯ뿐이오 사롬 잡아먹는 것은 괴샹히 녁이지 아니ᄒᆞ니 이는 곡샹이 그곳에 오ᄅᆡ 잇섯는고로 눈으로 ᄒᆞᆼ샹 그런일을 보아셔 아조 습관을 일운연고로 다 우리도 이곡샹과ᄀᆞᆺ치 이런일을 ᄒᆞᆼ샹보면 괴샹히 녁이지 아니ᄒᆞᆯ지니 사롬의 죄짓는 습관이 ᄀᆞ장 두려온것인줄을 ᄭᆡ닷겟도다 그 잇흔날 그일이 다 평뎡되엿는ᄃᆡ 별안간 리웃집에셔 곡셩이 랑ᄌᆞᄒᆞ더니 엇던본토교인이 와셔 말ᄒᆞᄃᆡ 어제싸홈에 마진 사롬이 지금죽엇는ᄃᆡ 본토사롬들이 모혀 죽은쟈의 안히를 잡어 ᄀᆞᆺ치 죽여 그 남편과 음부에셔 이셰샹모양으로 홈ᄭᅴ 살게ᄒᆞ라홈이니 그 울때는 남편의 시톄와 그녀인을 ᄀᆞᆺ치 바다에 던지던때라 ᄒᆞ거놀 우리가 이말을 드를때에 심히 익통ᄒᆞ야 어셔 우리의 목숨을 밧치기ᄭᆞ지 쥬 예수그리스도의 ᄉᆞ랑과 빗출 이 흑암ᄒᆞᆫ 야만의 ᄆᆞᄋᆞᆷ속에 젼ᄒᆞ기로 다시 결심ᄒᆞ고 긔도ᄒᆞ엿더라

三

그러더럭 수삭동안에 집짓는 역ᄉᆞ를 맛친후에 영목ᄉᆞ가 본토인의게 포목필과 털물과 무슴 다른물픔으로 품싹을 주고 라나안집으로 도라오니 이때는 맛참 三복셔염이라 피샹ᄒᆞᆫ 젼염병이 셩힝ᄒᆞ야 그때에 잇는 외국인은 진실노 싱명을 보존키 어려올디경이러라 (미완)

교회ᄉᆞ긔

긔이부 역술

대六편 네스토리어쓰의 셜명홈

네스토리어쓰는 안듸옥 교회의 은ᄉᆞ(隱士)ㅣ니 간스탄틘로불셩에교쟝이 되니라 그사ᄅᆞᆷ됨이 단졍ᄒᆞ고 엄숙ᄒᆞ며 청렴ᄒᆞ고 ᄉᆡᆨ긋ᄒᆞ여 셩픔이 변론ᄒᆞ기를 됴화ᄒᆞ는지라 네스토리어쓰가 간스탄틘로불셩에 가셔 마리아가 하ᄂᆞ님의 어머니된다 ᄒᆞ는말을 듯고 분히녁여 말ᄒᆞ되 마리아의게셔 탄셩ᄒᆞᆫ이는 오직 그리스도의 사ᄅᆞᆷ셩픔이라 그리스도의 하ᄂᆞ님셩픔은 마리아로 말미암아 난것이 아니니 그럼으로 마리아를 하ᄂᆞ님의 어머니라 칭ᄒᆞ지 못ᄒᆞ리라ᄒᆞ니 그때 은ᄉᆞ들과 셔민(庶民)들이 만히 네스토리어쓰의 말ᄒᆞᆫ바가 그리스도를 경히 녁인다ᄒᆞ야 이로써 졍론이 니러나 알넥산드리아읍 총감독 크릴이가 ᄌᆞ긔의 관활ᄒᆞ는 모든 감독을 모ᄒᆞ고 칙十二편을 져술ᄒᆞ여 힘써 ᄃᆡ뎍ᄒᆞ니 이사ᄅᆞᆷ은 일에는 결단셩이 잇스나 셩픔이 간교ᄒᆞ고 강포ᄒᆞ야 스ᄉᆞ로 놉흔톄홈으로 그덕힝이 네스토리어쓰만 못ᄒᆞᆫ지라 네스토리어쓰도 칙十二편을 져술ᄒᆞ여 힐실ᄒᆞ니 이로인ᄒᆞ야 두교회의 변론이 되니라 안듸옥학ᄉᆞ들은 그리스도ᄭᅴ셔 사ᄅᆞᆷ의 셩픔됨을 즁히녁여 사ᄅᆞᆷ과 다름이 업다ᄒᆞ고 또 알넥산드리아학ᄉᆞ들은 그리스도ᄭᅴ셔 하ᄂᆞ님의 셩픔되심을 즁히녁여 사ᄅᆞᆷ과 ᄀᆞᆺ지 안타ᄒᆞ는지라 크릴이 네스토리어쓰를 로마황뎨의게 숑ᄉᆞᄒᆞ고 또 로마감독 씰늬스틘과 동셔디방 각교회에 편지ᄒᆞ야 새로 니러나는 이단을 경계ᄒᆞ라ᄒᆞ니 틔아티스어쓰뎨二가 듯고 모든 교회를 에베소에 모흐고(四百三十一년)그분징을 ᄒᆡ셕ᄒᆞ고져 ᄒᆞᆯ식 네스토리어쓰가 오래도록 오지안는지라 크릴이 쳔권(擅權)ᄒᆞ야 져주ᄒᆞ고 밋 네스토리어쓰가 니르매 또ᄒᆞᆫ 져주ᄒᆞ니 황뎨가 그광경을 보고 두사ᄅᆞᆷ의 직분을 파면식히고 다 옥에 가도니 두당파의 사ᄅᆞᆷ들이 각각 글을 올녀 숑ᄉᆞᄒᆞᆯ식 크릴의 당파는 돈을 드럼으로 황뎨가 곳 노하보내고 네스토리어쓰는 폄직(貶職)ᄒᆞ야 안듸옥 슈도원(修道院)으로 보내니 네스토리어쓰의 당파들은 그리도 항복지안코 크릴을 숑ᄉᆞᄒᆞᄃᆡ 이단을 젼ᄒᆞ야 그리스도의 하ᄂᆞ님의 셩픔과 밋 사ᄅᆞᆷ의 셩픔을 혼잡케 ᄒᆞᆫ다ᄒᆞ니 이로인ᄒᆞ야 졍론이 오ᄅᆡ간지라 황뎨가 두당파의 틈이 남을 화친식히고져 ᄒᆞ야 다시 ᄒᆞᆫ 신경을 세우니 두당파ᄉᆞ이를 화합ᄒᆞ게ᄒᆞ야 마리아는 하ᄂᆞ님을 탄싱ᄒᆞᆫ 어머니가 된다ᄒᆞ고 그리스도를 두셩픔으로 변론ᄒᆞ야 혼잡ᄒᆞ게 말나ᄒᆞ니라 그후에 네스토리어쓰가 환난에 죽으니(四百四十년)문도들이 만히 파ᄉᆞ국에 잇셔 교회를 세우니 박학ᄉᆞ가 만히 잇는지라 그교회가 지금ᄭᆞ지 잇고 또 인도국으로 잔쟈도 잇셔 도마그리스도의 문도라ᄒᆞ고(ᄉᆞ도도마가이곳에셔젼도ᄒᆞ엿다홈)당나라때에 지교가 지나 협셔도에 니르러 젼도ᄒᆞ엿스니 일홈은 경교라 ᄒᆞᆫ지라 그글은 업서지고 오직 비문(碑文)만 셔안부에 지금ᄭᆞ지 잇스니 이비는 당건즁(建中)二년에 세운것이라(七百八十一년)쥬후一千八百五十九년에 니르러 업셔진고로 제조ᄒᆞ야 세우니라 (미완)

셩경공부의지침 (쇽)

넷재 이칙은 하ᄂᆞ님ᄭᅴ셔 모세를 인ᄒᆞ야 인류의게 률법을 주심을 ᄀᆞᄅᆞ침이니 이률법은 사ᄅᆞᆷ의 ᄆᆞ음속에 잇는죄파ᄭᆞ지 알게ᄒᆞ신지라 그럼으로 사ᄅᆞᆷ은 더희죄를 세ᄃᆞᆺ고 하ᄂᆞ님의 계명을 의지ᄒᆞ야 쇽죄ᄒᆞ는 제ᄉᆞ를 드리게ᄒᆞ셧스니 이제ᄉᆞ는 곳 우리쥬 예수 그리스도ᄭᅴ셔 ᄌᆞ긔몸을 十ᄌᆞ가우에 못질ᄒᆞ샤 온세샹 인

류의 죄롤 ᄃᆡ쇽ᄒᆞ신 산 졔ᄉᆞ의 영ᄌᆞ(影子)가 된것을 다 이칙가온ᄃᆡ 미리 묵시ᄒᆞ엿ᄂᆞ니라

신약셩경의 대지는 우리쥬 예수그리스도를 ᄀᆞᄅᆞ친것이니 첫재 하ᄂᆞ님ᄭᅴ셔 예뎡ᄒᆞ신ᄯᅢ에 그 독싱ᄌᆞ예수를 이 셰샹에 보내셧스니 그는 비록 아모죄가 업스실지라도 우리와 ᄀᆞᆺ치 사ᄅᆞᆷ의 셩픔을 가지시고 나신지라 모든 률법을 온젼히 복종ᄒᆞ시며 모든 의로옴을 일우시고 죽음을 맛보신후 다시 죽은가온ᄃᆡ셔 니러나셧스니 이 모든일은 우리뎐부ᄭᅴ셔 그 풍셩ᄒᆞᆫ 은혜와 그 긍휼ᄒᆞ심으로 우리를 구원ᄒᆞ랴ᄒᆞ심이니 닐온바 죄를 아지도 못ᄒᆞ신쟈로 우리를 ᄃᆡ신ᄒᆞ야 죄를 삼으신것은 우리로 ᄒᆞ여곰 그의안에 잇셔 하ᄂᆞ님의 의가 되게ᄒᆞ심이로다(고후五〇二一) 둘재 이칙은 예수그리스도ᄭᅴ셔 사ᄅᆞᆷ의 죄를 ᄃᆡ쇽홈에 ᄃᆡᄒᆞ야 참 어린양이며 ᄯᅩᄒᆞᆫ 유一무二ᄒᆞᆫ 졔물되심을 ᄀᆞᄅᆞ침이니 그는 모든 인류를 ᄃᆡ회ᄆᆞᄋᆞᆷ과 힘실노 하ᄂᆞ님의 률법을 거역ᄒᆞᆫ 모든 죄악의 권셰에셔 구원ᄒᆞ시랴고 오셧순즉 누구던지 그를 밋ᄂᆞᆫ쟈는 죽지안코 영싱을 엇을것이니라

(미완)

루터션싱의략ᄉᆞ(쇽)

●루터가 ᄌᆞ긔디위를 차좀

一千五百二十一년一월에셔반아 황뎨찰스뎨五셰가 웜쓰에셔 국회를 열고 루터션싱의게 훈령을 ᄂᆞ리ᄃᆡ ᄅᆡ왕에 신톄보호는 도뎌히 ᄒᆞᆯ터이니 오라ᄒᆞ엿거ᄂᆞᆯ 션싱이 동년四월에 웜스을 향ᄒᆞ야 ᄯᅥ날시 빅년젼에 권스틘쓰국회에셔 요한 허쓰가 죽은것ᄀᆞᆺ치 션싱은죽으러가는줄노 싱각ᄒᆞ엿스나 덕국을 통과ᄒᆞᄂᆞᆫ길에셔는 명셩이 현자ᄒᆞ엿더라 밋 그 국회에 당도ᄒᆞᆫ즉 법왕의 대ᄉᆞ는 당쟝에 션싱을 뎡죄ᄒᆞ자ᄒᆞ엿스나 참셕ᄒᆞᆫ 친왕들이 션싱의 말을 ᄒᆞᆫ번 드러보쟈ᄒᆞ야 그러캐ᄒᆞ기로 작뎡되엿더라 션싱이 국회압헤 나아가 서매 황뎨가 무르ᄃᆡ「이칙샹우에 싸하노흔것이 다 네것이며 이칙의 ᄀᆞᄅᆞ침을 실시ᄒᆞ랴나냐」ᄒᆞᄂᆞᆫ지라 션싱이 쟝시간을 통쾌ᄒᆞᆫ 구변으로 ᄃᆡ답ᄒᆞᆫ후 ᄌᆞ긔의 쥬의를 셩명ᄒᆞᄃᆡ「법왕과 국회는 나를 강압ᄒᆞᆯ것이 아니오 ᄯᅩ 셩경의 증거와 명뵉ᄒᆞᆫ 리론(理論)이 아니면 나는 실힝ᄒᆞᆯ리도 업고 ᄒᆞᆯ수도업다 ᄒᆞ고 하ᄂᆞᆯ을 우러러보며 소ᄅᆡ를 놉혀왈「하ᄂᆞ님이시여 나는 이밧게 다른 것을 ᄒᆞᆯ것이 업숨ᄂᆡ다 이곳에 섯슬ᄯᅢ에 나를 도아주쇼셔 아멘」ᄒᆞ매 찰쓰황뎨가 얼마동안 격절히 토론ᄒᆞᆫ후 션싱의게 집으로 편히도라감을 허락ᄒᆞ엿스나 오히려 션싱과 그쥬의와 밋 ᄯᅡ르ᄂᆞᆫ쟈는 뎡죄ᄒᆞ기로 결뎡ᄒᆞ엿더라

션싱이 집으로 도라오ᄂᆞᆫ 길에 무ᄉᆞ의게 감슈(監守)되여 十샥동안을 덕왕후레더릭의게쇽ᄒᆞᆫ 워트벅포ᄃᆡ에셔 변복ᄒᆞ고 갓쳐잇스니 이ᄂᆞᆫ 덕왕의 싱각에 션싱을 이ᄀᆞᆺ치 보호ᄒᆞ지 아니ᄒᆞ면 혹 엇던쟈의게 암살(暗殺)을 당ᄒᆞᆯ가 념려ᄒᆞ야 이방법을 ᄡᅳᆷ이러라 그러나 빅셩ᄂᆞᆯ은 쳐음에 션싱이 뵈이지 아니ᄒᆞᆷ을 분히녁이ᄂᆞᆫ 동시에 수군수군ᄒᆞ기를 법왕이 샤죄문을 다시 밤미ᄒᆞᆫ다ᄒᆞ며 ᄯᅩ 션싱이 다시 윗텐벅에 출셕ᄒᆞᆫ다 ᄒᆞᄂᆞᆫ지라 이 풍셜이 젼파되매 션싱은 숨어잇던 곳에셔 집으로 도라온후로는 一千五百四十六년에 이셰샹을 ᄯᅥ나기ᄭᆞ지 인민의 종교샹 ᄌᆞ유를 회복ᄒᆞ기 위ᄒᆞ야 입과 붓으로 역ᄉᆞᄒᆞ기를 쉬이지 아니ᄒᆞ엿더라

●루터가 셩신검을ᄲᅢ임

션싱의 숨어 잇던것이 됴흔 긔회가 되엿ᄂᆞ니 그 동안에 ᄌᆞ긔롤 빗가온ᄃᆡ로 인도ᄒᆞᆫ 셩경을 빅셩의게 주게됨으로 ᄀᆡ혁에 더 큰 영향이 밋쳣ᄂᆞ니 이는 곳 숨어 잇셔셔 그 싱명을 보젼ᄒᆞ면셔 덕국말노 신약을 번역ᄒᆞ더니 一千五빅二十二년九월에 신약젼셔를 발힝ᄒᆞ엿고 그후 여러 학ᄉᆞ친구의 보조홈을 닙어 구약을 번역ᄒᆞ더니 十二년후에 덕어셩경젼서가 온셰샹에 젼파되엿스며 이 셩경이 신령ᄒᆞᆫ 인도쟈가 되여 덕국빅셩을 화합ᄒᆞ게ᄒᆞ야 점점 로마교와

담대ᄒᆞ게 갈나서매 션싱이 인ᄒᆞ야 구라파 신교파(新教派)의 인도쟈가 되엿스며 ᄯᅩᄒᆞᆫ 셩경을 번역ᄒᆞᆷ으로 이세상에 잇ᄂᆞᆫ동안ᄭᆞ지ᄂᆞᆫ 덕국ᄇᆡᆨ셩의 신령뎍인도쟈가 되니라 션싱의 평싱힝젹을 말ᄒᆞ면 혹오르고 ᄂᆞ림이 잇슬지라도 종교을 크게 ᄀᆡ혁ᄒᆞᆷ에 ᄃᆡᄒᆞ야 힝ᄒᆞᆫ일은 조곰도 실챠ᄒᆞᆷ이 업셧ᄂᆞ니라

◎가뎡과쇼ᄋᆞ

●부친의훈계를 슌죵ᄒᆞᄂᆞᆫ ᄋᆞ희

요한이라ᄂᆞᆫ ᄋᆞ희가 피득이라ᄂᆞᆫ ᄋᆞ희를 불너왈「피득아 음악ᄃᆡ(音樂隊)가 더러 네거리로 지나가니 어셔가셔 구경ᄒᆞ쟈」피득은 그말을 듯고 얼골에 근심ᄒᆞᄂᆞᆫ 빗치 나타나며ᄒᆞᄂᆞᆫ말이「그리ᄒᆞ엿스면 됴켓지마ᄂᆞᆫ 우리 아버지ᄭᅴ셔 츌입ᄒᆞ시면셔 나ᄃᆞ려 어ᄃᆡ던지 가지말고 ᄭᅩᆨ 집에 잇스라고 말ᄉᆞᆷᄒᆞ시기로 나ᄂᆞᆫ 그리ᄒᆞ마고 응락ᄒᆞ엿스닛가 아모리 싱각ᄒᆞ여도 갈수업다」요한은 다시 지쵹ᄒᆞᄃᆡ 그리ᄒᆞ엿기로 네가구경갓다 왓다면 그만이지 너의 아버지ᄭᅴ셔 ᄊᆞ지럼 ᄒᆞ실가 무얼 별별소ᄅᆡ 다 말고 어셔가자」피득은 ᄯᅩᄃᆡ답ᄒᆞᄃᆡ「우리아버지ᄭᅴ셔 셜ᄉᆞᄊᆞ지럼은 아니ᄒᆞ실지라도 부모ᄭᅴ 약됴ᄒᆞᆫ것을 직히지 못ᄒᆞ면 쟝ᄎᆞᆺ 누구를 ᄃᆡᄒᆞ야 약됴직히ᄂᆞᆫ 일을 실힝ᄒᆞ겟ᄂᆞᆫ가 내도리ᄂᆞᆫ 내가ᄒᆞ여야 되지 나ᄂᆞᆫ 결코 갈수업스니 네나 가보아라」요한은 一변으로 비우스며 一변으로 다라가더라 피득은 혼자 집에 안져셔 칙을 노코 공부ᄒᆞ고져ᄒᆞ나 음악소ᄅᆡ가 귀에 들니ᄂᆞᆫ듯 들니ᄂᆞᆫ듯ᄒᆞ여 그싱각이ᄆᆞ음에 ᄯᅥ나지아니ᄒᆞ야 ᄉᆞᄉᆞ로 말ᄒᆞᄃᆡ「지금요한은 잘 구경ᄒᆞᆯ터인ᄃᆡ 나도 갓스면 됴켓지마ᄂᆞᆫ 아버지ᄭᅴ 약됴ᄒᆞᆫ 일ᄉᆞᄅᆞᆷ에 갈수ᄂᆞᆫ 업고 오ᄂᆞᆯ일이 공교ᄒᆞ기도ᄒᆞ다」이와 ᄀᆞᆺ치 지내더니 문득 음악소ᄅᆡ가 귀에 완연히 들니거ᄂᆞᆯ 피득은 급히 니러나 창을열고 본즉 아모도 지나가ᄂᆞᆫ 것이 뵈이지안ᄂᆞᆫ지라 다시 안져 칙을 보랴ᄒᆞᆫ즉 젼과 ᄀᆞᆺ치 음악소ᄅᆡ가 지쳑에셔 들니ᄂᆞᆫ지라 ᄯᅩ 니러나셔 二층아래로 ᄂᆞ려간즉 그아버지가 경편풍금(輕便風琴)을 시험ᄒᆞ다가 우스며 말ᄒᆞᄃᆡ「오— 피득아 너 어ᄃᆡ아니가고 집에 ᄭᅩᆨ 잇셧더냐 긔특ᄒᆞ다 내아ᄃᆞᆯ이여 네가 그쳐럼 나의 닐으ᄂᆞᆫ 말을 잘듯고 ᄯᅩ 음악을 됴화ᄒᆞ기로 너를 샹급으로 주랴고 이풍금을 사왓다」피득은 엇지 됴턴지 춤을 추ᄂᆞᆫᄃᆡ 얏가 구경갓던 요한은 랑패ᄒᆞᆫ 모양으로 도라와셔 ᄒᆞᄂᆞᆫ말이「어— 공연히 갓다가 구경도 못ᄒᆞ고 ᄋᆡ만써다 가니가 음악ᄃᆡᄂᆞᆫ 벌셔 다른 길노좃차지나갓더라」피득의 부친은 그제야 요한이가 구경가쟈고 달ᄂᆡ되 피득은 약됴를 직히랴고 가지아니ᄒᆞᆫ 리허를 알고 칭찬왈「네가능히 첫번 시험을 이긔엿슨즉 이다음시험을 이긔기 어렵지안켓다」고 ᄒᆞ엿더라

평림(評林)

●모로ᄂᆞᆫ교인 뎨쳔 리은영

一 졍신업시 담비를 먹다가 젼도인을 만나면 ᄃᆡ를 ᄊᆡ여 뒤집지고 얼골이 불거지며 인ᄉᆞᄒᆞᄂᆞᆫ 사ᄅᆞᆷ은 젼도인은 알아보되 하ᄂᆞ님은 모로ᄂᆞᆫ것이지

二 쥬일에 밧그로ᄂᆞᆫ 가가(假家)문을 ᄯᅡᆨᄯᅡᆨ걸어잠그고 안에셔 몰ᄂᆡ 물건을 슬슬파ᄂᆞᆫ 사ᄅᆞᆷ은 교인은 두려워ᄒᆞ되 하ᄂᆞ님은 두려워ᄒᆞᆯ줄 모로ᄂᆞᆫ것이지

三 젼도인이 류숙ᄒᆞᆫ 아춤에ᄂᆞᆫ ᄌᆞ긔부인의게 말ᄒᆞᄃᆡ 오날은 셜거지를ᄒᆞ고 아춤긔도 ᄒᆞᆸ세다 ᄒᆞᄂᆞᆫ속쟝은 가속긔도ᄒᆞᆯ줄을 모로ᄂᆞᆫ것이지

四 계삭회와 쟝유회를 참예ᄒᆞ지아니ᄒᆞᄂᆞᆫ 권ᄉᆞ들은 ᄌᆞ긔직분이 무엇인지 모로ᄂᆞᆫ것이지

五 담비ᄃᆡ를 물고서 셩경을 보ᄂᆞᆫ사ᄅᆞᆷ은 셩경을 존경ᄒᆞᆯ줄을 모로ᄂᆞᆫ것이지

六 례비ᄒᆞᆯ때에 강도ᄒᆞᄂᆞᆫ 말ᄉᆞᆷ은 듯지안코 셰샹니야기만ᄒᆞ고 안졋ᄂᆞᆫ사ᄅᆞᆷ은 례비ᄒᆞᆯ줄을 모로ᄂᆞᆫ것이지

七 쥬일아춤마다 셩경칙과 찬미칙을 춧노라고 분쥬흔사룸은 셩경볼줄을 모로는것이지

八 긔도홀때마다 엽딕여셔 코롤골고 잠만자다가 일어나는 사룸은 긔도홀줄 모로는것이지

●ᄉ 조(詞藻)

●츄슈감샤절찬용
(찬용가빅구십일장곡조)

신호관셔학원신학부
한 폐닌슐라 셕원

一
감샤ᄒ세텬부은덕
츈하츄동쳘ᄯ라
만국만민일치ᄒ게·
복을누려주시샤
엄동셜한오기젼에
오곡빅과모도와
곡간안에싸핫ᄉ니
하ᄂ님의은혜ㅣ셰

二
감샤ᄒ세만국만민
이곳뎌곳모혀셔
지낸일로감샤ᄒ미
찬용소릐ᄲᅮᆫ이며
싱각나니텬부은덕
감샤코감샤ᄒ다
그의은덕싱각ᄉ록
춤감샤홀ᄲᅮᆫ이라

三
예수님의지흔ᄉ랑
이런죄인위ᄒ야
괴론곤난밧을때도
귀흔ᄉ랑변찬코
보비로온피를흘녀
우리죄를씨셧네
감샤ᄒ고감샤ᄒ세
우리죄인들이라

세계격언

一 군ᄌ는 세가지 경계홀것이잇ᄉ니 쇼시에는 혈긔가뎡치 못흔고로 식(色)을 경계홀것이오 장년에는 혈긔가 바야흐로 강흔고로 싸호는것을 경계홀것이며 로년에는 혈긔가 임의 쇠흔 고로 무슴 엇는것을 경계홀것이니라

二 사룸이 하로 아춤에 빈곤(貧困)에 싸지면 ᄒ샹 빈곤흔 디경에 쥰슌(逡巡)ᄒ기 쉽고 모든 리익을 엇을만흔 방편(方便)은 다만 부쟈를 ᄯ라든니느니라

三 빈한흔것은 붓그러워홀것이업고 오직 빈한흔즁에 뜻을 세우지못홈을 붓그러워ᄒ며 쳔흔것은 슬혀홀것이업고 오직 쳔흔즁에 능간(能幹)업슴을 슬혀ᄒ며 늙는것은 탄식홀것이업고 오직 늙는즁에 헛되히 사는것을 탄식ᄒ며 죽는것은 슬퍼홀것이업고 오직 죽는즁에 일홈ᄡᅵ치지 못홈을 슬퍼홀지니라

종교쇼셜(宗教小說)

●량단의루(兩端之淚) (四)

강씨뒷기를 다ᄒ매 말ᄒ딕 봉급은 삭ᄀ흔딕 엇더케 ᄒ랴ᄂ잇가

목ᄉ는 손가락을 흔번울니며 ᄒ는말이

응ㅣ여보 앗가도 말ᄒ엿지 봉급쇼릐만 번번히 ᄒ니 나는 금젼만 뎨一 요긴흔 문뎨로 알고 공의심은 업는줄 아나 보구려

강씨는 ᄯ 말ᄒ딕

물론 봉급이 요긴흔문뎨이지오 내말좀드르시오 만일 먹고 닙고 쓰는바 모든것이 금젼을 요구치 안코 될것ᄀᄒ면 나도 령감과 ᄀ치 봉급을 원치 아니ᄒ터오 그러면 봉급업시 우리가 능히 싱활홀수가 잇ᄂ잇가 이말딕답좀ᄒ시오

목ᄉ는 고ᄀ를 수구리고 싱각ᄒ더니 ᄒ는말이

그딕답도 좀 곤난치 아닌것은아니오

강씨는 그 말에 딕ᄒ야 간간 우스며 뭇기를

그러면 그 두곳즁 어나 교당으로 가고져 ᄒᄂ잇가

목ᄉ가 딕답ᄒ딕

나는 익묘교당을 됴화ᄒᄂ이다

강씨말ᄒ딕

그러면 령감 ᄆ옴대로 승락ᄒ는 답장을 ᄒ시구려

목ᄉ는 졍신업시 무슴싱각을 ᄒ더니 강씨를 도라보며 말ᄒ딕

글세 그러키는 ᄒ나 ᄯ흔편으로 싱각ᄒ면 미돈교당으로 가는것이 올키는 올탄말이야요

강씨는 화중을 좀내는 모양으로 말ᄒ딕

七 이런 희한흔 말솜 보앗나

웨령감의 의향대로 좌우간 결뎡을못ᄒᆞ셔요 참 모를일이요 무엇이던지 나의 됴화ᄒᆞ는것을 ᄒᆞᆸ것이지 놈의게구ᄋᆡ되여 올흔것만 택ᄒᆞ다가는 맛ᄎᆞᆷ니 ᄌᆞ긔의 쾌락이란것은 맛보기 어렵습니다 (미완)

우슴거리(笑話)

엇던리발쟝(理髮匠)이 가 밤이 싀도록 쥬식장에서 방탕히 놀고 아츰에 니러나매 슈젼증이 나셔 엇던신ᄉᆞ의 슈염을 깍다가 신ᄉᆞ의 볼(頰)을 四五쳐나 버혀노흔지라 리발쟝이는 버힌ᄯᅢ 마다 ᄭᅡᆷ작ᄭᅡᆷ작 놀나면서 ᄉᆞᄉᆞ로 말ᄒᆞ기를「내가 오늘 밋쳣나 이게 웬 일이야 도모지 조심을 못ᄒᆞ고」一변으로는 ᄒᆡ면(海綿)에 물을 ᄶᅵᆨ어 흐르는 피를 씻고 신ᄉᆞ의게 향ᄒᆞ야 나여 샤과ᄒᆞ기를 마지아니ᄒᆞ나 신ᄉᆞ는 아모말도 ᄃᆡ답이 업다가 리발ᄒᆞ기를 맛치매 곳 나려서셔 ᄐᆡᆸ슈를 ᄒᆞᆫ입 잔ᄯᅳᆨ 물고 톄경을 빗최여 보며 머리를 좌우편으로 기우리고 흔들기를 마지 아니ᄒᆞ매 리발쟝은 신ᄉᆞᄃᆞ려뭇기를 웨치통이 나심닛가 신ᄉᆞ는 급히 물을 빗앗고 ᄃᆡ답ᄒᆞ기를 아니 아니 그ᄃᆡ가 내 볼을 하도 여러곳을 버혓기로 혹구멍이 ᄯᅮᆯ녀셔 물이나 ᄉᆡ지(漏)안는가 보노라고 그리ᄒᆞ노라

그리스도회보
KOREAN CHRISTIAN ADVOCATE

每週一回月曜日發行
大正二年十一月六日印刷
大正二年十一月十日發行

發行兼編輯人 開城北部山芝峴 奇義男
印刷人 京城北部樓閣洞 朴東完
印刷所 京城南部上犂洞 新文館
發行所 京城北部壯洞四十三統三戶 呂炳鉉邸

ᄃᆡ금…代金 一장 二젼 / 六ᄀᆡ월 四十젼 / 一ᄀᆡ년 八十젼 / 海外 一ᄀᆡ년 一환 六十젼

샤셜

● 샤회의풍조(風潮)

오ᄂᆞᆯ날 죠션인 샤회의 현샹(現狀)을 도라보건ᄃᆡ 풍조를 ᄯᅡ라 각방면으로 변ᄒᆞᄂᆞᆫ 가온ᄃᆡ 각죵의 폐해가 니러나ᄂᆞᆫ것은 그 쥬의를 잘뎡치 못홈에 잇ᄂᆞ니 시험ᄒᆞ야 그 대개를 말ᄒᆞ자면 (一) 개인뎍쥬의 곳ᄌᆞ긔만 위ᄒᆞ고 ᄂᆞᆷ을 위ᄒᆞ야 일홀줄 모름이니 이ᄂᆞᆫ 하ᄂᆞ님의 본의를 위반홈이오 (二) 물질뎍(物質的) 쥬의 곳 눈에 뵈이ᄂᆞᆫ 물질만 찻고 신령뎍을 찻지아니홈이니 가령 금젼만 즁히알던지 디위나 권셰만 즁히 녁이ᄂᆞᆫ 것이오 (三) 회의뎍(懷疑的) 쥬의니 특별히 오ᄂᆞᆯ날 샤회의 一부되ᄂᆞᆫ 쳥년들은 대개 샤회를 교졍홈에 ᄀᆞ장필요ᄒᆞᆫ 죵교에 ᄃᆡᄒᆞ야 의심ᄒᆞᄂᆞᆫ 경향(傾向)이 만홈이오 (四) 고식뎍(姑息的) 쥬의니 사ᄅᆞᆷ마다 잠시 눈압헤 쾌락으로 아ᄂᆞᆫ바 곳화려ᄒᆞᆫ [illegible]복과 감지(甘旨)ᄒᆞᆫ 음식과 굉걸ᄒᆞᆫ 거쳐와 츌입에 편안ᄒᆞᆫ 거ᄆᆞ등만 ᄉᆡᆼ각ᄒᆞ고 고샹ᄒᆞᆫ 희망과 영원ᄒᆞᆫ 영광을 구ᄒᆞ지 아니홈이오 (五) 의뢰뎍(依賴的) 쥬의니 몃ᄇᆡᆨ년 풍습으로 ᄀᆡ인이나 샤회가 스ᄉᆞ로 서셔 독립ᄉᆡᆼ활을 경영홀 ᄉᆞ샹은 업고 다만 의뢰심만 가지고 안히가 남편만 의뢰ᄒᆞ고 ᄌᆞ뎨가 부형만 의뢰ᄒᆞ며 빈한ᄒᆞᆫ 친쳑이나 친구가 부요ᄒᆞᆫ 친쳑과 친구만 의뢰ᄒᆞ며 교회로 말ᄒᆞ더라도 외국인만 의뢰홈이라 그러면 이 여러가지 폐해되ᄂᆞᆫ 쥬의를 교졍ᄒᆞᄂᆞᆫ 방법은 어ᄃᆡ 잇ᄂᆞ뇨 (一) 죵교를 발달ᄒᆞ며 학교에셔 ᄋᆞ동의게 슈신과를 힘써 ᄀᆞᄅᆞ침인ᄃᆡ 이것은 오ᄂᆞᆯ날 졍부에셔 힘쓰ᄂᆞᆫ 바요 (二) 샤회의 졔지(制裁)를 엄히 ᄒᆞ야 각각 고샹ᄒᆞᆫ 표치(標幟)를 셰우고 나아갈ᄯᆡ에 례의와 [illegible]를 몬져 즁히 녁이게 홈이오 (三) 샤회의 샹류인ᄉᆞ(人士)로 만인이 우러러 보ᄂᆞᆫ 디위에 잇ᄂᆞᆫ쟈들이 맛당히 스ᄉᆞ로 검속(檢束)ᄒᆞ야 샤치ᄒᆞᆫ 풍습과 부패ᄒᆞᆫ ᄒᆡᆼ위와 허탄ᄒᆞᆫ 욕망을 一졀 거졀ᄒᆞ야 모든 하류인민의 표쥰이 될 것이오 (四) 풍속을 괴패(壞敗)케ᄒᆞ며 심지를 탕란케홀만ᄒᆞᆫ 연극쟝이나 혹 그런 쇼셜이나 서젹은 경찰관서에서 금지ᄒᆞ기를 기ᄃᆞ릴것업시 서로 경계ᄒᆞ야 一졀 가지도 말것이며 보지도 말것이니 우리 쥬안에 잇ᄂᆞᆫ 형뎨 ᄌᆞᄆᆡᄂᆞᆫ 이 우희 말ᄒᆞᆫ바 폐해뎍 쥬의가 업겟지마ᄂᆞᆫ 각각 스ᄉᆞ로 살펴 보아셔 잇스면 곳 곳치고 업스면 더욱 힘써 완젼ᄒᆞ야 흠뎜이 업기ᄭᆞ지 홀것이며 ᄯᅩᄒᆞᆫ 다른 동포를 만히 권면ᄒᆞ야 쥬압흐로 인도홈으로 젼반샤회의 모든 폐해를 쓰려 ᄇᆞ리기를 힘쓰고 ᄯᅩ힘쓸진저

샤고

본회보를이호(愛護)구람ᄒᆞ시ᄂᆞᆫ 졔씨즁에 금년六개월션금(先金)만 보내신이ᄂᆞᆫ 八월말일(末日)에히 션금이 임의다ᄒᆞ엿ᄉᆞ오니 하반긔(下半期)六개월션금四十젼식과이ᄯᅢᄭᆞ지션금을 아니보내신이ᄂᆞᆫ 一ᄀᆡ년션금八十젼식을속속히우편쇼위톄(郵便小爲替)로 붓쳐보내시와본회보로ᄒᆞ여곰ᄌᆡ졍에곤난홈이업게ᄒᆞ심을 근졀히 ᄇᆞ라ᄂᆞ이다

교즁휘문

◀니 보▶

●공옥학교의긔렴식

경셩상동교회니 공옥쇼학교는 거월二十八일 하오二시에 히학교 창립뎨八회긔렴식을 셜힝ᄒᆞ엿는ᄃᆡ 당일에 셩황을 뎡(呈)ᄒᆞ엿다더라

●경신학교교쟝취임식

경셩련동쟝로교회쇽경신학교교쟝군예빈씨의 취임식(就任式)은 거월二十일하오三시에 히학교니에서 셜힝ᄒᆞ엿는ᄃᆡ 당일 슌셔는 림시회쟝 어비신씨가 비직학교쟝 신흥우씨의 긔도로 긔회ᄒᆞᆫ후 강ᄉᆞ 륙졍슈씨가 셩경을 랑독ᄒᆞ고 회쟝이 긔회취지를 말ᄒᆞᆫ후 산현(山縣)졍무총감의 츅ᄉᆞ가 잇셧고 긔一목ᄉᆞ가 히학교력ᄉᆞ를 말ᄒᆞᆫ후 교쟝군예빈씨가 취임ᄒᆞᆯ시 강ᄉᆞ 셔병호씨가 학교인쟝을 젼ᄒᆞ고 강ᄉᆞ 최명환씨가 학교답ᄉᆞ를 ᄒᆞᆫ후 목ᄉᆞ한셕진씨가 긔도ᄒᆞ고 그다음에는 만국 긔독교교육부쟝 ᄊᆡ우취씨가 신흥우씨의 통변으로 연셜ᄒᆞᆫ후 ᄒᆡ리스감독의 츅복으로 폐회ᄒᆞ엿더라

●예수교회보의새방침

죠션쟝로교회 금년 총회에셔 결뎡ᄒᆞᆫ 결과로 각디방 쟝로교에쇽ᄒᆞᆫ 교당은 믈론어ᄃᆡ든지 쟝로교회긔관되는 예수교회보를 각교당의 의무로 의례히 두쟝식 보게ᄒᆞ고 ᄯᅩᄒᆞᆫ 각교우의게 권면ᄒᆞ야 만히 보도록 ᄒᆞ게ᄒᆞᆫ다더라

본긔쟈(그리스도회보긔쟈)왈우리 량감리교회 각디방 교당즁에 아직 그리스도회보를 ᄒᆞᆫ쟝도 쳥구치 아니ᄒᆞᆫ 교당이 혹 잇는지 이런 일을 좀 싱각ᄒᆞ여 보시오

졍 진 현

●합죵읍의부인사경회

평남 합죵읍교당에셔 거월八일브터 一쥬일간 부인사경회를 열고 갑을반에 분ᄒᆞ야 교슈ᄒᆞᆯ식 학싱은 三十七인이오 미일샹오 九시로 十시ᄭᆞ지는 긔도회로 十시로 十二시ᄭᆞ지와 하오二시로 三시ᄭᆞ지 공부ᄒᆞ엿는ᄃᆡ 교ᄉᆞ는 부인렴치경 라빈손 ᄢᅦ늬듸 젼도ᄉᆞ졍진현졔씨오 갑반과졍은 베드로젼셔、 에스더오 을반과졍은 예수힝젹、챵셰긔오 공부ᄒᆞᆫ후에는 읍ᄂᆡ각집으로 ᄃᆞᆫ니며 외인의게 젼도ᄒᆞ며 락심된 사ᄅᆞᆷ의게 권면ᄒᆞ야 각각 인도ᄒᆞᆯ식 하오七시반으로 八시반ᄭᆞ지 긔도회로 모히는ᄃᆡ 져녁마다 참예ᄒᆞ는쟈 七八十명에 달ᄒᆞ여 신령ᄒᆞᆫ 은혜를 만히 밧은즁 새로 밋기로 결심ᄒᆞᆫ쟈가 十여인이오 ᄯᅩᄒᆞᆫ 미六일마다 젼도ᄒᆞ기로 작뎡ᄒᆞᆫ 부인이 十여인이오 ᄯᅩ 각쳐에셔 공부ᄒᆞ러 온 부인들을 위ᄒᆞ야 권ᄉᆞ김홍셔씨집에셔 이챠회로 모힌후 각각 즐거온ᄆᆞᄋᆞᆷ으로 도라갓다 ᄒᆞ엿더라

◀외 보▶

●횡빈(橫濱)대젼도의결과

일본횡빈항각교회의 련합대젼도회는 거월二일브터 본월二十九일ᄭᆞ지 날마다 열기로 작뎡인바 거월十九일ᄭᆞ지 젼도ᄒᆞᆫ 샹황(狀況)은 밤과 낫에 다모혓는ᄃᆡ 참셕ᄒᆞᆫ쟈는 최다수一千三百四十인으로 브터 최쇼수百여인ᄭᆞ지 달ᄒᆞ엿고 새로 밋기로 작뎡ᄒᆞᆫ쟈는 미회에 최다수三十여인으로 최쇼수 二인ᄭᆞ지 합二百三十여인을 엇엇다더라

●일본三파죵교가를됴ᄃᆡ홈

오뎐(奧田)문부대신은 본월 一、二、三일에 쇼셕쳔(小石川)식물원에셔나 혹 ᄌᆞ긔관뎌에셔 긔독교 신교(神敎) 불교三파의 죵교가를 됴ᄃᆡᄒᆞᆫ다더라

●일본 신학졔의ᄂᆡ용(新學制內容)

금번신학졔로 고등학교젼부와 대학교一부에 ᄃᆡᄒᆞ야 학과목과 슈업년한의 변경된ᄂᆡ용은 (一)대학교와 고등학교의 입학긔는 양력四월노 졸업긔는 三월노 ᄒᆞᆯᄉᆞ (二)고등학교의 슈업년한은 二ᄀᆡ년으로 주리되 다만 뎨三부의과(醫科)는 젼과ᄀᆞᆺ치 ᄒᆞᆯᄉᆞ (三)하긔휴가(夏期休暇)는二ᄀᆡ월노 주릴ᄉᆞ (四)대학교법과(法科)의 슈업년한은 三ᄀᆡ년으로 주릴ᄉᆞ (五)이샹의 결과로 대학의 문학과 리과 공과(工科) 농과(農科)는 고등학교를 통ᄒᆞ야 一ᄀᆡ년반으

로 법과는 二개년반으로 주필작뎡이라더라

●쟝로교회즁 ᄀᆞ장큰 교회

미국쟝로교회즁 ᄀᆞ장큰 교회는 첫재 시틀데一교당이니 례비참셕ᄒᆞᄂᆞᆫ 교우가 五千二十五인이오 둘재 필네델피아 베다니 교당이니 례비보ᄂᆞᆫ 교우가 三千五百十四인이라더라

●一百二인의구셰군ᄉᆞ관

영국구셰군본영에셔 ᄉᆞ관一百二인을 동양에 새로 파숑ᄒᆞ야 일본 죠션 지나 인도제국에 ᄂᆞᆫ호아 젼도케 ᄒᆞ엿다더라

●만국쥬일학교통계표

금년에 셔ᄉᆞ국 쓰리취에셔 ᄀᆡ최ᄒᆞᆫ 만국쥬일대회의 통계표를 의지ᄒᆞᆫ건ᄃᆡ 셰계만국에 잇ᄂᆞᆫ 쥬일학교의 총수ᄂᆞᆫ 二十九만八千이오 학싱의 총계ᄂᆞᆫ 二千八百七十만명이니 그리스도교의 단톄즁에 一큰 긔관은 쥬일학교라ᄒᆞ엿더라

긔셔

●률법과 ᄉᆞ랑 한셩 류경상

교뎨가 일즉 그리스도교 륜리학을 연구ᄒᆞᄂᆞᆫ동시에「ᄉᆞ랑은 률법의 벼리오 률법은 ᄉᆞ랑의 결과」라 ᄒᆞᄂᆞᆫ귀절을 보고 ᄌᆞ못 싱각ᄒᆞ기를 마지 안코 그칙젼편을 쟝구ᄒᆞᆫ 셰월을 보내여 공부ᄒᆞᆫ즉 어시호 큰진리가 드러나고 쇄락ᄒᆞᆫ 감각을 엇은지라 률법과 ᄉᆞ랑이 란거시 엇더ᄒᆞᆫ 종교를 물론ᄒᆞ고 서로 밀졉(密接)ᄒᆞᆫ 관계를 가젓스며 종교샹 경력이 풍부ᄒᆞᆫ쟈ᄂᆞᆫ 이문뎨를 파히 이 쓰지 안코 히결ᄒᆞᆯ지라 현금 신구약셩셔가 넓히 퍼져 사ᄅᆞᆷ 사ᄅᆞᆷ이 익숙히 알고 밋지아니ᄒᆞᄂᆞᆫ 쟈라도 ᄌᆞ연 보게되고 엇던학쟈들은 셩경을 단순ᄒᆞᆫ 문학으로도 녁여 연구ᄒᆞᄂᆞᆫ쟈 업지아닌지라 보통이샹의 지식이 잇ᄂᆞᆫ 쟈와 아람다운 밋음과 긔묘ᄒᆞᆫ 덕힘을 품은쟈ᄂᆞᆫ 의론ᄒᆞᆯ 것 업거니와 필부필부ᄂᆞᆫ 어언간 셩경을 오히ᄒᆞ여 률법과 ᄉᆞ랑의 관계를 세닷지 못ᄒᆞᄂᆞᆫ지라 파연 이문뎨가 쉬운거시 아니니 경솔히 녁일거시 아니며 엄숙히 싱각ᄒᆞ여 볼거신고로 교뎨도 여러방면으로 여러번 싱각ᄒᆞᆫ지라 이제 간략히 그관계를 베플고져ᄒᆞ노니 대뎨로 말ᄒᆞᆯ진ᄃᆡ 인류가 률법이 업서셔ᄂᆞᆫ 힝복을 누리기 어려울지라 우리가 다 아ᄂᆞᆫ바 인류ᄂᆞᆫ 지혜와 권한과 지능과 근력이 한뎡이 잇셔 모든거시 이러ᄒᆞᆫ 고로 한뎡잇ᄂᆞᆫ 동물이라고 닐ᄏᆞᆺᄂᆞ니 하ᄂᆞ님ᄭᅴ셔 인류를 내시고 셰샹에 두셔셔 살게ᄒᆞ실ᄯᅢ에 규모업시 제도업시 제한업시 범위를 주셧슬진ᄃᆡ 한뎡잇ᄂᆞᆫ 동물노 ᄌᆞ멸케 ᄒᆞ심이라 ᄒᆞᆯ지니 그런즉 률법을 ᄂᆞ리고져ᄒᆞ심이요 근본ᄂᆞᆫ 리신대의ᄂᆞᆫ ᄉᆞ랑에셔 나온지라

ᄌᆞ유라고 근일 쳥년가온ᄃᆡ 흔히 말만ᄒᆞ나 나ᄂᆞᆫ ᄌᆞ유가 형식샹과 뎨면샹과 물질샹으로ᄂᆞᆫ 잇ᄂᆞᆫ거시로되 졍신샹과 종교샹과 륜리샹에ᄂᆞᆫ 졀ᄃᆡ뎍으로 업다고 ᄒᆞᄂᆞ니 쟝로교ᄃᆡᆫ의 예뎡셜(預定說)을 쥬창ᄒᆞ지안코 감리교인의 ᄌᆞ유셜을 쥬장삼ᄂᆞᆫ쟈가 이러케 말ᄒᆞ기ᄂᆞᆫ 심샹치 아니ᄒᆞ나 이제 쟝황히 의론치 안코 잔단히 셩경말슴과 셰샹 리치로 보건ᄃᆡ 명확ᄒᆞ니 긔챠가 철로궤도밧게 나가셔 ᄌᆞ유가 잇ᄂᆞᆫ가 긔챠가 궤도에셔ᄂᆞᆫ 가히 ᄌᆞ유로 힝ᄒᆞ여 한시에 빅여리를 능히 갈수잇스나 궤도밧게셔ᄂᆞᆫ ᄌᆞ유가 아니요 ᄌᆞ멸이며 사ᄅᆞᆷ이 ᄌᆞ긔가족과 샤회와 졍부의 궤도밧게 나가셔 스ᄉᆞ로 졍신업시 ᄌᆞ유를 웨치나 몃날이 되지 못ᄒᆞ여 ᄌᆞ탄ᄒᆞᆯ일밧게 업슬거시며 예수ᄭᅴ셔 말슴ᄒᆞ시기를「너희가 내도에 ᄒᆞᆼ샹 잇스면 나의 뎨ᄌᆞ가 되리라 ᄒᆞ셧스니 (요한八〇卅一)이ᄂᆞᆫ ᄌᆞ유가 그도에잇고 다른ᄃᆡ 잇지아니ᄒᆞ다 ᄒᆞᆷ이니 그런즉 ᄌᆞ유를 알고져ᄒᆞ면 ᄌᆞ긔궤도 ᄌᆞ긔범위 ᄌᆞ긔법도 ᄌᆞ긔량심 곳 률법안에 잇셔야 진졍ᄒᆞᆫ ᄌᆞ유를 엇을지로다

그런즉 여긔 몃마ᄃᆡ로 ᄌᆞ유가 엇더ᄒᆞᆷ을 참됴ᄒᆞ여 말을 ᄒᆞ기ᄂᆞᆫ 률법의 셰력을 드러내고져 ᄒᆞᆷ에 지나지 아니ᄒᆞ니 률법은 ᄉᆞ랑이신 하ᄂᆞ님

씌셔 ᄉᆞ랑으로우리의게 누리신것이니 두려워 홀것이 아니라 환영 홀거시며 우리를 대멱ᄒᆞ려홈이 아니오 우리를 붓드러 망령된 ᄌᆞ유에 드러가지 못ᄒᆞ게 ᄒᆞ심이니라 (미완)

●리빙스톤의략ᄉᆞ를소고(淵考)홈

일본동경 청산학원 뎐영틱

지난봄 三월十九일은 캅캅훈 아푸리가 대륙을 기쳑ᄒᆞ야 뎐국복음을 젼훈 위남ᄌᆞ(偉男兒)리빙스톤션싱이 츌셰훈지 데一百년재되는 날이라 그날은 동셔양 예수교회에셔 열셩으로 긔념식을 힝ᄒᆞ엿스며 특별히 그의 탄싱훈촌 영국 스코트틴드 브란타일에씨는 그긔념례비당에 새로세운 동샹졔막식(銅像除幕式)과百년긔념례식을 겸ᄒᆞ야 그맛싸월쑤부인이 친히 거힝ᄒᆞ엿더라

어느때 엇던 영국션교ᄉᆞ가 아푸리가ᄂᆡ디에 젼도ᄒᆞ려 둔니다가 훈 흑인이 미우 날근 양복을 히여진조각으로 올흔 엇기를 기워닙은것을 본즉 이양복감은 아모리보아도 영국물건이라 그션교ᄉᆞ가 이샹히 녁여 흑인의게 그연유를 무른즉 그흑인이 ᄃᆡ답ᄒᆞ되 지금브터 十년젼에 내가 이옷쥬인을 뫼시고 길둔닌일이 잇섯는ᄃᆡ 나는 그의 고용군으로셔 그션싱이 훈번 닙엇던것인고로 귀히녀여 밤낫으로 닙고잇ᄂᆞ이다 그는 참 거룩훈 션싱인ᄃᆡ 아모라도 그를 훈번만 뵈오면 평싱을 이즐수가 업지오 그는 우리흑인을 ᄌᆞ긔형뎨ᄀᆞᆺ치 ᄃᆡ졉ᄒᆞ시던이외다 그의 눈은 파랏코 깁허셔 사름의 혼을 쎌듯ᄒᆞ나 그의 말솜은 온유ᄒᆞ고 친졀ᄒᆞ여 그런이를 훈샹 뫼시고 잇는것은 참으로 복이되오며 또훈 그의ᄉᆞ랑은 모든사름을 감화식혀 그를 찬숑치 안는쟈가 업ᄂᆞ이다 ᄒᆞ엿더라

대뎌 이와ᄀᆞᆺ치 깁흔 감동을 흑인의 ᄆᆞ음속에 삭이게훈쟈는 곳 리빙스톤이라 션싱은 과연 그가온ᄃᆡ셔 엇더훈 쟝훈일을 ᄒᆞ엿스며 엇더훈 영걸스러온 인물이던가 동셔교회의 인ᄉᆞ와 신문잡지에 찬양ᄒᆞ며 긔념ᄒᆞ는바는 곳이것이로다 우리예수교인된쟈가 이션싱의 ᄉᆞ젹을 훈번 공부ᄒᆞ지 아니치 못홀것이오 그의 졍신과 ᄉᆞ업을 긔념ᄒᆞ여 본밧을것이라 오놀날 이일이 비록 느졋스나 그쇼젼(小傳)을 지어 여러분의게 소기ᄒᆞ며 우리도 또훈 긔념ᄒᆞ는뜻을 표ᄒᆞ노라

션싱의 탄싱훈 싸는 임의말ᄒᆞ엿거니와 영국 스코트틴드가온ᄃᆡ 훈 벽촌이라 좌우언덕에 숨림이 무셩ᄒᆞ고 그가온ᄃᆡ로 몱은물이 흐르는 크라이드강변이라 하ᄂᆞ님씌셔 이 흑인의게 은혜를 베프시랴고 이위남ᄌᆞ를 이곳에 나게ᄒᆞ셧도다 그부모는 조고마훈 잡화샹으로 영업ᄒᆞ는고로 심히 빈궁ᄒᆞ야 그 아ᄃᆞᆯ의게 샹당훈 교육을 식힐수 업슬섇아니라 훈집식구의 싱활샹에도 곤난훈지라 그가 츌싱훈十년동안에 부모와 형뎨일곱식구가 지내던 젹은집은 거금도 오히려 남어잇도다 이로보면 영웅이 엇지 근본이잇스리오 뜻ᄒᆞ나만 세우기에잇고 하ᄂᆞ님씌셔 ᄀᆞᆺ치 역ᄉᆞᄒᆞ시기에 잇도다

그가 十세브터 낫에는 양목졔조공장에 둔니며 오젼六시브터 오후八시ᄭᆞ지 일ᄒᆞ고 밤에는 그공장안에 잇는야학교에 둔니며 라틴말등을 공부ᄒᆞ엿고 과학과 려힝긔를 잘 닑으며 산과 들에둔니며 동식물표본을 취집ᄒᆞ기를 됴화ᄒᆞ더라 이와ᄀᆞᆺ치 어려셔브터 ᄌᆞ연히 쟝리목뎍의 쥰비가 되엿고 또훈 쟝셩홀ᄉᆞ록 탐험심(探險心)이 자라나며 또훈 용긔와 ᄌᆞ강력이 만코 익졍이 깁흐며 공부에 근실ᄒᆞ여 밤이면 잠을아니자고 공부ᄒᆞ매 하로는 어머니가 칙을 쎄아셔 잠을자게ᄒᆞ니 그후로는 물방아일을 ᄒᆞ면셔 틈틈이 공부ᄒᆞ는즁 라틴말을연구ᄒᆞ여 十九세브터는 방젹회샤에 드러가 좀 후훈 월급을 밧아 약간저졍을 져츅ᄒᆞ야 가지고 겨울에는 그라스고의 학교에 입학ᄒᆞ야 四五十리되는 거리에셔 왕릭ᄒᆞ며 힘써 공부ᄒᆞ엿스니 그는 온젼히 로력과 근면과 분투로써 셩공의 열쇠를 삼앗스니 이세가지는 과연 사름의 궁훈 쳐디를 변ᄒᆞ야 복된쳐디를 엇게ᄒᆞ는 요소로다 (미완)

교회ᄉᆞ긔

긔이부 역술

뎨七관 유태긔어쓰의셜 명홈

간스탄틘노플셩 슈도산쟝(修道山長)유태긔어쓰가 네스토리어쓰의 이단을 쳐셔 듸뎌ᄒᆞ다가 ᄌᆞ긔도 편벽된듸 ᄲᅡ졋스나 그리스도의 하ᄂᆞ님의 셩품을 의론ᄒᆞ다가 그리스도의 사룸셩픔을 일허ᄇᆞ린지라 말ᄒᆞ되 그리스도는 오직 ᄒᆞᆫ가지 셩픔ᄲᅮᆫ이라 그 하ᄂᆞ님의 셩픔과 사룸의 셩픔이 합ᄒᆞ야 ᄒᆞ나히 된것은 물과 술을 ᄒᆞᆫ합ᄒᆞ야 ᄒᆞᆫ그릇에 담은것과 ᄀᆞᆺᄒᆞ며 능히 분변ᄒᆞᆯ수 업다ᄒᆞ니 이말이 심히 위틔ᄒᆞᆫ지라 예수ᄭᅴ셔 ᄎᆞᆷ 사룸이 되지아니ᄒᆞ셧스면 엇지 능히 사룸의 약홈을 도아주며 ᄯᅩ 엇지 능히 사룸의 모범이 되며 ᄯᅩ 죽으신것이 ᄎᆞᆷ죽으신것이 아니면 엇지능히 죄인을 구쇽ᄒᆞ리오 이로인ᄒᆞ야 닷토고 변론홈이 크게니러나셔 네스트리어쓰를 좃는쟈들이 간스탄틘드[illegible]에 빈니어쓰의게 용ᄉᆞᄒᆞ야 유태긔어쓰의 말을 그르다ᄒᆞ니 유태긔어쓰가 슌죵치안코 로마감독데一릐요의게 용ᄉᆞᄒᆞ거놀 ᄲᅦ빈니어쓰가 ᄯᅩᄒᆞᆫ 유태긔어쓰의 그리스도는 ᄒᆞᆯ노 하ᄂᆞ님의 셩픔과 ᄒᆞᆫ가지라ᄒᆞ는말을 가지고 황뎨ᄭᅴ 고소ᄒᆞ니(四百四十八년)대개 ᄲᅦ빈니어쓰는 ᄌᆞ셰히 유태긔어쓰의 말을 ᄉᆞᆲ히매 뎍실ᄒᆞᆫ 이단이 됨으로 그직분을 면ᄒᆞ야 츌회ᄒᆞ고 ᄯᅩ 그말을 ᄌᆞ셰히 긔록ᄒᆞ야 로마감독데一릐오의게 밧쳣더니 유태긔어쓰가 ᄯᅩᄒᆞᆫ 데一릐오의게 죠쳐ᄒᆞ여 주기를 간구ᄒᆞ고 ᄯᅩ 죠뎡에 친ᄒᆞᆫ 대관이 잇셔 틔오도시어쓰황뎨를 권ᄒᆞ야 모든 감독을 에베소에 모흐고 ᄌᆞ셰히 힉실ᄒᆞ나(四百四十九년)이곳의 총회가 공변되지 못ᄒᆞ야 올코 그른것을 분변치 안는지라 알넥산드리아감독 ᄯᅡ야스퀴러쓰는 유태긔어쓰당류의 괴슈라 위인이 포학ᄒᆞ고 졍욕을 좃차 편벽된지라 베빈니어쓰를 구타ᄒᆞ야 三일만에 죽게ᄒᆞᆫ고로 사룸들이 이총[illegible] 강도총회라 ᄒᆞ니라 이때에 데一릐오가 동방여러감독의게 편지ᄒᆞ야 유태긔어쓰당의 말을 ᄇᆞᆰ히 말ᄒᆞ되 그리스도는 하ᄂᆞ님의 셩픔만 잇다ᄒᆞ는 그릇된말을 더욱 ᄇᆞᆰ히니 이로써 황뎨가 다시 텬하감독을 불너 켈스던읍에 모흐고(四百五十一년)ᄯᅡ야스퀴러쓰의 직분을 면ᄒᆞ고 츌교ᄒᆞ니 일노써 보건듸 로마감독의 권셰를 잡은것이 우연히 된것이 아니라 이때에 ᄉᆞ신을 보내여 ᄯᅡ야스퀴러쓰의 직임을 면ᄒᆞᆯ식 혹이 말ᄒᆞ되 이총회에셔 로마감독데一릐오가 베드로의 권셰를 의지ᄒᆞ야 이사룸을 츌교ᄒᆞ엿다 ᄒᆞ니라 총회가 다 릐오의 편지를 의지ᄒᆞ야 그리스도는 하ᄂᆞ님의 셩픔과 사룸의 셩픔이 서로 합홈을 의론ᄒᆞ야 작뎡ᄒᆞᆯ식 골ᄋᆞ듸 그리스도는 하ᄂᆞ님도 되시고 사룸도 되시나 그러나 하ᄂᆞ님이 되심을 말ᄒᆞ면 창셰젼브터 하ᄂᆞ님아바지로 말미암아 나시고 사룸이 되심을 말ᄒᆞ면 셩모마리아의 잉틔홈으로 나셧스니 우리사[illegible]이 업고 다만 죄에는 물들지 아니ᄒᆞ셧스며 비록 하ᄂᆞ님이시나 ᄯᅩᄒᆞᆫ ᄎᆞᆷ 사룸이 되신지라 가히 두가지로 칭ᄒᆞᆯ것이 업고 오직 ᄒᆞᆫ그리스도ᄲᅮᆫ이시라 하ᄂᆞ님의 셩픔이 변ᄒᆞ야 사룸의 셩픔이 되여셔 ᄒᆞᆫ 그리스도가 된것이아니오 당신이 원릐 하ᄂᆞ님의 셩픔이 잇고 ᄯᅩ 사룸의 셩픔을 졉ᄒᆞᆫ것이오 두셩픔이 ᄒᆞᆫ잡ᄒᆞ야 ᄒᆞᆫ 그리스도를 일운것이라 아니ᄒᆞᄂᆞ니다

(미완)

셩경공부의지침(쇽)

셋재 이칙은 예수 그리스도ᄭᅴ셔 우리의 대졔ᄉᆞ쟝이시오 유一무二ᄒᆞ신 즁보가 되심을 ᄀᆞᄅᆞ침이니 쥬ᄭᅴ셔 ᄯᅩᄒᆞᆫ ᄌᆞ긔를 밋는모든 사룸의 듸언인이 되샤 지금은 텬부의 올ᄒᆞᆫ편에 안져 계신고로 우리는 비록 죄를 지엇슬지라도 회ᄀᆡᄒᆞ고 쥬만 의지ᄒᆞ면 하ᄂᆞ님의 보좌압헤 나오기를 두려워 ᄒᆞᆯ것이 업슬지니 대개 그리스도는 죄인을 구원ᄒᆞ시랴고 이셰상에 오샤 ᄌᆞ긔죽음의 권셰를 인ᄒᆞ야 우리로 능히 죄를 이긔고 그은

혜가온ᄃᆡ 자ᄅᆡ [illegible] ᄂᆞᆫ 힘을 주시ᄂᆞ니 누구던지 이진리를 밋으면 반ᄃᆞ시 이와ᄀᆞᆺ치 엇을것을 확실히 즁거ᄒᆞᆷ이니라

넷재 이치은 우리가 그리스도를 밋음으로 하ᄂᆞ님ᄭᅴ ᄉᆞ랑과 셩신의 열ᄆᆡ를 밧을것을 ᄀᆞᄅᆞ치심이니 만일 셩신ᄭᅴ셔 우리를 거듭나게 ᄒᆞ신후 우리를 ᄀᆞᄅᆞ치시고 인도ᄒᆞ시며 놉고 셩결ᄒᆞ며 죄를 거절ᄒᆞ며 졍욕을 이긔고 쥬를 ᄉᆞ랑ᄒᆞᄂᆞᆫ 권능을 주지아니ᄒᆞ시면 우리의 밋음은 죽은밋음이 될지라 그럼으로 ᄉᆞ도 바울이 말ᄉᆞᆷᄒᆞ기를「셩신이아니면 능히 예수를 쥬라고 부를 사ᄅᆞᆷ이 업다」ᄒᆞ엿ᄂᆞ니 셩신은 우리가 하ᄂᆞ님의 ᄌᆞ녀요 또 맛당히 하ᄂᆞ님과 사ᄅᆞᆷ을 ᄉᆞ랑ᄒᆞᆯ것을 즁거ᄒᆞ시며 또ᄒᆞᆫ 우리를 모든 진리가온ᄃᆡ로 인도ᄒᆞ시며 슬픈때에 위로ᄒᆞ시며 우리ᄆᆞᄋᆞᆷ속에 ᄒᆞᆼ샹계시샤 영원ᄒᆞᆫ 깃븜주시ᄂᆞᆫ 일을 담당ᄒᆞ시ᄂᆞ니라

(미완)

평림(評林)

●몃가지실망(失望)

一 엇던 교회에셔 월급을더준다고 ᄭᅬ이ᄂᆞᆫ 말을 듯고 수십년ᄃᆞᆫ니던 본교회를 ᄇᆡ반ᄒᆞ고 갓다가 거긔셔 직분도 못엇고 죵간에셔 방황ᄒᆞᄂᆞᆫ 젼도인이나 교우ᄂᆞᆫ 현지에실망

二 하ᄂᆞ님의 은혜를 만히 밧고도 목젼의 젹은 힝복을 ᄶᅩᆺ기 위ᄒᆞ야 하ᄂᆞ님을 ᄇᆡ반ᄒᆞ고 나간쟈ᄂᆞᆫ 지금은 비록 안락ᄒᆞᆫ듯ᄒᆞ나 ᄅᆡ셰에 영원ᄒᆞᆫ 힝복을 엇지못ᄒᆞᆯ지니 이런사ᄅᆞᆷ은 미ᄅᆡ에 실망

三 금젼이나 셰력이나 혹 무ᄉᆞᆷ 리익을 탐ᄒᆞ야 그 ᄌᆞ녀를 밋지안ᄂᆞᆫ 외인과 결혼(結婚)ᄒᆞ엿다가 두 집안ᄉᆞ이에 츙돌이 자조 니러나셔 오ᄂᆞ니 가ᄂᆞ니 죽ᄂᆞ니 사ᄂᆞ니ᄒᆞᄂᆞᆫ 일이 잇게ᄒᆞᄂᆞᆫ 교인은 가뎡에 실망

四 엇던 유력ᄒᆞᆫ쟈의게 아텸ᄒᆞᆷ으로 무엇을 엇고져ᄒᆞ야 자조ᄃᆞᆫ니며 노예의업골을 달게짓다가 아모효력이 업시 ᄌᆞ긔의 ᄌᆞ존심(自尊心)만 ᄲᆡ앗긴쟈ᄂᆞᆫ 샤회에 실망

셰계격언

一 벗을 ᄉᆞ괴고져ᄒᆞ면 몬져 깁히 ᄉᆡᆼ각ᄒᆞ시오 임의 ᄉᆞ괸이샹에ᄂᆞᆫ 죵신토록 변치아니ᄒᆞᄂᆞᆫ것이 벗의게도 유익ᄒᆞ고 ᄌᆞ긔의게도 대단히 귀ᄒᆞᆫ것이니라

二 션ᄒᆞᆫ 사ᄅᆞᆷ과 ᄒᆞᆷᄭᅴ 잇ᄂᆞᆫ것은 란초집에 드러간것ᄀᆞᆺᄒᆞ니 오ᄅᆡ되면 그 향긔를 맛지못ᄒᆞᆷ은 그 향긔에 화ᄒᆞᆷ이오 악ᄒᆞᆫ 사ᄅᆞᆷ과 ᄒᆞᆷᄭᅴ사ᄂᆞᆫ것은 ᄡᅥᆨ은 ᄉᆡᆼ션젼에 잇ᄂᆞᆫ것ᄀᆞᆺᄒᆞ니 오ᄅᆡ되면 그 악취를 맛지못ᄒᆞᆷ은 또ᄒᆞᆫ 그 악취에 화ᄒᆞᆷ이니 그런고로 군ᄌᆞᄂᆞᆫ 그 더브러 ᄉᆞ괴ᄂᆞᆫ바에 조심ᄒᆞᆯ지니라

三 우리 인ᄉᆡᆼ의게 됴흔 친구업ᄂᆞᆫ것이 이셰계에 대양업ᄂᆞᆫ것과 ᄀᆞᆺᄒᆞ니 웨 그런고ᄒᆞ면 우리가 샹메ᄭᅦ밧은 ᄉᆞ물(事物)즁에 친구보다 더 유쾌ᄒᆞᆫ것이 업ᄂᆞᆫ연고니 그럼으로 인류즁에 금젼을 ᄇᆞ라ᄂᆞᆫ쟈도 잇ᄉᆞ며 명예를 ᄇᆞ라ᄂᆞᆫ쟈도 잇ᄉᆞ며 디위를 ᄇᆞ라ᄂᆞᆫ쟈도 잇지마ᄂᆞᆫ 一二ᄀᆡ인의 익우(益友)ᄂᆞᆫ 이우희말ᄒᆞᆫ 몃가지를 겸ᄒᆞᆫ것보다도 나흐니라

우슴거리(笑話)

셔반아풍속은 소싸홈(牛鬪)구경ᄒᆞ기를 뎨一됴화ᄒᆞᄂᆞᆫ고로 ᄆᆡ양무ᄉᆞᆷ경절을 당ᄒᆞ면 반ᄃᆞ시 소싸홈을 붓치고 입쟝권(入場券)을 쳐쳐에셔 팔매 남녀로쇼 업시 닷토아 사ᄂᆞᆫ지라 이때에 맛참 외국사ᄅᆞᆷᄒᆞ나히 그나라에 유람ᄒᆞ다가 려관에 드러가 뎜심을 사먹을시 우유챠(牛乳茶)ᄒᆞᆫ잔을 청ᄒᆞ엿ᄂᆞᆫᄃᆡ 이손은 그나라말을 잘못ᄒᆞᄂᆞᆫ고로 쥬인이 잘 알어듯지 못ᄒᆞ매 손이 민망ᄒᆞ야 됴회됴각에 소ᄒᆞ나를 그리고 두손으로 우유짜ᄂᆞᆫ 형용을 ᄒᆞ엿더니 쥬인이 보고 얼마동안 ᄉᆡᆼ각ᄒᆞ다가 황

연히 알어드른듯 고기를 권ᄒᆞ야 맛더거리며

네ㅣ네ㅣ 알어 드룻슴니다

一번말ᄒᆞ고 一번 가더니 소싸홈 구경ᄒᆞ는 一등셕 입쟝권ᄒᆞᆫ쟝을 갓다주는지라 손은 긔가막혀셔 우스면셔 고기를 좌우로 흔들매 쥬인은 니여 고기를 맛더거리며

네ㅣ네ㅣ 그러면 밧고아 드리지오

ᄒᆞ면셔 곳二등셕 임장권 ᄒᆞᆫ쟝을 가져왓더라

종교쇼셜(宗敎小說)

●량단의루(兩端之淚) (五)

목ᄉᆞ는 ᄀᆞ장 화평ᄒᆞᆫ 긔ᄉᆡᆨ을 얼골에 띄우고 말ᄒᆞ되

부인ㅣ웨 그러케 말을ᄒᆞ시오 내가 지금 그리유를 ᄌᆞ셰히 말ᄒᆞᆯ터이니 드르시오 므룻 의묘교당은 학교가 만흔 교육즁심디에 잇슨즉 ᄌᆞ연 문아(文雅)ᄒᆞᆫ 학ᄉᆡᆼ들이 만히 모히고 로동샤회의 무식ᄒᆞᆫ 사ᄅᆞᆷ은 비교뎍 적을터이니 젼도ᄒᆞ기에 파히 힘들[illegible]가 임의 그디방형편을 아는바 교우들이 十샹八九는 다 교화에 젓고 문명ᄒᆞᆫ 인물들인연고라 그런즉 내가 그교당일을 관할ᄒᆞ는동안에 심셩을 슈양ᄒᆞ며 학문을 연구ᄒᆞ고 가뎡의 락을 누릴 한극(閒隙)을 만히 엇을수 잇고 또ᄒᆞᆫ 젼도로 말ᄒᆞᆯ지라도 일은 반쯤ᄒᆞ고 二비의 공효를 가히 셩취ᄒᆞᆯ지니 엇지 아ᄅᆞᆷ답지 아니ᄒᆞ리오

강씨는 듯기를 다ᄒᆞ매 얼골에적이 환영ᄒᆞ는 빗을 나태내며 ᄒᆞ는말이

그런ᄃᆡ 웨 어셔 허락ᄒᆞ시는 답쟝을 그교당으로 보내지 아니ᄒᆞ시오 그러고 우리는 여긔일을 속속히 마감ᄒᆞ고 곳 떠납세다 네ㅣ 지금 말솜을 드른즉 그곳은 경치도 됴코 교졔ᄒᆞᆯ 사ᄅᆞᆷ들도 다 학식이 잇는쟈가 만ᄒᆞᆯ뿐더러 젼도에도 과히 힘들것이 업슬터인ᄃᆡ 웨 그리 근지를 ᄒᆞ시오 아ㅣ 참 잠간 이졋군뎌 미돈교당에서 온편지속도업지요 그것으로만 보더라도 의묘교당이 낫지아니ᄒᆞᆸ닛가

목ᄉᆞ는 강씨의 말을 듯는지 아니듯는지 고기를 들고 텬졍(天井)을 ᄒᆞᆫ참 쳐다보더니 혼자 ᄒᆞ는말이라

글셰ㅣ 의묘교당으로 가는것이 내의게는 믹우됴치마는 一번으로 ᄉᆡᆼ각ᄒᆞ면 아마 미돈교당으로 가는것이 올치ㅣ

강씨는 듯다가 못ᄒᆞ야 톡쏘는말노 뭇기를

그리 미돈으로 가는것이 올흔리유는 무엇이란 말솜이오 시원히 좀 드러나봅세다 (미단)

담총

●미국사ᄅᆞᆷ의 음악비(音樂費)

근일에 졍밀히 됴사ᄒᆞᆫ 바를 거ᄒᆞᆫ즉 미국안에서 작년즁음악에 ᄃᆡᄒᆞ야 허비ᄒᆞᆫ돈이 十二억만환이라더라

●상항의신시가(新市街)

년젼 미국 상항이 디진으로 [illegible]은 화지를 당ᄒᆞᆫ후로 오놀날ᄭᆞ지 새로건륙ᄒᆞᆫ 집이 五만여호에 달ᄒᆞ엿는ᄃᆡ 그가ᄋᆡᆨ은 八억만환이라더라

●미국의호농(豪農)

미국젼국니에 농ᄉᆞᄒᆞ는 ᄇᆡᆨ셩으로 뎐화(電話)ᄉᆞ용ᄒᆞ는 집이 二百만호라더라

법령뎍요(法令摘要)

●토디슈용령(土地收用令)

명치四十四년四월十七일졔령뎨三호

뎨一됴 공공의 리익이될ᄉᆞ업을 위ᄒᆞ야 필요가 잇는때에 이 법령에 의지ᄒᆞ야 그ᄉᆞ유에 요구되는 토디를 슈용이나 또는 ᄉᆞ용ᄒᆞᆯ수잇슴

뎨二됴 토디를 슈용이나또는 ᄉᆞ용ᄒᆞᆯ수잇는 ᄉᆞ업은 좌의 긔록ᄒᆞᆫ것즁의 ᄒᆞ나히됨

七

一、국방(國防)이나군ᄉᆞ(軍事)에관ᄒᆞᆫ ᄉᆞ업

二、관령이나공셔(公署)를 건륙ᄒᆞᄂᆞᆫᄃᆡ 관ᄒᆞᆫ ᄉᆞ업

三、교육이나 학예(學藝)나 ᄌᆞ션에 관ᄒᆞᆫ ᄉᆞ업

四、렬도 [illegible]
(河川) 보막이 [illegible] 모라막하연
운하(運河) 용악슈로(用惡水路) 류지(溜池) 션거(船渠) 항만(港灣) 부두(埠頭) 슈도 하슈(下水) 뎐긔 와사(瓦斯) 화장장에 관ᄒᆞᆫ ᄉᆞ업

五、위싱 측후(測候) 항로표식(航路標識) 방풍(防風) 방화(防火) 슈지예방과 기외에 다른공용목뎍으로 나라에셔나 공공단톄에셔 시셜ᄒᆞᄂᆞᆫ ᄉᆞ업

(미완)

◎회보ᄃᆡ금령슈

지명	성명	금액
新溪	李德柔	四十錢
	千周浩	四十錢
瑞興	洪記燮	四十錢
平壤	黃鼎模	五圓
開城	李廷烈	四十錢
	楊昌華	[illegible]十錢
麻田	金昌順	四十錢
	崔成南	四十錢
利川	金永祚	四十錢
春川	金文九	四十錢
	李東益	四十錢
	金允九	四十錢
	朴士羅	四十錢
	金東潤	八十錢
	大汝師	八十錢
	洪承九	八十錢
	俞泳模	八十錢
利川	崔士淵	八十錢
	金極洙	八十錢
	李景化	二十六錢
驪州	李邦憲	四十錢
公州	安昌鎬	一圓二十錢
	徐柱錫	八十錢
會寧	劉永浩	四十錢
	李應鎬	四十錢
京東谷	朴說勛	四十錢
	余袂[illegible]黃	八十錢
東部豆毛浦	徐元植	四十錢
忠州	鄭千日	八十錢
	洪致山	四十錢
寧越	李秉泰	八十錢
	李鍾萬	四十錢
旌善	吳永善	四十錢
連山	安炳玉	一圓[illegible]錢
鐵原	劉轍洙	三圓卄錢
	朴光祐	四十錢
	裵基俊	八十錢
	李錫瀅	一圓卄錢
	朴世義	八十錢
	金敬三	一圓卄錢
漣川	徐敬植	一圓卄錢
	李承逸	八十錢
魯城	姜載根	一圓卄錢
東大門敎堂內	李千根	六十錢
日本東京	基督靑年會	一圓卄錢
	盧大郁	二十錢
堤川	趙恭鎭	四十錢
日本東京	盧正一	八十錢
楊平	李載圭	四十錢
龍岡	韓成浩	四十錢
木川	洪啓益	四十錢
	周奉先	四十錢
	俞致晟	四十錢
	俞樂賢	四十錢
	鄭元模	四十錢
	白千一	四十錢
新昌	林光根	四十錢
	尹相善	四十錢
温陽	金錫龜	四十錢
西部麻浦	金德謙	四十錢
	徐德瑞	四十錢
	柳漢奎	四十錢
	金振覺	四十錢
	李멜씨	八十錢
	李泰宇	六十錢
	以上六氏八月十二日	
會寧	金永鎬	九十三錢五厘
京彰義門外	崔相瑞	四十錢
楊口	鄭基鍾	四十錢
泰川	李允榮	二圓三十錢
伊川	劉時國	四十錢
	李[illegible]成	八十錢
	朴興燮	四十錢
	尹翊重	四十錢
	趙寬浩	四十錢
	盧永熙	四十錢
安峽	安鎭德	四十錢

新刊聖書廣告

신간셩셔광고

번호		정가
七號	신약젼셔 五호조지의	十젼
九號	상동 관쥬 四호조지의	三十젼

젼도의보급을위ᄒᆞ야 이우혜 긔록ᄒᆞᆫ렴가(廉價)의셩셔를 새로발힝ᄒᆞ엿ᄉᆞ오니 죠량ᄒᆞ신후 다쇼간청구ᄒᆞ심을 경요

京城鍾路 대영셩셔공회고
大英聖書公會 白

◎광 고◎

본공회에셔 각죵셩셔를 구비ᄒᆞ여 디방의 원근과 청구의 다쇼를 물론ᄒᆞ고 신속슈응ᄒᆞᄂᆞᆫ바 근일에 특별히 감가된칙도 잇고 새로 출판된칙이 잇기로 이아래 긔록과 ᄀᆞᆺ치 광포홈

감가된칙 미명가록

四號언문구신약 三권一질	(포의)	一圓十錢
四號언한문신약지의		四十문
同	(포의)	四十五錢
五號언한문신약지의		三十五錢
同	(포의)	四十錢

새로출판된칙

四號언문관쥬신약	각종
五號언문 四복음	가명각 錢

京城鍾路 美國聖書公會 告白

緊急廣告

一千九百十四년도월력을 본서회에셔 임의인쇄ᄒᆞ야 발매ᄒᆞ오ᄃᆡ 뎡가(定價)ᄂᆞᆫ ᄒᆞᆫ장에 一젼식이며 모양은 一千九百十三년도월력보다 일층미려ᄒᆞ야 미일공부ᄒᆞᆯ 셩경구절과 농ᄉᆞ졀긔와 국명경절과 교회명절을 첨입ᄒᆞ야 각교우의제가 히업지못ᄒᆞᆯ것ᄲᅮᆫ아니라 각샤회에셔도 ᄉᆞ용ᄒᆞ기필요ᄒᆞ오며

구쥬셩탄츅하표 ᄂᆞᆫ 一千九百十二년도에 각교회의모든형메ᄌᆞ미ᄭᅴ셔 구쥬셩탄일을 서로츅하ᄒᆞᄂᆞᆫ뜻으로 깃브게ᄉᆞ용ᄒᆞ시든것이온ᄃᆡ 아름다온빗초로 네가지그림으로 인쇄ᄒᆞ야 일반교우ᄭᅴ셔 셩탄츅ᄒᆞ시기에 업지못ᄒᆞᆯ것이옴기 금년에ᄂᆞᆫ 다수히발매ᄒᆞ기위ᄒᆞ야 특별렴가로 四장일속을 五젼식에 방매ᄒᆞ겟ᄉᆞᆸ기 ᄌᆞ에광고ᄒᆞ오며

一千九百十四년도회즁일긔 ᄂᆞᆫ 이아래긔록홈과ᄀᆞᆺ치 방금인쇄즁이온ᄃᆡ 너항을 一千九百十三년도일긔첵보다 특별히미량ᄒᆞ야 미일일긔ᄒᆞ기에 미우편리ᄒᆞ도록ᄒᆞ엿ᄉᆞ오며 세계총인구수효와 죠션각도의인구수효와 면적파리수와 기타즁요ᄒᆞᆫᄉᆞ항을 졀절히긔입ᄒᆞ야 ᄒᆞᄂᆞ님ᄉᆞ역ᄒᆞ시ᄂᆞᆫ졔씨의제 잠시도업지못ᄒᆞᆯ것이오로 문드렷ᄉᆞᆸᄂᆞ다 우리의ᄉᆞ랑ᄒᆞ시ᄂᆞᆫ형메ᄌᆞ미ᄭᅴ셔ᄂᆞᆫ 째를일치마시고 속히청구ᄒᆞ시와 ᄒᆞᄂᆞ님역ᄉᆞ에 유익ᄒᆞ도록ᄒᆞ심을 ᄇᆞ축ᄒᆞᄂᆞ이다

회즁일긔	(포의)	二十젼
仝	(후포의)	三十젼
仝	(혁의)	六十젼

뒤금은 션금이나 인환으로 요구홈

京城鍾路 朝鮮耶穌教書會 主務 班禹巨 告白

그리스도회보

THE KOREAN CHRISTIAN ADVOCATE

每週一回月曜日發行
大正二年十一月二十日印刷
大正二年十一月廿四日發行

發行兼編輯人 開城北部山芝峴 奇義男
印刷人 京城北部樓閣洞 朴東完
印刷所 京城南部上犂洞 新文館
發行所 京城北部壯洞四十三統三戶 呂炳鉉邸

ᄃᆡ금…代金 一장 二젼 六ᄀᆡ월 四十젼 一ᄀᆡ년 八十젼 海外 一ᄀᆡ년 一환六十젼

◉주의ᄒᆞ야보실샤고【社告】

본회보의 취지는 여러형뎨ᄌᆞᄆᆡ씌셔 아시ᄂᆞᆫ바와ᄀᆞᆺ치 남북량감리교회의 긔관과 이목이 되여 아모됴록 구람졔씨의 령혼상 교통과 도덕샹지식을 공급코져ᄒᆞᆷ에 잇고 결단코 영리뎍(營利的)에 잇지아니ᄒᆞᆷ으로 본보의 ᄃᆡ금은 츌판비와 우료(郵料)도 오히려부족ᄒᆞ게 뎡ᄒᆞᆷ이라 그런즉 본보를 ᄋᆡ호(愛護)ᄒᆞ실의무를 가지신 형뎨ᄌᆞᄆᆡ는 맛당히 ᄃᆡ금을 잘보내여주셔야 본보도 능히 유지ᄒᆞᆯ수 잇거늘 금년상반긔(上半期)ᄃᆡ금만 보내시고 하반긔(下半期)션금을 이ᄯᅢᄭᆞ지 아니보내신이가 四분지三에 지내ᄂᆞᆫ고로 본년 九월브터 본보뎨一면에 광고로 ᄭᅳᆫ치지안코 광포ᄒᆞ엿스나 여러분씌셔 이광고를 잘 아니보시ᄂᆞᆫ지 혹 보시고도 밋처보내실틈이 업셔셔 그러ᄒᆞᆫ지 혹 본보를 一ᄀᆡ 영리뎍 신문으로 돌니시고 조곰도 동졍(同情)을 표ᄒᆞ실 ᄉᆡᆼ각이 업셔셔 그러ᄒᆞᆫ지 도모지 못드른톄ᄒᆞ시니 우리 량교회에 이와ᄀᆞᆺ치 조고마ᄒᆞᆫ 긔관ᄒᆞ나 잇ᄂᆞᆫ것을 이쳐럼 도라보지 아니ᄒᆞ심은 본회보가 대단히 실망ᄒᆞᄂᆞᆫ바이로소이다 그럼으로 본샤ᄂᆞᆫ 방침을 곳쳐 본년 양력 十二월ᄂᆡ로 하반긔 션금 四十젼식과 혹 이ᄯᅢᄭᆞ지 샹반긔 션금도 아니보내신이ᄂᆞᆫ 八十젼식을 우편쇼위톄(郵便小爲替)로 보내여주시지 아니ᄒᆞ시ᄂᆞᆫ이의게ᄂᆞᆫ 회보발송을 뎡지(停止)ᄒᆞ고 이ᄯᅢᄭᆞ지 보신ᄃᆡ금은 각소개인(紹介人)의게 독촉ᄒᆞ여 밧기로 작뎡ᄒᆞ엿ᄉᆞ오니 여러분씌셔ᄂᆞᆫ 아모됴록 동렴ᄒᆞ셔셔 속히 ᄃᆡ금을 보내시ᄂᆞᆫ 것이 곳 본보를 ᄉᆞ랑ᄒᆞ시며 보호ᄒᆞ시며도아주시ᄂᆞᆫ 것이니 죠량ᄒᆞ심을 근졀히 ᄇᆞ라ᄂᆞ이다

교즁휘문

◀내 보▶

●비지학싱의젼도ᄃᆡ

경셩졍동 비지학당학싱쳥년회ᄂᆞᆫ 본월十一일하오七시에 ᄒᆡ회창립뎨四회긔렴식을 ᄒᆡᆼ학당ᄂᆡ에셔 ᄀᆡ최ᄒᆞ엿ᄂᆞᆫᄃᆡ ᄒᆡ회의 一반회원이 우흐로 하ᄂᆞ님과 아ᄅᆡ로 동포의게 ᄃᆡᄒᆞᆫ 의무를 직히기위ᄒᆞ야 불ᄀᆞᆺ치 ᄯᅳ거운 ᄆᆞᄋᆞᆷ으로 ᄌᆞ원ᄒᆞ야 학싱젼도ᄃᆡ(傳道隊)를 죠직ᄒᆞ엿다ᄒᆞ니 본보ᄂᆞᆫ 여긔 ᄃᆡᄒᆞ야 여러회원의게 감샤ᄒᆞᆫ ᄯᅳᆺ을 표ᄒᆞ거니와 ᄌᆞ세ᄒᆞᆫ ᄉᆞ실은 듯ᄂᆞᆫ대로 ᄯᅩ 게지ᄒᆞ겟노라

●강화남구역에은혜

김 광 국

경긔도 강화군 달오지교회에셔 거월六일브터 九일ᄭᆞ지 부흥회를열고 목ᄉᆞ김유슌씨가 인도ᄒᆞ엿ᄂᆞᆫᄃᆡ 밤마다 형뎨ᄌᆞ매一百三十명식 참예ᄒᆞ엿ᄂᆞᆫᄃᆡ 十여리밧게셔도 열심으로 참예ᄒᆞ여 셩신의 권능과 하ᄂᆞ님의 풍셩ᄒᆞ신 은혜를 만히 밧어 눈물을 흘니며 ᄋᆡ통홈으로 회ᄀᆡᄒᆞᄂᆞᆫ쟈도 잇고 쥬의 은혜를 감샤ᄒᆞᄂᆞᆫ 쟈도잇셔 ᄯᅥ나ᄂᆞᆫ때에 셥셥ᄒᆞᆫ ᄆᆞᄋᆞᆷ으로 서로 헤여젓스니 모든영광은 쥬ᄭᅴ돌닌다 ᄒᆞ엿더라

●신간소개(新刊紹介)

신졍보감(新政寶鑑)뎨二권이 새로 간힝된바 이칙의 ᄂᆡ용은 죠션에 지금 실시되ᄂᆞᆫ 모든 법령을 무루편입(無漏編入)ᄒᆞ야 언한문(諺漢文)으로 간츌ᄒᆞᆫ것인ᄃᆡ 새법령을 알고져ᄒᆞ면 불가불 이칙을 보아야 될것이며 이칙은 슌양쟝 四百五十페지인ᄃᆡ 갑슨 할인(割引)ᄒᆞ야 一환四十젼식이며 이칙은 경셩서대문외 평동 一百七十六통四戶 로병션(盧炳善)씨집에셔 발ᄆᆡᄒᆞᆫ다더라

◀외 보▶

●횡빈의 련합젼도회

일본횡빈각항교회ᄂᆞᆫ 거월二일브터 동十九일ᄭᆞ지 련합대젼도회를 ᄀᆡᄒᆞᆫ샹황과 결과ᄂᆞᆫ 임의 본보젼호에 게지ᄒᆞ엿거니와 그후에도 계속ᄒᆞ야 동二十일브터 卅一일ᄭᆞ지 날마다 밤과 낫에 ᄀᆡ회ᄒᆞ엿ᄂᆞᆫᄃᆡ 참셕ᄒᆞᆫ 인원은 ᄆᆡ회에 최다수 六百여인으로 브터 최쇼수四十인ᄭᆞ지 모혓스며 새로 밋기 작뎡ᄒᆞᆫ쟈ᄂᆞᆫ ᄆᆡ회에 최다수 二十四인으로 브터 최쇼수一인ᄭᆞ지 도합一百二十六인을 엇엇다더라

●대판(大阪)의 공셰젼도회

일본대판시각교회에셔 거월十一일브터 동十五일ᄭᆞ지 공셰젼도회를 ᄀᆡ최ᄒᆞᆫ 결과로 새로 밋기작뎡ᄒᆞᆫ쟈 三十一인을 엇엇다더라

●만국쥬일학교대회 쥰비피로회(披露會)

만국쥬일학교대회ᄂᆞᆫ 대졍五년에 일본동경에셔 ᄀᆡ최ᄒᆞᆫ다ᄂᆞᆫ일은 본보에 임의 게지ᄒᆞ엿거니와 ᄒᆡ회에 ᄃᆡᄒᆞᆫ 쥰비피로회ᄂᆞᆫ 본월二일에 ᄀᆡᄒᆞ엿ᄂᆞᆫᄃᆡ ᄒᆡ회 각위원의 션뎡ᄒᆞᆯ 일은 대외(大隈)ᄇᆡᆨ작의게 위임ᄒᆞ엿다더라

●일본긔독교ᄃᆡ표쟈쵸ᄃᆡ의실황

오뎐(奧田)문부대신이 본월 四일에 긔독교 각파ᄃᆡ표쟈를 쵸ᄃᆡᄒᆞᆫ ᄉᆞ실은 본보에 임의 보도ᄒᆞ엿거니와 당일의 실황(實況)을 대강드르즉 ᄒᆡ대신은(一)종교의 교육을 힘쓸것(二)종교가의 학식을 비양ᄒᆞᆯ것(三)종교가의 픔힝을 단졍고샹히ᄒᆞᆯ것 (四)종교계의 분요(紛擾)를 주의ᄒᆞ야 피ᄒᆞᆯ것(五)감화 구졔의 ᄉᆞ업을 힘쓸것이란 문뎨로 연셜ᄒᆞᆫ후 졍심미지조(井深梶之助)씨ᄂᆞᆫ 학교의 신샤참ᄇᆡ(神社參拜)ᄂᆞᆫ 다만 경례(敬禮)로 긔렴ᄒᆞᄂᆞᆫ ᄯᅳᆺ을 표ᄒᆞ게ᄒᆞ며 쇼학싱으로 쥬일학교에 만히 참셕케ᄒᆞᄂᆞᆫ일을 희망ᄒᆞᆫ다ᄂᆞᆫ ᄯᅳᆺ으로 답ᄉᆞᄒᆞ고 쇼긔(小崎)씨ᄂᆞᆫ 감옥죄슈 ᄀᆞᄅᆞ치ᄂᆞᆫ 교ᄉᆞ를 각종교파에셔 평등으로 츌셕케ᄒᆞ기를 희망ᄒᆞᆫ다ᄂᆞᆫ ᄯᅳᆺ으로 답ᄉᆞᄒᆞᆫ후 ᄒᆡ로명(海老名)씨ᄂᆞᆫ 완젼ᄒᆞᆫ 도덕우에 세운바 완젼ᄒᆞᆫ 종교를 고동ᄒᆞ야 모든 대학싱의게 도덕샹 교육이 넓히 밋게ᄒᆞ기를 희망ᄒᆞᆫ다ᄂᆞᆫ ᄯᅳᆺ으로 답ᄉᆞᄒᆞ고 평암(平岩)감독은 (一)국가의 대뎐(大典)에 종교가를 참렬(參列)케 ᄒᆞᆯ것과 (二)쥬일학교와 쇼학교의 련락(連絡)ᄒᆞᆯ것과 (三)일본교육방침

을 셰계뎍ᄉᆞ샹(世界的思想)우에 세우기를 희망ᄒᆞᆫ다ᄂᆞᆫ ᄯᅳᆺ으로 답ᄉᆞᄒᆞᆫ후 폐회ᄒᆞ엿다더라

● 미감리회대회

미국젼국니 미감리회대회ᄂᆞᆫ 거十월二十八일브터 동卅一일ᄭᆞ지 四일동안을 인듸아나 포리스셩에서 ᄀᆡᄒᆞ엿ᄂᆞᆫᄃᆡ 참셕ᄒᆞᆯ 회원은 각쳐교회ᄃᆡ표쟈 三千명가량이며 그즁에 감독 이하 총회임원이 五百명이오 젼도인이 一千명이오 평신도가 一千五百명에 달ᄒᆞ엿스며 히회의 목뎍은 (一)션교ᄉᆞ의 지식발달ᄒᆞᆯ것 (二)ᄂᆡ외국션교회와 다른 교파에 관ᄒᆞᆫ 미감리회의 ᄎᆡᆨ임을 확뎡ᄒᆞᆯ것 (三)본교회를 확쟝ᄒᆞᆯ것 (四)총회에서 ᄎᆡ랍(採納)ᄒᆞᆫ 지뎡방침을 확뎡ᄒᆞᆯ것이라더라

긔셔

● 인ᄉᆡᆼ의 一대문뎨

동경 쳥산학원 김영셥

눈을 들어 우쥬간에 ᄌᆞ연ᄒᆞᆫ 아름다온것을 도라보며 우리 인ᄉᆡᆼ의 ᄉᆡᆼ활뎍 현샹을 ᄉᆞᆲ혀 보건ᄃᆡ ᄌᆞ연뎍의 넓고 좁고 잇고 업고 놉고 낫고 깁고 엿흔것과 인ᄉᆡᆼ의 ᄒᆞᆫ번죽고 ᄒᆞᆫ번사ᄂᆞᆫ것은 고금에 가히 변치못ᄒᆞᆯ 진리(眞理)이니 사ᄅᆞᆷ되고ᄂᆞᆫ 반ᄃᆞ시 ᄉᆞ망이라 ᄒᆞᄂᆞᆫ것을 ᄒᆞᆫ번식 맛보지 아니치 못ᄒᆞᆯ지니 이 ᄉᆞ망이라 ᄒᆞᆷ은 무엇을 닐옴이뇨 ᄉᆡᆼ리학샹으로 간단히 말ᄒᆞ쟈면 다만 사ᄂᆞᆫ것의 뎡지된것이라 ᄒᆞᆯ수잇도다 그러나 보통사ᄅᆞᆷ은 이ᄉᆞ망을 사ᄅᆞᆷ의 최죵말(最終末)노 ᄉᆡᆼ각ᄒᆞ야 ᄒᆞᆫ번 죽으면 그만이라ᄒᆞᄂᆞᆫ쟈도 잇스며 ᄯᅩᄒᆞᆫ 이것은 ᄆᆞ쟝 확실ᄒᆞᆫ ᄉᆞ실이니 누구던지 의심ᄒᆞᆯ바이 조곰도 업다ᄒᆞᄂᆞ니 과연 그러ᄒᆞ뇨 아니라 엇지 진리에 어그러짐이 이와ᄀᆞᆺ치 심ᄒᆞ리요 대뎌 인ᄉᆡᆼ의게 ᄃᆡᄒᆞᆫ ᄉᆞ망이라 ᄒᆞᄂᆞᆫ것은 맛치 물거픔이 물우헤 ᄯᅥ잇다가 범연히 업서지매 그잣최도 볼수업ᄂᆞᆫ것과 ᄀᆞᆺ치 젼혀 허무에 도라가고 마ᄂᆞᆫ것이아니라 각각 ᄌᆞ긔 一ᄉᆡᆼ의 힝젹에 ᄃᆡᄒᆞ야 그ᄎᆡᆨ임을 지고 하ᄂᆞ님의 심판ᄒᆞ시ᄂᆞᆫ 압헤서지 아니치 못ᄒᆞᆯ것은 우리그리스도신쟈의 깁히 신앙ᄒᆞᄂᆞᆫ바니(히九〇카ㅣ二十七ㅣ)라 보통인ᄉᆡᆼ ᄉᆞ망의 샹ᄐᆡ를 간단ᄒᆞᆫ 젼례로 말ᄒᆞ건ᄃᆡ 여러히 신고ᄒᆞ며 경영ᄒᆞ던 ᄉᆞ업을 파괴ᄒᆞ야 아홉길(九仞)의 공을 ᄒᆞᆫ삼ᄐᆡ(一簣)에 이즈러지게ᄒᆞ면 평ᄉᆡᆼ의 ᄯᅳᆺ을 하로아참에 물거픔과ᄀᆞᆺ치 오유(烏有)에 도라가게ᄒᆞ며 유위(有爲)의 쳥년으로ᄡᅥ 뷔인한(空恨)을 삼게고 ᄊᆞᆼ으로 들어가게ᄒᆞ며 쳐(妻)의게셔 남편을 ᄲᅦ앗고 어린ᄋᆞ회의게셔 어미를 ᄲᅦ앗여 과부와 고ᄋᆞ로ᄒᆞ여곰 그 박명(薄命)ᄒᆞᆷ을 통곡케ᄒᆞᄂᆞ니 그런고로 보통사ᄅᆞᆷ의 ᄆᆞ쟝 두렵고 실코 ᄉᆞᆲ허ᄒᆞᄂᆞᆫ것은 ᄉᆞ망이니라 그러나 사ᄅᆞᆷ은 찰하리 처음에는 괴로옴이 잇슬지라도 후에는 안령복락이 올것을 희망ᄒᆞᄂᆞᆫ것은 우리인류의 공통셩(共通性)이어늘 ᄉᆞ망이 진실노 인ᄉᆡᆼ 만ᄉᆞ의 최죵말이면 인ᄉᆡᆼ의 운명보다 더 비참ᄒᆞᆯ것은 업슬지며 인ᄉᆡᆼ의 최죵말은 비참ᄒᆞᆫ 죽엄이며 만ᄉᆞ의 죵말이라ᄒᆞ면 진실노 인ᄉᆡᆼ의 운명쳐럼 비참ᄒᆞᆯ것은 업슬지니 과연 사ᄅᆞᆷ이 죽으면 그만이뇨 이것이 진실노 우리인ᄉᆡᆼ의 큰 문뎨로다 누구던지 ᄌᆞ긔를 지목ᄒᆞ야 말ᄒᆞᆯ때에는 언필칭 내라고ᄒᆞ니 내라ᄒᆞᆷ은 나의 육신을 닐옴이오 나의 육톄를 조직ᄒᆞᆫ 물질(物質)은 시시각각(時時刻刻)으로 간단업시 변환ᄒᆞ야 七년이면 젼혀 ᄒᆞᆫ번식 변ᄒᆞᆫ다ᄒᆞᆷ은 ᄉᆡᆼ리학샹 뎡의어놀 그러나 十년 三十년 五十년 七十년을 지나되 내라ᄒᆞᄂᆞᆫ 의식(意識)은 털ᄭᅳᆺ만치도 변ᄒᆞᆫ것을 셔ᄃᆞ를수 업슬지로다

미완

● 리ᄲᆡᆼ스톤의략ᄉᆞ를소고

(溯考ᄒᆞᆷ) (속)

● 동경쳥산학원 면영ᄐᆡᆨ

노불이란 사ᄅᆞᆷ이 져술ᄒᆞᆫ「아푸리가의 구제라ᄂᆞᆫ」ᄎᆡᆨ가온ᄃᆡ 이와ᄀᆞᆺᄒᆞᆫ 일졀이잇스니 「리ᄲᆡᆼ스톤은 열ᄃᆡ 아푸리가의 신셰계에서 걸넘버스의 미쥬를 발견ᄒᆞᆫ것보다 더리ᄒᆞᆫ 일을 ᄒᆞ엿도다 그의 픔셩이 예수의 능력과 졍신을 본밧음으로 말미암아 그토인을 교화ᄒᆞᄂᆞᆫᄃᆡ 힘이 만히잇셧ᄂᆞᆫ고로 오ᄂᆞᆯ날 션교ᄉᆞ들이 예

수교가 엇던것이라고 흑인의게 ᄀᆞᄅᆞ치면 이션ᄉᆡᆼ의 품셩파 ᄉᆞ젹을 니여힝ᄒᆞ면 넉넉ᄒᆞ도다 엇던무지ᄒᆞᆫ 흑인이 션ᄉᆡᆼ의게 ᄒᆞᆫ마듸도 됴치못ᄒᆞᆫ 말ᄒᆞᄂᆞᆫ쟈가 업ᄉᆞ니 푸로렌스 나이칭겔이 션ᄉᆡᆼ을 칭ᄒᆞ야 十九셰긔에는 셰례 요한이라 홈도 맛당ᄒᆞ도다

그가 온갓 곤난과 위험을 무릅쓰고 무ᄉᆞ히 셔히안에 도착ᄒᆞ엿슬ᄯᆡ에 신톄가 심히 쇠약ᄒᆞ엿슴으로 그 친구들은 한동안 영국에 도라가 쉬이라고 권ᄒᆞ나 션ᄉᆡᆼ은 대륙횡단(大陸橫斷)ᄒᆞᆯᄯᆡ에 ᄃᆞ리고 온 졂은 흑인들을 뎌희 부모의게 ᄃᆞ려다주기로 약됴ᄒᆞᆫ것을 어긜수 업다ᄒᆞ고 그 권고를 거졀ᄒᆞ고 다시 동방으로 향ᄒᆞ야 려힝을 시작ᄒᆞ니라

이ᄯᆡ에 셔ᄉᆡᆼ을 ᄯᅴ우고 가랴던 영국 군함포란나호ᄂᆞᆫ 션ᄉᆡᆼ의 탐험보고셔를 싯고가다가 마데이오 셤압헤셔 파션ᄒᆞ야 침몰되엿스나 이션ᄉᆡᆼ의 신은 구원홈을 엇엇스니 이는 하ᄂᆞ님의 보호ᄒᆞ심이 분명ᄒᆞ도다 션ᄉᆡᆼ이 다시 동으로 가다가 잔베지강의 큰 폭포를 발견ᄒᆞ야 영국녀왕의 일홈으로 빅토리아 폭포라ᄒᆞ고 처음으로 영국에 도라가 「남아푸리가의 젼도며 려힝과 탐구(探究)라」ᄂᆞᆫ 유명ᄒᆞᆫ ᄎᆡᆨ을 져술ᄒᆞ고 그다음히 一千八百五十八년에 두번재 아푸리가로 건너갈ᄉᆡ 이ᄯᆡ에는 졍부의 보죠를 밧어 학술젼문가와 ᄀᆞᆺ치 잔베지강과 샤이아강의 슈원(水源)을 탐지ᄒᆞ며 샤르와 호슈와 냣샤 호슈를 발견ᄒᆞ엿ᄂᆞᆫᄃᆡ 그부인은 로즁에셔 병드러죽고 션ᄉᆡᆼ은 둘재번 영국으로 도라가 二년동안 잇슬ᄯᆡ에 잔베지강탐험긔라는 ᄎᆡᆨ을 져술ᄒᆞ엿고 세번재 아푸리가에 드러가 마ᄌᆞ막 대활동을 ᄒᆞ엿더라

이번에는 캉가이카라는 호슈남편 고디(高地)에 잇ᄂᆞᆫ 광대ᄒᆞᆫ 슈원은 과연 븍으로 흘너 나일강의 근원이 되엿ᄂᆞᆫ지 혹은 셔으로 흘너 공고오강의 근원이 되엿ᄂᆞᆫ지 이의 뎜을 히결ᄒᆞ면 아푸리가의 디리뎍탐험에 무쌍ᄒᆞᆫ 광명을 셋치게되며 또ᄒᆞᆫ 모든 관계가 큰지라 션ᄉᆡᆼ은 온젼히 목숨을 내여노코 이 곤난ᄒᆞᆫ탐험을 결힝(決行)ᄒᆞ엿ᄂᆞᆫᄃᆡ 二년동안 션ᄉᆡᆼ의 소식이 이셰샹에 ᄭᅳᆫ어진ᄯᆡ가 곳 이ᄯᆡ라 그의 ᄉᆡᆼᄉᆞ를 젼연히 알수업슴으로 구미텬디는 ᄆᆡ우 근심ᄒᆞ더니 미국 뉴욕 헤랄드신문샤에셔 발긔ᄒᆞ야 유명ᄒᆞᆫ 헨리ㅣ 스탄레씨의 지휘로대슈삭ᄃᆡ(大搜索隊)를 죠직ᄒᆞ여 깁히 아푸리가즁앙으로 션ᄉᆡᆼ의 자최를 더듬어 가더니 맛ᄎᆞᆷᄂᆡ 당가이카호슈동편 언덕에셔 반가히 악슈ᄒᆞ니 이ᄯᆡ는 一千八百七十一년이라 션ᄉᆡᆼ은 스탄레의 탐험즁지ᄒᆞ라ᄂᆞᆫ권고ᄅᆞᆯ 듯지안코 그대로 탐험을 계속ᄒᆞ엿더라

션ᄉᆡᆼ은 그후에 공고강의 슈원되ᄂᆞᆫ 방구우에로와 모에로 두 큰 호슈를 차져내고 그밧게 디도를 다 맛치고 一千八百七十三년에 그호슈남편 언덕에셔 젹막ᄒᆞᆫ 가온ᄃᆡ 흑인 三四인이 둘너안져셔 긔도ᄒᆞᆯᄯᆡ에 아바지의 나라로 올너 갓더라

교회ᄉᆞ긔

긔이부 역술

뎨八관 경건ᄒᆞᆫ철학ᄌᆞ를 의론홈

이우희 론란ᄒᆞᆫ바를 보면 도쳐교회에 이단이 벌ᄀᆞᆺ치 니러나 각각 ᄌᆞ긔의 견을 쥬쟝ᄒᆞ니 이것은 도가 사ᄅᆞᆷ의 ᄆᆞ옴에 통달ᄒᆞ지 못홈이라 그러나 다힝히 졍셩으로 쥬를 셤기ᄂᆞᆫ쟈ㅣ ᄭᅳᆫ히지 아니ᄒᆞ며 지조와 덕힝이 겸젼ᄒᆞᆫ 션비들이 간간히 ᄯᅱ여나셔 하ᄂᆞ님의 힘을 엇어 다ᄉᆞ린지라 쇼아셰아도셩 가이샤랴에 그리스도신도 ᄲᆞ실이 잇스니 셰샹이 다 큰사ᄅᆞᆷ이라 칭ᄒᆞᄂᆞᆫ쟈로 가이샤랴감독이 되고 또 가셰가 부요ᄒᆞᆫ지라 졂엇슬ᄯᆡ에 에던셔원에 드러가 공부ᄒᆞᆯᄉᆡ 나쟌읍에 사ᄂᆞᆫ 그레고리로더브러 동학(同學)ᄒᆞᆫ 벗이오 또 그 동ᄉᆡᆼ 니샤읍에 사ᄂᆞᆫ 그레고리로 더브러 셰사ᄅᆞᆷ이 힘을 합ᄒᆞ야 젼도ᄒᆞ엿더니 ᄲᆞ실이 감독되엿슬ᄯᆡ에 진리로써 쥬쟝ᄒᆞ고 또 회당겻헤 집을 만히 지어 간난

ᄒᆞᆫ 사ᄅᆞᆷ으로 살게ᄒᆞ니 이사ᄅᆞᆷ은 밋음과 덕힝이 여러사ᄅᆞᆷ즁에 ᄯᅱ여나ᄂᆞᆫ고로 쥬를 위ᄒᆞ야 업을 다ᄇᆞ리니라 그 동싱그레고리ᄂᆞᆫ 크게 셩신의 감화를 밧어 글을 졍밀히 져술ᄒᆞ여 그리스도의 교를 ᄇᆞᆰ히더니 三百九十三년에 죽고 그친구 그레고리ᄂᆞᆫ 칸스탄틘노불셩의 감독이 되여 지조와 덕힝이 ᄯᅱ여나고 쥬의도를 젼파ᄒᆞ매 험ᄒᆞ고 위ᄐᆡᆨ홈을 ᄭᅥ리지안터니 三百九十一년에 죽고 또 수리아 교회에 학문이 고명ᄒᆞᆫ 사ᄅᆞᆷ이 잇스니 일홈은 이프림이라 숨어 잇서셔 져술ᄒᆞᆫ칙이 만코 진리를 몸소 담당ᄒᆞ며 모든이단을 물니치고져 ᄒᆞ더니 三百七十八년에 죽엇스며 또 유시비어쓰라ᄒᆞᄂᆞᆫ 사ᄅᆞᆷ이 잇스니 당시ᅦ 교회ᄉᆞ긔를 져술ᄒᆞ고 三百四十년에 죽엇스며 그즁에 일홈이 나타나고 ᄌᆡ조와 구변이 ᄀᆞ장 ᄯᅱ여남으로 금구(金口)라 칭ᄒᆞ던 사ᄅᆞᆷ은 크리ᄉᆞ스톰이니 그어머니 인두ᄉᆞᄂᆞᆫ 교즁에 거륵ᄒᆞᆫ 부인이오 교외에셔도 그의 아ᄅᆞᆷ다온 힝실을 찬숑ᄒᆞ던쟈ㅣ라 그때에 ᄒᆞᆫ사ᄅᆞᆷ이 잇셔 ᄎᆞᆷ도를 힘써 ᄃᆡ뎍ᄒᆞ다가 말ᄒᆞᄃᆡ「슯흐다 교즁에 이ᄀᆞᆺᄒᆞᆫ 부인이 잇슬줄은 뜻ᄒᆞ지 못ᄒᆞ엿다」ᄒᆞ더라 크리ᄉᆞ스톰이 어릴때에 ᄌᆞ긔어머니의게 교훈을 밧어 진리를 ᄭᆡ드럿더니 쟝셩ᄒᆞ매 명ᄉᆞ를 좃차 슈ᄉᆞ학(修辭學)을 비홧스나 셰샹에 ᄎᆞᆷ도가 문허짐을 ᄎᆞᆷ아 보지못ᄒᆞ야 이에 셰샹풍쇽을 ᄯᅥ나 셩경을 연구ᄒᆞᆫ후 안듸옥의 쟝로직분을 맛하 十二년을 다ᄉᆞ릴시 쥬야로 부ᄌᆞ런히ᄒᆞ니 여러사ᄅᆞᆷ들이 감화홈을 밧아 완연히 바람이 불매 풀이 쓰러짐ᄀᆞᆺ더라 三百九十二년에 황뎨가 ᄐᆡᆨᄒᆞ야 칸스탄틘노불셩 감독을 삼으니 죠뎡의 모든 폐단을 들어 굿세게 권홈으로 폄직이되여 소아셰아로 가려ᄒᆞ더니 직분을 면홀때에 맛ᄎᆞᆷ 우뢰소리ᄀᆞᆺ치 ᄯᅡ이 진동ᄒᆞ니 황뎨가 두려워ᄒᆞ야 곳 그 직분을 회복ᄒᆞ니라 당초에 그의 직분을 면홈은 황후의게 직간(直諫)ᄒᆞᆫ 연고러니 황후가 나죵에 몸소 죄를 ᄌᆞ복ᄒᆞ고 샤유홈를 권ᄒᆞ엿스나 죠뎡에 악ᄒᆞᆫ 폐단이 오히려 잇ᄂᆞᆫ지라 크리ᄉᆞ스톰이 ᄃᆡ에 올나 젼도홀때에 곳 그폐단을 말홈으로 다시 면직을 당ᄒᆞ고 쇼아셰아니듸로 귀양가니라(四百四년) 거긔잇슬때에 편지를 홍샹 칸스탄틘노불셩교회즁 ᄎᆞᆷ밋ᄂᆞᆫ 신도의게 보내여 열심을 더ᄒᆞ게ᄒᆞ니 이로써 황뎨가 다시 흑히동방 야디(野地)로 귀양보내니 길에셔 허다ᄒᆞᆫ 고싱을 당ᄒᆞ고 「죽을때에 시를 노래ᄒᆞ고 쥬를 찬숑ᄒᆞ엿스며(四百七년) 그의 져술ᄒᆞᆫ 강의(講義)가 지금ᄭᆞ지 잇ᄂᆞ니라 그때 죠뎡에셔 벼슬사ᄂᆞᆫ 사ᄅᆞᆷ들이 만히 그의 뎨ᄌᆞ가 되고 또 황뎨의 신하즁ᄒᆞᆫ 부인 유독시아ᄂᆞᆫ 화려홈을 ᄇᆞ리고 셰샹풍쇽을 ᄭᅳᆫ코 ᄆᆞ옴을 온젼히ᄒᆞ야 셩경을 연구ᄒᆞ며 회당을 만히 세우고 병원을 널니 셜립ᄒᆞ며 병든쟈와 옥에 갓친쟈가 잇스면 다 친히 위로ᄒᆞ고 궁휼홈을 더ᄒᆞ더라 또 졍셩으로 쥬를 셤기ᄂᆞᆫ 부인들이 잇서 더희ᄌᆞ녀를 인도ᄒᆞ야 그리스도교를 밋게ᄒᆞ니 이ᄂᆞᆫ 크리ᄉᆞ스톰의 열심으로 젼도ᄒᆞᆫ 결과러라

성경공부의지침(속)

●셩경의셩질와강령

대뎌 구약三十九셔와 신약二十七셔ᄂᆞᆫ 각각특별ᄒᆞᆫ 셩질과 강령이 잇ᄂᆞᆫ고로 신구약 六十六셔를 분류(分類)ᄒᆞ건ᄃᆡ 좌와ᄀᆞᆺᄒᆞ니라

一은구약셩경의분류

뎨一 六경

(一)창셰긔니 인류와 샹고 가족제도(家族制度)에관ᄒᆞᆫ력ᄉᆞ

(二)츌애굽긔니 츌애굽홀때의 ᄉᆞ실과 륜리뎍(倫理的)률법

(三)레위긔니 졔ᄉᆞ쟝의게 관ᄒᆞᆫ률법

(四)민수긔니 샤회졍치뎍률법

(五)신명긔니 션지뎍률법

(六)가나안의졍복(征服)

뎨二 이스라엘의 국가뎍(國家的)력ᄉᆞ

(一)ᄉᆞᄉᆞ긔니 이스라엘의 흑암시ᄃᆡ(黑暗時代)

(二)룻긔니 나혼시ᄃᆡ를 회망홈

五 (三)삼우엘샹하니이스라엘

의 국가를 셜립ᄒᆞᆫᄉᆞ실

(四)렬왕긔샹하니 유대와 이스라엘국의 정치뎍력ᄉᆞ

(五)력ᄃᆡ샹하니 유대와 이스라엘국의 제ᄉᆞ뎍(祭司的)력ᄉᆞ

(六)에스라니 유대ᄇᆡᆨ셩이 바빌논에셔 노혀온후에 제ᄉᆞ뎍제도(祭司的制度)를 회복ᄒᆞᆫᄉᆞ실

(七)느헤미아니 정치뎍제도를 회복ᄒᆞᆫ ᄉᆞ실

(八)에스더니 유대ᄇᆡᆨ셩의 방륙(放逐)당ᄒᆞ던형샹

뎨三 시가뎍셔셔

(一)욥긔니 텬의젹회곡(天意的戲曲)

(二)시편이니 유대인의 현가(絃歌)와 찬송가

(三)아가니 유대인의 목쟈가(牧者歌)

(四)ᄋᆡ가니 유대인의 만가(挽歌)

◎가뎡과쇼ᄋᆞ

●쇼아의지혜

안변 ᄇᆡᆨ현련

녜젹 지나대셩인 공부ᄌᆞ가 여러데ᄌᆞ를 거ᄂᆞ리고 四방에 두로 ᄃᆞᆫ닐ᄉᆡ ᄒᆞᆫ곳에 니르러 아히 세사ᄅᆞᆷ을 만ᄂᆞ니 두아히는 한가지로 놀ᄃᆡ ᄒᆞᆫ아히는 홀노 놀거ᄂᆞᆯ 공ᄌᆞ가 무러왈

(공)너는 엇지ᄒᆞ야 뎌아히들과 ᄒᆞᆫ가지 놀지안ᄂᆞ뇨

(아)대개 작난은 유익홈이 조곰도 업고 다만 의복을 히여ᄯᅳ리고 몸을 샹ᄒᆞ며 부모를 근심케ᄒᆞ고 일을 방해ᄒᆞ니 됴흔일이 아니라 그런고로 ᄒᆞᆫ가지놀지 아니ᄒᆞᄂᆞ이다

공ᄌᆞ가 인ᄒᆞ야 갈ᄉᆡ ᄒᆞᆫ 적은 아히가 개와(瓦)와 쥬악돌(礫)을 모화 셩을 ᄊᆞᆺ커날 공ᄌᆞ가 ᄭᅮ지져왈

(공)어나곳에 가히 내수레를 피ᄒᆞ겟ᄂᆞ뇨

(아)녜로브터 지금ᄭᆞ지 셩이 수레를 피ᄒᆞᄂᆞᆫ잇가 수레가 셩을 피ᄒᆞᄂᆞᆫ잇가

공ᄌᆞ가 수레에 ᄂᆞ려 무러왈

(공)네 나히 오히려 어리거놀 엇지 이ᄀᆞᆺ치 궤휼ᄒᆞᆫ 말이 만흐뇨

(아)사ᄅᆞᆷ이 난지 三셰에 부모의 품을 면ᄒᆞ고 토기가 난지 三일에 밧(田)세이랑을 다라나고 고기(魚)가 난지 三일에 바다우에 ᄯᅥ노ᄂᆞ니 이것은 텬리의 당연홈과 ᄌᆞ연ᄒᆞᆫ 리치니 엇지 궤휼ᄒᆞᆫ 말이라 ᄒᆞᄂᆞᆫ잇가

(공)어ᄂᆞ동리에 살며 네 셩명이 무엇이며 나흔 몃살이뇨

(아)뎌는 아모동리에 사ᄂᆞᆫ 빈한ᄒᆞᆫ집 ᄌᆞ식이오 셩명은 방훌(方訖)이오 나흔 七셰니이다

(공)내가 너와 ᄒᆞᆷᄭᅴ 놀고져 ᄒᆞ노니 네ᄯᅳᆺ이 엇더ᄒᆞ뇨

(아)집에 엄ᄒᆞ신 부친이 계시니 맛당히 슌죵ᄒᆞ야 셤길것이오 ᄉᆞ랑ᄒᆞ시ᄂᆞᆫ 모친이 계시니 맛당히 슌죵ᄒᆞ야 공양(供養)ᄒᆞᆯ것이오 우익ᄒᆞ시ᄂᆞᆫ 형님이 계시니 맛당히 슌죵ᄒᆞ야 공경ᄒᆞᆯ것이오 ᄇᆞᆰ으신 션ᄉᆡᆼ이 계시니 맛당히 슌죵ᄒᆞ야 ᄇᆡ홀지니 엇지 가히 ᄒᆞᆫ가지 노오릿가

(공)내수레 가온ᄃᆡ 三十二개의 쟝긔(博奕)가 잇ᄉᆞ니 ᄒᆞᆫ번 두어봄이 엇더ᄒᆞ뇨

(아)대개 박혁이란것은 님군이 됴화ᄒᆞ면 나라일(事)이 다ᄉᆞ리지 못ᄒᆞ고 신하가 됴화ᄒᆞ면 직무(職務)를 폐ᄒᆞ고 ᄉᆞ셔인(士庶人)이 됴화ᄒᆞ면 ᄌᆞ긔ᄉᆞ업을 방해ᄒᆞᄂᆞ니 이것은 사ᄅᆞᆷ의 됴화ᄒᆞᆯ바 아니니이다

(공)내가 너와ᄒᆞᆫ가지로 텬하를다ᄉᆞ리고져 ᄒᆞ노니 네ᄯᅳᆺ이 엇더ᄒᆞ뇨

(아)텬하가 지극히 넓으니 엇지 다ᄉᆞ리기 쉬우리오

(공)놉흔산을 가히 평디가 되게ᄒᆞ며 바다를 가히 륙디가 되게ᄒᆞ며 왕후(王侯)를 가히 노예가 되게ᄒᆞ리니 텬하를 다ᄉᆞ림이 엇지 어려오리오

(아)놉흔산을 평디가 되게ᄒᆞᆫ즉 금슈가 깃드릴곳이 업슬것이오 바다를 륙디가 되게ᄒᆞᆫ즉 어별이 살곳이 업슬것이오 왕후를 노예가 되게ᄒᆞᆫ즉 ᄇᆡᆨ셩이 의지ᄒᆞᆯ곳이 업스리니 엇더케 ᄒᆞ오릿가

(공)네말이 그르도다 엇지 불에 연긔가 업스며 엇지 물에 고기가 업스며 엇지

六

산에 돌이 업스며 엇지 나무에 ᄊᆡ리가 업스며 엇지 사름이 부쳐(夫妻)가 업스며 엇지 소가 송ᄋᆞ지(犢)가 업스며 엇지 말이 ᄆᆞᄋᆞ지(駒)가 업스리오

(아)반듸불(螢火)에 연긔가 업고 우물물에 고기가 업고 그림산(畵山)에 돌이 업고 그림나무(畵木)에 ᄊᆡ리가 업고 신션(仙)은 부쳐가 업고 토우(土牛)는 송ᄋᆞ지가 업고 목마(木馬)는 ᄆᆞᄋᆞ지가 업지 아니ᄒᆞᆫ닛가

즁략(中略)

(공)부모와 부쳐(夫妻)의 친ᄒᆞᆷ이 엇더ᄒᆞ뇨

(아)부모는 지친(至親)이오 부쳐는쇼친(小親)이니이다

(공)부쳐는 一신이니 엇지 쇼친이라 ᄒᆞ리오

(아)하로라도 부모가 업스면 여러ᄌᆞ식이 다 괴로오리니 부쳐는 죽은후에 반ᄃᆞ시 다른집에 ᄌᆞ녀가 잇거니와 부모는 ᄒᆞᆫ번 죽으면 다시 엇지못ᄒᆞᆯ지라 千간(間)의 미옥(美屋)이 ᄒᆞᆫ문(門)에 통ᄒᆞᆷ만 ᄀᆞᆺ지못ᄒᆞ고 즁셩(衆星)이 비록 만ᄒᆞ나 일월의 광휘(光輝)만 ᄀᆞᆺ지못ᄒᆞ리니 부모의 은혜가 엇지 즁ᄒᆞ고 크지 아니ᄒᆞᆫ릿가

셰계격언

一 내집안은 셰계상에 ᄀᆞ장 힝복되는곳으로 아는 감졍을 그 ᄌᆞ녀의 ᄆᆞᄋᆞᆷ속에 너어 주는것은 부모된쟈의 맛당히 힘ᄒᆞᆯ 일이어니와 그 부모ᄭᅴ 밧은것은 셰계상에 ᄀᆞ장 큰 은ᄉᆞ(恩賜)로 싱각ᄒᆞᆷ은 ᄌᆞ녀된쟈의 잠시 ᄯᅥ나지 못ᄒᆞᆯ 감렴이니라

二 인류ᄉᆞ이에 넓히 ᄉᆞ랑ᄒᆞ는 쥬의를 세우고져 ᄒᆞ면 몬져 가뎡으로 브터 실시ᄒᆞᆯ것인ᄃᆡ 형뎨와 ᄌᆞᄆᆡ는 ᄒᆞᆫ 부모의 골육(骨肉)으로 나셔 ᄒᆞᆫ가뎡에셔 자랏슨즉 그친이ᄒᆞᆫ 졍의를 엇지 말노다ᄒᆞ리오 그런고로 호상간(互相間)ᄃᆡᄒᆞᆫ 의무는 ᄉᆞ욕을 삼가고 서로 보기를 ᄒᆞᆫ 몸과 ᄀᆞᆺ치ᄒᆞ야 ᄒᆞᆫ 사름이 허물이 잇스면 용셔ᄒᆞ고 ᄒᆞᆫ 사름이 공이 잇스면 찬숑ᄒᆞᆯ지니라

三 나의 집안에 웃는 얼골은 참 아름다온 화초보다 빗승ᄒᆞ고 서로 화락ᄒᆞ는 음셩은 ᄀᆞ장 유쾌ᄒᆞᆫ 음률소ᄅᆡ보다 나흐니라

우슴거리(笑話)

●그럴듯ᄒᆞᆫ일

엇던 뎐당포쥬인이 깁흔 밤에 잠이 곤히 드럿는ᄃᆡ 밧긔셔 웬사름이 문을 두ᄃᆞ리며 급히 부르거ᄂᆞᆯ 쥬인은 황망히 옷올닙으며 들창문을 열고 무러왈

그것 누가 이밤에 급히 차ᄌᆞ시오

그 사름이 ᄃᆡ답왈

예ㅣ 나는 이압집에 사는 아모올시다

(쥬인)웬 무슨 급ᄒᆞᆫ 일이 잇슴닛가

(압집사름)네ㅣ 어셔 좀나오시오

쥬인이 나와 대문을 열고 무러왈

(쥬인)웨 무슨 일이오

(압집사름)지금 몃시나 되엿슴닛가

(쥬인)샹오 ᄒᆞᆫ덤이오

(압집사름이 그말을 듯고는 몸을 도리켜 ᄌᆞ긔집으로 가거ᄂᆞᆯ 쥬인이 불너왈

(쥬인)웨 그말 무러보자고 놈 ᄌᆞᆷ게자는것을 셰왓쇼

(압집사름)그러면 엇더케 ᄒᆞᆫ단말이오 시간은 알어야 될터인ᄃᆡ 내시계는 그ᄃᆡ집 뎐당포에 잡혀잇슨즉 불가불 그ᄃᆡ의게 와셔 무러본것이오

●ᄉᆞ조(詞藻)

ㅂㄷㅇ生

一 뎐디하사름ᄒᆞᆯ일
二 군봉ᄉᆞ못ᄒᆞᄂᆞ니
三 위ㅣ헤하ᄂᆞ님만
四 시장뎐의지ᄒᆞ며
五 경으로거울삼어
六 일동안일ᄒᆞ다가
七 일에는안식ᄒᆞ세
八 ᄌᆞ됴면뎐당가셔
九 뎐지상놉흔곳에
十 ᄌᆞ뎡ᄉᆞ구쥬뵙네

종교쇼셜(宗教小說)

● 량단의루 (七)

강씨가 듯기를 다ᄒᆞ매 아모 말도 아니ᄒᆞ고 안져셔 혼자 말노 입안에셔 말ᄒᆞᄃᆡ 모든 일을 모다 ᄌᆞ긔ᄉᆡᆼ각 대로 ᄒᆡ셕ᄒᆞ니 참 ᄯᅡᆨᄒᆞᆫ 일이로고 ᄉᆞ목ᄉᆞ도 ᄒᆞᆫ참동안 말이 업시 안졋다가 무러왈 부인ㅣ 엇더케 ᄒᆞ면 됴흘는지 ᄯᅩ ᄒᆞᆫ번 ᄉᆡᆼ각ᄒᆞ여 보시오 강씨가 ᄃᆡ답왈 우리가 ᄒᆞᆼ상 하ᄂᆞ님의 ᄯᅳᆺ을 잘살펴 셔ᄃᆞᆺ기 어렵습니다 지금으로 말ᄒᆞ면 하ᄂᆞ님ᄭᅴ셔 ᄭᅢᆨ령감ᄃᆞ려 익묘 교당에 가셔 목ᄉᆞ노릇 말나시ᄂᆞᆫ줄은 엇지 그리분명히 아시오 내 ᄉᆡᆼ각에는 근일 쳥년학ᄉᆡᆼ들이나 부귀ᄒᆞᆫ 사ᄅᆞᆷ들이나 학문잇ᄂᆞᆫ 션비들은 대개 외양만 차리고 신심이 부족ᄒᆞ야 닑은바 뎌회학슐을 밋고 하ᄂᆞ님의 진리를 그릇 ᄒᆡ셕ᄒᆞᄂᆞᆫ쟈ㅣ 만흔즉 익묘교당에가셔 이러ᄒᆞᆫ 사ᄅᆞᆷ들의게 지셩과 ᄇᆞᆰ은 ᄆᆞᄋᆞᆷ으로 도를 젼ᄒᆞ야 뎌회게 진실ᄒᆞᆫ 밋음을 너어 주어 쟝ᄅᆡ 바울 ᄀᆞᆺᄒᆞᆫ 쥬의 일군이 되게ᄒᆞᄂᆞᆫ것이 엇지 미돈교당에가셔 무식ᄒᆞᆫ 하등샤회에 젼도ᄒᆞᄂᆞᆫ것보다 몃ᄇᆡ나 더 낫지 아니ᄒᆞᆯᄂᆞᆫ지 그런고로 나ᄂᆞᆫ 익묘로 가ᄂᆞᆫ것이 하ᄂᆞ님의 ᄯᅳᆺ으로 ᄉᆡᆼ각ᄒᆞᄂᆞ이다 ᄉᆞ목ᄉᆞ가 듯기를 다ᄒᆞ매 고ᄀᆡ를 슈구리고 얼마 동안 ᄉᆡᆼ각ᄒᆞ더니 다시 강씨를 도라보며 말ᄒᆞᄃᆡ 그도 ᄯᅩᄒᆞᆫ 유리ᄒᆞᆫ 말이 아닌것은 아니나 나ᄂᆞᆫ 다시 ᄉᆡᆼ각ᄒᆞᆯᄉᆞ록 미돈으로 가ᄂᆞᆫ 것이 반ᄃᆞ시 하ᄂᆞ님의 ᄯᅳᆺ으로 ᄉᆡᆼ각ᄒᆞᄂᆞᆫ고로 그대로 작뎡ᄒᆞᄂᆞᆫ외에 다른 도리가 업ᄂᆞ이다 (미완)

◎회보ᄃᆡ금령슈

地名	姓名	金額
北間島	李應煥	二十錢
交河	趙鍾赫	四十錢
開城	張永善	四十錢
	金光錫	四十錢
長湍	金達鉉	九十錢
	鄭俊永	四十錢
	金永煥	四十錢
	裵文植	六圓
仁川德積	朴昌在	三圓六十錢
	徐丙疇	六十錢
京城貞洞	韓錫源	一圓
江陵	李東提	四十錢
長湍	南道元	一圓
金城	金瀅喆	八十錢
江華	朱慶鎮	一圓二十錢
	全鳳淳	八十錢
忠州	尹炳植	四十錢
長湍	趙祥增	四十錢
開城	李奎元	六十錢
	李鳳禧	四十錢
	李강우	四十錢
瓮津	金昌憲	八十錢
	李京鎬	一圓五十錢
	金泰熙	一圓六十錢
	元容耘	六十錢
西部沙村里	蔡演默	一圓
平壤	쎄뇌딕부인	八十錢
堤川	劉明心	八十錢
	張俊相	四十錢
	金秀淡	四十錢

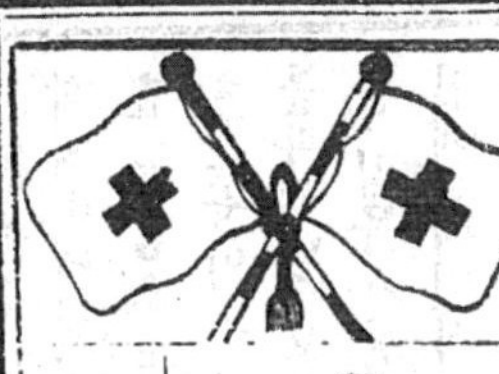

그리스도회보

KOREAN CHRISTIAN ADVOCATE

每週一回月曜日發行
大正二年十一月廿六日印刷
大正二年十二月一日發行

發行兼編輯人　開城北部山芝峴　奇義男
印刷人　京城北部樓閣洞　朴東完
印刷所　京城南部上犂洞　新文館
發行所　京城北部壯洞四十三統三戶　呂炳鉉邸

딕금…代金
一쟝　二전
六ㅣ월　四十전
一ㅣ년　八十전
海外一ㅣ년　一환六十전

◉주의ᄒᆞ야보실샤고【社告】

본회보의 취지는여러형뎨ᄌᆞ믜씌셔 아시는바와ᄀᆞᆺ치 남북량감리교회의 긔관과 이목이 되여 아모됴록 구람졔씨의 령혼샹 교통과 도덕샹지식을 공급코져ᄒᆞᆷ에 잇고 결단코영리뎍(營利的)에 잇지아니ᄒᆞᆷ으로 본보의딕금은 츌판비와우료(郵料)도 오히려부족ᄒᆞ게 뎡ᄒᆞᆷ이라 그런즉 본보를 익호(愛護)ᄒᆞᆫ실의무를가지신 형뎨ᄌᆞ믜는 맛당히 딕금을 잘보내여주셔야 본보도 능히유지ᄒᆞᆯ수 잇거놀 금년샹반긔(上半期)딕금만 보내시고 하반긔(下半期)션금을 이ᄯᅢᄭᆞ지 아니보내신이가 四분지三에 지내는고로 본년九월브터 본보뎨一면에 광고로 산치지안코 광포ᄒᆞ엿스나 여러분씌셔 이광고를 잘 아니보시는지 혹보시고도 밋처 보내실 틈이 업셔셔 그러ᄒᆞᆫ지 혹 본보를 一ᄀᆡ영리뎍 신문으로 돌니시고 조곰도 동졍(同情)을 표ᄒᆞ실 셩각이 업셔셔 그러ᄒᆞᆫ지 도모지 못드른톄ᄒᆞ시니 우리 량교회에 이와ᄀᆞᆺ치 조고마ᄒᆞᆫ 긔관ᄒᆞ나 잇는것을 이처럼 도라보지아니ᄒᆞ심은 본회보가 대단히 실망ᄒᆞ는바이로소이다 그럼으로 본샤는 방침을곳쳐 본년 양력 十二월브로 하반긔 션금四十젼식과 혹 이ᄯᅢᄭᆞ지 샹반긔 션금도아니보내신이는 八十젼식을 우편쇼위톄(郵便小爲替)로 보내여주시지 아니ᄒᆞ시는 이의게는 회보발송을 뎡지(停止)ᄒᆞ고 이ᄯᅢᄭᆞ지 보신딕금은 각소개인(紹介人)의게 독촉ᄒᆞ여 밧기로 작뎡ᄒᆞ엿ᄉᆞ오니 여러분씌셔는 아모됴록 동렴ᄒᆞ셔셔 속히 딕금을 보내시는것이 곳 본보를 ᄉᆞ랑ᄒᆞ시며 보호ᄒᆞ시며 도아주시는 것이니 쇼량ᄒᆞ심을 근졀히 ᄇᆞ라ᄂᆞ이다

교즁휘문

◀니 보▶

●리태원교당봉헌식

경셩 남대문밧 리태원교회는 셜립된지 수년에 교당이업시 교우 황병두씨집에셔 례ᄇᆡᄒᆞ더니 근일에 새로례ᄇᆡ당八간을 건축ᄒᆞ고 본월十八일하오二시에 히리쓰감독의 쥬쟝으로봉헌식을 거힝ᄒᆞ엿다더라

●합一학교의셩신강림

경긔도 강화군 홍련교회에셔 거월十八일에 부흥회를 열고 목ᄉᆞ김유슌씨가 인도ᄒᆞ엿는뒤 一반교우가 거룩ᄒᆞᆫ 은혜와 풍죡ᄒᆞᆫ 복을밧고 十二일에 폐회ᄒᆞᆫ후 젼도ᄉᆞ 면병규 권ᄉᆞ김용하량씨가 날마다 식벽이면 교회와 학교를 위ᄒᆞ야 긔도ᄒᆞᆫ 결과로 합一학교 학싱十여인이 참예ᄒᆞ야 경건ᄒᆞᆫ ᄆᆞ음으로 지금ᄭᆞ지 긔도ᄒᆞ는즁이오 ᄯᅩ 十二三셰에 불과ᄒᆞ는 보통과 학싱十여인은 김목ᄉᆞ를 모범삼아 一쥬일에 세번식 밤이면 모혀셔 부흥회를 열고 슌셔를 차려셔 경건ᄒᆞ고 츙실ᄒᆞᆫ ᄆᆞ음으로 찬송과 긔도ᄒᆞᆫ후 셩경구졀을 랑독ᄒᆞ고 강연ᄒᆞ며 하로밤에는 본학교 교쟝이하임원졔씨를 쳥ᄒᆞ야 좌ᄎᆞ를 뎡돈ᄒᆞᆫ후 찬송ᄒᆞ고 교쟝면병규씨가 긔도ᄒᆞᆫ후 학싱 리덕만이 셩경보고 강도ᄒᆞ엿는뒤 회즁이 뎡슉ᄒᆞᆷ은 믈론이오 셩신이 림ᄒᆞ샤 학싱들의 깃버ᄒᆞ는 모양이 비홀뒤 업슴으로 면병규씨가 깃붐을 이긔지 못ᄒᆞ야 이회의 비용은 ᄌᆞ긔가 담당ᄒᆞ겟다ᄒᆞ고 ᄯᅩ참예ᄒᆞ엿던 쟈쥰一씨는 극빈ᄒᆞᆫ 쳐디에 금一원을 연조ᄒᆞ엿다더라

●양덕군의부인사경회

리 진 형

평남 양덕읍교회에셔 본월六일브터 九일ᄭᆞ지 부인사경회를 열엇는뒤 과졍은 예수힝젹 ᄉᆞ도힝젼 예수지림 찬송가요 교ᄉᆞ는 최포부인 강경심 리진형三씨오 공부ᄒᆞᆫ 부인은 二十여인인뒤 그즁에 四十리밧 ᄌᆞ기동 송뎡리 두교회부인들은 어린ᄋᆞᄒᆡ들을 걸니며 량식을 니고 놉흔령을 넘어와셔 열심으로 공부ᄒᆞ며 긔도회에 밧은 은혜를 간증ᄒᆞ고 혹죄를 ᄌᆞ복ᄒᆞ며 최온유씨는 이엄동에 홋옷을 닙고 공부ᄒᆞ는것을 최포부인이 솜옷 ᄒᆞᆫ벌을 지어닙힐ᄯᅢ에 최씨의 감샤ᄒᆞ는 말은 고샤ᄒᆞ고 예수를 비방ᄒᆞ던 외인ᄭᆞ지 쥬의ᄉᆞ랑으로 이ᄀᆞᆺ치 힝ᄒᆞᆷ을 찬송ᄒᆞ며 새로두사ᄅᆞᆷ이 밋엇다더라

●손씨위로회

신학싱 박형식

지나 공화국에 션교ᄉᆞ로 파송 되엿던 손졍도씨는 작년 十一월에 보안됴례를 의지ᄒᆞ야 젼남진도군에 一개년동안 잇다가 만긔되여 본월十일에 경셩에도챡ᄒᆞᆫ고로 당일 하오七시에 신학싱一동이 손씨의 로회위를 신학교니에 개ᄒᆞ엿는뒤그 슌셔는 찬송뎨九十와 김챵헌씨의 긔도로 개회ᄒᆞ고 김영식씨가 로마八쟝十八졀을 랑독ᄒᆞ고 류한익씨가 식ᄉᆞ를 ᄒᆞᆫ후 샹견례를 힝ᄒᆞ고 박형식씨가 위로ᄉᆞ를 ᄒᆞᆫ후 학싱一동이 위로가를 노래ᄒᆞ고 최병헌 쟝락도 홍종숙졔씨가 ᄎᆞ례로 연셜ᄒᆞᆫ후 손졍도씨가 감동ᄒᆞᆫ만ᄒᆞᆫ답ᄉᆞ를 ᄒᆞᆫ후 다과를나위고 산회ᄒᆞ엿다더라

◀외 보▶

●동경의 종교대회

일본긔독교、신교、불교의三종교 대회는 임의 보도ᄒᆞᆫ바와ᄀᆞᆺ치 본월九일 하오二시에 동경 륙디 졍양헌(靜養軒)에셔 개최ᄒᆞ엿는뒤 종교가、문학가 교육가 졍치가 관리 신문긔쟈등 三빅여명이 츌셕ᄒᆞ엿고 림시회장은 동경부시장 판곡(阪谷)남작이 츄쳔되여 승좌ᄒᆞᆫ후 히회는 미년一ᄎᆞ식 개ᄒᆞ쟈는일을 의결ᄒᆞ고 위원二十五인을 션뎡ᄒᆞ고 종교와 졍치의 관계와 ᄯᅩ 종교와 교육의 관계로 문부셩에 의견셔를 뎨츌ᄒᆞ쟈는 의안(議案)이 잇섯스나 회장은 다음회에 결의ᄒᆞ기로 공포ᄒᆞᆫ후 각종교 디표一인식 나와셔 각기소감(所感)으로 연셜ᄒᆞ엿는뒤 긔독교디표쟈는 쇼긔홍도(小崎弘道)씨러라 그런후에 교육가 디표졍상쳘ᄎᆞ랑(井上哲次郎)와 림시회장 판곡방三랑씨가 ᄎᆞ례로 연셜ᄒᆞᆫ후 식당에 드

러가셔 쳘도원총지 샹ᄎᆞ죡ᄎᆞ랑(床次竹次郞) 계룬 대셕졍긔(大石正己) 강원쇼륙(江原素六)졔씨의 식탁(食卓)연셜이 잇셧고 그다음에는 졍샹박ᄉᆞ가 대졍四년四월간에 동경에셔 셰계ᄌᆞ유 종교대회를 기최ᄒᆞᆫ다는 일을 광포ᄒᆞ고 회장의 쥬챵으로 텬황 황후 량폐하의 만셰를 부른후 폐회ᄒᆞ엿다더라

●쳘도원총지의 종교가 됴ᄃᆡ

일본 쳘도원총지 샹ᄎᆞ죡ᄎᆞ랑씨는 본월七일 샹오十一시반에 긔독교 신교 불교 三종교ᄃᆡ표자를 ᄌᆞ긔관샤에셔 됴ᄃᆡᄒᆞ는동시에 젼국쳘도에 죵ᄉᆞᄒᆞ는쟈 十만여명은 다 각죵교의 감화력(感化力)을 밧어 뎌희 직무에 츙근(忠勤)ᄒᆞ니 이를 위ᄒᆞ야 각종교에 ᄃᆡᄒᆞ야 감샤ᄒᆞᄂᆞᆫ 뜻을 표ᄒᆞ노라고 연셜ᄒᆞ엿다더라

●三十二국의 ᄃᆡ표쟈

셰계긔독교 쳥년회총회는 거七월에 영국소격란도셩 에든버에셔 기최ᄒᆞ엿는ᄃᆡ 三十二국ᄃᆡ표쟈 六百명이 참셕ᄒᆞ엿다더라

긔셔

●인싱의 一대문뎨 (쇽)

동경쳥산학원 김영셥

지금 우리의 손목을 버히고 발목을 ᄭᅳᆫ으며 눈을 ᄲᅢᆸ고 코을 ᄡᅵᆨ글지라도 의연히 젼과 ᄀᆞᆺᄒᆞ셔 내가 나되는 나(自我)는 ᄒᆞᆫ푼과 ᄒᆞᆫ치라도 츅쇼(縮少)홈을 세ᄃᆞᆺ지 못ᄒᆞᆯ것이니 그러면 내라ᄒᆞ는것이 무엇이뇨 나의 ᄉᆞ샹이나 나의 감졍이뇨 나의 ᄉᆞ상과 나의 감졍은 졈졈 자라 발젼ᄒᆞ야 어렷슬ᄯᆡ의 ᄉᆞ샹이 오늘날 ᄉᆞ샹과 서로 다르며 어렷슬ᄯᆡ의 감졍이 오늘날 감졍과 서로 ᄀᆞᆺ지아니ᄒᆞ나 그러나 고고(呱呱)ᄒᆞᆫ 소ᄅᆡ를 발ᄒᆞ며 어머니 무릅우에셔 주먹을 ᄲᆞᆯ던 나와 쥭마(竹馬)를 ᄐᆞ고 기를 ᄶᅩᆺ차ᄃᆞᆫ니던 시ᄃᆡ의 나는 곳 소소ᄒᆞᆫ ᄇᆡᆨ발노 어린손ᄌᆞ를 팔우에 안고 ᄃᆞᆫ니는 시ᄃᆡ의 내가 츄호라도 다른것을 세ᄃᆞᆺ지 못ᄒᆞᆯ지니 이는 시시로 변화ᄒᆞ는쟈의 안에 잇셔셔 됴연(超然)히 변치아니ᄒᆞᄂᆞᆫ 나ᄂᆞᆫ 곳 물질되ᄂᆞᆫ 육톄이샹에 됴월(超越)ᄒᆞᆫ 심령이 아니뇨 그럼으로 나라홈은 나의 육톄를 ᄀᆞᄅᆞ침이 아닌것은 누구던지 명ᄇᆡᆨ히 세ᄃᆞ를지니 이 오리변치아니ᄒᆞ는 심령、곳、나는 도로혀 변화무쌍ᄒᆞᆫ 육톄와ᄀᆞᆺ치 쇼멸(消滅)홈을 엇더ᄒᆞᆫ 증거(證據)로써 단뎡(斷定)ᄒᆞ리오 사ᄅᆞᆷ의 ᄆᆞᄋᆞᆷ가온ᄃᆡ는 반ᄃᆞ시 ᄒᆞᆫ마장 권셰잇고 엄숙ᄒᆞᆫ 소리가 잇셔셔 각죵ᄉᆞ물이 감촉(感觸)될ᄯᆡ에 이것은 션(善)ᄒᆞᆫ즉 힝홈이 가ᄒᆞ고 뎌것은 악(惡)ᄒᆞᆫ즉 힝치말나고 권고ᄒᆞ는것을 량심(良心)이라 ᄒᆞᄂᆞ니 이량심이 엄연히 션악의 구별을 션언(宣言)홈은 곳 우리인싱의 항거키 어려온 소ᄅᆡ라 엇더ᄒᆞᆫ 욕념(慾念)과 엇더ᄒᆞᆫ 감졍이라도 감히 그압헤 무릅을 ᄭᅮᆯ고 복죵치 아니ᄒᆞᆯ수업도다 그러나 다른 사ᄅᆞᆷ의 육톄는 더옴을 세ᄃᆞ를지라도 나의 육톄는 조곰도 더옵지 아니ᄒᆞ며 다ᄅᆞᆫ사ᄅᆞᆷ의 입은 ᄭᅮᆯᄀᆞᆺ치 달지라도 나의 입은 조곰도 달지아니ᄒᆞ며 다른사ᄅᆞᆷ의 육톄는 고롱을 당ᄒᆞᆯ지라도 나의 육톄는 조곰도 괴롭지 아니ᄒᆞ며 다른사ᄅᆞᆷ의 육톄는 가려올지라도 나의 육톄는 조곰도 가려온것을 세ᄃᆞ를수도 업슬지니 육톄는 ᄀᆡᄀᆡ 별별(個個別別)ᄒᆞ야 친ᄌᆞ(親子)와 골육(骨肉)의 ᄉᆞ이라도 쓰고 달고 가렵고 압흔 관계가 조곰도 업셔셔 ᄌᆞ식은 불에 데일지라도 부모는 압ᄒᆞ지 아니ᄒᆞ며 부모는 만복(滿腹)이 될지라도 아ᄃᆞᆯ은 주림을 견ᄃᆡ지 못ᄒᆞᆯ지니 이것이 육톄의 셩졍(性情)이 아니뇨 그러나 령혼에 니르러셔는 크게 서로 ᄀᆞᆺ지아니ᄒᆞ니 인류가 서로 련락ᄒᆞ야 ᄒᆞᆫ몸이 되는고로 다른 사ᄅᆞᆷ의 즐거옴이 나의 즐거옴이되며 다른 사ᄅᆞᆷ의 괴로온것이 나의 괴로옴이 되여 나는 비록 편ᄒᆞᆯ지라도 다른 사ᄅᆞᆷ의 괴로옴을 인ᄒᆞ야 나의 ᄆᆞᄋᆞᆷ이 압흘지며 나의 몸은 고통홈에 잇슬지라도 다른 사ᄅᆞᆷ의 희락을 위ᄒᆞ야 그 ᄆᆞᄋᆞᆷ이 깃블지니 그럼으로 육톄를 싱각ᄒᆞ는쟈는 비록 다른사ᄅᆞᆷ은 괴롭게ᄒᆞᆯ지라도 ᄌᆞ긔만 쾌락케ᄒᆞ기로 위쥬ᄒᆞᆯ지며 심령(心

靈)을 싱각ᄒᆞᄂᆞᆫ쟈ᄂᆞᆫ 비록 ᄌᆞ긔를 죽일지라도 의를 위ᄒᆞ야 그몸을 희싱(犧牲)을 삼ᄂᆞ니 육톄ᄂᆞᆫ ᄌᆞ긔만 리롭게 ᄒᆞ기로 힘쓰지마ᄂᆞᆫ 심령은 ᄌᆞ긔를 이져ᄇᆞ리ᄂᆞᆫ도다 엇지ᄒᆞ야 령혼과 육톄에 ᄃᆡᄒᆞᆫ 샹ᄐᆡ가 이와ᄀᆞᆺ치 서로 다른것을 나타내ᄂᆞ뇨 심령이 과연 육톄보다 초월ᄒᆞᆫ 연고니라

● 리빙스톤의략ᄉᆞ를소고(溯考)홈 (쇽)

동경청산학원 면영ᄐᆡᆨ

션싱을 츙실ᄒᆞ게 셤기던 흑인들은 그의 심쟝을 그가 영면(永眠)ᄒᆞᆫ 나무밋헤 뭇고 유ᄒᆡ(遺骸)ᄂᆞᆫ 몰약에 담아 여듧ᄃᆞᆯ만에 간신히 동ᄒᆡ안ᄭᆞ지 갓다가 영국령ᄉᆞ관에 맛기여 고국으로 보내셔 굉쟝히 국쟝(國葬)으로 웨스트 민스타 앗페이셩당안에 쟝ᄉᆞᄒᆞ엿더라 션싱의 비명(碑銘)에 ᄀᆞᆯᄋᆞᄃᆡ

三十년동안 시죵이 관(貫)一ᄒᆞᆫ 그의 싱활은 온젼히 흑인의 젼도와 미지디의 탐험과 즁앙아프리가의 노예매ᄆᆡ를 금지ᄒᆞᄂᆞᆫ 일을 위ᄒᆞ야 허비ᄒᆞ엿도다 션싱이 림죵시에 침상에 업ᄃᆡ려 하ᄂᆞ님ᄭᅴ 긔도ᄒᆞᄂᆞᆫ말이 「다만 미국사ᄅᆞᆷ이나 영국사ᄅᆞᆷ이나 터키사ᄅᆞᆷ이나 진실노 이세계에 큰치욕되ᄂᆞᆫ 노예매ᄆᆡ를 一소(掃)ᄒᆞ기에 진력ᄒᆞᄂᆞᆫ 사ᄅᆞᆷ의게 무한ᄒᆞᆫ 하ᄂᆞ님의 은혜를 ᄂᆞ리시옵쇼서」ᄒᆞ엿더라

오호라 션싱이 三十년동안 흑인의게 몸을 밧치고 가련ᄒᆞᆫ 그들의게 산 소망의 광명을 주기위ᄒᆞ야 八十四만리가량을 ᄃᆞᆫ니며 일ᄒᆞᆯᄯᅢ에 二十여번을 열병에 걸녓고 ᄒᆞᆫ번은 흉악ᄒᆞᆫ ᄉᆞᄌᆞ의게 물닌일도잇고(시헤가영국에왓슬ᄯᅢ에의ᄉᆞ가진찰ᄒᆞᆫ즉ᄉᆞᄌᆞ의게물닌흔적이ᄲᅧ셔지나르렷더라) 그부인은 길에서 세샹을 ᄯᅥ나고 무지ᄒᆞᆫ 야만들을 내가족을 삼고 잇다가 어둡고 깁흔야만디방에서 외롭게 아츰이슬이 되엿도다 그러나 그ᄂᆞᆫ 아프리가 인죵을 위ᄒᆞ야 하ᄂᆞᆯ노셔 ᄂᆞ려온 인도젼ᄉᆞ(人道戰士)니 하ᄂᆞ님ᄭᅴ셔 그로더브러 ᄀᆞᆺ치ᄒᆞ셧도다 그럼으로 그가 눈을 감을ᄯᅢ에 텬ᄉᆞ가 ᄂᆞ려와그를 영원ᄒᆞᆫ 나라로 인도ᄒᆞ엿스리로다

션싱이 당초에 지나의 션교ᄉᆞ로 가기로 ᄯᅳᆺ을 품엇던것과 아프리가에서 이러ᄒᆞᆫ 일을 ᄒᆞ게된 원동력(原動力)이 무엇인가 싱각ᄒᆞ여 볼만ᄒᆞ도다 다른것이 아니라 쥬 예수로더브러 ᄯᅳ거온 령뎍교통(靈的交通)을 ᄒᆞᆼ샹 맛본열ᄆᆡㅣ라ᄒᆞ노라 션싱이 쇼년시ᄃᆡ에 휴친이라ᄂᆞᆫ 힘잇ᄂᆞᆫ 션싱의 감화를 만히 밧엇ᄂᆞᆫᄃᆡ 그 션싱이 죽을ᄯᅢ에 유언ᄒᆞᄃᆡ 「그ᄃᆡᄂᆞᆫ 쥬를 밋ᄂᆞᆫ것으로 평싱의 즁ᄒᆞᆫ일을 삼을지어다」ᄒᆞ엿더라

션싱은 그분쥬ᄒᆞᆫ 가온ᄃᆡ 신구약을 네번이나 ᄂᆞ려닑엇고 젼심을 쥬의게 밧치고 쥬를 ᄉᆞ랑ᄒᆞ며 쥬의 모범을 좃차 힝ᄒᆞ엿ᄂᆞ니 그가 일즉이 이런말ᄉᆞᆷ을 ᄒᆞ엿더라

「나ᄂᆞᆫ 쥬의말ᄉᆞᆷ을 츄호도 의심치아니ᄒᆞ노니 내가 겸손ᄒᆞ게 업ᄃᆡ려 긔도ᄒᆞᆯᄯᅢ에 ᄭᅩᆨ 주실줄 밋고 구ᄒᆞᆯ수가 잇노라」

「하ᄂᆞ님은 당신의 독싱ᄌᆞ를 션교ᄉᆞ 겸 의ᄉᆞ로 이세샹에 보내셧ᄂᆞᆫᄃᆡ 나ᄂᆞᆫ 그 모방쟈(模倣者)가 되기를 ᄇᆞ라며 나의 직분을 다ᄒᆞᆫ후에ᄂᆞᆫ 긋ᄐᆡ여 살기를원치아니ᄒᆞ노라」

ᄯᅩᄒᆞᆫ 션싱의 모범될말 두어마ᄃᆡ가 잇스니

「하ᄂᆞ님을 두려워ᄒᆞ고 힘써 일ᄒᆞ라」

만일 쥬를 의지ᄒᆞ고 압흐로 나아가면 어ᄃᆡ던지 갈지니아ㅣ 사ᄅᆞᆷ의 밋음과 졍신이 이럿틋 견고ᄒᆞ고 뇌확ᄒᆞ야 빅번셕거도 굴치아니ᄒᆞ면 세샹에 못ᄒᆞᆯ일이 어ᄃᆡ잇스며 항복지아니ᄒᆞᆯ 물건이 어ᄃᆡ잇스리오 우리ᄂᆞᆫ 션싱을 숭비ᄒᆞ기를 마지아니ᄒᆞ노니 쳥년들이여 그리스도 쳥년들이여 우리가 온ᄃᆡ 쳔빅 리빙스톤이 비츌(倍出)ᄒᆞ야 이러ᄒᆞᆫ 긔운으로 이러ᄒᆞᆫ 일을 ᄒᆞᆯ지어다 령뎍(靈的)전징의 ᄀᆡ가를 부르도록 나아갈지어다

(완)

교회ᄉᆞ긔

긔이부 여슐

뎨九관 은ᄉᆞ(隱士)를 의론홈

쥬후수빅년에 교회가 흥왕ᄒᆞᆯᄉᆞ록 폐단니 더욱 니러나니 도에 ᄯᅳᆺ이 잇ᄂᆞᆫ쟈들은 교회

가 침륜될가 겨분ᄒᆞ여 셰쇽을 ᄯᅥ나고 은벽ᄒᆞᆫ 곳에 거ᄒᆞ야 싀집가며 쟝가들지 안코 육욕(肉欲)을 이긔며 금식ᄒᆞ야 스ᄉᆞ로 몸을 괴롭게ᄒᆞ니 이ᄀᆞᆺ치ᄒᆞᆷ으로 능히 분슈외에 공을 세운다ᄒᆞ니라 이로말미암아 셰쇽을 ᄯᅥ난쟈들이 날노 만ᄒᆞ며 ᄯᅩ 비록 산즁에 거ᄒᆞ나 맛ᄎᆞᆷ니 교회를 ᄯᅥᆫ치 안코 부ᄌᆞ런히 진리를 호위ᄒᆞ야 미양교회에 총회로 모힘이 잇스면 죵적이 서로 련락되ᄂᆞᆫ지라 유시비어쓰가 말ᄒᆞ되 이ᄯᅢ에 교회를 좃ᄂᆞᆫ쟈ㅣ두가지 힝실이 잇스니(一)은 셰쇽을 ᄯᅥ나 온젼ᄒᆞᆫ ᄆᆞ음으로 도를 향ᄒᆞᄂᆞᆫ것이오(二)ᄂᆞᆫ 쟝가들고 싀집가셔 산업을 직히고 셰샹ᄉᆞ무를 경영ᄒᆞᄂᆞᆫ것이니 이것은 다하ᄂᆞ님의 은혜를 닙어 각각 그일을 맛하 힝ᄒᆞᄂᆞᆫ것이라 셰샹을 ᄯᅥ난쟈ᄂᆞᆫ 원리 몱고 ᄭᆡᆺ긋ᄒᆞᆫ 누룩으로 온덩어리에 발ᄒᆞ야 밋ᄂᆞᆫ 사ᄅᆞᆷ으로 가히 셩인디경에 드러가게ᄒᆞᆷ이나 앗갑도다 크게 사ᄅᆞᆷ의 ᄆᆞ음을 감격ᄒᆞᆷ이 업고 직히ᄂᆞᆫ 법과 힝ᄒᆞᄂᆞᆫ 공으로 긴요ᄒᆞᆷ을 삼으매 그리스도의 은총으로 근본을 삼지안ᄂᆞᆫ것을 탄식ᄒᆞᆷ이라 ᄒᆞ더라 이굽국에 안토니가 잇스니 은ᄉᆞ즁에 ᄲᅱ여난쟈라 졂어슬ᄯᅢ 마태十九쟝二十一졀 말ᄉᆞᆷ에 감동되여 ᄌᆞ긔산업을 간난ᄒᆞᆫ 사ᄅᆞᆷ의게 논화주고 ᄯᅡ에 굴을파고 거ᄒᆞ야 엄히 몸을 이긔여 二十년을 지내ᄃᆡ 홀노 ᄒᆞᆫ곳에 잇ᄂᆞᆫ지라 스ᄉᆞ로 닐ᄋᆞᄃᆡ 마귀가 혹 친ᄒᆞᆫ벗이 되고 아ᄅᆞᆷ다온 녀인이 되여셔 여러가지로 유인ᄒᆞ되 쥬의 은혜를 힘닙어 유혹을 밧지안코 ᄯᅩ ᄉᆞᄌᆞ와 곰과 비암이 되여와셔 무셥게ᄒᆞ되 쥬ᄭᅴ셔 호위ᄒᆞ심으로 면ᄒᆞ엿다ᄒᆞ고 일죽이 ᄀᆞᆯᄋᆞᄃᆡ 마귀의 졔一 두려워ᄒᆞᄂᆞᆫ 바ᄂᆞᆫ 겸손ᄒᆞᆷ과 금식ᄒᆞᆷ과 긔도ᄒᆞᆷ이라ᄒᆞ더라 교회가 해를당ᄒᆞᆯᄯᅢ에 곳 산에셔 ᄂᆞ려와 친ᄒᆞᆫ신도가 옥에 갓침을 위로ᄒᆞ고 죽은쟈를 조샹ᄒᆞ되 그의 명망이 심히 즁ᄒᆞᆫ고로 감히 해ᄒᆞ지 못ᄒᆞ니라 (三百五十六년에 죽다)ᄯᅩ 본밧ᄂᆞᆫ 쟈가 만히 잇셔 각국에 힝ᄒᆞ니 이로 말ᄆᆡ암아 픽코미어쓰가 교회다ᄉᆞ리ᄂᆞᆫ 법을 셩립ᄒᆞᆯ시 ᄂᆞᆫ호와 二十四반면을 ᄆᆞᆫ드러 나일강셤에 ᄒᆞᆷᄭᅴ 거ᄒᆞ고 그 법도와 긔도와 찬숑ᄒᆞᄂᆞᆫ 긔한을 뎡ᄒᆞ니 슈도원이 이ᄯᅢ브터 시작되니라 오리지아니ᄒᆞ야 애굽의 은ᄉᆞ가 七千인에 달ᄒᆞ니 그즁에 가이사랴감목 ᄲᅡ실이 힘써 쇼아셰아ᄭᅡ지 모범을 세우고 가이사랴에셔 만흔산업을 연보ᄒᆞ야 ᄒᆞᆫ 슈도원을 셜립ᄒᆞ고 그모친과 모든 ᄌᆞ믜를 다 ᄒᆞᆷᄭᅴ 거ᄒᆞ게ᄒᆞ니 좃ᄂᆞᆫ쟈ㅣ심히 만코 ᄯᅩ 글을 만히 져술ᄒᆞ야 사ᄅᆞᆷ을 권ᄒᆞ야 셰샹을 ᄯᅥ나셔 ᄉᆞ욕을 막고 진리를 좃게ᄒᆞ니 샹고ᄒᆞ여보면 슈도원즁에 거ᄒᆞᆫ사ᄅᆞᆷ들이 혹 졍신을 고요히ᄒᆞ고 ᄆᆞ옴을 온젼히ᄒᆞ야 도를 구ᄒᆞ며 긔도ᄒᆞ기를 쉬지안코 모든일을 힘써ᄒᆞ야 병든쟈를 구원ᄒᆞ고 근심ᄒᆞᄂᆞᆫ쟈를 위로ᄒᆞᄂᆞᆫ쟈도 잇스며혹 그ᄉᆞ이에 ᄉᆞ욕을좃차 ᄌᆞ긔몸만 위ᄒᆞᄂᆞᆫ쟈도잇고 슈도원즁에셔 오히려 리익만 ᄇᆞ라ᄂᆞᆫ쟈도 잇스며 혹 ᄎᆞᆷ된 말을 숭샹ᄒᆞ야 입으로 사ᄅᆞᆷ을 어거ᄒᆞᄂᆞᆫ쟈도 잇고 각쳐에 ᄃᆞᆫ니며 놈을춍동ᄒᆞ기로 일삼ᄂᆞᆫ쟈도 잇스며 셰력으로 사ᄅᆞᆷ을 복죵케ᄒᆞ며 이단을 위협ᄒᆞ여 졍도에 도라오게ᄒᆞ고져ᄒᆞᄂᆞᆫ쟈도 잇스며 혹ᄌᆞ긔몸을 헌신짝ᄀᆞᆺ치 ᄇᆞ린쟈도 잇스니 시메온이라 ᄒᆞᄂᆞᆫ사ᄅᆞᆷ은 셰샹사ᄅᆞᆷ이 말ᄒᆞ기를 기동우헤셩도(柱上聖徒)라ᄒᆞ니 나히 十三셰에 도에 감화ᄒᆞᆷ을 엇어 ᄯᅳᆺ을뎡ᄒᆞ고 은거ᄒᆞᆯ시 처음에는 깁흔산에 거ᄒᆞ야 七일만에 ᄒᆞᆫ번식 먹더니 후에 ᄒᆞᆫ 기동을 세우고 그우헤 거ᄒᆞ니 놉기가 六쳑이라 그후에 졈졈 더놉히ᄒᆞ야 三十六년을 거ᄒᆞᆯ시 일헤만콤식 그문도들이 먹을것을 ᄒᆞᆫ번식 보내고 몸에 헌옷을 닙고 이마에 쇠칼을 쓰고 한셔와 풍우를 밧어 ᄀᆞᆯᄋᆞᄃᆡ 비로소 능히 욕심을 막고 덕을 숭샹ᄒᆞᆫ다ᄒᆞ더라 그의 명셩이 랑ᄌᆞᄒᆞ야 ᄀᆞᄅᆞ침을 구ᄒᆞ고 병곳치기를 구ᄒᆞᄂᆞᆫ쟈들이 千리를 멀니녁이지안코 오며 ᄯᅩ 황뎨가 글을 부쳐 ᄌᆞ긔의복 빌어 주기를 ᄇᆞ라더니 六十九년에 기동우헤셔 죽으니 뎨ᄌᆞ들이 옴기여 안듸옥에셔영화스럽게 장ᄉᆞᄒᆞ엿고 그후수ᄇᆡᆨ년에 각쳐에셔 이일을 본

밧어 기동우헤 숨은쟈가 만히 잇더라 (미완)

셩경공부의지침 (쇽)

●뎨四 지혜의 셩셔

一은 좀언이니 훈계뎍(訓戒的)으로 실힝ᄒᆞᆯ 지혜

二는 젼도니 반셩뎍(反省的)으로 실힝ᄒᆞᆯ 지혜

뎨五 四대션지

一은 이샤야니 젼도뎍 예언

二는 예레미아니 이동뎍예언

三은 에스겔이니 졔ᄉᆞ뎍(祭司的)예언

四는 다니엘이니 묵시뎍예언

뎨六 十二쇼션지

一은 호세아니 하ᄂᆞ님의 ᄉᆞ랑에 관ᄒᆞᆫ예언

二는 요엘이니 츙지(虫灰)에 관ᄒᆞᆫ젼도

三은 아모스니 의에 관ᄒᆞᆫ젼도뎍예언

四는 오바듸야니 에돔사ᄅᆞᆷ의 심판에관ᄒᆞᆫ 젼도

五는 요나니 외국션교

六은 미가니 젼도뎍예언

七은 나훔이니 니네위 사ᄅᆞᆷ의 심판에 관ᄒᆞᆫ 젼도

八은 하박국이니 바빌논사ᄅᆞᆷ와 심판에 관ᄒᆞᆫ 젼도

九는 서반이아니 유대사ᄅᆞᆷ에 ᄃᆡᄒᆞᆫ 심판과 셰샹에 ᄃᆡᄒᆞᆫ 하ᄂᆞ님의 진로를 보도(報道)ᄒᆞᆫ 예언

十은 학개니 뎨二셩뎐에 관ᄒᆞᆫ 예언

十一은 세가리야니 셰샹나라를 반ᄃᆡᄒᆞᄂᆞᆫ 메시야의 텬국에 관ᄒᆞᆫ예언

十二는 말니기니 쥬의 강림을 보도ᄒᆞᆫ 예언

(미완)

◎가뎡과쇼ᄋᆞ

●쇼아의지혜 (젼호쇽)

안변 빅형렬

(공)아ᄅᆞᆷ답다 네 말이여ᄒᆞ시니

(아)거우와 오리는 능히 물우헤 ᄯᅳ고 학과 기러기는 능히 울고 소나무와 잣나무는 능히 四시에 늘푸르니 무ᄉᆞᆷ 연고이닛가

(공)거우와 오리는 발ᄉᆞ이에 박막(薄膜)이 잇ᄂᆞᆫ고로 능히 물우헤 ᄯᅳ고 학과 기러기는 목이 긴고로 능히 울고 소나무와 잣나무는 즁심(中心)이 견졍(堅貞)ᄒᆞᆫ 고로 四시에 늘 푸르니라

(아)그럿치 안소이다 어ᄒᆡ(魚蟹)박막이 업스되 능히 ᄯᅳ고 ᄀᆡ고리는 목이 ᄶᅡ르되 능히 울고 ᄃᆡ(竹)는 즁심이 뷔엿스되 四시에 푸르니 무ᄉᆞᆷ 연고이도닛가

(아)하ᄂᆞᆯ우헤 별수효가 얼마이닛가

(공)가히 눈압헤 일이나 의론ᄒᆞᆯ것이지 엇지 하ᄂᆞᆯ우헤 일을 의론ᄒᆞ리오

(아)그러면 션싱님 눈압헤 눈섭(眉)이 몃ᄀᆡ나 되ᄂᆞ잇

(공)눈섭이 점점 ᄲᅥ러진후에 그수를 가히 알지니 몬져 난털은 못써도 뒤에난 ᄲᅳᆯ은 쓴다더니 과연 후싱이 가외(後生)(可畏)라 ᄒᆞ고 광(匡)ᄯᅡ를 지나실ᄉᆡ 그ᄯᅢ 사ᄅᆞᆷ이 이젼에 양호(陽虎)라 ᄒᆞᄂᆞᆫ 사ᄅᆞᆷ의게 곤욕을당ᄒᆞ엿ᄂᆞᆫ지라 공ᄌᆞ의 용모(容貌)가 양호와 ᄀᆞᆺᄒᆞᆫ고로 공ᄌᆞ를 옥에 갓오거ᄂᆞᆯ 공ᄌᆞ ᄀᆞᆯᄋᆞ샤ᄃᆡ 나는 로ᄉᆞ나라사ᄅᆞᆷ 공구(丘)로다ᄒᆞᆫᄃᆡ 광인이 ᄀᆞᆯᄋᆞᄃᆡ 공ᄌᆞᄂᆞᆫ 지식이 만타ᄒᆞ니 ᄒᆞᆫ번 시험ᄒᆞ여 보리라ᄒᆞ고 구공쥬(九孔珠)를 주면셔 실노 ᄭᅦ이라 ᄒᆞ니 이구슬은 속에ᄂᆞᆫ 아홉구비가 잇셔 다 서로 통ᄒᆞ고 밧게ᄂᆞᆫ 다만 ᄒᆞᆫ구멍만 잇ᄂᆞᆫ것인ᄃᆡ 광인이 능히 ᄭᅦ이지 못ᄒᆞ야 오리동안 연구ᄒᆞ던ᄎᆞ이라 공ᄌᆞ가 七일을 싱각ᄒᆞ되 능히 ᄭᅦ이지못ᄒᆞ고 그뎨ᄌᆞ ᄌᆞ로를 불너 일젼에 길가에셔 만나던 ᄋᆞ히가 가히 계교를 싱각ᄒᆞᆯ듯ᄒᆞ니 가셔 무르라 ᄒᆞᆫᄃᆡ ᄌᆞ로가 즉시 이ᄋᆞ히의게 가셔 이ᄉᆞ실을 말ᄒᆞᆫᄃᆡ ᄋᆞ히가 우셔왈 그ᄃᆡ의 스승은 문밧게 나ᄂᆞᆫ(出)리치도 모르니 가히 ᄭᅮᆯ에 ᄲᅡ진 ᄀᆡ암이라 ᄒᆞ리로다 ᄌᆞ로가 이말을 듯고 노ᄒᆞ야 더뭇지안코 도라가 공ᄌᆞᄭᅴ 고ᄒᆞᆫᄃᆡ 공ᄌᆞ가 다시 七일을 싱각ᄒᆞ야 ᄭᅮᆯ을 구슬구멍에 붓고 가ᄂᆞᆫ실노 ᄀᆡ암이 허리를 ᄆᆡ어셔 구슬구멍으로 드려보내니 ᄀᆡ암이가 그속에잇ᄂᆞᆫᄭᅮᆯ을 먹노라고 아홉구비를다도라셔나죵에ᄂᆞᆫ

六

밧그로 나오니 이에 아홉 구멍을 다새인지라 광인이 공ᄌᆞ인줄알고 노아보내니라

역자왈 이ᄋᆞ희는 엇더ᄒᆞᆫ ᄋᆞ히인지 알수업ᄉᆞ나 하ᄂᆞ님ᄭᅴ셔 마귀로 ᄒᆞ여곰 예수를 광야에셔 시험ᄒᆞᆫ 것과ᄀᆞ치 공ᄌᆞ가 셰샹에 와보니 당셰(當世)에 도덕과 학식이 ᄌᆞ긔우헤 지날쟈가 업슬지라 혹 그 ᄆᆞ옴이 ᄌᆞ고(自高)ᄒᆞᆯ가ᄒᆞ야 특별히 신인(神人)으로 ᄒᆞ여곰 시험ᄒᆞᆫ듯ᄒᆞ도다 (완)

평림(評林)

●몃가지 못쓸것

一 ᄌᆞ유 ᄌᆞ유ᄒᆞ면서 쇼년이 존쟝의게 불경ᄒᆞ고 하등샤회가 샹류샤회에 힝픠ᄒᆞᄂᆞᆫᄌᆞ유ᄂᆞᆫ 못쓸ᄌᆞ유

二 열심 열심열심ᄒᆞ면서 사ᄅᆞᆷ속여 돈ᄲᅢ앗고 쳥년남녀를 방탕ᄒᆞᆫ 길노 인도ᄒᆞᄂᆞᆫ일만 힝ᄒᆞᄂᆞᆫ 열심은 못쓸열심

三 겸손 겸손ᄒᆞ면서 ᄌᆞ긔의 권리와 ᄌᆞ존심(自尊心)을 포긔ᄒᆞ고 ᄌᆞ뢰업시 ᄂᆞᆷ의게 노예의 ᄐᆡ도를 뵈이ᄂᆞᆫ 겸손은 못쓸겸손

四 ᄉᆞ랑 ᄉᆞ랑ᄒᆞ면서 ᄂᆞᆷ으로 ᄌᆞ긔의 리익은 쥬션케ᄒᆞ고 ᄌᆞ긔는 ᄂᆞᆷ의손해를 도라보지 아니ᄒᆞᄂᆞᆫ ᄉᆞ랑은 못쓸ᄉᆞ랑

五 ᄀᆡ명 ᄀᆡ명ᄒᆞ면서 실디샹 학술은 비호지안코 샤치ᄒᆞᆫ 일과 부허무익(浮虛無益)ᄒᆞᆫ 풍습만 본밧으니 이런 ᄀᆡ명못쓸ᄀᆡ명

셰계격언

一 누구던지 현재(現在)보다 一층놉흔 뎡도의 ᄉᆡᆼ활을 급히 엇고져ᄒᆞ면 오ᄅᆞ지 아니ᄒᆞ여셔 수층 더 ᄯᅥ러지ᄂᆞᆫ 뎡도의 ᄉᆡᆼ활을 ᄒᆞ지아니치 못ᄒᆞᆯ 위험이 잇슬지니라

二 린ᄉᆡᆨ(吝嗇)이란것은 금젼을 너머앗긴다 ᄒᆞᆷ인ᄃᆡ 대개 재물은 사ᄅᆞᆷ마다 만히 엇고져 ᄒᆞᄂᆞᆫ것이지마는 나만 리익ᄒᆞ고져ᄒᆞ면 ᄂᆞᆷ의게 손해가 도라갈것은 뎡ᄒᆞᆫ리치인고로 내가 금젼을 너머앗기ᄂᆞᆫ 동시에 사ᄅᆞᆷ의 원망이 오고 그러ᄒᆞᆫ 동시에 부ᄌᆞ형뎨도 서로 ᄯᅥ나기 쉬오니라

三 빈궁은 의뢰심(倚賴心)을 강ᄒᆞ게 ᄒᆞᄂᆞᆫ고로 졀검(節儉)은 ᄌᆞ유의 어머니오 샤치ᄂᆞᆫ 부패(腐敗)의 션도쟈니라

●ᄉᆞ조(詞藻)

ㅂㄷㅇ生

一 하ᄂᆞ님의창조ᄒᆞ신
초목금슈어별들도
제직분을졔가알어
열ᄆᆡᄆᆡᆺ고ᄉᆡᆼ식ᄒᆞ네

二 츈하츄동네졀긔에
봄과녀름다지내셔
五곡百과결실ᄒᆞ니
츄슈동쟝깃브도다

三 싀벽셔리찬바람에
울고가는더기러기
한셔긔후ᄯᅢ를차져
봄에가고갈에오네

四 만물즁에귀ᄒᆞᆫ우리
ᄯᅢ몰으고직분못히
구쥬예수안밋으면
초목금슈붓그럽지

우슴거리(笑話)

●심ᄉᆞ고ᄒᆞᆫ ᄋᆞ히

엇던신ᄉᆞ가 션명ᄒᆞᆫ 새옷을 닙고 공원에셔 운동ᄒᆞ다가 공동교의(共同交椅)에 안져 쉬일식 七八셰가량된 엇던ᄋᆞ히가 그겻헤서셔 오ᄅᆡ도록 가지안커ᄂᆞᆯ 그신ᄉᆞ가 무러왈 너는 웨 더긔가셔 화초구경도 아니ᄒᆞ고 여긔 그러케 오ᄅᆡ섯ᄂᆞ냐

(ᄋᆞ히)나는 ᄭᅩᆺ구경 슬혀요

(신ᄉᆞ)어린ᄋᆞ히가 구경을 즐기지 아니ᄒᆞᆷ은 과연 심샹치 아니ᄒᆞᆫ 일이로구 무슴 리유가 잇ᄂᆞᆫ지 말ᄒᆞ라 내가 좀 듯고져ᄒᆞ노라

(ᄋᆞ히)다른 리유는 업슴니다 당신안즈신 교의는 ᄒᆞᆫ시간젼에 칠쟝(漆匠)이가 새로 칠을 ᄒᆞ엿ᄂᆞᆫᄃᆡ 당신이 거긔안즈셧스니 나는 여긔셔 당신 니러나시ᄂᆞᆫ것 좀 구경ᄒᆞ랴고 기ᄃᆞ리ᄂᆞ이다

(신ᄉᆞ)그러면 내가 안기젼에 웨 말을 아니ᄒᆞ엿ᄂᆞ냐

七 (ᄋᆞ히)그것은 웨요 당신옷버리는것 구경 좀 못ᄒᆞ게요

담총

●살인범이 웨그리만히

미국조지아쥬에 사ᄂᆞᆫ 인구ᄂᆞᆫ 총계 三빅만인인ᄃᆡ 그즁에 살인범이 五千만인구 사ᄂᆞᆫ 영국보다 더 만타ᄒᆞ엿더라

●파나마운하의 공ᄉᆞ비(工事費)

미국파나마운하(運河)은 본년十월브터 대셔양물이 남태평양으로 넘어가ᄂᆞᆫᄃᆡ 여긔ᄃᆡᄒᆞᆫ 공ᄉᆞ비ᄂᆞᆫ 본년三월말일ᄭᆞ지 계산ᄒᆞᆫ 총익이 五억九千一百十七만五千三百二十六원八十二젼에 달ᄒᆞ엿다더라

●거대ᄒᆞᆫ식료픔(食料品)

미국뉴욕항구 샹업회의쇼의 됴사ᄒᆞᆫ바를 거ᄒᆞᆫ즉 히항구에셔 一년동안에 쇼비(消費)식료픔의 ᄃᆡ금은 十二억구쳔만원에달ᄒᆞᆫ다더라

●흑인(黑人)의저산

미국의 흑인들이 ᄌᆞ유를 엇은지 겨오 五十년동안에 근검져튝(勤儉儲蓄)을 힘쓴결과로 지금 흑인의 쇼유지산이 十四억만원에 달ᄒᆞ엿다더라

◎회보ᄃᆡ금령슈

忠州	李正心	四十錢
	李德雲	四十錢
	宋文用	二十錢
仁川	康元錫	三圓
江西	朴尙鉉	四十錢
海州	黃鶴巢	七圓八十錢
雲山	黃昌道	四圓四十錢
平壤	韓鎭淳	四十錢
豐德	韓道淳	四十錢
延安	申鵬周	四十錢
	朴容惪	四十錢
	崔尙賢	四十錢
	劉景賢	四十錢
	趙元培	四十錢
長湍	白南憲	四十錢
通川	金東根	八十錢
	鄭雲熙	四十錢
杆城	鄭順日	四十錢
	李公善	四十錢
延安	李信明	四十錢
	高楨彬	四十錢
	洪基杓	四十錢
	朴允彬	二圓十錢

八

그리스도회보
KOREAN CHRISTIAN ADVOCATE

每週一回月曜日發行
大正二年十二月四日印刷
大正二年十二月八日發行

發行兼編輯人 開城北部山芝峴 奇義男
印刷人 京城北部樓閣洞 朴東完
印刷所 京城南部上犂洞 新文館
發行所 京城北部壯洞四十三統三戶 呂炳鉉

代金 一쟝 二젼 一ᄀ월 八젼 六ᄀ월 四十젼 一ᄀ년 八十젼 海外一ᄀ년 一환六十젼

샤고(社告)

●형뎨와ᄌᆞ매ᄭᅴ

셔풍에 ᄯᅥ러진 닙흔 소소ᄒᆞᆫ 형용을 나타내고 남텬에 도라가는 기러기는 옹옹ᄒᆞᆫ 소ᄅᆡ를 젼ᄒᆞᄂᆞᆫᄃᆡ 쥬 예수 그리스도안에 잇는 여러 형뎨와 ᄌᆞ매의 령혼과 육신은 더욱 풍셩ᄒᆞᆫ 은혜 가온ᄃᆡ 리리 건강(健康)ᄒᆞ시온잇가 몬져 엽ᄃᆡ려 뭇고 다시 긔도ᄒᆞᄂᆞ이다 본샤는 텬부의 권우(眷佑)ᄒᆞ심과 구람 졔씨의 익호ᄒᆞ심을 닙어 이ᄯᅢᄭᆞ지 유지ᄒᆞ오며 쟝ᄅᆡ에 발뎐ᄒᆞᆯ 희망도 만ᄊᆞ오니 무한히 감샤ᄒᆞᄂᆞ이다 그러나 근일에 니르러셔는 지졍의 곤난ᄒᆞᆷ을 인ᄒᆞ와 루ᄎᆞ 샤고로 광포ᄒᆞᆫ것은 임의 량쵹(諒燭)ᄒᆞ시려니와 므릇 ᄒᆞᆫ긔계로 말ᄒᆞ더라도 도라가는 고동마다 기름을 잘 발나 주어야 능히 병업시 잘 활동ᄒᆞ야 산ᄀᆞᆺᄒᆞᆫ 화륜션도 운뎐ᄒᆞ야 번ᄀᆡ 보다 속히 리왕ᄒᆞ며 수십렬거(列車)도 ᄭᅳᆯ고 풍우ᄀᆞᆺ치 다라날것이오 만일 그럿치 못ᄒᆞ면 아모리 큰 증긔력으로 돌니고져 ᄒᆞᆯ지라도 모든 긔관에 운동을 뎡지ᄒᆞ고 필경은 긔계ᄭᆞ지 상ᄒᆞ야 쓰지못ᄒᆞᆯᄃᆡ경에 니름은 엇지 뎡ᄒᆞᆫ 리치가 아니리오 그런즉 그리스도회보는 우리 교회의 ᄒᆞᆫ 긔관이니 이 긔계도 기름을 자조 발나 주어야 능히 활동력을 엇어 ᄒᆞᆫᄃᆞᆯ에 四五ᄎᆞ식 여러분을 차자 뵈옵고 동셔 고금 교계(敎界)의 형편도 젼ᄒᆞ며 육신과 령혼에 유익ᄒᆞᆫ 학셜도 말ᄒᆞ여 들닐것이오 만일 그럿치 아니ᄒᆞ면 반ᄃᆞ시 그 활동을 임의로 ᄒᆞ지못ᄒᆞᆯ것은 ᄯᅩᄒᆞᆫ 뎡ᄒᆞᆫ일이라 그러면 이 긔계에 발나줄 기름이 여러분에 슈즁에 잇지아니ᄒᆞ온잇가 이 기름이 여러분ᄭᅴ 잇슬지라도 본샤로 보내여 주시지 아니ᄒᆞ면 조곰도 이 긔계를 위ᄒᆞ야 유조ᄒᆞᆯ것이 업ᄉᆞᆫ즉 깁히깁히 ᄉᆡᆼ각ᄒᆞ셔 ᄋᆞᆸ쇼셔 다른 나라에셔는 디방마다 각각 긔관신보가 잇는ᄃᆡ 죠션 감리교는 젼국안에 겨오 어린 긔관보 ᄒᆞ나 잇는것을 능히 유지ᄒᆞ여 가지못ᄒᆞ면 엇지 우리의 칙임이 업다ᄒᆞ리오 놈과ᄀᆞᆺ치 새로 창셜치는 못ᄒᆞᆯ지언뎡 아모됴록 잇는것이나 업셔지는ᄃᆡ경에 니르지 안케되기를 동심협력ᄒᆞ야 계도(計圖)ᄒᆞᆸ세다 그러ᄆᆞ로 이 아래 광고 좀 주의ᄒᆞ야 보시고 각기 담당ᄒᆞ신 기름을 좀 속히 보내여 주시ᄋᆞᆸ쇼셔

샤고

본회보를 ᄋᆡ호(愛護)ᄒᆞ시는 졔씨즁 구람ᄒᆞ시는 졔씨즁에 금년六개월 션금(先金)만 보내신이는 八월말일(末日)에 ᄒᆞᆫ 션금이 임의 다ᄒᆞ엿ᄉᆞ오니 하반긔(下半期)六개월 션금 四十젼식과 이ᄯᅢᄭᆞ지 션금을 아니 보내신이는 一ᄀ년 션금 八十젼식을 속속히 우편쇼위톄(郵便小爲替)로 붓쳐보내시와 본회보로 ᄒᆞ여곰 지졍에 곤난ᄒᆞᆷ이 업게ᄒᆞ심을 근졀히 ᄇᆞ라ᄂᆞ이다

교즁휘문

◀ᄂᆡ 보▶

●졍동의 사경과부흥

경셩졍동교당ᄂᆡ에셔는 거월二十四일브터 낫에는 사경회를 열고 밤에는 부흥회로 모히는ᄃᆡ 부흥회는 목ᄉᆞ김유슌씨가인도ᄒᆞᆷ식 밤마다 참회ᄒᆞ는남녀교우가 수ᄇᆡᆨ여명에 달ᄒᆞ엿다더라

●三일三쳔권

거十一월十一일경에 경셩 셩셔공회 젼도ᄃᆡ 김젼 후커졔씨 一ᄒᆡᆼ十一인이 강원도 강릉군에 도챡ᄒᆞ야 三일동안 복음을 젼파ᄒᆞ엿는ᄃᆡ 특별히 하ᄂᆞ님ᄭᅴ 영광을 돌닐것은 본읍 촌간에 완고ᄒᆞᆫ 풍쇽은 젼도인이 복음을 젼ᄒᆞᆯᄯᅢ에 쥬의 도리로 권면ᄒᆞᆷ을 듯기는 고샤ᄒᆞ고 젼ᄒᆞ는 복음ᄭᆞ지 ᄶᅵ져ᄇᆞ리며 문밧그로 내여쏫던 사ᄅᆞᆷ들이 이번에는 젼도ᄒᆞ는 형뎨들을 환영ᄒᆞ야 각기음식과 다과로 졉ᄃᆡᄒᆞ여 쥬의 말ᄉᆞᆷ을 깃브게 드른결과로 三일동안 복음을 젼파ᄒᆞᆫ수효가 三千여권에 달ᄒᆞ엿스니 쳣재 하ᄂᆞ님의 권능과 은혜를 감샤ᄒᆞ며 둘재 젼도ᄃᆡ의 열심을 치하ᄒᆞᆫ다 ᄒᆞ엿더라

●리화학싱의션교회

경셩 졍동 리화학당녀학싱션교회는 ᄒᆡ학당쟝 부라부인의 권고로 一千九百十년十一월二十五일에 창립ᄒᆞ엿는ᄃᆡ 본월二十五일하오四시에 창립뎨四회 긔념식을 거ᄒᆡᆼᄒᆞᆯ식 그 슌셔는 회쟝리졍송씨가 김일늬쓰씨의 쥬악과 찬숑가二百三十四를 노래ᄒᆞᆫ후 목ᄉᆞ최병헌씨의 긔도로 ᄀᆡ회ᄒᆞ고 회쟝이 ᄀᆡ회취지를 간단히 말ᄒᆞᆫ후 신현슉 황마구렛량씨가、합챵ᄒᆞ고 신마실라씨가 죠션녀ᄌᆞ계의 진보에 ᄃᆡᄒᆞ야 연셜ᄒᆞᆫ후 리은라 김일늬쓰량씨가 합챵ᄒᆞ고 비지학당쟝 신흥우씨가 부인샤회와 션교에 ᄃᆡᄒᆞ야 연셜ᄒᆞᆫ후 목ᄉᆞ오긔션씨가 이션교회를 위ᄒᆞ야 츅ᄉᆞᄒᆞ고 김일늬쓰씨가 쥬악ᄒᆞᆫ후 신마실라 리화슉 박인덕 김일늬쓰四씨가 합챵ᄒᆞ고 찬숑가뎨三과 신흥우씨의 긔도로 폐회ᄒᆞ엿는ᄃᆡ 당일 에 참셕ᄒᆞᆫ 릭빈이 수ᄇᆡᆨ명에 달ᄒᆞ야 셩황을 졍ᄒᆞ엿다더라

◀외 보▶

●횡빈의련합젼도회

일본횡빈항각교회는 거월二일브터 동三十一일ᄭᆞ지 날마다 ᄀᆡ최ᄒᆞᆫ 련합젼도회의 형편과 결과는 젼호에 임의게지ᄒᆞ엿거니와 그후에도 본월十六일ᄭᆞ지 계쇽ᄒᆞ야 ᄀᆡ최ᄒᆞ엿는ᄃᆡ ᄆᆡ일 참셕ᄒᆞᆫ인원은 최다수七百二十인으로브터최쇼수一百五十인ᄭᆞ지요 새로 밋기 작뎡ᄒᆞᆫ쟈는 최다수十三인브터 최쇼수二인ᄭᆞ지 합六十九인을 엇엇다더라

●셰계인구와 긔독교도의통계

영국론돈 호테야신보에 게재ᄒᆞᆫ바를 거ᄒᆞᆫ즉 셰계의 총인구가 대략十五억만인인ᄃᆡ 그즁에 긔독교도가 총계 四억九千四百二十五만인이니 셰계총인구의 三분지一을 뎜령ᄒᆞ엿도다 또 이것을 각파에 구별ᄒᆞ쟈면 텬쥬교인이 二억四千만인 예수교인이 一억五千만인 희랍교인이 一억만인 아비신이아교인이 三百만인 아메니아교인이 五만인 기타 각파에 쇽ᄒᆞᆫ 교인이 二十五만인인ᄃᆡ 또 이것을 六대부쥬에 구별ᄒᆞ쟈면 구라파에三억八千二百五十만인 아셰아에 三千만인 아프리카에 八ᄇᆡᆨ만인 남북아메리가에 一억四千四ᄇᆡᆨ六十만인 대양쥬에 五ᄇᆡᆨ七十만인이라더라

●목셔가의미국션교ᄉᆞ

미국대통령윌손씨는 목셔가에 잇는 미국션교ᄉᆞ들의게 쇽히 목셔가로브터 철귀(撤歸)ᄒᆞ라고 권고ᄒᆞ엿는ᄃᆡ 그ᄂᆡ용은 미국과 목셔가ᄉᆞ이에 쟝ᄎᆞᆺ 젼단(戰端)이 니러날 긔미가 잇슴이라더라

●미감리회쥬일학싱의 증가(增加)

미감리회의 쥬일학싱은 쥬후 一千九百八년이후 五년동안에 九十만명이 증가ᄒᆞ엿는ᄃᆡ 그즁에 임의 회ᄀᆡᄒᆞᆫ쟈가 八十만인이오 더회가 션교회에 연보ᄒᆞᆫ 금익이 六十만원이라더라

●一년에三만명의세례쟈

인도국미감리회젼도감독의보

고ᄒᆞᆫ바를 거ᄒᆞᆫ즉 작년중에 인도와 면뎐안에셔만 미감리회에 셰례밧은쟈가 三만인이라더라

●샤쓰의긔렴학교

미국구셰군본영에셔는고(故)구셰군대장월니암샤쓰의 긔렴학교二쳐를 미국니에 셜립ᄒᆞ기위ᄒᆞ야 거九월중의 긔부금 모집경징(競爭)을 ᄀᆡ시ᄒᆞ엿다더라

●쥬일학교션교ᄉᆞ파송

미국미감리회 쥬일학교 총부는 덕국과 셔뎐과 나위와 일본과 지나에 특별히 쥬일학교관할ᄒᆞ는 션교ᄉᆞ를 파송ᄒᆞ엿는ᄃᆡ 장ᄎᆞᆺ 죠션과 인도와 남아메리가와 아프리가와 비률빈에도 쥬일학교 션교ᄉᆞ를 파송ᄒᆞ기로 계획중이라더라

긔 셔

●셩탄예비

신호관셔학원한편인슐라셔 원

(一)크리스마쓰에 ᄃᆡᄒᆞ야

크리스마쓰는 우리쥬 예수그리스도의 탄싱ᄒᆞ신날을 긔념ᄒᆞᆷ인ᄃᆡ 一년동안에 뎨一깃븐날이라 이깃븐경츅에 ᄃᆡᄒᆞ야 불평ᄒᆞᆫ 낫과 불유쾌ᄒᆞᆫ 노래로써 경츅ᄒᆞ지 못할지며 또ᄒᆞᆫ 이날이 깃븐날되는 동시에 또 난잡케 ᄒᆞ지 못할날노 알고셔 엄숙히 직혀야 될지니 그런즉 우리들은 엇더케 이날을 직혀야 되겟는가 여러 부형ᄭᅦ셔는 예수ᄭᅦ셔 벳을네헴에 나신ᄯᅢ에 그디방 목쟈들이 밤에 양의 무리를 직히는ᄃᆡ 홀연히 하ᄂᆞᆯ노셔 소리잇셔왈「무셔워말나 내가 너희게 크게 깃븐소식을 가져왓스니 이는 오ᄂᆞᆯ날 다윗의셩에 너희를 위ᄒᆞ야 ᄒᆞᆫ 구쥬가 나셧스니 곳 그리스도 쥬시라」ᄒᆞᆫ일을 긔억ᄒᆞ시오 오ᄂᆞᆯ날 당ᄒᆞ지 아니ᄒᆞ엿습니가 뎨一첫번 크리스마쓰에는 텬군텬ᄉᆞ가 하ᄂᆞ님ᄭᅴ 찬용ᄒᆞ기를 지극히 놉흔곳에셔는 하ᄂᆞ님ᄭᅴ 영화를 돌녀보내고 ᄯᅡ에셔는 깃버ᄒᆞ심을 닙은 사ᄅᆞᆷ들이 평안ᄒᆞᆯ지어다 ᄒᆞ엿스니 오ᄂᆞᆯ을 당ᄒᆞ여셔 우리들이 크리스마쓰를 만민의게 젼파ᄒᆞ게 된것은 진실노 이럿케 귀엽고 이보다 더크고 놉흔권셰가 업슬줄노 아는것인즉 이경축에 ᄃᆡᄒᆞ야 우리가 뎨一목뎍할바는 녜젼에 텬ᄉᆞ가 목쟈의게 젼ᄒᆞᆫ말을 우리동포의게 알게ᄒᆞ야 하ᄂᆞ님을 찬용케홈에 잇ᄂᆞ니 몬져 우리의 갓가온 친구브터 시작ᄒᆞ야 리웃사ᄅᆞᆷ의게ᄭᆞ지 하ᄂᆞ님ᄭᅴ셔 이셰상사ᄅᆞᆷ을 ᄉᆞ랑ᄒᆞ샤 독싱ᄌᆞ를 주신것을 알게ᄒᆞ야 하ᄂᆞ님의 은혜를 셔롯고 ᄌᆞ긔의 ᄆᆞᄋᆞᆷ을 맛치게ᄒᆞ는것은 대단히 요긴ᄒᆞᆫ것이오 또 교회에셔 경츅할ᄯᅢ에 뎍당ᄒᆞᆫ 방법으로써ᄒᆞ야 도덕에 버셔나는 여흥(餘興)이라던지 교당안에셔 난잡ᄒᆞᆫ일을 ᄒᆞ면 경츅ᄒᆞ는 본의를 일허ᄇᆞ리ᄂᆞ니 우리가 흔히 보는바 친쳑이나 친구의 집에셔 어린ᄋᆞ히가 나면 츅하ᄒᆞ는표로 무슴 션물을 ᄒᆞ거던 하믈며 이거룩ᄒᆞ고 깃븐날을 당ᄒᆞ야 구쥬를 위ᄒᆞ야 션물을 밧치지 안켓ᄂᆞ뇨 이셩탄은 ᄌᆞ긔를 리롭게ᄒᆞ는날이아니오 놈의게 주는날인즉 밧는쟈보다 주는쟈가 복이잇다ᄒᆞ는 말슴을 힝ᄒᆞ기 됴흔ᄯᅢ라 비록 적은봉지에 과ᄌᆞ라도 어린ᄋᆞ히들의게 주어 진실노 깃브게ᄒᆞ며 또 어린ᄋᆞ히로 ᄒᆞ여곰 다른 사ᄅᆞᆷ의게 무엇을 줄 긔회를 엇게ᄒᆞ는것이 필요ᄒᆞ니 교뎨가 일즉이 학교에 ᄃᆞᆫ닐ᄯᅢ에 교당에셔 본일은 ᄒᆞᆫ친구가 헌금(獻金)ᄒᆞ라다가 긔회를 엇지못ᄒᆞ야 불평ᄒᆞᆫ 안식을 나타내는것을 보앗슨즉 그런일이 업도록 쥬의ᄒᆞ시오 우리밧게는 밧기를 구ᄒᆞ는쟈ㅣ만히잇스니 이됴흔ᄯᅢ를 위ᄒᆞ야 우리교인들이 돈이나 ᄊᆞᆯ이나 의복ᄀᆞᆺ흔것을 내여 불샹ᄒᆞᆫ 동포의게 조곰이라도 도아주는것은 ᄯᅩᄒᆞᆫ 셰샹사ᄅᆞᆷ의게 크리스마쓰라ᄒᆞ는 깃븐쇼식을 젼ᄒᆞ는 방법이니 예수ᄭᅴ셔 ᄀᆞᄅᆞ샤ᄃᆡ「내 동싱중에 지극히 적은이 ᄒᆞ나의게 힝ᄒᆞᆫ것이 곳 내게 힝홈이라」ᄒᆞ셧스니 불샹ᄒᆞᆫ쟈의게 주는것은 곳 쥬ᄭᅴ 밧침이니 셩탄젼 몃날브터 셩탄쥰비 위원쟝은 교우들의게 유년학교쟝은 학싱들의게 하ᄂᆞ님ᄭᅴ셔 그리스도를 주셧스니 우리는 감샤ᄒᆞᆫ것과 밋지안는 동족의게 구졔ᄒᆞ기에 힘쓰게 ᄒᆞ기를 광 三

묘ᄒᆞ지며 단장은 각각 셜비위원들이 ᄒᆞ되 특별히 ᄋᆞ희들을 위ᄒᆞ야 셩탄목을 강단압헤 세우고 그나무에는 ᄒᆞᆯ수잇는대로 아ᄅᆞᆷ답게 ᄆᆡᆫ드러 어린ᄋᆞ희들을 깃브게 ᄒᆞ여줄지며 경츅회 슌서는 목ᄉᆞ와 쥬일학교장과 례식위원장이 의론ᄒᆞ야 ᄆᆡᆫ돌것이올세다

(二)크리스마쓰츅하회

크리스마쓰츅하회는 찬미 혹 ᄌᆞ미잇는 말이나 그리스도 탄ᄉᆡᆼᄒᆞ신 아ᄅᆞᆷ다온 교훈으로 거힝슌서에 대부분과 약간여흥을 힝ᄒᆞ야 셩탄일을 츅으로 사ᄅᆞᆷ의게 보일지니 슌서를 ᄆᆡᆫ돌랴면 탄ᄉᆡᆼᄒᆞ신것으로 목뎍을 삼으되목쟈들이 벳을네헴에 차자온것과 박ᄉᆞ가와서 경비ᄒᆞᆫ일노써 ᄒᆞᆷ이 됴흐며 十二월二十五일밤에 교당에서 츅하회를 열고 경츅ᄒᆞᆷ은 교인과 학ᄉᆡᆼ들의게 ᄀᆞᄅᆞ침에 ᄒᆞᆫ됴흔 방법이 될지나 동방으로 브터온 박ᄉᆞ의 문데로언제던지 아ᄅᆞᆷ다온 ᄉᆞ샹을 포함ᄒᆞ고 이것으로 근본삼아 창가나 셩경랑독ᄀᆞᆺ흔것을ᄒᆞ고 학ᄉᆡᆼ들노 ᄒᆞ여곰 ᄌᆞ긔 소원대로 특별헌금을 ᄂᆡ게ᄒᆞᆫ후 폐회ᄒᆞ기젼에 도합을 계산ᄒᆞ고 일년간 더츅ᄒᆞᆫ엿든돈과 합ᄒᆞ야 교ᄉᆞ들의 결의로 학교에 젹립금으로 혹은 젼도ᄉᆞ업에 쓰는것을투표ᄒᆞ야 결뎡ᄒᆞᆯ지며 그슌서는

一은 긔회 찬숑가六十九○

二는 문답 교ᄉᆞ가 하ᄂᆞ님께서우리 인류의게 주신것이 무어이냐 뭇는ᄃᆡ답에 ᄉᆡᆼ도들은 연습ᄒᆞᆫ것으로 그뭇는 말을 ᄃᆡ답ᄒᆞᆯ지니 례ᄒᆞᆫ건ᄃᆡ

(교ᄉᆞ)하ᄂᆞ님께서. 우리세상사ᄅᆞᆷ들의게 주신바 가온ᄃᆡ 뎨일큰것이 무엇이뇨

(학ᄉᆡᆼ)뎨일큰것은 그 독ᄉᆡᆼᄌᆞ 예수그리스도올시다

(교ᄉᆞ)하ᄂᆞ님께서 그 독ᄉᆡᆼᄌᆞ를 주신ᄭᅡᄃᆞᆰ은 무엇이뇨

(학ᄉᆡᆼ)하ᄂᆞ님이 세상을 이쳐럼ᄉᆞ랑ᄒᆞ샤 독ᄉᆡᆼᄌᆞ를 주셧스니 누구던지 뎌를 밋으면 멸망치안이ᄒᆞ고 영ᄉᆡᆼ을 엇으리라 ᄒᆞ엿ᄉᆞᆷ이다

(교ᄉᆞ)우라는 하ᄂᆞ님께 무엇을 밧쳐야 맛당ᄒᆞ뇨

이ᄃᆡ답에는 학ᄉᆡᆼ들이 긔도문을 외안후에 일졔히 우리들은 자금ᄭᅡ지 나의 손과 나의 ᄆᆞ옴과 나의 ᄉᆞ랑과 나의 몸과 나의 목숨을 다ᄒᆞ야 하ᄂᆞ님께 밧쳣스나 이후로는 우리들이 쥬를위ᄒᆞ야 례물드리기늘 원ᄒᆞᆷ이라 三은 찬숑二빅셥오四는 셩경랑독 (마태二○一ー二ー三ー七ー十一)이 셩경말ᄉᆞᆷ은 어린ᄋᆞ희五명이 ᄒᆞᆫ졀식 외일것 五는 헌금(회즁일동)六은 학과 (박ᄉᆞ의말)七은구쥬탄일가 (곡죠는 우리대쟝예수씨는 젼능ᄒᆞ시니)

(一)、 깃브도다 오날날은 우리구쥬님 벳을네헴 마구우에 탄ᄉᆡᆼᄒᆞ시샤 브르신다 만국박셩 어서ᄎᆞ져가 구셰쥬를 경비ᄒᆞᆸ세다 후렴 찬숑ᄒᆞ세 구세쥬낫네 만세만세 구세쥬낫내 구쥬예수 탄ᄉᆡᆼᄒᆞᆷ을 친히가보고 만민의게 교ᄒᆞᆸ시다

● 인ᄉᆡᆼ의 一대문뎨 (속)

동경청산학원 김영섭

그럼으로 우리사ᄅᆞᆷ이 밋교쥬쟝ᄒᆞ는바는 령혼의 불멸(不滅)이나 사ᄅᆞᆷ의 령혼불멸은 개안픔격의 불멸이며 ᄭᅢ언 의식(意識)의 불멸이며 내가 나되는 ᄌᆞ각(自覺)과과억의 계속이니라 그러면 신톄를 ᄯᅥ나서 령혼만 잇슴은 엇더ᄒᆞᆷ이뇨 사ᄅᆞᆷ의 신톄의 독립ᄒᆞᆫ 령혼을 샹샹ᄒᆞᆯ수 잇다ᄒᆞᆷ은 여러사ᄅᆞᆷ의 의문(疑問)을 면치못ᄒᆞᆯ바라 그러나 령혼이 우쥬대령(宇宙大靈)에 드러가면 내라ᄒᆞ는 ᄌᆞ각이 젼혀 업서지는고로 이러ᄒᆞᆫ 곤난은 별노히 업슬지로다 오직 내라ᄒᆞ는것이 신톄가 업는곳에 잇다고 ᄒᆞ는것을 샹샹ᄒᆞ기가 어려울터이나 가령 여러그릇에 물을 담아서 바다물가온ᄃᆡ 둠과ᄀᆞᆺ흐나 그릇가온ᄃᆡ 담은물인고로 이그릇의 물과 뎌 그릇의 물을 구별ᄒᆞᆯ수 잇지마는 그릇을 ᄭᅢ트려 ᄇᆞ리고 그물을 바다에 부으면 물빗과 맛이 이물과 뎌물을 구별ᄒᆞᆯ수 업ᄂᆞ니 이와ᄀᆞᆺ치 령혼이 신톄라ᄒᆞ는 그릇가온ᄃᆡ 잇스면 나와 다른사ᄅᆞᆷ을 구별ᄒᆞᆷ을 좃차 나라ᄒᆞ는 ᄌᆞ각도 잇슬수 잇스나 그릇을 ᄯᅥ난물과 ᄀᆞᆺ치 신톄를 ᄯᅥ난 령혼이 엇더캐 나라ᄒᆞ는 ᄌᆞ각을 가질수 잇스라오 나라는 ᄌᆞ각이 업는연

격와 불멸ᄒᆞᆷ을 밋으면 그동아 아니며 쇽쇽뎍이 아니며 철학뎍이 아니며 사에 반ᄃᆞ시 신톄가 야와ᄀᆞᆺ 와론뎍이 아니며 철학뎍이 흠을 미리 싱각지 아나 ᄒᆞᆯ수 업도다 그리스도 신자의 량ᄒᆞᆫ 불멸ᄒᆞᄂᆞᆫ 신앙은 허무젹멸(虛無寂滅)ᄒᆞ야 공막(空漠)ᄒᆞᆫ것을 밋ᄂᆞᆫ것이 아니라 반ᄃᆞ시 이와ᄀᆞᆺ치 신톄의 잇슴도 밋ᄂᆞᆫ것이니 그럿치 아니ᄒᆞ면 그것은 부지럽슨 공샹(空想)ᄲᅮᆫ일터이나 그리스도 신자가 밋ᄂᆞᆫ바ᄂᆞᆫ 부지럽슨 공샹ᄲᅮᆫ 아니라 거긔 ᄉᆞ실근거(事實根據)가 확실히 잇ᄂᆞᆫ 것이나 그ᄉᆞ실은 곳 부활(復活)ᄒᆞ신쥬 그리스도의 신톄니 예수ᄭᅴ셔ᄂᆞᆫ 쳘학쟈와 ᄀᆞᆺ치 하ᄂᆞ님을 의론뎍으로「나타냄아아니라 나를 본사ᄅᆞᆷ은 하ᄂᆞ님을 본쟈라」(요十四〇九)ᄒᆞ셧스나 구쥬의 부활ᄒᆞ신 ᄉᆞ실노 말미암아 하ᄂᆞ님을 살게 나타내셧스니 이것이 우라 그리스도교의 오직 독보(獨步)되ᄂᆞᆫ바라 이와ᄀᆞᆺ치 령혼 불멸ᄒᆞᄂᆞᆫ것도 ᄯᅩᄒᆞᆫ 언ᄉᆞ로만 나타내신것이 아니라 당신의 부활ᄒᆞ신 ᄉᆞ실노 말미암아 이것을 증거ᄒᆞ셧ᄂᆞ니 그리스도교의 진리ᄂᆞᆫ 샹샹뎍

아니라 다만 어천만년을 다ᄒᆞᆷ도 업고 멸ᄒᆞᆷ도 업스며 변ᄒᆞᆷ도 업ᄂᆞᆫ 영싱의 ᄉᆞ실이니 간단ᄒᆞ며 확실ᄒᆞ야 그리스도교의 활력잇ᄂᆞᆫ 원인은 실노 여과 얏ᄂᆞᆫ것이나 그리스도의 부활은 우리와 령혼이 신톄를 가지고 잇ᄂᆞᆫ것을 ᄉᆞ실로 여러보인것이니 실노 령혼불멸의과학뎍근거(科學的根據)로다 우리구쥬ᄭᅴ셔 육톄로 셰샹에 계실ᄯᅢ의 인격은 만유진화의 절뎡(絕頂)이니 그 부활은 다시 우리 인간진화의 새방법과 새 싱명을 ᄀᆞ르쳐 뵈이신것이며 진화뎍ᄉᆞ샹에 새 긔원(紀元)을 여셧스니 요(要)컨ᄃᆡ 그리스도의 부활은 릭세싱활(來世生活)의 ᄒᆞᆫ 뷘리치와 뷘ᄉᆞ샹이 아니며 ᄯᅩ 인싱의 령혼은 톄(体)가 업ᄉᆞ 유리ᄒᆞᄂᆞᆫ 유령(幽靈)의 류가 아니라 실노 부활의 그리스도와 ᄀᆞᆺᄒᆞᆫ샹ᄐᆡ로써 잇ᄂᆞᆫ것인줄을 ᄉᆞ실노인ᄒᆞ야 챵시(彰示)된것이니 ᄉᆞ도들이 극력으로 그리스도의 부활을 쥬쟝ᄒᆞᆫ것은 진실노

ᄯᅳᆺ이 엇ᄂᆞᆫ줄노 싱각ᄒᆞ노니 바울ᄉᆞ도ᄭᅴ셔도 알쥭이 말솜ᄒᆞ기를 혈긔의 몸으로 심으고 신령ᄒᆞᆫ 몸으로 곳 부활ᄒᆞᄂᆞ니 혈긔의 몸이잇슨즉 ᄯᅩᄒᆞᆫ 신령ᄒᆞᆫ 몸이잇ᄂᆞ니라(고젼十五〇四四)ᄒᆞ엿스니 그리스도교의 령혼불멸은 하ᄂᆞ님의 안에 드러가셔 하ᄂᆞ님이 되ᄂᆞᆫ것이 아니며 ᄯᅩ 령혼이 톄가 업시 유리ᄒᆞ고 잇ᄂᆞᆫ것도 아니니 대뎌 집을 ᄯᅥ나면 곳을 향ᄒᆞ고 가ᄂᆞᆫ쟈보다 집에 잇서셔 젼송ᄒᆞᄂᆞᆫ 사ᄅᆞᆷ의 ᄆᆞ옴이 더욱 셥셥ᄒᆞᆯ지며 세샹을 ᄇᆞ리고 가ᄂᆞᆫ쟈 보다 살어잇서셔 림죵(臨終)에 리별ᄒᆞᄂᆞᆫ 사ᄅᆞᆷ의 탄식이 더욱 갑ᄒᆞᆯ지니 죽ᄂᆞᆫ리별은 인싱의 ᄀᆞ쟝 심히 비통ᄒᆞᄂᆞᆫ 바이로다

(미완)

교회ᄉᆞ긔

귀이부 역술

뎨一관 로마감독의 권셰 점점 커짐을 의론ᄒᆞᆷ

교회에 이단이 날노 니러나매 ᄒᆞᆫ사ᄅᆞᆷ을 엇어 ᄒᆞᆯ노 권셰를 잡아 총회를 관리코져ᄒᆞ나 처음에ᄂᆞᆫ 국왕이 교회밧게일을 맛하 다ᄉᆞ리다가 얼마되자 아니ᄒᆞ야 교회안일ᄭᆞ지 다ᄉᆞ라매 드ᄃᆡ여 세샹나라와 하ᄂᆞᆯ나라이 서로 혼잡ᄒᆞᆫ지라 이럼으로 모든감독즁에 됴등ᄒᆞᆫ 一인을 튁ᄒᆞ야 총회를 다ᄉᆞ리ᄭᅦ ᄒᆞ고져ᄒᆞ나 이것은 一죠에 졸연히 일울것이 아니오 반ᄃᆞ시 졈ᄎᆞ진힝ᄒᆞᆯ것이라 미양 각쳐감독이 ᄒᆞᆷᄭᅴ모혈ᄯᅢ에 보면 놉고 나즌 분별이 업더니(三百二十五년)싸듸카읍 총회에셔(三百四十四년)의론ᄒᆞ야 작뎡ᄒᆞ기를 만一 직분을 면ᄒᆞᆯ 감독이 잇스면 가히 로마감독의게 고ᄒᆞᆫ다ᄒᆞ니 로마ᄂᆞᆫ 젼국의 슈부(首府)안교로 그감독이 모든 교회의 머리가 된다ᄒᆞ더라 쥬후 수빅년에 로마감독이 극히 샤치ᄒᆞ야 나가면 위의가 쟝ᄒᆞ고 먹을ᄯᅢ에 진슈셩찬ㅣ 압헤버려잇고 몸에ᄂᆞᆫ 보물과 화려ᄒᆞᆫ 의복으로 쟝식ᄒᆞ야 거의 왕쟈와 ᄀᆞᆺ더라 三百六十六년에 ᄯᅡ마시쓰라ᄒᆞᄂᆞᆫ쟈ㅣ 찬역ᄒᆞᆷ으로 감독의 위를 엇엇스니 엇지 베드로의 위를 계젹ᄒᆞᆫ다

五

ᄒᆞ리오 四百二년으로 十七년에 니르러 쳣재 이뇌슨이 로마감독이 되여 여러가지 방침으로 그 권셰를 확쟝ᄒᆞ고 또 각쳐 유명ᄒᆞᆫ 감독들의게 편지ᄒᆞ야 ᄀᆞᆯᄋᆞ듸 로마감독이 가히 교즁에 큰일을 판결ᄒᆞ리니 아푸리가와 셔반아와 꼴과 의대리등 여러나라에 모든 교회는 다 베드로가 젼도ᄒᆞᆫ지라 그런고로 각쳐 교회가 다 로마에 복죵ᄒᆞᆷ이 올타ᄒᆞ고 四百四十년으로 六十一년에 쳣재 리오가 감독이 되여 또 이ᄀᆞᆺ치 빅셩의게 효유ᄒᆞ듸 교회는 베드로로써 긔초를 삼엇스니 베드로는 ᄉᆞ도우에 ᄲᅡ여나고 모든 ᄉᆞ도의 디위는 다 베드로로 말미암아 세운것이오 베드로의 본교회가 로마에 잇는고로 로마는 교회의 셔울이 된것이오 그 권셰는 베드로를 계젹ᄒᆞᆫ쟈의게 주는고로 그판결ᄒᆞ는것이 베드로와 다른것이 업슨즉 텬하의 신도는 다 그를 복죵ᄒᆞᆯ것이오 만一 거역ᄒᆞ는쟈는 결단코 디옥에 ᄯᅥ러지리라ᄒᆞ고 그후에 리오가 아푸리가의 거역ᄒᆞ는 감독을 면직식히고 또 황뎨ᄭᅴ 쳥ᄒᆞ야 죠셔를 ᄂᆞ리듸 로마 감독을 반듸ᄒᆞ는쟈는 황뎨를 반듸ᄒᆞᆷ과 ᄀᆞᆺ다ᄒᆞ더라 그러나 리오의 위인이 온젼ᄒᆞᆫ ᄆᆞ옴으로 도를 ᄉᆞ모ᄒᆞ고 진리를 존숭ᄒᆞ며 강직ᄒᆞ고 결단셩이 잇셔 ᄒᆞᆯ노 권셰를 쳔단ᄒᆞ더라 리오가 직임을 밧을ᄯᅢ에 긔도ᄒᆞ여 ᄀᆞᆯᄋᆞ듸 하ᄂᆞ님이여 내가 당신의 소릐를 듯고 심히 ᄯᅥᆯ며 두려워 ᄒᆞᄂᆞ이다 나의 나약ᄒᆞᆷ으로 엇지 이 직임을 감당ᄒᆞ며 나의 쳔ᄒᆞᆫ몸으로 엇지 이 놉흔위를 감당ᄒᆞ오릿가 ᄒᆞ엿스니 그사ᄅᆞᆷ의 경건ᄒᆞᆷ을 가히 알니로다 맛참 헌쓰왕 잇ᄐᆞᆯ나가 각국을 침략ᄒᆞᆯᄯᅢ에 로마에 범ᄒᆞ야 위ᄐᆡᄒᆞᆷ이 죠셕에 잇는지라 리오가 친히 도젹의 딘에 드러가셔 권셰를 잡은쟈ᄀᆞᆺ치 에워던딘을 풀어보내엿스니 유젼ᄒᆞᆫ말에 ᄀᆞᆯᄋᆞ듸 리오가 잇ᄐᆞᆯ나를 듸ᄒᆞ여 말ᄒᆞᆯᄯᅢ에 베드로와 바울이 그겻헤 나타나셔 말을듯고 잇ᄐᆞᆯ나ᄃᆞ려 닐ᄋᆞ듸 네가 속히 물너가지 아니ᄒᆞ면 네 머리를 버히리라 ᄒᆞ엿슴으로 잇ᄐᆞᆯ나가 겁이나셔 속히 물너갓다 ᄒᆞ니라 이후로 브터 로마젼국이 로마감독으로써 국가를 호위ᄒᆞ는 아버지로 알더라 리오가 죽은후에 신도들이 대쟈ㅣ라 칭ᄒᆞ니 그 지죠와 결단셩으로 인ᄒᆞ야 교회의 권소를 크게 더ᄒᆞᆷ이니 이럼으로 로마교즁에셔 그의 일ᄒᆞᆷ을 즁히녁이지 안는쟈가 업고또 동로마교는 ᄆᆡ양셔로 분당이 되여 합ᄒᆞ지 못ᄒᆞ고 교회가 온듸 큰 분징이 자조 니러나는고로 만히 셔방교회의 판결ᄒᆞᆷ을 의뢰ᄒᆞ고 아푸리가교회는 자조 야만의게 해를 당ᄒᆞᆷ으로 능히 강ᄒᆞᆷ을 닷토지 못ᄒᆞ니 그런고로 모든 권셰가 온젼히 셔로마감독의게 도라가니라 (미완)

셩경공부의지침 (쇽)

二는 신약셩경의분류

뎨一 四복음

(一)요략뎍(要畧的)복음

(ㄱ)마래복음은 유대인을 위ᄒᆞ야 져술ᄒᆞᆫ것

(ㄴ)마가복음은 로마인을 위ᄒᆞ야 져술ᄒᆞᆫ것

(ㄷ)누가복음은 이방사ᄅᆞᆷ을 위ᄒᆞ야 져술ᄒᆞᆫ것

(二)츄보뎍(追補的)복음 요한복음이니 다른 복음에 미진ᄒᆞᆫ것을 보충ᄒᆞᆫ것

뎨二 ᄉᆞ도들의ᄒᆡᆼ젹

(一)ᄉᆞ도ᄒᆡᆼ젼이니 최쵸에 그리스도교회를 창셜ᄒᆞ던 력ᄉᆞ

뎨三 ᄉᆞ도바울의편지

(一)로마인셔니 밋음으로 의롭다ᄒᆞ심을 엇음

(二)고린도젼후셔니 十ᄌᆞ가의 권능이 ᄒᆡᆼ실에 밋츰

(三)갈나듸아인셔니 률법과 복음

(四)에베소인셔니 교회는 곳 그리스도의 본톄가됨

(五)빌닙보인셔니 그리스도와 신도의ᄀᆞᆺ흠

(六)골노새인셔니 그리스도의 영광

(七)데살논이가젼후셔니 쥬의 지강림에 듸ᄒᆞᆫ 신쟈의 싱활

(八)듸모데젼후셔니 젼도인의 직칙

(九)듸도셔니 또ᄒᆞᆫ 젼도인의 직칙에 관ᄒᆞᆫ훈계

(十)빌네몬서니 그리스도인의 가뎡싱활에 관ᄒᆞᆫ훈계

평림(評林)

●사ᄅᆞᆷ이 맛당히 흙(土)를 존즁히 녁일것

구약창셰긔에 닐ᄋᆞ되 하ᄂᆞ님ᄭᅴ셔 흙으로 사ᄅᆞᆷ을 ᄆᆞᆫᄃᆞ시고 혼을 부러너셧다ᄒᆞ엿ᄂᆞᆫᄃᆡ 이 말ᄉᆞᆷ과ᄀᆞᆺ치 사ᄅᆞᆷ의 육톄ᄂᆞᆫ 흙에셔 난고로 죽은후에ᄂᆞᆫ 다시 흙으로 도라가니 그런즉 하ᄂᆞ님ᄭᅴ로 좃차온 령혼은 반ᄃᆞ시 하ᄂᆞ님ᄭᅴ로 도라갈것은 뎡ᄒᆞᆫ리치가 아니뇨 그런즉 사ᄅᆞᆷ은 흙에셔 나셔 흙에셔 자라고 늙어셔 흙으로 도라가니 흙은 곳 우리육톄의 근본이 아니뇨 그러나 셰샹사ᄅᆞᆷ들은 쳔ᄒᆞᆫ 금젼을 귀히 녁이고 귀ᄒᆞᆫ 토디를 쳔히녁이나 이런쟈ᄂᆞᆫ 그 육톄의 근본을 이져버린쟈니 ᄎᆞᆷ가탄 ᄯᅩ 뎌희 육톄의 근본만 이져버릴ᄲᅮᆫ아니라 뎌희 령혼의 근본된 하ᄂᆞ님은 숭비치 안코 무지몰각ᄒᆞᆫ 우상을 숭비ᄒᆞ니 이런쟈ᄂᆞᆫ 그 령혼의 근본을 이져버린쟈니 더욱가탄

셰계격언

一 사ᄅᆞᆷ의 픔힝을 시찰(視察)코져ᄒᆞ면 그 가뎡에셔 조고마ᄒᆞᆫ 졀졔(節制)도 ᄲᅡ지안코 ᄌᆞ긔ᄆᆞ옴대로 힝동ᄒᆞᄂᆞᆫ것을 보ᄂᆞᆫ것이 뎨一필요ᄒᆞ니라

二 누구던지 ᄌᆞ긔텬셩(天性)의 ᄒᆞ고져ᄒᆞᄂᆞᆫ ᄉᆞ업에 죵ᄉᆞᄒᆞᆯ지어다 그러면 셩공치 못ᄒᆞᆯ것이 업슬것이며 ᄯᅩᄂᆞᆫ ᄌᆞ긔텬셩의 ᄒᆞ기슬흔 ᄉᆞ업에 강잉ᄒᆞ야 죵ᄉᆞ치 말지어다 그것은 온젼히 ᄉᆞ업에 죵ᄉᆞ치 아니ᄒᆞᄂᆞᆫ것보다 만비나 더 악ᄒᆞᆫ 결과가 싱길터이니라

三 이셰샹에셔 고난을 만히 밧ᄂᆞᆫ쟈ᄂᆞᆫ 태반(太半)이나 ᄌᆞ긔의 목뎍ᄒᆞᆯ바를 확실히 알지 못ᄒᆞᆷ에긔인(基因)ᄒᆞᆫ고로 우리ᄂᆞᆫ 맛당히 ᄌᆞ긔의 희망을 일치아니ᄒᆞᆫ 친구를 공경ᄒᆞᆯ지니라

우슴거리(笑話)

●아조 편리ᄒᆞ게 찻ᄂᆞᆫ법

엇던 사ᄅᆞᆷ이 새로 쟝가를 드럿ᄂᆞᆫᄃᆡ 그안ᄒᆡ가 좀 흐리고 령리치 못ᄒᆞᆷ을 탄식ᄒᆞ더니 하로ᄂᆞᆫ 급히 어ᄃᆡ로 가면셔 그 안ᄒᆡᄃᆞ려 닐너왈

(남편)여보 내양복쟝안에 차져보면 양복주머니속에 돈궤 열쇠가 잇슬터이니 돈을 ᄭᅳ어내여 나 도라올동안 가용을 쓰게ᄒᆞ오

(안ᄒᆡ)엇던 양복주머니 말ᄉᆞᆷ이오

(남편)앗다 뎌 모닝커우트(아ᄎᆞᆷ에 닙ᄂᆞᆫ 반례복)속주머니요

남편이 수일후에 도라와 본즉 양복샹속에 ᄀᆞ득ᄒᆞ엿던 옷이 ᄒᆞᆫ가지도 업거ᄂᆞᆯ 크게 의심ᄒᆞ야 그 안ᄒᆡ를 불너왈

(남편)여보 여긔 잇던 의복이 다 어ᄃᆡ갓소

(안ᄒᆡ)뎌 압 ᄯᅳᆯ에 갓다 다 불살나 버렷지오

남편이 반신반의(半信半疑)ᄒᆞ야 나가 본즉 과연 ᄒᆞᆫ 무ᄃᆡ이 ᄌᆡᄲᅮᆫ이라 긔가 막혀무러왈

(남편)이것은 무슨 ᄭᆞ닭이오

(안ᄒᆡ)돈궤 열쇠가 모닝커우트 주머니속에 잇다고 ᄒᆞ셧지요 급히 돈쓸일은 싱기고 양복쟝을 열어본즉 여러가지 의복이 ᄀᆞ득ᄒᆞᆫᄃᆡ 모닝커우트가 어나것인지 알수가 잇서야지 싱각다 못ᄒᆞ야 ᄒᆞᆫ 계칙을 내여 쟝속에 잇ᄂᆞᆫ옷을 다갓다 불사로고 그 불탄 ᄌᆡ를 막ᄃᆡ기로 휘저어 본즉 그속에 열쇠가 아니잇겟슴닛가 그리셔돈을 ᄭᅳ어내여 썻지요

종교쇼셜(宗敎小說)

●량단의루 (八)

七 강씨 ᄃᆞᆺ기를 다ᄒᆞ매 곳 니러서며 강잉ᄒᆞ여 우셔왈 ᄎᆞᆷ 모를 일이요 령감의 ᄯᅳᆺ대로 그러케 작뎡ᄒᆞ신일이면 웨 ᄯᅩ 나를 불너 의론을 ᄒᆞ시오 ᄎᆞᆷ 이샹도 ᄒᆞ시오 나은 아ᄅᆡ층에셔 밥짓노라고 분쥬ᄒᆞᆫᄃᆡ 쓸ᄃᆡ업ᄂᆞᆫ일노 불너올너 ᄒᆞᆫ참동안 말ᄃᆡ답ᄒᆞ기에 밥이 다 탓스면 엇더케 ᄒᆞ잔말ᄉᆞᆷ이

오 나는 모르겟소 오ᄂᆞᆯ져
녁은 탄젼지 좀 잡소어 보
시오 의묘인지 미돈인지 나
는 도모지 샹관업스니 나
ᄃᆞ려는 다시 뭇지마시오
ᄉᆞ목ᄉᆞ는 좀불쾌ᄒᆞᆫ 뜻을 가
지고 션우슴(冷笑)을ᄒᆞ며 말
ᄒᆞᄃᆡ
흥ㅣ 더러케 내일에 샹관
이 업다ᄒᆞ니 만일 내 봉급
二千원이 업스면 엇더케
지낼터인고 나는 집안일에
ᄃᆡᄒᆞ야 서로 의론셩 잇게
ᄒᆞ랴는ᄃᆡ 더러케 말ᄒᆞ는것
은 무슴셩졍언고 흥ㅣ
강씨는 듯기를 다ᄒᆞ고 잠시
동안 ᄉᆡᆼ각ᄒᆞ더니 다시 웃는
얼골을 지으며 그 가쟝의 압
ᄒᆞ로 갓가히 와서 온공ᄒᆞᆫ 어
됴(語調)로 말ᄒᆞᄃᆡ
령감 웨 그쳐럼 말숨을 ᄒᆞ
시오 나는 령감을 의지ᄒᆞ
고 사는사ᄅᆞᆷ언즉 ᄌᆞ연히
마ᄉᆞ에 령감ᄒᆞ시는 대로
좃차갈터이지오
ᄉᆞ목ᄉᆞ는 듯기를 다ᄒᆞ매 별
안간 눈섭이 펴이고 눈이 열
니며 말ᄒᆞᄃᆡ
아모렴 그러치 나도 부연
이 나를 좃차 갈줄 아는ᄃᆡ
웨 불쾌ᄒᆞᆫ 뜻을 품고 말ᄒᆞᆯ
ᄭᆞᄃᆞᆰ이 잇겟소 다만 나는
하ᄂᆞ님의 뜻만 슌죵코져ᄒᆞ
ᄂᆞᆫ 일이지요 그럼줄 알지
요
강씨왈
아모렴 알고 말고요 령감
이 미돈으로 가시랴홈은 ᄌᆞ
긔의 쾌락을 도모ᄒᆞ지안코
하ᄂᆞ님의 뜻만온젼히 일우
고져 ᄒᆞ심이니 어서 그뜻
으로 두곳에 답쟝이나 ᄒᆞ
시구려 령감쥬의가 그러ᄒᆞᆫ
이샹에는 나도 미ᄉᆞ에 령
감의 ᄒᆞᆫ풀이 되여 힘대로
도아드리고져ᄒᆞᄂᆞ이다
ᄉᆞ목ᄉᆞ는 입어 ᄶᅵ어지도록
우스며왈
ᄌᆞ연히 그러치요 지금 이
일만ᄒᆞ더라도 부인이 올나
오지 아니ᄒᆞ엿스면 나혼자
는 이럿캐 결뎡키 어려웟
슬터이지요 어서 ᄂᆞ려가셔
밥이나 타지 안나 좀보구
려
강씨는 우스며 二층아ᄅᆡ로
ᄂᆞ려갓더라

긴급광고 —

○구쥬셩탄과신년

에친구를위ᄒᆞ야사
셔보낼만ᄒᆞᆫ선물을지
금브터언문즁본부표관죠(符標串照) 신
약젼셔 를특별이감가ᄒᆞ와
이젼에미권五十젼식에파던거
슬三十五젼식에발매ᄒᆞ오니좌
에긔록ᄒᆞᆫ두쳐소즁에어ᄃᆡ로던
지만히쥬문ᄒᆞ옵쇼셔식골셔쥬
문ᄒᆞ시는이의게는칙갑외에우
편셰가미권륙젼식이올시다
셔울죵노 예수교셔회 셔울
셔대문밧 영국목ᄉᆞ 토마쓰

광고

본공회에셔 각죵셩셔를 구비
ᄒᆞ여 디방의 원근과 청구의
다쇼를 물론ᄒᆞ고 신속슈응ᄒᆞ
는바 근일에 특별히 감가된칙
도 잇고 새로 출판된칙이 잇
기로 이아래 긔록과 ᄀᆞᆺ치 광
포홈

감가된칙 미명가록

四號언문구션약 三권一질(포의) 一圓十錢
四號언한문신약지의 四十錢
同 (포의) 四十五錢
五號언한문신약지의 三十五錢
同 (포의) 四十錢

새로출판된칙

四號언문관쥬션약 각죵
五號언문四복음 가명각 錢

京城鍾路 美國聖書公會 告白

緊急廣告

一千九百十四년도월력을본셔회
에셔임의인쇄ᄒᆞ야 발매즁이온ᄃᆡ 명가
(定價)는ᄒᆞᆫ쟝에一젼식이며모양은一千
九百十三년도월녁보다일층미댱ᄒᆞ야미
일공부ᄒᆞᆯ셩경구절과농ᄉᆞ절긔와국명경
절과교회명절을쳠입ᄒᆞ야각교우의게가
히업지못ᄒᆞᆯ것ᄲᅮᆫ아니라각샤회에셔도ᄉᆞ
용ᄒᆞ기필요ᄒᆞ오며
구쥬셩탄츅하표 는一千九百十二
년도에각교회의모든형메ᄌᆞᄆᆡ셔셔구쥬
셩탄일을서로축하ᄒᆞ는뜻으로깃브재ᄉᆞ
용ᄒᆞ시든것이온되아름다온빗초로네가
지그림으로인쇄ᄒᆞ야일반교우씌셔셩탄
츅하ᄒᆞ시기에업지못ᄒᆞᆯ것이옵기금년에
는다수히발매ᄒᆞ기위ᄒᆞ야특별렴가로四
쟝일속을五젼식에방매ᄒᆞ겟숩기ᄌᆞ에광
보ᄒᆞ오며
一千九百十四년도회즁일긔는
이아래긔록홈파ᄀᆞᆺ치방금인쇄즁이온ᄃᆡ
너항을一千九百十三년도일긔칙보다특
별히개량ᄒᆞ야미일일긔ᄒᆞ기에미우편리
ᄒᆞ도록ᄒᆞ엿ᄉᆞ오며세계총인구수효와죠
션각도의인구수효와면적파리수와기타
즁요ᄒᆞᆫ수항을젼절히긔입ᄒᆞ야하ᄂᆞ님ᄉᆞ
역ᄒᆞ시ᄂᆞᆫ졔씨의재잠시도업지못ᄒᆞᆯ것이오
로몬드렷습니다우리의ᄉᆞ랑ᄒᆞ서ᄂᆞᆫ형메
ᄌᆞᄆᆡ셔셔ᄂᆞᆫ때를일치마시고속히쳥구ᄒᆞ
시와하ᄂᆞ님역ᄉᆞ에유익ᄒᆞ도록ᄒᆞ심을부
축ᄒᆞᄂᆞ이다

회즁일긔 (포 의) 二十젼
소 (후포의) 三十젼
소 (혁 의) 六十젼

ᄃᆡ금은선금이나인환으로요구홈

京城鍾路 朝鮮耶穌敎書會 主務班禹巨 告白

그리스도회보

KOREAN CHRISTIAN ADVOCATE

每週一回月曜日發行
大正二年十二月十一日印刷
大正二年十二月十五日發行

發行兼編輯人 開城北部山芝峴 奇義男
印刷人 京城北部樓閣洞 朴東完
印刷所 京城南部上犂洞 新文館
發行所 京城北部壯洞四十三統三戶 呂炳鉉邸

ᄃᆡ금…代金 一장 二전 / 六ᄀᆡ월 四十전 / 一ᄀᆡ년 八十전 / 海外 一ᄀᆡ년 一환六十전

샤셜

○그리스도인의락(樂)

대개 인간 락이라는 물건은 이 셰샹사ᄅᆞᆷ마다 다 엇고져 ᄒᆞ는 ᄉᆡᆼ각과 힝동과 계획이 잇는바 그 가온ᄃᆡ 혹부귀와 명예와 권세와 학식에 ᄃᆡᄒᆞᆫ 욕망(慾望)도 잇겟지마는 최후에 ᄀᆞ장필요ᄒᆞᆫ것은 락이라 므릇 락이란명ᄉᆞ(名詞)를 ᄇᆞᆰ히 분셕ᄒᆞ기어려오나 우리가 능히 그 의미를 ᄭᆡᄃᆞᆯ을수도 잇스며 그것이 무숨물건인지 알수도잇ᄂᆞ니 이물건은 혹 구ᄎᆞ 아니ᄒᆞᆯ때에 찻고 원치 아니ᄒᆞᆯ때에 엇을수 잇스나 열심으로 찻고 좃차ᄃᆞ니던것는 도로혀 엇지 못ᄒᆞ는 폐단이 죵죵잇슴은 뎌희가 이락을 구ᄒᆞ지못ᄒᆞᆯ곳에셔 구ᄒᆞᆫ연고로다 혹은 락을 음탕ᄒᆞᆫ가온ᄃᆡ셔 구ᄒᆞ다가 도로혀 멸망과 오욕(汚辱)을 차졋고 혹은 락을 공명(功名)가온ᄃᆡ 구ᄒᆞ다가 실망(失望)ᄒᆞᆷ을 차졋스며 혹은 락을 셰력가온ᄃᆡ 구ᄒᆞ다가 비참ᄒᆞᆷ을 차졋스며 혹은 락을 지물가온ᄃᆡ 구ᄒᆞ다가 더러온 악명을 차졋ᄂᆞ니 그런즉 사ᄅᆞᆷ마다 락을 엇고져 ᄒᆞ나 엇더케 합당히 구ᄒᆞᆯ줄 아는ᄌᆞ는 ᄆᆡ우 적으며 혹 락을 엇을지라도 능히 그것을 잘직히는 ᄌᆞ가 ᄯᅩᄒᆞᆫ 드믈도다 그런즉 이락은 엇더캐 구ᄒᆞᄂᆞ뇨 그방법은 다만 모든 헛된희망과 음란과 투긔와 탐욕과 샤치와 교만과 보복코져ᄒᆞ는 ᄆᆞᄋᆞᆷ을 다 이긤으로 말미암아 엇을지라 그러나 락이란물건이 각기 희망ᄒᆞ는ᄌᆞ의 ᄆᆞᄋᆞᆷ을 ᄯᆞ라 그셩질과 누리는 긔한이 ᄀᆞᆺ지 아니ᄒᆞ니 혹은 잠시 잇다가 곳 업셔지는것도 잇스며 혹은 좀 더 오릐잇다가 업시지는 것도 잇스며 혹은 영원히 업시지지안는것도 잇는ᄃᆡ 이 최후(最後)에 말ᄒᆞᆫ바 영원ᄒᆞᆫ 락은 곳 그리스도인의 진락(眞樂)이라 (미완)

●주의ᄒᆞ야보실샤고 【社告】

본회보의 취지는 여러형뎨ᄌᆞ믹ᄭᅦ셔 아시는바어니와 본보를ᄋᆡ호(愛護)ᄒᆞ실의무를가지신 형뎨ᄌᆞᄆᆡ는 맛당히 ᄃᆡ금을 잘보내여 주셔야 본보도능히 유지ᄒᆞᆯ수 잇것놀 금년샹반긔(上半期)ᄃᆡ금만 보내시고 하반긔(下半期) 션금을 이ᄯᅢᄭᆞ지 아니보내신이가 四분지三에 지내는고로 본년 九월브터본보뎨一면에 광고로 션치지안코 광포ᄒᆞ엿스나 여러분ᄭᅦ셔 이광고를 잘아니 보시는지 혹 보시고도 밋쳐 보내실름이업셔셔 그러ᄒᆞᆫ지 혹 본보를 一ᄀᆡ영리뎍 신문으로 돌니시고 조곰도 동졍(同情)을 표ᄒᆞ실 ᄉᆡᆼ각이 업서셔 그러ᄒᆞᆫ지 도모지 못드른톄ᄒᆞ시니 우리 량교회에 이와ᄀᆞᆺ치 조고마ᄒᆞᆫ 긔관ᄒᆞ나 잇는것을 이쳐럼 도라보지아니ᄒᆞ심은 본회보가 대단히 실망ᄒᆞ는바이로소이다 그럼으로 본샤는 방침을곳쳐 본년 양력十二월노로 하반긔 션금四十전식과 혹 이ᄯᅢᄭᆞ지 샹반긔 션금도 아니보내신이는 八十전식을 우편쇼위톄(郵便小爲替)로보내여 주시지 아니ᄒᆞ시는 이의게는 회보발송을뎡지(停止)ᄒᆞ고 이ᄯᅢᄭᆞ지 보신ᄃᆡ금은 각소개인(紹介人)의게 독촉ᄒᆞ여 밧기로 작뎡ᄒᆞ엿ᄉᆞ오니 여러분ᄭᅦ셔는 아모됴록 동졍ᄒᆞ셔셔 속히 ᄃᆡ금을 보내시는것이 곳 본보를ᄉᆞ랑ᄒᆞ시며 보호ᄒᆞ시며 도아주시는 것이니 죠량ᄒᆞ심을 간절히 ᄇᆞ라ᄂᆞ이다

교즁휘문

◀니 보▶

◉쥬일학교의현샹

공쥬 도샹규

충남 공쥬부교회 쥬일학교의 작금량년의 샹황을 말ᄒᆞ면 츌셕학싱이 쥬일마다 증가ᄒᆞ니 이는 하ᄂᆞ님의 은혜라 감샤ᄒᆞ거니와 각항규모를 말ᄒᆞ면 미비ᄒᆞᆷ이 만하셔 쥬쇼로 연구ᄒᆞ던즁 하ᄂᆞ님ᄭᅴ셔 ᄉᆞ랑ᄒᆞ는 목ᄉᆞ 현슌씨를 명ᄒᆞ샤 이곳학교를 시찰케ᄒᆞ신 결과로 모든법도가 一층쇄신ᄒᆞ여 교황이 점점 확쟝되는즁 데一필요ᄒᆞᆫ줄 셔드루바는 영ᄋᆞ부라 이것을 실시ᄒᆞᆫ후 형편은 비단 영ᄋᆞ만 쥬압흐로 오게ᄒᆞᆯ뿐아니라 그부모도 밋음이 연약ᄒᆞᆫ자ㅣ 능히 굿건ᄒᆞᆫ 밋음을 엇을수 잇스며 아직 안밋는 쟈는 쥬를 밋게ᄒᆞᆯ 됴흔긔회를 엇어 그리스도와 닥가두신 됴흔터에 집을짓고 옥토에 도의씨를 ᄲᅳ리게되엿스니 춤 감샤ᄒᆞᆫ즁 유년부와 쟝년부도 점점 젼진의 소망이 잇다ᄒᆞ엿더라

◉남양형미의ᄌᆞ급심

남양 리창회

경긔도 남양군 쟝안교회 형뎨들의 신령덕신심이 일취월쟝ᄒᆞ야 一심으로 쥬의 일을 ᄒᆞ는즁 거 七월분에 언(堰)을 막어 교회소유로 논 六두락가량을 작만ᄒᆞᆯ시 부인들은 뎜심을 가지고와셔 남ᄌᆞ를 공궤ᄒᆞ며 서로 말ᄒᆞ되 남ᄌᆞ들은 뎌ᄀᆞᆺ치 슈고ᄒᆞ는ᄃᆡ 우리는 엇지 쥬의일에 힘쓰지 아니ᄒᆞ리오ᄒᆞ고 ᄢᅥ를 넙히기에 열심으로 죠역ᄒᆞ엿스니 이ᄀᆞᆺ흔 형뎨ᄌᆞ미들의 열심으로 일ᄒᆞ는것을 외인ᄭᆞ지 칭숑ᄒᆞ며 ᄯᅩ는 남양 슈촌교회 ᄌᆞ미즁 함씨복션 리씨현식 뎡씨찬덕 셔씨힝덕 양씨나옴은 쥬의 나라를 위ᄒᆞ야 ᄌᆞ급을 ᄡᆞᆯ노 죠셕ᄯᅢ마다 시작ᄒᆞ던ᄂᆞᆯ브터 오ᄂᆞᆯᄭᆞ지 ᄒᆞᆫ결ᄀᆞᆺ치ᄒᆞᆷ을 칭숑안는쟈가 업고 ᄯᅩ 동군 신양도교회 뎡진두 뎡진구량씨는 금년츄슈즁에셔 十一됴로 벼十두식밧침으로 남양군에셔 十一됴밧치는 길을 열엇다고 칭숑이 ᄌᆞᄌᆞᄒᆞ다더라

◉량씨의열심젼도

연안 홍셩환

황히도 연안군 금암면 렬의동교회는 셜립된지 오릭되엿스나 례비당이 업셔 교우 쳔능호씨집에셔 례비ᄒᆞ다가 교우들의 열심으로 교당八간을 사셔 례비ᄒᆞ며 학교를 셜립ᄒᆞ고 ᄌᆞ뎨들을 교육ᄒᆞ더니 지졍이 군졸ᄒᆞ여 유지ᄒᆞᆯ수업슴을 인ᄒᆞ야 모든임원들이 ᄌᆞ연락심되야 교회가 폐지ᄒᆞᆯ디경이더니 젼도ᄉᆞ오현경씨가 와셔 교회를 위ᄒᆞ야 ᄒᆞᆼ샹 긔도ᄒᆞ며 일군주시기를 군구ᄒᆞ더니 ᄇᆡᆨ쳔군에셔 젼도ᄒᆞ는 리군범씨를 이곳으로 보내샤 현리량씨가 고심으로 젼도ᄒᆞ며 권고ᄒᆞ여 회심향도ᄒᆞ는쟈가 만코 ᄯᅩ새로 밋는쟈가 二十여인에 달ᄒᆞ야 교우들이 열심으로 례비ᄒᆞ며 외인들은 리씨를 별명ᄒᆞ야 젼도ᄒᆞ는ᄃᆡ 찰검어리라ᄒᆞ니 이는 과연 불신쟈를만나면 밋기로 허락을 밧은후에야 마는고로 이ᄀᆞᆺ치말ᄒᆞᆷ이라더라

◉김쇽쟝의열심

셔흥 김졍화

황히도 셔흥읍 지촌교회는 셜립된지 六년에 례비당이 업고 교우도 몃사ᄅᆞᆷ되지 못ᄒᆞ여 쇽쟝김병쥬씨집에셔 례비ᄒᆞ더니 홍샹군구ᄒᆞᆫ결과로 거九월에 례비당四간을 三十八원에 사셔 례비ᄒᆞ며 젼도인의 식비와 등화를 ᄌᆞ긔가 담당ᄒᆞ고 이ᄯᅢᄭᆞ지 쥬일슈젼도 합이 二十五원져츅ᄒᆞᆫ것과 금번교우들의 연보ᄒᆞᆫ돈 十三원을 주고 열심젼도ᄒᆞᆷ으로 지금교우가 수十여인에 달ᄒᆞ엿다더라

◉강씨의밋음

경셩남대문밧 만리지교회니 강쥰오씨는 이셰샹에 어미여 엇지ᄒᆞᆯ줄모르더니 다힝히 쥬를밋기로 작뎡ᄒᆞᆫ후로는 열심으로 밋고 형뎨를 춤ᄆᆞ옴으로 ᄉᆞ랑ᄒᆞ며 그즐겨ᄒᆞ던 담비도 ᄭᅳᆫ코 그ᄃᆡ신 담비갑을 모화 교회에연보ᄒᆞ며 ᄯᅩᄒᆞᆫ 열심 젼도ᄒᆞᆷ으로 새로밋는 쟈가 점점 드러온다ᄒᆞ엿더라

외보

●일본감리회 젼도四十년츅하회(祝賀會)

일본감리교회 젼도四十년 츅하회는 본월六일 하오二시브터 동경청산학원대강당(大講堂)에셔 ᄀᆡ최ᄒᆞ엿는ᄃᆡ 一반 참셕ᄒᆞᆫ 교우의게는 긔렴회엽셔(紀念繪葉書)를증졍(贈呈)ᄒᆞ엿고 당일 져녁에는 四十년간 일본ᄂᆡ디 션교에 죵ᄉᆞᄒᆞᆫ 감독 히리쓰씨와 목ᄉᆞ데빈손씨와밋 그부인을 졍빈(正賓)으로ᄒᆞ야 졍양헌(靜養軒)에셔 만찬회를 ᄀᆡ최ᄒᆞ엿더라

●미감리회목ᄉᆞ의 ᄀᆡ장 놉흔봉급

미국 뉴욕 메듸손미감리회교당은 그 관할 목ᄉᆞ의 봉급으로 一년에 一만四千원을 지츌ᄒᆞ는ᄃᆡ 이는 이셰계에 미감리회목ᄉᆞ봉급으로 최고등이라더라

●당ᄌᆞ회ᄀᆡ

미국령디 하와이에셔 젼도ᄒᆞ는 젼도ᄉᆞ림쥰호씨의 통신을 거ᄒᆞᆫ즉 본국형뎨즁 고셩쥰씨

는 근본 완뎐ᄒᆞᆫ 셩픔이 만흠으로 죠셕에、잇슬ᄯᅢ에 쥬셕잡기에 침혹ᄒᆞ야 부모의 훈계도 좃지아니ᄒᆞ고 친구의 권면도 듯지아니ᄒᆞ야 사ᄅᆞᆷ치기와 싸홈ᄒᆞ는것이 셰샹의 쟝부ᄒᆞᆯ일노 알더니 하와이에 이민ᄒᆞᆯᄯᅢ에 고씨가 드러가 그곳에셔도 술이나 먹고 시비만 니ᄅᆞ키며 十년이나지나더니 三년젼브터 회ᄀᆡᄒᆞ고 쥬를 밋기로 작뎡ᄒᆞ매 그ᄂᆞᆯ브터 술과 담비를 거졀ᄒᆞ고 사ᄅᆞᆷ치기와 욕ᄒᆞ는것을 끗칠ᄲᅮᆫ아니라 억기에 광이를 메고 손에 낫을 잡아 일ᄒᆞ기를 힘쓰고 돈을 졀용ᄒᆞ며 ᄒᆞᆼ샹 긔도ᄒᆞ며 말ᄒᆞ기를 나ᄀᆞᆺᄒᆞᆫ죄인이 엇더케 ᄒᆞ여야 쥬의 은혜를 보답ᄒᆞ리오 ᄒᆞ더니 금년겨울브터 본국동포의게 젼도ᄒᆞ기 위ᄒᆞ야 품판돈으로써 ᄆᆡ삭五원식 보죠ᄒᆞ야 젼도인을 도아쥬니 이ᄀᆞᆺᄒᆞᆫ형뎨는 밋는이의 표쥰이 될만ᄒᆞ다ᄒᆞ노라

긔셔

●화보의효력 단양 죠샹옥

우쥬간에 홀노셔셔 만샹을 부앙(俯仰)컨ᄃᆡ 호호ᄒᆞᆫ 샹뎐에 쥬야가 명랑홈은 일월의 빗치오 망망ᄒᆞᆫ 하디에 초목이 ᄌᆞ양홈은 우로의 은덕이오 명명ᄒᆞᆫ 그ᄉᆞ이에 인문(人文)이 쳔명(闡明)홈은 회보의 힘이로다 엇지임뇨ᄒᆞ면 본보는 샹하쳔지의 위인풍젹(偉人豐績)을 표시ᄒᆞ는 연극쟝이며 ᄂᆡ외만국의 종교실황을 보도ᄒᆞ는 통신국인고로 독쟈로 ᄒᆞ여곰 심지를 안졍ᄒᆞ며 졍신을 슈습ᄒᆞ야 ᄒᆞᆫ번닑으면 감발ᄒᆞ는 ᄆᆞ옴이 나게ᄒᆞ며 두번닑으면 ᄌᆞ궤(自愧)ᄒᆞᆫ ᄆᆞ옴이 나게ᄒᆞ며 세번닑으면 효측ᄒᆞᆯ ᄆᆞ옴이 나게ᄒᆞᄂᆞ니 진실노 능히 효측ᄒᆞ면 경건치못ᄒᆞᆫ쟈ㅣ 경건ᄒᆞ며 잔인ᄒᆞᆫ쟈ㅣ인후ᄒᆞ며 고루ᄒᆞᆫ쟈ㅣ 통달ᄒᆞ며 열심잇는쟈ㅣ 흥긔ᄒᆞ며 락심ᄒᆞᆫ쟈ㅣ 분발ᄒᆞ야 필부필부ㅣ 다 텬국의 셩ᄌᆞ셩ᄃᆡ를 화셩(化成)ᄒᆞ리니 그 빗치 엇지 일월노 서로 다토지아니ᄒᆞ며 은덕이 엇지 우로로 더브러 깁지아니ᄒᆞ리오 그러나 당국의 진셩을 뎜검(點檢)컨ᄃᆡ 본보의 잔힘이 오리지 아니홈이 아니며 지비가 널지아니홈이 아니로ᄃᆡ 오히려 그공을 고셩(告成)치 못홈은 엇짐이뇨 대개 그리유는 두가지가 잇스니 一은 독쟈즁 혹은 여하ᄒᆞᆫ ᄉᆞ상으로 본보를 구람ᄒᆞ나 셔ᄌᆞ셔아ᄌᆞ아(書自書我自我)의 병을 면치 못홈이오 二는 혹은 각각 ᄌᆞ긔의 특셩으로 됴화ᄒᆞ는것을 ᄯᆞ라 회보를 보ᄃᆡ 론셜에만 긋치기도ᄒᆞ며 셩경공부에만 긋치기도ᄒᆞ며 ᄂᆡ외보에만、긋치기도ᄒᆞ며 심지어사조 담총에만 긋치기도ᄒᆞ야다시 그외의것을 통과(通過)치 아니홈이니 쳥컨ᄃᆡ 우리독쟈졔위는 취져인위션(取諸人爲善)ᄒᆞ는 쥬의로 각됴항을 ᄯᆞ라 쥬의ᄒᆞ야 렬람ᄒᆞᄃᆡ 학교에셔 밧은 공과와 다름이 업시ᄒᆞ고 ᄯᅩ아죽 본보를 구람치 못ᄒᆞ시는 쳠위도 겸

을 파라 소를 사지말고 소를 파라 회보를 사며 바둑을 둘너 날을 보내지 말고 날을앗겨 회보를 보실것이니 시험ᄒᆞ야 싱각ᄒᆞ실지어다 사ᄅᆞᆷ마다 학교의 졸업은 고소원(固所願)이나 회보의 졸업을 지원ᄒᆞᄂᆞᆫ이는 아직 만치아니ᄒᆞᆷ은 깁히 싱각지못ᄒᆞᆫ 연고니 본보의 긔지된 부문을 대강령으로 말ᄒᆞ면 즉 교회 학교 가뎡 세가지 교육을 구비ᄒᆞᆫ 고등보통대학과목인고로 구람ᄒᆞᆫ 년월이 오리면 그 신덕의 돈후ᄒᆞᆷ과 언론의 고샹ᄒᆞᆷ과 힝ᄉᆞ의 지용(智勇)이 쇼죨학은 샹의물론ᄒᆞ고 대신학에 지낼줄노 싱각ᄒᆞ노니 우리 교즁 쳠위는 본보의 효력이 이ᄀᆞᆺ치 큼을 깁히 싱각ᄒᆞ시고 젼보다 졍신을 一층환셩(一層喚醒)ᄒᆞ야 이회보의 대효력으로 허디에 ᄯᅥ러지지 아니케ᄒᆞ심을 밋고 계슈지빈ᄒᆞᄂᆞ이다

●인싱의 一대문뎨 (속)

동경청산학원 김영셥

미국에 유명ᄒᆞᆫ시인(詩人)카버라 ᄒᆞᄂᆞᆫ이는 ᄌᆞ긔의 죽은어머니의 ᄉᆞ진을 가지고 그 근졀ᄒᆞᆫ 붓뒤를 들고 츄모ᄒᆞᄂᆞᆫ 졍을 쓴것은 실노 그글을 닑ᄂᆞᆫ사ᄅᆞᆷ으로 ᄒᆞ여곰 구구절절히 흐르ᄂᆞᆫ 눈물을 금ᄒᆞᆯ수 업게ᄒᆞ엿스나 ᄌᆞ긔모친을 ᄒᆞᆫ번 이세샹에 다시 붙너셔 영졉ᄒᆞᆯ수가 잇슬지라도 이것을 쥬저ᄒᆞ며 말ᄒᆞ기를 지금임의 봄이다ᄒᆞ고 쏫은 말낫스니 텬국의 ᄌᆞ유를 엇고 락원에 계신 어머니를 엇지 이 더럽고 츄ᄒᆞᆫ 토디로 다시 오시게ᄒᆞ리오 나ᄂᆞᆫ 메왕의아ᄃᆞᆯ노잇ᄂᆞᆫ것보다 ᄒᆞᆫ텬국양친의 아ᄃᆞᆯ이라ᄒᆞᆷ을 명예로 싱각ᄒᆞᆫ다 ᄒᆞ엿스며 근세ᄉᆞ도로 유명ᄒᆞᆫ 윌늬암 푸쓰씨는 일즉이 말ᄒᆞ되 나ᄂᆞᆫ 젼에 ᄒᆞᆫ 아ᄂᆞᆫ부인이 잇셔셔 그용ᄌᆞᄂᆞᆫ 아ᄅᆞᆷ답고 그ᄆᆞᄋᆞᆷ은 경건ᄒᆞ더니 그후에 나의안히가 되여 하ᄂᆞ님과 사ᄅᆞᆷ을 위ᄒᆞ야 온몸을 드렷ᄂᆞᆫ디 十수년젼에 이세샹을 ᄯᅥ나 갓ᄂᆞ니 나ᄂᆞᆫ 일후 텬국에서 다시 그부인을 맛나보기를 즐겨ᄒᆞᆫ다 ᄒᆞ엿스니 부모샹을 당ᄒᆞᆫ 아ᄃᆞᆯ과 쳐를 이별ᄒᆞᆫ 남편의게 엇지 이샹의 위로됨이 잇스리오 ᄉᆞ모ᄒᆞᄂᆞᆫ 부모형뎨와 ᄉᆞ랑ᄒᆞᄂᆞᆫ 쳐ᄌᆞ친쇽이 몬져 텬국에 잇ᄂᆞᆫ고로 텬국의 형샹이 ᄒᆞᆼ샹 눈압헤 력력ᄒᆞ야 무한히 ᄉᆞ모ᄒᆞ게 되ᄂᆞ니 그리스도를 앙모ᄒᆞ며 하ᄂᆞ님을 즐겁게ᄒᆞᆷ에 니르면 텬국은 더욱더욱 ᄉᆞ모ᄒᆞ야 지게 되ᄂᆞᆫ것이니 셜혹 령혼불멸을 승인ᄒᆞ더라도 하ᄂᆞ님을 ᄉᆞ랑ᄒᆞ고 그리스도를 ᄉᆞ모ᄒᆞᄂᆞᆫ ᄆᆞᄋᆞᆷ이 업스면 텬국은 삭연(索然)히 흥미가 업스며 완연히 타향과 ᄀᆞᆺ히셔 그졍으로 말ᄒᆞ면 잇스나 업스나 샹관이 업ᄂᆞᆫ 것과ᄀᆞᆺ치 싱각ᄒᆞ게 되ᄂᆞᆫ것이니 ᄒᆞᆫ번 셩령의 은화를 닙고 그ᄆᆞᄋᆞᆷ에 셩령이 츙만ᄒᆞ야 하ᄂᆞ님과 화합ᄒᆞ면 내가 그리스도의 안에잇고 그리스도가 내안에 잇셔셔 내가 사ᄂᆞᆫ 것이 아니라 그리스도가 내안에 잇셔셔 산다ᄒᆞᄂᆞᆫ 오묘ᄒᆞᆫ 디경에 드러가셔 그깃븜에 졋ᄂᆞᆫ쟈ᄂᆞᆫ 텬국이 이와ᄀᆞᆺ치 락원의 영싱되ᄂᆞᆫ것을 아ᄂᆞᆫ고로 특별히 ᄉᆞ모ᄒᆞ야 질지니 스ᄉᆞ로 진실ᄒᆞ고 고결(高潔)ᄒᆞᆫ 싱활에 드러가셔 실제무한(實際無限)ᄒᆞᆫ 하ᄂᆞ님의 영싱을 밧음으로 ᄆᆞᄋᆞᆷ은 썩지아니ᄒᆞ며 멸ᄒᆞ지도 아니ᄒᆞᄂᆞᆫ 디경에셔 즐겁고 몸은 또ᄒᆞᆫ 그와ᄀᆞᆺ치 영원히 잇슬 ᄉᆞ업을 힝ᄒᆞ야 나의게 하ᄂᆞ님과 ᄀᆞᆺ치 무궁ᄒᆞᆫ ᄌᆞ각이 잇셔셔 령혼불멸의 확실ᄒᆞᆫ 신념(信念)이 니러나ᄂᆞ니라 근디세계에 영호(英豪)로 유명ᄒᆞᆫ 셰실루쓰ᄂᆞᆫ 우진대학출신즁에 ᄀᆞ장 ᄲᅡ여나ᄂᆞᆫ 인물노 그부요ᄒᆞᆷ은 남아불리가 금강셕구뎡이를 쟝악(掌握)ᄒᆞ야 셰계부호의 반렬에 참예ᄒᆞ며 그ᄉᆞ업은 영국의 세력을 아프리가에 부식(扶植)ᄒᆞ고 그 포부(抱負)ᄂᆞᆫ 영국으로써 세계의 웃듬이 되게ᄒᆞ기를 긔약ᄒᆞ니 실노 사ᄅᆞᆷ의 흠앙ᄒᆞᆯ 가치가 잇ᄂᆞᆫ 대셩공쟈라 ᄒᆞᆯ리로다 그러나 그ᄂᆞᆫ 림죵에 말ᄒᆞ기를 세샹에 잇ᄂᆞᆫ 모든 ᄉᆞ물은 다 ᄭᅮᆷ과ᄀᆞᆺᄒᆞ셔 싱명이나 명예나 ᄉᆞ업이라 ᄒᆞᄂᆞᆫ 것이 다 슌시간에 잇다가 슌식간에 업셔지ᄂᆞᆫ 것인줄을 내가 지금에야 이것을 위ᄒᆞ야 힘쓰던것이 어리석은것인줄을 세ᄃᆞ럿도다 ᄌᆞ긔의 ᄉᆞ업이다 ᄌᆞ긔의 욕망이 싱명

파ᄀᆞᆺ치 업서지지 아니ᄒᆞᆯ수 업ᄉᆞ나 실노 영원히 업서지지 아니ᄒᆞᆯ것은 오직 ᄉᆞ랑뿐이라 ᄒᆞ엿ᄉᆞ며 ᄉᆞ도바울은 고린도교회에 편지ᄒᆞᄃᆡ 가령 내가 사ᄅᆞᆷ의 방언과 텬ᄉᆞ의 말을 ᄒᆞᆯ지라도 ᄉᆞ랑이 업ᄉᆞ면 소ᄅᆡ나ᄂᆞᆫ 구리와 울니ᄂᆞᆫ ᄭᆡᆼ과리와 ᄀᆞᆺ고 내가 예언ᄒᆞᄂᆞᆫ 능이 잇셔 여러가지 오묘ᄒᆞᆫ뜻과 모든 학술을 통달ᄒᆞ고 ᄯᅩ 산을 옴길만ᄒᆞᆫ 모든 밋음이 잇슬지라도 ᄉᆞ랑이 업ᄉᆞ면 내가 아모것도 아니오 내가 내게잇ᄂᆞᆫ 모든것으로 구제ᄒᆞ고 ᄯᅩ 내몸을 주어 불사ᄅᆞᆯ지라도 ᄉᆞ랑이 업ᄉᆞ면 내게 유익홈이 업ᄂᆞ니라 (고젼十三〇一―三)ᄒᆞ엿ᄉᆞ니 하ᄂᆞ님을 ᄉᆞ랑ᄒᆞ며 그리스도를 ᄉᆞ랑ᄒᆞ며 사ᄅᆞᆷ을 ᄉᆞ랑ᄒᆞ라 오직 ᄉᆞ랑이 잇ᄂᆞᆫ곳에ᄂᆞᆫ 불휴불멸(不朽不滅)의 영싱이 잇ᄉᆞ며 령혼불멸의 ᄌᆞ각이 잇ᄂᆞ니 철학과 과학이며 공명과 부귀ᄂᆞᆫ 다 폐ᄒᆞᆯ지언뎡 오직 ᄉᆞ랑의 싱명만 하ᄂᆞ님과 ᄀᆞᆺ치 영원히 불휴불멸ᄒᆞᆫ다ᄒᆞ노라

(완)

교회ᄉᆞ긔

긔이부 역술

뎨十一관 ᄲᅡᆯ교회의명망잇ᄂᆞᆫ 신쟈를 의론홈

쥬후 수ᄇᆡᆨ년에 ᄲᅡᆯ싸(지금 법국)에 교회가 크게흥왕ᄒᆞ야 교회즁에 인ᄌᆞ가 만히 나러ᄂᆞ니 힐나리ᄂᆞᆫ 셰가집ᄌᆞ데로 졂엇슬때브터 셩리학을 공부ᄒᆞ야 국신을 셤기더니 ᄒᆞᆫ번 셩경을보고 황연히 ᄭᆡᄃᆞ른지라 三百五十년에 힐나리가 감독이 되여 힘써 진리를 호위ᄒᆞ고 아리어쓰의 이단을 거절ᄒᆞ니 황뎨가 아리어쓰의 말을 좃차 힐나리를 쇼아셰아로 귀양보내니 거긔셔 ᄒᆞᆯ노거ᄒᆞᆯ때에 도의 리치를 변론ᄒᆞ고 ᄯᅩ 그리스도ᄂᆞᆫ 영싱ᄒᆞ시ᄂᆞᆫ 하ᄂᆞ님과 셩픔이 ᄀᆞᆺ흠을 ᄇᆞᆰ히고 ᄯᅩ 확실히 사ᄅᆞᆷ되심을 연구ᄒᆞ더니 十년후에 ᄲᅡᆯ에 도라와 다시 감독의 직분을 회복ᄒᆞ고 三百六十五년에 죽으니라 그문도즁에 마틘은 투어쓰읍 사ᄅᆞᆷ이라 그의 셩픔이 겸손ᄒᆞ고 ᄉᆞ랑이 만ᄒᆞᆫ지라 그부친은 교밧게 사ᄅᆞᆷ인고로 미양 그아ᄃᆞᆯ이 군ᄉᆞ되여 국가의 일을 힘쓰게ᄒᆞ고져ᄒᆞ되 마틘은 어릴때브터 경건ᄒᆞᆫ 사ᄅᆞᆷ으로 도를 의론ᄒᆞ여 착ᄒᆞᆫ것을 됴화ᄒᆞ고 구제ᄒᆞ기를 깃버ᄒᆞ야 환난즁에 잇ᄂᆞᆫ 사ᄅᆞᆷ을 보면 앗기지안코 보죠ᄒᆞ더라 유젼에 ᄀᆞᆯᄋᆞᄃᆡ 마틘이 교회에 나오기젼에 군즁에 잇다가 동절에 옷벗슨 ᄒᆞᆫ 걸인을 보고 어진ᄆᆞᄋᆞᆷ이 곳 발ᄒᆞ야 구졔ᄒᆞ고져ᄒᆞ되 줄것이 업ᄂᆞᆫ지라 칼노써 젼포(戰袍)를 버혀주엇더니 그날밤ᄭᅮᆷ에 그리스도가 텬ᄉᆞ압헤셔 나타나 ᄀᆞᆯᄋᆞ샤ᄃᆡ 네가 옷으로써 나를 닙게ᄒᆞ엿다 ᄒᆞ셧다더라 얼마되지 아니ᄒᆞ여 셰례를 밧고 숨어거ᄒᆞ니 궁곤ᄒᆞᆫ 사ᄅᆞᆷ들이 그압헤 만히 나르러 그의 위로ᄒᆞᆷ과 이졔을 힝ᄒᆞ야 구원ᄒᆞ기를 ᄇᆞ라니 이로 말ᄆᆡ암아 무리가 놉혀 감독을삼으니 비록 감독이 되엿스나 쵸가집에 거ᄒᆞ야 은ᄉᆞ의 풍도를 변치안코 ᄯᅩ 옴겨 하슈근쳐 궁벽ᄒᆞᆫ곳에 거ᄒᆞ니 후셰사ᄅᆞᆷ들이 그ᄯᅢ에 화려ᄒᆞᆫ 슈도원을 건츅ᄒᆞ니라 마틘이 비록 문쳐은 부족ᄒᆞ나 열심으로 젼도ᄒᆞ야 만흔사ᄅᆞᆷ을 인도ᄒᆞ여 교에 도라오게ᄒᆞ니 이로써 명셩이 랑ᄌᆞᄒᆞ야 그때 황뎨가 쳥ᄒᆞ야 셩싱으로 ᄃᆡ졉ᄒᆞ고 황후가 친히 음식을 나위며 자리압헤 모시되 맛참니 겸손ᄒᆞ고 ᄉᆞ랑ᄒᆞ야 교만ᄒᆞᆫ 틔도가 업더라 그의 명망이 나타남을 샹고ᄒᆞ면 슌젼ᄒᆞᆫ 법으로 이단을 셕거 복죵케 ᄒᆞ고 권세와 위협으로 ᄒᆞ지아니ᄒᆞ며 다른감독 七인을 국문ᄒᆞ야 죽을죄로 두어사ᄅᆞᆷ이 마니교ᄒᆞᄂᆞᆫ 사ᄅᆞᆷ 작뎡ᄒᆞ니 마틘이 듯고 근심ᄒᆞ야 그감독의게 글을 보내여 졀교ᄒᆞ기로 작뎡ᄒᆞ고 ᄯᅩ 사ᄅᆞᆷ을 권면ᄒᆞ야 ᄒᆞᆷᄭᅴ 숨어거ᄒᆞ기를 힘쓰고 슈도원즁에 드러가 모든일에 곤난을 피ᄒᆞ지안코 열심으로 젼도ᄒᆞ엿ᄂᆞᆫᄃᆡ 유젼에 닐ᄋᆞᄃᆡ 마틘이 텬ᄉᆞ의 권능을 엇어 법국의 우상을 폐ᄒᆞ엿다 ᄒᆞᄂᆞ니라 四百년에 죽으니 남녀은ᄉᆞ가 二千리를 멀니녁이지안코 구름ᄀᆞᆺ치모혀 호샹ᄒᆞ엿고 그후에 법국사ᄅᆞᆷ들이 셩(聖)을 봉

ᄒᆞ고 국가를 호위ᄒᆞᄂᆞᆫ 신이
라ᄒᆞᄂᆞ니라

성경공부의지침(쇽)

뎨四 히부리인셔

히부리 인셔ᄂᆞᆫ 신약으로 써
구약을 ᄃᆡ신ᄒᆞᆷ

뎨五 보통셔신

(一)야고보인셔니 그리스도
교의실험(實驗)

(二)베드로젼후셔니 그리스
도신쟈의 특권(特權)과
의무

(三)요한一、二、三셔니 ᄉᆞ랑
의싱활

四、유다셔 ᄇᆡ교(背敎)의 위
험ᄒᆞᆷ

뎨六 묵시

묵시니 쟝릐의 심판과 쥬의
ᄌᆡ림

평림

●각국의 성탄일 지내ᄂᆞᆫ
풍쇽

구쥬의 성탄일이 점점 박두
ᄒᆞ엿ᄉᆞᆫ즉 세계각국에서 각각
이날을 지냄에 무슴 특별ᄒᆞᆫ
풍쇽이 잇ᄂᆞᆫ것을 이아릐말ᄒᆞ
야 여러형뎨와 ᄌᆞ미의 一람
에 공코져ᄒᆞ노라

一 영국셔 이날 져녁을 당
ᄒᆞ면 집집마다면보떡을
문ᄃᆞᄂᆞᆫ것은 이날에 문돈
떡은 오릐두어도 썩지
안ᄂᆞᆫ줄 밋ᄂᆞᆫ 풍쇽이 잇
ᄂᆞᆫ연고요

二 쇼격란셔ᄂᆞᆫ 이날아춤에
머리터럭 검붉은 사ᄅᆞᆷ이
문턱(門限)을 가로건너
가면 대단히 불길(不吉)
ᄒᆞᆫ줄노 싱각ᄒᆞᆷ은 예수를
판 유다의 머리털이 검
붉엇다고 유젼ᄒᆞᄂᆞᆫ 말이
잇ᄂᆞᆫ 연고니 이ᄂᆞᆫ 一죵
미신(迷信)에 지내지 못
ᄒᆞᄂᆞᆫ 풍쇽이요

三 덕국셔ᄂᆞᆫ 이날ᄉᆡ벽 ᄎᆡ
붉기젼에 사ᄅᆞᆷ마다 양초
에 불을 켜 들고 례ᄇᆡ당
에 드러가셔 ᄌᆞ긔압헤 양
초를 붓쳐노코 례ᄇᆡᄒᆞᆯ때
에 교당안은 죠료 명랑ᄒᆞ
고 례ᄇᆡ를 맛친후에ᄂᆞᆫ 각
각손을 잡고 깃븐치하
를ᄒᆞ고

四 셔뎐과 나위에셔ᄂᆞᆫ 이날
ᄉᆡ벽에ᄂᆞᆫ ᄋᆞ희들이 몬져
례ᄇᆡ당에 가셔 례ᄇᆡᄒᆞ고
오젼十一시가량에ᄂᆞᆫ 쟝
년과 로년이 례ᄇᆡ당에
모혀셔 례ᄇᆡ보고 져녁에
ᄂᆞᆫ 남녀로쇼가 다 ᄀᆞᆺ치
례ᄇᆡ당에 모혀 경츅ᄒᆞ여
여러가지 여흥으로 깃브
게 지내고 집집마다 곡
식을 흣허 공즁에 ᄂᆞᄂᆞᆫ
ᄉᆡ들의게 먹을것을 주고

五 셔ᄉᆞ국에셔도 이날을 당
ᄒᆞ야 ᄂᆞᄂᆞᆫ ᄉᆡ들의게 먹
을것 주ᄂᆞᆫ 풍쇽이 잇고

六 법국 어ᄂᆞ곳에셔ᄂᆞᆫ 이날
에ᄂᆞᆫ 어린ᄋᆞ희를 위ᄒᆞ야
특별ᄒᆞᆫ 션물을 준다ᄒᆞ며

七 서븨아와 불가리아 에셔
ᄂᆞᆫ 이날 아춤에 놈의 집
문턱을 넘어가ᄂᆞᆫ 일을
허락지 아니ᄒᆞ며 집집마
다 호쥬(戶主)가 특별ᄒᆞᆫ
례식을 힝ᄒᆞᄂᆞᆫᄃᆡ 그례식
은 호쥬가 ᄉᆡ보션속에
무슴곡식을 담어가지고
식젼에 그곡식을 문압헤
ᄲᅮ리며 말ᄒᆞ기를 「그리
스도ᄭᅴ셔 나셧쇼」 ᄒᆞ면
가족즁ᄒᆞᆫ사ᄅᆞᆷ이 ᄃᆡ답ᄒᆞ
기를 「과연그리스도ᄭᅴ셔
나셧ᄂᆞ이다」ᄒᆞ면 화로에
소목(蘇木)을 피우고 그
런후에ᄂᆞᆫ 몬져ᄌᆞ긔의 가
족을 위ᄒᆞ야 츅복(祝福)
ᄒᆞᆫ후ᄎᆞ례로 모든 가륙
(家畜)과 뎐ᄐᆡᆨ을 위ᄒᆞ야
츅복ᄒᆞᆫ후 그 ᄲᅮ렷던 곡
식은 다시 주어 싸속에
뭇ᄂᆞᆫ다더라

긔쟈왈 이우희 말ᄒᆞᆫ바여
러나라풍쇽즁에 대개 미
신뎍(迷信的)ᄉᆞ샹이라고
말ᄒᆞᆯ만ᄒᆞᆫ것이 만코 그즁
에 덕국셔 힝ᄒᆞᄂᆞᆫ 풍쇽
은 가히 본밧을만ᄒᆞᆫ 일
노 싱각ᄒᆞᄂᆞᆫ것은 우리가
이날은 무슴방법으로 ᄒᆞ
던지 아모됴록 지극ᄒᆞᆫ
정셩과 깃븐ᄆᆞᄋᆞᆷ으로 일
즉이 례ᄇᆡ당에 모혀 서
로 츅하ᄒᆞᄂᆞᆫ것이 됴흔연
고니라

세계격언

一 누구던지 나히 만하 학
문을 ᄇᆡ호기 느졋다고
말ᄒᆞ지 말지어다 뜻만
ᄒᆞᆫ번 세우면 즁년이샹이
나 로년에 공부ᄒᆞ기를

시작ᄒᆞ여도 능히 공을 일울수잇ᄂᆞ니 그 증거를 들어 말ᄒᆞᆯ진ᄃᆡ 송나라 소로쳔(蘇老泉)은 二十七셰에 글닑기를 시작ᄒᆞ엿고 고뎍(高適)은 五十셰에 시 짓기를 시작ᄒᆞ엿스나 다 맛ᄎᆞᆷ내 문쟝을 일우엇ᄂᆞ니라

二

강장(強壯)ᄒᆞᆫ 사ᄅᆞᆷ이 늙을 의뢰(依賴)ᄒᆞ야 싱활을 도모코져 ᄒᆞᄂᆞᆫ쟈는 죠라(蔦蘿)가 다른나무에 얼켜 사ᄂᆞᆫ것ᄀᆞᆺᄒᆞ니라

三

라타(懶惰)ᄒᆞᆷ이 랑비(浪費)즁에 ᄀᆞ쟝큰것이라ᄒᆞᆷ은 금젼(金錢)보다 더 귀즁ᄒᆞᆫ 시간을 쓸ᄃᆡ업시 허비ᄒᆞᄂᆞᆫ 연고니 그럼으로 모든곤난은 라타와 ᄒᆞᆷ씌 오ᄂᆞᆫ동시에 모든힝복은 발ᄭᅳᆺ치를 도리켜 ᄯᅥ날것이니라

四

이셰샹에 쳐ᄒᆞ야 ᄀᆞ쟝힘ᄒᆞ기곤난ᄒᆞᆫ 일세가지가 잇스니 쳣재는 비밀히 ᄒᆞᄂᆞᆫ일이오 둘재는 손해를 니져ᄇᆞ리랴ᄒᆞᄂᆞᆫ일이오 넷재는 로력(勞力)을 교묘(巧妙)히 잘 쓰ᄂᆞᆫ일이니라

우숨거리(笑話)

●어머니훈계를 잘들어

두ᄋᆞ히가 잇ᄂᆞᆫᄃᆡ 어린아우가 그형ᄃᆞ려무러왈

(아우)형은 지금 사과ᄒᆞᆫ기를 가졋슨즉 내게 그반을 난호아 줄수잇겟ᄂᆞ뇨

(형)내가 그러케ᄒᆞᆯ ᄆᆞᄋᆞᆷ은 잇지마는 어머니씌셔 ᄒᆞᆼ샹 훈계ᄒᆞ시기를 무엇을 ᄒᆞ던지 반ᄯᅳᆷᄒᆞ고 긋치ᄂᆞᆫ것은 대단히 불가ᄒᆞ다 ᄒᆞ심으로 이실과도 반을 네게 줄수업노라

●낫(面)씻기미우슬혀

엇던ᄋᆞ히가 낫씻기를 대단히 슬혀ᄒᆞᆷ으로 그어머니가 ᄒᆞᆼ샹 ᄭᅮ짓더니 하로 그맛누의로 더브러 놀다가 그 누의가 무러왈

너는쟝ᄅᆡ에 자라셔 엇던사ᄅᆞᆷ이 되기를 원ᄒᆞᄂᆞ뇨

(ᄋᆞ히)나는 쟝셩ᄒᆞ여 텹석부리(多鬚人)가 되기를 원ᄒᆞ노라

(누의)망측히라 그것은 무슴 셔ᄃᆞᆰ이뇨

(ᄋᆞ히)어머니씌셔 ᄒᆞᆼ샹 나ᄃᆞ려 낫 아니씻ᄂᆞᆫ다고 ᄭᅮ지람만 ᄒᆞ시ᄂᆞᆫᄃᆡ 내가 만일 텹석부리가 되고보면 낫 씨슬 부분이 반밧게는 더 아니 될터이니 그러면 미우편리치아니ᄒᆞ겟ᄂᆞ뇨

◎가뎡과쇼ᄋᆞ

●어려셔총명ᄒᆞᆷ

동한(東漢)진태구(陳太邱)의 일홈은 식(寔)이니 엇던친구로 더브러 졍오(正午)에 서로 만나 어ᄃᆡ를 ᄀᆞᆺ치 가쟈고 약됴ᄒᆞ엿ᄂᆞᆫᄃᆡ 그 친구가 약됴ᄒᆞᆫ 시간이 지내도록오지 아니ᄒᆞ거늘 진태구는 기ᄃᆞ리다 못ᄒᆞ야 혼자간지 얼마후에 그 친구가 와셔 본즉 진태구는 업고 그아ᄃᆞᆯ 진원방(陳元方)이 샤랑에셔 노ᄂᆞᆫᄃᆡ 그때에 나히 겨오七셰라 ᄀᆡᆨ이 원방ᄃᆞ려 므러왈 너희 부친씌셔 어ᄃᆡ계시뇨 원방이 ᄃᆡ답왈 가친씌셔 존ᄀᆡᆨ(尊客)을 기다리시다가 일즁(日中)이 지낸후에 혼자가셧ᄂᆞ이다 ᄀᆡᆨ이 그말을 듯고 크게 노ᄒᆞ여 진태구를 ᄭᅮ지져왈「아니된사ᄅᆞᆷ이로구 친구로 더브러 동힝ᄒᆞ쟈고 약됴를 ᄒᆞ고셔 혼자가다니」원방이 듯기를 다ᄒᆞ매 졍ᄉᆡᆨ(正色)왈 존ᄀᆡᆨ이 일즁에 오신다는 약됴를 몬져 어긔엿슨즉 그허믈이 ᄌᆞ긔의게 잇고 ᄯᅩ는 친구의 아ᄃᆞᆯ을 ᄃᆡᄒᆞ야 그부친을 ᄭᅮ짓ᄂᆞᆫ것은 대단히 무례ᄒᆞᆷ이로소이다 ᄀᆡᆨ이 크게 붓그러워 원방을 붓들고 샤과코져 ᄒᆞ매 원방은 소매를 ᄲᅮ르치고 엽연히 ᄂᆡ당으로 ᄃᆞ러가며 도라보지도 아니ᄒᆞ엿다더라

법령뎍요(法令摘要)

●토디슈용령(土地收用令)(쇽)

뎨七됴 토디를 슈용이나 ᄉᆞ용ᄒᆞᆷ에 관ᄒᆞ야 관계쟈가 손해밧은것이 잇스면 긔업쟈가 이것을 비샹ᄒᆞᆷ이 가ᄒᆞᆷ

뎨八됴 뎨四됴에 말ᄒᆞᆫ바 공고(公告)가 잇ᄂᆞᆫ때는 긔업쟈는 그토디에 관ᄒᆞ야 슈용이나 ᄉᆞ용ᄒᆞᆯ 권리를 엇기위ᄒᆞ야 그토디의 관계쟈와 협의(協議)ᄒᆞᆷ이 가ᄒᆞᆷ

뎨九됴 젼됴의 협의가 잘되지 안커나 협의ᄒᆞᆯ수업ᄂᆞᆫ때는 긔업쟈가 디방쟝관의 지결(裁決)을 요구ᄒᆞᆯ수 잇슴

(미완)

◎회보ᄃᆡ금령슈

지명	성명	금액
開城	林鎭國	四十錢
驪州	李文賢	四圓五十錢
開城	崔昌鉉	三十錢
京畿祥宮洞	柳[illegible]均	一圓二十五錢
安邊	朴汝三	八十錢
平康	皇甫麟	四十錢
端川	李斗燮	四十錢
南陽	姜連心	八十錢
襄陽	李應烈	八十錢
	金益烈	四十錢
開城	韓斗敎	四十錢
	李常春	八十錢
京貞洞	金昇鉉	四十錢
春川	金文九	四十錢
	李東益	四十錢
京城	金仁錫	四十錢
	金寅鉉	壹圓
楊平	咸昌燮	四十錢
京城蓮洞	禹弼舜	八十錢
靑陽	全準祚	八十錢
濟州	鄭應律	三十三錢
海州	黃允祚	四十錢
	黃全一	四十錢
	申貞善	四十錢
京城貞洞	하몬부인	四十錢
鎭川	李慶俊	四十錢
平壤	崔相鉉	四十六錢
東大門교당	金大連	八十錢
	崔요안나	八十錢
延安	文武景	四圓
海州	盧時佐	八十錢
春川	金榮熙	八十錢
	金約翰	八十錢

지명	성명	금액
忠州	金泰元	八十錢
	金大一	四十錢
	洪致山	四十錢
堤川	李鐘桂	四十錢
	南鉉九	四十錢
	洪一煥	四十錢
	李엘니사벳	四十錢
海州	朱應煥	四十錢
白川	邵相俊	四十錢
	金君化	四十錢
	朴大興	四十錢
	韓敬信	四十錢
端川	鄭基煥	四十錢
開城	張孝卿	三圓
京舍春洞	李益采	八十錢
寧邊	但榮咸	八十錢
陽德	李鎭亨	五圓七十錢
朔寧	李東植	八十錢
平海	全尙鍊	四十錢
順川	李能道	三十錢
	朴瑢享	三十錢
	安淳道	三十錢
	張信德	三十錢
	韓致信	三十錢
	朴昌彬	三十錢
	洪[illegible]疇	三十錢
	金永芝	三十錢
飯山	姜泳文	四十錢
公州	申德休	八十錢
江西	方來恩	四十錢

○구쥬셩탄과신년 긴급광고

에친구를위ᄒᆞ야사
셔보낼만ᄒᆞᆫ션물을지
금브터언문죵본부표관죠 (符標串照) 신
약젼셔 를특별이감가ᄒᆞ와
이젼에미권五十젼식에파던거
슬三十五젼식에발매ᄒᆞ오니좌
에긔록ᄒᆞᆫ두쳐소즁에어듸로던
지만히쥬문ᄒᆞ옵쇼셔식골셔쥬
문ᄒᆞ시ᄂᆞᆫ이의게ᄂᆞᆫ칙갑외에우
편셰가미권륙젼식이올시다
셔울죵노 예수교셔회 셔울
셔대문밧 영국목ᄉᆞ 토마쓰

광 고

본공회에셔 각죵셩셔를 구비ᄒᆞ여 디방의 원근과 청구의 다쇼를 물론ᄒᆞ고 신속슈응ᄒᆞᄂᆞᆫ바 근일에 특별히 감가된칙도 잇고 새로 출판된칙이 잇기로 이아래 긔록과 ᄀᆞᆺ치 광포ᄒᆞᆷ

감가된칙

四號언문구신약 미명가록
三권一질 (포의) 一圓十錢
四號언한문신약지의 四十문
同 (포의) 四十五錢
五號언한문신약지의 三十五錢
同 (포의) 四十錢

새로출판된칙

四號언문관쥬신약 각죵
五號언문四복음 가명각錢

京城鍾路 美國聖書公會 告白

緊急廣告

一千九百十四년도월력을본셔회에셔임의인쇄ᄒᆞ야발매ᄒᆞᆸ이온ᄃᆡ명가(定價)ᄂᆞᆫᄒᆞᆫ쟝에一젼식이며모양은一千九百十三년도월녁보다일층미량ᄒᆞ야미일공부ᄒᆞᆯ셩경구절과농ᄉᆞ절긔와국명경절과교회명절을쳠입ᄒᆞ야각교우의게가히업지못ᄒᆞᆯ것ᄲᅮᆫ아니라각샤회에셔도ᄉᆞ용ᄒᆞ기필요ᄒᆞ오며

구쥬셩탄축하표 ᄂᆞᆫ一千九百十二년도에각교회의모든형메ᄌᆞ미ᄭᅦ셔구쥬셩탄일을서로축하ᄒᆞᄂᆞᆫ뜻으로깃브게ᄉᆞ용ᄒᆞ시든것이온ᄃᆡ아름다온빗초로네가지그림으로인쇄ᄒᆞ야일반교우ᄭᅦ셔셩탄축하ᄒᆞ시기에업지못ᄒᆞᆯ것이옵기금년에ᄂᆞᆫ다수히발매ᄒᆞ기위ᄒᆞ야특별렴가로四장일속을五젼식에방매ᄒᆞ겟ᄉᆞᆸ기ᄌᆞ에광보ᄒᆞ오며

一千九百十四년도회즁일긔ᄂᆞᆫ이아래긔록ᄒᆞᆷ과ᄀᆞᆺ치방금인쇄즁이온ᄃᆡ너항을一千九百十三년도일긔보다특별히미량ᄒᆞ야미일일긔ᄒᆞ기에미우편리ᄒᆞ도록ᄒᆞ엿ᄉᆞ오며세계총인구수효와죠션각도의인구수효와면적파리수와기타즁요ᄒᆞᆫ사항을절절히긔입ᄒᆞ야ᄒᆞᄂᆞ님ᄉᆞ역ᄒᆞ시ᄂᆞᆫ졔씨의졔잡시도업지못ᄒᆞᆯ것으로믿드렷ᄉᆞᆸᄂᆞ다우리의ᄉᆞ랑ᄒᆞ시ᄂᆞᆫ형메ᄌᆞ미ᄭᅦ셔ᄂᆞᆫ때를일치마시고속히청구ᄒᆞ시와ᄒᆞᄂᆞ님역ᄉᆞ에유익ᄒᆞ도록ᄒᆞ심을복축ᄒᆞᄂᆞ이다

회즁일긔 (포의) 二十젼
仝 (후모의) 三十젼
仝 (혁의) 六十젼

되금은션금이ᄂᆞ인환으로요구ᄒᆞᆷ

京城鍾路 朝鮮耶穌教書會 主務班禹巨 告白

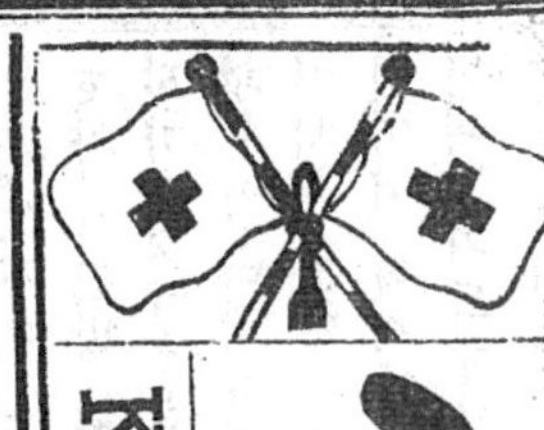

그리스도회보

KOREAN CHRISTIAN ADVOCATE

每週一回月曜日發行
大正二年十二月十八日印刷
大正二年十二月二十二日發行

發行兼編輯人　開城北部山芝峴　奇義男
印刷人　京城北部樓閣洞　朴東完
印刷所　京城南部上犂洞　新文館
發行所　京城北部壯洞四十三統三戶　呂炳鉉邸

ᄃᆡ금…代金　一쟝 二젼　六ᄀᆡ월 四十젼　一ᄀᆡ년 八十젼　海外一ᄀᆡ년 一환六十젼

샤셜

● 그리스도인의락(樂)(쇽)

므릇 그리스도인의 락은 모든세샹을 좃ᄂᆞᆫ쟈의 락과 ᄯᅳᆨ별히다른 셩질이 잇ᄂᆞ니 이락은 영원ᄒᆞᆫ 복이며 화평ᄒᆞᆫ 량심과 거듭나고 진실ᄒᆞᆫ ᄆᆞᄋᆞᆷ으로좃차 나ᄂᆞᆫ ᄌᆞ족ᄒᆞᆷ의 ᄉᆞᆯ이라 그럼으로 이 락은 ᄯᅩᄒᆞᆫ 지극히 놉고 거륵ᄒᆞᆫ 집의 가족이니 이로 더브러 ᄒᆞᆼ샹 ᄒᆞᆷᄭᅴ 거쳐ᄒᆞᄂᆞᆫ ᄌᆞ미ᄂᆞᆫ 깃븜과 ᄌᆞ미로옴과 착ᄒᆞᆫ ᄯᅳᆺ과 ᄉᆞ랑이며 이로 더브러 자조 교졔ᄒᆞᄂᆞᆫ 친구ᄂᆞᆫ 진실ᄒᆞᆷ과 존경ᄒᆞᆷ과 온유ᄒᆞᆷ과 겸손ᄒᆞᆷ과 ᄌᆞ비ᄒᆞᆷ과 용감ᄒᆞᆷ과 활발ᄒᆞᆷ과 의로옴과 공평ᄒᆞᆷ이니 언제던지 이런친구ᄂᆞᆫ 환영ᄒᆞ며 이락이 ᄃᆡ뎍으로 아ᄂᆞᆫ것은 탐욕과 음란ᄒᆞᆷ과 싀긔ᄒᆞᆷ과 뮈워ᄒᆞᆷ과 보독ᄒᆞᆷ과 모든 륜리샹 더러운것이니 언제던지 이런ᄃᆡ뎍은 힘써 거졀ᄒᆞ다가 만일 이ᄃᆡ뎍이 침입(侵入)ᄒᆞ야 ᄒᆞᆷᄭᅴ 거쳐ᄒᆞ랴ᄂᆞᆫ 경우를 당ᄒᆞ면 이락은 곳 그 ᄃᆡ뎍을 피ᄒᆞ야 밧그로 나갈지니 그럼으로 누구던지 그ᄆᆞᄋᆞᆷ속에 이락을 청ᄒᆞ여 드리고져 ᄒᆞ면 몬져 그ᄆᆞᄋᆞᆷ을 청결케ᄒᆞ고 ᄯᅩ 임의 이락을 엇은후에는 ᄒᆞᆼ샹 그ᄆᆞᄋᆞᆷ을 청결ᄒᆞᆫ대로 직힐지며 이 우회 말ᄒᆞᆫ바 이락의 ᄃᆡ뎍되ᄂᆞᆫ 모든 악힘을 거졀ᄒᆞ야 그ᄆᆞᄋᆞᆷ속에 드러오지 못ᄒᆞ게ᄒᆞᆯ것이라 ᄉᆞ도바울이 말ᄉᆞᆷᄒᆞ기를「내가 어ᄃᆡ던지 ᄌᆞ족ᄒᆞ기를 ᄇᆡ홧다」ᄒᆞ엿스니 대개 바울이 능히 이런말ᄉᆞᆷ을 발ᄒᆞᆫ것은 ᄌᆞ긔가 ᄒᆞᆼ샹 화평ᄒᆞᆫ 가온ᄃᆡ셔 하ᄂᆞ님과 밋 그 량심으로 더브러 ᄒᆞᆷᄭᅴ 거쳐ᄒᆞᆫ 결과로 그ᄆᆞᄋᆞᆷ속에 락이 가득ᄒᆞᆫ 연고로다 그런즉 누구던지 이 락을 엇기젼에 몬저 바울과 ᄀᆞᆺ치 ᄌᆞ족ᄒᆞᆷ을 ᄇᆡ호도록 힘쓸것인ᄃᆡ 우리쥬를 진실히 밋ᄂᆞᆫ쟈ᄂᆞᆫ 이 락을 엇기 어렵지 아니ᄒᆞ니 쳣재 힘ᄒᆞᆯ것은 내ᄆᆞᄋᆞᆷ이 온젼히 졍결ᄒᆞ야 이락이 드러와셔 오리 거쳐ᄒᆞᆯ만ᄒᆞ며 ᄯᅩ 이락이 ᄒᆞᆷᄭᅴ 교유(交遊)ᄒᆞᆯ만ᄒᆞᆫ ᄌᆞ미와 친구가 내ᄆᆞᄋᆞᆷ속에 잇ᄂᆞᆫ지 살펴볼지어다 우리ᄆᆞᄋᆞᆷ속에 능히 이 참 락을 거쳐케ᄒᆞ도록 예비ᄒᆞᄌᆞ면 반ᄃᆞ시 하ᄂᆞ님의 셩신능력을 빌지아니ᄒᆞ면 안될지니 원컨ᄃᆡ 우리ᄉᆞ랑ᄒᆞᄂᆞᆫ 형뎨와 ᄌᆞ미ᄭᅴ셔 다 각각 우리쥬 예수 그리스도안에셔 ᄌᆞ족ᄒᆞᆷ을 엇고 ᄯᅩ ᄌᆞ족ᄒᆞᆷ으로 말미암아 텬샹텬하에 ᄶᅡᆨ이 업ᄂᆞᆫ 참락을 그ᄆᆞᄋᆞᆷ속에 영접ᄒᆞ고 영원히 거쳐케ᄒᆞ시기를 앙츅ᄒᆞᄂᆞ이다 (완)

● 주의ᄒᆞ야보실샤고【社告】

본회보의 취지ᄂᆞᆫ 여러형뎨ᄌᆞ미ᄭᅴ셔 아시ᄂᆞᆫ바어니와 본보를 ᄋᆡ호(愛護)ᄒᆞ실의무를 가지신 형뎨ᄌᆞ미ᄂᆞᆫ 맛당히 ᄃᆡ금을 잘보내여 주셔야 본보도 능히 유지ᄒᆞᆯ수 잇것ᄂᆞᆯ 금년샹반긔(上半期) ᄃᆡ금만 보내시고 하반긔(下半期) 션금을 이ᄯᅢᄭᅡ지 아니보내신이가 四분지三에 지내ᄂᆞᆫ고로 본년 九월브터 본보뎨一면에 광고로 ᄭᅳᆫ치지안코 광포ᄒᆞ엿스나 여러분ᄭᅴ셔 이광고를 잘아니보시ᄂᆞᆫ지 혹 보시고도 밋쳐 보내실ᄐᆞᆷ이 업셔셔 그러ᄒᆞᆫ지 혹 본보를 一개영리뎍 신문으로 돌니시고 조곰도 동졍(同情)을 표ᄒᆞ실 ᄉᆡᆼ각이 업셔셔 그러ᄒᆞᆫ지 도모지 못드른뎨ᄒᆞ시니 우리 량교회에 이와ᄀᆞᆺ치 조고마ᄒᆞᆫ 긔관ᄒᆞ나 잇ᄂᆞᆫ것을 이처럼 도라보지아니ᄒᆞ심은 본회보가 대단히 실망ᄒᆞᄂᆞᆫ바이로소이다 그럼으로 본샤ᄂᆞᆫ 방침을 곳쳐 본년 양력十二월ᄂᆡ로 하반긔 션금四十젼식과 혹 이ᄯᅢᄭᅡ지 샹반긔 션금도 아니보내신이ᄂᆞᆫ 八十젼식을 우편쇼위톄(郵便小爲替)로보내여주시지 아니ᄒᆞ시ᄂᆞᆫ 이의게ᄂᆞᆫ 회보발송을뎡지(停止)ᄒᆞ고 이ᄯᅢᄭᅡ지 보신ᄃᆡ금은 각소개인(紹介人)의게 독촉ᄒᆞ여 밧기로 작뎡ᄒᆞ엿ᄉᆞ오니 여러분ᄭᅴ셔ᄂᆞᆫ 아모됴록 동렴ᄒᆞ셔셔 속히 ᄃᆡ금을 보내시ᄂᆞᆫ것이 곳 본보를 ᄉᆞ랑ᄒᆞ시며 보호ᄒᆞ시며 도아주시ᄂᆞᆫ 것이니 죠량ᄒᆞ심을 군졀히 ᄇᆞ라ᄂᆞ이다

교즁휘문

◀내 보▶

●셩경신학량학교의방학
경셩뎡동셩경학원과 감리회
신학교는 본월十七일에 동긔
방학식을 힝ᄒᆞᆫ고로 학원들은
다 각기 본디방으로 ᄂᆞ려갓
다더라

●밋는자의게능치못ᄒᆞᆫ일이업슴 손승용

츙쳥남도 련산군 외셩면 외
ᄌᆞᆺ동리에 사는 박죵구씨와
밋 그부인비씨세라는 년세가
늙고 ᄌᆞ손이 업스며 가세가
간난ᄒᆞ나 본셩이 원리 인ᄋᆡᆨ홈
으로 이셰상죄악을 ᄯᅥ나 텬
국에 량션ᄒᆞᆫ 빅셩이 된후로
더욱 셩신의 인도ᄒᆞ심을 닙
어 하ᄂᆞ님 아바지를 경건홈
으로 셤기고 예수를 열심으
로 밋는즁에 ᄌᆞ션심이 극진
ᄒᆞ야 그근방 각쳐에 무ᄉᆞᆷ병
쟈가 잇다ᄒᆞ면 그부부가 ᄌᆞ
쳥ᄒᆞ야 다려다가 ᄌᆞ긔의집에
거쳐식히고 ᄌᆞ긔의 량식을
먹이며 쉬지안코 ᄒᆞᆼ샹 하ᄂᆞ
님ᄭᅴ 긔도ᄒᆞ야 그병쟈들을
모도 낫게ᄒᆞ야 쥬의 크신영
광을 넓히 드러낸은 경향각
쳐 우리밋는 무리는 이왕 다
아시는 바어니와 근쟈에 ᄯᅩ
긔이ᄒᆞᆫ 일을 힝ᄒᆞᆫ것은 로셩
군셰동 사는 윤쥬ᄉᆞ의 ᄯᆞᆯ이
지금 二十二셰인ᄃᆡ 四년젼에
밋친병을 엇은고로 그집에셔
아모리 치료ᄒᆞ여도 곳칠슈
업슴으로 四년동안을 뷘방에
가두엇더니 두다리에 혈ᄆᆡᆨ이
말나셔 안진방이가 된고로
금년음력六월에 박씨니외가
다려다가 ᄌᆞ긔집에 두고 ᄌᆞ
긔량식을 먹여가며 하ᄂᆞ님ᄭᅴ
긔도ᄒᆞ야 음력八월브터 윤씨
의ᄯᆞᆯ이 ᄌᆞ긔발노 거러ᄃᆞᆫ니며
ᄯᅩᄒᆞᆫ 련산군 니동면 흥왕동
에 사는 김산이가 지금二十
三셰인ᄃᆡ 二년젼브터 두다리
가 ᄡᅮ시며 압ᄒᆞ다가 안진방
이가 된고로 음력七월에 박
씨와 밋 그부인비씨가 업어
다가 ᄌᆞ긔집에 두고 먹이며
위ᄒᆞ야 하ᄂᆞ님ᄭᅴ 긔도홈으로
김산이도 음력 九월에 능히
ᄌᆞ긔의 발노 거러ᄃᆞᆫ니며 공
쥬군 진두면 짓말 사는 리두
슌씨는 지금 二十九셰인ᄃᆡ
十년젼브터 밋친병을엇어 의
복을 닙지 안코 음식그릇을
집어 던져 세트리며 광증이
무쌍홈으로 ᄌᆞ긔의 집에셔
발에고랑질너 두엇더니 금년
九월에 박씨와 밋 그부인비
씨가 다려다가 ᄌᆞ긔집에 두
고 먹이며 위ᄒᆞ야 하ᄂᆞ님ᄭᅴ
긔도홈으로 리씨가 지금은
밋친병을 면ᄒᆞ고 윤씨의ᄯᆞᆯ과
김산이와 ᄒᆞᆷᄭᅴ 박죵구씨의
니외를ᄯᆞ라 외ᄌᆞᆺ동리에 잇는
교당으로 ᄃᆞᆫ니며 례비회와
긔도회에 ᄒᆞᆼ샹 참예ᄒᆞ며 참
ᄆᆞ음으로 쥬를 셤기니 이러
ᄒᆞᆫ 긔힝이젹은 금셰상에 듬
은지라 박죵구씨와 밋 그부
인비씨 세라의 지극ᄒᆞᆫ 졍셩
으로 거룩ᄒᆞᆫ 능력을 엇어 더
럿틋시 힝ᄒᆞ야 쥬의영광을
젼후로 드러낸은 진실노 감
샤ᄒᆞᆫ일이라 극히 위ᄒᆞ야 찬
숑ᄒᆞᆯ만 ᄒᆞ다더라

●남양의사경회와감샤쥬일 남양 허광모

경긔도 남양군 령흥구역 니
평리교회에셔 거월二十五일
에 사경회를 열시 로태인목
ᄉᆞ는 샹오十시로 十二시ᄭᆞ지
빌닙보와 하오一시로 三시ᄭᆞ
지 마태十三쟝七비유를 교슈
ᄒᆞ고 로목ᄉᆞ부인은 부인을
갑을반에 ᄂᆞᆫ호와 갑반은 마
태五 六 七쟝을 반은 언문을
ᄀᆞ르치고 젼도ᄉᆞ겸광찬씨는
아참과 저녁긔도회를 인도ᄒᆞ
고 一반교우들은 열심으로
공부ᄒᆞᆯᄉᆡ 남녀六十여인이 一
쥬일동안을 밤낫모혓는ᄃᆡ 형
뎨ᄌᆞᄆᆡ의 령혼이 쥬림을 이
긔지못ᄒᆞᆯ때에 하ᄂᆞ님의 말ᄉᆞᆷ
으로 영ᄉᆡᆼ의 량식을 난화주
시니 남녀교우가 새은혜를밧
고 하ᄂᆞ님ᄭᅴ 영광을돌니며
ᄯᅩᄒᆞᆫ 감샤ᄒᆞᆫ것은 거三十일쥬
일은 감샤쥬일인ᄃᆡ 형뎨ᄌᆞᄆᆡ
가 니외션교회를 위ᄒᆞ야 八
원여젼을 연보ᄒᆞ고 반지一
ᄀᆡ 비녀一ᄀᆡ 벼가두말 콩이
닷되 ᄡᆞᆯ이서되이니 사경회의
은혜를 밧음으로 이ᄀᆞᆺ치 젼
도를 위ᄒᆞ야 연보ᄒᆞ엿스니
하ᄂᆞ님ᄭᅴ 감샤ᄒᆞ며 ᄯᅩ 로목
ᄉᆞ와 그부인을 젼송ᄒᆞᆯ때에
교우들이 十리에 련ᄒᆞ여 연
연ᄒᆞᆫ졍과 무한ᄒᆞᆫ ᄉᆞ랑으로 젼
별ᄒᆞ엿다ᄒᆞ엿더라

●츈쳔읍의부인사경회 츈쳔 라마리아

거十一월十二일에 부인사경
회를 츈쳔읍교당에셔 ᄀᆡᄒᆞ엿
는ᄃᆡ 린데 홍쳔 양구 화쳔

가평 춘쳔각구역녀 부인五十여인이 이먼길에 량식을 싸가지고 와서 十일동안 공부ᄒᆞ는ᄃᆡ 매일샹오九시에 모혀 十시ᄭᆞ지 찬숑가를 공부ᄒᆞᆫ후 三반에 논호와 교슈ᄒᆞᆯᄉᆡ 쟝로ᄉᆞ부라만씨는 예수힝젹 젼도ᄉᆞ한인슈씨는 빌닙보 ᄋᆡ도씨부인은 신약대지와 야고보 쪅손부인은 영ᄋᆞ양육론 알네불씨는 파리와 병의관계 라마리아씨는 아브라함과 바울의ᄉᆞ젹을 ᄀᆞᄅᆞ치고 부인들은 셩심으로 공부ᄒᆞ는ᄃᆡ 깃븜이 츙만ᄒᆞ여 하학ᄒᆞᆯᄉᆡᆼ각이 업ᄉᆞ며 하오七시에는 부라만씨가 구쥬ᄭᅴ서 인류를 ᄃᆡ쇽ᄒᆞ신 문데로 부흥회를 인도ᄒᆞ는ᄃᆡ 모든사ᄅᆞᆷ의 ᄋᆡ통ᄒᆞᆷ으로 회ᄀᆡᄒᆞ고 ᄌᆞ복ᄒᆞ며 이후로는 ᄌᆞ긔몸보다 쥬를 더ᄉᆞ랑ᄒᆞ기로 작뎡ᄒᆞ며 새로 공부ᄒᆞᆫ 九인의게 진급례식을 힝ᄒᆞ는ᄃᆡ 이사경회에 쥬의 감화ᄒᆞ신 은혜와 젼도부인 ᄋᆡ도씨의 열셩을 감샤ᄒᆞ오며 ᄯᅩᄒᆞᆫ 공부ᄒᆞᆫ 부인들즁 산업의 간곤ᄒᆞᆫ 사ᄅᆞᆷ이 만ᄉᆞ오나 쥬를 ᄉᆞ랑ᄒᆞ는열심을 감샤ᄒᆞᆫ다 ᄒᆞ엿더라

◀외 보▶

●일본ᄂᆡ디의 교도통계

일본ᄂᆡ디에 예수를 숭봉ᄒᆞ는 각교도의 통계를 거十월二十七일 관보(官報)로 발포ᄒᆞ엿는ᄃᆡ 교당의 총수 一千三百一十一 교도의 총수 十六만六百三十六인 ᄂᆡ국인젼도ᄉᆞ 一千四百六十二인 외국인션교ᄉᆞ七百二十一인이니 젼도ᄉᆞ와션교ᄉᆞ一인의 관할ᄒᆞ는교도가 평균七十三인이오 이것을 각교과에 분비ᄒᆞ면텬쥬교도 六만五千인 일본긔독교도 一만九千百인 죠합교도 一만六千八百인 셩공회 (聖公會)교도 一만五千七百인 감리교도 一만二千四百인 침례(浸禮)교도四千二百인 구세군一千八百인 긔독교도 一千四百인 그리스찬교도 一千百인이라더라

●쥬일학교불참쟈다수

미국젼국ᄂᆡ에 아직도 쥬일학교에 불참ᄒᆞ는쟈가七千七百만인이라더라

●지카고감리교의건륙비

미국지카고 감리교회는 작년一년동안에 교당十좌를 새로 건륙ᄒᆞ엿는ᄃᆡ 그경비는 도합 六十만원이라더라

●노스엔졀의새교당경영

미국가쥬 노스엔졀셩에 잇는 미감리교 데一회당은 새로 례비당一좌를 건륙ᄒᆞ기위ᄒᆞ야 六十八만원가치되는ᄃᆡ단(地段)을삿다더라

●영국황뎨의측령

영국황뎨폐하ᄭᅴ서는 근일에 공식으로 확실ᄒᆞᆫ 증거를 발포ᄒᆞ셧는ᄃᆡ ᄌᆞ긔가 一평ᄉᆡᆼ에 무슴 특별히 긴급ᄒᆞᆫ 일이 잇기외에는 ᄒᆞᆫ번도 쥬일날에 려힝(旅行)ᄒᆞᆫ 젹이업노라ᄒᆞ셧더라

●지나의셩경발미

지나공화국ᄂᆡ에셔는 금년샹반기六ᄀᆡ월동안에 발미된 셩경이 一百만부라더라

긔 셔

●등불이새짐

공쥬 대목ᄉᆞ

엇던사ᄅᆞᆷ이 하로는 ᄉᆞ무를 맛치고 급히 ᄌᆞ뎐거를 ᄐᆞ고 ᄌᆞ긔집으로 도라올ᄉᆡ 날이 임의 졈으러 황혼이 된지라 ᄌᆞ뎐거에 등불을 켯스나 기름의 다쇼를밋쳐 ᄉᆞᆯ피지못ᄒᆞ고 황황히 집만ᄇᆞ라보고 오너라고 불이 임의 새진것을 모르고 그대로갈ᄉᆡ 별안간 가지말고 섯스라ᄒᆞ는 소ᄅᆡ가 크게 들니는지라 경황히 ᄉᆞᆯ펴보니 ᄒᆞᆫ 경관이 노ᄒᆞᆫ얼골노 압흘 막는지라 그사ᄅᆞᆷ이 ᄉᆡᆼ각ᄒᆞᄃᆡ 나는 범죄ᄒᆞᆫ사ᄅᆞᆷ이 아니어놀 엇지ᄒᆞ야 이ᄀᆞᆺ치ᄒᆞᄂᆞ뇨 아아필경 다른사ᄅᆞᆷ으로 횡보고 이리ᄒᆞ는가ᄒᆞ여 묵묵히 ᄉᆡᆼ각ᄒᆞᆯ지음에 경관이 말ᄒᆞᄃᆡ 엇지ᄒᆞ여 불을켜지아니ᄒᆞ엿소 이는 경찰규측에 범ᄒᆞ엿스니 이에ᄃᆡᄒᆞ야 샹당ᄒᆞᆫ 벌칙이 잇슬분만아니라 만일 그대로가다가 굴엉에 ᄲᅡ지면 몸이 샹ᄒᆞ여 죽는ᄃᆡ 니르기도 쉽다ᄒᆞ니 그사ᄅᆞᆷ이 붓그러옴을 먹음고 ᄋᆡ걸ᄒᆞᄃᆡ 이는 감슈기칙이올시다 마는 날이 졈은고로 집에가기 급ᄒᆞᆫ ᄆᆞᄋᆞᆷ과 맛참 다른ᄉᆡᆼ각에 인ᄒᆞ야 불이 새지는것을 막연히 몰낫ᄉᆞ오니 이번만용셔ᄒᆞ시면 이후로는 다시 이런 일이 업도록 힘써 쥬의ᄒᆞ겟ᄂᆞ이다ᄒᆞ니 그경관이 엄히 면칙ᄒᆞᆫ후 용셔ᄒᆞ매 무한히

三

치샤ᄒᆞ고 불을켠후 ᄌᆞ긔집으

로 도라가고 그후브터는 미우 조심ᄒᆞ여 ᄃᆞᆫ넌고로 실수가 업더라ᄒᆞ니 이 니야기ᄀᆞᆺ치 우리밋는 형뎨ᄌᆞ매들이여 마태五쟝에 잇는 빗과ᄀᆞᆺ치 우리의 빗출 일치 말것이올시다 만일 이세샹 썩어지는 헛된것에 졍신을 ᄲᅢ앗기고 보면 우리의 밧을바는 이우헤 말ᄒᆞᆫ바와ᄀᆞᆺ치 우리가 하ᄂᆞ님의 주시는 빗출 일흐면 영원ᄒᆞᆫ 형벌을 면치못ᄒᆞᆯ것이니 우리모든 예수를 밋는 동포졔씨는 힘써젼도ᄒᆞ고 부ᄌᆞ런히 셩경봄으로 쥬의 법도를 잘직히여 이세샹 여러불샹ᄒᆞᆫ 동포의게 션도쟈의 큰빗치 되심으로 후일에 큰샹급을 밧고 영원ᄒᆞᆫ 텬당복락을 누리시기를 복츅ᄒᆞᄂᆞ이다

●하ᄂᆞ님이계신가

한셩 류경샹

죠션니디 예수교회의 유지ᄒᆞᆫ 본국목ᄉᆞ와 젼도ᄉᆞ졔씨는 오ᄂᆞᆯ을 당ᄒᆞ야 ᄉᆞ샹계(思想界)의 활동ᄒᆞᆷ을 마지아닐ᄯᅢ라 교리(敎理)와 신학을 一층더 연구ᄒᆞ며 그외에 문학과 풍경(風景)의 가치를 더샹고ᄒᆞ고 二十셰긔 문명ᄒᆞᆫ 텬디에 발달된리학과 쳘학을 다 졍신드려 공부ᄒᆞ야만 우리의 희망ᄒᆞ는 바를 엇을지니 이제「하ᄂᆞ님이 계신가」ᄒᆞ는 문뎨를 가지고 본인이 간략히 리학뎍 략ᄉᆞ뎍 실험뎍방면으로 베프러 말ᄒᆞ노라

一관 셔론

一、ᄋᆞ희들의 하ᄂᆞ님관념(觀念)

동양제국과 셔양각국이며 태평양군도등 어ᄃᆡ던지 흣허져 사는 민족가온ᄃᆡ 어린ᄋᆞ희들의 관념즁 하ᄂᆞ님이 엇더타 엇더타ᄒᆞ여 그형용을 그려내니 그도또ᄒᆞᆫ 부모의게 비호고 듯고 본것이지마는 四五세혹 六七세되는 ᄋᆞ희들이 말ᄒᆞᄃᆡ 하ᄂᆞ님은 ᄒᆞᆫ 빅발로인으로 인ᄌᆞᄒᆞ시고 ᄋᆡ즁(愛憎)이 업ᄉᆞ시고 널니 ᄉᆞ랑ᄒᆞ시는 이시라 ᄒᆞ니 졋먹는 ᄋᆞ히들의 말이라 깁흔 학문으로 브터 나온것도 아니오 경력으로 말ᄒᆞᆫ것도 아니며 무심즁 연연ᄒᆞᆫ뜻으로 셩졍을 굴ᄋᆞ쳐말ᄒᆞ며 또는 그위치를 뎡ᄒᆞ여 말ᄒᆞᄃᆡ 하ᄂᆞᆯ우헤 ᄭᅨ시다ᄒᆞ니 곳 텬당에 계심을 증거ᄒᆞᆷ이라 누가 식힌바업시 이런말을 ᄒᆞ는동시에 ᄋᆞ희의 하ᄂᆞ님 관념을 엇더턴지 놀날만ᄒᆞ고 취미가 적지안토다

二、야만의 하ᄂᆞ님관념

한거름을 더나가서 아라비아 ᄉᆞ막디방이던지 아푸리가나 태평양군도에 거ᄒᆞ는 야만의게 하ᄂᆞ님관념을 물어보면 뎌희들은 엇더ᄒᆞᆫ ᄉᆞ샹을 가젓는가 금일에 니르러는 다르나 즁고시ᄃᆡᄭᆞ지도 야만이라ᄒᆞ면 종교도업고 륜리도 업ᄉᆞ며 그런즉 렴치도 업고 의복도업ᄉᆞ며 례절도 업시 지낼ᄯᅢ에도 입을 버려 하ᄂᆞ님ᄭᅴ 관ᄒᆞᆫ 언론을 내면 역시 츄향ᄒᆞ고 여러시 ᄒᆞᆫ입으로 말ᄒᆞ여 하ᄂᆞ님이 계시다ᄒᆞ니 수ᄇᆡᆨ년젼에 엇던션교ᄉᆞ가 인도에 가셔 젼도ᄒᆞ다가 뎌들의게 하ᄂᆞ님관념을 무른ᄃᆡ ᄃᆡ답ᄒᆞᄃᆡ 하ᄂᆞ님이 계신줄을 ᄭᆡ드럿노라 ᄒᆞ엿고 오스츠리아즁앙엇던 야인은 션교ᄉᆞ의게 ᄃᆡ답ᄒᆞᄃᆡ 하ᄂᆞ님이 계심을 혼몽히 ᄭᅮᆷᄭᅮ노라 ᄒᆞ엿스며 또 엇던디방 야인들은 흔히 말ᄒᆞᄃᆡ 증명키는 능치못ᄒᆞ나 하ᄂᆞ님이계심을 짐작ᄒᆞ노라ᄒᆞ야 발달치못ᄒᆞᆷ이 ᄋᆞ희들의관념과 거진ᄀᆞᆺᄒᆞ나 역시 단슌ᄒᆞᆫ것을 나타내고 텬연ᄒᆞᆫ 셩질가온ᄃᆡ셔 유연(油然)히 나오는것을 드르니 그즁명ᄒᆞ는것이 붉고 붉지못ᄒᆞᆷ은 말ᄒᆞᆯ것업거니와 ᄌᆞ연ᄒᆞᆫ리치를 통一히 말ᄒᆞᆷ을 감탄ᄒᆞ겟고 또 뎌 야인들이 웨쳐 말ᄒᆞᄃᆡ 하ᄂᆞ님은 우에 거ᄒᆞ신이라 ᄒᆞ야 놉히만 ᄃᆡ이니 우리도 깁히 감동되는바이라

三、ᄀᆡ명ᄒᆞᆫ 인류의 신관(神觀)

언론의 슌셔도 쥬의ᄒᆞ는 동시에 시ᄃᆡ도 계한ᄒᆞ야 셜명ᄒᆞᆯ지니 이제 ᄀᆡ명ᄒᆞᆫ 인류의 하ᄂᆞ님관념이라ᄒᆞ나 이시ᄃᆡ는 샹고를 지명ᄒᆞ야 말ᄒᆞᆷ이니 쥬강싱二千년젼에 력ᄉᆞ샹으로 뵈이는 실디샹관념과 ᄀᆡ명이라ᄒᆞ면 애굽과 인도두나라이니 오ᄂᆞᆯ에 와셔는 젼일 인류샤회의 문명을 풍부히 ᄒᆞ엿던 디위에셔 ᄯᅥ러졋스며 또 ᄲᅡ빌논이라ᄒᆞ는 나라는 오ᄂᆞᆯ날 일홈ᄭᆞ지 업셔졋거니와 당시에 이세나라가 세샹에 발표ᄒᆞ야 말ᄒᆞᆫ바는 하ᄂᆞ님이 디구우에 계시지안코 놉흔곳이나 큰 물건에 졉

ᄒᆞ여 계셔셔 형상도 업고 ᄌᆞ최도 업ᄉᆞ나 완연히 실재(實在)ᄒᆞ시다 ᄒᆞ엿ᄉᆞ니 이는 곳 무형ᄒᆞ신 신이며 ᄌᆞ연히 계신 신이라고 그 진위(眞位)를 말ᄒᆞᆷ이라 그러나 오ᄂᆞᆯ날 二十세긔 문명ᄒᆞᆫ 시ᄃᆡ에 각종학셜(學說)노 말ᄒᆞᄂᆞᆫ것을 엇지 뎌시ᄃᆡ에 겨오 어린샤회의말과 비교ᄒᆞ리오 또 그 말ᄒᆞᆫ바의 압뒤경위와 말ᄉᆞᆺ치 엇더케 관계되ᄂᆞᆫ지 알지못ᄒᆞ엿다고 말ᄒᆞᆷ만ᄒᆞ나 그러나 그진위(眞位)ᄂᆞᆫ 오ᄂᆞᆯ와셔도 별노 다르지아니ᄒᆞ니 무형ᄒᆞ신 신이시오 ᄌᆞ연히 계신 신이시니 뎌희 관념을 말ᄒᆞ면 터득ᄒᆞᆫ것이 잇다고 ᄒᆞᆯ지나 뎌희는, 하ᄂᆞ님과 사ᄅᆞᆷᄉᆞ이에 즉졉관계가 업다ᄒᆞ여 사ᄅᆞᆷ이 죽으면 그혼이 물도되고 소도되며 버러지도 되고 ᄉᆡ도 된다ᄒᆞ야(우리죠션은 청국셔 건너온 ᄉᆞ샹을 드러셔 륜회(輪回)의 말이 잇슴)륜회교리(輪回敎理)를 굿세히 밋엇ᄉᆞ니 이일노 인ᄒᆞ여 뎌희들온 신이 소나 물이나 큰 즘승이 아니오 무형ᄒᆞᆫ신 신이신줄은 알렷ᄉᆞ나 큰물건에 졉ᄒᆞᆫ다고 밋으며 또는 륜회ᄒᆞᄂᆞᆫ 언론을 밋음으로 뎌희조상이 소가되엿는지 버러지가 되엿는지 혹 새가되엿는지 모르고 하ᄂᆞ님도 무슴 큰물건에 졉ᄒᆞ엿슬가ᄒᆞᆷ으로 숭비도 ᄒᆞ거니와 살ᄉᆡᆼ(殺生)을 아니ᄒᆞᄂᆞᆫ 폐단이 거긔셔브터 ᄉᆡᆼ겻ᄉᆞ며 하ᄂᆞ님관념의 진위ᄂᆞᆫ 잘발명ᄒᆞ엿ᄉᆞ나 ᄒᆞᆫ 큰 물건에 졉ᄒᆞᆫ다ᄂᆞᆫ 구졀의 그릇짐작ᄒᆞᆷ을 인ᄒᆞ야 헛되ᄃᆡ졀ᄒᆞᄂᆞᆫ 풍쇽을 산출ᄒᆞ엿ᄉᆞ며 하ᄂᆞ님과 사ᄅᆞᆷᄉᆞ이에 관계가 업다ᄒᆞ엿ᄉᆞ니 사ᄅᆞᆷ의 가치ᄂᆞᆫ 셰ᄃᆞᆺ지못ᄒᆞᆫ 언론이니라

교회ᄉᆞ긔

●十二관 입브로쓰를의 론ᄒᆞᆷ

이다리국북방 밀란읍에 유명ᄒᆞᆫ 감독 입브로쓰가 잇ᄉᆞ니 그조모는 도를 위ᄒᆞ야 치명ᄒᆞᆫ쟈요 아바지는 쏠따감ᄉᆞ러라 입브로쓰가 졂엇슬때에 경셩에가셔 법률을 ᄇᆡ호고 밋장셩ᄒᆞᆫ후에 이다리북방감ᄉᆞ가되여(三百六十년)총ᄉᆞ를 판결ᄒᆞᆷ이 공번되고 샹명(詳明)ᄒᆞ고 ᄉᆞ랑ᄒᆞ며 겸손ᄒᆞ니 ᄇᆡ셩들이다칭숑ᄒᆞ더라 밀란읍은 이다리북방의큰셩이라 맛ᄎᆞᆷ 교회즁에 이단이 니러나 분징이 심ᄒᆞ니 이것은 그회의 감독이 아리어쓰의 이단을 좃ᄂᆞᆫ연고러니 그감독이 죽은후에 교인들이 감독을 션턱ᄒᆞᆯ시 진리를좃ᄂᆞᆫ쟈와 이단을 좃ᄂᆞᆫ쟈가 서로 머러져 피ᄎᆞ 닷토니 감ᄉᆞ가 회당에 드러가 권면ᄒᆞ야 화친식힐때에 어린ᄋᆞ히가 압헤서셔 불너ᄀᆞᆯᄋᆞᄃᆡ 감ᄉᆞ입브로쓰를세워 감독을 삼는것이 맛당ᄒᆞ다 ᄒᆞᄂᆞᆫ지라 여러사ᄅᆞᆷ이 이소ᄅᆡ를 듯고 ᄀᆞᆯᄋᆞᄃᆡ 쥬의명령이 나타낫다ᄒᆞ고 곳 공쳔ᄒᆞ야 감독을 삼으니 감ᄉᆞ가 아직 셰례를 밧지못ᄒᆞ엿슴으로 굿게 샤양ᄒᆞ고 밧지아니ᄒᆞ니 여러사ᄅᆞᆷ이 억지로 권ᄒᆞ야 셰례를 밧고 감독의직분을 밧으니라 입브로쓰가 감독이 되매 몸을 이긔여 진리를 좃고 군ᄉᆞ로써 교회에 혼란치안케ᄒᆞ고 ᄒᆞᆫᄃᆞᆯ에 만가지일을 당ᄒᆞ매 능히 그직분을 다ᄒᆞ고 병든사ᄅᆞᆷ을 구원ᄒᆞ며 환란즁에 잇는자를 위로ᄒᆞ고 모든 힝동을 ᄒᆞᆯ때에 긔도ᄒᆞ기를 쉬지안코 쥬야로 셩경을 연구ᄒᆞ며 반ᄃᆡᄒᆞᄂᆞᆫ 쟈는 엄히 즁계ᄒᆞ엿ᄉᆞ며 三百七十八년에 신도가 젼쟝에 가셔 사로잡힌쟈잇거ᄂᆞᆯ 회당에 은금으로 문든그릇을 팔아 쇽량ᄒᆞ여오고 ᄀᆞᆯᄋᆞᄃᆡ 그리스도는 ᄌᆞ긔의피로 사ᄅᆞᆷ을 쇽량ᄒᆞ야 죄를 벗게ᄒᆞ셧ᄉᆞ니 나는 회당그릇을 팔아 도적의 손에 버셔나게ᄒᆞᆷ이 올타ᄒᆞ더라 三百八十五년에 로마황뎨와 밋 그모친이 아리어쓰의 이단을 좃고 입브로쓰를 핍박ᄒᆞ여 밀란읍의 ᄒᆞᆫ교당을 아리어쓰의 례ᄇᆡᄒᆞᄂᆞᆫ 쳐소를 삼고져ᄒᆞ거ᄂᆞᆯ 입브로쓰가 ᄀᆞᆯᄋᆞᄃᆡ 쩌스틘아는 그아버지의 유업을 파는것도 원치아니ᄒᆞ엿거던 ᄒᆞ믈며 나는 그리스도의 유업으로 황뎨의게 붓치기를 원ᄒᆞ겟ᄂᆞ냐 모든 교회는 다 나의 다ᄉᆞ리는바요 황뎨의 다ᄉᆞ리는바는 아니라 또ᄒᆞᆫ 황뎨도 셩교즁에 잇고 셩교우에는 잇지안타ᄒᆞ니 황뎨가 군ᄉᆞ로 위협코져ᄒᆞ거ᄂᆞᆯ 모든 신도가 ᄯᅳᆺ을 굿게세우니 능히 쎽앗지못ᄒᆞ더라 三百九十

년에 데살노니가옵에 민요가 나셔 벽뎡ᄒᆞ나를 죽임으로 황뎨가 분노ᄒᆞ여 량민을 블분ᄒᆞ고 살륙ᄒᆞᆫ쟈가 만흐니 임브로쓰가 힘써 간ᄒᆞ여 골ᄋᆞ되 황뎨도 또ᄒᆞᆫ 사ᄅᆞᆷ이라 위엄으로써 빅셩을 도륙ᄒᆞ니 그죄가 이에셔 더큼이 업ᄂᆞᆫ즉 원컨ᄃᆡ 곳 회ᄀᆡᄒᆞ소셔 황뎨가 듯고 조곰도 ᄀᆡ의치안터니 곳 밀란옵교당에 드러가 셩찬을 밧고져ᄒᆞ거ᄂᆞᆯ 임브로쓰가 황뎨의 드러옴을 막고 공회에셔 칙ᄒᆞ야 골ᄋᆞᄃᆡ 황뎨의 사ᄅᆞᆷ을 죽인피가 오히려 손에 떠러지거ᄂᆞᆯ 엇지 능히 쥬의 셩찬을 밧으리오 곳 물너가소셔ᄒᆞ니 황뎨가 골ᄋᆞᄃᆡ 다윗왕은 살인ᄒᆞ고 간음ᄒᆞᆫ 죄가 잇셔도 맛참ᄂᆡ 샤유ᄒᆞᆷ을 밧은것은 엇지ᄒᆞᆷ이뇨 임브로쓰가 ᄃᆡ답ᄒᆞᄃᆡ 황뎨가 임의 다윗왕의 범죄ᄒᆞᆷ을 본밧앗거던 또ᄒᆞᆫ 다윗왕의 회ᄀᆡᄒᆞᆷ도 본밧으소셔ᄒᆞ니 황뎨가 감독의 굿셈과 셩실ᄒᆞᆷ을 보고 죵히녀여 골ᄋᆞᄃᆡ 쟝ᄒᆞ도다 내압헤셔 이곳ᄒᆞᆫ말ᄒᆞᄂᆞᆫ쟈ᄂᆞᆫ 오직 임브로쓰ᄒᆞᆫ사ᄅᆞᆷ이라 ᄒᆞ엿고 그후에 황뎨가 여러사ᄅᆞᆷ압헤셔 죄를ᄌᆞ복ᄒᆞ더니 감독으로 더브러 화목ᄒᆞ더니 三百九十五년에 임브로쓰가 죽으니라 그의 평싱ᄉᆞ젹을 샹고ᄒᆞ면 글을 져술ᄒᆞ여 그리스도와 오묘ᄒᆞᆫ것을 밝히고 죄가 사ᄅᆞᆷ의 ᄆᆞᄋᆞᆷ을 문허ᄃᆞ림을 연구ᄒᆞ여 반ᄃᆞ시 그리스도를 밋어야 가히 구원을 엇ᄂᆞᆫ다 ᄒᆞ엿스며 ᄌᆞ긔가 비록 산업을 헛허 사ᄅᆞᆷ을 구졔ᄒᆞ엿스나 맛참ᄂᆡ 공파덕을 ᄌᆞ랑치안코 오직 하ᄂᆞ님의 은혜를 힘닙엇다ᄒᆞ더라

셩탄여흥 (餘興)

일본신호관셔학원 한페닌. 슐라 셔원

이것은 남학싱五인이ᄒᆞᆯ것

첫재ᄋᆞᄒᆡ가 다섯ᄋᆞᄒᆡ되표로 말ᄒᆞᄃᆡ 졔가 비록 어린ᄋᆞᄒᆡ나 오날ᄀᆞᆺ치 깃븐셩탄일을 당ᄒᆞ여 여러부모형뎨ᄌᆞ믜와 ᄒᆞᆷᄭᅴ경축ᄒᆞ며 깃브게 놀고져ᄒᆞᄂᆞ이다 졔의 일홈은 「떡」이올시다 오ᄂᆞᆯ은 텬디창조이후에 뎨一깃븐날 곳 벳을네헴 마구우에셔 탄싱ᄒᆞ신 우리쥬 예수ᄭᅴ셔 말슴ᄒᆞ시기를 「나ᄂᆞᆫ 싱명의 떡이라」ᄒᆞ셧스니 우리ᄆᆞᄋᆞᆷ과 령혼을 비양ᄒᆞᆷ에ᄂᆞᆫ 이보다 더됴ᄒᆞᆫ떡이 어ᄃᆡ잇겟습닛가 그런즉 예수와 우리ᄉᆞ이에ᄂᆞᆫ 이곳ᄒᆞᆫ 죵ᄒᆞᆫ관계가 잇습니다 또여러분아시ᄂᆞᆫ 바와ᄀᆞᆺ치 떡다섯뎡이로 우리ᄀᆞᆺᄒᆞᆫ ᄋᆞᄒᆡ와 이편에 계신 부인들은 말고 다만 쟝뎡만 五千명이 먹고도 오히려 부스러기가 열두광쥬리가 남엇고 이외에도 무리ᄅᆞᆯ ᄀᆞᄅᆞ치시며 혹칙망도ᄒᆞ시고 마즈막셩찬도 여러뎨ᄌᆞ와ᄀᆞᆺ치 잡수신것이 무엇이오닛가 이것도 떡이 아니오닛가 그러나 이샹ᄒᆞᆫ것은 벳을네헴은 떡집이란 ᄯᅳᆺ이온ᄃᆡ 이떡집에셔 싱명의 떡ᄭᅵ지그곳셔 낫습니다ᄒᆞ고 떡을 사ᄅᆞᆷ들의게 내여보이면셔 이것은 과연 떡이올시다 ᄒᆞᆯ지니라

둘재ᄋᆞᄒᆡᄂᆞᆫ 말ᄒᆞᄃᆡ 나의일홈은 「심지」(燭心)올시다 나ᄂᆞᆫ 밤마다 여두온것을 밝게ᄒᆞ기 위ᄒᆞ야 나의몸은 다업셔질지라도 밤이맛도록 빗칩니다 캄캄ᄒᆞᆫ 인간의 ᄆᆞᄋᆞᆷ을 밝게ᄒᆞ고 하ᄂᆞ님ᄭᅴ로 인도ᄒᆞ가 위ᄒᆞ야 十ᄌᆞ가우에셔 귀ᄒᆞ신 싱명을 ᄇᆞ리셧스니 참으로 고마온일이 아니오닛가 쥬ᄭᅴ셔 말슴ᄒᆞ시기를 「너희ᄂᆞᆫ 세샹의 빗치라」ᄒᆞ셧스니 여러분은 각각 내일만싱각지 마시고 이 귀ᄒᆞ고 빗ᄂᆞᆫ 예수를 안밋ᄂᆞᆫ쟈의게 밝히 ᄀᆞᄅᆞ쳐주시오 그리ᄒᆞ면 그사ᄅᆞᆷ들이 우리의 착ᄒᆞᆫ힝실을 보고 하ᄂᆞ님ᄭᅴ 영화를 돌닐줄노 압니다ᄒᆞ고 초에 불을켜셔 모든사ᄅᆞᆷ의게 보이면셔 이것이 빗치올시다 ᄒᆞᆯ지니라

셋재ᄋᆞᄒᆡᄂᆞᆫ 말ᄒᆞᄃᆡ 여러분이 잠시라도 잇지못ᄒᆞᄂᆞᆫ바 나의 일홈은 「소곰」이라 ᄒᆞᆷ니다 예수ᄭᅴ셔 말슴ᄒᆞ시기를 「너희ᄂᆞᆫ 셰샹의 소곰이라」ᄒᆞ셧습니다 소곰은 맛업ᄂᆞᆫ 음식을 맛잇게ᄒᆞ며 썩을것을 아니썩고 졍결ᄒᆞ게ᄒᆞᄂᆞᆫ것이올시다 여러분은 하ᄂᆞ님을 떠나셔 참맛을 일코 썩어가ᄂᆞᆫ 우리인싱으로 ᄒᆞ여곰 참맛을찾고 졍결케ᄒᆞ셧스니 우리ᄂᆞᆫ 죄에셔떠나 참맛을찾고 셩결케ᄒᆞ여 하ᄂᆞ님ᄭᅴ셔 어엿비녀기시ᄂᆞᆫ ᄒᆞᆫ가족이 되여봅시다ᄒᆞ고 소곰을 하ᄂᆞᆯ노 던지면셔 이것이 참소곰이외다 ᄒᆞᆯ치니라

넷재ᄋᆞᄒᆡ가 말ᄒᆞᄃᆡ 졔의 일홈은 모든죵ᄌᆞ죵 뎨一젹은

「겨ᄌᆞ씨라ᄒᆞᆸ니다 예수ᄭᅴ셔「텬국은 맛치 사ᄅᆞᆷ이 겨ᄌᆞ씨ᄒᆞᆫ나를가져다가 심은것ᄀᆞᆺ흐니 이는 씨즁에 적은씨로ᄃᆡ 점점자란후에는 나물즁에 그즁커셔 나무가 되매 공즁에 나는새가 그가지에 깃드리ᄂᆞ니라」ᄒᆞ셧슴니다ᄒᆞ고 겨ᄌᆞ씨를 하ᄂᆞᆯ노 던지면셔 이것이 겨ᄌᆞ씨올시다 ᄒᆞᆯ지니라

다섯재ᄋᆞ히말ᄒᆞᄃᆡ 나의 일홈은 셔양사ᄅᆞᆷ이 ᄒᆞᆫᄯᅢ라도 먹지못ᄒᆞ면 견ᄃᆡ지못ᄒᆞᄂᆞᆫ「밀알」이외다 예수ᄭᅴ셔 말슴ᄒᆞ시기를「밀알ᄒᆞ나히 ᄯᅡ에ᄯᅥ러져 썩지아니ᄒᆞ면 능히 만흔열ᄆᆡ를 결실ᄒᆞ겟ᄂᆞ냐」ᄒᆞ셧스니 쥬ᄭᅴ셔는 十ᄌᆞ가우에셔 도라가심으로 인ᄒᆞ야 악ᄒᆞ고 츄ᄒᆞᆫ 우리령혼을 구원ᄒᆞ셧스니 이와ᄀᆞᆺ치 여러분은 ᄒᆞᆼ샹 놈을ᄃᆡᄒᆞ야 목숨을 앗기지아니ᄒᆞ고 쥬의일을ᄒᆞ시면 그결실ᄒᆞᆷ이 十ᄇᆡ 六十ᄇᆡ 百ᄇᆡ나되여 하ᄂᆞ님ᄭᅴ 밧을것이라ᄒᆞ고 밀알을 하ᄂᆞᆯ노 던지며 이것이 참 밀알이외다 ᄒᆞ고 다섯ᄋᆞ히가 찬숑가 一百六十二쟝을 노래ᄒᆞᆯ지니라

이것은 녀학싱五인이ᄒᆞᆯ것

첫재ᄋᆞ히가 리화형 흰빗에 밋음이라 써가지고 말ᄒᆞᄃᆡ 졔의일홈은 밋음이올시다 예수ᄭᅴ셔 말슴ᄒᆞ시기를「너희가 만일 밋음이 겨ᄌᆞ씨만콤만잇스면 능히 산을 옴길만ᄒᆞ다」ᄒᆞ셧스니 이 밋음은 이세샹 권세나 돈으로 살수도업고 또능히 ᄲᅢ앗슬수도 업ᄂᆞᆫ 뎨一즁요ᄒᆞᆫ것이올시다 그런즉 우리ᄂᆞᆫ 더욱 더욱 신앙심을 굿게ᄒᆞ야 됴흔열ᄆᆡ가 됩시다ᄒᆞ고 그리화를 머리우흐로 들지니라

둘재ᄋᆞ히가 十ᄌᆞ형풀은빗헤 ᄉᆞ랑이라 써가지고 말ᄒᆞᄃᆡ 여러분보시ᄂᆞᆫ바와ᄀᆞᆺ치 나의 일홈은 ᄉᆞ랑이올시다 요한복음三쟝十六졀말슴에「하ᄂᆞ님ᄭᅴ셔 이셰샹을 이처럼ᄉᆞ랑ᄒᆞ샤 독싱ᄌᆞ를 주셧스니 누구던지 뎌를 밋으면 멸망치안코 영싱을 엇으리라」ᄒᆞ셧스니 하ᄂᆞ님은 ᄉᆞ랑의 근본이시오 예수는 ᄉᆞ랑의 모범이되셧스니 우리는 리웃을 ᄉᆞ랑ᄒᆞ며 원슈ᄭᆞ지 ᄉᆞ랑ᄒᆞᄂᆞᆫ것이 밋ᄂᆞᆫ쟈의 맛당히 힝ᄒᆞᆯ 본분인줄암니다 그런고로 바울션싱ᄭᅴ셔 말슴ᄒᆞ기를 모든지혜와 능력이 만히잇슬지라도 ᄉᆞ랑이업스면 울니ᄂᆞᆫ 꽹과리와ᄀᆞᆺ다ᄒᆞ지 아니ᄒᆞ엿슴닛가 그런즉 우리ᄂᆞᆫ 이말슴을 져ᄇᆞ라지말고 힘써힝ᄒᆞᆸ시다ᄒᆞ고 十ᄌᆞ형을 머리우흐로 들지니라

셋재ᄋᆞ히가 셩(星)형 븕은빗헤 거룩이라 써가지고 말ᄒᆞᄃᆡ 나의일홈은 거룩이올시다 녜젼오ᄂᆞᆯ날 예수ᄭᅴ셔 유대벳을네헴에셔 탄싱ᄒᆞ시매 동방에박ᄉᆞ셋이 거룩ᄒᆞᆫ 례물을 가지고 별의인도ᄒᆞᆷ을ᄯᆞ러 구쥬압헤 황금과 유향과 몰약을 드려 경ᄇᆡᄒᆞ엿스니 오ᄂᆞᆯ날우리도 ᄆᆞ옴과 셩픔과 ᄯᅳᆺ을 다쥬ᄭᅴ밧쳐셔 거룩ᄒᆞᆫ신쟈들이 다되시기를 ᄇᆞ람니다ᄒᆞ고 별을 머리우흐로 들지니라

넷재ᄋᆞ히가 심경형 누른빗헤 ᄌᆞ비라 써가지고 말ᄒᆞᄃᆡ 나의일홈은ᄌᆞ비올시다 하ᄂᆞ님ᄭᅴ셔ᄂᆞᆫ 노ᄒᆞ기를 더ᄃᆡᄒᆞ시고 ᄌᆞ비ᄒᆞᆫᄆᆞ옴으로 우리를불샹히 녁이샤 ᄒᆞᆼ샹용셔ᄒᆞ심으로 우리로 ᄒᆞ여곰 회ᄀᆡᄒᆞᆯ 긔회를 늘주시니 그은혜는 태산이 가비압고 하히가 엿흡니다 그런즉 우리ᄂᆞᆫ 셩내기를 더ᄃᆡᄒᆞ고 죄인을 불샹히 보며 놈을 요셔ᄒᆞ기를 하ᄂᆞ님ᄭᅴ셔 나를 용셔ᄒᆞ여 주심ᄀᆞᆺ치ᄒᆞ야 ᄌᆞ비ᄒᆞᆫ ᄆᆞ옴을 잠시라도 니져ᄇᆞ리지 말것이올시다ᄒᆞ고 심경형을 머리우흐로 들지니라

다세재ᄋᆞ히가 광션(光線)형 금빗헤 영광이라 써가지고 말ᄒᆞᄃᆡ 나의일홈은 영광이올시다 쥬긔문ᄯᅳᆺ헤 영광이 하ᄂᆞ님ᄭᅴ 영원히 잇다ᄒᆞᆷ과ᄀᆞᆺ치 하ᄂᆞ님은 영광의 하ᄂᆞ님이시오 예수도 영광의 예수로써 벳을네헴에 나셧스니 오ᄂᆞᆯ밤 우리ᄂᆞᆫ 이영광의 하ᄂᆞ님과 영광의 구쥬를 찬숑ᄒᆞᆸ시다ᄒᆞ고 광션형을 머리우헤들고 다섯이 합챵ᄒᆞᄃᆡ 찬숑가二百一쟝三졀과 후렴 百九十쟝一졀과 후렴 뎨四쟝一졀 百九十五쟝一、四졀二百四十八쟝二졀과 후렴을 노래ᄒᆞᆯ지니라

셩경공부의지침 (속)

●셩경보ᄂᆞᆫ비결

一、날마다 공부ᄒᆞᆯ것이니 진실히 밋ᄂᆞᆫ사ᄅᆞᆷ들은 셩경공부

에ᄃᆡᄒᆞ야 학년(學年)을 뎡ᄒᆞ고 날마다 ᄌᆞ긔의 편리를 ᄯᆞ라 一뎡ᄒᆞᆫ 시간에 셩경을 보며 그 ᄆᆞᄋᆞᆷ을 신령ᄒᆞᆫ 말ᄉᆞᆷ으로ᄡᅥ 함양(涵養)ᄒᆞ고 견실케ᄒᆞᄂᆞᆫ쟈ㅣ 만흐니 롸벗썬머스라ᄂᆞᆫ사ᄅᆞᆷ이 일즉이 말ᄒᆞ되 내가 특별히 하ᄂᆞ님의 은혜를 닙어 어렷슬ᄯᅢ브터 능히 셩경공부ᄒᆞ기를 시작ᄒᆞ엿ᄂᆞᆫᄃᆡ 지나간 三十년동안에ᄂᆞᆫ 하로도 내가 셩경을 드려다보지 아니ᄒᆞᆫ 날이 업도다 만일 우리가 ᄆᆡ일 ᄒᆞᆫ쟝식 공부ᄒᆞᆯ 틈이 업스면 ᄆᆡ일 ᄒᆞᆫ구졀식 외일틈도 업다고 말ᄒᆞᆯ수 잇ᄂᆞᆫ가 감히 그러케 말ᄒᆞᆯ사ᄅᆞᆷ은 업슬지니 그러면 ᄆᆡ일 ᄒᆞᆫ구졀식만 ᄐᆡᆨᄒᆞ야 외일지어다 一년동안에 능히 三百六十五구졀을 외일지니 이것이 반ᄃᆞ시 우리령혼샹 량식의 큰ᄌᆞ본이 될지로다 나ᄂᆞᆫ 三十년동안에 이와 ᄀᆞᆺ치 공부ᄒᆞᆫ 결과로 셩경가온ᄃᆡ 대부분은 능히 외일수 잇스니 내가 一평ᄉᆡᆼ을 고젹(孤寂)ᄒᆞ고 빈한ᄒᆞᆫ ᄉᆡᆼ활을 ᄒᆞᄂᆞᆫ고로 나를 위로ᄒᆞᆯ 친구도 별노히 업스며 먹을 것도 만치 못ᄒᆞ나 파연 셩경이 나의 음식도 되며 나를 위로ᄒᆞᄂᆞᆫ 동모도 되엿다고 ᄒᆞ엿ᄂᆞ니라 (미완)

그리스도회보
KOREAN CHRISTIAN ADVOCATE

每週一回月曜日發行
大正二年十二月二十五日印刷
大正二年十二月二十九日發行

發行兼編輯人 開城北部山芝峴 奇義男
印刷人 京城北部樓閣洞 朴東完
印刷所 京城南部上犂洞 新文館
發行所 京城北部壯洞四十三統三戶 呂炳鉉邸

ᄃᆡ금…代金
一쟝 二젼
六ᄀᆡ월 四十젼
一ᄀᆡ년 八十젼
海外一ᄀᆡ년 一환六十젼

샤셜

●신년의셔광(曙光)

쥬쥬야야 ᄌᆞ뎐불식(自轉不息)ᄒᆞᄂᆞᆫ 디구가 어언간 三百六十五회를 도라 一千九百十三년이 임의 다 지나가고 一千九百十四년의 셔광이 빗최엿스니 텬시의 새로옴을 인ᄒᆞ야 인ᄉᆞ(人事)의 새로옴을 ᄯᅩᄒᆞᆫ 불지로다 오쥬예수그리스도안에 신싱활을 엇은 우리ᄉᆞ랑ᄒᆞᄂᆞᆫ 부모형뎨ᄌᆞ미ᄯᅦ셔는 이새히를 당ᄒᆞ야 령혼샹과 육신샹 하ᄂᆞ님의 새은혜를 풍셩히 밧으시고 ᄯᅩᄒᆞᆫ 각기 업무(業務)에ᄃᆡᄒᆞ야 一층확쟝ᄒᆞᆷ으로 다대ᄒᆞᆫ 복리(福利)를 증진(增進)ᄒᆞ기위ᄒᆞ야 두손을 놉히 들고 츅하ᄒᆞᄂᆞ이다

샤고

본회보는 창간(創刊)된지 三쥬년에 여러 형뎨와 ᄌᆞ믜의 ᄋᆡ호(愛護)ᄒᆞ심을 닙ᄉᆞ와 더욱발뎐ᄒᆞᆷ 희망이 만ᄉᆞ오니 무한히 감샤ᄒᆞ오며 명년즉 一千九百十四년 三월一일브터 계쇽발힝ᄒᆞᆯ뎨三권에 ᄃᆡᄒᆞ야 새로 구람쟈(購覽者)을모집ᄒᆞᆯ긔한이 되엿ᄉᆞᆸ기 이에 광고ᄒᆞ오니 죠량ᄒᆞ신후 더욱 힘써 도아주시와 좌긔(左開)ᄒᆞᆫ 됴항에 의지ᄒᆞ야 긔한안에 각각 션금을 보내시고 쳥구ᄒᆞ실ᄲᅮᆫ아니라 ᄯᅩᄒᆞᆫ 다른 교우들의게 널니 권유ᄒᆞ시와 신구람쟈를 다수히 모집ᄒᆞ야 보내심을 ᄀᆞᆫ절히 ᄇᆞ라ᄂᆞ이다

좌긔됴항

一、본회보는 젼과ᄀᆞᆺ치 一쥬일에 一회식발힝ᄒᆞᆷ

二、본회보ᄃᆡ금은 一년션금(先金) 八十젼식 뎡ᄒᆞ야 一千九百十四년三월一일브터 익년즉一千九百十五년 二월말일ᄭᆞ지 보시게ᄒᆞᆷ

三、명년브터는 六ᄀᆡ월션금은 밧지안코 반ᄃᆞ시一년션금을요구ᄒᆞᆷ

四、본회보의 신구람쟈 모집긔한은 명년二월一일ᄭᆞ지한ᄒᆞᆷ

五、본회보구람쟈를 최다수(最多數)로 모집ᄒᆞ야 보내신이의게는 은시계(銀時計)一ᄀᆡ로써 감샤ᄒᆞᆫ뜻을표ᄒᆞᆷ

六、본회보를 구람코져 ᄒᆞ시ᄂᆞᆫ이는 경셩북부쟝동ᄉᆞ십삼통삼호 (京城北部壯洞四十三統三戶) 본회보발힝소로 션금을보내시고 쳥구ᄒᆞ시던지 혹 각기 교회목ᄉᆞ나 젼도ᄉᆞ나 쇽쟝이나 매서인의게 위탁(委托)쳥구ᄒᆞ시ᄋᆞᆸ

본샤특별광고

명년즉 一千九百十四년一월十一일(日曜)은 본회보창간뎨三회긔렴쥬일노 뎡ᄒᆞ엿ᄉᆞ오니 경향각쳐 교회에셔는 좌긔슌서에 의지ᄒᆞ야 당일례ᄇᆡ를 직히시기 ᄇᆞ라ᄋᆞᆸᄂᆞ이다

一、찬미 뎨五
二、긔도
三、찬미 뎨一百四十
四、셩경
五、회보에ᄃᆡᄒᆞᆫ광고
六、회보에 ᄃᆡᄒᆞᆫ 슈젼
七、찬미 뎨二百十二
八、젼도
九、긔도
十、츅ᄉᆞ폐회

교즁휘문

◀ᄂᆡ 보▶

●三쳥교회의깃븐쇼식

경셩 동대문안교당의 지교회ᄂᆞᆫ 十여쳐가 되ᄂᆞᆫ즁 三쳥동교회의 력ᄉᆞᄂᆞᆫ ᄀᆞ장 아름다오니 六七년젼에 박영긔씨집에 형뎨몃사ᄅᆞᆷ이 모혀 례ᄇᆡ 보더니 수삭을지내여 十여간 가옥을 사셔 례ᄇᆡᄒᆞᄂᆞᆫᄃᆡ 교우ᄂᆞᆫ 四十여인에 달ᄒᆞ고 어둡던 三쳥동이 쥬의 빗가온ᄃᆡ셔 은혜를 밧고 지내엿ᄉᆞ나 남녀쇼학교가 업셔셔 유감이 되더니 수일젼에 목ᄉᆞ 쎙커씨의 쥬션으로 녀쇼학교 하나를 챵셜ᄒᆞ고 ᄀᆡ교식을 거ᄒᆡᆼᄒᆞ엿ᄂᆞᆫᄃᆡ 쎙커목ᄉᆞ의 셩경랑독과 오긔션목ᄉᆞ의 긔도와 권면이 잇셧ᄉᆞ며 젼도ᄉᆞ윤인一씨ᄂᆞᆫ 공칙과 연필을 학ᄉᆡᆼ의게 주엇ᄉᆞ며 학교일홈을 동명에 의지ᄒᆞ여 三쳥학당이라 ᄒᆞ엿ᄉᆞ니 三쳥이란ᄯᅳᆺ은 몸과 ᄆᆞᄋᆞᆷ과 ᄒᆡᆼ실을 쳥결케ᄒᆞᆫ다ᄂᆞᆫ ᄯᅳᆺ으로 지엇ᄉᆞ며 교ᄉᆞᄂᆞᆫ ᄒᆡ교회를 쥬관ᄒᆞᄂᆞᆫ 김진ᄐᆡ씨니 하ᄂᆞ님의 혜턱이 풍셩ᄒᆞ셔셔 ᄯᅡᆺ지 진흥되여 쥬의빗치 흥샹 빗최기를 ᄇᆞ란다ᄒᆞ엿더라

●ᄀᆡ셩의새례ᄇᆡ당봉헌식

경긔도ᄀᆡ셩북부감리교례ᄇᆡ당은 슌셕지(純石材)로 츙교(忠橋)에 신건튝ᄒᆞᆫ고로 ᄒᆡ례ᄇᆡ당봉헌식(奉獻式)을본월二十一일(일요)샹오十一시에 거ᄒᆡᆼᄒᆞ엿ᄂᆞᆫᄃᆡ 당일슌서ᄂᆞᆫ 왕ᄅᆡ씨의 쥬악으로 긔의남씨가 ᄀᆡ식ᄒᆞᆫ후 ᄀᆡ식취지를 셜명ᄒᆞ고 교우一동이 뎨五찬숑가를 노래ᄒᆞᆫ후 신공슉씨가 긔도ᄒᆞ고 방한쵸、리각균량씨가 ᄎᆞ례로 셩경을 랑독ᄒᆞᆫ후 류봉씨가四현금을 ᄐᆞ고 ᄅᆡ빈즁의 츅ᄉᆞ가 잇슨후 대一의 감보리량씨가 합챵ᄒᆞ고 오긔션씨가 연셜ᄒᆞᆫ후 찬숑ᄃᆡ가 노래ᄒᆞ고 다암션씨가 건튝보고를 맛친후 긔의남씨가 헌당(獻堂)례식을 베플고 찬숑ᄃᆡ가 봉헌가를 노래ᄒᆞᆫ후 졍츈슈씨가 봉헌ᄉᆞ를 진술ᄒᆞ고 一동이 헌금(獻金)ᄒᆞᆫ후 음악ᄃᆡ가 곡호(曲呼)로 쥬악ᄒᆞ고 리화츈씨가 긔도ᄒᆞᆫ후 뎨一찬미와 왕영덕씨의 츅복으로 폐회ᄒᆞ엿다더라

●새교회의형편

남양 허광모

경긔도 남양군 셤지도 ᄇᆡᆨ쥰긔씨ᄂᆞᆫ 六七년젼에 쥬를 밋엇ᄂᆞᆫᄃᆡ 그동리수ᄇᆡᆨ호인구들이 뮈워ᄒᆞᄂᆞᆫ즁 대쇼가의 핍박이 더욱 심ᄒᆞ야 당ᄂᆡ지친들이 모혀셔 놈의 죵손이되여 졔ᄉᆞ를 아니지내려거던 집과 산과 뎐답을 다내여노흐라고 독촉ᄒᆞ되 ᄇᆡᆨ씨ᄂᆞᆫ ᄃᆡ답ᄒᆞᄃᆡ 내가 모든것을 내여놀지라도 예수ᄂᆞᆫ 내여놀수업다ᄒᆞ고 오히려 복음을 젼ᄒᆞ며 례ᄇᆡ날이면 ᄇᆡ를ᄐᆞ고 강을건너 十리되ᄂᆞᆫ 영흥ᄂᆡ동교회로ᄃᆞᆫ니며 흥샹 동리의 핍박ᄒᆞᄂᆞᆫ쟈를 위ᄒᆞ야 긔도ᄒᆞ더니 하ᄂᆞ님ᄭᅴ셔 더회죄를 셔ᄃᆞᆺ게ᄒᆞ심으로 거八월분에 남녀十八인이 쥬를 밋기로 결심ᄒᆞ고 ᄇᆡᆨ씨집에 모혀셔 진실히 례ᄇᆡᄒᆞ며 더욱감샤ᄒᆞᆫ 것은 ᄇᆡᆨ씨의 집안사ᄅᆞᆷ들이 회ᄀᆡᄒᆞ고 쥬압흐로 나왓ᄉᆞ니 이ᄂᆞᆫ 다 ᄇᆡᆨ씨의 긔도로 말ᄆᆡ암은 결과이라 거월二十九일 계삭회에셔 ᄒᆞᆫ교회로 셜립ᄒᆞ엿ᄉᆞ니 과연 핍박과 환난을 견ᄃᆡ고 참으며 원슈를 ᄉᆞ랑ᄒᆞ여 빌되 복을 빌고 ᄌᆡ앙을 빌지아니ᄒᆞᆯ것이니 ᄇᆡᆨ씨의 밋음은 여러사ᄅᆞᆷ이 본밧을만ᄒᆞ다 ᄒᆞ엿더라

●원산동셔량디방회

셔긔 김동근

함남 원산동셔량디방회를 강원도 고셩읍에셔 본월四일브터 六일ᄭᆞ지 ᄀᆡᄒᆞ고 쟝로ᄉᆞ 고영복씨가 쥬쟝ᄒᆞᆯ시 회원은 방텽인합ᄒᆞ여 百여인이오 각구역쟝이 교회졍황과 쥬일학교형편과 연보샹ᄐᆡ를 각기보고ᄒᆞ고 ᄇᆡᆨ형련씨ᄂᆞᆫ 교회흥왕케ᄒᆞᆯ방침으로 셔원필 함광션량씨ᄂᆞᆫ 쥬일학교확장ᄒᆞᆯ취지로 김인슈 리공션량씨ᄂᆞᆫ ᄌᆞ급에 ᄃᆡᄒᆞᆫ 문뎨로 ᄌᆞ미잇게 연셜ᄒᆞ고 이샹三항에 ᄃᆡᄒᆞ야 더욱 발뎐식히기 위ᄒᆞ야 각위원을 션뎡ᄒᆞᆫ후 보고케ᄒᆞ고 ᄆᆡ일 하오七시로 八시ᄭᆞ지ᄂᆞᆫ 부흥회로 모혀 회ᄀᆡ와 즁ᄉᆡᆼ과 셩결이란문뎨로 젼도ᄉᆞ김동근 박여三 졍지덕 김형셕 박학면졔씨가 격졀히 젼도ᄒᆞᄆᆡ 一반교우가 셩신의 감동ᄒᆞ심으로 크신은혜를 만히 밧엇ᄉᆞ니 모든교회가 이회의 결과로 더욱 흥왕ᄒᆞᆯ줄 밋ᄂᆞᆫ다 ᄒᆞ엿더라

●박씨의헌금　부평 권신一

경긔도 부평군 갈월리교회 박야곱씨ᄂᆞᆫ 작년九월분에 교회에셔 말ᄒᆞ기를 례ᄇᆡ당이 업시 쇽쟈집에셔 례ᄇᆡ보ᄂᆞᆫ것이 너머 불안ᄒᆞ오니 교뎨집 六간에셔 三간을 교회에 밧쳐 회당을 건츅ᄒᆞ게ᄒᆞᄂᆞᆫ것이 맛당ᄒᆞᆫ 일인줄노 아ᄂᆞᆫ것은 쥬ᄭᅴ셔 우리육신에도 은혜를 주샤 쥬셕잡기와 마귀일에 돈을 허비치 아니ᄒᆞ니 이돈의 三분지 一만 써도 교회ᄂᆞᆫ 풍셩ᄒᆞ겟다 ᄒᆞ더니 금년농ᄉᆞ 즁十一됴 六원과 그부인 리누듸아씨의 비녀갑一원과 합七원을 교회에 밧치매 다른 형뎨ᄌᆞ믹들도 감화를밧아 각기힘대로 연죠ᄒᆞ야 회당을 건츅케 되엿스니 하ᄂᆞ님ᄭᅴ 감샤ᄒᆞ며 어ᄃᆡ던지 회당업ᄂᆞᆫ 곳은 이형미를 거울삼으시기를 ᄇᆞ란다 ᄒᆞ엿다더라

●긔인동졍

히리스감독은 본월二十일에 일본으로 브터 경셩에 도챡ᄒᆞ엿더라

▲외　보▼

●일본감리교젼도四十년 긔렴회의후문(後聞)

일본감리교회 젼도四十년 긔렴회를본월六일에 동경청산학원대강당ᄂᆡ에셔 ᄀᆡ최ᄒᆞᆷ은 젼호에 대강 긔ᄌᆡᄒᆞ엿거니와 그후에 ᄌᆞ셰ᄒᆞᆫ 보도를 드른즉 당일에 참셕ᄒᆞᆫ 각교회ᄃᆡ표쟈ᄂᆞᆫ 七百여인에 달ᄒᆞ엿고 당회슌셔ᄂᆞᆫ 림시회쟝 평암션보(平岩愃保)씨가 찬미뎨九十五쟝으로 ᄀᆡ회ᄒᆞᆫ후 평뎐씨가 셩경을 랑독ᄒᆞ고 산뎐씨가 긔도ᄒᆞᆫ후 회쟝이 ᄀᆡ회대지를 셜명ᄒᆞ고 가나다 감리교션교ᄉᆞ 산비씨를 소ᄀᆡᄒᆞ야 히교회의 젼도ᄒᆞᆫ 샹황(狀況)에 ᄃᆡᄒᆞᆫ 연셜을 드른후 동양영화(英和)녀학ᄉᆡᆼ이찬미를 합챵ᄒᆞ고 감리교 최쵸션교ᄉᆞ 데비손씨가 연셜ᄒᆞ고 감독 히리스씨가 일본 감리교의 과거력ᄉᆞ와 쟝ᄅᆡᄉᆞ업에 ᄃᆡᄒᆞ야 一쟝연셜ᄒᆞᆫ후 일본긔독교동밍회(同盟會)ᄃᆡ표쟈 쇼과홍도(小崎弘道)씨가 (一)젼도의열셩 (二)서로 ᄉᆞ랑ᄒᆞᆷ (三)평민쥬의(平民主義)(四)녀ᄌᆞ교육의발달 (五)교회죠직의완비(完備)라ᄂᆞᆫ 문뎨로 츅ᄉᆞᄒᆞ고 일본션교ᄉᆞ동밍회ᄃᆡ표쟈 쎗틈례씨와 셕판(石坂)씨가 ᄎᆞ례로 츅ᄉᆞᄒᆞᆫ후 ᄲᅡ라씨의 긔도로 하오五시에 폐회ᄒᆞ고 동하오七시에ᄂᆞᆫ 륙디(築地)졍양헌에셔 만찬담화회로 ᄂᆡ외국인二百五十여인이 모혀셔 무한히 친의ᄒᆞᄂᆞᆫ뜻을 표ᄒᆞ고 동九시에 폐회ᄒᆞ엿다더라

●대판의 대젼도회

일본대판(大坂)ᄌᆞ유감리교회에셔 거十一월九일브터 동二十八일ᄭᆞ지 특별대젼도회를 ᄀᆡ최ᄒᆞ엿ᄂᆞᆫᄃᆡ 젼후에 텽도쟈(聽道者)ᄂᆞᆫ 一만인이샹이오 쥬를 밋기로 결심ᄒᆞᆫ쟈ᄂᆞᆫ 二百三十여인이며 새로 일홈붓친쟈가七十인이라더라

●긔인젼도의효력

미국 센루이스남감리회 목ᄉᆞ 토드씨ᄂᆞᆫ 거월즁에 一쥬일동안一ᄇᆡᆨ명의 새교우를 엇기로 ᄌᆞ긔관할ᄒᆞᄂᆞᆫ 교회직원들노 더브러 동밍ᄒᆞᆫ후 一쥬일동안 긔인젼도를 힘쓴 결과로 과연 一ᄇᆡᆨ명의 원입인을 엇엇다더라

긔　셔

●하ᄂᆞ님이계신가(쇽)　한셩 류경셩

二관 하ᄂᆞ님관렴의발달

一、다신교(多神教)

뎨一관에ᄂᆞᆫ 으희와 야만파동등으로 단슌ᄒᆞᆫ 샹고시ᄃᆡ의 관렴을 대강말ᄒᆞ엿거니와 뎨二관에ᄂᆞᆫ 크게 발달된것을 셜명코져 ᄒᆞ노니 시ᄃᆡ로 말ᄒᆞ면 샹고ᄂᆞᆫ 지나가고 즁고를 당ᄒᆞ엿스니 뎨一 뎨三항의 말과 련락된뜻인ᄃᆡ 근원은 어리셕은ᄃᆡ셔 나온것이나 학셜노 보면 아조 그런것도 아니오 츄샹뎍으로 무형ᄒᆞᆫ 신이라ᄂᆞᆫ ᄒᆞᆫ뎨안(提案)이 ᄉᆡᆼ겻스나 지식이 유치ᄒᆞᆷ으로 무형ᄒᆞᆷ을 너머 허ᄒᆞ게 녁이여 큰물건의게 졉ᄒᆞ엿다ᄒᆞ여 더회눈에 큰소나 코세리나 비암이 크게뵈이ᄂᆞᆫ고로 그동몰들을 위ᄒᆞ고져ᄒᆞᆷ이 아니엇마ᄂᆞᆫ ᄌᆞ연히 여긔셔ᄂᆞᆫ 소를 위ᄒᆞ고 뎌긔셔ᄂᆞᆫ 코ᄭᅵ리를 위ᄒᆞ며 또 다른곳에셔ᄂᆞᆫ 비암이나 말이나 도야지나 그외에 ᄆᆞ음에 ᄉᆡᆼ각나ᄂᆞᆫ대로 위ᄒᆞ여 몃ᄇᆡᆨ년을 지내고 보

니 점점 미신덕ᄉᆞ샹과 풍쇽으로 도라가셔 나죵에는 각셕즘싱이 다 신이 되엿ᄉᆞ니 이는 곳 다신교라 가셕ᄒᆞ도다 인도국 三억만인구와 애굽과 셔양제국의 죵고시ᄃᆡ 인민이여 헛되히 여러신을 셤겻도다 죵고시ᄃᆡ 희랍국은 학문이 비로소 발달되여 텬문과 디질학을 연구ᄒᆞ는ᄯᆡ라 일월셩신에 관ᄒᆞᆫ 학셜을 발포ᄒᆞ는 동시에 히와 돌과 별의 긔묘ᄒᆞᆷ을 셰ᄃᆞᆺ고 즉시 이것들을 슝비ᄒᆞ여 희랍등여러나라에셔 수업는 신이 싱기어 이것도 이샹ᄒᆞ면 신이오 더것도 이샹ᄒᆞ면 신이오 눈에다 하ᄂᆞ님으로만 뵈여 금슈초목들이 다 신으로 ᄃᆡ졉을밧엇더라(우리나라에셔도 고목과 고셕을 슝비ᄒᆞᄂᆞ니라)

二、어러신가온ᄃᆡ 경징이 싱기다

이ᄯᆡ에는 쥬후뎨五셰긔로 八셰긔ᄭᆞ지 ᄂᆞ려오는 동안이니 점점 경징심이 발ᄒᆞ기 시작이 된고로 이민족이 더민족파 승부를 시험ᄒᆞ고 이당파가 더당파와 경징을 련달ᄒᆞ는 동시에 신의 명칭도 다토와가니 희랍은 더희방언으로 데어쓰(하ᄂᆞ님이라ᄒᆞᆷ)라ᄒᆞ며 희부리사ᄅᆞᆷ은 엘로힘이라ᄒᆞ며 지나인은 시앙듸(上帝)라ᄒᆞ며 혹 여호와라ᄒᆞ며 혹 하ᄂᆞ님이라고도 ᄒᆞ여셔 더희의 데어쓰가 뎨一놉다ᄒᆞ며 숑경ᄒᆞ엿고 샤신즁에도 소나 코셰리나 악어등물노 우열을 갈나셔 서로 비쇼ᄒᆞ엿스니 경징은 ᄒᆞᆯ만ᄒᆞᆫ 문뎨이나 즁심뎜은 뒤에두고 어리셕게 셰월을 허비ᄒᆞ엿스니 다만 반항(反抗)을 직축ᄒᆞᆯ뿐이로다

二、十六七八셰긔의구라파

이샹의 결국파ᄀᆞᆺ치 즁심뎜되는 문뎨가 이시ᄃᆡ에와셔 탁월ᄒᆞᆫ 결국을 지엇스니 여러신이 놉흘수도업스며 등급이 잇고 등급의위로 신을 난흘수도업는고로 진위(眞僞)를 가리는 것이 묘칙이며 실노 즁앙뎜인고로 진위를 히결(解結)케 되엿스니 필요ᄒᆞᆫ 시긔더라 구라파의 十六셰긔 시ᄃᆡ는 감탄ᄒᆞᆯ만ᄒᆞ니 녯것이가고 새것을 리용ᄒᆞᆯᄯᆡ며 어리셕은 ᄉᆞ샹은 업셔지고 진션진미ᄒᆞᆫ것을 취용ᄒᆞᆫ시ᄃᆡ러라

●참는거시복됨

부평 권인一

대뎌 사ᄅᆞᆷ의 덕힝이라 ᄒᆞ는 거슨 어려운일 당ᄒᆞᆯᄯᆡ에 참는거시 ᄀᆞ장 크도다 엇지그러ᄒᆞ뇨ᄒᆞ면 사ᄅᆞᆷ이 분ᄒᆞᆫ일을 보고 욕을 당ᄒᆞᆯᄯᆡ에 분를 참지못ᄒᆞ면 필경은 뎌사ᄅᆞᆷ파ᄀᆞᆺ치 싸홈ᄒᆞ기도 쉽고 싸홈ᄒᆞ다가 살샹ᄒᆞ기가 쉬운거시오 원통ᄒᆞᆫ일을 당ᄒᆞᆯᄯᆡ에 또ᄒᆞᆫ 참지못ᄒᆞ면 필경은 제가 ᄉᆞᄉᆞ로 약을 먹고 죽던지 물에 ᄲᅡ저죽던지 혹은 목숨을 ᄭᅳᆫ으랴 다가 목뎍을 달치못ᄒᆞ고 병신되기가 쉬운지라 그런고로 우리쥬를밋는형뎨ᄌᆞ미제씨는 셩경말ᄉᆞᆷ에 잇는거슬 싱각ᄒᆞ야 힝동ᄒᆞᆯ거시니 셩경말ᄉᆞᆷ에 참는쟈 복잇다ᄒᆞ시며 사ᄅᆞᆷ이 능히 참을진ᄃᆡ 일빅ᄭᆞ지 복이된다 ᄒᆞ셧고 소셜에말ᄒᆞᄃᆡ 평안ᄒᆞᆫ것이 욕을 참는것만 ᄒᆞᆫ것이업다ᄒᆞ고 녯날 요빅은 ᄌᆞ녀十인파양七千수와 약대삼쳔필파 소오빅필파 허다ᄒᆞᆫ 지산이 일조에 업셔지고 ᄌᆞ긔몸ᄭᆞ지라도 악창에 걸녓스되 시종을여일ᄒᆞ게 참은고로 하ᄂᆞ님ᄭᅴ셔 은총을 다시주셧고 또 장공예(張公藝)라ᄒᆞ는사ᄅᆞᆷ은 九ᄃᆡ를 ᄒᆞᆫ집안에셔ᄀᆞᆺ치 사라 식구가 수百명이되여도 싸홈ᄒᆞ는일이업고 날마다 화평ᄒᆞ게 지내매 그ᄯᆡ황뎨가 장공을 불너 제가(齊家)ᄒᆞ는법을 무른ᄃᆡ 장공이 참을 인ᄌᆞ빅를 써올녓스니 그ᄯᅳᆺ은 참음으로 써싸홈말기로 경계ᄒᆞᆫ거시라 이로볼진대 참는거시 덕힝을 닥는거시아니뇨 구쥬 ᄀᆞᆯᄋᆞ샤ᄃᆡ 환란을 당ᄒᆞᆯᄯᆡ에 홍상 참으라ᄒᆞ셧고 ᄉᆞ도바울이ᄀᆞᆯᄋᆞᄃᆡ 환란이 사ᄅᆞᆷ으로ᄒᆞ여곰 참는ᄆᆞᄋᆞᆷ을 나게ᄒᆞ고 억지로 참는거시 사ᄅᆞᆷ으로ᄒᆞ야곰 단련ᄒᆞ는 공부가 되게ᄒᆞ고 단련ᄒᆞ는 공부가 ᄇᆞ라는 ᄆᆞᄋᆞᆷ을 나게ᄒᆞ고 ᄇᆞ라는ᄆᆞᄋᆞᆷ이 붓그러운거슬 업게ᄒᆞᆷ은 하ᄂᆞ님ᄭᅴ셔 우리의게 셩신을 주샤 우리을 ᄉᆞ랑ᄒᆞ시며 우리ᄆᆞᄋᆞᆷ을 열어 주심이니 우리구셰쥬를 밋는교우들은 이셰상에 괴로운일이 만히잇슬지라도 참고 견딤으로써 후셰에 영원ᄒᆞᆫ복락을밧고 금셰에도 거룩ᄒᆞᆫ 사ᄅᆞᆷ이 되기를 ᄇᆞ

르ᄂᆞ니 제자교우들은 실컵ᄒᆞ여보십세다

교회ᄉᆞ긔

●十二관 졔롬을의론ᄒᆞᆷ

쥬후二百여년에 고금을 통달ᄒᆞᆫ 사ᄅᆞᆷ졔롬이 잇스니 졂어슬ᄯᅢ브터 도를위ᄒᆞ야 죽은사ᄅᆞᆷ의 무덤에 가놀기를 됴화ᄒᆞ며 ᄌᆞ긔의 ᄐᆡ싱디 로마에서 넷글을 공부ᄒᆞ고 죠년에 세례를 밧은후에 동서각국에 유람ᄒᆞ야 일홈이 나타난 은ᄉᆞ를 ᄉᆞ괴더니 三百七十三년에 안듸옥에서 병이 드러 심히 위즁ᄒᆞᆫ즁 ᄭᅮᆷ에 그리스도압헤서 심판을 밧을시 그리스도ᄭᅴ서 무러ᄀᆞᄅᆞ샤ᄃᆡ 네가 뉘뎨ᄌᆞ냐 ᄒᆞ시거ᄂᆞᆯ ᄃᆡ답ᄒᆞᄃᆡ 그리스도의신쟈ㅣ니이다 ᄀᆞᆯᄋᆞ샤ᄃᆡ 아니라 너는 넷 로마국학ᄉᆞ의 뎨ᄌᆞ니 대개 너희ᄌᆡ물이 잇ᄂᆞᆫ곳에는 ᄆᆞᄋᆞᆷ도 잇ᄂᆞ니라 ᄒᆞ시거ᄂᆞᆯ ᄭᅮᆷ을 ᄭᆡᆫ후로브터 그젼에 ᄇᆡ혼것을 다 ᄇᆞ리고 명예를 숭샹ᄒᆞ던ᄆᆞᄋᆞᆷ이 업서진지라 산림(山林)속에 은거ᄒᆞ야 한가ᄒᆞᆫ 사ᄅᆞᆷ이 되엿더니 얼마쉬지 아니ᄒᆞ여 안듸옥교회의 쟝로직분을 밧고 다시 로마로 도라오니 경건ᄒᆞᆫ 부인이 만히 본밧아 숨어거ᄒᆞ고 또 셰가(勢家)즁 두어사ᄅᆞᆷ이 ᄌᆞ긔산업을 ᄇᆞ리고 가니안ᄯᅡ에 가서 벳을네헴에 숨어사니 거긔서 졔롬이 셩경의 학문을 통달ᄒᆞ고 四百二十년에 죽으니라 그의일홈이 나타난바는 로마문ᄌᆞ로써 셩경을 번역ᄒᆞ엿ᄂᆞᆫᄃᆡ ᄎᆡᆨ일홈은 부가타경(咈咖咃經)이니 (번역ᄒᆞ면통ᄒᆞ여쓰ᄂᆞᆫ것)텬쥬교에서는 지금ᄭᆞ지도 이글노 셩경을 삼ᄂᆞ니라 그러나 산림속에 거ᄒᆞ야 쟝가들고 싀집가지 안는것으로 분수외의 공을 세운다ᄒᆞ고 또 후人사ᄅᆞᆷ으로 마리아를 셤기게ᄒᆞ며 또 넷셩인과 그ᄒᆡ골을 놉혀 이단에 흘너드러가게 ᄒᆞᆫ고로 교를 ᄀᆡ혁ᄒᆞ던 누터가 ᄀᆞᆯᄋᆞᄃᆡ 넷젹 명ᄉᆞ즁에 ᄀᆞ쟝 뮈운쟈는 졔롬이라 ᄒᆞ니라 오직 금식ᄒᆞ고 쟝가들며 싀집가지안코 넷셩인과 그ᄒᆡ골을 놉히는것만 말ᄒᆞ고 어진것과 소망과 ᄉᆞ랑을 말ᄒᆞ지아니ᄒᆞ여 폐단을 무궁ᄒᆞᆫ데 셋켓스니 엇지 익셕지아니 ᄒᆞ리오

세계격언

一、정신이 고샹ᄒᆞ고 견고ᄒᆞᆫ쟈는 一만가지 어려온경우를 당ᄒᆞᆯ지라도 태연ᄌᆞ약(自若)ᄒᆞ야 ᄌᆞ유로 ᄉᆞ샹을 운용ᄒᆞ야 미리 불측(不測)을 방비ᄒᆞᄂᆞ니라

二、도리의 명령을 좃차 능히 분로홈을 졔어(制禦)ᄒᆞᄂᆞᆫ쟈 춤 용ᄆᆡᆼ잇ᄂᆞᆫ쟈라 칭ᄒᆞᆯ지니라

三、능히 ᄌᆞ긔를 이긤으로 졍욕과 희망과 두려옴을 관리ᄒᆞᄂᆞᆫ쟈는 ᄀᆞ쟝 놉흔 인격(人格)이니라

四、사ᄅᆞᆷ마다 각각 ᄌᆞ긔의 텬셩을 살펴서 ᄌᆞ긔의게 뎍당ᄒᆞᆫ ᄉᆞ업을 경영ᄒᆞᆯ것은 만일 텬셩에 뎍당치 못ᄒᆞᆫᄉᆞ업에 죵ᄉᆞᄒᆞ면 안령과 ᄒᆡᆼ복에 격절(隔絶)ᄒᆞᆫ 사ᄅᆞᆷ이 되기 쉬운ᄭᆞ닭이니 가령 유약다겁(柔弱多怯)ᄒᆞᆫ쟈가 군인될수 업스며 활발용감ᄒᆞᆫ쟈가 무숨라산(懶散)ᄒᆞᆫ 싱활을 경영ᄒᆞᆯ수 업ᄂᆞ니라

●ᄉᆞ조(詞藻)

●동방의별

一、네젼선지 예언ᄒᆞᄃᆡ
야곱에서 ᄒᆞᆫ별나와
미ᄉᆞ야가 오실것을
말ᄒᆡᆺ더니 이말ᄉᆞᆷ을
응ᄒᆞ려고 빗최엿ᄂᆞᆫ가

二、말못ᄒᆞᄂᆞᆫ 별ᄭᆞ지도
하ᄂᆞᆯ에서 빗출내여
동방박ᄉᆞ 인도ᄒᆞ니
셰샹만민 본밧어서
인도ᄒᆞ라 빗최엿ᄂᆞᆫ가

三、동방박ᄉᆞ 례물ᄒᆞᄃᆡ
옥합에서 보물내여
예수ᄭᅴ다 드렷스니
만국만민 본밧어서
례물ᄒᆞ라 빗최엿ᄂᆞᆫ가

四、어둔밤에 목쟈들도
뷘들에서 영광보고
ᄌᆞ긔직업 다ᄇᆞ리고
구쥬차자 뵈왓스니
쥬차지라 빗최엿ᄂᆞᆫ가

五、찬송ᄒᆞᄂᆞᆫ 텬ᄉᆞ들도
하ᄂᆞᆯ에서 할넬누야
ᄒᆞᄂᆞᆫ소ᄅᆡ 웅쟝ᄒᆞ니
ᄯᅡ에잇ᄂᆞᆫ 죄인들아

찬숑ᄒᆞ자 빗최엿ᄂᆞᆫ가
아름답다
동방별이여

셩경공부의지침(속)

●셩경닑ᄂᆞᆫ비결

二、셩경말ᄉᆞᆷ을 ᄃᆡ죠(對照)ᄒᆞᆷ이니 므릇셩경의 통변은 셩경만 ᄒᆞᆫ것업다 ᄒᆞᆷ은 구약의 말ᄉᆞᆷ이 만히 신약속에 응험(應驗)ᄒᆞᆫ 연고라 그럼으로 구약레위긔와 신약히브리인셔는 ᄃᆡ죠ᄒᆞ야보면 그가온ᄃᆡ 광명션(光明線)이 서로 련락ᄒᆞᆫ것을 가히 알지라 그런고로 감독 하쏠네의져술ᄒᆞᆫ 칙에 닐넛스ᄃᆡ 누구던지 다쇼간 경험이 업ᄂᆞᆫ쟈는 확실히 세돗기 어렵지마는 나는 셩신의 도으심으로 오ᄅᆡ동안 시험ᄒᆞ야 봄으로 깁히밋노니 하ᄂᆞ님의 말ᄉᆞᆷ을 쥬셕이나 무ᄉᆞᆷ다른히셕을 가지고 공부ᄒᆞᄂᆞᆫ것보다 관쥬셩경을 노코 령졍(冷靜)ᄒᆞᆫ 뢰로써 묵샹(默想)ᄒᆞ면셔 서로 ᄃᆡ죠ᄒᆞ야 공부ᄒᆞᄂᆞᆫ것이 령ᄒᆞᆫ구원ᄒᆞᆷ에 ᄃᆡᄒᆞ야 몃비나 더 속히 진보ᄒᆞᄂᆞᆫ 지식을 엇을지라 또ᄒᆞᆫ 내가 확실히 증거ᄒᆞ기를 쥬져ᄎᆞ아니ᄒᆞᆯ것은 ᄀᆞ장무식ᄒᆞᆫ 신쟈라도 셩신의 인도ᄒᆞ심을 인ᄒᆞ야 이우희말ᄒᆞᆫ 방법대로 셩경을 공부ᄒᆞ면 곳 신령ᄒᆞᆫ 지식을 엇어 그 졍도대로 ᄒᆞᆫ 종교가를 일우어 모든 하ᄂᆞ님의 말ᄉᆞᆷ을 저희 ᄉᆞᄉᆞ의견으로 히셕ᄒᆞ거나 오활(迂濶)ᄒᆞᆫ 증거와 허망ᄒᆞᆫ 학셜노 남을 그릇인도ᄒᆞᄂᆞᆫ쟈들의게 미혹(迷惑)ᄒᆞᆫ바 되지아니ᄒᆞᆯ지니 그럼으로 셩경은 파연 우리의 밋ᄂᆞᆫ바와 ᄀᆞᆺ치 밋음의 방픽요 실힝의 원측이며 구원의셔암이라」ᄒᆞ엿ᄂᆞ니라

(미완)

가뎡과쇼ᄋᆞ

●어려셔 총명ᄒᆞᆷ

송나라 졍명도(程明道) 션ᄉᆡᆼ이 一二셰되엿슬때에 유모의게 업혀동산에 올나갓더니 유모의 빈혀(釵)가 싸져 풀속에 ᄯᅥ러지ᄂᆞᆫ것을 유모가 세돗지못ᄒᆞ나 션ᄉᆡᆼ은 보고그곳을 긔억ᄒᆞ엿더라 유모가 집으로 도라오다가 즁로에셔 비로소 빈여 싸짐을 세돗고 황황히 오던길노 다시가며 차즐셰 션ᄉᆡᆼ은 말을 아직못ᄒᆞᆷ으로 닐너주지못ᄒᆞ나 손으로몬져 유모의 머리털을 잡아 다리고 다시 손으로 어ᄃᆡ를 멀니 ᄀᆞᄅᆞ치ᄂᆞᆫ지라 유모는 그 ᄀᆞᄅᆞ치ᄂᆞᆫ 곳을 향ᄒᆞ야 가더니 ᄒᆞᆫ곳에 니르러셔ᄂᆞᆫ 손으로 풀속을 ᄀᆞᄅᆞ침으로 ᄌᆞ세히 차져본즉 파연 빈여가 그속에 잇셧다더라

담총

▲영국셔 一년동안에 외국으로 슈츌ᄒᆞᄂᆞᆫ 금은보패의 졔죠물픔은 八千六百만원가치에 달ᄒᆞᆫ다더라

▲영국졍부에셔는 나히七十이샹에 달ᄒᆞᆫ 로인즁빈한ᄒᆞᆫ쟈의게 양로금(養老金)주기를 실시ᄒᆞ엿ᄂᆞᆫᄃᆡ 작년에 양로금밧은 로인은 녀가 六十만 三千三百八十인이오 남이三十六만二千六百二十八인이라더라

▲근일 아라사의 쥬문(注文)에 의지ᄒᆞ야 덕국셔 ᄒᆞᆫ 슈뢰뎡(水雷艇)을 졔죠ᄒᆞ엿ᄂᆞᆫᄃᆡ 이 긔관에는 셕탄을 쓰지안코 셕유를 쓰되 그속력은 ᄒᆞᆫ시간에 三十七히리(海哩一海里가三里的)를 더간다더라

평림

●몃죵류의 가셕(可惜)ᄒᆞᆫ쟈

一、복음의 도리를 듯고도 능히 세돗지 못ᄒᆞ야 졈졈 의심만ᄒᆞᄂᆞᆫ쟈는 참 가셕

二、젼도을 드르면 혹 밋음이 싱길가 겁이 나셔 교당안에를 드러오지도 못ᄒᆞᄂᆞᆫ쟈는 참가셕

三、남의 종교를 ᄌᆞ세히 연구ᄒᆞ야보지도 안코 언필칭 텬쥬학을 누가 ᄒᆞᄂᆞᆫ야고 비방ᄒᆞᄂᆞᆫ쟈는 참가셕

四、우리도의 올흔줄을 알면셔 친쳑과 친구의 죠쇼(嘲笑)를 두려워셔 감히 교회에 드러오지 못ᄒᆞᄂᆞᆫ쟈는 참가셕

五、ᄌᆞ긔의 학식을밋고 교만ᄒᆞ야 하ᄂᆞ님의 말ᄉᆞᆷ을 능멸히 아ᄂᆞᆫ쟈는 참가셕

六、그리스도의 뎨ᄌᆞ가 되엿다가 즁간락심ᄒᆞ야 도로

마귀의 세력안으로 드러간쟈는 참가셕

七、예수교를 밋으면 이세샹의 쾌락을 ᄆᆞᄋᆞᆷ대로 홀수업ᄂᆞᆫ고로 교회에 드러오지 못ᄒᆞ노라 말ᄒᆞᄂᆞᆫ쟈는 참가셕

종교쇼셜(宗敎小說)

●량단의루 (九)

ᄉᆞ목ᄉᆞ는 곳 편지두장을 써셔 우편으로 붓쳣ᄉᆞ니 ᄒᆞᆫ장은 의묘교회에 갈수업는 ᄯᅳᆺ으로 회답ᄒᆞᆫ것이오 ᄯᅩᄒᆞᆫ장은 미돈교회에 가겟노라고 승락ᄒᆞᄂᆞᆫ 답장이라 이외에 ᄯᅩ 편지 ᄒᆞᆫ장을 써서 ᄌᆞ긔의 동학ᄒᆞᆫ 친구의게 붓쳣ᄂᆞᆫ되 이편지의 ᄉᆞ연을 ᄌᆞ세히 보면 ᄉᆞ목ᄉᆞ의 사ᄅᆞᆷ된 픔격의 엇더ᄒᆞᆫ것을 가히알지니 그 ᄉᆞ연에 닐ᄋᆞ되

교데ᄉᆞ빌립은 동학ᄒᆞ신 형님요덕복좌하ᄭᅴ 두번절ᄒᆞ고 글을 올니ᄂᆞ이다 ᄒᆞᆫ번 소미를 논흔지 수년동안에 형님의 아ᄅᆞᆷ다온의범(儀範)을 샹ᄃᆡ치못ᄒᆞᄆᆡ 흥샹 경경(耿耿)ᄒᆞᆫ 회포가 군절ᄒᆞ오나 령혼샹교제는 ᄯᅢᄯᅢ로 잇ᄉᆞ오니 서로 ᄆᆞᄋᆞᆷ을 위로ᄒᆞ기 족ᄒᆞ도다 교데는 어제 미돈 가부교회의 쥬관목ᄉᆞ로 툐빙(招聘)홈을 밧엇ᄉᆞᆸᄂᆞᆫ되 교데의 쳔단(淺短)ᄒᆞᆫ 지식으로 능히 이직임을 담당키어렵ᄉᆞ오나 교데의 현금ᄉᆞ졍으로 말ᄒᆞ오면 교데가 관할ᄒᆞ던 이곳교회는 수삭젼에 임의 다른 교회와 합병(合倂)ᄒᆞᆫ고로 특별히 맛흔 직분이 업슴을 미우 무료(無聊)히 싱각ᄒᆞ던차에 ᄯᅳᆺ밧긔 미돈교회의 ᄒᆞᆫ뷘자리가 잇슴은 진실노 텬부ᄭᅴ셔 교데를 위ᄒᆞ야 예비ᄒᆞ신것인즉 깃고 감사ᄒᆞᄂᆞ이다 대개 미돈은 대단히 번화ᄒᆞᆫ 도시며 졔죠공쟝(製造工場)의 즁심인고로 八만여호의 노동가(勞働家)가 들ᄭᅳᆯ코 쳥루쥬ᄉᆞ가 四방에 버러잇ᄉᆞ며 모든 악챡ᄒᆞ고 음탕ᄒᆞᆫ 영업이 셩힝ᄒᆞᄂᆞᆫ곳이라 그러나 ᄌᆞ리로 젼도의 세력이 심히 박약(薄弱)ᄒᆞ야 죄악즁에 ᄲᅡ져셔 나오지 못ᄒᆞᄂᆞᆫ쟈 이에셔 더만ᄒᆞᆫ곳이 업ᄂᆞᆫ지라 그런즉 교데의 지능으로써 이런죄악계에 션젼(宣戰)ᄒᆞ고 나셔기 좀 어려울지라도 오쥬예수ᄭᅴ셔는 반ᄃᆞ시 이 죄만ᄒᆞᆫ곳에 풍셩ᄒᆞᆫ 은혜를 ᄂᆞ리시랴고 교데를 부르신줄 세ᄃᆞᆺᄂᆞᆫ고로 교데는 셰샹사ᄅᆞᆷ의 모든 비평(批評)을 도라보지 안으며 몸과 목숨을 다 밧쳐쥬의일에 젼력홈으로 이 죄악의 굴혈되는 미돈에 텬국의 긔초를 굿게 세우기로 결심ᄒᆞᆫ고로 오ᄂᆞᆫ쥬일ᄂᆡ에는 곳 미돈으로가셔 임무(任務)에 챡슈ᄒᆞ깃ᄂᆞ이다 슌송 도안(順頌道安)

년월일 셩명 돈

(미완)

◎회보딕금령슈

지명	성명	금액
珍島	鄭雲夏	四十錢
	黃炳琥	四十錢
	崔東一	四十錢
	池容默	四十錢
	崔鉉瓚	四十錢
	吳殷善	四十錢
	金正文	八十錢
	尹兌鉉	四十錢
	張秉東	四十錢
釜山	金洞圖	四十錢
忠州	宋文用	三十錢
成川	裵貞一	二圓
加平	崔壽永	二圓七十錢
平山	閔洛淳	四十錢
	丁義道	四十錢
	金尙五	四十錢
安山	朴德賢	八十錢
開城	李錫雲	四十錢
京城	李枝盛	一圓
麟蹄	曹正煥	六十錢
	李鍾範	四十錢
	全士俊	四十錢
	朴根三	四十錢
	朴南秀	四十錢
	朴德云	四十錢
	崔瑪太	四十錢
	崔約翰	八十錢
	張弘錫	四十錢
	高致善	八十錢
伊川	李昌雲	四十錢
平康	韓君玉	八十錢
淮陽	朴東浩	四十錢
原州	劉明七	四十錢
寧越	許順一	四十錢
	崔시모	五十錢
	李道賢	四十錢
西部孔德里	方足信	四十錢
	金增默	四十錢
	高健成	四十錢
	劉漢鍾	四十錢
全龍山	柳載源	四十錢
京城休岩里	吳泰泳	四十錢
陽德	李鎭亨	三十錢
鎭南浦	趙熙弘	八十錢
	孫德允	四十錢

地方	姓名	金額
龍岡	印貺偁	四十錢
日本東京	金永燮	六十錢
堤川	韓泰洙	四十錢
寧越	李明西	四十錢
開城	朴彥緖	八十錢
京淸風橋	玄 樑	一圓
恩津	金秉濟	四十錢
魯城	金商文	四十錢
恩津	金周鉉	四十錢
	徐應喬	四十錢
扶餘	金聖基	四十錢
	朴禮來	四十錢
鎭南浦	安錫瀞	二圓八十錢
京同樂園	金昌奎	四十錢
仝尙洞	金永植	三十錢
水原	裵炳周	三十錢
南陽	金致玉	三十錢
金城	車東勳	三十錢
木川	柳亀寬	四十錢
	白千一	四十錢
寧邊	方基淳	一圓
陰城	金致翼	八十錢
	李元弼	八十錢
白川	金泰鉉	八十錢
	羅致榮	四十錢
永平	李應三	四十錢
	安得烈	八十錢
抱川	趙聖道	四十錢
	金俊楨	四十錢
	李상午	四十錢
楊州	金憲明	四十錢
	韓爽鎭	八十錢
	李約翰	四十錢
	崔鶴賓	四十錢
	元明三	四十錢
	洪明玉	四十錢
平康	金炳云	四十錢
	林介鵬	四十錢
	朴晶植	四十錢
	朴淵瑞	四十錢
	崔春先	四十錢
	李秉郁	四十錢
石橋	敎堂	四十錢
	金顯聲	六十錢
	金奉賢	四十錢
	金利浩	四十錢
	李成律	四十錢
鐵原外鶴里	敎堂	四十錢

그리스도회보

KOREAN CHRISTIAN ADVOCATE

每週一回月曜日發行
大正三年二月廿六日印刷
大正三年三月二日發行

發行兼編輯人 開城北部山芝峴 奇義男
印刷人 京城北部樓閣洞 朴東完
印刷所 京城南部上犁洞 新文館
發行所 京城北部壯洞四十三統三戶 呂炳鉉邸

ᄃᆡ금…代金 一쟝 二젼 / 六ᄀᆡ월 四十젼 / 一ᄀᆡ년 八十젼 / 海外一ᄀᆡ년 一환六十젼

샤셜

●가ᄂᆞᆫ곳마다빗이잇슴(到處有光)

미국스틘드야드셕유회샤총무가엇던사ᄅᆞᆷ을 ᄃᆡᄒᆞ야 ᄌᆞ긔회샤의 흥왕ᄒᆞᄂᆞᆫ 형편을 말ᄒᆞ여왈「셰계만국즁 각 대도회쳐나 져근 촌락이나 유벽ᄒᆞᆫ협즁이나 외로온도즁(島中)이나 어ᄃᆡ던지 사ᄅᆞᆷ이 사ᄂᆞᆫ 곳에셔ᄂᆞᆫ 어두운것을 슬혀ᄒᆞ고 ᄇᆞᆰ은것을 됴화ᄒᆞᄂᆞᆫ자ㅣ 반ᄃᆞ시 본회샤에셔 슈츌(輸出)ᄒᆞᄂᆞᆫ 셕유를 요구ᄒᆞᆫ다」ᄒᆞ엿ᄉᆞ니 본긔쟈ㅣ 이 니야기를 드를ᄯᅢ에 ᄒᆞᆫ ᄉᆡᆼ각이 니러나ᄂᆞᆫ거ᄉᆞᆫ 이회샤의 슈츌ᄒᆞᄂᆞᆫ 셕유의 효력은 다만 어두운 밤에 남포나 장명등을 인ᄒᆞ야 잠시 ᄇᆞᆰ은 빗을 사ᄅᆞᆷ의게 주지마ᄂᆞᆫ 우리쥬 예수그리스도의 복음은 가ᄂᆞᆫ곳마다 능히 사ᄅᆞᆷ의 ᄆᆞᄋᆞᆷ속에 어두운것을 내여ᄶᅩᆺ고 영원히 ᄇᆞᆰ은 빗을 주ᄂᆞᆫ 효력이 잇스며 ᄯᅩ 이회샤ᄂᆞᆫ 돈을 밧고 셕유를 주되 쥬의 복음은 원ᄒᆞᄂᆞᆫ쟈로 ᄒᆞ여곰 돈도내지 말고 ᄌᆞ유로 빗을 밧으라ᄒᆞ되 오ᄂᆞᆯ날 이셕유의 발슈된것과 복음의 젼파된것을 비교ᄒᆞ야 보건ᄃᆡ 스틘드야드 셕유회샤ᄂᆞᆫ 창셜ᄒᆞᆫ지 겨오 五十년동안에 그슈츌ᄒᆞᆫ셕유가 이ᄃᆡ구샹 어ᄃᆡ던지 사ᄅᆞᆷ사ᄂᆞᆫ 곳에ᄂᆞᆫ 거의 집마다 드러갓스나 우리그리스도교회ᄂᆞᆫ 셜립된지 一千九百여년에 아직 복음의 빗을 보지못ᄒᆞᆫ 집이 몃百만호며 구쥬의 일홈을 훼방ᄒᆞᆫ쟈 몃억만명이뇨 ᄒᆞ나ᄂᆞᆫ 엇지 그리 속히 발슈되며 ᄯᅩᄒᆞ나ᄂᆞᆫ 엇지 그리 더듸 젼파되ᄂᆞ뇨 그원인은 다름아니라 이셰샹사ᄅᆞᆷ들은 더희 육톄를 위ᄒᆞ야 눈으로 보ᄂᆞᆫ 등불빗만 요구ᄒᆞᄂᆞᆫ쟈ㅣ 만코 더희 령혼을 위ᄒᆞ야 보이지 안ᄂᆞᆫ 도덕의 빗은 요구ᄒᆞᄂᆞᆫ쟈ㅣ 적은ᄭᆞ닭이니 우리쥬의 ᄃᆡ리인되ᄂᆞᆫ 모든젼도인들과 신쟈들은 쥬의 나죵 계명에「너희ᄂᆞᆫ 온텬하에 ᄃᆞ니며 만민의게 복음을 젼파ᄒᆞ라」ᄒᆞ신말ᄉᆞᆷ을 ᄉᆡᆼ각ᄒᆞ야 어셔 이구원의 기ᄲᅳᆷ을 가지고 나가셔 모든 동포의 ᄆᆞᄋᆞᆷ속에 영원ᄒᆞᆫ 빗을 주어 이셰샹에 텬국이 속히 림ᄒᆞ시기를 옹츅ᄒᆞᄂᆞ이다 아멘

샤고

본회보ᄂᆞᆫ 창간(創刊)된지 三쥬년에 여러 형뎨와 ᄌᆞᄆᆡ의 ᄋᆡ호(愛護)ᄒᆞ심을 닙ᄉᆞ와 더욱발뎐ᄒᆞᆯ 희망이 만ᄉᆞ오니 무한히 감샤ᄒᆞ오며 금년곳一千九百十四년 三월一일브터 계속발힝ᄒᆞᆯ 뎨三권에 ᄃᆡᄒᆞ야 새로 구람쟈(購覽者)을 모집ᄒᆞᆯ긔한이 되엿ᄉᆞᆸ기 이에 광고ᄒᆞ오니 죠량ᄒᆞ신후 더욱힘써 도아주시와 좌긔(左開)ᄒᆞᆫ 됴항에 의지ᄒᆞ야 긔한안에 각각 션금을 보내시고 쳥구ᄒᆞ실ᄲᅮᆫ아니라 ᄯᅩᄒᆞᆫ 다른 교우들의게 널니 권유ᄒᆞ시와 신구람쟈를 다수히 모집ᄒᆞ야 보내심을 간졀히 ᄇᆞ라ᄂᆞ이다

◉좌긔됴항

一、본회보ᄂᆞᆫ 젼과ᄀᆞᆺ치 一쥬일간 一회식발힝홈

二、본회보ᄃᆡ금은 一년션금(先金) 八十젼식 뎡ᄒᆞ야 一千九百十四년三월一일브터 익년곳一千九百十五년 二월말일ᄭᆞ지 보시게홈

三、금년브터ᄂᆞᆫ 六ᄀᆡ월션금은 밧지안코 반ᄃᆞ시 一년션금을요구홈

四、본회보의 신구람쟈 모집긔한은 금년三월말일ᄭᆞ지한홈

五、본회보구람쟈를 최다수(最多數)로 모집ᄒᆞ야 보내신이의게ᄂᆞᆫ 은시계(銀時計) 一ᄀᆡ로써 감샤ᄒᆞᆫ 뜻을표홈

六、본회보를 구람코져ᄒᆞ시ᄂᆞᆫ이ᄂᆞᆫ 경셩북부쟝동ᄉᆞ십삼통삼호(京城北部壯洞四十三統三戶) 본회보발힝소로 션금을보내시고 쳥구ᄒᆞ시던지 혹각기교회목ᄉᆞ나 젼도ᄉᆞ나 속쟝이나 매一인의게 위탁(委托)쳥구ᄒᆞ시옵

교즁휘문

◀ᄂᆡ 보▶

●유년쥬일학교의셩황

면회균

츙남 론산교회 쥬일학교는 작년 하긔이후로 졈졈 흥왕ᄒᆞ나 각항규모와 교슈방법이 불완젼ᄒᆞ더니 하ᄂᆞ님의 은혜로 목ᄉᆞ현순씨를 보내샤 쥬일학교죠직과 교슈방법을 ᄀᆞᄅᆞ치심으로 방금실시ᄒᆞᄂᆞᆫ즁 여러쟝유의 열심으로 완젼ᄒᆞᆫ 쥬일학교를 시셜ᄒᆞ고 ᄆᆡ쥬일오후에 공부ᄒᆞᄂᆞᆫ 학ᄉᆡᆼ이 一百二三十명에 달ᄒᆞ엿ᄉᆞ며 교슈방법도 젼보다 션량홈으로 참관ᄒᆞᄂᆞᆫ 외인ᄭᆞ지도 찬셩ᄒᆞ며 이학교로 인ᄒᆞ야 一반교우의 신심과 열심이 더욱 분발ᄒᆞ니 이영광은 하ᄂᆞ님씌 돌닌다 ᄒᆞ엿더라

●리림량씨의ᄌᆞ션심

김병제

평남 운산읍교회 쇽쟝리셕림씨는 쥬를독실히 밋음으로교회의 범ᄇᆡᆨᄉᆞ와 각양비용은 七八년ᄅᆡ에 진심으로 ᄌᆞ담ᄒᆞᄂᆞᆫ즁 작년셩탄일에 一반교우와 판광쟈百여인의 부비와 뎜심을독당ᄒᆞ여 ᄃᆡ졉ᄒᆞ엿ᄉᆞ며 또리계식씨부인 림씨는 텬품이 ᄌᆞ익ᄒᆞ고 인후ᄒᆞᆫ지라 쥬를 밋다가 부득이ᄒᆞᆫ ᄉᆞ셰로 교당에 ᄃᆞᆫ니지는 못ᄒᆞ나 쥬를 ᄉᆞ랑ᄒᆞᄂᆞᆫ ᄆᆞᄋᆞᆷ이 곤졀홈으로 ᄒᆡ마다 교당등유가로 二원식을 연조ᄒᆞ니 이량씨의 열셩과 ᄌᆞ션심은 하ᄂᆞ님씌 감샤ᄒᆞᆫ다 ᄒᆞ엿더라

●룡강교회의사경회

김취려

평남 룡강군 운동면 셩현교당에셔 금월五일브터 一쥬간 남녀사경회를 열고 교슈ᄒᆞᆯᄉᆡ 학ᄉᆡᆼ은 三十一인이오 교ᄉᆞᄂᆞᆫ 목ᄉᆞ김찬흥 권ᄉᆞ김학규량씨오 과졍은 마가 예레미야 례ᄇᆡ규측 밋음인ᄃᆡ 시간은 샹오九시반으로 十二시ᄭᆞ지와 하오二시로 三시ᄭᆞ지오 동七시반으로 八시반ᄭᆞ지 긔도회로 ᄆᆡ야 六十여인이 모혀 신령ᄒᆞᆫ은혜를 밧고 새로밋기작뎡ᄒᆞᆫ형뎨가 三인이오 락심ᄒᆞ엿다가 다시 나온쟈가 三인이오 교우즁 각각 은혜밧은대로 죄를 ᄌᆞ복ᄒᆞ며 몸을 밧쳐 일ᄒᆞ기로 작뎡ᄒᆞ엿ᄉᆞ니 영광을 하ᄂᆞ님씌 돌닌다 ᄒᆞ엿더라

●ᄒᆡ쥬교회사경회

김계혁

황ᄒᆡ도 ᄒᆡ쥬군 청운면 룡미도교당에셔 거월二十七일브터 사경회를 ᄀᆡᄒᆞ고 一쥬간 공부ᄒᆞ엿ᄂᆞᆫᄃᆡ 교ᄉᆞᄂᆞᆫ 젼도ᄉᆞ로시좌 권ᄉᆞ김계혁 쇽쟝김응식 김태식 四씨오 과졍은 로마인셔 쟝졍규측 고린도젼셔 그리스도교뎡문답 히부리 다니엘 에베소오 공부ᄒᆞᆫ이는 四十四인이오 밤마다 五六十명이 긔도회로 모힐ᄉᆡ 로시좌씨가 열심인도ᄒᆞᆫ 결과로 남녀十六인이 새로 밋기로 작뎡ᄒᆞ엿다더라

●양쥬읍교회의부인사경회

리운겸

경긔도 양쥬읍교당에셔 본월九일브터 十二일ᄭᆞ지 사경회를 ᄀᆡᄒᆞ엿ᄂᆞᆫᄃᆡ 교ᄉᆞᄂᆞᆫ 마여쓰부인 림엘니ᄉᆞ벳 안ᄃᆡ비ᄃᆡ 三부인이오 시간은 ᄆᆡ일샹오九시로 十二시ᄭᆞ지와 하오二시로 四시ᄭᆞ지오 동七시에는 부흥회로 모혓ᄉᆞ며 공부에 ᄌᆞ미잇슨것은 여一히 츌셕ᄒᆞᆯ뿐만 아니라 진리를 ᄭᆡᄃᆞ라 알며 진급증셔밧은이가 三인이오 포증쟝밧은이가 三인이오 학년진급증밧은이가 五인인ᄃᆡ 리ᄉᆞ라부인은 나히 지금七十四셰인ᄃᆡ 쥬일마다 十리되ᄂᆞᆫ 교당을 ᄅᆡ왕ᄒᆞ며 이번공부에도 三학년진급증셔를 밧엇ᄉᆞ니 이로인의 밋음과 열심은 본밧을만 ᄒᆞ다 ᄒᆞ엿더라

●츈쳔구역통신

홍승윤

본구역ᄂᆡ 방동챵말 과 쳔면량쳐 교회에셔 사경회를 ᄒᆞ엿ᄂᆞᆫᄃᆡ 그 정항즁에 특별히 ᄌᆞ미잇고 영광스러온것만 드러 하ᄂᆞ님을 영화롭게ᄒᆞᄂᆞᆫ 형미졔씨의게 앙고ᄒᆞᄂᆞ이다

一챵말교회

이교회는 쟉년륙월경에 그곳교우 우셩호씨의 쥬션으로 셜립되엿ᄂᆞᆫᄃᆡ 그간 밋ᄂᆞᆫ 사ᄅᆞᆷ이 수십인에 달ᄒᆞ엿ᄉᆞ며 또ᄒᆞᆫ 그곳 형뎨들이 일심ᄒᆞ야 四간반집을사셔 례ᄇᆡᄒᆞ니 하ᄂᆞ님씌 감샤ᄒᆞ고 또는 이번 사경회에 일반신쟈가 일긔의 치운것과 길의원근을 ᄉᆡᆼ각

지안코 공부ᄒᆞ 맛치는 [illegible] 쥬야로 츌셕ᄒᆞ야 셩경을 공부ᄒᆞ엿ᄉᆞ니 밋음의 ᄒᆞᆫ살된 신도들이 이와ᄀᆞᆺ치 셩경을 공부ᄒᆞᄂᆞᆫ ᄆᆞ음이 잇ᄂᆞᆫ것을 감샤ᄒᆞ며 ᄯᅩᄂᆞᆫ 그곳 형뎨즁 김응현씨ᄂᆞᆫ 상업에 죵ᄉᆞᄒᆞᄂᆞᆫᄃᆡ 죵일ᄌᆞ긔일을 힘ᄒᆞ고 져녁이면 그동리 아희들을 모하언문과 한문을 열심으로 ᄀᆞᄅᆞ치니 이로 인ᄒᆞ야 쥬ᄭᅴ감샤ᄒᆞ옵ᄂᆞ니다

二천면교회

一월卄七일노 二월二일ᄭᆞ지 본례비당ᄂᆡ에셔 사경회를 시작ᄒᆞ엿ᄂᆞᆫᄃᆡ ᄆᆡ일 츌셕ᄒᆞᆫ 교우의 수효ᄂᆞᆫ 평균 五十명이오 죵일 공부ᄒᆞᄂᆞᆫ과졍과 져녁 부흥회에 신령ᄒᆞᆫ ᄌᆞ미가 만흔즁 특별히 감샤ᄒᆞ고 영광스러온것은 두가지가 잇ᄉᆞ니 첫재ᄂᆞᆫ 그곳 교우들이 ᄌᆞ긔를 위ᄒᆞ야 잘밋ᄂᆞᆫ 것ᄲᅮᆫ아니라 교우즁 곤난을 당ᄒᆞᄂᆞᆫ쟈가 잇ᄉᆞ면 도아주기를 힘ᄡᅳᄂᆞᆫᄃᆡ 이번 사경회ᄒᆞᆯᄯᅢ에도 그러ᄒᆞᆫ일이 잇서셔 모든 교우들이 깃븐ᄆᆞ음으로 그런일 힝ᄒᆞᄂᆞᆫ것을 보니 엇지 감샤ᄒᆞᆫ지 다 형언ᄒᆞᆯ수 업ᄉᆞ며 돌

[illegible] 교셩도들은 반이나 멋지안ᄂᆞᆫ 집사ᄅᆞᆷ인ᄃᆡ 이번 사경회ᄒᆞᆯ동안에 그 학ᄉᆡᆼ들이 ᄆᆡ일 츌셕ᄒᆞ야 셩경말ᄉᆞᆷ을 듯더니 오후에 개인젼도시에 학ᄉᆡᆼ 七八인이 열심으로 나아가 四일동안 복음을 젼ᄒᆞ엿ᄂᆞᆫᄃᆡ 젼ᄒᆞᆫ 칙수효가 八十권에 달ᄒᆞ엿ᄉᆞ니 몬져ᄂᆞᆫ 그학ᄉᆡᆼ들이 쥬의 말ᄉᆞᆷ 젼ᄒᆞᄂᆞᆫ 열심을 칭찬ᄒᆞ고 ᄯᅩᄂᆞᆫ 하ᄂᆞ님ᄭᅴ셔 그 학ᄉᆡᆼ들과 ᄀᆞᆺ치 계신줄밋고 영광을돌니ᄂᆞ이다

●남산현교당의사경회

현셕칠

평양 남산현 회당에셔 一월二十九일브터 一월四일ᄭᆞ지 一쥬일동안 사경회를 긔ᄒᆞ엿ᄂᆞᆫᄃᆡ 등급은 남반에 갑을병 부인반에 갑을병 합六반에 ᄂᆞᆫ호앗ᄉᆞ며 교ᄉᆞᄂᆞᆫ 목ᄉᆞ 리하영 변영서 현셕칠 젼도ᄉᆞ 안동원 비형식 윤형필 김챵쥰 권ᄉᆞ최샹현 변셩옥 로쥰탁 부인김셰듸 변목ᄉᆞ부인 모리시부인제씨요 사경회원은 남반에 百八十六인과 부인은 갑을반에 ᄇᆡᆨ三十九인

[illegible] ᄭᅳᆺ날ᄭᆞ지 열심으로 공부ᄒᆞ엿숩니다 시간은 샹오 九시반브터 十시ᄭᆞ지 모히ᄂᆞᆫᄃᆡ 목ᄉᆞ 변영서씨ᄂᆞᆫ 요한복음 十七장으로 ᄆᆡ일 아참 인도ᄒᆞ엿ᄉᆞ며 샹오 十시브터 하오 一시ᄭᆞ지ᄂᆞᆫ 공부ᄒᆞ엿ᄉᆞ며 그후ᄂᆞᆫ 형뎨ᄌᆞᄆᆡ들이 각각 젼도ᄃᆡ를 조직ᄒᆞ고 나가 열심으로 젼도ᄒᆞ엿ᄉᆞ며 하오七시로 八시ᄭᆞ지ᄂᆞᆫ 각 례비당에셔 강셜긔도회로 모혓ᄂᆞᆫᄃᆡ 져녁마다 새로 밋기로 쟉뎡ᄒᆞᆫ 사ᄅᆞᆷ이 한쥬일 동안에 남산현 회당에 ᄇᆡᆨ 二十인과 구골회당에 三十八인과 리간동회당에 二十四인과 리문동회당에 二十인 도합 二百十二인이니 이와ᄀᆞᆺ치 사경회에 ᄌᆞ미가 만코 새로밋ᄂᆞᆫ 사ᄅᆞᆷ이 만흔거슨 하ᄂᆞ님의 권고ᄒᆞ신일이오매 그 영광을 하ᄂᆞ님ᄭᅴ 돌니옵ᄂᆞ이다

▲외 보▼

●학ᄉᆡᆼᄌᆞ원젼도회

미국학ᄉᆡᆼᄌᆞ원젼도회 (學生自願傳道會)ᄂᆞᆫ 거十二월三十一일브터 一월四일ᄭᆞ지 킨샤쓰 [illegible]셩에셔 긔ᄒᆞ엿ᄂᆞᆫᄃᆡ 미국과 가나다에잇ᄂᆞᆫ 모든 대학교와 셩경학원학ᄉᆡᆼᄃᆡ표쟈와 교ᄉᆞᄃᆡ표쟈등 五六千명이모혀 결뎡ᄒᆞᆫ 일은 셰계각국에 다수ᄒᆞᆫᄌᆞ원학ᄉᆡᆼ을 파송ᄒᆞ야 젼도에 죵ᄉᆞ케ᄒᆞᆯ것과 외국션교에 힘쓰기위ᄒᆞ야 몸과 령혼을 온젼히 하ᄂᆞ님ᄭᅴ 밧치기로 동밍ᄒᆞᆫ 일인ᄃᆡ 이회로브터 각국에 나가 션교에 죵ᄉᆞᄒᆞᄂᆞᆫ쟈가 임의 四千三百四十六인에 달ᄒᆞ엿다더라

●북경의 국교반ᄃᆡ운동

즁화민국 북경ᄂᆡ에셔 예수교와 텬쥬교와 션교(仙敎)와 회회교와 불교등 각교회ᄂᆞᆫ 련합회를 조직ᄒᆞ고 일치힝동으로 민국정부에셔 공ᄌᆞ교로 국교를 삼쟈ᄂᆞᆫ의안(議案)을 반ᄃᆡᄒᆞᆫ다더라

●쥬일학ᄉᆡᆼ의증가(增加)

미감리회쥬일학교학ᄉᆡᆼ은 젼셰계에셔 지나가 十년동안에 一百十五만명이 증ᄒᆞ엿다더라

●외국션교회총회

미국각교파의 외국션교회들은 거一월十二일브터 련합총회를 뉴욕에셔 긔ᄒᆞ엿ᄂᆞᆫᄃᆡ 그

취지는 외국션교에 ᄃᆡᄒᆞ야 각 교파가합동협력ᄒᆞ야 ᄒᆞ자는 일이라더라

●즁화민국의신교ᄌᆞ유

즁화민국 대총통 원세개씨는 근일에 총리대신웅희령이 공ᄌᆞ교로 국교를뎡ᄒᆞ쟈는 의견에 ᄃᆡᄒᆞ야 셩명(聲明)ᄒᆞ기를 공화정치의본지(本旨)를 ᄯᆞ라 결단코 공ᄌᆞ교로 국교를 뎡ᄒᆞᆯᄯᅳᆺ이 업고 인민의 신교ᄌᆞ유를 쥬쟝ᄒᆞᆫ다 ᄒᆞ엿다더라

긔서

●예수를ᄉᆞ랑ᄒᆞᄂᆞᆫ녀ᄌᆞ

일본경도 동지샤녀학교 최영ᄌᆞ

라익하우쓰ᄯᅡ에 사는 ᄯᅡᆨ의ᄯᆞᆯ 스피릿트는 쥬를 잘밋는 녀ᄌᆞ라 ᄌᆞ긔아버지는 예수를 밋으나 그어머니는 밋지 아니ᄒᆞᆷ으로 다만 세식구라도 쥬예수의 참 ᄉᆞ랑가온ᄃᆡ셔 깃븐ᄆᆞ옴으로 지낸날이 업셧더라 스피릿트의 三촌 쎗은 말ᄒᆞᆯ수업는 악ᄒᆞᆫ사ᄅᆞᆷ이라 하로는 그아버지 ᄯᅡᆨ이 먼디방을 가게되여 스피릿트는 전별ᄒᆞ러 나갓더니 쎗이 스피릿트와ᄀᆞᆺ치 그형님을 전별ᄒᆞ고 도라오는길에 엇던 파슈원쥬인의게 스피릿트를 하녀로 팔엇슴으로 이녀ᄌᆞ는 근심과 격정과 괴로옴으로 가고 오는 날에 하로도 즐겁고 깃븜이 업는즁 귀ᄒᆞ고 옥ᄀᆞᆺᄒᆞᆫ 손으로 하로 잇ᄒᆞᆯ 일ᄒᆞᆫ 갑슨 쎗이와셔 다차져가고 ᄌᆞ긔는 ᄒᆞᆫ푼도 못쥐여보는지라 이ᄀᆞᆺ치 슯ᄒᆞ고 외롭게 지내는ᄃᆡ 하로아참에 일어나 파원에 나가려ᄒᆞᆫ즉 반갑고 깃브게 들니는 소ᄅᆡ는 쥬일이되여 쥬일유년학ᄉᆡᆼ 오라는 죵소ᄅᆡ인ᄃᆡ 맛참 ᄌᆞ긔ᄃᆞᆫ니는 쥬일학교 죵소ᄅᆡ라 엇지깃브던지 과원에 가던길은 아득ᄒᆞ야 뵈이지아니ᄒᆞ고 다만 쥬일학교에 가던길이 눈압헤 환ᄒᆞᆫ지라 그때에 쥬일학교에 가지 안코는 견ᄃᆡ지 못ᄒᆞ겟스나 三촌되는 쎗이 허락지 아니ᄒᆞ야 못갈ᄉᆞ졍이라 그러나 스피릿트는 ᄉᆞ도힝젼五쟝二十九절에「하ᄂᆞ님을 슌죵ᄒᆞ는것이 사ᄅᆞᆷ을 슌죵ᄒᆞ는것보다 맛당히 ᄒᆞᆯ것이라」ᄒᆞ는 말ᄉᆞᆷ을 ᄉᆡᆼ각ᄒᆞ야 결심ᄒᆞ고 ᄌᆞ긔방에 드러가셔 셩경과 찬숑가를 가지고 ᄒᆞᆫ거름 두거름 점점 대문에 나셔 쥬일학교에 참예ᄒᆞ고 깃븐ᄆᆞ옴으로 도라온즉 쎗은 대로ᄒᆞ야 스피릿트를 인졍업시 ᄆᆞ옴것 엇지 ᄯᅡ렷던지 ᄉᆞ경에 니른지라 그러나 스피릿트는 그잇ᄒᆞᆫ날 압ᄒᆞ고 괴로옴을 억졔ᄒᆞ고 과원에 나갓더라 이ᄀᆞᆺ처 괴로온즁 어언잔 엿세가 다지나 다시 쥬일을 당ᄒᆞ매 젼쥬일에 미맛치던 죵소ᄅᆡ가 귀를울니는지라 쥬일학교에 가고십흔 ᄆᆞ옴이 불니듯ᄒᆞ나 몸에 상쳐는 아직도 낫지못ᄒᆞ고 그압ᄒᆞᆫ것과 ᄯᅩ가면 오날당ᄒᆞᆯ일을 ᄉᆡᆼ각ᄒᆞ니 ᄆᆞ옴에셔는 그만두라ᄒᆞ나 귀에 ᄯᅥᆼᄯᅥᆼ들니는 죵소ᄅᆡ는 ᄌᆞ긔를 찻는듯 부르는듯ᄒᆞ야 견ᄃᆡᆯ수가 업는지라 갈가 말가 쥬져ᄒᆞ다가 믄득 ᄉᆡᆼ각ᄒᆞ기를「슬ᄒᆞ다 인ᄉᆡᆼ의 괴로옴이여 오늘날 나를 참도로 인도ᄒᆞ시는도다 결심ᄒᆞ쟈 몸이 상ᄒᆞ기는 고사ᄒᆞ고 죽어도 내가 쥬를 밋다죽는것은 나의 당연ᄒᆞᆫ 일이라」ᄒᆞ고 쎗이 잠드는 틈을 ᄐᆞ셔 쥬일학교에 참예ᄒᆞ엿다가 도라올때에 것기시린거름을 억지로 거러 집에 갓가히와셔 ᄉᆡᆼ각ᄒᆞ기를 쥬일학교에는 깃브게 참예ᄒᆞ엿스나 쎗이 ᄯᅩ ᄯᅡ려주지나 아니ᄒᆞᆯ가 심즁에 근심ᄒᆞ고 드러간즉 이상ᄒᆞᆫ일이라 쎗이 아모말도 아니ᄒᆞ더니 례ᄇᆡ三일은 무ᄉᆞᆷ 깃븐날이되여 과원에셔 ᄀᆞᆺ치 일ᄒᆞ던 사ᄅᆞᆷ들이 놀네됨으로 스피릿트는 ᄌᆞ긔침실에 누어잠이 들때에 쎗이 홀연히 침방에 드러와 스피릿트를 안어다가 ᄯᅳ거운물에 더져셔 그놈이 늬게된지라 이때에 쎗이 말ᄒᆞ되「네가 이후에 다시 예수를 밋겟ᄂᆞ냐」그녀ᄌᆞ가 ᄃᆡ답ᄒᆞᄃᆡ「예ㅣ 나는 예수를 밋겟ᄂᆞ이다 나는 예수의 ᄯᆞᆯ이오」ᄒᆞᆫ즉 쎗은 말ᄒᆞᄃᆡ「예수의 ᄯᆞᆯ이야 네가 ᄯᅡᆨ의 ᄯᆞᆯ이 아니냐 네가 이제 예수를 비반치 아니ᄒᆞ면 이물에셔 죽으리라」ᄒᆞ거놀 스피릿트는 굿센말노 올소이다 ᄉᆞ도힝젼二十쟝二十四절에 내가 내ᄉᆡᆼ명을 조곰도 귀히녁이지 안코 내힝ᄒᆞᆯ일과 쥬예수ᄭᅴ로 브터 밧은 직분을 다ᄒᆞ야 하ᄂᆞ님의 은혜 베프신 복음을 증거ᄒᆞ고져ᄒᆞ노라」ᄒᆞ고 쥬를 ᄉᆞ랑

홀노 또거운 ᄆᆞ옴으로 [illegible] 믈어 여호와ᄭᅴ 감샤ᄒᆞ고 [illegible] 촌셋과 어머니도 춤모로 업도홀힘주옵쇼셔홀때에 셋의 악ᄒᆞᆫᄆᆞ옴이라도 스파릿트를 불샹히 녀여 물에서 건져주엇스니 셋은 ᄌᆞ긔의 뜻을 일우지 못홀뿐아니라 도로혀 스피릿트의 밋음만 굿게ᄒᆞ엿더라 이때에 하ᄂᆞ님ᄭᅴ셔 이녀ᄌᆞ의 간구홈을 밋부게보셧던지 문밧게셔 쥬인을 차즈니 스피릿트는 ᄌᆞ긔션싱 쎄이음셩이라 깃븜을 이긔지못ᄒᆞ겟스나 셋은 원슈ᄀᆞᆺ치 뵈이는지라 스피릿트가 입을열어션싱이여 나를 도으쇼셔ᄒᆞ니 쎄이는 좀언二十一쟝三十절에 「고온것도 거즛이오 아름다온것도 헛되나 오직 여호와를 경외ᄒᆞ는 녀ᄌᆞ는 칭찬을 밧으리라」ᄒᆞ는말노 위로ᄒᆞ고 과원쥬인쎄든너는 쎄의션싱과 어려셔 동문슈학ᄒᆞᆫ 친구라 쎄의션싱이 쎄든너의게 말ᄒᆞ되「나의 ᄉᆞ랑ᄒᆞ는 친구여 그ᄃᆡ가 엇지 쥬인이 되여 됴치못ᄒᆞᆫ일을 집안에서 힝케ᄒᆞᄂᆞ뇨 지금 스피릿트가 셋의게 ᄉᆞ견을 당ᄒᆞᆫ일을 그ᄃᆡ가 [illegible] 허망ᄒᆞ여 보내니라 세월이 여류ᄒᆞ여 스피릿트의 괴로옴은 지나고 몸이 강건ᄒᆞ게된지라 쥬인의게 슈유ᄒᆞ고 본집에 도라간즉 아버지는 그때ᄭᆞ지 도라오지 아니ᄒᆞ고 그어머니는 ᄯᆞᆯ의 형샹을 보고 ᄆᆞ옴이 압허우는지라 그때 스피릿트가 입을열어「어머니 내가 이ᄀᆞᆺ치된것을 조곰도 가엽시 녁이지마시고 내말ᄒᆞᆫ마ᄃᆡ 드러주시오」 그어머니 ᄃᆡ답ᄒᆞ되 내ᄯᆞᆯ아「무슴말이냐 금을주랴은을주랴 내 네말을 드러주마」이때 스피릿트는 ᄯᅳ거운 눈물을 흘니며 춤ᄉᆞ랑으로 말ᄒᆞ되「어머니 어셔 나와ᄀᆞᆺ치 쥬를 밋으시오 춤나를 ᄉᆞ랑ᄒᆞ시거던 이제 나를 ᄉᆞ랑ᄒᆞ시는 예수를 밋으십시다」이말에 그어머니가 감복되여「내 ᄉᆞ랑ᄒᆞ는 ᄯᆞᆯ아 내가 이제브터 너와ᄀᆞᆺ치 쥬를 밋겟다 네가 이ᄀᆞᆺ치 된것이 내허물이라 ᄉᆞ랑ᄒᆞ는 내ᄯᆞᆯ아 나를 용셔ᄒᆞ라」홀때에 스피릿트는 깃븜을 이긔지못ᄒᆞ야 요한복음二쟝十八절을 닑고 [illegible] 송가 一百五十一을 노래 [illegible] 때에 그아버지는 집에 갓가히와 드른즉 찬송ᄒᆞ는 소리라 집에 드러간즉 ᄯᆞᆯ이 그아버지의 목을안고 깃버ᄯᅱ며 먼길에 쥬의 은혜로 무ᄉᆞ히 도라옴을 쥬ᄭᅴ 감샤ᄒᆞ더라 이때에 그아버지가 스피릿트의 형용을 보니 엇지그리 참혹ᄒᆞ게 되엿는지 그ᄉᆞ실을 드른후에 이도ᄯᅩᄒᆞᆫ 하ᄂᆞ님의 뜻이라ᄒᆞ고 탄식홀뿐이더라 이가족은 이셰샹에 사는동안에 여호와의 ᄉᆞ랑ᄒᆞ시는 가족이되여 하ᄂᆞ님의 즐거옴과 깃븜으로써 그집안을 화려ᄒᆞ게 단장ᄒᆞ고 입에는 쥬하ᄂᆞ님을 찬송ᄒᆞ는소리가 ᄭᅳᆫ치지 아니ᄒᆞ여 필경 그악독ᄒᆞᆫ 셋도 회ᄀᆡᄒᆞ고 쥬를 밋엇도다 오호라 우리죠션녀ᄌᆞ 가온ᄃᆡ는 이ᄀᆞᆺᄒᆞᆫ 모범덕인물이 잇는가 업는가 내싱각에는 우리도 하ᄂᆞ님의 ᄉᆞ랑ᄒᆞ시는 인류라ᄒᆞ고져ᄒᆞ면 반ᄃᆞ시 일울줄 아는것은 텬디창죠이후로 우리의 모범되는 션조의 지시ᄒᆞᆫ바ㅣ라 나의ᄉᆞ랑ᄒᆞ는 형뎨들이어 ᄒᆞ고져ᄒᆞ면 [illegible] [illegible] 우리인류가 하ᄂᆞ님을 공경ᄒᆞ고 예수를 밋음으로 그ᄉᆞ랑가온ᄃᆡ셔 우리의 슯흐고 괴로옴을 깃브고 화평홈으로 힘써밧고 기를 도모ᄒᆞ여 그ᄉᆞ랑으로써 우리의 몸을 단장홀진뎌

교회ᄉᆞ긔

●뎨三관 하ᄂᆞ님을숭봉ᄒᆞ는례를의론홈

대개 교회가 셩신의 ᄌᆞ유와 은샤ᄒᆞᆫ 공을 일허ᄇᆞ림으로 실샹을 ᄇᆞ리고 헛것을 졷치니 이럼으로 의문을 숭샹ᄒᆞ야 써ᄒᆞ되 밧게 문치가 안에 험결된것을 깁는다ᄒᆞ야 모든일을 오직 법례로써 작뎡ᄒᆞ니 쥬일을 직히는것은 황뎨의 죠칙으로 만민이 직히며 쥬일을 직히는 법도 각각 칭홈이 잇스니 혹은 슈일(首日)이라 칭ᄒᆞ고 혹은 일요일(日曜日)이라도ᄒᆞ나 네로브터 신도는 쥬의 부활일이라 ᄒᆞ니라 三百二十一년에 칸스탄틘황뎨가 죠셔를 ᄂᆞ려 셩읍과 시쟝에 졉유ᄒᆞ며 안식일에 관쟝은 송ᄉᆞ를 폐ᄒᆞ고 샹고는

무역을 금ᄒᆞ고 오직 농무ᄂᆞᆫ
허시ᄒᆞ더니 三百六十八년에
니르러ᄂᆞᆫ 쥬일에 빗밧ᄂᆞᆫ일을
엄금ᄒᆞ고 三百八十六년에ᄂᆞᆫ
쥬일에 연극쟝을 금ᄒᆞ고 五
百八十五년에ᄂᆞᆫ 감독이 농부
가 농ᄉᆞᄒᆞᄂᆞᆫ것ᄭᆞ지 금ᄒᆞ고 만
一범ᄒᆞ면 시벌ᄭᆞ지 ᄒᆞ니라 ᄯᅩ
절긔를 세워 직히니 四百년
될ᄯᅢ에 쥬의 셩탄절긔ᄂᆞᆫ 각
국교회의 규례가 되엿거니와
쥬의 부활절긔로 승뎍절긔
(勝敵節期)를삼고 ᄯᅩ 쥬의 죽
으시기젼 四十일은 지계ᄒᆞᄂᆞᆫ
절긔를 삼고 승텬일과 셩신
강림일노 다 큰절긔를 삼으
나 각절긔에 다 아름다온 ᄯᅳᆺ
이 잇셧고 부활ᄒᆞ신 젼날져
녁에 교우가 다회당에 모혀
긔도ᄒᆞ고 ᄆᆞᄋᆞᆷ을 합ᄒᆞ며 ᄉᆡ벽
에 나러나 서로 문안ᄒᆞ며 복
을 빌어ᄀᆞᆯᄋᆞᄃᆡ 그리스도가 부
활ᄒᆞ셧다ᄒᆞ면 ᄃᆡ답ᄒᆞ기를 진
실노 부활ᄒᆞ셧다ᄒᆞ고 부활일
노브터 셩신강림일ᄭᆞ지 五十
일간은 교우들이 날마다 회
당에 모혀 하ᄂᆞ님ᄭᅴ 경비ᄒᆞ
고 ᄒᆞᆯᄯᅢ 만찬을 먹으며 쥬부
셩후 뎨七일은 신년(新年)이
라ᄒᆞ야 一년동안 엇은 은혜

를 하ᄂᆞ님ᄭᅴ 감샤ᄒᆞ고 누가
복음 二장二十一절노 젼도ᄒᆞ
고 六일을 지내매 그날은 쥬
의 나타내신절긔라고도 ᄒᆞ고
박ᄉᆞ가와셔 뵈온절긔라고도
ᄒᆞ니 이날은 마태二장一절노
十二절ᄭᆞ지 긔록ᄒᆞᆫ대로 직히
고 ᄯᅩ 도를 위ᄒᆞ야 죽은쟈를
긔념ᄒᆞ야 그의 죽은곳에 집
을 건츅ᄒᆞ고 하ᄂᆞ님을 찬숑
ᄒᆞ며 혹 그 ᄒᆡ골을 취ᄒᆞ야 회
당에 두고 경비ᄒᆞ더니 쥬四
百년에 쥬를 위ᄒᆞ야 치명ᄒᆞᆫ
쟈를 위ᄒᆞ야 모든 셩절(聖節)
을 세우고 ᄯᅩ 일홈이 나타난
셩도를 봉ᄒᆞ여 각셩읍에 보
쟝(保障)을 삼고 심지어 무
슴 지예만 잇셔도 셩도를 봉
ᄒᆞ여 호위ᄒᆞᄂᆞᆫ 신하를 삼으
니 단청(丹靑)은 누가로써 신
을 삼고 경학(經學)은 아거
스틴으로 신을 삼고 모든 셩
도의 죠죵은 마리아로 삼으
니라 오릐되매 각교회가 모
힐ᄯᅢ에 강도ᄒᆞᆷ이 졈졈 소홀
이되고 례의가 번거ᄒᆞᆷ으로 ᄆᆡ
양 안식일에 강도ᄒᆞᆯ 글귀절
을 작뎡ᄒᆞ엿스니 지금ᄭᆞ지 그
법이 잇ᄂᆞ니라 녯적에ᄂᆞᆫ 시
편으로 찬숑ᄒᆞᄂᆞᆫ 노래가 되

엿더니 후에 시가(詩家)가 만
히나셔 셩경을 의지ᄒᆞ여 새
노래를 지어 노래ᄒᆞᄂᆞᆫ법이 글
닑ᄂᆞᆫ것과 ᄀᆞᆺ더니 四百년간에
입브로쓰가 비로소 음률을 맛
초아 곡죠가 화챵케ᄒᆞ고 六
百년간에 그레고리가 ᄯᅩ 새
법을 챵립ᄒᆞ야 노래ᄒᆞᄂᆞᆫ 소
릐가 셰쇽노래소릐와 ᄀᆞᆺ지안
코 곡죠가 길게날이며 놉고
놉은것으로 쥬쟝ᄒᆞ나 그러ᄒᆞ
나 회즁이 다ᄒᆞᄂᆞᆫ것이 아니
오 ᄒᆞᆫ반렬을 퇴ᄒᆞ야 노래ᄒᆞ
게 ᄒᆞ더라 이ᄯᅢ에 교회가 셩
찬례를 뎨一 즁ᄒᆞ게 녁이ᄂᆞᆫ
고로 셩찬을 베플ᄯᅢ에 셰례
를 밧지아니ᄒᆞᆫ쟈ᄂᆞᆫ 먹지도 못
ᄒᆞᆯ뿐외라 갓가히 서지도 못
ᄒᆞ더니 오릴ᄉᆞ록 셩찬으로 더
욱 졔ᄉᆞᄒᆞᄂᆞᆫ 례를삼으니 명
ᄉᆞ들이 닐ᄋᆞᄃᆡ 셩찬의 ᄯᅥᆨ과
술은 변ᄒᆞ야 쥬의 몸과 피가
될것인즉 일노써 졔ᄉᆞ를 드
려 죄를 쇽ᄒᆞᄂᆞ니 산쟈와 혹
죽어셔 련옥에 잇ᄂᆞᆫ쟈를 물
론ᄒᆞ고 다 유익을 엇ᄂᆞᆫ다ᄒᆞ
며 ᄯᅩ 셰례를 의론컨ᄃᆡ 흔히
죽을ᄯᅢ에 밧ᄂᆞ니 몬져 교회
신식을 랑독ᄒᆞᆫ후 목ᄉᆞ가 샤
신을 내ᄶᅩᆺᄂᆞᆫ 글과 마가七쟝

三十四절을 외오고 각항례의
를 ᄯᅡ로세워 셰례줌을 돕고
ᄯᅩ 혼인ᄒᆞᄂᆞᆫ 례를 의론컨ᄃᆡ
목ᄉᆞ가 셩단에셔 혼인ᄒᆞᆯ쟈를
위ᄒᆞ야 긔도ᄒᆞ고 화관을 신
부머리우에 씌우고 남녀가 서
로 가락지를 밧고아 ᄭᅵᄂᆞᆫ것
으로 례를삼ᄂᆞ니라 이두가지
례ᄂᆞᆫ 원릐 로마의 녯적례절
이니 교회가 이례를 좃ᄂᆞᆫ고
로 교즁이 길흉ᄉᆞ를 물론ᄒᆞ
고 다 례가 잇슴으로 좃차직
히니라 이ᄯᅢ에 각쳐에 화려
ᄒᆞᆫ 교당을 건츅ᄒᆞ고 모히ᄂᆞᆫ
쟈가 세 등급으로 논호이며
교당안에도 ᄯᅩᄒᆞᆫ 三층으로 논
호니 뎨一층은 셰례인과 입
교인이 모히고 뎨二층에ᄂᆞᆫ 원
입인이오 뎨三층에ᄂᆞᆫ 두어층
하를더ᄒᆞ고 四방을 란간으로
막고 직분잇ᄂᆞᆫ쟈가 거ᄒᆞ니 감
독의 강도ᄒᆞᄂᆞᆫ곳과 졔단이 다
그즁에 잇스며 뎨二층뒤에 ᄯᅩ
ᄒᆞᆫ 강ᄃᆡ를 셜립ᄒᆞ고 외오고
닑ᄂᆞᆫ쟈로 ᄒᆞ여곰 서게ᄒᆞ며 좌
우에 다 힝랑이 잇고 담을 련
ᄒᆞ여 ᄡᅡ앗스니 셩당의 져은
모양이 十ᄌᆞ모형이더라

세계격언

一、사ᄅᆞᆷ이 밤마다 잘자리에 들면 맛당히 그날 ᄒᆡᆼᄒᆞᆫ 일을 ᄎᆞ례로 ᄉᆡᆼ각ᄒᆞ야 ᄂᆡ심에 ᄉᆞᄉᆞ로 말ᄒᆞᄃᆡ 오ᄂᆞᆯ 아모일은 내가 잘못ᄒᆞ엿스니 깁히 뉘웃쳐 일후에 그런경우를 당ᄒᆞ면 그와 ᄀᆞᆺ치 ᄒᆡᆼ치 아니ᄒᆞᆯ것이오 ᄯᅩ 아모일은 내가 잘ᄒᆞ엿스니 ᄆᆡ우 깃버ᄒᆞ야 다른 날에 그런긔틀을 맛나면 다시 그와ᄀᆞᆺ치 쳐리ᄒᆞᆯ지니라

二、내가 지혜잇다고 ᄉᆡᆼ각지 말며 내가 션인(善人)이라고 ᄌᆞ허(自許)치 말지어다 내가 지혜잇다고 ᄉᆡᆼ각ᄒᆞᄂᆞᆫ쟈는 반ᄃᆞ시 어리셕은쟈가 될것이며 내가 션인이라고 ᄌᆞ허ᄒᆞᄂᆞᆫ쟈는 반ᄃᆞ시 악인이 될지니 그럼으로 악을아ᄂᆞᆫ쟈는 반ᄃᆞ시 대악(大惡)에 니르지 아니ᄒᆞ며 ᄂᆞᆷ을 업수히 넉이ᄂᆞᆫ쟈 큰 허물에 밋ᄎᆞ리라

三、져울질을 ᄒᆞᆫ후에야 무겁고 가바야온것을 말며자질을 ᄒᆞᆫ후에야 길고 ᄧᅡ른것을 아ᄂᆞ니 물건도 이와 ᄀᆞᆺ거든 ᄒᆞ믈며 사ᄅᆞᆷ의 ᄆᆞᄋᆞᆷ이야 이보다 더ᄒᆞ니라

긔렴연보광고

본년一월十一일은 본회보창간 뎨三회긔념쥬일인바 당일에 경향각쳐교회에셔 본회보를 위ᄒᆞ야 각기 힘대로 연보ᄒᆞᆫ것을 본샤로 보내엿ᄉᆞᆸ기 그 ᄋᆡ호ᄒᆞ시ᄂᆞᆫ뜻을 감샤ᄒᆞ오며 이에 ᄎᆞ례로 광포ᄒᆞ노라

安邊東伏教堂 四十錢
春川邑教堂 八十五錢
仝二作面倉里教堂 十五錢
仝西上面史里教堂 二十錢五厘
雲山邑教堂 五十錢
麟蹄邑教堂 三十五錢
江華盆頭教堂 一圓六錢五厘
通川兌里教堂 三十四錢
木川芝鹽里教堂 二十錢
旌善邑教堂 二十錢
京水票橋教堂 五十錢
横城邑教堂 六十錢

담총

●모든졀긔(節氣)와 양력의관계

이 아래 긔록ᄒᆞᆫ것은 二十四졀긔가 양력월일(陽曆月日)에 샹당ᄒᆞᆫ것인ᄃᆡ ᄒᆡ마다 ᄯᅥᆨ 변치 안코 그대로 도라오나 다만 압뒤로 一일동안의 들넘이 혹 잇슬ᄲᅮᆫ이니라

립츈 二월四일 우슈 二월十九일 경칩 三월六일 츈분 三월廿一일 청명 四월五일 곡우 四월二十일 립하 五월六일 쇼만 五월廿一일 망종 六월六일 하지 六월廿二일 쇼셔 七월七일 대셔 七월廿三일 립츄 八월六일 쳐셔 八월廿三일 ᄇᆡᆨ로 九월八일 츄분 九월廿三일 한로 十월八일 샹강 十월廿四일 립동 十一월七일 쇼셜 十一월廿二일 대셜 十二월七일 동지 十二월廿二일 쇼한 一월五일 대한 一월二十일

●파나마운하의 쇼입비 (所入費)

미국 파나마운하의 쇼입경비는 七억五千만원으로 예산ᄒᆞ엿ᄂᆞᆫᄃᆡ 오ᄂᆞᆯ날ᄭᆞ지 쓴 경비가 六억二千八百七十四만 一千九百五十六원인즉 필역ᄒᆞ다라도 본ᄅᆡ예산보다 만히 감ᄒᆞ리라더라

셩경공부의지침

●셩경에 긔록ᄒᆞᆫ 여러 족파와당파 (속)

十、셔ᄉᆞ관들이니 뎌희ᄂᆞᆫ 유대인의 률법을 맛흔바 ᄀᆞ장 권세잇ᄂᆞᆫ 당파라 그런고로 一반인민이 공경ᄒᆞ고 앙모ᄒᆞᄂᆞ니 뎌희 직업과등급(等級)을 구별ᄒᆞ야 말ᄒᆞ자면 (一)률법의 ᄒᆡ셕쟈(解釋者)니 모든 률법의 원본(原本)을 슈습ᄒᆞ야 공부ᄒᆞᆫ후 본지(本旨)대로 명ᄇᆡᆨ히 ᄒᆡ셕ᄒᆞᄂᆞᆫ 직칙을 가진쟈들이며 (二) 교법ᄉᆞ(教法師)들이니 이우희 률법의 ᄒᆡ셕ᄒᆞᆫ것을 쳥년후진들의게 교슈ᄒᆞᄂᆞᆫ 직임을 맛흔쟈들이며 (三) ᄉᆞ법관(司法官)들이니 뎌희ᄂᆞᆫ 률법을 실시ᄒᆞᄃᆡ 만일 인민즁에 률법을 범ᄒᆞᄂᆞᆫ쟈ㅣ 잇스면 이 법관들은 곳 법뎡에셔 죠률션고 (照律宣

害)ᄒᆞᄂᆞᆫ 자권을 맛흔쟈들이며(四)법셜가(法說家)들이니 뎌회는 셩경에 긔록된률법외에 젼셜(傳設)파 관습(慣習)에 의지ᄒᆞ야 합당ᄒᆞᆫ것을 률법과 ᄀᆞᆺ치 직히쟈고 쥬론(主論)ᄒᆞᄂᆞᆫ쟈들이니라

十一、이방민족이 뎌회 다 유대인이아니나 종교ᄉᆞ샹으로써 유대교나 그리스도교를 숭봉ᄒᆞᄂᆞᆫ쟈들이니 ᄉᆞ도二장九ㅣ十 에 긔록ᄒᆞᆫ바와 ᄀᆞᆺᄒᆞᆫ쟈들이니라

十二、에비구레오파니(ᄉᆞ도十七○十八)뎌회는 샹고에 유명ᄒᆞᆫ 쳘학ᄉᆞ 에비구레를 존숭ᄒᆞᄂᆞᆫ쟈들인ᄃᆡ 뎌회종교뎍ᄉᆞ샹은 하ᄂᆞ님과 사ᄅᆞᆷᄉᆞ이에 아모관계가업고 또ᄂᆞᆫ 사ᄅᆞᆷ의 ᄀᆞ장큰 소망은 쾌락(快樂)인줄 밋으나 그러나 뎌회 쥬쟝ᄒᆞᄂᆞᆫ바쾌락은 잠시동안 방탕ᄒᆞᆫ 쾌락을 ᄀᆞᄅᆞ침이 아니라 단슌파욕(單純寡欲)ᄒᆞᆫ 싱활노 ᄆᆞᄋᆞᆷ속에 진졍ᄒᆞᆫ 쾌락을 엇고져ᄒᆞᆷ에 잇셧ᄂᆞ니라

十三、ᄉᆞ도이고파니 뎌회도 또ᄒᆞᆫ 유명ᄒᆞᆫ 쳘학파인ᄃᆡ 그 종교뎍 쥬의는 에비구레오파와 졍반ᄃᆡ(正反對)요 동양유교(儒敎)와 방불ᄒᆞ야 (一)츄샹뎍으로 이륙합(六合)의 쥬지되시ᄂᆞᆫ 샹뎨가 계신줄 밋으며 (二)뎌회의 쥬쟝ᄒᆞ야 ᄀᆞᄅᆞ친것은 순연ᄒᆞᆫ 륜리학이며 (三)뎌회의 싱활은 ᄀᆞ장 강직(强直)ᄒᆞ고 거만ᄒᆞᆫ ᄐᆡ도를 직혓ᄂᆞ니라

녀학생모집광고

본교에셔금츈긔에신입싱을다수모집ᄒᆞ오니입학지원인은계긔입학ᄒᆞ시옵

一、ᄀᆡ학일ᄌᆞ양四월一일

二、년령 十五셰이상과三十셰이하

三、ᄌᆞ격 츌가ᄒᆞᆫ녀ᄌᆞ와과거ᄒᆞᄂᆞᆫ녀ᄌᆞ보통과에입학ᄒᆞᆯ졍도

四、긔슉료 ᄆᆡ삭三환 긔슉료관계로입학ᄒᆞ지못ᄒᆞᄂᆞᆫ학싱은ᄆᆡ삭一환五十젼만위션밧고부족익은졸업후에션교나교육에종ᄉᆞ로써비삭슈봉홈

구쥬긔원一九一四년二월 日

ᄀᆡ셩복부미리흠녀학교 고빅

광고

본공회에셔 각종셩셔를 구비ᄒᆞ여 ᄃᆡ방의 원근과 쳥구의 다쇼를 믈론ᄒᆞ고 신쇽슈응ᄒᆞᄂᆞᆫ바 근일에 특별히 감가된칙도 잇고 새로 츌판된칙이 잇기로 이아래 긔록과 ᄀᆞᆺ치 광포홈

감가된칙	ᄆᆡ명가록
四號언문구신약 三권一질(포의)	一圓十錢
四號언한문신약지의	四十문
同(포의)	四十五錢
五號언한문신약지의	三十五錢
同(포의)	四十錢

새로츌판된칙	
四號언문관쥬신약	각 종
五號연문四복음	가명 각 錢

京城鍾路 美國聖書公會 告白

學生募集廣告

本校에서一年級新入生과二三年級補缺生을募集ᄒᆞ오니志願人은三月廿日內로願書를本校에提出ᄒᆞ시옵

一年級新入生 學力、中學校나中學程度되ᄂᆞᆫ學校卒業證이有ᄒᆞᆫ者와中學卒業生과學力이相當ᄒᆞᆫ者

試驗科目 物理、化學、生物學

但一年級應試에未及生은預備級에應試ᄒᆞᆷ도得ᄒᆞᆷ

補缺生 各該志願級에相當ᄒᆞᆫ學力을有ᄒᆞᆫ者

其他詳細事項은本校에來問ᄒᆞ시옵

京城南門外世富蘭偲聯合醫學校 白

新刊書籍及傳道紙廣告

모세제도의공과	(지의)	六十錢
모세제도의공과	(포의)	八十錢
모세제도의공과	(후포의)	一圓
仝	(반피의)	一圓二十錢
그리스도인의완젼론		十錢
갓밋는신쟈의계ᄒᆞᄂᆞᆫ편지	每百枚	一圓十五錢
구원엇는길	仝	十三錢
그리스도권세	仝	八錢
그리스도뎍싱활을시작ᄒᆞᄂᆞᆫ방법	仝	十六錢
그리스도의증인	仝	七十錢
론인론		三錢五厘
감리교회죠례	(특별감가)	一錢
감리교회소년문답		二錢
강도요령		四十五錢
강도취집		二十五錢
결혼증빙		十五錢
계주론		二錢
희브리주셕		四十錢
묵시주셕		三十五錢
고영규젼		八錢
계오문답		十錢
고등산학신편		八十錢
고등쥬일학교공과		八錢
고등쥬일학교공과지		三錢
국어철쟈쳡경		二十錢
대한력ᄉᆞ		一圓二十錢
동물학		一圓二十五錢
디세략히		二十五錢
ᄃᆡ수학	(김준봉져)	四十錢

京城鍾路朝鮮耶穌敎書會 主務 班禹巨 告白

조선그리스도회보 (전3권)

1897년판 죠션크리스도인회보, 영인본

발행일; 2023년 03월 15일
지은이: 감리교 선교부 편집부
발행처: 한국학자료원
판매처: 한국서적유통
서울시 구로구 개봉본동 170-30
전화: 02-3159-8050 팩스: 02-3159-8051
등록번호: 제312-1999-074호
ISBN: 979-11-6887-242-4

정가 750,000원